D1724746

Handbuch Bankbilanz

Paul Scharpf / Mathias Schaber

Handbuch
Bankbilanz

Bilanzierung, Bewertung und Prüfung

9., vollständig aktualisierte und erweiterte Auflage

IDW VERLAG GMBH

Das Thema Nachhaltigkeit liegt uns am Herzen:

9., vollständig aktualisierte und erweiterte Auflage

© 2022 IDW Verlag GmbH, Tersteegenstraße 14, 40474 Düsseldorf
Die IDW Verlag GmbH ist ein Unternehmen des Instituts der Wirtschaftsprüfer in Deutschland e.V (IDW).

Satz: Reemers Publishing Services GmbH, Krefeld
Druck und Bindung: Druckerei C.H.Beck, Nördlingen
KN 12031

Der in diesem Werk verwendete Begriff „Wirtschaftsprüfer" umfasst sowohl Wirtschaftsprüfer und Wirtschaftsprüferinnen als auch Wirtschaftsprüfungsgesellschaften. Er umfasst bei Prüfungen, die von genossenschaftlichen Prüfungsverbänden oder von Prüfungsstellen der Sparkassen- und Giroverbände sowie von vereidigten Buchprüfern, vereidigten Buchprüferinnen und Buchprüfungsgesellschaften durchgeführt werden dürfen, auch diese.

Die Angaben in diesem Buch wurden sorgfältig erstellt und entsprechen dem Wissensstand bei Redaktionsschluss. Da Hinweise und Fakten jedoch dem Wandel der Rechtsprechung und der Gesetzgebung unterliegen, kann für die Richtigkeit und Vollständigkeit der Angaben in diesem Werk keine Haftung übernommen werden. Gleichfalls werden die in diesem Werk abgedruckten Texte und Abbildungen einer üblichen Kontrolle unterzogen; das Auftreten von Druckfehlern kann jedoch gleichwohl nicht völlig ausgeschlossen werden, so dass für aufgrund von Druckfehlern fehlerhafte Texte und Abbildungen ebenfalls keine Haftung übernommen werden kann.

ISBN 978-3-8021-2712-0

Bibliografische Information der Deutschen Bibliothek
Die Deutsche Bibliothek verzeichnet diese Publikation in der Deutschen Nationalbibliografie; detaillierte bibliografische Daten sind im Internet über http://www.d-nb.de abrufbar.

Coverfoto: www.istock.com/ooyoo

www.idw-verlag.de

Vorwort zur neunten Auflage

Das „Handbuch Bankbilanz" erscheint in der nunmehr neunten Auflage mit Stand August 2022.

Das Handbuch Bankbilanz stellt nach wie vor auch in der neunten Auflage grundsätzlich nur die für Banken und Finanzdienstleister, Zahlungs- und E-Geld-Institute sowie Wertpapierinstitute relevanten Bilanzierungs- und Bewertungsregelungen (Bilanz, Gewinn- und Verlustrechnung, Anhang) mit Fokus auf die institutsspezifischen Besonderheiten dar.

Die allgemeinen Vorschriften zur Rechnungslegung und zur Berichterstattung (einschließlich Lagebericht) sowie der Konzernabschluss sind nach wie vor nicht Gegenstand der Darstellung und Kommentierung.

Die Darstellung von Änderungen des HGB bzw. der RechKredV/RechZahlV wurden nur insoweit einleitend in Kap. 1 sowie Kap. 5.1. dargestellt als es sich um Änderungen seit der letzten Auflage handelt.

Das Handbuch Bankbilanz wurde vollständig überarbeitet und um neue Themen erweitert. Dabei wurden nicht nur Teile ergänzt, sondern teilweise auch umgestellt und gestrichen.

Wie bereits in den Vorauflagen wurde auch in dieser Auflage sämtliche relevante neue Literatur (ua. WPH Kreditinstitute, die wesentlichen aktuellen Kommentierungen der §§ 340 ff. HGB in HGB-Kommentaren, Fachaufsätze usw.), Rechtsprechung und neuen Gesetze (zB WpIG) eingearbeitet bzw. aktualisiert.

- Umfassende Neubearbeitung von:
  - Kapitel 3.2. Erfolgsrealisierung bei echten Pensionsgeschäften,
  - Kapitel 3.3. zu Treuhandgeschäften,
  - Kapitel 4.4.9. zur Bilanzierung von strukturierten Finanzinstrumenten,
  - Kapitel 4.6. und 4.7. zu Vorsorgereserven nach § 340f/§ 340g HGB.
  - Kapitel 4.11.5. zur vorzeitigen Beendigung von Bewertungseinheiten.

- Neue Kapitel:
  - Kapitel 3.7.4. Bail-in-fähige Verbindlichkeiten,
  - Kapitel 4.2.4. zur Amortised-cost-Bewertung,
  - Kapitel 4.3.5.5.2. Pauschalwertberichtigungen nach BFA 7.

Das Handbuch Bankbilanz richtet sich an

- Mitarbeiter im Rechnungswesen und Controlling in Banken, Finanz-dienstleistungsinstituten, Zahlungs- und E-Geld-Instituten, Wertpapier-instituten sowie Kapitalverwaltungsgesellschaften,
- Wirtschaftsprüfer, Steuerberater sowie andere Berater und Prüfer und deren Mitarbeiter,
- Wissenschaftler sowie Studierende des Bankwesens, der Bankbetriebs-lehre sowie der Bankbilanzierung und Bilanzierung von Finanzinstru-menten.

Das BilMoG wurde weiterhin nach der elektronischen Vorabfassung von Be-schlussempfehlung und Bericht des Rechtsausschusses zu dem Gesetzentwurf der Bundesregierung (BT-Drucks. 16/12407 vom 24.3.2009) zitiert.

Die Ausführungen im Handbuch Bankbilanz stellen die persönliche Auf-fassung der Verfasser dar.

Für die langjährige, stets kompetente und zuverlässige Unterstützung durch Frau Iris Schwarz sowie Frau Selena Mauser vom Bibliotheksteam bedanken wir uns besonders.

Plochingen/Holzgerlingen, im August 2022

Prof. Paul Scharpf   Prof. Dr. Mathias Schaber

Vorwort zur achten Auflage

Das „Handbuch Bankbilanz" erscheint knapp zwei Jahre nach der letzten Auflage in der nunmehr achten Auflage mit Stand Februar 2020; nachdem die erste Auflage im Jahr 2002 erschien, sind dies acht Auflagen in 18 Jahren.

Das Handbuch Bankbilanz stellt nach wie vor auch in der achten Auflage grundsätzlich nur die für Banken und Finanzdienstleister sowie Zahlungs- und E-Geld-Institute relevanten Bilanzierungs- und Bewertungsregelungen (Bilanz, Gewinn- und Verlustrechnung, Anhang) mit Fokus auf die institutsspezifischen Besonderheiten dar.

Die allgemeinen Vorschriften zur Rechnungslegung und zur Berichterstattung (einschließlich Lagebericht) sowie der Konzernabschluss sind nicht Gegenstand der Darstellung und Kommentierung.

Wie bereits in den Vorauflagen wurde auch in dieser Auflage sämtliche relevante neue Literatur, Rechtsprechung und neuen Gesetze eingearbeitet bzw. aktualisiert. Besonders hervorzuheben ist Folgendes:

- Einarbeitung der RechZahlÄndV vom 17.12.2018, einschließlich Gesamtüberarbeitung im Hinblick auf Zahlungs- und E-Geld-Institute.
- Aktualisierung des Kapitels 3.2. zur Bilanzierung von Pensionsgeschäften.
- Ausweis von sog. bail-in-fähigen Instrumenten (Kapitel 3.7.4.).
- Umfassende Aktualisierung von Kapitel 4.3.4.2. „Verlustfreie Bewertung des Bankbuchs", insbesondere Anpassung an IDW RS BFA 3 n.F. sowie der hierzu veröffentlichten Literatur einschließlich des FMA-Rundschreibens zur Bilanzierung der Zinssteuerungsderivate im Vergleich zum Ansatz nach IDW RS BFA 3 n.F.
- Das neue Kapitel 4.3.5.5.2. „Handelsrechtliche Pauschalwertberichtigungen nach IDW RS BFA 7" enthält eine – bedingt durch die Veröffentlichung der neuen Regelungen erst kurz vor Redaktionsschluss – knappe Darstellung.
- Überarbeitung und Aktualisierung von Kapitel 4.3.6. „Restrukturierung von Finanzinstrumenten".
- Neubearbeitung von Kapitel 4.7. „Fonds für allgemeine Bankrisiken (§ 340g HGB)", insbesondere aufgrund der neuen Rechtsprechung sowie Kommentarliteratur zu dieser Rechtsprechung.
- Überarbeitung von Kapitel 4.8. „Fremdwährungsumrechnung", insbesondere Einarbeitung von DRS 25 sowie der hierzu erschienen Literatur.

- Umfassende Aktualisierung von Kapitel 4.3.6. „Restrukturierung von Finanzinstrumenten", von Kapitel 4.10. „Bilanzierung von Wertpapierleihegeschäften" (bezüglich des wirtschaftlichen Eigentums), von Kapitel 4.11. „Bilanzierung von Bewertungseinheiten" (bezüglich der Frage Wahlrecht oder Pflicht).
- Ein neues Kapitel 4.13. zur „Bilanzierung und Bewertung im Rahmen von Bitcointransaktionen".
- Überarbeitung und Aktualisierung der Ausführungen zum Passivposten „Rückstellungen".

Das „Handbuch Bankbilanz" richtet sich an

- Mitarbeiter im Rechnungswesen und Controlling in Banken, Finanzdienstleistungsinstituten, Zahlungs- und E-Geld-Instituten sowie Kapitalverwaltungsgesellschaften.
- Wirtschaftsprüfer, Steuerberater sowie andere Berater und deren Mitarbeiter.
- Wissenschaftler sowie Studierende des Bankwesens, der Bankbetriebslehre sowie der Bankbilanzierung und Bilanzierung von Finanzinstrumenten.

Das BilMoG wurde weiterhin nach der elektronischen Vorabfassung von Beschlussempfehlung und Bericht des Rechtsausschusses zu dem Gesetzentwurf der Bundesregierung (BT-Drucks. 16/12407 vom 24.3.2009) zitiert.

In der achten Auflage werden ebenso wie in den Vorauflagen materiell relevante Änderungen durch Randstriche kenntlich gemacht.

Die Ausführungen im „Handbuch Bankbilanz" stellen die persönliche Auffassung der Verfasser dar.

Plochingen/Holzgerlingen, im Februar 2020

Prof. Paul Scharpf   Prof. Dr. Mathias Schaber

Vorwort zur siebten Auflage

Das „Handbuch Bankbilanz" erscheint gut zwei Jahre nach der letzten Auflage in der siebten Auflage mit Stand Oktober 2017. Das Handbuch Bankbilanz stellt auch in der siebten Auflage nur die für Banken und Finanzdienstleister sowie Zahlungs- und E-Geld-Institute relevanten Bilanzierungs- und Bewertungsregelungen (Bilanz, Gewinn- und Verlustrechnung, Anhang) mit Fokus auf die institutsspezifischen Besonderheiten dar. Die allgemeinen Vorschriften zur Rechnungslegung und zur Berichterstattung (einschließlich Lagebericht) sowie der Konzernabschluss sind nicht Gegenstand der Darstellung und Kommentierung.

Wie bereits in den Vorauflagen wurde auch in dieser Auflage sämtliche relevante neue Literatur und Rechtsprechung eingearbeitet. Das Stichwortverzeichnis wurde ebenfalls in die Überarbeitung einbezogen.

Das Bilanzrichtlinie-Umsetzungsgesetz (BilRUG) vom 17.7.2015, das der Umsetzung der EU-Bilanzrichtlinie vom 26.6.2013 diente, wurde – soweit es für die Bilanzierung von Banken relevant ist – eingearbeitet. Darüber hinaus wurden auch die Aktienrechtsnovelle 2016 vom 22.12.2015, das „Gesetz zur Umsetzung der Wohnimmobilienkreditrichtlinie und zur Änderung handelsrechtlicher Vorschriften" vom 16.3.2016 sowie das Abschlussprüferreformgesetz (AReG) vom 10.5.2016 eingearbeitet.

Weitere Schwerpunktthemen der siebten Auflage sind im Wesentlichen:

- Ein neues Kapitel (4.12.6.) zur Bilanzierung von Kreditderivaten sowie ein Kapitel (4.3.6.) zur Restrukturierung von Kreditbeziehungen.
- Die Darstellung der Bilanzierung von Bewertungseinheiten (Kapitel 4.11.) sowie die Bilanzierung sog. langlaufender Zinsswaps im Bankbuch (Kapitel 4.12.2.) wurden an den aktuellen Stand der Diskussionen angepasst.
- Das Kapitel zur verlustfreien Bewertung des Bankbuchs (insbes. Kapitel 4.3.4.2.6. zur Behandlung in der Steuerbilanz), das Kapitel 4.8. zur Währungsumrechnung sowie das Kapitel 4.9. zur Bewertung von Verbindlichkeiten wurden überarbeitet und aktualisiert.
- Die Beurteilung des wirtschaftlichen Eigentums, insbes. im Zusammenhang mit Pensions- und Wertpapierleihegeschäften, wurde diskutiert.
- Die Darstellung der Bilanzierung von CoCo-Bonds und Write-down Bonds (AT 1 Finanzinstrumente) wurde überarbeitet und aktualisiert.

Das BilMoG wurde weiterhin nach der elektronischen Vorabfassung von Beschlussempfehlung und Bericht des Rechtsausschusses zu dem Gesetzentwurf der Bundesregierung (BT-Drucks. 16/12407 vom 24.3.2009) zitiert.

In der siebten Auflage werden ebenso wie in den Vorauflagen materiell relevante Änderungen durch Randstriche kenntlich gemacht.

Die Ausführungen im „Handbuch Bankbilanz" stellen die persönliche Auffassung der Verfasser dar.

Plochingen/Holzgerlingen, im Oktober 2017

Prof. Paul Scharpf   Prof. Dr. Mathias Schaber

Vorwort zur sechsten Auflage

Das „Handbuch Bankbilanz" erscheint zwei Jahre nach der letzten Auflage in der sechsten Auflage mit Stand Februar 2015. Wie bereits in den Vorauflagen wurde auch in dieser Auflage sämtliche relevante neue Literatur und Rechtsprechung eingearbeitet. Die Änderungen aufgrund des CRD IV-Umsetzungsgesetzes vom 28.8.2013, des AIFM-Umsetzungsgesetzes vom 4.7.2013 und des Gesetzes zur Anpassung von Gesetzen auf dem Gebiet des Finanzmarkts vom 15.7.2014 wurden berücksichtigt.

Darüber hinaus wurde der Regierungsentwurf zum Bilanzrichtlinie-Umsetzungsgesetz (BilRUG, zitiert: HGB-E; BR-Drs. 23/15) vom 7.1.2015/ 23.1.2015, das der Umsetzung der neuen Bilanzrichtlinie 2013/34/EU des Europäischen Parlaments und des Rates vom 26.6.2013 über den Jahresabschluss, den konsolidierten Abschluss und damit verbundene Berichte von Unternehmen bestimmter Rechtsformen und zur Änderung der Richtlinie 2006/43/EG des Europäischen Parlaments und des Rates und zur Aufhebung der Richtlinie 78/660/EG des Europäischen Parlaments und des Rates und zur Aufhebung der Richtlinien 76/660/EWG und 83/349/EWG des Rates (ABl. EU Nr. L 182 vom 29.6.2013, S. 19; kurz: EU-Bilanzrichtlinie) dient, eingearbeitet. Die Darstellung der für Institute relevanten Normen des RegE erfolgt in Kursivdruck und mit Randstrich.

Weitere Schwerpunktthemen der sechsten Auflage sind im Wesentlichen:

- Ein neues Kapitel (4.12.) zur Bilanzierung ausgewählter Derivate (Zinsswaps, Optionen, Zinsbegrenzungsvereinbarungen, Devisentermingeschäfte, Auswirkungen von EMIR), mit Ausführungen zur Marktwertermittlung und zur Bilanzierung bei Einzelbewertung, bei Bestehen einer Bewertungseinheit, im Handelsbestand bzw. im Bankbuch,
- Darstellung der Bilanzierung von CoCo-Bonds und Write-down Bonds (AT 1 Finanzinstrumente),
- Aktualisierung und Ergänzung des Kapitels zur verlustfreien Bewertung des Bankbuchs.

Das BilMoG wurde weiterhin nach der elektronischen Vorabfassung von Beschlussempfehlung und Bericht des Rechtsausschusses zu dem Gesetzentwurf der Bundesregierung (BT-Drucks. 16/12407 vom 24. März 2009) zitiert.

Das Handbuch stellt auch in der sechsten Auflage nur die für Banken und Finanzdienstleister sowie Zahlungs- und E-Geld-Institute relevanten Bilanzierungs- und Bewertungsregelungen (Bilanz, Gewinn- und Verlustrechnung,

Anhang) mit Fokus auf die institutsspezifischen Besonderheiten dar. Die allgemeinen Vorschriften zur Rechnungslegung und zur Berichterstattung (einschließlich Lagebericht) sowie der Konzernabschluss sind nicht Gegenstand der Darstellung und Kommentierung.

In der sechsten Auflage werden ebenso wie in den Vorauflagen materiell relevante Änderungen durch Randstriche kenntlich gemacht.

Die Ausführungen im „Handbuch Bankbilanz" stellen die persönliche Auffassung der Verfasser dar.

Plochingen/Holzgerlingen, im Februar 2015

Prof. Paul Scharpf   Dr. Mathias Schaber

Vorwort zur fünften Auflage

Das „Handbuch Bankbilanz" erscheint zwei Jahre nach der letzten Auflage in der fünften Auflage mit Stand Februar 2013. Die gravierenden Änderungen durch das Bilanzrechtsmodernisierungsgesetz (BilMoG) vom 29. Mai 2009 dürften nunmehr im Schrifttum sowie durch die darauf Bezug nehmenden Rechnungslegungsstandards weitgehend kommentiert sein. Sämtliche aufgrund des BilMoG geänderten bzw. neu gefassten Rechnungslegungsstandards (RS) bzw. Rechnungslegungshinweise (RH) des Bankenfachausschusses (BFA) sind in dieser Auflage umfassend verarbeitet und kommentiert. Wie bereits in den Vorauflagen wurde auch in dieser Auflage sämtliche relevante neue Literatur und Rechtsprechung eingearbeitet.

Das BilMoG wurde weiterhin nach der elektronischen Vorabfassung von Beschlussempfehlung und Bericht des Rechtsausschusses zu dem Gesetzentwurf der Bundesregierung (BT-Drucks. 16/12407 vom 24. März 2009) zitiert.

Das Handbuch stellt nur die für Banken und Finanzdienstleister sowie Zahlungs- und E-Geld-Institute relevanten Bilanzierungs- und Bewertungsregelungen (Bilanz, Gewinn- und Verlustrechnung, Anhang) mit Fokus auf die institutsspezifischen Besonderheiten dar. Die allgemeinen Vorschriften zur Rechnungslegung und zur Berichterstattung (einschließlich Lagebericht) sowie der Konzernabschluss sind nicht Gegenstand der Darstellung und Kommentierung.

In der fünften Auflage werden ebenso wie in der vierten Auflage materiell relevante Änderungen durch Randstriche kenntlich gemacht.

Als wesentliche Neuerungen sind insbesondere zu nennen: Eigenständige Kapitel zur verlustfreien Bewertung des Bankbuchs (Kapitel 4.3.4.3.) und zur Bildung von Rechnungsabgrenzungsposten im Zusammenhang mit Verbindlichkeiten (Kapitel 4.9.1.).

Bei der Überarbeitung wurden IDW RS BFA 2 (Handelsbestand), IDW RS BFA 3 (verlustfreie Bewertung des Bankbuchs), IDW RS BFA 4 (Währungsumrechnung), IDW RS BFA 5 (Financial Futures und Forward Rate Agreements) und IDW RS BFA 6 (Optionen), IDW RH BFA 1.001 (Bondstripping) sowie die neuen bzw. geänderten Rechnungslegungsstandards des HFA eingearbeitet. Die Bilanzierung von Leasing nimmt nunmehr auch einen angemessenen Raum ein.

Nachdem Paul Scharpf nach 33 Jahren aus dem aktiven Berufsleben ausgeschieden ist, ist dieses Buch ohne jegliche firmenpolitische Bindung verfasst worden. Die Ausführungen im „Handbuch Bankbilanz" stellen die persönliche Auffassung der Verfasser dar.

Die Verfasser bedanken sich ganz besonders bei Herrn WP/StB Ulf Jessen, Leiter der Grundsatzabteilung des DGRV, Berlin sowie bei seinen Mitarbeitern für die Bereitschaft zur Diskussion der oft komplexen Themen sowie für die vielen Anregungen.

Plochingen/Holzgerlingen, im April 2013

Prof. Paul Scharpf   Dr. Mathias Schaber

Vorwort zur vierten Auflage

Das „Handbuch Bankbilanz" erscheint nunmehr mit Stand 31. März 2011 in der vierten Auflage. Aufgrund der Gesetzesänderungen (insbesondere Bilanzrechtsmodernisierungsgesetz (BilMoG) vom 29. Mai 2009 sowie dessen Folgeänderungen) und der darauf Bezug nehmenden Rechnungslegungsstandards und Literatur sowie der zwischenzeitlich eingetretenen Änderungen in der Bilanzierungspraxis und in der Rechtsprechung war eine erneute Überarbeitung erforderlich.

Das Bilanzrechtsmodernisierungsgesetz wurde nach der elektronischen Vorabfassung von Beschlussempfehlung und Bericht des Rechtsausschusses zu dem Gesetzentwurf der Bundesregierung (BT-Drucks. 16/12407 vom 24. März 2009) zitiert.

Das Handbuch stellt nur die für Banken und Finanzdienstleister relevanten Bilanzierungs- und Bewertungsregelungen (Bilanz, Gewinn- und Verlustrechnung, Anhang) mit Fokus auf die institutsspezifischen Besonderheiten dar. Die allgemeinen Vorschriften zur Rechnungslegung und zur Berichterstattung (einschließlich Lagebericht) sowie der Konzernabschluss sind nicht Gegenstand der Darstellung und Kommentierung.

In der vierten Auflage werden ebenso wie in der dritten Auflage wichtige Änderungen durch Randstriche kenntlich gemacht.

Als wesentliche Neuerungen sind besonders die komplett überarbeiteten Kapitel zur Bildung und Bilanzierung von Bewertungseinheiten, zur Bilanzierung und Bewertung des Handelsbestands, zur Fremdwährungsumrechnung nach § 340h HGB, zur Anerkennung und Bilanzierung sog. interner Geschäfte sowie zu ausgewählten Anhangangaben, die für Institute besondere Relevanz haben, zu nennen.

Darüber hinaus wird in der vierten Auflage erstmals auf die Besonderheiten der Bilanzierung von Leasing- und Factoringunternehmen eingegangen. Die Ausweisfragen für Zahlungsinstitute nach der RechZahlV wurden ebenfalls eingearbeitet.

Erstmals wird die verlustfreie Bewertung des Bankbuchs einschließlich Ermittlung einer Drohverlustrückstellung für das Zinsrisiko im Bankbuch umfassend dargestellt.

Die Verfasser bedanken sich bei Frau Bettina Schemmel für die tatkräftige Unterstützung im Sekretariat. Ein besonderer Dank gebührt Frau WP/StB Daniela Santarossa-Preisler und Frau Nicole Rüdenauer, Herrn WP/StB Helmut Märkl, Herrn Joachim Brixner sowie Herrn Andreas Glaser, die uns sehr sachkundig unterstützt bzw. den Rücken frei gehalten haben. Frau Gatzka gilt der Dank für die akribische Durchsicht des Manuskripts. Den Lesern sind wir für Anregungen sowie für Verbesserungshinweise dankbar, die wir gerne berücksichtigen werden.

Selbstverständlich gehen alle in diesem Buch enthaltenen Fehler zu unseren Lasten.

Plochingen/Stuttgart im Mai 2011

Prof. Paul Scharpf   Dr. Mathias Schaber

Vorwort zur dritten Auflage

Das „Handbuch Bankbilanz" erscheint nunmehr mit Stand 31. Mai 2009 in der dritten Auflage. Aufgrund der zahlreichen Gesetzesänderungen (insbesondere Bilanzrechtsmodernisierungsgesetz vom 29. Mai 2009) sowie der zwischenzeitlich eingetretenen Änderungen in Rechnungslegungsstandards, in der Bilanzierungspraxis und in der Rechtsprechung war eine umfangreiche Überarbeitung erforderlich.

Das Bilanzrechtsmodernisierungsgesetz wurde nach der elektronischen Vorabfassung von Beschlussempfehlung und Bericht des Rechtsausschusses zu dem Gesetzentwurf der Bundesregierung (BT-Drucks. 16/12407 vom 24 März 2009) zitiert.

Das Handbuch stellt nur die für Banken und Finanzdienstleister relevanten Bilanzierungs- und Bewertungsregelungen (Bilanz, Gewinn- und Verlustrechnung, Anhang) mit Fokus auf die institutsspezifischen Besonderheiten dar. Die allgemeinen Vorschriften zur Rechnungslegung und zur Berichterstattung (einschließlich Lagebericht) sowie der Konzernabschluss sind nicht Gegenstand der Darstellung und Kommentierung. Aufgrund des Jahressteuergesetzes 2009 fallen nunmehr auch bestimmte Finanzierungs-leasing- und Factoringunternehmen in den Anwendungsbereich des KWG und damit auch in den Anwendungsbereich der § 340 ff. HGB.

Die wesentlichen Änderungen betreffen: Gesetzesänderungen (zB BilReG, EHUG, PfandBG, TUG, Übernahmerichtlinie-Umsetzungsgesetz, VorstOG, BilMoG, FMStG), Aktualisierung der Bilanzrechtsprechung, Anpassung an geänderte Standards des IDW, Einzelfragen der Bilanzierung und Bewertung (zB sachverhaltsgestaltende Maßnahmen, Offenlegung nach § 18 KWG, Wertberichtigungen, Abgrenzung der Wertpapierbestände, Bewertung des Handelsbestands, Bewertungseinheiten, Erfolgsrealisation bei bestimmten Veräußerungsgeschäften, Vorsorgereserven nach §§ 340f und 340g HGB, Aufgabegeschäfte, Wertpapierleihe, strukturierte Finanzinstrumente, Zertifikate, Step-up-/Step-down-Anleihen, Verlustberücksichtigung bei Genussrechten, Software, Rechnungsabgrenzung, Forward-Darlehen, Rückstellungen, Closeout-Transaktionen und ähnliche Maßnahmen, Sach-dividenden, Vorfälligkeits- und Nichtabnahmeentschädigung, Erträge aus Investmentanteilen, Ausschüttungen auf stille Einlagen uam.).

Besonders zu nennen sind in diesem Zusammenhang die Änderungen des KWG und des HGB bezüglich der Erstellung von Zwischenabschlüssen zur Anerkennung von Zwischengewinnen als haftendes Eigenkapital, die Bilanzierung und Bewertung im Rahmen der Subprime- und Finanzkrise sowie die zahlreichen Änderungen, die das Bilanzrechtsmodernisierungsgesetz mit sich brachte. Darüber hinaus sind die bilanziellen Auswirkungen der Maßnahmen des Finanzmarktstabilisierungsgesetzes Gegenstand der Ausführungen.

Die Verfasser bedanken sich bei Frau Bettina Schemmel für die tatkräftige Unterstützung im Sekretariat. Ein besonderer Dank gebührt Frau WP/StB Daniela Santarossa-Preisler, die uns sehr sachkundig unterstützt hat, und Frau Anna Maucher für die akribische Durchsicht des Manuskripts. Den Lesern sind wir für Anregungen sowie für Verbesserungshinweise dankbar, die wir gerne berücksichtigen werden.

Plochingen/Stuttgart im Mai 2009

Paul Scharpf   Dr. Mathias Schaber

Vorwort zur zweiten Auflage

Das „Handbuch Bankbilanz" erscheint nach zwei Jahren nunmehr in der zweiten Auflage. Aufgrund der zahlreichen Gesetzesänderungen sowie der zwischenzeitlich eingetretenen Änderungen in der Bilanzierungspraxis und Rechtsprechung sowie der bankaufsichtlichen Vorgaben war es erforderlich, die erste Auflage grundlegend zu überarbeiten. Das „Handbuch Bankbilanz" wird aufgrund der ansonsten sehr positiven Resonanz künftig alle zwei Jahre neu erscheinen.

Das Handbuch stellt sowohl die Bilanzierungs- und Bewertungsregelungen für Banken und Finanzdienstleister als auch die für die Prüfung des Jahresabschlusses (Bilanz, Gewinn- und Verlustrechnung, Anhang) und des Lageberichts relevanten institutsspezifischen Besonderheiten dar. Es wurde wieder auf die Darstellung allgemeiner Bilanzierungs- und Bewertungsfragen ebenso verzichtet wie auf die Darstellung der grundlegenden Fragen zur Jahresabschlussprüfung. Berücksichtigung fanden auch in der zweiten Auflage mithin nur die für Institute spezifischen Fragen der Bilanzierung, Bewertung und Prüfung.

Änderungen (Stand Februar 2004) haben sich insbesondere im Rahmen der Bilanzierung und Bewertung (zB sachverhaltsgestaltende Maßnahmen wie ABS-, Recouponing-, Close Out-Transaktionen, Margenvereinnahmungen; Berücksichtigung von Ausfallrisiken – einschl. MaK und § 18 KWG – und internen Geschäften; strukturierte Produkte; Investmentanteile; Rückstellungen wie bspw. für Bürgschaften, Zinsänderungsrisiko; emittierte Pflichtwandelanleihen usw.), der Prüfung und Berichterstattung (zB sachverhaltsgestaltende Maßnahmen, Ausfallrisiken, interne Geschäfte uam.) sowie der aufsichtsrechtlichen Regelungen (zB FinMarktFG, MaK, § 18 KWG, Pflichtverletzung bei der Kreditgewährung, Einarbeitung der Rundschreiben und Meinungsäußerungen der Bankenaufsicht) ergeben.

Mein herzlicher Dank gilt Herrn Professor Günther Luz, der das Werk bezüglich der bankaufsichtlichen Bestimmungen durchgesehen hat bzw. hat durchsehen lassen. Danken möchte ich aber auch meiner Sekretärin Frau Susann Haase sowie unserer Bibliothekarin Frau Dipl. Bibl. Iris Schwarz, die durch ihre Hilfsbereitschaft und konstruktiven Vorschläge zum Gelingen des Handbuches mit beigetragen haben. Großen Dank schulde ich wiederum meiner Familie, die nach wie vor viel Geduld bewiesen und Verständnis aufgebracht hat.

Selbstverständlich gehen alle in diesem Buch enthaltenen Fehler ausschließlich zu Lasten des Autors.

Stuttgart im Februar 2004   Paul Scharpf

Vorwort zur ersten Auflage

Das vorliegende Handbuch knüpft an den vom Verfasser zum In-Kraft-Treten des Bankbilanzrichtlinie-Gesetzes im Jahr 1992 veröffentlichten *„Leitfaden zum Jahresabschluss nach dem Bankbilanzrichtlinie-Gesetz"* an. Seither gab es eine Reihe von Veränderungen der branchenspezifischen Bilanzierungsnormen, die eine völlige Neubearbeitung erforderlich machten. Eine der wesentlichen Änderungen war die Einbeziehung der sogenannten Finanzdienstleistungsinstitute in den Anwendungsbereich der für Banken geltenden Bilanzierungsregeln. Nun müssen beispielsweise auch sämtliche Anlage- und Abschlussvermittler (zB Makler), Finanzportfolioverwalter und Eigenhändler nach den für Banken anzuwendenden Rechnungslegungsvorschriften bilanzieren.

Das Handbuch stellt nicht nur die Bilanzierungs- und Bewertungsregelungen für Banken und Finanzdienstleister dar, sondern auch die für die Prüfung des Jahresabschlusses (Bilanz, Gewinn- und Verlustrechnung, Anhang) und des Lageberichts relevanten institutsspezifischen Besonderheiten. Das Handbuch richtet sich als handliches und doch umfassendes Werk in erster Linie an den Bankpraktiker. Daher wurde auf die Darstellung allgemeiner Bilanzierungs- und Bewertungsfragen ebenso verzichtet wie auf die Darstellung der grundlegenden Fragen zur Jahresabschlussprüfung. Berücksichtigung fanden mithin nur die für Institute spezifischen Fragen der Bilanzierung, Bewertung und Prüfung.

Im Handbuch Bankbilanz sind zunächst die allgemeinen Regelungen des Bankbilanzrichtlinie-Gesetzes (§§ 340 ff. HGB) sowie der Rechnungslegungsverordnung für Kredit- und Finanzdienstleistungsinstitute (RechKredV) unter Berücksichtigung der für diese Institute geltenden Bilanzierungs- und Prüfungsstandards des Instituts der Wirtschaftsprüfer abgehandelt. Daran schließt sich die Darstellung der Posten der Bilanz und der Gewinn- und Verlustrechnung sowie des Anhangs und Lageberichts – einschließlich der jeweiligen institutsspezifischen Prüfungsfragen – an. Hierbei wird auch auf die bei den einzelnen Bilanzposten relevanten bankaufsichtlichen Normen (Eigenmittel, Anzeigewesen usw.) eingegangen.

Mein herzlicher Dank gilt Herrn Dr. Mathias Schaber, der Teile dieses Handbuches bearbeitet hat. Danken möchte ich aber auch meiner Sekretärin Frau Susann Günther sowie unserer Bibliothekarin Frau Dipl. Bibl. Iris Schwarz, die durch ihre Hilfsbereitschaft und konstruktiven Vorschläge zum Gelingen des Handbuches mit beigetragen haben. Großen Dank schulde ich wiederum meiner Familie, die nach wie vor viel Geduld bewiesen und Verständnis aufgebracht hat.

Selbstverständlich gehen alle in diesem Buch enthaltenen Fehler ausschließlich zu Lasten des Autors.

Stuttgart, im Februar 2002   Paul Scharpf

Inhaltsverzeichnis

Abbildungsverzeichnis

Abkürzungsverzeichnis

aA	anderer Ansicht
Abb.	Abbildung
ABlEG	Amtsblatt der Europäischen Gemeinschaft
Abs.	Absatz
ABS	Asset Backed Securities
Abschn.	Abschnitt
ADR	American Depositary Receipt
ADS	Adler/Düring/Schmaltz, Rechnungslegung und Prüfung der Unternehmen, 6. Auflage, Stuttgart, 1995-2001
ADS (1965)	Adler/Düring/Schmaltz, Rechnungslegung und Prüfung der Aktiengesellschaft, 4. Auflage, Stuttgart 1968
aF	alte(r) Fassung
AfA	Absetzung für Abnutzung
AFRAC	Austrian Financial Reporting and Auditing Committee, Wien, http://www.afrac.at
AG	Aktiengesellschaft, auch Die Aktiengesellschaft (Zeitschrift), auch Amtsgericht
AGB	Allgemeine Geschäftsbedingungen
AIBD	Association of International Bond Dealers
AIF	Alternative Investment Fund
AIFMD	Alternative Investment Fund Managers Direktive
AIFM-UmsG	AIFM-Umsetzungsgesetz (Gesetz zur Umsetzung der Richtlinie 2011/61/EU über die Verwalter alternativer Investmentfonds)
AktG	Aktiengesetz
Anm.	Anmerkung
AnzÄndV	Verordnung zur Änderung der Anzeigenverordnung
AnzV	Anzeigenverordnung
Art.	Artikel
Aufl.	Auflage
Az.	Aktenzeichen
BaBiRiLiG	Gesetz zur Durchführung der Richtlinie des Rates der Europäischen Gemeinschaften über den Jahresabschluss und den konsolidierten Abschluss von Banken und anderen Finanzinstituten (Bankbilanzrichtlinie-Gesetz)
BaFin	Bundesanstalt für Finanzdienstleistungsaufsicht

BAK, BAKred	Bundesaufsichtsamt für das Kreditwesen (jetzt BaFin)
BAnz	Bundesanzeiger
BauSparkG	Bausparkassengesetz
baw.	bis auf weiteres
BB	Betriebs-Berater (Zeitschrift)
BBankG	Gesetz über die Deutsche Bundesbank
BBl.	Betriebswirtschaftliche Blätter (Zeitschrift)
BBK	Buchführung, Bilanz, Kostenrechnung (Zeitschrift, Loseblattsammlung)
BC	Zeitschrift für Bilanzierung, Rechnungswesen und Controlling, Verlag C.H. Beck, München
Bd.	Band
BdB	Bundesverband deutscher Banken, Berlin
BdF	Bundesminister der Finanzen
BdJ	Bundesminister der Justiz
BeBiKo.	Beck'scher Bilanz-Kommentar, Handels- und Steuerbilanz, herausgegeben von Grottel/ Justenhoven/Schubert/ Störk, 13. Aufl., München 2022
BeckHdR	Beck'sches Handbuch der Rechnungslegung, herausgegeben von Böcking/Groß/Oser/Scheffler/ Thormann, Loseblattsammlung
BeckOK	Beck'scher Online-Kommentar HGB, herausgegeben von Häublein/Hoffmann-Theinert, München 2022
Begr.	Begründung
Bek.	Bekanntmachung
BelWertV	Beleihungswertermittlungsverordnung
BeSt	Beratersicht zur Steuerrechtsprechung (Zeitschrift), Quartalsbeilage zu EFG und HFR
BewG	Bewertungsgesetz
BFA	Bankenfachausschuss des Instituts der Wirtschaftsprüfer in Deutschland e.V.
BFH	Bundesfinanzhof
BFH/NV, BHFE	Sammlung der Entscheidungen des Bundesfinanzhofs (Zeitschrift)
BFuP	Betriebswirtschaftliche Forschung und Praxis (Zeitschrift)
BGB	Bürgerliches Gesetzbuch
BGBl.	Bundesgesetzblatt
BGH	Bundesgerichtshof

BGHZ	Entscheidungen des Bundesgerichtshofs in Zivilsachen (Zeitschrift)
BilMoG	Bilanzrechtsmodernisierungsgesetz
BilRUG	Bilanzrichtlinie-Umsetzungsgesetz
BKR	Bank- und Kapitalmarktrecht (Zeitschrift)
BilReg	Bilanzrechtsreformgesetz
BIZ	Bank für internationalen Zahlungsausgleich, Basel
BMF	Bundesministerium der Finanzen
BMJ	Bundesministerium der Justiz
BörsG	Börsengesetz
BP	BankPraktiker (Zeitschrift)
BpO	Betriebsprüfungsordnung
BR-Drucks.	Bundesrats-Drucksache
BRZ	Zeitschrift für Bilanzierung und Rechnungswesen
BsGaV	Betriebsstättengewinnaufteilungsverordnung
BSG/BSpKG	Bausparkassengesetz
BSpKVO	Bausparkassen-Verordnung
bspw.	beispielsweise
BStBl.	Bundessteuerblatt
BStBk	Bundessteuerberaterkammer
BT	Bundestag
BT-Drucks.	Bundestags-Drucksache
BTC	Bitcoin (virtuelle Währung)
BUZAV	Verordnung über die Bestätigung der Umstellungsrechnung und das Verfahren der Zuteilung und des Erwerbs von Ausgleichsforderungen
BWG	Bankwesengesetz
BZ	Börsenzeitung
bzgl.	bezüglich
bzw.	beziehungsweise
CAD	Kapitaladäquanzrichtlinie, Kanadische Dollar
CCP	Central Counterparty
CCZ	Corporate Compliance Zeitschrift
CDS	Credit Default Swap
CEBS	Committee of European Banking Supervision
CFD	Contract for Difference
CHF	Schweizer Franken
CLN	Credit Linked Note
Consbruch/Fischer	Kreditwesengesetz – Bank-, Bankaufsichts- und Kapitalmarktrecht mit amtlichen Verlautbarungen – Textsammlung, Loseblatt, C.H. Beck

COREP	Common Reporting
CP	Commercial Paper
CRD IV-UmsG	CRD IV-Umsetzungsgesetz
CRR	Capital Requirements Regulation (EU-VO 575/2013)
CSO	Credit Spread Option
CSR-RUG	CSR-Richtlinie-Umsetzungsgesetz
CTD	Cheapest to Deliver
CVA	Credit Value Adjustment
DAX	Deutscher Aktienindex
DGRV	Deutscher Genossenschafts- und Raiffeisenverband e.V., Berlin
DB	Der Betrieb (Zeitschrift)
DBB	Deutsche Bundesbank
DBW	Die Betriebswirtschaft (Zeitschrift)
DepG	Gesetz über die Verwahrung und Anschaffung von Wertpapieren (Depotgesetz)
dh.	das heißt
DK	Deutsche Kreditwirtschaft, Interessenvertretung der kreditwirtschaftlichen Spitzenverbände (www.die-dk.de)
DRS	Deutscher Rechnungslegungsstandard
DRSC	Deutsches Rechnungslegungs Standards Committee e.V.
DSGV	Deutscher Sparkassen- und Giroverband
DStR	Deutsches Steuerrecht (Zeitschrift)
DStRE	DStR Entscheidungsdienst (Zeitschrift)
DStZ	Deutsche Steuer-Zeitung
DSW	Deutsche Schutzvereinigung für Wertpapierbesitz e.V., Düsseldorf
DTB	Deutsche Terminbörse (jetzt: Eurex)
DVA	Debit Value Adjustment
DVFA	Deutsche Vereinigung für Finanzanalyse und Anlageberatung
DVO	Delegierte Verordnung
EC	European Community
ECU	Europäische Währungseinheit
ED	Exposure Draft
E-DRS	Entwurf-Deutscher Rechnungslegungsstandard
EdW	Entschädigungseinrichtung für Wertpapierhandelsunternehmen

EF	Expert Focus (Zeitschrift, früher: Schweizer Treuhänder)
EFG	Entscheidungen der Finanzgerichte (Zeitschrift)
EG	Europäische Gemeinschaften
EGHGB	Einführungsgesetz zum Handelsgesetzbuch
EHUG	Gesetz über elektronische Handelsregister und Genossenschaftsregister sowie das Unternehmensregister
EMIR	European Market Infrastructure Regulation, Verordnung (EU) Nr. 648/2012 über OTC-Derivate, zentrale Gegenparteien und Transaktionsregister
EONIA	Euro Overnight Index Average
EPS	Entwurf IDW-Prüfungsstandard
ESAEG	Einlagensicherungs- und Anlegerentschädigungsgesetz
ESMA	The European Markets and Securities Authority
EStG	Einkommensteuergesetz
€STR/ESTER	Euro Short-Term Rate
ESZB	Europäisches System der Zentralbanken
ETF	Exchange Traded Funds
EU	Europäische Union
EU-Bilanzricht-linie	Bilanzrichtlinie 2013/34/EU des Europäischen Parlaments und des Rates vom 26.6.2013 über den Jahresabschluss, den konsolidierten Abschluss und damit verbundene Berichte von Unternehmen bestimmter Rechtsformen und zur Änderung der Richtlinie 2006/43/EG des Europäischen Parlaments und des Rates und zur Aufhebung der Richtlinien 76/660/EWG und 83/349/EWG des Rates
EuGH	Europäischer Gerichtshof
EUR	Euro
EURIBOR	Euro Interbank Offered Rate
EuroEG	Gesetz zur Einführung des Euro (Euro-Einführungsgesetz)
evtl.	eventuell
EWB	Einzelwertberichtigung
EWGV	Vertrag zur Gründung der Europäischen Wirtschaftsgemeinschaft
eWpG	Gesetz über elektronische Wertpapiere
EWR	Europäischer Wirtschaftsraum
EWU	Europäische Währungsunion

EZB	Europäische Zentralbank
f.	folgende(r) (Seite, Paragraf)
FAB	Fachausschuss für Unternehmensbericht-erstattung des Instituts der Wirtschaftsprüfer in Deutschland e.V.
FAS	Financial Accounting Standard
FASB	Statement of Financial Accounting Standard
FB	Finanz Betrieb (Zeitschrift)
FDI	Finanzdienstleistungsinstitut
ff.	fortfolgende (Seiten, Paragrafen)
FG	Fachgutachten, Finanzgericht
FIBOR	Frankfurt Interbank Offered Rate
FINMA	Eidgenössische Finanzmarktaufsicht
FinMin	Finanzministerium
FINREP	Financial Reporting
FIONA	Frankfurt Interbank Overnight Average
FLF	Finanzierung Leasing Factoring (Zeitschrift)
FMA	Finanzmarktaufsichtsbehörde in Österreich
FMSA	Finanzmarktstabilisierungsanstalt
FMStG	Finanzmarktstabilisierungsgesetz
FN	Fachnachrichten des Instituts der Wirtschaftsprüfer in Deutschland e.V., jetzt IDW Life
FR	Finanz-Rundschau (Zeitschrift)
FRA, FRAs	Forward Rate Agreement, Forward Rate Agreements
FRN	Floating Rate Note
FS	Festschrift
GAAP	Generally Accepted Accounting Principles
GBl.	Gesetzblatt
GE	Geldeinheiten
gem.	gemäß
GenG	Genossenschaftsgesetz
GewSt	Gewerbesteuer
GewStG	Gewerbesteuergesetz
GFR	Gammafaktorrisiko
ggf.	gegebenenfalls
ggü.	gegenüber
GKRL	Großkreditrichtlinie
glA	gleicher Ansicht
GLRG	Gezielte längerfristige Refinanzierungsgeschäfte

GmbHG	Gesetz betreffend die Gesellschaften mit beschränkter Haftung
GmbHR	GmbHRundschau (Zeitschrift)
GoB	Grundsätze ordnungsmäßiger Buchführung
GrEStG	Grunderwerbsteuergesetz
GrS	Großer Senat
GuV	Gewinn- und Verlustrechnung
GvK	Gruppe verbundener Kreditnehmer (CRR)
GwG	Geldwäschegesetz
GWuR	Geldwäsche & Recht (Zeitschrift)
HBG	Hypothekenbankgesetz
HdJ	Handbuch des Jahresabschlusses, hrsg. von Schulze-Osterloh/Hennrichs/Wüstemann, Verlag Dr. Otto Schmidt, Loseblatt
HdR	Handbuch der Rechnungslegung, Kommentar zur Rechnungslegung und Prüfung, 5. Auflage, Hrsg. Dusemond/Küting/Weber/Wirth, Loseblattsammlung, Stuttgart 2005 (Stand Juni 2021)
hEK	haftendes Eigenkapital
HFA	Hauptfachausschuss des Instituts der Wirtschaftsprüfer in Deutschland e.V.
HFR	Höchstrichterliche Finanzrechtsprechung (Zeitschrift)
HGB	Handelsgesetzbuch
hM	herrschende Meinung
Hrsg.	Herausgeber
Hs.	Halbsatz
HWBF	Handwörterbuch des Bank- und Finanzwesens, Hrsg. Gerke/Steier, Stuttgart 1995
HWRev	Handwörterbuch der Revision, Hrsg. Coenenberg/Wysocki, Stuttgart 1992
IAS	International Accounting Standard
IASB	International Accounting Standards Board
IBOR	InterBank Offered Rate/s
ICAAP	Internal Capital Adequacy Assessment Process
idF	in der Fassung
idR	in der Regel
idS	in diesem Sinne
IDW	Institut der Wirtschaftsprüfer in Deutschland e.V.

IDW BFA	Bankenfachausschuss des Instituts der Wirtschaftsprüfer in Deutschland e.V.
IDW ERS	Entwurf Rechnungslegungsstandard des IDW
IDW EPS	Entwurf Prüfungsstandard des IDW
IDW HFA	Hauptfachausschuss des Instituts der Wirtschaftsprüfer in Deutschland e.V.
IDW Life	Fachnachrichten des Instituts der Wirtschaftsprüfer in Deutschland e.V.
IDW PH	IDW Prüfungshinweis
IDW PS	IDW Prüfungsstandard
IDW RH	IDW Rechnungslegungshinweis
IDW RS	IDW Rechnungslegungsstandard
IDW S	IDW Standard
IDW VFA	Versicherungsfachausschuss des Instituts der Wirtschaftsprüfer in Deutschland e.V.
ieS	im engeren Sinne, im engen Sinne
IFRS	International Financial Reporting Standard
iHv.	in Höhe von
incl.	inklusive
InvG	Investmentgesetz (aufgehoben mit dem AIFM-UmsG vom 4.7.2013)
iRd.	im Rahmen des/der
iRv.	Im Rahmen von
IRR	Implied Repo Rate
IRS	Interest Rate Swap (Zinsswap)
IRZ	Zeitschrift für internationale Rechnungslegung
iSd.	im Sinne der, des, dieser
IStR	Internationales Steuerrecht (Zeitschrift)
iSv.	im Sinne von
ITS	Implementing Technical Standards
iVm.	in Verbindung mit
J	Jahr(e)
JA	Jahresabschluss
JBB	Journal of Banking Law and Banking (Zeitschrift ZBB)
JPY	Japanische Yen
JWG	Joint Working Group
KAG	Kommunalabgabengesetz Baden-Württemberg, Kapitalanlagegesellschaft
KAGB	Kapitalanlagegesetzbuch
KGaA	Kommanditgesellschaft auf Aktien

KK-RLR	Kölner Kommentar zum Rechnungslegungsrecht, Claussen/Scherrer (Hrsg.), Köln 2011
KI	Kreditinstitut
KNE	Kreditnehmereinheit (KWG)
Kom.	Kommentar
KoR	Zeitschrift für kapitalmarktorientierte Rechnungslegung
KredAnstWiAG	Gesetz über die Kreditanstalt für Wiederaufbau
KryptoFAV	Verordnung über Kryptofondsanteile
KStG	Körperschaftsteuergesetz
KuK	Kredit und Kapital (Zeitschrift)
KWG	Gesetz über das Kreditwesen
KWG (2013)	Gesetz über das Kreditwesen in der bis 31.12.2013 geltenden Fassung
Kz.	Kennziffer/Kennzahl
LG	Landgericht
LIBOR	London Interbank Offered Rate
LIFFE	London International Financial Future Exchange
MaBail-in	Mindestanforderungen zur Umsetzbarkeit eines Bail-in (MaBail-in)
MaRisk	Mindestanforderungen an das Risikomanagement
MiFID	Markets in Financial Instruments Directive
Mio.	Million(en)
MONA	Monthly Overnight Average
Mrd.	Milliarde(n)
MTN	Medium Term Note
MünchKomm. Bilanzrecht	Münchner Kommentar zum Bilanzrecht, Band 2, Bilanzrecht §§ 238-342e HGB, 1. Auflage, herausgegeben von Hennrichs, Joachim/ Kleindiek, Detlef/Watrin, Christoph, München 2013
MünchKomm. HGB	Münchner Kommentar zum Handelsgesetzbuch Band 4, Drittes Buch, Handelsbücher §§ 238 bis 342e HGB, herausgegeben von Schmidt, Karsten/ Ebke, Werner F., 4. Aufl. 2020
mwN	mit weiteren Nachweisen
nF	neue Fassung
NJW	Neue Juristische Wochenschrift (Zeitschrift)
nrkr.	nicht rechtskräftig
No.	Number

NPL	Non Performing Loan
Nr.	Nummer
Nrn.	Nummern
NWB	Neue Wirtschafts-Briefe
NYSE	New York Stock Exchange
NZG	Neue Zeitschrift für Gesellschaftsrecht
oa.	oben angeführt
oä.	oder ähnlich
ÖBA	Österreichisches Bank-Archiv
OECD	Organisation for Economic Cooperation and Development
OFD	Oberfinanzdirektion
og.	oben genannt
OGAW	Organismen zur gemeinsamen Anlage in Wertpapieren
OLG	Oberlandesgericht
oO	ohne Ortsangabe
OTC	Over-the-Counter
oV	ohne Verfasser
pa.	per annum
PfandBG	Pfandbriefgesetz
PHG	Personenhandelsgesellschaft
PIE	Public Interest Entity
PiR	Praxis der internationalen Rechnungslegung (Zeitschrift)
PRev	Revisionspraxis (Zeitschrift)
PrüfbV	Verordnung über die Prüfung der Jahresabschlüsse der Kreditinstitute und Finanzdienstleistungsinstitute sowie die darüber zu erstellenden Berichte (Prüfungsberichtsverordnung)
PV	Present Value (Barwert)
PVBP	Price Value of a Basis Point
PwC	PricewaterhouseCoopers
R	Richtlinie
RdF	Recht der Finanzinstrumente (Zeitschrift)
RechKredV	Verordnung über die Rechnungslegung der Kreditinstitute und Finanzdienstleistungsinstitute
RechVersV	Verordnung über die Rechnungslegung der Versicherungsunternehmen

RechZahlV	Verordnung über die Rechnungslegung der Zahlungsinstitute
RechZahlÄndV	Verordnung zur Änderung der Zahlungsinstituts-Rechnungslegungsverordnung
RegBegr.	Regierungsbegründung
RefE	Referentenentwurf
RegE	Regierungsentwurf
RelV-FINMA	Verordnung der Eidgenössischen Finanzmarktaufsicht über die Rechnungslegung
Rev.	Revision
RiG	Risikoreduzierungsgesetz
RIW	Recht der Internationalen Wirtschaft (Zeitschrift)
rkr.	rechtskräftig
RL	Rücklage
RLZ	Restlaufzeit
Rn.	Randnummer
RP	RevisionsPraktiker (Zeitschrift)
RS	Rechnungslegungsstandard
RStruktFG	Gesetz zur Errichtung eines Restrukturierungsfonds für Kreditinstitute (Restrukturierungsfondsgesetz)
RStruktFV	Verordnung über die Erhebung der Beiträge zum Restrukturierungsfonds für Kreditinstitute (Restrukturierungsfonds-Verordnung)
RTS	Regulatory Technical Standards
S.	Seite
s.	siehe
SABI	Sonderausschuss BiRiG IDW
SBBS	Sovereign Bond-Backed Securities
SchBG	Schiffsbankengesetz
Schr.	Schreiben
SFAS	Statement of Financial Accounting Standards
SfF	Senat für Finanzen
so.	siehe oben
sog.	sogenannte(r)
SoFFin	Sonderfonds Finanzmarktstabilisierung
SolvRL	Solvabilitätsrichtlinie
SPV	Special Purpose Vehicle
StBp	Die Steuerliche Betriebsprüfung (Zeitschrift)
StG	Steuergesetz
StLex	Steuerlexikon
StuB	Steuern und Bilanzen (Zeitschrift)

StückAG	Gesetz über die Zulassung von Stückaktien (Stückaktiengesetz)
StuW	Steuern und Wirtschaft (Zeitschrift)
SZR	Sonderziehungsrechte des Internationalen Währungsfonds
Tab.	Tabelle
TEUR	Tausend Euro
TransPuG	Gesetz zur weiteren Reform des Aktien- und Bilanzrechts zu Transparenz und Publizität (Transparenz- und Publizitätsgesetz)
TRS	Total Return Swap
TUG	Transparenzrichtlinie-Umsetzungsgesetz
Tz.	Textziffer
u.	und
ua.	unter anderem
uam.	und anderes mehr
uÄ	und Ähnliches
uE	unseres Erachtens
UK	United Kingdom
Urt.	Urteil
USD	US-Dollar
US-GAAP	US-amerikanische Generally Accepted Accounting Principles
uU	unter Umständen
usw.	und so weiter
v.	vom
VAG	Gesetz über die Beaufsichtigung der privaten Versicherungsunternehmen (Versicherungsaufsichtsgesetz)
VaR, VAR	Value at Risk
VerBAV	Veröffentlichungen des Bundesaufsichtsamts für das Versicherungswesen (jetzt: BaFin)
VerbrKrG	Verbraucherkreditgesetz
Vfg.	Verfügung
VG	Verwaltungsgericht
vgl.	vergleiche
VorstOG	Gesetz über die Offenlegung von Vorstandsvergütungen
VW	Versicherungswirtschaft (Zeitschrift)

WFA	Wohnungswirtschaftlicher Fachausschuss des Instituts der Wirtschaftsprüfer in Deutschland e.V.
WG	Wechselgesetz
WiSt	Wirtschaftswissenschaftliches Studium (Zeitschrift)
WISU	Das Wirtschaftswissenschaftsstudium (Zeitschrift)
WM	Wertpapiermitteilungen (Zeitschrift)
WP	Wirtschaftsprüfer
WpDPV	Verordnung über die Prüfung der Wertpapierdienstleistungsunternehmen
WPG	Wirtschaftsprüfungsgesellschaft
WPg	Wirtschaftsprüfung (Zeitschrift)
WpI	Wertpapierinstitut
WpIG	Wertpapierinstitutsgesetz
WPH	WP-Handbuch
WpHG	Wertpapierhandelsgesetz
WKN	Wertpapierkennnummer
WTB	Warenterminbörse
ZAG	Gesetz zur Umsetzung der aufsichtsrechtlichen Vorschriften der Zahlungsdiensterichtlinie (Zahlungsdiensteumsetzungsgesetz)
ZahlPrüfbV	Verordnung über die Prüfung der Jahresabschlüsse der Zahlungsinstitute sowie die darüber zu erstellenden Berichte
zB	zum Beispiel
ZBB	Zeitschrift für Bankrecht und Bankwirtschaft (Zeitschrift JBB)
ZfB	Zeitschrift für Betriebswirtschaft
ZfbF	Zeitschrift für betriebswirtschaftliche Forschung
ZfgK	Zeitschrift für das gesamte Kreditwesen
ZHR	Zeitschrift für das gesamte Handelsrecht und Wirtschaftsrecht
ZIP	Zeitschrift für Wirtschaftsrecht
ZIR	Zeitschrift Interne Revision
ZKA	Zentraler Kreditausschuss
zT	zum Teil
ZRFG	Zeitschrift Risk, Fraud & Governance
ZVG	Zwangsversteigerungsgesetz in der Fassung

1. Einleitung

Zur Umsetzung der am 8.12.1986 verabschiedeten EG-Bankbilanzrichtlinie[1] in nationales Recht hat der deutsche Gesetzgeber am 30.11.1990 das *„Gesetz zur Durchführung der Richtlinie des Rates der Europäischen Gemeinschaften über den Jahresabschluss und den konsolidierten Abschluss von Banken und anderen Finanzinstituten (Bankbilanzrichtlinie-Gesetz)"*[2] verabschiedet.[3] Das Bankbilanzrichtlinie-Gesetz ist am 1.1.1991 in Kraft getreten. Die Vorschriften über den Jahresabschluss und den Lagebericht, über die Prüfung und die Pflicht zur Offenlegung dieser und der zugehörigen Unterlagen waren erstmals anzuwenden auf Geschäftsjahre, die nach dem 31.12.1992 begannen.

Wesentliche Änderungen des HGB seit der letzten Auflage

Mit Art. 1 des *„Gesetzes zur Umsetzung der Richtlinie (EU) 2019/2034 über die Beaufsichtigung von Wertpapierinstituten"* vom 12.5.2021[4] wurde das *„Gesetz zur Beaufsichtigung von Wertpapierinstituten (WpIG)"*[5] eingeführt. Mit Art. 7 Abs. 2 dieses Gesetzes wurden die §§ 330, 335, 340, 340m, 340n und 340o HGB und mit Art. 7 Abs. 3 wurde die RechKredV geändert. Mit den Änderungen im HGB wurde die Anwendung der Normen für Kreditinstitute, Finanzdienstleistungsinstitute sowie Zahlungs- und E-Geld-Institute auf **Wertpapierinstitute** (WpI) erweitert. Insbesondere § 340a HGB wurde hierzu um einen Absatz 4a ergänzt.[6] Zu den Änderungen der RechKredV vgl. Kapitel 5.1. Zu einer Gesamtdarstellung des Bilanzrechts für Wertpapierinstitute vgl. Gaber.[7]

---

[1] Vgl. Richtlinie des Rates vom 8.12.1986 über den Jahresabschluss und den konsolidierten Abschluss von Banken und anderen Finanzinstituten (86/635/EWG), ABlEG 1986 Nr. L 372, 1.

[2] Vgl. BGBl. I 1990, 2570.

[3] Vgl. Bieg/Hossfeld, Bankinformation 3/1993, 52; Frankenberger, Bankinformation 2/1993, 19; Hossfeld, Der langfristige Kredit 1993, 199; Krumnow, ZfgK 1993, 506; Reifner, NJW 1993, 89; Schwartze, AG 1993, 12.

[4] Vgl. *„Gesetz zur Umsetzung der Richtlinie (EU) 2019/2034 über die Beaufsichtigung von Wertpapierinstituten"*, BGBl. I 2021, 990 ff.

[5] Vgl. Deutsche Bundesbank, Monatsbericht März 2021, 45 ff., erläutert den neuen europäischen Aufsichtsrahmen für WpI; Dehio/Schmidt, DB 2021, 1654 ff.; Blassl, WM 2021, 2413 ff.; Neumann/Schmidt, BKR 2021, 535 ff.; Behrends/Pieper/Schlösser/Zillmann, WPg 2022, 579 ff.

[6] Da WpI nach früherem Recht bereits Finanzdienstleistungsinstitute waren, galt das Bankbilanzrichtlinie-Gesetz nach früherer Rechtslage; vgl. BT-Drucks. 19/26929 vom 24.2.2021, 166.

[7] Vgl. Gaber, ZBB 2021, 412 ff.

1. Einleitung

Mit dem *„Gesetz zur Einführung von elektronischen Wertpapieren"* vom 3.6.2021[8] wurde das eWpG erlassen und damit die Möglichkeit geschaffen, dass ein Wertpapier auch als **elektronisches Wertpapier** begeben werden kann. Bei Inkrafttreten des Gesetzes erstreckt sich der Anwendungsbereich nach § 1 eWpG zunächst auf Inhaberschuldverschreibungen (Anleihen, Wandel- und Optionsanleihen, Genussscheine und Zertifikate).[9]

Anteile an Sondervermögen oder an einzelnen Anteilsklassen eines Sondervermögens können vollständig oder teilweise auch als **Kryptofondsanteile** begeben werden (§ 1 KryptoFAV[10]). Kryptofondsanteile sind elektronische Anteilsscheine, die in ein Kryptowertpapierregister eingetragen werden.[11]

Ein elektronisches Wertpapier wird dadurch begeben, dass der Emittent an Stelle der Ausstellung einer Wertpapierurkunde eine Eintragung in ein elektronisches Wertpapierregister bewirkt (§ 2 eWpG).

Mit Art. 6 dieses Gesetzes wurde die Definition des Kryptoverwahrgeschäfts iSd. § 1 Abs. 1a Satz 2 Nr. 6 KWG bezüglich Kryptowertpapieren erweitert und mit § 1 Abs. 1a Satz 2 Nr. 8 KWG die Kryptowertpapierregisterführung als Finanzdienstleistung definiert.

Das eWpG ändert nichts an den für die Bilanzierung relevanten Normen der §§ 7 und 21 RechKredV. Zu Krypotwertpapieren vgl. Skauradszun.[12]

Das *„Gesetz zur Stärkung der Finanzmarktintegrität (FISG)"* vom 3.6.2021[13] ändert zahlreiche Gesetze. Für Institute relevante Änderungen bzgl. der Bilanzierung im Einzelabschluss: Mit Art. 11 Nr. 18 dieses Gesetzes wird § 340a Abs. 2 HGB geändert: a) In Satz 1 wird die Angabe *„§ 265 Absatz 6 und 7"* durch die Wörter *„§ 264 Abs. 3, § 264b, 265 Absatz 6 und 7"* ersetzt; b) Satz 4 wird aufgehoben. Die weiteren Änderungen des Art. 11 Nr. 19 bis 21 betreffen die §§ 340k, 340m, 340n HGB.

Mit der Änderung des § 340a Abs. 2 HGB wurden die §§ 264 Abs. 3 und 264b HGB in den Kreis der nicht anzuwendenden Normen aufgenommen.

---

8   Vgl. BGBl. I 2021, 1423 ff.
9   Vgl. Lenz/Joachimsthaler, DB 2021, 1384 ff.; Preuße/Wöckener/Gillenkirch, BKR 2021, 460 ff.; Casper/Richter, ZBB 2022, 65 ff.
10   Vgl. BGBL I 2022, 868 f.
11   Vgl. Majcen, WM 2022, 111 ff.; Kaulartz/Voigt/Winkler, RdF 2022, 24 ff.
12   Vgl. Skauradszun, DStR 2021, 104 ff.
13   Vgl. BGBl. I 2021, 1534 ff.

Änderungen der RechKredV und RechZahlV seit der letzten Auflage

Mit dem *„Gesetz zur Umsetzung der Richtlinie (EU) 2019/2034 über die Beaufsichtigung von Wertpapierinstituten"* vom 12.5.2021[14] wurde die Rech-
KredV erneut geändert. Zu den Änderungen der RechKredV im Einzelnen
vgl. Kapitel 5.1.

Zahlungsinstitute und **E-Geld-Institute** müssen für die Rechnungslegung
gemäß § 340 Abs. 5 Satz 1 HGB die für Kreditinstitute geltenden §§ 340 ff.
HGB sowie die RechZahlV beachten.[15]

Sonstiges

Das KWG enthält in § 26 Regelungen bezüglich der **Vorlage von Jahresabschluss, Lagebericht** und **Prüfungsberichten.** Die besonderen Pflichten
des Prüfers regelt § 29 KWG.[16] Mit dem Risikoreduzierungsgesetz (RiG) vom
9.12.2020[17] wurde in § 29 Abs. 1 KWG klargestellt, dass der Prüfer bei der
Prüfung des Jahresabschlusses „als Teil der Prüfung" die wirtschaftlichen
Verhältnisse zu prüfen hat. Mit demselben Gesetz wurde § 29 Abs. 3 KWG
dahingehend ergänzt, dass auf Verlangen der Bundesanstalt oder der Deutschen Bundesbank der Prüfer ihnen die Art und den Umfang seines Vorgehens
darzustellen, den Prüfungsbericht zu erläutern und sonstige bei der Prüfung
bekannt gewordene Tatsachen mitzuteilen hat, die gegen eine ordnungsmäßige
Durchführung der Geschäfte des Instituts sprechen.

Ungeachtet dieser Pflichten des Prüfers nach § 29 KWG kann die BaFin gemäß
§ 30 KWG ggü. dem Institut Bestimmungen über den Inhalt der Prüfung er-
teilen. Die Prüfung erfolgt unter Beachtung der Prüfungsberichtsverordnung.

CRR-Kreditinstitute haben gemäß § 26a Abs. 1 Satz 2 KWG den Jahresabschluss um eine **gesonderte Anlage** (sog. Country-by-Country-Reporting)
zu erweitern, in dem auf konsolidierter Basis weitere Informationen für die
Geschäftstätigkeit in anderen EU-Mitgliedsstaaten und Drittstaaten bereitzustellen sind.[18] Die Anlage muss nach § 26a Abs. 1 KWG gemeinsam mit dem

---

[14] Vgl. BGBl. I 2021, 990 ff., 1049 f.
[15] Vgl. auch Gaber, 2. Aufl., 697 ff.
[16] Vgl. WPH Edition, Kreditinstitute, Kap. M Rn. 17 ff.
[17] Vgl. BGBl. 2020 I, 2773 ff.
[18] Vgl. Luz ua. (Hrsg.), KWG und CRR, § 26a KWG Rn. 8 ff.; WPH Edition, Kreditinsti-
    tute, Kap. D. Rn. 1006 ff.

Jahresabschluss und dem Lagebericht in nach § 340k HGB iVm. § 26a Abs. 1 Satz 2 KWG geprüfter Form nach § 325 HGB offengelegt werden.[19]

Nach § 26a Abs. 1 Satz 4 KWG müssen CRR-Kreditinstitute ihre **Kapitalrendite** offen legen.

Überblick über die von Instituten anzuwendenden Normen

Das Dritte Buch des HGB enthält im Vierten Abschnitt einen Ersten Unterabschnitt *„Ergänzende Vorschriften für Kreditinstitute, Finanzdienstleistungsinstitute, Wertpapierinstitute, Zahlungsinstitute und E-Geld-Institute"*. Dieser enthält die materiellen Vorschriften, die ergänzend für die Rechnungslegung der Kreditinstitute, Finanzdienstleistungsinstitute und Wertpapierinstitute, Zahlungsinstitute sowie E-Geld-Institute (Institute) zu beachten sind. Weitere Vorschriften, insbesondere zu den Formblättern und zu einzelnen Posten der Bilanz und Gewinn- und Verlustrechnung sowie zum Anhang für Kreditinstitute, Finanzdienstleistungsinstitute und Wertpapierinstitute enthält die RechKredV, Zahlungsinstitute sowie E-Geld-Institute müssen die RechZahlV beachten.

Für das Verhältnis zwischen den verschiedenen gesetzlichen Vorschriften über den Jahresabschluss von Instituten gilt, dass die ergänzenden geschäftszweigspezifischen Vorschriften der §§ 340 bis 340o HGB, der RechKredV bzw. RechZahlV ggü. den Vorschiften über den Jahresabschluss für alle Kaufleute (§§ 238 bis 256a HGB), den Vorschriften über den Jahresabschluss von großen Kapitalgesellschaften sowie den ergänzenden rechtsformspezifischen Vorschriften bei voneinander abweichenden Regelungen grundsätzlich vorrangig sind.[20] Anders formuliert: Institute haben, sofern in den §§ 340 ff. HGB nichts Abweichendes geregelt ist, rechtsform- und größenunabhängig bei der Aufstellung des Jahresabschlusses und Lageberichts die für große Kapitalgesellschaften geltenden Vorschriften der §§ 264 bis 289f HGB zu beachten. Aufgrund ihrer Kaufmannseigenschaft müssen Institute die §§ 238 bis 263 HGB anwenden.[21]

Die nachfolgende Übersicht gibt einen Überblick über den Ersten Unterabschnitt des Vierten Abschnitts des HGB *„Ergänzende Vorschriften für Kredit-*

---

[19] Vgl. BFA, Fn-IDW 2015, 172.
[20] Vgl. WPH Edition, Kreditinstitute, Kap. D Rn. 13.
[21] Vgl. Böcking/Wolsiffer/Morawietz, in: MünchKomm. HGB, 4. Aufl., § 340a HGB Rn. 3.

institute, Finanzdienstleistungsinstitute, Wertpapierinstitute, Zahlungsinstitute und E-Geld-Institute".

HGB	Anwendungsbereich
§ 340	Anwendung
	Jahresabschluss, Lagebericht, Zwischenabschluss
§ 340a	Anzuwendende Vorschriften
§ 340b	Pensionsgeschäfte
§ 340c	Vorschriften zur Gewinn- und Verlustrechnung und zum Anhang
§ 340d	Fristengliederung
	Bewertungsvorschriften
§ 340e	Bewertung von Vermögensgegenständen
§ 340f	Vorsorge für allgemeine Bankrisiken
§ 340g	Sonderposten für allgemeine Bankrisiken
	Währungsumrechnung
§ 340h	Währungsumrechnung
	Konzernabschluss, Konzernlagebericht, Konzern-zwischenabschluss
§ 340i	Pflicht zur Aufstellung
§ 340j	Einzubeziehende Unternehmen
	Prüfung, Offenlegung
§ 340k	Prüfung
§ 340l	Offenlegung
	Straf- und Bußgeldvorschriften, Zwangsgelder
§ 340m	Strafvorschriften
§ 340n	Bußgeldvorschriften
§ 340o	Festsetzung von Ordnungsgeld

Die §§ 238 bis 263 HGB sind von Instituten aufgrund ihrer Kaufmannseigenschaft anzuwenden. Nach §§ 340a Abs. 1 und 340i Abs. 1 HGB müssen auf den **Jahresabschluss** und Lagebericht die für große Kapitalgesellschaften geltenden Vorschriften der §§ 264 bis 289f HGB und auf den **Konzernabschluss**[22] die §§ 290 bis 315e HGB angewandt werden, und zwar unabhängig von der Rechtsform und Größe des Instituts. Eingetragene Genossenschaften haben darüber hinaus noch die §§ 336 bis 339 HGB zu beachten.

Soweit die §§ 238 bis 263 HGB bzw. die §§ 264 bis 315e HGB aufgrund branchenspezifischer Besonderheiten nicht anwendbar sind oder soweit an deren Stelle branchenspezifische Bestimmungen treten, wird dies in den §§ 340a

---

[22] Vgl. ausführlich zur Konzernrechnungslegung bei Instituten Schaber, in: BeckHdR, C 810, 1 ff.

Abs. 2, 340b bis 340j HGB und in der RechKredV geregelt. Zusätzlich haben Kreditinstitute im **Anhang** die in § 340a Abs. 4 Nr. 1 und Nr. 2 HGB genannten Angaben zu machen.

Daneben gibt es eine Reihe von rechtsformspezifischen Normen. **Genossenschaften** haben hinsichtlich der Rechnungslegung die §§ 336 bis 339 HGB sowie §§ 33, 48, 53 und 160 GenG zu beachten.

Auf Institute in der Rechtsform der **Aktiengesellschaft** oder **Kommanditgesellschaft auf Aktien** sind für die Gewinnverwendung § 58 AktG und betreffend den Jahresabschluss und den Lagebericht die §§ 150 bis 160 AktG sowie § 161 AktG (Coporate Governance-Kodex), §§ 170, 171 AktG (Prüfung des Jahresabschlusses), §§ 172 bis 174 AktG (Feststellung des Jahresabschlusses, Gewinnverwendung) und § 256 AktG (Nichtigkeit) maßgebend.

Ergänzende Vorschriften zur Aufstellung der Bilanz von **Gesellschaften mit beschränkter Haftung** enthalten § 29 Abs. 2 und Abs. 4, § 42 und § 42a GmbHG.

Für **Pfandbriefbanken** (Kreditinstitute, deren Geschäftsbetrieb das Pfandbriefgeschäft umfasst, § 1 Abs. 1 Pfandbriefgesetz) enthält § 28 Pfandbriefgesetz besondere Vorschriften. Daneben haben **Bausparkassen** § 18 BauSparkG zu beachten.

Unternehmen, die **Factoring** oder **Finanzierungsleasing** betreiben, unterliegen aufgrund der Regelungen des Jahressteuergesetzes 2009 der Aufsicht durch die BaFin. Sie dürfen als Finanzdienstleistungsinstitute ihre Geschäfte nur noch mit Erlaubnis der BaFin betreiben und müssen bestimmte Vorschriften des KWG beachten. Diese Institute müssen die für Kreditinstitute maßgeblichen Vorschriften zur Bilanzierung beachten.

Die **Prüfung** und **Offenlegung** des Jahresabschlusses und Lageberichts bzw. des Konzernabschlusses und Konzernlageberichts regeln die §§ 340k und 340l HGB. Die Bestimmungen des § 340l HGB sind seit Inkrafttreten des BilRUG rechtsformunabhängig anzuwenden (Streichung von § 340 Abs. 4 Satz 3 und Abs. 5 Satz 2 HGB). Die Vorschriften der §§ 340 ff. HGB gelten damit für alle Kreditinstitute, Finanzdienstleistungsinstitute, Wertpapierinstitute, Zahlungsinstitute und E-Geld-Institute. Einzelheiten zur Prüfung bzw. Offenlegung vgl. Gaber.[23]

---

[23] Vgl. Gaber, 2. Aufl., 46 ff.

Der Jahresabschluss eines Instituts muss in allen Mitgliedstaaten, in denen es Niederlassungen unterhält, offengelegt werden (§ 340l Abs. 1 Satz 3 HGB). Mit der Neufassung des § 340l Abs. 1 Satz 3 HGB durch das BilRUG wurde klargestellt, dass diese Offenlegung nach den in dem jeweiligen Mitgliedstaat geltenden Vorschriften zu erfolgen hat.[24] Die Neuregelung in § 340l Abs. 4 HGB betrifft die wahlweise Offenlegung eines nach internationalen Rechnungslegungsstandards aufgestellten Einzelabschlusses nach § 325 Abs. 2a HGB durch ein Institut. Bei dessen Offenlegung ist zusätzlich der Personalaufwand gemäß der Gliederung nach Unterposten Buchstabe a) im Posten Allgemeine Verwaltungsaufwendungen der Gliederung nach Formblatt 3 Rech-KredV im Anhang anzugeben, sofern dies nicht gesondert in der Gewinn- und Verlustrechnung erscheint.[25]

---

[24] Vgl. Meyding-Metzger/Weigel, DB 2015, Beilage 05 zu Heft 36, 61.
[25] Vgl. Meyding-Metzger/Weigel, DB 2015, Beilage 05 zu Heft 36, 61 f.

2. Anwendungsbereich und anzuwendende Vorschriften

2.1. Anwendungsbereich des Bankbilanzrichtlinie-Gesetzes

2.1.1. Kredit-, Finanzdienstleistungs-, Wertpapierinstitute, Zahlungs- und E-Geld-Institute

Der Geltungsbereich der *„Ergänzenden Vorschriften für Kreditinstitute, Finanzdienstleistungsinstitute ...“* erstreckt sich auf alle **Kreditinstitute**,[26] soweit sie nach § 2 Abs. 1, 4 oder 5 KWG nicht von der Anwendung ausgenommen sind (§ 340 Abs. 1 Satz 1 HGB).[27]

Ausgenommen sind bspw. die Deutsche Bundesbank, die Kreditanstalt für Wiederaufbau, die Sozialversicherungsträger, private und öffentlich-rechtliche Versicherungsunternehmen, soweit sie keine Bankgeschäfte betreiben, die nicht zu den ihnen eigentümlichen Geschäften gehören, sowie Unternehmen des Pfandleihgewerbes.

Auf **Finanzdienstleistungsinstitute** sind diese Vorschriften ebenfalls anzuwenden, soweit diese nicht nach § 2 Abs. 6 oder Abs. 10 KWG von der Anwendung des KWG befreit sind (§ 340 Abs. 4 HGB).[28] Damit wird gleichzeitig geregelt, dass auch Finanzdienstleistungsinstitute, unabhängig von ihrer Größe oder Rechtsform, wie große Kapitalgesellschaften Rechnung legen und ihren Jahresabschluss aufstellen müssen.

Auf **Wertpapierinstitute** iSd. § 2 Abs. 1 WpIG sind die Vorschriften ebenfalls anzuwenden, soweit diese nicht nach § 3 WpIG von der Anwendung ausgenommen sind (§ 340 Abs. 4a HGB).[29]

Zahlungsinstitute und **E-Geld-Institute** fallen nach § 340 Abs. 5 Satz 1 HGB ebenfalls in den Anwendungsbereich. Diese haben nach § 1 RechZahlV die besonderen Ausweisvorschriften und Formblätter der RechZahlV zu beachten.[30]

---

[26] Vgl. Böcking/Bär/Morawietz, in: MünchKomm. HGB, 4. Aufl., § 340 HGB Rn. 1.

[27] Mit dem Abschlussprüfungsreformgesetz (AReG) vom 10.5.2016, BGBl. I 2016, 1142 ff., 1145 wurde § 340 Abs. 1 Satz 1 HGB ergänzt. Mit dem Gesetz zur Umsetzung der Richtlinie (EU) 2019/2034 über die Beaufsichtigung von Wertpapierinstituten" vom 12.5.2021, BGBl. I 2021, 990 ff. wurden die CRR-Kreditinstitute in § 340 Abs. 1 Satz 1 HGB gestrichen; diese sind Kreditinstitute.

[28] Vgl. Hanenberg, WPg 1999, 85 ff.; Böcking/Bär/Morawietz, in: MünchKomm. HGB, 4. Aufl., § 340 HGB Rn. 2.

[29] Vgl. Gaber, ZBB 2021, 412 ff.

[30] Ausführlich vgl. WPH Edition, Kreditinstitute, Kap. L Rn. 7 ff.; Böcking/Bär/Morawietz, in: MünchKomm. HGB, 4. Aufl., § 340 HGB Rn. 12.

Kreditinstitute, Finanzdienstleistungsinstitute, Wertpapierinstitute, Zahlungsinstitute und E-Geld-Institute haben ungeachtet ihrer Rechtsform und Größe einen **Jahresabschluss**, bestehend aus Bilanz, Gewinn- und Verlustrechnung und Anhang, sowie einen **Lagebericht** zu erstellen (§ 340 Abs. 1 und Abs. 4, Abs. 4a, Abs. 5 iVm. § 340a Abs. 1 HGB).[31]

Als Mutterunternehmen eines Konzerns sind Kredit-, Finanzdienstleistungs- und Wertpapierinstitute, ebenfalls rechtsform- und größenunabhängig, zur Aufstellung und Bekanntmachung eines **Konzernabschlusses** und eines **Konzernlageberichts** verpflichtet (§ 340i Abs. 1 HGB).[32]

2.1.2. Besonderheiten für bestimmte Institute

Mit Inkrafttreten des Jahressteuergesetzes 2009 (Dezember 2008) wurden mit der Nr. 9 (Factoring) und der Nr. 10 (Finanzierungsleasing) in § 1 Abs.1a Satz 2 KWG zwei neue Tatbestände für Finanzdienstleistungsinstitute geschaffen. Damit fallen bestimmte **Leasing-** und **Factoringunternehmen** in den Anwendungsbereich der §§ 340 ff. HGB und der RechKredV. Die BaFin hat auf ihrer Internetseite (www.bafin.de) Merkblätter mit Hinweisen zum Tatbestand des Leasings bzw. Factorings iSd. § 1 Abs. 1a KWG veröffentlicht.[33]

§ 340c Abs. 1 HGB, dh. der Ausweis des Eigenhandelserfolgs als „Nettoertrag bzw. Nettoaufwand des Handelsbestandes" in saldierter Form, ist auf Finanzdienstleistungsinstitute sowie auf Kreditinstitute, soweit letztere Skontroführer iSd. § 27 Abs. 1 Satz 1 BörsG und nicht CRR-Kreditinstitute (vormals: Einlagenkreditinstitute, § 1 Abs. 3d Satz 1 KWG) sind, nicht anzuwenden. Diese Institute haben die Erträge und Aufwendungen aus dem Eigenhandel unsaldiert als „Ertrag des Handelsbestandes" bzw. „Aufwand des Handelsbestandes" auszuweisen (§ 340 Abs. 4 Satz 2, iVm. § 340c Abs. 1 HGB). Für Wertpapierinstitute, die Skontroführer iSd. § 27 Abs. 1 Satz 1 BörsG sind, gilt nach § 340 Abs. 4a Satz 2 HGB Entsprechendes (kein Nettoausweis).[34]

---

[31] Vgl. auch Hanenberg, WPg 1999, 86.
[32] Vgl. ausführlich zur Konzernrechnungslegung bei Instituten Schaber, in: BeckHdR, C 810, 1 ff.
[33] Vgl. Eckl/Füser/Hahne, BankPraktiker 2009, 184 ff.
[34] Vgl. Gaber, ZBB 221, 415.

2.1.3. Zweigniederlassungen ausländischer Institute

2.1.3.1. Nicht-EWR-Zweigniederlassungen (§ 53 KWG)

Die *„Ergänzenden Vorschriften für Kreditinstitute, Finanzdienstleistungsinstitute …"* sind auch anzuwenden auf Zweigniederlassungen von Unternehmen mit Sitz in einem anderen Staat, der nicht Mitglied der Europäischen Gemeinschaft und auch nicht Vertragsstaat des Abkommens über den Europäischen Wirtschaftsraum ist, sofern die Zweigniederlassung nach § 53 Abs. 1 KWG als Kredit- oder Finanzdienstleistungsinstitut gilt (§ 340 Abs. 1 Satz 1 und Abs. 4 Satz 1 HGB).[35]

Zur Regelung der Bilanzierung von Zweigniederlassungen von Wertpapierinstituten mit Sitz in einem anderen Staat vgl. Gaber.[36]

Zu möglichen Erleichterungen für diese Zweigniederlassungen vgl. § 53c KWG und die Ausführungen bei Gaber.[37]

Der Begriff der Zweigniederlassung umfasst Zweigstellen (Zweigstellen mit Ein- und Auszahlungsverkehr sowie selbstständiger Kontenführung), Zahlstellen (Zweigstellen mit Ein- und Auszahlungsverkehr ohne selbstständige Kontenführung) und Annahmestellen (Zweigstellen ohne Auszahlungsverkehr). Der Begriff der Zweigniederlassung ist damit weiter gefasst als der der Zweigniederlassung iSd. §§ 13 ff. HGB.

Soweit diese Zweigstellen als Institute gelten, muss deren Rechnungslegung mithin nach den für Institute maßgeblichen Vorschriften erfolgen. Die Verpflichtung zur Aufstellung des Jahresabschlusses erstreckt sich auf die inländische Zweigniederlassung. Die Geschäftsvorfälle jenseits der deutschen Grenzen in der Hauptniederlassung oder den Zweigstellen in Drittstaaten sind ohne Bedeutung. Unterhält ein Unternehmen mehrere Zweigstellen iSd. § 53 Abs. 1 Satz 1 KWG im Inland, gelten diese hinsichtlich der Rechnungslegung als ein Institut (§ 53 Abs. 1 Satz 2 KWG).

Vorschriften hinsichtlich der **Buchführung**, **Rechnungslegung** und **Prüfung** für diese Zweigstellen enthält § 53 Abs. 2 Nr. 2 und Nr. 3 KWG. Zu erfassen sind alle Geschäfte, die von diesem Teil des Unternehmens aus und mit ihm betrieben werden, unabhängig davon, ob sie mit Personen im Gebiet oder in

---

[35] Vgl. die Übersicht bei Gaber, 2. Aufl., 28; Böcking/Bär/Morawietz, in: MünchKomm. HGB, 4. Aufl., § 340 HGB Rn. 7 f.
[36] Vgl. Gaber, ZBB 2021, 414.
[37] Vgl. Gaber, 2. Aufl., 28 f.

einem anderen Staat getätigt werden. Zum rechenschaftspflichtigen Vermögen gehören dabei die Aktiva, die im Geschäftsbetrieb dieses Teils des Unternehmens entstanden sind (zB Kundenforderungen), die diesem Geschäftsbetrieb dienen (zB Betriebsgrundstücke) und die ansonsten von der Unternehmensleitung buchmäßig auf diesen Teil des Unternehmens übertragen worden sind. Der Jahresabschluss ist nach den Formblättern 1 und 2 bzw. 3 der RechKredV zu erstellen.

Ergänzend sind nach § 53 Abs. 2 Nr. 2 Satz 3 und Satz 4 KWG die folgenden Posten gesondert auszuweisen:

- das Betriebskapital,
- die zur Verstärkung der eigenen Mittel belassenen Betriebsüberschüsse und
- der Überschuss der Passivposten über die Aktivposten oder der Überschuss der Aktivposten über die Passivposten (Bilanzgewinn).

Auf die im Formblatt der Gewinn- und Verlustrechnung vorgesehene Überleitung vom Jahresüberschuss/Jahresfehlbetrag zum Bilanzgewinn/Bilanzverlust kann verzichtet werden. Es genügt hier die Angabe einer evtl. Zuweisung zu „Zur Verstärkung der eigenen Mittel belassene Betriebsüberschüsse".

2.1.3.2. EWR-Zweigniederlassungen (§ 53b KWG)

Nur teilweise, dh. hinsichtlich der Offenlegungsvorschriften des § 340l Abs. 2 und 3 HGB, sind die institutsspezifischen Vorschriften von Zweigniederlassungen iSd. § 53b Abs. 1 Satz 1 und Abs. 7 KWG anzuwenden, also von Zweigniederlassungen von Unternehmen mit Sitz in einem anderen Staat des Europäischen Wirtschaftsraums und von diesen gleichgestellten Unternehmen (**Europäischer Pass**), sofern diese Zweigniederlassungen Bankgeschäfte iSd. § 1 Abs. 1 Satz 2 Nr. 1 bis 5 und 7 bis 12 KWG betreiben (§ 340 Abs. 1 Satz 2 HGB).[38]

Auf die Erstellung eines Jahresabschlusses der Zweigniederlassung und demzufolge auch auf dessen Prüfung kann in diesem Fall verzichtet werden, da der Jahresabschluss des Mutterinstituts offengelegt wird; die freiwillige Anwendung der ergänzenden Rechnungslegungsvorschriften für Institute sowie die freiwillige Prüfung ist jedoch zulässig.

---

[38] Vgl. ausführlich Hanten, ZBB 2000, 245 ff.; Häuselmann, WM 1994, 1693 ff.; Böcking/Bär/Morawietz, in: MünchKomm. HGB, 4. Aufl., § 340 HGB Rn. 9 ff.

Zur Regelung der Bilanzierung von Zweigniederlassungen von Wertpapier-instituten mit Sitz in einem anderen Staat vgl. Gaber.[39]

2.1.4. Bestimmte Versicherungs- und Pfandleihunternehmen

Die institutsspezifischen Rechnungslegungsvorschriften sind von privaten und öffentlich-rechtlichen Versicherungsunternehmen und von Pfandleihunternehmen (§ 2 Abs. 1 Nr. 4 und 5 KWG) insoweit ergänzend anzuwenden, *„als sie Bankgeschäfte betreiben, die nicht zu den ihnen eigentümlichen Geschäften gehören"* (§ 340 Abs. 2 HGB).[40]

2.1.5. Andere Unternehmen

Externe Kapitalverwaltungsgesellschaften

Für den Jahresabschluss, den Lagebericht und den Prüfungsbericht einer **externen Kapitalverwaltungsgesellschaft** gelten die §§ 340a bis 340o HGB entsprechend (§ 38 KAGB).[41] Ein Teil der Regelungen der §§ 340a bis 340o HGB wird aufgrund der geschäftlichen Ausrichtung oftmals keine Anwendung finden. Kapitalverwaltungsgesellschaften sind jedoch **keine Institute**. Bezüglich der Rechnungslegung und Prüfung wird auf das **WPH**[42] verwiesen.

Nach § 267a Abs. 3 Nr. 1 HGB qualifizieren **Investmentgesellschaften** iSd. § 1 Abs. 11 KAGB nicht als Kleinstunternehmen. § 38 Abs. 1 KAGB normiert nicht die Rechnungslegungspflicht einer Investment-AG oder -KG, sondern die einer externen Kapitalverwaltungsgesellschaft. Insoweit bestehen zwischen dem Anwendungsbereich des § 38 Abs. 1 KAGB und dem des § 267a Abs. 3 Nr. 1 HGB keine Überschneidungen.[43] Zur Rechnungslegung und Prüfung von Investmentvermögen wird auf das WPH[44] verwiesen.

---

[39] Vgl. Gaber, ZBB 2021, 414.
[40] Vgl. Böcking/Bär/Morawietz, in: MünchKomm. HGB, 4. Aufl., § 340 HGB Rn. 14 f.
[41] Zur Rechnungslegung geschlossener Fonds vgl. Bielenberg/Schmuhl, DB 2014, 1089 ff.; zur Rechnungslegung von alternativen Investmentfonds einschließlich von Kapitalverwaltungsgesellschaften vgl. Bußian/Kille, WPg 2014, 837 ff.; zur Prüfung des Jahresabschlusses vgl. Ponzer/Stümpfle, WPg 2017, 450 ff.
[42] Vgl. WPH Edition, Kreditinstitute, Kap. H.
[43] Vgl. Rimmelspacher/Meyer, DB 2015, Beilage 05 zu Heft 36, 37.
[44] Vgl. WPH Edition, Kreditinstitute, Kap. H:

Abwicklungsanstalten

Nach § 8a Abs. 1a FMStFG können (Wahlrecht) die Abschlüsse von Abwicklungsanstalten auch ohne das Vorliegen einer Institutseigenschaft nach den für Institute geltenden Normen aufgestellt werden.[45]

Kreditanstalt für Wiederaufbau (KfW)

Die KfW ist nach § 9 Abs. 1 Satz 1 KredAnstWiAG verpflichtet, die § 340 ff. HGB zu beachten. Für den Reingewinn ist § 10 KredAnstWiAG zu beachten.

Finanzunternehmen

Auf **Finanzunternehmen** (zB Beteiligungsholdings) sind die für die vorstehend genannten Institute geltenden Bestimmungen im Einzelabschluss nicht anzuwenden.

2.2. Aufstellung, Prüfung und Vorlage des Jahresabschlusses und Lageberichts

Der Jahresabschluss besteht gemäß § 340a Abs. 1 iVm. §§ 242 und 264 HGB aus Bilanz, Gewinn- und Verlustrechnung und Anhang. Darüber hinaus ist stets auch ein Lagebericht nach den für große Kapitalgesellschaften geltenden Bestimmungen des § 289 HGB aufzustellen (§ 340a Abs. 1 Satz 2 HGB).

Mit Inkrafttreten des BilRUG sind in dem Jahresabschluss

- die Firma,
- der Sitz,
- das Registergericht und
- die Nummer, unter der die Gesellschaft in das Handelsregister eingetragen ist,

anzugeben (§ 264 Abs. 1a Satz 1 HGB). Befindet sich die Gesellschaft in Liquidation oder Abwicklung, ist auch diese Tatsache anzugeben (§ 264 Abs. 1a Satz 2 HGB).

---

[45] Vgl. Gaber, 2. Aufl., 30.

Dies dient der Umsetzung des Art. 5 der EU-Bilanzrichtlinie. Damit wird vor-geschrieben, dass im Jahresabschluss Angaben zur Identifikation des Instituts zu machen sind. Dies gilt nicht nur für Institute in der Rechtsform der Kapital-gesellschaft, denn Institute haben, auch wenn sie nicht in der Rechtsform der Kapitalgesellschaft betrieben werden, die für große Kapitalgesellschaften gel-tenden Vorschriften anzuwenden (§ 340a Abs. 1 HGB). Diese Angaben kön-nen bspw. in der Überschrift des Jahresabschlusses, auf einem gesonderten Deckblatt oder an anderer herausgehobener Stelle gemacht werden, um auf die Kerndaten des Instituts hinzuweisen. In der Praxis werden diese Angaben vorzugsweise zu Beginn des Anhangs gemacht werden.

Der **Jahresabschluss** und der **Lagebericht** sind in den **ersten drei Monaten** des Geschäftsjahres für das vergangene Geschäftsjahr aufzustellen (§ 340a Abs. 1 iVm. § 264 Abs. 1 HGB und § 26 Abs. 1 KWG, § 76 WpIG).

Der aufgestellte sowie der später festgestellte Jahresabschluss und der Lage-bericht sind der Deutschen Bundesbank und der BaFin jeweils unverzüglich **einzureichen** (§ 26 Abs. 1 KWG, § 76 WpIG)). Zur Tatmehrheit bei verspäte-ter Einreichung des Prüfungsberichts über den Jahresabschluss sowohl bei der BaFin als auch bei der Deutschen Bundesbank vgl. Beschluss des OLG Frank-furt/M.[46] Wegner hat die Entscheidung des OLG Frankfurt/M diskutiert.[47]

Jahresabschluss und Lagebericht sind, bevor der Jahresabschluss festgestellt wird, durch den Abschlussprüfer zu prüfen. Die **Prüfung** ist spätestens vor Ablauf des fünften Monats des dem Abschlussstichtag nachfolgenden Ge-schäftsjahres vorzunehmen und abzuschließen (§ 340k Abs. 1 Satz 2 HGB). Nach der Prüfung ist der Jahresabschluss unverzüglich **festzustellen** (§ 340k Abs. 1 Satz 3 HGB). Die Prüfungspflicht besteht für Institute unabhängig von der Rechtsform und der Größe. Ausführlich zur Prüfung vgl. WPH.[48]

Die dem Abschlussprüfer obliegenden besonderen **aufsichtsrechtlichen Prü-fungs- und Berichtspflichten** ergeben sich aus § 29 KWG bzw. § 78 WpIG, die durch die **Prüfungsberichtsverordnung** (PrüfbV) in ihrer jeweiligen Fas-sung konkretisiert werden.

Nach § 30 KWG kann die BaFin unbeschadet der besonderen Pflichten der Prüfer nach § 29 KWG „…. *auch ggü. einem Institut Bestimmungen über den Inhalt der Prüfung treffen, die vom Prüfer im Rahmen der Jahresabschluss-prüfung zu berücksichtigen sind. Sie kann insbesondere Schwerpunkte für die*

---

[46] Vgl. OLG Frankfurt/M, Beschluss vom 30.4.2020 – 2 Ss-OWi 85/19, ZIP 2020, 1408.
[47] Vgl. Wegner, WPg 2021, 50 ff.
[48] Vgl. WPH Edition, Kreditinstitute, Kap. G Rn. 1 ff.

Prüfungen festlegen." Diese Regelung wurde mit der 7. KWG-Novelle eingeführt. In Ergänzung der bereits in § 29 KWG enthaltenen generellen Anforderungen an den Umfang der Prüfung und die Berichterstattung durch den Jahresabschlussprüfer erlaubt es § 30 KWG der BaFin, ggü. einem Institut konkrete Bestimmungen über Prüfungsinhalte bzw. -schwerpunkte zu treffen, die der Prüfer im Rahmen der Abschlussprüfung zu berücksichtigen hat.

Der (Abschluss-) Prüfer hat der BaFin und der Deutschen Bundesbank nach **§ 29 Abs. 3 KWG** unverzüglich **anzuzeigen**, wenn ihm bei der Prüfung Tatsachen bekannt werden,

- welche die Einschränkung oder Versagung des Bestätigungsvermerks rechtfertigen,
- die den Bestand des Instituts gefährden oder seine Entwicklung wesentlich beeinträchtigen können,
- die einen erheblichen Verstoß gegen die Vorschriften über die Zulassungsvoraussetzungen des Instituts oder die Ausübung seiner Tätigkeit nach dem KWG darstellen oder
- die schwerwiegende Verstöße der Geschäftsleiter gegen Gesetz, Satzung oder Gesellschaftsvertrag erkennen lassen.

Diese sog. **§ 29 Abs. 3 KWG-Anzeigen** haben schriftlich zu erfolgen; sie sind der BaFin und der zuständigen Hauptverwaltung der Deutschen Bundesbank einzureichen. Der für Institute iSd. § 1 Abs. 3 ZAG relevante § 24 ZAG und der für Wertpapierinstitute relevante § 78 WpIG sind § 29 KWG nachgebildet.

2.3. Auf die Bilanzierung anzuwendenden Vorschriften im Überblick

2.3.1. Die Regelung des § 340a HGB

Nach § 340a Abs. 1 1. Halbsatz HGB sind die Institute verpflichtet, auf ihren **Jahresabschluss** die für **große Kapitalgesellschaften** geltenden Vorschriften des Ersten Unterabschnitts des Zweiten Abschnitts des Dritten Buchs des HGB anzuwenden, soweit in den „Ergänzenden Vorschriften für Kreditinstitute und Finanzdienstleistungsinstitute" nichts anderes bestimmt ist.

Zum **Normengefüge** sowie zu den **branchenspezifischen Vorschriften** in tabellarischer Darstellung vgl. WPH.[49]

---

[49] Vgl. WPH Edition, Kreditinstitute, Kap. D. Rn. 12 ff.

Eines Verweises auf den Ersten Abschnitt des Dritten Buchs – namentlich die §§ 238 bis 263 HGB – bedarf es nicht, da Kreditinstitute wegen ihrer Kaufmannseigenschaft dessen Vorschriften ohnehin anzuwenden haben. Dazu gehören insbesondere die größenunabhängig anzuwendenden Vorschriften über den Bilanzansatz und die Bewertung.

Die Pflicht zur Aufstellung eines **Lageberichts** wird mit § 340a Abs. 1 Satz 2 HGB begründet. Dies gilt auch dann, wenn Institute nicht in der Rechtsform der Kapitalgesellschaft betrieben werden.

Unter den in § 340a Abs. 1a HGB genannten Voraussetzungen hat ein Institut seinen Lagebericht um eine **nichtfinanzielle Erklärung** zu erweitern. Ein Institut, das nach § 340a Abs. 1 iVm. § 289f Abs. 1 HGB eine **Erklärung zur Unternehmensführung** zu erstellen hat, hat darin Angaben nach § 289f Abs. 2 Nr. 6 HGB aufzunehmen, wenn es als groß gilt (§ 340a Abs. 1b HGB).

Der § 340a Abs. 2 Satz 1 HGB hebt die für Institute nicht anwendbaren, allgemein gültigen Rechnungslegungsvorschriften im Einzelnen auf. In § 340a Abs. 2 Satz 2 HGB werden diejenigen Vorschriften aufgeführt, die durch branchenspezifische Regelungen in der nach § 330 Abs. 2 HGB erlassenen RechKredV ersetzt werden.[50]

§ 340a Abs. 2 Satz 3 HGB bestimmt, dass § 246 Abs. 2 HGB nicht anzuwenden ist, soweit abweichende Vorschriften für Institute bestehen (vgl. Kapitel 2.4.4.).

§ 340a Abs. 2 Satz 5 HGB bestimmt, dass § 285 Nr. 31 HGB nicht anzuwenden ist. Gleichzeitig definiert die Norm, dass unter den Posten „außerordentliche Erträge" und „außerordentliche Aufwendungen" die Erträge und Aufwendungen auszuweisen sind, die außerhalb der gewöhnlichen Geschäftstätigkeit anfallen. Im Anhang sind diese Posten nach § 340a Abs. 2 Satz 6 HGB hinsichtlich ihres Betrags und ihrer Art zu erläutern, soweit die ausgewiesenen Beträge für die Beurteilung der Ertragslage nicht von untergeordneter Bedeutung sind.

---

[50] Vgl. Böcking/Wolsiffer/Morawietz, in: MünchKomm. HGB, 4. Aufl., § 340a HGB Rn. 7 ff.

2.3.2. Von Instituten ersatzlos nicht anzuwendende Vorschriften

Die Vorschriften, die von Instituten ersatzlos **nicht anzuwenden** sind, betreffen (§ 340a Abs. 2 Satz 1 HGB):[51]

- § 264 Abs. 3 HGB: Erleichterungen für Tochterunternehmen.
- § 264b HGB: Befreiung für OHG und KG.
- § 265 Abs. 6 HGB: Änderung der Gliederung und Postenbezeichnung.[52]
- § 265 Abs. 7 HGB: Zusammenfassung bestimmter Posten der Bilanz sowie Gewinn- und Verlustrechnung.[53]
- § 267 HGB: Umschreibung der Größenklassen.
- § 268 Abs. 4 Satz 1 HGB: Vermerk der Forderungen mit einer Restlaufzeit von mehr als einem Jahr.
- § 268 Abs. 5 Satz 1 HGB: Vermerk der Verbindlichkeiten mit einer Restlaufzeit von bis zu einem Jahr.[54]
- § 268 Abs. 5 Satz 2 HGB: Gesonderte Herausstellung erhaltener Anzahlungen auf Bestellungen in der Bilanz.
- § 276 HGB: Größenabhängige Erleichterungen für kleine und mittelgroße Kapitalgesellschaften.
- § 277 Abs. 1 HGB: Definition der Umsatzerlöse.
- § 277 Abs. 2 HGB: Bestandsveränderungen.
- § 277 Abs. 3 Satz 1 HGB: Gesonderter Ausweis bzw. gesonderte Angabe außerplanmäßiger Abschreibungen nach § 253 Abs. 3 Satz 5 und 6 HGB.
- § 284 Abs. 2 Nr. 3 HGB: Bei Anwendung der Gruppenbewertung oder Verbrauchsfolgeverfahren Angabe von erheblichen Unterschiedsbeträgen zu den entsprechenden Stichtagswerten.
- § 285 Nr. 8 HGB: Angabe des Materialaufwands und des Personalaufwands bei Anwendung des Umsatzkostenverfahrens im Anhang.

---

[51] Vgl. Böcking/Wolsiffer/Morawietz, in: MünchKomm. HGB, 4. Aufl., § 340a HGB Rn. 8.

[52] Die Verbindlichkeit der Formblätter geht so weit, dass die Bezeichnung der Posten, der in der RechKredV festgelegte Inhalt und die Reihenfolge der Posten grundsätzlich nicht geändert werden dürfen. Ungeachtet dessen dürfen nach Krumnow ua., 2. Aufl., § 340a HGB Rn. 45 in seltenen Ausnahmefällen auch abweichende Postenbezeichnungen verwendet werden, wenn dadurch eine Konkretisierung erzielt und der Aussagewert erhöht wird.

[53] Eine Zusammenfassung ist den Instituten jedoch nach § 2 Abs. 2 RechKredV unter den dort genannten Voraussetzungen, die mit § 265 Abs. 7 HGB identisch sind, für mit kleinen Buchstaben versehene Posten der Bilanz und Gewinn- und Verlustrechnung erlaubt. Dies gilt jedoch nicht für die Bilanz sowie Gewinn- und Verlustrechnung, die der Deutschen Bundesbank und der BaFin einzureichen sind.

[54] Die Fristengliederung ist in § 340d HGB iVm. § 9 RechKredV besonders geregelt.

- § 285 Nr. 12 HGB: Erläuterung der nicht gesondert ausgewiesenen sonstigen Rückstellungen.[55]
- § 288 HGB: Größenabhängige Erleichterungen für kleine und mittelgroße Kapitalgesellschaften.

Das Verrechnungsverbot des § 246 Abs. 2 Satz 1 HGB ist nach § 340a Abs. 2 Satz 3 HGB insoweit außer Kraft gesetzt, als abweichende Vorschriften bestehen (vgl. §§ 10, 16 Abs. 4 RechKredV, §§ 340c, 340f Abs. 3 HGB). Ansonsten ist § 246 Abs. 2 Satz 1 HGB auch von Instituten anzuwenden.

2.3.3. Von Instituten nicht anzuwendende Vorschriften, für die Sonderregelungen bestehen

Daneben gibt es eine Reihe von Vorschriften des HGB, an deren Stelle die besonderen Vorschriften der RechKredV anzuwenden sind. Die nachfolgend aufgeführten Bestimmungen sind nicht anzuwenden, da an ihre Stelle die nach der RechKredV erlassenen Formblätter bzw. andere Bestimmungen treten (§ 340a Abs. 2 Satz 2 HGB):[56]

- § 247 Abs. 1 HGB: Gesonderter Ausweis und Aufgliederung von Anlage- und Umlaufvermögen, Eigenkapital, Schulden und Rechnungsabgrenzungsposten.[57]
- § 251 HGB: Bilanzvermerk der Haftungsverhältnisse.[58]
- § 266 HGB: Gliederung der Bilanz.[59]
- § 268 Abs. 7 HGB: Angabe der Haftungsverhältnisse unter der Bilanz oder im Anhang.[60]
- § 275 HGB: Gliederung der Gewinn- und Verlustrechnung.[61]

---

[55] Nach § 340f HGB dürfen Aufwendungen aus Zuführungen zu Rückstellungen für Eventualverbindlichkeiten und Kreditrisiken sowie Erträge aus deren Auflösung in die sog. Überkreuzkompensation einbezogen werden. Eine Erläuterung im Anhang würde dem damit verfolgten Zweck zuwiderlaufen.

[56] Vgl. Böcking/Wolsiffer/Morawietz, in: MünchKomm. HGB, 4. Aufl., § 340a HGB Rn. 8.

[57] Die Regelung wird für Institute durch § 2 Abs. 1 RechKredV bzw. § 2 RechZahlV ersetzt.

[58] Für Institute gelten im Wesentlichen die §§ 26 und 27 RechKredV sowie das Formblatt 1.

[59] Die Bilanzgliederung ergibt sich aus dem Formblatt 1, § 2 Abs. 1 RechKredV bzw. § 2 RechZahlV.

[60] Institute haben diesbezüglich in §§ 26 und 27 RechKredV Sondervorschriften.

[61] Formblatt 2 und 3 sowie § 2 Abs. 1 RechKredV und § 2 RechZahlV enthalten die relevanten Bestimmungen.

- § 284 Abs. 3 HGB: Anlagespiegel.[62]
- § 285 Nr. 1 HGB: Gesamtbetrag der Verbindlichkeiten a) mit einer Restlaufzeit von mehr als fünf Jahren, b) die durch Pfandrechte und ähnliche Rechte gesichert sind, unter Angabe von Art und Form der Sicherheiten.[63]
- § 285 Nr. 2 HGB: Aufgliederung der Angaben nach Nr. 1 für jeden Posten der Verbindlichkeiten.[64]
- § 285 Nr. 4 HGB: Aufgliederung der Umsatzerlöse nach geografischen Märkten.[65]
- § 285 Nr. 9c HGB: Angaben zu gewährten Vorschüssen und Krediten an (aktive) Mitglieder des Geschäftsführungsorgans, eines Aufsichtsrats, eines Beirats oder einer ähnlichen Einrichtung.[66]
- § 285 Nr. 27 HGB: Einschätzung des Risikos der Inanspruchnahme aufgrund von Eventualverbindlichkeiten (§ 26 RechKredV) und wegen anderer Verpflichtungen (§ 27 RechKredV); diesbezüglich gilt § 34 Abs. 2 Nr. 4 RechKredV.
- § 285 Nr. 31 HGB ist nicht anzuwenden (§ 340a Abs. 2 Sätze 4 und 5 HGB). Im Formblatt sind weiterhin die Posten „außerordentliche Erträge" und „außerordentliche Aufwendungen" auszuweisen. Nach § 340a Abs. 5 HGB sind diese Beträge im Anhang zu erläutern.

2.3.4. Verrechnungsverbot und seine Ausnahmen

Nach § 340a Abs. 2 Satz 3 HGB ist das Verrechnungsverbot (Saldierungsverbot) des § 246 Abs. 2 Satz 1 HGB (Posten der Aktivseite dürfen grundsätzlich nicht mit Posten der Passivseite, Aufwendungen dürfen grundsätzlich nicht

---

[62] Der Anlagespiegel ist für Institute in § 34 Abs. 3 RechKredV bzw. § 28 Abs. 3 RechZahlV besonders geregelt.

[63] Institute haben nach § 9 RechKredV eine detaillierte Fristengliederung nach Restlaufzeiten vorzunehmen. § 35 Abs. 5 RechKredV schreibt zu jedem Posten der in der Bilanz ausgewiesenen Verbindlichkeiten und der unter dem Strich vermerkten Eventualverbindlichkeiten im Anhang jeweils die Angabe des Gesamtbetrags der als Sicherheit übertragenen Vermögensgegenstände vor.

[64] In § 9 RechKredV sind die einzelnen Posten, für die eine Aufgliederung nach Restlaufzeiten erfolgen muss, vorgeschrieben.

[65] Für Institute gilt stattdessen § 34 Abs. 2 Nr. 1 RechKredV/§ 28 Abs. 2 Nr. 1 RechZahlV, wonach im Anhang die dort genannten Posten nach geografischen Märkten aufzugliedern sind, soweit diese Märkte sich vom Standort der Organisation des Instituts wesentlich voneinander unterscheiden.

[66] Die entsprechende Vorschrift enthält § 34 Abs. 2 Nr. 2 RechKredV/§ 28 Abs. 2 Nr. 2 RechZahlV. Zu strittigen Fragen vgl. Krumnow ua., 2. Aufl., § 340a HGB Rn. 68.

mit Erträgen verrechnet werden) nicht anzuwenden, soweit abweichende Vorschriften bestehen.

Bei der Verrechnung (Saldierung) von Vermögenswerten und Verbindlichkeiten kann keine Erfolgswirkung eintreten, denn es handelt sich bei der Saldierung nicht um einen Ansatz- oder Bewertungsvorgang. Es kommt dagegen zu einer Bilanzverkürzung. Entsprechendes gilt für die Gewinn- und Verlustrechnung, wenn dort Aufwendungen und Erträge miteinander verrechnet (saldiert) werden. Anders ist es bei der kompensatorischen Wirkung von Absicherungstransaktionen iSd. § 254 HGB (vgl. Kapitel 4.11.). Eine Saldierung hat in der Bilanz bspw. Auswirkungen auf die Darstellung und die Bilanzkennzahlen bis hin zum Entstehen von Kündigungsmöglichkeiten bspw. bei Kreditverträgen.

Die bei Instituten zulässigen bzw. vorgeschriebenen Durchbrechungen des Verrechnungsverbots betreffen sowohl die Bilanz als auch die Gewinn- und Verlustrechnung. Es handelt sich um die §§ 10 und 16 Abs. 4 RechKredV sowie um die §§ 340c und 340f HGB.[67] Abgesehen von diesen Sonderregelungen, ist § 246 Abs. 2 Satz 1 HGB auch auf Institute anzuwenden. Dies gilt auch für die Verrechnung von bestimmten Vermögensgegenständen mit Schulden aus Altersversorgungsverpflichtungen und für die Verrechnung von den zugehörigen Erträgen mit den Aufwendungen nach § 246 Abs. 2 Satz 2 HGB.

---

[67] Vgl. hierzu auch Krumnow ua., 2. Aufl., § 340a HGB Rn. 69.

3. Allgemeine Vorschriften der RechKredV und des HGB

3.1. Fristengliederung

3.1.1. Relevante Normen

Forderungen und Verbindlichkeiten sind nicht in der Bilanz, sondern im **Anhang** nach ihrer Fristigkeit zu gliedern. Hierfür ist die **Restlaufzeit** am Bilanzstichtag maßgebend.[68] Die einschlägigen Vorschriften sind in § 340d HGB sowie in den §§ 8 und 9 RechKredV enthalten. In der Bilanz selbst ist – mit Ausnahme des gesonderten Ausweises der täglich fälligen Beträge bei einigen wenigen Posten – keine tiefer gehende Fristengliederung vorgesehen.

Es sind nicht alle, sondern nur die in § 9 RechKredV genannten Forderungen und Verbindlichkeiten nach Restlaufzeiten zu gliedern. Bei der Gliederung nach Restlaufzeiten führt jede **Prolongation** zu einer Verlängerung der Restlaufzeit.

Weder § 340d HGB noch § 9 RechKredV enthalten spezifische Vorschriften darüber, wie die **Anhangangaben über die Restlaufzeiten** zu gestalten sind. Ausführlich zum Restlaufzeitenkonzept vgl. Böcking/Wolsiffer/Bär.[69]

Grundsätzlich sind sämtliche in den jeweiligen Bilanzposten enthaltenen Beträge der Fristengliederung zu unterziehen. Eine Ausnahme bilden die **anteiligen Zinsen** (§ 11 letzter Satz RechKredV, § 8 RechZahlV).

§ 9 Abs. 1 Satz 2 RechKredV wurde mit Artikel 12 des Pfandbriefgesetzes vom 22.5.2005[70] dahingehend geändert, dass der bisherige Klammerzusatz *„Hypothekenbanken, Schiffspfandbriefbanken und öffentlich-rechtliche Grundkreditanstalten"* gestrichen wurde. Da dem Klammerzusatz lediglich ein erläuternder Charakter zukam, konnte darauf verzichtet werden, ohne die Aussage von § 9 RechKredV zu ändern oder zu erschweren. Mit dem BilMoG wurde das Wort *„Realkreditinstitute"* durch *„Pfandbriefbanken"* ersetzt.

---

[68] Zur Diskussion der Vor- und Nachteile der Fristengliederung nach Restlaufzeiten vgl. Bauer, WM 1987, 863 und Schimann, WPg 1985, 160 ff., derselbe, DB 1987, 1498; ausführlich Christian, BB 1987, 229 ff.

[69] Vgl. Böcking/Wolsiffer/Bär, in: MünchKomm. HGB, 4. Aufl., § 340d HGB Rn. 3 f.

[70] Vgl. BGBl. I 2005, 1373 ff., 1391.

3.1.2.   Anhangangaben zur Restlaufzeitengliederung im Einzelnen

Im Anhang sind die in Abb. 3.1 aufgeführten Bilanzposten oder Unterposten nach Restlaufzeiten aufzugliedern (§ 9 RechKredV).

Bilanzposten	Anhangangabe
Aktiva 3. Forderungen an Kreditinstitute 　b) andere Forderungen 4. Forderungen an Kunden *Passiva* 1. Verbindlichkeiten gegenüber 　Kreditinstituten 　b) mit vereinbarter Laufzeit oder 　　Kündigungsfrist 2. Verbindlichkeiten gegenüber 　Kunden 　a) Spareinlagen 　　ab) mit vereinbarter Kündigungs- 　　　frist von mehr als drei 　　　Monaten 　b) andere Verbindlichkeiten 　　bb) mit vereinbarter Laufzeit oder 　　　Kündigungsfrist 3. Verbriefte Verbindlichkeiten 　b) andere verbriefte Verbindlich- 　　keiten	Für die Aufgliederung sind folgende Restlaufzeiten maßgebend: 1. bis drei Monate 2. mehr als drei Monate bis ein Jahr 3. mehr als ein Jahr bis fünf Jahre 4. mehr als fünf Jahre
Aktiva 4. Forderungen an Kunden	Betrag der darin enthaltenen Forderungen mit unbestimmter Laufzeit.
Aktiva 5. Schuldverschreibungen und andere 　festverzinsliche Wertpapiere	Beträge, die in dem Jahr, das auf den Bilanzstichtag folgt, fällig werden.
Passiva 3. Verbriefte Verbindlichkeiten 　a) begebene Schuldverschreibungen	

Abb. 3.1: Fristengliederung

Darüber hinaus sind in der **Bilanz** bei einer Reihe von Bilanzposten die **täglich fälligen Beträge** in Unterposten gesondert zu nennen.

Maßgeblich für die Ermittlung der Restlaufzeit ist grundsätzlich die Zeitspanne zwischen Abschlussstichtag und vereinbartem Fälligkeitstermin (§ 271 BGB) der Zahlungsverpflichtung, wobei auf den Zeitpunkt abzustellen ist, zu dem der Gläubiger eine Verbindlichkeit spätestens fällig stellen kann.[71] Dabei ist eine von der Laufzeit der Kapitalbeträge abweichend vereinbarte **Zinsbindungsfrist** für die Bestimmung der Restlaufzeit ohne Bedeutung. **Weicht der vertragliche** vom **erwarteten Rückzahlungszeitpunkt** ab, so ist der wahrscheinlichere von beiden heranzuziehen.[72]

3.1.3. Behandlung anteiliger Zinsen in der Fristengliederung

Anteilige Zinsen und ähnliche das Geschäftsjahr betreffende Beträge, die erst nach dem Bilanzstichtag fällig werden, aber bereits am Bilanzstichtag bei Kreditinstituten den Charakter von bankgeschäftlichen und bei anderen Instituten den Charakter von für diese Institute typische Forderungen und Verbindlichkeiten haben, sind zwar nach § 11 RechKredV bzw. § 8 RechZahlV demjenigen Posten der Aktiv- oder Passivseite der Bilanz zuzuordnen, dem sie zugehören, sie brauchen jedoch nicht nach Restlaufzeiten aufgegliedert zu werden (§ 11 Satz 3 RechKredV, § 8 RechZahlV).

Damit sind die anteiligen Zinsen entsprechend der Restlaufzeit der Zinsforderungen oder Zinsverbindlichkeiten und mithin in den meisten Fällen wohl in der kürzesten Frist der zugehörigen Bilanzposten auszuweisen. Es wird allerdings auch für möglich gehalten, völlig auf den Ausweis der anteiligen Zinsen zu verzichten, was aber eine Erläuterung der Diskrepanz zwischen Bilanzausweis, der die anteiligen Zinsen beinhaltet, und den Anhangangaben (ohne anteilige Zinsen) erforderlich macht.[73]

3.1.4. Bestimmung der Frist bei Kündigungsgeldern

Für die Gliederung nach Restlaufzeiten sind bei **ungekündigten Kündigungsgeldern** die Kündigungsfristen maßgebend (§ 8 Abs. 1 RechKredV, § 6

---

71 Vgl. IDW, Die fachliche Frage, IDW Life 2016, 334 f.
72 Vgl. Böcking/Wolsiffer/Bär, in: MünchKomm. HGB, 4. Aufl., § 340d HGB Rn. 5.
73 Vgl. Krumnow ua., 2. Aufl., § 11 RechKredV Rn. 12 ff.

RechZahlV).[74] Als Kündigungsfrist ist der Zeitraum anzusehen, der zwischen dem Tag der Kündigung und dem Eintritt ihrer Wirkung, also der Fälligkeit der gekündigten Forderung oder Verbindlichkeit, liegt.

Ist eine Kündigung bereits erfolgt, handelt es sich nicht mehr um ungekündigte Kündigungsgelder; es gelten dann die allgemeinen Vorschriften, dh. es ist der Zeitraum vom Bilanzstichtag bis zur Fälligkeit des gekündigten Postens maßgebend.[75]

Häufig wird außer der Kündigungsfrist noch zusätzlich eine **Kündigungs-sperrfrist** vereinbart. Dies bedeutet, dass eine Kündigung zwar jederzeit rechtswirksam ausgesprochen werden kann, dass diese Kündigung aber frühestens mit Ablauf der Kündigungssperrfrist in der Weise wirksam wird, dass die eigentliche Kündigungsfrist erst dann zu laufen beginnt. Sofern neben der eigentlichen Kündigungsfrist noch eine solche Kündigungssperrfrist vereinbart ist, ist diese bei Berechnung der Restlaufzeit ebenfalls zu berücksichtigen (§ 8 Abs. 1 Satz 2 RechKredV, § 6 RechZahlV). Die Restlaufzeit setzt sich dann zusammen aus der (ggf. restlichen) Kündigungssperrfrist zuzüglich der eigentlichen Kündigungsfrist.

Bei Forderungen sind nach § 8 Abs. 1 Satz 3 RechKredV, § 6 Satz 2 Rech-ZahlV **vorzeitige Kündigungsmöglichkeiten** nicht zu berücksichtigen. Damit kann nur eine ordentliche Kündigung gemeint sein. Denn ein außerordentliches Kündigungsrecht der Bank ist idR nach deren AGB ohnehin gegeben und spielt hier keine Rolle.[76] In diesem Zusammenhang ist es auch gleichgültig, ob dem Schuldner oder der bilanzierenden Bank, die das Darlehen begeben hat, oder auch beiden Kontrahenten ein Recht zur vorzeitigen ordentlichen Kündigung zusteht.[77]

Die Frage, welche Regeln gelten sollen, wenn für **Verbindlichkeiten** ein vorzeitiges ordentliches Kündigungsrecht besteht, wird in § 8 RechKredV nicht unmittelbar angesprochen. Aus der Formulierung, dass „bei Forderungen ... vorzeitige Kündigungsmöglichkeiten nicht zu berücksichtigen" sind, während die übrigen Vorschriften des § 8 RechKredV sowohl auf Forderungen als auch auf Verbindlichkeiten abstellen, ist jedoch zu schließen, dass vorzeitige Kündigungsmöglichkeiten bei Verbindlichkeiten im Gegensatz zu

---

[74] Sowohl die Bestimmung der RechKredV als auch der RechZahlV sind auf Art. 4 Abs. 3 der Bankbilanzrichtlinie gestützt.
[75] Vgl. Krumnow ua., 2. Aufl., § 8 RechKredV Rn. 3.
[76] GlA Birck/Meyer, II 104.
[77] Vgl. Birck/Meyer, II 104 f.

Forderungen stets zu berücksichtigen sind.[78] Solche Verbindlichkeiten müssen dann für die Fristenzuordnung wie Kündigungsgelder behandelt werden; an die Stelle der Restlaufzeit tritt hier die Kündigungsfrist.

3.1.5. Behandlung von Geldern mit regelmäßiger Tilgung

Bei Forderungen und Verbindlichkeiten mit Rückzahlungen in regelmäßigen Raten gilt als Restlaufzeit der Zeitraum zwischen dem Bilanzstichtag und dem Fälligkeitstag jedes Teilbetrags (§ 8 Abs. 2 RechKredV). Diese Regelung wurde aus Artikel 40 Abs. 3a der EG-Bankbilanzrichtlinie übernommen. Die RechKredV definiert nicht, was unter dem Begriff *„Rückzahlungen in regelmäßigen Raten"* zu verstehen ist. Hierunter fallen nach hM all die Fälle, bei denen eine laufende Ratenzahlung erfolgt, unabhängig davon, inwieweit in der einzelnen Rate neben den Tilgungsbeträgen auch Zinsanteile enthalten sind.[79]

Bei Annuitätendarlehen mit langer Zinsbindungsdauer (zB fünf Jahre) oder mit einer Zinsvereinbarung „bis auf weiteres" (baw.), besteht jeweils zum Auslaufen der Zinsbindungsfrist seitens des Schuldners regelmäßig ein Kündigungsrecht. Diese Kündigungsmöglichkeiten sind nach § 8 Abs. 1 letzter Satz RechKredV bei der Bestimmung der Restlaufzeit nicht zu berücksichtigen. Bei Annuitätendarlehen lässt sich die Höhe der Tilgungsbeträge, die vom jeweiligen Zinssatz abhängen, exakt nur bis zum Ende der Zinsbindungsfrist feststellen. Da die Forderung jedoch bis zu ihrer vollständigen Rückzahlung in ihre einzelnen Tilgungsbeträge zu zerlegen und der jeweiligen Laufzeitenschicht zuzuordnen ist, bleibt nichts anderes übrig, als bei diesen Darlehen den Tilgungsplan (ggf. über die Zinsbindungsfrist hinaus) auf der Grundlage der aktuell vereinbarten Konditionen zu ermitteln. Übt der Schuldner bei Ablauf der Zinsbindungsfrist sein Kündigungsrecht nicht aus, ist ein Tilgungsplan auf Basis der dann vereinbarten Konditionen neu zu erstellen. Entsprechendes gilt auch für sog. baw.-Kredite.[80]

Für die in regelmäßigen Raten zu tilgenden Forderungen und Verbindlichkeiten bedeutet dies, dass sie entsprechend dem Zeitraum zwischen Bilanzstichtag und Fälligkeit jeder Rate in Teilbeträge aufzuspalten sind, die der jeweiligen Fristengruppe zuzuordnen sind.[81]

---

[78] GlA Krumnow ua., 2. Aufl., § 8 RechKredV Rn. 5, wenn auch mit kritischen Anmerkungen zu dieser Ansicht.
[79] GlA Krumnow ua., 2. Aufl., § 8 RechKredV Rn. 6.
[80] Ebenso Krumnow ua., 2. Aufl., § 8 RechKredV Rn. 8.
[81] Vgl. Bieg, ZfbF 1988, 15.

3.1.6. Täglich fällige Forderungen und Verbindlichkeiten

Als täglich fällig sind nur solche Forderungen und Verbindlichkeiten auszuweisen, über die jederzeit ohne vorherige Kündigung verfügt werden kann oder für die eine Laufzeit oder Kündigungsfrist von 24 Stunden oder von einem Geschäftstag vereinbart worden ist. Hierzu rechnen auch die sog. Tagesgelder und Gelder mit täglicher Kündigung einschließlich der über geschäftsfreie Tage angelegten Gelder mit Fälligkeit oder Kündigungsmöglichkeit am nächsten Geschäftstag (§ 8 Abs. 3 RechKredV).

Im Gegensatz zu den Definitionen der Restlaufzeit ist diese Bestimmung nicht für die Fristengliederung im Anhang, sondern für den Ausweis entsprechender **Unterposten** zu verschiedenen **Bilanzposten** von Bedeutung.

Tagesgelder sind Leihgelder in Gestalt von Notenbankguthaben mit einer Laufzeit von einem Tag. Gelder mit täglicher Kündigung, die auch als „tägliches Geld" bezeichnet werden, sind demgegenüber auf unbestimmte Zeit ausgeliehen; sie müssen einen Tag nach der jederzeit möglichen Kündigung zurückgezahlt werden.[82]

3.1.7. Besonderheiten für Bausparguthaben

Die im Posten „3. Forderungen an Kreditinstitute, b) andere Forderungen" enthaltenen Bausparguthaben aus abgeschlossenen Bausparverträgen sind nach § 9 Abs. 1 Satz 1 Nr. 1 RechKredV von der Fristengliederung nach Restlaufzeiten ausgenommen. Die Fälligkeit eines Bausparguthabens ist grundsätzlich – sieht man von einer vorzeitigen Kündigung des Bausparvertrags einmal ab – vom Zeitpunkt der Zuteilung des Bausparvertrags abhängig.[83]

Da der Zeitpunkt der Zuteilung von vornherein nicht exakt feststeht, die Bausparkassen vor der Zuteilung eines Bausparvertrags auch keine verbindlichen Zusagen über den Zeitpunkt der Zuteilung geben dürfen,[84] wäre die Gliederung der im Posten andere Forderungen an Kreditinstitute enthaltenen Bausparguthaben nach Restlaufzeiten ohnehin auch nur schwer möglich. Eine vorsichtige Schätzung der Restlaufzeit könnte allenfalls dann vorgenommen werden, wenn der Bausparvertrag kurz vor der Zuteilung steht und die Bausparkasse die Zuteilung auf einen bestimmten Termin angekündigt hat.

---

[82] Vgl. Birck/Meyer, II 113 f.
[83] Ausführlich zur Fristengliederung bei Bausparkassen vgl. Scharpf, DStR 1995, 504 ff.
[84] Vgl. § 4 Abs. 5 BauSparG.

Die in den anderen Forderungen an Kreditinstitute enthaltenen Bausparguthaben sind im Anhang iRd. Fristengliederung auch nicht gesondert zu nennen. Die entsprechenden Beträge sind jedoch jederzeit unter Hinzuziehung des korrespondierenden Bilanzpostens ermittelbar.

3.1.8. Angabe der Beträge mit unbestimmter Laufzeit

Im Anhang sind die im Posten „4. Forderungen an Kunden" enthaltenen Forderungen mit unbestimmter Laufzeit zusätzlich zu nennen (§ 9 Abs. 3 Nr. 1 RechKredV).

Hierunter fallen alle Forderungen aus sog. Dispositionslimiten, deren Inanspruchnahme dem Kunden „bis auf weiteres" zugesagt wurde, sowie alle ohne eine solche Zusage zugelassenen Kontoüberziehungen.

Auch die Kündigungsgelder und Gelder mit täglicher Kündigung sind hier zuzurechnen, nicht aber die zu den täglich fälligen Geldern gehörenden Forderungen, für die eine Laufzeit von 24 Stunden oder einem Geschäftstag vereinbart worden ist.[85]

3.1.9. Angabe der Beträge, die im folgenden Jahr fällig werden

Darüber hinaus sind die im Aktivposten „5. Schuldverschreibungen und andere festverzinsliche Wertpapiere" sowie die im Unterposten „a) begebene Schuldverschreibungen" zum Passivposten „3. Verbriefte Verbindlichkeiten" enthaltenen Beträge zu nennen, die in dem Jahr, das auf den Bilanzstichtag folgt, fällig werden (§ 9 Abs. 3 Nr. 2 RechKredV).

Diese Anhangangabe tritt für diese Posten an die Stelle der Restlaufzeitengliederung, wie sie nach § 9 Abs. 1 und Abs. 2 RechKredV für andere Forderungs- und Verbindlichkeitsposten vorgesehen ist.

3.1.10. Besonderheiten für Pfandbriefbanken und Bausparkassen

Pfandbriefbanken und **Bausparkassen** haben verschiedene Aktiv- und Passivposten nach dem Formblatt 1 abweichend von den übrigen Instituten zu gliedern. Sie haben § 9 Abs. 1 Satz 1 RechKredV entsprechend anzuwenden; dabei brauchen Bausparkassen die Bauspareinlagen nicht nach Restlaufzeiten

---

[85] Vgl. Krumnow ua., 2. Aufl., § 9 RechKredV Rn. 20 mwN.

aufzugliedern (§ 9 Abs. 1 Satz 2 RechKredV). Die Fristengliederung der Bauspareinlagen könnte, wie oben im Zusammenhang mit den Bausparguthaben von Kreditinstituten bereits erwähnt, auch kaum vorgenommen werden.[86]

§ 9 Abs. 1 Satz 2 RechKredV wurde mit Artikel 12 des Pfandbriefgesetzes vom 22.5.2005[87] geändert; der bisherige Klammerzusatz *„Hypothekenbanken, Schiffspfandbriefbanken und öffentlich-rechtliche Grundkreditanstalten"* wurde gestrichen. Da dem Klammerzusatz lediglich ein erläuternder Charakter zukam, konnte darauf verzichtet werden, ohne die Aussage von § 9 RechKredV zu ändern oder zu erschweren. Mit dem BilMoG wurde das Wort „Realkreditinstitute" durch „Pfandbriefbanken" ersetzt.

§ 9 Abs. 1 Satz 2 RechKredV macht bei Bausparkassen nur hinsichtlich der Bauspareinlagen eine Ausnahme von der Fristengliederung. **Bauspardarlehen** sind daher uneingeschränkt nach Restlaufzeiten zu gliedern.

3.1.11. Besonderheiten für Zahlungsinstitute/E-Geld-Institute

Im Anhang von Zahlungsinstituten und E-Geld-Instituten sind die Beträge des Aktivpostens „3. Forderungen an Kunden" und des Passivpostens „2. Verbindlichkeiten gegenüber Kunden" gesondert nach folgenden Restlaufzeiten aufzugliedern (§ 7 RechZahlV):

- bis drei Monate,
- mehr als drei Monate bis sechs Monate,
- mehr als sechs Monate bis zwölf Monate,
- mehr als zwölf Monate.

Die Pflicht zur Fristengliederung in § 7 RechZahlV wurde durch die RechZahl-ÄndV vom 17.12.2018[88] (aufgrund der Solvenzaufsicht) um den Passivposten „2. Verbindlichkeiten gegenüber Kunden" erweitert.

Diese Fristengliederung weicht von der Fristengliederung für Kredit-, Finanzdienstleistungs- und Wertpapierinstitute iSv. § 9 RechKredV ab. Die RechZahlV bleibt damit mit der Anforderung zur Fristengliederung hinter den Angaben gemäß § 9 RechKredV zurück, weil ein Bedürfnis für eine so weitgehende Fristengliederung wie bei Instituten nicht vorhanden ist.

---

[86] Vgl. ausführlich Krumnow ua., 2. Aufl., § 9 RechKredV Rn. 7 ff.
[87] Vgl. BGBl. I 2005, 1373 ff., 1391.
[88] Vgl. BGBl. I 2018, 2619 ff.

3.2. Pensionsgeschäfte

3.2.1. Überblick

Pensionsgeschäfte verfolgen idR die Zielsetzung, die kurz- und mittelfristige Liquiditätssteuerung der Institute zu verbessern, dh. der **Pensionsgeber** kann sich mittels dieser Geschäfte flüssige Mittel verschaffen.[89] Der **Pensionsnehmer** hat die Möglichkeit, flüssige Mittel mit einer genau auf seine Liquiditätsverhältnisse abgestimmten Veräußerungsmöglichkeit anzulegen. Die Abgrenzung und Bilanzierung von Pensionsgeschäften sind im Einzelnen in § 340b HGB geregelt.[90]

Die im internationalen Geschäft üblichen **Repurchase Agreements** (Repo) sind regelmäßig mit den hier dargestellten (echten) Pensionsgeschäften identisch. Beim Pensionsgeber wird das Geschäft dann als Repo und beim Pensionsnehmer als Reverse Repo bezeichnet. Diese Geschäfte kommen auch als Sell/Buy-back-Geschäfte vor.[91] Zu den verschiedenen **Erscheinungsformen** von Pensionsgeschäften vgl. Gaber[92].

Pensionsgeschäfte unterscheiden sich rechtssystematisch von **Wertpapierleihegeschäften**, die im Gegensatz zu den Pensionsgeschäften keinen Kaufvertrag (Verkauf und Terminrückkauf), sondern ein reines Sachdarlehen darstellen.[93] Pensionsgeschäfte werden – wie oben gesagt – vor allem getätigt, um dem Pensionsgeber Liquidität zu verschaffen. Bei der Wertpapierleihe steht die Überlassung der Wertpapiere im Vordergrund, die der Entleiher für seine Zwecke benötigt.[94]

---

[89] Zur rechtlichen Einordnung vgl. Oho/Hülst, DB 1992, 2583; Bieg/Waschbusch/Käufer, ZBB 2008, 63 ff.
[90] Zu Pensionsgeschäften vgl. Treuberg/Scharpf, DB 1991, 1233; Bieg/Waschbusch/Käufer, ZBB 2008, 61 ff.; Dörge, AG 1997, 396; Häuselmann, BB 2000, 1287; Hartung, BB 1993, 1175; Hinz, BB 1995, 971; Hoffmann, BB 1997, 249; Krumnow ua., 2. Aufl., § 340b HGB; Oho/Hülst, DB 1992, 2582; Prahl, WPg 1991, 407; Rau, BB 2000, 2338; Selchert, DB 1996, 1933; Stein/Noltsch, Die Bank 1996, 78; Waschbusch, BB 1993, 172; Gaber, 2. Aufl., 96 ff.; Böcking/Wolsiffer/Bär, in: MünchKomm. HGB, 4. Aufl., § 340b HGB Rn. 1 ff.; Sandleben/Wittmann, IRZ 2015, 139 ff.; Gaber, 2. Aufl., 96 ff.; Bieg/Waschbusch, 3. Aufl., 122 ff.; WPH Edition, Kreditinstitute, Kap. D. Rn. 57 ff.
[91] Vgl. Roth, ZIR 2003, 26 ff.
[92] Vgl. Gaber, 2. Aufl., 96 ff.
[93] Zur Abgrenzung vgl. Häuselmann/Wiesenbart, DB 1990, 2129; Oho/Hülst, DB 1992, 2583 f.; Dörge, AG 1997, 396 ff.; Krumnow ua., 2. Aufl., § 340b HGB Rn. 38 ff.
[94] Vgl. auch Oho/Hülst, DB 1992, 2582.

Zur Abwicklung von Pensionsgeschäften (Repo-Geschäften) haben sich im Interbankenmarkt **standardisierte Vertragsdokumentationen** durchgesetzt.

Zivilrechtlich kann ein Pensionsgeschäft in einen Verkauf des Pensionsgegenstands und den gleichzeitigen Abschluss eines Rückkaufs auf Termin (echtes Pensionsgeschäft) bzw. den gleichzeitigen Abschluss einer Option = Rückgaberecht des Pensionsnehmers (unechtes Pensionsgeschäft) zerlegt werden.

Wirtschaftlich kann ein Pensionsgeschäft als eine besicherte Kreditaufnahme angesehen werden, in der der Pensionsgeber einen Darlehensbetrag vom Pensionsnehmer erhält und im Gegenzug Vermögenswerte als Sicherheit überträgt.

3.2.2. Begriff und Formen von Pensionsgeschäften

3.2.2.1. Definition

Nach der Definition des § 340b Abs. 1 HGB, die sich aus Art. 12 der EG-Bankbilanzrichtlinie ergibt, sind Pensionsgeschäfte **Verträge**, durch die ein Institut oder der Kunde eines Instituts (= Pensionsgeber) ihm gehörende Vermögensgegenstände einem anderen Institut oder einem seiner Kunden (= Pensionsnehmer) gegen Zahlung eines Betrags überträgt und in denen gleichzeitig vereinbart wird, dass die Vermögensgegenstände später gegen Entrichtung des empfangenen oder eines im Voraus vereinbarten anderen Betrags an den Pensionsgeber zurückübertragen werden müssen oder können. Ein Pensionsgeschäft iSd. § 340b HGB liegt nur dann vor, wenn alle aufgeführten Merkmale gegeben sind.[95]

Sofern bei einem Geschäft ein Merkmal nicht vorhanden ist, handelt es sich auch nicht um ein Pensionsgeschäft iSd. HGB: Damit sind auch die Regelungen des § 340b HGB zur bilanziellen Abbildung von Pensionsgeschäften für solche Geschäfte nicht zu beachten.

Pensionsgeber bzw. **Pensionsnehmer** können nach § 340b Abs. 1 HGB sowohl Institute, als auch die Kunden von Instituten (Nichtbanken) sein. Nach hM ist die für Institute bestimmte Regelung als allgemeiner GoB auch auf Nichtinstitute anzuwenden.[96]

---

[95] Vgl. Bieg/Waschbusch/Käufer, ZBB 2008, 64; WPH Edition, Kreditinstitute, Kap. D. Rn. 58.

[96] Vgl. Böcking/Wolsiffer/Bär, in: MünchKomm. HGB, 4. Aufl., § 340b HGB Rn. 6.

Den Pensionsgeschäften gleichgestellt sind im Regelfall sog. **Repo-Geschäfte** (Repurchase Agreements).[97] Gegenstand von Repo-Geschäften sind regelmäßig börsengehandelte Wertpapiere. Zu sog. **Triparty Repo-Transaktionen** vgl. Plattner[98] und Deutsche Bundesbank[99].

3.2.2.2. Unterscheidung in echtes und unechtes Pensionsgeschäft

Um ein **echtes** Pensionsgeschäft handelt es sich dann, wenn der Pensionsnehmer verpflichtet ist, das Pensionsgut zu einem bereits vereinbarten oder vom Pensionsgeber noch zu bestimmenden Zeitpunkt zurückzuübertragen (§ 340b Abs. 2 HGB). Nach dem Wortlaut des § 340b Abs. 2 HGB hat die Bestimmung des Rückgabetermins bei echten Pensionsgeschäften allein durch den Pensionsgeber zu erfolgen.[100]

Ein echtes Pensionsgeschäft liegt also auch vor, wenn der Pensionsnehmer innerhalb eines im Voraus festgelegten Zeitrahmens den Rückgabezeitpunkt bestimmen kann, sofern nur eine Rückgabepflicht besteht.

Dagegen liegt ein **unechtes** Pensionsgeschäft dann vor, wenn der Pensionsnehmer zu einem im Voraus vereinbarten bzw. noch von ihm festzulegenden Zeitpunkt berechtigt – nicht jedoch verpflichtet – ist, die Rücknahme des Pensionsguts durch den Pensionsgeber zu verlangen (§ 340b Abs. 3 HGB). Beim unechten Pensionsgeschäft hat der Pensionsgeber keinen Rückübertragungsanspruch, so dass er nicht fest mit der Wiedererlangung der Pensionsgegenstände rechnen kann.[101]

Eine Rücknahmepflicht des Pensionsgebers ist Voraussetzung sowohl bei echten als auch bei unechten Pensionsgeschäften.[102] Echte Pensionsgeschäfte stellen faktisch die Kombination eines Kassageschäfts und eines Termingeschäfts dar. Unechte Pensionsgeschäfte können als Kombination eines Kassageschäfts mit einem Optionsgeschäft verstanden werden.

Das Termin- bzw. das Optionsgeschäft erfüllt isoliert betrachtet die Definitionskriterien für ein Derivat. Gleichwohl ergibt sich aus der Kombination der

---

[97] Vgl. hierzu Häuselmann, BB 2000, 1287.
[98] Vgl. Plattner, ÖBA 2007, 679 ff.
[99] Deutsche Bundesbank, Monatsbericht Dezember 2013, 59 ff.
[100] Vgl. Böcking/Wolsiffer/Bär, in: MünchKomm. HGB, 4. Aufl., § 340b HGB Rn. 17.
[101] Vgl. Böcking/Wolsiffer/Bär, in: MünchKomm. HGB, 4. Aufl., § 340b HGB Rn. 18.
[102] Ebenso KK-RLR, § 340b HGB, Rn. 14.

Geschäfte und der gesetzlichen Vorschrift eine gemeinsame Betrachtung für Bilanzierungszwecke.[103]

	Echtes Pensionsgeschäft	Unechtes Pensionsgeschäft
Pensionsgeber	Kann die Rückübertragung verlangen; Rücknahme- verpflichtung	Kann die Rückübertragung **nicht** verlangen; Rück- nahmeverpflichtung
Pensionsnehmer	Übernimmt die Verpflichtung zur Rückübertragung	Ist lediglich zur Rücküber- tragung berechtigt

Abb. 3.2: Echte und unechte Pensionsgeschäfte

Der Pensionsnehmer hat bei beiden Formen des Pensionsgeschäfts während der Pensionszeit die unbeschränkte Verfügungsmacht über den Pensionsge- genstand.[104]

Sog. **unechte echte** Pensionsgeschäfte, bei denen es sich um echte Pensions- geschäfte handelt, die wie unechte Pensionsgeschäfte bilanziert werden, gibt es nicht mehr.[105] Geschäfte, die inhaltlich nicht von der Definition der echten oder unechten Pensionsgeschäfte erfasst werden, sind keine Pensionsgeschäfte iSd. Gesetzes.

Devisentermingeschäfte, Börsentermingeschäfte und ähnliche Geschäfte sind keine Pensionsgeschäfte (§ 340b Abs. 6 HGB).[106] Dasselbe gilt für die Ausga- be von Schuldverschreibungen auf abgekürzte Zeit (§ 340b Abs. 6 HGB); der Emittent verpensioniert hierbei keinen Vermögensgegenstand, sondern kreiert ein Wertpapier, nämlich ein Wertpapier mit persönlicher oder unpersönlicher Sonderausstattung, dh. er begründet eine eigene (zusätzliche) Schuldverschrei- bungsverpflichtung, wenn er außerhalb der Wertpapierurkunde die Zusage macht, die Papiere vor Ablauf ihrer Laufzeit zum Nennwert zurückzunehmen.[107]

---

[103] Vgl. Wiechens/Lorenz/Morawietz, HdJ I/11, Rn. 29.

[104] Ebenso Böcking/Wolsiffer/Bär, in: MünchKomm. HGB, 4. Aufl., § 340b HGB Rn. 16.

[105] Vgl. BR-Drucks. 616/89, 20.

[106] Bei einem Pensionsgeschäft werden zwei Verträge abgeschlossen: Ein unmittelbar nach Vertragsabschluss zu erfüllender Kaufvertrag (per Kasse) und ein erst zu einem späte- ren Zeitpunkt (per Termin) zu einem bereits bei Vertragsabschluss festgelegten Preis abzuwickelnder Kaufvertrag.

[107] Vgl. IDW BFA 2/1971, WPg 1972, 46 (aufgehoben (2000), aber inhaltlich weiterhin zutreffend).

3.2.2.3. Pensionsgegenstände

Als Pensionsgegenstände kommen bspw. infrage:

- Wertpapiere (zB Aktien, Schuldverschreibungen),
- Darlehensforderungen (siehe unten),
- Wechsel,
- Schatzwechsel,
- andere Vermögensgegenstände (zB Kryptowerte[108]).

Klarstellend sei erwähnt, dass Schulden, Rechnungsabgrenzungsposten und Bilanzierungshilfen einzeln nicht Gegenstand eines Kaufvertrags und damit auch nicht Pensionsgüter sein können.

Bei den Pensionsgegenständen muss es sich um **dem Pensionsgeber gehörende Vermögensgegenstände** handeln, dh. sie müssen vor der Übertragung auf den Pensionsnehmer dem Pensionsgeber rechtlich oder zumindest wirtschaftlich zuzurechnen gewesen sein.

Soweit **(Darlehens-) Forderungen** verkauft werden, ist festzustellen, ob es sich um eine sog. **ABS-Gestaltung** oder um ein (unechtes) Pensionsgeschäft handelt (IDW RS HFA 8 Tz. 4 f.). Im Regelfall wird in solchen Fällen kein unechtes Pensionsgeschäft vorliegen. Der Unterschied zu einem unechten Pensionsgeschäft, wie es der gesetzgeberischen Intention des § 340b Abs. 3 und Abs. 5 HGB zugrunde liegt, ist nach IDW RS HFA 8 Tz. 5 vor allem in dem Verhältnis zwischen der Optionsfrist (Rückübertragungsoption) und der Nutzungsdauer der verpensionierten Forderung begründet. Bei einem unechten Pensionsgeschäft iSd. § 340b Abs. 3 und Abs. 5 HGB endet die Optionsfrist zur Rückübertragung üblicherweise vor Ablauf der Nutzungsdauer (Fälligkeit) des übertragenen Vermögensgegenstands (Forderung), sodass der Vermögensgegenstand auch nach Ablauf der Optionsfrist noch vom Pensionsnehmer (oder nach Ausübung der Option vom Pensionsgeber) genutzt werden kann. Ist bei ABS-Transaktionen eine Put-Option des Erwerbers vereinbart, ist diese dagegen gezielt darauf gerichtet, die Ausfallrisiken beim Veräußerer zu belassen, da die Optionsfrist die gesamte Restnutzungsdauer der übertragenen Vermögensgegenstände umfasst.

---

[108] Vgl. Löw/Vogt, RdF 2021, 301.

3.2.2.4. Austausch von Pensionsgegenständen gegen Zahlung eines Betrags

Im Rahmen eines Pensionsgeschäfts müssen gemäß § 340b Abs. 1 HGB die Gegenstände „*gegen Zahlung eines Betrages*" auf den Pensionsnehmer übertragen werden. Der entgeltliche Verkauf per Kasse ist wesentlicher Bestandteil eines Pensionsgeschäfts.[109]

Der Pensionsnehmer wird für die Dauer des Pensionsgeschäfts zivilrechtlicher Eigentümer des Pensionsgegenstands. Die zivilrechtliche Eigentumsübertragung findet bei Forderungen im Wege der Zession (§ 398 BGB), bei beweglichen Sachen durch Einigung und Übergabe (§ 929 BGB) und bei Grundstücken durch Einigung und Eintragung des Rechtsübergangs im Grundbuch (§ 873 Abs. 1 BGB) statt. Die Übertragung des wirtschaftlichen Eigentums verlangt dagegen den Besitzübergang sowie den Übergang von Gefahr, Nutzungen und Lasten für die Zeit der wirtschaftlichen Nutzungsdauer.

Der bei Übertragung der Pensionsgegenstände zu zahlende Betrag ist aus dem **aktuellen Marktpreis** der Vermögensgegenstände abzuleiten. Der Marktpreis stellt dabei das Äquivalent für den Wertinhalt der Gegenstände, nicht für die Nutzungsüberlassung dar, wobei die Möglichkeit besteht, eine Nutzungsgebühr in den Marktpreis mit einzubeziehen.[110]

Werden **vom Marktpreis abweichende** Zahlungen vereinbart, sind diese aufgrund ihrer Einflüsse auf den Charakter des Pensionsgeschäfts (echtes, unechtes) und folglich auf die Bilanzierung gesondert zu beurteilen.[111] In diesem Zusammenhang sind auch die von der BaFin erlassenen MaRisk zu beachten, wonach Geschäfte zu nicht marktgerechten Konditionen grundsätzlich unzulässig sind.

Die Rückübertragung auf den Pensionsgeber muss „*gegen Entrichtung des empfangenen oder anderen Betrages*", also wiederum gegen Hingabe eines Geldbetrags, erfolgen.[112]

Entscheidendes Merkmal für ein Pensionsgeschäft ist, dass Zahlung und Rückzahlung als Gegenleistung für die Hin- bzw. Rückgabe des Pensionsguts

[109] Vgl. Hartung, BB 1993, 1175; Waschbusch, BB 1993, 172.
[110] Vgl. Böcking/Wolsiffer/Bär, in: MünchKomm. HGB, 4. Aufl., § 340b HGB Rn. 11.
[111] Vgl. Böcking/Wolsiffer/Bär, in: MünchKomm. HGB, 4. Aufl., § 340b HGB Rn. 11 mwN.
[112] Zu Tauschgeschäften vgl. Treuberg/Scharpf, DB 1991, 1234.

vereinbart werden. Die Zahlung erfolgt als Gegenwert für den Vermögensgegenstand und nicht für die Nutzungsüberlassung.[113]

Der **Zahlungszeitpunkt** kann von den Vertragsparteien frei vereinbart werden, sodass auch die Möglichkeit einer **Zahlungsstundung** besteht.[114]

Das Gesetz schreibt jedoch nicht vor, dass Hingabe- und Rücknahmebetrag in derselben Währung vereinbart werden müssen.

Pensionsgeschäfte iSv. § 340b HGB liegen damit nur vor, wenn sowohl beim Kassa- als auch beim Termingeschäft die Gegenleistung jeweils aus der Zahlung eines Geldbetrags besteht. Erfolgt demgegenüber lediglich ein **Tausch** und **Rücktausch** von Vermögensgegenständen, liegt kein Pensionsgeschäft vor.[115] Der Gesetzgeber hatte die Möglichkeit, Tauschgeschäfte in § 340b HGB mit zu erfassen. Dem Wortlaut von § 340b HGB ist allerdings zu entnehmen, dass Pensionsgeschäfte nur vorliegen, wenn Zahlung und Rückzahlung als Gegenleistung für die Hin- bzw. Rückgabe der Pensionsgüter vereinbart wurden.[116]

3.2.2.5. Vereinbarung eines Rücknahmepreises

Weitere Voraussetzung für das Vorliegen eines Pensionsgeschäfts ist nach § 340b Abs. 1 HGB, dass bereits bei Vertragsabschluss über den Kassakauf festgelegt wird, mit welchem Rücknahmepreis – entweder der empfangene oder ein vereinbarter anderer Betrag – der Terminrückkauf erfolgen wird.[117] Diese Vereinbarung kann im Kaufvertrag oder in einem separaten Vertrag festgelegt werden.

Erfolgt die Festlegung des Rücknahmepreises erst zu einem späteren Zeitpunkt, oder wird der Betrag an den Börsen- oder Marktpreis des Pensionsgegenstands am Rückübertragungstag geknüpft, liegt kein Pensionsgeschäft iSd. § 340b HGB vor.

---

[113] Vgl. KK-RLR, § 340b HGB, Rn. 19.

[114] Ebenso Böcking/Wolsiffer/Bär, in: MünchKomm. HGB, 4. Aufl., § 340b HGB Rn. 10 mwN.

[115] Ebenso Bieg/Waschbusch/Käufer, ZBB 2008, 64; Böcking/Wolsiffer/Bär, in: Münch-Komm. HGB, 4. Aufl., § 340b HGB Rn. 10.

[116] Vgl. Böcking/Wolsiffer/Bär, in: MünchKomm. HGB, 4. Aufl., § 340b HGB Rn. 10 mwN.

[117] Ebenso Böcking/Wolsiffer/Bär, in: MünchKomm. HGB, 4. Aufl., § 340b HGB Rn. 12.

Der Rücknahmepreis orientiert sich idR an dem für das Kassageschäft vereinbarten Betrag. Liegt eine von der Marktrendite abweichende Nominalverzinsung des Pensionsgegenstands (zB Wertpapier) vor, werden oftmals Zinsdif-
ferenzbeträge oder Ausgleichsbeträge vereinbart, um die Effektivverzinsung
des Pensionsgegenstands der Marktrendite anzupassen. Diese Zinskorrekturen
können auch im Rücknahmepreis enthalten sein.[118] Im einfachsten Fall dagegen stellt der Rücknahmepreis die Summe aus Kaufpreis und Pensionsentgelt
(Prozentsatz pa, bezogen auf den Kaufpreis und Laufzeit) dar.

Damit wirken sich Wertänderungen des Pensionsguts ausschließlich zugunsten und zuungunsten des **Pensionsgebers** aus. Der vereinbarte Rücknahmepreis ist nämlich auch dann zu bezahlen, wenn der Gegenstand im Zeitpunkt
der Rückübertragung einen geringeren oder keinen Wert mehr hat.

Den **Pensionsnehmer** hingegen trifft nur ein in der Person des Pensionsgebers
liegendes Bonitätsrisiko, nämlich das Risiko, dass der Pensionsgeber seiner
Verpflichtung zur Rücknahme des Gegenstands gegen Bezahlung des Rücknahmepreises nicht nachkommt.

3.2.2.6. Zurückzuübertragende Vermögensgegenstände

Um ein Pensionsgeschäft handelt es sich nicht nur, wenn dieselben Vermögensgegenstände[119] später zurückübertragen werden, sondern auch dann, wenn
bei vertretbaren Gegenständen, wie zB Wertpapieren einer bestimmten Gattung, die Rückgabe **gleichartiger** Papiere als zulässig vereinbart wird.[120] Für
die Annahme eines Pensionsgeschäfts ist mithin die Nämlichkeit zwischen den
übertragenen und zurückübertragenen Vermögenswerten nicht erforderlich.

Es ist nicht erkennbar, welchen Unterschied es wirtschaftlich macht, ob der
Pensionsgeber nach dem Rückkauf Stücke mit der gleichen oder einer ande-
ren Stückenummer als vorher erhält. Darüber hinaus wird es bei vertretbaren
Gegenständen idR schwerfallen, einen Identitätsnachweis zu führen.

Wird dagegen die Rückgabe anderer lediglich **gleichwertiger** Vermögensgegenstände vereinbart (zB Rückgabe von Wertpapieren anderer, nach Emittent

---

[118] Vgl. Böcking/Wolsiffer/Bär, in: MünchKomm. HGB, 4. Aufl., § 340b HGB Rn. 12
mwN.
[119] Artikel 12 EG-Bankbilanzrichtlinie sah ausdrücklich vor, *„dass dieselben Vermögensgegenstände später zurückübertragen werden".* Diese strenge Formulierung hat der
Gesetzgeber jedoch nicht übernommen.
[120] GlA Stobbe, BB 1990, 523 und Hinz, BB 1991, 1153.

und Ausstattung vergleichbarer Gattungen), handelt es sich nicht um ein Pensionsgeschäft, sondern um einen tauschähnlichen Vorgang.[121]

3.2.2.7. Rücknahmeverpflichtung des Pensionsgebers

Damit ein Pensionsgeschäft gegeben ist, muss nach den Pensionsvereinbarungen eine Rücknahmeverpflichtung des Pensionsgebers vorliegen. Die Rückübertragung auf eine dritte Person genügt nicht.

Sofern nur eine Rückgabepflicht des Pensionsnehmers auf Verlangen des Pensionsgebers vereinbart wurde (Option), handelt es sich nicht um ein Pensionsgeschäft, sondern um ein Optionsrecht.[122]

3.2.2.8. Rückübertragung durch den Pensionsnehmer

§ 340b Abs. 1 iVm. § 340b Abs. 2 und Abs. 3 HGB geht davon aus, dass die Pensionsgegenstände durch den Pensionsnehmer und nicht etwa durch einen Dritten auf den Pensionsgeber zurückübertragen werden. Obwohl es wirtschaftlich betrachtet für den Pensionsgeber gleichgültig ist, ob er eine Rücknahmeverpflichtung gegenüber dem Pensionsnehmer oder einem Dritten hat, handelt es sich bei einer Rückgabepflicht durch einen Dritten nicht um ein Pensionsgeschäft, sondern allenfalls um ein pensionsähnliches Geschäft.[123]

Die Praxis wird auch weiterhin auf Abgrenzungsprobleme stoßen. Dies trifft vor allem dann zu, wenn die Rückkaufsvereinbarung erst später abgeschlossen wird oder im gegenseitigen Einvernehmen nur mündlich erfolgt. Gleiches gilt auch für den Fall, dass die Rückgabepflicht des Pensionsnehmers zwar ausgeschlossen ist, er den Gegenstand aber zu einem so unüblichen Preis erworben hat, sodass er wirtschaftlich zu einer Rückgabe gezwungen ist.

3.2.3. Bilanzierung von Pensionsgeschäften

§ 340b HGB regelt den Ausweis, nicht aber die Bewertung von Pensionsgeschäften. Die Bestimmungen in § 340b HGB gelten formal nur für Kreditinstitute, Finanzdienstleistungsinstitute, Wertpapierinstitute, Zahlungsinstitute und E-Geld-Institute, sie bringen jedoch hinsichtlich der Behandlung von Pen-

---

[121] Vgl. Birck/Meyer, II 128.
[122] Vgl. Birck/Meyer, II 126 und V 460; KK-RLR, § 340b HGB, Rn. 14 mwN.
[123] Vgl. Birck/Meyer, V 460.

sionsgeschäften in der Bilanz **geschäftsspezifische Grundsätze ordnungs-mäßiger Bilanzierung** zum Ausdruck.[124] Sie sind daher von allen Kaufleuten zu beachten, soweit diese an Pensionsgeschäften untereinander oder mit Kreditinstituten usw. beteiligt sind.[125]

3.2.3.1. Bilanzierung echter Pensionsgeschäfte

3.2.3.1.1. Bilanzierung und Bewertung beim Pensionsgeber

Wirtschaftliches Eigentum – Bilanzausweis

Die iRd. Pensionsgeschäfts **übertragenen Vermögensgegenstände** (Pensionsgegenstände) sind gemäß § 340b Abs. 4 HGB nach wie vor in der Bilanz des Pensionsgebers auszuweisen.

Das **wirtschaftliche Eigentum** ist beim echten Pensionsgeschäft dem Pensionsgeber zuzuordnen, dh. der Pensionsgeber bucht keinen Abgang des Pensionsgegenstands (IDW ERS HFA 13 Tz. 19). Die Regelung des § 340b Abs. 4 HGB beruht auf allgemeinen Grundsätzen zur wirtschaftlichen Zugehörigkeit und ist daher von allen Kaufleuten zu beachten. Zum wirtschaftlichen Eigentum beim unechten Pensionsgeschäft vgl. Kapitel 3.2.3.2. Dies gilt unabhängig davon, ob Veräußerung und Rückerwerb in einem **gemeinsamen Vertrag** oder in **zwei getrennten Verträgen** vereinbart worden sind (IDW ERS HFA 13 Tz. 19).

Die verpensionierten Vermögensgegenstände werden in der Bilanz des Pensionsgebers nicht von den übrigen Aktiva getrennt, sondern in dem Posten ausgewiesen, dem der Vermögensgegenstand vor Abschluss des Pensionsgeschäfts zugewiesen wurde bzw. der die Zweckbestimmung im ursprünglichen Erwerbszeitpunkt widerspiegelt.[126]

Bei den echt verpensionierten Vermögensgegenständen trägt der Pensionsgeber aufgrund seiner unbedingten Rücknahmeverpflichtung nach wie vor die Chancen und Risiken (Marktpreis- und Bonitätsrisiko) aus den übertragenen Aktiva auch während der Zeit der Verpensionierung.[127]

---

[124] Zur Problematik der geschäftsspezifischen GoB vgl. Au, 115 ff.
[125] Vgl. im Ergebnis ebenso Hinz, BB 1991, 1156.
[126] Vgl. WPH Edition, Kreditinstitute, Kap. D. Rn. 71 mwN.
[127] Vgl. Waschbusch, BB 1993, 174.

Bei komplexen Repo-Geschäften ist im Einzelfall zu prüfen, welcher Vertragspartei das wirtschaftliche Eigentum zuzurechnen ist.[128] Für den Fall, dass bei einem echten Pensionsgeschäft gleichzeitig ein Terminverkauf des Pensionsgegenstands an den Pensionsnehmer auf das Ende der Laufzeit des Pensionsgeschäfts vereinbart wird, ist die Annahme des Übergangs des wirtschaftlichen Eigentums auf den Pensionsnehmer vertretbar.[129]

In Höhe des **erhaltenen Betrags** muss der Pensionsgeber nach § 340b Abs. 4 HGB eine Verbindlichkeit gegenüber dem Pensionsnehmer passivieren.[130] Ist bei der Rückübertragung ein höherer oder niedrigerer Betrag fällig, vgl. unten zu „Unterschiedsbetrag".[131]

Die Postenbezeichnung der Verbindlichkeit hängt vom Vertragspartner (Kunde oder Institut), ihre Einordnung in das Fristenschema von der vereinbarten Restlaufzeit ab.

Veräußert der Pensionsnehmer den Gegenstand endgültig an einen Dritten, erwirbt der Dritte neben dem rechtlichen auch sämtliche Elemente des wirtschaftlichen Eigentums, sodass er den bilanziellen Zugang auszuweisen hat (IDW ERS HFA 13 Tz. 20). Bei Gattungssachen bedeutet dies jedoch nicht, dass der **Pensionsgeber** den Gegenstand auszubuchen hätte. Wegen der Pflicht des Pensionsnehmers zur Rückübertragung, deren Erfüllung durch die Drittveräußerung nicht unmöglich geworden ist, da sie sich auf Sachen gleicher Art, Menge und Güte bezieht, behält der Pensionsgeber weiterhin die wesentlichen Elemente des wirtschaftlichen Eigentums an dem Pensionsgegenstand, wenn auch nicht derselben Stücke. Bezogen auf die individuellen Stücke kommt es damit zu einem Doppelausweis (IDW ERS HFA 13 Tz. 20).

Bewertung

Da für den Pensionsgeber eine unbedingte Rücknahmeverpflichtung aus dem echten Pensionsgeschäft besteht, trägt er auch während des Pensionsgeschäfts die Risiken, insbesondere das Wertminderungsrisiko, aus den in Pension gegebenen Vermögenswerten und zwar genau so, als ob er die Aktiva nicht in Pension gegeben hätte.

---

[128] Vgl. Gaber, 2. Aufl., 99 f.
[129] Für den Übergang des wirtschaftlichen Eigentums vgl. Gaber, 2. Aufl., 99.
[130] Mit einem Beispiel Au, 152 ff.
[131] Ebenso DGRV (Hrsg.), Jahresabschluss, B.I. Rn. 146.

Je nach Bestandszuordnung der Pensionsgegenstände (Anlage- oder Umlaufvermögen) vor der Übertragung auf den Pensionsnehmer, sind diese nach dem gemilderten oder strengen Niederstwertprinzip zu bewerten.

Die Vermögensgegenstände sind mithin so zu bewerten, als ob es kein Pensionsgeschäft gäbe. Die ursprünglichen **Anschaffungskosten** des Vermögensgegenstands gelten auch nach dem späteren Rückerwerb als Anschaffungskosten iSd. § 253 Abs. 1 HGB und damit als Vergleichswert für eine evtl. Abwertung auf den niedrigeren beizulegenden Wert bzw. den Börsen- oder Marktpreis; im Rahmen des Rückerwerbs kommt es damit nicht zu neuen Anschaffungskosten.[132] Aufgrund des unveränderten Ausweises der in Pension gegebenen Vermögensgegenstände beim Pensionsgeber können sich trotz des zwingenden Rückerwerbs zum vereinbarten Rücknahmepreis keine neuen Anschaffungskosten ergeben.

Durch die Übertragung des Pensionsgegenstands kann es zu **keiner Gewinnrealisierung** kommen. Es ist insbesondere nicht möglich, stille Reserven zu realisieren.[133]

Verbindlichkeit und Unterschiedsbetrag

Nach dem Wortlaut des § 340b Abs. 4 Satz 2 HGB hat der Pensionsgeber *„in Höhe des für die Übertragung erhaltenen Betrags eine Verbindlichkeit ... auszuweisen"*. Das Gesetz schreibt damit abweichend von § 253 Abs. 1 Satz 2 HGB vor, dass die Verbindlichkeit beim Pensionsgeber nicht mit ihrem Erfüllungsbetrag, sondern mit dem **erhaltenen Betrag** einzubuchen ist.

Ist der für die Rückübertragung vereinbarte Betrag höher oder niedriger als der Betrag, der bei der Hingabe des Vermögensgegenstands entrichtet wurde, ist gemäß § 340b Abs. 4 Satz 3 HGB der Unterschiedsbetrag *„... über die Laufzeit des Pensionsgeschäfts zu verteilen"*.

In diesem Zusammenhang werden zwei zulässige Möglichkeiten der bilanziellen Abbildung unterschieden: die **Nettomethode** (Bilanzierung in Höhe des erhaltenen Betrags) und die **Bruttomethode** (Bilanzierung in Höhe des Erfüllungsbetrags und Bildung eines Rechnungsabgrenzungspostens für einen

---

[132] Ebenso WPH Edition, Kreditinstitute, Kap. D. Rn. 73.
[133] Ausführlich zur Gewinnrealisation vgl. Hoffmann, BB 1997, 252; Waschbusch, BB 1993, 174.

Unterschiedsbetrag).[134] Zur Bewertung von Verbindlichkeiten auf Basis **fortgeführter Anschaffungskosten** vgl. Kapitel 4.2.4.

Bei wesentlichen Beträgen bzw. längeren Laufzeiten empfiehlt es sich, die Verteilung so vorzunehmen, dass die Effektivverzinsung über die gesamte Laufzeit gleich bleibt.

a) Rücknahmebetrag < erhaltener Betrag

Ist der Rücknahmebetrag geringer als der vom Pensionsnehmer erhaltene Betrag, ist daher die Verbindlichkeit nach der Bruttomethode in Höhe des niedrigeren Erfüllungsbetrags (niedrigerer Rückzahlungsbetrags) und der Unterschiedsbetrag als passiver Rechnungsabgrenzungsposten auszuweisen.[135]

Nach DGRV[136], Bieg/Waschbusch[137] und Böcking/Gros/Morawietz[138] kann die passivierte Verbindlichkeit nach der Nettomethode auch zeitanteilig reduziert werden, indem der Differenzbetrag zeitanteilig einerseits den Ausweis der Verbindlichkeit mindert, andererseits als Zinsaufwandsminderung verrechnet wird. Von Bieg/Waschbusch[139] wird dies damit begründet, dass der Regelung des § 340b HGB als Spezialvorschrift im Vergleich zu § 253 HGB einzuräumen ist.

b) Rücknahmebetrag > erhaltener Betrag

Liegt der Rücknahmebetrag über dem vom Pensionsnehmer erhaltenen Betrag, ist nach der Bruttomethode der höhere Erfüllungsbetrag (höherer Rückzahlungsbetrag) als Verbindlichkeit zu passivieren und der Unterschiedsbetrag in den aktiven Rechnungsabgrenzungsposten aufzunehmen.[140]

In diesem Fall ist es auch zulässig, die Verbindlichkeit nach der Nettomethode lediglich in Höhe des (niedrigeren) erhaltenen Betrags auszuweisen und den

---

[134] Vgl. WPH Edition, Kreditinstitute, Kap. D. Rn. 75; Böcking/Wolsiffer/Bär, in: Münch-Komm. HGB, 4. Aufl., § 340b HGB Rn. 20 f.
[135] Ebenso Krumnow ua., 2. Aufl., § 340b HGB Rn. 24.
[136] Vgl. DGRV (Hrsg.), Jahresabschluss, B.I. Rn. 146.
[137] Vgl. ausführlich Bieg/Waschbusch, 3. Aufl., 132.
[138] Vgl. Böcking/Gros/Morawietz, § 340b HGB Rn. 9 ff. in: Wiedmann/Böcking/Gros, 4. Aufl.
[139] Vgl. Bieg/Waschbusch, 3. Aufl., 132.
[140] Ebenso Krumnow ua., 2. Aufl., § 340b HGB Rn. 22.

Unterschiedsbetrag jährlich anteilig zuzuschreiben; insoweit liegt auch eine von § 340b Abs. 4 Satz 2 HGB vorgeschriebene Verteilung vor.[141]

Letztere Methode ist nach Bieg/Waschbusch[142] die alleinig richtige Vorgehensweise; von Bieg/Waschbusch wird dies damit begründet, dass die Regelung des § 340b HGB als Spezialvorschrift der allgemeinen Regelung des § 253 HGB vorgeht.[143]

Gewinn- und Verlustrechnung

Die Frage, wem während der Laufzeit des echten Pensionsgeschäfts die **Erträge** aus dem in Pension gegebenen Vermögensgegenstand **zustehen**, beantwortet sich nach den hierfür geltenden gesellschaftsrechtlichen, handelsbilanzrechtlichen und steuerrechtlichen Regelungen (IDW ERS HFA 13 Tz. 21). Zinsen und Dividenden fließen dem zivilrechtlichen Eigentümer der Pensionsgegenstände zu. Dies ist der Pensionsnehmer.[144]

Wirtschaftlich betrachtet hat der Pensionsgeber beim Pensionsnehmer einen Kredit (Verbindlichkeit) aufgenommen und keinen Pensionsgegenstand verkauft. Der Pensionsgegenstand dient dem Pensionsnehmer dabei nur als Sicherheit. Für diese Verbindlichkeit sind beim Pensionsgeber entsprechende **Zinsaufwendungen** zu erfassen.

In Höhe der Erträge aus dem Pensionsgegenstand hat der Pensionsgeber in seiner Gewinn- und Verlustrechnung mithin **Zinsaufwendungen** (Sollbuchung) für die in der Bilanz ausgewiesene Verbindlichkeit ggü. dem Pensionsnehmer zu buchen.

Der Pensionsgeber bezahlt diese Zinsaufwendungen nicht in Form eines Mittelabflusses, sondern dadurch, dass er auf die Erträge aus dem (aktivierten) Pensionsgegenstand (zB Wertpapierzinsen) verzichtet, die er dem Pensionsnehmer überlässt. Mithin ist die Habenbuchung nicht auf einem Geldkonto zu erfassen, sondern im „Ertrag aus dem Pensionsgegenstand", denn der Pensionsgegenstand (zB Wertpapier) ist nach wie vor in seiner Bilanz ausgewiesen.

---

[141] GlA mit einem Beispiel vgl. Au, 152 ff.; DSGV, Deutscher Sparkassen- und Giroverband (Hrsg.), Anhang 11, 3.; zu einer ausführlichen Darstellung vgl. Bieg/Waschbusch, 3. Aufl., 129 ff.

[142] Vgl. Bieg/Waschbusch, 3. Aufl., 129 ff.

[143] Vgl. Böcking/Gros/Morawietz, § 340b HGB Rn. 9 ff. in: Wiedmann/Böcking/Gros, 4. Aufl. sehen ein Wahlrecht für die Brutto- bzw. Nettomethode.

[144] Ebenso Bieg/Waschbusch/Käufer, ZBB 2008, 65.

Aufgrund der Bilanzierung des Pensionsgegenstands beim Pensionsgeber ist es daher nur konsequent, dass dieser die Erträge aus dem Pensionsgegenstand (als Gegenbuchung für die Zinsaufwendungen) in seiner GuV zeigt; der GuV-Ausweises in der Handelsbilanz richtet sich dabei nach Maßgabe der in der Bilanz ausgewiesenen Vermögenswerte und Schulden.[145]

In dem Fall, dass die Differenz zwischen Rückkaufpreis und Kaufpreis dem Pensionsentgelt entspricht (vgl. Kap. 3.2.2.5.), stellt diese die entsprechenden Zinsaufwendungen für die Verbindlichkeit des Pensionsgebers dar. Damit korrespondiert dann der Anspruch des Pensionsgebers auf eine Kompensationszahlung vom Pensionsnehmer in Höhe der diesem zugeflossenen Erträge aus dem Pensionsgegenstand. Der Ertrag aus der Kompensationszahlung wird vom Pensionsgeber so erfasst, wie es bei einem ihm unmittelbar aus dem bei ihm bilanzierten Pensionsgegenstand zufließenden Ertrag der Fall wäre.

Eine Saldierung dieser Zinsaufwendungen mit den laufenden Erträgen aus dem Pensionsgegenstand ist nach § 246 Abs. 2 Satz 1 HGB nicht möglich.[146]

Die Beträge aus der **Verteilung eines Unterschiedsbetrags** zwischen erhaltenem Betrag und Rückzahlungsbetrag erhöhen bzw. vermindern diese Zinsaufwendungen. Darüber hinaus vereinbarte Zinskorrekturen in Form von laufenden Zinsdifferenzzahlungen stellen ebenso wie Verteilungsbeträge aus einmaligen Ausgleichszahlungen Zinsaufwand dar.

Anhangangaben

Der Pensionsgeber muss den Buchwert der in Pension gegebenen Vermögensgegenstände im **Anhang** angeben (§ 340b Abs. 4 Satz 4 HGB). Dies informiert darüber, dass sich die nach wie vor in der Bilanz des Pensionsgebers ausgewiesenen Pensionsgegenstände nicht mehr im Besitz (und auch nicht im juristischen Eigentum) des Bilanzierenden befinden, sondern (mit Rückgabeanspruch) veräußert wurden. Dies ist im Grunde eine Präzisierung des in § 35 Abs. 5 RechKredV geregelten Grundsatzes, dass zu jedem Posten der in der Bilanz ausgewiesenen Verbindlichkeiten der Gesamtbetrag der als Sicherheit übertragenen Vermögenswerte anzugeben ist.[147]

---

[145] GlA Krumnow ua., 2. Aufl., § 340b HGB Rn. 34; von Treuberg/Scharpf, DB 1991, 1237; ebenso Böcking/Wolsiffer/Bär, in: MünchKomm. HGB, 4. Aufl., § 340b HGB Rn. 23.

[146] Vgl. Bieg/Waschbuch, 3. Aufl., 129 mwN; Böcking/Wolsiffer/Bär, in: MünchKomm. HGB, 4. Aufl., § 340b HGB Rn. 23.

[147] Vgl. Krumnow ua., 2. Aufl., § 340b HGB Rn. 25.

Aufgrund dieser Anhangangabe können externe Adressaten des Jahresabschlusses erkennen, ob Teile der in der Bilanz des Pensionsgebers nach wie vor noch ausgewiesenen Aktiva verpensioniert wurden, sich also auf Zeit nicht mehr in dessen bürgerlich-rechtlichem Eigentum befinden.[148]

3.2.3.1.2. Bilanzierung und Bewertung beim Pensionsnehmer

Bilanzausweis

Der Pensionsnehmer darf gemäß § 340b Abs. 4 Satz 5 HGB die beim echten Pensionsgeschäft in Pension genommenen Vermögensgegenstände nicht in seiner Bilanz aktivieren. Er hat als Gegenposten zu dem für die Übertragung der Vermögenswerte gezahlten Betrag (Geldkonto: Habenbuchung) vielmehr eine **Forderung** gegenüber dem Pensionsgeber (Sollbuchung) auszuweisen.

Der Pensionsnehmer bucht mithin nicht den Zugang des Pensionsgegenstands (zB Wertpapier), sondern den Zugang einer Forderung.

Die genaue Postenbezeichnung der Forderung hängt vom Vertragspartner (Kunde oder Institut), ihre Einordnung in das Fristenschema von der vereinbarten (Rest-) Laufzeit des Pensionsgeschäfts ab.

Bewertung

Die Bewertung der Forderung beim Pensionsnehmer richtet sich nach der Bonität des Pensionsgebers. Dabei ist die Werthaltigkeit des als Sicherheit dienenden Pensionsgegenstands zu berücksichtigen.

Unterschiedsbetrag

Ist für die Rückübertragung ein höherer oder ein niedrigerer Betrag vereinbart, ist der Unterschiedsbetrag über die Laufzeit des Pensionsgeschäfts zu verteilen (§ 340b Abs. 4 Satz 6 HGB).

Das Gesetz schreibt nicht explizit vor, in welcher Form diese **Verteilung des Unterschiedsbetrags** zu erfolgen hat (mittels Rechnungsabgrenzungsposten oder durch Auf-/Abwertung der Forderung).

---

[148] So Waschbusch, BB 1993, 174.

Entsprechend der Vorgehensweise für die Behandlung des Unterschiedsbetrags beim Pensionsgeber kommen für die Bilanzierung beim Pensionsnehmer grundsätzlich auch die **Netto-** bzw. die **Bruttomethode** in Frage.[149] Zur Bilanzierung auf Basis fortgeführter Anschaffungskosten vgl. Kapitel 4.2.4.

Bei wesentlichen Beträgen bzw. längeren Laufzeiten ist es auch beim Pensionsnehmer angebracht, die Verteilung so vorzunehmen, dass die Effektivverzinsung über die gesamte Laufzeit gleich bleibt.

a) Rücknahmebetrag < erhaltener Betrag

Ist der Rückzahlungsbetrag niedriger als der an den Pensionsgeber bezahlte Betrag, ist nach der Bruttomethode die Forderung in der Bilanz des Pensionsnehmers nur in Höhe dieses niedrigeren Rückzahlungsbetrags zu aktivieren. Der Unterschiedsbetrag ist als aktiver Rechnungsabgrenzungsposten zu bilanzieren und wie beim Pensionsgeber auf die Laufzeit des Pensionsgeschäfts zu verteilen.

Nach § 340b Abs. 4 Satz 5 HGB hat der Pensionsnehmer „... *in Höhe des für die Übertragung gezahlten Betrags eine Forderung an den Pensionsgeber...* " in seiner Bilanz auszuweisen. Bieg/Waschbusch[150] vertreten ihrer Sichtweise konsequent folgend die Ansicht, dass die Forderung nach der Nettomethode in Höhe des höheren bezahlten Betrags (Hingabebetrag) zu aktivieren ist. Dieser Forderungsbetrag muss an jedem Abschlussstichtag um den anteiligen Differenzbetrag zwischen höherem Hingabebetrag und niedrigerem Rückzahlungsbetrag vermindert werden; dieser Minderungsbetrag ist dann als Zinsertragsminderung des Pensionsnehmers auszuweisen.

b) Rücknahmebetrag > erhaltener Betrag

Ist der Rückzahlungsbetrag dagegen höher als der vom Pensionsnehmer an den Pensionsgeber bezahlte Betrag, hat der Pensionsnehmer nach der Bruttomethode den höheren Rückzahlungsbetrag als Forderung zu aktivieren und den Unterschiedsbetrag als passiven Rechnungsabgrenzungsposten auszuweisen, der dann über die Laufzeit zu verteilen ist.

Der Pensionsnehmer hat nach § 340b Abs. 4 Satz 5 HGB „... *in Höhe des für die Übertragung gezahlten Betrags eine Forderung an den Pensionsgeber...* " in seiner Bilanz auszuweisen. Nach Bieg/Waschbusch[151] ist die Forderung

---

[149] Ebenso WPH Edition, Kreditinstitute, Kap. D. Rn. 84.
[150] Vgl. Bieg/Waschbusch, 3. Aufl., 134.
[151] Vgl. Bieg/Waschbusch, 3. Aufl., 133 f.

nach der Nettomethode zum niedrigeren Hingabebetrag zu aktivieren, sowie am Ende jedes folgenden Geschäftsjahrs um den zeitanteiligen Unterschieds-betrag zwischen dem höheren Rückzahlungsbetrag und dem niedrigeren Hin-gabebetrag durch entsprechende Zuschreibungen zu erhöhen und in Höhe des Zuschreibungsbetrags ein Zinsertrag auszuweisen.[152]

Gewinn- und Verlustrechnung

Die Frage, wem während der Laufzeit des echten Pensionsgeschäfts die Erträ-ge aus dem in Pension gegebenen Vermögensgegenstand **zustehen**, beantwor-tet sich nach den hierfür geltenden gesellschaftsrechtlichen, handelsbilanz-rechtlichen und steuerrechtlichen Regelungen.

Die Erträge fließen beim echten Pensionsgeschäft aufgrund des zivilrechtli-chen Eigentums am Pensionsgegenstand (zB Wertpapier) dem Pensionsnehmer zu. Gleichzeitig ist zu beachten, dass der Pensionsnehmer nicht den Pensions-gegenstand (zB Wertpapier), sondern eine Forderung ggü. dem Pensionsgeber ausweist. Sofern es sich um ein Wertpapier handelt, ist dieses zwar im Depot des Pensionsnehmers erfasst, nicht jedoch in seiner Bilanz ausgewiesen. Die Forderung nimmt in der Bilanz die Stelle des Wertpapiers ein.

Die Erträge aus den in Pension genommenen Gegenständen (zB im Depot er-fasstes Wertpapier) sind beim Pensionsnehmer daher nicht Erträge aus diesen Vermögensgegenständen (zB Wertpapieren), sondern Zinserträge aus der in der Bilanz ausgewiesenen Forderung. Damit wird der wirtschaftliche Sach-verhalt, nämlich Gewährung eines Kredits mit Sicherheitenstellung in Form des Pensionsgegenstands, dargestellt.[153] Diesbezüglich wird ergänzend auf die Ausführungen der Behandlung beim Pensionsgeber verwiesen.

Der auf die Laufzeit zu verteilende **Unterschiedsbetrag** zwischen dem an den Pensionsgeber bezahlten Betrag und dem Rückzahlungsbetrag erhöht bzw. vermindert diese Zinserträge. Darüber hinausgehende Zinskorrekturen, wie zB laufende Zinsdifferenzzahlungen oder einmalige Ausgleichszahlungen,[154] wirken sich ebenfalls auf den Zinsertrag aus.

---

[152] Ebenso DSGV, Deutscher Sparkassen- und Giroverband (Hrsg.), Anhang 11, 4.
[153] Ebenso ; Böcking/Wolsiffer/Bär, in: MünchKomm. HGB, 4. Aufl., § 340b HGB Rn. 28.
[154] Auf die Laufzeit des Pensionsgeschäfts verteilt.

3.2.3.2. Bilanzierung unechter Pensionsgeschäfte

3.2.3.2.1. Bilanzierung und Bewertung beim Pensionsgeber

Wirtschaftliches Eigentum – Bilanzausweis

Die **Pensionsgegenstände** sind bei einem unechten Pensionsgeschäft nicht in der Bilanz des Pensionsgebers, sondern in der des Pensionsnehmers auszuweisen (§ 340b Abs. 5 Satz 1 HGB).[155] Der Pensionsgeber bucht demnach den Pensionsgegenstand aus (siehe nachfolgend zu den Ausnahmen).

Es ist unerheblich, ob die Möglichkeit der Rückveräußerung im Kaufvertrag oder in einem separaten Vertrag festgelegt wird (IDW ERS HFA 13 Tz. 22). Der Pensionsnehmer wird zivilrechtlicher Eigentümer.

Da beim unechten Pensionsgeschäft der **Pensionsnehmer** lediglich das Recht hat, die in Pension genommenen Vermögenswerte zurückzuübertragen, jedoch keine Rückgabeverpflichtung übernimmt, ist es nicht sicher, ob der Pensionsgeber diese Vermögenswerte überhaupt zurückerhält. Da der Rückerwerb nicht von vornherein feststeht und mithin das Verwertungsrecht und die Chancen der Wertsteigerung auf den Erwerber übergehen, gehen die wesentlichen Elemente des **wirtschaftlichen Eigentums** grundsätzlich auf den Erwerber über (IDW ERS HFA 13 Tz. 23). Durch die Zurechnung der Pensionsgegenstände zum Vermögen des Pensionsnehmers folgt die bilanzielle Behandlung der zivilrechtlichen Ausgestaltung des unechten Pensionsgeschäfts.

§ 340b HGB ist zwar eine rechtssystematische Bestätigung des bilanztheoretischen Grundsatzes, dass ein Vermögensgegenstand bilanziell seinem wirtschaftlichen Eigentümer zuzurechnen ist. Gleichwohl gibt es Gestaltungen, bei denen zwar rechtlich nur eine Put-Option (Rückübertragungsrecht) für den Käufer (Pensionsnehmer) vereinbart ist, aber aus sonstigen rechtlichen oder tatsächlichen Gegebenheiten abzuleiten ist, dass der Erwerber (Pensionsnehmer) unter Würdigung aller Umstände gezwungen ist, das Rückveräußerungsrecht auch wahrzunehmen. In einem solchen Fall ist der Vermögensgegenstand weiterhin beim Veräußerer/Pensionsgeber und nicht beim Pensionsnehmer zu bilanzieren (IDW ERS HFA 13 Tz. 25). Solche Umstände sind vor allem dann gegeben (IDW ERS HFA 13 Tz. 26),

---

[155] Mit einem Beispiel vgl. Au, 173 ff.

- wenn im Vorhinein ein entsprechend hoher Rückveräußerungspreis vereinbart wurde,
- wenn der Erwerber kein eigenes wirtschaftliches Interesse an dem Vermögensgegenstand hat oder ihn sogar auf keine andere Weise verwerten kann als durch Rückveräußerung oder
- wenn der Erwerber aufgrund anderer Gestaltungen rechtlich oder faktisch zu einer Rückveräußerung angehalten wird.

Der **Pensionsgeber** bucht die Pensionsgegenstände idR aus und weist – diesen Überlegungen folgend – in seiner Bilanz **flüssige Mittel** in Höhe des Verkaufspreises aus. Zur Gewinnrealisierung bei einem über bzw. unter dem Buchwert liegenden Verkaufspreis siehe nachfolgend.

Unter der Bilanz muss der Pensionsgeber den für die Rückübertragung vereinbarten Betrag im Posten

  2. *Andere Verpflichtungen*
    a) Rücknahmeverpflichtungen aus unechten
       Pensionsgeschäften

als **Eventualverpflichtung** angeben (§ 340b Abs. 5 Satz 2 HGB). Falls verschiedene Rückkauftermine mit unterschiedlichen Beträgen vereinbart worden sind, sollte der höchste Betrag vermerkt werden.[156] Eine entsprechende Angabe im Anhang, zB unter sonstigen finanziellen Verpflichtungen, scheidet konsequenterweise aus.

Der Vertrag über die Rückübertragung des Pensionsgegenstands ist ein schwebendes Geschäft. Der Pensionsgeber hat zum Abschlussstichtag zu prüfen, ob und inwieweit mit einem Verlust aus diesem Geschäft zu rechnen ist (vgl. die Ausführungen zu Passiva 7).

Soweit **Rückstellungen für drohende Verluste** aus schwebenden Geschäften gebildet werden, sind diese nicht vom Vermerkposten abzusetzen, da der Bilanzvermerk die künftige Liquiditätsbelastung zum Ausdruck bringen soll.[157]

---

[156] Vgl. Treuberg/Scharpf, DB 1991, 1237.
[157] GIA DSGV, Deutscher Sparkassen- und Giroverband (Hrsg.), Anhang 11, 4 und 5 f.

Keine Gewinnrealisation

Da beim unechten Pensionsgeschäft die Vermögensgegenstände nach § 340b Abs. 5 HGB nicht mehr in der Bilanz des Pensionsgebers, sondern in der des Pensionsnehmers auszuweisen sind – also wie bei einem normalen Verkauf der Pensionsgegenstände an den Pensionsnehmer –, stellt sich für die Bilanzierung beim Pensionsgeber die Frage, ob ein Gewinn, der dadurch entstehen könnte, dass der Verkaufspreis über dem Buchwert des Vermögensgegenstands liegt, realisiert werden darf oder gar muss und ob dementsprechend beim Rückkauf neue Anschaffungskosten anzunehmen sind.

Wegen der Rücknahmeverpflichtung zu den festgelegten ursprünglichen Konditionen, die eine wesentliche Pflicht aus dem Vertrag darstellt und die das Risiko einer Wertminderung beim Pensionsgeber belässt, kommt eine Gewinnrealisierung beim Pensionsgeber **nicht** in Betracht (IDW ERS HFA 13 Tz. 24).

Vor dem Hintergrund von IDW ERS HFA 13 kann der von Bieg/Waschbusch[158] vertretenen Ansicht, dass beim Pensionsgeber eine Gewinnrealisation stattfinde, nicht gefolgt werden.

Liegt der – vom Pensionsnehmer bezahlte – **Kaufpreis (Hingabebetrag) über dem Buchwert** des Pensionsgegenstands, ist die Realisierung der stillen Reserven – der erhaltene Kaufpreis ist ja zu buchen – durch die Passivierung einer Verbindlichkeit in Höhe der Differenz zwischen dem erhaltenen Betrag und dem Buchwert zu neutralisieren (IDW ERS HFA 13 Tz. 24).[159] Diese Verbindlichkeit entspricht der *„scheinbar aufgelösten stillen Reserve“.*[160] Die Bildung einer Rückstellung, die früher empfohlen wurde, scheidet damit aus.

Ein **Veräußerungsgewinn** ist nur dann und **insoweit realisiert**, wie der Rücknahmepreis den ursprünglichen Veräußerungspreis unterschreitet; in solch einem Fall ist nur die Differenz zwischen Rücknahmepreis und Buchwert als Verbindlichkeit zu passivieren (IDW ERS HFA 13 Tz. 24).

Sobald der Pensionsgeber den Pensionsgegenstand wieder zurücknimmt und den vereinbarten Rückkaufpreis entrichtet, ist der Pensionsgegenstand mit dem alten Buchwert wieder einzubuchen, die Verbindlichkeit in Höhe der Differenz zwischen dem erhaltenen Betrag und dem Buchwert auszubuchen und

---

[158] Vgl. Bieg/Waschbusch, 3. Aufl., 136 ff.
[159] Ebenso WPH Edition, Kreditinstitute, Kap. D. Rn. 89; aA Bieg/Waschbusch, 3. Aufl., 136 ff., die eine Gewinnrealisierung annehmen. Vor dem Hintergrund von IDW ERS HFA 13, kann dieser Ansicht hier nicht gefolgt werden.
[160] Vgl. Birck/Meyer, V 464.

ggf. eine Abschreibung auf das Pensionsgut vorzunehmen.[161] Gibt der Pensionsnehmer den Pensionsgegenstand allerdings innerhalb der Rückgabefrist nicht zurück, muss der Pensionsgeber die Verbindlichkeit (Anzahlung) ausbuchen und als Veräußerungsgewinn vereinnahmen.[162]

Eine endgültige **Gewinnrealisierung** findet also erst dann statt, wenn der Vermögensgegenstand zivilrechtlich und wirtschaftlich endgültig auf den Pensionsnehmer übergeht oder ein herkömmlicher Verkauf stattfindet. Zur **Verlustrealisation** vgl. nachfolgend.

Keine neuen Anschaffungskosten

Im Falle der Rücknahme der Vermögensgegenstände durch den Pensionsgeber entstehen bei diesem **keine** neuen Anschaffungskosten. Der Pensionsgegenstand (zB Wertpapier) ist mit dem altem Buchwert zu erfassen.

Verlustrealisation

Wird der Gegenstand nicht zu einem über dem Buchwert liegenden Verkaufspreis in Pension gegeben, sondern zu einem (marktgerechten) Preis, der unter dem Buchwert liegt, ist in Höhe dieser Differenz im Zeitpunkt der Inpensionsgabe aufgrund des Imparitätsprinzips ein Verlust realisiert.[163]

Beim Rückerwerb ist im Einvernehmen mit § 253 HGB eine Aufwertung bis zum Marktpreis, höchstens jedoch bis zu den ursprünglichen Anschaffungskosten, möglich.

Nicht marktgerechte Verkaufs- und Rücknahmepreise

Für den Abschluss von Geschäften zu nicht marktgerechten Bedingungen besteht grundsätzlich keine Rechtfertigung; derartige Geschäftsabschlüsse können dennoch gelegentlich vorkommen.

In solchen Fällen ist zu unterscheiden, ob der Verkaufspreis und der – in gleicher Höhe vereinbarte – Rücknahmepreis unter oder über dem Marktpreis liegen.

---

[161] Vgl. Krumnow ua., 2. Aufl., § 340b HGB Rn. 38.
[162] Vgl. Krumnow ua., 2. Aufl., § 340b HGB Rn. 38.
[163] Ebenso WPH Edition, Kreditinstitute, Kap. D. Rn. 91.

- Bei einem **über** dem Marktpreis liegenden Verkaufs- und Rücknahmepreis ist der überhöhte sowie der nicht überhöhte Teil des unrealisierten Gewinns in der Bilanz des Pensionsgebers in eine Rückstellung einzustellen, da die (schwebende) Verpflichtung besteht, den Gegenstand zu diesem überhöhten Preis auch wieder zurückzunehmen. Ein solcher Vorgang ist daraufhin zu prüfen, ob das wirtschaftliche Eigentum nicht beim Pensionsgeber verblieben ist.[164]
- Wird dagegen ein **unter** dem Marktniveau liegender Verkaufs- und Rücknahmepreis vereinbart, so ist zu prüfen, aus welchem Grund der Pensionsgeber Vermögensgegenstände unter ihrem Wert verkauft, ohne den Pensionsnehmer zu verpflichten, den Gegenstand zu den gleichen Bedingungen zurückzugeben (beim unechten Pensionsgeschäft kann der Pensionsnehmer die Vermögenswerte auch anderweitig verkaufen). Ergibt sich dabei, dass der Transaktion ein sog. Gentlemen's Agreement[165] dergestalt zugrunde liegt, dass der Pensionsnehmer die Gegenstände zurückverkaufen wird, so ist nach Ansicht von Birck/Meyer[166] die Bilanzierung als echtes Pensionsgeschäft angemessen; andernfalls stelle der dem Pensionsnehmer „geschenkte" Betrag Aufwand dar.

Verkaufspreis ungleich Rücknahmepreis bzw. faktischer Rückveräußerungszwang

Besteht beim echten Pensionsgeschäft ein Unterschied zwischen dem Verkaufs- und dem Rücknahmepreis, ist – wie oben dargestellt – der Unterschiedsbetrag gemäß § 340b Abs. 4 Satz 3 HGB über die Laufzeit des Pensionsgeschäfts zu verteilen.[167]

Werden unechte Pensionsgeschäfte ohne schriftlich vereinbarte Rückgabepflicht des Pensionsnehmers in der Weise abgeschlossen, dass Unterschiede zwischen Verkaufs- und Rücknahmepreis bestehen, so wird in der Literatur[168]

---

[164] Vgl. Birck/Meyer, V 465; Birck/Meyer halten es in diesem Fall für sachgerechter, den Vorgang wie ein echtes Pensionsgeschäft zu bilanzieren, da seitens des Pensionsnehmers eine wirtschaftliche Rückgabepflicht besteht.

[165] Bei dem als Gentlemen's Agreement bezeichneten Geschäft wird die Vereinbarung über den Terminrückkauf nicht oder nur mündlich geschlossen; der Pensionsnehmer wird in diesen Fällen jedoch die Erwartung des Pensionsgebers auf Rückgabe aus Gründen seines „Standings" auch dann nicht enttäuschen, wenn dies für ihn ungünstig ist, da er andernfalls Gefahr läuft, künftig nicht mehr als Marktteilnehmer akzeptiert zu werden.

[166] Vgl. Birck/Meyer, V 465 f.

[167] Birck/Meyer, V 467, stellen dies als eine Möglichkeit dar.

[168] Vgl. Birck/Meyer, V 466.

angenommen, dass es sich, auch wenn diese Unterschiede Zinscharakter haben, tatsächlich um echte Pensionsgeschäfte handelt, da entweder wirtschaftlich eine Rückgabepflicht besteht oder aber ein sog. Gentlemen's Agreement anzunehmen ist.

Ist aus den sonstigen rechtlichen und sonstigen Gegebenheiten abzuleiten, dass der Pensionsnehmer (Erwerber) unter Würdigung aller Umstände gezwungen ist, das Rückveräußerungsrecht auch wahrzunehmen, ist der Vermögensgegenstand weiterhin beim Pensionsgeber und nicht beim Pensionsnehmer zu bilanzieren (vgl. oben zum wirtschaftlichen Eigentum). Hierzu vgl. Kapitel 3.2.3.2.1. zum wirtschaftlichen Eigentum.

3.2.3.2.2. Bilanzierung und Bewertung beim Pensionsnehmer

Bilanzausweis

Der Pensionsnehmer hat den erworbenen Gegenstand nach § 340b Abs. 5 HGB wie bei einem (normalen) Kauf in seiner Bilanz auszuweisen. Die bilanzielle Behandlung entspricht dem eines normalen Anschaffungsvorgangs. Die **Anschaffungskosten** sind in Höhe des gezahlten Kaufpreises anzusetzen.

Das **Rückgaberecht** des Pensionsnehmers stellt, ebenso wie die Rücknahmeverpflichtung des Pensionsgebers, ein schwebendes Geschäft dar.[169]

Fristengliederung

Für die Fristengliederung nach Restlaufzeiten ist nicht die Laufzeit des Pensionsgeschäfts, sondern die Restlaufzeit des erworbenen Pensionsgegenstands maßgebend.[170]

Bewertung

Die im Rahmen des Pensionsgeschäfts erworbenen Gegenstände sind idR dem **Umlaufvermögen** zuzuordnen bzw. bei Instituten wie Umlaufvermögen zu bewerten.

---

[169] Zu Optionen und deren Bilanzierung vgl. Scharpf/Luz, 340 ff. sowie Kapitel 4.12.
[170] Vgl. Krumnow ua., 2. Aufl., § 340b HGB Rn. 30.

Der beizulegende Wert ist unter Einbeziehung der Rücknahmeverpflichtung des Pensionsgebers zu bemessen, die wie eine Kursgarantie wirkt. Der Pensionsnehmer wird deshalb im Regelfall keine Abschreibungen vornehmen können, solange die Rückgabe an den Pensionsgeber beabsichtigt ist und der Pensionsgeber in der Lage ist, den vereinbarten Preis zu bezahlen.

Der relevante Wert ist bei Wertpapieren idR ihr Börsen- oder Renditekurswert, der sich – entsprechend der Bewertung von Wertpapieren mit Sonderausstattung – aus dem Rücknahmepreis und -zeitpunkt, dem Marktzins und der Nominalverzinsung des Wertpapiers ableiten lässt.

Vereinnahmung der laufenden Erträge aus dem Pensionsgegenstand

Der Pensionsnehmer vereinnahmt die ihm aus dem Pensionsgegenstand zufließenden Erträge (zB Zinsen, Dividenden) unter dem Ertragsposten, der mit dem aktivierten Pensionsgegenstand im Zusammenhang steht.

3.3.   Treuhandgeschäfte

3.3.1.   Begriff und Formen

Ein Treuhandverhältnis ist ein Rechtsverhältnis zwischen einem Treuhänder und einem Treugeber. Charakteristisch für Treuhandgeschäfte ist, dass ein Treugeber dem Treuhänder Rechte überträgt oder Rechtsmacht einräumt, von denen bzw. von der dieser nur entsprechend der schuldrechtlichen Treuhandvereinbarung Gebrauch machen darf.[171] Gegenstand dieses Rechtsverhältnisses ist das Treuhandvermögen (Treugut), das aus Sachen oder Rechten bestehen kann.[172] Bei Treuhandgeschäften überträgt der Treugeber Vermögensgegenstände auf den Treuhänder und schließt mit diesem gleichzeitig einen Treuhandvertrag ab. Einzelheiten sind in § 6 RechKredV geregelt.[173]

---

[171] Vgl. Böcking/Wolsiffer/Morawietz, in: MünchKomm. HGB, 4. Aufl., § 340a HGB Rn. 25 ff..

[172] Ausführlich vgl. Heidner, DStR 1989, 276 ff.

[173] Zur Systematisierung von Treuhandverhältnissen vgl. Gaber, 2. Aufl. 71 mwN.

Das **Treuhandvermögen** kann unter anderem bestehen aus

* Wertpapieren,
* Edelmetallbeständen,
* Beteiligungen an Kapital- und Personengesellschaften,[174]
* Beteiligungen an geschlossenen Immobilienfonds,
* unbebauten und bebauten Grundstücken,[175]
* Hypotheken- und Grundschuldforderungen.

Darüber hinaus können auch **Schulden** Gegenstand von Treuhandvereinbarungen sein. Im eigenen Namen für fremde Rechnung eingegangene Schulden können ua. auch dadurch entstehen, dass der Treuhänder zur Finanzierung des Treuguts Kredite aufnimmt. Diese Schulden sind unter den jeweiligen Bilanzposten auszuweisen.

Für bilanzielle Zwecke ist eine Unterscheidung nach dem **Zweck** der Treuhandschaft und nach der **Rechtsstellung des Treuhänders** vorzunehmen.[176]

Unterscheidung nach dem Zweck der Treuhandschaft

Nach dem **Zweck** der Treuhandschaft unterscheidet man zwischen Sicherungstreuhand (fiduziarische Treuhand, Vollrechtstreuhand) und Verwaltungstreuhand (Vollrechts- und Ermächtigungstreuhand):[177]

* **Sicherungstreuhand**
  Bei der Sicherungstreuhand werden dem Treuhänder Vermögensgegenstände als Sicherheit (zB in Form einer Sicherungsübereignung, Sicherungsabtretung) übertragen. Dem Treuhänder werden Rechte zur Aus-

---

[174] Zur Treuhandschaft an GmbH-Anteilen vgl. Armbrüster, GmbHR 2001, 941 ff.; Werner, GmbHR 2006, 1248; zur Formbedürftigkeit der Erwerbstreuhand an GmbH-Anteilen vgl. Greitemann, GmbHR 2005, 577 ff.; BGH-Beschluss vom 12.12.2005, DB 2006, 671 ff.; zu konkludenter Erteilung der Zustimmung zu einem Treuhandvertrag über einen GmbH-Anteil, BGH-Beschluss vom 10.5.2006, DB 2006, 1672; FG Köln, Urteil vom 15.8.2007 (rkr), EFG 2007, 1765 ff.; BFH-Urteil vom 4.12.2007, GmbHR 2008, 558 ff.; Treuhand an Unternehmensbeteiligungen vgl. Eden, Der Konzern 2018, 425 ff. (Teil 1) und 475 ff. (Teil 2).

[175] Zu Treuhandverhältnissen bei der Grunderwerbsteuer vgl. Behrens/Seemaier, BB 2018, 1111 ff.

[176] Vgl. Heidner, DStR 1989, 276 ff.

[177] Vgl. Gaber, 2. Aufl., 72 mit einer Übersicht; Böcking/Wolsiffer/Morawietz, in: Münch-Komm. HGB, 4. Aufl., § 340a HGB Rn. 25 ff.

übung im **eigenen Namen** und für **eigene Rechnung** eingeräumt, die jedoch durch die Sicherungsabrede beschränkt sind. Obwohl der Sicherungsnehmer Vollrechtsinhaber ist, verbleibt das **wirtschaftliche Eigentum** am Sicherungsgut beim Sicherungsgeber; lediglich im Fall der als Bareinlagen getätigten Sicherheiten, sind diese in der Bilanz des Treuhänders auszuweisen (§ 246 Abs. 1 Satz 3 HGB in der Fassung vor dem BilMoG).[178] Diese Form der Treuhand wird auch als „eigennützige Treuhand" bezeichnet.

*   **Verwaltungstreuhand**
    Die Verwaltungstreuhand umfasst all die Fälle, die nicht der Sicherungstreuhand zuzurechnen sind (Vollrechtstreuhand, Ermächtigungstreuhand, Vollmachtstreuhand).[179] Hier ist der Treuhänder entweder Vollrechtsinhaber oder er ist vom Treugeber lediglich ermächtigt oder bevollmächtigt, die Rechte an dem Treuhandgut auszuüben. Im Gegensatz zur Sicherungstreuhand wird diese Form der Treuhand auch als „uneigennützige Treuhand" bezeichnet.[180]

In Form der Sicherungstreuhand gewährt das Treuhandgeschäft bspw. dem Kreditgeber eine Sicherheit. Als Verwaltungstreuhand dient das Treuhandgeschäft bspw. dazu, Eigentums- und Beteiligungsverhältnisse, die nicht offenkundig werden sollen, geheim zu halten.[181]

Unterscheidung nach der Rechtsstellung des Treuhänders

Nach der **Rechtsstellung**, die der Treuhänder besitzt, unterscheidet man zwischen Vollrechtstreuhand, Ermächtigungstreuhand und Vollmachtstreuhand:[182]

*   **Vollrechtstreuhand**
    Entscheidend ist bei der Vollrechtstreuhand, dass der Treuhänder Inhaber aller Rechte ist, die er im eigenen Namen, nicht aber im eigenen Interesse (also nur für fremde Rechnung) ausüben kann. Im Außenver-

---

[178] Ebenso Böcking/Wolsiffer/Morawietz, in: MünchKomm. HGB, 4. Aufl., § 340a HGB Rn. 26.

[179] Vgl. Krumnow ua., 2. Aufl., § 6 RechKredV Rn. 8.

[180] Dies bedeutet, dass der Treuhänder seine Rechtsmacht nicht im eigenen Interesse, sondern im Interesse, zumindest im überwiegenden Interesse, des Treugebers ausübt.

[181] Vgl. auch Heidner, DStR 1989, 276 ff.

[182] Vgl. Gaber, 2. Aufl., 72 mit einer Übersicht; Eden, Der Konzern 2018, 426; Böcking/Wolsiffer/Morawietz, in: MünchKomm. HGB, 4. Aufl., § 340a HGB Rn. 25.

hältnis kann der Treuhänder alle Rechte zwar rechtswirksam ausüben, im Innenverhältnis ist er aber durch die Treuhandabrede beschränkt.[183]

- **Ermächtigungstreuhand**
  Im Rahmen einer Ermächtigungstreuhand wird dem Treuhänder die Ermächtigung erteilt, im eigenen Namen aber für (fremde) Rechnung des Treugebers über das Treugut zu verfügen oder daran Rechte zu begründen, zu verändern oder aufzuheben. Eine Übertragung des zivilrechtlichen Eigentums findet im Gegensatz zur Vollrechtstreuhand nicht statt.[184]

- **Vollmachtstreuhand**
  Bei der Vollmachtstreuhand erhält der Treuhänder lediglich eine Vollmacht zur Vornahme von Verpflichtungs- und Verfügungsgeschäften zur Verwaltung des weiterhin (juristisch und wirtschaftlich) dem Treugeber zugeordneten Vermögens.[185]

In den Regelungsbereich des § 6 Abs. 1 Satz 1 RechKredV fällt die **Verwaltungstreuhand,** soweit sie als Vollrechtstreuhand ausgestaltet ist. Bei der Vollrechtstreuhand übt der Treuhänder als Inhaber aller Rechte die Geschäfte im eigenen Namen für fremde Rechnung aus.

Ob die **Ermächtigungstreuhand,** bei der der Treuhänder im eigenen Namen verfügt, von der Vorschrift des § 6 RechKredV erfasst wird, ist strittig. Von der hM wird dies bejaht.[186]

Kein Treuhandgeschäft iSd. § 6 Abs. 1 Satz 1 RechKredV ist die **Vollmachtstreuhand,** bei der der Treuhänder im fremden Namen und für fremde Rechnung handelt. Für im fremden Namen und auf fremde Rechnung gehaltene Vermögensgegenstände und Schulden besteht nach § 6 Abs. 3 RechKredV beim Treuhänder ein Bilanzierungsverbot. Ebenfalls um keine Treuhandgeschäfte handelt es sich bei **Treuhandzahlungen** gemäß § 21 Abs. 3 RechKredV; diese sind als Kundenverbindlichkeiten auszuweisen.

---

[183] Vgl. Eden, Der Konzern 2018, 426.
[184] Vgl. auch Roß, 24.
[185] Vgl. Roß, 29.
[186] Vgl. Krumnow ua., 2. Aufl., § 6 RechKredV Rn. 17; Mathews, BB 1989, 455; Bieg/ Waschbusch, in: BeckHdR B 900 Rn. 64; WPH Edition, Kreditinstitute, Kap. D. Rn. 145; Böcking/Wolsiffer/Morawietz, in: MünchKomm. HGB, 4. Aufl., § 340a HGB Rn. 27.

Sonderfragen

Zu den Problemen und Fragen der **Prüfung von Treuhandkonten im Jahresabschluss** des Treugebers haben sich Marten[187], Lenz[188] und Schüttler[189] umfangreich geäußert.

Dierlamm/Weissinger[190] haben sich ua. mit der Frage befasst, wer bei Treuhandverhältnissen als wirtschaftlich Berechtigter nach dem Geldwäschegesetz in das **Transparenzregister** einzutragen ist.

Zu den Besonderheiten bei **Zahlungs-** und **E-Geld-Instituten** vgl. WPH.[191]

3.3.2. Treuhänder

3.3.2.1. Bilanzansatz beim Treuhänder

Gesetzliche Regelung

Nach § 6 Abs. 1 RechKredV sind bei Instituten Vermögensgegenstände und Schulden, die ein Institut **im eigenen Namen, aber für fremde Rechnung** hält, in die Bilanz des Instituts aufzunehmen.

Die Norm des § 6 RechKredV enthält nur besondere Regelungen für den Ausweis treuhänderisch gehaltener Vermögensgegenstände und Schulden, sofern das Institut die **Funktion des Treuhänders** ausübt. Der Treugeber ist grundsätzlich der wirtschaftliche Eigentümer. Erfolgt daher nach § 6 RechKredV ein Ansatz des treuhänderisch gehaltenen Vermögens in der Bilanz des Instituts, kommt es ggf. zu einem Ausweis sowohl in der Bilanz des Treugebers als auch in der Bilanz des Treuhänders (Instituts).[192]

Die Gesamtbeträge sind in der Bilanz im Aktivposten „9. Treuhandvermögen" und im Passivposten „4. Treuhandverbindlichkeiten" auszuweisen[193] sowie im Anhang nach den Aktiv- und Passivposten des Formblatts aufzugliedern. Vo-

---

[187] Vgl. Marten, DB 2020, 1465 ff.
[188] Vgl. Lenz, DB 2020, 2085 ff.; DB 2021, 2165 ff
[189] Vgl. Schüttler, DB 2020, 1862 f.
[190] Vgl. Dierlamm/Weissinger, WPg 2019, 43 ff.
[191] Vgl. WPH Edition, Kreditinstitute, Kap. L Rn. 16.
[192] Vgl. WPH Edition, Kreditinstitute, Kap. D. Rn. 41.
[193] Dem Treuhandvermögen stehen Herausgabeverpflichtungen in gleicher Höhe gegenüber, so dass ein korrespondierender Passivposten auszuweisen ist; vgl. WPH Edition, Kreditinstitute, Kap. D. Rn. 147.

raussetzung ist, dass das bilanzierende Institut keinerlei Kredit- und Liquiditätsrisiko hat. Die Posten „Treuhandvermögen" und „Treuhandverbindlichkeiten" müssen betragsmäßig übereinstimmen.

Entsprechendes gilt für den Ausgleich treuhänderisch gehaltener **Schulden** (aufgrund der Forderung des Treuhänders auf Freistellung oder Aufwandsersatz).

Sieht man von einer **Bilanzverlängerung** als Folge des Ausweises des Treuguts in der Bilanz des Treuhänders ab, ergeben sich für den Treuhänder keine weiteren wirtschaftlichen Folgen.

Noch nicht weitergeleitete Mittel bzw. noch nicht abgeführte Leistungen sind nicht als Teil des Treuhandgeschäfts, sondern bei den entsprechenden Aktiv- bzw. Passivposten auszuweisen.

Zu den Besonderheiten der Treuhand an Unternehmensbeteiligungen bzw. Gesellschaftsanteilen (zB Eintragung im Handelsregister oder in der Gesellschafterliste) bei fiduziarischen Treuhandschaften (Vollrechtstreuhand) vgl. Eden.[194]

Treuhandkredite

Treuhandkredite, die im eigenen Namen, aber für fremde Rechnung gewährt wurden, sind nach § 6 Abs. 2 RechKredV in einem „Darunter-Vermerk" anzugeben. Die Betragsidentität ist auch für den Vermerk der Treuhandkredite erforderlich. Ein Treuhandkredit liegt nur dann vor, wenn die Mittel vom Auftraggeber voll zur Verfügung gestellt wurden und das Kreditinstitut keinerlei Eigenrisiko aus dem Kreditverhältnis trägt.[195]

Noch nicht weitergeleitete Zahlungen aus Treuhandkrediten sind, sofern Haftungsrisiken für das Institut ggü. dem Treugeber bestehen, (noch) nicht dem Treuhandvermögen zuzuordnen, sondern erfolgsneutral nach Maßgabe der konkreten Anlage zB als Forderungen an Kreditinstitute (Aktiva 3) einerseits und als Verbindlichkeit (idR Passiva 1) andererseits auszuweisen.[196] Nach Ansicht des WPH[197] ist es jedoch nicht zu beanstanden, wenn ein Kreditinstitut die genannten noch nicht ausgereichten Mittel als Treuhandvermögen und Treuhandverpflichtungen zeigt, weil es die gesamten Treuhandmittel in einem

---

[194] Vgl. Eden, Der Konzern 2018, 435 f.
[195] Vgl. Krumnow ua., 2. Aufl., § 6 RechKredV Rn. 24.
[196] Vgl. WPH Edition, Kreditinstitute, Kap. D. Rn. 148 mwN.
[197] Vgl. WPH Edition, Kreditinstitute, Kap. D. Rn. 148.

eigenen Buchungskreislauf getrennt von seinem eigenen Vermögen erfasst und dieser „Bestand" insgesamt der Treuhandvereinbarung unterliegt. Allerdings ist diese Bilanzierung im **Anhang** darzustellen.

Trägt das Kreditinstitut über die ordnungsmäßige Verwaltung des Engagements hinaus ein Eigenrisiko oder werden die Mittel vom Auftraggeber nicht voll zur Verfügung gestellt, handelt es sich um originäre Forderungen des Kreditinstituts, die dieses als Aktiva „3. Forderungen an Kreditinstitute" bzw. „4. Forderungen an Kunden" auszuweisen hat. Entsprechendes gilt für die Refinanzierung dieser Forderungen („1. Verbindlichkeiten gegenüber Kreditinstituten", „2. Verbindlichkeiten gegenüber Kunden"). Konsequenterweise werden die Zinserträge bzw. Zinsaufwendungen in der Gewinn- und Verlustrechnung als solche gezeigt. Ein Ausweis als Treuhandvermögen bzw. Treuhandverbindlichkeiten kommt dann nicht in Betracht.

Bilanzierung der unterschiedlichen Formen der Treuhand

Die zivilrechtliche Abgrenzung zwischen den verschiedenen Formen der Treuhandschaft ist nicht immer eindeutig. Insbesondere die Frage, ob der Treuhänder für eigene Rechnung tätig wird bzw. überhaupt tätig werden kann, ist nicht unproblematisch. Für die Bilanzierung sind daher jeweils die Umstände des Einzelfalls entscheidend.

Da bei der **Sicherungstreuhand** der Sicherungsgeber weiterhin wirtschaftlicher Eigentümer bleibt, obwohl der Sicherungsnehmer Vollrechtsinhaber ist, gehören die im Rahmen einer Sicherungstreuhand übertragenen Vermögenswerte nicht zum Treuhandvermögen beim Sicherungsnehmer. Diese Vermögensgegenstände sind mit Ausnahme der Bareinlagen nicht in die Bilanz des Sicherungsnehmers aufzunehmen.

Handelt es sich bei dem hingegebenen Vermögenswert um eine **Bareinlage**, ist diese in der Bilanz des Sicherungsnehmers auszuweisen (Aktivposten „1. a) Kassenbestand", Passivposten „1. Verbindlichkeiten gegenüber Kreditinstituten" bzw. „2. Verbindlichkeiten gegenüber Kunden"). Vor Inkrafttreten des BilMoG war dieser Grundsatz ordnungsmäßiger Bilanzierung ausdrücklich in § 246 Abs. 1 Satz 3 HGB aF normiert.

Voraussetzung für eine Bilanzierung als Treuhandvermögen ist, dass das Institut die betreffenden Vermögenswerte und Schulden *„im eigenen Namen, aber* *für fremde Rechnung hält*". Hierunter fallen zunächst alle Fälle der als **Vollrechtstreuhand** ausgestalteten **Verwaltungstreuhand**.[198]

Soweit auch im Falle der **Ermächtigungstreuhand** ein Handeln im eigenen Namen und für fremde Rechnung gegeben ist, macht diese Form der Verwaltungstreuhand die Bilanzierung des betreffenden Sachverhalts nach dem eindeutigen Wortlaut der RechKredV als Treuhandgeschäft iSd. § 6 RechKredV erforderlich.[199]

Da der Treuhänder im Rahmen einer **Vollmachtstreuhand** sowohl im fremden Namen als auch für fremde Rechnung lediglich als Bevollmächtigter tätig wird, ist dies ein Fall des § 6 Abs. 3 RechKredV. Die verwalteten Vermögenswerte dürfen danach **nicht** in die Bilanz aufgenommen werden. Es handelt sich hierbei im Grunde um gar kein Treuhandverhältnis, sondern eher um eine Vermögensverwaltung, bei der der Kunde Inhaber des Vermögens bleibt und das Institut im Rahmen eines auf die Verwaltung gerichteten Geschäftsbesorgungsvertrags als Vertreter des Vermögensinhabers in dessen Namen handelt. Das Bilanzierungsverbot beschränkt sich jedoch nur auf den Ausweis „über dem Strich" in der Bilanz. Eine Angabe des Volumens und evtl. der Art des verwalteten Vermögens in einem Bilanzvermerk „unter dem Strich" oder im Anhang ist jedoch zulässig. Das Bilanzierungsverbot für die Vollmachtstreuhand gilt entsprechend auch für im fremden Namen und für fremde Rechnung vergebene **Verwaltungskredite**. Dieses Bilanzierungsverbot hat konsequenterweise zur Folge, dass Verwaltungskredite auch nicht im Darunter-Vermerk „Treuhandkredite" erfasst werden.

3.3.2.2. Bewertung beim Treuhänder

Der Gesamtbetrag der unter die Regelung des § 6 Abs. 1 RechKredV fallenden Treuhandvermögen ist – wie oben dargestellt – zu aktivieren; in gleicher Höhe ist ein Passivposten auszuweisen. Wertänderungen des Treuhandvermögens gehen zugunsten bzw. zulasten des Treugebers. Es gilt der **Grundsatz der Erfolgsneutralität** der Bilanzierung des Treuhandverhältnisses beim Treuhänder.

---

[198] Mit Ausnahme der seltenen Sachverhaltsgestaltungen, bei denen die Rechtsmacht des Treuhänders so stark ist, dass er im eigenen Namen und für eigene Rechnung tätig wird. Diese Fälle sind dann beim Treuhänder nicht als Treuhandvermögen, sondern wie sein sonstiges eigenes Vermögen auszuweisen; vgl. Krumnow ua., 2. Aufl., § 6 RechKredV Rn. 16; Vgl. WPH Edition, Kreditinstitute, Kap. D. Rn. 145.

[199] Vgl. Krumnow ua., 2. Aufl., § 6 RechKredV Rn. 17; Ausschuss für Bilanzierung des BdB (1993), 110; WPH Edition, Kreditinstitute, Kap. D. Rn. 145.

Auf den **Wertansatz der Treuhandvermögen** geht § 6 RechKredV nicht ein. In der Literatur werden sowohl der Zeitwert als auch der Buchwert des Treugebers als zulässig angesehen.[200]

Unstreitig ist auf jeden Fall, dass der Wertansatz des treuhänderisch gehaltenen Vermögens in der Bilanz des Treuhänders keinen Einfluss auf das ansonsten vom Treuhänder auszuweisende Eigenvermögen haben kann.

Um willkürliche Bewertungen weitgehend auszuschließen, schlägt Mathews[201] vor, einen für alle Arten von Treuhandvermögen geeigneten Wert heranzuziehen, nämlich den **Zeitwert** (Marktwert). Dieser Wert lässt nach seiner Ansicht nach außen hin auch das für den Treuhänder mit der Treuhandverwaltung verbundene Risiko am besten erkennen. Roß[202] zeigt auf, dass die Zeitwertbilanzierung im handelsrechtlichen Jahresabschluss bei Instituten gefolgt werden kann.

Soweit es sich um börsengängige Wertpapiere, Edelmetallbestände, Forderungen aus weitergeleiteten Krediten, Hypotheken- und Grundschuldforderungen handelt, wird die Bewertung mit dem Zeitwert (Barwert) am Bilanzstichtag kaum große Schwierigkeiten bereiten. Eingetretene Wertverluste gehen nicht zulasten des Instituts als Treuhänder, sofern sie nicht durch unsachgemäße Verwaltung verursacht wurden. Die Zeit- oder Verkehrswerte für Grundstücke und Gebäude sowie für Beteiligungen sind dagegen ungleich schwieriger zu ermitteln.[203]

Da die Wertangabe für die Beurteilung der Vermögenslage des Treuhänders ohne Bedeutung ist, kann eine solche Neubewertung, die ggf. sehr aufwändig ist (zB bei Beteiligungen), nicht gefordert werden.[204] Im Hinblick darauf, dass bei dem Treugeber ohnehin keine Gewinnrealisierung in Betracht kommt, kann das Treugut bei dem Treuhänder zumindest anfänglich mit dem **Buchwert** des Treugebers bei Übertragung auf den Treuhänder angegeben werden. Ist der Buchwert nicht bekannt und kann der Verkehrswert nicht ohne Weiteres ermittelt werden, kann ggf. auch ein **Merkposten** angesetzt werden.[205]

---

[200] Vgl. WPH Edition, Kreditinstitute, Kap. D. Rn. 151; Mathews, BB 1987, 646.

[201] Vgl. Mathews, BB 1987, 646 mit einer Aufzählung der infrage kommenden Treuhandgegenstände und deren Wertansätze.

[202] Vgl. Roß, 233 ff.

[203] Hinweise gibt Mathews, BB 1987, 646.

[204] Vgl. ADS 6. Aufl. § 246 HGB Rn. 296; Krumnow ua., 2. Aufl., § 6 RechKredV Rn. 20.

[205] Vgl. ADS 6. Aufl. § 246 HGB Rn. 296; WPH Edition, Kreditinstitute, Kap. D. Rn. 151.

In der Folgezeit muss das Treuhandvermögen nicht laufend bewertet werden, dh. planmäßige und außerplanmäßige **Abschreibungen** müssen nicht vorgenommen werden. Denn die Auswirkungen von Wertveränderungen treffen nicht den Treuhänder, sondern unmittelbar den Treugeber.[206]

Der oben erwähnte **Grundsatz der Erfolgsneutralität** wird buchhalterisch dadurch erreicht, dass Veränderungen des Treuhandvermögens zugunsten oder zulasten des korrespondierenden Postens „Treuhandverbindlichkeiten" vorgenommen werden.[207]

Da die Angabe des Treuhandvermögens beim Treuhänder den Charakter eines Merkpostens hat, ist es sachgerecht, von einer Fortschreibung der Bewertung des Treuguts beim Treuhänder während der Zeit der Treuhandschaft abzusehen. Soweit eine Bewertung unschwer möglich ist (zB aufgrund von Angaben des Treugebers), ist jedoch die Fortschreibung des Buchwerts zulässig.[208]

Die Fortführung der Wertansätze aus der Bilanz des Treugebers ist für den Treuhänder am einfachsten.[209] Der Treugeber schreibt die Vermögensgegenstände ggf. weiter so fort, als ob er sie noch selbst im Bestand hätte und teilt die jeweils aktuellen Wertansätze dem Treuhänder auf Anfrage mit. Hierfür spricht auch die so erreichte Abstimmung zwischen den beiden am Geschäft beteiligten Parteien.[210]

3.3.2.3. Aufwendungen und Erträge beim Treuhänder

Die **Erträge aus dem Treuhandgeschäft** (treuhänderische Tätigkeit des Instituts) werden beim Treuhänder im Regelfall als **Provisionsertrag** in der Gewinn- und Verlustrechnung ausgewiesen, denn es handelt sich um ein Dienstleistungsgeschäft. Für die Marge aus Treuhandkrediten schreibt dies § 30 RechKredV explizit vor. Dies gilt auch für die Erfolgsbeiträge von sog. Verwaltungskrediten.

Die aus den **treuhänderisch gehaltenen Vermögensgegenständen** sich ergebenden (laufenden) Nutzungen, wie bspw. Dividenden, Zinsen usw., sind idR nicht als Treuhandvermögen, sondern unter den jeweiligen Bilanzposten

---

[206] Vgl. ADS 6. Aufl. § 246 HGB Rn. 297; Krumnow ua., 2. Aufl., § 6 RechKredV Rn. 20; aA Mathews, BB 1987, 646.

[207] Vgl. WPH Edition, Kreditinstitute, Kap. D. Rn. 151.

[208] Vgl. ADS 6. Aufl. § 246 HGB Rn. 297.

[209] Ebenso Roß, 232.

[210] Vgl. Roß, 232.

auszuweisen. Eine Erfassung dieser Beträge in der GuV des Treuhänders (Instituts) kommt nicht in Betracht.[211]

3.3.2.4. Anhangangaben beim Treuhänder

Gemäß § 6 Abs. 1 RechKredV sind die in der Bilanz ausgewiesenen Gesamtbeträge der treuhänderisch gehaltenen Vermögensgegenstände und Schulden im Anhang nach den Aktiv- und Passivposten des Formblatts aufzugliedern. Da die Anhangangabe den Zweck hat, dem Bilanzleser einen Überblick über den Umfang und die Schwerpunkte des Treuhandgeschäfts zu geben, genügt es, lediglich eine Aufgliederung nach den Hauptposten der Bilanz vorzunehmen.[212]

Als Gläubiger gilt bei hereingenommenen Geldern die Stelle, der das bilanzierende Institut die Gelder unmittelbar schuldet. Als Schuldner gilt bei Treuhandkrediten die Stelle, an die das bilanzierende Kreditinstitut die Gelder unmittelbar ausreicht (§ 6 Abs. 1 RechKredV).

3.3.3.   Treugeber

3.3.3.1. Bilanzierung beim Treugeber

Vereinzelt wird vertreten, aus dem für Institute gebotenen Ausweis von Treuhandvermögen beim Treuhänder (§ 6 RechKredV) folge ein Ausweisverbot für den Treugeber, auch wenn dieser kein Institut sei.[213]

Einen allgemeinen Grundsatz der korrespondierenden Bilanzierung und ein daraus abzuleitendes Verbot der doppelten Zurechnung gibt es aber nicht.[214] Die Regelung in § 6 RechKredV betrifft nach ihrem klaren Wortlaut ohnehin nur den Ausweis beim Treuhänder, sodass sie selbst für Institute als Treugeber die Aktivierung als wirtschaftliches Eigentum nicht hindert, auch wenn es hierdurch zu einem Doppelausweis kommt.[215]

Für den **Ausweis beim Treugeber** trifft § 6 RechKredV **keine** besondere Regelung, so dass insoweit die allgemeinen Grundsätze zur Bilanzierung von

---

[211] Ebenso WPH Edition, Kreditinstitute, Kap. D. Rn. 152.
[212] Vgl. Krumnow ua., 2. Aufl., § 6 RechKredV Rn. 22.
[213] Vgl. Roß, 125 ff., 237.
[214] Ebenso WPH Edition, Kreditinstitute, Kap. D. Rn. 141.
[215] Vgl. ADS 6. Aufl. § 246 HGB Rn. 283.

Treuhandverhältnissen Anwendung finden. Ist mithin das bilanzierende Institut **Treugeber**, dh. stellt es anderen Kreditinstituten ohne deren Haftung Beträge zur Verfügung, die diese an Endkreditnehmer (Nichtbanken) weiterreichen, sind diese Beträge nach den allgemeinen Bilanzierungsregeln der RechKredV als „Forderungen an Kunden" auszuweisen, weil nur dadurch das Risiko des Treugebers zutreffend abgebildet wird.

In der Bilanz des Treugebers führt die Übertragung des Treuguts auf den Treuhänder zu keiner Änderung (Nämlichkeit des Vermögensgegenstands). Eine Gewinnrealisation tritt auch dann nicht ein, wenn Treuhänder und Treugeber eine Vereinbarung über den Wert des Treuguts treffen. Erst bei Veräußerung durch den Treuhänder bucht der Treugeber den Gegenstand aus und vereinnahmt einen entstandenen Veräußerungsgewinn bzw. -verlust, indem er die Herausgabeforderung gegen den Treuhänder mit ihrem Zeitwert aktiviert.[216]

Wird das Treugut unmittelbar durch den Treuhänder (für den Treugeber) erworben, aktiviert der Treugeber den Gegenstand mit den Anschaffungskosten aus dem Erwerbsgeschäft. Ob er dagegen eine Verbindlichkeit aus Aufwendungsersatz gegenüber dem Treuhänder oder unmittelbar die von diesem – ebenfalls treuhänderisch – eingegangene Drittverbindlichkeit passiviert, hängt von den Vereinbarungen im Einzelfall ab.[217]

3.3.3.2. Bewertung beim Treugeber

In der Bilanz des Treugebers führt die Übertragung des Treuguts auf den Treuhänder zu keiner Änderung (Nämlichkeit des Vermögensgegenstands). Für ihn ändert sich mithin durch die treuhänderische Vermögensübertragung bilanzrechtlich nichts.[218]

Eine Gewinnrealisation tritt auch dann nicht ein, wenn Treuhänder und Treugeber eine Vereinbarung über den Wert des Treuguts treffen. Erst bei Veräußerung durch den Treuhänder bucht der Treugeber den Gegenstand aus und vereinnahmt einen entstandenen Veräußerungsgewinn bzw. -verlust.[219]

Zunächst ist festzustellen, dass eine Zeitwertbilanzierung – wie sie beim Treuhänder möglich ist – beim Treugeber nicht in Betracht kommt.[220] Das Treu-

---

[216] Vgl. ADS 6. Aufl. § 246 HGB Rn. 284.
[217] Vgl. ADS 6. Aufl. § 246 HGB Rn. 285.
[218] Vgl. Roß, 237.
[219] Vgl. ADS 6. Aufl. § 246 HGB Rn. 284.
[220] GlA Roß, 237 f.

handgeschäft kann insbesondere nicht dazu genutzt werden, stille Reserven zu realisieren.

Für die Bewertung ergeben sich keine Besonderheiten; Abschreibungen bzw. Zuschreibungen sind nach den allgemeinen Vorschriften vorzunehmen. Erträge aus dem Treugut sind so zu vereinnahmen, als ob der Gegenstand auch rechtlich dem Treugeber gehöre.[221]

3.3.4. Institute, die als Kapitalverwaltungsgesellschaft die Verwaltung von Investmentvermögen betreiben

Für den Jahresabschluss, den Lagebericht und den Prüfungsbericht einer externen Kapitalverwaltungsgesellschaft gelten die §§ 340a bis 340o HGB entsprechend (§ 38 Abs. 1 Satz 1 KAGB). Weitere Einzelheiten regeln § 38 Abs. 1 Satz 2 sowie Abs. 2 bis Abs. 5 KAGB. Ausführlich hierzu vgl. WPH.[222]

Nach dem iRd. Umsetzung des AIFM-UmsG geänderten § 6 Abs. 4 RechKredV müssen Kapitalverwaltungsgesellschaften die Summe der Inventarwerte und die Zahl der verwalteten Investmentvermögen in der Bilanz auf der Passivseite **unter dem Strich** in einem Posten mit der Bezeichnung „Für Anteilsinhaber verwaltete Investmentvermögen" ausweisen.[223] Obwohl dieser Vermerkposten im Formblatt nicht ausdrücklich vorgesehen ist, kann dieser als Vermerkposten mit der Nummer 3. ausgewiesen werden.[224]

Die Ausweispflicht betrifft Institute im Anwendungsbereich der §§ 340 ff. HGB, die als Kapitalverwaltungsgesellschaft die Verwaltung von Investmentvermögen betreiben.[225] Einzelheiten vgl. Kapitel 5.3.16.3.

3.4. Ausnahmen vom Verrechnungsverbot

3.4.1. Überblick

Das Verrechnungsverbot des § 246 Abs. 2 Satz 1 HGB, wonach die Saldierung von Forderungen mit Verbindlichkeiten sowie von Aufwendungen mit Erträ-

---

[221] Vgl. ADS 6. Aufl. § 246 HGB Rn. 286.
[222] Vgl. WPH Edition, Kreditinstitute, Kap. H.
[223] Vgl. WPH Edition, Kreditinstitute, Kap. D. Rn. 848 f.
[224] Vgl. ausführlich Gaber, WPg 2015, 124 f.; WPH Edition, Kreditinstitute, Kap. D. Rn. 849.
[225] Vgl. ausführlich Gaber, WPg 2015, 124 f. mwN.

gen verboten ist, ist bei Instituten insoweit nicht anzuwenden, als abweichende Vorschriften bestehen (§ 340a Abs. 2 Satz 3 HGB).

Nach den Grundsätzen ordnungsmäßiger Buchführung dürfen Forderungen und Verbindlichkeiten dann saldiert werden, wenn eine Aufrechnungslage gemäß § 387 BGB vorliegt. Diese setzt voraus, dass sich die Positionen (zwischen denselben Personen) **gleichartig** und **fällig** gegenüberstehen, so dass sie von beiden Seiten gemäß § 387 BGB gegeneinander aufgerechnet werden können. Wenn Forderungen und Verbindlichkeiten dagegen noch nicht fällig sind, aber die Zeitpunkte der künftigen Fälligkeit der Forderung und der Erfüllbarkeit der Verbindlichkeit identisch sind oder nur unwesentlich voneinander abweichen, ist eine Saldierung nicht sachgerecht.[226]

In den Fällen, in denen keine abweichenden Vorschriften bestehen, verbleibt es bei Instituten bei den Grundsätzen des § 246 Abs. 2 Satz 1 HGB.

Von § 246 Abs. 2 Satz 1 HGB abweichende Regelungen sind zunächst in § 10 RechKredV zu finden, der die Verrechnung von Forderungen und Verbindlichkeiten näher bestimmt. § 16 Abs. 4 RechKredV bestimmt, dass nicht börsenfähige eigene Schuldverschreibungen vom Passivposten „3. Verbriefte Verbindlichkeiten, a) begebene Schuldverschreibungen" abzusetzen sind. Darüber hinaus enthalten die §§ 340c und 340f Abs. 3 HGB Bestimmungen zur Verrechnung von Aufwendungen mit Erträgen.

Nach § 246 Abs. 2 Satz 2 HGB sind Vermögensgegenstände, die dem Zugriff aller übrigen Gläubiger entzogen sind und ausschließlich der Erfüllung von Schulden aus **Altersversorgungsverpflichtungen** oder vergleichbaren langfristig fälligen Verpflichtungen dienen, mit diesen Schulden zu verrechnen; entsprechend ist mit den zugehörigen Aufwendungen und Erträgen aus der Abzinsung und aus dem zu verrechnenden Vermögen zu verfahren. Übersteigt der beizulegende Zeitwert der Vermögensgegenstände den Betrag der Schulden, ist der übersteigende Betrag unter einem gesonderten Posten zu aktivieren (§ 246 Abs. 2 Satz 3 HGB).

Zur Beurteilung verschiedener **bankspezifischer Aufrechnungssachverhalte** wie Aufrechnungen nach Banken-AGB, Kontokorrentkonten, Aufrechnungen im Zusammenhang mit Derivatekontrakten sowie Forderungen und Verbind-

---

[226] Anders Bär/Kalbow/Vesper, WPg 2014, 32; die Autoren verkennen, dass das HGB und die GoB diesbezüglich eindeutig sind. Nach BeBiKo. 13. Aufl., § 246 HGB Rn. 152 mwN, ist diese Saldierung ebenfalls nicht sachgerecht.

lichkeiten aus Wertpapiergeschäften mit der Eurex Clearing AG wird auf Ga-ber[227] verwiesen.

3.4.2. Verrechnung von Forderungen und Verbindlichkeiten (§ 10 RechKredV)

Nach § 10 Abs. 1 RechKredV sind Forderungen und Verbindlichkeiten dann zwingend zu kompensieren, wenn[228]

- zwischen den **Kontoinhabern Identität** besteht, dh. Forderungen und Verbindlichkeiten bestehen ggü. ein und demselben Kontoinhaber (Gläubiger bzw. Schuldner),
- die **Verbindlichkeiten** täglich fällig sind und keinerlei Bindungen unterliegen,
- die **Forderungen** ebenfalls täglich fällig sind oder es sich um Forderungen handelt, die auf einem Kreditsonderkonto belastet und gleichzeitig auf einem laufenden Konto erkannt sind,
- sofern für die Zins- und Provisionsberechnung vereinbart ist, dass der Kontoinhaber wie bei Verbuchung über ein einziges Konto gestellt wird **und**
- die Währung der Forderungen und Verbindlichkeiten dieselbe ist.

Einschränkend gilt, dass mit Sperrguthaben und Spareinlagen nicht verrechnet werden darf (§ 10 Abs. 2 Satz 2 RechKredV). Die Forderungen und Verbindlichkeiten müssen insofern gleichartig sein, als es sich um **Buchforderungen** bzw. **-verbindlichkeiten** handeln muss.

Die Verrechnung von Forderungen und Verbindlichkeiten ist nur zulässig, wenn **Personenidentität** besteht, dh. ein und dieselbe Person sowohl Gläubiger als auch Schuldner ist. Eine solche Verrechnung ist auch zulässig, wenn ein Konto auf die Firma eines Einzelkaufmanns und das andere auf seinen Namen lautet.[229] Dies gilt jedoch nicht, wenn ein Konto auf eine Gesellschaft und das andere auf den Namen des Gesellschafters lautet.[230] Vereinbarungen zum Cash-Management im Konzern dürfen im Regelfall auch nicht berücksichtigt werden.

---

[227] Vgl. Gaber, 2. Aufl, 172 ff.
[228] Vgl. Gaber, 2. Aufl., 157 ff.; WPH Edition, Kreditinstitute, Kap. D. Rn. 251 ff.
[229] Vgl. Krumnow ua., 2. Aufl., § 10 RechKredV Rn. 4.
[230] Ebenso Gaber, 2. Aufl. 159.

Nach dem Wortlaut von § 10 RechKredV bezieht sich die Erfordernis „keiner Bindungen" nur auf Verbindlichkeiten.[231] Als **„Bindung"** iSd. Verrechnungsvorschrift des § 10 RechKredV sind neben der Bereitstellung von Deckungsguthaben für die Übernahme spezieller Geschäftsbesorgungen (zB Akkreditiv-Deckungsguthaben) alle sowohl den Kontoinhaber als auch das Institut bindende rechtsgeschäftlichen Vereinbarungen oder öffentliche Eingriffe zugunsten Dritter zu verstehen.[232] Keiner Bindung unterliegen fällige Tilgungen auf Hypotheken- oder sonstige langfristige Darlehen, die für die Zinsberechnung erst zu einem späteren Zeitpunkt vom Darlehen gekürzt werden, es sei denn, dass es sich um Tilgungsfondskredite handelt.

Als **„täglich fällig"** gelten nach § 8 Abs. 3 RechKredV nur solche Forderungen und Verbindlichkeiten, über die jederzeit ohne vorherige Kündigung verfügt werden kann, oder für die eine Laufzeit oder Kündigungsfrist von 24 Stunden oder von einem Geschäftstag vereinbart worden ist; hierzu rechnen auch die sog. Tagesgelder und Gelder mit täglicher Kündigung incl. der über geschäftsfreie Tage angelegten Gelder mit Fälligkeit oder Kündigungsmöglichkeit am nächsten Geschäftstag. Für Kontokorrentkredite ohne Befristungsvereinbarungen und für solche, die „bis auf weiteres" oder unter Hinweis auf die tägliche Fälligkeit zugesagt werden, gilt, dass diese als täglich fällig angesehen werden können.

Als **Kreditsonderkonten** sind neben der laufenden Rechnung geführte Konten zu verstehen, auf denen außer der dem Kunden zur Verfügung gestellten Kreditvaluta und evtl. Rückzahlungen keine weiteren Buchungen vorgenommen werden (sog. englische Buchungsmethode).[233]

Für die aufzurechnenden Forderungen und Verbindlichkeiten muss **Konditionengleichheit** bestehen, dh. sie müssen bei der Zins- und Provisionsberechnung eine Einheit darstellen (die Zins- und Provisionsberechnung muss so erfolgen, als ob die Kontobewegungen über ein einziges Konto des Kontoinhabers abgewickelt würden). Diese Abrechnungsbedingungen müssen vor der Verrechnung vereinbart und dem Kunden schriftlich mitgeteilt worden sein.[234] Sofern die Konten unterschiedlichen Konditionen unterliegen, ist eine Kompensation nicht zulässig.

---

[231] Ebenso Gaber, 2. Aufl. 160 mwN.
[232] Vgl. Krumnow ua., 2. Aufl., § 10 RechKredV Rn. 6.
[233] Vgl. Krumnow ua., 2. Aufl., § 10 RechKredV Rn. 10 mwN.
[234] Vgl. Krumnow ua., 2. Aufl., § 10 RechKredV Rn. 7.

Währungsidentität liegt zunächst stets dann vor, wenn bspw. Forderungen und Verbindlichkeiten auf Euro lauten. Sie ist aber auch dann gegeben, wenn beide auf eine andere Währung (zB USD) lauten.

In **Bagatellfällen**, dh. bei bedeutungslosen Klein- und Kleinstbeträgen wird man aus Gründen der Arbeitsersparnis auf eine Kompensation verzichten können.

Nach Ansicht von Krumnow ua.[235] hat die Verrechnung von Forderungen und Verbindlichkeiten gemäß § 10 RechKredV nicht gleichzeitig zur Folge, dass die damit zusammenhängenden Aufwendungen (zB Zinsen, Provisionen) und Erträge auch zu saldieren sind. Diese sind in der Gewinn- und Verlustrechnung unsaldiert auszuweisen, es sei denn, dass eine Zinsstaffel für mehrere Kontokorrentkonten geführt wird.

3.4.3. Zurückgekaufte eigene Schuldverschreibungen

Bei zurückgekauften eigenen Schuldverschreibungen ist danach zu unterscheiden, ob diese börsenfähig sind oder nicht. Nach § 16 Abs. 4 RechKredV sind **nicht börsenfähige** eigene Schuldverschreibungen zwingend vom Passivposten „3. Verbriefte Verbindlichkeiten, a) begebene Schuldverschreibungen" abzusetzen.[236] **Börsenfähige** Schuldverschreibungen sind hingegen im Aktivposten 5. auszuweisen. Es wird auf die Ausführungen in Kapitel 5.3.3.2.2. verwiesen.

Gaber sieht für im Posten „Nachrangige Verbindlichkeiten" bzw. „Genussrechtskapital" ausgewiesenen Verbindlichkeiten ebenfalls die in § 16 Abs. 4 RechKredV getroffene Unterscheidung nach börsenfähigen oder nicht börsenfähigen Schuldverschreibungen.[237]

Zurückerworbene Schuldverschreibungen, die auf der Passivseite im Posten „3a. Handelsbestand" ausgewiesen wurden, sind – ob börsenfähig oder nicht – im Aktivposten „6a. Handelsbestand" zu erfassen.[238] Dieser Ausweis zurückgekaufter eigener Emissionen kommt auch in Betracht, wenn die Schuldverschreibung nicht aus dem Handel heraus emittiert wurde, mit dem Rückkauf

---

[235] Vgl. Krumnow ua., 2. Aufl., § 10 RechKredV Rn. 13.
[236] Zur Kritik an diesem Ausweis vgl. Krumnow ua., 2. Aufl., § 16 RechKredV Rn. 25.
[237] Vgl. Gaber, 2. Aufl., 164.
[238] Ebenso WPH Edition, Kreditinstitute, Kap. D. Rn. 261 mwN; Gaber, 2. Aufl., 163.

allerdings eine Handelsabsicht verfolgt wird.[239] Zur Markt- und Kurspflege-absicht vgl. Gaber.[240]

Tilgungsstücke sind gleichfalls nicht aktivisch auszuweisen, sondern von dem entsprechenden Passivposten abzusetzen.

Bei **Verlust der Verkehrsfähigkeit** durch bspw. **Vernichtung** oder **Entwertung** ist der Buchwert der Schuldverschreibungen gegen den Nominalwert der passivierten Eigenemission sowie ggf. den auf die betreffenden Eigenemissionen entfallender Rechnungsabgrenzungsposten auszubuchen und der Rückkaufserfolg erfolgswirksam zu erfassen, sofern sichergestellt ist, dass die Wertpapiere nicht erneut in den Verkehr gelangen können.[241]

3.4.4. Verrechnungen in der Gewinn- und Verlustrechnung

Die Verrechnungen in der Gewinn- und Verlustrechnung sollen hier lediglich zur Vollständigkeit kurz aufgezählt werden. Zu Einzelheiten wird auf die Darstellung der jeweiligen Posten verwiesen.[242] Es handelt sich um:

- die Verrechnung gemäß § 340c Abs. 1 HGB:
  Nettoertrag bzw. -aufwand des Handelsbestands,
- die Verrechnung gemäß § 340c Abs. 2 HGB iVm. § 33 RechKredV:
  Ergebnis aus Finanzanlagen sowie
- die Verrechnung gemäß § 340f Abs. 3 HGB iVm. § 32 RechKredV:
  Überkreuzkompensation.

3.5. Gemeinschaftsgeschäfte

3.5.1. Betroffene Transaktionen

In § 5 RechKredV wird nur die gemeinschaftliche Kreditgewährung (§ 5 Satz 1 RechKredV) sowie der gemeinschaftliche Erwerb von Wertpapieren oder Beteiligungen (§ 5 Satz 4 RechKredV) durch Kreditinstitute explizit genannt. Mithin gelten nur **Transaktionen** mit diesen Vermögensgegenständen

---

[239] Vgl. WPH Edition, Kreditinstitute, Kap. D. Rn. 261 mwN.
[240] Vgl. Gaber, 2. Aufl., 164.
[241] Vgl. WPH Edition, Kreditinstitute, Kap. D. Rn. 264.
[242] Vgl. Gaber, 2. Aufl., 167 ff.

als Gemeinschaftsgeschäfte iSd. § 5 RechKredV.[243] Für Finanzdienstleistungsinstitute und Wertpapierinstitute gilt § 5 RechKredV nur in Bezug auf den Gemeinschaftserwerb von Wertpapieren oder Beteiligungen.[244]

Im Konsortialgeschäft fallen eine Reihe von **Gebühren** für die verschiedenen Akteure an. Die bilanzielle Beurteilung hat sich an dem rechtlich vereinbarten unter Berücksichtigung des wirtschaftlichen Gehalts zu richten.[245]

Aus Gründen der Risikostreuung bzw. wegen geltender Kreditgrenzen werden Kredite häufig durch mehrere Kreditinstitute im Rahmen eines **Konsortiums** gemeinsam gewährt. Unter einem Konsortium ist eine Vereinigung von mehreren Banken (Konsorten) zu verstehen, die auf gemeinsame Rechnung einen Kredit gewähren. Das Charakteristische an einem Konsortialkredit und auch anderen Konsortialgeschäften ist weniger eine speziell gestaltete Kreditleistung bzw. Bankleistung als vielmehr das grundsätzlich gemeinschaftliche Handeln der beteiligten Banken.

Konsortien werden idR in der Form einer Gesellschaft bürgerlichen Rechts iSd. §§ 705 ff. BGB gebildet. Das Konsortium (BGB-Gesellschaft) kann als Außengesellschaft oder als Innengesellschaft geführt werden. Kredite können darüber hinaus im Rahmen von Metaverbindungen gewährt werden.

Bei einem **Außenkonsortium** treten mehrere Banken dem Kreditnehmer offen als Vertragspartner gegenüber. Der Konsortialführer handelt dabei im Namen und für Rechnung des Konsortiums. Es ist aber auch möglich, dass die Konsorten jeder für sich in Vertragsbeziehungen mit dem Kreditnehmer treten und jeweils Kredite gewähren (sog. Parallelkredit).

Im Falle eines **Innenkonsortiums** schließt der geschäftsführende Konsorte den Außenvertrag mit dem Kreditnehmer im eigenen Namen und für gemeinsame Rechnung aller Konsorten. Aus diesem Vertrag ergeben sich allein für den kontrahierenden Konsorten unmittelbar Rechte und Pflichten gegenüber dem Kreditnehmer, dem die Existenz des Konsortiums uU nicht einmal bekannt ist. Die anderen Konsorten werden durch einen Konsortialvertrag (Innenvertrag) mit dem nach außen in Erscheinung tretenden Konsorten still und lediglich mittelbar an den Rechten und Pflichten aus dem Außenvertrag beteiligt. Nicht nur im Rahmen eines solchen Innenkonsortiums, sondern auch

---

[243] Ebenso Böcking/Wolsiffer/Morawietz, in: MünchKomm. HGB, 4. Aufl., § 340a HGB Rn. 21; WPH Edition, Kreditinstitute, Kap. D. Rn. 119.

[244] Vgl. Böcking/Wolsiffer/Morawietz, in: MünchKomm. HGB, 4. Aufl., § 340a HGB Rn. 21; Gaber, 2. Aufl., 749 ff.

[245] Ausführlich vgl. Gaber, 2. Aufl., 757 f. mwN.

bei einem Außenkonsortium können stille Unterbeteiligungen – entweder an der Quote eines, mehrerer oder aller Konsorten – bestehen. Ferner kann auch ein ursprünglich allein kreditgewährendes Institut nachträglich stille Unterbeteiligungen abgeben.

Eine andere Alternative gemeinschaftlicher Kreditgewährung ermöglicht eine **Metaverbindung.** Es handelt sich dabei um eine Sonderform der Innengesellschaft. Sie ist gegeben, wenn zwei oder mehrere Kreditinstitute (Metisten) sich zum Zweck der Durchführung einer unbestimmten Anzahl von Geschäften auf gemeinsame Rechnung für längere Zeit zusammenfinden und jeder von ihnen dabei im eigenen Namen und für Rechnung der Meta tätig wird. Zu weiteren Details vgl. Gaber.[246]

Hinsichtlich der **Mittelaufbringung** unterscheidet man Konsortialkredite **mit** und **ohne Bareinschuss** sowie solche mit **bedingtem Bareinschuss.**

Bei einem **Konsortialkredit mit Bareinschuss** haben alle Konsorten in der Regel entsprechend ihrer Quote liquide Mittel aufzubringen. Bei **Konsortialkrediten ohne Bareinschuss** wird dagegen der gesamte Kredit vom Konsortialführer finanziert; die anderen Konsorten sind lediglich – entsprechend ihrer Quoten – am Kreditrisiko beteiligt. Es kommt auch vor, dass die Konsorten nur verpflichtet sind, unter bestimmten Voraussetzungen und auf Anforderung des Konsortialführers ihre Quoten einzubezahlen; in diesem Fall handelt es sich um einen **Konsortialkredit mit bedingtem Bareinschuss.**

3.5.2. Bilanzausweis gemäß § 5 RechKredV

Wie Gemeinschaftskredite in der Bilanz der einzelnen Konsorten – in Abhängigkeit von Bareinschuss und Haftung des bilanzierenden Kreditinstituts – auszuweisen sind, regelt § 5 RechKredV, dessen Grundsätze in Abb. 3.3 zusammengefasst sind.

Der durch Bareinschuss bereitgestellte Buchkredit(anteil) ist in Abhängigkeit vom Schuldner entweder im Aktivposten „3. Forderungen an Kreditinstitute" oder im Aktivposten „4. Forderungen an Kunden" auszuweisen. Die Bewertung erfolgt nach den für Forderungen geltenden Grundsätzen (vgl. Kapitel 4.3.).

Der den Buchkredit übersteigende Haftungsbetrag ist unter dem Bilanzstrich als „1. Eventualverbindlichkeit, b) Verbindlichkeiten aus Bürgschaften und

---

[246] Vgl. Gaber, 2. Aufl., 749 ff.

Gewährleistungen" zu erfassen. Soweit aus dieser Haftung eine Inanspruchnahme droht, ist eine Rückstellung zu bilden; gleichzeitig ist der unter dem
Bilanzstrich vermerkte Betrag um den Betrag der Rückstellung zu kürzen.

Handelt es sich um gemeinschaftlich erworbene Wertpapiere oder Beteiligungen, bestimmt § 5 Satz 4 RechKredV, dass § 5 Satz 1 und 2 RechKredV entsprechend anzuwenden ist. Dies bedeutet, dass die Anschaffungskosten für die
gemeinschaftlich erworbenen Wertpapiere bzw. Beteiligungen in den Aktivposten „5. Schuldverschreibungen und andere festverzinsliche Wertpapiere",
„6. Aktien und andere nicht festverzinsliche Wertpapiere" oder „7. Beteiligungen" zu erfassen sind. Die Bewertung richtet sich nach den für den jeweiligen
Posten geltenden Bestimmungen.

Bareinschuss Haftung	Auszuweisende Forderung	Eventualverbindlichkeit
Mit Bareinschuss = Haftung	Aktivierung des eigenen Anteils in Höhe des Bareinschusses	---
Mit Bareinschuss > Haftung	Aktivierung des eigenen Anteils in Höhe des Bareinschusses	---
Mit Bareinschuss < Haftung	Aktivierung des eigenen Anteils in Höhe des Bareinschusses	Unterschiedsbetrag zwischen Haftungsbetrag und Bareinschuss
Ohne Bareinschuss, nur Haftung	---	Haftungsbetrag

Abb. 3.3: Gemeinschaftsgeschäfte (Konsortialkredite)

3.5.3. Gemeinschaftskredit mit Bareinschuss

Bei Gemeinschaftskrediten mit Bareinschuss hat gemäß § 5 Satz 1 RechKredV
jedes beteiligte oder unterbeteiligte Kreditinstitut nur seinen eigenen Anteil
am gemeinsamen Kredit in die Bilanz aufzunehmen, *„soweit es die Mittel für
den Gemeinschaftskredit zur Verfügung gestellt hat"*.

Dies wird auch für den Fall gelten, dass der Konsortialführer am Bilanzstichtag den gesamten Kredit bereits dem Schuldner zur Verfügung gestellt hat,

die übrigen Konsorten aber ihrer Einzahlungsverpflichtung noch nicht nachgekommen sind, während die Forderungen des Konsortialführers ggü. den Mitkonsorten bereits entstanden sind. Der Konsortialführer hat dann in Höhe der noch nicht gezahlten Beträge Forderungen an die Mitkonsorten in seiner Bilanz auszuweisen, während Letztere, neben der Forderung an den Kreditnehmer, jeweils eine Verbindlichkeit gegenüber dem Konsortialführer zu bilanzieren haben. Die Einbuchung der entstandenen Forderungen des Konsortialführers ggü. den Mitkonsorten kann nur dergestalt erfolgen, dass bei der Forderung ggü. dem Schuldner eine entsprechende Gegenbuchung (Haben) vorgenommen wird.[247]

Entspricht bei einem Gemeinschaftskredit mit Bareinschuss der vom bilanzierenden Institut zur Verfügung gestellte Kreditbetrag dem Umfang der Haftung aus dem Kredit (Bareinschuss = Haftung), so ist der Kredit in Höhe dieses Betrags als Forderung zu zeigen. Eine zusätzliche bilanzielle Berücksichtigung der Haftung ist weder möglich noch erforderlich. Dies gilt auch für den Fall, dass die Haftung aus dem Konsortialkredit geringer ist als der Betrag der zur Verfügung gestellten Mittel (Bareinschuss > Haftung).

Übernimmt das bilanzierende Kreditinstitut dagegen über seinen eigenen Anteil am Gemeinschaftskredit hinaus die Haftung für einen höheren Betrag (Bareinschuss < Haftung), so ist zunächst der Kredit in Höhe der zur Verfügung gestellten Mittel (Bareinschuss) als Forderung zu aktivieren. Der darüber hinausgehende Betrag der Haftung ist gemäß § 5 Satz 2 RechKredV als Eventualverbindlichkeit unter dem Strich im Posten „1. Eventualverbindlichkeiten, b) Verbindlichkeiten aus Bürgschaften und Gewährleistungsverträgen" zu vermerken.

3.5.4. Gemeinschaftskredit ohne Bareinschuss

Wird vom bilanzierenden Institut lediglich die Haftung für den Ausfall eines Teils der Forderung aus dem Gemeinschaftskredit übernommen, aber kein Bareinschuss geleistet, hat es gemäß § 5 Satz 3 RechKredV seinen Haftungsbetrag unter dem Strich als Eventualverbindlichkeit zu vermerken.

Die kreditgewährende Bank – in der Regel wird dies der Konsortialführer sein – hat den vollen Kreditbetrag als Forderung auszuweisen. Die Bilanzierung entspricht der eines Konsorten, dessen Bareinschuss größer ist als seine Haftung im Innenverhältnis.

---

[247] AA Krumnow ua. 2. Aufl., § 5 RechKredV Rn. 9.

Besteht eine **Bürgschaftszusage** in Form einer **gesamtschuldnerischen Haftung** aller Konsorten, während im Innenverhältnis zwischen den Konsorten eine quotale Risikobeteiligung vereinbart ist, muss jeder Konsorte die Verpflichtung aus der Konsortialbürgschaft in voller Höhe ausweisen, da der Bürgschaftsgläubiger seine Forderung nach freiem Ermessen gegen jeden Konsorten geltend machen kann.[248]

3.5.5. Bedingter Bareinschuss

Die bilanzielle Behandlung ergibt sich aus den oben dargestellten Grundsätzen. Solange bei einem Kreditinstitut der Bareinschuss noch nicht eingefordert wurde, muss das Geschäft als Gemeinschaftskredit ohne Bareinschuss bilanziert werden; vom Zeitpunkt der Leistung des Bareinschusses ab ist es als solches mit Bareinschuss zu behandeln.

3.5.6. Diskontgemeinschaftskredit

Im Rahmen von Diskontgemeinschaftsgeschäften wird dem Konsortialführer ein Wechsel angeboten, der von diesem unter Einbehalt eines Abschlags angekauft bzw. diskontiert wird. Der Wechsel wird bei Fälligkeit dem Kunden zur Begleichung vorgelegt. Er kann aber auch vor Fälligkeit an ein anderes Institut zum Rediskont weitergegeben werden.[249]

Bei Diskontgemeinschaftskrediten ist danach zu unterscheiden, ob die Wechsel noch im Bestand sind oder nicht.

Soweit sich die Wechselabschnitte noch im Bestand des Kreditinstituts befinden, sind sie entsprechend den Bar-Gemeinschaftskrediten zu behandeln, dh. alle beteiligten Kreditinstitute haben nach Maßgabe ihrer Anteile Wechsel im Bestand auszuweisen.

Werden von den Konsorten keine Bareinschüsse geleistet, muss der Konsortialführer einen Wechselbestand in voller Höhe des Diskontgemeinschaftskredits ausweisen, während die Konsorten ihre Anteile an dem Gemeinschaftskredit als Haftungsverbindlichkeiten unter dem Bilanzstrich zu vermerken haben.[250]

---

[248] Vgl. Bieg/Waschbusch, in: BeckHdR B 900 Rn. 58.
[249] Vgl. WPH Edition, Kreditinstitute, Kap. D. Rn. 129.
[250] Ebenso WPH Edition, Kreditinstitute, Kap. D. Rn. 131.

Wurden die Wechselabschnitte bereits zum Rediskont weitergegeben, sind die für Aval-Gemeinschaftskredite geltenden Grundsätze entsprechend anzuwenden. Der Konsortialführer hat Eventualverbindlichkeiten aus weitergegebenen Wechseln in voller Höhe des Diskontgemeinschaftskredits zu vermerken, weil er nach außen der allein wechselmäßig Verpflichtete ist.[251]

Die Konsorten, die wechselmäßig nicht in Rückgriff genommen werden können, müssen ihre nunmehr ggü. dem Konsortialführer bestehende Haftung als Eventualverbindlichkeiten aus Bürgschaften und Gewährleistungsverträgen unter dem Bilanzstrich vermerken.

3.5.7. Aval-Gemeinschaftskredite

Bei einem Aval-Gemeinschaftskredit handelt es sich um eine Kreditleihe, bei der dem Kreditnehmer keine Geldmittel kreditweise zur Verfügung gestellt werden. Vielmehr geht das Konsortium im Außenverhältnis eine Haftungsverbindlichkeit in Form einer Bürgschaft zugunsten des Kreditnehmers ein.[252]

Im HGB und in der RechKredV finden sich keine ausdrücklichen Bestimmungen zur Bewertung von Haftungsverhältnissen.[253] Es gilt jedoch der Grundsatz, dass sich die Höhe einer zu vermerkenden Eventualverbindlichkeit nach der Höhe des bestehenden Risikos richtet; bereits die Möglichkeit einer Inanspruchnahme reicht für den Vermerk aus. Für die bilanzielle Behandlung von Aval-Gemeinschaftskrediten ist auf den Haftungsumfang (quotal oder in voller Höhe) der beteiligten oder unterbeteiligten Kreditinstitute abzustellen.

Eine Berücksichtigung der Haftungsverhältnisse in der Bilanz in voller Höhe ist nur dann gewährleistet, wenn der gesamte Haftungsbetrag sich als Summe aus den betreffenden Posten (über und) unter dem Strich der Bilanz ergibt; es ist insbesondere nicht danach zu fragen, bis zu welcher Höhe die Inanspruchnahme wahrscheinlich ist.[254] Dies gilt unabhängig von der Frage, welche Verpflichtungen im Einzelnen unter dem Strich zu vermerken sind, dh. es gilt unabhängig davon, ob die Haftungsverhältnisse nach dem HGB oder der RechKredV auszuweisen sind.

---

[251] Vgl. Krumnow ua., 2. Aufl., § 5 RechKredV Rn. 11.

[252] Vgl. WPH Edition, Kreditinstitute, Kap. D. Rn. 134.

[253] Vgl. auch Fey, WPg 1992, 5.

[254] Vgl. ADS 6. Aufl. § 251 HGB Rn. 99.

3.5 Gemeinschaftsgeschäfte

Im Einzelnen ist wie folgt zu verfahren:

- Wird im Rahmen eines Konsortiums ein Avalkredit gewährt, haftet der Konsortialführer nach außen idR in Höhe des vollen Bürgschaftsbetrags, während die anderen Konsorten (Unterbeteiligten) ihm gegenüber die Haftung in Höhe ihrer Quote übernehmen. Wie oben gezeigt, gilt hier der Grundsatz, dass jeder beteiligte Konsorte seinen Haftungsbetrag als Eventualverbindlichkeit unter dem Strich zu vermerken hat. Das Haftungsverhältnis ist dabei in Höhe des Betrags zu vermerken, für den das bilanzierende Institut nach den Verhältnissen am Bilanzstichtag haftet. Da der Konsortialführer in Höhe des gesamten Avalkredits nach außen haftet, muss er auch diesen Gesamtbetrag als Eventualverbindlichkeit ausweisen. Eine Saldierung mit gleichwertigen Rückgriffsforderungen scheidet schon deshalb aus, weil Schuldner und Gläubiger nicht dieselbe Person sind.

  Die Unterbeteiligten, die die Haftung in Höhe einer bestimmten Quote gegenüber dem Konsortialführer übernommen haben, müssen ihre Haftung in Höhe eben dieser Quote als Eventualverbindlichkeit zeigen. Dass dadurch die Eventualverpflichtungen sowohl bei den Unterbeteiligten als auch bei dem Konsortialführer – und damit in der Summe ggf. doppelt – ausgewiesen werden, ist unvermeidlich.[255] Dem Konsortialführer bleibt aber die Möglichkeit, im Anhang auf den Umstand von Rückgriffsforderungen gegenüber Unterbeteiligten hinzuweisen.

- Etwas anderes gilt für den Fall, dass die Konsorten – einschließlich des Konsortialführers – vertraglich nur anteilig gegenüber dem Begünstigten haften. Zu vermerken haben die einzelnen Konsorten dann nur den jeweiligen Anteil, der auf sie entfällt. Der Avalgläubiger kann hier seine Ansprüche gegen den einzelnen Konsorten nur in Höhe des Betrags der jeweiligen Quote geltend machen.

- Haften allerdings alle Konsorten (nach außen) dem Begünstigten gegenüber gesamtschuldnerisch, bei quotaler Risikobeteiligung im Innenverhältnis, so hat jeder von ihnen den vollen Betrag als Eventualverbindlichkeit zu vermerken.[256] Da bei gesamtschuldnerischer Haftung der Avalgläubiger seine Forderung nach Belieben gegen jeden Konsorten geltend machen kann, muss auch jeder von ihnen die Avalverpflichtung in voller Höhe unter dem Strich ausweisen.

  Auch hier wird, rechnet man die Eventualverbindlichkeiten aus dem gemeinsamen Avalkredit aller Konsorten zusammen, insgesamt ggf. ein Mehrfaches des Avalkredits unter dem Strich in der Bilanz ausgewiesen. Es gilt jedoch, ebenso wie bei der oben dargestellten Unterbeteili-

---

[255] Ebenso WPH Edition, Kreditinstitute, Kap. D. Rn. 136.
[256] Vgl. ADS 6. Aufl. § 251 HGB Rn. 99.

gung nur im Innenverhältnis, dass dem vollständigen Ausweis rechtlich möglicher Haftungspflichten der Vorrang vor der wirtschaftlichen Betrachtungsweise gebührt.[257]

Nicht in den zu vermerkenden Betrag einzubeziehen sind die Teilbeträge von Haftungsverhältnissen, für die bereits Verbindlichkeiten oder Rückstellungen in der Bilanz ausgewiesen sind. Insoweit ist (auch bei Gesamtschulden) nur der Restbetrag der über die passivierten Beträge hinaus bestehenden Haftung zu vermerken.[258]

3.5.8. Wertpapiere und Beteiligungen

Bei Wertpapieren und Beteiligungen mit konsortialer Bindung sind die für Gemeinschaftskredite geltenden Grundsätze nach § 5 Satz 4 RechKredV entsprechend anzuwenden.

Die Wertpapiere und Beteiligungen sind mit dem eigenen Anteil des Instituts in der Bilanzposition auszuweisen, in der sie auch ohne eine konsortiale Bindung auszuweisen wären.[259]

3.6. Wertpapiere im Sinne der Rechnungslegung

3.6.1. Wertpapierbegriff für die Bilanzierung bei Instituten

Der Wertpapierbegriff wird für die Bewertung und den **Ausweis auf der Aktivseite**, für den entsprechenden GuV-Ausweis sowie für die entsprechenden Anhangangaben bei **Instituten** in § 7 RechKredV definiert und hat insbesondere Bedeutung für die Aktivposten 5. und 6. Gemeinsames Merkmal der Wertpapiere gemäß § 7 Abs. 1 RechKredV ist die hohe Liquiditätsnähe bzw. Fungibilität.[260] Die Definition des § 7 RechKredV dient mithin auch der Abgrenzung zu den Forderungen der Aktivposten 3. und 4.

---

[257] Vgl. hierzu auch ADS 6. Aufl. § 251 HGB Rn. 99.
[258] Vgl. ADS 6. Aufl. § 251 HGB Rn. 100.
[259] Ebenso WPH Edition, Kreditinstitute, Kap. D. Rn. 138.
[260] Vgl. Böcking/Wolsiffer/Morawietz, in: MünchKomm. HGB, 4. Aufl., § 340a HGB Rn. 30.

Mit dem *„Gesetz zur Einführung von elektronischen Wertpapieren"* vom 3.6.2021[261] wurde das eWpG erlassen und damit die Möglichkeit geschaffen, dass ein Wertpapier auch als **elektronisches Wertpapier** begeben werden kann.

Diese (enge) Definition derjenigen **Vermögensgegenstände**, die für die Bilanzierung bei Instituten als Wertpapiere gelten, ist abschließend. § 7 RechKredV gilt nur für die auf der **Aktivseite** auszuweisenden Sachverhalte.[262]

Für die **Bewertung** und den **Ausweis** werden die Wertpapiere entsprechend §§ 340c, 340e und 340f HGB in drei Kategorien (Handelsbestand, Liquiditätsreserve, Anlagevermögen) eingeteilt; für diese Zuordnung ist primär die Zweckbestimmung im Zugangszeitpunkt maßgeblich.[263]

Der Ausweis von Wertpapieren (verbrieften Verbindlichkeiten) auf der Passivseite im Posten „3. Verbriefte Verbindlichkeiten" richtet sich nach § 22 RechKredV. Als Verbindlichkeiten ggü. Kreditinstituten bzw. Kunden kommen gemäß § 21 Abs. 1 und 2 RechKredV ausschließlich nicht verbriefte Verbindlichkeiten infrage.

Die für **Zahlungsinstitute** und **E-Geld-Institute** zu beachtende Norm ist § 5 RechZahlV. § 5 Abs. 1 RechZahlV ist zwar übersichtlicher aufgebaut aber inhaltsgleich mit § 7 Abs. 1 RechKredV. Gleiches gilt für die Definition der Börsenfähigkeit (§ 5 Abs. 2 RechZahlV) sowie der Börsennotierung (§ 5 Abs. 3 RechZahlV). Mithin kann bezüglich der Auslegung und Anwendung des § 5 RechZahlV auf die entsprechenden Ausführungen zu § 7 RechKredV verwiesen werden. Das Formblatt 1 zur RechZahlV enthält keinen Passivposten „Verbriefte Verbindlichkeiten".

Klarstellend wird darauf hingewiesen, dass eine Definition des Begriffs „Wertpapier" in anderen Gesetzen für die Bilanzierung und Bewertung bei Instituten nicht relevant ist. Die Qualifikation als Wertpapier iSd. handelsrechtlichen Bilanzierung bei Instituten ist ferner unabhängig davon, ob diese verbrieft, als Wertrecht ausgestaltet oder die Papiere vinkuliert sind (§ 7 Abs. 1 RechKredV). Die Zugehörigkeit zu den Wertpapieren iSd. Rechnungslegungsvorschriften für Institute wird dabei vorwiegend durch die Kriterien der Börsenfähigkeit (§ 7 Abs. 2 RechKredV) und der Börsennotierung (§ 7 Abs. 3 RechKredV) bestimmt.

---

[261] Vgl. BGBl. I 2021, 1423 ff.

[262] Vgl. Hossfeld, DB 1997, 1241.

[263] Vgl. Böcking/Wolsiffer/Morawietz, in: MünchKomm. HGB, 4. Aufl., § 340a HGB Rn. 33.

§ 7 Abs. 3 RechKredV wurde mit dem Bilanzrechtsmodernisierungsgesetz dahingehend geändert, dass in Abs. 3 die Wörter *„zum amtlichen Handel oder zum geregelten Markt"* durch die Wörter *„zum Handel im regulierten Markt"* ersetzt wurden. Diese Änderung folgt aus der Aufgabe des amtlichen und des geregelten Markts und deren Zusammenführung in den regulierten Markt.[264]

Die hier für die Bilanzierung begrifflich von den Forderungen abzugrenzenden Wertpapiere sind nur für die **Eigenbestände** und nicht für die für Kunden im Rahmen des Depotgeschäfts verwahrte und verwaltete Wertpapiere maßgebend. Hierzu gehören auch die von anderen Instituten für Rechnung und Risiko des bilanzierenden Instituts gehaltenen Bestände. Dies gilt gleichermaßen für zu Sicherungszwecken an Dritte übereignete Wertpapiere. Nicht jedoch für die zu Sicherungszwecken hereingenommenen Wertpapiere.

Als **Wertpapiere** gelten

- Aktien,
- Zwischenscheine,[265]
- Anteile oder Aktien an Investmentvermögen (vormals: Investmentanteile),[266]
- Optionsscheine,
- Zins- und Gewinnanteilscheine,[267]
- börsenfähige Inhaber- und Ordergenussscheine,
- börsenfähige Inhaberschuldverschreibungen,
- börsenfähige Orderschuldverschreibungen (soweit sie Teil einer Gesamtemission sind),
- andere festverzinsliche Inhaberpapiere, soweit sie börsenfähig sind,
- andere nicht festverzinsliche Wertpapiere, soweit sie börsennotiert sind, sowie
- ausländische Geldmarktpapiere, die auf den Namen lauten und wie Inhaberpapiere gehandelt werden.

Aktien, Zwischenscheine, Anteile oder Aktien an Investmentvermögen, Optionsscheine sowie Zins- und Gewinnanteilscheine (Kupons) sind stets Wertpapiere, unabhängig von der Verbriefung, Vinkulierung, Börsenfähigkeit und

---

[264] Vgl. BR-Drucks. 344/08 vom 23.5.2008, 57 und 247.

[265] Zwischenscheine sind Anteilscheine, die im Zuge der Gründung einer Aktiengesellschaft den Aktionären vor Ausgabe von endgültigen Aktien ausgehändigt werden. Nach § 10 Abs. 3 AktG müssen Zwischenscheine auf den Namen lauten.

[266] Mit Art. 27 Abs. 8 AIFM-UmsG wurde das Wort „Investmentanteile" durch die Wörter „Anteile oder Aktien an Investmentvermögen" ersetzt.

[267] Zins- und Dividendenkupons.

Börsennotierung. **American Depositary Receipts** (ADR) sind handelbare, auf USD lautende Zertifikate, die den Besitz an Aktien eines ausländischen Emittenten verbriefen.[268]

Alle nicht börsenfähigen Inhaberschuldverschreibungen, nicht börsenfähigen Orderschuldverschreibungen, die Teile einer Gesamtemission sind, und alle Orderschuldverschreibungen, die nicht Teile einer Gesamtemission sind, gelten damit **nicht als Wertpapiere** und sind unter den **Buchforderungen** in der Bilanz auszuweisen. Diese Wertpapiere verfügen wie Namensschuldverschreibungen über eine eingeschränkte Fungibilität. **Keine Wertpapiere** iSd. § 7 Abs. 1 RechKredV sind ua. Namensschuldverschreibungen sowie insbesondere auch Wechsel und Schecks.

Schuldscheindarlehen des Anlagevermögens erfüllen die Kriterien des § 7 RechKredV ebenfalls nicht. Die Veräußerungsgewinne bzw. -verluste oder Aufwendungen für Abschreibungen dürfen nach Böcking/Wolsiffer/Bär mithin nicht in das Finanzanlageergebnis nach § 340c Abs. 2 HGB einbezogen werden.[269]

Zu den Wertpapieren zählen auch **ausländische Geldmarktpapiere**, die auf den Namen lauten, aber wie Inhaberpapiere gehandelt werden (§ 7 Abs. 1 Satz 2 RechKredV). Diese müssen weder börsennotiert noch börsenfähig sein. Bei diesen ausländischen Namenspapieren handelt es sich bspw. um Treasury Bonds oder Certificates of Deposit.

Eine inhaltliche Beschreibung der in den Wertpapierposten der Bilanz auszuweisenden Wertpapierarten enthalten die §§ 16 und 17 RechKredV, die den Posteninhalt der Aktivposten „5. Schuldverschreibungen und andere festverzinsliche Wertpapiere" sowie „6. Aktien und andere nicht festverzinsliche Wertpapiere" näher bestimmen.

Löw/Vogt[270] diskutieren die Frage, ob **Kryptowerte** in der Form von sog. Investment Token, deren Vereinbarungen Rückzahlungsverpflichtungen am Laufzeitende, Stimmrechte und Ausschüttungen mit Zins- oder Dividendencharakter umfassen, Finanzinstrumente bzw. Wertpapiere iSd. Handelsrechts bzw. der RechKredV – mit entsprechendem Ausweis – sein können.

---

[268] Vgl. ausführlich Lendner, WPg 1997, 596; Zachert, DB 1993, 1985; Böckenhoff/Ross, WM 1993, 1781 und 1825.

[269] Vgl. Böcking/Wolsiffer/Bär, in: MünchKomm. HGB, 4. Aufl., § 340c HGB Rn. 27.

[270] Vgl. Löw/Vogt, RdF 2021, 300 f.

3.6.2. Merkmal der Börsenfähigkeit

Als Wertpapiere gelten Inhaber- und Ordergenussscheine, Inhaberschuldverschreibungen, Orderschuldverschreibungen (soweit sie Teile einer Gesamtemission sind) und andere festverzinsliche Inhaberpapiere nur dann, wenn sie **börsenfähig** sind (§ 7 Abs. 1 Satz 1 RechKredV).

Die Börsenfähigkeit ist nach § 7 Abs. 2 RechKredV dann gegeben, wenn die Voraussetzungen einer Börsenzulassung (zB Börsenzulassungs-Verordnung, Börsengesetz, Börsenordnungen) an einer in- oder ausländischen Börse[271] erfüllt sind. Eine tatsächliche Börsenzulassung ist nicht erforderlich. Die Fähigkeit, an einer Börse notiert werden zu können, reicht damit aus. Ob die Börsenzulassungsvoraussetzungen in allen Punkten erfüllt werden können, lässt sich in der Praxis erst nach Einleitung eines Zulassungsverfahrens abschließend beurteilen. Daher ist für die Bilanzierung auf die am **Bilanzstichtag** vorliegenden **quantitativen Zulassungsvoraussetzungen** abzustellen.[272] Dabei kann sich das bilanzierende Institut an der Börsenzulassungsverordnung (§§ 2 ff. BörsZulV) orientieren.

Bei Schuldverschreibungen genügt es nach der Ausnahmeregelung des § 7 Abs. 2 2. Teilsatz RechKredV, *„dass alle Stücke einer Emission hinsichtlich Verzinsung, Laufzeitbeginn und Fälligkeit einheitlich ausgestattet sind"*. Die übrigen Ausstattungsmerkmale sind unerheblich. Danach können zB Commercial Papers[273], Euro-Notes und Certificates of Deposit als Wertpapiere auszuweisen sein. Diese Papiere gelten, auch wenn sie die Voraussetzungen einer Börsenzulassung nicht erfüllen, aufgrund ihrer Fungibilität als Wertpapiere iSv. § 7 RechKredV.

Für **vinkulierte börsenfähige Inhaberschuldverschreibungen** – also solche, die der Inhaber der Papiere nicht ohne Zustimmung des Emittenten weiterverkaufen darf – stellt § 7 Abs. 1 RechKredV dagegen klar, dass sie trotz der Vinkulierung als Wertpapiere auszuweisen sind.

Nach § 35 Abs. 1 Nr. 1 RechKredV sind die in den dort explizit genannten Wertpapierposten enthaltenen börsenfähigen Wertpapieren im **Anhang** nach börsennotierten und nicht börsennotierten Wertpapiere aufzugliedern.

---

[271]   Vgl. Böcking/Wolsiffer/Morawietz, in: MünchKomm. HGB, 4. Aufl., § 340a HGB Rn. 31.

[272]   Vgl. Krumnow ua., 2. Aufl., § 7 RechKredV Rn. 6.

[273]   Vgl. Michels, Die Bank 1993, 87.

3.6.3. Merkmal der Börsennotierung

Andere nicht festverzinsliche Wertpapiere zählen nur dann zu den Wertpapieren, wenn sie **börsennotiert** sind. Das Merkmal der Börsennotierung ist in § 7 Abs. 3 RechKredV geregelt. Als börsennotiert galten danach bis zum Inkrafttreten des Finanzmarktrichtlinie-Umsetzungsgesetzes (FRUG) am 1.11.2007 solche Wertpapiere, die an einer deutschen Börse zum **amtlichen** Handel (General Standard und Prime Standard) oder zum **geregelten** Markt (General Standard und Prime Standard) zugelassen waren, sowie Wertpapiere, die an ausländischen Börsen zugelassen wurden oder gehandelt werden.

Seit dem 1.11.2007 sind die beiden Marktsegmente geregelter und amtlicher Markt zum **regulierten Markt** zusammengefasst (§ 32 BörsG). Mit der Abschaffung der Zweiteilung der Marktsegmentierung in amtlicher und geregelter Markt zu einem einzigen gesetzlichen Marktsegment, dem regulierten Markt, wurde eine nicht mehr zeitgemäße Unterscheidung der beiden Marktsegmente aufgegeben. Mithin gelten seit dem 1.11.2007 die am regulierten Markt notierten Wertpapiere als börsennotiert iSd. § 7 RechKredV. Wertpapiere, die vor dem 1.11.2007 zum amtlichen Markt oder zum geregelten Markt zugelassen worden sind, gelten ab dem 1.11.2007 als zum regulierten Markt zugelassen (§ 52 Abs. 7 BörsG). Dies bedeutet, dass Emittenten beider früheren Segmente keine neuen Zulassungsanträge für die Zulassung zum regulierten Markt stellen mussten. Mit dem Bilanzrechtsmodernisierungsgesetz wurde § 7 Abs. 3 RechKredV entsprechend angepasst.

Im **Freiverkehr** gehandelte Wertpapiere gelten demnach nicht als börsennotiert; hier wird eine eingeschränkte Fungibilität vermutet, da im Freiverkehr nicht immer ein Handelspartner gefunden wird. Gleiches gilt für Titel, die im Telefonverkehr oder ausschließlich im Rahmen von XETRA (Nachfolge von IBIS) gehandelt werden.

Die Unterscheidung, in welchem Börsensegment der Handel stattfindet, ist grundsätzlich jedoch nur relevant, soweit es sich um **andere nicht festverzinsliche Wertpapiere** handelt, die nach § 7 Abs. 1 RechKredV nicht bereits unabhängig von einer Börsennotierung als Wertpapiere anzusehen sind.

3.6.4. Als festverzinslich geltende Wertpapiere

Andere festverzinsliche Wertpapiere gelten dann als Wertpapiere iSd. § 7 RechKredV, soweit sie börsenfähig sind. Hervorzuheben ist, dass nach § 16 Abs. 2 RechKredV neben Null-Kupon-Anleihen auch solche Wertpapiere als festverzinslich gelten, die mit einem veränderlichen Zinssatz ausgestattet sind, sofern dieser an eine bestimmte Referenzgröße, wie zB einen Interbankensatz (EURIBOR) oder an einen Euro-Geldmarktsatz, gebunden ist. Damit gelten Floating-Rate-Notes iSd. Wertpapierbegriffs als festverzinslich.

Als festverzinslich gelten ferner Schuldverschreibungen, die einen anteiligen Anspruch auf Erlöse aus einem gepoolten Forderungsvermögen verbriefen. Es handelt sich dabei um die als Schuldverschreibungen platzierten und unter dem Schlagwort „Verbriefung" (Securitization) bekannten Sachverhalte (Asset-Backed Securities) aus dem „Pooling" von Forderungen (Hypotheken, Automobilanschaffungskrediten, Leasing).[274] Sie verbriefen ein Forderungsrecht gegen einen Treuhänder mit dem Inhalt, die in dem Pool zusammengefassten Rechte zu halten, zu verwalten, einzuziehen bzw. zu verwerten und Erlöse aus diesen Forderungen jeweils an den Inhaber der Schuldverschreibung auszukehren.

3.6.5. Namensschuldverschreibungen

Namensschuldverschreibungen gelten nicht als Wertpapiere, sie sind als (Buch-) Forderungen auszuweisen. Für den Fall, dass der Schuldner ein Institut ist, schreibt § 14 Satz 3 RechKredV ausdrücklich den Ausweis der Namensschuldverschreibungen unter den „Forderungen an Kreditinstitute" vor. Soweit es sich beim Schuldner um einen Kunden handelt, fehlt zwar eine entsprechende Regelung in § 15 RechKredV, der Ausweis erfolgt jedoch dessen ungeachtet im Posten „Forderungen an Kunden".

Im Gegensatz zu vinkulierten Inhaberschuldverschreibungen sind **auf den Namen umgeschriebene** Inhaberschuldverschreibungen zu Namensschuldverschreibungen geworden und als solche auszuweisen.

Ausländische Geldmarktpapiere, die zwar auf den Namen lauten, aber wie Inhaberpapiere gehandelt werden, werden nicht wie Namenspapiere, sondern wie Wertpapiere bilanziert (§ 7 Abs. 1 Satz 2 RechKredV).

---

[274] Vgl. Prahl, WPg 1991, 405 f.; zu den Anforderungen an Asset-Backed Securities vgl. Eichholz/Nelgen, DB 1992, 793 ff.

3.6.6.   Drei Wertpapierkategorien für die Bilanzierung und Bewertung

Nach den Bewertungsvorschriften für Wertpapiere sind diese in die drei Kategorien einzuteilen:

* Wertpapiere (Finanzinstrumente) des **Handelsbestands**,
* Wertpapiere des **Anlagevermögens** und
* Wertpapiere der **Liquiditätsreserve**.

Kriterien für die Zuordnung zu einer der drei Wertpapierkategorien sind weder im HGB noch in der RechKredV enthalten. Mithin entscheidet grundsätzlich jedes Institut über die Zuordnung subjektiv und nach dem Zweck, zu dem die Wertpapiere erworben wurden. Diese Zweckentscheidung ist im Erwerbszeitpunkt zu treffen.

Die drei Bestände müssen **buchhalterisch getrennt** geführt werden. Für die Zuordnung sind schriftlich niedergelegte Regeln durch die Geschäftsleitung aufzustellen. Weitere Einzelheiten werden im Zusammenhang mit der Bewertung von Wertpapieren dargestellt.

Die Zugehörigkeit zu einer der drei Kategorien entscheidet gleichzeitig darüber,

* in welchem Posten der Gewinn- und Verlustrechnung die Erträge bzw. Aufwendungen aus dem Handel, der Einlösung und der Bewertung der Wertpapiere auszuweisen sind,
* ob die Wertpapiere in die Bemessungsgrundlage für die Bildung stiller Vorsorgereserven eingehen,
* ob die Wertpapiere nach den für das Anlage- oder das Umlaufvermögen bzw. für den Handelsbestand geltenden Bewertungsvorschriften zu bewerten sind,
* ob die Wertpapiere in den Anlagenspiegel gemäß § 34 Abs. 3 RechKredV aufgenommen werden.

3.7.   Nachrangige Vermögensgegenstände und Schulden

3.7.1.   Überblick

Als nachrangig sind Vermögensgegenstände und Schulden auszuweisen, wenn sie als Forderungen oder Verbindlichkeiten im Fall der Liquidation oder der Insolvenz erst nach den Forderungen der anderen Gläubiger erfüllt werden dürfen (§ 4 Abs. 1 RechKredV, § 4 Abs. 2 RechZahlV). Die Vereinbarung eines Rangrücktritts iRe. Insolvenz ist ausreichend. Da sich die Nachrangabrede ausdrücklich nur auf den Liquidations- bzw. Insolvenzfall bezieht, sind weitere Einschränkungen der Gläubigerrechte (zB Teilnahme am Verlust, Aufschieben bzw. Wegfallen von Zinszahlungen) für die Qualifikation als nachrangig nicht erforderlich.[275]

Die für **Zahlungsinstitute** und **E-Geld-Institute** zu beachtende Norm ist § 4 RechZahlV. Sie ist identisch mit § 4 RechKredV. Daher sind die für Kreditinstitute dargestellten Sachverhalte auch für Zahlungsinstitute und E-Geld-Institute relevant.

Die Nachrangigkeit setzt eine entsprechende Bindung des Schuldners voraus. Eine Vereinbarung lediglich zwischen den beteiligten Gläubigern reicht nicht aus.[276] Es hat eine **vertragliche** Bindung des Schuldners vorzuliegen. Forderungen, die nach den Grundsätzen kapitalersetzender Gesellschafterdarlehen nicht zurückgezahlt werden dürfen, sind als nachrangig auszuweisen.

Die Behandlung der nachrangigen Vermögensgegenstände und Schulden im Jahresabschluss ist wie in Abb. 3.4 dargestellt vorzunehmen:

Nachrangige		
Vermögensgegenstände (alternativ)		Schulden
Bilanz	Anhang	Bilanz
Gesonderter Ausweis bei den jeweiligen Posten oder Unterposten der Aktivseite	Angabe der nachrangigen Forderungen in der Reihenfolge der betroffenen Posten der Aktivseite der Bilanz im Anhang	Ausweis im Posten 9. Nachrangige Verbindlichkeiten

Abb. 3.4: Nachrangige Vermögensgegenstände und Verbindlichkeiten

Wie sich aus Abb. 3.4 ergibt, ist der Ausweis der nachrangigen Forderungen anders geregelt als der der nachrangigen Verbindlichkeiten.

---

[275] Vgl. Krumnow ua., 2. Aufl., § 4 RechKredV Rn. 2.
[276] Ebenso Böcking/Wolsiffer/Morawietz, in: MünchKomm. HGB, 4. Aufl., § 340a HGB Rn. 16.

3.7.2. Nachrangige Forderungen

Auf der Aktivseite müssen nachrangige Forderungen gesondert bei jedem Posten bzw. Unterposten als „Darunter-Vermerke" ausgewiesen werden. Alternativ müssen im Anhang entsprechende Angaben in der Reihenfolge der betroffenen Posten gemacht werden (§ 4 Abs. 2 RechKredV, § 4 Abs. 2 RechZahlV). Die Angabe nachrangiger Aktiva liefert Hinweise auf die Risikolage eines Instituts, denn diese Aktiva sind ausfallbedrohter als nicht nachrangige. Sie informiert aber auch über die Ertragslage, da sich das höhere (Ausfall-) Risiko des Instituts in der Regel in einem höheren Entgelt (Zins) der normalerweise ertragsstärkeren nachrangigen Aktiva niederschlägt.

Soweit es sich um im Rahmen der Marktpflege gehaltene eigene Bestände an nachrangigen Schuldverschreibungen handelt, sind diese im Posten „5. Schuldverschreibungen und andere festverzinsliche Wertpapiere, c) eigene Schuldverschreibungen" auszuweisen. Aber auch in anderen Aktivposten wie bspw. „4. Forderungen an Kunden" können nachrangige Forderungen enthalten sein. Ein Ausweis im Posten „6. Aktien und andere nicht festverzinsliche Wertpapiere" ist bspw. denkbar für (fremde und eigene) verbriefte (börsenfähige) Genussscheine (§ 17 Abs. 1 RechKredV).

Da die in den Aktivposten 3 bis 5 enthaltenen verbrieften und unverbrieften Forderungen an verbundene Unternehmen und an Unternehmen, mit denen ein Beteiligungsverhältnis besteht, nach § 3 RechKredV in Unterposten jeweils gesondert auszuweisen sind, muss die Nachrangigkeit dieser Forderungen ggf. in einem Unterposten zum Unterposten kenntlich gemacht werden.

3.7.3. Nachrangige Verbindlichkeiten

Dagegen erfolgt auf der Passivseite ein zusammengefasster Ausweis in einem Posten „9. Nachrangige Verbindlichkeiten". Aufgrund des unterschiedlichen Regelungszwecks kann nach hM kein Gleichlauf zwischen bilanziellem Ausweis und bankaufsichtlicher Eigenmitteldefinition gegeben sein.[277] Für den entsprechenden Bilanzausweis bzw. für die Angaben im Anhang ist es deshalb nicht erforderlich, dass die zusätzlichen Kriterien, die die Anerkennung als haftende Eigenmittel fordert, erfüllt sind.

Unter den nachrangigen Verbindlichkeiten sind im Wesentlichen nachrangig aufgenommene Darlehen auszuweisen, unabhängig davon, ob sie in Wertpa-

---

[277] Vgl. Krumnow ua., 2. Aufl., § 4 RechKredV Rn. 4.

pieren verbrieft sind oder nicht. Unbeachtlich ist ferner, ob diese als haftende Eigenmittel anerkannt sind oder nicht.

Daneben sind im Regelfall auch Genussrechte sowie stille Einlagen nachrangig (§ 10 Abs. 5 und Abs. 4 KWG in der bis 31.12.2013 geltenden Fassung). Für Genussrechte ist ein eigener Passivposten „10. Genussrechtskapital" vorgesehen. Stille Einlagen sind in den Passivposten „12. Eigenkapital, a) gezeichnetes Kapital" einzubeziehen (§ 25 Abs. 1 Satz 1 RechKredV).

Anteilige Zinsen sind grundsätzlich auch dann unter diesem Posten zu passivieren, wenn sich die Nachrangabrede nicht zweifelsfrei auf diese erstreckt; allerdings erscheint auch eine Passivierung im Posten „Sonstige Verbindlichkeiten" vertretbar.

Zu den nachrangigen Verbindlichkeiten sind im **Anhang** gemäß § 35 Abs. 3 RechKredV bestimmte Pflichtangaben zu machen.[278] Mit dem gesonderten Ausweis wird eine teurere Refinanzierung deutlich gemacht. Zu den nach § 35 Abs. 3 Nr. 3 RechKredV zu anderen Mittelaufnahmen global anzugebenden „wesentlichen Bedingungen" gehören die Verzinsung (Spanne der Zinssätze und deren Durchschnitt) sowie die Fälligkeiten und ggf. die im Folgejahr fälligen Beträge.

3.7.4.   Bail-in-fähige Instrumente iSd. § 46f Abs. 6 KWG

§ 46f Abs. 5 bis Abs. 9 KWG regeln den Rang von unbesicherten Schuldtiteln iRe. Insolvenz bzw. Abwicklung.[279] § 46f Abs. 9 KWG enthält eine Regelung für Instrumente, die vor dem 21.7.2018 begeben wurden. Diese Instrumente behalten ihren gesetzlich angeordneten bisherigen Sonderrang des § 46f Abs. 6 KWG aF. Darüber hinaus haben Verbindlichkeiten iSd. § 46f Abs. 6 KWG aF den gleichen Rang wie Verbindlichkeiten iSd. § 46f Abs. 6 KWG nF.

Nach § 46f Abs. 5 KWG werden iRe. Insolvenz zunächst die Forderungen iSd. § 38 InsO berichtigt, die keine Schuldtitel nach § 46f Abs. 6 Satz 1 KWG sind.

Instrumente iSd. § 46f Abs. 6 Satz 1 KWG sind damit nachrangig zu den übrigen Forderungen iSd. § 38 InsO.

---

[278] Ausführlich zu den Anhangangaben vgl. Krumnow ua., 2. Aufl., § 4 RechKredV Rn. 10 ff.

[279] Ausführlich vgl. BaFin, Merkblatt zur insolvenzrechtlichen Behandlung bestimmter Verbindlichkeiten von CRR-Instituten vom 2.5.2019, www.bafin.de.

Die nach § 39 InsO nachrangigen Insolvenzforderungen behalten ihren Rang ggü. den Forderungen iSd. § 38 InsO. Zu weiteren Details bezüglich des jeweiligen Rangs wird auf § 46f Abs. 7a KWG sowie die **MaBail-in**, Anhang II, Ziffer (Datenpunkt ID) 1.16 sowie die Ausführungen der BaFin in ihrer *„Übersicht über die Haftungskaskade im Rahmen der Bankenabwicklung"* verwiesen.

Die **Verbindlichkeiten iSd. § 46f Abs. 6 Satz 1 KWG** werden aufgrund ihres **gesetzlichen Nachrangs** für einen Bail-in erst nach den Anteilen und anderen Instrumenten des harten Kernkapitals, des zusätzlichen Kernkapitals sowie des Ergänzungskapitals aber vor den übrigen Insolvenzverbindlichkeiten herangezogen.

Für eine Einordnung als **nicht bevorrechtigte Verbindlichkeit** iSv. § 46f Abs. 6 Satz 1 KWG ist insbesondere erforderlich, dass die Instrumente

1. zum Zeitpunkt ihrer Begebung eine vertragliche Laufzeit von mindestens einem Jahr haben und
2. einen expliziten Hinweis auf den durch § 46f Abs. 5 KWG bestimmten niedrigeren Rang im Insolvenzverfahren besitzen. Im Fall einer Prospektpflicht ist der Hinweis auch in den zu veröffentlichenden Prospekt aufzunehmen (§ 46f Abs. 6 Satz 2 KWG).

Durch die Notwendigkeit des **expliziten Hinweises** auf den Rang **in den Vertragsbedingungen** und ggf. im Prospekt haben die Institute die Wahl, **bevorrechtigte** oder **nicht bevorrechtigte** Instrumente innerhalb der Klasse der normalen Insolvenzverbindlichkeiten, die unter § 38 InsO fallen, zu begeben.[280]

Welche Instrumente betroffen sein können, ist in Form einer Aufzählung in § 46f Abs. 6 Satz 1 KWG geregelt: Inhaberschuldverschreibungen, Orderschuldverschreibungen, die diesen beiden Schuldtiteln gleichgestellten Rechte, die ihrer Art nach auf den Kapitalmärkten handelbar sind, sowie Schuldscheindarlehen und Namensschuldverschreibungen, die nicht Einlagen iSd. § 46f Abs. 4 Nr. 1 oder Nr. 2 KWG sind.

§ 46f Abs. 6 Satz 3 und Abs. 7 KWG regeln, welche Schuldtitel nicht in den Anwendungsbereich von § 46f Abs. 6 Satz 1 KWG fallen. § 46f Abs. 7a KWG regelt die Rangfolge von Instrumenten mit vertraglichem Nachrang.

Der **Ausweis** nachrangiger Verbindlichkeiten wird in § 4 RechKredV geregelt, der auf Art. 21 EG-Bankbilanzrichtlinie basiert. Nach Art. 21 EG-Bankbi-

---

[280] Vgl. BT-Drucks. 19/2435, 56.

lanzrichtlinie sind als nachrangige Verbindlichkeiten solche verbrieften oder unverbrieften Verbindlichkeiten auszuweisen, die „... *vertragsgemäß im Falle der Liquidation oder des Konkurses erst nach den Forderungen anderer Gläubiger befriedigt werden sollten.* " Ein Ausweis der Verbindlichkeiten iSd. § 46f Abs. 6 KWG im Posten „Nachrangige Verbindlichkeiten" scheidet damit aus.[281]

Ein gesonderter Ausweis von bail-in-fähigen Vermögensgegenständen bzw. Verbindlichkeiten ist damit grundsätzlich nicht erforderlich. Hinsichtlich der Notwendigkeit bzw. Möglichkeit einer Kenntlichmachung in der Bilanz (Davon-Vermerk) bzw. Anhang vgl. Kapitel 5.3.10.2.2.[282]

3.8. Anteilige Zinsen (Zinsabgrenzung)

§ 11 Satz 1 RechKredV verlangt, dass „... *anteilige Zinsen und ähnliche das Geschäftsjahr betreffende Beträge, die erst nach dem Bilanzstichtag fällig werden, aber bereits am Bilanzstichtag bei Kreditinstituten den Charakter von bankgeschäftlichen und bei Finanzdienstleistungsinstituten oder Wertpapierinstituten den Charakter von für diese Institute typischen Forderungen oder Verbindlichkeiten haben, ...* " demjenigen Posten der Aktiv- oder Passivseite der Bilanz zuzuordnen sind, dem sie zugehören.

Die Bestimmung für Zahlungsinstitute bzw. E-Geld-Institute in § 8 RechZahlV ist inhaltsgleich geregelt wie in § 11 RechKredV.

Anteilige Zinsen, auch als antizipative oder herangerechnete Zinsen bezeichnet, sind solche Zinserträge und -aufwendungen, die wirtschaftlich dem abgelaufenen Geschäftsjahr zuzuordnen, also erfolgswirksam geworden sind, jedoch erst später fällig werden, dh. zu Einnahmen oder Ausgaben werden. Darunter fallen auch zinsähnliche Beträge wie Gebühren, Provisionen oder nachschüssige Ausgleichszahlungen bei Zinsswapgeschäften.[283]

Die anteiligen Zinsen sind demjenigen Posten bzw. Unterposten der Aktiv- oder Passivseite der Bilanz zuzuordnen, dem sie zugehören. Die alleinige

---

[281] Vgl. DGRV (Hrsg.), Jahresabschluss, B I.4; Gaber, 2. Aufl., 563; WPH Edition, Kreditinstitute, Kap. D. Rn. 704 und 740.

[282] Vgl. DGRV (Hrsg.), Jahresabschluss, B.I.4. mwN.

[283] Vgl. Böcking/Wolsiffer/Morawietz, in: MünchKomm. HGB, 4. Aufl., § 340a HGB Rn. 35.

Zuordnung zum Hauptposten ist nicht sachgerecht. Bezüglich der „Darunter-Posten" wird die Zuordnung der anteiligen Zinsen für entbehrlich gehalten.[284]

Der im Bilanzrecht vorherrschenden wirtschaftlichen Betrachtungsweise folgend, liegt hier bereits vor vereinbarter Fälligkeit eine Forderung vor. Unter die Regelung des § 11 RechKredV fallen damit all die Beträge, die zwar mangels Fälligkeit noch nicht zu einem Mittelzufluss geführt haben, aber – weil realisiert – in der Gewinn- und Verlustrechnung als Zinsertrag bzw. Zinsaufwand zu erfassen sind.

Diese Beträge brauchen nicht nach Restlaufzeiten aufgegliedert zu werden (§ 11 Satz 3 RechKredV, § 8 Satz 3 RechZahlV), sie können jedoch in die Restlaufzeitgliederung einbezogen werden.[285]

Neben den anteiligen Zinsen sind auch **zinsähnliche Beträge** (zB abgegrenzte Gebühren oder Provisionen), die erst nach dem Bilanzstichtag fällig werden, am Bilanzstichtag aber bereits bankgeschäftliche Forderungen oder Verbindlichkeiten darstellen, **dem zugehörigen Bilanzposten** zuzurechnen.

Fehlt ein bilanzwirksames Hauptgeschäft, wie dies zB bei **Zinsswapgeschäften** der Fall ist, wurde gelegentlich auch ein Ausweis unter den „Sonstigen Vermögensgegenständen" bzw. „Sonstigen Verbindlichkeiten" möglich gesehen, verbunden mit einer Angabe im Anhang, wenn es sich um größere Beträge handelt (§ 11 Satz 2 RechKredV iVm. § 268 Abs. 4 Satz 2 und Abs. 5 Satz 3 HGB). Hier wird jedoch die Ansicht vertreten, dass die Beträge der Bilanzausweiskonzeption der RechKredV folgend in Abhängigkeit vom Schuldner bzw. Gläubiger als Forderungen an Kreditinstitute oder Kunden bzw. als Verbindlichkeiten gegenüber Kreditinstituten oder Kunden auszuweisen sind. Denn diese Beträge resultieren aus den Geschäften des Instituts mit anderen Kreditinstituten bzw. mit Kunden, weshalb nach §§ 14 Satz 1, 15 Abs. 1 bzw. 21 Abs. 1 und 2 RechKredV ein entsprechender Postenausweis unmittelbar vorgeschrieben ist. Eine Angabe im Anhang kann im Übrigen einen von der Bilanzausweiskonzeption der RechKredV abweichenden Ausweis nicht heilen.

In § 11 Satz 2 RechKredV und § 8 Satz 2 RechZahlV wird ausdrücklich darauf hingewiesen, dass § 268 Abs. 4 Satz 2 und Abs. 5 Satz 3 HGB unberührt bleibt. Das bedeutet, dass antizipative Beträge größeren Umfangs im **Anhang** zu erläutern sind, soweit sie unter den Posten „Sonstige Vermögensgegenstände" oder „Sonstige Verbindlichkeiten" ausgewiesen werden. Dies wird insbesondere für

---

[284] Vgl. Krumnow ua., 2. Aufl., § 11 RechKredV Rn. 4.
[285] Vgl. hierzu Kapitel 3.1.3.

solche antizipativen Posten infrage kommen, bei denen es sich nicht um Zinsen oder zinsähnliche Posten handelt (zB Mieten, Versicherungsprämien).

Bei **negativen Zinsen** wird vorgeschlagen, die Forderung bzw. das Wertpapier auf der Aktivseite in Höhe des Anlagebetrags und die Zinsabgrenzung aus den negativen Zinsen als Verbindlichkeit auszuweisen.[286] Die aufgenommene Termingeldeinlage wird dementsprechend in Höhe des Erfüllungsbetrags als Verbindlichkeit passiviert und die Zinsabgrenzung aus den positiven Zinsen als Forderung aktiviert. Sofern sich ggü. demselben Vertragspartner Forderungen und Verpflichtungen mit demselben Fälligkeitszeitpunkt oder ein vertraglich vereinbarter abgekürzter Zahlungsweg ergeben, kann ein saldierter Ausweis in Betracht kommen. Vgl. zu negativen Zinsen ausführlich die Ausführungen in Kapitel 6.2.1.2.2. (Negative Zinsen).

---

[286] Vgl. Böcking/Wolsiffer/Morawietz, in: MünchKomm. HGB, 4. Aufl., § 340a HGB Rn. 37.

4. Bewertungsvorschriften

4.1. Überblick

Kredit- Finanzdienstleistungs-, Wertpapierinstitute sowie Zahlungs- und E-Geld-Institute (Institute) müssen zunächst die allgemeinen Bewertungsvorschriften für alle Kaufleute (§§ 252 bis 256a HGB) beachten. Darüber hinaus sind die für Kapitalgesellschaften geltenden Vorschriften von allen Instituten anzuwenden.

Wertaufhellung und Wertbegründung[287]

Für die Frage, ob eine (voraussichtlich dauernde) Wertminderung am Abschlussstichtag vorliegt, müssen Erkenntnisse, die sich über die am Abschlussstichtag bestehenden Umstände bis zum Tag der Bilanzaufstellung ergeben, berücksichtigt werden (**wertaufhellende Tatsachen**). Sie berühren die Verhältnisse am Abschlussstichtag insoweit, als sie diese so zeigen, wie sie sich am Abschlussstichtag tatsächlich (objektiv) darstellen.

Hiervon sind solche Ereignisse/Tatsachen zu unterscheiden, die erst nach dem Abschlussstichtag eingetreten sind, ohne dass sie die Verhältnisse am Abschlussstichtag objektiv zu zeigen (aufhellen) vermögen (**wertbeeinflussende bzw. wertbegründende Tatsachen**). Wertbegründende Ereignisse/Tatsachen im Zeitraum zwischen Abschlussstichtag und dem Tag der Bilanzaufstellung dürfen zur Wertbestimmung keine Berücksichtigung finden, dh. sie wirken nicht auf das abgeschlossene Geschäftsjahr zurück.

Auch das **Vorsichtsprinzip** (§ 284 Abs. 1 Nr. 4 HGB) „*... gebietet oder erlaubt es nicht, Vermögensgegenstände (zB börsennotierte Aktien des Anlagevermögens, die keine Beteiligungen nach § 271 Abs. 1 HGB darstellen), deren Börsenpreis zum Zeitpunkt der Beendigung der Aufstellung unter dem Börsenpreis liegt, zu dem sie noch zum Abschlussstichtag des betreffenden Geschäftsjahres notieren, bereits in diesem Abschluss auf den späteren, niedrigeren Börsenpreis außerplanmäßig abzuschreiben, soweit der spätere Börsenpreisrückgang nicht bereits bis zum Abschlussstichtag verursacht worden war.*"[288] Das Stichtagsprinzip (§ 252 Abs. 1 Nr. 3 HGB) setzt dem Vorsichtsprinzip damit Grenzen. Die Kursveränderung nach dem Abschlussstichtag ist eine wertbegründende Tatsache, soweit sie nicht bereits vor dem Bilanzstichtag verursacht worden ist.

---

[287] Vgl. Gaber, 2. Aufl., 215 f.
[288] Vgl. IDW, Die fachliche Frage, IDW Life 2020, 624 f. mwN.

Kommt man bei der Beurteilung zum Ergebnis, dass es sich um eine wertbegründende Tatsache handelt, ist im Einzelfall zu prüfen, ob im Anhang nach § 285 Nr. 33 HGB iRd. **Nachtragsberichterstattung** zu berichten ist (vgl. auch Kapitel 7.5.2.).[289]

Bewertungs- und Ansatzstetigkeit

Neben der in § 252 Abs. 1 Nr. 6 HGB vorgeschriebenen **Bewertungsstetigkeit** ist mit Inkrafttreten des BilMoG ein neuer Abs. 3 in § 246 HGB eingefügt worden, der den bisherigen Grundsatz ordnungsmäßiger Bilanzierung der **Ansatzstetigkeit** nun ausdrücklich gesetzlich regelt: *„die auf den vorhergehenden Jahresabschluss angewandten Ansatzmethoden (sind) beizubehalten"*. Dabei ist *„... § 252 Abs. 2 entsprechend anzuwenden"* (§ 246 Abs. 3 Satz 2 HGB). Mit dieser Vorschrift wird das Ziel verfolgt, die Vergleichbarkeit mit dem jeweils vorhergehenden Abschluss zu verbessern (Grundsatz der zeitlichen Stetigkeit). Einzelheiten sind in IDW RS HFA 38 geregelt. Zu weiteren Einzelheiten vgl. Kapitel 5.1.

4.2.   Bewertung wie Anlage- und Umlaufvermögen, Handelsbestand

4.2.1.   Überblick

Im Gliederungsschema der Bilanz für Institute wird im Gegensatz zum Gliederungsschema für Nichtinstitute (§ 266 HGB) keine formale Trennung zwischen Anlage- und Umlaufvermögen vorgenommen.[290] Für Institute sind nach § 340a Abs. 2 HGB anstelle der Vorschriften des § 247 Abs. 1 HGB und des § 266 HGB die Formblätter und die Normen der RechKredV bzw. der RechZahlV anzuwenden.

Zuordnung aufgrund der Zweckbestimmung

Es wird eine interne Zuordnung der Vermögensgegenstände, die wie Anlage- bzw. wie Umlaufvermögen zu bewerten sind, vorgenommen, da sowohl die allgemeinen als auch die institutspezifischen Rechnungslegungsnormen des HGB für Vermögensgegenstände, die wie Anlagevermögen zu bewerten sind, andere Bestimmungen vorsehen als für Gegenstände, die wie Umlauf-

---

[289]   Vgl. IDW, Fachlicher Hinweis (Teil 1), IDW Life 2020, 311 f.
[290]   Vgl. BR-Drucks. 616/89, 20.

vermögen zu bewerten sind.[291] Es kommt bspw. bei den Aktivposten 5. und 6. von Formblatt 1 der RechKredV vor, dass in demselben Bilanzposten sowohl Gegenstände des Anlage- als auch solche des Umlaufvermögens ausgewiesen werden.

Eine entsprechende Unterscheidung ist aufgrund unterschiedlicher Bewertungsmethoden für das Anlage- und das Umlaufvermögen (Niederstwertprinzip, Bildung von Vorsorgereserven) zwingend erforderlich. Neben den Bewertungsvorschriften ist die Unterscheidung auch für die Angaben im Anlagenspiegel sowie für den Ausweis in der Gewinn- und Verlustrechnung notwendig. Insofern wird in § 340e Abs. 1 HGB abschließend aufgelistet, welche Vermögensgegenstände nach den für das **Anlagevermögen** geltenden Vorschriften (§ 253 Abs. 3 HGB) und welche nach den Grundsätzen für das **Umlaufvermögen** (§ 253 Abs. 4 HGB) zu bewerten sind.

In § 340e Abs. 1 Satz 2 HGB bestimmt der Gesetzgeber über eine Negativabgrenzung zu den in der Aufzählung des § 340e Abs. 1 Satz 1 HGB genannten Vermögensgegenständen, dass die anderen Vermögensgegenstände, insbesondere Forderungen und Wertpapiere, nach den für das Umlaufvermögen geltenden Vorschriften (§ 253 Abs. 1 Satz 1 und Abs. 4, Abs. 5 Satz 1 HGB) zu bewerten sind.[292] Sofern die betreffenden Vermögensgegenstände dazu bestimmt sind, dauernd dem Geschäftsbetrieb zu dienen bzw. wenn für sie keine Veräußerungsmöglichkeit gegeben ist, sind sie nach den für das Anlagevermögen geltenden Vorschriften zu bewerten (§ 340e Abs. 1 Satz 2 Halbsatz 2 HGB).[293]

Nach § 340a Abs. 2 iVm. § 247 Abs. 2 HGB ist bei Instituten für die Unterscheidung zwischen Anlage- und Umlaufvermögen auf die **Zweckbestimmung** abzustellen. Es kommt darauf an, ob der Gegenstand dazu bestimmt ist bzw. wird, dauernd dem Geschäftsbetrieb zu dienen oder nicht. Hierfür sind die für die Abgrenzung zwischen Anlage- und Umlaufvermögen geltenden Regeln des § 247 Abs. 2 HGB heranzuziehen. Danach sind die Eigenschaften der Sache und der Wille des Kaufmanns im Hinblick auf den Einsatz des Vermögensgegenstands ausschlaggebend.[294] Dieser Wille ist in geeigneter Weise zu dokumentieren. Zu Einzelheiten wird auf die einschlägigen Kommentierungen verwiesen.

---

[291] Vgl. Böcking/Bär/Morawietz, in: MünchKomm. HGB, 4. Aufl., § 340e HGB Rn. 4 mwN.

[292] Vgl. Böcking/Bär/Morawietz, in: MünchKomm. HGB, 4. Aufl., § 340e HGB Rn. 7.

[293] Die Zuordnung von Forderungen zum Anlagevermögen wird lediglich in Ausnahmefällen für zulässig erachtet, vgl. IDW RH HFA 1.014 aF Tz. 4 (2009).

[294] Vgl. ADS 6. Aufl. § 247 HGB Rn. 110 ff.

Während sich die Zuordnung zum Anlagevermögen beim Sachanlagevermögen oder bei immateriellen Anlagewerten meist aus der Natur des Vermögensgegenstands und seiner betrieblichen Verwendung ergibt, ist die **Zuordnung von Finanzinstrumenten** zum Finanzanlagevermögen stark von subjektiven Absichten und Strategien abhängig. Mithin sind an die Dokumentation der Zuordnung erhöhte Anforderungen zu stellen. Diese Dokumentation muss einem sachverständigen Dritten einen nachvollziehbaren, plausiblen Einblick in die Gründe für die (erstmalige) Zuordnung oder eine spätere Umwidmung vermitteln.[295] Zur Zuordnung von Wertpapieren zum Anlage- bzw. Umlaufvermögen vgl. IDW RH HFA 1.014 nF.[296]

Umwidmung

Aufgrund der Zweckbestimmung, die überwiegend vom subjektiven Willen des bilanzierenden Instituts abhängt, kann die Regelzuordnung zum Anlage- bzw. Umlaufvermögen grundsätzlich geändert werden (**Umwidmung**).[297] Zu den formalen Voraussetzungen und zur Dokumentation vgl. Gaber.[298]

Dies bedeutet für die Vermögenswerte, die bislang dem **Anlagevermögen** zugeordnet waren und für die keine Dauerhalteabsicht (mehr) besteht oder deren Halten aufgrund der wirtschaftlichen Verhältnisse unmöglich erscheint, dass die Bewertungsvorschriften für das Umlaufvermögen anzuwenden sind.

Mit IDW RH HFA 1.014 nF[299] hat der HFA Einzelheiten zur Zugangsklassifizierung und Umwidmung von **Wertpapieren** veröffentlicht. Sofern es branchenspezifische Gesetzesvorschriften oder Stellungnahmen zur Rechnungslegung oder Rechnungslegungshinweise des IDW gibt, haben diese – sollten sie von IDW RH HFA 1.014 nF abweichen – Vorrang vor IDW RH HFA 1.014 nF.

Keine Umwidmung vom Anlage- in das Umlaufvermögen ist erforderlich, solange ein Vermögensgegenstand noch tatsächlich betrieblich genutzt wird, wenn eine Veräußerung in naher Zukunft geplant oder zu erwarten ist. Ein Vermögensgegenstand des Anlagevermögens ändert seine Eigenschaft nicht allein dadurch, dass er verkauft werden soll.[300]

---

[295] Vgl. AFRAC-Stellungnahme 14, Rn. 5 ff. sowie die Erläuterungen zu den einzelnen Rn.
[296] Vgl. IDW Life 2022, 105 ff.; Henckel, StuB 2022, 505 ff.; Zwirner/Boecker, BB 2022, 1643 ff.
[297] Vgl. BeBiKo. 13. Aufl., § 247 HGB Rn. 260 ff.; Gaber, 2. Aufl., 334 ff.
[298] Vgl. Gaber, 2. Aufl., 336 f.
[299] Vgl. IDW Life 2022, 105 ff.; Henckel, StuB 2022, 505 ff.; Zwirner/Boecker, BB 2022, 1643 ff.
[300] Ebenso Gaber, 2. Aufl., 336.

Für **Beteiligungen** dürfte die Möglichkeit zur Umwidmung idR nicht greifen, da diese definitionsgemäß dazu bestimmt sind, dem eigenen Geschäftsbetrieb durch Herstellung einer dauernden Verbindung zu jenem Unternehmen zu dienen (§ 271 Abs. 1 Satz 1 HGB).[301]

Andererseits sind Vermögenswerte, die bislang der **Liquiditätsreserve** (Umlaufvermögen) zugeordnet waren, wie Anlagevermögen zu bewerten, wenn sie dazu bestimmt werden, künftig dauernd dem Geschäftsbetrieb zu dienen. Eine neuerliche Umwidmung aus dem Anlagevermögen zurück in die Liquiditätsreserve kommt nach Gaber nur bei einem Eintritt unvorhersehbarer Gründe und sachlich begründeten Fällen in Betracht.[302]

§ 20 Satz 5 RechKredV enthält eine ausdrückliche Vorschrift zur Umwidmung für zur Verhütung von Verlusten im Kreditgeschäft erworbene Immobilien.

Bei Finanzinstrumenten des **Handelsbestands** sind die Restriktionen des § 340e Abs. 3 Satz 2 bis 4 HGB zu beachten. Einzelheiten vgl. Kapitel 4.4.7.

Forderungen sind nach hM dem Umlaufvermögen zuzuordnen, obwohl der Gesetzeswortlaut des § 340e Abs. 1 Satz 2 HGB eine Zuordnung zum Anlagevermögen grundsätzlich zulässt. Buchforderungen unterliegen jedoch keiner einzelgeschäftsbezogenen Marktpreisbewertung.[303] Zinsinduzierte Wertänderungen werden vielmehr iRd. verlustfreien Bewertung des Bankbuchs erfasst.

Eine Umwidmung ist kein Umsatzakt. Deshalb ist die Änderung der Bewertungskategorie **erfolgsneutral** abzubilden.[304] Erfolgt eine Umwidmung aus dem Umlaufvermögen ins Anlagevermögen, können zwischenzeitlich vorgenommene Niederstwertabschreibungen im Zeitpunkt der Umwidmung mit dem Verweis auf eine nicht dauerhafte Wertminderung nicht rückgängig gemacht werden.[305]

---

[301] Vgl. Böcking/Bär/Morawietz, in: MünchKomm. HGB, 4. Aufl., § 340e HGB Rn. 6; die Autoren bezeichnen die Möglichkeit zur Umwidmung als „Bewertungsvorbehalt".

[302] Vgl. Gaber, 2. Aufl., 335.

[303] Ebenso Gaber, 2. Aufl., 335.

[304] Ebenso Gaber, 2. Aufl., 337.

[305] Ebenso Gaber, 2. Aufl., 337.

Bilanzierung als (Buch-) Forderung oder Wertpapier

Die Frage, ob finanzielle Vermögensgegenstände bei Instituten nach den Vorschriften für Buchforderungen oder nach den Bestimmungen für Wertpapiere zu bewerten sind, richtet sich nach ihrer Klassifizierung als Forderung bzw. als Wertpapier (§ 7 RechKredV) und damit nach ihrem Bilanzausweis (§§ 14 ff. RechKredV). Klarstellend wird darauf hingewiesen, dass die Definition in § 7 RechKredV nur für die Bilanzierung von finanziellen Vermögensgegenständen relevant ist. Die Definition für verbriefte Verbindlichkeiten (also Wertpapiere der Passiva) befindet sich in § 22 RechKredV.

Die Vermögensgegenstände, die als **Wertpapiere** zu bewerten sind, sind explizit in § 7 RechKredV genannt (vgl. Kapitel 3.6.). Die für die Bilanzierung und Bewertung in § 7 RechKredV enthaltene Definition der Wertpapiere ist enger gefasst als die allgemeine juristische Terminologie, wonach es sich bei Wertpapieren um Urkunden handelt, in denen ein privates Recht in der Art verbrieft ist, dass der Besitz der Urkunde zur Ausübung des Rechts erforderlich ist.[306] Die eingegrenzte Wertpapierdefinition soll bezwecken, dass in der Bilanz nur Papiere mit hoher Fungibilität bzw. Liquiditätsnähe als Wertpapiere ausgewiesen werden.

(Verbriefte) Forderungen, die nicht unter § 7 RechKredV zu subsumieren sind, sind bilanziell als **Buchforderungen** zu behandeln. Dies gilt auch für Forderungen, die zwar in Wertpapieren verbrieft sind, aber nicht unter die Definition der Wertpapiere iSd. § 7 RechKredV fallen. Letzteres ist der Fall bei Namensschuldverschreibungen, nicht börsenfähigen Inhaber- und Orderschuldverschreibungen und Orderschuldverschreibungen, die nicht Teile einer Gesamtemission sind, weil diese nicht als Wertpapiere iSd. Bilanzierungsvorschriften für Institute anzusehen sind. Schuldscheindarlehen sind Forderungen, für die Beweisurkunden (Schuldscheine) ausgestellt sind; sie sind grundsätzlich als Forderungen auszuweisen und zu bewerten.[307]

Namensschuldverschreibungen und **Schuldscheindarlehen**, die dem Handelsbestand zugeordnet worden sind, sind zum Zeitwert zu bewerten.

Eventualforderungen, dh. **Rückgriffsforderungen** aus Bürgschaftsverträgen, Wechseln, Gewährleistungsverträgen oder sonstigen Sicherheitsleistungen für fremde Verbindlichkeiten, sind erst dann bilanziell zu erfassen, wenn sie wirksam geworden sind; dies ist idR der Fall, wenn das Institut für eine

---

[306] Vgl. Hossfeld, RIW 1997, 135.
[307] Vgl. auch Birck/Meyer, V 129.

Eventualverbindlichkeit in Anspruch genommen wird und damit die Rückgriffsforderung entstanden ist.

Bei Forderungen wird grundsätzlich auf deren rechtliche Entstehung abgestellt, nach der Forderungen aus einem Schuldversprechen iSd. § 780 BGB oder aus einem abstrakten Schuldanerkenntnis iSd. § 781 BGB entstehen.[308] Neben der Kapitalforderung sind auch Zinsansprüche zu aktivieren, sofern die Leistung des Instituts – die Überlassung von Kapital zur Nutzung – im Zeitablauf erbracht wurde und der Kreditnehmer hierfür noch nicht alle Zinszahlungen erbracht hat. Dabei kommt es nicht darauf an, ob die (anteiligen) Zinsen dem Schuldner bereits in Rechnung gestellt wurden.[309]

Handelsbestand

Mit dem BilMoG wurde die Zeitwertbewertung des **Handelsbestands an Finanzinstrumenten** kodifiziert (§ 340e Abs. 3 Satz 1 HGB). Vor Inkrafttreten des BilMoG wurden Handelsbestände gemeinsam mit Finanzinstrumenten des Anlage- bzw. Umlaufvermögens in einem Posten ausgewiesen. Einzelheiten zum Ausweis und zur Bewertung vgl. Kapitel 4.4.2.

Danach sind Finanzinstrumente des Handelsbestands zum beizulegenden Zeitwert abzüglich eines Risikoabschlags zu bewerten und als Handelsbestand auszuweisen. Die RechKredV enthält zum Posteninhalt des Handelsbestands keine Vorschriften. Für Forderungen, die aus Handelsaktivitäten bspw. gegenüber Kunden (§ 15 RechKredV) bestehen, ist die Ausweiskonzeption der RechKredV maßgeblich. Solche Forderungen unterliegen dann auch nicht der Bewertung nach § 340e Abs. 3 HGB.

Umwidmungen (Umgliederungen) in den Handelsbestand sind nicht zulässig (§ 340e Abs. 3 Satz 2 HGB). Das Gleiche gilt für eine Umwidmung (Umgliederung) aus dem Handelsbestand, es sei denn, außergewöhnliche Umstände, insbesondere schwerwiegende Beeinträchtigungen der Handelbarkeit der Finanzinstrumente, führen zu einer Aufgabe der Handelsabsicht durch das Institut (§ 340e Abs. 3 Satz 3 HGB). Finanzinstrumente des Handelsbestands können nachträglich in eine Bewertungseinheit iSd. § 254 HGB einbezogen werden; sie sind bei Beendigung der Bewertungseinheit wieder in den Handelsbestand zurück umzugliedern (§ 340e Abs. 3 Satz 4 HGB).

---

[308] Vgl. Sittmann-Haury, 25 mwN.
[309] Vgl. Sittmann-Haury, 26 mwN.

4.2.2. Bewertung wie Anlagevermögen

4.2.2.1. Gesetzliche Regelung

Nach § 340e Abs. 1 Satz 1 HGB sind die in Abb. 4.1 aufgeführten Vermögensgegenstände nach den für das Anlagevermögen geltenden Vorschriften zu bewerten, es sei denn, dass sie nicht dazu bestimmt sind, dauernd dem Geschäftsbetrieb zu dienen; im letzteren Fall sind sie ausnahmsweise wie Umlaufvermögen zu bewerten. Der Gesetzgeber unterstellt damit zunächst, dass die in § 340e Abs. 1 Satz 1 HGB genannten Vermögensgegenstände dem Anlagevermögen zugeordnet wurden (vgl. Abb. 4.1).

Bilanzposten	Vermögensgegenstände nach § 340e Abs. 1 Satz 1 HGB
7. Beteiligungen	– Beteiligungen
8. Anteile an verbundenen Unternehmen	– Anteile an verbundenen Unternehmen
11. Immaterielle Anlagewerte a) Selbst geschaffene gewerbliche Schutzrechte und ähnliche Rechte und Werte b) entgeltlich erworbene Konzessionen, gewerbliche Schutzrechte und ähnliche Rechte und Werte sowie Lizenzen an solchen Rechten und Werten c) Geschäfts- oder Firmenwert d) geleistete Anzahlungen	– Konzessionen, – gewerbliche Schutzrechte und ähnliche Rechte und Werte sowie Lizenzen an solchen Rechten und Werten
12. Sachanlagen	– Grundstücke – Grundstücksgleiche Rechte – Bauten einschließlich der Bauten auf fremden Grundstücken – Technische Anlagen und Maschinen – Andere Anlagen – Betriebs- und Geschäftsausstattung – Anlagen im Bau

Abb. 4.1: Anlagevermögen

Für **Beteiligungen** dürften im Regelfall nur die Bewertungsvorschriften für das Anlagevermögen greifen, da diese definitionsgemäß dazu bestimmt sind, dem eigenen Geschäftsbetrieb durch Herstellung einer dauernden Verbindung zu jenem Unternehmen zu dienen (§ 271 Abs. 1 Satz 1 HGB).

Eine im Wege des **Pakethandels** oder zur **Rettung von Kreditforderungen** nur vorübergehende Übernahme von Anteilsbesitz ist jedoch nicht unter den Beteiligungen, sondern je nach Ausgestaltung unter den Posten „Aktien und andere nicht festverzinsliche Wertpapiere" oder „Sonstige Vermögensgegenstände" auszuweisen.

Nach § 340e Abs. 1 Satz 2 HGB kommen für die Bewertung nach den für das Anlagevermögen geltenden Vorschriften darüber hinaus (unter bestimmten Bedingungen) die in Abb. 4.2 aufgeführten Vermögensgegenstände infrage.[310]

Bilanzposten	Vermögensgegenstände nach § 340e Abs. 1 Satz 2 HGB
5. Schuldverschreibungen und andere festverzinsliche Wertpapiere	– Wertpapiere, die dazu bestimmt sind, dauernd dem Geschäftsbetrieb zu dienen
6. Aktien und andere nicht festverzinsliche Wertpapiere	– Wertpapiere, die dazu bestimmt sind, dauernd dem Geschäftsbetrieb zu dienen
– Andere Aktivposten	– Vermögensgegenstände, die dazu bestimmt sind, dauernd dem Geschäftsbetrieb zu dienen

Abb. 4.2: Andere wie Anlagevermögen zu bewertende Vermögensgegenstände

Der Wortlaut von § 340e Abs. 1 Satz 2 HGB könnte den Schluss zulassen, dass nicht nur Wertpapiere, sondern auch **Forderungen dem Anlagevermögen zugeordnet** werden könnten. Nach hM ist der Gesetzgeber bei § 340e Abs. 1 Satz 2 HGB jedoch davon ausgegangen, dass bei Kreditinstituten Kreditgewährungen und damit auch die hieraus generierten Forderungen – unabhängig von ihrer Laufzeit – zum laufenden Geschäft gehören und damit den Charakter von Umlaufvermögen haben.[311]

---

[310] Vgl. hierzu auch Schneider, ZBB 2000, 121 ff.
[311] Ebenso Bieg/Waschbusch, 3. Aufl., 403, die von einer sprachlichen Ungenauigkeit sprechen. Kritisch hierzu Gaber, 2. Aufl., 313 f.

Eine **Zuordnung von Forderungen zum Anlagevermögen** wird daher nur in **Ausnahmefällen** für zulässig erachtet, zB bei Schuldscheindarlehen und Namensschuldverschreibungen.[312]

Vermögensgegenstände des (abnutzbaren) Anlagevermögens, deren Nutzung zeitlich begrenzt ist, sind **planmäßig abzuschreiben** (§ 253 Abs. 3 Satz 1 HGB). Ohne Rücksicht darauf, ob ihre Nutzung zeitlich begrenzt ist, sind bei Vermögensgegenständen des Anlagevermögens bei **voraussichtlich dauernder Wertminderung** außerplanmäßige Abschreibungen vorzunehmen, um diese mit dem niedrigeren beizulegenden Wert anzusetzen (§ 253 Abs. 3 Satz 5 HGB).

Bei **Finanzanlagen** (Beteiligungen, Anteile an verbundenen Unternehmen sowie Wertpapiere und Forderungen des Anlagevermögens) können außerplanmäßige Abschreibungen auch bei voraussichtlich nicht dauernder Wertminderung vorgenommen werden (§ 253 Abs. 3 Satz 6 iVm. § 340e Abs. 1 Satz 3 HGB), sog. gemildertes Niederstwertprinzip. Vgl. hierzu auch Kapitel 4.2.2.6.

Bonitätsbedingte Wertminderungen sind bei **Forderungen und Wertpapieren** stets erfolgswirksam zu erfassen. Sie sind als dauernde Wertminderungen anzusehen und daher auch dann als Aufwand zu buchen, wenn Forderungen ausnahmsweise wie Anlagevermögen bewertet werden. Einzelheiten zur Beurteilung, wann eine voraussichtlich dauernde Wertminderung vorliegt vgl. Kapitel 4.2.2.7.

4.2.2.2. Wertpapiere des Anlagevermögens

Obwohl Wertpapiere grundsätzlich wie Umlaufvermögen zu bewerten sind, ist es nicht ausgeschlossen, dass Institute nicht nur Beteiligungen, sondern auch **Wertpapiere** als längerfristige Vermögensanlage betrachten und diese, insbesondere für Zwecke der Bewertung, wie Anlagevermögen behandeln.[313] Die gesetzliche Grundlage bietet § 340e Abs. 1 Satz 2 HGB, wonach andere Vermögensgegenstände dann wie Anlagevermögen zu bewerten sind, wenn sie dazu bestimmt werden, dauernd dem Geschäftsbetrieb zu dienen (IDW RH HFA 1.014 nF Tz. 6 nF).

Diese Zweckbestimmung zur dauernden Vermögensanlage kann nur nach subjektiven Kriterien vorgenommen werden, weil eine objektivierte, von der

---

[312] Dies war früher in IDW RH HFA 1.014 aF Tz. 4 (9.1.2009) geregelt und gilt nach wie vor.

[313] Vgl. BR-Drucks. 616/89, 22.

Wesensart der Vermögenswerte abhängige Zuordnung bei Finanzanlagen nicht ohne Weiteres möglich ist.

Die Zuordnung zum Anlagevermögen setzt die dokumentierte **Absicht** und die **Fähigkeit** voraus, die Wertpapiere **dauerhaft zu halten**. Veräußerungen, die wegen gesetzlicher oder behördlicher Auflagen erforderlich sind, sind für die Zuordnung zum Anlagevermögen hinderlich.[314] Die Fähigkeit, die Wertpapiere dauerhaft zu halten, ist auf der Grundlage des Gesamtbildes der Liquiditätsplanung unter Berücksichtigung der Entwicklung der Kapitalausstattung sowie der Ertragssituation zu beurteilen. Die Zuordnung zum Anlagevermögen bzw. Umlaufvermögen ist zu jedem Abschlussstichtag erneut zu prüfen, wobei die Verhältnisse im Wertaufhellungszeitraum in die Beurteilung einzubeziehen sind.

Die Aufteilung der Wertpapiere muss buchhalterisch belegt und von den zuständigen Organen des Instituts aktenkundig beschlossen werden.

Die Vorgabe des Gesetzgebers, dass Wertpapiere des Anlagevermögens dauernd dem Geschäftsbetrieb zu dienen bestimmt sein müssen, lässt **nicht** auf eine bestimmte **Mindesthaltedauer** schließen (IDW RH HFA 1.014 nF Tz. 8). Ebenso wenig reicht die Tatsache aus, dass die Wertpapiere über einen längeren Zeitraum gehalten werden, um die Wertpapiere wie Anlagevermögen zu bewerten. Auch die in der Praxis verwendeten Bezeichnungen „Sonderbestand", „Gesperrter Bestand" oder „Sekretariatsbestand" reichen für sich allein nicht zur Klassifizierung als Anlagevermögen aus.

Wertpapiere mit einer Ursprungslaufzeit (zB Commercial Papers) oder **Restlaufzeit** (im Erwerbszeitpunkt) **von unter einem Jahr** können grundsätzlich nicht dem Anlagevermögen zugeordnet werden; solche Papiere sind bei Kreditinstituten ggf. der Liquiditätsreserve zuzuordnen. Anhaltspunkte für die Bestimmung, dauernd dem Geschäftsbetrieb zu dienen, können IDW RS VFA 2 entnommen werden (IDW RH HFA 1.014 nF Tz. 8).

Nur wenn hinsichtlich der Zweckbestimmung auf einen konkreten Bestand und nicht auf das einzelne Wertpapier abgestellt wird, dürfte ein gelegentlicher Austausch der Bestände aufgrund von Fälligkeiten oder geschäftspolitischen Gründen unschädlich für die Zuordnung zum Anlagevermögen sein.

Für Wertpapiere, die nach den für das Anlagevermögen geltenden Vorschriften bewertet werden können, besteht **keine** allgemein gültige **Umfangsbegrenzung**.

---

[314] Ebenso AFRAC-Stellungnahme 14, Rn. 2.

Ein Institut muss grundsätzlich zum **Erwerbszeitpunkt** (Einbuchung) entscheiden, ob ein Wertpapier dem Anlage- oder dem Umlaufvermögen zuzurechnen ist. Die **Zweckbestimmung** muss für jeden einzelnen Vermögensgegenstand individuell erfolgen. Sie muss dabei aber nicht für alle Wertpapiere eines Emittenten gleicher Art und Gattung einheitlich entschieden werden, dh. dass bspw. Aktien ein und desselben Emittenten sowohl zum Anlage- als auch zum Umlaufvermögen gehören können.

Eine **depotmäßige Trennung** der Wertpapiere des Anlagevermögens von denen des Handelsbestands bzw. der Liquiditätsreserve ist ausreichend, falls keine andere eindeutige Kennzeichnung vorgenommen wird. Für die Zuordnung der Wertpapiere im Erwerbszeitpunkt hat die Geschäftsleitung schriftlich dokumentierte Vorgaben zu machen.

Eine spätere **Umwidmung** ist dadurch aber grundsätzlich nicht ausgeschlossen, wobei jedoch die Restriktionen des § 340e Abs. 3 Satz 2 bis 4 HGB für Handelsbestände zu beachten sind. Umwidmungen müssen stets sachlich begründet sein. Eine willkürliche Änderung der Zweckbestimmung und damit eine willkürliche Umwidmung ist unzulässig. Eine Umwidmung ist weder ein Realisations- noch ein Anschaffungsvorgang. Die historischen Anschaffungskosten ändern sich durch eine Umwidmung nicht. **Verkäufe** von Wertpapieren **aus dem Anlagebestand** sind zulässig.

Durch eine Änderung der Zuordnung von Wertpapieren wird der **Grundsatz der Stetigkeit**, wonach die auf den vorhergehenden Jahresabschluss angewandten Bewertungsverfahren beibehalten werden sollen, nicht berührt, da es sich nicht um eine Änderung der Bewertungsmethode handelt, sondern um einen veränderten Sachverhalt.[315]

4.2.2.3. Rettungserwerb von Immobilien

Selbstgenutzte Grundstücke und Gebäude rechnen regelmäßig zum Anlagevermögen, da bei ihnen typischerweise das Kriterium der Dauerbesitzabsicht erfüllt ist und sie damit dauernd dem Geschäftsbetrieb dienen. Dieses objektive Kriterium wird vom tatsächlichen Willen der Geschäftsleitung des bilanzierenden Instituts dominiert.

---

[315] So noch ausdrücklich IDW RH HFA 1.014 aF Tz. 23 (9.1.2009): dies ist ein allgemeiner Grundsatz ordnungsmäßiger Bilanzierung.

Daher sind Immobilien, die im Wege des Rettungserwerbs[316] mit der Absicht der anschließenden Weiterveräußerung übernommen wurden, dem Umlaufvermögen zuzurechnen (§ 20 Satz 5 RechKredV). Als „Sonstige Vermögensgegenstände" sind sie nur auszuweisen, wenn sie sich nicht länger als fünf Jahre im Bestand des Instituts befinden (§ 20 Satz 5 RechKredV).

4.2.2.4. Wertmaßstab für die Bewertung wie Anlagevermögen

Alle Vermögensgegenstände – auch die des Umlaufvermögens – sind zunächst grundsätzlich mit ihren **Anschaffungskosten** gemäß § 255 Abs. 1 HGB bzw. **Herstellungskosten** gemäß § 255 Abs. 2 und 3 HGB anzusetzen. Ein darüber hinausgehender Wertansatz ist nach § 253 Abs. 1 HGB nicht zulässig. Für die Ermittlung der Anschaffungs- und Herstellungskosten sind die Grundsätze des § 255 HGB maßgebend.[317] Diesbezüglich wird auf die Kommentierungen zu § 255 HGB verwiesen.

Zur **Abgrenzung** des Anschaffungsvorgangs ggü. dem Herstellungsvorgang vgl. Heidel/Schall.[318]

Die Anschaffung beginnt mit dem Erwerb eines Vermögensgegenstands und endet mit dessen Betriebsbereitschaft beim Erwerber. Der Zeitraum beginnt mit Handlungen, durch die der Erwerb, dh. die Überführung des Vermögensgegenstands in die Verfügungsmacht des Instituts, vorbereitet wird. Er endet mit der erstmaligen Betriebsbereitschaft des Vermögensgegenstands.[319]

Zu den **Anschaffungskosten** rechnen alle Aufwendungen, die durch das bilanzierende Institut geleistet werden müssen, um einen Vermögensgegenstand zu erwerben und um ihn in einen betriebsbereiten Zustand zu versetzen; einschließlich Nebenkosten und nachträgliche Anschaffungskosten (§ 255 Abs. 1 HGB) unter Abzug von Anschaffungskostenminderungen. Zu den Anschaffungskosten zählen nur Einzelkosten, während Gemeinkosten keine Anschaffungskosten sind. Ein Anschaffungsvorgang ist stets **erfolgsneutral**, dh. die bilanzielle Abbildung des Anschaffungsvorgangs soll einer reinen Vermögensumschichtung entsprechen.[320]

---

[316] Vgl. ausführlich zur Bewertung Scharpf, DB 1987, 755 ff.
[317] Zu den Anschaffungskosten bei ersteigerten Grundstücken vgl. Scharpf, DB 1987, 755 ff.
[318] Vgl. Heidel/Schall, § 255 HGB Rn. 5 ff.
[319] Vgl. Heidel/Schall, § 255 HGB Rn. 10 mwN.
[320] Vgl. Heidel/Schall, § 255 HGB Rn. 9 mwN.

Herstellungskosten sind die Aufwendungen, die durch den Verbrauch von Gütern und die Inanspruchnahme von Diensten für die Herstellung, Erweiterung oder wesentliche Verbesserung eines Vermögensgegenstands (die über seinen ursprünglichen Zustand hinausgeht) entstehen. Zur Ermittlung der Herstellungskosten besteht handelsrechtlich für folgende Aufwendungen ein Aktivierungsgebot: Material-, Fertigungskosten, Sonderkosten der Fertigung sowie angemessene Teile der Material- und Fertigungsgemeinkosten sowie angemessene Teile der Wertverzehrs des Anlagevermögens, soweit dies durch die Fertigung verursacht ist. Ein Aktivierungswahlrecht besteht (soweit auf den Zeitraum der Herstellung entfallend) für angemessene Teile der allgemeinen Verwaltungskosten, Aufwendungen für soziale Einrichtungen und freiwillige soziale Leistungen bzw. betriebliche Altersversorgung. „Angemessene Teile" bedeutet, dass die Aufwendungen sachlich mit der Herstellung zusammenhängen müssen. Einzelheiten zur Aktivierung von Herstellungskosten regelt IDW RS HFA 31 n.F. Zu Fremdkapitalzinsen vgl. § 255 Abs. 3 HGB. Zu den steuerlichen Herstellungskosten sowie zur Entwicklung der Bilanzierung in Handels- und Steuerbilanz vgl. Meyering/Gröne.[321]

Die bei der Entwicklung eines selbst geschaffenen **immateriellen Vermögensgegenstands** des Anlagevermögens anfallenden Herstellungskosten sind nach § 255 Abs. 2a HGB zu ermitteln.

Die Schuld aus einem Anschaffungsvorgang muss nicht zwingend (alleine) durch finanzielle Mittel beglichen werden. Die Hingabe eines Gegenstands iRe. **Tauschgeschäfts** ist eine Alternative zur Begleichung (eines Teils) der Schuld des Käufers. Der Tausch begründet zwei (Kauf-) Verträge über unterschiedliche Vermögensgegenstände bzw. Derivate zwischen denselben Vertragsparteien. Dem Tauschvorgang liegt ein schuldrechtliches Leistungsaustauschverhältnis zugrunde. **Handelsrechtlich** besteht ein **Wahlrecht**. Die angeschafften Vermögensgegenstände/Derivate dürfen (a) (erfolgsneutral) mit dem Buchwert des hingegebenen Vermögensgegenstands/Derivats (sog. Buchwertfortführung) oder (b) (gewinnrealisierend) mit dessen höherem (beizulegenden) Zeitwert (höchstens zum Zeitwert des eingetauschten Vermögensgegenstands/Derivats) angesetzt werden.[322] Wegen weiterer Einzelheiten wird auf Kapitel 4.13.4.2. und die allgemeine Kommentarliteratur verwiesen.

---

[321] Vgl. Meyering/Gröne, DStR 2016, 1696 ff.
[322] Zum Tausch mit Baraufgabe vgl. Lüdenbach/Freiberg, DB 2012, 2701 ff.

4.2.2.5. Planmäßige Abschreibungen

Soweit die Nutzung der Anlagegegenstände zeitlich begrenzt ist, was bei Instituten insbesondere bei Sachanlagen und Immateriellen Anlagewerten der Fall ist, sind die Anschaffungs- und Herstellungskosten um planmäßige Abschreibungen zu vermindern (§ 253 Abs. 3 HGB). Der Plan muss die Anschaffungs- oder Herstellungskosten auf die Geschäftsjahre verteilen, in denen der Vermögensgegenstand voraussichtlich genutzt werden kann. Die planmäßigen Abschreibungen sind nach den Grundsätzen des § 253 Abs. 3 Satz 1 und 2 HGB vorzunehmen. Für die planmäßigen Abschreibungen gelten die allgemeinen Vorschriften.

Kann in Ausnahmefällen die voraussichtliche Nutzungsdauer eines selbst geschaffenen **immateriellen Vermögensgegenstands** des Anlagevermögens nicht verlässlich geschätzt werden, sind planmäßige Abschreibungen auf die Herstellungskosten über einen Zeitraum von zehn Jahren vorzunehmen (§ 253 Abs. 3 Satz 3 HGB). Dies gilt auch für einen entgeltlich erworbenen Geschäfts- oder Firmenwert entsprechend (§ 253 Abs. 3 Satz 4 HGB). Die Anhangangabe nach § 285 Nr. 13 HGB ist zu beachten.

4.2.2.6. Außerplanmäßige Abschreibungen

Unabhängig davon, ob die Gegenstände abnutzbar sind oder nicht, müssen nach § 253 Abs. 3 Satz 5 HGB außerplanmäßige Abschreibungen gemacht werden, um die Gegenstände mit dem niedrigeren Wert anzusetzen, der ihnen am Bilanzstichtag beizulegen ist, wenn es sich um eine voraussichtlich **dauernde Wertminderung** handelt.[323]

§ 253 Abs. 3 Satz 6 HGB, wonach außerplanmäßige Abschreibungen auch bei einer **vorübergehenden Wertminderung** (voraussichtlich nicht dauernden Wertminderung) bei Gegenständen des **Finanzanlagevermögens** vorgenommen werden dürfen, ist nach § 340e Abs. 1 Satz 3 HGB begrenzt auf **Beteiligungen** und **Anteile an verbundenen Unternehmen** im Sinne des § 340e Abs. 1 Satz 1 HGB sowie **Wertpapiere** (und Forderungen) im Sinne des § 340e Abs. 1 Satz 2 HGB, die dauernd dem Geschäftsbetrieb zu dienen bestimmt sind, anzuwenden.

---

[323] Vgl. Baetge/Kirsch/Thiele, Bilanzen, 210 ff.

4.2.2.7. Beurteilung einer voraussichtlich dauernden Wertminderung bei Wertpapieren

Die „voraussichtlich" dauernde Wertminderung erfordert eine Prognose am Bilanzstichtag. Maßgebend ist die Voraussehbarkeit einer dauernden Entwertung nach den Verhältnissen am Bilanzstichtag, wie sie sich dem Bilanzierenden bei vernünftiger kaufmännischer Beurteilung darstellen. Dabei sind wertaufhellende Tatsachen zu berücksichtigen. Eine voraussichtlich dauernde Wertminderung bedeutet ein voraussichtlich nachhaltiges Absinken des Werts eines Vermögensgegenstands unter den maßgeblichen Buchwert.

Die Frage der Dauerhaftigkeit von Wertminderungen hatte aufgrund der Änderung des § 341b Abs. 2 HGB durch das Versicherungskapitalanlagen-Bewertungsgesetz vom 26.3.2002[324] sowie wegen niedriger Wertpapierkurse (Ende 2001) eine besondere Bedeutung erlangt. Bei voraussichtlich dauernden Wertminderungen ist bei Wertpapieren des Anlagevermögens zwingend eine Wertminderung zu erfassen.[325] Die Ermittlung des beizulegenden Werts stößt bei Anteilswerten (zB Aktien, GmbH-Beteiligungen) im Allgemeinen sowohl theoretisch als auch praktisch auf Schwierigkeiten.

Zur voraussichtlich dauernden Wertminderung von Wertpapieren hat sich der Versicherungsfachausschuss des IDW mit IDW RS VFA 2[326] sowie mit weiteren Veröffentlichungen zur Bewertung von Kapitalanlagen[327] geäußert. Obschon sich der VFA bei seiner Stellungnahme auf die Interpretation des § 341b HGB beschränkt, können die darin enthaltenen Überlegungen ganz allgemein zur Auslegung des im Gesetz nicht näher definierten Begriffs einer *„voraussichtlich dauernden Wertminderung"* herangezogen werden. Der VFA formuliert **Aufgriffskriterien** für die Dauerhaftigkeit und knüpft daran eine **Beweislastregel**. Die Änderung des § 341b HGB hat die Bewertungsvorschriften für Wertpapiere der Versicherungsunternehmen an die für Institute geltenden Vorschriften des § 340e HGB angepasst.

---

[324] Vgl. BGBl. I 2002, 1219 ff.
[325] Vgl. hierzu auch Lüdenbach/Hoffmann, DB 2004, 85 ff.
[326] Vgl. Fey/Mujkanovic, WPg 2003, 212 ff.; Albrecht, Versicherungswirtschaft 2003, 1493.
[327] Vgl. VFA, FN 2002, 667; siehe hierzu auch oV, Versicherungswirtschaft 2002, 1431 f.; IDW, zur 159. Sitzung des VFA, FN 2006, 96 f.

Die vom VFA in **IDW RS VFA 2** getroffenen Aussagen werden nachfolgend kurz skizziert:

- Eine dauernde Wertminderung bedeutet ein nachhaltiges Absinken des den Wertpapieren zum Abschlussstichtag beizulegenden Werts unter den Buchwert. Der Buchwert ist derjenige Wert, der sich ohne die außerplanmäßige Abschreibung ergeben würde. Zur Bestimmung des beizulegenden Werts am Abschlussstichtag muss auf verschiedene Hilfswerte wie bspw. den Wiederbeschaffungs-, Einzelveräußerungs- oder Ertragswert zurückgegriffen werden.

- Bei der Beurteilung, ob eine Wertminderung voraussichtlich nur vorübergehend ist, sind zusätzliche Erkenntnisse bis zum Zeitpunkt der Aufstellung der Bilanz zu berücksichtigen. Hat der Zeitwert zum Zeitpunkt der Bilanzaufstellung den Buchwert wieder erreicht oder überschritten, ist zu beurteilen, inwieweit dies den nur vorübergehenden Charakter der Wertminderung belegt.

- Aufgrund des Einzelbewertungsgrundsatzes ist die Frage einer nur vorübergehenden Wertminderung für jede einzelne gehaltene Kapitalanlage gesondert zu prüfen.

- Zur Beurteilung, ob eine dauernde Wertminderung vorliegt, hat das Unternehmen systematische Methoden zu verwenden.

- Die Annahme einer voraussichtlich nur vorübergehenden Wertminderung setzt voraus, dass das Unternehmen in der Lage ist, die Wertpapiere bis zum Zeitpunkt der erwarteten Wertaufholung zu halten.

- Bei **festverzinslichen Wertpapieren**, für die die Absicht und die objektiven Voraussetzungen bestehen, sie bis zur Endfälligkeit zu halten, muss eine Wertminderung unter den Nennbetrag stets dann als dauerhaft angesehen werden, wenn sich die **Bonität** des Emittenten wesentlich verschlechtert hat. Im Hinblick auf einen bloßen **Anstieg des (risikolosen) Marktzinses** ist jedoch idR keine voraussichtlich dauernde Wertminderung anzunehmen.[328] Dies gilt jedenfalls dann, wenn die Marktzinsänderung nicht exorbitant ist und der Einlösungstermin nicht in allzu großer Ferne liegt. Ungeachtet dessen sind die Wertpapiere ggf. in die verlustfreie Bewertung des Bankbuchs einzubeziehen.

- Bei **Aktien** und bei verzinslichen Wertpapieren, die nicht bis zur Endfälligkeit gehalten werden sollen, ist die Frage einer außerplanmäßigen Abschreibung besonders sorgfältig zu prüfen.

---

[328] Vgl. bereits Birck/Meyer, V 108; BFH-Urteil vom 8.6.2011, DStR 2011, 1556 ff.; ebenso AFRAC-Stellungnahme 14, Rn. 9; BFH-Urteil vom 18.4.2018, I R 37/16, BStBl. 2019 II, 73 ff.

- Bei **Investmentfonds** richtet sich die Beurteilung der voraussichtlichen Dauerhaftigkeit einer Wertminderung letztlich nach den im Fonds gehaltenen Vermögensgegenständen.[329] Neben den og. Indizien sind hier die Zusammensetzung und das Risikoprofil des Fonds, mögliche Ausgleichseffekte sowie mögliche Substanzminderungen aufgrund von Ausschüttungen oder im Fonds erfolgten Umschichtungen bei wesentlichen Fondspositionen zu berücksichtigen.[330]

Der VFA hat sich in seiner 149. Sitzung mit der **Konkretisierung** der Kriterien für das Vorliegen einer **voraussichtlich dauernden Wertminderung** und zur Bemessung außerplanmäßiger Abschreibungen befasst. Die Kriterien für eine **pauschalierte Bestimmung mit anschließender Einzelbeurteilung**, welche Wertpapiere dauerhaft im Wert gemindert sind, werden nachfolgend skizziert:[331]

- Sofern es sich nicht um Beteiligungen oder besondere Wertpapierpakete handelt, können die Feststellungen zur Dauerhaftigkeit von Wertminderungen auch auf der Grundlage von **pauschalen Verfahren** erfolgen. In dem pauschalen Verfahren wird regelmäßig die Beurteilung der voraussichtlichen Dauerhaftigkeit der einzelnen Wertminderungen im Rahmen systematischer Methoden unter Anwendung bestimmter **Aufgriffskriterien** erfolgen.
- Soweit die Wertpapiere das Aufgriffskriterium erfüllen, muss für sie einzeln geprüft werden, ob eine Abschreibung wegen dauerhafter Wertminderung erforderlich ist.
  Wird eines der nachfolgend genannten Aufgriffskriterien erfüllt, ist das Wertpapier nach Ansicht des VFA grundsätzlich außerplanmäßig abzuschreiben. Diese außerplanmäßige Abschreibung darf nur dann unterlassen werden, wenn das Unternehmen aufgrund nachweisbarer Umstände erwartet, dass die festgestellte Wertminderung gleichwohl voraussichtlich vorübergehend ist und es beabsichtigt sowie in der Lage ist, das Wertpapier bis zum Zeitpunkt der erwarteten Werterholung zu halten.[332]

---

[329] Vgl. IDW, 159. Sitzung des VFA, FN 2006, 96 f.; Lüdenbach, StuB 2016, 592 mit einem Beispiel für Spezialfonds.

[330] Die Anteile an Spezialfonds stellen einen zu bewertenden Vermögensgegenstand dar. Bei der Beurteilung, ob eine voraussichtlich dauerhafte Wertminderung vorliegt, ist wegen einer fehlenden Preisbildung für die Fondsanteile am Markt sowie der direkten Abhängigkeit des Fondswerts von dem Wert der darin befindlichen Vermögensgegenstände auf den Fondsinhalt abzustellen.

[331] Vgl. IDW VFA, FN 2002, 667 ff.; Lüdenbach/Hoffmann, StuB 2009, 3 ff.

[332] Diese Einschätzung muss sich auf begründete Erwartungen in Bezug auf die künftige Ertragslage des Unternehmens stützen.

Sofern das Unternehmen Kenntnis darüber besitzt, dass der tatsächliche Wert eines Wertpapiers offensichtlich niedriger ist als der Buchwert, bedarf es der Aufgriffskriterien nicht.

- Das **erste Aufgriffskriterium**, das der VFA für mit dem deutschen Recht vereinbar hält, liegt vor, wenn *„der Zeitwert des Wertpapiers … in den dem Bilanzstichtag vorangehenden sechs Monaten permanent um mehr als 20 % unter dem Buchwert"* lag. Ist innerhalb von sechs Monaten vor dem Bilanzstichtag ein starker Wertverfall eingetreten, bedarf es des Aufgriffskriteriums nicht. In diesem Fall sind unmittelbar Maßnahmen zur Erfassung einer voraussichtlich dauernden Wertminderung zu treffen.

- Liegt der Zeitwert länger als ein Geschäftsjahr unter dem Buchwert, sind mit zunehmender Dauer der Wertminderung zur Beurteilung der Dauerhaftigkeit strengere Kriterien anzuwenden. Hier kann nach Ansicht des VFA bspw. an das **zweite Aufgriffskriterium** gedacht werden: *„Der Durchschnittswert der täglichen Börsenkurse des Wertpapiers liegt in den letzten zwölf Monaten um mehr als 10 % unter dem Buchwert."*

- Eine **vorübergehende Wertminderung** ist regelmäßig dann gegeben, wenn der Zeitwert im Zeitpunkt der Bilanzaufstellung den Buchwert wieder erreicht oder überschritten hat.[333]

Die Anwendung der **Aufgriffskriterien** ist bei solchen Wertpapieren zu unterlassen, bei denen der tatsächliche Wert – bspw. durch einen bedeutenden Kursrückgang innerhalb der letzten vier Monate – offensichtlich niedriger ist als der Buchwert.

Klarstellend sei ausdrücklich darauf hingewiesen, dass für den Fall, dass ein Aufgriffskriterium erfüllt ist, zwar ein Indiz für eine voraussichtlich dauernde Wertminderung gegeben ist. Aber auch dann, wenn die Aufgriffskriterien erfüllt sind, kann das Institut den Nachweis erbringen, dass die Wertminderung nicht dauerhaft ist.[334]

Um die Nachhaltigkeit eines unter den Buchwert gesunkenen Werts beurteilen zu können, ist eine **Prognose der künftigen Wertentwicklung** der betreffenden Finanzanlage erforderlich.[335] Vergangenheitsbezogene Informationen können daher nur als Ausgangspunkt für die gemäß § 253 Abs. 3 Satz 6 HGB erforderliche und für die Abwertung letztendlich entscheidende Zukunftsbe-

---

[333] Was der BFH mit Urteil vom 21.9.2011, WPg 2011, 154 ff. jedoch ablehnt.
[334] Vgl. ebenso Krumnow ua., 2. Aufl., § 340e HGB Rn. 47.
[335] Vgl. Fey/Mujkanovic, WPg 2003, 214.

trachtung herangezogen werden. Dabei geht es bei Finanzanlagen um eine mittelfristige Betrachtung (zwei bis drei Jahre).[336]

In **außergewöhnlichen Marktsituationen** – wie sie bspw. während der Finanzmarktkrise der Jahre 2008/2009 festzustellen war – wird der nachhaltige Wert von Kapitalanlagen nicht in allen Fällen adäquat durch den aktuellen Börsenkurs reflektiert. So kann der Börsenkurs zB von einer langfristigen Einschätzung der Ertragskraft auf Basis von Schätzungen der Earnings per Share des jeweiligen Unternehmens abweichen. Liegt der Wert, der sich im Rahmen einer solchen Einschätzung der langfristigen Ertragskraft ergibt, unter dem Buchwert, kann – jedoch nur in dem seltenen Fall einer außergewöhnlichen Marktsituation – eine außerplanmäßige Abschreibung auf diesen Wert statt auf den niedrigeren aktuellen Börsenkurs in Betracht kommen, um die Kapitalanlagen mit dem Wert anzusetzen, der ihnen voraussichtlich dauernd (Anlagevermögen) beizulegen ist. Je höher allerdings der sich danach ergebende Wertansatz einer Kapitalanlage über dem aktuellen Börsenkurs liegt, desto strengere Anforderungen sind an den Nachweis der Angemessenheit des angesetzten Werts zu stellen. Diesen strengen Anforderungen muss bei der Abschlussprüfung angemessen Rechnung getragen werden.[337]

Zur Berücksichtigung von nach dem Abschlussstichtag festgestellten niedrigeren Börsenkursen (zB bei Aktien, die keine Beteiligung sind) – wie dies während der Coronavirus-Pandemie der Fall war – und deren Nichtberücksichtigung aufgrund des Vorsichtsprinzips vgl. Kapitel 4.1.

Als voraussichtlich dauernd ist eine Wertminderung stets dann anzusehen, wenn die **Bonität des Emittenten** unzureichend ist, also die Zahlung der künftig zu erbringenden Leistungen (Zinsen, Dividenden, Hauptforderung) zweifelhaft erscheint.[338]

Anhaltspunkte für eine dauerhafte Wertminderung stellen ua. eine **signifikante Herabstufung des Ratings** und insbesondere ein **Rating unterhalb des Investmentgrades** dar.[339] So ist grundsätzlich bei Herabstufung um zwei oder

---

[336] Vgl. Fey/Mujkanovic, WPg 2003, 214.
[337] Vgl. IDW VFA, FN 2009, 63.
[338] Vgl. IDW Kompakt, WPg 2009, 1207.
[339] Ähnlich vgl. AFRAC-Stellungnahme 14, Rn. 11 f., das AFRAC vertritt folgende Ansicht: Während die Herabstufung des Bonitätsratings auf einen verschlechterten Investment Grade für sich genommen noch kein Indikator für eine voraussichtlich dauernde Wertminderung sei, ist die Herabstufung in den Non Investmentgrade-Bereich ein Indikator für eine voraussichtlich dauernde Wertminderung.

mehr Notches oder bei einem Übergang in den Non-Investmentgrade-Bereich nach Ansicht des IDW ein Abschreibungsbedarf widerlegbar zu vermuten.[340]

Sofern eine **Verlustbeteiligung** über **Herabsetzen bspw. des Genussrechts-kapitals** erfolgt ist und nicht mit an Sicherheit grenzender Wahrscheinlichkeit von einer Wiederauffüllung bis zum Ende der Laufzeit bzw. zum nächsten Kündigungstermin des Emittenten ausgegangen werden kann, ist ebenfalls eine dauerhafte Wertminderung anzunehmen.

Demgegenüber stellen ein **Aufschieben der Vergütung**, sofern diese sich auf einen absehbaren Zeitraum beschränkt, sowie **Ratingherabstufungen inner-halb des Investmentgrade-Bereichs** für sich genommen noch keine Beweise für eine dauerhafte Wertminderung dar. Soweit **Vergütungen dagegen aus-fallen**, wird im Regelfall entsprechend von einer dauerhaften Wertminderung auszugehen sein.

Die BaFin hatte diesbezüglich in der Vergangenheit in einem Gespräch mit dem IDW[341] zu erkennen gegeben, dass sie auf übermäßige **Abweichungen zwischen Bilanzwerten und Börsenkursen** zum Abschlussstichtag ihrer-seits mit aufsichtlichen Maßnahmen („Kapitalabzüge per Verwaltungsakt") reagieren würde. Danach dürften aufsichtliche Maßnahmen insbesondere bei Abweichungen von mehr als 20 % vom Börsenkurs der jeweiligen Aktie in Betracht kommen. Dies schließt nicht aus, dass die BaFin ggf. in besonders be-gründeten Ausnahmefällen Abweichungen von mehr als 20 % unbeanstandet lassen wird. In der gemeinsamen Sitzung des VFA mit Vertretern der BaFin im November 2009 wies die BaFin darauf hin, dass sie im Zusammenhang mit der Bewertung von Kapitalanlagen keinen Anlass sieht, das frühere Aufgriffs-kriterium anzupassen, dh. Abweichungen des Buchwerts vom Börsenkurs am Bilanzstichtag von mehr als 20 % kritisch zu hinterfragen.[342]

Kursgesicherte Wertpapiere sind unabhängig von ihrem Sicherungskurs dem gewählten Aufgriffskriterium zu unterziehen. Die wirksame Wertkom-pensation (wirksame Sicherungsbeziehung) aus dem Sicherungsderivat wird ggf. bei der Berechnung der Abschreibungshöhe berücksichtigt.

Hat sich bei **strukturierten Finanzinstrumenten** seit dem Zugangszeit-punkt aufgrund des eingebetteten Derivats die Verzinsung bzw. Rendite des Finanzinstruments geändert, ergeben sich iRd. Folgebewertung für nunmehr überverzinsliche strukturierte Finanzinstrumente (stille Reserve) aufgrund

---

[340] Wegen weiterer Einzelheiten vgl. DW Kompakt, WPg 2009, 1207.
[341] Vgl. IDW Aktuell vom 29.1.2009, FN 2009, 64.
[342] Vgl. FN 2010, 39.

des Anschaffungskostenprinzips gemäß § 253 Abs. 1 HGB keine Bewertungsanpassungen. Künftig **unterverzinsliche** strukturierte Finanzinstrumente des
Umlaufvermögens sind in Übereinstimmung mit § 253 Abs. 4 HGB auf ihren
niedrigeren beizulegenden Wert (Barwert) abzuschreiben. Im **Anlagevermögen** hat eine Abwertung des strukturierten Finanzinstruments gemäß § 253
Abs. 3 HGB nur bei dauernder Wertminderung zu erfolgen. Dies gilt sowohl
für den Fall, dass die voraussichtlich dauerhafte Wertminderung aufgrund der
durch das eingebettete Derivat verursachten Unterverzinslichkeit entstanden
ist, als auch für den Fall, dass sich die Bonität des Emittenten verschlechtert
hat. Hat die „Ausübung" des eingebetteten Derivats zu einer unter der aktuellen Rendite liegenden Rendite des Finanzinstruments geführt, ist von einer
voraussichtlich dauerhaften Wertminderung auszugehen. Die „Ausübung" des
eingebetteten Derivats, und damit die Änderung der Konditionen während der
Laufzeit zuungunsten des Investors, ist wie eine Neuinvestition in ein unterverzinsliches Finanzinstrument zu behandeln.

Nachdem ein Wertpapier durch die Anwendung der Aufgriffskriterien als dauernd im Wert gemindert identifiziert wurde, ist in einem nächsten Schritt die
Höhe der dauerhaften Wertminderung im Rahmen einer **Einzelbeurteilung**
zu ermitteln.[343]

- Der **niedrigere beizulegende Wert**, mit dem das Wertpapier im Rahmen einer außerplanmäßigen Abschreibung anzusetzen ist, ist grundsätzlich der Stichtagskurs. Für Wertpapiere des Anlagevermögens wird
  nach hM der Wiederbeschaffungswert grundsätzlich durch den Börsen-
  oder Marktpreis am Abschlussstichtag repräsentiert.
  Spiegeln die Stichtagskurse nicht den vollen Wert eines Wertpapiers
  wider, ist für die Ermittlung des Abschreibungsbedarfs zu beurteilen, in
  welchem Umfang die Wertminderung des Wertpapiers als voraussichtlich dauerhaft angesehen werden muss.
  Das Unternehmen muss nachweisen, weshalb für den nicht abzuschreibenden Betrag eine voraussichtlich nur vorübergehende Wertminderung angenommen wird. Der **Nachweis** für den voraussichtlich nur **vorübergehenden** Teil der **Wertminderung** kann für die verschiedenen
  Wertpapiere wie folgt erbracht werden:
- **Aktien:**
  Methodisch lässt sich ein vom Börsenwert abweichender Wert durch
  eine fundamentale Bewertung des dem Anteilpapier zugrunde liegenden Geschäfts durchführen.[344]

---

[343] Vgl. auch Fey/Mujkanovic, WPg 2003, 212 ff.
[344] Vgl. Fey/Mujkanovic, WPg 2003, 215.

Bei Aktien können als Nachweis für den nur vorübergehenden Teil der Wertminderung fundierte Aussagen unabhängiger Analysten herangezogen werden. Daneben können Analyseverfahren, die beispielsweise auf Kursgewinnverhältnissen, Net Asset Values oder sonstigen Analysen der Kursverläufe beruhen, einen höheren nachhaltig erzielbaren Wert begründen.

- **Verzinsliche Wertpapiere:**[345]
  Wertminderungen sind stets dann als dauerhaft anzusehen, wenn sich die Bonität des Emittenten (zB Rating) wesentlich verschlechtert hat, was sich bspw. auch in einer Ausweitung der Credit Spreads zeigen kann.[346] Ein Verzicht auf eine Abschreibung der über die Restlaufzeit zu verteilenden anteiligen Agien von über pari erworbenen Wertpapieren ist im Einzelfall darzulegen und zu begründen.[347]

- **Anteile oder Aktien an Investmentvermögen.**
  Investmentanteile (Anteile oder Aktien an Investmentvermögen) sind selbstständige Wertpapiere und als solche Bilanzierungsobjekt. Der beizulegende Wert der Anteile am Abschlussstichtag ergibt sich regelmäßig aus dem Rücknahmepreis der Anteilscheine.
  Hier richtet sich die **Beurteilung der voraussichtlichen Dauerhaftigkeit** einer Wertminderung letztlich nach den im Fonds gehaltenen Vermögensgegenständen.[348] Zu berücksichtigen sind dabei die Zusammensetzung und das Risikoprofil des Fonds (zB Art der Wertpapiere, Branchen, regionale Herkunft) sowie mögliche Ausgleichseffekte. Ausgleichseffekte müssen sich aus den zum Bilanzstichtag im Fonds enthaltenen Vermögenswerten selbst ergeben (Wertaufholungspotenzial); zukünftige Zins- bzw. Dividendenerträge dürfen nicht berücksichtigt werden.[349]

---

[345] Im Hinblick auf einen alleinigen Anstieg des Marktzinsniveaus ist eine voraussichtlich dauernde Wertminderung in der Regel nicht anzunehmen; ebenso Birck/Meyer, V 108. Dies gilt jedenfalls dann, wenn die Marktzinserhöhung nicht exorbitant ist und der Einlösungstermin nicht in allzu großer Ferne liegt. Dies kann jedoch bspw. bei ewigen Renten oder anderen Papieren mit besonders langer Restlaufzeit anders zu entscheiden sein, wenn deren Verzinsung so niedrig liegt, dass sie voraussichtlich auf Dauer vom Marktzins übertroffen wird.

[346] Insoweit gelten dieselben Grundsätze wie für Buchforderungen. Als voraussichtlich dauernd ist eine Wertminderung bei Wertpapieren jedenfalls dann anzusehen, wenn die Bonität des Emittenten unzureichend ist, also die Zahlung der künftig zu erbringenden Zins- und Tilgungsleistungen zweifelhaft erscheint.

[347] Weiterhin findet eine voraussichtliche Minderung des Buchwerts insoweit statt, als Wertpapiere über dem Nennwert gekauft wurden, aber nur mit dem Nennwert eingelöst werden. Das Agio ist grundsätzlich anteilig abzuschreiben. Siehe im Übrigen Fey/Mujkanovic, WPg 2003, 217; Birck/Meyer, V 108.

[348] Vgl. Fey/Mujkanovic, WPg 2003, 217; IDW, 159. Sitzung des VFA, FN 2006, 96 f.

[349] Vgl. Lüdenbach, StuB 2016, 592 mit einem Beispiel.

Bilden Fonds einen bestimmten Index wie bspw. den DAX nach, kann die erwartete Entwicklung des betreffenden Indexes für die Beurteilung der voraussichtlichen Dauerhaftigkeit von Wertminderungen herangezogen werden.

Investmentfonds, die ihren Anlageschwerpunkt geändert haben, sind daraufhin zu untersuchen, ob Substanzminderungen eingetreten sind, die der Annahme einer voraussichtlich nur vorübergehenden Wertminderung entgegenstehen. Dies gilt auch für Ausschüttungen von im Fonds erzielten außerordentlichen Gewinnen (Abgangsgewinnen). Im Fonds realisierte Verluste führen nicht notwendigerweise zur Annahme einer dauerhaften Wertminderung und sind nach den vorgenannten Kriterien zu beurteilen.[350]

Die im Fonds enthaltenen Rentenpapiere sind auf ihre Bonität zu überprüfen; für Aktienanteile gilt das oben dargestellte pauschalierte Verfahren mit ggf. anschließender Einzelbeurteilung. Die Ursachen einer Wertminderung der Fondsanteile muss daher eingehend untersucht werden.

Ein Rückgriff auf **Analystenmeinungen** ist nur dann zulässig, wenn dies umfänglich geschieht. Grundsätzlich sind die Methoden einheitlich anzuwenden. Im Zusammenhang mit der Verwertung der Arbeit von Sachverständigen – wie bspw. Analystenmeinungen – ist der IDW-Prüfungsstandard IDW PS 322 n.F. zu beachten. Danach hängen die Art und der Umfang der Verwertung der Arbeit eines Sachverständigen entscheidend davon ab, inwieweit diese vom Abschlussprüfer nachvollziehbar ist. Ferner hängen das Ausmaß und die Gewichtung, mit der die Feststellungen von Sachverständigen verwertet werden können, von der fachlichen Kompetenz und der beruflichen Qualifikation des Sachverständigen sowie von dessen Objektivität und Eigenverantwortlichkeit ab. Der Abschlussprüfer muss auch die persönliche und wirtschaftliche Unabhängigkeit sowie die Unparteilichkeit und Unbefangenheit des Sachverständigen ggü. dem zu prüfenden Unternehmen beurteilen. Bei der Beurteilung der Arbeitsergebnisse von Sachverständigen hat der Abschlussprüfer im Einzelfall auch die der Arbeit des Sachverständigen zugrunde liegenden Ausgangsdaten zu den vom Sachverständigen getroffenen Annahmen und angewandten Verfahren sowie zu deren konsistenter Anwendung im Zeitablauf zu prüfen.

Eine Abwertung kann bei **Investmentanteilen** (Anteile oder Aktien an Investmentvermögen) nur dann infrage kommen, wenn der Rücknahmepreis am Bilanzstichtag kleiner als der Buchwert des Investmentanteils ist. Ist der

---

[350] AA vgl. AFRAC-Stellungnahme 14, Rn. 32: danach kann eine vorübergehende Wertminderung nur dann vorliegen, wenn die Wertminderung nicht auf Verlusten basiert, die im Fonds bereits durch Umsatzakte realisiert wurden.

Rücknahmepreis kleiner als der Buchwert, dann hat eine Beurteilung zu erfolgen, inwieweit es sich dabei um eine dauerhafte Wertminderung handelt. Die maximale Höhe einer Abwertung wird dabei durch die Differenz zwischen dem Buchwert und dem niedrigeren Rücknahmepreis dokumentiert, dh. Ausgleichseffekte zwischen den Aktien in einem Aktienfonds bzw. zwischen Renten und Aktien in einem gemischten Fonds sind zu berücksichtigen.

Wird bei Investmentanteilen an offenen Fonds die **Ausgabe** und **Rücknahme von Anteilen endgültig eingestellt**, ist auch in der Handelsbilanz der Zweitmarktwert für die Bewertung heranzuziehen.[351] In einem solchen Fall ist eine (Rück-) Veräußerung an den Fonds nicht mehr möglich und demzufolge eine Bewertung zum Rücknahmepreis nicht mehr sachgerecht.

In seiner 159. Sitzung hat der **VFA** die Frage der dauerhaften Wertminderung nochmals aufgegriffen.[352] Für eine Beurteilung, ob eine **dauerhafte Wertminderung bei Investmentfondsanteilen** vorliegt, sind nach Ansicht des VFA neben **qualifizierten Analystenmeinungen** insbesondere **ertragswertorientierte Bewertungsmethoden** geeignet. Die im Schrifttum[353] vertretene Ansicht, zur Bestimmung des beizulegenden Werts von in Investmentfonds gehaltenen Aktien sei nur insoweit auf objektivierte Ertragswertverfahren abzustellen, als der so ermittelte Wert über dem Börsenkurs der Aktien am Bilanzstichtag liege, ist nach Ansicht des VFA sachlich nicht zu rechtfertigen. Der in dieser Vorgehensweise liegende Wechsel der Bewertungsmethode in Abhängigkeit vom Börsenkurs verstößt nach Ansicht des VFA gegen den Grundsatz der Bewertungsstetigkeit (§ 252 Abs. 1 Nr. 6 HGB).

In einem (Spezial-) **Fonds gehaltene Zahlungsmittel** oder Zahlungsmitteläquivalente sind nicht geeignet, den Verzicht einer Abwertung bzw. ein (künftiges) Wertaufholungspotenzial zu begründen. Denn nach dem Stichtagsprinzip kommt es auf die Zusammensetzung des Fonds am Bilanzstichtag an. Evtl. Pläne oder Absichten, bei steigenden Kursen wieder in Aktien zu investieren, reichen zur Rechtfertigung eines Verzichts auf eine Abwertung nicht aus.

Werden aus einem Investmentfonds (Spezialfonds) die vorhandenen Aktien verkauft, dh. die Verluste innerhalb des Fonds realisiert und eine Wiederanlage in Höhe des Zeitwerts der verkauften Aktien in festverzinsliche Wertpapiere getätigt, ist Folgendes zu beachten: Weisen dabei die festverzinslichen

---

[351] Vgl. BFH-Urteil vom 13.2.2019, XI R 41/17, DB 2019, 939 ff., DStR 2019, 859 ff.BB 2019, 1199 ff.; Erläuterungen zum Urteil vgl. Helios, RdF 2019, 264 f.; Kolbe, StuB 2019, 569 ff.
[352] Vgl. IDW, 159. Sitzung des VFA, FN 2006, 96 f.
[353] So Stöffler, VW 2004, 467 ff.

Wertpapiere eine niedrige Verzinsung sowie eine hohe (Rest-) Laufzeit auf, haben diese einen Unterschiedsbetrag (Disagio) zwischen Anschaffungskosten und Nominalwert. Die am Ende der Laufzeit der Wertpapiere über den Anschaffungskosten liegenden Rückzahlungswerte rechtfertigen es nicht, auf eine Wertberichtigung der Investmentanteile (Anteile oder Aktien an Investmentvermögen) in dieser Höhe zu verzichten. Aus den im Gegenzug für die Aktien erworbenen Rentenpapieren resultiert kein Wertaufholungspotenzial, das einen Verzicht auf eine Abwertung rechtfertigt. Die Realisation von Verlusten aus (wesentlichen) Fondspositionen im Rahmen dieser Umstrukturierung stellt eine Substanzminderung dar, die für die Frage der Dauerhaftigkeit einer Wertminderung zu berücksichtigen ist.

Daueranlageabsicht

Die **Fähigkeit zur Daueranlage** ist in geeigneter Form darzulegen.[354] Eine Bilanzierung nach den Grundsätzen für das Anlagevermögen scheidet daher aus, wenn bei einem Institut die **Liquiditätslage** angespannt ist. Sind die bankaufsichtlichen Liquiditätsvorschriften stets eingehalten, kann bei normalen Marktverhältnissen von einer ausreichenden Liquidität ausgegangen werden, wenn sich aufgrund einer weiteren Untersuchung der Liquiditätslage keine anderen Anhaltspunkte ergeben.

Kann eine ausreichende Liquidität nicht als gegeben angenommen werden, muss eine eingehende Prüfung erfolgen, ob das geprüfte Institut die zu Anlagevermögen erklärten Wertpapiere voraussichtlich durchhalten kann.[355] Ggf. sind die Wertpapiere vom Anlagevermögen in die Liquiditätsreserve (Umlaufvermögen) umzuwidmen und infolgedessen auf den niedrigeren beizulegenden Wert abzuwerten.

Anhang

Im **Anhang** sind die angewandten Bilanzierungs- und Bewertungsmethoden verbal zu erläutern. Die Angabepflicht bei den Bewertungsmethoden erstreckt sich dabei auf jedes planmäßige Verfahren zur Ermittlung eines Wertansatzes. Der Begriff Bewertungsmethode umfasst nicht nur formal den Ablauf der Wertermittlung, sondern auch materiell die innerhalb einer Methode zur Anwendung kommenden Messgrößen und Rechenformeln.

---

[354] Vgl. diesbezüglich auch das BGH-Urteil vom 1.7.1976, BB 1976, 1430 f.
[355] Vgl. Birck/Meyer, V 103 mwN, mit Verweis auf das BGH-Urteil vom 1.7.1976, BB 1976, 1430 f.; WM 1976, 957 ff.

Insofern muss aus den Angaben unter den allgemeinen Bewertungsmethoden im Anhang hervorgehen, für welche Gruppen von Wertpapieren außerplanmäßige Abschreibungen vorgenommen wurden und nach welchen Verfahren die Werte errechnet worden sind. Nach § 35 Abs. 1 Nr. 2 RechKredV haben Institute im Anhang den Betrag der nicht mit dem Niederstwert bewerteten börsenfähigen Wertpapieren jeweils zu den Aktivposten 5. und 6. anzugeben.

Rechtsprechung und Finanzverwaltung[356]

Das FG des Landes Sachsen-Anhalt hat mit Beschluss vom 26.10.2005 (rkr.)[357] entschieden, dass bei Wertpapieren des Anlagevermögens allein aufgrund der von der Bank mitgeteilten aktuellen Kurswerte zum Jahresende keine Teilwertabschreibung möglich ist.

Der BFH hat mit Urteil vom 26.9.2007[358] entschieden, dass von einer voraussichtlich dauernden Wertminderung bei börsennotierten Wertpapieren, die als Finanzanlage gehalten werden, auszugehen ist, wenn der Börsenwert zum Bilanzstichtag unter die Anschaffungskosten gesunken ist und zum Zeitpunkt der Bilanzaufstellung keine konkreten Anhaltspunkte für eine alsbaldige Wertaufholung vorliegen. Nach Auffassung des BFH spiegelt der Börsenkurs die Auffassungen der Marktteilnehmer über den Wert einer Aktie als Kapitalanlage wider. Die Preise beinhalten die Einschätzungen der künftigen Risiken und Erfolgsaussichten des Unternehmens und würden daher zu einem gegebenen Stichtag die Erwartungen der Marktteilnehmer über die zukünftige Entwicklung des Kurses sowie die Einschätzung wiedergeben, dass der jetzt gefundene Kurs voraussichtlich dauerhaften Charakter besitzt. Vom Steuerpflichtigen könne nicht erwartet werden, dass er über bessere prognostische Fähigkeiten verfügt als der Markt.

Nach **Auffassung des HFA**[359] kann zwar der Auffassung des BFH zugestimmt werden, dass der Börsenkurs die Auffassung der Marktteilnehmer über den Wert einer Aktie widerspiegelt. Daraus könne jedoch nicht zwingend die Schlussfolgerung gezogen werden, dass der zu einem Stichtag vorliegende Börsenkurs voraussichtlich dauerhaften Charakter besitzt. Diese Aussage träfe nur im Falle von im Zeitablauf konstanten finanziellen Überschüssen der zu bewertenden Finanzanlage zu. Die vom BFH gefundene Lösung erscheint daher allenfalls aus Praktikabilitätsgründen akzeptabel. Da sich das Urteil aus-

---

[356] Vgl. Hoffmann/Lüdenbach, 12. Aufl., § 253 HGB Rn. 208 ff.
[357] Vgl. FG des Landes Sachsen-Anhalt, Beschluss vom 26.10.2005, EFG 2006, 98 f.
[358] Vgl. BFH-Urteil vom 26.9.2007, DB 2008, 214 ff.
[359] Vgl. IDW, 211. Sitzung des HFA, IDW FN 2008, 195 f., ebenso WPg 2008, 526 f.

4. Bewertungsvorschriften

drücklich nur auf § 6 EStG beziehe und die Beurteilung einer dauerhaften Wertminderung hier nach der Begründung des BFH losgelöst vom Handelsrecht zu sehen sei, ergäben sich für die handelsrechtliche Bilanzierung keine Konsequenzen. Der HFA sieht keine Veranlassung, von der bisherigen handelsrechtlichen Vorgehensweise sowie von den Aufgriffskriterien des VFA aus dem Jahr 2002 für die Beurteilung der Dauerhaftigkeit einer Wertminderung abzuweichen.

In zwei Grundsatzurteilen vom 21.9.2011[360] zu **Aktien** bzw. **Investmentanteilen** (Anteile oder Aktien an Investmentvermögen) **im Anlagevermögen** bestätigt und präzisiert der BFH seine bisherige Rechtsprechung zu der Frage, wann eine voraussichtlich dauernde Wertminderung vorliegt. In Präzisierung seiner Rechtsprechung (zum Urteil vom 26.9.2007) führt der BFH aus, dass grundsätzlich jede Wertminderung ggü. den Anschaffungskosten der Aktien eine steuerliche Teilwertabschreibung rechtfertige. Etwas anderes solle nur gelten, wenn die Kursverluste innerhalb einer Bagatellgrenze von 5 % der Notierung beim Erwerb bleiben oder objektive und konkrete Anhaltspunkte (zB Kursmanipulation oder äußerst geringes Handelsvolumen) darauf hindeuten, dass der Börsenkurs nicht den Anteilswert widerspiegelt.

Mit BMF-Schreiben vom 2.9.2016[361] hat sich die Finanzverwaltung zur Ermittlung des Teilwerts, zur **voraussichtlich dauernden Wertminderung** sowie zum Wertaufholungsgebot geäußert. Bei börsennotierten/-gehandelten und aktienindexbasierten Wertpapieren (Anlage- und Umlaufvermögen) ist nach Ansicht des BMF für die **Steuerbilanz** von einer voraussichtlich dauernden Wertminderung auszugehen, wenn der Börsenwert zum Bilanzstichtag unter denjenigen im Erwerbszeitpunkt gesunken ist und der Kursverlust die Bagatellgrenze von 5 % der Notierung bei Erwerb überschreitet. Bei einer vorausgegangenen Teilwertabschreibung ist für die Bestimmung der Bagatellgrenze der Bilanzansatz am vorangegangenen Bilanzstichtag maßgeblich. Die 5 %-Grenze ist auf Wertaufholungen nicht anzuwenden. Das BMF-Schreiben enthält zu festverzinslichen Wertpapieren, die eine Forderung in Höhe ihres Nominalbetrags verbriefen, Detailaussagen. Wegen weiterer Einzelheiten wird auf das BMF-Schreiben sowie das hierzu veröffentlichte Schrifttum verwiesen.[362]

---

[360] Vgl. BFH-Urteil vom 21.9.2011, I R 89/10 zu Aktien, WPg 2011, 154 ff.; I R 7/11 zu Investmentanteilen, WPg 2011, 157 f.; siehe auch Grieser/Faller, DStR 2012, 727 ff.

[361] Vgl. BMF-Schreiben vom 2.9.2016, DB 2016, 2143 ff.

[362] Vgl. Förster, DB 2016, 2257 ff.; Rätke, BBK 20/2016, 987 ff. (NWB DokID MAA-AF-83941); Bäuml, StuB 2016, 763 ff.; Prinz, DB 2016, 2142 f.; Förster, DB 2016, 2257 ff.; Meyering/Brodersen/Gröne, DStR 2017, 1175 ff.; Kowanda, DStR 2017, 2403 ff.

Nach **Auffassung des HFA** kann aus dem Aktienkurs am Abschlussstichtag nicht zwingend der Schluss gezogen werden, dass dieser voraussichtlich dauerhaften Charakter hat. Für handelsrechtliche Zwecke gelten mithin weiterhin die vom VFA entwickelten Aufgreifkriterien als widerlegbare Indizien für das Vorliegen einer voraussichtlich dauernden Wertminderung (siehe oben).[363] Damit besteht nicht bereits deshalb ein Abschreibungsbedarf wegen einer voraussichtlich dauernden Wertminderung, weil der Aktienkurs am Bilanzstichtag um mehr als 5 % unter dem Börsenkurs im Anschaffungszeitpunkt liegt. Entsprechendes gilt für einen gesunkenen Rücknahmepreis von Investmentanteilen (Anteile oder Aktien an Investmentvermögen).

Die handelsrechtliche Literatur[364] – wie auch der VFA – vertritt entgegen der Ansicht der Finanzverwaltung die Auffassung, dass aus Gründen der Vorsicht im Zweifel von einer dauerhaften Wertminderung auszugehen ist, soweit keine konkreten Anhaltspunkte für eine nur vorübergehende Wertminderung vorliegen. Das bedeutet, dass an die Begründung eines vom Börsenkurs abweichenden höheren Wertansatzes besonders strenge Anforderungen zu stellen sind. Dabei können die Aufgriffskriterien zur Anwendung kommen, die der VFA entwickelt hat. Das Vorliegen eines Aufgriffskriteriums erfordert jeweils eine einzelfallbezogene Prüfung, ob eine außerplanmäßige Abschreibung aufgrund dauernder Wertminderung notwendig ist.

Der BFH Hat mit Urteil vom 18.4.2018[365] zur voraussichtlich dauernden Wertminderung wie folgt entschieden: *„Bei verzinslichen Wertpapieren, die eine Forderung in Höhe ihres Nominalwerts verbriefen, ist eine Teilwertabschreibung unter den Nennwert allein wegen gesunkener Kurse regelmäßig nicht zulässig".* Der Inhaber eines verzinslichen Wertpapiers, das eine Forderung in Höhe des Nominalwerts verbrieft, habe das gesicherte Recht, am Ende der Laufzeit den Nominalwert zu erhalten. Dies unabhängig davon, ob zwischenzeitlich infolge bestimmter Marktgegebenheiten der Kurswert des Wertpapiers unter dessen Nominalwert liege. Der BFH hat darauf hingewiesen, dass keine konkreten Anhaltspunkte bestanden hätten, dass die Klägerin beabsichtigt habe, die in Frage stehenden Anleihen „vorzeitig" zu veräußern. Der BFH hat auch festgestellt, dass die Vorinstanz keine Feststellungen zum Bonitätsrisiko des Schuldners der Anleihe getroffen habe. Mithin beziehen sich die Ausführungen des BFH auf Kursveränderungen aufgrund von anderen Einflussfakto-

---

[363] Vgl. PwC (Hrsg.), HGB direkt (Newsletter), Ausgabe 3, April 2012, www.pwc.de (abgerufen 16.4.2012; IDW HFA, Berichterstattung über die 227. Sitzung des HFA, FN 2012, 321 f.

[364] Vgl. Hoffmann, DB 2008, 260 ff.; Küting, DB 2005, 1121 ff.; Räthke, StuB 2007, 131 ff.; Schlotter, BB 2008, 546 ff.

[365] Vgl. BFH-Urteil vom 18.4.2018, I R 37/16, BB 2018, 1711 ff.; DB 2018, 2218 ff.

ren als das Bonitätsrisiko, insbesondere also Renditeänderungen. Dies bedeutet, dass eine bonitätsbedingte Wertminderung auf jeden Fall weiterhin auch in der Steuerbilanz eine voraussichtlich dauernde Wertminderung darstellt.

4.2.3. Bewertung wie Umlaufvermögen

4.2.3.1. Gesetzliche Regelung

Andere als die in § 340e Abs. 1 Satz 1 HGB genannten (einzeln aufgezählten) Vermögensgegenstände sind nach § 340e Abs. 1 Satz 2 HGB nach den für das Umlaufvermögen geltenden Vorschriften zu bewerten, es sei denn, dass sie dazu bestimmt sind, dauernd dem Geschäftsbetrieb zu dienen.

Daher sind vor allem Forderungen und Wertpapiere, wie zB Schuldverschreibungen, Aktien und andere nicht festverzinsliche Wertpapiere, grundsätzlich wie Umlaufvermögen zu bewerten. Kreditgewährungen und damit auch die hieraus generierten Forderungen gehören – unabhängig von ihrer Laufzeit – zum laufenden Geschäft eines Kreditinstituts und haben damit den Charakter von Umlaufvermögen.[366] Eine Zuordnung von (Buch-) Forderungen zum Anlagevermögen wird daher nur in Ausnahmefällen für zulässig erachtet, zB bei Schuldscheindarlehen und Namensschuldverschreibungen.

Mit Inkrafttreten des BilMoG wurde die Zeitwertbewertung von Finanzinstrumenten des **Handelsbestands** und der separate Ausweis in einem eigenen Aktiv- bzw. Passivposten kodifiziert (§ 340e Abs. 3 Satz 1 HGB). Danach sind die Finanzinstrumente des Handelsbestands zum beizulegenden Zeitwert abzüglich eines Risikoabschlags zu bewerten. Mithin scheidet für diese Finanzinstrumente eine Bewertung nach den Normen für das Umlaufvermögen aus. Einzelheiten vgl. Kapitel 4.4.2.

Der Bewertung des Umlaufvermögens der Institute liegen grundsätzlich die gleichen gesetzlichen Vorschriften zugrunde, die auch Unternehmen anderer Branchen anzuwenden haben. Diese Vorschriften werden ergänzt um besondere Vorschriften wie die des § 340e Abs. 2 HGB (Ansatz von Hypothekendarlehen und anderen Forderungen mit dem Nennbetrag), des § 340f HGB (Vorsorge für allgemeine Bankrisiken) und des § 340g HGB (Sonderposten für allgemeine Bankrisiken), auf die in Kapitel 4.6. und 4.7. näher eingegangen wird.

---

[366] So ausdrücklich IDW RH HFA 1.014 aF Tz. 4 (9.1.2009); durch die Neufassung von IDW RH HFA 1.014 nF hat sich daran nichts geändert.

4.2.3.2. Wertmaßstäbe für die Bewertung des Umlaufvermögens

Ebenso wie bei Gegenständen, die wie Anlagevermögen bewertet werden, ist bei solchen, die nach den Vorschriften des Umlaufvermögens bewertet werden, von den **Anschaffungs- und Herstellungskosten** (§ 253 Abs. 1 HGB) auszugehen.

Die Gegenstände des Umlaufvermögens sind abzuwerten, um sie mit einem **niedrigeren Wert** (Zeitwert) anzusetzen,

- der sich aus einem **Börsen- oder Marktpreis** am Abschlussstichtag ergibt (§ 253 Abs. 4 Satz 1 HGB) oder, wenn ein solcher Preis nicht festzustellen ist,
- der den Gegenständen am Abschlussstichtag **beizulegen** ist (§ 253 Abs. 4 Satz 2 HGB).

Zur Bestimmung des Börsen- oder Marktpreises von Wertpapieren mit Sonderausstattung bzw. Wertpapieren in sog. geschlossenen Reihen wird auf BFA 2/1971[367] verwiesen. Einzelheiten vgl. Kapitel 4.4.5.1. und 4.4.5.2.

Die Abschreibung auf den niedrigeren Stichtagswert ist bei den Vermögensgegenständen, die wie Umlaufvermögen bewertet werden, zwingend vorgeschrieben (strenges Niederstwertprinzip). Dies gilt für die Handelsbilanz unabhängig davon, ob die Wertminderung der Vermögensgegenstände des Umlaufvermögens voraussichtlich von Dauer ist oder nicht.

4.2.3.3. Wertmaßstäbe der Niederstwertvorschrift

Die Wertmaßstäbe des § 253 Abs. 4 Satz 1 und 2 HGB sind

- der Wert, der sich aus dem Börsen- oder Marktpreis ergibt (§ 253 Abs. 4 Satz 1 HGB), oder ersatzweise
- der Wert, der den Vermögensgegenständen am Abschlussstichtag beizulegen ist (§ 253 Abs. 4 Satz 2 HGB).

Diese Wertmaßstäbe sind in der aufgeführten Reihenfolge der Bewertung zugrunde zu legen, dh. falls ein Börsenpreis besteht, ist stets dieser als Ausgangswert zu nehmen, andernfalls kommt zunächst ein ggf. bestehender Marktpreis

---

[367] Vgl. IDW BFA 2/1971, WPg 1972, 46 (aufgehoben, aber inhaltlich weiterhin zutreffend).

zur Anwendung. Nur wenn auch ein solcher nicht zu ermitteln ist, kommt der beizulegende Wert infrage.

Der **Börsenpreis** bestimmt sich nach dem an einer Börse oder im Freiverkehr (Open Market) festgestellten Preis, wobei entsprechende Umsätze stattgefunden haben müssen. Für die Frage, welcher Börsenplatz bei Notierung an verschiedenen Börsen für die Bewertung heranzuziehen ist, kommt es in erster Linie darauf an, an welcher Börse die Finanzinstrumente (Wertpapiere) mutmaßlich ge- oder verkauft werden sollen. Bei unterschiedlichen Notierungen kann auch der niedrigste an einem Börsenplatz notierte Börsenpreis angesetzt werden. Finanzinstrumente (Wertpapiere), die an einer deutschen und an einer ausländischen Börse notiert werden, sind mit dem an der deutschen Börse festgestellten Börsenkurs anzusetzen. Bei fortlaufend notierten Finanzinstrumenten (Wertpapieren) ist der Einheitskurs maßgebend. Ist der Schlusskurs jedoch niedriger als der Einheitskurs, kann auch der niedrigere Schlusskurs angesetzt werden.

Eine Abweichung vom Börsenkurs ist dann möglich, wenn außergewöhnliche Umstände den Börsenkurs zum Abschlussstichtag beeinträchtigt haben und der Stichtagskurs nicht den inneren Wert des Finanzinstruments (Wertpapiers) repräsentiert. Eine derartige außergewöhnliche Marktsituation kann eintreten, wenn Märkte nicht oder nicht mehr aktiv (liquide) sind (zB während der Finanzmarktkrise der Jahre 2007/2008). Lediglich ein (starker) Kursverfall alleine ist hierfür kein hinreichendes Indiz. Es ist vielmehr der Liquiditätsgrad des Markts anhand verschiedener Kriterien (zB Handelsvolumen, Geld-/Briefspanne, Volatilität der Preise, Verfügbarkeit von Preisen) speziell für das betreffende Finanzinstrument (Wertpapier) zu beurteilen.[368]

Allein das Vorsichtsprinzip (§ 252 Abs. 1 Nr. 4 HGB) kann eine Abwertung auf einen bis zum Bilanzaufstellungstag ggü. dem Börsenkurs am Abschlussstichtag niedrigeren Börsenkurs weder gebieten noch erlauben, soweit der niedrigere Börsenkurs nicht bereits bis zum Abschlussstichtag verursacht worden war (vgl. Kapitel 4.1.).[369]

Taxkurse, die lediglich durch Schätzung festgesetzt wurden, weil keine Geschäftsabschlüsse vorgelegen haben, sind für die Ermittlung des Börsenpreises nicht zu verwenden.

---

[368] Zum Einfluss der Marktliquidität auf die Bewertung von Finanzinstrumenten vgl. Wüstemann/Iselborn, WPg 2016, 507 ff.

[369] Vgl. IDW, Die fachliche Frage, IDW Life 2020, 624 f. mwN.

Der **Marktpreis** ist derjenige Preis, der an einem Handelsplatz für Waren einer bestimmten Gattung von durchschnittlicher Art und Güte zu einem bestimmten Zeitpunkt im Durchschnitt gewährt wurde.

Die Ableitung des niedrigeren Wertansatzes aus dem Börsenkurs oder Marktpreis bedeutet, dass dem ermittelten fiktiven Anschaffungs- oder Veräußerungspreis grundsätzlich die üblichen Anschaffungsnebenkosten hinzuzurechnen sind, oder dass er um die üblichen Minderungen zu kürzen ist.

Zufallskurse, die am Abschlussstichtag **unter** dem allgemeinen Kursniveau – dh. unter den Werten in der Zeit kurz vor und kurz nach dem Abschlussstichtag – liegen, sind grundsätzlich zu berücksichtigen. Liegt der Stichtagskurs **über** dem allgemeinen Kursniveau, ist nach ADS[370] grundsätzlich davon auszugehen, dass der Stichtagswert die tatsächlichen Wertverhältnisse nicht zutreffend widerspiegelt. Ob und inwieweit daraus allerdings eine Pflicht folgt, einen Abschlag auf das allgemeine Kursniveau vorzunehmen, hängt von dem Grad der Abweichung des Stichtagskurses von dem allgemeinen Kursniveau ab, ferner auch von der Bedeutung, die die aus dem Stichtagswert sich ergebende Bewertung für das bilanzierende Unternehmen hat. Könnten danach bei Anwendung des Zufallskurses erhebliche Abschreibungen unterbleiben, so würde dadurch uU ein den tatsächlichen Verhältnissen entsprechendes Bild der Vermögens-, Finanz- und Ertragslage nicht vermittelt werden. In Fällen dieser Art ist es daher auch unter dem Gesichtspunkt der Vorsicht erforderlich, einen Abschlag von dem sich zum Abschlussstichtag ergebenden Börsenkurs mindestens auf den Durchschnittskurs vorzunehmen.

Bei dem **Wert, der den Vermögensgegenständen am Abschlussstichtag beizulegen ist**, handelt es sich um den Wiederbeschaffungswert (unter Berücksichtigung angemessener Nebenkosten), wenn für die Bewertung der Beschaffungsmarkt maßgeblich ist, und um den Verkaufswert abzüglich der noch anfallenden Aufwendungen, wenn sich die Bewertung nach dem Absatzmarkt richtet. Diese Unterscheidung ist bei Instituten von Bedeutung, wenn die Veräußerung von Vermögensgegenständen (zB ersteigerte Grundstücke oder zum Verkauf bestimmte Forderungen) beabsichtigt ist. Für Vermögensgegenstände, die weder einen Börsen- noch einen Marktpreis haben, namentlich für die im Bestand gehaltenen Forderungen, ergibt sich der beizulegende Wert durch die Berücksichtigung von Abwertungen wegen minderer Bonität oder wegen einer vereinbarten effektiven Un- oder Unterverzinslichkeit (zur verlustfreien Bewertung vgl. Kapitel 4.3.4.).

---

[370] Vgl. ADS 6. Aufl. § 253 HGB Rn. 512.

Besteht kein aktiver (liquider) Markt oder kann ein Börsen- oder Marktpreis aus anderen Gründen nicht festgestellt werden, kann der **beizulegende Wert** idR mittels einer Barwertberechnung (Discounted Cashflow-Verfahren) ermittelt werden. Dabei errechnet sich der Wert eines Finanzinstruments durch Abzinsung der prognostizierten Cashflows mithilfe eines laufzeit- und risikoäquivalenten Zinssatzes, der insbesondere das Liquiditätsrisiko angemessen zu berücksichtigen hat.

Entsprechend der bei der **Fremdwährungsumrechnung** üblichen Vorgehensweise ist bei einer Niederstwertabschreibung der auf ausländischen Märkten erworbenen Finanzinstrumente (Wertpapiere) in einem ersten Schritt zunächst der (niedrigere) in Fremdwährung notierte Kurs des Finanzinstruments (Wertpapiers) zu ermitteln. Dieser (niedrigere) Kurs ist in einem zweiten Schritt der Währungsumrechnung nach § 256a iVm. § 340h HGB zugrunde zu legen. Dabei werden ggf. kompensatorische Effekte aus der gegenläufigen Entwicklung des Marktpreises (in Fremdwährung) und der Fremdwährungsumrechnung berücksichtigt.

4.2.4. Amortised-cost-Bewertung (Realisierung von Effektivzinsen)

4.2.4.1. Überblick

Im Rahmen der Zugangsbewertung sind nach § 253 Abs. 1 HGB Forderungen und Wertpapiere mit ihrem Ausgabebetrag bzw. mit ihren Anschaffungskosten und Verbindlichkeiten (verbrieft oder unverbrieft) zum Erfüllungsbetrag anzusetzen.

Die Frage, wie bei verzinslichen Forderungen bzw. Wertpapieren sowie bei verzinslichen Verbindlichkeiten mit einem (zinsbedingten) **Disagio** bzw. **Agio** zu verfahren ist, wird im Schrifttum nicht einheitlich beantwortet.[371] Gleichwohl wird zumindest bei Kreditinstituten seit vielen Jahren eine ratierliche (effektivzinsmäßige) Verteilung von Disagien und Agien empfohlen oder gar gefordert. Mit der sog. Nominalwertbilanzierung nach § 340e Abs. 2 HGB haben Institute eine Norm, die dies zumindest bei Forderungen ermöglicht.

Für Versicherungen enthält § 341c Abs. 1 und Abs. 2 HGB eine ähnliche Norm für Namensschuldverschreibungen. § 341c Abs. 3 HGB erlaubt bei Versicherungen, dass Hypothekendarlehen und andere Forderungen mit ihren fortge-

---

[371] Ausführlich vgl. Amann/Schaber/Wulff, WPg 2021, 1326 ff.

führten Anschaffungskosten bewertet werden. Versicherungen haben in diesem Kontext ein mit Instituten vergleichbares Geschäftsmodell.

Nach AFRAC[372] stellt die Anwendung der Effektivzinsmethode sicher, dass genau der beizulegende Wert eines finanziellen Vermögensgegenstands oder der (wirtschaftliche) Erfüllungsbetrag einer Verbindlichkeit zum jeweiligen Abschlussstichtag bilanziert wird. Dieser Wertansatz erfasst nur die bis zum jeweiligen Abschlussstichtag entstandenen Zinsen pro rata temporis.

Das nachfolgend diskutierte Verfahren der Bewertung mit fortgeführten Anschaffungskosten (auch amortised-cost-Bewertung) eignet sich jedoch nicht für aktivierte bzw. passivierte **Handelsbestände**.[373] Deren Bewertung richtet sich nach § 340e Abs. 3 Satz 1 HGB (vgl. 4.4.2.5.).

Anlässlich von Diskussionen im Berufsstand über die sachgerechte Bilanzierung von Anleihen im Zusammenhang mit der Finanzmarktkrise hatte sich der HFA mit der Frage befasst, ob sich die in der IDW St/HFA 1/1986 zur Bilanzierung von Zero-Bonds niedergelegten Grundsätze einer sog. amortised-cost-Bewertung (Bewertung zu fortgeführten Anschaffungskosten) nach Maßgabe der Effektivzinsmethode für die handelsrechtliche Bilanzierung nominell unverzinslicher Forderungen und Verbindlichkeiten auf die Bilanzierung nominell unterverzinslicher Forderungen und Verbindlichkeiten übertragen lässt.[374] Bereits 1989 wurde dies von Birck/Meyer unter dem Begriff „Aktivierung von Effektivzinsen" diskutiert.[375]

Der HFA gelangte zu der Auffassung, dass die Anwendung der amortised-cost-Bewertung (sog. Nettobilanzierung) nach Maßgabe der Effektivzinsmethode auch über Zero-Bonds hinaus[376]

- auf andere zinstragende (verbriefte oder unverbriefte) Forderungen, deren Ausgabebetrag bzw. Anschaffungskosten im Zugangszeitpunkt unterhalb ihres Einlösungsbetrags bzw. Nennbetrags liegt bzw. liegen, und
- auf andere zinstragende (verbriefte oder unverbriefte) Verbindlichkeiten, bei denen der am Ende der Laufzeit geschuldete Erfüllungsbetrag im Zugangszeitpunkt oberhalb ihres Ausgabebetrags liegt,

---

[372] Vgl. AFRAC, Entwurf für die AFRAC-Stellungnahme 40, Tz. 21 f.
[373] Vgl. Birck/Meyer, V 274.
[374] Vgl. IDW, Sitzungsberichterstattung über die 237. Sitzung des HFA, FN 2014, 595.
[375] Vgl. Birck/Meyer, V 270 ff.
[376] Vgl. IDW, Sitzungsberichterstattung über die 237. Sitzung des HFA, FN 2014, 595.

nicht zu beanstanden ist. Die Nettobilanzierung ist bei Zerobonds nach IDW HFA 1/1986 zwingend.

Nach dem strengen Wortlaut der Verlautbarung des HFA wäre dieses Vorgehen bei (verbrieften oder unverbrieften) Forderungen möglich, die mit einem **Disagio** (unter pari) begeben bzw. erworben bzw. bei (verbrieften oder unverbrieften) Verbindlichkeiten, die mit einen **Disagio** (unter pari) eingegangen wurden.

Damit stellt sich die Frage, wie bei Forderungen und Wertpapieren sowie bei Verbindlichkeiten mit **Agio** zu verfahren ist.

Nach im Schrifttum gefestigter Ansicht stellt ein Disagio (Damnum) eine einmalige Zinszahlung dar. Der EuGH[377] spricht in diesem Zusammenhang von „impliziten Zinsen". Der EuGH fordert in seinem Urteil eine periodengerechte Verursachungszuordnung und begründet dies mit der Bilanzwahrheit (zutreffender Einblick in die Vermögens-, Finanz- und Ertragslage).[378]

Zinsen realisieren sich mit der zeitlichen Überlassung des Kapitals. Das Disagio ist über die Laufzeit des Darlehens bzw. Wertpapiers als Ertrag zu vereinnahmen. Für ein Agio kann – wie auch die nachfolgenden Ausführungen zeigen – nichts anderes gelten.

Der Gesetzgeber hat 2010 iRd. *„Gesetzes zur Umsetzung der geänderten Bankenrichtlinie und der geänderten Kapitaladäquanzrichtlinie"*[379] mit § 341c Abs. 3 HGB die Bewertung zu fortgeführten Anschaffungskosten bei Versicherungen eingeführt und diese Bewertung in der Gesetzesbegründung explizit als **GoB-konform** bezeichnet (vgl. nachfolgend). Das diesbezügliche Geschäftsmodell der Versicherungen ist mit dem der Banken vergleichbar.

Unter der Bedingung, dass die Zinsen über die gesamte (Rest-) Laufzeit feststehen, ist es nach Gaber[380] sachgerecht, den Zinsertrag (bzw. Zinsaufwand) auf Basis des Effektivzinses zu erfassen. Dies erscheint nach Gaber allerdings dann nicht sachgerecht, wenn die Verzinsung im Zeitablauf zB aufgrund des Vorhandenseins von Kündigungsrechten, Wandlungsrechten oder weiterer Optionen nicht feststeht.[381]

---

[377] Vgl. EuGH-Urteil vom 23.4.2020 – C-640/18 (Wagram), BB 2020, 1710 ff.; Prinz, DB 2020, 1424 ff.
[378] Vgl. Prinz, DB 2020, 1426.
[379] Vgl. BT-Drs. 17/1720, 24 und 51; Bette-Mehring/Engelshove, WPg 2012, 817 ff.
[380] Vgl. Gaber, 2. Aufl. 252.
[381] Vgl. Gaber, 2. Aufl. 252.

Um das **Ergebnis** der (nachfolgenden) Untersuchung (Kapitel 4.2.4.2. bis 4.2.4.4.) vorweg zu nehmen, wird hier die Ansicht vertreten, dass auch bei Kreditinstituten eine effektivzinsmäßige Realisierung von Disagien und Agien – dh. **Bewertung zu fortgeführten Anschaffungskosten** – bei (verbrieften und unverbrieften) Forderungen sowie bei (verbrieften und unverbrieften) Verbindlichkeiten zulässig und sachgerecht ist, zumal dies zu einem zutreffenderen Ergebnisausweis (im Zinsergebnis anstatt bspw. im Bewertungsergebnis) und damit zu einem besseren Einblick in die Vermögens-, Finanz- und Ertragslage führt.[382] Die Bewertung zu fortgeführten Anschaffungskosten genügt dem Grundsatz der periodengerechten Erfolgsermittlung.[383]

4.2.4.2. Anwendung bei Forderungen (unverbrieft)

Um bei Kreditinstituten eine effektivzinsmäßige Realisation von Agien bzw. Disagien bei (unverbrieften) **Hypothekendarlehen** und **anderen Forderungen** (zB Namensschuldverschreibungen, Schuldscheindarlehen) zu erreichen, bietet das HGB für diese die sog. **Nominalwertbilanzierung** gemäß § 340e Abs. 2 HGB (vgl. Kapitel 4.3.3.) mit planmäßiger Verteilung der gebildeten Rechnungsabgrenzungsposten, die auch mittels der Effektivzinsmethode vorgenommen werden kann.

Gleichwohl ist die hier diskutierte Bewertung zu fortgeführten Anschaffungskosten nicht mit der Methode nach § 340e Abs. 2 HGB identisch. Die Nominalwertbilanzierung nach § 340e Abs. 2 HGB ist vielmehr vergleichbar mit der Bilanzierung von Namensschuldverschreibungen bei Versicherungen nach § 341c Abs. 1 und Abs. 2 HGB.

Nach HdR[384] sind minderverzinsliche Ausleihungen (Forderungen), bei denen der Rückzahlungsbetrag über deren Auszahlungsbetrag liegt (Disagio), mit deren Anschaffungskosten zu bilanzieren (Nettomethode). Der Unterschiedsbetrag zwischen höherem Rückzahlungsbetrag und Auszahlungsbetrag ist als zusätzlicher Zins für die Kapitalüberlassung zu qualifizieren, der über die (Rest-) Laufzeit zu vereinnahmen ist. Die vereinnahmten Teilbeträge erhöhen dabei den Wertansatz der Ausleihung.

---

[382] GlA Amann/Schaber/Wulff, WPg 2021, 1326 ff.
[383] Vgl. Bette-Mehring/Engelshove, WPg 2012, 819 f.
[384] Vgl. HdR 5. Aufl., § 253 Rn. 29.

Böcking/Bär/Morawietz[385] sprechen sich für den Fall, dass bei einem zinsbedingten Disagio nicht die Nominalwertbilanzierung nach § 340e Abs. 2 HGB gewählt wird, dafür aus, die Forderung zeitanteilig zuzuschreiben. Einen Verstoß gegen das Anschaffungskostenprinzip sehen sie ebenfalls nicht. Liegen die Anschaffungskosten (der Auszahlungsbetrag) über dem Nennwert, wie es bei einem zinsbedingten Agio der Fall ist, und wird die Forderung mit ihren (höheren) Anschaffungskosten bilanziert, entspricht es nach Böcking/Bär/Morawietz einer „.... periodengerechten Gewinnermittlung (...), indem die laufzeitabhängigen Aufwendungen als Zinskorrektive auf den Zeitraum der Zurverfügungstellung des Kapitals verteilt werden."

Bereits Birck/Meyer[386] haben folgende Ansicht vertreten: „Die Verteilung des Differenzbetrags zwischen dem niedrigeren – oder im Falle eines Agios auch höheren – ursprünglichen Anschaffungspreis und dem Einlösungsbetrag hat in der Weise zu erfolgen, dass sich für sämtliche Perioden ein gleichbleibender Effektivzins ergibt, also nach der effektivzinskonstanten Methode." Damit haben sich Birck/Meyer schon 1989 sowohl im Fall eines Disagios als auch im Fall eines Agios für die Zulässigkeit der Bewertung zu fortgeführten Anschaffungskosten klar positioniert.

Auch DGRV (Hrsg.)[387] sieht es zumindest für angekaufte Forderungen für zulässig, den Unterschiedsbetrag zwischen (niedrigeren) Anschaffungskosten und dem Nennwert erfolgswirksam (Zinsertrag) über die Laufzeit der Forderung zuzuschreiben.

Der Gesetzgeber hat 2010 iRd. „Gesetzes zur Umsetzung der geänderten Bankenrichtlinie und der geänderten Kapitaladäquanzrichtlinie"[388] § 341c Abs. 3 HGB eingefügt. Danach gilt: „Bei Hypothekendarlehen und anderen Forderungen dürfen die Anschaffungskosten zuzüglich oder abzüglich der kumulierten Amortisation einer Differenz zwischen den Anschaffungskosten und dem Rückzahlungsbetrag unter Anwendung der Effektivzinsmethode angesetzt werden".

In der Gesetzesbegründung wird hierzu ausgeführt: „Der neue § 341c Abs. 3 HGB soll klarstellen, dass eine Bewertung auch zu fortgeführten Anschaffungskosten mit Hilfe der Effektivzinsmethode erfolgen kann." Ferner betont der Gesetzgeber weiter: „Die Bewertung zu fortgeführten Anschaffungskosten

---

[385] Vgl. Böcking/Bär/Morawietz, in: MünchKomm. HGB, 4. Aufl., § 340e HGB Rn. 23 f. mwN.
[386] Vgl. Birck/Meyer, V 272 ff.
[387] Vgl. DGRV (Hrsg.), Jahresabschluss, B.II. Rn. 248.
[388] Vgl. BT-Drs. 17/1720, 24 und 51.

erlaubt eine bilanzielle Abbildung von Agios und Disagios, die der Wertentwicklung über den Zeitablauf entspricht und insbesondere bei Unternehmen mit langfristig orientierten Geschäftsmodellen von Bedeutung ist. Sie erfüllt damit die gleiche Funktion wie die Nominalwertbilanzierung nach § 341c Abs. 1 und 2 HGB und entspricht den Grundsätzen ordnungsmäßiger Buchführung, die der deutschen Bilanzierungspraxis auch in anderen Bereichen (z.B. bei Zero-Bonds) zugrunde liegen."

Damit sagt der deutsche Gesetzgeber im Jahr 2010 unmissverständlich, dass die Bilanzierung und Bewertung zu fortgeführten Anschaffungskosten im Fall von Disagien und Agien den Grundsätzen ordnungsmäßiger Buchführung entspricht, dh. uneingeschränkt zumindest bei Unternehmen mit längerfristig orientierten Geschäftsmodellen (dh. längerfristigen Kapitalanlagen und Kapitalaufnahmen) zulässig ist. Zweifelfrei sind neben Versicherungen auf jeden Fall auch Kreditinstitute solche „Unternehmen mit einem langfristig orientierten Geschäftsmodell". Inwieweit dies auf Nichtbanken für den Fall der langfristigen Kapitalanlage bzw. -aufnahme übertragen werden kann oder muss, wird hier nicht näher untersucht.

Die Methode der Bewertung zu fortgeführten Anschaffungskosten führt bei Instituten zu einer GoB-konformen Bilanzierung, wenn von der Möglichkeit der Nominalwertbilanzierung gemäß § 340e Abs. 2 HGB kein Gebrauch gemacht wird.[389]

Kuhn/Hachmeister[390] kommen unter der Überschrift „Zugangsbewertung" von finanziellen Vermögenswerten nach HGB zum Ergebnis: *„Werden jedoch die Anschaffungskosten anhand des gezahlten Betrags bestimmt, müssen die Wertsteigerungen aufgrund einer verkürzten Restlaufzeit (Pull-to-par-Effekt) als nachträgliche Anschaffungskosten oder Wertminderungen interpretiert werden, damit das Wertpapier bei der Rückzahlung mit seinem Nennwert bilanziert".* Da die Autoren hier sowohl von „nachträglichen Anschaffungskosten" (= Fall eines Disagios) als auch von „Wertminderungen" (= Fall eines Agios) sprechen, halten sie offenkundig auch die effektivzinsmäßige Verteilung eines Agios für zulässig. Kuhn/Hachmeister diskutieren diese effektivmäßige Verteilung von Disagio und Agio auch für den Fall von Darlehen.

---

[389] Ebenso Bette-Mehring/Engelshove, WPg 2012, 821.
[390] Vgl. Kuhn/Hachmeister, 125 f.

4.2.4.3. Anwendung bei Wertpapieren

Nominell unverzinsliche Wertpapiere (sog. Zero-Bonds) werden zu einem (deutlich) unter dem Nennwert liegenden Preis (Barwert) gehandelt. Die Differenz zum Nennwert (= Disagio) hat Zinscharakter. Bei **Zero-Bonds** ist der Unterschied zwischen Nennwert und den Anschaffungskosten (Barwert) zeitanteilig zuzuschreiben. Bei vorzeitigem Verkauf bzw. Rückgabe hat der Gläubiger Anspruch auf die bis zu diesem Zeitpunkt verdienten Zinsen. Für Zwecke der Bilanzierung wird ein Disagio üblicherweise als Zinsvorauszahlung interpretiert.[391]

Die Überlegungen, die für nominell unverzinsliche Wertpapiere gelten, sind für **nominell minderverzinsliche Wertpapiere** ebenfalls anzuwenden, wenn diese zu marktgerechten Effektivzinsen mit einem entsprechenden Disagio erworben wurden.[392] Das Disagio ist als Zusatzzins zu betrachten und zu verteilen, indem eine entsprechende Zuschreibung auf den Buchwert der Wertpapiere vorgenommen wird. In der Gewinn- und Verlustrechnung sind diese Beträge demzufolge als Zinsertrag auszuweisen. Das auf die Periode entfallende anteilige Disagio stellt einen Teil des realisierten Zinsertrags dar, der als nachträgliche (zusätzliche) Anschaffungskosten zu aktivieren sei; ein Verstoß gegen das Anschaffungskostenprinzip liegt darin nach Ansicht von Birck/Meyer[393] nicht.

Birck/Meyer[394] führen zu Wertpapieren des Umlaufvermögens (Liquiditätsreserve) weiter aus, dass im Fall einer ratierlichen effektivzinsmäßigen Verteilung eines Disagios ggf. eine Abwertung auf den niedrigeren beizulegenden Wert am Bilanzstichtag gebucht werden muss, soweit die fortgeführten Anschaffungskosten höher sind als der beizulegende Wert. Zu nachfolgenden Bilanzstichtagen ist bei wieder gestiegenem beizulegendem Wert ggf. eine entsprechende Zuschreibung (Wertaufholung) zu buchen.

Birck/Meyer kommen zum Ergebnis: *„Durch diese Art der Bilanzierung und Erfolgsverrechnung werden auch Manipulationen zwischen den (ordentlichen) Zinserträgen und den (außerordentlichen) sonstigen Erträgen vermieden, die dann möglich sind, wenn nur die Nominalzinsen als Zinserträge ausgewiesen werden, während die Disagioauflösungen bei Einlösung oder Verkauf der Papiere als Kurserfolge interpretiert werden."[395]* Durch Verkauf nominell niedrig verzinslicher Wertpapiere kann nämlich unter Inkaufnahme von Kursverlusten

---

[391] Vgl. Windmöller, in Moxter (Hrsg.), Festschrift Forster, 692 ff.; Gaber, 2. Aufl., 250.
[392] Vgl. bereits Birck/Meyer, V 272; Hossfeld, RIW 1997, 141.
[393] Vgl. Birck/Meyer, V 273.
[394] Vgl. Birck/Meyer, V 274.
[395] Vgl. Birck/Meyer, V 274.

und durch Ankauf nominell hochverzinslicher Wertpapiere über pari ein höheres (ordentliches) Zinsergebnis vorgespiegelt werden, „... *das in Wirklichkeit, nämlich bei der Rechnung mit Effektivzinsen, nicht vorhanden ist.* "[396]

Auf die obigen Ausführungen (Kapitel 4.2.4.2.) zu den Änderungen durch das „*Gesetz zur Umsetzung der geänderten Bankenrichtlinie und der geänderten Kapitaladäquanzrichtlinie* "[397] im Zusammenhang mit der Einführung von § 341c Abs. 3 HGB (Bilanzierung zu fortgeführten Anschaffungskosten) wird verwiesen.

Nachdem der Gesetzgeber die Bewertung zu fortgeführten Anschaffungskosten auf Grundlage von Effektivzinsen explizit für GoB-konform hält, schließen Böcking/Gros/Kölschbach[398] zutreffend„... *dass ihre Anwendung auch für andere Forderungen (zB Namensschuldverschreibungen), aber auch Wertpapiere (Inhaberschuldverschreibungen) zulässig ist* ".

Nach der AFRAC-Stellungnahme 14[399] ist in Bezug auf festverzinsliches Finanzanlagevermögen „*bei signifikanten Über-Pari-Kaufpreisanteilen (...) jedenfalls eine Amortisation zu empfehlen* ". Dabei sind zur Beurteilung der Signifikanz als Parameter zB die Restlaufzeit, die Höhe des Über-Pari-Kaufpreisanteils, das Zinsniveau und die Verteilung der Gesamtverzinsung auf Kupon und Unterschiedsbetrag zu berücksichtigen.

Nach dem WPH[400] sind **Wertpapiere des Anlagevermögens** mit ihren Anschaffungskosten zuzüglich Anschaffungsnebenkosten anzusetzen. Weiter wird festgestellt: „*Ein etwaiges (zinsbedingtes) Agio ist über die Laufzeit zu verteilen.* " Weiter wird ausgeführt: „*Ein Disagio hat den Charakter einer Zinsvorauszahlung, die über die Laufzeit als Ertrag zu vereinnahmen ist, indem eine entsprechende Zuschreibung auf den Buchwert des Wertpapiers vorgenommen wird.* "

Der HFA macht in seiner Berichterstattung zur Frage der Amortised-cost-Bewertung keine Unterscheidung nach Wertpapieren des Anlage- und des Umlaufvermögens.[401] Eine solche Differenzierung kann aus der Berichterstattung des HFA auch nicht hergeleitet werden.

---
[396] Vgl. Birck/Meyer, V 274.
[397] Vgl. BT-Drs. 17/1720, 24 und 51.
[398] Vgl. Böcking/Gros/Kölschbach, in: Ebenroth, Carsten/Boujong/Joost /Strohn, § 341c HGB Rn. 15.
[399] Vgl. AFRAC-Stellungnahme 14, Rn. 17.
[400] Vgl. WPH Edition, Kreditinstitute, Kap. D. Rn. 292 f.
[401] Vgl. WPH Edition, Kreditinstitute, Kap. D. Rn. 338 versus Rn. 292; dort wird für Wertpapiere des Umlaufvermögens eine andere Ansicht dargestellt.

4.2.4.4. Anwendung bei Verbindlichkeiten

Verbindlichkeiten sind grundsätzlich mit ihrem Erfüllungsbetrag zu passivieren (§ 253 Abs. 1 HGB). Mit § 250 HGB enthält das HGB für den Fall, dass der Erfüllungsbetrag einer Verbindlichkeit höher oder niedriger ist als deren Ausgabebetrag, gesetzliche Regelungen zur Behandlung des Unterschiedsbetrags. Die Auflösung der gebildeten aktiven bzw. passiven Rechnungsabgrenzungsposten kann nach hM auch effektivzinsmäßig erfolgen.

Nachdem es der HFA[402] für zulässig erachtet, dass Verbindlichkeiten im Fall eines Disagios (Ausgabebetrag < Erfüllungsbetrag: Disagio) abweichend von § 253 Abs. 1 HGB nicht zum Erfüllungsbetrag (mit Bildung eines Rechnungsabgrenzungspostens) angesetzt werden, sondern zum Ausgabebetrag, der dann effektivzinsmäßig aufwandswirksam zugeschrieben wird, ist es im Sinne einer zutreffenden Darstellung der Vermögens-, Finanz- und Ertragslage sachgerecht, wenn im Fall eines Agios (Ausgabebetrag > Erfüllungsbetrag) entsprechend verfahren wird. Dies ist auch deshalb gerechtfertigt, weil der Gesetzgeber mit der Einführung von § 341c Abs. 3 HGB die Bewertung zu fortgeführten Anschaffungskosten als GoB-konform bezeichnet hat (vgl. Kapitel 4.2.5.2.).

Wenn der Gesetzgeber die Bewertung von Forderungen und Wertpapieren zu fortgeführten Anschaffungskosten und damit eine Ausnahme zum strengen Anschaffungskostenprinzip für GoB-konform und damit für (uneingeschränkt) zulässig erachtet, kann er für Verbindlichkeiten keine andere Sichtweise haben.[403]

4.2.4.5. Anhangangaben

Im Anhang sind die gewählten Bewertungs- und Ausweismethoden zu beschreiben.

Anteilige Zinsen aus dem Kupon und die Amortisation nach der Effektivzinsmethode ergeben den erfolgswirksamen Zins, der den wirtschaftlichen Gehalt der Transaktion widerspiegelt.

---

[402] Vgl. IDW, Sitzungsberichterstattung über die 237. des HFA, FN 2014, 595.
[403] GlA Amann/Schaber/Wulff, WPg 2021, 1329.

4.3. Bewertung von Forderungen

4.3.1. Überblick

Ob ein Vermögenswert nach den für (Buch-) Forderungen oder für Wertpapiere geltenden Grundsätzen zu bewerten ist, richtet sich nach dessen Ausweis in der Bilanz. Bewertungsgegenstand ist grundsätzlich die einzelne Forderung bzw. das einzelne Wertpapier. Zum Begriff der Wertpapiere der Aktivseite für Zwecke der Bilanzierung bei Instituten vgl. Kapitel 3.6. Forderungen, die in vollem Umfang bestritten werden, dürfen erst dann aktiviert werden, wenn und soweit sie entweder rechtskräftig festgestellt oder vom Schuldner anerkannt worden sind.[404]

Kryptowerte als Finanzinstrumente?

Löw/Vogt[405] diskutieren die Frage, ob **Kryptowerte** in der Form von sog. **Investment Token**, deren Vereinbarungen Rückzahlungsverpflichtungen am Laufzeitende, Stimmrechte und Ausschüttungen mit Zins- oder Dividendencharakter umfassen, Finanzinstrumente bzw. Wertpapiere iSd. Handelsrechts bzw. der RechKredV sein können. Löw/Vogt kommen zum Ergebnis, dass solche Kryptowerte die Definition eines Finanzinstruments erfüllen, da sie für den Investor einen finanziellen Vermögensgegenstand und für den Emittenten eine Verbindlichkeit oder Eigenkapital schaffen. Entsprechend wäre nach Löw/Vogt eine Zuordnung von solchen Investment Token zu

- Forderungen an Kreditinstitute,
- Forderungen an Kunden,
- Schuldverschreibungen und anderen festverzinslichen Wertpapieren,
- Aktien und anderen nicht festverzinslichen Wertpapieren sowie zum
- Handelsbestand

denkbar, soweit jeweils die bestandstypischen weiteren Voraussetzungen der einschlägigen Normen der RechKredV gegeben sind. Zu weiteren Einzelheiten wird auf Löw/Vogt[406] verwiesen.

---

[404] Vgl. hierzu BFH-Urteil vom 26.2.2014 I R 12/14, http://juris.bundesfinanzhof.de (abgerufen 25.10.2014).

[405] Vgl. Löw/Vogt, RdF 2021, 300 f.

[406] Vgl. Löw/Vogt, RdF 2021, 300 f.

Bestandszuordnung

Der Gesetzgeber geht in § 340e Abs. 1 Satz 2 HGB davon aus, dass Forderungen im Regelfall nach den für das **Umlaufvermögen** geltenden Vorschriften zu bewerten sind.[407] Dies gilt bei Instituten unabhängig von der Ursprungs- oder Restlaufzeit der jeweiligen Forderung, während bei Unternehmen anderer Branchen die Laufzeit ein Indiz für die Zugehörigkeit zum Anlagevermögen sein kann.

Der Wortlaut von § 340e Abs. 1 Satz 2 HGB lässt darauf schließen, dass nicht nur Wertpapiere, sondern auch Forderungen dem **Anlagevermögen** zugeordnet werden könnten. Nach der herrschenden Meinung ist der Gesetzgeber bei § 340e Abs. 1 Satz 2 HGB jedoch davon ausgegangen, dass bei Kreditinstituten Kreditgewährungen und damit auch die hieraus generierten Forderungen – unabhängig von ihrer Laufzeit – zum laufenden Geschäft gehören und damit den Charakter von Umlaufvermögen haben. Eine Zuordnung von Forderungen zum Anlagevermögen wird daher nur in Ausnahmefällen für zulässig erachtet, zB bei Schuldscheindarlehen und Namensschuldverschreibungen.[408]

Anschaffungskosten

Ausgangspunkt der Bewertung sind wie bei anderen Vermögenswerten auch die **Anschaffungskosten (vgl. Kapitel 4.3.2.)**. Bei **Anschaffungsnebenkosten** ist danach zu unterscheiden, ob diese vom Schuldner (Kunde) oder von der bilanzierenden Bank zu tragen sind. Sind sie vom Kunden zu tragen, werden die Anschaffungsnebenkosten als Forderung ggü. dem Kunden erfasst.

Muss die Bank die Nebenkosten selbst tragen, sind die Nebenkosten nach der hier vertretenen Ansicht als Aufwand – ggf. mittels eines Rechnungsabgrenzungspostens verteilt – zu erfassen.[409] Nach Gaber[410] können diese Anschaffungsnebenkosten jedoch aktivierungsfähig und -pflichtig sein; gleichwohl weist Gaber darauf hin, dass die *„geübte Bankenpraxis"* diese Kosten sofort aufwandswirksam werden lässt.

Sowohl wenn die Nebenkosten vom Kunden zu tragen sind als auch wenn sie vom Institut nicht ggü. dem Kunden geltend gemacht werden können, ist zu

---

[407] Vgl. Gebhardt/Strampelli, BFuP 2005, 511.
[408] So ausdrücklich IDW RH HFA 1.014 aF Tz. 4 (9.1.2009).
[409] Ebenso Bieg/Waschbusch, 3. Aufl., 404; WPH Edition, Kreditinstitute, Kap. D. Rn. 312.
[410] Vgl. Gaber, 2. Aufl., 219; wenn das Institut die Kosten selbst zu tragen hat, besteht in dieser Höhe allerdings keine Forderung ggü. dem Vertragspartner (Kunden).

prüfen, ob die Gebühren Zinscharakter haben (§§ 28, 29 letzter Satz Rech-KredV) oder ob mit den Gebühren die Erbringung einer Dienstleistung verbunden ist. Weitere Einzelheiten vgl. unten.

Folgebewertung

Da für Forderungen im Rahmen der Folgebewertung normalerweise kein Börsen- oder Marktwert festgestellt werden kann, ist der **beizulegende Wert** gemäß § 253 Abs. 4 Satz 2 HGB der Bewertung zugrunde zu legen. Abschreibungen auf den niedrigeren beizulegenden Wert sind insbesondere aufgrund von Bonitäts- oder Ausfallrisiken vorzunehmen. **Bonitätsbedingte Wertminderungen** sind bei Forderungen stets erfolgswirksam zu erfassen; sie gelten als voraussichtlich dauernde Wertminderung.

Eine **zinsinduzierte Einzelbewertung** erfolgt hingegen nur in Ausnahmefällen (bspw. beabsichtigter Verkauf), gleichwohl ist bei Forderungen auf der Grundlage des gesamten Bankbuchs (Zinsbuchs) die Notwendigkeit einer Rückstellung für drohende Verluste (verlustfreie Bewertung) zu prüfen (vgl. Kapitel 4.3.4. und Passiva 7.).

Bestehen ernstliche Zweifel an der Einbringlichkeit der Forderung, ist dem Ausfallrisiko durch (direkte) Abschreibung (Ausbuchung) oder durch Bildung von **Einzelwertberichtigungen** (indirekte Abschreibung) Rechnung zu tragen (Einzelheiten zur Bildung von Einzelwertberichtigungen vgl. Kapitel 4.3.5.3.). Zur Feststellung von Einzelwertberichtigungen wird jedes Kreditengagement (grundsätzlich als Kreditnehmereinheit, Gruppe von Kreditnehmern/verbundenen Kunden) für sich betrachtet. Die Einzelwertberichtigung kann als eine Art „Kapitalreservierung" angesehen werden, die gegen Ansprüche von Eigenkapitalgebern geschützt ist und spätere Perioden entlastet.[411]

Das **latente Ausfallrisiko** ist das am Bilanzstichtag jedem Forderungsbestand einschließlich der Eventualforderungen anhaftende Risiko, dass nicht als akut ausfallgefährdet angesehene Kredite oder Kreditteile zu einem nach dem Bilanzstichtag liegenden Zeitpunkt ganz oder teilweise ausfallen können. Ursache für das latente Risiko ist vor allem die Ungewissheit über die wirtschaftlichen Verhältnisse der Kreditnehmer sowie die Werthaltigkeit der Sicherheiten. Das entsprechende Ausfallrisiko ist also **bereits entstanden**, konnte aber bisher vom Institut nicht erkannt werden. Dem latenten Bonitätsrisiko ist durch **Pauschalwertberichtigungen** zu begegnen (vgl. Kapitel 4.3.5.5.).

---

[411] So Krumnow ua., 2. Aufl., § 340e HGB Rn. 169.

Hiervon zu unterscheiden sind **pauschalierte Einzelwertberichtigungen**, die mithilfe statistischer Verfahren für gleichartige Forderungsbestände aus dem Massengeschäft ermittelt werden (vgl. Kapitel 4.3.5.3.10.).[412] Hierbei handelt es sich um bereits erkannte Risiken, deren Höhe aber statistisch geschätzt wird, da es nicht wirtschaftlich wäre, eine exakte Einzelermittlung vorzunehmen.

Forderungen an Schuldner im Ausland können einem **Länderrisiko** ausgesetzt sein (vgl. Kapitel 4.3.5.6.).

Darüber hinaus können in bestimmtem Umfang **Vorsorgereserven** nach § 340f HGB bzw. § 340g HGB freiwillig gebildet werden (vgl. Kapitel 4.3.5.7. sowie 4.6. und 4.7.).

In die vom Kunden an die Bank zu bezahlenden Zinsen ist in der Kalkulation ein Aufschlag für das übernommene Ausfallrisiko berücksichtigt (Credit Spread, Marge, Ausfallrisikoprämie). Damit ist die **Ausfallrisikoprämie** Bestandteil der Nominalverzinsung der Forderung. In der Gewinn- und Verlustrechnung werden eben diese Nominalzinsen (ggf. auch Verteilungsbeträge aus Agien und Disagien) als Zinsertrag vereinnahmt. Dies bedeutet, dass die Ausfallrisikoprämie zunächst in voller Höhe ertragswirksam vereinnahmt wird, während ihr so lange wie ein Ausfallrisiko noch nicht akut geworden ist keine Aufwendungen gegenüberstehen, dh. keine Einzelwertberichtigung gebildet wurde. Dies, obwohl die Ausfallrisikoprämie in der fundierten Erwartung solcher Belastungen festgelegt worden ist.[413]

Dem versucht die Methode des **Dynamic Loan Loss Provisioning** (Dynamic Provisioning) entgegenzuwirken. Die Grundidee dieser Methode besteht darin, die Erfolgswirkung der Ausfallrisikoprämien (im Zinssatz) aufzuschieben, indem ab Zugang der Kreditforderung eine zusätzliche Rückstellung (Reserve) für erwartete Verluste (expected losses) gebildet wird. Tatsächliche Wertminderungen sind dann gegen die Rückstellung zu verrechnen und belasten das Periodenergebnis erst, wenn die Rückstellung für erwartete Kreditverluste nicht ausreicht.[414]

---

[412] Vgl. Meyer im Hagen, BankPraktiker 2009, 274 ff.; derselbe RevisionsPraktiker 2013, 212 ff.

[413] Vgl. Gebhardt/Strampelli, BFuP 2005, 513; Wohlmannstetter/Eckert/Maifarth/Wolfgarten, WPg 2009, 531 ff.; Haaker, ZfbF 2012, 71 ff.

[414] Vgl. Gebhardt/Strampelli, BFuP 2005, 523 mit Beispiel.

Nach Ansicht von Gebhardt/Strampelli[415] könnte dieses Konzept im Rahmen der Bildung von **Pauschalwertberichtigungen** herangezogen werden. Nach Haaker[416] ist das Dynamic Provisioning *„mit der gläubigerschutzorientierten HGB-Rechnungslegung vereinbar"*.

4.3.2. Anschaffungskosten als Ausgangswert

4.3.2.1. Ermittlung der Anschaffungskosten

Forderungen der Kreditinstitute resultieren idR aus Kredit- oder Darlehensgewährungen (sog. originäre Forderungen). Es können jedoch auch bereits bestehende Forderungen angekauft werden (sog. erworbene Forderungen). Den Ausgangspunkt ihrer Bewertung bilden stets die **Anschaffungskosten** iSd. § 255 Abs. 1 HGB.[417]

Bei **originären Forderungen** bemessen sich die Anschaffungskosten nach dem Auszahlungsbetrag[418], der dem Kreditnehmer zur Verfügung gestellt wird (für die Anschaffung getätigte Aufwendungen). Bei Forderungen aus Beratungsleistungen, Finanzdienstleistungen usw. bemessen sich die Anschaffungskosten grundsätzlich zu ihrem Nennwert/Rechnungsbetrag.[419]

Die Anschaffungskosten von **erworbenen Forderungen** ergeben sich aus ihrem Kaufpreis.

Wird eine Forderung (ein Darlehen) zu einem den Marktzins unterschreitenden Zinssatz **originär** ausgereicht (gewährt), ist strittig, ob der **Barwert oder der Auszahlungsbetrag** (Nennbetrag) die Anschaffungskosten bildet (zur Bewertung un- bzw. minderverzinslichen Forderungen vgl. Kapitel 4.3.2.3.).[420]

---

[415] Vgl. Gebhardt/Strampelli, BFuP 2005, 524.

[416] Vgl. Haaker, ZfbF 2012, 87.

[417] Ausführlich zur Zugangsbewertung von Forderungen vgl. Müller, Th., 169 ff.; ADS 6. Aufl. § 255 HGB Rn. 80 f.; Birck/Meyer, V 131 f.

[418] Vgl. auch Oestreicher, BB 1993, Beilage 12 zu Heft 18, 5; Marx/Recktenwald, BB 1992, 1527; BFH-Urteil vom 12.4.1975, BStBl. II 1975, 875 ff.; Birck/Meyer, V 131 f., ADS 6. Aufl. § 255 HGB Rn. 80 f.

[419] Ausführlich vgl. Gaber, 2. Aufl., 217 f.

[420] Vgl. ausführlich mwN ADS 6. Aufl. § 255 HGB Rn. 80 f. mwN.

1. **Alternative**

   Zum einen wird die Auffassung vertreten, dass auch unterverzinsliche Forderungen wegen des Realisationsprinzips zunächst Anschaffungskosten in Höhe des **Auszahlungsbetrags** (Nennbetrags) haben.[421] Abwertungen wegen (echter) Unterverzinslichkeit sind dann grds. eine Frage der Folgebewertung und nicht erforderlich, soweit das Institut entgehende Zinserträge in Kauf nimmt, weil es sich anstelle der entgehenden Zinserträge andere (immaterielle) Vorteile verspricht.[422] Hierbei ist der Anschaffungsvorgang erfolgsneutral. Eine evtl. Abwertung auf den Barwert erfolgt erst iRd. Folgebewertung zum nächsten Abschlussstichtag.

2. **Alternative**

   Zum anderen wird die Auffassung vertreten, dass die immateriellen Vorteile nicht als zinsersetzende Vorteile in einem Bewertungszusammenhang mit der Darlehensforderung zu sehen sind.

   Vielmehr sei aufgrund des Vollständigkeitsprinzips zu prüfen, ob insoweit ein entgeltlich erworbener immaterieller Vermögensgegenstand vorliegt.

   Der Darlehensforderung werden bei dieser Betrachtungsweise nur die vereinbarten Zinserträge und als Anschaffungskosten nur der **Barwert** zugerechnet, weil sie im Vergleich mit einer normal verzinslichen Forderung einen geringeren Vermögenswert aufweist. Da der Vermögenswert aber kontinuierlich mit der erbrachten Darlehensleistung steigt und im Fälligkeitszeitpunkt dem Nennwert entspricht, ist die Forderung jährlich durch nachträgliche Anschaffungskosten zu erhöhen.

   Die sich ergebende Differenz zwischen Auszahlungsbetrag (Nominalbetrag) und Barwert entspricht entweder den Anschaffungskosten für einen (entgeltlich erworbenen) immateriellen Vermögensgegenstand, wenn ein solcher hinreichend konkret bestimmt werden kann, oder stellt Aufwand für nicht aktivierbare Werte dar.[423]

Birck/Meyer[424] haben sich bei originär gewährten Forderungen für die Anwendung der **Alternative 1** entschieden. Dabei wird der Grundsatz, dass ein Anschaffungsvorgang stets erfolgsneutral sein muss, beachtet.[425] Danach bemessen sich die Anschaffungskosten auch für (effektiv) un- oder minderverzinsliche Forderungen nach dem **Auszahlungsbetrag**. Damit stellt sich die

---

[421] Ebenso bereits Birck/Meyer, V 131 f.; Hachmeister/Glaser, in: HdJ, Abt. II/4, Rn. 205 mwN; HdR 5. Aufl., § 253 HGB Rn. 30 und Rn. 36.

[422] Vgl. ADS 6. Aufl. § 255 HGB Rn. 80, ebenso Birck/Meyer, V 131 f.; V 248.

[423] Vgl. ADS 6. Aufl. § 255 HGB Rn. 81.

[424] Vgl. Birck/Meyer, V 131 ff.

[425] Ebenso Hachmeister/Glaser, in: HdJ, Abt. II/4 Rn. 205.

Frage nach der Bewertung mit einem niedrigeren Betrag (Barwert) erst bei der Folgebewertung (vgl. hierzu Kapitel 4.3.2.3.).

Würden un- oder unterverzinsliche Forderungen beim Zugang mit dem Barwert statt mit dem Auszahlungsbetrag angesetzt, würden der zur Anschaffung ausgegebene Betrag unvollständig ausgewiesen und bereits im Zeitpunkt der Ausreichung des Darlehens die entgangenen Zinserträge aus der Un- oder Unterverzinslichkeit antizipiert.[426]

Erfüllt der empfangene Vorteil jedoch die Eigenschaft eines Vermögensgegenstands, bemessen sich die Anschaffungskosten des Darlehens nach dem Barwert, in Höhe der Differenz zum Auszahlungsbetrag ist ein (immaterieller) Vermögensgegenstand zu aktivieren.[427]

Im Zusammenhang mit der Kredit- und Darlehensgewährung entstandene **(Neben-) Kosten** werden, wenn sie der Kunde zu tragen hat, im Regelfall dem Forderungskonto des Schuldners belastet, sodass sie Bestandteil der Forderung ggü. den Kunden sind;[428] wie oben (Kapitel 4.3.1.) bereits dargestellt ist zu prüfen, ob diese Nebenkosten ggf. mittels Rechnungsabgrenzungsposten abzugrenzen sind. Sind diese Kosten dagegen vom Institut selbst zu tragen, stellen sie Aufwand dar, der entweder sofort erfolgswirksam oder als Rechnungsabgrenzungsposten abzugrenzen und anteilig als Aufwand zu buchen ist, da die Kosten nicht ggü. dem Kunden geltend gemacht werden können (und damit auch keine Forderung darstellt).[429]

Die Anschaffungskosten müssen – wie bereits erwähnt – nicht mit dem Nennbetrag übereinstimmen. Abweichungen können sich bei originären Forderungen aus einem Agio bzw. Disagio und bei erworbenen Forderungen aus der nominellen Unter- bzw. Überverzinslichkeit gegenüber dem beim Erwerb herrschenden Marktzinsniveau ergeben. Der Anschaffungsvorgang selbst ist als erfolgsneutrale Vermögensumschichtung zu behandeln. Der Unterschiedsbetrag zwischen Anschaffungskosten und Nennbetrag hingegen stellt im Regelfall eine Zinskomponente dar, die als geschäftsjahresbezogenes Entgelt für

---

[426] Vgl. Hachmeister/Glaser, in: HdJ, Abt. II/4 Rn. 205.

[427] Vgl. Hachmeister/Glaser, in: HdJ, Abt. II/4 Rn. 369.

[428] Ebenso WPH Edition, Kreditinstitute, Kap. D. Rn. 312.

[429] AA KK-RLR, § 340e HGB Rn. 86, Fn. 71: der Verf. ist der Ansicht, dass Nebenkosten „... *die nicht vom Kreditnehmer zu übernehmen sind, durchaus als Anschaffungsnebenkosten aktivierungsfähig und -pflichtig sein*" (können), lässt aber offen, wie dies buchungsmäßig darzustellen ist.

die Kapitalüberlassung den Geschäftsjahreserfolg beeinflusst. Dies gilt jedoch nicht für Forderungen, die zu Handelszwecken erworben wurden.[430]

Bei **erworbenen Forderungen** kann ein **Unterschiedsbetrag** aber auch bonitätsbedingt sein, bspw. weil sich seit Begründung der Forderung die Credit Spreads für den Schuldner verändert haben.[431]

Agien und **Disagien** können bei Forderungen nach § 340e Abs. 2 HGB abgebildet werden (vgl. Kapitel 4.3.3.). Diese Norm ist eine Spezialnorm zu § 250 Abs. 1 und Abs. 2 HGB für Institute. Zur Bewertung auf Basis **fortgeführter Anschaffungskosten** für Forderungen wird auf Kapitel 4.2.4. verwiesen.

4.3.2.2. Unter Diskontabzug hereingenommene Posten

Wechsel (Aktiva 3. und Aktiva 4.)[432] sowie Schatzwechsel und unverzinsliche Schatzanweisungen (Aktiva 2. a)) werden unter **Diskontabzug** hereingenommen, dh. der (künftige) Zinsertrag wird beim Ankauf in Form eines Diskontabzugs (Abzinsung des Erfüllungsbetrags) verrechnet. Sie sind zum Nennwert abzüglich des auf die nach dem Anschaffungstag liegende Zeit (bis zur Fälligkeit) entfallenden Zinsertrags (Barwert) anzusetzen. In der **Handelsbilanz** werden die auf den zwischen der Anschaffung und dem Bilanzstichtag liegenden Zeitraum entfallenden Zinsen nach § 11 RechKredV realisiert.

Der BFH hat mit Urteil vom 26.4.1995[433] zur Bilanzierung von Wechseldiskontgeschäften in der **Steuerbilanz** wie folgt entschieden:

• Die im Rahmen eines typischen Wechseldiskontgeschäfts durch eine Bank erworbenen Wechsel und Forderungen sind mit den Anschaffungskosten zu aktivieren.
• Der (zeitanteilige) Diskont gehört nicht zu den Anschaffungskosten.
• Bilanzsteuerliche Vorschriften erlauben nicht, den auf die Zeit zwischen Erwerb des Wechsels und Bilanzstichtag rechnerisch entfallenden Diskont in der Steuerbilanz anzusetzen.

Dieser Entscheidung des BFH ist in der Handelsbilanz nicht zu folgen.

---

[430] Vgl. Sittmann-Haury, 27 mwN.
[431] Vgl. Gebhardt/Strampelli, BFuP 2005, 512.
[432] Im Regelfall sind Wechsel nicht mehr im Posten Aktiva 2. b) auszuweisen; vgl. dort.
[433] Vgl. BFH-Urteil vom 26.4.1995, DB 1995, 1541 ff.; zur Kritik vgl. Moxter, BB 1995, 1997 ff.

4.3.2.3. Bewertung von vornherein niedrig verzinslich begebenen Forderungen

Klarstellend sei vorweg erwähnt, dass die nachfolgenden Ausführungen nur für solche Forderungen Geltung haben, die von vornherein minderverzinslich begeben werden. Zu der Ermittlung der Anschaffungskosten bei (effektiv) un- bzw. minderverzinslichen Forderungen vgl. Kapitel 4.3.2.1.

Für Forderungen, die marktgerecht verzinslich begeben werden und deren Minderverzinslichkeit sich erst im Laufe der Zeit durch eine Änderung des Marktzinsniveaus einstellt, gelten diese Ausführungen nicht (vgl. hierzu Kapitel 4.3.4. zur verlustfreien Bewertung des Bankbuchs).

Originär gewährte Forderungen, die (effektiv) un- oder minderverzinslich gewährt worden sind, sind zum Abschlussstichtag nach den allgemeinen Grundsätzen grds. mit dem Barwert zu bewerten.[434] Zu Besonderheiten bei Instituten vgl. nachfolgend. Sofern der Minderverzinsung dieser Forderungen ein aktivierungsfähiger **Gegenwert** gegenübersteht, kann handelsrechtlich und muss steuerrechtlich auf eine Abzinsung verzichtet werden.[435]

Eine Abzinsung kommt grundsätzlich nicht in Betracht bei unverzinslichen **Sichtguthaben** (zB bei anderen Kreditinstituten unterhaltene Nostroguthaben). Diese sind angesichts ihrer Verfügbarkeit ebenso wenig wie Verrechnungskonten abzuzinsen. Entsprechendes gilt für Mindestreservekonten.

Bei Instituten entsteht hier jedoch ein Verlust idR. dadurch, dass den geringeren Zinserträgen höhere Refinanzierungsaufwendungen gegenüberstehen. Um diesen Verlust zu erfassen, wird bereits von Groh[436] eine **Drohverlustrückstellung** in Höhe des Mehraufwands vorgeschlagen, um eine verlustfreie Bewertung künftiger Perioden zu erreichen.[437] Um die Drohverlustrückstellung zu bestimmen, werden alle künftigen Aufwendungen (Refinanzierungsaufwand, Verwaltungsaufwand, Risikoaufwand) sowie Vorteile berücksichtigt (wie in IDW RS BFA 3 beschrieben). Bei der Frage, ob tatsächlich eine un- oder minderverzinsliche Forderung vorliegt, ist zu prüfen, ob anstatt der Zahlung von marktüblichen Zinsen eine andere Gegenleistung durch den Schuldner er-

---

[434] Vgl. WPH Edition, Wirtschaftsprüfung & Rechnungslegung, 17. Aufl., Kapitel F Tz. 417 mwN.

[435] Vgl. Birck/Meyer, V 248; WPH Edition, Wirtschaftsprüfung & Rechnungslegung, 17. Aufl., Kapitel F Tz. 417 mwN; BFH-Urteil vom 23.4.1975, BStBl. 1975 II, 875 ff.; BFH-Urteil vom 24.1.1990, BStBl. 1990 II, 639 ff.

[436] Vgl. Groh, StuW 1991, 297 ff.

[437] Vgl. Hachmeister/Glaser, in: HdJ, Abt. II/4 Rn. 369 mwN.

bracht wird, die in den Saldierungsbereich bei der Rückstellungsbemessung eingeht. So kann eine Unterverzinslichkeit mit besonderen Vorteilen kompensiert werden, die zwischen den Vertragsparteien als Gegenleistung für die Gewährung des Darlehens verstanden werden.[438]

In diesem Zusammenhang ist die Frage zu klären, ob bei dieser **verlustfreien Bewertung** auf die einzelne Forderung oder das Bankbuch insgesamt abzustellen ist. Vor dem Hintergrund, dass der Saldierungsbereich bei der Rückstellungsbemessung relativ umfangreich ist und ein Institut grds. ohne ökonomischen Grund keine un- bzw. minderverzinslichen Kredite gewährt, wird hier vorgeschlagen, diese Forderungen in die verlustfreie Bewertung des Bankbuchs einzubeziehen. Eine Einzelbetrachtung kann dann notwendig werden, wenn es sich um relativ umfangreiche Volumina solcher Forderungen handelt.

Stehen minderverzinslichen Forderungen entsprechende minderverzinsliche Verbindlichkeiten gegenüber (zB aus der Durchleitung von Mitteln öffentlicher Kreditprogramme mit einer bestimmten Marge) und entstehen daraus keine negativen Margen, ist eine Abzinsung der Forderungen nicht sachgerecht. Entsprechendes gilt bei entsprechender Marktlage für von Bausparkassen ausgeliehene **Bauspardarlehen**, denen – mit einer Marge – ebenfalls minderverzinsliche Bausparguthaben gegenüberstehen. Eine isolierte Betrachtung der minderverzinslichen Forderung ist in solchen Fällen nicht gerechtfertigt. Der Ausweis eines Abzinsungsaufwands würde dem wirtschaftlichen Sachverhalt, nämlich die Ausführung eines ertragbringenden Geschäfts, nicht entsprechen.

Nominal minder- oder unverzinsliche Forderungen sind bei Vereinbarung eines die Zinsdifferenz ausgleichenden Disagios im Zeitpunkt ihrer Entstehung oder ihres Erwerbs effektiv marktgerecht verzinslich. Eine Abzinsung kommt mithin nicht in Betracht.

4.3.2.4. Realisierte Nominalzinsen/Zinsabgrenzung

Neben dem Auszahlungsbetrag sind zum Bilanzstichtag die realisierten Nominalzinsen zu aktivieren, unabhängig davon, ob diese bereits fällig sind oder nicht (§ 11 RechKredV). Einzelheiten zur Bilanzierung von sog. anteiligen Zinsen vgl. Kapitel 3.8. Zinsen für nach dem Bilanzstichtag liegende Zeiträume sind nicht aktivierungsfähig.

---

[438] Vgl. Hachmeister/Glaser, in: HdJ, Abt. II/4 Rn. 368 mwN.

4.3.3. Nominalwertbilanzierung gemäß § 340e Abs. 2 HGB

4.3.3.1. Anwendungsbereich

Wenn bei der **originären Darlehensgewährung** ein Disagio oder Agio vereinbart wurde bzw. wenn erworbene Forderungen im Verhältnis zum bestehenden Marktzinsniveau unter- oder überverzinslich sind, unterscheidet sich der Auszahlungsbetrag bzw. Kaufpreis vom Nennbetrag der Forderung. Für diesen Fall erlaubt § 340e Abs. 2 HGB, dass *„Hypothekendarlehen und andere Forderungen mit ihrem Nennbetrag angesetzt werden (dürfen), soweit der Unterschiedsbetrag zwischen dem Nennbetrag und dem Auszahlungsbetrag oder den Anschaffungskosten Zinscharakter hat"*. Bei der Gewährung dieser Forderungen haben idR Agio und Disagio den Charakter einer im Voraus berücksichtigten Zinskomponente (Zinsregulativ, zum Zinscharakter vgl. nachfolgend).[439]

Diese Bewertungsvorschrift unterscheidet nicht nach Fristigkeiten; sie ist unabhängig von Laufzeitvereinbarungen anwendbar.[440] Mit der Differenzierung in § 340e Abs. 2 HGB zwischen dem Ausgabebetrag und den Anschaffungskosten soll zum Ausdruck gebracht werden, dass § 340e Abs. 2 HGB sowohl bei originären als auch bei **erworbenen Forderungen** zur Anwendung kommen kann.[441]

§ 340e Abs. 2 HGB gilt nach dem Willen des (seinerzeitigen) Gesetzgeber und dem Wortlaut der Vorschrift für „Hypothekendarlehen" und „andere Forderungen" und damit nur für **Buchforderungen** (Aktiva 3. und Aktiva 4.), nicht dagegen für Wertpapiere iSd. § 7 RechKredV (Aktiva 5.).[442] Werden in Wertpapieren verbriefte Forderungen allerdings als Buchforderungen ausgewiesen (zB Namensschuldverschreibungen, nicht börsenfähige Inhaber- und Orderschuldverschreibungen), gilt für diese ebenfalls die Nominalwertbilanzierung des § 340e Abs. 2 HGB.[443] Die Einschränkung auf Buchforderungen ist nach dem Sinn der Vorschrift vor dem Hintergrund des früheren § 25 Hypothekenbankbesetz aF bzw. § 23 Schiffsbankgesetz aF zu sehen, die sich auf (Schiffs-)

---

[439] Vgl. Bachem, BB 1991, 1671 ff.
[440] AA Bieg/Waschbusch, 3. Aufl., 405 f., der eine Anwendung nur auf langfristige Forderungen sieht.
[441] Vgl. BT-Drucks. 11/6786, 26.
[442] Vgl. Bieg/Waschbusch, 3. Aufl., 405; Krumnow ua., 2. Aufl., § 340e HGB Rn. 51 mit Verweis auf die Ausführungen in der Beschlussempfehlung des Rechtsausschusses, BT-Drucks. 11/6786, 22; KK-RLR, § 340e HGB Rn. 89; WPH Edition, Kreditinstitute, Kap. D. Rn. 337.
[443] Vgl. auch OFD Frankfurt/M, Verf. vom 5.2.2019 – S 2133 A-002- St 210, DB 2019, 702.

Hypothekendarlehen (und nicht auf Wertpapiere) bezogen; dies waren analoge Vorschriften zu § 340e Abs. 2 HGB.[444]

Gleichwohl ist sowohl bei Forderungen als auch bei Wertpapieren eine Bewertung zu **fortgeführten Anschaffungskosten** zulässig (vgl. Kapitel 4.2.4.).

Nach Gaber[445] ist es fraglich, inwieweit eine Nominalwertbilanzierung von Forderungen (noch oder überhaupt erst) möglich ist, wenn

- diese einer Änderung der wirtschaftlichen Zweckbestimmung unterliegen (zB Entstehung von Abbauportfolien mit Verkaufsabsicht) oder
- der rechtliche Charakter aufgrund von Vertragsanpassungen verändert wurde (zB Umwandlung von Inhaber- in Namenschuldverschreibungen).

Unabhängig davon, dass die Regelung des § 340e Abs. 2 HGB als lex specialis, dh. als besondere Vorschrift für Institute konzipiert ist, ist sie nach Böcking/Bär/Morawietz auch auf Unternehmen anderer Branchen anzuwenden, wenn gleichgelagerte Sachverhalte vorliegen.[446]

Wertpapiere isd. § 7 RechKredV sind mit ihren Anschaffungskosten anzusetzen.[447] Von dem Mitgliedstaatenwahlrecht des Art. 35 Abs. 3 Buchstabe a Satz 2 der EG-Bankbilanzrichtlinie, wonach „Schuldverschreibungen und andere festverzinsliche Wertpapiere" (Aktiva 5.) mit ihrem Rückzahlungsbetrag hätten bilanziert werden können, hat der deutsche Gesetzgeber (bewusst) keinen Gebrauch gemacht, um damit nicht zu einer generellen Durchbrechung des Anschaffungskostenprinzips beizutragen.[448] Dies geht aus dem Gesetzentwurf der Bundesregierung vom 19.1.1990[449] sowie der Beschlussempfehlung des Rechtsausschusses vom 9.8.1990[450] hervor. Danach sollte zum einen das Wahlrecht in Art. 35 Abs. 3 Buchstabe a der EG-Bankbilanzrichtlinie *„nur eingeschränkt übernommen werden, weil eine grundsätzliche Durchbrechung des Anschaffungskostenprinzips nicht vertretbar"* erschien. Der Rechtsaus-

---

[444] Vgl. Bieg/Waschbusch, 3. Aufl., 405; KK-RLR, § 340e HGB Rn. 88 und Fußnote 73.
[445] Vgl. Gaber, 2. Aufl., 224 f. mwN.
[446] Vgl. Böcking/Bär/Morawietz, in: MünchKomm. HGB, 4. Aufl., § 340e HGB Rn. 19.
[447] Vgl. Bieg/Waschbusch, 3. Aufl., 405; KK-RLR, § 340e HGB Rn. 89. AFRAC empfiehlt bei festverzinslichen Finanzinstrumenten eine effektivzinsmäßige Amortisation und einen Ausweis im Zinsergebnis, lehnt aber eine Sofortabschreibung bei Über-pari-Erwerb ab, vgl. AFRAC-Stellungnahme 14, Rn. 58a (Über-pari-Erwerb) und 58b (Unter-pari-Erwerb).
[448] Vgl. Bieg/Waschbusch, 3. Aufl., 405, mwN; ähnlich Krumnow ua. 2. Aufl., § 340e HGB Rn. 51; Böcking/Bär/Morawietz, in: MünchKomm. HGB, 4. Aufl., § 340e HGB Rn. 20.
[449] Vgl. BT-Drucks. 11/6275, 22 f.
[450] Vgl. BT-Drucks. 11/6786, 26.

schuss hat in seiner Beschlussempfehlung nochmal ausdrücklich darauf hingewiesen, dass *„die Regelung (...) keine Anwendung auf Schuldverschreibungen
finden (soll)"* und dass nur solche *„Schuldverschreibungen (...), die in den
Bilanzen der Kreditinstitute unter den Forderungen ausgewiesen werden ..."*
(also bspw. Namensschuldverschreibungen) für die Nominalwertbilanzierung
in Frage kommen.[451] Anders lautenden Sichtweisen kann damit nicht gefolgt
werden,[452] insbesondere die Ansicht, dass der deutsche Gesetzgeber § 340e
Abs. 2 HGB europarechtwidrig umgesetzt habe, ist nicht haltbar.[453] Ebenso
wenig ist es GoB-konform, wenn mit dem Vorsichtsprinzip argumentiert wird,
um *„... zukünftige Gewinn- und Verlustrechnungen zu entlasten und in guten
Zeiten Aufwand zu erfassen."*[454]

Eine Differenz iSd. § 340e Abs. 2 HGB hat **Zinscharakter**[455], wenn hierdurch
Abweichungen zwischen dem Nominalzins und dem aktuellen Marktzins im
Herauslage- bzw. Erwerbszeitpunkt ausgeglichen werden.[456] Dies schließt
nicht nur Abweichungen des risikofreien Zinssatzes, sondern auch Abweichungen im Credit Spread ein, solange es sich um eine nicht-wertberichtigte
Forderung handelt. Soweit bei erworbenen Forderungen bezüglich des Abschlags auf den Nominalbetrag der Bonitätsaspekt ggü. zinsinduzierten Differenzen überwiegt, ist § 340e Abs. 2 HGB nicht anwendbar. Der Ansatz dieser
Forderungen hat vielmehr zu Anschaffungskosten zu erfolgen.

Bei den Forderungen, die nach § 340e Abs. 2 HGB mit dem Nominalwert angesetzt werden dürfen, hat die **Kreditgewährung** im Vordergrund zu stehen.[457]
Zu **Handelszwecken** erworbene Forderungen kommen für eine Anwendung
von § 340e Abs. 2 HGB nicht in Betracht, da hier der Unterschiedsbetrag
durch das kurzfristige Ausnutzen von Kursdifferenzen gewinnbringend realisiert werden soll.[458] Handelsbestände sind vielmehr nach § 340e Abs. 3 HGB
zu bewerten.

---

[451] Vgl. BT-Drucks. 11/6786, 26.

[452] GlA Gaber, 2. Aufl., 250.

[453] Vgl. Schorr/Fritz, DStR 2017, 1223 ff. Es ist nicht zutreffend, wenn Schorr/Fritz davon
sprechen, dass es sich bei Art. 35 Abs. 3 Buchstabe a und Buchstabe b um zwei Mit-
gliedsstaatenwahlrechte handele; dies geht eindeutig aus dem Text in Buchstabe b hervor, denn dieser bezieht sich mit *„Sind die Anschaffungskosten dieser Wertpapiere ...
höher als der Rückzahlungsbetrag ..."* eindeutig auf Buchstabe a und will nur regeln,
was bei einer Wahlrechtsausübung in Buchstabe a für die Bilanzierung zum Rückzahlungsbetrag bilanziell zu tun ist.

[454] So aber Schorr/Fritz, DStR 2017, 1227.

[455] Ausführlich vgl. Gaber, 2. Aufl., 222 ff.

[456] Vgl. KK-RLR, § 340e HGB Rn. 73.

[457] Vgl. Böcking/Bär/Morawietz, in: MünchKomm. HGB, 4. Aufl., § 340e HGB Rn. 21.

[458] Vgl. Böcking/Bär/Morawietz, in: MünchKomm. HGB, 4. Aufl., § 340e HGB Rn. 21.

4.3.3.2. Anschaffungskosten weichen vom Nennbetrag der Forderung ab

4.3.3.3. Nennbetrag > Ausgabebetrag bzw. Anschaffungskosten (Disagio)

Bei Ausübung des Wahlrechts nach § 340e Abs. 2 HGB ist der Unterschieds-betrag zwischen dem höheren Nennbetrag und dem Auszahlungsbetrag bzw. den Anschaffungskosten (sog. Unter-pari-Erwerb) zwingend in den **passiven Rechnungsabgrenzungsposten** einzustellen.

Bereits Bieg[459] sah hier – den allgemeinen handelsrechtlichen Grundsätzen ordnungsmäßiger Bilanzierung folgend – auch die Möglichkeit, den niedrige-ren Auszahlungsbetrag bzw. die niedrigeren Anschaffungskosten zu aktivieren und den Unterschiedsbetrag (Disagio) planmäßig über die Laufzeit als Zins-ertrag zu vereinnahmen und in gleicher Höhe im entsprechenden Forderungs-posten hinzuzuaktivieren. Dem ist zuzustimmen. Denn § 340e Abs. 2 Satz 2 HGB, wonach für den Fall, dass der Nennbetrag höher ist als der Auszahlungs-betrag bzw. die Anschaffungskosten, der Unterschiedsbetrag in den passiven Rechnungsabgrenzungsposten einzustellen *„ist"*, greift nur dann, wenn das Wahlrecht des § 340e Abs. 2 Satz 1 HGB in Anspruch genommen wird – also die sog. Nennwertbilanzierung gewählt wird.

4.3.3.4. Nennbetrag < Ausgabebetrag bzw. Anschaffungskosten (Agio)

Ist der Nennbetrag der Forderung niedriger als der Auszahlungsbetrag bzw. die Anschaffungskosten (sog. Über-pari-Erwerb), so *„darf"* der Unterschieds-betrag in den **aktiven Rechnungsabgrenzungsposten** aufgenommen werden.

Wird das Wahlrecht des § 340e Abs. 2 HGB nicht ausgeübt, sind die Forderun-gen mit ihrem höheren Ausgabebetrag bzw. mit ihren höheren Anschaffungs-kosten anzusetzen.

Zur Zulässigkeit der Bewertung mit **fortgeführten Anschaffungskosten** wird auf Kapitel 4.2.4. verwiesen.

---

[459] Vgl. Bieg (1998), 410.

4.3.3.5. Auflösung des Rechnungsabgrenzungspostens

Die planmäßige Auflösung des aktiven bzw. passiven Rechnungsabgrenzungspostens löst entsprechende Aufwands- bzw. Ertragsbuchungen aus.[460] Da der abzugrenzende Unterschiedsbetrag Zinscharakter haben muss, sind die Auflösungsbeträge in das **Zinsergebnis** zu buchen.

Nach § 28 RechKredV ist der Auflösungsbetrag beim passiven Rechnungsabgrenzungsposten (Disagio) als zusätzlicher Zinsertrag auszuweisen. Wurde die Forderung hingegen mit einem Agio ausgereicht oder erworben und ein aktiver Rechnungsabgrenzungsposten gebildet, stellt die Verteilung des Agios eine Minderung des Zinsertrags dar, denn mit dem Agio wird eine ggü. dem Marktzinsniveau zu hohe Nominalverzinsung kompensiert.

Die Auflösung muss **planmäßig** sein. Planmäßig bedeutet, dass zu Beginn des Auflösungszeitraums ein Plan aufzustellen und grundsätzlich einzuhalten ist.[461] Zu verschiedenen **Methoden der Auflösung** vgl. Gaber.[462]

Für die Art der Auflösung ist es unerheblich, ob es sich um einen aktiven oder passiven Rechnungsabgrenzungsposten handelt. Evtl. **Marktzinsänderungen** berühren lediglich die Forderung selbst, nicht jedoch die bilanzierten Unterschiedsbeträge. Letztere stellen Zinskorrektive dar und sind einer Bewertung iSd. Zeitwertprinzips nicht zugänglich. Die Auflösung bleibt damit von evtl. Änderungen des Marktzinsniveaus unbeeinflusst.

Maßgeblicher Zeitraum ist die Laufzeit der Forderung oder – falls abweichend – die Zinsbindungsfrist.[463] Für die Auflösung bei Darlehen mit einer Laufzeit von mehr als zehn Jahren sieht Bachem[464] vor dem Hintergrund des § 609a Abs. 1 BGB aF (jetzt: § 489 Abs. 1 BGB), demzufolge eine Kündigung durch den Schuldner möglich ist, die Notwendigkeit einer planmäßigen Auflösung innerhalb der voraussichtlichen Laufzeit (ggf. innerhalb zehn Jahren ab Darlehensausreichung) vor. Analoges gilt für Darlehen mit unbestimmter Laufzeit.

Bei **Fälligkeitsdarlehen** erfolgt die Tilgung in einem Betrag am Ende der Laufzeit. Bei diesen Darlehen bietet sich neben der effektivzinsmäßigen Ver-

---

[460] Vgl. auch Bachem, BB 1991, 1675 f.
[461] Vgl. Krumnow ua., 2. Aufl., § 340e HGB Rn. 60; Gaber, 2. Aufl., 225 f..
[462] Vgl. Gaber, 2. Aufl., 226 ff.
[463] Vgl. hierzu Bachem, BB 1991, 1675.
[464] Vgl. Bachem, BB 1991, 1675.

teilung aus Vereinfachungsgründen auch eine lineare Verteilung des Unterschiedsbetrags an.[465]

Bei **Tilgungsdarlehen**, dh. Darlehen mit laufender Tilgung, erfolgt die Auflösung kapitalgewogen in Abhängigkeit von der jeweils noch zu verzinsenden Restschuld.[466] Das bedeutet, dass eine Auflösung während einer tilgungsfreien Zeit linear, nach Beginn der regelmäßigen Tilgung in fallenden Jahresbeträgen entsprechend der Restlaufzeit und dem jeweiligen Kapitalbetrag aufzulösen ist. Eine Möglichkeit der Auflösung ist die Auflösung nach der Zinsstaffelmethode.

Die wirtschaftlich zutreffendste Methode ist die Auflösung unter Berücksichtigung einer gleich bleibenden Effektivverzinsung, da sie die wirtschaftliche Belastung verteilt auf die einzelnen Jahre zutreffend wiedergibt.

Bei **Annuitätendarlehen** bleibt der jährliche Kapitaldienst konstant, während die betragsmäßige Struktur der Zahlungen permanenten Veränderungen unterworfen ist. Während die Zinsbelastung laufend sinkt, steigt der Tilgungsanteil permanent an.[467]

Eine Aussetzung der Auflösung des Unterschiedsbetrags in einem Wirtschaftsjahr widerspricht der Verpflichtung zur Vornahme jährlicher Auflösungen.[468]

Eine Pflicht zur Vornahme **außerplanmäßiger Auflösungen** besteht immer dann, wenn die Forderung vorzeitig ganz oder teilweise zurückgezahlt wird und der Unterschiedsbetrag über dem Betrag liegt, der sich bei rechtzeitiger Berücksichtigung dieses Tatbestands ergeben hätte.[469]

4.3.3.6. Bewertungsstetigkeit

Das Wahlrecht zur Nominalwertbilanzierung stellt ein Wertansatzwahlrecht dar und wird als solches vom **Stetigkeitsgebot** des § 252 Abs. 1 Nr. 6 HGB erfasst. Dies bedeutet, dass eine unterschiedliche Anwendung der Nominalwertbilanzierung auf gleiche Sachverhalte sowohl im gleichen Jahresabschluss als auch in aufeinanderfolgenden Abschlüssen grundsätzlich nicht zulässig ist.[470]

---

[465] Vgl. Bachem, BB 1991, 1675.
[466] Vgl. Birck/Meyer, V 408 ff.; Bachem, BB 1991, 1675 mwN; Gaber, 2. Aufl., 229.
[467] Vgl. Gaber, 2. Aufl., 229.
[468] Vgl. ADS 6. Aufl. § 250 HGB Rn. 97.
[469] Vgl. ADS 6. Aufl. § 250 HGB Rn. 98; Bachem, BB 1991, 1675.
[470] Vgl. Krumnow ua., 2. Aufl., § 340e HGB Rn. 56.

4.3.3.7. Wertabschläge aufgrund verminderter Bonität der Forderung

Wird bei erworbenen Forderungen ein Abschlag vom Nennbetrag aufgrund verminderter Bonität vorgenommen, wird das Wahlrecht des § 340e Abs. 2 HGB in der Praxis insoweit nicht angewendet. Dies mit der Begründung, dass in diesem Fall der Unterschiedsbetrag zwischen dem Nennbetrag und dem Auszahlungsbetrag oder den Anschaffungskosten keinen Zinscharakter (im eng verstandenen Sinne) hat. Gleichwohl wäre nach Gebhardt/Strampelli[471] eine Verteilung dieses Abschlags vom reinen Wortlaut der Vorschrift gedeckt.

Zur **künftigen Vereinnahmung von Zinsen** bei angekauften Forderungen minderer Bonität vgl. Kapitel 5.2.4.4.

4.3.3.8. Handelsbestand an Forderungen

Bei Forderungen, die mit dem Nominalwert angesetzt werden dürfen, hat grundsätzlich die Kreditgewährung und nicht die Handelsabsicht im Vordergrund zu stehen. Werden Forderungen von Dritten für den Handel erworben, so müssen sie mit ihren Anschaffungskosten angesetzt werden, weil der Unterschiedsbetrag in diesem Fall keinen Zinscharakter, sondern die Funktion eines marktpreisbildenden Faktors hat und als Kursdifferenz zu interpretieren ist.[472] Die Folgebewertung erfolgt nach den Grundsätzen für die Bewertung des Handelsbestands.

Es ist mit dem Interesse der Institute zu erklären, bei Handelsbeständen Kursdifferenzen auszunutzen, wohingegen sie bei der Begründung oder dem Erwerb von Forderungen auf Dauer an einer zeitanteiligen Vereinnahmung der Zinsen interessiert sind. Die Aktivierung mit Anschaffungskosten ist nur dann zwingend vorgeschrieben, wenn der Erwerb in Handelsabsicht erfolgt, dh. ein späterer Verkauf der Forderung mit einem Kursgewinn beabsichtigt ist.

Abgrenzungsprobleme ergeben sich im Zusammenhang mit dem Handelsbestand in erster Linie für Namensschuldverschreibungen und Schuldscheindarlehen, weil diese in nennenswertem Umfang auch auf dem Sekundärmarkt gehandelt werden. Die Abgrenzung zwischen Handelsbestand (Trading Book) und Nichthandelsbestand (Banking Book) kann nur institutsindividuell vorgenommen werden.

---

[471] Vgl. Gebhardt/Strampelli, BFuP 2005, 512.
[472] Ebenso Hossfeld, RIW 1997, 136.

4.3.3.9. Gesonderter Ausweis in der Bilanz oder Anhangangabe

Sowohl der in den aktiven als auch der in den passiven Rechnungsabgrenzungsposten aufgenommene Unterschiedsbetrag ist planmäßig aufzulösen und in seiner jeweiligen Höhe in der **Bilanz** oder im **Anhang** gesondert anzugeben (§ 340e Abs. 2 Satz 2 und 3 HGB).

Die gesonderte Angabe in der Bilanz kann als Darunter-Posten zum betreffenden Bilanzposten oder durch einen Unterposten zum Rechnungsabgrenzungsposten erfolgen.

4.3.4.   Verlustfreie Bewertung des Bankbuchs nach IDW RS BFA 3

4.3.4.1. Überblick

Im Gegensatz zur Bewertung von Wertpapieren wird bei Buchforderungen im Regelfall **keine zinsinduzierte Bewertung auf Basis jeder einzelnen Forderung** vorgenommen. Diese Forderungen (einschließlich deren Refinanzierung) sind jedoch als Gesamtbestand (sog. Bankbuch oder Zinsbuch) in die **verlustfreie Bewertung des Bankbuchs** einzubeziehen. Auf dieser Grundlage erfolgt eine zinsinduzierte Bewertung dieses Gesamtbestands. Zu einer Darstellung des Bilanzierungsproblems vgl. Gaber.[473]

Besteht die **Absicht zur Veräußerung der Forderung**, ist diese am Bilanzstichtag mit dem Betrag anzusetzen, der sich bei ihrem Verkauf zum Bewertungszeitpunkt ergibt. Für die Bewertung ist dabei auf die Verhältnisse am Absatzmarkt abzustellen. Als **Bewertungszinssatz** (Diskontsatz) kommt in diesem Fall der aktuelle, zum Bewertungstag geltende Marktzinssatz zur Anwendung.

Hintergrund aller Überlegungen und Begründungen ist die Tatsache, dass die Bewertung von Forderungen der Kreditinstitute nicht unabhängig von der Refinanzierung gesehen werden kann.[474] Bei Kreditinstituten ist nach dem BFH-Urteil vom 24.1.1990[475] trotz Anstiegs des marktüblichen Zinses eine (Teilwert-) Abschreibung auf einzelne Ausleihungen versagt, sofern die Spanne zwischen dem vereinbarten Zins und dem Zins für die Refinanzierungsmittel (sog. Zinsspanne) unter Berücksichtigung der Verwaltungs- und Risikokosten

---

[473] Vgl. Gaber, 2. Aufl., 402 ff.
[474] Vgl. BFH-Urteil vom 24.1.1990, BStBl. II 1990, 639 ff.; BFH-Urteil vom 19.5.1998, DStR 1998, 399 f.
[475] Vgl. BFH-Urteil vom 24.1.1990, BStBl. II, 639.

unverändert geblieben ist.[476] Nach dieser Ansicht ergibt sich die Notwendigkeit einer Abwertung bzw. einer Drohverlustrückstellung nur dann, wenn für das **gesamte zinstragende Geschäft (sog. Bankbuch)** keine ausreichende positive **Gesamtzinsspanne** erwartet würde.[477]

Mit Inkrafttreten des BilMoG stellte sich für Kreditinstitute die Frage, wie Geschäfte des Bankbuchs (Zinsbuchs) zinsbedingt zu bewerten und einzuordnen sind, da die zuvor in der handelsrechtlichen Bilanzierungspraxis angewandte „Bilanzierungskonvention" auf eine zinsinduzierte Bewertung verzichtet hatte; dies nicht nur bei Forderungen, sondern auch bei Derivaten, die der sog. Aktiv-/Passivsteuerung zugerechnet wurden. Die iRd. BilMoG neu eingeführte Vorschrift des § 254 HGB (Bewertungseinheit) erwies sich für die zinsbedingte Bewertung des Bankbuchs als ungeeignet (ebenso IDW RS BFA 3 n.F. Tz. 4).[478]

Mit IDW RS BFA 3 n.F. hat der Bankenfachausschuss (BFA) zu Einzelfragen der verlustfreien Bewertung des Bankbuchs Stellung genommen. Damit ist der BFA der Forderung der Deutschen Bundesbank nach geeigneten objektiven Lösungsansätzen nachgekommen.[479] Der BFA hat mit seiner Berichterstattung über die 244. Sitzung zu Zweifelsfragen im Zusammenhang mit der verlustfreien Bewertung von zinsbezogenen Geschäften des Bankbuchs Stellung genommen.[480]

IDW RS BFA 3 wurde in aktualisierter Form Anfang 2018 als IDW RS BFA 3 n.F.[481] veröffentlicht; der Standard nimmt ua. auch zu den Fragen einer Änderung der Zuordnung zum Bankbuch Stellung (vgl. Kapitel 4.3.4.6.).

Zur IBOR-Reform hat der FAB beim IDW den Rechnungslegungshinweis **IDW RH FAB 1.020** veröffentlicht, in dem die **handelsbilanziellen Folgen der IBOR-Reform** dargestellt werden. Einzelheiten vgl. Kapitel 4.1.

---

[476] Vgl. Mathiak, DStR 1990, 691.
[477] Vgl. Birck/Meyer, V 347; Meyer in: Forster (Hrsg.), 149.
[478] IDW RS BFA 3 n. F. Tz. 4 besagt, dass „... eine (...) Rückstellung für Bewertungseinheiten i.S.d. § 254 HGB (...) auf eine etwaige Drohverlustrückstellung anzurechnen (ist)", obwohl „... die Bildung von Bewertungseinheiten i.S.d. § 254 HGB (...) die Anwendung der verlustfreien Bewertung nicht ersetzen (kann)".
[479] Vgl. Hillen, WPg 2012, 596 f.
[480] Vgl. FN 2013, 501 f.
[481] Vgl. IDW Life 2018, 278 ff.; mit Erläuterungen von Vietze/Bär/Briesemeister/Löw/Schaber/Weigel/Wolfgarten, WPg 2018, 763 ff.; DGRV (Hrsg.), Praxishandbuch Derivate, Teil 1, D.II.5.2.

Bezüglich der Behandlung in der **Steuerbilanz** kommt Rau[482] zu dem Ergebnis, dass eine Rückstellung, die iRd. verlustfreien Bewertung des Bankbuchs ermittelt wird, in die Steuerbilanz gemäß § 5 Abs. 1a EStG zu übernehmen ist. Einzelheiten vgl. Kapitel 4.3.4.7.

Hölscher/Helms/Schneider[483] untersuchten die Auswirkungen von Zinsstrukturveränderungen auf die verlustfreie Bewertung des Zinsbuchs auf der Grundlage von repräsentativ ausgewählten Jahresabschlüssen.

Die verlustfreie Bewertung und damit die Ermittlung einer Rückstellung für drohende Verluste aus schwebenden Geschäften knüpft dabei nach § 249 Abs. 1 HGB an **zwei** grundlegende Tatbestände (IDW RS HFA 4) an:[484]

- zum einen an das **Vorliegen von schwebenden Geschäften** (andere Geschäfte müssen bei dieser Betrachtung konsequent außen vor bleiben) und
- zum anderen an einen aus diesen schwebenden Geschäften **drohenden Verlust**, bei dem der Wert der Leistungsverpflichtung den Wert der Gegenleistung übersteigt (sog. Verpflichtungsüberhang).

Zur Ermittlung der Drohverlustrückstellung vgl. auch Kapitel 5.3.9. (Passiva 7); dort finden sich Ausführungen zu den Voraussetzungen und zur Anwendung eines sog. Quick Checks.

Soweit Kreditinstitute nicht ausnahmsweise einzelne (volumensmäßig große) Forderungen bzw. Wertpapierkäufe individuell, sondern wie aufgrund des Geschäftsmodells der Kreditinstitute üblich eine Vielzahl von verzinslichen Aktiva insgesamt refinanzieren, ist grundsätzlich keine unmittelbare Zuordnung einzelner aktivischer und passivischer zinsbezogener Finanzinstrumente zueinander möglich (IDW RS BFA 3 n.F. Tz. 1).

Insoweit ist der Grundsatz der Einzelbewertung quasi auf einer höheren Ebene zu beachten. Daher sind die Aktivgeschäfte bzw. finanziellen Vermögensgegenstände des Bankbuchs hinsichtlich ihrer Zinskomponente nicht jeweils

---

[482] Vgl. Rau, DStR 2017, 742 f.
[483] Vgl. Hölscher/Helms/Schneider, WPg 2017, 1075 ff.
[484] Zur Bilanzierung vgl. Haaker, 99 ff.; Jessen/Haaker/Briesemeister, KoR 2011, 313 ff. und 359 ff.; Scharpf/Schaber, DB 2011, 2045 ff., Gaber, KoR 2012, 196; IDW RS BFA 3; Hillen, WPg 2012, 596 f.; Göttgens, WPg 2013, 20 ff.; IDW BFA, FN 2013, 501 f.; Löw, RdF 2013, 320 ff.; Altvater, RdF 2013, 329 ff.; Rebmann/Weigel, KoR 2014, 211 ff.; Kreuder, RdF 2014, 331 ff.; Kotzur, 1 ff.; DGRV (Hrsg.), Praxishandbuch Derivate, Teil 1, D.II.5.2.; WPH Edition, Kreditinstitute, Kap. D. Rn. 425 ff.; Gaber, 2. Aufl., 40 ff.

isoliert (einzeln) unter Anwendung des Imparitätsprinzips, sondern in ihrer Gesamtheit (das jeweilige Bankbuch bzw. Zinsbuch) unter Berücksichtigung der Refinanzierungsmittel (laut BFH[485] sog. Refinanzierungsverbund) zu bewerten (IDW RS BFA 3 n.F. Tz. 3).

Ergibt sich auf Basis des gesamten Bankbuchs (einschl. der Zinsderivate) aus den am Abschlussstichtag noch offenen (schwebenden) Zinsansprüchen und Zinsverpflichtungen unter Berücksichtigung der Risiko- und Verwaltungskosten (Vollkostenbasis) ein Verpflichtungsüberschuss, ist diesem drohenden Verlust durch Bildung einer Rückstellung gemäß § 340a iVm. § 249 Abs. 1 Satz 1 Alt. 2 HGB Rechnung zu tragen (IDW RS BFA 3 n.F. Tz. 3).

Vorstehende Überlegungen sind – wie die nachfolgenden Ausführungen zeigen – durch die Rechtsprechung des BFH[486] und des BGH[487] anerkannt bzw. durch diese entwickelt worden.

Nachdem sämtliche **Zinsderivate**, die der Steuerung des Zinsspannenrisikos dienen, in die Betrachtung mit einbezogen werden müssen, wird die früher zT durchgeführte Praxis der Ertragsvereinnahmung durch Beendigung bzw. Auflösung von Zinstermingeschäften (Close-out) zulasten zukünftiger Perioden iRd. verlustfreien Bewertung bilanziell zutreffend erfasst. Insoweit als nämlich Erträge durch diese Terminierung zeitlich vorgezogen werden, erhöht sich tendenziell das Potenzial (Volumen) für eine Drohverlustrückstellung. Im Grenzbereich könnte es (zumindest theoretisch) vorkommen, dass in Höhe des unterjährig durch Terminierung vereinnahmten Ertrags durch die verlustfreie Bewertung des Bankbuchs aufwandswirksam eine Rückstellung zu bilden ist.

Obwohl die Bilanzierung im **Konzern** nicht Gegenstand dieses Buchs ist, sei darauf hingewiesen, dass eine eigenständige Anwendung von IDW RS BFA 3 auf Konzernebene („Konzernbankbuch" über die konsolidierten Institute) nicht möglich ist. Anders formuliert: eine Verrechnung von stillen Reserven im Bankbuch eines Konzernunternehmens A (zB des Mutterunternehmens) mit stillen Lasten im Bankbuch eines anderen Konzernunternehmens B (zB eines Tochterunternehmens) scheidet aus. Dies bedeutet, dass für den Konzernabschluss die Drohverlustrückstellungen der einzelnen Konzernunternehmen addiert werden. Gleichwohl sind auf die verlustfreie Bewertung konzerneinheitliche Bewertungsgrundsätze anzuwenden. Allerdings ist in der Gewinn- und Verlustrechnung im Konzernabschluss ggf. eine Überkreuzkompensation iSd. § 340f Abs. 3 HGB möglich.

---

[485] Vgl. BFH-Urteil vom 24.1.1990, BStBl. II 1990, 639 ff.
[486] Vgl. BFH-Urteil vom 24.1.1990, BStBl. II 1990, 639 ff.
[487] Vgl. BGH-Urteil vom 1.3.1982, DB 1982, 1923.

Zur verlustfreien Bewertung zinsbezogener Geschäfte von **Bausparkassen** vgl. Gaber.[488]

4.3.4.2. Relevantes Zinsänderungsrisiko

Gegenstand des Zinsänderungsrisikos ist allgemein formuliert die durch die Veränderung des Zinsniveaus bzw. der Zinsstruktur bedingte Abweichung von erwarteten Zahlungsströmen.

Ein Zinsänderungsrisiko besteht in dem hier relevanten Kontext (verlustfreie Bewertung des Bankbuchs) immer dann, wenn der erzielbare Zinsüberschuss nicht im Vorhinein endgültig bestimmt ist, sondern von der weiteren Entwicklung des Marktzinses abhängt. Das im Zusammenhang mit der verlustfreien Bewertung relevante Zinsänderungsrisiko ist das **Zinsspannenrisiko**.[489]

Die Zinsrisikoposition einer Bank und damit deren Zinsspannenrisiko verändern sich aufgrund der Dynamik des Bankgeschäfts laufend. Das Zinsspannenrisiko kann sich insbesondere aus sog. **offenen Festzinspositionen**, aber auch aufgrund von unterschiedlichen **Zinsanpassungselastizitäten im variablen Zinsgeschäft** ergeben.[490]

Eine **offene Festzinsposition**[491] kann vorliegen, wenn auf der Aktiv- und Passivseite zwar feste Zinssätze, aber unterschiedliche Zinsbindungsfristen, vereinbart sind (Festzinsrisiko).

Das **Festzinsrisiko** entsteht auch durch vertragliche Einschränkungen der Zinsanpassungsfähigkeit. Es hat grundsätzlich **zwei Ausprägungen**:

1. das (Brutto-) Zinsspannenrisiko und
2. das Abwertungsrisiko.[492]

Das **(Brutto-) Zinsspannenrisiko** besteht darin, dass sich bei Festzinsveränderung die Zinsspanne verringern kann (der Zins für Passiva steigt während der Zins für die Aktiva nicht angehoben werden kann; der Zinsertrag aus der

---

[488] Vgl. Gaber, 2. Aufl., 660 ff. mwN.
[489] Ebenso Müller, Th., 49 ff.; Jessen/Haaker/Briesemeister, KoR 2011, 314.
[490] Zum Festzinsrisiko und variablen Zinsrisiko vgl. auch Beer/Goj, 15 ff.
[491] Zur offenen bzw. geschlossenen Festzinsposition vgl. ausführlich Scholz, Kredit und Kapital 1979, 518 ff.
[492] Vgl. Schierenbeck, in: Schierenbeck/Wielens, 13; Müller, Th. 50 f.

Aktiva sinkt während sich der Passivzins nicht vermindert[493]). Das **Abwertungsrisiko** bei festverzinslichen Wertpapieren der Aktivseite tritt zusätzlich auf, wenn bei steigendem Zinsniveau (Rendite) die Kurswerte fallen und dadurch ein Abwertungsbedarf entsteht.[494] Das Zinsspannenrisiko wird bilanziell mittels einer Drohverlustrückstellung abgebildet, während das Abwertungsrisiko – wie der Begriff schon sagt – durch eine Abschreibung erfasst wird.

Neben diesem Festzinsrisiko besteht auch ein Zinsänderungsrisiko in Form des Zinsspannenrisikos aus **variabel verzinslichen Positionen**, das sog. **variable Zinsänderungsrisiko**. Nämlich dann, wenn sich die (Brutto-) Zinsspanne variabel verzinslicher Positionen bei Marktzinsänderungen aufgrund einer unterschiedlichen **Zinsanpassungselastizität** der einzelnen Posten verringert.

Ein **Zinsstrukturkurvenrisiko** ergibt sich aus einer Veränderung der Neigung der Zinsstrukturkurve(n). Dieses kann sich ebenfalls als Zinsspannenrisiko zeigen.

Aus Steuerungsgesichtspunkten ist zur Beurteilung des Zinsänderungsrisikos den dynamischen Verfahren der Vorzug zu geben, während für Rechnungslegungszwecke **statische Konzepte** maßgebend sind, da diese aufgrund der Stichtagsbezogenheit der Bilanzierung auf dem Bestand zum Abschlussstichtag basieren und kein Neugeschäft berücksichtigen.[495]

Ein zu bilanzierender Verlust droht, wenn die **zukünftige Zinsspanne** unter Berücksichtigung anteiliger Verwaltungs- und Risikokosten (ohne Gewinnmarge) aus Sicht des Bilanzstichtags negativ ist.[496] Eben dieser drohende Verlust ist mittels Rückstellung zu antizipieren. Damit werden bilanziell keine Opportunitätskosten im Sinne „entgehender Gewinne" oder reine Opportunitätsnachteile aufgrund der negativen Auswirkung einer vergangenen Entscheidung, sondern erwartete Nettoausgaben (also ein Verpflichtungsüberhang wie von IDW RS HFA 4 gefordert) aufwandswirksam vorweggenommen.[497] Hiermit werden stille Zinslasten im Bankbuch (Zinsbuch) offengelegt.

---

[493] Vgl. Müller, Th., 51.
[494] Vgl. Müller, Th., 50 f.
[495] Vgl. Düpmann, 150 ff., Müller, Th., 286 f.
[496] Vgl. Jessen/Haaker/Briesemeister, KoR 2011, 314 mwN.
[497] Vgl. Jessen/Haaker/Briesemeister, KoR 2011, 314.

4.3.4.3. Vorgehensweise vor BilMoG – Rückblick

Ein Blick in das Schrifttum zeigt: Bereits in den frühen 1970er und in den 1980er-Jahren wurde – aus gegebenem Anlass – bezüglich der Bildung einer Rückstellung für Zinsänderungsrisiken bzw. für die verlustfreie Bewertung des Bankbuchs berechtigt darauf hingewiesen, dass diese aufgrund der seinerzeitigen technischen Möglichkeiten der Institute **nicht ausreichend bestimmbar** sei.[498] In der Vergangenheit unterblieb mit dem Hinweis auf vermeintliche Messprobleme die Bildung einer Drohverlustrückstellung.[499] Diese „bequeme" Vorgehensweise (auch als „Bilanzierungskonvention" bezeichnet) wurde erst mit Umsetzung des BilMoG in Zusammenhang mit der Anwendung von § 254 HGB auf Macro Hedges und deren Abgrenzung hinterfragt und, wie ua. die Stellungnahmen zur Entwurfsfassung des IDW RS BFA 3 n.F. zeigen, heftig und kontrovers diskutiert.

Die vorstehend genannte „Bilanzierungskonvention"[500] hat in der Vergangenheit Anreize geschaffen, selektiv Derivate mit positivem Marktwert erfolgsrealisierend zu veräußern, umgekehrt aber Derivate mit negativem Marktwert keiner Bewertung zu unterziehen.[501] Das aktuelle Zinsergebnis wurde bei dieser Praxis somit häufiger zulasten der zukünftigen Zinsergebnisse „gestaltet". In Ausnahmefällen konnte dies auch insgesamt zu einem Überhang der stillen Zinslasten über die stillen Zinsreserven des Bankbuchs und in diesem Kontext zu ernsthaften wirtschaftlichen Problemen des Instituts führen.[502]

IDW RS BFA 3 n.F. Tz. 8 stellt klar, dass es sich bei gegenseitigen Verträgen, die auf eine entgeltliche (also verzinsliche) Überlassung von finanziellen Mitteln auf Zeit oder einen anderen finanziellen Leistungsaustausch gerichtet sind, bis zur Erfüllung aller vertraglichen Verpflichtungen um schwebende Geschäfte handelt. Diese Qualifizierung gilt laut IDW RS BFA 3 n.F. Tz. 8 bei wirtschaftlicher Betrachtung ungeachtet einer abweichenden zivilrechtlichen Beurteilung der Rechtsverhältnisse.

Auch die **Kommission für Bilanzierungsfragen** des Bundesverbandes deutscher Banken (BdB) hat bereits im Jahr 1987 festgestellt, dass eine Pflicht zur

---

[498] Vgl. die Darstellung bei Scharpf/Schaber, DB 2011, 2045 ff. mwN; insbesondere auch Birck/Meyer, V 348 f. mwN; Stolberg, WPg 1971, 387; Scholz, Kredit und Kapital 1979, 527, 530, 539.
[499] Vgl. Haaker, 99. Vor dem Hintergrund, dass dabei auch Zinsderivate wie bspw. Zinsswaps unbewertet blieben, war dieses Vorgehen auf jeden Fall überdenkenswert.
[500] Auch als „Bewertungskonvention" bezeichnet.
[501] So auch Sopp/Grünberger, KoR 2014, 36 mwN.
[502] Vgl. Sopp/Grünberger, KoR 2014, 36 mwN.

Bildung von Rückstellungen für drohende Verluste aus schwebenden Geschäften besteht, wenn aus offenen Festzinspositionen am Bilanzstichtag ein Verlust zu erwarten ist.[503] Zu demselben Ergebnis kommen bspw. im Jahr 1993 auch Oestreicher[504] und 1994 Krumnow ua.[505]

Die Instrumente zur Risikosteuerung und -messung der Institute sowie die IT-technischen Möglichkeiten haben sich seit dieser Zeit weiter entwickelt und einen Stand erreicht, der es heute ermöglicht, eine solche Rückstellung mit ausreichender Genauigkeit („nach vernünftiger kaufmännischer Beurteilung") zu ermitteln. Mithin ist das Argument der nicht vorhandenen technischen Möglichkeiten nicht mehr relevant. Zumindest bei Anwendung der barwertigen Methode müssen die wesentlichen Größen (Buchwert, Barwert) aufgrund einschlägiger Vorschriften (HGB, MaRisk uam.) vorhanden sein. Außerdem sollte jede Bank ihre Risikokosten sowie ihre Verwaltungskosten, die das Bankbuch betreffen, zur Kalkulation ihrer Konditionen ermitteln können.

4.3.4.4. Imparitätsprinzip und verlustfreie Bewertung

Das Imparitätsprinzip verlangt, dass Verluste schon im Zeitpunkt ihrer Verlust-verursachung zu berücksichtigen sind. Das Imparitätsprinzip hat im Gesetz auch in der Passivierungspflicht für drohende Verluste aus schwebenden Geschäften (verlustfreie Bewertung) seinen Niederschlag gefunden.

Die verlustfreie Bewertung ist im Nichtbankenbereich insbesondere bei der Bewertung von Erzeugnissen, Leistungen und Waren durchzuführen. Die verlustfreie Bewertung ist dort allgemein dahingehend zu verstehen, dass beim späteren Verkauf der zu bewertenden Vermögensgegenstände nach dem Abschlussstichtag keine Verluste mehr eintreten sollen. Dem kontrahierten Verkaufserlös werden dabei die bereits erfassten und noch anfallenden Anschaffungs-/Herstellungskosten, die Erlösschmälerungen, die allgemeinen Vertriebs- und Verwaltungskosten usw. gegenübergestellt und es wird ermittelt, ob der vereinbarte Verkaufserlös all diese Kosten deckt. Falls dies nicht der Fall ist, droht am Abschlussstichtag ein Verlust, der zurückzustellen ist. Diese Überlegung wird bei der verlustfreien Bewertung des Bankbuchs übernommen, indem dem vereinbarten Zinsertrag die Zinsaufwendungen sowie die Risiko- und Verwaltungskosten gegenübergestellt werden.

---

[503] Vgl. Bundesverband deutscher Banken (1987), Teil I, 13. Dieser Meinung haben sich Birck/Meyer, V 347 f. angeschlossen.

[504] Vgl. Oestreicher, Beilage 12 zu Heft 18, BB 1993, 7 ff.

[505] Vgl. Krumnow ua. 1. Auflage (1994), § 340e HGB Rn. 297.

Die bis zum Abschlussstichtag bereits entstandenen Verluste sind im Abschluss zu erfassen (zB Einzelwertberichtigungen, Abschreibungen); mit der Drohverlustrückstellung (verlustfreien Bewertung) sind lediglich die Verluste zu antizipieren, die sich **zinsbedingt** nach dem Abschlussstichtag bis zur tatsächlichen Abwicklung des Geschäfts auf der Basis der Erkenntnisse und Marktverhältnisse zum Stichtag ergeben. Diese Betrachtung hat nach IDW RS HFA 4 unter Berücksichtigung der Vollkosten zu erfolgen, weshalb bei Kreditinstituten die Risiko- und Verwaltungskosten zu berücksichtigen sind. Ein Gewinnzuschlag darf dabei nicht berücksichtigt werden.

Bonitätsbedingte Einzel- und Pauschalwertberichtigungen sowie außerplanmäßige Abschreibungen von Finanzinstrumenten sind unabhängig von den Grundsätzen der verlustfreien Bewertung des Bankbuchs vorzunehmen (IDW RS BFA 3 n.F. Tz. 9). Diese können auch nicht auf die Drohverlustrückstellung aufgrund verlustfreier Bewertung angerechnet werden, da bereits deren Grund (nämlich mangelnde Bonität) ein anderer als die Bewertung des Zinsspannenrisikos ist.

Der BFA weist in IDW RS BFA 3 n.F. Tz. 50 bzw. Tz. 53 ausdrücklich darauf hin, dass bei der Ermittlung der voraussichtlich noch anfallenden Risikokosten/erwarteten Ausfälle eine Doppel-/Mehrfachberücksichtigung der bereits iRd. Einzel- und Pauschalwertberichtigungen erfassten Risikovorsorge zu vermeiden ist.

Soweit bei **Wertpapieren** des Bankbuchs eine **zinsbedingte** Niederstwertabwertung notwendig ist, ist diese bei der Buchung der Drohverlustrückstellung zu korrigieren (IDW RS BFA 3 n.F. Tz. 49). Die Niederstwertabschreibung geht der Bildung einer Drohverlustrückstellung vor. Dabei ist zu beachten, dass eine insgesamt notwendige Niederstwertabschreibung auf ihre Ursachen (Bonität, Zins) hin zu untersuchen und nach diesen Ursachen getrennt – wie vorstehend dargestellt – bilanziell zu behandeln ist.

4.3.4.5. Einzelheiten zur Ermittlung der Drohverlustrückstellung

Überblick

Institute müssen ihr Bankbuch bzw. Zinsbuch je Währung **verlustfrei bewerten** und in diesem Zusammenhang – vergleichbar mit Nichtbanken – ermitteln, ob die vereinbarten (künftigen noch nicht fälligen) Zinserträge und zinsähnlichen Erträge (zB Kreditbearbeitungsgebühren, Bereitstellungsprovisionen) die (künftig) noch anfallenden Zinsaufwendungen, einschließlich der mit der Bestandsverwaltung zusammenhängenden (künftigen) allgemeinen

Verwaltungsaufwendungen und (künftigen) Risikokosten decken, wobei kein Gewinnzuschlag berücksichtigt werden darf.

Ist dabei ein Aufwandsüberschuss (Verpflichtungsüberhang) zu erwarten, ist dieser dem Imparitätsprinzip folgend als Rückstellung für drohende Verluste aus schwebenden Geschäften zu antizipieren.[506] Dieses Vorgehen hat zur Folge, dass für negative Zinsmargen aus einzelnen Geschäften solang keine Rückstellung erforderlich ist, wie diese durch ausreichende positive Margen bei anderen Geschäften ausgeglichen werden. Dies gilt nicht nur innerhalb einer Periode, sondern periodenübergreifend.

Die verlustfreie Bewertung und damit die Ermittlung einer Rückstellung für drohende Verluste aus schwebenden Geschäften knüpft – wie an anderer Stelle bereits erwähnt – nach § 249 Abs. 1 HGB an zwei Tatbestände an (IDW RS HFA 3 n.F. Tz. 9):[507]

a) das Vorliegen von schwebenden Geschäften und
b) ein aus den schwebenden Geschäften drohender Verlust.

Die Prüfung, ob eine Rückstellung für verlustfreie Bewertung (Drohverlustrückstellung) zu bilden ist, ist zu jedem (Zwischen-) Abschlussstichtag vorzunehmen;[508] **Aufgriffsgrenzen** oder Ähnliches gibt es in diesem Zusammenhang nicht. Zur Klarstellung wird darauf hingewiesen, dass für die Bildung einer solchen Rückstellung kein Wahlrecht besteht.

Betrachtungsebene für einen drohenden Verlust

Die Behandlung des Bankbuchs/Zinsbuchs als einheitliches Bewertungsobjekt setzt die **gemeinsame zinsbedingte Steuerung** aller zugeordneten Geschäfte (Forderungen, Verbindlichkeiten, Wertpapiere, Derivate) voraus.

Durch diese Verknüpfung mit dem internen Risikomanagement sind die kompensierenden Vor- und Nachteile der in den Saldierungsbereich einbezogenen Geschäfte iSd. IDW RS HFA 4 hinreichend konkretisiert.

---

[506] Ebenso Stolberg, WPg 1971, 387; im Schrifttum zur Abbildung des Zinsrisikos im Leasinggeschäft, das mit dem Bankbuchgeschäft vergleichbar ist, wird ebenfalls eine Drohverlustrückstellung gefordert; Oestreicher, 8 (rechte Spalte oben).
[507] Vgl. ausführlich Jessen/Haaker/Briesemeister, KoR 2011, 314 ff..
[508] Ebenso bereits Birck/Meyer, V 350.

Bestehen für Zwecke der internen Steuerung mehrere voneinander unabhängige Bankbücher/Zinsbücher, bildet mithin jedes für sich ein eigenes Bewertungsobjekt iRd. verlustfreien Bewertung. Werden die einzelnen Bankbücher/ Zinsbücher auf einer **höheren Ebene** gemeinsam limitiert, überwacht und aktiv gesteuert ist von einer gemeinsamen Steuerung dieser einzelnen Zinsbücher auf der höheren Ebene auszugehen. Allein eine aggregierte Berichterstattung ist nicht ausreichend.[509]

Schwebende Geschäfte als Gegenstand der Betrachtung

Gegenseitige Verträge, die auf eine entgeltliche Überlassung von finanziellen Mitteln für einen bestimmten oder unbestimmten Zeitraum oder auf einen anderen finanziellen Austausch (Darlehen) gerichtet sind, sind schwebende Geschäfte (IDW RS HFA 4 Tz. 3). Bei Darlehen überlässt der **Darlehensgeber** das Kapital zur Nutzung für die (Rest-) Laufzeit während der **Darlehensnehmer** die laufende Gegenleistung in Form von Zinsen zu erbringen hat.

Die hier relevanten **Forderungen** und **Verbindlichkeiten** (beides Darlehen) des Bankbuchs sind (zweiseitig) schwebende Geschäfte.[510] Gegenstand des Leistungsaustauschs im Rahmen dieser schwebenden Geschäfte ist – wie vorstehend gesagt – nicht die Hingabe und spätere Rückzahlung eines Geldbetrags, sondern die Überlassung der Kreditvaluta zur Nutzung und die Zahlung des Preises für die Nutzungsüberlassung in Gestalt der Zinsen.[511]

Dies gilt bei wirtschaftlicher Betrachtung ungeachtet einer abweichenden zivilrechtlichen Beurteilung der Rechtsverhältnisse (IDW RS BFA 3 n.F. Tz. 8). Die typischen Schuldverhältnisse aus dem Einlagen- und Kreditgeschäft der Kreditinstitute fallen mithin dem Grunde nach ebenso in den Anwendungsbereich der Regelungen des § 249 Abs. 1 Satz 1 Alt. 2 HGB wie verbriefte Forderungen (Wertpapiere des Anlagevermögens und der Liquiditätsreserve) und verbriefte Verbindlichkeiten sowie derivative Finanzinstrumente (IDW RS BFA 3 n.F. Tz. 8).

Ein Geschäft ist so lange in der Schwebe, wie die vereinbarten Nutzungsperioden in der Zukunft liegen. Nur insoweit können künftig Verluste drohen, während sich (positive und negative) Erfolge für die Zeit bis zum Bilanzstichtag

---

[509] Vgl. DGRV (Hrsg.), Praxishandbuch Derivate, Teil 1 D.II.5.2.2.

[510] Ausführlich dargestellt von Oestreicher, Beilage 12 zu Heft 18, BB 1993, 3 ff.; Böcking, ZfbF 1986, 930 ff.; Düpmann/Schorr, 305, kritisch zum Thema schwebendes Geschäft im Fall von Forderungen/Verbindlichkeiten.

[511] Vgl. Birck/Meyer, V 349.

bereits in der Gewinn- und Verlustrechnung niedergeschlagen haben (müssen). Dies bedeutet, dass für die verlustfreie Bewertung der Zeitraum ab dem Tag nach dem Bilanzstichtag bis zur Fälligkeit der einzubeziehenden Geschäfte relevant ist.

Für die verlustfreie Bewertung schwebender Geschäfte kommt es nicht darauf an, ob die Vermögensgegenstände (zukünftig) *„jederzeit veräußert werden können"* – so aber *Die Deutsche Kreditwirtschaft* in ihrer Stellungnahme zu ERS BFA 3 vom 10.7.2012 zu Tz. 6/8.[512] Vielmehr zielt die verlustfreie Bewertung im Bankbuch wie im Vorratsvermögen bei Industrieunternehmen darauf ab, dass nach den aktuellen Marktbedingungen am Bilanzstichtag bei einem späteren Verkauf kein Verlust mehr entstehen soll. Insofern ist die Außerachtlassung der Veräußerbarkeit von Vermögensgegenständen iRd. verlustfreien Bewertung auch nicht *„zu kurz gegriffen"*.

Gleichwohl scheint der BFA (vgl. IDW RS BFA 3 n.F. Tz. 40) dem Petitum nach Berücksichtigung der Veräußerbarkeit von Vermögensgegenständen gefolgt zu sein.[513]

Zinsderivate im Bankbuch

Neben Forderungen, Wertpapieren und Verbindlichkeiten sind auch **Zinsderivate** des Bankbuchs als schwebende Geschäfte Gegenstand der hier anzustellenden Betrachtung (IDW RS BFA 3 n.F. Tz. 21), dh. Zinsderivate, die der Steuerung des allgemeinen Zinsänderungsrisikos (Zinsspannenrisiko iRd. Aktiv-/Passivsteuerung) des Instituts dienen, sind unabhängig davon, ob diese in eine Bewertungseinheit (zinsbezogener Geschäfte des Bankbuchs) einbezogen sind oder nicht, in die verlustfreie Bewertung des Bankbuchs einzubeziehen.[514]

Einer Einzelbewertung – ggf. mit der Folge einer Drohverlustrückstellung bei gesunkenem bzw. negativem Marktwert – unterliegen nach IDW RS BFA 3 n.F. Tz. 22 die Derivate, *„... deren Zweckbestimmung zum Zeitpunkt des Geschäftsabschlusses nicht dokumentiert ist und/oder die nicht objektiv zur Steuerung des Zinsänderungsrisikos (Zinsspannenrisiko) geeignet sind."*[515]

[512] Vgl. Stellungnahme zu IDW BFA 3 vom 10.7.2012, www.idw.de.
[513] Vgl. hierzu Göttgens, WPg 2013, 26.
[514] Ausführlich begründet vgl. Jessen/Haaker/Briesemeister, KoR 2011, 313 ff.
[515] Die Deutsche Kreditwirtschaft vertritt in der Stellungnahme zu IDW ERS BFA 3 die Ansicht, dass *„... nicht klar (ist), was mit dieser Textziffer ausgesagt werden soll"*. Aus konzeptioneller Sicht ist diese Ansicht nicht nachvollziehbar.

Damit wird klar geregelt, dass zum einen bei **fehlender Dokumentation** und zum anderen bei einer **Dokumentation, die Zweifel an der gewollten Bestandszuordnung aufkommen lässt**, keine Zuordnung dieser Derivate zum Bankbuch erfolgen kann. Die Zweckbestimmung muss zum Zugangszeitpunkt im Einklang mit der internen Risikosteuerung stehen.

Die (objektive) **Eignung zur Steuerung des Zinsspannenrisikos** ist vom Institut nachzuweisen (dokumentieren). Die in das Bankbuch einbezogenen Zinsderivate müssen in einem einheitlichen Nutzungs- und Funktionszusammenhang mit den übrigen Geschäften des Bankbuchs stehen. Dies ist immer dann der Fall, wenn die nachfolgenden **Kriterien** kumulativ erfüllt sind:[516]

- Das Zinsderivat weist keine Risiken auf, die qualitativ über die (Zins-) Risiken aus den bilanziellen zinsbezogenen Geschäften des Bankbuchs hinausgehen.
- Die Risiken aus dem Zinsderivat werden in den Zinsrisikosteuerungs- und -controllingsystemen des Instituts adäquat gemessen und überwacht (Kompatibilität mit der internen Risikomess- und -steuerungsmethodik).
- Das Derivategeschäft wurde unter Beachtung des aus dem vorhandenen Risikodeckungspotential abgeleiteten Risikolimits abgeschlossen.
- Das Zinsderivat dient nachweislich der Umsetzung der aus der Geschäfts- und Risikostrategie abgeleiteten Bankbuchstrategie (Strategiekonformität).

Bei der Beurteilung der objektiven Eignung von Zinsderivaten zur Steuerung des allgemeinen Zinsänderungsrisikos ist neben der Kompatibilität mit der internen Risikomess- und Steuerungsmethodik insbesondere die **Strategiekonformität** von Bedeutung.[517]

Eine **vorzeitige Beendigung** von Zinsderivaten des Bankbuchs ist nur iRe. strategiekonformen Risikosteuerungsmaßnahme möglich. Vgl. hierzu die Ausführungen in Kapitel 4.12.2.5.3. und DGRV (Hrsg.).[518] Die dort für Zinsswaps dargestellten Kriterien sind auch auf andere Zinsderivate des Bankbuchs anzuwenden.

Grundsätzlich sind sog. **strukturierte Derivate** wie bspw. Ladder Swaps, Bonus-Malus-Dauersammler Zinsswaps, Quanto Zinsswaps, Constant Maturity Swaps usw. als ungeeignet zur Steuerung des Zinsspannenrisikos anzusehen,

---

[516] Vgl. ausführlich DGRV (Hrsg.), Praxishandbuch Derivate, Teil 1, D.II.5.3.2.
[517] Vgl. DGRV (Hrsg.), Praxishandbuch Derivate, Teil 1, D.II.5.3.2.
[518] Vgl. DGRV (Hrsg.), Praxishandbuch Derivate, Teil 1, D.II.5.3.3. und 5.3.4.

da diese Derivate Risiken aufweisen, die qualitativ über die Zinsrisiken des Bankbuchs hinausgehen. Eine insgesamt (ungetrennte) wertmäßige Zuordnung dieser strukturierten Derivate zum Bankbuch scheidet auf jeden Fall aus.

Diese strukturierten Swaps sind IDW RS BFA 3 n.F. Tz. 21 und 22 folgend daher grundsätzlich entweder dem Handelsbestand zuzuordnen und mit ihrem beizulegenden Zeitwert anzusetzen oder imparitätisch einzeln zu bewerten. **Stillhalterpositionen** aus Zinsoptionen sind ebenfalls nicht geeignet.[519] Zur Berücksichtigung anderer Derivate vgl. die Ausführungen hierzu in Kapitel 4.12.

Zu einer vom BFA als zulässig angesehenen besonderen Behandlung für sog. **langlaufende Zinsswaps** vgl. IDW RS BFA 3 n.F. Tz. 23 und Kapitel 4.12.2.5.3.; Regelungen zur **Änderung der Zuordnung** von diesen Geschäften vgl. auch IDW RS BFA 3 n.F. Tz. 27 ff.

Mit Blick auf langlaufende Zinsswaps muss nicht nur deren Eignung und Nutzung für die Steuerung von Zinsänderungsrisiken, sondern auch deren Laufzeit im Verhältnis zu den anderen Geschäften des Bankbuchs berücksichtigt werden (Laufzeitkongruenz).[520]

Einzelbetrachtung versus Gesamtbetrachtung

Auch bei der verlustfreien Bewertung gilt zunächst einmal grundsätzlich der Einzelbewertungsgrundsatz. Wird danach bspw. eine (große) Forderung (zB Objektfinanzierung, Konsortialkredit) direkt durch eine individuelle (eindeutig zuordenbare) Kreditaufnahme (zB Anleihe oder Konsortialgeschäft) refinanziert, kann auf dieser Basis die Notwendigkeit einer Drohverlustrückstellung willkürfrei festgestellt werden. Dies kann bspw. bei Banken der Fall sein, die das Pfandbriefbankgeschäft (Hypothekenbankgeschäft) betreiben. Ein anderer denkbarer Fall ist bspw. auch die Gewährung eines großen (Konsortial-) Kredits, der individuell und gezielt refinanziert wird.

Das Zinsgeschäft (Kreditgeschäft) eines Kreditinstituts ist jedoch im Regelfall nicht auf eine solche individuelle Refinanzierung ausgerichtet. Vielmehr wird die Refinanzierung üblicherweise für mehrere oder eine Vielzahl von Forderungen, Wertpapieren usw. vorgenommen, sodass eine Einzelbetrachtung bzw.

---

[519] Vgl. auch die Beispiele bei DGRV (Hrsg.), Praxishandbuch Derivate, Teil 1, D.II.5.3.
[520] Vgl. Vietze/Bär/Briesemeister/Löw/Schaber/Weigel/Wolfgarten, WPg 2018, 764 f.; mit einer Interpretation des BFA 3 n.F. Tz. 23 vgl. DGRV (Hrsg.), Praxishandbuch Derivate, Teil 1, D.II.5.3.2. Zwischenüberschrift „Kriterium der Laufzeitkongruenz".

Einzelzuordnung von verzinslicher Aktiva und Passiva – wie auch die nachfolgenden Ausführungen zeigen – nicht zielführend ist.[521] Eine Zuordnung von Verbindlichkeiten zu bestimmten Forderungen wäre willkürlich.[522] Meyer[523] formuliert dies wie folgt: *„Geld hat keine Markierungen"*. Auch die interne Steuerung der Institute wird bei dieser Art der Refinanzierung nicht auf Einzelgeschäftsbasis durchgeführt. Es wird also im Regelfall nicht ohne Weiteres nachgewiesen werden können, dass eine bestimmte Forderung mit einer negativen Zinsspanne ausgeliehen worden ist.[524]

Wesentlicher als die Betrachtung der individuellen Verzinslichkeit einzelner Forderungen oder Verbindlichkeiten ist daher die Gesamtschau der Erfolge aus dem Aktiv- und Passivgeschäft (verzinsliche Aktiv- und Passivposten).[525] Insofern ist der Grundsatz der (zinsbezogenen) Einzelbewertung jeder einzelnen Forderung bzw. Verbindlichkeit „... *in Frage zu stellen, wenn er zu grob falschen Ergebnissen führen würde.*"[526] Meyer[527] warnt in diesem Zusammenhang sogar vor einer ungerechtfertigten *„Totbilanzierung"* von Banken. Die besondere Ausprägung des Bankgeschäfts erfährt durch die gemeinsame Betrachtung von zusammengehörenden Geschäften – so Meyer[528] bereits im Jahr 1985 – iRd. Bewertung des Bankbuchs eine Abkehr von einer falsch verstandenen Bewertung jeder einzelnen Forderung.

Die verlustfreie Bewertung des Bankbuchs erfordert daher eine **Gesamtbetrachtung** aller dem Bankbuch aufgrund objektiv nachvollziehbarer Kriterien zugeordneten und als Gesamtheit risikogesteuerten zinstragenden bilanziellen und außerbilanziellen Positionen außerhalb des Handelsbestands (einschließlich der verzinslichen Wertpapiere der Liquiditätsreserve und des Anlagebe-

[521] Vgl. Bischof, 84, der wie folgt formuliert: *„Diese Gesamtbetrachtung greift auf die (...) Instrumente der internen Zinsrisikosteuerung zurück, in denen originäre genauso wie derivative Geschäfte in einzelne Fristigkeitsfächer eingestellt (...) werden."* Oestreicher, Beilage 12 zu Heft 18, BB 1993, 9 sagt *„Eine horizontale Zuordnung von Aktiva und Passiva ist lediglich dann zulässig, wenn die Refinanzierungsmittel nachweislich zur Finanzierung bestimmter Aktivgeschäfte aufgenommen wurden."*
[522] Ebenso Oestreicher, Beilage 12 zu Heft 18, BB 1993, 9 f.
[523] Vgl. Meyer, in: Forster (Hrsg.), FS Scholz, 154.
[524] Vgl. Meyer, in: Forster (Hrsg.), FS Scholz, 154; ebenso Stolberg, WPg 1971, 387.
[525] Vgl. Meyer, in: Forster (Hrsg.), FS Scholz, 153 f. ebenso BFH-Urteil vom 24.1.1990, BStBl. II 1990, 639 ff. sowie BGH-Urteil vom 1.3.1982, DB 1982, 1923; Scholz, Kredit und Kapital 1979, 540; Bischof, 84 f.; Düpmann, 100 ff.; Müller, Th., 282 ff.
[526] Vgl. Meyer, in: Forster (Hrsg.), FS Scholz, 140.
[527] Vgl. Meyer, in: Forster (Hrsg.), FS Scholz, 145.
[528] Vgl. Meyer, in: Forster (Hrsg.), FS Scholz, 154.

stands).[529] Dieser Saldierungsbereich iSd. IDW RS HFA 4 gilt als Bewertungsobjekt iRd. verlustfreien Bewertung. Der Grundsatz der Stetigkeit ist dabei strikt zu beachten.

Aus dem Grundsatz der Willkürfreiheit folgt, dass dabei eine Abgrenzung des Bewertungsobjekts „Bankbuch" (vgl. auch nachfolgend) nach objektiven Kriterien erfolgen muss. Eine Orientierung am dokumentierten Risikomanagement (MaRisk) gilt dabei als Objektivierung.

Dem für die Drohverlustrückstellung relevanten Saldierungsbereich der schwebenden Zinsansprüche und -verpflichtungen entspricht mithin das gesamte jeweilige Bankbuch, basierend auf dem Umfang, in dem es intern gesteuert wird. Sämtliche zinstragenden Geschäfte des einzelnen Bankbuchs sind mithin praktisch als **ein umfassendes schwebendes Geschäft** zu behandeln. Dem steht der Grundsatz der Einzelbewertung nach § 252 Abs. 1 Nr. 3 HGB nicht entgegen (IDW RS BFA 3 n.F. Tz. 10).

Damit sind bei der Ermittlung eines etwaigen Verpflichtungsüberhangs die Zinserträge und zinsähnlichen Erträge aus sämtlichen zinsbezogenen Geschäften des Bankbuchs (sämtliche zinsbezogenen Geschäfte außerhalb des Handelsbestands) den zu deren Erwirtschaftung voraussichtlich noch anfallenden Aufwendungen gegenüberzustellen (IDW RS BFA 3 n.F. Tz. 12). Dies bedeutet, dass für **negative Zinsmargen** aus einzelnen Geschäften solange keine Rückstellung zu bilden ist, wie diese durch ausreichende positive Margen bei anderen Geschäften ausgeglichen werden.[530] Dies gilt nicht nur innerhalb einer Periode, sondern auch periodenübergreifend.[531]

Dieser Saldierungsbereich wird über die **Verknüpfung mit der Risikosteuerung** des Instituts bezüglich der einzubeziehenden kompensierenden (Zins) Vorteile hinreichend konkretisiert. Eine derartige Verknüpfung mit der Risikosteuerung findet bspw. auch bei der Bilanzierung des Handelsbestands statt. Sie hat sich im Kontext des BilMoG zu einer „*Maßgeblichkeit der internen Risikosteuerung*" für die handelsrechtliche Bilanzierung entwickelt.[532] Durch dieses Vorgehen wird auch bei der Bewertung des Bankbuchs die größtmögliche **Willkürfreiheit** bei der Abgrenzung der einzubeziehenden Geschäfte ge-

---

[529] Ebenso Bischof, 84 f.; Jessen/Haaker/Briesemeister, KoR 2011, 313 ff. und 359 ff.; Oestreicher, Beilage 12 zu Heft 18, BB 1993, 9, der dies als modifizierte Einzelbewertung bezeichnet.

[530] Vgl. DGRV (Hrsg.), Praxishandbuch Derivate, Teil 1, D.II.5.

[531] Vgl. DGRV (Hrsg.), Praxishandbuch Derivate, Teil 1, D.II.5.

[532] Vgl. Bleck, Betriebswirtschaftliche Blätter 9/2010, 529, der diesen Grundsatz erstmals erwähnt.

währleistet. IDW RS BFA 3 n.F. stellt in einer Vielzahl von Textziffern auf die durch die MaRisk näher beschriebene interne Risikosteuerung ab.

Gesamtbetrachtung ist kein Verstoß gegen den Einzelbewertungsgrundsatz

Nach Naumann[533] wird die erforderliche Untersuchung, ob antizipationsfähige Verluste drohen, *„... betriebswirtschaftlich sinnvollerweise von den einzelnen Posten abgekoppelt"*. Dies verstößt nicht gegen das Einzelbewertungsprinzip.[534] Es handelt sich *„... um eine aus dem Zusammenspiel von Mittelanlage und Refinanzierung resultierende Antizipation polygeschäftsbezogener negativer Erfolgsbeiträge."*[535]

Nach Düpmann[536] zeichnet sich bei *„... der Quantifizierung eines drohenden Verlusts und dessen Berücksichtigung (...) ab, dass entgegen der strengen Auslegung des Einzelbewertungsgrundsatzes nicht für jedes Geschäft einzeln eine Rückstellung zu bilden ist, sondern dass alle wirtschaftlich zusammengehörigen, gleichartigen schwebenden Geschäfte in die Quantifizierung eines etwaigen Rückstellungsbedarfs einzubeziehen sind."* Es ist heute allgemein anerkannt, *„... dass eine wie auch immer geartete direkte Zuordnung nicht möglich bzw. rein willkürlich ist ...".*[537]

Diese gegenüber der Bilanzierung bei Nichtbanken unterschiedliche Behandlung der **Forderungsbewertung** erscheint nach Düpmann vor dem Hintergrund der wirtschaftlichen Entstehung zutreffend. Während Nichtbanken häufig eigene Lieferungen und Leistungen kreditieren, ist die Kreditschöpfung aus Sicht der neueren Kredittheorie eine der Hauptaufgaben von Kreditinstituten. Da Banken – so zutreffend Düpmann[538] – *„... Geld aber nicht selbst produzieren, ist es systemimmanent, dass sie es sich entweder am Geld- und Kapitalmarkt oder bei anderen Einlegern (Kunden) ausleihen. Dadurch entsteht ein wirtschaftlicher Zusammenhang zwischen Forderungen und Verbindlichkeiten."*

Der BFH[539] hat diese Gesamtbetrachtung Anfang der 1990er Jahre als **Refinanzierungsverbund** bezeichnet und zutreffend festgestellt, dass auf Basis

---

[533] Vgl. Naumann (1995), 141.
[534] Vgl. Naumann (1995), 141 mwN.
[535] Vgl. Naumann (1995), 142.
[536] Vgl. Düpmann, 104 mwN.
[537] Vgl. Düpmann, 129.
[538] Vgl. Düpmann, 130.
[539] Vgl. BFH-Urteil vom 24.1.1990, BStBl. II 1990, 639 ff.

des **Gesamtgeschäfts** (Bankbuch, Zinsbuch) ermittelt werden muss, ob die vereinbarten Zinserträge die mit diesen in Zusammenhang stehenden Aufwendungen decken oder ob zum Abschlussstichtag ein Aufwandsüberschuss (Drohverlust) zu erwarten ist. Bei sich verändernden Marktzinsen lehnt der BFH daher in Übereinstimmung mit dem oben genannten Schrifttum eine **zinsinduzierte** Einzelbewertung von Forderungen des Bankbuchs ab.

Dem ist der BFA mit IDW RS BFA 3 n.F. Tz. 17 gefolgt. Danach entspricht *„der Saldierungsbereich der einbezogenen zinsbezogenen Finanzinstrumente jeweils dem Saldierungsbereich des gesamten Bankbuchs bzw. der einzelnen Zinsbücher".* Damit liegt keine Verletzung des Einzelbewertungsgrundsatzes vor.

Eine **zinsinduzierte Abwertung** von Forderungen des Bankbuchs ist nur bei konkreter **Veräußerungsabsicht** einer Forderung oder eines Portfolios von Forderungen geboten, wenn daraus ein Verlust zu erwarten ist, weil das bilanzierende Institut das Finanzinstrument in diesem Fall nicht bis zur Fälligkeit hält und der Refinanzierungsverbund insoweit aufgelöst wird.[540]

Abgrenzung des Bewertungsobjekts „Bankbuch"

Für Bilanzierungszwecke ist bei Kreditinstituten für die Abbildung des Zinsänderungsrisikos zwischen dem Handelsbestand[541] (das bankaufsichtliche Handelsbuch kann hiervon abweichen) und dem Bankbuch zu unterscheiden. Ein Institut kann auch mehrere Bankbücher haben. Dies ist bspw. dann sinnvoll, wenn das Institut neben dem „normalen" Kreditgeschäft den Kunden auch Zinsswaps anbietet und diese mit oder ohne Marge mit einem anderen Institut (bspw. im Konzern) „durchhandelt", wenn diese Swaps nicht einem Handelsbestand zugeordnet werden.[542]

Für die Bilanzierung des Handelsbestands ist IDW RS BFA 2 zu beachten; (vgl. Kapitel 4.4.2.). Die Handelsbestände (Aktiva 6a. und Passiva 3a.) sind für die hier zu diskutierenden Fragen nicht relevant.

---

[540] So bereits Stolberg, WPg 1971, 387.

[541] Bei einem mit dem handelsrechtlichen Handelsbestand nicht übereinstimmenden bankaufsichtlichen Handelsbuch, ist der handelsrechtliche Handelsbestand maßgeblich.

[542] Soweit ein Kundenswap 1:1 durchgehandelt wird, bilden beide Geschäfte idR eine Bewertungseinheit; dies ist für die Zuordnung zu einem Bankbuch nicht relevant. Inwieweit für die Beurteilung der Wirksamkeit die Short-Cut-Methode zur Anwendung kommt, hängt davon ab, ob die Voraussetzungen gegeben sind. Soweit allerdings für Unwirksamkeiten Rückstellungen gebildet werden, sind diese idR bei einer evtl. Rückstellung für verlustfreie Bewertung des Bankbuchs zu kürzen.

Für die **Bestände des Bankbuchs** – darunter fallen sämtliche zinstragenden bilanziellen und außerbilanziellen zinsbezogenen Finanzinstrumente außerhalb des Handelsbestands (IDW RS BFA 3 n.F. Tz. 2 und Tz. 14), also auf der **Aktivseite** auch verzinsliche Wertpapiere der Liquiditätsreserve und des Anlagebestands[543] – hat das bilanzierende Kreditinstitut zu jedem Bilanzstichtag zu prüfen, inwieweit es gemäß § 340a iVm. § 249 Abs. 1 Satz 1 HGB eine Rückstellung für drohende Verluste aus schwebenden Geschäften zu bilden hat.[544] Auf der **Passivseite** sind grundsätzlich sämtliche Verbindlichkeiten in die Betrachtung mit einzubeziehen.[545]

Die Abgrenzung der zinsbezogenen Finanzinstrumente des Bankbuchs (das Bewertungsobjekt) folgt grundsätzlich der im internen Risikomanagement dokumentierten Zuordnung (IDW RS BFA 3 n.F. Tz. 14). Eine objektivierbare und willkürfreie Abgrenzung, die den handelsrechtlichen Anforderungen entspricht, liegt vor, soweit zinsbezogene Finanzinstrumente berücksichtigt werden, die in einem einheitlichen Nutzungs- und Funktionszusammenhang (Refinanzierungsverbund) stehen und auf Basis der den MaRisk entsprechenden Risikomanagementsysteme als Gesamtheit gesteuert werden (IDW RS BFA 3 n.F. Tz. 15 und Tz. 17). Dies bedeutet, dass die Abgrenzung des jeweiligen Bankbuchs im Risikomanagement den *„handelsrechtlichen Anforderungen"* entsprechen muss. Besteht für ein nicht zinstragendes Aktivum (zB Beteiligung, Immobilie) eine direkt zugeordnete Refinanzierung, sind aus Objektivierungsgründen sowohl das Aktivum als auch die Refinanzierung nicht Bestandteil des Bankbuchs (IDW RS BFA 3 n.F. Tz. 16).

Da für die verlustfreie Bewertung ausschließlich schwebende Geschäfte heranzuziehen sind, entspricht es wohl nicht den „handelsrechtlichen Anforderungen", wenn das **Eigenkapital** als Refinanzierungsquelle (und das mit einer Null-Verzinsung) berücksichtigt wird, da das Eigenkapital kein schwebendes Geschäft ist.[546]

Insoweit ist IDW RS BFA 3 n.F. Tz. 39, wonach die Finanzierungswirkung des Eigenkapitals zur fiktiven Schließung von Aktivüberhängen alternativ

---

[543] Siehe auch Scholz, Kredit und Kapital 1979, 524; ebenso Düpmann, 192 f.

[544] Vgl. Walter, BankPraktiker 2010, 233.

[545] Für den Fall, dass nicht im Passivposten 3a. erfasste Verbindlichkeiten in der internen Steuerung eindeutig und stetig – mit allen Konsequenzen die Bilanzierung und Bewertung des Handelsbestands betreffend – als Verbindlichkeiten des Handels dargestellt sind, brauchen diese Verbindlichkeiten nicht in die verlustfreie Bewertung einbezogen werden.

[546] Vgl. die ausführliche Untersuchung von Janko, 147 ff.

Berücksichtigung finden kann, lediglich als Kompromisslösung zu werten.[547] Von dieser komfortablen Sichtweise profitieren aber nur solche Kreditinstitute, die grundsätzlich ihre Gewinne nicht ausschütten, sondern den Rücklagen zuführen müssen (zB öffentliche Förderinstitute, Sparkassen) **und** gleichzeitig auch für die Zwecke der internen Steuerung keine Eigenkapitalverzinsung annehmen. Soweit Kreditinstitute ihre Gewinne ausschütten, ist die interne Verzinsung auf Basis der Ausschüttungen heranzuziehen (IDW RS BFA 3 n.F. Tz. 39), die üblicherweise höher ist als der risikolose Zinssatz. Eine Nullverzinsung kann dabei nach Ansicht der Befürworter der Berücksichtigung des Eigenkapitals nur dann zu akzeptieren sein, soweit bspw. die Anteilseigner dauerhaft auf Ausschüttungen verzichten. Ist allerdings ein Verzicht auf Ausschüttungen durch nachhaltige Verluste bedingt, kann keine Nullverzinsung mehr angenommen werden. Im Übrigen ist darauf hinzuweisen, dass Eigenkapital iRd. Kompromisslösung des IDW RS BFA 3 n.F. Tz. 39 nur insoweit einbezogen werden könnte, als **Aktivüberhänge** bestehen **und** es **tatsächlich zur Refinanzierung von Bankbuchaktiva zur Verfügung steht**, dh. nicht zur Refinanzierung von nicht zinstragenden Aktiva wie zB Beteiligungen, Sachanlagen und Immateriellen Anlagewerten usw. benötigt wird.[548] Diese Zuordnung des sog. ungebundenen Eigenkapitals zu aktivischen Festzinsüberhängen muss willkürfrei erfolgen.

Bereits Scholz[549] hat festgestellt: *„Für die Berechnung einer Verlustrückstellung muss die Eigenkapitalverzinsung außer Ansatz bleiben"*, was letztlich bedeutet, dass das **Eigenkapital** nicht berücksichtigt wird.[550] Im Bilanzstrukturmanagement hat das Eigenkapital die Funktion der Risikovorsorge, dh. das Eigenkapital ist ein „Polster", das dazu dient, dass (Kapital-) Verluste nicht auf Gläubiger der Bank durchschlagen sollen.[551] Als Verlustdeckungspotenzial kann es nicht gleichzeitig zur Refinanzierung zinstragender Aktiva dienen.[552] Entsprechendes gilt für den **Fonds für allgemeine Bankrisiken** (§ 340g HGB).

Hybridkapital ist im Bankbuch nach den allgemeinen Regeln von IDW RS BFA 3 n.F. mit allen Zinszahlungen – unabhängig davon, ob diese unbedingt oder bedingt anfallen – zu berücksichtigen (IDW RS BFA 3 n.F. Tz. 42). Hybridkapital, das aufgrund der vertraglichen Ausgestaltung dem Eigenka-

---

[547] Es empfiehlt sich, insbesondere vor dem Hintergrund der Rechtsfolgen von § 256 AktG, vor der Berücksichtigung des Eigenkapitals als Refinanzierungsmittel mit einer Nullverzinsung dies bilanztheoretisch belastbar zu begründen.

[548] Ebenso DGRV (Hrsg.), Praxishandbuch Derivate, Teil 1, D.II.5.2.3.

[549] Vgl. Scholz, in: Schierenbeck/Wielens (Hrsg.), 127.

[550] Vgl. Scholz, Kredit und Kapitel 1979, 519.

[551] Vgl. Schierenbeck, in: Schierenbeck/Wielens, 15; Düpmann, 201.

[552] Ebenso Gaber, KoR 2012, 203.

pital (zB Aktienkapital, Stammkapital usw.) in allen wesentlichen Punkten vergleichbar ist, ist mit dem Eigenkapital gleichzusetzen (IDW RS BFA 3 n.F. Tz. 43). Ein Indiz kann dabei die Qualifikation als hartes Kernkapital iSv. Artikel 26 der Verordnung (EU) 575/2013 (CRR) sein.

Einzelheiten zu sog. **AT 1-Instrumenten** vgl. Kapitel 5.3.10.2.2.; diese haben idR Schuldcharakter und sind demzufolge als Verbindlichkeiten bei der verlustfreien Bewertung des Bankbuchs mit den vereinbarten Konditionen zu erfassen.

Bei der Berücksichtigung von Hybridkapital im Bankbuch sind **bedingte Zinszahlungen** insoweit zu erfassen, als am Abschlussstichtag aufgrund der vertraglichen Bedingungen sowie der konkreten Situation des Instituts mit dem Eintritt der Bedingung unter Berücksichtigung des Vorsichtsprinzips zu rechnen ist (IDW RS BFA 3 n.F. Tz. 44). Dabei kann sich nach Ansicht des BFA eine Wechselwirkung zwischen der Ermittlung der künftigen Zahlungsströme aus dem Hybridkapital und dem Ergebnis der verlustfreien Bewertung ergeben.

Sämtliche anderen Bilanzposten, die nicht zinstragend sind (dh. keine Zinserträge erwirtschaften) wie zB Aktien, Beteiligungen, Anteile an verbundenen Unternehmen, Immaterielle Anlagewerte, Sachanlagen usw. bleiben ebenso außen vor wie ausstehende Einlagen, latente Steuern und ein aktiver Unterschiedsbetrag aus der Vermögensverrechnung. Gleiches gilt für das Treuhandvermögen sowie die Treuhandverbindlichkeiten.

Zahlungsströme aus Pensionsverpflichtungen gehören unabhängig von deren Behandlung in der internen Steuerung des Zinsrisikos **nicht** zum Bewertungsobjekt Bankbuch, da diese nicht aus einem gegenseitigen Vertrag resultieren, der auf eine entgeltliche Überlassung von finanziellen Mitteln auf Zeit oder einen anderen finanziellen Leistungsaustausch gerichtet ist.[553]

Refinanziert ein Kreditinstitut direkt zuordenbar ein nicht zinstragendes Aktivum, sind aus Objektivierungsgründen sowohl das Aktivum als auch dessen Refinanzierung nicht Bestandteil des Bankbuchs (IDW RS BFA 3 n.F. Tz. 16).

Mehrere Zinsbücher

Bestehen zum Zweck der internen Steuerung mehrere voneinander unabhängige Zinsbücher, bildet jedes Zinsbuch für sich einen eigenen Saldie-

---

[553] Ebenso DGRV (Hrsg.), Praxishandbuch Derivate, Teil 1, D.II.5.2.2.

rungsbereich, der einzeln zu bewerten ist (IDW RS BFA 3 n.F. Tz. 25). Eine Verrechnung von positiven und negativen Ergebnissen aus verschiedenen Saldierungsbereichen ist nicht zulässig. Dies gilt grundsätzlich auch für eine währungsbezogene Aufteilung des Bankbuchs.

Soweit im **Einzelabschluss** auf einer unteren Ebene zunächst voneinander unabhängig gesteuerte Zinsrisiken auf einer höheren Steuerungsebene tatsächlich gemeinsam aktiv gesteuert werden, umfasst der Saldierungsbereich diese höhere Steuerungsebene.[554] Entscheidend hierfür ist, dass auf der höheren Ebene tatsächlich eine Steuerung des Zinsspannenrisikos aktiv durchgeführt und nicht nur beobachtet wird. Klarstellend sei darauf aufmerksam gemacht, dass dies nicht für den Konzernabschluss (kein Konzernbankbuch) Anwendung findet.

Verlustfreie Bewertung versus Bewertungseinheit

Die Zielsetzung und das Steuerungskonzept der Geschäfte des Bankbuchs liegen nach zutreffender Ansicht des BFA beim IDW außerhalb des Regelungsbereichs von § 254 HGB.[555] Geschäfte, die iRe. Bewertungseinheit nach § 254 HGB bilanziell abgebildet werden, gehören daher für Zwecke der Ermittlung der Drohverlustrückstellung dennoch zum Bankbuch (Refinanzierungsverbund; Saldierungsbereich nach IDW RS HFA 4 Tz. 25-27).

Bei der verlustfreien Bewertung des Bankbuchs wird festgestellt, ob die vereinbarten (künftigen) Zinserträge des Bestands zum Abschlussstichtag ausreichen, um die damit zusammenhängenden (künftigen) Aufwendungen zu decken. Die hier betrachtete Frage ist also, ob das Institut auf Grundlage des Bestands des Bankbuchs zum Abschlussstichtag künftig Verluste erwirtschaftet, weil die Zinserträge des Bestands am Abschlussstichtag nicht ausreichen, um die damit zusammenhängenden Aufwendungen (Kosten) zu decken; in Fall des Aufwands- bzw. Verlustüberhangs ist eine Drohverlustrückstellung nach § 249 HGB zu passivieren.

Im Gegensatz dazu wird durch die Bildung von Sicherungsbeziehungen (Bewertungseinheiten) nach § 254 HGB im Bankbuch bspw. mittels Zinsswaps die Zinsstruktur von Forderungen oder Verbindlichkeiten geändert bzw. modifiziert. Anders formuliert: die Zinsstruktur der Aktiva wird der Zinsstruktur der Passiva angepasst (eine festverzinsliche Forderung wird bspw. mit einem

---

[554] Vgl. Scharpf/Schaber, DB 2011, 2047; ebenso IDW RS BFA 3 n.F. Tz. 25.
[555] Vgl. IDW Sitzungsberichterstattung, 214. Sitzung des BFA am 2.11.2010, FN 2010, 578 f.; Gaber, 2. Aufl., 412 f.

Payer-Zinsswap kombiniert, um dadurch eine synthetisch variabel verzinsliche Forderung zu erhalten, weil die Refinanzierung der Forderung mittels variabel verzinslicher Verbindlichkeiten erfolgt) oder umgekehrt. Ein sich dabei ergebender Rückstellungsbedarf nach § 254 HGB basiert insbesondere auch darauf, dass diese Veränderung bzw. Modifikation der Verzinsung im Ergebnis nicht in vollem Umfang wirksam, dh. die Bewertungseinheit nicht voll umfänglich effektiv ist. Eine Rückstellung bzw. Abwertung, die nach § 254 HGB erforderlich ist, kann ferner auf nicht gesicherte Risiken (zB Bonität) zurückzuführen sein. Die Bilanzierung von Bewertungseinheiten nach § 254 HGB ist damit konzeptionell grundsätzlich anders zu sehen als die Frage, ob aus dem Bankbuch aufgrund nicht ausreichender Erträge ein Verlust droht.

Düpmann[556] weist überzeugend nach und stellt zutreffend fest, dass „... *die Regelungen zur Berücksichtigung von Bewertungseinheiten nicht in der Lage sind, die zinsinduzierten Wertänderungen des Zinsbuchs ausreichend abzubilden.*" Weiter führt Düpmann[557] aus, dass „... *ein möglicher Verlust durch Zinsrisiken nur durch die Betrachtung des gesamten Zinsbuchs hinreichend objektiv bestimmt werden kann.*"

Dieser Sichtweise folgend postuliert IDW RS BFA 3 n.F. Tz. 4: „*Soweit Bewertungseinheiten i.S.d. § 254 HGB gebildet wurden, sind deren **zinsbezogene** Bestandteile in die verlustfreie Bewertung des Bankbuchs einzubeziehen*". Die Bildung von Bewertungseinheiten – so IDW RS BFA 3 n.F. Tz. 4 weiter – kann die Anwendung des Grundsatzes der verlustfreien Bewertung nicht ersetzen, da § 254 HGB bspw. hinsichtlich der Abgrenzung des Bewertungsobjekts (risikokompensierende Geschäfte) den Regelungsgehalt des § 249 HGB nicht abdeckt. Allerdings ist eine nachgewiesene Mehrfachberücksichtigung von Aufwendungen durch die Anwendung von § 254 HGB (Bewertungseinheit) einerseits und § 249 HGB (verlustfreie Bewertung) andererseits ggf. zu korrigieren (IDW RS BFA 3 n.F. Tz. 24).

Modellmäßige Berechnungen haben gezeigt, dass es dazu kommen kann, dass ein und derselbe Sachverhalt (dh. das reine Zinsrisiko) sowohl bei der verlustfreien Bewertung gemäß § 249 HGB als auch bei der Bilanzierung von Bewertungseinheiten gemäß § 254 HGB zu einer Rückstellung führen kann. Nur soweit dies der Fall ist, ist die Rückstellung für verlustfreie Bewertung entsprechend um eine etwaige aufwandswirksam gebuchte Rückstellung für Bewertungseinheiten zu korrigieren (IDW RS BFA 3 n.F. Tz. 24).

---

[556] Vgl. Düpmann, 187.
[557] Vgl. Düpmann, 188.

Gleichwertigkeit der Methoden

Für die Ermittlung der Drohverlustrückstellung stehen mit einer (periodischen) GuV-orientierten (diese leitet sich aus der bei Nichtbanken üblichen Vorgehensweise sowie aus dem BFH-Urteil vom 24.1.1990 ab) und einer barwertigen Betrachtungsweise **zwei gleichwertige Methoden** zur Verfügung.[558] Dies lässt sich mathematisch bzw. anhand von Modellrechnungen belegen.

Nachdem der BFA beide Verfahren für gleichwertig hält, ist davon auszugehen, dass für deren Anwendung ein **Wahlrecht** besteht.[559] Dieses Wahlrecht reicht jedoch nur soweit, wie im Einzelfall beide Methoden tatsächlich gleichwertig wären. Die Gleichwertigkeit ist insbesondere als gegeben anzusehen, soweit den Berechnungen die gleichen Prämissen zugrunde liegen (IDW RS BFA 3 n.F. Tz. 34).[560]

Beiden Methoden ist gemeinsam, dass – so der BFA – neben den Zinsen die Risikokosten sowie die dem Bankbuch zuzuordnenden Verwaltungsaufwendungen zu berücksichtigen sind.[561] Es ist sachgerecht, wenn dabei ein Gleichlauf von bankinterner Steuerung (bspw. Kalkulation) und Bilanzierung angestrebt wird,[562] sofern die interne Risikosteuerung diesbezüglich nicht den allgemeinen Bilanzierungsregeln widerspricht.

Bei beiden Methoden zu berücksichtigende Sachverhalte

Bei der Ermittlung der Rückstellung für verlustfreie Bewertung des Bankbuchs sind unabhängig von der angewandten Methode folgende **allgemeinen Sachverhalte** zu berücksichtigen:

- In die Gesamtbetrachtung gehen nur die zum Bilanzstichtag tatsächlich kontrahierten **zinstragenden Bestände** bzw. schwebenden Zinsgeschäfte (einschließlich Derivate) ein.

---

[558] Auch Walter, BankPraktiker 2010, 233 f. lässt neben einer barwertigen Betrachtung andere Methoden zu. Zu der periodischen bzw. barwertigen Zinsrisikosteuerung, den Vorteilen und Nachteilen der Methoden vgl. Österreichische Nationalbank, 27 ff.

[559] Vgl. IDW Sitzungsberichterstattung, 214. Sitzung des BFA am 2.11.2010, FN 2010, 578 f.

[560] Vgl. auch Gaber, 2. Aufl., 416 ff.

[561] Vgl. IDW Sitzungsberichterstattung, 214. Sitzung des BFA am 2.11.2010, FN 2010, 578 f.

[562] Vgl. Walter, BankPraktiker 2010, 234.

Geplantes Neugeschäft wird, weil es sich um eine Stichtagsbetrachtung handelt, nicht berücksichtigt. Dies gilt auch dann, wenn das geplante Neugeschäft zu internen Steuerungszwecken bereits Berücksichtigung findet. Dementsprechend können bspw. noch nicht vertraglich vereinbarte Margenbestandteile nicht in die Bewertung des Bankbuchs einbezogen werden (IDW RS BFA 3 n.F. Tz. 18).[563]

- **Darlehensprolongationen** sind vor dem Hintergrund, dass Neugeschäft (IDW RS BFA 3 n.F. Tz. 18) nicht zu berücksichtigen ist, wie folgt zu behandeln:

  Werden Abschnittsfinanzierungen (Darlehensprolongationen) in der Form durchgeführt, dass die Kapitalforderung fällig und im Anschluss ein neuer Darlehensvertrag abgeschlossen wird (sog. **echte Abschnittsfinanzierungen**), handelt es sich bei dem neuen Vertrag um Neugeschäft iSd. IDW RS BFA 3 n.F..

  Wird dagegen die Kapitalforderung nicht fällig, sondern wird ausschließlich die Zinsvereinbarung „… *innerhalb der Gesamtlaufzeit eines Kreditverhältnisses, sofern die ursprüngliche Zinsbindungsfrist kürzer als die vertraglich vereinbarte Kreditlaufzeit ist*", angepasst (sog. **unechte Abschnittsfinanzierung**), handelt es sich bei der Darlehensprolongation dem Grunde nach nicht um Neugeschäft iSd. IDW RS BFA 3 (IDW RS BFA 3 n.F. Tz. 20).

  Klarstellend sei darauf hingewiesen, dass es iRd. Ermittlung eines evtl. Verpflichtungsüberschusses aus dem Bankbuch nicht zulässig ist, (erwartete) **Erfolgsbeiträge** aus der **Neufestsetzung der Konditionen** zu berücksichtigen, solange sie noch nicht vertraglich vereinbart sind (IDW RS BFA 3 n.F. Tz. 20).

- Der (zinstragende) **Handelsbestand** wird in diese Gesamtbetrachtung (Bankbuch) nicht einbezogen. Dies gilt sowohl für den Handelsbestand auf der Aktivseite als auch auf der Passivseite.

- Maßgeblich für die **Abgrenzung des Bankbuchs** ist die **interne Risikosteuerung** des Instituts (IDW RS BFA 3 n.F. Tz. 15 ff.). Soweit Institute das Zinsrisiko auf der Basis verschiedener Bestände/Bücher steuern, ist die verlustfreie Bewertung im Einzelabschluss auch auf der Basis dieser einzelnen Bank-„Bücher" durchzuführen. Dies gilt nicht für den Konzernabschluss.

---

[563] Vgl. Scholz, in: Schierenbeck/Wielens, 121; Naumann (1995), 145 f. Diesem Gedanken konsequent folgend, werden bereits kontrahierte Derivate, die in sog. antizipative Bewertungseinheiten eingebunden sind, ebenfalls erfasst, während die diesen Bewertungseinheiten zugrunde liegenden geplanten (also noch nicht kontrahierten) Grundgeschäfte nicht berücksichtigt werden. Dies dient ua. der willkürfreien Ermittlung der Drohverlustrückstellung. Müller, Th., 286 f.

- Gegenstand der **Einzelbewertung** ist das jeweilige Bankbuch. Soweit bei Vorhandensein **mehrerer Bankbücher** (zB Baufinanzierungen, Corporate-Geschäft, Retail-Geschäft, Förderkredite, durchgehandelte Kunden-Zinsswaps, die keinem Handelsbestand zugeordnet werden usw.) bei einem oder mehreren Bankbüchern Verlustüberhänge ermittelt werden, sind diese stets als Drohverlustrückstellung abzubilden. Sie dürfen nicht mit „Gewinnüberhängen" aus den anderen Bankbüchern verrechnet werden.

  Dies gilt grundsätzlich auch für eine **währungsbezogene Aufteilung** des (Gesamt-) Bankbuchs (IDW RS BFA 3 n.F. Tz. 25).

  Soweit auf einer unteren Ebene zunächst voneinander unabhängig gesteuerte Zinsspannenrisiken auf einer höheren Steuerungsebene gemeinsam aktiv gesteuert werden, kann auf dieser höheren Steuerungsebene eine Verrechnung vorgenommen werden (IDW RS BFA 3 n.F. Tz. 25).

- **Rentenfonds** sind in die Bemessung der Rückstellung einzubeziehen, wenn sie auch in der internen Risikosteuerung auf Basis einer Durchschau dem Bankbuch zugeordnet werden (IDW RS BFA 3 n.F. Tz. 26). Rentenfonds, die in einem separaten Fondsbuch außerhalb des Bankbuchs gesteuert werden, sind für Zwecke der Ermittlung eines etwaigen Rückstellungsbedarfs gesondert zu betrachten.[564]

- Zur **Modellierung der relevanten Zahlungsströme** (Cashflows) sind bei beiden Methoden grundsätzlich die **vertraglich vereinbarten Laufzeiten und Zinssätze** maßgeblich.

  Dabei erfordern **negative Zinsen** auf finanzielle Vermögensgegenstände bzw. positive Zinsen auf finanzielle Verbindlichkeiten grundsätzlich keine konzeptionellen Änderungen in der Anwendung von IDW RS BFA 3 (IDW RS BFA 3 n.F. Tz. 36).[565] Es können sich jedoch Auswirkungen auf den zur Diskontierung des Zahlungsströme bzw. der Periodenergebnisbeiträge zu verwendenden Zinssatz ergeben; bei negativen Zinsen tritt an die Stelle einer Abzinsung eine Aufzinsung (IDW RS BFA 3 n.F. Tz. 48).[566]

  Soweit Finanzinstrumente mit **unbestimmter Zins- bzw. Kapitalbindung** oder **Kunden- bzw. Kontrahentenkündigungsmöglichkeiten** bestehen, sind geeignete Annahmen hinsichtlich der Zahlungsströme zu treffen und zu dokumentieren (IDW RS BFA 3 n.F. Tz. 36).

---

[564] So auch Walter, BankPraktiker 2010, 234.

[565] Bei der barwertigen Methode sind die Zahlungsströme gemäß ihrem Vorzeichen zu erfassen; dies gilt auch für derivative Finanzinstrumente. Auch bei der GuV-orientierten Methode ergeben sich keine konzeptionellen Auswirkungen. Vgl. Vietze/Bär/Briesemeister/Löw/Schaber/Weigel/Wolfgarten, WPg 2018, 768.

[566] Vgl. Vietze/Bär/Briesemeister/Löw/Schaber/Weigel/Wolfgarten, WPg 2018, 768.

Annahmen müssen in Übereinstimmung mit dem internen (Zins-) Risikomanagement erfolgen (zB Bodensatz-, Ablauffiktion bzw. Zuordnung zu Laufzeitbändern).[567] Dies lässt sich damit begründen, dass für die Ermittlung der Drohverlustrückstellung die tatsächlichen wirtschaftlichen Verhältnisse maßgeblich sind; eine übertriebene Vorsicht gilt es dabei zu vermeiden. Die im internen Risikomanagement getroffenen Annahmen sind für Zwecke der Rechnungslegung in angemessenen Abständen zu verifizieren (wenn dies nicht ohnehin bereits in der Risikosteuerung erfolgt).

- **Bestandsunterschiede** bzw. **Laufzeitinkongruenzen** zwischen Aktiva und Passiva (sog. offene Positionen) werden fiktiv geschlossen (IDW RS BFA 3 n.F. Tz. 37 f.).[568] Im Rahmen der barwertigen Methode geschieht dies „automatisch" durch die Barwertermittlung.

Dies entspricht auch faktisch der Bewertung einzelner schwebender Geschäfte (IDW RS HFA 4 Tz. 44). IDW RS BFA 3 n.F. Tz. 37 unterscheidet zutreffend nicht zwischen Aktiv- bzw. Passivüberhang. Dabei wird eine Anlage (Passivüberhang) oder eine Refinanzierung (Aktivüberhang) zu marktgerechten Konditionen (fristenadäquate risikolosen Geld- bzw. Kapitalmarktzinsen[569]) am Bilanzstichtag unterstellt (IDW RS BFA 3 n.F. Tz. 38),[570] wie dies bei der Bewertung schwebender Geschäfte sonst auch üblich ist.[571]

Bei Passivüberhängen kann nicht davon ausgegangen werden, dass der vom bilanzierenden Institut zu zahlende eigene Credit Spread und/oder die Verwaltungs- bzw. Risikokosten auf jeden Fall bei einer Anlage der vorhandenen Passiva verdient werden und damit der anzunehmende Zinsertrag für die Geldanlage entsprechend hoch ist.[572] Nur die Annahme der fiktiven Schließung zu marktgerechten Konditionen ist willkürfrei.

---

[567] Vgl. Österreichische Nationalbank, 60 f. Die Bodensatztheorie geht davon aus, dass ein bestimmter Teil eines Produkts (zB Spareinlagen) eine längere „Verweildauer" hat (sog. Bodensatz). Demzufolge kommt es ggf. zu einer Aufteilung des Geschäfts in einen stabilen Teil, der faktisch eine längere Laufzeit aufweist, und einen volatilen Teil, der faktisch eine kürzere Laufzeit hat.

[568] Vgl. Kotzur, 56 ff.

[569] Durch die fiktive Schließung der Betrags- und Laufzeitinkongruenzen zu den am Bilanzstichtag geltenden Geld- und Kapitalmarktkonditionen wird die Verlusterwartung iSv. IDW RS HFA 4 hinreichend konkretisiert und objektiviert; vgl. DGRV (Hrsg.), Praxishandbuch Derivate, Teil 1, D.II.5.2.

[570] So auch der BFA im Rahmen seiner Berichterstattung zur 244. Sitzung, FN 2013, 502.

[571] Ebenso Scholz, Kredit und Kapital 1979, 539 und 540; im Ergebnis auch Naumann (1995), 146 f., der dies als Zinsfiktion bezeichnet; Müller, Th., 285 f.

[572] Würde man dies als generelle Annahme treffen, wäre die Prüfung, ob eine Drohverlustrückstellung zu bilden ist, obsolet. Dass in einer solchen Konstellation der Refinanzierungsaufwand einschließlich der zu berücksichtigen Vollkosten insoweit die Zinserträge übersteigen kann, liegt in der Natur der Sache.

Mithin ist auf der Passivseite der individuelle Refinanzierungsaufschlag des jeweiligen Kreditinstituts („Own Credit Spread") bei der Ermittlung voraussichtlich noch anfallender Aufwendungen zu berücksichtigen. Dabei ist im Einklang mit der internen Steuerung die Refinanzierungsstruktur des jeweiligen Instituts zu beachten (IDW RS BFA 3 n.F. Tz. 38).

- Das **Eigenkapital** bleibt zur Schließung von Aktivüberhängen – so bereits Scholz[573] – als „Refinanzierungspotential" im Ergebnis außer Betracht.[574]

Die Alternativregelung des IDW RS BFA 3 n.F. Tz. 39, wonach die Finanzierungswirkung von Eigenkapital unter Zugrundelegung des für die interne Steuerung verwendeten Zinssatzes Berücksichtigung finden kann, ist bilanztheoretisch nicht zu begründen.

Das **Eigenkapital** ist **kein schwebendes Geschäft** und demzufolge bereits aus diesem Grund für die verlustfreie Bewertung unbeachtlich.[575] Darüber hinaus verbietet sich in der barwertigen Methode aus der Gegenüberstellung von Buchwert und Barwert der zinsbezogenen Geschäfte eine solche Berücksichtigung des Eigenkapitals von selbst, weshalb aus diesem Grund die beiden zulässigen Methoden nicht mehr – wie in IDW RS BFA 3 n.F. Tz. 34 ausdrücklich gefordert – gleichwertig wären.

Da von der Möglichkeit in Tz. 39 des IDW RS BFA 3 n.F. ohnehin nur diejenigen Kreditinstitute profitieren, die keine Ausschüttung vornehmen (müssen) und auch für interne Steuerungszwecke keine Eigenkapitalverzinsung annehmen, ist diese Kompromisslösung in IDW RS BFA 3 n.F. Tz. 39 von begrenzter Auswirkung.

- Zahlungsströme aus **Pensionsverpflichtungen** gehören unabhängig von deren Behandlung in der internen Steuerung des Zinsrisikos **nicht** zum Bewertungsobjekt Bankbuch/Zinsbuch, da diese nicht aus einem gegenseitigen (schwebenden) Vertrag resultieren, der auf eine entgeltliche Überlassung von finanziellen Mitteln auf Zeit oder einen anderen finanziellen Leistungsaustausch gerichtet ist.[576]

---

[573] Vgl. Scholz, in: Schierenbeck/Wielens (Hrsg.), 127; Scholz, Kredit und Kapital 1979, 519.

[574] An dieser Stelle könnte man auch argumentieren, dass bei einer Berücksichtigung des Eigenkapitals als Refinanzierungsquelle dieses mit marktgerechten Konditionen zu berücksichtigen ist. Bei dieser Argumentation wäre aber die Frage, wie bei einer aktivischen Bestandsdifferenz zu verfahren ist, nicht systemkonform zu beantworten.

[575] Eine umfassende Begründung findet sich bei Scharpf/Schaber, DB 2011, 2048 ff.; der dort dargestellten Ansicht folgend Gaber, KoR 2012, 203; Kotzur, 58 ff.

[576] Ebenso DGRV (Hrsg.), Praxishandbuch Derivate, Teil 1 D.II.5.2.2.

- Es sind alle **Zinserträge** aus zinsbezogenen Finanzinstrumenten des Bankbuchs sowie die direkt *„aus den Zinsprodukten des Bankbuchs resultierenden Gebühren- und Provisionserträge (z.b. Kreditbearbeitungsgebühren, Kontoführungsgebühren, Bereitstellungsprovisionen)"* zu berücksichtigen. *„Erträge, die zusätzliche (Dienst-)Leistungen entgelten, sind nicht einzubeziehen, auch wenn sie in engem sachlichen und/oder zeitlichen Zusammenhang mit dem Abschluss dieser Bankbuchgeschäfte anfallen (z.b. Beratungsprovisionen)"* (IDW RS BFA 3 n.F. Tz. 12).

  Erträge aus (Dienst-)Leistungen sind nach § 30 RechKredV vielmehr dem Provisionsergebnis zuzurechnen. Der BFA hat den ersten Klammerzusatz (Kontoführungsgebühren betreffend) unglücklich formuliert. Der BFA kann jedoch nur Folgendes gemeint haben: Als Zinserträge sind alle Zinsen und zinsähnlichen Erträge, die kausal einzelnen Finanzinstrumenten zuordenbar sind,[577] bzw. alle *„Gebühren und Provisionen mit Zinscharakter, die nach dem Zeitablauf oder nach der Höhe der Forderung berechnet werden"* iSd. § 28 letzter Halbsatz RechKredV zu erfassen. Besser wäre es also gewesen, wenn der BFA an dieser Stelle lediglich auf § 28 letzter Halbsatz RechKredV Bezug genommen hätte. Denn Kontoführungsgebühren werden vom Gesetzgeber in § 30 Satz 2 RechKredV ausdrücklich als Provisionserträge für *„zusätzliche (Dienst-)Leistungen"* definiert. Kontoführungsgebühren sind damit keine zinsähnlichen Erträge und somit auch nicht als Ertragskomponente zu berücksichtigen.[578] Auf die Ausführungen von Gaber zur Abgrenzung der Haupt- und Nebenleistungspflichten des Saldierungsbereichs wird verwiesen.[579]

  Im Zinsüberschuss sind auch **Negativzinsen** aus Anlagen am Geld- und Kapitalmarkt in extremen Niedrigzinsphasen zu erfassen.[580]

- Gehören Forderungen aus Verbraucherdarlehen, die vom **gesetzlichen Moratorium** des Art. 240 § 3 EGBGB betroffen sind, zum Bankbuch, kommt eine isolierte (Einzel-) Bewertung hinsichtlich der Zinskomponente nicht in Betracht. Die Forderungen sind vielmehr nach den Regeln von IDW RS BFA 3 iRd. Refinanzierungsverbunds zu bewerten.[581] Ist eine Forderung vor der Vereinbarung des gesetzlichen Moratoriums

---

[577] So jedenfalls Göttgens, WPg 2013, 23; es sei darauf hingewiesen, dass Göttgens ebenso wie IDW RS BFA 3 n.F. Tz. 12 irrtümlich Kontoführungsgebühren als zinsähnliche Erträge nennt.

[578] Rebmann/Weigel, KoR 2014, 216 weisen zutreffend darauf hin, dass die Abgrenzung der Zinserträge und Zinsaufwendungen in den §§ 28 und 29 RechKredV geregelt ist.

[579] Vgl. Gaber, 2. Aufl., 414 f.

[580] Vgl. Rebmann/Weigel, KoR 2014, 216. Vgl. die Ausführungen zum GuV-Posten.

[581] Vgl. BFA, Fragen & Antworten: Auswirkungen der Coronavirus-Pandemie auf Kreditinstitute, Stand 29.4.2020, www.idw.de.

bereits akut ausfallgefährdet, ist der aus dem Moratorium resultierende Effekt auf den Wert der Forderung (Reduktion des Barwerts) bei der Bemessung der Einzelwertberichtigung zu berücksichtigen.[582]

- Der BFA hat in seiner Berichterstattung über die 258. Sitzung[583] zur bilanziellen Behandlung von **fehlerhaften Widerrufsbelehrungen** iRv. (Verbraucher-) Darlehensverträgen Stellung genommen. Der BFA stellt fest: Ergibt sich der wirtschaftliche Schaden eines Instituts aus künftigen Zahlungsflüssen, die als mittelbare Folge der Rechtsprechung der Höhe nach geringer als ursprünglich erwartet ausfallen, sind diese Auswirkungen iRd. **verlustfreien Bewertung des Bankbuchs** zu berücksichtigen. Einzelheiten hierzu vgl. die Ausführungen zu Passiva 7. zur „Verlustfreien Bewertung des Bankbuchs".

- Bei Ermittlung der voraussichtlich noch anfallenden **Refinanzierungskosten** (Zinsaufwendungen) für die fiktive Schließung von Aktivüberhängen ist den individuellen Refinanzierungsmöglichkeiten des Kreditinstituts angemessen Rechnung zu tragen.

  Auf der Grundlage der individuellen **Refinanzierungsstruktur** des Kreditinstituts ist der individuelle Refinanzierungsaufschlag („Own Credit Spread"[584]) bei der Bestimmung der zukünftigen Zinsaufwendungen zu berücksichtigen (IDW RS BFA 3 n.F. Tz. 25).[585]

  In Abhängigkeit von der Art der Refinanzierungsgeschäfte ist darüber hinaus idR noch eine **Differenzierung nach Laufzeiten** erforderlich.[586] Dabei gelten die Marktverhältnisse am Bilanzstichtag.

- Zu den Refinanzierungskosten zählen nach IDW RS BFA 3 n.F. Tz. 41 auch **Provisionsaufwendungen**, die für die Besicherung eigener Verbindlichkeiten (zB Avale) anfallen. Diese Kosten sind entweder als Zahlungsstrom in den jeweiligen Perioden oder barwertig in Abzug zu bringen.

---

[582] Vgl. BFA, Fragen & Antworten: Auswirkungen der Coronavirus-Pandemie auf Kreditinstitute, Stand 30.6.2020, www.idw.de. Allein die Vereinbarung eines gesetzlichen Moratoriums begründet nicht die Verpflichtung zur Bildung einer Einzelwertberichtigung, solange davon auszugehen ist, dass der Kreditnehmer unter Berücksichtigung des Moratoriums seinen vertraglichen Verpflichtungen in der Zukunft nachkommen kann.

[583] Vgl. FN 2015, 240 f.

[584] Dieser eigene Refinanzierungsspread hängt nicht nur von der institutsindividuellen Bonität, sondern vor allem von der Art und Zusammensetzung der Refinanzierungsgeschäfte (Refinanzierungsstruktur) ab. Dabei unterscheiden sich bspw. die Refinanzierungsspreads von emittierten Schuldverschreibungen, Kundeneinlagen oder Geldmarktfinanzierungen. Vgl. DGRV (Hrsg.), Praxishandbuch Derivate, Teil 1, D.II.5.2.

[585] Ebenso DGRV (Hrsg.), Praxishandbuch Derivate, Teil 1, D.II.5.2.

[586] Ebenso DGRV (Hrsg.), Praxishandbuch Derivate, Teil 1, D.II.5.2.

- Da die verlustfreie Bewertung **stichtagsbezogen** durchzuführen ist, werden die in die Beurteilung (fiktive Schließung) eingehenden **Forward-Zinssätze**[587] anhand der am Stichtag geltenden Marktbedingungen[588] (Zinskurven) ermittelt (IDW RS BFA 3 n.F. Tz. 38).[589] Es ist die Zinsstrukturkurve des Abschlussstichtags anzuwenden. Eine Anwendung der Zinsstrukturkurve des Bilanz**aufstellungs**tags scheidet aus, da eine Veränderung der Zinsstrukturkurve nach dem Stichtag keine wertaufhellende Tatsache ist, sondern auf Ursachen des neuen Geschäftsjahres zurückzuführen und damit ein wertbegründender Umstand ist.[590] Für die **Generierung der zukünftigen Zahlungsströme** (Forward-Zinssätze) sind die tenorspezifischen Zinskurven zu verwenden. Bei der Wahl der **Diskontierungskurve** spielt die (Bar-) Besicherung keine Rolle, da hier nicht auf die Berechnung eines Marktwerts abzustellen ist.[591] Dies gilt auch für die in die verlustfreie Bewertung einzubeziehenden Derivate.

- Unabhängig von der angewandten Methode ist für die Ermittlung der **Zinsen** bzw. der **Zinsstrukturkurven** die veränderte **Bonität der Schuldner** (sich tatsächlich ändernde Zinserträge; hierzu siehe nachfolgend zu den Risikokosten) sowie die Veränderung der **eigenen Bonität** des Instituts (sich tatsächlich ändernde Zinsaufwendungen) zu berücksichtigen.[592] Erhöhte künftige Refinanzierungskosten (Zinsaufwendungen) aufgrund einer Verschlechterung der Bonität des bilanzierenden Instituts sind damit zu berücksichtigen (IDW RS BFA 3 n.F. Tz. 38).[593]

---

[587] Vgl. Rebmann/Weigel, KoR 2014, 216.

[588] Vgl. Rebmann/Weigel, KoR 2014, 213.

[589] Vgl. Scholz, in: Bericht über die Fachtagung 71, 53: *„Solche Rückstellungen müssen nicht etwa schon auf die bloße Möglichkeit hin gebildet werden, dass sich der Marktzins für die demnächst benötigten fremden Mittel verteuert haben könnte. Es muss vielmehr schon eine solche Verteuerung eingetreten sein"*.

[590] Vgl. Düpmann, 168 f. mwN.

[591] Vgl. Rebmann/Weigel, KoR 2014, 213.

[592] Soweit es sich aktivisch und/oder passivisch um Festzinssätze handelt, können diese idR nicht ausfallrisikobedingt geändert bzw. angepasst werden; diese sind in diesen Fällen selbstverständlich wie vertraglich vereinbart anzusetzen.

[593] Vgl. Scharpf/Schaber, DB 2011, 2050 f. zu den Problemen der Berücksichtigung erhöhter Refinanzierungskosten bei der Diskontierung der zinsbezogenen Passiva im Zinssatz.

- Die **Verwaltungskosten** sind dergestalt zu erfassen, dass diese dem Stichtagsbestand – ggf. auch dem Abbau dieses Bestands im Zeitablauf folgend – entsprechend berücksichtigt werden (IDW RS HFA 4 Tz. 38).[594]
Dabei handelt es sich um die (kalkulierten) Bearbeitungskosten bezogen auf den jeweiligen Bestand, nicht jedoch um die gesamten Verwaltungskosten/Bearbeitungskosten schlechthin; Kosten der allgemeinen Verwaltung und Vertriebskosten sind nicht einzubeziehen. (IDW RS BFA n.F. 3 Tz. 45).[595]
Zu beachten ist, dass künftige Steigerungen bzw. Minderungen der Verwaltungskosten (zB steigender Personalaufwand aufgrund von Gehaltssteigerungen) nach den allgemeinen Regelungen zur Ermittlung von Drohverlustrückstellungen zu erfassen sind (IDW RS HFA 4 Tz. 39 f.). Bei der Ermittlung der voraussichtlich anfallenden Aufwendungen ist ein Going Concern-Szenario zugrunde zu legen (§ 252 Abs. 1 Nr. 2 HGB). Kostenreduzierungen, die nur im Zuge einer Abwicklung oder Verschmelzung erzielt werden können (zB durch den Abbau von Filialen), dürfen somit nicht berücksichtigt werden.[596]
Zur Bemessung der voraussichtlich noch anfallenden Verwaltungskosten können die in der internen (Zins-) Risikosteuerung verwendeten Werte herangezogen werden, wenn sie alle objektiven Hinweise und hinreichend sichere Erwartungen über die zukünftigen Aufwendungen berücksichtigen (IDW RS BFA 3 n.F. Tz. 45).
Die zu berücksichtigenden Verwaltungskosten werden sinnvollerweise je Produktart bzw. Produktgruppe ermittelt. Es erscheint auch zulässig, einen einheitlichen Wert für alle Produkte anzusetzen, soweit die Rückstellung dadurch nach vernünftiger kaufmännischer Beurteilung bemessen wird. Zu beachten ist, dass die Verwaltungskosten nicht nur für die einzubeziehenden Aktiva, sondern auch für Produkte wie Einlagen usw. zu erfassen sind.
- Die (Ausfall-) **Risikokosten** beinhalten grundsätzlich zwei Komponenten: a) den Risikoaufschlag für die erwarteten Ausfälle und b) die Risikoprämie für unerwartete Verluste.[597]

---

[594] Vgl. Kotzur, 50 ff.; Gaber, 2. Aufl., 430 ff.
[595] Nach DGRV (Hrsg.), Praxishandbuch Derivate, Teil 1, D.II.5.2.3. sind nicht einzubeziehen: ua. Aufwendungen für die Geschäftsleitung, die Personalverwaltung, das Ausbildungswesen, das Rechnungswesen sowie für die Interne Revision.
[596] Ebenso DGRV (Hrsg.), Praxishandbuch Derivate, Teil 1, D.II.5.2.3.
[597] Vgl. Obst/Hintner, 720; Kotzur, 47 ff.; Gaber, 2. Aufl., 428 ff.

4. Bewertungsvorschriften

Hier sind nur die Risikokosten für **erwartete Ausfälle** (Zinsen und zu-
rückzuzahlendes Kapital[598]) für die gesamte Restlaufzeit[599] heranzuziehen, die bei der Kreditkalkulation zum Tragen kommen, soweit diese
zur Abdeckung des zu erwartenden Verlusts nach den Verhältnissen des
Bilanzstichtags führen (IDW RS BFA 3 n.F. Tz. 46 f.).[600]
Die Risikokosten sind nach den **Verhältnissen zum jeweiligen Abschlussstichtag neu** zu schätzen. Die Verwendung von ursprünglich
kalkulierten Risikokosten oder von Standardrisikokosten kommt nur
dann in Betracht, wenn diese die Risikoverhältnisse am Abschlussstichtag sachgerecht abbilden (IDW RS BFA 3 n.F. Tz. 45).
Selbstverständlich beziehen sich die Risikokosten nicht nur auf den (erwarteten) Ausfall der Zinserträge, sondern auch auf den Ausfall sämtlicher Zahlungsströme, also auch des Kapitalbetrags.[601] Ein Ausfall des
ursprünglich zur Verfügung gestellten Kapitalbetrags ist über den Zins
und damit über die Zinsmarge zu verdienen und im Zinsertrag berücksichtigt. Die anlässlich eines erwarteten Ausfalls im Abschluss bereits
gebildeten Wertberichtigungen betreffen im Übrigen das bis zum Abschlussstichtag aufgetretene Risiko; diese sind damit in diesem Zusammenhang grundsätzlich nicht relevant (allenfalls um aus der Historie
das Risiko der Zukunft zu prognostizieren). Denn die og. Risikokosten
betreffen das Ausfallrisiko nach dem Abschlussstichtag bis zur Fälligkeit des jeweiligen Aktivums.
Zu den Risikokosten gehören auch Aufwendungen für die **Absicherung von Ausfallrisiken** des Bankbuchs.[602]
Die Prämie zur Kompensation der **unerwarteten Ausfälle** muss unberücksichtigt bleiben, da diese nicht willkürfrei gegenüber einem Ge-
winnaufschlag (dieser muss unberücksichtigt bleiben) abgegrenzt wer-

---

[598] Vgl. BFA, FN 2013, 501.
[599] Ebenso Gaber, 2. Aufl., 429.
[600] Vgl. hierzu stellvertretend für viele: Flechsig/Rolfes, Die Bank 1987, 373 ff.; Villiez, ZfgK 1990, 225. Nach Villiez ist für Zwecke der verlustfreien Bewertung in Anlehnung an Flechsig/Rolfes ein mögliches Schema zur Berechnung der Risikokosten wie folgt als Mindestumfang denkbar: *EWB-Bildung + Direktabschreibung – gewinnerhöhen-
de EWB-Auflösungen – ao. Eingänge auf ausgebuchte Forderungen + Zinsverzichte aus nicht kapitalisierten Zinsforderungen* (dh. im Schadensfall nicht mehr aktivierte Zinsen). Im Schrifttum werden weitergehende Schemata und Ermittlungsmethoden diskutiert. Siehe auch Knobloch/Bock/Thiel, FB 1999, 423 ff.; Altrock/Mitropoulos, ZfgK 2005, 924 f.; Beck/Jacob, Die Bank 2000, 428 ff.; Treptow, ÖBA 1999, 547 ff.
[601] Nicht überzeugend aA Göttgens, WPg 2013, 27. Der BFA hat – entgegen Göttgens – mit seiner Berichterstattung über die 244. Sitzung klargestellt, dass „... *die die Zins-
und Kapitalströme betreffenden Risikokosten nach den Verhältnissen am jeweiligen Ab-
schlussstichtag...*" relevant sind, vgl. FN 2013, 501.
[602] Ebenso DGRV (Hrsg.), Praxishandbuch Derivate, Teil 1, D.II.5.2.3.

den kann. Für dieses Vorgehen spricht auch die Tatsache, dass nicht willkürfrei bestimmt werden kann, welche Bestandteile in die unerwarteten Ausfälle eingerechnet werden müssten.

- Es ist nicht zu beanstanden, wenn die Risikokosten für bestimmte Gruppen von Schuldnern oder Produkte/Produktgruppen ermittelt werden. Die hier relevanten Risikokosten sind grundsätzlich nicht mit den am Markt feststellbaren Credit Spreads (im Handel) identisch, da die Risikokosten den erwarteten Ausfall (Aufwand im Zusammenhang mit dem Geschäft, der den Zinserträgen gegenüberzustellen ist) bis zur Fälligkeit des Produkts erfassen müssen.

  Historische Daten können zwar die Grundlage bilden, sie können jedoch nicht ungeprüft übernommen werden, da die Risikokosten ebenso wie die Verwaltungskosten als Aufwendungen für die Restlaufzeit den Zinserträgen gegenüberzustellen sind. Damit sind die **Informationen zum Bilanzstichtag** (Stichtagsbewertung) heranzuziehen, dh. dabei sind eine Änderung der Bonität der Schuldner bzw. der Kreditqualität des betreffenden Portfolios sowie die Änderung der ökonomischen Gegebenheiten zu berücksichtigen.

- Eine **vereinfachte**, auf **pauschalen Annahmen** (zB durchschnittliche Laufzeit des Bestandsgeschäfts, Zuordnung von Kostenbestandteilen, durchschnittliche Ausfallzeiten, Anwendung der Durationsmethode) basierende **Ermittlung** der **Verwaltungs- und Risikokosten** wird vom BFA grundsätzlich als zulässig erachtet, wenn diese Kosten tendenziell überzeichnet werden. Je weniger detailliert die Berechnung vorgenommen wird, desto vorsichtiger sind die Prämissen zu wählen. Zeigt die vereinfachte Ermittlung einen Verpflichtungsüberschuss, ist stets eine differenziertere Berechnung notwendig (IDW RS BFA 3 n.F. Tz. 47).

- **Leistungsgestörte** (verbriefte und unverbriefte) **Forderungen** sind grundsätzlich auszusondern und getrennt zu beurteilen. Es bietet sich an, das Zinsspannenrisiko gemeinsam mit dem Ausfallrisiko zu bewerten.

- Am Abschlussstichtag auszuweisende **unwiderrufliche Kreditzusagen** (Darlehenszusagen, Kontokorrentzusagen) gehören nicht zum sog. Neugeschäft; es sind vielmehr schwebende Geschäfte und damit im Abschluss grundsätzlich auch (einzeln) zu bewerten. Sie sind nach Maßgabe der in der internen Steuerung dokumentierten (erwarteten) Inanspruchnahme in die Ermittlung einzubeziehen (IDW RS BFA n.F. 3 Tz. 19).

  Es erscheint nach der hier vertretenen Ansicht auch zulässig, das diesen Geschäften innewohnende Zinsspannenrisiko gemeinsam mit der Bewertung des Bonitätsrisikos als Rückstellung zu erfassen (siehe nachfolgend).

- **Avale, Bürgschaften** usw. bleiben bei der verlustfreien Bewertung ebenso außen vor, wie bspw. **Credit Default Swaps**. Diese generieren keine Zinszahlungen. Sie werden auch nicht (primär) zinsinduziert bewertet.
- **Zum Verkauf stehende Posten** des Bankbuchs sind nach hM zinsinduziert einzeln zu bewerten. Diese sind aus dem jeweiligen Bankbuch auszusondern.
- Eine **Doppelberücksichtigung** von ein und demselben Sachverhalt (Aufwand) ist zu vermeiden (IDW RS BFA 3 n.F. Tz. 49). Hierzu kann es bspw. dann kommen, wenn iRd. Bilanzierung von (zinsbezogenen) **Bewertungseinheiten** gemäß § 254 HGB Rückstellungen zu bilden sind[603] oder bei zinsinduzierten **Kurswertabschreibungen** von Wertpapieren (zB Liquiditätsreserve).

Ferner sind **Pauschalwertberichtigungen** sowie **Rückstellungen für Sondersparformen** mit Zuschlag zum Zins bereits aufwandswirksam erfasst.

Nichtberücksichtigung des Eigenkapitals und offener Risikovorsogen

Die **Nichtberücksichtigung des Eigenkapitals** ist – wie oben erwähnt – vor dem Hintergrund zu sehen, dass das Eigenkapital kein schwebendes Geschäft ist und demzufolge schon aus diesem Grund bei der Ermittlung der Drohverlustrückstellung nicht berücksichtigt werden kann;[604] dies hat sowohl der BGH in seinem Urteil vom 1.3.1982[605] als auch der BFH in seinem Urteil vom 24.1.1990[606] erkannt. Es wird dem Unternehmen vom Eigenkapitalgeber zur Verfügung gestellt und ist nicht mit einer vertraglichen Gegenleistung verbunden.[607] Das Eigenkapital unterliegt auch keinem Zinsrisiko.[608] Allein die zinstragenden Passiva und deren vertragliche Zinslasten dürfen einbezogen werden, da nur sie sich in einem Schwebezustand befinden.[609]

---

[603] Wie oben bereits dargestellt, sind sämtliche Geschäfte des Bankbuchs in die verlustfreie Bewertung einzubeziehen, auch wenn diese Geschäfte eine Bewertungseinheit bilden und nach § 254 HGB bilanziert und bewertet werden; Kotzur, 62 ff.
[604] Ebenso mit weiteren Argumenten vgl. Düpmann, 201 f.; ausführlich dargestellt bei Scharpf/Schaber, DB 2011, 2048 f.
[605] Vgl. DB 1982, 1922 ff.
[606] Vgl. BStBl. 1990 II, 639 ff.
[607] Vgl. Düpmann, 201.
[608] Vgl. Düpmann, 39.
[609] Vgl. Jessen/Haaker/Briesemeister, KoR 2011, 313 ff. und 359 ff.

Es spricht ferner die Tatsache gegen eine Berücksichtigung des Eigenkapitals, dass das Eigenkapital als Risikodeckungspotenzial insbesondere auch für Ausfallrisiken dient; als Risikodeckungspotenzial kann es nicht zeitgleich als Refinanzierungspotenzial fungieren, da es sonst seiner Funktion als Risikopuffer nicht gerecht werden kann.[610] Als Risikopuffer kann es nur einmal zur Verfügung stehen.

Bei einer Berücksichtigung des Eigenkapitals für einen passiven Bestandsunterschied wäre weiterhin die Frage zu beantworten, mit welcher Verzinsung zu rechnen ist (eine Nullverzinsung ist nicht sachgerecht). Die bezüglich der Verzinsung zu treffenden Annahmen sind nicht willkürfrei. Gleiches gilt für die Annahmen zur Cashflowstruktur, mit der man das Eigenkapital berücksichtigen wollte. Die „Zuweisung" eines Zinsaufwands wäre nur in Form einer „kalkulatorischen" Eigenkapitalverzinsung möglich, die aber ihrerseits keinen Zinsaufwand darstellt und somit nicht als schwebender Vertragsanspruch interpretiert werden kann.[611]

Das Eigenkapital ist eine rein bilanzielle Größe, die keine Verbindlichkeit, sondern lediglich eine Residualgröße darstellt. Aus dieser Position können – so Heuter[612] – *„keine Cashflows abgeleitet werden, weil sich der Barwert des Eigenkapitals als Residualgröße der Barwerte aller bilanziellen und außerbilanziellen Positionen ergibt"*.

Schließlich wäre bei einer Berücksichtigung von Eigenkapital die Frage zu lösen, ob dieses – wenn denn überhaupt – nicht zur Refinanzierung anderer Aktiva, wie bspw. Beteiligungen, Sachanlagen oder immaterielle Anlagewerte usw., heranzuziehen ist und wie es ggf. auf diese Posten und das Zinsgeschäft aufzuteilen wäre, was wiederum nicht willkürfrei wäre.

---

[610] Düpmann, 201, begründet die Nichtberücksichtigung des Eigenkapitals wie folgt: *„Ein Jahresüberschuss oder -fehlbetrag ergibt sich als Saldogröße aus den in der GuV ausgewiesenen Erträgen und Aufwendungen des Geschäftsjahres. Hieraus folgt, dass zur Ermittlung eines Gewinns oder Verlusts zunächst alle Erträge und Aufwendungen zu buchen sind. Für einen möglichen Vorsorgebedarf für Zinsrisiken bedeutet dies, dass zunächst der Bedarf quantifiziert und in der GuV angesetzt werden muss, bevor der Jahresüberschuss bzw. -fehlbetrag ermittelt und mit dem Eigenkapital verrechnet werden kann."* Düpmann (mwN) führt weiter aus: *„Ein Verzicht auf eine notwendige Vorsorge mit der Begründung, dass ausreichend Eigenkapital zur Verfügung steht, ist handelsrechtlich jedoch nicht zulässig. Vielmehr sind zunächst alle Aufwendungen und Erträge des Geschäftsjahres in der GuV zu buchen und die Saldogröße mit dem Eigenkapital zu verrechnen."*

[611] Vgl. Jessen/Haaker/Briesemeister, KoR 2011, 313 ff. und 359 ff.

[612] Vgl. Heuter, 394 f.

Janko[613] kam bei seiner umfassenden Untersuchung der Frage, ob Eigenkapital berücksichtigt werden kann, zum eindeutigen Ergebnis, dass dies grundsätzlich nicht dem Gesetz und nicht den GoB entspricht.

Der hier gemachte Vorschlag sowie die in IDW RS BFA 3 n.F. Tz. 37 getroffene Regelung, sämtliche aktivischen und passivischen Bestandsunterschiede durch fiktive Gegengeschäfte mit marktgerechten Konditionen zu schließen, löst alle diese Fragen völlig willkürfrei und ist systemkonform, da *„offene, risikoträchtige Positionen (...) im Allgemeinen so bewertet (werden), als ob sie zu den aktuellen Marktkonditionen glattgestellt würden".*[614] Nur dieses Vorgehen entspricht der Bewertung schwebender Geschäfte nach IDW RS HFA 4. Allein die Annahme einer Verzinsung in Höhe des zum Abschlussstichtag bestehenden aktuellen Zinsniveaus wäre willkürfrei.

Im Übrigen wird darauf hingewiesen, dass IDW RS BFA 3 n.F. zwar durchgehend auf die interne Steuerung Bezug nimmt und festlegt, dass die dort getroffenen Entscheidungen – soweit diese nicht der handelsrechtlichen Bilanzierung widersprechen – zu übernehmen sind, gerade bei der Frage, wie mit dem Eigenkapital zu verfahren ist, in Tz. 39 eine nicht mit den MaRisk vereinbare sowie nicht HGB-konforme Alternativmöglichkeit zulässt. Sowohl nach den MaRisk als auch bspw. bei der Berechnung des Zinsschocks muss dass Eigenkapital zwingend außen vor bleiben.

Bei den **offenen Risikovorsorgen** gemäß § 340g HGB handelt es sich – wie der Name schon sagt – um Risikovorsorgen, also um einen zweckgebundenen Risikopuffer. Bereits aus diesem Grund stehen diese Risikovorsorgen nicht als Refinanzierungspotenzial zur Verfügung. Der Posten nach § 340g HGB ist auch kein schwebendes Geschäft.

Unwiderrufliche Kreditzusagen

Im Gegensatz zu auf der Aktivseite ausgewiesenen Forderungen (Darlehen) mangelt es **unwiderruflichen Kreditzusagen** bis zur Auszahlung an einer Kapitalüberlassung und an Zinszahlungen.

Für einen Einbezug in die verlustfreie Bewertung des Bankbuchs müssten Annahmen auf Basis der internen Risikosteuerung zB bezüglich der Wahrscheinlichkeit und der Höhe sowie des Zeitpunkts der Inanspruchnahme bzw. Auszahlung getroffen werden; Entsprechendes gilt für die Refinanzierung.

---

[613] Vgl. Janko, insbes. 147 ff.
[614] Ebenso Beer/Goj, 47 f.

Da für ein Einbeziehen in die verlustfreie Bewertung des Bankbuchs auch die Wesentlichkeit (Volumen) der Kreditzusagen eine erhebliche Rolle spielt und bei einer barwertigen Betrachtung aufgrund des kurzen Zeitraums bis zur Auszahlung/Valutierung die Effekte nicht nennenswert sein dürften, wird hier vorgeschlagen, unwiderrufliche Kreditzusagen bezüglich des Zinsrisikos gemeinsam mit dem Bonitätsrisiko zu bewerten.

Einzelheiten die anwendbaren Methoden betreffend

Die Wahl der **Methode** zur Ermittlung einer Rückstellung für verlustfreie Bewertung des Bankbuchs muss im Einklang mit den bankaufsichtlichen Vorgaben der MaRisk stehen, bleibt aber dem einzelnen Institut überlassen. Somit kann der Rückstellungsbedarf bspw. sowohl iRe. barwertigen als auch iRe. periodenerfolgsorientierten Betrachtung ermittelt werden. Beide Methoden führen bei Beachtung des **Lücke-Theorems**[615] zu identischen Ergebnissen, was sich modellmäßig mathematisch belegen lässt. Auf diese beiden Vorgehensweisen wird nachfolgend näher eingegangen. Das Wahlrecht[616] für die Anwendung entweder der periodenerfolgsorientierten oder der barwertorientierten Vorgehensweise steht im Einklang mit den MaRisk. Es ist der **Grundsatz der Stetigkeit** zu beachten.

Der prozessuale Aufwand für die barwertige Methode dürfte vergleichsweise geringer sein als der Aufwand für die periodenerfolgsorientierte Methode, da die notwendigen Größen – wie der Barwert und der Buchwert – bereits aufgrund anderer (bankaufsichtlicher) Vorgaben generiert werden müssen.

(a) Periodenerfolgsorientierte Betrachtung

Grundlage für die periodenerfolgsorientierte Ermittlung des Rückstellungsbedarfs ist die Ablaufbilanz, die je Laufzeitband die Festzinsvolumina mit noch nicht ausgelaufener Zinsbindung mit der dazugehörigen volumensgewichteten Durchschnittsverzinsung abbildet.[617] Zu den zu berücksichtigenden Bilanzposten wird auf die obigen Ausführungen verwiesen.

---

[615] Vgl. Lücke, Zeitschrift für handelswissenschaftliche Forschung 1955, 310 ff.; Franke/Hax, 90 ff.; Kotzur, 69 ff.

[616] Vgl. IDW Sitzungsberichterstattung, 214. Sitzung des BFA am 2.11.2010, FN 2010, 578 ff.

[617] Vgl. ausführlich und mit Beispiel Jessen/Haaker/Briesemeister, KoR 2011, 363 ff.

Die periodenerfolgsorientierte Methode (GuV-orientierte Methode) ist unmittelbar mit der Vorgehensweise der verlustfreien Bewertung im Industriebereich vergleichbar bzw. daraus abgeleitet.

Bezüglich der Berücksichtigung der **Zinsderivate** und **strukturierten Produkte** gilt Folgendes:

- **Zinsderivate** sind grundsätzlich mit ihren Zinszahlungsströmen einzubeziehen.

  Bei **Zinsswaps** sind sowohl der Festsatz als auch der variable Satz zu berücksichtigen (vergleichbar mit einer fristeninkongruenten Refinanzierung).[618] Zur Zulässigkeit und Vorgehensweise bei der Einbeziehung sog. langlaufender Zinsswaps vgl. Kapitel 4.12.2.5.3..

  Forward Rate Agreements sind wie **Forward Kredite** (Terminkredite) zu erfassen.[619]

  Die Berücksichtigung von **Optionen** (Caps, Floors, Swaptions, Bondoptionen) ist iRd. periodenerfolgsorientierten Betrachtung häufig komplex.[620]

  Es wird daher für zulässig angesehen, dass diese bei der periodenerfolgsorientierten Betrachtung separiert und einer imparitätischen Einzelbewertung unterzogen werden. Die hierfür gebildeten Rückstellungen bzw. vorgenommenen Abwertungen können nicht an der Rückstellung für verlustfreie Bewertung gekürzt werden.

- **Strukturierte Produkte** sind hinsichtlich der Einbeziehung in die periodenerfolgsorientierte Betrachtung im Regelfall ebenfalls komplex. Soweit diese Produkte in der internen Risikosteuerung bzw. im Rechnungswesen analog IDW RS HFA 22 in ihre Bestandteile Basisvertrag (verzinsliches Produkt) und eingebettete/s Derivat/e zerlegt erfasst und gesteuert werden, erfolgt deren Berücksichtigung entsprechend der jeweiligen Bestandteile. Soweit diese Produkte nicht wie vorstehend dargestellt erfasst werden, ist es nicht zu beanstanden, wenn diese für Zwecke der verlustfreien Bewertung des Bankbuchs gesondert einer imparitätischen Einzelbewertung unterzogen und bilanziert werden.[621]

---

[618] Vgl. Beer/Goj, 117 f.

[619] Vgl. Beer/Goj, 114 ff.

[620] Ebenso Beer/Goj, 119 ff., nach denen es vertretbar ist, Optionen ganz aus der Ablaufbilanz herauszunehmen. Diese sind dann einzeln zu bewerten. Bei Optionen stellt sich bei einer Berücksichtigung in der Ablaufbilanz insbesondere die Frage, ob diese zukünftig und mit welcher Wahrscheinlichkeit ausgeübt werden. Je nach Ausübungswahrscheinlichkeit sind Optionen unterschiedlich in der Ablaufbilanz zu berücksichtigen.

[621] Es wird ausdrücklich darauf hingewiesen, dass diese Produkte, soweit sie nach IDW RS HFA 22 getrennt zu bilanzieren sind, nicht als Ganzes bilanziell erfasst werden dürfen.

Für die **Ermittlung einer evtl. Drohverlustrückstellung** ist wie nachfolgend beschrieben vorzugehen:

- Die **Zinserträge** ergeben sich aus laufenden Zinszahlungen und einmaligen zinsähnlichen Erträgen (Effektivzinsen), die zB in Form von Disagien anfallen und über die Laufzeit verteilt vereinnahmt werden.
- Die **Zinsaufwendungen** ergeben sich wie die Zinserträge zum einen aus laufenden Zinszahlungen (Nominalzins) und aus zinsähnlichen Erträgen wie bspw. Disagien (Effektivzinsen).
- **Geschlossene Zinsposition:** Je Laufzeitband ist das Volumen der geschlossenen Positionen mit der Differenz aus dem durchschnittlichen Aktivzins und dem durchschnittlichen Passivzins zu multiplizieren.[622]
- **Offene Zinsposition:** Ein Festzinsüberhang je Laufzeitband wird zu den am Bilanzstichtag für das jeweilige Laufzeitband gültigen Forward Rates fiktiv geschlossen.[623] Darauf aufbauend wird der periodische Erfolgsbeitrag aus der offenen Zinsposition und den dazugehörigen fiktiven Glattstellungsgeschäften je Laufzeitband festgestellt.[624]
- Die **Summe der periodischen Erfolgsbeiträge** aus der geschlossenen Zinsposition, der offenen Zinsposition und den fiktiven Glattstellungsgeschäften je Laufzeitband werden saldiert.
  Diese (saldierten) Erfolgsbeiträge je Laufzeitband werden um die mit den bestehenden Geschäften zusammenhängenden **künftigen Verwaltungsaufwendungen** und **Risikokosten** gemindert.[625]
  Bei der Ermittlung der voraussichtlich noch anfallenden Risikokosten bzw. der erwarteten Ausfälle ist eine mehrfache Berücksichtigung der bereits iRd. Einzel- und Pauschalwertberichtigungen gebildeten Risikovorsorgen auszuschließen (IDW RS BFA 3 n.F. Tz. 50).
- Der verbleibende **Saldo je Laufzeitband** wird auf den Bilanzstichtag diskontiert. Ist die Summe aller diskontierten periodischen (Netto-) Erfolgsbeiträge kleiner Null (also negativ) ist in dieser Höhe eine Drohverlustrückstellung zu bilden.
- Eine Verwendung der von der Bundesbank für Zwecke der Abzinsung (RückAbzinsV) zur Verfügung gestellten Zinskurve, kann nicht stattfinden (IDW RS BFA 3 n.F. Tz. 48). Die Diskontierung der künftigen Zahlungsströme hat vielmehr auf Basis der allgemein anerkannten, aus aktuellen Markttransaktionen abgeleiteten fristenadäquaten Geld- und Kapitalmarktzinssätze am Abschlussstichtag (Zinsstrukturkurve) zu er-

---

[622] Vgl. Jessen/Haaker/Briesemeister, KoR 2011, 363 f.
[623] Vgl. Jessen/Haaker/Briesemeister, KoR 2011, 363 f.
[624] Vgl. Jessen/Haaker/Briesemeister, KoR 2011, 363 f.
[625] Vgl. Jessen/Haaker/Briesemeister, KoR 2011, 363 f.

folgen (IDW RS BFA 3 n.F. Tz. 48); insoweit ist ggf. mit **„negativen Zinssätzen"** zu diskontieren (IDW RS BFA 3 n.F. Tz. 48 iVm. Tz. 36).

(b) Barwertige Betrachtung

Die barwertige Betrachtung ist nur unter Beachtung des sog. Lücke-Theorems zulässig, während sich die periodenerfolgsorientierte Betrachtung unmittelbar aus den durch die Grundsätze ordnungsmäßiger Bilanzierung vorgegebenen Regeln des § 249 HGB ableiten lässt.[626]

Wie bereits oben dargestellt, ist der prozessuale Aufwand für die barwertige Methode idR geringer als bei der periodenerfolgsorientierten Methode, insbesondere weil die dazu erforderlichen Größen (zB Buchwert, Barwert) weitestgehend aus den beim Institut bereits vorhandenen Auswertungen entnommen werden können.

Darüber hinaus ist die fachgerechte Berücksichtigung von Derivaten und strukturierten Finanzinstrumenten bei Anwendung der barwertigen Methode „einfacher" als bei der periodenerfolgsorientierten Methode, weil für Derivate usw. deren stillen Reserven/Lasten (positiver/negativer Marktwert bzw. dessen Veränderung) relevant sind. Eine tabellarische Darstellung der zu berücksichtigenden Sachverhalte findet sich in Kapitel 5.3.9. (Passiva 7.).

Die Höhe der Rückstellung orientiert sich an den im betrachteten Bankbuch insgesamt vorhandenen **stillen Zinslasten**. Zur Ermittlung ist der Buchwert des Bankbuchs dem Barwert des Bankbuchs gegenüberzustellen (IDW RS BFA 3 n.F. Tz. 51). Dadurch wird der Wert der Bruttoreserven bzw. Bruttolasten der zinstragenden Geschäfte ermittelt. Zu bzw. von diesem Wert sind die stillen Reserven/Lasten der Zinsderivate des Bankbuchs hinzuzurechnen bzw. abzuziehen. Um die relevanten Nettoreserven bzw. Nettolasten zu erhalten, sind davon ferner der Risikokostenbarwert (aus dem Kunden- und Eigengeschäft) sowie der Verwaltungskostenbarwert abzuziehen; haben sich aufgrund einer Veränderung der eigenen Bonität die Refinanzierungskosten des Kreditinstituts erhöht, ist zudem der Barwert der erhöhten Refinanzierungskosten zu kürzen.[627]

---

[626] Vgl. ausführlich mit Beispielen Jessen/Haaker/Briesemeister, KoR 2011, 359 ff.; Kotzur, 79 ff.

[627] Vgl. Scharpf/Schaber, DB 2011, 2045 mit mehreren Beispielen.

- Ist der Barwert größer als der Buchwert weist das Bankbuch stille Reserven auf, die bilanziell unbeachtlich sind.
Ist der Barwert dagegen kleiner als der Buchwert, handelt es sich um **stille Lasten** (IDW RS BFA 3 n.F. Tz. 51), für die eine **Rückstellung** zu bilden ist (vgl. Kapitel 5.3.9.).[628]

- In die Ermittlung des **relevanten Buchwerts** sind alle Bilanzposten, die für den Vergleich mit dem Barwert notwendig sind, einzubeziehen. Dazu gehören auch bestimmte Rechnungsabgrenzungsposten (zB für Agien bzw. Disagien, Upfront-Payments bei Zinsswaps), aktivierte bzw. passivierte Optionsprämien sowie Rückstellungen im Zusammenhang mit zinsbezogenen Geschäften wie zB Rückstellungen iRv. Bewertungseinheiten sowie Rückstellungen für Sondersparformen mit Zuschlag zum Zins.[629]

Es sind die Buchwerte nach vorgenommener Bewertung (insbesondere Einzel- und Pauschalwertberichtigung, außerplanmäßige Abschreibung) und unter Berücksichtigung der **anteiligen Zinsen** heranzuziehen.[630] Diese Verringerung des Brutto-Buchwerts hat insoweit einen rückstellungsreduzierenden Effekt, da durch die vorgenommenen Wertberichtigungen bereits eine entsprechende bilanzielle Vorsorge getroffen wurde.[631]

Soweit **Vorsorgereserven nach § 340f HGB** vom Buchwert abgesetzt wurden, ist für Zwecke des IDW RS BFA 3 der Buchwert um diesen Betrag wieder zu erhöhen (IDW RS BFA 3 n.F. Tz. 54).[632]

---

[628] Dabei werden die Buch- bzw. Barwerte der Aktivseite mit positiven Werten angegeben, während die Buch- bzw. Barwerte der Passivseite mit negativen Werten angegeben werden. *Beispiel:* Aktiva: Buchwert +150, Barwert +190. Daraus folgt, dass stille Reserven in Höhe von +40 (+190 – (+150)) vorhanden sind. Passiva: Buchwert -100, Barwert -85, mithin betragen die stillen Reserven (-85 – (-100)) +15. Insgesamt handelt es sich damit um +55 stille Reserven. Mit diesem Wert ist der Marktwert der Zinsderivate (-20) vorzeichengerecht zu verrechnen, sodass es sich im Beispielsfall um stille Reserven von insgesamt +35 handelt. Dieser Betrag ist um den Verwaltungskosten- (-15) und den Risikokostenbarwert (-10) sowie die erhöhten Refinanzierungskosten wegen einer negativ veränderten Bonität des bilanzierenden Instituts (-15) zu kürzen. Ist der Betrag negativ (wie im Beispiel: -5), ist eine Drohverlustrückstellung zu bilden. Ist der verbleibende Betrag dagegen positiv, ist keine Rückstellung notwendig.

[629] Vgl. DGRV (Hrsg.), Praxishandbuch Derivate, Teil 1, D.II.5.2.5.

[630] Ebenso DGRV (Hrsg.), Praxishandbuch Derivate, Teil 1, D.II.5.2.5.; Düpmann/Schorr, in: Kirmße/Schüller (FS Rolfes), 289 ff.

[631] Vgl. Düpmann/Schorr, in: Kirmße/Schüller (FS Rolfes), 298.

[632] Ungeachtet dessen können diese Vorsorgereserven zur Kompensation des Aufwands für die Bildung einer Drohverlustrückstellung aus der verlustfreien Bewertung aufgelöst werden.

- Der **Barwert** ergibt sich mittels der in der internen Steuerung eingesetzten Instrumente aus den Zahlungsreihen der im Bankbuch enthaltenen Geschäfte.

Da es sich um eine Stichtagsbetrachtung handelt, ist die Zinsstrukturkurve zum Bilanzstichtag für die Abzinsung zu verwenden (IDW RS BFA 3 n.F. Tz. 48).[633] Insoweit ist ggf. mit „negativen Zinssätzen" zu diskontieren.[634]

Die Typisierung der Diskontierungssätze entsprechend der **RückAbzinsV** für diese Zwecke ist **nicht** zulässig.[635]

Bezüglich der Berücksichtigung der Bonität der Kunden bzw. der eigenen Bonität des bilanzierenden Instituts wird auf die obigen Ausführungen verwiesen. Es wird insbesondere darauf hingewiesen, dass die im **Handel notierten Credit Spreads** nicht unbedingt einem Zuschlag für Risikokosten entsprechen.

Zur Vermeidung von Verzerrungen ist es erforderlich, zur Diskontierung die **risikolose Zinsstrukturkurve** zu verwenden (IDW RS BFA 3 n.F. Tz. 38).

Die Berücksichtigung der Bonität der Kunden muss dabei als **Risikokostenbarwert** in Abzug gebracht werden.[636]

Die verschlechterte eigene Bonität ist entsprechend als **Barwert der erhöhten Refinanzierungskosten** (Fundingkosten) von den stillen Reserven des Bankbuchs abzuziehen bzw. den stillen Lasten des Bankbuchs zuzurechnen. Zu weiteren Details wird auf Scharpf/Schaber[637] verwiesen.

Nach IDW RS BFA 3 n.F. Tz. 52 kann die Berücksichtigung voraussichtlich noch anfallender Risikokosten und der Verwaltungskosten durch eine Einbeziehung in den zur Diskontierung der Zahlungsströme verwendeten Zinssatz, als Abschlag auf den Zahlungsstrom oder in Form einer Korrektur (siehe vorstehend) des ohne diese Komponenten ermittelten (Brutto-) Barwerts erfolgen.

Bei der Ermittlung der voraussichtlich noch anfallenden Risikokosten bzw. der erwarteten Ausfälle ist eine mehrfache Berücksichtigung der bereits iRd. Einzel- und Pauschalwertberichtigungen gebildeten Risikovorsorgen auszuschließen (IDW RS BFA 3 n.F. Tz. 50).

---

[633] Ebenso Walter, BankPraktiker 2010, 235; WPH Edition, Kreditinstitute, Kap. D. Rn. 442..

[634] Vgl. WPH Edition, Kreditinstitute, Kap. D. Rn. 442.

[635] Vgl. WPH Edition, Kreditinstitute, Kap. D. Rn. 442.

[636] Zur Ermittlung vgl. DGRV (Hrsg.), Praxishandbuch Derivate, Teil 1, D.II.5.2.5.

[637] Die in IDW RS BFA 3 vorgesehene Vorgehensweise der Einbeziehung der Kosten in den Diskontierungszinssatz kann zu erheblichen Verzerrungen führen; vgl. hierzu die Darstellung und die Beispiele bei Scharpf/Schaber, DB 2011, 2050 ff.

- Es müssen sämtliche (Zins-) **Derivate** des Bankbuchs berücksichtigt werden. Diese Derivate (einschließlich Optionen) sind der der barwertigen Betrachtung zugrunde liegenden Logik folgend in Höhe ihrer stillen Reserven/Lasten (bei Zinsswaps sind dies der positive/negative Marktwert; bei Optionen ist dies der Unterschied zwischen Marktwert und Buchwert) zum Bilanzstichtag vorzeichengerecht zu erfassen.
- Für **strukturierte Produkte** gilt Entsprechendes.
- Die Notwendigkeit der Berücksichtigung von **Wertberichtigungen** hängt von der Art und Weise der Barwertberechnung ab. Soweit der **Bankbuch-Barwert** auf Basis der erwarteten Ausfälle bzw. erwarteten Cashflows (dh. auf Basis des Buchwerts nach Abzug der Wertberichtigungen) ermittelt wird, ist dieser Barwert mit dem um die Wertberichtigungen geminderten Buchwert zu vergleichen.

  Im anderen Fall sind die **Einzel-** sowie **Pauschalwertberichtigungen**[638] an den iRd. verlustfreien Bewertung ermittelten stillen Reserven zu kürzen[639] bzw. den stillen Lasten hinzuzurechnen, da die stillen Reserven in diesem Fall um die Wertberichtigungen zu hoch bzw. die stillen Lasten entsprechend zu niedrig ermittelt worden sind. Es wird für diesen Fall als ausreichend angesehen, wenn die Korrektur in Höhe der gebuchten Wertberichtigungen vorgenommen wird. Entsprechendes gilt für die Länderwertberichtigungen.
- Die **stillen Risikovorsorgen** iSd. § 340f HGB bleiben unberücksichtigt (IDW RS BFA 3 n.F. Tz. 54), dh. sie sind zur Ermittlung des Bankbuch-Buchwerts dem Buchwert der Aktiva wieder hinzuzurechnen. Andernfalls sind die ermittelten stillen Reserven der Aktivseite zu hoch ermittelt.

  Bei **offenen Vorsorgereserven** gemäß **§ 340g HGB** stellt sich die Frage der Berücksichtigung naturgemäß nicht, da diese nicht vom Buchwert der Aktiva abgesetzt, sondern als zweckgebundene Risikovorsorge passivisch ausgewiesen werden und keine Verbindlichkeiten und keine schwebenden Geschäfte darstellen. Es handelt sich – wie der Name bereits sagt – um Risikovorsorgen, die als Risikopuffer zu verstehen sind und somit nicht als Refinanzierungspotenzial dienen können.
- Sofern ein Institut die zinsbezogenen Bestandteile von **Investmentfondsanteilen** mittels sog. Durchschau in die interne Steuerung einbezogen hat, sind diese bereits im Bankbuchbarwert bzw. Bankbuchbuchwert enthalten und müssen nicht mehr gesondert erfasst werden.

---

[638] Hinsichtlich der Pauschalwertberichtigung ist im Regelfall nichts zu veranlassen, da diese nicht einzelnen Forderungen zugerechnet, dh. nicht am Buchwert gekürzt wird.

[639] Dies ist gleichbedeutend mit einer Hinzurechnung zum Buchwert der entsprechenden Aktiva.

Werden die zinsbezogenen Bestandteile dagegen nicht iRe. Durchschau erfasst, hat das Institut aber die Ausschüttungen aus den Investmentfonds in die interne Steuerung der Zinsspanne bzw. des Zinsüberschusses integriert, müssen die stillen Reserven/Lasten dieser Fonds gesondert ermittelt und vorzeichengerecht berücksichtigt werden.[640]

Die verlustfreie Bewertung ist keine Unternehmensbewertung iSd. IDW S 1. Die verlustfreie Bewertung unterscheidet sich hiervon in mehrerlei Hinsicht: Es erfolgt insbesondere keine Prognose der künftigen Ergebnisse des Instituts als Ganzes unter Einschluss aller seiner Einflussfaktoren. Der Wertbeitrag aus dem künftigen Abschluss von Neugeschäft bleibt bei der verlustfreien Bewertung unberücksichtigt.

Ausweisfragen

Die iRd. verlustfreien Bewertung des Bankbuchs gebildete Drohverlustrückstellung ist unter den „anderen Rückstellungen" auszuweisen (IDW RS BFA 3 n.F. Tz. 55).

Da es sich in erster Linie um eine Bewertung des Forderungsbestands handelt, ist es vorzuziehen, die **Zuführung** zu dieser Rückstellung bzw. die **Auflösung** dieser Rückstellung in demselben Posten der Gewinn- und Verlustrechnung zu erfassen, in dem die sonstigen Bewertungsergebnisse der Forderungen erfasst werden. In Formblatt 3 (Staffelform) sind dies die Posten „13. Abschreibungen und Wertberichtigungen auf Forderungen und bestimmte Wertpapiere sowie Zuführungen zu Rückstellungen im Kreditgeschäft" bzw. „14. Erträge aus Zuschreibungen zu Forderungen und bestimmten Wertpapieren sowie aus der Auflösung von Rückstellungen im Kreditgeschäft". In diesen Posten werden auch Marktpreisrisiken – wie zB Kurswertabwertungen auf minderverzinsliche Wertpapiere der Liquiditätsreserve oder Abzinsungen auf minder-/unterverzinsliche Forderungen sowie Zuführungen bzw. Auflösungen von Wertberichtigungen auf Forderungen – einbezogen.

Nach IDW RS BFA 3 n.F. Tz. 56 ist auch ein Ausweis unter den „sonstigen betrieblichen Aufwendungen" bzw. „sonstigen betrieblichen Erträgen" möglich.

---

[640] Vgl. DGRV (Hrsg.), Praxishandbuch Derivate, Teil 1, D.II.5.2.5.

Anhangangaben

IRd. Anhangangaben der auf die Posten der Bilanz und der GuV angewandten Bilanzierungs- und Bewertungsmethoden nach § 340a iVm. § 284 Abs. 2 Nr. 1 HGB ist auch das **Verfahren** zur verlustfreien Bewertung des Bankbuchs als **Bewertungsmethode** im Anhang anzugeben und zu erläutern (IDW RS BFA 3 n.F. Tz. 57).

Soweit nicht bereits aufgrund anderer Vorschriften eine Anhangangabe erfolgt, wird aus Transparenzgründen eine Angabe hinsichtlich der **gewählten Ausweisposten** in Bilanz bzw. GuV (vgl. IDW RS BFA 3 n.F. Tz. 55 f.) bzw. bei Wesentlichkeit auch des **Betrags der Zuführung oder Auflösung** einer Drohverlustrückstellung für die verlustfreie Bewertung von zinsbezogenen Geschäften des Bankbuchs im Anhang empfohlen (IDW RS BFA 3 n.F. Tz. 58).

Als Bestandteil der Bewertungsmethode ist im Anhang auch darüber zu berichten, ob und wie die beabsichtigte, zeitnahe **Veräußerung hoch liquider Wertpapiere** behandelt wurde (IDW RS BFA 3 n.F. Tz. 40). Des Weiteren sind Angaben zur Berücksichtigung der **Risiko-, Verwaltungs- und erhöhter Refinanzierungskosten** erforderlich.

4.3.4.6. Änderung der Zuordnung zum Bankbuch

Finanzinstrumente können zu einem Zeitpunkt nach ihrer erstmaligen bilanziellen Erfassung die Voraussetzungen für eine Berücksichtigung im Bankbuch verlieren bzw. erfüllen. Der BFA hat für diese Fälle mit IDW RS BFA 3 n.F. Tz. 28 ff. erstmals Regelungen getroffen.

Die nachfolgend dargestellten Regelungen gelten unabhängig davon, ob die Änderungen der Zuordnung zum Bankbuch durch eine ausdrückliche unternehmerische Entscheidung oder aufgrund der Anwendung von Grundsätzen ordnungsmäßiger Bilanzierung einschließlich der Stellungnahme IDW RS BFA 3 n.F. erfolgen (IDW RS BFA 3 n.F. Tz. 27). Eine Bedeutung in diesem Zusammenhang hat die Frage der Änderung der Zuordnung von sog. **langlaufenden Zinsswaps** bei Anwendung der in IDW RS BFA 3 n.F. Tz. 23 dargestellten Grundsätze erlangt.

Änderungen der Zuordnung zum Bankbuch sind unternehmensinterne Vorgänge und können aus diesem Grund wegen des Realisationsprinzips keine erfolgswirksame Vereinnahmung von (Veräußerungs-) Erfolgen begründen

4. Bewertungsvorschriften

(IDW RS BFA 3 n.F. Tz. 28).[641] Gesetzliche Regelungen im Zusammenhang mit dem Handelsbestand bzw. bei Bewertungseinheiten iSd. § 254 HGB bleiben davon unberührt.

Verlieren Finanzinstrumente nachträglich die Voraussetzungen für eine Berücksichtigung im Bankbuch, sind sie fortan nach den allgemeinen Regeln zu bilanzieren und zu bewerten, die für Finanzinstrumente gleicher Art und Zweckbestimmung außerhalb des Bankbuchs gelten (IDW RS BFA 3 n.F. Tz. 29).

Da eine nachträgliche Zuordnung zum Handelsbestand gemäß § 340e Abs. 3 Satz 2 HGB ausgeschlossen ist, kann die Zuordnung nur entweder zu den Bewertungseinheiten oder zum sog. Residualbestand[642] erfolgen.[643] Umwidmungen in den sog. Residualbestand (der einzeln zu bewerten ist) können auch sog. **langlaufende Zinsswaps** betreffen, die nicht mehr in einem einheitlichen Nutzungs- und Funktionszusammenhang mit dem Bankbuch stehen.

Ab dem Umwidmungszeitpunkt dürfen die umgewidmeten Finanzinstrumente beim Rückstellungstest für Drohverlustrückstellungen aus dem Bankbuch nicht mehr berücksichtigt werden (IDW RS BFA 3 n.F. Tz. 29, Satz 3). Unrealisierte Erträge (stille Reserven) sind, auch wenn sie während der Zugehörigkeit zum Bankbuch entstanden sind, mit der Änderung der Zuordnung nicht mehr bei der Bewertung des Bankbuchs zu berücksichtigen. Vietze ua.[644] schließen daraus: *„Folgerichtig sind auch unrealisierte Verluste (beispielsweise negative Marktwerte aus umgewidmeten Zinsswapgeschäften) zwecks Vermeidung einer ungerechtfertigten Mehrfachbelastung nicht mehr bei der Bewertung des Bankbuchs zu berücksichtigen, da für sie nunmehr im Rahmen der Einzelbewertung aufwandswirksam eine Rückstellung für drohende Verluste aus schwebenden Geschäften zu bilden ist."*

Hinsichtlich des Zeitpunkts der daraus resultierenden Anpassung des Buchwerts räumt IDW RS BFA 3 n.F. Tz. 29 ein Wahlrecht ein: die aufwandswirksame Erfassung des Unterschiedsbetrags erfolgt in voller Höhe entweder im Umwidmungszeitpunkt, spätestens jedoch am nächsten Abschlussstichtag.

---

[641] Vgl. Vietze/Bär/Briesemeister/Löw/Schaber/Weigel/Wolfgarten, WPg 2018, 765 f.

[642] Finanzinstrumente des Residualbestands sind solche, die weder dem Handelsbestand noch dem Bankbuch bzw. einer Bewertungseinheit zuzuordnen sind.

[643] Vgl. Vietze/Bär/Briesemeister/Löw/Schaber/Weigel/Wolfgarten, WPg 2018, 766.

[644] Vgl. Vietze/Bär/Briesemeister/Löw/Schaber/Weigel/Wolfgarten, WPg 2018, 766 f.

Soweit Finanzinstrumente nach ihrer erstmaligen bilanziellen Erfassung die Voraussetzungen für eine Berücksichtigung im Bankbuch (erstmals) erfüllen, sind sie zum Zeitpunkt der Änderung der Zuordnung letztmalig nach den bis dahin geltenden allgemeinen Vorschriften zu bewerten (IDW RS BFA 3 n.F. Tz. 30). Erst im Anschluss daran erfolgt eine Bewertung nach den Regeln für das Bankbuch. Hierunter fallen auch langlaufende Zinsswaps (zB zeitlich durch „Hineinwachsen"), die erstmals in einem einheitlichen Nutzungs- und Funktionszusammenhang mit dem Bankbuch stehen, die ab dem Umwidmungszeitpunkt in die verlustfreie Bewertung des Bankbuchs einzubeziehen sind.

Die Vornahme einer Wertaufholung bzw. die Auflösung einer Rückstellung für drohende Verluste aus schwebenden Geschäften ist im Zuge der Änderung der Zuordnung nur insoweit zulässig, als der Grund für die Abschreibung eines Vermögensgegenstands bzw. die Bildung der Drohverlustrückstellung (für zinsbezogene Derivate) entfallen ist (IDW RS BFA 3 n.F. Tz. 31). Diese zinsbezogene Derivate betreffende Regelung zielt insbesondere auf die Behandlung von sog. langlaufenden Zinsswaps, wenn diese aufgrund von entsprechenden Geschäften in entsprechendem Umfang (nachträglich) dem Bankbuch zugeordnet werden können.

Da Erträgen aus Wertaufholungen bzw. der Auflösung von Rückstellungen stets eine Vermögensmehrung zugrunde liegt, kann die geänderte Zuordnung allein keine Wertaufholung bzw. Auflösung einer Rückstellung begründen (IDW RS BFA 3 n.F. Tz. 31). Eine nach diesen Grundsätzen fortgeführte Drohverlustrückstellung für zinsbezogene Derivate (zB für langlaufende Zinsswaps) ist in der Folge zeitanteilig über die Restlaufzeit des Derivats aufzulösen.[645]

Eine Doppelberücksichtigung durch den negativen Barwert des Derivats einerseits und die (fortgeführte) Drohverlustrückstellung andererseits ist durch eine entsprechende Minderung des Buchwerts des Bankbuchs (barwertige Methode) bzw. eine Anrechnung auf die Höhe der Verpflichtung (GuV-orientierte Methode) ausgeschlossen (IDW RS BFA 3 n.F. Tz. 32).

Wertänderungen ab dem Zeitpunkt der Zuordnung in das Bankbuch sind Bestandteil der Bewertung des Bankbuchs (IDW RS BFA 3 n.F. Tz. 33).

---

[645] Vgl. Vietze/Bär/Briesemeister/Löw/Schaber/Weigel/Wolfgarten, WPg 2018, 767.

4.3.4.7. Verlustfreie Bewertung des Bankbuchs in der Steuerbilanz

Mit der nicht eindeutig zu beantwortenden Frage, ob eine Rückstellung iRd. verlustfreien Bewertung des Bankbuchs in der Steuerbilanz berücksichtigt werden darf, befasst sich Rau.[646] Rau kommt zu folgenden Ergebnissen:

- Die kompensatorische Ermittlung des Verpflichtungsüberhangs des Bankbuchs ist eine besondere Form einer Bewertungseinheit, die von § 5 Abs. 1a Satz 2 EStG angesprochen ist.
- Ein schwebender Vertrag liegt nach Rau aus steuerlicher Sicht vor, wenn bei einem zweiseitig verpflichtenden Vertrag, der auf einen gegenseitigen Leistungsaustausch gerichtet ist, der zur Sach- oder Dienstleistung Verpflichtete diesen noch nicht vollständig erfüllt hat.
- Handelsrechtlich sind schwebende Geschäfte – speziell bei Banken – auch gegenseitige Verträge, die auf eine entgeltliche Überlassung von finanziellen Mitteln für einen bestimmten oder unbestimmten Zeitraum oder auf einen anderen finanziellen Austausch gerichtet sind. So können Darlehenshingaben oder Darlehenserhalt nach diesem Verständnis als schwebende Geschäfte angesehen werden, selbst bei Verbriefung.
- Damit können handelsrechtlich unrealisierte Verluste aus der Gegenüberstellung zukünftiger Zinsansprüche und -verpflichtungen zu Drohverlustrückstellungen mutieren; steuerbilanziell wären sie aber zB bei der Einzelbewertung festverzinslicher Wertpapiere durch eine Teilwertabschreibung zu zeigen.
- Steuerlich handelt es sich im Ergebnis bei der Rückstellung aufgrund verlustfreier Bewertung des Bankbuchs um ein Konglomerat aus zinsinduzierter Teilwertabschreibungen, Verbindlichkeitszuschreibungen oder -rückstellungen und Rückstellungen für drohende Verluste aus schwebenden Geschäften.
- Eine sich bei dieser Bewertung ergebende zusammengefasste Rückstellung ist steuerlich daher lediglich technisch als Drohverlustrückstellung zu verstehen.
- Die Anwendung von § 5 Abs. 4a Satz 1 EStG ist nur mit der klassischen Einzelbewertung kompatibel. Die Bewertung des Bankbuchs entspricht dieser nicht.

Rau[647] kommt zu dem Ergebnis, dass *„auf kompensatorischer Basis rechnerisch ermittelte Ergebnisse ... aus der Bewertung des Bankbuchs steuerbilanziell gemäß § 5 Abs. 1a EStG zu übernehmen sind"*. Aus dieser Bewertung entstehende Rückstellungsüberhänge seien idR lediglich technisch als Droh-

---

[646] Vgl. Rau, DStR 2017, 742 f. mwN.
[647] Vgl. Rau, DStR 2017, 743.

verlustrückstellung zu verstehen; ihre Berücksichtigung in der Steuerbilanz folge darüber hinaus aber auch über § 5 Abs. 4a Satz 2 EStG.

4.3.5. Berücksichtigung von Ausfallrisiken

4.3.5.1. Überblick

Um den beizulegenden Wert einer Forderung zu ermitteln, ist die **Bonität** des Schuldners, dh. seine Fähigkeit, die Forderung vertragsgemäß mit Zins- und Tilgungszahlungen zu bedienen, zu beurteilen.[648] Eine mangelnde Bonität wird im Regelfall zu einem niedrigeren Wertansatz der Forderung in der Bilanz führen.[649]

Einzelwertberichtigungen auf Forderungen müssen zwingend in Form aktivischer Kürzungen bei den korrespondierenden Aktiva gebildet werden; sie sind somit in der Handelsbilanz nicht unmittelbar erkennbar. Soweit sich die Risikovorsorge auf Eventualforderungen bezieht, ist sie als Rückstellung für ungewisse Verbindlichkeiten unter den „anderen Rückstellungen" auszuweisen.

Institute müssen **Kriterien** festzulegen, auf deren Grundlage unter Beachtung der angewandten Rechnungslegungsnormen Wertberichtigungen, Abschreibungen und Rückstellungen für das Kreditgeschäft (einschließlich der Länderrisikovorsorge) zu bilden sind. Des Weiteren müssen Institute aussagekräftige **Risikoklassifizierungsverfahren** einrichten, die die Beurteilung der Adressausfallrisiken sowie ggf. der Objekt-/Projektrisiken ermöglichen. Branchen- und ggf. Länderrisiken sind in angemessener Weise zu berücksichtigen.

Dies verlangen bereits die MaRisk. Danach sind Institute verpflichtet, Kriterien festzulegen, auf deren Grundlage unter Beachtung der angewandten Rechnungslegungsnormen Wertberichtigungen, Abschreibungen und Rückstellungen für das Kreditgeschäft (einschl. der Länderrisikovorsorge) zu bilden sind.

Zur früheren Risikokategorisierung in „1. Forderungen ohne erkennbare Ausfallrisiken", „2. Anmerkungsbedürftige Forderungen", „3. Notleidende Forderungen" und „4. Uneinbringliche Forderungen vgl. Bieg/Waschbusch.[650] Im Rahmen der heute üblichen **internen Ratings** von Kreditnehmern werden üblicherweise detailliertere Untergliederungen erstellt, die sich letztlich aber auch auf diese vier Risikokategorien verdichten lassen.

---

[648] Vgl. Hossfeld, RIW 1997, 137; Gaber, 2. Aufl., 231 ff..
[649] Vgl. Schneider, BB 1995, 2155.
[650] Vgl. Bieg/Waschbusch, 3. Aufl., 416 ff.

Bei bilanzieller Erfassung einer mangelhaften Bonität werden die Begriffe „Abschreibungen" und „Wertberichtigungen" verwendet. Dabei sind unter Abschreibungen eher endgültige Bewertungsmaßnahmen wegen Uneinbringlichkeit und unter Wertberichtigungen die nicht als endgültig betrachteten Wertfestsetzungen zu verstehen.[651]

Hierbei sind – unter Beachtung der ggf. verschlechterten Bonität des Schuldners – Höhe und Zeitpunkt der künftigen Zins- und Tilgungszahlungen zu schätzen. Diese Zahlungsströme sind grundsätzlich zu **diskontieren**.[652] Vgl. auch die Ausführungen in Kapitel 4.3.5.3.7.

Dabei bestehen bei der Berücksichtigung von Bonitätseinflüssen aufgrund der Unsicherheit der Zeitpunkte und der Höhe der zukünftigen Zahlungen praktisch Bewertungsspielräume.[653] In der deutschen Bilanzierungspraxis erfolgte lange Zeit grundsätzlich **keine** Barwertberechnung, vielmehr wurde auf die undiskontierte Summe der erwarteten Zahlungen des Schuldners abgestellt.[654] Zur Vereinnahmung von Zinsen auf notleidende Forderungen vgl. Kapitel 4.3.5.4.

Akut ausfallgefährdet bzw. **notleidend** sind Forderungen, bei denen mit Ausfällen gerechnet werden muss, dh. deren Rückzahlung und/oder Verzinsung ganz oder teilweise gefährdet erscheint. Die notleidenden Forderungen sind einzelwertzuberichtigen.[655]

Uneinbringlich ist eine Forderung dann, wenn aller Wahrscheinlichkeit nach vom Schuldner bzw. von den Mitverpflichteten keine Zahlungen mehr zu erwarten und werthaltige Sicherheiten nicht in ausreichendem Umfang vorhanden sind. Uneinbringliche Forderungen sind auszubuchen. Diese Ausbuchung betrifft allerdings nicht das Außenverhältnis. Diese Forderungen sind mithin auf Vermerkkonten außerhalb der Finanzbuchhaltung weiterzuführen.

Maßgebend für die Beurteilung sind grundsätzlich die Verhältnisse des Bilanzstichtags. Änderungen (wertbegründende Erkenntnisse), die erst nach dem Bilanzstichtag eingetreten sind, dürfen nicht berücksichtigt werden. Hiervon zu unterscheiden sind sog. **wertaufhellende Erkenntnisse**, dh. Erkenntnisse, die zwar nach dem Bilanzstichtag erlangt wurden, denen aber ein Sachverhalt zugrunde liegt, der bereits am Bilanzstichtag eingetreten war. Diese wertaufhel-

---

[651] Vgl. Krumnow ua., 2. Aufl., § 340e HGB Rn. 192.
[652] Zum Diskussionsstand im Schrifttum vgl. Gaber, 2. Aufl., 237 mwN.
[653] Vgl. Birck/Meyer, V 149.
[654] Vgl. Sittmann-Haury, 31 mwN.
[655] Vgl. Wimmer/Kusterer, DStR 2006, 2046 ff.

lenden Tatsachen sind als konkretisierende Anhaltspunkte bei der Wertfindung für die am Bilanzstichtag bestehenden Verhältnisse stets zu berücksichtigen.[656]

Einzelwertberichtigungen werden auch dergestalt vorgenommen, dass sie für gleichartige Forderungsgruppen (zB Kleinkredite, Teilzahlungskredite) pauschal ermittelt werden (sog. **pauschalierte Einzelwertberichtigungen**). Dabei werden Forderungen mit gleichartigen Risiken (zB Mahnstufen) in Gruppen zusammengefasst. Die Risiken der jeweiligen Gruppe werden in einem vereinfachten Verfahren durch pauschale Abschläge berücksichtigt, die sich idR an den Erfahrungen der Vergangenheit orientieren.[657]

Bezüglich der Beurteilung der Adressenausfallrisiken und der Prüfung des Kreditgeschäfts sind die einschlägigen Prüfungsstandards und Prüfungshinweise des IDW zu beachten. Zum Risikomanagement mit Credit Ratings vgl. Wieben/Schneider.[658]

Für die Einschätzung des Adressenausfallrisikos ist für **bilanzielle Zwecke** zum einen die Wahrscheinlichkeit maßgeblich, mit der ein Kreditnehmer seinen vertraglichen Leistungsverpflichtungen nicht mehr nachkommen kann (Ausfallwahrscheinlichkeit). Zum anderen ist zu beurteilen, welche Zahlungen nach Eintritt von Leistungsstörungen – unter Berücksichtigung der Werthaltigkeit von Sicherheiten – noch erwartet werden können (Recovery Rate).

4.3.5.2. Offenlegung der wirtschaftlichen Verhältnisse

Die Ausfallwahrscheinlichkeit kann primär anhand der **wirtschaftlichen Verhältnisse** des Kreditnehmers bzw. der Kreditnehmereinheit beurteilt werden. Soweit die wirtschaftlichen Verhältnisse eine vertragsmäßige Erfüllung des Kreditverhältnisses nicht (in ausreichendem Maße) erwarten lassen, spielt die Werthaltigkeit der Sicherheiten eine entscheidende Rolle.

Bei der Analyse der wirtschaftlichen Verhältnisse (Kapitaldienstfähigkeit) sind alle dem Institut vorliegenden Informationen zu berücksichtigen, die einen Einblick in die Vermögens-, Finanz- und Ertragslage des Kreditnehmers (der Kreditnehmereinheit) ermöglichen. Bei der Beurteilung der Kapitaldienstfähigkeit spielen bei **gewerblichen Kreditnehmern** ua. die Geschäftsplanung,

---

[656] Vgl. Krumnow ua., 2. Aufl., § 340e HGB Rn. 171.
[657] Vgl. Krumnow ua., 2. Aufl., § 340e HGB Rn. 193; Meyer im Hagen, BankPraktiker 2009, 274 ff.; Gaber, 2. Aufl. 237 f.
[658] Vgl. Wieben/Schneider, Corporate Finance 2018, 230 ff.

die Eigenkapitalausstattung, die Ertragslage, die Liquiditätslage, der Cash-flow, die Qualität der Unternehmensleitung, die Produkttechnologie sowie die Marktstellung eine Rolle. Bei **privaten Kreditnehmern** sind die Einkommens- und Vermögensverhältnisse von entscheidender Bedeutung. Daneben sind das bisherige Zahlungsverhalten des Kreditnehmers, die Verwendung des Kredits sowie die Höhe der Gesamtverschuldung relevant.

Bei ausländischen Kreditnehmern ist ferner zu beurteilen, ob die Zahlungsmittel frei und ohne Beschränkungen an das Institut transferiert werden können (Länderrisiko).

Die **Bewertung der Sicherheiten**[659] hat umso größere Bedeutung, je schlechter die wirtschaftlichen Verhältnisse des Kreditnehmers bzw. der Kreditnehmereinheit sind bzw. je weniger die vorliegenden Unterlagen eine abschließende Beurteilung seiner wirtschaftlichen Verhältnisse zulassen. In diesem Zusammenhang sind auch Nettingvereinbarungen sowie die Sicherungswirkung von Kreditderivaten zu berücksichtigen. Die Sicherheiten sind sowohl hinsichtlich ihres **rechtlichen** und **tatsächlichen Bestands** als auch bezüglich des Barwerts der voraussichtlichen **Verwertungserlöse** zu prüfen.[660] Sind der rechtliche und tatsächliche Bestand sowie die Werthaltigkeit der Sicherheiten nicht ausreichend nachgewiesen, müssen die Sicherheiten unberücksichtigt bleiben.

Für die **Offenlegung der wirtschaftlichen Verhältnisse**[661] gemäß § 18 KWG, die zur Beurteilung des Kreditnehmers relevant ist, ist zu beachten, dass die BaFin im Jahr 2005 sämtliche zu § 18 KWG erlassenen Rundschreiben ersatzlos aufgehoben und die Regelung der Offenlegung in die Verantwortung der Institute gestellt hat.[662] Ungeachtet dessen können die in den bislang ver-

---

[659] Zur Sicherheitenbewertung vgl. auch Brockmann, RP 2014, 180 ff.

[660] Es ist gemäß der verlustfreien Bewertung auf den erwarteten Verwertungserlös nach Abzug von Verwertungskosten abzustellen. Deshalb hat eine Abzinsung des voraussichtlichen Verwertungserlöses mittels eines fristadäquaten Marktzinssatzes zu erfolgen.

[661] Vgl. Luz/Neus/Schaber/Schneider/Wagner/Weber (Hrsg.), § 18 KWG; siehe auch Baechler-Troche, Kredit & Rating Praxis 3/2003, 19; Benz/Herzog, BBK Fach 26, 1185 ff.; Brogl/Hambloch-Gesinn, Kreditpraxis 6/1998, 28; Früh, WM 2002, 1912; Grigg, ZfgK 2000, 1198; IIR-Arbeitskreis „Revision des Kreditgeschäfts", ZIR 1999, 133; Keller, 2000, 8 ff.; Meeh, WPK-Mitteilungen 1999, 221; Meißner, Kredit&Rating Praxis 5/2001, 22; Müller, A., StuB 2002, 1; Pitschas, WM 2000, 1121; Struwe, in: Becker/Kastner (Hrsg.), 42 ff.; Bieg/Waschbusch, 3. Aufl., 410 ff.

[662] Vgl. auch Clausen, DB 2005, 1534 f.

öffentlichten Rundschreiben der BaFin dargestellten Anforderungen ggf. auf die aktuellen Verhältnisse modifiziert als Best Practice betrachtet werden.[663]

Von einer umfassenderen Darstellung der Offenlegungsbestimmungen nach § 18 KWG wird hier abgesehen. Es wird auf die Kommentierungen zu § 18 KWG verwiesen. Zu **Ablauf** und den benötigten **Unterlagen** bei der Kreditwürdigkeitsprüfung vgl. auch Leidig.[664]

Das **Verfahren der Offenlegung iSd.** § **18 KWG** vollzieht sich – nachdem festgelegt wurde, welche Unterlagen erforderlich sind – in drei (weiteren) Schritten:[665]

1. Einreichung der erforderlichen Unterlagen,
2. Auswertung der Unterlagen und
3. Dokumentation der Auswertung.

Im **ersten Schritt** erfolgt die Offenlegung durch die zeitnahe Einreichung von geeigneten aktuellen Unterlagen. Die Art der Unterlagen sowie der Umfang sind abhängig von der Rechtsform des Kreditnehmers sowie ggf. von der Komplexität des Kreditengagements. Der **zweite Schritt** besteht in der Auswertung der eingereichten Unterlagen. Hierzu ist bankintern eine Analyse der Unterlagen vorzunehmen. Im **dritten Schritt** ist die Dokumentation der beiden vorangegangenen Schritte erforderlich. Die praktische Umsetzung der einzelnen Verfahrensschritte wird vom Risikogehalt und der Komplexität des jeweiligen Kreditengagements bestimmt. Die Anforderungen sind in internen Organisationsanweisungen festzulegen.

Anhand der in der nachfolgenden Abbildung dargestellten Systematik kann die Offenlegungspflicht nach § **18 KWG** beurteilt werden.

---

[663] Vgl. zur Neuausrichtung Clausen, BankPraktiker, 02/2006, 92 ff.; Clausen, DB 2005, 1534 f.; Degkwitz, Die Bank 2.2006, 52 f.; Struwe/Koch, BankPraktiker, 02/2005, 84 ff.; Walter, DStR 2005, 2139 ff.; Zimmermann, BKR 1/2006, 10 ff.; Theleis, FLF 3/2006, 107 ff.; Struwe (Hrsg.), 11 ff.

[664] Vgl. Leidig, ZRFG 2008, 129 ff.

[665] Umfassend dargestellt bei Luz/Neus/Schaber/Schneider/Wagner/Weber (Hrsg.), § 18 KWG Rn. 58 ff.

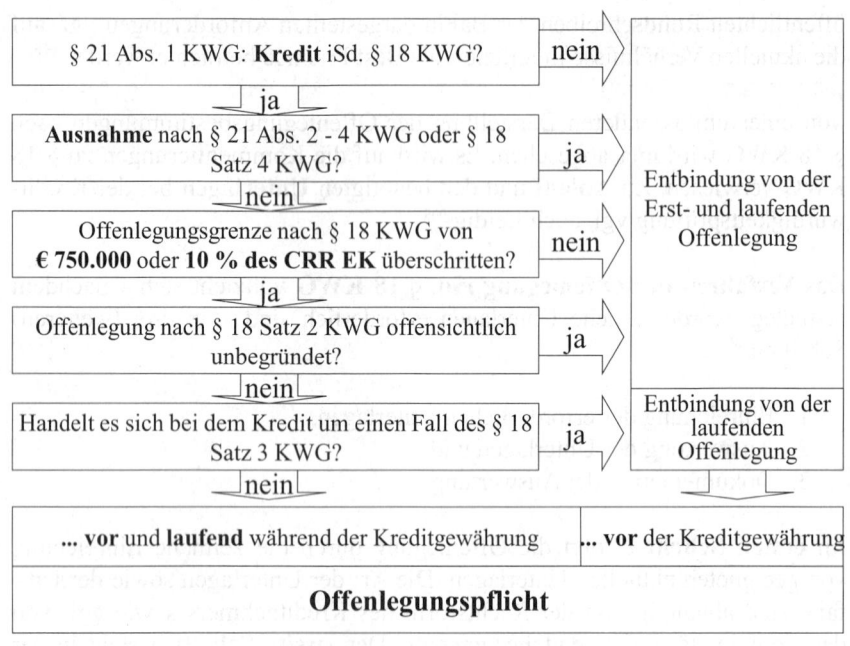

Abb. 4.3: Prüfung der Offenlegungspflicht nach § 18 KWG

Mit Art. 12 des *„Gesetzes zur Umsetzung der Wohnimmobilienkreditrichtlinie und zur Änderung handelsrechtlicher Vorschriften"* vom 11.3.2016[666] wurde § 18 Abs. 2 KWG aF aufgehoben und ein neuer § 18a KWG eingeführt, der die **Prüfung der Kreditwürdigkeit** des Darlehensnehmers vor Abschluss eines Verbraucherdarlehensvertrags (§§ 491 ff. BGB) vorschreibt.[667] Einzelheiten sind in § 18a Abs. 2 bis Abs. 9 KWG beschrieben. Nach § 18a Abs. 10 KWG gelten diese Vorschriften auch für die jeweils entsprechenden **entgeltlichen Finanzierungshilfen** (§ 506 BGB). Mit dem Finanzaufsichtsrechtsergänzungsgesetz vom 6.6.2017[668] wurde § 18a KWG geändert: Abs. 4 Satz 3 wurde neu gefasst, Abs. 8a und Abs. 10a wurden neu eingefügt.

---

[666] Vgl. BGBl. I 2016, 396 ff., 416 f.

[667] Vgl. Buck-Heeb, BKR 2015, 177 ff.; Bartlitz, WM 2016, 344 ff.; Müller, NWB 37/2016, 2799 ff.; Heibel, BP 2016, 330 ff.; Feldhusen, BKR 2016, 441 ff.; Buck-Heeb/ Lang, ZBB/JBB 2016, 320 ff.; Kraatz/Klevenhagen, BKR 2017, 45 ff.; König, WM 2017, 569 ff.; Schelske, NWB 7/2018, 413 ff.; Buck-Heeb, BKR 2018, 269 ff.; Binder, ZIP 2018, 1201 ff.; Feldhusen, WM 2019, 97 ff.

[668] Vgl. BGBl. 2017 I, 1495 ff.; Buck-Heeb, WM 2017, 1329 ff.

Die **Immobiliar-Kreditwürdigkeitsprüfungsleitlinien-Verordnung** vom 24.4.2018[669] (ImmoKWPLV) regelt Einzelheiten zur Kreditwürdigkeitsprüfung von Immobiliar-Verbraucherdarlehensverträgen.[670] Diese Verordnung soll zur Klärung der sowohl für den Verbraucher (Kreditnehmer) als auch die kreditgebenden Institute relevante Frage beitragen, wann eine nach § 505a BGB bzw. § 18a KWG erforderliche Kreditwürdigkeit des Kunden vorliegt, so dass ein Wohnimmobiliendarlehen vergeben werden darf.

4.3.5.3. Einzelheiten zur Bildung von Einzelwertberichtigungen

4.3.5.3.1. Überblick

Einzelwertberichtigungen sind aufgrund des in § 252 Abs. 1 Nr. 4 HGB kodifizierten Grundsatzes der Vorsicht zu bilden, um akuten Ausfallrisiken Rechnung zu tragen. Ein **akutes Ausfallrisiko** zeichnet sich dadurch aus, dass die vertragliche Beziehung zum Kreditnehmer (Kreditverhältnis) in der Form gestört ist, dass infolge der schwachen wirtschaftlichen Verhältnisse des Kreditnehmers ein vollständiger oder teilweiser Ausfall der Kapital- bzw. Zinsforderung droht. Zentrales Kriterium zur Identifizierung eines akuten Risikos ist die Frage nach der nachhaltigen **Kapitaldienstfähigkeit** (Rückzahlungsfähigkeit).

Dieser drohende **Verlust** muss zudem **hinreichend wahrscheinlich** sein (Ausfallwahrscheinlichkeit). Die zweifelhaften Forderungen sind in der Bilanz mit ihrem wahrscheinlich einbringlichen Wert (unter Berücksichtigung von Sicherheiten) anzusetzen. Die Differenz zum Buchwert stellt den Betrag der Einzelwertberichtigung dar.

Der vorsichtig geschätzte in angemessener Zeit realisierbare Wert[671] der Sicherheiten bildet die Untergrenze für den beizulegenden Wert der Forderung.

Die Bildung von Einzelwertberichtigungen ist angemessen zu dokumentieren. Die Bildung und **Dokumentation** von Einzelwertberichtigungen erfordert wegen der steuerlichen Konsequenzen einer späteren Nichtanerkennung durch die steuerliche Außenprüfung besondere Sorgfalt.

---

[669] Vgl. BGBl. 2018 I, 529 ff.
[670] Vgl. Schelske, NWB 24/2018, 1770 ff.; Buck-Heeb, BKR 2018, 269 ff.; Binder, ZIP 2018, 1201 ff.; Feldhusen, WM 2019, 97 ff.
[671] Vgl. auch Brockmann, RP 2014, 180 ff.

Zur Überprüfung von Einzelwertberichtigungen auf der Grundlage von Datenbankanalysen iRe. Außenprüfung vgl. Schampera.[672] Zur steuerlichen Teilwertabschreibung vgl. Holle.[673]

4.3.5.3.2. Wahrscheinlichkeit eines Ausfalls

Der **Ausfallwahrscheinlichkeit** muss durch eine angemessene Einzelwertberichtigung bzw. pauschalierte Einzelwertberichtigung Rechnung getragen werden, deren Höhe von der Bonität des Schuldners bzw. des Mitverpflichteten und vom Wert der gestellten Sicherheiten abhängt. Es kommt in erster Linie darauf an, inwieweit der Kreditnehmer voraussichtlich in der Lage sein wird, das Engagement aus erwarteten künftigen Zuflüssen (Cashflow, Gehalt, sonstige Einnahmen usw.) zu bedienen. Dies wird als **Kapitaldienstfähigkeit** bezeichnet. Nur soweit dies nicht der Fall ist, muss darauf abgestellt werden, ob die Kreditrückführung aus dem Vermögen des Schuldners wahrscheinlich ist.[674]

Eine Einzelwertberichtigung kann nicht allein schon deshalb gebildet werden, weil in Zukunft ein Verlust aus einem Engagement nicht ausgeschlossen werden kann. Der Forderungsausfall muss vielmehr hinreichend wahrscheinlich und begründet sein. Allgemeingültige Aussagen darüber, unter welchen Umständen ein Forderungsverlust als wahrscheinlich angesehen werden muss, lassen sich wegen der in jedem Fall anders gelagerten Umstände nicht machen.

Indikatoren für eine **hohe Ausfallwahrscheinlichkeit** (akutes Risiko) können bspw. folgende Hinweise sein: Überziehungen der eingeräumten Kreditlinien, permanentes Ansteigen bzw. tendenzielles Ansteigen der Verschuldung, Ratenrückstände, Rückgaben von Schecks und Lastschriften, negative Auskünfte sowie sonstige negative Merkmale. Ferner sind hier zu erwähnen die Nichteinhaltung von (vertraglichen) Vereinbarungen (zB Covenants[675]), Vollstreckungsmaßnahmen Dritter gegen den Kreditnehmer, persönliche Schwierigkeiten des Kreditnehmers (zB Arbeitslosigkeit, Scheidung, Berufsunfähigkeit), Nichterfüllung der Anforderungen des § 18 KWG durch den Kreditnehmer, außergewöhnlich hohe Privatentnahmen, nachhaltige Verlustsituation, Kurzarbeit, Entlassungen usw.

---

[672] Vgl. Schampera, NWB 51/2017, S. 3939 ff.
[673] Vgl. Holle, DB 2018, 2261 ff.
[674] Ausführlich zur Einzelwertberichtigung vgl. Müller, Th., 167 ff.
[675] Vgl. zu Covenants Hannen, DB 2012, 2233 ff.

Ist die Kapitaldienstfähigkeit rechnerisch nicht gegeben, liegen aber keine oder nur geringe Leistungsstörungen und Negativmerkmale vor, ist das Engagement besonders auf verdeckte Risiken hin zu untersuchen. Solche verdeckte Risiken können bspw. darin bestehen, dass bei anderen Kreditgebern Verbindlichkeiten aufgebaut werden und/oder ggü. anderen Kreditinstituten die Leistungen nicht erbracht werden. Besondere Aufmerksamkeit ist den Anzeichen von Substanzverzehr zur Aufrechterhaltung der Liquidität des Unternehmens zu widmen.

Bei Forderungen an Schuldner im Ausland kann neben dem schuldnerbezogenen Ausfallrisiko, das unmittelbar in der Person des Schuldners begründet ist, noch das Länderrisiko[676] hinzukommen.

4.3.5.3.3. Beurteilung der Kapitaldienstfähigkeit

Bei **Unternehmenskrediten** stellt die Analyse des Jahresabschlusses bzw. der betriebswirtschaftlichen Auswertungen die Grundlage für die Beurteilung der Kapitaldienstfähigkeit dar. Ergibt die Auswertung, dass die nachhaltig zu erwartenden Erträge abzüglich der nachhaltig zu erwartenden Aufwendungen (nachhaltiger Cashflow) den Kapitaldienst nicht decken, dh. die für die Rückführung des Kredits erforderlichen Mittel aus dem laufenden Betrieb voraussichtlich nicht erbracht werden können, ist von einer bestehenden Ausfallwahrscheinlichkeit auszugehen.[677] Bei Einzelunternehmen und Personengesellschaften sind die privaten Einkommens- und Vermögensverhältnisse der Kreditnehmer in die Beurteilung mit einzubeziehen.

Voraussichtliche zukünftige Entwicklungen der Kapitaldienstfähigkeit sind so weit als möglich zu berücksichtigen. Zur Beurteilung der Frage, ob das Engagement zurückgeführt werden kann, sind daher auch Planbilanzen sowie Plan-Gewinn- und Verlustrechnungen heranzuziehen. Die Planrechnungen sind unter Anlegung strenger Maßstäbe auf ihre Plausibilität hin zu prüfen.

Bei **Privatpersonen** ist bspw. auf Informationen über zukünftige Einnahmen aus Lohn und Gehalt, Kapitalanlagen, Vermietung und Verpachtung und sonstige Einnahmen (zB nebenberufliche Tätigkeiten) sowie über zukünftige Ausgaben, wie solche für die Lebenshaltung und Instandhaltung, abzustellen. Daneben sind auch die Erkenntnisse aus der Geschäftsbeziehung einzubeziehen.

---

[676] Vgl. Schiller/Tytko, 186 ff.
[677] Ebenso Birck/Meyer, V 162.

Mit dem Kriterium der **nachhaltigen** Kapitaldienstfähigkeit richtet sich der Blick vom Grundsatz her in die Zukunft. Daher sind Ex-post-Betrachtungen nur eine Ausgangsbasis für die Beurteilung der Nachhaltigkeit. Sie sind mithin so weit als möglich durch zukunftsgerichtete Berechnungen auf der Grundlage von Plan-Daten zu ergänzen. An die Auswertung solcher zukunftsgerichteter Informationen sind strenge Maßstäbe anzulegen. Sog. Einstiegswertberichtigungen, bei denen ohne plausible Begründung nur ein Teil des Blankoanteils (akutes Ausfallrisiko) durch eine Wertberichtigung gedeckt wird, sind grundsätzlich nicht ausreichend. Die gebildete Risikovorsorge ist dann angemessen und ausreichend, wenn sie die wahrscheinlichen Vermögenseinbußen zum jeweiligen Bilanzstichtag voraussichtlich vollständig abdeckt. Die Ermittlung der Risikovorsorge ist jeweils zu aktualisieren und zu dokumentieren.

4.3.5.3.4. Berücksichtigung von Sicherheiten

Häufig sind Forderungen zB durch Grundpfandrechte, Sicherungsabtretungen, Bürgschaften, Garantien Dritter oder anderes gesichert.[678] Je schlechter die wirtschaftlichen Verhältnisse des Kreditnehmers sind bzw. je weniger die vorliegenden Unterlagen eine abschließende Beurteilung seiner wirtschaftlichen Verhältnisse erlauben, desto größer sind die Bedeutung der Sicherheiten und deren Werthaltigkeit.

Sind solche Sicherheiten rechtsgültig und werthaltig, verhindern sie im Umfang ihrer Sicherungswirkung eine Minderung des Forderungswerts und damit sowohl die handelsrechtliche als auch die steuerliche Wertberichtigung.

Bei der Bemessung der Einzelwertberichtigung ist daher der mögliche Verwertungserlös aus vorhandenen Sicherheiten zu berücksichtigen.[679] Dies hat zur Folge, dass bei einer Änderung des Werts der Sicherheiten auch der Betrag der Einzelwertberichtigung anzupassen ist.

Die Bewertung der Sicherheiten richtet sich bei **Realsicherheiten** nach deren bei einem Verkauf erzielbarem Erlös abzüglich noch anfallender Verwertungsaufwendungen. Dabei ist zu beachten, dass in Abteilung II des Grundbuchs eingetragene vorrangige Rechte den Wert eines Grundpfandrechts entscheidend beeinflussen und bis zur Wertlosigkeit bzw. Unwirksamkeit des Pfandrechts führen können. Auch sog. Baulasten, die nicht im Grundbuch eingetragen werden, können den Wert beeinflussen (zB Einhaltung von Grenzabständen usw.). Unabhängig vom rechnerischen Wert dieser Belastungen ist ggf. auch

---

[678] Vgl. Gaber, 2. Aufl., 235 ff.
[679] Vgl. Schneider, BB 1995, 2155.

zu prüfen, ob und inwieweit solche Lasten die Verwertbarkeit eines Sicherungsobjekts beeinträchtigen können. In diesem Zusammenhang ist IDW PH 9.522.1 zu beachten.

Jedes Institut muss für eine ordnungsgemäße Kreditgewährung die **akzeptierten Sicherheitsarten** und die **Verfahren zur Wertermittlung dieser Sicherheiten** festlegen. Die Bewertung der Sicherheiten ist so vorsichtig vorzunehmen, dass der Wert der Sicherheiten auch im Verwertungsfalle erzielbar ist (verlustfreie Bewertung iSd. § 252 Abs. 1 Nr. 4 HGB). Es muss sich um den vorsichtig ermittelten **Realisationswert** (ggf. unter Berücksichtigung von Sicherheitsabschlägen) der Sicherheiten handeln. Werden die Beleihungswerte zugrunde gelegt, sind nach den Grundsätzen ordnungsmäßiger Bilanzierung hiervon Abschläge zu machen, da die Sicherungswerte auch im Falle der zwangsweisen Verwertung zum angesetzten Wert realisierbar sein müssen.

Bei **Personalsicherheiten** bestimmt sich der Wert nach der Bonität des **Mitverpflichteten** (zB Bürge); für dessen Prüfung gelten die gleichen Maßstäbe wie bei der Prüfung der wirtschaftlichen Verhältnisse des Hauptschuldners.

Gewerbliche Schutzrechte einschließlich **Internet-Domains** können als Sicherheit verpfändet oder durch Sicherheitsabtretung als Sicherheit dienen.[680] Zur **Software** als Sicherheit vgl. Kotthoff/Pauly.[681] Zum **Luftfahrzeugpfandbrief** als Sicherheit vgl. Reuleaux.[682] Zum Einsatz von Softwarequellcodes zur Kreditbesicherung vgl. Schuhmacher.[683] Zur Beleihung eines **Golfplatzes** vgl. Billion.[684]

Sind keine ausreichenden Unterlagen für die zweifelsfreie Beurteilung und Bewertung von Sicherheiten vorhanden, muss die Sicherheit als nicht bewertbar und der betreffende Kredit insoweit als **Blankokredit** angesehen werden.

Enthalten die Unterlagen des Instituts nicht sämtliche für die Beurteilung des Werts der Sicherheiten erforderlichen Angaben, sind Risikoabschläge vorzunehmen, die bis zur Nichtberücksichtigung der Sicherheiten reichen können.

---

[680] Ausführliche Darstellung zu Internet-Domains als Kreditsicherheit vgl. Schafft, BB 2006, 1013 ff.
[681] Vgl. Kotthoff/Pauly, WM 2007, 2085 ff.
[682] Vgl. Reuleaux, ZBB 2006, 463 ff.
[683] Vgl. Schuhmacher, WM 2016, 1013 ff.
[684] Vgl. Billion, Die Bank 9.2013, 36 ff.

4.3.5.3.5. Kreditversicherungen als Sicherheit

Bei versicherten Forderungen ist hinsichtlich der Bilanzierung zunächst zu unterscheiden, ob der Forderungsausfall am Bilanzstichtag bereits eingetreten ist oder ob der Ausfall lediglich wahrscheinlich ist.[685]

Ist der Forderungsausfall bereits eingetreten, ist der ausgefallene Forderungsbetrag abzuschreiben. Gleichzeitig ist unter Beachtung der Versicherungsbedingungen (zB Höchstversicherungssumme, Selbstbehalt usw.) ein Anspruch ggü. der Versicherung zu aktivieren und selbstständig zu bewerten.

Ist demgegenüber der Ausfall der Forderung lediglich wahrscheinlich, ist die Kreditversicherung als Sicherheit zu berücksichtigen, es sei denn, es ist nach vernünftiger kaufmännischer Beurteilung mit einem Schadensausgleich nicht zu rechnen. Eine Abwertung der Forderung ist daher unter Berücksichtigung der Delkredere-Versicherung (zB Höchstversicherungssumme, Selbstbehalt usw.) vorzunehmen. Insoweit liegt zwischen der Forderung und der Kreditversicherung eine Bewertungseinheit vor.[686]

4.3.5.3.6. Kreditderivate als Sicherheit

Mithilfe von Kreditderivaten lassen sich Ausfallrisiken absichern und handeln, ohne das originäre Produkt (Forderung) liquidieren zu müssen. Die an eine Bewertungseinheit, dh. die an eine wirksame Absicherung zu stellenden Kriterien sind nach wie vor in der Diskussion.[687] Einzelheiten vgl. Kapitel 4.12.6.

4.3.5.3.7. Angemessene Höhe der Einzelwertberichtigung

Die gebildete Risikovorsorge ist dann angemessen und ausreichend, wenn sie die wahrscheinlichen Vermögenseinbußen des Kreditinstituts zum Bilanzstichtag voraussichtlich vollständig abdeckt. Neben Einzelwertberichtigungen kommen zur Berücksichtigung von Risikovorsorgen auch Rückstellungen für drohende Verluste aus schwebenden Geschäften infrage. In welcher Form die Risikovorsorge bilanziell umgesetzt wird, hängt von der Art des zugrunde liegenden Geschäfts ab.

---

[685] Vgl. Gaber, 2. Aufl., 236 f.
[686] Vgl. zur Darstellung der Bewertungseinheit auch Müller, Th., 199.
[687] Vgl. Gaber, 2. Aufl., 236 f.

Bei der Ermittlung der Einzelwertberichtigung ist grundsätzlich auf das **Gesamtengagement des Kreditnehmers** und nicht auf den einzelnen Kredit abzustellen. Einzelwertberichtigungen werden auf die in Anspruch genommenen Beträge und nicht auf die (widerrufliche) Kreditzusage gebildet. Hat das Institut eine **unwiderrufliche Kreditzusage** erteilt, ist ggf. auf diese abzustellen (Bildung einer Rückstellung). Soweit sich die Einbringlichkeit einzelner Engagementteile unterschiedlich darstellt, sind die einzelnen Kreditteile gesondert zu bewerten.[688] Auch die anteiligen und noch nicht beglichenen Zinsen sind in die Einzelwertberichtigung einzubeziehen.

Die **Höhe** der zu bildenden Einzelwertberichtigung ergibt sich im Regelfall, wenn vom aktuellen Forderungsbestand bzw. der unwiderruflichen Kreditzusage (ggf. einschließlich Zinsen) die erwarteten Tilgungszahlungen sowie die aus der Verwertung von Sicherheiten erwarteten Zahlungen (einschließlich der Zahlungen der Mitverpflichteten) abgezogen werden. Der so ermittelte **Blankoanteil** (ungesicherte Betrag) ist grundsätzlich wertzuberichtigen.

Eine Abschreibung auf den beizulegenden Wert gemäß § 253 Abs. 4 HGB impliziert eigentlich eine **Diskontierung** der aus der Kreditforderung noch erwarteten Zahlungen mit marktgerechten (Effektiv-) Zinssätzen.[689] Zu einer Diskussion verschiedener Ansichten bezüglich des relevanten Diskontierungszinssatzes im Schrifttum vgl. Gaber.[690] An nachfolgenden Abschlussstichtagen erhöht sich der Nettobuchwert der Forderung aufgrund des zeitlichen Näherrückens des Verwertungszeitraums (sog. Unwinding Effekt); zur Frage des Ausweises in der Gewinn- und Verlustrechnung vgl. Kapitel 4.3.5.4.[691]

In diesem Zusammenhang ist das BFH-Urteil vom 24.10.2006[692] von Bedeutung. Dem Urteil lag folgender Sachverhalt zugrunde: Eine Bank hatte Forderungen aus Kreditverträgen, die sie wegen Zahlungsunfähigkeit der Kreditnehmer gekündigt hatte und hinsichtlich derer lediglich noch Aussicht auf die Verwertung der überlassenen Sicherheiten bestand, wertberichtigt. Die Bank wertberichtigte die Forderungen auf die Höhe des abgezinsten Betrags der noch zu erwartenden Erlöse aus der Verwertung der Sicherheiten. Der BFH hat mit Urteil vom 24.10.2006 entschieden, dass sowohl die Wertberichtigung (wegen Uneinbringlichkeit) als auch die Abzinsung (spätere Realisierung der Forderung) nebeneinander gerechtfertigt sind. Er verweist darauf, dass es für den bei der Wertberichtigung anzusetzenden Betrag darauf ankommt, was ein

---

[688] Vgl. Birck/Meyer, V 160.
[689] Vgl. Gebhardt/Strampelli, BFuP 2005, 513.
[690] Vgl. Gaber, 2. Aufl., 237.
[691] Ebenso Gaber, 2. Aufl., 237.
[692] Vgl. BFH-Urteil vom 24.10.2006, DB 2007, 662 ff.

möglicher Erwerber für die Forderungen noch zu zahlen bereit wäre, und dass ein Erwerber auch den bis zur Realisierung der Forderungen noch vergehenden Zeitraum als preismindernden Faktor ansehen würde. Zugleich hat der BFH deutlich gemacht, dass die Möglichkeit und Höhe der Abzinsung bei ungekündigten Darlehen vom Umfang der noch zu erwartenden Teilleistungen auf die Forderung abhängen. Eine ausführliche Besprechung des vorstehend genannten BFH-Urteils unter Darstellung der Ansicht der Finanzverwaltung findet sich bei Brockmann[693] (Finanzamt für Groß- und Konzernbetriebsprüfung Düsseldorf I).

Auf die Bildung notwendiger Einzelwertberichtigungen kann auch nicht mit Rücksicht auf das Vorhandensein von Pauschalwertberichtigungen oder Vorsorgereserven (§ 340f HGB) verzichtet werden.

4.3.5.3.8. Einzelwertberichtigung auf Fremdwährungsforderungen

Werden die Einzelwertberichtigungen auf Fremdwährungsforderungen in der Bilanzwährung (also Euro) geführt, ändern sich die Einzelwertberichtigungen bei Wechselkursveränderungen in ihrer Quote. Bei gleich bleibendem Ausfallrisiko ist dies nicht sachgerecht.[694]

Aus diesem Grund wird im Schrifttum empfohlen, die Wertberichtigung in Fremdwährung zu führen.[695] Dann ändert sich zwar der Euro-Bilanzwert der Wertberichtigung entsprechend dem Bilanzwert der Forderung, die Wertberichtigungsquote bleibt jedoch konstant.[696]

4.3.5.3.9. Vorsorgemaßnahmen bei Kreditleihe und unwiderruflichen Kreditzusagen

Kreditleihe (Akzeptkredite, Avalkredite, Bürgschaften, Garantien usw.)

Abschreibungen sowie Einzelwertberichtigungen sind nur auf tatsächlich in Anspruch genommene Kredite (Buchwerte) möglich. Bei **Kreditleihegeschäften** (Akzeptkredite, Avalkredite, Bürgschaften, Garantien usw.) ist bei einer erwarteten Inanspruchnahme mangels Buchwerts eine Rückstellung zu

---

[693] Vgl. Brockmann, ForderungsPraktiker 01/2012, 22 ff.
[694] Vgl. Müller, Th., 187.
[695] Vgl. Müller, Th., 187 mwN.
[696] Vgl. Birck/Meyer, V 172 f.

buchen. Die Eventualverbindlichkeit unter der Bilanz ist um die entsprechenden Beträge zu kürzen.

Dem Passivposten (Rückstellung) steht aufgrund des Ersatzanspruchs gegenüber dem Kreditnehmer eine Rückgriffsforderung in gleicher Höhe gegenüber. Eine **Rückgriffsforderung** ist auch dann, wenn sie nur vermindert werthaltig ist, aufgrund des Grundsatzes der Vollständigkeit zunächst als solche zu erfassen. Diese **Rückgriffsforderung** ist entsprechend der Vorgehensweise bei Forderungen auf ihre Einbringlichkeit hin zu prüfen und ggf. wertzuberichtigen.

Die Werthaltigkeit der Rückgriffsforderung ist nicht bereits bei der Ermittlung der Rückstellung bzw. Verbindlichkeit zu berücksichtigen, sondern erst im Rahmen der Bewertung der Rückgriffsforderung unter Beachtung der Werthaltigkeit von Sicherheiten.[697] Eine Ausnahme hiervon sind sog. **bargedeckte Avale**. Nach § 26 Abs. 2 Satz 2 RechKredV sind Eventualverbindlichkeiten nur anzugeben, sofern für sie keine zweckgebundenen Deckungsguthaben auszuweisen sind. Nur für den Fall der Bardeckung besteht bei drohender Inanspruchnahme insoweit keine Rückstellungserfordernis.[698]

Unwiderrufliche Kreditzusagen

Üblicherweise wird es möglich sein, von einer weiteren Inanspruchnahme der Kreditzusage Abstand zu nehmen, wenn sich die Bonität des Kreditnehmers verschlechtert hat. Besteht jedoch für das Kreditinstitut trotz beeinträchtigter Bonität des Kreditnehmers eine Verpflichtung, eine weitergehende Inanspruchnahme der Zusage zuzulassen, muss das bestehende Risiko auf andere Weise als durch die Bildung einer Einzelwertberichtigung zum Ausdruck kommen.

Soweit ein **unwiderruflich zugesagter Kredit** am Bilanzstichtag nicht voll in Anspruch genommen ist, kann eine Einzelwertberichtigung oder Abschreibung nur auf den in Anspruch genommenen (aktivierten) Teil der Forderung gebildet werden. Soweit dies der tatsächlichen Risikosituation nicht gerecht wird, muss dieser ggf. durch die Bildung einer (zusätzlichen) Rückstellung Rechnung getragen werden. Die weitere Vorgehensweise entspricht der bei der Kreditleihe.

---

[697] Vgl. Müller, Th., 192.
[698] Wegen weiterer Einzelheiten vgl. Müller, Th., 193.

Es wird auch für zulässig gehalten, sowohl bei der Kreditleihe als auch bei unwiderruflichen Kreditzusagen, anstatt einer Rückstellungsbildung die notwendige Verlustantizipation durch eine entsprechend höhere Dotierung der Einzelwertberichtigung auf bestehende Forderungen des Kunden vorzunehmen, vorausgesetzt, es sind im Einzelfall Forderungen in ausreichender Höhe vorhanden.[699]

4.3.5.3.10. Pauschalierte Einzelwertberichtigungen

Die Einzelbeurteilung von Engagements wird aus wirtschaftlichen Gründen idR nur für solche mit einem bestimmten Volumen durchgeführt, da die Schätzung der Höhe und Wahrscheinlichkeit der künftigen Tilgungsrückflüsse schwierig und aufwendig ist.[700] Vor allem im Teilzahlungs- und Ratenkreditgeschäft ist es wirtschaftlich nicht sinnvoll, jeden einzelnen Kredit individuell auf seine Ausfallrisiken hin zu beurteilen und zu bewerten.[701]

Daher wird es im sog. **Massenkreditgeschäft**, das sich durch eine Vielzahl vergleichsweise kleinvolumiger und hinsichtlich ihres Ausfallrisikos homogener Kredite auszeichnet, als zulässig und mit den Grundsätzen ordnungsmäßiger Bilanzierung vereinbar angesehen, Kreditengagements mit gleichartigen rechtlichen und tatsächlichen Risiken in Gruppen zusammenzufassen und diese Gruppen dem entsprechenden Risiko gemäß zu bewerten. Dabei wird nicht mehr jede einzelne Forderung betrachtet. Da aber die Bildung der Risikogruppen auf konkrete (akute) Risiken der einzelnen Forderungen zurückgeht, wird diese Form der Risikovorsorge als pauschalierte Einzelwertberichtigung bezeichnet.[702]

Zur Ermittlung der pauschalierten Einzelwertberichtigung werden die anhand bestimmter Merkmale in Risikogruppen unterteilten Forderungen mithilfe statistischer Verfahren bewertet (zB Stichprobenerhebung mit anschließender Hochrechnung).[703] Diese Verfahren setzen die Homogenität der einzelnen Risikogruppen (Schichten) voraus. Bei der Gruppenbildung wird dabei vor allem auf die Mahndatei abgestellt.

---

[699] Vgl. Birck/Meyer, V 161.
[700] Vgl. Sittmann-Haury, 37 f. mwN.
[701] Vgl. Meyer im Hagen, BankPraktiker 2009, 274 ff.; Hauser/Stoffers, ForderungsPraktiker 1/2009, 36 ff.
[702] Vgl. Sittmann-Haury, 38 mwN; Meyer im Hagen, RevisionsPraktiker 2013, 212 ff.
[703] Vgl. Gaber, 2. Aufl., 237 ff.

Die Praxis kennt hier eine Vielzahl von Methoden.[704] Es werden Methoden angewandt, die auf mathematisch-statistischen Methoden (zB neuronale Netze) beruhen.

Ein weiterer Anwendungsfall pauschalierter Einzelwertberichtigungen ist die Vorsorge für **Länderrisiken**.

4.3.5.3.11. Gesetzliches Moratorium bei Verbraucherdarlehen

Die Inanspruchnahme des gesetzlichen Moratoriums nach Art. 240 § 3 EGBGB von maximal drei Monaten durch den Kreditnehmer eines Verbraucherdarlehens führt zu einer Reduzierung des Effektivzinssatzes bzw. des Barwerts der betreffenden Forderung.

Gehören Forderungen aus Verbraucherdarlehen, die vom gesetzlichen Moratorium nach Art. 240 § 3 EGBGB betroffen sind, zum **Bankbuch**, kommt eine isolierte (Einzel-) Bewertung hinsichtlich der Zinskomponente nicht in Betracht. Die Forderungen sind vielmehr nach den Regeln von IDW RS BFA 3 iRd. Refinanzierungsverbunds zu bewerten.[705]

Ist eine Forderung vor der Vereinbarung des gesetzlichen Moratoriums bereits **akut ausfallgefährdet**, ist der aus dem Moratorium resultierende Effekt auf den Wert der Forderung (Reduktion des Barwerts) bei der Bemessung der Einzelwertberichtigung zu berücksichtigen.[706] Dies gilt auch für aktivierte Zinsansprüche, mit deren Zahlung nicht mehr zu rechnen ist.

4.3.5.4. Zinsen auf notleidende Forderungen

Bei notleidenden Forderungen sind grundsätzlich nicht nur die Rückzahlung des Kapitalbetrags gefährdet, sondern auch die Zinszahlungen. Soweit die Bedienung nicht aufgrund von Sicherheiten gewährleistet ist, stellt sich die Frage, ob die vereinbarten Zinsen in der Gewinn- und Verlustrechnung dennoch **einerseits als Erträge** zu vereinnahmen und **andererseits als Risikoaufwand** wertzuberichtigen bzw. abzuschreiben sind oder ob vom Ausweis eines ohne-

---

[704] Vgl. Becker/Schneider/Pidbilik (Hrsg.), 114 ff.; Meyer im Hagen, BankPraktiker 2009, 274 ff.; derselbe RevisionsPraktiker 2013, 212 ff.

[705] Vgl. BFA, Fragen & Antworten: Auswirkungen der Coronavirus-Pandemie auf Kreditinstitute, Stand 29.4.2020, www.idw.de.

[706] Vgl. BFA, Fragen & Antworten: Auswirkungen der Coronavirus-Pandemie auf Kreditinstitute, Stand 29.4.2020, www.idw.de.

hin nicht zu realisierenden Ertrags von vorneherein abzusehen ist. Aus diesem Grund werden Zinsen auf notleidende Forderungen entweder überhaupt nicht mehr aktiviert (ins Soll gestellt) oder, soweit sie aktiviert werden, wertberichtigt und insoweit gegen den Zinsertrag gebucht.[707]

Auch wenn Forderungen notleidend sind, hat das Institut einen zivilrechtlichen Anspruch auf die vereinbarte Verzinsung. Für die Bilanzierung ist der wirtschaftliche Wert dieses Anspruchs relevant. Diese anteiligen Zinsen sind aber auf jeden Fall in die Beurteilung der Angemessenheit der Einzelwertberichtigung mit einzubeziehen.

Ist kein Zinsverzicht oder Zinsnachlass vereinbart, so genügen bloße Zweifel an der Einbringlichkeit des Zinsanspruchs nicht, um vom Bruttoprinzip abzuweichen und auf den Ausweis als Zinsertrag zu verzichten. Die Zinsen sind in diesen Fällen auch bei einzelwertberichtigten Forderungen zu buchen und als Ertrag zu vereinnahmen; gleichzeitig sind die Einzelwertberichtigungen entsprechend aufzustocken.

Die (rückständigen) Zinsen auf notleidende Forderungen sind grundsätzlich **wertzuberichtigen**. Die Wertberichtigung dieser Zinsen kann in begründeten Ausnahmefällen danach bemessen werden, in welcher Höhe die Zinsen erfahrungsgemäß tatsächlich ausfallen.

Kann mit einer Ertragsrealisierung mit an Sicherheit grenzender Wahrscheinlichkeit am Bilanzstichtag nicht mehr gerechnet werden, ist es erforderlich, auf eine Buchung der anteiligen Zinsen von vorneherein zu verzichten. Eine Buchung der Zinsen würde in diesem Fall eine Ertragskraft vortäuschen, die tatsächlich nicht vorhanden ist. Die Täuschung würde auch durch einen höheren Risikoaufwand, dessen offener Ausweis ggf. im Rahmen der Überkreuzkompensation vermieden werden kann, nicht verhindert. Voraussetzung für die Nichterfassung uneinbringlicher Zinsen in der Bilanz und der Gewinn- und Verlustrechnung ist, *dass die der Zinsberechnung zugrunde liegende Forderung wegen Uneinbringlichkeit bereits voll oder teilweise abgeschrieben bzw. wertberichtigt worden ist.* Bei einer erwarteten Uneinbringlichkeit von Zinsansprüchen soll mithin auf eine Aktivierung verzichtet werden.[708] Eine Uneinbringlichkeit der Zinsen wird regelmäßig dann anzunehmen sein, wenn auch der ungesicherte Teil der Hauptforderung abgeschrieben oder wertberichtigt wurde.[709] Das heißt, die Kapitalforderung selbst muss zum Bilanzstichtag als ganz oder teilweise ver-

---

[707] Vgl. Birck/Meyer, V 137.
[708] Vgl. Müller, Th., 186.
[709] Vgl. Müller, Th., 187 mwN.

loren angesehen werden, sodass auch eine Realisierung der Zinserträge mit an Sicherheit grenzender Wahrscheinlichkeit nicht mehr zu erwarten ist.

Die erfolgswirksame Erfassung der Zinsen ist – wie die vorstehenden Ausführungen zeigen – von der Beurteilung des Bilanzierenden abhängig, inwieweit eine Forderung ausfallen wird oder nicht. Streng genommen ist damit – im Anschluss an eine Einzelwertberichtigung – die Vereinnahmung von Zinsen auf die ausfallgefährdete Forderung praktisch der Entscheidungsfreiheit des Bilanzierenden überlassen (faktisch willkürlich). Der frühere IAS 39 hat die Frage der Vereinnahmung von Zinsen auf wertgeminderte Forderungen konsequenter und sachgerechter gelöst, indem nach IAS 39.AG 93 das sog. **Unwinding** (barwertige Zuschreibung des Buchwerts) zu ermitteln und als Zinsertrag der wertgeminderten Forderung zu erfassen ist.[710]

Es stellt sich die Frage, wo dieser Effekt des Unwindings auszuweisen ist. Für die Berücksichtigung als Korrektur der Wertberichtigung spricht: Der Effekt ist ursächlich innerhalb der Risikovorsorge.[711] Dagegen kann auch ein Ausweis im Zinsergebnis sachgerecht sein, da es sich dem Wesen nach um einen Stundungseffekt handelt. Daher liegt hier nach Goldschmidt/Meyding-Metzger/Weigel[712] ein faktisches Wahlrecht vor, welches stetig und einheitlich auszuüben und im **Anhang** darzustellen ist.

4.3.5.5. Pauschalwertberichtigungen

4.3.5.5.1. Abgrenzung gegenüber den anderen Formen der Risikovorsorge

Latente Risiken sind nicht generell vorsorgepflichtig. So sind zB das allgemeine Konjunkturrisiko iSe. Unkenntnis über die zukünftige wirtschaftliche Entwicklung, das allgemeine Unternehmerrisiko sowie eine branchenspezifische Konjunkturempfindlichkeit oder künftige eventuelle Ereignisse mit negativen Auswirkungen nicht vorsorgepflichtig.

---

[710] Vgl. Kuhn/Scharpf, Rn. 1715 und mit Beispiel Rn. 1730 ff.
[711] Vgl. Gaber, 2. Aufl., 237 mwN.
[712] Vgl. Goldschmidt/Meyding-Metzger/Weigel, IRZ 2010, 64.

Latente Ausfallrisiken – insbesondere wegen evtl. künftigen Veränderungen in erwarteten Ausfallwahrscheinlichkeiten und Sicherheitenerlösen – sind durch Pauschalwertberichtigungen abzudecken. Diese Risikovorsorge umfasst auch am Stichtag absehbare Verschlechterungen der künftigen Zahlungsrückflüsse zB aufgrund von Konjunktur- oder Branchenkrisen.[713]

Hinsichtlich der steuerlichen Anerkennung von Pauschalwertberichtigungen ist das **BMF-Schreiben vom 10.1.1994**[714] zu beachten. Diese vom BMF aufgestellten Regelungen gelten als Höchstwerte für die steuerliche Anerkennung von Pauschalwertberichtigungen. Zur steuerlichen Bewertung von Kreditforderungen in Anlehnung an das Wertminderungsmodell des IFRS 9 vgl. Prystawik/Sandritter[715].

Für die handelsrechtliche Risikoberücksichtigung ist **IDW RS BFA 7** zu beachten (vgl. Kapitel 4.3.5.5.2.).

Ebenso wie Einzelwertberichtigungen und Länderwertberichtigungen sind die Pauschalwertberichtigungen in der Bilanz **aktivisch von den verschiedenen Forderungsposten abzusetzen**. Sowohl der Bestand als auch die Veränderungen der Wertberichtigungen sind damit aus der Bilanz selbst nicht erkennbar.

Pauschalwertberichtigungen sowie Vorsorgereserven nach § 340f und § 340g HGB stehen selbstständig nebeneinander und beeinflussen nicht gegenseitig die Bemessungsgrundlage.[716] Bei der Bildung von Vorsorgereserven handelt es sich um ein Wahlrecht, während Pauschalwertberichtigungen den allgemeinen Grundsätzen ordnungsmäßiger Bilanzierung Rechnung tragen.

Im Unterschied zu den Vorsorgereserven nach §§ 340f und 340g HGB werden Pauschalwertberichtigungen nur für das Abschirmen von Bonitätsrisiken gebildet und stehen nicht zur Abdeckung von allgemeinen Bankrisiken zur Verfügung.[717]

---

[713] Vgl. Gebhardt/Strampelli, BFuP 2005, 514.
[714] Vgl. BMF-Schreiben vom 10.1.1994, BStBl. I 1994, 98.
[715] Vgl. Prystawik/Sandritter, DB 2017, 197 ff.
[716] Vgl. Böcking/Bär/Morawietz, in: MünchKomm. HGB, 4. Aufl., § 340e HGB Rn. 40.
[717] Vgl. Mehring/Pieper, ZfgK 2019, 388 ff.

4.3.5.5.2. Handelsrechtliche Pauschalwertberichtigungen nach IDW RS BFA 7

4.3.5.5.2.1. Überblick

Der Bankenfachausschuss des IDW hat am 28.11.2018 den Entwurfsstandard **IDW ERS BFA 7** („Pauschalwertberichtigungen") verabschiedet.[718] Die Frist zur Mitteilung von Änderungs- und Ergänzungsvorschlägen zu IDW ERS BFA 7 ist am 14.8.2019 abgelaufen.[719]

Der finale IDW RS BFA 7 *„Risikovorsorge für vorhersehbare, noch nicht individuell konkretisierte Adressenausfallrisiken im Kreditgeschäft von Kreditinstituten („Pauschalwertberichtigungen')"* wurde vom BFA am 13.12.2019 verabschiedet. Die billigende Kenntnisnahme durch den IDW-Fachausschuss Unternehmensberichterstattung (FAB) erfolgte am 13.1.2020. Veröffentlicht wurde der IDW RS BFA 7 schließlich in IDW Life 02/2020. Ein Korrekturhinweis wurde in IDW Life 03/2020 veröffentlicht.

Anders als IDW ERS BFA 7 sieht der finale IDW RS BFA 7 keinen **Mindestrisikovorsorgebetrag** in Höhe des 12-Monats Expected Loss (12-M-EL) mehr vor. Darüber hinaus werden im finalen Standard **Wertpapiere des Anlagevermögens**, die nicht zum strengen Niederstwert bewertet werden, nicht mehr genannt (vgl. Kapitel 4.3.5.5.2.5.). Die Notwendigkeit der **Anwendung mathematischer Risikoklassifizierungsverfahren** wird im finalen Standard nicht mehr explizit erwähnt. Zu weiteren Unterschieden ggü. dem Entwurfsstandard vgl. Portisch/Winkler.[720]

Von besonderer Bedeutung ist die im finalen Standard vorgesehene **Bewertungsvereinfachung**, wonach unter bestimmten Voraussetzungen der erwartete Einjahresverlust (12-M-EL) als Pauschalwertberichtigung angesetzt werden kann (vgl. Kapitel 4.3.5.5.2.8.).

---

[718] Vgl. hierzu Gaber, DB 2019, 1457 ff.; Mehring/Pieper, ZfgK 2019, 388 ff.; Gehrer/Koch/Krakuhn, IRZ 2019, 75 ff.; PwC (Hrsg.), HGB direkt 12/2018; Scharpf, Der Konzern 2021, 211 ff.; Wolfgarten/Bär/Blaschke/Flick/Gahlen/Schaber/Vietze, WPg 2021, 645 ff. und 774 ff.

[719] Kritisch vgl. Neubacher, in: Börsen-Zeitung vom 12.6.2019, 3 „Banken gehen auf Prüferinstitut los"; Gaber, DB 2019, 1457 ff.; Portisch/Winkler, BP 12-01/2020, 388 ff.

[720] Vgl. Portisch/Winkler, BP 2020, 145 ff.

Die Bildung pauschaler Wertberichtigungen ist grundsätzlich auch in der **Steuerbilanz** anerkannt, auch wenn diese ggf. nach anderen Regeln zu ermitteln sind (vgl. Kapitel 4.3.5.5.3).[721]

Einen anschaulichen **Vergleich** der in IDW RS BFA 7 genannten Bewertungsmethoden gibt Gaber.[722] Gaber untersucht die verschiedenen Methoden unter der Prämisse, dass im Falle der kontinuierlichen Verschlechterung des Kreditrisikos bei Eintritt des Defaults unter idealen Bedingungen die Höhe der Pauschalwertberichtigung auf das Niveau der notwendigen Einzelwertberichtigung angestiegen sein sollte. Vor diesem Hintergrund kommt Gaber zum Ergebnis, dass „… *am Abschlussstichtag zu prüfen ist, ob der (gesamte) Bonitätsprämien-Barwert in Abzug gebracht werden kann oder ob eine Risikoadjustierung in Form eines Abschlags vorzunehmen ist.* "[723] Dabei könne die Notwendigkeit einer Risikoadjustierung aus dem Wortlaut von IDW RS BFA 7 Tz. 21 abgeleitet werden, wonach eine Anrechnung von Bonitätsprämien nur zu erfolgen hat, „… *soweit die Bonitätsprämien das erwartete Kreditrisiko kompensieren* " (IDW RS BFA 7 Tz. 21).

4.3.5.5.2.2. Erwarteter Verlust

HGB und GoB

Die Pflicht zur Bildung von Pauschalwertberichtigungen ist nach den handelsrechtlichen Grundsätzen ordnungsmäßiger Bilanzierung schon seit jeher geboten (Pflicht).[724] Die Rechtsgrundlage für den Vorsorgegegenstand „latentes Risiko" ist § 252 Abs. 1 Nr. 4 HGB, wonach „*alle vorhersehbaren Risiken* " – wozu auch das latente Ausfallrisiko zählt – zu berücksichtigen sind, selbst wenn sie erst nachträglich bekannt werden (IDW RS BFA 7 Tz. 2).[725]

Für Forderungen, die grundsätzlich dem Umlaufvermögen zuzurechnen sind, ist die Bonität des Kreditnehmers der maßgebliche Einflussfaktor für einen möglichen niedrigeren Wertansatz in der Bilanz.[726] Für Forderungen, die nicht insgesamt hinreichend einzeln wertberichtigt sind (IDW RS BFA 7 Tz. 10)[727],

---

[721] Vgl. BFH-Urteil vom 16.7.1981, BStBl. 1981 II, 766 ff.; FG Hamburg, rechtskräftiges Urteil vom 2.3.2005, DStRE 2006, 65 ff.
[722] Vgl. Gaber, WPg 2022, 32 ff.
[723] Vgl. Gaber, WPg 2022, 37.
[724] Vgl. Kropff, Aktiengesetz 1965, 236; BT-Drucks. 11/2157, 217.
[725] Vgl. Krumnow ua., 2. Aufl., § 340e HGB Rn. 200.
[726] Vgl. Klube/Schröter/Weber, WPg 2019, 152.
[727] Vgl. Korrekturhinweis zu IDW RS BFA 7, IDW Life 2020, 214.

ist durch die Bildung von Pauschalwertberichtigungen dem latenten Ausfallrisiko Rechnung zu tragen.[728]

Dem Grunde nach sind die **Risiken und künftigen Verluste** im Kreditgeschäft bereits zum Zeitpunkt des Vertragsabschlusses **vorhersehbar** (IDW RS BFA 7 Tz. 2). Mithin sind sie im Rahmen vernünftiger kaufmännischer Beurteilung am Abschlussstichtag bei der Bildung von Pauschalwertberichtigungen auf Basis der Stellungnahme IDW RS BFA 7 angemessen zu berücksichtigen.

Erwarteter Verlust

Die Höhe des **vorhersehbaren Kreditausfalls** *„... bestimmt sich als Vermögensverlust aus einer nicht vertragsgemäßen Erfüllung von Kapital- oder Zinsverpflichtungen in der ursprünglich vereinbarten Höhe und/oder zu den ursprünglich vereinbarten Zahlungszeitpunkten – unter Berücksichtigung von Erlösen aus der Verwertung von erhaltenen Kreditsicherheiten („erwartete Verluste")"* (IDW RS BFA 7 Tz. 4).

Durch die Erfassung der erwarteten Verluste sollen künftige Perioden frei von Verlusten gehalten werden, was der Kapitalerhaltung und dem Gläubigerschutz dient.[729] Kern von IDW RS BFA 7 ist damit nach Flick *„... das Abstellen auf den erwarteten Verlust als Maß für vorhersehbare Risiken im Sinne des Vorsichtsprinzips und zwar auf den erwarteten Verlust über die Restlaufzeit".*[730] Ergänzend hierzu wird auf die Ausführungen in Kapitel 4.3.5.5.2.8. zum Vorgehen bei Anwendung der Bewertungsvereinfachung verwiesen.

Der **erwartete Verlust** (Expected Loss, EL) bezeichnet den Erwartungswert des potentiellen Verlusts aus dem Kreditengagement bzw. aus dem Kreditportfolio[731] für einen bestimmten Zeitraum.[732]

Finanzwirtschaftlich lässt sich der erwartete Verlust durch das Produkt aus der erwarteten Ausfallwahrscheinlichkeit (Probability of Default, PD), der erwarteten Höhe der Forderung zum Zeitpunkt des Ausfalls (Exposure at Default, EAD) und der Verlustquote bei Ausfall (Loss Given Default, LGD) berechnen.[733]

---

[728] Vgl. Gehrer/Krakuhn/Guderjan, IRZ 2020, 123 mwN.
[729] Vgl. Klube/Schröter/Weber, WPg 2019, 154.
[730] Vgl. Flick, ZfgK 2020, 413.
[731] Vgl. ausführlich und mwN Waschbusch/Blaß/Kakuk/Gadzimski, WM 2018, 1961 ff. (Teil I) und 2013 ff. (Teil II).
[732] Vgl. Flick, ZfgK 2020, 414.
[733] Vgl. Flick, ZfgK 2020, 414.

Die konkrete **Ausfallwahrscheinlichkeit** (PD) muss geschätzt werden.[734] Eines der am häufigsten verwendeten Verfahren zur Schätzung der Ausfallwahrscheinlichkeit ist das Rating der Kunden. Das Rating wird institutsintern erstellt oder von einer externen Ratingagentur zugekauft.

Die **erwartete Höhe der Forderung zum Zeitpunkt des Ausfalls (EAD)** entspricht im klassischen Kreditgeschäft idR dem Buchwert aller Forderungen ggü. einem Kreditnehmer.[735]

Die **Verlustquote (LGD)** beschreibt die Höhe des Verlusts zum Zeitpunkt des Forderungsausfalls.[736]

Basis für die Ableitung dieser Parameter bilden zum einen beobachtbare **Kreditausfälle der Vergangenheit** über einen ausreichend langen Beobachtungszeitraum, der bei zyklischem Geschäft eine ausreichende Prognosegüte gewährleistet; zum anderen sind diese Daten um aktuelle Informationen und Erwartungen zur Risikosituation anzupassen.[737] Da diese Anpassung eine sachgerechte Abbildung der vorhersehbaren Risiken in der Zukunft sicherstellen soll, bedarf allerdings die bloße Fortschreibung der historischen Ausfalldaten in die Zukunft ohne Anpassungen einer Begründung.[738]

4.3.5.5.2.3. Betroffene Institute

IDW RS BFA 7 ist von **Kreditinstituten** anzuwenden. Für **Finanzdienstleistungsinstitute** iSd. § 1 Abs. 1a KWG sowie **Institute iSd. § 1 Abs. 3 ZAG** gilt dieser Rechnungslegungsstandard entsprechend, soweit dem Risiko von Kreditausfällen eine vergleichbare Bedeutung zukommt (IDW RS BFA 7 Tz. 1).

Nachdem für die Bilanzierung und Bewertung bei **Wertpapierinstitute** iSd. WpIG[739] die §§ 340 ff. HGB sowie die RechKredV anzuwenden sind, gilt IDW RS BFA 7 für diese Institute ebenfalls entsprechend.

---

[734] Vgl. Waschbusch/Blaß/Kakuk/Gadzimski, WM 2018, 1963.

[735] Vgl. Waschbusch/Blaß/Kakuk/Gadzimski, WM 2018, 1963; Flick, ZfgK 2020, 414.

[736] Vgl. Waschbusch/Blaß/Kakuk/Gadzimski, WM 2018, 1964.

[737] Vgl. Flick, ZfgK 2020, 414.

[738] Vgl. Flick, ZfgK 2020, 414.

[739] Vgl. Gesetz zur Umsetzung der Richtlinie (EU) 2019/2034 über die Beaufsichtigung von Wertpapierinstituten vom 12.5.2021, BGBl. 2021 I, 990 ff.

4.3.5.5.2.4. Erstmalige Anwendung

Der IDW RS BFA 7 ist erstmals anzuwenden auf Abschlüsse für Geschäftsjahre, die nach dem 31.12.2021 beginnen. Eine vorzeitige Anwendung war zulässig (IDW RS BFA 7 Tz. 5).

Ursprünglich war die erstmalig verpflichtende Anwendung vorgesehen für Abschlüsse, die nach dem 31.12.2019 beginnen (vgl. IDW ERS BFA 7 Tz. 5). Die Verschiebung der erstmaligen verpflichtenden Anwendung trug dem gegebenenfalls bestehenden technischen Anpassungsbedarf Rechnung und ermöglichte je nach Ertragslage eine sukzessive Vorwegnahme möglicher Belastungen.[740]

4.3.5.5.2.5. Bemessungsgrundlage

Bestimmung dem Grunde nach

In die Bemessungsgrundlage für die Ermittlung der Pauschalwertberichtigung sind nach dem Wortlaut des IDW RS BFA 7 alle *„Forderungen an Kreditinstitute"* und *„Forderungen an Kunden"* – mithin die in den Aktivposten 3. (Kreditinstitute) und Aktivposten 4. (Kunden) des Formblatts 1 der RechKredV ausgewiesenen Forderungen – sowie die nach §§ 26, 27 RechKredV unter der Bilanz ausgewiesenen **Eventualverbindlichkeiten** und **anderen Verpflichtungen** (einschl. der unwiderruflichen Kreditzusagen) einzubeziehen, da diese grundsätzlich mit Adressenausfallrisiken behaftet sind (IDW RS BFA 7 Tz. 7).[741]

Die Einbeziehung weiterer **nicht beanspruchter Kreditzusagen** (Kreditlinien) ist geboten, soweit ungeachtet vertraglicher Kündigungsrechte mit einer Inanspruchnahme ernsthaft zu rechnen ist (IDW RS BFA 7 Tz. 7).

IDW RS BFA 7 Tz. 7 benennt nicht die Forderungen an Institute und Kunden, die aufgrund der jeweiligen Regelungen der RechKredV bzw. der RechZahlV nicht in den genannten Aktivposten, sondern im Posten **„Sonstige Vermögensgegenstände"** auszuweisen sind. Sind diese Forderungen mit entsprechenden Ausfallrisiken behaftet, wären sie ebenfalls in die Bemessungsgrundlage einzubeziehen.

---

[740] Vgl. Neubacher, in: Börsen-Zeitung v. 19.10.2018, „Die Belastungen werden steigen", S. 5.

[741] Ebenso WPH Edition, Kreditinstitute, Kap. D. Rn. 328.

Während in IDW ERS BFA 7 auch **Wertpapiere des Anlagevermögens**, die nicht zum strengen Niederstwertprinzip bewertet werden, ausdrücklich als zur Bemessungsgrundlage gehörend bezeichnet wurden, sind diese in IDW RS BFA 7 Tz. 7 nicht mehr genannt.[742] Ein solches Vorgehen (Weglassen) bei der Entwicklung eines Standards kann idR dahingehend interpretiert werden, dass solche Wertpapiere des Anlagevermögens nicht mehr zwingend in die Bemessungsgrundlage einbezogen werden müssen.

Während für die **Forderungen der Aktivposten 3. und 4. Pauschalwertberichtigungen** zu bilden und vom jeweiligen Posten abzuziehen sind (siehe unten), sind Pauschalwertberichtigungen auf **Eventualverbindlichkeiten und unwiderrufliche Kreditzusagen als Rückstellungen** für ungewisse Verbindlichkeiten bzw. drohende Verluste aus schwebenden Geschäften (IDW RS BFA 7 Tz. 8) auszuweisen.

Bei **Forderungen aus grenzüberschreitenden Geschäften** und/oder **in Fremdwährung** können sich aufgrund hoheitlicher Maßnahmen **Länderrisiken** (Transfer- und Konvertierungsrisiken) ergeben. Diese sind – soweit es sich nicht bereits um erkennbar akute Risiken handelt und hierfür eine Einzelwertberichtigung oder Rückstellung gebildet wurde – nach den in IDW RS BFA 7 Tz. 12 ff. beschriebenen (allgemeinen) Grundsätzen zu berücksichtigen.[743]

Nach IDW RS BFA 7 Tz. 10 (idF des Korrekturhinweises)[744] gilt: *„Kreditverhältnisse, für die dem Adressenausfallrisiko durch die Bildung von Einzelwertberichtigungen* **insgesamt hinreichend Rechnung getragen** *wurde – ggf. auch als pauschalierte Einzelwertberichtigung auf Basis einer homogenen Gruppe von Krediten – sind nicht in die Bemessungsgrundlage für die Pauschalwertberichtigung einzubeziehen".* Der IDW RS BFA 7 enthält keine Ausführungen bzw. Erläuterungen dazu, was unter „... *durch die Bildung von Einzelwertberichtigungen insgesamt hinreichend Rechnung getragen wurde"* zu verstehen ist.

---

[742] Dies wurde laut Stellungnahme von Deutsche Kreditwirtschaft (DK) zu IDW ERS BFA 7 mit der Begründung gefordert, eine Beeinträchtigung des gemilderten Niederstwertprinzips würde „... *insbesondere in Phasen stärkerer Kapitalmarktschwankungen bei Instituten mit größeren Wertpapierbeständen des Anlagebestands unerwünschte prozyklische Wirkungen entfalten."*
[743] Vgl. Wolfgarten/Bär/Blaschke/Flick/Gahlen/Schaber/Vietze, WPg 2021, 648.
[744] IDW RS BFA 7 Tz. 10 idF des Korrekturhinweises, IDW Life 2020, 214.

Leasingvermögen fällt im Gegensatz zu Leasing- und Mietforderungen nicht in den Anwendungsbereich von IDW RS BFA 7.[745]

Bestimmung der Höhe nach

Für die Bestimmung der Bemessungsgrundlage der Höhe nach sind die **Buchwerte** bzw. der **Verpflichtungsumfang** am jeweiligen Abschlussstichtag maßgebend (IDW RS BFA 7 Tz. 9).

Nachdem die **abgegrenzten Zinsen** nach § 11 RechKredV ebenfalls bei den entsprechenden Forderungen auszuweisen sind, zählen diese auch zur Bemessungsgrundlage.

Der **Verpflichtungsumfang** bei außerbilanziellen Geschäften kann bspw. durch Multiplikation des Nominalvolumens mit einem angemessenen Credit Conversion Factor (CCF) oder einem anderen abgeleiteten Umrechnungsfaktor bestimmt werden.[746] Alternativ – vor allem bei der Betrachtung der gesamten Restlaufzeit – können auch Prognoseverfahren zur Bestimmung des zukünftigen Exposures angewendet werden.[747]

Aus dem Stichtagsprinzip gemäß § 252 Abs. 1 Nr. 3 HGB leitet sich ab, dass **erwartetes Neugeschäft** nicht bei der Bemessungsgrundlage der Pauschalwertberichtigung zu berücksichtigen ist.[748]

Die nach §§ 340f und 340g HGB gebildeten **Vorsorgen für allgemeine Bankrisiken** mindern die Bemessungsgrundlage (Buchwerte) der Pauschalwertberichtigung nicht (IDW RS BFA 7 Tz. 11). Zu Einzelheiten bezüglich dieser Vorsorgen wird auf Kapitel 4.6. und 4.7. verwiesen.

4.3.5.5.2.6. Allgemeine Grundsätze

IDW RS BFA 7 Tz. 12 weist ausdrücklich darauf hin, dass das Handelsrecht auch in Bezug auf die Pauschalwertberichtigung grundsätzlich **Methodenfreiheit** gewährt. Damit steht es den Instituten grundsätzlich frei, welche Methode sie für die Bemessung der Pauschalwertberichtigung anwenden.

---

[745] Vgl. Wolfgarten/Bär/Blaschke/Flick/Gahlen/Schaber/Vietze, WPg 2021, 646.

[746] Vgl. Wolfgarten/Bär/Blaschke/Flick/Gahlen/Schaber/Vietze, WPg 2021, 647.

[747] Vgl. Wolfgarten/Bär/Blaschke/Flick/Gahlen/Schaber/Vietze, WPg 2021, 647.

[748] Vgl. Wolfgarten/Bär/Blaschke/Flick/Gahlen/Schaber/Vietze, WPg 2021, 647.

Dabei sind folgende **allgemeine Grundsätze** – auch als Grundmodell[749] bezeichnet – zu beachten:

- Die gewählte Methode muss eine **nach vernünftiger kaufmännischer Beurteilung sachgerechte und vorsichtige Schätzung** der **erwarteten Verluste** (zuzüglich der mit ihnen in unmittelbarem Zusammenhang stehenden Kosten[750]) über die **Restlaufzeit** ermöglichen (IDW RS BFA 7 Tz. 13).

- Auf Basis der Erfahrungen der Vergangenheit bezüglich der erwarteten Verluste sind **aktuelle Informationen und Erwartungen** zur Risikosituation zu berücksichtigen. Zur Schätzung der Bewertungsparameter ist auf einen ausreichend langen Beobachtungszeitraum zurückzugreifen, der auch bei zyklischem Geschäft eine ausreichende Prognosegüte gewährleistet (IDW RS BFA 7 Tz. 14).

- Es sind **nachvollziehbare Annahmen** (IDW RS BFA 7 Tz. 15)[751] über
  1) die Ausfallwahrscheinlichkeiten,
  2) die erwarteten Restlaufzeiten (vgl. hierzu IDW RS BFA 7 Tz. 16),
  3) die Kredithöhen im Ausfallzeitpunkt,
  4) die zukünftigen Zahlungen der Kreditnehmer bzw. die Verwertungserlöse aus Sicherheiten (abzgl. ggf. entfallender Entgelte wie zB CDS-Prämien), sowie
  5) den Zeitwert des Geldes (barwertige Betrachtung)[752] zu treffen.

- Die zur Ermittlung der Pauschalwertberichtigung gewählte **Methode** darf nicht hinter die für **interne Risikosteuerungszwecke verwendete/n Methode/n** zurückfallen (IDW RS BFA 7 Tz. 17).

- Die Pauschalwertberichtigung kann auf **Portfolioebene** getrennt für homogene Teilportfolios oder auf einer *„Einzelbetrachtung der Kreditverhältnisse"* ermittelt werden (IDW RS BFA 7 Tz. 18).[753] Zum Verbot der Kompensation zwischen verschiedenen Teilportfolien siehe nachfolgend.

- Die Ermittlung der Pauschalwertberichtigung kann dabei portfoliospezifisch grundsätzlich durch unterschiedlich detaillierte Verfahren erfolgen (IDW RS BFA 7 Tz. 19).

---

[749] Vgl. Gehrer/Krakuhn/Guderjan, IRZ 2020, 124.
[750] Vgl. Gehrer/Krakuhn/Guderjan, IRZ 2020, 124.
[751] Pauschale Annahmen können die Anforderungen nur dann erfüllen, wenn sie die institutsindividuellen Gegebenheiten hinreichend approximieren (IDW RS BFA 7 Tz. 15).
[752] Zum Zinssatz vgl. IDW BFA IDW Life 2021, 947.
[753] Zum Verbot der Kompensation zwischen verschiedenen Teilportfolien vgl. IDW Life, 7.2022, 595 f.

Es ist nicht zulässig, das historische Ausfallrisiko mit dem zukünftigen Ausfallrisiko gleichzusetzen.[754]

Ausgangspunkt zur Ermittlung der **erwarteten Restlaufzeit** ist die vertragliche Restlaufzeit (IDW RS BFA 7 Tz. 16). Auf dieser Grundlage ist der verbleibende Zeitraum zu ermitteln, in dem das Institut noch einem Ausfallrisiko ausgesetzt ist. Davon kann abgewichen werden, wenn das Institut über einen **kürzeren** Zeitraum einem Adressenausfallrisiko ausgesetzt ist und/oder die Konditionen und damit die Bonitätsprämie aufgrund einer vertraglichen Vereinbarung vorher risikogerecht angepasst werden kann und dies erwartungsgemäß auch erfolgt (IDW RS BFA 7 Tz. 16).[755]

Eine **längere** Laufzeit kann insbesondere bei „bis auf Weiteres" gewährten Krediten zugrunde zu legen sein. Dies betrifft auch Kredite mit täglicher Kündigungsmöglichkeit, weil vom täglichen Kündigungsrecht faktisch kein Gebrauch gemacht wird. Insofern ist die tatsächliche Laufzeit ggf. länger als ein Tag.[756]

IDW RS BFA 7 enthält im Gegensatz zu IDW ERS BFA 7 (Tz. 12) nicht mehr die Anforderung, dass *„in der Regel (...) anerkannte Verfahren auf der Basis mathematisch-statistischer Risikoklassifizierungsverfahren (Ratingverfahren) verwendet"* werden (müssen).

Die **Wahl der Methode** zur Berechnung der Pauschalwertberichtigung *„soll im Einklang mit der Komplexität und dem Risikogehalt des Geschäftsmodells"* stehen (IDW RS BFA 7 Tz. 17). Die Bewertung muss auf den im Institut vorhandenen (und extern mit angemessenem Aufwand verfügbaren) Daten, Informationen und Erwartungen aufbauen. Dabei darf die Güte der Methode/n nicht hinter die für interne Risikosteuerungszwecke verwendeten Methode/n zurückfallen. Nach Gehrer/Krakuhn/Guderjan[757] bedeutet dies beispielsweise, dass ein Institut, das über PDs (Probability of Default) und LGDs (Loss Given Default) aus der Risikosteuerung verfügt, diese auch für die Ermittlung der Pauschalwertberichtigung verwenden **muss**.

---

[754] Vgl. Gehrer/Krakuhn/Guderjan, IRZ 2020, 124
[755] Ausführlich zu Zinsanpassungsklauseln in Kreditverträgen und deren zivilrechtliche Durchsetzbarkeit (insbes. bei Ratingänderungen) vgl. Rösler/Wimmer, BKR 2020, 236 ff.
[756] Vgl. Gehrer/Krakuhn/Guderjan, IRZ 2020, 125.
[757] Vgl. Gehrer/Krakuhn/Guderjan, IRZ 2020, 125.

Der BFA hat sich in seiner 333. Sitzung mit der Problematik der **Kompensation zwischen verschiedenen Teilportfolios** befasst:[758] IDW RS BFA 7 Tz. 18 erlaubt es, für Zwecke der Bestimmung der Pauschalwertberichtigung homogene Teilportfolios zu bilden. Dies setzt die Abgrenzung homogener Gruppen von Kreditgeschäften nach zu definierenden gemeinsamen Risikomerkmalen voraus. Die Festlegung von Teilportfolios hat willkürfrei nach sachlich begründeten Kriterien und im Zeitablauf stetig zu erfolgen. In Frage kommt bspw. eine Abgrenzung nach Produkten (Kreditarten), Kundengruppen und/oder Besicherungsarten. Die Betrachtung – so der BFA weiter – eines einzigen Gesamtportfolios scheidet mit Blick auf die vielfach bestehende Heterogenität der Kreditgeschäfte grundsätzlich aus. Die gewählten Merkmale zur Abgrenzung der homogenen Teilmengen dürfen nicht hinter die für interne Risikosteuerungszwecke verwendeten Merkmale zurückfallen und sind im Anhang offen zu legen. Die Bestimmung der erwarteten Verluste sowie Bonitätsprämien erfolgt innerhalb der homogenen Teilmengen mit dem für das jeweilige Risikoprofil ermittelten (durchschnittlichen) Wert. Vor dem Hintergrund der anzunehmenden unterschiedlichen Entwicklung der jeweils gebildeten Teilportfolien, kommt eine Kompensation von Überhängen der Prämienbarwerte über die erwarteten Verluste eines Teilportfolios mit Unterdeckungen eines anderen Teilportfolios nicht in Frage.

Für **unterschiedliche Portfolios** können Verfahren mit unterschiedlichem Detailgrad zur Anwendung kommen (IDW RS BFA 7 Tz. 19). Dabei ist einem geringeren Detailgrad des Verfahrens durch eine vorsichtige Festlegung der Bewertungsparameter angemessen Rechnung tragen.

Aus den dargestellten allgemeinen Grundsätzen ist zu schließen, dass die bisher auch handelsrechtlich zulässigen **steuerlichen Pauschalwertberichtigungen** (vgl. Kapitel 4.3.5.5.3.) den Anforderungen des IDW RS BFA 7 **nicht mehr genügen**.

4.3.5.5.2.7. Anrechnungsmodell

Die gewählte Methode muss aufgrund der allgemeinen Grundsätze (vgl. Kapitel 4.3.5.5.2.6.) von IDW RS BFA 7, die auch für das Anrechnungsmodell gelten, *„eine nach vernünftiger kaufmännischer Beurteilung sachgerechte und vorsichtige Schätzung der erwarteten Verluste über die Restlaufzeit ermöglichen"* (IDW RS BFA 7 Tz. 13), dh. die Pauschalwertberichtigung ist grundsätzlich auf Basis der *„erwarteten Verluste über die Restlaufzeit"* zu

---

[758] Vgl. IDW Life 7.2022, 595 f.

ermitteln. Eine **Ausnahme** besteht, wenn die sog. Bewertungsvereinfachung (vgl. Kapitel 4.3.5.5.2.8.) zur Anwendung kommt.

Bezogen auf das gesamte betrachtete Kreditportfolio gilt ferner der Grundsatz, dass hinreichend konkretisierte, streng kausal zuordenbare zukünftige **wirtschaftliche Vorteile** wie bei der Bilanzierung von Drohverlustrückstellungen zu berücksichtigen sind (IDW RS BFA 7 Tz. 20).[759]

Dieser Grundsatz gilt bezogen auf das gesamte betrachtete Kreditportfolio gleichermaßen für die Bildung einer Pauschalwertberichtigung, da ebenfalls das Ziel der Abbildung von vorhersehbaren Risiken und Verlusten iSd. § 252 Abs. 1 Nr. 4 HGB verfolgt wird. Dieser Grundsatz führt bei der Ermittlung von Pauschalwertberichtigungen (auf Basis der erwarteten Verluste über die Restlaufzeit) zu einer **Kompensation der erwarteten Verluste** durch die in den vertraglich **vereinbarten Zinserträgen enthaltenen** (hinlänglich verlässlich ermittelten) **Bonitätsprämien** (IDW RS BFA 7 Tz. 21).[760] Die Bonitätsprämien sind auf den Abschlussstichtag abzuzinsen (IDW RS BFA 7 Tz. 21). Von einer streng kausalen Zuordenbarkeit ist nur auszugehen, wenn es sich um erwartete Erträge handelt, die einer Kompensation von Adressenausfallrisiken dienen.[761]

Mithin ergibt sich die Pauschalwertberichtigung (PWB) nach dem Anrechnungsmodell wie folgt:

PWB = erwarteter Verlust über Restlaufzeit – Barwert der Bonitätsprämien.

Der Grad der Ausgeglichenheit wird sich regelmäßig im Zeitablauf verändern. Eine sachgerechte Ermittlung der Pauschalwertberichtigungen nach dem Anrechnungsverfahren setzt nicht nur bei Kreditvergabe, sondern auch zu jedem weiteren Bilanzstichtag, die Berechnung des Lifetime Expected Loss und des Prämienbarwerts voraus. Eine sich ergebende (Erhöhung der) Differenz aus Lifetime Expected Loss und Prämienbarwert erfordert somit die Bildung bzw. Erhöhung der Pauschalwertberichtigung.[762]

Der (institutsseitig kalkulierte) **Kreditzins**, den ein Darlehensnehmer zu bezahlen hat, setzt sich – vereinfacht dargestellt – zusammen aus den Refinanzie-

---

[759] Vgl. Wolfgarten/Bär/Blaschke/Flick/Gahlen/Schaber/Vietze, WPg 2021, 774 ff.

[760] Sofern Bonitätsprämien nicht für interne Risikosteuerungszwecke genutzt werden, ist ihre Ermittlung und Anrechnung allein für Zwecke der Ermittlung von Pauschalwertberichtigungen nicht erforderlich.

[761] Vgl. Wolfgarten/Bär/Blaschke/Flick/Gahlen/Schaber/Vietze, WPg 2021, 775.

[762] Vgl. Wolfgarten/Bär/Blaschke/Flick/Gahlen/Schaber/Vietze, WPg 2021, 775.

rungskosten, den Betriebskosten (Verwaltungskosten), den Eigenkapitalkosten und den **Risikokosten** sowie ggf. einer Gewinnmarge.[763] Diese Risikokosten = Bonitätsprämien werden bei der Kalkulation des kundenindividuellen Kreditzinssatzes als eigene Komponente berücksichtigt. Ein kreditgewährendes Institut berücksichtigt mithin (statistisch) zu erwartende Verluste im Kundenkreditgeschäft bei der Kreditgewährung in Form von Bonitätsprämien (Risikokosten).[764]

Dazu müssen die IT-Systeme eines Instituts es ermöglichen, aus der Gesamtkondition einer Forderung die Bonitätsprämie zumindest einigermaßen trennscharf zu identifizieren.[765]

Zur Frage, ob und inwieweit bei Bonitätsänderungen (des Kreditnehmers) in einem laufenden (fest- bzw. variabel verzinslichen) Kreditverhältnis der Zinssatz analog zu den Ratingänderungen zivilrechtlich wirksam angepasst werden kann vgl. Rösler/Wimmer[766] und Rösler/von Heymann[767].

In die **Gegenrechnung** (Anrechnung) dürfen die Bonitätsprämien nach IDW RS BFA 7 Tz. 21 nur einbezogen werden, soweit diese

1. hinreichend verlässlich ermittelt werden können **und**
2. das bei Geschäftsabschluss erwartete Ausfallrisiko auch kompensieren.

Dient eine als Bonitätsprämie bezeichnete „Prämie" mithin zur Abdeckung anderer Sachverhalte (zB Verwaltungs-, Liquiditäts- oder Eigenkapitalkosten), darf diese nicht zur Gegenrechnung verwendet werden.[768]

Gaber[769] kommt bezüglich der Höhe des Barwerts der Bonitätsprämien zum Ergebnis, dass zu jedem Abschlussstichtag zu prüfen ist, ob der (gesamte) Bonitätsprämien-Barwert vollständig in Abzug gebracht werden kann oder ob eine **Risikoadjustierung** in Form eines Abschlags vorzunehmen ist. Vgl. auch Kapitel 4.3.5.5.2.1.

---

[763] Vgl. ausführlich Waschbusch/Blaß/Kakuk/Gadzimski, WM 2018, 1965 f.; Rösler/Wimmer, BKR 2020, 238.

[764] Vgl. Waschbusch/Blaß/Kakuk/Gadzimski, WM 2018, 1966 mwN; Rösler/Wimmer, BKR 2020, 238.

[765] Vgl. Gerlach, BP 06/2022, 221.

[766] Vgl. Rösler/Wimmer, BKR 2020, 238 f.

[767] Vgl. Röser/von Heymann, BP 2020, 255 ff.

[768] Vgl. Gehrer/Krakuhn/Guderjan, IRZ 2020, 125.

[769] Vgl. Gaber, WPg 2022, 32 ff.

Sofern Bonitätsprämien nicht für interne Risikosteuerungszwecke genutzt werden, ist ihre Berechnung allein für Zwecke der Ermittlung von Pauschalwertberichtigungen nicht notwendig (IDW RS BFA 7 Tz. 21). Dies bedeutet aber auch, dass ein Institut, das keine Bonitätsprämien ermittelt, das Anrechnungsverfahren nicht anwenden kann.

Sollen die Bonitätsprämien mit der Implementierung bzw. Erstanwendung des Anrechnungsverfahrens **nacherhoben** werden, hat dies unter Berücksichtigung der zum Zeitpunkt der Kreditvergabe maßgeblichen Risikosituation zu erfolgen.[770]

Im Rahmen des Anrechnungsverfahrens sind auch bei **Kontokorrentforderungen** Laufzeiterwartungen zu unterstellen und die Bonitätsprämien – in vertraglich vereinbarter Höhe – über die Laufzeit zu berücksichtigen.[771]

Die Bonitätsprämien sind auf den Abschlussstichtag **abzuzinsen** (IDW RS BFA 7 Tz. 21). Vorgaben hinsichtlich des zu verwendenden Zinses für diese Diskontierung macht IDW RS BFA 7 nicht. Der **Diskontierungszins** muss auf nachvollziehbaren Annahmen beruhen.[772]

Bereits in Veröffentlichungen zum Entwurfsstandard IDW ERS BFA 7 wurde die Frage des **Zinssatzes** für die Abzinsung der Bonitätsprämien diskutiert.[773]

Die allgemeinen Grundsätze (IDW RS BFA 7 Tz. 15) verlangen, dass der *„Zeitwert des Geldes"* zu berücksichtigen ist. Entscheidend für die Frage nach dem Diskontierungszins ist damit, dass es sich um eine Zinsstrukturkurve handelt, die willkürfrei ist und nicht auf marktfremden Daten basiert, weil sonst *„der Zeitwert des Geldes"* zum Abschlussstichtag nicht sachgerecht berücksichtigt wird.

Der BFA hat sich in seiner Berichterstattung zur 323. Sitzung[774] hierzu wie folgt geäußert: *„Der BFA erachtet die Verwendung eines risikolosen Marktzinssatzes (laufzeitadäquate Zinskurve) für die Diskontierung des erwarteten Kreditrisikos und der zukünftigen Bonitätsprämien als sachgerecht. Der Ermittlung des Zeitwerts des Geldes liegt eine stichtagsbezogene Betrachtungsweise zugrunde; dies impliziert die Verwendung eines aktuellen Marktzinssatzes. Durch die Verwendung eines risikolosen Marktzinssatzes wird eine Doppelberücksichtigung von*

---

[770] Vgl. Wolfgarten/Bär/Blaschke/Flick/Gahlen/Schaber/Vietze, WPg 2021, 775.

[771] Vgl. Portisch/Winkler, BP 12-01/2020, 390.

[772] Vgl. Gehrer/Krakuhn/Guderjan, IRZ 2020, 125.

[773] Vgl. Gehrer/Koch/Krakuhn, IRZ 2019, 77 f.; Gaber, DB 2019, 1463.

[774] Vgl. IDW BFA, IDW Life 2021, 947.

Risiken vermieden." Dies entspreche auch dem in IDW RS BFA 3 Tz. 48 (verlustfreie Bewertung des Bankbuchs) dargelegten Vorgehen, dh. Diskontierungen zukünftiger Zahlungsströme haben auf Basis von allgemein anerkannten, aus aktuellen Markttransaktionen abgeleiteten fristenadäquaten Geld- und Kapitalmarktzinssätzen am Abschlussstichtag zu erfolgen.

Die Pauschalwertberichtigung ist im Anrechnungsverfahren – wie oben bereits schematisch dargestellt – in Höhe der **Unterdeckung** der erwarteten Verluste im Vergleich zu den Bonitätsprämien zu bilden. Im Ergebnis wirkt die Anrechnung der im Zins enthaltenen Bonitätsprämien (wert-) mindernd bei der Ermittlung des Betrags der Pauschalwertberichtigung. Fazit: Erfolgt die Kalkulation der Zinsen für einen Kredit in einer Weise, dass den Ausfallrisiken Bonitätsprämien in entsprechender Höhe gegenüberstehen, erfolgt eine vollständige Kompensation des erwarteten Ausfalls durch Bonitätsprämien. In dieser Situation hätte die Pauschalwertberichtigung – zumindest bei Kreditvergabe – einen Wert von Null.[775]

Mit der Berichterstattung über die 333. Sitzung hat der BFA zum **Verbot der Kompensation zwischen verschiedenen Teilportfolios** Stellung genommen.[776] Im Zusammenhang mit dem Anrechnungsverfahren geht es darum, dass eine Kompensation von **Überhängen der Prämienbarwerte** über die erwarteten Verlust eines (homogen gebildeten) Teilportfolios mit **Unterdeckungen** eines anderen Teilportfolios nicht in Frage kommt. Vgl. hierzu die Ausführungen in Kapitel 4.3.5.5.2.6.

Zur **Anrechnung weiterer Erträge** als im Zins enthaltene Bonitätsprämien vgl. IDW RS BFA 7 Tz. 22. Solche anrechenbaren Erträge kommen nur dann in Betracht, wenn es sich um Entgelte für die Übernahme des Adressenausfallrisikos handelt (zB Bürgschaftsprovisionen). Selbstverständlich müssen die in diesem Zusammenhang anfallenden Aufwendungen ebenfalls berücksichtigt werden.

4.3.5.5.2.8. Bewertungsvereinfachung

Höhe der Pauschalwertberichtigung bei Anwendung der Bewertungsvereinfachung

IDW RS BFA 7 (Tz. 23–25) ermöglicht unter bestimmten Voraussetzungen die Anwendung einer Bewertungsvereinfachung zur Ermittlung der Pauschalwertberichtigung. Diese Vereinfachung besteht darin, dass unter der nachfol-

[775] Ebenso Gehrer/Krakuhn/Guderjan, IRZ 2020, 125; Flick, ZfgK 2020, 415.
[776] Vgl. IDW Life 7.2022, 595 f.

gend dargestellten **Ausgeglichenheitsvermutung** die Pauschalwertberichtigung in Höhe des **erwarteten Verlusts über einen Betrachtungszeitraum von zwölf Monaten** (sog. 12-M-EL, erwarteter Einjahresverlust) geschätzt wird (ohne Gegenrechnung von Bonitätsprämien).

IDW RS BFA 7 sieht es mithin „... *als zulässige Approximation (...) an, wenn die Pauschalwertberichtigung in Höhe des erwarteten Verlusts über einen Betrachtungszeitraum von einem Jahr (...) ohne Anrechnung von Bonitätsprämien geschätzt wird*".[777]

Dabei ist auf die **Einjahres-Ausfallwahrscheinlichkeit** abzustellen, sodass eine Ableitung von mehrjährigen Ausfallwahrscheinlichkeiten über die Restlaufzeit (wie im Grund- bzw. Anrechnungsmodell) unterbleiben kann. Hinsichtlich der **Verlusthöhe** ist ebenfalls ein einjähriger Betrachtungshorizont zugrunde zu legen.[778]

Weitere Vereinfachungen, etwa die Verwendung von nachvollziehbaren und nach Besicherungsform differenzierten pauschalen Sätzen, können in Betracht kommen. Generell müssen jedoch pauschale Annahmen die institutsindividuellen Gegebenheiten hinreichend approximieren (vgl. IDW RS BFA 7, Tz. 15).

Klarstellend wird darauf hingewiesen, dass es sich hierbei nicht um eine **Mindestpauschalwertberichtigung** handelt, sondern um eine **Bewertungsvereinfachung** iRd. Folgebewertung. Bereits im Vorfeld von IDW ERS BFA 7 wurde die Ansicht vertreten, dass „... *davon auszugehen (ist), dass für Kredite, deren Kreditrisiko sich seit Abschluss nicht signifikant erhöht hat, auch die Übernahme des ‚12-month expected credit loss‘ gemäß IFRS 9 handelsrechtlich anerkannt werden wird*".[779]

Ausgeglichenheitsvermutung

Der Ausgeglichenheitsvermutung (auch Ausgeglichenheitsannahme) nach IDW RS BFA 7 liegt folgende Überlegung zugrunde:

- Zwischen der Bewertung des Adressenausfallrisikos zum Zeitpunkt der Kreditvergabe und der Konditionengestaltung in Bezug auf das Kreditrisiko – dh. bei der risikoadäquaten Kalkulation des zu fordernden

---

[777] Vgl. Flick, ZfgK 2020, 415.
[778] Vgl. Flick, ZfgK 2020, 415.
[779] Vgl. Fischer/Flick/Krakuhn, IRZ 2014, 439.

Zinses (vgl. hierzu die obigen Ausführungen) – besteht ein nachvoll-ziehbarer Zusammenhang (IDW RS BFA 7 Tz. 23 mit Verweis auf die MaRisk).[780]

- Insoweit setzt eine risikoadäquate Kreditgewährung grundsätzlich die Vereinbarung einer dem erwarteten Verlust entsprechende Bonitätsprä-mie voraus.[781]
- Für die Ermittlung der Pauschalwertberichtigung kann daher als **Be-wertungsvereinfachung** iRd. Folgebewertung angenommen werden, dass sich bei Kreditausreichung erwartete Verluste und Bonitätsprä-mien entsprechen (IDW RS BFA 7 Tz. 23).

Dabei darf zum Bilanzstichtag keine **deutliche Erhöhung des Ausfallrisikos** seit Kreditausreichung anzunehmen sein. Eine solche Erhöhung des Ausfallri-sikos kann aus einer allgemeinen Verschlechterung der wirtschaftlichen Lage mit nachweislicher Auswirkung auf das Kreditportfolio oder aus mit den For-derungen verbundenen Hinweisen resultieren.[782]

IDW RS BFA 7 verlangt keinen quantitativen Nachweis der Ausgeglichenheit

Erfolgt ausgehend von der og. Ausgeglichenheitsvermutung bei der **Folgebe-wertung** aus **Vereinfachungsgründen** kein Nachweis dieser Ausgeglichenheit durch Berechnung der erwarteten Verluste und der Bonitätsprämien, ist es nicht zu beanstanden, wenn die Pauschalwertberichtigung in Höhe des erwarteten Ver-lusts über einen Betrachtungszeitraum von zwölf Monaten (sog. 12-M-EL, er-warteter Einjahresverlust) **ohne eine Anrechnung von Bonitätsprämien** (wie beim Anrechnungsverfahren) geschätzt wird (IDW RS BFA 7 Tz. 24).

Der Abschlussprüfer muss sich davon überzeugen, dass die Bewertungsver-einfachung nicht fälschlicherweise zur Anwendung kommt. Liegen Anzeichen vor, dass das Institut die bankaufsichtlichen Vorgaben, insbesondere die Re-geln von BTO 1.2 Tz. 7, nicht eingehalten hat bzw. einhält, dürften erhebliche Bedenken bezüglich der Zulässigkeit der Anwendung der Bewertungsverein-fachung bestehen. Das Institut muss mithin durch geeignete Maßnahmen ggü.

---

[780] Laut Stellungnahme der „Deutsche Kreditwirtschaft" zu IDW ERS BFA 7 wird die Bonitätsprämie als Teil der internen Vorkalkulation bei der Kreditausreichung aus-schließlich zu diesem Zeitpunkt kalkuliert. Der Risikoprämienbarwert, der bei Kredit-ausreichung dem Lifetime Expected Loss entsprechen dürfte, liege bei HGB-Instituten daher ausschließlich zum Zeitpunkt der Kreditvergabe vor. Für alle darauffolgenden Bilanzstichtage seien regelmäßig keine entsprechenden Daten vorhanden.

[781] Zur Kreditvergabeentscheidung und Risikovorsorge für erwartete Verluste vgl. Nippel, BFuP 2017, 173 ff.

[782] Vgl. Flick, ZfgK 2020, 415.

dem Abschlussprüfer belegen, dass *„zwischen der Einstufung im Risikoklas-sifizierungsverfahren und der Konditionengestaltung"* ein nachvollziehbarer Zusammenhang besteht, dh. bei Kunden mit höherem Kreditrisiko eine höhere Bonitätsprämie verlangt wird als bei Kunden mit geringerem Risiko. Im Übrigen dürfte sich eine Missachtung von MaRisk BTO 1.2 Tz. 7 auch gravierend auf das Ergebnis eines Instituts auswirken.

Böcking/Bär/Morawietz[783] formulieren die Bedingung für die Anwendung der Bewertungsvereinfachung wie folgt: *„Voraussetzung hierfür ist, dass im Rahmen der Kreditvergabe ein Bezug zwischen Konditionengestaltung und Kreditrisiko im Sinne der erwarteten Verluste hergestellt und nachgewiesen wird (sog. ,risk adjusted pricing') ohne dass die Ausgeglichenheit von erwartetem Verlust und Prämienbarwert rechnerisch ermittelt werden muss"*.

Wolfgarten/Bär/Blaschke/Flick/Gahlen/Schaber/Vietze[784] nennen – ergänzend zu IDW RS BFA 7 – als *„zentrale Voraussetzung für die Anwendung der Bewertungsvereinfachung (...) die Angemessenheit der Ausgeglichenheitsannahme"*. Auch wenn kein streng rechnerischer Nachweis erbracht werden müsse, sei die Annahme der Ausgeglichenheit von erwarteten Verlusten und vereinbarten Bonitätsprämien dennoch zu begründen („begründete Annahme"). Ein solcher Nachweis könne qualitativ und/oder quantitativ erfolgen. Qualitativ kann die Begründung der Annahme bspw. durch Margentools, Konditionentableaus und Standardrisikokosten nachgewiesen werden. Die tatsächliche Festlegung der Konditionen muss dann nach diesen Vorgaben erfolgen. Im Sinne einer Validierung ist vom bilanzierenden Institut darzulegen, dass diese Vorgaben zur risikoorientierten Konditionengestaltung im Hinblick auf das Kreditrisiko angemessen sind.[785]

Nach Gerlach[786] sei die Anwendung derartiger Konditionen im Anweisungswesen eines Instituts oder adäquat zu regeln, dh. diese müssen einen verbindlichen Charakter haben. In der Praxis gehe die Nachweisführung auch mit der Nutzung von einheitlichen Berechnungs-Tools für die Margenkalkulation oder Konditionentableaus einher. Mithin sei daher die Einhaltung der Vorgaben zur Kondition in der Kreditvergabepraxis zu dokumentieren. Vor diesem Hintergrund sei auch der ordnungsgemäße Einsatz der Verfahren zur Risikoeinstufung zu beurteilen. Daneben sei verbindlich zu regeln und zu dokumentieren, welche Sonderkonditionen von wem ggf. vergeben werden dürfen.

---

[783] Vgl. Böcking/Bär/Morawietz, in: MünchKomm. HGB, 4. Aufl., § 340e HGB Rn. 39.
[784] Vgl. Vgl. Wolfgarten/Bär/Blaschke/Flick/Gahlen/Schaber/Vietze, WPg 2021, 776.
[785] Vgl. Vgl. Wolfgarten/Bär/Blaschke/Flick/Gahlen/Schaber/Vietze, WPg 2021, 776.
[786] Vgl. Gerlach, BP 06/2022, 221 f.

Abgrenzung „Erstbewertung" versus „Folgebewertung"

Der Zeitpunkt der Ausreichung (und Einbuchung) eines Kredits (zB 1.7.X0) wird üblicherweise als **„Erstbewertung"** bezeichnet.

Bei der **„Folgebewertung"** zum Abschlussstichtag (zB 31.12.X0) dürfen Institute mithin ohne rechnerischen Nachweis bzw. Dokumentation der Ausgeglichenheit von erwartetem Ausfall und Bonitätsprämien auf Basis der Ausgeglichenheitsvermutung am Bilanzstichtag zur Bewertungsvereinfachung als Pauschalwertberichtigung den **erwarteten Verlust über einen Betrachtungszeitraum von zwölf Monaten** (12-M-EL) ansetzen.[787]

„Folgebewertung" (bspw. zum 31.12.X0) bedeutet in diesem Kontext, dass es sich um die Bewertung am (ersten) **Abschlussstichtag nach Ausreichung des Kredits** (zB 1.7.X0) handeln kann, dh. eigentlich bei der erstmaligen Erfassung eines Kredits iRd. Ermittlung der Pauschalwertberichtigung.

Anders formuliert: Geht ein Institut davon aus, dass es die in IDW RS BFA 7 Tz. 23 dargestellten Anforderungen erfüllt, kann es zum nächsten, auf den Zeitpunkt der Kreditausreichung folgenden Abschlussstichtag dieses Vereinfachungsverfahren ohne weitere rechnerische Nachweise anwenden, vorausgesetzt das Kreditrisiko hat sich zwischen Ausreichung und Bilanzstichtag nicht erhöht bzw. es besteht kein Grund für die Annahme, dass die Ausgeglichenheit aus anderen Gründen nicht mehr gegeben ist.

Anpassung der Pauschalwertberichtigung

Da sich das Risiko eines Kredits bzw. ein Kreditportfolios naturgemäß nach Kreditausreichung ändern kann bzw. ändert, enthält der Rechnungslegungsstandard auch eine Regelung für eine **Anpassung der Pauschalwertberichtigung**. Für eine zwingende Anpassung dieses Vereinfachungsverfahrens nennt IDW RS BFA 7 Tz. 25 zwei Sachverhalte:

- Eine Ausgeglichenheit von erwartetem Verlust und im Zins enthaltenen Bonitätsprämien kann nicht mehr angenommen werden.
- Das Adressenausfallrisiko des betreffenden Kreditbestands hat sich im Zeitablauf deutlich erhöht.

Dies bedeutet vor allem, dass wenn zwischen Kreditausreichung (zB 1.7.X0) und dem Bilanzstichtag nach dem Zeitpunkt der Ausreichung (zB 31.12.X0)

---

[787] Vgl. Gehrer/Krakuhn/Guderjan, IRZ 2020, 126.

oder zu einem späteren Zeitpunkt einer der in Tz. 25 des IDW RS BFA 7 genannten Sachverhalte eingetreten ist, eine Anpassung der Pauschalwertberichtigung zu erfolgen hat.

Ist eine dieser Bedingungen erfüllt, ist unter Beachtung der in Abschn. 3. des IDW RS BFA 7 beschriebenen allgemeinen Grundsätze zur Ermittlung der Pauschalwertberichtigung nach den allgemeinen Grundsätzen zu beurteilen, ob ein höherer Betrag (12-M-EL plus X) im Hinblick auf eine angemessene Risikovorsorge anzusetzen ist (IDW RS BFA 7 Tz. 25).[788]

IDW RS BFA 7 erläutert nicht, wann eine **Ausgeglichenheit nicht (mehr) angenommen** werden kann; sie dürfte wohl spätestens dann gegeben sein, wenn sich das Kreditrisiko (deutlich bzw. signifikant) erhöht hat.

Ferner enthält der Standard keinen Hinweis darauf, wann von einer „**deutlichen" Erhöhung des Kreditrisikos** auszugehen ist. Hilfsweise kann hier auf die Regelungen von IFRS 9 zurückgegriffen werden.[789]

IDW RS BFA 7 Tz. 25 verlangt in den oben genannten zwei Fällen für die Ermittlung der Pauschalwertberichtigung explizit die Anwendung der allgemeinen Grundsätze des Abschn. 3. von IDW RS BFA 7, dh. für die Ermittlung der Pauschalwertberichtigung (bzw. des plus X) sind dann die oben dargestellten allgemeinen Grundsätze anzuwenden. Dabei ergibt sich tendenziell eine höhere Pauschalwertberichtigung als nach dem sog. Anrechnungsmodell.

Gehrer/Krakuhn/Guderjan[790] stellen zutreffend fest, dass dann im Ergebnis „*... für einen Teil der Geschäfte die Bewertungsvereinfachung angewendet wird und andere Teile des Bestands nach einem Modell, das den allgemeinen Grundsätzen folgt*" bevorsorgt wird.

Gehrer/Krakuhn/Guderjan[791] vertreten bezüglich des in diesem Fall anzuwendenden Modells – abweichend vom Wortlauts des IDW RS BFA 7 Tz. 25 – folgende Ansicht: „*Für diese Geschäfte steht es dem Bilanzierenden u.E. frei, alternativ auch das Anrechnungsmodell anzuwenden. Dies muss dann stetig nach einer Bilanzierungsrichtlinie erfolgen*".

---

[788] Vgl. Wolfgarten/Bär/Blaschke/Flick/Gahlen/Schaber/Vietze, WPg 2021, 776 f.
[789] Vgl. Gehrer/Krakuhn/Guderjan, IRZ 2020, 126; Flick, ZfgK 2020, 415.
[790] Vgl. Gehrer/Krakuhn/Guderjan, IRZ 2020, 126.
[791] Vgl. Gehrer/Krakuhn/Guderjan, IRZ 2020, 126.

4.3.5.5.2.9. Risikovorsorge nach IFRS 9 im HGB-Abschluss

Alternativ zum Anrechnungsmodell (Anrechnung von Bonitätsprämien nach IDW RS BFA 7 Tz. 21-22) und den Bewertungsvereinfachungen nach IDW RS BFA 7 Tz. 23-25 (Ansatz des 12-M-EL) kann für die nach sachlicher Bemessungsgrundlage einzubeziehenden Kreditverhältnisse vereinfachend die Risikovorsorge nach IFRS 9 in den Stufen 1 und 2[792] zur Ermittlung der Pauschalwertberichtigung zugrunde gelegt werden (vgl. IDW RS BFA 7 Tz. 26). Für die nach sachlicher Bemessungsgrundlage einzubeziehenden Kreditverhältnisse, die im Vergleich zum Zeitpunkt ihrer Begründung keine signifikante Erhöhung des Kreditausfallrisikos aufweisen, ist die Pauschalwertberichtigung dann in Höhe des erwarteten Verlusts über einen Betrachtungszeitraum von zwölf Monaten anzusetzen (vgl. IDW RS BFA 7 Tz. 26). Entsprechend ist in diesem Fall bei einer signifikanten Erhöhung des Kreditausfallrisikos nach der IFRS 9-Methodik die Risikovorsorge auf die für die Restlaufzeit erwarteten Verluste zu erhöhen (vgl. IDW RS BFA 7 Tz. 26).

Generell gilt also, dass zur Ermittlung der Pauschalwertberichtigung auf Basis der Regelungen des IFRS 9 dessen Methodik vollumfänglich anzuwenden ist. Das Wahlrecht zur Ermittlung der Pauschalwertberichtigung auf Basis der Regelungen des IFRS 9 kann entsprechend auch von Instituten in Anspruch genommen werden, die ausschließlich einen handelsrechtlichen Jahres- bzw. Konzernabschluss aufstellen (vgl. IDW RS BFA 7 Fn. 8).[793]

Nach Ansicht von Gehrer/Krakuhn/Guderjan[794] ist dies konsequent, da auch die Anwendung der oben dargestellten Bewertungsvereinfachung auf Basis des 12-M-EL letztlich zu einer Kombination von 12-M-EL und ggf. voller Berücksichtigung des erwarteten Verlusts (ELL) auf Basis des Grundmodells führt, wenn ein deutlicher Risikoanstieg im Vergleich zum Zugangszeitpunkt stattgefunden hat.

Die nach **sachlicher Bemessungsgrundlage** einzubeziehenden Kreditverhältnisse in einem handelsrechtlichen Abschluss (vgl. IDW RS BFA 7 Tz. 7 f.) unterscheiden sich von den in den Anwendungsbereich der Impairment-Vorschriften des IFRS 9 fallenden Kreditverhältnissen, so dass bei einer Ermittlung der Pauschalwertberichtigungen auf Basis der Regelungen des IFRS 9 gegebenenfalls **Anpassungen** vorzunehmen sind.[795] Dieser **Anpassungsbedarf**

---

[792] Vgl. Gehrer/Krakuhn/Guderjahn, IRZ 2020, 126.
[793] Vgl. Klube/Schröter/Weber, WPg 2019, 213 ff.
[794] Vgl. Gehrer/Krakuhn/Guderjan, IRZ 2020, 126.
[795] Vgl. Bär/Wiechens, KoR 2016, 458; Fischer/Flick/Krakuhn, KoR 2014, 437 f.; Klube/ Schröter/Weber, WPg 2019, 213 ff.

kann sich auf den Anwendungsbereich (Bemessungsgrundlage) der Ermittlung der Pauschalwertberichtigung und auf die Buchwerte beziehen.[796]

Nach dem gemeinsamen Positionspapier des (österreichischen) AFRAC und der FMA, Fragen der Folgebewertung bei Kreditinstituten (September 2017), stellt die Methode zur Ermittlung erwarteter Kreditverluste des IFRS 9 eine mögliche Methode zur Berücksichtigung von erwarteten Kreditverlusten im (österreichischen) UGB dar. Die Ermittlung der Pauschalwertberichtigung auf Basis des *„12-month expected credit loss"* für jene Forderungen der Stufe 1, bei denen noch keine wesentliche Verschlechterung des Ausfallrisikos eingetreten ist, wird auch unternehmensrechtlich als angemessen erachtet, da diese Vereinfachung dem typischen Verlauf der Risikoverteilung in einem Kreditportfolio entspräche.[797] Bei Krediten, für die sich seit Zugang das Ausfallrisiko signifikant erhöht hat (Stufe 2 und 3) und ein Wechsel vom *„12-month expected loss"* zum *„lifetime expected loss"* erfolgt, wird auch unternehmensrechtlich eine Pauschalwertberichtigung auf Basis des *„lifetime expected credit loss"* als sachgerecht erachtet.[798]

4.3.5.5.2.10. Ausweis der Pauschalwertberichtigung

Pauschalwertberichtigungen auf Forderungen sind in der handelsrechtlichen Bilanz nicht in einem eigenen Bilanzposten auszuweisen, sondern **aktivisch** von den betreffenden Bilanzposten **abzusetzen**. Dies gilt entsprechend für die Unterausweise.[799]

Sind mehrere Abschlussposten betroffen, ist eine sachgerechte Aufteilung vorzunehmen (IDW RS BFA 7 Tz. 27). Entsprechendes gilt weiterhin für die im Anhang anzugebende Fristengliederung nach Restlaufzeiten.

Pauschalwertberichtigungen auf Eventualverbindlichkeiten und unwiderrufliche Kreditzusagen sind als **Rückstellungen** für ungewisse Verbindlichkeiten bzw. drohende Verluste aus schwebenden Geschäften auszuweisen (IDW RS BFA 7 Tz. 8). Entsprechendes gilt für in die Ermittlung der Pauschalwertberichtigungen einbezogenen weiteren nicht beanspruchten Kreditzusagen

---

[796] Einzelheiten vgl. Gehrer/Krakuhn/Guderjan, IRZ 2020, 126.
[797] Vgl. AFRAC/FMA, Fragen der Folgebewertung bei Kreditinstituten (September 2017), Tz. 15.
[798] Vgl. AFRAC/FMA, Fragen der Folgebewertung bei Kreditinstituten (September 2017), Tz. 15.
[799] Vgl. Wolfgarten/Bär/Blaschke/Flick/Gahlen/Schaber/Vietze, WPg 2021, 778.

(Kreditlinien), für die ungeachtet vertraglicher Kündigungsrechte mit einer Inanspruchnahme ernsthaft gerechnet wird.[800]

Zum GuV-Ausweis wird auf Kapitel 4.3.5.8. hingewiesen.

4.3.5.5.2.11. Anhangangaben

Zur Angabepflicht der Bilanzierungs- und Bewertungsmethoden im Anhang zählt auch die Pauschalwertberichtigung. Dabei ist das Verfahren zur Ermittlung der Pauschalwertberichtigung anzugeben und zu erläutern (IDW RS BFA 7 Tz. 30).

Zu Angaben im Zusammenhang mit der erstmaligen Anwendung von IDW RS BFA 7 vgl. Tz. 31.[801]

Wolfgarten/Bär/Blaschke/Flick/Gahlen/Schaber/Vietze weisen ausdrücklich darauf hin, dass bei Anwendung des **Anrechnungsmodells** anzugeben ist, auf welcher Basis die berücksichtigungsfähigen Bonitätsprämien als Teil der vereinbarten Zinserträge ermittelt und auf abgezinster Basis den erwarteten Verlusten gegenübergestellt werden.[802]

Bezüglich der **Bewertungsvereinfachung** ist es nach Wolfgarten/Bär/ Blaschke/Flick/Gahlen/Schaber/Vietze sachgerecht, im Anhang ebenfalls qualitativ darzulegen, auf welcher Basis das Institut die Annahme der Ausgeglichenheit getroffen hat. Dazu gehört auch die Darlegung, nach welchen Kriterien das Institut nicht mehr von der Ausgeglichenheit ausgeht und insoweit gemäß IDW RS BFA 7 Tz. 25 eine Beurteilung der Angemessenheit der gebildeten Risikovorsorge vornimmt.[803]

Bei Anwendung der Regelungen von **IFRS 9** wäre zudem bei nach IFRS Bilanzierenden darzulegen, in welcher Form eine Anpassung der sachlichen Bemessungsgrundlage erfolgt und evtl. Besonderheiten aufgrund von zwischen IFRS 9 und dem Handelsrecht abweichenden Bilanzierungs- und Bewertungsgrundsätzen berücksichtigt werden.[804]

---

[800] Vgl. Wolfgarten/Bär/Blaschke/Flick/Gahlen/Schaber/Vietze, WPg 2021, 778.
[801] Vgl. Wolfgarten/Bär/Blaschke/Flick/Gahlen/Schaber/Vietze, WPg 2021, 779.
[802] Vgl. Wolfgarten/Bär/Blaschke/Flick/Gahlen/Schaber/Vietze, WPg 2021, 779.
[803] Vgl. Wolfgarten/Bär/Blaschke/Flick/Gahlen/Schaber/Vietze, WPg 2021, 779.
[804] Vgl. Wolfgarten/Bär/Blaschke/Flick/Gahlen/Schaber/Vietze, WPg 2021, 779.

Bei **erstmaliger Anwendung von IDW RS BFA 7** dürfte es regelmäßig zu einer Änderung der Bewertungsmethode kommen. Insoweit sind auch Angaben gemäß § 284 Abs. 2 Nr. 2 iVm. § 340a HGB vorzunehmen. Dies umfasst die Angabe und Begründung der Abweichung von den bisherigen Bilanzierungs- und Bewertungsmethoden sowie eine gesonderte Darstellung der sich hieraus ergebenden Einflüsse auf die Vermögens-, Finanz- und Ertragslage.[805]

Entsprechendes gilt, wenn iRd. Anwendung von IDW RS BFA 7 eine andere Bewertungsmethode gewählt wird.[806] Eine Änderung ist gemäß IDW RS HFA 39, Tz. 15, zulässig, wenn sie unter Beachtung der Grundsätze ordnungsmäßiger Buchführung ein besser den tatsächlichen Verhältnissen entsprechendes Bild der Vermögens-, Finanz- und Ertragslage vermittelt.

4.3.5.5.3. Ermittlung der Pauschalwertberichtigung nach steuerlichen Grundsätzen

Überblick

Der Prozentsatz der Pauschalwertberichtigungen für den Bilanzstichtag ist nach Ansicht des BMF aufgrund von Erfahrungen der Vergangenheit zu bemessen. Hierzu ist grundsätzlich der Durchschnitt des **tatsächlichen Forderungsausfalls** für die dem Bilanzstichtag vorangehenden fünf *Wirtschaftsjahre* und der Durchschnitt des **risikobehafteten Kreditvolumens** für die dem Bilanzstichtag vorangehenden fünf *Bilanzstichtage* zu ermitteln und ins Verhältnis zu setzen.[807]

Da nach der Anweisung des BMF der **tatsächliche Forderungsausfall** *„für die dem Bilanzstichtag vorangehenden fünf Wirtschaftsjahre"* maßgeblich ist, ist der tatsächliche Forderungsausfall des Wirtschaftsjahres, für das die Bilanz erstellt wird, mitzurechnen. Für die Pauschalwertberichtigung zum 31.12.20X9 sind mithin die tatsächlichen Forderungsausfälle der Wirtschaftsjahre 20X5 bis 20X9 relevant (vgl. Abb. 4.4). Zutreffender wäre es, wenn auch die Antizipation zukünftiger Forderungsausfälle wie bspw. aufgrund veränderter Konjunkturlage oder Risikostrukturen möglich wäre.[808]

---

[805] Vgl. Wolfgarten/Bär/Blaschke/Flick/Gahlen/Schaber/Vietze, WPg 2021, 779.

[806] Vgl. Wolfgarten/Bär/Blaschke/Flick/Gahlen/Schaber/Vietze, WPg 2021, 779.

[807] Auch Stannigel, ZfgK 1989, 264, empfiehlt für die Berechnung des Durchschnittsbetrags der Kreditausfälle einen Zeitraum von fünf Jahren, um nicht durch extrem hohe oder extrem niedrige Jahresbeträge den Durchschnittsbetrag untypisch zu beeinflussen.

[808] Vgl. Krumnow, WM 1994, 1709; zum vorhandenen Datenbestand als empirische Basis für die Bestimmung von Pauschalwertberichtigungen vgl. Wisleitner, ÖBA 1995, 927.

Nach Ansicht des BMF umfasst der tatsächliche Forderungsausfall neben dem latenten auch das bereits erkennbare akute Ausfallrisiko, für das Einzelwertberichtigungen gebildet werden. Zur Begrenzung der Pauschalwertberichtigungen auf das latente Ausfallrisiko ist deshalb von dem ermittelten Durchschnitt des tatsächlichen Forderungsausfalls ein Abschlag von 40 % zu machen, höchstens jedoch der Betrag der Einzelwertberichtigungen zum betreffenden Bilanzstichtag.

Das **risikobehaftete Kreditvolumen** ist *„für die dem Bilanzstichtag vorangehenden fünf Bilanzstichtage"* zu ermitteln. Dies sind für den Bilanzstichtag 31.12.20X9 die Bilanzstichtage der Wirtschaftsjahre 20X4 bis 20X8.

Tatsächlicher und maßgeblicher Forderungsausfall

Als **tatsächlicher Forderungsausfall** gilt nach dem BMF-Schreiben vom 10.1.1994[809] der tatsächlich realisierte, wirtschaftliche Verlust der Forderung.[810] Forderungsausfälle, die auf Risiken beruhen, die nicht in der Person des Schuldners liegen (zB Transferrisiken oder Devisenrisiko), rechnen nicht zum tatsächlichen Forderungsausfall.

Die Finanzverwaltung geht damit offenkundig davon aus, dass **Länderrisiken** bereits durch pauschalierte Länderwertberichtigungen abgedeckt werden und ein Risiko nicht zweimal berücksichtigt werden soll. Dem ist entgegenzuhalten, dass pauschalierte Länderwertberichtigungen nur für die am Bilanzstichtag erkennbaren Länderrisiken gebildet werden und keinesfalls latente Länderrisiken erfassen. Dies wäre vielmehr Aufgabe einer Pauschalwertberichtigung.

Der tatsächliche Forderungsausfall entspricht dem Verbrauch von gebildeten Einzelwertberichtigungen zuzüglich der Direktabschreibungen und abzüglich der Eingänge abgeschriebener Forderungen des betreffenden Jahres. Der Verbrauch der Einzelwertberichtigungen misst sich nach Ansicht der Finanzverwaltung an der Ausbuchung einer Forderung.[811] Wird eine Forderung nicht

---

[809] Vgl. BStBl. I 1994, 98 ff.

[810] Von einem tatsächlichen Forderungsausfall ist nach dem BMF-Schreiben vom 10.1.1994 auszugehen, wenn die Forderung uneinbringlich geworden ist, dh., soweit nach vernünftiger kaufmännischer Beurteilung weder vom Schuldner noch von dritter Seite noch aus der Verwertung evtl. verbliebener Sicherheiten ein Zahlungseingang zu erwarten ist. Eine bestrittene Forderung muss hiernach ausgeklagt sein. Sicherheiten müssen verwertet sein, ohne dass ein Surrogat an die Stelle der ausgefallenen Forderung getreten ist. Umschuldungen oder Schuldnovationen führen daher nicht zu einem tatsächlichen Ausfall der Forderung, die der Umschuldung oder Novation zugrunde liegt.

[811] Vgl. BMF-Schreiben vom 9.5.1995, BB 1995, 1475.

ausgebucht und stattdessen eine Einzelwertberichtigung beibehalten, sind die Voraussetzungen für den „Verbrauch" von Einzelwertberichtigungen nach dem BMF-Schreiben vom 10.1.1994 nicht gegeben. In diesen Fällen kann ein auch bereits abschätzbarer Verlust einer Forderung noch nicht zum Zwecke der Ermittlung des tatsächlichen Forderungsausfalls iSd. der Verwaltungsanweisung vom 10.1.1994 berücksichtigt werden. Beträge zur Bildung von Einzelwertberichtigungen gehören danach nicht zum tatsächlichen Forderungsausfall.[812]

Kritisch anzumerken ist, dass sich die Ermittlung des tatsächlichen Forderungsausfalls nicht alleine an der buchhalterischen Behandlung durch die Bank ausrichten darf. Maßgeblich für die Bestimmung des Forderungsausfalls sollte vielmehr die Uneinbringlichkeit der Forderung sein.

	31.12.X4	31.12.X5	31.12.X6	31.12.X7	31.12.X8	31.12.X9
1. Ermittlung des maßgeblichen Forderungsausfalls						
Verbrauch an EWB durch Ausbuchung bereits einzelwertberichtigter Forderungen						
+ Direktabschreibungen von Forderungen						
– Eingänge auf abgeschriebene Forderungen						
= *Tatsächlicher Forderungsausfall*						

	TEUR
Summe der Forderungsausfälle 20X5-20X9 ————— 5	....
– Abschlag 40 % (maximal EWB-Bestand)	— —————
= *Maßgeblicher Forderungsausfall*	=

Abb. 4.4: Pauschalwertberichtigung 20X9 – Tatsächlicher und maßgeblicher Forderungsausfall

---

[812] Vgl. Stannigel, ZfgK 1989, 264.

Die Forderungsausfälle der Wirtschaftsjahre 20X5 bis 20X9 sind zu summieren und durch fünf zu dividieren. Hiervon ist sodann ein Abschlag von 40 % zu machen (höchstens jedoch der Betrag der Einzelwertberichtigungen[813] zum 31.12.20X9). Das Resultat ist der sog. **maßgebliche Forderungsausfall**.

Der durchschnittliche Forderungsausfall der Vergangenheit enthält auch Ausfälle, die nicht auf latente Risiken, sondern auf an den jeweiligen Jahresabschlussstichtagen erkennbare Risiken zurückzuführen sind. Insofern werden bei der Ermittlung des durchschnittlichen Forderungsausfalls nach Ansicht des BMF die latenten Risiken der Vergangenheit überzeichnet. Aus diesem Grund ist nach dem BMF-Schreiben ein Abschlag von 40 % zu machen. Die Höhe dieses Abschlags ist risikotheoretisch nicht zu begründen. Er ist rein fiskalisch motiviert.

Risikobehaftetes Kreditvolumen

Das BMF-Schreiben vom 10.1.1994 nimmt bezüglich der Forderungen, für die eine Pauschalwertberichtigung gebildet werden darf, Bezug auf § 15 Rech-KredV.

Die Bezugnahme auf den Aktivposten „4. Forderungen an Kunden" würde ferner dazu führen, dass lediglich bilanzwirksame Geschäfte in die Berechnung eingehen und Eventualforderungen unberücksichtigt blieben.

Aus dem Wortlaut des BMF-Schreibens vom 10.1.1994 „*zum risikobehafteten Kreditvolumen rechnen*" leiten dagegen Krumnow ua.[814] ab, dass die Forderungen an Kunden nach § 15 RechKredV nicht abschließend als Ausgangsgröße des risikobehafteten Kreditvolumens geregelt sind. Vielmehr seien alle Kundenforderungen zu erfassen, denen ein in der Person des Schuldners liegendes Ausfallrisiko anhaftet. Hierzu gehören nach dieser Ansicht auch die Eventualforderungen, die den vermerkpflichtigen Eventualverbindlichkeiten aus weitergegebenen Wechseln sowie aus Bürgschaften und Gewährleistungen gegenüberstehen.

---

[813] Der Betrag – gemeint ist der Bestand und nicht die Zuführung – der Einzelwertberichtigungen ist abzuziehen, wenn dieser niedriger ist als 40 % des durchschnittlichen Forderungsausfalls.

[814] Vgl. Krumnow ua., 2. Aufl., § 340e HGB Rn. 225.

	31.12.X4	31.12.X5	31.12.X6	31.12.X7	31.12.X8	31.12.X9
2. Ermittlung des risikobehafteten Kreditvolumens Kundenforderungen						
– Forderungen an öffentlich-rechtliche Körperschaften (Bund, Länder, Gemeinden)						
– Forderungen an ausländische Staaten, Gebietskörperschaften usw. im OECD-Bereich						
– Forderungen, die durch eine der vorstehenden Institutionen garantiert sind						
– Forderungen, die durch eine Delkredere-Versicherung abgesichert sind						
= *Risikobehaftetes Kreditvolumen*						

Durchschnittliches risikobehaftetes Kreditvolumen

TEUR

Summe risikobehaftetes Kreditvolumen 20X4-20X8

5

Abb. 4.5: Pauschalwertberichtigung 20X9 – Risikobehaftetes Kreditvolumen

Von den Kundenforderungen sind nach dem BMF-Schreiben folgende Forderungen **abzuziehen**:

• Forderungen, die aus Gründen, die nicht in der Person des Schuldners liegen, wertberichtigt wurden (zB Transfer- und Devisenrisiko),
• Forderungen, die als sichere Forderungen anzusehen sind.
Hierzu zählen Forderungen gegen öffentlich-rechtliche Körperschaften oder sonstige Körperschaften, für die eine Gebietskörperschaft als Gewährträger haftet; Forderungen gegen ausländische Staaten, ausländische Gebietskörperschaften oder sonstige ausländische Körperschaften und Anstalten des öffentlichen Rechts im OECD-Bereich; Forderungen, die durch eine der vorstehend genannten Stellen verbürgt oder in anderer Weise gewährleistet sind; Forderungen, für die eine Delkredere-Versicherung durch das Kreditinstitut abgeschlossen ist.

249

Bei Bausparkassen rechnen Forderungen aus Vor- und Zwischenkrediten für noch nicht zugeteilte Bauspardarlehen nur insoweit zum risikobehafteten Kreditvolumen, als sie die Bausparguthaben übersteigen. Soweit diese durch Bausparguthaben gedeckt sind, besteht kein Ausfallrisiko (Barsicherheit).

Ermittlung der steuerlichen Pauschalwertberichtigung

Der ermittelte Wertberichtigungssatz für den betreffenden Bilanzstichtag ist auf das risikobehaftete Kreditvolumen des Bilanzstichtags anzuwenden. Dabei sind nach dem BMF-Schreiben vom 10.1.1994 einzelwertberichtigte Forderungen in vollem Umfang aus dem risikobehafteten Kreditvolumen auszuscheiden. Dies wird vom BMF damit begründet, dass eine bestimmte Forderung nur entweder einzeln oder pauschal wertberichtigt werden kann.

---

3. Ermittlung des Pauschalwertberichtigungssatzes

$$\frac{\text{Maßgeblicher Forderungsausfall} * 100}{\substack{\text{Durchschnittliches risikobehaftetes} \\ \text{Kreditvolumen}}} \qquad X\,\%$$

4. Ermittlung der Pauschalwertberichtigung zum Bilanzstichtag 31.12.20X9   TEUR

   Risikobehaftetes Kreditvolumen zum 31.12.20X9

– Gesamtbetrag der einzelwertberichtigten Forderungen

= Verbleibendes risikobehaftetes Kreditvolumen

   davon *X %* Pauschalwertberichtigung (vgl. unter 3.)

= *Pauschalwertberichtigung zum 31.12.20X9*

Abb. 4.6: Pauschalwertberichtigung 20X9

4.3.5.6. Länderwertberichtigungen (Länderrisiko)

4.3.5.6.1. Definition des Länderrisikos

Das Länderrisiko drückt sich aus in der Gefahr, dass Forderungen aus grenz-überschreitenden Geschäften und/oder in Fremdwährung wegen hoheitlicher Maßnahmen ausfallen können (Transfer- und Konvertierungsrisiko).[815]

Es beinhaltet die Zahlungsunfähigkeit oder fehlende Zahlungsbereitschaft desjenigen Lands, dem der Geschäftspartner zuzuordnen ist. Infolgedessen kann es aufgrund krisenhafter politischer oder ökonomischer Entwicklungen in einem Land zu Transferproblemen und somit zu zusätzlichen Adressenaus-fallrisiken kommen. Das Länderrisiko besteht neben den allgemeinen Boni-tätsrisiken.

Nur bei Krediten an ausländische **staatliche Schuldner** ist das schuldnerbe-zogene Ausfallrisiko gleichzeitig auch das Länderrisiko. Eine über die Ein-zelwertberichtigung hinausgehende Berücksichtigung des Länderrisikos ist damit stets für nicht-staatliche Schuldner relevant.

Ebenso wie beim Bonitätsrisiko (Adressenausfallrisiko) ist auch beim Län-derrisiko grundsätzlich zu unterscheiden zwischen den erkennbaren **akuten Risiken**, die eine Einzelwertberichtigung oder eine Rückstellung erforderlich machen, und den durch pauschale Länderwertberichtigungen zu begegnenden **latenten Risiken**.[816]

Bei der Länderwertberichtigung ist nicht auf jeden einzelnen Schuldner ab-zustellen. Bewertungsobjekt ist vielmehr das Forderungsbündel, das sich aus den gegen alle Schuldner in einem bestimmten Land gerichteten Forderungen zusammensetzt. Soweit es sich um nichtstaatliche Schuldner im Ausland han-delt, stehen das Adressenausfallrisiko und das Länderrisiko nebeneinander. Bei mangelnder Bonität des Schuldners ist also zunächst eine Einzelwertbe-richtigung für das jeweilige Engagement zu bilden. Daneben unterliegt diese Forderung grundsätzlich auch einem Länderrisiko. Klarstellend sei darauf hin-gewiesen, dass für den Fall, dass eine einzelne Forderung bereits vollständig wertberichtigt ist, eine zusätzliche Länderwertberichtigung entfällt.

[815] Vgl. IDW BFA, FN 1983, 4 ff.; Meybom/Reinhart, Die Bank 1999, 568; Hossfeld, RIW 1997, 137; Schlösser, StuB 2000, 143 ff.; Wagener, ZfgK 1995, 218; Sittmann-Haury, 39 ff.; Buchmüller, BankPraktiker 02/2012, 28 ff.
[816] Vgl. IDW BFA, Bericht über die 103. Sitzung, FN 1983, 4 und 39.

4. Bewertungsvorschriften

**4.3.5.6.2. Erfassung des Länderrisikos mittels Länderwert-
berichtigungen**

Dem **latenten** Länderrisiko wird in Form von **pauschalierten Einzelwertberichtigungen oder Pauschalwertberichtigungen** (sog. Länderwertberichtigungen)[817] Rechnung getragen, die sich auf das Gesamtobligo der Kreditnehmer eines bestimmten Landes beziehen.[818]

Ungeachtet dessen ist das individuelle Ausfallrisiko eines Schuldners im
Ausland zunächst durch eine Einzelwertberichtigung zu erfassen. Adressenausfallrisiko und Länderrisiko sind unterschiedliche Risikoarten, die risikotheoretisch nebeneinander bestehen aber auch gleichzeitig schlagend werden
können.[819]

Erst nachdem eine Einzelwertberichtigung für das schuldnerbezogene Ausfallrisiko gebildet wurde, ist dieses Engagement in das Gesamtobligo des entsprechenden Landes zur Ermittlung der Länderwertberichtigung einzubeziehen.[820]
Das Nebeneinander beider Unterrisikoarten des Ausfallrisikos darf jedoch
nicht zu einer doppelten Erfassung von potenziellen negativen Erfolgsbeiträ-
gen führen, die sich jeweils bei isolierter Betrachtung ergeben würden.[821]

4.3.5.6.3. Bemessungsgrundlage für die Länderwertberichtigungen

Als Bemessungsgrundlage für Länderwertberichtigungen kommen grundsätzlich sämtliche Ansprüche ggü. ausländischen Schuldnern in Betracht. Neben
Buchforderungen und Wertpapieren sind insbesondere auch Ansprüche aus
Eventualverbindlichkeiten und Geschäften mit derivativen Instrumenten einzubeziehen.[822]

---

[817] Literatur zur Länderwertberichtigung: Baxmann, ZfB 1990, 497; Berger, ZfB 1982,
96; Birck/Meyer, V 177 ff.; Dichtl/Köglmayr, ZfgK 1985, 390; Gündling/Everling, Die
Bank 1993, 590; Fink, ÖBA 1995, 455; Fischwasser/Schmitt, ZfgK 1995, 214; Junga/
Tussing, StBp 1991, 64; Klein/Bäcker, WiSt 1995, 191; Krumnow ua., 2. Aufl., § 340e
HGB Rn. 240; Müller, Th., 262 ff.; Schlösser, StuB 2000, 143; Schobert, StBp 1986, 73;
Wagener, ZfgK 1995, 218 mwN; Hessisches FG Urteil vom 8.4.1981, EFG 1981, 439;
Hessisches FG Urteil vom 16.9.1983, EFG 1983, 639; FG Hamburg, Vorlagebeschluss
vom 22.4.1999, EFG 1999, 1026; hierzu siehe EuGH-Urteil vom 7.1.2003, DB 2003.
[818] Ausführlich vgl. Birck/Meyer, V 177 ff.; Müller, Th., 262 ff.
[819] Ebenso FG Hamburg, Vorlagebeschluss vom 22.4.1999, EFG 1999, 1027; Schlösser,
StuB 2000, 147; EuGH-Urteil vom 7.1.2003, BB 2003, 355 ff., DB 2003, 181 ff.
[820] Vgl. ADS 6. Aufl. § 253 HGB Rn. 536.
[821] Vgl. Schlösser, StuB 2000, 147.
[822] Vgl. Krumnow ua., 2. Aufl., § 340e HGB Rn. 244.

Bereits aufgrund einer individuellen Bonitätsbeurteilung **einzelwertberichtigte Forderungen** sind nur mit ihrem Nettobetrag (Buchwert abzüglich Einzelwertberichtigung) in die Bemessungsgrundlage für die Länderwertberichtigung einzubeziehen.[823]

Der Gesamtbetrag des Länderobligos ist zudem um den Wert der gestellten und werthaltigen Sicherheiten (zB Bürgschaften, Garantien) zu vermindern.[824] Er ist zu erhöhen um die zugunsten der Länder mit einem höheren Länderrisiko gestellten Sicherheiten.[825]

An die **Berücksichtigung von Sicherheiten** sind hohe Anforderungen zu stellen. Sicherheiten können nur dann berücksichtigt werden, wenn sie auch den Fall des akuten Länderrisikos abdecken und nicht lediglich das kreditnehmerbezogene Bonitätsrisiko. Sicherheiten in dem betreffenden Land dürften als nicht werthaltig einzustufen sein, denn bei einem generellen Transferverbot können regelmäßig auch die Verwertungserlöse aus Sicherheiten nicht transferiert werden.[826]

4.3.5.6.4. Festlegung des Wertberichtigungssatzes

Überblick

Neben der Bemessungsgrundlage ist der Wertberichtigungssatz zu bestimmen, der auf die Bemessungsgrundlage anzuwenden ist.[827] Für die Festlegung der Höhe des Wertberichtigungssatzes lassen sich keine allgemeingültigen Angaben machen. Dies ist das zentrale Problem der Ermittlung von Länderwertberichtigungen.

Länderrisiken (Transfer- und Konvertierungsrisiken) sind – soweit es sich nicht bereits um erkennbar akute Risiken handelt und hierfür eine Einzelwertberichtigung oder Rückstellung gebildet wurde – nach den in **IDW RS BFA 7** Tz. 12 ff. beschriebenen (allgemeinen) Grundsätzen zu berücksichtigen.[828]

---

[823] GlA Müller, Th., 264 f.
[824] Vgl. Wagener, ZfgK 1995, 218.
[825] Vgl. Wagener, ZfgK 1995, 218.
[826] GlA Müller, Th., 265.
[827] Vgl. auch Sittmann-Haury, 41 f.
[828] Vgl. Wolfgarten/Bär/Blaschke/Flick/Gahlen/Schaber/Vietze, WPg 2021, 648.

Wertberichtigungssatz nach dem Entwurf eines BMF-Schreibens vom Januar 2009

Das Bundesfinanzministerium hat im Januar 2009 den Entwurf eines BMF-Schreibens veröffentlicht, in dem die Verwaltungsauffassung zur Wertberichtigung von Auslandsforderungen in der Steuerbilanz niedergelegt ist.

Das Verfahren des BMF basiert im Vergleich zum oben dargestellten Hamburger Modell nicht nur auf den Länderratings des „Institutional Investor", sondern berücksichtigt darüber hinaus die Ratings von „Euromoney" und Standard & Poor's. Die einzelnen Wertberichtigungsstufen werden dabei nach bestimmten Formeln in 10 %-Stufen ermittelt.

Das höchst zulässige Ausfallrisiko für ein Risikoland wird vom Bundeszentralamt für Steuern auf der Basis der jährlichen Veröffentlichungen der Ländereinstufungen durch die Fachzeitschriften „Institutional Investor" und „Euromoney" sowie der Ratingagentur Standard & Poor's ermittelt. Die Obergrenze des Vomhundertsatzes der Länderwertberichtigung wird hieraus abgeleitet. Ausgangsgröße ist das Kreditrating laut Veröffentlichung zum 30. September eines jeden Jahres.[829]

4.3.5.7. Ausbuchung/Abgang von Forderungen

Forderungen sind auszubuchen, wenn sie erloschen sind, was durch Erfüllung (§ 362 BGB), Aufrechnung (§ 389 BGB) oder Erlass (§ 397 BGB) erfolgen kann. Die Aufwendungen bzw. Erträge aus dem Abgang von Forderungen sind in demselben GuV-Posten zu erfassen, in dem die Bewertungsergebnisse auszuweisen sind. Dies entspricht der Ausweiskonzeption der RechKredV (Junktim).

In diesem Zusammenhang stellt insbesondere der Abgang von Forderungen aufgrund von **Asset Backed Transaktionen** ein Problem dar (IDW RS HFA 8).[830] Die Forderungen sind dann auszubuchen, wenn der Verkäufer der Forderungen kein Ausfallrisiko mehr trägt. Verbleibt das Ausfallrisiko dage-

---

[829] Vgl. Thurow, BC 5/2012, 190 ff. mit dem Hinweis, dass das Bundeszentralamt für Steuern jährlich Bandbreiten für Länderwertberichtigungen festlegt.

[830] Zur Bilanzierung von ABS-Transaktionen vgl. App/Klein, KoR 2006, 490 ff.; Boulkab/Marxfeld/Wagner, IRZ 2008, 497 ff.; Flick, Der Konzern 2009, 104 ff.; Rist, StuB 2003, 385 ff.; Dreyer/Schmid/Kronat, BB 2003, 91 ff.; Flick/Flick, WPg 2009, 828 ff.; Rimmelspacher/Hoffmann/Hesse, WPg 2014, 999 ff.; Rimmelspacher/Meyer/Girlich, WPg 2019, 1147 ff.; Gaber, 2. Aufl., 84 ff.

gen beim Forderungsverkäufer, bspw. durch den Kauf nachrangiger Anteile der Zweckgesellschaft oder die Gewährung einer Garantie ggü. der Zweckgesellschaft, ist die Transaktion einem unechten Factoring vergleichbar als Kreditgeschäft und nicht als Verkauf zu sehen, sodass die Forderungen nicht auszubuchen sind.[831]

Zur Ausbuchung bei einem **Verkauf von Forderungen** iRv. ABS-Transaktionen hat der BFH[832] auf Grundlage der Grundsätze ordnungsmäßiger Bilanzierung entschieden, dass das wirtschaftliche Eigentum an einer Forderung beim Forderungsverkäufer verbleibt, wenn er weiterhin das Bonitätsrisiko trägt. Dies ist der Fall, wenn der Forderungsverkäufer bei der Kaufpreisbemessung einen **Risikoabschlag** vereinbart, der den erwarteten Forderungsausfall deutlich übersteigt, aber nach Maßgabe des tatsächlichen Forderungseingangs erstattungsfähig ist. Von einem Verkauf ist nur dann auszugehen, wenn das Risiko der wirtschaftlichen Verwertbarkeit der Forderungen (Bonitätsrisiko) voll auf den Erwerber übergeht, insoweit also keine Möglichkeit des Regresses mehr besteht. Sind vor diesem Hintergrund die Forderungen nicht abgegangen und auszubuchen, stellt die Zahlung des Kaufpreises eine bloße Vorfinanzierung der Forderungen dar, deren Abtretung nur erfüllungshalber erfolgt (§ 364 Abs. 2 BGB). In diesem Fall liegt ein Darlehensverhältnis vor. Zu den **steuerlichen Folgen** dieses BFH-Urteils vgl. Skuratovski.[833]

Für die Frage des Abgangs von Forderungen iRv. **Factoringgeschäften** ist wie bei ABS-Transaktionen die wirtschaftliche Zurechnung der Forderungen relevant.[834] Das wirtschaftliche Eigentum umfasst dabei *„das Verwertungsrecht durch Nutzung oder Veräußerung des Gegenstands, die Chancen und Risiken aus der laufenden Nutzung und die Chance der Wertsteigerung sowie das Risiko der Wertminderung bzw. des Verlusts einschließlich des Risikos des zufälligen Untergangs"* (IDW ERS HFA 13, Rn. 7). Nach hM wird bei der Zurechnung von Forderungen iRv. Factoringgeschäften auf die Übernahme des Delkredererisikos abgestellt.[835]

Zur Bilanzierung von Zinsen, veritäts- und bonitätsbedingten Kaufpreiseinbehalten, Garantien, zurückbehaltenen Wechselkursrisiken, Weiterleitungsver-

---

[831] Vgl. Sittmann-Haury, 26 mwN.
[832] Vgl. BFH-Urteil vom 26.8.2010, WPg 2010, 94 ff.; siehe hierzu auch die Anmerkungen von Skuratovski, RdF 2011, 210 ff., der sich insbesondere mit den steuerlichen Folgen befasst.
[833] Vgl. Skuratovski, RdF 2011, 210 f.
[834] Vgl. Rimmelspacher/Meyer/Girlich, WPg 2019, 1147 ff.; WPH Edition, Kreditinstitute, Kap. D. Rn. 155 ff.: Gaber, 2. Aufl., 81 ff.
[835] Vgl. mit Fallstudien Klein/Eisenschink, StuB 2011, 334 ff.

pflichtungen bei echten bzw. unechten Factoring (Forderungsverkäufen) vgl. Rimmelspacher/Meyer/Müller.[836]

Uneinbringliche Forderungen, bei denen aller Wahrscheinlichkeit nach vom Schuldner bzw. aus der Verwertung von Sicherheiten keine Zahlungen mehr zu erwarten sind, müssen ebenfalls ausgebucht werden (sog. Direktabschreibungen).[837] Dies ist bspw. dann der Fall, wenn die Forderung endgültig verloren ist (zB Insolvenz[838] des Schuldners, eidesstattliche Versicherung). Dabei ist ggf. auch lediglich ein Teil der Forderung in Höhe der tatsächlichen Ausfallquote auszubuchen.

In der Praxis werden für die „Ausbuchung" zwei Vorgehensweisen angewendet. Zum einen die **Direktabschreibung** und zum anderen die **vollständige Wertberichtigung**. Beides Mal handelt es sich um eine aktivische Kürzung des Buchwerts der Forderung. In der Bilanz ist nicht ersichtlich, welche Variante das Institut angewendet hat. Wurde vor einer Direktabschreibung bereits eine Einzelwertberichtigung gebildet, ist zunächst diese Einzelwertberichtigung zu verbrauchen.

Sofern nicht eindeutige rechtliche Gründe vorliegen, ist die Entscheidung, ob eine Forderung notleidend oder uneinbringlich ist, von der Wahrscheinlichkeitsbeurteilung des kreditgebenden Instituts abhängig.[839]

Die Entscheidung, eine Forderung als uneinbringlich einzustufen und abzuschreiben bzw. auszubuchen, berührt nicht das Außenverhältnis zwischen kreditgewährendem Institut und dem Schuldner. Diese Forderungen sind nach der Ausbuchung als **Vormerkkonten** außerhalb der Finanzbuchhaltung weiterzuführen, denn das Institut verzichtet mit der Ausbuchung nicht auf seinen Rechtsanspruch. Solange die ausgebuchte Forderung rechtlich noch Bestand hat und das Institut nur die geringsten Hoffnungen hegt, dass der als unwahrscheinlich eingeschätzte Fall einer Besserung der wirtschaftlichen Verhältnisse des Schuldners eintreten könnte, wird es diese Forderung auf statistischen Vormerkkonten außerhalb der Finanzbuchhaltung weiterführen.[840]

---

[836] Vgl. Rimmelspacher/Meyer/Müller, WPg 2021, 1283 ff.; dabei sind die Ausweisregeln der RechKredV/RechZahlV zu beachten.

[837] Vgl. auch Müller, Th., 177.

[838] Zu den Insolvenztatbeständen vgl. Wengel, DStR 2001, 1769 ff.

[839] Vgl. Müller, Th., 177.

[840] Vgl. auch Müller, Th., 177.

Auch dann, wenn eine Forderung aus rechtlichen oder tatsächlichen Gründen nicht durchsetzbar ist oder nicht durchgesetzt werden soll, muss diese uneinbringliche Forderung ausgebucht werden.

Eine Ausbuchung, die lediglich mit der Verjährung der Forderung begründet wird, ist nicht zulässig.[841] **Zinsen** auf ausgebuchte Forderungen sollten nicht mehr aktiviert werden.

Gehen auf ausgebuchte Forderungen in späteren Perioden Zahlungen ein, so sind sie als Eingänge auf abgeschriebene Forderungen voll erfolgswirksam im Jahr des Eingangs. In der Gewinn- und Verlustrechnung gehen solche Beträge in die sog. Überkreuzkompensation (§ 340f Abs. 3 HGB) ein, soweit sie nicht zunächst mit ausstehenden Zinsen verrechnet werden.

4.3.5.8. Überkreuzkompensation in der Gewinn- und Verlustrechnung

Die Aufwendungen und Erträge aus der Anwendung des § 340f Abs. 1 HGB (Bildung und Auflösung von Vorsorgereserven), aus Geschäften mit Wertpapieren der Liquiditätsreserve, Aufwendungen aus Abschreibungen sowie Erträgen aus Zuschreibungen zu diesen Wertpapieren dürfen nach § 340f Abs. 3 HGB mit den Aufwendungen aus Abschreibungen und Wertberichtigungen auf Forderungen, Zuführungen zu Rückstellungen für Eventualverbindlichkeiten und für Ausfallrisiken sowie mit den Erträgen aus Zuschreibungen zu Forderungen oder aus deren Eingang nach teilweiser oder vollständiger Abschreibung und aus Auflösungen von Rückstellungen für Eventualverbindlichkeiten und für Ausfallrisiken verrechnet werden und in der Gewinn- und Verlustrechnung als

- „Abschreibungen und Wertberichtigungen auf Forderungen und bestimmte Wertpapiere sowie Zuführungen zu Rückstellungen im Kreditgeschäft" oder als
- „Erträge aus Zuschreibungen zu Forderungen und bestimmten Wertpapieren sowie aus der Auflösung von Rückstellungen im Kreditgeschäft"

ausgewiesen werden. Eine teilweise Saldierung ist nach § 32 RechKredV nicht zulässig; möglich ist daher nur entweder eine **vollständige Kompensation** oder der Bruttoausweis.

---

[841] Vgl. Scherer, StBp 1997, 12 mwN.

4.3.6.   Restrukturierung von Finanzinstrumenten

Überblick

Es besteht häufig die Notwendigkeit, die Ausstattungsmerkmale von Finanzinstrumenten (Forderungen, Verbindlichkeiten, Wertpapieren usw.) nachträglich zu ändern (sog. Restrukturierung).

Relevant ist in diesem Zusammenhang die Frage, in welchem Verhältnis Vertragsanpassungen zu dem für die bilanzielle Zurechnung maßgeblichen Kriterium des wirtschaftlichen Eigentums stehen.[842] Die bilanzielle Zurechnung von
Vermögensgegenständen richtet sich nach dem wirtschaftlichen Eigentum (§ 246
Abs. 1 Satz 2 HGB), soweit dieses vom zivilrechtlichen Eigentum abweicht.

Dagegen sind Schulden grundsätzlich in der Bilanz des Schuldners auszuweisen (§ 246 Abs. 1 Satz 3 HGB). Dh. ein „Wegrechnen" nach wirtschaftlichen
Gesichtspunkten kommt für Finanzverbindlichkeiten im Regelfall nicht in Betracht; eine Ausbuchung beim rechtlich Verpflichteten und eine Zurechnung
zum wirtschaftlichen Schuldner kommt nur in Ausnahmefällen in Betracht.
Die Ausbuchung einer Finanzverbindlichkeit ist insbesondere im Fall einer
Änderung der wirtschaftlichen Identität aufgrund einer Vertragsänderung geboten, während gleichzeitig aber ein neues Finanzinstrument bilanziell erfasst
wird.[843] Zur Ausbuchung von Verbindlichkeiten vgl. Kapitel 4.9.5.

*Bilanzielle Novation versus „wirtschaftlicher Identität" der bisherigen
Rechtsbeziehung*

Die wirtschaftliche Entwicklung kann Kreditnehmer (Schuldner) und Kreditinstitute (Gläubiger) zwingen, eine Kredit- bzw. Kapitalüberlassungsbezie-
hung neu zu ordnen.[844] Dies mit dem Ziel, den Kreditnehmer zumindest vorübergehend zu entlasten. Hierzu werden die Ausstattungsmerkmale des Kredits
nachträglich geändert. Für die nachträgliche Änderung der Bedingungen einer
Kreditbeziehung ist **zivilrechtlich** zwischen **Änderungsvertrag** (§ 311 Abs. 1
BGB) und **Novation** zu unterscheiden.

Mit einem zivilrechtlichen **Änderungsvertrag** wird nur der Inhalt der Kapi-
talüberlassungsbeziehung geändert, nicht jedoch die zivilrechtliche Identität

---

[842] Vgl. Gaber, 2. Aufl., 135.

[843] Vgl. Gaber, 2. Aufl., 136.

[844] Vgl. Häuselmann, BB 2010, 944 ff.; Bär/Disser, WPg 2017, 996 ff.; Gaber, 2. Aufl.,
135 ff. mwN.

des Schuldverhältnisses.[845] Die nachträgliche Änderung kann die Hauptleistungen, Nebenverpflichtungen oder Leistungsmodalitäten betreffen (zB nachträgliche Stundung, Laufzeitverlängerung). Die zivilrechtliche Identität der Forderung bzw. Verbindlichkeit bleibt gewahrt.

Bei der zivilrechtlichen **Novation** (Schuldumschaffung) verbinden die Vertragsparteien die zivilrechtliche Aufhebung eines Schuldverhältnisses mit der Begründung eines neuen Rechtsverhältnisses, für das ggü. dem vormaligen Schuldverhältnis neue Bedingungen vereinbart werden.

Dies führt zivilrechtlich zur Beendigung des Schuldverhältnisses, so dass aufgrund der Akzessorietät der Novation Sicherungsrechte (zB Bürgschaften, Pfandrecht) und Einwendungen aus dem alten Schuldverhältnis entfallen.[846]

Maßgebend für die **zivilrechtliche Abgrenzung** zwischen Änderungsvertrag und Novation ist primär der Parteiwille, im Übrigen aber auch die wirtschaftliche und rechtliche Bedeutung der Änderung. Ferner ist die Verkehrsanschauung zu berücksichtigen.[847]

In diesem Zusammenhang ist für **bilanzielle Zwecke** zu prüfen, ob eine Restrukturierung (Änderungsvertrag bzw. Novation) eine sog. **bilanzielle Novation** – dh. den Abgang des alten Kredits (Forderung bzw. Verbindlichkeit) und den Zugang eines neuen Aktivums oder eines neuen Passivums – bewirkt oder nicht.[848] Für die **bilanzielle Auswirkung** ist mithin zu unterscheiden:[849]

- Bei Nämlichkeit („wirtschaftliche Identität") des Schuldverhältnisses trotz der Modifikation (Änderungsvertrag) ist die Forderung/Verbindlichkeit weiterzuführen; ggf. ist die Bewertung anzupassen (Wertberichtigung, verlustfreie Bewertung des Bankbuchs).
- Bei bilanzieller Novation erlischt das bisherige Schuldverhältnis und ist auszubuchen (mit ggf. Erfolgsrealisierung), das neue Schuldverhältnis ist mit neuen Anschaffungskosten einzubuchen.

Für die Bilanzierung stellt sich die nicht minder schwierige Frage, wann die Modifikation der Ausstattungsmerkmale eines Finanzinstruments zu einem erfolgswirksamen Aktivtausch bzw. Passivtausch (Abgang der alten Kredit-

---

[845] Vgl. Häuselmann, BB 2010, 944 f. mwN.
[846] Vgl. Gaber, WPg 2018, 631 mwN.
[847] Vgl. Häuselmann, BB 2010, 944 f. mwN.
[848] Vgl. Häuselmann, BB 2010, 944 f.
[849] Vgl. Hoffmann/Lüdenbach, 12. Aufl., § 246 HGB Rn. 105 mwN.

beziehung und Zugang einer neuen Kreditbeziehung bzw. eines Beteiligungs-
verhältnisses) führt (sog. bilanzielle Novation).

Da das Bilanzrecht von der wirtschaftlichen Betrachtungsweise bestimmt wird,
kann die Frage des Abgangs und Zugangs von Vermögenswerten bzw. Schulden bzw. Eigenkapitalinstrumenten infolge von Vertragsänderungen letztlich
nicht ohne Weiteres nach Maßgabe des Zivilrechts beantwortet werden.[850]

Vielmehr ist der bilanziellen Beurteilung der Restrukturierung von Forderungen
bzw. Verbindlichkeiten eine wirtschaftliche Betrachtungsweise zugrunde zu legen, dh. nicht jede als zivilrechtliche Novation zu beurteilende Vertragsänderung
führt per se zum Wechsel der wirtschaftlichen Identität. Umgekehrt gilt Entsprechendes für einen zivilrechtlichen Änderungsvertrag. Entscheidend ist mithin,
ob die alte Kreditbeziehung in ihrem wirtschaftlichen Gehalt beendet und durch
eine neue Kreditbeziehung bzw. Gesellschafterstellung ersetzt wurde. [851]

Eine Ausbuchung und damit eine Ergebnisrealisierung könnte gegen das Realisationsprinzip (§ 252 Abs. 1 Nr. 4 HGB) verstoßen.[852]

Häuselmann[853] spricht in diesem Kontext von **„wirtschaftlicher Identität"**,
wenn es zu keinem (erfolgswirksamen) Abgang einer alten Forderung/Ver-
bindlichkeit und Zugang einer neuen Forderung/Verbindlichkeit bzw. eines
neuen Eigenkapitalinstruments kommt.

Eine Änderung von Nebenpflichten wird idR keine Änderung der „wirtschaftlichen Identität" nach sich ziehen. Allein die Anzahl der Modifikationen führt
nicht zwingend zu einer Änderung der „wirtschaftlichen Identität" (zB Änderung der Zinshöhe und der Laufzeit gleichzeitig mit einer Nachrangvereinbarung und einer Stellung von neuen Sicherheiten usw.).[854]

Somit erscheint eine Modifikation der Konditionen einer Kreditbeziehung, die
deren wirtschaftlichen Charakter nicht berührt, in der Handelsbilanz „... in dem
Sinn relevant zu sein, als weder der Abgang bzw. Zugang eines Vermögensgegenstands bzw. einer Schuld noch ein erfolgswirksamer Vorgang festzustellen ist".[855]
Zur „wirtschaftlichen Identität" im Steuerrecht vgl. Häuselmann.[856]

---

[850]   Vgl. Häuselmann, BB 2010, 945 mwN.
[851]   Vgl. Hoffmann/Lüdenbach, 12. Aufl., § 246 HGB Rn. 105 mwN.
[852]   Vgl. Gaber, 2. Aufl., 141.
[853]   Vgl. Häuselmann, BB 2010, 945.
[854]   Vgl. Häuselmann, BB 2010, 946.
[855]   Vgl. Häuselmann, BB 2010, 945.
[856]   Vgl. Häuselmann, BB 2010, 945 mwN.

Eine **Novation** nicht nur im zivilrechtlichen, sondern auch im bilanziellen Sinne mit der Folge einer erfolgswirksamen Beendigung des ursprünglichen und der Begründung eines neuen Rechtsverhältnisses liegt vor, wenn dies die Parteien explizit so wollen und vereinbaren und dabei eine entsprechende Disposition des Gläubigers über sein Vermögen vorliegt.[857] Ein Beispiel hierfür ist ein sog. **Debt-Equity-Swap**, dh. die „Umwandlung" eines Darlehens in eine Beteiligung im Wege der gesellschaftsrechtlichen Sacheinlage.[858]

Bewirkt eine Vertragsänderung eine **Nutzungs- und Funktionsänderung** eines Kapitalüberlassungsverhältnisses, wird regelmäßig eine Änderung seiner „wirtschaftlichen Identität" und damit eine Novation im bilanziellen Sinne anzunehmen sein, wie bspw. bei der Änderung eines normalen (sonstigen) Bankdarlehens in ein Bauspardarlehen. Zur „Umwandlung" eines Kontokorrentkontos in ein Tilgungsdarlehen und eines Fremdwährungsdarlehens in ein Euro-Darlehen vgl. bei Häuselmann[859]. Zur „Umwandlung" eines bisherigen Zahlungsanspruchs (zB aus Kaufvertrag oder auf Dividendenauszahlung) in ein Kapitalüberlassungsverhältnis sowie zur Umstrukturierung eines nicht mitgliedschaftlich begründeten in ein mitgliedschaftlich begründetes Kapitalüberlassungsverhältnis (zB partiarisches Darlehen in typisch stille Beteiligung) vgl. Häuselmann[860].

Nach Bär/Disser[861] ist entscheidend, ob eine Vertragsanpassung **quantitativ oder qualitativ signifikant** ist, so dass der Anpassungsvorgang *„zu einer Änderung der wirtschaftlichen Identität des ursprünglichen Kapitalüberlassungsverhältnisses führt"*. Bei der Beurteilung der qualitativen Signifikanz ist primär auf das dem Finanzinstrument inhärente Risiko abzustellen. Erfolgt die Änderung lediglich aufgrund der Überbrückung finanzieller Schwierigkeiten des Schuldners, liegt idR keine qualitative Signifikanz vor.[862] Eine signifikante Vertragsänderung unter quantitativen Aspekten ist nach Bär/Disser dann anzunehmen, wenn sich die Barwerte der vertraglichen Cashflows vor und nach der Vertragsanpassung wesentlich unterscheiden.[863]

---

[857] Vgl. Häuselmann, BB 2010, 946.
[858] Zu konzeptionellen Grundlagen vgl. Schüler/Dirschedl, BewertungsPraktiker Nr. 4/2016, 114 ff.; zum Debt-Equity-Swap als sanierungsbegünstigendes Rechtsinstitut vgl. Meuthen/Eickmann, WPg 2018, 453 ff.; Gaber, 2. Aufl., 142 f.
[859] Vgl. Häuselmann, BB 2010, 946 mwN.
[860] Vgl. Häuselmann, BB 2010, 946 mwN.
[861] Vgl. Bär/Disser, WPg 2017, 998 ff.
[862] Vgl. Bär/Disser, WPg 2017, 1000.
[863] Vgl. Bär/Disser, WPg 2017, 1000.

Die **AFRAC-Stellungnahme 14**[864] unterscheidet zwischen **erheblichen** (mit Ausbuchungserfordernis) und **nicht erheblichen Vertragsanpassungen** (ohne Ausbuchungserfordernis). Bei einer nicht erheblichen Vertragsanpassung ist ggf. eine Wertminderung zu erfassen; diese gilt als dauerhafte Wertminderung.

In der AFRAC-Stellungnahme 14 wird gefordert, dass Vertragsanpassungen unter **qualitativen** und **quantitativen** Gesichtspunkten im Weg eines Vergleichs des Vertrags vor und nach der Änderung zu beurteilen sind, um festzustellen, ob es sich um eine erhebliche oder nicht erhebliche Vertragsanpassung handelt. Eine qualitativ erhebliche Vertragsanpassung liegt vor, wenn eine erhebliche Änderung des dem Finanzinstrument inhärenten Risikos vorliegt. Eine solche ist vor allem dann gegeben, wenn sich die Art der künftigen Zahlungsströme, ihre Schwankungsbreite (Variabilität) und die maßgeblichen Risikoparameter erheblich ändern. Erlaubt bereits eine qualitative Analyse eine eindeutige Aussage, ob eine Vertragsanpassung erheblich oder unerheblich ist, kann eine quantitative Überprüfung (Barwertvergleich der vertraglichen Zahlungen) unterbleiben. Im Fall einer erheblichen Vertragsanpassung ist der „bisherige" Vertrag erfolgswirksam auszubuchen. Die Einbuchung des „neuen" Vertrags wird mit seinen Anschaffungskosten (beizulegender Zeitwert des neuen (geänderten) Vertrags) einzubuchen.

In der AFRAC-Stellungnahme 14 wird ferner explizit gesagt, dass eine erhebliche Vertragsanpassung aus **Bonitätsgründen** nicht zu einem Abgangsergebnis führt, da zuvor eine Wertberichtigung zu erfassen ist, um den Vermögensgegenstand mit dem niedrigeren beizulegenden Wert anzusetzen. Mithin kommt es bereits vor der Vertragsanpassung zu einer Realisation der Wertminderung.

In diesem Kontext ist jedoch zu prüfen, ob ein (Teil-) Abgang zu erfassen ist. Sofern es iRd. bonitätsbedingten Vertragsanpassung zu einem (Teil-) Verzicht und damit (Teil-) Abgang kommt, ist dieser vor der Beurteilung der Vertragsanpassung zu erfassen und nur die Anpassung des verbleibenden Teils auf ihre Erheblichkeit hin zu untersuchen.

Die Differenz zwischen dem Buchwert des alten Vermögensgegenstands (vor der Vertragsanpassung) – ggf. bereits vermindert um einen Teilverzicht bzw. -abgang – und dem beizulegenden Zeitwert des neuen Vermögensgegenstands (nach der Vertragsanpassung) stellt einen zu realisierenden Gewinn bzw. Verlust dar.

---

[864] Vgl. AFRAC-Stellungnahme 14, Rn. 21 ff.

Nicht-bonitätsbedingte Vertragsanpassungen – meist Änderungen in Bezug auf Laufzeit und Verzinsung – werden vor allem mit dem Ziel der Konditionsanpassung eines Finanzinstruments an geänderte Marktbedingungen, zur Förderung von Geschäftsbeziehungen oder aus anderen betrieblich veranlassten Gründen vorgenommen. Diese sind daraufhin zu untersuchen, ob eine signifikante Modifikation des ursprünglichen Vertrags gegeben ist. Vgl. hierzu Bär/Disser.[865]

Wandlung der Währung

Die Umwandlung eines Fremdwährungsdarlehens (zB in USD) in ein EUR-Darlehen ist als bilanzielle Novation anzusehen, da die Umwandlung zu einem Entfall des Währungsrisikos führt mit der Folge, dass es sich bei wirtschaftlicher Betrachtungsweise um ein neues Finanzinstrument handelt; das bisherige Darlehen ist erfolgsrealisierend auszubuchen.[866]

Umwandlung von Inhaber- in Namensschuldverschreibungen

Ein allgemein anerkanntes Beispiel für die „wirtschaftliche Identität" ist die Umwandlung von Inhaberschuldverschreibungen, die bei Instituten als Wertpapier iSd. § 7 RechKredV bilanziert und bewertet werden, in als (Buch-)Forderungen zu bilanzierende und zu bewertende Namensschuldverschreibungen. Die ursprünglichen Anschaffungskosten der Inhaberschuldverschreibung sind in diesem Fall fortzuführen, und der Buchwert ist ceteris paribus beizubehalten.[867] Eine Erfolgsrealisierung findet nicht statt.[868]

Gleiches erscheint bei einer „Umwandlung" eines als (Buch-) Forderung zu behandelndes Schuldscheindarlehens in eine als Wertpapier zu erfassende Inhaberschuldverschreibung als sachgerecht.

Nachträgliche Einbettung von Derivaten (IDW RS HFA 22)

Ausgehend von der Überlegung, dass eine Trennungspflicht von eingebetteten Derivaten nach IDW RS HFA 22 dann geboten ist, wenn der wirtschaftliche Charakter eines Finanzinstruments (zB festverzinsliche Schuldverschreibung

---

[865] Vgl. Bär/Disser, WPg 2017, 1001 f.
[866] Vgl. Gaber, 2. Aufl., 143 mwN.
[867] Vgl. Bär/Disser, WPg 2017, 998.
[868] Vgl. Gaber, WPg 2018, 634.

oder Forderung) durch die Einbettung von Derivaten geändert wird, dürfte es sachgerecht sein, eine Umstrukturierung (dh. nachträgliche Einbettung von Derivaten) als bilanzielle Novation anzusehen, „... *wenn dem ursprünglichen Finanzinstrument durch die Umstrukturierung eingebettete Derivate hinzugefügt werden, die nach handelsrechtlichen Grundsätzen als trennungspflichtig angesehen werden und damit den wirtschaftlichen Charakter des Finanzinstruments verändern* "[869].

Tausch einer Forderung in ein Genussrecht/in eine Wandelanleihe

Gaber[870] vertritt zum **Debt-Mezzanine-Swap**, bei dem eine Forderung gegen ein Genussrecht desselben Unternehmens getauscht wird, die Ansicht, dass dieser Vorgang zivilrechtlich entweder als Novation oder als Vertragsänderung ausgestaltet sein kann. Nach Gaber wäre unter Heranziehung der Grundsätze der StN HFA 1/1994 eine bilanzielle Novation beim Schuldner im Falle einer Umwandlung in ein Fremdkapital-Genussrecht zu verneinen und im Falle eines Eigenkapital-Genussrechts zu bejahen. Allerdings – so Gaber weiter – ist mit dem Tausch in ein Eigenkapital-Genussrecht aufgrund fortbestehender Rückzahlungspflicht keine Erfolgsrealisation verbunden. Beim Gläubiger erscheint nach Gaber ein analoges Vorgehen sachgerecht.

Wird ein Genussrechtsverhältnis durch einen Debt-Mezzanine-Swap begründet, indem für ein bestehendes Darlehensverhältnis nachträglich eine Verlustteilnahme gegen eine kompensatorische Gewinnteilnahme vereinbart wird, ändert das Darlehen seinen bilanziellen Charakter nach Häuselmann[871] in den eines Fremdkapital-Genussrechts. Aus der Sicht des Schuldners stellt die Modifikation eines Darlehensverhältnisses in ein Fremdkapital-Genussrecht – so Häuselmann weiter – unabhängig von der Werthaltigkeit der „umgewandelten" Forderung lediglich einen erfolgsneutralen Passivtausch dar.[872]

Bei einem **Debt-to-Convertible Swap** wird eine Forderung in eine Wandelanleihe getauscht. Die Wandelanleihe wird dabei gegen eine Sachleistung (Forderung) ausgegeben. Zur Sacheinlageprüfung und Differenzhaftung vgl. Herfs/Leyendecker.[873] Bilanziell wird dabei eine Finanzverbindlichkeit aus Darlehen oder Schuldverschreibungen in eine Finanzverbindlichkeit aus Wandelschuld-

---

[869] Vgl. Gaber, 2. Aufl., 138. Damit wird die Möglichkeit, durch Umstrukturierungen von Finanzinstrumenten die Regelungen zur Trennungspflicht zu umgehen, verhindert.
[870] Vgl. Gaber, WPg 2018, 634 f.
[871] Vgl. Häuselmann, 129 f.
[872] Vgl. Häuselmann, 129 f. mwN.
[873] Vgl. Herfs/Leyendecker, AG 2018, 213 ff.

verschreibung (in Restrukturierungsfällen häufig unter teilweiser Reduzierung der alten Finanzverbindlichkeit durch Erlass) getauscht.[874]

Änderung der Verzinsung

Die Verzinsung kann nachträglich hinsichtlich der Höhe, des zeitlichen Anfalls sowie der Art der Vergütung verändert werden.

Nicht als Restrukturierung anzusehen sind solche Sachverhalte, bei denen sich die Verzinsung nachträglich auf der Grundlage zuvor vereinbarter Regelungen (bspw. aufgrund der Änderung von bestimmten Parametern) ändern kann (zB bonitätsabhängige Margenspreizungen aufgrund von Financial Covenants).[875]

Keine Auswirkung auf die „wirtschaftliche Identität" der Forderung bzw. Verbindlichkeit haben insbesondere folgende (bonitätsbedingte) Maßnahmen, dh. in diesen Fällen kommt es zu **keiner bilanziellen Novation**:[876]

- Stundung des Zinses oder Änderung der Zinsfälligkeiten:
  Die Zinsen sind für den Zeitraum von der letzten Zinszahlung/-fälligkeit bis zum Bilanzstichtag zeitanteilig abzugrenzen (§ 11 RechKredV),
- Vereinbarung eines sog. Sanierungszinses,
- Umwandlung einer festen in eine gewinnabhängige Verzinsung,
- Umwandlung einer festen in eine variable Verzinsung und umgekehrt,
- Änderung des Referenzzinses bspw. von EURIBOR in LIBOR,
- Nachträgliche Vereinbarung einer Unverzinslichkeit.

Die vorgenannten Änderungen der Verzinsung können eine Neubewertung notwendig machen. In die verlustfreie Bewertung des Bankbuchs gehen die neu vereinbarten Konditionen ein. Bereits Birck/Meyer[877] schlagen für die Bewertung bzw. Ermittlung einer Wertberichtigung vor, die künftigen Zahlungseingänge aufgrund von Zins-/Kapitalnachlässen, Stundungen sowie Tilgungsstreckungen durch Abzinsung der nach den neuen Vereinbarungen zu erbringenden Leistungen auf ihren Barwert am Bilanzstichtag in einem einheitlichen System zu erfassen.

---

[874] Vgl. Herfs/Leyendecker, AG 2018, 214.
[875] Ebenso Bär/Disser, WPg 2017, 998.
[876] Vgl. Häuselmann, BB 2010, 946 f.; Bär/Disser, WPg 2017, 1000.
[877] Vgl. Birck/Meyer, V 165 ff. mit Beispielen auch bzgl. der Aufzinsung.

Sind in Zusammenhang mit der Änderung der Verzinsung **Ausgleichszahlungen** zu leisten, sind diese idR nicht sofort realisiert. Die Entschädigungszahlung wiegt den für die restliche Laufzeit dem Institut entstehenden Schaden auf. Ist die Entschädigungszahlung so bemessen, dass der Barwert der auf ursprünglicher Vertragsbasis noch zu leistenden Zahlungen dem der neuen unter Einschluss der Entschädigung entspricht, ist ein fortbestehendes Schuldverhältnis anzunehmen; die Entschädigungszahlung ist dann über die Restlaufzeit abzugrenzen.[878]

Eine bilanzielle Novation ist dann gegeben, „*... wenn dem ursprünglichen Finanzinstrument durch die Umstrukturierung eingebettete Derivate hinzugefügt werden, die nach handelsrechtlichen Grundsätzen als trennungspflichtig angesehen werden und damit den wirtschaftlichen Charakter des Finanzinstruments ändern".*[879] Damit kann verhindert werden, dass die Trennungspflicht von eingebetteten Derivaten umgangen wird.

Sind mit der Änderung der Verzinsung keine zusätzlichen oder andersartigen Zinsrisiken iSd. IDW RS HFA 22 verbunden, ist dies allerdings keine signifikante Vertragsanpassung.[880]

Zum Austausch des Underlyings bspw. bei Credit Linked Notes vgl. Häuselmann[881]. Soweit dies einvernehmlich geschieht, sieht Häuselmann darin keine Änderung der „wirtschaftlichen Identität", gleichwohl kann bzw. wird dies einen Einfluss auf den Wert und damit die Bewertung haben.

Ein Referenzschuldner eines Kreditderivats kann sich durch Rechtsnachfolge verändern (vgl. Kapitel 4.12.6.1.).[882] In diesem Fall wird fortlaufend nicht das Ausfallrisiko des ursprünglichen Referenzschuldners abgesichert, sondern das seines Rechtsnachfolgers. Bleiben ansonsten infolge der Rechtsnachfolge alle Vereinbarungen hinsichtlich Kompensation dem Grund nach unverändert, ist dieser Vorgang für die Bilanzierung unschädlich.[883]

Zur IBOR-Reform hat der FAB beim IDW den Rechnungslegungshinweis **IDW RH FAB 1.020** veröffentlicht, in dem die **handelsbilanziellen Folgen der IBOR-Reform** dargestellt werden (vgl. Kapitel 4.1.).

---

[878] Vgl. Hoffmann/Lüdenbach, 12. Aufl., § 246 HGB Rn. 106 mwN.
[879] Vgl. Gaber, 2. Aufl., 138.
[880] Vgl. Gaber, 2. Aufl., 146.
[881] Vgl. Häuselmann, BB 2010, 947.
[882] Einzelheiten vgl. Zerey (Hrsg.), 222 f.
[883] Vgl. Bär/Flintrop/Maifahrt/Vietze/Weigel, WPg 2016, 35, Fußnote 11.

Umwandlung eines Darlehens in eine stille Beteiligung (Passiva)

Werden die Vertragsbedingungen eines nicht mitgliedschaftlichen Darlehens dahingehend modifiziert, dass eine stille Beteiligung iSd. § 230 HGB anzunehmen ist, handelt es sich um eine bilanzielle Novation.[884] Die Regeln für die Sacheinlage sind zu beachten. Der Ausweis der stillen Einlage richtet sich nach § 25 Abs. 1 Satz 1 RechKredV. Zum Debt-Equity-Swap bzw. Debt/Mezzanine-Swap vgl. oben.

Änderung der Laufzeit

Durch eine nachträgliche Veränderung der Laufzeit wird der wirtschaftliche Charakter einer Forderung bzw. Verbindlichkeit idR nicht verändert, wenn mit dieser (bonitätsbedingten) Maßnahme lediglich finanzielle Schwierigkeiten des Schuldners überbrückt werden.[885] Für eine Stundung oder einer nachträglichen Vereinbarung einer ratierlichen Tilgung gilt Entsprechendes.[886]

Von vornherein vereinbarte Optionen zur Laufzeitverlängerung sind nach IDW RS HFA 22 daraufhin zu prüfen, ob sie getrennt zu bilanzieren sind. Diesbezüglich wird auf die Ausführungen bei Schaber/Rehm/Märkl/Spies[887] und Gaber[888] verwiesen.

Rangrücktritt

Die nachträgliche Vereinbarung eines Rangrücktritts ändert nichts am Charakter der Kreditbeziehung (Forderung bzw. Verbindlichkeit).[889] Durch die Vereinbarung eines Rangrücktritts wird nur die Rangfolge bei der Gläubigerbefriedigung geändert, nicht jedoch der Bestand der Forderung selber, wohl aber deren Durchsetzbarkeit gehemmt.[890] Rangrücktrittsvereinbarungen dienen dem Zweck, eine Forderung im Überschuldungsstatus einer Gesellschaft unberücksichtigt zu lassen und dadurch ihre Insolvenz zu vermeiden.[891]

---

[884] Ebenso Hoffmann/Lüdenbach, 12. Aufl., § 246 HGB Rn. 106 mwN.

[885] Vgl. Bär/Disser, WPg 2017, 1000; Gaber, WPg 2018, 633.

[886] Vgl. Häuselmann, BB 2010, 949; Bär/Disser, WPg 2017, 1000.

[887] Vgl. Schaber/Rehm/Märkl/Spies, 35 ff.

[888] Vgl. Gaber, WPg 2018, 633.

[889] Vgl. Häuselmann, BB 2010, 949; Häuselmann, BB 1993, 1552 ff.; ADS 6. Aufl. § 246 HGB Rn.128 ff.; Bär/Disser, WPg 2017, 1001; ablehnend Gaber, WPg 2018, 635.

[890] Vgl. Wehning, DStR 2017, 615 ff.

[891] Vgl. Oser, BC 2017, 123 ff.

Im Übrigen wird auf die Ausführungen in Kapitel 4.9.8. verwiesen. Der Rangrücktritt ist bei der Bewertung sachgerecht zu berücksichtigen.

Forderungsverzicht, ggf. gegen Besserungsschein

Der Forderungsverzicht stellt einen Erlassvertrag zwischen Gläubiger und Schuldner dar (§ 397 Abs. 1 BGB). Der Forderungsverzicht ist gleichbedeutend mit einem **Erlass der Verbindlichkeit**. Der sog. (ganz oder teilweise) **unbedingten Erlass** führt zum (völligen oder teilweisen) Erlöschen der Verbindlichkeit. Akzessorische Sicherheiten werden dadurch frei, nicht akzessorische Sicherheiten sind freizugeben.[892]

Zur Bewertung der Forderung bei teilweisem Erlass der Verbindlichkeit vgl. Birck/Meyer.[893] Handelsrechtlich ist die betreffende Bilanzposition sowohl beim Gläubiger als auch beim Schuldner erfolgswirksam auszubuchen.[894] Vgl. im Übrigen Kapitel 4.9.7. Zur den bilanziellen Auswirkungen eines Forderungsverzichts auf Gesellschafterdarlehen bei Personengesellschaften nach Handels- und Steuerrecht vgl. Kubik/Münch.[895]

Beim **Forderungsverzicht mit Besserungsabrede** wird eine auflösende Bedingung vereinbart, wonach die Forderung (und Verbindlichkeit) wieder aufleben soll, wenn sich die finanzielle und wirtschaftliche Lage des Schuldners erholt hat.[896] Mit Eintritt der vereinbarten Bedingung entfällt der Forderungsverzicht. Für den Zeitraum zwischen Forderungsverzicht und Bedingungseintritt besteht kein Anspruch auf Verzinsung, es sei denn, die Vertragsparteien treffen ausdrücklich eine andere Abrede.

Die Forderung bzw. Verbindlichkeit ist im Verzichtszeitpunkt zunächst auszubuchen.[897] Tritt der Besserungsfall ein, ist die ausgebuchte Forderung beim Gläubiger bzw. die Verbindlichkeit beim Schuldner (ggf. ratierlich in Abhängigkeit von der Höhe des Jahresüberschusses) erfolgswirksam wieder einzubuchen.[898] Vgl. hierzu im Übrigen Kapitel 4.9.7.

---

[892] Ausführlich vgl. Briese, DStR 2017, 799 ff.; Gaber, 2. Aufl., 138 ff.
[893] Vgl. Birck/Meyer, V 165 ff.
[894] Vgl. Häuselmann, BB 2010, 948; ADS 6. Aufl. § 253 HGB Rn. 145.
[895] Vgl. Kubik/Münch, DB 2022, 555 ff.
[896] Vgl. Häuselmann, BB 1993, 1552 ff.; ADS 6. Aufl. § 246 HGB Rn. 148 ff.
[897] Vgl. Briese, DStR 2017, 799.
[898] Vgl. Häuselmann, BB 2010, 948.

Wechsel des Emittenten bei Schuldverschreibungen

Mihm[899] untersucht die Auswirkungen des Emittentenwechsels (Schuldner-wechsel) sowohl beim Emittenten als auch beim Inhaber der Schuldverschreibung.

Bei einem Emittentenwechsel durch **Vertrags- oder Schuldübernahme** entfällt die rechtliche und wirtschaftliche Belastung des **Altemittenten** aus der Schuldverschreibung. Die Verbindlichkeit ist vom Altemittenten mithin auszubuchen. Bei einem **Schuldbeitritt mit Freistellung des Altemittenten** hat der Altemittent die Verbindlichkeit weiter zu passivieren und den korrespondierenden Freistellungsanspruch zu aktivieren.[900] Weicht die Gegenleistung, die der Altemittent dem Neuemittenten zum Ausgleich bezahlt, vom Wert der übernommenen Schuld ab, ist im Einzelfall zu entscheiden, inwieweit ein Aufwand/Ertrag zu buchen ist, wegen Details wird auf Mihm verwiesen.[901]

Der **Neuemittent** übernimmt die Verbindlichkeit aus der Schuldverschreibung und erhält dafür die Ausgleichszahlung vom Altemittenten. Auch wenn der Ausgleichsbetrag den Rückzahlungsbetrag der Schuldverschreibung übersteigt, hat der Neuemittent nach Mihm die Verbindlichkeit mit den Anschaffungskosten zu passivieren, also im Wert des erhaltenen Ausgleichs, der höher als der Erfüllungsbetrag sein kann.[902]

Für den **Inhaber** (Gläubiger) **der Schuldverschreibung** hat der Emittentenwechsel zur Folge, dass seine Ansprüche aus der Schuldverschreibung künftig in erster Linie oder ausschließlich vom Neuemittenten zu erfüllen sind. Ansonsten besteht das der Schuldverschreibung zugrunde liegende Schuldverhältnis unverändert fort. Regelmäßig bleibt auch die Wertpapier-Kennnummer unverändert. Beim Emittentenwechsel kommt es nach Mihm nicht zu einer Übertragung des wirtschaftlichen Eigentums.[903] Auf Seiten des Inhabers liegt auch kein Tausch vor, bei dem der Inhaber seine bestehende Rechtsposition ausgibt und dafür Inhaber einer neuen Schuldverschreibung des Neuemittenten wird. Es handelt sich beim Emittentenwechsel um keine Novation, sondern um eine Änderungsvereinbarung.

---

[899] Vgl. Mihm, RdF 2019, 156 ff.
[900] Vgl. Mihm, RdF 2019, 157 mwN.
[901] Vgl. Mihm, RdF 2019, 158 mwN.
[902] Vgl. Mihm, RdF 2019, 158 mwN.
[903] Vgl. Mihm, RdF 2019, 158 mwN.

Die wirtschaftliche Identität bleibt dann unverändert, wenn die Möglichkeit eines Emittentenwechsels von Anfang an vorgesehen war oder sich das Ausfallrisiko für den Anleihegläubiger nicht wesentlich ändert bzw. bei gesellschaftsrechtlichen Umwandlungsvorgängen.[904]

Für den Schuldverschreibungsgläubiger ist der Emittentenwechsel dann erfolgsneutral, wenn ein Emittentenwechsel von Anfang an zugelassen ist, etwa bei einer Emittentenersetzungsklausel oder bei Umwandlungen. Nach Mihm[905] führt in den übrigen Fällen ein Emittentenwechsel nur dann zu einem Verlust der wirtschaftlichen Identität und damit zu einem erfolgswirksamen Ereignis für den Anleihegläubiger, wenn sich die Bonität des Emittenten wesentlich ändert.

Restrukturierung von Derivaten

Gelegentlich werden bestehende Derivate durch eine Vertragsänderung umstrukturiert. Bezüglich Recouponing bzw. Revalutierung wird auf die Ausführungen zu Passiva 7 verwiesen.

Zur Umstellung des vertraglichen Referenzzinssatzes von Derivaten (insbes. Zinsswaps) wird auf Kapitel 4.1. verwiesen.

Zum Wechsel der zentralen Gegenpartei vgl. Kapitel 4.12.1.

4.4. Bewertung von Wertpapieren bzw. Finanzinstrumenten

4.4.1. Überblick

Institute haben den Bestand an Wertpapieren bzw. Finanzinstrumenten sowohl für Zwecke der Bewertung als auch im Hinblick auf den Ausweis in der Gewinn- und Verlustrechnung (Ausnahme: laufende Erträge) in **drei Bilanzbestände** aufzuteilen (vgl. Abb. 4.7).

---

[904] Vgl. Mihm, RdF 2019, 160 mwN.
[905] Vgl. Mihm, RdF 2019, 160f. mwN.

Kategorie	Bewertung nach HGB	GuV-Ausweis der Bewertungs- und Veräußerungsergebnisse
Wertpapiere/Finanz-instrumente des Handelsbestands	Nach den für Finanzinstru-mente des Handelsbestands geltenden Vorschriften (§ 340e Abs. 3 Satz 1 HGB)	Formblatt 2: – Aufwendungen Nr. 3 – Erträge Nr. 5 Pflicht zur Verrechnung (§ 340c Abs. 1 HGB) [906]
Wertpapiere des Anlagevermögens	Nach den für das Anlage-vermögen geltenden Vor-schriften (§ 340e Abs. 1 Satz 2 HGB)	Formblatt 2: – Aufwendungen Nr. 8 – Erträge Nr. 7 Wahlrecht zur Verrechnung (§ 340c Abs. 2 HGB, § 33 RechKredV)
Wertpapiere der Liquiditätsreserve	Nach den für das Umlauf-vermögen geltenden Vor-schriften (§ 340e Abs. 1 Satz 2 HGB); ggf. mit einem niedrigeren als dem nach § 253 Abs. 1 Satz 1, Abs. 4 HGB vorgeschrie-benen Wert (§ 340f Abs. 1 HGB)	Formblatt 2: – Aufwendungen Nr. 7 – Erträge Nr. 6 Wahlrecht zur Verrechnung (§ 340f Abs. 3 HGB, § 32 RechKredV)

Abb. 4.7: Drei Kategorien für Wertpapiere bzw. Finanzinstrumente bei Instituten

Die Eingruppierung der Wertpapiere in die drei Kategorien darf nach den Grundsätzen ordnungsmäßiger Bilanzierung nicht willkürlich erfolgen. Sie hat sich vielmehr an der **Zweckbestimmung** der Wertpapiere bzw. Finanz-instrumente zu orientieren.[907]

Die Zuordnungsentscheidung erfolgt bei Abschluss der Geschäfte. Diese ist Voraussetzung für eine ordnungsgemäße Buchung und den Nachweis der ein-zelnen Wertpapierbestände. Die Kriterien für die Abgrenzung der Wertpapier-bestände müssen schriftlich dokumentiert und für einen sachverständigen Dritten jederzeit nachvollziehbar sein.

---

[906] Ausnahme: Finanzdienstleistungs- und Wertpapierinstitute und Skontroführer, vgl. Formblatt 1 Fußnote 7.

[907] Vgl. Gaber, 2. Aufl., 244 f.

Die Grundsätze ordnungsmäßiger Bilanzierung fordern neben eindeutigen Kriterien für die Abgrenzung der Bestände eine **buchhalterische Trennung der Bestände**. Dies ist erforderlich, um eine eindeutige Identifizierung der Anschaffungskosten, der an den Bilanzstichtagen notwendigen Abwertungen, der Fortschreibung der Buchwerte, der maximal möglichen Reservenbildung gemäß § 340f Abs. 1 HGB bzw. etwaiger Wertaufholungen für die verschiedenen Wertpapierbestände zu gewährleisten.

Das Gesetz sieht – mit Ausnahme des Handelsbestands – für **Derivate** keine zwingende Zuordnung zu einem der genannten Bestände vor. Aufgrund der Vorschrift des § 340e Abs. 3 Satz 4 HGB werden Derivate, soweit sie im Rahmen einer Bewertungseinheit mit einem Wertpapier des Anlagebestands bzw. der Liquiditätsreserve gehalten werden, diesen Beständen zugerechnet. Soweit sie Handelsgeschäfte absichern bzw. zu Handelszwecken kontrahiert wurden, gehören sie zum Handelsbestand.

IDW RS BFA 3 n.F. Tz. 16 f. sieht für **zinsbezogene Derivate** vor, dass diese für Zwecke der Bewertung neben dem **Handelsbestand** und einer **Bewertungseinheit** iSd. § 254 HGB auch dem **Bankbuch** zugeordnet werden können. Alle übrigen zinsbezogenen Derivate sowie solche, deren Zweckbestimmung zum Zeitpunkt des Geschäftsabschlusses nicht dokumentiert ist und/oder die nicht objektiv zur Steuerung des Zinsänderungsrisikos (Zinsspannenrisiko) des Bankbuchs geeignet sind, sind **einzeln imparitätisch** zu bewerten. Wegen weiterer Einzelheiten vgl. Kapitel 4.3.4. sowie Kapitel 4.12.

Mit dem BilMoG wird die **Umwidmung** (Umgliederung) bezüglich Finanzinstrumenten des Handelsbestands ausdrücklich im HGB geregelt (§ 340e Abs. 3 Satz 2 bis 4 HGB). Nachdem der Gesetzgeber in § 340e Abs. 3 HGB nur die Umwidmung in den Handelsbestand und aus dem Handelsbestand heraus geregelt hat, richtet sich die Umwidmung zwischen den Wertpapierbeständen des Anlagebestands und der Liquiditätsreserve nach wie vor nach den diesbezüglich entwickelten Grundsätzen ordnungsmäßiger Bilanzierung. Einzelheiten vgl. Kapitel 4.4.2.4.

Eine Kollision mit der Verpflichtung zur **Bewertungsstetigkeit** (§ 252 Abs. 1 Nr. 6 HGB) besteht bei Änderungen in der Zweckbestimmung von Wertpapieren nicht, da die Zuordnung zu den wie Anlagevermögen bzw. zu den wie Umlaufvermögen behandelten Wertpapieren keine Änderung der Bewertungsmethode darstellt.[908]

---

[908] Im Ergebnis ebenso Prahl, WPg 1991, 441.

Aufwendungen und Erträge aus Finanzinstrumenten (Wertpapieren) des **Handelsbestands** sind nach § 340c Abs. 1 HGB zwingend zu verrechnen; der Saldo ist in der Gewinn- und Verlustrechnung entweder als „Nettoertrag des Handelsbestands" oder „Nettoaufwand des Handelsbestands" auszuweisen. Für Finanzdienstleistungsinstitute sowie für Kreditinstitute, soweit letztere Skontroführer iSd. § 27 Abs. 1 BörsG und nicht CRR-Kreditinstitut (vormals: Einlagenkreditinstitut) iSd. § 1 Abs. 3d Satz 1 KWG sind, gilt aufgrund der Ausnahme von der Anwendung des § 340c Abs. 1 HGB der Bruttoausweis; sie weisen getrennte Posten für „Aufwand des Handelsbestands" und „Ertrag des Handelsbestands" aus. Soweit Wertpapierinstitute Skontroführer sind, gilt Entsprechendes (kein Nettoausweis).[909]

Dagegen besteht für die Verrechnung der Aufwendungen und Erträge aus den Wertpapieren, die wie **Anlagevermögen** bewertet werden, sowie bei denen der **Liquiditätsreserve** ein Wahlrecht für eine (vollständige) Verrechnung mit Nettoausweis. Eine teilweise Verrechnung der Aufwendungen und Erträge ist nicht möglich. Die bilanzpolitische Attraktivität der Bestände der Liquiditätsreserve wird dadurch erhöht, dass sie gemäß § 340f Abs. 1 HGB bei der Bildung von Vorsorgereserven berücksichtigt werden können.

4.4.2. Finanzinstrumente (Wertpapiere) des Handelsbestands

4.4.2.1. Vorbemerkungen

Gesetzliche Reglungen zum Handelsbestand

§ 340e Abs. 3 Satz 1 HGB schreibt für Institute vor, dass die Finanzinstrumente des Handelsbestands zum beizulegenden Zeitwert abzüglich eines Risikoabschlags zu bewerten sind.[910]

Nach § 340e Abs. 3 Satz 2 HGB ist eine **Umgliederung**[911] in den Handelsbestand ausgeschlossen. Eine Umgliederung aus dem Handelsbestand (in die Liquiditätsreserve oder den Anlagebestand) ist nach § 340e Abs. 3 Satz 3 HGB nur möglich, wenn außergewöhnliche Umstände, insbesondere schwerwie-

---

[909] Vgl. Gaber, ZBB 2021, 415 f.

[910] Literaturhinweise: Scharpf/Schaber/Löw/Treitz/Weigel/Goldschmidt, WPG 2010, 439 ff. (Teil 1) und 501 ff. (Teil 2); Goldschmidt/Meyding-Metzger/Weigel, IRZ 2010, 21 ff.; Haisch/Helios, RdF 2011, 272 ff., Gaber, 2. Aufl., 182 ff.; Haaker/Freiberg, PiR 2014, 149 ff.

[911] Im Gesetz findet der Begriff „Umgliederung" Verwendung. Im Folgenden wird auch der bislang gebräuchlichere Begriff „Umwidmung" verwendet, der als Synonym zum Begriff „Umgliederung" zu verstehen ist.

gende Beeinträchtigungen der Handelbarkeit der Finanzinstrumente, zu einer Aufgabe der Handelsabsicht durch das Institut führen.

§ 340e Abs. 3 Satz 4 HGB erlaubt darüber hinaus, dass Finanzinstrumente des Handelsbestands nachträglich als Sicherungsinstrumente (ausschließlich Derivate; IDW RS BFA 2 Tz. 1) in eine Bewertungseinheit iSd. § 254 HGB einbezogen werden können; sie sind bei Beendigung der Bewertungseinheit wieder in den Handelsbestand umzugliedern.

Mit § 340e Abs. 4 HGB wird neben dem Risikoabschlag im Rahmen der Zeitwertbewertung zusätzlich eine faktische Ausschüttungssperre bzgl. der Nettoerträge des Handelsbestands eingeführt, indem einem gesonderten Bestand des Sonderpostens „Fonds für allgemeine Bankrisiken" iSd. § 340g HGB in jedem Jahr ein bestimmter Anteil der Nettoerträge des Handelsbestands zuzuführen ist (IDW RS BFA 2 Tz. 2).

Für die Auslegung der gesetzlichen Regelungen zur Bilanzierung des Handelsbestands ist festzuhalten, dass zunehmend von einer *„Maßgeblichkeit der internen Risikosteuerung"* für die handelsrechtliche Bilanzierung gesprochen wird (zB bei der Ermittlung des Risikoabschlags bzw. der Zuordnung zum Handelsbestand). Dabei steht jedoch die Risikobetrachtung auf Basis des Normalfalls und nicht eines Stressszenarios im Vordergrund.[912]

Erwerb und Wiederverkauf eigener Anteile

Die Beibehaltung der Buchung als Handelsbestand an eigenen Aktien/Anteilen, wie sie vor Inkrafttreten des BilMoG üblich war, ist **nicht** mehr möglich.

Der **Rückerwerb** sowie die **Wiederveräußerung eigener Anteile** sind gemäß § 340a Abs. 1 iVm. § 272 Abs. 1a und 1b HGB zu bilanzieren. Zurückerworbene eigene Anteile zählen nicht zum Handelsbestand (IDW RS BFA 2 Tz. 4). Der Nennbetrag oder, falls ein solcher nicht vorhanden ist, der rechnerische Wert von erworbenen eigenen Anteilen (Aktien) ist in der Vorspalte offen vom Posten „Gezeichnetes Kapital" abzusetzen (§ 272 Abs. 1a Satz 1 HGB). Der Unterschiedsbetrag zwischen dem Nennbetrag oder dem rechnerischen Wert und den Anschaffungskosten der eigenen Anteile ist mit den frei verfügbaren Rücklagen zu verrechnen (§ 272 Abs. 1a Satz 2 HGB). Aufwendungen, die Anschaffungsnebenkosten sind, sind Aufwand des Geschäftsjahres (§ 272 Abs. 1a Satz 3 HGB). Damit entfällt die Aktivierung eigener Anteile.

---

[912] Vgl. Bleck, Betriebswirtschaftliche Blätter 2010, 529.

Alle Erwerbe von eigenen Anteilen werden wie eine **Kapitalherabsetzung** auf der Passivseite der Bilanz abgebildet.

Nach der (Wieder-) **Veräußerung der eigenen Anteile** entfällt der Ausweis nach § 272 Abs. 1a Satz 1 HGB (§ 272 Abs. 1b HGB). Der Vorspaltenausweis ist rückgängig zu machen. Ein den Nennbetrag oder den rechnerischen Wert übersteigender Differenzbetrag aus dem Veräußerungserlös ist bis zur Höhe des mit den frei verfügbaren Rücklagen verrechneten Betrags in die jeweiligen Rücklagen einzustellen (§ 272 Abs. 1b Satz 2 HGB). Ein darüber hinausgehender Differenzbetrag ist in die Kapitalrücklage nach § 272 Abs. 2 Nr. 1 HGB einzustellen (§ 272 Abs. 1b Satz 3 HGB). Die Nebenkosten der Veräußerung sind Aufwand des Geschäftsjahres (§ 272 Abs. 1b Satz 4 HGB). Die Wiederveräußerung ist erfolgsneutral.

Durch eine unterjährige erfolgswirksame Erfassung der Handelsgeschäfte mit eigenen Anteilen/Aktien – wie dies vor Inkrafttreten des BilMoG der Fall war – würden am Periodenende nur noch die im Aktivbestand befindlichen eigenen Anteile mit dem Eigenkapital, respektive den frei verfügbaren Rücklagen verrechnet werden. Sollten sich zu diesem Zeitpunkt keine eigenen Anteile im Bestand finden, würden die Buchungen im Eigenkapital und in den frei verfügbaren Rücklagen gänzlich entfallen und es verbliebe nur das unterjährig erfolgswirksam erfasste Handelsergebnis.

Im Falle von Handelsgeschäften wäre ein positiver Veräußerungserfolg auf diese Weise nie in die Kapitalrücklage nach § 272 Abs. 1b Satz 3 HGB einzustellen, da dieser schon erfolgswirksam als Ertrag im Handelsergebnis erfasst würde. Dies dürfte der Intention des Gesetzgebers widersprechen, wenn dieser explizit fordert, dass der die ursprünglichen Anschaffungskosten übersteigende Differenzbetrag aus dem Veräußerungserlös in die Kapitalrücklage nach § 272 Abs. 2 Nr. 1 HGB einzustellen ist[913] und dies wohl unabhängig vom Zweck des ursprünglichen Rückerwerbs zu erfolgen hat.

4.4.2.2. Begriff „Finanzinstrument" iSd. §§ 340c und 340e HGB

Das HGB enthält keine Definition des Begriffs „Finanzinstrument" iSd. §§ 340c und 340e HGB. Entsprechende Begriffsbestimmungen finden sich in anderen Gesetzen. Definitionen enthalten bspw. das KWG und das WpHG.[914]

---

[913] Vgl. BR-Drucks. 344/08, 144.
[914] Vgl. auch Wiechens/Lorenz/Morawietz, HdJ I/11, Rn. 6 ff.

Nach der Definition in § 1a Abs. 3 KWG (2013), die auch für die Abgrenzung nach den §§ 340c und 340e HGB relevant ist, sind Finanzinstrumente alle Verträge, die für eine der beteiligten Seiten einen finanziellen Vermögenswert und für die andere Seite eine finanzielle Verbindlichkeit oder ein Eigenkapitalinstrument schaffen (IDW RS BFA 2 Tz. 5). Die Definition in § 1a Abs. 3 KWG (2013) lehnt sich sehr eng an die Definition in IAS 32 an.[915]

Zu den Finanzinstrumenten zählt das Gesetz ausdrücklich auch **Derivate** (IDW RS BFA 2 Tz. 6).[916] Das Aktivierungsverbot für Derivate aufgrund des Prinzips der Nichtbilanzierung schwebender Geschäfte wurde mit Inkrafttreten des § 340e Abs. 3 HGB partiell (nur für den Handelsbestand) aufgehoben.[917]

Ein **Derivat** iSd. Handelsrechts ist:[918]

1. ein (schwebendes) Vertragsverhältnis,
2. dessen Wert auf Änderungen des Werts eines Basisobjekts – zB eines Zinssatzes, Wechselkurses, Rohstoffpreises, Preis- oder Zinsindexes, der Bonität, eines Kreditindexes oder einer anderen Variablen – reagiert,
3. bei dem Anschaffungskosten nicht oder nur in sehr geringem Umfang anfallen **und**
4. das erst in der Zukunft erfüllt wird.

Die Klassifizierung einer Vereinbarung als Derivat ist im Einzelfall ggf. anhand ihres wirtschaftlichen Gehalts vorzunehmen (IDW RS BFA 2 Tz. 7). Hierzu müssen die zu beurteilenden Vereinbarungen eine *„hohe Ähnlichkeit (insbesondere vergleichbare Chancen und Risiken) zu Finanzinstrumenten aufweisen, sodass eine analoge Bilanzierung gerechtfertigt ist"*.[919] Eine analoge Bilanzierung ist nur dann gerechtfertigt, *„wenn die Vertragsbedingungen einen Ausgleich in Geld oder durch Tausch von Finanzinstrumenten vorsehen oder erlauben oder ähnliche Verträge vom Unternehmen üblicherweise auf diese Weise erfüllt werden, ohne dass dies die Vertragsbedingungen ausdrücklich vorsehen oder erlauben"*.[920]

Zwar sieht das Gesetz in § 254 Satz 2 HGB auch *„Termingeschäfte über den Erwerb oder die Veräußerung von Waren"* als Finanzinstrumente iSd. § 254 Satz 1 HGB an (IDW RS BFA 2 Tz. 8). Aus dem Wortlaut des § 254 Satz 2

[915] Vgl. Löw/Scharpf/Weigel, WPg 2008, 1012; Scharpf/Schaber, DB 2008, 2553.
[916] Vgl. BT-Drucks. 16/12407, 188.
[917] Vgl. Löw/Scharpf/Weigel, WPg 2008, 1012.
[918] Vgl. BR-Drucks. 344/08, 114.
[919] Vgl. DRSC, Stellungnahme zum RefE des BilMoG 2008, 12.
[920] Vgl. DRSC, Stellungnahme zum RefE des BilMoG 2008, 12.

HGB geht jedoch zweifelsfrei hervor, dass diese Definition nur für den Begriff der Finanzinstrumente iSd. § 254 Satz 1 HGB gilt und damit nur für die Frage eines zulässigen Sicherungsinstruments relevant ist. Damit hat § 254 Satz 2 HGB für die Definition des Begriffs „Finanzinstrumente" iSd. §§ 340c und 340e HGB **keine** Bedeutung (IDW RS BFA 2 Tz. 8).

Die Regelung, unter welchen Voraussetzungen **Warentermin- und Warenoptionsgeschäfte** als Derivate anzusehen sind, fand sich vor Inkrafttreten des BilMoG in § 285 Satz 2 HGB aF. Auch weiterhin gelten Warentermin- und Warenoptionsgeschäfte nur dann als Derivate iSd. §§ 340c und 340e HGB, wenn die Voraussetzungen des § 285 Satz 2 HGB aF gegeben sind.[921]

Als derivative Finanzinstrumente gelten danach auch solche Verträge über den Erwerb oder die Veräußerung von Waren (Warentermin- und Warenoptionsgeschäfte), bei denen jede der Vertragsparteien zur Abgeltung in bar oder durch ein anderes Finanzinstrument berechtigt ist, es sei denn, der Vertrag wurde geschlossen, um einen für den Erwerb, die Veräußerung oder den eigenen Gebrauch erwarteten Bedarf abzusichern, sofern diese Zweckwidmung von Anfang an bestand, nach wie vor besteht und der Vertrag mit der Lieferung der Ware als erfüllt gilt (IDW RS BFA 2 Tz. 9). An Terminbörsen gehandelte Warentermingeschäfte sind Derivate (Finanzinstrumente). Außerbörslich gehandelte Warentermingeschäfte, die für die Vertragsparteien keine Barabgeltungsmöglichkeit (Cash Settlement) vorsehen, dh. deren Erfüllung durch physische Lieferung des Basisobjekts erfolgt, sind hingegen keine (derivativen) Finanzinstrumente.

Waren sind keine Finanzinstrumente iSd. §§ 340c und 340e HGB.[922] Aufgrund der Rechtslage des HGB idF des BilMoG hat das BMJ dem Wunsch, Waren mit denen Institute handeln, nachträglich durch Gesetzesänderung als Finanzinstrumente anzuerkennen, nicht entsprochen.[923]

Eine Sondervorschrift besteht für **Edelmetalle**, die – obwohl es sich formal gesehen um Waren handelt – bei Vorliegen einer Handelsabsicht[924] gemäß § 340c Abs. 1 Satz 1 HGB iVm. § 35 Abs. 1 Nr. 1a RechKredV bilanziell dem

---

[921] Vgl. Löw/Scharpf/Weigel, WPg 2008, 1014 f.

[922] Nach Art. 4 Abs. 1 Nr. 86 CRR sind der Handelsaktiva neben Finanzinstrumenten auch Waren zuzuordnen, die entweder mit Handelsabsicht oder zur Absicherung anderer mit Handelsabsicht gehaltener Positionen im Handelsbuch gehalten werden.

[923] Vgl. BMJ-Schreiben an den ZKA vom 29.4.2010.

[924] Der Wortlaut des Gesetzes spricht von „Handel mit Edelmetallen". Damit kann es neben den Edelmetallen, mit denen Handel getrieben wird, grundsätzlich auch andere Edelmetallbestände geben. Entsprechendes gilt auch für Devisen.

Handelsbestand zuzuordnen und demzufolge nach § 340e Abs. 3 HGB zu bewerten sind (IDW RS BFA 2 Tz. 10). Wie die Deviseneigenhandelsergebnisse gehen auch die Edelmetalleigenhandelsergebnisse in das Eigenhandelsergebnis ein.

Der Gesetzgeber hat den Begriff „Edelmetalle" nicht definiert. Die ausdrückliche Erwähnung der „Geschäfte mit Edelmetallen" als Finanzgeschäfte durch den Gesetzgeber lässt sich durch die traditionelle Zugehörigkeit dieser Geschäftssparte zum Eigenhandel erklären. Der Edelmetallhandel der Institute beschränkt sich hauptsächlich auf den An- und Verkauf von Gold, Silber sowie Platin in Form von Münzen und Barren.

4.4.2.3. Zuordnung zum Handelsbestand

Grundsätzliches

Welche Finanzinstrumente zum sog. bilanziellen Handelsbestand gehören, definiert das Gesetz nicht. Jedoch ergibt sich aus der Begründung zum Regierungsentwurf des Bilanzrechtsmodernisierungsgesetzes (BilMoG),[925] dass zum Handelsbestand (Handelsaktiva) diejenigen Finanzinstrumente gehören, die weder zur Liquiditätsreserve[926] noch zum Anlagebestand zählen.

Nach Ansicht des Rechtsausschusses[927] sind dem Handelsbestand *„alle Finanzinstrumente (einschließlich Derivaten, Verbindlichkeiten, die kurzfristig ausgegeben und zurückerworben werden, und Devisen) und Edelmetalle zuzurechnen, die mit der Absicht einer kurzfristigen Erzielung eines Eigenhandelserfolgs erworben und veräußert werden"*.

Auch *„Verbindlichkeiten, die kurzfristig ausgegeben und zurückerworben werden"* müssen danach als **Handelspassiva** gezeigt werden; dies betrifft sowohl negative Marktwerte von Derivaten als auch bestimmte originäre Verbindlichkeiten (IDW RS BFA 2 Tz. 10 f.). Der Rechtsausschuss stellte damit bei der Abgrenzung des Handelsbestands von der Liquiditätsreserve und dem Anlagebestand bzw. den übrigen Verbindlichkeiten eindeutig die **Handelsabsicht** in den Vordergrund. Dies gilt im Gegensatz zur vormaligen Regelung auch für **Devisen** und Edelmetalle. Diese zählen nur dann zum Handelsbestand, wenn sie mit Handelsabsicht an- und verkauft werden.

---

[925] Vgl. BT-Drucks. 16/10067, 95.
[926] Die Kategorie „Liquiditätsreserve" gibt es nur bei Wertpapieren (§ 340f Abs. 1 und 3 HGB).
[927] Vgl. BT-Drucks. 16/12407, 188.

Handelsabsicht[928]

Die **Legaldefinition der Handelsabsicht** des § 1a Abs. 1 Satz 1 Nr. 1 KWG (2013) lautete wie folgt: Die Finanzinstrumente müssen *„zum Zweck des kurzfristigen Wiederverkaufs im Eigenbestand (gehalten werden) oder (...) übernommen werden, um bestehende oder erwartete Unterschiede zwischen den Kauf- und Verkaufspreisen oder Schwankungen von Marktkursen, -preisen, -werten oder -zinssätzen kurzfristig zu nutzen, damit ein Eigenhandelserfolg erzielt wird (Handelsabsicht)"*. Dem entspricht auch die Erzielung oder Festschreibung einer Marge.[929]

Werden Finanzinstrumente unmittelbar zur Absicherung von außerhalb des Handels bestehenden Risiken iSd. § 254 HGB erworben und eingesetzt, liegt in diesem Zusammenhang keine Handelsabsicht vor, dh. diese Finanzinstrumente sind nicht Bestandteil des Handelsbestands.[930] Dies lässt sich aus dem Wortlaut des § 340e Abs. 3 Satz 4 HGB ableiten (IDW RS BFA 2 Tz. 18).

Die Weiterveräußerungsabsicht allein stellt kein Kriterium für den Eigenhandel dar. Auch Gegenstände des Handelsbestands können bis zur Endfälligkeit gehalten werden (zB Zinsswaps).[931] Für eine Zuordnung zum Handelsbestand ist nicht Voraussetzung, dass die Geschäfte in nachhaltigem Umfang getätigt werden. Auch nur gelegentliche Geschäfte im Eigenhandelsbereich gehören zum Handelsbestand. Entscheidend ist lediglich die Absicht, mit den Finanzinstrumenten einen Eigenhandelserfolg erzielen zu wollen (Handelsabsicht). In Grenzfällen ist die Gesamtheit aller Umstände des jeweiligen Instituts entscheidend.

Dokumentation

Die vom Institut festgelegten **Kriterien** für die Zuordnung zum **Handelsbestand** sind zu **dokumentieren**. Diese stimmen mit den in § 1a KWG (2013) genannten Kriterien für die Zuordnung zum bankaufsichtlichen Handelsbuch überein.

---

[928] Vgl. Böcking/Wolsiffer/Bär, in: MünchKomm. HGB, 4. Aufl., § 340c HGB Rn. 9 ff.
[929] Vgl. Gelhausen/Fey/Kämpfer, §§ 340a-341n Rn. 176.
[930] Vgl. BT-Drucks. 16/12407, 188.
[931] Vgl. Krumnow ua., 2. Aufl., § 340c HGB Rn. 28.

Zeitpunkt der Zuordnung zum Handelsbestand

Für die Zuordnung zum Handelsbestand ist die Zweckbestimmung des Finanzinstruments im **Erwerbszeitpunkt** maßgeblich (§ 247 Abs. 2 HGB). Die im Zugangszeitpunkt vorliegende Handelsabsicht ist bei Geschäftsabschluss nach den Vorschriften der MaRisk[932] zu dokumentieren. Eine Zuordnung zum Handelsbestand nach dem Kauf/Vertragsabschluss ist nicht möglich. Dies spielt nach IDW RS BFA 3 n.F. Tz. 17 insbesondere auch für Derivate eine entscheidende Rolle.

Organisatorische Kriterien

Der Handelsbestand zeichnet sich ua. dadurch aus, dass er grundsätzlich nur der Verantwortung des Bereichs „Handel" unterliegt. Die Abgrenzung zwischen Wertpapieren des Handelsbestands und den anderen Wertpapierkategorien hängt von der **Disposition** des einzelnen Kreditinstituts ab, wobei institutsindividuelle Gegebenheiten zu berücksichtigen sind (IDW RS BFA 2 Tz. 10).

Der Umfang des Handelsbestands wird dabei auch durch die von der Geschäftsleitung genehmigten **Limite** für den Handel vorgegeben. Mit Abschluss eines Geschäfts, das der Verantwortung des Handels unterliegt, erfolgt eine unmittelbare Zuordnung zum Handelsbestand. Die Kompetenzen des Handels sind im Rahmen der nach den MaRisk erforderlichen Anweisungen zu dokumentieren.

Im Ergebnis bleibt es jedem Institut überlassen festzulegen, welche der Finanzinstrumente es für Handelszwecke zu halten gedenkt. Der Umfang des Handelsbestands hängt letztlich vom Umfang der beabsichtigten Handelsaktivitäten eines Instituts im Finanzinstrumentebereich ab. Ein Ermessensspielraum besteht im Wesentlichen darin, wie aktiv ein Institut sich im Eigenhandel betätigen will.[933] Der Handelsbestand ist der den Handelsstellen zur Verfügung gestellte Teil des Gesamtbestands der Finanzinstrumente. Die Abgrenzung muss ua. auch anhand der organisatorischen Gegebenheiten vorgenommen werden. Mit der Festlegung des Umfangs des Handelsbestands und des Anlagebestands ist faktisch auch der Umfang der Liquiditätsreserve als Restgröße bestimmt.

---

[932] Vgl. Mindestanforderungen an das Risikomanagement - MaRisk.
[933] Vgl. Krumnow, ZfbF 1995, 894.

Getrennte Bestandsführung

Die Grundsätze ordnungsmäßiger Bilanzierung fordern neben eindeutigen und dokumentierten Kriterien für die Abgrenzung des Handelsbestands von den anderen Beständen eine **buchhalterische Trennung der Bestände**. Nach IDW RS BFA 2 Tz. 15 reicht es, wenn entweder eine Kenntlichmachung der Geschäfte auf dem Händlerticket (ggf. auch in elektronischer Form) **oder** durch eine eindeutige Zuordnung – bspw. zu einem bestimmten Handelsportfolio – erfolgt.

Dies ist ua. erforderlich, um eine eindeutige Identifizierung der Anschaffungskosten, der an den Bilanzstichtagen notwendigen Bewertungen, der Fortschreibung der Buchwerte für die verschiedenen Bestände an Finanzinstrumenten sowie die ordnungsgemäße Ermittlung des nach § 340e Abs. 4 HGB gesondert zu bildenden Sonderpostens „Fonds für allgemeine Bankrisiken" zu gewährleisten. Auch die Ermittlung des Höchstbetrags, bis zu dem Kreditinstitute gemäß § 340f Abs. 1 HGB Vorsorgereserven bilden dürfen, setzt eine eindeutige buchhalterische Trennung voraus (IDW RS BFA 2 Tz. 13).

Einzelheiten zur Abgrenzung[934]

Die Abgrenzung des Handelsbestands bedingt, dass auch folgende Finanzinstrumente dem Handelsbestand zuzuordnen sind (IDW RS BFA 2 Tz. 10):

- **Verbindlichkeiten**, die das Institut mit der Absicht eingeht, diese zur Erzielung eines Handelserfolgs kurzfristig zurückzuerwerben, müssen als Handelspassiva gezeigt werden; dies betrifft sowohl negative Marktwerte von Derivaten als auch originäre Verbindlichkeiten (zB strukturierte Finanzinstrumente).
- **„Sicherungsinstrumente"** sind dann in den Handelsbestand einzubeziehen, wenn durch sie ein Eigenhandelserfolg gesichert, dh. festgeschrieben, wird bzw. sie dazu dienen, Marktrisiken des Handelsbestands[935] abzusichern.
- Im Rahmen sog. **strukturierter Emissionen** begebene Finanzinstrumente sind dem Handelsbestand zuzurechnen, wenn (1) eine aktive Bewirtschaftung des Portfolios bzw. der Geschäfte erfolgt, (2) mit diesen Geschäften eine Marge erzielt werden soll und (3) die Emission durch

---

[934] Vgl. Böcking/Wolsiffer/Bär, in: MünchKomm. HGB, 4. Aufl., § 340c HGB Rn. 9 ff.
[935] IDW RS BFA 2 Tz. 10 verwendet hier irrtümlich den Begriff „Handelsbuch" der Bankenaufsicht.

einen (aufbauorganisatorisch) dem Handel zugeordneten Bereich erfolgt sowie ggf. auch zurückgekauft wird.

- Nimmt der Handelsbereich eines Instituts zur **Refinanzierung** bestimmter Handelsaktivitäten selbst Gelder am externen Markt auf, sind die daraus resultierenden Verbindlichkeiten als Handelspassiva dem Handelsbestand zuzuordnen, sofern dies in Übereinstimmung mit der internen Steuerung zur Ermittlung des betriebswirtschaftlichen Ergebnisses steht. Hierüber ist im Anhang zu berichten.[936]

Zum Handelsbestand gehören nach IDW RS BFA 2 Tz. 10 auch Verpflichtungen aus **Wertpapierleerverkäufen** (sog. Short-Positionen); es wäre nicht notwendig gewesen, diese explizit zu erwähnen, da Leerverkäufe nach hM Derivate (Terminverkäufe) sind, die ohnehin Finanzinstrumente sind. Hiervon unabhängig ist der Ausweis der Zinserträge in der Gewinn- und Verlustrechnung (vgl. Kapitel 4.4.2.6.2.).

Bestandteil des Handelsbestands sind auch die auf der Aktiv- und der Passivseite nach § 11 RechKredV **abzugrenzenden (anteiligen) Zinsen**. Die anteiligen Zinsen können sich auf bilanzielle und auf außerbilanzielle Positionen (Derivate) beziehen.

Bezüglich des **Rückerwerbs eigener (emittierter) Schuldverschreibungen** (außerhalb des Handelsbestands normiert in § 16 Abs. 4 RechKredV) enthält IDW RS BFA 2 Tz. 12 eine einzelfallbezogene Sonderregelung, die an dieser Stelle fremd wirkt. Danach gilt: *„Sofern im Einzelfall der Bestand aus dem Rückerwerb eigener Schuldverschreibungen bei Kurspflegeabsicht in der Verantwortung der Emissionsabteilung liegt, ist dieser Kurspflegebestand unter Beachtung der Vorschriften zur funktionalen Trennung in den MaRisk ebenfalls dem Handelsbestand zuzuordnen"*. Diese Ausnahmeregel kann nur für den Fall Wirkung entfalten, dass die Voraussetzungen für eine Zuordnung zum Handelsbestand, insbesondere die Handelsabsicht, sowie die Voraussetzungen der MaRisk (bspw. aufbauorganisatorische Zuordnung dieser Abteilung zum Handel) vollumfänglich erfüllt sind.

Eine reine **Markt- oder Kurspflege eigener Emissionen** stellt per se keinen Handel dar. Damit sind zwecks Markt- bzw. Kurspflege zurückerworbene eigene Schuldverschreibungen, die bei Emission im Passivposten „3. Verbriefte Verbindlichkeiten" erfasst wurden, grundsätzlich nach § 16 Abs. 4 Rech-

---

[936] Erfolgt keine direkte Zuordnung der Refinanzierung iRd. internen Risikosteuerung (Controlling) zum Handelsbestand, sondern ist die Refinanzierung (Funding) Bestandteil der Gesamtfinanzierung des Instituts, können diese Verbindlichkeiten nicht als Handelsbestand gezeigt werden; vgl. KK-RLR, § 340c HGB Rn. 25.

KredV abzubilden, dh. börsenfähige Schuldverschreibungen sind im Aktivposten 5. c) zu aktivieren, nicht börsenfähige Schuldverschreibungen sind vom Passivposten 3. abzusetzen. Dies gilt auch, wenn der Rückerwerb von einem (aufbauorganisatorisch) dem Handel zugeordneten Bereich durchgeführt wird, weil die Vorgabe des § 16 Abs. 4 RechKredV in seiner Wirkung der Tz. 12 des IDW RS BFA 2 vorgeht.

Die in IDW BFA 2 Tz. 12 genannte Ausnahme von der Abbildung nach § 16 Abs. 4 RechKredV kann bei zurückerworbenen eigenen Schuldverschreibungen, die bei Emission im Passivposten 3. erfasst wurden, nur gelten, sofern der Bestand aus dem Rückerwerb eigener Schuldverschreibungen, die bei Börsenfähigkeit im Aktivposten 5. c) aktiviert würden, bei Kurspflegeabsicht in der Verantwortung der Emissionsabteilung liegt und die oben genannten weiteren Voraussetzungen erfüllt sind.

Die Bilanzierungspraxis stellt gelegentlich – in Anlehnung an IFRS – die Frage, welchem Bestand **Derivate** zuzurechnen sind. Mit Tz. 14 hat IDW RS BFA 2 klargestellt (siehe auch IDW RS BFA 3 n.F. Tz. 21), dass

1. Derivate, die mit Handelsabsicht kontrahiert werden und die übrigen Voraussetzungen für eine Zuordnung zum Handelsbestand erfüllen, zwingend dem Handelsbestand zuzurechnen sind, während
2. Derivate, die als Sicherungsinstrumente für Finanzinstrumente der Liquiditätsreserve oder des Anlagebestands eingesetzt werden, einer Bewertungseinheit iSd. § 254 HGB und damit (gedanklich) dem jeweiligen Bestand (Liquiditätsreserve oder Anlagebestand) zugerechnet werden und
3. Derivate, die iRd. Steuerung des allgemeinen Zinsrisikos des Bankbuchs (Gesamtbanksteuerung, Aktiv-/Passivsteuerung) eingesetzt werden, iRd. der Bewertung dieses Bestands berücksichtigt (verlustfreie Bewertung des Bankbuchs) werden.

Mit IDW RS BFA 3 n.F. Tz. 22 wird ergänzend klargestellt, dass

1. alle übrigen Derivate (diejenigen, die keinem der vorstehend genannten Bestände zugeordnet wurden) sowie
2. solche Derivate, deren Zweckbestimmung zum Zeitpunkt des Geschäftsabschlusses nicht dokumentiert ist und/oder
3. die nicht objektiv der Steuerung des Zinsänderungsrisikos (Zinsspannenrisiko) bzw. nicht als Sicherungsinstrument in einer Bewertungseinheit geeignet sind,

einzeln imparitätisch zu bewerten sind. Wegen weiterer Einzelheiten vgl. auch Kapitel 4.3.4.

Daher gilt für die **Bilanzierung von Derivaten** Folgendes: Sämtliche Zinsderivate, die nachweislich der Steuerung des Zinsspannenrisikos dienen, sind in die verlustfreie Bewertung einzubeziehen. Als Folge sind sämtliche **Derivate**, die diese Voraussetzung nicht erfüllen imparitätisch **einzeln zu bewerten**, es sei denn, sie werden bilanziell dem Handelsbestand (die Bewertung erfolgt nach § 340e Abs. 3 und 4 HGB zum beizulegenden Zeitwert) oder als Sicherungsinstrumente iRe. Bewertungseinheit (Micro-, Macro- oder Portfolio-Hedge) nach den Regeln von § 254 HGB bilanziell abgebildet.

Ein Institut kann zB mit **Schuldscheinen, Namensschuldverschreibungen** sowie ausnahmsweise auch mit **Buchforderungen**[937] (Primär- und Sekundärmarktkredite) Handel treiben. Diese Posten sind dann dem Handelsbestand zuzuordnen und als Handelsbestand zu bewerten, mit der Folge des entsprechenden Ausweises in der Bilanz und in der Gewinn- und Verlustrechnung. Voraussetzung ist, dass die allgemeinen Kriterien für eine Zuordnung zum Handelsbestand gegeben sind. Andere Buchforderungen sind grundsätzlich wie Umlaufvermögen zu bewerten, da diese aus dem laufenden Geschäftsbetrieb entstehen (IDW RS BFA 2 Tz. 20).

Der Diskussion zur Abgrenzung des Handelsbestands nach IFRS schuldend, regelt IDW RS BFA 2 Tz. 20 ausdrücklich, dass die **zu syndizierenden Bestandteile eines Konsortialkredits** (Gemeinschaftskredit), auch wenn diese aufgrund von Marktstörungen nicht sofort weiterplatziert werden können, nicht zum Handelsbestand gehören. Es handelt sich hierbei nur um eine Klarstellung, denn mit § 5 RechKredV hat das Handelsrecht eine eindeutige Norm zur Bilanzierung von syndizierten Krediten.

Basierend auf IDW RS BFA 2 Tz. 20, 1. Satz wonach Forderungen (Primär- oder Sekundärmarkt) auch dem Handelsbestand zugeordnet werden können, vertritt Gaber[938] die Ansicht, dass Konsortialkredite in Abhängigkeit davon, ob der Dienstleistungscharakter oder der kurzfristige Gewinnerzielungscharakter im Vordergrund steht, zum Umlaufvermögen oder zum Handelsbestand gehören.

Auch nur zur Klarstellung bestimmt IDW RS BFA 2 in Tz. 19, dass **Tafelgeschäfte**, die für den Eigenhandel erworben oder aus dem Eigenhandelsbestand verkauft werden, regelmäßig dem Handelsbestand zugerechnet werden.[939]

---

[937] Vgl. hierzu auch Hamberger/Diehm, Die Bank 2004, 182 ff.; Köller, ZfgK 2007, 679 ff.; zur Frage der Abtretung von Forderungen und Verstoß gegen das Bankgeheimnis vgl. BGH-Urteil vom 27.2.2007, DB 2007, 735 ff.

[938] Vgl. Gaber, 2. Aufl., 753.

[939] Vgl. Lemmer, Die Bank 1999, 620.

Selbstverständlich kann dies nur dann gelten, wenn die übrigen Voraussetzungen, die bei einer Zuordnung zum Handelsbestand verlangt werden, gegeben sind.

Im Gegensatz zu **Geschäften im Kundeninteresse** werden die Eigen(handels)geschäfte von Instituten im Eigeninteresse (Handelsabsicht) abgeschlossen. Sämtliche Aktivitäten in fremdem Namen scheiden ohnehin aus dem Bereich der Eigenhandelsgeschäfte aus, weil sie ausschließlich auf **Kundenaufträgen** und nicht auf einem Eigeninteresse basieren.[940] Ebenso gehören diejenigen Aktivitäten nicht zum Eigenhandel, die zwar im eigenen Namen aber für fremde Rechnung durchgeführt werden. Ob ein Geschäft im Kundeninteresse durchgeführt wird, entscheidet sich danach, ob der Dienstleistungscharakter ggü. dem Kunden oder das Eigeninteresse überwiegt.

Kreditderivate werden dem Handelsbestand zugeordnet, wenn sie mit Blick auf den Handelsgewinn bei einer Veränderung des Marktpreises im Zeitablauf durch Terminierung (Close-out) geschlossen werden oder ein Handelsgewinn durch Abschluss eines Gegengeschäfts angestrebt wird. Die Zuordnung zum Handelsbestand geht zudem aus dem aktiven Führen eines Buchs mit Kreditderivaten ohne Bezug zu bestehenden oder geplanten Grundgeschäften iSd. Durchhandelns hervor.[941]

Geldhandelsgeschäfte sind dem Handelsbestand zuzuordnen, sofern diese im Zugangszeitpunkt eindeutig von den Anlage- und Refinanzierungsbeständen des Bankbuchs abgegrenzt werden und das Institut über einen längeren Zeitraum nachweisen kann, dass es diese Portfolien auch in der Vergangenheit aktiv gesteuert und Gewinnmitnahmen getätigt hat. Für Finanzinstrumente des Geldhandels, zB verbriefte Floater, Commercial Paper sowie Schuldscheindarlehen, besteht dann eine Absicht zur Erzielung eines Eigenhandelserfolgs, wenn als Zweck der Verdienst aus Zinsdifferenzen überwiegt.[942]

Dienen die Geldhandelsgeschäfte der Refinanzierung des Eigenhandels, sind sie ebenfalls dem Handelsbestand zuzuordnen, sofern dies in Übereinstimmung mit der internen Steuerung zur Ermittlung des betriebswirtschaftlichen Ergebnisses steht.

---

[940] Vgl. Krumnow ua., 2. Aufl., § 340c HGB Rn. 20.
[941] Vgl. Krumnow ua., 2. Aufl., § 340c HGB Rn. 75.
[942] Vgl. Scharpf/Schaber/Löw/Treitz/Weigel/Goldschmidt, WPg 2010, 444.

Forderungen bzw. Verbindlichkeiten im Zusammenhang mit dem Handel

Für Forderungen bzw. Verbindlichkeiten enthält die RechKredV eine in sich geschlossene Ausweiskonzeption (§§ 14 ff. RechKredV; § 21 RechKredV). Danach sind gemäß § 14 Abs. 1 RechKredV „... *alle Arten von Forderungen aus Bankgeschäften gegenüber Kreditinstituten* ..." als „Forderungen an Kreditinstitute" und gemäß „§ 15 Abs. 1 RechKredV „... *alle Arten von Vermögensgegenständen (...), die Forderungen an in- und ausländische Nichtbanken (Kunden) darstellen* ..." als „Forderungen an Kunden" in der Bilanz zu zeigen. Als „Sonstige Vermögensgegenstände" sind Forderungen und sonstige Vermögensgegenstände auszuweisen, die einem anderen Posten nicht zugeordnet werden können. § 21 RechKredV enthält vergleichbare Bestimmungen.

Bedauerlicherweise enthält die RechKredV keine ausdrücklichen Vorgaben, was als „Handelsbestand" zu zeigen ist. Mithin sind bspw. Forderungen bzw. Verbindlichkeiten aus Handelsaktivitäten (zB aus Provisionen) in erster Linie entsprechend der Ausweiskonzeption der RechKredV als solche an Kunden/an Kreditinstitute bzw. als sonstige Vermögensgegenstände zu zeigen.[943]

Keine zuverlässige Ermittlung des Zeitwerts

Klarstellend hat der Gesetzgeber darauf hingewiesen, dass für den Fall, dass sich der „*beizulegende Zeitwert von vornherein nicht nach § 255 Abs. 4 Satz 1 oder Satz 2 HGB ermitteln lässt, (...) denknotwendigerweise kein zu Handelszwecken erworbenes Finanzinstrument*" vorliegt.[944] In diesem Fall ist eine Zeitwertbewertung und damit eine Zuweisung zum Handelsbestand von vornherein ausgeschlossen; die Bewertung hat nach den allgemeinen Vorschriften zu erfolgen (IDW RS BFA 2 Tz. 21).

Eine künftige Umwidmung in den Handelsbestand, für den Fall, dass zu einem späteren Zeitpunkt eine Zeitwertermittlung möglich ist, ist wegen § 340e Abs. 3 Satz 2 HGB nicht zulässig.

4.4.2.4. Umwidmung in den bzw. aus dem Handelsbestand

§ 340e Abs. 3 Satz 2 HGB verbietet eine Umwidmung vom Anlagebestand sowie von der Liquiditätsreserve **in** den Handelsbestand. In der Praxis sind derartige Umwidmungen bislang nicht feststellbar gewesen, denn es wurde

---

[943] Modifizierte Ansicht ohne weitere Begründung vgl. KK-RLR, § 340c HGB Rn. 30.
[944] Vgl. BR-Drucks. 344/08, 133.

allgemein als nicht zulässig angesehen, beispielsweise ein Wertpapier, das veräußert werden sollte, vor der Veräußerung vom Anlagevermögen bzw. von der Liquiditätsreserve in den Handelsbestand umzubuchen. Dies wurde stets als unzulässige Gestaltung des Eigenhandelserfolgs betrachtet und deshalb abgelehnt.

Dem lag folgende Überlegung zugrunde:[945] Wenn ein dem Anlagevermögen (oder der Liquiditätsreserve) zugeordneter Vermögensgegenstand aus dem Unternehmen ausscheiden soll, spielt die veränderte Nutzungsabsicht erst dann eine Rolle, wenn auch tatsächlich nachhaltig eine veränderte Nutzung erfolgt. Solange beispielsweise ein Immobilie, eine Maschine oder auch ein Wertpapier noch genutzt wird (bei einem Wertpapier werden bei der Nutzung Zins- oder Dividendenerträge erzielt), führt die Veräußerungsabsicht (bei Immobilien oder Maschinen) zu keiner Umwidmung in das Umlaufvermögen bzw. (bei Wertpapieren) in den Handelsbestand. Ein Nichtnutzen eines Finanzinstruments (zB Wertpapier) ist praktisch nicht denkbar, da sich daraus stets Erträge, bspw. in Form von Dividenden bzw. Zinsen, ergeben und damit eine fortdauernde Nutzung bis zum tatsächlichen Abgang gegeben ist.

Mit § 340e Abs. 3 Satz 3 HGB ist eine Umgliederung (Umwidmung) **aus** dem Handelsbestand in den Anlagebestand bzw. in die Liquiditätsreserve nur dann möglich, wenn *„außergewöhnliche Umstände, insbesondere schwerwiegende Beeinträchtigungen der Handelbarkeit der Finanzinstrumente, (...) zu einer Aufgabe der Handelsabsicht durch das Kreditinstitut (führen)"*. Nach der Begründung des Gesetzgebers wurde ein grundsätzliches Umgliederungsverbot in das Gesetz aufgenommen, das jedoch mittels einer Öffnungsklausel eine Umgliederung bei Vorliegen außergewöhnlicher Umstände erlaubt.[946] Solche außergewöhnlichen Umstände *„können insbesondere grundlegende Marktstörungen wie die gegenwärtige Finanzmarktkrise sein, die zu einer schwerwiegenden Beeinträchtigung der Handelbarkeit der betreffenden Finanzinstrumente führen".*[947] Die Gesetzesbegründung nennt die Finanzmarktkrise der Jahre 2008/2009/2010 als Beispiel für grundlegende Marktstörungen.

Demgegenüber beeinträchtigt ein **Preisverfall** allein nicht die Handelbarkeit der Finanzinstrumente (IDW RS BFA 2 Tz. 26).[948] Damit sind vor allem Umwidmungen (Umgliederungen) ausgeschlossen, die allein der Gestaltung bzw.

---

[945] Vgl. ausführlich Wohlgemuth, WPg 2008, 1168 ff.
[946] Vgl. BT-Drucks. 16/12407, 189.
[947] Vgl. BT-Drucks. 16/12407, 189.
[948] Vgl. BT-Drucks. 16/12407, 189.

Glättung des Jahresergebnisses, also ausschließlich zur Vermeidung von Abwertungen vorgenommen werden sollen.[949]

Da es sich „*insbesondere*" um grundlegende Marktstörungen handeln muss, lässt der Gesetzgeber hier auch noch andere Sachverhalte als Grund für eine Umwidmung zu, soweit es sich um „*außergewöhnliche Umstände*" handelt. Hiervon ist das „*normale Tagesgeschäft*" abzugrenzen.[950] Umstände, die aus dem normalen Tagesgeschäft resultieren, erlauben keine Umwidmung vom Handelsbestand in den Anlagebestand. Damit sind vor allem Umgliederungen ausgeschlossen, die allein zur Gestaltung bzw. Glättung des Jahresergebnisses, also ausschließlich zur Vermeidung von Abwertungen, vorgenommen werden sollen (IDW RS BFA 2 Tz. 24).

Eine **Änderung der Geschäftsstrategie** bezüglich einzelner Produkte bzw. Produktgruppen (Einstellung des Handels für bestimmte Finanzinstrumente) rechtfertigt für sich allein nach Ansicht von Fachkreisen nicht, Finanzinstrumente, die bislang im Handelsbestand gehalten werden, vom Handelsbestand in den Anlagebestand oder die Liquiditätsreserve umzuwidmen. Bei einer Änderung der Strategie handelt es sich nicht um einen außergewöhnlichen Umstand iSd. § 340e Abs. 3 Satz 3 HGB. Es muss vielmehr grundsätzlich ein unternehmensexternes Ereignis vorliegen.

Beispielsweise in solchen Konstellationen, in denen aufgrund eines **Beschlusses der Geschäftsleitung** der **Handel vollständig und dauerhaft** (zB dokumentiert durch die Stellung des Antrags auf Zulassung als Nichthandelsbuchinstitut) **eingestellt** werden soll (einmalige Umwidmung in das Anlagebuch ohne Möglichkeit einer Rückumwidmung), darf ausnahmsweise von einem Anwendungsfall des § 340a Abs. 3 Satz 3 HGB ausgegangen werden („äußerste Grenze der außergewöhnlichen Umstände").[951]

Es steht der Umwidmung in das Anlagevermögen nicht entgegen, wenn die betreffenden Wertpapiere als Sicherheiten hinterlegt werden oder im Rahmen von Wertpapierleihe- bzw. Repo- und anderen Refinanzierungsgeschäften bei der Europäischen Zentralbank eingereicht werden (IDW RS BFA 2 Tz. 25). Klarstellend sei darauf hingewiesen, dass Wertpapiere, die dazu bestimmt sind, erforderlichenfalls durch Veräußerung die jederzeitige Zahlungsbereit-

---

[949] Vgl. IDW, Fachlicher Hinweis (Teil 3 – Ergänzung), IDW Life 2020, 696.
[950] Vgl. BT-Drucks. 16/12407, 189.
[951] Ebenso Bleck, Betriebswirtschaftliche Blätter 2010, 530. Der bislang nach § 340e Abs. 3 Satz 1 HGB vorgenommene Risikoabschlag sowie der Teil des Fonds iSd. § 340e Abs. 4 iVm. § 340g HGB sind bei einer derartigen völligen und dauerhaften Einstellung des Handels erfolgswirksam aufzulösen.

schaft des Unternehmens aufrechtzuerhalten, grundsätzlich dem Umlaufvermögen (Liquiditätsreserve) zuzuordnen sind.

Jede Umwidmung ist zu **dokumentieren**.[952] Die Umwidmung ist **buchhalterisch nachzuvollziehen**, indem die umgewidmeten Finanzinstrumente in den entsprechenden Bestand umgebucht werden. Nach der Umwidmung muss eine Ableitung der Bestände an Finanzinstrumenten aus der Buchhaltung möglich sein.

Die Umwidmung erfolgt zum **beizulegenden Zeitwert im Umwidmungszeitpunkt** (IDW RS BFA 2 Tz. 26). Der iRd. Bewertung nach § 340e Abs. 3 Satz 1 HGB vorzunehmende Risikoabschlag wird dabei nicht berücksichtigt, da eine Aufteilung eines Value at Risk auf einzelne Finanzinstrumente weder sachgerecht noch möglich ist.

Werden Finanzinstrumente unmittelbar zur Absicherung von Risiken iSd. § 254 HGB erworben und eingesetzt, liegt für dieses Sicherungsinstrument in diesem Zusammenhang keine Handelsabsicht vor, dh. diese Finanzinstrumente sind nicht Bestandteil des Handelsbestands. Dies lässt sich aus dem Wortlaut des § 340e Abs. 3 Satz 4 HGB ableiten. Die Umwidmung dieser unmittelbar zu Sicherungszwecken erworbenen Finanzinstrumente iSd. § 254 HGB in den Handelsbestand ist – auch nach Auflösung einer Bewertungseinheit – nicht möglich. Eine solche Umwidmung in den Handelsbestand ist vielmehr nur für den Fall (zwingend) vorgesehen, dass die Finanzinstrumente zunächst dem Handelsbestand zugeordnet wurden und nachträglich als Sicherungsinstrumente außerhalb des Handelsbestands (bspw. bei Asset Swaps) eingesetzt wurden, wenn später die Voraussetzungen für eine Bewertungseinheit (§ 254 HGB) wegfallen. Obwohl der Gesetzgeber dies nicht ausdrücklich geregelt hat, ist davon auszugehen, dass diese Rückumwidmung im Zeitpunkt des Wegfalls der Voraussetzungen für die Bewertungseinheit vorzunehmen ist.

Finanzinstrumente des Handelsbestands können **nachträglich in eine Bewertungseinheit einbezogen** werden (IDW RS BFA 2 Tz. 27). Sie sind bei Beendigung der Bewertungseinheit (bspw. durch Abgang des Grundgeschäfts) (zwingend) wieder zum beizulegenden Zeitwert zurück in den Handelsbestand umzugliedern (§ 340e Abs. 3 Satz 4 HGB), es sei denn das Finanzinstrument wird zeitgleich einer neuen Bewertungseinheit zugeordnet. Diese nachträgliche Einbeziehung in eine Sicherungsbeziehung gilt nach IDW RS BFA 2 Tz. 1 nur für **Derivate**.

---

[952] Vgl. BT-Drucks. 16/12407, 189.

Bei einem späteren Wegfall des Handelszwecks aufgrund außergewöhnlicher Umstände gilt der beizulegende Zeitwert zum Zeitpunkt der Umwidmung (Wechsel in die Bewertung zu (fortgeführten) Anschaffungskosten) als Anschaffungskosten (§ 255 Abs. 4 Satz 4 HGB).

Der Grundsatz der Bewertungsstetigkeit (§ 252 Abs. 1 Nr. 6 HGB) wird durch eine Umwidmung nicht durchbrochen, da die Bewertungsmethoden nicht geändert werden. Vielmehr wird mit einer Umwidmung der zugrunde liegende Sachverhalt geändert, auf den eine bestimmte Bewertungsmethode anzuwenden ist.

§ 35 Abs. 1 Nr. 6b RechKredV verlangt, dass eine Umwidmung im Anhang begründet und über die Auswirkungen berichtet wird, die sich daraus für das Jahresergebnis ergeben. Umwidmungen in den Anlagebestand sind im Anlagespiegel darzustellen. Ferner sind die Angaben nach § 35 Abs. 1 Nr. 2 RechKredV zu machen, sofern nach den Vorschriften für das Anlagevermögen bewertet wird.

4.4.2.5. Bewertung

4.4.2.5.1. Zugangs- und Folgebewertung

Überblick

Der Gesetzgeber erachtete es vor dem Hintergrund der Finanzmarktkrise der Jahre 2007 ff. als sachgerecht, mit dem BilMoG die Zeitwertbilanzierung auf den Handelsbestand von Instituten zu beschränken.[953]

Auch wenn dies vom Gesetzgeber nicht ausdrücklich erwähnt wird, liegt der Definition des beizulegenden Zeitwerts die Prämisse der **Unternehmensfortführung** zugrunde, der zufolge weder die Absicht noch die Notwendigkeit zur Liquidation, zur wesentlichen Einschränkung des Geschäftsbetriebs oder zum Eingehen von ungünstigen Bedingungen besteht. Der beizulegende Zeitwert kann daher nicht durch den Betrag bestimmt werden, den ein Unternehmen aufgrund von erzwungenen Geschäften, zwangsweisen Liquidationen oder durch Notverkäufe erzielen oder bezahlen würde. Gleichwohl spiegelt der beizulegende Zeitwert auch die Bonität des Instruments bzw. dessen Emittenten wider.

---

[953] Vgl. BT-Drucks. 16/12407, 167; vgl. Scharpf/Schaber/Löw/Treitz/Weigel/Goldschmidt, WPg 2010, 446 ff.

Erstmalige Erfassung (Zugang)

Die **Zugangsbewertung** eines Finanzinstruments erfolgt grundsätzlich mit den Anschaffungskosten. Zu den **Anschaffungskosten** gehören neben dem Kaufpreis auch die Kosten, die erforderlich sind, um den Vermögensgegenstand in einen „betriebsbereiten Zustand" zu versetzen (§ 255 Abs. 1 Satz 1 HGB). Der Anschaffungsvorgang ist erfolgsneutral. So werden den Anschaffungskosten von Finanzinstrumenten grundsätzlich auch die anfallenden Transaktionskosten zur Abwicklung des Kaufs als **Anschaffungsnebenkosten** zugerechnet.

Bei dieser Vorgehensweise (Erfassung der Nebenkosten als Bestandteil der Anschaffungskosten) wäre ceteris paribus zum Zeitpunkt der erstmaligen Folgebewertung mit dem beizulegenden Zeitwert eine Abschreibung in Höhe der Anschaffungsnebenkosten notwendig. Um derartige Abschreibungen zum nächsten Abschlussstichtag nach dem Erwerb eines Finanzinstruments zu vermeiden, ist es im Rahmen der Zugangsbewertung nicht zu beanstanden, wenn bei Finanzinstrumenten des Handelsbestands nur der Kaufpreis selbst angesetzt wird, während die Anschaffungsnebenkosten (zB Brokergebühren) unmittelbar aufwandswirksam gebucht werden.

Jegliche Differenz zwischen dem Zugangswert und dem Wertansatz nach der Folgebewertung ist im Nettoertrag/-aufwand des Handelsbestands erfolgswirksam zu erfassen. Werden Anschaffungsnebenkosten direkt als Aufwand verrechnet, ist dieser ebenfalls im Posten „Nettoertrag/-aufwand des Handelsbestands" auszuweisen.[954]

Bewertung zum Abschlussstichtag (Folgebewertung)

Die **Folgebewertung** der Finanzinstrumente des Handelsbestands vollzieht sich in drei Schritten:

1. Ermittlung des beizulegenden Zeitwerts nach § 255 Abs. 4 HGB.
2. Ermittlung des Risikoabschlags/-zuschlags nach § 340e Abs. 3 HGB (vgl. nachfolgend).
3. Zuführung bzw. Auflösung des Sonderpostens nach § 340e Abs. 4 HGB (vgl. nachfolgend).

---

[954] Vgl. Löw/Scharpf/Weigel, WPg 2008, 1012.

Der Begriff des **beizulegenden Zeitwerts** wurde in das deutsche Handelsrecht mit Umsetzung der sog. Fair-Value-Richtlinie[955] durch das Bilanzrechtsreformgesetz eingeführt.[956] Unter dem beizulegenden Zeitwert ist der Betrag zu verstehen, zu dem zwischen sachverständigen, vertragswilligen und voneinander unabhängigen Geschäftspartnern ein Vermögensgegenstand getauscht oder eine Verbindlichkeit beglichen werden könnte. Der beizulegende Zeitwert reflektiert den für Vermögensgegenstände durch Verkauf oder Glattstellung erzielbaren bzw. den für die Begleichung von Schulden hinzugebenden Betrag, wobei Transaktionskosten nicht berücksichtigt werden (IDW RH HFA 1.005 Tz. 10). Zur Zeitwertbilanzierung von Finanzinstrumenten in der **Steuerbilanz** vgl. Haisch/Helios.[957]

Der beizulegende Zeitwert ist nicht zu verwechseln mit dem beizulegenden Wert iSd. § 253 Abs. 3 und Abs. 4 HGB. Letztgenannter bezieht sich nur auf die Bewertung von Vermögensgegenständen.

Während § 340e Abs. 3 Satz 1 HGB für die Handelsbestände von Instituten im Rahmen der Folgebewertung eine Zeitwertbewertung vorsieht, regelt § 255 Abs. 4 HGB, wie der beizulegende Zeitwert zu ermitteln ist. Die Definition des beizulegenden Zeitwerts in § 285 Satz 3 bis Satz 5 HGB aF wurde nicht wortgleich in den § 255 Abs. 4 HGB übernommen. Gleichwohl ergeben sich für die Ermittlung des beizulegenden Zeitwerts keine materiellen Veränderungen.[958]

Obwohl der Gesetzgeber die Überschrift des § 340e HGB *„Bewertung von Vermögensgegenständen"* nicht geändert bzw. angepasst hat, ist davon auszugehen, dass nicht nur Vermögensgegenstände und damit Aktiva des Handelsbestands, sondern auch Passiva des Handelsbestands mit dem beizulegenden Zeitwert zu bewerten sind, dh. dass neben den Derivaten auch die dem Handelsbestand zugeordneten (originären) übrigen Verbindlichkeiten mit deren beizulegendem Zeitwert (unter Berücksichtigung eines Risikozuschlags) anzusetzen sind (IDW RS BFA 2 Tz. 34).

---

[955] Vgl. Richtlinie 2001/65/EG des Europäischen Parlaments und des Rates vom 27.9.2001, ABl. EG L 283/28 vom 27.10.2001. Vgl. Bäthe-Guski/Debus/Eberhardt/Kuhn, WPg 2013, 741 ff.

[956] Zur historischen Entwicklung der Zeitwertbilanzierung im Handels- und Steuerrecht vgl. Velte/Haaker, StuW 2012, 56 ff.

[957] Vgl. Haisch/Helios, RdF 2011, 272 ff.

[958] Vgl. Löw/Scharpf/Weigel, WPg 2008, 1012.

Beachtung des Realisationsprinzips

Soweit eine Zeitwertbilanzierung nach § 340e Abs. 3 Satz 1 HGB zu erfolgen hat, kann es zu einer Überschreitung der historischen Anschaffungskosten des einzelnen Finanzinstruments kommen.

Alle Änderungen des beizulegenden Zeitwerts (abzüglich eines Risikoabschlags bzw. im Falle von Handelspassiva zuzüglich eines Risikozuschlags) sind erfolgswirksam in der Gewinn- und Verlustrechnung im Posten „Nettoertrag/-aufwand des Handelsbestands" zu erfassen. Das Gesetz nimmt im Rahmen der Bewertung des Handelsbestands eine **volle Realisation der Bewertungsergebnisse** an.

Aufgrund der mit der Zeitwertbewertung einhergehenden Ausdehnung des handelsrechtlichen Realisationsprinzips, das vor dem BilMoG nur die erfolgswirksame Vereinnahmung von durch einen Umsatzakt realisierten Gewinnen zugelassen hat, sind künftig – beschränkt auf den Handelsbestand von Instituten – auch (nur) realisierbare Gewinne erfolgswirksam zu vereinnahmen.[959] Außerdem wird, soweit Derivate zum Handelsbestand gehören, der Grundsatz der Nichtbilanzierung schwebender Geschäfte durchbrochen.[960] Wenngleich der Gesetzgeber von einer Ausdehnung des Realisationsprinzips spricht, wird dieses doch insoweit tatsächlich außer Kraft gesetzt.[961]

Derivate

Das Aktivierungsverbot für **Derivate** aufgrund des Grundsatzes der Nichtbilanzierung schwebender Geschäfte wird in Bezug auf die Zeitwertbewertung des Handelsbestands aufgehoben. Ansonsten gilt für Derivate das Bilanzierungsverbot für schwebende Geschäfte. Einzelheiten zu Derivaten des Handelsbestands vgl. Kapitel 4.12. Zu negativen Zinsen in der Fair-Value-Bewertung derivativer Finanzinstrumente vgl. Hoffmann/Lahmann.[962]

---

[959] Vgl. BR-Drucks. 344/08, 113.
[960] Vgl. BR-Drucks. 344/08, 111.
[961] Vgl. Löw, Accounting 2008, 3.
[962] Vgl. Hoffmann/Lahmann, WPg 2016, 1274 ff.

Bewertungshierarchie

§ 255 Abs. 4 HGB weist eine Bewertungshierarchie auf. § 255 Abs. 4 HGB unterscheidet danach, ob ein aktiver Markt für das Finanzinstrument vorhanden ist oder nicht:

1. Besteht für ein Finanzinstrument ein **aktiver Markt (vgl. unten),**[963] so entspricht der beizulegende Zeitwert dem **Marktpreis** (§ 255 Abs. 4 Satz 1 HGB).
2. Soweit **kein aktiver Markt** besteht, anhand dessen sich ein Marktpreis ermitteln lässt, ist der beizulegende Zeitwert mithilfe **allgemein anerkannter Bewertungsmethoden** zu bestimmen (§ 255 Abs. 4 Satz 2 HGB).
3. Lässt sich der beizulegende Zeitwert weder nach § 255 Abs. 4 Satz 1 HGB (Marktwert auf einem aktiven Markt) noch nach § 255 Abs. 4 Satz 2 HGB (Anwendung einer Bewertungsmethode bei nicht aktivem Markt) ermitteln, sind die **Anschaffungskosten** (Herstellungskosten) gemäß § 253 Abs. 4 HGB fortzuführen. Dabei gilt der zuletzt anhand eines Marktwerts auf einem aktiven Markt oder anhand eines allgemein anerkannten Bewertungsverfahrens ermittelte beizulegende Zeitwert als Anschaffungskosten (Herstellungskosten) (§ 255 Abs. 4 Satz 4 HGB).[964] § 253 Abs. 4 HGB schreibt vor, dass auf Vermögensgegenstände des Umlaufvermögens das strenge Niederstwertprinzip anzuwenden ist.

Geld-/Brief-/Mittelkurse sowie Paketzu-/-abschläge

Nach den Grundsätzen ordnungsmäßiger Buchführung erfolgt die Bewertung von Handelsaktiva grundsätzlich zum niedrigeren **Geldkurs,** von Handelspassiva grundsätzlich zum höheren **Briefkurs**.

Bei **Wertpapierkursen** ist der Geldkurs (Preis für das Angebot von Wertpapieren) geringer als der Briefkurs (Preis für die Nachfrage von Wertpapieren). Bei der Mengennotierung für **Devisen** (dh. wie viel Geld einer Auslandswährung erhält man für eine Einheit der Inlandswährung) liegt die Geldquotierung über der Briefquotierung (zu den bei der Währungsumrechnung anzusetzenden Kursen vgl. Kapitel 4.8.).

---

[963] Zum Vorliegen eines aktiven Markts vgl. IDW RH HFA 1.005 Tz. 8.
[964] Ebenso Heidel/Schall, § 255 HGB Rn. 117.

Bei quotierten **Zinssätzen** ist der Geldsatz der Zins für die Kreditaufnahme (Nachfrage nach Geld) und damit höher als der Briefsatz (Zins für die Geldanlage bzw. Angebot von Geld).

Aus Vereinfachungsgründen ist allerdings auch eine Bewertung sowohl der Handelsaktiva als auch der Handelspassiva zum Mittelkurs als zulässig zu erachten. Das gewählte Verfahren ist einheitlich und stetig anzuwenden und im Anhang zu erläutern (IDW RS BFA 2 Tz. 37).

Nach § 255 Abs. 4 Satz 1 HGB ist der Marktpreis **ohne Paketzu- oder Paketabschläge** maßgeblich (IDW RS BFA 2 Tz. 38).[965]

Berücksichtigung des Kredit- bzw. Ausfallrisikos

Der beizulegende Zeitwert iSd. § 255 Abs. 4 HGB schließt auch das **Kreditrisiko** mit ein, sodass die benchmarkorientierten Zinskurven (für die Bewertung von Aktiva und Passiva des Handels) ggf. um risikobezogene Kreditrisikospreads anzupassen sind.[966]

Bei der Ermittlung des Marktwerts (beizulegender Zeitwert, Fair Value) von Derivaten sind sowohl das **Kreditausfallrisiko** des **Kontrahenten** (CVA) als auch das **eigene Kreditausfallrisiko** des bilanzierenden Instituts (DVA) zu berücksichtigen. Für die CVA-/DVA-Ermittlung bestehen in der Praxis unterschiedliche Methoden.[967]

Weitere Details zur Berücksichtigung des Kredit- bzw. Ausfallrisikos (CVA, DVA), insbesondere bei positivem Marktwert vgl. auch Kapitel 4.12.1.

Da Kreditinstitute im Handel regelmäßig Collateral Management betreiben und das Kreditexposure der Kontrahenten somit häufig mit Sicherheiten (in bar oder Wertpapieren) unterlegt wird, kann sich die Berücksichtigung des Kontrahentenrisikos in diesen Fällen auf die Nettorisikoposition beschränken; sie erfolgt idR über sog. Bewertungsanpassungen, da die jeweiligen Zahlungsströme der OTC-Finanzinstrumente durch die IT-Systeme idR mit benchmarkbezogenen Zinskurven bewertet werden.

---

[965] Vgl. BR-Drucks. 344/08, 132.
[966] Ebenso Goldschmidt/Meyding-Metzger/Weigel, IRZ 2010, 23.
[967] Vgl. IDW BFA, Berichterstattung über die 268. Sitzung, IDW Life 2016, 732 f.; IDW RS HFA 47, Abschnitt 14; Bäthe-Guski/Debus/Eberhardt/Kuhn, WPg 2013, 744 ff.; Glischke/Mach/Stemmer, Finanz Betrieb 2009, 553 ff.; Plank, Schweizer Treuhänder 2011, 945 ff.; Grünberger, KoR 2011, 410 ff.; Gutjahr/Christ/Topper, KoR 2014, 249 ff.

Vorliegen eines sog. aktiven Markts

Ein aktiver Markt ist kumulativ durch drei Merkmale gekennzeichnet:

*   Es werden homogene Produkte gehandelt,
*   vertragswillige Parteien können idR jederzeit gefunden werden und
*   die Preise sind öffentlich.

Damit ist nicht jeder Preis, der sich bei einer beobachtbaren Markttransaktion ergibt, zugleich ein Preis auf einem aktiven Markt.

Der **Marktpreis** kann nach dem Gesetzgeber[968] als an einem **aktiven Markt** ermittelt angesehen werden, wenn (IDW RS BFA 2 Tz. 39):

1. er an einer Börse, von einem Händler, von einem Broker, von einer Branchengruppe, von einem Preisberechnungsservice oder von einer Aufsichtsbehörde
2. leicht und regelmäßig erhältlich ist und
3. auf aktuellen und regelmäßig auftretenden Markttransaktionen
4. zwischen unabhängigen Dritten beruht.

Diese vier Indikatoren müssen **kumulativ** erfüllt sein (IDW RS BFA 2 Tz. 39), damit von einem auf einem aktiven Markt ermittelten Marktpreis gesprochen werden kann (mark to market). Bezüglich der Definition eines aktiven Markts bzw. der Indikatoren zur Abgrenzung von aktiven und nicht-aktiven Märkten, insbesondere in der Finanzkrise, wird auf die Ausführungen bei Goldschmidt/ Weigel[969] verwiesen.

Ist nur eine der Bedingungen nicht gegeben, scheidet eine Bewertung anhand des Marktpreises nach § 255 Abs. 4 Satz 1 HGB aus. In diesem Fall kommt nur eine Bewertung nach § 255 Abs. 4 Satz 2 HGB (Anwendung eines Bewertungsverfahrens, mark to model) oder nach § 255 Abs. 4 Satz 3 und 4 HGB (Anschaffungskosten) in Betracht.

Für die Abgrenzung eines aktiven (liquiden) Markts von einem nicht aktiven (illiquiden) Markt gibt es nach dem Gesetz keine klare Definition. Die Abgrenzung ist vielmehr produkt- und marktabhängig unter Berücksichtigung der Gesamtlaufzeit des jeweiligen Finanzinstruments vorzunehmen. Die fol-

---

[968] Vgl. BR-Drucks. 344/08, 132.
[969] Vgl. Goldschmidt/Weigel, WPg 2009, 194 ff.

genden Kriterien können Indikatoren für das Vorliegen eines nicht (mehr) aktiven Markts sein (IDW RS BFA 2 Tz. 41):[970]

- Signifikante Ausweitung der Geld-Brief-Spanne.
- Signifikanter Rückgang der Handelsvolumina insbesondere im Verhältnis zu den historisch gehandelten Volumina.
- Extreme Preisschwankungen im Zeitablauf oder zwischen Marktteilnehmern.
- Keine laufende Verfügbarkeit von Preisen.

Vom Vorliegen eines aktiven Markts nach HGB kann nicht mehr ausgegangen werden, wenn bspw. wegen einer **geringen Anzahl umlaufender Aktien** im Verhältnis zum Gesamtvolumen der emittierten Aktien nur **kleine Volumina** gehandelt werden oder in einem **engen Markt** keine aktuellen Marktpreise verfügbar sind (IDW RS BFA 2 Tz. 42).[971]

Anwendung von Bewertungsmethoden

Nur wenn kein Marktpreis auf einem aktiven Markt ermittelbar ist, kommen zur Feststellung des beizulegenden Zeitwerts **allgemein anerkannte Bewertungsmethoden** zur Anwendung (§ 255 Abs. 4 Satz 2 HGB). Diese dienen dazu, den beizulegenden Zeitwert angemessen an den Marktpreis anzunähern,[972] wie er sich am Bewertungsstichtag zwischen unabhängigen Geschäftspartnern bei Vorliegen normaler Geschäftsbedingungen ergeben hätte. Zu negativen Zinsen in der Fair-Value-Bewertung derivativer Finanzinstrumente vgl. Hoffmann/Lahmann.[973] Zum Einfluss der Marktliquidität auf die Bewertung von Finanzinstrumenten vgl. Wüstemann/Iselborn.[974]

Denkbar ist bspw. der Vergleich mit dem vereinbarten Marktpreis jüngerer vergleichbarer Geschäftsvorfälle zwischen sachverständigen, vertragswilligen und unabhängigen Geschäftspartnern oder die Verwendung von „*allgemein anerkannten wirtschaftlichen Bewertungsmethoden*".[975] Soweit vorhanden sind bei Anwendung von Bewertungsverfahren aktuelle Marktdaten zu verwenden. Durch eine größtmögliche Verwendung von am Markt beobachtbaren Daten

---

[970] Vgl. Goldschmidt/Weigel, WPg 2009, 194 ff. mwN.
[971] Vgl. BR-Drucks. 344/08, 132.
[972] Vgl. BR-Drucks. 344/08, 132.
[973] Vgl. Hoffmann/Lahmann, WPg 2016, 1274 ff.
[974] Vgl. Wüstemann/Iselborn, WPg 2016, 507 ff.
[975] Vgl. BR-Drucks. 344/08, 132.

ist eine weitest mögliche Objektivierung der Bewertung sichergestellt.[976] Im Diskontierungssatz muss, insbesondere in außergewöhnlichen Situationen wie bspw. der Finanzmarktkrise in den Jahren 2008 ff., auch das (Markt-) Liquiditätsrisiko angemessen abgebildet werden.[977] Dies schließt ein, dass am Markt beobachtbare Entwicklungen nicht ignoriert werden dürfen. Die **Angemessenheit** der verwendeten Verfahren ist regelmäßig zu überprüfen.

Das BilMoG idF RegE geht nicht auf die Frage ein, was eine *„allgemein anerkannte"* Bewertungsmethode ist. Selbst eine in der Praxis akzeptierte Methode für die Bewertung eines bestimmten Finanzinstruments muss unter bestimmten Umständen unternehmensindividuell modifiziert werden, wenn dies veränderte Marktgegebenheiten betriebswirtschaftlich notwendig erscheinen lassen.[978]

Beim Einsatz von Bewertungsmodellen (zB Discounted Cashflow-Modelle, Optionspreismodelle) ist darauf zu achten, dass das Bewertungsmodell dem „Marktstandard" entspricht, dh. ein Modell benutzt wird, das üblicherweise von Marktteilnehmern verwendet wird, um dieses Finanzinstrument zu bewerten (IDW RS BFA 2 Tz. 44).[979] Bei der Bewertung ist zu unterscheiden, ob das jeweilige Finanzinstrument lineare oder nicht lineare (optionale) Risiken enthält. Für die Bewertung von Finanzinstrumenten mit linearen Risiken kommen regelmäßig Barwertmodelle zum Einsatz.[980] Ferner ist zu beachten, dass die Schwankungsbreite der ermittelten Modellwerte je nach Güte des verwendeten Bewertungsmodells und aufgrund von subjektiven Faktoren bei der Bewertung – wie zB Schätzunsicherheiten – unterschiedlich groß sein kann.[981]

Vorgehen bei Unmöglichkeit der Ermittlung des beizulegenden Zeitwerts

Lässt sich der beizulegende Zeitwert (Marktpreis auf einem aktiven Markt oder unter Anwendung von Bewertungsmethoden) ausnahmsweise nicht verlässlich ermitteln, hat die Folgebewertung zu **Anschaffungskosten** (Herstellungskosten) nach § 255 Abs. 4 Satz 3 HGB zu erfolgen. Von einer nicht verlässlichen Ermittlung des beizulegenden Zeitwerts (Marktwerts) ist bspw. auszugehen, wenn die angewandte Bewertungsmethode eine Bandbreite möglicher Werte

---

[976] Vgl. Sell, WPg 2008, Heft 23, I.
[977] Vgl. Sell, WPg 2008, Heft 23, I.
[978] Vgl. Gemeinhardt/Bode, StuB 2008, 174.
[979] Vgl. Goldschmidt/Weigel, WPg 2009, 196.
[980] Zur Anwendung der Discounted Cashflow-Methode vgl. Goldschmidt/Weigel, WPg 2008, 397 ff.; ebenso IDW, FN 2008, 471 ff.
[981] Vgl. Goldschmidt/Weigel, WPg 2009, 197.

zulässt, die Abweichung der Werte voneinander signifikant und eine Gewichtung der Werte nach Eintrittswahrscheinlichkeiten nicht möglich ist.[982] Dies kommt jedoch nur in seltenen Fällen wie zB bei bestimmten Eigenkapitaltiteln vor, wenn keine ausreichenden Informationen, die für eine Bewertung erforderlich sind, vorliegen. In diesem Fall ist gegebenenfalls der letzte zuverlässig ermittelte beizulegende Zeitwert Grundlage für eine dann nach § 253 Abs. 4 HGB (Niederstwertprinzip) vorzunehmende Bewertung (IDW RS BFA 2 Tz. 45).

Das Gesetz selbst regelt nicht den Fall, wie nach einem Wechsel von der Bewertung zum beizulegenden Zeitwert zur Bewertung zu Anschaffungskosten vorzugehen ist, wenn in der Folgezeit ein beizulegender Zeitwert – entweder als Marktpreis oder mittels einer Bewertungsmethode – wieder zuverlässig ermittelt werden kann, und wie von einer Folgebewertung zu Anschaffungskosten nach § 255 Abs. 4 Satz 3 HGB wieder auf die Zeitwertbewertung überzugehen ist. Da dies einen eher theoretischen Sachverhalt darstellt und das HGB ein prinzipienbasiertes Bilanzrecht ist, war eine gesetzliche Regelung entbehrlich. Es sind für diese Einzelfälle sachgerechte Lösungen auf Basis der Grundsätze ordnungsmäßiger Bilanzierung zu erarbeiten. Hier bietet es sich in Auslegung der Grundsätze ordnungsmäßiger Bilanzierung an, den letzten Buchwert als neue Anschaffungskosten zu unterstellen oder eine andere sachgerechte Lösung auf Basis der Grundsätze ordnungsmäßiger Bilanzierung zu erarbeiten.[983] Eine Umbewertungsdifferenz ist erfolgswirksam zu erfassen (IDW RS BFA 2 Tz. 47).

Bewertung von Devisen des Handelsbestands

Hinsichtlich der Bewertung von Devisen ist danach zu unterscheiden, ob die Devisen dem Handelsbestand oder dem Nicht-Handelsbestand zugeordnet sind.

Devisen des Handelsbestands sind als Finanzinstrumente des Handelsbestands unter Anwendung der Spezialnorm des § 340e Abs. 3 Satz 1 HGB, dh. mit dem beizulegenden Zeitwert abzüglich eines Risikoabschlags bzw. zuzüglich eines Risikozuschlags, zu bewerten (IDW RS BFA 2 Tz. 47). Das Bewertungsergebnis ist im „Nettoertrag des Handelsbestands" gemäß § 340c Abs. 1 Satz 1 HGB zu zeigen. Es wird klarstellend darauf hingewiesen, dass § 340e Abs. 4 HGB auf diesen Nettoertrag anzuwenden ist.

---

[982] Vgl. BR-Drucks. 344/08, 133.
[983] Vgl. ebenso Gelhausen/Fey/Kämpfer, Abschnitt V, Rn. 104.

Devisen des Nicht-Handelsbestands sind hingegen nach Maßgabe des § 340h iVm. § 256a HGB umzurechnen bzw. zu bewerten (vgl. Kapitel 4.8.).

Eine solche differenzierte Bewertung bzw. Fremdwährungsumrechnung erfordert eine **strikte Trennung** zwischen den beiden Arten von Devisenbeständen (IDW RS BFA 2 Tz. 47). Zudem kann das sog. **Devisenergebnis** nicht mehr wie vor Inkrafttreten des BilMoG einfach nur saldiert als Eigenhandelserfolg gezeigt werden. Der Ausweis in der Gewinn- und Verlustrechnung ist vielmehr abhängig vom jeweiligen bilanziellen Bestand (Junktim).

4.4.2.5.2. Risikoabschlag

Der Gesetzgeber stellte grundsätzlich fest, dass mit § 340e Abs. 3 Satz 1 HGB die Zeitwertbewertung geregelt wird, *„wie sie derzeit von den Kreditinstituten praktiziert wird"*.[984] Diese frühere Praxis basierte auf der internen Risikosteuerung der Institute und wurde im Schrifttum und in der Kommentierung als sachgerechte Fortentwicklung der Grundsätze ordnungsmäßiger Bilanzierung angesehen.

Vorab ist an dieser Stelle festzuhalten, dass in der Bilanzierungspraxis der Handelsbestände von Instituten früher verschiedene – jeweils mit den Grundsätzen ordnungsmäßiger Bilanzierung zu vereinbarende – Vorgehensweisen praktiziert wurden. Diese reichten von der imparitätischen Einzelbewertung jedes einzelnen Finanzinstruments über die Portfoliobewertung (Bewertungseinheit bis zur Nulllinie) bis hin zur sog. „modifizierten Marktwertbilanzierung" (Mark-to-Market mit Value at Risk-Abschlag).[985] Diese Vorgehensweisen wurden durch § 340e Abs. 3 HGB abgelöst.[986]

Der Gesetzgeber verlangt nunmehr, dass hinsichtlich der Bewertung zum beizulegenden Zeitwert abzüglich eines Risikoabschlags die *„Angemessenheit der Berechnungsmethode und der Berechnungsparameter (...) durch die Bankenaufsicht nach den Vorschriften des KWG beurteilt und überwacht (wird.)"*, sodass *„eine einheitliche Anwendung der handelsrechtlichen Bilanzierungs- und Bewertungsvorschriften"* erreicht wird (IDW RS BFA 2 Tz. 49). Der Gesetzgeber führt hierzu weiter aus: *„Wie im Regierungsentwurf bleibt es bei einem Risikoabschlag auf der Basis der internen Risikosteuerung gemäß bankaufsichtsrechtlicher Vorgaben, also eines ‚value at risk' unter Anwendung*

[984] Vgl. BT-Drucks. 16/12407, 188.
[985] Vgl. Marxfeld/Schäfer/Schaber, FB 2005, 728 ff.
[986] Ausführlich vgl. Scharpf/Schaber/Löw/Treitz/Weigel/Goldschmidt, WPg 2010, 449 ff.; Haaker/Freiberg, PiR 2014, 149 ff.

finanzmathematischer Verfahren".[987] Damit rekurriert der Gesetzgeber in erster Linie auf die *„interne Risikosteuerung"* und nennt als eine Möglichkeit für den Risikoabschlag den Value at Risk (VaR).

Klarstellend sei darauf hingewiesen, dass bei einer Bewertung nach § 255 Abs. 4 Satz 3 HGB (Anschaffungskosten) keine Bewertung zum beizulegenden Zeitwert gegeben und damit auch kein Risikoabschlag zu berücksichtigen ist.[988]

Der Risikoabschlag muss den Ausfallwahrscheinlichkeiten der realisierbaren, aber noch nicht tatsächlich realisierten (Bewertungs-) Gewinne Rechnung tragen (IDW RS BFA 2 Tz. 48). Es ist eine adäquate Bewertungsmethode zugrunde zu legen.[989] Der Gesetzgeber[990] geht davon aus, dass *„die Angemessenheit der Berechnungsmethode und der Berechnungsparameter (für die Ermittlung des Risikoabschlags) (...) durch die Bankenaufsicht nach den Vorschriften des KWG beurteilt und überwacht (wird)"*. Dies wird dahingehend präzisiert, dass *„eine einheitliche Anwendung der handelsrechtlichen Bilanzierungs- und Bewertungsvorschriften"* sowohl für Zwecke der Bilanzierung als auch der Aufsicht angestrebt wird (IDW RS BFA 2 Tz. 50).[991] Mithin kann hier davon ausgegangen werden, dass als Risikoabschlag sog. **Value at Risk-Abschläge**, die auf Basis der internen Risikosteuerung und unter Berücksichtigung der bankaufsichtlich vorgeschriebenen Parameter ermittelt wurden, in jedem Fall anerkannt werden (IDW RS BFA 2 Tz. 50).[992]

Steuert ein Institut die Risiken des Handelsbestands mittels eines VaR, dessen Berechnungsparameter von denen der bankaufsichtlichen Normen abweichen, gilt Folgendes: Ist der VaR für Steuerungszwecke aufgrund der abweichenden Parameter tendenziell höher als der VaR nach der Bankenaufsicht, ist der für Steuerungszwecke verwendete höhere VaR auch für Bilanzierungszwecke anzuwenden. Ansonsten ist der VaR nach den bankaufsichtlichen Normen maßgeblich (IDW RS BFA 2 Tz. 54).

Grundsätzlich sind der Ermittlung des Risikoabschlags bzw. des VaR der **nach handelsrechtlichen Vorgaben abgegrenzte Handelsbestand** zugrunde zu legen und hierauf die **bankaufsichtsrechtlich bestimmten Parameter anzuwenden** (IDW RS BFA 2 Tz. 51).

---

[987] Vgl. BT-Drucks. 16/12407, 188.
[988] Ebenso Gelhausen/Fey/Kämpfer, Abschnitt V, Rn. 105.
[989] Vgl. BR-Drucks. 344/08, 206.
[990] Vgl. BR-Drucks. 344/08, 206.
[991] Vgl. BR-Drucks. 344/08, 206.
[992] Vgl. mit weiteren Details Marxfeld/Schäfer/Schaber, FB 2005, 732 f.

Ein Value at Risk-Abschlag dient nicht der bilanziellen Abbildung zum Abschlussstichtag erkennbarer Wertbelastungen, die sich bereits im beizulegenden Zeitwert niederschlagen (IDW RS BFA 2 Tz. 51). Vielmehr entspricht er der Höhe nach dem Verlust, der mit einer bestimmten vorgegebenen Wahrscheinlichkeit innerhalb einer bestimmten Haltedauer in der Zukunft nicht überschritten wird. Hiermit gelangt ein betriebswirtschaftliches Vorsichtsprinzip anstelle des transaktionsorientierten Realisationsprinzips zur Anwendung. § 340e Abs. 3 Satz 1 HGB trägt dem Rechnung und führt zu einem Gleichklang zwischen externer Rechnungslegung und interner Risikosteuerung. Vor diesem Hintergrund wäre die mit § 340e Abs. 4 HGB eingeführte faktische Ausschüttungssperre zur Einhaltung der Grundsätze ordnungsmäßiger Bilanzierung nicht notwendig gewesen.

Nicht alle Institute sind bankaufsichtlich gezwungen, einen Value at Risk zu ermitteln (IDW RS BFA 2 Tz. 53). Den Gesetzesmaterialien zum Bilanzrechtsmodernisierungsgesetz ist nicht zu entnehmen, dass in diesen Fällen für Zwecke der Zeitwertbilanzierung durch die Institute für handelsrechtliche Zwecke ein eigener Value at Risk (auf der Grundlage der bankaufsichtlichen Vorgaben) zu berechnen ist. Der Gesetzgeber verlangt vielmehr, dass der *„Risikoabschlag auf Basis der internen Risikosteuerung gemäß der bankaufsichtsrechtlichen Vorgaben"*[993] ermittelt werden muss. Zu diesen bankaufsichtsrechtlichen Vorgaben gehört ua. auch ein funktionsfähiges Risikomanagement nach § 25a Abs. 1 KWG. Im Rahmen dieser Vorschrift sind von Instituten die MaRisk umzusetzen, die auch Vorgaben zur Risikosteuerung beinhalten.

Vor diesem Hintergrund wird es als zulässig erachtet, dass der **Risikoabschlag alternativ ermittelt** wird, wenn dies mit der praktizierten internen Risikosteuerung übereinstimmt (IDW RS BFA 2 Tz. 53); mit anderen Worten: Die Berechnung auf Basis eines Value at Risk kann nicht allein für handelsrechtliche Zwecke verlangt werden.[994] Dies bedeutet jedoch im Umkehrschluss, wenn für Zwecke der Risikosteuerung (freiwillig) ein Value at Risk ermittelt wird, dass dieser im Normalfall auch für handelsrechtliche Zwecke als Risikoabschlag Anwendung findet. Zu beachten ist: wird für Steuerungszwecke ungeachtet der Pflichten der bankaufsichtlichen Normen ein eigener Value at Risk verwendet, kommt dieser als Risikoabschlag in Betracht, wenn er mindestens auf Basis der Parameter der bankaufsichtlichen Regeln ermittelt wurde (IDW RS BFA 2 Tz. 53).

Bei Verwendung einer **alternativen Berechnungsmethode** kommen bspw. Szenarioansätze oder pauschale Risikoabschläge in Betracht, die den geschätz-

---

[993] BT-Drucks. 16/12407, 188.
[994] Vgl. Löw/Scharpf/Weigel, WPg 2008, 1012.

ten Ausfallwahrscheinlichkeiten der realisierbaren (Bewertungs-) Gewinne entsprechen. Voraussetzung dafür ist, dass diese alternativen Berechnungsmethoden die inhärenten Risiken der jeweiligen Finanzinstrumente angemessen abbilden und im Einklang mit der internen Risikosteuerung des Instituts stehen. Bei sehr geringem Handelsbestand entspricht es dem Sinn und Zweck der Regelung, den Risikoabschlag in Höhe der unrealisierten Bewertungsgewinne vorzunehmen.[995] Auf Einzelgeschäftsebene ist der Risikoabschlag damit auf die realisierbaren Bewertungsgewinne begrenzt.

Bei einem **Portfolio** von demselben Risiko unterliegenden Finanzinstrumenten, das auf **Basis des beizulegenden Zeitwerts** (dh. mittels Fair-Value-Limiten) **gesteuert** wird, kann es dementsprechend als sachgerecht angesehen werden, wenn der Risikoabschlag auf die Höhe der Differenz zwischen den nicht realisierten Gewinnen und den nicht realisierten Verlusten aller im Portfolio geführten Finanzinstrumente angesetzt wird (IDW RS BFA 2 Tz. 55).[996] Außer Betracht bleiben dabei die während des Geschäftsjahres bereits gebuchten Verluste aus dem Handelsbestand, dh. diese werden nicht den Risikoabschlag mindernd berücksichtigt.

Der Risikoabschlag kann damit grundsätzlich auf Einzelgeschäftsbasis, je Handelsportfolio oder für den Handelsbestand insgesamt ermittelt werden.[997]

Weitere Verfahren zur Ermittlung des Risikoabschlags sind grundsätzlich denkbar, können aber nur akzeptiert werden, wenn sie in der internen Risikosteuerung und unter Einhaltung der einschlägigen Vorschriften zum Risikomanagement – wie der MaRisk – verwendet werden (IDW RS BFA 2 Tz. 56).

Das gewählte Verfahren zur Ermittlung des Risikoabschlags unterliegt dem Grundsatz der Bewertungsstetigkeit (IDW RS BFA 2 Tz. 57) und ist im Anhang zu erläutern (§ 35 Abs. 1 Nr. 6a RechKredV).

Für den Fall, dass ein Value at Risk für sämtliche Bestände des Handels – also Aktiva und Passiva – ermittelt wird, ist es im Regelfall nicht möglich, diesen Betrag sachgerecht auf die aktiven bzw. passiven Handelsbestände aufzuteilen. In solchen Fällen wird es für sachgerecht angesehen, dass dieser Value at Risk-Abschlag insgesamt beim größeren der jeweiligen Bestände (dies ist im Regelfall der Handelsbestand der Aktivseite) berücksichtigt wird. Im Anhang ist entsprechend zu berichten. Es empfiehlt sich eine Darstellung in Form einer Tabelle, in der die Aufgliederung gemäß § 35 Abs. 1 Nr. 1a RechKredV für

---

[995] Ebenso Böcking/Bär/Morawietz, in: MünchKomm. HGB, 4. Aufl., § 340e HGB Rn. 52.
[996] Vgl. Löw/Scharpf/Weigel, WPg 2008, 1012.
[997] Vgl. DGRV (Hrsg.), Praxishandbuch Derivate, Teil 1, D.II.2.2.2.

den Aktiv- und Passivposten mittels zwei Spalten erfolgt, wobei der Risikoabschlag vom jeweils höheren Posten in Abzug gebracht wird (§ 35 Abs. 1 Nr. 6a RechKredV).

Der Risikoabschlag für **Handelsaktiva** ist als Aufwand im **Handelsergebnis** nach § 340c Abs. 1 HGB zu erfassen. Für **Handelspassiva** ist der Risikoabschlag als Zuschlag zu verstehen und ebenfalls als Aufwand im Handelsergebnis zu zeigen (IDW RS BFA 2 Tz. 59).[998]

Der Risikoabschlag/-zuschlag ist nach § 340e Abs. 3 Satz 1 HGB als Maßnahme der Bewertung des Handelsbestands ausdrücklich vorgeschrieben. Er ist auch dann in voller Höhe zu buchen, wenn er den Nettoertrag vor Erfassung des Risikoabschlags aufzehrt oder übersteigt und die Buchung des vollen Risikoabschlags ggf. zu einem Nettoaufwand führen würde. Nach § 340e Abs. 4 Satz 2 Nr. 1 HGB kann aber der Sonderposten gemäß § 340e Abs. 4 Satz 1 HGB für den Fall aufgelöst werden, dass es ansonsten zum Ausweis von Nettoaufwendungen des Handelsbestands kommen würde. Da die Auflösung dieses Sonderpostens nach § 340e Abs. 4 Satz 2 HGB wahlweise erfolgen kann, ist es auch zulässig, den Risikoabschlag/-zuschlag zu buchen, sodass sich im Ergebnis ein Nettoaufwand des Handelsbestands ergibt.

Soweit das Institut Handel mit Finanzinstrumenten betreibt, die **Kreditrisiken** oder anderen Risiken ausgesetzt sind, die nicht zu den Marktpreisrisiken zählen und denen durch einen Value at Risk-Risikoabschlag nicht oder nicht angemessen Rechnung getragen wird, ist ein Abschlag vorzunehmen, der den inhärenten Risiken des jeweiligen Finanzinstruments gerecht wird (IDW RS BFA 2 Tz. 60).

4.4.2.5.3. Sonderposten gemäß § 340e Abs. 4 HGB

Zuführung zum Sonderposten gemäß § 340e Abs. 4 iVm. § 340g HGB

Neben dem Risikoabschlag ist *„in der Bilanz (...) dem Sonderposten ‚Fonds für allgemeine Bankrisiken' nach § 340g in jedem Geschäftsjahr ein Betrag, der mindestens zehn vom Hundert der Nettoerträge des Handelsbestands entspricht, zuzuführen und dort gesondert auszuweisen."* Die jährliche Zuführung zu dem Sonderposten ist der Höhe nach begrenzt auf den gesamten Nettoertrag des Handelsbestands (IDW RS BFA 2 Tz. 61).[999]

---

[998] Vgl. Löw/Scharpf/Weigel, WPg 2008, 1012.
[999] Vgl. Scharpf/Schaber/Löw/Treitz/Weigel/Goldschmidt, WPg 2010, 452 ff.; Haaker/Freiberg, PiR 2014, 53 f.; BR-Drucks. 16/12407, 189; Haaker/Freiberg, PiR 2014, 149 f.

Die Zuführung hat so lange zu erfolgen, bis der Sonderposten eine Höhe von 50 % des Durchschnitts der letzten fünf vor dem Berechnungstag erzielten jährlichen Nettoerträge des Handelsbestands (einschließlich des Nettoertrags des Berichtsjahrs) erreicht (§ 340e Abs. 4 Satz 2 Nr. 4 HGB). Bei der Durchschnittsbildung dürfen Geschäftsjahre mit einem Nettoaufwand des Handelsbestands nicht einbezogen werden.[1000] Wenn hier von der „Höhe des Sonderpostens" die Rede ist, ist damit der Sonderposten iSd. § 340e Abs. 4 HGB und nicht der gesamte „Fonds für allgemeine Bankrisiken" gemeint, dh. die Dotierung nach § 340e Abs. 4 HGB hat unabhängig von evtl. Zuführungen nach § 340g Abs. 1 HGB zu erfolgen. Die Zuführungspflicht besteht damit so lange, bis in etwa die Hälfte eines jährlichen Nettoertrags aus dem Handelsbestand erreicht ist. Die Anrechnung etwaiger Bestände des „Fonds für allgemeine Bankrisiken" auf den neu zu bildenden Sonderposten nach § 340e Abs. 4 HGB ist nicht möglich. Bezüglich § 340g HGB und § 340e Abs. 4 HGB ist eine getrennte Bestandführung notwendig.

Die Zuführung kann nur bei **Erstellung des Jahresabschlusses**, nicht aber bei der Erstellung eines handelsrechtlichen **Zwischenabschlusses** erfolgen (IDW RS BFA 2 Tz. 61).[1001] In einem Geschäftsjahr kann es nur eine Zuführung zum Sonderposten oder eine Auflösung des Sonderpostens nach § 340e Abs. 4 HGB geben.

Auflösung des Sonderpostens

Der Sonderposten darf nach § 340e Abs. 4 Satz 2 HGB *nur aufgelöst werden:*

1. *zum Ausgleich von Nettoaufwendungen des Handelsbestands, sowie*
2. *zum Ausgleich eines Jahresfehlbetrags, soweit er nicht durch einen Gewinnvortrag aus dem Vorjahr gedeckt ist,*
3. *zum Ausgleich eines Verlustvortrags aus dem Vorjahr, soweit er nicht durch einen Jahresüberschuss gedeckt ist, oder*
4. *soweit er 50 vom Hundert des Durchschnitts der letzten fünf jährlichen Nettoerträge des Handelsbestands übersteigt.*

§ 340e Abs. 4 Satz 3 HGB schreibt vor, dass Auflösungen, die nach § 340e Satz 2 Nr. 1 bis Nr. 4 HGB erfolgen, im Anhang anzugeben und zu erläutern sind.

[1000] Vgl. DGRV (Hrsg.), Praxishandbuch Derivate, Teil 1, D.II.2.2.3.
[1001] Vgl. Gelhausen/Fey/Kämpfer, §§ 340a-341n Rn. 122.

§ 340e Abs. 4 Satz 2 Nr. 2 und Nr. 3 sowie Satz 3 HGB wurden im Jahr 2014 durch das *„Gesetz zur Anpassung von Gesetzen auf dem Gebiet des Finanzmarktes"*[1002] eingefügt. Diese Erweiterung der Auflösungsmöglichkeiten des Sonderpostens erfolgte im Zuge der Neuordnung der Eigenmittelvorschriften für Institute iRd. Umsetzung des CRR IV-Pakets in deutsches Recht.[1003] Die Änderung (Verwendungsmöglichkeit zur Deckung jeder Art von Verlusten und Risiken) war notwendig, um den Sonderposten als hartes Kernkapital iSd. CRR anrechnen zu können.

Zunächst ist festzustellen, dass für diese **Auflösungen** ein **Wahlrecht** (*„darf"*) besteht; der Sonderposten muss weder im Falle des § 340e Abs. 4 Nr. 1 noch im Falle der Nr. 2 bis Nr. 4 HGB zwingend aufgelöst werden. Die Buchung der Auflösungsbeträge *„zum Ausgleich von Nettoaufwendungen des Handelsbestands"* kann nach dem Wortlaut des Gesetzes nur im Handelsergebnis erfolgen.

Die Auflösung ist nach **§ 340e Abs. 4 Satz 2 Nr. 1 HGB** erlaubt, wenn anstelle der Nettoerträge aus dem Handelsbestand im Rahmen der Bilanzaufstellung Nettoaufwendungen vorliegen, *„also aus dem Handel während des Geschäftsjahres ein Verlust entstanden ist"*.[1004] Diese Auflösungsmöglichkeit besteht nur im Rahmen der Erstellung des Jahresabschluss und nicht bei der Erstellung eines handelsrechtlichen Zwischenabschlusses (IDW RS BFA 2 Tz. 65).[1005]

Die Möglichkeiten der Auflösung des Sonderpostens nach **§ 340e Abs. 4 Satz 2 Nr. 2 HGB** *„zum Ausgleich eines Jahresfehlbetrags, soweit dieser nicht durch einen Gewinnvortrag aus dem Vorjahr gedeckt ist"* sowie nach § 340e Abs. 4 Satz 2 Nr. 3 HGB *„zum Ausgleich eines Verlustvortrags aus dem Vorjahr, soweit er nicht durch einen Jahresüberschuss gedeckt ist"*, die im Jahr 2014 neu eingeführt wurden, können ebenfalls nur im Rahmen der Erstellung des Jahresabschlusses und nicht bei der Erstellung eines **Zwischenabschlusses** vorgenommen werden.

Die Buchung im Falle der Auflösungen des Sonderpostens nach **§ 340e Abs. 4 Satz 2 Nr. 2 und Nr. 3 HGB** kann der Ausweiskonzeption der RechKredV folgend auch nur im Handelsergebnis erfolgen. In Ergänzung zu den Anhang-

---

[1002] Vgl. BGBl. I 2014, 934, hier 950.
[1003] Vgl. BT-Drucks. 18/1648, 74 f.
[1004] Vgl. BT-Drucks. 16/12407, 189.
[1005] Vgl. Gelhausen/Fey/Kämpfer, §§ 340a-341n Rn. 122.

angaben bzw. -erläuterungen nach § 340e Abs. 4 Satz 3 HGB halten wir einen Davon-Vermerk zum Handelsergebnis für sachgerecht.[1006]

Aufgrund des eindeutigen Wortlauts darf bei Bestehen eines **Ergebnisabführungsvertrags** und eines (rechnerischen) Jahresfehlbetrags vor Buchung der Verlustübernahme durch die Muttergesellschaft, bei gleichzeitig positivem Handelsergebnis der Sonderposten nicht nach § 340e Abs. 4 Satz 2 Nr. 2 HGB zur Deckung eines rechnerischen Jahresfehlbetrags aufgelöst werden.[1007] Da die Formblätter für die GuV standardmäßig die Posten „Erträge aus Verlustübernahme" bzw. „Auf Grund einer Gewinngemeinschaft, eines Gewinnabführungsvertrags oder eines Teilgewinnabführungsvertrags abgeführte Gewinne" enthalten, ist nicht davon auszugehen, dass es sich um ein Versehen des Gesetzgebers handelt. In anderen Fällen hat es der Gesetzgeber auch nicht versäumt explizit zu benennen, wenn er nicht auf den „Jahresüberschuss" abzielt (zB § 301 Satz 1 AktG, § 3 Abs. 1 Satz 1 RStruktFV vom 20.7.2011). Ferner läuft die wörtliche Auslegung der Vorschrift auch nicht dem bei Einführung iRd. BilMoG verfolgten Zweck eines „Risikopuffers" bzw. eine Ausschüttungssperre in Bezug auf die mit der Zeitwertbewertung von Finanzinstrumenten des Handelsbestands einhergehenden Effekte zuwider.

§ 340e Abs. 4 Satz 2 Nr. 4 HGB erlaubt eine Auflösung des Sonderpostens auch *„soweit er 50 vom Hundert des Durchschnitts der letzten fünf jährlichen Nettoerträge des Handelsbestands überschreitet"*. Der Gesetzgeber stellt in diesem Fall auf einen Durchschnitt von fünf Jahren mit einer Zuführung von jeweils 10 % ab. Maßgeblich sind nach dem eindeutigen Wortlaut des Gesetzes *„die letzten fünf jährlichen Netto**erträge** des Handelsbestands"*, dh. dass Netto**aufwendungen** des Handelsbestands in diese Durchschnittsberechnung nicht mit eingehen dürfen (IDW RS BFA 2 Tz. 66). Damit ist für die zu ermittelnde Grenze der Durchschnitt der letzten fünf Jahre heranzuziehen, für die im Jahresabschluss ein Nettoertrag des Handelsbestands in der Gewinn- und Verlustrechnung ausgewiesen wurde. Unbeachtlich ist dabei, ob dies fünf aufeinanderfolgende Jahre sind oder ob zwischendurch auch ein Jahr mit einem Nettoverlust des Handelsbestands vorgelegen hat.

Diese Vorgehensweise lässt sich aus den Ausführungen des Rechtsausschusses in der BT-Drucksache 16/12407 ableiten: *„die Pflicht zur Zuführung be-*

[1006] AA WPH Edition, Kreditinstitute, Kap. D. Rn. 394: danach sollte der Ausweis eher in dem GuV-Posten erfolgen, in dem die Auflösungen zum „Fonds für allgemeine Bankrisiken" gem. § 340g HGB ausgewiesen werden, da die entsprechenden Auflösungsgründe ungeachtet der bestehenden Anhangangabepflichten gem. § 340e Abs. 4 Satz 3 HGB keinen Bezug zum Nettoergebnis des Handelsbestands aufweisen würden.

[1007] Ebenso WPH Edition, Kreditinstitute, Kap. D. Rn. 389.

steht also so lange, bis in etwa die Hälfte eines jährlichen Nettoertrags aus dem Handelsbestand erreicht ist.[1008] Für diese Vorgehensweise spricht ferner folgende Überlegung: Wären über einen Zeitraum von fünf Jahren auch Nettoverluste einzubeziehen, wäre für den Fall, dass in den vergangenen fünf Jahren nur Nettoverluste entstanden sind, im sechsten Jahr aber ein Nettoertrag entsteht, in diesem (sechsten) Jahr keine Zuführung erforderlich, da der Fünfjahresdurchschnitt nicht positiv ist. Dies ist vom Gesetzgeber nicht gewollt. Im Schrifttum wird jedoch fälschlicherweise auch die Ansicht vertreten, dass die letzten fünf Geschäftsjahre maßgeblich sind.[1009]

Eine Auflösung des Sonderpostens iSd. § 340e Abs. 4 HGB ist nach dem Willen des Gesetzgebers ferner dann *„zulässig, wenn der Handel eingestellt"* und der **Handelsbestand aufgelöst** wird.[1010] Bei wörtlicher Auslegung der Ausführungen in der Begründung zur Beschlussempfehlung des Rechtsausschusses zum Bilanzrechtsmodernisierungsgesetz ist bei (völliger) Einstellung des Handels ein Wahlrecht hinsichtlich der Auflösung des Sonderpostens gegeben, was dem Sinn und Zweck der Vorschrift entspricht, da nach § 340e Abs. 4 Satz 2 HGB für die Auflösung bzw. Inanspruchnahme des Postens ein Wahlrecht normiert ist.

In gleicher Weise kann verfahren werden, wenn nicht der gesamte Handel, sondern nur der Handel einzelner Produkte oder Produktgruppen auf Dauer eingestellt wird, soweit eine zweifelsfreie Aufteilung des Sonderpostens auf Produkte bzw. Produktgruppen vorgenommen werden kann.

Ebenso wenig wie eine unterjährige Zuführung zum Sonderposten möglich ist, ist auch eine unterjährige Auflösung nicht statthaft.

4.4.2.6. Ausweis

4.4.2.6.1. Ausweis in der Bilanz

In der **Bilanz** ist ein Aktivposten „6a. Handelsbestand" sowie ein Passivposten „3a. Handelsbestand" zum Ausweis der Finanzinstrumente des Handelsbestands vorgesehen. Damit wurde iRd. BilMoG den Wünschen der Bilanzierungspraxis angemessen Rechnung getragen.[1011]

[1008] Vgl. BT-Drucks. 16/12407, 189.
[1009] Vgl. Gelhausen/Fey/Kämpfer, Abschnitt V, Rn. 120 mwN.
[1010] Vgl. BT-Drucks. 16/12407, 189.
[1011] Vgl. Scharpf/Schaber/Löw/Treitz/Weigel/Goldschmidt, WPg 2010, 501 ff.

Da weder das Gesetz noch die RechKredV bezüglich beider Bilanzposten eine Saldierungsvorschrift aufweisen, muss zwingend ein **Bruttoausweis** von Handelsaktiva und Handelspassiva erfolgen (§ 246 Abs. 2 Satz 1 HGB). Dies gilt insbesondere für derivative Finanzinstrumente, die bislang – dh. vor Inkrafttreten des BilMoG – im Rahmen einer Portfoliobewertung de facto mit den zugeordneten Grundgeschäften saldiert wurden (IDW RS BFA 2 Tz. 68).

Eine **Saldierung** von Handelsaktiva und Handelspassiva kann nur nach den allgemeinen Grundsätzen erfolgen (vgl. Kapitel 3.4.). Die bei Kreditinstituten zum Einsatz kommenden aufsichtsrechtlichen Nettingvereinbarungen (Liquidations- oder Novationsnetting) eignen sich nicht für eine Ausnahme vom Saldierungsverbot, da die Forderungen und Verbindlichkeiten zum Abschlussstichtag nicht fällig sind und sich – je nach getroffener Vereinbarung – im Insolvenzfall (Liquidationsnetting) oder bei Entstehung einer neuen rechtlichen Vereinbarung (Novationsnetting) aufrechnungsfähig gegenüberstehen.[1012]

Der **gesonderte Ausweis** des Sonderpostens nach § 340e Abs. 4 HGB im „Fonds für allgemeine Bankrisiken" iSd. § 340g HGB hat mittels des Davon-Vermerks „davon Sonderposten nach § 340e Abs. 4 HGB" zu erfolgen (IDW RS BFA 2 Tz. 69).

4.4.2.6.2. Nettoausweis des Handelsergebnisses

§ 340c Abs. 1 Satz 1 HGB, der den Inhalt des Handelsergebnisses umschreibt, wurde mit dem BilMoG neu gefasst: *„Als Ertrag oder Aufwand des Handelsbestands ist der Unterschiedsbetrag aller Erträge und Aufwendungen aus Geschäften mit Finanzinstrumenten des Handelsbestands und dem Handel mit Edelmetallen sowie der zugehörigen Erträge aus Zuschreibungen und Aufwendungen aus Abschreibungen auszuweisen."* In dem Posten „Nettoertrag/ Nettoaufwand des Handelsbestands" spiegelt sich das Ergebnis der Eigenhandelsaktivitäten wider.

Nach der Einführung der Zeitwertbewertung sind **Bewertungseinheiten** nach § 254 HGB im Handelsbestand nicht mehr möglich (IDW RS BFA 2 Tz. 70). Bei faktischen **Hedgegeschäften** bspw. zur Festschreibung einer Marge, bei der das „Grundgeschäft" ein Eigenhandelsgeschäft iSd. § 340c Abs. 1 HGB ist, erstreckt sich aufgrund des wirtschaftlichen Zusammenhangs beider Geschäfte der Anwendungsbereich der Eigenhandelsvorschrift auch auf die faktischen Sicherungsgeschäfte.

[1012] Vgl. Goldschmidt/Meyding-Metzger/Weigel, IRZ 2010, 23.

In der Gewinn- und Verlustrechnung in Kontoform (Formblatt 2) wurde der frühere Posten „Nettoertrag aus Finanzgeschäften" in „Nettoertrag des Handelsbestands" und der frühere Posten „Nettoaufwand aus Finanzgeschäften" in „Nettoaufwand des Handelsbestands" umbenannt. Im Formblatt 3 (Staffelform) wurde der ehemalige Posten „Nettoertrag oder Nettoaufwand aus Finanzgeschäften" in „Nettoertrag oder Nettoaufwand des Handelsbestands" umbenannt. Insoweit handelt es sich um rein redaktionelle Änderungen ohne materielle Relevanz.

In das Nettoergebnis des Handelsbestands fließen die in Abb. 4.8 aufgeführten Aufwendungen und Erträge ein.

Eigenhandel	Aufwendungen	Erträge
– Wertpapiere/ Forderungen – Derivative Finanz- instrumente – Devisen – Edelmetalle – zu Handelszwecken begebene Verbindlich- keiten	– Kursverluste (Ab- gangsverluste) bzw. Bewertungsverluste – Risikoab-/-zuschlag – Provisionsauf- wendungen – laufende Aufwendun- gen (Zinsen usw.), sofern im Einklang mit der Steuerung	– Kursgewinne (Ab- gangsgewinne) bzw. Bewertungsgewinne – Provisionserträge – laufende Erträge (Zinsen usw.), soweit im Einklang mit der Steuerung

Abb. 4.8: Nettoertrag/Nettoaufwand des Handelsbestands

Die RechKredV enthält keine explizite Vorschrift dazu, in welchem Posten die mit den Handelsbeständen korrespondierenden **laufenden Erträge** bzw. **laufenden Aufwendungen** (Zinsen, Dividenden) in der Gewinn- und Verlustrechnung auszuweisen sind. Allerdings regeln die §§ 28 und 29 RechKredV den Ausweis von Zinserträgen und Zinsaufwendungen aus dem Bankgeschäft, indem sie eine bilanzpostenbezogene Zuordnung vorgeben. Dies bedeutet – übertragen auf die durch das BilMoG eingeführten Aktiv- bzw. Passivposten „Handelsbestand" –, dass die mit dem Handelsbestand korrespondierenden laufenden Erträge bzw. Aufwendungen zum Nettoertrag oder Nettoaufwand des Handelsbestands gehören (IDW RS BFA 2 Tz. 72).[1013] Hierfür spricht auch die Absicht des Gesetzgebers iRd. BilMoG, durch eine konsequente Orientierung an der internen Steuerung die Transparenz und Aussagefähigkeit der

---

[1013] Ebenso WPH Edition, Kreditinstitute, Kap. D. Rn. 582; Vgl. Böcking/Wolsiffer/Bär, in: MünchKomm. HGB, 4. Aufl., § 340c HGB Rn. 15.

Handelsaktivitäten im Jahresabschluss zu erhöhen. Insofern wurde einem Wunsch der Praxis entsprochen.[1014]

Gemäß § 340c Abs. 1 Satz 1 HGB ist *„als Ertrag oder Aufwand des Handelsbestands (...) der Unterschiedsbetrag aller Erträge und Aufwendungen aus Geschäften mit Finanzinstrumenten des Handelsbestandes und dem Handel mit Edelmetallen sowie der zugehörigen Erträge aus Zuschreibungen und Aufwendungen aus Abschreibungen auszuweisen ".* Bei wortgetreuer Auslegung können Geschäfte als ein Synonym für Transaktionen aufgefasst werden. Wird dieser engen Abgrenzung gefolgt, sind zwingend nur **Provisionen**, die im Zusammenhang mit dem Erwerb oder der Veräußerung von Finanzinstrumenten des Handelsbestands anfallen, im Handelsergebnis auszuweisen. Folgt man dieser wortgetreuen (engen) Auslegung, gilt sowohl für die Zinsen als auch für die Dividenden einheitlich der nachfolgend dargestellte Ausweis.

In diesem Sinne wird es als zulässig erachtet, die **laufenden Zinserträge und -aufwendungen**, alternativ zu einem Ausweis im Nettoergebnis des Handelsbestands, auch im Zinsergebnis (brutto) auszuweisen, wenn dies mit der internen Steuerung übereinstimmt. Darüber wäre im Anhang zu berichten. Die Methode ist stetig anzuwenden, eine Zuordnung ausschließlich der Zinserträge zum Zinsergebnis ist nicht zulässig (IDW RS BFA 2 Tz. 75). Dabei besteht nicht die Möglichkeit, nur die Zinserträge den Zinsergebnis zuzurechnen, um damit das Zinsergebnis zu verbessern.[1015]

Werden **Dividendenerträge** entgegen des Wortlauts von § 340c Abs. 1 Satz 1 HGB (siehe oben) nicht im Handelsergebnis gezeigt, können diese nur im Posten „Laufende Erträge aus a) Aktien und anderen nicht fest verzinslichen Wertpapieren" erfasst werden. Keinesfalls dürfen Dividendenerträge im Zinsergebnis ausgewiesen werden. Dies geht auch dann nicht, wenn dies mit der internen Steuerung im Einklang stehen sollte, da dies ein eindeutiger Verstoß gegen § 28 RechKredV wäre. Auch hierüber wäre im Anhang zu berichten und die Methodenstetigkeit zu beachten.

Für den Ausweis von aus Handelsbeständen resultierenden Zinsen und Dividenden bedeutet dies, dass diese ausnahmslos im Handelsergebnis gezeigt werden (Alternative 1). Alternativ müssen Zinsen brutto als Zinserträge bzw. -aufwendungen und Dividenden als laufende Erträge aus Aktien gezeigt werden (Alternative 2). Das Institut muss sich für eine der zwei Alternativen entscheiden und den gewählten Ausweis stetig anwenden. Ein Ausweis der Zinsen im Zinsergeb-

---

[1014] Vgl. Löw/Scharpf/Weigel, WPg 2008, 1015.

[1015] Ebenso Böcking/Wolsiffer/Bär, in: MünchKomm. HGB, 4. Aufl., § 340c HGB Rn. 15 mwN.

nis und der Dividenden im Handelsergebnis (und umgekehrt) ist nicht zulässig, da sich das Institut nur für eine der Auslegungsalternativen entscheiden kann. Im Anhang ist anzugeben, in welchen Posten diese Erträge gezeigt werden.

Hier wird die Ansicht vertreten, dass nur der Ausweis im Handelsergebnis mit den Regelungen von IDW RS BFA 3 n.F. (verlustfreie Bewertung des Bankbuchs) vereinbar ist. Werden die Erträge (insbes. Zinsen und Dividenden) aus Handelsbeständen im Zins- bzw. Dividendenergebnis gezeigt, folgt hieraus, dass die Zinsinstrumente des Handelsbestands in die verlustfreie Bewertung des Bankbuchs (Zinsbuchs) einbezogen werden müssten, was nicht den GoB entsprechen würde.

Zinsaufwendungen für Verbindlichkeiten, die der Refinanzierung von Handelsaktivitäten dienen, sind im Handelsergebnis auszuweisen (die Verbindlichkeiten sind entsprechend zu bewerten), sofern die entsprechenden Verbindlichkeiten auch bilanziell dem Handelsbestand zugeordnet wurden (IDW RS BFA 2 Tz. 73).[1016]

In Bezug auf Aufwendungen, die mittels nachvollziehbarer **Schlüsselung** als Refinanzierungsaufwendungen der Handelsabteilung lediglich betriebswirtschaftlich aus Gründen der internen Steuerung zugewiesen werden, kann diese Allokation nach dem Sinn und Zweck der gesetzlichen Regelung in der externen Rechnungslegung beibehalten werden (IDW RS BFA 2 Tz. 74). Das Vorgehen muss im Einklang mit der internen Steuerung zur Ermittlung des betriebswirtschaftlichen Ergebnisses stehen und im Anhang entsprechend angegeben werden.

4.4.2.6.3. Bruttoausweis in der Gewinn- und Verlustrechnung bestimmter Institute

§ 340c Abs. 1 HGB ist nicht anzuwenden auf **Finanzdienstleistungsinstitute** und Kreditinstitute, soweit letztere **Skontroführer** im Sinne des § 27 Abs. 1 BörsG und nicht CRR-Kreditinstitute (vormals: Einlagenkreditinstitute) iSd. § 1 Abs. 3d Satz 1 KWG sind (§ 340 Abs. 4 Satz 2 HGB). Für Wertpapierinstitute, die Skontroführer sind, gilt gemäß § 340 Abs. 4a Satz 2 HGB Entsprechendes (kein Nettoausweis).

Die Fußnoten 7 der Formblätter 2 und 3 (geändert mit Art. 7 des Gesetz zur Umsetzung der Richtlinie (EU) 2019/2034 über die Beaufsichtigung von Wertpapierinstituten) spezifizieren die Posten der Gewinn- und Verlustrechnung wie folgt:

[1016] Ebenso Böcking/Wolsiffer/Bär, in: MünchKomm. HGB, 4. Aufl., § 340c HGB Rn. 16

- Finanzdienstleistungsinstitute und Wertpapierinstitute, sofern sie nicht Skontroführer iSd. § 27 Abs. 1 BörsG sind, haben die folgenden Posten aufzuführen:

  „Aufwand des Handelsbestands" sowie
  „Ertrag des Handelsbestands"

- Institute (Kredit-, Wertpapier- und Finanzdienstleistungsinstitute), die Skontroführer iSd. § 27 Abs. 1 BörsG und nicht CRR-Kreditinstitute (vormals: Einlagenkreditinstitute) iSd. § 1 Abs. 3d Satz 1 KWG sind, haben die folgenden Posten in der Gewinn- und Verlustrechnung aufzuführen:

  „Aufwand des Handelsbestands
  davon:
  a) Wertpapiere
  b) Futures
  c) Optionen
  d) Kursdifferenzen aus Aufgabegeschäften"[1017]
  und
  „Ertrag des Handelsbestands
  davon:
  a) Wertpapiere
  b) Futures
  c) Optionen
  d) Kursdifferenzen aus Aufgabegeschäften"

Damit sind anders als bei den übrigen Instituten die Erträge und Aufwendungen aus Finanzgeschäften in der Gewinn- und Verlustrechnung brutto auszuweisen. Dies setzt voraus, dass die jeweils erzielten Erträge bzw. Aufwendungen gesondert erfasst werden (IDW RS BFA 2 Tz. 82).

4.4.2.6.4. Ausweis der Zuführung zum Sonderposten

Das Gesetz schreibt nicht vor, in welchem Posten der Gewinn- und Verlustrechnung die Zuführung zu dem Sonderposten nach § 340e Abs. 4 HGB zu erfassen ist. Diesbezüglich kommt sowohl der Posten „Nettoertrag des Handelsbestands" als auch der Posten, in dem die Zuführungen zum „Fonds für allgemeine Bankrisiken" nach § 340g HGB auszuweisen sind, in Betracht. Es empfiehlt sich jedoch, den Ausweis im Posten „Nettoertrag des Handels-

---

[1017] Zu Aufgabegeschäften vgl. Ruland, 144 f.

bestands" vorzunehmen, da die Auflösung des Sonderpostens zum Ausgleich eines Nettoaufwands des Handelsbestands naturgemäß nur im Handelsergebnis gegengebucht werden kann, da sonst der vom Gesetz vorgeschriebene Ausgleich nicht stattfindet. Das gewählte Verfahren ist im **Anhang** zu erläutern und die Beträge sind aufzugliedern (IDW RS BFA 2 Tz. 62).

Ebenso wie in der Bilanz ist auch in der Gewinn- und Verlustrechnung die Zuführung nach § 340e Abs. 4 HGB zum gesonderten Bestand des Sonderpostens „Fonds für allgemeine Bankrisiken" iSd. § 340g HGB gesondert auszuweisen. Hierfür empfiehlt sich ein Davon-Vermerk.

Bei Instituten, die nicht den *„Nettoertrag des Handelsbestands"* in der Gewinn- und Verlustrechnung ausweisen müssen, ist der *„Ertrag des Handelsbestands"* mit dem *„Aufwand des Handelsbestands"* in einer Nebenrechnung zu saldieren und insoweit, als sich ein *„Nettoertrag"* ergibt, hieraus die Zuführung zu ermitteln. Entsprechendes gilt für die Auflösung des Sonderpostens.

4.4.2.6.5. Auskunftsrecht gemäß § 131 Abs. 1 AktG

Die Aktionäre eines Kreditinstituts können in der Hauptversammlung ggü. dem Vorstand kein Auskunftsrecht gemäß § 131 Abs. 1 AktG hinsichtlich der Zusammensetzung des Saldos des GuV-Postens „Nettoertrag bzw. Nettoaufwand des Handelsbestands" geltend machen. Der Vorstand darf gemäß § 131 Abs. 3 Nr. 6 AktG die Auskunft verweigern, soweit die Angaben über angewandte Bilanzierungs- und Bewertungsmethoden sowie vorgenommene Verrechnungen im Jahresabschluss, Lagebericht, Konzernabschluss oder Konzernlagebericht nicht verlangt werden.[1018]

4.4.3. Wertpapiere der Liquiditätsreserve

4.4.3.1. Zuordnung zur Liquiditätsreserve

Welche Wertpapiere zur Liquiditätsreserve gehören, ist im Gesetz negativ definiert. Die Liquiditätsreserve umfasst nach § 340f Abs. 1 HGB solche Wertpapiere, die nicht wie Anlagevermögen (vgl. Kapitel 4.4.4.) behandelt werden, und auch nicht solche, die Teile des Handelsbestands (vgl. Kapitel 4.4.2.) sind. Es handelt sich damit um den „Restbestand".[1019] Klarstellend wird darauf hin-

---

[1018] Vgl. Böcking/Wolsiffer/Bär, in: MünchKomm. HGB, 4. Aufl., § 340c HGB Rn. 18.
[1019] Vgl. Gaber, 2. Aufl., 244 f.

gewiesen, dass bei Transaktionen mit Wertpapieren der Liquiditätsreserve die Anforderungen der MaRisk für sog. Handelsgeschäfte zu beachten sind.

Als Kriterium für die Zuordnung zur Liquiditätsreserve wird man in aller Regel neben der Vorsorge für Liquiditätsrisiken die Absicht, (laufende) Erträge zu erzielen, ansehen können. Wertpapiere, die zum Zweck der Arbitrage gehalten werden, können allenfalls in Ausnahmefällen zur Liquiditätsreserve gehören. Erwirbt ein Institut eigene Schuldverschreibungen, um sie wieder zu verkaufen, sind diese der Liquiditätsreserve zuzuordnen, wenn sie bspw. in der Absicht der Wiederveräußerung bei einem unmittelbaren Liquiditätsbedarf erworben wurden.[1020]

Die Beschaffung von Wertpapieren, die nach dem Willen des Kreditinstituts der Liquiditätsvorsorge dienen sollen, sowie deren Wiederveräußerung bei unmittelbarem Liquiditätsbedarf ist gerade aufgrund dieser Zweckbestimmung nicht dem Eigenhandel zuzuordnen.[1021] Entsprechendes gilt auch für den Fall, dass ein Institut Wertpapiere erwirbt oder veräußert, um einer bestimmten Zinsmeinung bzw. -erwartung gerecht zu werden, soweit die Wertpapiere aufgrund ihrer Zweckbestimmung nicht dem Handels- oder Anlagebestand zuzuordnen sind. Es ist zu beachten, dass es keinen objektiven (volumenmäßigen) Maßstab für einen ausreichenden Bestand an Liquiditätsreserven gibt. Jedem Institut ist es mithin freigestellt, sich im Rahmen seiner festzulegenden subjektiven Liquiditätsrisikostrategie eigene Normen für den Bestand an Liquiditätsreserven zu setzen.

Um **Eigengeschäfte im Dienst der Liquiditätsvorsorge** vom Eigenhandel (Handelsbestand) abzugrenzen, kann sich ein Institut hilfsweise auch an den Organisationsstrukturen orientieren. In der Organisationsstruktur findet die subjektive Zweckbestimmung des jeweiligen Instituts ihren Niederschlag.[1022]

Soweit die objektive Abgrenzung zum Handelsbestand (Eigenhandel) nicht eindeutig möglich ist, gibt die subjektive, autonome Entscheidung des bilanzierenden Instituts über die Zweckbestimmung der infrage stehenden Geschäfte mit Wertpapieren, Finanzinstrumenten, Devisen und Edelmetallen den Ausschlag.[1023]

Die „**Umschlagshäufigkeit**" der Wertpapierbestände der Liquiditätsreserve ist naturgemäß höher als beim Anlagebestand. Die Entscheidung über Inhalt und Bestandsvolumen der Liquiditätsreserve trifft das Institut ua. auch auf der Grundlage der Parameter der Gesamtbanksteuerung (zB Zinsänderungsrisiko, Liquiditätsbedarf/-nachfrage, vorhandenes Restvolumen aus platzierten Emissionen usw.).

[1020] Vgl. Krumnow ua., 2. Aufl., § 16 RechKredV Rn. 25.

[1021] Vgl. Krumnow ua., 2. Aufl., § 340c HGB Rn. 22.

[1022] Vgl. Krumnow ua., 2. Aufl., § 340c HGB Rn. 22.

[1023] Vgl. Prahl/Naumann, WPg 1991, 733.

Zu beachten ist, dass sich auf die tatsächliche Umschlagshäufigkeit auch die Struktur des Wertpapierbestands auswirkt (Häufung von Fälligkeiten in einem Jahr, (Rest-) Laufzeit der Wertpapiere bei Erwerb). Daneben spielt für die Umschlagshäufigkeit der Wertpapiere der Liquiditätsreserve vor allem die strategische Positionierung sowie die (regelmäßige) Anpassung bzw. Änderung der Strategie eine erhebliche Rolle. Die Umschlagshäufigkeit als alleiniges Kriterium für die Abgrenzung zum Handelsbestand ist ungeeignet.

Letztendlich entscheidet sich die Frage, ob ein Wertpapier der Liquiditätsreserve vorliegt, danach, ob es nicht dem Handelsbestand bzw. dem Anlagebestand zugeordnet werden muss. Falls keine Zuordnung zum Handels- bzw. Anlagebestand zu erfolgen hat, liegt stets ein Wertpapier der Liquiditätsreserve vor. Denn die Liquiditätsreserve ist – wie an anderer Stelle bereits erwähnt – quasi als Auffangtatbestand zu sehen.

4.4.3.2. Bewertung

Die Wertpapiere der Liquiditätsreserve sind nach dem für das Umlaufvermögen geltenden strengen Niederstwertprinzip des § 253 Abs. 4 HGB zu bewerten.[1024] Einzelheiten zur Bewertung bestimmter Wertpapiere vgl. die einzelnen Bilanzposten sowie Gaber.[1025]

Bezüglich weiterer Einzelheiten zur Bewertung nach den Grundsätzen für das Umlaufvermögen wird auf Kapitel 4.2.3. verwiesen. Zur Möglichkeit der Bewertung auf Basis der effektivzinsmäßig **fortgeführten Anschaffungskosten** vgl. Kapitel 4.2.4.[1026]

Zur Diskussion ob für die Bewertung von Wertpapieren die Durchschnittsmethode oder ein **Verbrauchsfolgeverfahren** gemäß § 256 HGB zur Anwendung kommt bzw. kommen kann vgl. Gaber.[1027]

Darüber hinaus dürfen die Wertpapiere der Liquiditätsreserve nach **§ 340f Abs. 1 HGB** (stille Vorsorgereserve) mit einem niedrigeren als dem nach § 253 Abs. 1 Satz 1 und Abs. 4 HGB vorgeschriebenen oder zugelassenen Wert angesetzt werden, soweit dies nach vernünftiger kaufmännischer Beurteilung

---

[1024] Vgl. auch Hossfeld, RIW 1997, 143; Einzelheiten vgl. Gaber, 2. Aufl., 246 ff.
[1025] Vgl. Gaber, 2. Aufl., 249 ff.
[1026] Vgl. IDW, Sitzungsberichterstattung über die 237. Sitzung des HFA, FN 2014, 595; Gaber, 2. Aufl., 249 f. mwN.
[1027] Vgl. Gaber, 2. Aufl., 245 f.

zur Sicherung gegen die besonderen Risiken des Geschäftszweigs der Kreditinstitute notwendig ist (stille Vorsorgereserven vgl. Kapitel 4.6.).

Hat sich bei strukturierten Finanzinstrumenten seit dem Zugangszeitpunkt aufgrund des eingebetteten Derivats die Rendite des Finanzinstruments geändert, ergeben sich iRd. Folgebewertung für nunmehr überverzinsliche strukturierte Finanzinstrumente (stille Reserve) aufgrund des Anschaffungskostenprinzips gemäß § 253 Abs. 1 HGB keine Bewertungsanpassungen. Künftig unterverzinsliche strukturierte Finanzinstrumente des Umlaufvermögens sind in Übereinstimmung mit § 253 Abs. 4 HGB auf ihren niedrigeren beizulegenden Wert (Barwert) abzuschreiben.

4.4.3.3. Wertaufholungsgebot

Das Wertaufholungsgebot des § 253 Abs. 5 HGB ist auf Wertpapiere der Liquiditätsreserve anzuwenden, auch wenn diese Wertpapiere in den Anwendungsbereich des § 340f Abs. 1 HGB fallen.[1028] Wegen Besonderheiten bezüglich der Bildung von Vorsorgereserven wird auf Kapitel 4.6. verwiesen.

4.4.3.4. Erfolgsausweis in der Gewinn- und Verlustrechnung (Überkreuzkompensation)

Die Aufwendungen und Erträge aus der Anwendung des § 340f Abs. 1 HGB (Bildung und Auflösung von Vorsorgereserven), aus Geschäften mit Wertpapieren der Liquiditätsreserve, Aufwendungen aus Abschreibungen sowie Erträge aus Zuschreibungen zu diesen Wertpapieren **dürfen** nach § 340f Abs. 3 HGB mit den Aufwendungen aus Abschreibungen auf Forderungen, Zuführungen zu Rückstellungen für Eventualverbindlichkeiten und für Kreditrisiken sowie mit den Erträgen aus Zuschreibungen zu Forderungen oder aus deren Eingang nach teilweiser oder vollständiger Abschreibung und aus Auflösungen von Rückstellungen für Eventualverbindlichkeiten und für Kreditrisiken **verrechnet** werden und in der Gewinn- und Verlustrechnung als

- „Abschreibungen und Wertberichtigungen auf Forderungen und bestimmte Wertpapiere sowie Zuführungen zu Rückstellungen im Kreditgeschäft" oder als
- „Erträge aus Zuschreibungen zu Forderungen und bestimmten Wertpapieren sowie aus der Auflösung von Rückstellungen im Kreditgeschäft"

[1028] Vgl. Schneider, ZBB 2000, 126; aA Windmöller, ZfgK 2000, 24; Brinkmann, Bankinformation 3/2000, 64.

ausgewiesen werden. Eine teilweise Saldierung ist nach § 32 RechKredV nicht zulässig; möglich ist daher nur entweder eine vollständige Kompensation oder der Bruttoausweis.

In diese Verrechnung gehen jedoch nicht die laufenden Erträge (zB Zinsen, Dividenden) aus dem Kreditgeschäft und den Wertpapieren der Liquiditätsreserve ein. Diese werden im Zinsergebnis bzw. als laufende Erträge aus Aktien usw. ausgewiesen.

Unter „Abschreibungen" sind nicht nur endgültige Abschreibungen zu verstehen, sondern auch Zuführungen zu Wertberichtigungen. Für „Zuschreibungen" gilt Entsprechendes.

Wie Abb. 4.9 zeigt, sind die Aufwendungen und Erträge aus Wertpapieren der Liquiditätsreserve – einschließlich Abschreibungen und Zuschreibungen – mit den Bewertungsänderungen im Kreditgeschäft – einschließlich der Bildung und Auflösung der Vorsorge für allgemeine Bankrisiken – kompensierbar (sog. Überkreuzkompensation).

Geschäftsbereich	Aufwendungen	Erträge
– Wertpapiere der Liquiditätsreserve – Forderungen an Kreditinstitute – Forderungen an Kunden	– Bildung von Vorsorgereserven nach § 340f HGB – Kursverluste – Abschreibungen auf Wertpapiere – Abschreibungen und Wertberichtigungen auf Forderungen – Zuführung zu Rückstellungen für Eventualverbindlichkeiten und Kreditrisiken	– Auflösung von Vorsorgereserven nach § 340f HGB – Kursgewinne – Zuschreibungen zu Wertpapieren – Zuschreibungen zu Forderungen – Eingang ganz/teilweise abgeschriebener Forderungen – Auflösung von Rückstellungen für Eventualverbindlichkeiten und Kreditrisiken

Abb. 4.9: Erfolgsausweis der Wertpapiere der Liquiditätsreserve

Der Vollständigkeit wegen sei erwähnt, dass die Zuführungen und Auflösungen zum „Fonds für allgemeine Bankrisiken" gemäß § 340g HGB nicht in die Überkreuzkompensation eingehen (Einzelheiten vgl. Kapitel 4.7.).

4.4.4.   Wertpapiere des Anlagevermögens

4.4.4.1.   Bedeutung der Anlagewertpapiere

Erwirbt ein Institut einerseits Wertpapiere und andererseits Forderungen mit marktgerechter Effektivverzinsung und erhöht sich anschließend das Zinsniveau, werden diese Vermögenswerte bilanziell unterschiedlich bewertet: Während der Wertansatz der Forderungen durch die Erhöhung des Marktzinses nicht direkt berührt wird (es ist vielmehr eine verlustfreie Bewertung iRd. gesamten Bankbuchs/Zinsbuchs durchzuführen; Einzelheiten vgl. Kapitel 4.3.4.), ermäßigt sich der Niederstwert bzw. beizulegende Wert der Wertpapiere.

4.4.4.2.   Zuordnung zum Anlagevermögen

Daueranlageabsicht

Gemäß § 340e Abs. 1 Satz 2 HGB haben Institute Wertpapiere grundsätzlich nach den Vorschriften für das Umlaufvermögen zu bewerten, es sei denn, sie sind dazu bestimmt, dauernd dem Geschäftsbetrieb zu dienen. Damit können Wertpapiere lediglich als Ausnahmetatbestand dem Anlagevermögen zugerechnet werden.[1029] Das ausschlaggebende Kriterium für „Wertpapiere, die wie Anlagevermögen behandelt werden" ist wie bei den anderen Posten des Finanzanlagevermögens, die **Daueranlageabsicht**. Wertpapiere, die wie Anlagevermögen behandelt werden, sind damit solche, die dazu bestimmt werden, **dauernd dem Geschäftsbetrieb zu dienen** (§ 340e Abs. 1 HGB iVm. § 247 Abs. 2 HGB). Einzelheiten zur Zugangskategorisierung von Wertpapieren vgl. IDW RH HFA 1.014 nF.[1030]

Die Zuordnung zum Anlagevermögen setzt voraus, dass die Wertpapiere **keinen Beschränkungen** unterliegen (zB aus vertraglichen Vereinbarungen), die der Daueranlageabsicht entgegenstehen.

Die Fristigkeit eines Wertpapiers oder das Halten von Wertpapieren über einen längeren Zeitraum können allenfalls Anhaltspunkte für die dauernde Zweckbestimmung sein; notwendige bzw. hinreichende Voraussetzungen stellen diese Kriterien nicht dar.

[1029] Vgl. Hossfeld, RIW 1997, 139.
[1030] Vgl. IDW Life 2022, 105 ff. ; Henckel, StuB 2022, 505 ff.

Ebenso wenig können aus in der Praxis verwendeten Bezeichnungen, wie zB Sonderbestand, gesperrter Bestand, Sekretariatsbestand uÄ, unwiderlegbare Rückschlüsse auf eine Zugehörigkeit der Wertpapierbestände zum Anlagevermögen gezogen werden.

Bei Wertpapieren mit begrenzter Laufzeit ist die Restlaufzeit zum Erwerbs- bzw. Umwidmungszeitpunkt ein Kriterium für die Qualifikation als Anlage- oder Umlaufvermögen. Nach IDW RS VFA 2 bzw. IDW RH HFA 1.014 nF werden Wertpapiere, die bei Erwerb eine **Restlaufzeit** (nicht Ursprungslaufzeit) von **nicht mehr als einem Jahr** aufweisen, stets als Umlaufvermögen anzusehen sein. Bei einer Restlaufzeit von bis zu einem Jahr wird man nach hM nicht von Daueranlageabsicht sprechen können. Dies dürfte auch für eine Restlaufzeit von nicht mehr als einem Jahr im Zeitpunkt einer Umwidmung gelten.

Die Zweckbestimmung muss für jeden Posten von erworbenen Wertpapieren individuell erfolgen. Durch eine depotmäßige Trennung der Wertpapiere des Anlagevermögens von den anderen Wertpapierbeständen wird erreicht, dass nicht für alle Wertpapiere eines Emittenten gleicher Art und Gattung eine einheitliche Zuordnung erfolgen muss.

Zum jeweiligen Abschlussstichtag ist zu prüfen, ob die vorgenommene Zweckbestimmung noch den objektiven Gegebenheiten zum Abschlussstichtag entspricht. An einer einmal getroffenen Entscheidung über die Zuordnung der Wertpapiere ist so lange festzuhalten, bis eine Änderung der Zweckbestimmung durch neue, nachprüfbare Tatsachen begründet werden kann. Umwidmungen sind damit zulässig, wenn sie sachlich begründet sind und nicht willkürlich erfolgen (vgl. auch Kapitel 4.2.2.2.). Eine **Umwidmung** in den Handelsbestand ist nicht erlaubt (§ 340e Abs. 3 Satz 2 HGB).

Umschlagshäufigkeit

Hinsichtlich der Frage der unschädlichen **Umschlagshäufigkeit** (Verkäufe und anschließende Zukäufe oder umgekehrt) bzw. einer bestimmten **Mindestspanne**, in der das Wertpapier der Vermögensanlage dient, von Wertpapieren des Anlagebestands kann keine feste Größe genannt werden. Auch die Bankaufsicht nennt hier keine Quoten. Der Anlagebestand soll vielmehr insbesondere nur durch Käufe, Einlösungen und seltener mit Verkäufen vor Fälligkeit verändert werden. Es empfiehlt sich, die Frage der Umschlagshäufigkeit konservativ zu behandeln. Zu beachten ist, dass in diesem Zusammenhang auch die Struktur des Wertpapierbestands von erheblicher Bedeutung ist (Häufung von Fälligkeiten in einem Jahr, Laufzeit der Wertpapiere).

Haltefähigkeit

Darüber hinaus muss für eine Zuordnung zum Anlagevermögen die **Haltefähigkeit** gegeben sein.[1031] Denn bei angespannter Liquidität besteht die Gefahr, dass das Institut in naher Zukunft bspw. zum Verkauf der Wertpapiere, die es eigentlich dem Anlagevermögen zuordnen möchte, gezwungen ist. Ist die Haltefähigkeit nicht gegeben, sind die Wertpapiere wie Umlaufvermögen zu bewerten.

Die Themen Umwidmung zur „Vermeidung von Abschreibungen" und „angespannte Liquiditätssituation" werden in diesem Zusammenhang erfahrungsgemäß von der Bankenaufsicht stets kritisch gesehen.

4.4.4.3. Organisatorische Vorkehrungen und Dokumentation

Die Identifikation der Wertpapiere des Anlagevermögens muss zweifelsfrei möglich, für einen sachverständigen Dritten nachvollziehbar und dokumentiert sein. Der Nachweis muss durch eine buchhalterisch von den anderen Beständen getrennte Bestandsführung erbracht werden.

Die **Zweckbestimmung** von Wertpapierbeständen, dauernd dem Geschäftsbetrieb zu dienen, setzt eine aktenkundig zu machende Entscheidung der **zuständigen Stellen** voraus.[1032] Dies dürfte idR ein Beschluss der gesetzlichen Vertreter (Geschäftsleiter) sein. Es reicht ein **Rahmenbeschluss** der Geschäftsleitung (IDW RS VFA 2, Tz. 9). Ein solcher Rahmenbeschluss muss zumindest das Volumen, die Ausstattung der zu erwerbenden Wertpapiere (Art, Gattung, Konditionen) sowie den zeitlichen Rahmen des Erwerbs beinhalten. Die Entscheidung der Zuordnung zum Anlagebestand kann damit bspw. nicht in das Belieben eines Händlers gestellt sein. Fehlt der aktenkundige Beleg für eine Zuordnung der Wertpapiere zum Anlagevermögen, sind die betreffenden Papiere der Liquiditätsreserve zuzurechnen und nach den für das Umlaufvermögen geltenden Vorschriften zu bewerten.

4.4.4.4. Bewertung

Wertpapiere, die wie Anlagevermögen behandelt werden, können nach dem **gemilderten Niederstwertprinzip** des § 253 Abs. 3 HGB bewertet werden.[1033] Bei einer voraussichtlich dauernden Wertminderung sind die Wertpapiere wie

---

[1031] GlA Hossfeld, RIW 1997, 139.
[1032] Vgl. BT-Drucks. 11/6275, Begr. zu § 340e HGB.
[1033] Ausführlich vgl. Hossfeld, RIW 1997, 141.

Vermögensgegenstände des Umlaufvermögens nach dem strengen Niederstwertprinzip zu bewerten. Handelt es sich hingegen um eine nur vorübergehende Wertminderung, können die Papiere wahlweise nach dem gemilderten Niederstwertprinzip bewertet werden (§ 340e Abs. 1 Satz 3 iVm. § 253 Abs. 3 Satz 6 HGB).

Das gesetzliche Wahlrecht, bei Finanzanlagen mit vorübergehender Wertminderung nach § 253 Abs. 3 Satz 6 HGB eine Abschreibung vorzunehmen (gemildertes Niederstwertprinzip), unterliegt nach IDW RS HFA 38 Tz. 8 und Tz. 9 dem Stetigkeitsgebot, so „.… *dass die gleichen Bewertungsmethoden von Jahr zu Jahr eingehalten werden sollten"*.[1034] Haaker[1035] vertritt dagegen die Ansicht, dass hier der Grundsatz der Bewertungsstetigkeit nicht relevant ist.

In Analogie zu Forderungen ist stets dann von einer dauernden Wertminderung auszugehen, wenn sich die **Bonität** des Emittenten nachhaltig verschlechtert hat.[1036]

Nach Auffassung des HFA ist die Anwendung einer sog. **amortised-cost-Bewertung** auf Basis der Effektivzinsmethode auch über Zero-Bonds hinaus auf andere zinstragende (verbriefte oder unverbriefte) Forderungen nicht zu beanstanden.[1037] Einzelheiten zur Bewertung nach Maßgabe der **fortgeführten Anschaffungskosten** wird auf Kapitel 4.2.4. verwiesen.

Hat sich bei **strukturierten Finanzinstrumenten** seit dem Zugangszeitpunkt aufgrund des eingebetteten Derivats die Rendite des Finanzinstruments geändert, ergeben sich iRd. Folgebewertung für nunmehr überverzinsliche strukturierte Finanzinstrumente (stille Reserve) aufgrund des Anschaffungskostenprinzips gemäß § 253 Abs. 1 HGB keine Bewertungsanpassungen. Hat die „Ausübung" des eingebetteten Derivats zu einer unter der aktuellen Rendite liegenden Rendite des Finanzinstruments geführt, ist von einer voraussichtlich dauerhaften Wertminderung auszugehen. Die „Ausübung" des eingebetteten Derivats und damit die Änderung der Konditionen während der Laufzeit zungunsten des Investors, ist wie eine Neuinvestition in ein unterverzinsliches Finanzinstrument zu behandeln.

[1034] Vgl. BeBiKo, 13. Aufl., § 253 HGB Rn. 350.
[1035] Ebenso vgl. Haaker, PiR 2012, 189 f.
[1036] Vgl. Birck/Meyer, V 108, ebenso indirekt BFH-Urteil vom 8.6.2011, DStR 2011, 1556; BFH-Urteil vom 18.4.2018, I R 37/16, BStBl. 2019 II, 73 ff.
[1037] Vgl. IDW, Sitzungsberichterstattung über die 237. Sitzung des HFA, FN 2014, 595.

4.4.4.5. Wertaufholungsgebot

Da die Wertpapiere des Anlagebestands nicht in den Anwendungsbereich des § 340f Abs. 1 HGB fallen, für den die Ausnahmeregelung des § 340f Abs. 1 Satz 3 HGB gilt, ist das Wertaufholungsgebot des § 253 Abs. 5 HGB auf die Wertpapiere des Anlagevermögens uneingeschränkt anzuwenden.

4.4.4.6. Erfolgsausweis in der Gewinn- und Verlustrechnung

Die Aufwendungen aus Abschreibungen auf Beteiligungen, Anteile an verbundenen Unternehmen und wie Anlagevermögen behandelte Wertpapiere **dürfen** gemäß § 340c Abs. 2 HGB mit den Erträgen aus Zuschreibungen zu solchen Vermögensgegenständen verrechnet werden. Sie sind in der Gewinn- und Verlustrechnung entweder als

- „Abschreibungen und Wertberichtigungen auf Beteiligungen, Anteile an verbundenen Unternehmen und wie Anlagevermögen behandelte Wertpapiere" oder als
- „Erträge aus Zuschreibungen zu Beteiligungen, Anteilen an verbundenen Unternehmen und wie Anlagevermögen behandelten Wertpapieren"

auszuweisen. Es steht den Instituten aufgrund des Wahlrechts jedoch auch frei, die Aufwendungen bzw. Erträge brutto auszuweisen. In diese Verrechnung dürfen auch die Aufwendungen und Erträge aus Geschäften mit solchen Vermögensgegenständen einbezogen werden.

Geschäftsbereich	Aufwendungen	Erträge
Finanzanlagen – Beteiligungen – Anteile an verbundenen Unternehmen – Wertpapiere des Anlagevermögens	– Abschreibungen auf Finanzanlagen Wahlrecht: – Verluste aus dem Abgang von Finanzanlagen	– Zuschreibungen zu Finanzanlagen Wahlrecht: – Erträge aus dem Abgang von Finanzanlagen

Abb. 4.10: Erfolgsausweis bei Wertpapieren des Anlagevermögens

Hier umfasst der Begriff der „Abschreibungen" auch Zuführungen zu Wertberichtigungen. Für „Zuschreibungen" gilt Entsprechendes.

§ 33 Satz 3 RechKredV schreibt ausdrücklich vor, dass eine teilweise Verrechnung nicht zulässig ist. Der nach einer Kompensation verbleibende Saldo ist
dann entweder als Ertrag oder als Aufwand auszuweisen.

Nachdem die Aufwendungen und Erträge aus den **Geschäften mit diesen
Vermögensgegenständen**, dh. die Buchgewinne und -verluste gemäß § 340c
Abs. 2 Satz 2 HGB, nicht in die Kompensation einbezogen werden brauchen,
ist das in § 33 Satz 3 RechKredV normierte Verbot einer teilweisen Kompensation zunächst unklar.

Hinsichtlich der Kompensation der Buchgewinne und -verluste besteht nach
§ 340c Abs. 2 Satz 2 HGB ein Wahlrecht, diese einzubeziehen. Gleichzeitig
erlaubt § 33 Satz 3 RechKredV entweder nur die vollständige Verrechnung
oder den Bruttoausweis. Würde man nun § 33 Satz 3 RechKredV dahingehend
auslegen, dass, falls eine Kompensation durchgeführt wird, in diese auch die
Buchgewinne und -verluste einzubeziehen sind, so ginge das Wahlrecht des
§ 340c Abs. 2 Satz 2 HGB „ins Leere". Daher kann § 33 Satz 3 RechKredV
iVm. § 340c Abs. 2 Satz 2 HGB nur so verstanden werden, dass im Falle einer
fakultativen Kompensation von Buchgewinnen und -verlusten diese nur vollständig einbezogen werden können.[1038]

Schuldscheindarlehen des Anlagevermögens erfüllen die Kriterien des § 7
RechKredV nicht. Die Veräußerungsgewinne bzw. -verluste oder Aufwendungen für Abschreibungen dürfen mithin nicht in das Finanzanlageergebnis nach
§ 340c Abs. 2 HGB einbezogen werden.[1039]

4.4.5. Bilanzierung und Bewertung von Wertpapieren in Sonderfällen

4.4.5.1. Wertpapiere mit Sonderausstattung

Gelegentlich werden Wertpapiere (und Forderungen) vom Emittenten (Schuldner) mit Zusatzerklärungen versehen, die deren Wert beeinflussen. Das be-
kannteste Beispiel sind Wertpapiere (Schuldverschreibungen) mit Sonderausstattung.

[1038] Vgl. Krumnow ua., 2. Aufl., § 340c HGB Rn. 212.
[1039] Vgl. Böcking/Wolsiffer/Bär, in: MünchKomm. HGB, 4. Aufl., § 340c HGB Rn. 27.

Schuldverschreibungen werden von den Emittenten dabei mit einer **außerhalb der Wertpapierurkunde** niedergelegten Zusage verkauft, die Papiere vor Ablauf ihrer Laufzeit, oft schon nach kurzer oder mittlerer Frist, zum Nennwert zurückzunehmen. Wegen der Zusage vorzeitiger Rücknahme sind diese Papiere nicht mehr mit den Papieren derselben Gattung vergleichbar, die an der Börse gehandelt werden.

Ihr **Marktwert** entspricht wegen der von den Emissionsbedingungen abweichenden kürzeren Laufzeit nicht dem Marktwert (Börsenpreis) der Papiere ohne Sonderausstattung. Da für Papiere mit Sonderausstattung kein Börsenkurs ermittelt wird, ergibt sich ihr Marktwert aus der Effektivverzinsung von Wertpapieren, die hinsichtlich der Bonität des Emittenten, der Nominalverzinsung und der Restlaufzeit mit den zu bewertenden Papieren vergleichbar sind (sog. Renditekurs).

4.4.5.2. Wertpapiere in „geschlossenen Reihen"

Unter Wertpapieren in „geschlossenen Reihen" werden Emissionen verstanden, die vom Emittenten an einen bestimmten geschlossenen Abnehmerkreis verkauft werden. Diese Papiere werden zwar an der Börse notiert, es finden aber in der Regel keine oder nur geringe Umsätze zu nicht marktgerechten Konditionen statt.

Der amtlich notierte Kurs solcher Papiere kann deshalb nicht als Börsen- oder Marktpreis im Sinne von § 253 Abs. 4 HGB angesehen werden. Solche Wertpapiere sind ebenso wie die Papiere, für die ein Börsenkurs nicht festgesetzt wurde, mit einem Marktwert zu bewerten, der durch den Renditekurs (vgl. oben Wertpapiere mit Sonderausstattung) bestimmt wird.

4.4.5.3. Auflösung stiller Reserven durch Veräußerungsgeschäfte

Stille Reserven im Anlagebestand bzw. im Liquiditätsreservebestand werden dadurch realisiert, dass Vermögenswerte, deren Zeitwert über den Anschaffungskosten liegt, veräußert werden. Ist die Absicht der Ergebnisgestaltung, dh. die Gewinnrealisierung durch Auflösung stiller Reserven, primäres Motiv für diese Geschäfte, so wird der Rückerwerb des betreffenden Aktivums in näherer oder späterer Zukunft für wünschenswert angesehen, sogar schon vertraglich vorgesehen oder ermöglicht. Die in der Praxis anzutreffenden Vertragsgestaltungen werfen die Frage auf, ob stille Reserven unter den gegebenen Umständen als realisiert angesehen werden können (vgl. im Detail BFA 2/1982[1040]).

[1040] Vgl. IDW BFA 2/1982, WPg 1982, 548.

Die relevanten Grundsätze, die sich ua. aus **IDW ERS HFA 13**[1041] ergeben, gelten jedoch nicht nur für Wertpapiere, sondern für sämtliche Vermögensgegenstände. Vgl. hierzu Kapitel 4.4.6.

Eine **Realisierung** kann nur angenommen werden, wenn der Erwerber durch den Verkauf die uneingeschränkte Verfügungsgewalt über die ihm übertragenen Vermögenswerte erhält. Insbesondere muss er einerseits alle mit den übernommenen Vermögenswerten verbundenen Chancen wahrnehmen können und andererseits evtl. Risiken tragen, dh. zumindest das wirtschaftliche Eigentum muss auf den Erwerber übergegangen sein. **Nebenabreden**, die Chancen und Risiken faktisch aufheben, dürfen nicht bestehen.

Bei allen der **Realisierung von stillen Reserven** dienenden Transaktionen muss der Verkaufspreis bei vernünftiger kaufmännischer Beurteilung unter den obwaltenden Umständen plausibel erscheinen.

4.4.5.4. Bilanzierung und Bewertung von Wertpapieren in besonderen Marktsituationen

In den USA sind im Jahr 2007 und 2008 Zahlungsstörungen bei Hypothekendarlehen an bonitätsschwache Privatpersonen (sog. Subprime-Hypothekendarlehen) festzustellen gewesen. Infolge von Verbriefungstransaktionen ergaben sich hieraus weltweite Auswirkungen, insbesondere auf die Kreditwirtschaft. Betroffen waren Asset Backed Securities (ABS),[1042] Commercial Mortgage Backed Securities (CMBS), Residential Mortgage Backed Securities (RMBS)[1043] und Collateralized Debt Obligations (CDO) sowie ähnliche Wertpapiere.

Zur Bilanzierung nach HGB hat das IDW zur sog. Subprime-Krise in einem Positionspapier Stellung genommen (Zuordnung zum Anlage- bzw. Umlaufvermögen, Ermittlung des beizulegenden Werts, Niederstwerttest bei Vermögenswerten des Umlauf- und Anlagevermögens, Abtrennung eingebetteter Derivate, Kreditzusagen (Liquiditätszusagen), Konsolidierung von Zweckgesellschaften sowie Angaben im Anhang).[1044] Die in diesem Positionspapier getätigten Aussagen gelten für ähnliche Sachverhalte entsprechend.

[1041] Vgl. WPg Supplement 1/2007, 69 ff.

[1042] Vgl. zur Bilanzierung von ABS-Transaktionen, Flick, Der Konzern 2009, 104 ff.

[1043] Mortgage Backed Securities (MBS) wird als Oberbegriff für CMBS und RMBS verwendet.

[1044] Vgl. Positionspapier des IDW zu Bilanzierungs- und Bewertungsfragen im Zusammenhang mit der Subprime-Krise, IDW-FN 2008, 1 ff.

Bei den ABS, MBS sowie CDO handelt es sich aus Sicht eines Investors regelmäßig um **Schuldverschreibungen** (börsenfähige Wertpapiere), wenn alle Stücke der jeweiligen Emission bzw. Tranche hinsichtlich Verzinsung, Laufzeitbeginn und Fälligkeit einheitlich ausgestattet sind (§ 7 Abs. 2 RechKredV). Soweit die erworbenen Vermögensgegenstände im Einzelfall Forderungscharakter haben (wie zB Schuldscheindarlehen mit Rückzahlung in Abhängigkeit vom Eintritt eines Kreditereignisses), sind die hierfür maßgeblichen Regeln anzuwenden.

Ermittlung des beizulegenden Werts

Bei marktgängigen Wertpapieren (aktiver Markt) entspricht der niedrigere Börsen- oder Marktpreis am Abschlussstichtag dem niedrigeren beizulegenden Wert, sofern hinreichend liquide Märkte vorliegen und die Börsen- oder Marktpreise nicht durch außergewöhnliche Umstände (zB erzwungene Geschäfte, zwangsweise Liquidationen oder Notverkäufe) beeinflusst wurden. Bei nicht aktiven Märkten (illiquide Märkte) ist der beizulegende Wert anhand von allgemein anerkannten Bewertungsmodellen zu ermitteln.[1045]

Der beizulegende Wert (§ 253 Abs. 3 und Abs. 4 HGB) und der beizulegende Zeitwert (§ 255 Abs. 4 HGB) sind bei Finanzinstrumenten des Umlaufvermögens häufig identisch; auf aktiven Märkten entspricht der beizulegende Wert dem Börsen- oder Marktpreis, wobei dieser aufgrund des Anschaffungskostenprinzips nicht dem Buchwert entsprechen muss.

Soweit der beizulegende Wert nicht aus einem vorliegenden Börsen- oder Marktpreis abgeleitet werden kann, muss er geschätzt werden. Bei Verbriefungstiteln ist der beizulegende Wert anhand von eigenen Bewertungsmodellen des Inhabers oder indikativen Kursen zu ermitteln. Diese sind in geeigneter Weise durch Vergleich mit anderen Preisquellen zu plausibilisieren. Sog. „Abwehrpreise" stellen keine geeignete Bewertungsgrundlage dar. Sofern der Investor im Einzelfall bessere Erkenntnisse über die der Verbriefungstransaktion zugrunde liegenden Vermögenswerte (zB Hypothekendarlehen) als der Markt bzw. die Marktdatenanbieter besitzt (zB Kenntnis der einzelnen Zahlungsströme der jeweiligen verbrieften Vermögenswerte, des Prepayment-Verhaltens sowie der künftigen Ausfallquoten), müssen diese Informationen zur Wertermittlung herangezogen werden.

[1045] Literaturübersicht: Vgl. Goldschmidt/Weigel, WPg 2009, 192 ff.; Schuh/Kebbel, BankPraktiker 2009, 56 ff.; Baetge/Brembt/Brüggemann, WPg 2008, 1001 ff.; Zeranski, BankPraktiker 2008, 460 ff.; Baetge, WPg 2009, 13 ff.; Lüdenbach/Hoffmann, StuB 2009, 3 ff.

Bezüglich der Abgrenzung eines aktiven von einem nicht aktiven Markt und der möglichen Indikatoren (signifikante Ausweitung der Geld-Brief-Spanne, signifikanter Rückgang des Handelsvolumens, signifikante Preisschwankungen, keine laufende Verfügbarkeit von Preisen) wird auf die Ausführungen bei Goldschmidt/Weigel[1046] verwiesen.

Bei Einsatz von Bewertungsmodellen ist zu beachten, dass das Bewertungsmodell dem „Marktstandard" entspricht, dh. ein Modell genutzt wird, das üblicherweise von Marktteilnehmern genutzt wird, um das betreffende Finanzinstrument zu bewerten, sowie eine regelmäßige Kalibrierung und ggf. erforderliche Anpassung der verwendeten Bewertungsmethode vorgenommen wird.[1047] Bei der Bewertung sind in größtmöglichem Umfang Daten aus dem Markt heranzuziehen. Zur Anwendung und den zu berücksichtigenden Faktoren der Discounted-Cashflow-Methode vgl. Goldschmidt/Weigel.[1048]

Die angewandten Bewertungsmethoden sind nach dem Stetigkeitsgrundsatz des § 252 Abs. 1 Nr. 6 HGB grundsätzlich beizubehalten.

Beurteilung einer voraussichtlich dauernden Wertminderung

Bei Vermögensgegenständen des Anlagevermögens besteht nach § 253 Abs. 3 HGB nur im Fall **dauernder Wertminderungen** eine Abschreibungspflicht. Sinn und Zweck dieses gemilderten Niederstwertprinzips im Anlagevermögen ist es, den Unternehmen bei langfristigen Engagements einerseits die zwingende Berücksichtigung kurzfristiger Marktwertschwankungen im handelsrechtlichen Abschluss zu ersparen, sie aber andererseits zu verpflichten, ein dauerhaftes Absinken des Marktwertniveaus unter den jeweiligen Buchwert ergebniswirksam abzubilden.

Bei den Verbriefungstiteln ist für die Beurteilung, ob eine dauernde Wertminderung vorliegt, grundsätzlich auf die der Verbriefung zugrunde liegenden Tranchen abzustellen (**Durchschauprinzip**).

Bei erheblichen finanziellen Schwierigkeiten der Schuldner der den Verbriefungstiteln unterliegenden Forderungen sowie einer hohen Wahrscheinlichkeit einer Insolvenz oder eines sonstigen Sanierungsbedarfs dieser Schuldner ist regelmäßig eine bonitätsbedingte Wertminderung der Verbriefungstitel und damit ein Abschreibungsbedarf gegeben, sofern keine weiteren Zahlungsmit-

---

[1046] Vgl. Goldschmidt/Weigel, WPg 2009, 192 ff.

[1047] Vgl. Goldschmidt/Weigel, WPg 2009, 196 mwN.

[1048] Vgl. Goldschmidt/Weigel, WPg 2009, 197 ff.

telquellen zur Rückzahlung oder eine Risikoabsorption durch Dritte mittels Kreditverbesserungen bestehen. Hingegen sind temporäre Wertänderungen – zB aufgrund einer geänderten Marktliquidität – nicht relevant, sofern das bilanzierende Unternehmen die Absicht und die Fähigkeit hat, die Verbriefungstitel bis zur Fälligkeit zu halten. Gleiches gilt für Wertänderungen aufgrund geänderter Marktzinsen. Die Annahme einer voraussichtlich nur vorübergehenden Wertminderung setzt voraus, dass das Unternehmen in der Lage ist, die Wertpapiere bis zum Zeitpunkt der erwarteten Werterholung bzw. bis zur Fälligkeit zu halten.

Besteht Unsicherheit über die finanzielle Lage der Schuldner, ist hierzu eine Prognose erforderlich, um die Nachhaltigkeit eines unter den Buchwert von Vermögensgegenständen des Anlagevermögens gesunkenen Werts beurteilen (und dokumentieren) zu können. Daher können vergangenheitsbezogene Informationen nur als Ausgangspunkt für die erforderliche Zukunftsbetrachtung herangezogen werden. Der Beurteilung, ob die Wertminderung dauerhaften Charakter besitzt, ist ein überschaubarer Prognosezeitraum zugrunde zu legen.

Wenn aus der Sicht des Abschlussstichtags zu erwarten ist, dass der Wert der betreffenden Wertpapiere innerhalb dieses Zeitraums unter ihrem derzeitigen Buchwert liegen wird, ist nach § 253 Abs. 3 Satz 5 HGB zwingend eine Abwertung vorzunehmen. Im Zweifel ist nach der gemäß § 252 Abs. 1 Nr. 4 HGB gebotenen vorsichtigen Betrachtung von der Dauerhaftigkeit eines anhand von Ausfallquoten ermittelten und unter den Buchwert gesunkenen Werts am Abschlussstichtag auszugehen.

Beabsichtigt das Unternehmen, ein Wertpapier, dessen beizulegender Wert am Abschlussstichtag unter dem Buchwert liegt, vor dem Rückzahlungstermin zu veräußern und erwartet das Unternehmen, dass der Wert nach § 253 Abs. 3 HGB bis zum vorzeitigen Veräußerungszeitpunkt nicht mehr steigt, ist eine Abschreibung vorzunehmen. Bei dieser Beurteilung sind alle bewertungsrelevanten Faktoren (zB auch Zinsen, Illiquidität) zu berücksichtigen, nicht lediglich die Bonität des Schuldners.

Niedrigerer Wertansatz aufgrund des Vorsichtsprinzips

Zu Beginn der sog. **Coronavirus-Pandemie** im Jahr 2020 sind die Börsenkurse zunächst massiv eingebrochen. Die Schließung zahlreicher Betriebe hat zu beträchtlichen Schäden in der deutschen Wirtschaft geführt, die durch die Stützungs- und Hilfsmaßnahmen der Bundes- und Landesregierungen nicht vollständig ausgeglichen wurden.

4. Bewertungsvorschriften

Auch das Vorsichtsprinzip (§ 252 Abs. 1 Nr. 4 HGB) *„gebietet oder erlaubt es nicht, Vermögensgegenstände (zB börsennotierte Aktien des Anlagevermögens, die keine Beteiligungen nach § 271 Abs. 1 HGB darstellen), deren Börsenpreis zum Zeitpunkt der Beendigung der Aufstellung unter dem Börsenpreis liegt, zu dem sie noch zum Abschlussstichtag des betreffenden Geschäftsjahres notieren, bereits in diesem Abschluss auf den späteren, niedrigeren Börsenpreis außerplanmäßig abzuschreiben, soweit der spätere Börsenpreisrückgang* **nicht bereits bis zum Abschlussstichtag verursacht worden war.**" [1049]

Das Stichtagsprinzip (§ 252 Abs. 1 Nr. 3 HGB) setzt dem Vorsichtsprinzip damit Grenzen. Die Kursveränderung nach dem Abschlussstichtag ist eine wertbegründende Tatsache, soweit sie nicht bereits vor dem Bilanzstichtag verursacht worden ist.

4.4.6. Veräußerung und Rückerwerb von Wertpapieren in Sonderfällen

Voraussetzungen für die Gewinnrealisation beim Veräußerer (Abgang)

Zu den handelsrechtlichen Bilanzierungsregeln von sog. Sale-and-buy-back-Geschäften hat der HFA mit IDW ERS HFA 13[1050] ausführlich Stellung genommen.[1051] Danach ist ein Abgang eines Vermögensgegenstands unter Gewinnrealisation beim Veräußerer anzunehmen, wenn alle wesentlichen Eigentümerrechte auf den Erwerber übergegangen sind. Zu den wesentlichen Rechten des (rechtlichen) Eigentümers zählen nach §§ 903 ff. BGB insbesondere, dass

- der Eigentümer mit dem Gegenstand „beliebig verfahren kann",
- ihm die Nutzung des Gegenstands zusteht,
- er Dritte von der Einwirkung ausschließen kann,
- er von Dritten die Herausgabe des Gegenstands und
- die Beseitigung von Beeinträchtigungen verlangen kann.

Eine Abgangsbuchung ist beim Veräußerer mithin nur dann zulässig, wenn diesem keine wesentlichen Rechte mehr verbleiben, die nach der bürgerlich-rechtlichen Definition dem Eigentümer üblicherweise zustehen. Häufig wird nur das rechtliche Eigentum übertragen, wobei der Veräußerer die wesentlichen Eigentümerrechte behält und somit wirtschaftlicher Eigentümer bleibt.

[1049] Vgl. IDW, Die fachliche Frage, IDW Life 2020, 624 f. mwN.

[1050] Vgl. WPg Supplement 1/2007, 69 ff.

[1051] Vgl. Scherff/Willeke, StuB 2007, 465 ff.

4.4 Bewertung von Wertpapieren bzw. Finanzinstrumenten

Bei Kapitalanlagen umfasst das Eigentum regelmäßig den Rückzahlungs- sowie den Zinsanspruch, bei Anteilen an Kapital- oder Personengesellschaften Gewinnbezugs- und Weiterveräußerungsrecht. Zu weiteren Wertpapiertransaktionen wird auf Kapitel 4.4.5. verwiesen.

Wenn eine Abgangsbuchung aus den vorstehend genannten Gründen beim Veräußerer nicht in Betracht kommt, schließt dies nicht aus, dass der Erwerber den Vermögensgegenstand aktiviert. Eine korrespondierende Bilanzierung kennt das HGB nicht; derselbe Vermögensgegenstand kann daher sowohl in der Bilanz des Veräußerers als auch in der des Erwerbers ausgewiesen werden (IDW ERS HFA 13 Tz. 6).

Immer wenn Veräußerung und Rückerwerb im Rahmen eines einheitlichen Vertrags vereinbart worden sind oder im sachlichen und zeitlichen Zusammenhang erfolgen, ist eine Abgangsbuchung auch dann, wenn nicht ein bestimmter Vermögensgegenstand, sondern eine Gattungssache Vertragsgegenstand ist, nicht verursacht. Auch wenn der Rückerwerb nicht vertraglich vereinbart ist, kann nicht von einem Abgang beim Veräußerer ausgegangen werden, soweit eine dauerhafte Übertragung aller mit dem Gegenstand verbundenen Vorteile und Risiken aus faktischen Gründen unmöglich ist, zB weil dem Erwerber außer der Rückveräußerung keine weiteren Verwertungsmöglichkeiten verbleiben. Auch die Stundung des Veräußerungspreises bis zum Rückerwerb deutet auf ein einheitliches Vertragswerk bzw. einen bestehenden sachlichen und zeitlichen Zusammenhang hin.

Börsennotierte Wertpapiere unter Inanspruchnahme der Börse

Bei Veräußerung und anschließendem Erwerb von Wertpapieren über die Börse sind in der Regel die Transaktionspartner nicht identisch. Wenn daher Veräußerung und Rückerwerb im Rahmen der Börsenusancen abgewickelt wurden, ist von einem zwischenzeitlichen Abgang der wesentlichen Elemente des wirtschaftlichen Eigentums auch für den Fall auszugehen, dass Erwerb und Veräußerung zeitlich zusammenfallen (sogenannte Börsenvermutung). Hier ist der Veräußerungsgewinn aufgrund der den Transaktionen zugrunde liegenden Börsenkurse hinreichend objektiviert. Der Rückerwerb ist dann zu den vereinbarten Konditionen zu erfassen (IDW ERS HFA 13 Tz. 37).

Börsennotierte Wertpapiere ohne Inanspruchnahme der Börse

Die Börsenvermutung gilt nur, wenn die Veräußerungen tatsächlich über die Börse und nicht im Wege des Selbsteintritts über Banken erfolgten. So haben die Banken nach ihren allgemeinen Geschäftsbedingungen oder aufgrund einer speziellen Vereinbarung oftmals das Recht, selbst das Geschäft als Kontrahent auszuführen. Wenn daher Verkaufs- und Kauforder an dieselbe Bank erteilt werden und der Selbsteintritt nicht ausgeschlossen ist, müssen für den Abgang der wesentlichen Elemente des wirtschaftlichen Eigentums weitere Voraussetzungen erfüllt sein.

Die Transaktionen müssen hierzu an unterschiedlichen Börsentagen jeweils zu den aktuellen Börsenkursen abgewickelt werden, dh. es dürfen hinsichtlich des Rückerwerbspreises nicht im Vorhinein Abreden getroffen worden sein.[1052] Letzteres gilt auch dann, wenn die Verkaufs- und Kauforder an unterschiedliche Banken erteilt wurden (IDW ERS HFA 13 Tz. 38).

Außerdem ist es erforderlich, dass ein ausreichendes Marktvolumen vorhanden ist. Falls mit einer Verkaufs- oder Kauforder das übliche Handelsvolumen eines Börsentags an der maßgeblichen Börse erreicht oder überschritten wird, kann nicht mehr von einer üblichen Börsentransaktion ausgegangen werden, sofern die Transaktionen bei einer Abwicklung über die Börse den Börsenkurs nennenswert beeinflusst hätten. Es sind dann auch bei Einhaltung der Anforderungen aus IDW ERS HFA 13 Tz. 39 die allgemeinen Maßstäbe für den Abgang der wesentlichen Elemente des wirtschaftlichen Eigentums wie bei Transaktionen mit nicht börsennotierten Papieren (dazu IDW ERS HFA 13 Tz. 6-36) maßgeblich (IDW ERS HFA 13 Tz. 40). Diese allgemeinen Maßstäbe sind auch dann anzuwenden, wenn das bilanzierende Unternehmen die Transaktionen mit börsennotierten Wertpapieren außerhalb der Börse mit einem Vertragspartner abwickelt, bei dem solche Transaktionen nicht zu den üblichen Geschäften gehören (zB Industrie- und Handelsunternehmen).

Nicht börsennotierte Inhaber- und Orderpapiere/Investmentanteile[1053]

Nicht an einer Börse notierte Inhaber- und Orderpapiere („Das Recht aus dem Papier folgt dem Recht am Papier.") sind in der Regel nicht so liquide handelbar wie börsennotierte Papiere. Deshalb sind bei einer Veräußerung und einem Rückerwerb innerhalb kurzer Fristen die strengen allgemeinen Grundsätze zu beachten (vgl. IDW ERS HFA 13 Tz. 6-36). Dies gilt vor allem im Hinblick auf die nachzuweisende wirksame Übertragung des Wertänderungsrisikos und die Verwendung von Marktpreisen. Daher müssen Verkaufs- und Rückkaufspreise nicht nur jeweils dem aktuellen Marktwert entsprechen, sondern sollten auch tatsächlich vom Käufer bzw. Rückerwerber gezahlt werden.

[1052] Werden dagegen im Vorhinein hinsichtlich des Rückerwerbspreises feste Abreden getroffen, sind die Grundsätze für echte Pensionsgeschäfte anzuwenden.
[1053] Anteile oder Aktien an Investmentvermögen.

In zeitlicher Hinsicht können Transaktionen am selben Bankarbeitstag diesen Anforderungen in keinem Fall entsprechen. Im Regelfall dürften die Mindestperioden deutlich länger liegen und sich über mindestens einen Monat erstrecken. Es sollten jeweils die Zeiträume zur Anwendung kommen, innerhalb derer sich in der Vergangenheit nachweisbar wesentliche Marktpreisänderungen ergeben haben (IDW ERS HFA 13 Tz. 42).

Entsprechendes gilt, wenn Anteile an Investmentfonds an einen Dritten veräußert und später zurückerworben werden. Werden die Transaktionen mit dem Fonds selbst abgewickelt (Rückgabe der Anteile und späterer Neuerwerb), ist ebenfalls für eine Gewinnrealisierung zu fordern, dass zwischen Rückgabe der Anteile und ihrem Neuerwerb eine längere Zeitspanne liegt und sowohl der Rücknahmepreis, wie nachfolgend der Ausgabepreis, tatsächlich gezahlt werden. Dies wird voraussetzen, dass sich der Fonds die benötigte Liquidität beschafft; hierzu kann es erforderlich sein, dass er zum Fondsvermögen gehörende Gegenstände am Markt veräußert (IDW ERS HFA 13 Tz. 43).

Transaktionen in Namensschuldverschreibungen

Für Namensschuldverschreibungen („Das Recht am Papier folgt dem Recht aus dem Papier.") gelten die dargestellten Grundsätze für nicht börsennotierte Inhaber- und Orderpapiere (vgl. oben).

Ergänzend wird auf die in IDW RS HFA 8 niedergelegten Grundsätze verwiesen. Danach ist von besonderer Bedeutung, dass das Bonitätsrisiko vollständig übergegangen ist (IDW RS HFA 8 Tz. 16). Außerdem muss die Veräußerung endgültig sein (IDW RS HFA 8 Tz. 11 ff.) und somit einschließlich des Verwertungsrechts erfolgen. Zu Bedenken können in diesem Zusammenhang insbesondere alle Rückveräußerungsoptionen, bei denen ein bestimmtes Entgelt, zB der ursprüngliche Kaufpreis zuzüglich einer (marktgerechten) Verzinsung vereinbart wurde (IDW ERS HFA 13 Tz. 45), führen.

Zu beachten ist auch, dass für die Übertragung des Eigentums an den Namenspapieren die Abtretung der (verbrieften) Forderung notwendig ist. Geht das rechtliche Eigentum nicht wirksam auf den Erwerber über und sind keine anderweitig kompensierenden Regelungen getroffen worden, ist davon auszugehen, dass auch das wirtschaftliche Eigentum an den Papieren nicht übertragen wurde, weil es an der Verwertungsbefugnis fehlte (IDW RS HFA 8 Tz. 10).

Schließlich müssen die Umstände des Einzelfalls erkennen lassen, dass die Veräußerung als selbstständiges Geschäft durchgeführt wurde, der Rückerwerb also in ausreichendem zeitlichem Abstand und losgelöst von der Veräußerung erfolgte. Damit müssen die Marktrisiken, zB die Veränderung einer geeigneten Zinskurve sowie ggf. eine geänderte Bonitätseinschätzung des Schuldners, bei der Preisgestaltung berücksichtigt worden sein (IDW ERS HFA 13 Tz. 47).

Folgen von Veräußerungen, die nicht zu einem Abgang führen

Sind die oben dargestellten Voraussetzungen für den Abgang nicht erfüllt und die wesentlichen Elemente des wirtschaftlichen Eigentums beim Veräußerer verblieben, hat dieser die Vermögensgegenstände weiterhin zu den ursprünglichen bzw. fortgeführten Anschaffungskosten in seiner Bilanz auszuweisen. Trotz Übergangs des rechtlichen Eigentums, der im Regelfall die Abgangsbuchung auslöst, ist in diesen Ausnahmefällen in der Handelsbilanz der Vermögensgegenstand weiterhin zu erfassen. Eine Gewinnrealisierung ist nicht zulässig.

Sind dem Veräußerer **liquide Mittel** zugeflossen, welche zum Bilanzstichtag noch nicht zurückgezahlt worden sind, ist eine entsprechende **Verbindlichkeit** auszuweisen, bei der es sich wirtschaftlich betrachtet um eine Darlehensverbindlichkeit handelt. Entsprechendes gilt für andere Vermögensgegenstände, die der Veräußerer als Gegenleistung (zB bei Tauschvorgängen) erhalten hat (IDW ERS HFA 13 Tz. 101).

Die Übertragung des rechtlichen Eigentums an den veräußerten, aber nicht abgegangenen Vermögensgegenständen wirkt bei wirtschaftlicher Betrachtung demgegenüber wie eine Sicherungsübereignung, welche keinen Einfluss auf die Bilanzierung hat. Im Anhang sind jedoch die entsprechenden Angaben gemäß § 285 Nr. 1 b) und Nr. 2 HGB zu machen (IDW ERS HFA 13 Tz. 102).

4.4.7. Umwidmung von Finanzinstrumenten/Wertpapieren

§ 340e Abs. 3 Satz 2 HGB verbietet eine Umwidmung vom Anlagebestand bzw. Liquiditätsreservebestand in den Handelsbestand. Weitere Einzelheiten vgl. Kapitel 4.4.2.4.[1054]

Mit § 340e Abs. 3 Satz 3 HGB ist eine Umgliederung (Umwidmung) aus dem Handelsbestand in den Anlagebestand und in die Liquiditätsreserve (nur) dann möglich, wenn *„außergewöhnliche Umstände, insbesondere schwerwiegende Beeinträchtigungen der Handelbarkeit der Finanzinstrumente, (...) zu einer*

[1054] Vgl. ausführlich Wohlgemuth, WPg 2008, 1168 ff.

Aufgabe der Handelsabsicht durch das Kreditinstitut (führen)".[1055] Einzelheiten vgl. Kapitel 4.4.2.4.

Eine Umwidmung von unmittelbar zu Sicherungszwecken erworbenen Finanzinstrumenten iSd. § 254 HGB in den Handelsbestand ist nicht möglich. Eine solche Umwidmung in den Handelsbestand ist nur für den Fall (zwingend) vorgesehen, dass die Finanzinstrumente zunächst dem Handelsbestand zugeordnet wurden und nachträglich als Sicherungsinstrumente außerhalb des Handelsbestands (bspw. bei Asset Swaps) eingesetzt wurden, wenn später die Voraussetzungen für eine Bewertungseinheit (§ 254 HGB) wegfallen. Obwohl der Gesetzgeber dies nicht ausdrücklich geregelt hat, ist davon auszugehen, dass diese Rückumwidmung im Zeitpunkt des Wegfalls der Voraussetzungen für die Bewertungseinheit vorzunehmen ist.

4.4.8. Bilanzierung beim Bondstripping

4.4.8.1. Darstellung des Bondstrippings

Als Bondstripping wird das Trennen der Zinsscheine vom Mantel einer Anleihe bezeichnet.[1056] Seit 1997 ist bei bestimmten Bundesanleihen die Trennung von Kapital- und Zinsansprüchen und deren getrennter Handel sowie auch die Rekonstruktion gestrippter Anleihen zugelassen. „Stripping" steht für STRIPS, dh. „Separate Trading of Registered Interest and Principal of Securities".[1057]

[1055] Vgl. BT-Drucks. 16/12407, 188 f.

[1056] Vgl. Ruland, 252 ff. Hiervor zu unterscheiden ist das Dividendenstripping bei sog. Cum-ex-Geschäften; Weidemann, BB 2014, 2135 ff.; zum Übergang des wirtschaftlichen Eigentums bei Cum-ex-Geschäften vgl. BFH-Urteil vom 16.4.2014, AG 2014, 858 ff.; Erläuterung zum BFH-Urteil vom 16.4.2014 vgl. Weber-Grellet, BB 2015, 43 f.; Schön, RdF 2015, 115 ff.; Amann, DB 2016, 1463 ff.; Klein, BB 2016, 2200 ff.; Spatschek/Spilker, DB 2016, 2920 ff.

[1057] Literatur zum Bondstripping *allgemein*: Köpf, ZfgK 1997, 1108; Kußmaul, BB 1998, 1868, 2083 und 2236; Scheuerle, DB 1997, 1839; Vogt, Die Bank 1998, 424; Weiss, Die Bank 1997, 338; Haisch/Bindl, Corporate Finance Law 2010, 319 ff.
Zur *Bilanzierung* des Bondstrippings vgl. IDW RH BFA 1.001 sowie Göttgens, WPg 1998, 567 ff.
Zur *steuerlichen Behandlung* des Bondstrippings vgl. BMF-Schreiben vom 3.9.1997, DB 1997, 1951; OFD München, Vfg. vom 23.2.1998, WPg 1998, 479; Harenberg, NWB Fach 3, 10145; Kußmaul, BB 1998, 2083; Scheuerle, DB 1997, 1839; Weiss, Die Bank 1997, 338.

Anleihen, die gestrippt werden können, sind in **drei Teilen** handelbar:

- Die ursprüngliche Anleihe mit Stammrecht und Zinsansprüchen (= Anleihe cum).
- Der getrennte Anleihemantel ohne die Zinsansprüche (= Anleihe ex, Kapital-Strip).
- Die einzelnen Zinsansprüche (= Zins-Strips). Ein Handel aller Zinsansprüche aus einer Anleihe (= Zinsscheinbogen) ist nicht vorgesehen.

Betrachtet man eine trennbare Bundesanleihe mit einer (Rest-) Laufzeit von 10 Jahren und jährlicher Zinszahlung, so kann man daraus durch Bondstripping ein Portfolio aus 11 Zerobonds machen: nämlich der Anleihe ex (Anleihemantel ohne Zinsansprüche) sowie 10 Zins-Strips (einzelne Zinsansprüche). Weil der isolierte Anleihemantel keine Zinsen mehr erbringt und bei Fälligkeit zum Nennwert eingelöst wird, wird er abgezinst (diskontiert) veräußert bzw. erworben. Entsprechendes gilt für die vom Anleihemantel getrennten einzelnen Zinsscheine. Es handelt sich damit faktisch um Zerobonds.

Für die voneinander getrennten Bestandteile werden eigene International Securities Identification Numbers (ISIN) vergeben.

Eine einmal gestrippte Anleihe (Kapital-Strip und Zins-Strips) kann wieder zu einer Anleihe cum, also zu einem Stammrecht mit Zinsansprüchen zusammengefügt (rekonstruiert) werden. Die **Rekonstruktion** (Rebundling) ist nur Kreditinstituten für den Eigenbestand erlaubt.[1058] Andere Anleger können eine Rekonstruktion faktisch erreichen, indem sie sämtliche Komponenten einer gestrippten Anleihe (Kapital-Strip und sämtliche Zins-Strips) an ein Kreditinstitut veräußern und eine Anleihe cum erwerben.

4.4.8.2. Anwendung der Grundsätze der Bilanzierung von Zerobonds

Im Zeitpunkt des **Erwerbs** eines Zerobonds ist dieser beim Erwerber mit seinen Anschaffungskosten (ggf. zuzüglich Anschaffungsnebenkosten) zu aktivieren. Beim Ersterwerb entsprechen die Anschaffungskosten dem mit der Emissionsrendite abgezinsten Barwert.

Die jeweils aufgrund der kapitalabhängigen Effektivzinsberechnung ermittelte Zinsforderung ist zum Bilanzstichtag hinzuzuaktivieren und als Zinsertrag zu buchen. Die jährliche Zuschreibung erfolgt beim Ersterwerber in Höhe des

---

[1058] Die Beschränkung auf Kreditinstitute hat steuerliche Motive; vgl. Scheuerle, DB 1997, 1839.

Effektivzinses im Zeitpunkt der Emission. Wurde ein Zerobond am sog. Sekundärmarkt (Zweiterwerb) erworben, erfolgt die Zuschreibung nicht mit dem ursprünglichen Effektivzinssatz, sondern mit dem Effektivzins im Zeitpunkt des Zweiterwerbs. Andernfalls würde der Rückzahlungsbetrag (Erfüllungsbetrag) je nach Marktzinsentwicklung im Zeitpunkt des Zweiterwerbs entweder nicht erreicht oder sogar überschritten.

Der **Emittent** hingegen passiviert den jeweils dem Anleihegläubiger geschuldeten Betrag, der sich aus dem bei der Emission erhaltenen (abgezinsten) Ausgabebetrag zuzüglich der aufgrund einer kapitalabhängigen Effektivzinsberechnung ermittelten Zinsschuld zusammensetzt.[1059]

4.4.8.3. Bilanzierung des Bondstrippings beim Inhaber

4.4.8.3.1. Zeitpunkt der Trennung

Der Bankenfachausschuss beim IDW hat mit seinem 2011 überarbeiteten Rechnungslegungshinweis *„Handelsrechtliche Bilanzierung des Bondstripping"* (IDW RH BFA 1.001) zu den Bilanzierungs- und Bewertungsfragen erneut (inhaltlich unverändert) Stellung genommen.[1060]

Grundsätzlich keine Gewinnrealisation bei der Trennung

Nach dem Realisationsprinzip werden Gewinne nur durch einen Umsatzakt oder bei Instituten auch durch die Bewertung von Handelsbeständen zum beizulegenden Zeitwert realisiert (IDW RH BFA 1.001 Tz. 3). Die Trennung der Anleihe cum in den Kapital-Strip und die Zins-Strips beruht lediglich auf der Entscheidung des Investors, die nicht mit einer Umsatzrealisierung einhergeht. Daran ändert auch die Tatsache nichts, dass die einzelnen Strips eine eigene ISIN erhalten. Dies bedeutet, dass die alleinige Trennung sowie depotmäßige Umbuchung der entstehenden Strips **keine Gewinnrealisation** auslöst.

Erst mit der tatsächlichen Veräußerung aller oder einiger der entstehenden Strips werden Dritte zur Kaufpreisfixierung objektivierend eingebunden, was gemeinhin als handelsrechtliches Indiz für einen zur Gewinnrealisierung berechtigenden Umsatzvorgang gilt (IDW RH BFA 1.001 Tz. 3).[1061]

[1059] Vgl. auch Eisele/Knobloch, DStR 1993, 577 ff.; Schiestl, ÖBA 1991, 114.

[1060] Zur Kommentierung dieses Rechnungslegungshinweises vgl. Göttgens, WPg 1998, 567 ff.

[1061] Vgl. Göttgens, WPg 1998, 569.

Aufteilung des Buchwerts der Anleihe cum beim Stripping

Das Bondstripping stellt einen internen Akt dar, der – wie oben dargestellt – keinen zur Gewinnrealisation berechtigenden eigenständigen Charakter aufweist. Die Summe der **Buchwerte** der Strips muss daher dem Buchwert der gestrippten Anleihe entsprechen (IDW RH BFA 1.001 Tz. 5).[1062] Etwaige **stille Reserven** bei Anleihen außerhalb des Handelsbestands sind dabei als solche anteilig auf die Strips zu übertragen.

Das angewendete **Verfahren zur Aufteilung des Buchwerts** auf die einzelnen Strips muss willkürfrei sein und stetig angewandt werden (IDW RH BFA 1.001 Tz. 6). Der BFA hat für die Aufteilung kein bestimmtes mathematisches Verfahren vorgegeben. Auch Näherungslösungen sind damit im Rahmen der Grundsätze ordnungsmäßiger Buchführung zulässig. IDW RH BFA 1.001 enthält zur Erleichterung der praktischen Anwendung zwei Verfahrensbeispiele, die den Anforderungen genügen: Die „Methode der internen Buchwertrendite" sowie die „Methode der aktuellen Marktwertrendite".[1063]

Nach der **Methode der internen Buchwertrendite** wird außerhalb des Handelsbestands in einem **ersten Schritt** die interne Rendite der Anleihe cum zum Strippingzeitpunkt auf Basis des Buchwerts der Anleihe, der Zins- und Tilgungszahlungen sowie der Restlaufzeit ermittelt (IDW RS BFA 1.001 Tz. 7). In einem **zweiten Schritt** werden dann die zukünftigen Zahlungsströme (Anleihe ex, jede einzelne Zinszahlung) anhand der so ermittelten internen Rendite auf den Stripzeitpunkt abgezinst (Barwert).[1064]

Die Buchwertaufteilung kann alternativ auch nach der **Methode der aktuellen Marktwertrendite** erfolgen (IDW RH BFA 1.001 Tz. 8). Die Aufteilung erfolgt dabei nach Maßgabe der **aktuellen internen Rendite**, die auf Basis der Marktwerte der einzelnen Strips und der Restlaufzeit der gestrippten Anleihe errechnet wird. Der Buchwert der Anleihe cum wird dabei im Verhältnis der jeweiligen Marktwerte auf die Strips verteilt (IDW RH BFA 1.001 Tz. 8).[1065] Ebenso wie die Methode der internen Buchwertrendite ermöglicht auch die marktwertbasierte Methode die erfolgsneutrale Trennung der Anleihe cum.

[1062] Vgl. Göttgens, WPg 1998, 569.
[1063] Ausführlich mit Beispielen vgl. Göttgens, WPg 1998, 570 ff.
[1064] Als nachteilig kann angesehen werden, dass dabei sämtliche Cashflows, unabhängig von ihrer Laufzeit, mit einem identischen Zinssatz diskontiert werden.
[1065] Ausführlich mit Beispielen vgl. Göttgens, WPg 1998, 570 f.

Bezahlte Stückzinsen und anteilige Zinsen gemäß § 11 RechKredV

Die vom Erwerber der Anleihe cum beim Erwerb gezahlten Stückzinsen werden grundsätzlich nicht mit dem Kapitalstamm aktiviert. Sie stellen eine unabhängige Forderung dar, die im Zeitpunkt des nächsten Zinstermins fällig und von den Kuponerträgen gekürzt wird (IDW RH BFA 1.001 Tz. 4).

Die Stückzinsen werden deshalb nicht auf die einzelnen Zins-Strips aufteilt, sondern beim nächstfälligen Zins-Strip berücksichtigt. Entsprechendes gilt für die zwischen dem letzten Zinstermin und dem Stripzeitpunkt entstandenen anteiligen Zinsen iSd. § 11 RechKredV (IDW RH BFA 1.001 Tz. 4).

4.4.8.3.2. Bilanzierung und Bewertung der Strips

Strips im Bestand

Die im Bestand befindlichen Strips stellen – wie oben dargestellt – faktisch **Zerobonds** dar. Deren bilanzielle Behandlung richtet sich damit grundsätzlich nach den Regeln für Zerobonds (IDW RH BFA 1.001 Tz. 11). Danach sind die Strips mit den Anschaffungskosten zuzüglich der anteiligen Zinsforderung zu bewerten, sofern nicht ein niedrigerer Stichtagskurs eine Niederstwertabschreibung verlangt. Bei der Bewertung ist das Wertaufholungsgebot zu beachten (vgl. Kapitel 4.5.).

Bei der Bewertung entsprechend den Grundsätzen für Zerobonds kann eine im Stripzeitpunkt berechnete interne Rendite der gestrippten Anleihe als „Quasi-Emissionsrendite" betrachtet werden, mit deren Hilfe die anteilige Zinsforderung ermittelt wird (IDW RH BFA 1.001 Tz. 11). Es ist grundsätzlich nicht möglich, eine über die Aufzinsung der Zerobonds hinausgehende Aufwertung (zB aufgrund höherer Börsenkurse) – wegen Verstoßes gegen das Realisationsprinzip – zu berücksichtigen (IDW RH BFA 1.001 Tz. 12).[1066]

Die Bewertung im **Handelsbestand** erfolgt zum beizulegenden Zeitwert gemäß § 340e Abs. 3 HGB (vgl. Kapitel 4.4.2.).

Sind einzelne Strips Gegenstand einer **Bewertungseinheit** nach § 254 HGB, sind die Grundsätze des IDW RS HFA 35 relevant. Diesbezüglich wird auch auf Kapitel 4.11. verwiesen.

[1066] Zu Bewertungseinheiten vgl. HdR 5. Aufl. § 254 HGB.

Erwerb und Veräußerung von Strips

Von Dritten erworbene Strips (Zerobonds) sind wie andere erworbene Zerobonds zu **Anschaffungskosten** zu aktivieren und nach den allgemeinen Grundsätzen zu bilanzieren und zu bewerten (IDW RH BFA 1.001 Tz. 2). Die Anschaffungskosten sind jährlich um die auf Basis einer Erwerbsrendite berechneten anteiligen Zinsansprüche zu erhöhen. Die Erwerbsrendite lässt sich aus dem bezahlten Kaufpreis, der Restlaufzeit und dem Kapitalbetrag ermitteln.

Die **Veräußerung** stellt im Gegensatz zur Trennung der Anleihe einen Veräußerungsvorgang dar, der zur Gewinn- bzw. Verlustrealisation führt. Je nach Buchwert und Veräußerungserlös kommt es zu Veräußerungsgewinnen oder -verlusten, die in Abhängigkeit von der Zuordnung zu den verschiedenen Wertpapierbeständen zu buchen sind (IDW RH BFA 1.001 Tz. 15).

Umwidmungen

Die allgemeinen Regeln für eine Umwidmung gelten auch für Strips (IDW RH BFA 1.001 Tz. 16, 17).

4.4.8.3.3. Rekonstruktion getrennter Anleihen

Wie oben dargestellt wurde, kann eine Anleihe aus den einzelnen Strips wieder rekonstruiert werden. Hierfür gelten bezüglich der Gewinnrealisation die für die Trennung angestellten Überlegungen sinngemäß (IDW RH BFA 1.001 Tz. 9). Dies bedeutet, dass die Rekonstruktion **keinen Realisationstatbestand** darstellt, sodass sich hieraus keine Erfolgswirkungen ergeben. Die Bewertung rekonstruierter Anleihen richtet sich nach den allgemeinen Bewertungsgrundsätzen.

Sofern die Rekonstruktion zum Zweck einer sich unmittelbar anschließenden Veräußerung erfolgt, dürfte es nach Göttgens[1067] dem Realisationsprinzip nicht entgegenstehen, wenn aus Vereinfachungsgründen der Kursgewinn oder -verlust als Differenz zwischen den Buchwerten der einzelnen Strips und dem Veräußerungserlös der Anleihe ermittelt wird.

[1067] Vgl. Göttgens, WPg 1998, 572.

4.4.8.4. Bilanzierung des Bondstrippings beim Emittenten

Passivierung der emittierten Anleihe

Der Emittent hat auf das Stripping einer von ihm emittierten Anleihe keinen Einfluss. Häufig hat er von diesem Vorgang auch keine Kenntnis. Eine eigene Passivierungspflicht für die Zins-Strips besteht nicht.

Die einzelnen Zins-Strips stellen für den Emittenten Zinsaufwand dar, der in den Perioden zu verrechnen ist, in denen dieser Aufwand als Entgelt für die Zurverfügungstellung des Anleihekapitals anfällt (IDW RH BFA 1.001 Tz. 23). Die Tatsache, dass durch das Stripping neben dem Kapital auch die einzelnen Kuponzahlungen handelbar geworden sind, begründet nach Ansicht des BFA für sich gesehen keine Passivierungspflicht für die einzelnen Zins-Strips (IDW RH BFA 1.001 Tz. 20).

In der Bilanz des Emittenten ist nach wie vor der Erfüllungsbetrag der (gestrippten) Anleihe anzusetzen. Dem stehen die Grundsätze für die Passivierung von Zerobonds nicht entgegen, weil diese Grundsätze lediglich auf einen originär begebenen Zerobond anzuwenden sind.

Erwerb eigener (gestrippter) Schuldverschreibungen

Erwirbt der Emittent einen einzelnen Strip, muss der passivierte Buchwert der Anleihe um den anteiligen, auf den erworbenen Strip entfallenden Buchwert vermindert werden (IDW RH BFA 1.001 Tz. 22), es sei denn, es ist eine Wiederbegebung beabsichtigt. Die Differenz zwischen diesem anteiligen Buchwert und dem für den Strip bezahlten Kaufpreis ist ergebniswirksam zu erfassen (IDW RH BFA 1.001 Tz. 22).

Ist eine Wiederbegebung beabsichtigt, ist ein erworbener Strip als Wertpapier mit seinen Anschaffungskosten zu aktivieren und an den folgenden Bilanzstichtagen nach den für einen Erwerber geltenden Regeln zu bilanzieren (IDW RH BFA 1.001 Tz. 24).

Diese vom IDW präferierte Vorgehensweise kann von der gesetzlichen Regelung in § 16 Abs. 4 RechKredV abweichen.

4.4.9. Bilanzierung strukturierter Finanzinstrumente nach IDW RS HFA 22

4.4.9.1. Anwendungsbereich

Strukturierte Finanzinstrumente im Sinne des IDW RS HFA 22[1068] sind Vermögensgegenstände mit Forderungscharakter (zB Ansprüche aus Krediten, Schuldscheindarlehen oder Anleihen) bzw. entsprechende Verbindlichkeiten, die im Vergleich zu den nicht strukturierten Finanzinstrumenten hinsichtlich ihrer Verzinsung, ihrer Laufzeit und/oder ihrer Rückzahlung besondere Ausstattungsmerkmale aufweisen (IDW RS HFA 22 Tz. 2).[1069]

Da einem strukturierten Finanzinstrument ein Vermögensgegenstand mit Forderungscharakter bzw. eine Verbindlichkeit als Basisinstrument zugrunde liegen muss, werden **Eigenkapitalinstrumente** als Basisinstrumente nicht vom Anwendungsbereich des IDW RS HFA 22 erfasst.[1070] Verträge über den Erwerb einer bestimmten Anzahl von Aktien mit einer in diesen Verträgen vereinbarten Option, zu einem späteren Zeitpunkt eine weitere bestimmte Anzahl Aktien zu einem bereits bei Abschluss des Vertrags vereinbarten Preis zu erwerben, gelten mithin nicht als strukturiertes Finanzinstrument iSv. IDW RS HFA 22.

Die Ausgestaltung strukturierter Finanzinstrumente besteht in der Regel darin, dass ein Basisinstrument (ein verzinsliches oder unverzinsliches Kassainstrument, wie zB eine Darlehensforderung oder eine Schuldverschreibung) mit einem oder mehreren Derivaten (zB Swap, Forward, Future, Option, Cap, Floor, Swaption oder Kredit- bzw. Wetterderivat) zu einer **rechtlichen Einheit** verbunden ist (IDW RS HFA 22 Tz. 2).

Aufgrund des **eingebetteten Derivats** werden die Zahlungsströme des strukturierten Finanzinstruments insgesamt oder teilweise ähnlichen Schwankungen in Abhängigkeit von einer **Basisvariablen**, zB einem bestimmten Zinssatz, dem Preis eines Finanzinstruments, einem Rohstoffpreis, einem Wechselkurs, einem Preis- oder Kursindex, einem Bonitätsrating, einem Kreditindex oder

---

[1068] Redaktionelle Änderungen der Tz. 2, 5, 11, 12, 20, 21, 23 und 25 sowie Aufhebung der Tz. 4 durch den HFA am 11.9.2015, IDW Life 2015, 607 ff.

[1069] Vgl. ausführlich zu zahlreichen Produkten Schaber/Rehm/Märkl/Spies, 2. Aufl., 5 ff.; Lorenz/Wiechens, IRZ 2008, 505 ff., jeweils mwN.; Gaber, 2. Aufl., 312 ff.; Wiechens/Lorenz/Morawietz, HdJ I/11, Rn. 153 ff.

[1070] Vgl. Schaber/Rehm/Märkl/Spies, 2. Aufl., 7.

einer anderen Variablen, wie Wetterrisiken oder Katastrophenrisiken,[1071] ausgesetzt wie durch ein freistehendes Derivat.

Als **Basisvariable** kommen keine Variablen infrage, die sich auf (interne) schuldnerspezifische Kennzahlen oder sonstige schuldnerspezifische Sachverhalte (zB Bonität) beziehen.[1072] So stellen zB Schuldinstrumente, deren Zins- oder Tilgungszahlungen in Abhängigkeit des EBITDA oder einer anderen Bilanz- oder Profitabilitätskennzahl des Schuldners erfolgen, keine strukturierten Finanzinstrumente iSd. IDW RS HFA 22 dar. Dies gilt auch für die in Kreditverträgen häufig vereinbarten bonitätsbezogenen Nebenabreden, wonach beispielsweise erhöhte Zinszahlungen zu leisten sind, wenn die Eigenkapitalquote des Schuldners ein bestimmtes Niveau unterschreitet.

Ebenso sind solche Darlehen keine strukturierten Finanzinstrumente iSd. IDW RS HFA 22, bei denen **erfolgsabhängige Tilgungszahlungen** festgelegt werden, die zB von der Profitabilität eines bestimmten Produkts des Schuldners abhängen.

Zur Bilanzierung von sog. **Contingent Convertible Bonds** (CoCo Bonds) wird auf Kapitel 5.3.10.2.2. verwiesen.

Strukturierte Finanzinstrumente iSd. IDW RS HFA 22 sind zB:

- Anleihen bzw. Schuldscheindarlehen mit Schuldnerkündigungsrechten bzw. Gläubigerkündigungsrechten sowie mit Schuldnererhöhungsrechten,
- Capped Floating Rate Notes, Floor Floating Rate Notes sowie Collared Floating Rate Notes (Mini-Max-Floater),
- Reverse Floating Rate Notes,
- Anleihen und Schuldscheindarlehen mit Währungswahlrecht,
- Aktienanleihen (Reverse Convertibles),[1073]
- Credit Linkes Notes (CLN), vgl. hierzu Kapitel 4.12.6.

[1071] Vgl. zu den rechtlichen Rahmenbedingungen vgl. Fest, ZBB 2016, 301 ff.; zu Risikotransferinstrument vgl. Knaub/Kunz, ZVersWiss 2018, 163 ff.

[1072] Vgl. Schaber/Rehm/Märkl/Spies, 2. Aufl., 6 f.; Flick/Mertes/Meyding-Metzger, WPg 2019, 729; ausführlich mit zahlreichen Beispielen Gaber, 2. Aufl., 323 ff.

[1073] Obwohl sich Lüdenbach, StuB 2013, 584, für ein *„faktisches Wahlrecht"* ausspricht, auch eine einheitliche Bilanzierung von Option und Anleihe zuzulassen, kann dem nicht gefolgt werden. IDW RS HFA 22 ist für den Abschlussprüfer grundsätzlich bindend.

Strukturierte **Verbindlichkeiten** sind entsprechend den strukturierten Vermögenswerten bilanziell abzubilden.

Der Einstufung als strukturiertes Finanzinstrument steht nicht entgegen, dass insbesondere die derivativen Bestandteile durch entsprechende Sicherungsgeschäfte gegen Marktwertschwankungen abgesichert werden können oder ihrerseits zur Sicherung herangezogen werden. Die bilanzielle Abbildung von **Bewertungseinheiten** wird mit IDW RS HFA 35 näher geregelt (vgl. Kapitel 4.11. sowie produktbezogen in Kapitel 4.12.).

Nicht alle zusammengesetzten Finanzinstrumente sind nach IDW RS HFA 22 als strukturierte Finanzinstrumente anzusehen. **Originär entstandene Währungsforderungen und -verbindlichkeiten** (verbrieft oder unverbrieft), wie zB aus dem Erwerb oder der Veräußerung von Handelswaren, sind keine strukturierten Finanzinstrumente iSd. IDW RS HFA 22. Demnach fallen Forderungen und Verbindlichkeiten aus Lieferung oder Leistung, Kreditforderungen und Anleihen in Fremdwährung nicht in den Anwendungsbereich von IDW RS HFA 22. Gleiches gilt für **realwirtschaftliche Verträge** (bspw. Miet- und Leasingverträge), es sei denn, dass bei diesen Verträgen die Finanzrisiken überwiegen, sowie **Versicherungsverträge** iSd. Versicherungsvertragsrechts (IDW RS HFA 22 Tz. 3).

IDW RS HFA 22 behandelt nicht die Zuordnung strukturiert gestalteter Finanzierungen zum Eigenkapital oder Fremdkapital des Emittenten sowie die Bilanzierung der Bestandteile strukturierter Finanzinstrumente iRv. Sicherungsbeziehungen (IDW RS HFA 22 Tz. 3).

Zur Behandlung von sog. echten strukturierten Finanzinstrumenten in der Steuerbilanz vgl. Kapitel 4.4.9.4.

4.4.9.2. Dokumentationsanforderungen

Die in strukturierten Finanzinstrumenten eingebetteten Derivate sind – unabhängig von ihrer bilanziellen Behandlung – wie schwebende Geschäfte in der Buchführung gesondert zu dokumentieren (§§ 238 f. HGB).

Die Aufzeichnungen des Bilanzierenden müssen alle maßgeblichen Konditionen (zB Geschäftspartner, Nominalbetrag, Abschlusstag, Fälligkeitsstruktur, Abschlusskurs, ggf. vereinbarte Zinssätze, Basispreise, Risikoart und Optionslaufzeiten) jedes einzelnen eingebetteten Derivats erkennen lassen (IDW RS HFA 22 Tz. 5).

Nachdem IDW RS HFA 22 Tz. 5 nicht nach einheitlich und getrennt bilanzierten strukturierten Finanzinstrumenten differenziert, ist auch bei einer einheitlichen Bilanzierung nach IDW RS HFA 22 Tz. 13 und Tz. 14 (sog. Rückausnahme) dieses Dokumentationserfordernis zu erfüllen.

4.4.9.3. Bilanzierung

4.4.9.3.1. Allgemeine Grundsätze

Das Handelsrecht enthält mit Ausnahme der Regelung des § 272 Abs. 2 Nr. 2 HGB für Schuldverschreibungen mit Wandlungsrechten und Optionsrechten zum Erwerb von eigenen Anteilen des bilanzierenden Instituts keine speziellen Regelungen zur Bilanzierung strukturierter Finanzinstrumente. Somit ist die Bilanzierung strukturierter Finanzinstrumente aus den Grundsätzen ordnungsmäßiger Buchführung abzuleiten (§§ 243 Abs. 1, 264 Abs. 2 HGB).

Nach § 246 Abs. 1 HGB sind sämtliche Vermögensgegenstände und Schulden zu bilanzieren und nach § 252 Abs. 1 Nr. 3 HGB jeweils einzeln zu bewerten. Gegenstand der Bilanzierung ist grundsätzlich der gesamte Vermögensgegenstand, nicht die diesem nach dem zugrunde liegenden Rechtsverhältnis innewohnenden einzelnen Elemente, die seinen Wert beeinflussen. Dass die Bestandteile eines strukturierten Finanzinstruments zu einer rechtlichen Einheit verbunden sind, spricht für die handelsrechtliche Behandlung als einheitliches Bilanzierungsobjekt (IDW RS HFA 22 Tz. 6).

Die getrennte Bilanzierung wird im Wesentlichen mit drei Argumenten begründet:[1074]

- Mit dem True-and-Fair-View-Grundsatz nach § 264 Abs. 2 HGB.
- Mit der wirtschaftlichen Betrachtungsweise.
- Damit, dass die einheitliche Bilanzierung (und Bewertung) von strukturierten Finanzinstrumenten zu einer unzulässigen Überkreuzkompensation von Risiken und Chancen führt.

Strukturierte Finanzinstrumente weisen durch die Verbindung des Basisinstruments mit Derivaten im Vergleich zu anderen Vermögensgegenständen mit Forderungscharakter und Verbindlichkeiten besondere Chancen und Risiken auf. Eine einheitliche bilanzielle Behandlung des Basisinstruments und des eingebetteten Derivats kann zu einer **unzutreffenden Darstellung der wirt-**

[1074] Vgl. Haisch, RdF 2018, 160.

schaftlichen Lage im Jahresabschluss des Erwerbers/Gläubigers bzw. des Emittenten/Schuldners führen.

Zum einen werden die besonderen Chancen und Risiken aus dem eingebetteten Derivat bei einem einheitlichen Ausweis der strukturierten Finanzinstrumente im Jahresabschluss nicht ersichtlich. Zum anderen kann die Behandlung als einheitliches Bewertungsobjekt zu einer Saldierung positiver und negativer Effekte aus einer unterschiedlichen Wertentwicklung von Basisinstrument und eingebettetem Derivat führen (IDW RS HFA 22 Tz. 7).

Um die Vermögens-, Finanz- und Ertragslage im handelsrechtlichen Jahresabschluss des Erwerbers/Gläubigers bzw. Emittenten/Schuldners im Sinne der §§ 243 Abs. 1, 264 Abs. 2 HGB zutreffend darzustellen, ist daher zu entscheiden, in welchen Fällen ein strukturiertes Finanzinstrument als ein einheitlicher Vermögensgegenstand bzw. eine einheitliche Verbindlichkeit anzusehen ist und in welchen Fällen dessen Bestandteile (Basisinstrument und eingebettete/s Derivat/e) getrennt zu bilanzieren sind.

Nach der im Handelsrecht gebotenen **wirtschaftlichen Betrachtungsweise** hat sich die Entscheidung über die Aufspaltung eines strukturierten Finanzinstruments insbesondere daran zu orientieren, ob das strukturierte Finanzinstrument aufgrund des eingebetteten Derivats im Vergleich zum Basisinstrument wesentlich erhöhte oder zusätzliche (andersartige) Risiken oder Chancen aufweist (IDW RS HFA 22 Tz. 8).

Nach den vorstehenden Grundsätzen sind strukturierte Finanzinstrumente wegen ihrer rechtlichen Verbindung zu einer Einheit im Jahresabschluss des Erwerbers/Gläubigers grundsätzlich als einheitlicher Vermögensgegenstand und im Jahresabschluss des Emittenten/Schuldners grundsätzlich als einheitliche Verbindlichkeit zu bilanzieren (IDW RS HFA 22 Tz. 9).

Wenn strukturierte Finanzinstrumente jedoch durch das eingebettete Derivat im Vergleich zum Basisinstrument **wesentlich erhöhte** oder **zusätzliche (andersartige) Risiken oder Chancen** aufweisen, handelt es sich bei wirtschaftlicher Betrachtung um zwei Instrumente, die grundsätzlich getrennt voneinander zu bilanzieren sind (IDW RS HFA 22 Tz. 10).

4.4.9.3.2. Zeitpunkt der Beurteilung der Trennung

Die Beurteilung, ob ein eingebettetes Derivat vom Basisinstrument getrennt oder ob das gesamte strukturierte Finanzinstrument einheitlich zu bilanzieren ist, erfolgt zwingend zum **Zugangszeitpunkt, dh. einmalig im Anschaf-**

fungszeitpunkt (IDW RS HFA 22 Tz. 17). Das Ergebnis dieser Beurteilung ist in den Folgeperioden grundsätzlich beizubehalten; dabei ist der Grundsatz der sachlichen Stetigkeit (§§ 246 Abs. 3, 252 Abs. 1 Nr. 6 HGB) zu beachten.

Eine erneute Beurteilung der Frage erfolgt nach den Vorgaben in IDW RS HFA 22 Tz. 17 nur bei[1075]

- einer Änderung der Vertragsbedingungen, die eine **wesentliche Änderung der Zahlungsströme** des strukturierten Finanzinstruments zur Folge hat, oder
- bei **Änderung der Voraussetzungen** für die (Rück-) Ausnahmen nach IDW RS HFA 22 Tz. 14 a) bis c) (vgl. Kapitel 4.4.9.3.3.).

Für die Beurteilung, ob eine **Änderung der Vertragsbedingungen** zu einer wesentlichen **Änderung der Zahlungsströme** führt, hat das bilanzierende Unternehmen zunächst die absolute Änderung der erwarteten zukünftigen Zahlungsströme in Bezug auf das eingebettete Derivat, das Basisinstrument oder beide zu ermitteln. Diese neuen Zahlungsströme sind den vormals erwarteten Zahlungsströmen gegenüber zu stellen.

Insofern können sowohl Änderungen der Vertragsbedingungen, die das eingebettete Derivat betreffen, als auch solche, die das Basisinstrument betreffen, zu einer Neubeurteilung der Abspaltungspflicht führen.[1076] Zur Bilanzierung bei Restrukturierung von Finanzinstrumenten vgl. Kapitel 4.3.6.

Änderungen von externen Parametern (zB Marktbedingungen oder gesetzliche Rahmenbedingungen) wirken sich dabei so lange nicht auf eine einmal im Zugangszeitpunkt des strukturierten Finanzinstruments vorgenommene Beurteilung der Abspaltungspflicht eingebetteter Derivate aus, wie die **Vertragsbedingungen** nicht dahin gehend geändert werden, dass sich eine **wesentliche** Änderung des Zahlungsströme ergibt.[1077]

IDW RS HFA 22 gibt keinen Hinweis, wann eine solche Änderung der Zahlungsströme **wesentlich** ist.

Die erneute Beurteilung, ob ein eingebettetes Derivat vom Basisinstrument getrennt zu bilanzieren ist, ist auch dann zwingend erforderlich, wenn die **Vo-**

[1075] Vgl. Schaber/Rehm/Märkl/Spies, 2. Aufl., 53 f.
[1076] Vgl. Schaber/Rehm/Märkl/Spies, 2. Aufl., 53 f.
[1077] Vgl. Schaber/Rehm/Märkl/Spies, 2. Aufl., 54.

raussetzungen für die Rückausnahmen nach IDW RS HFA 22 Tz. 14 a) bis c) (vgl. Kapitel 4.4.9.3.3.) **nicht mehr erfüllt** sind. Dies ist bspw. der Fall:[1078]

- Wenn das strukturierte Finanzinstrument am Abschlussstichtag nicht mehr mit dem niedrigeren beizulegenden Wert bewertet wurde oder eine Notierung auf einem aktiven Markt nicht mehr existiert.
- Bei zulässiger Aufgabe der Handelsabsicht.
- Bei Wegfall einer vertraglich vereinbarten unbedingten Kapitalgarantie des Emittenten oder Wegfall der Absicht bzw. Fähigkeit, das Finanzinstrument bis zur Endfälligkeit zu halten.

Bei sog. **Altfällen** wird im Schrifttum ein **Bestandsschutz** befürwortet, dh. die Entscheidung über die getrennte bzw. einheitliche Bilanzierung ist beizubehalten, da nach IDW RS HFA 22 Tz. 17 die Aufspaltungsentscheidung zum Zugangszeitpunkt zu treffen ist.[1079] Bei Abweichungen zu den aktuell gültigen Regelungen muss dies im Anhang dargestellt werden.[1080]

Die Regelungen des IDW RS HFA 22 für einheitlich bilanzierte Finanzinstrumente sind auch auf den evtl. noch vorhandenen Altbestand anzuwenden.

4.4.9.3.3. Einheitliche Bilanzierung beim Investor (Gläubiger)

4.4.9.3.3.1. Grundsatz des einheitlichen Vermögensgegenstands

Bilanzierungsgegenstand ist nach dem Gesetz (und den GoB) grundsätzlich der gesamte Vermögensgegenstand, nicht die einzelnen wertbeeinflussenden Bestandteile. Dies gilt grundsätzlich auch für die zu einer rechtlichen Einheit verbundenen strukturierten Finanzinstrumente (IDW RS HFA 22 Tz. 9).

4.4.9.3.3.2. Ausnahme vom Grundsatz des einheitlichen Vermögensgegenstands

Aufgrund der eingebetteten Derivate weisen strukturierte Finanzinstrumente im Vergleich zu nicht strukturierten Finanzinstrumenten besondere Risiken und Chancen auf. Eine einheitliche Bilanzierung kann daher zu einer unzu-

---

[1078] Vgl. Schaber/Rehm/Märkl/Spies, 2. Aufl., 54 f.
[1079] Vgl. Schaber/Rehm/Märkl/Spies, 2. Aufl., 52 f.; DGRV (Hrsg.), Praxishandbuch Derivate, Teil 1 D.III.6.; Lorenz/Wiechens, IRZ 2008, 506; Wiechens/Varain, BB 2008, 2338.
[1080] Vgl. DGRV (Hrsg.), Praxishandbuch Derivate, Teil 1 D.III.6.

treffenden Darstellung der Vermögens-, Finanz- und Ertragslage führen. So kann die einheitliche Bilanzierung dazu führen, dass die besonderen Risiken und Chancen aus dem eingebetteten Derivat im Jahresabschluss nicht ersichtlich sind. Zudem kann es zu einer Saldierung positiver und negativer Ergebniseffekte aus einer unterschiedlichen Wertentwicklung von Basisinstrument und eingebettetem Derivat kommen.

In den Fällen, in denen aus einer einheitlichen Bilanzierung eine **unzutreffende Darstellung der Vermögens-, Finanz- und Ertragslage** resultiert, ist eine getrennte Bilanzierung von Basisinstrument und eingebettetem/en Derivat/en sachgerecht (IDW RS HFA 22 Tz. 8). Die Entscheidung über die Aufspaltung hat sich insbesondere daran zu orientieren, ob das strukturierte Finanzinstrument aufgrund des/der eingebetteten Derivats/e im Vergleich zum Basisinstrument **wesentlich erhöhte oder zusätzliche (andersartige) Risiken oder Chancen** aufweist (IDW RS HFA 22 Tz. 8 und Tz. 10).

4.4.9.3.3.3. Ausnahme von der Ausnahme – sog. Rückausnahme

Auch wenn strukturierte Finanzinstrumente durch das/die eingebettete/n Derivat/e im Vergleich zum Basisinstrument wesentlich erhöhte oder zusätzliche (andersartige) Risiken oder Chancen aufweisen und daher nach IDW RS HFA 22 Tz. 15 f. eigentlich eine Trennung (und demzufolge eine getrennte Bilanzierung) geboten wäre, sind diese gleichwohl einheitlich zu bilanzieren (sog. **Rückausnahme**), wenn dies auch zu einer zutreffenden Darstellung der Vermögens-, Finanz- und Ertragslage führt (IDW RS HFA 22 Tz. 13).

Dies ist nur in folgenden **drei** Fällen anzunehmen (IDW RS HFA 22 Tz. 14 a) bis c)):

a) Das strukturierte Finanzinstrument wird
   1. gemäß § 253 Abs. 3 oder 4 HGB am Abschlussstichtag **mit dem niedrigeren Wert aus beizulegendem Wert** und fortgeführten Anschaffungskosten **bewertet und**
   2. die Bewertung basiert auf einer Notierung des strukturierten Finanzinstruments auf einem **aktiven Markt** (IDW RS HFA 22 Tz. 14 a)).[1081]

b) Das strukturierte Finanzinstrument wurde zu **Handelszwecken** erworben (IDW RS HFA 22 Tz. 14 b)).

[1081] Es reicht nicht, wenn das Finanzinstrument lediglich zum niedrigeren beizulegenden Wert angesetzt wird. Zwingende Zusatzbedingung ist, dass dieser Wert auf einem aktiven Markt zustande gekommen ist.

c) Es besteht (IDW RS HFA 22 Tz. 14 c))

1. eine vertraglich vereinbarte **unbedingte Kapitalgarantie des Emittenten**, mit der das eingesetzte Kapital zum Fälligkeitszeitpunkt garantiert wird, **und**

2. der Erwerber/Gläubiger hat die **Absicht und die Fähigkeit**, das strukturierte Finanzinstrument **bis zur Endfälligkeit zu halten, und**

3. das strukturierte Finanzinstrument ist gemäß § 247 Abs. 2 HGB **zulässigerweise dem Anlagevermögen zugeordnet**.

Diese Ausnahmetatbestände des IDW RS HFA 22 Tz. 14 a) bis c) sind als **abschließender Katalog** zu verstehen.

In diesen Fällen ist nach dem (strengen) Wortlaut von IDW RS HFA 22 zwar von einer **Pflicht zur einheitlichen Bilanzierung** des strukturierten Finanzinstruments auszugehen, unabhängig davon, ob die Beurteilungskriterien des IDW RS HFA 22 Tz. 16 zur Aufspaltungspflicht erfüllt sind oder nicht.[1082]

Die Entscheidung, ob ein strukturiertes Finanzinstrument einheitlich oder getrennt bilanziert wird, ist – wie schon oben dargestellt – in den Folgejahren beizubehalten (Einzelheiten vgl. Kapitel 4.4.9.3.2.). Dabei ist der Grundsatz der sachlichen Stetigkeit (§§ 246 Abs. 3, 252 Abs. 1 Nr. 6 HGB) zu beachten.

In den **Fällen a)** und **b)** führt die einheitliche Bilanzierung nach Ansicht des IDW nicht zu einer unzutreffenden Darstellung der Vermögens-, Finanz- und Ertragslage des Erwerbers/Gläubigers, weil die besonderen Risiken des strukturierten Finanzinstruments durch eine objektivierte Bewertung zutreffend dargestellt werden. Dies ist der Grund, warum die Verrechnung unrealisierter Gewinne und Verluste hier ausnahmsweise akzeptiert wird.

Niederstwert auf aktivem Markt

Zu **Fall a)**: In Betracht kommen sowohl strukturierte Finanzinstrumente des **Umlaufvermögens** (Liquiditätsreserve) als auch strukturierte Finanzinstrumente des **Anlagevermögens**, die (freiwillig) nach § 340e Abs. 1 iVm. § 253 Abs. 3 Satz 6 HGB zum strengen Niederstwert bewertet werden. Dabei muss die Notierung auf einem **aktiven Markt** nach § 255 Abs. 4 HGB stattfinden.

[1082] Vgl. Schaber/Rehm/Märkl/Spies, 2. Aufl., 17 f. mwN, zur getrennten Bilanzierung der Bestandteile strukturierter Finanzinstrumente iRv. Sicherungsbeziehungen.

Zu Einzelheiten betreffend Notierung auf einem aktiven Markt wird auf IDW RS HFA 9 verwiesen.[1083]

Da für das Kreditgeschäft (**Buchforderungen**) idR keine Marktpreise auf aktiven Märkten existieren, sind Forderungen aus dem Kreditgeschäft grundsätzlich auf das Vorliegen einer Trennungspflicht eingebetteter Derivate nach IDW RS HFA 22 Tz. 16 zu prüfen, obwohl Forderungen aus Krediten im Regelfall dem Umlaufvermögen zuzurechnen sind.[1084] Eine Preisnotierung auf einem aktiven Markt ist bei Forderungen evtl. für Namensschuldverschreibungen oder für Schuldverschreibungen gegeben.

Für den Fall, dass – wie dies bspw. in der Finanzmarktkrise des Jahres 2008 der Fall war – ein bislang aktiver Markt mit hoher Wahrscheinlichkeit nur vorübergehend, dh. nur für **kurze Zeit, nicht aktiv** ist, ist dies für die Anwendung von IDW RS HFA 22 Tz. 14 a) unschädlich. An die Beurteilung, ob es sich um einen nur für kurze Zeit (vorübergehend) nicht aktiven Markt handelt, sind sehr strenge Maßstäbe anzulegen. Der (niedrigere) beizulegende Wert ist dann anhand eines allgemein anerkannten Bewertungsverfahrens vorsichtig zu ermitteln.

Handelsbestand

Zu **Fall b):** Die Rückausnahme im Fall des IDW RS HFA 22 Tz. 14 b) bezieht sich ausschließlich auf Institute.[1085] Im **Handelsbestand** werden die Chancen und Risiken von eingebetteten Derivaten über die Bewertung der strukturierten Finanzinstrumente zum beizulegenden Zeitwert (abzüglich Risikoabschlag) erfasst.

Im Gegensatz zu Fall a) wird von IDW RS HFA 22 Tz. 14 b) für den Handelsbestand nicht verlangt, dass die beizulegenden Zeitwerte auf aktiven Märkten notiert werden. Von Gaber[1086] wird hierzu zutreffend kritisch festgestellt, dass es nicht sachlogisch wäre, wenn eine Trennungspflicht bei Handelsbeständen nicht bestünde, soweit deren beizulegende Zeitwerte nach § 255 Abs. 4 Satz 3 HGB (= Anschaffungskosten) und nicht nach § 255 Abs. 4 Satz 1 und Satz 2 HGB ermittelt werden.

[1083] Vgl. auch Schaber/Rehm/Märkl/Spies, 2. Aufl., 47 f.

[1084] Ebenso Gaber, 2. Aufl., 309.

[1085] Ebenso Schaber/Rehm/Märkl/Spies, 2. Aufl., 49.

[1086] Vgl. Gaber, 2. Aufl., 309.

Mithin ist bei einer Zuordnung zum Handelsbestand zu fordern, dass die beizulegenden Zeitwerte entweder nach § 255 Abs. 4 Satz 1 HGB (= Marktpreis) oder nach § 255 Abs. 4 Satz 2 HGB (= mit Hilfe allgemein anerkannter Bewertungsmethoden bestimmt) ermittelt werden.

Kapitalgarantie und Zuordnung zum Anlagevermögen

Im **Fall c)** werden die besonderen Risiken des strukturierten Finanzinstruments durch die Kapitalgarantie auf das Bonitätsrisiko des Emittenten reduziert (vgl. hierzu IDW RS HFA 22 Tz. 21). IDW RS HFA 22 Tz. 14 c) bezieht sich auf die Fälle, in denen der Emittent eines Finanzinstruments eine **unbedingte** (vertragliche) **Garantie mit Blick auf den Rückzahlungsbetrag bzw. das eingesetzte Kapital** leistet. Wird eine solche Kapitalgarantie vertraglich vereinbart, reduziert sich das Risiko des strukturierten Finanzinstruments für den Investor auf das Bonitätsrisiko des Emittenten und gleicht daher dem bei Erwerb einer herkömmlichen Anleihe bestehenden Risiko.

Faktische Kapitalgarantien (bspw. bei sog. CPPI-Strukturen) fallen nicht unter die Ausnahme des IDW RS HFA 22 Tz. 14 c). Zu weiteren Fragen im Zusammenhang mit faktischen Kapitalgarantien vgl. Schaber/Rehm/Märkl/Spies[1087] und Gaber.[1088]

Im Schrifttum wird die nicht zutreffende Ansicht vertreten, dass auch andere Nachweise einer hohen Kapitalsicherheit (Kapitalgarantie), wie bspw. ein **Anleiherating** von mindestens „A", als Nachweis für das Vorliegen einer **Kapitalgarantie** anerkannt würden und somit eine einheitliche Bilanzierung dieser Produkte zu rechtfertigen wäre.[1089] Ein bestimmtes Anleiherating ist nicht ausreichend für den Nachweis einer Kapitalgarantie; das Ausfallrisiko aus dem Referenzaktivum bleibt mithin bestehen, dh. das eingesetzte Kapital ist nach wie vor gefährdet. Insoweit ist handelsrechtlich eine Zerlegung bspw. von Credit Linked Notes in ihre Bestandteile geboten, soweit eine von IDW RS HFA 22 geforderte Kapitalgarantie des Emittenten nicht explizit vorliegt.

Ebenso begründet ein vom Investor separat abgeschlossener **Credit Default Swap**, in dem der Investor als Sicherungsnehmer auftritt und damit den in eine Credit Linked Note eingebetteten Credit Default Swap sichert, **keine Kapitalgarantie** im oben verstandenen Sinne. Der Investor sichert zwar seine Sicherungsgeberposition aus dem in der Credit Linked Note enthaltenen Credit

---

[1087] Vgl. Schaber/Rehm/Märkl/Spies, 2. Aufl., 50 ff.
[1088] Vgl. Gaber, 2. Aufl., 310 f.
[1089] Vgl. Brüggentisch/Hellmich/Gilgenberg, VW 2005, 1299.

Default Swap; dies führt jedoch nicht dazu, dass die Pflicht zur Trennung der Note umgangen werden kann, da es sich insoweit nicht um eine Kapitalgarantie im oben verstandenen Sinne handelt. Ggf. ist dieser Vorgang (in Bezug auf die Credit Default Swaps) wie eine Bewertungseinheit abzubilden.

Kapitalgarantierte strukturierte Finanzinstrumente sind für eine einheitliche Bilanzierung und Bewertung zwingend dem **Anlagevermögen** zuzuordnen. Bei einer Umwidmung aus dem Anlagevermögen heraus entfällt die Rückausnahme nach IDW RS HFA 22 Tz. 14 c) (trotz ggf. weiter bestehender Kapitalgarantie) mit der Folge, dass das strukturierte Finanzinstrument – falls nicht gleichzeitig eine andere Rückausnahme des IDW RS HFA 14 a) bzw. b) gegeben ist – zu trennen (IDW RS HFA 22 Tz. 17) und dann getrennt zu bilanzieren ist.

4.4.9.3.3.4. Ausweis und Bewertung beim Investor (Gläubiger)

In Abhängigkeit von der Art des jeweiligen Basisinstruments sind zum Zugangszeitpunkt und für die Folgebewertung die allgemeinen **Bewertungs- und Ausweisregeln** für Forderungen bzw. Wertpapiere anzuwenden (IDW RS HFA 22 Tz. 11).

Bilanzausweis

Im Nichthandelsbestand sind die einheitlich zu bilanzierenden Finanzinstrumente in Höhe ihrer **Anschaffungskosten** – in Abhängigkeit davon, ob es sich um Wertpapiere oder ausnahmsweise um Forderungen handelt und bei Forderungen in Abhängigkeit vom Kontrahenten – unter den Aktiva 3., 4. oder 5. auszuweisen. Bei Zuordnung zum Handelsbestand erfolgt ein Ausweis im Aktivposten 6a.

Folgebewertung im Umlaufvermögen

Soweit im Rahmen der Folgebewertung ein verlässlicher Börsen- oder Marktpreis für den (gesamten) strukturierten Vermögensgegenstand nicht vorliegt, sind die beizulegenden Zeitwerte der einzelnen Bestandteile anhand allgemein anerkannter Bewertungsmodelle zu ermitteln und zu einem Gesamtwert des strukturierten Finanzinstruments zusammenzufassen (IDW RS HFA 22 Tz. 11).

Hat sich seit dem Zugangszeitpunkt aufgrund des eingebetteten Derivats die Rendite des aktivierten strukturierten Finanzinstruments geändert, ergeben sich im Rahmen der Folgebewertung für (nunmehr) **überverzinsliche** (gewordene) strukturierte Finanzinstrumente aufgrund des Anschaffungskostenprinzips gemäß § 253 Abs. 1 HGB keine Bewertungsanpassungen.

Eine Überverzinslichkeit liegt immer dann vor, wenn der **aktuelle Barwert** des strukturierten Finanzinstruments **die Anschaffungskosten übersteigt**.[1090] Dies gilt auch für den Fall, dass das eingebettete Derivat zwar im Wert gemindert ist, sich aufgrund von Wertsteigerungen des Basisinstruments jedoch insgesamt ein Wert ergibt, der über den Anschaffungskosten liegt.

Im Fall einer (zulässigen) einheitlichen Bilanzierung aufgrund der og. Rückausnahmen ist eine derartige Saldierung positiver und negativer Effekte aus einer unterschiedlichen Wertentwicklung von Basisinstrument und eingebettetem Derivat sachgerecht (IDW RS HFA 22 Tz. 7).[1091]

Bezüglich der Berücksichtigung iRd. **verlustfreien Bewertung des Bankbuchs** (Zinsbuchs) wird auf die nachfolgenden Ausführungen verwiesen.

Unterverzinslich gewordene strukturierte Finanzinstrumente im **Umlaufvermögen** sind nach dem Wortlaut von IDW RS HFA 22 Tz. 12 in Übereinstimmung mit § 253 Abs. 4 HGB auf ihren niedrigeren beizulegenden Wert (Barwert) abzuschreiben. Unterverzinslichkeit liegt immer dann vor, wenn der aktuelle Barwert des strukturierten Finanzinstruments unter den fortgeführten Anschaffungskosten liegt.

In diesem Kontext vertreten DGRV (Hrsg.)[1092] für die Behandlung von **Forderungen** (Aktiva 3. und Aktiva 4.) folgende Ansicht: *„Da bei Kreditinstituten nach den Grundsätzen der Nominalwertbilanzierung eine Abschreibung der Forderungen wegen Unterverzinslichkeit aufgrund eines Anstiegs des Marktzinsniveaus nicht in Betracht kommt, ist im Rahmen der Folgebewertung von strukturierten Forderungen konsequenterweise auch nur der Teil der Wertminderung zu berücksichtigen, der aus dem eingebetteten Derivat resultiert".*

[1090] Vgl. DGRV (Hrsg.), Praxishandbuch Derivate, Teil 1 D.III.4.1.2.
[1091] Vgl. DGRV (Hrsg.), Praxishandbuch Derivate, Teil 1 D.III.4.1.2.
[1092] Vgl. DGRV (Hrsg.), Praxishandbuch Derivate, Teil 1 D.III.4.1.2 mit Beispielen.

Hierzu ist anzumerken, dass im Gegensatz zur Vorgehensweise vor IDW RS BFA 3 (siehe Kapitel 4.3.4., sog. „Bilanzierungskonvention"[1093] mit Verzicht auf eine zinsinduzierte Einzelbewertung von Forderungen) seit der Anwendungspflicht von IDW RS BFA 3 n.F. eine zinsinduzierte Bewertung von Forderungen und Wertpapieren auf Basis des Bankbuchs als Refinanzierungsverbund zwingend vorzunehmen ist; soweit dabei ein Überhang der stillen Lasten über die stillen Reserven – unter Berücksichtigung der Vollkosten – festgestellt wird, ist eine Drohverlustrückstellung aufwandswirksam zu erfassen.

Ferner ist festzuhalten, dass **Buchforderungen** (Kreditgeschäft) eines Instituts, für die keine Marktpreise auf einem aktiven Markt existieren, für die Anwendung von IDW RS HFA 22 Tz. 14 a) (sog. Rückausnahme) nicht in Betracht kommen, obwohl diese Forderungen dem Umlaufvermögen zuzurechnen sind.[1094] Für diese Forderungen aus dem Kreditgeschäft ist mithin stets zu prüfen, ob trennungspflichtige Derivate eingebettet sind. Ein Preisnotierung auf aktiven Märkten dürfte evtl. für Namensschuldverschreibungen und für Schuldscheindarlehen gegeben sein, nicht jedoch für das normale Kreditgeschäft.

IDW RS BFA 3 n.F. schreibt vor, dass Forderungen und Wertpapiere iRd. Bewertung des Zins- bzw. Bankbuchs auf der Grundlage des Refinanzierungsverbunds zinsinduziert zu bewerten sind. An der in IDW RS BFA 3 n.F. vorgesehenen Vorgehensweise orientiert sich grundsätzlich auch die zinsabhängige Bewertung von einheitlich bilanzierten strukturierten Forderungen (Namensschuldverschreibungen, Schuldscheindarlehen), soweit man nicht die Ansicht vertritt, dass die Regelungen in IDW RS HFA 22 als Sonderregelung der Anwendung von IDW RS BFA 3 n.F. vorgehen (siehe hierzu nachfolgend).

Bei einer sachgerechten Einbeziehung der einheitlich bilanzierten strukturierten Finanzinstrumente in die **verlustfreie Bewertung des Bankbuchs** nach IDW RS BFA 3 n.F. (vgl. Kapitel 4.3.4.) wird eine Wertminderung wegen eingetretener Unterverzinslichkeit grundsätzlich im Saldierungsbereich des IDW RS BFA 3 n.F. iVm. IDW RS HFA 4 (Drohverlustrückstellungen) erfasst. Insbesondere bei Anwendung der **Barwertmethode** (Gegenüberstellung von Barwert und Buchwert unter Abzug der Vollkosten) wird die Wertentwicklung von Basisinstrument und eingebettetem/n Derivat/en systembedingt berücksichtigt. Die aus dem/n eingebetteten Derivat/en resultierenden Wertminde-

---

[1093] Von DGRV (Hrsg.) wird diese „Bilanzierungskonvention" wie folgt umschrieben: nach „... *den Grundsätzen der Nominalwertbilanzierung (kommt) eine Abschreibung der Forderungen wegen Unterverzinslichkeit aufgrund eines Anstiegs des Marktzinsniveaus (nicht in Betracht)*".

[1094] Ebenso Gaber, 2. Aufl., 309.

rungen werden iRd. Barwertmethode nach IDW RS BFA 3 n.F. erfasst, da iRd. Barwertmethode Derivate bei der verlustfreien Bewertung des Bankbuchs mit ihrem Marktwertgewinn bzw. Marktwertverlust berücksichtigt werden. Zinsinduzierte Wertverluste bzw. Wertgewinne des Basisinstruments werden ebenso erfasst. Dabei werden Wertverluste aus dem eingebetteten Derivat nur in dem Umfang erfasst, in dem sie nicht durch Wertsteigerungen des Basisinstruments kompensiert werden.

Handelt es sich um **unterverzinslich gewordene Wertpapiere des Umlaufvermögens** (Liquiditätsreserve), sind diese nach § 253 Abs. 4 HGB zunächst auf einen niedrigeren Börsen- oder Marktpreis bzw. den niedrigeren beizulegenden Wert (Barwert) abzuschreiben. Aufgrund der allgemeinen GoB muss bei einer Wertminderung eine Abschreibung gebucht werden, bevor eine Drohverlustrückstellung gebildet wird. Da diese Wertpapiere nach IDW RS BFA 3 n.F. – wie oben gezeigt – in die verlustfreie Bewertung des Bankbuchs einzubeziehen sind, ist darauf zu achten, dass die Wertminderungen nicht doppelt erfasst werden.

Konsequenterweise ist mit **unterverzinslich gewordenen Namensschuldverschreibungen** und **Schuldscheindarlehen**, die iRd. IDW RS HFA 22 zulässigerweise einheitlich bilanziert und damit faktisch wie Wertpapiere des Umlaufvermögens behandelt werden, wie bei Wertpapieren zu verfahren.

Folgebewertung im Anlagevermögen

Im Anlagevermögen hat eine Abwertung des strukturierten Finanzinstruments gemäß § 253 Abs. 3 HGB nur bei dauernder Wertminderung zu erfolgen. Als voraussichtlich dauernde Wertminderung gilt immer eine bonitätsbedingte Wertminderung.

Eine **dauernde Wertminderung** liegt auch dann vor, wenn das eingebettete Derivat im Wert gemindert bzw. wertlos geworden ist und zukünftige Marktwertgewinne bis zur Fälligkeit definitiv ausgeschlossen sind.[1095] Eine voraussichtlich dauernde Wertminderung liegt nach IDW RS HFA 22 Tz. 12 aber auch dann vor, wenn aufgrund der „Ausübung" des Derivats die Rendite (über die Restlaufzeit bzw. über einen Prognosezeitraum von drei bis ggf. fünf Jahren)[1096] voraussichtlich unter der aktuellen Rendite am Markt für ein vergleichbares nicht strukturiertes Produkt liegen wird.

[1095] Vgl. DGRV (Hrsg.), Praxishandbuch Derivate, Teil 1 D.III.4.1.2.
[1096] So DGRV (Hrsg.), Praxishandbuch Derivate, Teil 1 D.III.4.1.2.

Zu späteren Abschlussstichtagen sind die strukturierten Finanzinstrumente – sofern sich die Rendite des strukturierten Finanzprodukts aufgrund des eingebetteten Derivats geändert hat – entsprechend der auch auf die Bilanzierung von Zero-Bonds anwendbaren Effektivzinsmethode aufzuzinsen (IDW RS HFA 22 Tz. 12).[1097]

Auch soweit es sich um **Wertpapiere** des Anlagevermögens handelt, ist im Hinblick auf die **verlustfreie Bewertung des Bankbuchs** iSd. IDW RS BFA 3 n.F. nach der Vorgabe von IDW RS HFA 22 Tz. 12 zu verfahren, denn die Bewertung nach § 253 Abs. 3 HGB geht der verlustfreien Bewertung des Bankbuchs (Ermittlung einer Drohverlustrückstellung) vor. Aufgrund der GoB muss bei einer Wertminderung eine Abschreibung gebucht werden, bevor eine Drohverlustrückstellung gebildet wird.

Nach IDW RS BFA 3 n.F. ist eine doppelte Erfassung des Aufwands – zum einen durch Abwertung nach § 253 Abs. 3 HGB und zum anderen iRe. aufwandswirksamen Buchung iRd. verlustfreien Bewertung des Bankbuchs – zu vermeiden.

Handelt es sich um **Forderungen**, die ausnahmsweise wie Anlagevermögen bewertet werden (ausnahmsweise bei Schuldscheindarlehen oder Namensschuldverschreibungen[1098]), ist wie bei Wertpapieren zu verfahren.

Folgebewertung im Handelsbestand

Werden strukturierte Finanzinstrumente dem **Handelsbestand** zugeordnet, sind diese gemäß § 340e Abs. 3 HGB zum beizulegenden Zeitwert abzüglich Risikoabschlag zu bewerten (Einzelheiten vgl. Kapitel 4.4.2.). Erwähnenswerte Besonderheiten sind nicht erkennbar.

Buchung der Erträge

Erträge aus einheitlich bilanzierten strukturierten Finanzinstrumenten außerhalb des Handelsbestands sind grundsätzlich im Zinsergebnis auszuweisen.

Bei einer Zuordnung zum Handelsbestand ist der Kupon nach der hier vertretenen Ansicht in voller Höhe im Handelsergebnis zu erfassen.

[1097] Vgl. DGRV (Hrsg.), Praxishandbuch Derivate, Teil 1 D.III.4.1.2.
[1098] Vgl. IDW RH HFA 1.014 Tz. 4 aF (2009).

4.4.9.3.3.5. Umwidmungen

Eine Neubeurteilung ist nach IDW RS HFA 22 Tz. 17 notwendig (vgl. Kapitel 4.4.9.3.2.), wenn ein strukturiertes Finanzinstrument aufgrund einer veränderten Zweckbestimmung eine Umwidmung (Umgliederung) zwischen Umlauf- und Anlagevermögen erfährt, oder eine Umwidmung aus dem Handelsbestand auf Basis der Öffnungsklausel in § 340e Abs. 3 Satz 3 HGB erfolgt.[1099]

Durch eine Umwidmung können die Voraussetzungen der Rückausnahmen iSd. IDW RS HFA 22 Tz. 14 wegfallen oder erst eintreten. Damit können vormals einheitlich bilanzierte Produkte künftig getrennt zu bilanzieren sein, und umgekehrt.

4.4.9.3.4. Getrennte Bilanzierung beim Investor (Gläubiger)

Die Bestandteile strukturierter Finanzinstrumente sind abgesehen von den in IDW RS HFA 22 Tz. 13 f. genannten Fällen immer dann als **separate Vermögensgegenstände** (zB Forderungen, Wertpapiere) und **Verbindlichkeiten** zu bilanzieren, wenn sie aufgrund des eingebetteten Derivats im Vergleich zum Basisinstrument wesentlich erhöhte oder zusätzliche (andersartige) Risiken oder Chancen aufweisen (IDW RS HFA 22 Tz. 15) und keine der Rückausnahmen iSd. IDW RS HFA 22 Tz. 14 a) bis c) greift.

4.4.9.3.4.1. Trennungspflichtige Sachverhalte

Solche „**wesentlich erhöhte oder zusätzliche** (andersartige) **Risiken oder Chancen**" aufgrund des eingebetteten Derivats[1100] liegen bspw. in den folgenden Fällen vor (IDW RS HFA 22 Tz. 16 a) bis g)):[1101]

[1099] Vgl. Gaber, 2. Aufl., 328 mit weiteren Details.

[1100] Dies gilt analog auch für mehrere in einem strukturierten Finanzinstrument eingebettete Derivate.

[1101] Zu Beispielen vgl. Gaber, 2. Aufl., 312 ff.; DGRV (Hrsg.), Praxishandbuch Derivate, Teil 1 D.III.4.2.; Wiechens/Varain, BB 2008, 2340 ff.

a) das Basisinstrument ist mit einem Derivat verbunden, das einem über das Zinsrisiko hinausgehenden Marktpreisrisiko[1102] unterliegt,

b) das Basisinstrument ist mit einem Derivat verbunden, das neben dem Bonitätsrisiko des Emittenten weitere Risiken[1103] unterliegt,

c) aufgrund des eingebetteten Derivats besteht die Möglichkeit einer Negativverzinsung (zB Reverse Floater ohne Mindestverzinsung),[1104]

d) das eingebettete Derivat, bei dem die Basisvariable (*Underlying*) ein Zinssatz oder ein Zinsindex ist, kann die anfängliche Rendite des Basisinstruments des Erwerbers mindestens verdoppeln und zu einer Rendite führen, die mindestens doppelt so hoch ist wie die Marktrendite für einen Vertrag mit den gleichen Bedingungen wie das Basisinstrument (sog. Double-Double-Test),[1105]

e) das eingebettete Derivat sieht bedingte oder unbedingte Abnahmeverpflichtungen für weitere Finanzinstrumente zu festgelegten Konditionen vor, sodass die Möglichkeit besteht, dass die Abnahme der weiteren Finanzinstrumente nicht zum künftigen beizulegenden Zeitwert erfolgt,

---

[1102] Dies gilt insbesondere, wenn von der Währung des Basisinstruments abweichende Währungsrisiken (zB Währungsbestände bzw. künftige Währungscashflows) bzw. Aktienkursrisiken (zB Aktienbestände bzw. Short-Positionen) begründet werden, ungeachtet der Tatsache, ob die Abwicklung durch physische Lieferung oder finanziellen Ausgleich erfolgt (zB Finanzinstrumente mit Rückzahlungswahlrecht in Aktien bzw. Währungen, Finanzinstrumente mit aktienindexabhängiger Rückzahlung). Bei der Beurteilung der Trennungspflicht ist es unerheblich, ob es sich bei dem Referenzzinssatz, an den die Verzinsung des strukturierten Finanzinstruments gekoppelt ist, um einen Euro- oder Fremdwährungszinssatz handelt, da auch die Koppelung an einen Referenzzins aus einem fremden Währungsgebiet primär ein Zins- und kein Währungsrisiko darstellt.

[1103] Beispielsweise mit Wetterderivaten kombinierte Anleihen, Credit Linked Notes; zur Bilanzierung von Credit Linked Notes vgl. Flick, Der Konzern 2009, 104 ff. und Kapitel 4.12.6.

[1104] Eine eingebettete Ober- oder Untergrenze auf Zinssätze eines Schuldinstruments ist nicht getrennt zu bilanzieren, wenn zum Zeitpunkt des Abschlusses des Vertrags die Zinsobergrenze dem herrschenden Marktzins entspricht oder diesen übersteigt oder die Zinsuntergrenze dem herrschenden Marktzins entspricht oder diesen unterschreitet und die Zinsober- oder -untergrenze im Verhältnis zum Basisinstrument keine Hebelwirkung aufweist.

[1105] Vgl. ausführlich und mit Beispielen Rüffer/Send/Siwik, KoR 2008, 448 ff.; Gaber/Gorny, KoR 2007, 323 ff.

f) das eingebettete Derivat sieht Vereinbarungen zur Verlängerung der Laufzeit vor, ohne dass die Verzinsung an die aktuellen Marktkonditionen im Zeitpunkt der Verlängerung angepasst wird,[1106]

g) das eingebettete Derivat betrifft eingebettete Kauf-, Verkaufs-, Verzichts- oder Vorfälligkeitsoptionen,[1107] wobei der Ausübungspreis der Option am jeweiligen Ausübungstag nicht annähernd den fortgeführten Anschaffungskosten bzw. dem Buchwert des Basisinstruments entspricht.[1108]

Liegen die Voraussetzungen für eine getrennte Bilanzierung vor, sind die Bestandteile strukturierter Finanzinstrumente unter Beachtung der jeweils maßgeblichen handelsrechtlichen Grundsätze als einzelne Vermögensgegenstände, Verbindlichkeiten und schwebende Geschäfte zu bilanzieren (IDW RS HFA 22 Tz. 18).

4.4.9.3.4.2. Aufteilung der Anschaffungskosten

Sind die Voraussetzungen für eine getrennte Bilanzierung gegeben, ist das strukturierte Finanzinstrument zum Zeitpunkt des Ersterwerbs in seine einzelnen Bestandteile zu zerlegen. Die einzelnen Bestandteile sind nach den allgemein für sie geltenden Regeln zu bilanzieren und zu bewerten.

Beim erstmaligen Ansatz sind die Anschaffungskosten des strukturierten Finanzinstruments **im Verhältnis der beizulegenden Zeitwerte** der einzelnen Bestandteile (Basisinstrument und eingebettetes Derivat) zuzuordnen (IDW RS HFA 22 Tz. 19).

[1106] Beispielsweise sog. Multi-Extender-Anleihe, die dem Emittenten bzw. Investor das vertragliche Recht einräumt, die Laufzeit zu den vorab im Vertrag definierten Bedingungen ein- oder mehrfach zu verlängern und keine Anpassung des Zinssatzes erfolgt.
Aber auch Anleihen mit unbegrenzter Laufzeit, die ein oder mehrere Kündigungsrecht/e zugunsten des Emittenten haben und bei denen für einen ersten Zeitraum ein fester Zinssatz vereinbart wird, der dann zu den Kündigungsterminen in eine wesentlich höhere, nicht den aktuellen Marktkonditionen (ggf. zuzüglich Risikozuschlag) entsprechende variable Verzinsung umgewandelt wird, vgl. Wiechens/Lorenz/Morawietz, HdJ I/11, Rn. 183 f.

[1107] Beispielsweise Darlehen mit vorzeitiger Kündigungsmöglichkeit, Callable Zero-Bonds.

[1108] Dies gilt nicht für Kauf-, Verkaufs-, Verzichts- oder Vorfälligkeitsoptionen, die gegen Zahlung einer Vorfälligkeitsentschädigung, die den Gläubiger für einen Zinsverlust für den Zeitraum von der Ausübung der Option bis zur Fälligkeit eines Darlehens entschädigt, ausgeübt werden können. Bei gesetzlichen Kündigungsrechten nach § 489 BGB, wonach der Darlehensnehmer unter bestimmten Bedingungen das Recht hat, das Darlehen ganz oder teilweise zu kündigen, besteht keine Trennungspflicht soweit die Rückzahlung zum Nominalwert bzw. zu fortgeführten Anschaffungskosten erfolgt, vgl. Wiechens/Lorenz/Morawietz, HdJ I/11, Rn. 185 ff.

Damit enthält IDW RS HFA 22 eine Regel, wie die Aufteilung zu erfolgen hat; nämlich im *„ Verhältnis der beizulegenden Zeitwerte der einzelnen Bestandteile (Basisinstrument und eingebettetes Derivat) "*. Dies ist die im Handelsrecht nach den GoB allgemein geltende Regel.[1109]

Mehrere eingebettete Derivate, die demselben Risiko unterliegen, werden als ein einziges zusammengesetztes eingebettetes Derivat behandelt (IDW RS HFA 22 Tz. 19).

Können einzelne Bestandteile des strukturierten Finanzinstruments nicht separat bewertet werden, so entspricht die Differenz zwischen dem beizulegenden Zeitwert des strukturierten Finanzinstruments insgesamt und dem beizulegenden Zeitwert des Basisinstruments dem Wert, der dem/den eingebetteten Derivat/en zuzuordnen ist (IDW RS HFA 22 Tz. 19).

4.4.9.3.4.3. Bilanzierung und Bewertung der eingebetteten Derivate

Die eingebetteten Derivate sind nach den für sie geltenden Regeln bilanziell abzubilden. Optionen sind mithin nach IDW RS BFA 6, Futures und Forward Rate Agreements nach IDW RS BFA 5 und Kreditderivate nach IDW RS BFA 1 auszuweisen und zu bewerten. Swaps sind nach den für sie entwickelten allgemeinen Grundsätzen abzubilden. Einzelheiten zu verschiedenen Derivaten vgl. Kapitel 4.12.

In der **Nominalverzinsung** des strukturierten Finanzinstruments **implizit enthaltene Optionsprämien** sind nach den für Optionen geltenden Normen bzw. Regeln (IDW RS BFA 6) zu behandeln. Stellen die spiegelbildlichen Gegenposten zu den als sonstige Vermögensgegenstände bzw. sonstige Verbindlichkeiten ausgewiesenen Optionsprämien ein Zinsregulativ zur laufenden Verzinsung des Basisinstruments dar, gelten die Grundsätze des § 250 HGB für **Rechnungsabgrenzungsposten** (IDW RS HFA 22 Tz. 20), dh. der Wert der Optionsprämie ist als Gegenbuchung zum sonstigen Vermögensgegenstand bzw. zur sonstigen Verbindlichkeit als Rechnungsabgrenzungsposten zu erfassen und auf die Laufzeit zu verteilen.

[1109] AA Gaber, 2. Aufl., 329 f., der auf IFRS-Vorschriften zurückgreifen will, weil *„ IDW RS HFA 22 (...) keine Hinweise (gibt) "*.

4.4.9.3.4.4. Zugangs- und Folgebilanzierung der Basisinstrumente

Der **Ausweis** von Basisinstrumenten und eingebetteten Derivaten orientiert sich an der Ausweiskonzeption der RechKredV/RechZahlV. Die **Bewertung** wird nach den Regeln der §§ 340a ff. HGB vorgenommen (IDW RS HFA 22 Tz. 18).

Dabei müssen das Basisinstrument und das/die getrennt zu bilanzierende/n Derivat/e nicht zwingend demselben **Bilanz-/Bewertungsbestand** zugeordnet werden.[1110]

Auf die verschiedenen Bestandteile eines strukturierten Instruments, die getrennt bilanziert werden, sind ggf. auch die Regeln des § 254 HGB für Bewertungseinheiten, die Regeln des IDW RS BFA 3 n.F. für die verlustfreie Bewertung des Bankbuchs, die Regeln für die Einbeziehung in die besondere Deckung nach § 340h HGB oder die Regeln für die Bilanzierung des Handelsbestands nach § 340e Abs. 3 HGB anzuwenden.[1111]

4.4.9.3.4.5. Umwidmungen

Eine Neubeurteilung der Trennungspflicht ist nach IDW RS HFA 22 Tz. 17 notwendig (vgl. Kapitel 4.4.9.3.2.), wenn ein strukturiertes Finanzinstrument aufgrund einer veränderten Zweckbestimmung eine Umwidmung zwischen Umlauf- und Anlagevermögen durchläuft, oder eine Umwidmung aus dem Handelsbestand auf Basis der Öffnungsklausel in § 340e Abs. 3 Satz 3 HGB erfolgt und keine andere Rückausnahme zutrifft.[1112]

Durch die Umwidmung können damit vormals getrennt bilanzierte Produkte künftig einheitlich zu bilanzieren sein, und umgekehrt.

4.4.9.3.5. Emittentenausfallrisiko

Bei einheitlicher Bilanzierung ist dem Emittentenausfallrisiko des strukturierten Finanzinstruments bzw. bei getrennter Bilanzierung dem Emittentenausfallrisiko des Basisinstruments und dem Kontrahentenrisiko des eingebetteten Derivats nach den allgemeinen Bewertungsgrundsätzen (§ 253 Abs. 3 oder 4 HGB) Rechnung zu tragen (IDW RS HFA 22 Tz. 21).

[1110] Ebenso Gaber, 2. Aufl., 333.
[1111] Ebenso Gaber, 2. Aufl., 333.
[1112] Vgl. Gaber, 2. Aufl., 328 mit weiteren Details.

4.4.9.3.6. Bilanzierung beim Emittenten (Schuldner)

Für die Beurteilung, ob strukturierte Finanzinstrumente beim Emittenten/ Schuldner als einheitliche Verbindlichkeiten zu behandeln sind oder ob sie in ihre Bestandteile zu zerlegen und diese separat anzusetzen und zu bewerten sind, sind die Grundsätze für die Bilanzierung strukturierter Finanzinstrumente beim Erwerber/Gläubiger entsprechend anzuwenden (IDW RS HFA 22 Tz. 22).[1113]

Die Regeln der sog. **Rückausnahme** sind auf Verbindlichkeiten nur bedingt übertragbar,[1114] bspw. bezüglich des Handelsbestands.

4.4.9.3.6.1. Einheitlich bilanzierte Verbindlichkeiten

Für einheitlich bilanzierte überverzinsliche strukturierte Finanzinstrumente sind Rückstellungen entsprechend den handelsrechtlichen Grundsätzen zu bilden (IDW RS HFA 22 Tz. 23).[1115] Dies ist bspw. dann der Fall, wenn sich aufgrund der „Ausübung" des eingebetteten Derivats die Verzinsung so erhöht, dass diese über der marktüblichen Verzinsung liegt.

Die Ausübung des eingebetteten Derivats, und damit die Änderung der Konditionen während der Laufzeit zu Lasten des Emittenten, ist wie eine Neuemission eines überverzinslichen Finanzinstruments zu behandeln.

Eine **Überverzinslichkeit** ist dann gegeben, wenn der Barwert über dem passivierten Erfüllungsbetrag liegt und die Überverzinslichkeit durch das eingebettete Derivat begründet ist und hieraus ein Abgangsverlust droht.[1116]

Bei Einbeziehung der Verbindlichkeiten in die **verlustfreie Bewertung des Bankbuchs** wird auf die obigen Ausführungen zu aktivierten strukturierten Finanzinstrumenten verwiesen. Wie bei aktivisch ausgewiesenen strukturierten Finanzinstrumenten (Wertpapieren) ist auch bei Verbindlichkeiten zunächst ggf. eine Rückstellung nach IDW RS HFA 22 Tz. 23 zu bilden und

---

[1113] Schuldverschreibungen mit Wandlungsrechten und Optionsrechten zum Erwerb von eigenen Anteilen sind gemäß § 272 Abs. 2 Nr. 2 HGB jedoch immer getrennt zu bilanzieren.

[1114] Vgl. DGRV (Hrsg.), Praxishandbuch Derivate, Teil 1 D.III.5.

[1115] Drohverlustrückstellungen für Opportunitätsverluste dürfen nach § 249 Abs. 1 Satz 1 HGB sowie IDW RS HFA 4 nicht gebildet werden.

[1116] Vgl. DGRV (Hrsg.), Praxishandbuch Derivate, Teil 1 D.III.5.

sodann ggf. eine Doppelberücksichtigung bei der verlustfreien Bewertung des Bankbuchs zu korrigieren.

Soweit dem Erwerber/Gläubiger zustehende Vergütungen erst bei Fälligkeit ausgezahlt werden, ist dem gestiegenen Rückzahlungswert durch Erhöhung der Verbindlichkeit Rechnung zu tragen (IDW RS HFA 22 Tz. 23).

4.4.9.3.6.2. Getrennte Bilanzierung von Verbindlichkeiten

Im Zugangszeitpunkt sind auch Verbindlichkeiten daraufhin zu prüfen, ob diese eingebettete Derivate enthalten, die nach den Grundsätzen des IDW RS HFA 22 getrennt von der Basisschuld zu bilanzieren sind. Ist dies gegeben, sind das Basisinstrument sowie das trennungspflichtige Derivat wertmäßig im Verhältnis ihrer jeweiligen beizulegenden Zeitwerte nach den oben dargestellten Regeln zu spalten (IDW RS HFA 22 Tz. 19). Handelt es sich beim Derivat um ein unbedingtes Termingeschäft – wie zB einen Zinsswap – ist dessen beizulegender Zeitwert idR mit Null anzusetzen.[1117]

Liegen die Voraussetzungen für eine getrennte Bilanzierung von Basisinstrument und eingebettetem Derivat vor, ist entsprechend dem Vorsichtsprinzip nach § 252 Abs. 1 Nr. 4 HGB die gegebenenfalls in einem strukturierten Finanzinstrument enthaltene Marge (Differenz zwischen dem Gesamtveräußerungspreis – als dem Betrag, zu dem die Verbindlichkeit begeben wird – und den beizulegenden Zeitwerten der einzelnen Bestandteile des strukturierten Finanzinstruments) zeitanteilig über die Laufzeit des strukturierten Finanzinstruments erfolgswirksam zu erfassen (IDW RS HFA 22 Tz. 24).

Zu einer ausführlichen Darstellung der bilanziellen Abbildung trennungspflichtiger, eingebetteter Derivate beim Emittenten – analysiert anhand einer durch den Schuldner kündbaren Anleiheemission – vgl. Bär/Granzow.[1118]

4.4.9.3.7. Umstrukturierungen/Restrukturierungen

Eine Neubeurteilung kommt nach IDW RS HFA 22 Tz. 17 bei einer nachträglichen Änderung des Vertrags in Betracht, die eine wesentliche Änderung der Zahlungsströme des strukturierten Finanzinstruments zur Folge hat. Dies kann

---

[1117] Vgl. Gaber, 2. Aufl., 344.
[1118] Vgl. Bär/Granzow, WPg 2021, 86 ff.; der Beitrag untersucht die Voraussetzungen für eine Trennungspflicht beim Schuldner und stellt die Buchung/Bilanzierung dar.

dem Zugang eines neuen Finanzinstruments gleichkommen. Weitere Details vgl. Kapitel 4.4.9.3.2.

Eine Neubeurteilung hat unabhängig davon zu erfolgen, ob mit der Umstrukturierung/Restrukturierung eine bilanzielle Novation – dh. ein Abgang des alten und ein Zugang eines neuen Finanzinstruments – verbunden ist.[1119]

4.4.9.3.8. Anhangangaben

Im Rahmen der **Angaben** und **Erläuterungen** zu den **Bilanzierungs- und Bewertungsmethoden** (§ 284 Abs. 2 HGB sowie § 285 Nr. 18 HGB) im **Anhang** ist auch die Behandlung strukturierter Finanzinstrumente darzustellen. Bestehende branchenspezifische Angabepflichten (zB § 36 RechKredV) sind zu beachten.

4.4.9.3.9. Sonderfragen

Insurance Linked Bonds

Bei Katastrophenanleihen (bzw. Insurance Linked Bonds) handelt es sich um Wertpapiere, die einen bedingten oder unbedingten Rückzahlungsanspruch und typischerweise einen variablen Verzinsungsanspruch repräsentieren.[1120] Die Höhe der Verzinsung und ggf. der Rückzahlung ist von bestimmten versicherten Katastrophenrisiken abhängig. Treten in der Laufzeit der Wertpapiere keine transferierten Katastrophenschäden ein, erhalten die Investoren die volle Rückzahlung des hingegebenen Kapitals zuzüglich der vereinbarten Höchstverzinsung. Tritt der sog. Trigger-Event, dh. der versicherte Katastrophenschaden ein, verliert der Investor jedoch sein Kapital (zum Teil oder völlig).

Insoweit ist die Ausgestaltung dieser Katastrophenanleihen mit der von Credit Linked Notes vergleichbar. Das eingebettete Derivat bezieht sich hierbei nicht auf ein Kreditrisiko, vielmehr liegt ein versicherungstechnisches Risiko zugrunde. Nach IDW RS HFA 22 ist insoweit eine Aufspaltung des Produkts vorzunehmen, da das eingesetzte Kapital des Investors über das Bonitätsrisiko des Emittenten hinaus durch ein versicherungstechnisches Risiko gefährdet

---

[1119] Vgl. Gaber, 2. Aufl., 328.
[1120] Vgl. Kamberger/Nguyen, VW 2006, 446 ff.; zu den rechtlichen Rahmenbedingungen vgl. Feld, ZBB 2016, 301 ff.; zum Risikotransfer-Instrument vgl. Knaub/Kunz, ZVersWiss 2018, 163 ff.

ist. Eine Ausnahme würde gelten, sofern eine Kapitalgarantie in der Katastrophenanleihe explizit vorliegt.

Die **Bilanzierung** der Katastrophenanleihe basiert ebenfalls auf der Kombination von zwei Geschäften. Die Behandlung des gekauften Schuldtitels folgt den allgemeinen Bilanzierungsregeln in Abhängigkeit der Ausgestaltung des Kassainstruments als Wertpapier oder Forderungsrecht. Die Bilanzierung des eingebetteten Derivats erfolgt nach den Grundsätzen für die Bilanzierung schwebender Geschäfte. Das zentrale Problem wird dabei in der Bewertung dieses Derivats liegen.

Getrennt bilanzierte Derivate

Die **derivativen Bestandteile** von strukturierten Produkten (eingebettete Derivate) können direkt dem **Handelsbestand** zugeordnet werden, wenn die Risiken aus den eingebetteten Derivaten im Rahmen der Risikosteuerung des Handels gesteuert werden.

IDW RS HFA 22 macht keine Aussagen dazu, ob die **abgespaltenen Derivate** im Rahmen einer **Bewertungseinheit** nach § 254 HGB eingesetzt werden dürfen. Im Zusammenhang mit § 254 HGB ist nicht erkennbar, dass der Gesetzgeber diesbezüglich ggü. den vor Inkrafttreten des § 254 HGB angewandten Grundsätzen zur Bildung von Bewertungseinheiten Änderungen vornehmen wollte. Daher wird es hier für zulässig angesehen, die abgespaltenen Derivate weiterhin als Sicherungsinstrumente iRd. § 254 HGB einzusetzen.

Wandel- und Pflichtwandelanleihen beim Gläubiger

Die Bilanzierung von **Wandel-** bzw. **Pflichtwandelanleihen** beim **Gläubiger** richtet sich nach den oben dargestellten Grundsätzen.

Soweit sich diese Anleihen beim **Emittenten** (Schuldner) auf **Aktien Dritter** (außerhalb des Konzerns) beziehen, sind sie ebenfalls nach den Grundsätzen des IDW RS HFA 22 zu bilanzieren und zu bewerten.

Liegen diesen Anleihen jedoch **eigene Aktien des Emittenten** zugrunde, richtet sich die Bilanzierung nach den Grundsätzen des § 272 Abs. 2 Nr. 2 HGB.

4.4.9.4. Behandlung in der Steuerbilanz

Auf Anfrage des Finanzministeriums NRW hat das BMF zur Frage der Bilanzierung von CLN in der Steuerbilanz mit Schreiben vom 19.12.2017 Stellung. Das BMF hat eine getrennte Bilanzierung von Schuldverschreibung und CDS abgelehnt. Das BMF führt in seinem Schreiben auch aus, dass IDW RS HFA 22 kein für die Steuerbilanz maßgeblicher Grundsatz ordnungsmäßiger Buchführung darstellt.[1121]

Mit Hinweis auf das BMF-Schreiben vom 19.12.2017 zur steuerbilanziellen Behandlung von Credit Linked Notes (CLN) lehnt Haisch[1122] eine Bilanzierung entsprechend IDW RS HFA 22 ab. Nach seiner Ansicht gelten die Ausführungen des BMF-Schreibens nicht nur für CLN, sondern für strukturierte Finanzinstrumente (iSd. IDW RS HFA 22) im Allgemeinen, weil sich das BMF vom Einzelbewertungsgrundsatz habe leiten lassen und dem RS HFA 22 und dem True-and-Fair-View-Grundsatz nicht die Bedeutung von GoB zu erkenne.

4.4.10. Agio und Disagio bei festverzinslichen Wertpapieren

Beim Erwerb von Wertpapieren iSd. § 7 RechKredV mit Zuschlägen bzw. Abschlägen ist zu unterscheiden zwischen solchen mit und solchen ohne Zinscharakter. Die nachfolgenden Ausführungen werden nur zu den Agien bzw. Disagien gemacht, die **ausschließlich und zweifelsfrei Zinscharakter** haben. Das Disagio wird nach hM als laufzeitabhängig und Zinskorrektiv für einen niedrigeren Nominalzins betrachtet, dh. das Disagio ist eine zusätzliche Vergütung für die Kapitalüberlassung (Zusatzzins). Für ein Agio gilt Entsprechendes mit umgekehrtem Vorzeichen.

Nicht in diesen Regelungsbereich fallen Auf- bzw. Abschläge vom (Nominal-) Wert, die nicht ausschließlich und zweifelsfrei Zinscharakter haben. Zu denken wäre hier bspw. an strukturierte Forderungen/Wertpapiere mit einer eingebetteten Option.

Erwerb mit Disagio

Nominell unverzinsliche Wertpapiere (sog. Zero-Bonds) werden zu einem (deutlich) unter dem Nennwert liegenden Preis (Barwert) gehandelt. Die Differenz zum Nennwert (= Disagio) hat Zinscharakter. Bei Zerobonds ist der

---

[1121] Ausführlich vgl. KPMG (Hrsg.), Corporate Treasury News, Ausgabe 84, September 2018.
[1122] Vgl. Haisch, RdF 2.2018, 159 ff.

Unterschied zwischen Nennwert und den Anschaffungskosten (Barwert) zeitanteilig zuzuschreiben. Bei vorzeitigem Verkauf bzw. Rückgabe hat der Gläubiger Anspruch auf die bis zu diesem Zeitpunkt verdienten Zinsen.

Für Zwecke der Bilanzierung wird ein **Disagio** üblicherweise als Zinsvorauszahlung interpretiert.[1123] Nach im Schrifttum gefestigter Ansicht stellt ein Disagio (Damnum) eine einmalige Zinszahlung dar. Zinsen realisieren sich mit der zeitlichen Überlassung des Kapitals. Das Disagio ist über die Laufzeit des Darlehens als Ertrag zu vereinnahmen.

Der **HFA** gelangte zu der Auffassung, dass die Anwendung einer sog. **amortised-cost-Bewertung** nach Maßgabe der Effektivzinsmethode auch über Zerobonds hinaus auf andere zinstragende (verbriefte oder unverbriefte) Forderungen nicht zu beanstanden ist.[1124] Weitere Einzelheiten vgl. Kapitel 4.2.4.

Die Überlegungen, die für nominell unverzinsliche Wertpapiere wie Zero-Bonds gelten, sind damit auch für **nominell minderverzinsliche Wertpapiere** anzuwenden, wenn diese zu marktgerechten Effektivzinsen mit einem entsprechenden Disagio erworben wurden.[1125] Das Disagio ist als Zusatzzins zu betrachten und zu verteilen, indem eine entsprechende Zuschreibung auf den Buchwert der Wertpapiere vorgenommen wird.

In der Gewinn- und Verlustrechnung sind diese Beträge demzufolge als Zinsertrag auszuweisen. Das auf die Periode entfallende anteilige Disagio stellt einen Teil des realisierten Zinsertrags dar, der als nachträgliche (zusätzliche) Anschaffungskosten zu aktivieren sei; ein Verstoß gegen das Anschaffungskostenprinzip liegt darin nach Ansicht von Birck/Meyer[1126] nicht.

Erwerb mit Agio

Wie in Kapitel 4.2.4. dargestellt wird, kann bei mit Agio erworbenen Wertpapieren die **effektivzinsmäßige Realisierung** eines zinsbedingten Agios vorgenommen werden. Bei Wertpapieren wird diese „Abwertung" dann als Korrektur im entsprechenden Zinsertrag und nicht als Bewertungseffekt gebucht.

Eine voraussichtlich dauernde Wertminderung mit der Folge der Abwertung findet ggf. insoweit statt, als festverzinsliche Wertpapiere über dem Nennwert

---

[1123] Vgl. Windmöller, in Moxter (Hrsg.), Festschrift Forster, 692 ff.
[1124] Vgl. IDW, Sitzungsberichterstattung über die 237. Sitzung des HFA, FN 2014, 595.
[1125] Vgl. bereits Birck/Meyer, V 272; Hossfeld, RIW 1997, 141.
[1126] Vgl. Birck/Meyer, V 273.

angekauft, aber nur mit dem Nennwert eingelöst werden (Über-Pari-Erwerb, Erwerb mit Agio). Das **Agio** ist nach dieser Überlegung grundsätzlich anteilig abzuschreiben.[1127] Bei der idealtypischen Annahme eines gleich bleibenden Zinsniveaus über die Restlaufzeit vollzieht sich diese anteilige Abwertung aufgrund des geringer werdenden Barwerts praktisch von alleine.

Eine **Sofortabschreibung des Agios** scheidet auf jeden Fall aus; auch § 340e Abs. 2 HGB kann formal betrachtet nicht auf Wertpapiere angewendet werden.[1128] Zum Anwendungsbereich von § 340e Abs. 2 HGB vgl. Kapitel 4.3.3.1.

4.4.11. Interne Geschäfte und deren Bilanzierung

4.4.11.1. Definition sowie Gründe für den Abschluss interner Geschäfte

Interne (Sicherungs-) Geschäfte werden zwischen zwei zwar organisatorisch selbstständigen, aber rechtlich unselbstständigen Geschäftsbereichen eines Instituts vereinbart; sie entfalten keine rechtliche Außenwirkung.[1129] Hierbei werden handelbare Marktpreisrisiken vom Bank- bzw. Zinsbuch (Anlagebuch) in den Handelsbestand (Handelsbuch) übertragen bzw. diesem zugeordnet.[1130] Dadurch erfolgt die externe Absicherung zentral und kostengünstig durch die im jeweiligen Produktsegment spezialisierten Handelsabteilungen. Diese stellen auch einen internen Ausgleich negativ korrelierter Risikopositionen des Handelsbestands (Handelsbuchs) sicher und verringern mithin den externen Absicherungsaufwand.[1131]

[1127] GlA Birck/Meyer, V 108; Hossfeld, RIW 1997, 141. AFRAC empfiehlt bei festverzinslichen Finanzinstrumenten eine effektivzinsmäßige Amortisation und einen Ausweis im Zinsertrag, lehnt aber eine Sofortabschreibung ab, vgl. AFRAC-Stellungnahme 14, Rn. 17 ff..

[1128] Der Ansicht von Bantleon/Siebert, DB 2017, 2365 ff., wonach der Unterschiedsbetrag zwischen dem Nominalbetrag und den Anschaffungskosten als Aufwand zu erfassen sei, kann nicht gefolgt werden. Die Überlegung, dass bei einer richtlinienkonformen Auslegung von § 253 Abs. 1 Satz 1 HGB, Ansatzpunkt für einen aufwandswirksamen Ausbuchungsvorgang der Wortlaut von § 253 Abs. 1 Satz 1 HGB mit dem Wort „höchstens" biete, überzeugt nicht. Vgl. ausführlich Gaber, 2. Aufl., 282. Nach DGRV (Hrsg.), Jahresabschluss, B. Rn. 719 ist ein Agio ratierlich aufzulösen.

[1129] Vgl. Gaber, 2. Aufl., 204 ff. mwN.

[1130] Vgl. Altvater, DB 2012, 939. Siehe hierzu auch die gesetzlichen Regelungen in § 1a Abs. 7 und Abs. 8 KWG.

[1131] Vgl. Altvater, DB 2012, 939.

Interne Geschäfte[1132] dienen damit der Dokumentation des Risikotransfers zwischen rechtlich unselbstständigen organisatorischen Einheiten innerhalb der rechtlichen Einheit eines Instituts oder auf Konzernebene zwischen unterschiedlichen Unternehmen des Konzerns.[1133] Dies kommt bspw. vor, wenn die organisatorische Einheit, die für das Bankbuch bzw. die Aktiv-/Passivsteuerung zuständig ist (Treasury), mit der organisatorischen Einheit, die für den Swaphandel (Handelsbereich) zuständig ist, einen Zinsswap abschließt.

Institute sind aufgrund ihrer Geschäftstätigkeit dem Marktpreisrisiko und insbesondere dem Zinsrisiko ausgesetzt. Traditionell wird dabei zwischen ihrer Funktion im originären Kredit- und Einlagengeschäft (Nichthandelsbestand; Asset-Liability-Management, Bankbuch) und ihrer Funktion als „Risikomakler" für die übrigen Marktteilnehmer (Handelsbestand; Trading) unterschieden.[1134]

Die **portfolioorientierten Handelsaktivitäten** bedingen eine eindeutige und konsequente Zuweisung von **Produktmandaten**.[1135] Nur die das Produktmandat innehabende Stelle darf ggü. dem Markt als Kontrahent auftreten, während die anderen Nutzer des Produkts mit eben dieser Stelle (intern) kontrahieren müssen.[1136] So lassen sich Spezialisierungsvorteile nutzen und zudem Transaktionskosten einsparen, weil bspw. die Geld-/Briefspanne im eigenen Hause verbleibt. Gleichzeitig werden Bonitätsrisiken reduziert, da interne Kontraktpartner nicht ausfallen können. Letzterer Grund hat iRd. Finanzmarkt- bzw. Eurokrise einen besonderen Stellenwert bekommen.

Sowohl aus wirtschaftlichen als auch aus rechtlichen Erwägungen (§ 25a KWG) muss jedes Institut im Rahmen seiner Risikosteuerung eine umfassende Risikomanagementstrategie auf Gesamtinstitutsebene (sog. Gesamtbanksteuerung) einrichten und weiterentwickeln. Zur Steuerung des (Netto-) Risikos im Nichthandelsbestand (zB Bankbuch) werden vor allem derivative Finanzinstrumente (zB Zinsswaps) eingesetzt. In diesem Zusammenhang hat es sich als sachgerecht erwiesen, dass sich das Management des Nichthandelsbestands zur Risikosteuerung an den „Risikomakler" bspw. des Zinsrisikos (zB Händler für Zinsswaps) im eigenen Haus bzw. im eigenen Konzern wendet, der das entsprechende Marktmandat hat.

[1132] Vgl. Wittenbrink/Göbel, Die Bank 1997, 271; Kaltenhauser/Begon, ZfgK 1998, 1191.
[1133] Ebenso Gaber, 2. Aufl, 204 ff.
[1134] Vgl. Elkart/Schaber, 401 ff.
[1135] Vgl. Elkart/Schaber, 406 f.
[1136] Vgl. Elkart/Schaber, 406 f. mwN.

Dadurch kommt eine interne Transaktion zustande, mittels der das zu steuernde Risiko (zB Zinsrisiko) vom Nichthandelsbestand in den Handelsbestand transferiert wird, um es dort zu allokieren und seinerseits auf Nettobasis durch den Handel zu steuern. Ist der Handelsbereich allein berechtigt, am Markt aufzutreten, sind interne Geschäfte zwingend notwendig. Streng genommen handelt es sich also um nichts anderes als die **Dokumentation des Risikotransfers** innerhalb eines Instituts.

Insoweit als die das interne Geschäft initiierende Stelle bezüglich des Finanzinstruments selbst ein Marktmandat hat, sind interne Geschäfte im hier verstandenen Sinne entbehrlich und damit von der Grundkonzeption her gesehen nicht zulässig.

Gegenstand der internen Geschäfte können nur Finanzinstrumente sein, die auch mit externen Kontraktpartnern gehandelt werden können. An die Stelle von externen Geschäftsbestätigungen treten interne Abstimmungsprozesse.

Interne Geschäfte haben mithin stets den **Zweck** der Zuordnung der Risiken zu den jeweils verantwortlichen organisatorischen Einheiten, die das Marktmandat für das jeweilige Finanzinstrument haben. Ferner dienen sie der innerbetrieblichen Abgrenzung von Ergebnissen, der verbesserten Risikosteuerung und nicht zuletzt der Vermeidung von (externen) Kosten. Sie können als Geschäfte zwischen den verschiedenen Handelsbeständen und zwischen Nichthandelsbeständen und Handelsbeständen vorkommen.

4.4.11.2. Bilanzielle Behandlung interner Geschäfte (Derivate)

Hauptzweck der Einbeziehung interner Geschäfte in die externe Rechnungslegung ist die bilanzielle Abbildung des Risikotransfers zwischen unterschiedlichen Büchern (Organisationseinheiten, Bereichen) innerhalb eines Instituts. Es handelt sich bei internen Geschäften ausschließlich um Derivate.

Nicht zulässig ist die Berücksichtigung von internen Geschäften zur Ergebnisgestaltung. Interne Geschäfte dürfen nur dem Nachweis des nach der Strategie des Instituts erforderlichen Risikotransfers vom **Bankbuch** in den **Handelsbestand**, der das Produktmandat hat, dienen. Durch die Konzentration des Derivategeschäfts mit externen Gegenparteien bei einer Stelle (Handel) lassen sich Spezialisierungsvorteile realisieren und Transaktionskosten reduzieren.

Interne Geschäfte werden im handelsrechtlichen Jahresabschluss nach den jeweils geltenden Bilanzierungs- und Bewertungsvorschriften der relevanten Bestände abgebildet.

- Wird das interne Geschäft (zB ein Zinsswap) im Rahmen einer **Bewertungseinheit**[1137] eingesetzt, wird es nach § 254 HGB bewertet.
- Dient das interne Geschäft im **Bankbuch** der Aktiv-/Passivsteuerung (Steuerung des Zinsspannenrisikos), ist es iRd. **verlustfreien Bewertung** des Bankbuchs (Ermittlung einer Drohverlustrückstellung) zu bewerten.
- Im **Handelsbestand** hingegen wird das interne Geschäft nach § 340e Abs. 3 und Abs. 4 HGB bewertet und geht ggf. in ein Portfolio ein.

Damit ist sichergestellt, dass interne Geschäfte in den Beständen, in denen diese auftreten können, sachgerecht bilanziert und bewertet werden. Für die handelsrechtliche Behandlung interner Geschäfte im Bankbuch ist zunächst der institutsindividuelle Steuerungsansatz relevant.

Interne Geschäfte verknüpfen mithin „... *Wertänderungen von Vermögensgegenständen und Finanzinstrumenten, die nach unterschiedlichen Regeln bewertet werden, miteinander ...* ".[1138] Die von Sopp/Grünberger[1139] geäußerte Kritik, dass „*... das interne Geschäft somit in Bezug auf zinsbezogene Wertänderungen als eine Art Fair-Value-Option für Geschäfte des Bankbuchs* " wirkt, ist nicht zutreffend. Vielmehr gehen interne Derivate des Bankbuchs in die verlustfreie Bewertung des Bankbuchs systemkonform mit ihren stillen Reserven/Lasten ein (vgl. Kapitel 4.3.4.). Eben diese stillen Lasten/Reserven wirken sich bei der Bewertung des Handelsbestands iRd. Erfolgsermittlung nach § 340c HGB iVm. § 340e Abs. 3 HGB mit umgekehrtem Vorzeichen aus.[1140] Und selbst, wenn die Kritik von Sopp/Grünberger zuträfe, würde dies an der nachfolgend dargestellten Möglichkeit der Berücksichtigung von internen Geschäften im Ergebnis nichts ändern. Relevant ist lediglich, dass die internen Derivate in den betroffenen Beständen sachgerecht bewertet werden.

Bei der Abwicklung interner Geschäfte zwischen den Organisationseinheiten entstandene Forderungen und Verbindlichkeiten sind bilanziell zu konsolidieren.

Interne Geschäfte sind weder Vermögensgegenstände noch Verbindlichkeiten. Sie sind auch keine schwebenden Geschäfte. Gleichwohl entspricht deren handelsrechtlicher Ansatz einer für Institute ganz überwiegenden Praxis und

---

[1137] Zu Bewertungseinheiten vgl. HdR 5. Aufl., § 254 HGB.
[1138] Vgl. Altvater, DB 2012, 939.
[1139] Vgl. Sopp/Grünberger, KoR 2014, 44.
[1140] Die bei der Bewertung des Handelsbestands aufgrund des Gürtel-Hosenträger-Prinzips zusätzlich zu berücksichtigenden „Ausschüttungssperren" wie Risikoabschlag und Zuführung zum Sonderposten nach § 340g HGB sind bei dieser Betrachtung zunächst außen vor zu lassen.

anerkannten Bilanzierungskonvention, weil erst dadurch ein zutreffender Ausweis der Vermögens- und Ertragslage erreicht wird.[1141]

Im **Anhang** ist über interne Geschäfte (Transaktionen) zu berichten (zB im Rahmen der Bilanzierungs- und Bewertungsmethoden). Die sich aufgrund der unterschiedlichen Bewertung der Finanzinstrumente ergebenden Erfolgsbeiträge, sind, sofern sie wesentlich sind, im Anhang offenzulegen.

4.4.11.3. Voraussetzungen für die Zulässigkeit interner Geschäfte

Das handelsrechtliche Schrifttum spricht sich eindeutig für die Anerkennung von internen Geschäften bei Kreditinstituten aus.[1142] Nach Elkart/Schaber[1143] sorgen die in der Literatur genannten Voraussetzungen zur Berücksichtigung interner Geschäfte für die erforderliche Objektivierung, bspw. dass diese wie externe Geschäfte dokumentiert und bewertet sowie auf die Limitvorgaben iRd. Risikosteuerung angerechnet werden. Elkart/Schaber kommen für den Fall eines Erfolgsausweises zu dem Ergebnis *„Ein unter diesen Voraussetzungen entstandener Bewertungsgewinn kann unter Risikogesichtspunkten in gleichem Ausmaß als realisiert gelten wie der im Zusammenhang mit einer Forderung aus Lieferungen und Leistungen ausgewiesene Gewinn".*

In der handelsrechtlichen Bilanzierungspraxis sind interne Geschäfte bereits seit längerer Zeit anzutreffen und anerkannt.[1144] Es werden für deren Zulässigkeit die Einhaltung folgender **Voraussetzungen** verlangt:[1145]

- Das interne Geschäft ist als solches gekennzeichnet.
- Das Institut muss ein eindeutig definiertes und implementiertes Risikomanagement- und Risikocontrollingsystem haben. Interne Geschäfte sind wie externe Geschäfte in das Risikomanagementsystem einzubeziehen.
- Die bankaufsichtlichen Voraussetzungen an interne Geschäfte sind vollumfänglich zu erfüllen.

[1141] Vgl. Altvater, DB 2012, 940.
[1142] Vgl. Elkart/Schaber, 407 mwN; AFRAC-Stellungnahme 15, Rn. 38.
[1143] Vgl. Elkart/Schaber, 416.
[1144] Vgl. auch Altvater, DB 2012, 940.
[1145] Vgl. auch AFRAC-Stellungnahme 15, Rn. 38.

- Auch für interne Geschäfte müssen sämtliche Regelungen in den Ma-Risk eingehalten werden. Für interne Geschäfte ist nach den MaRisk eine sinngemäße Einhaltung der Anforderungen an externe Handelsgeschäfte (auch im Zeitablauf) sicherzustellen, insbesondere:
  - Einbeziehung der internen Geschäfte in die Steuerung und Überwachung der Handelsbuchpositionen wie vergleichbare Handelspositionen, die keine institutsinternen Sicherungsinstrumente sind.
  - Der Abschluss interner Geschäfte muss stets zu aktuellen Marktbedingungen erfolgen.
  - Der Einsatz interner Geschäfte muss konsistent zur Absicherung von Anlagebuchpositionen (Bankbuch, Liquiditätsreserve, Anlagebestand) erfolgen.
  - Nachvollziehbare Dokumentation der internen Geschäfte in den jeweiligen Beständen.
  - Limitierung der Risikoposition des Handelsbuchs/Handelsbestands.
- Die internen Geschäfte dürfen nicht von dem Bereich mit dem Marktzugang (idR Handelsbereich) angestoßen werden, sie dürfen vielmehr nur aus dem Nicht-Handelsbereich und nur zum Zweck der Risikoallokation abgeschlossen werden. Die Handelseinheit muss aktiv am Markt handeln, sie darf nicht nur als Einheit für interne Geschäfte dienen.
- Interne Geschäfte sind nur zulässig, wenn eine Organisationseinheit (Bereich) nach den institutsinternen Regelungen eine Risikoposition mangels Handels- oder Produktmandat nicht selbstständig durch ein externes Geschäft schließen (absichern) darf und der externe Marktzugang zentral durch eine andere Organisationseinheit (sog. Handelsbereich) mit entsprechender Kompetenz erfolgt. Der Handelsbereich seinerseits gibt dieses Risiko an externe Dritte weiter.[1146] In diesem Zusammenhang ist es nicht möglich, ein Risiko allein mittels interner Geschäfte abzusichern, ohne dass das Risiko an den Markt weitergegeben wird.
- Soweit eine Organisationseinheit (zB Treasury) nach den internen Richtlinien eigenständig mit externen Kontrahenten Geschäfte zur Risikosteuerung abschließen kann, sind interne Geschäfte mit dem Handelsbereich nicht erforderlich und damit nicht zulässig.
- Soweit interne Vereinbarungen nicht den Zweck des Risikotransfers vom Nicht-Handelsbestand in den Handelsbestand haben (zB der Handelsbestand überträgt aufgrund einer getätigten Emission die zufließenden Mittel zur Liquiditätssteuerung an den Bereich Treasury), handelt es sich nicht um interne Geschäfte in dem hier verstandenen Sinne.

[1146] Dies dient der Dokumentation des Risikotransfers, dh. der Risikosteuerung, der entsprechenden Risiken außerhalb des Handelsbereichs und der sich daraus ableitenden Bilanzierung.

Daraus dürfen sich innerhalb des Instituts keine Bewertungseffekte ergeben.

- Die internen Geschäfte sind bilanziell ebenso zu behandeln wie externe Geschäfte. Daraus folgt:
  - Die Bewertung eines internen Sicherungsgeschäfts bspw. zur Absicherung des Zinsrisikos iRv. Bewertungseinheiten folgt den Regeln des § 254 HGB.
  - Die Bewertung interner Transaktionen zur Steuerung des allgemeinen Zinsrisikos im Bankbuch ist in die verlustfreie Bewertung einzubeziehen (vgl. Kapitel 4.3.4.).
  - Im Handelsbestand werden interne Geschäfte nach den Vorschriften des § 340e Abs. 3 und Abs. 4 HGB bewertet, dh. unter Berücksichtigung eines Risikoabschlags/-zuschlags und der Zuführung zum Sonderposten.
- Es dürfen insbesondere keine Geschäfte abgeschlossen werden, die zu anderen Periodisierungen (und damit zu Ergebnisverschiebungen) führen.
- Interne Transaktionen, die zu einer Umgehung des Umwidmungsverbots des § 340e Abs. 3 Satz 2 und 3 HGB führen, sind nicht erlaubt.
- Aus den Buchungsunterlagen müssen die für den Abschluss des jeweiligen Geschäfts relevanten Daten hervorgehen (zB Geschäftsart, Fälligkeit, Kontrahenten, Portfolio- bzw. Hedge-Zusammenhang). Die internen Geschäfte müssen als solche gekennzeichnet sein.
- Sicherungsbeziehungen im Bankbuch sind zu dokumentieren und nachzuweisen. Hierfür ist eine Referenzierung zwischen dem Grundgeschäft (Bankbuch) und dem (internen) Sicherungsinstrument herzustellen, die in den relevanten IT-Systemen aufseiten des Bankbuchs sowie in den bestandsführenden IT-Systemen für das interne Geschäft entsprechend hinterlegt ist.
- Änderungen oder Stornierungen sind zu dokumentieren und zu kontrollieren.
- Forderungen und Verbindlichkeiten aus internen Geschäften sind zu „konsolidieren". Dies impliziert, dass „interne Geschäfte", die der Steuerung der Liquidität dienen, keine internen Geschäfte in dem hier verstandenen Sinne sind. Ergebniseffekte daraus dürfen sich nicht ergeben.
- Gezahlte/erhaltene Prämien und Ähnliches aus internen Geschäften dürfen nicht aktiviert/passiviert werden.
- Interne Geschäfte dürfen nur zu marktgerechten Konditionen getätigt werden. Diese sind in die Kontrolle marktgerechter Kurse einzubeziehen. Es müssen identische Parameter und Buchungszeitpunkte sowie identische Abgrenzungsverfahren bei der Bilanzierung und Bewertung in den beteiligten Bereichen des Instituts verwendet werden.

- Die Handelseinheit muss funktional unabhängig von den anderen Einheiten sein und die Anforderungen der MaRisk erfüllen.
- Sämtliche internen Geschäfte werden auf die Risikolimite angerechnet. Die Einhaltung muss durch interne Kontrollsysteme überwacht werden.
- Die Kompetenzen zum Abschluss interner Geschäfte sind eindeutig festgelegt.
- Die internen Geschäfte müssen als Bestandteil des internen Kontrollsystems regelmäßig zwischen den organisatorischen Einheiten abgestimmt werden.
- Es müssen sämtliche weiteren Voraussetzungen hinsichtlich einer umfassenden ordnungsgemäßen Erfassung, Einbeziehung in die Limite, Dokumentation, Überwachung und Kontrolle gegeben sein.
  Aus Sicht der Handelseinheit dürfen sich – insgesamt gesehen – interne und externe Transaktionen nicht unterscheiden.
- Die offene Risikoposition der Handelseinheit muss als strategische Positionierung der Handelseinheit qualifiziert werden können. Dies muss sich aus der Dokumentation (Anweisungen, Richtlinien, Beschlüsse usw.) des Instituts zweifelsfrei ergeben.
- Es ist der Nachweis zu erbringen, dass die Risiken aus den internen Geschäften tatsächlich an den externen Markt transferiert, dh. externalisiert, wurden, dh. der Risikotransfer (vom Bankbuch in den Handelsbestand und anschließend vom Handelsbestand an den externen Markt) ist organisatorisch sicherzustellen und zu dokumentieren.

4.4.12. Restrukturierung von Finanzinstrumenten

Vgl. hierzu Kapitel 4.3.6. Zur Änderung der Anleihebedingungen nach dem Schuldverschreibungsgesetz vgl. Gaber.[1147]

4.5. Wertaufholungsgebot

Gesetzliche Regelung

Bestehen die Gründe für außerplanmäßige Abschreibungen auf Vermögensgegenstände des Anlagevermögens iSd. § 253 Abs. 3 Satz 5 und Satz 6 HGB und für Abschreibungen auf Vermögensgegenstände des Umlaufvermögens iSd. § 253 Abs. 4 HGB nicht mehr, darf der aufgrund dieser Abschreibungen niedrigere Wertansatz nicht beibehalten werden, dh. es besteht ein Wertaufholungsgebot (§ 253 Abs. 5 Satz 1 HGB).

[1147] Vgl. Gaber, 2. Aufl., 147 f. mwN.

Ob eine (teilweise oder vollständige) Zuschreibung vorzunehmen ist, hängt nicht davon ab, ob die für die Vornahme der außerplanmäßigen Abschreibungen ursprünglich maßgebenden Gründe später tatsächlich wegfallen sind, sondern nur davon, ob die Vermögensgegenstände nach den Verhältnissen des Abschlussstichtags einen höheren beizulegenden Wert aufweisen).[1148]

Das Wertaufholungsgebot gilt zeitlich unbegrenzt. Wird die Wertaufholung über mehrere Perioden versäumt, sind alle hiervon betroffenen Jahresabschlüsse fehlerhaft, bis die Zuschreibung nachgeholt wird.[1149]

Das Institut hat eine Zuschreibung zum jeweiligen Buchwert des betreffenden Vermögenswerts vorzunehmen, der eine Ertragsbuchung gegenübersteht. Die Zuschreibung ist begrenzt auf die ursprünglichen Anschaffungs- und Herstellungskosten sowie auf die tatsächlich eingetretene Werterholung.

Der niedrigere Wertansatz eines entgeltlich erworbenen **Geschäfts- oder Firmenwerts** ist dagegen beizubehalten (§ 253 Abs. 5 Satz 2 HGB). Diesbezüglich besteht ein Wertaufholungs**verbot**.

Von diesen Zuschreibungen sind **Bilanzberichtigungen** zu unterscheiden. Diese können bei allen Aktivposten als reine Korrektur eines Abschreibungsfehlers vorkommen. Eine tatsächliche Werterhöhung besteht nicht.

Wertaufholung bei langfristen Forderungen/Verbindlichkeiten in Fremdwährung

Zu Einzelheiten vgl. die Ausführungen zur Fremdwährungsumrechnung in Kapitel 4.8.2.4.1.

Einschränkung aufgrund § 340f HGB

Das Wertaufholungsgebot des § 253 Abs. 5 HGB wird dadurch eingeschränkt, dass nach § 340f Abs. 1 Satz 3 HGB ein niedrigerer Wertansatz (nur) für die Vermögensgegenstände, die gemäß § 340f Abs. 1 HGB für die Bildung einer Vorsorge für allgemeine Bankrisiken zur Verfügung stehen, beibehalten wer-

---

[1148] Zu Einzelheiten vgl. WPH Edition Wirtschaftsprüfung & Rechnungslegung, 17. Aufl., Kapitel F Tz. 190 f. mwN.

[1149] Vgl. KK-RLR, § 253 HGB, Rn. 153 mwN.

den darf (Forderungen an Kunden, Forderungen an Kreditinstitute, Wertpapiere der Liquiditätsreserve).[1150]

Das Wertbeibehaltungswahlrecht des § 340f Abs. 1 Satz 3 HGB hat nach der hier vertretenen Ansicht auch Vorrang vor der quantitativen Begrenzung des § 340f Abs. 1 Satz 2 HGB, dh. wenn sich die Bemessungsgrundlage für die stillen Vorsorgereserven ggü. dem Vorjahr vermindert hat und die bestehenden Reserven damit die 4 %-Grenze überschreiten, müssen die Vorsorgereserven nicht anteilig aufgelöst werden.

Klarstellend wird darauf hingewiesen, dass sich diese Beibehaltung lediglich auf die nach § 340f HGB gebildeten Vorsorgereserven (Vorsorge für das allgemeine Bankrisiko, Kapitel 4.6.), nicht jedoch auf die sonstigen Wertberichtigungen (Einzelwertberichtigungen für das spezifische Risiko, Pauschal- oder Länderwertberichtigungen) bzw. (außerplanmäßigen) Abschreibungen (siehe oben) bezieht.

Rücklagenbildung für Wertaufholungen nach § 58 Abs. 2a AktG/§ 29 Abs. 4 GmbH

Erfolgt bei einer AG oder GmbH in der Handelsbilanz eine Zuschreibung (Wertaufholung) auf Vermögensgegenstände des Anlage- oder Umlaufvermögens, die auf eine außerplanmäßige Abschreibung zurückzuführen war, steht den Leitungsorganen des bilanzierenden Instituts ein Wahlrecht zu. Der Eigenkapitalanteil aus der Wertaufholung kann – neben der grundsätzlich ertragswirksamen Realisation – den Rücklagen zugeführt werden.[1151]

Damit erlaubt der Gesetzgeber, nachträglich aufgedeckte stille Reserven im Unternehmen zu behalten (Kapitalerhaltung), mithin die Ausschüttung eines nicht zahlungswirksamen Ertrags zu vermeiden (Ausschüttungssperrfunktion).

[1150] Vgl. Böcking/Gros/Morawietz, § 340f HGB Rn. 9 in: Wiedmann/Böcking/Gros, 4. Aufl.

[1151] Vgl. Riepolt, BBK 23/2019, 1112 ff.

4.6. Vorsorge für allgemeine Bankrisiken (§ 340f HGB)

4.6.1. Überblick

§ 340f HGB regelt die Bildung stiller Vorsorgereserven für allgemeine Bankrisiken.[1152] Mit § 340f HGB, der die Bildung der Vorsorgereserven regelt, wurden alle Möglichkeiten, die Artikel 37 Abs. 2 der Bankbilanzrichtlinie den Mitgliedstaaten für die Bildung von Vorsorgereserven für allgemeine Bankrisiken einräumt, in nationales Recht übernommen.[1153]

§ 340f HGB wurde mit dem BilMoG geändert. Der Abs. 2 der Vorschrift wurde gestrichen. Die Vorschrift, dass *„ein niedrigerer Wert (...) beibehalten werden (darf)"* wurde als Satz 3 in Abs. 1 der Norm aufgenommen. Die Änderungen, die keine materiellen Wirkungen haben, resultieren aus der Neufassung des § 253 HGB und der Aufhebung der §§ 280, 281 HGB.

Kredit-, Finanzdienstleistungs-, Wertpapierinstitute sowie Zahlungsinstitute und E-Geld-Institute aller Rechtsformen können (Wahlrecht) Vorsorgereserven einheitlich nach einer Rechtsnorm bilanzieren, während vor Inkrafttreten des Bankbilanzrichtlinie-Gesetzes für Kapitalgesellschaften und für Nicht-Kapitalgesellschaften unterschiedliche Regelungen bestanden (§ 26a KWG aF bzw. § 253 Abs. 4 HGB aF).[1154] § 340f HGB wirkt faktisch als Ausschüttungssperre, wodurch ein zusätzlicher Gläubigerschutz erreicht werden soll.

Waschbusch/Berg/Lang[1155] befassen sich mit den Auswirkungen der erweiterten aufsichtsrechtlichen Offenlegungsanforderungen zur Leverage Ratio und zu den Kreditrisikoanpassungen auf die stillen Vorsorgereserven nach § 340f

---

[1152] Literatur zur Bildung von Vorsorgereserven: Becker, ZfgK 1980, 430; Bieg, WPg 1986, 257 und 299; Bieg/Waschbusch, ZfgK 2005, 145 ff.; Birck, WPg 1964, 415; Böcking/Gros/Torabian, in: MünchKomm. HGB, 4. Aufl., § 340f HGB; Faisst, ZfgK 1981, 668; Frankenberger, Bankinformation 2/1993, 19; Hartmann, BB 1989, 1936; Hölscher, DBW 1995, 45; Karrenbrock, BFuP 2013, 193 ff.; Köllhöfer, Die Bank 1986; Krumnow, ZfbF 1995, 891 ff.; Krumnow ua., 2. Aufl., § 340f HGB; Mauch, FB 2000, 476; Müller, ZfgK 1981, 672; Schaber, Der Konzern 1/2006, 55 ff.; Spieth, WPg 1986, 528; Starke, ZfgK 1981, 162; Süchting, WPg 1965, 256; Varnholt, Schweizer Treuhänder 1996, 455; Waschbusch, ZfbF 1994, 1046; Bieg/Waschbusch, 3. Aufl., 458 ff.; Gaber, WM 2018, 105 ff. (Teil I), 153 ff. (Teil II); Waschbusch/Kakuk, BFuP 2018, 1 ff.; Waschbusch/Blaß/Berg, BKR 2018, 450 ff.; Waschbusch/Berg/Lang, WPg 2019, 35 ff.; Bieg/Waschbusch, 2022, 1 ff.

[1153] Kritisch vgl. Neus/Schaber, ZfbF 1996, 396 ff.; Gesamtdarstellung vgl. Gaber, WM 2018, 105 ff. (Teil I), 153 ff. (Teil II).

[1154] Vgl. zu den stillen Reserven im Jahresabschluss von Instituten nach altem und neuem Recht Hartmann, BB 1989, 1936; Bieg/Waschbusch, 2022, 1 ff.

[1155] Vgl. Waschbusch/Berg/Lang, WPg 2019, 41 ff.

HGB. Sie kommen zum Ergebnis, dass diese Offenlegungsanforderungen es dem externen Leser des Jahresabschlusses ermöglichen können, Schätzwerte für den Bestand an stillen Vorsorgereserven samt Veränderungen abzuleiten.[1156] Bieg/Waschbusch haben mit ihrem 2022 erschienen Werk „Bildung und Nutzung des Fonds für allgemeine Bankrisiken gemäß § 340g HGB" eine Gesamtdarstellung der offenen und stillen Vorsorgereserven veröffentlicht.

4.6.2. Voraussetzungen und Bemessungsgrundlage

Institute dürfen nach § 340f Abs. 1 HGB

- Forderungen an Kreditinstitute (Aktiva 3.),
- Forderungen an Kunden (Aktiva 4.),
- Schuldverschreibungen und andere festverzinsliche Wertpapiere (Aktiva 5.), sowie
- Aktien und andere nicht festverzinsliche Wertpapiere (Aktiva 6.),
- die weder wie Anlagevermögen behandelt werden noch Teil des Handelsbestands sind (diesbezüglich siehe nachfolgend)

mit einem niedrigeren als dem nach § 253 Abs. 1 Satz 1, Abs. 4 HGB vorgeschriebenen oder zugelassenen Wert ansetzen, soweit dies

- nach vernünftiger kaufmännischer Beurteilung[1157]
- zur Sicherung gegen die besonderen Risiken des Geschäftszweigs[1158] der Kreditinstitute
- notwendig

ist.[1159]

Es handelt sich dabei um **unbestimmte Rechtsbegriffe**.[1160] Der eine der unbestimmten Rechtsbegriffe, nämlich der der *„besonderen Risiken des Geschäftszweigs der Kreditinstitute"*, lässt sich vielleicht noch unter Rückgriff auf die

---

[1156] Vgl. auch Gaber, 2. Aufl., 274 f.
[1157] Vgl. Böcking/Gros/Torabian, in: MünchKomm. HGB, 4. Aufl., § 340f HGB Rn. 9; Bieg/Waschbusch, 2022, 197 ff.
[1158] Vgl. Böcking/Gros/Torabian, in: MünchKomm. HGB, 4. Aufl., Vor §§ 340 f, 340g HGB Rn. 18 ff.; Bieg/Waschbusch, 2022, 197 ff.
[1159] Vgl. zur „vernünftigen kaufmännischen Beurteilung" und zu den „Risiken des Geschäftszweigs" Schaber, Der Konzern 2006, 57 f.; ausführlich vgl. Gaber, WM 2018, 105 ff. (Teil I), 153 ff. (Teil II); Bieg/Waschbusch, 2022, 197 ff.
[1160] Vgl. ausführlich Schaber, Der Konzern 2006, 57 f. mwN; Bieg/Waschbusch, 2022, 212 ff.

einschlägige Literatur mit zwei Kernargumenten für die Notwendigkeit stiller Reserven inhaltlich vergleichsweise einfach umreißen: Zum einen wird auf die im Vergleich zu anderen Branchen geringen Eigenkapitalquoten im Kreditgewerbe verwiesen, zum anderen wird die besondere Vertrauensempfindlichkeit des Kreditgewerbes angeführt. Die Skepsis der Einleger einer Bank in Bezug auf die Sicherheit ihrer Einlagen (bedingt nicht zuletzt durch die typischerweise geringen Nettohaftungsreserven der Bank), ausgelöst etwa durch einen Verlustausweis, kann dazu führen, dass die Einleger ihre Einlagen abziehen und uU einen panikartigen Run auf das gesamte Bankensystem auslösen, der unabsehbare Schäden für die gesamte Volkswirtschaft nach sich zöge.

Nach hM wird unter den besonderen Risiken des Geschäftszweigs das **allgemeine Branchenrisiko** verstanden.[1161]

Mehr Schwierigkeiten bereitet dagegen der andere unbestimmte Rechtsbegriff, dass nämlich die stillen Vorsorgereserven nur in einem *„nach vernünftiger kaufmännischer Beurteilung" „notwendigen"* Umfang gebildet werden dürfen. Schließlich muss beurteilt werden, ob die Dotierung in diesem Sinne *„notwendig"* ist.

Die Konkretisierungsversuche kommen regelmäßig im Ergebnis über die Postulate nicht hinaus, dass als wesentliches Kriterium zumindest die Willkürfreiheit gewährleistet sein muss, und dass die Dotierung der Vorsorgereserven auf konkret darzulegenden und nachprüfbaren Besorgnissen beruhen müsse. Schwierigkeiten im Umgang mit den *„nach vernünftiger kaufmännischer Beurteilung"* bemessenen Vorsorgereserven scheint auch der Gesetzgeber selbst zu haben. So war beispielsweise nach § 26b Abs. 2 Nr. 2 KWG aF die Bestellung eines Sonderprüfers nach § 258 AktG zulässig, um den nach § 26a Abs. 1 KWG aF – dh. nach der Vorgängervorschrift von § 340f Abs. 1 HGB – zulässigen Wertansatz zu überprüfen. Obwohl mit dem Bankbilanzrichtlinie-Gesetz an dieser Stelle nur eine Vereinfachung verbunden sein sollte, lautet die entsprechende Vorschrift jetzt, dass ein Sonderprüfer nicht mehr bestellt werden kann, soweit die Unterbewertungen auf der Anwendung des § 340f HGB beruhen (vgl. § 258 Abs. 1a AktG). Ob sich allerdings dadurch materiell etwas geändert hat, ist fraglich. Schließlich hat eine solche Prüfung wohl deshalb nie stattgefunden, weil sie zu keinem begründeten Ergebnis gekommen wäre.

Die besonderen Schwierigkeiten, die *„vernünftige kaufmännische Beurteilung"* in Bezug auf die Angemessenheit der Vorsorgereserven zu konkretisieren, werden durch einen Vergleich mit der Verwendung dieses unbestimmten

[1161] Vgl. Böcking/Gros/Torabian, in: MünchKomm. HGB, 4. Aufl., Vor §§ 340 f, 340g HGB Rn. 18 mwN; Bieg/Waschbusch, 2022, 197 ff.

Rechtsbegriffs an anderer Stelle im Gesetz deutlich. So sind beispielsweise nach § 253 Abs. 1 Satz 2 HGB auch Rückstellungen in Höhe des *„nach vernünftiger kaufmännischer Beurteilung notwendigen Erfüllungsbetrags anzusetzen"*. Die sich hier aus den Schätzproblemen ergebenden Schwierigkeiten sind regelmäßig „nur" praktischer Natur. Dagegen sind die Schwierigkeiten in Bezug auf die Vorsorgereserven nach § 340f HGB theoretischer bzw. logischer Natur. Sie resultieren nämlich aus dem Widerspruch zwischen dem für die Bewertung maßgebenden allgemeinen Grundsatz der Unternehmensfortführung (§ 252 Abs. 1 Nr. 2 HGB) und der Implikation der beiden zur Begründung der Notwendigkeit stiller Reserven angeführten Kernargumente (siehe oben), dass eben nicht mehr von einem going concern ausgegangen wird. Überprüfbare und damit justiziable Vorgaben, inwieweit eine Vorsorgereserve *„nach vernünftiger kaufmännischer Beurteilung zur Sicherung gegen die besonderen Risiken des Geschäftszweigs der Kreditinstitute notwendig ist"*, sind daher nicht möglich.

Um das Ermessen der Kreditinstitute dennoch „irgendwie" einzuschränken, blieb dem Gesetzgeber nichts anderes übrig, als den Umfang der Vorsorgereserven nach § 340f HGB durch die Vorgabe zu begrenzen, dieser dürfe maximal 4 % des Gesamtbetrags an bestimmten Vermögensgegenständen betragen. Zu diesen Einschränkungen war der deutsche Gesetzgeber im Rahmen der Umsetzung der Bankbilanzrichtlinie gezwungen. Das § 340f HGB zugrunde liegende Mitgliedstaatenwahlrecht war nur sehr schwierig durchzusetzen, weil die Kommission und die qualifizierte Mehrheit der Mitgliedstaaten Vorsorgereserven ursprünglich nur in offener Form zulassen wollten. Umgekehrt bedeutet dies, dass eine Überprüfung, ob der Umfang der Vorsorgereserven nach § 340f HGB unangemessen ist, notgedrungen darauf beschränkt bleibt, ob die Vorsorgereserven nach § 340f HGB die gesetzlich vorgegebene Relation überschreiten.

Hinsichtlich der Zuordnung der Posten Aktiva „3. Forderungen an Kreditinstitute" und „4. Forderungen an Kunden" zur Bemessungsgrundlage gibt es keine Probleme. Dies kann für die Wertpapierposten Aktiva „5. Schuldverschreibungen und andere festverzinsliche Wertpapiere" und „6. Aktien und andere nicht festverzinsliche Wertpapiere" nicht ohne Weiteres gesagt werden. Diese müssen nach den zwei Wertpapierkategorien Anlagebestand und Liquiditätsreserve untergliedert werden. Nach dem Wortlaut des § 340f Abs. 1 Satz 1 HGB dürfen Wertpapiere, **die wie Anlagevermögen behandelt werden** (vgl. Kapitel 4.4.4.), nicht niedriger bewertet werden.

Der Zuordnung von Wertpapieren zum **Handelsbestand** (vgl. Kapitel 4.4.2.) kommt besondere Bedeutung zu, da Wertpapiere des Handelsbestands nicht zur Reservenbildung zur Verfügung stehen. Aus der Regelung, dass der Wertpapierbestand des Handelsbestands nicht zur stillen Vorsorgereservenbildung herangezogen werden darf, ergibt sich, dass gehandelte Forderungen analog zu den Wertpapieren des Handelsbestands nicht in der Bewertungsbasis berücksichtigt werden dürfen.[1162]

Wertpapiere, die in den Aktivposten „7. Beteiligungen" und „8. Anteile an verbundenen Unternehmen" ausgewiesen sind, sind dem Finanzanlagevermögen zuzurechnen und können damit ebenfalls nicht in die Bemessungsgrundlage einbezogen werden.

Die Bildung von Vorsorgereserven nach § 340f HGB kann im Zusammenhang mit dem Aktivposten „2. Schuldtitel öffentlicher Stellen und Wechsel, die zur Refinanzierung bei Zentralnotenbanken zugelassen sind" ebenfalls nicht erfolgen. Nach der EG-Bankbilanzrichtlinie beschränkt § 340f HGB die Möglichkeit der Bildung von Vorsorgereserven auf die Aktivposten 3., 4. sowie 5. und 6. für solche Wertpapiere, die der Liquiditätsreserve zugeordnet sind. Insoweit ist eine Zuordnung von Wertpapieren im Aktivposten 2. zur Liquiditätsreserve nicht relevant.[1163]

4.6.3. Technik der Bildung und Auflösung der Vorsorgereserven

Nach dem Wortlaut des § 340f Abs. 1 Satz 1 HGB sind nicht Risiken aus bestimmten Aktivposten der Grund für die Bildung der Vorsorgereserven. Der niedrigere Wert ist vielmehr anzusetzen, „*... soweit dies nach vernünftiger kaufmännischer Beurteilung zur Sicherung gegen die besonderen Risiken des Geschäftszweigs der Kreditinstitute notwendig ist.*"[1164]

Damit berührt die Bildung und Auflösung dieser Vorsorgereserven nicht bestimmte Kredit- oder Wertpapiergeschäfte. Die Bildung sowie die Auflösung der Vorsorgereserven erfolgt vielmehr durch **pauschalen Abzug vom jeweiligen Bilanzposten**. Insoweit wird der Grundsatz der Einzelbewertung aufgegeben. Die neu gebildeten bzw. aufgelösten Vorsorgereserven des § 340f Abs. 1 Satz 1 HGB sind zwingend direkt bei den einzelnen Posten der Bemessungsgrundlage zu berücksichtigen.[1165] Ein passivischer Ausweis ist nicht möglich.

[1162] Vgl. Böcking/Gros/Torabian, in: MünchKomm. HGB, 4. Aufl., § 340f HGB Rn. 5.

[1163] Vgl. Krumnow ua., 2. Aufl., § 13 RechKredV Rn. 22 ff. mwN.

[1164] Ausführlich vgl. Gaber, WM 2018, 105 ff. (Teil I), 153 ff. (Teil II).

[1165] Vgl. auch Krumnow ua., 2. Aufl., § 340f HGB Rn. 37.

Es kann flexibel entschieden werden, von welchen der Vermögenspositionen – Forderungen an Kreditinstitute oder Kunden und bestimmte Wertpapiere – die Vorsorgereserve ganz oder teilweise aktivisch abgesetzt wird.[1166] Dies lässt sich daraus ableiten, dass sich die Höchstgrenze von 4 % für die Vorsorgereserven nicht auf die jeweiligen Einzelposten, sondern auf die genannten Forderungen und Wertpapiere insgesamt bezieht. Dies impliziert auch, dass der abgezogene Betrag von Jahr zu Jahr unterschiedlich sein kann, dh. von Jahr zu Jahr je nach Gestaltungswillen neu zugeordnet werden kann.[1167]

Mithin können mithilfe der Vorsorgereserven **Bilanzstrukturen** beeinflusst werden. Entsprechendes gilt für die Auflösung der Vorsorgereserven. Es besteht lediglich insoweit eine Beschränkung, als eine „.... *nachträgliche bilanzoptisch bedingte Verlagerung bereits verrechneter stiller Vorsorgereserven innerhalb der Bewertungsbasis ... als mit dem Grundsatz der Bilanzkontinuität nicht vereinbar abgelehnt"* wird.[1168] Nach Krumnow ua.[1169] wäre eine ausreichende Begründung für Reservenumschichtungen schon, dass die Platzierung der stillen Reserven evtl. neue Risikoschwerpunkte in etwa widerspiegeln soll.

Aus der Bilanz ist weder der Bestand noch die Veränderung der Vorsorgereserven ersichtlich. Damit steht den Instituten ferner ein Instrument zur Verfügung, das es ihnen ermöglicht, ihre naturgemäß schwankenden **Periodenergebnisse** für den externen Adressaten zu verstetigen. Die Vorsorgereserven stellen somit eine Dispositionsgröße iRd. handelsrechtlichen Jahresabschlusspolitik dar.

4.6.4. Höchstbetrag und Wertbeibehaltungswahlrecht

Die Höhe der Vorsorgereserven darf 4 % des **Gesamtbetrags** (Gesamtwertansatz) der oben genannten Vermögensgegenstände, der sich bei deren Bewertung nach § 253 Abs. 1 Satz 1, Abs. 4 HGB – also der üblichen handelsrechtlichen Bewertungsvorschriften für diese Vermögensgegenstände des Umlaufvermögens und vor der Bildung der Vorsorgereserven – ergibt, nicht übersteigen.[1170]

[1166] Vgl. Krumnow, Die Bank 1988, 302; Krumnow ua., 2. Aufl., § 340f HGB Rn. 38.

[1167] Ebenso Krumnow ua., 2. Aufl., § 340f HGB Rn. 38; aA Bieg/Waschbusch, 3. Aufl., 470 f. mwN.

[1168] Vgl. ähnlich auch Krumnow ua., 2. Aufl., § 340f HGB Rn. 38.

[1169] Vgl. Krumnow ua., 2. Aufl., § 340f HGB Rn. 38.

[1170] Vgl. hierzu auch Schaber, Der Konzern 1/2006, 58.

Durch die Formulierung *„vier vom Hundert des Gesamtbetrags"* wird der Bezug zu einzelnen Bilanzposten vermieden. Das bedeutet, dass

- bei den **Einzelnen** der genannten Aktivposten durchaus eine Überschreitung der 4 %-Grenze möglich ist, solange die stillen Reserven nach § 340f HGB insgesamt die 4 %-Grenze nicht überschreiten und
- unabhängig von der tatsächlichen Bewertung eine fiktive Bemessungsgrundlage zur Ermittlung des Höchstbetrags der Vorsorgereserven (4 %-Klausel) bestimmt werden muss.

Eine Anrechnung der nach § 26a KWG aF gebildeten Reserven auf die 4 %-Grenze der Vorsorgereserven, die nach § 340f HGB gebildet werden, sieht das Gesetz nicht vor. Nach Artikel 31 Abs. 2 Satz 2 EGHGB können die stillen Reserven gemäß § 26a KWG aF vielmehr zeitlich und betraglich unbegrenzt fortgeführt werden.[1171]

Ein niedrigerer Wertansatz nach § 340f Abs. 1 HGB darf gemäß § 340f Abs. 1 Satz 3 HGB unbegrenzt **beibehalten** werden. Dies entspricht den mit den institutsspezifischen stillen Reserven verfolgten Zielsetzungen. Nur so lassen sich Schwankungen der Periodenergebnisse nivellieren. Die Aufhebung des Wertaufholungsgebots bezieht sich nur auf die Vorsorgereserven des § 340f Abs. 1 HGB.

Eine einmal gebildete Vorsorgereserve nach § 340f HGB darf auch dann beibehalten werden, wenn an einem späteren Bilanzstichtag die Höchstgrenze von 4 % deshalb überschritten wird, weil sich die nach § 253 Abs. 1 Satz 1, Abs. 4 HGB bewerteten Bestände **lediglich wertmäßig** vermindert haben.[1172] Dies folgt unmittelbar aus § 340f Abs. 1 Satz 3 HGB. Dem hat sich die aktuelle Literaturmeinung angeschlossen, die sich auf das Beibehaltungswahlrecht von § 340f Abs. 1 Satz 3 HGB stützt.[1173] Bieg/Waschbusch lehnen diese Ansicht jedoch mit der Begründung ab, dass die gesetzlich festgelegte Begrenzung des Umfangs der stillen Vorsorgereserven stärker als das Beibehaltungswahlrecht wiegt.[1174]

[1171] Ebenso Prahl, WPg 1991, 439.

[1172] GIA Göttgens/Schmelzeisen, 7; Krumnow ua., 2. Aufl., § 340f HGB Rn. 24 halten dies für vertretbar.

[1173] Vgl. KK-RLR, § 340f HGB, Rn. 17 f.; Gaber, 2. Aufl., 269. AA Vgl. Böcking/Gros/ Torabian, in: MünchKomm. HGB, 4. Aufl., § 340f HGB Rn. 20, die der quantitativen Begrenzung ggü. dem Beibehaltungswahlrecht Priorität einräumen.

[1174] Vgl. Bieg/Waschbusch, 2022, 53.

Hat sich allerdings das **Mengengerüst** der Bilanzposten vermindert, dürfte eine andere Beurteilung sachgerecht sein.

§ 340f HGB unterliegt grundsätzlich auch **nicht** dem Grundsatz der **Bewertungsstetigkeit** des § 252 Abs. 1 Nr. 6 HGB, denn die Vorsorgereserven sind nach vernünftiger kaufmännischer Beurteilung zu bilden; ihre Vornahme und Auflösung ist an keine bestimmte Methode gebunden, sodass schon aus diesem Grund für die Anwendung des § 252 Abs. 1 Nr. 6 HGB kein Raum ist. Es liegen also insoweit weder Ausnahmen von einem Bewertungsgrundsatz gemäß § 252 Abs. 2 HGB noch Änderungen der Bilanzierungs- bzw. Bewertungsmethoden iSd. § 284 Abs. 2 Nr. 1 und Nr. 2 HGB vor. Nur insoweit, als die Ermessensentscheidungen bei der Bildung der Vorsorgereserven in Ausnahmefällen nach einem bestimmten Verfahren ausgeübt werden sollten, soll § 252 Abs. 1 Nr. 6 HGB zu beachten sein.[1175]

Klarstellend sei auf Folgendes hingewiesen: Nachdem den Instituten kein Mindestbetrag an Vorsorgereserven vorgeschrieben ist, kann auf die Bildung von Vorsorgereserven auch verzichtet werden. Darüber hinaus können in Vorjahren gebildete Vorsorgereserven uneingeschränkt wieder aufgelöst werden. Damit wird den Instituten für die Bildung der Reserven ein Spielraum von 0 % bis 4 % der Bemessungsgrundlage nach freiem Ermessen eingeräumt.

4.6.5. Überkreuzkompensation

Müssten die Bildung und Auflösung von Vorsorgereserven in der Gewinn- und Verlustrechnung offen (brutto) gezeigt werden, würde es sich nicht mehr um stille Vorsorgemaßnahmen handeln. Aus diesem Grund besteht nach § 340f Abs. 3 HGB die Möglichkeit der sog. Überkreuzkompensation. Damit hat der Gesetzgeber eine erhebliche Einschränkung des Bruttoprinzips (§ 246 Abs. 2 Satz 1 HGB) zugelassen.[1176]

Aufwendungen und Erträge aus der Anwendung des § 340f Abs. 1 HGB (Bildung und Auflösung von Vorsorgereserven),[1177] aus Geschäften mit Wertpapieren, die weder wie Anlagevermögen behandelt werden noch Teil des Handelsbestands sind, Aufwendungen aus Abschreibungen sowie Erträge aus Zuschreibungen zu diesen Wertpapieren **dürfen** nach § 340f Abs. 3 HGB mit den Aufwendungen aus Abschreibungen auf Forderungen, Zuführungen zu

---

[1175] Vgl. IDW SABI 2/1987, WPg 1988, 48, Abschnitt 2.
[1176] Vgl. ausführlich Mauch, FB 2000, 476.
[1177] Zu den kompensationsfähigen Aufwendungen und Erträgen vgl. auch Krumnow ua., 2. Aufl., § 340f HGB Rn. 40 f.

Rückstellungen für Eventualverbindlichkeiten und für Kreditrisiken sowie mit den Erträgen aus Zuschreibungen zu Forderungen oder aus deren Eingang nach teilweiser oder vollständiger Abschreibung und aus Auflösungen von Rückstellungen für Eventualverbindlichkeiten und für Kreditrisiken **verrechnet** und in der Gewinn- und Verlustrechnung in einem Aufwands- oder Ertragsposten („Abschreibungen und Wertberichtigungen auf Forderungen und bestimmte Wertpapiere sowie Zuführungen zu Rückstellungen im Kreditgeschäft" bzw. „Erträge aus Zuschreibungen zu Forderungen und bestimmten Wertpapieren sowie aus der Auflösung von Rückstellungen im Kreditgeschäft") ausgewiesen werden.

Die Inanspruchnahme des Saldierungswahlrechts des § 340f Abs. 3 HGB setzt nicht die Bildung bzw. die Auflösung von Vorsorgereserven im betreffenden Geschäftsjahr voraus. Damit können realisierte und buchmäßige Ergebnisse des Kreditbereichs und der Wertpapiere des Liquiditätsbestands miteinander verrechnet in der Gewinn- und Verlustrechnung gezeigt werden. In diese Verrechnung gehen jedoch nicht die **laufenden Erträge** aus dem Kreditgeschäft und den Wertpapieren der Liquiditätsreserve ein.

Eine teilweise Saldierung ist nach § 32 RechKredV nicht zulässig; es ist daher alternativ nur eine **vollständige** Kompensation oder der Bruttoausweis möglich. Es besteht also nur die Wahl zwischen Brutto- oder Nettoausweis.

4.6.6. Anhangangaben

Der Betrag der Vorsorgereserven und deren Berechnungsgrundlage können von Jahr zu Jahr geändert werden, ohne dass im Anhang hierüber Angaben zu machen sind, denn über die Bildung und Auflösung von Vorsorgereserven sowie über vorgenommene Kompensationen in der Gewinn- und Verlustrechnung nach § 340f Abs. 4 HGB besteht keine Angabepflicht. Der Verzicht auf diese Angabe ist normzweckkonform, da jede Erklärung über die Bildung, Auflösung oder Verrechnung der Vorsorgereserven nach § 340f HGB deren stillen Charakter konterkarieren würde.

Dies gilt auch für Angaben im Zusammenhang mit der Bilanzierung von **latenten Steuern** (vgl. Kapitel 4.6.7.)

Zusätzliche Anhangangaben aufgrund des § 264 Abs. 2 HGB sind nicht erforderlich. Da sich § 264 Abs. 2 HGB an den nationalen Bewertungswahlrechten orientiert und die missbräuchliche Ausnutzung von Bewertungswahlrechten ausschließt, § 340f HGB ebenso wie § 26a KWG aF aber keine willkürliche Bewertung erlaubt, sind im Anhang keine Angaben zu den stillen Reserven nach § 340f HGB erforderlich.[1178] Der Jahresabschluss entspricht insoweit ohne zusätzliche Angaben dem in § 264 Abs. 2 HGB geforderten Bild.[1179]

Der Vollständigkeit halber sei noch erwähnt, dass der Vorstand eines Kreditinstituts oder eines Wertpapierinstituts in der Rechtsform der Aktiengesellschaft von der Verpflichtung nach § 176 Abs. 1 Satz 3 AktG freigestellt ist, in der Hauptversammlung zu einem Jahresfehlbetrag oder einem Verlust, der das Jahresergebnis wesentlich beeinflusst hat, Stellung zu nehmen.

4.6.7. Vorsorgereserven und latente Steuern im Einzelabschluss

Mit der Neufassung des § 274 HGB durch das BilMoG wurde dessen bisherige konzeptionelle Basis – das GuV-orientierte Konzept (Timing-Konzept) – zugunsten des international gebräuchlicheren bilanzorientierten Konzepts (Temporary-Konzept) aufgegeben: Besteht eine Differenz zwischen den handelsrechtlichen Wertansätzen der Vermögensgegenstände, Schulden und Rechnungsabgrenzungsposten und deren steuerlichen Wertansätzen und baut sich diese Differenz in späteren Geschäftsjahren voraussichtlich ab, so ist eine insgesamt sich ergebende Steuerbelastung als passive latente Steuern auszuweisen (§ 274 Abs. 1 Satz 1 HGB). Eine sich insgesamt ergebende Steuerentlastung kann (Wahlrecht) als aktive latente Steuer in der Bilanz angesetzt werden (§ 274 Abs. 1 Satz 2 HGB). Die sich ergebenden Steuerbelastungen und Steuerentlastungen können auch unverrechnet angesetzt werden (§ 274 Abs. 1 Satz 3 HGB).

Die Vorsorgereserven nach § 340f HGB werden – anders als der „Fonds für allgemeine Bankrisiken" nach § 340g HGB – nicht als Eigenkapitalposten, sondern wie zusätzliche Abschreibungen behandelt.

Handelsbilanzielle Abschreibungen können nur dann zu einer Minderung des steuerlichen Wertansatzes von Aktiva führen, wenn die Abschreibungen auf einer voraussichtlich dauernden Wertminderung beruhen (§ 6 Abs. 1 Nr. 1 Satz 2 EStG).[1180]

[1178] Mit Köllhofer, Die Bank 1986, 556, wird man sogar die Frage aufwerfen können, ob ein Bankabschluss nicht erst dann einen True and Fair View gibt, wenn auch im Hinblick auf § 26a KWG Vorsorge getroffen wurde. Dies gilt auch für § 340f HGB.

[1179] Vgl. auch die Ausführungen von Meyer, ZfgK 1987, 438 ff. und Krag, ZfgK 1988, 374 f.

[1180] Vgl. Gaber, 2. Aufl., 274.

Dies führt zu Differenzen zwischen Handelsbilanz und Steuerbilanz, da steuerlich auch keine dem § 340f HGB entsprechende Vorschrift besteht. Die Wertunterschiede, die sich zwischen der Handels- und der Steuerbilanz aus der Anwendung von § 340f HGB ergeben, sind nicht bestimmten Vermögensgegenständen zuzurechnen. Gleichwohl ist die bilanzpostenbezogene Differenzbetrachtung zwischen Handels- und Steuerbilanz zulässig.[1181] Bei Auflösung der Reserven gemäß § 340f HGB kehren sich die Differenzen wieder um.

Im **Anhang** ist zu erläutern, auf welchen Differenzen oder steuerlichen Verlustvorträgen die latenten Steuern beruhen und mit welchen Steuersätzen die Bewertung zu erfolgen hat (§ 285 Nr. 29 HGB). Erläuterungen, die gegebenenfalls Rückschlüsse zulassen auf die Höhe der Vorsorgereserven nach § 340f HGB, die auf bestimmte Vermögensgegenstände zwar in der Handelsbilanz gebildet werden können, steuerlich aber unberücksichtigt bleiben, konterkarieren den Zweck der Bildung stiller Vorsorgereserven. Eine so verstandene Erläuterungspflicht stünde im Widerspruch zum Regelungsziel von § 340f Abs. 4 HGB, wonach Angaben über die Bildung und Auflösung von Vorsorgereserven im Jahresabschluss, Lagebericht, Konzernabschluss und Konzernlagebericht nicht gemacht werden brauchen. Dass der Gesetzgeber mit dem BilMoG am „Charakter" der Vorsorgereserven nach § 340f HGB etwas ändern wollte, ist nicht – auch nicht andeutungsweise – ersichtlich. Dies hätte er im Rahmen des BilMoG unmittelbar bewerkstelligen können.

Daher ist eine bloße verbale Erläuterung als Minimum zur Erfüllung der Angabepflichten regelmäßig ausreichend.

Anders als die Vorsorgereserven nach § 340f HGB wird der **„Fonds für allgemeine Bankrisiken" nach § 340g HGB** nicht bilanzpostenbezogen gebildet. Die Zuführungen zum Sonderposten oder die Erträge aus der Auflösung des Sonderpostens sind in der Gewinn- und Verlustrechnung gesondert auszuweisen (§ 340g Abs. 2 HGB). Der Sonderposten hat **Eigenkapitalcharakter** und bleibt bei der Ermittlung latenter Steuern nach dem Temporary-Konzept außen vor, da es sich weder um einen Vermögensgegenstand noch um eine Schuld handelt und nur Differenzen bei diesen zwischen Handels- und Steuerbilanz zum Ansatz latenter Steuern führen.[1182] Dies gilt auch für den **Sonderposten gemäß § 340e Abs. 4 HGB**, der im „Fonds für allgemeine Bankrisiken" zu erfassen ist und in einem Davon-Vermerk gesondert gezeigt wird.

[1181] Vgl. Gelhausen/Fey/Kämpfer, Abschnitt V, Rn. 64; Gaber, 2. Aufl., 274; WPH Edition, Kreditinstitute, Kap. D. Rn. 694. Die Zulässigkeit latenter Steuern ablehnend Karrenbrock, BFuP 2013, 193 ff.; kritisch Waschbusch/Kakuk, BFuP 2018, 1 ff.

[1182] Ebenso WPH Edition, Kreditinstitute, Kap. D. Rn. 694.

4.6.8. Steuerliche Behandlung der Vorsorgereserven

Eine § 340f HGB entsprechende Vorschrift kennt das Steuerrecht nicht. Die Vorsorgereserven führen zu einem Wert, der unter dem steuerlichen Teilwert liegt. Damit ist die Berücksichtigung der Vorsorgereserven in der Steuerbilanz nicht möglich.

Es handelt sich bei den Vorsorgereserven nach § 340f HGB demnach um sog. „versteuerte (pauschale) Wertberichtigungen". Zu Einzelheiten zur Bilanzierung von latenten Steuern auf die Vorsorgereserven vgl. Kapitel 4.6.7.

4.6.9. Unzulässige Unterbewertung (§ 256 AktG) bzw. Sonderprüfer (§ 258 AktG)

Eine Bewertung von Vermögensgegenständen unterhalb der nach §§ 253 bis 256a HGB zulässigen Werte stellt grundsätzlich eine (unzulässige) Unterbewertung iSd. § 256 Abs. 5 Satz 3 AktG dar und führt zur Nichtigkeit des Jahresabschlusses, wenn dadurch die Vermögens- und Ertragslage des Instituts vorsätzlich unrichtig wiedergeben oder verschleiert wird (§ 256 Abs. 5 Satz 1 Nr. 2 AktG).

Während anerkannt ist, dass § 256 AktG insbesondere auch auf die GmbH weitgehend analog anzuwenden ist, erweiterte das OLG München mit seinem Urteil vom 19.7.2018[1183] den Adressatenkreis auf die GmbH & Co. KG.

Unterbewertungen aufgrund von § 340f HGB stellen nach § 256 Abs. 5 Satz 4 AktG ausdrücklich **keine** unzulässige Unterbewertung dar.

Nach § 258 Abs. 1a AktG kann bei Instituten ferner kein Sonderprüfer bestellt werden, soweit die Unterbewertung oder die fehlende Angabe im Anhang auf der Anwendung von § 340f HGB beruht. Dies gilt nach Gaber[1184] dann nicht, soweit zu vermuten sei, dass die Obergrenze zur Bemessung der stillen Vorsorgereserven (4 % der Bemessungsgrundlage) überschritten wurde.

Der Anwendungsfall einer Sonderprüfung ist nach Gaber auch nicht zur Aufdeckung früherer nach § 26a Abs. 1 KWG aF gebildeter und fortgeführter stiller Vorsorgereserven erfüllt.

[1183] Vgl. OLG München, Urteil vom 19.7.2018, 23 U 2737/17, NWB BAAAG-94129, mit Erläuterungen Wolf, BBK 14/2019, 698 ff.

[1184] Vgl. Gaber, 2. Aufl., 270 mwN.

4.7. Fonds für allgemeine Bankrisiken (§ 340g HGB)

4.7.1. Überblick

Da Deutschland von der in Artikel 37 der EG-Bankbilanzrichtlinie vorgesehenen Möglichkeit der Bildung von stillen Vorsorgereserven (Einzelheiten vgl. Kapitel 4.6.) Gebrauch machte, musste gemäß Artikel 38 der Bankbilanzrichtlinie auch ein besonderer Posten

"Fonds für allgemeine Bankrisiken"

vorgesehen werden. Dieser Sonderposten ist in § 340g HGB geregelt. Die **Bilanzgliederung** nach dem Formblatt 1 sieht vor, dass dieser Posten als Passiva Nr. 11 (RechKredV) bzw. Nr. 10 (RechZahlV) unmittelbar vor dem Eigenkapital ausgewiesen wird.[1185]

Die Bildung des Sonderpostens dient – in Übereinstimmung mit Art. 38 der Bankbilanzrichtlinie – dem institutionellen Schutz des Bankensektors und der Volkswirtschaft.[1186]

Alle Institute bzw. Unternehmen, die für die Erstellung des handelsrechtlichen Jahresabschlusses die Normen der §§ 340 ff. HGB pflichtgemäß (Kreditinstitute, Finanzdienstleistungsinstitute, Zahlungs- und E-Geld-Institute, Wertpapierinstitute, externe Kapitalverwaltungsgesellschaften[1187]) oder wahlweise (Abwicklungsanstalten[1188]) anwenden, können Vorsorgereserven nach § 340g HGB bilden.[1189]

4.7.2. Gegenüberstellung von § 340g und § 340f HGB

Die beiden Normen der §§ 340g und 340f HGB **unterscheiden** sich hinsichtlich der Bemessungsgrundlage, der Beschränkung der Reservenbildung sowie hinsichtlich der Erkennbarkeit der Reserve.

[1185] Vgl. Böcking/Gros/Torabian, in: MünchKomm. HGB, 4. Aufl., §§ 340 f, 340g HGB Rn. 1 ff.; Bieg/Waschbusch, 3. Aufl., 498 ff.; Merkt, BKR 2019, 263 ff.; Gaber, WM 2018, 105 ff. (Teil I), 153 ff. (Teil II); BeckOK 35. Ed. HGB § 340g; Mülbert/Sajnovits, WM 2017, 1725 ff.; Bieg/Waschbusch, 2022, 1 ff.

[1186] Vgl. Merkt, BKR 2019, 263.

[1187] Vgl. § 38 KAGB.

[1188] Vgl. § 8a Abs. 1a FMStFG.

[1189] Ausführlich vgl. Gaber, 2. Aufl., 571 f.

§ 340g HGB folgt denselben Zielsetzungen wie § 340f HGB. Abgesichert werden soll das allgemeine Branchenrisiko[1190]; eine Verwendung der offenen Vorsorgereserven nach § 340g HGB für Einzelbewertungsmaßnahmen ist nicht vorgesehen.

Im Gegensatz zu § 340f HGB handelt es sich um eine offene Risikovorsorge. Der Bilanzleser kann diese Reserven mithin aus der Bilanz erkennen.

Anders als die Vorsorgereserven nach § 340f HGB ist der Fonds für allgemeine Bankrisiken nach § 340g HGB nicht an bestimmte Vermögenswerte gebunden; die Relevanz einer Bemessungsgrundlage entfällt. Letztlich entscheidet die Geschäftsleitung in eigener Verantwortung über die Höhe der Bildung dieser offenen Vorsorgereserven (siehe hierzu nachfolgend).

Die Einstellung von Beträgen in den „Fonds für allgemeine Bankrisiken" ist **neben** der Bildung von Einzel- und Pauschalwertberichtigungen, Länderwertberichtigungen und der Vorsorgereserven gemäß § 340f HGB möglich.[1191] Es findet auch keine Anrechnung auf den Höchstbetrag von 4 % nach § 340f Abs. 1 Satz 2 HGB statt. Neben der *„vernünftigen kaufmännischen Beurteilung wegen der besonderen Risiken des Geschäftszweigs"* und der „Notwendigkeit" iSd. § 340g Abs. 1 HGB gibt es keine gesetzliche Beschränkung.

4.7.3. Charakter des Sonderpostens

Der Sonderposten ist in der Rangfolge vor dem Eigenkapital auszuweisen. Bereits aus dieser systematischen Anordnung ergibt sich für die sachliche Einordnung, dass es sich bei dem Sonderposten nicht um bilanzielles Eigenkapital handelt. Mülbert/Sajnovits[1192] betonen, dass der Sonderposten nach § 340g HGB weder eine Rückstellung noch eine Rücklage im handelsrechtlichen Sinne ist.

Ferner verwendet § 340g HGB den Begriff „Sonderposten"; dies entspricht der allgemeinen Fachterminologie des Bilanzrechts, die zwischen „Sonderposten" und „Rücklagen" unterscheidet. Zumal nichts ersichtlich dafür ist, dass das Gesetz bei § 340g HGB vom präzisen juristischen Sprachgebrauch, der klar zwischen Sonderposten und Rücklagen unterscheidet, abweichen wollte.[1193]

[1190] Vgl. ausführlich Gaber, WM 2018, 154.

[1191] Ebenso Claussen, DB 1991, 1132; Prahl, WPg 1991, 439.

[1192] Vgl. Mülbert/Sajnovits, WM 2017, 1725 ff.

[1193] Vgl. Merkt, BKR 2019, 264 f. mwN; OLG Schleswig, Urteil vom 3.5.2019 (9 U 83/18), WM 2019, 1166 ff., Besprechung Freitag/Heun-Rebn, EWiR 2019, 395 f.

Zuführungen zum Sonderposten sind in der GuV vor dem Jahresüberschuss/ -fehlbetrag als Aufwendungen zu buchen (Details vgl. nachfolgend). Damit stellt der Gesetzgeber klar, dass es sich bei dem Sonderposten nicht um Rücklagen handelt (deren Zuweisungen in einer Überleitungsrechnung nach dem Jahresüberschuss/-fehlbetrag zu erfassen sind), sondern um einen Posten sui generis, der zwar Eigenkapital*charakter* hat, weshalb er in unmittelbarer Nähe zum Eigenkapital rubriziert ist, der aber selbst gerade kein Eigenkapital darstellt.[1194]

4.7.4. Voraussetzungen für die Bildung des Postens nach § 340g HGB

In diesen Posten dürfen gemäß § 340g Abs. 1 HGB Beträge eingestellt werden, soweit dies

- nach vernünftiger kaufmännischer Beurteilung[1195]
- wegen der besonderen Risiken des Geschäftszweigs der Institute[1196]
- notwendig[1197]

ist. Diese unbestimmten Rechtsbegriffe sind einer objektiven Beurteilung nicht zugänglich.[1198] Auf jeden Fall ist das Wahlrecht zur Reservenbildung durch das **Willkürverbot** begrenzt.

In Bezug auf die offenen Vorsorgereserven verwendet der Gesetzgeber die gleichen unbestimmten Rechtsbegriffe wie in § 340f HGB (vgl. Kapitel 4.6.).

Gründe für eine unterschiedliche Auslegung in beiden Normen sind nicht ersichtlich, sodass die Bildung des Fonds für allgemeine Bankrisiken im Gegensatz zur Bildung stiller Vorsorgereserven (Obergrenze 4 %) ohne quantitative

---

[1194] Vgl. Merkt, BKR 2019, 266.

[1195] Vgl. Mülbert/Sajnovits, WM 2017, 1728 f.: die Auslegung dieses unbestimmten Rechtbegriffs orientiert sich am Zweck des § 340g HGB sowie an den GoB; in richtlinienkonformer Auslegung überlagert das bilanzrechtliche Vorsichtsprinzip den Notwendigkeitsbegriff, vgl. auch Gaber, WM 2018, 105 ff. (Teil I), 153 ff. (Teil II); Bieg/Waschbusch, 2022, 197 ff.; Gaber, 2. Aufl., 574.

[1196] Vgl. Mülbert/Sajnovits, WM 2017, 1728: es geht um die Risiken des jeweiligen Instituts; die Autoren nennen auch regulatorische Risiken wie zB die Gefahr, dass sich die Eigenkapitalquote verringert, woraus sich bankaufsichtliche Anordnungen bzw. Maßnahmen ergeben. Vgl. auch Gaber, WM 2018, 105 ff. (Teil I), 153 ff. (Teil II); Waschbusch/Kakuk, BFuP 2018, 8 ff.; Bieg/Waschbusch, 2022, 197 ff.; Gaber, 2. Aufl., 575.

[1197] Vgl. Gaber, WM 2018, 153 ff.; Bieg/Waschbusch, 2022, 197 ff.; Gaber, 2. Aufl., 574.

[1198] Ebenso BeckOK 35. Ed. HGB 340g Rn. 2.

Einschränkung (durch eine Obergrenze) im Ermessen des Vorstands bzw. der Geschäftsleitung eines Instituts steht.

4.7.5. Zuständigkeit für die Dotierung

Die Einstellung von Beträgen in den Sonderposten „... *ist nicht Teil der Beschlussfassung über die Ergebnisverwendung, so dass Vorschriften über die Ergebnisverwendung ... nicht anzuwenden sind.* "[1199] Folgerichtig ist die Anwendung der Vorschriften über die Gewinnverwendung, namentlich § 58 AktG und § 29 GmbHG, ausgeschlossen.[1200]

Damit wird zugleich klargestellt, dass die Kompetenz der Hauptversammlung bzw. der Eigenkapitalgeber in der Entscheidung über die Dotierung nicht berührt ist.[1201] Merkt[1202] stellt klar: „*Der Ausschluss der Zuständigkeit der Eigenkapitalgeber ist als Inhalts- und Schrankenbestimmung des Aktieneigentums logische Konsequenz der institutsschützenden Funktion des Sonderpostens*". Damit – so Merkt weiter – genießt der öffentliche Institutsschutz nach der Wertung des Gesetzes Vorrang vor dem Individualschutz der Aktionäre und damit auch anderer Eigenkapitalgeber sowie stiller Gesellschafter und Gläubiger von Genussrechten.[1203]

Das LG Kiel hat mit Urteil vom 19.4.2018[1204] bejaht, dass es sich bei Zuführungen bzw. Auflösungen des Sonderpostens nach § 340g HGB um einen Teil der Gewinnermittlung handelt; die Dotierung wirke sich damit auf den Jahresüberschuss bzw. den Jahresfehlbetrag aus. Diese Ansicht vertritt auch das LG Düsseldorf im Urteil vom 21.12.2018.[1205] Das OLG Schleswig[1206] hat sich dem vorinstanzlichen Urteil (LG Kiel vom 19.4.2018) angeschlossen.

[1199] Vgl. BT-Drucks. 11/6275, 23.
[1200] Vgl. Böcking/Gros/Torabian, in: MünchKomm. HGB, 4. Aufl., § 340f HGB Rn. 5 mwN.
[1201] Vgl. Merkt, BKR 2019, 263 f. mwN.
[1202] Vgl. Merkt, BKR 2019, 264.
[1203] Vgl. Merkt, BKR 2019, 264.
[1204] Vgl. LG Kiel, Urteil vom 19.4.2018, BKR 2018, 292 ff. (insbesondere ab Rn. 67). Das LG Kiel hatte zu entscheiden, ob es sich bei dem Sonderposten für allgemeine Bankrisiken um Rücklagen iSd. streitgegenständlichen Beteiligungsvertrags eines stillen Gesellschafters handelt.
[1205] Vgl. LG Düsseldorf, Urteil vom 21.12.2018, 10 O 159/17, Rn. 136 ff., WM 2019, 498 ff., BKR 2019, 306 ff. Das LG Düsseldorf hatte zu entscheiden, ob es einen Vorrang der Ansprüche von Genussrechtsinhabern auf Wiederauffüllung ihrer Rückzahlungsansprüche vor der Dotierung des Sonderpostens nach § 340g HGB gibt.
[1206] Vgl. OLG Schleswig, Urteil vom 3.5.2019 (9 U 83/18), WM 2019, 1166 ff., besprochen von Freitag/Heun-Rebn, EWiR 2019, 395 f.

Die Einstellung in den Fonds für allgemeine Bankrisiken ist nach LG Düsseldorf grundsätzlich auch dann möglich, wenn sich in der Handelsbilanz vor Dotierung des Postens bereits ein **Verlust** ergibt. Das Gesetz sieht nichts Gegenteiliges vor. Inwieweit eine Einstellung von Beträgen in solchen Fällen in den Fonds **notwendig** ist, ist im Einzelfall zu beurteilen.

Eine völlige Willkür dürfte jedoch aufgrund des Wunsches der Anteilseigner der Institute nach unveränderten, möglichst sogar steigenden Gewinnausschüttungen ausgeschlossen sein.[1207] Neben der **Willkürfreiheit** wird mithin insbesondere die **gesellschaftsrechtliche Treuepflicht** gegenüber den Anteilseignern ggf. ein zu berücksichtigender Aspekt sein.[1208]

Das LG Düsseldorf[1209] anerkennt diese gesellschaftsrechtliche Treuepflicht im Urteil vom 21.12.2018 ggü. Anteilseignern, nicht jedoch ggü. Genussscheininhabern; diese hätten die zulässige Ausübung von Gestaltungsspielräumen bei der Aufstellung des Jahresabschlusses grundsätzlich hinzunehmen.

So hat die Sparkassenaufsicht des Landes Nordrhein-Westfalen die Feststellung des Jahresabschlusses 2014 einer Sparkasse mit Bescheid vom 9.6.2016 aufgehoben, mit der Begründung, dass eine Dotierungsentscheidung, die sich allein auf eine Risiko- und Eigenkapitalstrategie stützt, ermessensfehlerhaft sei.[1210] Die von der Sparkasse zunächst dagegen eingereichte Klage wurde später wieder zurück genommen.

Schmidberger[1211] stellt in diesem Kontext anhand von zwei Fällen dar, wie die übermäßige Dotierung des Fonds für allgemeine Bankrisiken zu Lasten von Hybridkapitalgebern gehen kann. Schmidberger sieht die Grenzen für die Dotierung je nach Sachverhaltsgestaltung durch die gesellschafterliche Treuepflicht und allgemeine schuldrechtliche Rücksichtnahmepflichten gesetzt.[1212] Danach sei insbesondere die Praxis, mittels der Dotierung des Fonds fortgesetzt alle Gewinne an den Hybridkapitalgebern vorbeizuschleusen, mit diesen Rechtsinstituten nur schwer vereinbar. Dies gelte erst recht für die Fälle, in denen durch die Fondsdotierung Jahresfehlbeträge verursacht und die Hy-

---

[1207] So jedenfalls Waschbusch, Die Bank 1994, 166.

[1208] Vgl. Böcking/Gros/Morawietz, § 340g HGB Rn. 3 in: Wiedmann/Böcking/Gros, 4. Aufl.; LG Kiel, Urteil vom 19.4.2018, BKR 2018, 291.

[1209] Vgl. LG Düsseldorf, Urteil vom 21.12.2018, 10 O 159/17, Rn. 155, www.justiz.nrw.de, abgerufen am 10.3.2019.

[1210] Vgl. Bescheid der Sparkassenaufsicht des Landes Nordrhein-Westphalen vom 9.6.2015, nv., 20. AA Mülbert/Sajnovits, WM 2017, 1728 ff.; zu einer Darstellung vgl. Bieg/Waschbusch, 3. Aufl., 502 f.

[1211] Vgl. Schmidberger, BKR 2017, 309 ff. mwN.

[1212] Mülbert/Sajnovits, WM 2017, 1729 lehnen dies eindeutig ab.

bridkapitalgeber an diesen „Verlusten" beteiligt würden. Schmidberger betont ausdrücklich, dass ein solches Vorgehen rechtsmissbräuchlich sei.

Dagegen vertreten Mülbert/Sajnovits die Ansicht, dass bei der Dotierungsentscheidung nicht die Interessen der Gesellschafter, und erst recht nicht die Interessen anderer Vertragspartner zu berücksichtigen seien.[1213]

Mülbert/Sajnovits[1214] sehen die Grenzen der Dotierung im Gegensatz dazu zum einen in der Zweckbindung der Dotierung; diese muss der Vorsorge vor bestimmten Risiken des einzelnen Instituts dienen. Zum anderen darf die Dotierung nicht offensichtlich willkürlich erfolgen. *„Willkür liegt allerdings nur dann vor, wenn die Dotierung aus der Sicht eines mit den Grundsätzen des Bilanzrechts vertrauten objektiven Beobachters derart eindeutig die Grenzen des Notwendigen überschreitet, dass kein vernünftiger Kaufmann die Höhe der Dotierung noch rechtfertigen könnte"*.[1215]

Das LG Düsseldorf[1216] stellt mit rechtskräftigem Urteil vom 21.12.2018 fest, dass es sich bei den unbestimmten Rechtsbegriffen des § 340g HGB (vgl. oben) um *„schwer fassbare Begrenzungen für die Dotierung des Sonderpostens"* handelt; das bilanzierende Institut habe damit einen weiten Spielraum, der nur einer eingeschränkten gerichtlichen Überprüfung iSe. Vertretbarkeitskontrolle unterliegt.

Das OLG Schleswig führt in seinem Urteil vom 3.5.2019[1217] aus: *„Die äußere Grenze der Dotierung gemäß § 340g HGB ergibt sich aber jedenfalls aus den Grundsätzen von Treu und Glauben und unterliegt insoweit einer Missbrauchskontrolle. Es kommt auf eine vernünftige kaufmännische Beurteilung unter Berücksichtigung der praktischen geschäftspolitischen Gegebenheiten an. Sie soll dazu dienen, die Vorsorgereserve gegen die besonderen Risiken der Höhe nach auf ein sinnvolles Maß zu begrenzen. Hierfür hat die Geschäftsleitung einen weiten Ermessensspielraum"*. Das OLG Schleswig stellt weiter fest, dass nur dann eine unzulässige Dotierung gemäß § 340g HGB vorliegt, wenn die Dotierung offensichtlich das latente allgemeine Branchenrisiko übersteigt. Die Beurteilung durch die Geschäftsleitung ist zu dokumentieren.[1218]

[1213] Vgl. Mülbert/Sajnovits, WM 2017, 1729.

[1214] Vgl. Mülbert/Sajnovits, WM 2017, 1729.

[1215] Vgl. Mülbert/Sajnovits, WM 2017, 1729.

[1216] Vgl. LG Düsseldorf, Urteil vom 21.12.2018, 10 O 159/17 (rkr.), Rn. 144, WM 2019, 498 ff.; besprochen von Fest; WM 2019, 1093 ff. sowie Merkt, BKR 2019, 261 ff.

[1217] Vgl. OLG Schleswig, Urteil vom 3.5.2019 (9 U 83/18), WM 2019, 1166 ff., besprochen von Freitag/Heun-Rebn, EWiR 2019, 395 f.

[1218] Vgl. BeckOK 35. Ed. HGB § 340g Rn. 2.

Nach Böcking/Gros/Morawietz[1219] ist *„bei der Ermittlung des zur Vorsorge für erforderlich gehaltenen Gesamtbetrags (...) jedoch grundsätzlich eine ggf. auf Grundlage von § 340f HGB gebildete (stille) Reserve einzubeziehen."* Hierzu sei kritisch angemerkt, dass eine solche Berücksichtigung von stillen Vorsorgereserven (§ 340f HGB) beim Gesamtbetrag der (notwendigen) offenen (§ 340g HGB) Vorsorgereserven weder aus dem Gesetz hervorgeht noch aus der oben zitierten Rechtsprechung abgeleitet werden kann. Auch die Gesetzesmaterialien zum Bankbilanzrichtlinie-Gesetz und zu späteren Änderungen des HGB enthalten keinerlei Anhaltspunkte, die auf eine solche Einbeziehung bei der Bemessung des notwendigen Gesamtbetrags der offenen Vorsorgereserven nach § 340g HGB hindeuten. Hier wird vielmehr davon ausgegangen, dass beide Normen völlig unabhängig nebeneinander zur Anwendung kommen. Eine solche Einbeziehung würde quasi zur (indirekten) Offenlegung der stillen Vorsorgereserven führen, was vom Gesetzgeber niemals gewollt war.

4.7.6. Ausweis von Zuführungen und Auflösungen in der Gewinn- und Verlustrechnung

Die Aufwendungen aus der Zuführung zum Sonderposten oder die Erträge aus der Auflösung des Sonderpostens sind nach § 340g Abs. 2 HGB in der Gewinn- und Verlustrechnung **gesondert** auszuweisen. Dabei ist lediglich der Saldo der Zuweisungen und Entnahmen gesondert zu zeigen.[1220] In den für die Gliederung der Gewinn- und Verlustrechnung geltenden Formblättern 2 und 3 ist hierfür kein eigener Posten vorgesehen.

Weder im HGB noch in der RechKredV/RechZahlV ist geregelt, ob der Ausweis in einem eigenen Posten zu erfolgen hat oder ob der Ausweis in einem Unterposten – beispielsweise zum Posten, in dem die Überkreuzkompensation gemäß § 340f Abs. 3 HGB[1221] erfolgt – vorgenommen werden kann. Beide Möglichkeiten wird man als zulässig ansehen müssen.[1222] Waschbusch[1223] und Wiedmann[1224] schlagen einen gesonderten Ausweis in einem als „Aufwendungen aus der Zuführung zum Fonds für allgemeine Bankrisiken" oder „Zuführungen zum Fonds für allgemeine Bankrisiken" bzw. „Ertrag aus der Auflösung des Fonds für allgemeine Bankrisiken" bezeichneten Posten vor.

[1219] Vgl. Böcking/Gros/Morawietz, § 340g HGB Rn. 3 in: Wiedmann/Böcking/Gros, 4. Aufl.

[1220] Ebenso Bergmann, Bankinformation 3/1987, 56; Prahl, WPg 1991, 439.

[1221] Vgl. Abschnitt 4.6.

[1222] GlA Waschbusch, Die Bank 1994, 166; Böcking/Gros/Morawietz, § 340g HGB Rn. 4 in: Wiedmann/Böcking/Gros, 4. Aufl.

[1223] Vgl. Waschbusch, Die Bank 1994, 166.

[1224] Vgl. Wiedmann, 2. Aufl., § 340g HGB Rn. 8.

Böcking/Gros/Morawietz[1225] stellen zutreffend klar, dass in einem Geschäftsjahr entweder nur eine Zuführung oder eine Auflösung vorliegen kann. Damit
biete sich die Einfügung eines Postens „Zuführung zum Fonds für allgemeine
Bankrisiken" nach dem Posten 13 des Formblatts 3 bzw. „Erträge aus der Auflösung des Fonds für allgemeine Bankrisiken" nach dem Posten 14 des Formblatts 3 an.

Die Einstellung von Beträgen in diesen Sonderposten ist nicht Teil der Beschlussfassung über die Ergebnisverwendung, sodass Vorschriften über die
Ergebnisverwendung nicht anzuwenden sind.[1226] Über die Bildung und Auflösung offener Reserven entscheidet die Geschäftsleitung des Instituts im Rahmen der Aufstellung des Jahresabschlusses. Diesbezüglich wird auf die obigen
Ausführungen verwiesen.

4.7.7. Behandlung in der Steuerbilanz

Die Aufwendungen bzw. Erträge aus der Zuführung bzw. Auflösung des Sonderpostens gemäß § 340g HGB sind in gleicher Weise wie die Bildung und
Auflösung der Vorsorgereserven gemäß § 340f HGB steuerlich irrelevant. Der
Sonderposten stellt damit versteuerte Rücklagen dar.[1227] Zur Bilanzierung von
latenten Steuern vgl. die nachfolgenden Ausführungen.

Zur Frage, ob die Bildung eines Sonderpostens nach § 340g HGB auf Ebene
einer **Organschaft** der steuerlichen Anerkennung der Durchführung eines Ergebnisabführungsvertrags entgegensteht, weil deren Bildung einer Abführung
des ganzen Gewinns widerspricht, vgl. die Ausführungen bei Kleinschmidt/
Moritz/Weber.[1228] Sie kommen zum Ergebnis, dass die Bildung und Auflösung
eines Sonderpostens für allgemeine Bankrisiken die Durchführung eines Gewinnabführungsvertrags und die Anerkennung der ertragsteuerlichen Organschaft nicht beeinträchtigen, sofern diese handelsrechtlich zulässig erfolgen.

4.7.8. Sonderposten gemäß § 340e Abs. 4 HGB (Handelsergebnis)

Mit Inkrafttreten des BilMoG ist *„in der Bilanz (...) dem Sonderposten ‚Fonds
für allgemeine Bankrisiken' nach § 340g in jedem Geschäftsjahr ein Betrag,*

[1225] Vgl. Böcking/Gros/Morawietz, § 340g HGB Rn. 4 in: Wiedmann/Böcking/Gros,
4. Aufl.

[1226] Vgl. BR-Drucks. 616/89, 23.

[1227] Vgl. auch Müller, Th., 317.

[1228] Vgl. Kleinschmidt/Moritz/Weber, Der Konzern 2013, 452 ff.

der mindestens zehn vom Hundert der Nettoerträge des Handelsbestands ent-
spricht, zuzuführen und dort gesondert auszuweisen. " Die Zuführung zu dem
Sonderposten ist der Höhe nach begrenzt. Sie hat solange zu erfolgen, bis
der Sonderposten eine Höhe von 50 % des Durchschnitts der letzten fünf vor
dem Berechnungstag erzielten jährlichen Nettoerträge des Handelsbestands
erreicht (§ 340e Abs. 4 Satz 2 Nr. 2 HGB). Wenn hier von der „Höhe des Sonderpostens" die Rede ist, ist damit der Sonderposten iSd. § 340e Abs. 4 HGB
und nicht der gesamte „Fonds für allgemeine Bankrisiken" gemeint. Die Zuführungspflicht besteht damit so lange, bis in etwa die Hälfte eines jährlichen
Nettoertrags aus dem Handelsbestand erreicht ist. Weitere Einzelheiten zur
Bildung und Auflösung dieses Sonderpostens vgl. Kapitel 4.4.2.5.3.

Der **gesonderte Ausweis** des Sonderpostens nach § 340e Abs. 4 HGB im
„Fonds für allgemeine Bankrisiken" des § 340g HGB hat mittels des Davon-
Vermerks „davon Zuführungen nach § 340e Abs. 4 HGB" zu erfolgen.[1229]

4.7.9. Latente Steuern

Anders als die Vorsorgereserven nach § 340f HGB wird der **„Fonds für allgemeine Bankrisiken" nach § 340g HGB** nicht bilanzpostenbezogen gebildet.
Die Zuführungen zum Sonderposten oder die Erträge aus der Auflösung des
Sonderpostens sind in der Gewinn- und Verlustrechnung gesondert auszuweisen (vgl. § 340g Abs. 2 HGB).

Der Sonderposten hat Eigenkapitalcharakter und bleibt bei der Ermittlung
latenter Steuern nach dem Temporary-Konzept außen vor, da es sich weder
um einen Vermögensgegenstand noch um eine Schuld handelt und nur Differenzen bei diesen zwischen Handels- und Steuerbilanz zum Ansatz latenter
Steuern führen.[1230] Handelsbilanziell ist der Sonderposten jedoch nicht Teil
des Eigenkapitals.[1231]

Dies gilt auch für den **Sonderposten gemäß § 340e Abs. 4 HGB**, der im
„Fonds für allgemeine Bankrisiken" zu erfassen ist und in einem Davon-Vermerk gesondert gezeigt wird.

[1229] Vgl. BT-Drucks. 16/12407, 190.
[1230] Ebenso WPH Edition, Kreditinstitute, Kap. D. Rn. 694.
[1231] Vgl. Mülbert/Sajnovits, WM 2017, 1727.

4.7.10.   Unzulässige Unterbewertung gemäß § 256 AktG?

Eine Bewertung von Vermögensgegenständen unterhalb der nach §§ 253 bis 256a HGB zulässigen Werte stellt grundsätzlich eine (unzulässige) Unterbewertung iSd. § 256 Abs. 5 Satz 3 AktG dar und führt zur Nichtigkeit des Jahresabschlusses, wenn dadurch die Vermögens- und Ertragslage des Instituts vorsätzlich unrichtig wiedergeben oder verschleiert wird (§ 256 Abs. 5 Satz 1 Nr. 2 AktG).

Zuführungen zum „Fonds für allgemeine Bankrisiken" aufgrund von § 340g HGB stellen nach § 256 Abs. 5 Satz 4 AktG **keine** unzulässige Unterbewertung dar. Im Gegensatz zu § 340f HGB werden diese Zuführungen nicht aktivisch abgesetzt, sondern in einem Passivposten gezeigt.

4.7.11.   Anwendung iRe. Zwischenabschlusses

Das LG Düsseldorf hat im Urteil vom 21.12.2018[1232] für den zu entscheidenden Fall festgestellt: *„Die zwischen zwei Jahresabschlüssen in einem Zwischengewinnverfahren erfolgten Dotierungen sind (...) nach deren maßgeblicher vernünftiger kaufmännischer Beurteilung notwendig, d.h. vertretbar gewesen".*

4.8.   Fremdwährungsumrechnung

4.8.1.   Überblick

Mit dem BilMoG wurden die Vorschriften zur Währungsumrechnung für Nichtbanken erstmals gesetzlich normiert und für Institute geändert.[1233] Dies erfolgte in der Form, dass zunächst § 256a HGB, eine für alle Kaufleute bzw. alle Unternehmen geltende Norm, erstmals in das Gesetz eingefügt wurde.

§ 340h HGB, der eine Spezialnorm für Institute ist, wurde in diesem Zusammenhang neu gefasst und auf den Sachverhalt der Ertragsrealisierung bei der sog. besonderen Deckung begrenzt.

[1232] Vgl. LG Düsseldorf, Urteil vom 21.12.2018, 10 O 159/17, Rn. 147, www.justiz.nrw.de, abgerufen am 10.3.2019.
[1233] Kapitel 4.8. in Anlehnung an den Beitrag Scharpf, Fremdwährungsumrechnung bei (Kredit-) Instituten nach § 340h HGB – unter Berücksichtigung von IDW RS BFA 4, IRZ, Heft Nr. 1 und Heft Nr. 2/2011, mit freundlicher Genehmigung der Redaktion IRZ, Verlag C.H. Beck, München (www.irz-online.de).

Die Vorgabe in § 340h HGB aF, dass Devisentermingeschäfte zum Terminkurs zu bewerten sind, wurde mit dem BilMoG gestrichen. Der Devisenterminkurs eignet sich nicht für die Folgebewertung von Devisentermingeschäften nach derzeit geltendem HGB. Zur Bilanzierung und Bewertung von Devisentermingeschäften vgl. Kapitel 4.12.5.

Für Institute gilt zunächst § 256a HGB in vollem Umfang. Soweit bei einem Institut eine besondere Deckung besteht, greift die Bestimmung des § 340h HGB betreffend die (Netto-) Ertragsvereinnahmung.[1234]

Eine weitere Besonderheit für Institute ist die Bewertung von Fremdwährungsgeschäften im **Handelsbestand** zum beizulegenden Zeitwert gemäß § 340e Abs. 3 HGB (dies gilt auch dann, wenn das Währungsrisiko mittels interner Geschäfte zulässig in den Handelsbestand transferiert wurde).

Liegen die Voraussetzungen des § 254 HGB bei einer Absicherung des Währungsrisikos vor, geht die Anwendung der Regeln für die Bilanzierung von **Bewertungseinheiten** gemäß § 254 HGB vor.

DRS 25 vom 25.4.2018[1235] behandelt ua. auch die Umrechnung von Fremdwährungsgeschäften nach § 256a HGB und empfiehlt in DRS 25.4 die Anwendung dieser Regeln (Tz. 8 bis 40 und 106 a)) für den handelsrechtlichen Jahresabschluss (DRS 25.4).[1236] Deubert/Meyer/Müller[1237] vertreten die Ansicht, dass DRS 25 *„eine Auslegung des § 256a HGB zur Währungsumrechnung im handelsrechtlichen Jahresabschluss"* ist. Einzelheiten zu DRS 25 vgl. daher nachfolgend.

§ 256a HGB regelt nur die **Folgebewertung**, nicht jedoch die Umrechnung von in Fremdwährung getätigten Anschaffungskosten. § 256a HGB bestimmt, dass *„auf fremde Währung lautende Vermögensgegenstände und Verbindlichkeiten (...) zum Devisenkassamittelkurs am Abschlussstichtag umzurechnen (sind). Bei einer Restlaufzeit von einem Jahr oder weniger sind § 253 Abs. 1 Satz 1 und § 252 Abs. 1 Nr. 4 Halbsatz 2 nicht anzuwenden."* Damit ersetzt § 256a HGB bei Instituten § 340h Abs. 1 HGB aF. Die Norm schreibt eine Pflicht zur **Umrechnung zum Stichtags-Devisenkassamittelkurs** vor, wobei bei einer (Rest-) Laufzeit von mehr als einem Jahr die Grundsätze ordnungsmäßiger Bilanzierung (insbesondere das Anschaffungskostenprinzip bzw. Höchstwertprinzip, das

---

[1234] Ebenso WPH Edition, Kreditinstitute, Kap. D. Rn. 476 ff.

[1235] Vgl. BAnz AT vom 3.5.2018, 1 ff.

[1236] Vgl. zu DRS 25: Deubert/Mayer/Müller, Der Konzern 2018, 96 ff.; Kliem/Deubert, WPg 2018, 1418 ff.

[1237] Vgl. Deubert/Mayer/Müller, Der Konzern 2018, 97.

Realisations- und Imparitätsprinzip) bezogen auf jeden einzelnen Vermögensgegenstand bzw. jede einzelne Verbindlichkeit zu beachten sind. Lediglich bei einer Restlaufzeit von einem Jahr und weniger sind die Umrechnungserfolge (Aufwendungen und Erträge) uneingeschränkt, dh. ohne Berücksichtigung von Anschaffungskostenprinzip bzw. Höchstwertprinzip und Realisationsprinzip, erfolgswirksam in der Gewinn- und Verlustrechnung zu erfassen. Für die restlaufzeitenabhängige Erfolgsrealisierung besteht eine Pflicht („*sind*").

§ 340h HGB schreibt vor, dass „*§ 256a (...) mit der Maßgabe (gilt), dass Erträge, die sich aus der Währungsumrechnung ergeben, in der Gewinn- und Verlustrechnung zu berücksichtigen sind, soweit die Vermögensgegenstände, Schulden oder Termingeschäfte durch Vermögensgegenstände, Schulden oder andere Termingeschäfte in derselben Währung besonders gedeckt sind*". Damit richtet sich die Währungsumrechnung bei Instituten zunächst nach der für alle Unternehmen geltenden Norm des § 256a Satz 1 HGB, wonach alle „*auf fremde Währung lautende(n) Vermögensgegenstände und Verbindlichkeiten*" zum „*Devisenkassamittelkurs am Abschlussstichtag*" umzurechnen sind.

§ 340h HGB umfasst die frühere Bestimmung des § 340h Abs. 2 Satz 2 HGB aF zur Ertragsrealisierung bei einer **besonderen Deckung**. Die Ertragsrealisation impliziert in Bezug auf besonders gedeckte Vermögensgegenstände, Verbindlichkeiten und Termingeschäfte, dass diese (wie nach § 340h Abs. 1 HGB aF) zum Stichtagskurs umzurechnen sind, ohne dass es auf die Voraussetzung des § 256a Satz 2 HGB (Restlaufzeit von einem Jahr oder weniger) ankommt.

Während nach § 256a HGB bei der Währungsumrechnung von Passiva nur „*Verbindlichkeiten*" einbezogen werden können, nennt § 340h HGB hinsichtlich der Erfolgsrealisierung bei Vorliegen einer besonderen Deckung in derselben Währung „*Schulden*". Damit stellt sich die Frage, wie diese Unterschiedlichkeit der Begriffe zu interpretieren ist. Nachdem nach § 340h HGB vorgeschrieben ist, dass „*§ 256a (...) mit der Maßgabe (gilt)*", ist aufgrund teleologischer Reduktion der Anwendungsbereich von § 256a HGB maßgeblich. Damit ist der Begriff „Schulden" in § 340h HGB auf Verbindlichkeiten zu begrenzen. Rückstellungen (und andere Bilanzposten, die von der Anwendung von § 256a HGB ausgenommen sind) fallen damit nicht in den Anwendungsbereich von § 256a HGB und demzufolge auch nicht in den Anwendungsbereich der besonderen Deckung von § 340h HGB (IDW RS BFA 4 Tz. 1 und 2).

Aufwendungen aus der Währungsumrechnung sind nach den Grundsätzen ordnungsmäßiger Bilanzierung (auch bei Anwendung von § 256a bzw. § 340h HGB) stets in vollem Umfang in der Gewinn- und Verlustrechnung zu erfassen (früher ausdrücklich in § 340h Abs. 2 Satz 1 HGB aF vorgeschrieben).

Bezüglich der Realisierung von **Erträgen** aus der Währungsumrechnung sind folgende Regeln zu beachten:

1. Dem Grundsatz der Einzelbewertung und dem der Imparität folgend, sind Erträge grundsätzlich nicht zu realisieren.
2. Soweit § 340h HGB im Falle einer besonderen Deckung zur Anwendung kommt, führt dies zu einer Realisierung von Erträgen aus der Währungsumrechnung.
3. Bei einer Restlaufzeit von einem Jahr oder weniger sieht § 256a Satz 2 HGB ebenfalls eine volle Realisierung von Erträgen aus der Umrechnung vor. Beide Formen der Ertragsrealisierung sind pflichtmäßig vorzunehmen, da diesbezüglich weder § 256a HGB noch § 340h HGB ein Wahlrecht vorsehen.
4. Bei der Bilanzierung von Bewertungseinheiten nach § 254 HGB sind die Erträge lediglich insoweit faktisch zu realisieren, als diese entsprechende Aufwendungen ausgleichen (Kompensation).

Eine Besonderheit bei der Ertragsrealisierung besteht für den Fall einer **Wertaufholung**: wurde zum ersten Abschlussstichtag nach dem Zugang einer Forderung (währungsbedingte Abwertung) bzw. Verbindlichkeit (währungsbedingte Aufwertung) in Fremdwährung ein Aufwand gebucht und hat sich zum nachfolgenden Abschlussstichtag der in Euro umgerechnete Wert wieder erholt, ist das in Kapitel 4.8.2.4.1. beschriebene Vorgehen bei Wertaufholungen bei langfristigen Forderungen bzw. Verbindlichkeiten zu beachten.

Die in § 340h Abs. 2 Satz 3 HGB aF genannte „einfache Deckung" in derselben Währung ist mit Inkrafttreten des BilMoG gemäß § 254 HGB (Bewertungseinheit) abzubilden. Es handelte sich bei dieser Vorschrift vor Inkrafttreten des BilMoG in § 340h HGB aF um eine gesetzlich geregelte Bewertungseinheit.

Aufgrund der Regelungen in § 256a Satz 2 HGB (Restlaufzeit bis zu einem Jahr) bzw. § 340h HGB können **unrealisierte Gewinnüberhänge** (sog. Nettogewinnrealisierung) entstehen, die uU eine nennenswerte Höhe haben. Für aus der Währungsumrechnung resultierende unrealisierte Gewinne besteht keine Ausschüttungssperre nach § 268 Abs. 8 HGB.

4.8.2. Währungsumrechnung nach § 256a iVm. § 340h HGB

4.8.2.1. Begriffe

Ein **Fremdwährungsgeschäft** ist ein Geschäftsvorfall, dessen Erfüllung in einer Fremdwährung erfolgt oder dessen Transaktionsvolumen in einer Fremdwährung vereinbart wird.

Zum Stand der Diskussion, ob **virtuelle Währungen** (Kryptowährungen) als Fremdwährung angesehen werden können vgl. die aktuelle Ausgabe des WPH. Solange diese nicht den rechtlichen Status von Währungen oder Geld haben, ist dies abzulehnen.

Devisen sind auf ausländische Währung lautende Forderungen wie Kontoguthaben bei Kreditinstituten, Wechsel und Schecks. Banknoten und Münzen (Bargeld) werden als **Sorten** bezeichnet.

Der **Wechselkurs** bezeichnet das Austauschverhältnis zweier Währungen zueinander. Seit 1999 werden Wechselkurse in der Mengennotierung veröffentlicht. Bei der **Mengennotierung** wird der Preis einer Einheit der inländischen Währung (1 Euro) in Einheiten der ausländischen Währung (zB USD) angegeben (zB 1,2256 USD/1 EUR).

Devisenkurse sind die Kurse für auf ausländische Währung lautende Forderungen (Guthaben, Schecks, Wechsel). Von **Sortenkursen** spricht man, wenn es um das Austauschverhältnis von ausländischem Bargeld, also um Banknoten oder Münzen, in Euro geht.

In der Mengennotierung drückt der **Geldkurs** den Kurs aus, zu dem Kreditinstitute eine ausländische Währung pro einem Euro verkaufen (ergibt bei der Mengennotierung im Vergleich zum Briefkurs einen höheren Eurobetrag). Der **Briefkurs** entspricht dem Kurs, zu dem Kreditinstitute eine ausländische Währung pro einem Euro ankaufen (ergibt im Vergleich zum Geldkurs entsprechend einen niedrigeren Betrag in Euro).

Der **Mittelkurs** ist das arithmetische Mittel zwischen Geld- und Briefkurs. § 256a HGB legt aus Vereinfachungsgründen den Mittelkurs als Kursart für die Währungsumrechnung im Rahmen der **Folgebewertung** fest. Die Unterscheidung nach Geld- und Briefkurs ist nach hM nur für die Zugangsbewertung von auf fremde Währung lautenden Vermögensgegenständen und Verbindlichkeiten von Bedeutung. Soweit für Fremdwährungsgeschäfte keine

EZB-Referenzkurse vorhanden sind, können bspw. im **Interbankenmarkt quotierte Mittelkurse** herangezogen werden.

Der **historische Kurs** ist der Kurs, der zu dem Zeitpunkt galt, zu dem ein Fremdwährungsgeschäft nach den Grundsätzen ordnungsmäßiger Bilanzierung als Zugang bilanzierungspflichtig bzw. -fähig war. Der **Stichtagskurs** ist der am jeweiligen Abschlussstichtag geltende Wechselkurs.

Im **Devisenhandel** wird zwischen Kassa- und Termingeschäften unterschieden. Als (Devisen-) **Kassageschäft** (Spot-Geschäft) wird ein Vertragsabschluss über den Kauf oder Verkauf von Devisen bezeichnet, dessen Erfüllung nach den Usancen des Markts sofort erfolgt (zB innerhalb von zwei Geschäftstagen)[1238].

Der **Kassakurs**[1239] (Spot-Rate) ist dementsprechend der Kurs, der zu dem Zeitpunkt (Handelstag) gilt, zu dem ein Devisenkassageschäft abgeschlossen wird (bei sofortiger Erfüllung).

Ein **Devisentermingeschäft** (Forward, Future) ist eine feste Vereinbarung über den Kauf bzw. Verkauf eines bestimmten Betrags einer ausländischen Währung (zB USD) zu einem Erfüllungszeitpunkt in der Zukunft. Die für das Termingeschäft geltenden Bedingungen, wie der Terminkurs, die Fälligkeit und das Volumen, werden bereits bei Abschluss des Geschäfts festgelegt. Abschluss- und Erfüllungstag fallen zeitlich mindestens drei Geschäftstage auseinander. Da sich der Wert eines Devisentermingeschäfts infolge der Änderung des Wechselkurses und/oder der in- bzw. ausländischen Zinsen ändert, keine anfängliche Zahlung erfolgt und das Geschäft erst in der Zukunft erfüllt

---

[1238] Das Datum des Geschäftsabschlusses ist der Handelstag. Der Liefertag (Erfüllungszeitpunkt) wird Valutatag genannt. Valutatag (alle Wochentage außer Samstage, Sonntage und Bankfeiertage in den Ländern, die am Kassageschäft beteiligt sind) ist üblicherweise 2 Banktage nach dem Handelstag.

[1239] Jede Währung ist über einen dreistelligen Buchstabencode identifizierbar (Swift-Codes, ISO-Codes). Die ersten beiden Buchstaben bezeichnen den Namen des Landes, in dem die Währung Heimwährung ist. Der dritte Buchstabe kennzeichnet den Namen der Währung (zB USD, GBP, CHF, AUD). Bei der Kursnotierung unterscheidet man quotierte Währung (Basiswährung) und Gegenwährung (variable Währung). Der Kassakurs drückt aus, wie viele Einheiten der Gegenwährung (variable Währung) – zB USD – eine Einheit der quotierten Währung (Basiswährung) – zB EUR – wert ist (1 Einheit der quotierten Währung EUR = X Einheiten der Gegenwährung USD). Bei der Quotierung von Devisenkursen ist die erste Währung immer die quotierte Währung (Basiswährung) die zweite Währung die Gegenwährung (variable Währung). Beispiel: EUR/USD 1,2500 bedeutet, der Euro ist die quotierte Währung oder Basiswährung und der US-Dollar die Gegenwährung oder variable Währung, ein Euro kostet dabei 1,2500 USD.

wird, handelt es sich bei einem Devisentermingeschäft um ein Derivat. Dieses ist nach den allgemeinen Normen als schwebendes Geschäft nicht zu bilanzieren; eine bilanzielle Wirkung entfaltet ein Devisentermingeschäft grundsätzlich nur dann, wenn aus diesem ein negativer Erfolgsbeitrag (negativer Marktwert) zu erwarten ist. **Terminkurs** ist der Wechselkurs, der für ein Erfüllungsgeschäft in der Zukunft maßgeblich ist. Einzelheiten zu Devisentermingeschäften vgl. Kapitel 4.12.5.1.

4.8.2.2. Besonderheiten bei Anwendung des Stichtagskurses

Nicht frei konvertierende Währungen

§ 256a HGB geht davon aus, dass der Devisenkassamittelkurs immer ermittelt werden kann. Ist der freie Währungsaustausch über einen bestimmten Zeitraum oder auf längere Zeit nicht möglich oder bestehen Zwangskurse, können erhebliche Bewertungsprobleme ent- bzw. bestehen.

Die Realisierung von Forderungen oder anderen Vermögensgegenständen, die auf **nicht frei konvertierbare Währungen** lauten, ist entweder nur durch Inkaufnahme von Verlusten oder überhaupt nicht möglich.[1240] In derartigen Fällen ist der Kurs maßgeblich, zu dem eine bestimmte Fremdwährungstransaktion tatsächlich abgewickelt werden kann. Ist die Abwicklung über den offiziellen Markt innerhalb eines überschaubaren Zeitraums nicht möglich, kommen uU auch die Kurse auf Parallelmärkten infrage.[1241]

Stark schwankende Kurse sowie Zufallskurse

Für die Bewertung von Fremdwährungsposten gilt das Stichtagsprinzip (§ 252 Abs. 1 Nr. 3 HGB), dh. es sind grundsätzlich die am Abschlussstichtag geltenden Kurse für die Bewertung maßgeblich. Kursveränderungen zwischen den Abschlussstichtagen haben generell keinen Einfluss auf die Bewertung zum Abschlussstichtag. Zu Ausnahmen hiervon wird auf die einschlägige Kommentierung verwiesen.[1242]

[1240] Vgl. HdR 5. Aufl., § 256a HGB Rn. 20.
[1241] Vgl. HdR 5. Aufl., § 256a HGB Rn. 21.
[1242] Vgl. HdR 5. Aufl., § 256a HGB Rn. 25 ff.

Bezüglich stark schwankender Kurse und Zufallskursen wurde in der Vergangenheit auch die Auffassung vertreten, dass ein höherer Zufallskurs (der zu einem niedrigeren Euro-Gegenwert führt) bei Aktivposten bzw. ein niedrigerer Zufallskurs (der zu höheren Euro-Gegenwerten führt) bei Passivposten aufgrund des Vorsichts- und Imparitätsprinzips immer zu berücksichtigen sei, während im umgekehrten Fall (wenn also bei Aktiva die Euro-Gegenwerte höher und bei Passiva die Euro-Gegenwerte niedriger wären) grundsätzlich davon auszugehen sei, dass der Stichtagskurs die Wertverhältnisse nicht zutreffend wiedergebe.[1243]

Im Regelfall kann nach der mittlerweile hM davon ausgegangen werden, dass entgegen der vorstehenden früheren Ansicht bei frei konvertierbaren Währungen der am Abschlussstichtag jeweils festgestellte Stichtagskurs das *„objektive Ergebnis von Angebot und Nachfrage und damit grundsätzlich auch für die Bewertung maßgebend ist.“*[1244] Mithin ist für die Umrechnung stets der Stichtagskurs relevant.

Eine Ausnahme kann es nur dann geben, wenn **außergewöhnliche Umstände,** wie bspw. bewusste Kursmanipulationen, Notverkäufe einzelner Marktteilnehmer usw. am Abschlussstichtag zu einem völlig unrealistischen Wechselkurs, der nur kurzfristig gültig ist, geführt haben und sich bei Verwendung dieses Wechselkurses für die Währungsumrechnung eine Irreführung des Bilanzlesers ergäbe. Dies wäre mit § 264 Abs. 2 Satz 2 HGB nicht vereinbar.[1245] In diesen Fällen sind entsprechende Anhangangaben zu machen.

Die **Abkehr von einem gesicherten Mindestwechselkurs** und die dadurch ausgelösten Kursänderungen (zB Schweizer Franken Anfang 2015) stellt kein wertaufhellendes Ereignis dar. Es handelt sich dabei um ein wertbegründendes Ereignis.[1246]

Ungeachtet dessen können sich Berichtspflichten ergeben, denn im sog. Nachtragsbericht soll auf Vorgänge von besonderer Bedeutung, die nach dem Schluss des Geschäftsjahres eingetreten sind, eingegangen werden (§ 285 Nr. 33 HGB). Zu einer Gesamtdarstellung der Bilanzierungs- und Bewertungsfragen sowie zur Nachtragsberichterstattung vgl. Zwirner/Petersen.[1247]

[1243] Vgl. HdR 5. Aufl., § 256a HGB Rn. 28 ff. mwN.
[1244] Vgl. HdR 5. Aufl., § 256a HGB Rn. 29 ff. mwN.
[1245] Vgl. HdR 5. Aufl., § 256a HGB Rn. 29.
[1246] Vgl. IDW-Newsletter „News exklusiv" vom 6.2.2015.
[1247] Vgl. Zwirner/Petersen, DB 2015, 631 ff.

4. Bewertungsvorschriften

4.8.2.3. Zugangsbewertung (Anschaffungskosten)

Anschaffungskosten im Regelfall

§ 256a HGB regelt ausschließlich die Währungsumrechnung im Rahmen der Folgebewertung. Zur erstmaligen Erfassung von Vermögensgegenständen und Verbindlichkeiten, die in fremder Währung denominiert sind, äußert sich die gesetzliche Norm des § 256a HGB nicht. Der **Zugangszeitpunkt** ergibt sich aus den Grundsätzen ordnungsmäßiger Bilanzierung.

Nach DRS 25.10 hat die **erstmalige Erfassung** der aus einem Fremdwährungsgeschäft resultierenden Vermögensgegenstände, Schulden, Rechnungsabgrenzungsposten zum **Devisenkassakurs am Transaktionstag** zu erfolgen. Der Transaktionstag ist nach DRS 25.7 der Tag, an dem ein Geschäftsvorfall nach den Regelungen des HGB bilanzierungspflichtig oder bilanzierungsfähig wird.

Soweit mit der erstmaligen Erfassung eines Fremdwährungsgeschäfts Erträge und Aufwendungen entstehen, sind diese mit dem gleichen Kurs umzurechnen wie die zugrunde liegenden Bilanzposten.

Die **Euro-Anschaffungskosten** ergeben sich normalerweise aus den in Euro umgerechneten Anschaffungskosten in fremder Währung zum Anschaffungszeitpunkt (Zeitpunkt der Buchung des Zugangs), also dem in Euro aufgewendeten Betrag (IDW RS BFA 4 Tz. 11). Damit ist im Regelfall gewährleistet, dass der Anschaffungsvorgang – wie von den Grundsätzen ordnungsmäßiger Bilanzierung gefordert – **erfolgsneutral** ist.[1248] Dem entsprechend ist für die Währungsumrechnung bei Barkäufen der Zahlungszeitpunkt und bei Zielkäufen der Lieferzeitpunkt maßgebend.

Erfolgt der Erwerb eines Vermögensgegenstands zunächst durch eine Kreditaufnahme in der Fremdwährung oder wird der Kaufpreis gestundet (kreditiert), ist also ein Gegenwert in Euro im Zeitpunkt des Zugangs (noch) nicht vorhanden, ist den Euro-Anschaffungskosten regelmäßig der Wechselkurs im Zeitpunkt der Einbuchung des Vermögensgegenstands zugrunde zu legen (IDW RS BFA 4 Tz. 11), damit der Anschaffungsvorgang erfolgsneutral ist.

Aus der verpflichtenden Anwendung des Devisenkassamittelkurses iRd. Folgebewertung folge – so jedenfalls der Gesetzgeber – unter Berücksichtigung des Anschaffungskostenprinzips, dass auf fremde Währung lautende Geschäftsvorfälle grundsätzlich auch im Zugangszeitpunkt mit dem Devisenkas-

---

[1248] Vgl. Gaber, 2. Aufl., 387.

408

sa**mittelkurs** umzurechnen seien.[1249] Wird dieser in der Gesetzesbegründung zu findenden Sichtweise gefolgt, kann es zu erfolgswirksam zu buchenden Währungsumrechnungsergebnissen bei der Anschaffung kommen; damit wäre der Anschaffungsvorgang nicht erfolgsneutral.

DRS 25.10 empfiehlt daher, den *„Devisen**kassakurs** am Transaktionstag"* zu verwenden. Die hM geht davon aus, dass die erstmalige handelsbilanzielle Erfassung (Zugangsbewertung) nicht durch den Wortlaut des § 256a HGB gedeckt ist, der lediglich die Währungsumrechnung am Abschlussstichtag (Folgebewertung) regelt. Die Ermittlung der Anschaffungs- bzw. Herstellungskosten hat dieser Ansicht zufolge nach den Grundsätzen ordnungsmäßiger Bilanzierung unter Beachtung von **Geld-** und **Briefkursen** zu erfolgen. Der Anschaffungsvorgang ist erfolgsneutral zu halten (§ 253 Abs. 1 Satz 1 iVm. § 255 HGB). Dabei gilt Folgendes:

- Forderungen, Wertpapiere usw.: Briefkurs.
- Barreserve, Guthaben bei Kreditinstituten: Briefkurs.
- Anlagevermögen:
  - Anschaffungs-/Wiederbeschaffungskosten: Geldkurs.
  - Beizulegender Wert/Zeitwert: Briefkurs.
- Vorräte:
  - Anschaffungs-/Wiederbeschaffungskosten: Geldkurs.
  - Beizulegender Wert/Zeitwert: Briefkurs.
- Verbindlichkeiten: Geldkurs.

Eine Ausnahme ist dann gegeben, wenn die Unterscheidung nach Geld-/ Briefkurs für die Vermittlung eines den tatsächlichen Verhältnissen entsprechenden Bildes der wirtschaftlichen Lage nicht notwendig ist.

DRS 25.12 empfiehlt bei nichtmonetären[1250] Vermögensgegenständen sowie bei Fremdwährungsverbindlichkeiten[1251] die Anwendung des Geldkurses; der Briefkurs ist nach DRS bei auf fremde Währung lautenden monetären[1252] Vermögensgegenständen relevant. Statt der differenzierten (Geld- oder Brief-) Kurse darf der Devisenkassa**mittelkurs** zum Zeitpunkt der erstmaligen Er-

---

[1249] Vgl. BR-Drucks. 344/08, 135.

[1250] DRS 25.7 Nichtmonetäre Posten: Vermögensgegenstände, die nicht auf Geldbeträge lauten, sowie Verpflichtungen, die nicht mit einem festen oder bestimmbaren Geldbetrag beglichen werden müssen.

[1251] Zu Fremdwährungsdarlehen und steuerlicher Teilwertzuschreibung vgl. Prinz, DB 2022, 687 ff.

[1252] DRS 25.7 Monetäre Posten: Zahlungsmittel und Ansprüche, die auf Geldbeträge lauten, sowie Verpflichtungen, die mit einem festen oder bestimmbaren Geldbetrag beglichen werden müssen.

fassung zur Umrechnung der aus einem Fremdwährungsgeschäft resultierenden Vermögensgegenstände und Schulden verwendet werden, wenn die damit verbundene Auswirkung auf die Vermögens-, Finanz- und Ertragslage unwesentlich ist (DRS 25.13). Statt der Verwendung taggenauer Kurse dürfen iRd. erstmaligen Erfassung (zeitraumbezogene) **Durchschnittskurse** verwendet werden, wenn die damit verbundene Auswirkung auf die Vermögens-, Finanz- und Ertragslage insgesamt unwesentlich ist (DRS 25.14).

DGRV (Hrsg.)[1253] halten bei Forderungen und Verbindlichkeiten in Fremdwährung folgendes Vorgehen zulässig: Während bei einer **Restlaufzeit von über einem Jahr** Forderungen mit dem Briefkurs und Verbindlichkeiten mit dem Geldkurs umzurechnen sind, sollte bei einer **Restlaufzeit von unter einem Jahr** im Hinblick auf die bessere Vergleichbarkeit die Umrechnung mit dem für die Folgebewertung maßgeblichen Kassamittelkurs möglich sein. Gleiches gilt bei Vorliegen einer besonderen Deckung für längere Restlaufzeiten.

Nach **Gaber**[1254] ist für Institute eine nach Geld- oder Briefkurs differenzierte Einbuchung allerdings nicht sachgerecht, da bei einem Institut nicht zwischen einer intendierten oder einer zufälligen Devisenhaltung sachgerecht unterschieden werden kann. Monetäre und nichtmonetäre Vermögensgegenstände werden in fremder Währung vielmehr auf Basis einer Währungsgesamtdisposition angeschafft oder veräußert, so dass eine Zuordnung historischer Anschaffungsvorgänge von Devisen nicht möglich ist. Zudem werden – so Gaber weiter – alle Kassenbestände am nächsten Bewertungsultimo zum Kassamittelkurs bewertet, so dass eine Einbuchung zum Kassa**mittelkurs** am Transaktionstag sachgerecht erscheint.

Anschaffungskosten bei Währungssicherung (Bewertungseinheit)[1255]

Zu den Anschaffungskosten bei Währungssicherung vgl. Kapitel 4.12.5.5.2.

Anschaffungskosten nach Aufgabe einer besonderen Deckung

Wird eine zunächst bestehende besondere Deckung unter den Voraussetzungen von § 252 Abs. 2 HGB später **aufgegeben**, ergeben sich die Euro-Anschaffungskosten entsprechend § 255 Abs. 4 Satz 4 HGB in Höhe des zuletzt ermittelten beizulegenden Zeitwerts. Dieser bestimmt sich nach dem Buch-

---

[1253] Vgl. DGRV (Hrsg.), Jahresabschluss, A. IV. Rn. 311.
[1254] Vgl. Gaber, 2. Aufl., 387.
[1255] Einzelheiten mit zahlreichen Beispielen vgl. HdR 5. Aufl., § 254 HGB.

wert in Fremdwährung und dem aktuellen Kassamittelkurs im Zeitpunkt der Aufhebung der besonderen Deckung.

4.8.2.4. Folgebewertung

4.8.2.4.1. Vermögensgegenstände und Verbindlichkeiten

Definition „auf fremde Währung lautende" Vermögensgegenstände und Verbindlichkeiten

Nach § 256a Satz 1 HGB sind Vermögensgegenstände und Verbindlichkeiten, die *„auf fremde Währung lauten"*, mit dem Devisenkassamittelkurs umzurechnen.

Vermögensgegenstände lauten auf eine fremde Währung, wenn mit ihnen künftige Einzahlungen in ausländischer Währung verbunden sind, zB Fremdwährungsforderungen und Guthaben, sowie wenn der Vermögensgegenstand zwar gegen Euro veräußerbar wäre (was ja immer möglich ist), ein gleichartiger Vermögensgegenstand aber nur im Ausland beschaffbar ist, zB Grundstücke im Ausland, Aktien und Beteiligungen an ausländischen Unternehmen und Wertpapiere mit nicht auf Euro lautendem Nennwert.[1256]

Auf eine fremde Währung lauten **Verbindlichkeiten** dann, wenn ein Unternehmen zu Auszahlungen in ausländischer Währung verpflichtet ist.[1257] Eine Fremdwährungsverbindlichkeit liegt vor, wenn die Verpflichtung dem Grund und der Höhe nach in ausländischer Währung sicher bestimmt werden kann, während der in Euro umgerechnete Erfüllungsbetrag bei flexiblen Währungskursen unsicher ist. Hierzu rechnen auch Verbindlichkeiten mit Nachrangabreden oder Genussrechtsverbindlichkeiten, auch wenn diese ggf. durch Verlustbeteiligungen gemindert werden können.

Anders formuliert: es handelt sich um Vermögensgegenstände bzw. Verbindlichkeiten, die dem Institut durch eine bestimmte Anzahl von Währungseinheiten vergütet werden bzw. für die es eine bestimmte Anzahl von Währungseinheiten bezahlen muss. Nach Heidel/Schall[1258] sind dies Vermögensgegenstände und Verbindlichkeiten, *„die in einer fremden Währung geführt werden"*.

[1256] Ebenso WPH Edition, Kreditinstitute, Kap. D. Rn. 446, Böcking/Wolsiffer/Bär, in: MünchKomm. HGB, 4. Aufl., § 340h HGB Rn. 21.

[1257] Ebenso WPH Edition, Kreditinstitute, Kap. D. Rn. 446; Böcking/Wolsiffer/Bär, in: MünchKomm. HGB, 4. Aufl., § 340h HGB Rn. 22.

[1258] Vgl. Heidel/Schall, § 256a HGB Rn. 10.

Sämtliche Posten, die nicht mit einem Recht auf Erhalt oder Verpflichtung zur Bezahlung einer festen oder bestimmbaren Anzahl von Währungseinheiten ausgestattet sind, lauten nicht auf eine fremde Währung.[1259]

DRS 25 verwendet (in Anlehnung an die IFRS) für „auf fremde Währung lautend" den Begriff „monetäre Posten"[1260] und für die übrigen (nicht auf fremde Währung lautenden) Vermögensgegenstände und Verbindlichkeiten den Begriff „nichtmonetäre Posten".[1261]

Auch das Schrifttum[1262] rekurriert für die Abgrenzung von „auf fremde Währung lautende Vermögensgegenstände und Verbindlichkeiten" überwiegend auf den Begriff „monetärer Posten" bzw. „nichtmonetärer Posten", wonach bspw. Beteiligungen und Wertpapiere, die keinen Anspruch auf einen bestimmten oder bestimmbaren Geldbetrag verbriefen, keine monetären Posten sind.

Bei der Definition der **Kriterien für die besondere Deckung**[1263] haben Institute darauf zu achten, dass insoweit, als zwischen auf fremde Währung lautenden gedeckten Geschäften und Deckungsgeschäften keine **Fristenkongruenz** besteht, die **Deckungsfähigkeit** gegeben sein muss.[1264] Dies gilt grundsätzlich für Grundstücke im Ausland, Aktien und Beteiligungen an ausländischen Unternehmen, die auf Dauer gehalten werden sollen.[1265] **Deckungsfähigkeit** in diesem Sinne ist dann gegeben, wenn sich die Währungsgewinne und Währungsverluste (zu einem bestimmten Zeitpunkt und in bestimmter Höhe) durch **Zahlungsvorgänge** ausgleichen.[1266] Besteht Fristenkongruenz, ist der unmittelbare Verlustausgleich gewährleistet.

[1259] Vgl. BeBiKo. 13. Aufl., § 256a HGB Rn. 15.

[1260] DRS 25.7 Monetäre Posten: Zahlungsmittel und Ansprüche, die auf Geldbeträge lauten, sowie Verpflichtungen, die mit einem festen oder bestimmbaren Geldbetrag beglichen werden.

[1261] DRS 25.7 Nichtmonetäre Posten: Vermögensgegenstände, die nicht auf Geldbeträge lauten, sowie Verpflichtungen, die nicht mit einem festen oder bestimmbaren Geldbetrag beglichen werden müssen.

[1262] Vgl. stellvertretend BeBiKo. 13. Aufl., § 256a HGB Rn. 15.

[1263] Vgl. Bieg/Waschbusch, 3. Aufl., 538 ff.; Gaber, 2. Aufl., 389 ff.; Böcking/Wolsiffer/Bär, in: MünchKomm. HGB, 4. Aufl., § 340h HGB Rn. 12 ff.

[1264] Vgl. Krumnow ua., 2. Aufl., § 340h HGB Rn. 43; Bieg/Waschbusch, 3. Aufl., 539 f.; WPH Edition, Kreditinstitute, Kap. D. Rn. 478; Böcking/Wolsiffer/Bär, in: MünchKomm. HGB, 4. Aufl., § 340h HGB Rn. 13..

[1265] Vgl. hierzu die Ausführungen zur besonderen Deckung.

[1266] Ebenso Krumnow ua., 2. Aufl., § 340h HGB Rn. 42 mwN; Krumnow ua. stützen sich dabei insbesondere auf den Entwurf des HFA zur Währungsumrechnung aus dem Jahr 1986, WPg 1986, 644 ff. Siehe auch Birck/Meyer, V 436 f.; ausführlich Bieg/Waschbusch, 3. Aufl., 539 f.; Böcking/Wolsiffer/Bär, in: MünchKomm. HGB, 4. Aufl., § 340h HGB Rn. 13 mwN.

Auf fremde Währung lautende Posten, die gegen das **Währungsrisiko gesichert** werden, ist § 254 HGB anwendbar (sog. geschlossene Position; Kapitel 4.11.).

Zinsfutures in fremder Währung sind nur bezüglich der Umrechnung von Ausgleichszahlungen (Margins) oder ggf. Sicherheitsleistungen zu berücksichtigen. Sofern auf fremde Währung lautende **Optionspreise** in Euro umzurechnen sind, sind ebenfalls die Grundsätze des § 340h iVm. § 256a HGB maßgeblich.[1267]

Nicht auf fremde Währung lautende Vermögensgegenstände und deren Bewertung

Sachverhalte, die bereits vor dem Abschlussstichtag vollständig abgewickelt worden sind, können – wie die Formulierung *„auf fremde Währung lautende"* Fremdwährungsposten beinhaltet – nicht Gegenstand der Währungsumrechnung am Abschlussstichtag sein.[1268] Werden im Laufe des Geschäftsjahres bspw. nicht auf fremde Währung im oben dargestellten Sinne lautende **Sachanlagen**, **immaterielle Anlagewerte**, **Beteiligungen** usw. gegen Zahlung in Fremdwährung beschafft, geliefert und vor dem Abschlussstichtag bezahlt, sind deren Anschaffungskosten beim Erwerb in Euro umgerechnet (Euro-Anschaffungskosten) einzubuchen. In dieser Höhe sind finanzielle Mittel abgeflossen. Diese nicht auf fremde Währung lautenden Posten stehen damit mit Euro-Werten in der Bilanz und sind am Bilanzstichtag nicht mehr zum Devisenkassamittelkurs neu umzurechnen. Diese Sachverhalte entziehen sich damit einer Bewertung nach § 256a iVm. § 340h HGB.

Vom Anwendungsbereich des § 256a HGB nicht umfasste Posten sind latente Steuern, Rückstellungen, Rechnungsabgrenzungsposten und das Eigenkapital.[1269] Einzelheiten vgl. unten.

Zu einer **nach Bilanzposten gegliederten Darstellung der Bewertung** bei Zugang sowie bei der Folgebewertung vgl. BeBiKo.[1270]

[1267] Ebenso WPH Edition, Kreditinstitute, Kap. D. Rn. 462.

[1268] Vgl. Küting/Mojadadr, DB 2008, 1871.

[1269] Vgl. WPH Edition, Kreditinstitute, Kap. D. Rn. 464: bei Rechnungsabgrenzungsposten, die Upfront Payments für schwebende Geschäfte des Nicht-Handelsbestands umfassen, ist eine Währungsumrechnung nicht erforderlich.

[1270] Vgl. BeBiKo. 13. Aufl., § 256a HGB, Rn. 61 ff.

DRS 25 bezeichnet diese Vermögensgegenstände (wie zB Sachanlagen, Immaterielle Anlagewerte) als „nichtmonetäre Posten" und regelt deren Bewertung in DRS 25.15 ff.

In DRS 25.15 wird zunächst klargestellt, dass für nichtmonetäre Vermögensgegenstände, die in fremder Währung erworben wurden, die Währungsumrechnung in die Landeswährung (Euro) nur zum Zugangszeitpunkt stattfindet. Die Folgebewertung – zB planmäßige sowie ggf. außerplanmäßige Abschreibungen – ist auf Basis der zum Zugangszeitpunkt erfassten Anschaffungskosten in Landeswährung vorzunehmen. Eine Währungsumrechnung iRd. der Folgebewertung erfolgt für nichtmonetäre Vermögensgegenstände nur gemäß DRS 25.17 bzgl. der Bewertung zum niedrigeren beizulegenden Wert (vgl. nachfolgend).

Für die Ermittlung niedrigerer beizulegender Werte nach § 253 Abs. 3 Satz 5 und 6 sowie Abs. 4 HGB ist nach DRS 25.16 zu unterscheiden, ob die in fremder Währung erworbenen Vermögensgegenstände ausschließlich in fremder Währung (vgl. DRS 25.17) oder ausschließlich bzw. auch in Landeswährung (vgl. DRS 25.18) wiederbeschafft oder veräußert werden können:

- Für nichtmonetäre Vermögensgegenstände, die ausschließlich in fremder Währung wiederbeschafft oder veräußert werden können, ist nach DRS 25.17 der zum Stichtag nach Maßgabe des § 253 Abs. 3 Satz 5 und 6 bzw. Abs. 4 HGB ermittelte (beizulegende) Wert in Fremdwährung mit dem Stichtagskurs umzurechnen. Unterschreitet der so ermittelte Betrag die (ggf. fortgeführten) Anschaffungs- bzw. Herstellungskosten (Buchwert) in Landeswährung (vgl. DRS 25.15), ist der niedrigere Wert anzusetzen und fortzuführen.
  Der beizulegende Wert in Fremdwährung richtet sich jeweils nach den Gegebenheiten auf dem Auslandsmarkt, der für eine Wiederbeschaffung oder Verwertung in Frage kommt.
- Für nichtmonetäre Vermögensgegenstände, die ausschließlich in Landeswährung (Euro) wiederbeschafft oder veräußert werden können, sind nach DRS 25.18 die (ggf. fortgeführten) Anschaffungs- bzw. Herstellungskosten in Landeswährung (vgl. DRS 25.15) mit dem zum Stichtag beizulegenden Wert in Landeswährung zu vergleichen. Der niedrigere der beiden Werte ist nach Maßgabe des § 253 Abs. 3 Satz 5 und 6 bzw. Abs. 4 HGB anzusetzen und fortzuführen.
- Für nichtmonetäre Vermögensgegenstände, die sowohl in fremder Währung als auch in Landeswährung wiederbeschafft oder veräußert werden können, ist nach DRS 25. 19 bei der Ermittlung niedrigerer beizulegender Werte auf die Währung des für den Bilanzierenden relevanten Markts abzustellen.

DRS 25.20 stellt klar, dass „währungskursbedingte Wertminderungen" nichtmonetärer Vermögensgegenstände grundsätzlich dauerhaft iSv. § 253 Abs. 3 Satz 5 HGB sind, es sei denn, konkrete Anhaltspunkte stehen dem entgegen.

Die **Wertaufholung** bei nichtmonetären Vermögensgegenständen regelt DRS 25.21: Ein niedrigerer Wert nach DRS 25.16 bis DRS 25.19 (siehe oben) darf nicht beibehalten werden, wenn die Gründe dafür nicht mehr bestehen (§ 253 Abs. 5 Satz 1 HGB). In diesem Fall stellen die (ggf. fortgeführten) Anschaffungs- bzw. Herstellungskosten in Landeswährung (vgl. DRS 25.15) die Obergrenze für eine Wertaufholung nach § 253 Abs. 5 HGB dar.

Handelsbestand

Finanzinstrumente und damit auch Devisen des **Handelsbestands** sind nach § 340e Abs. 3 HGB zum beizulegenden Zeitwert (abzüglich eines Risikoabschlags bzw. zuzüglich eines Risikozuschlags) zu bewerten.[1271] Die Bewertung von Fremdwährungsposten im Handelsbestand zum beizulegenden Zeitwert geht der Bewertung nach § 340h iVm. § 256a HGB vor.[1272] Das Bewertungsergebnis ist im „Nettoertrag des Handelsbestands" zu zeigen. § 340e Abs. 4 HGB ist auf diesen Nettoertrag anzuwenden.

Die differenzierte Bewertung von Devisen des Handelsbestands (§ 340e Abs. 3 und Abs. 4 HGB) und des Nicht-Handelsbestands (§ 340h iVm. § 256a HGB) erfordert eine **strikte Trennung** zwischen den beiden Arten von Devisenbeständen (IDW RS BFA 4 Tz. 3).[1273] Dies gilt auch für den Fall, dass Währungsrisiken des Nicht-Handelsbestands und des Handelsbestands auf einer übergeordneteren Ebene einheitlich risikomäßig gesteuert werden.[1274]

„Devisenkassamittelkurs am Abschlussstichtag"

Für die Umrechnung ist der Devisenkassamittelkurs des Zeitpunkts maßgebend, zu dem die entsprechende Transaktion nach Maßgabe der Grundsätze ordnungsmäßiger Bilanzierung zu bewerten ist. Die Verwendung des Devisenkassamittelkurses soll nach Ansicht des Gesetzgebers eine Vereinfachung der

---

[1271] Vgl. Scharpf/Schaber/Löw/Treitz/Weigel/Goldschmidt, WPg 2010, 439 ff. und 501 ff.; Bieg/Waschbusch, 3. Aufl., 511 f.
[1272] Vgl. Scharpf/Schaber/Löw/Treitz/Weigel/Goldschmidt, WPg 2010, 449.
[1273] Vgl. Scharpf/Schaber/Löw/Treitz/Weigel/Goldschmidt, WPg 2010, 449.
[1274] Dem Wunsch des Zentralen Kreditausschusses (Stellungnahme vom 20.6.2011 zu IDW ERS BFA 4, www.idw.de) nach einem einheitlichen Ansatz und der Möglichkeit, Währungsrisiken generell dem Handel zuzuordnen, wurde nicht entsprochen.

Währungsumrechnung nach sich ziehen.[1275] Die Verwendung von Brief- oder Geldkursen scheidet damit für die Folgebewertung aus.[1276]

Die Umrechnung zum Devisenkassamittelkurs am Abschlussstichtag gilt auch für Vermögenswerte und Verbindlichkeiten, die **besonders gedeckt** sind (IDW RS BFA 4 Tz. 15). Die sich ergebenden Umrechnungsdifferenzen bei Vermögenswerten und Verbindlichkeiten von gedecktem Geschäft und Deckungsgeschäft kompensieren sich.

***Bewertung auf fremde Währung lautender Posten einschl. Wertaufholung (ohne Handelsbestand)*[1277]**

Bei der Bewertung der *„auf fremde Währung lautenden"* **Geschäfte des Nicht-Handelsbestands** in Fremdwährung ist in **zwei Schritten** vorzugehen (IDW RS BFA 4 Tz. 12):[1278]

*   Im **ersten Schritt** erfolgt eine Bewertung der Vermögensgegenstände, Verbindlichkeiten und schwebenden Geschäften in fremder Währung. Dabei finden die allgemeinen Regelungen des § 340e Abs. 1 und Abs. 2 iVm. § 253 HGB für das Anlage- bzw. Umlaufvermögen Anwendung.
*   Im **zweiten Schritt** werden die in Fremdwährung ermittelten Werte sowie die Wertberichtigungen nach den Regeln von § 256a iVm. § 340h HGB in Euro umgerechnet.[1279]

Hierbei kann es zu kompensatorischen Effekten zwischen einer Änderung des beizulegenden Werts in Fremdwährung und den Währungskursveränderungen kommen. Zu weiteren Details wird auf die obigen und die nachfolgenden Ausführungen („Wertaufholung langfristiger Forderungen und Verbindlichkeiten") verwiesen.

Entsprechend der bei der Fremdwährungsumrechnung üblichen Vorgehensweise ist bei einer **Niederstwertabschreibung** der auf ausländischen Märkten erworbenen Finanzinstrumente (Wertpapiere) in einem ersten Schritt zunächst der (niedrigere) in Fremdwährung notierte Kurs des Finanzinstruments (Wert-

---

[1275] Vgl. BT-Drucks. 16/12407, 171.
[1276] Vgl. BT-Drucks. 16/12407, 171.
[1277] Vgl. WPH Bd. I 2012 J Tz. 350; Goldschmidt/Meyding-Metzger/Weigel, IRZ 2010, 63 ff. mit einem Beispiel.
[1278] Vgl. Böcking/Gros/Morawietz, § 340h HGB Rn. 8 in: Wiedmann/Böcking/Gros, 4. Aufl.; WPH Edition, Kreditinstitute, Kap. D. Rn. 457 mwN.
[1279] Zu einem Beispiel vgl. Goldschmidt/Meyding-Metzger/Weigel, IRZ 2010, 65.

papiers) zu ermitteln. Dieser (niedrigere) Kurs ist in einem zweiten Schritt der Währungsumrechnung nach § 256a iVm. § 340h HGB zugrunde zu legen. Dabei werden ggf. kompensatorische Effekte aus der gegenläufigen Entwicklung des Marktpreises (in Fremdwährung) und der Fremdwährungsumrechnung berücksichtigt.[1280]

Bei einer getrennten Erfassung von Wertänderungen und Währungsumrechnungseffekten in der GuV – wie es § 277 Abs. 5 Satz 2 HGB verlangt (Kapitel 4.8.2.6.) – dürfte die Wertänderung aufgrund der Änderung des Werts in Fremdwährung (Schritt 1) nicht mit der Wertänderung aufgrund der Änderung des Wechselkurses (Schritt 2) saldiert werden.[1281]

Bei einer Wertaufholung iSd. § 253 Abs. 5 HGB wären bei diesem Vorgehen Veränderungen des Wechselkurses und Veränderungen des Zeitwerts in Währung grundsätzlich getrennt zu betrachten, da es sich um voneinander unabhängige Gründe handelt. Eine Kurserholung ist im Falle einer Restlaufzeit von über einem Jahr nur bis zur Höhe des ursprünglichen Anschaffungskurses zu berücksichtigen.[1282]

Folgt man dagegen der hier vertretenen Ansicht (vgl. Kapitel 4.8.2.6.), dass es bei Instituten sachgerecht ist, wenn sowohl die Wertänderung in Fremdwährung als auch der Währungsumrechnungseffekt der Ausweiskonzeption der RechKredV folgend in dem Posten der Gewinn- und Verlustrechnung ausgewiesen wird, in dem die sonstigen Bewertungsergebnisse des betreffenden Vermögensgegenstands bzw. der Verbindlichkeit (bestandsabhängig) auszuweisen sind,[1283] ist die oben dargestellte getrennte Buchung nicht erforderlich. Die **Wertobergrenze** (Anschaffungskostenprinzip) bei einer Wertaufholung bzw. Währungskursänderung bilden die ursprünglichen in Euro umgerechneten Anschaffungskosten.

Dies entspricht grundsätzlich (zur Abweichung von IDW RS BFA 4 vgl. unten) der Vorgehensweise nach DRS 25.22 ff. für monetäre Posten. DRS 25.23 differenziert zwischen währungsbedingten Wertänderungen und (sonstigen) Änderungen des beizulegenden Werts. Während für währungsbedingte Wertänderungen § 256a HGB gilt und als lex specialis § 253 HGB vorgeht, bleiben die Grundsätze des § 253 HGB für alle sonstigen Änderungen des beizule-

---

[1280] Ebenso WPH Edition, Kreditinstitute, Kap. D. Rn. 458.

[1281] Vgl. Scharpf, IRZ 2011, 15.

[1282] Vgl. Scharpf, IRZ 2011, 17.

[1283] Ebenso WPH Edition, Kreditinstitute, Kap. D. Rn. 460. Ähnlich WPH Edition, Wirtschaftsprüfung & Rechnungslegung, 17. Aufl., Kapitel F Tz. 837.

genden Werts (zB bonitäts- oder zinsbedingte Wertänderungen) unberührt.[1284] Daraus folgt, dass **währungsbedingte Wertminderungen** unabhängig von ihrer Dauerhaftigkeit zu erfassen sind (vgl. nachfolgend zu DRS 25.28), während für die sonstigen Wertänderungen die Dauerhaftigkeit der Wertminderung weiterhin zu beurteilen ist.[1285] Gleichwohl können währungsbedingte und sonstige Wertänderungen kompensierend wirken.

Nach DRS 25.26 ist für monetäre Vermögensgegenstände eine Wertminderung zu erfassen, soweit der mit dem Stichtagskurs umgerechnete beizulegende Wert in Fremdwährung die mit dem historischen Kurs umgerechneten (ggf. fortgeführten) Anschaffungskosten in Fremdwährung unterschreitet. Bei monetären Vermögensgegenständen des Anlagevermögens dürfen nach DRS 25.27 bei einer voraussichtlich nicht dauernden Wertminderung statt eines niedrigeren beizulegenden Werts in Fremdwährung die (ggf. fortgeführten) Anschaffungskosten mit dem Stichtagskurs umgerechnet werden (gemildertes Niederstwertprinzip).

Nach DRS 25.28 ist eine *„währungskursbedingte Wertminderung"* nach DRS 25.26 unabhängig davon zu erfassen, ob diese voraussichtlich dauernd oder nur vorübergehend ist.

Bei einer erfolgswirksamen Wertaufholung unter Beachtung des Anschaffungskostenprinzips bei Vermögensgegenständen bzw. Höchstwertprinzips bei Verbindlichkeiten besteht nach DGRV (Hrsg.)[1286] die Möglichkeit, *„die Auswirkung der Folgebewertung bei einer Werterholung, die über die Anschaffungskosten hinausgeht, über einen Sonderposten abzubilden"*.

Der DRS 25 kennt die oben beschriebene Vorgehensweise des BFA 4 Tz. 12, Bewertung in zwei Schritten nicht, nach der etwa bei den auf fremde Währung lautenden Vermögensgegenständen eine Kompensation von negativen währungskursbedingten Wertänderungen mit positiven Änderungen des beizulegenden Werts in Fremdwährung nur soweit möglich ist, als der beizulegende Wert in Fremdwährung die Anschaffungskosten in Fremdwährung nicht übersteigt. Vielmehr können währungskursbedingte Änderungen des beizulegenden Werts und Änderungen des beizulegenden Werts kompensatorisch wirken (vgl. DRS 25.24). Für monetäre Vermögensgegenstände des Umlaufvermögens ist eine Wertminderung demnach zu erfassen, soweit der mit dem Stichtagskurs umgerechnete beizulegende Wert in Fremdwährung die mit dem historischen Kurs umgerechneten (ggf. fortgeführten) Anschaffungskosten in

[1284] Vgl. Deubert/Mayer/Müller, Der Konzern 2018, 98.
[1285] Vgl. Deubert/Mayer/Müller, Der Konzern 2018, 98.
[1286] Vgl. DGRV (Hrsg.), Jahresabschluss, A. IV. Rn. 312.

Fremdwährung unterschreitet (vgl. DRS 25.26). Das bedeutet, dass negative Änderungen des beizulegenden Werts in Fremdwährung nicht zu einer Wertminderung führen, soweit sie durch positive währungskursbedingte Wertänderungen kompensiert werden (vgl. DRS 25.B13, Fall 3). Umgekehrt führen negative währungskursbedingte Wertänderungen nicht zu einer Wertminderung, soweit sie durch positive Änderungen des beizulegenden Werts in Fremdwährung kompensiert werden (DRS 25.B13, Fall 2).

Zu einer **nach Bilanzposten gegliederten Darstellung der Bewertung** bei Zugang sowie bei der Folgebewertung vgl. BeBiKo.[1287]

Anzuwendende (Stichtags-)Kurse bei besonders gedeckten Geschäften

Nach § 340h HGB gilt § 256a HGB mit der Maßgabe, „… *dass Erträge, die sich aus der Währungsumrechnung ergeben, in der Gewinn- und Verlustrechnung zu berücksichtigen sind, **soweit** die Vermögensgegenstände, Schulden oder Termingeschäfte durch Vermögensgegenstände, Schulden oder andere Termingeschäfte in derselben Währung besonders gedeckt sind"*.

Nicht ausgleichende **Betragsspitzen** wären danach nach den allgemeinen Bewertungsregeln des § 256a HGB zu bewerten.

Nach Gaber[1288] ist eine willkürfreie Zuordnung offener Spitzen zu Einzelgeschäften bei Instituten im Regelfall nicht möglich. Daher ist es – so Gaber – nicht zu beanstanden, wenn **Betragsspitzen** naturgemäß als kurzfristig oder aus Gründen der Vorsicht als langfristig eingeordnet werden. Die gewählte Konvention ist zeitstetig anzuwenden. Die Umrechnung hat in Übereinstimmung mit der Risikomanagementstrategie des Instituts zu erfolgen.

Entgeltlich erworbener Geschäfts- oder Firmenwert

Der entgeltlich erworbene Geschäfts- oder Firmenwert einer ausländischen Zweigniederlassung ist unter den Anwendungsbereich von § 256a HGB zu subsumieren. Er ist nach § 246 Abs. 1 Satz 4 HGB für Zwecke der Bilanzierung im Einzelabschluss als Vermögensgegenstand anzusehen. Weder aus dem Gesetz noch aus der Gesetzesbegründung kann eine Einschränkung dieser Fiktion auf bestimmte Bereiche der Bilanzierung entnommen werden.[1289]

[1287] Vgl. BeBiKo. 13. Aufl., § 256a HGB, Rn. 61 ff.
[1288] Vgl. Gaber, 2. Aufl., 388 f.
[1289] Vgl. Gelhausen/Fey/Kämpfer, Abschnitt J Rn. 75.

Devisenkassageschäfte

Bei Devisenkassageschäften (Kassakäufe und -verkäufe) erfolgt die Lieferung der Devisen usancemäßig spätestens zwei Geschäftstage nach Abschluss des Geschäfts. Für diese Geschäfte ist § 340h iVm. § 256a HGB anzuwenden (IDW RS BFA 4 Tz. 13).

Liegt der Bilanzstichtag zwischen dem Tag des Geschäftsabschlusses und dem Tag der Erfüllung des Kassageschäfts, hat das Institut (schwebende) Devisenlieferansprüche bzw. -verpflichtungen, die jedoch nicht als Devisentermingeschäft bewertet werden. Die Devisenkassageschäfte sind daher entsprechend der Bewertung von Devisenforderungen bzw. -verbindlichkeiten, mit dem Devisenkassamittelkurs am Bilanzstichtag in Euro umzurechnen.

Eventualverbindlichkeiten

Es wird hier für sachgerecht gehalten, wenn Eventualverbindlichkeiten, die in fremder Währung zu erfüllen sind, grundsätzlich zum Geldkurs „eingebucht" (erfasst) und umgerechnet (bewertet) werden. Potenzielle Kursgewinne und -verluste können bei diesen Posten nicht imparitätisch behandelt werden.[1290]

Auch wenn weder das Gesetz selbst noch dessen Begründung Eventualverbindlichkeiten ausdrücklich erwähnen, ist es nach der hier vertretenen Ansicht nicht zu beanstanden, wenn diese zum Devisenkassamittelkurs eingebucht und bewertet werden.[1291]

Im Anhang ist anzugeben, wie Eventualverbindlichkeiten in Fremdwährung umgerechnet worden sind, es sei denn, der Unterschied zwischen den oben dargestellten Umrechnungsmöglichkeiten ist nicht wesentlich.

Rückstellungen, latente Steuern, Rechnungsabgrenzungsposten

Von den Vorschriften zur Währungsumrechnung werden „*Vermögensgegenstände und Verbindlichkeiten*" erfasst. **Rückstellungen** und **latente Steuern** sind keine Verbindlichkeiten. Diese unterliegen nicht § 256a HGB; sie sind vielmehr am Bilanzstichtag neu zu bewerten; dabei sind die zum Abschlussstichtag geltenden Kursverhältnisse zu berücksichtigen. Zur Umrechnung und

---

[1290] Ebenso WPH Edition, Kreditinstitute, Kap. D. Rn. 466.
[1291] Ebenso WPH Edition, Kreditinstitute, Kap. D. Rn. 466.

Sicherheitenstellung von Fremdwährungsrückstellungen durch Hinterlegung eines entsprechenden Betrags in Währung vgl. Lüdenbach.[1292]

Rechnungsabgrenzungsposten sind ebenfalls keine Vermögensgegenstände bzw. Verbindlichkeiten; daher fallen sie nicht unter den Regelungsbereich des § 256a iVm. 340h HGB. Die mittels eines Rechnungsabgrenzungspostens abzugrenzenden Einnahmen bzw. Ausgaben werden bereits im Zeitpunkt des Ansatzes in die Berichtswährung umgerechnet, sodass sich Währungsschwankungen nicht mehr erfolgswirksam auswirken können.[1293]

Bei Rechnungsabgrenzungsposten aufgrund von **Upfront Payments für schwebende Geschäfte** des Nicht-Handelsbestands ist eine Währungsumrechnung auch nicht erforderlich, da diese Ausgaben bzw. Einnahmen bereits geleistet und im Zeitpunkt ihres Anfalls in Euro umgerechnet wurden.[1294]

Sorten

Die Vorschriften zur Währungsumrechnung erstrecken sich – so der Gesetzgeber – nicht auf die Umrechnung von Sorten (Noten und Münzen in Fremdwährung).[1295] Zwar werden insbesondere bei Kreditinstituten auch Sorten im Bestand gehalten, diese haben jedoch für eine den tatsächlichen Verhältnissen entsprechende Darstellung der Vermögens-, Finanz- und Ertragslage in der ganz überwiegenden Anzahl der Fälle nur eine vernachlässigbare Bedeutung.

Die Bewertung von Sorten in Fremdwährung erfolgt nach dem strengen Niederstwertprinzip. Soweit Sorten idR für die Beurteilung der Vermögens-, Finanz- und Ertragslage von untergeordneter Bedeutung sind, ist es nicht zu beanstanden, wenn diese zum Ankaufskurs am Bilanzstichtag bewertet werden.

Swapdepotgeschäfte

Als Swapdepotgeschäfte werden Geschäfte bezeichnet, bei denen Kredite, Geld- und Kapitalmarktgeschäfte in Fremdwährung (bspw. USD) in der nationalen Währung (Euro) refinanziert und mittels Devisentermingeschäften gegen das Devisenkursänderungsrisiko gesichert werden (bspw. Kassakauf

---

[1292] Vgl. Lüdenbach, StuB 2021, 545 f.
[1293] Vgl. BR-Drucks. 344/08, 135.
[1294] Vgl. WPH Edition, Kreditinstitute, Kap. D. Rn. 464.
[1295] Vgl. BR-Drucks. 344/08, 135.

von Fremdwährung und Verkauf per Termin). Swapdepotgeschäfte dienen der **Kurssicherung von Bilanzbeständen.**

Dabei wird der gekaufte Währungsbetrag (zB USD) bspw. zum Erwerb eines Wertpapiers verwendet. Der Fremdwährungsterminverkauf und das Wertpapier haben im Regelfall die gleiche Laufzeit. Die Fremdwährungszinserträge werden meistens auf Termin verkauft, sodass das Devisenkursänderungsrisiko vollständig eliminiert ist. Diese Geschäfte sind iRe. Bewertungseinheit gemäß § 254 HGB bilanziell abzubilden.

Die Bewertung des Devisentermingeschäfts erfolgt zum **gespaltenen Terminkurs**, soweit es sich um verzinsliche Wertpapiere handelt. Der zeitanteilige Deport bzw. Report (Swapsatz) ist dabei nach der RechKredV als Zins zu vereinnahmen (§§ 28, 29 RechKredV).

Wertaufholung bei langfristigen Forderungen und Verbindlichkeiten

§ 253 Abs. 5 Satz 1 HGB schreibt vor, dass ein niedrigerer Wertansatz nach § 253 Abs. 3 Satz 5 oder Satz 6 HGB (Anlagevermögen) und § 253 Abs. 4 HGB (Umlaufvermögen) nicht beibehalten werden darf, wenn die Gründe dafür nicht mehr bestehen (sog. Wertaufholung).

Je nachdem, ob das Institut[1296]

1. gemäß § 277 Abs. 5 Satz 2 HGB den Währungsumrechnungseffekt gesondert von der Wertänderung in Fremdwährung erfasst, oder
2. der Ausweiskonzeption der RechKredV folgend beide einheitlich als Wertänderung zeigt (vgl. Kapitel 4.8.2.6.),

ist unterschiedlich vorzugehen.

Zu 1.: Bei der Prüfung, ob gemäß § 253 Abs. 5 Satz 1 HGB nach einer währungskursinduzierten außerplanmäßigen Abschreibung iSd. § 253 Abs. 3 Satz 5 und Satz 6 oder nach Abs. 4 HGB eine Wertaufholung bei **langfristigen Vermögensgegenständen** (zB Forderungen in Fremdwährung) vorzunehmen ist, weil die Gründe für den niedrigeren Wertansatz nicht mehr bestehen, sind Veränderungen des Wechselkurses und Veränderungen des Zeitwerts in Währung grundsätzlich getrennt zu betrachten, da es sich um voneinander unabhängige Gründe handelt. Eine **Kurserholung** ist nur bis zur Höhe des ursprünglichen **Anschaffungskurses** zu berücksichtigen. Vgl. Kapitel 4.8.2.4.1.

[1296] IDW RS BFA 4 Tz. 22 stellt fest, dass beide Methoden wahlweise anwendbar sind.

Sowohl bezüglich des Zeitwerts in Fremdwährung als auch bezüglich des relevanten Kurses gilt hier das **Anschaffungskostenprinzip jeweils eigenständig.** Dies bedeutet Folgendes: Führt der Gesamteffekt aus Währungskurs- und Preisänderungen zum Stichtag zu einem Wert, der über dem letzten Bilanzansatz nach außerplanmäßiger Abwertung liegt, ist eine **erfolgswirksame Wertaufholung** – unter Berücksichtigung der getrennten Betrachtung von Zeitwertänderung (in Fremdwährung) und wechselkursbedingter Wertänderung – maximal bis zu den ursprünglich gebuchten Anschaffungskosten möglich. Über die Anschaffungskosten hinausgehende (wechselkursbedingte) Werterhöhungen sind nicht als realisiert anzusehen und damit nicht möglich.

Zu 2.: Folgt man dagegen der **hier präferierten Ansicht** (vgl. Kapitel 4.8.2.6.), dass es bei Instituten sachgerecht ist, wenn sowohl die Wertänderung in Fremdwährung als auch der Währungsumrechnungseffekt der Ausweiskonzeption der RechKredV folgend in dem Posten der Gewinn- und Verlustrechnung ausgewiesen wird, in dem die sonstigen Bewertungsergebnisse des betreffenden Vermögensgegenstands bzw. der Verbindlichkeit (bestandsabhängig) auszuweisen sind,[1297] ist die oben dargestellte (vgl. zu 1.) getrennte Buchung nicht erforderlich (so auch IDW RS BFA 4 Tz. 22). Die **Wertobergrenze** bilden bei diesem Vorgehen die in Euro umgerechneten ursprünglichen Anschaffungskosten.

Entsprechendes gilt für **langfristige Verbindlichkeiten in Fremdwährung.**[1298] Nach dieser Ansicht besteht bei langfristigen Verbindlichkeiten ein Wertaufholungsgebot bis zur Höhe der ursprünglichen Verbindlichkeit, „... *wenn nach einer durch einen schwächeren Euro bedingten Erhöhung der Verbindlichkeit an einem vorangegangenen Abschlussstichtag am Abschlussstichtag der Eurowert der Verbindlichkeit aufgrund eines wieder stärkeren Euro gefallen ist.*"[1299] Dabei darf bei einer Werterholung (Wertminderung der Verbindlichkeit) unter Beachtung des Höchstwertprinzips der Bilanzansatz aus der Buchung des Zugangswerts nicht unterschritten werden.[1300] Dieser Vorgang ist ebenfalls in vollem Umfang ertragswirksam, da § 256a HGB ausweislich des eindeutigen Wortlauts von § 340h HGB uneingeschränkt auch auf Institute anzuwenden ist.

Es sei ausdrücklich darauf hingewiesen, dass bei Forderungen bzw. Verbindlichkeiten in Währung mit einer **Laufzeit von bis zu einem Jahr**, die vorstehend dargestellten Restriktionen entfallen.

[1297] Ähnlich WPH Edition, Wirtschaftsprüfung & Rechnungslegung, 17. Aufl., Kapitel F Tz. 837.
[1298] Vgl. BeBiKo. 13. Aufl., § 256a HGB Rn. 186.
[1299] Vgl. BeBiKo. 13. Aufl., § 256a HGB Rn. 186.
[1300] Vgl. BeBiKo. 13. Aufl., § 256a HGB Rn. 186.

DRS 25 bestimmt: Für monetäre Vermögensgegenstände mit einer **Restlaufzeit von mehr als einem Jahr** ist eine Werterhöhung (**Wertaufholung**) zu erfassen, soweit der mit dem Stichtagskurs umgerechnete beizulegende Wert in Fremdwährung über dem Vorjahreswert gemäß DRS 25.26 liegt und die mit dem historischen Kurs umgerechneten (ggf. fortgeführten) Anschaffungskosten in Fremdwährung nicht übersteigt. Bei monetären Vermögensgegenständen mit einer Restlaufzeit von einem Jahr oder weniger bilden die mit dem Stichtagskurs umgerechneten (ggf. fortgeführten) Anschaffungskosten in Fremdwährung die Obergrenze einer Werterhöhung (DRS 25.30).

Für monetäre Verbindlichkeiten ist nach DRS 25.31 eine *„währungskursbedingte Werterhöhung"* zu erfassen, soweit der mit dem Stichtagskurs umgerechnete Erfüllungsbetrag in Fremdwährung den mit dem historischen Kurs umgerechneten Erfüllungsbetrag in Fremdwährung übersteigt. Nach DRS 25.32 ist für monetäre Verbindlichkeiten eine *„währungskursbedingte Wertminderung"* zu erfassen, soweit der mit dem Stichtagskurs umgerechnete Erfüllungsbetrag in Fremdwährung den Vorjahreswert gemäß DRS 25.31 unterschreitet. Dabei darf bei monetären Verbindlichkeiten mit einer Restlaufzeit von mehr als einem Jahr der mit dem historischen Kurs umgerechnete Erfüllungsbetrag in Fremdwährung nicht unterschritten werden.

Bewertungseinheiten

Durch die Bildung von Bewertungseinheiten ist insbesondere auch die **Absicherung von Währungsrisiken** möglich. „Auf fremde Währung lautende" Posten, die gegen das **Währungsrisiko gesichert** werden, ist § 254 HGB anwendbar (vgl. oben zu „auf fremde Währung lautend" sowie Kapitel 4.11.).

Werden Vermögensgegenstände wie bspw. Fremdwährungsforderungen, Schulden wie bspw. Fremdwährungsverbindlichkeiten, schwebende Geschäfte (zB Devisentermingeschäfte) oder mit hoher Wahrscheinlichkeit erwartete Transaktionen (zB künftige Anschaffungen in Fremdwährung, die noch nicht fest bestellt sind) zum Ausgleich gegenläufiger Wertänderungen oder Zahlungsströme aus dem Eintritt vergleichbarer Risiken mit Finanzinstrumenten zusammengefasst (Bewertungseinheit), ist ua. **§ 256a HGB** in dem Umfang und für den Zeitraum **nicht anzuwenden**, in dem sich die gegenläufigen Wertänderungen oder Zahlungsströme ausgleichen.[1301]

[1301] Vgl. zur Bewertungseinheit ausführlich und mit Beispielen HdR 5. Aufl., § 254 HGB.

424

4.8.2.4.2. Devisentermingeschäfte

Grundsätzliches

Termingeschäfte sind Geschäfte, bei denen zwischen Geschäftsabschluss und Erfüllung eine Zeitspanne von mehr als zwei Tagen liegt bzw. die usancemäßig keine Kassageschäfte sind.

Devisentermingeschäfte sind **schwebende Geschäfte** und damit grundsätzlich nicht zu bilanzieren. Lediglich wenn ein negativer Erfolgsbeitrag aus dem schwebenden Geschäft erwartet wird, ist eine Rückstellung für drohende Verluste aus schwebenden Geschäften erforderlich. Devisentermingeschäfte sind weder Vermögensgegenstände noch Verbindlichkeiten, weshalb für diese die **Restlaufzeit** iSd. § 256a Satz 2 HGB nicht von Bedeutung ist.

Alleinstehende Devisentermingeschäfte

Nicht abgewickelte Termingeschäfte waren vor Inkrafttreten des BilMoG nach § 340h Abs. 1 Satz 3 HGB aF zum Terminkurs am Bilanzstichtag umzurechnen. Diese Regelung wurde nicht in § 340h HGB nF übernommen. Der Terminkurs ist nicht mit dem Marktwert eines Devisentermingeschäfts identisch.

Bei alleinstehenden Devisentermingeschäften ist mithin nach Inkrafttreten des BilMoG ebenso wie bei anderen Derivaten der **Marktwert**[1302] (Fair Value, beizulegender Zeitwert) des Devisentermingeschäfts als Wertmaßstab heranzuziehen (IDW RS HFA 4 Tz. 44).[1303] Ist der Marktwert **negativ**, dh. **droht am Abschlussstichtag** zu den aktuellen Marktbedingungen **ein Verlust**, ist bei alleinstehenden Geschäften in dieser Höhe eine (Drohverlust-) Rückstellung auszuweisen. Dies entspricht der bei Derivaten üblichen Vorgehensweise. Im Anhang ist darauf hinzuweisen, wie Devisentermingeschäfte bewertet wurden. Ausführlich vgl. Kapitel 4.12.5.5.1.

[1302] Zur Ermittlung des Terminkurses sowie zur Ermittlung des Marktwerts vgl. Schneider, PiR 2008, 194 ff.

[1303] AA Böcking/Wolsiffer/Bär, in: MünchKomm. HGB, 4. Aufl., § 340h HGB Rn. 25; sie vertreten die Ansicht, dass die Vorgehensweise des § 340h HGB aF auch mit Inkrafttreten des BilMoG weiterhin Gültigkeit habe.

Devisentermingeschäfte iRe. besonderen Deckung

Devisentermingeschäfte als Bestandteil einer besonderen Deckung sind wie bei der Bewertung nach IDW RS HFA 4 Tz. 44 mit ihrem beizulegenden Zeitwert (Marktwert) anzusetzen. Sämtliche Bewertungsergebnisse sind nach § 340h HGB bei Vorliegen einer besonderen Deckung als realisiert anzusehen.

Devisentermingeschäfte als Sicherungsinstrumente (Bewertungseinheiten)

Die Umrechnung von Termingeschäften ist bei Sicherungstransaktionen, abhängig davon in welchem Zusammenhang das Termingeschäft steht, nach der Gesetzesbegründung zum Bankbilanzrichtlinie-Gesetz und den Grundsätzen ordnungsmäßiger Bilanzierung auf zwei Wegen durchzuführen. Daran hat sich mit Inkrafttreten des BilMoG materiell nichts geändert (IDW RS BFA 4 Tz. 17). Ausführlich vgl. Kapitel 4.12.5.5.2.

Bilanzierung bei Bewertung mit dem gespaltenen Terminkurs bei Absicherung zinstragender Posten (Bewertungseinheit)

Der **abzugrenzende Swapsatz** (Terminkomponente: Deport, Report), der sich als Differenz aus Terminkurs und Kassakurs bei Abschluss des Geschäfts ergibt, ist bei der Bewertung mittels des gespaltenen Terminkurses über ein Swapbestandskonto in der **Bilanz** zu aktivieren bzw. zu passivieren. Hierzu ist es erforderlich, den bei Vertragsabschluss vereinbarten Terminkurs rechnerisch in seine Bestandteile Kassakurs (Kassabasis) und Terminkomponente (Swapsatz) aufzuteilen und beide im Rahmen einer Nebenbuchhaltung festzuhalten. Der Swapsatz als Quasizins ist über die (Rest-) Laufzeit des Termingeschäfts zeitanteilig (linear) abzugrenzen. Ausführlich vgl. Kapitel 4.12.5.5.2.

Reststellenbewertung bei Bilanzierung mittels gespaltenem Terminkurs bei Absicherung zinstragender Posten (Bewertungseinheit)

Stehen Devisentermingeschäfte im Zusammenhang mit der Absicherung von zinstragenden Bilanzposten, ist durch geeignete Verfahren – wie zB der **Reststellenanalyse** – zu untersuchen, ob am Abschlussstichtag aus der fristenmäßigen Schließung der Position Verluste drohen und hierfür Rückstellungen zu bilden sind (IDW RS BFA 4 Tz. 18). Dies ist als Pflicht zu verstehen. Einzelheiten vgl. Kapitel 4.12.5.5.2.

Sonderfall: Swaparbitragegeschäfte

Swaparbitragegeschäfte sind aufgrund ihres Geschäftszwecks Geschäfte des Handelsbestands (IDW RS BFA 4 Tz. 3). Längerfristige Devisentermingeschäfte werden dabei durch betragskongruente kurzfristige, gegenläufige Devisentermingeschäfte in derselben Währung abgesichert. Geht die Erwartung auf, profitiert das Institut aus den veränderten Swapsätzen.

Sie können nicht in eine besondere Deckung einbezogen werden, da sie dem Handelsbestand zuzuordnen sind.[1304]

Bei Fälligwerden der kürzer laufenden Geschäfte ist das Risiko aus dem Folgegeschäft auf die Veränderung des Swapsatzes begrenzt. Es liegt somit kein Währungsrisiko, sondern ein Zinsrisiko in Form der Zinsdifferenz zwischen zwei Währungen vor. Die Erfolgsbeiträge sind im **Handelsergebnis** zu erfassen.

4.8.2.5. Erfolgsrealisierung von Umrechnungsdifferenzen

Anwendung der Grundsätze ordnungsmäßiger Bilanzierung

Abgesehen von Handelsbeständen – so ausdrücklich der Gesetzgeber[1305] – ist die handelsrechtliche Berücksichtigung von aus der Währungsumrechnung resultierenden Wertänderungen grundsätzlich unter Berücksichtigung des Realisations- und des Imparitätsprinzips sowie des Anschaffungskostenprinzips zu beurteilen.

Aufwendungen aus der Währungsumrechnung sind nach § 252 Abs. 1 Nr. 4 HGB stets in der Gewinn- und Verlustrechnung zu berücksichtigen. Mit Ausnahme des § 256a Satz 2 HGB (Restlaufzeit bis zu einem Jahr) sowie des § 340h HGB (besondere Deckung) dürfen **Erträge** aus der Währungsumrechnung nicht erfolgswirksam gebucht werden. Eine Zusammenfassung der Erfolgsrealisierung zeigt Abb. 4.11. Zur Ertragsrealisierung bei der **Wertaufholung bei langfristen Forderungen bzw. Verbindlichkeiten** vgl. Kapitel 4.8.2.4.1.

[1304] Vgl. Krumnow ua., 2. Aufl., § 340h HGB Rn. 51.
[1305] Vgl. BR-Drucks. 344/08, 134.

Aufwendungen	Erträge		
	Besondere Deckung oder Restlaufzeit ≤ 1 Jahr	*Bewertungseinheit*	*Keine Bewertungs- einheit oder Restlaufzeit > 1 Jahr*
Stets zwingende Berücksichtigung in der GuV	Stets zwingende Berücksichtigung in der GuV	Berücksichtigung in der GuV bis zur Nulllinie	Verbot der Berück- sichtigung in der GuV
§ 252 Abs. 1 Nr. 4 HGB	§ 340h bzw. § 256a Satz 2 HGB	§ 254 HGB	§ 256a Satz 1 iVm. § 252 Abs. 1 Nr. 4 HGB

Abb. 4.11: Behandlung von Ergebnissen der Währungsumrechnung

Restlaufzeit von einem Jahr und weniger bzw. mehr als einem Jahr

Soweit es sich um auf fremde Währung lautende Vermögensgegenstände und Verbindlichkeiten handelt, ist hinsichtlich der Beachtung des Realisations- und Imparitätsprinzips sowie des Anschaffungskostenprinzps danach zu unter- scheiden, ob es sich um einen Vermögensgegenstand bzw. eine Verbindlichkeit mit einer Restlaufzeit von **(1) „mehr als einem Jahr"** oder um solche mit einer Restlaufzeit von **(2) „einem Jahr oder weniger"** handelt.

Im **Fall (1)** sind die Aufwendungen aus der Währungsumrechnung voll und die Erträge unter Beachtung des Anschaffungskostenprinzips (§ 253 Abs. 1 Satz 1 HGB) und des Realisations- und Imparitätsprinzips (§ 252 Abs. 2 Nr. 4 Halb- satz 2 HGB) erfolgswirksam zu erfassen, es sei denn, es ist eine besondere Deckung (oder eine Bewertungseinheit) gegeben. Zur Ertragsrealisierung bei der **Wertaufholung** bei langfristigen Forderungen bzw. Verbindlichkeiten vgl. Kapitel 4.8.2.4.1.

Im **Fall (2)** sind sowohl alle Aufwendungen wie auch alle Erträge, die sich aus der Währungsumrechnung zum Abschlussstichtag ergeben, in voller Höhe erfolgswirksam zu buchen (ggf. auch Nettoertragsrealisierung). In diesem Fall ist es faktisch nicht relevant, ob eine besondere Deckung (oder eine Bewer- tungseinheit) vorliegt oder nicht.

Eine Forderung, die in mehreren **Jahresraten getilgt** wird, ist bezüglich der Restlaufzeit nicht entsprechend der Fälligkeit (Restlaufzeit) der Jahresraten aufzuteilen. Eine Forderung ist nur im Ganzen als Vermögensgegenstand anzusehen und kann nicht in mehrere Vermögensgegenstände aufgeteilt werden. § 256a HGB nimmt auf Vermögensgegenstände Bezug, weshalb die Restlaufzeit der Forderung insgesamt maßgeblich ist.

Derivate, deren Volumen (Nominalbetrag usw.) auf eine Fremdwährung lautet – wie bspw. Devisentermingeschäfte und -optionen, Währungsswaps usw. – sind weder Vermögensgegenstände noch Verbindlichkeiten, sondern **schwebende Geschäfte**. Ihre Bewertung erfolgt anhand anerkannter Bewertungsmethoden unter Berücksichtigung des Stichtagskurses, es sei denn, es liegen an einem Markt notierte Preise vor (IDW RS HFA 4 Tz. 44). Die Restlaufzeit im og. Sinne ist nicht relevant.

Bezahlte bzw. erhaltene Optionsprämien, Upfront Payments, Variation Margins und Sicherheitsleistungen, die ihrerseits als Vermögensgegenstände oder Verbindlichkeiten anzusehen sind, unterliegen hingegen der Währungsumrechnung nach § 256a iVm. § 340h HGB.

Vorliegen einer „besonderen Deckung"

a) Erfolgsrealisation bei besonderer Deckung

Auch bei einer *„besonderen Deckung"* sind die **Aufwendungen** aus der Währungsumrechnung aufwandswirksam in der Gewinn- und Verlustrechnung zu buchen.[1306]

Erträge aus der Währungsumrechnung müssen ergebniswirksam vereinnahmt werden, soweit auf Fremdwährung lautende Vermögensgegenstände, Verbindlichkeiten oder Termingeschäfte durch Verbindlichkeiten, Vermögensgegenstände oder Termingeschäfte in derselben Währung besonders gedeckt sind (§ 340h HGB).

Der Begriff „besonders gedeckt" bzw. „einfach gedeckt" (Bewertungseinheit, geschlossene Position) wurde bereits im Bankbilanzrichtlinie-Gesetz verwen-

---

[1306] Zu den Kriterien der besonderen Deckung vgl. Gaber, 2. Aufl., 388 ff.; Haaker/Freiberg, PiR 2014, 251; Bieg/Waschbusch, 3. Aufl., 538 ff.

det. Nach Neufassung des § 340h HGB iRd. BilMoG sind diese Begriffe inhaltsgleich wie unter Geltung des § 340h HGB aF weiter zu verwenden.[1307]

Im Rahmen des Bankbilanzrichtlinie-Gesetzes hat sich der Gesetzgeber zur inhaltlichen Bestimmung von besonders gedeckten Geschäften nicht eindeutig geäußert. Nachdem sich der Gesetzgeber auch im BilMoG hierzu nicht näher geäußert hat, ist davon auszugehen, dass sich an den bisherigen Voraussetzungen für das Vorliegen einer besonderen Deckung nichts geändert hat. Mithin kann diesbezüglich auf das bisher zu § 340h HGB aF veröffentlichte Schrifttum zurückgegriffen werden.

Es ist davon auszugehen, dass – soweit nach § 256a HGB keine Einschränkungen bestehen – nach Inkrafttreten des BilMoG weiterhin grundsätzlich dieselben Vermögenswerte, Verbindlichkeiten und Termingeschäfte (einschl. Optionen, Währungsswaps usw.) in eine besondere Deckung einbezogen werden können wie nach § 340h HGB aF.

Für die bilanzielle Abbildung einer besonderen Deckung – dh. Realisierung des Ertrags gemäß § 340h HGB – besteht nach dem eindeutigen Wortlaut des Gesetzes („sind") eine **Pflicht**. Soweit die Kriterien für das Vorliegen einer besonderen Deckung willkürfrei festgelegt und dokumentiert sind, ist neben der Realisierung der Aufwendungen aus der Währungsumrechnung auch die Realisierung der entsprechenden Erträge zwingend. Eine Umgehung der Bildung von besonderen Deckungsverhältnissen unter Zuhilfenahme des Einzelbewertungs- und Imparitätsprinzips zur nicht gerechtfertigten Legung von stillen Reserven ist nach dem Wortlaut des Gesetzes („sind") nicht zulässig. Aus diesem Grund ist für die bilanzielle Abbildung von besonderen Deckungsverhältnissen auf das interne Rechnungswesen bzw. auf die Risikosteuerung zurückzugreifen.

Stehen **Bilanzposten** bzw. Derivate – insbesondere Termingeschäfte – in einer besonderen Deckung, fingiert das Gesetz, dass der Erfolg aus der Währungsumrechnung bei den besonders gedeckten Geschäften und bei den Deckungsgeschäften im Zeitpunkt der Bildung der besonderen Deckung ausnahmsweise feststeht und zum Abschlussstichtag in vollem Umfang zu realisieren ist (gesetzliche Fiktion).

Im Gegensatz zur Bewertungseinheit, bei der zinstragende Währungsgeschäfte (Forderungen, Verbindlichkeiten) unter Verwendung von Devisentermingeschäften gegen das Währungsrisiko gesichert werden (vgl. Kapitel 4.12.5.5.2.),

---

[1307] Ebenso Böcking/Wolsiffer/Bär, in: MünchKomm. HGB, 4. Aufl., § 340h HGB Rn. 12 ff. mwN.

muss bei der besonderen Deckung keine Bewertung der Termingeschäfte mittels des gespaltenen Terminkurses erfolgen. Bei der besonderen Deckung werden Forderungen und Verbindlichkeiten anhand des Devisenkassamittelkurses bewertet, während Devisentermingeschäfte und andere Derivate in der besonderen Deckung mit ihrem beizulegenden Zeitwert (Marktwert) (vgl. Kapitel 4.12.5.3.) angesetzt werden.

Der daraus resultierende Erfolg wird – anders als bei Geschäften, die in einer (einfachen) Sicherungsbeziehung (Bewertungseinheit) stehen und nach § 254 HGB abzubilden sind – aufgrund der gesetzlichen Fiktion des § 340h HGB bereits im Geschäftsjahr der Bildung einer besonderen Deckung vereinnahmt. Bei besonders gedeckten Geschäften sind nach dem Wortlaut des § 340h HGB nicht nur die Umrechnungsaufwendungen, sondern auch die Umrechnungserträge im vollen Umfang in der Gewinn- und Verlustrechnung zu berücksichtigen.

Insoweit greift das Imparitätsprinzip auf der Ebene der besonders gedeckten Geschäfte im Gegensatz zur Abbildung einer Bewertungseinheit nicht. Eine Begrenzung auf die Erfolgsverrechnung bis zur sog. Nulllinie – wie dies bei einer Bewertungseinheit iSd. § 254 HGB der Fall ist – besteht bei besonders gedeckten Geschäften nicht. Mithin kann es hier zu einer **Nettoertragsrealisierung** kommen, wenn die Umrechnungserträge höher sind als die Umrechnungsaufwendungen.

b) Überlegungen zu den Kriterien der besonderen Deckung[1308]

Der Begriff der besonderen Deckung ist gesetzlich nicht definiert. Nach IDW RS BFA 4 Tz. 9 liegt das Kriterium der besonderen Deckung im subjektiven Zuordnungsbereich des Instituts. Zweifelsfrei ist die besondere Deckung mit der Steuerung des Währungsrisikos verbunden.

Nach IDW RS BFA 4 Tz. 5 kann das Wechselkursänderungsrisiko entweder durch einzelne Gegengeschäfte beseitigt werden oder sich iRd. gesamten, in einer Währung im Nicht-Handelsbestand getätigten Geschäfte (**aktiv gesteuerte Währungsposition**) vollständig oder teilweise aufheben.

Möglich sind gleichermaßen die Bildung und Zuordnung von Währungspositionen zu verschiedenen Abteilungen oder Organisationseinheiten oder die Zuordnung auf Einzelgeschäftsbasis.[1309] Diese Zuordnung muss sachgerecht

---

[1308] Vgl. WPH Edition, Kreditinstitute, Kap. D. Rn. 476 ff.; Böcking/Wolsiffer/Bär, in: MünchKomm. HGB, 4. Aufl., § 340h HGB Rn. 12 ff.

[1309] Vgl. BeckOK 35. Ed. HGB § 340h Rn. 5.

4. Bewertungsvorschriften

sein und darf nicht willkürlich (bspw. zur Ergebnissteuerung) erfolgen bzw. geändert werden.

Notwendige Kriterien für die besondere Deckung sind nach § 340h HGB:[1310]

- Identität des Betrags der Ansprüche und Verpflichtungen in Fremdwährung.
- Währungsidentität der einbezogenen Geschäfte.
- Zweifelsfreie Zuordnung durch eine entsprechende Dokumentation, welche Geschäfte in die besondere Deckung einbezogen werden.

So wie für eine Bewertungseinheit muss auch für eine besondere Deckung die **Betragsidentität** von zu deckender und deckender Position verlangt werden (IDW RS BFA 4 Tz. 9). Dies bedeutet nicht, dass lediglich betragsgleiche Positionen bzw. Geschäfte zu Deckungszwecken herangezogen werden können. Betragsidentität liegt nur in Höhe der Betragsübereinstimmung einer geschlossenen Position vor, während der überschießende Betrag (Betragsspitze) eine nicht geschlossene Position und mithin auch keine besondere Deckung bildet.[1311]

Maßgeblich für die Beurteilung, ob ein Wechselkursänderungsrisiko im Fall einer (aktiv gesteuerten) **Währungsposition** besteht, ist die Gesamtposition je Währung, dh. die Zusammenfassung aller bilanzwirksamen und nicht bilanzwirksamen Geschäfte in dieser Währung. Bei einer derartigen Gegenüberstellung der Ansprüche und Verpflichtungen in einer Währung ohne Rücksicht auf die Fälligkeit der einzelnen Geschäfte wird jedoch verlangt, dass es dem Institut möglich ist, **zeitliche Inkongruenzen** durch entsprechende **Anschlussgeschäfte** zu beseitigen, und dass es von dieser Möglichkeit auch tatsächlich Gebrauch macht (IDW RS BFA 4 Tz. 6).[1312]

Zu beachten ist, dass sich die Realisierung von Erträgen und Aufwendungen aufgrund der Währungsumrechnung nach hM nur auf den Betrag bezieht, in dem sich die besonders gedeckten Geschäfte und die Deckungsgeschäfte **betragsgleich** gegenüberstehen (IDW RS BFA 4 Tz. 9). Sich nicht ausgleichende Betragsspitzen sind nach den allgemeinen Bilanzierungs- und Bewertungsregeln abzubilden (IDW RS BFA 4 Tz. 9). Auf die in Kapitel 4.8.2.4.1. dargestellte Sichtweise von Gaber[1313] bezüglich der Bewertung von Betragsspitzen wird verwiesen.

[1310] Ebenso Böcking/Wolsiffer/Bär, in: MünchKomm. HGB, 4. Aufl., § 340h HGB Rn. 14.
[1311] Vgl. Haaker/Freiberg, PiR 2014, 251.
[1312] Ebenso WPH Edition, Kreditinstitute, Kap. D. Rn. 482.
[1313] Vgl. Gaber, 2. Aufl., 388 f.

432

Eine sog. **geschlossene Position** und damit eine Bewertungseinheit iSd. § 254 HGB wird im Allgemeinen die Kriterien für die vor Inkrafttreten des BilMoG relevante einfache Deckung erfüllen. Damit müssen für ein besonders gedecktes Geschäft **weitere ergänzende Voraussetzungen** gegeben sein.[1314]

Bereits der Begriff „besondere Deckung" deutet darauf hin, dass eine Deckung bestehen muss, dh. die einbezogenen Geschäfte müssen **deckungsfähig** sein.[1315]

An der Notwendigkeit sowie Beurteilung der sog. **Deckungsfähigkeit** hat sich mit dem BilMoG nichts geändert. Deckungsfähigkeit ist dann gegeben, wenn sich die Währungsgewinne und Währungsverluste (zu einem bestimmten Zeitpunkt) durch **Zahlungsvorgänge** ausgleichen.[1316] Insoweit als im Ausland belegene Grundstücke, Aktien und Beteiligungen an ausländischen Unternehmen in die besondere Deckung einbezogen werden sollen, ist daher in jedem konkreten Einzelfall zu prüfen, ob mit einem Verlustausgleich durch Zahlungsvorgänge zu einem bestimmten Zeitpunkt zu rechnen ist.[1317]

Die aus den Fremdwährungsgeschäften später resultierenden Zahlungsvorgänge müssen **betragsmäßig** (in Fremdwährung) **unveränderlich** feststehen, sonst können aus Wechselkursänderungen resultierende Erfolgsbeiträge durch Änderung des Werts in Fremdwährung nicht absorbiert werden, sodass sich die in der Deckungsbeziehung angestrebte Kompensationswirkung nicht entfalten kann.[1318]

Bei Gegenständen des Anlagevermögens, namentlich Grundstücken und Beteiligungen sowie Aktien, die auf fremde Währung lauten, erkennt der HFA[1319]

[1314] Vgl. Haaker/Freiberg, PiR 2014, 251 zur Auslegung des unbestimmten Rechtsbegriffs „besondere Deckung" und der erforderlichen Kriterien: Neben der Währungsidentität nennen Haaker/Freiberg die Betragsidentität zwischen zu deckender und deckender Position sowie die Fristenkongruenz, die ggf. auch durch Anschlussgeschäfte hergestellt werden kann.

[1315] Vgl. hierzu Krumnow ua., 2. Aufl., § 340h HGB Rn. 42 f.; zur Deckungsfähigkeit Bieg/Waschbusch, 3. Aufl., 539 f.; Böcking/Wolsiffer/Bär, in: MünchKomm. HGB, 4. Aufl., § 340h HGB Rn. 13.

[1316] Ebenso Krumnow ua., 2. Aufl., § 340h HGB Rn. 42 mwN; Krumnow ua. stützen sich dabei insbesondere auf den Entwurf des HFA zur Währungsumrechnung aus dem Jahr 1986, WPg 1986, 644 ff. Siehe auch Birck/Meyer, V 436 f.

[1317] Vgl. hierzu ausführlich Krumnow ua., 2. Aufl., § 340h HGB Rn. 42 mwN; HFA, WPg 1986, 665; Böcking/Wolsiffer/Bär, in: MünchKomm. HGB, 4. Aufl., § 340h HGB Rn. 13..

[1318] Vgl. Haaker/Freiberg, PiR 2014, 251.

[1319] Vgl. WPg 1986, 665.

in einem geänderten Entwurf einer Verlautbarung zur Währungsumrechnung die Deckungsfähigkeit nicht an. Eine derartig pauschale Ablehnung der Deckungsfähigkeit von Vermögensgegenständen des Anlagevermögens ist nicht sachgerecht, besteht doch in Fällen, in denen diese Vermögensgegenstände in derselben Währung **laufzeitkongruent refinanziert** wurden, bei **Gesamtbetrachtung kein Währungsrisiko**.[1320]

Entsprechendes gilt, wenn bei diesen Vermögensgegenständen das Währungsrisiko **laufzeitkongruent** mittels anderer gleichwertiger Fremdwährungsgeschäfte (zB Devisentermingeschäfte) kompensiert wird. Entscheidend ist, dass die Zahlungsströme aus dem gedeckten Geschäft sowie dem Deckungsgeschäft nachweislich zeitgleich anfallen.

Besteht eine solche Fristenkongruenz oder kann diese mit an Sicherheit grenzender Wahrscheinlichkeit bspw. durch Anschlussgeschäfte innerhalb einer aktiv gesteuerten Währungsposition hergestellt werden und wird dies auch tatsächlich nachweislich praktiziert, ist der unmittelbare Verlustausgleich gewährleistet.[1321]

Dem liegt folgende Überlegung zugrunde: Bei einer Gegenüberstellung aller Ansprüche und Verpflichtungen in einer (liquiden) Währung (Währungsidentität der Geschäfte) ist es möglich, zeitliche Inkongruenzen und damit Währungsrisiken durch entsprechende Anschlussgeschäfte quasi iRe. rollierenden Sicherung zu beseitigen. Das Institut muss dabei aber bspw. durch sein Verhalten in der Vergangenheit belegt haben, dass es von dieser Möglichkeit auch tatsächlich Gebrauch gemacht hat und darlegen, dass es weiterhin so verfahren wird.

Dieses Vorgehen erscheint bei frei konvertierbaren Währungen, die auf einem liquiden Markt gehandelt werden, dann gerechtfertigt, wenn Anschlussgeschäfte zu marktgerechten (fairen) Konditionen uneingeschränkt möglich sind und das Institut diese nach seiner dokumentierten Strategie und seiner bisherigen Praxis auch tätigt.

Es ist nach Ansicht des BFA auch möglich, dass Währungspositionen in verschiedenen Abteilungen/örtlichen Organisationseinheiten geführt werden (IDW RS BFA 4 Tz. 9).

Da es sich um subjektive Zuordnungen handelt, ist darauf zu achten, dass das Kriterium „besondere Deckung" **willkürfrei definiert** und **dokumentiert**

[1320] Vgl. ebenso Haaker/Freiberg, PiR 2014, 251.
[1321] Ebenso Haaker/Freiberg, PiR 2014, 251.

wird und die Festlegung und die Durchführung auch im Zeitablauf objektiv nachvollziehbar sind (IDW RS BFA 4 Tz. 10). Da es sich bei der besonderen Deckung um ein Bewertungsverfahren handelt, gilt das Gebot der **Bewertungsstetigkeit** mit der Folge, dass ein einmal gewähltes Verfahren – dh. eine einmal gebildete besondere Deckung – nur unter den Voraussetzungen des § 252 Abs. 2 HGB geändert werden kann. Dies hat zur Konsequenz, dass Einzelgeschäfte nur unter den strengen Voraussetzungen des § 252 Abs. 2 HGB aus der besonderen Deckung herausgenommen werden dürfen.

c) Einzelheiten zu den deckungsfähigen Geschäften

Bei der **besonderen Deckung**[1322] haben Institute darauf zu achten, dass insoweit, als zwischen auf fremde Währung lautenden gedeckten Geschäften und Deckungsgeschäften **keine Fristenkongruenz** besteht, die **Deckungsfähigkeit** gegeben sein muss.[1323]

Dies gilt grundsätzlich für Grundstücke im Ausland, Aktien und Beteiligungen an ausländischen Unternehmen, die auf Dauer gehalten werden sollen.[1324] **Deckungsfähigkeit** in diesem Sinne ist dann gegeben, wenn sich die Währungsgewinne und Währungsverluste (zu einem bestimmten Zeitpunkt und in bestimmter Höhe) durch **Zahlungsvorgänge** ausgleichen.[1325] Besteht Fristenkongruenz, ist der unmittelbare Verlustausgleich gewährleistet.

Da es bei der besonderen Deckung zu einer Nettoertragsrealisierung kommen kann, ist bei der Zuordnung zu diesem Bestand eine besondere Vorsicht angebracht. Es ist auf jeden Fall zu vermeiden, dass eine Nettoertragsrealisierung entstehen kann, die insbesondere nicht dem Grundsatz des Gläubigerschutzes gerecht wird. Dies ist vor allem bei Einbezug von ausfallgefährdeten Geschäften sowie bei noch nicht kontrahierten, sondern nur geplanten Geschäften der Fall.

Akut **ausfallgefährdete Geschäfte** können daher nicht in die besondere Deckung einbezogen werden (IDW RS BFA 4 Tz. 8).[1326] Krumnow ua.[1327] sehen dies eng, indem sie davon ausgehen, dass alle in die Kompensationsüberle-

---

[1322] Vgl. Bieg/Waschbusch, 3. Aufl., 538 ff.; Gaber, 2. Aufl., 389 ff.
[1323] Vgl. Krumnow ua., 2. Aufl., § 340h HGB Rn. 43; Bieg/Waschbusch, 3. Aufl., 539 f.
[1324] Vgl. hierzu die Ausführungen zur besonderen Deckung.
[1325] Ebenso Krumnow ua., 2. Aufl., § 340h HGB Rn. 42 mwN; Krumnow ua. stützen sich dabei insbesondere auf den Entwurf des HFA zur Währungsumrechnung aus dem Jahr 1986, WPg 1986, 644 ff. Siehe auch Birck/Meyer, V 436 f.; ausführlich Bieg/Waschbusch, 3. Aufl., 539 f.
[1326] Das Ausfallrisiko umfasst auch das Länderrisiko.
[1327] Vgl. Krumnow ua. 2. Aufl., § 340h Rn. 45.

gungen einbezogenen Geschäfte „*frei von erkennbaren Ausfallrisiken*" sein müssen. Soweit bei einzelwertberichtigten Posten bezüglich des in der Bilanz ausgewiesenen (Rest-) Buchwerts – abgesehen von iRd. Pauschalwertberichtigung erfassten Risiken – kein weiteres Ausfallrisiko besteht, wird man diesen (Rest-) Buchwert in die besondere Deckung einbeziehen können.[1328] Es ist aber nicht zu beanstanden, wenn ausfallgefährdete Geschäfte insgesamt nicht in die besondere Deckung einbezogen werden.

In diesem Zusammenhang ist zu beachten, dass sich die Betragsidentität bei **zinsinduziert** bewerteten Fremdwährungsgeschäften, wie bspw. Wertpapiere, wenn diese nicht akut ausfallgefährdet sind ggf. nicht auf den zinsinduziert niedrigeren Buchwert (zB 98 USD), sondern auf den Nominalbetrag (zB 100 USD) bezieht, da der Nominalwert getilgt wird. Die gegen das Währungsrisiko gesicherte (gedeckte) Position ist in solchen Fällen der Nominalwert in Fremdwährung.

Devisentermingeschäfte und **Währungsswaps** sind in Höhe ihres (Nominal-) Volumens in die besondere Deckung einzubeziehen. Deren erfolgswirksame Bewertung richtet sich nach ihrem beizulegenden Zeitwert (Marktwert).

Die Einbeziehung von **Währungsoptionen** in die besondere Deckung in Höhe ihres (Nominal-) Volumens ist nach Gaber nicht sachgerecht, da nicht sicher ist, ob diese Optionen ausgeübt werden. In Anlehnung an die aufsichtsrechtliche Bestimmung der Währungsgesamtposition nach Art. 352 Abs. 1 Buchst. (d) CRR kann es nach Gaber als sachgerecht angesehen werden, diese Optionen mit ihren **Delta-gewichteten Nominalbeträgen** in die besondere Deckung – also in die Währungsposition – einzubeziehen, um der Ausübungswahrscheinlichkeit adäquat Rechnung zu tragen.[1329] Die erfolgswirksame Bewertung hat zum beizulegenden Zeitwert (Marktwert) zu erfolgen.

Bei **Futures** gehen die Margin-Zahlungen in Fremdwährung (Initial Margin und Variation Margin) in Höhe ihres Nominalbetrags als Fremdwährungsforderungen in die besondere Deckung ein.[1330] Gezahlte bzw. erhaltene Variation Margin-Zahlungen werden erfolgsneutral unter den „Sonstigen Vermögensgegenständen" bzw. „Sonstigen Verbindlichkeiten" erfasst. Durch die Margin-Zahlungen für Futures findet ein erfolgsneutraler Aktivtausch bzw. eine Bilanzverlängerung statt, so dass sich keine unmittelbare Veränderung der Währungsposition ergibt.

[1328] Ebenso Gaber, 2. Aufl., 390.

[1329] Vgl. Gaber, 2. Aufl., 390 f.; ebenso WPH Edition, Kreditinstitute, Kap. D. Rn. 486.

[1330] Ebenso Gaber, 2. Aufl., 391.

Genussrechte, stille Einlagen oder andere **nachrangige Verbindlichkeiten**, die vom Institut emittiert wurden, werden idR in Höhe ihres Rückzahlungsbetrags in fremder Währung berücksichtigt, soweit die Rückzahlung absehbar ist.[1331] Evtl. Verlustbeteiligungen führen zu einer Reduzierung des Rückzahlungsbetrags.

Sog. **Cross-Currency-Hedges** (Tausch einer Fremdwährung in eine andere Fremdwährung) sind bei einer besonderen Deckung nach hM nicht möglich, obwohl diese wirtschaftlich durchaus sinnvoll sein können. Allein schon der eindeutige Wortlaut des Gesetzes („in derselben Währung") verbietet ein solches Vorgehen.[1332]

Nicht deckungsfähig sind wie vor Inkrafttreten des BilMoG **Eventualverbindlichkeiten** und **-ansprüche** in Fremdwährung, da sie nicht sicher zu Zahlungen führen.[1333] Insoweit als mit einer Inanspruchnahme gerechnet wird, muss ohnehin eine Rückstellung gebildet werden.

In eine besondere Deckung können auch die Posten nicht einbezogen werden, die bereits von § 256a HGB nicht erfasst werden (zB **Rückstellungen**, **latente Steuern**, **Rechnungsabgrenzungsposten** usw.). Gleiches gilt für sämtliche Vermögensgegenstände und Verbindlichkeiten, die nicht auf fremde Währung lauten.

Bewertungseinheit nach § 254 HGB

Im Falle einer Bewertungseinheit erfolgt eine kompensatorische Betrachtung der Währungsgeschäfte *„in dem Umfang und für den Zeitraum"*, in dem die gegenläufigen Wertänderungen oder Zahlungsströme sich ausgleichen (§ 254 Satz 1 HGB), dh. die Wertänderungen von Grundgeschäften und Sicherungsinstrumenten werden bis zur sog. **Nulllinie** verrechnet. Dies bedeutet, dass neben der vollen Realisation von Aufwendungen aus der Währungsumrechnung Erträge nur insoweit zu realisieren bzw. als realisiert anzusehen sind, als die Erträge diese Aufwendungen (bezogen auf das gesicherte Risiko) kompensieren (Einzelheiten vgl. Kapitel 4.12.5.5.2.). Das Imparitätsprinzip wird dabei auf die Bewertungseinheit als solche (Grundgeschäft und Sicherungsinstrument) angewendet. Für weitere Details wird auch auf die Literatur zur Bewertungseinheit verwiesen.[1334]

[1331] Vgl. Gaber, 2. Aufl., 391.
[1332] Ebenso Böcking/Wolsiffer/Bär, in: MünchKomm. HGB, 4. Aufl., § 340h HGB Rn. 13.
[1333] Ebenso Böcking/Wolsiffer/Bär, in: MünchKomm. HGB, 4. Aufl., § 340h HGB Rn. 13.
[1334] Vgl. mit Beispielen HdR 5. Aufl., § 254 HGB mwN.

Bei der Absicherung der **Anschaffungskosten** künftiger **unverzinslicher** Fremdwährungseinnahmen oder -ausgaben (bspw. geplanter Beteiligungserwerb) ist der Swapaufwand bzw. -ertrag (Terminkomponente) nach hM Teil der künftigen Anschaffungskosten. Die entsprechenden Vermögensgegenstände bzw. Verbindlichkeiten sind daher mit dem Terminkurs einzubuchen. Entsprechendes gilt auch für antizipative Bewertungseinheiten (vgl. Kapitel 4.12.5.5.2.).

Bei der **Absicherung** von **verzinslichen** Forderungen bzw. Verbindlichkeiten ist die Bewertung eines Devisentermingeschäfts, das als Sicherungsinstrument eingesetzt ist, auf Basis des gespaltenen Terminkurses vorzunehmen. Der Swapsatz ist dabei auf die Laufzeit der Absicherung ratierlich zu vereinnahmen und mit den Zinsen des Grundgeschäfts zu erfassen (vgl. Kapitel 4.12.5.5.2.).

Wird bei der bilanziellen Abbildung von Bewertungseinheiten in Form einer geschlossenen Devisenposition die sog. **Durchbuchungsmethode** angewandt, muss dies in der **Gewinn- und Verlustrechnung** zum gleichen Ergebnis führen wie die kompensatorische Bewertung (sog. Einfrierungsmethode). Dies bedeutet, dass insoweit, als sich die Devisengeschäfte betragsgleich gegenüberstehen, in der Gewinn- und Verlustrechnung eine Verrechnung der Bewertungsergebnisse vorzunehmen ist. Nach der hier vertretenen Ansicht muss auch in der **Bilanz** das gleiche Ergebnis erzielt werden, weshalb die Durchbuchungsmethode nur dann gerechtfertigt ist, wenn die Wertänderungen des Sicherungsinstruments in demselben Posten der Bilanz gezeigt werden, wie die Wertänderung des Grundgeschäfts. Es gibt keinen erkennbaren Grund, in der Bilanz eine von der Einfrierungsmethode abweichende Darstellung zuzulassen.

Wird eine Serie von nacheinander abzuschließenden Devisentermingeschäften (zB mehrere 3-monatige Termingeschäfte) zur Absicherung eines länger laufenden Grundgeschäfts (zB Forderung mit Laufzeit von zwei Jahren) kontrahiert, stellen die nach Ablauf der kurzlaufenden Termingeschäfte anfallenden Abrechnungsbeträge (positive oder negative) Anschaffungskosten für die nachfolgenden Sicherungsinstrumente (Anschlusssicherungsgeschäfte) dar. Diese Abrechnungsbeträge aus den kurzlaufenden Sicherungsinstrumenten sind daher bei deren Anfall nicht erfolgswirksam zu erfassen, sondern in einem Korrekturposten in der Bilanz auszuweisen.

Gelegentlich wird die Ansicht vertreten, dass bei einer geschlossenen Position (Bewertungseinheit) der Erfolg (Gewinn oder Verlust) festgeschrieben ist und demzufolge nicht nur Nettoaufwendungen (dem Imparitätsprinzip folgend), sondern auch Nettoerträge aus dieser Gesamtposition bei Schließen der Position realisiert seien. Eine geschlossene Position ist im Regelfall eine Bewertungseinheit iSd. § 254 HGB.

Die in der Bewertungseinheit eingebundenen Geschäfte haben bis zu ihrer Fälligkeit nach wie vor Bestand. Deshalb kann ein Nettoertrag aus der Bewertungseinheit – im Gegensatz zu besonders gedeckten Geschäften, bei denen aufgrund der gesetzlichen Realisierungsfiktion des § 340h HGB die Erträge voll zu vereinnahmen sind – erst dann als realisiert angesehen werden, wenn diese Geschäfte fällig sind bzw. die Bewertungseinheit beendet wird. Darüber hinaus sieht auch § 254 HGB eine Netto-Ertragsrealisierung – wie sie § 340h HGB ausdrücklich verlangt – nicht vor, da im Fall von Bewertungseinheiten lediglich eine Kompensation bis zur Nulllinie möglich ist.

Ertragsneutralisierung in der Bilanz – Wertaufholung

Bei der Fremdwährungsumrechnung von Vermögensgegenständen mit einer Restlaufzeit von mehr als einem Jahr, die nicht besonders gedeckt sind, ist das Anschaffungskostenprinzip zu beachten.

Soweit ungeachtet dessen – in Ausnahmefällen entgegen der gesetzlichen Vorgaben – eine Bewertung des Aktivpostens mit einem Betrag oberhalb der Anschaffungskosten erfolgt, ist in Höhe des die Anschaffungskosten übersteigenden Betrags stets ein passivischer Korrekturposten zu bilden (zum Ausweis vgl. unten). Unter Beachtung des Imparitätsprinzips ist entsprechend bei der Fremdwährungsumrechnung von Verbindlichkeiten mit einer Restlaufzeit von mehr als einem Jahr zu verfahren (IDW RS BFA 4 Tz. 21). Da der Betrag oberhalb der Anschaffungskosten mithin immer zu ermitteln ist, kann dieser auch gleich bei dem entsprechenden Bilanzposten, in dem die entsprechenden Vermögensgegenstände ausgewiesen sind, korrigiert werden.

In den Folgejahren ist darauf zu achten, dass für Vermögensgegenstände, für die im Vorjahr positive Umrechnungsdifferenzen in den passiven Korrekturposten eingestellt wurden, etwaige negative Umrechnungsdifferenzen zunächst zulasten dieses Korrekturpostens abgedeckt werden. Entsprechendes gilt auch bei Umrechnungsdifferenzen im Zusammenhang mit Verbindlichkeiten.

Insoweit, als bei langfristigen Forderungen bzw. langfristigen Verbindlichkeiten zum vorherigen Abschlussstichtag eine währungsbedingte Abwertung (Aufwand) gebucht wurde und der in Euro umgerechnete Wert bei Forderungen wieder gestiegen bzw. bei Verbindlichkeiten wieder gesunken ist, ist eine entsprechende Wertanpassung (Wertaufholung) mit umgekehrtem Vorzeichen erfolgswirksam zu buchen; jeweils begrenzt durch die Anschaffungskosten.

Zur **Neutralisierung von unrealisierten Umrechnungserträgen** aus **Bilanzposten** kann in Ausnahmefällen die Bildung eines passiven Korrekturpostens erforderlich werden (vgl. oben).[1335] Der BFA hat sich für einen Ausweis in den „Sonstigen Verbindlichkeiten" bzw. „Sonstigen Vermögensgegenständen" entschieden (IDW BFA 4 Tz. 21).

4.8.2.6. Ausweis von Aufwendungen und Erträgen

Laufende Aufwendungen und Erträge

Laufende Aufwendungen oder Erträge in Fremdwährung werden nach den Grundsätzen ordnungsmäßiger Bilanzierung nur im Zeitpunkt ihrer erstmaligen handelsrechtlichen Erfassung (Buchung) anhand des Devisenkassamittelkurses umgerechnet.[1336] Die Umrechnung von Aufwendungen wie Zinsen, Dividenden, Provisionen, Sach- und Personalaufwand usw. fällt nicht in den Anwendungsbereich des § 256a HGB und richtet sich daher nach den allgemeinen Vorschriften.

Im Fall von **kursgesicherten (anteiligen) Zinsen** (§ 11 RechKredV, Zinsabgrenzung) sind diese nach den Grundsätzen ordnungsmäßiger Bilanzierung mit dem Sicherungskurs umzurechnen.[1337] Werden **Zinserträge** erst nach dem Bilanzstichtag vereinnahmt, aber bereits vor dem Bilanzstichtag kursgesichert, ist der Kurs des zur Sicherung verwendeten Termingeschäfts (Sicherungskurs) für die Einbuchung in der neuen Periode maßgeblich.[1338]

Handelsergebnis

Für den Ausweis der erfolgswirksam zu behandelnden Umrechnungsdifferenzen in der Gewinn- und Verlustrechnung stehen für **Kreditinstitute** bei Transaktionen des Handelsbestands die Posten „Nettoaufwand des Handelsbestands" bzw. „Nettoertrag des Handelsbestands" zur Verfügung (§ 340c

---

[1335] Vgl. Naumann (1992), 91; Gebhardt/Breker, DB 1991, 1533; Birck/Meyer, V 442 und 447, schlagen für das frühere Recht im Falle einer Stichtagskursumrechnung für die Neutralisierung von Erträgen vor, einen Korrekturposten zu bilden.

[1336] Vgl. BR-Drucks. 344/08, 135.

[1337] Vgl. Birck/Meyer, V 439.

[1338] Vgl. Birck/Meyer, V 440.

Abs. 1 HGB).[1339] Sämtliche in diesen Posten auszuweisenden Aufwendungen und Erträge sind zu saldieren, sodass sich entweder ein Nettoaufwand oder ein Nettoertrag ergibt.

Finanzdienstleistungsinstitute, sofern sie nicht Skontroführer iSd. § 27 Abs. 1 BörsG sind, haben die Beträge aus Eigenhandelstransaktionen nicht wie Kreditinstitute saldiert, sondern **brutto** als „Aufwand des Handelsbestands" bzw. „Ertrag des Handelsbestands" in der Gewinn- und Verlustrechnung zu zeigen.

Institute, die Skontroführer iSd. § 27 Abs. 1 BörsG und nicht CRR-Kreditinstitute (vormals: Einlagenkreditinstitute) sind, haben die Beträge ebenfalls unsaldiert auszuweisen. Darüber hinaus müssen diese Institute sowohl zu dem Aufwands- als auch zu dem Ertragsposten verschiedene Davon-Vermerke machen.

Bewertungsergebnisse aus Termingeschäften, die im Zusammenhang mit **Swaparbitragegeschäften** abgeschlossen wurden, sind ebenfalls im Eigenhandelsergebnis zu zeigen.

Erträge und Aufwendungen aus der Währungsumrechnung von Vermögensgegenständen und Verbindlichkeiten

In der Gewinn- und Verlustrechnung sind die Umrechnungsergebnisse grundsätzlich bei den Posten auszuweisen, in denen die sonstigen Bewertungsergebnisse – abhängig vom Bestand, dem der **Vermögensgegenstand** zugeordnet ist – ausgewiesen werden.[1340] Dies deshalb, weil für die Bewertungsergebnisse – die Währungsumrechnung gehört zur Bewertung – bestimmte Posten der Gewinn- und Verlustrechnung für bestimmte Bilanzposten vorgesehen sind.

Dabei ist zu unterscheiden, ob es sich um Wertpapiere der Liquiditätsreserve bzw. Forderungen oder um Wertpapiere des Anlagebestands handelt. Soweit es sich um Beteiligungen, Aktien oder Sachanlagen handelt, sind die Umrechnungsergebnisse in den entsprechenden Posten zu zeigen. Eine Saldierung ist nur insoweit zulässig, als die RechKredV bei den einschlägigen Posten eine Saldierung ausdrücklich zulässt.

[1339] Vgl. Bieg, ZfbF 1988, 153.
[1340] Ebenso IDW RS BFA 4 Tz. 22 mit Wahlrecht; ähnlich WPH Edition, Wirtschaftsprüfung & Rechnungslegung, 17. Aufl., Kapitel F Tz. 837; DGRV (Hrsg.) Jahresabschluss, A. IV. Rn. 319; Böcking/Gros/Morawietz, § 340h HGB Rn. 22 ff. in: Wiedmann/Böcking/Gros, 4. Aufl.

Obwohl dies nach der hier vertretenen Ansicht nicht dem Sinn und Zweck der Normen der RechKredV entspricht, wird man es im Falle der vorstehenden Vermögenswerte nicht beanstanden können, wenn alternativ nach § 277 Abs. 5 Satz 2 HGB (diese Norm ist auch auf Institute anzuwenden) die Erträge aus der Währungsumrechnung – soweit keine einfache oder besondere Deckung vorliegt – **brutto** gesondert im Posten „Sonstige betriebliche Erträge" und Aufwendungen aus der Währungsumrechnung gesondert im Posten „Sonstige betriebliche Aufwendungen" ausgewiesen werden (IDW RS BFA 4 Tz. 22).[1341] Der gesonderte Ausweis kann in Form eines Davon-Vermerks, durch eine Aufgliederung in der Vorspalte oder – im Hinblick auf die Klarheit und Übersichtlichkeit der Darstellung der Gewinn- und Verlustrechnung – durch Angaben im Anhang erfolgen.

Gleichwohl wird bspw. in DRS 25 Rn. 35 ausgeführt, dass für währungskursbedingte Aufwendungen, die im Zusammenhang mit der Bewertung von Vermögensgegenständen nach § 253 Abs. 3 Satz 5 und 6 sowie Abs. 4 HGB stehen, der **gesonderte Ausweis** nach § 277 Abs. 5 Satz 2 HGB **entfällt**.

Außerplanmäßige Abschreibungen aufgrund von Wechselkursänderungen sowie aufgrund von Veränderung des beizulegenden Werts in Fremdwährung sind entsprechend der Ausweiskonzeption der RechKredV insgesamt ausschließlich unter den entsprechenden Posten der Gewinn- und Verlustrechnung auszuweisen.

Nach Hoffmann/Lüdenbach[1342] unterliegen Niederstwertabschreibungen nicht den Vorgaben von § 277 Abs. 5 Satz 2 HGB, da für einen solchen Ausweis dem Grunde nach „sonstige betriebliche Erträge/Aufwendungen" vorliegen müssten, die sich lediglich von anderen Unterarten sonstiger betrieblicher Erträge/Aufwendungen unterscheiden. Liegen dagegen in anderen Fällen dem Grunde nach gar keine sonstigen betrieblichen Erträge/Aufwendungen vor, sondern bspw. Abschreibungen usw., ist auch der gesetzlich vorgesehene Unterausweis obsolet. Ähnlich auch das WPH.[1343]

Für die Bewertung von **Verbindlichkeiten** und **sonstigen Vermögensgegenständen** gibt es keinen besonderen Posten in der Gewinn- und Verlustrechnung. Der vorstehenden Logik folgend sind die Umrechnungsergebnisse bei der Währungsumrechnung von Verbindlichkeiten bzw. sonstigen Vermögensgegenständen nach § 277 Abs. 5 Satz 2 HGB **brutto** im sonstigen betrieblichen Ergebnis zu zeigen (IDW RS BFA 4 Tz. 22).

[1341] Ebenso Böcking/Wolsiffer/Bär, in: MünchKomm. HGB, 4. Aufl., § 340h HGB Rn. 40.

[1342] Vgl. Hoffmann/Lüdenbach, 12. Aufl., § 277 HGB Rn. 67 mwN.

[1343] Vgl. WPH Edition, Wirtschaftsprüfung & Rechnungslegung, 17. Aufl., Kapitel F Tz. 837.

Besonders gedeckte Geschäfte

Bei besonders gedeckten Geschäften werden sowohl Aufwendungen als auch Erträge aus der Währungsumrechnung in vollem Umfang als realisiert angesehen. Eine besondere Deckung kann bspw. bei einer gesteuerten Fremdwährungsposition vorliegen, wobei eine Trennung nach Aufwendungen und Erträgen aus der Währungsumrechnung nicht ohne Weiteres bzw. überhaupt nicht möglich ist. In diesem Fall ist es sachgerecht, einen gesonderten Ausweis saldiert im **sonstigen betrieblichen Ergebnis** vorzunehmen (IDW RS BFA 4 Tz. 22).

Der saldierte Ausweis ist damit zu begründen, dass der besonderen Deckung gedanklich die Bildung einer Bewertungseinheit verbunden mit einer gesetzlich vorgeschriebenen vollständigen Realisierung aller Aufwendungen und Erträge aus der Währungsumrechnung zugrunde liegt. Dies bedingt, dass letztlich nur der Saldo aus Aufwendungen und Erträgen in der Gewinn- und Verlustrechnung erfasst wird. Ein Ausweis im Handelsergebnis scheidet aus.

Aufwendungen und Erträge aus abgegrenzten Swapbeträgen iRd.
Bewertung mittels des gespaltenen Terminkurses

Die sich aus der Aufspaltung des Terminkurses ergebenden **Swapaufwendungen** und **-erträge** sind nach §§ 28 und 29 RechKredV bzw. §§ 21 und 22 RechZahlV Bestandteil des Zinsergebnisses und demnach in den Posten „Zinsaufwendungen" bzw. „Zinserträge" auszuweisen, soweit sie der Sicherung von zinstragenden Bilanzposten dienen.[1344]

Es ist jedoch auch zulässig, bei Sicherungstransaktionen Swapaufwendungen als Korrektur des Zinsertrags bzw. Swaperträge als Korrektur des Zinsaufwands zu buchen, je nachdem, welche Posten gesichert worden sind. Damit wird verhindert, dass Aufwendungen bzw. Erträge aus gesicherten Geschäften als Zinsertrag bzw. Zinsaufwand, der gegenläufige Erfolgsbeitrag aus dem Sicherungsgeschäft dagegen als Aufwand bzw. Ertrag aus Finanzgeschäften ausgewiesen werden.

Abschreibungen auf das Anlagevermögen

Planmäßige Abschreibungen abnutzbarer Vermögensgegenstände des Anlagevermögens sind auf der Grundlage der (historischen) Euro-Anschaffungskosten zu berechnen. Die Abschreibungsbeträge können jedoch auch, weil

---

[1344] Ebenso Böcking/Wolsiffer/Bär, in: MünchKomm. HGB, 4. Aufl., § 340h HGB Rn. 41.

es zum gleichen Ergebnis führt, auf der Grundlage der historischen Anschaffungskosten in Fremdwährung ermittelt und mit dem historischen Anschaffungskurs umgerechnet werden.

Außerplanmäßige Abschreibungen sind iRd. § 340e Abs. 1 HGB für Vermögensgegenstände des Anlagevermögens nach den allgemeinen Grundsätzen vorzunehmen, wenn und soweit der **Euro-Buchwert** über dem **Euro-Tageswert** liegt. Der Euro-Tageswert ergibt sich aus dem mit dem Devisenkassamittelkurs des Bilanzstichtags umgerechneten Tageswert in Fremdwährung.

Für in derselben Währung besonders gedecktes (auf fremde Währung lautendes) Anlagevermögen waren vor Inkrafttreten des BilMoG außerplanmäßige Abschreibungen durch Vergleich der historischen Anschaffungskosten in Fremdwährung mit dem aktuellen Marktwert in Fremdwährung zu bestimmen und die Umrechnung in Euro im Rahmen der Bilanzierung zum Kassakurs des Bilanzstichtags vorzunehmen.[1345] Diesbezüglich hat sich durch das BilMoG nichts geändert.

4.8.2.7. Anhangangaben

§ 284 Abs. 2 Nr. 2 HGB aF, der vorgeschrieben hatte, dass im Anhang die Grundlagen für die Umrechnung in Euro angegeben werden, soweit der Jahresabschluss Posten enthält, denen Beträge zugrunde liegen, die auf fremde Währung lauten oder ursprünglich auf fremde Währung lauteten, wurde mit dem BilRUG gestrichen.

Für Institute ergeben sich die notwendigen Anhangangaben im Zusammenhang mit der Fremdwährungsumrechnung aus § 284 Abs. 2 Nr. 1 HGB sowie aus der RechKredV und der RechZahlV.

Zu den Anhangangaben bei besonderer Deckung verlangt IDW RS BFA 4 Rn. 22:

- Beschreibung der Abgrenzungskriterien der besonderen Deckung.
- Angabe des bzw. der Posten, in dem/denen das Umrechnungsergebnis ausgewiesen wird.
- Hinweis auf die Spaltung des Terminkurses und die Abgrenzung von Swapstellen.

[1345] Vgl. Treuarbeit (Hrsg.), 141.

Weitere Angabepflichten ergeben sich aus der RechKredV. So sind nach § 35 Abs. 1 Nr. 6 RechKredV der Gesamtbetrag der Vermögensgegenstände und der Gesamtbetrag der Schulden, die auf Fremdwährung lauten, jeweils in Euro anzugeben.

Gemäß § 36 RechKredV muss darüber hinaus über am Abschlussstichtag noch nicht abgewickelte fremdwährungsbezogene Termingeschäfte berichtet werden.

4.9. Bewertung der Verbindlichkeiten und Rückstellungen

4.9.1. Grundsätzliche Überlegungen und allgemeine Rechnungslegungsregeln

Begriffsabgrenzung

§ 246 Abs. 1 HGB bestimmt, dass in der Bilanz ua. sämtliche **Schulden** anzusetzen sind. Der Begriff „Schulden" steht als Oberbegriff sowohl für Verbindlichkeiten als auch für Rückstellungen. Im Gegensatz zu Verbindlichkeiten sind bei Rückstellungen Bestehen, Höhe und/oder Fälligkeit der zugrunde liegenden Verpflichtung (noch) ungewiss. Sichere Schulden sind als Verbindlichkeiten auszuweisen.[1346]

Aufschiebend bedingte Verbindlichkeiten sind als solche erst mit dem Eintritt der Bedingung zu passivieren (§ 158 Abs. 1 BGB). Vor Eintritt der Bedingung ist ggf. eine Rückstellung für ungewisse Verbindlichkeiten notwendig, wenn die künftigen Ausgaben wirtschaftlich in der Vergangenheit verursacht sind und der Eintritt der Bedingung hinreichend wahrscheinlich ist. **Auflösend bedingte** Verbindlichkeiten erlöschen mit Eintritt der Bedingung (§ 158 Abs. 2 BGB).

Verbindlichkeiten im Handelsrecht

Das Handelsrecht setzt den Begriff der „Verbindlichkeit" gesetzlich voraus, ohne ihn zu definieren. Welche Typen der Verbindlichkeiten handelsrechtlich unter diesem Begriff verstanden werden, ergibt sich aus § 266 Abs. 3 C. Nr. 1–8 HGB und bei Instituten ergänzend aus RechKredV[1347] Formblatt 1 Passivseite Nr. 1 – 5, 9 und 10. Die §§ 240 Abs. 1, 242 Abs. 1 und 246 Abs. 1 Satz 2 und

---

[1346] Vgl. Heidel/Schall, § 249 HGB Rn. 4; Moxter/Engel-Ciric, 82 ff.
[1347] Für die RechZahlV gilt Entsprechendes.

3 HGB sprechen von „Schulden" als Oberbegriff für Verbindlichkeiten und Rückstellungen.

Die Rechtsprechung setzt für die Definition der Verbindlichkeit bei dem Begriff des „Anspruchs" an. Dieser wird als das Recht definiert, von einem anderen ein Tun oder Unterlassen zu verlangen. Auf dieser Grundlage ist eine Verbindlichkeit eine dem Inhalt und der Höhe nach bestimmte Leistungspflicht, die erzwingbar ist.

Für die personelle Zuordnung von Verbindlichkeiten zum bilanzierenden Institut ist das wirtschaftliche Eigentum nicht relevant, da Schulden nach § 246 Abs. 1 Satz 3 HGB stets in der Bilanz des Schuldners zu erfassen sind. Die wirtschaftliche Zuordnung von Verbindlichkeiten zu einer vom Schuldner abweichenden Person, wird aufgrund des Vorsichtsprinzips stark eingeschränkt.[1348] Liegt eine Verbindlichkeit vor, ist diese in der Bilanz auszuweisen (Passivierungsgebot).

Eine Verbindlichkeit ist **auszubuchen**, wenn sie erfüllt wurde oder eine vertragliche oder gesetzliche Aufrechnung vorliegt, eine Novation oder befreiende Schuldübernahme vereinbart wurde, oder wenn sie **erlassen** wird.[1349] Für die bilanzielle Abbildung ist einerseits danach zu unterscheiden, ob es ein endgültiger Erlass oder ein temporärer Erlass (mit Besserungsabrede) ist, und andererseits ist danach zu unterscheiden, ob der erlassende Gläubiger ein fremder Dritter (erfolgswirksame Ausbuchung) oder ein Gesellschafter (ggf. Umbuchung in die Kapitalrücklage bei entsprechendem Gesellschafterwillen) ist.[1350] Zur Ausbuchung von Kundeneinlagen vgl. Kapitel 4.9.5. und zur Ausbuchung mit Besserungsschein vgl. Kapitel 4.9.7.

Anschaffungsnebenkosten im Zusammenhang mit Verbindlichkeiten

Anschaffungsnebenkosten im Zusammenhang mit der Ausgabe von Verbindlichkeit vermindern deren Anschaffungskosten (zB Vermittlungsprovisionen, Druckkosten, Kosten für Gutachten, sonstige Emissionskosten).[1351]

[1348] Vgl. Gaber, 2. Aufl., 153.
[1349] Zum Abgang von Verbindlichkeiten vgl. BeBiKo. 13. Aufl., § 247 HGB Rn. 220 ff.
[1350] Vgl. ausführlich Nadvornik/Fritz-Schmied, BFuP 2018, S. 271 ff.
[1351] GlA Schaber/Amann, WPg 2014, 942; Emissionskosten mindern den Ausgabebetrag; Buchung: *Per Verbindlichkeit an Geldkonto.*

§ 250 HGB definiert in Abs. 1 die (transitorischen) aktiven Rechnungsabgrenzungsposten und in Abs. 2 die (transitorischen) passiven Rechnungsabgrenzungsposten.[1352]

Bei Anwendung von § 250 **Abs. 1** HGB ist ua. Voraussetzung, dass die vor dem Abschlussstichtag getätigten Ausgaben Aufwand für *„eine bestimmte Zeit nach diesem Tag darstellen"*. Entsprechend verlangt § 250 **Abs. 2** HGB, dass die Einnahmen vor dem Abschlussstichtag Ertrag für *„eine bestimmte Zeit nach diesem Tag darstellen"*. In beiden Normen wird die **Zeitbezogenheit** der Ausgaben bzw. Einnahmen verlangt. Im Zusammenhang mit Verbindlichkeiten (oder Forderungen) entstehen diese Abgrenzungsposten aus einer Feineinstellung des Zinses. Für diese Rechnungsabgrenzungsposten besteht eine Pflicht („sind") zu deren Bildung, denn Vorauszahlungen von Zinsen sind stets abzugrenzen.[1353] Diese Rechnungsabgrenzungsposten werden als solche **im engeren Sinne** bezeichnet. Das Einkommensteuerrecht hat vergleichbare Vorschriften.

Die Vorschrift des § 250 **Abs. 3** HGB, die als Wahlrecht („darf") ausgestaltet ist, kommt dann zur Anwendung, *„wenn der Erfüllungsbetrag einer Verbindlichkeit höher als der Ausgabebetrag"* ist. Der Ausgabebetrag wird auch als Vereinnahmungsbetrag bezeichnet. Eine Zeitbezogenheit wie in den Abs. 1 und 2 des § 250 HGB wird von Abs. 3 explizit nicht verlangt.[1354] Der Unterschiedsbetrag kann entweder sofort als Aufwand in der Gewinn- und Verlustrechnung gebucht oder aber als aktiver Rechnungsabgrenzungsposten aktiviert und planmäßig auf die (gesamte) Laufzeit der Verbindlichkeit verteilt als Aufwand erfasst werden. Dieser Unterschiedsbetrag kann zum einen (wie bei § 250 Abs. 1 HGB) aus einer Feineinstellung des Zinses (Ausgabedisagio oder Rückzahlungsagio) resultieren und zum anderen aus **Emissionskosten** (Anschaffungsnebenkosten) der Verbindlichkeit[1355] (zB Vermittlungsprovisionen, Druckkosten, Kosten für Gutachten, sonstige Emissionskosten) bestehen, die nicht sofort als Aufwand erfasst, sondern mit dem Darlehensbetrag (Nennbetrag, Erfüllungsbetrag) verrechnet werden (sollen). § 250 Abs. 3 HGB lässt (wie bereits § 156 Abs. 3 AktG 1965) eine solche Abgrenzung der Emissionskosten nicht nur bei verbrieften Verbindlichkeiten, sondern bei allen Verbindlichkeiten zu. Die Aktivierung als Rechnungsabgrenzungsposten ist auch nicht

---

[1352] Zu einer Gesamtdarstellung der Bilanzierung in Fällen besonderer Verzinsungsbestimmungen unter Berücksichtigung der BFH-Rechtsprechung vgl. Bolik/Max, StuB 2017, 299 ff.

[1353] Vgl. Böcking, ZfbF 1986, 943 ff. mwN.

[1354] Ebenso Schaber/Amann, WPg 2014, 938 ff.

[1355] GlA Schaber/Amann, WPg 2014942; Emissionskosten mindern den Ausgabebetrag; Buchung: *Per Verbindlichkeit an Geldkonto.*

von einer Mindestlaufzeit abhängig. Das Wahlrecht kann nur im Ausgabejahr in Anspruch genommen werden. Eine nachträgliche Aktivierung ist nicht möglich.[1356] Es darf nur hinsichtlich des gesamten Unterschiedsbetrags ausgeübt werden.

Die Behandlung dieser Anschaffungsnebenkosten als Rechnungsabgrenzungsposten im engeren Sinne scheitert daran, dass die Emissionskosten nicht zeitbezogen sind. Es handelt sich bei § 250 Abs. 3 HGB um Rechnungsabgrenzungsposten **im weiteren Sinne**.[1357] Dies wurde im Schrifttum auch als „Bilanzierungshilfe" bezeichnet.[1358] Begründet wurde die Abgrenzung ursprünglich damit, dass der Unterschiedsbetrag betriebswirtschaftlich als vorweg zu zahlender Zins anzusehen sei, was nicht so ohne Weiteres nachvollziehbar ist.[1359] Das Einkommensteuerrecht kennt keine mit § 250 Abs. 3 HGB vergleichbare Vorschrift.

Tiedchen[1360] führt hierzu aus: „*Der Wortlaut lässt eine Differenzierung nach Kosten für die Kapitalüberlassung einerseits und Kosten für die Kapitalbeschaffung andererseits nicht zu. Auch die Gesetzesgeschichte rechtfertigt eine solche Differenzierung nicht.*" Es sei vielmehr daran festzuhalten, dass jeglicher Abzug, der bei der Auszahlung von dem Erfüllungsbetrag einer Verbindlichkeit gebucht wird, zum „Disagio" iSd. § 250 Abs. 3 HGB gehöre.[1361] Es handele sich um eine Bilanzierungshilfe, weil es die Aktivierung von nach allgemeinen Grundsätzen nicht aktivierungsfähigen Ausgaben ermögliche.

In aktuellen Kommentierungen zu § 250 Abs. 3 HGB wird dieser Unterschiedsbetrag als „Disagio" bezeichnet, was – wie oben dargestellt – nur teilweise zutreffend ist. Die Behandlung eines Disagios bei Verbindlichkeiten wird bereits in § 250 Abs. 1 HGB geregelt,[1362] was bedeutet, dass dieses zwingend abzugrenzen ist. Bezüglich der Frage, wie mit Emissionskosten zu verfahren ist, wird argumentiert, dass diese nicht das Kriterium des vorweg entrichteten Zinsen erfüllten. Andererseits wird diesbezüglich mit der BFH-Rechtsprechung argumentiert, mit der Konsequenz einer Verteilung dieser Aufwendungen. Offenkundig gehen diese Kommentierungen nicht mehr auf den Ursprung dieser Regelung (AktG 1965 bzw. § 25 Hypothekenbankgesetz) ein.

[1356] Vgl. hierzu ausführlich ADS (1965), § 156 AktG Rn. 24 ff.
[1357] Ausführlich vgl. Böcking, ZfbF 1986, 943 ff. mwN.
[1358] Ausführlich vgl. Böcking, ZfbF 1986, 948.
[1359] Vgl. Schaber/Amann, WPg 2014, 938 ff.
[1360] Vgl. Tiedchen, HdJ Abt. II/9 Rn. 155 ff.
[1361] Vgl. Tiedchen, HdJ Abt. II/9 Rn. 156.
[1362] Vgl. Schaber/Amann, WPg 2014, 938 ff.

Ist bei Verbindlichkeiten dagegen der Ausgabebetrag höher als der Rückzahlungs- bzw. Erfüllungsbetrag (Rückzahlungsagio), ist der Unterschiedsbetrag – es kann nur ein Agio sein – passiv abzugrenzen und auf die Laufzeit der Verbindlichkeit zu verteilen, da dies ein Anwendungsfall von § 250 Abs. 2 HGB ist. Eine sofortige ertragswirksame Vereinnahmung ist ausgeschlossen.[1363]

Anwendung der allgemeinen Rechnungslegungsregeln für Schulden

Für die Bewertung der Verbindlichkeiten und Rückstellungen bei Instituten gelten die allgemeinen Vorschriften des HGB. Es ergeben sich aus dem Bankbilanzrichtlinie-Gesetz keine Besonderheiten gegenüber dem allgemeinen Rechnungslegungsrecht. Mit dem BilMoG wurde § 253 Abs. 1 HGB bezüglich der Bewertung von Verbindlichkeiten und Rückstellungen geändert.

Danach sind **Verbindlichkeiten** nicht mehr mit dem Rückzahlungsbetrag, sondern mit ihrem *„Erfüllungsbetrag"* anzusetzen.[1364] Erfüllungsbetrag ist der Betrag, der zur Erfüllung der Verpflichtung aufgebracht werden muss. Mit der Verwendung des Begriffs Erfüllungsbetrag ist außerdem festgelegt, dass in die Betrachtung unter Einschränkung des Stichtagsprinzips künftige Preis- und Kostensteigerungen einzubeziehen sind.

Der **Erfüllungsbetrag** (Rückzahlungsbetrag) von **finanziellen Verbindlichkeiten** (Geldleistung) ist idR identisch mit dem Betrag, zu dem die finanziellen Verbindlichkeiten eingegangen wurden (Verfügungsbetrag, Ausgabebetrag).[1365] Ein **höherer** Erfüllungsbetrag kann sich aus einem Auszahlungsdisagio oder einem Rückzahlungsagio ergeben. Ein (ausnahmsweise) **niedrigerer** Erfüllungsbetrag kann aus einem Rückzahlungsdisagio resultieren. Durch Änderung der Kapitalmarktverhältnisse wird der Erfüllungsbetrag einer Verbindlichkeit nicht berührt. Maßgebend ist grundsätzlich der Betrag, der bei normaler Abwicklung der Verbindlichkeit zu zahlen ist.[1366] Können in der Zukunft noch Schwankungen des Erfüllungsbetrags auftreten, wie bspw. bei **Währungsverbindlichkeiten** oder **Sachleistungsverbindlichkeiten**, sind zunächst die Verhältnisse im Zeitpunkt der Einbuchung zugrunde zu legen. Spätere Entwicklungen, die zu einem höheren Erfüllungsbetrag führen, sind bei der Bewertung zu berücksichtigen.[1367]

[1363] Vgl. ADS (1965), § 156 AktG Rn. 38.
[1364] Umfassende Darstellung zum Erfüllungsbetrag vgl. Schaber/Amann, WPg 2014, 938 ff.
[1365] Ausführlich vgl. Schaber/Amann, WPg 2014, 939 ff.
[1366] Vgl. ADS, 6. Aufl., § 253 HGB Rn. 73.
[1367] Vgl. ADS, 6. Aufl., § 253 HGB Rn. 75.

Bei **Sachleistungsverpflichtungen** wird kein bestimmter Geldbetrag, sondern die Verschaffung der Verfügungsmacht über einen oder mehrere Vermögensgegenstände geschuldet.[1368] Der Erfüllungsbetrag bezeichnet dabei den Betrag, der zur Erfüllung der Verpflichtung aufgebracht werden muss, wobei auch Preis- und Kostensteigerungen zu berücksichtigen sind. In der Bilanz sind alle Sachleistungsverpflichtungen entsprechend mit dem zum Erfüllungszeitpunkt voraussichtlich aufzuwendenden Geldbetrag abzubilden, der notwendig ist, damit sich der Schuldner der Verpflichtung entledigen kann.

Muss der zur Erfüllung erforderliche Sachwert erst noch beschafft werden, sind die voraussichtlichen (Wieder-) Beschaffungskosten zum Zeitpunkt der Einbuchung der Verpflichtung anzusetzen. Dabei ist idR auf den beizulegenden Zeitwert iSe. Beschaffungspreises der entsprechenden Sachleistungen abzustellen. Muss der Sachwert erst noch hergestellt werden, sind die Herstellungskosten auf Vollkostenbasis für die Bewertung heranzuziehen.

Die Folgebewertung muss ggf. zu gestiegenen Wiederbeschaffungskosten erfolgen; sind die Wiederbeschaffungskosten gesunken, kann eine Abwertung der Sachleistungsverpflichtung nur insoweit erfolgen wie zuvor ggü. der Zugangsbewertung eine Höherbewertung stattgefunden hat.

Verfügt das Institut bereits über die als Sachleistung zu erbringenden Vermögensgegenstände, ist die Höhe der Verpflichtung entsprechend dem (planmäßigen) Wertansatz (Buchwert) der Vermögensgegenstände zum Fälligkeitszeitpunkt der Verpflichtung auszuweisen. Wertveränderungen führen iRd. Folgebewertung nicht zu einer Korrektur des Wertansatzes.

Zero-Bonds sind beim Emittenten nur mit dem Betrag zu passivieren, der am Bilanzstichtag geschuldet wird (Nettomethode), dh. dem Ausgabebetrag zuzüglich der aufgrund einer kapitalabhängigen Effektivverzinsung ermittelten Zinsschuld, die bis zum Bilanzstichtag entstanden ist. Vgl. auch Kapitel 4.4.8.2.

Rückstellungen sind *„in Höhe des nach vernünftiger kaufmännischer Beurteilung notwendigen Erfüllungsbetrags anzusetzen"*. Dabei ist für **Verbindlichkeitsrückstellungen**[1369] der Erfüllungsbetrag[1370] und bei **Drohverlustrückstellungen** der Verpflichtungsüberhang maßgeblich. Da für Rückstellungen

---

[1368] Zur Bilanzierung vgl. ausführlich Zwirner/Busch/Boecker, KoR 2010, 664 ff.

[1369] Zu den Voraussetzungen vgl. Kolbe, StuB 2013, 535 ff.; zur wirtschaftlichen Verursachung vgl. insbesondere Brösel/Haaker, BFuP 2013, 227 ff.; Roser, WPg 2015, 693 ff.

[1370] Der Verweis auf den Erfüllungsbetrag impliziert, dass künftige Preis- und Kostensteigerungen zu berücksichtigen sind.

das Höchstwertprinzip gilt, verlangen im Zeitablauf gestiegene Erfüllungsbeträge bzw. gestiegene Verpflichtungsüberhänge eine Erhöhung des Wertansatzes (auch währungsbedingte Wertänderungen). Einzelheiten zu Verbindlichkeitsrückstellungen enthält IDW RS HFA 34, zu Drohverlustrückstellungen finden sich Details in IDW RS HFA 4.

In Abgrenzung zu Drohverlust- und Verbindlichkeitsrückstellungen stehen **Aufwandsrückstellungen**, die nur auf Verpflichtungen gegenüber sich selbst und damit auf Innenverpflichtungen beruhen. Aufwandsrückstellungen sind in der Handelsbilanz nicht (abstrakt) passivierungsfähig und daher lediglich in den beiden in § 249 Abs. 1 Satz 2 Nr. 1 HGB genannten Fällen der kurzfristig geplanten Instandhaltung oder Abraumbeseitigung zu bilanzieren.[1371]

Für Rückstellungen mit einer Laufzeit von mehr als einem Jahr besteht eine Abzinsungspflicht mit einem restlaufzeitbezogenen durchschnittlichen Marktzinssatz der letzten sieben Jahre (§ 253 Abs. 2 HGB). Bei Rückstellungen mit einer Restlaufzeit bis zu einem Jahr besteht hinsichtlich der Frage der Abzinsung nach hM ein Wahlrecht.

Für **Altersvorsorgeverpflichtungen** gelten zusätzlich die Vorschriften des § 253 Abs. 1 Satz 3 HGB und des § 253 Abs. 2 und Abs. 6 HGB.

Bei der Bewertung von **Rückstellungen** zum **Erfüllungsbetrag** sind nach Inkrafttreten des BilMoG künftige Preis- und Kostensteigerungen zu berücksichtigen. Gleichwohl ist nur der nach vernünftiger kaufmännischer Beurteilung notwendige Erfüllungsbetrag anzusetzen. Es ist folglich erforderlich, dass ausreichende objektive Hinweise auf den Eintritt künftiger Preis- und Kostensteigerungen schließen lassen.[1372] Bei der Bewertung der Rückstellungen **nach vernünftiger kaufmännischer Beurteilung** ist weder vom ungünstigsten noch vom günstigsten Wert auszugehen, sondern von dem notwendigen Betrag, der mit hinreichend hoher Wahrscheinlichkeit voraussichtlich anfallen wird.

Rückstellungen mit einer Restlaufzeit von mehr als einem Jahr sind mit Inkrafttreten des BilMoG nach § 253 Abs. 2 Satz 1 HGB mit dem ihrer Restlaufzeit entsprechenden durchschnittlichen Marktzins der vergangenen sieben bzw. zehn Geschäftsjahre **abzuzinsen**.

Unterschiedliche Wertansätze für Verbindlichkeiten und Rückstellungen in der Handels- und der Steuerbilanz führen idR zur Bildung von **latenten Steuern**.

[1371] Vgl. Althoff, DB 2016, 1893 ff.
[1372] Vgl. BR-Drucks. 344/08, 112.

4.9.2.   Über- und unterverzinsliche Verbindlichkeiten

Nennbetrag/Erfüllungsbetrag und Zeitwert (Abzinsung)

Die Bewertung einer Verbindlichkeit erfolgt zum Erfüllungsbetrag, dh. mit dem Betrag, der zur Erfüllung einer Geldleistungs-, Sachleistungs- bzw. Sachwertverpflichtung aufgebracht werden muss. Ist in der Zukunft mit Schwankungen des Erfüllungsbetrags zu rechnen, zB bei Fremdwährungsverbindlichkeiten, sind zunächst die Verhältnisse im Zeitpunkt der Einbuchung zugrunde zu legen. Zum nachfolgenden Bilanzstichtag ist zu prüfen, ob evtl. ein höherer Rückzahlungs-/Erfüllungsbetrag angesetzt werden muss.

Für Verbindlichkeiten besteht handelsrechtlich grundsätzlich ein **Abzinsungsverbot**. Dies gilt auch für unverzinsliche oder niedrig verzinsliche Verbindlichkeiten, da eine Abzinsung eine Vorwegnahme künftiger Erträge bedeuten würde, was mit dem Realisationsprinzip nicht vereinbar ist.[1373]

Der **Zeitwert** („Marktwert") einer Verbindlichkeit hängt ua. davon ab, ob sich die marktüblichen Konditionen gegenüber dem Zeitpunkt des Eingehens der Verbindlichkeit geändert haben. Sieht man von anderen Einflussfaktoren ab, ergibt sich der rechnerische Wert einer Darlehensverbindlichkeit aus dem Barwert ihrer künftigen Zins- und Tilgungszahlungen.[1374] Wird das Darlehen im Betrachtungszeitpunkt (Bilanzstichtag) marktüblich verzinst, stimmt der Barwert mit dem Nennbetrag des Darlehens überein.

Zu Fremdwährungsverbindlichkeiten und **steuerlicher Teilwertzuschreibung** sowie der Darstellung der aktuellen BFH-Rechtsprechung vgl. Prinz.[1375]

Verbindlichkeiten mit Disagio bzw. Agio

Der HFA gelangte zu der Ansicht, dass die Anwendung der sog. **amortised-cost-Bewertung** (Nettobilanzierung, Nettomethode) nach Maßgabe der Effektivzinsmethode auch über **Zero-Bonds** hinaus auf andere zinstragende (verbriefte und unverbriefte) Verbindlichkeiten, bei denen der am Ende der

---

[1373] Vgl. Cremer, BBK 14/2019, 669 f. mwN.

[1374] Nach Oestreicher, BB 1993, Beilage 12 zu Heft 18, 10 erfolgt die Abzinsung der einzelnen Zahlungen mithilfe der internen Verzinsung des durchschnittlich gebundenen Kapitals.

[1375] Vgl. Prinz, DB 2022, 687 ff.

Laufzeit geschuldete Erfüllungsbetrag im Zugangszeitpunkt oberhalb ihres Ausgabebetrags liegt, nicht zu beanstanden ist.[1376]

Zu weiteren Einzelheiten, insbesondere zu Verbindlichkeiten mit Agio, wird auf die Ausführungen in Kapitel 4.2.4. zur Bewertung mittels fortgeführter Anschaffungskosten verwiesen.

Verbindlichkeit ist bei ursprünglich marktgerechter Verzinsung im Zeitablauf unterverzinslich bzw. überverzinslich geworden

Der Ansatz eines niedrigeren Zeitwerts, der sich bei ursprünglich marktgerecht vereinbarter Verzinsung aufgrund im Zeitablauf angestiegener Marktzinsen (nunmehr unterverzinsliche Verbindlichkeit) ergeben hat, ist aufgrund des Realisationsprinzips nicht zulässig (vgl. oben).

Ist die Verbindlichkeit bei ursprünglich marktgerecht vereinbarter Verzinsung mittlerweile überverzinslich geworden, weil sich das Niveau der Marktzinsen (zB 3 %) gegenüber den vereinbarten Nominalzinsen (zB 6 %) gesenkt hat, liegt der Zeitwert („Marktwert") in Form des Barwerts sämtlicher künftiger Zins- und Tilgungszahlungen über dem Anschaffungswert (Erfüllungsbetrag, Nennwert) der Verbindlichkeit. Stehen dieser **Überverzinslichkeit** keine anderen **Vorteile** gegenüber, stellt sie grundsätzlich einen **drohenden Verlust** (höherer Teilwert der Verbindlichkeit) dar, denn ein gedachter Erwerber des Unternehmens würde den höheren Zeitwert der Verbindlichkeit kaufpreismindernd berücksichtigen.[1377]

Die überverzinslich gewordene Verbindlichkeit geht mit den höheren Zinsen (stille Last) in die **verlustfreie Bewertung des Bankbuchs/Zinsbuchs** nach den Grundsätzen von IDW RS BFA 3 n.F. ein.[1378]

In der Bilanzierungspraxis werden für die Mehrzinsen (Barwert der Mehrzinsen) im Übrigen (außerhalb der Regeln des IDW RS BFA 3 n.F.) bei einer **Einzelbewertung der Verbindlichkeit** nach wie vor **keine Rückstellungen**

[1376] Vgl. IDW, Sitzungsberichterstattung über die 237. Sitzung des HFA, FN 2014, 595; vgl. auch Wollmert/Oser, Bilanz Check-up 2015, 31 f.

[1377] Vgl. Moxter, WPg 1984, 406; zT aA ADS, 6. Aufl., § 253 HGB Rn. 78.

[1378] Ebenso Gaber, 2. Aufl., 344.

gebildet.[1379] Diese Nichtberücksichtigung kann aus den folgenden Überlegungen abgeleitet werden:[1380]

- Auf der Aktivseite wird das Imparitätsprinzip durch das Niederstwertprinzip konkretisiert. Für die Bewertung von Schulden ist dementsprechend das Höchstwertprinzip maßgebend. Im Gegensatz zur Aktivseite nimmt das HGB bei Schulden keine typisierende Trennung zwischen „strengem" und „gemildertem" Höchstwertprinzip vor, sodass die Verlustantizipation ausschließlich aus dem Imparitätsprinzip abzuleiten ist.[1381]
- Gleichzeitig ist zu beachten, dass für die Berücksichtigung der Verlustgefahr aus veränderten Marktzinsen bei Verbindlichkeiten keine strengeren Maßstäbe gelten können als bei schwebenden Geschäften. Deshalb muss man annehmen, dass es in der vernünftigen kaufmännischen Beurteilung des bilanzierenden Kaufmanns liegt, inwieweit im Einzelfall die **vorzeitige Rückzahlung** einer Verbindlichkeit zum höheren Zeitwert **droht**.[1382]
- Nur wenn die Wertsteigerung eines Passivums dazu führt, dass der künftige Abgang dieses Passivums verlustträchtig ist, muss der Verlust bereits am Bilanzstichtag antizipiert werden.[1383]

Nach der Stellungnahme IDW RS HFA 4 zu *„Zweifelsfragen zum Ansatz und zur Bewertung von Drohverlustrückstellungen"* handelt es sich bei Kreditverträgen um schwebende Geschäfte (IDW RS HFA 4 Tz. 3). Da der Schuldner Empfänger der Leistung (Nutzungsüberlassung des Kapitals) ist, handelt es sich bei Kreditgeschäften beim Schuldner um ein schwebendes **Beschaffungsgeschäft** iSd. IDW RS HFA 4 über nicht bilanzierungsfähige Leistungen (Nutzungsüberlassung).[1384]

Für diese ist eine Drohverlustrückstellung nur dann zu bilden, wenn der Beitrag der Gegenleistung zum Unternehmenserfolg hinter dem Wert der vom Bilanzierenden zu erbringenden Leistung zurückbleibt (IDW RS HFA 4 Tz. 32). Da der Beitrag der Gegenleistung zum Unternehmenserfolg[1385] mangels Ertragszurechenbarkeit nicht hinreichend objektivierbar ist, kommt die

[1379] Siehe ADS, 6. Aufl., § 253 HGB Rn. 78; der BFH lehnt diese Rückstellung offensichtlich ab, BFH-Urteil vom 25.2.1986, BStBl. II 1986, 465 hier 466.
[1380] Ausführlich bei Oestreicher, BB 1993, Beilage 12 zu Heft 18, 11 f.
[1381] Vgl. Oestreicher, BB 1993, Beilage 12 zu Heft 18, 11 f.
[1382] Vgl. Moxter, WPg 1984, 407.
[1383] Vgl. Moxter, WPg 1984, 406.
[1384] Vgl. hierzu auch Kessler, WPg 1996, 2 ff.
[1385] Dies ist der Beitrag, den die Verbindlichkeit aus ihrer Funktion als Verbindlichkeit (Refinanzierung) für den Unternehmenserfolg bringt.

Bilanzierung einer Drohverlustrückstellung nur bei vollends fehlender oder nicht nennenswerter Nutzungs- oder Verwertungsmöglichkeit in Betracht. Eine an den Wiederbeschaffungskosten (aktueller Marktzins) orientierte Bewertung der Gegenleistung ist nach Tz. 32 des IDW RS HFA 4 nicht sachgerecht. Mithin scheidet eine Drohverlustrückstellung stets dann aus, wenn die Verbindlichkeit ursprünglich marktgerecht verzinslich war, im Laufe der Zeit aufgrund sich ändernder Marktgegebenheiten jedoch eine Überverzinslichkeit eingetreten ist.

Bei Verbindlichkeiten, deren Barwert aufgrund einer nominellen Überverzinslichkeit über dem Rückzahlungsbetrag liegt, ergibt sich indessen nur dann ein Abgangsverlust, wenn diese Verbindlichkeit nicht bis zum planmäßigen Rückzahlungszeitpunkt gehalten wird, dh. ein **Abgangsverlust** droht nur bei voraussichtlicher vorzeitiger Tilgung zu einem über dem ursprünglichen Erfüllungsbetrag liegenden Betrag.[1386] Dies entspricht einer **Vorfälligkeitsentschädigung**. Ist ein derartiger Fall gegeben, muss die Verbindlichkeit zu dem nunmehr höheren Rückzahlungsbetrag passiviert und damit ein Verlust realisiert werden.[1387] Entsprechendes gilt für die Bildung einer Rückstellung, wenn lediglich die Absicht zur vorzeitigen Ablösung besteht.[1388]

Ist andererseits jedoch beabsichtigt und zu erwarten, dass die Verbindlichkeit planmäßig im vereinbarten Rückzahlungszeitpunkt getilgt wird, so bleibt es beim Ansatz des ursprünglichen Rückzahlungsbetrags (Erfüllungsbetrags), weil insoweit keine Abgangsverluste drohen.

Erkauft sich das Unternehmen jedoch bestimmte Vorteile durch die Überverzinslichkeit der Verbindlichkeiten (zB günstige Einkaufsbedingungen) und bestehen diese Vorteile voraussichtlich dauerhaft über die Laufzeit des Kredits, bedarf es keiner Berücksichtigung dieser Mehrzinsen.[1389] Handelt es sich um einen einmaligen Vorteil, muss dieser abgegrenzt und über die Laufzeit der Verbindlichkeit verteilt werden. Besteht der Vorteil in der Minderung des Kaufpreises zu aktivierender Vermögensgegenstände, so ist der Barwert der Mehrzinsen Bestandteil der Anschaffungskosten der Vermögensgegenstände. Dieser Barwert der Mehrzinsen ist in eine Rückstellung einzustellen.[1390]

[1386] Vgl. Moxter, WPg 1984, 406; Oestreicher, BB 1993, Beilage 12 zu Heft 18, 11; Birck/Meyer, V 325.

[1387] Vgl. Birck/Meyer, V 324.

[1388] Vgl. Birck/Meyer, V 326.

[1389] Vgl. ADS, 6. Aufl., § 253 HGB Rn. 80.

[1390] Vgl. ADS, 6. Aufl., § 253 HGB Rn. 80.

Verbindlichkeiten mit steigenden bzw. fallenden Nominalzinsen (Step-up- bzw. Step-down-Produkte)

a) steigende Zinsen

Bei **Verbindlichkeiten mit steigenden Nominalzinsen** (sog. **Step-up-Produkte**, zB Zuwachssparen, Wachstumszertifikate usw.) liegt der Zinssatz bspw. in der ersten Hälfte der Vertragslaufzeit unter dem erzielbaren Kapitalmarktzins und in der zweiten Hälfte darüber. Die Verzinsung ist bezogen auf die Gesamtlaufzeit marktüblich. Der Anleger/Investor kann den Vertrag nach Ablauf einer Mindestlaufzeit jederzeit (mit einer Kündigungsfrist) kündigen.

Hier können insbesondere in jenen Perioden, die mit durch höhere Zinssätze erhöhten Ausgaben belastet sind, Verluste auftreten, wenn diese Ausgaben erst in den späteren Perioden als Aufwand verrechnet werden. Für die Bilanzierung wird auf das diesbezügliche Schrifttum verwiesen.[1391] Vgl. hierzu auch die Ausführungen zu Passiva 7. (Rückstellungen für Stufenzinsanleihen).

Der BFH hat mit Urteil vom 20.1.1993[1392] noch die Bildung einer Rückstellung ebenso abgelehnt wie die Bildung eines passiven Rechnungsabgrenzungspostens. Auch die Finanzverwaltung hält in diesem Zusammenhang die Bildung einer Rückstellung für nicht zulässig, da kein Erfüllungsrückstand vorliege.[1393] Die Zahlung der „Mehrzinsen" in einem Folgejahr sei weder rechtlich noch wirtschaftlich im Vorjahr verursacht, sie gelte auch nichts Vergangenes ab.

Mit Urteil vom 25.5.2016[1394] hat der BFH dann entschieden, dass *„wegen der Verpflichtung, eine am Bilanzstichtag bestehende Darlehensverbindlichkeit in späteren Jahren höher zu verzinsen (Darlehen mit steigenden Zinsen), (...) in der Bilanz grundsätzlich eine Verbindlichkeit oder eine Rückstellung wegen eines wirtschaftlichen Erfüllungsrückstands auszuweisen (ist)"*. Eine solche Zinsverbindlichkeit (Rückstellung) ist – so der BFH weiter – grundsätzlich abzuzinsen. Der BFH sah zwischen der Verpflichtung zur Leistung einer am Ende der Laufzeit fälligen Sparprämie und einer progressiven Verzinsung kei-

---

[1391] Vgl. Kalveram, WPg 1990, 538; Scholz, WPg 1973, 53 ff.; Scheiterle, WPg 1983, 558 ff.; Gaber, 2. Aufl., 344 f.; Bolik/Max, StuB 2017, 299 ff.; Rätke, BBK 1/2018, 12 ff. mit Beispiel; HdR 5. Aufl., § 253 HGB Rn. 69.

[1392] Vgl. BFH-Urteil vom 20.1.1993, DB 1993, 1061.

[1393] Vgl. OFD Frankfurt vom 17.7.1991, StLex 3, 5-6, 1209.

[1394] Vgl. BFH-Urteil vom 25.5.2016, DStR 2016, 2380 ff.; DB 2016, 2388 ff.; BB 2016, 2672 ff.; Oser/Wirtz, StuB 2017, 6 f.; Kolbe, StuB 2017, 12 ff.; Dörfler, WPg 2017, 595 ff.; Bolik/Max, StuB 2017, 299 ff.

ne entscheidungserheblichen Unterschiede. Die Überlegungen des BFH gelten nach der hier vertretenen Ansicht auch für emittierte Schuldverschreibungen mit steigendem Zins.

Die Ermittlung des **Erfüllungsrückstands** ist ausgehend von der Durchschnittsverzinsung vorzunehmen. Der BFH sieht bei der nach seiner Auffassung gebotenen wirtschaftlichen Betrachtung die am Bilanzstichtag noch geschuldeten zukünftigen Zinszahlungen als Gegenleistung für die gesamte (9-jährige) Kapitalüberlassung an und nimmt daher einen Erfüllungsrückstand an, soweit die Zinszahlungspflichten zu einem Bilanzstichtag unter dem durchschnittlichen Zinssatz liegen. Danach ist bei einem Darlehen mit variablen Zinsen die Summe der Zinsen die Gegenleistung für die gesamte Kaptalüberlassung; im einzelnen Jahr ist bei Unter- oder Überschreitung des durchschnittlichen Zinses ein bilanzieller Ausgleich (Rückstellung oder Rechnungsabgrenzungsposten) vorzunehmen.

Hat sich seit dem Zugangszeitpunkt aufgrund eines in die Verbindlichkeit **eingebetteten Derivats** die Rendite der Verbindlichkeit dergestalt geändert, dass die Rendite über der aktuell marktgerechten Rendite liegt, ist bei einer nunmehr überverzinslichen Verbindlichkeit grundsätzlich eine Rückstellung für drohende Verluste zu buchen. Dies ist vergleichbar mit der Aufnahme einer Verbindlichkeit zu einer über dem Marktniveau liegenden Verzinsung. Der Überzins ist ein drohender Verlust. Soweit diese strukturierte Verbindlichkeit jedoch Bestandteil des **Bankbuchs/Zinsbuchs** ist, erübrigt sich eine separate Bewertung bzw. Bildung einer Rückstellung; vielmehr wird das Risiko iRd. verlustfreien Bewertung des Bankbuchs erfasst.[1395] Ist diese Verbindlichkeit dem **Handelsbestand** zugeordnet, entfällt auch eine eigenständige Rückstellungsbildung, da Verbindlichkeiten des Handelsbestands mit dem beizulegenden Zeitwert anzusetzen sind.

b) fallende Zinsen

Verbindlichkeiten mit **fallenden Nominalzinsen** (sog. **Step-down-Produkte**) weisen eine im Zeitablauf sinkende Verzinsung auf. Bei entsprechender Vertragsgestaltung erhält der Investor im/in ersten Laufzeitjahr/en einen bezogen auf die gesamte Laufzeit überdurchschnittlichen Zins und im/in Folgejahr/en einen entsprechend unterdurchschnittlichen Zins. Die Gesamtrendite des Produkts ist bei Emission marktgerecht.

[1395] Ebenso Gaber, 2. Aufl., 344.

Ein solches Produkt kann sowohl als unverbrieftes Einlagenprodukt oder als Inhaberschuldverschreibung angeboten werden. Verfügungen während der Laufzeit der Zinsvereinbarung sind im Regelfall ausgeschlossen.[1396] Soweit der Investor bei Step-down-Produkten nicht vor dem Ende der Zinsvereinbarung über seine Einlage verfügen kann, müssen die den Effektivzinssatz übersteigenden Zinszahlungen (sog. Überzins) nach dem BFH-Urteil vom 27.7.2011[1397] in einen Rechnungsabgrenzungsposten eingestellt werden, da sie Aufwand für die Restlaufzeit der Einlage darstellen.[1398] Die Zinsen in den ersten Jahren sind als Vorleistung für eine noch nicht erbrachte zeitraumbezogene Überlassung des Kapitalbetrags in der restlichen Laufzeit anzusehen. Zu weiteren Einzelheiten vgl. die Ausführungen in Kapitel 5.2.16.2.

4.9.3. Bewertung von Verbindlichkeiten des Bankbuchs (IDW RS BFA 3)

Entscheidend für den Wertansatz einer Verbindlichkeit iRd. Aktiv-/Passivsteuerung eines Instituts ist nicht die Höhe der individuellen Verzinsung, sondern die **Zinsspanne** aus dem gesamten verzinslichen Geschäft. Das „Verlustrisiko" der hochverzinslichen Geldaufnahme ist letztlich durch ein hochverzinsliches Aktivum gedeckt.[1399]

Maßgeblich für die Tätigkeit bzw. den wirtschaftlichen Erfolg der Kreditinstitute ist die zu erzielende **Marge** (Zinsspanne) zwischen den Erträgen aus Mittelanlagen und den Refinanzierungskosten einschließlich Verwaltungs- und Risikokosten. Für die Generierung einer Zinsmarge bieten sich verschiedene Möglichkeiten. Unter Berücksichtigung der wirtschaftlichen Betrachtungsweise lässt sich diese nicht nur aus klassischen Einlagen- und Kreditgeschäften erzielen, sondern auch durch den Einsatz von Finanzderivaten (zB Zinsswaps).

Verbindlichkeiten, die dem Bankbuch zugeordnet sind, sind in die sog. **verlustfreie Bewertung** des Bankbuchs einzubeziehen (vgl. Kapitel 4.3.4.). Zur Ermittlung einer evtl. Rückstellung für drohende Verluste aus dem Bankbuch vgl. Kapitel 5.3.9.

[1396] Zur Kündigung aus wichtigem Grund sowie zur Möglichkeit einer einvernehmlichen Vertragsauflösung oder Vertragsänderung vgl. Weber-Grellet, RdF 2014, 58.
[1397] Vgl. BFH-Urteil vom 27.7.2011, BStBl. 2012 II, 284 ff.; Bolik/Max, StuB 2017, 299 ff.
[1398] Ebenso DRGV (Hrsg.), B. III. Rn. 802; Gaber, 2. Aufl., 344 ff.
[1399] Zur Berücksichtigung des Zinsänderungsrisikos vgl. auch Müller, Th., 282 ff.

4.9.4. Verbriefte (börsennotierte) Verbindlichkeiten (Anleihen)

Hinsichtlich der Bilanzierung zum Erfüllungsbetrag bestehen gegenüber der Bilanzierung der oben dargestellten Verbindlichkeiten keine Besonderheiten. Bei börsennotierten Wertpapieren schlägt sich ein gegenüber der Erstverbuchung verändertes Marktzinsniveau im Börsenkurs nieder. Der Marktwert konkretisiert die Höhe der ggf. drohenden Abgangsverluste, die sich aus der vorzeitigen Einlösung der Anleihen und Schuldverschreibungen zum höheren Kurswert ergeben können.

Die Berücksichtigung eines höheren Kurswerts aufgrund geänderter Marktzinsen kommt hier ebenso wie bei den übrigen Verbindlichkeiten so lange nicht in Betracht, wie davon auszugehen ist, dass eine vorzeitige Rückzahlung nicht stattfindet.[1400]

4.9.5. Ausbuchung von Kundeneinlagen

Verbindlichkeiten, die mit an Sicherheit grenzender Wahrscheinlichkeit **nicht erfüllt** werden müssen, dürfen weder in der Handelsbilanz noch in der Steuerbilanz passiviert werden.[1401] Sie sind auszubuchen. Der Ertrag ist unter den sonstigen betrieblichen Erträgen zu zeigen.

Mit Urteil vom 3.6.1992[1402] hat der BFH klargestellt, dass das Merkmal *„mit an Sicherheit grenzender Wahrscheinlichkeit"* nur dann erfüllt ist, wenn aufgrund der konkreten Umstände des Einzelfalls feststeht, dass die Verbindlichkeit nicht mehr erfüllt werden muss. Im Allgemeinen sei allerdings davon auszugehen, dass der Gläubiger von seinen Rechten Gebrauch machen wird. In einem weiteren Urteil vom 9.2.1993[1403] hat der BFH angeführt, dass diese Grundsätze auch für den Fall bereits verjährter Ansprüche und für die Frage gelten, ob noch mit einer Erfüllung durch den Schuldner zu rechnen ist. Eine Schuld dürfe dann nicht mehr bilanziert werden, wenn sich der Schuldner entschlossen habe, die Einrede der Verjährung zu erheben. Dasselbe gelte auch, wenn anzunehmen sei, dass er sich auf die Verjährung berufen werde.

Bei **Sparkonten**, auf denen in der Vergangenheit über einen längeren Zeitraum hinweg weder Ein- noch Auszahlungen erfolgten, kommt es darauf an,

---

[1400] Vgl. Oestreicher, BB 1993, Beilage 12 zu Heft 18, 14.

[1401] Vgl. BFH-Urteil vom 22.11.1988, BStBl. II 1989, 359; BFH-Urteil vom 3.6.1992, BFH/NV 1992, 741; BFH-Urteil vom 9.2.1993, DB 1993, 1549.

[1402] Vgl. BFH-Urteil vom 3.6.1992, BFH/NV 1992, 741.

[1403] Vgl. BFH-Urteil vom 9.2.1993, DB 1993, 1549.

ob das Kreditinstitut insoweit noch damit rechnen muss, dass der Kunde seine Einlage zurückfordert.

Nach Ansicht des Landesamts für Steuern Niedersachsen[1404] besteht die Vermutung, dass aufgrund langjährig fehlender Ein- und Auszahlungen künftig mit einer Geltendmachung der Rückforderungsansprüche durch den Kunden nicht mehr gerechnet werden muss. Die Verpflichtung des Kreditinstituts zur Rückzahlung von Spareinlagen verliert in diesen Fällen ihre wirtschaftliche Bedeutung. Die Frage, wann Einlagen sog. umsatzloser Sparkonten auszubuchen sind, richtet sich nicht nach der Höhe der Guthaben. Nach dieser Ansicht sind Sparkonten, bei denen über 30 Jahre hinweg weder Ein- oder Auszahlungen vorgenommen wurden, unabhängig von ihrer Höhe auszubuchen.

Damit sind umsatzlose Spareinlagen nicht mehr „spätestens 30 Jahre nach der letzten Ein- oder Auszahlung" auszubuchen. Eine Ausbuchung ist nach Ansicht der Finanzverwaltung nicht mehr vor Ablauf von 30 Jahren notwendig.

Unter diese Gruppe fallen jedoch nicht Spareinlagen, bei denen der Kunde jährlich unter Vorlage seines Sparbuchs die Zinsen nachtragen lässt, daneben aber keine weiteren Einzahlungen tätigt oder Auszahlungen vornimmt; denn **Zinsgutschriften** sind als neue Einlagen und damit als Einzahlungen anzusehen, wenn sie auf Verlangen des Gläubigers in das vorgelegte Sparbuch eingetragen werden.[1405] Zur Funktion des Sparbuchs als **Beweisurkunde** und dem ggf. erforderlichen Nachweis der zeichnungsberechtigten Mitarbeiter bei einer durch die Bank bestrittenen Verbindlichkeit vgl. OLG Frankfurt/M, Urteil vom 6.2.2011.[1406]

4.9.6. Verbindlichkeiten, deren Wert von der Wertentwicklung bestimmter Vermögensgegenstände abhängt (Zertifikate)

Die Anwendung der allgemeinen Bewertungsvorschriften des HGB auf Verbindlichkeiten führt dann zu einem Problem, wenn der Rückzahlungsbetrag der Verbindlichkeiten nicht feststeht, sondern sich nach der Wertentwicklung eines Referenzaktivums bzw. mehrerer Referenzaktiva bemisst. Dies ist beispielsweise der Fall, wenn ein Unternehmen **Zertifikate** emittiert oder Verträge über stille Beteiligungen gemäß § 230 HGB abschließt und die erzielten Emissionserlöse vereinbarungsgemäß bspw. in bestimmten Hedgefondsantei-

---

[1404] Vgl. Landesamt für Steuern Niedersachsen, Verf. vom 1.4.2019, S 2175-103-St 242, DB 2019, 1002.

[1405] Vgl. Erlass des FinMin Mecklenburg-Vorpommern vom 22.9.1992, WPg 1992, 734 f.

[1406] Vgl. OLG Frankfurt/M, Urteil vom 6.2.2011, ZIP 2011, 1095 ff.

len angelegt werden sollen; die Höhe der Rückzahlungsverpflichtung soll von der Performance eben dieser ebenfalls im Bestand befindlichen Hedgefondsanteile abhängen. Ein Wertzuwachs bei den Referenzaktiva führt zu einem korrespondierenden Anstieg der (Rückzahlungs-) Verpflichtung et vice versa.

Die Anwendung der allgemeinen Bewertungsvorschriften lässt das emittierende Unternehmen stets einen Verlust ausweisen: Wegen des Anschaffungskostenprinzips bleibt der Wertzuwachs auf der Aktivseite unberücksichtigt, während gleichzeitig der Buchwert der Verbindlichkeiten aufgrund des Vorsichtsprinzips aufwandswirksam auf den höheren Rückzahlungsbetrag erhöht werden müsste. Umgekehrt ist ein Wertverlust in Bezug auf den Bestand an Hedgefondsanteilen (Aktivseite) durch entsprechende Abschreibungen aufwandswirksam zu erfassen, während die Verbindlichkeiten – obwohl im Wert ebenfalls gesunken – aufgrund des Vorsichtsprinzips mit ihrem ursprünglichen Betrag bzw. mit dem mittlerweile erhöhten Buchwert zu Buche stehen bleiben.

Eine Lösungsmöglichkeit bietet IDW RS HFA 30 n.F. Tz. 76 in der Form, dass zwischen den relevanten Aktiva und den zugehörigen Passiva eine Bewertungseinheit gemäß § 254 HGB gebildet und die Durchbuchungsmethode angewendet wird, so dass sowohl die relevanten Aktiva als auch die zugehörigen Passiva mit dem beizulegenden Zeitwert bewertet werden. Im Rahmen der Anhangangaben zu den Bilanzierungs- und Bewertungsmethoden sind entsprechende Angaben zu machen.

Die analoge Anwendung der für Versicherungen geltenden Vorschriften in Bezug auf nicht realisierte Gewinne und Verluste aus den Kapitalanlagen fondsgebundener Lebensversicherungen vermeidet die dem wirtschaftlichen Gehalt der an sich risikolosen Gesamtposition des emittierenden Unternehmens nicht gerecht werdenden Konsequenzen der allgemeinen Bewertungsvorschriften. Lebensversicherungen haben nämlich die nicht realisierten Gewinne und Verluste aus den Kapitalanlagen für Rechnung und Risiko von Inhabern von Lebensversicherungspolicen im Posten ,nicht realisierte Gewinne aus Kapitalanlagen' oder im Posten ,nicht realisierte Verluste aus Kapitalanlagen' auszuweisen (§ 39 RechVersV). Entsprechend ist ein eigener Bilanzposten für Kapitalanlagen für Rechnung und Risiko von Inhabern von Lebensversicherungspolicen vorgesehen, in dem Kapitalanlagen, nach deren Wert sich der Wert oder die Überschüsse bei fondsgebundenen Verträgen bestimmen, und Kapitalanlagen zur Deckung von Verbindlichkeiten aus Verträgen, bei denen die Leistung indexgebunden ist, auszuweisen sind (§ 14 RechVersV).

Nicht-Versicherungsunternehmen hätten geeignete Postenbezeichnungen zu wählen und korrespondierend zu den Kapitalanlagen die Verbindlichkeiten in gleicher Höhe auszuweisen sowie im **Anhang** die angewandten Bilanzierungs- und Bewertungsmethoden darzulegen (vgl. § 14 Abs. 2 RechVersV). Eine dementsprechende Vorgehensweise bei den hier diskutierten Zertifikaten ist sachgerecht.

Hat das bilanzierende Unternehmen die entsprechenden Referenzaktiva nicht gleichzeitig (1:1) im Bestand (sodass keine Bewertungseinheit zwischen der entsprechenden Aktiva und Passiva besteht), wird das Zertifikat im Regelfall nach IDW RS HFA 22 zu bilanzieren sein.

4.9.7. Ausbuchung von Verbindlichkeiten gegen Besserungsschein

Der Forderungsverzicht mit Besserungsschein führt nach hM beim Schuldner dazu, dass die Verbindlichkeit dem Grunde nach erlischt. Bis zum Eintritt des vereinbarten Besserungsfalls ist der Forderungserlass erst einmal wirksam und die Forderung des Gläubigers besteht nicht mehr.[1407]

Soweit eine Forderung nicht mehr besteht, kann es korrespondierend auch die Verbindlichkeit nicht mehr geben. Anders als bei einer Stundung oder einem Rangrücktritt[1408] (siehe unten) ist daher die Verbindlichkeit bei einem Verzicht durch **Dritte** mit Besserungsabrede **auszubuchen** und als außerordentlicher Ertrag zu erfassen.[1409] Wird der Forderungsverzicht von einem **Gesellschafter** erklärt ist uU (bei entsprechendem Willen des Gesellschafters) auch eine Einstellung in die Kapitalrücklage möglich, wenn der Gesellschafter dies ausdrücklich erklärt.[1410] Zu den **steuerbilanziellen Folgen** vgl. Kubik/Münch.[1411]

Zinsen auf das verzichtsgegenständliche Darlehen fallen ab dem Zeitpunkt des Verzichts bis zum Aufleben der Verbindlichkeit durch Eintritt der Besserung nicht an.

[1407] Vgl. Schultze/Tögel, ZIP 2011, 1250 ff.; Häuselmann, BB 2010, 948; Briese, DStR 2017, 799 ff.; BeBiKo. 13. Aufl., § 247 HGB Rn. 210 ff.

[1408] Eine Rangrücktrittsvereinbarung ist kein Forderungserlass (§ 397 BGB), sondern ändert lediglich die Rangordnung, in der die (subordinierte) Forderung aus dem Vermögen der Gesellschaft befriedigt wird. Da die Verbindlichkeit nicht entfällt, ist sie mithin in der Handelsbilanz grundsätzlich unverändert auszuweisen; vgl. Wollmert/Oser, Bilanz Check-up 2015, 28 f.; vgl. BGH-Urteil vom 5.3.2015, DStR 2015, 767 ff.; Kahlert, DStR 2015, 734 ff.

[1409] Vgl. Kerssenbrock, Zeitschrift für Steuern & Recht 2006, 209 ff.; Nadvornik/Fritz-Schmied, BFuP 2018, 271 ff.; Kubik/Münch, BB 2021, 1388 f.

[1410] Vgl. Nadvornik/Fritz-Schmied, BFuP 2018, 271 ff. mwN; Zwirner/Boecker, IRZ 2018, 417 ff.; Kubik/Münch, BB 2021, 1389.

[1411] Vgl. Kubik/Münch, BB 2021, 1388 f.

Mit Eintritt des Besserungsfalls, also der auflösenden Bedingung, tritt gemäß § 158 Abs. 2 BGB der frühere Rechtszustand wieder ein, dh. der Verzicht entfällt. Ab diesem Zeitpunkt besteht die ursprüngliche Forderung wieder, jedoch nicht rückwirkend, sondern nur ex nunc (dh. für die Zwischenzeit gab es die Forderung nicht).[1412] Die Verbindlichkeit aus dem Besserungsschein wird daher dann wieder aufwandswirksam passiviert, wenn der Besserungsfall eingetreten ist. Eine Verpflichtung ist vor Eintritt des Besserungsfalls nicht anzusetzen.

Ist als Besserungsfall die Erzielung eines Jahresüberschusses vereinbart, ist eine neue Verbindlichkeit aus dem Besserungsschein erst dann und nur insoweit zu passivieren, wie sie in der betreffenden Periode wirtschaftlich verursacht ist. Zum Ausweis in der Gewinn- und Verlustrechnung siehe Gahlen.[1413] Weitere Besserungsfälle sind bspw. die Wiederherstellung des Grundkapitals (Stammkapitals), handelsrechtliche Relationen oder ein konkreter Vermögenszuwachs.

Auch wenn die ursprüngliche Verbindlichkeit erfolgsneutral zugunsten der Kapitalrücklage ausgebucht wurde, erfolgt die Bedienung des Besserungsscheins erfolgswirksam; ggf. kann parallel dazu die Kapitalrücklage zur Erhöhung des Bilanzgewinns aufgelöst werden.[1414]

Sieht die Besserungsabrede vor, dass zuerst Zinsen nachgezahlt werden, werden diese Beträge als Zinsaufwand ausgewiesen.

Zu den Besonderheiten des Forderungsverzichts mit Besserungsabrede in Insolvenz und Plan vgl. Schultze/Tögel.[1415]

4.9.8. Verbindlichkeiten mit Nachrangvereinbarung (Rangrücktritt)

Beim Rangrücktritt bzw. bei einer Nachrangvereinbarung bleibt die Verbindlichkeit in der Handelsbilanz nach hM weiterhin bestehen; ggf. ist ein Davon-Vermerk oder eine Erläuterung im Anhang (§ 264 Abs. 2 Satz 2 HGB) geboten.[1416] Der Rangrücktritt hat jedoch zur Folge, dass die betroffene Forderung durch den Gläubiger nicht geltend gemacht werden kann, solange die im Zuge des Rangrücktritts vereinbarten Zahlungsvoraussetzungen nicht eingetreten

---

[1412] Vgl. Schultze/Tögel, ZIP 2011, 1250 ff.
[1413] Vgl. Gahlen, BB 2009, 2079.
[1414] Vgl. Gahlen, BB 2009, 2079.
[1415] Vgl. Schultze/Tögel, ZIP 2011, 1250 ff.
[1416] Vgl. BeBiKo. 13. Aufl., § 247 Rn. 205 ff. mwN.

sind.[1417] Der Gläubiger tritt dabei im Hinblick auf den Rang seiner Forderung ggü. anderen zurück.

In diesem Kontext ist zu beachten, dass der BFH mit Urteil vom 30.11.2011[1418] und mit Urteil vom 15.4.2015[1419] sowie mit Urteil vom 10.8.2016[1420] bezogen auf § 5 Abs. 2a EStG die Ansicht vertrat, dass wenn für den Fall eines Rangrücktritts eine Besserungsklausel vereinbart wird, nach der die Forderung des Gläubigers nur aus künftigen Jahresüberschüssen oder aus einem evtl. Liquidationsüberschuss der Schuldnerin zu erfüllen ist, keine wirtschaftliche Belastung mehr vorliege und damit die Verbindlichkeit (in der Steuerbilanz) auszubuchen sei. Mit Urteil vom 19.8.2020[1421] bestätigt der BFH, wonach allein die rechtliche Verpflichtung, die im Rang zurückgetretene Verbindlichkeit aus dem „freien" Vermögen tilgen zu müssen, für die Passivierung ausreichend ist. Selbst wenn am Bilanzstichtag solches Vermögen tatsächlich nicht vorhanden ist und voraussichtlich auch zukünftig nicht erwirtschaftet werden wird, besteht kein handels- oder steuerbilanzrechtliches Passivierungsverbot.[1422] Zu den steuerlichen Folgen vgl. Kubik/Münch.[1423]

Der BGH hat mit Urteil vom 5.3.2015[1424] über den Ausweis von Verbindlichkeiten, für die ein Rangrücktritt vereinbart worden ist, in der **Überschuldungsbilanz** entschieden. Ein Rangrücktritt bedeutet keinen Verzicht auf die Forderung. Es kommt vielmehr allein darauf an, dass der Gläubiger sowohl vor der Eröffnung eines Insolvenzverfahrens als auch bei der Abwicklung in der Insolvenz den übrigen Gläubigern einen Vorrang bei der Durchsetzung

---

[1417] Vgl. Broemel/Endert, BBK 8/2015, 357 ff. mwN.
[1418] Vgl. BFH-Urteil vom 30.11.2011, BStBl. 2012 II, 332; Wacker, DB 2017, 26 ff.
[1419] Vgl. BFH-Urteil vom 15.4.2015, DStR 2015, 1551 ff.; Schmidt, DB 2015, 600 ff.; Weber-Grellet, BB 2015, 2667 ff.; Helios/Kröger, DStR 2015, 2478 ff.; Scheifele/Nees, Der Konzern 2015, 417 ff.; Kahlert, DStR 2015, 734 ff.; Müller, BB 2016, 491 ff., hierzu Replik von Kahlert, BB 2016, 878 f. und Erwiderung von Müller, BB 2016, 880; Hoffmann, StuB 2016, 285 f.; Wacker, DB 2017, 26 ff.; Oser, BC 2017, 123 ff.; Schulze-Osterloh, BB 2017, 427 ff.; Schmidt, Der Konzern 2017, 86 ff.; Altrichter-Herzberg, GmbHR 2017, 185 ff.; Müller, DStR 2018, 486 f.
[1420] Vgl. BFH-Urteil vom 10.8.2016, DStR 2017, 925 ff.; DB 2017, 27 Fn. 8; RS1225529 = juris; Wacker, DB 2017, 26 ff.
[1421] Vgl. BFH-Urteil vom 19.8.2020 – XI R 32/18, Der Konzern 2021, 39 ff.
[1422] Vgl. Schmidt, DB 2021, 146; Rätke, StuB 2021, 95 ff.
[1423] Vgl. Kubik/Münch, BB 2021, 1387 f.
[1424] Vgl. BGH-Urteil vom 5.3.2015, BB 2015, 973 ff., DB 2015, 732 ff.; Schmidt, DB 2015, 600 ff.; Westpfahl/Kresser, DB 2016, 33 ff. mit Formulierungsvorschlägen; Müller, BB 2016, 491 ff.; zur Steuerbilanziellen Behandlung vgl. Frystatzki, DStR 2016, 2479 ff.; Kahlert, WPg 2017, 602 ff.; Briese, DStR 2017, 802 ff.; Oser, DStR 2017, 1889 ff.; Oser, DStR 2017, 2835 ff.; Müller, DStR 2018, 486 f.

ihrer Forderungen einräumt. Wie sich diese Umgestaltung der Forderung auf die Handelsbilanz auswirkt, musste der BGH nicht prüfen.[1425]

Nachdem die Verbindlichkeit wie oben dargestellt weiter bestehen bleibt, ist diese in der **Handelsbilanz** – anders als in der Steuerbilanz und in einer Überschuldungsbilanz – weiterhin zu passivieren.[1426] Ein Passivierungsgebot bzw. -verbot im Überschuldungsstatus hat keine präjudizierende Wirkung für die Handelsbilanz.[1427]

Gleichwohl wurde die hM durch Müller[1428] infrage gestellt; er kommt zum Ergebnis, dass eine mit einem Rangrücktritt versehene Verbindlichkeit mit einer unter einer aufschiebenden Bedingung stehenden Verbindlichkeit vergleichbar sei, da der Erfüllungsanspruch nach Eintritt der Insolvenzreife unter mindestens einer aufschiebenden Bedingung (Erwirtschaftung eines Jahresüberschusses/Bilanzgewinns oder des Vorhandenseins sog. sonstigen freien Vermögens und zusätzlich nach Eintritt der Insolvenzreiche ggf. noch der Zustimmung der Gläubiger der Gesellschaft) stehe. Müller kommt zum Ergebnis, dass eine solche Verbindlichkeit (erfolgsneutral, zugunsten der Kapitelrücklage nach § 272 Abs. 2 Nr. 4 HGB) aufzulösen sei. Allenfalls sei eine Rückstellung zu bilden, wenn am Bilanzstichtag mit einem Eintritt der Bedingung zu rechnen ist.

Oser[1429] stimmt dem Ergebnis von Müller zu, jedoch mit einer anderen Begründung: Der BGH hat mit seinem Urteil vom 5.3.2015 entschieden, dass ein Rangrücktritt, der eine insolvenzrechtliche Überschuldung vermeiden oder beseitigen soll, auch außerhalb des Insolvenzverfahrens wirken muss und ein dinglicher Schuld(änderungs)vertrag zugunsten aller Gläubiger ist. *„Folge dieser Rechtsnatur eines Rangrücktritts ist, dass für den Schuldner bis zur Überwindung der Krise ein Zahlungsverbot auf die subordinierte Verbindlichkeit besteht und eine (rechtswidrige) Leistung auf die Schuld als eine Leistung auf eine Nichtschuld qualifiziert (§ 812 BGB, § 134 InsO)“.*[1430] Oser bezweifelt mithin, dass eine (fortbestehende) Verbindlichkeit, die aus dem gegenwärtigen Schuldvermögen nicht erfüllbar ist, eine gegenwärtige wirtschaftliche Belastung sein kann. Die (erfolgsneutrale) Auflösung der Verbindlichkeit ist nach Oser in der (subjektiven) Unmöglichkeit begründet, die subordinierte Verpflichtung aus einem Stichtagsvermögen erfüllen zu dürfen (Zahlungsverbot)

[1425] Vgl. Schulze-Osterloh, BB 2017, 427 ff.

[1426] GlA Broemel/Endert, BBK 8/2015, 361 f.; Kahlert, BB 2016, 878 f.; Wolf, StuB 2017, 333 ff.; Briese, DStR 2017, 802 f.; aA Müller, BB 2016, 491 ff.

[1427] Vgl. Hoffmann, StuB 2016, 285 f.

[1428] Vgl. Müller, BB 2016, 491 ff.

[1429] Vgl. Oser, DStR 2017, 1889 ff.; Oser, DStR 2017, 2835 ff.

[1430] Vgl. Oser DSTR 2017, 1893.

bzw. – bei rechtswidriger Leistung auf die Schuld – diese erfüllen zu können (Leistung auf eine Nichtschuld).

Der HFA hat im Jahr 2005 zum (qualifizierten) Rangrücktritt für ein Passivierungsgebot plädiert.[1431] Der HFA hat 2016 seine frühere Ansicht überprüft und festgestellt: *„Auch das ... BGH-Urteil ändert nichts daran, dass die Verpflichtung des Schuldners zivilrechtlich fortbesteht. Vor diesem Hintergrund verbietet das handelsrechtliche Vorsichtsprinzip nach Auffassung des HFA auch weiterhin die Ausbuchung der Verbindlichkeit in der Handelsbilanz".*[1432] Der HFA vertritt damit die Ansicht, dass auch eine mit einem den Anforderungen des BGH genügenden Rangrücktritt versehene Verbindlichkeit weiterhin mit dem Erfüllungsbetrag in der Handelsbilanz zu passivieren ist.[1433]

Solange zur Frage, ob die Passivierung der mit dem Rangrücktritt versehenen Forderung in der Handelsbilanz unzulässig ist, keine Rechtsprechung des BGH vorliegt, sollte es bei der bisherigen Praxis bleiben.[1434]

4.10. Bilanzierung von Wertpapierleihegeschäften

4.10.1. Begriff der Wertpapierleihe

Bei der Wertpapierleihe (Wertpapierdarlehen) überträgt der **Verleiher** dem Entleiher Anleihepapiere oder Aktien für eine bestimmte Zeit aus seinem Bestand, wobei das **zivilrechtliche Eigentum** auf den Entleiher übergeht.[1435]

Der Vertrag zwischen Verleiher und Entleiher wird idR auf der Grundlage eines **Rahmenvertrags** abgeschlossen. Neben bilateralen Verträgen, dh. zweiseitigen Verträgen zwischen Ver- und Entleiher, kann auch vereinbart werden, dass eine Clearingstelle zwischen Ent- und Verleiher tritt.[1436]

[1431] Vgl. Oser, BC 2017, 126 f. mit Verweis auf IDW-FN 2005, 552.
[1432] Vgl. IDW-Life 2016, 1000 f.
[1433] Vgl. HFA: IDW Life 2016, 1000 f.
[1434] Vgl. Hamminger, NWB 31/2016, 2359 ff.
[1435] Zur Wertpapierleihe vgl. Häuselmann/Wiesenbart, DB 1990, 2129; Krumnow ua., 2. Aufl., § 340b HGB Rn. 61 ff.; Oho/Hülst, DB 1992, 2582; Prahl/Naumann, WM 1992, 1173; Häuselmann, DStR 2007, 1379 ff.; Scherff/Willeke, StuB 2007, 465; Rau, DStR 2009, 21 ff.; Bayrisches Landesamt für Finanzen, Verf. vom 20.7.2010, DB 2010, 1672 f.; OFD Frankfurt/M, Verf. vom 19.11.2013, DB 2014, 454; Hohmann, Die Bank 4.2014, 41 ff.; Haarmann, BB 2018, 1623 ff.; Gaber, 2. Aufl., 110 ff.; WPH Edition, Kreditinstitute, Kap. D. Rn. 96 ff.
[1436] Vgl. Gaber, 2. Aufl., 111.

Der Entleiher wird juristischer Eigentümer der Wertpapiere, weshalb ihm grundsätzlich auch die **Ausschüttungen** zustehen, die während der Laufzeit der Wertpapierleihe anfallen. Regelmäßig bestehen jedoch Vereinbarungen, die den Entleiher verpflichten, die während der Leihe anfallenden Erträge aus den Wertpapieren (Dividenden, Bezugsrechte, Zinsen) an den **Verleiher weiterzuleiten**.[1437] Der Verleiher ist dazu vertraglich so gestellt, als sei er nach wie vor Eigentümer der verliehenen Wertpapiere geblieben. Das Risiko eines Kursverlusts geht bei der Wertpapierleihe zulasten des Verleihers.

Als **Gegenleistung** für die leihweise Überlassung der Wertpapiere bezahlt der Entleiher dem Verleiher ein Entgelt. Dieses wird iRd. organisierten Wertpapierleihe pauschal bemessen, orientiert sich im Übrigen an den Interessen der Vertragsparteien. Die Vergütung für den Verleiher setzt sich zusammen aus der Leihgebühr sowie einer evtl. Ausgleichszahlung für vereinnahmte Erträge aus den verliehenen Wertpapieren.[1438]

Der **Entleiher** verpflichtet sich, nach Ablauf der Leihfrist, (äquivalente) Wertpapiere gleicher Ausstattung und Menge zurückzuübertragen (Gattungsschuld). Die Rückgabe der identischen Wertpapiere (dh. derselben Stückenummern) wäre in der Praxis nicht durchführbar. Werden festverzinsliche Wertpapiere verliehen, müssen Papiere des gleichen Emissionsdatums, gleichen Nennbetrags, gleicher Laufzeit und gleicher Verzinsung (Stücke derselben ISIN)zurückgegeben werden. Bei Aktien müssen Emittent und Gattung (zB Inhaber- oder Vorzugsaktien) der zurückgegebenen Aktien identisch sein. Dem Verleiher verbleiben aufgrund der Vertragsgestaltung regelmäßig neben dem Anspruch auf die Zinsen bzw. Dividenden sämtliche Chancen und Risiken aus den Kursänderungen.

Das Wertpapierdarlehen lässt sich allgemein als Überlassung von Wertpapieren zu vollem Eigentum und zu freier Verfügung mit der Maßgabe, dass Wertpapiere gleicher Art und Ausstattung zurückzugeben sind, bezeichnen.[1439] Diese Verträge werden in der Regel auf der Basis von Master- oder Rahmenverträgen abgeschlossen.

Das Wertpapierdarlehen kann als **besicherte** oder **unbesicherte** Wertpapierleihe ausgestaltet sein. Es kann ferner vereinbart werden, dass der Entleiher zusätzliche Sicherheiten iRe. ggf. täglichen Marktwertausgleichs (Margining) zu stellen hat, wenn der Marktwert der gestellten Sicherheiten gesunken ist. Im

---

[1437] Vgl. Gaber, 2. Aufl., 111.
[1438] Vgl. Oho/Hülst, DB 1992, 2583.
[1439] Vgl. Kort, WM 2006, 2149 ff.

umgekehrten Fall kann eine Rückzahlung oder Sicherheitenfreigabe durch den Verleiher erfolgen.[1440]

Wertpapierdarlehen können zu verschiedenen **Zwecken** eingesetzt werden.[1441] Der **Verleiher** verbessert mit der Wertpapierleihe die Rendite seines Portfolios. Der **Entleiher** kann mit den entliehenen Wertpapieren Lieferverzögerungen, vor allem im grenzüberschreitenden Wertpapiergeschäft, überbrücken.[1442] Zur Wertpapierleihe bei öffentlichen Übernahmen vgl. Hippeli.[1443]

Geht ein Institut von einem sinkenden Marktwert des Wertpapiers aus, kann es das Wertpapier iRe. Wertpapierleihe erwerben und am Markt veräußern (sog. gedeckter Leerverkauf), in der Erwartung, das Wertpapier vor Ablauf der Leihfrist zu einem günstigeren Kurs zurück zu erwerben.[1444]

Rechtlich handelt es sich nach hM um ein (entgeltliches) **Sachdarlehen** iSd. § 607 BGB. Der Verleiher (Darlehensgeber) ist verpflichtet, dem Entleiher (Darlehensnehmer) die Wertpapiere zu übereignen. Der **Entleiher** tritt in alle Rechte aus den Wertpapieren ein. Er ist als uneingeschränkter Alleineigentümer in der Verwendung der Wertpapiere frei.[1445] Ihm stehen zB das Dividendenrecht, das Stimmrecht usw. zu. Er ist als juristischer Eigentümer auch berechtigt, über die Wertpapiere zu verfügen, er kann die Wertpapiere weiterverleihen, verkaufen oder verpfänden. Ein Gegenwert für die Wertpapiere wird im Gegensatz zum Pensionsgeschäft idR nicht gewährt.

Die Wertpapierleihe ist **kein Bankgeschäft**, da die Leihe anderer vertretbarer Sachen (außer Geld) nicht Gegenstand des KWG ist. Die Wertpapierleihe ist auch keine Finanzdienstleistung.

4.10.2. Abgrenzung zum Pensionsgeschäft

Vom **unechten Pensionsgeschäft** unterscheidet sich die Wertpapierleihe dadurch, dass der Pensionsnehmer nicht verpflichtet, sondern nur berechtigt ist, die Wertpapiere zurückzuübertragen, wohingegen der Entleiher bei der Wertpapierleihe stets zur Rückgabe verpflichtet ist.

[1440] Vgl. Gaber, 2. Aufl., 110 f.
[1441] Vgl. Edelmann/Eller, 12 ff.; Oho/Hülst, DB 1992, 2582.
[1442] Vgl. Hamacher, Die Bank 1990, 34.
[1443] Vgl. Hippeli, AG 2017, 771 ff.
[1444] Vgl. Gaber, 2. Aufl., 112.
[1445] Vgl. Oho/Hülst, DB 1992, 2583.

Beim **echten Pensionsgeschäft** werden die Wertpapiere wie bei der Wertpapierleihe zivilrechtlich auf den Pensionsnehmer übertragen, der sich gleichzeitig verpflichtet, die erhaltenen Wertpapiere zu einem bestimmten oder vom Pensionsgeber zu bestimmenden Zeitpunkt zurückzuübertragen. Das echte Pensionsgeschäft ist ein Kassaverkauf, der mit einem Termingeschäft verknüpft wird. Faktisch unterscheidet sich die Wertpapierleihe von einem echten Pensionsgeschäft lediglich darin, dass bei einem echten Pensionsgeschäft der Entleiher über den Zeitraum der Leihe einen entsprechenden Gegenwert beim Verleiher hinterlässt.

Wie bei einem echten Pensionsgeschäft trägt das **Risiko** eines Kursverlusts der Verleiher. Im Gegensatz zum Pensionsgeschäft trägt der Verleiher (Darlehensgeber) das Ausfallrisiko seines Kontrahenten, während der Pensionsgeber für die hingegebenen Papiere sofort den jeweiligen Kaufpreis erhält.[1446]

Während sich beim Pensionsgeschäft der Pensionsgeber Liquidität verschaffen will (das echte Pensionsgeschäft ist wirtschaftlich eine Kreditaufnahme mit Sicherungsübereignung), will sich der Darlehensnehmer bei der Wertpapierleihe in erster Linie die entsprechenden Stücke beschaffen.[1447]

Beim Pensionsgeschäft wird der Interessenausgleich über die Gestaltung des Kaufpreises bzw. Rückkaufpreises und nicht wie beim Wertpapierleihgeschäft über ein besonderes Leihentgelt (zzgl. Ausgleichszahlung für die Erträge aus dem verliehenen Wertpapier) herbeigeführt. Der Pensionsnehmer und der Pensionsgeber vereinbaren für jede Transaktion jeweils ein Entgelt, sodass ein Kaufpreis und ein Rückkaufpreis vereinbart werden. Eine Ausgleichszahlung für vereinnahmte Erträge während der Laufzeit des Pensionsgeschäfts ist jedoch nicht charakteristisch für ein typisches Wertpapierpensionsgeschäft.[1448]

4.10.3. Bilanzierung und Bewertung

4.10.3.1. Bilanzierung und Bewertung beim Verleiher (Darlehensgeber)

Beurteilung des (Nicht-) Übergangs des wirtschaftlichen Eigentums (HGB)

Bei der Wertpapierleihe wechselt insbesondere nach Meinung der Finanzverwaltung das rechtliche und wirtschaftliche Eigentum vom Verleiher auf den

---

[1446] Vgl. auch AFRAC-Stellungnahme 14, Rn. 106 ff..
[1447] Vgl. Häuselmann/Wiesenbart, DB 1990, 2130.
[1448] Vgl. Oho/Hülst, DB 1992, 2583.

Entleiher.[1449] Bei Gewährung als Darlehen geht nach dieser Ansicht neben dem zivilrechtlichen Eigentum auch das wirtschaftliche Eigentum an den überlassenen Gegenständen auf den Darlehensnehmer über.[1450] Eine für die Bilanzierung nach HGB überzeugende Begründung dafür, dass das wirtschaftliche Eigentum übergeht, findet sich im (steuerlich motivierten) Schrifttum jedoch nicht.

Es wird lediglich darauf hingewiesen, dass dadurch im Fall der anschließenden Übereignung der Wertpapiere an einen Dritten eine Doppelerfassung – nämlich sowohl beim Darlehensgeber als auch bei dem Dritten – vermieden werde.[1451] An einer Doppelerfassung stört sich der HFA beim IDW jedoch nicht (IDW ERS HFA 13 Tz. 6).

Im Schrifttum[1452] und vor allem vom Versicherungsfachausschuss beim IDW (IDW VFA) sowie von AFRAC[1453] wird mittlerweile einhellig die Ansicht vertreten, das wirtschaftliche Eigentum sei beim **Verleiher** geblieben (Wertpapiere sind dann als nicht abgegangen zu betrachten).[1454] Aufgrund der verpflichtenden Rückübertragung der Wertpapiere verbleiben die mit dem Wertpapier verbundenen Chancen und Risiken beim Verleiher. Aus wirtschaftlicher Betrachtungsweise gleicht die Wertpapierleihe daher einem echten Pensionsgeschäft. Daraus folgt, dass die Wertpapierleihe zu **keiner Ausbuchung** der betreffenden Wertpapiere beim **Verleiher** führt. In der Bilanz des **Entleihers** ist kein Wertpapier einzubuchen.[1455] Die Erträge aus den Wertpapieren, die dem Entleiher als zivilrechtlichem Eigentümer zufließen, sind bei diesem als durchlaufender Posten zu erfassen. Dem hat sich AFRAC in der Stellungnahme 14 angeschlossen (Rn. 71). Diese Vorgehensweise entspricht auch § 246 Abs. 1 HGB, wonach Vermögensgegenstände in die Bilanz des Eigentümers aufzu-

---

[1449] Vgl. Häuselmann/Wiesenbart, DB 1990, 2130; Häuselmann, DStR 2007, 1380; Bayrisches Landesamt für Steuern, Verf. vom 20.7.2010, DB 2010, 1672 f.; OFD Frankfurt/M, Verf. vom 19.11.2013, DB 2014, 454; Gaber, 2. Aufl., 112; Moxter/Engel-Ciric, 60 ff..

[1450] Vgl. ADS, 6. Aufl., § 246 HGB Tz. 354.

[1451] Vgl. OFD Frankfurt/M, Verf. vom 19.11.2013, DB 2014, 454.

[1452] Vgl. ADS, 6. Aufl., § 246 HGB Tz. 356; Bieg/Waschbusch, 3. Aufl., 156 f.; Bieg/Waschbusch, in: BeckHdR B 900 Rn. 50 f.; Hoffmann, StuB 2015, 82; DGRV (Hrsg.), Jahresabschluss, B.I. Rn. 148; Böcking/Gros/Morawietz, § 340b HGB Rn. 9 ff. in: Wiedmann/Böcking/Gros, 4. Aufl.; WPH Edition, Kreditinstitute, Kap. D. Rn. 102; Böcking/Wolsiffer/Bär, in: MünchKomm. HGB, 4. Aufl., § 340b HGB Rn. 41.

[1453] Vgl. AFRAC-Stellungnahme 14, Rn. 122.

[1454] Vgl. im Ergebnis Krumnow ua., 2. Aufl., § 340b HGB Rn. 65 ff.; Schmid/Mühlhäuser, BB 2001, 2611 ff.; IDW RS VFA 1 Tz. 14 (mittlerweile aufgehoben, inhaltlich aber weiterhin relevant).

[1455] Ebenso AFRAC-Stellungnahme 14, Rn. 122.

nehmen sind, es sei denn, ein Vermögensgegenstand ist nicht dem Eigentümer, sondern einem anderen wirtschaftlich zuzurechnen. Es ist ferner zu fragen, weshalb bei gleicher ökonomischer Strukturierung die bilanzielle Einordnung der Wertpapierleihe anders erfolgen soll als beim echten Wertpapierpensionsgeschäft, bei dem der Preis für die Rückübertragung bereits bei Abschluss des Geschäfts vereinbart wird.[1456]

Unter dem Aspekt des beim Verleiher nach den handelsrechtlichen GoB verbliebenen wirtschaftlichen Eigentums ist es nach dem mittlerweile – aus anderen Gründen – aufgehobenen IDW RS VFA 1 Tz. 14 damit auch sachgerecht – unbeschadet des rechtlichen Eigentums des Entleihers an den Wertpapieren – diese beim Verleiher unverändert als Wertpapiere zu bilanzieren. Die verliehenen Wertpapiere sind wegen des darin enthaltenen Bonitätsrisikos im Jahresabschluss zu kennzeichnen. Eine Zurechnung zum Verleiher kommt nach ADS[1457] insbesondere dann infrage, wenn das Sachdarlehen gegen Geldsicherheit erfolgt, da in diesem Fall kein relevanter Unterschied zu echten Pensionsgeschäften verbleibt.

Vor dem Hintergrund unterschiedlicher Auffassungen hinsichtlich der Frage des Übergangs des wirtschaftlichen Eigentums ist es erforderlich, dass im **Anhang** sowohl beim Verleiher als auch beim Entleiher dargestellt wird, wie Wertpapierleihegeschäfte bilanziell abgebildet werden.[1458]

Hier seien kurz die Argumente angeführt, die für einen Verbleib des wirtschaftlichen Eigentums für die handelsrechtliche Bilanzierung beim Verleiher sprechen:

- Kein endgültiger Übergang der Chancen und Risiken aus den Wertpapieren auf den Entleiher – nur Nutzungsübergang.
- Kein Ausschluss des Verleihers von der Einwirkungsmöglichkeit auf die Wertpapiere für deren gewöhnliche Nutzungsdauer.
- Kein umfassender Übergang des Insolvenzrisikos vom Verleiher auf den Entleiher.[1459]
- Der Entleiher erlangt keine einseitig rechtlich geschützte, auf den Erwerb der Wertpapiere gerichtete Rechtsposition, die ihm gegen seinen Willen nicht mehr entzogen werden kann.

[1456] Vgl. Hoffmann, StuB 2015, 82.

[1457] Vgl. ADS 6. Aufl. § 246 HGB Tz. 356.

[1458] Ebenso WPH Edition, Kreditinstitute, Kap. D. Rn. 104.

[1459] Der Verbleib des Ausfallrisikos beim Verkäufer einer Forderung führt beim Factoring dazu, dass der Verkäufer wirtschaftlicher Eigentümer bleibt und die Forderung nicht übergeht.

- Nach dem Rahmenvertrag für Wertpapierleihgeschäfte bzw. den allgemein üblichen Vereinbarungen stehen Zinsen, Dividenden, sonstige Ausschüttungen und Bezugsrechte grundsätzlich dem Verleiher zu. Es bestehen kurzfristige Kündigungsmöglichkeiten der Vertragsparteien. Der Entleiher ist im Falle von Umtausch-, Abfindungs- oder sonstigen öffentlichen Kaufangeboten zur Rückübertragung der Wertpapiere verpflichtet.

Die Abwägung der gegenläufigen Argumente und die Entscheidung für oder gegen einen Übergang des wirtschaftlichen Eigentums auf den Entleiher (Darlehensnehmer) dürften bei Berücksichtigung der angeführten Argumente zur Verneinung des Wechsels des wirtschaftlichen Eigentums führen.[1460] Dem folgen das handelsrechtliche Schrifttum sowie auch die Bilanzierungspraxis zunehmend. IDW ERS HFA 13 Tz. 6 äußert sich zu dieser Thematik wie folgt: „*Verbleiben trotz der Übertragung des rechtlichen Eigentums aufgrund besonderer Vereinbarungen im Einzelfall wesentliche Elemente in Bezug auf den übereigneten Vermögensgegenstand beim Veräußerer, die bei wirtschaftlicher Betrachtungsweise für die Stellung als Eigentümer (Rechtsinhaber) kennzeichnend sind, kommt die Ausbuchung des Vermögensgegenstands und dementsprechend auch die Gewinnrealisierung nicht in Betracht. Auch wenn der Vermögensgegenstand in solchen Fällen ausnahmsweise trotz Übergangs des rechtlichen Eigentums nach wie vor beim Veräußerer zu bilanzieren ist, schließt dies nicht zwingend aus, dass der rechtliche Erwerber den Vermögensgegenstand ebenfalls bilanziert*". Mithin stört sich der HFA an einer Doppelerfassung nicht.

Wirtschaftliches Eigentum aus steuerlicher Sicht

Mit Urteil vom 18.8.2015 hat der BFH[1461] wie folgt entschieden: „*Das wirtschaftliche Eigentum an Aktien, die im Rahmen einer sog. Wertpapierleihe an den Entleiher zivilrechtlich übereignet wurden, kann ausnahmsweise beim Verleiher verbleiben, wenn die Gesamtwürdigung der Umstände des Einzelfalles ergibt, dass dem Entleiher lediglich eine formale zivilrechtliche Rechtsposition verschafft werden soll*". Der BFH stützt dies darauf, dass aufgrund einer Gesamtwürdigung der Umstände des Einzelfalls der Darlehensnehmer ledig-

---

[1460] So auch Schmid/Mühlhäuser, BB 2001, 2613.
[1461] Vgl. BFH-Urteil vom 18.8.2015, I R 88/13, AG 2016, 246 ff.; DB 2016, 82 ff.; DStR 2016, 168 ff.; hierzu Haisch, Der Konzern 2016, 278 ff.; Ditz/Tcherveniachki, DB 2016,615 ff.; Behnes/Kühnel, RdF 2016, 141 ff. Link/Kubicki, RdF 2018, 304 ff.

lich eine „leere Eigentumshülle" erhalten hat. Nach Ansicht des BFH sind die Gründe hierfür im Wesentlichen folgende:[1462]

- Der Darlehensnehmer hat wirtschaftlich nicht von den Dividenden profitiert, da er nach Erhalt der Dividenden zeit- und betragsgleich Dividendenausgleichszahlungen an den Darlehensgeber geleistet hat. Ferner zahlte er noch ein Darlehensentgelt.
- Der Verleiher konnte die Geschäfte jederzeit mit einer Frist von drei Tagen kündigen. Der Darlehensnehmer konnte daher tatsächlich keine Stimmrechte ausüben oder die Aktien nicht weiterverkaufen/-verleihen oder anderweitig über sie verfügen.
- Der BFH weist zudem darauf hin, dass es keinen „endgültigen" Übergang der Chancen und Risiken gab, die mit dem Eigentum an den Aktien verbunden sind. Nach Ansicht des Gerichts konnte der Darlehensnehmer nicht von einer Wertsteigerung der Aktien profitieren.

Als weitere Rechtsprechung sind in diesem Zusammenhang erwähnenswert ein Urteil des FG Niedersachsen vom 17.11.2016[1463] und ein Urteil des FG Nürnberg vom 7.6.2016[1464] sowie ein Urteil des FG Köln[1465]. Zum Übergang des wirtschaftlichen Eigentums an einem Miteigentumsanteil (Personengesellschaft) vgl. BFH-Urteil vom 1.3.2018[1466] und BFH-Urteil vom 20.9.2018[1467]. Mit Urteil vom 29.9.2021[1468] hat der BFH entschieden, dass die Darlehensnehmer trotz kurzfristigen Kündigungsmöglichkeiten die Kurschancen und -risiken trugen und die Kläger als Darlehensgeber deshalb nicht wirtschaftliche Eigentümer der zivilrechtlich auf die Darlehensnehmer übertragenen Aktien geblieben seien.[1469]

Auf das BFH-Urteil vom 18.8.2015 hat die Finanzverwaltung mit mehreren Schreiben des BMF reagiert. Letztmals mit BMF-Schreiben vom 9.7.2021.[1470] Das BMF geht im Regelfall von einem Übergang des wirtschaftlichen Eigen-

---

[1462] Vgl. Haisch, Der Konzern 2016, 279; Haarmann, BB 2018, 1626 f..

[1463] Vgl. FG Niedersachsen Urteil vom 17.11.2016 (rkr.), DStRK 2017, 76 mit Praxishinweis von Hahne/Philipp,

[1464] Vgl. FG Nürnberg Urteil vom 7.6.2016 (rkr.) („strukturierte" Wertpapierleihe), AG 2017, 204 ff.; Schmich/Schnabelrauch, GmbHR 2017, 224 ff.

[1465] Vgl. FG Köln, Urteil vom 19.7.2019, 2 K 2672/17, WM 2020, 371 ff.

[1466] Vgl. BFH-Urteil vom 1.3.2018, BStBl. 2018 II, 539 ff., DB 2018, 1642 ff.; Hoheisel, StuB 2018, 660 ff.

[1467] Vgl. BFH-Urteil vom 20.9.2018, DB 2018, 3100 ff. ; Kestler/Schoch, DStR 2019, 1489 ff.; Prinz, DB 2019, 1345 ff., Lüdenbach, StuB 2019, 243.

[1468] Vgl. BFH-Urteil vom 29.9.2021 – IR 41/17, DB 2022, 641 ff.

[1469] Vgl. hierzu Korn, NWB 13/2022, 901 ff.; Gill/Helios, DB 2022, 1280 ff.

[1470] Vgl. BMF-Schreiben vom 9.7.2021, DB 2021, 1642.

tums auf den Entleiher (Darlehensnehmer) aus. Im Fall einer sog. formalen Eigentümerposition des Entleihers verbleibt das wirtschaftliche Eigentum beim Verleiher (Darlehensgeber); diese formale Eigentümerposition definiert das BMF anhand mehrerer Kriterien.

Bei (komplexen) Wertpapierleihegeschäften, die mit weiteren Geschäften (zB Termingeschäft, Optionsgeschäft) mit demselben Geschäftspartner kombiniert werden, ist zu prüfen, welcher Partei das wirtschaftliche Eigentum zuzuordnen ist. Für den Fall, dass bei einer Wertpapierleihe gleichzeitig ein Terminverkauf des verliehenen Wertpapiers an den Entleiher auf das Ende der Wertpapierleihe vereinbart wird, ist die Annahme des Übergangs des wirtschaftlichen Eigentums auf den Entleiher vertretbar. Dies mit der Folge, dass ein Abgangserfolg realisiert wird.[1471] Zum wirtschaftlichen Eigentum bei Pensionsgeschäften vgl. Kapitel 3.2.3.1. und 3.2.3.2.

Bilanzierung ohne Übergang des wirtschaftlichen Eigentums

Ist das wirtschaftliche Eigentum **nicht** übergegangen, sind die Wertpapiere bei einer Wertpapierleihe wie bei einem echten Pensionsgeschäft nach § 340b HGB zu bilanzieren (vgl. Kapitel 3.2.). Sie sind weiterhin in der Bilanz des Verleihers (Darlehensgebers) auszuweisen. Prahl/Naumann[1472] empfehlen eine Kennzeichnung der verliehenen Wertpapiere in dessen Jahresabschluss.

Die erhaltene **Leihgebühr** ist als **Provisionsertrag** zu erfassen. Die vom Entleiher weitergeleiteten Erträge aus den Wertpapieren sind als Erträge dieser Wertpapiere zu zeigen.

In der Bilanz des **Entleihers** (Darlehensnehmers) ist kein Wertpapier einzubuchen. Die beim Entleiher als dem zivilrechtlichen Eigentümer eingehenden Erträge aus den Wertpapieren, sind als durchlaufende Posten ohne Berührung der Gewinn- und Verlustrechnung an den Verleiher weiterzuleiten.[1473] Die entrichtete **Leihgebühr** ist als **Provisionsaufwand** zu buchen.

Veräußert der Entleiher die geliehenen Wertpapiere, hat er eine Leerverkaufsverpflichtung einzubuchen und bei gestiegenem Kurswert nach dem Höchstwertprinzip zu bewerten.[1474]

[1471] In Anlehnung an Gaber, 2. Aufl., 99 f. zum echten Pensionsgeschäft.
[1472] Vgl. Prahl/Naumann, WM 1992, 1179.
[1473] Vgl. Gaber, 2. Aufl., 116; WPH Edition, Kreditinstitute, Kap. D. Rn. 105.
[1474] Vgl. Gaber, 2. Aufl., 116.

Bilanzausweis bei Abschluss des Wertpapierleihegeschäfts mit angenomme-
nem Übergang des wirtschaftlichen Eigentums auf den Entleiher

Vor dem Hintergrund, dass nach wie vor auch die Ansicht vertreten wird, das
wirtschaftliche Eigentum sei auf den Entleiher übergegangen, wird hier die
bilanzielle Auswirkung dieser Sichtweise dargestellt. Zum wirtschaftlichen
Eigentum bei komplexen Wertpapierleihegeschäften vgl. oben.

Der Verleiher (Darlehensgeber) hat, sobald die Wertpapiere an den Entleiher
verliehen werden und ein Übergang des wirtschaftlichen Eigentums stattgefunden hat, als Ersatz für die verliehenen und ausgebuchten Wertpapiere einen
Rückübertragungsanspruch zu bilanzieren. Dieser ist je nach der Person
des Entleihers (Darlehensnehmers) grundsätzlich unter den „Forderungen an
Kunden" (Geschäfte mit CEDEL und Kunden) oder unter den „Forderungen
an Kreditinstitute" (Geschäfte mit Clearstream, Euroclear, die Institutseigenschaft haben) auszuweisen. Ein Ausweis unter den „Sonstigen Vermögensgegenständen" scheidet regelmäßig aus.[1475]

Gaber[1476] vertritt die Auffassung, dass Rückerstattungsansprüche auf **verlie-**
hene Positionen des Handelsbestands unter dem Aktivposten 6a. Handelsbestand auszuweisen sind.

Die fristenmäßige Zuordnung iRd. Restlaufzeitengliederung nach § 9 Rech-
KredV richtet sich nach Ansicht des BAKred nach der Vertragsdauer (Leihfrist) und nicht nach der (Rest-) Laufzeit der verliehenen Wertpapiere.[1477]
Nachdem dies idR eine zu günstige Darstellung der Liquiditätslage sein kann,
ist es nach Gaber[1478] sachgerecht, die Forderung (Rückübertragungsanspruch)
entsprechend der Restlaufzeit des verliehenen Wertpapiers auszuweisen.

Gewinnrealisierung und Bewertung bei Geschäftsabschluss bei angenom-
menem Übergang des wirtschaftlichen Eigentums auf den Entleiher

Soweit die Übertragung der Wertpapiere als Abgang der bisher bilanzierten
Wertpapiere und als Zugang einer Forderung auf Rückübertragung dieser
Wertpapiere dargestellt wird,[1479] stellt sich wie bei einem Tausch die Frage,
ob ein gewinnrealisierender Umsatzakt vorliegt. Die Frage der Gewinnreali-

---

[1475] Vgl. Krumnow ua., 2. Aufl., § 340b HGB Rn. 73 ff.
[1476] Vgl. Gaber, 2. Aufl., 113.
[1477] Vgl. BAK-Schreiben vom 25.8.1987, Consbruch/Fischer P 41.15.
[1478] Vgl. Gaber, 2. Aufl., 114 mwN.
[1479] Vgl. Häuselmann/Wiesenbart, DB 1990, 2131.

sierung beim Verleiher ist das zentrale Rechnungslegungsproblem bei Wertpapierleihegeschäften.

Auch wenn man nach Vorstehendem den Ausweis der Wertpapiere bei dem Entleiher (Darlehensnehmer) – und damit einen Abgang der Wertpapiere beim Verleiher – befürwortet, bedeutet dies nach noch überwiegender Ansicht nicht, dass der Vorgang beim Verleiher (Darlehensgeber) zur Gewinnrealisierung führt.[1480]

Hieraus folgt, dass der Verleiher (Darlehensgeber) den Rückübertragungsanspruch (höchstens) mit dem **Buchwert des übertragenen Vermögensgegenstands** anzusetzen hat. Das Wertpapierleihegeschäft führt damit zu einem erfolgsneutralen Aktivtausch zwischen den bisher angesetzten Wertpapieren und der entstandenen Sachdarlehensforderung.

Das BMF hatte mit seinem mittlerweile aufgehobenen Schreiben vom 3.4.1990[1481] die gleiche Ansicht vertreten. Bei Darlehenshingabe sind zunächst die betreffenden Wertpapiere mit dem Buchwert auszubuchen und eine gleich hohe Sachforderung als Surrogat für die Wertpapiere einzubuchen, womit auf eine Gewinnrealisierung zu verzichten sei. Außer der wirtschaftlichen Surrogatfunktion werden jedoch vom BdF keine Gründe für seine Auffassung genannt. Die Gewinnrealisierung ist nicht Zweck des Geschäfts, da die Wertpapiere wirtschaftlich nicht aus dem Betriebsvermögen des Verleihers ausscheiden sollen.[1482]

Bewertung am Bilanzstichtag

Wegen ihres Surrogatcharakters sind auf die Sachforderung (Rückforderungsanspruch) an den Entleiher (Darlehensnehmer) beim Verleiher (Darlehensgeber) die Bewertungsvorschriften anzuwenden, die für die verliehenen Wertpapiere maßgeblich wären. Soweit die Wertpapiere beim Verleiher mangels Übergang des wirtschaftlichen Eigentums nicht ausgebucht werden, sind diese entsprechend der Zuordnung zum jeweiligen Bestand zu bewerten.

Die für die verliehenen Wertpapiere vorgenommene Zuordnung zum Anlage- bzw. Umlaufvermögen bleibt – auch für den Fall, dass die Wertpapiere als

[1480] Vgl. ADS, 6. Aufl., § 246 HGB Tz. 358; Oho/Hülst, DB 1992, 2584; Schmid/Mühlhäuser, BB 2001, 2614.
[1481] Vgl. BMF, Schreiben vom 3.4.1990, DStR 1990, 713, aufgehoben mit BMF, Schreiben vom 29.3.2007.
[1482] Vgl. Hamacher, Die Bank 1990, 37.

abgegangen gebucht werden – erhalten.[1483] Dies bedeutet, dass die Sachforderung so zu bewerten ist, als ob es sich – je nach der ursprünglichen Zuordnung – um Wertpapiere des **Anlagevermögens** oder solche des **Umlaufvermögens** (Liquiditätsreserve) handelt.

Bei einer Hingabe von Wertpapieren des **Handelsbestands** (Handelspositionen) wird nach Gaber[1484] die Forderung (Rückübertragungsanspruch) zum beizulegenden Zeitwert des hingegebenen Vermögensgegenstands bewertet.

Der Verleiher (Darlehensgeber) hat die Forderungen aus dem Rückgabeanspruch dann wertzuberichtigen, wenn und soweit die Gefahr besteht, dass der Entleiher (Darlehensschuldner) seiner Rückgabeverpflichtung ganz oder teilweise nicht nachkommt.

Erstreckt sich die Laufzeit des Wertpapierleihegeschäfts über den Bilanzstichtag, ist zur Abgrenzung von Leiheerträgen (Nutzungsentgelt), eine entsprechende Forderung zu erfassen.

Die dargestellte Bilanzierungsweise eröffnet dem Verleiher bilanzpolitische Möglichkeiten. Dies gilt insbesondere iRd. Durchschnittskursbewertung von Wertpapieren.[1485] Bei einem fingierten Abgang der Wertpapiere gehen die verliehenen Werte nicht mehr in die Durchschnittskursbewertung ein. Damit ergeben sich bei einem nachfolgenden Verkauf von Wertpapieren andere realisierte Erfolge, als wenn kein Wertpapierleihegeschäft durchgeführt bzw. der Übergang des wirtschaftlichen Eigentums nicht angenommen worden wäre.

Bildung von Vorsorgereserven gemäß § 340f HGB

Mit dem Verleihen der Wertpapiere und der Annahme des Übergangs des wirtschaftlichen Eigentums entsteht eine Sachforderung, die in den Posten „Forderungen an Kunden" bzw. „Forderungen an Kreditinstitute" auszuweisen ist. Beide Posten sind Bestandteil der Bemessungsgrundlage für die Bildung von Vorsorgereserven gemäß § 340f Abs. 1 HGB.

Waren die verliehenen Wertpapiere der Liquiditätsreserve zugeordnet, wird die Möglichkeit der Bildung von Vorsorgereserven gemäß § 340f HGB nicht eingeschränkt, weil die Aktivposten „Forderungen an Kunden" sowie „For-

---

[1483] Vgl. Häuselmann/Wiesenbart, DB 1990, 2132.

[1484] Vgl. Gaber, 2. Aufl., 114.

[1485] Vgl. Prahl/Naumann, WM 1992, 1173 ff.

derungen an Kreditinstitute" ebenfalls der Bemessungsgrundlage des § 340f Abs. 1 HGB angehören.

Anders ist es hingegen, wenn die verliehenen Wertpapiere solche des Anlagebestands waren. Hier stellt sich die Frage, ob diese mit der Wertpapierleihe und dem damit verbundenen Ausweis einer Sachforderung unter den Kreditinstituts- bzw. Kundenforderungen indirekt in die Bemessungsgrundlage des § 340f Abs. 1 HGB eingehen. Da die Sachforderung lediglich Surrogatcharakter hat und letztlich wie die zugrunde liegenden Wertpapiere bewertet wird, kommt nach Bieg/Waschbusch[1486] eine Einbeziehung in die Bemessungsgrundlage des § 340f Abs. 1 HGB nicht in Betracht. Wendet man hingegen § 340f Abs. 1 HGB wörtlich an, dh. geht man vom Bilanzausweis der betreffenden Bilanzposten aus, so kann man auch zu einem anderen Ergebnis kommen.

Werden Positionen des Handelsbestands verliehen stellt sich diese Frage dann, wenn die Sachforderung nicht im Handelsbestand sondern unter den Forderungen an Kunden bzw. Kreditinstitute erfasst wird.

Buchung bei Rückübertragung bei vorherigem Übergang des wirtschaftlichen Eigentums auf den Entleiher

Beim Verleihen der Wertpapiere und Übertragung des wirtschaftlichen Eigentums auf den Entleiher findet ein erfolgsneutraler Aktivtausch zwischen bisher angesetzten Wertpapieren und der entstehenden Sachforderung statt. Zum Ende eines Wertpapierleihegeschäfts ist spiegelbildlich ein erfolgsneutraler Aktivtausch zwischen Sachdarlehensforderung und den zurückübertragenen Wertpapieren vorzunehmen. Bei Rückübertragung sind die Wertpapiere zu den fortgeführten Anschaffungskosten (Buchwert der Sachforderung) wieder einzubuchen.[1487]

Aufwendungen und Erträge beim Verleiher (Darlehensgeber)

Aus der Bewertung der Sachforderung (Übergang des wirtschaftlichen Eigentums) resultierende **Wertberichtigungen** bzw. Abschreibungen und **Zuschreibungen** werden in der Gewinn- und Verlustrechnung als Erfolge aus den verliehenen Wertpapieren ausgewiesen.[1488] Sie werden mithin dort erfasst,

---

[1486] Vgl. Bieg/Waschbusch, 3. Aufl., 151.
[1487] Vgl. ADS, 6. Aufl., § 246 HGB Tz. 359.
[1488] Vgl. Krumnow ua., 2. Aufl., § 340b HGB Rn. 79.

wo diese Beträge entsprechend der jeweiligen Wertpapierkategorie ohne Wertpapierleihe ausgewiesen worden wären.

Die während der Dauer der Wertpapierleihe auf die verliehenen Wertpapiere entfallenden **Zins-** und **Dividendenzahlungen** stehen zivilrechtlich dem Entleiher (Darlehensnehmer) als Eigentümer zu. Sie werden auch an diesen bezahlt, sofern er die Wertpapiere noch im Bestand hat. Die Erträge aus den darlehensweise überlassenen Wertpapieren sind dem Entleiher auch ertragsteuerlich zuzurechnen.[1489] Wurden die Wertpapiere weitergegeben, stehen die Erträge dem jeweiligen Eigentümer zu.

Soweit die Wertpapiere nicht vor der Fälligkeit der Erträge zurückgegeben werden, erhält der Verleiher (Darlehensgeber) zum Ausgleich der entgangenen Erträge vom Entleiher (Darlehensnehmer) **Kompensationszahlungen**. Diese Ausgleichszahlungen sind nur ein wirtschaftliches Äquivalent für die aufseiten des Entleihers erzielten Wertpapiererträge und evtl. Steuerguthaben.

Diese Ausgleichszahlungen werden beim Verleiher aus Gründen des true and fair View wie die ansonsten von ihm auszuweisenden originären Wertpapiererträge erfasst und ausgewiesen ("Zinserträge", "Laufende Erträge").[1490] Falls erforderlich, ist eine Abgrenzung der Erträge zum Bilanzstichtag vorzunehmen.

Das vom Entleiher an den Verleiher bezahlte **Entgelt** für die Wertpapierleihe (Leihgebühr) ist beim Verleiher – ggf. auf die Laufzeit des Geschäfts abgegrenzt – als Provisionsertrag in der Gewinn- und Verlustrechnung zu erfassen. Da es sich bei der Leiheprovision um eine laufzeitabhängige Zahlung handelt, wird in der Praxis zT der Ausweis im Zinsergebnis vorgezogen.

Anhangangaben

Weder das Gesetz noch die RechKredV verlangen besondere Angaben zu Wertpapierleihegeschäften. Häuselmann/Wiesenbart[1491] verlangen, dass die Bilanzierungs- und Bewertungsmethoden anzugeben sind (§ 284 Abs. 2 Nr. 1 HGB).

Vor dem Hintergrund, dass bezüglich der Frage des Übergangs des wirtschaftlichen Eigentums weiterhin keine einheitliche Ansicht vertreten wird und

---

[1489] Vgl. Oho/Hülst, DB 1992, 2584.
[1490] Vgl. Häuselmann/Wiesenbart, DB 1990, 2132.
[1491] Vgl. Häuselmann/Wiesenbart, DB 1990, 2132.

§ 246 HGB idF des BilMoG auch keine Klärung gebracht hat, ist es erforderlich, dass im **Anhang** dargestellt wird, wie Wertpapierleihegeschäfte bilanziell abgebildet werden.[1492]

4.10.3.2. Bilanzierung und Bewertung beim Entleiher (Darlehensnehmer)

Wirtschaftliches Eigentum

Das wirtschaftliche Eigentum an den Wertpapieren ist bei der Wertpapierleihe nach traditioneller Meinung (vgl. im Übrigen Kapitel 4.10.3.1.) auf den Entleiher übergegangen. Dies entspricht der Bilanzierung eines Darlehens (Sachdarlehens).

Mittlerweile wird jedoch im neueren Schrifttum davon ausgegangen, dass das wirtschaftliche Eigentum nicht zwingend auf den Entleiher übergegangen ist, weshalb in diesem Fall die Wertpapiere weiterhin beim Verleiher bilanziert werden. Wegen weiterer Einzelheiten wird auf die Ausführungen zur Bilanzierung beim Verleiher verwiesen.

Bilanzierung ohne Übergang des wirtschaftlichen Eigentums

In der Bilanz des Entleihers (Darlehensnehmers) ist für den Fall, dass das wirtschaftliche Eigentum nicht übergegangen ist, kein Wertpapier einzubuchen. Die beim Entleiher als dem zivilrechtlichen Eigentümer eingehenden Erträge aus den Wertpapieren sind als durchlaufende Posten ohne Berührung der Gewinn- und Verlustrechnung an den Verleiher weiterzuleiten.[1493] Die entrichtete Leihgebühr ist als Provisionsaufwand zu buchen.

Veräußert der Entleiher die geliehenen Wertpapiere, hat er eine Leerverkaufsverpflichtung einzubuchen und bei gestiegenem Kurswert nach dem Höchstwertprinzip zu bewerten.[1494]

[1492] GlA Gaber, 2. Aufl., 115 und WPH Edition, Kreditinstitute, Kap. D. Rn. 104.
[1493] Vgl. Gaber, 2. Aufl., 116.
[1494] Vgl. Gaber, 2. Aufl., 116.

Bilanzausweis bei Abschluss des Wertpapierleihegeschäfts bei Übergang des wirtschaftlichen Eigentums auf den Entleiher

Die nachfolgenden Ausführungen beziehen sich auf den Fall, dass von einem **Übergang des wirtschaftlichen Eigentums** ausgegangen wird.

Der Entleiher (Darlehensnehmer) aktiviert bei Übergang des wirtschaftlichen Eigentums der Wertpapiere auf ihn diese Wertpapiere im Umlaufvermögen und weist in gleicher Höhe eine Sachleistungsverpflichtung als Verbindlichkeit aus. Beim Entleiher kommt es damit zu einer Bilanzverlängerung.

Die **Wertpapiere** werden entsprechend ihrer Ausstattung unter den Wertpapierposten der Bilanz, also entweder als „Schuldverschreibungen und andere festverzinsliche Wertpapiere" oder als „Aktien und andere nicht festverzinsliche Wertpapiere" ausgewiesen.

Die Einordnung in die **Fristengliederung** erfolgt bei den Wertpapieren und der Verbindlichkeit nach der Laufzeit des Wertpapierleihegeschäfts. Die Restlaufzeit kann hier nicht angesetzt werden.[1495]

Reicht die Leihefrist über den Bilanzstichtag hinaus, sind die Erträge bzw. Aufwendungen aus der Wertpapierleihe ggf. zeitanteilig abzugrenzen und entsprechend als Forderungen bzw. Verbindlichkeit auszuweisen.

Bewertung bei Geschäftsabschluss bei Übergang des wirtschaftlichen Eigentums auf den Entleiher

Der Darlehensnehmer aktiviert den Gegenstand mit dem Verkehrswert (beizulegender Zeitwert), dh. bei Wertpapieren mit dem Kurswert, zum Zeitpunkt des Erwerbs und passiviert seine Herausgabeverpflichtung (Rückgabeverpflichtung) in gleicher Höhe.[1496] Die Anschaffungskosten ergeben sich damit in Höhe des Werts der eingegangenen Sachdarlehensverbindlichkeit, welche sich nach dem Kurswert der Wertpapiere am Übernahmetag bemisst.

Der Ausweis der Sachleistungsverpflichtung unter den Verbindlichkeiten gegenüber Kreditinstituten bzw. Kunden ist abhängig vom Verleiher.

[1495] GIA Gaber, 2. Aufl., 115.
[1496] Vgl. ADS, 6. Aufl., § 246 HGB Tz. 357; BAK-Schreiben vom 25.8.1987, Consbruch/ Fischer P 41.15.

Bewertung am Bilanzstichtag

Solange sich die Gegenstände im Bestand des Darlehensnehmers befinden, müssen Änderungen des Werts der Wertpapiere nicht berücksichtigt werden:[1497] Bei Wertsteigerungen über die Anschaffungskosten ist eine Höherbewertung ohnehin ausgeschlossen; Wertminderungen brauchen nicht nachvollzogen zu werden, da Vermögensgegenstand und Herausgabeverpflichtung eine **Bewertungseinheit** bilden.[1498] Alternativ können die Wertänderungen der Wertpapiere erfasst und die Verbindlichkeit in gleicher Höhe angepasst werden, wobei sich die Erfolgswirkungen innerhalb eines Postens der Gewinn- und Verlustrechnung kompensieren.[1499]

Nach anderer Ansicht,[1500] der hier nicht zugestimmt wird, hat der Entleiher die Wertpapiere bei fallenden Kursen auf den niedrigeren Börsen- oder Marktpreis abzuschreiben. Gleichzeitig darf die Rückgabeverpflichtung nicht ertragswirksam berichtigt werden, was mit dem Vorsichtsprinzip begründet wird. Hier wird implizit unterstellt, dass für die Berücksichtigung einer Bewertungseinheit ein Wahlrecht besteht. Dies ist jedoch abzulehnen.[1501]

Hat der Entleiher (Darlehensnehmer) die Wertpapiere dagegen weiterveräußert und muss er sie damit später wieder beschaffen, ist die Sachleistungsverpflichtung nach dem Höchstwertprinzip mit dem ursprünglich passivierten Betrag oder den höheren Wiederbeschaffungskosten des Gegenstands zu bewerten, weil die Wertpapiere zu den nunmehr ggf. gestiegenen Kursen wiederbeschafft werden müssen. Die Verbindlichkeit ist daher bei gestiegenen Kursen entsprechend erfolgswirksam zu erhöhen, was der typischen Konstellation des Leerverkaufs[1502] von Wertpapieren entspricht, bei dem sich der Verkäufer die Wertpapiere zu Lieferzwecken beschaffen muss.[1503] Denn das Risiko, sich zu höheren Kursen eindecken zu müssen, um die Lieferverbindlichkeit aus dem Darlehen erfüllen zu können, ist bilanziell durch eine entsprechende Bewertung zu berücksichtigen. Die Bildung einer Rückstellung für drohende Verluste scheidet aus.[1504]

[1497] AA Häuselmann/Wiesenbart, DB 1990, 2133, die sich für eine imparitätische Einzelbewertung aussprechen.
[1498] Vgl. BAK-Schreiben vom 25.8.1987, Consbruch/Fischer P 41.15; ADS, 6. Aufl., § 246 HGB Tz. 357. Zu Bewertungseinheiten vgl. Krumnow ua., 2. Aufl., § 340e HGB Rn. 108 ff.
[1499] Vgl. Krumnow ua., 2. Aufl., § 340b HGB Rn. 83; Gaber, 2. Aufl., 115 f.
[1500] Vgl. Häuselmann/Wiesenbart, DB 1990, 2133.
[1501] Mit ausführlicher Begründung vgl. Scharpf/Luz, 276 ff.
[1502] Zu Leerverkäufen vgl. Ruland, 169.
[1503] Vgl. Häuselmann/Wiesenbart, DB 1990, 2133.
[1504] GlA Häuselmann/Wiesenbart, DB 1990, 2133; aA Krumnow ua., 2. Aufl., § 340b HGB Rn. 83.

Inwieweit zwischen vorhandenen anderen Beständen an Wertpapieren (sog. Altbeständen) und der Rückgabeverpflichtung eine Bewertungseinheit gebildet werden kann, ist nicht abschließend diskutiert. Soweit die Voraussetzungen für die Bildung von Bewertungseinheiten[1505] gegeben sind, dürfte jedoch wenig gegen eine Bewertung der Rückgabeverpflichtung unter Berücksichtigung des Buchwerts der Deckungsbestände sprechen.[1506]

Bei gefallenen Kursen ist dagegen weiterhin der höhere Wert der Verbindlichkeit anzusetzen, da sich die für den Schuldner positive Kursdifferenz erst bei der Eindeckung mit den Wertpapieren zum günstigeren Kurs realisieren würde.[1507] Eine Verminderung der Verbindlichkeit verbietet das Vorsichtsprinzip.

Werden die Transaktionen der Wertpapierleihe dem **Handelsbestand** zugeordnet (IDW RS BFA 2 Tz. 10) ist die Leerverkaufsverpflichtung einer erfolgswirksamen Zeitwertbewertung zu unterziehen.[1508]

Aufwendungen und Erträge beim Entleiher (Darlehensnehmer)

In der Gewinn- und Verlustrechnung werden die Erfolge aus der Bewertung zum Bilanzstichtag als „Nettoertrag/Nettoaufwand des Handelsbestands" bzw. als „Ertrag/Aufwand aus Finanzgeschäften" gezeigt, soweit Wertpapierleihegeschäfte im Zusammenhang mit Handelsgeschäften abgeschlossen werden. Dies dürfte der Regelfall sein.

Die laufenden Erträge aus den darlehensweise überlassenen Wertpapieren fließen dem Entleiher zu. Dies gilt auch für die Zurechnung der Einkünfte nach dem Einkommensteuerrecht.[1509]

Die dem Entleiher als Eigentümer zufließenden Erträge aus den Wertpapieren sind im Regelfall ggü. dem Verleiher mittels **Ausgleichszahlungen** zu kompensieren. Häuselmann/Wiesenbart[1510] sprechen sich hinsichtlich der vereinnahmten Erträge und der zu leistenden Ausgleichszahlung für einen Bruttoausweis unter den „Zinserträgen" bzw. „Zinsaufwendungen" aus. Da es sich

---

[1505] Vgl. Scharpf/Luz, 272 ff.
[1506] So wohl auch Häuselmann/Wiesenbart, DB 1990, 2133.
[1507] Vgl. BAK-Schreiben vom 25.8.1987, Consbruch/Fischer P 41.15.
[1508] Vgl. Gaber, 2. Aufl., 116.
[1509] Vgl. Oho/Hülst, DB 1992, 2584.
[1510] Vgl. Häuselmann/Wiesenbart, DB 1990, 2133.

beim Entleiher um durchlaufende Posten handelt, kann die Darstellung in der Gewinn- und Verlustrechnung auch netto erfolgen.[1511]

Sind die Wertpapiere weitergegeben worden, gehört die Kompensationszahlung im Regelfall zum „Nettoertrag/Nettoaufwand des Handelsbestands" bzw. zum „Aufwand des Handelsbestands", wenn die Wertpapierleihe mit Transaktionen des Handelsbestands im Zusammenhang steht.[1512] Ein Ausweis im „Zinsaufwand" könnte bei festverzinslichen Wertpapieren gerechtfertigt sein, wenn die zuvor erfolgte Weiterveräußerung einen entsprechenden Zinsertrag (Stückzinsen) erbrachte.

Ein evtl. Unterschiedsbetrag zwischen vereinnahmten Erträgen und Ausgleichzahlung ist als „Zinsertrag" bzw. „Laufender Ertrag" zu erfassen. Das an den Verleiher zu zahlende Nutzungsentgelt (Leihegebühr) ist Provisionsaufwand.

Falls die Leihefrist über den Bilanzstichtag hinweg reicht, ist ggf. eine zeitanteilige Abgrenzung vorzunehmen.

Anhangangaben

Vor dem Hintergrund, dass bezüglich der Frage des Übergangs des wirtschaftlichen Eigentums weiterhin keine einheitliche Ansicht vertreten wird und § 246 HGB idF des BilMoG auch keine Klärung gebracht hat, ist es auch beim Entleiher erforderlich, dass im Anhang dargestellt wird, wie Wertpapierleihegeschäfte bilanziell abgebildet werden.

4.11. Bilanzierung von Bewertungseinheiten

4.11.1. Überblick

Vermögensgegenstände und Schulden sind grundsätzlich einzeln zu bewerten (§ 252 Abs. 1 Nr. 3 HGB); Aufwendungen und Erträge dürfen nicht verrechnet werden (§ 246 Abs. 2 Satz 1 HGB). Die Möglichkeit, Grundgeschäfte und Sicherungsinstrumente zu Bewertungseinheiten zusammenzufassen, ist eine gesetzlich geregelte Ausnahme von den vorstehend genannten Grundsätzen. Die Bilanzierung von Bewertungseinheiten führt dazu, dass unrealisierte Verluste insoweit nicht bilanziert werden, wie ihnen in gleicher Höhe unrealisierte

---

[1511] GlA Krumnow ua., 2. Aufl., § 340b HGB Rn. 85.
[1512] Vgl. Krumnow ua., 2. Aufl., § 340b HGB Rn. 85.

Gewinne gegenüberstehen.[1513] Zielsetzung der handelsrechtlichen Bilanzierung von Bewertungseinheiten ist es, eine periodengleiche Erfassung von sich gegenseitig kompensierenden (unrealisierten) Gewinnen und Verlusten zu gewährleisten.[1514]

Aufgabe des Bildung bilanzieller Bewertungseinheiten ist nach Moxter/Engel-Ciric der Ausschluss bloßer Scheinverluste, dh. es soll ein Ausgleich von Risiken und Chancen erreicht werden.[1515]

Als antizipative Bewertungseinheit wird ein Absicherungszusammenhang zwischen einem bereits kontrahierten Sicherungsinstrument, meist ein Derivat, und einer geplanten (erwarteten) Transaktion bezeichnet.

§ 254 HGB beruht auf Art. 2 Abs. 5 Satz 3 der 4. EG-Richtlinie, der Ausnahmeregelungen gestattet, wenn die Anwendung einer Vorschrift der 4. EG-Richtlinie, hier insbesondere die Anwendung des Einzelbewertungsgrundsatzes (Art. 31 Abs. 1 lit. e der 4. EG-Richtlinie), zu einem nicht den tatsächlichen Verhältnissen des Unternehmens entsprechenden Bild der Vermögens-, Finanz- und Ertragslage des Unternehmens führt.[1516] Einzelheiten zur Bilanzierung von Bewertungseinheiten sind in IDW RS HFA 35 beschrieben.

Ziel der Einführung von § 254 HGB war die gesetzliche Verankerung der vormals als Grundsätze ordnungsmäßiger Bilanzierung eingestuften bilanziellen Abbildung von Bewertungseinheiten.[1517] Eine grundlegende Änderung der vormaligen Bilanzierungspraxis sollte mit § 254 HGB nach dem Willen des Gesetzgebers nicht einhergehen.[1518]

[1513] Vgl. Glaser/Hachmeister, in: BeckHdR, B 737 Rn. 62 mwN.

[1514] Vgl. Glaser, S. 72 mwN.

[1515] So Moxter/Engel-Ciric, 190.

[1516] Literatur: Umfassende Darstellung mit zahlreichen Beispielen vgl. Scharpf, in: HdR, 5. Aufl., § 254 HGB mwN; IDW RS HFA 35; Scharpf, DB 2012, 357 ff.; Weigel/Löw/ Flintrop/Helke/Jessen/Kopatschek/Vietze, WPg 2012, 71 (Teil 1) und 123 (Teil 2); Drewes, DB 2012, 241 ff.; Lüdenbach, StuB 2011, 383 f.; Patek, BFuP 2011, 282 ff.; Kümpel/Pollmann, DStR 2011, 1580 ff.; OFD Rheinland, Vfg. vom 11.3.2011, FN Beiheft zu Nr. 5/2012, B 4; OFD Frankfurt/M, Vfg. vom 22.3.2012, StuB 2012, 323 f. und DStR 2012, 1389 f.; Müller/Ergün, DStR 2012, 1401 ff.; Patek, RdF 2012, 343 ff.; Rimmelspacher/Fey, WPg 2013, 994 ff.; Gaber, 2. Aufl., 355 ff.; Hoffmann/Lüdenbach, 12. Aufl., § 254 HGB; ausführlich Glaser/Hachmeister, in: BeckHdR B 737; DSGV, Deutscher Sparkassen- und Giroverbandverband (Hrsg.), Kontenrahmen und Jahresabschluss der Sparkassen, Anlage 8d; Kuhner, in: Baetge/Kirsch/Thiele, Bilanzrecht, § 254 HGB Rn. 1 ff.; Moxter/Engel-Ciric, 190 f.; Glaser, § 254 HGB Rn. 1 ff.. in: Hachmeister/Kahle/Mock/Schöppen, Bilanzrecht, 3. Aufl.; Gaber, 2. Aufl., 355 ff.

[1517] Vgl. BR-Drucks. 344/08, 124.

[1518] Vgl. BR-Drucks. 344/08, 124.

Die Rechtsfolge der Bildung von Bewertungseinheiten besteht, soweit diese wirksam ist, in der Nichtanwendung der folgenden Vorschriften: § 249 Abs. 1 HGB (Bildung von Rückstellungen), § 252 Abs. 1 Nr. 3 und 4 HGB (Einzelbewertungsgrundsatz sowie Realisations- und Imparitätsprinzip), § 253 Abs. 1 Satz 1 HGB (Anschaffungskostenprinzip) und § 256a HGB (Währungsumrechnung). Mit der Bildung von Bewertungseinheiten wird auf die Bilanzierung nicht realisierter Verluste verzichtet, soweit diesen nicht realisierte Gewinne in gleicher Höhe (bis zur sog. Nulllinie) gegenüberstehen, dh. soweit der Eintritt der abgesicherten Risiken ausgeschlossen ist.[1519]

Die Beurteilung der Wirksamkeit der Sicherungsbeziehung (Bewertungseinheit) basiert grundsätzlich auf dem gesicherten Risiko. Insoweit als sich (mittels der gewählten Methode zur Effektivitätsmessung) aus der Verrechnung (Kompensation) der Wertänderungen von Grundgeschäft und Sicherungsinstrument, die sich auf das gesicherte Risiko beziehen, ein Verlustüberhang ergibt, ist dieser grundsätzlich aufwandswirksam als Rückstellung für Bewertungseinheiten zu erfassen. Diese kompensatorische Bewertung wird zT auch als „Einfrierungsmethode" bezeichnet; sie entspricht der Vorgehensweise vor Inkrafttreten des § 254 HGB.

Die Wertänderungen von Grundgeschäft und Sicherungsinstrument, die auf nicht gesicherte Risiken zurückzuführen sind, sind unsaldiert nach den allgemeinen Bilanzierungsvorschriften abzubilden.

Bei der **Absicherung von Kreditrisiken** werden die Sicherungsderivate (Kreditderivate) im Regelfall im Rahmen der Bewertung des gesicherten Vermögensgegenstands (zB Forderung oder Wertpapier) bzw. schwebenden Geschäfts (zB Bürgschaften und Gewährleistungen) als Sicherheit bei der Ermittlung von Wertberichtigungen (Einzel- und Pauschalwertberichtigung) oder Rückstellungen (zB für Bürgschaften und Gewährleistungen usw.) berücksichtigt. In Ausnahmefällen kann die Absicherung von Kreditrisiken nach den Regeln, die für die Abbildung von Bewertungseinheiten entwickelt wurden, bilanziell dargestellt werden. Vgl. hierzu IDW RS BFA 1 Tz. 12 und Kapitel 4.12.6.

Zur Bildung von Bewertungseinheiten mit **Kryptowerten** (Currency bzw. Investment Token) nach den Regeln von § 254 HGB bzw. IDW RS HFA 35 wird auf die Ausführungen von Löw/Vogt[1520] verwiesen.

[1519] Vgl. BR-Drucks. 344/08, 125.
[1520] Vgl. Löw/Vogt, RdF 2021, 302 f.

Zur IBOR-Reform hat der FAB beim IDW den Rechnungslegungshinweis **IDW RH FAB 1.020** veröffentlicht, in dem die **handelsbilanziellen Folgen der IBOR-Reform** dargestellt werden. Einzelheiten die Bewertungseinheit betreffend vgl. Kapitel 4.1.

4.11.2. Begriff und Arten von Bewertungseinheiten

Begriff der Bewertungseinheit

§ 254 Satz 1 1. Halbsatz HGB enthält die **Legaldefinition** einer Bewertungseinheit: Werden danach Vermögensgegenstände, Schulden, schwebende Geschäfte oder mit hoher Wahrscheinlichkeit erwartete Transaktionen – sog. Grundgeschäfte – zum Ausgleich gegenläufiger Wertänderungen oder Zahlungsströme aus dem Eintritt vergleichbarer Risiken (wie bspw. Zins-, Währungs- oder Ausfallrisiken) – sog. abgesicherte Risiken – mit originären oder derivativen Finanzinstrumenten – sog. Sicherungsinstrumente – zusammengefasst, liegt eine **Bewertungseinheit** vor.[1521] Einzelheiten zur Bilanzierung von Bewertungseinheiten sind in IDW RS HFA 35 näher geregelt.

Der **Abschlussprüfer** muss nicht alle grundsätzlich als Grundgeschäfte oder Sicherungsinstrumente geeigneten Transaktionen des Unternehmens während der abgelaufenen Bilanzierungsperiode dahingehend untersuchen, ob diese potenziell zur Bewertungseinheit geeignet sind. Er orientiert sich vielmehr an der vom Bilanzierenden erstellten Dokumentation der Sicherungsbeziehungen. Gleichwohl muss er kritisch würdigen, ob Spielräume unangemessen genutzt wurden, um Earnings Management zu betreiben und hierüber ggf. im Prüfungsbericht berichten.[1522]

Wahlrecht oder Pflicht

Nach Ansicht der Deutschen Bundesbank *„sollte aus bankaufsichtlicher Sicht die bilanzielle Abbildung einer Bewertungseinheit einer dokumentierten Absicherung im Rahmen des bankinternen Risikomanagements zwingend folgen, auch um eine sachgerechte Bilanzierung der Derivate gegenüber dem Anlagebuch sicherzustellen".*[1523] Die Deutsche Bundesbank betont, dass *„für eine sachgerechte und zutreffende Abbildung der Vermögens- und Ertragslage (...)*

[1521] Vgl. HdR 5. Aufl., § 254 HGB Rn. 19 ff. mit zahlreichen Beispielen.

[1522] Zu weiteren Einzelheiten vgl. HdR 5. Aufl., § 254 HGB Rn. 28.

[1523] Vgl. Monatsbericht September 2010, 58.

die Bildung von Bewertungseinheiten notwendig ist".[1524] Damit spricht sich die Deutsche Bundesbank eindeutig dafür aus, dass bei praktizierten Absicherungen von Risiken, die bilanzielle Abbildung zwingend nach § 254 HGB zu erfolgen hat. Ihre Sichtweise (Pflicht zur Bilanzierung nach § 254 HGB) hat die Deutsche Bundesbank mit ihrer Stellungnahme zu IDW ERS HFA 35 vom 16.2.2011[1525] nochmal bekräftigt und begründet.

Die Bundesbank weist ferner darauf hin, dass das Zusammenspiel von IDW RS BFA 2 Tz. 14, wonach Derivate nur dem Handelsbestand, einer Bewertungseinheit oder dem Bankbuch zugeordnet sein können, mit IDW ERS HFA 35 und der verlustfreien Bewertung des Bankbuchs durch die Annahme eines Wahlrechts für die bilanzielle Abbildung nach § 254 HGB gefährdet ist. Nur durch die Annahme einer Pflicht, Sicherungsbeziehungen nach § 254 HGB abzubilden, sei *"eine sachgerechte Bilanzierung der Derivate gegenüber dem Anlagebuch"* [1526] sichergestellt. Die Verfasser teilen diese Ansicht uneingeschränkt.

Das BMF[1527] äußert sich zu dieser Frage wie folgt: *"Nach dem Sinn und Zweck der Vorschrift kommt eine eigenständige Bewertung der in eine Bewertungseinheit eingezogenen Wirtschaftsgüter nach steuerlichen Bewertungsvorschriften nicht mehr in Betracht. Dabei muss jedoch berücksichtigt werden, dass eine Bewertungseinheit für Zwecke der Bewertung der Wirtschaftsgüter zu berücksichtigen ist* (Hervorhebung hinzugefügt)". Auch dies zeigt, dass eine Einzelbewertung von Grundgeschäften bei einer Absicherung mittels Sicherungsinstrumenten nicht sachgerecht ist.

Bzgl. der Entscheidung zur Absicherung von bestimmten Geschäften gegen Marktpreisrisiken und damit der Herstellung von (ökonomischen) Sicherungsbeziehungen besteht ein faktisches Wahlrecht; es handelt sich auf dieser **1. Ebene** des § 254 HGB um eine Sachverhaltsgestaltung (Risikoabsicherung), die im freien Ermessen des Unternehmens liegt. Für die Abbildung in Bilanz und Gewinn- und Verlustrechnung nach den Regeln der Bilanzierung von Bewertungseinheiten (**2. Ebene**) besteht hingegen eine **Pflicht**. Mit anderen Worten: *"Soll die externe Rechnungslegung das ökonomische Risikomanagement soweit wie möglich abbilden, so kommt es zwangsläufig zu einem Über-/Unterordnungsverhältnis. Letztlich stellt dann die bilanzielle Abbildung eine Funktion des Risikomanagements dar, d.h. die ökonomische Sachverhaltsgestaltung*

[1524] Vgl. Monatsbericht September 2010, 58.
[1525] Vgl. Deutsche Bundesbank, Stellungnahme zu IDW ERS HFA 35, www.idw.de (abgerufen am 7.2.2011).
[1526] Vgl. Deutsche Bundesbank, Monatsbericht September 2010, 58.
[1527] Vgl. BMF-Schreiben vom 25.8.2010, StuB 2010, 715.

zieht unausweichlich definierte Bilanzrechtsfolgen nach sich".[1528] Dieser Sicht der zwei Ebenen hat sich nun ausdrücklich auch Meinert[1529] angeschlossen. Denn die mit dem BilMoG verfolgte Intention war, handelsrechtliche Wahlrechte weitgehend abzuschaffen. Zugleich mit § 254 HGB ein neues Wahlrecht mit erheblich n Gestaltungsspielräumen zu schaffen, wäre nach Ansicht von Meinert widersprüchlich.

Die Sparkassenorganisation[1530] zeigt sich überrascht, dass dem Bilanzierenden für jedes einzelne Geschäft ein Wahlrecht eingeräumt werden soll, da ein solches Wahlrecht erhebliche bilanzpolitische Spielräume ermöglicht. Bleck vertritt die Ansicht, dass, ebenso wie in IDW RS BFA 2, der die Bilanzierung und Bewertung der Handelsbestände regelt und an verschiedenen Stellen die *„Maßgeblichkeit der internen Risikosteuerung"* betont, auch bei der Bilanzierung handelsrechtlicher Bewertungseinheiten dem gefolgt werden soll, dh. bei einer ökonomischen Absicherung auch die Bilanzierung nach § 254 HGB vorgenommen werden müsste. Mit Verweis auf IDW BFA 2/1995 bezeichnet Bleck die Einführung eines Wahlrechts bezüglich der Abbildung von Bewertungseinheiten nach § 254 HGB als *„Abkehr vom Grundsatz, dass wirtschaftliche Sicherungsbeziehungen auch bilanziell nachzuvollziehen sind"*. Mithin vertritt Bleck ebenfalls die Ansicht, dass bereits vor Inkrafttreten des BilMoG für die bilanzielle Abbildung von Bewertungseinheiten eine Pflicht bestand und weiterhin besteht. Nach Veröffentlichung von IDW BFA 2/1995 haben sich unter Bezugnahme auf diesen Standard für die Pflicht bspw. ausgesprochen: Klein/Jonas[1531], Prahl[1532], Schmekel[1533], Steiner[1534], Windmöller[1535]. Der Gesetzgeber wollte bezüglich dieser Frage ausdrücklich nichts ändern.

Die aktuelle **Literatur** spricht sich ebenfalls zunehmend für die **Pflicht** zur bilanziellen Abbildung von Bewertungseinheiten aus. Diesbezüglich wird auf die umfassende Darstellung und Begründung bei Glaser/Hachmeister[1536] sowie bei HdR[1537] verwiesen.[1538]

[1528] Vgl. Glaser/Hachmeister, in: BeckHdR, B 737 Rn. 36, 105 ff.
[1529] Vgl. Meinert, DStR 2017, 1402 f.
[1530] Vgl. Bleck, Betriebswirtschaftliche Blätter 2010, 531.
[1531] Vgl. Klein/Jonas, BFuP 1995, 237 f.
[1532] Vgl. Prahl, BFuP 1995, 238 f.
[1533] Vgl. Schmekel, BFuP 1995, 239.
[1534] Vgl. Steiner, BFuP 1995, 239.
[1535] Vgl. Windmöller, BFuP 1995, 241 f.
[1536] Vgl. Glaser/Hachmeister, BB 2011, 555 ff.; Glaser/Hachmeister, in: BeckHdR, B 737 Rn. 264 ff.
[1537] Vgl. mit Darstellung der aktuellen Literatur HdR 5. Aufl., § 254 HGB Rn. 3 ff.
[1538] Vgl. Scharpf, DB 2012, 357 f. mwN.

Nach Scheffler[1539] sprechen Sinn und Zweck der Vorschrift und die bessere Darstellung der Vermögens-, Finanz- und Ertragslage für die zwingende Bildung von Bewertungseinheiten, wenn die Absicht der Risikoabsicherung besteht und entsprechende Maßnahmen der Risikoabsicherung getroffen sind.

Nach Moxter/Engel-Ciric[1540] ist – wie oben bereits skizziert – Aufgabe der Bildung bilanzieller Bewertungseinheiten der **Ausschluss bloßer Scheinverluste.** *„Bloße Scheinverluste bilanziell zu berücksichtigen bedeutet, Gewinnansprüche, auch des Fiskus, zu verkürzen. Es ergeben sich zeitliche Gewinnverlagerungen, die insbesondere jene Gewinnberechtigten benachteiligen, die nicht dauerhaft am Unternehmen beteiligt sind bzw. keine Vermögensansprüche haben. Sind Risiken wirksam abgesichert, so gebietet der Gewinnberechtigungsschutz eine **Pflicht** (Hervorhebung durch den Verf.) zur Bildung bilanzieller Bewertungseinheiten. Sind Risiken wirksam abgesichert, so besteht kein Anlass für ein Wahlrecht zur Bildung bilanzieller Bewertungseinheiten. Das Gesetz kann nicht wollen, dass es den Bilanzierenden anheimgestellt ist, bloße Scheinverluste zu berücksichtigen. Das allgemeine Vorsichtsprinzip (§ 252 Abs. 1 Nr. 4 erster Halbsatz HGB) deckt keine wirksam abgesicherten und daher gar nicht entstehenden Risiken und Verluste."* Moxter/Engel-Ciric führen weiter aus, dass ein Wahlrecht auch nicht mit den Schwierigkeiten der Etablierung einer wirksamen Risikokontrolle begründet werden kann, wenngleich diese Schwierigkeiten nicht unterschätzt werden dürfen. Alle Schwierigkeiten können kein Wahlrecht zur Bildung bilanzieller Bewertungseinheiten rechtfertigen. *„Sind die Probleme einer wirksamen Risikoabsicherung im konkreten Fall, aus welchen Gründen auch immer, nicht zufriedenstellend lösbar, so gilt kein Wahlrecht, sondern ein Verbot der Bildung bilanzieller Bewertungseinheiten."*[1541]

Glaser[1542] stellt fest: Die an die Bilanzierung von Bewertungseinheiten gestellten Anforderungen (vgl. Kapitel 4.11.3.) sollen dazu dienen, bilanzpolitisch motivierte Gestaltungen zu verhindern. Würde bspw. ohne Einschränkung ein Wahlrecht zugelassen und würden sich bilanzierende Institute (bilanzpolitisch) gegen eine kompensatorische Bewertung entscheiden, würde dies ua. dazu führen, dass unter strenger Anwendung des Einzelbewertungsgrundsatzes sowie des Imparitäts- und Realisationsprinzips ggf. ein Verlust ausgewiesen wird, obgleich dieser Verlust aufgrund einer im Hintergrund stehenden ökonomischen Sicherungsbeziehung wirtschaftlich nicht oder zumindest nicht in dieser Höhe entstanden ist.

[1539] Vgl. Scheffler, in: BeckHdR, Kap. B 233 Rn. 370 mwN.

[1540] Vgl. So Moxter/Engel-Ciric, 190 f.

[1541] Vgl. Moxter/Engel-Ciric, 191.

[1542] Vgl. Glaser, § 254 HGB Rn. 41, in: Hachmeister/Kahle/Mock/Schöppen, Bilanzrecht, 3. Aufl.

Ballwieser[1543] lehnt ein Wahlrecht (auf der og. 2. Ebene) ebenfalls ab: *„Der Auffassung zur eigenständigen Wahlrechtsausübung wird hier nicht gefolgt. Es gibt aus der Gesetzesbegründung keinen Hinweis darauf, dem Bilanzierenden gegenüber dem alten Rechtszustand mehr Wahlrechte zuzugestehen; vielmehr ist das Gegenteil der Fall. Es ist ferner inkonsistent, zugleich auf die Kodifikation der GoB zu verweisen und davon abzusehen, dass GoB keine Wahlrechte außerhalb von Vereinfachungen erlauben. Schließlich gibt die Rechtsfigur des konkludenten Verhaltens, die hier verwendet werden kann."* Ballwieser sieht ein Wahlrecht nur auf der oben dargestellten 1. Ebene, namentlich der Absicht zur Risikoabsicherung.

Kessler/Cassel[1544] sprechen sich ebenfalls für eine Pflicht aus: *„... Sinn und Zweck der Vorschrift legt es nahe, Grund- und Sicherungsgeschäfte, die die Anforderungen von § 254 HGB erfüllen, nach den Vorschriften für Bewertungseinheiten abzubilden. Ein Wahlrecht würde das gesetzliche Anliegen eines besseren Einblicks in die Vermögens-, Finanz- und Ertragslage des Unternehmens konterkarieren."* Gleichwohl erwarten die Autoren die gerichtliche Klärung der Frage.

Eisele/Knobloch[1545] vertreten folgende Ansicht: *„Sind die Voraussetzungen zur Bildung einer Bewertungseinheit erfüllt, sind (Hervorh. durch den Verf.) in dem Umfang und für den Zeitraum, in dem sich die Wertänderungen von Grund- und Sicherungsgeschäft ausgleichen (effektiver Teil), die Vorschriften zum Einzelbewertungsgrundsatz (§ 252 Abs. 1 Nr. 3 HGB), zum Imparitätsprinzip (§ 252 Abs. 1 Nr. 4 HGB), zum Anschaffungskostenprinzip (§ 253 Abs. 1 Satz 1 HGB), zur Währungsumrechnung (§ 256a HGB) und zur Bildung von Drohverlustrückstellungen (§ 249 Abs. 1 HGB) nur auf die Bewertungseinheit als Ganzes und nicht auf die Einzelgeschäfte anzuwenden."* Damit sprechen sich Eisele/Knobloch ebenfalls eindeutig gegen ein Wahlrecht aus.

Drüen[1546] stellt fest: *„Eine solche Bewertungseinheit besteht vor allem bei Kurssicherungsgeschäften, die nach § 254 HGB einem Kompensationsgebot (Hervorh. durch Verf.) unterliegen".*

Wird eine für Zwecke des Risikomanagements eingegangene Sicherungsbeziehung nicht für bilanzielle Zwecke nachvollzogen, müssen Kapitalgesellschaften (und Personengesellschaften iSd. § 264a HGB) – also auch Institute, die für Zwecke der Rechnungslegung und die Erstellung eines Lageberichts

---

[1543] Vgl. Ballwieser, § 254 HGB Rn. 19 in: MünchKomm. HGB, 4. Aufl. mwN.
[1544] Vgl. Kessler/Cassel, in: Bertram/Kessler/Müller (Hrsg.), § 254 HGB Rn. 7.
[1545] Vgl. Eisele/Knobloch, 312.
[1546] Vgl. Drüen, HdJ Abt. III/4 Rn. 67.

als Kapitalgesellschaften gelten (§ 340a Abs. 1 HGB) – im Lagebericht berichten (IDW RS HFA 35 Tz. 101). Ergänzend sei darauf hingewiesen, dass eine fehlerhafte (Nicht-) Bilanzierung einer Bewertungseinheit nicht durch Angaben im Lagebericht (oder Anhang) geheilt werden kann.

Bewertungseinheit als neues Bewertungsobjekt oder als Kompensation von Bewertungsergebnissen?

Glaser/Hachmeister zeigen überzeugend und nachvollziehbar, dass es sich bei der Bewertungseinheit nicht um ein eigenständiges (neues) Bewertungsobjekt handelt.[1547] Vielmehr handelt es sich um eine eigenständige Bewertung von Grundgeschäft und Sicherungsinstrument (als jeweils eigenständige Bewertungsobjekte) mit lediglich anschließender **Kompensation der Bewertungsergebnisse** zwecks „richtiger" Darstellung des Periodengewinns; dh. die Grundgeschäfte und Sicherungsinstrumente verlieren nicht ihre (pflichtgemäße) selbständige Bewertungsfähigkeit aufgrund des „bloßen" kausalen Sicherungszusammenhangs. Ergänzend wird darauf hingewiesen, dass eine angenommene Bewertungsobjekteinheit auch der handelsrechtlichen Aktivierungs- und Passivierungskonzeption entgegenstehen dürfte.[1548]

Mit der iRd. § 254 HGB eingeführten Messung der Wirksamkeit (Effektivität) sowie der Erfassung von (negativen) Beträgen der Unwirksamkeit als Rückstellung und der Abbildung von Bewertungsergebnissen betreffend die nicht gesicherten Risiken muss für die korrekte Abbildung einer Bewertungseinheit nicht mehr unterstellt werden, dass die Kombination aus Grundgeschäft und Sicherungsinstrument wie ein neues Bewertungsobjekt „Bewertungseinheit" abzubilden ist. Vor Inkrafttreten des BilMoG wurde das „Bewertungsobjekt Bewertungseinheit" benutzt, um den Sicherungseffekt iRd. Bilanzierung und Bewertung umzusetzen.

Die Vorgehensweise nach § 254 HGB zur Beurteilung und bilanziellen Abbildung von Unwirksamkeiten (vgl. Kapitel 4.11.3.5., Abb. 4.12) braucht diese „Hilfslösung" nicht mehr. Bei der Wirksamkeitsprüfung ist sowohl das Grundgeschäft als auch das Sicherungsinstrument zu bewerten. Die Bewertungsergebnisse dieser Geschäfte sind danach zu unterscheiden, ob sie auf dem gesicherten oder dem nicht gesicherten Risiko basieren. Nur insoweit, als sie auf dem gesicherten Risiko basieren, sind die Bewertungsergebnisse (bis zur Nulllinie) zu verrechnen. Soweit die Bewertungsergebnisse auf dem nicht gesicherten Risiko basieren, sind diese nach den allgemeinen Grundsätzen (im-

---

[1547] Vgl. Glaser/Hachmeister, in: BeckHdR, B 737 Rn. 95.
[1548] Vgl. Glaser, 81 ff.

paritätisch) zu behandeln. Mithin handelt es sich bei einer Bewertungseinheit nicht um ein neues Bewertungsobjekt.[1549]

Micro, Macro und Portfolio Hedges

Nach § 254 HGB sind alle Arten von Bewertungseinheiten zugelassen.[1550] Voraussetzung ist, dass eine **eindeutige Zuordnung von Grundgeschäften und Sicherungsinstrumenten** dokumentiert wird. Ausschlaggebend für sämtliche Arten von Bewertungseinheiten ist damit, dass Grundgeschäfte und Sicherungsinstrumente, die zu einer Bewertungseinheit zusammengefasst werden sollen, eindeutig identifiziert und einander zweifelsfrei zugeordnet werden.

Da bei der Bilanzierung und Bewertung von Handelsbeständen von Instituten § 340e Abs. 3 und Abs. 4 HGB (Bewertung zum beizulegenden Zeitwert) zur Anwendung kommen, scheidet beim Handelsbestand die Anwendung von § 254 HGB aus.

Die **Arten von Bewertungseinheiten** (Micro Hedges, Macro Hedges und Portfolio Hedges) werden im Schrifttum nicht einheitlich gegeneinander abgegrenzt.[1551] Entscheidend für die Zulässigkeit einer dieser Arten von Bewertungseinheiten ist immer die **eindeutige Identifikation** und Zuordnung von Grundgeschäft(en) und Sicherungsinstrument(en) sowie die Fähigkeit, die Wirksamkeit (Effektivität) dieser Sicherungsbeziehungen sachgerecht zu messen.

Sowohl bei Macro Hedges als auch bei Portfolio Hedges muss ein dokumentiertes und funktionierendes **Risikomanagementsystem** auf strategischer und operativer Basis für die zu sichernden Risiken vorhanden sein. Dieses Risikomanagementsystem muss den in den MaRisk vorgesehenen Anforderungen entsprechen; insbesondere muss das Institut die Risiken selbst bewerten und steuern.[1552]

Da bei Erfüllung der Voraussetzungen des § 254 HGB Bewertungseinheiten unabhängig von Typ und Bezeichnung zulässig sind, hat die Aufzählung des Gesetzgebers lediglich beispielhaften und nicht abschließenden Charakter.[1553]

[1549] AA WPH Edition, Wirtschaftsprüfung & Rechnungslegung, 17. Aufl., Kapitel F Tz. 200.

[1550] Vgl. Glaser/Hachmeister, in: BeckHdR, B 737 Rn. 11 ff.

[1551] Vgl. hierzu ausführlich Scharpf/Luz, 2. Aufl., 296 ff.; HdR, 5. Aufl., § 254 HGB.

[1552] Vgl. hierzu Scharpf/Luz, S. 121; Rinker/Farwick, WP Praxis 10/2017, 236 ff.

[1553] Vgl. BR-Drucks. 344/08, 126.

Aufgrund der ggf. unterschiedlichen Auslegung der Begriffe sollte das bilanzierende Unternehmen sein Verständnis der Begriffe in der internen Dokumentation (bspw. Arbeitsanweisungen, Richtlinien) festlegen und im **Anhang** erläutern.

Absicherung von Wertänderungs- und Zahlungsstromrisiken (Fair Value und Cashflow Hedge)

Bei der Bilanzierung von Bewertungseinheiten muss hinsichtlich der Strategie bzw. Risikosteuerung zwischen der Absicherung von **Wertänderungs-** oder **Zahlungsstromänderungsrisiken** unterschieden werden.[1554]

Ein **Wertänderungsrisiko** (Fair Value Risk) besteht darin, dass sich der beizulegende Zeitwert (Marktwert) eines Grundgeschäfts über einen bestimmten Betrachtungszeitraum nachteilig ändern kann. Einem Wertänderungsrisiko unterliegen sowohl Bilanzposten (zB festverzinsliche Forderungen, Verbindlichkeiten oder Wertpapiere) als auch schwebende Geschäfte. Die Absicherung dieser Geschäfte wird als **Fair Value Hedge** bezeichnet.

Unter einem **Zahlungsstromänderungsrisiko** (Cashflow Risk) wird die Gefahr verstanden, dass die tatsächliche Höhe künftiger Zahlungen aus einem Grundgeschäft von der ursprünglich erwarteten Höhe negativ abweicht.[1555] Zahlungsstromänderungsrisiken resultieren aus Zahlungsströmen von Bilanzposten (zB Zinsen variabel verzinslicher Forderungen oder Verbindlichkeiten), aus schwebenden Geschäften sowie aus mit hoher Wahrscheinlichkeit erwarteten (geplanten) Transaktionen, die künftig der Höhe nach unbestimmte Ein- und Auszahlungen erwarten lassen. Die Absicherung dieser Grundgeschäfte erfolgt im Rahmen eines **Cashflow Hedges**.

Gemeinsam ist allen Formen der Bewertungseinheit, dass der vom Gesetz verlangte Ausgleich von Wert- bzw. Zahlungsstromänderungen aus Grundgeschäften und Sicherungsinstrumenten durch zu einem bestimmten Zeitpunkt stattfindende **Zahlungsvorgänge** erfolgt (sog. **Deckungsfähigkeit**). Ist dies nicht gewährleistet, scheidet die Bilanzierung einer Bewertungseinheit nach § 254 HGB per se aus.

[1554] Vgl. HdR 5. Aufl., § 254 HGB Rn. 35 ff. mit Beispielen.
[1555] Vgl. Patek, KoR 2008, 364 mwN.

Antizipative Bewertungseinheiten

Die Absicherung künftig erwarteter Transaktionen, die im Zeitpunkt der Absicherung noch nicht kontrahiert sind (und damit auch kein schwebendes Geschäft gegeben ist), wird als antizipative Bewertungseinheit bezeichnet. Antizipative Bewertungseinheiten zeichnen sich dadurch aus, dass zwar ein Sicherungsinstrument kontrahiert ist, während das Grundgeschäft nur erwartet wird.

Die Bilanzierung nach § 254 HGB erfolgt bei antizipativen Bewertungseinheiten in der Form, dass die Wertänderungen des Sicherungsinstruments bilanziell so abzubilden sind, dass, soweit die Bewertungseinheit wirksam ist, kein Effekt für Bilanz und Gewinn- und Verlustrechnung entsteht, während Ineffektivitäten sowie Wertänderungen aufgrund nicht gesicherter Risiken imparitätisch erfasst werden.

Zu den Besonderheiten bei der Absicherung von **erwarteten Beschaffungs-** bzw. **erwarteten Absatzgeschäften**, die sich aus der Anwendung von IDW RS HFA 35 Tz. 92 ergeben, vgl. die Ausführungen bei HdR.[1556] Die Bewertungsanweisung in Tz. 92 des IDW RS HFA 35 ignoriert die gesetzgeberische Regelungsintention bei antizipativen Bewertungseinheiten, da sie in Bezug auf den effektiven Absicherungsteil im Ergebnis wie normale schwebende Geschäfte behandelt werden sollen.[1557] Die Regelung in IDW RS HFA 35 Tz. 92 konterkariert im Ergebnis die in § 254 HGB ausdrücklich zulässige Bilanzierung von antizipativen Bewertungseinheiten, was letztlich bedeuten würde, dass ggü. einer Einzelbewertung keine Vorteile in der Bilanzierung nach § 254 HGB (Vermeidung von Aufwand) erzielbar wären.

Sowohl aus konzeptionellen Gründen als auch aus praktischen Erwägungen liegt entgegen der in IDW RS HFA 35 Tz. 92 vertretenen Ansicht **kein** schwebendes Geschäft in der Gesamtbetrachtung vor.[1558] § 254 HGB differenziert vielmehr auf der Grundgeschäftsebene ausdrücklich zwischen *„schwebenden Geschäften"* und *„mit hoher Wahrscheinlichkeit erwarteten Transaktionen"*, die mit Sicherungsinstrumenten, ua. in Form von Finanzinstrumenten (auch schwebende Geschäfte), zur Bewertungseinheit zusammengefasst werden.[1559]

[1556] Vgl. HdR 5. Aufl., § 254 HGB Rn. 348 mwN; Scharpf, DB 2012, 362.
[1557] Vgl. Patek, RdF 2012, 346, der die gesamte Problematik anschaulich darstellt.
[1558] Vgl. Glaser, 150 ff.; Ballwieser, § 254 HGB Rn. 22 in: MünchKomm. HGB, 4. Aufl. mwN.
[1559] Vgl. Glaser, 156.

Ballwieser[1560] empfiehlt vor diesem Hintergrund zutreffend, die **Wertänderungen des Sicherungsinstruments** so lange **bilanz- und ergebnisunwirksam in einer Nebenrechnung zu erfassen**, bis das Grundgeschäft realisiert wird; ggf. festgestellte negative ineffektive Teile der Sicherungsbeziehung sind durch eine Rückstellung zu erfassen.

4.11.3. Voraussetzungen für die Anwendung von § 254 HGB

Um als handelsrechtliche Bewertungseinheit iSd. § 254 HGB behandelt werden zu können, müssen die nachfolgenden Anforderungen kumulativ erfüllt sein. Werden diese Anforderungen alle erfüllt, besteht die **Pflicht** zur bilanziellen Abbildung als Bewertungseinheit:[1561]

* Ökonomischer Zusammenhang:
  Existenz identifizierbarer, zwischen dem Grundgeschäft und dem Sicherungsinstrument vergleichbarer und als absicherbar geltende Risiken (vgl. Kapitel 4.11.3.1).
* Bilanziell designierbare Grundgeschäfte:
  Vermögensgegenstände, Schulden, schwebende Geschäfte oder mit hoher Wahrscheinlichkeit erwartete Transaktionen liegen für handelsbilanzielle Zwecke als Grundgeschäfte unter Zugrundelegung der jeweils handelsrechtlichen Begriffsreichweite vor (vgl. Kapitel 4.11.3.2.).
* Bilanziell designierbare Sicherungsinstrumente:
  Finanzinstrumente werden als Sicherungsinstrumente eingesetzt. Das HGB enthält keine definitorische Abgrenzung des Begriffs „Finanzinstrumente". Eine Orientierung an anderen Normen (zB WpHG, KWG) ist möglich (vgl. Kapitel 4.11.3.3.).
* Dokumentation/Risikomanagementnachweis:
  Eine nachweisbare (ökonomische) Designation als Absicherungszusammenhang liegt vor. Diese wurde im ökonomischen Risikomanagement als solche dokumentiert. Eine rein bilanzielle Designation ohne zugrunde liegende (dokumentierte) ökonomische Sicherungsbeziehung ist für die Anwendung von § 254 HGB nicht zulässig (vgl. Kapitel 4.11.3.4.).
* (In-) Effektivitätsmessung:
  Eine ökonomische Wirksamkeit (Effektivität) der Sicherungsbeziehung, verstanden als kompensatorische Wirkung von Grundgeschäft und Sicherungsinstrument, besteht (vgl. Kapitel 4.11.3.5.).

[1560] Vgl. Ballwieser, § 254 HGB Rn. 22 in: MünchKomm. HGB, 4. Aufl. mwN.
[1561] Vgl. Glaser, § 254 HGB Rn. 41, in: Hachmeister/Kahle/Mock/Schöppen, Bilanzrecht, 3. Aufl.

- Sicherungsabsicht/-fähigkeit bzw. hohe Durchhaltewahrscheinlichkeit: Es besteht eine Durchhalteabsicht und insbesondere eine nachgewiesene Durchhaltefähigkeit im Hinblick auf die designierte Absicherung (vgl. Kapitel 4.11.3.6.).

Diese Anforderungen sollen dazu dienen, bilanzpolitisch motivierte Gestaltungen zu verhindern.[1562]

4.11.3.1. Abzusichernde Risiken

Vergleichbarkeit der Risiken

Das Sicherungsinstrument muss nach § 254 HGB *„vergleichbaren Risiken"* wie das abzusichernde Grundgeschäft ausgesetzt sein. Damit wird klargestellt, dass Grundgeschäfte und Sicherungsinstrumente grundsätzlich **demselben Risiko**[1563] (zB USD) bzw. denselben Risiken (zB USD und US-Zins) ausgesetzt sein müssen.

Allerdings bedeutet das Erfordernis eines „vergleichbaren Risikos" nicht, dass es sich stets um ein „identisches Risiko" handeln muss. Die Designation lediglich „vergleichbarer Risiken" ist handelsrechtlich offenkundig zulässig, da der Gesetzgeber nicht von „identischen" oder „gleichen" Risiken spricht.[1564]

Hierunter sind insbesondere grundlegende Risiken (auch als Basisrisiken bezeichnet) in Form von Zins-, Aktien- oder Index-, Währungs-, Bonitäts-, Edelmetall- oder Rohwarenrisiken zu verstehen, die sich bei Instituten im Wesentlichen an den aufsichtsrechtlichen Vorgaben orientieren.[1565]

Bei der Absicherung von mehreren Grundgeschäften (zB mehrere verzinsliche Wertpapiere oder Aktien) iRv. Macro oder Portfolio Hedges ist eine hohe **Homogenität** der in ein Portfolio einbezogenen Finanzinstrumente zu fordern. Dies gilt nicht nur für mehrere gleichartige Grundgeschäfte, sondern auch für mehrere zum Einsatz kommende Sicherungsinstrumente.

[1562] Vgl. Glaser, § 254 HGB Rn. 41, in: Hachmeister/Kahle/Mock/Schöppen, Bilanzrecht, 3. Aufl.

[1563] So jedenfalls BR-Drucks. 16/12407, 86.

[1564] GlA Glaser, § 254 HGB Rn. 46, in: Hachmeister/Kahle/Mock/Schöppen, Bilanzrecht, 3. Aufl.; Gaber, 2. Aufl., 360 ff.

[1565] Vgl. Glaser/Hachmeister, in: BeckHdR, B 737 Rn. 115 ff.

Dies bedeutet bspw. bei der Absicherung von **(festverzinslichen) Forderungen** oder Wertpapieren, dass die (Rest-) Laufzeiten der Grundgeschäfte innerhalb eines engeren Zeitbandes liegen müssen, da ansonsten die relevanten Wertänderungen sich nicht in hohem Maß mit denen der Sicherungsinstrumente ausgleichen.[1566] Entsprechendes gilt für die eingesetzten Sicherungsinstrumente.[1567]

Bei Absicherung von **Aktienkursrisiken** ist die geforderte Homogenität dann gegeben, wenn es sich um ein und denselben Emittenten des Eigenkapitaltitels handelt (also bspw. VW oder BMW usw.). Die Absicherung von **Währungsrisiken** kann nur durch währungsgleiche Sicherungsinstrumente erfolgen. Zur Absicherung von **Warenpreisrisiken** vgl. HdR.[1568]

Das **Inflationsrisiko** stellt idR kein separat identifizierbares Risiko dar. Wird das Inflationsrisiko jedoch in einem Vertrag formelmäßig bestimmt, kann es ausnahmsweise identifizierbar und (im bilanziellen Sinne) absicherbar sein. Als schwierig kann sich in diesem Fall – mit Blick auf die geforderte Messbarkeit der Wirksamkeit (Effektivität) – die Wahl eines geeigneten Sicherungsinstruments erweisen.[1569]

Nur wenn die vorstehenden Grundsätze beachtet werden, lassen sich gegenläufige Wertänderungen und Zahlungsströme überhaupt erzielen und verlässlich messen. Gleichzeitig wird damit ausgeschlossen, dass sich zufällig ausgleichende Wertänderungen oder Zahlungsströme, die aus unterschiedlichen Risiken resultieren, die Annahme einer wirksamen Bewertungseinheit rechtfertigen. Absicherungsfähig sind mithin nur eindeutig ermittelbare einzelne Risiken, wie beispielsweise das Zins-, das Währungs-, das Ausfall- oder das Preisänderungsrisiko.[1570] Eine Bildung von Bewertungseinheiten im Rahmen der Absicherung des allgemeinen Unternehmensrisikos ist damit nicht möglich.

Da das Gesetz nicht von „gleichen" oder „identischen" Risiken spricht, dürfte es in Ausnahmefällen auch erlaubt sein, „vergleichbare" Risiken abzusichern, wenn anhand einer aussagekräftigen und auf ausreichendem Datenmaterial basierenden Korrelationsanalyse die Vergleichbarkeit der Risiken dokumen-

---

[1566] Zur Absicherung von Zinsrisiken im Euroraum vgl. HdR 5. Aufl., § 254 HGB Rn. 46.

[1567] Hat das Grundgeschäft bspw. eine Laufzeit von fünf Jahren, muss das Sicherungsinstrument grundsätzlich eine vergleichbare Laufzeit aufweisen, da ansonsten bei Volumensgleichheit von Grundgeschäft und Sicherungsinstrument kein hinreichender Wertausgleich stattfindet.

[1568] Vgl. HdR 5. Aufl., § 254 HGB Rn. 46.

[1569] Vgl. HdR 5. Aufl., § 254 HGB Rn. 41.

[1570] Vgl. BT-Drucks. 16/12407, 170.

tiert nachgewiesen wird. Dies kommt insbesondere bei Warenpreisrisiken in Betracht, wenn es kein Sicherungsinstrument mit demselben Risiko wie das dem Grundgeschäft innewohnende Risiko gibt.

Da das Gesetz ausdrücklich verlangt, dass es zum *„Ausgleich gegenläufiger Wertänderungen und Zahlungsströme aus dem Eintritt **vergleichbarer Risiken***" kommen muss, kann von einer wirksamen Sicherungsbeziehung nicht ausgegangen werden, wenn die kompensierenden (Wert- und Cashflow-) Effekte aus unterschiedlichen Risiken resultieren. In diesem Fall fehlt es bereits an der Bildung einer wirksamen Sicherungsbeziehung, sodass für die Bilanzierung und Bewertung der betroffenen Geschäfte nicht § 254 HGB anzuwenden ist, sondern die allgemeinen Bilanzierungs- und Bewertungsvorschriften greifen. Dies bedeutet, dass sich in einer Bewertungseinheit die gegenläufigen Wertänderungen oder Zahlungsströme voraussichtlich (mit hoher Wahrscheinlichkeit) in der Zukunft (weitgehend) ausgleichen müssen;[1571] mit anderen Worten: Die **Eignung des Sicherungsinstruments** zur Absicherung eines bestimmten Risikos muss gegeben sein.

Definition und Dokumentation der gesicherten Risiken

Für eine wirksame Absicherung ist das zu sichernde Risiko exakt zu definieren und zu dokumentieren. Dies ist ua. für die Beurteilung der Wirksamkeit (Effektivität) einer Sicherungsbeziehung relevant. Dies verhindert aber auch die willkürliche Zusammenfassung von Geschäften zu Bewertungseinheiten.

Dabei kann sich die Sicherung des Zinsrisikos bspw. auf den risikolosen Zins, aber zusätzlich auch auf den ganzen oder teilweisen Spread (Credit Spread, Liquiditätsspread) beziehen.

Das Zins-, das Aktien- oder das Währungsrisiko kann bspw. vollständig oder über bzw. unter einer bestimmten Grenze gesichert werden (Letzteres im Regelfall mittels Optionen).

Deckungsfähigkeit

Nachdem das Gesetz den *„Ausgleich gegenläufiger Wertänderungen und Zahlungsströme **aus dem Eintritt** vergleichbarer Risiken"* verlangt, ist es außerdem erforderlich, dass dieser Ausgleich dadurch zustande kommt, dass die sog. Deckungsfähigkeit von Grundgeschäften und Sicherungsinstrumenten

---

[1571] Vgl. BT-Drucks. 16/12407, 169.

gegeben ist, dh. dieser Ausgleich durch **zeitgleich (fristenkongruent) anfallende Zahlungsvorgänge** stattfindet.[1572]

Es genügt die Herstellbarkeit der Fristenidentität durch jederzeit mögliche **Anschlusssicherungsinstrumente**.[1573] Zu jedem Bilanzstichtag ist zu prüfen, ob die Deckungsfähigkeit noch gegeben ist.

Eine Verlustkompensation kann nämlich nicht greifen, sofern es an der Gewissheit mangelt, dass sich die Verluste und Gewinne aus Grundgeschäften und Sicherungsinstrumenten zu einem bestimmten Zeitpunkt durch Zahlungsvorgänge ausgleichen. Ein Verlustausgleich (Ertragswirkung) erst in der nächsten oder späteren Periode ist nicht ausreichend.[1574]

Bestehen eines objektiven Sicherungsbedarfs

Ohne das Bestehen eines objektiven Sicherungsbedarfs kann es zu keiner Anwendung von § 254 HGB kommen.[1575] Für die abzusichernden Risiken muss ein objektiver Absicherungsbedarf bestehen, da es sonst nicht zu dem von § 254 HGB verlangten Ausgleich gegenläufiger Wertänderungen oder Zahlungsströme kommen kann.[1576]

4.11.3.2. Grundgeschäfte

Zulässige Grundgeschäfte

Als Grundgeschäfte im Rahmen einer Bewertungseinheit nach § 254 HGB kommen „*Vermögensgegenstände, Schulden, schwebende Geschäfte oder mit hoher Wahrscheinlichkeit erwartete Transaktionen*" in Betracht. Nach dem Wortlaut der Vorschrift besteht keine Beschränkung der zulässigen Grundgeschäfte auf Finanzinstrumente, dh., dass auch Grundgeschäfte nichtfinan-

---

[1572] Vgl. HdR 5. Aufl., § 254 HGB Rn. 54 mwN; ebenso Glaser, § 254 HGB Rn. 56, in: Hachmeister/Kahle/Mock/Schöppen, Bilanzrecht, 3. Aufl.

[1573] Vgl. HdR 5. Aufl., § 254 HGB Rn. 54 mwN; Hennrichs, WPg 2010, 1186 am Beispiel der Absicherung von Auslandsbeteiligungen.

[1574] Vgl. HdR 5. Aufl., § 254 HGB Rn. 54 mwN.

[1575] Ebenso Glaser, § 254 HGB Rn. 52, in: Hachmeister/Kahle/Mock/Schöppen, Bilanzrecht, 3. Aufl.

[1576] Vgl. Glaser, § 254 HGB Rn. 52, in: Hachmeister/Kahle/Mock/Schöppen, Bilanzrecht, 3. Aufl.

zieller Art (zB Rohstoffe, halbfertige bzw. fertige Erzeugnisse, Edelmetalle, landwirtschaftliche Erzeugnisse) in Betracht kommen.[1577]

Grundgeschäfte mit Forderungscharakter sind grundsätzlich nur dann geeignet, soweit sie nicht **akut ausfallgefährdet** sind. Soweit erhöht ausfallgefährdete Grundgeschäfte bspw. gegen das Zins- oder Währungsrisiko gesichert werden sollen, ist dieser Tatbestand sachgerecht zu berücksichtigen (zB durch Sicherung nur eines Teilvolumens des Grundgeschäfts). Der wertberichtigte Teil einer Forderung darf keinesfalls in die Sicherungsbeziehung zur Absicherung des Zins- bzw. Währungsrisikos einbezogen werden.

Abzusichernde Grundgeschäfte können auch **Derivate** sein. Dies gilt auch für Derivate, die in **strukturierte Finanzinstrumente** eingebettet sind. Durch eine Absicherung des Risikos dieser eingebetteten Derivate kann eine entsprechend IDW RS HFA 22[1578] vorgesehene getrennte Bilanzierung der eingebetteten Derivate, insbesondere aufgrund der nach § 254 HGB notwendigen Messung der Wirksamkeit der Bewertungseinheit (und der unterschiedlichen Behandlung des gesicherten sowie des nicht gesicherten Risikos), faktisch nicht vermieden werden.[1579] Im Gegenteil: Ohne wertmäßige (rechnerische) Trennung des Derivats vom Basisvertrag ist die Effektivitätsmessung nicht möglich.

Bei gleichzeitiger Sicherung von mehreren Grundgeschäften (zB mehrere Anleihen oder Aktien) ist eine hinreichende Homogenität der in dem **Portfolio** abzusichernden Risiken (bezüglich der Wertänderungen) aus den Grundgeschäften notwendig. Das Volumen des Sicherungsinstruments ist dabei, um eine ausreichend wirksame Bewertungseinheit zu erreichen, ggf. durch die Anwendung einer **Hedge Ratio** (evtl. auch laufend) anzupassen.

Erwartete Transaktionen als Grundgeschäfte (antizipative Bewertungseinheiten)

Mit § 254 HGB wurden als zulässige Grundgeschäfte *„mit hoher Wahrscheinlichkeit erwartete Transaktionen"* in das Handelsrecht eingeführt. Die Zulässigkeit einer Absicherung **erwarteter Transaktionen** ist unter dem Begriff der antizipativen Hedges bzw. **antizipativen Bewertungseinheiten** bislang im Schrifttum umstritten gewesen.[1580] Gleichwohl war diese Form der Siche-

---

[1577] Vgl. Glaser/Hachmeister, in: BeckHdR, B 737 Rn. 134 ff.
[1578] WPg Supplement 4/2008, FN-IDW 2008, S. 455.
[1579] Vgl. HdR 5. Aufl., § 254 HGB Rn. 65.
[1580] Vgl. ausführlich Pfitzer/Scharpf/Schaber, WPg 2007, 721 ff.

rungsbeziehung bereits vor Inkrafttreten des BilMoG in der Bilanzierungspraxis anzutreffen. Mit der Zulässigkeit von antizipativen Bewertungseinheiten in Bezug auf erwartete Transaktionen nach § 254 HGB soll nach dem Willen des Gesetzgebers sichergestellt werden, dass antizipative Bewertungseinheiten auch weiterhin (bzw. überhaupt) möglich sind.[1581]

Dem Begriff der **vorgesehenen Transaktion** ist immanent, dass ein Rechtsgeschäft zwar noch nicht abgeschlossen wurde, zumindest aber eine hinreichend hohe Wahrscheinlichkeit für den tatsächlichen Abschluss besteht, bzw. dass der tatsächliche Abschluss des Rechtsgeschäfts so gut wie sicher sein muss.[1582] Es dürfen dem Zustandekommen allenfalls noch außergewöhnliche Umstände entgegenstehen, die außerhalb des Einflussbereichs des Unternehmens liegen.[1583] In diesem Zusammenhang ist es nicht ausreichend, den Begriff „mit hoher Wahrscheinlichkeit" lediglich mit einer Eintrittswahrscheinlichkeit von mehr als 50 % auszulegen.[1584]

Andererseits verlangen Moxter/Engel-Ciric[1585] keine „an Sicherheit grenzende Wahrscheinlichkeit im Sinne einer ‚so gut wie sicheren' Erwartung", weil sonst seitens des Gesetzgebers eine derartige Formulierung in § 254 HGB nahegelegen hätte.

Von wesentlicher Bedeutung im Rahmen dieser Beurteilung ist nach dem Willen des Gesetzgebers,[1586] ob und inwieweit in der Vergangenheit antizipative Bewertungseinheiten gebildet und auch (tatsächlich) durchgeführt wurden, also die erwarteten Transaktionen (tatsächlich und im vorgesehenen Zeitrahmen) zustande gekommen sind. Es soll verhindert werden, dass ein nicht realisierter Verlust aus in Spekulationsabsicht kontrahierten Derivaten durch Erklärung eines Absicherungszusammenhangs mit nur „dem Schein nach geplanten Transaktionen kaschiert werden kann".[1587] Dies muss bei Festlegung der Voraussetzungen für antizipative Bewertungseinheiten beachtet werden.

An die Begründung (Zulässigkeit) antizipativer Bewertungseinheiten sind mithin – so eindeutig die Begründung des Gesetzgebers[1588] – strenge Anforderungen zu stellen. Die (erstmalige) Begründung einer antizipativen Bewertungs-

---

[1581] Vgl. BR-Drucks. 344/08, 125.
[1582] Vgl. BR-Drucks. 344/08, 125.
[1583] Vgl. BR-Drucks. 344/08, 125.
[1584] Vgl. ebenso Wiechens, DB, Beilage Nr. 1/2008, Heft 7/2008, 27.
[1585] Vgl. Moxter/Engel-Ciric, 191.
[1586] Vgl. BR-Drucks. 344/08, 125.
[1587] Vgl. Patek, KoR 2008, 367.
[1588] Vgl. BT-Drucks. 16/12407, 176.

einheit sowie deren weitere Zulässigkeit am Bilanzstichtag setzt voraus, dass das gesicherte Grundgeschäft – eine erwartete Transaktion – mit hoher Wahrscheinlichkeit eingegangen wird.[1589]

Soweit **erwartete Transaktionen**, die in Bewertungseinheiten einbezogen wurden, tatsächlich **nicht eintreten**, spricht dies für eine ursprünglich nicht ausreichend hohe Wahrscheinlichkeit (unzureichende Planung) und damit grundsätzlich gegen die künftige Möglichkeit der weiteren Bildung antizipativer Bewertungseinheiten schlechthin. Sofern der Bilanzierende weiterhin antizipative Bewertungseinheiten bilden will, muss er daher schlüssig und nachvollziehbar dokumentiert haben, aus welchen und von ihm nicht zu vertretenden Umständen der Nichteintritt der erwarteten (geplanten) Transaktion resultiert.

Deckungsfähigkeit der Grundgeschäfte

Grundgeschäfte müssen deckungsfähig sein (vgl. Kapitel 4.11.3.1.). Vgl. auch die nachfolgenden Ausführungen unten zu „Sonderfragen".

Teilabsicherungen (Volumen und Laufzeit)

§ 254 HGB verlangt nicht, dass das gesamte Volumen sowie die gesamte Laufzeit eines Grundgeschäfts gesichert wird. Es ist vielmehr möglich, nur einen **Teil des Volumens** eines Grundgeschäfts gegen Risiken abzusichern, sofern dies dokumentiert ist. Das übersteigende Volumen ist nach den allgemeinen Bewertungsgrundsätzen imparitätisch einzeln zu bewerten.[1590]

Darüber hinaus ist es zulässig, eine Sicherungsbeziehung von vornherein nur für eine **bestimmte Laufzeit** von Grundgeschäft und/oder Sicherungsinstrument festzulegen.[1591]

Es können auch **Teile der Risiken** des Grundgeschäfts abgesichert werden, sofern die betreffenden Teilrisiken (zB risikoloser Zins) einer isolierten Bewertung zugänglich sind. Bedingung ist, dass die (gesetzlichen) Voraussetzungen auch für den Bruchteil erfüllt sind und dass die Wert- oder Zahlungsstromänderungen für diesen Bruchteil zuverlässig messbar sind.

[1589] Vgl. zur Auslegung von „hoher Wahrscheinlichkeit" Moxter/Engel-Ciric, 191.
[1590] Vgl. HdR 5. Aufl., § 254 HGB Rn. 73 f.
[1591] Vgl. HdR 5. Aufl., § 254 HGB Rn. 75 ff. mit Beispielen.

Dies ist ebenfalls zu dokumentieren. Bei der Beurteilung der Wirksamkeit der Sicherungsbeziehung sind diese Sachverhalte sachgerecht zu berücksichtigen.

Umwidmung von Derivaten aus dem Handelsbestand

Nach § 340e Abs. 3 Satz 4 HGB können Finanzinstrumente des Handelsbestands bei Instituten nachträglich in eine Bewertungseinheit einbezogen werden. Bei Beendigung der Bewertungseinheit sind sie wieder in den Handelsbestand zurück umzugliedern. Nach Beendigung der Sicherungsbeziehung werden die bislang als Sicherungsinstrumente eingesetzten Finanzinstrumente mit ihrem aktuellen beizulegenden Zeitwert in den Handelsbestand zurück umgegliedert.

Sonderfragen

Die Eignung von **Pensionsrückstellungen** als Grundgeschäfte iRe. Absicherung von Zinsrisiken wird hier aus folgenden Überlegungen abgelehnt:

- Zu den iRv. § 254 HGB absicherbaren Risiken gehören zum einen Marktpreisrisiken und zum anderen Bonitätsrisiken. Bei der Abzinsung von Pensionsrückstellungen und den sich daraus ergebenden Wertänderungsrisiken handelt es sich **nicht** um Zinsänderungsrisiken im Sinne eines absicherbaren Marktpreisrisikos. Der der Abzinsung von Pensionsrückstellungen zugrunde liegende Zinssatz ist vielmehr rein kalkulatorischer Natur.
- Der Zinssatz für die Abzinsung von Pensionsrückstellungen ist nicht unmittelbar an eine laufende Veränderung der Marktzinsen geknüpft.
- Pensionsrückstellungen sind **nicht deckungsfähig**, da es zu keinem Zeitpunkt zu einer Veränderung der (Renten-) Zahlungen kommt, wenn sich das Zinsniveau während der Ansammlung der Rückstellung ändert.
- Wertänderungen von Pensionsrückstellungen hängen nicht unmittelbar von einer laufenden Änderung der Marktzinsen ab.
- Die Tatsache, dass sich der Bilanzwert von Pensionsrückstellungen durch eine Änderung des Zinssatzes ändern kann, wirkt sich auf das allgemeine Unternehmensrisiko aus.

Aus diesen Überlegungen kommt die Einbeziehung von Pensionsrückstellungen als Grundgeschäfte nicht in Betracht.[1592]

[1592] Vgl. HdR 5. Aufl., § 254 HGB Rn. 94 f.; ebenso Hoffmann/Lüdenbach, 12. Aufl., § 254 HGB Rn. 21a; aA HFA, FN 2008, 489.

Eigene Anteile des bilanzierenden Instituts sowie kontrahierte oder erwartete Transaktionen, die sich auf diese beziehen (zB Aktienrückkaufsangebot) sind nach Hoffmann/Lüdenbach[1593] nicht als Grundgeschäft geeignet, da An- und Verkauf eigener Anteile erfolgsneutral abzubilden sind, also kein Risiko vorliegt, welches sind in der GuV niederschlagen kann.

4.11.3.3. Sicherungsinstrumente

Begriff der Finanzinstrumente

Als Sicherungsinstrumente sind nach § 254 Satz 1 HGB nur *„Finanzinstrumente"* zulässig.[1594] Aufgrund der Vielfalt und ständigen Weiterentwicklung hat es der Gesetzgeber vorgezogen, in diesem Kontext auf eine abschließende inhaltliche Ausgestaltung des Begriffs *„Finanzinstrumente"* zu verzichten.

Eine Einschränkung, dass nur Derivate als Sicherungsinstrumente zulässig sind, macht das HGB nicht. Eine Beschränkung auf Derivate würde der Praxis nicht gerecht, selbst wenn Derivate üblicherweise als Sicherungsinstrumente verwendet werden. Daher sind auch finanzielle Vermögensgegenstände sowie finanzielle Verbindlichkeiten grundsätzlich als Sicherungsinstrumente geeignet (zB Währungsforderungen oder -verbindlichkeiten), im Regelfall jedoch keine Rückstellungen. Bei Letzteren handelt es sich ohnehin nicht um Finanzinstrumente.

Aus **strukturierten Finanzinstrumenten** nach IDW RS HFA 22 herausgetrennte (eingebettete) Derivate stehen freistehenden Derivaten hinsichtlich der Eignung als Sicherungsinstrument gleich. Soweit diese (eingebetteten und wertmäßig separierten) Derivate als Sicherungsinstrumente eingesetzt werden, werden sie nicht nach den Regeln des IDW RS HFA 22, sondern nach den Regeln für die Bilanzierung von Bewertungseinheiten iSd. § 254 HGB abgebildet.

Schwebende Wareneinkaufs- und -verkaufsgeschäfte

Nach § 254 Satz 2 HGB *„gelten"* als Finanzinstrumente im Sinne des § 254 Satz 1 HGB *„auch Termingeschäfte über den Erwerb oder die Veräußerung von Waren".* Hierbei handelt es sich um eine gesetzliche Fiktion, nach der (normale) **schwebende Wareneinkaufs- und -verkaufsgeschäfte** als Siche-

---

[1593] Vgl. Hoffmann/Lüdenbach, 12. Aufl., § 254 HGB Rn. 21.
[1594] Vgl. Glaser/Hachmeister, in: BeckHdR, B 737 Rn. 150 ff.

rungsinstrument zulässig sind, obwohl diese selbst keine Finanzinstrumente iSd. § 254 Satz 1 HGB sind.

Soweit es sich bei Sicherungsinstrumenten um standardisierte **derivative Warentermingeschäfte** mit Möglichkeit zum Barausgleich (zB Commodity Futures) handelt, fallen diese regelmäßig bereits unter den Begriff des „Finanzinstruments" iSd. § 254 Satz 1 HGB.

Damit sind Bewertungseinheiten bestehend aus Sachvermögensgegenständen als Grundgeschäfte (zB Vorräte wie Öl einer bestimmten Güte) einerseits und Verpflichtungen zur Lieferung von entsprechenden Sachvermögensgegenständen als Sicherungsinstrumente (zB Terminverkauf von Öl einer bestimmten Güte) andererseits möglich und kompensatorisch zu bewerten.

Nicht geeignete Geschäfte

Als Sicherungsinstrumente nicht in Betracht kommen insbesondere erwartete Transaktionen,[1595] nicht finanzielle Vermögensgegenstände (zB Bestände von Roh-, Hilfs- und Betriebsstoffen) und nicht finanzielle Verbindlichkeiten (zB Sachverbindlichkeiten). Als Sicherungsinstrumente eignen sich auch solche nicht, die nicht deckungsfähig (vgl. Kapitel 4.11.3.1.) sind.[1596]

Als Sicherungsinstrumente sind (originäre und derivative) Finanzinstrumente dann nicht geeignet, wenn sie **ausfallgefährdet** sind. Auf eine Designation eines Finanzinstruments als Sicherungsinstrument ist (gänzlich) zu verzichten, wenn dieses ausfallgefährdet ist, da insoweit bereits prospektiv nicht davon ausgegangen werden kann, dass die Sicherungsbeziehung nachhaltig wirksam ist.

Short-Positionen in Optionen werden aufgrund ihres Risikoprofils häufig generell als nicht geeignete Sicherungsinstrumente bezeichnet. Dem wird hier nicht uneingeschränkt gefolgt (siehe nachfolgend zum Covered Call Writing).

Short-Positionen sind als **Sicherungsinstrument** für entsprechende **Long-Positionen** geeignet.

[1595] So noch das Bundesministerium der Justiz, RefE zum BilMoG 2007, 117.
[1596] Vgl. ausführlich HdR 5. Aufl., § 254 HGB Rn. 54 mwN.

Künftige Beteiligungserträge als Sicherungsinstrument?

Aus einem Beteiligungserwerb resultierende **Verbindlichkeiten in Fremd-währung** sind nach § 256a HGB (vgl. Kapitel 4.8.), und, wenn eine Bewertungseinheit bspw. mit einer rechtlich bestehenden und werthaltigen Forderung in Fremdwährung hergestellt werden kann, nach § 254 HGB (vgl. Kapitel 4.11.) im Jahresabschluss abzubilden.

Zur Bilanzierung von Fremdwährungsverbindlichkeiten und der Frage der Bildung von Bewertungseinheiten auf Basis von künftigen Ausschüttungen in Fremdwährung vgl. Zwirner/Busch[1597], die eine Bewertungseinheit mit noch nicht realisierten Forderungen aus (künftigen) Beteiligungserträgen mangels zivilrechtlichen Bestehens der entsprechenden Forderung ablehnen.

Sonderfall Covered Call Writing

Wenn im Schrifttum[1598] das **Covered Call Writing** (Bildung einer Bewertungseinheit aus einem Bestand an Finanzinstrumenten wie bspw. Aktien und einer Short Call Option auf diesen Bestand) mit der Begründung abgelehnt wird, dass dies nach IAS 39.72 iVm. IAS 39.AG94 nicht zulässig sei, ist das für die Bilanzierung nach HGB nicht sachgerecht.

Es ist nicht erkennbar, dass der Gesetzgeber iRd. BilMoG diese Form der Bewertungseinheit künftig verbieten wollte. Vielmehr sind solche Sicherungsbeziehungen auch nach Inkrafttreten des BilMoG handelsrechtlich weiterhin zulässig. Die IFRS können diesbezüglich keine Wirkung auf die Bilanzierung nach handelsrechtlichen Vorschriften entfalten. Ausführlich und mit Beispielen vgl. HdR.[1599] Zu Einzelheiten vgl. auch Kapitel 4.12.

Marktgerechte Konditionen

Die Konditionen der als Sicherungsinstrumente eingesetzten Finanzinstrumente müssen bei Vertragsabschluss marktgerecht sein. Soweit bspw. ein Upfront Payment die Marktgerechtigkeit implizit herstellt, ist dies unschädlich. Dies impliziert, dass im Zeitpunkt der Herstellung einer ökonomischen Sicherungsbeziehung nur der zu diesem Zeitpunkt aktuelle Marktpreis, Marktzins, Kurs usw. gesichert werden kann. Dies hat auch Bedeutung bei der Gestaltung

---

[1597] Vgl. Zwirner/Busch, DB 2012, 2641 ff.
[1598] Vgl. Petersen/Zwirner/Froschhammer, in: Petersen/Zwirner (Hrsg.), 426.
[1599] Vgl. HdR 5. Aufl., § 254 HGB Rn. 102 ff. mwN, Rn. 135.

von hypothetischen Derivaten im Zusammenhang mit der Wirksamkeitsbeurteilung mittels der Hypothetischen Derivate-Methode.[1600]

Wird ein vorhandenes Sicherungsinstrument in eine Bewertungseinheit eingebunden, ist dessen beizulegender Zeitwert (Marktwert) zu ermitteln und ggf. bilanziell abzubilden. Auf dieser Grundlage wird künftig die Wirksamkeitsprüfung durchgeführt.

Eignung eines Finanzinstruments als Sicherungsinstrument

Die als Sicherungsinstrumente vorgesehenen Finanzinstrumente sind im Zeitpunkt der Begründung der Bewertungseinheit auf ihre **Eignung zur Absicherung** gegen das definierte und abzusichernde Risiko hin zu untersuchen.[1601] Dabei gilt der Grundsatz: Umfang, Zulässigkeit und/oder Zweck des Sicherungsinstruments werden vom Grundgeschäft und dessen zu sicherndem Risiko bestimmt, dh. es muss sich um ein **geeignetes Sicherungsinstrument** handeln. In diesem Zusammenhang sind die im Schrifttum als Voraussetzungen genannten Grundsätze der „Herstellung eines wirtschaftlichen Zusammenhangs zwischen Grundgeschäften und Sicherungsinstrumenten" sowie der „homogenen Beeinflussung von Gewinnchance und Verlustrisiko bzw. Cashflow-Änderungen" zu beachten.[1602]

Ein Sicherungsinstrument ist immer dann **geeignet**, wenn es erfahrungsgemäß oder nachgewiesenermaßen zum bestmöglichen Sicherungserfolg führt, was üblicherweise bei **Plain Vanilla-Geschäften** der Fall ist, es sei denn, dass ein Grundgeschäft dieselben (identischen) zusätzlichen Merkmale (andere Risiken, Knock-in/Knock-out usw.) wie das strukturierte Sicherungsinstrument enthält und insoweit der bestmögliche Sicherungserfolg erreicht wird.

Ein Finanzinstrument ist immer dann als geeignetes Sicherungsinstrument zu bezeichnen, wenn es bezüglich seiner **Konditionen** so ausgestaltet ist, dass es die wertbestimmenden bzw. zahlungsstrombestimmenden Risiken (Risiken, Merkmale und Faktoren) aufweist, die auch dem Grundgeschäft anhaften (und umgekehrt), und damit das Postulat der „homogenen Beeinflussung von Gewinnchance und Verlustrisiko bzw. Cashflow-Änderungen" bei ausreichend hoher Wirksamkeit der Sicherungsbeziehung gegeben ist.

[1600] Vgl. HdR 5. Aufl., § 254 HGB Rn. 106 mwN.
[1601] Vgl. auch BR-Drucks. 344/08, 126.
[1602] Detailliert vgl. Pfitzer/Scharpf/Schaber, WPg 2007, 680 f. mwN.

Soweit ein Finanzinstrument (zB ein Derivat) bspw. dahingehend ausgestaltet ist, dass es neben dem/den wertbestimmenden (Basis-) Risiko/Risiken des Grundgeschäfts (bspw. ausschließlich Zinsrisiko) weitere Risiken enthält (bspw. optionales Währungsrisiko), ist im Regelfall davon auszugehen, dass es als Sicherungsinstrument nicht geeignet ist (bspw. Zinsswap zur Absicherung des Zinsrisikos, dessen variable Seite von der Kursentwicklung eines bestimmten anderen Underlyings – evtl. auch formelbasiert – abhängt).

Soweit ein Sicherungsinstrument kein Plain Vanilla-Geschäft ist (zB strukturiertes Derivat bzw. strukturiertes Schuldinstrument), muss die Eignung (iSe. „größtmöglichen Sicherungswirkung") durch das bilanzierende Unternehmen im Zeitpunkt der Designation der Sicherungsbeziehung (prospektiv) für die gesamte Laufzeit der Bewertungseinheit bspw. über einen Korrelationsnachweis belegt werden (Objektivierungsvoraussetzung).

Zur Eignung von **Zins-/Währungsswaps** als Sicherungsinstrument nach den missverständlichen Ausführungen in IDW RS HFA 35 Tz. 38 vgl. die Erläuterungen bei HdR.[1603]

Zu Beispielen von **strukturierten Derivaten,** die nicht als Sicherungsinstrumente geeignet sind (bspw. Ladder-Zinsswaps, Constant-Maturity-Swaps, Quanto-Zinsswaps usw.) vgl. die Ausführungen bei HdR.[1604]

Die Verwendung von **mehreren Finanzinstrumenten in Kombination** zur Sicherung von Grundgeschäften ist möglich.[1605] Die handelsrechtlichen Bilanzierungsnormen verbieten dies grundsätzlich nicht. Voraussetzung ist, dass mit der Kombination von mehreren Finanzinstrumenten als sog. **kombiniertes Sicherungsinstrument** der erwartete Zweck der Sicherung tatsächlich erreicht wird. Die zu einer Kombination (Paket) zusammengeführten Finanzinstrumente müssten insgesamt zu marktgerechten Konditionen abgeschlossen werden, dh. das „Paket" als solches muss zu marktgerechten Konditionen gehandelt werden. Denn nur so ist gewährleistet, dass der aktuelle Marktwert, Marktzins oder Kurs gesichert wird. Sind innerhalb des „Pakets" einzelne Bestandteile nicht zu marktgerechten Bedingungen kontrahiert, während das ganze „Paket" aber marktgerecht ist, muss ergänzend eine einheitliche Abrechnung (Terminierung, Close-out) für ausnahmslos sämtliche Bestandteile des „Pakets" vereinbart sein und vorgenommen werden. Zu weiteren Einzel-

---

[1603] Vgl. HdR 5. Aufl., § 254 HGB Rn. 118; Scharpf, DB 2012, 359.

[1604] Vgl. HdR 5. Aufl., § 254 HGB Rn. 126.

[1605] GlA Glaser, § 254 HGB Rn. 69, in: Hachmeister/Kahle/Mock/Schöppen, Bilanzrecht, 3. Aufl.

heiten vgl. HdR.[1606] Ansonsten ist für das „Paket" von Sicherungsinstrumenten nicht gewährleistet, dass es die Zahlungsstrom- oder Wertänderungen des Grundgeschäfts zwingend zeitgleich ausgleicht (keine Deckungsfähigkeit).[1607]

Keine Effektivitätsspanne/keine Mindesteffektivität

Nach der Gesetzesbegründung[1608] wird ausdrücklich keine starre **Effektivitätsspanne** für die Wirksamkeit verlangt, außerhalb derer eine Sicherungsbeziehung nicht mehr als wirksam zu bezeichnen ist. Diesbezüglich ist festzuhalten, dass eine solch starre Bandbreite im Handelsbilanzrecht schon deshalb nicht zwingend notwendig ist, weil hier die als Unwirksamkeit ermittelten Beträge ohnehin nur dann erfolgswirksam erfasst werden, wenn es sich um nicht realisierte Verluste handelt. Unwirksamkeiten in Form von nicht realisierten Gewinnen werden aufgrund des Imparitätsprinzips nicht erfolgswirksam gebucht.

Vor dem Hintergrund, dass ein Sicherungsinstrument nur dann als solches für die Bilanzierung nach § 254 HGB geeignet ist, wenn es die oben dargestellten Voraussetzungen erfüllt („größtmögliche Sicherungswirkung"), ist bereits aus diesem Grund die Vorgabe einer (zahlenmäßigen) **Mindesteffektivität** entbehrlich.

Nach Ansicht des BFA ist es jedenfalls dann, wenn die Effektivität geringer als 50 % ausfällt, zweifelhaft, ob eine Wirksamkeit der Sicherungsbeziehung noch gegeben ist.[1609] Der BFA gibt keine Hinweise, wie dies rechnerisch zu ermitteln ist.

Umwidmung aus dem und in den Handelsbestand

Nach § 340e Abs. 3 Satz 4 HGB können Finanzinstrumente des Handelsbestands bei Instituten nachträglich zu ihrem beizulegenden Zeitwert in eine Bewertungseinheit einbezogen werden (Umgliederung). Bei Beendigung der Bewertungseinheit sind sie mit ihrem aktuellen beizulegenden Zeitwert wieder in den Handelsbestand (zurück) umzugliedern.

[1606] Vgl. HdR 5. Aufl., § 254 HGB Rn. 135 ff. mit der Darstellung von Beispielen.

[1607] Vgl. HdR 5. Aufl., § 254 HGB Rn. 138.

[1608] Vgl. BT-Drucks. 16/12407, 170.

[1609] Vgl. Berichterstattung über die 264. Sitzung des BFA; WPH Edition, Wirtschaftsprüfung & Rechnungslegung, 17. Aufl., Kapitel F Tz. 213.

Nach dem Sinn und Zweck dieser Vorschrift bezieht sich diese Umgliederungsmöglichkeit nur auf **Derivate** als Sicherungsinstrumente und nicht auf
Forderungen, Wertpapiere oder Verbindlichkeiten, da ansonsten das generelle
Umwidmungsverbot des § 340e Abs. 3 HGB unterlaufen werden könnte. Nur
für Derivate wurde im Gesetzgebungsverfahren des BilMoG der Wunsch nach
einer Umgliederungsmöglichkeit zu Sicherungszwecken an den Gesetzgeber
herangetragen (siehe ausdrücklich IDW RS BFA 2 Tz. 1).

4.11.3.4. Dokumentation

Kein gesetzliches Tatbestandsmerkmal

Obwohl die Dokumentation von Bewertungseinheiten – so die Gesetzesbegründung[1610] – nicht zum Tatbestandsmerkmal erhoben wird, ist eine solche
Dokumentation gleichwohl zwingend erforderlich.[1611] Der Gesetzgeber konnte
hierauf verzichten, da eine entsprechende Dokumentation der Rechnungslegung ohnehin immanent ist. Zudem erfordern die nach § 285 Nr. 23 HGB
bzw. § 314 Abs. 1 Nr. 15 HGB zu machenden Anhangangaben eine solche
Dokumentation.

Inhalt der Dokumentation

Aus der Dokumentation muss insgesamt ua. hervorgehen, ob die Sicherungsinstrumente im Zeitpunkt der Begründung der Bewertungseinheit objektiv zur
Absicherung des dokumentierten Risikos geeignet sind, dh. dass die prospektive Wirksamkeit aufgrund des gewählten Sicherungsinstruments (zur Eignung
als Sicherungsinstrument siehe oben) gegeben ist. Mithin muss die Dokumentation insbesondere enthalten:

1. die Art des zu sichernden Risikos einschließlich der Ziele (einschließlich geplanter Sicherungszeitraum) und Strategie(n) des Unternehmens
   bezüglich der Sicherung des Risikos,
2. die Identifikation und Beschreibung des Grundgeschäfts sowie
3. die Identifikation und Beschreibung des als Sicherungsinstrument verwendeten Finanzinstruments, einschließlich dessen Eignung zur wirksamen Absicherung des Risikos, und
4. die getrennte Bestandsführung von Grundgeschäften und Sicherungsinstrumenten,

---

[1610] Vgl. BT-Drucks. 16/12407, 170.
[1611] Vgl. Glaser/Hachmeister, in: BeckHdR, B 737 Rn. 177 ff.

5. Angaben zur prospektiven Wirksamkeit,
6. die Methode(n) der Beurteilung der prospektiven Wirksamkeit der Sicherungsbeziehung sowie ggf. die Bestimmung, innerhalb welcher Bandbreite von einer wirksamen Sicherungsbeziehung ausgegangen wird,
7. die Methode(n) zur rechnerischen Ermittlung der retrospektiven Ineffektivität bezogen auf das abgesicherte Risiko

Der **Umfang** der Dokumentation hängt auch von der Art der Bewertungseinheit (Micro, Macro oder Portfolio Hedge) ab. Bei Portfolio Hedges ist der Nachweis über die Homogenität der Grundgeschäfte mit in die Dokumentation aufzunehmen.

Zeitpunkt der Dokumentation

Mit einer hinreichenden und zeitnah zur Designation einer Sicherungsbeziehung erstellten Dokumentation wird nach Ansicht des Gesetzgebers vor allem die missbräuchliche, insbesondere die nachträgliche Bildung von Bewertungseinheiten *„eingedämmt"*.[1612] Damit spricht sich der Gesetzgeber eindeutig gegen eine nachträgliche Bildung von Bewertungseinheiten und damit gegen ein Earnings Management aus. § 254 HGB kann erst ab dem Zeitpunkt Wirkung entfalten, ab dem die vollständige Dokumentation vorliegt.

Alle anderweitigen Auffassungen, insbesondere diejenigen, die eine Erstellung der Dokumentation nach dem Bilanzstichtag für zulässig halten, sind damit nicht gesetzeskonform. Wenn in diesen Fällen § 254 HGB rückwirkend zur Anwendung kommen soll (zB auf den Zeitpunkt des Kontrahierens des Sicherungsinstruments), handelt es sich bei späterer Dokumentation um eine vom Gesetzgeber nicht für zulässig erachtete nachträgliche Bildung einer Bewertungseinheit.[1613]

Die Dokumentation muss grundsätzlich bereits im **Zeitpunkt der Bildung der Sicherungsbeziehung** vorliegen.[1614] Nur so kann eine rückwirkende und damit missbräuchliche Bildung von Bewertungseinheiten vermieden werden.[1615]

[1612] Vgl. BR-Drucks. 344/08, 126.
[1613] Im Ergebnis ebenso Hoffmann/Lüdenbach, 12. Aufl., § 254 HGB Rn. 57.
[1614] Vgl. DGRV (Hrsg.), Praxishandbuch Derivate, Teil 1.D.II. 4.3.4. GlA Glaser, § 254 HGB Rn. 84, in: Hachmeister/Kahle/Mock/Schöppen, Bilanzrecht, 3. Aufl.
[1615] Vgl. Scharpf, DB 2012, 358 f.

Mit ihrer Stellungnahme vom 16.2.2011[1616] zu IDW ERS HFA 35 weist die Deutsche Bundesbank darauf hin, dass die in IDW ERS HFA 35 Tz. 13 vorgesehene Möglichkeit, die Dokumentation nach dem Bilanzstichtag bis zur Aufstellung des Jahresabschlusses zu erstellen, den bilanzpolitischen Spielraum über Gebühr ausdehnt. Die Deutsche Bundesbank erwartet mithin auch, dass die Dokumentation vor dem Abschlussstichtag erstellt wird.

Die Dokumentation vor dem Abschlussstichtag wurde für Banken mit IDW RS BFA 3 n.F. Tz. 17 iVm. Tz. 16 festgeschrieben. Zunächst sieht IDW RS BFA 3 n.F. Tz. 16 vor, dass Derivate nach ihrer Zweckbestimmung in eine Bewertungseinheit einbezogen werden können (Bestand „Bewertungseinheit").

Nach IDW RS BFA 3 n.F. Tz. 17 sind solche derivativen Finanzinstrumente „... *deren Zweckbestimmung zum Zeitpunkt des Geschäftsabschlusses nicht dokumentiert ist (...) einzeln imparitätisch zu bewerten"*. Wird mithin für ein Finanzinstrument bei Geschäftsabschluss nicht die Zweckbestimmung „Bewertungseinheit" dokumentiert, fällt es zunächst in den Bestand „Einzelbewertung". Vor einer späteren „Umwidmung" in den Bestand „Bewertungseinheit" (spätere Designation als Sicherungsinstrument) ist das Finanzinstrument (auch unterjährig) einzeln zu bewerten (ggf. mit der Folge der Bildung einer Drohverlustrückstellung), sodass es zu aktuellen Marktkonditionen (aktueller Marktwert) in eine Bewertungseinheit einbezogen werden kann. Der BFA hat damit (zumindest für Banken) klargestellt, dass wenn die Dokumentation erst im folgenden Geschäftsjahr erstellt wird, die Bilanzierung nach § 254 HGB erst ab diesem Zeitpunkt möglich ist.[1617]

Art und Weise der Dokumentation

Die Dokumentation kann explizit (zB schriftliche Darstellung inhaltlich wie vorstehend beschrieben) oder implizit durch die internen Anweisungen (Richtlinien, Arbeitsanweisungen, Kennzeichnung in einem IT-System, Datenbank in Front- oder Backoffice-Systemen usw.) oder kombiniert erfolgen.

Die sog. **implizite** Dokumentation wird bspw. dergestalt vorgenommen, dass in internen Anweisungen, Richtlinien usw. Ausführungen und Vorgaben enthalten sind, die die vorstehend dargestellten Sachverhalte enthalten.

[1616] Vgl. Deutsche Bundesbank, Stellungnahme zu IDW ERS HFA 35, www.idw.de (abgerufen am 7.2.2011).

[1617] Vgl. HdR 5. Aufl., § 254 HGB Rn. 151 ff. mwN. Zur Darstellung der gegenteiligen Ansicht in IDW RS HFA 35 und der sich daraus ergebenden Probleme vgl. HdR 5. Aufl., § 254 HGB Rn. 153 ff.

Die sog. **explizite** Dokumentation muss in diesem Fall nur noch die Sachverhalte beinhalten, die die implizite Dokumentation nicht enthält (Kombination aus expliziter und impliziter Dokumentation).

4.11.3.5. Wirksamkeit der Sicherungsbeziehung

Begriff der Wirksamkeit/Unwirksamkeit

Die **Wirksamkeit** (Effektivität) einer Bewertungseinheit bezeichnet den Umfang, in dem sich die verlässlich gemessenen gegenläufigen Wertänderungen oder Zahlungsströme in Bezug auf das abgesicherte Risiko (wertmäßig) gegenseitig ausgleichen.[1618]

Unwirksamkeit (Ineffektivität) entsteht, wenn sich die gegenläufigen Wert- oder Zahlungsstromentwicklungen in Bezug auf das gesicherte Risiko innerhalb der Bewertungseinheit nicht vollständig kompensieren, weil diese bspw. zu unterschiedlichen Zeitpunkten oder in unterschiedlicher Höhe eintreten.

Die Beurteilung der Wirksamkeit (Effektivität) ist für jede Art von gesichertem Risiko individuell und separat durchzuführen. So wird verhindert, dass eine bloße Wertkompensation zwischen verschiedenen Risikoarten stattfindet, die nur bedingt eine Risikokompensation darstellt.[1619]

Bei Bewertungseinheiten nach § 254 HGB *„sind § 249 Abs. 1, § 252 Abs. 1 Nr. 3 und 4, § 253 Abs. 1 Satz 1 und § 256a (nur) in dem Umfang und für den Zeitraum nicht anzuwenden, in dem die gegenläufigen Wertänderungen oder Zahlungsströme sich ausgleichen."* Damit ist die **kompensatorische Betrachtung** von Aufwendungen und Erträgen nach § 254 HGB **in dem Umfang** und **für den Zeitraum** vorzunehmen, in dem bzw. für den die gegenläufigen Wertänderungen oder Zahlungsströme sich tatsächlich „ausgleichen", dh. die Sicherungsbeziehung wirksam (effektiv) ist.

Soweit die gegenläufigen Wertänderungen oder Zahlungsströme sich – auf Basis der **gesicherten Risiken** – (wertmäßig) nicht ausgleichen, die Bewertungseinheit also nicht wirksam ist, finden die in § 254 Satz 1 HGB genannten Vorschriften mit allen ihren Ausprägungen uneingeschränkt Anwendung.[1620] Der

[1618] Vgl. Glaser/Hachmeister, in: BeckHdR, B 737 Rn. 208 ff.
[1619] Vgl. Glaser, § 254 HGB Rn. 99, in: Hachmeister/Kahle/Mock/Schöppen, Bilanzrecht, 3. Aufl.
[1620] Vgl. BT-Drucks. 16/12407, 169.

verbleibende unwirksame (ineffektive) Teil der Bewertungseinheit ist daher als Rückstellung für Bewertungseinheit auszuweisen (vgl. Abb. 4.12 Stufe 1).[1621]

Die Wertänderungen von Grundgeschäft und Sicherungsinstrument, die auf den **nicht gesicherten Risiken** basieren (vgl. Abb. 4.12 Stufe 2), sind unter Beachtung des Einzelbewertungsgrundsatzes und des Imparitätsprinzips nach den allgemeinen Bilanzierungsvorschriften im Jahresabschluss abzubilden.

Wenn der Umfang der Wirksamkeit einer Bewertungseinheit zum Bilanzstichtag nicht feststellbar ist, ist unter Berücksichtigung des Vorsichtsprinzips anzunehmen, dass keine wirksame Bewertungseinheit besteht.[1622]

Umfang der Wirksamkeit ist zu einem späteren Zeitpunkt nicht mehr feststellbar

Wenn der Umfang der Wirksamkeit einer Bewertungseinheit – also der Betrag einer bisherigen Unwirksamkeit einer Sicherungsbeziehung – zum Bilanzstichtag nicht (mehr) rechnerisch feststellbar ist, ist unter Berücksichtigung des Vorsichtsprinzips anzunehmen, dass keine wirksame Bewertungseinheit (mehr) besteht.[1623]

Da damit für den abgelaufenen Zeitraum seit der letzten Messung der Wirksamkeit keine Bewertungseinheit mehr gegeben ist, ist zum Betrachtungszeitpunkt keine Bilanzierung nach § 254 HGB (mehr) möglich. Die seit dem Zeitpunkt der letztmaligen Feststellung der Wirksamkeit eingetretenen Wertänderungen von Grundgeschäft und Sicherungsinstrument sind damit nach den allgemeinen Bilanzierungsnormen (imparitätische Einzelbewertung) abzubilden.[1624]

Grundsätzlich zweistufiges Vorgehen

Sowohl bei der Ermittlung der Wirksamkeit einer Bewertungseinheit als auch bei der handelsrechtlichen Abbildung derselben ist sowohl beim Grundgeschäft als auch beim Sicherungsinstrument zwischen der vollständigen Änderung des Werts und der Änderung des Werts auf Basis des gesicherten Risikos zu unterscheiden.[1625]

[1621] Vgl. Löw/Scharpf/Weigel, WPg 2008, 1016.

[1622] Vgl. ebenso Petersen/Zwirner/Froschhammer, in: Petersen/Zwirner (Hrsg.), 427.

[1623] Vgl. HdR 5. Aufl., § 254 HGB Rn. 171 mwN.

[1624] Vgl. HdR 5. Aufl., § 254 HGB Rn. 172 mwN.

[1625] Vgl. HdR 5. Aufl., § 254 HGB Rn. 176 ff. mit zahlreichen Beispielen (auch Buchungen).

4. Bewertungsvorschriften

Dabei können nach der sog. Change in Fair Value-Methode die Werte bzw. Wertänderungen von Grundgeschäft und Sicherungsinstrument nach den für das jeweilige Geschäft relevanten Bewertungsmodalitäten ermittelt werden. Das Grundgeschäft kann für Zwecke der Beurteilung der Wirksamkeit iRd. ebenfalls zulässigen Hypothetischen Derivate-Methode auch durch ein sog. hypothetisches Derivat – quasi als Stellvertreter für das Grundgeschäft – ersetzt werden (siehe auch die nachfolgenden Ausführungen), wenn dieses die bewertungsrelevanten Konditionen des Grundgeschäfts abbildet.

Wie Abb. 4.12 zu entnehmen ist, ist die anhand einer zulässigen Methode ermittelte gesamte Wertänderung von Grundgeschäft und Sicherungsinstrument aufzuteilen in einen Betrag, der auf dem gesicherten Risiko basiert (Abb. 4.12 Stufe 1) und einen Betrag, der die Differenz (Abb. 4.12 Stufe 2) zwischen der gesamten Wertänderung und der Wertänderung auf Basis des gesicherten Risikos ausmacht.

		Grund-geschäft EUR	Sicherungs-instrument EUR	
Ausgangs-situation	beizulegender Zeitwert: Designation der Sicherungsbeziehung	100,0	0	
	beizulegender Zeitwert: Bilanzstichtag 31.12.20XX	90,0	+7,0	
Messung der Wirksamkeit	Wertänderung insgesamt	- 10,0	+ 7,0	- 3,0
	– aus gesicherten Risiken	- 8,0	+ 6,5	- 1,5
	– aus nicht gesicherten Risiken	- 2,0	+ 0,5	
Bilanz und GuV	1. Stufe: gesichertes Risiko Ineffektivität	- 1,5		**saldiert**
	2. Stufe: ungesichertes Risiko	- 2,0	+ 0,5	**brutto**

Abb. 4.12: Zweistufige Beurteilung der Wirksamkeit

Beim Grundgeschäft wird für die Beurteilung der Wirksamkeit die Wertänderung des **gesicherten Risikos** im Rahmen der Effektivitätsmessung berücksichtigt (Stufe 1).[1626] Entsprechendes gilt für das Sicherungsinstrument. Der Betrag der Ineffektivität beträgt in Abb. 4.12 saldiert -1,5. Dieser Betrag resultiert aus einer Wertminderung des Grundgeschäfts von -8,0 und einer gegenläufigen Werterhöhung beim Sicherungsinstrument von +6,5. Der Betrag von -1,5 ist stets als Ineffektivität imparitätisch zu erfassen.

Die Wertänderung, die sich sowohl beim Grundgeschäft als auch beim Sicherungsinstrument jeweils aus dem **nicht gesicherten Risiko** ergibt (gesamte Wertänderung abzüglich Wertänderung aufgrund des gesicherten Risikos), ist unsaldiert nach den allgemeinen Bewertungsnormen (imparitätische Einzelbewertung) abzubilden (Stufe 2). Die Wertänderungen, die sich auf Grundlage des nicht gesicherten Risikos ergeben, sind in Abb. 4.12 für das Grundgeschäft (-2,0) und für das Sicherungsinstrument (+0,5) unter Beachtung des Grundsatzes der imparitätischen Einzelbewertung nach den allgemeinen Bilanzierungsvorschriften zu erfassen.

Soweit bei Absicherung des Zinsrisikos mittels Zinsswaps die Wertänderungen von Grundgeschäft und Sicherungsinstrument (Zinsswap) auf den nicht gesicherten Risiken basieren, kann im Einzelfall eine andere Beurteilung sachgerecht sein, falls die nicht gesicherten Spreadveränderungen nicht auf das Bonitätsrisiko der Vertragspartner, sondern nachgewiesen auf ein und dieselben anderen Ursachen zurückzuführen sind (wie dies bspw. bei den Spreadausweitungen als Ursache der Finanzmarktkrise zT der Fall war, ohne Änderung der Bonität der Vertragspartner). Die Spreadveränderungen und damit die Wertänderungen der betrachteten Geschäfte basieren dabei auf einer einheitlichen anderen Ursache, weshalb eine Saldierung in begründeten Ausnahmefällen in Betracht gezogen werden kann.

Es spricht nichts dagegen, bei Verwendung von Plain Vanilla (derivativen) Finanzinstrumenten als Sicherungsinstrumente iRe. perfekten Hedges aus **Wesentlichkeitsgründen** die vollständige Zeitwertänderung des Grundgeschäfts der vollständigen Zeitwertänderung des Sicherungsinstruments gegenüberzustellen, da stets der negative Nettowert imparitätisch erfasst wird.[1627] Ein positiver Nettowert wird in Anwendung des Realisationsprinzips unberücksichtigt bleiben.

Für jede Sicherungsbeziehung ist – unter Beachtung des Ziels der Sicherung sowie des damit verbundenen operativen Risikomanagements – individuell festzulegen, ob die **Beurteilung der Wirksamkeit periodenbezogen** oder **kumulativ** zu erfolgen hat. In Abb. 4.12 wurde die periodenbezogene Ermittlung gewählt, da dabei unmittelbar der jährlich zurückzustellende Betrag ermittelt wird.

[1626] Vgl. Löw/Scharpf/Weigel, WPg 2008, 1018.
[1627] Vgl. Löw/Scharpf/Weigel, WPg 2008, 1018.

Zeitpunkte zur Messung/Beurteilung der Wirksamkeit

Da die Eignung eines Sicherungsinstruments zur Absicherung nach dem Willen des Gesetzgebers[1628] *„objektiv gegeben sein"* muss, ist die voraussichtlich **künftige (prospektive) Wirksamkeit im Zeitpunkt der Bildung (Designation) der Bewertungseinheit** festzustellen – wenn nicht in jedem Fall rechnerisch ermittelt, so doch zumindest mittels einer nachvollziehbaren Plausibilisierung.[1629] Dies ist bereits deshalb erforderlich, weil nur solche Sicherungsinstrumente zur Bildung von Bewertungseinheiten erlaubt sind, deren Eignung als Sicherungsinstrument im jeweiligen Einzelfall (auch abhängig von dem zu sichernden Risiko) belegt worden ist. Diese prospektive Beurteilung der Wirksamkeit ist zu dokumentieren, weshalb auch aus diesem Grund die Dokumentation bei Designation der Sicherungsbeziehung zu erfolgen hat.

Darüber hinaus ist die Wirksamkeit zumindest an jedem **(Zwischen-) Abschlussstichtag** sowohl prospektiv als auch retrospektiv durchzuführen.[1630] Auch die Ermittlung der retrospektiven Wirksamkeit ist zu dokumentieren. Das Ergebnis der retrospektiven Wirksamkeitsmessung ist für die buchhalterische Abbildung relevant.

Die Wirksamkeit (Effektivität) einer Bewertungseinheit bezeichnet *„den Umfang, in dem sich die verlässlich gemessenen gegenläufigen Wertänderungen oder Zahlungsströme gegenseitig aufheben"*.[1631] Unwirksamkeit (Ineffektivität) entsteht, wenn sich die gegenläufigen Wert- oder Zahlungsstromentwicklungen innerhalb der Bewertungseinheit (wertmäßig) nicht vollständig kompensieren.[1632]

Ist die (prospektive bzw. retrospektive) Feststellung des Umfangs der Wirksamkeit einer Bewertungseinheit zum Bilanzstichtag nicht (mehr) möglich, ist – nach Maßgabe des Vorsichtsprinzips – davon auszugehen, dass keine wirksame Bewertungseinheit (mehr) besteht.[1633] Damit wird vom Bilanzierenden zu jedem (Zwischen-) Bilanzstichtag erwartet, dass er die prospektive sowie die

---

[1628] Vgl. BR-Drucks. 344/08, 126.

[1629] Vgl. Löw/Scharpf/Weigel, WPg 2008, 1016.

[1630] Vgl. BT-Drucks. 16/12407, 169. Vgl. Hoffmann/Lüdenbach, 12. Aufl., § 254 HGB Rn. 70.

[1631] Vgl. Bundesministerium der Justiz, RefE zum BilMoG 2007, 128.

[1632] Vgl. Löw/Scharpf/Weigel, WPg 2008, 1016. Insbesondere bei Cashflow Hedges kann es bei Swaps als Sicherungsinstrument bei Anwendung der Change in Fair Value-Methode zu anderen (ungünstigeren) Ergebnissen kommen als bei Anwendung der Hypothetischen Derivate-Methode. Ungeachtet dessen ist die Hypothetische Derivate-Methode in diesem Fall zulässig, da diese idR ein sachgerechtes Ergebnis liefert.

[1633] Vgl. BT-Drucks. 16/12407, 169 f.

retrospektive Wirksamkeit dahingehend beurteilt, ob diese für die weitere Annahme der Zulässigkeit der Bilanzierung von Bewertungseinheiten ausreicht.

Gelingt dieser Nachweis nicht mehr, ist die Sicherungsbeziehung aufzulösen. Die bis zu diesem Zeitpunkt bestehende Bewertungseinheit ist letztmals nach den Regeln des § 254 HGB bilanziell abzubilden. Danach sind sowohl die Grundgeschäfte als auch die Sicherungsinstrumente einzeln zu bewerten.

Methoden zur Messung der Wirksamkeit

Die Auswahl der Methode zur Feststellung der Wirksamkeit bleibt dem Unternehmen überlassen.[1634] Soweit geeignet, kann die Feststellung grundsätzlich auch auf der Grundlage eines der Art und dem Umfang der Risiken sowie der Art und dem Umfang der Grundgeschäfte angemessenen Risikomanagementsystems erfolgen.[1635] Letztere Aussage kann jedoch nicht dahingehend interpretiert werden, dass bei einem vorhandenen Risikomanagementsystem gänzlich auf eine Beurteilung bzw. Feststellung der Wirksamkeit verzichtet werden kann.

Die Feststellung der Wirksamkeit ist eng mit der oben genannten objektiven Eignung eines Sicherungsinstruments verbunden. Grundgeschäft und Sicherungsinstrument müssen danach – wie schon vor der Einführung des § 254 HGB nach den Grundsätzen ordnungsmäßiger Bilanzierung notwendig – derart aufeinander abgestimmt sein, dass bei einer Veränderung des gesicherten Einflussfaktors (zB Erhöhung des Zinsniveaus, fallende Währungs- oder Aktienkurse) eine (zwingende) Kompensation der Wertänderung bzw. der Zahlungsstromänderung (Fair Value oder Cashflow) durch das gegenläufige Geschäft von sich aus stattfindet.

Obwohl die Auswahl der **Methode** zur Feststellung der Wirksamkeit nach dem Willen des Gesetzgebers dem Unternehmen überlassen bleibt,[1636] muss die Methode den Zielen und der Strategie im Rahmen des Risikomanagements gerecht werden. Welche Methode angewandt wird, hängt auch von dem zugrunde liegenden Risiko sowie vom eingesetzten Sicherungsinstrument ab. Die gewählte Methode zur Feststellung der Wirksamkeit ist grundsätzlich stetig anzuwenden.

[1634] Vgl. BR-Drucks. 344/08, 127 und BT-Drucks. 16/12407, 169; zu den verschiedenen Methoden vgl. auch Kuhn/Scharpf, 3. Aufl., Rn. 2590 ff.; HdR 5. Aufl., § 254 HGB Rn. 192 ff.; Hoffmann/Lüdenbach, 12. Aufl., § 254 HGB Rn. 71 ff.
[1635] Vgl. BT-Drucks. 16/12407, 169.
[1636] Vgl. BR-Drucks. 344/08, 127; BT-Drucks. 16/12407, 169.

Zulässig sind grundsätzlich die von den IFRS bekannten Methoden, jedoch ggf. ohne die nach IFRS im Einzelfall bekannten Einschränkungen.[1637]

Für die Zwecke der retrospektiven Ermittlung der (In-) Effektivität ist im Hinblick auf die Methodenwahl bzw. deren methodische Ausgestaltung zu beachten, dass sich ein später nach den allgemeinen handelsrechtlichen Grundsätzen zu bilanzierender Betrag der Unwirksamkeit indirekt oder direkt tatsächlich über die angewandte Messmethode ermitteln lässt.[1638]

Zur Ermittlung des als Unwirksamkeit zu buchenden Betrags werden insbesondere die **Dollar Offset-Methoden** heranzuziehen sein. Die gewählte Methode muss einen Betrag, der als Unwirksamkeit gebucht werden kann, liefern.

Besonderheiten bei Anwendung der Dollar Offset-Methoden

Als Dollar Offset-Methoden werden allgemein die sog. Change in Fair Value-Methode oder die Hypothetische Derivate-Methode zur Anwendung kommen. Beide Methoden liefern Beträge der Unwirksamkeit, die bilanziell verarbeitet werden können bzw. müssen. Je nach Einzelfall können beide Methoden zu unterschiedlichen bilanzierungsrelevanten Beträgen führen. Dies liegt insbesondere an der Ausgestaltung dieser beiden Methoden.

- **Change in Fair Value-Methode:**
  - In die Messung der Wirksamkeit geht die Änderung des Werts (Marktwert, Fair Value) des **Grundgeschäfts** ein, die sich auf das abgesicherte Risiko (Abb. 4.12 Stufe 1) bezieht.
  - Die Wertänderung, die auf den nicht gesicherten Risiken des Grundgeschäfts beruht, ergibt sich als Differenz aus der gesamten Änderung des Werts (siehe vorstehend) abzgl. der Wertänderung, die sich auf gesicherte Risiken bezieht (Abb. 4.12 Stufe 2).
  - Weiterhin werden die Wertänderungen des **Sicherungsinstruments** benötigt, die zum einen auf dem gesicherten (Abb. 4.12 Stufe 1) und zum anderem auf dem nicht gesicherten Risiko (Abb. 4.12 Stufe 2) basieren.

[1637] Vgl. WPH Edition, Wirtschaftsprüfung & Rechnungslegung, 17. Aufl., Kapitel F Tz. 214; Glaser, § 254 HGB Rn. 97, in: Hachmeister/Kahle/Mock/Schöppen, Bilanzrecht, 3. Aufl.

[1638] Ebenso Glaser, § 254 HGB Rn. 97, in: Hachmeister/Kahle/Mock/Schöppen, Bilanzrecht, 3. Aufl.

– Bei der Absicherung von Zinsrisiken sind aus den ermittelten Werten die abzugrenzenden Zinsen zu eliminieren (Clean Price). Die Beurteilung der Wirksamkeit basiert auf dem Clean Price.

– Die Change in Fair Value-Methode ist im Regelfall für die Beurteilung der Wirksamkeit bei der Absicherung von Wertänderungsrisiken (Fair Value Hedges) sachgerecht, hat jedoch ggü. der Hypothetischen Derivate-Methode Schwächen.

• **Hypothetische Derivate-Methode:**

– Zunächst ist für die Anwendung dieser Methode das sog. hypothetische Derivat zu generieren, da dieses quasi als Stellvertreter für das (erwartete oder kontrahierte) Grundgeschäft fungiert.

– Die Messung der Wirksamkeit mittels der Hypothetischen Derivate-Methode erfolgt dergestalt, dass die auf dem gesicherten Risiko basierende Änderung des Werts des bestehenden Sicherungsinstruments mit der auf dem gesicherten Risiko basierenden Änderung des Werts (Marktwert, Fair Value) eines hypothetischen Derivats, das quasi als Stellvertreter für das Grundgeschäft dient, verglichen wird. Bei der Absicherung gegen Zinsrisiken sind die um die abzugrenzenden Zinsen bereinigten Werte (Clean Price) zu verwenden.

– Die anteilige Wertänderung, die auf das nicht gesicherte Risiko (vgl. Abb. 4.12 Stufe 2) entfällt, ermittelt sich als Differenz aus der gesamten Änderung des Zeitwerts abzgl. der auf dem gesicherten Risiko basierenden Wertänderung (Abb. 4.12 Stufe 1).

– Das **hypothetische Derivat** (Stellvertreter für das Grundgeschäft) ist so zu gestalten, dass es in seinen bewertungsrelevanten Konditionen den Konditionen des gesicherten Grundgeschäfts (zB variabel verzinsliche Verbindlichkeit) in allen Details entspricht (zB identischer Nominalbetrag, identische Zinsanpassungstermine bzw. Fälligkeitstermine, identischer Referenzzins (gesicherter Zins), identische Währung bzw. Aktie, identische Zinsobergrenze bzw. -untergrenze).

– Die Ermittlung der relevanten Wertänderungen des hypothetischen Derivats erfolgt unter Verwendung der für das abgesicherte Grundgeschäft relevanten Marktdaten (zB aktuelle Zinskurve, Kurse usw., aktueller Credit Spread für das Grundgeschäft). Entsprechendes gilt für das tatsächlich kontrahierte Sicherungsinstrument.

– Eine Absicherung von Zins-, Währungs- und sonstigen Marktpreisrisiken ist nur auf Basis der aktuellen Marktkonditionen (aktuelle Marktzinsen, Terminkurse, Marktwerte, Kurse usw.) möglich.
Bei hypothetischen Zinsswaps ist der Festzinssatz so zu wählen, dass der beizulegende Zeitwert (Marktwert) des hypothetischen Zinsswaps im Zeitpunkt der Designation der Bewertungseinheit gleich Null ist. Der als Sicherungsinstrument eingesetzte Zins-

swap darf dagegen im Zeitpunkt seiner Designation durchaus einen positiven oder negativen Marktwert aufweisen (dieser darf bei der Beurteilung der Effektivität außer Acht gelassen werden), ist aber selbstständig bilanziell abzubilden.

- Zur **Feststellung der Wirksamkeit** wird ausschließlich die (kumulierte) Wertänderung des hypothetischen Derivats mit der des Sicherungsinstruments verglichen.

Die Hypothetische Derivate-Methode ist insbesondere für die Beurteilung der Wirksamkeit bei der Absicherung variabel verzinslicher Posten mittels Zinsswaps sowie für die Absicherung mittels Optionen und Termingeschäften sowohl bei Fair Value Hedges als auch bei Cashflow Hedges geeignet. Darüber hinaus ist sie im Falle der antizipativen Bewertungseinheiten sachgerecht.

Eine vollständige rechnerische Wirksamkeit kann mit der Hypothetischen Derivate-Methode nur in den Fällen erreicht werden, in denen die wertbestimmenden Konditionen des Grundgeschäfts (oder der vorgesehenen Transaktion) mit denen des Sicherungsinstruments völlig übereinstimmen (perfekter Hedge). Der Grund ist darin zu sehen, dass das hypothetische Derivat, das der Messung der Wirksamkeit zugrunde gelegt wird, die tatsächlichen Konditionen des (geplanten) Grundgeschäfts (der erwarteten Transaktion) abzubilden hat (bei einem Zinsswap bzw. Termingeschäft muss zudem der Marktwert des hypothetischen Swaps bzw. des Termingeschäfts bei Designation der Sicherungsbeziehung gleich Null sein, sodass sich beim hypothetischen Swap – quasi als Stellvertreter des gesicherten Grundgeschäfts – ein anderer Festzinssatz ergibt als beim Sicherungsswap). Weichen die wertbestimmenden Konditionen von Grundgeschäft (hypothetischem Derivat) – auch nur geringfügig – von denen des Sicherungsinstruments (tatsächlich kontrahiertes Derivat) ab, ergeben sich zwangsläufig bilanziell imparitätisch zu erfassende Unwirksamkeiten.

Sog. Short Cut-Methode

Bei perfekten Micro Hedges spricht nach dem Gesetzgeber[1639] – wenn sich im Rahmen einer Bewertungseinheit die Parameter (insbesondere Währung, Nominalbetrag, Laufzeit, Zinstermine) von Grundgeschäft und Sicherungsinstrument weitgehend entsprechen (Critical Terms Match-Methode) und dadurch die zu erwartenden Ineffektivitäten betragsmäßig nicht wesentlich sind – beim **prospektiven Effektivitätstest** nichts dagegen, an die Messung der Wirksamkeit geringere Anforderungen zu stellen. Hierbei müssen die (wertbestimmenden) Vertragsbestandteile zwischen dem abgesicherten Grundgeschäft und

---

[1639] Vgl. BR-Drucks. 344/08, 126.

dem Sicherungsinstrument übereinstimmen (Währung, Nominalbetrag, Laufzeit, Zinstermine, weitgehend identischer Festzinssatz von Grundgeschäft und Sicherungsinstrument bei Verwendung von Zinsswaps). Mithin könnte hier auch die aus US-GAAP für bestimmte Sicherungsinstrumente bekannte **Short Cut-Methode** bei der **prospektiven** Feststellung der Wirksamkeit zur Anwendung kommen.[1640]

In diesen Fällen muss bereits bei Eingehen der Sicherungsbeziehung eindeutig erkennbar sein, dass bei Verwendung eines geeigneten Sicherungsinstruments (Plain Vanilla) eine auf Dauer wirksame Sicherungsbeziehung gegeben ist (perfekte Sicherungsbeziehung). Dies muss aus der oben dargestellten Dokumentation für einen sachverständigen Dritten nachvollziehbar hervorgehen.

Bei der **retrospektiven Messung** der Wirksamkeit scheidet die Short Cut-Methode nach IDW RS HFA 35 aus, es sei denn, die Ineffektivitäten sind nicht wesentlich.[1641]

An den vorstehenden Aussagen ändert sich auch für den Fall nichts, dass bspw. Zinsswaps als Sicherungsinstrumente nur mit bonitätsmäßig einwandfreien Kontrahenten abgeschlossen werden und obendrein (Bar-) Sicherheiten in Höhe der Marktwerte der Swaps gestellt werden, sodass – zusammen betrachtet – mit den Sicherungsinstrumenten kein Kreditrisiko mehr verbunden ist. Denn die (Bar-) Sicherheiten haben lediglich einen Einfluss im Falle des Ausfalls des Kontrahenten bzw. bei der Abwicklung der Swaps. Dies kann mit der Situation verglichen werden, in der ein Investor für ein erworbenes Wertpapier zusätzlich noch eine Bürgschaft eines unstrittig solventen Bürgen, bspw. der öffentlichen Hand, erhält.

Nachdem sich der HFA mit IDW RS HFA 35 Tz. 58 und Tz. 59 im Ergebnis bemüht[1642] hat, eine Möglichkeit zur Anwendung der Short-Cut-Methode zu finden, also diese nicht von vornherein abgelehnt hat und die in IDW RS HFA 35 Tz. 58 f. festgelegte strenge Sicht bei **absolut perfekten Sicherungsbeziehungen** wirtschaftlich betrachtet nicht sachgerecht ist, wird es für zulässig angesehen, die Short-Cut-Methode zu ermöglichen, wenn[1643]

[1640] Vgl. Petersen/Zwirner/Froschhammer, in: Petersen/Zwirner (Hrsg.), 427, diese sprechen sich auch nur für eine Anwendbarkeit bei der prospektiven Betrachtung aus. Vgl. auch Bedau/Khakzad/Krakuhn, IRZ 2010, 491 ff.
[1641] Vgl. ausführlich HdR 5. Aufl., § 254 HGB Rn. 203 ff.
[1642] Vgl. die Darstellung und Begründung bei HdR 5. Aufl., § 254 HGB Rn. 204 ff.; Scharpf, DB 2012, 359 f.
[1643] Vgl. HdR 5. Aufl., § 254 HGB Rn. 208 mwN; Scharpf, DB 2012, 360.

1. bei Beginn der Sicherungsbeziehung
2. zweifelsfrei und dokumentiert rechnerisch nachgewiesen wird (ggf. auch unter Verwendung von verschiedenen realistischen Szenarien und Stressszenarien), dass
3. in Bezug auf das abgesicherte Risiko ein perfekter Hedge vorliegt und demzufolge
4. eine betragsmäßige Unwirksamkeit zu den einzelnen Abschlussstichtagen von vornherein ausgeschlossen ist oder diese nicht wesentlich sein bzw. werden kann.

In einem derartigen Fall erscheint es vertretbar, auf einen regelmäßigen **retrospektiven** Nachweis der Wirksamkeit zu verzichten. Soweit im Zeitablauf Umstände eintreten, die es wahrscheinlich erscheinen lassen, dass doch Unwirksamkeiten entstehen können, ist die retrospektive Wirksamkeit wieder zu prüfen (rechnerisch zu ermitteln).[1644]

Unberührt bleibt die Notwendigkeit in derartigen Fällen bei der Absicherung von Wertpapieren der **Liquiditätsreserve**, die vollständige Wertänderung des Wertpapiers in die Wertänderung auf Basis des abgesicherten Risikos einerseits und die Wertänderung aus nicht gesicherten Risiken andererseits aufzuteilen und entsprechend bilanziell abzubilden.[1645]

Besonderheiten der Beurteilung der Wirksamkeit bei antizipativen Bewertungseinheiten

Die Besonderheit der Beurteilung der Wirksamkeit bei antizipativen Bewertungseinheiten ist darin zu sehen, dass ein Grundgeschäft (erwartete Transaktion) noch nicht vertraglich vereinbart ist. Daher muss das Grundgeschäft für die Beurteilung der Wirksamkeit simuliert werden. Dies gelingt ua. mittels der sog. **Hypothetischen Derivate-Methode**. Bei dieser Methode wird das Grundgeschäft mittels eines hypothetischen Derivats „nachgebildet", indem die wertbestimmenden Konditionen der erwarteten Transaktion (Grundgeschäft) in einem dem Sicherungsinstrument entsprechenden Derivat (zB Devisentermingeschäft, Zinsswap) zusammengefasst werden.

[1644] Vgl. WPH Edition, Wirtschaftsprüfung & Rechnungslegung, 17. Aufl., Kapitel F Tz. 215 mwN; Glaser/Hachmeister, in: BeckHdR, B 737 Rn. 312 lehnen die Short-Cut-Methode bei der retrospektiven Effektivitätsmessung dagegen strikt ab.
[1645] Vgl. HdR 5. Aufl., § 254 HGB Rn. 208 mwN.

Die Beurteilung der Wirksamkeit kann bei antizipativen Bewertungseinheiten wie folgt vorgenommen werden:

- Das **(geplante) Grundgeschäft** ist auf der Basis des gesicherten Risikos zu „bewerten". Es wird ausdrücklich für zulässig erachtet, dass bei der Prüfung der Wirksamkeit der Absicherung mittels Optionen die sog. Hypothetische Derivative-Methode verwendet werden kann.
  Mit der Hypothetischen Derivate-Methode kann zumindest bei perfekten Sicherungsbeziehungen, bei denen die wertbestimmenden Konditionen von Grundgeschäft und Sicherungsinstrument übereinstimmen (Nominalbetrag, Laufzeit bzw. geplanter Sicherungshorizont, Fixingbzw. Zinstermine, Risikofaktor(en) usw.), im Regelfall eine (nahezu) volle Wirksamkeit rechnerisch nachgewiesen werden.
  Unwirksamkeiten, die sich daraus ergeben, dass bspw. die Fixing- bzw. Zinstermine, die Fälligkeit oder die Nominalbeträge von Grundgeschäft und Sicherungsinstrument nicht exakt übereinstimmen, werden mithilfe der Hypothetische Derivate-Methode ermittelt und im Rahmen der handelsrechtlichen Bilanzierung, soweit die Unwirksamkeit in einem nicht realisierten Verlust zum Ausdruck kommt, erfolgswirksam erfasst.
- Das hypothetische Derivat ist anhand der aktuellen Marktparameter der geplanten Transaktion zu bewerten (einschließlich Fälligkeit laut aktueller Planung).
- Die Wertänderung des kontrahierten **Sicherungsinstruments** ist auf Basis des gesicherten Risikos dem nach der vorstehend dargestellten Methode ermittelten Wert des Grundgeschäfts gegenüberzustellen.
  Bei Anwendung der Hypothetischen Derivative-Methode wird dabei das Grundgeschäft – wie erwähnt – als hypothetisches Derivat abgebildet. Ein Verlustüberhang kann sich entweder aus dem Grundgeschäft oder aus dem Sicherungsinstrument ergeben.
- Insoweit als sich aus der Gegenüberstellung dieser Werte ein Verlustüberhang (entweder beim Grundgeschäft oder beim Sicherungsinstrument) ergibt, ist eine Drohverlustrückstellung zu erfassen. Ein positiver Wertüberhang bleibt dagegen unberücksichtigt.
- Die Änderung des beizulegenden Zeitwerts des Sicherungsinstruments auf Stufe 2 (Abb. 4.12 Stufe 2) ist, soweit es sich um einen Verlust handelt, als Drohverlustrückstellung auszuweisen.

4.11.3.6. Durchhalteabsicht und vorzeitige Beendigung

Die Bewertungseinheit entfaltet zum einen **keine Rückwirkung**, sondern wirkt vom Zeitpunkt der nachweislichen Begründung – so der Gesetzgeber –

in die Zukunft.[1646] Zum anderen ist die Bewertungseinheit bis zu **Erreichung ihres Zwecks** grundsätzlich **beizubehalten**.[1647] Zur vorzeitigen Beendigung von Bewertungseinheiten bei verschiedenen Derivaten vgl. Kapitel 4.12.

Eine **Anpassung** der ursprünglichen (bilanziellen) Sicherungsbeziehung mittels Auf- oder Abstockung (zB der Volumina der Sicherungsinstrumente) ist zulässig, wenn diese Maßnahmen nachweislich dem ursprünglich dokumentierten Sicherungszweck dienen bzw. diesem entsprechen.[1648]

Durchhalteabsicht

Bewertungseinheiten dürfen nach Ansicht des Gesetzgebers nicht nachträglich zur Steuerung des Jahresergebnisses konstruiert werden,[1649] sondern sind ausschließlich mit der Zwecksetzung der Risikoabsicherung – mit Wirkung für die Zukunft – zu bilden.[1650] Dabei bleibt es jedem Unternehmen überlassen, welche Sicherungsstrategie es verfolgt. Diese muss jedoch nach kaufmännisch vernünftiger Beurteilung sinnvoll und für einen sachverständigen Dritten nachvollziehbar sein.[1651]

Diese Zwecksetzung impliziert zugleich, dass im Zeitpunkt der Begründung einer Sicherungsbeziehung (Bewertungseinheit) die Absicht besteht, diese **bis zur Erreichung des Zwecks beizubehalten**. Im Schrifttum wird diese Voraussetzung als **Durchhalteabsicht** bezeichnet. Das Durchhalten ist im Regelfall für den Zeitraum bis zur Fälligkeit des Sicherungsinstruments sicherzustellen.

Soweit es von den Zielen und der Strategie des Risikomanagements her notwendig und in der Dokumentation niedergelegt ist, kann vom **Durchhalten des Sicherungsinstruments** bis zu dessen Fälligkeit bei gleichzeitiger Erreichung des vorgesehenen Sicherungszwecks abgesehen werden. Sog. Part Time Hedges sind damit zulässig, wenn nicht sogar erforderlich. Die erforderliche Dokumentation muss deshalb neben den Zielen und Strategien des Risikomanagements in Bezug auf die Sicherungsbeziehung(en) auch den **geplanten Sicherungszeitraum** enthalten, da ansonsten eine nachträgliche Überprüfung

---

[1646] Vgl. Bundesministerium der Justiz, RefE zum BilMoG 2007, 118; ebenso BR-Drucks. 344/08, 126.

[1647] Ausführlich vgl. HdR 5. Aufl., § 254 HGB Rn. 217 ff.

[1648] GlA Glaser, § 254 HGB Rn. 89, in: Hachmeister/Kahle/Mock/Schöppen, Bilanzrecht, 3. Aufl.

[1649] Vgl. eindeutig und unmissverständlich BR-Drucks. 344/08, 126.

[1650] Vgl. BR-Drucks. 344/08, 127.

[1651] Ebenso DRSC, Stellungnahme zum RefE des BilMoG 2008, 17.

durch einen sachverständigen Dritten (wie zB die Interne Revision oder den Abschlussprüfer) nicht erfolgen kann.

An den Nachweis der Durchhalteabsicht und -wahrscheinlichkeit bzw. an die Durchhaltefähigkeit sind besonders hohe Anforderungen zu stellen, wenn es bspw. in vergangenen Berichtsperioden (wiederholt) zu vorzeitigen Beendigungen der bilanziellen Sicherungsbeziehungen gekommen ist.[1652]

Vorzeitige Beendigung[1653]

Die Sicherungsbeziehung bzw. Sicherungsstrategie muss für einen wirtschaftlich sinnvollen und bei Abschluss des Sicherungsinstruments geplanten sowie dokumentierten Zeitraum durchgehalten werden.[1654] Nach dem Willen des Gesetzgebers[1655] *„müssen für eine vorzeitige Beendigung einer Bewertungseinheit plausible wirtschaftliche Gründe vorliegen"*.

Ob ein Sicherungsinstrument, wie zB ein Zinsswap, für seine gesamte Laufzeit oder nur für einen Teil seiner Laufzeit als Sicherungsinstrument eingesetzt wird, hängt auch vom abzusichernden Risiko und den jeweils aktuellen Marktbedingungen ab. Einzelheiten vgl. Kapitel 4.11.5.

Die Durchhalteabsicht ist dahingehend zu verstehen, dass der Sicherungszusammenhang aufgrund der Vorgaben der dokumentierten Sicherungsstrategie für die beabsichtigte bzw. für eine wirtschaftlich sinnvolle Zeitspanne durchzuhalten ist. Es muss hierfür bereits bei Eingehen der Sicherungsbeziehung eine hohe **Durchhaltewahrscheinlichkeit** bestehen; es darf insbesondere kein widersprüchliches Verhalten in der Vergangenheit feststellbar sein.

Nach IDW RS HFA 35 Tz. 47 kann eine vorzeitige Auflösung der Bewertungseinheit nur in folgenden Fällen erfolgen:

- Wegfall des Grundgeschäfts und/oder des Sicherungsinstruments bzw. Ausfall oder akut drohender Ausfall eines Kontrahenten.
- Ablauf des in der Dokumentation ex ante definierten Sicherungszeitraums.

[1652] Ebenso Glaser/Hachmeister, in: BeckHdR, B 737 Rn. 201.
[1653] Vgl. HdR 5. Aufl., § 254 HGB Rn. 382 ff.; Rimmelspacher/Fey, WPg 2013, 994 ff.; IDW RS HFA 35 Tz. 47.
[1654] Vgl. Pfitzer/Scharpf/Schaber, WPg 2007, 681.
[1655] Vgl. BR-Drucks. 344/08, 127.

- Die prospektive Beurteilung der Wirksamkeit ergibt, dass von einer wirksamen Sicherungsbeziehung in der Zukunft nicht mehr ausgegangen werden kann.
- Der Betrag der bisherigen Unwirksamkeit lässt sich zum Abschlussstichtag nicht mehr verlässlich ermitteln.

Eine Bewertungseinheit ist auch aufzulösen, „… *wenn ein als Grundgeschäft (im Falle eines Finanzinstruments mit Forderungscharakter) oder als Sicherungsinstrument einbezogenes Finanzinstrument als akut ausfallgefährdet einzustufen ist "*.[1656]

Werden künftige, mit hoher Wahrscheinlichkeit erwartete Absatz- oder Beschaffungsgeschäfte als Grundgeschäfte zum Ausgleich gegenläufiger Wertänderungen oder Zahlungsströme aus den Eintritt vergleichbarer Risiken mit Finanzinstrumenten als Sicherungsinstrumente zu einer antizipativen Bewertungseinheit zusammengefasst, kann eine Auflösung solcher Bewertungseinheiten notwendig sein, wenn anders als im Zeitpunkt der Begründung der Bewertungseinheit aufgrund von eingetretenen Entwicklungen nicht mehr mit an Sicherheit grenzender Wahrscheinlichkeit davon ausgegangen werden kann, dass die erwartete Transaktion tatsächlich bzw. zu dem bislang angenommenen Zeitpunkt stattfinden wird.[1657] Nur unwesentliche zeitliche Verzögerungen sind als unschädlich anzusehen.

Zur bilanziellen Abbildung vgl. Kapitel 4.11.5. sowie die Ausführungen bei den einzelnen Finanzderivaten in Kapitel 4.12.

4.11.3.7. Ergänzende Voraussetzungen für antizipative Bewertungseinheiten

Überblick

Die ergänzenden Voraussetzungen für antizipative Bewertungseinheiten zielen vor allem darauf ab, mit möglichst großer Sicherheit zu gewährleisten, dass das Grundgeschäft wie beabsichtigt auch tatsächlich abgeschlossen wird bzw. zustande kommt.[1658]

Um Missbräuche in der Bilanzierung bei antizipativen Sicherungsbeziehungen zu verhindern, ist ein tatsächliches Durchhalten der antizipativen Sicherungs-

---

[1656] Vgl. IDW, Fachlicher Hinweis (Teil 1), IDW Life 2020, 316.
[1657] Vgl. IDW, Fachlicher Hinweis (Teil 1), IDW Life 2020, 316.
[1658] Vgl. HdR 5. Aufl., § 254 HGB Rn. 236 ff. mwN; Patek, RdF 2012, 343 ff.

beziehung von entscheidender Bedeutung. Das hochwahrscheinliche Eintreten sowie die eindeutige Identifikation der erwarteten Transaktion (Grundgeschäft) ist daher zeitnah zu belegen und zu dokumentieren.

Für die künftigen Ansprüche und Verpflichtungen gilt, dass die künftigen und hoch wahrscheinlichen Geschäfte, eindeutig identifizierbar sein müssen, um gesichert werden zu können. **„Identifizierbar"** bedeutet, dass (1) der voraussichtliche Zeitpunkt bzw. das (enge) Zeitintervall des Eintretens des Geschäfts, (2) die Art des betroffenen Vermögensgegenstands oder des Finanzinstruments und (3) das zu erwartende Volumen des Geschäfts bekannt sind oder ausreichend zuverlässig ermittelt bzw. geplant werden können. Dies ist zu dokumentieren.

Fälligkeitsidentität der Zahlungsströme aus dem Grundgeschäft und dem Sicherungsinstrument (sog. Deckungsfähigkeit)

Im Regelfall handelt es sich bei einer antizipativen Bewertungseinheit um eine Sicherung künftiger Zahlungsströme in Form von Anschaffungskosten bzw. Erlösen (zB in Fremdwährung) oder um variable Aufwendungen bzw. Erträge (zB variable Zinsen).

Es stellt sich im Zusammenhang mit künftig geplanten Transaktionen das Problem, dass die durch ein Sicherungsinstrument eintretenden Vermögens- bzw. Zahlungsstromänderungen auch tatsächlich mit umgekehrtem Vorzeichen im Grundgeschäft eintreten müssen.

Die aus den Sicherungsinstrumenten bzw. Grundgeschäften resultierenden künftigen Zahlungsströme müssen daher zeitgerecht zur Verfügung stehen (vgl. zur Deckungsfähigkeit Kapitel 4.11.3.1.), um das Grundgeschäft bzw. das Sicherungsinstrument abwickeln zu können. Soweit der zeitgleiche Anfall der Zahlungsströme aus dem Grundgeschäft und dem Sicherungsinstrument nicht gegeben ist, kann es nicht zum *„... Ausgleich gegenläufiger ... Zahlungsströme"* (§ 254 Satz 1 HGB) kommen.

Bei antizipativen Sicherungsbeziehungen muss mithin grundsätzlich eine **Fälligkeitsidentität** von Grundgeschäft und Sicherungsinstrument bestehen bzw. es muss durch geeignete Maßnahmen sichergestellt werden können, dass bspw. der für das geplante Grundgeschäft erforderliche Zahlungsstrom bei Eintritt des Grundgeschäfts als Zahlungsstrom aus dem Sicherungsinstrument und umgekehrt auch tatsächlich zur Verfügung steht. Gegebenenfalls sind entsprechende **Anschlussgeschäfte** erforderlich.

Bei der Absicherung von **variablen Zinsen** (zB dadurch, dass eine variabel verzinsliche Verbindlichkeit mittels Zinsswap gegen steigende variable Zinsen gesichert wird) sind die Konditionen des Sicherungsinstruments (zB Zinsswap) so zu gestalten, dass die Fixing-/Zinstermine von Grundgeschäft und Sicherungsinstrument zeitgleich sind. Bei einer mehr als nur geringfügigen Abweichung der Fixing- und damit auch der Zinstermine im Vergleich zur Referenzperiode (zB ein oder zwei Tage bei 3-Monatszinsen[1659]) verändert sich die Sicherungswirkung und damit die Wirksamkeit, weil dann der variable Zins des Grundgeschäfts in seiner Höhe nicht mehr mit dem des Sicherungsinstruments übereinstimmt.

Je weiter der Zeitpunkt des Eintritts des geplanten Geschäfts in der Zukunft liegt, umso vorsichtiger ist der abzusichernde Betrag (Sicherungsvolumen) zu bemessen. Das „zulässige" Sicherungsvolumen (zB X USD der im Monat A ein-/ausgehenden Währungszahlungen werden gesichert) hängt insbesondere vom Geschäftsmodell, der in der Vergangenheit nachgewiesenen Planungssicherheit, den bisherigen Erfahrungen bezüglich der Planungsgenauigkeit, den üblichen Schwankungen der gesicherten Zahlungsströme (Grundgeschäfte), der künftigen geschäftlichen Entwicklung und Ausrichtung usw. ab. Das gewählte Sicherungsvolumen ist dokumentiert nachzuweisen.

Hohe Wahrscheinlichkeit des Eintritts und eindeutige Identifikation des Grundgeschäfts

Es muss vermieden werden, dass durch den Verzicht auf die Verlustantizipation das Sicherungsinstrument betreffend eine willkürliche Verlagerung von Verlusten in andere Rechnungsperioden erfolgt. Sind die wesentlichen Bedingungen des zukünftigen Geschäfts bekannt (identifiziert) und ist der tatsächliche Eintritt der antizipierten Transaktion nach vernünftiger kaufmännischer Erwartung hochwahrscheinlich, ist der Sicherungszusammenhang relativ eindeutig und objektiv nachweisbar.

Zu den **Kriterien** für die Beurteilung der (hohen) Wahrscheinlichkeit des Eintretens der erwarteten Transaktion wird auf die Ausführungen bei HdR[1660] verwiesen.

[1659] Eine solche geringfügige Abweichung kann sich bspw. auch aus der Konvention der Zählung der Bankarbeitstage ergeben, die bei einem Grundgeschäft von der Zählung der Bankarbeitstage beim Sicherungsinstrument abweichen kann.
[1660] Vgl. HdR 5. Aufl., § 254 HGB Rn. 249 ff.

Werden künftige, mit hoher Wahrscheinlichkeit erwartete Absatz- oder Beschaffungsgeschäfte als Grundgeschäfte zum Ausgleich gegenläufiger Wertänderungen oder Zahlungsströme aus den Eintritt vergleichbarer Risiken mit Finanzinstrumenten als Sicherungsinstrumente zusammengefasst, kann eine spätere Auflösung solcher Bewertungseinheiten notwendig sein, wenn anders als im Zeitpunkt der Begründung der Bewertungseinheit aufgrund von eingetretenen Entwicklungen künftig nicht mehr mit an Sicherheit grenzender Wahrscheinlichkeit davon ausgegangen werden kann, dass die erwartete Transaktion tatsächlich bzw. zu dem bislang angenommenen Zeitpunkt stattfinden wird.[1661] Nur unwesentliche zeitliche Verzögerungen sind als unschädlich anzusehen. Dies war ein erhebliches Problem iRd. Coronavirus-Pandemie.

Dokumentation

Der Nachweis der hohen Wahrscheinlichkeit und die Identifikation der erwarteten Transaktion (Grundgeschäft) müssen bei antizipativen Bewertungseinheiten spätestens im Zeitpunkt des Abschlusses des Sicherungsinstruments bzw. der Designation eines bereits vorhandenen Sicherungsinstruments als solches dokumentiert werden. Diese Anforderung dient ua. dazu, der Gefahr eines möglichen Earnings Management vorzubeugen.[1662]

Hiervon abweichende Ansichten, die eine zeitlich nachverlagerte Dokumentation für ausreichend halten, kann daher nicht gefolgt werden.[1663] Eine Dokumentation bspw. erst nach dem Bilanzstichtag ist mit einer nachträglichen Bildung der Bewertungseinheit gleichzusetzen, die nach dem Willen des Gesetzgebers nicht zulässig ist. Eine Dokumentation bspw. erst iRd. Aufstellung des Abschlusses führt auch nicht zu der geforderten willkürfreien Bilanzierung. Sie ermöglicht vielmehr eine solche.

Beginn der Bilanzierung nach § 254 HGB

Sofern in begründeten Ausnahmefällen, in denen sichergestellt ist, dass es nicht zu unzulässigen Ergebnisgestaltungen kommt, bereits vorhandene, bisher nicht als Sicherungsinstrumente designierte Finanzinstrumente in eine antizipative Sicherungsbeziehung eingebunden werden, sind diese Siche-

---

[1661] Vgl. IDW, Fachlicher Hinweis (Teil 1), IDW Life 2020, 316.
[1662] Vgl. Löw, WPg 2004, S. 1120.
[1663] Zur abweichenden Ansicht vgl. Gelhausen/Fey/Kämpfer, Abschnitt H Rn. 88 f.; die dort vertretene Ansicht ist nicht mit den Vorgaben des Gesetzgebers vereinbar, vgl. BR-Drucks. 344/08, 126 (keine nachträgliche Bildung von Bewertungseinheiten).

rungsgeschäfte unmittelbar vor der Designation als Sicherungsinstrument marktgerecht zu bewerten.

Das sich dabei ergebende Bewertungsergebnis wird in gleicher Weise behandelt wie bei allein stehenden Finanzinstrumenten, dh. es ist bei einem Verlust eine aufwandswirksame Rückstellung zu bilden. Erst auf dieser Grundlage kann nach den Regeln von § 254 Satz 1 HGB bilanziert werden.

Durchhalteabsicht bei antizipativen Bewertungseinheiten

In der Durchhalteabsicht zeigt sich, dass auch für künftige Bilanzstichtage eine Bewertungseinheit bestehen soll und nicht etwa nur für den gegenwärtigen Stichtag eine Zusammenführung von Grundgeschäften und Sicherungsinstrumenten zufällig oder willkürlich vorgenommen wurde.[1664] Aufgrund der Absicht, beide Positionen über den Bilanzstichtag hinaus weiterzuführen, ist mit einseitigen Verlusten aus Grundgeschäft oder Sicherungsinstrument nicht zu rechnen.

Um Missbräuche in der Bilanzierung antizipativer Hedges zu verhindern, ist ein tatsächliches Durchhalten der Sicherungsbeziehung von entscheidender Bedeutung. Soweit antizipative Sicherungsbeziehungen nicht wie ursprünglich vorgesehen durchgehalten werden, kann dies dafür sprechen, dass die antizipative Bewertungseinheit nur hergestellt wurde, um einen Verlust in einem Derivat oder anderen Sicherungsinstrument nicht aufwandswirksam erfassen zu müssen, was als nicht zulässig anzusehen ist.

Diesbezüglich ist durch den Abschlussprüfer eine Ex-post-Prüfung vorzunehmen. Der Bestand der Sicherungsgeschäfte ist dabei ua. daraufhin zu untersuchen, ob mehr als marginale Abgänge (Glattstellungen usw.) stattgefunden haben; ein bloßer Bestandsvergleich genügt nicht. Es sind vielmehr die Bewegungen (Zugänge und Abgänge) zu untersuchen.

Weiterführen oder Auflösen der antizipativen Bewertungseinheit

Es ist bei antizipativen Hedges laufend (mindestens zu jedem Stichtag) zu prüfen, ob das erwartete und abgesicherte Geschäft nach wie vor (1) mit hoher Wahrscheinlichkeit[1665] (2) zu dem prognostizierten Zeitpunkt bzw. in dem prognostizierten (engen) Zeitintervall und (3) in der erwarteten Höhe tatsächlich eintreten wird.

[1664] Vgl. Löw, WPg 2004, S. 1111.
[1665] Vgl. zur Auslegung von „hoher Wahrscheinlichkeit" Moxter/Engel-Ciric, 191.

Bei veränderten Erwartungen ist festzustellen, ob das Sicherungsinstrument noch die erwünschte Sicherungswirkung entfalten kann. Kann das Sicherungsinstrument die erforderliche Wirkung nicht mehr entfalten, ist die Sicherungsbeziehung aufzulösen und das Sicherungsinstrument (Derivat) ab diesem Zeitpunkt imparitätisch einzeln zu bewerten, was ggf. zu einer Nachholung einer Drohverlustrückstellung führt.

Ein nicht begründetes und/oder nicht dokumentiertes Schließen einer Derivateposition kann dazu führen, dass die Zulässigkeit antizipativer Sicherungsbeziehungen künftig insgesamt zu verneinen ist, wenn hierin ein unzulässiges Earnings Management zu sehen ist.

4.11.4. Abbildung von Bewertungseinheiten im Jahresabschluss

4.11.4.1. Bewertungseinheiten mit bestehenden Grundgeschäften

Neues Bewertungsobjekt oder kompensatorische Verrechnung?

Da mit Inkrafttreten des § 254 HGB grundsätzlich eine retrospektive rechnerische Ermittlung und aufwandswirksame Erfassung von Unwirksamkeiten (Ineffektivitäten) erforderlich ist, kann es zumindest insoweit nicht mehr bei der früheren bilanziellen Abbildung der Bewertungseinheiten bleiben, als diese bspw. bei der Absicherung von Zinsrisiken an der mittels eines Derivats synthetisch hergestellten Position („neues Bewertungsobjekt") und der Zuordnung zum Anlage- bzw. Umlaufvermögen ansetzt.

Der früheren Auffassung folgen Glaser/Hachmeister ausdrücklich nicht; sie gehen zutreffend davon aus, dass es sich bei der Bewertungseinheit nicht um ein eigenständiges (neues) Bewertungsobjekt handelt.[1666] Vielmehr handelt es sich um eine eigenständige Bewertung von Grundgeschäft und Sicherungsinstrument (als jeweils eigenständige Bewertungsobjekte) mit lediglich anschließender Kompensation der Bewertungsergebnisse (bis zur sog. Nulllinie) zwecks „richtiger" Darstellung des Periodengewinns; dh. die Grundgeschäfte und Sicherungsinstrumente verlieren nicht ihre (pflichtgemäße) selbstständige Bewertungsfähigkeit aufgrund des „bloßen" kausalen Sicherungszusammenhangs.

Dieser Überlegung folgt auch die von IDW RS HFA 35 Tz. 65 ff. vorgeschlagene „zweistufige Bewertungstechnik", wonach zunächst sowohl das Grundgeschäft als auch das Sicherungsinstrument aufgrund ihrer individuellen Bewertungsparameter (einzeln) zum beizulegenden Zeitwert bewertet werden

---

[1666] Vgl. Glaser/Hachmeister, in: BeckHdR, B 737 Rn. 95.

und lediglich die einzelnen Wertänderungen aufgrund des gesicherten Risikos bis zur Nulllinie verrechnet werden (siehe nachfolgend).[1667] Vgl. auch Kapitel 4.11.2.

Zweistufige Vorgehensweise (gesichertes und nicht gesichertes Risiko)[1668]

Gleichen sich die positiven und negativen (Zeit-)Wertänderungen bzw. Zahlungsstromänderungen von Grundgeschäften und Sicherungsinstrumenten auf der Basis des gesicherten Risikos vollständig aus, werden diese saldiert und weder in den Wertansätzen der Grundgeschäfte bzw. Sicherungsinstrumente noch in der Gewinn- und Verlustrechnung erfasst (sog. **kompensatorische Bewertung**).

Soweit sich in einer **1. Stufe** der Effektivitätsmessung (Abb. 4.12) ein Überhang der negativen Wertänderungen über die positiven Wertänderungen – bezogen auf das **gesicherte Risiko** – ergibt, ist diese Differenz dem Imparitätsprinzip folgend immer – und damit unabhängig von der Art und der Bestandszugehörigkeit des Grundgeschäfts – als nicht realisierter Verlust erfolgswirksam abzubilden. Ein nicht realisierter Gewinn bleibt dagegen unberücksichtigt. Aufgrund dieser Vorgehensweise wurde vom Gesetzgeber eine sog. Mindesteffektivität bzw. eine Effektivitätsspanne für entbehrlich gehalten. Die Ermittlung der buchungsrelevanten Beträge ergibt sich mittels der Beurteilung bzw. Messung der Wirksamkeit (Effektivität).

Der als **Unwirksamkeit** (Ineffektivität) ermittelte Betrag wird aufwandswirksam in der Gewinn- und Verlustrechnung erfasst und als Rückstellung bilanziell abgebildet (Abb. 4.12 Stufe 1).

Der nicht **gesicherte Teil** eines bestimmten (idR anderen) **Risikos** oder anderer Risiken (und damit einer hieraus resultierenden Wertänderung des Grundgeschäfts bzw. Sicherungsinstruments) unterliegt in einer 2. Stufe (Abb. 4.12) grundsätzlich den allgemeinen Bilanzierungsnormen (imparitätische Einzelbewertung).

Dies gilt bei verzinslichen Geschäften bspw. auch für eine (negative) Veränderung des Werts aufgrund einer Veränderung des Credit Spreads, soweit diese (bspw. bonitätsbedingte) Veränderung nicht gesichert ist. Dieses Vorgehen ist dann relevant, wenn bspw. bei einer Sicherung des Zinsrisikos nicht der ge-

---

[1667] Vgl. HdR 5. Aufl., § 254 HGB Rn. 283 mwN.
[1668] Zahlreiche Beispiele zur Ermittlung der Wirksamkeit sowie zur Bilanzierung finden sich in HdR, 5. Aufl., § 254 HGB.

samte Zins als gesichertes Risiko (Abb. 4.12 Stufe 1) bestimmt wird, sondern der risikolose Zins bzw. dieser zuzüglich eines bestimmten Spreads, oder der gesamte Zins gesichert wurde und sich die Spreads bonitätsbedingt verändern.

In diesen Fällen ergibt sich im Zeitablauf – unabhängig davon, ob die Change in Fair Value-Methode oder die Hypothetische Derivate-Methode zur Beurteilung der Wirksamkeit eingesetzt wird – beim Grundgeschäft bzw. Sicherungsinstrument eine bonitätsbedingte Veränderung des der Messung zugrunde gelegten Werts aufgrund des Spreads bzw. dessen Veränderung, die iRd. Messung der Wirksamkeit der 2. Stufe zuzurechnen ist (Abb. 4.12). Für die imparitätische Erfassung dieser (bonitätsbedingten) Wertänderung von Grundgeschäft und Sicherungsinstrument (nicht gesichertes Risiko der 2. Stufe) ist aufgrund der allgemeinen Bilanzierungsnormen zu unterscheiden, ob es sich bei dem Grundgeschäft (und damit der Bewertungseinheit) um Umlauf- (strenges Niederstwertprinzip) oder Anlagevermögen (gemildertes Niederstwertprinzip) oder ob es sich um eine Verbindlichkeit handelt.

Kompensationsfähig sind nur die seit Designation (einschließlich Dokumentation) der Sicherungsbeziehung eingetretenen Wertänderungen bzw. Änderungen der Zahlungsströme. Auf die obigen Ausführungen zur nicht ausreichenden Dokumentation erst im Rahmen der Aufstellung des Abschlusses wird verwiesen. Bis zur sachgerechten Dokumentation der Bewertungseinheit sind sowohl das Grundgeschäft als auch das Sicherungsinstrument grundsätzlich imparitätisch einzeln zu bewerten.

Soweit ein Sicherungsinstrument, beispielsweise ein Zinsswap, erst eine gewisse Zeit nach Eingehen als Sicherungsinstrument designiert wird und zu diesem Zeitpunkt einen negativen Marktwert aufweist, ist dieser negative Marktwert im Zeitpunkt der Bildung der Bewertungseinheit aufwandswirksam zu erfassen. Ein bis dahin aufgelaufener Gewinn (positiver Marktwert) bleibt dem Imparitätsprinzip folgend unberücksichtigt.

Der bisherigen handelsrechtlichen Praxis folgend, können sowohl die **Terminkomponente** (Terminauf- oder -abschlag) von Termingeschäften als auch die **Zeitwertkomponente** von Optionen in den Saldierungsbereich der kompensatorischen Bewertung einbezogen werden.[1669]

Die bilanzielle Vorgehensweise bei Micro Hedges ist nach dem Willen des Gesetzgebers entsprechend der bisherigen, mit den Grundsätzen ordnungsmäßiger Bilanzierung konformen Vorgehensweise auch bei **Macro Hedges** und **Portfolio Hedges** anzuwenden. Dies bedeutet, dass der Gesamtsaldo der Be-

---

[1669] GlA Patek, KoR 2008, 368.

wertungseinheit auf der 1. Stufe (Abb. 4.12) als Unwirksamkeit imparitätisch zu behandeln ist. Ein sich ergebender drohender Verlust ist als Rückstellung zu erfassen, nicht jedoch auf die einzelnen im Macro Hedge oder Portfolio Hedge enthaltenen Transaktionen aufzuteilen.[1670]

Restlaufzeit- bzw. Pull-to-par-Effekt bei der Absicherung

Für den Fall, dass Grundgeschäfte (zB Wertpapiere) in Bewertungseinheiten zur Absicherung des Zinsrisikos einbezogen werden, deren Kurs bzw. Anschaffungskosten wesentlich von 100 % (Agio oder Disagio) abweichen, muss entschieden werden, wie der Restlaufzeiteffekt (auch sog. Pull-to-par-Effekt)[1671] bei der **Ermittlung der Wirksamkeit** der Bewertungseinheit zu berücksichtigen ist.[1672] Es ist festzulegen, ob das Abschmelzen des Agios/Disagios (Restlaufzeiteffekt) mit in das gesicherte Risiko einbezogen wird oder dem nicht gesicherten Risiko zugeordnet wird.

Die Berücksichtigung beim **abgesicherten Risiko** kann zB dann sinnvoll sein, wenn der zur Absicherung dienende Zinsswap mit einem Upfront Payment (Zahlung) kontrahiert wurde, das (weitgehend) dem Agio des Grundgeschäfts (zB Wertpapier) entspricht, und die Auflösung der Upfront Zahlung in das abgesicherte Risiko einbezogen wird.

Erfolgt die Zuordnung dagegen zum **nicht gesicherten Risiko**, ist der Pull-to-par-Effekt aus dem Grundgeschäft (zB Wertpapier) zusammen mit den sonstigen nicht gesicherten Risiken (zB bonitätsbedingte Wertänderungen), zu bilanzieren. Gelegentlich wird das Agio (Über-pari-Betrag) – von der vorstehenden Verfahrensweise abweichend – separat betrachtet und über die Laufzeit abgeschrieben.

[1670] GlA Patek, KoR 2008, 370.

[1671] Der Pull-to-par-Effekt ist durch Bewertung des Wertpapiers bei einer zum Tag der Designation der Bewertungseinheit konstanten Zinskurve auf Basis der Verkürzung der Restlaufzeit zu ermitteln. Mit anderen Worten: Veränderung des Barwerts einer festverzinslichen Position im Zeitablauf, die sich nicht aus der Änderung des Zinsniveaus sondern rein aus der Laufzeitverkürzung ergibt. Bei Nominal 100 €, Anschaffungskosten von 105 € und Restlaufzeit 5 Jahren nähert sich der Marktwert (Barwert) sukzessive dem Wert von 100 €. Der ermittelte Pull-to-par-Effekt reduziert die aus dem Zinsrisiko resultierenden Wertänderungen, die auf der Basis der aktuellen Zinskurve bei einem zum Designationstag konstanten Spread ermittelt werden. Vgl. DSGV, Deutscher Sparkassen- und Giroverband (Hrsg.), Kontenrahmen und Jahresabschluss der Sparkassen, Anlage 8d, Kapitel 4.1 und 8.1.4 ff.

[1672] Vgl. DSGV, Deutscher Sparkassen- und Giroverband (Hrsg.), Kontenrahmen und Jahresabschluss der Sparkassen, Anlage 8d, Kapitel 4.1 und 8.1.4 ff. mit Beispielen.

Durchbuchungsmethode versus Einfrierungsmethode

Da der Gesetzgeber von den Befürwortern der Durchbuchungsmethode nicht zutreffend interpretiert wird[1673], wird hier die Durchbuchungsmethode abgelehnt.[1674] Das mit dem Votum für die Durchbuchungsmethode ursprünglich erstrebte Ziel der Übernahme der Buchungen beim Hedge Accounting nach IAS 39 in den HGB-Abschluss kann nicht erreicht werden, da bereits die Methode der Beurteilung der Wirksamkeit nach HGB von IAS 39 abweicht.

Aus IDW RS HFA 35 Tz. 79 ergibt sich, dass *„die angewandte Methode (...) dem Grundsatz der Stetigkeit"* unterliegt. Daraus folgt, dass sich ein Institut einheitlich für alle Formen der Bewertungseinheit entweder für die Durchbuchungs- oder die Einfrierungsmethode zu entscheiden hat (was durch den zweiten Satz in Tz. 79 bekräftigt wird). Bei Portfolio und Macro Hedges ist nach IDW RS HFA 35 Tz. 74 „... *ein sich per Saldo ergebender Betrag der bisherigen Unwirksamkeit aufwandswirksam als Rückstellung für Bewertungseinheiten zu erfassen"*, was letztlich bestätigt, dass bei diesen Formen der Bewertungseinheit die effektiven Wertänderungen (diese sind für die Durchbuchungsmethode relevant) nicht – wie für die Durchbuchungsmethode unabdingbar notwendig – den einzelnen Grundgeschäften zugeordnet werden können.[1675]

Wenn Institute demnach – was der Normalfall sein dürfte – nicht ausschließlich Micro Hedges tätigen (wollen), sondern auch Portfolio oder Macro Hedges, können diese Institute nach den vorstehend dargestellten Regeln des IDW RS HFA 35 per se die Durchbuchungsmethode nicht anwenden. Für sie kommt mithin nur die Einfrierungsmethode infrage.

Akzeptabel erscheint bei Derivaten (schwebenden Geschäften) als Sicherungsinstrumente aus praktischen Überlegungen die Durchbuchung der effektiven Teile einer Sicherungsbeziehung nur dann, wenn sowohl das Grundgeschäft als auch das Sicherungsinstrument (Derivat) in ein und demselben Bilanzposten ausgewiesen werden. In diesem Fall ergibt sich für den Bilanzausweis kein Unterschied zur sog. Einfrierungsmethode.[1676]

[1673] Im Zusammenhang mit der Neufassung von § 340h HGB und dem dort in einen anderen Kontext gehörenden Begriff der „Durchbuchung". Dieser Begriff wird bei § 340h HGB dafür verwendet, dass bei der dort normierten Vorgehensweise bei Vorliegen einer sog. besonderen Deckung sämtliche währungsbedingten Wertänderungen – also insbesondere auch sämtliche Erträge – realisiert, also „durchgebucht" werden. Vgl. auch Scharpf, DB 2012, 360 f.

[1674] Vgl. mit umfassender Begründung HdR 5. Aufl., § 254 HGB Rn. 303 ff., insbesondere Rn. 305 ff. mwN; Scharpf, DB 2012, 360 f.

[1675] Vgl. die ausführliche Begründung bei HdR 5. Aufl., § 254 HGB Rn. 312 f.

[1676] Vgl. HdR 5. Aufl., § 254 HGB Rn. 316.

Ausweis von unwirksamen Beträgen in der Gewinn- und Verlustrechnung

Hinsichtlich des Ausweises der Beträge in der Gewinn- und Verlustrechnung, die als **Unwirksamkeit** (des abgesicherten Risikos) ermittelt wurden, werden vom Gesetzgeber keine Vorgaben gemacht. Diese Beträge können wie bisher in den Posten der Gewinn- und Verlustrechnung gezeigt werden, in denen auch die Wertänderungen der Grundgeschäfte – gegebenenfalls in Abhängigkeit der jeweiligen Bestandszugehörigkeit (Anlage-, Umlaufvermögen, Liquiditätsreserve) – erfasst werden.

Der Ausweis in einem eigenen Posten, wie von Wiechens[1677] vorgeschlagen, kann vor dem Hintergrund der Anhangangaben nach § 285 Nr. 23 HGB als entbehrlich angesehen werden. Gleichwohl wird man den Ausweis in einem gesonderten Posten der Gewinn- und Verlustrechnung nicht ablehnen können.

Laufende Zinsen aus dem Sicherungsinstrument (zB Swap) dürfen in der Gewinn- und Verlustrechnung sowohl brutto, dh. unsaldiert, als auch saldiert unter dem GuV-Posten ausgewiesen werden, unter dem die Zinsen des Grundgeschäfts erfasst werden. Die gewählte Methode ist grundsätzlich stetig anzuwenden und im Anhang anzugeben. Der saldierte Ausweis in dem Posten, in dem die Zinsen des Grundgeschäfts ausgewiesen werden, hat den Vorteil, dass in der Gewinn- und Verlustrechnung der (abgesicherte) tatsächliche Zins im entsprechenden GuV-Posten gezeigt wird.

Ausweis von Wertänderungen nicht gesicherter Risiken in der Gewinn- und Verlustrechnung

Der Ausweis von Wertänderungen aufgrund nicht gesicherter Risiken (vgl. Abb. 4.12 Stufe 2) erfolgt nach den einschlägigen Vorschriften für den Ausweis von Wertminderungen. Er richtet sich bei Instituten nach der Bestandszugehörigkeit des Grundgeschäfts (Liquiditätsreserve, Anlagevermögen) und den hierfür vorgesehenen GuV-Posten.

4.11.4.2. Bewertungseinheiten mit antizipierten Grundgeschäften

Antizipative Bewertungseinheiten zeichnen sich dadurch aus, dass das zu sichernde Grundgeschäft eine vorgesehene Transaktion ist, die rechtsgeschäftlich noch nicht fest vereinbart wurde und demzufolge auch bilanziell nicht abbildbar ist.

[1677] Vgl. Wiechens, DB, Beilage Nr. 1/2008, Heft 7/2008, 28.

Es wäre nicht sachgerecht, die (negativen oder positiven) Wertänderungen des eingesetzten Sicherungsinstruments zum Bilanzstichtag durch eine imparitätische Einzelbewertung des Sicherungsinstruments erfolgswirksam zu erfassen. Diese Wertänderungen müssen – jedoch nur soweit diese auf das gesicherte Risiko entfallen und soweit die Bewertungseinheit wirksam ist – vielmehr vorläufig erfolgsneutral gehalten („geparkt") werden.

Den nachteiligen Wertänderungen der Sicherungsinstrumente zum Abschlussstichtag stehen keine kompensationsfähigen vorteilhaften Wertänderungen bzw. Veränderungen von Cashflows aus fest vereinbarten Grundgeschäften gegenüber, sodass eine kompensatorische Bewertung nicht unmittelbar möglich ist. Die Lösung dieses „Problems" ist möglich, indem die Wertänderungen des Sicherungsinstruments einer antizipativen Bewertungseinheit zunächst nicht bilanz- oder ergebniswirksam erfasst werden, soweit die antizipative Bewertungseinheit wirksam ist.

Ballwieser[1678] empfiehlt vor diesem Hintergrund ebenfalls, die **Wertänderungen des Sicherungsinstruments**, die auf dem gesicherten Risiko basieren, so lange **bilanz- und ergebnisunwirksam in einer Nebenrechnung zu erfassen**, bis das Grundgeschäft realisiert wird; ggf. festgestellte negative ineffektive Teile der Sicherungsbeziehung sind nach Ballwieser durch eine Rückstellung zu erfassen.

Gleiches gilt für Wertänderungen, die auf **nicht gesicherte Risiken** entfallen. Dabei wird simuliert, dass das geplante Grundgeschäft bereits abgeschlossen wurde, um zu ermitteln, ob sich die Wertänderungen bzw. Zahlungsströme von Grundgeschäft (erwartete Transaktion) und Sicherungsinstrument ausgleichen werden.[1679]

Die bilanzielle Abbildung von antizipativen Bewertungseinheiten erfolgt daher nach folgender Vorgehensweise:[1680]

- Zunächst sind die Wertänderungen des (antizipativen) Sicherungsinstruments zu ermitteln und in einer Nebenbuchhaltung zu erfassen, ohne zunächst bilanz- oder erfolgswirksam zu sein.
  Die antizipative Sicherungsbeziehung ist laufend auf ihre Wirksamkeit hin zu prüfen, dh. es ist festzustellen, in welcher Höhe sie eine ausreichende Sicherungswirkung entfaltet hat. Dabei kann die Hypothetische Derivate-Methode angewendet werden, bei der die erwartete Transak-

---

[1678] Vgl. Ballwieser, § 254 HGB Rn. 22 in: MünchKomm. HGB, 4. Aufl. mwN.
[1679] Vgl. Petersen/Zwirner/Froschhammer, in: Petersen/Zwirner (Hrsg.), 432.
[1680] Vgl. Pfitzer/Scharpf/Schaber, WPg 2007, 723 f.

tion (Grundgeschäft) mittels eines (Plain Vanilla) Derivats nachgebildet wird. Wegen Einzelheiten zur Hypothetischen Derivate-Methode wird auf die obigen Ausführungen verwiesen.

Die evtl. als Unwirksamkeit ermittelten Beträge sind (imparitätisch) erfolgswirksam als Rückstellung für Bewertungseinheiten zu buchen. Es handelt sich dabei um eine Simulation entsprechend der Vorgehensweise bei „normalen" Bewertungseinheiten, dh. es ist für diesen Zweck so zu tun, als ob das mit hoher Wahrscheinlichkeit erwartete Grundgeschäft bereits fest kontrahiert worden wäre, um zu sehen, ob sich die Wert- bzw. Cashflow-Änderungen von (geplanten) Grundgeschäften und (tatsächlich vereinbarten) Sicherungsinstrumenten ausgleichen würden.

- Bei Eintritt des gesicherten Grundgeschäfts (vorgesehene Transaktion) sind die in der Nebenbuchhaltung „geparkten" positiven oder negativen Wertveränderungen des Sicherungsinstruments sowie gegebenenfalls die durch die Sicherungsinstrumente induzierten Zahlungen als zusätzliche Anschaffungskosten des Grundgeschäfts (zB Währungsabsicherung bei Warenbezug) bzw. zeitkongruent gemeinsam mit den Zahlungsströmen der gesicherten Transaktion (zB Währungsabsicherung bei künftigen Umsatzerlösen, Zinsen) in der Gewinn- und Verlustrechnung zu vereinnahmen.

Zu den Besonderheiten für antizipative Bewertungseinheiten über **erwartete Beschaffungs- und Absatzgeschäfte** nach IDW RS HFA 35 Tz. 92 wird auf die Ausführungen bei HdR[1681] verwiesen.

Nach der hier vertretenen Ansicht liegt entgegen IDW RS HFA 35 Tz. 92 kein „schwebendes Geschäft in der Gesamtbetrachtung" vor. Vielmehr ignoriert IDW RS HFA 35 Tz. 92 die gesetzgeberische Regelungsintention; weder weist § 254 HGB direkt darauf hin noch enthält die Regierungsbegründung einen Anhaltspunkt für die Ansicht in IDW RS HFA 35 Tz. 92. Hätte der Gesetzgeber das von IDW RS HFA 35 Tz. 92 geforderte Vorgehen gewollt, hätte er zumindest in der Gesetzesbegründung dieses Problem aufgegriffen.

Vor diesem Hintergrund wird im Schrifttum vielmehr empfohlen, die Wertänderungen des Sicherungsinstruments so lange bilanz- und ergebnisunwirksam in einer Nebenrechnung zu erfassen, bis das Grundgeschäft realisiert wird.[1682]

[1681] Vgl. HdR 5. Aufl., § 254 HGB Rn. 348.
[1682] Vgl. HdR 5. Aufl., § 254 HGB Rn. 348 mwN und einer ausführlichen Begründung.

4.11.4.3. Bilanzierung bei Absicherung von Kreditrisiken

Aktiva (Forderungen, Wertpapiere), die mittels **Bürgschaften, Gewährleistungen** usw. gegen das Kreditausfallrisiko gesichert sind, werden unter Berücksichtigung der Werthaltigkeit dieser Sicherheiten bewertet. Dies bedeutet, dass insoweit als die Sicherheiten werthaltig sind, keine Wertminderung der Aktiva angenommen und mithin auch insoweit keine Abschreibung oder Wertberichtigung gebucht wird.

Die bilanzielle Abbildung von Sicherungstransaktionen mittels **Kreditderivaten** ist in IDW RS BFA 1 näher beschrieben. IDW RS BFA 1 verfolgt die Logik, dass Kreditderivate sowohl beim Sicherungsnehmer als auch beim Sicherungsgeber grundsätzlich als Derivate behandelt werden und ggf. eine Sicherungsbeziehung nach § 254 HGB abgebildet wird. Unter sehr strengen Voraussetzungen gibt es hiervon eine Ausnahme die CDS betreffend, die nach ihrem wirtschaftlichen Gehalt mit einer Bürgschaft/Garantie vergleichbar sind. Vgl. hierzu Kapitel 4.12.6.5.1.

4.11.4.4. Bilanzierung im Fall eines insolventen Kontrahenten

In der Vergangenheit hat sich gezeigt, dass es durchaus dazu kommen kann, dass ein Kontrahent eines Sicherungsinstruments insolvent wird und damit ausfällt. Wegen Einzelheiten wird auf die Ausführungen bei HdR[1683] verwiesen.

In diesem Zusammenhang wird auf das BGH-Urteil vom 9.6.2016[1684] zur Teilunwirksamkeit des Rahmenvertrags für Finanztermingeschäfte (Netting-Klauseln) sowie die daraufhin erfolgte Änderung bzw. Ergänzung von § 104 InsO aufgrund des *„Gesetzes zur Änderung der Insolvenzordnung und zur Änderung des Gesetzes, betreffend die Einführung der Zivilprozessordnung"* vom 22.12.2016.[1685] Die Neufassung von § 104 InsO gewährleistet nunmehr Rechtssicherheit im Hinblick auf die Insolvenzfestigkeit vertraglicher Liquidationsnettingklauseln sowie deren Vereinbarkeit mit den Anforderungen des europäischen Aufsichtsrechts.

[1683] Vgl. HdR 5. Aufl., § 254 HGB Rn. 395.

[1684] Vgl. BGH-Urteil vom 9.6.2016, BB 2016, 1551 ff.; BFA, Sitzungsberichterstattung 268. Sitzung, IDW Life 2016, 732 f.; Weigel/Wolsiffer, WPg 2016, 1287 ff.; Thonfeld, BaFin-Journal Januar 2017, 17 ff.; Lehmann/Flötzer/Gurlit, WM 2017, 597 ff.; Lehmann/Flöther/Gurlit, WM 2017, 597 ff.

[1685] Vgl. BGBl. I 2016, 3147 ff.

Ein Kernelement der Änderung der Insolvenzordnung war, dass der neue § 104 Abs. 4 InsO die Möglichkeit eröffnet, vertraglich vom gesetzlichen Regelfall der Abwicklung von Nettingvereinbarungen abzuweichen, soweit dies mit den Grundgedanken der gesetzlichen Regelung vereinbar ist. Als zulässige Abweichungsmöglichkeit führt das Gesetz insbesondere auf, dass schon zum Zeitpunkt des Insolvenzantrags zu den dann geltenden Markt- oder Börsenpreisen abgerechnet wird – also idR vor Eröffnung des Insolvenzverfahrens.[1686] Dies löst ein Kernproblem des BGH-Urteils vom 9.6.2016; zu den bilanziellen Auswirkungen, die das BGH-Urteils entfaltet hätte, vgl. Weigel/Wolsiffer[1687].

4.11.5. Vorzeitige Beendigung einer Bewertungseinheit

Wie in Kapitel 4.11.3.6. dargestellt darf eine Bewertungseinheit nur in wirtschaftlich begründeten Ausnahmefällen vorzeitig aufgelöst werden (vgl. IDW RS HFA 35 Tz. 47).

Steht am Abschlussstichtag fest oder ist mit hoher Wahrscheinlichkeit damit zu rechnen, dass das Grundgeschäft (zB variabel verzinsliche Verbindlichkeit) sowie das Sicherungsinstrument (zB Payer Zinsswap) im neuen Geschäftsjahr beendet werden, und erfüllt die Sicherungsbeziehung nach wie vor (bis zum Abgang von Grundgeschäft und Sicherungsinstrument) ihre Funktion, ist die Bewertungseinheit nicht zum Bilanzstichtag, sondern erst zum tatsächlichen Abgang von Grundgeschäft oder Sicherungsinstrument zu beenden.[1688]

Zu produktspezifischen Besonderheiten der verschiedenen derivativen Finanzinstrumente vgl. Kapitel 4.12.[1689] Zu den Besonderheiten der Bewertungseinheit mit Auslandsbeteiligungen als Grundgeschäft und deren Auflösung vgl. Hennrichs[1690] und Gaber[1691].

[1686] Vgl. Thonfeld, BaFin-Journal Januar 2017, 17 ff.

[1687] Vgl. Weigel/Wolsiffer, WPg 2016, 1287 ff.

[1688] Ggf. kann es sachgerecht sein, wenn zum Bilanzstichtag von der Einfrierungs- zur Durchbuchungsmethode übergegangen wird.

[1689] Vgl. DGRV (Hrsg.), Praxishandbuch Derivate, Teil 1, D.II.4.4.5; Rimmelspacher/Fey, WPg 2013, 994 ff.; Schwabauer/Mujkanovic, StuB 2015, 163 ff.

[1690] Vgl. Hennrichs, WPg 2010, 1190 ff.

[1691] Vgl. Gaber, 2. Aufl., 364 f.

4.11.5.1. Vorgehensweise im Zeitpunkt der Beendigung

Sind die Voraussetzungen für eine vorzeitige Auflösung gegeben, kann die Bewertungseinheit nur mit Wirkung für die Zukunft beendet werden. Dabei ist wie folgt zu verfahren:

1. **Schritt:**
   Eine logische Sekunde vor dem Zeitpunkt der Beendigung der Bewertungseinheit sind letztmals die für Bewertungseinheiten maßgeblichen Bilanzierungs- und Bewertungsmaßnahmen durchzuführen.
   Hinsichtlich der bis zu diesem Zeitpunkt eingetretenen Wertänderungen von Grundgeschäft und Sicherungsinstrument empfiehlt sich folgendes Vorgehen: Wurde bislang die Einfrierungsmethode angewendet, ist bei der Beendigung der Bewertungseinheit (gedanklich) die Durchbuchungsmethode anzuwenden, um zum einen die als wirksam erkannten Wertänderungen von Grundgeschäft und Sicherungsinstrument und zum anderen die unwirksamen Beträge zutreffend bilanziell abzubilden. Dh. im Zeitpunkt der Beendigung einer Bewertungseinheit ist bilanziell der Zustand herzustellen, der sich bei einer Anwendung der Durchbuchungsmethode ergeben hätte.

2. **Schritt:**
   Verbleibende Geschäfte sind anschließend nach den allgemeinen Grundsätzen zu bewerten und zu bilanzieren.
   Dies bedeutet, dass die unmittelbar nach der Beendigung bestehenden Werte bzw. Bilanzposten (siehe 1. Schritt) gemäß den allgemeinen Bilanzierungsregeln fortzuführen sind. Grundsätzlich ist davon auszugehen, dass die verbleibenden Geschäfte nach Beendigung der Bewertungseinheit imparitätisch einzeln zu bewerten sind.
   Soweit bei Derivaten ohne Bilanzansatz (zB Zinsswaps) in Schritt 1 ein Bilanzposten entsteht (zB sonstiger Vermögensgegenstand/sonstige Verbindlichkeit/Rückstellung), ist dessen Wert in die künftige (imparitätische) Einzelbewertung bzw. in die verlustfreie Bewertung des Bankbuchs iSd. IDW RS BFA 3 n.F. mit einzubeziehen.
   Inwieweit eine andere Bestandszuordnung bzw. Umwidmung erfolgen kann bzw. muss, ist auf Grundlage der individuellen Gegebenheiten zu entscheiden.

Damit werden sämtliche bis zum Beendigungszeitpunkt eingetretenen kompensatorischen Effekte, getrennt nach abgesicherten und nicht abgesicherten Risiken, nach den Regeln für Bewertungseinheiten erfasst.[1692]

[1692] Vgl. Schwabauer/Mujkanovic, StuB 2015, 164.

4.11.5.2. Gleichzeitiger Abgang von Grundgeschäft und Sicherungsinstrument

Bei gleichzeitigem Abgang von Grundgeschäft und Sicherungsinstrument werden sämtliche Erfolgsbeiträge der Sicherungsbeziehung realisiert. Positive und negative Erfolgsbeiträge wurden, soweit es sich um eine wirksame Absicherung handelt, in der Erfolgsrechnung noch nicht erfasst.

Nach IDW RS HFA 35 Tz. 86 ist es bei gleichzeitiger Abwicklung von Grundgeschäft und Sicherungsinstrument sachgerecht, die aus der Beendigung resultierenden Zahlungsströme ohne Berührung der Gewinn- und Verlustrechnung zu erfassen, soweit sie sich ausgleichen. Dies bedeutet, dass die sich aus der Auflösung des Sicherungsinstruments ergebenden Gewinne bzw. Verluste – soweit sie das **abgesicherte Risiko** betreffen – mit den sich aus der Auflösung des Grundgeschäfts ergebenden Verlusten bzw. Gewinnen zu verrechnen sind.[1693] In diese Saldierung können Beträge aus der Auflösung von während des Bestehens der Bewertungseinheit gebildeten Rückstellungen für unwirksame Beträge mit einbezogen werden.

Dies führt bei bisheriger Anwendung der Einfrierungsmethode zum selben Ergebnis wie bei Anwendung (siehe Kapitel 4.11.5.1.) der Durchbuchungsmethode.

Würden die Zahlungsströme stattdessen als Aufwendungen und Erträge (brutto) in der Gewinn- und Verlustrechnung erfasst, stünde dieser Ausweis idR im Widerspruch zur bisherigen Bilanzierung der Sicherungsbeziehung und würde die GuV-Auswirkungen „nachholen", die durch die Sicherungsbeziehung gerade wirksam vermieden worden sind.[1694] Ein unsaldierter Ausweis von Aufwendungen und Erträgen ist nicht sachgerecht und würde den wirtschaftlichen Charakter einer Bewertungseinheit konterkarieren.[1695] Die Nettodarstellung vermeidet eine „Aufblähung" der Gewinn- und Verlustrechnung und gewährt so einen besseren Einblick in die Ertragslage; insoweit liegt kein Verstoß gegen das Saldierungsverbot (§ 246 Abs. 2 Satz 1 HGB) vor.[1696]

Ein verbleibender Saldo ist in dem GuV-Posten auszuweisen, in dem die Wertänderungen des Grundgeschäfts zu erfassen sind. Dies gilt auch für die Erträ-

---

[1693] Vgl. DGRV (Hrsg.), Praxishandbuch Derivate, Teil 1, D.II.4.4.5.
[1694] Vgl. Rimmelspacher/Fey, WPg 2013, 997 f.; Schwabauer/Mujkanovic, StuB 2015, 164.
[1695] Vgl. Schwabauer/Mujkanovic, StuB 2015, 164.
[1696] Vgl. Schwabauer/Mujkanovic, StuB 2015, 164 mwN.

ge aus der Auflösung einer zuvor wegen Unwirksamkeiten gebildeten Rückstellung.[1697]

Erfolgsbeiträge aus **nicht abgesicherten Risiken** sind, da sie keinen Teil der Bewertungseinheit darstellen, nach den allgemeinen Grundsätzen unsaldiert zu erfassen und abzuwickeln (IDW RS HFA 35 Tz. 70).[1698]

4.11.5.3. Vorzeitiger Wegfall nur des Sicherungsinstruments

Erfolgt die Abwicklung des Sicherungsinstruments ohne Ausgleichszahlung, ergeben sich idR keine besonderen handelsbilanziellen Fragestellungen.[1699] Im Zeitpunkt der Beendigung ist lediglich letztmals eine Bilanzierung und Bewertung als Bewertungseinheit vorzunehmen.

IDW RS HFA 35 Tz. 87 besagt für den Fall von Ausgleichszahlungen: Endet eine der Absicherung von **Wertänderungsrisiken** (Fair Value Hedge) dienende Sicherungsbeziehung aufgrund der Beendigung des Sicherungsinstruments, ist der dabei vereinnahmte bzw. gezahlte Betrag erfolgsneutral mit dem Buchwert des Grundgeschäfts zu verrechnen, soweit dieser Betrag auf den wirksamen Teil der Sicherungsbeziehung entfällt; der verbleibende Betrag ist erfolgswirksam zu erfassen, soweit er nicht mit für das Sicherungsinstrument aktivierten (zB Optionsprämie, Upfront-Payment) bzw. passivierten Beträgen (zB Rückstellung für Bewertungseinheiten oder Drohverlustrückstellung aufgrund der Bewertung eines Derivats) zu verrechnen ist.[1700]

Dies ist sachgerecht, weil der Ausgleichszahlung, soweit sie aus dem wirksam abgesicherten Risiko resultiert, eine entsprechende gegenläufige Wertänderung des Grundgeschäfts während des Bestehens der Bewertungseinheit gegenübersteht, so dass das bilanzierende Institut aus der Ausgleichszahlung insoweit weder wirtschaftlich belastet noch begünstigt wird.[1701]

Bei bisheriger Anwendung der Einfrierungsmethode ist bei Beendigung der Bewertungseinheit für die Frage der Behandlung von Wertänderungen auch hier faktisch derselbe Zustand (Bilanz und GuV) herzustellen wie bei Anwen-

---

[1697] Vgl. DGRV (Hrsg.), Praxishandbuch Derivate, Teil 1, D.II.4.4.5; Schwabauer/Mujkanovic, StuB 2015, 164.

[1698] Vgl. Schwabauer/Mujkanovic, StuB 2015, 164 mwN.

[1699] Vgl. Rimmelspacher/Fey, WPg 2013, 998.

[1700] Vgl. DSGV, Deutscher Sparkassen- und Giroverbandverband (Hrsg.), Kontenrahmen und Jahresabschluss der Sparkassen, Anlage 8d, Kapitel 5.1 mit Beispielen.

[1701] Vgl. Rimmelspacher/Fey, WPg 2013, 998; Schwabauer/Mujkanovic, StuB 2015, 166.

dung der Durchbuchungsmethode. Denn letztlich muss sich bei beiden Methoden dasselbe Ergebnis in der Bilanz und GuV ergeben.

Handelt es sich bei dem verbleibenden Grundgeschäft um einen **Vermögensgegenstand**, führt eine für die vorzeitige Auflösung des Sicherungsinstruments **geleistete** Ausgleichszahlung zu **nachträglichen Anschaffungskosten** des Grundgeschäfts (auch bei Überschreiten der ursprünglichen Anschaffungskosten).[1702] Es handelt sich bei einer geleisteten Ausgleichszahlung um Aufwendungen iSd. § 255 Abs. 1 HGB, die geleistet werden, um das Sicherungsinstrument zu beenden, und die damit unmittelbar dazu führen, dass die bislang durch den negativen Wert des Sicherungsinstruments kompensierten Wertsteigerungen des inzwischen bspw. überverzinslich gewordenen Grundgeschäfts (Ausleihung) „erstarken", dh. dem bilanzierenden Institut ab diesem Zeitpunkt tatsächlich wirtschaftlich zukommen.[1703]

Es ist sachgerecht, eine solche Ausgleichszahlung als letzten Fall der Sicherungsbeziehung abzubilden, so dass sie wirtschaftlich im Zusammenhang mit dem (bis dahin) abgesicherten Grundgeschäft steht.[1704]

Die Buchwertanpassung entspricht der Zeitwertänderung des Grundgeschäfts aus dem abgesicherten Risiko, weshalb es nicht zu einem (unzulässigen) überhöhtem Wertansatz kommt, der zum nächsten Abschlussstichtag aufwandswirksam anzupassen wäre.[1705] Die Buchung des Wertzuwachses erfolgt bei Auflösung der Bewertungseinheit ferner nach Maßgabe der gesetzlichen Regelung für Sicherungsbeziehungen, die das Anschaffungskostenprinzip für Grundgeschäfte und Sicherungsinstrumente insoweit außer Kraft setzt (§ 254 HGB).

Entsprechend ist eine **erhaltene** Ausgleichszahlung als **nachträgliche Anschaffungskostenminderung** zu erfassen.[1706]

Ist das verbleibende Grundgeschäft eine **Verbindlichkeit**, führt die erhaltene bzw. geleistete Ausgleichszahlung zu einer entsprechenden Anpassung des Erfüllungsbetrags (Buchwerts).[1707] Eine Buchwertanpassung führt nicht zu einem Ansatz der Verbindlichkeit zu einem Wert unterhalb ihres Zeitwerts.

[1702] Vgl. Schwabauer/Mujkanovic, StuB 2015, 166.

[1703] Vgl. Rimmelspacher/Fey, WPg 2013, 999.

[1704] Vgl. Rimmelspacher/Fey, WPg 2013, 999.

[1705] Vgl. Rimmelspacher/Fey, WPg 2013, 999.

[1706] Vgl. DGRV (Hrsg.), Praxishandbuch Derivate, Teil 1, D.II.4.4.5, Rimmelspacher/Fey, WPg 2013, 999.

[1707] Vgl. DGRV (Hrsg.), Praxishandbuch Derivate, Teil 1, D.II.4.4.5.

Ein Erstansatz übernommener Verbindlichkeiten zu ihrem Zeitwert im Zugangszeitpunkt wird nach Rimmelspacher/Fey handelsrechtlich als zulässig angesehen, was bspw. für Währungsverbindlichkeiten gilt, die mit dem Stichtags-Geldkurs umzurechnen sind.[1708] Eine solche Bilanzierung erscheint nach Rimmelspacher/Fey auch für zum Zeitwert übernommene unter- oder überverzinsliche Verbindlichkeiten vertretbar (zumindest zulässig).[1709]

Nach erfolgter Buchwertanpassung (ggf. auch über die ursprünglichen Anschaffungskosten hinaus) ist das verbleibende Grundgeschäft nach den allgemeinen Grundsätzen zu bewerten.[1710]

IDW RS HFA 35 enthält zur Frage des vorzeitigen Wegfalls des Sicherungsinstruments bei Absicherung von **Zahlungsstromrisiken (Cashflow Hedge)** keine Ausführungen.

Wird bspw. eine variabel verzinsliche Forderung gegen das Zinsänderungsrisiko mittels eines Receiver Swaps gesichert und wird die Swapvereinbarung vorzeitig beendet, ergibt sich über den Zinstausch (Korrektiv zu den Zinsen der Forderung) hinaus eine positive bzw. negative Ausgleichszahlung (Closeout) aus dem Swap. Die Folgebilanzierung des Grundgeschäfts richtet sich dann nach den allgemeinen Grundsätzen. Eine Korrektur des Buchwerts der variabel verzinslichen Forderung scheidet aus, denn der beizulegende Zeitwert der variabel verzinslichen Forderung weist keine zinsinduzierte Wertänderung auf.[1711]

Eine erhaltene bzw. geleistete Ausgleichszahlung ist in diesen Fällen regelmäßig in voller Höhe ergebniswirksam zu erfassen, soweit sie nicht mit für das Sicherungsinstrument aktivierten (zB aktivierte Optionsprämie) oder passivierten Beträgen (zB Rückstellung für Bewertungseinheiten) zu verrechnen ist.[1712] Weil das Grundgeschäft (bspw. variabel verzinsliche Forderung) idR nicht im Wert gesunken bzw. gestiegen ist, scheidet eine Buchwertanpassung idR aus.[1713]

[1708] Vgl. Rimmelspacher/Fey, WPg 2013, 1000.
[1709] Vgl. Rimmelspacher/Fey, WPg 2013, 1000.
[1710] Vgl. DGRV (Hrsg.), Praxishandbuch Derivate, Teil 1, D.II.4.4.5; Rimmelspacher/Fey, WPg 2013, 1001 ff.
[1711] Vgl. Schwabauer/Mujkanovic, StuB 2015, 167.
[1712] Vgl. DGRV (Hrsg.), Praxishandbuch Derivate, Teil 1, D.II.4.4.5; Rimmelspacher/Fey, WPg 2013, 1004 f.
[1713] Vgl. Rimmelspacher/Fey, WPg 2013, 1004.

Werden Zinsswaps, die in eine Bewertungseinheit eingebunden sind, **vorzeitig aufgelöst** (Close-out), kann **ausnahmsweise** eine **Verteilung der Ausgleichszahlung** (Close-out-Zahlung) auf die Restlaufzeit des Grundgeschäfts in Betracht kommen.[1714] Diese Verteilung kann unter wirtschaftlichen Gesichtspunkten nur dann sachgerecht sein, um den Absicherungszusammenhang in der Gewinn- und Verlustrechnung für die Restlaufzeit darzustellen.[1715] Bilanztechnisch kann dies nur mittels eines transitorischen Rechnungsabgrenzungspostens erfolgen.[1716]

4.11.5.4. Vorzeitiger Wegfall nur des Grundgeschäfts

Nach IDW RS HFA 35 Tz. 88 gilt für die Absicherung von **Wertänderungsrisiken** (Fair Value Hedge): Wird eine Sicherungsbeziehung durch Wegfall des Grundgeschäfts vor Fälligkeit des Sicherungsinstruments beendet, ist letzteres fortan nach den allgemeinen Grundsätzen einzeln zu bewerten. Eine Einbeziehung in die verlustfreie Bewertung des Bankbuchs nach IDW RS BFA 3 n.F. kann dann erfolgen, wenn die Voraussetzungen hierfür vorliegen (die Eignung ist nachzuweisen). Zur Vorgehensweise vgl. auch Kapitel 4.11.5.1.

Eine daraus resultierende Anpassung des Buchwerts des Sicherungsinstruments ist nur insoweit erfolgswirksam zu erfassen, als ihr wegen einer bis dahin bestehenden Unwirksamkeit kein gegenläufiger Aufwand bzw. Ertrag aus dem Wegfall des Grundgeschäfts gegenübersteht.[1717] Im Zeitpunkt der Beendigung der Bewertungseinheit sind wie üblich letztmals die für Bewertungseinheiten maßgeblichen Bilanzierungs- und Bewertungsmaßnahmen durchzuführen.

Im Fall einer bisherigen Anwendung der Einfrierungsmethode ist die aus dem wirksamen Teil der Sicherungsbeziehung resultierende Buchwertanpassung des Sicherungsinstruments erfolgsneutral mit dem Aufwand bzw. Ertrag aus dem Abgang des Grundgeschäfts zu verrechnen.[1718]

Dabei ist bei Sicherungsinstrumenten ohne Bilanzansatz (zB Zinsswaps) die aus dem wirksamen Teil der Sicherungsbeziehung resultierende Wertänderung als sonstiger Vermögensgegenstand bzw. Rückstellung oder sonstige Verbind-

---

[1714] Vgl. HdR, 5. Aufl., Kapitel 7 Rn. 144; Schwabauer/Mujkanovic, StuB 2015, 167 mwN.

[1715] Vgl. Scharpf, HdR, 5. Aufl., § 254 HGB Rn. 390; DGRV (Hrsg.), Praxishandbuch Derivate, Teil 1, D.II.4.4.5.

[1716] Vgl. Schwabauer/Mujkanovic, StuB 2015, 167 mwN; dabei wird eine Verknüpfung dieser vorgezogenen Leistung mit den noch ausstehenden Kapitelüberlassungspflichten aus dem Grundgeschäft hergestellt.

[1717] Vgl. Rimmelspacher/Fey, WPg 2013, 1002.

[1718] Vgl. DGRV (Hrsg.), Praxishandbuch Derivate, Teil 1, D.II.4.4.5.

lichkeit[1719] zu erfassen.[1720] Der Ausweis als sonstige Verbindlichkeit wird von denjenigen Autoren bevorzugt, die die Ansicht vertreten, dass eine Rückstellung immer aufwandswirksam gebucht werden muss; bei dieser Sichtweise bleibt nur der Ausweis als sonstige Verbindlichkeit.

Eine **ratierliche Verteilung** dieser Beträge ähnlich Upfront Payments, die einer Anpassung der nominellen Konditionen an die Marktkonditionen dienen, kommt unabhängig vom Ausweis nicht in Betracht.[1721] Das verbleibende Sicherungsinstrument ist vielmehr zukünftig nach den allgemeinen Bilanzierungsregeln (imparitätisch) einzeln zu bewerten und zu bilanzieren; dabei sind die Werte von neu entstandenen Bilanzposten (vgl. vorstehend und Kapitel 4.11.5.1. Schritt 1) in diese Bewertung mit einzubeziehen. Dies führt beim Ausweis als sonstige Verbindlichkeit – anstatt des Ausweises als Rückstellung – wie bei einer Rückstellung dazu, dass sich der Wertansatz nach oben bzw. unten bewegen kann. Siehe hierzu das nachfolgende Beispiel.

Weitergehende Zahlungen, die nicht aus dem wirksam abgesicherten Risiko resultieren, sind erfolgswirksam zu erfassen.[1722]

Beispiel:

Ein festverzinsliches Wertpapier wurde zu 100 Euro angeschafft und mit einem Zinsswap gegen Wertänderungen gesichert.

Zum Bilanzstichtag 31.12.X1 hat das Wertpapier einen Wert von 108 Euro (davon gesichertes Risiko +8 Euro), der Zinsswap einen negativen Marktwert (Clean Price) von -10 (davon gesichertes Risiko -8 Euro, nicht gesichertes Risiko -2 Euro). Zinsabgrenzungen werden außen vor gelassen.

*Im Zeitpunkt der Beendigung der Bewertungseinheit zum 31.12.X1 wird zunächst das **nicht gesicherte Risiko** (Zinsswap) in Höhe von -2 Euro aufwandswirksam als Rückstellung erfasst.*

[1719] DGRV (Hrsg.), Praxishandbuch Derivate, Teil 1, D.II.4.4.5 sehen sonstige Vermögensgegenstände und sonstige Verbindlichkeiten.
[1720] Vgl. Hoffmann/Lüdenbach, 12. Aufl., § 254 HGB Rn. 88a.
[1721] AA DSGV, Deutscher Sparkassen- und Giroverband (Hrsg.), Kontenrahmen und Jahresabschluss der Sparkassen, Anlage 8d, Kapitel 5.2: *„Der sonstige Vermögensgegenstand bzw. die sonstige Verbindlichkeit sind über die Laufzeit des Sicherungsgeschäfts zeitanteilig auszubuchen".*
[1722] Vgl. Rimmelspacher/Fey, WPg 2013, 1002.

*Wenn nun für die **wirksamen** Beträge die Durchbuchungsmethode zur Anwendung kommt, wird der Buchwert des Wertpapiers von 100 Euro auf 108 Euro erhöht und als Rückstellung mit 8 Euro gegengebucht.*

Wird das Wertpapier nun verkauft, steht dem Verkaufserlös ein geänderter Buchwert in Höhe von 108 Euro gegenüber.

Die Rückstellung beläuft sich auf -10 Euro (davon -2 Euro aufwandswirksam wegen des nicht gesicherten Risikos (Zinsswap) und -8 Euro erfolgsneutral, weil Gegenbuchung zur Werterhöhung des Wertpapiers).

Diese Rückstellung ist künftig nach den allgemeinen Bilanzierungsgrundsätzen zu bewerten und zu bilanzieren.

Zum vorzeitigen Wegfall des Grundgeschäfts bei der Absicherung von **Zahlstromrisiken (Cashflow Hedge)** enthält IDW RS HFA 35 keine Ausführungen. Im Falle eines negativen Marktwerts des verbleibenden Sicherungsinstruments (bspw. Zinsswap) ist ein dafür noch nicht erfasster Aufwand nachzuholen, idR durch den aufwandswirksamen Ansatz einer Drohverlustrückstellung.[1723] Der korrespondierende Aufwand ist – soweit er auf das abgesicherte Risiko entfällt – in dem GuV-Posten auszuweisen, in dem Aufwendungen und Erträge aus dem Abgang des Grundgeschäfts zu erfassen sind.[1724]

Im Fall eines positiven Marktwerts des verbleibenden Sicherungsinstruments ergeben sich aufgrund des Imparitätsprinzips keine handelsrechtlichen Konsequenzen.

4.11.5.5. Grundgeschäft und Sicherungsinstrument bleiben bestehen

Ein typischer Fall für die Beendigung der Bewertungseinheit bei weiter bestehendem Grundgeschäft und Sicherungsinstrument ist der, dass der **Kontrahent** des Grundgeschäfts oder des Sicherungsgeschäfts **insolvent** wird.

Ferner ist dann, wenn die **prospektive Wirksamkeit** der Sicherungsbeziehung **nicht mehr gegeben** ist, die Bewertungseinheit zu beenden. Ein weiterer Fall ist der, dass der Betrag der **bisherigen Unwirksamkeit** in Bezug auf das abgesicherte Risiko **nicht mehr zuverlässig rechnerisch ermittelt** werden kann.

[1723] Vgl. DGRV (Hrsg.), Praxishandbuch Derivate, Teil 1, D.II.4.4.5.; ebenso Hoffmann/ Lüdenbach, 12. Aufl., § 254 HGB Rn. 88a.
[1724] Vgl. DGRV (Hrsg.), Praxishandbuch Derivate, Teil 1, D.II.4.4.5.

Im Zeitpunkt der Beendigung der Bewertungseinheit sind letztmals die für Bewertungseinheiten maßgeblichen Bilanzierungs- und Bewertungsmaßnahmen durchzuführen. Die verbleibende Geschäfte sind anschließend nach den allgemeinen Grundsätzen zu imparitätisch einzeln bewerten und zu bilanzieren.

Grundgeschäft bzw. Sicherungsinstrument können in die verlustfreie Bewertung des Bankbuchs nach IDW RS BFA 3 n.F. eingehen, wenn die Voraussetzungen (insbes. Eignung) hierfür gegeben sind.

Wie bei den anderen Arten der Beendigung einer Bewertungseinheit ist es bei bisheriger Anwendung der Einfrierungsmethode sachdienlich, wenn man im Zeitpunkt der Beendigung der Bewertungseinheit einmalig (gedanklich) die Durchbuchungsmethode anwendet bzw. den Zustand in Bilanz und GuV herstellt, der sich bei Anwendung der Durchbuchungsmethode ergeben hätte. Denn bei Anwendung der Einfrierungs- bzw. der Durchbuchungsmethode darf es hinsichtlich der Ergebnisauswirkung keinen Unterschied geben. Mithin sind ggf. (erfolgsneutrale) Buchwertanpassungen (in Höhe der effektiv abgesicherten Risiken) auch ohne Ausgleichszahlungen erforderlich.

Beispiel (angelehnt an obiges Beispiel):

Ein festverzinsliches Wertpapier wurde zu 100 Euro angeschafft und mit einem Zinsswap gegen Wertänderungen gesichert.

Zum Bilanzstichtag 31.12.X1 hat das Wertpapier einen Wert von 108 Euro (davon gesichertes Risiko +8 Euro), der Zinsswap einen negativen Marktwert (Clean Price) von -10 (davon gesichertes Risiko -8 Euro, nicht gesichertes Risiko -2 Euro). Zinsabgrenzungen bleiben außen vor.

Im Zeitpunkt der Beendigung der Bewertungseinheit zum 31.12.X1 wird zunächst das **nicht gesicherte Risiko** *in Höhe von -2 Euro aufwandswirksam als Rückstellung erfasst.*

Wenn nun für die **wirksamen** *Beträge die Durchbuchungsmethode zur Anwendung kommt, wird der Buchwert des Wertpapiers von 100 Euro auf 108 Euro erhöht und als sonstige Verbindlichkeit bzw. Rückstellung mit 8 Euro gegengebucht.*

Das Wertpapier hat nunmehr einen Buchwert von 108 Euro. Das Wertpapier wird zukünftig nach den allgemeinen Bilanzierungsgrundsätzen bewertet und bilanziert.

*Die Rückstellung beläuft sich auf -10 Euro (davon -2 Euro aufwands-
wirksam wegen des nicht gesicherten Risikos und -8 Euro erfolgsneutral, weil Gegenbuchung zur Werterhöhung des Wertpapiers).*

*Diese Rückstellung ist künftig nach den allgemeinen Bilanzierungs-
grundsätzen zu bewerten und zu bilanzieren.*

*Alternativ sind eine sonstige Verbindlichkeit mit -8 Euro und eine Rück-
stellung mit -2 Euro auszuweisen. Beide sind dann gemeinsam einzeln
zu bewerten.*

Zur Bilanzierung (zB Behandlung einer sonstigen Verbindlichkeit) wird auf
die Ausführungen in Kapitel 4.11.5.1. sowie 4.11.5.4. verwiesen.

4.12.   Bilanzierung ausgewählter Derivate

4.12.1.   Überblick

Was sind Derivate?

Derivative Finanzinstrumente sind schwebende Geschäfte. Sie werden, sieht
man von Upfront Payments (zB bei Zinsswaps), Prämienzahlungen (bei Optionen) und Marginzahlungen (zB Futures) ab, bilanziell grundsätzlich nicht
erfasst, soweit und solange sich die Verpflichtung und der Anspruch aus dem
Geschäft gleichwertig gegenüberstehen.

Derivative Finanzinstrumente sind nach IDW RH HFA 1.005 als Fest- oder
Optionsgeschäfte ausgestaltete Termingeschäfte, deren Wert von einer (externen)[1725] Basisvariablen (zB Marktpreis, Zinssatz oder Devisenkurs) abhängt
(IDW RH HFA 1.005 Tz. 4 ff.) und deren Erfüllung – brutto oder netto – auf
einer Geldzahlung oder den Zu- bzw. Abgang von Finanzinstrumenten gerichtet ist. Zu den derivativen Finanzinstrumenten zählen auch nach IDW RS
HFA 22 getrennt zu bilanzierende eingebettete Derivate eines strukturierten
Finanzinstruments. Außerdem gelten als derivative Finanzinstrumente sämtliche Warentermingeschäfte, die nicht auf physische Lieferung, sondern auf
Barausgleich gerichtet sind (zB EEX Terminkontrakte ohne physische Lieferung).

[1725] Vgl. WPH Edition, Wirtschaftsprüfung & Rechnungslegung, 17. Aufl., Kapitel F
Tz. 1153 bezieht die Definition eines Derivats ausdrücklich auf den Wert einer *„externen"* Basisvariablen.

Derivate iSd. Handelsrechts werden vom Gesetzgeber[1726] wie folgt definiert (vgl. auch Kapitel 4.4.2.2.):

1. ein (schwebendes) Vertragsverhältnis,
2. dessen Wert auf Änderungen des Werts eines Basisobjekts – zB eines Zinssatzes, Wechselkurses, Rohstoffpreises, Preis- oder Zinsindexes, der Bonität, eines Kreditindexes oder einer anderen Variablen – reagiert,[1727]
3. bei dem Anschaffungskosten nicht oder nur in sehr geringem Umfang anfallen **und**
4. das erst in der Zukunft erfüllt wird.

Aus handelsrechtlicher Perspektive sind **Derivate mit Kryptowerten als Basiswert** als Derivate mit einer anderen Variablen als Basiswert einzustufen und somit Finanzinstrumente für die Rechnungslegung (vgl. auch Kapitel 4.13.).[1728]

Von Derivaten abzugrenzen sind **Garantien**; das sind Verträge, bei denen der Garantiegeber zur Leistung bestimmter Zahlungen verpflichtet ist, die den Garantienehmer für einen Verlust entschädigen, der entsteht, weil ein bestimmter Schuldner seinen Zahlungsverpflichtungen nicht fristgemäß und den Bedingungen eines Schuldinstruments entsprechend nachkommt.[1729]

Zur Beurteilung von **Kreditderivaten** wie Credit Default Swaps vgl. Kapitel 4.12.6.; je nach deren Ausgestaltung können diese wie Garantien bzw. wie Derivate zu bilanzieren sein.

Grundsätzliches zur Bilanzierung und Bewertung sowie Berücksichtigung des Ausfallrisikos (DVA, CVA)

Termingeschäfte (zB Devisentermingeschäfte, Swaps, Forward Rate Agreements), die zu marktgerechten Konditionen kontrahiert werden, haben bei Vertragsabschluss Anschaffungskosten (Marktwert) von Null. Werden Zahlungen zum Ausgleich für abweichende Marktbedingungen geleistet, sind diese entsprechend ihrem wirtschaftlichen Gehalt abzubilden.

[1726] Vgl. BR-Drucks. 344/08, 114.
[1727] Nach AFRAC-Stellungnahme 15 Rn. 2: „... *sofern bei einer nicht finanziellen Variablen diese nicht spezifisch für eine der Vertragsparteien ist*".
[1728] Ebenso Löw/Vogt, RdF 2021, 302.
[1729] Vgl. AFRAC-Stellungnahme 15 Rn. 8.

Bei **Optionen** erwirbt der Käufer ein Recht zum Abschluss eines künftigen Geschäfts (zB Erwerb von Aktien) oder zum Erhalt eines bestimmten Zahlungsbetrags, während der Verkäufer (Stillhalter) eine entsprechende Verpflichtung übernimmt. Für diese Rechtsposition bezahlt der Käufer an den Verkäufer der Option eine Prämie, die beim Käufer zu aktivieren und beim Verkäufer zu passivieren ist. Erfolgen Zahlungen erst in der Zukunft, ist der Barwert dieser Zahlungen heranzuziehen.

Die Bilanzierung und (Folge-) Bewertung von Derivaten richtet sich nach deren **Zweckbestimmung**:

- Derivate, die weder zum Handelsbestand zählen noch Bestandteil einer Bewertungseinheit sind und nicht im Rahmen der Steuerung des allgemeinen Zinsrisikos eingesetzt werden, sind nach den für schwebende Geschäfte geltenden Vorschriften imparitätisch einzeln zu bewerten. Ergeben sich nach Vertragsabschluss Wertänderungen, die zu einem Verpflichtungsüberhang (drohenden Verlust) führen, sind diese nicht realisierten Verluste – idR mittels einer Drohverlustrückstellung – zu antizipieren.
- Derivate, die in eine Bewertungseinheit einbezogen werden, sind nach den Regeln von § 254 HGB abzubilden. Die bilanzielle Abbildung ist in IDW RS HFA 35 geregelt (vgl. Kapitel 4.11.).
- Derivate, die im Rahmen der Steuerung des allgemeinen Zinsrisikos eines Instituts Verwendung finden, werden nach den in IDW RS BFA 3 n.F. dargestellten Regeln bilanziell erfasst (vgl. Kapitel 4.3.4.). Zu den Voraussetzungen für Zinsbuchderivate vgl. Kapitel 4.3.4.
- Derivate des Handelsbestands bei Instituten werden nach § 340e Abs. 3 HGB mit ihrem beizulegenden Zeitwert (Marktwert) abzüglich eines Risikoabschlags (bei finanziellen Vermögenswerten) bzw. zuzüglich eines Risikozuschlags (bei finanziellen Verbindlichkeiten) bewertet. Einzelheiten sind in IDW RS BFA 2 beschrieben (vgl. Kapitel 4.4.2.).

Derivate sind mit ihren Vertragsdaten bei Geschäftsabschluss in einer **Nebenbuchhaltung** zu erfassen. Diese kann bei sehr wenigen Kontrakten im einfachsten Fall in einer geordneten Ablage der Verträge bestehen. Im Regelfall besteht die Nebenbuchhaltung jedoch in einer Datenbank.

Bei der Ermittlung des Marktwerts (beizulegender Zeitwert, Fair Value) von Derivaten, für die keine quotierten Preise auf aktiven Märkten vorliegen, sind – wie nach IFRS (IDW RS HFA 47 Tz. 93 ff.) – das **Kreditausfallrisiko** des Kontrahenten (**CVA**) als auch das eigene Kreditausfallrisiko des bilanzierenden Instituts (**DVA**) zu berücksichtigen.[1730] Bei den CVA/DVA-Adjustments handelt es sich – vereinfacht dargestellt – um eine Wertanpassung für das Ausfallrisiko der beiden Vertragsparteien eines derivativen Finanzinstruments.[1731] Für die CVA-/DVA-Ermittlung bestehen in der Praxis unterschiedliche Methoden.[1732]

Seit dem BilMoG wird der CVA auch im Handelsrecht bilanziell erfasst, jedoch gilt dies nach Wiechens/Lorenz/Morawietz nur, soweit ein positiver Marktwert tatsächlich bilanziell berücksichtigt wird.[1733] Gegen eine aufwandsreduzierende Berücksichtigung des DVA spricht nach Wiechens/Lorenz/Morawietz das handelsrechtliche Imparitätsprinzip.[1734] Zu Kriterien der Berücksichtigung des Kontrahentenrisikos bei der Modellbewertung von Derivaten wird auf das FMA-Rundschreiben „Zu Rechnungslegungsfragen bei Zinssteuerungsderivaten und zu Bewertungsanpassungen bei Derivaten" der FMA hingewiesen.[1735]

Wenn nachfolgend Beispiele dargestellt werden, wird stets davon ausgegangen, dass kein akutes Ausfallrisiko besteht.

IDW RS HFA 4 Tz. 44 regelt, dass für die für ein Derivat anzusetzende Drohverlustrückstellung nicht nur im Fall eines aktiven Markts auf den beizulegenden Zeitwert des Derivats zurückzugreifen ist (vgl. § 255 Abs. 4 Satz 1 HGB), sondern dass auch in den Fällen, in denen kein aktiver Markt für ein Derivat besteht, die Rückstellung auf der Grundlage des beizulegenden Zeitwerts des Derivats zu bewerten ist, der dann nach einem anerkannten Bewertungsverfahren zu ermitteln ist (vgl. § 255 Abs. 4 Satz 2 HGB). In beiden Fällen erübrigt sich eine darüber hinausgehende Abzinsung mit dem von der Deutschen Bundesbank bereitgestellten Durchschnittszinssatz (vgl. § 253 Abs. 2 Satz 1 HGB).

Da Änderungen der einem Derivat zugrunde liegenden Variablen (Basiswert) den Wert des Derivats nicht nur indirekt beeinflussen, sondern laut Vertrag wertbestimmend sind, stellen Änderungen dieser Variablen nach dem Ab-

---

[1730] Vgl. Freiberg, PiR 2014, 255 ff.

[1731] Vgl. Weigel/Wolsiffer, WPg 2016, 1289.

[1732] Vgl. IDW BFA, Berichterstattung über die 268. Sitzung, IDW Life 2016, 732 f.; IDW RS HFA 47, Abschnitt 14; Bäthe-Guski/Debus/Eberhardt/Kuhn, WPg 2013, 744 ff.; Glischke/Mach/Stemmer, Finanz Betrieb 2009, 553 ff.; Plank, Schweizer Treuhänder 2011, 945 ff.; Grünberger, KoR 2011, 410 ff.; Gutjahr/Christ/Topper, KoR 2014, 249 ff.; PwC (Hrsg.), IFRS für Banken (2017), 1263 ff.

[1733] Vgl. Wiechens/Lorenz/Morawietz, HdJ I/11, Rn. 46 mwN.

[1734] Vgl. Wiechens/Lorenz/Morawietz, HdJ I/11, Rn. 46 mwN.

[1735] Vgl. FMA-Rundschreiben (Stand Dezember 2012), Dokumentnummer 06/2012 vom 1.12.2012.

schlussstichtag **keine wertaufhellenden Ereignisse** dar.[1736] Mithin sind solche Änderungen nach dem Abschlussstichtag bei der Ermittlung des beizulegenden Zeitwerts und der Ermittlung der Rückstellung nicht zu berücksichtigen.

Derivate und daraus resultierende Rückstellungen sind auszubuchen, wenn die Rechte und/oder Pflichten aus dem Vertrag erfüllt werden, auslaufen, erlöschen oder auf eine andere Partei übertragen werden. Die Ausbuchung eines Derivats führt zur Realisation damit zusammenhängender Gewinne oder Verluste.

Anders ist der Fall zu beurteilen, wenn zur Neutralisation des Risikos eine Gegenposition eingegangen wird (wirtschaftliche Glattstellung). Es ist in diesem Fall zu prüfen, ob zwischen den Geschäften eine Bewertungseinheit besteht.[1737]

Interne Geschäfte

Sog. interne Geschäfte (Derivate) zwischen zwei organisatorisch selbstständigen, aber rechtlich unselbstständigen Geschäftsbereichen eines Instituts, entfalten zwar keine rechtliche Außenwirkung. Interne Geschäfte (Derivate) dienen der Dokumentation des Risikotransfers zwischen diesen Geschäftsbereichen. Unter bestimmten restriktiven Voraussetzungen werden interne Geschäfte bei Instituten wie externe Derivate anerkannt. Zu Einzelheiten vgl. Kapitel 4.4.11. Dem hat sich die AFRAC[1738] angeschlossen.

EMIR – Zentrale Gegenpartei

Die Europäische Union hat zur Begrenzung der Risiken aus OTC-Derivaten und zur Erhöhung der Transparenz solcher Geschäfte am 4.7.2012 die **Verordnung Nr. 648/2012 über OTC-Derivate, zentrale Gegenparteien und Transaktionsregister (European Market Infrastructure Regulation – EMIR)** verabschiedet und am 27.7.2012 im EU-Amtsblatt veröffentlicht. Als europäische Verordnung gilt die EMIR in Deutschland unmittelbar (seit 16.8.2012). Die EMIR gibt allein den Rahmen vor. Am 15.2.2013 wurde das EMIR-Ausführungsgesetz vom 13.2.2013[1739] verkündet, das wichtige Annex-

---

[1736] Ebenso AFRAC-Stellungnahme 15 Rn. 18 und Erläuterungen zu Rn. 18.
[1737] Ebenso WPH Edition, Wirtschaftsprüfung & Rechnungslegung, 17. Aufl., Kapitel F Tz. 1321.
[1738] Vgl. AFRAC-Stellungnahme 15 Rn. 38.
[1739] Vgl. BGBl. 2013 I, 174 ff.

tatbestände auf nationaler Ebene regelt und mit dem nationalen Aufsicht- und Insolvenzrecht verzahnt.

Zur **Prüfung von EMIR-Systemen** wird auf IDW PS 920 und das hierzu publizierte Schrifttum verwiesen.[1740]

Die EMIR unterwirft neben finanziellen Gegenparteien (zB Kreditinstitute) auch nichtfinanzielle Gegenparteien (zB Industrieunternehmen) hinsichtlich des Erwerbs von außerbörslichen Derivatekontrakten bestimmten Clearing-, Melde- und bilateralen Risikomanagementpflichten (Art. 1 Abs. 1 EMIR). Die jeweiligen Pflichten werden durch eine Vielzahl sog. technischer Regulierungsstandards und technischer Durchführungsstandards konkretisiert, die die EU-Kommission in Ausübung der ihr in der EMIR übertragenen Befugnisse auf Grundlage entsprechender Entwürfe der European Securities and Markets Authority (ESMA) erlassen hat oder in Zukunft noch erlassen wird.

Über eine sog. **zentrale Gegenpartei** abgewickelte Derivate unterliegen einem **Margin System**. Die geleisteten bzw. erhaltenen **Variation Margin-Zahlungen** haben den Charakter von Sicherheitsleistungen – vergleichbar mit Variation Margins bei Futures (IDW RS BFA 5) – und sind als „Sonstige Vermögensgegenstände" bzw. als „Sonstige Verbindlichkeiten" in der Bilanz auszuweisen. Ein bei der Bewertung am Bilanzstichtag ermittelter drohender Verlust kann statt durch Bildung einer Rückstellung auch durch die Abwertung der aktivierten Variation Margin erfolgswirksam erfasst werden, wenn und soweit die Variation Margin dem Zeitwert am Bilanzstichtag entspricht.

Durch das Margin System ergeben sich **Liquiditätseffekte**, die iRd. Risikomanagements berücksichtigt werden müssen. Entsprechendes gilt für mit dem Clearing zusammenhängende **Kosten**.

Zu bilanziellen Fragen bei der **Portierung von Zinsderivate-Portfolien** zwischen zentralen Kontrahenten vgl. Altvater/Gehrer.[1741]

Wechselt die zentrale Gegenpartei eines in eine **Bewertungseinheit** als Sicherungsinstrument einbezogenen Derivats, ist es nach PwC[1742] sachgerecht, die bestehende Bewertungseinheit fortzuführen, da das Sicherungsinstrument nicht durch Abwicklung wegfällt, sich die Sicherungsabsicht des Bilanzieren-

---

[1740] Vgl. IDW PS 920, IDW Life 2017, 52 ff; Begleitaufsatz zu IDW EPS 920 Trepte/Debus, WPg 2016, 771 ff.; Funke, WP Praxis 2016, 251 ff.

[1741] Vgl. Altvater/Gehrer, RdF 2019, 65 ff., leider ohne die Lösungen bilanztheoretisch zu begründen.

[1742] Vgl. PwC (Hrsg.), HGB direkt, Ausgabe 13, Dezember 2018, www.pwc.de/hgb-direkt.

den nicht ändert und ein evtl. geändertes Ausfallrisiko der zentralen Gegenpartei außerhalb der Bewertungseinheit bilanziell berücksichtigt wird (IDW RS HFA 35 Tz. 47).

BFA sowie FAB beim IDW haben mit einem Fachlichen Hinweis vom 29.1.2020 zu den *„Folgen des Wechsels der zentralen Gegenpartei bei Bankbuchderivaten nach HGB"* Folgendes mitgeteilt: Das zentrale Clearing von außerbörslichen Derivaten (OTC) in der EU setzt voraus, dass die zentrale Gegenpartei (CCP) iSd. EMIR in der EU zugelassen oder anerkannt ist.

Wenn britische Clearinghäuser keine zugelassene oder anerkannte zentrale Gegenpartei mehr sind, mussten offene Derivatepositionen auf eine auch künftig in der EU zugelassene oder anerkannte CCP übertragen werden (zB Eurex).[1743]

Der BFA und FAB waren der Auffassung, dass eine **erfolgsneutrale Abbildung des Transfers** jedenfalls in diesem besonderen Ausnahmefall unter sehr strengen Voraussetzungen nicht zu beanstanden war. Zwingende Voraussetzung dafür sind:[1744]

- eine 1:1-Übertragung der Positionen,
- ein enger zeitlicher Zusammenhang der erforderlichen Einzeltransaktionen und
- die Erfüllung entsprechender Dokumentations- und Nachweispflichten.

Der BFA und FAB haben mitgeteilt, dass die grundlegenden Voraussetzungen für den Ausnahmefall eines erfolgsneutralen Wechsels der zentralen Gegenpartei durch den Durchführungsbeschluss der Europäischen Kommission vom 8.2.2022 mit Geltung ab dem 1.7.2022 entfallen sind.[1745] Entsprechend ist ein Wechsel der zentralen Gegenpartei nach HGB ab dem 1.7.2022 grundsätzlich erfolgswirksam vorzunehmen.

[1743] Zum Public Statement der ESMA über die Anerkennung von britischen Clearinghäusern vgl. die Berichterstattung des BFA, IDW Life 2020, 960.

[1744] Zur ertragsteuerlichen Behandlung vgl. OFD Frankfurt a.M., RdVfg. v. 1.4.2021 – S 2133 A – 36 – St 516, DStR 2021, 1481 und RdF 2022, 78. Die Abbildung in der Steuerbilanz ist für Geschäfte des Bankbuchs und solchen in einer Bewertungseinheit unter denselben Voraussetzungen erfolgsneutral; dabei folgt die Abbildung in der Steuerbilanz der Abbildung in der Handelsbilanz.

[1745] Vgl. IDW Life 08.2022, 644.

Sonstiges

Zur Rechtsprechung des BGH betreffend die Wirksamkeit von **(Rahmen-) Verträgen** sowie zu der daraufhin erfolgte Änderung der Insolvenzordnung bezgl. des **Close-out-Nettings** vgl. Kapitel 4.11.4.4.

Zur Umstellung der Ermittlung der Zinssätze (zB Euribor und €STR) aufgrund der sog. **IBOR-Reform** vgl. Kapitel 4.1.

4.12.2. Zinsswaps

4.12.2.1. Darstellung

Ein Zinsswap ist eine Vereinbarung (unbedingtes Termingeschäft) zwischen zwei Vertragspartnern, nach festgelegten Kriterien definierte Zinszahlungen (idR fest gegen variabel) in einer Währung während eines im Vertrag festgelegten Zeitraums periodisch auszutauschen. Die Höhe der Zinszahlung ergibt sich aus dem der jeweiligen Zinsperiode zugrunde gelegten Zinssatz und dem Kapitalbetrag sowie der vereinbarten Zinsberechnungskonvention (30/360, act/360). Zinsswaps sind sog. OTC-Derivate, bei denen die einzelnen Vertragsbestandteile individuell ausgehandelt werden.[1746] Ungeachtet der Tatsache, dass die Zahlungen aus dem Zinsswap mangels Kapitalüberlassung im Grunde keine Zinsen im Rechtssinne sind, werden sie als Zinsen bezeichnet und behandelt.[1747]

Beim Plain Vanilla Zinsswap[1748] werden feste gegen variable Zinszahlungen ausgetauscht (sog. **Kuponswap**[1749]). Werden variable Zinszahlungen getauscht, die auf unterschiedlicher Basis (3-M-Euribor gegen 12-M-Euribor) lauten, handelt es sich um einen sog. **Basisswap.** Der variable Zinssatz wird entsprechend seiner Konvention regelmäßig (zB alle 1, 3, 6 oder 12 Monate) angepasst. Der Festsatz bleibt hingegen über die gesamte Laufzeit konstant. Die jeweiligen Zinszahlungen erfolgen idR nachschüssig. Das Fixing der variablen Zinsen findet nach den Usancen am Eurogeldmarkt zwei Arbeitstage vor Beginn der Zinsperiode statt.

[1746] Zu einer Gesamtdarstellung vgl. Schmidt (2014), 151 ff.; Scharpf/Luz, 439 ff.; Wiechens/Lorenz/Morawietz, HdJ I/11, Rn. 36 ff.

[1747] Vgl. Krumnow ua., § 340e HGB Rn. 359.

[1748] Zur Definition eines Plain Vanilla Zinsswaps vgl. Krumnow ua., § 340e HGB Rn. 359.

[1749] Mit dem Begriff „Kuponswap" soll verdeutlicht werden, dass der Festsatz in diesem Zinsswap der Rendite bzw. dem Kupon von festverzinslichen Anleihen entspricht.

Der **Kapitalbetrag** (Nominalbetrag, Notional Amount) wird beim Zinsswap nicht getauscht. Mithin werden auch keine gegenseitigen Forderungen bzw. Verbindlichkeiten in Höhe des Kapitelbetrags begründet. Der Kapitalbetrag dient zur Bestimmung der Höhe der Zinszahlungen. Bilanzierungspflichtige Forderungen bzw. Verbindlichkeiten ergeben sich aus der Erfassung fälliger und noch nicht ausgeglichener Zinszahlungen.

Handelstag (Trade Date) ist der Tag, an dem die Vertragspartner den Swap abschließen, **Starttag** (Settlement Date, Effektive Date) ist der Tag, an dem die Zinsberechnung beginnt; je nach Startdatum werden **Spot Swaps** (Kassa Swaps) und **Forward Swaps** unterschieden. Beim Spot Swap ist der Starttag zwei Bankarbeitstage nach dem Handelstag, beim Forward Swap ist der Starttag zu einem späteren Zeitpunkt festgelegt. Die **Endfälligkeit** (Maturity Date) ist der letzte Tag der Laufzeit des Swaps.

Man unterscheidet Festsatzzahlerswaps (**Payer Zinsswap**) und Festsatzempfängerswaps (**Receiver Zinsswap**). Die Richtung des Festsatzzinsstroms bestimmt die Bezeichnung des Zinsswaps. Was für den einen Vertragspartner ein Payer Zinsswap ist, ist für den anderen Vertragspartner ein Receiver Zinsswap.

Zinsswaps können auch mittels Kassageschäften **nachgebildet** (dupliziert) werden. Ein Payer Zinsswap bspw. lässt sich mittels einer Aktiv- oder Long-Position in einer variabel verzinsten Geldmarktanlage (zB Floating Rate Note) und einer festverzinslichen Passiv- oder Short-Position (zB einer emittierten Festsatzanleihe), jeweils mit entsprechenden Laufzeiten bzw. Zinsterminen, nachbilden. Für den Receiver Zinsswap gilt Entsprechendes, wobei die Geldanlage festverzinslich ist während die Refinanzierung variabel verzinst wird.

Bei den (indikativen) **Marktquotierungen** für Zinsswaps (Swapsätze) wird angenommen, dass es sich um „faire" Zinssätze handelt. Dies bedeutet, dass der Abschluss eines Swaps zu diesem Festzinssatz nichts kostet, der Swap somit einen Marktwert (beizulegenden Zeitwert) von Null hat.

Soll ein Zinsswap abgeschlossen werden, bei dem der Festzins nicht dem aktuellen (marktgerechten) Swapsatz entspricht (zB um den Festsatz des Swaps an den Zinssatz eines abzusichernden Grundgeschäfts anzupassen), weist dieser Swap folglich einen Marktwert von ungleich Null auf. Durch einen Auf- bzw. Abschlag auf der variablen Seite können die Konditionen so gestaltet werden, dass der Swap bei Vertragsabschluss wieder einen Marktwert von Null hat.[1750]

[1750] Dabei ist dieser Auf-/Abschlag idR nicht identisch mit der Differenz der genannten Festsätze, da der Marktwert barwertig Null sein muss.

Quotiert werden in Abhängigkeit von der Laufzeit die Festsätze. Eine Quotierung bspw. für eine Laufzeit von fünf Jahren mit *„3,00 % – 3,05 %"* bedeutet, dass der Vertragspartner (Market Maker) bspw. gegen den 6-M-Euribor bereit ist, für fünf Jahre 3,00 % zu bezahlen, während er 3,05 % verlangt. Bezüglich der **Festlegung des Festsatzes** gilt mithin Folgendes (zur Bewertung vgl. nachfolgend):

- Bei einem Festsatzzahlerswap (Payer Swap) muss der über Swapmitte liegende höhere Briefsatz bezahlt werden.
- Bei einem Festsatzempfängerswap (Receiver Swap) kann nur der unter Swapmitte liegende niedrigere Geldsatz vereinnahmt werden.

Die Zinsen werden üblicherweise am Ende jeder Zinsperiode bezahlt. Fallen die im Swap gegenüberstehenden Zinszahlungsverpflichtungen von Vertrags-partner A an B (zB Festzinssatz) sowie von B an A (zB 6-M-Euribor) auf den gleichen Termin, werden diese häufig für die Zahlung genettet, dh. es fließt nur die Differenz zwischen beiden Zinszahlungen. In der GuV sind die laufenden Zinszahlungen, unabhängig von einer Nettozahlung, saldiert auszuweisen.[1751]

Aufgrund des „negativen Zinsumfelds" kann es zu negativen Referenzzin-sen (negativer EURIBOR usw.) kommen. Bei Zinsswaps kann ein negativer Referenzzins grundsätzlich zur Umkehr der Zahlungsverpflichtung bei der variablen Seite des Zinsswaps kommen, was sich im Ergebnis auch auf die Marktwertermittlung und die Wirksamkeit von Sicherungsbeziehungen aus-wirken wird.[1752] Zu einer Gesamtdarstellung des Themas „negative Zinsen" vgl. Weigel/Sierleja.[1753]

Zinsswaps können von beiden Vertragspartnern jederzeit beendet (aufgelöst, terminiert) werden. Nachfolgend werden die üblichen Formen skizziert:[1754]

- Close-out (Terminierung)
  Ein Close-out ist das vorzeitige rechtliche Beenden eines Swapvertrags. Beide Vertragspartner kommen dabei überein, den Swap aus den Bü-chern zu eliminieren und die Differenz zum aktuellen Marktwert finan-ziell auszugleichen.[1755]

[1751] Ebenso WPH Edition, Wirtschaftsprüfung & Rechnungslegung, 17. Aufl., Kapitel F Tz. 1321.
[1752] Vgl. Geisel, WPg 2016, 893 ff.; Lederer, AG 3/2019, R 24: Der Swapvertrag muss hier-zu eine sog. Negativzinsklausel enthalten.
[1753] Vgl. Weigel/Sierleja, in: BeckHdR, Kap. B 901 Rn. 82 ff.
[1754] Vgl. auch Wenger/Kaserer/Bayer, DStR 1995, 949 f.
[1755] Close-out-Zahlungen sind mit Vorfälligkeitsentschädigungen vergleichbar, vgl. Weber-Grellet, RdF 2014, 60.

- Reversal (wirtschaftliche Neutralisierung)
  Dabei wird ein neuer (zweiter) Zinsswap über denselben Kapitalbetrag und dieselbe Restlaufzeit wie der aufzulösende Zinsswap, idR mit einem anderen Vertragspartner, abgeschlossen. Dies führt nicht zur rechtlichen Aufhebung des ursprünglichen Zinsswaps. Ist der ursprüngliche Zinsswap ein Payer Swap, muss der neu abzuschließende Swap ein Receiver Swap sein.

4.12.2.2. Einsatzmöglichkeiten

Zinsswaps können zu **Handelszwecken** vereinbart werden. Darüber hinaus werden Zinsswaps zur **Veränderung der Zinsstruktur** eines Grundgeschäfts iRe. Bewertungseinheit zur **Zinssicherung** iSe. Risikominderung[1756] eingesetzt. Bezüglich der Veränderung der Zinsstruktur von Grundgeschäften unterscheidet man **Asset Swaps** (Investor verändert die Zinsstruktur einer Geldanlage) und **Liability Swaps** (Zinsstruktur einer Verbindlichkeit wird verändert).[1757]

Bei Kreditinstituten wird ferner mittels Zinsswaps das **Zinsrisiko** im **Bankbuch** beeinflusst bzw. gesteuert.

Haben die Vertragsparteien eines Zinsswaps unterschiedliche Ratings, dh. haben sie ein unterschiedliches Ausfallrisiko, können Zinsswaps auch zur Nutzung sog. **komparativer Vorteile** kontrahiert werden (Theorie von David Ricardo).[1758]

Darüber hinaus finden Zinsswaps auch bei der „Konstruktion" von sog. **strukturierten Finanzprodukten**[1759] wie bspw. Reverse Floating Rate Notes Anwendung.

[1756] Vgl. Fichtner/Hartlieb, DB 2013, 2521. Anhand der dokumentierten Absicht der Zinssicherung iSe. Risikominderung lässt sich die Sicherungswirkung (Wirksamkeit, Effektivität) eindeutig überprüfen.

[1757] Ausführlich vgl. DGRV (Hrsg.), Praxishandbuch Derivate, Teil 2,A.I.3. mit Darstellung der Vorteile von Zinsswaps.

[1758] Vgl. Wenger/Kaserer/Bayer, DStR 1995, 949; Scharpf/Luz, 445 ff. mwN.

[1759] Vgl. auch Fichtner/Hartlieb, DB 2013, 2521.

4.12.2.3. Marktwert und Bewertung für bilanzielle Zwecke

Ermittlung des Marktwerts (Dirty Price)

Die Marktwertermittlung von Zinsswaps erfolgt auf der Basis von **Barwerten**. Die Festzinssatzzahlungen werden dazu mit den laufzeitgerechten Zinssätzen (Zerobondfaktoren) auf den Bewertungsstichtag diskontiert. Die variablen Zinszahlungen werden mittels Forward Rates[1760] simuliert und anhand von aus den Forward Rates abgeleiteten laufzeitgerechten Zerobondabzinsungsfaktoren auf den Bewertungsstichtag abgezinst. Beide Barwerte werden vorzeichengerecht addiert und ergeben (den positiven oder negativen) Marktwert (Dirty Price).[1761] Bei Vertragsabschluss und gleichzeitiger Vereinbarung marktgerechter Konditionen sind beide Barwerte grundsätzlich gleich Null.

In der Vergangenheit – vor Beginn der Finanzmarktkrise – wurden sowohl die Festsatzseite als auch die variable Seite auf der Grundlage einer Zinskurve („**Einkurvenbewertung**") bewertet. Dabei wurde sowohl zur Generierung der variablen Zinszahlungen als auch zur Abzinsung der festen und variablen Zinszahlungsströme nur eine einzige Zinsstrukturkurve verwendet.

Aufgrund der Ausweitung der Bonitätsspreads zu Beginn der Finanzmarktkrise gingen die Marktteilnehmer dazu über, Zinsswaps auf Basis von zwei Zinskurven (Multiple Curve Approach) zu bewerten. Dabei sind die Zahlungsströme der Festzinssatzseite wie bisher bekannt (Festsatzseite); die Zahlungsströme der variablen Seite (Forward Zinssätze) werden weiterhin aus der Swapkurve, die den gleichen Tenor (zB 6-Monats-Euribor-Swapkurve) wie die variable Seite (zB 6-Monats-Euribor) des Zinsswaps aufweist, abgeleitet.

Die Abzinsung der festen und variablen Seite erfolgt jedoch üblicherweise auf Basis der €STR-Swapkurve (Zinssätze aus Overnight Index Swaps) als Approximation des risikolosen Zinssatzes (sog. **Zweikurvenbewertung, Multiple-Curve-Ansatz**); aufgrund der täglichen Zahlungsfrequenz kann die €STR-Swapkurve als quasi risikofreie Zinsstrukturkurve angesehen werden.[1762]

Aufgrund der regelmäßig vereinbarten Besicherung unterliegen die Zahlungsströme aus Zinsswaps keinem bzw. einem nur unwesentlichen Ausfallrisiko. Daher sind sämtliche Zahlungsströme mit einer ausfallrisikofreien Zinsstruk-

---

[1760] Zu Forward Rates vgl. Scharpf/Luz, 455.

[1761] Vgl. Weigel/Kopatschek/Löw/Scharpf/Vietze, WPg 2007, 1050.

[1762] Vgl. ausführlich mit Begründung Wiedemann, 145 ff., insbesondere 152; DGRV (Hrsg.), Praxishandbuch Derivate, Teil 2, A.I.3.; Dauer/Klein/Lorenz, KoR 2017, 14 ff.; Freigang/Schorsch/Huthmann, KoR 2018, 207 ff.

turkurve zu diskontieren. Aufgrund der täglichen Zahlungsfrequenz kann die €STR-Swapkurve als quasi risikofreie Zinsstrukturkurve angesehen werden.[1763]

Neben dem Zeitpunkt und der Höhe der Zahlungsströme sowie dem jeweiligen Marktzinssatz wirken sich auch die **Bonität des Kontrahenten** sowie die **eigene Bonität des Instituts** auf die Höhe des Marktwerts aus. Dieses Kreditrisiko wird durch einen Aufschlag auf den Zins (entweder auf den festen oder den variablen Zins des Swaps) vergütet.[1764] Zur Berücksichtigung von Ausfallrisiken vgl. Kapitel 4.12.1. und die nachfolgenden Ausführungen.

Wird ein Zinsswap zu marktgerechten Konditionen abgeschlossen, ist der Marktwert im Zeitpunkt des Vertragsabschlusses gleich Null. Mit anderen Worten: ein solcher Zinsswap kostet nichts. Entspricht der Festsatz (oder der variable Satz) nicht den aktuellen Marktbedingungen, hat der Zinsswap einen Marktwert von ungleich Null. Die Marktgerechtigkeit kann in solchen Fällen bspw. dadurch hergestellt werden, dass eine Einmalzahlung am Anfang (**Upfront Payment**) oder eine nachgelagerte Einmalzahlung am Ende der Laufzeit (**Balloon Payment**) vereinbart wird. Diese Einmalzahlungen sind damit wirtschaftlich mit einem **Agio/Disagio** vergleichbar.[1765]

Der so ermittelte Marktwert (sog. Dirty Price) beinhaltet auch sämtliche noch **nicht bezahlten Zinsen**, dh. die auf den Zeitraum zwischen dem letzten Zinstermin und dem Bewertungstag entfallenden (anteiligen festen und variablen) Zinsen (bilanziell: Stückzinsen, Zinsabgrenzung).

Das Institut hat die Marktwerte zum Bilanzstichtag einschließlich der verwendeten Parameter (Zinsstrukturkurve/n, Kreditrisikoparameter usw.) zu dokumentieren.

Bewertung für bilanzielle Zwecke (Clean Price)

Unter dem Gesichtspunkt der **periodengerechten (Zins-) Abgrenzung** müssen die Zinszahlungsströme für den Zeitraum von der letzten Zinszahlung bis zum Bewertungstag entsprechend der jeweiligen Zinsberechnungsmethode für bilanzielle Zwecke laufzeitbezogen abgegrenzt und in der Bilanz neben einer Abbildung des Marktwerts (Clean Price) des Zinsswaps separat als Forderung

---

[1763] Vgl. DGRV (Hrsg.), Praxishandbuch Derivate, Teil 2, A.I.3.

[1764] Vgl. Weigel/Kopatschek/Löw/Scharpf/Vietze, WPg 2007, 1051.

[1765] Vgl. Weigel/Kopatschek/Löw/Scharpf/Vietze, WPg 2007, 1049 f.; ebenso WPH Edition, Wirtschaftsprüfung & Rechnungslegung, 17. Aufl., Kapitel F Tz. 1321.

bzw. Verbindlichkeit ausgewiesen werden (kontinentaleuropäische Buchungssystematik).[1766]

Für die Bilanzierung ist – da wie vorstehend skizziert die Zinsen bilanziell laufzeitgerecht abzugrenzen sind – grundsätzlich der sog. **Clean Price** relevant.[1767] Der Clean Price (CP) ergibt sich, indem der Dirty Price (Marktwert) um den Saldo der abzugrenzenden Zinsen (anteilige Zinsen) vorzeichengerecht korrigiert wird (weil diese bilanziell eigenständig abgegrenzt werden). Je nachdem, ob der Dirty Price positiv (+DP) oder negativ (-DP) ist und ob es sich bei der Zinsabgrenzung um einen aktiven Saldo (+Zinsabgrenzung = Zinsertrag) oder passiven Saldo (-Zinsabgrenzung = Zinsaufwand) handelt, ist unterschiedlich vorzugehen:

- **Dirty Price ist negativ (-DP)**
  Ein passiver Saldo der Zinsabgrenzung (Saldo: Zinsaufwand) ist am negativen Dirty Price zu kürzen.
  Es gilt: *-DP -(-Zinsabgrenzung) = +/- CP.*[1768]
  Ein aktiver Saldo der Zinsabgrenzung (Saldo: Zinsertrag) ist dem negativen Dirty Price hinzuzurechnen.
  Es gilt: *-DP -(+Zinsabgrenzung) = +/- CP.*[1769]

- **Dirty Price ist positiv (+DP)**
  Ein aktiver Saldo der Zinsabgrenzung (Saldo: Zinsertrag) ist vom positiven Dirty Price abzuziehen.
  Es gilt: *+DP -(+Zinsabgrenzung) = +/- CP.*
  Ein passiver Saldo der Zinsabgrenzung (Saldo: Zinsaufwand) ist dem positiven Dirty Price hinzuzurechnen.
  Es gilt: *+DP -(-Zinsabgrenzung) = +/- CP.*

Errechnet sich ein **negativer Clean Price (-CP)**, ist in dieser Höhe bei Einzelbewertung eine **Drohverlustrückstellung** auszuweisen. Die jeweilige **Zinsabgrenzung** ist in der Gewinn- und Verlustrechnung als Zinsaufwand bzw. Zinsertrag sowie in der Bilanz als Verbindlichkeit bzw. Forderung zu erfassen. Daher

---

[1766] Vgl. Weigel/Kopatschek/Löw/Scharpf/Vietze, WPg 2007, 1053 mit Beispielen.

[1767] Ebenso WPH Edition, Kreditinstitute, Kap. D. Rn. 210. Zum Vergleich der anglo-amerikanischen und kontinentaleuropäischen Buchungssystematik vgl. Weigel/Kopatschek/Löw/Scharpf/Vietze, WPg 2007, 1052.

[1768] Beispiel a): Dirty Price -100, passiver Saldo der Zinsabgrenzung -10; dies ergibt einen Clean Price von -100 -(-10) = -100 +10 = -90. Bilanziert sind damit: Rückstellung -90 sowie die Zinsabgrenzung -10, also insgesamt -100 (Dirty Price).

[1769] Beispiel b): Dirty Price -100, aktiver Saldo der Zinsabgrenzung +10; dies ergibt einen Clean Price von -100 -(+10) = -100 -10 = -110: Bilanziert sind damit: Rückstellung -110 sowie die Zinsabgrenzung +10, also insgesamt -100 (Dirty Price).

wird zumindest bei negativem Clean Price der volle Dirty Price in der Bilanz gezeigt: zum einen in Form der Drohverlustrückstellung und zum anderen in Form der Zinsabgrenzung. Bei einem positiven Clean Price hingegen wird aufgrund des Realisationsprinzips nur die Zinsabgrenzung gezeigt (es sei denn, die Zinsabgrenzung ist entsprechend hoch). Nur bei Zinsswaps im Handelsbestand von Instituten wird aufgrund der Bewertung nach § 340e Abs. 3 HGB (vor Risikoabschlag bzw. Risikozuschlag) auch bei positivem Clean Price einschließlich Zinsabgrenzung der volle Dirty Price in der Bilanz gezeigt.

Kreditrisiko

Bei der Ermittlung des Marktwerts (beizulegender Zeitwert, Fair Value) von Zinsswaps sind – wie nach IFRS (IDW RS HFA 47 Tz. 93 ff.) – sowohl das Kreditausfallrisiko des Kontrahenten (CVA) als auch das eigene Kreditausfallrisiko des bilanzierenden Instituts (DVA) zu berücksichtigen. Für die CVA-/DVA-Ermittlung bestehen in der Praxis unterschiedliche Methoden.[1770] Einzelheiten vgl. Kapitel 4.1.

4.12.2.4. Risiken

Das **Adressenausfallrisiko** beschränkt sich bei Zinsswaps auf die Zinszahlungsströme, denn der Kapitalbetrag wird nicht ausgetauscht. Es zeigt sich zum einen im **Vorleistungsrisiko** (Gefahr, dass ein Vertragspartner bereits seine Zinszahlungen geleistet hat, während der andere Vertragspartner seine Leistung noch schuldet). Zum anderen besteht das Adressenausfallrisiko im **Wiedereindeckungsrisiko** (bei Ausfall der Vertragspartei muss man zu aktuellen – ggf. ungünstigeren – Marktkonditionen einen neuen Zinsswap abschließen).[1771]

Das **Marktpreisrisiko** entspricht dem eines Portfolios, bestehend aus einer Festzinsanleihe und einer Floating Rate Note.[1772] Eine Änderung der Zinsstruktur wirkt sich auf einen Receiver Zinsswap dabei genauso aus wie bei einer Investition in eine Festsatzanleihe, die durch eine variabel verzinsliche Verbindlichkeit finanziert ist. Beim Payer Zinsswap ist es umgekehrt. Dies

---

[1770] Vgl. IDW BFA, Berichterstattung über die 268. Sitzung, IDW Life 2016, 732 f.; IDW RS HFA 47, Abschnitt 14; Bäthe-Guski/Debus/Eberhardt/Kuhn, WPg 2013, 744 ff.; Glischke/Mach/Stemmer, Finanz Betrieb 2009, 553 ff.; Plank, Schweizer Treuhänder 2011, 945 ff.; Grünberger, KoR 2011, 410 ff.; Gutjahr/Christ/Topper, KoR 2014, 249 ff.; PwC (Hrsg.), IFRS für Banken (2017), 1263 ff.; Weigel/Wolsiffer, WPg 2016, 1289 ff., Wiechens/Lorenz/Morawietz, HdJ I/11, Rn. 46 mwN.

[1771] Ausführlich vgl. DGRV (Hrsg.), Praxishandbuch Derivate, Teil 2,A.I.4.1.

[1772] Ausführlich vgl. DGRV (Hrsg.), Praxishandbuch Derivate, Teil 2,A.I.4.2.

bedeutet, dass das Marktpreisrisiko von der Festsatzseite des Zinsswaps dominiert wird. Beim Receiver Swap besteht das Marktwertrisiko (im Hinblick
auf eine negative Wertänderung) in einem Anstieg des Zinsniveaus während
es beim Payer Zinsswap in einem Absinken des Zinsniveaus begründet ist. Ist
ein Zinsswap in eine Bewertungseinheit einbezogen, findet die Risikobetrachtung (bezüglich des abgesicherten Risikos) auf zusammengefasster Basis von
Grundgeschäft und Sicherungsinstrument statt.

Das **Liquiditätsrisiko** bezieht sich nur auf die Zinszahlungen. **Operationale
Risiken** bestehen in demselben Umfang wie bei anderen Derivaten.[1773]

4.12.2.5. Rechnungslegung

4.12.2.5.1. Zinsswaps bei Einzelbetrachtung

Auswirkung einer versäumten Dokumentation

Einer Einzelbewertung unterliegen nach IDW RS BFA 3 n.F. Tz. 17 auch Derivate, „... *deren Zweckbestimmung zum Zeitpunkt des Geschäftsabschlusses
nicht dokumentiert ist.*" Damit wird zutreffend geregelt, dass zum einen bei
fehlender Dokumentation und zum anderem bei einer **Dokumentation, die
Zweifel an der gewollten Bestandszuordnung aufkommen lässt**, keine Zuordnung dieser Derivate zum Bankbuch bei Instituten erfolgen kann. Gleiches gilt für die Frage einer Zuordnung zu einer Bewertungseinheit. Dies gilt
auch für den Fall, dass die Dokumentation nicht im Zeitpunkt des Geschäftsabschlusses bzw. einer Umwidmung erstellt wurde. Die Zweckbestimmung
muss darüber hinaus zum Zugangszeitpunkt bzw. im Umwidmungszeitpunkt
im Einklang mit der internen Risikosteuerung stehen.

Vertragsabschluss mit und ohne Einmalzahlungen

Bei Abschluss eines Zinsswaps ist dieser mit allen relevanten Vertragsdaten
in einer **Nebenbuchhaltung** zu erfassen. Soweit Zinsswaps bei Abschluss zu
marktgerechten Konditionen einen Marktwert von Null haben, bleibt es bei der
Erfassung in der Nebenbuchhaltung.[1774]

[1773] Ausführlich vgl. DGRV (Hrsg.), Praxishandbuch Derivate, Teil 2,A.I.4.3.
[1774] Zur Bilanzierung von Zinsswaps vgl. HdR 5. Aufl., Kapitel 7 Rn. 50 ff., Wenger/Ka-
serer/Bayer, DStR 1995, 948 ff.; AK „Externe Unternehmensrechnung" der Schma-
lenbach-Gesellschaft, DB 1997, 637 ff.; Maulshagen/Maulshagen, BB 2000, 243 ff.;
Wiechens/Lorenz/Morawietz, HdJ I/11, Rn. 37 ff.

Marktabweichende Konditionen werden bspw. mittels Einmalzahlungen in der Form von Upfront Payments bzw. Balloon Payments „ausgeglichen".[1775]

Upfront Payments werden bei einzeln bewerteten Zinsswaps als aktiver oder passiver transitorischer **Rechnungsabgrenzungsposten** zunächst erfolgsneutral erfasst und anschließend auf die Laufzeit des Swaps effektivzinsmäßig verteilt.[1776] Bei nicht wesentlichen Beträgen kann die Verteilung auch linear erfolgen. Eine sofortige erfolgswirksame Buchung ist unzulässig. Ein Ausweis als „Sonstige Vermögensgegenstände" bzw. „Sonstige Verbindlichkeiten" scheidet für Upfront Payments aus. Da Upfront Payments den Charakter von Agien/Disagien haben, sind die Auflösungs- bzw. Verteilungsbeträge in dieselben Zinskonten zu buchen wie die Zinszahlungen aus dem Swap.

Wird ein Zinsswap, für den wegen eines Upfront Payments ein transitorischer Rechnungsabgrenzungsposten gebildet wurde, vorzeitig beendet (Close-out), ist der zu diesem Zeitpunkt noch vorhandene Rechnungsabgrenzungsposten zulasten bzw. zugunsten des jeweiligen Zinskontos auszubuchen.

Balloon Payments zum Ausgleich von marktabweichenden Bedingungen werden sukzessive als Forderung bzw. Verbindlichkeit angesammelt.[1777] Die Verteilung auf die Laufzeit erfolgt auf der Grundlage der vereinbarten Effektivzinsen. Die Erfassung in der Gewinn- und Verlustrechnung erfolgt auf dieselbe Weise wie bei Upfront Payments.

Laufende Zinszahlungen und Zinsabgrenzung

Die erhaltenen bzw. bezahlten (laufenden) Zinsen sind für den einzelnen Zinsswap – auch soweit diesbezüglich keine ausdrücklichen Nettingvereinbarungen bestehen – netto als Zinsertrag bzw. Zinsaufwand zu buchen.[1778] Für bilanzielle Zwecke ist bei einer Bruttobuchung eine Saldierung der erhaltenen und bezahlten Zinsen für jeden einzelnen Swapvertrag erforderlich (und vorzeichengerecht in der GuV auszuweisen), weil die Zinsen aus einem einzigen Vertrag resultieren.

[1775] Ebenso WPH Edition, Wirtschaftsprüfung & Rechnungslegung, 17. Aufl., Kapitel F Tz. 1321; Wiechens/Lorenz/Morawietz, HdJ I/11, Rn. 37 und 40 f.

[1776] Ebenso Krumnow ua., § 340e HGB Rn. 363; durch die Einmalzahlung bei Vertragsabschluss erfüllt ein Vertragspartner die gesamte Zinsverpflichtung oder einen Teil davon im Voraus.

[1777] Der Ausweis erfolgt in denselben Posten wie die Zinsabgrenzung bzw. die laufenden Zinsen.

[1778] Vgl. WPH Edition, Wirtschaftsprüfung & Rechnungslegung, 17. Aufl., Kapitel F Tz. 1321 mwN.

Diese Vorgehensweise ist auch bei **negativem Zinsumfeld** relevant, denn bei wirtschaftlicher Betrachtungsweise handelt es sich nach Weigel/Sierleja um einen Zahlungsstrom.[1779]

Über mehrere Swapverträge hinweg darf jedoch keine Saldierung vorgenommen werden. Sofern von vornherein Nettozahlungen vereinbart wurden (was idR der Fall sein dürfte), ist hierin ein Aufrechnungsvertrag zu sehen, was nur zu Zinsansprüchen bzw. -verpflichtungen in Höhe der Nettobeträge führt.[1780]

Zum Abschlussstichtag sind unter dem Gesichtspunkt der **periodengerechten Abgrenzung** die Festsatzzinsen und die variablen Zinsen entsprechend der jeweiligen Zinsberechnungskonvention (30/360 bzw. act/360) für den Zeitraum vom letzten Zinszahlungstermin bis zum Abschlussstichtag abzugrenzen (antizipative Zinsabgrenzung) und in der Bilanz ebenso wie andere Zinsabgrenzungen als Forderung bzw. Verbindlichkeit zu bilanzieren.[1781] Die Zinsabgrenzung ist für bilanzielle Zwecke zu saldieren. Der Ausweis erfolgt bei Instituten in Abhängigkeit vom Vertragspartner nach § 11 RechKredV als „Forderungen an Kreditinstitute" oder „Forderungen an Kunden" bzw. als „Verbindlichkeiten ggü. Kreditinstituten" bzw. „Verbindlichkeiten ggü. Kunden".

Die saldierten Zinserträge bzw. Zinsaufwendungen sowie die saldierte Zinsabgrenzung sind je Swapvertrag in der Gewinn- und Verlustrechnung als „Zinserträge" bzw. „Zinsaufwendungen" zu buchen. Dies gilt unabhängig davon, welche Zahlungsmodalitäten die konkrete Swapvereinbarung vorsieht.[1782] Ein unsaldierter Ausweis würde zu einer ungerechtfertigten Aufblähung der Gewinn- und Verlustrechnung führen.

(Folge-) Bewertung zum Abschlussstichtag

Zinsswaps sind **schwebende Geschäfte**, bei denen bis zum Vertragsende beide Vertragspartner zu Leistungen (Zinszahlungen auf einen definierten Kapitalbetrag) verpflichtet sind.[1783] Damit stellt sich zum Bilanzstichtag die Frage, ob aus dem Zinsswap ein Verlust droht, für den eine **Drohverlustrückstellung** zu bilden ist. Die Drohverlustrückstellung wird bei Zinsswaps ebenso wie bei anderen Termingeschäften bzw. wie bei schwebenden Geschäften allgemein üblich unter dem Gesichtspunkt der **Glattstellungsfiktion** ermittelt. Der für

---

[1779] Vgl. Weigel/Sierleja, in: BeckHdR, Kap. B 901 Rn. 94.

[1780] Vgl. HdR 5. Aufl., Kapitel 7 Rn. 55.

[1781] Vgl. Krumnow ua., § 340e HGB Rn. 361.

[1782] Ebenso Krumnow ua., § 340e HGB Rn. 362.

[1783] Vgl. Wenger/Kaserer/Bayer, DStR 1995, 950 f.

eine Drohverlustrückstellung relevante **Verpflichtungsüberschuss** besteht in der Höhe, in der bei gedachter Glattstellung eine Auszahlung anfallen würde.

IDW RS HFA 4 Tz. 44 regelt, dass für die anzusetzende Drohverlustrückstellung nicht nur im Fall eines aktiven Markts auf den **beizulegenden Zeitwert** des Derivats zurückzugreifen ist (vgl. § 255 Abs. 4 Satz 1 HGB), sondern dass auch in den Fällen, in denen kein aktiver Markt für ein Derivat besteht, die Rückstellung auf der Grundlage des beizulegenden Zeitwerts des Derivats zu bewerten ist, der dann nach einem anerkannten Bewertungsverfahren zu ermitteln ist (vgl. § 255 Abs. 4 Satz 2 HGB).

Eine Abzinsung der Rückstellung nach § 253 Abs. 2 Satz 1 HGB ist nicht zulässig, da die Abzinsung bereits bei der Ermittlung des Verpflichtungsüberschusses berücksichtigt ist (IDW RS HFA 4 Tz. 44).

Ein Verlust droht dann, wenn der um die Zinsabgrenzung vorzeichengerecht korrigierte **beizulegende Zeitwert** und damit der **Clean Price negativ** ist (IDW RS HFA 4 Tz. 44 erwähnt die Korrektur um die Zinsabgrenzung nicht). Zur Ermittlung des Clean Prices vgl. die Ausführungen in Kapitel 4.12.2.3. Die Zinsabgrenzung wird als eigenständige Bilanzierungsmaßnahme buchungsmäßig verarbeitet.

Beispiele:

Es wird angenommen, dass in den Fällen a) und b) der Dirty Price (beizulegender Zeitwert, Marktwert) negativ (-DP) ist, wobei die (saldierte) Zinsabgrenzung im Fall a) passivisch (-ZA) und im Fall b) aktivisch (+ZA) erfolgt.

In den Fällen c) und d) wird angenommen, dass der Dirty Price positiv (+DP) ist, während die Zinsabgrenzung im Fall c) passivisch (-ZA) und im Fall d) aktivisch (+ZA) erfolgt.

Fall	*+/-DP*	*+/-ZA*		*+/-CP*	
a)	*-100*	*- (-10)*	=	*-90*	*Rückstellung*
b)	*-100*	*- (+10)*	=	*-110*	*Rückstellung*
c)	*+100*	*- (-10)*	=	*+110*	
c)	*+100*	*- (+10)*	=	*+90*	

Da nach den Buchungsgepflogenheiten in Deutschland die Zinsabgrenzung (außerhalb des Handelsbestands) separat vom Wert des Zinsswaps gebucht wird, ist der Dirty Price (DP) in den Clean Price (CP) und die Zinsabgrenzung aufzuteilen.

In den Fällen a) und b) ist der Clean Price jeweils negativ. In dieser Höhe ist bei Einzelbewertung eine Drohverlustrückstellung zu bilden. Im Fall a) wird eine Rückstellung iHv. -90 und eine passive Zinsabgrenzung iHv. -10 gebucht. Damit ist der gesamte Dirty Price (-100) in der Bilanz gebucht. Im Fall b) wird eine Rückstellung iHv. -110 sowie eine aktive Zinsabgrenzung iHv. +10 gebucht, so dass per Saldo wiederum der Dirty Price (-100) bilanziert ist.

In den Fällen c) und d) gilt Folgendes: in beiden Fällen ist der Clean Price positiv (nicht realisierter Gewinn), weshalb bei einer Einzelbewertung keine Rückstellung gebucht wird. Unterstellt, der Clean Price würde gebucht (wie bspw. im Handelsbestand), wäre in der Bilanz unter vorzeichengerechter Berücksichtigung der Zinsabgrenzung ebenfalls der (positive) Dirty Price bilanziert.

Der Aufwand für die Drohverlustrückstellung ist im GuV-Posten „Sonstiger betrieblicher Aufwand" zu erfassen. Bei einem positivem Clean Price (stille Reserve) ist iRd. Einzelbewertung keine Buchung vorzunehmen.

Zinsswaps mit positiven und negativen Marktwerten (Clean Price) dürfen bei der imparitätischen Einzelbewertung nicht miteinander verrechnet werden.

Werden einzelbewertete Zinsswaps vorzeitig mittels **Close-out** beendet (aufgelöst), ist eine für diesen Zinsswap gebildete Drohverlustrückstellung mit der Close-out-Zahlung zu verrechnen bzw. erfolgswirksam auszubuchen (aufzulösen). Die Gegenbuchung erfolgt im sonstigen betrieblichen Ergebnis.

Soweit der beizulegende Wert (Marktwert) nicht durch das bilanzierende Unternehmen anhand eines allgemein anerkannten Bewertungsmodells auf Basis aktueller Marktdaten selbst errechnet wurde, sind seitens des **Abschlussprüfers** ggf. IDW PS 314 n.F. sowie IDW PS 322 n.F.[1784] zu beachten.[1785]

[1784] Vgl. Philipps/Wilting, WP Praxis 4/2014, 85 ff.
[1785] Vgl. HdR 5. Aufl., Kapitel 7 Rn. 27.

Vorzeitige Auflösung des Zinsswaps bzw. wirtschaftliche Neutralisation

Bei vorzeitiger Auflösung durch **Close-out** (Terminierung) erlöschen gegen Zahlung des aktuellen Marktwerts (Close-out-Zahlung) sämtliche Ansprüche und Verpflichtungen aus dem Swap. Der Zinsswap ist zivilrechtlich beendet.

Bei einzeln bewerteten Zinsswaps ist die Close-out-Zahlung grundsätzlich sofort erfolgswirksam. Die Close-out-Zahlung ist um die Stückzinsen bzw. Zinsabgrenzung (anteilige Zinsen vom letzten Zinstermin bis zum Tag der vorzeitigen Auflösung) zu korrigieren. Eine zuvor gebildete Drohverlustrückstellung ist mit der so korrigierten **(Netto-) Close-out-Zahlung** zu verrechnen (Rückstellungsverbrauch). Lediglich der verbleibende Betrag wird erfolgswirksam. Die Buchung der verbleibenden Close-out-Zahlung erfolgt im sonstigen betrieblichen Ergebnis.

Die **Stückzinsen** (im Close-out-Betrag enthaltenen anteiligen Zinsen) sind separat zu buchen. Weitere aktivierte oder passivierte **(Rechnungs-) Abgrenzungsposten** (zB aus Upfront Payment), die aus dem aufgelösten Zinsswap resultieren, sind im Zeitpunkt der vorzeitigen Auflösung ebenfalls erfolgswirksam zu erfassen. Diese in der Close-out-Zahlung enthaltenen Stückzinsen (anteilige Zinsen) und die zinsähnlichen Erträge/Aufwendungen sind als „Zinserträge" bzw. „Zinsaufwendungen" zu erfassen.

Handelt es sich bei den vorstehend genannten Close-out-Zahlungen um wesentliche Beträge, ist nach § 264 Abs. 2 HGB im **Anhang** und im **Lagebericht** darüber zu berichten. Soweit im Anschluss an die Terminierung neue Zinsswaps kontrahiert werden, ist zu prüfen, ob die Terminierung eine **sachverhaltsgestaltende Maßnahme** ist.

Werden während der Laufzeit eines Zinsswaps bspw. die Festsatzkonditionen geändert und werden dadurch Einmalzahlungen ausgelöst, liegen nicht die hier betrachteten Close-out-Zahlungen vor.[1786] Es handelt sich vielmehr um ein sog. Recouponing, bei dem diese Close-out-Zahlung auf die Restlaufzeit verteilt zu realisieren ist (vgl. die Ausführungen zum Passivposten „6. Rechnungsabgrenzungsposten").[1787]

Wird eine **wirtschaftliche Neutralisation** eines bestehenden Zinsswaps durch Abschluss eines Gegenswaps mit demselben Kapitalbetrag, denselben Zinsterminen und derselben Endfälligkeit herbeigeführt (wirtschaftlicher Close-out), bestehen beide Zinsswaps weiterhin. Der ursprüngliche Zinsswap wird

---

[1786] Vgl. Krumnow ua., § 340e HGB Rn. 391.
[1787] Ebenso WPH Edition, Kreditinstitute, Kap. D. Rn. 212.

rechtlich nicht beendet. Hierin ist ggf. eine Bewertungseinheit zu sehen mit den sich aus § 254 HGB ergebenden Folgen für nachträglich gebildete Bewertungseinheiten. Die Erfolgsrealisierung ergibt sich in diesem Fall pro rata temporis (ab dem nächsten Fixing) aus dem Unterschied aus zu leistenden und zu erhaltenden Festzinszahlungen bzw. variablen Zinszahlungen. Es ist nach den Grundsätzen ordnungsmäßiger Buchführung nicht zulässig, diesen unrealisierten Gewinn sofort in voller Höhe zu vereinnahmen.[1788]

Wird bei der wirtschaftlichen Neutralisation eine **negative Marge festgeschrieben** – droht also insgesamt gesehen aus dieser Position ein Verlust – fordert das Imparitätsprinzip, dass dieser Verlust antizipiert wird.[1789] Nach § 249 Abs. 1 HGB sowie nach den Grundsätzen ordnungsmäßiger Buchführung (Imparitätsprinzip) ist es nicht zulässig, auf die sofortige Erfassung dieses Verlusts zu verzichten. In entsprechender Höhe ist – unter Berücksichtigung der Zinsabgrenzung – entweder eine Drohverlustrückstellung[1790] zu bilden oder eine Verbindlichkeit zu buchen,[1791] die in der Folge ratierlich aufzulösen sind.

Die **wirtschaftliche Glattstellung** führt nach AFRAC dann zur Ausbuchung (Abgang), wenn das derivative Gegengeschäft mit **demselben Kontrahenten** wie das ursprüngliche Derivategeschäft abgeschlossen wird **und eine Aufrechnungsvereinbarung** besteht, eine **Aufrechnung durchgeführt** wird und damit das ursprüngliche Geschäft als beendet betrachtet werden muss.[1792]

4.12.2.5.2. Zinsswaps in einer Bewertungseinheit

Grundlagen zur Bildung von Bewertungseinheiten

Als **Grundgeschäfte** im Zusammenhang mit Zinsswaps als Sicherungsinstrument kommen insbesondere verzinsliche Forderungen und Wertpapiere bzw. Verbindlichkeiten, schwebende Zinsgeschäfte (also auch Derivate) sowie mit hoher Wahrscheinlichkeit erwartete Zinsgeschäfte infrage, deren Zinsstruktur mittels Zinsswaps verändert werden soll.

[1788] Ebenso WPH Edition, Wirtschaftsprüfung & Rechnungslegung, 17. Aufl., Kapitel F Tz. 1321.

[1789] Ebenso WPH Edition, Wirtschaftsprüfung & Rechnungslegung, 17. Aufl., Kapitel F Tz. 1321 mwN.

[1790] Vgl. HdR 5. Aufl., Kapitel 7 Rn. 59 mwN.

[1791] Vgl. DGRV (Hrsg.), Praxishandbuch Derivate, Teil 2, A.I.5.2.

[1792] Vgl. AFRAC-Stellungnahme 15 Rn. 27.

Als **Sicherungsinstrumente** kommen zur Absicherung von Zinsrisiken grundsätzlich nur Plain Vanilla Zinsswaps in Betracht.[1793] Strukturierte Zinsswaps sind im Regelfall nicht als Sicherungsinstrument geeignet, da diese neben dem Risiko/den Risiken des Grundgeschäfts weiteren Risiken ausgesetzt sind. Neben Kupon- bzw. Basisswaps mit gleichbleibendem Kapitalbetrag gibt es eine Reihe von Zinsswaps, die man bei einer Designation als Sicherungsinstrument bei entsprechenden Grundgeschäften **noch als geeignet** bezeichnen kann. Beispielhaft seien genannt:

- **Forward Swap**
  Der Laufzeitbeginn wird bei diesem Swap auf einen späteren Zeitpunkt verschoben.
  Mit Forward Swaps kann ein künftiger Anlage- oder Finanzierungsbedarf bereits im Voraus abgesichert werden (vergleichbar mit einem sog. Forward-Darlehen).

- **Amortisationsswap**
  Bei einem Amortisationsswap reduziert sich der dem Swap zugrunde liegende Kapitalbetrag entsprechend eines festgelegten („Tilgungs-") Plans, dh. der Kapitalbetrag, der als Grundlage für die Zinsberechnung dient, nimmt entsprechend einer vorgegebenen Tilgungsstruktur ab.
  Amortisationsswaps können bspw. durch die Kombination von mehreren normalen Zinsswaps unterschiedlicher Laufzeit mit unterschiedlichen Kapitalbeträgen nachgebildet werden.
  Solche Swaps können bspw. zur Absicherung von Tilgungsdarlehen verwendet werden.

- **Step-Up Swap**
  Der Step-Up Swap ist das Gegenteil des Amortisationsswaps. Bei einem Step-Up Swap steigt der den Zinszahlungen zugrunde liegende Kapitalbetrag während der Laufzeit planmäßig um einen bei Vertragsbeginn festgelegten Betrag.
  Diese Struktur kann bspw. über einen Kassaswap und eine Serie von Forward Swaps mit identischer Gesamtlaufzeit und unterschiedlichen Vorlaufzeiten dupliziert werden.
  Damit kann bspw. das Zinsrisiko von Investitionsvorhaben mit über Jahren hinweg zunehmendem Finanzierungsbedarf abgesichert werden.

- **Roller Coaster Swap**
  Dies ist eine Kombination aus Step-Up Swap und Amortisationsswap. Dabei nimmt der Kapitalbetrag in den ersten Jahren zu und ab einem bestimmten Zeitpunkt bis zum Laufzeitende ab.

[1793] Im Währungsbereich sind auch Währungsswaps und Zins-/Währungsswaps als Plain Vanilla-Geschäfte anzusehen. Vgl. hierzu IDW ÖFA, Berichterstattung über die 113. Sitzung, FN 2014, 677.

- **Kündbare Swaps**
  Bei kündbaren Swaps wird bspw. dem bilanzierenden Unternehmen
  eine Option auf eine vorzeitige Kündigung des Swaps eingeräumt. Hat
  der Festzinszahler das Kündigungsrecht, spricht man von einem Callable Swap, liegt dieses Recht beim Festzinsempfänger, spricht man von
  einem Putable Swap. Die für das Kündigungsrecht anfallende Optionsprämie wird üblicherweise in den Festzinssatz eingerechnet.
  Kündbare Swaps können für die Absicherung des Zinsrisikos von Geldanlagen bzw. Verbindlichkeiten eingesetzt werden, deren vorzeitige Tilgung eine gewisse Wahrscheinlichkeit aufweist.
  Soweit das Kündigungsrecht dem Vertragspartner zusteht, ist die Eignung als Sicherungsinstrument grundsätzlich nicht mehr gegeben. Denn
  in solchen Fällen ist davon auszugehen, dass der Swap zur „Unzeit"[1794]
  gekündigt wird und dadurch die Eignung als Sicherungsinstrument von
  vornherein nicht gegeben ist.
- **Prolongierbare Swaps**
  Das Gegenteil vom kündbaren Swap ist der prolongierbare Swap. Bei
  diesem Swap hat eine der Swapparteien die Option auf eine Verlängerung der Laufzeit. Eine Eignung als Sicherungsinstrument ist nur dann
  gegeben, wenn das Recht zur Prolongation dem bilanzierenden Unternehmen zusteht.
  Prolongierbare Swaps eignen sich zur Zinsrisikosicherung von Geldanlagen bzw. Verbindlichkeiten, deren Laufzeit sich verlängern kann.

Darüber hinaus werden am Markt auch sog. **strukturierte Zinsswaps** angeboten (Konditionen sind nur beispielhaft), die jedoch idR **nicht als Sicherungsinstrument geeignet** sind (für eine Eignung als Sicherungsinstrument müsste
das Grundgeschäft die identischen inversen Risiken haben):

- **Constant Maturity Swap (CMS-Swap)**[1795]
  Unternehmen A zahlt (Bank erhält): 20-Jahres-Swapsatz.
  Unternehmen A erhält (Bank zahlt): 2-Jahres-Swapsatz.
- **6-M-Euribor Range-Accrual-Swap mit Step-up-Strike**
  Unternehmen A zahlt (Bank erhält): 6-M-Euribor.
  Unternehmen A erhält (Bank zahlt): (6-M-Euribor + 1,1) * N/D.

[1794] Es ist bei rationalem Verhalten des Vertragspartners davon auszugehen, dass der Swap
dann gekündigt wird, wenn absehbar ist, dass er beim bilanzierenden Institut seinen
Sicherungszweck erfüllen würde.
[1795] Vgl. ausführlich zu den verschiedenen Ausgestaltungsmöglichkeiten Roller/Elster/
Knappe, ZBB 2007, 345 ff. CMS-Swaps haben bspw. im Zusammenhang mit Kommu-
nen eine gewisse „Aufmerksamkeit" erfahren. Hierzu gibt es eine umfangreiche Rechtsprechung sowohl zugunsten als auch zulasten von Banken. Zum Unterschied zwischen
Swaps und Zertifikaten vgl. Fichtner/Hartlieb, DB 2013, 2519 ff.

D = Anzahl der Geschäftstage in der Zinsperiode; N = Anzahl der Geschäftstage in der Zinsperiode, an denen der 6-Monats-Euribor zwischen 2,95 – 5,50 % (1. Periode), 2,90 – 5,70 % (2. Periode), ..., 2,00 – 9,00 % (letzte Periode) liegt.

- **Bonus-Malus-Dauersammler-Zinsswap mit Zinsgarantie**
  Unternehmen zahlt (Bank erhält): 6-M-Euribor.
  Unternehmen erhält (Bank zahlt): 1. Jahr 4,30 %,
  ab 2. Jahr 4,30 % + 3,60 % * 2 n/N (max. 3,60 % p. a.), wobei n = Anzahl der Banktage, an denen der CHF-EUR-Wechselkurs > X, N = Banktage insgesamt in der Zinsperiode ist.
- **Quanto-Zinsswap (variabel/variabel)**
  Unternehmen B zahlt (Bank erhält): 6-M-Euribor.
  Unternehmen B erhält (Bank zahlt): 12-M-CHF-Euribor * 2 – 0,95 %.
- **Quanto-Zinsswap (fix/variabel)**
  Unternehmen C zahlt (Bank erhält): 3,00 %.
  Unternehmen C erhält (Bank zahlt): 12-M-CHF-Euribor * 2.

Diese Aufzählung sog. strukturierter Zinsswaps ist nicht abschließend. Denkbar ist dabei jedwede Gestaltung, für die es einen Vertragspartner gibt. Strukturierte Zinsswaps sind weder geeignete Sicherungsinstrumente im Rahmen von **Bewertungseinheiten** nach § 254 HGB noch sind sie dazu geeignet, das Zinsspannenrisiko des **Bankbuchs** zu steuern. Bilanziell sind daher strukturierte Zinsswaps entweder dem Handelsbestand von Instituten zuzuordnen oder imparitätisch einzeln zu bewerten.

Bezüglich des Vorgehens zur Ermittlung einer evtl. Unwirksamkeit iRd. **Wirksamkeitsbeurteilung** von Bewertungseinheiten wird auf die Ausführungen in IDW RS HFA 35 verwiesen.[1796] Grundsätzlich bleibt es dem Bilanzierenden überlassen, welche Methode er anwendet. Diese muss jedoch im Einklang mit der Risikosteuerung stehen und sachgerechte Ergebnisse liefern. Es empfiehlt sich, dabei stets das Tableau aus IDW RS HFA 35 Tz. 67 zu verwenden.

Die **Wirksamkeitsbeurteilung** wird im handelsrechtlichen Jahresabschluss vorzugsweise mittels der sog. **Hypothetischen Derivate-Methode** durchgeführt. Dabei wird die Wertänderung des **Grundgeschäfts**, soweit diese das gesicherte Risiko betrifft, anhand eines hypothetischen Zinsswaps ermittelt. Dabei ergibt sich die Wertänderung auf Basis des **gesicherten Risikos** (die in die kompensatorische Betrachtung eingeht) aus der (vollständigen) Wertänderung des hypothetischen Zinsswaps (quasi Stellvertreter für das Grund-

---

[1796] Ausführlich mit zahlreichen Beispielen dargestellt bei HdR 5. Aufl., § 254 HGB Rn. 282 ff. und 320 ff. mwN; Weigel/Löw/Flintrop/Helke/Jessen/Kopatschek/Vietze, WPg 2012, 71 ff. (Teil 1) und 123 ff. (Teil 2).

geschäft). Die Wertänderung aus **nicht abgesicherten Risiken** (bspw. Spreadrisiko) wird als Differenz aus der gesamten Wertänderung des Grundgeschäfts und der Wertänderung auf Basis des gesicherten Risikos ermittelt.[1797]

Bei der „Konstruktion" des (kreditrisikofreien) hypothetischen Zinsswaps (als Stellvertreter des Grundgeschäfts) muss zum Zeitpunkt des Beginns der Bewertungseinheit dessen Marktwert gleich Null sein. Insoweit kann der hypothetische Zinsswap einen vom Festsatz des tatsächlichen Sicherungsinstruments abweichenden Festsatz aufweisen. Für die Prüfung der Wirksamkeit ist der um die Zinsabgrenzung bereinigte Marktwert, also der **Clean Price**, relevant.

Die sog. **Short Cut-Methode** zur Beurteilung der Wirksamkeit kann, wenn man die von IDW RS HFA 35 Tz. 58 f. vorgegebenen Voraussetzungen strikt beachtet, faktisch nicht angewandt werden. Zu einem Vorschlag, unter welchen Voraussetzungen trotzdem die Short Cut-Methode anwendbar ist, wird auf die Ausführungen bei Scharpf[1798] verwiesen.

Leopold/Wolkmann/Bannert[1799] untersuchen die *„Auswirkung der multikurvenkonformen Bewertung von Derivaten auf das fair value hedge accounting von Zinsänderungsrisiken"*. Sie kommen zum Ergebnis, dass die Trennung von **Zins-** und **Restlaufzeiteffekt** eine wesentliche Voraussetzung für die Erzielung einer hohen Effektivität und Wirksamkeit ist. Zum Restlaufzeiteffekt (Pull-to-par-Effekt) beim Einsatz von Zinsswaps, wenn das Grundgeschäft über- bzw. unter-pari erworben wurde, vgl. Kapitel 4.11.4.1.

Die Konditionen des als Sicherungsinstrument eingesetzten Zinsswaps müssen bei Designation als Sicherungsinstrument marktgerecht sein. Soweit ein Upfront Payment die Marktgerechtigkeit implizit herstellt, ist dies unschädlich. Dies impliziert, dass im Zeitpunkt der Designation einer ökonomischen Sicherungsbeziehung nur der zu diesem Zeitpunkt herrschende Marktpreis, Marktzins, Kurs usw. gesichert werden kann.

Wird ein Zinsswap erst nach Vertragsabschluss als Sicherungsinstrument designiert, weist dieser ggü. dem Zeitpunkt des Vertragsabschlusses üblicherweise einen von Null abweichenden Marktwert (Clean Price) auf. Dieser muss nach den hierfür geltenden Regeln bilanziell abgebildet werden. Er kann bzw. muss bei der Beurteilung der Wirksamkeit außer Acht gelassen werden.[1800]

[1797] Vgl. DGRV (Hrsg.), Praxishandbuch Derivate, Teil 2, A.I.5.3.1.
[1798] Vgl. Scharpf, DB 2012, 359 f. mwN.
[1799] Vgl. Leopold/Volkmann/Bannert, KoR 2013, 525 ff. (Teil 1) und 581 ff. (Teil 2).
[1800] Zur Behandlung vgl. HdR 5. Aufl., § 254 HGB Rn. 202; für IFRS plädieren Heise/Koelen/Dörschell hierfür, WPg 2013, 310.

Die Verwendung von mehreren Finanzinstrumenten (auch Derivaten) in Kombination zur Sicherung von Grundgeschäften ist möglich. Voraussetzung ist, dass mit der Kombination als sog. **kombiniertes Sicherungsinstrument** der erwartete Zweck tatsächlich erreicht wird. Die zu einer Kombination zusammengeführten Finanzinstrumente (zB Zinsswap und Zinscap bezüglich der variablen Seite des Zinsswaps) müssen insgesamt zu marktgerechten Konditionen abgeschlossen werden, dh., das „Paket" als solches muss zu marktgerechten Konditionen gehandelt werden. Nur so ist gewährleistet, dass der aktuelle Marktwert, Marktzins oder Kurs gesichert wird. Sind innerhalb des „Pakets" einzelne Bestandteile nicht marktgerecht konditioniert, während das ganze „Paket" aber marktgerecht ist, muss ergänzend eine einheitliche Abrechnung (Terminierung, Close-out) für ausnahmslos alle Bestandteile des „Pakets" vereinbart sein und vorgenommen werden.

Absicherung von (Markt-) Wertrisiken (Fair Value Hedges)

Gleichen sich die Wertänderungen aufgrund des **gesicherten Risikos** nicht aus, ist bei einem negativen Überhang (Unwirksamkeit) eine Drohverlustrückstellung zu buchen. Insoweit als sich diese Wertänderungen ausgleichen, ist nichts zu buchen. Negative Wertänderungen aufgrund des **nicht gesicherten Risikos** sind nach den allgemeinen Bilanzierungs- und Bewertungsregeln abzubilden. Diesbezüglich wird auf die Beispiele mit Buchungssätzen bei HdR[1801] verwiesen.

Wird die Hypothetische Derivate-Methode zur Beurteilung der Wirksamkeit herangezogen, ergibt sich die **Wertänderung des Grundgeschäfts** auf Basis des **gesicherten Risikos** aus der Wertänderung (Clean Price) des hypothetischen Zinsswaps (vgl. oben).[1802]

Subtrahiert man von der gesamten Wertänderung (Clean Price) des Grundgeschäfts die Wertänderung des hypothetischen Zinsswaps, ergibt sich die Wertänderung des Grundgeschäfts, die auf das **nicht gesicherte Risiko** entfällt.

Soweit das Sicherungsinstrument – was idR der Fall sein sollte – kein (nennenswertes) Ausfallrisiko aufweist, ergibt sich die Wertänderung auf Basis des gesicherten Risikos aus der Wertänderung (Clean Price) des Zinsswaps.

Die **Zinsabgrenzung** von Grundgeschäft und Sicherungsinstrument ist nach den bekannten Regeln zu ermitteln und eigenständig zu bilanzieren.

[1801] Vgl. HdR 5. Aufl., § 254 HGB Rn. 320 ff.
[1802] Dabei wird hier angenommen, dass diesbezüglich kein Ausfallrisiko besteht.

Aufwendungen im Zusammenhang mit der Bildung sowie Erträge aus der Auflösung von Drohverlustrückstellungen für Bewertungseinheiten sind in dem GuV-Posten zu erfassen, in dem auch die Wertänderungen des Grundgeschäfts gezeigt werden.

Absicherung von Zahlungsstromrisiken (Cashflow Hedges)

Soll eine variable Zinszahlung eines Grundgeschäfts durch den Abschluss eines Zinsswaps in eine konstante Zinszahlung umgewandelt werden, muss für eine wirksame Bewertungseinheit der **variable Referenzzinssatz** (Tenor) im Swap und im Grundgeschäft übereinstimmen (zB beides Mal 6-M-Euribor). Nur so ist bei diesen Sicherungstransaktionen gewährleistet, dass es zum von § 254 HGB verlangten Ausgleich der Zahlungsströme kommt.

Stimmen die **Zinsanpassungszeitpunkte** der variablen Seite des Zinsswaps und des Grundgeschäfts nicht überein, wird das angestrebte Ziel nicht erreicht. Eine mehr als geringfügige Abweichung der Zinstermine in Relation zur Referenzzinsperiode (zB ein oder zwei Tage bei 3-Monatszinsen) ist idR nicht zulässig, da die Sicherungswirkung und damit die Wirksamkeit nicht gegeben ist.[1803] Es fehlt ggf. an dem von § 254 HGB geforderten Ausgleich gegenläufiger Zahlungsströme, dh. die Deckungsfähigkeit ist nicht vorhanden.

Insoweit als die Sicherungsbeziehung wirksam ist, entfällt die Notwendigkeit der Bildung einer Drohverlustrückstellung für einen negativen Marktwert (Clean Price) des Zinsswaps. Die Beurteilung der Wirksamkeit eines Cashflow Hedges erfolgt ebenfalls anhand des Tableaus in IDW RS HFA 35 Tz. 67 wobei es sich empfiehlt, die Hypothetische Derivate-Methode anzuwenden.[1804] Der hypothetische Zinsswap hat dabei Stellvertreterfunktion für das Grundgeschäft. Die Bilanzierung erfolgt auf entsprechende Weise wie bei Fair Value Hedges unter Verwendung des Tableaus aus IDW RS HFA 35 Tz. 67.

Wird ein **variabel verzinsliches Wertpapier** (Floater)[1805] des Umlaufvermögens (Liquiditätsreserve) gegen Zahlungsstromrisiken abgesichert, entsteht durch die Kombination aus Floater und Receiver Zinsswap (Festsatzempfänger) ein synthetisch festverzinsliches Wertpapier, das neben dem (Marktwert-) Risiko wegen einer Ausweitung des Credit Spreads des Emittenten zusätzlich auch dem Risiko einer Unterverzinslichkeit aufgrund des Anstiegs des allgemeinen Marktzinsniveaus (risikoloser Zins) ausgesetzt ist.

[1803] Vgl. die Erläuterung bei HdR 5. Aufl., § 254 HGB Rn. 244.
[1804] Details zur Hypothetischen Derivate-Methode vgl. HdR 5. Aufl., § 254 HGB Rn. 199 ff.
[1805] In Anlehnung an Scharpf, DB 2012, 361 f.

4. Bewertungsvorschriften

In derartigen Fällen stellt sich die Frage, ob neben der „regulären" Abbildung der Bewertungseinheit nach § 254 HGB zusätzlich eine Niederstwertabschreibung nach § 253 Abs. 4 Satz 2 HGB für das Bewertungsobjekt „synthetisch festverzinsliches Wertpapier" erforderlich ist.

Aufgrund der Ausführungen in IDW RS HFA 35 Tz. 92 zu antizipativen Hedges könnte man auf die Notwendigkeit eines solches Vorgehens – dh. der zusätzlichen Niederstwertabschreibung – schließen. Dass dies jedoch nicht geboten ist, soll anhand eines Beispiels erläutert werden.

Beispiel:

Es wird angenommen, dass der Kurs des Floaters insgesamt gesehen von 100 auf 102 (+2) gestiegen ist. Die Wertveränderungen aufgrund des gesicherten Risikos dieses Floaters betragen +3,5.

Für den Receiver Zinsswap wird angenommen, dass es sich um eine nicht perfekte Absicherung handelt (während die Bonität des Swapkontrahenten einwandfrei ist), weil bspw. die Zinstermine von Grundgeschäft und Sicherungsinstrument geringfügig abweichen. Der Marktwert (Clean Price) des Swaps wird mit -4 angenommen (die Zinsabgrenzung ist ordnungsgemäß).

		Grund-geschäft €	Sicherungs-instrument €	
Ausgangs-situation	beizulegender Zeitwert: Designation der Sicherungs-beziehung	100,0	0,0	
	beizulegender Zeitwert: Bilanzstichtag 31.12.20XX	102,0	- 4,0	
Messung der Wirksamkeit	Wertänderung insgesamt	+ 2,0	- 4,0	
	– aus gesicherten Risiken	+ 3,5	- 4,0	- 0,5
	– aus nicht gesicherten Risiken	- 1,5	-	- 1,5
Bilanz und GuV	1. Stufe: gesichertes Risiko Ineffektivität		- 0,5	**saldiert**
	2. Stufe: ungesichertes Risiko	- 1,5		**brutto**

Abb. 4.13: Cashflow Hedge (Wertpapier)

Im dargestellten Beispielfall ist der Betrag der Unwirksamkeit in Höhe von -0,5 (Abb. 4.13 1. Stufe) als **Rückstellung für Bewertungseinheiten** aufwandswirksam zu erfassen.

Das **Wertpapier** ist aufgrund der nicht gesicherten Risiken (Abb. 4.13 2. Stufe) nach den allgemeinen Grundsätzen um -1,5 auf 98,5 (100 – 1,5) abzuwerten.

Darüber hinaus sind **keine weiteren Bewertungsmaßnahmen** geboten, insbesondere kann das Bewertungsobjekt „synthetisch festverzinsliches Wertpapier" **nicht zusätzlich** nach § 253 Abs. 4 Satz 2 HGB auf den niedrigeren beizulegenden Wert abgeschrieben werden.

Die Richtigkeit dieses Vorgehens lässt sich auch anhand folgender Überlegung veranschaulichen bzw. belegen: Insgesamt führt die Abbildung der Bewertungseinheit nach § 254 HGB zu einem Aufwand von -2,0 (Rückstellung für Bewertungseinheiten = -0,5, Abwertung Floater = -1,5). Würden sowohl das Grundgeschäft (Floater) als auch das Sicherungsinstrument (Receiver Swap) gleichzeitig verkauft, wäre ein Verlust von -2,0 (Werterhöhung des Floaters +2,0, Wertminderung des Receiver Swaps -4,0) zu realisieren. Die Abbildung iRe. Bewertungseinheit kommt per Saldo zu demselben Ergebnis. Eine zusätzliche Abwertung nach § 253 Abs. 4 Satz 2 HGB würde damit zu einem falschen Ergebnis führen.

Bezüglich des Bilanzausweises und des GuV-Ausweises gelten dieselben Regeln wie beim Fair Value Hedge.

Anschlusssicherungen

Fallen Close-out-Zahlungen im Zusammenhang mit der Auflösung eines Zinsswaps an und wird zeitgleich bzw. in engem zeitlichem Zusammenhang (zB über die Restlaufzeit des aufgelösten Swaps) ein neuer Swap kontrahiert, ist zu beurteilen, ob es sich um verbundene Geschäfte (Anschlusssicherungsgeschäfte) handelt. Wird dies bejaht, kann es sich bei den in diesem Zusammenhang geleisteten Zahlungen aus dem aufgelösten Swap um (positive oder negative) **Anschaffungskosten für das Anschlusssicherungsinstrument** handeln.[1806]

Obwohl in einem solchen Fall die formalen Voraussetzungen für die Bildung eines Rechnungsabgrenzungspostens nicht erfüllt sind, weil der ursprüngliche Zinsswap nicht mehr besteht, sollte der wirtschaftliche Gehalt dieser Transaktion im Vordergrund stehen. Wenn demnach der neu abgeschlossene Zins-

---

[1806] Vgl. Krumnow ua., § 340e HGB Rn. 391.

swap dokumentiert als Sicherungsinstrument iSd. § 254 HGB designiert und mit einem oder mehreren definierten Grundgeschäft/en verbunden ist, sollte von der Zulässigkeit einer ratierlichen Verteilung der Close-out-Zahlung ausgegangen werden.[1807]

(Vorzeitige) Beendigung von Bewertungseinheiten

Die vorzeitige Auflösung einer Bewertungseinheit ist nur in begründeten Ausnahmefällen zulässig (zB Abgang des Grundgeschäfts und des Sicherungsinstruments), da eine Bewertungseinheit grundsätzlich bis zum Erreichen des Sicherungszwecks durchzuhalten ist.[1808] Ist eine vorzeitige Beendigung in wirtschaftlich begründeten Ausnahmefällen erlaubt, kann die Bewertungseinheit nur mit Wirkung für die Zukunft beendet werden. Zu Einzelheiten wird auf Kapitel 4.11.5. verwiesen.[1809]

Kommt es zulässigerweise zu einer vorzeitigen Beendigung der Bewertungseinheit, findet zu diesem Zeitpunkt letztmals eine Bilanzierung nach den Regeln von § 254 HGB statt. In der Folge finden bei der Bilanzierung und Bewertung von Grundgeschäft und Sicherungsinstrument die allgemeinen Bilanzierungs- und Bewertungsvorschriften Anwendung.

Dies bedingt, dass im Zeitpunkt der Beendigung der Bewertungseinheit letztmals die Wirksamkeit nach dem Tableau von IDW RS HFA 35 Tz. 67 beurteilt wird und ggf. dieselben Bilanzierungsmaßnahmen durchgeführt werden wie zu den einzelnen Abschlussstichtagen während des Bestehens der Bewertungseinheit. Erst danach ist auf die allgemeinen Bilanzierungsvorschriften überzugehen.

4.12.2.5.3. Zinsswaps im Bankbuch

Grundsätzliches

Zinsswaps, die zulässigerweise dem Bankbuch zugeordnet werden, sind von einer imparitätischen Einzelbewertung ausgenommen. Sie werden vielmehr in die verlustfreie Bewertung des Bankbuchs einbezogen. Einzelheiten hierzu finden sich in IDW RS BFA 3 n.F. und in Kapital 4.3.4.

[1807] Vgl. Krumnow ua., § 340e HGB Rn. 392 f.

[1808] Zu Auflösungsgründen vgl. Rimmelspacher/Fey, WPg 2013, 996.

[1809] Ausführliche Darstellung vgl. HdR 5. Aufl., § 254 HGB Rn. 217 ff. und Rn. 382 ff. mwN; Schwabauer/Mujkanovic, StuB 2015, 163 ff.;

Im Rahmen der periodenerfolgsorientierten Methode zur verlustfreien Bewertung werden die Zinsen aus dem Zinsswap genauso erfasst wie die Zinsen aus bilanziellen Geschäften.

Bei Anwendung der **barwertigen Methode** sind die stillen Lasten bzw. stillen Reserven von Zinsswaps auf Basis des **Dirty Prices** relevant. Insoweit ist die im Jahr 1986 geäußerte Ansicht des BFA, die Risiken aus Zinsswaps („Zinstauschvereinbarungen") seien *„nicht anders einzustufen als die Risiken aus inkongruenter Refinanzierung bei bilanzwirksamen Geschäften"* zutreffend.[1810]

Eignung von Zinsswaps und Umwidmung in das Bankbuch

Zinsswaps können nur dann dem Bankbuch zugeordnet werden, wenn sie objektiv zur Steuerung des allgemeinen Zinsänderungsrisikos (Zinsspannenrisikos) **geeignet** sind. Darüber hinaus muss dieser Zweck bereits bei Abschluss des Zinsswaps bzw. bei Umwidmung dokumentiert worden sein. Vgl. hierzu auch Kapitel 4.3.4.

Die in das Bankbuch einbezogenen Zinsswaps müssen in einem einheitlichen Nutzungs- und Funktionszusammenhang mit den übrigen Geschäften des Bankbuchs stehen. Dies ist immer dann der Fall, wenn die nachfolgenden Kriterien kumulativ erfüllt sind:[1811]

- Der Zinsswap weist keine Risiken auf, die qualitativ über die (Zins-) Risiken aus den bilanziellen zinsbezogenen Geschäften des Bankbuchs hinausgehen.
- Die Risiken aus dem Zinsswap werden in den Zinsrisikosteuerungs- und -controllingsystemen des Instituts adäquat gemessen und überwacht (Kompatibilität mit der internen Risikomess- und -steuerungsmethodik).
- Das Zinsswapgeschäft wurde unter Beachtung des aus dem vorhandenen Risikodeckungspotential abgeleiteten Risikolimits abgeschlossen.
- Der Zinsswap dient nachweislich der Umsetzung der aus der Geschäfts- und Risikostrategie abgeleiteten Bankbuchstrategie (Strategiekonformität).

Der erforderliche einheitliche Nutzungs- und Funktionszusammenhang liegt also vor, wenn der Zinsswap objektiv zur Steuerung des allgemeinen Zinsänderungsrisikos (Zinsspannenrisiko) geeignet ist und die Zwecksetzung zum

---

[1810] Vgl. IDW, Bericht über die 111. bis 118. Sitzung des BFA, FN 1986, 447 f.

[1811] Vgl. DGRV (Hrsg.), Praxishandbuch Derivate, Teil 1.D.5.3.2.

Zugangszeitpunkt entsprechend dokumentiert wurde (IDW RS BFA 3 n.F. Tz. 22). Die objektive Eignung ist insbesondere anhand des konkreten Chancen/Risiko-Profils des Swapgeschäfts, seiner Kompatibilität mit der internen Risikomess- und -steuerungsmethodik sowie seiner Strategiekonformität zu beurteilen.[1812]

Zinsswaps, die als Sicherungsinstrument in einer Bewertungseinheit iSd. § 254 HGB oder als imparitätisch einzeln zu bewertendes Derivat kontrahiert wurden, können bei entsprechender Änderung der Zweckbestimmung als Instrument zur Steuerung des Zinsspannenrisikos im Bankbuch (Zinsbuch) **umgewidmet** werden, sofern sie zur Steuerung des Zinsspannenrisikos – wie oben dargestellt – **objektiv geeignet** sind. Eine solche Umwidmung ist zu begründen (einschließlich Beschluss der Geschäftsleitung).

Auf diese Zinsswaps sind zum **Umwidmungszeitpunkt** letztmals die vormals relevanten Normen anzuwenden Bei Zinsswaps, die zuvor Bestandteil einer **Bewertungseinheit** waren, sind zum Zeitpunkt der Beendigung der Bewertungseinheit bzw. zum Umwidmungszeitpunkt letztmals die für Bewertungseinheiten geltenden Grundsätze anzuwenden. Ein daraus resultierender Buchwert des Swaps ist nach erfolgter Umwidmung zeitanteilig über dessen Restlaufzeit zugunsten bzw. zulasten des Zinsergebnisses aufzulösen. Zinsswaps die zuvor der **imparitätischen Einzelbewertung** unterlagen, sind zum Umwidmungszeitpunkt letztmals einer solchen Bewertung zu unterziehen. Danach ist eine ggf. gebildete Drohverlustrückstellung ratierlich über die Restlaufzeit zugunsten des Zinsergebnisses aufzulösen.[1813]

Zinsswaps sind dann **objektiv** zur Steuerung im Bankbuch **geeignet**, wenn sie strategiekonform sowie innerhalb der vorgegebenen MaRisk-konformen Limite kontrahiert wurden. Das Institut muss die Risiken aus Zinsswaps im Bankbuch adäquat messen sowie überwachen. Die objektive Eignung ist insbesondere anhand des konkreten Chancen-/Risikoprofils des Swapgeschäfts, seiner Kompatibilität mit der internen Risikomess- und -steuerungsmethodik sowie seiner Strategiekonformität zu beurteilen.[1814] **Plain Vanilla Zinsswaps** sind objektiv zur Steuerung des allgemeinen Zinsänderungsrisikos geeignet, wenn sie strategiekonform und methodenkompatibel sind und innerhalb der eingeräumten Limite abgeschlossen wurden.

Die (objektive) **Eignung** zur **Steuerung des Zinsspannenrisikos** ist vom Institut nachzuweisen (dokumentieren). Grundsätzlich sind sog. **strukturierte**

[1812] Vgl. DGRV (Hrsg.), Praxishandbuch Derivate, Teil 2, A.I.5.4.

[1813] Vgl. DGRV (Hrsg.), Praxishandbuch Derivate, Teil 1, D.II.5.3.3.

[1814] Vgl. DGRV (Hrsg.), Praxishandbuch Derivate, Teil 2, A.I.5.4 mwN.

Derivate wie bspw. Ladder Swaps, Bonus-Malus-Dauersammler Zinsswaps, Quanto Zinsswaps, Constant Maturity Swaps[1815] usw. ungeeignet, da diese Swaps Risiken aufweisen, die qualitativ über die Zinsrisiken im Bankbuch hinausgehen.

Ungeeignet zur Steuerung der Zinsrisiken im Bankbuch sind grundsätzlich **Stillhalterpositionen** aus Zinsoptionen bzw. vom **Vertragspartner kündbare Zinsswaps**. Durch den Vertragspartner kündbare Zinsswaps können jedoch dann zulässig sein, wenn diese nachgewiesen der Absicherung von erworbenen Kündigungsrechten in bilanziellen Geschäften dienen.

Besonderheiten langlaufender Zinsswaps und deren Behandlung nach BFA

Ungeeignet zur Steuerung des Zinsspannenrisikos in diesem Sinne sind auch Zinsswaps, die nicht der Umsetzung der aus dem Geschäft abgeleiteten Bankbuchstrategie dienen. Hierunter können bspw. **Zinsswaps mit sehr langer Laufzeit** fallen, deren Laufzeit deutlich über die Laufzeit des sonstigen Bankbuchgeschäfts hinausgeht (wenn also andere Bankgeschäfte mit vergleichbarer langer Laufzeit fehlen).[1816] Solche Zinsswaps haben bezüglich ihres Marktwerts teilweise eine enorme Hebelwirkung und bergen damit ein nennenswertes Risiko.

DGRV (Hrsg.)[1817] hat sich ausführlich dieser Thematik gewidmet und **Kriterien hinsichtlich der Zulässigkeit** langlaufender Zinsswaps als geeignetes Instrument zur Risikosteuerung im Bankbuch festgelegt (adäquate Messung und Überwachung iRe. implementierten wertorientierten Steuerungsansatzes, Festlegung von aus der Risikotragfähigkeit abgeleiteten Limiten, neben einer VaR-basierten Zinsrisikomessung sind die Risiken ergänzend durch geeignete Zinsszenarien zu quantifizieren, Nachweis, dass langlaufende Zinsswaps der Umsetzung der Zinsbuchstrategie dienen usw.). Bei diesen Zinsswaps muss neben dem Kriterium der objektiven Eignung (vgl. oben) zur Steuerung des Zinsänderungsrisikos auch das Kriterium der **Laufzeitkongruenz** gemäß IDW RS BFA 3 n.F. Tz. 23 beachtet werden.[1818]

Andernfalls sind die Zinsswaps IDW RS BFA 3 n.F. Tz. 21 und 22 folgend grundsätzlich entweder dem Handelsbestand zuzuordnen und mit ihrem beizu-

---

[1815] Ausführlich vgl. Roller/Elster/Knappe, ZBB 2007, 345 ff.

[1816] Ausführlich vgl. DGRV (Hrsg.), Praxishandbuch Derivate, Teil 2, A.1.5.4.

[1817] Vgl. DGRV (Hrsg.), Praxishandbuch Derivate, Teil 2, A.1.5.4.

[1818] Vgl. DGRV (Hrsg.), Praxishandbuch Derivate, Teil 2, A.I.5.4.

4. Bewertungsvorschriften

legenden Zeitwert (§ 340e Abs. 3 HGB) anzusetzen oder imparitätisch einzeln zu bewerten.

Der BFA hat in IDW RS BFA 3 n.F. Tz. 23 hierzu (Kriterium der Laufzeitkongruenz) verlautbart:[1819] *„Die Aufteilung eines (langlaufenden) Zinsswapgeschäfts, dessen Laufzeit deutlich über die anderer Geschäfte des Bankbuchs hinausgeht, in einen Kassa- und einen Forward-Swap ist zulässig, wenn die anerkannten Bewertungsverfahren eine **willkürfreie** Differenzierung ermöglichen. Nur der Teil, der nachweislich in einem einheitlichen Nutzungs- und Funktionszusammenhang mit den übrigen zinsbezogenen Geschäften des Bankbuchs steht, wird in die verlustfreie Bewertung des Bankbuchs einbezogen, während der andere Teil zwingend der imparitätischen Einzelbewertung unterliegt."* Dabei sind die laufzeitkongruenten Zahlungsströme aus dem Zinsswap in das Bankbuch einzubeziehen, während die laufzeitinkongruenten Zahlungsströme der imparitätischen Einzelbewertung unterliegen. Soweit keine Aufteilung erfolgt, ist das gesamte Zinsswapgeschäft imparitätisch einzeln zu bewerten.

Der BFA hat nicht näher bestimmt, wann langlaufende Zinsswaps *„nachweislich in einem einheitlichen Nutzungs- und Funktionszusammenhang mit den übrigen Geschäften des Bankbuchs stehen"*. Ungeachtet dessen sind an den Nachweis, dass ein einheitlicher Nutzungs- und Funktionszusammenhang bestehe, hohe Anforderungen zu stellen.

Nach DGRV (Hrsg.)[1820] umfasst der laufzeitkongruente Teil die Zahlungsströme des Zinsswaps, deren Fälligkeit den regelmäßig im Zinsbuch kontrahierten Zinsbindungsdauern entspricht (**synthetischer Kassaswap**). Der laufzeitinkongruente Teil umfasst die Zahlungsströme, deren Fälligkeit über die regelmäßig im Zinsbuch kontrahierten Zinsbindungsdauern hinausgeht (**synthetischer Forward-Swap**); letzterer ist imparitätisch einzeln zu bewerten. Diese Aufteilung in einen synthetischen Kassaswap und einen synthetischen Forward-Swap ist zum Zugangszeitpunkt vorzunehmen und jährlich in der Form anzupassen, dass die Aufteilung neu vorgenommen wird (dh. der synthetische Forward-Swap „wandelt" sich nach und nach ratierlich zum synthetischen Kassaswap).

Letztendlich bedeutet diese Aufteilung in einen synthetischen Kassaswap (gehört zum Bankbuch) und einen synthetischen Forward-Swap (wird imparitätisch einzeln bewertet) im Zeitablauf, dass entsprechend dem künftigen Vorhandensein von Bankbuchgeschäften (Forderungen, Verbindlichkeiten,

---

[1819] Vgl. Vietze/Bär/Briesemeister/Löw/Schaber/Weigel/Wolfgarten, WPg 2018, 768 f.
[1820] Vgl. DGRV (Hrsg.), Praxishandbuch Derivate, Teil 2, A.I.5.4.

verzinslichen Wertpapieren) mit entsprechender (Rest-) Laufzeit die stillen Reserven bzw. stillen Lasten des gesamten langlaufenden Swaps, die anteilig auf den synthetischen Kassaswap entfallen, in die verlustfreie Bewertung des Bankbuchs „hineinwachsen".

Es ist anzunehmen, dass der BFA bei der Kompromisslösung, die er iRd. Sitzungsberichterstattung[1821] veröffentlicht hat, davon ausging, dass es sich um ein ratierliches „Hineinwachsen" handelt. Dieser Logik folgend, löst sich eine für den synthetischen Kassaswap gebildete Rückstellung (zB auch wegen der sich verkürzenden Restlaufzeit) zeitanteilig auf.

In der Praxis waren Gestaltungen dergestalt festzustellen, dass ein Institut bspw. nachträglich einen Kredit im Volumen und Laufzeit des langlaufenden Zinsswaps gewährt.[1822] Bei dieser Gestaltung würde dem oben dargestellten Vorgehen folgend, der synthetische Forward Swap komplett auf einmal dem Bankbuch zuwachsen, dh. zum synthetischen Kassaswap werden. Dies würde bedeuten, dass eine zuvor für den synthetischen Forward Swap gebildete Rückstellung in voller Höhe dem Bankbuch „zuwachsen" würde, dh. formal ergebniswirksam aufgelöst würde und nur noch iRd. verlustfreien Bewertung des Bankbuchs abzubilden wäre.

Es handelt sich bei der (anteiligen) „Auflösung" der Rückstellung für den synthetischen Forward-Swap nur formal um eine Rückstellungsauflösung; materiell wird der „aufgelöste" Betrag als weitere stille Last dem Bankbuch zugerechnet. Es darf dabei nicht übersehen werden, dass die Belastung aus dem langlaufenden Swap durch das „Hineinwachsen" nicht entfallen ist. Vor diesem Hintergrund ist eine ertragswirksame Vollauflösung aufgrund von besonderen Gestaltungen im Bankbuch äußerst kritisch zu würdigen und abzulehnen; ein derartiges Vorgehen ist als sachverhaltsgestaltende Maßnahme (Earnings Management) zu werten. Dem ist der BFA im Ergebnis in IDW RS BFA 3 n.F. Tz. 31 gefolgt. Zur Änderung der Zuordnung von Geschäften zum Bankbuch vgl. 4.3.4.

Zur Zulässigkeit und bilanziellen Abbildung von sog. **Zwei-Phasen-Swaps** vgl. DRGV (Hrsg.);[1823] diese bestehen bspw. aus einem langlaufenden Festzinszahlerswap in Verbindung mit einem kürzer laufenden Festzinsempfängerswap.

[1821] Vgl. IDW BFA, Berichterstattung über die 244. Sitzung des BFA, FN 2013, 501 f.

[1822] Inwieweit diese Kreditgewährung nur mit dem Ziel erfolgt ist, die Rückstellung auflösen zu können, ist nicht eindeutig feststellbar.

[1823] Vgl. DGRV (Hrsg.), Praxishandbuch Derivate, Teil 2, A.I.5.4.

4. Bewertungsvorschriften

Vorzeitige Auflösung eines Zinsswaps

Bei vorzeitiger Auflösung von Zinsswaps des Bankbuchs durch Close-out (Terminierung) erlöschen gegen Zahlung des aktuellen Marktwerts (Close-out-Zahlung) sämtliche Ansprüche und Verpflichtungen aus dem Swap. Der Zinsswap ist zivilrechtlich beendet. Die Ausgleichszahlung ist im laufenden Jahr erfolgswirksam. Eine ratierliche Vereinnahmung bspw. über einen Rechnungsabgrenzungsposten ist grundsätzlich nicht zulässig. Die damit zusammenhängenden Aufwendungen bzw. Erträge sind nach Ansicht des BFA im **Zinsergebnis** auszuweisen.[1824]

In diesem Kontext ist festzustellen, ob ein **Close-out strategiekonform** ist oder ob diese Maßnahme nicht nur der Vereinnahmung des positiven Marktwerts dienen soll. Dh. die vorzeitige Auflösung ist mithin nur iRe. strategiekonformen Risikosteuerungsmaßnahme möglich. Dies ist bspw. in folgenden Fällen der Fall:[1825]

*   Der bei Abschluss verfolgte Sicherungszweck ist nicht mehr erreichbar.[1826]
*   Der abgesicherte Sachverhalt ist eingetreten und die gegenläufigen Gewinne bzw. Verluste werden realisiert.[1827]
*   Die strategische Ausrichtung im Bankbuch (Zinsbuch) wird grundlegend geändert.

Vorzeitige Auflösungen, die maßgebend aus bilanzpolitischen Gründen zur Ergebnissteuerung durchgeführt werden, stellen sog. sachverhaltsgestaltende Maßnahmen dar; sie sind im Prüfungsbericht zu erläutern.

[1824] Vgl. IDW BFA, Berichterstattung über die 189. Sitzung, FN 2004, 697; ebenso DGRV (Hrsg.), Praxishandbuch Derivate, Teil 1, D.II. 5.3.4. und Teil 2. A.I. 5.4.

[1825] Vgl. DGRV (Hrsg.), Praxishandbuch Derivate, Teil 1, D.II. 5.3.4. und Teil 2. A.I. 5.4.

[1826] Dies kann der Fall sein, wenn sich die Cashflow-Struktur im Zinsbuch geändert hat, bspw. aufgrund von Neugeschäft, Sondertilgungen oder aufgrund von erforderlichen Parameteranpassungen bei der Cashflow-Modellierung.

[1827] Mögliche Sachverhalte: Eine ungünstige Zinsentwicklung für das Institut (zB starke Zinserhöhung), deren Eintritt mit dem Zinsderivat iRd. Aktiv-/Passivsteuerung abgesichert wurde, ist eingetreten.
Um der Gefahr einer weiteren Zinserhöhung entgegenzuwirken, verkürzt das Institut die Duration im Depot A durch die Veräußerung von festverzinslichen Wertpapieren. Die (zinsinduzierten) Verluste aus der Veräußerung werden durch die Gewinne aus der vorzeitigen Terminierung von Sicherungsderivaten gedeckt. Im Saldierungsbereich gleichen sich wegfallende positive und negative Ergebnisbeiträge über die Restlaufzeit (weitgehend) aus.

Die vorzeitige Beendigung von Zinsswaps des Bankbuchs führt zur Vorwegnahme künftiger Erträge bzw. Aufwendungen. Bei ordnungsgemäßer Anwendung von IDW RS BFA 3 n.F. wird dieses Vorgehen idR bei der verlustfreien Bewertung im nächsten Jahresabschluss mit erfasst.

Handelt es sich bei den vorstehend genannten Close-out-Zahlungen um wesentliche Beträge, ist nach § 264 Abs. 2 HGB im **Anhang** und im **Lagebericht** darüber zu berichten.

Soweit im Anschluss an die Terminierung neue Zinsswaps kontrahiert werden, ist zu prüfen, ob die Terminierung eine **sachverhaltsgestaltende Maßnahme** ist.

4.12.2.5.4. Zinsswaps im Handelsbestand

Vertragsabschluss mit und ohne Einmalzahlungen

Soweit für marktabweichende Konditionen ein **Upfront Payment** vereinbart wird, bildet das Upfront Payment die positiven bzw. negativen Anschaffungskosten des Zinsswaps. Die bei Vertragsabschluss vorliegende Handelsabsicht ist zu dokumentieren. Eine nachträgliche Einbeziehung in den Handelsbestand ist gemäß § 340e Abs. 3 Satz 2 HGB (Umwidmungsverbot) nicht zulässig.

(Netto-)Darstellung von Zinsswaps im Handelsbestand

Bezüglich einer evtl. (Netto-) Darstellung von Zinsswaps, die über eine zentrale Gegenpartei abgewickelt werden, im Handelsbestand wird auf die diesbezüglichen Ausführungen zum Aktivposten 6a. verwiesen.[1828]

(Folge-) Bewertung

Zinsswaps, die zu Handelszwecken kontrahiert werden, sind nach § 340e Abs. 3 HGB zum beizulegenden Zeitwert abzüglich eines Risikoabschlags anzusetzen. Dabei ist der Grundsatz der Einzelbewertung zu beachten. Der beizulegende Zeitwert entspricht grundsätzlich dem **Clean Price**, dh. dem Marktwert des Swaps ohne anteilige Zinsen (siehe nachfolgend zur Zinsabgrenzung). Weitere Einzelheiten vgl. IDW RS BFA 2 sowie Kapitel 4.4.2.

[1828] Vgl. auch DGRV (Hrsg.), Praxishandbuch Derivate, Teil 2, A.I.5.1.

Sowohl die positiven als auch die negativen **Änderungen des beizulegenden Zeitwerts** sind in der Gewinn- und Verlustrechnung im Posten „7. Nettoertrag oder Nettoaufwand des Handelsbestands" zu zeigen.

Laufende Zinszahlungen und Zinsabgrenzungen

Es wird als zulässig erachtet, die laufenden Zinserträge und -aufwendungen, alternativ zu einem **GuV-Ausweis** im **Nettoergebnis des Handelsbestands**, auch im **Zinsergebnis** auszuweisen, wenn dies mit der internen Steuerung übereinstimmt (IDW RS BFA 2 Tz. 72 und 75). Darüber wäre im Anhang zu berichten. Die Methode ist stetig anzuwenden, eine Zuordnung ausschließlich der Zinserträge zum Zinsergebnis ist nicht zulässig.

Hier wird die Ansicht vertreten, dass nur der Ausweis im Handelsergebnis mit den Regelungen von IDW RS BFA 3 n.F. (verlustfreie Bewertung des Bankbuchs) vereinbar ist. Werden die Erträge (insbes. Zinsen und Dividenden) aus Handelsbeständen im Zins- bzw. Dividendenergebnis gezeigt, folgt hieraus, dass die Zinsinstrumente des Handelsbestands in die verlustfreie Bewertung des Bankbuchs (Zinsbuchs) einbezogen werden müssten, was nicht den GoB entsprechen würde.

Bestandteil des (bilanziellen) **Handelsbestands** sind auch die auf der Aktiv- und der Passivseite nach § 11 Satz 1 RechKredV abzugrenzenden (anteiligen) Zinsen (IDW RS BFA 2 Tz. 22); in diesem Fall ist in Summe der sog. **Dirty Price** im Handelsbestand erfasst.

Unabhängig vom gewählten Ausweis (GuV: Zinsergebnis oder Handelsergebnis) sind die erhaltenen und gezahlten Zinsen wie auch die zum Jahresende ermittelten Zinsabgrenzungen im Rahmen der Jahresabschlusserstellung für jeden einzelnen Swapkontrakt saldiert auszuweisen (erhaltene und gezahlte Zinsen bzw. abgegrenzte Zinsen).

Über mehrere Swapkontrakte darf keine Saldierung erfolgen, wenn die Zinsen im Zinsergebnis ausgewiesen werden. Soweit diese Zinsbeträge im Nettoergebnis des Handelsbestands gezeigt werden, erfolgt aufgrund der Ausweiskonzeption für diesen GuV-Posten allerdings (faktisch) eine Saldierung über alle Zwapgeschäfte.

Behandlung von Upfront Payments iRd. Folgebewertung

Bezüglich der Behandlung von Upfront Payments ist danach zu unterscheiden, in welchem GuV-Posten die laufenden Zinszahlungen bzw. die Zinsabgrenzung in der Gewinn- und Verlustrechnung ausgewiesen werden:

- **Ausweis der laufenden Zinsen/Zinsabgrenzung im Handelsergebnis**
  Eine gesonderte **ratierliche Auflösung des Upfront Payments** ist nicht erforderlich. Die **Bewertung zum Abschlussstichtag** berücksichtigt implizit die Zinsabgrenzung bereits zutreffend. Damit ist der Dirty Price des Zinsswaps im Posten „Handelsbestand" ausgewiesen.
- **Ausweis der laufenden Zinsen/Zinsabgrenzung im Zinsergebnis**
  Ein Upfront Payment ist zugunsten/zulasten des Zinsergebnisses pro rata temporis aufzulösen. Lediglich die Änderung des beizulegenden Zeitwerts, die aus der Veränderung der Zinsstrukturkurve resultiert (Clean Price), ist erfolgswirksam im Handelsergebnis zu erfassen. Die Zinsabgrenzung ist im Zinsergebnis zu buchen.

Entsprechendes gilt auch für Balloon Payments. Die Ansammlung dieser Beträge ist mithin in der Gewinn- und Verlustrechnung entweder zugunsten/zulasten des Handelsergebnisses oder zugunsten/zulasten des Zinsergebnisses zu buchen.

Vertragsauflösung während der Laufzeit

Bei einer Vertragsauflösung (Close out, Terminierung) vor dem Laufzeitende ist der Buchwert des Swaps mit der erhaltenen/bezahlten Ausgleichszahlung saldiert im Handelsergebnis zu zeigen. Wurden die laufenden Zinsen im Zinsergebnis gezeigt, sind die in der Ausgleichszahlung enthaltenen anteiligen Zinsen heraus zurechnen und in das Zinsergebnis zu buchen.

4.12.2.6. Sonderfragen

Close-out, Recouponing und Revalutierungsvereinbarungen bei Zinsderivaten und ähnliche Transaktionen

Vgl. hierzu die Ausführungen zum Passivposten „6. Rechnungsabgrenzungsposten".

„Liquiditätsneutrale" Terminierung von Zinsswaps

Vgl. hierzu die Ausführungen in Kapitel 4.12.7.2.

4.12.3. Optionen

4.12.3.1. Darstellung

Definition

Optionen sind Vereinbarungen, bei denen einem Vertragspartner (Optionsberechtigter) das Recht eingeräumt wird, zukünftig innerhalb einer bestimmten Frist (amerikanische Option) bzw. zu einem bestimmten Zeitpunkt (europäische Option) mit dem anderen Vertragspartner (Optionsverpflichteter, Stillhalter) ein festgelegtes Vertragsverhältnis einzugehen bzw. vom Stillhalter die Zahlung eines hinsichtlich seiner Bestimmungsgrößen festgelegten Geldbetrags (Barausgleich) zu verlangen (IDW RS BFA 6 Tz. 3).

IDW RS BFA 6

IDW RS BFA 6, der die Bilanzierung von Optionen regelt, ist die an das BilMoG angepasste Regelung der vormaligen BFA-Stellungnahme 2/1995.[1829] Materielle Änderungen ggü. BFA 2/1995 enthält IDW RS BFA 6 nicht.

Die in IDW RS BFA 6 dargestellten Regelungen sind bezüglich der Bilanzierung grundsätzlich als **Grundsätze ordnungsmäßiger Buchführung** zu betrachten; damit gelten sie **branchenübergreifend**. Ebenso wie bei anderen Derivaten bestimmt sich auch die Bilanzierung und Bewertung von Optionen nach deren Zwecksetzung (vgl. Kapitel 4.12.1.).

IDW RS BFA 6 beschränkt sich auf Optionsgeschäfte, die durch den Abschluss eines besonderen Vertrags zwischen dem Optionsberechtigten und dem Stillhalter zustande gekommen sind. Auf einer einseitigen Willenserklärung des Stillhalters basierende Optionen sind mithin nicht Gegenstand von IDW RS BFA 6.[1830]

[1829] Ausführliche Darstellungen: Krumnow ua., § 340e HGB, Rn. 452 ff.; Windmöller/Breker, WPg 1995, 389 ff.; Scharpf/Luz, 340 ff.; HdR 5. Aufl., Kapitel 7 Rn. 2 ff.
[1830] Vgl. Windmöller/Breker, WPg 1995, 390.

Vertragsbestandteile

Die Vereinbarung über den Kauf bzw. den Verkauf einer Option muss mindestens folgende **Vertragsbestandteile** umfassen:

- Art des Basiswerts (Basisobjekts, Underlyings): zB Aktien, festverzinsliche Wertpapiere, Indizes, Währung,
- Art der Option: Kaufoption (Call) oder Verkaufsoption (Put),
- Position: Kauf (Long Position) oder Verkauf (Short Position) der Option,
- Art der Ausübung: europäische (Ausübung am Verfalltag) oder amerikanische Option (Ausübung jederzeit während der Laufzeit),
- Laufzeit der Option: Verfalltag, Uhrzeit,
- Basispreis (Strike Price), zu dem der Basiswert geliefert bzw. abgenommen werden muss bzw. aufgrund dessen ein Barausgleich berechnet wird,
- Anzahl und Kurs bzw. Preis des zugrunde liegenden Basiswerts,
- Optionsprämie, die vom Käufer an den Verkäufer zu bezahlen ist.

Basiswerte

IDW RS BFA 6 bezieht sich hinsichtlich der Bilanzierung insbesondere auf eines der folgenden **Vertragsverhältnisse** (Basiswerte, Underlying), „*... sofern es für Institute übliche Geschäfte mit banktypischen Marktpreisrisiken umfasst*": Kaufverträge (zB Aktien, festverzinsliche Wertpapiere, Fremdwährungsbeträge, Edelmetalle), Verträge über Geldanlagen und Geldaufnahmen (Verbindlichkeiten), Termingeschäfte (zB Devisentermingeschäfte), Swapgeschäfte (sog. Swaptions) und Optionsgeschäfte (IDW RS BFA 6 Tz. 5).

Die Regelungen in IDW RS BFA 6 gelten als Grundsätze ordnungsmäßiger Buchführung auch bspw. bei erworbenen/verkauften Optionen zum Erwerb/Verkauf von Waren (Rohstoffe, fertige und unfertige Erzeugnisse), Grundstücken, Beteiligungen usw., obwohl Waren und Grundstücke nicht unbedingt „*banktypische Risiken*" zugrunde liegen.[1831] Gleiches gilt für Optionen über die Inanspruchnahme/Bereitstellung von Dienstleistungen sowie die Aufnahme/Rückzahlung von Fremdkapital.[1832]

Die Bilanzierung von Optionen iRd. Bilanzierung von Options- bzw. Wandelanleihen richtet sich nach § 271 Abs. 2 Nr. 2 HGB.

[1831] Im Ergebnis ebenso Häuselmann, DB 1987, 1745.

[1832] Vgl. Krumnow ua., § 340e HGB Rn. 452.

4. Bewertungsvorschriften

Optionsrechte und Stillhalterverpflichtungen im Zusammenhang mit **unechten Pensionsgeschäften** (Rückgaberecht des Pensionsnehmers) fallen nicht in den Anwendungsbereich von IDW RS BFA 6; die Bilanzierung von Pensionsgeschäften ist mit § 340b HGB abschließend geregelt.[1833]

Eine Option kann anstelle eines weiteren Vertragsverhältnisses (zB Kauf einer Aktie oder Abschluss eines Zinsswaps) auch auf einen **Barausgleich** (hinsichtlich ihrer Bestimmungsgrößen festgelegte Ausgleichszahlung durch den Stillhalter) gerichtet sein (IDW RS BFA 6 Tz. 6). Die Höhe dieser Ausgleichszahlung bestimmt sich idR als Differenz zwischen einem vorher festgelegten Geldbetrag und dem zum Zeitpunkt der Optionsausübung geltenden Marktwert eines Basiswerts (Underlying) wie zB eines Aktienkurses oder Indexstands (zB DAX).[1834]

Art der Ausübung

Die **Ausübung** eines Optionsrechts kann in der Weise geregelt sein, dass der Optionsberechtigte (Optionskäufer) innerhalb der Optionsfrist täglich (amerikanische Option) bzw. einmalig am Fälligkeitstag (europäische Option) eine entsprechende **Willenserklärung** ggü. dem Stillhalter (Optionsverkäufer) abzugeben hat. Es ist auch möglich, dass die Willenserklärung beim Eintritt einer bestimmten (für den Optionsberechtigten vorteilhaften) Bedingung automatisch als abgegeben gilt (IDW RS BFA 6 Tz. 4). Letzteres ist bspw. bei Zinsbegrenzungsvereinbarungen (Caps und Floors) üblich.

IDW RS BFA 6 ist auch auf Optionen anzuwenden, die bei sog. **strukturierten Finanzinstrumenten** nach IDW RS HFA 22 getrennt bilanziert werden.

Kauf und Verkauf, Optionsprämie

Der **Käufer einer Option** (Long Position) erwirbt das Recht, den **Basiswert** zu einem im Voraus vereinbarten Preis (Basispreis, Strike Price) zu kaufen (**Kaufoption, Call**) oder zu verkaufen (**Verkaufsoption, Put**) bzw. einen Barausgleich zu verlangen.

Für die Einräumung dieses Rechts zahlt der Käufer dem Verkäufer im Regelfall die **Optionsprämie**, deren Höhe ua. von der Art der Option (Call oder Put), dem Unterschied zwischen dem aktuellen Marktpreis des Basiswerts und

---

[1833] Vgl. Windmöller/Breker, WPg 1995, 390.
[1834] Vgl. Windmöller/Breker, WPg 1995, 391.

594

dem in der Option vereinbarten Basispreis, der Volatilität des Marktpreises und der Laufzeit der Option abhängt. Die Optionsprämie wird häufig einmalig bei Vertragsabschluss fällig.

Das Verlustpotenzial des Käufers einer Option ist auf die Höhe der Optionsprämie beschränkt. Sein Gewinnpotenzial ist theoretisch unbegrenzt (IDW RS BFA 6 Tz. 7 und 8).

Der Kauf einer Option garantiert dem Erwerber für den ungünstigen Fall der Preisentwicklung des Basiswerts eine bestimmte Absicherung, gleichzeitig bietet sie die Flexibilität, von günstigen Marktentwicklungen uneingeschränkt zu profitieren.

Der **Verkäufer (Stillhalter) einer Option** (Short Position) geht im Regelfall gegen den Empfang der Optionsprämie die Verpflichtung ein, auf Verlangen des Käufers den vereinbarten **Basiswert** zu einem im Voraus festgelegten Preis (Basispreis, Strike Price) zu liefern (**Kaufoption, Call**) oder abzunehmen (**Verkaufsoption, Put**) bzw. einen Barausgleich zu leisten. Der Verkäufer einer Kaufoption (Short Call) wird auch als **Stillhalter in Basiswerten** (bei Ausübung der Option durch den Käufer muss der Stillhalter die Basiswerte liefern) bezeichnet. Entsprechend wird der Verkäufer einer Verkaufsoption (Short Put) auch als **Stillhalter in Geld** (bei Ausübung der Option durch den Käufer muss der Verkäufer die Basiswerte abnehmen) bezeichnet, weil er im Falle der Ausübung durch den Käufer der Option Geld bereithalten muss.

Die Gewinnchance des Verkäufers einer Option ist auf die Höhe der vereinbarten Optionsprämie begrenzt. Das Verlustrisiko ist dagegen theoretisch unbegrenzt (IDW RS BFA 6 Tz. 7 und 8).

Die Zahlung einer Optionsprämie als Entgelt für die Einräumung des Optionsrechts ist jedoch keine notwendige Voraussetzung für die Entstehung einer Option.[1835] Gleichwohl geht IDW RS BFA 6 Tz. 7 f. bezüglich der Bilanzierung von der Entrichtung einer Prämie aus. Die Aktivierungspflicht beruht auf dem Vollständigkeitsgebot (§ 246 Abs. 1 HGB).

Die Prämie kann als Einmalbetrag am Anfang zu entrichten sein. Sie kann aber auch gestundet werden. Darüber hinaus kommt es vor, dass ausdrücklich Ratenzahlungen vereinbart werden.

[1835] Vgl. Breker, 16.

4.12.3.2. Einsatzmöglichkeiten

Wie andere Derivate, werden Optionen zum **Handel** (Spekulation), als Sicherungsinstrument iRv. **Bewertungseinheiten** erworben bzw. verkauft. Bei Instituten werden Zinsoptionen auch zur Absicherung des Zinsspannenrisikos im **Bankbuch** (zB Caps und Floors, Swaptions) eingesetzt.[1836] Zu einer Option auf Erwerb eigener Aktien/Anteile vgl. Lüdenbach[1837].

4.12.3.3. Marktwert

Optionspreis und Sensitivitätskennzahlen

Der **Optionspreis** (Marktwert) wird von einer Reihe von Variablen determiniert: der (erwarteten) Volatilität des Basiswertpreises, der Restlaufzeit der Option, dem Basiswertpreis im Bewertungszeitpunkt, dem risikolosen Zins bzw. den erwarteten Dividendenzahlungen innerhalb der Laufzeit sowie von der Höhe des Basispreises (Ausübungspreis, Strike Price).[1838]

Bezüglich dieser Variablen können **Sensitivitätskennzahlen** ermittelt werden, die anzeigen, wie stark der Optionspreis bei Konstanz der anderen Variablen auf Veränderungen der betrachteten Variablen reagiert.[1839] Diese Sensitivitätskennzahlen werden über die partielle Ableitung einer Optionspreisfunktion ermittelt: Delta[1840] (Kursempfindlichkeit), Gamma,[1841] (Delta-Empfindlichkeit),

---

[1836] Ausführlich vgl. Scharpf/Luz, 366 ff.

[1837] Vgl. Lüdenbach, StuB 2015, 795.

[1838] Vgl. Wiedemann, 165 ff.

[1839] Vgl. Scharpf/Luz, 360 ff.

[1840] Das Delta gibt an, welchen Einfluss der Kurs des Basiswerts auf den (gesamten) Wert der Option hat. Das Delta ist die erste Ableitung des Optionspreises nach dem Kurs (Preis) des Basiswerts. Ein Delta von 0,5 bedeutet, dass eine Veränderung des Kurses des Basiswerts von 1 EUR (in linearer Näherung) zu einer Veränderung des Optionspreises um 0,5 EUR führt. Der Wertebereich liegt beim Call zwischen $0 \leq +1$, beim Put $-1 \leq 0$. Ausführlich Scharpf/Luz, 361 ff.

[1841] Das Gamma gibt an, wie stark sich das Delta der Option (in linearer Näherung) ändert, wenn sich der Kurs des Basiswerts um eine Einheit ändert und alle anderen Parameter sich nicht ändern. Mathematisch ist das Gamma die zweite Ableitung des Optionspreises nach dem Kurs des Basiswerts (Steigungsfunktion des Deltas). Sowohl für Calls als auch für Puts gilt, dass das Gamma größer/gleich Null ist. Ein Delta von +0,6 und ein Gamma von 0,01 bedeutet: Ein Anstieg des Basiswertkurses um 1 EUR führt zu einem Anstieg des Optionspreises um 0,60 EUR (Delta +0,6 x 1) und einem Anstieg des Deltas um +0,006 auf +0,606. Ausführlich vgl. Scharpf/Luz, 363 f.

Theta[1842] (Zeitwertverlust), Vega[1843] (Volatilitätsempfindlichkeit) sowie Rho[1844] (Zinsempfindlichkeit).

Die Preisbildung (Marktwert) von Optionen findet wie bei anderen Wirtschaftsgütern grundsätzlich ebenfalls durch Angebot und Nachfrage statt. Die Preise **börsengehandelter Optionen** werden börsentäglich festgestellt (IDW RS BFA 6 Tz. 10).

Sofern für Optionen (zB OTC-Optionen) keine veröffentlichten Börsen- oder Marktpreise vorliegen oder diese aufgrund von Handelsbeschränkungen oder einer zu geringen Marktliquidität den tatsächlichen Marktwert der Option nicht zutreffend widerspiegeln, ist der beizulegende Wert anhand von **Optionspreismodellen** zu errechnen.[1845] Zur rechnerischen Ermittlung von Optionspreisen wurde in der Finanzwissenschaft eine Vielzahl von Optionspreismodellen entwickelt, die über unterschiedliche mathematische und wahrscheinlichkeitstheoretische Verfahren versuchen, einen „fairen" Optionspreis (Marktwert) zu ermitteln.

Es ist anerkannt, dass Optionspreismodelle auch für die dokumentäre Rechnungslegung Bedeutung haben können.[1846] Es kann bzw. muss ein theoretisch abgeleiteter beizulegender Zeitwert bzw. beizulegender Wert herangezogen werden, wenn die Ableitung auf allgemein anerkannten und bewährten Regeln beruht, die Methode dem Gebot der Stetigkeit und Willkürfreiheit entspricht und aktuelle Marktparameter in die Berechnung eingehen. Dabei sind die jeweiligen Marktverhältnisse, insbesondere Handelsbeschränkungen aufgrund einer zu geringen Marktliquidität, sowie Ausfallrisiken des Optionsverpflichteten zu berücksichtigen (IDW RS BFA 6 Tz. 10).

[1842] Das Theta gibt an, wie stark sich der theoretische Wert einer Option ändert, wenn sich die Restlaufzeit um einen Tag/ein Jahr verkürzt und alle anderen Parameter konstant bleiben. Ausführlich vgl. Scharpf/Luz, 364.

[1843] Das Vega gibt an, wie stark sich der Wert der Option ändert, wenn sich die Volatilität am Markt um einen Prozentpunkt ändert, bei Konstanz der anderen Parameter. Die Volatilitätsänderungen wirken sich in gleicher Weise auf Calls und Puts aus. Ausführlich vgl. Scharpf/Luz, 364 f.

[1844] Das Rho gibt an, wie stark sich der Wert der Option ändert, wenn sich der risikolose Zins am Markt um einen Prozentpunkt ändert. Für Calls ist Rho positiv, für Puts negativ. Ausführlich vgl. Scharpf/Luz, 366.

[1845] Vgl. Windmöller/Breker, WPg 1995, 392.

[1846] Vgl. Krumnow ua., § 340e HGB Rn. 453.

Put-Call-Parität

Ein Call kann nicht mehr wert sein als der Basiswert. Ein Put kann nicht mehr wert sein als der Barwert des Ausübungspreises (Basispreises). Diese Wertgrenzen sind der Ausgangspunkt zur Bestimmung der sog. **Put-Call-Parität**.[1847] Diese besagt: jede europäische Optionsform (C = Call oder P = Put) kann durch die Kombination der jeweils anderen Form mit dem Basiswert (BW) abgebildet werden. Dabei wird vorausgesetzt: gleiche Volumina in allen drei Geschäften, gleiche Fälligkeit und Ausübungspreise der Optionen. Vereinfacht kann dieser Zusammenhang wie folgt dargestellt werden:

- **+C = +BW +P (Put-Call-Parität)**
  Das Risiko aus einem Long Call (+C) entspricht der Kombination aus einer Long Position im Basiswert (+BW) und eines Long Puts (+P).
- **+BW = +C -P (synthetische Longposition im Basiswert)**
  Das Risiko aus einem Long Call (+C) und einem Short Put (-P) entspricht dem einer Long Position im Basiswert (+BW).
- **-BW = +P -C (synthetische Shortposition im Basiswert)**
  Das Risiko einer synthetischen Short Position im Basiswert (-BW) kann dadurch hergestellt werden, dass ein Long Put (+P) mit einem Short Call (-C) kombiniert werden.

Dies zeigt, dass Optionskombinationen bspw. dazu benutzt werden können, um synthetische Long- bzw. Shortpositionen herzustellen. Mittels der Put-Call-Parität lässt sich ferner die Äquivalenz zwischen Optionsstrategien und einfachen Optionspositionen zeigen. Die vorstehenden Formeln demonstrieren bspw., dass das sog. Covered Call Writing – also die Kombination aus einer Long Position im Basiswert (+BW) und einem Short Call (-C) – risikomäßig einem Short Put (-P) entspricht (**+BW = +C -P** → +BW -C = -P). Wird die Put-Call-Parität verletzt, sind risikolose Arbitragegewinne möglich.

Innerer Wert und Zeitwert

Der Marktwert (Preis, Prämie) einer Option setzt sich technisch aus zwei Komponenten zusammen: dem sog. **inneren Wert** und dem sog. **Zeitwert**.[1848]

[1847] Vgl. Schmidt (2014), 152 f.
[1848] Ermittlung beispielsweise mit der Software: Rendite&Derivate von Moosmüller&Knauf AG, Hemmingen, www.mmkf.de.

- Als **innerer Wert** wird die Differenz zwischen Basispreis und Kassakurs (bzw. Terminkurs) bezeichnet. Der innere Wert kann nicht negativ sein, da der Inhaber einer Option nicht zu deren Ausübung verpflichtet ist. Der innere Wert ist bei einem **Call** die Differenz zwischen aktuellem Kurs des Basiswerts und dem Basispreis. Bei einem **Put** ist der innere Wert die Differenz zwischen Basispreis und aktuellem Kurs des Basiswerts.
- Der **Zeitwert einer Option** ist die Differenz zwischen Marktwert und innerem Wert. Er wird stark von der **Volatilität** des Basiswertpreises, der **Restlaufzeit** der Option, dem **risikolosen Zins** und der **Art der Ausübung** (europäisch, amerikanisch) beeinflusst. Der Zeitwert verringert sich, die anderen Faktoren außer Acht gelassen, mit abnehmender **Restlaufzeit**, bis er am Verfalltag gleich Null ist.
  Der Zeitwert ist am größten, wenn der aktuelle Marktpreis des Basiswerts dem Basispreis (At-the-Money-Option) entspricht.
  Am Verfalltag hat die Option nur noch einen inneren Wert.[1849]
  Der Zeitwert repräsentiert für den Inhaber einer Option die Wahrscheinlichkeit, aus der Option bis zum Verfalltag einen Gewinn zu erzielen.

In diesem Zusammenhang sind folgende Begriffe relevant:

- **Im Geld (in-the-money)**
  „Im Geld" bezeichnet eine Option, bei der beim Call der aktuelle Marktpreis (Kurs) des Basiswerts höher ist als der Basispreis (Ausübungspreis) bzw. bei der beim Put der aktuelle Marktpreis (Kurs) des Basiswerts niedriger ist als der Basispreis (Ausübungspreis). Der Betrag, um den der aktuelle Kurs vom Ausübungspreis abweicht, ist der innere Wert der Option.
- **Aus dem Geld (out-of-the-money)**
  „Aus dem Geld" ist eine Option, die keinen inneren Wert aufweist. Ein Call ist aus dem Geld, wenn der aktuelle Kurs des Basiswerts kleiner ist als der Ausübungspreis. Ein Put ist aus dem Geld, wenn der aktuelle Kurs des Basiswerts größer ist als der Ausübungspreis. Die Option hat nur einen Zeitwert.
- **Am Geld (at-the-money)**
  Eine Option ist „am Geld", wenn der aktuelle Kurs des Basiswerts (nahezu) gleich dem Ausübungspreis ist (innerer Wert = Null). Wird der Ausübungspreis dabei mit dem Kassakurs (Spot) verglichen, spricht man von at-the-money-spot. Wird der Ausübungspreis mit dem laufzeitgleichen Terminkurs verglichen, spricht man von at-the-money-forward. Eine Option am Geld hat – im Vergleich zu einer Option, die aus dem Geld oder im Geld sind – den höchsten Zeitwert.

[1849] Wird eine Option am Laufzeitende/Fälligkeit mit einem Barausgleich abgerechnet, wird der dann bestehende innere Wert gezahlt.

Soweit der beizulegende Wert (Marktwert) nicht durch das bilanzierende Unternehmen anhand eines allgemein anerkannten Bewertungsmodells auf Basis aktueller Marktdaten selbst errechnet wurde, sind seitens des **Abschlussprüfers** ggf. IDW PS 314 n.f. sowie IDW PS 322 n.F.[1850] zu beachten.[1851]

Kreditrisiko bei der Marktwertermittlung

Bei der Ermittlung des Marktwerts (beizulegender Zeitwert, Fair Value) von Derivaten, für die keine quotierten Preise auf aktiven Märkten vorliegen, sind – wie nach IFRS (IDW RS HFA 47 Tz. 93 ff.) – sowohl das Kreditausfallrisiko des Kontrahenten (CVA) als auch das eigene Kreditausfallrisiko des bilanzierenden Instituts (DVA) zu berücksichtigen. Für die CVA-/DVA-Ermittlung bestehen in der Praxis unterschiedliche Methoden.[1852] Weitere Einzelheiten vgl. Kapitel 4.1.

4.12.3.4. Risiken

Das **Adressenausfallrisiko** schlägt sich in einem Vorleistungsrisiko (Gefahr, dass der Optionskäufer die Prämie als Einmalzahlung bereits entrichtet hat, während der Verkäufer seiner Verpflichtung noch nicht nachgekommen ist oder nicht nachkommen kann/will) nieder. Daneben besteht das Ausfallrisiko im Wiedereindeckungsrisiko (fällt der Vertragspartner aus, muss ggf. ein Ersatzgeschäft zu ungünstigeren Konditionen beschafft werden). Für den Verkäufer der Option besteht kein Adressenausfallrisiko, sobald der Käufer die Prämie geleistet hat.

Das **Marktpreisrisiko** wird von den den Marktwert bestimmenden Variablen beeinflusst. **Liquiditätsrisiken** und **operative Risiken** bestehen wie bei anderen Derivaten.

[1850] Vgl. Philipps/Wilting, WP Praxis 4/2014, 85 ff.

[1851] Vgl. HdR 5. Aufl., Kapitel 7 Rn. 27.

[1852] Vgl. IDW BFA, Berichterstattung über die 268. Sitzung, IDW Life 2016, 732 f.; IDW RS HFA 47, Abschnitt 14; Bäthe-Guski/Debus/Eberhardt/Kuhn, WPg 2013, 744 ff.; Glischke/Mach/Stemmer, FB 2009, 553 ff.; Plank, Schweizer Treuhänder 2011, 945 ff.; Grünberger, KoR 2011, 410 ff.; Gutjahr/Christ/Topper, KoR 2014, 249 ff.: PwC (Hrsg.), IFRS für Banken (2017), 1263 ff.; Weigel/Wolsiffer, WPg 2016, 1289 ff.; Wiechens/Lorenz/Morawietz, HdJ I/11, Rn. 46 mwN.

4.12.3.5. Rechnungslegung

4.12.3.5.1. Optionen bei Einzelbewertung

Vertragsabschluss

Bei Abschluss einer Option ist diese mit allen relevanten Vertragsdaten in einer **Nebenbuchhaltung** zu erfassen.[1853]

Der Grundsatz der Erfolgsneutralität des Anschaffungsvorgangs sowie der Grundsatz der Nichtbeachtung schwebender Geschäfte verbieten, **unentgeltlich erworbene Optionsrechte** bei Vertragsabschluss mit einem (vorsichtig) geschätzten Marktwert anzusetzen.[1854] Im Rahmen der (Folge-) Bewertung dieser Optionen gelten die allgemeinen Bilanzierungsgrundsätze. Mithin können unentgeltlich erworbene Optionen außerhalb des Handelsbestands iRd. Folgebewertung nicht über den Anschaffungskosten von Null bewertet werden. Eine andere Beurteilung kann dann greifen, wenn es sich um eine „unentgeltlich" erworbene Option vom Gesellschafter handelt.

Drohende Verluste aus **unentgeltlich vereinbarten Stillhalterverpflichtungen** sind im Gegensatz dazu dem Imparitätsprinzip folgend auch dann zu passivieren, wenn für eine Option keine Prämie vereinnahmt wurde.

a) Kauf einer Option

Erworbene Optionsrechte sind – auch wenn ihre Übertragbarkeit gesetzlich oder vertraglich ausgeschlossen ist – als **nicht abnutzbare Vermögensgegenstände** im Zeitpunkt des Erwerbs mit den **Anschaffungskosten** in Höhe der zu leistenden Optionsprämie zu aktivieren (IDW RS BFA 6 Tz. 12). Trotz einer Befristung auf die Laufzeit der Option handelt es sich nicht um abnutzbare Vermögensgegenstände, weshalb ein planmäßig absehbarer und regelmäßiger Wertverzehr nicht gegeben ist.[1855]

Die **Transaktionskosten** zählen grundsätzlich zu den Anschaffungsnebenkosten. Aufgrund der Unwesentlichkeit dieser Beträge werden Transaktionskosten im Regelfall sofort als Aufwand erfasst.[1856]

[1853] Detailliert vgl. Kommission für Bilanzierungsfragen des Bundesverbandes deutscher Banken, Die Bank 1990, 211.
[1854] Vgl. Breker, 58 ff.
[1855] Vgl. Häuselmann, DB 1987, 1746.
[1856] Vgl. BeBiKo. 13. Aufl., § 254 HGB Rn. 72.

Wird die Optionsprämie über einen längeren Zeitraum zinslos gestundet oder werden unverzinsliche Ratenzahlungen vereinbart, ist das Optionsrecht mit dem Barwert der vereinbarten Zahlungen anzusetzen und nach Windmöller/ Breker in Höhe des Nominalbetrags (Erfüllungsbetrags) eine Verbindlichkeit zu erfassen.[1857] Bei Instituten richtet sich der Ausweis der Verbindlichkeit nach § 21 RechKredV. Der Differenzbetrag zwischen dem als Verbindlichkeit zu passivierenden Nominalbetrag (Erfüllungsbetrag) und dem Barwert kann nach Windmöller/Breker[1858] nach § 250 Abs. 3 HGB als Rechnungsabgrenzungsposten (Disagio) aktiviert oder sofort als Aufwand gebucht werden. Hier wird hingegen die Ansicht vertreten, dass soweit dieser Bilanzierung gefolgt wird für die Aktivierung eines aktiven Rechnungsabgrenzungspostens eine Pflicht nach § 250 Abs. 1 HGB besteht (vgl. die Ausführungen in Kapitel 4.9.1.).

Es erscheint jedoch auch zulässig, den **Prämienbarwert** unter den sonstigen Vermögensgegenständen als Optionsrecht zu aktivieren und gleichzeitig in derselben Höhe eine Verbindlichkeit zu passivieren. Die Verbindlichkeit ist dann bei Zahlung der Prämie (bzw. Prämienrate) in einem ersten Schritt zunächst mit dem Zinssatz aufzuzinsen, der der Barwertermittlung zugrunde gelegt wurde und in einem zweiten Schritt um die geleistete Prämienzahlung zu kürzen.[1859]

Optionen mit **bedingter Prämienzahlung** (Contingent Premium Options), bei denen eine Prämie nur dann anfällt, wenn die Option am Ausübungstag im Geld ist (also am Ausübungstag einen inneren Wert aufweist) – dies kommt bspw. bei Caps und Floors vor – haben bei Vertragsabschluss einen Wert. Der Käufer erwirbt einen Vermögensgegenstand, der bilanziell zu erfassen ist. Korrespondierend ist eine Verbindlichkeit[1860] einzubuchen, sodass der Anschaffungsvorgang erfolgsneutral ist.[1861] Hiervon sind von vornherein unentgeltlich vereinbarte Optionen (vgl. oben) zu unterscheiden.

Nicht verbriefte Optionsrechte des **Umlaufvermögens** sind sowohl bei Instituten als auch bei Nichtbanken im Posten „Sonstige Vermögensgegenstände" auszuweisen (IDW RS BFA 6 Tz. 12). Optionsscheine (verbriefte Optionen)

[1857] Vgl. Windmöller/Breker, WPg 1995, 394.

[1858] Vgl. Windmöller/Breker, WPg 1995, 394.

[1859] Vgl. AFRAC-Stellungnahme 15 Rn. 10 und Erläuterung zu Rn. 10; DGRV (Hrsg.), Praxishandbuch Derivate, Teil 2, A.II.5.2.

[1860] Der Ausweis des Passivums als Rückstellung scheidet aus, da Rückstellungen stets zulasten der Gewinn- und Verlustrechnung gebildet werden müssen.

[1861] Vgl. HdR 5. Aufl., Kapitel 7 Rn. 22; Prahl/Naumann in: HdJ, Abt. II/10 Rn. 120 und Rn. 127 halten es auch für zulässig, diese Art von Option nicht einzubuchen, sondern lediglich auf Memokonten zu erfassen, was dann in der Konsequenz iRd. Folgebewertung ggf. zu Rückstellungen führt.

sind (nicht festverzinsliche) Wertpapiere und bei Instituten im Posten „Aktien und andere nicht festverzinsliche Wertpapiere" zu erfassen.

Inwieweit Optionen (bspw. zum Beteiligungs- oder Grundstückserwerb) in begründeten Ausnahmefällen dem **Anlagevermögen** zugeordnet werden können, ist im Einzelfall zu entscheiden;[1862] IDW RS BFA 6 sieht dies jedenfalls nicht ausdrücklich vor.

b) Verkauf einer Option

Als Gegenleistung für seine Verpflichtung, bei einer Kaufoption (Verkaufsoption) innerhalb einer bestimmten Frist oder zu einem bestimmten Zeitpunkt dem Inhaber der Option auf dessen Verlangen hin Basiswerte zu einem vereinbarten Preis zu liefern (abzunehmen), erhält der Stillhalter eine Optionsprämie. Die jeweilige Verpflichtung des Stillhalters, auch dann zu kaufen oder zu verkaufen, wenn dies für ihn ungünstig ist, besteht bis zum Zeitpunkt der Ausübung durch den Optionsberechtigten bzw. bis zum Zeitpunkt des Verfalls oder des Verkaufs der Option. Eine sofortige oder ratierliche Vereinnahmung der Optionsprämie ist mithin nach hM nicht möglich.[1863] Dies widerspräche dem Realisationsprinzip (§ 252 Abs. 1 Nr. 4 HGB). Der Stillhalter hat die Optionsprämie daher solange die Leistung noch geschuldet wird zu passivieren (IDW RS BFA 6 Tz. 17).

Für den Fall, dass statt einer Einmalzahlung der Optionsprämie bei Geschäftsabschluss eine spätere Zahlung, bspw. in Form von Ratenzahlungen, vereinbart wird, ist gleichwohl eine bilanzwirksame Erfassung sowohl der eingegangenen Stillhalterverpflichtung („Sonstige Verbindlichkeit") als auch des Anspruchs auf den Empfang von künftigen Prämienzahlungen (Forderung) geboten. Der Barwert der Optionsprämie (Marktwert) ist im Posten „Sonstige Verbindlichkeiten" zu passivieren und die Forderung auf Zahlung der ausstehenden Prämien ebenfalls in Höhe des Barwerts zu aktivieren; die Forderung ist bis zur Fälligkeit mit dem Zinssatz aufzuzinsen, der für die Diskontierung verwendet wurde.[1864]

Der **Ausweis** der Stillhalterverpflichtung hat im Posten „Sonstige Verbindlichkeiten" zu erfolgen (IDW RS BFA 6 Tz. 17).[1865] Dies, obwohl eine „richtige" Verbindlichkeit mangels Verpflichtung zu einer künftigen Auszahlung in Höhe

---

[1862] Vgl. HdR 5. Aufl., Kapitel 7 Rn. 7.
[1863] Vgl. Scharpf/Luz, 414 mwN; BeBiKo. 13. Aufl., § 254 HGB Rn. 74.
[1864] Vgl. DGRV (Hrsg.), Praxishandbuch Derivate, Teil 2, A.II.5.2.
[1865] Vgl. BeBiKo. 13. Aufl., § 254 HGB Rn. 74.

der Optionsprämie nicht gegeben ist.[1866] Die Prämie spiegelt den Wert wider, den die Stillhalterverpflichtung hat und den der Käufer der Option dem Stillhalter vergütet hat. Letztlich handelt es sich um eine Vorleistung des Käufers.[1867]

Der Ausweis eines Rechnungsabgrenzungspostens scheidet aus, denn es handelt sich nicht um eine während der Laufzeit gleichmäßig zu erbringende Leistung wie bei Vorgängen, für die Zinsen, Bürgschaftsgebühren oÄ zu entrichten sind, sondern um die Bindung zur Erbringung einer einmaligen Leistung.[1868] Der Ausweis als Rückstellung scheitert daran, dass keine der Entstehung und/ oder der Höhe nach ungewisse Verbindlichkeit vorliegt,

Muss der Verkäufer einer Option eine **Barsicherheitsleistung** (sog. Bareinschuss) erbringen (zB bei börsengehandelten Optionen), ist diese nach den Grundsätzen ordnungsmäßiger Buchführung in der Bilanz des Sicherungsnehmers als Verbindlichkeit auszuweisen.[1869] Der Optionsverkäufer hat dementsprechend, wie bspw. bei Futures, eine Forderung unter den „Sonstigen Vermögensgegenständen" zu erfassen. Ist der Empfänger der Sicherheitsleistung ein Kreditinstitut erscheint auch ein Ausweis als Forderung an Kreditinstitute zulässig.[1870]

Eine (Folge-) Bewertung des Bareinschusses ist im Regelfall entbehrlich, soweit die Bonität des Sicherungsnehmers (zB Börseneinrichtung) gegeben ist. Werden dagegen **Wertpapiere als Sicherheit verpfändet**, bleiben diese weiterhin in der Bilanz des Sicherungsgebers als dem rechtlichen und wirtschaftlichen Eigentümer ausgewiesen.[1871] Die (Folge-) Bewertung der als Sicherheit gestellten Wertpapiere richtet sich nach deren Bestandszuordnung.

c) Kombinationsgeschäfte aus gekauften und verkauften Optionen

Wird mit **einem Vertragspartner** gleichzeitig der Kauf und der Verkauf einer oder mehrerer Kauf- und/oder Verkaufsoptionen über **denselben Basiswert** vereinbart, wie dies bspw. bei den an **Börsen gehandelten Strategien** oder bei **OTC-Kombinationsgeschäften** (zB Zero Cost Optionen) der Fall ist, kann zwischen den Vertragspartnern eine **Aufrechnung** der zu zahlenden mit

[1866] Vgl. Breker, 131.
[1867] Vgl. Windmöller/Breker, WPg 1995, 395, die den Begriff „Vorauszahlungscharakter" für die erhaltene Optionsprämie verwenden.
[1868] Ebenso BeBiKo. 13. Aufl., § 254 HGB Rn. 74.
[1869] Vor BilMoG wurde dies in § 246 Abs. 1 HGB explizit geregelt.
[1870] Entsprechend der Vorgehensweise bei Initial Margins bei Financial Futures.
[1871] Vgl. HdR 5. Aufl., Kapitel 7 Rn. 8.

der zu erhaltenden Optionsprämie vereinbart worden sein. In diesen Fällen wird lediglich eine Nettooptionsprämie bezahlt bzw. vereinnahmt.

Bei **börsengehandelten Strategien** mit Optionen handelt es sich idR um eine **eigenständige Kontraktart**, sodass das Kombinationsgeschäft nicht in seine Bestandteile zu zerlegen ist. Die netto bezahlte Prämie wird aktiviert und die netto erhaltene Prämie wird passiviert.[1872]

Handelt es sich um ein **OTC-Kombinationsgeschäft** mit mehreren Optionen, die zwar gleichzeitig abgeschlossen werden, aber nach der (dokumentierten) Strategie, die sich das Unternehmen für diese Optionskombination gegeben hat, grundsätzlich auch getrennt voneinander glattgestellt bzw. veräußert werden können, können diese Optionen nur als Einzelgeschäfte getrennt bilanziert werden. Sie sind in diesem Fall genauso zu behandeln wie unabhängig voneinander kontrahierte einzelne Optionsgeschäfte.[1873]

Soweit es sich bei OTC-Kombinationsgeschäften

a) um einen einzigen Vertrag[1874] (mit demselben Vertragspartner) handelt und wenn **gleichzeitig**
b) nach der dokumentierten Strategie bzw. der Zielsetzung des Geschäfts die in der Kombination enthaltenen Optionen nicht getrennt voneinander beendet werden dürfen,

kann das Kombinationsgeschäft – wie dies bspw. bei Collars häufig der Fall ist – als **ein Geschäft** betrachtet werden. Als Anschaffungskosten ist die (Netto-) Prämie anzusetzen. Kritisch wird diese Beurteilung allerdings dann, wenn iRd. Abschlussprüfung festgestellt wird, dass der dokumentierten Strategie bzw. Zielsetzung im Nachhinein zuwider gehandelt wurde.

d) Optionen bei Optionsanleihen und strukturierten Produkten

Die bilanzielle Behandlung von in **Optionsanleihen** enthaltenen Optionen richtet sich beim Emittenten nach § 272 Abs. 2 Nr. 2 HGB.

[1872] Vgl. Prahl/Naumann, WPg 1992, 713; Scharpf/Luz, 431 f. mwN; Windmöller/Breker, WPg 1995, 393 machen keine Unterscheidung danach, ob es sich um börsengehandelte Kombinationsgeschäfte handelt oder nicht; sie sehen vielmehr vor dem Hintergrund des Saldierungsverbots stets die Pflicht zur Bruttoerfassung.
[1873] Vgl. Scharpf/Luz, 431 f. mwN.
[1874] Ebenso PwC (Hrsg.), Derivative Finanzinstrumente bei Industrieunternehmen, 4. Aufl., 234.

Die Bilanzierung beim Investor/Gläubiger als sog. **strukturierte Produkte** ist in IDW RS HFA 22 detailliert geregelt. Die danach getrennt zu bilanzierenden Optionen werden nach den hier dargestellten Grundsätzen abgebildet.

e) Verkaufsoptionen über Minderheitenanteile

Beim Erwerb einer Beteiligung, im Zuge dessen die Option eingeräumt worden ist, ist zu prüfen, ob eine Optionsprämie im Kaufpreis aufgerechnet wurde. Zu weiteren Details vgl. Fuchs/Hargarten/Weinmann.[1875]

(Folge-) Bewertung zum Abschlussstichtag

a) Gekaufte Option

Optionsrechte, soweit diese bei Instituten weder dem bilanziellen Handelsbestand noch dem Bankbuch zugeordnet und nicht Bestandteil einer bilanziellen Bewertungseinheit iSd. § 254 HGB sind, sind zum Abschlussstichtag grundsätzlich nach den für das **Umlaufvermögen** geltenden Vorschriften zu bewerten (IDW RS BFA 6 Tz. 13). Soweit gekaufte Optionen (Optionsrechte) aufgrund ihrer Zweckbestimmung (§ 247 HGB) ausnahmsweise dem **Anlagevermögen** zugeordnet werden, sind diese nach § 253 Abs. 3 HGB nach den für das Anlagevermögen relevanten Normen anzusetzen.

Dem Risiko einer **zweifelhaften Bonität** des Stillhalters ist dabei angemessen gesondert Rechnung zu tragen, soweit eine zweifelhafte Bonität nicht bereits im Börsen- oder Marktpreis berücksichtigt ist. In diesem Zusammenhang ist von Bedeutung, ob Nettingvereinbarungen bestehen, die insolvenzfest sind oder ob Sicherheiten gestellt worden sind.

Bei börsengehandelten Optionsrechten ist der Buchwert mit dem Börsen- oder Marktpreis zu vergleichen. Dabei ist zu beachten, dass der Marktpreis eines anderen Optionsrechts nicht relevant sein kann, wenn die Ausstattungsmerkmale (Kontrahent, Basiswert, Basispreis, Restlaufzeit, Ausübungsmodalitäten) einschließlich des Ausfallrisikos nur teilweise übereinstimmen. Eine Interpolation des Werts bei ansonsten ausstattungsidentischen Optionen mit unterschiedlicher Laufzeit ist ebenso nicht möglich.

Wird der beizulegende Wert mittels eines Optionspreismodells ermittelt, muss dieses als geeignet zur Bewertung der Option allgemein anerkannt sein. Der Bewertung müssen aktuelle Marktdaten zugrunde gelegt werden.

[1875] Vgl. Fuchs/Hargarten/Weinmann, BB 2018, 2475 ff.

Soweit der Börsen- oder Marktpreis bzw. der beizulegende Wert niedriger als der Buchwert ist, ist bei Optionsrechten des Umlaufvermögens stets eine Abwertung vorzunehmen (§ 253 Abs. 4 HGB). Bei Optionen des Anlagevermögens besteht ein Abwertungswahlrecht, soweit die Wertminderung voraussichtlich nicht von Dauer ist (§ 253 Abs. 3 HGB). Handelt es sich dagegen um eine voraussichtlich dauernde Wertminderung, ist beim Anlagevermögen die Abwertung ebenfalls verpflichtend. Optionsrechte des Anlagevermögens sind mangels gleichmäßigem, im Voraus abschätzbarem Wertverzehr,[1876] keine planmäßig abzuschreibenden Vermögensgegenstände, da das Recht auch am letzten Tag der Optionsfrist nicht automatisch wertlos sein muss.[1877]

Soweit nach einer früheren Abwertung iSd. § 253 Abs. 3 Satz 5 oder 6 HGB (Anlagevermögen) und § 253 Abs. 4 HGB (Umlaufvermögen) der Börsen- oder Marktpreis bzw. der beizulegende Wert wieder gestiegen ist, ist eine **Wertaufholung** (Zuschreibung) nach § 253 Abs. 5 HGB zu buchen.

Abschreibungen und Zuschreibungen sind in den **GuV-Posten** „Sonstige betriebliche Aufwendungen" bzw. „Sonstige betriebliche Erträge" zu zeigen. Dies gilt sowohl für Institute als auch für Nichtbanken (IDW RS BFA 6 Tz. 14), denn es handelt sich um einen in den sonstigen Vermögensgegenständen ausgewiesenen Vermögensgegenstand.

b) Verkaufte Option

Verkaufte Optionen sind schwebende Geschäfte. Durch Kurs- bzw. Wertänderungen des der Option zugrunde liegenden Basiswerts (zB Aktie) verändert sich die Wahrscheinlichkeit der Ausübung der Option. Zu jedem Abschlussstichtag ist mithin die Verpflichtung aus Stillhalterpositionen zu bewerten, dh. daraufhin zu beurteilen, ob eine Rückstellung für drohende Verluste aus schwebenden Geschäften zu bilden ist. Eine Drohverlustrückstellung ist insoweit zu bilden, wie der (Markt-) Wert der Option am Abschlussstichtag höher ist als der Buchwert der passivierten Optionsprämie (IDW RS BFA 6 Tz. 18); dieses Vorgehen entspricht *den stichtagsbezogenen Wegschaffungskosten der Verbindlichkeit*. Eine Abzinsung der Rückstellung nach § 253 Abs. 2 Satz 1 HGB ist nicht zulässig, da die Abzinsung bereits bei der Ermittlung des Verpflichtungsüberschusses berücksichtigt ist.

[1876] Vgl. Windmöller/Breker, WPg 1995, 396.
[1877] Vgl. HdR 5. Aufl., Kapitel 7 Rn. 9 mwN. Eine planmäßige Abschreibung kann auch nicht damit begründet werden, dass der Zeitwert als Komponente des Optionspreises im Zeitablauf abnimmt. Eine solche Abnahme kann durch einen höheren inneren Wert (über-) kompensiert werden.

Der BFA folgt für die Ermittlung der Rückstellung der **Glattstellungsfiktion**, die im Übrigen für die Bewertung sämtlicher Derivate und anderer schwebender Geschäfte maßgebend ist. Bei der Glattstellungsfiktion wird – wie der Begriff schon sagt – unterstellt, dass die Option am Abschlussstichtag durch ein (kongruentes) Gegengeschäft glattgestellt werden kann. Damit wird der gesamte (Markt-) Wert der Option am Bilanzstichtag bei der Bewertung herangezogen und nicht nur der innere Wert.[1878]

Für die Bewertung von Stillhalterverpflichtungen sind entweder an Börsen notierte Preise bzw. am Markt für identisch ausgestattete Optionen quotierte Preise oder mithilfe geeigneter Optionspreismodelle anhand aktueller Marktparameter rechnerisch bestimmte Preise zugrunde zu legen.

Die bei Vertragsabschluss erhaltene Optionsprämie bleibt unabhängig von künftigen Wertänderungen unverändert im Posten „Sonstige Verbindlichkeiten" mit dem vereinnahmten Betrag ausgewiesen. Lediglich für den Fall, dass der (Markt-) Wert der Option am Abschlussstichtag höher als der im Posten „Sonstige Verbindlichkeiten" ausgewiesene Betrag ist, wird der Differenzbetrag als Drohverlustrückstellung gebucht. Sollte der (Markt-) Wert der Option an einem der folgenden Abschlussstichtage sinken, führt dies zu einer entsprechenden Auflösung der Rückstellung bis maximal zum Betrag von Null.

Die Rückstellung ist in der **Bilanz** von Instituten im Posten „Andere Rückstellungen" und in der Bilanz von Nichtbanken dementsprechend im Posten „Sonstige Rückstellungen" zu zeigen. Zuführungen zur Drohverlustrückstellung sind bei Instituten und Nichtbanken im **GuV-Posten** „Sonstige betriebliche Aufwendungen", Auflösungen der Rückstellung in den „Sonstigen betrieblichen Erträgen" zu erfassen.

c) Kombination aus gekauften und verkauften Optionen

Soweit die in der Optionskombination enthaltenen einzelnen Optionen nicht als ein Geschäft angesehen werden, ist eine eigenständige Bewertung der erworbenen bzw. verkauften Option/en nach den vorstehenden Regeln erforderlich.

Wird das Kombinationsgeschäft dagegen als ein Geschäft mit der Nettoprämie aktiviert bzw. passiviert, wird dieses iRd. Folgebewertung auch als ein Geschäft bewertet und bilanziert. Enthält die Optionskombination eine verkaufte Option sowie eine erworbene Option, müssen beide Optionen für eine Gesamtbetrachtung dieselbe Laufzeit und dieselben Ausübungsmodalitäten haben; zudem muss die Möglichkeit gegeben sein, bei Ausübung der verkauften

---

[1878] Zu möglichen Ausnahmen vgl. HdR 5. Aufl., Kapitel 7 Rn. 11.

Option zeitgleich auch die erworbene Option auszuüben. Denn bei Ausübung der verkauften Option muss zeitgleich die gegenläufige Erfolgswirkung der erworbenen Option eintreten.[1879]

Sog. **Zero-Cost-Optionskombinationen**, bei denen bspw. die Ausübungspreise der „beteiligten" Optionsgeschäfte so gewählt wurden, dass sich die eigentlich zu zahlende und die zu empfangende Prämie entsprechen, sind für die Folgebewertung nach den vorstehend genannten Regeln zu bewerten. Auf die Ausführungen zu unentgeltlich erworbenen Optionen (siehe oben) wird verwiesen.

Ausübung der Option

a) Gekaufte Option

Bei der Ausübung einer **Kaufoption** (Long Call) wird der Hauptvertrag (zB Kauf einer Aktie zum vereinbarten Basispreis) in Gang gesetzt. Mit vertragsgemäßer Erfüllung der Option enden die Rechte und Pflichten hieraus. Der dabei **erworbene Vermögensgegenstand** (zB Aktie) ist nach Maßgabe der allgemeinen Grundsätze mit den Anschaffungskosten (erfolgsneutral) zu aktivieren.

Der **Buchwert** der Optionsprämie wird in der **Handelsbilanz** als **Anschaffungsnebenkosten** betrachtet. Die **Anschaffungskosten** des erworbenen Vermögensgegenstands ermitteln sich folglich aus dem Basispreis zuzüglich des Buchwerts der Option (IDW RS BFA 6 Tz. 22).[1880]

Beispiel – Ausübung einer gekauften Kaufoption

Es wird angenommen, dass die bezahlte Optionsprämie 10 EUR und der Ausübungspreis 100 EUR beträgt. Basiswert ist eine Aktie. Zwischen Erwerb und Ausübung der Option hat sich der Wert der Option nicht vermindert bzw. war kein Bilanzstichtag.

1.	Kauf der Kaufoption	EUR	EUR
	Sonstige Vermögensgegenstände	10	
	Forderungen an Kreditinstitute		10

[1879] Vgl. HdR 5. Aufl., Kapitel 7 Rn. 5 mwN.
[1880] Ausführlich hierzu vgl. Knobloch/Osinski, BFuP 2017, Heft 1, 105 ff.; WPH Edition, Kreditinstitute, Kap. D. Rn. 219.

2.	Ausübung der Kaufoption	EUR	EUR
	Aktie	110	
	Forderungen an Kreditinstitute		100
	Sonstige Vermögensgegenstände		10

Die Buchung 1. zeigt den Kauf der Kaufoption. Bei Ausübung der Kaufoption erwirbt der Inhaber der Option die Aktie zum Basispreis, gleichzeitig muss der Buchwert der Kaufoption (10 EUR) als Anschaffungsnebenkosten der Aktie aus dem Posten „Sonstige Vermögensgegenstände" in den Posten „Aktie" umgebucht werden (Buchung 2.).

Es spielt keine Rolle, ob die nach den vorstehenden Grundsätzen bestimmten Anschaffungskosten des Basiswerts über dessen Marktwert bei Optionsausübung liegen.[1881] Der erworbene Vermögensgegenstand (zB Aktie) ist mithin zunächst mit seinen Anschaffungskosten erfolgsneutral einzubuchen und (erst) zum nächsten Abschlussstichtag nach den allgemeinen Bewertungsnormen zu bewerten.[1882]

Im Gegensatz zur Regelung in BFA 2/1995 wird von IDW RS BFA 6 nicht mehr verlangt, die ursprünglich bezahlte Optionsprämie als Anschaffungsnebenkosten anzusetzen, was bei einer nach der Anschaffung erfolgten Abwertung der Optionsprämie zu einem nicht erfolgsneutralen Anschaffungsvorgang geführt hatte. Die gelegentlich anzutreffende Praxis, den Buchwert des Optionsrechts bei Ausübung direkt als Aufwand zu erfassen, ist lediglich dann nicht zu beanstanden, wenn der Grundsatz der Wesentlichkeit nicht verletzt wird.

Entgegen der in IDW RS BFA 6 Tz. 22 dargestellten Vorgehensweise hat der BFH mit Urteil vom 22.5.2019[1883] für die **Steuerbilanz** entschieden, dass nicht der Buchwert der Optionsprämie, sondern *„die für die Einräumung der Option ursprünglich angefallenen Anschaffungskosten (...) bei Optionsausübung als Anschaffungsnebenkosten Teil der Anschaffungskosten der zum vereinbarten Basispreis erworbenen Aktien (sind)".* Dies hat zur Folge, dass bei einer zwischenzeitlichen Abwertung der Optionsprämie die Differenz zwischen de-

---

[1881] Vgl. Prahl/Naumann in: HdJ, Abt. II/10 Rn. 137; WPH Edition, Kreditinstitute, Kap. D. Rn.219.

[1882] Ebenso WPH Edition, Kreditinstitute, Kap. D. Rn. 219.

[1883] Vgl. BFH-Urteil vom 22.5.2019, XI R 44/17, BStBl. 2020 II, 44 ff.; DB 2019, 2048 ff.; DStR 2019, 1905 ff.; Haisch, RdF 2019, 343 f.; Schmid, DStR 2019, 2674 ff. Mujkanovic, StuB 2020, 181 ff.; Knobloch/Arend, DB 2021, 405 ff. (Teil 1), 461 ff. (Teil 2):

ren Buchwert und deren historischen Anschaffungskosten ein steuerpflichtiger Ertrag wird. Der BFH geht davon aus, dass seine Vorgehensweise kein Widerspruch zum Prinzip der Erfolgsneutralität von Anschaffungsvorgängen sei, da Umfang und Höhe der Anschaffungskosten durch tatsächliche Gegebenheiten bestimmt würden. In dem Umfang und in der Höhe, in denen sie tatsächlich entstanden seien, gehen sie – so der BFH – erfolgsneutral in die nachfolgende Bilanzierung ein.

Wird bei der Ausübung einer Option, deren **Basiswert ein Termingeschäft** (zB Terminkauf von Aktien) ist, das dem Termingeschäft zugrunde liegende Geschäft (zB Aktie) – wie dies bei Termingeschäften üblich ist – erst zu einem späteren Zeitpunkt erworben, hat die Optionsprämie quasi Vorleistungscharakter (vergleichbar mit einer Anzahlung) auf den späteren Erwerb des dem Termingeschäft zugrunde liegenden Geschäfts (also zB der Aktie). Die Prämie ist in diesen Fällen mithin bis zur Erfüllung des Termingeschäfts als „Sonstiger Vermögensgegenstand" auszuweisen und erst bei Erwerb des Basiswerts des Termingeschäfts (zB der Aktie) als dessen Anschaffungsnebenkosten umzubuchen.[1884]

Führt die Ausübung einer **Verkaufsoption** (Long Put) zum **Abgang eines Vermögensgegenstands**, ist der Buchwert des Optionsrechts mit dem Verkaufserlös zu verrechnen (IDW RS BFA 6 Tz. 22). Dies bedingt, dass lediglich der um die auszubuchende Optionsprämie verminderte Verkaufserlös zu erfassen.

Beispiel – Ausübung einer gekauften Verkaufsoption (Vermögensgegenstand)

Es wird angenommen, dass die bezahlte Optionsprämie 10 EUR und der Ausübungspreis 100 EUR beträgt. Basiswert ist eine Aktie. Der Buchwert der Aktie beträgt 80 EUR.

Zwischen Erwerb und Ausübung der Option hat sich der Wert der Option nicht vermindert bzw. war kein Bilanzstichtag.

1.	Kauf der Verkaufsoption	EUR	EUR
	Sonstige Vermögensgegenstände	10	
	Forderungen an Kreditinstitute		10

[1884] Vgl. Windmöller/Breker, WPg 1995, 394.

2.	Ausübung der Verkaufsoption	EUR	EUR
	Forderungen an Kreditinstitute	100	
	Aktie		80
	Sonstige Vermögensgegenstände		10
	GuV: Abgangsgewinn Aktie		10

Der Ausweis des „Abgangsgewinn Aktie" erfolgt in der Gewinn- und Verlustrechnung in Abhängigkeit davon, ob die Akten dem Handelsbestand (Formblatt 3: GuV-Posten 7.), der Liquiditätsreserve (Formblatt 3: GuV-Posten 14.) oder dem Anlagevermögen (Formblatt 3: GuV-Posten 16.) zugeordnet waren.

Kommt es durch die Ausübung des Optionsrechts zur **Begründung einer Verbindlichkeit** (zB Aufnahme eines Kredits), vermindert sich der Ausgabebetrag der Verbindlichkeit um den Buchwert des Optionsrechts (IDW RS BFA 6 Tz. 22). Der Buchwert der Option hat damit den Charakter eines Korrekturpostens zum Nennbetrag (Erfüllungsbetrag) der Verbindlichkeit.

Wenn die über die Option begründete Verbindlichkeit zum Erfüllungsbetrag angesetzt wird (§ 253 Abs. 1 HGB), ist nicht der Ausgabebetrag, sondern der Nennbetrag in voller Höhe zu passivieren. Da die Option zur Begründung der Verbindlichkeit ökonomisch betrachtet nur dann ausgeübt wird, wenn der zu zahlende Zinssatz günstiger ist als der am Markt zu zahlende Zins, ist davon auszugehen, dass die Differenz zwischen Nennbetrag (Erfüllungsbetrag) und niedrigerem Ausgabebetrag Zinscharakter hat.[1885] Mithin handelt es sich bei dieser Differenz um eine Ausgabe vor dem Abschlussstichtag, die Aufwand für eine bestimmte Zeit nach diesem Tag darstellt (§ 250 Abs. 1 HGB).[1886] Folglich ist diese Differenz als aktiver Rechnungsabgrenzungsposten nach § 250 Abs. 1 HGB abzugrenzen und über die Laufzeit der Verbindlichkeit ratierlich aufzulösen (Einzelheiten zum Verhältnis von § 250 Abs. 1 und 2 zu Abs. 3 HGB vgl. Kapitel 4.9.1.).[1887]

Zur Möglichkeit der Bilanzierung auf Basis der fortgeführten Anschaffungskosten vgl. Kapitel 4.2.4.

[1885] Dies wird von Windmöller/Breker, WPg 1995, 395 bestätigt.
[1886] Ebenso WPH Edition, Kreditinstitute, Kap. D. Rn. 219.
[1887] Windmöller/Breker, WPg 1995, 394 f. sind der Ansicht, dass in diesem Fall § 250 Abs. 3 HGB anwendbar ist. Da der geschilderte Sachverhalt jedoch bereits von § 250 Abs. 1 HGB erfasst wird, ist für die Anwendung des § 250 Abs. 3 kein Raum.

Beispiel – Ausübung einer erworbenen Kaufoption (Verbindlichkeit)

Es wird angenommen, dass die bezahlte Optionsprämie 10 EUR und der Ausübungspreis 100 EUR beträgt. Basiswert ist die Aufnahme eines Kredits (Verbindlichkeit). Der Erfüllungsbetrag (Nominalbetrag) der Verbindlichkeit beträgt ebenfalls 100.

Zwischen Erwerb und Ausübung der Option hat sich der Wert der Option nicht vermindert bzw. war kein Bilanzstichtag

1.	Kauf der Kaufoption	EUR	EUR
	Sonstige Vermögensgegenstände	10	
	Forderungen an Kreditinstitute		10

2.	Ausübung der Kaufoption	EUR	EUR
a)	Forderungen an Kreditinstitute	100	
	Verbindlichkeit		100
b)	Verbindlichkeit	10	
	Sonstige Vermögensgegenstände		10
c)	Aktiver Rechnungsabgrenzungsposten	10	
	Verbindlichkeit		10

Die Ausbuchung der Optionsprämie (Buchung 2. b)) führt zu einer Verminderung des Ausgabebetrags der Verbindlichkeit (100 – 10 = 90 EUR). Da Verbindlichkeiten mit dem Erfüllungsbetrag (100 EUR) anzusetzen sind, ist der Unterschiedsbetrag (10 EUR) als aktiver Rechnungsabgrenzungsposten gegen zu buchen, um den Buchwert der Verbindlichkeit auf den Erfüllungsbetrag (100 EUR) zu erhöhen.

Alternativ kann die Verbindlichkeit zu fortgeführten Anschaffungskosten bilanziert werden (vgl. Kapitel 4.2.4.), dann entfällt Buchung 2. c).

Geht die Ausübung einer Option mit einem **Barausgleich** einher, ist der Buchwert des Optionsrechts mit dem vom Stillhalter zu leistenden Betrag zu verrechnen.[1888] Damit entsteht ein (Netto-) Erfolg in Höhe der Differenz zwischen dem Barausgleichsbetrag und dem Buchwert der Option.

[1888] Ebenso Windmöller/Breker, WPg 1995, 395.

Beispiel – Ausübung einer erworbenen (Kauf-/Verkaufs-) Option (Barausgleich)

Es wird angenommen, dass die bezahlte Optionsprämie 10 EUR und der Barausgleich 70 EUR beträgt.

1.	Kauf der Kauf-/Verkaufsoption	EUR	EUR
	Sonstige Vermögensgegenstände	10	
	Forderungen an Kreditinstitute		10

2.	Ausübung der Kauf-/Verkaufsoption	EUR	EUR
	Forderungen an Kreditinstitute	70	
	Sonstige Vermögensgegenstände		10
	GuV: sonstiger betrieblicher Ertrag		60

b) Verkaufte Option

Hat der Stillhalter bei Ausübung einer **Verkaufsoption** (Short Put) durch den Optionsberechtigten einen **Vermögensgegenstand zu erwerben (zB Aktien)**, vermindert die passivierte Optionsprämie den Anschaffungspreis des Vermögensgegenstands (IDW RS BFA 6 Tz. 24). Der erworbene Vermögensgegenstand ist mit den so ermittelten Anschaffungskosten (Basispreis abzgl. Optionsprämie) anzusetzen.

Beispiel – Ausübung einer verkauften Verkaufsoption

Die bei Vertragsabschluss erhaltene Optionsprämie beträgt 15 EUR, der Ausübungspreis für die Option 100 EUR pro Aktie. Basiswert ist die X-Aktie, deren Kurswert am Ausübungstag 80 EUR ist.

1.	Verkauf der Verkaufsoption	EUR	EUR
	Forderungen an Kreditinstitute	15	
	Sonstige Verbindlichkeiten		15

2.	Ausübung der Verkaufsoption	EUR	EUR
a)	Aktie	100	
	Forderungen an Kreditinstitute		100
b)	Sonstige Verbindlichkeiten	15	
	Aktie		15

Bei Ausübung der Verkaufsoption durch den Inhaber der Option muss der Stillhalter die Aktie zum Basispreis (100 EUR) erwerben (Buchung 2.a)).

Die verkaufte Option, die bis zu diesem Zeitpunkt im Passivposten „Sonstige Verbindlichkeiten" passiviert war, ist bei ihrer Ausübung auszubuchen (Buchung 2.b)). Der Buchwert der bislang passivierten Optionsprämie (15 EUR) mindert die Anschaffungskosten (100 – 15 EUR = 85 EUR) des Basiswerts. Dass der Marktwert der Aktie nur 80 EUR beträgt, ist zum Ausübungszeitpunkt der Option (Anschaffung der Aktie) für die Ermittlung der Anschaffungskosten nicht relevant.

Insoweit, als der (Markt-) Wert des erworbenen Vermögensgegenstands niedriger ist als dessen Anschaffungskosten (Basispreis abzüglich Optionsprämie), entsteht für den Stillhalter zwar wirtschaftlich gesehen ein Verlust. Da der Anschaffungsvorgang erfolgsneutral sein muss, ist dieser Verlust nur dann zu erfassen, wenn auch am folgenden Bilanzstichtag ein niedrigerer Börsen- oder Marktpreis bzw. beizulegender Wert besteht und demzufolge zum Bilanzstichtag eine Abwertung zu buchen ist.[1889] Eine vorhandene Rückstellung kann dabei dazu verwendet werden, den erworbenen Vermögenswert (erfolgsneutral) auf den niedrigeren Wert „abzuschreiben", ansonsten ist die Rückstellung aufzulösen.[1890]

Hat der Stillhalter aufgrund der Ausübung einer **Kaufoption** (Short Call) einen **Vermögensgegenstand zu liefern**, ist die erhaltene und passivierte Optionsprämie dem Veräußerungserlös zuzuschlagen (IDW RS BFA 6 Tz. 24). Der BFA sieht hier einen finalen Zusammenhang zwischen der ursprünglichen Einräumung des Optionsrechts und der späteren Optionsausübung.[1891] Die ursprünglich für die zu erbringende Stillhalterleistung erhaltene Optionsprämie

---

[1889] Vgl. Scharpf/Luz, 424 f. mwN; WPH Edition, Kreditinstitute, Kap. D. Rn. 220.
[1890] Ebenso WPH Edition, Kreditinstitute, Kap. D. Rn. 220.
[1891] Vgl. Windmöller/Breker, WPg 1995, 396.

ist quasi als Vorauszahlung für den Verkauf des Basiswerts (zB Aktie) und damit als Erlösbestandteil zu behandeln.[1892]

Beispiel – Ausübung einer verkauften Kaufoption

Die bei Vertragsabschluss erhaltene Optionsprämie beträgt 15 EUR, der Ausübungspreis für die Option 100 EUR pro Aktie. Basiswert ist die X-Aktie, deren Buchwert 80 EUR beträgt.

1.	Verkauf der Kaufoption	EUR	EUR
	Forderungen an Kreditinstitute	15	
	Sonstige Verbindlichkeiten		15

2.	Ausübung der Kaufoption	EUR	EUR
a)	Forderungen an Kreditinstitute	100	
	Aktie		80
	GuV: Abgangsgewinn Aktie		20
b)	Sonstige Verbindlichkeiten	15	
	GuV: Abgangsgewinn Aktie		15

Der Abgangsgewinn (20 EUR) als Differenz zwischen Ausübungspreis (100 EUR) und Buchwert (80 EUR) der Aktie erhöht sich hier um die bei Vertragsabschluss vereinnahmte Optionsprämie (15 EUR).

Der Ausweis des „Abgangsgewinn Aktie" erfolgt in der Gewinn- und Verlustrechnung in Abhängigkeit davon, ob die Akten der Liquiditätsreserve (Formblatt 3: GuV-Posten 14.) oder dem Anlagevermögen (Formblatt 3: GuV-Posten 16.) zugeordnet waren; waren die Basiswerte dem Handelsbestand zugeordnet erfolgt der Ausweis im GuV-Posten 7.

Ein sich unter Berücksichtigung des Verbrauchs einer Rückstellung ergebender Abgangsgewinn bzw. -verlust ist in dem GuV-Posten zu zeigen, der für Abgangserfolge des betreffenden Vermögenswerts üblicherweise vorgesehen ist. Nur ein verbleibender Rückstellungsbetrag ist in das sonstige betriebliche Ergebnis aufzulösen.

[1892] Vgl. Windmöller/Breker, WPg 1995, 396.

Muss der Stillhalter bei Ausübung der Option durch den Optionsberechtigten eine **Verbindlichkeit begründen**, erhöht die Optionsprämie den Ausgabebetrag der Verbindlichkeit (IDW RS BFA 6 Tz. 24).

Beispiel – Ausübung einer verkauften Verkaufsoption (Verbindlichkeit)

Die bei Vertragsabschluss erhaltene Optionsprämie beträgt 15 EUR, der Ausübungspreis für die Begründung der Verbindlichkeit 95 EUR. Basiswert ist eine Verbindlichkeit, deren Erfüllungsbetrag (Nominalbetrag) 100 EUR ist.

1.	Verkauf der Verkaufsoption	EUR	EUR
	Forderungen an Kreditinstitute	15	
	Sonstige Verbindlichkeiten		15

2.	Ausübung der Verkaufsoption	EUR	EUR
a)	Forderungen an Kreditinstitute	95	
	Verbindlichkeit		95
b)	Sonstige Verbindlichkeiten	15	
	Verbindlichkeit		15
c)	Verbindlichkeit	10	
	Passive Rechnungsabgrenzungsposten		10

Die Begründung der Verbindlichkeit erfolgt zum Ausübungspreis von 95 EUR (Buchung 2.a)). Die Optionsprämie (15 EUR) erhöht den Ausgabebetrag der Verbindlichkeit (95 + 15 = 110 EUR; Buchung 2.b)), der damit über dem Erfüllungsbetrag (100 EUR) liegt.

Da Verbindlichkeiten zum Erfüllungsbetrag einzubuchen sind, ist hier eine Korrektur des Ausgabebetrags (- 10 EUR) notwendig (Buchung 2.c)).

Zur Möglichkeit der Bilanzierung aus Basis fortgeführter Anschaffungskosten vgl. Kapitel 4.2.4.

Der Optionsberechtigte wird diese Option zur Kreditvergabe nur dann ausüben, wenn dies für ihn bezüglich der Verzinsung günstiger ist. Mithin hat die

Optionsprämie für den Stillhalter ökonomisch gesehen Zinscharakter. Übersteigt der Ausgabebetrag aufgrund der Einbeziehung der Optionsprämie den Erfüllungsbetrag, ist in Höhe der Differenz ein passiver Rechnungsabgrenzungsposten zu bilden (§ 250 Abs. 2 HGB), über die Laufzeit der Verbindlichkeit aufzulösen und in dasselbe Zinskonto zu buchen wie der Zinsaufwand der Verbindlichkeit.[1893]

Zur Möglichkeit der Bilanzierung mittels fortgeführter Anschaffungskosten vgl. Kapitel 4.2.4.

Eine an vorangehenden Abschlussstichtagen gebildete Rückstellung für die Option ist in das sonstige betriebliche Ergebnis aufzulösen.[1894]

Tritt aufgrund der Ausübung der Option ein **Verlust** ein (zB beim Verkauf eines Vermögensgegenstands, wenn der Wert aus Basispreis zuzüglich Optionsprämie niedriger als der Buchwert ist), ist dieser Verlust zunächst mit einer bezüglich dieses Optionsgeschäfts an vorhergehenden Abschlussstichtagen gebildeten Rückstellung (Verbrauch) zu verrechnen (IDW RS BFA 6 Tz. 24). Ein nicht verbrauchter Rückstellungsbetrag ist erfolgswirksam aufzulösen (IDW RS BFA 6 Tz. 24) und im Posten „Sonstiger betrieblicher Ertrag" zu zeigen.

Bezüglich des GuV-Ausweises hat der BFA mit IDW RS BFA 6 Tz. 19 folgende Regelung getroffen: *„Aufwendungen und Erträge im Zusammenhang mit (...) der Optionsausübung (...) sind – ebenso wie beim Optionsberechtigten – in der Gewinn- und Verlustrechnung dem Posten „Sonstiger betrieblicher Aufwand/Erträge" zuzuordnen."* Die begrenzte Anwendungsmöglichkeit dieser Regelung besteht darin, dass nur dann, wenn keiner der oben genannten Sachverhalte vorliegt (Erwerb bzw. Verkauf eines Vermögensgegenstands, Begründung einer Verbindlichkeit), die Optionsprämie als Ertrag wie in IDW RS BFA 6 Tz. 19 vorgesehen zu vereinnahmen ist. Dies ist bspw. dann der Fall, wenn im Falle der Optionsausübung ein **Barausgleich** (zB Indexoption) vorgesehen ist. Darüber hinaus ist eine Auflösung einer (restlichen) Rückstellung in das sonstige betriebliche Ergebnis zu buchen.

[1893] Ebenso WPH Edition, Kreditinstitute, Kap. D. Rn. 220.
[1894] Windmöller/Breker, WPg 1995, 397, schlagen Folgendes vor: Soweit der Marktwert (Barwert) des Darlehens dessen Ausgabebetrag (inklusive Optionsprämie) übersteigt, eine Rückstellung bis zur Höhe des Differenzbetrags erfolgsneutral in den passiven Rechnungsabgrenzungsposten umzubuchen und über die Laufzeit des Darlehens aufzulösen. Nur der verbleibende Rückstellungsbetrag wäre dann erfolgswirksam aufzulösen.

Verfall der Option

a) Gekaufte Option

Lässt der Optionsberechtigte die Option verfallen, ist diese erfolgswirksam auszubuchen (IDW RS BFA 6 Tz. 23). Da es sich um den Abgang eines sonstigen Vermögensgegenstands handelt, sind diese Aufwendungen im GuV-Posten „Sonstige betriebliche Aufwendungen" zu erfassen.

b) Verkaufte Option

Bei Verfall einer verkauften Option sind sowohl die bislang passivierte Optionsprämie als auch eine evtl. für diese Option gebildete Rückstellung auszubuchen (IDW RS BFA 6 Tz. 25). Diese Erträge sind im GuV-Posten „Sonstige betriebliche Erträge" auszuweisen.

Verkauf und Glattstellung der Option

a) Gekaufte Option

Bei **Verkauf** der Option ist diese auszubuchen. Ein evtl. Gewinn bzw. Verlust aus dem Abgang ist nach den allgemeinen Bilanzierungsnormen zu realisieren und – da die Option als sonstiger Vermögensgegenstand bilanziert war – im sonstigen betrieblichen Ergebnis zu zeigen.

Bei der **Glattstellung** schließt der Käufer der Option ein Gegengeschäft ab, indem er eine Option mit gleichen Ausstattungsmerkmalen der zuvor erworbenen Option verkauft. Wirtschaftlich hat die Glattstellung zwar dieselben Wirkungen wie ein Verkauf der Option. Die bilanziellen Wirkungen sind jedoch danach zu unterscheiden, ob es sich um eine börsengehandelte oder um eine OTC-Option handelt.[1895]

Bei **börsengehandelten Optionen** werden iRd. Glattstellung die Rechte und Pflichten aus beiden Optionen aufgerechnet; beide Optionen werden idR rechtlich aufgehoben und sind damit beendet. Ein Erfolg ist mithin zu realisieren und – da die Option als sonstiger Vermögensgegenstand aktiviert war – im sonstigen betrieblichen Ergebnis zu erfassen.

Bei **OTC-Optionen** führt eine Glattstellung dagegen nicht zwingend zur Beendigung beider Optionsgeschäfte; beide Optionen bleiben vielmehr bis zu ih-

---

[1895] Ebenso WPH Edition, Kreditinstitute, Kap. D. Rn. 222.

rer Fälligkeit im Bestand, sodass eine Gewinnrealisierung nicht möglich ist.[1896] Gleichwohl wird in IDW RS BFA 6 Tz. 23 ohne nähere Begründung bzw. Unterscheidung ausgeführt, dass bei der Glattstellung von Optionen „... *die Differenz zwischen dem (...) Glattstellungserlös und dem Buchwert erfolgswirksam"* wird; der GuV-Ausweis erfolge im sonstigen betrieblichen Ergebnis (IDW RS BFA 6 Tz. 14).

Unstrittig liegt bei der Glattstellung von OTC-Optionen eine Bewertungseinheit iSd. § 254 HGB vor, sofern die hierfür geltenden Voraussetzungen gegeben sind. Beide Optionen sind mithin, soweit die Voraussetzungen gegeben sind, kompensierend zu bewerten. In den Fällen, in denen die Bewertungseinheit nicht vollständig wirksam ist, sind die einschlägigen Bestimmungen für Bewertungseinheiten zu beachten (IDW RS HFA 35).[1897] Einer uneingeschränkten Gewinnrealisierung kann daher bei OTC-Optionen – es sei denn es handelt sich um Optionen des Handelsbestands – nicht zugestimmt werden. Ein nicht realisierter Verlust ist dagegen dem Imparitätsprinzip folgend stets zu erfassen.[1898]

Die **wirtschaftliche Glattstellung** führt nach AFRAC nur dann zur Ausbuchung, wenn das derivative Gegengeschäft mit demselben Kontrahenten wie das ursprüngliche Derivategeschäft abgeschlossen wird **und eine Aufrechnungsvereinbarung** besteht, eine **Aufrechnung durchgeführt** wird und damit das ursprüngliche Geschäft als beendet betrachtet werden muss.[1899]

b) Verkaufte Option

Die Ausführungen für gekaufte Optionen gelten für die Glattstellung verkaufter Optionen entsprechend (IDW RS BFA 6 Tz. 25).[1900]

4.12.3.5.2. Optionen in einer Bewertungseinheit

Überblick

Im Rahmen einer Bewertungseinheit müssen sich grundsätzlich die Bewertungsergebnisse aus dem Optionsgeschäft und die entsprechenden gegenläufigen Bewertungserfolge aus der Gegenposition möglichst weitgehend kompen-

---

[1896] Ebenso WPH Edition, Kreditinstitute, Kap. D. Rn. 222.

[1897] Vgl. HdR 5. Aufl., Kapitel 7 Rn. 16 mwN.

[1898] Vgl. HdR 5. Aufl., Kapitel 7 Rn. 16 mwN.

[1899] Vgl. AFRAC-Stellungnahme 15 Rn. 27.

[1900] Ebenso WPH Edition, Kreditinstitute, Kap. D. Rn. 222.

sieren.[1901] So wurde vor Inkrafttreten des BilMoG zB bei der Absicherung von Fremdwährungsanlagen/-aufnahmen gegen Währungsrisiken durch erworbene Optionen ausgeführt, dass „... *bis zur Höhe des Bewertungsgewinns aus der Option auf eine Wertkorrektur bei der Fremdwährungsanlage/-aufnahme verzichtet"* werden kann.[1902]

Im Gegensatz dazu ist nach Inkrafttreten des BilMoG gemäß § 254 HGB iVm. IDW RS HFA 35 danach zu unterscheiden, ob die Wertänderungen des Grundgeschäfts und des Sicherungsinstruments auf dem gesicherten Risiko (zB Währungsrisiko, Aktienkursrisiko usw.) basieren oder dem nicht gesicherten Risiko zuzurechnen sind. Dies bedeutet für Optionen zB, dass deren Wertbestandteile innerer Wert und Zeitwert daraufhin zu prüfen sind, ob deren Änderungen iRd. Wirksamkeitsmessung dem gesicherten bzw. dem nicht gesicherten Risiko zuzuordnen sind. Nachfolgend werden anhand von Beispielen Lösungsmöglichkeiten aufgezeigt.

Optionen können in Bewertungseinheiten sowohl als Sicherungsinstrument (zB Long Put zur Absicherung eines vorhandenen Bestands an Basiswerten, sog. Protective Put) als auch als Grundgeschäft (zB Absicherung eines Long Calls mittels eines Short Calls) zum Einsatz kommen.

Der Einbezug einer Option in eine Bewertungseinheit ist bei Vertragsabschluss zu dokumentieren; im Falle einer Umwidmung bei Instituten nach § 340e Abs. 3 HGB muss die Dokumentation im Umwidmungszeitpunkt erfolgen.

Neben einfachen (Standard-) Optionen wie Kaufoptionen (Call) und Verkaufsoptionen (Put) – sog. Plain Vanilla Optionen – gibt es sog. exotische Optionen bzw. Optionen der zweiten/dritten Generation.

Plain Vanilla Optionen sind im Regelfall als Sicherungsinstrument geeignet, wenn der Basiswert (zB Währung oder Aktiengattung) der Option mit dem Grundgeschäft identisch ist (IDW RS HFA 35 Tz. 38).[1903]

Inwieweit dagegen **exotische Optionen** bzw. Optionen der zweiten/dritten Generation neben dem Handel (Spekulation) auch geeignete Sicherungsinstrumente iRe. Bewertungseinheit sind, ist im Einzelfall zu entscheiden. Gleiches gilt für die Eignung zur Steuerung des Zinsspannenrisikos im Bankbuch von Instituten. Normalerweise sind Optionen, wie bspw. Barrier Optionen (diese

---

[1901] Vgl. zu Optionen in Bewertungseinheiten Scharpf, RdF 2014, 62 ff.

[1902] Vgl. PwC (Hrsg.), Derivative Finanzinstrumente bei Industrieunternehmen, 4. Aufl., 192 (Rn. 475).

[1903] Vgl. auch Scharpf, RdF 2014, 63.

erlöschen oder entstehen bei Erreichen eines bestimmten Kurses des Basiswerts, können also keine Sicherung gewährleisten), Binary bzw. Digitale Optionen (mögliche Auszahlungen sind nur Null oder ein Betrag X) sowie Chooser Optionen (der Käufer kann zu einem bestimmten Zeitpunkt entscheiden, ob er einen Call oder einen Put hat), als Sicherungsinstrumente ungeeignet.

Das Sicherungsinstrument muss nach § 254 HGB demselben Risiko/denselben Risiken unterliegen wie das Grundgeschäft (IDW RS HFA 35 Tz. 25). Nur bei Vorliegen gleicher Risiken lassen sich gegenläufige kompensationsfähige Wertänderungen oder Zahlungsströme überhaupt verlässlich erzielen (IDW RS HFA 35 Tz. 25). Das abzusichernde Risiko muss dabei eindeutig bestimmbar und ermittelbar sein (IDW RS HFA 35 Tz. 26). Bei der Absicherung mittels einer Option als Sicherungsinstrument muss daher der Basiswert der Option (zB USD, bei Aktien derselbe Emittent und dieselbe Aktiengattung) dem Grundgeschäft entsprechen.[1904] Es muss ferner gewährleistet sein, dass der Gewinn bzw. Verlust aus dem Grundgeschäft und dem Sicherungsinstrument zeitgleich eintreten (Deckungsfähigkeit).

Um die nachfolgenden Beispiele nicht zu komplizieren, wird davon ausgegangen, dass der Vertragspartner eine einwandfreie Bonität hat; insoweit bleiben Wertänderungen bezüglich des Bonitätsrisikos außen vor.

Soweit sich die Wertänderungen von Grundgeschäft (zB Aktienbestand) und Sicherungsinstrument (zB Long Put) bezüglich des **gesicherten Risikos** ausgleichen, werden diese kompensatorisch behandelt und weder in der Bilanz noch in der Gewinn- und Verlustrechnung erfasst. Gleichen sich diese Wertänderungen der gesicherten Risiken nicht vollständig aus, ist bei einem negativen Überhang eine **Drohverlustrückstellung für Bewertungseinheiten** zu bilden (IDW RS HFA 35 Tz. 7, Tz. 66 ff.). Ein positiver Überhang bleibt aufgrund des Imparitätsprinzips unberücksichtigt.

Wertänderungen von Grundgeschäft und Sicherungsinstrument, die sich aufgrund **nicht gesicherter Risiken** ergeben, sind (ggf. auch bestandsabhängig) nach den allgemeinen Bilanzierungs- und Bewertungsgrundsätzen zu behandeln (IDW RS HFA 35 Tz. 68, Tz. 70).

[1904] Vgl. Kommission für Bilanzierungsfragen des Bundesverbandes deutscher Banken, Die Bank 1990, 213.

Absicherung von (Markt-) Wertrisiken (Fair Value Hedges)[1905]

Optionen können bspw. zur Absicherung von Wertänderungsrisiken von Bilanzbeständen bzw. gegenläufigen Optionen verwendet werden. Ein Wertänderungsrisiko besteht darin, dass sich der (beizulegende) Zeitwert (Marktwert) eines Grundgeschäfts über einen bestimmten Betrachtungszeitraum nachteilig verändern kann (IDW RS HFA 35 Tz. 21).

a) Absicherung gegenläufiger Optionen

Grundgeschäfte dürfen auch Derivate sein (IDW RS HFA 35 Tz. 31). Werden Optionen zur Absicherung der Wertänderungsrisiken anderer Optionen verwendet, müssen die Ausstattungsmerkmale von Grundgeschäft und Sicherungsinstrument gleich sein. Einem Long Call ist ein Short Call, einem Long Put ein Short Put gegenüberzustellen und umgekehrt.

Im Zusammenhang mit strukturierten Finanzinstrumenten werden Optionen ferner eingesetzt, um bestimmte (optionale) Risiken dieser strukturierten Produkte zu neutralisieren. Um in diesen Fällen eine sachgerechte Wirksamkeitsbeurteilung durchführen zu können, muss das strukturierte Produkt entsprechend IDW RS HFA 22 in den Basisvertrag (zB marktgerecht verzinsliche Anleihe) und die eingebettete/n Option/en zerlegt werden. Dies auch dann, wenn das strukturierte Finanzinstrument nicht nach IDW RS HFA 22 zerlegt bilanziert wird.

b) Bilanzierung eines Protective Puts nach § 254 HGB

Mit dem **Kauf einer Verkaufsoption** (Long Put) kann ein **vorhandener Bestand** an Basiswerten (zB Aktien) gegen Kursverluste gesichert werden (sog. Protective Put). **Fällt der aktuelle Marktpreis (Kurs)** des Basiswerts unter den Basispreis, tritt insoweit kein Verlust ein, da der Basiswert auf jeden Fall zum Basispreis über die Option an den Stillhalter verkauft werden kann. Hierbei muss davon ausgegangen werden, dass die Option (gedanklich) ausgeübt wird (und anschließend deren Wert gleich Null ist).

Liegt der aktuelle Marktpreis (Kurs) für die Basiswerte unter deren Buchwert, ist ohne Absicherung eine Abwertung der Basiswerte (zB Aktie) auf den niedrigeren beizulegenden Wert notwendig (§ 253 Abs. 4 HGB). Nur insoweit, als dieser Wertverlust gesichert ist, unterbleibt die Abschreibung (§ 254 HGB).

[1905] Vgl. auch Scharpf, RdF 2014, 63 ff.

Das abzusichernde Zins-, Aktienkurs- oder Währungsrisiko kann nicht nur vollständig (zB mittels Termingeschäft), sondern mithilfe von Optionen auch unter- bzw. oberhalb einer bestimmten Grenze (asymmetrisch) abgesichert werden (IDW RS HFA 35 Tz. 28). Unterhalb einer bestimmten Grenze kann man bspw. das Aktienkursrisiko vorhandener Bestände mithilfe von gekauften Puts (Long Put) absichern. Ein Wertausgleich kommt dabei insoweit zustande, als die Veränderung des inneren Werts der Option die mit umgekehrtem Vorzeichen versehene Wertänderung des Grundgeschäfts kompensiert. Mithin ist in diesem Zusammenhang das gesicherte Risiko bei Optionen auf den inneren Wert begrenzt. Insoweit ist IDW RS HFA 35 Tz. 73, wonach die Zeitwertkomponente in den Saldierungsbereich einbezogen werden darf, in derartigen Fällen nicht einschlägig, weil dies ggf. zu nicht sachgerechten Ergebnissen iSd. § 254 HGB führt.[1906] Die Änderung des Zeitwerts ist idR dem nicht gesicherten Risiko zuzurechnen.

Beispiel: Fallender Kurs des Basiswerts

Die im Bestand befindliche ABC-Aktie hat am 30.9.20X3 einen Buchwert von 100 EUR. Das Unternehmen möchte über den Bilanzstichtag bis Ende März 20X4 den Buchwert von 100 EUR mittels eines Puts sichern. Hierzu wird ein Put mit einem Basispreis von ebenfalls 100 EUR gekauft; Laufzeit des Puts 30.9.20X3 bis 31.3.20X4, Preis des Puts 5,29 EUR. Der innere Wert des Puts im Kaufzeitpunkt beträgt Null, der Zeitwert beläuft sich mithin auf 5,29 EUR.

Am 31.12.20X3 ist der Kurs der Aktie auf 95 EUR gefallen, während der Wert der Option auf 6,66 EUR gestiegen ist (innerer Wert 5,00 EUR, Zeitwert 1,66 EUR).

	Aktien-kurs €	Basis-preis €	Options-preis €	innerer Wert €	Zeitwert €
30.09.20X3	100,00	100,00	+5,29	0,00	+5,29
31.12.20X3	95,00	100,00	+6,66	+5,00	+1,66
Gewinn/ Verlust	-5,00	-	+1,37	+5,00	-3,63

Abb. 4.14: Wertänderungen ABC-Aktie und Put

[1906] Ein Anwendungsfall für IDW RS HFA 35 Tz. 73 ist bspw. die Absicherung von Wertänderungen bei Optionen mittels gegenläufiger Optionen.

Dies zeigt (vgl. Abb. 4.14), dass der Kursverlust der Aktie (-5 EUR) durch die Erhöhung des inneren Werts des Puts (ursprünglich Null, am Abschlussstichtag +5 EUR) ausgeglichen wird. Da der Wert des Puts insgesamt lediglich um +1,37 EUR gestiegen ist, ist dessen Zeitwert um -3,63 EUR gefallen.

Die Beurteilung der Wirksamkeit nach IDW RS HFA 35 Tz. 67 zum 31.12.20X3 ist wie folgt durchzuführen.

		Grund-geschäft €	Sicherungs-instrument €	
Ausgangs-situation	beizulegender Zeitwert: Designation der Sicherungs-beziehung	100,00	5,29	
	beizulegender Zeitwert: Bilanzstichtag 31.12.20X3	95,00	6,66	
Messung der Wirksamkeit	Wertänderung insgesamt	-5,00	+1,37	
	– aus gesicherten Risiken	-5,00	+5,00	0,00
	– aus nicht gesicherten Risiken	0,00	-3,63	
Bilanz und GuV	1. Stufe: gesichertes Risiko Ineffektivität	0,00		**saldiert**
	2. Stufe: ungesichertes Risiko	0,00	-3,63	**brutto**

Abb. 4.15: Absicherung ABC-Aktie – gesunkener Kurs der Aktie

Die Erhöhung des inneren Werts der Option (+5 EUR) basiert auf dem gesicherten Risiko und gleicht die Wertminderung der ABC-Aktie in voller Höhe (-5 EUR) aus. Bezüglich des nicht gesicherten Risikos ergibt sich bei der ABC-Aktie kein Wert.

Der Zeitwert der Option bzw. dessen Änderung ist dem nicht gesicherten Risiko zuzurechnen; die Verminderung in Höhe von -3,63 EUR ist durch eine Abwertung des aktivierten Puts zu erfassen.

Insgesamt entsteht ein (Abwertungs-) Aufwand iHv. -3,63 EUR. Da die Abwertung eines Vermögensgegenstands (aktivierte Option) der Bildung einer

Drohverlustrückstellung vorzuziehen ist, wird hier keine Rückstellung gebucht.

Steigt bei einem Protective Put der Kurs der im Bestand befindlichen Basiswerte (zB Aktienbestand), wird sich der Wert des Optionsrechts vermindern. Hier stellt sich die Frage, ob eine Verrechnung anfallender Abschreibungen auf das Optionsrecht mit unrealisierten Gewinnen aus dem Basiswertbestand kompensiert werden darf.

Bei der Klärung der Frage ist nach der Vorgehensweise, die von § 254 HGB sowie IDW RS HFA 35 Tz. 67 vorgegeben ist, die Tatsache relevant, dass bei derartigen Absicherungen – wie oben beschrieben – nur die Veränderung des inneren Werts der Option dem gesicherten Risiko zuzurechnen ist, weil sonst IDW RS HFA 35 Tz. 28 nicht eingehalten würde. Dies soll anhand eines Beispiels gezeigt werden.

Beispiel: Steigender Kurs des Basiswerts

Die im Bestand befindliche ABC-Aktie hat am 30.9.20X3 einen Buchwert von 100 EUR. Das Unternehmen möchte über den Bilanzstichtag bis Ende März 20X4 den Buchwert von 100 EUR mittels eines Puts sichern. Hierzu wird ein Put mit einem Basispreis von ebenfalls 100 EUR gekauft; Laufzeit des Puts 30.9.20X3 bis 31.3.20X4, Preis des Puts 5,29 EUR. Der innere Wert des Puts im Kaufzeitpunkt beträgt Null, der Zeitwert beläuft sich mithin auf 5,29 EUR.

Am 31.12.20X3 ist der Kurs der Aktie auf 105 EUR gestiegen, während der Wert der Option auf 1,94 EUR gesunken ist (innerer Wert Null, Zeitwert 1,94 EUR).

	Aktien-kurs €	Basis-preis €	Options-preis €	innerer Wert €	Zeitwert €
30.09.20X3	100,00	100,00	+5,29	0,00	+5,29
31.12.20X3	105,00	100,00	+1,94	0,00	+1,94
Gewinn/Verlust	+5,00	-	-3,35	0,00	-3,35

Abb. 4.16: Wertänderungen ABC-Aktie und Put

Dies zeigt (vgl. Abb. 4.16), dass es auf Basis der gesicherten Risiken (innerer Wert der Option) zu **keiner** Wertkompensation kommt. Die Wertänderung des Puts ist im Beispiel dem nicht gesicherten Risiko zuzurechnen.

		Grund-geschäft €	Sicherungs-instrument €	
Ausgangs-situation	beizulegender Zeitwert: Designation der Sicherungs-beziehung	100,00	5,29	
	beizulegender Zeitwert: Bilanzstichtag 31.12.20X3	105,00	1,94	
Messung der Wirksamkeit	Wertänderung insgesamt	+5,00	-3,35	
	– aus gesicherten Risiken	+5,00	0,00	+5,00
	– aus nicht gesicherten Risiken	0,00	-3,35	
Bilanz und GuV	1. Stufe: gesichertes Risiko Ineffektivität	+5,00		**saldiert**
	2. Stufe: ungesichertes Risiko	0,00	-3,35	**brutto**

Abb. 4.17: Absicherung ABC-Aktie – gestiegener Kurs der Aktie

Die Wertveränderung der ABC-Aktie, die auf das gesicherte Risiko zurückzuführen ist, beträgt +5,00 EUR. Da der Put sowohl bei Vertragsabschluss als auch am Abschlussstichtag keinen inneren Wert aufweist, also auch diesbezüglich keine Wertänderung eingetreten ist, beträgt die Wertänderung aufgrund des gesicherten Risikos beim Sicherungsinstrument Null. Damit ist die Wertänderung bezüglich des gesicherten Risikos bei der Bewertungseinheit insgesamt gesehen ein positiver Wert (nicht realisierter Gewinn), der wegen des Imparitätsprinzips außer Ansatz bleibt.

Die Wertänderung das nicht gesicherte Risiko betreffend beträgt -3,35 EUR. Um diesen Betrag ist der aktivierte Buchwert des Long Puts abzuwerten, sodass es insgesamt zu einem Aufwand von -3,35 EUR kommt. Die Abwertung der Option geht der Bildung einer Drohverlustrückstellung vor.

c) Gedecktes Stillhaltergeschäft (Covered Call Writing)

Beabsichtigt der Verkäufer einer Kaufoption (Short Call), seine „Eventualverpflichtung" zur Lieferung des Basiswerts (zB Aktie) durch einen bereits im Unternehmen vorhandenen Bestand an lieferbaren Basiswerten (Deckungsbestand) zu erfüllen, stellt sich die Frage, ob zwischen diesem Deckungsbestand (zB Aktien) und der verkauften Kaufoption (Short Call) eine Bewertungseinheit gebildet werden kann. Dabei würde der Short Call das Grundgeschäft darstellen, während der Basiswertbestand (zB Aktienbestand) das Sicherungsinstrument wäre.

Die Frage, ob beim Covered Call Writing eine handelsrechtliche Bewertungseinheit zulässig ist, wird hier mithilfe eines Beispiels beantwortet. Hierzu wird danach unterschieden, ob bis zum Abschlussstichtag der Kurs des Deckungsbestands gestiegen (Alternative 1) oder gesunken (Alternative 2) ist.

Beispiel

Die ABC-Aktie (Deckungsbestand) hat am 30.9.20X3 einen Buchwert von 100 EUR. Das Unternehmen möchte über den Bilanzstichtag bis Ende März 20X4 diese Aktie als Deckungsbestand für eine verkaufte Kaufoption (Short Call), die Ende März 20X4 fällig wird, halten. Die Kaufoption wurde mit einem Basispreis von 100 EUR für 5,97 EUR verkauft; die Prämie wurde vereinnahmt und passiviert. Der innere Wert[1907] des Short Calls im Verkaufszeitpunkt beträgt Null, der Zeitwert beläuft sich mithin auf 5,97 EUR.

Alternative 1: Am 31.12.20X3 ist der Kurs der Aktie auf 105 **gestiegen**. Der Marktwert des Short Calls hat sich auf 9,08 EUR erhöht. Der Marktwert des Short Calls setzt sich zusammen aus dem inneren Wert = 5,00 EUR und dem Zeitwert = 4,08 EUR.

[1907] In der Praxis wird bei Calls auf Aktien zur Ermittlung des inneren Werts der Basispreis (Strike) vom Terminkurs und nicht vom Kassakurs abgezogen. Der Terminkurs bei Verfall ermittelt sich anhand des Kassakurses, der mit dem Marktzins (Repo Rate) aufgezinst wird; Beispiel: aktueller Kassakurs bei Vertragsabschluss 100 EUR, Repo Rate 1,5 %, Laufzeit 6 Monate. Daraus ergibt sich ein Terminkurs von 100,75 EUR und ein innerer Wert bei Vertragsabschluss von 100,75 – 100 = 0,75 EUR. Vgl. hierzu auch das Programm Rendite&Derivate 8.0 von Moosmüller&Knauf, www.mmkf.de. Aus Vereinfachungsgründen wird im gezeigten Beispiel der Kassakurs dem Ausübungspreis gegenübergestellt.

	Aktien-kurs €	Basis-preis €	Options-preis €	innerer Wert €	Zeitwert €
30.09.20X3	100,00	100,00	-5,97	0,00	-5,97
31.12.20X3	105,00	100,00	-9,08	-5,00	-4,08
Gewinn/Verlust	+5,00	-	-3,11	-5,00	+1,89

Abb. 4.18: Wertänderungen ABC-Aktie und Short Call (Kurs gestiegen)

Die Darstellung in Abb. 4.18 zeigt, dass der Aktienkurs und damit die Veränderung des Werts bezüglich des gesicherten Risikos beim Deckungsbestand +5,00 EUR beträgt. Diese wird durch die Wertänderung des inneren Werts des Short Calls iHv. -5,00 EUR ausgeglichen. Die Veränderung des Zeitwerts der Option (+1,89 EUR), die als eine Verminderung des Passivums[1908] „passivierte Optionsprämie" anzusehen ist, bleibt aufgrund des Imparitätsprinzips unberücksichtigt.

Die Wertänderungen von Grundgeschäft (Short Call) und Sicherungsinstrument (Deckungsbestand), die auf das gesicherte Risiko zurückzuführen sind, gleichen sich im Beispiel aus (Abb. 4.19). Die Wertänderung des Short Calls, die auf das nicht gesicherte Risiko zurückzuführen ist, ist ein nicht realisierter Gewinn, der aufgrund des Imparitätsprinzips unberücksichtigt bleibt.

		Deckungs-bestand €	Short Call €	
Ausgangs-situation	beizulegender Zeitwert: Designation der Sicherungs-beziehung	100,00	-5,97	
	beizulegender Zeitwert: Bilanzstichtag 31.12.20X3	105,00	-9,08	
Messung der Wirksamkeit	Wertänderung insgesamt	+5,00	-3,11	
	– aus gesicherten Risiken	+5,00	-5,00	0,00
	– aus nicht gesicherten Risiken	0,00	+1,89	

[1908] Die Verminderung eines Passivums ist bezogen auf die Gegenbuchung ein Ertrag.

		Deckungs-bestand €	Short Call €	
Bilanz und *GuV*	1. Stufe: gesichertes Risiko Ineffektivität	0,00	0,00	**saldiert**
	2. Stufe: ungesichertes Risiko	0,00	+1,89	**brutto**

Abb. 4.19: Absicherung ABC-Aktie – gestiegener Kurs der Aktie

Als Zwischenergebnis lässt sich festhalten: Obwohl der Marktwert des Short Calls gestiegen ist, ist keine zusätzliche Drohverlustrückstellung zu erfassen wie bei einer Einzelbewertung.

Alternative 2: Am 31.12.20X3 ist der Kurs der Aktie auf 95 EUR **gefallen**, während der Wert des Short Calls um 2,37 EUR auf 3,60 EUR gesunken ist (innerer Wert Null, Zeitwert 3,60 EUR).

	Aktien-kurs €	Basis-preis €	Options-preis €	innerer Wert €	Zeitwert €
30.09.20X3	100,00	100,00	-5,97	0,00	-5,97
31.12.20X3	95,00	100,00	-3,60	0,00	-3,60
Gewinn/Verlust	-5,00	-	+2,37	-	+2,37

Abb. 4.20: Wertänderungen ABC-Aktie und Short Call (Kurs gefallen)

Bei Alternative 2 kann es mangels inneren Werts der Option nicht zu einer Kompensation des Wertverlusts der Aktien kommen. Die Verminderung des Zeitwerts der Option ist ein nicht realisierter Gewinn, der dem nicht gesicherten Risiko zuzurechnen ist und aufgrund des Imparitätsprinzips unberücksichtigt bleibt.

		Deckungs-bestand €	Short Call €	
Ausgangs-situation	beizulegender Zeitwert: Designation der Sicherungs-beziehung	100,00	-5,97	
	beizulegender Zeitwert: Bilanzstichtag 31.12.20X3	95,00	-3,60	
Messung der Wirk-samkeit	Wertänderung insgesamt	-5,00	+2,37	
	– aus gesicherten Risiken	-5,00	0,00	0,00
	– aus nicht gesicherten Risiken	0,00	+2,37	
Bilanz und GuV	1. Stufe: gesichertes Risiko Ineffektivität	-5,00	0,00	**saldiert**
	2. Stufe: ungesichertes Risiko	0,00	+2,37	**brutto**

Abb. 4.21: Absicherung ABC-Aktie – gefallener Kurs der Aktie

Bei Alternative 2 kommt es nicht zu einer wirksamen Bewertungseinheit. Der Betrag der Unwirksamkeit errechnet sich mit -5,00 EUR (Wertminderung des Deckungsbestands). Da vor Bildung einer Drohverlustrückstellung der akti- vierte Buchwert des betreffenden Aktivums selbst abzuwerten ist, ist in Alter- native 2 der Deckungsbestand um -5,00 EUR auf 95 EUR abzuwerten. Der nicht realisierte Gewinn von +2,37 EUR aufgrund der Zeitwertveränderung der Option (ungesichertes Risiko) bleibt nach dem Imparitätsprinzip bilanziell unberücksichtigt. Es entsteht ein Aufwand in Höhe von 5,00 EUR.

Ergebnis: Beim gedeckten Stillhaltergeschäft (Covered Call Writing) ist die Kompensationswirkung grundsätzlich nur einseitig gegeben. Durch den Akti- enbestand erfolgt zwar eine Sicherung der Stillhalterposition, umgekehrt kann aber durch die Stillhalterposition keine wirksame Besicherung des Deckungs- bestands erfolgen.

Absicherung von Zahlungsstromrisiken (Cashflow Hedges)[1909]

Unter einem Zahlungsstromrisiko wird die Gefahr verstanden, dass die tatsächliche Höhe künftiger Zahlungen aus einem Grundgeschäft von der ursprünglich erwarteten Höhe in negativer Weise abweicht (IDW RS HFA 35 Tz. 21). Künftige Zahlungsströme entstehen bspw. beim Kauf/Verkauf von Vermögensgegenständen bzw. bei der Begründung von Verbindlichkeiten sowie bei antizipativen Bewertungseinheiten.

a) Erwerb/Veräußerung eines Vermögensgegenstands und Begründung einer Verbindlichkeit

Wird über die Ausübung eines Optionsrechts ein Vermögensgegenstand erworben oder eine Verbindlichkeit begründet, ist der Buchwert des Optionsrechts Bestandteil der Anschaffungskosten des Vermögensgegenstands bzw. führt zu einer Verminderung des Ausgabebetrags der Verbindlichkeit (IDW RS BFA 6 Tz. 22).

Führt die Optionsausübung zum Verkauf eines Vermögensgegenstands, ist der Buchwert des Optionsrechts mit dem Verkaufserlös zu verrechnen (IDW RS BFA 6 Tz. 22). Wegen weiterer Einzelheiten wird auf die Ausführungen bei der Darstellung der Ausübung von Optionsrechten iRd. Einzelbewertung verwiesen.

Der erworbene Vermögensgegenstand bzw. die begründete Verbindlichkeit sind (erst) am nachfolgenden Abschlussstichtag nach den allgemeinen Bewertungsnormen zu bewerten. Soweit die Anschaffungskosten nach IDW RS BFA 6 Tz. 22 über dem aktuellen (Markt-) Wert des erworbenen Vermögensgegenstands im Zeitpunkt der Ausübung der Option liegen, ist unmittelbar nach der Anschaffung des Vermögensgegenstands keine Bewertungsmaßnahme erforderlich. Eine Bewertung wird (bestandsabhängig) erst zum nächsten Abschlussstichtag nach den allgemeinen Vorschriften des HGB vorgenommen. Entsprechendes gilt für die Begründung von Verbindlichkeiten.

b) Absicherung erwarteter Grundgeschäfte (antizipative Bewertungseinheit)

Die zentrale Bedingung für die Zulässigkeit antizipativer Bewertungseinheiten ist, dass das abzusichernde Grundgeschäft eine erwartete Transaktion ist, die zum Abschlussstichtag noch nicht vertraglich vereinbart ist. Der Eintritt des Grundgeschäfts muss darüber hinaus so gut wie sicher und eindeutig identifizierbar sein. Dies bedeutet, dass der voraussichtliche Zeitpunkt des Geschäfts-

---

[1909] Vgl. auch Scharpf, RdF 2014, 68 f.

vorfalls, die Art des Grundgeschäfts sowie das erwartete Volumen hinreichend zuverlässig ermittelt werden können. Wegen weiterer Einzelheiten wird auf die einschlägige Kommentarliteratur verwiesen.[1910]

Die Beurteilung der Wirksamkeit kann bei antizipativen Bewertungseinheiten anhand der Hypothetischen Derivate-Methode vorgenommen werden, wobei das Grundgeschäft mittels einer (gegenläufigen) Option nachgebildet wird. In das hypothetische Derivat (als Stellvertreter für das Grundgeschäft) müssen die bewertungsrelevanten Parameter des erwarteten (antizipierten) Grundgeschäfts eingehen.

Das Sicherungsinstrument ist zum Abschlussstichtag zu bewerten. Die Wertänderungen werden in einer Nebenbuchhaltung erfasst. Solange die Sicherungsbeziehung wirksam ist, erfolgt keine Berücksichtigung in Bilanz und Gewinn- und Verlustrechnung. Soweit der Betrag einer Unwirksamkeit festgestellt wird, ist hierfür eine Drohverlustrückstellung für Bewertungseinheiten zu buchen. Die Erfassung des Aufwands für die Drohverlustrückstellung in der Gewinn- und Verlustrechnung erfolgt in demselben Posten in dem Änderungen des Werts des Grundgeschäfts zu erfassen wären.

Die Frage, ob und inwieweit bei mit hoher Wahrscheinlichkeit erwarteten Absatz- und Beschaffungsgeschäften das (erwartete) Grundgeschäft und das (kontrahierte) Sicherungsinstrument in der Gesamtheit einem schwebenden Geschäft gleichzusetzen sind, gilt nach dem eindeutigen Wortlaut des IDW RS HFA 35 Tz. 92 nur für Sicherungsinstrumente in Form von Termingeschäften (Festgeschäfte).[1911] Damit ist die Vorgehensweise nach IDW RS HFA 35 Tz. 92 für Optionen als Sicherungsinstrumente nicht relevant. Dies ergibt sich auch aus der Überlegung, dass im Gegensatz zum Termingeschäft eine Option nicht ausgeübt werden muss. Darüber hinaus ist die in IDW RS HFA 35 Tz. 92 geforderte Vorgehensweise selbst bei Termingeschäften aus konzeptionellen und aus praktischen Erwägungen abzulehnen (Einzelheiten vgl. Kapitel 4.11.2. mwN).

Besonderheiten bei Swaptions

Swaptions werden insbesondere zur Absicherung des Wertänderungsrisikos von Grundgeschäften mit Kündigungsrechten eingesetzt.[1912] Die Absicherung erfolgt idR auf Einzelgeschäftsebene. Grundsätzlich ist es auch möglich, meh-

---

[1910] Vgl. HdR 5. Aufl., § 254 HGB Rn. 366 ff. mit Beispielen und mwN.

[1911] Vgl. hierzu die Darstellung bei HdR 5. Aufl., § 254 HGB Rn. 348.

[1912] Vgl. DGRV (Hrsg.), Praxishandbuch Derivate, Teil 2, A.II.5.3.1.

rere gleichartige Geschäfte (Portfolio) oder eine Nettoposition ganzer Gruppen von Grundgeschäften (Macro-Hedge) gleichzeitig abzusichern.

Die Beurteilung der Wirksamkeit erfolgt zweckmäßigerweise mittels der Hypothetischen Derivate-Methode. Wurde die Swaption mit einem Kontrahenten mit einwandfreier Bonität abgeschlossen, ergibt sich auf dieser Grundlage die Wertänderung auf Basis des abgesicherten Risikos aus der (vollständigen) Wertänderung der hypothetischen Swaption (Stellvertreter für das abgesicherte Grundgeschäft). Die Wertänderung das nicht abgesicherte Risiko betreffend ergibt sich als Differenz aus der vollständigen Wertänderung der kontrahierten Swaption und deren Wertänderung, die auf das abgesicherte Risiko entfällt.[1913]

Aufwendungen bzw. Erträge im Zusammenhang mit der Bildung bzw. Auflösung von Drohverlustrückstellungen für Bewertungseinheiten sind in der Gewinn- und Verlustrechnung in den Posten zu erfassen, in denen die Wertänderungen des Grundgeschäfts gezeigt werden.

Wird eine als Sicherungsinstrument designierte Swaption ausgeübt, ist es bei Micro-Hedges sachgerecht, den Buchwert der Prämie über die Laufzeit des Swaps bzw. die Restlaufzeit des abgesicherten Grundgeschäfts über den transitorischen Rechnungsabgrenzungsposten zu verteilen und im Zinsergebnis zu zeigen.[1914] Bei diesem Vorgehen wird die Prämie faktisch als Upfront Payment für den Swap behandelt. Inwieweit dies auch bei Portfolio- bzw. Macro-Hedges sachgerecht ist, ist im Einzelfall zu beurteilen. Für die Abbildung der Transaktionen nach Ausübung der Swaption sind die Regeln für die Bilanzierung von Zinsswaps relevant.

(Vorzeitige) Beendigung von Bewertungseinheiten

Die vorzeitige Auflösung einer Bewertungseinheit ist nur unter sehr strengen Voraussetzungen zulässig, da eine Bewertungseinheit grundsätzlich bis zum Erreichen des Sicherungszwecks durchzuhalten ist. Ist eine vorzeitige Beendigung in wirtschaftlich begründeten Ausnahmefällen erlaubt, kann die Bewertungseinheit nur mit Wirkung für die Zukunft beendet werden. Ausführlich zur vorzeitigen Auflösung von Bewertungseinheiten vgl. Kapitel 4.11.5.

Kommt es zulässigerweise zu einer vorzeitigen Beendigung der Bewertungseinheit, findet zu diesem Zeitpunkt letztmals eine Bilanzierung nach den Regeln von § 254 HGB statt. In der Folge finden bei der Bilanzierung und

[1913] Vgl. DGRV (Hrsg.), Praxishandbuch Derivate, Teil 2, A.II.5.3.1.
[1914] Vgl. DGRV (Hrsg.), Praxishandbuch Derivate, Teil 2, A.II.5.3.1.

Bewertung von Grundgeschäft und Sicherungsinstrument die allgemeinen Bilanzierungs- und Bewertungsvorschriften Anwendung.

Dies bedingt, dass im Zeitpunkt der Beendigung der Bewertungseinheit letztmals die Wirksamkeit nach dem Tableau von IDW RS HFA 35 Tz. 67 beurteilt wird und ggf. dieselben Bilanzierungsmaßnahmen durchgeführt werden wie zu den einzelnen Abschlussstichtagen während des Bestehens der Bewertungseinheit. Erst danach ist auf die allgemeinen Bilanzierungsvorschriften überzugehen.

4.12.3.5.3. Optionen im Bankbuch

Dem Bankbuch können nur (reine) Zinsoptionen zugeordnet werden. Sog. strukturierte Optionen sind idR nicht geeignet, das Zinsspannenrisiko des Bankbuchs wirksam zu steuern, da sie auch andere Risiken beinhalten als das reine Zinsrisiko. Zu den Voraussetzungen bezüglich der Eignung, zur Umwidmung und zu den Voraussetzungen für eine vorzeitige Auflösung von Optionen des Bankbuchs vgl. auch Kapitel 4.12.2.5.3. Die dort dargestellten Grundsätze gelten für Optionen entsprechend.

Zu den Zinsoptionen zählen Caps und Floors, die in Kapitel 4.12.4. dargestellt sind. Darüber hinaus sind vor allem Swaptions Gegenstand der Zinsrisikosteuerung im Bankbuch.

Short Swaptions (Stillhalterverpflichtungen) sind grundsätzlich zur Steuerung des Zinsrisikos im Bankbuch nicht zulässig, da sie weder zur Absicherung noch zur Umsetzung einer bestimmten Zinsbuchstrategie geeignet sind.[1915]

Im Rahmen der barwertigen Methode des IDW RS BFA 3 n.F. gehen Zinsoptionen – so wie alle Derivate des Bankbuchs – mit ihren stillen Reserven/ stillen Lasten (Differenz zwischen Marktwert und Buchwert) ein. Die Berücksichtigung iRd. periodenerfolgsorientierten Methode ist bei Optionen normalerweise komplexer.

[1915] Vgl. DGRV (Hrsg.), Praxishandbuch Derivate, Teil 2, A.II.5.4: Eine Ausnahme können verkaufte Swaptions sein, die der Absicherung von erworbenen Kündigungsrechten in bilanziellen Geschäften dienen, wobei die Absicherung nicht iRe. Bewertungseinheit nach § 254 HGB abgebildet wird.

Besonderheiten bei Swaptions im Bankbuch

Eine Swaption ist eine Option auf den Abschluss eines Zinsswaps (Basiswert ist also ein Zinsswap).[1916] Dem Käufer wird das Recht gewährt, während eines Zeitraums (amerikanische Option) oder zu einem bestimmten Zeitpunkt (europäische Option) mit dem Verkäufer der Swaption einen Zinsswap mit festgelegten Konditionen (Kapitalbetrag, Festsatz, variabler Zins, Laufzeit usw.) einzugehen. Alternativ hierzu kann auch vereinbart werden, dass anstatt des Abschlusses eines Zinsswaps ein Barausgleich im Ausübungstermin geleistet wird (der Käufer der Swaption erhält den positiven Marktwert des der Swaption zugrunde liegenden Zinsswaps).

Bei einer Payer-Swaption erwirbt der Käufer gegen Zahlung einer Prämie das Recht, einen Payerswap (Festsatzzahler) mit dem Verkäufer der Swaption einzugehen. Der Käufer einer Receiver-Swaption erwirbt dagegen das Recht, einen Receiverswap (Festsatzempfänger) einzugehen.

Käufer und Verkäufer können vereinbaren, dass eine vorzeitige Auflösung der Swaption möglich ist. Der Verkäufer leistet in einem solchen Fall den Marktwert an den Käufer der Swaption.

Der **innere Wert** einer Swaption entspricht dem Marktwert des zugrunde liegenden Zinsswaps. Dabei ist relevant, dass es sich hierbei um einen Forward Swap handelt, dessen Laufzeit mit der Optionsfälligkeit beginnt.[1917]

Bei Ausübung einer erworbenen Swaption, die zulässigerweise als Sicherungsinstrument iRd. Steuerung des allgemeinen Zinsänderungsrisikos auf Gesamtbankebene eingesetzt wird, ist die aktivierte Prämie entsprechend einem gezahlten Upfront Payment über die Laufzeit des Zinsswaps zu verteilen.[1918] Der Aufwand aus der zeitanteiligen Verteilung der Prämie ist dabei mit dem Festsatzstrom des eingegangenen Zinsswaps zu verrechnen. Verfällt diese Swaption, ist die aktivierte Prämie zulasten des Zinsaufwands auszubuchen.[1919]

[1916] Vgl. Scharpf/Luz, 459 ff.
[1917] Vgl. DGRV (Hrsg.), Praxishandbuch Derivate, Teil 2, A.II.3.
[1918] Vgl. DGRV (Hrsg.), Praxishandbuch Derivate, Teil 2, A.II.5.4.
[1919] Vgl. DGRV (Hrsg.), Praxishandbuch Derivate, Teil 2, A.II.5.4.

4.12.3.5.4. Optionen im Handelsbestand

Vertragsabschluss

Für die Zuordnung zum Handelsbestand ist die Zwecksetzung im Zeitpunkt des Vertragsabschlusses maßgeblich. Eine nachträgliche **Umwidmung** in den Handelsbestand ist nach § 340e Abs. 3 HGB nicht zulässig. Eine Umwidmung aus dem Handelsbestand ist nur erlaubt, wenn außergewöhnliche Umstände zu einer Aufgabe der Handelsabsicht führen. Darüber hinaus können Optionen nachträglich in eine Bewertungseinheit (des Nichthandelsbestands) einbezogen werden (weitere Einzelheiten vgl. Kapitel 4.4.2.).

Vom Erwerber ist die gezahlte Prämie im Aktivposten „6a. Handelsbestand" zu aktivieren. Der Stillhalter hat die erhaltene Prämie im Passivposten „3a. Handelsbestand" zu passivieren. Eine ratierliche Realisierung der Prämie ist nicht möglich.

Wird die Optionsprämie über einen längeren Zeitraum **zinslos gestundet** oder werden **unverzinsliche Ratenzahlungen** vereinbart, ist das Optionsrecht mit dem Barwert der vereinbarten Zahlungen als Handelsbestand im Aktivposten 6a. anzusetzen und in derselben Höhe eine Verbindlichkeit zu erfassen.[1920] Bezüglich weiterer Einzelheiten wird auf die Ausführungen in Kapitel 4.12.3.5.1. verwiesen. Der Ausweis der Verbindlichkeit richtet sich kontrahentenabhängig nach § 21 RechKredV (§§ 14, 15 RechKredV).[1921]

(Folge-) Bewertung am Abschlussstichtag

Die zu Handelszwecken erworbenen bzw. verkauften Optionen sind gemäß § 340e Abs. 3 HGB zum beizulegenden Zeitwert abzüglich/zuzüglich Risikoabschlag/Risikozuschlag anzusetzen.

Sämtliche positiven/negativen Änderungen des beizulegenden Zeitwerts werden (durch-) gebucht und im GuV-Posten „7. Nettoertrag oder Nettoaufwand des Handelsbestands" gezeigt.

[1920] Vgl. Scharpf/Luz, 402 mwN.

[1921] DGRV (Hrsg.), Praxishandbuch Derivate, Teil 2, A.II.5.1 sieht auch die Möglichkeit des Ausweises im Passivposten „3a. Handelsbestand" vor.

Abgang

Wird eine Option des Handelsbestands **ausgeübt** bzw. **verfällt** sie, ist deren Buchwert erfolgswirksam auszubuchen. Der Ausweis erfolgt wie bei allen anderen Handelsaktivitäten im GuV-Posten „7. Nettoertrag oder Nettoaufwand des Handelsbestands". Wird eine Option vorzeitig aufgelöst, ist der nach Ausbuchung der Option verbleibende Erfolg ebenfalls im GuV-Posten „7. Nettoertrag oder Nettoaufwand des Handelsbestands" zu erfassen.

4.12.4. Zinsbegrenzungsvereinbarungen (Caps, Floors, Collars)

4.12.4.1. Darstellung

Cap

Der Cap ist eine vertragliche Vereinbarung zwischen zwei Parteien über eine **Zinsobergrenze** (Cap Strike), bezogen auf einen bestimmten nominalen Kapitalbetrag.[1922] Caps sind individuell vereinbarte (over the counter) OTC-Zinsoptionen. Die Vereinbarung bezieht sich auf die Laufzeit, die Währung, die Zinsobergrenze, den Referenzzinssatz einschließlich Zinsberechnungsmethode und die Periodenlänge, die Zahlungskonventionen, die Prämie (einschließlich der Art der Prämienzahlung) und den zugrunde liegenden Nominalbetrag. Der Nominalbetrag (Kapitalbetrag) ist der Betrag, auf den die Ausgleichszahlung berechnet wird. Er dient wie bei Swaps und Forward Rate Agreements lediglich als Rechengröße (wird also nicht gezahlt). Hinsichtlich des Nominalbetrags sind Strukturen wie zB amortisierende Caps, Step Up Caps, Roller Coaster Caps möglich.

Die **Valutierung** von Caps erfolgt im Regelfall zwei Geschäftstage nach Vertragsabschluss (**Handelstag**). Das **Fixing des Referenzzinssatzes** findet entsprechend den Usancen des Eurogeldmarkts zwei Tage vor Beginn der jeweils vereinbarten Periode statt.

Übersteigt der Referenzzinssatz (zB 6-M-Euribor) an einem Fixingtag die vertraglich festgelegte Zinsobergrenze (Cap Strike, Strike Price), zahlt der Verkäufer (Stillhalter) dem Käufer des Caps eine **Ausgleichszahlung**. Das Fixing des Referenzzinssatzes wiederholt sich entsprechend der gewählten Periodenlänge über die gesamte Laufzeit der Zinsbegrenzungsvereinbarung. Die Ausgleichszahlung wird am Ende der jeweiligen Zinsperiode unter Berück-

---

[1922] Ausführliche Darstellung mit Beispielen vgl. Scharpf/Luz, 541 ff.; Häuselmann, BB 1990, 2149 ff.; Wiedemann, 294 ff.

sichtigung der genauen Anzahl der Tage (act./360) fällig und geleistet. Die Ausgleichszahlung errechnet sich wie folgt:

$$Kapitalbetrag * \frac{Referenzzinssatz - Zinsobergrenze}{100} * \frac{Tage}{360}$$

Für seine Verpflichtung erhält der Cap-Verkäufer vom Cap-Käufer eine **Prämie**. Bei der vom Käufer (Long Cap) an den Verkäufer (Short Cap) zu zahlenden Prämie handelt es sich im Regelfall um einen einmalig bei Vertragsabschluss zu zahlenden Betrag. Es ist möglich, dass die Prämie nicht einmalig, sondern gestundet und anteilig jährlich gezahlt wird. Darüber hinaus kommt es vor, dass von vornherein eine jährlich fällige und zu zahlende Prämie vereinbart wird. Die Quotierung erfolgt üblicherweise in Prozent oder Basispunkten bezogen auf den Nominalbetrag.

Caps bestehen technisch aus einer Serie einzelner (Teil-) Optionen mit zunehmender Vorlaufzeit, den sog. **Caplets**.[1923] Ein Caplet ist ein Call auf einen Referenzzins wie bspw. den 6-M-Euribor.

Floor

Er ist eine vertragliche Vereinbarung über eine **Zinsuntergrenze** (Floor Strike), bezogen auf einen nominalen Kapitalbetrag. Floors sind ebenfalls Zinsoptionen, die over the counter (OTC) gehandelt werden.[1924] Die Vereinbarung bezieht sich auf die Laufzeit, die Währung, die Zinsuntergrenze, den Referenzzinssatz einschließlich Zinsberechnungsmethode und die Periodenlänge, die Zahlungskonventionen, die Prämie (einschließlich der Art der Prämienzahlung) und den zugrunde liegenden Nominalbetrag.

Der **Käufer** eines Floors (Long Floor) erwirbt vom Verkäufer (Short Floor) das Recht auf eine Ausgleichszahlung, wenn während der vereinbarten Laufzeit am jeweiligen Fixingtag ein vorher festgelegter Referenzzinssatz eine bestimmte vereinbarte Untergrenze unterschreitet. Hierfür zahlt der Käufer des Floors an den Verkäufer eine **Prämie**. Die **Quotierung** erfolgt üblicherweise in Prozent oder Basispunkten bezogen auf den Nominalbetrag.

Der **Verkäufer** des Floors (Short Floor) muss dann eine Ausgleichszahlung leisten, wenn der Referenzzins unter die Zinsuntergrenze fällt. Sein maxima-

---

[1923] Vgl. Wiedemann, 297 ff.
[1924] Vgl. ausführlich bei Wiedemann, 306 ff.

ler Gewinn besteht in Höhe der vereinnahmten Prämie, während sein Verlust theoretisch unbegrenzt ist.

Die **Ausgleichszahlung** wird entsprechend der Verfahrensweise beim Cap anhand des Kapitalbetrags (Nominalbetrags), der Differenz aus Zinsuntergrenze und dem aktuellen Referenzzinssatz sowie der Zinstage (taggenau) ermittelt.

$$Kapitalbetrag \ * \ \frac{Zinsuntergrenze - Referenzzinssatz}{100} \ * \ \frac{Tage}{360}$$

Wie beim Cap hat der Verkäufer die Ausgleichszahlung nachschüssig zu zahlen. Das Fixing wiederholt sich entsprechend der gewählten Zinsbindung über die gesamte Laufzeit des Floors.

Floors bestehen wie Caps technisch aus mehreren einzelnen (europäischen) Optionen, den sog. **Floorlets**. Ein Floorlet ist ein Put auf einen Referenzzins wie bspw. den 6-M-Euribor. Floors entsprechen damit wie Caps einer Serie von Optionen mit zunehmend längerer Vorlaufzeit auf Geldmarktzinssätze (Referenzzins).

Collar

Ein Collar ist eine Kombination aus einem Cap (Zinsobergrenze) und einem Floor (Zinsuntergrenze). Der **Käufer** eines Collars ist Käufer eines Caps und Verkäufer eines Floors, der **Verkäufer** dementsprechend Käufer eines Floors und Verkäufer eines Caps. Käufer und Verkäufer des Collars vereinbaren im Ergebnis eine Zinsbandbreite.

Der Käufer des Collars zahlt an den Verkäufer bei Vertragsabschluss eine Prämie, die niedriger als die eines Caps mit demselben Strike Price ist, da der Käufer des Collars für den Verkauf des Floors eine Prämie erhält. Es ist auch möglich, den Strike Price des Caps so zu wählen, dass sich beide Prämien gerade aufheben (Zero-Cost-Collar). Dabei ist jedoch zu beachten, dass entweder eine hohe Zinsobergrenze mit geringem Zinssicherungspotenzial oder eine hohe Zinsuntergrenze mit hohen Verlustrisiken gewählt werden müssten.

Der Käufer eines Collars hat das Recht, eine Ausgleichszahlung zu verlangen, wenn der Referenzzins (Marktzins) die Zinsobergrenze überschreitet; er muss seinerseits eine Ausgleichszahlung leisten, wenn der Marktzins die vereinbarte Zinsuntergrenze unterschreitet.

Die zu zahlenden Zinsaufwendungen für eine variabel verzinsliche Verbindlichkeit mit Collar sind um die (linear) annualisierte Prämie höher als eine variabel verzinsliche Verbindlichkeit ohne Collar. Sobald der Referenzzins unter den Floor Strike sinkt, führt dies nicht zu weiteren Zinsersparnissen. Mit einem Collar spart man damit zwar per Saldo einen Teil oder die gesamte Prämie, nimmt dafür aber in Kauf, von einer vorteilhaften Entwicklung des Zinsniveaus nicht in vollem Umfang profitieren zu können.

Ausübung von Caps, Floors und Collars

Die Ausübung des Optionsrechts ist bei Zinsbegrenzungsvereinbarungen dergestalt geregelt, dass die Willenserklärung des Käufers beim Eintritt einer bestimmten, für ihn vorteilhaften Bedingung automatisch als abgegeben gilt. Diese Optionen sind auf einen Barausgleich (die Ausgleichszahlung) gerichtet (IDW RS BFA 6 Tz. 6).

4.12.4.2. Einsatzmöglichkeiten

Grundsätzlich lassen sich Caps und Floors von Instituten zu **Handelszwecken** (Spekulation) nutzen. Cap- und Floor-Verkäufer vereinnahmen dabei zB die Prämien in der Erwartung, aus dem Cap bzw. Floor nicht in Anspruch genommen zu werden. Zum Handel werden Caps und Floors auch mit dem Ziel eingesetzt, Marktwertsteigerungen zu erzielen und damit Kursgewinne zu erwirtschaften.

Es ist auch ein Einsatz zu **Arbitragezwecken** möglich. So kann bspw. aus einer sog. Capped Floating Rate Note und einem passenden separat erworbenen Cap eine synthetische Floating Rate Note hergestellt werden, die günstiger sein kann als eine „echte" Floating Rate Note.

Der Kauf eines Caps als **Sicherungsinstrument** ermöglicht es, variable Zinsaufwendungen für einen bestimmten Zeitraum mit einer Obergrenze zu versehen. Gleichzeitig kann der Käufer eines Caps von fallenden Marktzinsen profitieren.[1925] Durch die Verteilung der Capprämie auf die Laufzeit verteuert sich die variabel verzinsliche Verbindlichkeit ggü. einer ungesicherten variabel verzinslichen Refinanzierung.

Der Kauf eines Floors als Sicherungsinstrument ermöglicht es, variable Zinserträge für einen bestimmten Zeitraum mit einer Untergrenze zu versehen.

[1925] Vgl. mit Beispiel Scharpf/Luz, 558 f.

Ein Floor ist damit eine Art Versicherung gegen fallende variable Zinsen. Gleichzeitig kann der Käufer eines Floors an steigenden Marktzinsen partizipieren.[1926]

Durch den Kauf eines Caps und den gleichzeitigen Verkauf eines Floors sichert sich der **Collar-Käufer** eine Zinsobergrenze für Zinsaufwendungen. Im Gegensatz zum Cap handelt es sich jedoch um eine Bandbreite, innerhalb derer der Collar-Käufer gesichert ist. Aufgrund des Verkaufs des Floors vermindert sich die zu zahlende (Netto-) Prämie.

Liegt der Referenzzinssatz innerhalb der durch die beiden Strike Prices festgelegten Bandbreite, zahlt der **Käufer des Collars** für den aufgenommenen Kredit jeweils Marktzinsen (zuzüglich der annualisierten Nettoprämie). Weder Cap noch Floor werden in dieser Bandbreite ausgeübt. Übersteigt der Referenzzins die Zinsobergrenze (Cap Strike), leistet der Collar-Verkäufer Ausgleichszahlungen an den Käufer. Die Option auf die Zinsuntergrenze (Floor) verfällt in diesem Fall. Liegt der Referenzzins unter der Zinsuntergrenze (Floor Strike), erstattet der Collar-Käufer dem Verkäufer den Unterschiedsbetrag zwischen aktuellem Marktzins und vereinbarter Zinsuntergrenze aus dem Floor. Der Cap wird in diesem Fall nicht ausgeübt.

Der **Verkauf eines Collars** führt bei einem Kapitalanleger zu einer festen Zinsuntergrenze (Kauf eines Floors). Gleichzeitig beraubt sich der Verkäufer des Collars jedoch der Chance auf einen Mehrertrag bei Zinssteigerungen über die Zinsobergrenze des verkauften Caps hinaus. Er muss nämlich beim Überschreiten der Zinsobergrenze des Caps eine Ausgleichszahlung leisten. Insoweit heben sich bei Zinssteigerungen über die Zinsobergrenze hinaus die variablen Zinsen aus der Kapitalanlage und die zu leistende Ausgleichszahlung auf. Im Übrigen wird auf die Ausführungen zum Kauf eines Collars verwiesen.

Neben dem Einsatz von Caps und Floors zu Sicherungszwecken auf Einzelgeschäftsebene oder innerhalb definierter Portfolien ist bei Instituten auch eine **Absicherung auf Bankbuchebene** (Aktiv-/Passivsteuerung, Zinsspannenrisiko) möglich.

Darüber hinaus werden Caps auch im **Kreditgeschäft** eingesetzt (Verkauf eines Caps in Verbindung mit variabel verzinslichen Darlehensgewährungen). Bei Letzterem wird das Darlehensgeschäft einschließlich der Cap-Vereinbarung idR als einheitliches Geschäft bilanziert.[1927]

[1926] Vgl. mit Beispiel Scharpf/Luz, 560 f.
[1927] Vgl. Schaber/Rehm/Märkl/Spies, Handbuch strukturierte Finanzprodukte, 2. aktualisierte 2. Aufl., Stichwort: *„Anleihen mit Zinsbegrenzungsvereinbarungen"*.

4.12.4.3. Marktwert

Bei Caps und Floors handelt es sich technisch um eine Serie von europäischen Optionen mit zunehmend längerer Optionslaufzeit, denen ein individuell vereinbartes Zinstermingeschäft (Forward Rate Agreement) bzw. ein Referenzzinssatz (zB 6-M-Euribor) zugrunde liegt.[1928]

Die Anzahl der Teiloptionen und deren individuelle Bezugsgröße (Länge des Zinstermingeschäfts) bestimmen sich nach dem vereinbarten Referenzzinssatz und der Gesamtlaufzeit der Zinsbegrenzungsvereinbarung. Im Rahmen der Bewertung sind die Zinsbegrenzungsvereinbarungen mithin in die einzelnen Teil-Zinsoptionen (Caplets, Floorlets) zu zerlegen. Die addierten Marktwerte der einzelnen Teil-Zinsoptionen ergeben den Marktwert des Caps bzw. Floors.[1929] Der Marktwert eines Collars wird durch die vorzeichengerechte Summierung der Marktwerte des dem Collar zugrunde liegenden Caps und Floors ermittelt.

Die Periode 0 ist die Optionslaufzeit für das erste Caplet. Zu Beginn der Periode 1 (erster Fixing-Termin und Ausübungs- bzw. Verfalltag des ersten Caplets) wird festgestellt, ob der Referenzzinssatz über dem Cap Strike liegt, ist dies der Fall, so ist die errechnete und damit feststehende Ausgleichszahlung zu diesem Zeitpunkt rechtlich entstanden, aber erst am Ende der Periode 1 zur Zahlung fällig. Die Optionslaufzeit für das zweite Caplet ergibt sich aus den Perioden 0 und 1 usw. Entsprechendes gilt für Floors.

Ist bspw. als Referenzzinssatz der 6-M-Euribor vereinbart, wird die erste Teil-Zinsoption nach 6 Monaten fällig und wirkt zinsmäßig über die darauf folgende 6-Monats-Periode. Entsprechend wird die zweite Teil-Zinsoption nach 12 Monaten fällig usw.

Der theoretisch richtige **Preis** (Prämie) wird anhand von Optionspreismodellen errechnet.[1930] Dabei wird – wie oben bereits erwähnt – unterstellt, dass es sich um eine Serie von Optionen mit unterschiedlich langer Vorlaufzeit handelt. Dementsprechend wird die zu zahlende Prämie durch die Summierung der Prämien für die einzelnen Teiloptionen ermittelt.

Zur **Marktwertermittlung** in einem **normalen Zinsumfeld** bzw. niedrigen/ teilweise **negativen Zinsumfeld** vgl. DGRV (Hrsg.).[1931]

[1928] Vgl. Krumnow ua., § 340e HGB Rn. 437.

[1929] Vgl. Wiedemann, 297 f.

[1930] Vgl. hierzu auch Wiedemann, 304 ff.

[1931] Vgl. DGRV (Hrsg.), Praxishandbuch Derivate, Teil 2, A.IV.3.

Die Prämien für Caps und Floors setzen sich wie andere Optionsprämien aus dem **Zeitwert** und dem **inneren Wert** zusammen. Die im Cap (Floor) vereinbarte Zinsobergrenze (Zinsuntergrenze) muss für die Ermittlung des inneren Werts mit den am Bewertungstag aus der aktuellen Zinsstrukturkurve ermittelten Forwardzinssätzen für die einzelnen Zinsperioden und nicht mit den aktuellen Geldmarktzinssätzen verglichen werden.[1932] Die Höhe der Prämie wird von folgenden Größen beeinflusst:

- Strike Price (Zinsober- bzw. Zinsuntergrenze),
- Referenzzinssatz (Zinsterminsatz, der aus heutiger Sicht am Fälligkeitstag der Zinsbegrenzungsvereinbarung für den Zeitraum der Zinsperiode gilt),
- Länge der Zinsperiode,
- Restlaufzeit der Zinsbegrenzungsvereinbarung,
- Volatilität des Referenzzinssatzes.

Die Forward Rates (Zinsterminsätze) werden zur Ermittlung des inneren Werts der verschiedenen Teil-Zinsoptionen benutzt. Deshalb wirkt sich auf die Prämie eines Caps (Floors) auch die Form (steil, flach) der Zinsstrukturkurve aus. Wird aus einer sog. normalen Zinsstrukturkurve im Zeitablauf eine inverse Kurve oder umgekehrt, wird sich die Prämie daher ändern.

Bei der Bewertung ist zu beachten, dass die Volatilität für Caps und Floors eine laufzeitabhängige Struktur aufweist. Daneben muss beachtet werden, dass auch für Caps und Floors in Abhängigkeit von den Basispreisen (Cap Strike und Floor Strike) ein sog. **Volatility-Smile** existiert. Dies vor allem dann, wenn nur laufzeitabhängige at-the-money-Volatilitäten zur Verfügung stehen.

Bei der Ermittlung des Marktwerts (beizulegender Zeitwert, Fair Value) von Derivaten, für die keine quotierten Preise auf aktiven Märkten vorliegen, sind grundsätzlich sowohl das Kreditausfallrisiko des Kontrahenten (CVA) als auch das eigene Kreditausfallrisiko des bilanzierenden Instituts (DVA) zu berücksichtigen. Für die **CVA-/DVA-Ermittlung** bestehen in der Praxis unterschiedliche Methoden.[1933] Weitere Einzelheiten vgl. Kapitel 4.1.

[1932] Vgl. Wiedemann, 301.

[1933] Vgl. IDW BFA, Berichterstattung über die 268. Sitzung, IDW Life 2016, 732 f.; IDW RS HFA 47, Abschnitt 14; Bäthe-Guski/Debus/Eberhardt/Kuhn, WPg 2013, 744 ff.; Glischke/Mach/Stemmer, Finanz Betrieb 2009, 553 ff.; Plank, Schweizer Treuhänder 2011, 945 ff.; Grünberger, KoR 2011, 410 ff.; Gutjahr/Christ/Topper, KoR 2014, 249 ff.; PwC (Hrsg.), IFRS für Banken (2017), 1263 ff.; Weigel/Wolsiffer, WPg 2016, 1289 ff.; Wiechens/Lorenz/Morawietz, HdJ I/11, Rn. 46 mwN.

4.12.4.4. Risiken

Das **Adressenausfallrisiko** zeigt sich in Form des Vorleistungsrisikos (hat der **Käufer** die Prämie im Voraus in einem Betrag bezahlt, hat er das Risiko, dass der Verkäufer seiner Verpflichtung zur Ausgleichszahlung nicht nachkommt) und des Wiedereindeckungsrisikos (fällt der Verkäufer aus, muss der Käufer uU ein Ersatzgeschäft zu ungünstigeren Konditionen abschließen).

Für den **Verkäufer** besteht kein Adressenausfallrisiko, soweit der Käufer die Prämie bezahlt hat.

Der **Marktwert** von Caps und Floors wird vor allem von Änderungen des Zinsniveaus sowie von Volatilitätsänderungen beeinflusst. Aufgrund der Tatsache, dass die Forwardzinssätze einen beträchtlichen Einfluss auf den Marktwert haben können, führt auch die Veränderung der Zinsstruktur zu einer Änderung des Marktwerts.

Liquiditätsrisiken sowie **operationale Risiken** bestehen wie bei anderen Zinsderivaten.

4.12.4.5. Rechnungslegung

4.12.4.5.1. Überblick

Caps und Floors sind wie andere derivative Finanzinstrumente zum Zeitpunkt des Vertragsabschlusses mit allen für die bilanzielle Behandlung wichtigen Daten in einer **Nebenbuchhaltung** zu erfassen.[1934]

Zinsbegrenzungsvereinbarungen sind Optionen, die auf einen Barausgleich gerichtet sind (IDW RS BFA 6 Tz. 6). Sie weisen Besonderheiten auf, die nachfolgend dargestellt werden. Wie bei allen Derivaten üblich richtet sich auch bei Zinsbegrenzungsvereinbarungen die Bilanzierung nach deren Verwendungszweck.

Die Ausübung bei Zinsbegrenzungsvereinbarungen ist so geregelt, dass die **Willenserklärung zur Ausübung** beim Eintritt der für den Käufer vorteilhaften Bedingung automatisch als abgegeben gilt.[1935] So hat zB der Käufer eines Caps den Anspruch auf die Zahlung der Zinsdifferenz, sobald der der Verein-

---

[1934] Vgl. Scharpf/Luz, 564 ff.; HdR 5. Aufl., Kapitel 7 Rn. 21 ff.
[1935] Vgl. Windmöller/Breker, WPg 1995, 391.

barung zugrunde liegende Referenzzinssatz zu einem Fixingtag höher als der Strike Price (Zinsobergrenze) ist.

Zinsbegrenzungsvereinbarungen sind keine abnutzbaren Vermögensgegenstände. Es handelt sich technisch gesehen um eine Serie von (europäischen) Zinsoptionen mit zunehmend längerer Vorlaufzeit. Mithin wird zu jedem Fixingtag eine Teiloption ausgeübt oder sie verfällt. Dieser Besonderheit ist bei der Rechnungslegung Rechnung zu tragen.

4.12.4.5.2. Zinsbegrenzungsvereinbarungen bei Einzelbewertung

Vertragsabschluss

a) Erworbene Zinsbegrenzungsvereinbarungen

Erworbene Caps und **Floors** sind als (nicht abnutzbare) erworbene immaterielle Vermögensgegenstände mit ihren Anschaffungskosten in Höhe der zu bezahlenden Prämie zu aktivieren.[1936] Sie sind eigenständig verkehrsfähig und selbstständig veräußerbar und mithin aktivierbar.[1937] Der **Ausweis bezahlter Prämien** erfolgt bei einzeln bewerteten Caps/Floors sowohl bei Instituten als auch bei Nichtbanken grundsätzlich im Aktivposten „Sonstige Vermögensgegenstände" (IDW RS BFA 6 Tz. 12).[1938]

Bei Zinsbegrenzungsvereinbarungen, die der Einzelbewertung unterliegen, sollte der Ausweis als Rechnungsabgrenzungsposten vermieden werden; dieser Ausweis sollte den Caps und Floors vorbehalten bleiben, die als Sicherungsinstrumente iRe. Bewertungseinheit eingesetzt werden.[1939] Denn ein Rechnungsabgrenzungsposten ist per se keiner (Einzel-) Bewertung zugänglich.

Wird die Einmalprämie gestundet und damit nicht sofort, sondern in Raten beglichen, ändert dies nichts an dem nach dem Vollständigkeitsgebot des § 246 Abs. 1 HGB unerlässlichen Bilanzausweis des erworbenen Caps oder Floors. In diesem Fall muss für die in Raten zu tilgende Verbindlichkeit ein Passivposten angesetzt werden; die in den Folgeperioden zu leistenden Raten sind nach den allgemeinen Grundsätzen in einen Zins- und einen Tilgungsanteil aufzuspalten. Diesbezüglich wird auf die Ausführungen in Kapitel 4.12.3.5.1. zu zinslos gestundeten Optionsprämien verwiesen.

[1936] Ebenso Häuselmann, BB 1990, 2152; Krumnow ua., § 340e HGB Rn. 438.
[1937] Vgl. Häuselmann, BB 1990, 2151 f.
[1938] Vgl. BeBiKo. 13. Aufl., § 254 HGB Rn. 94.
[1939] Vgl. HdR 5. Aufl., Kapitel 7 Rn. 22.

Etwas anderes gilt, wenn keine Einmalprämie sondern ausdrücklich jährlich fällige Prämien vereinbart sind; in diesem Fall ist die jeweilige Jahresprämie Aufwand der jeweiligen Periode.[1940]

b) Verkaufte Zinsbegrenzungsvereinbarungen

Die erhaltene Prämie ist als „Sonstige Verbindlichkeit" zu passivieren (IDW RS BFA 6 Tz. 17). Eine sofortige erfolgswirksame Buchung der Prämie ist nicht zulässig. Der Verkäufer übernimmt für die gesamte Laufzeit ein Risiko (Wagnis) gegen Entgelt.[1941]

Wie bei erworbenen sollte auch bei imparitätisch einzeln bewerten verkauften Caps bzw. Floors ein Ausweis als Rechnungsabgrenzungsposten vermieden werden. Denn ein Rechnungsabgrenzungsposten ist per se keiner (Einzel-) Bewertung zugänglich.

Wird die Einmalprämie gestundet und erfolgt die Zahlung der Prämie in **Raten**, muss der Verkäufer eine Forderung aktivieren und die später fließenden Zahlungen nach den allgemeinen Regeln in einen erfolgswirksam zu erfassenden Zinsanteil und einen erfolgsneutral zu berücksichtigenden Tilgungsanteil aufspalten. Auf die Ausführungen in Kapitel 4.12.3.5.1. wird verwiesen.

Etwas anderes gilt dann, wenn ausdrücklich jährlich fällige Prämien vereinbart sind; in diesem Fall ist die jeweilige Jahresprämie Ertrag der jeweiligen Periode.[1942]

c) Collars

Collars stellen grundsätzlich keine eigene Kontraktart dar wie bspw. an Terminbörsen gehandelte Kombinationsgeschäfte. Sie sind vielmehr eine typisierte Abwicklungsform grundsätzlich rechtlich selbstständiger Geschäfte.[1943] Handelt es sich um separate Cap- und Floor-Verträge, sind diese in der Bilanz als eigenständige Geschäfte anzusetzen.[1944]

[1940] Vgl. Scharpf/Luz, 566 mwN.

[1941] Vgl. Winter, DB 1997, 1988.

[1942] Vgl. Scharpf/Luz, 566 mwN.

[1943] Vgl. Häuselmann, BB 1990, 2152.

[1944] Ebenso PwC (Hrsg.), Derivative Finanzinstrumente bei Industrieunternehmen, 4. Aufl., 234.

Soweit es sich (a) um **einen einzigen Vertrag**[1945] handelt und wenn (b) nach der **dokumentierten Strategie** bzw. der **Zielsetzung** des Geschäfts der im Collar enthaltene Cap und der Floor **nicht getrennt voneinander beendet** werden dürfen, kann der Collar als **ein Geschäft** betrachtet werden. Die für den Collar bezahlte (Netto-) Prämie ist als Anschaffungskosten zu aktivieren; eine erhaltene Prämie ist entsprechend zu passivieren.

Wird eine Kombination aus Cap und Floor zwar zeitgleich kontrahiert und kann aber nach der vom Unternehmen vorgegebenen Strategie der Cap und der Floor getrennt voneinander glattgestellt bzw. veräußert werden, sind der Cap und der Floor separat bilanziell als selbstständige Geschäfte abzubilden. Dies gilt auch für den Fall, dass bezüglich der Glattstellung bzw. Veräußerung nichts dokumentiert ist.

Handelt es sich um einen sog. **Zero-Cost-Collar**, bei dem bei Geschäftsabschluss keine Prämie anfällt, so entfaltet dieser bei Vertragsabschluss mangels Anschaffungskosten zunächst keine buchhalterische Wirkung. Gleichwohl sind die im Collar enthaltenen Cap und Floor bei Geschäftsabschluss mit allen relevanten Daten in der Nebenbuchhaltung zu erfassen und bei Aufstellung des Jahresabschlusses zu bewerten. Im Rahmen der Folgebewertung kann aufgrund des Anschaffungskostenprinzips kein über die Anschaffungskosten von Null hinausgehender Wert aktiviert werden. Soweit jedoch aus einer solchen Position ein Verlust droht, ist hierfür dem Imparitätsprinzip folgend eine Drohverlustrückstellung zu buchen.

Verteilung der Prämie auf die einzelnen Caplets/Floorlets

a) Erworbene Zinsbegrenzungsvereinbarungen

Da Caps und Floors technisch gesehen eine Serie von (europäischen) Zinsoptionen darstellen, wird zu jedem Fixingtag ein Caplet bzw. Floorlet ausgeübt oder verfällt.[1946] Sowohl bei Ausübung (es wird eine Ausgleichszahlung fällig) als auch bei Verfall ist bei erworbenen Zinsbegrenzungsvereinbarungen die (anteilige) Prämie aufwandswirksam auszubuchen (IDW RS BFA 6 Tz. 22

[1945] Ebenso PwC (Hrsg.), Derivative Finanzinstrumente bei Industrieunternehmen, 4. Aufl., 234. Nach DGRV (Hrsg.), Praxishandbuch Derivate, Teil 2, A.IV.5.2 gilt Entsprechendes, wenn die Kaufposition und die Verkaufsposition in zwei Verträgen (Geschäftsbestätigungen) unter unterschiedlichen Geschäftsnummern dokumentiert und beide Positionen gleichzeitig mit einem Kontraktpartner als einheitliche Steuerungsmaßnahme abgeschlossen wurden und nach der Strategie keine getrennte Glattstellung vorgesehen ist.

[1946] Ebenso BeBiKo. 13. Aufl., § 254 HGB Rn. 94.

und 23).[1947] Hierbei handelt es sich jedoch nicht um eine planmäßige Abschreibung iSd. § 253 Abs. 3 HGB.[1948]

Die **Verteilung** der gesamten Prämie für den Cap bzw. Floor kann („vereinfachungsbedingt"[1949]) **linear** erfolgen.[1950] Exakter ist es, wenn der Prämienanteil jedes einzelnen Caplets bzw. Floorlets ermittelt und bei Fälligkeit (erfolgswirksam) ausgebucht wird. Diese **exakten** Teilprämien haben eine unterschiedliche Höhe.

Die Ausbuchung erfolgt zum jeweiligen Fixingtag, da zu diesem Zeitpunkt die Teiloption fällig wird. Eine zeitanteilige (ratierliche) Verteilung und Abgrenzung – wie bspw. bei Zinsen – ist bei einzeln bewerteten Caps/Floors nicht zulässig. Es ist zu beachten, dass auf die Anzahl der tatsächlichen Fixingtage abzustellen ist.

Werden im Cap bzw. Floor ausdrücklich jährliche Prämienzahlungen vereinbart, sind diese im jeweiligen Geschäftsjahr erfolgswirksam zu buchen.

Der GuV-Ausweis erfolgt im „Sonstigen betrieblichen Aufwand". Alternativ kommt bei Instituten auch ein Ausweis im Zinsergebnis infrage, soweit die Prämien Zinscharakter haben (IDW RS BFA 6 Tz. 14). Hinsichtlich des Ausweises ist der Stetigkeitsgrundsatz zu beachten.

b) Verkaufte Zinsbegrenzungsvereinbarungen

Die vereinnahmte und passivierte Gesamtprämie ist aufgrund derselben Überlegungen wie bei erworbenen Caps und Floors auf die Laufzeit verteilt im „Sonstigen betrieblichen Ertrag" zu vereinnahmen.[1951] Das Gesamtrisiko des Verkäufers nimmt im Zeitablauf kontinuierlich ab.[1952] Die Prämie kann beim Verkäufer nicht bis zum letzten Zinsvergleichszeitpunkt in voller Höhe passiviert bleiben (auch nicht aus Vorsichtsgründen).[1953]

Alternativ kommt bei Instituten, soweit die Prämien Zinscharakter haben, auch ein Ausweis im Zinsergebnis infrage (IDW RS BFA 6 Tz. 14). Hinsichtlich

---

[1947] Vgl. Krumnow ua., § 340e HGB Rn. 438.
[1948] AA. Häuselmann, BB 1990, 2152.
[1949] So BeBiKo. 13. Aufl., § 254 HGB Rn. 94.
[1950] Ebenso PwC (Hrsg.), Derivative Finanzinstrumente bei Industrieunternehmen, 4. Aufl., 233.
[1951] Ebenso BeBiKo. 13. Aufl., § 254 HGB Rn. 94.
[1952] Vgl. Krumnow ua., § 340e HGB Rn. 438.
[1953] Vgl. HdR 5. Aufl., Kapitel 7 Rn. 23 mwN.

des Ausweises ist der Stetigkeitsgrundsatz zu beachten. Im Übrigen gelten die Ausführungen zur Verteilung der Prämie bei erworbenen Zinsbegrenzungsvereinbarungen.

Ausgleichszahlungen

a) Erworbene Zinsbegrenzungsvereinbarungen

Der Anspruch des Käufers auf die Ausgleichszahlung ist mit dem Fixing entstanden,[1954] jedoch regelmäßig erst nachschüssig fällig.[1955] Sie ist mithin bei Entstehen (Fixingtag) in voller Höhe als Forderung ggü. dem Verkäufer der Zinsbegrenzungsvereinbarung zu aktivieren und gleichzeitig erfolgswirksam im „Sonstigen betrieblichen Ertrag" gegenzubuchen. Alternativ erscheint bei Instituten auch ein Ausweis im Zinsergebnis möglich (IDW RS BFA 6 Tz. 14).[1956] Der Grundsatz der Stetigkeit ist zu beachten. Zur zeitanteiligen Abgrenzung vgl. nachfolgend.

b) Verkaufte Zinsbegrenzungsvereinbarungen

Die Zahlungsverpflichtung des Verkäufers ist ebenfalls am Fixingtag entstanden und zu passivieren. Soweit es sich nicht um einen (anteiligen) Verbrauch einer zuvor gebildeten Rückstellung handelt, ist sie als Verbindlichkeit ggü. dem Käufer der Zinsbegrenzungsvereinbarung auszuweisen und aufwandswirksam als „Sonstiger betrieblicher Aufwand" zu buchen.

Alternativ kommt bei Instituten auch ein Ausweis im Zinsergebnis infrage (IDW RS BFA 6 Tz. 14). Hinsichtlich des Ausweises ist der Stetigkeitsgrundsatz zu beachten. Zu einer evtl. Abgrenzung vgl. die nachfolgenden Ausführungen.

c) Abgrenzung der Ausgleichszahlung bei Instituten

Soweit bei imparitätisch einzeln bewerteten Zinsbegrenzungsvereinbarungen die Ausgleichszahlungen bei Instituten Zinscharakter haben und demzufolge im Zinsergebnis erfasst werden, ist die jeweilige Ausgleichszahlung für Caplets bzw. Floorlets, deren „Laufzeit" auf das alte und neue Geschäftsjahr ent-

---

[1954] Ebenso PwC (Hrsg.), Derivative Finanzinstrumente bei Industrieunternehmen, 4. Aufl., 234.

[1955] Vgl. Scharpf/Luz, 569.

[1956] Vgl. DGRV (Hrsg.), Praxishandbuch Derivate, Teil 2, A.IV.5.2.

fällt, zeitanteilig abzugrenzen.[1957] Die Ausgleichszahlung ist dabei in voller Höhe als Forderung gemäß § 14 und § 15 RechKredV bzw. als Verbindlichkeit gemäß § 21 RechKredV zu erfassen; der auf das neue Geschäftsjahr entfallende Anteil der Ausgleichszahlung ist als Rechnungsabgrenzungsposten gegenzubuchen. Die Einbuchung einer Forderung bzw. Verbindlichkeit steht nach § 250 HGB einer Zahlung gleich.

(Folge-) Bewertung am Bilanzstichtag

a) Erworbene Zinsbegrenzungsvereinbarungen

Erworbene Optionsrechte sind zum Abschlussstichtag nach den für das Umlaufvermögen geltenden Normen zu bewerten (IDW RS BFA 6 Tz. 13). Bei Zinsbegrenzungsvereinbarungen ist in diesem Zusammenhang Folgendes von Bedeutung: Zu jedem Fixingtag verfällt eine Teiloption (Caplet, Floorlet) bzw. wird ausgeübt, dh. die anteiligen Anschaffungskosten für diese Teiloptionen sind wie oben dargestellt aufwandswirksam auszubuchen. Diese sich so ergebenden fortgeführten Anschaffungskosten (Restbuchwert) sind mit dem beizulegenden Wert (Marktwert) der (verbleibenden) Zinsbegrenzungsvereinbarung zu vergleichen.[1958]

Ist der beizulegende Wert (Marktwert) niedriger als die fortgeführten Anschaffungskosten, ist eine **Abwertung** zu erfassen (§ 253 Abs. 4 HGB). Eine **Wertaufholung** gemäß § 253 Abs. 5 HGB kann nur bis zur Höhe der zum jeweiligen Abschlussstichtag relevanten fortgeführten Anschaffungskosten vorgenommen werden. Bei Zero-Cost-Collars kann im Rahmen der Folgebewertung aufgrund des Anschaffungskostenprinzips kein über die Anschaffungskosten von Null hinausgehender Wert aktiviert werden.

Werden im Cap bzw. Floor ausdrücklich jährliche Prämienzahlungen vereinbart, sind diese im jeweiligen Geschäftsjahr erfolgswirksam zu buchen. Einem gesunkenen Marktwert bzw. beizulegenden Wert des erworbenen Cap bzw. Floor ist in diesem Fall durch die Bildung einer Drohverlustrückstellung Rechnung zu tragen.

Einem drohenden Ausfall des Stillhalters ist vom Käufer durch eine Abschreibung der aktivierten Prämie gesondert Rechnung zu tragen; ein evtl. bestehender Anspruch auf eine Ausgleichszahlung ist als Forderung einzubuchen und wertzuberichtigen.[1959]

[1957] BeBiKo. 13. Aufl., § 254 HGB Rn. 96.
[1958] Ebenso BeBiKo. 13. Aufl., § 254 HGB Rn. 94.
[1959] Vgl. DGRV (Hrsg.), Derivatehandbuch, Teil 2, A.IV.5.2.

b) Verkaufte Zinsbegrenzungsvereinbarungen

Ist der Wert einer Option am Abschlussstichtag höher als die passivierte Optionsprämie, ist in Höhe der Differenz eine Rückstellung für drohende Verluste aus schwebenden Geschäften zu bilden (IDW RS BFA 6 Tz. 18). Der Wert am Abschlussstichtag ist am besten durch den Rückkaufswert (Glattstellungsaufwand) des Caps bzw. Floors beschrieben. Die Berechnung der Rückstellung auf Glattstellungsbasis trägt dem Vorsichtsgedanken am besten Rechnung, da sie die jeweilige Marktpreisentwicklung (insbesondere die Volatilität und das Zinsniveau) in die Bewertung mit einbezieht.[1960] Dies entspricht der für die Bewertung von schwebenden Geschäften üblichen Vorgehensweise. Eine Abzinsung der Rückstellung nach § 253 Abs. 2 Satz 1 HGB ist nicht zulässig, da die Abzinsung bereits bei der Ermittlung des Verpflichtungsüberschusses berücksichtigt ist.

Grundlage für die Bewertung ist der zum Bilanzstichtag verbleibende Cap bzw. Floor unter Berücksichtigung der bereits ausgebuchten Caplets bzw. Floorlets.

Soweit bei Zero-Cost-Collars aus einer solchen Position ein Verlust droht, ist hierfür dem Imparitätsprinzip folgend eine Drohverlustrückstellung zu buchen.

c) Abschlussprüfung

Soweit der beizulegende Wert (Marktwert) nicht durch das bilanzierende Unternehmen anhand eines allgemein anerkannten Bewertungsmodells auf Basis aktueller Marktdaten selbst errechnet wurde, sind seitens des Abschlussprüfers ggf. IDW PS 314 n.F. sowie IDW PS 322 n.F.[1961] zu beachten.[1962]

Vorzeitige Vertragsbeendigung

a) Erworbene Zinsbegrenzungsvereinbarungen

Werden erworbene Caps bzw. Floors durch einen **rechtlich wirksamen Aufhebungsvertrag** aufgelöst, ist die erhaltene Zahlung (aktueller Marktwert) mit dem auszubuchenden Restbuchwert der aktivierten Prämie zu verrechnen (IDW RS BFA 6 Tz. 23). Lediglich der Saldo ist erfolgswirksam in der Gewinn- und Verlustrechnung im sonstigen betrieblichen Ergebnis zu erfassen.

[1960] Vgl. HdR 5. Aufl., Kapitel 7 Rn. 28.

[1961] Vgl. Philipps/Wilting, WP Praxis 4/2014, 85 ff.

[1962] Vgl. HdR 5. Aufl., Kapitel 7 Rn. 27.

Alternativ kommt bei Instituten auch ein Ausweis im Zinsergebnis in Betracht, soweit die Zahlungen aus dem jeweiligen Cap bzw. Floor Zinscharakter hatten (IDW RS BFA 6 Tz. 14).

Bei einer lediglich **wirtschaftlichen Glattstellung** durch Abschluss eines Gegengeschäfts (wobei beide Geschäfte weiterhin bestehen), darf – wie bei anderen Optionen – eine positive Differenz (nicht realisierter Gewinn) nicht vereinnahmt werden.[1963] Diese realisiert sich vielmehr im Zeitablauf über die Ausbuchung der anteiligen Prämien der erworbenen und verkauften Caplets bzw. Floorlets.[1964]

Ergibt sich hingegen eine **negative Differenz**, ist in dieser Höhe ein Verlust festgeschrieben (Verpflichtungsüberhang), der durch Einbuchung einer Drohverlustrückstellung[1965] bzw. einer Verbindlichkeit[1966] imparitätisch zu erfassen ist; die Rückstellung bzw. Verbindlichkeit ist zusammen mit der Ausbuchung der anteiligen Prämien der jeweiligen Caplets bzw. Floorlets im Zeitablauf aufzulösen. Im Übrigen wird auf die Ausführungen zur Glattstellung bei Optionen verwiesen.

Die **wirtschaftliche Glattstellung** führt nach AFRAC nur dann zur Ausbuchung, wenn das derivative Gegengeschäft mit **demselben Kontrahenten** wie das ursprüngliche Derivategeschäft abgeschlossen wird **und eine Aufrechnungsvereinbarung besteht**, eine Aufrechnung **durchgeführt** wird und damit das ursprüngliche Geschäft als beendet betrachtet werden kann.[1967]

b) Verkaufte Zinsbegrenzungsvereinbarungen

Werden verkaufte Caps bzw. Floors durch einen **rechtlich wirksamen Aufhebungsvertrag** aufgelöst, ist die zu leistende Glattstellungszahlung (Marktwert) mit der auszubuchenden passivierten (Rest-) Prämie zu verrechnen. Lediglich die Differenz zwischen dem Ertrag aus der bislang passivierten (Rest-) Prämie und dem Glattstellungsaufwand wird erfolgswirksam (IDW RS BFA 6 Tz. 25). Hinsichtlich des GuV-Ausweises wird auf die Ausführungen zum vorzeitigen Abgang bei erworbenen Zinsbegrenzungsvereinbarungen verwiesen.

[1963] Soweit dokumentiert, liegt hier eine Bewertungseinheit iSd. § 254 HGB vor; vgl. HdR 5. Aufl., Kapitel 7 Rn. 29; ebenso WPH Edition, Wirtschaftsprüfung & Rechnungslegung, 17. Aufl., Kapitel F Tz. 1316 mwN.
[1964] Ebenso DGRV (Hrsg.), Praxishandbuch Derivate, Teil 2, A.IV.5.2.
[1965] Vgl. HdR 5. Aufl., Kapitel 7 Rn. 29.
[1966] Vgl. DGRV (Hrsg.), Praxishandbuch Derivate, Teil 2, A.IV.5.2.
[1967] Vgl. AFRAC-Stellungnahme 15 Rn. 27.

Für eine **wirtschaftliche Glattstellung** gelten entsprechende Regeln wie bei erworbenen Caps und Floors.

4.12.4.5.3. Zinsbegrenzungsvereinbarungen in einer Bewertungseinheit

Vorbemerkungen

Neben den oben beschriebenen Plain Vanilla Caps gibt es auch sog. **Forward Caps** (Caps mit verzögertem Start) und sog. **Amortizing Caps** (Caps mit Tilgungs- und Annuitätenstrukturen). Diese sind bei einem identischen Verlauf des Nominalbetrags des Grundgeschäfts als **Sicherungsinstrument geeignet**.

Bei einem **Contingent Premium Cap** wird nur dann eine Prämie fällig, wenn der Referenzzins eine bestimmte Höhe überschreitet. Im Gegensatz zu (nicht als Sicherungsinstrument geeigneten) Barrier Caps ist die Existenz des Contingent Premium Caps gesichert; die zusätzliche Optionalität durch die Barriere bezieht sich auf die Prämienzahlung.

Parttime Caps entfalten ihre Wirkung nur in bestimmten Perioden. **Chooser Caps** gelten nur für eine bestimmte Anzahl für vom Käufer gewählte Perioden. Mit Parttime Caps und Chooser Caps kann bspw. dem Sicherungsbedürfnis bei saisonalen Schwankungen des Kreditbedarfs Rechnung getragen werden.

Caps und Floors sind dann als Sicherungsinstrumente geeignet, wenn der ihnen zugrunde liegende Nominalbetrag (sowie ggf. dessen Veränderung), der Referenzzins (zB 6-M-Euribor) und die Fixingzeitpunkte mit denen des Grundgeschäfts übereinstimmen. Geringfügige (unwesentliche) Abweichungen (in Relation zur Periode des Referenzzinses) in den Fixingzeitpunkten können wie bei Zinsswaps akzeptiert werden; in diesem Fall ergibt sich ggf. ein Betrag der Unwirksamkeit, der nach § 254 HGB bilanziell abzubilden ist.

Vertragsabschluss

Bei Vertragsabschluss sind die bezahlten bzw. erhaltenen Prämien auch im Fall einer Bewertungseinheit grundsätzlich als Anschaffungskosten im Posten „Sonstige Vermögensgegenstände" zu aktivieren bzw. im Posten „Sonstige Verbindlichkeiten" zu passivieren (IDW RS BFA 6 Tz. 12). Soweit die Zinsbegrenzungsvereinbarungen als Sicherungsinstrumente iRe. Bewertungseinheit designiert sind, wird es im Schrifttum auch für sachgerecht erachtet, die bezahlte Prämie als Rechnungsabgrenzungsposten auszuweisen, der über die Vertragslaufzeit aufzulösen ist (siehe nachfolgend).[1968]

Die Einbeziehung von Caps und Floors in eine Bewertungseinheit iSd. § 254 HGB ist bei Vertragsabschluss bzw. bei Designation der Sicherungsbeziehung zu dokumentieren.[1969]

Verteilung der Prämie auf die Caplets/Floorlets

Bei Caps und Floors, die als Sicherungsinstrumente designiert sind, kann nach hM von einer Verteilung des Nutzungspotenzials auf die Laufzeit ausgegangen werden. Das Nutzungspotenzial ist von der Anzahl der verbliebenen Fixingzeitpunkte abhängig.[1970] Zu weiteren Einzelheiten der buchhalterischen Behandlung wird auf die obigen Ausführungen zu einzeln bewerteten Caps und Floors verwiesen.

In der Gewinn- und Verlustrechnung sind die ausgebuchten Caplets bzw. Floorlets in demselben Posten des Zinsergebnisses zu erfassen wie die Aufwendungen bzw. Erträge des Grundgeschäfts (IDW RS BFA 6 Tz. 14).[1971] Entsprechendes gilt für die Prämienzahlungen bei vereinbarter jährlicher Fälligkeit.

Ausgleichszahlungen

Bei Caps und Floors, die der Absicherung von Zinsrisiken dienen, sind die Ausgleichszahlungen zeitanteilig abzugrenzen und in demselben Zinsaufwands- bzw. Zinsertragskonto wie die Zinsen des Grundgeschäfts zu erfassen.[1972] Zu weiteren Einzelheiten wird auf die Ausführungen zu einzelbewerteten Caps und Floors verwiesen.

[1968] Vgl. ADS 6. Aufl., § 246 HGB Rn. 382; BeBiKo 13. Aufl., § 254 HGB Rn. 94.

[1969] Ebenso DGRV (Hrsg.), Praxishandbuch Derivate, Teil 2 A.IV.5.3.

[1970] Vgl. HdR 5. Aufl., Kapitel 7 Rn. 26 mwN.

[1971] Vgl. Krumnow ua., § 340e HGB Rn. 439.

[1972] Ebenso PwC (Hrsg.), Derivative Finanzinstrumente bei Industrieunternehmen, 4. Aufl., 234.

Fair Value Hedges

Fair Value Hedges kommen bspw. bei der Absicherung von gegenläufigen Positionen in Caps bzw. Floors infrage. Ferner können in Darlehen bzw. Einlagen oder Wertpapieren eingebettete Zinsober- bzw. Zinsuntergrenzen mittels Fair Value Hedge gesichert werden. Es empfiehlt sich im letztgenannten Fall für das Grundgeschäft eine entsprechend IDW RS HFA 22 wertmäßige Aufteilung; dies ist zur Beurteilung der Wirksamkeit faktisch unumgänglich.

Wie bei der Bilanzierung von Bewertungseinheiten nach IDW RS HFA 35 üblich, ist zwischen der **Wertänderung auf Basis des gesicherten Risikos** und der **Wertänderung aufgrund des nicht gesicherten Risikos** zu unterscheiden. Soweit ein Cap bzw. Floor kein (nennenswertes) Adressenausfallrisiko aufweist, kann grundsätzlich unterstellt werden, dass dessen Wertänderung dem gesicherten Risiko (Zinsrisiko) zugeordnet werden kann.

Für die Ermittlung eines evtl. **Betrags der Unwirksamkeit** empfiehlt es sich, die in IDW RS HFA 35 Tz. 67 vorgesehene Vorgehensweise (Tableau) zu verwenden. Bei Anwendung der **Hypothetischen Derivate-Methode** ist das Grundgeschäft mit allen wertbestimmenden Konditionen in einem entsprechenden Cap bzw. Floor abzubilden. Unwirksamkeiten können sich bspw. aus nicht übereinstimmenden Fixingzeitpunkten ergeben.

Soweit sich die Wertänderungen aufgrund des gesicherten Risikos ausgleichen, entfällt wegen der kompensierenden Betrachtung eine bilanzielle Abbildung. Ergibt sich ein negativer Überhang (Verpflichtungsüberhang), ist in dieser Höhe eine Drohverlustrückstellung zu bilden. Ein positiver Überhang (nicht realisierter Gewinn) bleibt unberücksichtigt. Aufwendungen bzw. Erträge aus der Bildung bzw. Auflösung einer Drohverlustrückstellung für Bewertungseinheiten sind nach allgemeiner Praxis in demselben GuV-Posten zu erfassen, in dem die Wertänderungen des Grundgeschäfts gezeigt werden.

Wertänderungen aufgrund eines nicht gesicherten Risikos sind nach den allgemeinen Grundsätzen bilanziell abzubilden.

Cashflow Hedges

Im Rahmen von Cashflow Hedges werden Caps zur Absicherung des Cashflow-Risikos aus variabel verzinslichen (verbrieften oder unverbrieften) Verbindlichkeiten und Floors zur Absicherung des Cashflow-Risikos aus variabel verzinslichen Forderungen oder Wertpapieren eingesetzt.

Ein Cashflow Hedge mit Caps und Floors ist insoweit iSd. § 254 HGB wirksam, als die gegenläufigen Cashflows von Grundgeschäft und Sicherungsinstrument zeitgleich anfallen (Deckungsfähigkeit). Weitere Voraussetzung ist, dass sich im Falle eines Caps die Cashflows oberhalb der vereinbarten Zinsobergrenze (mindestens) vollständig ausgleichen. Für Floors gilt entsprechend, dass sich die Cashflows unterhalb der Zinsuntergrenze (mindestens) vollständig ausgleichen müssen. In diesen Fällen wäre eine negative Wertänderung des Caps bzw. Floors bilanziell nicht relevant.[1973]

Gleichen sich die Cashflows dagegen (a) nicht (mindestens) vollständig aus bzw. fallen die Cashflows (b) nicht zeitgleich an, ist von einer Unwirksamkeit auszugehen, die als Drohverlustrückstellung abzubilden ist, wenn der ermittelte Betrag negativ ist.[1974]

Für die Ermittlung des relevanten Betrags einer Unwirksamkeit empfiehlt es sich, die **Hypothetische Derivate-Methode** anzuwenden, bei der das Grundgeschäft als hypothetischer Cap bzw. Floor nachgebildet wird. Der hypothetische Cap bzw. Floor muss dabei die bewertungsrelevanten Konditionen des Grundgeschäfts abbilden. Der hypothetische Cap bzw. Floor ist quasi das Pendant zum perfekten Sicherungsinstrument (Stellvertreter).

Aufwendungen bzw. Erträge im Zusammenhang mit der Bildung bzw. Auflösung von Drohverlustrückstellungen für Bewertungseinheiten sind in der Gewinn- und Verlustrechnung wie beim Fair Value Hedge abzubilden.

(Vorzeitige) Beendigung von Bewertungseinheiten

Ist eine vorzeitige Beendigung in wirtschaftlich begründeten Ausnahmefällen erlaubt, kann die Bewertungseinheit nur mit Wirkung für die Zukunft beendet werden. Ausführlich zur vorzeitigen Auflösung von Bewertungseinheiten vgl. Kapitel und 4.11.5.

Kommt es zulässigerweise zu einer vorzeitigen Beendigung der Bewertungseinheit, findet zu diesem Zeitpunkt letztmals eine Bilanzierung nach den Regeln von § 254 HGB statt. In der Folge finden bei der Bilanzierung und Bewertung von Grundgeschäft und Sicherungsinstrument die allgemeinen Bilanzierungs- und Bewertungsvorschriften Anwendung.

[1973] Ebenso DGRV (Hrsg.), Praxishandbuch Derivate, Teil 2, A.IV.5.3.2.
[1974] Ebenso DGRV (Hrsg.), Praxishandbuch Derivate, Teil 2, A.IV.5.3.2.

4.12.4.5.4. Zinsbegrenzungsvereinbarungen im Bankbuch

Caps und Floors im Zusammenhang mit der Absicherung des Zinsspannenrisikos im Bankbuch (Zinsbuch) eines Instituts müssen hierzu geeignet sein. Sie müssen insbesondere der Strategie im Bankbuch gerecht werden.

Zu den Voraussetzungen bezüglich der Eignung, zur Umwidmung und zu den Voraussetzungen für eine vorzeitige Auflösung von Caps und Floors des Bankbuchs vgl. auch Kapitel 4.12.2.5.3. Die dort dargestellten Grundsätze gelten hier entsprechend.

Im Allgemeinen sind Stillhalterpositionen in Caps bzw. Floors nicht geeignet, das Zinsspannenrisiko wirksam abzusichern, da sie aufgrund ihres spezifischen Chancen-/Risikoprofils weder zu Absicherungszwecken noch zur Umsetzung einer bestimmten Zinsbuchstrategie geeignet sind. Soweit bei Collars eine (Netto-) Prämie vereinnahmt wird, es sich also um eine Nettoverkaufsposition handelt, gilt dasselbe.[1975]

Vertragsabschluss

Die erstmalige Erfassung der bezahlten Prämien für Caps bzw. Floors erfolgt im Posten „Sonstige Vermögensgegenstände" bzw. als „Rechnungsabgrenzungsposten". Vgl. die Ausführungen in Kapitel 4.12.4.5.2.

Verteilung der Prämie auf die Caplets/Floorlets

Der Aufwand aus der Ausbuchung der anteiligen Prämie ist im Zinsergebnis in dem Posten zu buchen, in dem die Zinsen der zugehörigen Geschäfte gebucht werden (IDW RS BFA 6 Tz. 14). Entsprechendes gilt für jährlich gezahlte Prämien. Vgl. die Ausführungen in Kapitel 4.12.4.5.2.

Ausgleichszahlungen

Ausgleichszahlungen sind in der Gewinn- und Verlustrechnung im Zinsergebnis zu erfassen (IDW RS BFA 6 Tz. 14).[1976] Vgl. die Ausführungen in Kapitel 4.12.4.5.2.

[1975] Ebenso DGRV (Hrsg.), Praxishandbuch Derivate, Teil 2, A.IV.5.4.
[1976] Vgl. Krumnow ua., § 340e HGB Rn. 439.

(Folge-) Bewertung am Bilanzstichtag

Caps und Floors, die dem Bankbuch zugeordnet werden, sind zum Abschluss-stichtag nicht einzeln zu bewerten. Die Bewertung erfolgt vielmehr nach IDW RS BFA 3 iRd. verlustfreien Bewertung des gesamten Bankbuchs (Refinan-zierungsverbund). Diesbezüglich wird auf die Ausführungen in Kapitel 4.3.4. verwiesen.

Soweit zur verlustfreien Bewertung des Bankbuchs die barwertige Methode zur Anwendung kommt, sind Caps bzw. Floors in Höhe ihrer stillen Reserven bzw. stillen Lasten zu berücksichtigen. Eine Berücksichtigung iRd. perioden-orientierten Methode ist komplexer.

4.12.4.5.5. Zinsbegrenzungsvereinbarungen im Handelsbestand

Vertragsabschluss

Die Zuordnung zum Handelsbestand von Instituten erfolgt aufgrund des Zwecks des Geschäfts bei Vertragsabschluss. Eine nachträgliche Umwidmung in den Handelsbestand ist nach § 340e Abs. 3 Satz 2 HGB ausgeschlossen.

Die bezahlten Prämien sind im Aktivposten „6a. Handelsbestand", die erhal-tenen Prämien sind im Passivposten „3a. Handelsbestand" zu erfassen. Eine erfolgswirksame Vereinnahmung der Prämie während der Laufzeit der Option ist nicht zulässig. Vgl. die Ausführungen in Kapitel 4.12.4.5.2.

Soweit Caps und Floors des Handelsbestands nachträglich in eine Bewertungs-einheit einbezogen wurden, sind diese bei Beendigung der Bewertungseinheit wieder in den Handelsbestand zurück umzugliedern (§340e Abs. 3 Satz 4 HGB). Weitere Einzelheiten vgl. Kapitel 4.4.2.

Ausgleichszahlungen

Bestehende Ansprüche auf Erhalt bzw. Verpflichtungen zur Zahlung einer Ausgleichszahlung werden *„indirekt im Rahmen der Bewertung über die Än-derungen des beizulegenden Zeitwerts in der Gewinn- und Verlustrechnung erfasst".*[1977] Insoweit ist eine Ausgleichszahlung am Ende der jeweiligen Absi-

---

[1977] Vgl. DGRV (Hrsg.), Praxishandbuch Derivate, Teil 2, A.IV.5.1.

cherungsperiode über eine Buchwertanpassung des Handelsbestands erfolgs-neutral abzubilden.[1978] Vgl. die Ausführungen in Kapitel 4.12.4.5.2.

(Folge-) Bewertung am Bilanzstichtag

Die Bewertung zum Abschlussstichtag erfolgt gemäß § 340e Abs. 3 HGB zum beizulegenden Zeitwert (Marktwert), abzüglich eines Risikoabschlags (bzw. zuzüglich eines Risikozuschlags bei einem passivischen Bestand).

Sämtliche Änderungen des beizulegenden Zeitwerts sind in der Gewinn- und Verlustrechnung im Posten „7. Nettoertrag/Nettoaufwand des Handelsbe-stands" auszuweisen. Weitere Einzelheiten zur Bewertung des Handelsbe-stands vgl. Kapitel 4.4.2.

Die Bewertung zum beizulegenden Zeitwert berücksichtigt auch die ansonsten übliche Ausbuchung von Caplets bzw. Floorlets. Eine gesonderte Ausbuchung der Teilprämien für die einzelnen Caplets bzw. Floorlets ist damit nicht er-forderlich.

Abgang

Bei Abgang eines Caps bzw. Floors des Handelsbestands ist der Buchwert mit einer erhaltenen/geleisteten Zahlung zu verrechnen und über den GuV-Posten „7. Nettoertrag/Nettoaufwand des Handelsbestands" auszubuchen.

4.12.5. Devisentermingeschäfte

4.12.5.1. Darstellung

Der **Wechselkurs** bezeichnet das Austauschverhältnis zweier Währungen zu-einander. Seit 1999 werden Wechselkurse in der **Mengennotierung**[1979] ver-öffentlicht. Bei der **Kursnotierung** unterscheidet man **quotierte Währung** (Basiswährung) und **Gegenwährung** (variable Währung). Der **Kassakurs** drückt aus, wie viele Einheiten der Gegenwährung (variable Währung) – zB USD – eine Einheit der quotierten Währung (Basiswährung) – zB EUR – wert ist (1 Einheit der quotierten Währung EUR = X Einheiten der Gegenwährung USD). Bei der Quotierung von Devisenkursen ist die erstgenannte Währung

---

[1978] Vgl. DGRV (Hrsg.), Praxishandbuch Derivate, Teil 2, A.IV.5.1.
[1979] Vgl. Schiller/Marek, FB 2001, 197 ff.

immer die quotierte Währung (Basiswährung) die zweite Währung die Gegenwährung (variable Währung).

Beispiel:

Die Kursnotierung EUR/USD 1,3200 bedeutet: der Euro ist die quotierte Währung oder Basiswährung und der US-Dollar die Gegenwährung oder variable Währung, ein Euro kostet dabei 1,3200 USD.

In der Mengennotierung drückt der **Geldkurs** den Kurs aus, zu dem Kreditinstitute eine ausländische Währung pro einem Euro verkaufen (ergibt bei der Mengennotierung im Vergleich zum Briefkurs einen höheren Eurobetrag). Der **Briefkurs** entspricht dem Kurs, zu dem Kreditinstitute eine ausländische Währung pro einem Euro ankaufen (ergibt im Vergleich zum Geldkurs entsprechend einen niedrigeren Betrag in Euro).

Währungen werden über einen **dreistelligen Buchstabencode** (ISO-Code, Swiftcode) identifiziert. Die ersten beiden Buchstaben bezeichnen meistens den Namen des Landes, in dem die Währung Heimatwährung ist. Der dritte Buchstabe kennzeichnet den Namen der Währung (USD = **US**A **D**ollar, CAD = **Ca**nada **D**ollar, JPY = **Ja**pan **Y**en).

Ein **Devisenkassageschäft** (Spot) ist der Kauf bzw. Verkauf einer Währung gegen eine andere Währung, wobei die Lieferung (spätestens) zwei Bankarbeitstage nach Abschluss des Geschäfts erfolgt. Die Kursbildung erfolgt auf freien Märkten auf Grund von Angebot und Nachfrage.

Ein **Devisentermingeschäft** (Forward, Future, FX Outright) ist eine feste Vereinbarung zwischen zwei Vertragspartnern über den Kauf bzw. Verkauf eines bestimmten Betrags einer ausländischen Währung (zB USD) zu einem festgelegten Preis (Devisenterminkurs) mit einem Erfüllungszeitpunkt in der Zukunft. Die für das Termingeschäft geltenden Bedingungen, wie der Terminkurs, die Fälligkeit und das Volumen, werden bereits bei Abschluss des Geschäfts festgelegt. **Abschlusstag** (Handelstag, Trade Date) und **Erfüllungstag** (Valuta, Settlement Date) fallen zeitlich mindestens **drei** Geschäftstage auseinander. Devisentermingeschäfte zählen zu den sog. **unbedingten** Termingeschäften, da sich die Vertragspartner zur Ausführung des Geschäfts verpflichten.

Ein Devisentermingeschäft ist ein **Derivat**, denn dessen Wert ändert sich infolge der Änderung des Wechselkurses und/oder der in- bzw. ausländischen Zinsen; ferner ist keine anfängliche Zahlung erforderlich und das Geschäft wird erst in der Zukunft erfüllt.

4. Bewertungsvorschriften

Devisentermingeschäfte sind als **schwebende Geschäfte** grundsätzlich nicht zu bilanzieren; eine bilanzielle Wirkung entfaltet ein Devisentermingeschäft wie andere Derivate erst dann, wenn aus dem Geschäft ein negativer Erfolgsbeitrag (negativer Marktwert) zu erwarten ist.

Terminkurs ist der Wechselkurs, der für das Erfüllungsgeschäft in der Zukunft maßgeblich ist. Devisenterminkurse werden standardmäßig für Laufzeiten von 1, 2, 3, 6 und 12 Monate quotiert. Sog. „Broken Quotes" sind von diesen Standardlaufzeiten abweichende Laufzeiten. Für die Hauptwährungen sind auch Laufzeiten bis fünf Jahre oder mehr möglich. Devisenterminkurse werden als Auf- bzw. Abschläge auf den Devisenkassakurs (sog. Forward Points, Swapstellen) gehandelt.

Entgegen einer immer wieder anzutreffenden Ansicht sind Devisenterminkurse keine Prognose für den Kassakurs am Ende der Laufzeit des Termingeschäfts. Der Unterschied zwischen Devisentermin- und Devisenkassakurs trifft lediglich eine Aussage über die unterschiedlichen Zinssätze in den beiden Währungen.

4.12.5.2. Einsatzmöglichkeiten

Devisentermingeschäfte werden von Instituten neben dem **Handel** (Handelsbestand, Erzielung eines Handelserfolgs) auch verwendet, um **Währungsrisiken** zu sichern. Devisentermingeschäfte werden insbesondere zur Kurssicherung bilanzieller Aktiva und Passiva, schwebender Geschäfte sowie geplanter Transaktionen eingesetzt. Darüber hinaus schließen Institute Devisentermingeschäfte mit Kunden ab.

Im Zusammenhang mit der Absicherung mittels Devisentermingeschäften entsteht immer wieder das Problem, dass sich die Erfüllung des durch das Devisentermingeschäft gesicherten Grundgeschäfts verzögert. Daher besteht häufig der Wunsch, das Devisentermingeschäft zu verlängern (prolongieren), um den Kurs bis zur endgültigen Erfüllung des Grundgeschäfts zu fixieren. Dabei ist danach zu unterscheiden, ob die Prolongation auf aktueller Kassabasis oder auf alter Kassabasis erfolgt.

- **Prolongation auf aktueller Kursbasis**
  Hierbei wird das ursprüngliche Termingeschäft erfüllt und erfolgswirksam abgewickelt sowie ein neues Termingeschäft auf Basis der aktuellen Marktbedingungen abgeschlossen.
  Dies ist grundsätzlich die zu bevorzugende Alternative.

- **Prolongation auf alter Kursbasis**

  Die Verlängerung des Termingeschäfts erfolgt dabei auf der Grundlage des ursprünglichen Kassakurses während der Swapsatz (vgl. Kapitel 4.12.5.3.) auf Basis der aktuellen Zinsen ermittelt wird. Dies führt dazu, dass der Terminkurs nicht den aktuellen Marktbedingungen entspricht.

  Dieses Vorgehen ist mit zusätzlichen Risiken behaftet und daher nur unter restriktiven Bedingungen möglich. Es kann zu einer Verschleierung der Ertragslage sowie zu zusätzlichen Kreditrisiken kommen. Diese Alternative ist zu vermeiden.

4.12.5.3. Terminkurs und Marktwert

Bestimmung des Devisenterminkurses

Der Devisenterminkurs besteht aus zwei Komponenten: dem aktuellen Kassakurs und der Zinsdifferenz der beiden Währungen unter Berücksichtigung der (Rest-) Laufzeit (sog. Swapsatz, Forward Points, Swapstellen). Es gilt folgende (arbitragefreie) Überlegung: Ein Anleger, der heute einen Fremdwährungsbetrag auf Termin kauft, muss genauso gestellt sein wie jemand, der im Kassageschäft kreditfinanziert kauft und bis zum Fälligkeitstag anlegt und die Anlagezinsen in Fremdwährung (zB USD) bekommt sowie die Kreditzinsen in Heimatwährung (zB EUR) bezahlt.

Der **Devisenterminkurs** setzt sich bei frei konvertierbaren Währungen mithin aus der sog. **Kassabasis** (Kassakurs bei Vertragsabschluss) und dem sog. **Swapsatz** zusammen. Der Swapsatz (Forward Points, Swapstellen) ist der Nettoaufwand oder -ertrag aus dem Zins der per Kasse gekauften und bis zur Fälligkeit des Termingeschäfts angelegten Währung und der zeitgleich per Kasse verkauften und bis zur Fälligkeit des Termingeschäfts aufgenommenen Gegenwährung. Der Swapsatz wird in „Stellen" ausgedrückt. Grundsätzlich ist der Swapsatz ein ökonomischer Ausgleich für unterschiedliche Zinsertragsmöglichkeiten in den einzelnen Währungen.

$$Swapsatz = Terminkurs - Kassakurs$$

Ist der Terminkurs höher als der aktuelle Kassakurs bei Vertragsabschluss (Kassabasis), wird die Währung per Termin mit einem **Aufschlag** (Report, Premium) gehandelt. Liegt der Terminkurs unter dem aktuellen Kassakurs bei Vertragsabschluss (Kassabasis), handelt es sich um einen **Abschlag** (Deport, Discount).

Bei der Kursnotierung in Form der **Mengennotierung** stellt sich der Terminkurs (für unterjährige Laufzeiten) wie folgt dar:[1980]

$$Terminkurs_{Mengennotierung} = K + K * \frac{\left(i_{Ausland} - i_{Inland}\right) * T}{1 + i_{Inland} * T}$$

Dabei sind:

K Kassakurs (Mengennotierung) der Währung im Bewertungszeitpunkt (zB EUR/USD 1,1796).

i_{Inland} Laufzeitgerechter Zinssatz im Inland (zB 3 % = 0,03)

$i_{Ausland}$ Laufzeitgerechter Zinssatz im Ausland (zB 5 % = 0,05)

T Laufzeit des Termingeschäfts entsprechend der Zinskonventionen (zB act./360) in Jahren (zB 90/360 = 0,25 Jahre)

Bei einem Kassakurs in Höhe von EUR/USD 1,1796 ergibt sich ein Terminkurs in Höhe von EUR/USD 1,1856.

$$Terminkurs_{Mengennotierung} = 1,1796 + 1,1796 * \frac{\left(0,05 - 0,03\right) * 0,25}{1 + 0,03 * 0,25} = 1,1856$$

Es ermittelt sich im Beispiel ein Aufschlag (Report) auf den Kassakurs in Höhe von 0,0060 USD/1 EUR. Dies liegt daran, dass der inländische Zins (3 %) niedriger ist als der USD-Zins (5 %).

Der Terminkurs ändert sich immer dann, wenn sich der Kassakurs und/oder die (relative) Zinsdifferenz der beiden Währungen ändern. Mithin unterliegen Devisentermingeschäfte neben dem Währungsrisiko auch einem Zinsrisiko (siehe auch unten zur Reststellenbewertung).

Zwischen den Zinsen der beteiligten Währungen und dem Swapsatz besteht bei der Mengennotierung folgende Beziehung:[1981]

- Zins ausländische Währung > Zins inländische Währung[1982]:
  Aufschlag (Report oder Premium).
- Zins ausländische Währung < Zins inländische Währung:
  Abschlag (Deport oder Discount).

[1980] Vgl. ausführlich Beispielen Schmidt (2014), 92 ff.

[1981] Vgl. Schmidt (2014), 92 ff.

[1982] Ausländische Währung = Gegenwährung oder variable Währung. Inländische Währung = quotierte Währung oder Basiswährung.

Der **Swapsatz** (Auf-/Abschlag) sorgt für einen Zinsausgleich zwischen den beiden Währungen. Überlegung: Der Anleger, der einen Fremdwährungsbetrag auf Termin kauft, muss genauso gestellt sein wie der, der im Kassageschäft kreditfinanziert kauft und bis zum Ende der Frist anlegt und dabei Anlagezinsen in Fremdwährung erhält und Kreditzinsen in der Heimatwährung bezahlen muss (Arbitragefreiheit).[1983]

Der Auf-/Abschlag wird im Zusammenhang mit der **Absicherung zinstragender Grundgeschäfte** als (Kurs-) Sicherungsaufwand bzw. -ertrag bezeichnet, wobei danach zu unterscheiden ist, ob es sich bei dem zu beurteilenden Sicherungsinstrument um einen Devisentermin**kauf** oder um einen Devisentermin**verkauf** handelt:

- **Devisenterminkauf**
  Aufschlag (Report) = Sicherungsertrag,
  Abschlag (Deport) = Sicherungsaufwand.
- **Devisenterminverkauf**
  Aufschlag (Report) = Sicherungsaufwand,
  Abschlag (Deport) = Sicherungsertrag.

Ermittlung des Marktwerts eines bestehenden Devisentermingeschäfts

Die Berechnung des (positiven bzw. negativen) Marktwerts (beizulegender Zeitwert, Fair Value) wird anhand eines Beispiels erläutert.

Beispiel:

Das Volumen des Devisentermingeschäfts betrage 1 Mio. USD, Heimatwährung sei EUR, kontrahierter Terminkurs sei EUR/USD 1,2500, der faire Terminkurs am Bewertungstag (zB 31.12.20X1) wird mit EUR/USD 1,2000 angenommen.

Zur Ermittlung des Marktwerts wird in einem **ersten Schritt** das Volumen des Geschäfts (hier 1.000.000 USD) mit dem fairen Devisenterminkurs zum Bewertungstag (hier EUR/USD 1,2000) umgerechnet, wodurch sich der in Euro ausgedrückte Wert des Devisentermingeschäfts ergibt, den das Geschäft auf Basis der Marktkonditionen am Bewertungstag hätte (hier: 1.000.000 USD/1,2000 = 833.333 EUR).

[1983] Vgl. zur mathematischen Herleitung Schmidt (2014), 93 f.

In einem **zweiten Schritt** wird das Volumen des Termingeschäfts (hier 1.000.000 USD) mit dem tatsächlich kontrahierten Devisenterminkurs (hier EUR/USD 1,2500) ebenfalls in Euro umgerechnet (1.000.000 USD/1,2500 = 800.000 EUR).

Diese beiden Werte des Termingeschäfts in Euro werden in einem **dritten Schritt** saldiert (833.333 EUR – 800.000 EUR = 33.333 EUR) und in einem **vierten Schritt** anhand des (laufzeitgerechten) Eurozinses auf den Bewertungstag abgezinst, was zu einem Wert von bspw. 33.000 EUR führt. Der sich ergebende diskontierte Wert in Euro (33.000 EUR) ist der **Marktwert (Barwert)** des Devisentermingeschäfts.[1984]

Für die Frage, ob dieser **Marktwert** im zu betrachtenden Fall **positiv** oder **negativ** ist, kommt es darauf an, ob das in Euro ausgedrückte Termingeschäft für den Bilanzierenden auf Basis des kontrahierten Terminkurses ggü. dem aktuellen Terminkurs zum Bewertungstag wirtschaftlich gesehen günstig oder ungünstig ist. Es kommt also darauf an, ob die 1.000.000 USD per Termin im Vergleich zu den Konditionen am Bewertungstag (zB Abschlussstichtag) günstiger (positiver Marktwert) oder ungünstiger (negativer Marktwert) gekauft bzw. verkauft wurden.

Werden im vorliegenden Beispiel USD per Termin gekauft, ist der Marktwert positiv, denn am Bilanzstichtag müsste für die 1 Mio. USD ein höherer Betrag (833.333 EUR) als im kontrahierten Termingeschäft (800.000 EUR) bezahlt werden, weshalb das kontrahierte Termingeschäft günstiger ist als ein Terminkauf zu den am Bewertungstag geltenden Marktbedingungen.

Handelt es sich dagegen um einen Verkauf von 1.000.000 USD per Termin, würden am Bilanzstichtag anstatt wie im kontrahierten Termingeschäft vereinbart nicht 800.000 EUR, sondern ein höherer Betrag – nämlich 833.333 EUR – erzielt. Daher wäre bei einem Devisenterminverkauf im vorstehenden Beispiel der Marktwert des vorhandenen Termingeschäfts negativ.

Bei der Ermittlung des Marktwerts (beizulegender Zeitwert, Fair Value) von Derivaten, für die keine quotierten Preise auf aktiven Märkten vorliegen, sind sowohl das Kreditausfallrisiko des Kontrahenten (CVA) als auch das eigene Kreditausfallrisiko des bilanzierenden Instituts (DVA) zu berücksichtigen. Für

---

[1984] Vgl. auch Schneider, PiR 2008, 194 ff.

die CVA-/DVA-Ermittlung bestehen in der Praxis unterschiedliche Methoden.[1985] Weitere Einzelheiten vgl. Kapitel 4.1.

Im Falle eines **negativen Marktwerts** ist bei Einzelbewertung – wie bei schwebenden Geschäften üblich – unter Anwendung der **Glattstellungsfiktion** eine **Drohverlustrückstellung** zu bilden. Ein positiver Marktwert (stille Reserve) bleibt bei Einzelbewertung unberücksichtigt.

Bewertung eines Termingeschäfts anhand des Marktwerts bzw. Devisenterminkurses

Der **Devisenterminkurs** eignet sich **nicht** für die (Folge-) Bewertung von Devisentermingeschäften. Maßgebend ist vielmehr – wie bei allen anderen Derivaten zweifelsfrei von IDW RS HFA 4 gefordert – der **Marktwert** (beizulegende Zeitwert) des Geschäfts.[1986] Die Vorgabe in § 340h HGB aF, dass Devisentermingeschäfte anhand des Terminkurses zum Bilanzstichtag zu bewerten sind, wurde mit dem BilMoG gestrichen. Mithin gilt diesbezüglich ausschließlich IDW RS HFA 4 Tz. 44, wonach Derivate anhand des Marktwerts zu bewerten sind.

Auch nach AFRAC[1987] ist die Bewertung von Termingeschäften (Forwards) ebenso wie bei Optionen nach der sog. **Glattstellungsfiktion** vorzunehmen (beizulegender Zeitwert, Marktwert), weil auch bei Termingeschäften die physische Erfüllung am Abschlussstichtag nicht die wirtschaftliche Realität reflektiert. Die Glattstellungsfiktion (dh. der beizulegende Zeitwert) bildet die Wertverhältnisse am Stichtag am besten ab. Der beizulegende Zeitwert wird anhand des Marktwerts bestimmt.

[1985] Vgl. IDW BFA, Berichterstattung über die 268. Sitzung, IDW Life 2016, 732 f.; IDW RS HFA 47, Abschnitt 14; Bäthe-Guski/Debus/Eberhardt/Kuhn, WPg 2013, 744 ff.; Glischke/Mach/Stemmer, Finanz Betrieb 2009, 553 ff.; Plank, Schweizer Treuhänder 2011, 945 ff.; Grünberger, KoR 2011, 410 ff.; Gutjahr/Christ/Topper, KoR 2014, 249 ff.; PwC (Hrsg.), IFRS für Banken (2017), 1263 ff.; Weigel/Wolsiffer, WPg 2016, 1289 ff.; Wiechens/Lorenz/Morawietz, HdJ I/11, Rn. 46 mwN.

[1986] Ebenso Gelhausen/Fey/Kämpfer, V Rn. 147; Bieg/Waschbusch, 3. Aufl., 512 f.

[1987] Vgl. AFRAC-Stellungnahme 15 Rn. 17 und Erläuterungen zu Rn. 17.

4.12.5.4. Risiken

Devisentermingeschäfte unterliegen dem **Bonitätsrisiko** (Erfüllungsrisiko), dem **Zinsänderungsrisiko** sowie insbesondere dem **Wechselkursänderungskursrisiko** (Währungsrisiko).[1988]

Das **Bonitätsrisiko** bei Devisentermingeschäften besteht in der Gefahr, dass der Vertragspartner ausfällt (Nichterfüllung). In diesem Kontext ist auch relevant, ob der Geschäftspartner aus rechtlichen Gründen die Erfüllung verweigern kann (Stichwort: Termingeschäftsfähigkeit). Dem Bonitätsrisiko sind auch evtl. Transferrisiken (Länderrisiko) zuzuordnen.

Daneben besteht ein sog. **Beschaffungsrisiko**, nämlich das Risiko, zeitliche und betragsmäßige Inkongruenzen durch Anschlussgeschäfte ausgleichen zu können. Dieses Risiko hängt zum einen von der eigenen Bonität und zum anderen von den Gegebenheiten des Markts (Marktenge) ab.[1989]

Ein **Zinsänderungsrisiko** besteht bei Währungsgeschäften wie bei Geschäften in Heimatwährung insbesondere in einer fristeninkongruenten Refinanzierung in derselben Währung. Entsprechendes gilt für Devisenterminforderungen bzw. -verbindlichkeiten. Bei Devisentermingeschäften wirkt sich eine Veränderung der Zinsstruktur/en ferner auf den Report bzw. Deport und damit auf den Terminkurs aus.[1990]

Ein **Wechselkursänderungskursrisiko** (Risiko der nachteiligen Änderung des Wechselkurses ggü. dem Zeitpunkt des Geschäftsabschlusses) besteht, wenn sich die Ansprüche und Verpflichtungen in den einzelnen Währungen betragsmäßig nicht ausgleichen, also wenn eine sog. offene Position besteht. Gleiches gilt bei Fristeninkongruenz betragsgleicher Forderungen und Verbindlichkeiten. Entsprechendes ergibt sich auch bei Devisenterminforderungen und -verbindlichkeiten.

4.12.5.5. Rechnungslegung

4.12.5.5.1. Devisentermingeschäfte bei Einzelbewertung

Sämtliche Termingeschäfte sind mit allen relevanten Daten in einer **Nebenbuchhaltung** aufzuzeichnen. Die im Zeitpunkt des Vertragsabschlusses ge-

---

[1988] Zum Währungsrisiko vgl. Bieg/Waschbusch, 3. Aufl., 506 f.
[1989] Vgl. Birck/Meyer, V 430 f.
[1990] Vgl. Bieg/Waschbusch, 3. Aufl., 507 f.

troffene **Zuordnung zum Nichthandelsbestand** ist zu dokumentieren. Eine nachträgliche Einbeziehung in den Handelsbestand ist aufgrund des Umwidmungsverbots gemäß § 340e Abs. 3 Satz 2 HGB nicht möglich.

Devisentermingeschäfte sind als **schwebende Geschäfte** grundsätzlich nicht zu bilanzieren. Soweit Devisentermingeschäfte zu marktgerechten Konditionen abgeschlossen werden, haben sie bei Vertragsabschluss einen Marktwert von Null. Wenn am Bilanzstichtag ein negativer Erfolgsbeitrag (Verpflichtungsüberhang) aus dem Devisentermingeschäft erwartet wird, ist eine **Rückstellung für drohende Verluste aus schwebenden Geschäften** zu bilden (§ 249 HGB).

IDW RS HFA 4 Tz. 44 regelt, dass bezüglich der für ein Derivat anzusetzenden Drohverlustrückstellung nicht nur im Fall eines aktiven Markts auf den beizulegenden Zeitwert des Derivats zurückzugreifen ist (§ 255 Abs. 4 Satz 1 HGB), sondern dass auch in den Fällen, in denen kein aktiver Markt für ein Derivat besteht, die Rückstellung auf der Grundlage des beizulegenden Zeitwerts des Derivats zu bewerten ist, der nach einem anerkannten Bewertungsverfahren zu ermitteln ist (§ 255 Abs. 4 Satz 2 HGB). Eine Abzinsung der Rückstellung nach § 253 Abs. 2 Satz 1 HGB ist nicht zulässig, da die Abzinsung bereits bei der Ermittlung des Verpflichtungsüberhangs berücksichtigt ist.

Eine Rückstellung ist zu buchen, wenn der **Marktwert** am Bilanzstichtag **negativ** ist. Hier wäre bei einer Glattstellung des Geschäfts dieser Betrag an den Kontrahenten zu bezahlen, weshalb insoweit ein **Verlust** (Verpflichtungsüberhang) droht. Ein positiver Marktwert repräsentiert eine stille Reserve und ist somit nicht zu bilanzieren.

Die Rückstellung ist im Passivposten „Andere Rückstellungen" zu zeigen. Aufwendungen bzw. Erträge im Zusammenhang mit der Bildung bzw. Auflösung von Drohverlustrückstellungen sind im sonstigen betrieblichen Ergebnis auszuweisen.

Devisentermingeschäfte sind weder Vermögensgegenstände noch Verbindlichkeiten, weshalb für sie eine Bewertung in Abhängigkeit von der **Restlaufzeit** iSd. § 256a Satz 2 HGB nicht infrage kommt.

Soweit der beizulegende (Zeit-) Wert (Marktwert) nicht durch das bilanzierende Unternehmen anhand eines allgemein anerkannten Bewertungsmodells auf Basis aktueller Marktdaten selbst errechnet wurde, sind seitens des **Abschlussprüfers** ggf. IDW PS 314 n.F. sowie IDW PS 322 n.F.[1991] zu beachten.[1992]

[1991] Vgl. Philipps/Wilting, WP Praxis 4/2014, 85 ff.
[1992] Vgl. HdR 5. Aufl., Kapitel 7 Rn. 27.

Einzeln bewertete Devisentermingeschäfte des Nichthandelsbestands können nachträglich als Sicherungsinstrument in eine **Bewertungseinheit** iSd. § 254 HGB einbezogen werden. Dabei muss das Devisentermingeschäft zum Zeitpunkt der Umwidmung letztmals nach den allgemeinen Grundsätzen bewertet werden.

Bei einer **vorzeitigen Auflösung** (Terminierung) eines Termingeschäfts während der Laufzeit ist die erhaltene bzw. geleistete Ausgleichszahlung (positiven/negativer Marktwert) erfolgswirksam im sonstigen betrieblichen Ergebnis zu erfassen.

Bei einer **wirtschaftlichen Glattstellung** durch ein entsprechendes Gegengeschäft ist eine sofortige Buchung einer **positiven** Marktwertdifferenz nicht möglich; diese ist erst bei Fälligkeit beider Geschäfte realisiert. Im Falle einer **negativen** Marktwertdifferenz ist eine Drohverlustrückstellung bzw. eine Verbindlichkeit[1993] zu passivieren, die bei Fälligkeit mit der Liefer-/Abnahmeverpflichtung des glattgestellten Geschäfts zu verrechnen ist. Zwischen beiden Geschäfte ist bei Vorliegen der Voraussetzungen eine **Bewertungseinheit** nach § 254 HGB zu bilanzieren.

4.12.5.5.2. Devisentermingeschäfte in einer Bewertungseinheit

Besondere Deckung gemäß § 340h HGB

Die besondere Deckung nach § 340h HGB (vgl. Kapitel 4.8.2.5.) geht über eine Bewertungseinheit hinaus. Neben einer Aufwandsrealisierung iRd. Währungsumrechnung werden auch sämtliche Erträge aus der Währungsumrechnung (und nur aus dieser) in vollem Umfang realisiert.

Absicherung nicht zinstragender Grundgeschäfte

Bei der Absicherung der Anschaffungskosten künftiger **unverzinslicher** Fremdwährungseinnahmen oder -ausgaben (bspw. Beteiligungserwerb, Erwerb von Grundstücken oder Vorräten, Forderungen aus Lieferungen und Leistungen[1994]) ist der **Swapaufwand** bzw. **-ertrag** (Deport, Report) nach hM **Bestandteil der Anschaffungskosten.**[1995] Die entsprechenden Vermögensgegenstände bzw. Verbindlichkeiten sind daher mit dem Terminkurs (Siche-

---

[1993] So DGRV (Hrsg.), Praxishandbuch Derivate, Teil 2 C.I.5.2.
[1994] Forderungen aus Lieferungen und Leistungen sind idR gleichzeitig als Umsatzerlöse zu erfassen.
[1995] Vgl. bereits Birck/Meyer, V 439 f.

rungskurs) einzubuchen. Umfassend zur Darstellung der Anschaffungskosten bei Erwerben über unbedingte Termingeschäfte iRv. Bewertungseinheiten vgl. Knobloch/Osinski.[1996]

Wird zur Ausschaltung von Wechselkursänderungen der zur Bezahlung in Fremdwährung erforderliche Betrag im Voraus angeschafft oder auf den Termin der voraussichtlichen Zahlung gekauft (Termingeschäft), wird der Euro-Anschaffungspreis für den erworbenen Vermögensgegenstand nach hM durch das Deckungsgeschäft – dh. durch den Terminkurs – endgültig fixiert. Für Verbindlichkeiten gilt Entsprechendes.

Wird ein künftig erwarteter Zahlungseingang (unverzinsliche Forderung) in Fremdwährung durch ein Devisentermingeschäft iRe. **Bewertungseinheit** (§ 254 HGB) kursgesichert (Verkauf von Devisen per Termin auf den Fälligkeitszeitpunkt des Zahlungseingangs), sind die Euro-Anschaffungskosten der künftigen Forderung ebenfalls durch den Terminkurs festgelegt. Dies gilt, wenn eine Forderung aus einem noch schwebenden Geschäft oder einer (künftig) erwarteten Transaktion kursgesichert wird, weil dann zum Anschaffungszeitpunkt der Forderung die Anschaffungskosten in Euro festliegen.

Entsprechendes gilt auch, wenn bereits vor Entstehen von Aufwendungen bzw. Eingehen einer Währungsverbindlichkeit ein Devisentermingeschäft abgeschlossen wird, um die künftigen Aufwendungen bzw. die künftige Verbindlichkeit gegen Wechselkursänderungen zu sichern.

Bei **antizipativen Bewertungseinheiten** ist auf die Regelung in IDW RS HFA 35 Tz. 92 hinzuweisen. Dort wird ausgeführt, dass bei erwarteten Beschaffungs- und Absatzgeschäften im Hinblick auf die Erwerbs- bzw. Verkaufspreise, die durch ein Termingeschäft abgesichert sind, das Grundgeschäft und das Sicherungsinstrument in der Gesamtheit den Charakter eines schwebenden Geschäfts habe. Hierauf seien die Grundsätze des IDW RS HFA 4 zur Bildung von Drohverlustrückstellungen anzuwenden. Bei **Beschaffungsgeschäften über Umlaufvermögen** bzw. bei **Absatzgeschäften** hätte dies zur Folge, dass § 254 HGB bei diesem Vorgehen tatsächlich keine Wirkung entfalten würde. Anders formuliert: Im Ergebnis ist das Sicherungsgeschäft (Devisentermingeschäft) – trotz der Tatsache, dass es Bestandteil einer (antizipativen) Bewertungseinheit ist – einzeln zu bewerten.[1997]

Das Vorgehen nach IDW RS HFA 35 Tz. 92 weicht von der vor Inkrafttreten des BilMoG zu beobachtenden auf den Grundsätzen ordnungsmäßiger Bilan-

---

[1996] Vgl. Knobloch/Osinski, BFuP 2016, 516 ff., insbes. 530 ff.
[1997] Vgl. mit Kritik HdR 5. Aufl., § 254 HGB Rn. 348 ff.

zierung basierenden Bilanzierungspraxis bei antizipativen Bewertungseinheiten ab, die der Gesetzgeber mit § 254 HGB lediglich gesetzlich festschreiben wollte. Das von IDW RS HFA 35 Tz. 92 verlangte Vorgehen wird hier abgelehnt (vgl. hierzu Kapitel 4.11.2. „Antizipative Bewertungseinheiten" mwN).

Absicherung verzinslicher Aktiva bzw. Passiva

Der Terminkurs wird bei Absicherung verzinslicher Posten in seine Bestandteile (Kassakurs und Swapsatz) aufgespalten.[1998] Beide Bestandteile werden bei der Bilanzierung und der Ergebnisermittlung getrennt im Jahresabschluss abgebildet. Im Ergebnis führt dies dazu, dass mittels Devisentermingeschäften währungsgesicherte verzinsliche Währungsforderungen oder Wertpapiere bzw. verzinsliche Währungsverbindlichkeiten eine in der Gewinn- und Verlustrechnung erfasste Verzinsung in Höhe des inländischen Zinses haben.

Der **Swapsatz** (als Quasizins), der sich als Differenz aus Terminkurs und Kassakurs bei Abschluss des Geschäfts ergibt, ist bei der Bewertung mittels des gespaltenen Terminkurses über ein „Swapbestandskonto" wie Zinsen (linear) abzugrenzen[1999] und als **Korrektur des Zinses des Grundgeschäfts** gegenzubuchen. Hierzu ist es erforderlich, den bei Vertragsabschluss vereinbarten Terminkurs rechnerisch in seine Bestandteile Kassakurs (Kassabasis) und Swapsatz aufzuteilen und beide im Rahmen einer Nebenbuchhaltung zu erfassen und fortzuführen.

Das Vorgehen bei der Bilanzierung von Bewertungseinheiten mit verzinslichen Grundgeschäften lässt sich wie folgt skizzieren:

*   **Grundgeschäft und Sicherungsinstrument**
    Für das Devisentermingeschäft als Sicherungsinstrument sowie für das Grundgeschäft (Forderung, Wertpapier oder Verbindlichkeit) ist anhand des jeweiligen **Stichtagskassakurses** (dies entspricht der Wertänderung auf Basis des gesicherten Risikos) zum Bilanzstichtag eine evtl. Unwirksamkeit zu ermitteln und nach § 254 HGB abzubilden (hierzu ist die Logik des Tableaus aus IDW RS HFA 35 Tz. 67 zu verwenden). Das nicht gesicherte Risiko des Devisentermingeschäfts in Form des Zinsrisikos (Swapsatz als Teil des Terminkurses), spielt bei der Ermittlung einer Unwirksamkeit faktisch keine Rolle, da es über die Abgrenzung (Verteilung) des Swapsatzes separat bilanziell abgebildet wird (siehe nachfolgend).

[1998] Vgl. Birck/Meyer, V 440; aA Bieg/Waschbusch, 3. Aufl., 513.
[1999] Ebenso Gelhausen/Fey/Kämpfer, Abschnitt V Rn. 148.

• **Verteilung des Swapsatzes**
Der bei Vertragsabschluss vereinbarte Swapsatz ist zeitanteilig (linear) über die Laufzeit des Devisentermingeschäfts zu verteilen; zeitanteilig deshalb, weil die Zinsen des Grundgeschäfts ebenfalls zeitanteilig (anteilige Zinsen) erfasst werden.
Der auf den Zeitraum zwischen Vertragsabschluss bzw. letztem Bilanzstichtag und aktuellem Bilanzstichtag bzw. Tag der Vertragsbeendigung entfallende anteilige Betrag des Swapsatzes ist als Erfolg in der Gewinn- und Verlustrechnung zu erfassen (als Korrektur im Zinsertrag bzw. Zinsaufwand des Grundgeschäfts).
§§ 28 und 29 RechKredV sehen für Institute vor, dass die aus der Aufspaltung des Terminkurses sich ergebenden Swapaufwendungen und -erträge Bestandteil des Zinsergebnisses und demzufolge in den Posten „Zinsaufwendungen" und „Zinserträge" auszuweisen sind.[2000] Soweit es sich um Sicherungstransaktionen bezüglich verzinslicher Aktiv- oder Passivpositionen handelt, ist es sachgerecht und hM, diese Beträge als Korrektur der Zinsen des jeweiligen Grundgeschäfts zu buchen.
Die Gegenbuchung ist auf einem „Swapbestandskonto" zu erfassen, das in den „Sonstigen Vermögensgegenständen" bzw. in den „Sonstigen Verbindlichkeiten" zu zeigen ist.
Der noch nicht in der Gewinn- und Verlustrechnung erfasste Anteil des abgegrenzten Swapsatzes ist bezüglich des Zinsänderungsrisikos – bspw. iRd. der **Reststellenbewertung** (vgl. unten) – zu bewerten. Dabei ist zu prüfen, ob die auf die Restlaufzeit entfallenden Teile der Swapbeträge noch den Marktverhältnissen am Bilanzstichtag entsprechen. Im Fall eines negativen Saldos ist eine Drohverlustrückstellung zu erfassen, die in Anlehnung an IDW RS BFA 3 im Bewertungsergebnis (Überkreuzkompensation) oder im sonstigen betrieblichen Ergebnis gegen gebucht wird.[2001]

Beispiel: Absicherung USD-Verbindlichkeit mittels Devisenterminkauf

Am 10.11.20X1 (Kurs EUR/USD 1,2850) wird eine (verzinsliche) Verbindlichkeit über 767.000 USD eingebucht (fällig am 9.1.20X2). Zum 14.11.20X1 wird ein Devisenterminkauf (DTK) über 767.000 USD mit Fälligkeit 9.1.20X2 kontrahiert. Ziel ist die Absicherung der Verbindlichkeit (USD 767.000) gegen das Währungsrisiko, dh. mit den per Termin erworbenen USD ist geplant, die Verbindlichkeit zum 9.1.20X2 termingerecht zu tilgen. Der Kassakurs am 14.11.20X1 ist EUR/USD 1.2874, Terminkurs EUR/USD 1,2912.

[2000] Vgl. Scharpf, IRZ 2011, 86.
[2001] Vgl. DGRV (Hrsg.), Praxishandbuch Derivate, Teil 2 C.I.5.3.

Der Gegenwert des Devisenterminkaufs in Euro zum Kassakurs beträgt (767.000/1,2874) 595.774,43 EUR, der Gegenwert zum Terminkurs beläuft sich auf (767.000/1,2912) 594.021,07 EUR. Als Differenz errechnet sich der sog. Aufschlag (Report) mit 1.753,36 EUR; hierbei handelt es sich (wirtschaftlich) um einen auf die Laufzeit zu verteilenden (Zins-) Ertrag, der im vorliegenden Fall als Korrektur der Zinsaufwendungen aus dem Grundgeschäft (Verbindlichkeit) zu buchen ist.

10.11.20X1 – Einbuchung der Verbindlichkeit über 767.000 USD

Die Verbindlichkeit wird am 10.11.20X1 zum Kurs von EUR/USD 1,2850 eingebucht (596.887,16 EUR).

1.	Einbuchung Verbindlichkeit USD	EUR	EUR
	Forderungen an Kreditinstitute	596.887,16	
	Verbindlichkeit USD		596.887,16

31.12.20X1 – Beurteilung der Wirksamkeit der Bewertungseinheit

Bezüglich des Sicherungsinstruments (Devisentermingeschäft) ist nur der sog. Kassateil einer Beurteilung der Wirksamkeit zu unterziehen. Der Aufschlag (Report) wird selbstständig abgegrenzt. Aus diesem Grund wird nicht der volle Marktwert des Devisentermingeschäfts verwendet.

Der Kassamittelkurs zum Bilanzstichtag beträgt EUR/USD 1,3300. Die gesamte Wertveränderung der Verbindlichkeit beläuft sich auf +20.195,43 EUR. Die Wertänderung, die sich auf das gesicherte Risiko bezieht, beträgt +19.082,70 EUR (ermittelt anhand der Hypothetischen Derivate-Methode).[2002] Damit beträgt die Wertänderung bezüglich des nicht gesicherten Risikos +1.112,73 EUR.

[2002] Es wäre auch möglich, die (kurzfristige) Verbindlichkeit bei Bildung der Bewertungseinheit am 14.11.20X1 zum zu diesem Zeitpunkt geltenden Kassakurs zu bewerten.

		Grund-geschäft EUR	Siche-rungsins-trument EUR	
Ausgangs-situation	beizulegender Zeitwert: Einbuchung/Designation der Sicherungsbeziehung	-596.887,16	595.774,43	
	beizulegender Zeitwert: Bilanzstichtag 31.12.20X1	-576.691,73	576.691,73	
Messung der Wirk-samkeit	Wertänderung insgesamt	+20.195,43	-19.082,70	+1.112,73
	– aus gesicherten Risiken	+19.082,70	-19.082,70	0
	– aus nicht gesicherten Risiken	+1.112,73	-	
Bilanz und GuV	1. Stufe: gesichertes Risiko Unwirksamkeit	0	0	**saldiert**
	2. Stufe: ungesichertes Risiko	+1.112,73		**brutto**

Abb. 4.22: Beurteilung der Wirksamkeit der Währungssicherung

Der Kassateil des Devisenterminkaufs hat eine Wertänderung iHv. -19.082,70 EUR erfahren (Kursverlust). Insoweit ergibt sich **keine Unwirksamkeit** iSd. IDW RS HFA 35 Tz. 67.

Die Wertänderung der Verbindlichkeit, die auf das nicht gesicherte Risiko zurückzuführen ist (+1.112,73 EUR), ist nach den allgemeinen Bilanzierungs- und Bewertungsnormen abzubilden (§ 256a HGB). Da es sich um eine kurzfristige Verbindlichkeit (Laufzeit von einem Jahr oder weniger) handelt, ist § 256a Satz 2 HGB anzuwenden. Dies bedeutet, dass insoweit ein Ertrag aus der Bewertung der Verbindlichkeit iHv. 1.112,73 EUR zu buchen ist.

2.	Wertänderung nicht gesichertes Risiko	EUR	EUR
	Verbindlichkeit USD	1.112,73	
	Bewertungsergebnis Verbindlichkeiten		1.112,73

4. Bewertungsvorschriften

Der Einfrierungsmethode folgend, werden die auf das gesicherte Risiko entfallenden Wertänderungen von Grundgeschäft (+19.082,70 EUR) und Sicherungsinstrument (-19.082,70 EUR) nicht gebucht, sondern kompensierend behandelt. Würde die Durchbuchungsmethode angewandt, müsste für das schwebende Devisentermingeschäft in Höhe des Bewertungsverlusts ein Passivum gebucht werden, was ua. gegen das Verbot der Bilanzierung schwebender Geschäfte verstoßen würde.

31.12.20X1 – Abgrenzung des Swapsatzes (Report)

Die gesamte Laufzeit des Devisenterminkaufs beträgt 56 Tage (14.11.20X1 bis 9.1.20X2). Für die Zeit vom 14.11.20X1 bis 31.12.20X1 (48 Tage) müssen damit (1.753,36 EUR x 48/56 =) 1.502,88 EUR als Korrektur des Zinsaufwands des Grundgeschäfts (Verbindlichkeit) gebucht werden. Die Gegenbuchung erfolgt auf dem „Swapbestandskonto".

3.	Abgrenzung Swapsatz	EUR	EUR
	Swapbestandskonto	1.502,88	
	Zinsaufwand (Grundgeschäft)		1.502,88

Aktiva		Passiva	
Forderung KI	596.887,16	Verbindlichkeit USD	595.774,43
		Gewinn 20X1	1.112,73
Swapbestandskonto	1.502,88	Gewinn 20X1	1.502,88

9.1.20X2 – Abwicklung des Devisentermingeschäfts

Es wird angenommen, dass die Abwicklung des Devisenterminkaufs dergestalt erfolgt, dass 767.000 USD zum vereinbarten Terminkurs (EUR/USD 1,2912) iHv. 594.021,07 EUR erworben und einem „USD-Bestandskonto" gutgeschrieben sowie einem Konto „Verbindlichkeit KI" belastet werden.

4.	Erwerb USD aus Devisenterminkauf	EUR	EUR
	USD-Bestandskonto	594.021,07	
	Verbindlichkeit KI		594.021,07

Aktiva		Passiva	
Forderung KI	596.887,16	Verbindlichkeit USD	595.774,43
		Gewinn 20X1	1.112,73
Swapbestandskonto	1.502,88	Gewinn 20X1	1.502,88
USD-Bestandskonto	594.021,07	Verbindlichkeit KI	594.021,07

Unmittelbar nach der Abwicklung des Devisenterminkaufs wird die währungsgesicherte (ursprüngliche) Verbindlichkeit in Höhe von 767.000 USD getilgt sowie der restlichen Swapsatz als Korrektur des Zinsaufwands des Grundgeschäfts vereinnahmt und das „Swapbestandskonto" ausgebucht.

5.	Tilgung Verbindlichkeit USD	EUR	EUR
	Verbindlichkeit USD	595.774,43	
	USD-Bestandskonto		595.774,43

6.	Vereinnahmung Swapsatz	EUR	EUR
	USD-Bestandskonto	1.753,36	
	Swapbestandskonto		1.502,88
	Zinsaufwand (Grundgeschäft)		250,48

Aktiva		Passiva	
Forderung KI	596.887,16	Verbindl. KI	594.021,07
		Gewinn 20X1	1.112,73
		Gewinn 20X1	1.502,88
		Gewinn 20X2	250,48

Als **Ergebnis** ist Folgendes festzuhalten: Dadurch, dass die Verbindlichkeit zu einem anderen Kassakurs eingebucht wurde als der, der bei Designation der Sicherungsbeziehung im Devisentermingeschäft eingerechnet wurde, entsteht eine Wertänderung aufgrund des nicht gesicherten Risikos, die nach § 256a HGB abzubilden ist. Der Swapsatz ist zu verteilen und als Korrektur des Zinsaufwands des Grundgeschäfts zu erfassen. Er ist auf die Jahre 20X1 (1.502,88 EUR) und 20X2 (250,48 EUR) zeitanteilig zu verteilen.

Kurssicherung von Zinsen

Bei Kurssicherung von Zinsen sind die anteiligen Zinsen (Zinsabgrenzung) am Bilanzstichtag mit dem vereinbarten Devisenterminkurs (Sicherungskurs) umzurechnen.[2003]

Reststellenbewertung bei Bilanzierung zum gespaltenen Terminkurs

Stehen Devisentermingeschäfte im Zusammenhang mit der Absicherung von zinstragenden Bilanzposten, ist durch geeignete Verfahren, wie zB der Reststellenanalyse, zu untersuchen, ob am Abschlussstichtag aus der fristenmäßigen Schließung der Position Verluste drohen und hierfür Rückstellungen zu bilden sind (IDW RS BFA 4 Tz. 18). Dies ist als Pflicht zu verstehen und gilt unabhängig davon, ob das Grundgeschäft eine feste oder variable Verzinsung aufweist. Soweit die Beträge nicht wesentlich sind, kann von einer Reststellenbewertung abgesehen werden.

Der bisher noch nicht erfolgswirksam erfasste Anteil des kontrahierten Swapsatzes (der auf die Restlaufzeit entfällt; sog. Reststellen) ist zu bewerten (zB mittels der sog. Reststellenbewertung). Es handelt sich dabei um die bilanzielle Erfassung von Zinsänderungsrisiken.[2004]

Dabei ist zu prüfen, ob die auf die Restlaufzeit entfallenden Teile der abgegrenzten (aktivierten bzw. passivierten) restlichen Swapbeträge noch den Marktverhältnissen am Bilanzstichtag entsprechen. Bei einer zwischenzeitlich eingetretenen Änderung der aus- und/oder inländischen Zinssätze und damit einer Änderung der Swapsätze ergeben sich bei einem Vergleich des kontrahierten und auf die Restlaufzeit vom Abschlussstichtag bis zur Fälligkeit entfallenden Swapsatzes mit dem aus den aktuellen Marktzinsen zum Bilanzstichtag errechneten Swapsatz (Reststellenbewertung) positive oder negative Differenzen.

Positive Differenzen sind für die Bilanzierung im Gegensatz zu negativen Differenzen nicht relevant. Weitere Einzelheiten vgl. IDW RS BFA 4. Bei negativen Differenzen ist für dieses Zinsänderungsrisiko die Bildung einer speziellen **Zinsänderungsrückstellung** vorzunehmen; bei unwesentlichen Beträgen kann jedoch auf die Rückstellungsbildung verzichtet werden. Zu weiteren Möglichkeiten der Reststellenbewertung vgl. Gaber.[2005]

[2003] Vgl. Birck/Meyer, V 439.
[2004] Krumnow ua., § 340h HGB Rn. 47 mwN.
[2005] Vgl. Gaber, 2. Aufl., 395.

Für Aufwendungen bzw. Erträge aus der Zuführung bzw. Auflösung dieser Rückstellung kommt in Anlehnung an IDW RS BFA 3 ein Ausweis im Bewertungsergebnis (Überkreuzkompensation) oder ein Ausweis im sonstigen betrieblichen Ergebnis in Betracht.[2006]

Rollierende Sicherung

Wird eine Serie von nacheinander abzuschließenden Devisentermingeschäften (zB mehrere 3-monatige Termingeschäfte nacheinander) zur Absicherung eines länger laufenden Grundgeschäfts (zB Forderung mit Laufzeit von zwei Jahren) kontrahiert, stellen die nach Ablauf der kurzlaufenden Termingeschäfte anfallenden Abrechnungsbeträge (positive oder negative) Anschaffungskosten für die nachfolgenden Sicherungsinstrumente (Anschlusssicherungsgeschäfte) dar.

Diese Abrechnungsbeträge aus den kurzlaufenden Sicherungsinstrumenten sind bei deren Anfall nicht erfolgswirksam zu erfassen, sondern als positive oder negative Anschaffungskosten der Anschlusssicherung in einem Korrekturposten in der Bilanz auszuweisen.

Absicherung des Währungsrisikos bei Auslandsbeteiligungen

Die Bildung einer Bewertungseinheit zwischen einer Auslandsbeteiligung als Grundgeschäft und revolvierenden Devisentermingeschäften als Sicherungsinstrumente ist zulässig.[2007] Voraussetzung ist, dass die Deckungsfähigkeit der Beteiligung gegeben ist, dh. dass bspw. ein Verkauf gegen Währung (innerhalb eines definierten Zeitraums) beabsichtigt ist. Beteiligungen können nach Ansicht von Birck/Meyer auch dann als deckungsfähig angesehen werden, wenn für sie nachweislich eine gesonderte Kurssicherung besteht.[2008]

Die Absicherung bezieht sich dabei nur auf Wertänderungen von Grundgeschäft und Sicherungsinstrument aufgrund von Devisenkursänderungen, nicht aber auf die aus den daraus resultierenden Zahlungsströme wie Dividenden usw.

[2006] Vgl. DGRV (Hrsg.), Praxishandbuch Derivate, Teil 2 C. I. 5.3.
[2007] Vgl. ausführlich Hennrichs, WPg 2010, 1185 ff.; Meinhardt, DB 2004, 2649 ff.
[2008] Vgl. Birck/Meyer, V 437.

Kämpfer/Fey empfehlen, anstatt des Buchwerts einen Währungsbetrag in Höhe des voraussichtlichen Erlöses (Zeitwert in Währung) abzusichern.[2009] Wird der Zeitwert in Währung mittels eines Devisentermingeschäfts abgesichert, ist ggf. das Volumen des Sicherungsinstruments (Devisentermingeschäft) an die jeweilige Höhe des Zeitwerts in Währung anzupassen.

Andere Risiken als das Währungsrisiko (zB Risiko, dass dem Kurswert, Zeitwert bzw. Ertragswert der Beteiligung – gemessen in Fremdwährung – sinkt), sind nicht (über Währungsgeschäfte) absicherbar (und auch nicht absicherungsfähig[2010]). Bei der Beurteilung der Wirksamkeit bzw. der Ermittlung von Beträgen der Unwirksamkeit ist zwischen der währungsbedingten Änderung (abgesichertes Risiko) und evtl. weiteren (nicht gesicherten) Wertrisiken (zB Kursrisiko der Beteiligung, Risiko der Ertragswertminderung) zu unterscheiden.

Zu den Besonderheiten der Prolongation von Devisentermingeschäften in diesem Zusammenhang vgl. Hennrichs.[2011] Vgl. auch die Ausführungen in Kapitel 5.2.8.3. (zB Beurteilung der Wirksamkeit).

(Vorzeitige) Beendigung von Bewertungseinheiten

Kommt es zulässigerweise zu einer vorzeitigen Beendigung der Bewertungseinheit, findet zu diesem Zeitpunkt letztmals eine Bilanzierung nach den Regeln von § 254 HGB statt. In der Folge finden bei der Bilanzierung und Bewertung von Grundgeschäft und Sicherungsinstrument die allgemeinen Bilanzierungs- und Bewertungsvorschriften Anwendung.

Dies bedingt, dass im Zeitpunkt der Beendigung der Bewertungseinheit letztmals die Wirksamkeit nach dem Tableau von IDW RS HFA 35 Tz. 67 beurteilt wird und ggf. dieselben Bilanzierungsmaßnahmen durchgeführt werden wie zu den einzelnen Abschlussstichtagen während des Bestehens der Bewertungseinheit. Erst danach ist auf die allgemeinen Bilanzierungsvorschriften überzugehen. Einzelheiten vgl. Kapitel 4.11.5.

[2009] Vgl. Kämpfer/Fey, in: Wagner/Schildbach/Schneider (Hrsg.), FS Streim, 187 ff.
[2010] Ebenso Hennrichs, WPg 2010, 1187 f.
[2011] Vgl. Hennrichs, WPg 2010, 1189 ff.

4.12.5.5.3. Devisentermingeschäfte im Handelsbestand

Dem Handelsbestand sind auch Devisentermingeschäfte zuzurechnen, die mit der Absicht einer kurzfristigen Erzielung eines Eigenhandelserfolgs erworben und veräußert werden (IDW RS BFA 2 Tz. 10). Devisen einschließlich Devisentermingeschäfte des Handelsbestands sowie solche des Nicht-Handelsbestands sind bestandsmäßig zu trennen.

Devisentermingeschäfte des Handels sind als Finanzinstrumente des Handelsbestands unter Anwendung des § 340e Abs. 3 Satz 1 HGB, dh. mit dem beizulegenden Zeitwert unter Berücksichtigung eines Risikoabschlags bzw. eines Risikozuschlags, zu bewerten (IDW RS BFA 2 Tz. 47). Das Bewertungsergebnis ist im „Nettoertrag oder Nettoaufwand des Handelsbestands" gemäß § 340c Abs. 1 Satz 1 HGB zu zeigen. Auf diesen Nettoertrag ist § 340e Abs. 4 HGB anzuwenden. Wegen weiterer Einzelheiten vgl. Kapitel 4.4.2.

4.12.6. Kreditderivate (insbesondere Credit Default Swaps)

4.12.6.1. Darstellung

Der Bankenfachausschuss des IDW hat am 18.2.2015 die Neufassung des IDW RS BFA 1 verabschiedet. Die billigende Kenntnisnahme durch den Hauptfachausschuss des IDW erfolgte am 5.3.2015.[2012] Gegenstand des IDW RS BFA 1 ist die Behandlung von Kreditderivaten im handelsrechtlichen Jahresabschluss (Konzernabschluss) von Instituten (IDW RS BFA 1 Tz. 1), insbesondere Credit Default Swaps.

Sind Kreditderivate dem **Handelsbestand** zugeordnet, ist abweichend von IDW RS BFA 1 der die Bilanzierung von Handelsbeständen interpretierende IDW RS BFA 2 relevant. Kreditderivate, die in **Bewertungseinheiten** iSv. § 254 HGB einbezogen werden, sind nach den Grundsätzen des IDW RS HFA 35 bilanziell abzubilden.

Kreditderivate iSd. IDW RS BFA 1 sind Finanzinstrumente, die Kreditrisiken (Bonitäts- und/oder Ausfallrisiken) unabhängig von einem zugrunde liegenden Geschäft (Finanzinstrument) auf andere Marktteilnehmer übertragen (IDW RS BFA 1 Tz. 2). Kreditderivate erlauben es, Kreditrisiken in ähnlicher Weise wie Marktrisiken zu handeln. Durch vertragliche Vereinbarungen wird

---

[2012] Vgl. FN 2015, 279 ff.; Begleitaufsätze hierzu: Weigel/Bär/Vietze, WPg 2015, 57 ff; Bär/Flintrop/Maifahrt/Vietze/Weigel, WPg 2015, 1301 ff.; dieselben WPg 2016, 31 ff.; WPH Edition, Kreditinstitute, Kap. D. Rn. 233 ff.

es dem Sicherungsnehmer ermöglicht, das mit dem zugrunde liegenden Geschäft (Finanzinstrument) verbundene Kreditrisiko auf den Sicherungsgeber zu übertragen (IDW RS BFA 1 Tz. 2). Der Sicherungsgeber übernimmt insofern das aus dem vereinbarten Kreditereignis resultierende Kreditrisiko, ohne das zugrunde liegende Finanzinstrument (zB Kredit, Anleihe) originär zu erwerben.

Nicht in den Anwendungsbereich des IDW RS BFA 1 fallen Patronatserklärungen, Bürgschaften und Gewährleistungen usw.[2013]

Im Unterschied zur früheren Fassung des IDW RS BFA 1 aF[2014] ist für die handelsrechtliche Behandlung beim Sicherungsnehmer sowie beim Sicherungsgeber danach zu unterscheiden, ob es sich um ein sog. freistehendes Kreditderivat oder um ein Kreditderivat handelt, das der Absicherung dient.

Sicherungsgeber (Verkäufer, Protection Seller) und Sicherungsnehmer (Käufer, Protection Buyer) sind grundsätzlich frei bei der Ausgestaltung der vertraglichen Regelungen zu Kreditderivaten. Gleichwohl werden am Markt häufig standardisierte vertragliche Regelungen verwendet, die sich insbesondere durch das abgesicherte Risiko unterscheiden (IDW RS BFA 1 Tz. 4).

Standardverträge (zB Rahmenvertrag für Finanztermingeschäfte) dienen der Rechtssicherheit und erhöhen die Handelbarkeit der Risikopositionen.[2015] Die Verträge stützen sich vielfach auf die im **Master Agreement der ISDA Credit Derivatives Definitions** der International Swaps and Derivatives Associations, New York, enthaltenen Definitionen und Vorschriften.[2016] Seit September 2014 gelten die „2014 ISDA Credit Derivatives Definitions".

Wesentliche **Vertragsbestandteile** sind:[2017]

- die Nennung der Vertragspartner sowie deren Rechte und Pflichten,[2018]
- die Bezeichnung des Basis- oder Referenzinstruments (Referenzaktivum und Referenzschuldner) und des Nominalbetrags,[2019]

[2013] Vgl. Gaber, WPg 2015, 127.
[2014] IDW RS BFA 1 aF, FN 2002, 61 ff.; vgl. ausführlich Kühnle, WPg 2002, 288; Ausschuss für Bilanzierung des BdB, WPg 2000, 677 ff.; Hashagen/Auerbach, Die Bank 1998, 625 ff.:
[2015] Vgl. Weigel/Bär/Vietze, WPg 2015, 58 f.
[2016] Vgl. Kusserow/Scholl, WM 2015, 360 (Teil I), 413 (Teil II).
[2017] Vgl. Franzen/Schäfer, in: Burghof/Rudolf/Schäfer/Schönbucher/Sommer (Hrsg.), II.1, 53 ff.; Zerey (Hrsg.), 218 ff.
[2018] Vgl. Schubert, WPg 2011, 223.
[2019] Vgl. Schubert, WPg 2011, 223.

- die Laufzeit,[2020]
- das/die vereinbarte/n Kreditereignis/e (Credit Event/s),[2021]
- die Art des Ausgleichs- bzw. Abwicklungsverfahrens (Barausgleich, physische Lieferung, Auktion)[2022] und
- die Höhe der Prämie, die der Sicherungsnehmer an den Sicherungsgeber zu zahlen hat.

Die **Vertragspartner** eines Kreditderivats werden in IDW RS BFA 1 als Sicherungsnehmer (Käufer, Protection Buyer) und Sicherungsgeber (Verkäufer, Protection Seller) bezeichnet. Der Sicherungsnehmer (Käufer) ist die Partei, die das zugrunde liegende Kreditrisiko an den Sicherungsgeber (Verkäufer) gegen Zahlung einer Prämie für die vereinbarte Laufzeit überträgt. Der Sicherungsgeber (Verkäufer) übernimmt demzufolge gegen Zahlung einer Prämie das vereinbarte Kreditrisiko vom Sicherungsnehmer (Käufer) für die vereinbarte Laufzeit.

Als **Referenzaktivum**[2023] (Reference Asset) können einzelne Anleihen, Schuldscheine oder Kredite (sog. Single-Name-Kreditprodukte), Portfolien oder Kreditrisikopositionen (sog. Baskets) bzw. Indizes (Multi-Name-Kreditrisikoprodukte) vereinbart sein. **Referenzschuldner** (Adresse deren Ausfall- bzw. Bonitätsrisiko abgesichert wird) kann ein Unternehmen, ein Institut oder ein Staat sein. Der Referenzschuldner und das Referenzaktivum müssen im Vertrag eindeutig festgelegt werden. Ein Referenzschuldner kann sich durch Rechtsnachfolge verändern.[2024] In diesem Fall wird fortlaufend nicht das Ausfallrisiko des ursprünglichen Referenzschuldners abgesichert, sondern das seines Rechtsnachfolgers. Bleiben ansonsten infolge der Rechtsnachfolge alle Vereinbarungen hinsichtlich Kompensation dem Grund nach unverändert, ist dieser Vorgang für die Bilanzierung unschädlich.[2025] Daneben wird der abzusichernde **Nominalbetrag** festgelegt.

Normalerweise erfolgt die Risikoübertragung nicht bereits am Tag des Vertragsabschlusses, sondern erst einen Kalendertag danach.[2026] Ab dem Anfangsdatum geht das Ausfallrisiko des Referenzschuldners für die **Laufzeit** auf den Sicherungsgeber über und ab dem Anfangsdatum wird die Prämie des Siche-

---

[2020] Vgl. Zerey (Hrsg.), 219 ff.

[2021] Vgl. Benzler/Brunner-Reumann, in: Burghof/Rudolf/Schäfer/Schönbucher/Sommer (Hrsg.), V.2, 367 ff., 375 ff.

[2022] Vgl. Schubert, WPg 2011, 224 f.; Zerey (Hrsg.), 229 ff., 241 ff.

[2023] Vgl. Zerey (Hrsg.), 224 ff.

[2024] Einzelheiten vgl. Zerey (Hrsg.), 222 f.

[2025] Vgl. Bär/Flintrop/Maifahrt/Vietze/Weigel, WPg 2016, 35, Fußnote 11.

[2026] Vgl. Zerey (Hrsg.), 219 f.

rungsnehmer nach der Maßgabe der vertraglichen Vereinbarungen berechnet. Zu Einzelheiten vgl. Zerey[2027].

Der Eintritt eines **Kreditereignisses** ist die maßgebliche Leistungsbedingung iRe. Kreditderivatvereinbarung.[2028] Die exakte Definition eines bzw. mehrerer Kreditereignisses/se ist grundsätzlich bei allen Kreditderivaten erforderlich. Zum einen als Bedingung für das **Auslösen der Leistungspflichten** (Ausgleichszahlung/physischen Lieferung/Auktion). Zum anderen ist dieser Begriff von großer inhaltlicher Bedeutung, da die Vertragsparteien bei Vertragsabschluss die Kreditereignisse vor Augen haben müssen, denn sie beschreiben und definieren das Kreditrisiko des Referenzschuldners, dh. den Gegenstand und den Beweggrund der Transaktion.[2029] Die am häufigsten genannten Kreditereignisse sind:[2030]

1. Insolvenz (Bankruptcy).[2031]
2. Zahlungsausfall des Schuldners (Failure to pay).
3. Restrukturierung des Finanzinstruments (Restructuring).[2032]
4. Hoheitlicher Eingriff zur Restrukturierung (Governmental Intervention).[2033]
5. Vorzeitige Fälligstellung (Obligation Acceleration).[2034]
6. Mögliche vorzeitige Fälligstellung (Obligation Default).
7. Nichtanerkennung/Zahlungseinstellung (Repudiation/Moratorium).[2035]
8. Bonitätsverschlechterung des Schuldners.

Bei diesen Kreditereignissen ist bzgl. der Bilanzierung danach zu unterscheiden, ob sie nach IDW RS BFA 1 Tz. 3 unter das **Ausfallrisiko** (Nr. 1.

[2027] Vgl. Zerey (Hrsg.), 220 ff.
[2028] Vgl. Zerey (Hrsg.), 231 ff.; das unabhängige Gremium Determination Committee beim ISDA entscheidet darüber, ob ein konkretes Kreditereignis erfüllt ist.
[2029] Ausführlich vgl. Zerey (Hrsg.), 231 ff.
[2030] Vgl. eine Beschreibung bei DGRV (Hrsg.), Praxishandbuch Derivate, Anhang 5; Hüttermann/Lleshaj, Corporate Finance 2018, 28 ff.
[2031] Vgl. Benzler/Brunner-Reumann, in: Burghof/Rudolf/Schäfer/Schönbucher/Sommer (Hrsg.), V.2, 372; Zerey (Hrsg.), 233.
[2032] Vgl. Benzler/Brunner-Reumann, in: Burghof/Rudolf/Schäfer/Schönbucher/Sommer (Hrsg.), V.2, 374.
[2033] Vgl. Benzler/Brunner-Reumann, in: Burghof/Rudolf/Schäfer/Schönbucher/Sommer (Hrsg.), V.2, 374 f.
[2034] Vgl. Benzler/Brunner-Reumann, in: Burghof/Rudolf/Schäfer/Schönbucher/Sommer (Hrsg.), V.2, 372.
[2035] Vgl. Benzler/Brunner-Reumann, in: Burghof/Rudolf/Schäfer/Schönbucher/Sommer (Hrsg.), V.2, 373 f.

bis 5.) oder das **Bonitätsrisiko** (Nr. 6. bis 8.) zu subsumieren sind (vgl. Kapitel 4.12.6.5.1.).[2036]

Für die **Abwicklung** eines Kreditderivats und damit für das Auslösen der Leistungspflichten sind verschiedene Mitteilungspflichten erforderlich, die Wichtigste ist die Mitteilung über den Eintritt eines Kreditereignisses. Zu den Erfüllungsarten und zum **Abwicklungsmechanismus** vgl. ausführlich Zerey[2037]. Der Eintritt eines Kreditereignisses wird durch die aus Marktteilnehmern bestimmten sog. „Determination Committees" zentral festgestellt.

Credit Default Swap (CDS), Credit Spread Option (CSO)

Gegen Zahlung einer (nach- oder vorschüssigen) laufenden oder einmaligen Prämie[2038] erbringt der Sicherungsgeber (Verkäufer) bei Eintreten eines vertraglich definierten Kreditereignisses während der vereinbarten Laufzeit eine Ausgleichszahlung an den Sicherungsnehmer (IDW RS BFA 1 Tz. 6).[2039] Bei Abschluss des CDS ist nicht bekannt, ob und ggf. in welcher Höhe eine Leistungspflicht entsteht.

Sicherungsnehmer (Käufer) können sich sowohl gegen den Ausfall einzelner Schuldner (Single-Name-CDS)[2040] als auch gegen den Ausfall mehrerer Schuldner (Basket- oder Portfolio-CDS)[2041] absichern. Der Unterschied zwischen Single-Name-CDS und Basket-CDS ist die Referenzierung auf einen Korb von Schuldtiteln verschiedener Referenzschuldner (den sog. „Basket") anstelle einer Referenzierung auf den Schuldtitel eines einzelnen Referenzschuldners (sog. „Single-Name").[2042]

CDS, bei denen als Kreditereignis die Änderung des Bonitätsaufschlags für einen Referenzschuldner auf bestimmte Finanzinstrumente festgelegt ist, wer-

---

[2036] Vgl. Weigel/Bär/Vietze, WPg 2015, 59; Zerey (Hrsg.), 206 ff.; nach DGRV (Hrsg.), Praxishandbuch Derivate, Teil 2, B.III.4.2.1. ist nicht eindeutig, dass Nr. 6 Repudiation/ Moratorium bzw. Nr. 7 Obligation Default als Bonitätsrisiko zu qualifizieren ist.

[2037] Vgl. Zerey (Hrsg.), 241 ff.

[2038] Eine Auswahl an Prämien für CDS mit verschiedenen Referenzschuldnern (zB BRD, diverse Banken) kann unter www.derivateverband.de/DEU/Transparenz/CreditSpreads täglich aktuell eingesehen werden.

[2039] Vgl. Franzen/Schäfer, in: Burghof/Rudolf/Schäfer/Schönbucher/Sommer (Hrsg.), II.1, 55. Steiner/Bruns/Stöckl, 580 ff.

[2040] Vgl. DGRV (Hrsg.), Praxishandbuch Derivate, Teil 2, B.III.1.2.

[2041] Vgl. DGRV (Hrsg.), Praxishandbuch Derivate, Teil 2, B.III.1.3.

[2042] Zu verschiedenen Varianten von Basket-CDS vgl. DGRV (Hrsg.), Praxishandbuch Derivate, Teil 2, B.III.1.3.

den als **Credit Spread Options** (CSO) bezeichnet (IDW RS BFA 1 Tz. 7). Mit einer CSO kann das Risiko einer Veränderung des Credit Spread abgesichert werden.[2043] CSO sind bilanziell grundsätzlich als Finanzderivate (Optionen) zu behandeln.

Sind bei einem CDS Zahlungen von einem **Bonitätsrating** oder **-index** oder einem **Kreditrisikoaufschlag** abhängig, liegt bilanziell ein Derivat vor. Dies hat ua. zur Folge, dass Änderungen dieser Variablen nach dem Abschlussstichtag nicht wertaufhellend sind. Anders als bei einer Garantie sind bei diesen Instrumenten abstrakte Variablen aufgrund der Vertragsbestimmungen explizit wertbestimmend, dh. die Vertragsparteien wollen ausdrücklich an Änderungen dieser abstrakten Variablen partizipieren und akzeptieren damit eine „Payoff"-Struktur, die nicht allein vom endgültigen Eintritt oder Nichteintritt eines Ausfalls abhängt (der im Fall einer Garantie einer Wertaufhellung zugänglich wäre).

Die beim Eintritt des Kreditereignisses fällig werdende **Leistungspflicht** erfolgt entweder in Form eines **Barausgleichs**[2044] (Cash Settlement) oder durch **physische Lieferung**[2045] (Physical Settlement) des Referenzaktivums an den Sicherungsgeber.[2046] Es ist auch möglich, dass die Zahlung eines **vorab festgelegten Betrags**, unabhängig vom Marktwert des Referenzaktivums, vereinbar wird (Digital Payment).[2047]

Beim **Barausgleich** zahlt der Sicherungsgeber dem Sicherungsnehmer die Differenz zwischen dem Nominalwert und dem Marktwert des Referenzaktivums (sog. Ausgleichszahlung). Der Sicherungsnehmer (Käufer der Absicherung) erhält bei der **physischen Lieferung** das Recht, das Referenzaktivum zum Nennwert an den Sicherungsgeber (Verkäufer der Absicherung) zu verkaufen. Ein weiteres Verfahren zur Erfüllung ist das sog. **Auktionsverfahren**.[2048] Anders als im Fall des Barausgleichs wird der Endkurs nicht für jeden CDS einzeln festgelegt. Vielmehr wird der Endkurs (Prozentsatz des Nominalwerts der zu liefernden Verbindlichkeit) in einem Auktionsverfahren ermittelt.

[2043] Vgl. Franzen/Schäfer, in: Burghof/Rudolf/Schäfer/Schönbucher/Sommer (Hrsg.), II.1, 56 f.; Steiner/Bruns/Stöckl, 583 f.

[2044] Ausführlich vgl. Benzler/Brunner-Reumann, in: Burghof/Rudolf/Schäfer/Schönbucher/Sommer (Hrsg.), V.2,, 379; DGRV (Hrsg.), Praxishandbuch Derivate, Teil 2, B.III.1.2.

[2045] Vgl. Benzler/Brunner-Reumann, in: Burghof/Rudolf/Schäfer/Schönbucher/Sommer (Hrsg.), V.2, 379 f.; DGRV (Hrsg.), Praxishandbuch Derivate, Teil 2, B.III.1.2.

[2046] Vgl. Schubert, WPg 2011, 224 ff.

[2047] Vgl. DGRV (Hrsg.), Praxishandbuch Derivate, Teil 2, B.III.1.2.

[2048] Vgl. Schubert, WPg 2011, 225 ff.

Dieses Verfahren wird von den Unternehmen Markit und Creditex im Auftrag der ISDA organisiert und über deren Handelsplattformen abgewickelt.[2049]

Da der Sicherungsgeber nur bei Eintritt des Kreditereignisses zur Leistung verpflichtet ist, wird beim CDS nur das Kreditrisiko und damit in Abhängigkeit von dessen Spezifikation lediglich ein Teil des besonderen Kursrisikos gesichert. Der Sicherungsnehmer bleibt gegen solche Wertänderungen ungeschützt, die nicht auf das Kreditereignis zurückzuführen sind. Ferner ist zu beachten, dass sich die Absicherung nur auf den Nominalwert des Referenzaktivums bezieht, nicht jedoch auf dessen Kupon.

Für den Sicherungsnehmer muss nicht unbedingt ein Schaden entstanden sein, um eine Ausgleichszahlung auszulösen; er muss nicht nachweisen, dass er bspw. das Referenzaktivum im Bestand hält, bei dem ein Kreditereignis eingetreten ist.[2050]

In den ISDA-Vertragsstandards sind die Prämienzahlungen standardisiert. Zu Einzelheiten mit Beispiel wird auf DGRV (Hrsg.) verwiesen.[2051]

Zur Entwicklung des Markts für CDS vgl. Hüttermann/Lleshaj[2052], die ua. die grundlegende Funktionsweise von CDS und die wesentlichen Ausgestaltungsparameter darstellen.

Credit Linked Notes (CLN)

CLN sind Schuldverschreibungen, in die Kreditderivate – zumeist CDS – eingebettet sind und deren Rückzahlung davon abhängt, ob ein Kreditereignis bzgl. eines oder mehrerer Finanzinstrumente eintritt (IDW RS BFA 1 Tz. 9).[2053] CLN sind **strukturierte Produkte** iSd. IDW RS HFA 22. Die Prämie für den CDS ist in den Zinskupon der CLN integriert.[2054]

Diese Instrumente werden auch als **Bonitätsanleihen** bezeichnet. Nachdem die BaFin Mitte 2016 angekündigt hatte, sie plane ein Verbot des Retailvertriebs von Bonitätsanleihen, haben die Deutsche Kreditwirtschaft (DK) und

---

[2049] Vgl. Benzler/Brunner-Reumann, in: Burghof/Rudolf/Schäfer/Schönbucher/Sommer (Hrsg.), V.2, 380 f.

[2050] Vgl. DGRV (Hrsg.), Praxishandbuch Derivate, Teil 2, B.III.1.2; dies unterscheidet den CDS von einer Versicherung.

[2051] Vgl. DGRV (Hrsg.), Praxishandbuch Derivate, Teil 2, B.III.1.2.

[2052] Vgl. Hüttermann/Lleshaj, Corporate Finance 2018, 28 ff.

[2053] Zur rechtlichen Einordnung vgl. Zahn/Lemke, WM 2002, 1536 ff.

[2054] Vgl. ausführlich DGRV (Hrsg.), Praxishandbuch Derivate, Teil 2, B.IV.1.

der Deutsche Derivate Verband (DDV) der BaFin eine Selbstverpflichtung für die Emission und den Vertrieb von bonitätsabhängigen Schuldverschreibungen an Privatkunden (10 Grundsätze) vorgelegt. Zu einem aufsichtsrechtlichen Produktverbot und den zivilrechtlichen Folgen vgl. Buck-Heeb.[2055]

Die BaFin teilte in einer Pressemitteilung vom 5.12.2017 mit, dass sie die Emission und den Vertrieb dieser Produkte bis Ende September 2017 intensiv überprüft und dabei festgestellt habe, dass die Selbstverpflichtung von DK und DDV weitgehend eingehalten wurde und Privatanleger in ausreichendem Maße geschützt seien.

Asset Backed Securities (ABS) weisen im Wesentlichen die gleichen Merkmale wie CLN auf (IDW RS BFA 1 Tz. 10). Die für die Grundformen von Kreditderivaten entwickelten Grundsätze sind für Zwecke der Bilanzierung und Bewertung auch auf ABS usw. anzuwenden.

Die vom Sicherungsnehmer emittierte Schuldverschreibung wird bei Fälligkeit nur dann zum Nennwert getilgt, wenn ein vorher spezifiziertes Kreditereignis bei einem Referenzaktivum nicht eintritt.[2056] Tritt das Kreditereignis ein, wird die CLN innerhalb einer festgesetzten Frist unter Abzug eines Ausgleichsbetrags (zB in Höhe der Differenz zwischen Nominalwert und Restwert des Referenzaktivums) zurückgezahlt.

Im Gegensatz zu CDS leistet bei CLN der Sicherungsgeber im Voraus seine Geldzahlung in Höhe der gezeichneten Schuldverschreibung, indem er diese vom Sicherungsnehmer erwirbt.[2057]

Das vom Sicherungsnehmer (Risikoverkäufer) durch die CLN weitergereichte Kreditrisiko kann sich auf einen einzelnen oder auf mehrere Referenztitel beziehen. Das Risiko des Sicherungsgebers besteht darin, dass die CLN am Laufzeitende nur dann zum Nennwert zurückgezahlt wird, wenn kein Kreditereignis eintritt.

CLN werden idR in verschiedene Tranchen emittiert, die unterschiedlich ausfallgefährdet sind. Die sicherste Tranche (sog. Senior-Tranche) ist diejenige, die erst an letzter Stelle für Ausfälle haftet; die Inhaber dieser Tranche erhalten eine vergleichsweise geringere Verzinsung. Am höchsten ist das Risiko und damit die Verzinsung bei der sog. Equity-Tranche, auf die Ausfälle des Referenzobjekts zuerst angerechnet werden.

[2055] Vgl. Buck-Heeb, BKR 2017, 89 ff.
[2056] Vgl. Steiner/Bruns/Stöckl, 582 f.
[2057] Vgl. Meinert/Helios, DB 2014, 1697.

Total Return Swap (TRS)

Der TRS ist ein Finanzinstrument, mit dem sowohl das Marktpreis- als auch das Kreditrisiko bezogen auf ein bestimmtes Referenzaktivum – idR ein zinstragendes Wertpapier – übertragen werden.[2058] Dies erfolgt dergestalt, dass der Sicherungsnehmer die Zinsen aus dem Referenzobjekt (Referenzaktivum) sowie dessen Wertsteigerungen an den Sicherungsgeber leistet und im Gegenzug eine vertraglich vereinbarte laufende (variable oder feste) Zinszahlung sowie den Ausgleich von Wertverlusten aus dem Referenzobjekt vom Sicherungsgeber erhält (IDW RS BFA 1 Tz. 8).[2059]

Für die Laufzeit des TRS geht der Sicherungsgeber eine synthetische Long Position (Kaufposition) und der Sicherungsnehmer eine synthetische Short Position (Verkaufsposition) in Bezug auf das Kredit- und Marktpreisänderungsrisiko des Referenzaktivums ein.

Der TRS kommt eigentlich ohne Festlegung eines Kreditereignisses aus, weil ein periodischer Tausch der gesamten Wertänderung (Total Return) eines Kredittitels oder eines Kreditportfolios gegen einen meist variablen Zins erfolgt.[2060] Wird doch ein Kreditereignis definiert und tritt dieses ein, wird der TRS mit der anschließenden Ausgleichszahlung vorzeitig beendet (terminiert). Insoweit schützt der TRS im Gegensatz zum CDS den Käufer unabhängig davon, ob ein Kreditereignis eintritt oder nicht.

Als Basiswert können gleichermaßen Rentenpapiere und Kreditforderungen dienen.

4.12.6.2. Einsatzmöglichkeiten

Kreditderivate nutzen Banken zum Handel, zur Absicherung bestimmter Kreditrisiken bzw. Abbau von Kreditrisikokonzentrationen oder zum Aufbau von Kreditrisikopositionen bzw. zu Arbitragezwecken.[2061]

[2058] Vgl. Steiner/Bruns/Stöckl, 584 f.

[2059] Vgl. Franzen/Schäfer, in: Burghof/Rudolf/Schäfer/Schönbucher/Sommer (Hrsg.), II.1, 56 f.

[2060] Vgl. Franzen/Schäfer, in: Burghof/Rudolf/Schäfer/Schönbucher/Sommer (Hrsg.), II.1, 56.

[2061] Vgl. Burghof/Henke/Rudolph, ZBB 1998, 277 ff.

Ausführungen zu den Einsatzfeldern von Kreditderivaten und Einsatz- sowie Handelsbedingungen finden sich bei Burghof/Rudolf/Schäfer/Schönbucher/Sommer:[2062]

- Risikomanagement mit Kreditderivaten,
- Einsatzfelder von Kreditderivaten bei Versicherungen und Pensionsfonds,
- Einsatz von Kreditderivaten im Risikomanagement von Industrieunternehmen,
- Einsatz von Kreditderivaten im aktiven Portfoliomanagement,
- Bedingungen für die Handelbarkeit von Buchkrediten.

4.12.6.3. Marktwert/beizulegender Zeitwert

In der Literatur werden verschiedene Bewertungsmodelle für die Modellierung von Ausfallrisiken, zur Bestimmung der CDS-Prämie und zur (Markt-) Bewertung von Kreditderivaten dargestellt und diskutiert.[2063]

CDS werden als OTC-Geschäfte gehandelt. Die **Prämie** wird in Basispunkten für die Geld- und Briefseite gestellt. Aus Sicht des quotierenden Instituts erfolgt der Verkauf von Protection auf der Briefseite, der Kauf dementsprechend auf der Geldseite. Im Normalfall werden die Prämien mit zunehmender Laufzeit höher, die Kurve zeigt mithin idR einen steigenden Verlauf, weil mit zunehmender Laufzeit das Ausfallrisiko zunimmt.[2064]

Eine **Marktbewertung** bzw. Bewertung zum beizulegenden Zeitwert von Kreditderivaten ist grundsätzlich dann erforderlich, wenn diese als schwebende Geschäfte (Finanzderivate) zu bilanzieren und zu bewerten sind (Handelsbestand sowie freistehende Kreditderivate, die nicht als gestellte bzw. erhaltene Kreditsicherheit zu bilanzieren sind) oder in eine Bewertungseinheit iSv. § 254 HGB einbezogen werden.

[2062] Vgl. Burghof/Rudolf/Schäfer/Schönbucher/Sommer (Hrsg.), Kapitel IV.1 bis IV.6, 207 ff.
[2063] Vgl. Schaber/Rehm/Märkl/Spies, 146 ff.; Schlögl, in: Burghof/Rudolph/Schäfer/Schönbucher/Sommer (Hrsg.), VI.1, 555 ff.; Schönbucher, in: Burghof/Rudolph/Schäfer/Schönbucher/Sommer (Hrsg.), VI.3, 593 ff.; Heinrich, in: Eller/Heinrich/Perrot/Reif (Hrsg.), 55 ff.; DGRV (Hrsg.), Praxishandbuch Derivate, Teil 2, B.III.2.
[2064] Vgl. DGRV (Hrsg.), Praxishandbuch Derivate, Teil 2, B.III.2.2.

690

Als **beizulegender Zeitwert** eines (freistehenden) **CDS** kann für handelsbilanzielle Zwecke der Barwert aller Prämienzahlungen angesetzt werden.[2065] Der Bewertung zum Abschlussstichtag sind die aktuellen Marktprämien am Bilanzstichtag zugrunde zu legen. Da als Derivat zu bilanzierende CDS wie Optionen bilanziert werden müssen, kommt eine ratierliche Ausbuchung bzw. Vereinnahmung der Prämienzahlungen nicht in Betracht, denn der Umfang der Leistungsverpflichtung des Sicherungsgebers reduziert sich im Zeitablauf nicht.[2066]

Der beizulegende Zeitwert einer **CLN** bestimmt sich durch die beizulegenden Zeitwerte der enthaltenen Bestandteile (Schuldtitel und CDS). Die einzelnen Bestandteile sind anhand anerkannter Bewertungsmethoden bzw. Bewertungsmodellen zu bewerten und anschließend (vorzeichengerecht) zusammenzufassen.[2067]

4.12.6.4. Risiken und Risikoprofile

Credit Default Swap

Für den **Sicherungsgeber** entstehen Adressenausfallrisiken hinsichtlich des Emittenten des Referenzaktivums.

Der **Sicherungsnehmer** eliminiert mit dem CDS sein originäres Adressenausfallrisiko. Für ihn wird das Adressenausfallrisiko nur dann schlagend, wenn sowohl der Schuldner des Referenzaktivums als auch der Sicherungsgeber ausfallen.[2068] Der Sicherungsnehmer tauscht damit die Ausfallwahrscheinlichkeit des Referenzschuldners gegen die kombinierte Ausfallwahrscheinlichkeit des Sicherungsgebers und des Referenzschuldners. Die kombinierte Wahrscheinlichkeit, dass beide Parteien ausfallen und der Sicherungsnehmer damit einen Verlust erleidet, ist geringer.

Darüber hinaus besteht ein Adressenausfallrisiko zum einen im **Vorleistungsrisiko**, dass ein Vertragspartner seine Leistung erbringt, während der andere seine Leistung schuldig bleibt. Einerseits kann der Sicherungsnehmer Teile

---

[2065] Ebenso AFRAC-Stellungnahme 15 Rn. 10; DGRV (Hrsg.), Praxishandbuch Derivate, Teil 2, B.III.4.3.2. Der beizulegende Zeitwert entspricht hier dem Barwert aller Prämienzahlungen auf Basis der aktuellen Marktprämie am Abschlussstichtag, die der Sicherungsnehmer am Bilanzstichtag für ein entsprechendes Neugeschäft über die Restlaufzeit aufwenden müsste.

[2066] Vgl. DGRV (Hrsg.), Praxishandbuch Derivate, Teil 2, B.III.4.3.1.

[2067] Vgl. DGRV (Hrsg.), Praxishandbuch Derivate, Teil 2, B.IV.2.

[2068] Vgl. DGRV (Hrsg.), Praxishandbuch Derivate, Teil 2, B.III.3.1.

der Prämie schuldig bleiben, andererseits kann der Sicherungsnehmer die Prämie als Einmalzahlung geleistet haben, während der Sicherungsgeber seiner Verpflichtung zur Ausgleichszahlung nicht mehr nachkommt.

Zum anderen trägt der Sicherungsnehmer ein **Wiedereindeckungsrisiko** (Kontrahentenausfallrisiko): Fällt sein Vertragspartner (der Sicherungsgeber) aus, muss er sich unter Umständen mit einem Ersatzkontrakt eindecken (zusätzliche Kosten in Höhe des Marktwerts des CDS).

CDS unterliegen bonitätsinduzierten Marktwertschwankungen (Marktpreisrisiko). Im Rahmen der Risikosteuerung ist dieses Kurs- bzw. Spreadrisiko zu limitieren.

Liquiditätsrisiken können sich durch höhere Geld-/Briefspannen bei entsprechender Marktvolatilität ergeben. Darüber hinaus bestehen bei CDS wie bei anderen Finanzinstrumenten operationale und rechtliche Risiken.[2069]

Bei CDS handelt es sich um Instrumente mit asymmetrischem Risikoprofil, wenngleich mit dem Begriff „Swap" üblicherweise ein symmetrisches Risikoprofil verbunden ist. Sie sind von ihrer Risikostruktur und Wirkungsweise sowohl (derivativen) Optionen als auch („klassischen") Kreditgarantien nicht unähnlich.[2070] Dem entsprechend wird bei der Bilanzierung von CDS danach unterschieden, ob sie als Derivat oder als gestellte bzw. erhaltene Kreditsicherung bilanziell abzubilden sind.

Total Return Swap

Der TRS unterliegt neben dem Marktpreisrisiko (einschl. Kreditrisiko) des Referenzaktivums dem Kreditrisiko des Vertragspartners. Die Leistungspflicht kann sich für den Sicherungsnehmer (bei Wertsteigerungen) wie auch für den Sicherungsgeber (bei Wertminderungen) ergeben, so dass der TRS als Geschäft mit symmetrischem Risikoprofil anzusehen ist.[2071]

Credit Linked Note

Bei der CLN handelt es sich um die Kombination eines verzinslichen Schuldtitels (zB Schuldverschreibung), kombiniert mit einem CDS (strukturiertes

---

[2069] Vgl. DGRV (Hrsg.), Praxishandbuch Derivate, Teil 2, B.III.3.2, 3.3, 3.4.
[2070] Vgl. Kühnle, WPg 2002, 289.
[2071] Vgl. Kühnle, WPg 2002, 290.

Finanzinstrument iSd. IDW RS HFA 22). Die CLN ist idR so ausgestaltet, dass die Rückzahlung des Kapitals und ggf. auch die laufenden Zinszahlungen nicht nur vom Kreditrisiko des Emittenten des Schuldtitels, sondern auch vom Kreditrisiko des im CDS vereinbarten Referenzaktivums abhängig sind.

Der Sicherungsgeber trägt neben dem Zinsrisiko zwei unterschiedliche Kreditrisiken. Zum Emittentenausfallrisiko tritt das Ausfallrisiko hinsichtlich des Referenzaktivums. Neben dem Adressenausfallrisiko unterliegen CLN auch dem Risiko bonitätsinduzierter Marktwertschwankungen (sog. Spread Risiko); dabei können die bonitätsinduzierten Marktwertschwankungen sowohl auf Änderung des Emittentenspreads als auch auf Änderungen des Credit Spreads des Referenzschuldners zurückzuführen sein.[2072] CLN unterliegen ferner dem für Anleihen üblichen zinsinduzierten Kursänderungsrisiko, Liquiditätsrisiko und operationalen Risiko.

Für die Übernahme dieser Risiken enthält der Sicherungsgeber idR einen Zuschlag auf den Zins. Die Risikostruktur entspricht grundsätzlich einer Schuldverschreibung, der Sicherungsgeber (Käufer der CLN) trägt allerdings – neben dem Zinsrisiko – zwei (unterschiedliche) Kreditrisiken.

4.12.6.5. Rechnungslegung

4.12.6.5.1. Systematisierung nach IDW RS BFA 1

Grundsätzliches

Ein CDS ist ein schwebendes Geschäft, dessen Schwebezustand mit Vertragsabschluss beginnt und am Tag der Fälligkeit des CDS oder bei Eintritt des Kreditereignisses mit der Erbringung der Leistung, zu der sich der Sicherungsgeber bei Abschluss des CDS verpflichtet hat, endet.

IDW RS BFA 1 verfolgt die Logik, dass CDS sowohl beim Sicherungsnehmer als auch beim Sicherungsgeber als Derivate behandelt werden und, soweit die Voraussetzungen gegeben sind, eine Sicherungsbeziehung nach § 254 HGB bilanziell abgebildet wird. Unter sehr strengen Voraussetzungen gibt es hiervon eine Ausnahme, wenn die CDS nach ihrem wirtschaftlichen Gehalt mit einer Bürgschaft/Garantie vergleichbar sind.

[2072] Vgl. DGRV (Hrsg.), Praxishandbuch Derivate, Teil 2, B.IV.3.1.

Ein Referenzschuldner kann sich durch Rechtsnachfolge verändern.[2073] In diesem Fall wird fortlaufend nicht das Ausfallrisiko des ursprünglichen Referenzschuldners abgesichert, sondern das seines Rechtsnachfolgers. Bleiben ansonsten infolge der Rechtsnachfolge alle Vereinbarungen hinsichtlich Kompensation dem Grund nach unverändert, ist dieser Vorgang für die Bilanzierung unschädlich.[2074]

Credit Default Swaps sind **schwebende Geschäfte**, die in Abhängigkeit[2075]

1. von der **vertraglichen Ausgestaltung der Kreditereignisses** (vgl. unten) und damit des abgesicherten Risikos und
2. vom **Verwendungszweck** (vgl. unten)

bilanziell entweder als **Finanzderivat** (schwebendes Geschäft) oder als **erhaltene bzw. gestellte Kreditsicherheit** (analog einer Bürgschaft bzw. Garantie) zu behandeln sind (IDW RS BFA 1 Tz. 11). Dies gilt auch für Geschäfte, bei denen der Sicherungsnehmer zu Beginn der Laufzeit eine Einmalprämie entrichtet und keine weiteren Leistungsverpflichtungen[2076] hat (IDW RS BFA 1 Tz. 11).

Unterscheidung nach dem Verwendungszweck

Sämtliche Derivate – also auch Kreditderivate – sind bei Vertragsabschluss in einer **Nebenbuchhaltung** mit allen für eine spätere Bewertung maßgeblichen Kontraktspezifikationen zu erfassen.

Der Verwendungszweck ist zum Zeitpunkt des Vertragsabschlusses über den CDS festzulegen und zu **dokumentieren** (IDW RS BFA 1 Tz. 13). Eine spätere Dokumentation ist nicht möglich bzw. ist für die Behandlung als gestellte bzw. erhaltene Kreditsicherheit schädlich.

Nicht relevant für die Unterscheidung, ob eine Bilanzierung als Finanzderivat oder Kreditsicherheit erfolgt, ist die Frage, in welcher Form eine Ausgleichszahlung zu erfolgen hat.

[2073] Einzelheiten vgl. Zerey (Hrsg.), 222 f.
[2074] Vgl. Bär/Flintrop/Maifahrt/Vietze/Weigel, WPg 2016, 35, Fußnote 11.
[2075] Vgl. Gaber, WPg 2015, 127 mit einer tabellarischen Übersicht.
[2076] ZB verbleiben nur noch Nebenpflichten wie die Anmeldung des Kreditereignisses.

Hinsichtlich des **Verwendungszwecks** sind zu unterscheiden (IDW RS BFA 1 Tz. 12):[2077]

- **Freistehende CDS**
  Hierbei handelt es sich um CDS, die mit keinem anderen Geschäft des Bilanzierenden in Verbindung stehen und die beim **Sicherungsgeber** (Verkäufer) der Erzielung von Prämieneinnahmen durch Übernahme von Kreditrisiken dienen bzw. beim **Sicherungsnehmer** (Käufer) mit der Absicht abgeschlossen wurden, durch Zahlung einer Prämie Ansprüche bei Eintritt unsicherer künftiger Ereignisse zu erwerben.
  Freistehende CDS sind beim **Sicherungsnehmer** stets nach den für **schwebende Geschäfte** (Finanzderivate) entwickelten Grundsätzen zu behandeln, soweit bei Instituten nicht eine Zuordnung zum Handelsbestand erfolgt (IDW RS BFA 1 Tz. 15).
  Beim **Sicherungsgeber** sind freistehende CDS in Abhängigkeit von ihrer Verwendungsabsicht und der Ausgestaltung des Kreditereignisses entweder als **schwebendes Geschäft** (IDW RS BFA 1 Tz. 16; Finanzderivat) oder als **gestellte Kreditsicherheit** (wie eine gewährte Bürgschaft bzw. Garantie, Kreditersatzgeschäft; IDW RS BFA 1 Tz. 17) zu bilanzieren.[2078]
- **Erhaltene bzw. gestellte Kreditsicherheiten**
  Beim **Sicherungsnehmer** sind **erhaltene** Kreditsicherheiten nicht eigenständig zu bilanzieren, sondern entweder bei der Bewertung des abgesicherten Geschäfts (zB Kredit: Ermittlung einer Einzel- und/oder Pauschalwertberichtigung) zu berücksichtigen oder iRe. Bewertungseinheit nach § 254 HGB (iVm. IDW RS HFA 35) abzubilden (IDW RS BFA 1 Tz. 18 und 19).
  Der **Sicherungsgeber** hat für **gestellte** Kreditsicherheiten (Kreditersatzgeschäft) eine Verbindlichkeitsrückstellung zu bilden, sofern ernsthaft mit dem Eintritt des Kreditereignisses (Kreditausfall) zu rechnen ist (IDW RS BFA 1 Tz. 17).

Zu einer inhaltlich identischen Darstellung vgl. Abb. 4.23.

[2077] Vgl. Gaber, WPg 2015, 127 mit einer tabellarischen Übersicht. WPH Edition, Kreditinstitute, Kap. D. Rn. 237.
[2078] Vgl. hierzu die Übersicht 3 (Systematik zur Bilanzierung von Kreditderivaten) bei Gaber, WPg 2015, 128.

Unterscheidung nach der vertraglichen Ausgestaltung des Kreditereignisses

Bei CDS, die bilanziell als **gestellte bzw. erhaltene Kreditsicherheit** behandelt werden sollen, müssen die vertraglichen Vereinbarungen **(1) objektiv** zur **(2) Absicherung des Ausfallrisikos iSd. IDW RS BFA 1 Tz. 3** (siehe unten) **geeignet sein** (IDW RS BFA 1 Tz. 13). Darüber hinaus setzt eine Verwendung als Kreditsicherheit voraus, dass **(3) eine Halteabsicht bis zur Fälligkeit** des Kreditderivats sowohl zum Zeitpunkt des Erwerbs als auch zum jeweiligen Abschlussstichtag besteht (IDW RS BFA 1 Tz. 13). Liegen die Bedingungen (1) bis (3) nicht kumulativ vor, muss die Bilanzierung nach den Grundsätzen für Finanzderivate erfolgen.[2079]

Der Verwendungszweck muss im Zeitpunkt des Geschäftsabschlusses **dokumentiert** werden.[2080]

IDW RS BFA 1 Tz. 3 unterscheidet zwischen **Ausfall- und Bonitätsrisiko**:

* **Ausfallrisiko**
  Unter Ausfallrisiko iSd. IDW RS BFA 1 (vgl. hierzu die Kreditereignisse in Kapitel 4.12.6.1.) wird die nicht vertragsmäßige Bedienung von Kapital- und Zinszahlungen in der ursprünglich vereinbarten Höhe und/oder zu den ursprünglich vereinbarten Zahlungszeitpunkten verstanden. Als Ausfall gelten nach IDW RS BFA 1 Tz. 3 ferner bestimmte Restrukturierungsmaßnahmen (zB unverzinsliche Stundung, Zinsreduzierung/-verzicht usw.) unter der Voraussetzung, dass diese den Barwert der ursprünglichen vereinbarten Zins- oder Kapitalströme reduzieren.
* **Bonitätsrisiko**
  Alle übrigen Kreditrisiken (zB Ratingverschlechterungen) sind nach IDW RS BFA 1 Tz. 3 unter die sog. Bonitätsrisiken zu fassen (vgl. hierzu die Kreditereignisse in Kapitel 4.12.6.1.).

Diese Definition ist für die Zwecke des IDW RS BFA 1 notwendig, da diese Merkmale entscheidend die bilanzielle Behandlung von CDS mitbestimmen.[2081] Bei den am häufigsten genannten **Kreditereignissen** werden die nachfolgend aufgezählten Nr. 1 bis 5 regelmäßig dem Ausfallrisiko und die Nr. 6 bis 8 üblicherweise dem Bonitätsrisiko zugerechnet (vgl. auch Kapitel 4.12.6.1.):

[2079] Vgl. WPH Edition, Kreditinstitute, Kap. D. Rn. 238.
[2080] Vgl. DGRV (Hrsg.), Praxishandbuch Derivate, Teil 2, B.III.4.2.1.
[2081] Vgl. Weigel/Bär/Vietze, WPg 2015, 58.

1. Insolvenz (Bankruptcy).
2. Zahlungsausfall des Schuldners (Failure to pay).
3. Restrukturierung des Finanzinstruments (Restructuring).
4. Hoheitlicher Eingriff zur Restrukturierung (Governmental Intervention).
5. Vorzeitige Fälligstellung (Obligation Acceleration).
6. Mögliche vorzeitige Fälligstellung (Obligation Default).
7. Nichtanerkennung/Zahlungseinstellung (Repudiation/Moratorium).
8. Bonitätsverschlechterung des Schuldners.

Nach der von DGRV[2082] vertretenen Ansicht ist die ISDA-Kreditereignisdefinition für das Kreditereignis **„Repudiation/Moratorium"** als Ausfallrisiko zu qualifizieren, da es gemäß der ISDA-Kreditereignisdefinition nur dann eintritt, wenn die Nichtanerkennung der Verbindlichkeiten durch den Referenzschuldner mit einer Nichtzahlung bzw. einer Schuldenrestrukturierung einhergeht. Nach dieser Ansicht ist das Kreditereignis **„Obligation Default"** gemäß den Vorgaben der ISDA weder bei CDS auf Unternehmen noch bei solchen auf Staaten standardmäßig vorgesehen und damit für entsprechend tätige Institute nicht relevant.

Mit Blick auf die zentrale Bedeutung dieses Abgrenzungskriteriums für die bilanzielle Behandlung wird mit IDW RS BFA 1 Tz. 3 das **Ausfallrisiko** prinzipienbasiert definiert. Ein Ausfall liegt zum einen dann vor, wenn eine nicht vertragliche Bedienung von Kapital- oder Zinszahlungen vorliegt. Als Ausfall gelten zum anderen auch Restrukturierungsmaßnahmen wie zB eine unverzinsliche Stundung oder Zinsreduzierung/-verzicht usw., *„... wenn diese den Barwert der ursprünglich vereinbarten Zins- oder Kapital-Zahlungsströme reduzieren"*. Damit ist bei Restrukturierungsmaßnahmen ein Barwertvergleich auf Basis der ursprünglichen Effektivverzinsung des Finanzinstruments notwendig. Nach Bär/Flintrop/Maifarth/Vietze/Weigel[2083] werden in der Praxis jedoch dann keine konkreten finanzmathematischen Berechnungen notwendig sein, wenn der Barwertverlust bei einer fachlichen Analyse offensichtlich wird.

Zu den Besonderheiten von Credit Default Swaps auf Indizes wie bspw. der iTraxx-Familie (Schuldnermehrheiten) wird auf die Ausführungen bei Bär/Flintrop/Maifahrt/Vietze/Weigel[2084] verwiesen.

[2082] Vgl. DGRV (Hrsg.), Praxishandbuch Derivate, Teil 2, B.III.4.2.1.

[2083] Vgl. Bär/Flintrop/Maifahrt/Vietze/Weigel, WPg 2015, 1302.

[2084] Vgl. Bär/Flintrop/Maifahrt/Vietze/Weigel, WPg 2016, 35 f.

Überblick über die Bilanzierung von CDS nach HGB[2085]

Gesamtbestand CDS				
Handels-bestand	**Nichthandelsbestand**			
	CDS in Sicherungsbeziehungen		freistehende CDS	
	Bewertungs-einheit § 254 HGB	erhaltene Kreditsicher-heit	gestellte Kre-ditsicherheit	Derivat
SG und SN	SG und SN	SN	SG	SG und SN
Behandlung als Derivat	Behandlung als Derivat	Behandlung als Kreditsi-cherheit	Behandlung als Kreditsi-cherheit	Behandlung als Derivat
§ 340e Abs. 3 HGB	§ 254 HGB	Berück-sichtigung als erhaltene Kreditsicher-heit bei der Bewertung des gesicherten Geschäfts	Bilanzierung als gestellte Kreditsicher-heit	Abbildung als schweben-des Geschäft iVm. IDW RS BFA 6
IDW RS BFA 2	IDW RS HFA 35	IDW RS BFA 1		

Abb. 4.23: Bilanzierung von CDS (SG = beim Sicherungsgeber, SN = beim Siche-rungsnehmer)

4.12.6.5.2. Freistehende CDS – Sicherungsnehmer (Finanzderivat)

Freistehendes Kreditderivat beim Sicherungsnehmer

CDS, die (1.) mit keinem anderen Geschäft des Bilanzierenden in Verbindung stehen und (2.) bei denen der Sicherungsnehmer (Käufer) durch (einmalige oder periodische) Zahlung einer Prämie bei Eintritt unsicherer künftiger Er-eignisse Ansprüche erwirbt, sind **freistehende Kreditderivate** (IDW RS BFA 1 Tz. 12). Die Formulierung „... *mit keinem anderen Geschäft ... in Verbin-*

[2085] In Anlehnung an DGRV (Hrsg.), Praxishandbuch Derivate, Teil 2, B.III.4.1.

dung stehen" wird dabei als Abgrenzung zu solchen Kreditderivaten verwendet, die in eine Bewertungseinheit nach § 254 HGB einbezogen oder als erhaltene Kreditsicherheiten verwendet werden.[2086]

Es handelt sich hierbei beim Sicherungsnehmer um (freistehende) CDS, bei denen zum Zeitpunkt des Vertragsabschlusses nicht ausdrücklich der Verwendungszweck „Kreditsicherheit" festgelegt und dokumentiert wurde (IDW RS BFA 1 Tz. 13) und die bei Vertragsabschluss nicht dem Handelsbestand[2087] zugeordnet wurden (IDW RS BFA 1 Tz. 15).

Obwohl freistehende Kreditderivate bei Instituten im Regelfall dem Handelsbestand zugeordnet werden, sind im Einzelfall Konstellationen möglich, die beim Sicherungsnehmer freistehende Kreditderivate im Nichthandelsbestand begründen.[2088] Dies kann bspw. auch dann der Fall sein, wenn bei Vertragsabschluss die vertraglichen Vereinbarungen nicht objektiv zur Absicherung des Ausfallrisikos iSd. IDW RS BFA 1 Tz. 3 geeignet sind. Wenn eine Halteabsicht bis zur Fälligkeit des Kreditderivats zum jeweiligen Abschlussstichtag nicht mehr besteht (IDW RS BFA 1 Tz. 13), kann ein freistehendes Kreditderivat entstehen.

Weigel/Bär/Vietze[2089] nennen beispielhaft Bewertungseinheiten, bei denen das Grundgeschäft vorzeitig beendet (zB Sondertilgung), das Sicherungsinstrument jedoch weitergeführt wird oder werden muss.

Geschäftsabschluss

Freistehende CDS sind beim Sicherungsnehmer grundsätzlich – anders als nach IDW RS BFA 1 aF – nach den für **schwebende Geschäfte** (Finanzderivate) entwickelten Grundsätzen zu behandeln (IDW RS BFA 1 Tz. 15). Der BFA hat sich aufgrund des für Optionen typischen asymmetrischen Risikoprofils von CDS für die Behandlung als Option entschieden (Anwendung von IDW RS BFA 6).[2090]

Wie bei sämtlichen Derivaten erfolgt im Zeitpunkt des Vertragsabschlusses – abgesehen von evtl. Prämienzahlungen (siehe unten) – kein Bilanzansatz.

[2086] Vgl. Weigel/Bär/Vietze, WPg 2015, 60 f.

[2087] CDS des Handelsbestands sind nicht nach IDW RS BFA 1, sondern nach § 340e Abs. 3 HGB iVm. IDW RS BFA 2 bilanziell abzubilden.

[2088] Vgl. Weigel/Bär/Vietze, WPg 2015, 61.

[2089] Vgl. Weigel/Bär/Vietze, WPg 2015, 61.

[2090] Vgl. DGRV (Hrsg.), Praxishandbuch Derivate, Teil 2, B.III.4.3.1.

Gleichwohl sind sämtliche CDS in einer **Nebenbuchhaltung** (Vormerkkonten) mit relevanten Daten zu erfassen.

Anschaffungskosten/Prämienzahlungen

Für die Sicherungsnehmerposition in einem freistehenden CDS ist eine Prämie zu zahlen. IDW RS BFA 1 verweist für die bilanzielle Behandlung und Bewertung geleisteter bzw. in Zukunft noch zu leistender **Prämienzahlungen** auf die einschlägigen Rechnungslegungsstandards; bei freistehenden CDS sind diesbezüglich die Regeln des IDW RS BFA 6 „Handelsrechtliche Bilanzierung von Optionsgeschäften" anzuwenden (IDW RS BFA 1 Tz. 24). Zu Einzelheiten der Bilanzierung von Optionen vgl. Kapitel 4.12.3.

Der Sicherungsnehmer des (freistehenden) CDS hat nach IDW RS BFA 6 Tz. 12 einen nicht abnutzbaren Vermögensgegenstand (gekaufte Option) mit den Anschaffungskosten in Höhe der zu leistenden **Optionsprämie** zu aktivieren. Die Erstbewertung (Ermittlung der Anschaffungskosten) hat in Höhe des **Barwerts der Gesamtsumme** der vertragsgemäß **zu leistenden Prämie/n** (zzgl. geleisteter/abzgl. erhaltener Upfront Payments) zu erfolgen.[2091] Noch nicht gezahlte Prämien sind als Verbindlichkeit zu passivieren (Bruttomethode).[2092]

Nachdem sich die Behandlung der Prämienzahlungen nach den Grundsätzen von IDW RS BFA 6 für die Bilanzierung von Optionen richtet, sind vorschüssige geleistete **Einmalprämienzahlungen** wie ein erworbenes Optionsrecht im Aktivposten „Sonstige Vermögensgegenstände" zu aktivierten und am Abschlussstichtag zu bewerten.

Werden die Prämien wie im Regelfall **ratierlich nachschüssig** über die Laufzeit des CDS geleistet, ist der CDS in Höhe des Prämienbarwerts (einschl. Upfront Payments) im Aktivposten „Sonstige Vermögensgegenstände" zu aktivieren und in gleicher Höhe (in Abhängigkeit vom Kontrahenten, § 21 RechKredV) eine Verbindlichkeit zu buchen.[2093] Im Zeitpunkt der Zahlung der ratierlichen Prämien hat der Sicherungsnehmer die Verbindlichkeit entsprechend zu kürzen; gleichzeitig (eine logische Sekunde davor) muss das Konto mit dem für die Diskontierung verwendeten Zinssatz zu Lasten des Zinsauf-

---

[2091] Ebenso DGRV (Hrsg.), Praxishandbuch Derivate, Teil 2, B.III.4.3.2.
[2092] Vgl. Bär/Flintrop/Maifahrt/Vietze/Weigel, WPg 2016, 37; AFRAC-Stellungnahme 15 Rn. 10.
[2093] Ebenso DGRV (Hrsg.), Praxishandbuch Derivate, Teil 2, B.III.4.3.2.

wands aufgezinst werden[2094] (vgl. ausführlich Kapitel 4.12.3.5.1. mwN zu unverzinslichen Ratenzahlungen).

Die Prämien sind bei **Ausübung** (Eintritt des Kreditereignisses) oder bei **Verfall** (Fälligkeit) erfolgswirksam auszubuchen. Die ausgebuchten Prämienzahlungen sind in der Gewinn- und Verlustrechnung im Posten „Sonstige betriebliche Aufwendungen" zu erfassen (IDW RS BFA 1 Tz. 24 iVm. IDW RS BFA 6, Tz. 14).[2095] Ein Ausweis als Provisionsaufwand ist nicht möglich.

Eine **ratierliche Ausbuchung** der Prämienzahlungen kommt – anders als bei Zinsbegrenzungsvereinbarungen – trotz Laufzeitbezogenheit nicht in Betracht.

Bewertung am Abschlussstichtag

Ist der beizulegende Zeitwert eines freistehenden CDS am Abschlussstichtag niedriger als der aktivierte Prämienbarwert, ist gemäß § 340e Abs. 1 iVm. § 253 Abs. 4 HGB eine Abwertung in Höhe der Differenz erforderlich. Übersteigt der beizulegende Zeitwert an darauf folgenden Abschlussstichtagen den Buchwert, ist eine Zuschreibung bis maximal zu den Anschaffungskosten erforderlich.[2096] Abschreibungen und Zuschreibungen sind im sonstigen betrieblichen Ergebnis zu buchen.

Der **beizulegende Zeitwert** des CDS entspricht dem Barwert aller Prämienzahlungen auf Basis der aktuellen Marktprämie (sog. Par Spread) am Bilanzstichtag, die der Sicherungsnehmer am Abschlussstichtag für ein entsprechendes Neugeschäft über die Restlaufzeit aufwenden müsste.[2097]

Vorzeitige Auflösung während der Laufzeit (Close-out)

Wird ein CDS vorzeitig (vor Eintritt des Kreditereignisses bzw. vor Fälligkeit) aufgelöst und erlischt der Vertrag damit, ist die aktivierte Prämie und eine evtl. passivierte Verbindlichkeit (bzgl. noch nicht geflossener Prämienzahlungen)

[2094] Vgl. DGRV (Hrsg.), Praxishandbuch Derivate, Teil 2, B.III.4.3.2.
[2095] Vgl. Bär/Flintrop/Maifahrt/Vietze/Weigel, WPg 2015, 1305; dies folgt daraus, dass die Prämie im Posten „Sonstige Vermögensgegenstände" aktiviert war.
[2096] Vgl. DGRV (Hrsg.), Praxishandbuch Derivate, Teil 2, B.III.4.3.2. Der beizulegende Zeitwert entspricht hier dem Barwert aller Prämienzahlungen auf Basis der aktuellen Marktprämie am Abschlussstichtag, die der Sicherungsnehmer am Bilanzstichtag für ein entsprechendes Neugeschäft über die Restlaufzeit aufwenden müsste.
[2097] Vgl. DGRV (Hrsg.), Praxishandbuch Derivate, Teil 2, B.III.4.3.2.

auszubuchen und mit der empfangenen/bezahlten Close-out-Zahlung zu saldieren; der Saldo wird in der GuV im sonstigen betrieblichen Ergebnis erfasst.[2098]

Eintritt des Kreditereignisses

Den Vertragsgegenstand des CDS bildet die bei Eintritt des Kreditereignisses zu erhaltende Leistung. Erhält der Sicherungsnehmer eines freistehenden CDS mit Eintritt eines Kreditereignisses **Ausgleichszahlungen**, sind diese im GuV-Posten „Sonstige betriebliche Erträge" zu erfassen (IDW RS BFA 1 Tz. 27). Mit Eintritt des Kreditereignisses wird der CDS beendet. Zeitgleich ist mithin die (noch) aktivierte Prämie – ggf. unter Berücksichtigung einer bzgl. noch nicht geflossener Prämienzahlungen gebuchten Verbindlichkeit – auszubuchen und mit der Ausgleichszahlung zu saldieren.

Wurde **physische Lieferung** des Referenzaktivums vereinbart und muss der Sicherungsgeber dieses zu einem festgelegten Preis (idR Nominalwert) übernehmen, erhält der Sicherungsnehmer vom Sicherungsgeber den vereinbarten Preis. Die Differenz zwischen dem Buchwert und dem vereinbarten Preis für das Referenzaktivum ist vom Sicherungsnehmer unter Saldierung mit dem Aufwand aus der Ausbuchung des unter den sonstigen Vermögensgegenständen erfassten Prämienbetrags und dem Ertrag aus der Ausbuchung einer ggf. vorhandenen Verbindlichkeit bzgl. noch nicht geflossener Prämienzahlungen in der GuV im sonstigen betrieblichen Ergebnis zu erfassen.[2099]

Ist am Bilanzstichtag das Kreditereignis zwar eingetreten, die vereinbarte Zahlung (Ausgleichszahlung, Preis für das Referenzaktivum) jedoch noch nicht geleistet, ist (in Abhängigkeit vom Kontrahenten §§ 14, 15 RechKredV) eine Forderung zu buchen. Eine evtl. Verpflichtung, das Referenzaktivum zu liefern, ist als Verbindlichkeit auszuweisen.

Verfall am Laufzeitende

Am Laufzeitende ist der CDS auszubuchen. Der Ausweis in der GuV erfolgt im sonstigen betrieblichen Ergebnis.

[2098] Vgl. DGRV (Hrsg.), Praxishandbuch Derivate, Teil 2, B.III.4.3.2.
[2099] Vgl. DGRV (Hrsg.), Praxishandbuch Derivate, Teil 2. B.III.4.3.2.

4.12.6.5.3. Freistehende CDS – Sicherungsgeber (Kreditsicherheit oder Derivat)

Unterscheidung nach Kreditersatzgeschäft und Derivat

Freistehende CDS beim Sicherungsgeber

CDS, die mit keinem anderen Geschäft des Bilanzierenden in Verbindung stehen und der **Erzielung von Prämieneinnahmen** durch die **Übernahme von Kreditrisiken** dienen, sind beim Sicherungsgeber freistehende Kreditderivate (IDW RS BFA 1 Tz. 12). Regelmäßig werden damit alle Sicherungsgeberpositionen außerhalb des Handelsbestands verstanden.[2100]

Für die Bilanzierung beim Sicherungsgeber sind zwei Fälle zu unterscheiden

Für die Bilanzierung sind freistehende Kreditderivate beim Sicherungsgeber danach zu unterscheiden, **welche Kreditereignisse** und damit welche Risiken iSd. IDW RS BFA 1 Tz. 3 vertraglich **vereinbart** sind.

Beim Sicherungsgeber (Verkäufer) sind bei freistehenden CDS hinsichtlich der vereinbarten Kreditereignisse (als Auslöser für die Ausgleichszahlung) zwei Sachverhalte zu unterscheiden (IDW RS BFA 1 Tz. 16 und 17), die unterschiedlich bilanziell abgebildet werden:

- Eine Ausgleichszahlung ist ausschließlich für Kreditereignisse, die unter das **Ausfallrisiko** iSd. IDW RS BFA 1 Tz. 3 fallen, zu leisten; daneben muss die **Halteabsicht** bis zur Fälligkeit bzw. bis zum Eintritt des Kreditereignisses bestehen und dokumentiert worden sein (Bilanzierung als Kreditersatzgeschäft, IDW RS BFA 1 Tz. 17; vgl. Kapitel 4.12.6.5.3.2.).
- Eine Ausgleichszahlung ist für Kreditereignisse zu leisten, die (auch) unter das **Bonitätsrisiko** iSd. IDW RS BFA 1 Tz. 3 fallen (Bilanzierung als Finanzderivat, IDW RS BFA 1 Tz. 16; vgl. Kapitel 4.12.6.5.3.3.).

Nach IDW RS BFA 1 liegt mithin ein bürgschafts- oder garantieähnliches Geschäft (Kreditersatzgeschäft, gestellte Kreditsicherheit) nur vor, wenn ausschließlich **Ausfallrisiken iSd. IDW RS BFA 1 Tz. 3** (zB Zahlungsverzug oder Insolvenz) als Kreditereignisse abgesichert werden. Die ggf. auch zu-

---

[2100] Vgl. Weigel/Bär/Vietze, WPg 2015, 60 f.

sätzliche Absicherung anderer Kreditereignisse (Bonitätsrisiken iSd. IDW RS BFA 1 Tz. 3) führt dagegen stets zu einer Behandlung als Finanzderivat (schwebendes Geschäft).[2101]

Diese Regelung gewährleistet einerseits eine bilanzielle Gleichbehandlung mit dem traditionellen Bürgschafts-/Garantiekreditgeschäft (sog. Kreditersatzgeschäft) und sorgt andererseits dafür, dass die grundsätzliche Einordnung als Finanzderivat nicht ins Leere läuft.

IDW RS BFA 1 fordert für die bilanzielle Behandlung als Kreditersatzgeschäft zusätzlich die **Halteabsicht** bis zur Fälligkeit bzw. bis zum Eintritt des Kreditereignisses, dh. die Halteabsicht muss sowohl zum Zeitpunkt des Geschäftsabschlusses als auch zum jeweiligen Abschlussstichtag bestehen.[2102]

Mit Blick auf die unterschiedlichen Konzeptionen für die bilanzielle Abbildung einer aus Sicht des Sicherungsgebers negativen Entwicklung im Zeitablauf ist dies folgerichtig.[2103] Eine fehlende oder im Zeitablauf aufgegebene Halteabsicht führt nämlich dazu, dass neben das Kreditereignis auch die Realisierung eines negativen beizulegenden Zeitwerts (negativen Marktwerts) durch Glattstellung oder Veräußerung des Kreditderivats als handelsrechtlich relevantes Verlustereignis treten kann.[2104] Nur die Bewertung als Finanzderivat (Option) kann in Form einer Drohverlustrückstellung in Höhe des negativen beizulegenden Zeitwerts (negativen Marktwerts) – ggf. abzüglich einer erhaltenen Optionsprämie – beide möglichen Verlustereignisse adäquat abbilden.

Würde trotz fehlender Halteabsicht eine Bewertung unter Anwendung der für Bürgschaften/Garantien entwickelten Grundsätzen[2105] erfolgen, wäre das Risiko zumindest bis zum Erreichen dieser Schwelle handelsrechtlich nicht ausreichend abgebildet.[2106] Die Halteabsicht ist mithin ein notwendiges Kriterium, um dem handelsrechtlichen Vorsichtsprinzip Rechnung zu tragen.

IDW RS BFA 1 führt damit nach Gaber[2107] für eine Klassifizierung von Kreditderivaten als Bürgschafts-/Garantiekreditgeschäft restriktivere Voraussetzungen hinsichtlich der Halteabsicht ein als dies derzeit für eine Zuordnung von

---

[2101] Vgl. Bär/Flintrop/Maifahrt/Vietze/Weigel, WPg 2015, 1302.

[2102] Vgl. DGRV (Hrsg.), Praxishandbuch Derivate, Teil 2, B.III.4.2.1.

[2103] Vgl. Bär/Flintrop/Maifahrt/Vietze/Weigel, WPg 2015, 1302.

[2104] Vgl. Bär/Flintrop/Maifahrt/Vietze/Weigel, WPg 2015, 1302.

[2105] Bildung einer Verbindlichkeitsrückstellung, wenn am Bilanzstichtag ernsthaft mit dem Eintritt des Kreditereignisses zu rechnen ist.

[2106] Vgl. Bär/Flintrop/Maifahrt/Vietze/Weigel, WPg 2015, 1302.

[2107] Vgl. Gaber, 2. Aufl., 797.

Wertpapieren zum Anlagevermögen nach hM erforderlich ist. Verkäufe von Wertpapieren aus dem Anlagevermögen sind in gewissem Umfang und beim Vorliegen betriebswirtschaftlicher Gründe möglich.

Nachdem bei einer **ausschließlichen Absicherung des Ausfallrisikos** durch ein Kreditderivat die wirtschaftliche Situation des Sicherungsgebers vergleichbar mit der eines Erwerbers von dem Anlagevermögen zuzuordnenden Schuldinstrumenten ist, erscheint es daher nach Gaber *„... sachgerecht, hinsichtlich des Kriteriums der Halteabsicht die für Wertpapiere des Anlagevermögens geltenden Grundsätze zugrunde zu legen. Besteht bei Abschluss des Geschäfts eine Halteabsicht bis zur Endfälligkeit, so kann aufgrund einer zwischenzeitlichen Verschlechterung der Kreditqualität des Referenzschuldners oder einer geschäftspolitischen Strategieänderung gleichwohl eine vorzeitige Auflösung des Kreditderivats erfolgen, die einer bilanziellen Behandlung als gestellte Kreditsicherheit nicht entgegensteht"*. Ergänzend ist hierzu anzumerken, dass eine solche Auflösung nicht willkürlich (bspw. zur Ergebnissteuerung) erfolgen darf.

In diesem Zusammenhang stellt sich ferner die Frage, ob eine **Absicherung des Risikos aus der Sicherungsgeberposition** – zB mittels eines gegenläufigen CDS – die Halteabsicht konterkariert. Vor dem Hintergrund, dass ein Institut seine Risiken nicht nur absichern darf, sondern ggf. sogar absichern muss, ist die Frage dahingehend zu beantworten, dass die Absicherung der Sicherungsgeberposition Bestandteil der dokumentierten Strategie und des tatsächlichen Risikomanagementprozesses sein muss; sie darf nicht willkürlich erfolgen. Die bilanzielle Abbildung muss dann nach den Regeln für Bewertungseinheiten erfolgen[2108] (vgl. Kapitel 4.12.6.5.3,2. „Wirtschaftliche Glattstellung durch Gegengeschäft" und Kapitel 4.12.6.5.4.3. – Absicherung einer Sicherungsgeberposition durch eine Sicherungsnehmerposition). Dabei werden sowohl das abgesicherte Grundgeschäft als auch das Sicherungsinstrument als Derivat behandelt.[2109]

Die für die Bilanzierung eines CDS beim Sicherungsgeber als gestellte Kreditsicherheit relevante Tz. 17 des IDW RS BFA 1 verweist im Gegensatz zur Tz. 18, die für die Bilanzierung als erhaltene Kreditsicherheit beim Sicherungsnehmer relevant ist, nicht auf IDW RS BFA 1 Tz. 13. Mithin ist die Bedingung „objektive Eignung" zur Absicherung des Ausfallrisikos für die Bilanzierung als (bürgschaftsähnliche) Kreditsicherheit beim Sicherungsgeber nicht relevant. Dies ist konsequent, denn der Sicherungsgeber kann und muss das abgesicherte Geschäft des Sicherungsnehmers nicht zwingend kennen.

[2108] Ebenso DGRV (Hrsg.), Praxishandbuch Derivate, Teil 2, B.III.4.2.1.

[2109] Im Ergebnis ebenso DGRV (Hrsg.), Praxishandbuch Derivate, Teil 2, B.III.4.2.1.

Bilanzierung als Kreditersatzgeschäft (Sicherungsgeber)

Sind die nachfolgend dargestellten **zwei Voraussetzungen** des IDW RS BFA 1 Tz. 17 **kumulativ erfüllt**, sind nach Ansicht des BFA Kreditderivate mit dem Bürgschafts- bzw. Garantiegeschäft (gestellte Kreditsicherheiten) vergleichbar und dem entsprechend in der Bilanz und Gewinn- und Verlustrechnung abzubilden.

1. Voraussetzung (Ausfallrisiko)

Als Kreditersatzgeschäft (gestellte Kreditsicherheit) ist ein CDS nur dann zu bilanzieren, wenn er den Sicherungsgeber verpflichtet, ausschließlich für das **Ausfallrisiko iSd. IDW RS BFA 1 Tz. 3** eine Ausgleichszahlung zu leisten (1. Voraussetzung des IDW RS BFA 1 Tz. 17).

Unter dem **Ausfallrisiko** wird – wie oben dargestellt – die nicht vertragsmäßige Bedienung von Kapital- und Zinszahlungen in der ursprünglich vereinbarten Höhe und/oder zu den ursprünglich vereinbarten Zahlungszeitpunkten verstanden.

Als Ausfall **gelten** nach IDW RS BFA 1 Tz. 3 auch bestimmte Restrukturierungsmaßnahmen (zB unverzinsliche Stundung, Zinsreduzierung/-verzicht usw.), vorausgesetzt diese reduzieren den Barwert der ursprünglichen vereinbarten Zins- oder Kapitalströme.

Die in den Standardverträgen vereinbarten **Kreditereignisse**, die unter das Ausfallrisiko iSd. IDW RS BFA 1 Tz. 3 fallen sind (vgl. Kapitel 4.12.6.1.):

1. Insolvenz (Bankruptcy).
2. Zahlungsausfall des Schuldners (Failure to pay).
3. Restrukturierung des Finanzinstruments (Restructuring).
4. Hoheitlicher Eingriff zur Restrukturierung (Governmental Intervention).
5. Vorzeitige Fälligstellung (Obligation Acceleration).

Hinsichtlich des Vorliegens eines Ausfallrisikos iSd. IDW RS BFA 1 Tz. 3 sind vor allem die folgenden Ausprägungen dieser Kreditereignisse zu analysieren und zu beurteilen:[2110]

[2110] Vgl. Bär/Flintrop/Maifahrt/Vietze/Weigel, WPg 2016, 35; zu diesen Kreditereignissen vgl. Zerey (Hrsg.), 236 ff..

- Restrukturierung:[2111]
  Änderung der Zahlungsreihenfolge/Rangfolge oder Seniorität der Verbindlichkeit.

- Governmental Intervention:
  Änderung der Zahlungsreihenfolge/Rangfolge oder Seniorität einer Verbindlichkeit auf der Grundlage von Sanierungs- oder Abwicklungsgesetzen, Zwangskündigungen und ähnliche Zwangsmaßnahmen.

- Obligation Acceleration:
  Abgestellt wird auf Auslöser, die dem Zahlungsausfall des Schuldners lediglich wirtschaftlich gleichgestellt sind.

Bei diesen Konstellationen liegen regelmäßig finanzielle Schwierigkeiten hinsichtlich der betroffenen Verbindlichkeit bzw. des Schuldners vor. Anders als bei reinen Ratingveränderungen bzw. bei Ausweitung des am Markt beobachtbaren Credit Spreads, die zur Bilanzierung als Derivat führen, kann hier davon ausgegangen werden, dass es infolge der genannten Ereignisse zu Auswirkungen auf die vertraglich vereinbarten Zahlungsströme mit der Folge eines zu erwartenden Barwertverlusts iSd. IDW RS BFA 1 Tz. 3 kommen wird.[2112]

Vertragliche Regelungen, die Ausgleichszahlungen **auch für andere** als auf Ausfallrisiken iSd. IDW RS BFA 1 Tz. 3 zielende Kreditereignisse vorsehen, führen stets zu einer bilanziellen Behandlung nach den für schwebenden Geschäfte (Derivate) geltenden Regeln (vgl. Kapitel 4.12.6.5.3.3.).[2113]

Diese anderen Ausprägungen können nur dann als unschädlich hinsichtlich der Bilanzierung als Kreditsicherheit angesehen werden, wenn es sich um rein formell vereinbarte Kreditereignisse handelt, die nahezu keinen objektiven Werteinfluss entfalten.[2114] In Betracht kommen hier bestimmte Regelungen zu Währungsänderungen, die von staatlichen Maßnahmen ausgelöst werden.

IDW RS BFA 1 Tz. 20 enthält eine besondere Regelung für den Fall, dass aufgrund der Vereinbarungen nicht die komplette Höhe eines Zahlungsausfalls über den CDS ausgeglichen wird: *„CDS, die den Sicherungsgeber unabhängig von der tatsächlichen Höhe des Ausfalls ausschließlich zur Kompensation von Ausfallrisiken (vgl. Tz. 3) ... verpflichten, sind unter den beschriebenen weiteren Voraussetzungen nach Tz. 17 zu bilanzieren."* Dies bedeutet, dass in den Fällen, in denen zwar als Kreditereignis ausschließlich ein Ausfallrisiko vereinbart ist, nicht notwendigerweise aber dessen komplette Höhe ausgegli-

---

[2111] Vgl. Zerey (Hrsg.), 236 ff.

[2112] Vgl. Bär/Flintrop/Maifahrt/Vietze/Weigel, WPg 2016, 35.

[2113] Vgl. Weigel/Bär/Vietze, WPg 2015, 63.

[2114] Vgl. Bär/Flintrop/Maifahrt/Vietze/Weigel, WPg 2016, 35.

chen wird, der CDS trotzdem wie eine gestellte Kreditsicherheit (analog einer Bürgschaft) bilanziert wird.[2115] Dies entspricht der Bilanzierung einer gewährten Bürgschaft über einen Teilbetrag eines Kredits.

2. Voraussetzung (Halteabsicht)

Weitere Voraussetzung für die Bilanzierung als Kreditersatzgeschäft ist nach IDW RS BFA 1 Tz. 17, dass der Sicherungsgeber beabsichtigt, das Kreditderivat **bis zu Fälligkeit** bzw. **bis zum Eintritt des Kreditereignisses zu halten** (2. Voraussetzung des IDW RS BFA 1 Tz. 17).

Der Anwendungsbereich dieser Regelung dürfte sich in der Praxis auf vertraglich entsprechend ausgestaltete CDS beschränken, bei denen die Halteabsicht vom Bilanzierenden **bei Vertragsabschluss** (IDW RS BFA 1 Tz. 13) **dokumentiert** wurde.[2116] Weitere Einzelheiten vgl. Kapitel 4.12.6.5.3.1.

Fehlt die Halteabsicht zum Erwerbszeitpunkt oder wird diese im Zeitablauf aufgegeben, muss eine Bilanzierung nach den Regeln für schwebende Geschäfte (Finanzderivate) erfolgen.[2117] Dies ist nach Weigel/Bär/Vietze[2118] folgerichtig, da neben das Kreditereignis auch noch die mögliche Realisierung eines negativen beizulegenden Zeitwerts durch Glattstellung oder Veräußerung des Kreditderivats als handelsrechtlich relevantes Verlustereignis treten kann. Analoges gilt, wenn die Dokumentation nicht – wie von IDW RS BFA 1 Tz. 13 verlangt – bei Vertragsabschluss erstellt wird.

Zur Halteabsicht im Zusammenhang mit einer **Möglichkeit der (unschädlichen) Auflösung** des Kreditderivats sowie bei **Absicherung einer Sicherungsgeberposition** vgl. Kapitel 4.12.6.5.3.1.

Geschäftsabschluss

Wie bei sämtlichen Kreditderivaten erfolgt im Zeitpunkt des Vertragsabschlusses – abgesehen von evtl. Prämienzahlungen – kein Bilanzansatz. Gleichwohl sind sämtliche Kreditderivate in einer **Nebenbuchhaltung** (Vormerkkonten) zu erfassen. Das Geschäft ist auf Aval- oder avalähnlichen Konten (Kontrahent, Marktwert, Referenzaktivum, Laufzeit) zu erfassen.

[2115] Kritisch Löw, RdF 2015, 60.
[2116] Vgl. Weigel/Bär/Vietze, WPg 2015, 62 f.
[2117] Vgl. Weigel/Bär/Vietze, WPg 2015, 63.
[2118] Vgl. Weigel/Bär/Vietze, WPg 2015, 63.

Prämienzahlungen

Ist ein CDS beim Sicherungsgeber nach den Grundsätzen für gestellte Sicherheiten (Bürgschaft, Garantie) zu bilanzieren, sind erhaltene Prämienzahlungen erfolgswirksam als **Provisionsertrag** zu erfassen (IDW RS BFA 1 Tz. 34).[2119] Dies entspricht der Behandlung von Bürgschaftsprovisionen in der Gewinn- und Verlustrechnung nach § 30 Abs. 1 Satz 2 RechKredV.

Hat der Sicherungsgeber die Prämie bereits zu Beginn der Laufzeit **vorschüssig** erhalten, hat er einen **passiven Rechnungsabgrenzungsposten** zu bilden und diesen über die Laufzeit des Kreditderivats erfolgswirksam aufzulösen (IDW RS BFA 1 Tz. 34).[2120] Die Vereinnahmung (Auflösung) ist linear über die Laufzeit vorzunehmen, da für die ausstehende Gegenleistung in wirtschaftlicher Betrachtungsweise generell ein linearer Verlauf zu erwarten ist.[2121] Auch dies entspricht den Grundsätzen für die bilanzielle Abbildung von im Voraus bezahlten Bürgschaftsgebühren. Rechnungsabgrenzungsposten werden am Abschlussstichtag nicht bewertet, sondern nach Abgrenzungsgesichtspunkten aufgelöst.

Dies gilt entsprechend für **Einmalzahlungen**, die als **Korrektiv** zur standardisierten Prämienhöhe vereinnahmt werden und sich damit auf die Gesamtlaufzeit des CDS beziehen.[2122] Dies dient dazu, den gesamten Ertrag gleichmäßig über die Laufzeit zu vereinnahmen. Umfasst eine derartige Einmalzahlung sowohl Beträge, die als Korrektiv die Gesamtlaufzeit betreffen, als auch Beträge, die Prämienzeiträume vor der Anschaffung (Zahlung) betreffen und damit einen Ausgleich für die erste Prämienzahlung darstellen, ist eine Aufteilung vorzunehmen.[2123] Die als Ausgleich für die erste Prämienzahlung geleisteten Zahlungen sind mit der ersten Prämienzahlung zu verrechnen, so dass diese lediglich zeitanteilig und periodengerecht ergebniswirksam wird.[2124]

Ist eine **nachschüssige Einmalzahlung** der Prämie vereinbart, ist der auf die abgelaufene Periode entfallende Anteil ertragswirksam im Provisionsertrag zu

---

[2119] Vgl. Bär/Flintrop/Maifahrt/Vietze/Weigel, WPg 2015, 1305.

[2120] Vgl. Bär/Flintrop/Maifahrt/Vietze/Weigel, WPg 2015, 1305.

[2121] Vgl. Auerbach/Klotzbach, in: Burghof/Rudolph/Schäfer/Schönbucher/Sommer (Hrsg.), V.3, 399 mwN; DGRV (Hrsg.), Praxishandbuch Derivate, Teil 2. B.III.4.2.3.

[2122] Vgl. IDW RS BFA 1, Fußnote 17 zu Tz. 34; vgl. hierzu DGRV (Hrsg.), Praxishandbuch Derivate, Teil 2. B.III.4.2.3.

[2123] Vgl. Bär/Flintrop/Maifahrt/Vietze/Weigel, WPg 2016, 33.

[2124] Vgl. Bär/Flintrop/Maifahrt/Vietze/Weigel, WPg 2016, 33.

buchen und abhängig vom Vertragspartner eine Forderung im Posten „Forderungen an Kreditinstitute" bzw. „Forderungen an Kunden" zu aktivieren.[2125]

Wird die Prämie nicht einmalig, sondern durch **regelmäßige** (ratierliche) **Zahlungen** während der Vertragslaufzeit erbracht, ergeben sich daraus bei der Bilanzierung des CDS als gestellte Kreditsicherheit folgende bilanzielle Konsequenzen: die laufenden Zahlungen sind (wie Bürgschaftsprovisionen) grundsätzlich im Geschäftsjahr der Zahlung bzw. der Entstehung des Zahlungsanspruchs erfolgswirksam zu erfassen; ggf. sind zum Abschlussstichtag Periodenabgrenzungsbuchungen erforderlich, wenn und soweit der Zahlungszeitraum vom Geschäftsjahr abweicht.[2126]

Eventualverbindlichkeit

Werden CDS beim Sicherungsgeber als gestellte Kreditsicherheiten (analog Bürgschaften/Garantien) bilanziert, folgt daraus, dass die aus dem Kreditderivat übernommenen Eventualrisiken nach § 340a Abs. 2 Satz 2 HGB iVm. § 26 Abs. 2 RechKredV als Eventualverbindlichkeit in Höhe der bei Eintritt des Kreditereignisses zu leistenden Zahlung angesetzt werden (IDW RS BFA 1 Tz. 39).[2127] Der Ausweis erfolgt im Unterposten „Verbindlichkeiten aus Bürgschaften und Gewährleistungsverträgen".

Handelt es sich bei der Ausgleichszahlung nicht um eine betragsmäßig fixierte Summe, ist die Eventualverbindlichkeit in Höhe des maximal zu leistenden Betrags zu zeigen; anzugeben ist mithin grundsätzlich der Nominalbetrag (IDW RS BFA 1 Tz. 39).[2128]

Die Eventualverbindlichkeit ist nach § 24 RechKredV um die Höhe einer gebildeten Rückstellung für drohende Inanspruchnahme zu kürzen, weil sonst das Risiko in der Bilanz zu hoch gezeigt wird.

[2125] Vgl. Auerbach/Klotzbach, in: Burghof/Rudolph/Schäfer/Schönbucher/Sommer (Hrsg.), V.3, 399.

[2126] Vgl. Bär/Flintrop/Maifahrt/Vietze/Weigel, WPg 2016, 37.

[2127] Vgl. Auerbach/Klotzbach, in: Burghof/Rudolph/Schäfer/Schönbucher/Sommer (Hrsg.), V.3, 399.

[2128] Vgl. Auerbach/Klotzbach, in: Burghof/Rudolph/Schäfer/Schönbucher/Sommer (Hrsg.), V.3, 399.

Bilanzierung und Bewertung am Abschlussstichtag

CDS als gestellte Kreditsicherheiten (Kreditersatzgeschäfte) sind beim Sicherungsgeber grundsätzlich imparitätisch einzeln zu bewerten, dh. ergibt sich zum Abschlussstichtag ein positiver beizulegender Zeitwert werden sie lediglich in der Nebenbuchhaltung erfasst.[2129]

Ein **negativer beizulegender Zeitwert** führt jedoch nicht in jedem Fall zum Ansatz eines Passivpostens (Drohverlustrückstellung). Analog zur Prüfung der Anforderungen an die Bildung einer **Risikovorsorge im Kreditgeschäft** (Rückstellung für eine Bürgschaft/Garantie) hat der Sicherungsgeber zu prüfen, ob am Abschlussstichtag ernsthaft mit dem Eintritt des Kreditereignisses zu rechnen ist (IDW RS BFA 1 Tz. 34).

Ist am Abschlussstichtag ernsthaft mit dem Eintritt des Kreditereignisses zu rechnen, hat der Sicherungsgeber eine **Verbindlichkeitsrückstellung** in Höhe des nach vernünftiger kaufmännischer Beurteilung notwendigen Erfüllungsbetrags nach den Regeln von IDW RS HFA 34 zu bilden (IDW RS BFA 1 Tz. 17). Dabei ist davon auszugehen, dass es sich bei dem nach vernünftiger kaufmännischer Beurteilung notwendigen Erfüllungsbetrag um den abgezinsten Betrag handelt.[2130] Nach DGRV (Hrsg.)[2131] ist von einer drohenden Inanspruchnahme grundsätzlich immer dann auszugehen, wenn der Referenzschuldner am Abschlussstichtag ein **Rating** von CCC/Caa oder schlechter aufweist. Mit der Rückstellungsbildung ist die Eventualverbindlichkeit entsprechend zu kürzen (§ 24 RechKredV).

Der Aufwand für die Bildung der Verbindlichkeitsrückstellung ist als **Bewertungsaufwand** für das Kreditgeschäft im GuV-Posten „Abschreibungen und Wertberichtigungen auf Forderungen und bestimmte Wertpapiere sowie Zuführung zu Rückstellungen im Kreditgeschäft" auszuweisen (IDW RS BFA 1 Tz. 35).[2132]

Eintritt des Kreditereignisses

Der Aufwand für die **Ausgleichszahlung** ist als Bewertungsaufwand im GuV-Posten „Abschreibungen und Wertberichtigungen auf Forderungen und bestimmte Wertpapiere sowie Zuführung zu Rückstellungen im Kreditgeschäft"

[2129] Vgl. Bär/Flintrop/Maifahrt/Vietze/Weigel, WPg 2015, 1304.

[2130] Vgl. Bär/Flintrop/Maifahrt/Vietze/Weigel, WPg 2015, 1304 mwN.

[2131] Vgl. DGRV (Hrsg.), Praxishandbuch Derivate, Teil 2. B.III.4.2.3.

[2132] Vgl. Bär/Flintrop/Maifahrt/Vietze/Weigel, WPg 2015, 1306.

zu erfassen (IDW RS BFA 1 Tz. 35). Dabei ist eine evtl. Verbindlichkeitsrückstellung zu verbrauchen. Eine nicht verbrauchte Rückstellung ist als Ertrag im GuV-Posten „Erträge aus Zuschreibungen zu Forderungen und bestimmten Wertpapieren sowie aus der Auflösung von Rückstellungen im Kreditgeschäft" zu erfassen. Sofern am Abschlussstichtag das Kreditereignis zwar eingetreten, die Zahlung aber noch nicht geleistet ist, ist (kontrahentenabhängig) eine Verbindlichkeit zu buchen.

Sofern der Sicherungsgeber bei einem **physisch zu erfüllenden CDS** (leistungsgestörte) Schuldinstrumente gegen Zahlung des Nominalbetrags erhält, sind diese im Zugangszeitpunkt mit ihren **Anschaffungskosten** zu aktivieren und in der Folge nach den allgemeinen Bewertungsgrundsätzen des Nichthandelsbestands zu bewerten.[2133]

Der Ansatz der Anschaffungskosten folgt aus dem Grundsatz, dass ein Anschaffungsvorgang erfolgsneutral sein muss. Im Rahmen der ersten Folgebewertung (Abschlussstichtag) ist der Vermögensgegenstand in Abhängigkeit seiner Bestandszuordnung (Anlagevermögen, Liquiditätsreserve) entsprechend abzuschreiben;[2134] eine gebildete Rückstellung ist zu verbrauchen bzw. aufzulösen. Die Gegenbuchungen erfolgen im Bewertungsergebnis (entsprechend IDW RS BFA 1 Tz. 36).

Abweichend hiervon hält es der BFA im Fall einer physischen Erfüllung für sachgerecht, „... *die Anschaffungskosten des erhaltenen Finanzinstruments in Höhe des beizulegenden Zeitwerts anzusetzen"* (IDW RS BFA 1 Tz. 36).[2135] Die Differenz zum geleisteten Betrag (Nominalbetrag) ist als Kompensationsleistung für das Kreditereignis erfolgswirksam im Bewertungsergebnis zu erfassen, soweit nicht eine für das Kreditderivat gebildete Rückstellung zu verbrauchen ist (IDW RS BFA 1 Tz. 36).[2136]

Ist das Kreditereignis am Bilanzstichtag zwar eingetreten, die physische Lieferung des Referenzaktivums aber noch nicht abgewickelt, ist in Höhe der vereinbarten Zahlung (kontrahentenabhängig) eine Verbindlichkeit zu buchen. Gleichzeitig ist eine Forderung in Höhe des beizulegenden Zeitwerts des Referenzaktivums anzusetzen, eine Differenz zur vereinbarten Zahlung ist im

---

[2133] Vgl. Weigel/Bär/Vietze, WPg 2015, 63 mwN; Auerbach/Klotzbach, in: Burghof/Rudolph/Schäfer/Schönbucher/Sommer (Hrsg.), V.3, 400.

[2134] Vgl. Auerbach/Klotzbach, in: Burghof/Rudolph/Schäfer/Schönbucher/Sommer (Hrsg.), V.3, 400.

[2135] Dabei ist dann eine ggf. vorhandene Verbindlichkeitsrückstellung zu verbrauchen.

[2136] Vgl. DGRV (Hrsg.), Praxishandbuch Derivate, Teil 2, B.III.4.2.3, die eine sofortige Abschreibung verlangen.

Bewertungsergebnis zu zeigen, denn das Kreditereignis ist im abgelaufenen Geschäftsjahr eingetreten und in diesem erfolgsmäßig zu zeigen.

Ein für die Prämienzahlung gebildeter **Rechnungsabgrenzungsposten** ist mit Eintritt des Kreditereignisses in das Provisionsergebnis aufzulösen.

Vorzeitige Vertragsauflösung (Close-out)

Die Behandlung eines CDS als gestellte Kreditsicherheit (Kreditersatzgeschäft) setzt ua. voraus, dass dieser bis zur Fälligkeit bzw. bis zum Eintritt des Kreditereignisses gehalten wird (sog. Halteabsicht). Eine vorzeitige Vertragsauflösung (Close-out) kommt mithin nur in begründeten Ausnahmefällen in Betracht (zB zur Begrenzung der Risiken bei drohender Inanspruchnahme). Der Grund für die Vertragsauflösung ist zu dokumentieren. Vgl. hierzu die Ausführungen in Kapitel 4.12.6.5.3.1. zur Sichtweise von Gaber.[2137]

Im Close-out-Betrag ggf. enthaltene Prämienanteile sind in der GuV im Posten „Provisionserträge" zu buchen. Der restliche Close-out-Betrag ist saldiert mit einem Ertrag/Aufwand aus der Ausbuchung eines Rechnungsabgrenzungspostens im Bewertungsergebnis (§ 32 RechKredV) auszuweisen. Eine zu leistende Zahlung ist zunächst mit einer evtl. gebildeten Rückstellung zu verrechnen und als Verbrauch zu buchen. Ein ggf. verbleibender Restbetrag der Rückstellung ist als Ertrag im GuV-Posten „14. Erträge aus Zuschreibungen zu Forderungen und bestimmten Wertpapieren sowie aus der Auflösung von Rückstellungen im Kreditgeschäft" zu vereinnahmen.[2138]

Sofern die vorzeitige Auflösung maßgebend aus bilanzpolitischen Gründen zur **Ergebnissteuerung** erfolgt, ist der nach Abzug der Prämienanteile verbleibende Close-out-Betrag mit einem evtl. Aufwand bzw. Ertrag aus der Auflösung eines bei Abschluss des CDS gebildeten Rechnungsabgrenzungspostens zu saldieren und im sonstigen betrieblichen Ergebnis zu erfassen.[2139] Diese vorzeitigen Vertragsauflösungen stellen **sachverhaltsgestaltende Maßnahmen** dar, die im Prüfungsbericht zu erläutern sind. Bei wesentlichen Auswirkungen auf die Gewinn- und Verlustrechnung sind darüber hinaus auch entsprechende Angaben im Anhang und Lagebericht erforderlich.[2140]

[2137] Vgl. Gaber, 2. Aufl., 797.

[2138] Vgl. DGRV (Hrsg.), Praxishandbuch Derivate, Teil 2, B.III.4.2.3.

[2139] Vgl. DGRV (Hrsg.), Praxishandbuch Derivate, Teil 2, B.III.4.2.3.

[2140] Vgl. DGRV (Hrsg.), Praxishandbuch Derivate, Teil 2, B.III.4.2.3.

Wirtschaftliche Glattstellung durch Gegengeschäft

Die willkürliche wirtschaftliche Glattstellung (Schließung) einer Sicherungs-geberposition durch ein gleichartiges gegenläufiges Geschäft widerspricht grundsätzlich der Behandlung als gestellte Kreditsicherheit; in einem solchen Fall ist auf die Bilanzierung als Derivat (Option) überzugehen. Soweit die Voraussetzungen für eine Bewertungseinheit gemäß § 254 HGB vorliegen, sind die Regeln von IDW RS HFA 35 anzuwenden. Zur Absicherung des Risikos aufgrund der vorgegebenen Strategie des Instituts vgl. Kapitel 4.12.6.5.3.1.

Die Prämienzahlungen, die auf den Zeitraum bis zur Glattstellung entfallen, sind erfolgswirksam unter den Provisionserträgen zu erfassen. Die Prämien-zahlungen, die auf den Zeitraum ab dem Glattstellungszeitpunkt entfallen, sind zu verbarwerten und unter den sonstigen Verbindlichkeiten zu passivie-ren; gleichzeitig ist eine (kontrahentenabhängige) Forderung in Höhe des Bar-werts der noch nicht geleisteten Prämien zu aktivieren. Die zur wirtschaftli-chen Glattstellung abgeschlossene gegenläufige Sicherungsnehmerposition ist von vornherein als Derivat (Option) zu behandeln.[2141]

Eine evtl. positive Barwertdifferenz zwischen beiden Geschäften darf auf-grund des Imparitätsprinzips nicht erfolgswirksam erfasst werden; sie wird im Zeitablauf bei (jeder) Ausbuchung der Prämienbarwerte (Prämienzahlung) realisiert[2142]. Eine negative Barwertdifferenz ist als Rückstellung[2143] bzw. als Verbindlichkeit[2144] zu buchen. Diese Rückstellung bzw. Verbindlichkeit ist bei Fälligkeit der beiden CDS auszubuchen. Der Ausweis von Erfolgen ist im sonstigen betrieblichen Ergebnis vorzunehmen.

Unter den Voraussetzungen von § 254 HGB kann zwischen beiden CDS eine Bewertungseinheit vorliegen, die nach den Regeln von IDW RS HFA 35 abzu-bilden ist (vgl. Kapitel 4.11.).[2145]

[2141] Vgl. DGRV (Hrsg.), Praxishandbuch Derivate, Teil 2, B.III.4.2.3.

[2142] Vgl. WPH Edition Wirtschaftsprüfung & Rechnungslegung, 17. Aufl., Kapitel F Tz. 1321 für Swapgeschäfte. Die für Swaps geltenden Regeln sind entsprechend anzu-wenden.

[2143] Vgl. WPH Edition Wirtschaftsprüfung & Rechnungslegung, 17. Aufl., Kapitel F Tz. 1321 analog.

[2144] Vgl. DGRV (Hrsg.), Praxishandbuch Derivate, Teil 2, B.III.4.2.3, der sich für den Aus-weis einer Verbindlichkeit ausspricht. Bei dieser Vorgehensweise ist eine zuvor gebilde-te Drohverlustrückstellung in die Verbindlichkeit umzubuchen.

[2145] Ebenso WPH Edition Wirtschaftsprüfung & Rechnungslegung, 17. Aufl., Kapitel F Tz. 1321.

Bilanzierung als Derivat (Sicherungsgeber)

Immer dann, wenn bei einem CDS beim Sicherungsgeber nicht die Voraussetzungen zur Bilanzierung als Kreditersatzgeschäft (vgl. Kapitel 4.12.6.5.3.2.) analog einer Bürgschaft bzw. Garantie vorliegen, ist der CDS als schwebendes Geschäft – und damit als Finanzderivat – zu behandeln (IDW RS BFA 1 Tz. 33).

Geschäftsabschluss

Wie bei Derivaten (Optionen) üblich erfolgt im Zeitpunkt des Vertragsabschlusses – abgesehen von evtl. Prämienzahlungen – kein Bilanzansatz. Gleichwohl sind sämtliche Kreditderivate in einer **Nebenbuchhaltung** (Vormerkkonten) zu erfassen.

Anschaffungskosten/Prämienzahlungen

Für die Sicherungs**geber**position wird eine Prämie vereinnahmt. IDW RS BFA 1 verweist für die bilanzielle Behandlung und Bewertung erhaltener bzw. in Zukunft noch zu vereinnahmenden **Prämienzahlungen** auf die einschlägigen Rechnungslegungsstandards; bei CDS sind diesbezüglich die Regeln des IDW RS BFA 6 „Handelsrechtliche Bilanzierung von Optionsgeschäften" anzuwenden (IDW RS BFA 1 Tz. 33). Zu Einzelheiten vgl. Kapitel 4.12.3.

Vorschüssige erhaltene Prämienzahlungen sind wie ein **verkauftes Optionsrecht** erfolgsneutral im Posten „Sonstige Verbindlichkeiten" zu passivieren.

Die Prämie ist bei Verfall (Fälligkeit) bzw. bei Eintritt des Kreditereignisses erfolgswirksam auszubuchen.

Die Erstbewertung (Ermittlung der Anschaffungskosten) hat bei **ratierlich zu leistenden Prämien** in Höhe des Barwerts der Gesamtsumme der vertragsgemäß zu leistenden Prämien zu erfolgen. Als **sonstige Verbindlichkeit** ist der beizulegende Zeitwert des CDS und damit der Barwert der Prämienzahlungen zu erfassen (zum Marktwert vgl. Kapitel 4.12.6.3.).[2146] In derselben Höhe ist

---

[2146] Abweichend von den Ausführungen zu ratierlichen Prämienzahlungen in Kapitel 4.12.6.5.2. muss der Ausweis der sonstigen Verbindlichkeit als Barwert erfolgen, da hier der beizulegende Zeitwert (Marktwert) relevant ist und sich die Ratenzahlung auf die Forderung „bezieht".

für die ausstehenden Prämienzahlungen eine **Forderung** zu buchen. Im Zeitpunkt des Zuflusses einer Prämienzahlung ist der Buchwert (fortgeführter Barwert) der Forderung anhand des bei der Abzinsung verwendeten Zinssatzes zugunsten des Zinsertrags erfolgswirksam aufzuzinsen.[2147] Noch nicht gezahlte bzw. nachschüssig (ratierlich) zu zahlende Prämien sind in Abhängigkeit vom Vertragspartner im Posten „Forderungen an Kunden" bzw. „Forderungen an Kreditinstitute" auszuweisen; eine Saldierung mit der sonstigen Verbindlichkeit ist nicht möglich (Bruttomethode).[2148]

Eine ratierliche Vereinnahmung der Prämienzahlungen kommt trotz Laufzeitbezogenheit nicht in Betracht, da sich der Umfang der Leistungsverpflichtung des Sicherungsgebers im Zeitablauf nicht reduziert. Anders als bspw. beim Stillhalter einer Zinsbegrenzungsvereinbarung wird die Leistung des Sicherungsgebers bei Eintritt des Kreditereignisses stets in vollem Umfang fällig, und nicht nur auf eine Teilperiode bezogen.[2149]

Die bei Eintritt des Kreditereignisses oder bei Fälligkeit ausgebuchten erhaltenen Prämienzahlungen sind in der Gewinn- und Verlustrechnung im sonstigen betrieblichen Ergebnis zu zeigen (IDW RS BFA 1 Tz. 33 iVm. IDW RS BFA 6, Tz. 19). Ein Ausweis als Provisionsertrag ist nicht möglich.[2150] Bezüglich evtl. Verrechnungen vgl. die nachfolgenden Ausführungen.

Bilanzierung und Bewertung am Abschlussstichtag

Die Bilanzierung und Bewertung erfolgt nach den Grundsätzen für schwebende Geschäfte (Optionen). Droht am Abschlussstichtag ein Verlust auf Basis des negativen beizulegenden Zeitwerts – ggf. abzüglich einer passivierten Optionsprämie –, ist in dieser Höhe eine Drohverlustrückstellung zu buchen (IDW RS BFA 1 Tz. 16 iVm. IDW RS HFA 4).

Ist zum Abschlussstichtag unter den „sonstigen Verbindlichkeiten" eine Prämie passiviert, ergibt sich der **Drohverlust** als Differenz zwischen höherem (negativem) beizulegendem Zeitwert am Abschlussstichtag (die zur Glattstellung des Geschäfts zu zahlen wäre) und der bislang passivierten Prämie. Dies entspricht den Grundsätzen, die nach IDW RS BFA 6 für verkaufte Optionen anzuwenden sind.

[2147] Vgl. DGRV (Hrsg.), Praxishandbuch Derivate, Teil 2, B.III.4.3.3.

[2148] Vgl. Bär/Flintrop/Maifahrt/Vietze/Weigel, WPg 2016, 37; DGRV (Hrsg.), Praxishandbuch Derivate, Teil 2, B.III.4.3.3.

[2149] Vgl. DGRV (Hrsg.), Praxishandbuch Derivate, Teil 2, B.III.4.3.1.

[2150] Vgl. Bär/Flintrop/Maifahrt/Vietze/Weigel, WPg 2015, 1305.

Der **beizulegende Zeitwert** des CDS entspricht dem Barwert aller Prämienzahlungen, die der Sicherungsgeber am Abschlussstichtag für ein entsprechendes Neugeschäft (marktgerechte Konditionen am Bilanzstichtag) über die Restlaufzeit erhalten würde (vgl. Kapitel 4.12.6.3.).[2151] Geht man bei der Bewertung von der sog. Glattstellungsfiktion aus, wäre die über die Restlaufzeit zu bezahlende Prämie für ein Glattstellungsgeschäft relevant.

Der Aufwand für die Bildung der Rückstellung ist im GuV-Posten „Sonstiger betrieblicher Aufwand" gegen zu buchen.

Vertragsauflösung während der Laufzeit (Close-out)

Wird der CDS im gegenseitigen Einvernehmen vorzeitig aufgelöst, dh. das Vertragsverhältnis beendet, hat der Sicherungsgeber die erhaltene bzw. geleistete Close-out-Zahlung einschließlich des Erfolgs aus der Ausbuchung des in der Bilanz erfassten Prämienbuchwerts in der GuV saldiert im sonstigen betrieblichen Ergebnis auszuweisen.

Eintritt des Kreditereignisses

Der Aufwand für eine zu leistende **Ausgleichszahlung** ist mit dem Ertrag aus der Ausbuchung des Prämienbuchwerts (ggf. unter Berücksichtigung eines Aufwands aus der Ausbuchung der Forderung aus noch nicht erhaltenen Prämienzahlungen) zu verrechnen.[2152] Der Saldo ist im sonstigen betrieblichen Ergebnis zu erfassen (IDW RS BFA 1 Tz. 35 letzter Satz).[2153] Dabei ist eine vorhandene Drohverlustrückstellung zu verbrauchen; eine nicht verbrauchte Drohverlustrückstellung ist im „sonstigen betrieblichen Ertrag" zu erfassen. Soweit bei eingetretenem Kreditereignis die Ausgleichszahlung am Bilanzstichtag noch nicht geleistet wurde, ist sie in Abhängigkeit vom Kontrahenten (§ 21 RechKredV) als Verbindlichkeit zu buchen.

Für die Behandlung einer **physischen Lieferung** (der Sicherungsnehmer liefert das Referenzaktivum) gilt dasselbe wie beim Kreditersatzgeschäft: Sofern der Sicherungsgeber (leistungsgestörte) Schuldinstrumente gegen Zahlung des Nominalbetrags abnehmen muss, sind diese im Zugangszeitpunkt mit ihren Anschaffungskosten zu aktivieren und zum nächsten Abschlussstichtag nach

---

[2151] Vgl. DGRV (Hrsg.), Praxishandbuch Derivate, Teil 2, B.III.4.3.3. gehen davon aus, dass eine für ein Neugeschäft zu vereinnahmende Prämie heran zu ziehen ist.
[2152] Vgl. DGRV (Hrsg.), Praxishandbuch Derivate, Teil 2, B.III.4.3.3.
[2153] Vgl. Bär/Flintrop/Maifahrt/Vietze/Weigel, WPg 2015, 1305.

den allgemeinen Bewertungsgrundsätzen des Nichthandelsbestands (Anlagebestand oder Liquiditätsreserve) zu bewerten;[2154] eine gebildete Rückstellung ist zu verbrauchen bzw. aufzulösen.[2155] Soweit am Bilanzstichtag das Kreditereignis zwar eingetreten, das Referenzaktivum aber noch nicht übernommen wurde, ist die Verpflichtung zur Zahlung in Abhängigkeit vom Kontrahenten als Verbindlichkeit zu erfassen; der Anspruch auf das Referenzaktivum ist in Abhängigkeit vom Kontrahenten als Forderung zu aktivieren.[2156]

Abweichend hiervon hält es der BFA im Fall einer physischen Erfüllung für sachgerecht, „... *die Anschaffungskosten des erhaltenen Finanzinstruments in Höhe des beizulegenden Zeitwerts anzusetzen"* (IDW RS BFA 1 Tz. 36).[2157] Die Differenz zum geleisteten Betrag (Nominalbetrag) ist als Kompensationsleistung für das Kreditereignis erfolgswirksam ebenfalls im „sonstigen betrieblichen Aufwand" zu erfassen, soweit nicht eine für das Kreditderivat gebildete Rückstellung zu verbrauchen ist (IDW RS BFA 1 Tz. 36).

Ein Aufwand aus der Abschreibung des übernommenen Referenzaktivums ist mit dem Ergebnis aus der Ausbuchung der Prämie zu verrechnen, der Saldo ist im sonstigen betrieblichen Ergebnis zu zeigen.

4.12.6.5.4. CDS beim Sicherungsnehmer als erhaltene Kreditsicherheit

4.12.6.5.4.1. Voraussetzungen

Beim Sicherungsnehmer (Käufer) kommt für erhaltene Kreditsicherheiten neben der in § 254 HGB normierten Bewertungseinheit unter bestimmten Voraussetzungen auch die Berücksichtigung als **bürgschaftsähnliche** Kreditsicherheit bei der Bewertung der gesicherten Forderung in Frage.[2158]

IDW RS BFA 1 Tz. 18 weist darauf hin, dass für die handelsrechtliche Bilanzierung als erhaltene Kreditsicherheit, die in IDW RS BFA 1 Tz. 18 iVm. Tz. 13 genannten Voraussetzungen (kumulativ) erfüllt sein müssen. Dies sind:

[2154] Dies folgt aus dem Grundsatz, dass ein Anschaffungsvorgang erfolgsneutral sein muss.

[2155] Vgl. Weigel/Bär/Vietze, WPg 2015, 63 mwN.

[2156] Vgl. DGRV (Hrsg.), Praxishandbuch Derivate, Teil 2, B.III.4.3.3.

[2157] Ebenso DGRV (Hrsg.), Praxishandbuch Derivate, Teil 2, B.III.4.3.3.

[2158] Vgl. Weigel/Bär/Vietze, WPg 2015, 63.

- Die vertraglichen Vereinbarungen (Kreditereignisse) müssen **objektiv geeignet** (IDW RS BFA 1 Tz. 13) sein,
- zur **Absicherung des Ausfallrisikos** (IDW RS BFA 1 Tz. 3).
- Es muss eine **Halteabsicht** bis zur Fälligkeit des Kreditderivats sowohl zum Zeitpunkt des Erwerbs als auch zum jeweiligen Abschlussstichtag bestehen.

Der **Verwendungszweck** muss zum Zeitpunkt des Geschäftsabschlusses **dokumentiert** werden.

Zur **Absicherung des Ausfallrisikos** und zur **Halteabsicht** vgl. Kapitel 4.12.6.5.3.1. und 4.12.6.5.3.2. Beim Sicherungsnehmer müssen für die Bilanzierung eines CDS als erhaltene Kreditsicherheit bezüglich „Absicherung des Ausfallrisikos" und „Halteabsicht" dieselben Bedingungen erfüllt sein wie beim Sicherungsgeber, wenn Letzterer den CDS als gestellte Sicherheit bilanzieren will. Diese Voraussetzungen müssen zum Zeitpunkt des Vertragsabschlusses über das Kreditderivat festgelegt und dokumentiert worden sein (IDW RS BFA 1 Tz. 13).

Die Vereinbarung weniger oder auch nur eines Kreditereignisse(s) – zB Insolvenz und/oder Restrukturierung – steht einer Anerkennung als „erhaltene Kreditsicherheit" dem Grunde nach nicht entgegen.[2159]

Zum Begriff **„objektive Eignung"** finden sich in IDW RS BFA 1 keine Ausführungen. Die objektive Eignung ist vielmehr nach den bereits in IDW RS BFA 1 aF niedergelegten Kriterien dann gegeben, wenn der gewünschte Sicherungszweck, die wirksame Übertragung des Kreditrisikos, erreicht wird. Dies wird idR dann der Fall sein, wenn eine ordnungs- und vertragsgemäße Bedienung des zugrunde liegenden Kreditengagements – unter Berücksichtigung der Ansprüche gegen den Sicherungsgeber – nicht zu Vermögensverlusten des Sicherungsnehmers führt.

Mithin sind die weiteren allgemein gültigen Grundsätze zu beachten wie sie bspw. bereits in IDW RS BFA 1 aF Tz. 16 niedergelegt sind[2160]:

- Klare und eindeutige Vertragsgestaltung zwischen Sicherungsnehmer und Sicherungsgeber,
- einwandfreie Bonität des Sicherungsgebers,

[2159] Vgl. Bär/Flintrop/Maifahrt/Vietze/Weigel, WPg 2015, 1303.
[2160] Vgl. Weigel/Bär/Vietze, WPg 2015, 63.

- Übereinstimmung zwischen dem bestehenden (gesicherten) Kreditengagement und dem Referenzaktivum hinsichtlich
  - Laufzeit (vgl. nachfolgend),
  - Währung und
  - Rang.

Falls die **(Rest-) Laufzeit** des Kreditderivats die des gesicherten Vermögensgegenstands (Forderung, Wertpapier) **unterschreitet**, kommt eine risikomindernde Berücksichtigung bei der Betragsbemessung einer Risikovorsorge nur in Betracht, wenn und soweit der erwartete Ausfall auf der Basis der tatsächlichen Verhältnisse am Bilanzstichtag mit sehr hoher Wahrscheinlichkeit aus dem Eintritt des vereinbarten Kreditereignisses resultieren und dieser voraussichtlich innerhalb des Sicherungszeitraums eintreten wird.[2161] Im Zweifel muss aus Vorsichtsgründen von einer fehlenden Sicherungswirkung am Bilanzstichtag ausgegangen werden.

Nach DGRV (Hrsg.) ist eine evtl. Laufzeitunterdeckung für die Behandlung des CDS als erhaltene Kreditsicherheit unschädlich, sofern ein ausreichend **liquider Markt für Anschlusssicherungsgeschäfte** vorhanden ist.[2162]

Eine **längere (Rest-) Laufzeit** des Sicherungsinstruments (CDS) ist vor dem Hintergrund des handelsrechtlichen Vorsichtsprinzips regelmäßig unschädlich. Sofern es sich um einen vergleichsweise kurzen Zeitraum handelt, werden es die Auswirkungen auf die Finanz-, Vermögens- und Ertragslage unter Wesentlichkeitsgesichtspunkten häufig ermöglichen, dass der Sicherungsnehmer auf die nach IDW RS BFA 1 ab Beendigung der Sicherungswirkung bis zur Fälligkeit gebotene Bilanzierung als freistehendes Derivat verzichtet und die Bilanzierung als erhaltene Kreditsicherheit fortführt.[2163]

Nach Sinn und Zweck der handelsrechtlichen Bewertungsvorschriften ist es indes unschädlich, wenn die Leistung aus dem Kreditderivat (Ausgleichszahlung) den tatsächlichen Verlust aus dem gesicherten Kredit übersteigt bzw. übersteigen kann.[2164]

[2161] Vgl. Bär/Flintrop/Maifahrt/Vietze/Weigel, WPg 2015, 1303.

[2162] Vgl. DGRV (Hrsg.), Praxishandbuch Derivate, Teil 2, B.III.4.2.

[2163] Vgl. Bär/Flintrop/Maifahrt/Vietze/Weigel, WPg 2016, 36.

[2164] Vgl. Bär/Flintrop/Maifahrt/Vietze/Weigel, WPg 2015, 1303.

4.12.6.5.4.2. Berücksichtigung als Kreditsicherheit bei der Bewertung des abgesicherten Geschäfts

Die Berücksichtigung als erhaltene Kreditsicherheit beim Sicherungsnehmer erfolgt auf die „komfortable" Art und Weise, wie der Sicherungsnehmer üblicherweise eine Bürgschaft bei der Bewertung der abgesicherten Geschäfte berücksichtigt. Demzufolge ist es sachgerecht, wenn sowohl die Prämienzahlungen als auch evtl. Ausgleichszahlungen bei Eintritt des Kreditereignisses analog einer Bürgschaft bilanziell abgebildet werden.

Die Möglichkeit der bilanziellen Abbildung einer Sicherungsbeziehung wie eine erhaltene Kreditsicherheit analog einer Bürgschaft wird nach Ansicht des BFA auf den **„klassischen" Forderungsbestand** von Kreditinstituten beschränkt. Dies gilt auch für verbriefte Forderungen, die in denselben Aktivposten wie die Forderungen an Kunden bzw. Kreditinstitute (zB Namenswertpapiere) ausgewiesen werden.

Die Absicherung von **Wertpapieren der Liquiditätsreserve** ist mittels einer Bewertungseinheit iSv. § 254 HGB abzubilden (vgl. unten). Letzteres gilt auch für **Wertpapiere des Anlagevermögens**, die nach dem strengen Niederstwertprinzip bewertet werden (vgl. unten).

Geschäftsabschluss

Da es sich bei einem CDS um ein außerbilanzielles Geschäft handelt, ist dieser mit sämtlichen relevanten Daten in der **Nebenbuchhaltung** zu erfassen. Dabei ist die Halteabsicht und der Verwendungszweck (Absicherung eines bestimmten Ausfallrisikos und keine Abbildung als Bewertungseinheit iSd. § 254 HGB) sachgerecht zu dokumentieren.

Prämienzahlungen

Die Prämie ist wie die Zahlung einer **Bürgschaftsprovision** an den Bürgen abzubilden. Wurde die Prämie in vollem Umfang bereits zu Beginn der Laufzeit gezahlt, hat der Sicherungsnehmer einen **aktiven Rechnungsabgrenzungsposten** (§ 250 Abs. 1 HGB) zu bilden und diesen über die Laufzeit des Kreditderivats linear aufzulösen (IDW RS BFA 1 Tz. 25).

Dies gilt entsprechend für **Einmalzahlungen**, die als Korrektiv zur standardisierten Prämienhöhe geleistet werden und sich damit auf die Gesamtlaufzeit des CDS beziehen.[2165] Der Vorleistung des einen Vertragspartners steht die noch nicht erbrachte zeitbezogene Gegenleistung des anderen Vertragspartners gegenüber.

Rechnungsabgrenzungsposten werden nicht bewertet, sondern nach Abgrenzungsgesichtspunkten aufgelöst. Die aktivierte Prämie ist **linear** über die Laufzeit des CDS zu verteilen, da für die ausstehende Gegenleistung in wirtschaftlicher Betrachtungsweise ebenfalls generell ein linearer Verlauf zu erwarten ist. Hierbei steht die gleichmäßige Nutzung durch den Sicherungsnehmer und nicht die Tatsache, dass die Garantiefunktion des CDS gleichmäßig zur Verfügung steht, im Vordergrund.[2166]

Wird die Prämie nicht einmalig, sondern durch regelmäßige (gleichmäßige) Zahlungen während der Vertragslaufzeit erbracht, ergeben sich daraus bei der Bilanzierung des CDS als gestellte Kreditsicherheit folgende bilanzielle Konsequenzen: die **laufenden Zahlungen** sind (wie Bürgschaftsprovisionen) grundsätzlich im Geschäftsjahr der Zahlung bzw. der Entstehung der Zahlungsverpflichtung erfolgswirksam zu erfassen; ggf. sind zum Abschlussstichtag noch Periodenabgrenzungsbuchungen vorzunehmen, wenn und soweit der Zahlungszeitraum vom Geschäftsjahr abweicht.[2167]

Bei **nachschüssiger Prämienzahlung** ist die zu leistende Prämie periodengerecht abzugrenzen und die korrespondierende Verpflichtung in Abhängigkeit vom Vertragspartner als Verbindlichkeit ggü. Kreditinstituten bzw. Kunden auszuweisen.[2168]

Der **Ausweis** in der GuV erfolgt im Posten „Provisionsaufwendungen" (IDW RS BFA 1 Tz. 25). Nachdem § 30 Abs. 2 RechKredV den Ausweis von Bürgschaftsprovisionen im Posten „Provisionsaufwendungen" vorschreibt, ist es sachgerecht, die Prämien für CDS grundsätzlich entsprechend auszuweisen.[2169] Ein Ausweis der Prämienzahlungen im Bewertungsergebnis kommt dagegen nicht in Betracht.

[2165] Vgl. Fußnote 16 zu IDW RS BFA 1, Tz. 25. Vgl. DGRV (Hrsg.), Praxishandbuch Derivate, Teil 2, B.III.4.2.2.

[2166] Vgl. Auerbach/Klotzbach, in: Burghof/Rudolph/Schäfer/Schönbucher/Sommer (Hrsg.), V.3, 398.

[2167] Vgl. Bär/Flintrop/Maifahrt/Vietze/Weigel, WPg 2016, 37.

[2168] Vgl. Auerbach/Klotzbach, in: Burghof/Rudolph/Schäfer/Schönbucher/Sommer (Hrsg.), V.3, 398.

[2169] Vgl. ähnlich Weigel/Bär/Vietze, WPg 2015, 63 f.

Ein Ausweis im Zinsergebnis ist sachgerecht, soweit der Zinscharakter überwiegt; dies ist nach Ansicht des BFA insbesondere dann der Fall, wenn das Kreditderivat mit zinsbezogenen Finanzinstrumenten in eine Bewertungseinheit iSd. § 254 HGB einbezogen ist (IDW RS BFA 1 Tz. 25).

Der Ausweis orientiert sich danach, ob die Prämie primär auf eine Dienstleistung (Bürgschaftsprovision = Provisionsaufwand) zurückzuführen ist oder auf der Überlassung von Kapital auf Zeit beruht (Zinsaufwand).[2170]

Damit wird dem Umstand Rechnung getragen, dass nach den handelsrechtlichen Vorgaben keine Trennung des Zinsergebnisses in einzelne Risikokomponenten erfolgt, wenngleich im nominellen Zins auch eine (Kredit-) Risikokomponente enthalten ist, welche über die Risikovorsorgedotierung im Bewertungsergebnis eine erfolgswirksame Gegenbuchung erfährt, ohne dass diese üblicherweise perioden- und betragsidentisch ist.

Am **Laufzeitende** ggf. noch vorhandene Rechnungsabgrenzungsposten sind zulasten bzw. zugunsten des Provisionsergebnisses aufzulösen.

Bilanzierung und Bewertung am Abschlussstichtag

Die als gestellte Kreditsicherheit kontrahierten CDS sind beim Sicherungsnehmer nicht eigenständig zu bilanzieren, sondern bei der Bewertung des oder der abgesicherten Geschäfte, dh. bei der Ermittlung von **Einzel- und Pauschalwertberichtigungen** bzw. Rückstellungen im Kreditgeschäft zu berücksichtigen (IDW RS BFA 1 Tz. 18; IDW RS HFA 35 Tz. 8).

Soweit die Werthaltigkeit des CDS **unstrittig** ist, hat der Sicherungsnehmer eine aus Bonitätsgründen ggf. erforderliche Wertberichtigung der abgesicherten Forderung in Höhe des durch den CDS abgesicherten Betrags nicht vorzunehmen.[2171]

Im **Zweifel** muss aus Vorsichtsgründen von einer fehlenden Sicherungswirkung ausgegangen und eine Wertberichtigung der abgesicherten Forderung bzw. des Wertpapiers in der erforderlichen Höhe vorgenommen werden.

[2170] Vgl. Weigel/Bär/Vietze, WPg 2015, 63.
[2171] Vgl. DGRV (Hrsg.), Praxishandbuch Derivate, Teil 2, B.III.4.2.2.

Nth-to-default-Kreditderivate

Nth-to-default-Kreditderivate sind Finanzderivate, deren Auszahlungsprofil von der Anzahl (N) an Kreditausfällen innerhalb eines Pools von Wertpapieren oder Referenzwerten abhängt. Sobald die spezifische Anzahl an Ausfällen erreicht ist, erlischt das Derivat und evtl. Ansprüche, die sich aus dem Kontrakt ergeben, werden beglichen.

Dient ein Kreditderivat beim Sicherungsnehmer der Absicherung des Ausfallrisikos mehrerer Geschäfte in der Weise, dass bei Ausfall eines dieser Geschäfte die vertraglich vereinbarte Ausgleichszahlung erfolgt (Nth-to-default-Kreditderivate), ist die Wirkung aus der Absicherung des dem Referenzobjekt zugrunde liegenden Geschäfts zuzuordnen, das am Abschlussstichtag hinsichtlich seiner Ausfallwahrscheinlichkeit dem Kreditereignis am nächsten kommt (IDW RS BFA 1 Tz. 19).

Besonderheiten bei der Absicherung von Wertpapieren der Liquiditätsreserve und des Anlagevermögens

Wertpapiere der **Liquiditätsreserve** sind nach § 340 Abs. 1 iVm. § 253 Abs. 4 HGB mit ihrem niedrigeren beizulegenden Wert zu bewerten. Der beizulegende Wert der Wertpapiere berücksichtigt nicht nur das Kreditrisiko, sondern bspw. auch die Zinsentwicklung. Bilanziell kann eine Absicherung, die ausschließlich auf das Kreditrisiko entfällt, regelmäßig nur iRv. Bewertungseinheiten iSv. § 254 HGB dargestellt werden. Über die Anforderungen des IDW RS HFA 35 an die Wirksamkeitsbeurteilung wird ein Nachweis für die kompensatorische Wirkung hinsichtlich des abgesicherten Risikos (ausschließlich Kreditrisiko) erbracht.

Dies gilt nach Weigel/Bär/Vietze[2172] entsprechend für Wertpapiere des **Anlagevermögens**, die unter Anwendung des strengen Niederstwertprinzips bewertet werden. Bei Wertpapieren des Anlagevermögens, die unter Anwendung des gemilderten Niederstwertprinzips bewertet werden, können demzufolge die oben dargestellten Grundsätze zur Berücksichtigung eines CDS als erhaltene (bürgschaftsähnliche) Kreditsicherheit zur Anwendung kommen. Wird allerdings ein Wertpapier des Anlagevermögens nachträglich durch einen CDS abgesichert, ist es nicht zulässig, mit Verweis auf die durchgeführte Absicherung eine zuvor vorgenommene Niederstwertabschreibung rückgängig zu machen.[2173] Dies ist kein Sachverhalt, der zu einer Wertaufholung iSd. § 253 Abs. 5 HGB führt.

[2172] Vgl. Weigel/Bär/Vietze, WPg 2015, 63.
[2173] Vgl. DGRV (Hrsg.), Praxishandbuch Derivate, Teil 2, B.III.4.2.2.

Eintritt des Kreditereignisses

Erträge aus **Ausgleichsleistungen** eines als erhaltene Kreditsicherheit behandelten CDS sind bis zur Höhe des erfolgswirksam erfassten Verlusts aus dem abgesicherten Vermögensgegenstand (Kredit, Wertpapier) im gleichen Posten der Gewinn- und Verlustrechnung auszuweisen, in dem auch das **Bewertungsergebnis** des abgesicherten Vermögensgegenstands (§§ 32, 33 RechKredV) erfasst wird (IDW RS BFA 1 Tz. 28). Möglicherweise darüber hinausgehende Beträge sind der Ausweiskonzeption der RechKredV folgend als „sonstige betriebliche Erträge" auszuweisen.[2174]

Ist am Bilanzstichtag das Kreditereignis eingetreten, die Ausgleichszahlung aber noch nicht geleistet, ist der Anspruch in Abhängigkeit vom Kontrahenten als Forderung (§§ 14, 15 RechKredV) auszuweisen.

Im Fall einer **physischen Erfüllung** liefert der Sicherungsnehmer bei Eintritt des Kreditereignisses das Referenzaktivum an den Sicherungsgeber und erhält dafür vom Sicherungsgeber den Nominalbetrag unter Berücksichtigung etwaiger anteiliger Prämien aus dem CDS. Der Sicherungsnehmer hat eine Differenz zwischen dem erhaltenen Betrag und dem Buchwert des gelieferten Finanzinstruments erfolgswirksam zu erfassen (IDW RS BFA 1 Tz. 29), um die auf das abgesicherte Geschäft vorgenommene Abschreibung zu neutralisieren.[2175] Ist am Bilanzstichtag das Kreditereignis eingetreten, die Abwicklung aber noch nicht erfolgt, ist (kontrahentenabhängig) eine Forderung auszuweisen und für die Verpflichtung, das Referenzaktivum zu liefern, (kontrahentenabhängig) eine Verbindlichkeit gegen zu buchen.

Es ist denkbar, dass das Kreditereignis aus dem als Sicherheit dienenden CDS (zB außerordentliche Kündigung als Kreditereignis) eintritt, während eine Wertberichtigung der Forderung noch nicht erfolgt. Das HGB bietet in diesen Fällen keine Möglichkeit, erhaltene Ausgleichszahlungen als Verbindlichkeit oder Rechnungsabgrenzungsposten zu passivieren und sie damit weiterhin als Kreditsicherheit zu nutzen.[2176] Die erhaltenen Beträge sind vielmehr erfolgswirksam zu buchen. Bär/Flintrop/Maifarth/Vietze/Weigel[2177] schlagen vor, dieses zwar rechtlich gebotene, aber wirtschaftlich unbefriedigende Ergebnis durch Zuführung und spätere Entnahme nach § 340f HGB oder § 340g HGB zeitlich zu synchronisieren.

[2174] Vgl. Bär/Flintrop/Maifahrt/Vietze/Weigel, WPg 2015, 1306.
[2175] Vgl. DGRV (Hrsg.), Praxishandbuch Derivate, Teil 2, B.III.4.2.2.
[2176] Vgl. Bär/Flintrop/Maifahrt/Vietze/Weigel, WPg 2016, 36 f.
[2177] Vgl. Bär/Flintrop/Maifahrt/Vietze/Weigel, WPg 2016, 37.

Bei Eintritt des Kreditereignisses noch vorhandene Rechnungsabgrenzungsposten sind zugunsten bzw. zulasten des Provisionsergebnisses aufzulösen.[2178]

Vorzeitige Vertragsauflösung (Close-out)

Die Behandlung von CDS als erhaltene Kreditsicherheit setzt ua. voraus, dass dieser bis zur Fälligkeit gehalten wird (**Halteabsicht**). Eine vorzeitige Vertragsauflösung kommt damit nur in begründeten Ausnahmefällen in Betracht.[2179] Vgl. hierzu die Ausführungen in Kapitel 4.12.6.5.3.1. zur Sichtweise von Gaber.[2180]

Die vom Sicherungsnehmer bei Vertragsbeendigung gezahlten/empfangenen Close-out-Zahlungen sind mit den anderen bei Ausbuchung des Geschäfts anfallenden Erfolgsbestandteilen saldiert in der Gewinn- und Verlustrechnung im Bewertungsergebnis (§§ 32, 33 RechKredV) zu erfassen. Im Close-out-Betrag ggf. enthaltene Prämienanteile sind im Provisionsergebnis zu erfassen.[2181]

Erfolgt die vorzeitige Auflösung des CDS während das abgesicherte Geschäft weiterhin besteht, ist der nach Abzug der Prämienanteile verbleibende Close-out-Betrag mit einem evtl. Aufwand bzw. Ertrag aus der Auflösung eines Rechnungsabgrenzungspostens zu saldieren und in der Gewinn- und Verlustrechnung im sonstigen betrieblichen Ergebnis zu erfassen.[2182] Das ursprünglich abgesicherte Geschäft ist ab der vorzeitigen Vertragsauflösung wieder nach den allgemeinen Grundsätzen zu bewerten.

Vorzeitige Vertragsauflösungen, die maßgeblich aus bilanzpolitischen Gründen zur **Ertragssteuerung** vorgenommen werden, stellen sachverhaltsgestaltende Maßnahmen dar und sind als solche im Prüfungsbericht zu erläutern. Bei wesentlichen Auswirkungen der Einmalzahlungen auf die Gewinn- und Verlustrechnung sind darüber hinaus auch entsprechende Angaben im Anhang oder Lagebericht erforderlich.[2183]

[2178] Vgl. DGRV (Hrsg.), Praxishandbuch Derivate, Teil 2, B.III.4.2.2.
[2179] Vgl. DGRV (Hrsg.), Praxishandbuch Derivate, Teil 2, B.III.4.2.2.
[2180] Vgl. Gaber, 2. Aufl., 797.
[2181] Vgl. DGRV (Hrsg.), Praxishandbuch Derivate, Teil 2, B.III.4.2.2.
[2182] Vgl. DGRV (Hrsg.), Praxishandbuch Derivate, Teil 2, B.III.4.2.2.
[2183] Vgl. DGRV (Hrsg.), Praxishandbuch Derivate, Teil 2, B.III.4.2.2.

Wirtschaftliche Glattstellung

Die vorzeitige wirtschaftliche Glattstellung einer Sicherungsnehmerposition durch Abschluss eines Gegengeschäfts steht grundsätzlich im Widerspruch zur Behandlung als erhaltene Kreditsicherheit. Mithin ist in derartigen Fällen zur Behandlung als Derivat überzugehen. Die gegenläufige CDS-Position ist von vornherein als Derivat zu bilanzieren. Ggf. sind beide CDS iRe. Bewertungseinheit nach § 254 HGB nach den Regeln von IDWS RS HFA 35 abzubilden (vgl. Kapitel 4.11.).[2184]

Das ursprünglich **abgesicherte Geschäft** ist ab der wirtschaftlichen Glattstellung des CDS nach den allgemeinen Grundsätzen zu bewerten.

Die Prämienzahlungen des bisherigen CDS, die auf den Zeitraum bis zum Glattstellungszeitpunkt entfallen, sind erfolgswirksam (noch) im Provisionsergebnis zu erfassen. Die Prämienzahlungen, die auf den Zeitraum ab der Glattstellung bis zur Fälligkeit entfallen, sind zu verbarwerten und nach IDW RS BFA 6 unter den sonstigen Vermögensgegenständen zu aktivieren; in gleicher Höhe ist für noch nicht gezahlte Prämien (kontrahentenabhängig) eine Verbindlichkeit zu passivieren.[2185]

Eine evtl. positive Barwertdifferenz zwischen beiden Geschäften darf nicht sofort realisiert werden; sie wird bei Ausbuchung der Prämienbarwerte realisiert. Im Fall einer negativen Barwertdifferenz ist eine Drohverlustrückstellung[2186] bzw. eine Verbindlichkeit[2187] zu bilden.

Besonderheiten bei Bewertungseinheiten (§ 254 HGB)

Kreditderivate qualifizieren als Finanzinstrumente grundsätzlich als Sicherungsinstrumente für eine Bewertungseinheit und können der Absicherung von Kreditrisiken (Bonitätsrisiken) dienen, die als absicherungsfähige Risiken iSv. § 254 HGB gelten. Als Bewertungseinheit iSd. § 254 HGB sind insbesondere folgende Sachverhalte abzubilden:

[2184] Ebenso WPH Edition, Wirtschaftsprüfung & Rechnungslegung, 17. Aufl., Kapitel F Tz. 1316 und 1321 analog.

[2185] Vgl. DGRV (Hrsg.), Praxishandbuch Derivate, Teil 2, B.III.4.2.2.

[2186] Ebenso WPH Edition, Wirtschaftsprüfung & Rechnungslegung, 17. Aufl., Kapitel F Tz. 1321 analog.

[2187] DGRV (Hrsg.), Praxishandbuch Derivate, Teil 2, B.III.4.2.2. sieht hier die Notwendigkeit der Bilanzierung einer Verbindlichkeit.

- Absicherungen mittels CDS, die mehr als das sog. Ausfallrisiko umfassen;
- Absicherung des Ausfallrisikos von Wertpapieren der Liquiditätsreserve bzw. von Wertpapieren des Anlagebestands, die unter Anwendung des strengen Niederstwertprinzips bewertet werden;
- Absicherung bzw. Glattstellung einer Sicherungsgeberposition in einem CDS durch eine entsprechende Sicherungsnehmerposition.

IDW RS BFA 1 Tz. 18 regelt die Voraussetzungen für die Behandlung von CDS als erhaltene Kreditsicherheit. Satz 1 der Tz. 18 lautet wie folgt: „*Sofern Kreditderivate nicht zusammen mit anderen Geschäften in eine Bewertungseinheit i.S.v. § 254 HGB einbezogen werden, sind sie unter den in Tz. 13 genannten Voraussetzungen wie Kreditsicherheiten zu behandeln*". Für die bilanzielle Abbildung von CDS iRv. Bewertungseinheiten iSd. § 254 HGB müssen ungeachtet dessen die Voraussetzungen von IDW RS BFA 1 Tz. 13 ebenfalls gegeben sein (vgl. hierzu Kapitel 4.12.6.5.4.1.).

Dies entspricht den Anforderungen, die § 254 HGB an die Zulässigkeit einer Bewertungseinheit stellt. Der Unterschied zur Bilanzierung eines CDS als erhaltene Kreditsicherheit (vgl. Kapitel 4.12.6.5.4.2.) besteht darin, dass bei der Abbildung iRd. § 254 HGB die Kreditereignisse nicht auf das sog. Ausfallrisiko iSd. Tz. 3 von IDW RS BFA 1 begrenzt sein müssen.

Zu den weiteren Voraussetzungen für Bewertungseinheiten vgl. Kapitel 4.11. Die Beurteilung der Wirksamkeit erfolgt regelmäßig in gleicher Weise wie in Kapitel 4.11.3.5. (zweistufiges Vorgehen, vgl. Abb. 4.12) dargestellt.

Das **Sicherungsinstrument** (Kreditderivat) einer Bewertungseinheit muss „*... zur Absicherung des spezifischen Risikos des Grundgeschäfts geeignet sein*" (IDW RS HFA 35 Tz. 38). Die bedeutet in Bezug auf die Absicherung von Kreditrisiken (Ausfall- bzw. Bonitätsrisiken), dass sowohl Grundgeschäft als auch Sicherungsinstrument bzw. der abzusichernde Teil davon die gleichen (identischen) Risikofaktoren und sonstigen Merkmale aufweisen müssen oder eine negative Korrelation der Wert- bzw. Zahlungsstromänderungen beider Geschäfte bezogen auf das abgesicherte Risiko nachgewiesen werden kann.[2188]

In Betracht kommen bspw. die Absicherung des Werts eines Kredits oder einer Anleihe, soweit die Wertentwicklung auf Bonitätsveränderungen zurückzuführen ist.[2189] Dazu ist es notwendig, bei **CDS** als Sicherungsinstrument bo-

[2188] Vgl. Auerbach/Klotzbach, in: Burghof/Rudolph/Schäfer/Schönbucher/Sommer (Hrsg.), V.3, 406 f.
[2189] Vgl. Löw, RdF 2015, 62.

nitätsinduzierte Wertänderungen des gesicherten Grundgeschäfts zu isolieren und gegen die gegenläufige Wertänderung des absichernden Kreditderivats zu stellen. Es erscheint sachgerecht, Bewertungseinheiten unter Einbeziehung von CDS als **Fair Value Hedge** abzubilden.[2190] Zur **Beurteilung der Wirksamkeit** vgl. die nachfolgenden Ausführungen.

Ein **TRS** als Sicherungsinstrument kann dagegen zur Absicherung von Markt- und Kreditrisiken verwendet werden. Auch hier ist es grundsätzlich notwendig, die Wertänderungen zu isolieren, die auf das/die einzelne/n gesicherte/n Risiko/Risiken zurückzuführen ist/sind.

Die Sicherungswirkung ist **prospektiv** zu analysieren und zu dokumentieren. Üblicherweise wird es sich um 1:1-Beziehungen handeln, da die Absicherung von Kreditrisiken auf Portfolio- bzw. Macrobasis schwierig zu designieren sein dürfte.

Zu jedem Abschlussstichtag ist die tatsächliche Sicherungswirkung (Wirksamkeit) zu prüfen und zu dokumentieren. Unwirksamkeiten (Ineffektivitäten) sind imparitätisch mittels einer Rückstellung abzubilden. Im Übrigen wird auf die Ausführungen in Kapitel 4.11. verwiesen.

Prämienzahlungen von CDS

CDS in Bewertungseinheiten sind nach DGRV (Hrsg.)[2191] als schwebende Geschäfte nicht zwingend nach den Grundsätzen der Optionsbilanzierung zu behandeln. Somit können die Prämienzahlungen auch pro rata temporis als Aufwand bzw. Ertrag erfasst werden.

Prämienzahlungen aus CDS als Bestandteil einer Bewertungseinheit iSd. § 254 HGB sind grundsätzlich im sonstigen betrieblichen Ergebnis zu zeigen.

Ein Ausweis der Prämienzahlungen im Zinsergebnis ist sachgerecht, soweit der Zinscharakter überwiegt; dies ist insbesondere dann der Fall, wenn das Kreditderivat mit zinsbezogenen Finanzinstrumenten in eine Bewertungseinheit iSd. § 254 HGB einbezogen ist (IDW RS BFA 1 Tz. 25). In diesem Fall erfolgt der Ausweis der Aufwendungen aus Prämienzahlungen zusammen mit den laufenden Zinserträgen aus dem zinsbezogenen Geschäft. Zum Bilanzstichtag ist der auf das abgelaufene Jahr entfallende Prämienaufwand ggf. (antizipativ) abzugrenzen. Soweit bei Geschäftsabschluss ein (passiver) Rech-

---

[2190] Vgl. DGRV (Hrsg.), Praxishandbuch Derivate, Teil 2, B.III.4.4.
[2191] Vgl. DGRV (Hrsg.), Praxishandbuch Derivate, Teil 2, B.III.4.4.

nungsabgrenzungsposten gebildet wurde, ist dieser ggf. als Korrektiv zu den laufenden Prämienzahlungen aufzulösen.

Ist der CDS in eine Bewertungseinheit iSv. § 254 HGB einbezogen, ist die Wertveränderung der Prämienzahlung iRd. Wirksamkeitsberechnung der Bewertungseinheit nach IDW RS HFA 35 zu berücksichtigen (IDW RS BFA 1 Tz. 26).

Zu einem **Beispiel** „Kauf eines CDS zur Absicherung des Bonitätsrisikos einer Anleihe" der Liquiditätsreserve vgl. DGRV.[2192]

Eintritt des Kreditereignisses

Der Eintritt des Kreditereignisses führt zur Beendigung einer Bewertungseinheit iSd. § 254 HGB. Ausgleichszahlungen sind nach den für die Beendigung von Bewertungseinheiten entwickelten Regeln des IDW RS HFA 35 abzubilden (IDW RS BFA 1 Tz. 30).

Wirksamkeit der Sicherungsbeziehung

Nach Ansicht von DGRV[2193] ist es sachgerecht, Bewertungseinheiten unter Einbeziehung von CDS als Absicherung von bonitätsinduzierten Wertänderungen (Fair Value Hedges) abzubilden. Nach dieser Ansicht sind CDS in Bewertungseinheiten nicht zwingend nach den Grundsätzen der Optionsbilanzierung zu behandeln. Somit könnten die Prämienzahlungen auch pro rata temporis als Aufwand bzw. Ertrag erfasst werden. Zu einem **Beispiel** „Kauf eines CDS zur Absicherung des Bonitätsrisikos einer Anleihe" der Liquiditätsreserve vgl. DGRV.[2194]

Für Zwecke der sog. zweistufigen Bewertungstechnik iRd. bilanziellen Abbildung einer Bewertungseinheit iSv. § 254 HGB ist sowohl beim abgesicherten Grundgeschäft als auch beim CDS zwischen der Wertänderung auf Basis des abgesicherten Risikos und der Wertänderung aus nicht abgesicherten Risiken zu unterscheiden. Nach DGRV[2195] kann für den CDS als Sicherungsinstrument bei Kontrahenten mit einwandfreier Bonität unterstellt werden, dass die ge-

---

[2192] Vgl. DGRV (Hrsg.), Praxishandbuch Derivate, Teil 3, Fallbeispiel III (nur auf CD).
[2193] Vgl. DGRV (Hrsg.), Praxishandbuch Derivate, Teil 2, B.III.4.4.
[2194] Vgl. DGRV (Hrsg.), Praxishandbuch Derivate, Teil 3, Fallbeispiel III.
[2195] Vgl. DGRV (Hrsg.), Praxishandbuch Derivate, Teil 2, B.III.4.4.

samte Wertänderung aus dem abgesicherten Risiko (Ausfallrisiko des Referenzschuldners) resultiert.

Nach dieser Ansicht entspricht im Fall einer **perfekten Absicherung** der absolute Betrag der (vollständigen) Wertänderung des Sicherungsinstruments dem absoluten Betrag der aus dem abgesicherten Risiko resultierenden Wertänderung des Grundgeschäfts. Eine solche perfekte Absicherung liegt dann vor, wenn (1) sowohl der Referenzschuldner des CDS und der Schuldner des abgesicherten Finanzinstruments als auch (2) der Rang des zugrunde liegenden Referenzaktivums und der Rang des abgesicherten Finanzinstruments identisch sind und (3) Grundgeschäft und Sicherungsinstrument hinsichtlich Währung, Nominalbetrag und Fälligkeit (ggf. Standard-Fälligkeit des CDS, die der Fälligkeit des Grundgeschäfts nachfolgt) übereinstimmen.[2196]

Liegt **keine perfekte Absicherung** in diesem Sinne vor, ist die aus dem abgesicherten Risiko resultierende Wertänderung des abgesicherten Grundgeschäfts nach Ansicht von DGRV (Hrsg.) aus der (vollständigen) Wertänderung des sog. **hypothetischen CDS**, der quasi als Stellvertreter für das abgesicherte Grundgeschäft dient, abzuleiten. Hierzu ist es erforderlich, dass das Institut in der Lage ist, einen derartigen hypothetischen CDS zu bewerten.[2197]

Soweit sich die Wertänderungen des abgesicherten Finanzinstruments und des CDS in Bezug auf das abgesicherte Risiko ausgleichen, werden diese weder in der Bilanz noch in der GuV erfasst.

Die Wertänderungen aus nicht abgesicherten Risiken (= Differenz aus der vollständigen Wertänderung und der Wertänderung auf Basis des abgesicherten Risikos) sind nach den allgemeinen Grundsätzen zu behandeln.

4.12.6.5.5. Besonderheiten weiterer Produkte

4.12.6.5.5.1. Credit Linked Notes (CLN)

CLN sind bilanzwirksame Schuldverschreibungen (Schuldscheindarlehen), in die Kreditderivate – idR CDS – eingebettet sind und deren Rückzahlung davon abhängt, ob ein Kreditereignis bzgl. eines oder mehrerer Finanzinstrumente

---

[2196] Zu einem Bespiel vgl. DGRV (Hrsg.), Praxishandbuch Derivate, Teil 3, Fallbeispiel III.
[2197] Vgl. DGRV (Hrsg.), Praxishandbuch Derivate, Teil 2, B.III.4.4.

eintritt. Es handelt sich um sog. **strukturierte Produkte**, auf die IDW RS HFA 22 anzuwenden ist.[2198]

Sämtliche wichtigen Geschäftsdaten (Kontrahent, Marktwert, Nominalbetrag, rechtliche Ausgestaltung zB Inhaberwertpapier, Namenswertpapier, Schuldschein, Laufzeit, Art und Höhe des Kuponzinssatzes, Zinsfeststellungszeitpunkt bei variablem Zins, Zinsberechnungsmethode, Zinszahlungszeitpunkte, Kreditereignis/se, Referenzaktiva, zugrundliegender Rahmenvertrag) sind bei Abschluss der CLN in einer **Nebenbuchhaltung** zu erfassen.

Grundsätzliches zur Bilanzierung

Strukturierte Produkte sind grundsätzlich als einheitlicher Vermögensgegenstand zu bilanzieren. Eine Zerlegung des strukturierten Produkts ist jedoch immer dann erforderlich, wenn zB das eingesetzte Kapital neben dem Bonitätsrisiko des Emittenten durch weitere Risiken gefährdet ist. Dies ist regelmäßig bei CLN der Fall. Zur Bilanzierung strukturierter Produkte vgl. Kapitel 4.4.9.[2199] Zu den Voraussetzungen einer einheitlichen oder getrennten Bilanzierung vgl. auch DGRV.[2200]

Selbst wenn eine CLN nach IDW RS HFA 22 Tz. 16 b) grundsätzlich trennungspflichtig wäre, kann sie einheitlich bilanziert werden, wenn eine der Rückausnahmen des IDW RS HFA 22 Tz. 14 a) und b) vorliegt (vgl. Kapitel 4.4.9.). Ein Fall des IDW RS HFA 22 Tz. 14 c) (Kapitalgarantie des Emittenten) entspricht nicht der Risikostruktur einer CLN. Diese Ausnahmeregelungen sind grundsätzlich als Wahlrecht zu verstehen. Regelmäßig besteht auch die Möglichkeit der getrennten Bilanzierung.[2201] Die Aufspaltung ist bei Anschaffung der CLN zu prüfen und einmalig festzulegen, es sei denn ein Sachverhalt von IDW RS HFA 22 Tz. 17 ist gegeben (vgl. Kapitel 4.4.9.3.2.). Die Entscheidung, ob die CLN einheitlich oder getrennt bilanziert wird, ist in den Folgejahren beizubehalten. Dabei ist der Grundsatz der sachlichen Stetigkeit (§§ 246 Abs. 3, 252 Abs. 1 Nr. 6 HGB) zu beachten.

[2198] Vgl. Schaber/Rehm/Märkl/Spies, 195 ff.; DGRV (Hrsg.), Praxishandbuch Derivate, Teil 2, B.IV.4.; Auerbach/Klotzbach, in: Burghof/Rudolph/Schäfer/Schönbucher/Sommer (Hrsg.), 400 ff.

[2199] Vgl. ausführlich Schaber/Rehm/Märkl/Spies, 195 ff.

[2200] Vgl. DGRV (Hrsg.), Praxishandbuch Derivate, Teil 2, B.IV.4.1.1. und 4.2.1.

[2201] Vgl. DGRV (Hrsg.), Praxishandbuch Derivate, Teil 2, B.IV.4.1.1.

Der **laufende Kupon** der CLN ist im Fall der **Zerlegungspflicht** in einen Zinsanteil für das Basisinstrument (zB Schuldverschreibung, Schuldscheindarlehen) und einen Prämienanteil für den getrennt bilanzierten CDS aufzuteilen.

Der **Zinsanteil** für das Basisinstrument entspricht dabei dem zum Emissionszeitpunkt geltenden Swapzinssatz (bei fester Verzinsung) bzw. dem Geldmarktreferenzzinssatz (bei variabler Verzinsung) zzgl. des laufzeitspezifischen Emittentenspreads. Die aus der Einbettung des CDS resultierende **Überverzinslichkeit** der CLN ist als **Prämienzahlung** dem CDS zuzuordnen.[2202]

Alternativ kann für die Aufteilung auch angenommen werden, dass der Prämienanteil dem zum Emissionszeitpunkt gültigen Markt-Spread des eingebetteten CDS (CDS-Prämie) entspricht. Der Zinsanteil ergibt sich dann aus der Differenz von Kupon abzüglich Prämienanteil.[2203]

Wird eine CLN aufgrund des Vorliegens einer der Rückausnahmen von IDW RS HFA 22 Tz. 14 a) und b) als **einheitlicher** Vermögensgegenstand (bzw. als einheitliche Verbindlichkeit) bilanziert, ist eine Aufteilung des laufenden Kupons nicht vorzunehmen.[2204]

Auf einen in eine CLN eingebetteten und nach den Regelungen von IDW RS HFA 22 **getrennt zu bilanzierenden CDS** sind die oben dargestellten Bewertungs- und Ausweisvorschriften sowohl für die Position des Sicherungsgebers als auch des Sicherungsnehmers anzuwenden (IDW RS BFA 1 Tz. 21).

Für den getrennt zu bilanzierenden CDS sowie alle Zahlungen, die mit diesem in Zusammenhang stehen, gelten die oben dargestellten Grundsätze (IDW RS BFA 1 Tz. 32 und Tz. 38).

Sicherungsnehmer (Emittent der CLN)[2205]

Der Sicherungsnehmer emittiert eine Schuldverschreibung (Schuldscheindarlehen), die bei Fälligkeit nur dann zum Nennwert getilgt wird, falls das vereinbarte Kreditereignis bei dem Referenzaktivum nicht eintritt.

[2202] Vgl. Auerbach/Klotzbach, in: Burghof/Rudolph/Schäfer/Schönbucher/Sommer (Hrsg.), V.3, 401.

[2203] Vgl. DGRV (Hrsg.), Praxishandbuch Derivate, Teil 2, B.IV.4.1.3.

[2204] Ebenso DGRV (Hrsg.), Praxishandbuch Derivate, Teil 2, B.IV.4.1.2.

[2205] Ausführlich vgl. DGRV (Hrsg.), Praxishandbuch Derivate, Teil 2, B.IV.4.2.

Auch der Emittent hat bei Herauslage der CLN zu prüfen, ob diese in ihre Bestandteile getrennt zu bilanzieren ist oder ob die Rückausnahmen nach IDW RS HFA 22 Tz. 14 b) vorliegt, dh. ob es eine CLN ist, die im Handelsbestand zu passivieren ist (vgl. Kapitel 4.4.9.). Außerhalb des (passiven) Handelsbestands kommt nach dem Wortlaut von IDW RS HFA 22 Tz. 14 eine einheitliche Bilanzierung nicht in Frage.

Der Sicherungsnehmer hat das Basisinstrument der emittierten CLN in Höhe des Erfüllungsbetrags im Posten „Verbriefte Verbindlichkeiten" zu passivieren, wenn es sich um eine Schuldverschreibung handelt.[2206] Ist das Basisinstrument keine Schuldverschreibung (zB Schuldscheindarlehen), erfolgt der Ausweis in Abhängigkeit vom Kontrahenten im Posten „Verbindlichkeiten gegenüber Kreditinstituten/Kunden". Ein Agio bzw. Disagio ist nach den allgemeinen Grundsätzen abzubilden.

Ist die einheitlich bilanzierte CLN dem Handelsbestand zugeordnet, erfolgt der Ausweis im Passivposten „Handelsbestand". Der Ausweis der hierfür bezahlten laufenden Kuponzahlungen ist im Handelsergebnis zu zeigen.

Der implizit enthaltene **CDS** ist entsprechend der für die Bilanzierung von CDS beim Sicherungsnehmer geltenden Regeln (vgl. oben) anzusetzen und zu bewerten. Der eingebettete CDS kann als erhaltene Kreditsicherheit (Gewährleistung) eingesetzt werden, wenn die Voraussetzungen hierfür erfüllt sind.

Die **Zinszahlungen** der CLN sind bei einer **Zerlegungspflicht** in die impliziten Komponenten Verzinsung der Schuldverschreibung und Prämienentgelt für den CDS zu zerlegen.

- Die **laufenden Zinszahlungen** sind insoweit im Zinsergebnis auszuweisen, als sie auf das Basisinstrument entfallen (IDW RS BFA 1 Tz. 32 und Tz. 38). Die zeitanteiligen Zinszahlungen sind aufwandswirksam zulasten der Zinsaufwendungen zu buchen; zum Bilanzstichtag ist die Zinsabgrenzung (§ 11 RechKredV) zu buchen. Der Zinsanteil entspricht dem zum Emissionszeitpunkt gültigen Swapzinssatz (bei fester Verzinsung) bzw. dem Geldmarktreferenzzinssatz (bei variabler Verzinsung) zzgl. des laufzeitabhängigen Emittentenspreads.

[2206] Vgl. Auerbach/Klotzbach, in: Burghof/Rudolph/Schäfer/Schönbucher/Sommer (Hrsg.), V.3, 401.

- Der **Prämienanteil** ist nur dann als Provisionsaufwand auszuweisen, wenn der CDS als Sicherungsgeschäft geeignet ist und entsprechend abgebildet wird;[2207] die Abgrenzung des Prämienanteils erfolgt nach den für den CDS geltenden Regeln.

Wenn die CLN für den Emittenten wie eine **Kreditsicherheit** wirkt und so bilanziert wird, ist die auf Grund des Eintritts des vertraglich vereinbarten Kreditereignisses iRd. Tilgung resultierende Differenz zwischen Nominalbetrag der Schuldverschreibung und tatsächlichem Erfüllungsbetrag in dem Posten der Gewinn- und Verlustrechnung auszuweisen, in dem auch die auf Grund des eingetretenen Kreditereignisses vorzunehmende Wertkorrektur für das abgesicherten Vermögensgegenstand gezeigt wird.

Sicherungsgeber (Erwerber der CLN)[2208]

Der Sicherungsgeber erwirbt die CLN und trägt damit sowohl das Kreditrisiko des Emittenten als auch das des Referenzaktivums. Er bilanziert eine Schuldverschreibung als Basisinstrument im Posten „Schuldverschreibungen und andere festverzinsliche Wertpapiere" in Höhe der Anschaffungskosten. Ein Schuldscheindarlehen als Basisinstrument wird in Abhängigkeit vom Vertragspartner im Posten „Forderungen an Kreditinstitute/Kunden" in Höhe der Anschaffungskosten erfasst.

Der Ausweis nicht getrennt bilanzierter CLN erfolgt in derselben Weise in Abhängigkeit davon, ob es sich um ein Wertpapier oder Forderung handelt.

Der **implizit enthaltene CDS** ist entsprechend der für diesen geltenden Regeln (vgl. oben) – entweder als gestellte Kreditsicherheit[2209] oder als Finanzderivat[2210] – anzusetzen und zu bewerten.

[2207] Vgl. Auerbach/Klotzbach, in: Burghof/Rudolph/Schäfer/Schönbucher/Sommer (Hrsg.), V.3, 401.

[2208] Ausführlich vgl. DGRV (Hrsg.), Praxishandbuch Derivate, Teil 2, B.IV.4.1.

[2209] Marktwertveränderungen aufgrund von Bonitätsverschlechterungen des Referenzschuldners (ohne ernstlich drohende Inanspruchnahme) werden bilanziell nicht erfasst. Nur wenn ernstlich mit einem Kreditereignis aus dem eingebetteten CDS zu rechnen ist und eine Inanspruchnahme droht, ist eine Verbindlichkeitsrückstellung nach IDW RS HFA 34 zu bilden.

[2210] Für die Bestimmung des beizulegenden Zeitwerts ist der Barwert der Prämienanteile auf Basis der aktuellen Marktprämie und der Restlaufzeit des CDS zu ermitteln. Übersteigt der so ermittelte beizulegende Zeitwert die passivierte (sonstige) Verbindlichkeit, ist in Höhe dieser Differenz eine Drohverlustrückstellung zu buchen (entsprechend einer Stillhalterposition in einer Option).

Die für die CLN erhaltenen Zinszahlungen sind in die impliziten Komponenten „Verzinsung der Schuldverschreibung (Basisinstrument)" und „Prämienentgelt für den CDS" zu zerlegen. Die **laufenden Zinszahlungen** für das Basisinstrument sind im Zinsergebnis auszuweisen (IDW RS BFA 1 Tz. 32 und Tz. 38). Die zeitanteiligen Zinszahlungen sind ertragswirksam zulasten der Zinserträge zu buchen; zum Bilanzstichtag ist die Zinsabgrenzung (§ 11 RechKredV) zu buchen.

Der **Prämienanteil** ist nur dann Provisionsertrag, wenn der CDS als Sicherungsgeschäft geeignet ist und entsprechend bilanziert wird.[2211] Die evtl. Abgrenzung des Prämienanteils erfolgt nach den für den CDS geltenden Regeln.

Wird eine CLN aufgrund des Vorliegens einer der Rückausnahmen von IDW RS HFA 22 Tz. 14 a) und b) als **einheitlicher** Vermögensgegenstand bilanziert, ist eine Aufteilung des laufenden Kupons nicht vorzunehmen.[2212]

Soweit für die bilanzielle Behandlung von CDS als Vertragsbestandteil einer erworbenen CLN neben der Art des Kreditereignisses die **Halteabsicht** maßgeblich ist, erfolgt diese Beurteilung aufgrund der untrennbaren rechtlichen Verbindung in Abhängigkeit von der bilanziellen Zuordnung der Schuldverschreibung (IDW RS BFA 1 Tz. 21). Demnach sind beim Sicherungsgeber für den eingebetteten CDS unter der weiteren Voraussetzung, dass **ausschließlich Ausfallrisiken iSd. IDW RS BFA 1 Tz. 3** abgesichert werden, die Vorschriften in IDW RS BFA 1 Tz. 17 für die Behandlung als **gestellte Kreditsicherheit** maßgeblich; dh., dass die **CLN dem Anlagevermögen** (dokumentierte Dauerbesitzabsicht) zugeordnet wird (IDW RS BFA 1 Tz. 22).[2213] Dies bedeutet, dass die Halteabsicht des als Kreditsicherheit einzusetzenden CDS nicht isoliert festgelegt werden kann, obwohl dieser für die zutreffende bilanzielle Abbildung als Kreditersatzgeschäft (vgl. Kapitel 4.12.6.5.3.2.) nach den Regeln von IDW RS HFA 22 von dem Basisinstrument zu trennen ist. Denn rechtlich besteht eine Einheit mit dem Basisinstrument (Anleihe), weshalb die Halteabsicht für die CLN insgesamt relevant ist.[2214] Die **Dokumentation der Halteabsicht** für den getrennt bilanzierten CDS erfolgt durch die nachweisliche Zuordnung der CLN zum Anlagevermögen. Wird die Halteabsicht während der Laufzeit aufgegeben (zB bei Umwidmung der CLN in das Umlaufvermögen), ist die Bilanzierung des CDS als Kreditsicherheit nicht mehr zulässig; es ist auf die Bilanzierung als Derivat überzugehen. Die Bewertung

---

[2211] Vgl. Auerbach/Klotzbach, in: Burghof/Rudolph/Schäfer/Schönbucher/Sommer (Hrsg.), V.3, 401 und 402.
[2212] Ebenso DGRV (Hrsg.), Praxishandbuch Derivate, Teil 2, B.IV.4.1.2.
[2213] Vgl. Weigel/Bär/Vietze, WPg 2015, 64.
[2214] Vgl. Löw, RdF 2015, 64.

736

einer dem Anlagevermögen zugeordneten CLN nach § 253 Abs. 3 Satz 6 HGB (Niederstwertabschreibung bei Finanzanlagen bei nicht dauernder Wertminderung) steht der Behandlung eines getrennt bilanzierten CDS als gestellte Kreditsicherheit nicht entgegen.[2215] Vgl. hierzu auch die Ausführungen in Kapitel 4.12.6.5.3.1. zur Sichtweise von Gaber.[2216]

Wird die CLN vom Sicherungsgeber der **Liquiditätsreserve** (bspw. wenn keine ausdrücklich dokumentierte Dauerbesitzabsicht vorliegt) zugeordnet, sind für den (getrennt zu bilanzierenden) eingebetteten CDS stets die Vorschriften für die Bilanzierung als **schwebendes Geschäft (Finanzderivat)** anzuwenden (IDW RS BFA 1 Tz. 23).[2217] Die Zuordnung der CLN zur Liquiditätsreserve suggeriert, dass eine Halteabsicht bis zur Endfälligkeit nicht gegeben bzw. beabsichtigt ist.[2218] Entsprechendes gilt auch dann, wenn sich der Bilanzierende bei einer aus seiner Sicht negativen Wertentwicklung eine Glattstellung/Veräußerung der Position ausdrücklich vorbehalten hat.[2219]

Diese Verknüpfung gilt nach Bär/Flintrop/Maifahrt/Vietze/Weigel[2220] auch für rechtlich anders gestaltete Basisinstrumente. Dies betrifft CLN, die als Forderungsrecht (zB Schuldscheindarlehen, Namensschuldverschreibung) ausgestaltet sind, sofern diese ausnahmsweise dem Anlagevermögen zugeordnet werden.[2221]

Bei **Eintritt des Kreditereignisses** ist der Verlust aus der Ausbuchung des getrennt bilanzierten Basisinstruments (zB Schuldverschreibung) zunächst mit dem erhaltenen **Barausgleichsbetrag** und einer evtl. gebildeten Rückstellung zu verrechnen:[2222]

- Bei Bilanzierung des **CDS als Kreditsicherheit** ist dieser Saldo im Bewertungsergebnis zu erfassen. Die Eventualverbindlichkeit ist auszubuchen.
- Bei Bilanzierung des **CDS als Derivat** ist der og. Betrag (Saldo) mit den Erfolgsbestandteilen, die sich aus der Ausbuchung des CDS (sonstige Verbindlichkeit/ggf. Forderung) ergeben zu saldieren und im sonstigen betrieblichen Ergebnis zu zeigen.

[2215] Vgl. DGRV (Hrsg.), Praxishandbuch Derivate, Teil 2, B.IV.4.1.3.

[2216] Vgl. Gaber, 2. Aufl., 797.

[2217] Vgl. Weigel/Bär/Vietze, WPg 2015, 64.

[2218] Vgl. Löw, RdF 2015, 64.

[2219] Vgl. Bär/Flintrop/Maifahrt/Vietze/Weigel, WPg 2015, 1303.

[2220] Vgl. Bär/Flintrop/Maifahrt/Vietze/Weigel, WPg 2015, 1303.

[2221] Vgl. DGRV (Hrsg.), Praxishandbuch Derivate, Teil 2, B.IV.4.1.3. Forderungen gehören bei Instituten grundsätzlich zum Umlaufvermögen (laufenden Geschäft), weshalb hier ebenfalls eine ausdrückliche Zuordnung zum Anlagevermögen zu erfolgen hat.

[2222] Vgl. DGRV (Hrsg.), Praxishandbuch Derivate, Teil 2, B.IV.4.1.3.

Nicht verbrauchte Rückstellungsbeträge sind in Abhängigkeit davon, ob der CDS als Kreditsicherheit (Bewertungsergebnis) oder als Derivat (sonstige betriebliches Ergebnis) bilanziert wurde, in der GuV zu zeigen.

Wurde die **physische Lieferung** (Übernahme des Referenzaktivums) vereinbart, wird der Sicherungsnehmer bei Eintritt des Kreditereignisses dem Sicherungsgeber eine Anleihe des Referenzschuldners als Tilgungsleistung für die CLN andienen. Bei Einbuchung der Anleihe des Referenzschuldners ist eine ggf. vorhandene Rückstellung zu verbrauchen. Nach IDW RS BFA 1 Tz. 36 ist es zulässig, die Anschaffungskosten des übernommenen Referenzaktivums in Höhe seines beizulegenden Werts anzusetzen (vgl. hierzu auch die Ausführungen bezgl. des Ansatzes von Anschaffungskosten in Kapitel 4.12.6.5.3.2. unter *„Eintritt des Kreditereignisses"*).[2223] Bei der Bilanzierung des CDS als Kreditsicherheit ist die Eventualverbindlichkeit auszubuchen. Soweit der getrennt bilanzierte CDS als Derivat behandelt wurde, ist das Derivat erfolgswirksam auszubuchen.[2224]

Rechtsprechung und Finanzverwaltung

Das Niedersächsische FG hat mit Urteil vom 24.10.2013[2225] wie folgt entschieden: CLN stellen eine Kombination eines CDS und einer Schuldverschreibung dar. Anleihe und Kreditderivat sind nach Ansicht des FG getrennt zu bilanzieren. Die Verpflichtung zur Rückzahlung des Anleihebetrags ist zum Nennwert als Verbindlichkeit zu passivieren. (Teilwert-) Abschreibungen auf Darlehensforderungen scheiden aus, wenn diese mit zur Absicherung gegen Ausfallrisiken getätigten Sicherungsgeschäften eine Bewertungseinheit bilden. Es ging um den Jahresabschluss 2000, auf den das BilMoG (§ 254 HGB) und § 5 Abs. 1a EStG noch nicht anwendbar waren.

Der BFH hat diesbezüglich mit Urteil vom 2.12.2015 (Az. I R 83/13)[2226] entschieden, dass § 254 HGB und § 5 Abs. 1a EStG nicht rückwirkend auf das Jahr 2000 anzuwenden sind. Mithin kommt vor dem Inkrafttreten dieser Vor-

---

[2223] Vor dem Hintergrund, dass es sich hier um einen Tausch bzw. tauschähnlichen Vorgang handelt (Übernahme Referenzaktivum gegen Rückzahlung der CLN), ist die Sichtweise des BFA sachgerecht. Vgl. ADS § 255 HGB Rn. 91 Ansatz höchstens zum Zeitwert des eingetauschten Gegenstands.

[2224] Vgl. DGRV (Hrsg.), Praxishandbuch Derivate, Teil 2, B.IV.4.1.3.

[2225] Vgl. Niedersächsisches FG, Urteil vom 24.10.2013, 6 K 128/11, BB 2014, 815 ff.; hierzu vgl. Meinert/Helios, DB 2014, 1697 ff.; Urteil hierzu des BFH vom 2.12.2015 – I R 83/13, DB 2016, 1349.

[2226] Vgl. DB 2016, 1349 ff.; DStR 2016, 1314 ff.; BStBl. II 2016, 831 ff.; besprochen von Rau, DStR 2017, 738 ff.; Meinert, DStR 2017, 1402; Kröger, BB 2016, 1519.

schriften die Anerkennung von Bewertungseinheiten nur in Betracht, wenn die strikte Beachtung des Einzelbewertungsgrundsatzes iVm. dem Imparitätsprinzip dazu führen würde, dass ein den tatsächlichen wirtschaftlichen Verhältnissen widersprechendes Bild entsteht. Nach Ansicht des BFH ist für die steuerliche Anerkennung einer Bewertungseinheit notwendig, dass diese im handelsrechtlichen Abschluss gebildet wurde. Von entscheidender Bedeutung für die Entscheidung des BFH war ferner, dass in dem entscheidungsrelevanten Fall die Gläubiger der Schuldverschreibung Anspruch auf eine sog. Zinsunterbeteiligung[2227] aus dem Kreditportfolio hatten, dh. bestimmte Investoren partizipierten an den Erträgen der Referenzschulden. Bei der Zinsunterbeteiligung handelt es sich nach Ansicht des BFH „... *um ein gegenläufig zum Credit Default Swap wirkendes Sicherungsinstrument zugunsten der Gläubiger der CLN, welches im wirtschaftlichen Ergebnis dazu führt, dass der Credit Default Swap die Risiken aus den Forderungsausfällen grundsätzlich erst oberhalb eines Ausfallvolumens von 9,3 Mio. € von der Klägerin auf die Wertpapierinhaber verlagert.*" Der BFH hat den Fall zur Feststellung einer (Teilwert-) Abschreibung an das FG zurückverwiesen.

Auf Anfrage des Finanzministeriums NRW nahm das BMF zur Frage der Bilanzierung von CLN in der Steuerbilanz mit Schreiben vom 19.12.2017 (nicht veröffentlicht) Stellung. Das BMF hat eine getrennte Bilanzierung von Schuldverschreibung und CDS in der **Steuerbilanz** abgelehnt. Das BMF führt in seinem Schreiben ua. aus, dass IDW RS HFA 22 kein für die Steuerbilanz maßgeblicher Grundsatz ordnungsmäßiger Buchführung darstelle.[2228] Zur steuerbilanziellen Behandlung von CLN vgl. Haisch.[2229]

Klarstellend wird darauf hingewiesen, dass diese Sichtweise nicht für die Handelsbilanz gilt.

[2227] Den Gläubigern der Tranche mit dem höchsten Ausfallrisiko (CLN Klasse Y; Volumen 9,3 Mio. Euro), auf die die ggf. ausfallenden Darlehen zuerst anzurechnen sind, sagte die Klägerin nach Maßgabe von § 7 der Emissionsbedingungen eine eingeschränkte Unterbeteiligung an bestimmten Zinseinnahmen aus dem Referenz-Pool bis zu einer max. Höhe von 9,3 Mio. Euro zu. Diese Sicherheit sollte eintreten, wenn ausgefallene Forderungen vom Kapitalrückzahlungsbetrag abzuziehen sind.

[2228] Ausführlich vgl. KPMG (Hrsg.), Corporate Treasury News, Ausgabe 84, September 2018; Haisch, RdF 2018, 159 ff..

[2229] Vgl. Haisch, RdF 2.2018, 159 ff., der unter Hinweis auf ein BMF-Schreiben vom 19.12.2017 (nicht veröffentlicht) eine getrennte Bilanzierung von CLN ablehnt.

4.12.6.5.5.2. Total Return Swaps (TRS)

Der TRS ist ein Finanzinstrument (Finanzderivat), mit dem sowohl das Markt-preis- als auch das Kreditrisiko bezogen auf ein bestimmtes Referenzobjekt (Underlying; idR zinstragendes Wertpapier) übertragen werden. Dies erfolgt dergestalt, dass der Sicherungsnehmer die Zinsen aus dem Referenzobjekt (Referenzaktivum) sowie dessen Wertsteigerungen an den Sicherungsgeber leistet und im Gegenzug eine vertraglich vereinbarte laufende Zinszahlung sowie den Ausgleich von Wertverlusten aus dem Referenzobjekt vom Siche-rungsgeber erhält (IDW RS BFA 1 Tz. 8). Beim TRS wird damit der gesamte wirtschaftliche Erfolg eines Referenzaktivums (Kupon plus Marktwertstei-gerungen) gegen einen variablen/festen Zins getauscht. Der Sicherungsgeber trägt damit (nahezu) sämtliche Chancen und Risiken aus dem Referenzakti-vum.

Die Marktwertänderungen können periodisch oder auch einmalig am Lauf-zeitende des TRS ausgeglichen werden.

Der TRS ist ein schwebendes Geschäft (Derivat), weshalb eine Buchung – ab-gesehen von der Erfassung in einer **Nebenbuchhaltung** (Vormerkkonto) bei **Geschäftsabschluss** – nicht erforderlich ist. Dabei sind sämtliche wichtigen Geschäftsdaten (Kontrahent, Marktwert, Nominalbetrag, Laufzeit, Referenz-aktivum, Währung, Referenzins der variablen Seite, Zinsfeststellungzeitpunkt für die variable Seite, Zinsberechnungsmethode, Zinszahlungszeitpunkte, ggf. Nettingvereinbarungen, zugrundeliegender Rahmenvertrag) bei Abschluss des TRS zu erfassen.

Sicherungsnehmer

Die aus einem TRS resultierenden Zahlungsströme sind in die Komponenten Zinszahlungen und Ausgleichszahlungen für Marktwertänderungen zu zerle-gen. Der Ausweis der ausgetauschten Zahlungsströme aus dem TRS in der Ge-winn- und Verlustrechnung folgt den Regeln für das **abgesicherte Geschäft**.

Zinszahlungsströme sind abzugrenzen und dabei als Zinsaufwand (geleistete Zahlung) oder Zinsertrag (erhaltene Zahlung) erfasst (IDW RS BFA 1 Tz. 31). Soweit es sich um Sicherungsgeschäfte handelt ist es sachgerecht, die Zinsen zu saldieren und in dem GuV-Posten auszuweisen, in dem die Zinsen des ge-sicherten Geschäfts erfasst werden. Die Zinsabgrenzung wird in Abhängigkeit des Vertragspartner nach § 11 RechKredV als Forderungen an bzw. Verbindlichkeiten ggü. Kreditinstituten/Kunden ausgewiesen. Auerbach/Klotzbach[2230] halten auch einen Ausweis in den Posten „Sonstige Vermögensgegenstände" bzw. „Sonstige Verbindlichkeiten" zu möglich.

Kurswertausgleichszahlungen, die periodisch geleistet werden, sind während der Laufzeit erfolgsneutral in der Bilanz auszuweisen; die Vereinnahmung in der Gewinn- und Verlustrechnung erfolgt bei Beendigung des Geschäfts (IDW RS BFA 1 Tz. 31). Der Ausweis in der Gewinn- und Verlustrechnung im Bewertungsergebnis ist – der Ausweiskonzeption der RechKredV folgend – abhängig von der Bestandszuordnung des abgesicherten Geschäfts (Anlagevermögen, Liquiditätsreserve).

Es empfiehlt sich, für sämtliche (ein- und ausgehenden) Ausgleichszahlungen pro TRS ein Konto („Kurswertausgleichskonto") zu verwenden. Das Konto kann am Bilanzstichtag einen aktiven oder passiven Saldo haben. Ein aktiver Saldo (der Sicherungsnehmer hat per Saldo eine Marktwertsteigerung ausgeglichen; Buchung: per Kurswertausgleichskonto an Geldverkehrskonto) ist im Posten „Sonstige Vermögensgegenstände", ein passiver Saldo (dem Sicherungsnehmer wurde per Saldo eine Wertminderung bezahlt; Buchung: per Geldverkehrskonto an Kurswertausgleichskonto) ist im Posten „Sonstige Verbindlichkeiten" auszuweisen.[2231]

Für den Fall, dass der Sicherungsnehmer mittels eines TRS ein im Bestand gehaltenes Rentenwertpapier absichert, könnte sich vor dem Hintergrund der Tatsache, dass über den TRS der Sicherungsgeber sämtliche Chancen und Risiken aus diesem Rentenwertpapier trägt, die Frage nach dem wirtschaftlichen Eigentum bzgl. dieses Rentenwertpapiers stellen. Wie in IDW RS BFA 1 aF hat der BFA auch im aktuell geltenden IDW RS BFA 1 die Bilanzierung des abgesicherten Rentenwertpapiers beim Sicherungsnehmer nicht in Frage gestellt. Denn der Sicherungsgeber trägt zwar die Marktpreis- und Kreditrisiken, kann aber nicht über den Titel selbst verfügen. Der Sicherungsgeber hat Anspruch auf den Kupon dieses Titels, jedoch nur ggü. dem Sicherungsnehmer und nicht ggü. dem Emittenten. Zudem liegen nach am Ende der Laufzeit des TRS wieder sämtliche Rechtspositionen beim Sicherungsnehmer.[2232]

[2230] Vgl. Auerbach/Klotzbach, in: Burghof/Rudolph/Schäfer/Schönbucher/Sommer (Hrsg.), V.3, 403.

[2231] Ebenso Auerbach/Klotzbach, in: Burghof/Rudolph/Schäfer/Schönbucher/Sommer (Hrsg.), V.3, 403.

[2232] Vgl. Kühnle, WPg 2002, 290.

Sicherungsgeber

Der Sicherungsgeber eines TRS befindet sich bei wirtschaftlicher Betrachtung in der gleichen Position wie ein Käufer des Referenzaktivums. Als schwebendes Geschäft (Derivat) wird der TRS als solcher nicht bilanziert (IDW RS BFA 1 Tz. 37). Die Wertänderungen des Referenzaktivums führen zu Kurswertausgleichszahlungen. Eine positive Marktwertänderung bekommt der Sicherungsgeber vom Sicherungsnehmer, eine negative Marktwertänderung muss der Sicherungsgeber an den Sicherungsnehmer bezahlen.

Die aus einem TRS resultierenden Zahlungsströme sind in die Komponenten Zinszahlungen und Ausgleichszahlungen für Marktwertänderungen zu zerlegen.

Die **Zinszahlungen** sind entsprechend des Vorgehens beim Sicherungsnehmer abzugrenzen; sie werden als Zinsaufwand oder -ertrag in der Gewinn- und Verlustrechnung erfasst (IDW RS BFA 1 Tz. 37).

Kurswertausgleichszahlungen sind ebenfalls entsprechend des Vorgehens beim Sicherungsnehmer grundsätzlich erfolgsneutral in der Bilanz auszuweisen; die Realisierung erfolgt bei Beendigung des Geschäfts (IDW RS BFA 1 Tz. 37). Für die Ausgleichszahlungen aus jedem TRS sollte beim Sicherungsgeber nur ein Konto („Kurswertausgleichskonto") verwendet werden. Ein am Bilanzstichtag bestehender aktiver Saldo (der Sicherungsgeber hat eine Wertminderung bezahlt; Buchung: per Kurswertausgleichskonto an Geldverkehrskonto) ist im Posten „Sonstige Vermögensgegenstände", ein passiver Saldo (dem Sicherungsgeber wurde eine Wertsteigerung bezahlt: per Geldverkehrskonto an Kurswertausgleichskonto) ist im Posten „Sonstige Verbindlichkeiten" auszuweisen.

Der im Posten „Sonstige Vermögensgegenstände" ausgewiesen Saldo ist ein bis zum Bilanzstichtag ausgeglichener Marktwertverlust, ein im Posten „Sonstige Verbindlichkeiten" erfasster Saldo ist ein nicht realisierter Gewinn. Diese Salden sind imparitätisch zu behandeln.

Da **Wertverluste** vom Sicherungsgeber an den Sicherungsnehmer laufend oder einmalig ausgeglichen werden, ist es geboten, einen aus diesem Geschäft drohenden Verlust (dieser ist wie vorstehend beschrieben im Posten „Sonstige Vermögensgegenstände" erfasst) entsprechend der Vorgehensweise bei der Bilanzierung und Bewertung der Variation Margin bei Financial Futures durch eine außerplanmäßige Abschreibung der aktivierten Ausgleichszahlung zu erfassen und nur für den darüber hinausgehenden Verlustanteil eine Drohverlust-rückstellung zu bilden (IDW RS BFA 1 Tz. 37).

4.12.6.5.6. Kreditderivate des Handelsbestands

Sind Kreditderivate dem Handelsbestand zugeordnet, ist abweichend von IDW RS BFA 1 der die Bilanzierung von Handelsbeständen interpretierende IDW RS BFA 2 relevant. Einzelheiten vgl. Kapitel 4.4.2.

Mit dem BilMoG wurde das HGB dahingehend geändert bzw. ergänzt, dass Finanzinstrumente des Handelsbestands zum einen in eigenen Posten der Aktiv- bzw. Passivseite auszuweisen sind. Zum anderen sind Finanzinstrumente des Handelsbestands mit dem beizulegenden Zeitwert (Barwert aller ratierlichen Prämienzahlungen auf Basis der zum Bilanzstichtag geltenden Prämien) abzüglich (Aktivseite) bzw. zuzüglich (Passivseite) eines Risikoabschlags (Aktivseite) bzw. Risikozuschlags (Passivseite) zu bewerten. Darüber hinaus ist ein bestimmter Anteil des Handelsergebnisses in einen Sonderposten gemäß § 340e Abs. 4 HGB einzustellen (faktische Ausschüttungssperre).

Eine nachträgliche Einbeziehung in den Handelsbestand kommt aufgrund des Umwidmungsverbots des § 340e Abs. 3 Satz 2 HGB nicht in Betracht. Dies gilt auch für eine Umgliederung aus dem Handelsbestand, es sei denn, außergewöhnliche Umstände, insbesondere schwerwiegende Beeinträchtigungen der Handelbarkeit der Finanzinstrumente, führen zu einer Aufgabe der Handelsabsicht. Das Gesetz lässt es jedoch ausdrücklich zu, Finanzinstrumente des Handelsbestands nachträglich in eine Bewertungseinheit einzubeziehen, wobei das betreffende Finanzinstrument nach Beendigung der Absicherung wieder zwingend dem Handelsbestand zuzuordnen ist.

CDS und TRS des Handelsbestands mit einem positiven beizulegenden Zeitwert werden als Aktiva, solche mit einem negativen beizulegenden Zeitwert werden als Passiva ausgewiesen.

CLN des Handelsbestands müssen nicht in die Bestandteile Basisvertrag (zB festverzinsliches Wertpapier) und CDS (eingebettetes Derivat) getrennt werden, weil strukturierte Produkte des Handelsbestands in ihrer Gesamtheit bewertet und bilanziert werden (IDW RS HFA 22 Tz. 14).[2233]

[2233] Vgl. Auerbach/Klotzbach, in: Burghof/Rudolph/Schäfer/Schönbucher/Sommer (Hrsg.), V.3, 394.

Credit Default Swaps

CDS können wirtschaftlich mit Optionen vergleichen werden, für die Prämien zu entrichten sind. Werden daher die Prämienzahlungen bei CDS nicht zu Beginn in einem Betrag fällig, sondern zinslos gestundet oder werden unverzinsliche Ratenzahlungen vereinbart, ist grundsätzlich wie bei Optionen zu verfahren (vgl. Kapitel 4.12.3.5.1.).

Ratierliche **Prämienzahlungen** sind nach Ansicht von DGRV (Hrsg) im Zahlungszeitpunkt in voller Höhe als Nettoertrag/Nettoaufwand des Handelsbestands zu erfassen. Geleistete bzw. erhaltene Einmalzahlungen bei Geschäftsabschluss eines CDS sind erfolgsneutral auf einem CDS-Unterkonto zu erfassen. Eine gesonderte Auflösung dieser Upfront-Payments ist nicht erforderlich; iRd. Bewertung werden Änderungen des beizulegenden Zeitwerts (§ 340e Abs. 3 HGB), die aus der Amortisation des Upfront-Payments resultieren, zusammen mit den Änderungen des beizulegenden Zeitwerts, die aus der Veränderung der CDS-Spreads (Prämien) resultieren, als ein Betrag in der Gewinn- und Verlustrechnung gezeigt.[2234]

Bei **Vertragsauflösung** vor Eintritt des Kreditereignisses ist der Ertrag bzw. Aufwand aus der Close-out-Zahlung mit dem Ertrag bzw. Aufwand aus der Ausbuchung des im Handelsbestand erfassten beizulegenden Zeitwerts saldiert im Handelsergebnis zu erfassen.[2235]

Bei **Eintritt des Kreditereignisses** ist der Ertrag bzw. Aufwand aus der Ausgleichszahlung mit dem Ertrag bzw. Aufwand aus der Ausbuchung des CDS aus dem Handelsbestand zu verrechnen und im Handelsergebnis zu zeigen.[2236]

Bei **Fälligkeit** ist der CDS zugunsten bzw. zulasten des Handelsergebnisses auszubuchen.

[2234] Vgl. DGRV (Hrsg.), Praxishandbuch Derivate, Teil 2, B.III.4.5.
[2235] Vgl. DGRV (Hrsg.), Praxishandbuch Derivate, Teil 2, B.III.4.5.
[2236] Vgl. DGRV (Hrsg.), Praxishandbuch Derivate, Teil 2, B.III.4.5.

4.12.6.5.7. Anhangangaben im Zusammenhang mit Kreditderivaten

Bilanzierung als gestellte Kreditsicherheit

Neben dem Ausweis als Eventualverpflichtung sind die Angabepflichten nach § 285 Nr. 27 HGB bzw. § 34 Abs. 2 Nr. 4 RechKredV (Gründe der Einschätzung des Risikos der Inanspruchnahme) zu erfüllen (IDW RS BFA 1 Tz. 39).[2237]

Bilanzierung als Finanzderivat

Kreditderivate, die als schwebende Geschäfte und nicht als gestellte Kreditsicherheit bilanziell abzubilden sind, sind in die Anhangangaben gemäß § 285 Nr. 19 HGB bzw. § 36 RechKredV einzubeziehen (IDW RS BFA 1 Tz. 40).[2238]

Ferner sind gemäß § 35 Abs. 1 Nr. 4 RechKredV bzw. § 29 Abs. 1 Nr. 3 RechZahlV wichtige Einzelbeträge aus Geschäften mit Kreditderivaten unter den sonstigen Vermögensgegenständen bzw. Verbindlichkeiten sowie sonstigen betrieblichen Aufwendungen bzw. Erträgen im Anhang anzugeben, soweit dieses Angaben für die Beurteilung des Jahresabschlusses nicht unwesentlich sind.

Bilanzierungs- und Bewertungsmethoden

Die Anhangangaben nach § 340a Abs. 2 iVm. § 284 Abs. 2 Nr. 1 und Nr. 3 HGB über Bilanzierungs- und Bewertungsmethoden umfassen auch die auf Kreditderivate angewandten Grundsätze (IDW RS BFA 1 Tz. 41):

- Der **Sicherungsnehmer** eines als erhaltene Kreditsicherheit bilanzierten Kreditderivats hat insbesondere über die Grundsätze zu berichten, nach denen die Sicherungswirkung bilanziell abgebildet wird.
- Der **Sicherungsgeber** hat insbesondere darzustellen, inwieweit Kreditderivate nach den Regeln für schwebende Geschäfte bzw. als gestellte Kreditsicherheit behandelt wurden. In die Erläuterungen sind auch die Grundsätze für die Bildung entsprechender Rückstellungen einzubeziehen.

[2237] Vgl. DGRV (Hrsg.), Praxishandbuch Derivate, Teil 2, B.III.4.6.

[2238] Vgl. DGRV (Hrsg.), Praxishandbuch Derivate, Teil 2, B.III.4.5.

4.12.7. Sonderfragen

4.12.7.1. Derivate bei insolventem Kontrahenten

Beendigung des Derivats, Ausgleichsanspruch bzw. Ausgleichsverbindlichkeit

Zum Abrechnungstag sind idR sämtliche mit den insolventen Kontrahenten abgeschlossenen Derivate beendet und abzuwickeln.[2239] Damit endet zum Abrechnungstag auch der Charakter des Derivats als schwebendes Geschäft. Es entsteht ein Ausgleichsanspruch bzw. eine Ausgleichsverbindlichkeit ggü. dem Kontrahenten. Der Ausweis erfolgt in Abhängigkeit vom Kontrahenten nach §§ 14, 15 und 21 RechKredV.

Wurden mehrere derivative Finanzinstrumente mit dem Kontrahenten unter Bezugnahme auf ein Master Agreement bzw. einen Rahmenvertrag abgeschlossen, sind idR alle einzelnen Ansprüche und Verpflichtungen aus den (Einzel-) Verträgen zu einem Betrag zusammenzufassen. Mithin wird in diesem Fall nur der Nettobetrag aus sämtlichen mit dem Kontrahenten abgeschlossenen Geschäften als ein Ausgleichsanspruch bzw. eine Ausgleichsverbindlichkeit erfolgswirksam erfasst.

Wurde mit dem Kontrahenten kein Master Agreement bzw. kein Rahmenvertrag vereinbart, sind die je Derivat ermittelten Ausgleichsbeträge einzeln zu ermitteln und jeweils als Forderung bzw. Verbindlichkeit erfolgswirksam einzubuchen.

Für die Bestimmung der Werthaltigkeit von Ausgleichsansprüchen sind vorhandene Sicherheiten zu berücksichtigen.[2240]

Freistehende Derivate

Bis zum Abrechnungstag richtet sich die Bewertung des Derivats nach den allgemeinen Regelungen des HGB für schwebende Geschäfte unter Berücksichtigung des Kontrahentenrisikos sowie bestehender Sicherheiten.

[2239] Vgl. hierzu ausführlich HdR 5. Aufl., § 254 HGB Rn. 395.
[2240] Vgl. HdR 5. Aufl., § 254 HGB Rn. 395.

Der Ausgleichsanspruch bzw. die Ausgleichsverbindlichkeit ist erfolgswirksam in Höhe des (erwarteten) Erfüllungsbetrags einzubuchen.[2241] Soweit ein Derivat bereits bilanziell erfasst ist (zB Drohverlustrückstellung, Prämien oder abgegrenzte Beträge), sind diese Beträge gegen den Ausgleichsanspruch bzw. die Ausgleichsverbindlichkeit auszubuchen. Der GuV-Ausweis erfolgt in Abhängigkeit davon, welchem Bestand das Derivat zugeordnet war.

Derivate als Bestandteil einer Bewertungseinheit

Das Derivat als Sicherungsinstrument ist zum Abrechnungstag beendet. Damit endet zu diesem Zeitpunkt auch die Bewertungseinheit iSd. § 254 HGB, dh. das Grundgeschäft sowie das Sicherungsinstrument sind ab diesem Zeitpunkt nach den allgemeinen Bilanzierungs- und Bewertungsregeln abzubilden. Die für die Beendigung von Bewertungseinheiten geltenden Regeln sind zu beachten.

Etwaige Ausgleichsansprüche bzw. Ausgleichsverbindlichkeiten sind wie bei freistehenden Derivaten (vgl. oben) abzubilden. Die mit dem Sicherungsinstrument zusammenhängenden bilanzierten Beträge (zB Drohverlustrückstellung für Bewertungseinheit, Prämien usw.) sind gegen den Ausgleichsanspruch bzw. die Ausgleichsverbindlichkeit auszubuchen.[2242] Der GuV-Ausweis hängt davon ab, zu welchem Bestand das Grundgeschäft zugeordnet ist.

Zu Rollover-Strategien sowie zur Möglichkeit der Neubildung einer Bewertungseinheit vgl. die Ausführungen bei HdR.[2243]

Derivate als Bestandteil des Bankbuchs

Auch ein Derivat des Bankbuchs endet mit dem Abrechnungstag und verliert damit seine Funktion im Bankbuch. Da der Ausgleichsanspruch in Abhängigkeit vom Kontrahenten gemäß §§ 14 und 15 RechKredV und die Ausgleichsverbindlichkeit entsprechend § 21 RechKredV kontrahentenabhängig auszuweisen sind, gehen diese Beträge als Forderung bzw. Verbindlichkeit ins Bankbuch ein.

[2241] Es wird als zulässig angesehen, entweder nur den erwarteten Erfüllungsbetrag erfolgswirksam einzubuchen oder den nominellen Ausgleichsanspruch zu erfassen und diesen anschließend außerplanmäßig auf den erwarteten Erfüllungsbetrag abzuschreiben; die gewählte Vorgehensweise ist iRd. Darstellung der Bewertungsmethoden im Anhang zu erläutern; vgl. HdR 5. Aufl., § 254 HGB Rn. 395.

[2242] Vgl. HdR 5. Aufl., § 254 HGB Rn. 395.

[2243] Vgl. HdR 5. Aufl., § 254 HGB Rn. 395.

4.12.7.2. „Liquiditätsneutrales Schließen" von Derivaten

Derivate, wie bspw. Zinsswaps, haben im Zeitablauf einen von Null abweichenden Marktwert. Im Falle eines negativen Marktwerts ist bei einzelbewerteten Derivaten zum Abschlussstichtag eine Drohverlustrückstellung zu bilden. In diesem Zusammenhang besteht gelegentlich der Wunsch, diese Drohverlustrückstellung zu vermeiden.

Zinsswaps

In diesem Kontext kann daher beobachtet werden, dass Zinsswaps mit negativem Marktwert „liquiditätsneutral" geschlossen werden und der negative Marktwert in ein neu kontrahiertes Derivat oder ein anderes Bankgeschäft „verpackt" wird. Dies geschieht bspw. dergestalt, dass der bestehende Zinsswap terminiert (geschlossen) wird (Kundensicht: negativer Marktwert; Banksicht: positiver Marktwert). Gleichzeitig wird ein neues Derivat bzw. ein neues anderes Bankgeschäft (zB Kredit, Einlage) vereinbart, das aber keine marktgerechten Konditionen hat (Kundensicht: positiver Marktwert; Banksicht: negativer Marktwert). Der Kunde hat bei dem neuen Geschäft also ungünstigere Konditionen, dh. der Kunde müsste für den Abschluss des neuen Geschäfts eigentlich von der Bank eine (Ausgleichs-) Zahlung erhalten. Diese entspricht betragsmäßig dem negativen Marktwert des terminierten Zinsswaps und wird mit diesem verrechnet.

Dieser negative Marktwert des terminierten Zinsswaps ist vom Kunden aufwandswirksam als Rückstellung zu erfassen. Dieser negative Marktwert wurde lediglich liquiditätsmäßig mit dem (aufgrund der marktabweichenden Konditionen) positiven Marktwert des neuen Bankgeschäfts verrechnet, sodass weder für den terminierten Zinsswap noch für das neue Geschäft eine Zahlung geflossen ist.

Die „Konstruktion" hat – wie oben skizziert – zur Folge, dass das neue Derivat oder Bankgeschäft beim Kunden eigentlich einen positiven Marktwert hätte, dh. nicht zu marktgerechten Konditionen vereinbart wurde. Handelt es sich bei dem neuen Geschäft um einen Zinsswap, ist dies für den Kunden ein Vorgang, vergleichbar mit einem Upfront Payment, der wirtschaftlich einem Agio/Disagio entspricht und als Rechnungsabgrenzungsposten zu erfassen sowie auf die Laufzeit des neuen Swaps zu verteilen ist. Für ein neu kontrahiertes anderes Bankgeschäft gilt Entsprechendes.

Das Kreditinstitut, bei dem der Swap zum Handelsbestand gehört, bucht den „alten" Zinsswap (erfolgswirksam) aus.[2244] Der „neue" Zinsswap wird mit seinen Anschaffungskosten im Handelsbestand eingebucht.[2245] Das Kreditinstitut hätte für den „neuen" Zinsswap ein Upfront Payment leisten müssen, das aber mit der Zahlung des Kunden verrechnet wurde.

Optionen

Wird als Folgegeschäft eine Option abgeschlossen, wird die hierfür anfallende Prämienzahlung mit der aufgrund des negativen Marktwerts grundsätzlich fälligen Zahlung verrechnet. In diesen Fällen ist entsprechend dem Vorgehen bei Zinsswaps zu verfahren.

4.13. Bilanzierung und Bewertung im Rahmen von Bitcointransaktionen

4.13.1. Überblick

Initial Coin Offerings (ICO) sind eine innovative Finanzierungsform, bei der sog. Token an Investoren ausgegeben (verkauft) werden. Token sind Einträge in der Blockchain (siehe unten).[2246]

Diese Krypto-Assets[2247] oder Token werden üblicherweise in drei Klassen eingeteilt:[2248]

- **Investment-Token:** Diese Token versprechen dem Erwerber zukünftige Kapitalzuflüsse in Form von Zinsen (Debt-Token) oder Gewinnanteilen (Equity-Token) sowie Rückzahlungsansprüche, dh. diese Token können eigen- oder fremdkapitalähnlich ausgestaltet sein. Investment-

---

[2244] Beispiel: Marktwert 100 Euro, Buchwert 90 Euro; Buchung: *Per Forderung an Kunden 100 Euro an Handelsbestand 90 Euro und Handelserfolg 10 Euro.*

[2245] Beispiel: *Per Handelsbestand 100 Euro an Forderungen an Kunden 100 Euro.* Die Buchung im Handelsbestand hat faktisch dieselbe Wirkung wie bei einem Nichthandelsswap eine Buchung im Rechnungsabgrenzungsposten.

[2246] Eine Gesamtdarstellung sämtlicher Rechtsgebiete vgl. Omlor/Link (Hrsg.), 1 ff.

[2247] Vgl. WPH Edition, Kreditinstitute, Kap. P Rn. 18 ff.

[2248] Vgl. Sixt, DStR 2019, 1766 ff., auch mit Vorschlägen zur Bilanzierung; Hanten/Sacarcelik, RdF 2019, S. 124 ff., mit Ausführungen zur zivilrechtlichen Einordnung; Sixt, DStR 2020, 1871 ff. zur Bilanzierung beim Emittenten.

Token können dabei auch als Wertpapiere iSd. § 2 Abs. 1 WpHG oder als Anteil an einem Investmentvermögen gemäß § 1 Abs. 1 KAGB zu qualifizieren sein.[2249]

- **Utility-Token:** Diese Token sind eine Art digitaler Gutschein. Sie können gegen eine bestimmte Leistung eingetauscht werden, Zugang zu einer digitalen Nutzung oder Dienstleistung auf einer hierfür bestimmten Plattform bieten. Die Emission von Utility-Token ist weitgehend unreguliert, weil sie nicht dem WpHG usw. unterliegen.[2250]
- **Currency-Token:** Diese Token – wie bspw. Bitcoin (BTC) – sind eine Art Geldersatz oder Tauschmittel, dh. sie können als Zahlungsmittel für Waren und Dienstleistungen (zB auf der Plattform des emittierenden Start-ups) eingesetzt werden. Currency-Token sind mit keinerlei zusätzlichen Rechten verbunden und besitzen keinen intrinsischen Wert, abgesehen von der Erwartung, diese Token als Zahlungsmittel einsetzen zu können.[2251]

Führt ein Unternehmen als **Emittent** ein Initial Coin Offering (ICO) durch und erhält es gegen die Ausgabe von Token finanzielle Mittel, wird ein bilanziell zu erfassender Geschäftsvorfall ausgelöst. Es kommt in diesem Zusammenhang zur Erfassung von Eigenkapital, Verbindlichkeiten, Rückstellungen oder Ertrag.[2252] Zu sog. Pre-Sale Agreements vgl. Sanning.[2253]

Beim **Investor** liegt bei iRe. ICO erworbenen Token ein Anschaffungs- bzw. Tauschvorgang vor. ICOs sind faktisch eine Art unreguliertes Crowdfunding.[2254] Initial Coin Offerings sind keinesfalls mit Aktienemissionen gleichzusetzen. Ein sog. White Paper enthält die Beschreibung eines Initial Coin Offerings. Zur kapitalmarktrechtlichen Einordnung vgl. Zickgraf[2255] und Weitnauer[2256]; zu einer Gesamtdarstellung aller Rechtsgebiete vgl. Omlor/Link[2257].

[2249] Vgl. Sixt, DStR 2020, 1871 ff.; Skauradszun, DStR 2021, 2063 ff.; Böckem/Geuer, in: Omlor/Link, Kryptowährungen und Token, S. 459 ff.; Löw/Vogt, RdF 2021, 300 f.

[2250] Vgl. Sixt, DStR 2020, 1871 ff.; Skauradszun, DStR 2021, 2063 ff.; Böckem/Geuer, in: Omlor/Link, Kryptowährungen und Token, 459 ff.; Blecher/Hummel, WPg 2022, 339 ff.

[2251] Vgl. Skauradszun, DStR 2021, 2063 ff.; Böckem/Geuer, in: Omlor/Link, Kryptowährungen und Token, 459 ff.

[2252] Vgl. Böckem/Geuer, in: Omlor/Link, Kryptowährungen und Token, 488 ff.

[2253] Vgl. Sanning, StuB 2022, 337 ff.

[2254] Vgl. ausführlich Weitnauer, BKR 2018, 231 ff.; Zickgraf, AG 2018, 293 ff.

[2255] Vgl. Zickgraf, AG 2018, 293 ff..

[2256] Vgl. Weitnauer, BKR 2018, 231 ff.

[2257] Vgl. Omlor/Link (Hrsg.), 1 ff.

Eine sog. **virtuelle Währung** wie Bitcoin (BTC) ist eigentlich keine Währung, denn hinter ihr stehen weder Länder noch Zentralbanken (Notenbanken). Vielmehr handelt es sich um sog. Token, die als eine Art Wertgutscheine interpretiert werden können, deren Preis oder Kurs sich aus Angebot und Nachfrage ergibt. Werden BTC nicht mehr nachgefragt, verlieren sie an Wert bzw. werden ggf. sogar wertlos. Zu den Determinanten der Wertentwicklung von BTC vgl. Lehrbass/Weißer.[2258]

Der Begriff „Bitcoin" steht einerseits für eine virtuelle Währung, gleichzeitig ist es aber auch der Name der öffentlichen Blockchain, in der die BTC-Transaktionen und BTC-Guthaben verwaltet werden. Zu einem Überblick zu Blockchain-Anwendungen für die Unternehmensfinanzierung vgl. Hildner/Danzmann.[2259]

Innerhalb des jeweiligen Netzwerks (Blockchain) erfüllen virtuelle Währungen die Funktionen traditioneller Währungen, dh. sie werden als Austauschmedium und Rechnungseinheit zur Bestimmung des Werts der zum Austausch bestimmten Waren und Dienstleistungen verstanden.[2260] Gleichwohl sind virtuelle Währungen keine gesetzlich anerkannten Zahlungsmittel.

Neben den zivilrechtlichen, bilanziellen und steuerlichen Fragestellungen ist für Institute auch die Frage der bankaufsichtlichen Implikationen von Bedeutung. Letzteres insbesondere aus Gründen des Verbraucherschutzes.

Der wesentliche Unterschied zwischen BTC und elektronischem Geld (E-Geld) besteht darin, dass in elektronischen Geldsystemen die Beziehung zwischen elektronischen Währungseinheiten und der dahinter stehenden „traditionellen" Währung erhalten bleibt, da die Beträge auf dieselbe Währungseinheit (zB EUR) lauten. Dem gegenüber ist bei virtuellen Währungen wie BTC die Recheneinheit eine virtuelle Einheit.[2261]

Virtuelle Währungen basieren auf der Idee einer nichtstaatlichen Ersatzwährung mit in der Regel begrenzter Geldmenge. Die Schöpfung neuer Werteinheiten (sog. Mining) erfolgt über ein vorbestimmtes mathematisches Verfahren mit einem Computernetzwerk.[2262]

[2258] Vgl. Lehrbass/Weißer, Corporate Finance 2018, 270 ff.
[2259] Vgl. Hildner/Danzmann, Corporate Finance 2017, 385 ff.
[2260] Vgl. Sopp/Grünberger, IRZ 2018, 219 f.
[2261] Vgl. Sopp/Grünberger, IRZ 2018, 220 mwN.
[2262] Vgl. Gehrs/Wörmann, WP-Praxis 2018, 39.

Im Gegensatz zu Notenbankgeld (zB EUR, USD, GBP usw.) sind bei virtuellen Währungen weder Zentral- noch Geschäftsbanken Emittenten der virtuellen Währung, sondern (anonyme) Peer-to-Peer-Netzwerke bzw. rein technisch die zur Geldschöpfung eingesetzte Software.[2263] Innerhalb des BTC-Systems besteht kein Rechtsanspruch auf Konversion in Notenbankgeld.[2264]

Bilanziell relevante Geschäftsvorfälle entstehen insbesondere beim Erwerb bestehender Einheiten virtueller Währungen (zB Kauf von BTC gegen EUR, Erhalt von BTC als Bezahlung von Dienstleistungen).

4.13.2. Technologische Grundlagen

Die technologische Grundlage von virtuellen Währungen wie BTC bildet die sog. **Blockchain** (Distributed Ledger Technology).[2265] Die BTC-Blockchain baut im Gegensatz zur bekannten Bankenwelt nicht auf Konten und Salden auf, sondern auf einer Aneinanderkettung von Transaktionen.[2266]

Die Distributed Ledger bezeichnet eine öffentlich und dezentral geführte Datenbank (eine Art Kontobuch), in der alle Transaktionen zwischen den Netzwerkteilnehmern unveränderbar aufgezeichnet werden.[2267] Die nachträgliche Manipulation wird durch kryptografische Verkettung der Transaktionen verhindert.[2268] Die Transaktionen laufen anonym und direkt ohne Einbeziehung von Mittlern (Peer-to-Peer).

Vertrauen und Validität der Transaktionen werden im System über einen kryptografisch abgesicherten Konsensalgorithmus gewährleistet. Im Allgemeinen unterscheidet man in diesem Kontext zwischen Coins (zB BTC) und Token.[2269]

Die Blockchain mit allen darin enthaltenen Informationen ist dezentral auf allen Endgeräten der Netzwerkteilnehmer gespeichert und wird fortlaufend

---

[2263] Vgl. Kotas, ZfgK 2018, 79 mwN.
[2264] Vgl. EXPERTsuisse, Ausgewählte Fragen und Antworten zum neuen Rechnungslegungsrecht, Stand 7.12.2017, 48.
[2265] Vgl. Hildner/Danzmann, Corporate Finance 2017, 385 ff.; Schroen, DStR 2019, 1369 ff.; Blecher/Horx, WPg 2020, 267 ff.; WPH Edition, Kreditinstitute, Kap. P Rn. 15 ff.
[2266] Vgl. Albrecht/Sahrmann, IWB 2018, 587 ff.
[2267] Ausführlich: Flasshoff/Mertens/Sandner/Stommel, BaFin Perspektiven, Ausgabe 1/2018, 33 ff.; Fußwinkel/Kreiterling, BaFin Perspektiven, Ausgabe 1/2018, 49 ff.; Hötzel/Krüger/Niermann/Scherer/Lehmann, ifst-Schrift 533, 6 ff.
[2268] Vgl. Kotas, ZfgK 2018, 78 mwN.
[2269] Vgl. uA Keiling/Romeike, KoR 2018, 268 f.

aktualisiert. Es gibt keine zentrale Instanz, die Transaktionen bzw. Guthaben kontrolliert oder verwaltet.[2270]

Um eine **BTC-Transaktion** zu initiieren, wird ein digitales Konto bzw. eine digitale Geldbörse (sog. Wallet) benötigt. Ein Wallet kann auf einem Computer, Smartphone, Tablet oder auf bestimmten USB-Sticks gesichert werden. Jeder Nutzer verfügt – vergleichbar mit den Sicherheitsvorkehrungen beim Online Banking – über einen öffentlichen Schlüssel (Public Key; Adresse, um eine virtuelle Währung zu empfangen), der als „Kontonummer" des digitalen Kontos verstanden werden kann, sowie über einen privaten Schlüssel (quasi ein Passwort), der für die Signatur der Transaktion notwendig ist. Der private Schlüssel (Private Key) legitimiert den Zugriff und die Transaktionen. Bei Verlust des Private-Key können die entsprechenden BTC nicht mehr verwendet werden, sie sind also verloren.[2271]

Die **Schöpfung** neuer BTC (sog. Mining) erfolgt durch ein mathematisches Verfahren innerhalb des Computernetzwerks, wobei die Programme hierzu aufwendige kryptografische Aufgaben lösen müssen.[2272]

BTC sind teilbar, sodass auch kleine und kleinste Einheiten transferiert werden können.

Es kommt vor, dass sich eine **Blockchain dauerhaft spaltet**.[2273] Grund kann sein, dass einige Nutzer das Protokoll (dh. die Regeln) ändern wollen, um neue Features hinzuzufügen. Während ein Teil der Nutzer Blöcke nach dem neuen Regelwerk erzeugt und bestätigt, halten die anderen Nutzer an den bisherigen Regeln fest. Dieser Vorgang wird **Hard Fork** genannt. Danach sind die Versionen der Blockchain nicht mehr miteinander kompatibel.[2274] Sie entwickeln sich zukünftig unabhängig voneinander. Die gemeinsame Vergangenheit der Blockchainversionen bedingt, dass Inhaber der zuerst vorhandenen Token Zugang zu den durch die Hard-Fork geschaffenen Token in nämlicher Anzahl auf ihren Schlüsselpaaren erhalten.[2275] Beim BTC-Netzwerk fand ein erster Hard Fork im Jahr 2017 statt wodurch neben dem BTC der BTC Cash entstand.[2276]

[2270] Vgl. Gehrs/Wörmann, WP Praxis 2018, 39 ff.

[2271] EXPERTsuisse, Ausgewählte Fragen und Antworten zum neuen Rechnungslegungsrecht, Stand 7.12.2017, 48.

[2272] Vgl. Kotas, ZfgK 2018, 79 mwN; Schroen, DStR 2019, 1369 ff.

[2273] Vgl. Hakert/Kirschbaum, DStR 2018, 881 ff.

[2274] Vgl. Albrecht/Sahrmann, IWB 2018, 589.

[2275] Vgl. Albrecht/Sahrmann, IWB 2018, 589.

[2276] Vgl. Hakert/Kirschbaum, DStR 2018, 882.

4.13.3. Bankaufsichtliche Implikationen

Auf der Internetseite der BaFin (www.bafin.de) sind zahlreiche Veröffentlichungen, Merkblätter und Fachartikeln zum Themenkomplex „Virtuelle Währungen", „Bitcoin" und „Initial Coin Offering (ICO)" oder „Blockchain" zu finden. Die BaFin weist dabei ua. auch auf Risiken hin, die mit diesen Instrumenten verbunden sein können.[2277]

In Abhängigkeit der Ausgestaltung von Token ergeben sich unterschiedliche Verwendungszwecke und Risiken. Die letztliche aufsichtsrechtliche Einordnung erfordert daher eine Einzelfallprüfung.[2278]

Die BaFin hat die internationale Klassifizierung von Token in Payment- bzw. Currency-, Security- sowie Utility-Token übernommen und jeweils unterschiedliche aufsichtsrechtliche Folgen daran geknüpft, stets vorbehaltlich einer Einzelfallprüfung.[2279] Token können, je nach konkreter Ausgestaltung im Einzelfall, der bestehenden Finanzmarktregulierung unterfallen; so wurden von der BaFin die bislang vorgestellten bzw. bekannt gewordenen ICO vor allem unter dem Gesichtspunkt möglicher Prospektpflichten nach dem WpPG oder VermAnlG oder Erlaubnispflichten nach dem KWG, ZAG und dem KAGB beurteilt.[2280]

Bereits in einem Fachartikel vom 19.12.2013[2281] schrieb die BaFin, dass sie **BTC** (Payment-Token) rechtlich verbindlich als Finanzinstrumente in der Form von **Rechnungseinheiten** gemäß § 1 Abs. 11 Satz 1 KWG qualifiziert habe.

Mit dem „*Gesetz zur Umsetzung der Änderungsrichtlinie zur vierten EU-Geldwäscherichtlinie*" 12.12.2019[2282] wurde das **Kryptoverwahrgeschäft** als (erlaubnispflichtige) Finanzdienstleistung in das KWG aufgenommen (§ 1

[2277] Ausführlich: Flasshoff/Mertens/Sandner/Stommel, BaFin Perspektiven, Ausgabe 1/2018, 33 ff.; Fußwinkel/Kreiterling, BaFin Perspektiven, Ausgabe 1/2018, 49 ff.; Hanten/Stump, RdF 2018, 189 ff.

[2278] Vgl. Deutsche Bundesbank, Monatsbericht Juli 2019, 53 f.

[2279] Vgl. Rolker/Strauß, WM 2019, 489 ff.; Rennig, BKR 2020, 24 ff.

[2280] Vgl. ausführlich Höhlein/Weiß, RdF 2019, 116 ff.

[2281] BaFin, Fachartikel vom 19.12.2013, Bitcoins: Aufsichtliche Bewertung und Risiken für Nutzer.

[2282] Vgl. BGBl. I 2019, 2602 ff.; Behrens/Schadtle, WM 2019, 2099 ff.; Fischer, WM 2019, 2004 ff.; Gurlit, WM 2020, 111 f.; Rennig, BKR 2020, 23 ff.; Blassl/Sandner, WM 2020, 1188 ff.; Trautmann/Kissler, Corporate Finance 2020, 200 ff.; Patz, BKR 2021, 725 ff.

Abs. 1a Satz 2 Nr. 6 KWG).[2283] § 1 Abs. 11 KWG, der definiert, was Finanzinstrumente sind, wird um „Kryptowerte iSd. KWG" erweitert. Die Vorschriften verschaffen der Aufsicht die Möglichkeit, die Anbieter entsprechender Dienstleistungen auch jenseits geldwäscherechtlicher Vorgaben zu überwachen.[2284]

Mit Art. 6 des *„Gesetzes zur Einführung von elektronischen Wertpapieren"* vom 3.6.2021[2285] wurde § 1 Abs. 1a Satz 2 Nr. 6 KWG das Kryptoverwahrgeschäft bezüglich Kryptowertpapieren erweitert und mit § 1 Abs. 1a Satz 2 Nr. 8 KWG die Kryptowertpapierregisterführung als Finanzdienstleistung definiert.

Die Bezeichnung „virtuelle Währung" oder „Kryptowährung" ist nur eine Teilmenge der **Kryptowerte**. Mit Kryptowerten sollen neben virtuellen Währungen mit Zahlungsfunktion (Payment oder Currency Token) auch digitale Token erfasst werden, die Anlagezwecken dienen (Security oder Investment Token). Mit den neuen Bestimmungen sind alle Finanzdienstleistungen, die sich auf Finanzinstrumente und damit Kryptowerte beziehen, erlaubnispflichtig.

Es wird die Verwahrung, die Verwaltung und die Sicherung von Kryptowerten oder privaten kryptografischen Schlüsseln, die dazu dienen, Kryptowerte zu halten, zu speichern oder zu übertragen, von den bankenaufsichtlichen Regeln erfasst.[2286] Erfasst werden im Interesse einer umfassenden Geldwäscheprävention alle digitalen Wertdarstellungen iSd. § 1 Abs. 11 Satz 1 Nr. 10 KWG.

Das BaFin-Merkblatt *„Hinweise zum Tatbestand des Kryptoverwahrgeschäfts"* vom 2.3.2020 enthält neben einer Erläuterung des Tatbestands des Kryptoverwahrgeschäfts auch Abgrenzungen zu sonstigen regulierten Tätigkeiten. Daneben hat die BaFin *„Hinweise zum Erlaubnisantrag für das Kryptoverwahrgeschäft"* vom 1.4.2020 veröffentlicht.

Nicht erfasst ist die bloße Zurverfügungstellung von Speicherplatz (zB als Cloudspeicher), solange solche Dienste nicht ausdrücklich die Speicherung der privaten kryptografischen Schlüssel anbieten. Nicht erfasst ist auch die bloße Bereitstellung von Hard- oder Software zur Sicherung der Kryptowerte oder der privaten kryptografischen Schlüssel, die von den Nutzern eigenverantwortlich betrieben wird, soweit die Anbieter keinen bestimmungsgemäßen Zugriff auf die damit gespeicherten Daten haben.

[2283] Vgl. BaFin, Merkblatt vom 2.3.2020, Hinweise zum Tatbestand des Kryptoverwahrgeschäfts, www.bafin.de.

[2284] Vgl. Gurlit, WM 2020, 111 f.

[2285] Vgl. BGBl. I 2021, 1423 ff., 1432; Patz, BKR 2021, 725 ff.

[2286] Vgl. BT-Drucks. 19/13827, 109.

Die Finanzdienstleistungsinstitute, die das Kryptoverwahrgeschäft anbieten (wollen), benötigen eine entsprechende **Erlaubnis** nach § 32 KWG.[2287] Eine Erlaubnispflicht besteht, sofern das Kryptoverwahrgeschäft entweder gewerbsmäßig oder in einem Umfang, der einen in kaufmännischer Weise eingerichteten Geschäftsbetrieb erfordert, erbracht werden soll. Erleichterungen für Finanzdienstleistungsinstitute, die außer dem Kryptoverwahrgeschäft keine weiteren Finanzdienstleistungen erbringen, sind in § 2 Abs. 7b KWG vorgesehen.[2288]

Das Kammergericht Berlin hat mit Urteil vom 25.9.2018[2289] in einem Strafprozess entschieden *„Bitcoin sind keine Rechnungseinheit iSd. KWG“*. Das Kammergericht hat im Land Berlin die strafrechtliche Verfolgung virtueller Währungshändler verneint.[2290] Nach Ansicht der Bundesregierung[2291] und im Schrifttum[2292] betrifft das strafrechtliche Urteil des Kammergerichts nicht die bundesweite Verwaltungspraxis der BaFin, nach der Kryptowährungen als Finanzinstrumente in Form von Rechnungseinheiten iSd. § 1 Abs. 11 Satz 1 Nr. 7 Alternative 2 KWG eingeordnet werden, so dass Finanzdienstleistungen mit Kryptowährungen nach § 32 Abs. 1 Satz 1 KWG erlaubnispflichtig sind.[2293]

Mit der Einführung von Kryptowerten als Finanzinstrument nach dem KWG (vgl. oben) werden die Zweifel zur Einordnung von Kryptowährungen als Finanzinstrumente beseitigt, die sich aus dem Urteil des KG Berlin ergeben haben. Die vom KG Berlin unter Hinweis auf das Bestimmtheitsgebot (Art. 103 Abs. 2 GG) geäußerten Bedenken an der Einordnung als Finanzinstrument über den Weg der Rechnungseinheit dürften sich damit auch für die strafrechtliche Praxis erledigt haben.[2294]

Klarstellend sei darauf hingewiesen: § 1 Abs. 11 Satz 1 KWG definiert **nicht**, was **Finanzinstrumente iSd. Handelsrechts** bzw. iSd. **Handelsbestands** von Instituten sind.

[2287] Vgl. Rennig, BKR 2020, 28 f.

[2288] Erste Überlegungen hierzu vgl. Rennig, BKR 2020, 28 f.

[2289] Vgl. KG Berlin, Urteil vom 25.9.2018 – (4) 161 Ss 28/18 (35/18) (rkr.), EMiR 2018, 705 f., ZIP 2018, 2015 ff., WM 2018, 2083 ff.; Hingst/Neumann, Compliance-Berater 2019, 254.

[2290] Vgl. Danwerth/Hildner, BKR 2019, 57 ff.

[2291] Vgl. BT-Drucks. 19/6034, Kleine Anfrage zur Rolle der BaFin bei Kryptowährungen und Token.

[2292] Vgl. Danwerth/Hildner, BKR 2019, 57 ff.; Deutsche Bundesbank, Monatsbericht Juli 2019, 54; Hingst/Neumann, Compliance-Berater 2019, 254 ff.

[2293] Zur Besprechung des Urteils des KG vgl. Klöhn/Parhofer, ZIP 2018, 2093 ff.

[2294] Vgl. Resas/Ulrich/Geest, ZBB 2020, 25.

4.13.4. Bilanzierung und Bewertung von Bitcoins

4.13.4.1. Bilanzausweis von Bitcoins

BTC sind im handelsrechtlichen Jahresabschluss grundsätzlich ansatzpflichtig.[2295] Da die Meinungsbildung nach wie vor noch nicht abgeschlossen ist, wird auch auf die veröffentlichte Literatur verwiesen.

BTC sind kein E-Geld iSd. ZAG, da es keinen Emittenten gibt, der BTC unter Begründung einer Forderung in Notenbankgeld gegen sich ausgibt.[2296]

Der EUGH hat im Urteil vom 22.10.2015[2297] ausgeführt, *„dass eine virtuelle Währung als eine Art von seinen Erfindern ausgegebenes und kontrolliertes digitales Geld definiert werden kann."* Danach gehöre die virtuelle Währung BTC zu den sog. „beidseitig handelbaren" virtuellen Währungen, die die Nutzer auf der Grundlage eines (Wechsel-) Kurses kaufen und verkaufen können. Solche virtuellen Währungen sind in Bezug auf ihre Verwendung in der realen Welt den anderen umtauschfähigen Währungen ähnlich.

BTC sind in Deutschland **keine** gesetzlichen Zahlungsmittel. Sie können auch nicht als staatliche Währung betrachtet werden, da offizielle ausländische Währungen im Herkunftsland von einer zentralen Ausgabestelle wie einer Zentralbank emittiert werden und dort ein gesetzliches Zahlungsmittel darstellen.[2298] Damit können BTC auch keine Devisen und Sorten sein.[2299]

Da BTC keine gesetzlichen Zahlungsmittel, keine ausländischen Noten oder Münzen (sowie keine Postwertzeichen bzw. Gerichtsgebührenmarken) sind,

---

[2295] Vgl. Kirsch/von Wieding, BB 2017, 2733 f.; Gerlach/Oser, DB 2018, 1542; Niedling/Merkel, RdF 2018, 143; Bünning/Park, BB 2018, 1835 f.; Ummenhofer/Zeitler, Der Konzern 2018, 442 ff.; Blecher/Horx, WPg 2020, 269 ff.; WPH Edition, Kreditinstitute, Kap. P Rn. 91 ff.; Skauradszun, DStR 2021, 2063 ff.; Böckem/Geuer, in: Omlor/Link, Kryptowährungen und Token, 459 ff.; Löw/Vogt, RdF 2021, 298 ff.; BeBiKo. 13. Aufl., § 248 Rn. 70 ff.; Sanning, DB 2022, 1409 ff.
[2296] Vgl. Gehrs/Wörmann, WP Praxis 2018, 40.
[2297] Vgl. EUGH-Urteil vom 22.10.2015, C-264/14, http://curia.europa.eu/juris; NWB-Dokument FAAAF-08203.
[2298] EXPERTsuisse, Ausgewählte Fragen und Antworten zum neuen Rechnungslegungsrecht, Stand 7.12.2017, 49.
[2299] Vgl. BaFin, „Virtuelle Währungen/Virtual Currency (VC)", www.bafin.de.

dürfen BTC bei Instituten nach § 12 Abs. 1 RechKredV nicht als „Kassenbestand" im Posten Aktiva „1. Barreserve" ausgewiesen werden.[2300]

Ebenso scheidet ein Ausweis in den Posten Aktiva „3. Forderungen an Kreditinstitute" und „4. Forderungen an Kunden" aus, weil BTC keine Guthaben oder Forderungen darstellen.[2301]

Selbst wenn BTC indirekt über einen sog. „Wallet-Provider" gehalten werden, ist eine Bilanzierung als Forderung nicht möglich. Denn auch wenn BTC indirekt in bankkontoähnlicher Form gehalten werden, besteht ein Anspruch auf BTC und nicht auf Zahlungsmittel.[2302] Sog. Wallet-Anbieter gelten nicht als Kreditinstitute und auch nicht als Kunde iSd. RechKredV. Darüber hinaus ist fraglich, ob Wallets als äquivalent zu klassischen Bankkonten gelten können.[2303] Anders als bei einer Bankeinlage liegen die BTC auch nicht tatsächlich beim Wallet-Anbieter. Ein Wallet ist lediglich ein Schlüssel, der zur Kontrolle der BTC notwendig ist; die BTC selbst sind in der BTC-Blockchain in Form von zuvor durchgeführten Transaktionen gespeichert.[2304]

Ein aktivischer Ausweis als Wertpapier ist bei Instituten ebenfalls nicht möglich, weil bei BTC die Voraussetzungen des § 7 RechKredV nicht erfüllt sind.[2305] Damit scheidet ein Ausweis in den Aktivposten „5. Schuldverschreibungen und andere festverzinsliche Wertpapiere" und „6. Aktien und andere nicht festverzinsliche Wertpapiere" aus.

[2300] Vgl. WPH Edition, Kreditinstitute, Kap. P Rn. 92; Kirsch/von Wieding, BB 2017, 2732 f.; Gerlach/Oser, DB 2018, 1543, sofern BTC zu einem zukünftigen Zeitpunkt in der BRD gesetzliche Zahlungsmittel- oder zahlungsmittelähnliche Funktionen erlangen und deren jederzeitiger Umtausch in Notenbankgeld (zB EUR) gegeben ist, wäre ein Ausweis im Posten „Kassenbestand" möglich. Hötzel/Krüger/Niermann/Scherer/Lehmann, ifst-Schrift 533, 31 ff. ordnen Currency Token als „finanzielle bzw. monetäre Wirtschaftsgüter" ein, soweit ihre Funktion in der Nutzung als Zahlungsmittel/Tauschintermediär besteht.

[2301] Vgl. Gerlach/Oser, DB 2018, 1542; Kirsch/von Wieding, BB 2017, 2733; WPH Edition, Kreditinstitute, Kap. P Rn. 93; EXPERTsuisse, Ausgewählte Fragen und Antworten zum neuen Rechnungslegungsrecht, Stand 7.12.2017, 49.

[2302] Vgl. EXPERTsuisse, Ausgewählte Fragen und Antworten zum neuen Rechnungslegungsrecht, Stand 7.12.2017, 51.

[2303] Vgl. Kirsch/von Wieding, BB 2017, 2733.

[2304] Vgl. Kirsch/von Wieding, BB 2017, 2733.

[2305] Vgl. WPH Edition, Kreditinstitute, Kap. P Rn. 93; Marx/Dallmann, StuB 2019, 217 ff. sehen aufgrund der „wertpapierähnlichen Rechte" von BTC einen Ausweis bei Nicht-Banken unter den Wertpapierposten als sachgerecht an.

BTC sind keine Finanzinstrumente im handelsrechtlichen Sinne der §§ 340c und 340e HGB.[2306] Bei Finanzinstrumenten im handelsrechtlichen Sinne handelt es sich um finanzielle Vermögenswerte, die vertraglich einer Gegenpartei zugeordnet werden können, bei der dem Finanzinstrument eine finanzielle Verbindlichkeit mit Eigen- oder Fremdkapitalcharakter gegenübersteht (IDW RS BFA 2 Tz. 5). Diese Zuordnung gelingt bei BTC nicht.[2307] Mithin können BTC auch nicht im Posten Aktiva 6a. bzw. Passiva 3a. als „Handelsbestand" erfasst werden, da in diesen Posten nur Finanzinstrumente sowie Edelmetalle[2308] zu erfassen sind.

Anders zu beurteilen sind **Derivate mit dem Basiswert BTC**. Ein Derivat ist ein Vertragsverhältnis, dessen Wert auf Änderungen des Werts eines Basisobjekts (zB eines Zinssatzes, Wechselkurses, Rohstoffpreises, Preis- oder Zinsindexes, der Bonität, eines Kreditindexes oder einer anderen Variablen) reagiert. BTC können als „andere Variable" angesehen werden.[2309] Die Anschaffungskosten eines Derivats dürfen nicht oder nur in sehr geringem Umfang anfallen und das Derivat darf erst in der Zukunft erfüllt werden (IDW RS BFA 2 Tz. 6). Damit sind bspw. BTC-Futures[2310] Derivate und damit Finanzinstrumente im handelsrechtlichen Sinn. Derivate deren Basiswert der BTC ist, sind damit Finanzinstrumente iSd. §§ 340c und 340e HGB und damit im Rahmen von Handelsaktivitäten als Handelsbestand zu zeigen. Soweit es sich um Derivate (mit Basiswert BTC) außerhalb des Handelsbestands handelt, sind die entsprechenden handelsrechtlichen Regeln relevant (vgl. Kapitel 4.11. und 4.12.).[2311]

Das Institut erwirbt beim BTC das Recht (bei akzeptierenden Stellen), künftig Zahlungen in BTC erfüllen bzw. an einer entsprechenden Börse wieder in Notenbankgeld (zB EUR) oder eine andere virtuelle Währung umtauschen zu dürfen.[2312] Daher handelt es sich bei BTC nach derzeit herrschender Ansicht um **immaterielle Vermögensgegenstände**, sofern diese selbständig bewertbar und verkehrsfähig sind.[2313]

[2306] Vgl. ausführlich Kirsch/von Wieding, BB 2017, 2734.

[2307] Vgl. Kirsch/von Wieding, BB 2017, 2734.

[2308] Edelmetalle wie Gold. Platin, Silber usw. sind Waren, gleichwohl hat der Gesetzgeber iRd. BilMoG Edelmetalle dem Handelsbestand zugeordnet, wenn damit gehandelt wird.

[2309] Ebenso Löw/Vogt, RdF 2021, 302.

[2310] Ein Bitcoin-Future startete am 10.12.2017 an der Chicagoer Derivatebörse CBOE und eine Woche später begann die Derivatebörse CME Terminkontrakte auf Bitcoin zu handeln, vgl. Gehrs/Wörmann, WP Praxis 2018, 41.

[2311] Ebenso Löw/Vogt, RdF 2021, 302.

[2312] Vgl. Gerlach/Oser, DB 2018, 1542.

[2313] Vgl. Gerlach/Oser, DB 2018, 1542; Kirsch/von Wieding, BB 2017, 2734 f.

Auch Institute müssen grundsätzlich zwischen Anlage- und Umlaufvermögen unterscheiden. Nach Haaker[2314] können **Bitcoin nicht dem Anlagevermögen zugeordnet** werden, weshalb ein Ausweis im Posten Aktiva „11. Immaterielle Anlagewerte" per se nicht möglich ist. Damit bleibt nur ein Ausweis im Posten Aktiva „14. Sonstige Vermögensgegenstände" (vgl. Kapitel 5.2.12.2.2.).

Haaker begründet dies überzeugend mit der Bilanzierung und Bewertung von Goldbarren: BTC werden regelmäßig mit Goldbarren verglichen. Wenn selbst Barrengold bei Instituten nicht dem Anlagevermögen zugeordnet werden kann, sondern nach § 12 Abs. 1 RechKredV im Posten „14. Sonstige Vermögensgegenstände" – also im Umlaufvermögen – zu erfassen ist, kann eine virtuelle Währung wie BTC bei Instituten auch nicht Anlagevermögen sein. Auch wenn BTC gelegentlich mit Gold verglichen werden, sind BTC kein vollwertiges, sondern allenfalls „substanzloses" Gold.

4.13.4.2. Bilanzierung und Bewertung bei Tauschvorgängen

Vor dem Hintergrund, dass BTC derzeit handelsrechtlich als immaterielle Vermögensgegenstände qualifiziert werden, kann es beim Einsatz von BTC zu Tauschvorgängen kommen, wenn bspw. gegen Hingabe von BTC ein anderer Vermögensgegenstand erworben oder veräußert wird.

Nach weitgehend einheitlicher Literaturmeinung sind iRv. Tauschvorgängen im Grundsatz die folgenden drei Methoden[2315]

1. Buchwertfortführung,
2. Gewinnrealisierung und
3. ergebnisneutrale Behandlung

als zulässig zur **Ermittlung von Anschaffungskosten** anzusehen (sog. Tauschgrundsätze).

Bei der **Buchwertfortführung** (Methode 1) wird der eingetauschte Gegenstand mit dem letzten Buchwert des hingegebenen Gegenstands (als Anschaffungskosten) angesetzt. Als Buchwert gilt der zuletzt bilanzierte Wert des Gegenstands, unabhängig davon, ob der Bilanzierende aufgrund von Bewertungswahlrechten für den hingegebenen Gegenstand einen niedrigeren Buchwert als den zwingend anzusetzenden Wert ausweist. Nur so ist die Buchwert-

---

[2314] Vgl. Haaker, DB 22/2018, M4 f.
[2315] Vgl. HdR 5. Aufl., § 255 HGB Rn. 110 ff. mwN; IDW (Hrsg.) WPH Edition Wirtschaftsprüfung & Rechnungslegung, 16. Aufl., Kapitel F Tz. 122.

fortführung eine klare unzweifelhafte Methode.[2316] Sofern der Zeitwert des eingetauschten Gegenstands – ohne Berücksichtigung von kurzfristigen aktuellen Werteinflüssen – niedriger ist als der Buchwert des hingegebenen Gegenstands, stellt dieser Zeitwert die Obergrenze für die Anschaffungskosten dar.

Bei der **Gewinneralisierung** (Methode 2) stellt der Zeitwert des hingegebenen Vermögensgegenstands die Anschaffungskosten für den eingetauschten Gegenstand dar.[2317] Der Bilanzierende wendet den Zeitwert seines hingegebenen Vermögensgegenstands auf, denn diesen könnte er außerhalb des Tauschvorgangs realisieren. Ist der Zeitwert des eingetauschten Gegenstands höher, hat der Bilanzierende einen günstigen Einkauf getätigt.

Bei der **ergebnisneutralen Behandlung** (Methode 3) handelt es sich um eine modifizierte Buchwertfortführung. Grundsätzlich bildet der Buchwert des hingegebenen Vermögensgegenstands auch bei dieser Methode die Basis für die Anschaffungskosten des eingetauschten Gegenstands. Sollte der Tauschvorgang mit einer Ertragsteuerbelastung verbunden sein, können die Anschaffungskosten um diese Ertragsteuerbelastung erhöht werden.[2318]

Die nach den vorstehend genannten Methoden angesetzten Werte sind ggf. um **Anschaffungsnebenkosten** zu erhöhen.[2319]

4.13.4.3. Erwerb von und Bezahlung mit bestehenden Bitcoins

Erwerb von BTC an einer Börse gegen Euro

Durch einen Erwerb von BTC an einer Börse gegen Hingabe von Notenbankgeld (zB EUR) ist die selbständige Bewertbarkeit gegeben.[2320] Die selbständige Verkehrsfähigkeit iSv. Einzelveräußerbarkeit oder -verwertbarkeit ist durch ihre regelmäßige Entgegennahme bei akzeptierenden Stellen und dem bereits ausgeprägten Handelssystem erfüllt.[2321] Mithin sind die immateriellen (sonstigen) Vermögensgegenstände „BTC" zu bilanzieren.

[2316] Vgl. HdR 5. Aufl., § 255 HGB Rn. 111.

[2317] Vgl. HdR 5. Aufl., § 255 HGB Rn. 112 mwN.

[2318] Vgl. HdR 5. Aufl., § 255 HGB Rn. 113 mwN.

[2319] Vgl. HdR 5. Aufl., § 255 HGB Rn. 114.

[2320] Vgl. Gerlach/Oser, DB 2018, 1542.

[2321] Vgl. Gerlach/Oser, DB 2018, 1542; Marx/Dallmann, StuB 2019, 219.

Der Ausweis erfolgt – wie oben ausgeführt – im Aktivposten „14. Sonstige Vermögensgegenstände" (Umlaufvermögen). Ein Ausweis als Anlagevermögen ist bei Instituten nicht möglich.

Die Bewertung bei **Erwerb** erfolgt zu **Anschaffungskosten** in Höhe des bezahlten Euro-Betrags (zuzüglich Anschaffungsnebenkosten). Erfolgt der Erwerb in einer Fremdwährung (zB USD) sind die Grundsätze nach Kapitel 4.8.2.3. relevant.

Bei Beurteilung der Frage, wie bei mehrmaliger Anschaffung von BTC zu verschiedenen Zeitpunkten iRd. Folgebewertung zu verfahren ist, wenn deren Anschaffungskosten zum Teil unter und zum Teil über dem BTC/EUR-Kurs am Abschlussstichtag liegen, ist es vor dem Hintergrund, dass die Durchschnittsmethode für die Ermittlung von Anschaffungskosten nach hM auch für Wertpapiere und flüssige Mittel in fremder Währung anwendbar ist, nach Gerlach/Oser[2322] und Gehrs/Wörmann[2323] vertretbar, die **Durchschnittsmethode** auch für BTC-Guthaben anzuwenden.

Die **Folgebewertung** erfolgt, weil BTC stets dem Umlaufvermögen zuzuordnen sind, nach dem **strengen Niederstwertprinzip** (§ 253 Abs. 4 HGB). Bewertungsmaßstab iRd. Folgebewertung ist der BTC/EUR-Kurs am Abschlussstichtag, wobei die Anschaffungskosten die Obergrenze für die Bewertung bilden. Die Regeln zur Wertaufholung des § 253 Abs. 5 HGB sind zu beachten.

Der BTC/EUR-Kurs kann von Handelsplattform zu Handelsplattform unterschiedlich sein. Es empfiehlt sich mithin, aus den effektiven Kursen der verschiedenen BTC-Plattformen einen Durchschnittswert zu ermitteln.[2324] Es ist sachgerecht, eigene Marktbewertungen auf Basis von effektiven Transaktionskursen auf den für das Institut relevanten Handelsplätzen zum Bilanzstichtag vorzunehmen.[2325]

Da es sich bei BTC nicht um eine Währung handelt, ist die Anwendung von § 256a HGB zur Währungsumrechnung nicht möglich.

[2322] Vgl. Gerlach/Oser, DB 2018, 1542 f.

[2323] Vgl. Gehrs/Wörmann, WP Praxis 2018, 41.

[2324] Vgl. EXPERTsuisse, Ausgewählte Fragen und Antworten zum neuen Rechnungslegungsrecht, Stand 7.12.2017, 52.

[2325] EXPERTsuisse, Ausgewählte Fragen und Antworten zum neuen Rechnungslegungsrecht, Stand 7.12.2017, 52.

Eine Lieferung oder eine Dienstleistung des Instituts wird in BTC bezahlt

a) Begleichung eines in Euro vereinbarten Betrags durch BTC

Das Institut erhält von seinem Geschäftspartner für eine erbrachte Dienstleistung bzw. die Lieferung von Vermögensgegenständen anstelle des vereinbarten Eurobetrags einen gleichwertigen Betrag in BTC in seinem Wallet gutgeschrieben; das Institut nimmt den BTC-Betrag an Erfüllungsstatt an.[2326]

Die Forderung in Euro des Instituts erlischt mit der Annahme des BTC-Betrags gemäß § 364 Abs. 1 BGB an Erfüllungsstatt. Die Forderung ist auszubuchen. Für den Fall, dass der aktuelle Gegenwert in BTC nicht dem Betrag der ausgebuchten Forderung entspricht, entsteht ein Abgangsgewinn/-verlust, der entsprechend der Ausweisregeln der RechKredV in der Gewinn- und Verlustrechnung zu erfassen ist.

Der Zugang der BTC wird mit dem vereinbarten BTC/EUR-Kurs eingebucht. Das Institut ordnet den BTC-Betrag entsprechend der oben dargestellten Regeln dem Umlaufvermögen zu. Die Folgebewertung des BTC-Bestands richtet sich nach § 253 Abs. 4 HGB (strenges Niederstwertprinzip).

b) Begleichung eines in BTC vereinbarten Betrags

Vereinbart das Institut die Bezahlung seiner Dienstleistung oder Lieferung unmittelbar in BTC, handelt es sich bei der Vereinbarung um einen Tausch bzw. einem tauschähnlichen Vorgang. Denn die Gegenleistung erfolgt nicht in einer Geldzahlung, sondern mittels Annahme eines Gegenstands (BTC).[2327]

Entsprechend der oben dargestellten Grundsätze für die Bilanzierung bei Tauschvorgängen, kann das Institut den erhaltenen BTC-Betrag wahlweise mit dem Buchwert, dem Zeitwert oder dem steuerneutralen Zwischenwert des hingegebenen Gegenstands als Anschaffungskosten ansetzen.[2328] Wegen weiterer Details vgl. Kapitel 4.13.4.2. Je nach gewählter Methode entsteht beim Abgang des gelieferten Gegenstands ein Abgangsgewinn/-verlust, der entsprechend der Ausweiskonzeption der RechKredV in der Gewinn- und Verlustrechnung zu erfassen ist. Obergrenze für die Anschaffungskosten ist nach Ansicht von Gerlach/Oser[2329] der Zeitwert des erhaltenen Vermögensgegenstands (der BTC).

[2326] Vgl. Gerlach/Oser, DB 2018, 1543.
[2327] Vgl. Gerlach/Oser, DB 2018, 1543.
[2328] Ebenso Gerlach/Oser, DB 2018, 1543.
[2329] Vgl. Gerlach/Oser, DB 2018, 1543.

Hat das Institut keinen Gegenstand geliefert, sondern eine Dienstleistung erbracht, besteht die Besonderheit darin, dass eine Dienstleistung keinen Buchwert hat. Gleichwohl sind dem Institut durch die Erbringung der Dienstleistung normalerweise Aufwendungen entstanden, so dass bei entsprechender Anwendung der Tauschgrundsätze bei der **Buchwertvariante** Erlöse (zB Provisionserträge, Mieterträge) in Höhe der in der Gewinn- und Verlustrechnung zu erfassenden Aufwendungen (zB Löhne, Abschreibungen usw.) zu buchen sind, wodurch **Erfolgsneutralität** iSd. Buchwertvariante hergestellt wird.[2330]

Im Fall der **Zeitwertvariante** sind Erlöse (zB Provisionserträge, Mieterträge) in Höhe des Preises zu buchen, den das Institut üblicherweise bei Zahlung in Euro verlangen würde. Nach Gerlach/Oser[2331] gilt auch hier, dass der Zeitwert des BTC-Betrags (erhaltene Vermögensgegenstände) in Höhe des aktuellen BTC/EUR-Kurses die Wertobergrenze für die Anschaffungskosten der zu erfassenden BTC darstellt.

Verwendung von BTC im Bestand

Das Institut kann mit dem in den sonstigen Vermögensgegenständen (Umlaufvermögen) ausgewiesenen BTC, sofern der Vertragspartner dies akzeptiert,

- Einkäufe tätigen und mit BTC bezahlen,
- eigene Verbindlichkeiten in Euro mit BTC begleichen bzw.
- die BTC in Euro tauschen.

Bei der Verwendung des BTC-Guthabens kommt es ggf. zu realisierten Erträgen (unabhängig von evtl. Erträgen aus einer Zuschreibung gemäß § 253 Abs. 5 HGB) oder aber es fallen (neben evtl. Abschreibungen) weitere Aufwendungen an.

a) Erwerb von Vermögensgegenständen

Erwirbt das Institut gegen Hingabe von BTC andere Vermögensgegenstände, handelt es sich mangels gesetzlicher Zahlungsmittel von BTC um einen Tausch (Vermögensgegenstand gegen Vermögensgegenstand). Entsprechend sind die für den Tausch geltenden Tauschgrundsätze anzuwenden (vgl. Kapitel 4.13.4.2.). Der Tauschvorgang kann mithin erfolgsneutral oder unter Auf-

---

[2330] Vgl. Gerlach/Oser, DB 2018, 1544.
[2331] Vgl. Gerlach/Oser, DB 2018, 1544.

deckung der in den hingegebenen BTC enthaltenen stillen Reserven erfolgswirksam gebucht werden.[2332]

b) Tilgung von Verbindlichkeiten

Tilgt das Institut eine originär auf Euro (oder eine andere nationale Währung) lautende Verbindlichkeit durch einen BTC-Betrag, erlischt die Verbindlichkeit mit der Annahme des BTC-Betrags durch den Gläubiger gemäß § 364 Abs. 1 BGB an Erfüllungsstatt.[2333]

Der Abgang der BTC aus dem Bestand des Instituts erfolgt in Höhe des Buchwerts. Ein evtl. Abgangsgewinn bzw. Abgangsverlust (als Differenz zwischen Buchwert der BTC und Buchwert der getilgten Verbindlichkeit in Euro) ist, da es sich bei BTC um „Sonstige Vermögensgegenstände" handelt, im sonstigen betrieblichen Ergebnis zu zeigen.

c) Tausch von BTC an einer Börse

Tauscht (verkauft) das Institut BTC an einer Börse gegen Euro, entsteht in Höhe der Differenz zwischen dem Buchwert der BTC und dem erhaltenen Eurobetrag ein Abgangsgewinn bzw. Abgangsverlust, der im sonstigen betrieblichen Ergebnis zu zeigen ist, da der abgegebene BTC-Bestand des Umlaufvermögens im Posten „Sonstige Vermögensgegenstände" erfasst war.

In BTC denominierte Verbindlichkeit/en

Das BTC-Zahlungssystem lässt nur Guthabenpositionen zu, wobei das „Guthaben" aus noch nicht weitergegebenen Gutschriften auf die eigene BTC-Adresse des „Walletnutzers" besteht.[2334] Das BTC-System kennt per se keine Verbindlichkeiten.

Daher sind **Verbindlichkeiten in BTC** nur dann möglich, wenn für die Begleichung einer Verbindlichkeit mit dem Geschäftspartner eine Bezahlung in BTC

[2332] Vgl. Gerlach/Oser, DB 2018, 1544; aA MarxDallmann, StuB 2019, 220 f.: danach liegt hier in wirtschaftlicher Betrachtung infolge der faktischen Zahlungsmittelfunktion kein Tauschvorgang vor, so dass der beizulegende Zeitwert der hingegebenen BTC als Anschaffungspreis der erworbenen Gegenstände heranzuziehen sind und eine Realisation stiller Reserven erfolgt.

[2333] Vgl. Gerlach/Oser, DB 2018, 1544.

[2334] Vgl. EXPERTsuisse, Ausgewählte Fragen und Antworten zum neuen Rechnungslegungsrecht, Stand 7.12.2017, 53.

statt in Form von Notenbankgeld vereinbart wurde und die „Überweisung" auf das Wallet des Geschäftspartners am Abschlussstichtag noch nicht erfolgt ist.[2335] Der Ausweis richtet sich nach der Ausweiskonzeption der RechKredV. Entsprechend des aktiven Ausweises im Posten „Sonstige Vermögensgegenstände" kommt hier nur ein passivischer Ausweis im Posten „Sonstige Verbindlichkeit" in Frage.

BTC und deren Wert in Notenbankwährung sind in diesem Zusammenhang lediglich für die Bewertung der Verbindlichkeit relevant.[2336] Bei der Bewertung ist das Vorsichtsprinzip zu beachten.

Nach Ansicht von EXPERTsuisse[2337] erfolgt die Bewertung dabei iRd. Rechnungslegungsnormen der Schweiz auf der gleichen Basis wie für Fremdwährungsverbindlichkeiten, was jedoch nach den deutschen handelsrechtlichen Normen nicht zulässig ist. Insbesondere eine sog. besondere Deckung iSd. § 340h HGB ist nicht möglich.

4.13.4.4. Schaffung neuer Bitcoins durch das Institut (Mining)

Zum Prozess des sog. Minings vgl. Schroen.[2338] Als Gegenleistung für die Zurverfügungstellung von Rechnerkapazität usw. werden dem sog. Miner BTC „gutgeschrieben". Inwieweit diese Tätigkeit für Institute erlaubnispflichtig ist, wird hier nicht näher erörtert. Aufgrund des erheblichen Energiebedarfs dürfte das Mining für Institute nicht von Bedeutung sein.

Beim Mining entstehen zweifelsohne Aufwendungen in Form von (enormen) Energiekosten, Abschreibungen, Personalaufwand usw.

Da selbstgeschaffenen BTC (immaterielle Vermögensgegenstände) – wie oben dargestellt – ebenso wie Barrengold nicht dem Anlagevermögen zugeordnet werden dürfen, besteht kein Aktivierungswahlrecht (§ 248 Abs. 2 HGB); sie sind vielmehr stets dem Umlaufvermögen zuzuordnen womit eine Aktivierung nicht möglich ist.

[2335] Vgl. EXPERTsuisse, Ausgewählte Fragen und Antworten zum neuen Rechnungslegungsrecht, Stand 7.12.2017, 53.
[2336] Vgl. EXPERTsuisse, Ausgewählte Fragen und Antworten zum neuen Rechnungslegungsrecht, Stand 7.12.2017, 53.
[2337] Vgl. EXPERTsuisse, Ausgewählte Fragen und Antworten zum neuen Rechnungslegungsrecht, Stand 7.12.2017, 53.
[2338] Vgl. Schroen, DStR 2019, 1369 f.

4.13.5. Sonderfragen

BTC als (Sach-)Einlage

Mit der Einlagefähigkeit von BTC nach deutschem GmbH- und Aktienrecht hat sich ausführlich Güldü[2339] auseinandergesetzt. Güldü kommt zum Ergebnis, dass BTC grundsätzlich einlagefähig iSd. §§ 5, 8 GmbHG, § 27 AktG sind.

Voraussetzung nach seiner Ansicht ist die Einbringung eines verkörperten Datenschlüssels in das Gesellschaftsvermögen, der Zugriff auf die Tokenguthaben in der im Gesellschaftsvertrag ausgewiesenen Höhe erlaubt.

Grenzen ergeben sich aus dem spekulativen Charakter von BTC, aus technologischen Neuerungen, die bestehende Entwicklungen jederzeit obsolet werden lassen können oder fehlender Akzeptanz auf dem Markt. Die von § 27 Abs. 2 AktG verlangte Bewertbarkeit kann dann nicht mehr gegeben sein, wenn der Wert von BTC stark vom Zufall abhängig ist.

Bilanzierung der Einlösung von Utility Token in Form von Nutzungsrechten

Utility Token verkörpern im zivilrechtlichen Sinne idR eine Forderung über eine immaterielle Ware oder eine Dienstleistung; sie sind vergleichbar mit digitalen Wertmarken oder Gutscheinen, die zu einem Zeitpunkt oder während einer Zeitraums eingelöst werden können. Zur Darstellung der Einlösung von Token im Jahresabschluss am Beispiel eines Nutzungsrechts vgl. Downar/Keiling/Schramm.[2340]

Sind Kryptowährungen Wirtschaftsgüter im steuerlichen Sinne?

Eine ausführliche Darstellung der Bilanzierung und Bewertung in der Steuerbilanz vgl. Hötzel/Krüger/Niermann/Scherer/Lehmann[2341] sowie BMF-Schreiben vom 10.5.2022.[2342] Zur Besteuerung von Kryptogeschäften vgl. Gessner.[2343]

[2339] Vgl. Güldü, GmbHR 2019, 565 ff.

[2340] Vgl. Downar/Keiling/Schramm, DB 2019, 1913 ff.

[2341] Hötzel/Krüger/Niermann/Scherer/Lehmann, ifst-Schrift 533, 31 ff.

[2342] Vgl. BMF-Schreiben vom 10.5.2022, IV C I – S 2256/19/10003 :001, www.bundesfinanzministerium.de; Sanning, DB 2022, 1409 ff.

[2343] Vgl. Gessner, BB 2022, 1367 ff.

Schroen[2344] untersucht die Frage, ob „Bitcoin & Co." Wirtschaftsgüter gemäß der gefestigten BFH-Rechtsprechung sind. Er kommt zum Ergebnis, *„dass Vieles dafür spricht, dass „Krypto-Währungen"/Signaturmöglichkeiten keine Wirtschaftsgüter darstellen."* Dies hätte zur Folge, dass Kryptowährungen in der Steuerbilanz nicht aktiviert werden dürften.

Kryptowerte in der Insolvenz

Durch den enorm angestiegenen Einsatz der Kryptowerte in der Praxis steigt auch die Wahrscheinlichkeit, dass Kryptowerte im Fall eines Insolvenzverfahrens eine Rolle spielen können. Einzelheiten hierzu vgl. Skauradszun[2345] und d'Aoine/Hamacher[2346].

[2344] Vgl. Schroen, DStR 2019, 1369 ff.
[2345] Vgl. Skauradszun, ZIP 2021, 2610 ff.
[2346] Vgl. d'Aoine/Hamacher, ZIP 2022, 6 ff.

5. Einzelheiten zu den Posten der Bilanz

5.1. Überblick

Die RechKredV sieht für die Gliederung der Bilanz ein Formblatt vor (§ 2 Abs. 1 RechKredV), ebenso die RechZahlV (§ 2 RechZahlV).[2347]

Für bestimmte Arten von Kreditinstituten und Finanzdienstleistungsinstituten bzw. Wertpapierinstituten sind die in den Fußnoten zu Formblatt 1 bezeichneten Besonderheiten zu beachten.

Die Bilanz ist in Kontoform aufzustellen. Dabei richtet sich die Reihenfolge der Aktiv- und der Passivposten nach dem Prinzip des abnehmenden Liquiditätsgrads. Die Aktivseite ist nicht in Anlage- und Umlaufvermögen aufzugliedern. Zum Einblick in die Liquiditätslage sowie in die Risiko- und Ertragsverhältnisse wird auf die Darstellung bei Bieg/Waschbusch[2348] verwiesen.

Besondere Angaben

In dem Jahresabschluss sind die **Firma**, der **Sitz**, das **Registergericht** und die **Nummer, unter der die Gesellschaft in das Handelsregister eingetragen** ist, anzugeben. Befindet sich die Gesellschaft in Liquidation oder Abwicklung, ist auch diese Tatsache anzugeben (§ 264 Abs. 1a HGB).

Änderungen der RechKredV seit der letzten Auflage

Mit Art. 1 des *„Gesetzes zur Umsetzung der Richtlinie (EU) 2019/2034 über die Beaufsichtigung von Wertpapierinstituten"* wurde das WpIG erlassen. Mit Art. 7 Abs. 2 und Abs. 3 wurde der Anwendungsbereich von §§ 340 ff. HGB sowie der Anwendungsbereich der RechKredV auf Wertpapierinstitute (WpI) erweitert. Hierzu wurden § 1 Satz 1, § 11 Satz 1, § 14 Satz 1, § 21 Abs. 1 Satz 1, § 28 Satz 1, § 29 Satz 1 und § 30 Abs. 1 Satz 1 RechKredV redaktionell angepasst.

Im Formblatt 1 Aktivposten 7 und 8 wurden jeweils die Wörter *„an Wertpapierinstituten ...Euro"* angefügt. Darüber hinaus wurden die Fußnoten 2, 4 und 7 sowie in Formblatt 2 die Fußnote 2 und in Formblatt 3 die Fußnote 4 angepasst. Einzelheiten vgl. die entsprechenden Bilanz- bzw. GuV-Posten.

[2347] Vgl. Gaber, 2. Aufl., 441 ff. und 697 ff.
[2348] Vgl. Bieg/Waschbusch, 3. Aufl., 91 ff.

RechZahlV und deren Änderungen seit der letzten Auflage

Ein Institut mit Erlaubnis nach § 32 KWG, das gleichzeitig Zahlungsinstitut und/oder E-Geld-Institut ist, muss sowohl die RechKredV als auch die RechZahlV anwenden.[2349]

Der Grundsatz der **getrennten Rechnungslegung** für Zahlungsdienste und das E-Geld-Geschäft sowie für sonstige Geschäfte, sieht in § 3 RechZahlV eine Unterteilung der Posten der Bilanz und Gewinn- und Verlustrechnung nach der Herkunft vor.[2350]

Die Herkunft der einzelnen Posten ist einzelgeschäftsbezogen durch Zuordnung der betreffenden Geschäftstätigkeiten zu den erlaubnispflichtigen Geschäften nach § 1 Abs. 1 und Abs. 2 ZAG festzustellen. Bei Posten mit einer **Mischzuordnung** (zB Personalaufwand) kann eine institutsbezogene Aufteilung nach einem statistischen Verfahren zur Zuordnung auf Gesamtinstitutsebene erforderlich sein.[2351]

§ 3 Abs. 1 Satz 1 RechZahlV schreibt zunächst vor, dass für **Zahlungsdienste** und für die **Ausgabe von E-Geld** sowie für **sonstige Geschäfte** die Angaben in der Rechnungslegung jeweils getrennt auszuweisen sind. Die Posten der Bilanz und der Gewinn- und Verlustrechnung sind nach Maßgabe der Formblätter entsprechend ihrer Herkunft aus Zahlungsdiensten und aus der Ausgabe von E-Geld oder aus sonstigen Tätigkeiten zu unterteilen (§ 3 Abs. 1 Satz 2 RechZahlV).

Die Vorschrift des § 3 Abs. 2 RechZahlV zum **Ausweis von Unterposten** (§ 3 Abs. 2 Satz 1 Nr. 1 bis 4 RechZahlV) sieht eine differenziertere Darstellung bestimmter Aktiv- und Passivposten durch eine zusätzliche Untergliederung in Unterposten bzw. Davon-Vermerke vor, sofern das betroffene Institut über verbriefte und unverbriefte Forderung an bzw. Verbindlichkeiten gegenüber **verbundenen Unternehmen** oder verbriefte und unverbriefte Forderungen an bzw. Verbindlichkeiten gegenüber **Unternehmen, mit denen ein Beteiligungsverhältnis besteht**, verfügt. Damit ist es möglich, die Zusammensetzung der betroffenen Posten auf den ersten Blick zu erfassen und Verflechtungen in der Finanzwirtschaft zu erkennen. Diese Angaben können nach § 3 Abs. 2 Satz 2 RechZahlV statt in der Bilanz im Anhang in der Reihenfolge der betreffenden Posten gemacht werden. Die Regelung orientiert sich an § 3 RechKredV.

[2349] GlA Böcking/Bär/Morawietz, in: MünchKomm. HGB, 4. Aufl., § 340 HGB Rn. 13.
[2350] Vgl. WPH Edition, Kreditinstitute, Kap. L Rn. 11.
[2351] Vgl. WPH Edition, Kreditinstitute, Kap. L Rn. 13.

Besonderheiten bezüglich des Geschäftsfelds

Kreditinstitute mit Bausparabteilung haben die für Bausparkassen vorgesehenen besonderen Posten in ihre Bilanz und in ihre Gewinn- und Verlustrechnung zu übernehmen (§ 2 Abs. 1 RechKredV).

Die das **Pfandbriefgeschäft** betreibenden Kreditinstitute müssen die in den Fußnoten der Formblätter der RechKredV vorgesehenen Angaben machen. Die in den Fußnoten dargestellte Gliederung der Bilanzposten ist nur auf die Pfandbriefbanken zugeschnitten, die schwerpunktmäßig das Pfandbriefgeschäft betreiben.

Auch **Universalbanken** können das Pfandbriefgeschäft betreiben. Bei den Kreditinstituten, die das Pfandbriefgeschäft nicht schwerpunktmäßig betreiben, passen die für Pfandbriefbanken vorgesehenen Gliederungen nicht. Aus diesem Grund ist es notwendig, dass diese Kreditinstitute je nach Schwerpunkt des Geschäfts entscheiden, welcher Gliederung sie primär folgen. Die für das jeweils andere Geschäftsfeld erforderlichen Angaben müssen ergänzt werden. Dh. wird primär die Gliederung für Universalbanken verwendet, müssen die für Pfandbriefbanken erforderlichen Angaben ergänzt werden.

Ein Institut, das eine Erlaubnis nach § 32 KWG hat und das gleichzeitig Institut iSd. § 1 Abs. 3 ZAG ist, muss sowohl die RechKredV als auch die RechZahlV anwenden.[2352]

Zu beachtende Normen des allgemeinen Bilanzrechts

Neben den sich aus der RechKredV ergebenden Besonderheiten ist zu beachten, dass von Instituten für den Bilanzausweis eine Reihe von Vorschriften des allgemeinen Rechnungslegungsrechts zu beachten ist. Diese Vorschriften sind in Abb. 5.1 aufgeführt.[2353]

[2352] GlA Böcking/Bär/Morawietz, in: MünchKomm. HGB, 4. Aufl., § 340 HGB Rn. 13.
[2353] Vgl. Gaber, 2. Aufl., 438 ff.

§§ HGB	Allgemeine Vorschriften zum Bilanzausweis
265 Abs. 1	Die Form der Darstellung, insbesondere die Gliederung der aufeinanderfolgenden Bilanzen und Gewinn- und Verlustrechnungen, ist beizubehalten, soweit nicht in Ausnahmefällen wegen besonderer Umstände Abweichungen erforderlich sind. Die Abweichungen sind im Anhang anzugeben und zu begründen.
265 Abs. 2	In der Bilanz (und in der Gewinn- und Verlustrechnung) ist zu jedem Posten der entsprechende Betrag des Vorjahrs anzugeben. Sind die Beträge nicht vergleichbar bzw. wird der Vorjahresbetrag angepasst, so ist dies im Anhang anzugeben und zu erläutern.
265 Abs. 3	Fällt ein Vermögensgegenstand oder eine Schuld unter mehrere Posten der Bilanz, so ist die Mitzugehörigkeit zu anderen Posten bei dem Posten, unter dem der Ausweis erfolgt ist, zu vermerken oder im Anhang anzugeben, wenn dies zur Aufstellung eines klaren und übersichtlichen Jahresabschlusses erforderlich ist.
265 Abs. 4	Sind mehrere Geschäftszweige vorhanden und bedingt dies die Gliederung des Jahresabschlusses nach verschiedenen Gliederungsvorschriften, so ist der Jahresabschluss nach der für einen Geschäftszweig vorgeschriebenen Gliederung aufzustellen und nach der für die anderen Geschäftszweige vorgeschriebenen Gliederung zu ergänzen. Die Ergänzung ist im Anhang anzugeben und zu begründen.
265 Abs. 5	Eine weitere Untergliederung der Posten bzw. die Hinzufügung neuer Posten ist zulässig. Nach § 265 Abs. 5 Satz 2 HGB können auch Zwischensummen hinzugefügt werden.
265 Abs. 8	Ein Posten der Bilanz oder der Gewinn- und Verlustrechnung, der keinen Betrag ausweist, braucht nicht aufgeführt zu werden, es sei denn, dass im vorhergehenden Geschäftsjahr unter diesem Posten ein Betrag ausgewiesen wurde.
268 Abs. 1	Die Bilanz darf unter Berücksichtigung der vollständigen oder teilweisen Verwendung des Jahresergebnisses aufgestellt werden.
268 Abs. 3	Ausweis eines Aktivpostens „Nicht durch Eigenkapital gedeckter Fehlbetrag".

§§ HGB	Allgemeine Vorschriften zum Bilanzausweis
268 Abs. 4 Satz 2	Werden unter dem Posten „sonstige Vermögensgegenstände" Beträge für Vermögensgegenstände ausgewiesen, die erst nach dem Abschlussstichtag rechtlich entstehen, so müssen Beträge, die einen größeren Umfang haben, im Anhang erläutert werden.
268 Abs. 5 Satz 3	Sind unter dem Posten „Verbindlichkeiten" Beträge für Verbindlichkeiten ausgewiesen, die erst nach dem Abschlussstichtag rechtlich entstehen, so müssen Beträge, die einen größeren Umfang haben, im Anhang erläutert werden.
268 Abs. 6	Gesonderter Ausweis eines in den aktiven Rechnungsabgrenzungsposten aufgenommenen Disagios oder Anhangangabe.
268 Abs. 8	Ausschüttungssperre für selbst geschaffene immaterielle Vermögensgegenstände des Anlagevermögens, latente Steuern und Vermögensgegenstände im Sinne des § 246 Abs. 2 Satz 2 HGB.

Abb. 5.1: Allgemeine Vorschriften zum Bilanzausweis

KGaA müssen § 286 AktG und **GmbH** müssen § 42 GmbHG beachten. Die §§ 264a ff. HGB sind für **OHG** und **KG** relevant.

Anteilige Zinsen und **ähnliche das Geschäftsjahr betreffende Beträge**, die erst nach dem Bilanzstichtag fällig werden, aber bereits am Bilanzstichtag bei Kreditinstituten den Charakter von bankgeschäftlichen und bei Finanzdienstleistungsinstituten, Wertpapierinstituten oder Instituten iSd. § 1 Abs. 3 ZAG den Charakter von für diese Institute typische Forderungen oder Verbindlichkeiten haben, sind demjenigen Posten der Aktiv- oder Passivseite zuzuordnen, dem sie zugehören (§ 11 RechKredV, § 8 RechZahlV).

Für alle **Pflichtposten** (Haupt-, Untergliederungs- und Ausgliederungsposten) der Bilanz einschließlich der Vermerkposten unter dem Bilanzstrich gilt, dass eine Zusammenziehung grundsätzlich nicht zulässig ist (nach § 340a Abs. 2 Satz 1 HGB ist § 265 Abs. 7 HGB nicht anwendbar). Dies gilt auch dann, wenn das Institut der Untergliederung von Hauptposten keinen Informationswert beimisst. Eine Ausnahme hinsichtlich des vollständigen Ausweises der Pflichtposten sieht § 2 Abs. 2 Satz 1 RechKredV vor, wonach die mit kleinen Buchstaben versehenen Posten der Bilanz und der GuV dann zusammengefasst ausgewiesen werden dürfen, wenn die in § 2 Abs. 2 Satz 1 Nr. 1 und Nr. 2 RechKredV genannten Bedingungen erfüllt sind.

Die **mit kleinen Buchstaben versehenen Posten der Bilanz** (und der Gewinn- und Verlustrechnung) können – als Ausnahme – nach § 2 Abs. 2 RechKredV **zusammengefasst** werden, wenn

- sie einen Betrag enthalten, der für die Vermittlung eines den tatsächlichen Verhältnissen entsprechenden Bildes iSd. § 264 Abs. 2 HGB nicht erheblich ist, oder
- dadurch die Klarheit der Darstellung vergrößert wird; in diesem Fall müssen die zusammengefassten Posten im Anhang gesondert ausgewiesen werden.

Eine solche Zusammenfassung wird im Bilanzformblatt in der Praxis nur selten gemacht. In den der Deutschen Bundesbank und der BaFin einzureichenden Bilanzen ist eine Zusammenfassung von Posten nicht zulässig (§ 2 Abs. 2 Satz 2 RechKredV).

Formblattstrenge

Die **Verbindlichkeit der Formblätter** (Formblattstrenge) geht so weit, dass die Bezeichnung der Posten, der in der RechKredV bzw. RechZahlV festgelegte Inhalt der Posten und die Reihenfolge der Posten grundsätzlich nicht verändert werden dürfen (§ 340a Abs. 2 Satz 1 HGB untersagt die Anwendung von § 265 Abs. 6 HGB).

Da § 340a Abs. 2 Satz 1 HGB die Anwendung von § 265 Abs. 5 HGB nicht untersagt, ist auch bei Instituten im Interesse der Aussagefähigkeit des Jahresabschlusses eine weitere Aufgliederung der Posten bzw. die Einfügung von Zusatzposten zulässig, wobei die vorgeschriebene Gliederung zu beachten ist. Darunter dürfen allerdings die Klarheit und Übersichtlichkeit des Jahresabschlusses nicht leiden (§ 243 Abs. 2 HGB). Ziel muss in einem solchen Fall sein, die Aussagefähigkeit des Jahresabschlusses zu steigern.

Nach § 265 Abs. 5 Satz 2 HGB ist mit Inkrafttreten des BilRUG auch das Hinzufügen von **Zwischensummen** zulässig. Dies dient der Umsetzung von Art. 9 Abs. 2 Satz 3 der EU-Bilanzrichtlinie.

Bei **Pflichtposten**, die keinen Betrag aufweisen, kann nach § 340 Abs. 2 Satz 1 iVm. § 265 Abs. 8 HGB entweder in der Betragsspalte ein Strich gemacht (**Leerposten**) oder der Posten weggelassen werden (**Fehlposten**). Lag im Vorjahr kein Leerposten vor, war also im Vorjahr ein Betrag in dem Posten auszuweisen, muss der Posten mit der Vorjahreszahl aufgenommen und die Betragsspalte mit einem Strich versehen werden.

Die Bilanz darf auch unter Berücksichtigung der vollständigen oder teilweisen Verwendung des Jahresergebnisses aufgestellt werden. Wird die Bilanz unter Berücksichtigung der teilweisen Verwendung des Jahresergebnisses aufgestellt, tritt an die Stelle der Posten „Jahresüberschuss/Jahresfehlbetrag" und „Gewinnvortrag/Verlustvortrag" der Posten „Bilanzgewinn/Bilanzverlust"; ein vorhandener Gewinn- oder Verlustvortrag ist in den Posten „Bilanzgewinn/Bilanzverlust" einzubeziehen und in der Bilanz gesondert anzugeben (§ 268 Abs. 1 Satz 2).

Die Angabe kann auch im Anhang gemacht werden (§ 268 Abs. 1 Satz 3 HGB). Durch die Streichung der Wörter *„oder im Anhang"* in § 268 Abs. 1 Satz 2 HGB mit dem BilRUG sieht die geänderte Formulierung im Regelfall eine Pflicht zum Ausweis in der Bilanz vor. Mit § 268 Abs. 1 Satz 3 HGB sollen Institute weiterhin ein Wahlrecht haben, die Angaben stattdessen im Anhang zu machen. Weder der Wortlaut des Gesetzes noch die Gesetzesbegründung lassen erkennen, ob die Ausübung dieses Wahlrechts an irgendwelche Voraussetzungen gebunden ist; die Formulierung *„falls sie dies wollen"* in der Gesetzesbegründung spricht indes für ein bedingungslos ausübbares Wahlrecht.[2354]

Die verbrieften und unverbrieften **Forderungen an verbundene Unternehmen** bzw. **Unternehmen, mit denen ein Beteiligungsverhältnis** besteht, sind bei den Aktivposten

- Forderungen an Kreditinstitute (Aktiva 3.),
- Forderungen an Kunden (Aktiva 4.) und
- Schuldverschreibungen und andere festverzinsliche Wertpapiere (Aktiva 5.)

als Unterposten in der Bilanz jeweils gesondert auszuweisen oder im Anhang in der Reihenfolge der betroffenen Posten anzugeben (§ 3 RechKredV).

Die verbrieften und unverbrieften **Verbindlichkeiten gegenüber verbundenen Unternehmen** bzw. **Unternehmen, mit denen ein Beteiligungsverhältnis** besteht, sind bei den Passivposten

- Verbindlichkeiten gegenüber Kreditinstituten (Passiva 1.),
- Verbindlichkeiten gegenüber Kunden (Passiva 2.),
- Verbriefte Verbindlichkeiten (Passiva 3.) und
- Nachrangige Verbindlichkeiten (Passiva 9.)

als Unterposten in der Bilanz jeweils gesondert auszuweisen oder im Anhang in der Reihenfolge der betroffenen Posten anzugeben (§ 3 RechKredV).

[2354] Vgl. Russ/Janßen/Götze (Hrsg.), Abschn. F Rn. 9 mwN.

Nachrangige Vermögensgegenstände sind auf der Aktivseite bei dem jeweiligen Posten oder Unterposten gesondert auszuweisen (§ 4 Abs. 2 Satz 1 RechKredV, § 4 RechZahlV). Die Angaben können anstatt in der Bilanz auch im Anhang in der Reihenfolge der betroffenen Posten gemacht werden (§ 4 Abs. 2 Satz 2 RechKredV, § 4 Abs. 2 Satz 2 RechZahlV). **Nachrangige Verbindlichkeiten** sind zusammengefasst im Passivposten „9. Nachrangige Verbindlichkeiten" auszuweisen.

Zu jedem Posten der in der Bilanz ausgewiesenen Verbindlichkeiten und der unter dem Strich vermerkten Eventualverbindlichkeiten ist im Anhang jeweils der **Gesamtbetrag der als Sicherheit übertragenen Vermögensgegenstände** anzugeben (§ 35 Abs. 5 RechKredV).

Grundsatz der Stetigkeit und seine Durchbrechung

Mit dem BilMoG wurde § 246 Abs. 3 HGB eingeführt, der die in § 252 Abs. 1 Nr. 6 HGB normierte **Bewertungsstetigkeit** um die **Ansatzstetigkeit** ergänzt. § 246 Abs. 3 Satz 1 HGB sieht zwingend den Beibehalt der auf den vorhergehenden Jahresabschluss angewandten Ansatzmethoden vor. Bei vergleichbaren Posten sind danach die gleichen Ansatzmethoden anzuwenden. „Ansatzmethoden" umfassen das planmäßige Vorgehen bei der Ausübung von Ansatzwahlrechten und Ermessensspielräumen (siehe unten).[2355]

Die Ansatzstetigkeit entfaltet insbesondere Wirkung auf sämtliche **explizite Ansatzwahlrechte**. Hierzu zählen § 250 Abs. 3 HGB (Disagio), Art. 28 Abs. 1 EGHGB (Altzusagen für Altersversorgungsleistungen sowie Verpflichtungen aus mittelbaren Zusagen für Altersversorgungsleistungen), § 248 Abs. 2 Satz 1 HGB (selbst geschaffene immaterielle Anlagewerte), § 274 Abs. 1 Satz 2 HGB (Überhang aktiver latenter Steuern).

Die Ansatzstetigkeit umfasst auch **Ermessensspielräume beim Ansatz** von Vermögensgegenständen, Schulden, Rechnungsabgrenzungsposten und Sonderposten. Hierzu zählen bspw. die Abgrenzung von Forschungs- und Entwicklungskosten und die Schätzung der Wahrscheinlichkeit der Inanspruchnahme aus bestehenden Verpflichtungen. Einzelheiten zur Ansatz- und Bewertungsstetigkeit sind in IDW RS HFA 38 geregelt. Zu Besonderheiten der Stetigkeit bei der Bilanzierung von Altersversorgungsverpflichtungen wird auf IDW RS HFA 30 n.F. verwiesen.

[2355] Vgl. WPH Edition, Wirtschaftsprüfung & Rechnungslegung, 17. Aufl., Kapitel F Tz. 71 ff.

Abweichungen (Durchbrechungen) hiervon sind nach § 246 Abs. 3 Satz 2 iVm. § 252 Abs. 2 HGB nur in begründeten (dh. sachlich gerechtfertigten, nicht willkürlichen) Ausnahmefällen zulässig. Damit soll sichergestellt werden, dass sich das bilanzierende Institut geänderten Verhältnissen durch eine abweichende Bilanzierung anpassen kann.[2356] Erfasst sind damit vor allem solche Änderungen der Verhältnisse, die das bilanzierende Institut nicht selbst herbeigeführt hat oder denen es sich auch nicht anderweitig entziehen kann. Allgemein sind Durchbrechungen des Grundsatzes der Stetigkeit dann zulässig, wenn dadurch ein besserer Einblick in die Vermögens-, Finanz- und Ertragslage vermittelt wird. Darüber hinaus darf der Stetigkeitsgrundsatz auch bei anderen Sacherhalten durchbrochen werden, etwa wenn eine Abweichung erforderlich ist, um steuerliche Ziele zu verfolgen. Besondere Bedeutung hatte die Durchbrechung der Stetigkeit iRd. Coronavirus-Pandemie (*„gravierendes exogenes Ereignis"*) erlangt.[2357]

Eine Durchbrechung des Grundsatzes der Stetigkeit ist im Anhang anzugeben und zu begründen (§ 284 Abs. 2 Nr. 2 HGB). Dabei ist auf Konsistenz zu den übrigen Angaben im Anhang und im Lagebericht zu achten.[2358]

Abkehr von der Going Concern-Prämisse

IDW RS HFA 17 n.F. befasst sich mit den **Auswirkungen einer Abkehr von der Going Concern-Prämisse** auf den handelsrechtlichen Jahresabschluss.[2359]

Für die Beurteilung der Angemessenheit der Going Concern-Annahme gilt eine Ausnahme vom Stichtagsprinzip. Danach ist der Abschluss auch dann unter Abkehr von der Annahme der Fortführung der Unternehmenstätigkeit aufzustellen, wenn die Ursache für die Abkehr erst nach dem Abschlussstichtag eingetreten ist.[2360]

Zur **bilanziell rückwirkenden Berücksichtigung von Sanierungsmaßnahmen** hat das IDW iRd. Fachlichen Fragen im Zusammenhang mit der Coronavirus-Pandemie Stellung genommen.[2361]

[2356] Vgl. IDW, Fachlicher Hinweis (Teil 2), IDW Life 2020, 314.

[2357] Vgl. IDW, Fachlicher Hinweis (Teil 2), IDW Life 2020, 314.

[2358] Vgl. IDW, Fachlicher Hinweis (Teil 2), IDW Life 2020, 315.

[2359] Vgl. hierzu Veldkamp, WPg 2012, 803 ff.; Sikora, BBK 24/2017, 1143 ff.; Eggert, BBK 10/2020, 467 ff. zur Beurteilung der Going Concern-Annahme in der Corona-Krise.

[2360] Vgl. IDW, Fachlicher Hinweis (Teil 2), IDW Life 2020, 315.

[2361] Vgl. IDW, Fachlicher Hinweis (Teil 1), IDW Life 2020, 316.

Vorjahreszahlen

Einzelheiten zu **Vorjahreszahlen** im handelsrechtlichen Jahresabschluss werden in IDW RS HFA 39[2362] dargestellt. Die Pflicht zur Angabe von Vorjahreszahlen gilt auch für Untergliederungen von Posten, auch in Form von Davon- bzw. Darunter-Vermerken, sowie für Angaben, die anstatt in der Bilanz oder in der Gewinn- und Verlustrechnung im Anhang gemacht werden.

Auskunftsrecht gem. § 131 AktG in der Hauptversammlung

Der Vorstand eines Instituts (Kredit-, Finanzdienstleistungs- und Wertpapierinstitut) darf die Auskunft verweigern, soweit die Angaben über angewandte Bilanzierungs- und Bewertungsmethoden sowie vorgenommene Verrechnungen im Jahresabschluss, Lagebericht, Konzernabschluss oder Konzernlagebericht nicht gemacht werden brauchen.

5.2. Aktivseite

5.2.1. Barreserve (Aktiva 1.)

5.2.1.1. Postenbezeichnung

Die Postenbezeichnung lautet nach dem Formblatt 1 der RechKredV wie folgt:

> *1. Barreserve*
> *a) Kassenbestand*
> *b) Guthaben bei Zentralnotenbanken*
> *darunter:*
> *bei der Deutschen Bundesbank ... Euro*
> *c) Guthaben bei Postgiroämtern*

Der Aktivposten „1. Barreserve" ist für alle Kreditinstitute, Finanzdienstleistungsinstitute und Wertpapierinstitute einheitlich geregelt.

[2362] Vgl. Löffler/Müller, WPg 2013, 291 ff.

Für **Zahlungsinstitute** und **E-Geld-Institute** lautet nach dem Formblatt 1 zur RechZahlV die Postenbezeichnung wie folgt:

1. Barreserve
  a) aus Zahlungsdiensten und aus der Ausgabe von E-Geld
     darunter:
     Guthaben bei Zentralnotenbanken
  b) aus sonstigen Tätigkeiten
     darunter:
     Guthaben bei Zentralnotenbanken

5.2.1.2. Posteninhalt

5.2.1.2.1. Rechnungslegungsverordnung

Der Posteninhalt ist für Institute in § 12 RechKredV näher definiert. Der Posteninhalt für Zahlungsinstitute und E-Geld-Institute ist in § 9 RechZahlV geregelt.

Aufgrund der Zweiten Verordnung zur Änderung der RechKredV vom 11.12.1998 wurde durch die Neufassung des Abs. 2 ua. eine Anpassung an die geldpolitischen Instrumente und Verfahren des Europäischen Systems der Zentralbanken (ESZB) und damit einhergehende Rechtsänderungen vorgenommen.

Es wurde klargestellt, dass die Einlagenfazilität der Deutschen Bundesbank nicht zu den täglich fälligen Guthaben zählt, obwohl „über Nacht" überschüssige Guthaben bei der Deutschen Bundesbank verzinslich angelegt werden können. Die in § 12 Abs. 2 RechKredV genannte „Spitzenrefinanzierungsfazilität" trat an die Stelle des früheren Lombardkredits.

Nach Satz 3 zu § 9 RechZahlV – eingefügt mit der RechZahlÄndV vom 17.12.2018 – wurde klargestellt, dass die Guthaben bei Zentralnotenbanken in der Bilanz von Zahlungsinstituten und E-Geld-Instituten unter dem Aktivposten 1. auszuweisen sind. Dabei „... *dürfen nur **täglich fällige** Guthaben einschließlich der täglich fälligen Fremdwährungsguthaben bei Zentralnotenbanken der **Niederlassungsländer** des Instituts ausgewiesen werden"* (§ 9 Satz 3 RechZahlV).

5.2.1.2.2. Unterposten: Kassenbestand (Aktiva 1.a))

Als Kassenbestand sind **gesetzliche Zahlungsmittel** einschließlich der ausländischen Noten und Münzen[2363] (Sorten) sowie **Postwertzeichen** und **Gerichtsgebührenmarken** auszuweisen (§ 12 Abs. 1 Satz 1 RechKredV). Es muss sich stets um **gültige** Zahlungsmittel, Wertzeichen und Gebührenmarken handeln. Dies gilt auch für ausländische Wertzeichen und Gebührenmarken, da diese von § 12 Abs. 1 RechKredV nicht explizit ausgeschlossen sind. Darüber hinaus sind auch **Bargeldbestände in Automaten** zu berücksichtigen. Gleiches gilt für **Wertvorräte** wie bspw. Frankiermöglichkeiten.

Für **Zahlungsinstitute** und **E-Geld-Institute** wird in § 9 Satz 1 RechZahlV der Inhalt des Postens „Barreserve" entsprechend der Definition des Kassenbestands iSv. § 12 Abs. 1 und Abs. 2 RechKredV bestimmt.

Nach § 9 RechZahlV werden die flüssigen Mittel zusammenfassend dargestellt. Die Definition in § 9 Satz 1 RechZahlV (Barreserve) sowie die Abgrenzung ggü. dem Posten „Sonstige Vermögensgegenstände" (betreffend Gedenk-, Goldmünzen, Barrengold) stimmt mit der Definition in § 12 Abs. 1 RechKredV (Kassenbestand) überein. Von Zahlungsinstituten bzw. E-Geld-Instituten ist in diesem Posten weiterhin vornehmlich der Kassenbestand auszuweisen, obwohl die Postenbezeichnung wie bei Kredit-, Finanzdienstleistungs- und Wertpapierinstituten „Barreserve" lautet.

Aufgrund der RechZahlÄndV vom 17.12.2018 wurden beide Unterposten des Aktivpostens 1. um einen **Darunter-Posten** ergänzt. Entsprechend bestimmt § 9 Satz 3 RechZahlV: im Darunter-Posten „Guthaben bei Zentralnotenbanken" dürfen „… *nur täglich fällige Guthaben einschließlich der täglich fälligen Fremdwährungsguthaben bei Zentralnotenbanken der Niederlassungsländer des Instituts*" ausgewiesen werden. Damit stellt § 9 Satz 3 RechZahlV zum einen klar, dass auch Guthaben bei Zentralnotenbanken unter der „Barreserve" ausgewiesen werden und legt fest, dass dies nur **täglich fällige** Guthaben bei den Zentralbanken der **Niederlassungsländer** sein dürfen. Zu den Definitionen „täglich fällige Guthaben" und „Niederlassungsländer" vgl. Kapitel 5.2.1.2.3.

Silber- und **Gedenkmünzen**, bei denen es sich um gesetzliche Zahlungsmittel handelt, sind dann als Kassenbestand auszuweisen, wenn diese zum Nennbetrag erworben wurden.

[2363] Zu den rechtlichen Grundlagen des Münzwesens vgl. Stoltenberg, WM 2015, 858 ff.

Zu einem höheren Betrag als dem Nennwert erworbene **Gedenkmünzen** sowie generell **Goldmünzen**, auch wenn es sich um gesetzliche Zahlungsmittel handelt, und **Barrengold** sind im Posten „14. Sonstige Vermögensgegenstände" zu erfassen (§ 12 Abs. 1 Satz 2 RechKredV). Goldmünzen dürfen auch dann nicht als Kassenbestand ausgewiesen werden, wenn es sich um gesetzliche Zahlungsmittel handelt, die nicht zu einem höheren Betrag als dem Nennwert erworben wurden. Gleiches gilt auch für **Silbermünzen**, die keine gesetzlichen Zahlungsmittel sind, und Bestände an anderen **Edelmetallen** (zB Platin). Für **Medaillen** gilt Entsprechendes. Auch diese sind im Posten „14. Sonstige Vermögensgegenstände" und nicht als Kassenbestand auszuweisen.

5.2.1.2.3. Unterposten: Guthaben bei Zentralnotenbanken (Aktiva 1.b))

Täglich fällige Guthaben

Als Guthaben bei Zentralnotenbanken dürfen nur täglich fällige Guthaben einschließlich der täglich fälligen Fremdwährungsguthaben bei Zentralnotenbanken der Niederlassungsländer des Instituts ausgewiesen werden (§ 12 Abs. 2 Satz 1 RechKredV).

Zum Ausweis von Guthaben bei Zentralnotenbanken bei **Zahlungsinstituten** sowie **E-Geld-Instituten** in den Darunter-Posten „Guthaben bei Zentralnotenbanken" zum Aktivposten 1. nach § 9 RechZahlV vgl. Kapitel 5.2.1.2.2.

Täglich fällig sind Guthaben über die jederzeit ohne vorherige Kündigung verfügt werden kann oder für die eine Laufzeit oder Kündigungsfrist von 24 Stunden oder von einem Geschäftstag vereinbart worden ist einschließlich sog. Tagesgelder und Gelder mit täglicher Kündigung (§ 8 Abs. 3 RechKredV).

Niederlassungsländer

Als Niederlassungsländer gelten die Länder (einschließlich des Hauptniederlassungslands), in denen das Institut Bankgeschäfte betreibt oder Finanzdienstleistungen bzw. Wertpapierdienstleistungen erbringt, Dienstleistungen anbietet oder aus anderen Gründen präsent ist; die **Form der Niederlassung** (zB Zweigniederlassung, Zweigstelle, Repräsentanz) ist unbeachtlich.

Mithin sind hier auch Guthaben auszuweisen, die von ausländischen Filialen oder Zweigstellen des Instituts bei den dortigen Zentralnotenbanken eingelegt wurden.

Einzelfragen

Die den **Mindestreserven** unterliegenden Mittel gelten als frei verfügbar.[2364] Zu den im Aktivposten 1.b) auszuweisenden Beträgen gehören damit auch die bei der Deutschen Bundesbank unterhaltenen Mindestreserveguthaben.

Hier sind nicht nur Guthaben bei der Deutschen Bundesbank auszuweisen, sondern **sämtliche Guthaben bei Zentralnotenbanken** der Niederlassungsländer (vgl. oben).

Die **nicht jederzeit verfügbaren** (Termineinlagen, auf bestimmte Zeit angelegten) Guthaben bei Zentralnotenbanken sind im Posten „3. Forderungen an Kreditinstitute" auszuweisen. Das gilt auch für Forderungen an Zentralnotenbanken in Ländern, in denen das bilanzierende Institut keine Niederlassung hat.[2365]

Andere Guthaben wie Übernachtguthaben im Rahmen der Einlagenfazilität der Deutschen Bundesbank sowie Forderungen an die Deutsche Bundesbank aus Devisenswapgeschäften, Wertpapierpensionsgeschäften und Termineinlagen sind im Posten Aktiva „3. Forderungen an Kreditinstitute" auszuweisen (§ 12 Abs. 2 Satz 2 RechKredV).

Bei Zentralnotenbanken in Anspruch genommene Kredite wie Übernachtkredite iRd. Spitzenrefinanzierungsfazilität der Deutschen Bundesbank oder andere täglich fällige Darlehen dürfen nicht von Guthaben abgesetzt werden, sondern sind im Passivposten „1. Verbindlichkeiten gegenüber Kreditinstituten" als täglich fällige Verbindlichkeiten auszuweisen (§ 12 Abs. 2 Satz 3 RechKredV). Damit werden einerseits die bei der Zentralbank gehaltenen Guthaben und andererseits die Verpflichtungen in voller Höhe brutto ausgewiesen.

Darunter-Vermerk „bei der Deutschen Bundesbank"

Bei dem Aktivposten „1.b) Guthaben bei Zentralnotenbanken" ist ein Darunter-Vermerk „bei der Deutschen Bundesbank" zu machen. Hier sind die in diesem Posten ausgewiesenen Guthaben bei der Deutschen Bundesbank zu zeigen. Soweit das Institut ausschließlich Guthaben bei der Deutschen Bundesbank hat, ist der Ausweis im Aktivposten 1.b) und im Darunter-Vermerk identisch. Der Darunter-Vermerk kann nicht weggelassen werden.

[2364] Vgl. Begründung der EG-Kommission zum Richtlinienvorschlag, BR-Drucks. 139/81 vom 3.4.1981, zu Artikel 11; ebenso Schwartze, 175 f.

[2365] Vgl. Bieg, ZfbF 1988, 27; Schimann, WPg 1985, 162.

5.2.1.2.4.   Unterposten: Guthaben bei Postgiroämtern (Aktiva 1.c))

Auch in diesem Posten dürfen nur täglich fällige Guthaben (§ 8 Abs. 3 Rech-KredV) einschließlich der täglich fälligen Fremdwährungsguthaben der Postgiroämter der Niederlassungsländer des Instituts ausgewiesen werden (§ 12 Abs. 2 RechKredV).

Postgiroämter iSd. Vorschrift sind Institutionen, die nicht als Kreditinstitut iSd. § 14 RechKredV gelten. Guthaben bei der **Deutschen Postbank AG** sind als Forderungen an Kreditinstitute auszuweisen.

Soweit das Institut in einem der EU-Staaten eine Niederlassung hat, in dem die Postscheckämter von den EU-Bankrechtsvorschriften ausgenommen sind, kann der Ausweis im Aktivposten 1.c) relevant werden.

5.2.1.3.   Bewertung

Die Bestände sind grundsätzlich zum Nennwert zu bewerten. Die Bewertung von Fremdwährungsguthaben erfolgt nach den Vorschriften für die Fremdwährungsumrechnung (vgl. Kapitel 4.8.).

Die Bewertung von Noten und Münzen (Sorten) in Fremdwährung erfolgt nach dem für das Umlaufvermögen geltenden strengen Niederstwertprinzip, dh. grundsätzlich zum Anschaffungswert bzw. zum niedrigeren Tageswert (Ankaufskurs am Bilanzstichtag). Soweit die Sorten für die Beurteilung der Vermögens-, Finanz- und Ertragslage von untergeordneter Bedeutung sind, ist es nicht zu beanstanden, wenn diese zum Ankaufskurs am Bilanzstichtag angesetzt werden. § 340h HGB ist auf Sorten nicht anzuwenden.

Grundsätzlich besteht bei den hier auszuweisenden Guthaben kein Ausfallrisiko. Es ist jedoch darauf hinzuweisen, dass bei den in Niederlassungsländern des Instituts in Fremdwährung gehaltenen Guthaben bei Zentralnotenbanken und Postgiroämtern ein **Währungsrisiko** besteht und ein **Länderrisiko** nicht auszuschließen ist. Bei Letzterem handelt es sich um eine Form des Ausfallrisikos, das darin besteht, dass Tilgungs- und Zinszahlungen von Schuldnern durch hoheitliche Maßnahmen des ausländischen Staats verhindert werden (Transferrisiko).

5.2.1.4. Anhangangaben

Die **Fremdwährungsbeträge** sind in die Angabe des Gesamtbetrags der Vermögensgegenstände, die auf Fremdwährung lauten, jeweils in Euro, einzubeziehen (§ 35 Abs. 1 Nr. 6 RechKredV).

IRd. Angaben nach § 284 Abs. 2 Nr. 1 HGB sind auch die Grundlagen der Währungsumrechnung mit anzugeben.

5.2.1.5. Prüfung des Postens

Es sind die bei flüssigen Mitteln sowie Guthaben bei Kreditinstituten allgemein **üblichen Prüfungshandlungen** durchzuführen; insbesondere sind die Bestandsnachweise auf Richtigkeit und Vollständigkeit zu prüfen. Es ist zu prüfen, ob die einzelnen Beträge zutreffend ausgewiesen werden.

Der **Nachweis** der Bestände erfolgt durch Inventurprotokolle (zB Kassenprotokoll) sowie durch Kontoauszüge zum Bilanzstichtag. Unterwegs befindliche Zahlungen sind festzustellen und ggf. zu berücksichtigen. Daneben ist die **Bewertung** zu prüfen.

Dabei ist ferner darauf zu achten, dass im bilanzierten Kassenbestand keine ungebuchten Belege, Vorschusszettel, eingelösten Reiseschecks uÄ enthalten sind. Vor Durchführung der Bestandsaufnahme sind mithin etwa im Kassenbestand vorhandene geldgleiche Werte zulasten derjenigen Konten auszubuchen, auf denen die Gegenwerte vereinnahmt sind. Im Kassenbestand befindliche Belege sind vor Bestandsaufnahme zu buchen.

Sämtliche Kassen (Haupt- und Zweigstellen) und Geldautomaten sind zweckmäßigerweise zu einem einheitlichen Zeitpunkt aufzunehmen. Auf **Kassendifferenzen** ist zu achten; sie sind in alter Rechnung zu bereinigen. Es ist insbesondere festzustellen, ob die Interne Revision den Ursachen für diese Kassendifferenzen nachgegangen ist.

Von der **Internen Revision** angefertigte Revisionsberichte sollten eingesehen werden, insbesondere hinsichtlich der Ordnungsmäßigkeit der Kassenführung.

Der **Prüfungsbericht** muss die erforderlichen Angaben enthalten.

5.2.2. Schuldtitel öffentlicher Stellen und Wechsel, die zur Refinanzierung bei Zentralnotenbanken zugelassen sind (Aktiva 2.)

5.2.2.1. Postenbezeichnung

Die Postenbezeichnung lautet nach dem Formblatt 1 der RechKredV wie folgt:

> 2. *Schuldtitel öffentlicher Stellen und Wechsel, die zur Refinanzierung bei Zentralnotenbanken zugelassen sind*
> a) *Schatzwechsel und unverzinsliche Schatzanweisungen sowie ähnliche Schuldtitel öffentlicher Stellen*
> *darunter:*
> *bei der Deutschen Bundesbank refinanzierbar ... Euro*
> b) *Wechsel*

Der Aktivposten „2. Schuldtitel öffentlicher Stellen und Wechsel, die zur Refinanzierung bei Zentralnotenbanken zugelassen sind" ist für alle Kreditinstitute, Finanzdienstleistungsinstitute und Wertpapierinstitute einheitlich geregelt.

Der ehemalige Davon-Vermerk zum Unterposten b) Wechsel „bei der Deutschen Bundesbank refinanzierbar" ist seit dem 1.1.2007 ohne praktische Relevanz. Zu diesem Datum haben Handelswechsel ihre Notenbankfähigkeit verloren. Seit dem 1.1.2007 gilt ein einheitlicher Rahmen für notenbankfähige Sicherheiten im Eurosystem. Mit dem BilMoG wurde daher Abs. 3 des § 13 RechKredV, der den Inhalt des Davon-Vermerks bestimmte, aufgehoben.

In Formblatt 1 der RechZahlV ist für **Zahlungsinstitute** bzw. E-Geld-Institute kein vergleichbarer Posten vorgesehen.

5.2.2.2. Posteninhalt

5.2.2.2.1. Rechnungslegungsverordnung

Der Posteninhalt ist in § 13 RechKredV näher umschrieben. In § 13 Abs. 1 Satz 2 RechKredV wurde mit der Zweiten Verordnung zur Änderung der RechKredV vom 11.12.1998 Folgendes eingefügt: *„gegebenenfalls im Unterposten „Anleihen und Schuldverschreibungen von öffentlichen Emittenten" (Aktivposten Nr. 5 Buchstabe b Doppelbuchstabe ba)".* Gleichzeitig wurden die Absätze 2 und 3 des § 13 RechKredV neu gefasst.

5.2.2.2.2. Voraussetzungen für den Postenausweis

Unter diesem Posten sind nach § 13 Abs. 1 Satz 1 RechKredV

- Schatzwechsel,
- unverzinsliche Schatzanweisungen sowie
- ähnliche Schuldtitel öffentlicher Stellen und
- Wechsel[2366] (zur Bedeutung des Ausweises in Aktiva 2. vgl. nachfolgend)

auszuweisen, wenn diese

1. unter Diskontabzug hereingenommen wurden **und**
2. zur Refinanzierung bei den Zentralnotenbanken der Niederlassungsländer zugelassen sind.

Sofern mit diesen Titeln eine kurzfristige Gewinnerzielungsabsicht (Handelsabsicht) verfolgt wird, ist eine Zuordnung zum **Handelsbestand** vorzunehmen.[2367]

Die Schatzwechsel, unverzinslichen Schatzanweisungen, ähnliche Schuldtitel öffentlicher Stellen und Wechsel sind im Aktivposten 2. **unabhängig von ihrer Laufzeit** auszuweisen, wenn sie die vorstehenden Bedingungen 1. und 2. kumulativ erfüllen.

Soweit die Schuldtitel öffentlicher Stellen die genannten Voraussetzungen nicht erfüllen, ist die Börsenfähigkeit für die Bilanzierung ausschlaggebend. Börsenfähige Papiere sind im Aktivposten Aktiva 5.b) aa) „Geldmarktpapiere von öffentlichen Emittenten" und ggf. im Aktivposten Aktiva 5.b) ba) „Anleihen und Schuldverschreibungen von öffentlichen Emittenten", nicht börsenfähige Papiere sind im Aktivposten Aktiva 4. auszuweisen (siehe auch nachfolgend).[2368]

Unter **Diskontabzug** hereingenommen (1. Bedingung) bedeutet, dass der Zinsertrag beim Ankauf in Form einer Abzinsung des Erfüllungsbetrags verrechnet (abgezogen) wird. Unter Diskont ist allgemein die Abzinsung des Erfüllungsbetrags zu verstehen. Diese Voraussetzung erfüllen auch Zerobonds (Null-Kupon-Anleihen) öffentlicher Stellen. Dem Diskontabzug ist ein Agio bei der

---

[2366] Zu den Wechselgeschäften vgl. Eisele/Knobloch, 197 ff.

[2367] Vgl. Gaber, 2. Aufl., 449.

[2368] Vgl. Böcking/Wolsiffer/Morawietz, in: MünchKomm. HGB, 4. Aufl., § 340a HGB Rn. 46.

Einlösung gleichzusetzen. Für den Ankauf von noch nicht fälligen Wechseln unter Abzug von Zinsen zur Kreditgewährung wird eine Erlaubnis zum Betreiben des Diskontgeschäfts nach § 1 Abs. 1 Satz 2 Nr. 3 KWG benötigt.

Der Ansatz zum Nennwert unter gleichzeitiger Passivierung des Diskonts unter den passiven Rechnungsabgrenzungsposten ist nicht zulässig.[2369]

Die hier auszuweisenden Aktiva müssen zur **Refinanzierung bei den Zentralnotenbanken der Niederlassungsländer**[2370] (2. Bedingung) des Instituts zugelassen sein. Diese Bedingung soll der Zielsetzung der Bilanz, Einblick in die Liquiditätslage zu geben, Rechnung tragen. Sie dient dazu, dass hier nur liquiditätsnahe Vermögenswerte ausgewiesen werden. Als refinanzierbar gelten Schuldtitel, die zur Sicherung von Offenmarkt- und Übernachtkrediten an Zentralnotenbanken verpfändet werden können. Der Ausweis ist damit wesentlich von den kreditpolitischen Maßnahmen der Zentralnotenbanken abhängig.

Das **Refinanzierungskontingent** des jeweiligen Instituts ist dabei nicht von Bedeutung.[2371] Die **(Rest-) Laufzeit** der Schuldtitel ist für die Zuordnung zu diesem Posten nicht entscheidend, es sei denn, die Refinanzierbarkeit setzt eine bestimmte Restlaufzeit voraus.[2372]

5.2.2.2.3. Unterposten: Schuldtitel öffentlicher Stellen (Aktiva 2.a))

Schuldtitel öffentlicher Stellen, die die vorstehenden Bedingungen (Hereinnahme unter Diskontabzug **und** Zulassung zur Refinanzierung) erfüllen, werden im Aktivposten 2.a) ausgewiesen. Als ähnliche Schuldtitel öffentlicher Stellen können hier ua. auch Auslandstitel wie Treasury Bills oder Bons de Trésor ausgewiesen werden, wenn sie die Voraussetzungen der Hereinnahme unter Diskontabzug und Zulassung zur Refinanzierung bei der Zentralnotenbank erfüllen.

[2369] Vgl. WPH Edition, Kreditinstitute, Kap. D. Rn. 598.
[2370] Zum Begriff Niederlassungsländer vgl. Kapitel 5.2.1.2.3.2.
[2371] Vgl. Böcking/Wolsiffer/Morawietz, in: MünchKomm. HGB, 4. Aufl., § 340a HGB Rn. 45.
[2372] Vgl. Böcking/Wolsiffer/Morawietz, in: MünchKomm. HGB, 4. Aufl., § 340a HGB Rn. 45.

Öffentliche Stellen sind nach § 13 Abs. 1 Satz 3 RechKredV öffentliche Haushalte (Bund, Länder, Gemeinden, Kommunale Zweckverbände) einschließlich ihrer Sondervermögen.[2373]

Sondervermögen des Bundes umfassen den Erblastentilgungsfonds, das ERP-Sondervermögen, das Bundeseisenbahnvermögen Lastenausgleichsfonds, Fonds „Deutsche Einheit", Entschädigungsfonds, Versorgungsrücklage des Bundes, Fonds Aufbauhilfe, Entschädigungseinrichtung der Wertpapierhandelsunternehmen (EdW), Binnenschifffahrtsfonds, Kinderbetreuungsausbau Sondervermögen, Sonderfonds für Finanzmarktstabilisierung (SoFFin) sowie den Restrukturierungsfonds der Bundesanstalt für Finanzmarktstabilisierung (FMSA).[2374]

Öffentliche Stellen im Ausland sind ausländische Regierungen oder ausländische Gebietskörperschaften. Hierunter fallen jedoch nicht internationale bzw. supranationale Organisationen wie zB die Weltbank, die Osteuropabank oder die BIZ.

Zum Begriff der **Niederlassungsländer** vgl. Kapitel 5.2.1.2.3. Die vom Bund und seinen Sondervermögen sowie den Ländern in Umlauf gebrachten Schuldtitel sind stets refinanzierbar bei der Deutschen Bundesbank.

Da die Schuldtitel von öffentlichen Stellen bzw. deren Sondervermögen nach dem Wortlaut des § 13 Abs. 1 RechKredV direkt begeben worden sein müssen, können in diesem Bilanzposten keine Schuldtitel ausgewiesen werden, die von öffentlichen Stellen bzw. deren Sondervermögen garantiert werden. Hinsichtlich der Grundsätze der Bilanzgliederung der RechKredV erscheint nach Gaber de lege ferenda eine Gleichstellung mit garantierten Schuldtiteln vor dem Hintergrund der Einblicknahme in die Liquiditätslage eines Instituts jedoch als sachgerecht.[2375]

Soweit Schuldtitel öffentlicher Stellen mindestens eine der Voraussetzungen des § 13 Abs. 1 Satz 1 RechKredV (Hereinnahme unter Diskontabzug **oder** Zulassung zur Refinanzierung) **nicht** erfüllen, sind sie nicht hier auszuweisen. Für den Ausweis in **Aktiva 5.** ist zwischen börsenfähigen und nicht börsenfähigen Wertpapieren zu unterscheiden (§ 13 Abs. 1 Satz 2 RechKredV):

[2373] Zu den Sondervermögen vgl. Gaber, 2. Aufl., 450.
[2374] Vgl. Gaber, 2. Aufl., 450 mwN.
[2375] Vgl. Gaber, 2. Aufl., 449 f.

- **Börsenfähige** Schuldtitel öffentlicher Stellen sind – je nachdem, ob es sich um Geldmarktpapiere handelt oder nicht – im Posten „5.a) aa) Geldmarktpapiere von öffentlichen Emittenten" oder ggf. im Posten „5.b) ba) Anleihen und Schuldverschreibungen von öffentlichen Emittenten" auszuweisen.
- Sind die Wertpapiere **nicht börsenfähig**, müssen sie im Posten „4. Forderungen an Kunden" ausgewiesen werden.

Mit dem Verbot des Ausweises im Aktivposten 2. wird dem niedrigeren Liquiditätsgrad dieser Papiere Rechnung getragen.

Als **börsenfähig** gelten nach § 7 Abs. 2 RechKredV Wertpapiere, die die Voraussetzungen einer Börsenzulassung erfüllen; für Schuldverschreibungen genügt es, dass alle Stücke einer Emission hinsichtlich Verzinsung, Laufzeitbeginn und Fälligkeit einheitlich ausgestattet sind (vgl. Kapitel 3.6.).

Als **Geldmarktpapiere** gelten alle Schuldverschreibungen und andere festverzinsliche Wertpapiere, unabhängig von ihrer Bezeichnung, sofern ihre ursprüngliche Laufzeit ein Jahr nicht überschreitet (§ 16 Abs. 2a RechKredV). Dabei kommt es auf die Ursprungslaufzeit und nicht auf die Restlaufzeit an.

Im Aktivposten 2. sind auch die Wertpapiere auszuweisen, die zwar die abstrakte Refinanzierbarkeit aufweisen, tatsächlich aber nicht bei der Zentralnotenbank liquidiert werden können, weil bspw. die Refinanzierungskontingente des Instituts ausgeschöpft sind.

5.2.2.2.4. Unterposten: Wechsel (Aktiva 2.b))

Vor dem Hintergrund, dass Handelswechsel bei der Deutschen Bundesbank seit 1.1.2007 nicht mehr refinanzierbar sind, was jedoch für den Postenausweis maßgebliche Voraussetzung ist, hat der Posten Aktiva 2.b „Wechsel" an Bedeutung verloren.

Aus systematischen Gründen und um das Thema „Wechsel" zusammengefasst darzustellen, wird im Folgenden die Bilanzierung nach den derzeit bestehenden Regelungen beschrieben.[2376]

[2376] Ausführlich vgl. Bieg/Waschbusch, 3. Aufl., 182 ff.

Wechsel[2377] sind die aus dem Diskontgeschäft (§ 1 Abs. 1 Satz 2 Nr. 3 KWG) stammenden Wechselabschnitte, ohne Rücksicht auf die Anzahl der Wechselverpflichteten und auf die Stellung des Einreichers in der Reihe der Wechselverpflichteten (sog. Diskontwechsel).[2378] Ausländische Wechsel gehören dazu, wenn sie mindestens den wechselrechtlichen Anforderungen des Ausstellungslandes entsprechen. (Art. 92 WG). Mit **wesentlichen Formfehlern** behaftete Wechsel sind nicht als Wechsel zu zeigen (vgl. unten).

Den **Kunden nicht abgerechnete Wechsel**, **Solawechsel** und **eigene Ziehungen**, die beim bilanzierenden Institut hinterlegt sind (Depot- oder Kautionswechsel), sind ebenfalls nicht als Wechsel zu bilanzieren (§ 13 Abs. 3 RechKredV).

Mit wesentlichen **Formfehlern** behaftete Wechsel sind als Buchforderung im Aktivposten „3. Forderungen an Kreditinstitute" oder „4. Forderungen an Kunden" zu erfassen. Sie gelten nach dem Wechselgesetz nicht als Wechsel. Etwas anderes gilt für den Fall, dass zwischen den Beteiligten vereinbart wird, dass die Urkunde vervollständigt werden darf. Dann ist der Inhaber befugt, die Urkunde jederzeit zu einem Wechsel zu ergänzen.[2379]

Eigene Akzepte entstehen durch die Inanspruchnahme eines eingeräumten Akzeptkredits. Hier akzeptiert die Bank einen von ihrem Kunden auf sie gezogenen Wechsel, wodurch die Bank im Außenverhältnis zur Einlösung des Wechsels verpflichtet ist. Im Innenverhältnis hat der Kunde die Verpflichtung, den Gegenwert vor Fälligkeit anzuschaffen. Die Forderung gegenüber dem Kunden ist im Aktivposten „4. Forderungen an Kunden" erfasst. Die Einlösungsverpflichtung der Bank – dh. der Wechsel an sich – wird im Passivposten 3.b) „andere verbriefte Verbindlichkeiten" ausgewiesen. Der **Bestand** an eigenen Akzepten, dh. eigene Akzepte, die diskontiert werden, wobei der Gegenwert unter Abzug von Zinsen dem Kunden auf seinem Kontokorrentkonto zur Verfügung gestellt wird, ist mit dem Nominalbetrag von den im Umlauf befindlichen eigenen Akzepten und Solawechseln abzusetzen (Passivposten 3.b); § 22 Abs. 4 Satz 2 RechKredV).[2380] Das Kreditinstitut ist hier sowohl Gläubiger als auch Schuldner der Wechselforderung, wodurch es ansonsten eine Forderung und eine entsprechende Verbindlichkeit an sich selbst ausweisen würde.

[2377] Zu Wechseln ausführlich vgl. Eisele/Knobloch, 197 ff.

[2378] Vgl. Birck/Meyer, II 170.

[2379] Vgl. Krumnow ua., 2. Aufl., § 13 RechKredV Rn. 7.

[2380] Vgl. Bieg/Waschbusch, 3. Aufl., 183.

Nicht abgerechnete eigene Akzepte sind, soweit sie sich im Bestand des Kreditinstituts befinden, nicht in der Bilanz auszuweisen (§ 13 Abs. 3 Satz 2 RechKredV). Dies entspricht der Behandlung der nicht abgerechneten im Bestand befindlichen eigenen Ziehungen; dies gilt auch für nicht abgerechnete im Bestand befindliche Solawechsel des Kreditinstituts.

Inkassowechsel – dies sind Wechsel, die vom Kreditinstitut zum Einzug hereingenommen und dem Einreicher zum Nennwert („Einzug vorbehalten") gutgeschrieben werden – sind, soweit sie innerhalb von 30 Tagen ab Einreichung zur Vorlage bestimmt und dem Einreicher bereits gutgeschrieben worden sind, im Aktivposten „14. Sonstige Vermögensgegenstände" auszuweisen (§ 20 Satz 2 RechKredV).[2381] Soweit die Fälligkeit mehr als 30 Tage nach der Einreichung liegt, sind die Inkassowechsel je nach Einreicher im Posten „3. Forderungen an Kreditinstitute" oder „4. Forderungen an Kunden" auszuweisen. Dem Einreicher nicht gutgeschriebene Inkassowechsel sind nicht bilanzierungsfähig.

Versandwechsel wurden vom bilanzierenden Kreditinstitut vor dem Verfalltag zum Einzug weitergegeben. Da es sich bei diesen Wechseln sowohl um Diskont- als auch um Inkassowechsel handeln kann, gelten die für diese Wechselarten oben dargestellten Ausweisregeln. Birck/Meyer[2382] ziehen aus abwicklungstechnischen Gründen einen einheitlichen Ausweis unter dem Posten „3. Forderungen an Kreditinstitute" vor, was hier ebenfalls als zulässig angesehen wird.[2383] Versandwechsel sind nicht unter dem Bilanzstrich im Posten „Eventualverbindlichkeiten aus weitergegebenen abgerechneten Wechseln" aufzuführen, da sich § 26 Abs. 1 Satz 1 RechKredV nur auf weiterverkaufte Wechsel bezieht.

Rückwechsel, das sind bei Fälligkeit nicht eingelöste Wechsel, sind in der Regel im Posten „3. Forderungen an Kreditinstitute" bzw. „4. Forderungen an Kunden" zu zeigen.

Eigene Ziehungen sind Wechsel, bei denen das bilanzierende Kreditinstitut Aussteller und ein Kunde bzw. ein anderes Kreditinstitut Wechselbezogener ist. Sie sind zum einen nach abgerechneten und nicht abgerechneten Abschnitten und zum anderen nach Bestandswechseln und Wechseln im Umlauf zu unterscheiden.

[2381] Inkassowechsel werden nicht unter Diskontabzug hereingenommen.
[2382] Vgl. Birck/Meyer, II 174.
[2383] Ebenso Bieg/Waschbusch, 3. Aufl., 182,

Als Aktiva des bilanzierenden Instituts werden nur solche eigenen Ziehungen ausgewiesen, die **abgerechnet** sind und sich noch im Bestand des Kreditinstituts befinden.[2384] Befinden sich abgerechnete Abschnitte nicht mehr im Bestand, sondern im Umlauf, sind sie als „Eventualverbindlichkeiten aus weitergegebenen abgerechneten Wechseln" unter dem Bilanzstrich auszuweisen.

Nicht abgerechnete im Bestand befindliche eigene Ziehungen werden wie andere zur Sicherheit hinterlegte Wechsel nicht in der Bilanz des bilanzierenden Kreditinstituts ausgewiesen (§ 13 Abs. 3 Satz 2 RechKredV).

Wurden **nicht abgerechnete eigene Ziehungen** hingegen **weitergegeben**, sind sie also im Umlauf, müssen sie im Passivposten „1. Verbindlichkeiten gegenüber Kreditinstituten" erfasst werden.

Soweit das Kreditinstitut sämtliche Wechselverpflichteten privatschriftlich von ihren Verpflichtungen aus dem Wechsel freistellt, liegt im Regelfall eine Buchforderung und kein Wechsel vor.

Nicht eingelöste Wechsel mit Fälligkeit im alten Jahr, deren Protestfrist von zwei Werktagen erst im neuen Jahr endet, können bis zum **Ablauf der Protestfrist** entweder als Wechselbestand behandelt oder im Aktivposten 3. bzw. 4. ausgewiesen werden. Liegt die Fälligkeit dagegen im neuen Jahr, müssen sie auch dann als Wechselbestand bilanziert werden, wenn sie später zu Protest gehen.

5.2.2.2.5. Darunter-Vermerk „bei der Deutschen Bundesbank refinanzierbar"

Im Vermerk zum Unterposten „a) **Schatzwechsel und unverzinsliche Schatzanweisungen sowie ähnliche Schuldtitel öffentlicher Stellen"** sind als bei der Deutschen Bundesbank refinanzierbar alle im Bestand befindlichen Schatzwechsel und unverzinslichen Schatzanweisungen und ähnliche Schuldtitel öffentlicher Stellen auszuweisen, die bei der Deutschen Bundesbank refinanzierungsfähig sind (§ 13 Abs. 2 RechKredV).

Bei diesem Darunter-Vermerk kommt es ausschließlich auf die **abstrakte Refinanzierungsfähigkeit** an. Sämtliche vom Bund, seinen Sondervermögen sowie den Ländern in Umlauf gebrachten Schuldtitel sind stets bei der Deutschen Bundesbank refinanzierbar.

[2384] Ebenso Bieg/Waschbusch, 3. Aufl., 183.

5.2.2.3. Bewertung

Die Schuldtitel öffentlicher Stellen und Wechsel sind mit dem um den Diskont verminderten Betrag anzusetzen (Anschaffungskosten). Der Ansatz zum Nominalwert unter gleichzeitiger Passivierung des Diskonts unter den Rechnungsabgrenzungsposten ist nicht zulässig.

Der Bewertung (Aufzinsung) ist der beim Erwerb berechnete Diskontsatz zugrunde zu legen.

Eine Bildung von **Vorsorgereserven** nach § 340f HGB kann im Zusammenhang mit dem Aktivposten 2. nicht erfolgen. Nach der EG-Bankbilanzrichtlinie beschränkt § 340f HGB die Möglichkeit der Bildung von Vorsorgereserven auf die Aktivposten 3., 4. sowie 5. und 6. für solche Wertpapiere, die der Liquiditätsreserve zugeordnet sind. Insoweit ist eine Zuordnung von Wertpapieren im Aktivposten 2. zur Liquiditätsreserve nicht relevant.[2385] Anders formuliert: Obgleich die in diesem Posten ausgewiesenen Instrumente im Regelfall der Liquiditätssicherung dienen, gelten sie nicht als Wertpapiere der Liquiditätsreserve iSd. § 340f HGB.[2386]

Hieraus folgt konsequenterweise, dass **Wertberichtigungen/Abschreibungen** des Aktivpostens 2. in der Gewinn- und Verlustrechnung als „Sonstige betriebliche Aufwendungen" zu erfassen sind.[2387] Die **laufenden Erträge** sind in den Zinserträgen auszuweisen.

5.2.2.4. Anhangangaben

Die Fremdwährungsbeträge sind in die Angabe des Gesamtbetrags der Vermögensgegenstände, die auf Fremdwährung lauten, jeweils in Euro einzubeziehen (§ 35 Abs. 1 Nr. 6 RechKredV).

Ferner sind Angaben nach § 284 Abs. 2 Nr. 1 HGB zu den angewandten **Bilanzierungs- und Bewertungsmethoden** erforderlich. **Abweichungen** hiervon müssen ebenfalls angegeben und begründet werden (§ 284 Abs. 2 Nr. 2 HGB). Ihr Einfluss auf die Vermögens-, Finanz- und Ertragslage ist gesondert darzustellen.

[2385] Vgl. Krumnow ua., 2. Aufl., § 13 RechKredV Rn. 23 ff. mwN.
[2386] So Gaber, 2. Aufl., 451.
[2387] Ebenso Gaber, 2. Aufl., 451.

Darüber hinaus kommen Angaben über den Buchwert von in Pension gegebenen Vermögensgegenständen in Betracht (§ 340b Abs. 4 HGB).

Gemäß § 285 Nr. 21 HGB sind zumindest die wesentlichen nicht zu marktüblichen Bedingungen zustande gekommenen Geschäfte mit nahestehenden Unternehmen und Personen anzugeben (Mindestangabe).

5.2.2.5. Prüfung des Postens

Es sind die für Wertpapiere und Forderungen allgemein üblichen Prüfungshandlungen durchzuführen. Es ist darauf zu achten, dass sämtliche in diesem Posten ausgewiesenen Beträge die Voraussetzungen des § 13 RechKredV erfüllen.

Der **Nachweis** erfolgt durch Inventurprotokolle bzw. durch Depotauszüge der Verwahrstellen zum Bilanzstichtag. Die Bestandsnachweise sind auf Richtigkeit und Vollständigkeit zu prüfen. Die **Bewertung** ist zu prüfen.

Bei von ausländischen öffentlichen Stellen ausgegebenen Titeln bzw. bei Wechseln, die auf eine Fremdwährung lauten, können ein Währungsrisiko sowie ein Länderrisiko bestehen. Bezüglich der Wertberichtigungen ist zu prüfen, ob sie in ausreichender Höhe gebildet wurden.

Hinsichtlich des Darunter-Vermerks ist darauf zu achten, dass die Voraussetzungen für die Refinanzierbarkeit erfüllt sind.

Von der **Internen Revision** angefertigte Revisionsberichte sollten eingesehen werden, insbesondere hinsichtlich der Ordnungsmäßigkeit der Bestandsführung.

Der **Prüfungsbericht** muss die erforderlichen Angaben enthalten.

5.2.3.   Forderungen an Kreditinstitute (Aktiva 3.)

5.2.3.1. Postenbezeichnung

Die allgemeine Postenbezeichnung lautet nach dem Formblatt 1 der RechKredV wie folgt:

> 3. *Forderungen an Kreditinstitute*
>   *a) täglich fällig*
>   *b) andere Forderungen*

Forderungen an **verbundene Unternehmen** bzw. Forderungen an **Unternehmen, mit denen ein Beteiligungsverhältnis** besteht, sind als Unterposten in der Bilanz jeweils gesondert auszuweisen (§ 3 Satz 1 Nr. 1 und Nr. 2 RechKredV). Die Angaben können wahlweise auch im Anhang in der Reihenfolge der betroffenen Posten gemacht werden. Kreditinstitute in der Rechtsform der GmbH müssen **Forderungen gegenüber Gesellschaftern** gesondert ausweisen oder im Anhang angeben (§ 42 Abs. 3 GmbHG).

Pfandbriefbanken und Bausparkassen haben als Spezialkreditinstitute den Aktivposten „3. Forderungen an Kreditinstitute" nach der Fußnote 1 zum Formblatt 1 zu untergliedern:

- **Pfandbriefbanken**

   3. Forderungen an Kreditinstitute
   a) Hypothekendarlehen
   b) Kommunalkredite
   c) andere Forderungen
   darunter:
   täglich fällig ... Euro
   gegen Beleihung von Wertpapieren ... Euro

Banken, die das **Pfandbriefgeschäft** betreiben, aber keine (reinen) Pfandbriefbanken sind (zB Universalbanken) müssten die Gliederung der Posten um die Angaben für Pfandbriefbanken in den Fußnoten des Formblatts ergänzen (vgl. hierzu auch Kapitel 5.1.).

- **Bausparkassen**[2388]

   3. Forderungen an Kreditinstitute
   a) Bauspardarlehen
   b) Vor- und Zwischenfinanzierungskredite
   c) sonstige Baudarlehen
   d) andere Forderungen
   darunter
   täglich fällig ... Euro

[2388] Vgl. WPH Edition, Kreditinstitute, Kap. J Rn. 25 ff.

Zahlungsinstitute und **E-Geld-Institute** weisen nach Formblatt 1 der Rech-ZahlV diesen Posten in der Bilanz wie folgt aus:

> 2. *Forderungen an Kreditinstitute*
> > a) *aus Zahlungsdiensten und aus der Ausgabe von E-Geld*
> > *davon:*
> > *auf Treuhandkonten ... Euro*
> > b) *aus sonstigen Tätigkeiten*
> > > aa) *täglich fällig*
> > > bb) *andere Forderungen*

Zu Einzelheiten bezüglich bestimmter Forderungen an Kreditinstitute aus Zahlungsdiensten oder der Aufnahme von E-Geld auf Treuhandkonten vgl. WPH.[2389]

Zahlungsinstitute und E-Geld-Institute weisen Forderungen an ebensolche im Aktivposten 4. des Formblatts 1 wie folgt aus:

> 4. *Forderungen an Institute im Sinne des § 1 Abs. 3*
> *des Zahlungsdiensteaufsichtsgesetzes*
> > a) *aus Zahlungsdiensten und aus der Ausgabe von E-Geld*
> > b) *aus sonstigen Tätigkeiten*

Verbriefte und unverbriefte Forderungen an **verbundene Unternehmen** (§ 3 Abs. 1 Satz 1 Nr. 1 RechZahlV) bzw. an **Unternehmen, mit denen ein Beteiligungsverhältnis besteht** (§ 3 Abs. 1 Satz 1 Nr. 2 RechZahlV) sind jeweils als Unterposten zu diesen Posten (Nr. 2 und Nr. 4) auszuweisen. Diese Angaben können statt in der Bilanz wahlweise im Anhang in der Reihenfolge der betroffenen Posten gemacht werden (§ 3 Abs. 2 Satz 2 RechZahlV).

5.2.3.2. Posteninhalt

5.2.3.2.1. Rechnungslegungsverordnung

Den Inhalt dieses Postens regelt für Kredit-, Finanzdienstleistungs- und Wertpapierinstitute § 14 RechKredV. Die Verrechnungsregeln des § 10 RechKredV sind zu beachten. Für Zahlungs- und E-Geld-Institute ist der Posteninhalt in § 10 RechZahlV normiert.

[2389] Vgl. WPH Edition, Kreditinstitute, Kap. L Rn. 16.

Nach Art. 15 der EG-Bankbilanzrichtlinie, der in § 14 RechKredV umgesetzt wurde, haben **Kreditinstitute** alle Forderungen aus Bankgeschäften ggü. Kreditinstituten im Aktivposten „3. Forderungen an Kreditinstitute" auszuweisen.

§ 14 RechKredV wurde mit der Zweiten Verordnung zur Änderung der RechKredV vom 11.12.1998 geändert. In § 14 Satz 1 RechKredV wurde nach dem Wort *„Bankgeschäfte"* Folgendes eingefügt: *„sowie alle Forderungen von Finanzdienstleistungsinstituten"*. Danach sind alle Forderungen der **Finanzdienstleistungsinstitute** gegenüber Kreditinstituten, unabhängig davon, woraus sie resultieren, hier auszuweisen, soweit sie nicht unter anderen Posten einzuordnen sind.

Mit dem BilMoG wurde in der Fußnote 1 des Formblatts 1 der Begriff *„Realkreditinstitute"* durch *„Pfandbriefbanken"* ersetzt und in § 14 Satz 1 RechKredV wurden die Wörter *„um Wechsel im Sinne des Unterpostens ,Wechsel, die zur Refinanzierung bei Zentralnotenbanken zugelassen sind' (Aktivposten Nr. 2 Buchstabe b) oder"* gestrichen. Es handelt es sich um eine Folgeänderung aufgrund der Tatsache, dass Handelswechsel zu Beginn des Jahres 2007 ihre Notenbankfähigkeit verloren haben.

Mit Art. 7 Abs. 3 des „Gesetzes zur Umsetzung der Richtlinie (EU) 2019/2034 über die Beaufsichtigung von **Wertpapierinstituten**" vom 12.5.2021 wurde § 14 Satz 1 RechKredV geändert. Nach dem Wort *„Finanzdienstleistungsinstituten"* wurden die Wörter *„oder Wertpapierinstituten"* eingefügt. Damit sind auch alle Forderungen der Wertpapierinstitute gegenüber Kreditinstituten, unabhängig davon, woraus sie resultieren, hier auszuweisen, soweit sie nicht unter anderen Posten einzuordnen sind.

Mit der **RechZahlÄndV** wurde in § 10 Satz 4 RechZahlV die Angabe § 13 durch § 17 ersetzt sowie im Formblatt 1 der Darunter-Vermerk neu gefasst.

5.2.3.2.2. Voraussetzungen für den Postenausweis

Überblick

Nach § 14 Satz 1 RechKredV ist bezüglich der in diesem Posten auszuweisenden Beträge danach zu unterscheiden, ob es sich beim bilanzierenden Institut um ein Kreditinstitut oder um ein Finanzdienstleistungs- bzw. Wertpapierinstitut handelt:

- Bei Kreditinstituten sind **alle Arten** von Forderungen **aus Bankgeschäften** an in- und ausländische Kreditinstitute hier zu erfassen.
- Bei Finanzdienstleistungsinstituten bzw. Wertpapierinstituten sind dagegen **alle Forderungen** an in- oder ausländische Kreditinstitute hier einzuordnen.

Der Hinweis in § 14 Satz 4 RechKredV, wonach § 7 RechKredV unberührt bleibt, stellt klar, dass der Wertpapierbegriff vorgeht, in diesem Posten also nur Forderungen an Kreditinstitute auszuweisen sind, die nicht den Wertpapierbegriff des § 7 RechKredV erfüllen.

Beim Geldeingang erfolgt der Zufluss beim Empfänger und damit die Buchung als „Forderungen an Kreditinstitute" erst dann, wenn die Gutschrift durch die kontoführende Bank auf dem Empfängerkonto erfolgt ist.[2390] Erst dann kann der Empfänger darüber verfügen.

Der Posteninhalt bei **Zahlungsinstituten** bzw. **E-Geld-Instituten** ist in § 10 RechZahlV festgelegt. In diesem Posten sind wie bei Finanzdienstleistungsinstituten „... alle Arten von Forderungen an in- und ausländische Kreditinstitute auszuweisen".

Besonderheiten beim Ausweis bei Kreditinstituten als Bilanzierende

In diesem Posten sind bei Kreditinstituten[2391] „... alle Arten von Forderungen aus Bankgeschäften"[2392] an in- und ausländische Kreditinstitute einschließlich der von Kreditinstituten eingereichten Wechsel auszuweisen, soweit es sich nicht um börsenfähige Schuldverschreibungen iSd. Aktivpostens „5. Schuldverschreibungen und andere festverzinsliche Wertpapiere" handelt (§ 14 Satz 1 RechKredV).

Die ausdrückliche Einschränkung bei Kreditinstituten auf Forderungen „aus Bankgeschäften" führt zum Ausweis der aus anderen Geschäften mit Kreditinstituten entstandenen Forderungen grundsätzlich im Aktivposten „4. Forderungen an Kunden".[2393]

[2390] Vgl. BFH-Urteil vom 11.12.1990, DB 1991, 2218 ff.
[2391] Zu den Kreditinstituten zählen auch Bausparkassen, die Deutsche Postbank AG sowie alle öffentlich-rechtlichen Kreditinstitute.
[2392] Bankgeschäfte iSd. § 1 KWG zuzüglich der banktypischen Dienstleistungsgeschäfte.
[2393] Der Begriff „aus Bankgeschäften" ist weit zu fassen. Von dem Posten werden alle Forderungen gegen Kreditinstitute erfasst, die aus banktypischen Geschäften stammen. Diese Geschäfte müssen nicht zwingend solche iSd. § 1 Abs. 1 KWG sein. Forderungen aus der Vermietung von Gebäuden usw. fallen nicht unter diesen Posten. Vgl. KK-RLR, § 340a HGB, Rn. 54, Fußnote 9.

Dem folgt die herrschende Meinung nicht. Da nach § 15 Abs. 1 Satz 1 Rech-KredV Kunden Nichtbanken sind, wird die Ansicht vertreten, dass Forderungen aus Geschäften, die keine Bankgeschäfte iSd. § 14 Abs. 1 Satz 1 Rech-KredV sind, als „Sonstige Vermögensgegenstände" auszuweisen sind.[2394] Da nicht allein das Bestehen einer Forderung, die nicht aus dem Bankgeschäft stammt, das betreffende Kreditinstitut zur Nichtbank macht, erscheint für diese Fälle ein Ausweis unter den „Sonstigen Vermögensgegenständen" als bessere Alternative. Da andererseits nur wenige Ansprüche gegen andere Kreditinstitute vorstellbar sind, denen keine Bankgeschäfte zugrunde liegen, ist diese Frage wohl eher von theoretischer Bedeutung.

Besonderheiten beim Ausweis bei Finanzdienstleistungsinstituten und Wertpapierinstituten als Bilanzierende

Mit der Zweiten Verordnung zur Änderung der RechKredV wurde folgende Ergänzung in § 14 Satz 1 RechKredV eingefügt: *„sowie alle Forderungen von Finanzdienstleistungsinstituten".* Danach sind alle Forderungen der Finanzdienstleistungsinstitute an Kreditinstitute, unabhängig davon, ob sie aus Bank- oder Finanzdienstleistungsgeschäften resultieren oder nicht, in diesem Posten auszuweisen, soweit sie nicht gemäß § 14 RechKredV unter anderen Posten einzuordnen sind.

Mit Art. 7 Abs. 3 des „Gesetzes zur Umsetzung der Richtlinie (EU) 2019/2034 über die Beaufsichtigung von Wertpapierinstituten" vom 12.5.2021 wurde § 14 Satz 1 RechKredV geändert. Nach dem Wort *„Finanzdienstleistungsinstituten"* wurden die Wörter *„oder Wertpapierinstituten"* eingefügt. Für diese Institute gilt Entsprechendes wie für Finanzdienstleistungsinstitute.

Eine Beschränkung des Ausweises auf bankgeschäftliche Forderungen würde bei Finanzdienstleistungsinstituten bzw. Wertpapierinstituten ins Leere gehen, da diese keine Bankgeschäfte betreiben dürfen. Die Folge wäre, dass Forderungen gegenüber Kreditinstituten nicht in dem dafür vorgesehenen Spezialposten ausgewiesen werden könnten, was die Darstellung eines den tatsächlichen Verhältnissen entsprechenden Bildes der Vermögens-, Finanz- und Ertragslage erheblich beeinträchtigen würde.

Dies steht im Einklang mit Artikel 15 iVm. Artikel 2 Abs. 1 der EG-Bankbilanzrichtlinie, die insoweit nur für Einlagenkreditinstitute bzw. CRR-Kreditinstitute verlangt, dass in diesem Posten alle Forderungen aus Bankgeschäften zu erfassen sind.

[2394] Vgl. Krumnow ua., 2. Aufl., § 14 RechKredV Rn. 3.

Besonderheiten bei Zahlungs- und E-Geld-Instituten

Der Posteninhalt bei **Zahlungsinstituten** bzw. **E-Geld-Instituten** ist in § 10 RechZahlV festgelegt. Zunächst einmal sind in diesem Posten „... *alle Arten von Forderungen an in- und ausländische Kreditinstitute auszuweisen*". Zu den Forderungen an Kreditinstitute zählen dabei auch die in § 10 Satz 2 RechZahlV genannten Forderungen, die mit § 14 Satz 3 RechKredV inhaltlich übereinstimmen. § 10 Satz 3 RechZahlV besagt (entsprechend § 14 Satz 4 RechKredV), dass die Definition des Begriffs „Wertpapiere" in § 5 RechZahlV für den Ausweis unberührt bleibt. Insoweit wird auf die Ausführungen zur RechKredV verwiesen.

§ 10 Satz 4 RechZahlV bestimmt, dass Forderungen an Kreditinstitute aus Zahlungsdiensten und aus der Ausgabe von E-Geld, die der Anforderung des § 17 Abs. 1 Satz 2 Nr. 1 des Zahlungsdiensteaufsichtsgesetzes genügen und auf Treuhandkonten unterhalten werden, gesondert auszuweisen sind.

Begriff des Kreditinstituts

Im Gegensatz zu Art. 15 Abs. 2 der EG-Bankbilanzrichtlinie regelt § 14 RechKredV bzw. § 10 RechZahlV nicht, was als Kreditinstitut iSd. Vorschrift zu verstehen ist. **Kreditinstitute** iSd. § 14 Satz 1 RechKredV bzw. § 10 RechZahlV sind alle Unternehmen, die Bankgeschäfte iSd. § 1 Abs. 1 Satz 2 KWG betreiben (§ 340 Abs. 1 HGB iVm. § 1 Abs. 1 KWG).

Zu den Kreditinstituten gehören nach Art. 15 Abs. 2 der Bankbilanzrichtlinie ferner:[2395]

- alle Unternehmen mit Sitz in EU-Staaten, die gemäß Art. 3 Abs. 7 der Ersten Bankrechtskoordinierungsrichtlinie im Amtsblatt der EG aufgeführt sind, also alle in EU-Staaten als Kreditinstitute zugelassenen Unternehmungen; hierzu zählen auch deren Zweigstellen in Drittstaaten;
- private und öffentliche Unternehmen mit Sitz außerhalb der EU, sofern sie im Sitzland als Kreditinstitut zugelassen sind und auf sie die Begriffsbestimmung des Art. 1 der Ersten Bankrechtskoordinierungsrichtlinie zutrifft; ihre Tätigkeit muss mithin darin bestehen, Einlagen oder andere rückzahlbare Gelder (nach Erwägungsgrund 14 der CRD IV etwa Schuldverschreibungen und ähnliche Wertpapiere) des Publikums entgegenzunehmen und Kredite für eigene Rechnung zu gewähren;
- alle Zentralnotenbanken;

[2395] Vgl. Krumnow ua., 2. Aufl., § 14 RechKredV, Rn. 6.

- alle nationalen und internationalen Einrichtungen mit Bankcharakter (zB BIZ, Weltbank, Afrikanische Entwicklungsbank, Anden-Entwicklungsbank, Asiatische Entwicklungsbank, Europäische Entwicklungsbank, Inter-Amerikanische Entwicklungsbank, Islamische Entwicklungsbank, Karibische Entwicklungsbank, Nordische Entwicklungsbank, Ostafrikanische Entwicklungsbank, Osteuropäische Entwicklungsbank, Regionale Bank für die wirtschaftliche Integration Mittelamerikas).

Finanzdienstleistungs- und Wertpapierinstitute und Finanzunternehmen (§ 1 Abs. 3 KWG) sowie Zahlungs- und E-Geld-Institute gehören **nicht** zu den Kreditinstituten iSd. § 14 Satz 1 RechKredV/§ 10 RechZahlV.

Mit dem Investmentänderungsgesetz vom 21.12.2007[2396] wurde § 1 Abs. 1 Satz 2 Nr. 6 KWG aF aufgehoben. Damit wurde die Kreditinstitutseigenschaft von **Kapitalanlagegesellschaften** (jetzt: Kapitalverwaltungsgesellschaften) abgeschafft. Kapitalverwaltungsgesellschaften sind keine Finanzunternehmen. Der Forderungsausweis ggü. Kapitalverwaltungsgesellschaften ist somit unter den „Forderungen an Kunden" vorzunehmen.

(Anteilige) Zinsen, Provisionen, Spesen usw.

In diesem Posten sind nach § 11 RechKredV auch die **abgegrenzten (anteiligen) Zinsen** und **ähnliche das Geschäftsjahr betreffende Beträge** auszuweisen, die erst nach dem Bilanzstichtag fällig werden, aber bereits am Bilanzstichtag bei Kreditinstituten den Charakter von bankgeschäftlichen und bei Finanzdienstleistungsinstituten und Wertpapierinstituten den Charakter von für diese Institute typische Forderungen haben (Einzelheiten vgl. Kapitel 3.8.).

Zinsen, Provisionen, Porti, Spesen usw. müssen für das abgelaufene Geschäftsjahr in alter Rechnung auf den entsprechenden Konten gebucht werden.

Guthaben bei Zentralnotenbanken und Postgiroämtern

Nicht täglich fällige Guthaben einschließlich Fremdwährungsguthaben bei **Zentralnotenbanken** und **Postgiroämtern** der Niederlassungsländer sind ebenfalls hier auszuweisen (§ 12 Abs. 2 Satz 1 RechKredV). Gleiches gilt für Guthaben bei Zentralnotenbanken bzw. Postgiroämtern in Ländern, in denen das bilanzierende Institut keine Niederlassung hat, unabhängig davon, ob es

---

[2396] Vgl. BGBl. I 2007, 3089.

sich um täglich fällige Guthaben handelt oder nicht.[2397] Die **nicht jederzeit verfügbaren** (Termineinlagen, auf bestimmte Zeit angelegten) Guthaben bei Zentralnotenbanken sind ebenfalls unter dem Posten „3. Forderungen an Kreditinstitute" auszuweisen.

Als Forderungen an Kreditinstitute sind auch andere Guthaben wie Übernachtguthaben iRd. Einlagenfazilität der Deutschen Bundesbank aus Devisenswapgeschäften und Wertpapierpensionsgeschäften auszuweisen (§ 12 Abs. 2 Satz 2 RechKredV). Dabei dürfen bei Zentralnotenbanken in Anspruch genommene Kredite nicht von den Guthaben abgesetzt werden; sie sind als Verbindlichkeiten gegenüber Kreditinstituten auszuweisen (§ 12 Abs. 2 Satz 3 RechKredV).

Schuldverschreibungen und übrige Forderungen

Sofern sich die Ansprüche gegen Kreditinstitute richten, gehören nach § 14 Satz 3 und 5 RechKredV zu den hier auszuweisenden Forderungen auch Forderungen aus Schuldverschreibungen und ähnliche Forderungen, die die Voraussetzungen des Wertpapierbegriffs (§ 7 RechKredV) – vor allem wegen fehlender Börsenfähigkeit – nicht erfüllen. Dies sind insbesondere:

- Namensschuldverschreibungen,[2398]
- nicht börsenfähige Inhaberschuldverschreibungen,
- Orderschuldverschreibungen, die nicht Teile einer Gesamtemission sind,
- nicht börsenfähige Orderschuldverschreibungen, die Teile einer Gesamtemission sind,
- Namensgeldmarktpapiere,
- nicht börsenfähige Inhabergeldmarktpapiere,
- Namensgenussscheine,[2399]
- nicht börsenfähige Inhabergenussscheine,
- andere nicht in Wertpapieren verbriefte rückzahlbare Genussscheine,
- Bausparguthaben aus abgeschlossenen Bausparverträgen,
- auf Gold und andere Edelmetalle lautende Forderungen aus Leihgeschäften,[2400]
- Soll-Salden aus Effektengeschäften und Verrechnungskonten und
- Zinsansprüche aus Swapgeschäften mit Kreditinstituten.

[2397] Vgl. Bieg, ZfbF 1988, 27.

[2398] Zur Anwendung des Schuldverschreibungsgesetzes (SchVG) auf Namensschuldverschreibungen vgl. Kusserow, RdF 1/2012, 4 ff.

[2399] Zur Aktivierung von Vergütungen für Genussrechte vgl. Kapitel 5.2.5.2.2.7.

[2400] Vgl. DGRV (Hrsg.), Jahresabschluss, B.II. Rn. 189.

Nicht in Wertpapieren verbriefte Genussrechte, die nicht rückzahlbar sind, sind dem Aktivposten „15. Sonstige Vermögensgegenstände" zuzuordnen (§ 20 Satz 4 RechKredV).

Wechsel

Im Aktivposten 3. sind ferner Wechsel auszuweisen:[2401]

- Wechsel, die von Kreditinstituten eingereicht wurden.
- Abgerechnete **eigene Ziehungen** auf ein Kreditinstitut im Bestand.
- Von den **à forfait** (unter Verzicht auf den Regressanspruch gegen den Einreicher) eingereichten Wechseln sind nach § 14 Satz 2 RechKredV diejenigen hier auszuweisen, die von Kreditinstituten akzeptiert sind. Abweichend von der üblichen Handhabung bei Wechseln ist hier der Bezogene für die Positionszuordnung maßgebend, da bei diesen idR aus Außenhandelsgeschäften stammenden Wechseln der Einreicher von seiner Wechselhaftung befreit wird, also nur der Bezogene haftet.
- **Inkassowechsel**, die mehr als 30 Tage nach der Einreichung fällig sind und dem einreichenden Kreditinstitut bereits – unter „Eingang vorbehalten" – gutgeschrieben wurden; dies gilt auch für Schecks und sonstige Inkassopapiere, die dem einreichenden Kreditinstitut bereits gutgeschrieben wurden (§ 20 Satz 2 und 3 RechKredV).
- **Versandwechsel**.
- **Rückwechsel**, soweit sie vormals von einem Kreditinstitut eingereicht wurden.

Handelsbestand an Forderungen

Mit dem BilMoG wurde für die Finanzinstrumente des Handelsbestands ein eigener Posten „6a. Handelsbestand" eingeführt. Soweit Vermögensgegenstände, die Forderungen an Kreditinstitute darstellen, dem Handelsbestand zuzurechnen sind, sind diese in den Posten Aktiva 6a. auszuweisen und mit dem beizulegenden Zeitwert zu bewerten. Wegen Einzelheiten zum Handelsbestand vgl. Kapitel 4.4.2.

Nicht zum Handelsbestand, sondern zum Posten 3. gehören dagegen Forderungen aus der Abwicklung von Handelstätigkeiten wie Provisionen usw.; dies

---

[2401] Für die Abgrenzung, ob ein Wechsel unter den Forderungen an Kunden oder Forderungen an Kreditinstitute auszuweisen ist, ist grundsätzlich auf den Einreicher und nicht auf den Bezogenen abzustellen; vgl. Krumnow ua., 2. Aufl., § 14 RechKredV Rn. 7.

ist darin begründet, dass im Posten 3. *„alle Arten von Forderungen aus Bankgeschäften"* auszuweisen sind. Bei einer Zuordnung dieser Forderungen zum Handelsbestand wäre die Ausweiskonzeption gemäß der RechKredV nicht eingehalten.

Forderungen, die aus einer **Stellung von Barsicherheiten an Kreditinstitute** für Derivate des Handelsbestands resultieren, sind nicht im Handelsbestand, sondern als Forderungen an Kreditinstituten auszuweisen.[2402]

Forderungen aus dem Leasinggeschäft und Factoringgeschäft

Hierzu wird auf die Ausführungen in Kapitel 5.2.4.2.2. verwiesen.

Kompensationen und Unterkonten

Unterhält ein Kredit- oder Finanzdienstleistungsinstitut mehrere Konten bei demselben Kreditinstitut, so sind diese zu **kompensieren**, soweit die Voraussetzungen des § 10 RechKredV gegeben sind (Einzelheiten vgl. Kapitel 3.4.2.). Eine Kompensation zwischen Forderungen und Verbindlichkeiten verschiedener Währungen ist nicht zulässig.

Konten, die lediglich der besseren Übersicht dienen (zB Interimskonten für die Abrechnung von Lastschriften oder Sparbriefen), haben den Charakter von Unterkonten. Sie sind mit dem Saldo des Kontokorrentkontos zusammenzufassen.

Treuhandkredite

Kredite, die ein Institut als **Treuhänder** im eigenen Namen, aber für fremde Rechnung begeben hat, sind im Aktivposten „9. Treuhandvermögen" auszuweisen und in einem Darunter-Vermerk „Treuhandkredite" besonders kenntlich zu machen. Die Gesamtbeträge sind im Anhang nach den Aktivposten des Formblatts aufzugliedern. Ein Treuhandkredit liegt nur dann vor, wenn die Mittel vom Auftraggeber voll zur Verfügung gestellt wurden und das Kreditinstitut keinerlei Eigenrisiko aus dem Kreditverhältnis trägt (Einzelheiten vgl. Kapitel 3.3.2.).

[2402] Vgl. Gaber, 2. Aufl., 452.

Trägt das Kreditinstitut über die ordnungsgemäße Verwaltung des Engagements hinaus ein Eigenrisiko oder werden die Mittel vom Auftraggeber nicht voll zur Verfügung gestellt, handelt es sich um originäre Forderungen des Kreditinstituts, die – soweit der Schuldner des Kredits ein Kreditinstitut ist – im Aktivposten 3. auszuweisen sind.

Für den Ausweis beim Treugeber trifft § 6 RechKredV keine besondere Regelung, so dass insoweit die allgemeinen Grundsätze zur Bilanzierung von Treuhandverhältnissen Anwendung finden. Ist mithin das bilanzierende Institut **Treugeber**, dh. stellt es anderen Kreditinstituten ohne deren Haftung Beträge zur Verfügung, die diese an Endkreditnehmer (Nichtbanken) weiterreichen, sind diese Beträge nach den allgemeinen Bilanzierungsregeln der RechKredV als „Forderungen an Kunden" auszuweisen, weil nur dadurch das Risiko des Treugebers zutreffend abgebildet wird. Nach § 6 Abs. 1 Satz 4 RechKredV gilt zwar als Schuldner bei Treuhandkrediten die Stelle, an die das bilanzierende Kreditinstitut die Gelder unmittelbar ausreicht. Diese Regelung bezieht sich auf den bilanzierenden Treuhänder und gilt im Übrigen nur für die Anhangangaben des § 6 Abs. 1 Satz 2 RechKredV.[2403]

Gemeinschaftsgeschäfte

Bei Gemeinschaftskrediten (vgl. Kapitel 3.5.) hat jedes beteiligte oder unterbeteiligte Kreditinstitut nur seinen eigenen Anteil an dem Kredit in die Bilanz aufzunehmen, soweit es die Mittel zur Verfügung gestellt hat (§ 5 RechKredV).

Ausweis von Kreditzusagen

Die Forderungen an Kreditinstitute sind ebenso wie die Forderungen an Kunden (§ 15 Abs. 1 letzter Satz RechKredV) mit der Summe der **in Anspruch genommenen Kredite**, nicht mit der Summe der Kreditzusagen, auszuweisen. Soweit es sich um unwiderrufliche Kreditzusagen handelt, kommt ein Ausweis unter dem Bilanzstrich infrage.

Strukturierte Forderungen

Die Bilanzierung strukturierter Finanzinstrumente (Forderungen) richtet sich nach den Regeln des IDW RS HFA 22. Vgl. hierzu die Ausführungen in Kapitel 4.4.9. sowie das dort zitierte Schrifttum.

[2403] Vgl. Krumnow ua., 2. Aufl., § 6 RechKredV Rn. 26.

Forderungen werden als Vermögensgegenstände des Umlaufvermögens zwar nach dem strengen Niederstwertprinzip bewertet, idR werden aber keine Preise vorhanden sein, die auf eine Notierung an einem aktiven Markt basieren. Beide Bedingungen müssten für eine einheitliche Bilanzierung erfüllt sein (IDW RS HFA 22 Tz. 14). Mithin ist die sog. Rückausnahme des IDW RS HFA 22 Tz. 14 für strukturierte Forderungen nicht anwendbar.

5.2.3.2.3. Unterposten: Täglich fällig (Aktivposten 3.a))

Als täglich fällig (Unterposten 3.a)) sind die Forderungen auszuweisen, über die jederzeit ohne vorherige Kündigung verfügt werden kann oder für die eine Laufzeit oder Kündigungsfrist von 24 Stunden oder von einem Geschäftstag vereinbart worden ist.

Bei Pfandbriefbanken und Bausparkassen sind die täglich fälligen Forderungen bei dem Unterposten „andere Forderungen" in einen Darunter-Vermerk auszugliedern.

5.2.3.2.4. Unterposten: Andere Forderungen (Aktivposten 3.b))

Die nicht täglich fälligen Forderungen sind unter den anderen Forderungen (Aktivposten 3.b)) auszuweisen. Die anderen Forderungen im Unterposten b) sind mit Ausnahme der darin enthaltenen Bausparguthaben im Anhang weiter nach Restlaufzeiten aufzugliedern (§ 9 Abs. 1 Nr. 1 und Abs. 2 RechKredV).

5.2.3.3. Bewertung

Die Forderungen an Kreditinstitute werden nach § 253 Abs. 1 Satz 1 HGB mit den Anschaffungskosten angesetzt, soweit nicht Abschreibungen bzw. Wertberichtigungen auf den niedrigeren beizulegenden Wert erforderlich sind (§ 253 Abs. 4 Satz 2 HGB). Zu Einzelheiten der Bewertung von Forderungen wird auf Kapitel 4.3. verwiesen. Zur Ermittlung der Anschaffungskosten un- bzw. minderverzinslicher Forderungen vgl. Kapitel 4.3.2.1. und deren (Folge-) Bewertung vgl. 4.3.2.3. Uneinbringliche Forderungen sind abzuschreiben. Zur Abgrenzung von Wertpapieren und Forderungen vgl. Kapitel 3.6.

Hiervon abweichend dürfen Forderungen gemäß § 340e Abs. 2 HGB iRd. **Nominalwertbilanzierung** mit ihrem Nennbetrag angesetzt werden, soweit der Unterschiedsbetrag zwischen dem Nennbetrag und dem Auszahlungsbetrag bzw. den Anschaffungskosten Zinscharakter hat (Einzelheiten vgl. Kapitel 4.3.3.).

Der HFA gelangte zu der Auffassung, dass die Anwendung einer sog. **amortised-cost-Bewertung** nach Maßgabe der Effektivzinsmethode auch über Zero-Bonds hinaus auf andere zinstragende (verbriefte oder unverbriefte) Forderungen nicht zu beanstanden ist.[2404] Zu weiteren Einzelheiten zur Bilanzierung auf Basis der **fortgeführten Anschaffungskosten** vgl. Kapitel 4.2.4.

Zur Bewertung von Forderungen aus **Pensionsgeschäften** wird auf Kapitel 3.2. und zu Forderungen aus **Wertpapierleihegeschäften** auf Kapitel 4.10. verwiesen.

Auszuweisen ist der in Anspruch genommene Kredit, nicht die Summe der Kreditzusagen. Diese Beträge sind zu kürzen um zwingend vorzunehmende Verrechnungen iSd. § 10 RechKredV, Einzelwertberichtigungen, Pauschalwertberichtigungen, Länderwertberichtigungen und Vorsorgereserven nach § 340f HGB bzw. – soweit dies in seltenen Fällen noch relevant ist – nach § 26a KWG aF.

Anteilige Zinsen sind nach § 11 RechKredV zu ermitteln und ebenfalls in diesem Posten auszuweisen. Zur Berücksichtigung von Zinsen auf notleidende Forderungen vgl. Kapitel 4.3.5.4. Zinsen, Provisionen, Porti und Spesen für das abgelaufene Geschäftsjahr müssen in alter Rechnung auf den Konten gebucht werden. Dies gilt auch für Kündigungs- und Festgelder.

Namensschuldverschreibungen sind wie Forderungen als Umlaufvermögen zu bewerten. Etwaige Unterschiedsbeträge zwischen den Anschaffungskosten und dem Rückzahlungswert können nach § 340e Abs. 2 HGB über einen Rechnungsabgrenzungsposten abgegrenzt und auf die Laufzeit verteilt werden.

Soweit **Namensschuldverschreibungen** und **Schuldscheindarlehen**[2405] bei langfristiger Vermögensanlage ausnahmsweise dem Anlagevermögen zugeordnet werden, ist nach der hier vertretenen Ansicht der eigentlich für Wertpapiere geltende IDW RH HFA 1.014 nF entsprechend zu beachten. Insbesondere darf die Ursprungslaufzeit[2406] bzw. Restlaufzeit im Zeitpunkt der Zuordnung zum Anlagevermögen (Erwerbszeitpunkt) nicht unter einem Jahr liegen (IDW RH HFA 1.014 nF Tz. 8). Die Zuordnung zum Anlagevermögen ist buchhalte-

---

[2404] Vgl. IDW, Sitzungsberichterstattung über die 237. Sitzung des HFA, FN 2014, 595.
[2405] Zur Abgrenzung ggü. Krediten und Anleihen vgl. Achleitner/Volk, Corporate Finance biz 2013, 157 ff.; Cranshaw, BankPraktiker 03/2013, 84 ff. Schuldscheindarlehen stellen zivilrechtlich Darlehen nach § 488 ff. BGB dar. Zum Mustervertrag für Schuldscheindarlehen nach LMA-Standard vgl. Woesch/Kietrich, BKR 2019, 399 ff.
[2406] Zur Ursprungslaufzeit vgl. auch BAKred-Schreiben vom 14.2.1969, Consbruch/Fischer, P 41.1.

risch zu belegen und im Anlagespiegel abzubilden. Das Institut muss auch die dokumentierte Absicht haben, die betreffenden Geschäfte aus strategischen Gründen dauerhaft zu halten. Hierzu muss das Institut sowohl wirtschaftlich als auch rechtlich in der Lage sein. Eine Abwertung dieser Geschäfte ist nur dann zwingend notwendig, wenn die Wertminderung voraussichtlich dauerhaft ist.

Wurde eine Abwertung nach dem strengen Niederstwertprinzip gebucht, muss eine Wertaufholung vorgenommen werden, soweit der Wertminderungsgrund entfallen ist.

Schuldscheindarlehen, die zu Handelszwecken erworben wurden, sind mit den Anschaffungskosten zu aktivieren und im Posten „6a. Handelsbestand" auszuweisen. Der beizulegende Zeitwert ist anhand der zum Bilanzstichtag geltenden Zinsstruktur und der aktuellen Bonität des Gläubigers zu ermitteln.

Forderungen, die in **Gold** oder **anderen Edelmetallen** zu begleichen sind, sind entsprechend mit den Anschaffungskosten oder mit dem niedrigeren Tageswert anzusetzen.

Sofern bei **Bausparvorratsverträgen** die Abschlussgebühr für den Bausparvertrag von der Bausparkasse nicht so lange gestundet wird, bis das Institut den Bausparvertrag weiterverkauft hat, ist diese Teil der aktivierungspflichtigen Anschaffungskosten. Kann die Abschlussgebühr beim Verkauf des Bausparvertrags oder bei der Rückgabe an die Bausparkasse nicht realisiert werden, ist sie zu diesem Zeitpunkt als Aufwand zu verrechnen.

5.2.3.4. Anhangangaben

Forderungen an **verbundene Unternehmen** bzw. Forderungen an **Unternehmen, mit denen ein Beteiligungsverhältnis** besteht, sind als Unterposten in der Bilanz jeweils gesondert auszuweisen (§ 3 Satz 1 Nr. 1 und Nr. 2 RechKredV). Die Angaben können wahlweise auch im Anhang in der Reihenfolge der betroffenen Posten gemacht werden.

Bezüglich **nachrangiger Forderungen** (§ 4 Abs. 1 RechKredV) wird auf Kapitel 3.7. verwiesen. Sie sind auf der Aktivseite bei den jeweiligen Posten oder Unterposten auszuweisen. Die Angaben können alternativ auch im Anhang in der Reihenfolge der betroffenen Posten gemacht werden (§ 4 Abs. 2 RechKredV).

Kreditinstitute in der Rechtsform der GmbH müssen **Forderungen gegenüber Gesellschaftern** gesondert ausweisen oder im Anhang angeben (§ 42 Abs. 3 GmbHG).

Die **Fremdwährungsbeträge** sind in die Angabe des Gesamtbetrags der Vermögensgegenstände, die auf Fremdwährung lauten, jeweils in Euro, einzubeziehen (§ 35 Abs. 1 Nr. 6 RechKredV).

Bei **echten Pensionsgeschäften** hat der Pensionsgeber den Buchwert der in Pension gegebenen Vermögensgegenstände im Anhang anzugeben (§ 340b Abs. 4 Satz 4 HGB).

Die in diesem Bilanzposten enthaltenen, auf das **Leasinggeschäft** entfallenden Beträge sind gemäß § 35 Abs. 1 Nr. 3 RechKredV ebenfalls im Anhang anzugeben.

Soweit Forderungen an Kreditinstitute von einem Institut als **Treuhänder** im eigenen Namen, für fremde Rechnung gehalten werden, sind sie nicht im Posten „Forderungen an Kreditinstitute", sondern im Aktivposten „9. Treuhandvermögen" auszuweisen und in einem Darunter-Vermerk „Treuhandkredite" besonders kenntlich zu machen. Im Anhang sind diese Forderungen bei der Aufgliederung des Gesamtbestands des Treuhandvermögens unter dem Posten „Forderungen an Kreditinstitute" zu zeigen.

Die im Unterposten „b) andere Forderungen" ausgewiesenen Forderungen an Kreditinstitute sind nach § 9 Abs. 1 Satz 1 Nr. 1 iVm. Abs. 2 RechKredV, mit Ausnahme der Bausparguthaben aus abgeschlossenen Bausparverträgen, nach ihrer **Restlaufzeit** aufzugliedern. Die anteiligen Zinsen brauchen nicht in die Fristengliederung aufgenommen zu werden (§ 11 RechKredV).

Zu den zusätzlichen Anhangangaben bei **Bausparkassen, Genossenschaften, genossenschaftlichen Zentralbanken**, der **Deutschen Genossenschaftsbank** (jetzt DZ-Bank) und **Sparkassen** wird auf § 35 Abs. 1 Nr. 8 bis Nr. 13 RechKredV verwiesen.

Ferner sind Angaben nach § 284 Abs. 2 Nr. 1 und 3 HGB zu den angewandten **Bilanzierungs- und Bewertungsmethoden** erforderlich. **Abweichungen** hiervon müssen ebenfalls angegeben und begründet werden, ihr Einfluss auf die Vermögens-, Finanz- und Ertragslage ist gesondert darzustellen.

Gemäß § 285 Nr. 21 HGB sind zumindest die wesentlichen nicht zu marktüblichen Bedingungen zustande gekommenen Geschäfte mit nahestehenden Unternehmen und Personen anzugeben (Mindestangabe).

Nach § 34 Abs. 3 RechKredV sind die zum Anlagevermögen gehörenden Forderungen im **Anlagespiegel** darzustellen. In diesem Zusammenhang sind auch die Angabepflichten nach § 285 Nr. 18 HGB relevant.

Nach § 285 Nr. 18 HGB sind der Buch- und Zeitwert der **über dem Zeitwert ausgewiesenen Forderungen**, die Gründe für das Unterlassen der Abschreibung und die Anhaltspunkte anzugeben, die darauf hindeuten, dass die Wertminderung voraussichtlich nicht von Dauer ist.

Bei **echten Pensionsgeschäften** sind die Buchwerte der in Pension gegebenen Vermögensgegenstände anzugeben (§ 340b Abs. 4 HGB).

5.2.3.5. Prüfung des Postens

Es sind die für Forderungen an Kreditinstitute sowie ggf. für Wechsel allgemein üblichen Prüfungshandlungen durchzuführen. Es ist darauf zu achten, dass sämtliche in diesem Posten ausgewiesenen Beträge die Voraussetzungen des § 14 RechKredV erfüllen. Diesbezüglich wird auch auf die vorstehenden Ausführungen verwiesen, deren Beachtung stets zu prüfen ist.

Die Forderungen an Kreditinstitute sind durch **Saldenbestätigungen** oder **Tagesauszüge** nachzuweisen. Übergreifende Posten sind zu vermerken. Die einschlägigen Prüfungsstandards bezüglich der Einholung dieser Bestätigungen sind zu beachten. Der BGH hat mit seiner Entscheidung vom 10.12.2009[2407] festgestellt, dass eine nicht ordnungsgemäße Einholung von Bankbestätigungen einen Verstoß gegen Abschlussprüferpflichten darstellen kann.

Es sind die Bestandnachweise auf Richtigkeit und Vollständigkeit zu prüfen. **CpD-Konten** sind darüber hinaus hinsichtlich ihrer Altersstruktur durchzusehen.

Daneben ist die **Bewertung** zu prüfen (Bonität der Schuldnerinstitute). Auch bei Wechseln sind die für die Bewertung von Forderungen geltenden Grundsätze zu beachten (vgl. Kapitel 4.3.).

[2407] Vgl. BGH-Urteil vom 10.12.2009, VII ZR 42/08, www.bundesgerichtshof.de (abgerufen am 5.7.2014); Besprechung bei Bernardi/Hiller, WP Praxis 2014, 137 sowie Fölsing, Bucerius Law Journal 2011, 68 ff.

Bei Beträgen, die auf eine **Fremdwährung** lauten, können ein Währungsrisiko sowie ein Länderrisiko bestehen. Bezüglich der Wertberichtigungen – einschließlich Länderwertberichtigungen – ist zu prüfen, ob sie in ausreichender Höhe gebildet wurde. Die Bewertung von Fremdwährungsposten erfolgt nach § 340h HGB (vgl. Kapitel 4.8.).

Pensionsgeschäfte sind daraufhin zu prüfen, ob diese Geschäfte buchhalterisch und bilanziell zutreffend abgebildet werden.

Bei **Wechseln** ist ferner festzustellen, ob diese mit **Formfehlern** behaftet sind. Die **Abgrenzung des Diskonts** ist zu prüfen. Das **Gesamtwechselobligo** ist zu ermitteln.[2408] In das Wechselobligo sind alle Abschnitte einzubeziehen, aus denen das Institut als Aussteller oder Indossant haftet. Für die Frage der Nennung ist nicht relevant, ob es sich um Akzeptanten besserer oder schlechterer Bonität handelt; vielmehr ist entscheidend, ob ein wechselrechtliches Obligo besteht. Aus diesem Grund sind auch Akzepte öffentlicher Auftraggeber einzubeziehen. Die Frage der Bonität des Akzeptanten ist bei der Bemessung etwa erforderlicher Rückstellungen zu berücksichtigen.

Von der **Internen Revision** angefertigte Revisionsberichte sollten eingesehen werden, insbesondere hinsichtlich der Ordnungsmäßigkeit der Bestandsführung.

Der **Prüfungsbericht** muss die in der PrüfbV verlangten Angaben enthalten. Soweit Finanzderivate der Absicherung von Marktpreis- bzw. Kreditrisiken der Forderungen dienen, sollte hierauf hingewiesen werden.

5.2.4.   Forderungen an Kunden (Aktiva 4.)

5.2.4.1. Postenbezeichnung

Die allgemeine Postenbezeichnung lautet nach dem Formblatt 1 der RechKredV wie folgt:

> 4. *Forderungen an Kunden*
> *darunter:*
> *durch Grundpfandrechte gesichert ... Euro*
> *Kommunalkredite ... Euro*

[2408] Zur Ermittlung des Wechselobligos vgl. WPH Edition, Wirtschaftsprüfung & Rechnungslegung, 17. Aufl., Kapitel F Tz. 994.

Forderungen an **verbundene Unternehmen** bzw. Forderungen an **Unternehmen, mit denen ein Beteiligungsverhältnis** besteht, sind als Unterposten in der Bilanz jeweils gesondert auszuweisen (§ 3 Satz 1 Nr. 1 und Nr. 2 Rech-KredV). Die Angaben können wahlweise auch im Anhang in der Reihenfolge der betroffenen Posten gemacht werden. Kreditinstitute in der Rechtsform der GmbH müssen **Forderungen gegenüber Gesellschaftern** gesondert ausweisen oder im Anhang angeben (§ 42 Abs. 3 GmbHG).

Pfandbriefbanken und **Bausparkassen** haben den Aktivposten „4. Forderungen an Kunden" nach der Fußnote 2 zum Formblatt 1 wie folgt zu untergliedern:

- **Pfandbriefbanken**

  4. Forderungen an Kunden
   a) Hypothekendarlehen
   b) Kommunalkredite
   c) andere Forderungen
      darunter:
      gegen Beleihung von Wertpapieren ... Euro

Schiffshypotheken[2409] dürfen unter der Bezeichnung „durch Schiffshypotheken gesichert" gesondert vermerkt werden, wenn sie die in § 15 Abs. 4 RechKredV näher bezeichneten Voraussetzungen erfüllen.
Banken, die zwar das **Pfandbriefgeschäft** betreiben, aber keine (reinen) Pfandbriefbanken sind (zB Universalbanken) müssen die Gliederung der Posten um die Angaben in den Fußnoten des Formblatts für Pfandbriefbanken ergänzen (vgl. hierzu auch Kapitel 5.1.).

- **Bausparkassen**[2410]

  4. Forderungen an Kunden
   a) Baudarlehen
      aa) aus Zuteilungen (Bauspardarlehen)
      ab) zur Vor- und Zwischenfinanzierung
      ac) sonstige
         darunter:
         durch Grundpfandrechte gesichert ... Euro
   b) andere Forderungen

[2409] Zur Übertragung von Schiffshypotheken vgl. Schalast/Walter, BB 2012, 1301 ff.
[2410] Vgl. WPH Edition, Kreditinstitute, Kap. J Rn. 32 ff.

Mit Art. 7 Abs. 3 Ziff. 5 des Gesetzes zur Umsetzung der Richtlinie (EU) 2019/2034 über die Beaufsichtigung von Wertpapierinstituten vom 12.5.2021 wurde Fußnote 2 bezüglich Bausparkassen Buchstabe ac) geändert. Der Gesetzgeber wollte damit klarstellen, dass sich der Darunter-Vermerk zu Baudarlehen in Fußnote 2 des Formblatts 1 **auf sämtliche in den Buchstaben aa) bis ac) genannten Baudarlehen** bezieht.[2411]

Kreditgenossenschaften, die das Warengeschäft betreiben, haben zusätzlich den Darunter-Vermerk „Warenforderungen ... Euro" einzufügen:

> 4. *Forderungen an Kunden*
> *darunter:*
> *durch Grundpfandrechte gesichert ... Euro*
> *Kommunalkredite ... Euro*
> *Warenforderungen ... Euro*

Damit weist der Aktivposten 4. bei diesen Instituten ggf. drei Darunter-Vermerke auf.

Finanzdienstleistungsinstitute, Wertpapierinstitute[2412] sowie **Kreditinstitute**, sofern letztere **Skontroführer** iSd. § 27 Abs. 1 des Börsengesetzes und nicht CRR-Kreditinstitute (vormals: Einlagenkreditinstitute) iSd. § 1 Abs. 3d Satz 1 KWG sind, haben nach der Fußnote 2 den Posten „4. Forderungen an Kunden" in der Bilanz wie folgt zu darzustellen:

> 4. *Forderungen an Kunden*
> *darunter:*
> *an Finanzdienstleistungsinstitute ... Euro*
> *an Wertpapierinstitute ... Euro*

Mit der Zweiten Verordnung zur Änderung der RechKredV vom 11.12.1998 wurde der Ausweis bzw. die Postenbezeichnung in der Bilanz (Fußnote 2 zum Formblatt 1) geändert. Danach haben Finanzdienstleistungsinstitute und Kreditinstitute, die als Skontroführer – ohne CRR-Kreditinstitut (vormals: Einlagenkreditinstitut) zu sein – tätig sind, bei den Forderungen an Kunden den Darunter-Vermerk „an Finanzdienstleistungsinstitute ... Euro" auszuweisen.

Mit Art. 7 Abs. 3 Ziff. 9 des Gesetzes zur Umsetzung der Richtlinie (EU) 2019/2034 über die Beaufsichtigung von Wertpapierinstituten vom 12.5.2021

[2411] Vgl. BT-Drucks. 19/26929, 167.

[2412] Geändert durch Art. 7 Abs. 3 des Gesetzes zur Umsetzung der Richtlinie (EU) 2019/2034 über die Beaufsichtigung von Wertpapierinstituten.

wurde Fußnote 2 bezüglich Wertpapierinstituten (*darunter: an Wertpapierinstitute ... Euro*) geändert.

Zahlungsinstitute und **E-Geld-Institute** weisen nach Formblatt 1 der RechZahlV den Posten wie folgt aus:

> 3. *Forderungen an Kunden*
>   a) *aus Zahlungsdiensten und aus der Ausgabe von E-Geld*
>   *davon*
>   *aa) aus Provisionen ... Euro*
>   *bb) aus Krediten ... Euro*
>   b) *aus sonstigen Tätigkeiten*

Verbriefte und unverbriefte Forderungen an **verbundene Unternehmen** (§ 3 Abs. 1 Satz 1 Nr. 1 RechZahlV) bzw. an **Unternehmen, mit denen ein Beteiligungsverhältnis besteht** (§ 3 Abs. 1 Satz 1 Nr. 2 RechZahlV) sind jeweils als Unterposten zu diesem Posten auszuweisen. Diese Angaben können statt in der Bilanz wahlweise im Anhang in der Reihenfolge der betroffenen Posten gemacht werden (§ 3 Abs. 2 Satz 2 RechZahlV).

5.2.4.2. Posteninhalt

5.2.4.2.1. Rechnungslegungsverordnung

Der Posteninhalt für **Kredit-, Finanzdienstleistungs- und Wertpapierinstitute** ist in § 15 RechKredV, der Posteninhalt für **Zahlungsinstitute** und **E-Geld-Institute** ist in § 11 RechZahlV geregelt.

Mit der Ersten Verordnung zur Änderung der RechKredV vom 18.6.1993 wurde in § 15 Abs. 5 RechKredV das Wort „Kreditinstitute" jeweils durch das Wort „Kreditanstalten" ersetzt (zur Aufhebung von Absatz 5 siehe unten).

Mit dem Euro-Bilanzgesetz wurde in § 15 Abs. 3 Satz 2 RechKredV die Angabe „Satz 2" gestrichen.

§ 15 RechKredV wurde durch Art. 12 des Gesetzes zur Neuordnung des Pfandbriefrechts vom 22.5.2005[2413] wie folgt geändert: a) in **Absatz 2 Satz 1** wurde die Angabe *„der §§ 11, 12 Abs. 1 und 2 des Hypothekenbankgesetzes"* durch die Angabe *„des § 14 Abs. 1 und des § 16 Abs. 1 und 2 des Pfandbriefgesetzes"* ersetzt; b) in **Absatz 3 Satz 2** wurde die Angabe *„§ 5 Abs. 1 Nr. 1*

[2413] Vgl. BGBl. I 2005, 1391.

und Abs. 2 des Hypothekenbankgesetzes" durch die Angabe „*§ 20 Abs. 1 Nr. 1 Buchstabe b bis e des Pfandbriefgesetzes"* ersetzt; c) in **Absatz 4** wurde die Angabe „*des § 10 Abs. 1, 2 Satz 1 und Abs. 4 Satz 2, des § 11 Abs. 1 und 4 sowie des § 12 Abs. 1 und 2 des Schiffsbankgesetzes"* durch die Angabe „*des § 22 Abs. 1, 2 Satz 1 und Abs. 5 Satz 3, des § 23 Abs. 1 und 4 sowie des § 24 Abs. 2 in Verbindung mit Abs. 3 des Pfandbriefgesetzes"* ersetzt. Der **Absatz 5** des § 15 RechKredV wurde mit demselben Gesetz aufgehoben. Mit dem BilMoG wurde in der Fußnote 2 der Begriff „*Realkreditinstitute"* durch „*Pfandbriefbanken"* ersetzt.

Mit dem BilMoG wurden in § 15 Abs. 1 Satz 1 RechKredV die Wörter „*um Wechsel im Sinne des Unterpostens, Wechsel, die zur Refinanzierung bei Zentralnotenbanken zugelassen sind' (Aktivposten Nr. 2 Buchstabe b) oder"* gestrichen. Es handelt es sich um eine Folgeänderung aufgrund der Tatsache, dass Handelswechsel zu Beginn des Jahres 2007 ihre Notenbankfähigkeit verloren haben.

Der Posteninhalt bei **Zahlungsinstituten** und **E-Geld-Instituten** ist in § 11 RechZahlV normiert. Die Bestimmung entspricht in den Sätzen 1 und 2 dem § 15 Abs. 1 Satz 1 und 2 RechKredV. § 11 Satz 3 RechZahlV bestimmt: „*Als Forderungen an Kunden aus Zahlungsdiensten und aus der Ausgabe von E-Geld aus Krediten sind die gemäß § 3 Abs. 4 des Zahlungsdiensteaufsichtsgesetzes gewährten Krediten auszuweisen"*. Mit der RechZahlÄndV vom 17.12.2018 wurde § 11 Satz 3 RechZahlV redaktionell an das neu gefasste ZAG angepasst.

5.2.4.2.2. Voraussetzungen für den Postenausweis

Ausweis aller Arten von Forderungen an Nichtbanken

In diesem Posten sind **alle Arten** von Vermögensgegenständen einschließlich der von Kunden eingereichten Wechsel auszuweisen, die Forderungen an in- und ausländische **Nichtbanken** (Kunden) darstellen (Buchkredite), soweit es sich nicht um börsenfähige Schuldverschreibungen iSd. Aktivpostens „5. Schuldverschreibungen und andere festverzinsliche Wertpapiere" handelt (§ 15 Abs. 1 Satz 1 RechKredV/§ 11 RechZahlV).

Da seit 1.1.2007 **Handelswechsel** nicht mehr bei der Deutschen Bundesbank refinanzierbar sind, sind Wechsel, die von Kunden eingereicht werden, grundsätzlich hier auszuweisen.

Bei Forderungen an Kunden macht § 15 Abs. 1 RechKredV keine Einschränkung dahingehend, dass es sich um Forderungen aus Bankgeschäften handeln muss.[2414] Der Aktivposten 4. kann daher grundsätzlich auch Forderungen an Kunden enthalten, die nicht aus Bankgeschäften stammen.[2415] Es muss sich aber stets um Forderungen handeln, die gegenüber Kunden bestehen, denn § 15 Abs. 1 Satz 1 RechKredV verlangt ausdrücklich, dass es sich um „Forderungen an in- und ausländische Nichtbanken (Kunden)" handelt.[2416] Hierzu zählen nach mittlerweile hM grundsätzlich bspw. nicht Schadenersatzansprüche oder Steuerrückforderungen; diese sind unter den „Sonstigen Vermögensgegenständen" zu erfassen.

Nicht zum Handelsbestand, sondern zum Posten 4. gehören dagegen Forderungen aus der **Abwicklung von Handelstätigkeiten** wie Provisionen usw.; dies ist darin begründet, dass im Posten 3. *„alle Arten von Vermögensgegenständen (...), die Forderungen an in- und ausländische Nichtbanken (Kunden) darstellen"* auszuweisen sind. Bei einer Zuordnung dieser Forderungen zum Handelsbestand wäre die Ausweiskonzeption gemäß der RechKredV nicht eingehalten.

Forderungen an **Kapitalverwaltungsgesellschaften** selbst sind nicht als Forderungen an Kreditinstitute auszuweisen, weil die Kapitalverwaltungsgesellschaft kein Kreditinstitut ist. Der Ausweis von Forderungen an Kapitalverwaltungsgesellschaften erfolgt mithin ebenso wie der Ausweis der Forderungen an einzelne Sondervermögen im Posten „Forderungen an Kunden". Entsprechendes gilt auch für den Ausweis von Verbindlichkeiten.

Der Hinweis in § 15 Abs. 1 Satz 2 RechKredV bzw. § 11 Satz 2 RechZahlV, wonach § 7 RechKredV/§ 5 RechZahlV unberührt bleibt, stellt klar, dass der Wertpapierbegriff vorgeht, hier also nur Forderungen an Nichtbanken auszuweisen sind, die nicht den Wertpapierbegriff des § 7 RechKredV/§ 5 RechZahlV erfüllen.

Mithin sind in diesem Posten alle **Buchkredite**, die in laufender Rechnung, als private und gewerbliche Darlehen (einschließlich rückständiger Nebenleistungen), als Ratenkredite (TZ-Kredite, Kleinkredite, Anschaffungsdarlehen) oder als Warenkontokorrent geführt werden, auszuweisen (einschließlich Zinsen bis zum Bilanzstichtag). Unbeachtlich sind hierbei Wertstellung, Zahlungszie-

---

[2414] Vgl. Schwartze, 176.
[2415] Vgl. Bieg, ZfbF 1988, 27; wegen der Abgrenzungsprobleme vgl. die Ausführungen zu Aktivposten „15. Sonstige Vermögensgegenstände".
[2416] GlA Schimann, WPg 1985, 165.

le und bankübliche Vorbehalte (zB „E.v.") sowie die Herkunft der Mittel. Dazu gehören auch durchgeleitete Kredite mit vollem oder teilweisem Kreditobligo.

Begriff des Kunden

Kunden iSd. § 15 RechKredV bzw. § 11 RechZahlV sind in- und ausländische Nichtbanken (§ 15 Abs. 1 Satz 1 RechKredV/§ 11 Satz 1 RechZahlV).

Forderungen aus dem Verkauf von Anlagegegenständen, aus der Verwertung von Altmaterial, Gehaltsvorschüsse und andere Ansprüche, die nicht im Geschäftsverkehr mit den Kunden entstanden sind, sind im Posten „Sonstige Vermögensgegenstände" auszuweisen.

Berücksichtigung von Zinsen einschließlich anteiliger Zinsen

Werden Personenkonten auf einen vor dem Bilanzstichtag liegenden Tag zinsmäßig abgeschlossen, sind die unberücksichtigt gebliebenen Zinsen insgesamt für die Zeit zwischen Zinsabrechnungs- und Bilanzstichtag anhand einer Fortschreibung zu ermitteln. Eine Saldierung ist nicht möglich. Diese Beträge sind den entsprechenden Unterposten bzw. Darunter-Vermerken zuzuordnen; sie dürfen nicht als Rechnungsabgrenzungsposten ausgewiesen werden.

In diesem Posten sind nach § 11 RechKredV/§ 8 RechZahlV auch die **abgegrenzten (anteiligen) Zinsen** und **ähnliche das Geschäftsjahr betreffende Beträge** auszuweisen, die erst nach dem Bilanzstichtag fällig werden, aber bereits am Bilanzstichtag bei Kreditinstituten den Charakter von bankgeschäftlichen und bei Finanzdienstleistungsinstituten den Charakter von für diese Institute typische Forderungen haben (Einzelheiten vgl. Kapitel 3.8.).

Zur Erfassung von Zinsen auf **notleidende (einzelwertberichtigte) Forderungen** vgl. Kapitel 4.3.5.4.

Hat das Institut durch Vertrag mit dem Schuldner für bestimmte Forderungen auf die Zinsen ganz oder für einen bestimmten Zeitraum verzichtet, dürfen diesen Konten keine Zinsen mehr belastet werden. Bei einem Zinsverzicht ist es nicht möglich, die Zinsen zunächst zu buchen und sodann wertzuberichtigen.

Zur Bilanzierung eines progressiven Zinsverlaufs (Darlehen mit steigendem Zins) beim Darlehensgeber vgl. Bolik/Max.[2417]

[2417] Vgl. Bolik/Max, StuB 2017, 303 f.

Ausweis der Kreditzusagen

In § 15 Abs. 1 Satz 5 RechKredV wird klargestellt, dass nur die Summe der **in Anspruch genommenen Kredite** und nicht die Summe der Kreditzusagen angesetzt werden darf. Soweit es sich um unwiderrufliche Kreditzusagen handelt, kommt ein Ausweis unter dem Bilanzstrich infrage.

Treuhandkredite

Kredite, die ein Institut als **Treuhänder** im eigenen Namen, aber für fremde Rechnung begeben hat, sind im Aktivposten „9. Treuhandvermögen" auszuweisen und in einem Darunter-Vermerk „Treuhandkredite" besonders kenntlich zu machen. Die Gesamtbeträge sind im Anhang nach den Aktivposten des Formblatts aufzugliedern. Ein Treuhandkredit liegt nur dann vor, wenn die Mittel vom Auftraggeber voll zur Verfügung gestellt wurden und das Kreditinstitut keinerlei Eigenrisiko aus dem Kreditverhältnis trägt (Einzelheiten vgl. Kapitel 3.3.2.).

Trägt das Kreditinstitut über die ordnungsgemäße Verwaltung des Engagements hinaus ein Eigenrisiko **oder** werden die Mittel vom Auftraggeber nicht voll zur Verfügung gestellt, handelt es sich um originäre Forderungen des Kreditinstituts, die – soweit der Schuldner des Kredits ein Kunde ist – im Aktivposten 4. auszuweisen sind.

Für den **Ausweis beim Treugeber** trifft § 6 RechKredV **keine** besondere Regelung, so dass insoweit die allgemeinen Grundsätze zur Bilanzierung von Treuhandverhältnissen Anwendung finden. Ist mithin das bilanzierende Institut **Treugeber**, dh. stellt es anderen Kreditinstituten ohne deren Haftung Beträge zur Verfügung, die diese an Endkreditnehmer (Nichtbanken) weiterreichen, sind diese Beträge beim Treugeber nach den allgemeinen Bilanzierungsregeln der RechKredV als „Forderungen an Kunden" auszuweisen, weil nur dadurch das Risiko des Treugebers zutreffend abgebildet wird. Nach § 6 Abs. 1 Satz 4 RechKredV gilt zwar als Schuldner bei Treuhandkrediten die Stelle, an die das bilanzierende Kreditinstitut die Gelder unmittelbar ausreicht. Diese Regelung bezieht sich auf den bilanzierenden Treuhänder und gilt im Übrigen nur für die Anhangangaben des § 6 Abs. 1 Satz 2 RechKredV.[2418]

[2418] Vgl. Krumnow ua., 2. Aufl., § 6 RechKredV Rn. 26.

Treuhandzahlungen im Rahmen von Vereinbarungen mit anderen Instituten

Werden bei einem **Rahmen-Treuhandvertrag** bspw. mit einer Bausparkasse oder Pfandbriefbank sog. Treuhandgelder vor Erfüllung der Auflagen aus dem Treuhandvertrag (zB bezüglich der Sicherstellung oder der Erfüllung anderer Voraussetzungen) an den Endkreditnehmer ausgezahlt, wird dem Endkreditnehmer gegenüber ein neues Kreditverhältnis begründet; diese Forderung wird auf eigene Rechnung als **Zwischenkredit** gewährt und ist somit im Posten „Forderungen an Kunden" auszuweisen.[2419] Ein Ausweis im Aktivposten „9. Treuhandvermögen" kommt nicht in Betracht, da bis zur Erfüllung der Auflagen das wirtschaftliche Risiko vom bilanzierenden Institut getragen wird.

Gemeinschaftsgeschäfte

Bei Gemeinschaftskrediten (vgl. Kapitel 3.5.) hat jedes beteiligte oder unterbeteiligte Kreditinstitut nur seinen eigenen Anteil an dem Kredit in die Bilanz aufzunehmen, soweit es die Mittel zur Verfügung gestellt hat (§ 5 RechKredV).

Schuldverschreibungen und übrige Forderungen

Zu den Forderungen an Kunden gehören auch die in § 14 Satz 3 RechKredV bezeichneten Papiere (§ 15 Abs. 1 Satz 4 RechKredV), sofern sich die Ansprüche gegen Nichtbanken (Kunden) richten. Es handelt sich insbesondere um Schuldverschreibungen und ähnliche Forderungen, die die Voraussetzungen des Wertpapierbegriffs (§ 7 RechKredV) – vor allem wegen fehlender Börsenfähigkeit – nicht erfüllen. Dies sind im Einzelnen:

- Namensschuldverschreibungen,
- nicht börsenfähige Inhaberschuldverschreibungen,
- Orderschuldverschreibungen, die nicht Teile einer Gesamtemission sind,
- nicht börsenfähige Orderschuldverschreibungen, die Teile einer Gesamtemission sind,
- Namensgeldmarktpapiere,
- nicht börsenfähige Inhabergeldmarktpapiere,
- Namensgenussscheine,
- nicht börsenfähige Inhabergenussscheine,
- andere nicht in Wertpapieren verbriefte rückzahlbare Genussrechte,
- Soll-Salden aus Effektengeschäften und Verrechnungskonten.

[2419] Vgl. BAK-Schreiben vom 18.12.1997, Az. I 3-236-2/95.

Nicht in Wertpapieren verbriefte Genussrechte, die nicht rückzahlbar sind, sind im Aktivposten „14. Sonstige Vermögensgegenstände" auszuweisen (§ 20 Satz 4 RechKredV).

Schuldtitel öffentlicher Stellen

Als Forderungen an Kunden sind ferner **nicht börsenfähige** Schatzwechsel, unverzinsliche Schatzanweisungen (U-Schätze) und ähnliche Schuldtitel (zB Zerobonds, Commercial Papers, Treasury Bills und Bons de Trésor) auszuweisen, die nicht im Aktivposten „2.a) Schatzwechsel und unverzinsliche Schatzanweisungen sowie ähnliche Schuldtitel öffentlicher Stellen" auszuweisen sind (§ 13 Abs. 1 Satz 2 RechKredV). Diese Schuldtitel öffentlicher Stellen können mangels Börsenfähigkeit nicht im Aktivposten 5. erfasst werden und sind deshalb dem Aktivposten 4. zuzuordnen.

Forderungen aus dem Warengeschäft

Hier sind auch Forderungen aus dem **eigenen** Warengeschäft auszuweisen (§ 15 Abs. 1 Satz 4 RechKredV). Dies kommt vor allem bei Kreditgenossenschaften vor. Diese haben zum Posten Forderungen in der Bilanz zusätzlich einen Darunter-Vermerk „Warenforderungen" zu machen.[2420]

Wechsel

Im Aktivposten 4. sind – entsprechend dem Ausweis im Posten „3. Forderungen an Kreditinstitute" – ferner Wechsel auszuweisen:[2421]

- Die von Kunden eingereicht wurden.
- Abgerechnete **eigene Ziehungen** auf einen Kunden im Bestand.
- Von den **à forfait** (unter Verzicht auf den Regressanspruch gegen den Einreicher) eingereichten Wechseln sind nach § 15 Abs. 1 Satz 3 RechKredV diejenigen hier auszuweisen, die von Kunden akzeptiert sind. Abweichend von der üblichen Handhabung bei Wechseln ist hier der Bezogene für die Positionszuordnung maßgebend, da bei diesen idR

[2420] Vgl. Fußnote 2 zum Bilanzformblatt.

[2421] Für die Abgrenzung, ob ein Wechsel unter den Forderungen an Kunden oder Forderungen an Kreditinstitute auszuweisen ist, ist grundsätzlich auf den Einreicher und nicht auf den Bezogenen abzustellen; vgl. Krumnow ua., 2. Aufl., § 14 RechKredV Rn. 7.

aus Außenhandelsgeschäften stammenden Wechseln der Einreicher von seiner Wechselhaftung befreit wird, also nur der Bezogene haftet.

- **Inkassowechsel**, die mehr als 30 Tage nach der Einreichung fällig sind und dem einreichenden Kunden bereits – unter „Eingang vorbehalten" – gutgeschrieben wurden; dies gilt auch für Schecks und sonstige Inkassopapiere, die dem einreichenden Kunden bereits gutgeschrieben wurden (§ 20 Satz 2 und 3 RechKredV).
- **Rückwechsel**, soweit sie vormals von einem Kunden eingereicht wurden.

Forderungen aus dem Factoringgeschäft[2422]

Beim sog. **echten Factoring** wird der Factor (Forderungs**käufer**) durch den Forderungskauf rechtlich und wirtschaftlich Eigentümer der Forderung, da er ab dem Zeitpunkt der Abtretung das Risiko eines Forderungsausfalls übernimmt. Der Factor hat die Forderung insoweit entsprechend der Qualifikation des Debitors (Schuldners der Verbindlichkeit) entweder als Forderung an Kreditinstitute (§ 14 RechKredV) oder als Forderung an Kunden (§ 15 RechKredV) auszuweisen (vgl. zum Kreditnehmer § 19 Abs. 5 KWG).

Die angekauften Forderungen werden zunächst in Höhe des Kaufpreises erfasst. Die Forderungen gehören zum Umlaufvermögen. Ihre Folgebewertung erfolgt mithin zum beizulegenden Wert unter Beachtung des strengen Niederstwertprinzips.

Beim sog. **unechten Factoring** (das Ausfallrisiko bleibt beim Verkäufer der Forderung) ist der Verkäufer der Forderung als Kreditnehmer iSd. § 19 Abs. 5 KWG anzusehen, da er für die Erfüllung der übertragenen Forderung einzustehen oder sie auf Verlangen des Erwerbers zurückzuerwerben hat. Maßgeblich für den Bilanzausweis ist damit in die Qualifikation des Factoringkunden, sodass entweder Forderungen an Kreditinstitute (§ 14 RechKredV) oder Forderungen an Kunden (§ 15 RechKredV) zu zeigen sind.

Die Forderung wird in Höhe der geleisteten Zahlungen ausgewiesen. Die Forderung gehört zum Umlaufvermögen und ist zum beizulegenden Wert – unter Beachtung des strengen Niederstwertprinzips – zu bewerten.

[2422] Zum bilanziellen Abgang bzw. Zugang von Forderungen iRd. Factorings vgl. WPH Edition, Wirtschaftsprüfung & Rechnungslegung, 17. Aufl. Kapitel F Tz. 1342 ff. mwN; zu Einzelfragen der handelsrechtlichen Abbildung von Factoring-Vereinbarungen beim Veräußerer, WPg 2019, 1147 ff. Zum Factoring bei Instituten vgl. WPH Edition, Kreditinstitute, Kap. D. Rn. 155 ff. Gaber, 2. Aufl., 81 ff.

Forderungen aus dem Leasinggeschäft

Hier sind auch Forderungen aus dem Leasinggeschäft gegenüber Kunden (Nichtbanken) zu erfassen; hier nicht zu erfassen sind jedoch die (körperlichen) Leasinggegenstände (siehe nachfolgend).

Bei einem Leasingvertrag handelt es sich um ein schwebendes Geschäft. Der Leasinggeber darf seinen Zahlungsanspruch ggü. dem Leasingnehmer erst dann als Forderung aktivieren, wenn er seine Sach- oder Dienstleistung erbracht hat bzw. wenn die Leasingrate fällig ist. Die Erträge aus dem Leasingvertrag werden pro rata temporis im Verhältnis zur erbrachten Teilleistung vereinnahmt. Der Fälligkeitszeitpunkt der Leasingrate, der in der Praxis meist der Ertragsvereinnahmung und der **Forderungsaktivierung** zugrunde gelegt werden kann, ist in den Zahlungsvereinbarungen des Leasingvertrags festgehalten.

Die Folgebewertung der Forderungen richtet sich nach § 340e Abs. 1 iVm. § 253 HGB. Nach Gaber[2423] sollen Bonitätsrisiken in Bezug auf den Leasing-Nehmer vorzugsweise iRe. Drohverlustrückstellung berücksichtigt werden, weil das Leasinggeschäft ein schwebendes Geschäft ist (HFA 1/1989). Zinsänderungsrisiken werden bei Instituten iRd. verlustfreien Bewertung des Zinsbuchs erfasst.

Ausweis des Leasingvermögens (Leasinggegenstände)

Ist das Leasinggut dem Institut als Leasing-Geber wirtschaftlich zuzurechnen, ist dieses bei ihm zu bilanzieren.[2424] Die Ansprüche und Verpflichtungen aus dem Leasingvertrag stellen – wie ein Mietvertrag – ein schwebendes Geschäft dar. Einzelheiten zur Bilanzierung des Leasingvermögens vgl. HFA 1/1989.

Da die fortgeführten Anschaffungskosten (Buchwerte) der (körperlichen) **Leasinggegenstände** zwar Vermögensgegenstände aber keine Forderungen sind, kommt auch bei Kreditinstituten ein Ausweis der Leasinggegenstände unter den „Forderungen an Kunden" nicht in Betracht. Für diese Auffassung spricht auch die Regelung des § 35 Abs. 1 Nr. 3 RechKredV. Danach ist der auf das Leasinggeschäft entfallende Betrag zu jedem davon betroffenen Posten der Bilanz im Anhang anzugeben. Der Verordnungsgeber unterstellt damit, dass

---

[2423] Vgl. Gaber, 2. Aufl., 130.
[2424] Vgl. WPH Edition Wirtschaftsprüfung & Rechnungslegung, 17. Aufl., Kapitel F Tz. 1326 ff.

die das Leasinggeschäft betreffenden Vermögensgegenstände (Schulden) in verschiedenen Aktivposten (Passivposten) enthalten sein können.

Mit Art. 3 Nr. 2 Buchstabe a) und d) der am 9.6.2011 veröffentlichten *„ Verordnung zur Änderung von Rechnungslegungsverordnungen "*[2425] wurde mit einer neuen Fußnote Nr. 14 für **Leasingunternehmen** iSd. § 1 Abs. 1a Nr. 10 KWG (Finanzdienstleistungsinstitute) bestimmt, dass vor dem Posten „11. Immaterielle Anlagewerte" ein gesonderter Posten „10a. Leasingvermögen" eingefügt wird.

Dieser Ausweis umfasst sowohl materielles als auch immaterielles Leasingvermögen.[2426] Ausweislich des Wortlauts der Fußnote 14 sind hierzu lediglich Leasingunternehmen verpflichtet. Soweit bei **Kreditinstituten** das Leasingvermögen einen nennenswerten Umfang hat, spricht nichts dagegen, wenn diese denselben Ausweis wählen (§ 340a Abs. 1 iVm. § 265 Abs. 5 HGB), zumal die BaFin diesbezüglich bereits einen gesonderten Ausweis empfohlen hat.[2427]

Darüber hinaus empfiehlt das IDW,[2428] über den bisherigen Regelungsinhalt von § 34 Abs. 3 RechKredV hinaus bei Leasingunternehmen das **Leasingvermögen** im Anhang gesondert in den **Anlagenspiegel** aufzunehmen. Hierbei wäre eine zusätzliche Aufteilung in immaterielle und materielle Leasinggüter sowie in bereits geleistete Anzahlungen auf Leasinggüter wünschenswert.

Die **Zugangsbewertung** erfolgt zu Anschaffungs- oder Herstellungskosten. Hierzu zählen auch die Anschaffungsnebenkosten. Die **Folgebewertung** des Leasinggegenstands richtet sich nach § 340e Abs. 1 iVm. § 253 Abs. 3 bis Abs. 5 HGB. Mit einer planmäßigen Abschreibung ist im Zeitpunkt des Zugangs des Leasinggegenstands bzw. bei größeren Anlagen im Zeitpunkt der Inbetriebnahme zu beginnen.

Objektrisiken führen zu außerplanmäßigen Abschreibungen auf den niedrigeren beizulegenden Wert. Drohende Verluste aus Anlagenabgang oder einer anderweitigen Verwertung (zB durch neue Vermietung) nach Ablauf der Grundmietzeit (Restwertrisiken) sind durch außerplanmäßige Abschreibungen oder durch Rückstellungen für drohende Verluste zu berücksichtigen (HFA 1/1989).

[2425] Vgl. BGBl. 2011 I, 1043.

[2426] Vgl. BR-Drucks. 204/11, 12.

[2427] Ebenso WPH Edition, Kreditinstitute, Kap. D. Rn. 188; Böcking/Wolsiffer/Morawietz, in: MünchKomm. HGB, 4. Aufl., § 340a HGB Rn. 101.

[2428] Vgl. Holzheimer, IDW-Sonderdruck, 36.

5. Einzelheiten zu den Posten der Bilanz

Forderungen aus Mietkaufverträgen bei Leasingunternehmen

Bei Mietkaufverträgen (diese sind wirtschaftlich gesehen eine Art Ratenkauf unter Eigentumsvorbehalt) ist das wirtschaftliche Eigentum dem Mietkäufer zuzurechnen.[2429] Der „Leasinggeber" hat eine Forderung in Höhe des Barwerts der Mietkaufraten zu aktivieren, die in der Bilanz im Regelfall als Forderungen an Kunden auszuweisen ist.[2430]

Forfaitierung von Leasingraten und Restwerten bei Leasingunternehmen

Ist dem Leasing-Geber das wirtschaftliche Eigentum zuzurechnen, kann der Erlös aus einer Forfaitierung **künftiger Leasingraten** aufgrund der fehlenden Aktivierungsfähigkeit nicht als bilanzieller Abgang einer Forderung behandelt werden.[2431]

Einnahmen aus dem Verkauf zukünftig fälliger Leasingraten an Dritte (Forfaitierung) sind insoweit passivisch abzugrenzen, als sie Erträge künftiger Perioden darstellen und ihnen Verpflichtungen zur Nutzungsüberlassung gegenüberstehen (HFA 1/1989).[2432] Im Zeitpunkt des Forderungsverkaufs ist der Gesamterlös ohne Berührung der Gewinn- und Verlustrechnung in den passiven Rechnungsabgrenzungsposten einzustellen. Der Forfaitierungserlös entspricht idR dem Barwert der abgetretenen Leasingraten. Für die Auflösung des passiven Rechnungsabgrenzungspostens während der Leasingdauer gelten die Grundsätze zur Vereinnahmung von Leasingerträgen (HFA 1/1989) entsprechend. Der passive Rechnungsabgrenzungsposten ist auf den Barwert der künftigen Leasingraten aufzuzinsen. Nach Gaber ist der Aufwand im Zinsaufwand zu erfassen.[2433]

Wird der **Restwert** des Leasinggegenstands forfaitiert, sind die Erlöse ebenfalls passivisch abzugrenzen; es handelt sich um ein Darlehensverhältnis, das als Verbindlichkeit zu passivieren und bis zum Ablauf der Grundmietzeit ratierlich aufzuzinsen ist.[2434]

[2429] Vgl. Holzheimer, IDW-Sonderdruck, 36.

[2430] Vgl. Holzheimer, IDW-Sonderdruck, 36.

[2431] Vgl. Gaber, 2. Aufl. 134 mwN.

[2432] Vgl. Holzheimer, IDW-Sonderdruck, 36; Gaber, 2. Aufl., 83 f.

[2433] Vgl. Gaber, 2. Aufl., 134 f.

[2434] Vgl. Gaber, 2. Aufl., 135 mwN.

Strukturierte Forderungen

Die Bilanzierung strukturierter Finanzinstrumente (Forderungen) richtet sich nach den Regeln des IDW RS HFA 22. Vgl. hierzu die Ausführungen in Kapitel 4.4.9.

Forderungen werden als Vermögensgegenstände des Umlaufvermögens zwar nach dem strengen Niederstwertprinzip bewertet, idR werden aber keine Preise vorhanden sein, die auf eine Notierung an einem aktiven Markt basieren. Beide Bedingungen müssten für eine einheitliche Bilanzierung erfüllt sein (IDW RS HFA 22 Tz. 14). Mithin ist die sog. Rückausnahme des IDW RS HFA 22 Tz. 14 für strukturierte Forderungen nicht anwendbar.

Kompensationen und Unterkonten

Unterhält ein Kredit- oder Finanzdienstleistungsinstitut mehrere Konten für denselben Kunden, so sind diese zu kompensieren, soweit die Voraussetzungen des § 10 RechKredV gegeben sind (Einzelheiten vgl. Kapitel 3.4.2.). Eine Kompensation zwischen Forderungen und Verbindlichkeiten verschiedener Währungen ist nicht zulässig. Ausgeschlossen ist eine Kompensation auch für Sperrguthaben und Spareinlagen.

Bei der sog. **englischen Buchungsmethode** ist nur der sich ergebende Saldo (zwischen der Belastung des gesamten Kreditbetrags auf einem Kreditsonderkonto und der Gutschrift auf einem laufenden Konto) als Kreditinanspruchnahme auszuweisen.

Konten, die lediglich der besseren Übersicht dienen (zB Interimskonten für die Abrechnung von Lastschriften oder Sparbriefen), haben den Charakter von Unterkonten. Sie sind mit dem Saldo des Kontokorrentkontos zusammenzufassen.

Veräußerung von Forderungen im Rahmen von Asset Backed Securities-Transaktionen

Bei der Veräußerung von Forderungen im Rahmen von ABS- und ähnlichen Transaktionen überträgt ein Institut unverbriefte Forderungen auf eine Zweckgesellschaft, die ihrerseits Wertpapiere oder Schuldscheine zur Finanzierung der übernommenen Forderungen emittiert.[2435]

[2435] Vgl. Gaber, 2. Aufl., 84 ff.

Die bilanziellen Auswirkungen einer ABS- oder ähnlichen Transaktion für das veräußernde Institut hängen von den iRd. Veräußerung getroffenen Vereinbarungen ab. Für die handelsrechtliche Bilanzierung ist der Rechnungslegungsstandard des IDW RS HFA 8 *„Zweifelsfragen der Bilanzierung von asset backed securities-Gestaltungen und ähnlichen Transaktionen "*[2436] zu beachten. In diesem Standard sind die für die Rechnungslegung nach HGB maßgeblichen Grundsätze, insbesondere für die Ausbuchung von Forderungen, dargestellt.[2437] Zu den Auswirkungen einer Kaufpreisverzinsung oder einer vom Verkäufer abzuschließenden Kreditversicherung auf die Beurteilung des Übergangs des wirtschaftlichen Eigentums an den veräußerten Forderungen vgl. Rimmelspacher/Hoffmann/Hesse[2438] und Gaber.[2439]

Hinsichtlich des Zuordnungskriteriums hat sich das IDW der hM angeschlossen. Entsprechend der für das echte Factoring vertretenen Auffassung geht nach hM in der Literatur das wirtschaftliche Eigentum der Forderungen auch bei Asset-Backed-Transaktionen nur auf den Käufer über, sofern dieser das Bonitätsrisiko (Forderungsausfallrisiko) übernimmt.[2440] Verbleibt dies hingegen beim Verkäufer, liegt nach dieser Auffassung entsprechend der zivilrechtlichen Einordnung auch wirtschaftlich ein durch Forderungsabtretung besichertes Darlehen vor (unechtes Factoring). Die Forderungen sind dann weiterhin beim Verkäufer zu bilanzieren; hierzu korrespondierend hat er eine Verbindlichkeit auszuweisen.

Der BFH hat mit Urteil vom 5.5.1999[2441] entschieden, dass die Forfaitierung künftiger Forderungen nur dann als Kauf und nicht als Darlehensverhältnis zu behandeln ist, wenn das Bonitätsrisiko vollständig auf den Käufer übergeht. Verbleibt dagegen das Bonitätsrisiko (damit die Delkrederehaftung) hinsichtlich der abgetretenen Forderungen (ganz oder teilweise) beim Verkäufer, liegt eine sog. unechte Forfaitierung vor. Die Zahlung des „Kaufpreises" stellt dann eine bloße Vorfinanzierung der Forderungen dar, deren Abtretung lediglich er-

---

[2436] Vgl. WPg 2002, 1151 ff.; Ergänzung WPg 2004, 138.

[2437] Vgl. hierzu auch Rist, StuB 2003, 385 ff.; kritisch Dreyer/Schmid/Kronat, BB 2003, 91 ff.; App/Klein, KoR 2006, 490 ff.; Findeisen, DB 1998, 481 ff.; Findeisen/Roß, DB 1999, 1077 ff.; Flick, Der Konzern 2009, 104 ff.; Flick/Flick, WPg 2009, 828 ff.; Boulkab/Marxfeld/Wagner, IRZ 2008, 497 ff.; Rimmelspacher/Hoffmann/Hesse, WPg 2014, 999 ff.; BFH-Urteil vom 26.8.2010, WPg 2010, 94 ff.; siehe hierzu auch die Anmerkungen von Skuratovski, RdF 2011, 210 ff., der sich insbesondere mit den steuerlichen Folgen befasst.

[2438] Vgl. Rimmelspacher/Hoffmann/Hesse, WPg 2014, 999 ff.

[2439] Vgl. Gaber, 2. Aufl., 84 ff.

[2440] So auch der BFH mit Urteil vom 5.5.1999, WM 1999, 1763 ff.; Rimmelspacher/Hoffmann/Hesse, WPg 2014, 1001.

[2441] Vgl. BFH-Urteil vom 5.5.1999, WM 1999, 1763 ff.

füllungshalber erfolgt. In diesem Fall ist nach Ansicht des BFH von einem Darlehensverhältnis auszugehen.

Der HFA hat in seiner 190. Sitzung beschlossen, die Stellungnahme zu ABS-Transaktionen im Abschnitt zur Behandlung des Reserve- oder Garantiekontos um folgende Tz. 39a zu ergänzen:

> *„Wenn dagegen anstelle eines Kaufpreisabschlags mit Besserungsvereinbarung eine Gestaltung vereinbart wird, bei der der Kaufpreis das Ausfallrisiko nicht berücksichtigt (Verkauf zum Nennbetrag/Barwert), der Verkäufer aber eine Garantie für die Bonitätsrisiken übernimmt und die Garantie auf denjenigen Höchstbetrag beschränkt wird, der dem angemessenen Kaufpreisabschlag entspricht (vgl. Tz. 16 Abs. 1 sowie zweites Aufzählungszeichen), ist der Kaufpreisanspruch in voller Höhe zu aktivieren. Für die Verpflichtung aus der Garantie ist eine angemessene Risikovorsorge zu bilden. Sie entspricht im Regelfall dem Vorsorgebetrag, der ohne Verkauf der Forderungen hätte gebildet werden müssen. Der Differenzbetrag zwischen der gebildeten Risikovorsorge und dem Höchstbetrag der Garantie ist als Eventualverbindlichkeit (§ 251 HGB) auszuweisen.*
>
> *Als Sicherheit für den Forderungskäufer (Inhaber des Garantieanspruchs) kann vereinbart werden, dass der maximale Garantiebetrag gesondert angelegt wird und nur solche Beträge, die zur Risikoabdeckung nicht mehr benötigt werden, an den Verkäufer ausgezahlt werden (wegen der Besonderheiten bei revolvierenden Transaktionen vgl. Tz. 31). Eine solche Vereinbarung hindert die Aktivierung der Forderung auch dann nicht, wenn die Anlage nicht bei einem Dritten erfolgt, sondern auf einem Reserve- oder Garantiekonto, das zugunsten des Verkäufers bei dem Käufer verzinslich geführt wird. "*

Die Aufnahme dieser Regelung soll den Unternehmen die Möglichkeit geben, die über die erwartete Ausfallquote der verkauften Forderungen hinausgehende Belastung der Gewinn- und Verlustrechnung aufgrund der Nichtaktivierungsfähigkeit eines auf einem Reservekonto verbuchten Kaufpreisabschlags zu vermeiden.

Das Unternehmen verkauft hier die Forderungen nicht mit einem angemessenen offenen Kaufpreisabschlag, sondern zu ihrem Nominalwert. Statt des offenen Abschlags gewährt der Veräußerer dem Erwerber eine Ausfallgarantie, deren Höhe (Maximalbetrag) ebenfalls den Angemessenheitskriterien des IDW RS HFA 8 entspricht. Zur Besicherung des Zahlungsanspruchs aus der Garantie hinterlegt der Veräußerer eine Barsicherheit in Höhe des maximalen

Garantiebetrags. Dieser Betrag wird über die Laufzeit zugunsten des Veräußerers verzinst. Der Veräußerer kann die Auszahlung der hinterlegten Mittel an sich verlangen, wenn und soweit feststeht, dass der Betrag zur Erfüllung der Garantieleistung nicht mehr benötigt wird. Der Garantiebetrag kann bei einer Bank angelegt und an den Käufer verpfändet werden. Alternativ – und aus Kostengründen idR gewünscht – kann vereinbart werden, dass der Käufer den Garantiebetrag verwaltet.

Wird die Garantie als ein angemessener (verdeckter) Kaufpreisabschlag iSv. IDW RS HFA 8 qualifiziert, ist der Forderungsverkauf als *true sale* zu behandeln. Der Verkäufer hat in Höhe der erwarteten künftigen Ausfälle (maximal aber in Höhe der gegebenen Garantie) eine Risikovorsorge in Form einer Rückstellung zu bilden. Diese dürfte normalerweise demjenigen Betrag entsprechen, der ohne Verkauf der Forderungen als Abschreibung/Wertberichtigung hätte gebildet werden müssen. Der Differenzbetrag zwischen der konkret zu bildenden Risikovorsorge (Rückstellung) und dem maximalen Garantierisiko ist dann als Eventualverbindlichkeit gemäß § 251 HGB auszuweisen.

Veräußerung von (künftigen) Zinsansprüchen aus Forderungen

Gelegentlich werden die Zinsansprüche von ggü. dem Marktzinsniveau höher verzinslichen Forderungen verkauft, ohne dass die Forderung selbst mitverkauft wird. Es handelt sich hierbei um einen mit dem Bondstripping vergleichbaren Sachverhalt, der grundsätzlich nach den Regeln des IDW RH BFA 1.001 bilanziell abzubilden ist. Es ist jedoch stets zu prüfen, ob beim Verkauf künftiger Zinsansprüche eine berichtspflichtige Sachverhaltsgestaltung vorliegt.[2442]

Zinsforderungen für künftige Perioden sind nicht aktivierungsfähig, da die Leistung des Instituts, nämlich die Überlassung des Kapitals zur Nutzung, insoweit noch nicht erbracht worden ist. Dieser Sachverhalt liegt dann anders, wenn solche (künftigen) Zinsforderungen an einen Dritten verkauft werden. An die Stelle der nicht aktivierungsfähigen künftigen Zinsforderungen tritt dann der zu aktivierende Verkaufspreis. Andererseits verliert die nicht mitverkaufte Kapitalforderung (Stammrecht) an Wert, da sie künftig unverzinslich ist. Für den Fall, dass der Marktzins im Verkaufszeitpunkt höher oder niedriger als die Nominalverzinsung der Forderung ist, realisiert das verkaufende Institut einen Verlust bzw. einen Gewinn.

[2442] Siehe auch Berichterstattung über die 189. Sitzung des BFA, FN 2004, 697 f.; DGRV (Hrsg.), Jahresabschluss, D.II. Rn. 16 geht davon aus, dass beim Verkauf künftiger Zinsansprüche eine sachverhaltsgestaltende Maßnahme vorliegt.

Diese Grundsätze gelten entsprechend auch für den Fall, dass der Käufer Teilbeträge der künftigen Zinsen – unabhängig davon, ob diese bei ihm eingehen oder nicht – an das verkaufende Institut abzuführen hat.

Forderungsverzicht gegen Besserungsschein

Ein Forderungsverzicht kann nicht einseitig erklärt, sondern nur in einem Erlassvertrag vereinbart werden (§ 397 BGB).[2443] Dieser Erlassvertrag steht unter der auflösenden Bedingung der Besserungsabrede (§ 158 Abs. 2 BGB). Bis zum Eintritt des vereinbarten Besserungsfalls ist der Erlass erst einmal wirksam und die Forderung des Gläubigers existiert nicht mehr. Mit Eintritt des Besserungsfalls, also der auflösenden Bedingung, tritt gemäß § 158 Abs. 2 BGB der frühere Rechtszustand wieder ein, dh. der Verzicht entfällt. Ab diesem Zeitpunkt besteht die ursprüngliche Forderung wieder, jedoch nicht rückwirkend, sondern nur ex nunc (dh. in der Zwischenzeit gab es die Forderung nicht). Zu Einzelheiten des Forderungsverzichts in Insolvenz und Plan vgl. Schultze/Tögel.[2444]

Bei einem Forderungsverzicht ist die Forderung als solche abzuschreiben bzw. auszubuchen.[2445] Ansprüche auf Zinsen für die Forderung, auf die verzichtet wurde, entstehen bis zum Eintritt der Besserung nicht, da die zugrunde liegende Forderung (vorübergehend) nicht existiert. Der Anspruch des Gläubigers (Forderung) lebt wieder auf, sobald die Bedingungen der Besserungsabrede erfüllt sind. Siehe hierzu auch die Ausführungen in Kapitel 4.9. und 4.3.6.

Verzichtet ein Gesellschafter gegen Besserungsschein auf eine Forderung ggü. der Gesellschaft, kann dies zu nachträglichem Aufwand (nachträglichen Anschaffungskosten) auf die Anteile und zu einer (ganz oder teilweisen) Aktivierung in der Bilanz des Gesellschafters führen.[2446]

[2443] Einzelheiten vgl. Schultze/Tögel, ZIP 2011, 1250 ff. mwN.

[2444] Vgl. Schultze/Tögel, ZIP 2011, 1250 ff.

[2445] Zur Bilanzierung vgl. Kerssenbrock, Zeitschrift für Steuern & Recht 2006, 209 ff.; Gahlen, BB 2009, 2079 ff.

[2446] Vgl. wegen Einzelheiten Kerssenbrock, Zeitschrift für Steuern & Recht 2006, 209 ff.

5.2.4.3. Darunter-Vermerke

5.2.4.3.1. Darunter-Vermerk „durch Grundpfandrechte gesichert"

Als durch Grundpfandrechte gesichert sind nur Forderungen zu vermerken, für die dem bilanzierenden Institut Grundpfandrechte bestellt, verpfändet oder abgetreten worden sind und die den Erfordernissen des § 14 Abs. 1 und des § 16 Abs. 1 und 2 des Pfandbriefgesetzes entsprechen (es sich also um Realkredite handelt), jedoch unabhängig davon, ob sie zur Deckung ausgegebener Schuldverschreibungen dienen oder nicht (§ 15 Abs. 2 Satz 1 RechKredV). Dies gilt auch dann, wenn die Grundpfandrechte weiter verpfändet oder abgetreten werden. Diese im Realkreditgeschäft gewährten Kredite sind durch die besondere Art der Besicherung tendenziell mit einem geringeren Risiko behaftet.

Ferner sind in diesem Darunter-Vermerk solche zweckgebundenen Realkredite auszuweisen, für die das Grundpfandrecht ausnahmsweise unmittelbar zugunsten der refinanzierenden Stelle eingetragen wurde. Das Grundpfandrecht muss in diesem Fall jedoch zugunsten des bilanzierenden Kreditinstituts abgetreten worden sein.

In den Darunter-Vermerk dürfen nicht sämtliche durch Grundpfandrechte gesicherten Forderungen aufgenommen werden. Die Aufnahme in diesen Vermerk setzt vielmehr voraus, dass die einschlägigen Vorschriften des Pfandbriefgesetzes eingehalten sind. Damit ist vor allem gemeint, dass die Beleihung 60 % des Beleihungswerts (laut BelWertV) nicht übersteigen darf (Beleihungsauslauf 60 %).

Bei **Bausparkassen** müssen die Baudarlehen für die Aufnahme in den Darunter-Vermerk hinsichtlich ihrer grundpfandrechtlichen Besicherung den Erfordernissen des § 7 Abs. 1 BSpKG entsprechen (Beleihungsauslauf 80 %, vgl. Kapitel 5.2.4.3.5.).

Der Beleihungswert *„darf einen auf transparente Weise und nach einem anerkannten Bewertungsverfahren ermittelten Marktwert nicht übersteigen"* (§ 16 Abs. 2 Satz 3 Pfandbriefgesetz). Eine Beleihung an erster Rangstelle im Grundbuch ist dabei jedoch nicht erforderlich, wenn die Beleihung (einschließlich Vorlasten) bei höchstens 60 % (Bausparkassen 80 %) ausläuft.

Realkredite können auch bereits vor Fertigstellung eines Objekts vorliegen, wenn die Darlehensauszahlungen streng nach Baufortschritt vorgenommen werden. Dabei muss das Grundpfandrecht aber bereits von Anbeginn eingetragen sein.

Soweit bei einer Forderung (Gesamtforderung 100 GE) nur ein Teilbetrag (bspw. 90 GE) den Erfordernissen des Pfandbriefgesetzes entspricht (also bei einem Beleihungsauslauf von 90 %) stellt sich die Frage, welcher Betrag vermerkt werden darf. Hier wird der im 60 %-Rahmen liegende Teil der Forderung (60 GE) als sog. Ia-Hypothek bezeichnet, der darüber hinausgehende Betrag von 30 GE ist die sog. Ib-Hypothek.

Durch Grundpfandrechte gesicherte Forderungen, die in Höhe des die zulässige Beleihungsgrenze (60 %; Bausparkassen 80 %) übersteigenden Betrags (Ib-Hypothekendarlehen) durch eine Bürgschaft oder Gewährleistung der öffentlichen Hand gesichert sind, sind ebenfalls als grundpfandrechtlich gesichert zu vermerken (§ 15 Abs. 2 Satz 3 RechKredV). Somit ist bei Vorliegen einer entsprechenden Gewährleistung der öffentlichen Hand ggf. der gesamte Betrag des Kredits als grundpfandrechtlich gesichert zu vermerken.

Die ausdrückliche Verpflichtung, den kommunal verbürgten Ib-Darlehensanteil als grundpfandrechtlich gesichert zu vermerken, spricht nach mittlerweile hM dafür, die innerhalb der 60 %igen Beleihung liegenden Teilbeträge einer Forderung (Ia-Hypothek) in den Vermerk einzubeziehen, soweit sie den Erfordernissen des § 14 Abs. 1 und 2 Pfandbriefgesetz bzw. § 7 Abs. 1 BSpKG entsprechen.[2447] Damit ist nach der hier vertretenen Ansicht der 60 % (bei Bausparkassen: 80 %) des Beleihungswerts ausmachende Teilbetrag des Realkredits in den Darunter-Vermerk einzubeziehen (sog. unechtes Realkreditsplitting), soweit dieser grundpfandrechtlich gesichert ist, dh. entspricht nur ein Teilbetrag eines Kredits den genannten Erfordernissen, kann dieser Teilbetrag in den Vermerk einbezogen werden. Mit diesem **unechten Realkreditsplitting** erfüllt die Bankbilanz ihre Informationsaufgabe besser, als wenn der grundpfandrechtlich abgesicherte Teilbetrag nicht in dem Darunter-Vermerk erschiene.

§ 15 Abs. 5 RechKredV wurde mit Artikel 12 des Gesetzes zur Neuordnung des Pfandbriefrechts vom 22.5.2005[2448] aufgehoben. Nach § 15 Abs. 5 RechKredV galt § 15 Abs. 2 RechKredV vor Inkrafttreten des geänderten Pfandbriefrechts auch für **öffentlich-rechtliche Kreditanstalten** mit der Maßgabe, dass anstelle der Erfordernisse der §§ 11 und 12 Abs. 1 und 2 HBG (jetzt: § 14 Abs. 1, § 16 Abs. 1 und 2 Pfandbriefgesetz) die Vorschriften des Gesetzes über die Pfandbriefe und verwandten Schuldverschreibungen öffentlich-rechtlicher Kreditinstitute anzuwenden sind (§ 15 Abs. 5 RechKredV aF). Der wesentliche Unterschied bestand darin, dass damit für den Darunter-Vermerk

---

[2447] Vgl. Krumnow ua., 2. Aufl., § 15 RechKredV Rn. 7 ff.
[2448] Vgl. BGBl. I 2005, 1373, 1391.

bei öffentlich-rechtlichen Kreditanstalten die Beleihungsgrenze von 60 % des Beleihungswerts nicht anzuwenden war.

5.2.4.3.2. Darunter-Vermerk „Kommunalkredite"

Als Kommunalkredite sind alle Forderungen zu vermerken, die an inländische Körperschaften und Anstalten des öffentlichen Rechts gewährt wurden oder für die eine solche Körperschaft oder Anstalt die volle (dh. 100%ige) Gewährleistung übernommen hat, unabhängig davon, ob sie zur Deckung ausgegebener Schuldverschreibungen dienen oder nicht (§ 15 Abs. 3 Satz 1 RechKredV). Diese im Kommunalkreditgeschäft gewährten Kredite sind durch die besondere Art der Besicherung idR. mit einem geringen Risiko behaftet.

In diesem Darunter-Vermerk sind folgende Kredite zu erfassen:

- Ausleihungen an den Bund, die Länder, die politischen Gemeinden, Gemeindeverbände, die verfassten Landeskirchen mit ihren Untergliederungen und an sonstige inländische Körperschaften des öffentlichen Rechts (zB Realgemeinden, Wasser- und Bodenverbände) und Anstalten des öffentlichen Rechts (zB öffentlich-rechtliche Versicherungsanstalten).
- Ausleihungen an andere Kreditnehmer gegen volle (100 %ige) Gewährleistung (zB Bürgschaft oder Garantie) durch inländische Körperschaften oder Anstalten des öffentlichen Rechts. Hierzu gehören auch befristete Ausfallbürgschaften von Gemeinden und Eigenkapitalhilfedarlehen, für die der Bund eine Ausfallgarantie übernommen hat.

Als Kommunalkredite sind auch Kredite gemäß § 20 Abs. 1 Nr. 1 Buchstabe b) bis e) Pfandbriefgesetz auszuweisen (§ 15 Abs. 3 Satz 2 RechKredV[2449]). Damit sind Darlehen an einen anderen **Mitgliedstaat der Europäischen Union oder einen anderen Vertragsstaat des Abkommens über den Europäischen Wirtschaftsraum, die Schweiz, die Vereinigten Staaten von Amerika, Kanada oder Japan** (§ 20 Abs. 1 Nr. 1 Buchstabe b) Pfandbriefgesetz) und deren Regionalregierungen oder örtlichen Gebietskörperschaften, wenn die in § 20 Abs. 1 Nr. 1 Buchstabe c) Pfandbriefgesetz genannten Bedingungen erfüllt sind, den Darlehen an inländische Körperschaften und Anstalten des öffentlichen Rechts gleichgestellt. Entsprechendes gilt für Darlehen an Verwaltungseinrichtungen ohne Erwerbszweck, die den Zentralregierungen, Regionalregierungen oder örtlichen Gebietskörperschaften der in § 20 Abs. 1

[2449] § 15 Abs. 3 Satz 2 RechKredV wurde durch Artikel 12 des Gesetzes zur Neuordnung des Pfandbriefrechts vom 22.5.2005, BGBl. I 2005, 1379 geändert.

Nr. 1 Buchstabe b) Pfandbriefgesetz genannten Mitglied- und Vertragsstaaten unterstehen, wenn die weiteren in § 20 Abs. 1 Nr. 1 Buchstabe e) Pfandbriefgesetz genannten Voraussetzungen erfüllt sind. Nach § 20 Abs. 1 Nr. 1 Buchstabe d) Pfandbriefgesetz gilt Entsprechendes ferner für Darlehen an einen anderen in § 20 Abs. 1 Nr. 1 Buchstabe b) Pfandbriefgesetz nicht erfassten europäischen **Staat, der Vollmitglied der Organisation für wirtschaftliche Zusammenarbeit und Entwicklung** ist.

Voraussetzung für die Einordnung von Ausleihungen an **andere Kreditnehmer** als Kommunalkredit ist eine den Kreditbetrag, die Zinsverpflichtungen und die vereinbarten Nebenleistungen voll erfassende Gewährleistung einer Körperschaft oder Anstalt des öffentlichen Rechts. Kredite, bei denen nur der Kreditbetrag selbst oder allein die Zinsverpflichtungen mit einer öffentlichen Gewährleistung unterlegt sind, sind nicht voll gewährleistet und fallen deswegen nicht unter den Darunter-Vermerk. In derartigen Fällen ist weder der Teilbetrag noch der Gesamtbetrag auszugliedern.

„Volle Gewährleistung" bedeutet jedoch nicht, dass das **gesamte Darlehen** durch eine kommunale Gewährleistung abgesichert sein muss. Soweit für einen **Teilkreditbetrag**, einschließlich der daraus entstehenden Zinsverpflichtungen und vereinbarten Nebenleistungen, eine kommunale Gewährleistung vorliegt, ist der entsprechende in Anspruch genommene Teilbetrag in dem Darunter-Vermerk auszuweisen, dh. auch teilverbürgte Kredite sind in den Ausgliederungsvermerk „Kommunalkredite" aufzunehmen.

Ist ein Kommunalkredit in vollem Umfang zugleich Realkredit, ist ein Ausweis im Darunter-Vermerk „Kommunalkredite" im Regelfall vorzuziehen.

Bei Ib-Hypothekendarlehen ist der die zulässige Beleihungsgrenze übersteigende Betrag, wenn er durch eine Bürgschaft oder Gewährleistung der öffentlichen Hand gesichert ist, nicht hier, sondern unter „durch Grundpfandrechte gesichert" zu vermerken (§ 15 Abs. 2 Satz 3 RechKredV).

5.2.4.3.3. Darunter-Vermerk „durch Schiffshypotheken gesichert"

Schiffshypotheken dürfen unter der Bezeichnung „durch Schiffshypotheken gesichert" gesondert vermerkt werden, wenn sie den Erfordernissen des § 22 Abs. 1, 2 Satz 1 und Abs. 5 Satz 3, des § 23 Abs. 1 und 4 sowie des § 24 Abs. 2 in Verbindung mit Abs. 3 Pfandbriefgesetz entsprechen (§ 15 Abs. 4 RechKredV[2450]).

[2450] § 15 Abs. 4 RechKredV wurde durch Artikel 12 des Gesetzes zur Neuordnung des Pfandbriefrechts vom 22.5.2005, BGBl. I 2005, 1391 geändert.

Im Gegensatz zu den durch Grundpfandrechte gesicherten Darlehen besteht bei den durch Schiffshypotheken gesicherten Krediten keine Pflicht zum Ausweis in einem Darunter-Vermerk, es handelt sich vielmehr um ein **Wahlrecht**. Der Grundsatz der Ansatzstetigkeit des § 246 Abs. 3 HGB ist zu beachten. Voraussetzungen für die Aufnahme in den Darunter-Vermerk sind:

- das beliehene Schiff muss in ein öffentliches Register eingetragen sein (§ 22 Abs. 1 Pfandbriefgesetz),
- die Beleihung darf 60 % des Werts des Schiffs (Schiffsbeleihungswert) nicht übersteigen (§ 22 Abs. 2 Satz 1 Pfandbriefgesetz), der nach bestimmten Regeln zu ermitteln ist (§ 24 Pfandbriefgesetz),
- das Schiff muss in der durch § 23 Abs. 1 und 4 Pfandbriefgesetz bestimmten Weise versichert sein.

Für die Beleihung ausländischer Schiffe gelten besondere Vorschriften (§ 22 Abs. 5 Pfandbriefgesetz). Zum Verkauf von Forderungen aus notleidenden Schiffsfinanzierungsdarlehen sowie zur Abtretung von Sicherheiten aus Schiffsdarlehensverträgen vgl. Schalast/Walter.[2451]

5.2.4.3.4. Unterposten bei Pfandbriefbanken

Pfandbriefbanken haben die „Forderungen an Kunden" in drei Unterposten aufzugliedern:

> *a) Hypothekendarlehen*
> *b) Kommunalkredite*
> *c) andere Forderungen*
> *darunter:*
> *durch Beleihung von Wertpapieren ... Euro*

Der Posteninhalt **„b) Kommunalkredite"** orientiert sich an § 15 Abs. 3 RechKredV. Für den Posteninhalt des Unterpostens **„a) Hypothekendarlehen"** enthält die RechKredV keine Definition. Hier sind alle Forderungen einer Pfandbriefbank auszuweisen, für die der bilanzierenden Pfandbriefbank Hypotheken oder Grundschulden (Grundpfandrechte) bestellt, verpfändet oder abgetreten wurden, ohne dass es dabei auf die Beleihungsgrenze von 60 % des Beleihungswerts ankommt.[2452] In den Unterposten sind damit Forderungen in voller Höhe des in Anspruch genommenen und grundpfandrechtlich gesicherten Betrags einzubeziehen. Da die RechKredV diesbezüglich keine

---

[2451] Vgl. Schalast/Walter, BB 2012, 1301 ff.
[2452] Vgl. Krumnow ua., 2. Aufl., § 15 RechKredV Rn. 12.

expliziten Regelungen enthält, dürfte es auch zulässig sein, in diesen Unterposten nur die Beträge einzubeziehen, die bei Universalbanken im Darunter-Vermerk „durch Grundpfandrechte gesichert" nach § 15 Abs. 2 RechKredV aufgenommen werden.

5.2.4.3.5. Unterposten bei Bausparkassen

Bausparkassen haben den Aktivposten „Forderungen an Kunden" in folgende Unterposten aufzugliedern (vgl. Kapitel 5.2.4.1.):

> a) *Baudarlehen*
> > aa) *aus Zuteilungen (Bauspardarlehen)*
> > ab) *zur Vor- und Zwischenfinanzierung*
> > ac) *sonstige*
> > > *darunter:*
> > > *durch Grundpfandrechte gesichert ... Euro*
> b) *andere Forderungen*

Der Darunter-Vermerk „durch Grundpfandrechte gesichert" bezieht sich nach dem Wortlaut der Fußnote 2 zum Formblatt 1 auf den Unterposten „ac) sonstige Baudarlehen".

Die in Art. 7 Abs. 3 Ziffer 9 b) aa) des Gesetzes zur Umsetzung der Richtlinie (EU) 2019/2034 über die Beaufsichtigung von **Wertpapierinstituten** vom 12.5.2021[2453] vorgesehene Formulierung für Fußnote 2 Doppelbuchstabe „ac) sonstige" bringt bezüglich des Darunter-Vermerks ggü. der vorstehenden Darstellung keine Änderung.

Nachdem in § 15 Abs. 2 Satz 2 RechKredV auf § 7 Abs. 1 BSpKG verwiesen wird – der insbesondere einen Beleihungsauslauf der grundpfandrechtlich gesicherten Baudarlehen bis 80 % des Beleihungswerts zulässt – umfasst der für die sonstigen Baudarlehen vorgesehene Darunter-Vermerk „durch Grundpfandrechte gesichert" solche Darlehen an Kunden, die bis zu 80 % des Beleihungswerts durch Grundpfandrechte gesichert sind.

[2453] Vgl. BGBl. I 2021, 990 ff., 1050.

5.2.4.4. Bewertung

§ 15 Abs. 1 letzter Satz RechKredV bestimmt, dass nur die Summe der in Anspruch genommenen Kredite, nicht die Summe der Kreditzusagen, angesetzt werden darf. Zur Bewertung von Wechseln vgl. Kapitel 5.2.2.2.5.

Anzusetzen sind im Regelfall die **Anschaffungskosten**, ggf. vermindert um Tilgungen (vgl. Kapitel 4.3.2.). Im Zusammenhang mit der Kredit- und Darlehensgewährung entstandene **(Neben-) Kosten** (zB Schätzgebühren usw.) werden, wenn sie der Kunde zu tragen hat, dem Forderungskonto des Schuldners belastet, sodass sie Bestandteil der Forderung ggü. den Kunden sind.[2454]

Sind diese Kosten dagegen **vom Institut selbst zu tragen**, stellen sie Aufwand dar, der entweder sofort erfolgswirksam oder als Rechnungsabgrenzungsposten abzugrenzen und anteilig als Aufwand zu buchen ist, da die Kosten nicht ggü. dem Kunden als Forderung geltend gemacht und damit auch nicht als solche gebucht werden können. Vgl. auch Kapitel 4.3.1. und 4.3.2.1.

Daneben ist bei Forderungen auch die sog. **Nominalwertbilanzierung** zulässig (vgl. Kapitel 4.3.3.). Zur Ermittlung der Anschaffungskosten un- bzw. minderverzinslicher Forderungen vgl. Kapitel 4.3.2.1. zu deren (Folge-) Bewertung vgl. Kapitel 4.3.2.3.

Der HFA gelangte zu der Auffassung, dass die Anwendung einer sog. **amortised-cost-Bewertung** nach Maßgabe der Effektivzinsmethode auch über Zero-Bonds hinaus auf andere zinstragende (verbriefte oder unverbriefte) Forderungen nicht zu beanstanden ist.[2455] Weitere Einzelheiten zur Bilanzierung auf Basis fortgeführter Anschaffungskosten vgl. Kapitel 4.2.4.

Forderungen sind **schwebende Geschäfte** (Nutzungsüberlassung von Kapital). Sie sind in die **verlustfreie Bewertung des Bankbuchs** einzubeziehen (Zinsspannenrisiko). Soweit die Zinserträge des Bankbuchs die damit korrespondierenden Zinsaufwendungen einschließlich der Risikokosten sowie der Verwaltungskosten nicht (mehr) decken, ist eine Drohverlustrückstellung zu erfassen. Bezüglich des Risikos betreffend die **Rückzahlung des geliehenen Kapitalbetrags** (Ausfallrisiko) sind ggf. Wertberichtigungen zu buchen.

[2454] Das WPH Bd. I 2012 J Tz. 318 spricht hier irrtümlich davon, *„... dass sie (die Nebenkosten) für die Bemessung der AK grds. ohne Belang sind"*.

[2455] Vgl. IDW, Sitzungsberichterstattung über die 237. Sitzung des HFA, FN 2014, 595.

Die **Anschaffungskosten** bzw. der Nennwert oder bisherige **Buchwert** sind ggf. um

- Verrechnungen iSd. § 10 RechKredV sowie um
- Einzelwertberichtigungen (vgl. Kapitel 4.3.5.3.),
- Pauschalwertberichtigungen (vgl. Kapitel 4.3.5.5.),
- Länderwertberichtigungen (vgl. Kapitel 4.3.5.6.) und evtl.
- Vorsorgereserven nach § 340f HGB (vgl. Kapitel 4.6.) bzw. § 26a KWG aF

zu kürzen. Wegen weiterer Bewertungsfragen (zB anteiligen Zinsen, Namensschuldverschreibungen, Fremdwährungsforderungen usw.) kann auf die Ausführungen zur Bewertung von Forderungen an Kreditinstitute in Kapitel 5.2.3.3. verwiesen werden.

Währungsforderungen sind nach den hierfür geltenden Bestimmungen des §§ 256a iVm. § 340h HGB zu bewerten. Dabei ist bei währungsgesicherten Forderungen danach zu unterscheiden, ob der gespaltene Terminkurs (einschließlich Reststellenbewertung) zur Anwendung kommt oder nicht. Einzelheiten vgl. Kapitel 4.8.

Der Höhe nach richtet sich die **Einzelwertberichtigung** grundsätzlich nach dem ungesicherten Betrag (Blankoanteil) der ausfallgefährdeten Forderung. Inwieweit Kreditzusagen bei der Bemessung der Risikovorsorge einbezogen werden müssen, ist im Einzelfall zu entscheiden. Eine Einzelwertberichtigung, die nicht den vollen Blankoanteil abdeckt, ist nur dann zulässig, wenn zumindest eine teilweise gesicherte Kapitaldienstfähigkeit erwartet wird. Auf die Bildung von Einzelwertberichtigungen darf nicht mit Hinweis auf vorhandene (versteuerte oder unversteuerte) Pauschalwertberichtigungen verzichtet werden.

Die Sicherheiten sind mit ihren sog. **Realisationswerten** (nicht mit den Verkehrswerten oder Beleihungswerten) zu erfassen. Der Wert von Sicherheiten ist für den Zeitraum bis zur voraussichtlichen Verwertung abzuzinsen (Refinanzierungszinssatz).

Bei **gekündigten Forderungen**, deren Wert ausschließlich durch die zur Verfügung stehenden Sicherheiten bestimmt wird, ist der Wert dieser Sicherheiten für den Zeitraum bis zur voraussichtlichen Verwertung abzuzinsen. Als Abzinsungssatz ist der Refinanzierungszinssatz für Ausleihungen ohne Berücksichtigung eines banküblichen Unternehmensgewinns sachgerecht. Als maßgeblicher Abzinsungszeitraum ist die Zeitspanne bis zur voraussichtlichen

Verwertung zugrunde zu legen, sodass sich der Abzinsungszeitraum im Zeitablauf vermindert.

Uneinbringliche Forderungen sind abzuschreiben (auszubuchen). Forderungen sind uneinbringlich, wenn mit Leistungen des Schuldners nicht mehr zu rechnen ist. Die Abschreibung erfolgt idR in Höhe des Buchwerts. Wurde bspw. iRe. Vergleichs ein (teilweiser) Forderungsverzicht vereinbart oder liegt im Fall einer Insolvenz eine vom Insolvenzverwalter bestätigte Insolvenzquote vor, kann die Abschreibung des Buchwerts bis auf eine Restforderung erforderlich sein. Mit der Abschreibung verliert das Institut nicht seinen Rückzahlungsanspruch, weshalb es sachgerecht ist, die Forderung in einer Nebenbuchhaltung oder einem Merkposten weiter zu führen.

Das **Länderrisiko** (Schuldner mit Sitz im Ausland) umfasst das politische Risiko sowie das Transfer- und Konvertierungsrisiko, soweit hierdurch die Durchsetzbarkeit der Forderung gefährdet ist. Eine **länderrisikobehaftete Forderung** kann, nach Abzug der banküblich bewerteten Sicherheiten, unabhängig von der Bonität des betrachteten Schuldners keine höhere Bewertung erfahren, als die Ansprüche gegenüber dem jeweiligen Land.

Kauft ein Institut **Forderungen minderer Bonität** (Non Performing Loans), stellt sich die Frage, wie die künftig eingehenden Zahlungen als Tilgung bzw. Zins zu erfassen sind. Die Anschaffungskosten ermitteln sich idR durch Diskontierung der künftig erwarteten Zahlungseingänge (Barwert). Aufgrund der Überlegung, dass das ankaufende Institut neben der Tilgung des Kaufpreises eine angemessene Verzinsung dieses Betrages erwartet, diskutieren Birck/Meyer[2456] verschiedene Methoden, von denen die Methode III sachgerecht sein dürfte. Dabei wird angenommen, dass der Kaufpreis (Anschaffungskosten) durch Abzinsung der künftig erwarteten Einzahlungen ermittelt wurde. Dieser Systematik folgend werden die fortgeführten Anschaffungskosten durch jährliche Aufzinsung der Anschaffungskosten bzw. des vorjährigen Buchwerts ermittelt, der Zahlungseingang während des Geschäftsjahres ist als Minderung dieser fortgeführten Anschaffungskosten zu buchen. Der jeweilige Aufzinsungsbetrag ist als Zinsertrag zu erfassen. Dabei ist für die Aufzinsung der Zinssatz zu verwenden, der für die Kaufpreisfindung verwendet wurde.

Bei **Wechseln** ist ferner festzustellen, ob diese mit **Formfehlern** behaftet sind. Die **Abgrenzung des Diskonts** ist zu prüfen. Das **Gesamtwechselobligo** ist zu ermitteln.[2457] In das Wechselobligo sind alle Abschnitte einzubeziehen, aus

---

[2456] Vgl. Birck/Meyer, V 141 ff.

[2457] Zur Ermittlung des Wechselobligos vgl. WPH Edition, Wirtschaftsprüfung & Rechnungslegung, 17. Aufl., Kapitel F Tz. 993.

denen das Institut als Aussteller oder Indossant haftet. Für die Frage der Nennung ist nicht relevant, ob es sich um Akzeptanten besserer oder schlechterer Bonität handelt; vielmehr ist entscheidend, ob ein wechselrechtliches Obligo besteht. Aus diesem Grund sind auch Akzepte öffentlicher Auftraggeber einzubeziehen. Die Frage der Bonität des Akzeptanten ist bei der Bemessung etwa erforderlicher Rückstellungen zu berücksichtigen.

5.2.4.5. Anhangangaben

Forderungen an **verbundene Unternehmen** bzw. Forderungen an **Unternehmen, mit denen ein Beteiligungsverhältnis** besteht, sind als Unterposten in der Bilanz gesondert auszuweisen (§ 3 Satz 1 Nr. 1 und Nr. 2 RechKredV). Die Angaben können wahlweise auch im Anhang in der Reihenfolge der betroffenen Posten gemacht werden.

Bezüglich **nachrangiger Forderungen** (§ 4 RechKredV) wird auf Kapitel 3.7. verwiesen. Bezüglich der Anhangangaben zu **Forderungen gegenüber Gesellschaftern**, zu **Fremdwährungsforderungen**, zu Forderungen aus **echten Pensionsgeschäften**, zu Forderungen aus dem **Leasinggeschäft**, zu **Treuhandkrediten** sowie zur **Restlaufzeitengliederung** (nach § 9 Abs. 3 Nr. 1 RechKredV sind die im Aktivposten 4. enthaltenen Forderungen mit unbestimmter Laufzeit ebenfalls anzugeben) wird auf die Ausführungen in Kapitel 5.2.3.4. verwiesen. Die Anhangangaben für Forderungen an Kreditinstitute gelten gleichermaßen auch für Forderungen an Kunden.

Ferner sind Angaben nach § 284 Abs. 2 Nr. 1 und 2 HGB zu den angewandten **Bilanzierungs- und Bewertungsmethoden** erforderlich. **Abweichungen** hiervon müssen ebenfalls angegeben und begründet werden, ihr Einfluss auf die Vermögens-, Finanz- und Ertragslage ist gesondert darzustellen.

Kreditinstitute, deren Geschäftsbetrieb das Pfandbriefgeschäft umfasst (sog. Pfandbriefbanken iSd. § 1 Pfandbriefgesetz), haben im Anhang die in § 28 Pfandbriefgesetz aufgeführten Angaben zu machen.

Gemäß § 285 Nr. 21 HGB sind zumindest die wesentlichen nicht zu marktüblichen Bedingungen zustande gekommenen Geschäfte mit nahestehenden Unternehmen und Personen anzugeben (Mindestangabe).

Bei **echten Pensionsgeschäften** sind die Buchwerte der in Pension gegebenen Vermögensgegenstände anzugeben (§ 340b Abs. 4 Satz 4 HGB).

In die Angabe des Gesamtbetrags der Vermögensgegenstände, die auf Fremd-währung lauten, nach § 35 Abs. 1 Nr. 6 RechKredV sind die entsprechenden Beträge dieses Postens mit einzubeziehen.

Darüber hinaus sind ggf. auch die Angaben gemäß § 285 Nr. 18 HGB bzw. § 34 Abs. 3 RechKredV zu machen.

5.2.4.6. Prüfung des Postens

Es sind die bei Forderungen allgemein üblichen Prüfungshandlungen vorzu-nehmen. Es ist darauf zu achten, dass sämtliche in diesem Posten ausgewiese-ne Beträge die Voraussetzungen des § 15 RechKredV erfüllen. Diesbezüglich wird auch auf die vorstehenden Ausführungen verwiesen, deren Beachtung stets zu prüfen ist.

Die Forderungen an Kunden sind durch Saldenlisten zu belegen und grund-sätzlich durch Saldoanerkenntnisse **nachzuweisen**.[2458]

Einzelwertberichtigte Forderungen sowie die gebildeten **Einzelwertberichti-gungen** sind gesondert nachzuweisen (Höhe, Ursachen, Dauerhaftigkeit). Die **Bestandsnachweise** sind auf Vollständigkeit hin zu prüfen.

Bei der Berücksichtigung von **Immobiliensicherheiten** im Rahmen der Prüfung der Werthaltigkeit von ausfallgefährdeten Forderungen ist IDW PH 9.522.1 zu beachten. Darüber hinaus ist insbesondere auf die Prüfung der Ein-haltung von IDW RS HFA 8 hinzuweisen.

Die **Länderwertberichtigung** ist auf Angemessenheit hin zu untersuchen.

Pensionsgeschäfte sowie **Asset Backed Securities-Transaktionen** sind da-raufhin zu prüfen, ob diese Geschäfte buchhalterisch und bilanziell zutreffend abgebildet werden.

Die **abgegrenzten Zinsen** sind hinsichtlich ihrer zutreffenden Ermittlung zu untersuchen. Die Altersstruktur sowie die Klärung von **CpD-Konten** sind zu prüfen.

Hinsichtlich der **Darunter-Vermerke** ist darauf zu achten, dass die Voraus-setzungen erfüllt sind.

[2458] Zu den Anforderungen an Bestätigungen Dritter bei Instituten vgl. IDW PH 9.302.1 n.F.

Von der **Internen Revision** angefertigte Revisionsberichte sollten eingesehen werden, insbesondere hinsichtlich der Ordnungsmäßigkeit von Kreditvergabe, Kreditverwaltung, Sicherheitenbewertung, Beleihungswertermittlung, Mahnwesen, Abwicklung, Einhaltung aufsichtsrechtlicher Normen.

Der **Prüfungsbericht** muss die erforderlichen Angaben enthalten. Soweit Finanzderivate der Absicherung von Marktpreis- bzw. Kreditrisiken der Forderungen dienen, sollte hierauf hingewiesen werden.

5.2.5. Schuldverschreibungen und andere festverzinsliche Wertpapiere (Aktiva 5.)

5.2.5.1. Postenbezeichnung

Die Postenbezeichnung lautet nach dem Formblatt 1 der RechKredV wie folgt:

> 5. *Schuldverschreibungen und andere festverzinsliche Wertpapiere*
> *a) Geldmarktpapiere*
> *aa) von öffentlichen Emittenten*
> *darunter:*
> *beleihbar bei der Deutschen Bundesbank ... Euro*
> *ab) von anderen Emittenten*
> *darunter:*
> *beleihbar bei der Deutschen Bundesbank ... Euro*
> *b) Anleihen und Schuldverschreibungen*
> *ba) von öffentlichen Emittenten*
> *darunter:*
> *beleihbar bei der Deutschen Bundesbank ... Euro*
> *bb) von anderen Emittenten*
> *darunter:*
> *beleihbar bei der Deutschen Bundesbank ... Euro*
> *c) eigene Schuldverschreibungen*
> *Nennbetrag ... Euro*

(Verbriefte und unverbriefte) Forderungen an **verbundene Unternehmen** bzw. Forderungen an **Unternehmen, mit denen ein Beteiligungsverhältnis** besteht sind als Unterposten in der Bilanz jeweils gesondert auszuweisen (§ 3 Satz 1 Nr. 1 und Nr. 2 RechKredV). Die Angaben können wahlweise auch im Anhang in der Reihenfolge der betroffenen Posten gemacht werden. Kreditinstitute in der Rechtsform der GmbH müssen **Forderungen gegenüber Gesellschaftern** gesondert ausweisen oder im Anhang angeben (§ 42 Abs. 3 GmbHG).

Mit der Zweiten Verordnung zur Änderung der RechKredV vom 11.12.1998 wurde das Formblatt jeweils bei den Unterposten a) aa) und ab) sowie b) ba) durch den Darunter-Vermerk „beleihbar bei der Deutschen Bundesbank ... Euro" ergänzt. Es handelte sich um eine redaktionelle Klarstellung, wonach der Darunter-Vermerk des Unterpostens b) bb) auch bei den übrigen Unterposten erforderlich ist.

Bei **Zahlungsinstituten** und **E-Geld-Instituten** ist dieser Posten laut Formblatt 1 der RechZahlV wie folgt auszuweisen:

> 5. *Schuldverschreibungen und andere festverzinsliche Wertpapiere*
>   a) *Geldmarktpapiere*
>   *aa) aus Zahlungsdiensten und aus der Ausgabe von E-Geld*
>   *bb) aus sonstigen Tätigkeiten*
>   b) *Anleihen und Schuldverschreibungen*
>   *aa) aus Zahlungsdiensten und aus der Ausgabe von E-Geld*
>   *bb) aus sonstigen Tätigkeiten*

Verbriefte und unverbriefte Forderungen an **verbundene Unternehmen** (§ 3 Abs. 1 Satz 1 Nr. 1 RechZahlV) bzw. an **Unternehmen, mit denen ein Beteiligungsverhältnis besteht** (§ 3 Abs. 1 Satz 1 Nr. 2 RechZahlV) sind jeweils als Unterposten zu diesem Posten auszuweisen. Diese Angaben können statt in der Bilanz wahlweise im Anhang in der Reihenfolge der betroffenen Posten gemacht werden (§ 3 Abs. 2 Satz 2 RechZahlV).

5.2.5.2. Posteninhalt

5.2.5.2.1. Rechnungslegungsverordnung

Der Inhalt des Aktivpostens 5. ist in § 16 RechKredV detailliert geregelt. § 16 RechKredV wurde mit der Zweiten Verordnung zur Änderung der RechKredV vom 11.12.1998 geändert und ergänzt. In § 16 Abs. 1 Satz 1 RechKredV wurde der Text „*Geldmarktpapiere (commercial paper, euro-notes, certificates of deposit, bons de caisse und ähnliche verbriefte Rechte)*" durch „*verbriefte Rechte (wie zum Beispiel commercial paper, euro-notes, certificates of deposit, bons de caisse)*" ersetzt. Ein in § 16 RechKredV neu eingefügter Abs. 2a definiert den Begriff der Geldmarktpapiere. Durch diese Änderungen werden früher bestehende Abgrenzungsprobleme vermieden.

Die Änderung des § 16 Abs. 3 Satz 1 RechKredV, wonach als bei der Deutschen Bundesbank beleihbar solche Wertpapiere zu vermerken sind, die bei der Deutschen Bundesbank refinanzierbar sind, diente der Anpassung an das

ESZB. Mit der Einfügung des Abs. 5 wurde klargestellt, dass bezüglich § 16 Abs. 1 bis 2a und 4 RechKredV die Definition des Begriffs Wertpapiere in § 7 RechKredV unberührt bleibt.

Der Posteninhalt bei **Zahlungsinstituten** und **E-Geld-Instituten** ist in § 12 RechZahlV beschrieben. § 12 RechZahlV entspricht inhaltlich § 16 Abs. 1 bis Abs. 2a RechKredV, ist demgegenüber aber übersichtlicher untergliedert worden. Insoweit kann auf die Ausführungen zu § 16 RechKredV verwiesen werden.

5.2.5.2.2. Voraussetzungen für den Postenausweis

Überblick

Als Schuldverschreibungen und andere festverzinsliche Wertpapiere sind nach § 16 Abs. 1 RechKredV bzw. § 12 Abs. 1 RechZahlV die folgenden Rechte auszuweisen, wenn sie **börsenfähig** sind und nicht Schatzwechsel, unverzinsliche Schatzanweisungen sowie ähnliche Schuldtitel öffentlicher Stellen sind, die unter Diskontabzug hereingenommen wurden und zur Refinanzierung bei den Zentralnotenbanken der Niederlassungsländer zugelassen sind (dh. nicht in Aktivposten 2.a) auszuweisen sind):

- festverzinsliche Inhaberschuldverschreibungen,
- Orderschuldverschreibungen, die Teile einer Gesamtemission sind,
- Schatzwechsel,
- Schatzanweisungen,
- andere verbriefte Rechte (wie zB Commercial Papers, Euro-Notes, Certificates of Deposit, Bons de Caisse),
- Kassenobligationen,
- Schuldbuchforderungen und
- vor Fälligkeit hereingenommene Zinsscheine.

Vom Institut zur **Sicherheit verpfändete Schuldverschreibungen** oder **sicherungsübereignete Schuldverschreibungen** sind nach den allgemeinen Regeln für das wirtschaftliche Eigentum weiterhin in Aktiva 5. auszuweisen.[2459]

[2459] Ebenso WPH Edition, Kreditinstitute, Kap. D. Rn. 630.

Wertpapiere

In § 16 Abs. 5 RechKredV wird ausdrücklich darauf hingewiesen, dass bezüglich § 16 Abs. 1 bis 2a und Abs. 4 RechKredV die Definition des Begriffs „Wertpapiere" des § 7 RechKredV unberührt bleibt, dh. es muss sich bei den hier auszuweisenden Ansprüchen stets um Wertpapiere iSd. § 7 RechKredV handeln (vgl. Kapitel 3.6.). Soweit die Voraussetzungen im Einzelnen hierfür (ggf. auch nur teilweise) nicht erfüllt sind, sind die Ansprüche als Forderungen an Kunden bzw. an Kreditinstitute zu erfassen.

Der Aktivposten 5. umfasst hinsichtlich Art und Befristung sowie bezüglich der Person des Emittenten unterschiedlichste Wertpapiere, wie zB Bundesanleihen, Bundesobligationen, Pfandbriefe[2460], Kommunalschuldverschreibungen, sonstige Bankschuldverschreibungen sowie Anleihen in- und ausländischer Unternehmen. Hierzu gehören auch sog. **strukturierte Produkte** wie zB Anleihen und Schuldscheindarlehen mit Schuldner- oder Gläubigerkündigungsrechten bzw. mit Schuldnererhöhungsrechten, Capped oder Floor Floating Rate Notes, Step-up-Anleihen, Reverse Floating Rate Notes. Zur (getrennten bzw. einheitlichen) Bilanzierung von **strukturierten Finanzinstrumenten** vgl. IDW RS HFA 22 sowie Kapitel 4.4.9.

Optionsanleihen und **Wandelschuldverschreibungen** einschließlich Pflichtwandelanleihen[2461], Aktienanleihen, Umtauschanleihen usw. sind im Aktivposten 5. zu erfassen.[2462] Gleiches gilt für **Credit Linked Notes** (CLN), soweit es sich nicht um Schuldscheindarlehen oder Namensschuldverschreibungen handelt; diese sind in Abhängigkeit vom Emittenten in den Aktivposten 3. bzw. 4. auszuweisen. Soweit sie die allgemeinen Voraussetzungen für den Postenausweis erfüllen, sind hier auch sog. AT1-Anleihen wie **CoCo-Bonds** und **Writedown-Anleihen** auszuweisen (vgl. auch Kapitel 5.3.10.2.2.).

Wie die vorstehenden Beispiele zeigen, sind im Aktivposten 5. ausschließlich **Gläubigerpapiere** auszuweisen, die Wertpapiere iSd. § 7 RechKredV sind. Dies bedeutet, dass dem Emittenten vom Erwerber der Papiere Fremdkapital zur Verfügung gestellt wird, das der Emittent dem Ersterwerber oder seinem Rechtsnachfolger am Ende der vereinbarten Laufzeit zurückzuzahlen hat.

[2460] Zum Flugzeugpfandbrief vgl. Fischer, Corporate Finance Law 2/2012, 57 ff.

[2461] Vgl. Häuselmann, BB 2003, 1535.

[2462] Zur (ertragsteuerlichen) Behandlung des Umtauschs von Wandelschuldverschreibungen in Aktien der ausgebenden Gesellschaft vgl. FinMin Schleswig-Holstein v. 16.3.2018, DB 2018, 734. Zur steuerlichen Behandlung von Finanzinstrumenten mit Wandlungselementen vgl. Geurts, RdF 2019, 148 ff.

Anteilspapiere, die eine gesellschaftsrechtliche Beziehung des Ersterwerbers bzw. dessen Rechtsnachfolgers zu einem anderen Unternehmen verbriefen, sind in den Aktivposten 6., 7. oder 8. auszuweisen. Dabei wird dem Emittenten Eigenkapital zur Verfügung gestellt, wofür der Eigentümer des Papiers eine erfolgsabhängige Vergütung erwartet.

Wertpapiere und andere Finanzinstrumente des **Handelsbestands** sind seit Inkrafttreten des BilMoG im Aktivposten „6a. Handelsbestand" auszuweisen und nach § 340e Abs. 3 HGB mit dem beizulegenden Zeitwert nach § 255 Abs. 4 HGB zu bewerten (vgl. Kapitel 4.4.2.). Damit enthält Aktivposten 5. Wertpapiere der **Liquiditätsreserve** und des **Anlagebestands**.

Börsenfähigkeit

Wesentliches Abgrenzungskriterium zu den als Wertpapiere auszuweisenden Gläubigerrechten ist die **Börsenfähigkeit** iSd. § 7 Abs. 2 RechKredV. Als börsenfähig gelten Wertpapiere, die die Voraussetzungen einer **Börsenzulassung** erfüllen; bei Schuldverschreibungen genügt es, dass alle Stücke einer Emission hinsichtlich Verzinsung, Laufzeitbeginn und Fälligkeit einheitlich ausgestattet sind (§ 7 Abs. 2 RechKredV). Einzelheiten zur Börsenfähigkeit sind in Kapitel 3.6.2. dargestellt.

Nicht börsenfähige Inhaberpapiere werden nicht als Wertpapiere, sondern als Buchforderungen in den Aktivposten 3. oder 4. ausgewiesen, so zB auf den Namen lautende Papiere.

Festverzinslichkeit

Die im Aktivposten 5. auszuweisenden Wertpapiere müssen festverzinslich sein. Der Begriff der Festverzinslichkeit ist in § 16 RechKredV bzw. § 12 RechKredV nicht definiert, sondern anhand von Beispielen verdeutlicht. Voraussetzung ist demnach nicht ein für die Gesamtlaufzeit des Gläubigertitels nominell fixierter, unveränderlicher Zins. Auch die Festschreibung eines Zinssatzes bis zur Wandlung von Wandelschuldverschreibungen[2463] bzw. bis zum Ziehen der Option bei Optionsanleihen ist als Festverzinslichkeit anzusehen.

[2463] Vgl. Schlitt/Seiler/Singhof, AG 2003, 254 ff. zu den Gestaltungsmöglichkeiten bei Wandelschuldverschreibungen.

Festverzinslich bedeutet, dass ein bestimmter Zinssatz für die gesamte bzw. eine bestimmte Laufzeit beziffert ist; unbeachtlich ist, ob die Zinsen periodisch gezahlt oder thesauriert und mit den Zinseszinsen am Laufzeitende zusammen mit dem Kapitalbetrag ausbezahlt werden. Die Festverzinsung kann auch in Gestalt eines Disagios bei der Emission oder eines Agios bei der Rückzahlung geleistet werden. Zur Darstellung der als festverzinslich geltenden Wertpapiere vgl. Kapitel 3.6.4.

Als festverzinslich gelten neben Null-Kupon-Anleihen aber auch Wertpapiere, die mit einem veränderlichen Zinssatz ausgestattet sind, sofern dieser an eine bestimmte Referenzgröße, zB an einen Interbankenzinssatz oder an einen Euro-Geldmarktsatz, gebunden ist (§ 16 Abs. 2 RechKredV/§ 12 Abs. 2 Rech-ZahlV); Beispiele hierfür sind **Floating Rate Notes** oder entsprechend der Geld- oder Kapitalmarktlage verzinsliche **Indexanleihen**.

Null-Kupon-Anleihen (Zerobonds) sind Anleihen, auf die keine periodischen Zinszahlungen geleistet werden, sondern deren Gegenleistung für die Kapitalüberlassung durch einen gegenüber dem Ausgabebetrag erhöhten Rücknahmebetrag am Ende der Laufzeit beglichen wird. Sie werden idR diskontiert, dh. mit dem Barwert einer zugrunde liegenden Verzinsung ausgegeben und bei Fälligkeit zum Nominalbetrag zurückgenommen. Gleiches gilt für Schatzwechsel und unverzinsliche Schatzanweisungen.

Ferner gelten Schuldverschreibungen, die einen anteiligen Anspruch auf Erlöse aus einem gepoolten Forderungsvermögen verbriefen, als festverzinsliche Wertpapiere (§ 16 Abs. 2 RechKredV/§ 12 Abs. 2 RechZahlV). Es handelt sich hier in erster Linie um sog. **Asset-Backed-Securities**.

Schuldverschreibungen des Ausgleichsfonds Währungsumstellung, die aus der Umwandlung gegen ihn gerichteter Ausgleichsforderungen entstanden sind, sind als „Ausgleichsforderungen gegen die öffentliche Hand" (Aktivposten 10.) auszuweisen, unabhängig davon, ob das bilanzierende Institut die Schuldverschreibungen aus dem Umtausch eigener Ausgleichsforderungen oder als Erwerber von einem anderen Institut oder einem Außenhandelsbetrieb erlangt hat (§ 19 Satz 2 RechKredV).

Fälligkeit der Wertpapiere

Schuldverschreibungen sind nur dann im Aktivposten 5. auszuweisen, wenn sie noch nicht fällig sind. **Verloste** oder **gekündigte**, aber am Bilanzstichtag oder am ersten Arbeitstag danach noch nicht einlösbare Schuldverschreibun-

gen gelten als noch nicht fällig;[2464] diese sind daher auch dem Aktivposten 5.
zuzuordnen.

Fällige Schuldverschreibungen und andere festverzinsliche Wertpapiere sind
dagegen nicht im Aktivposten 5., sondern im Aktivposten „14. Sonstige Vermögensgegenstände" auszuweisen; Entsprechendes gilt für fällige Zinsscheine (§ 20 Satz 2 RechKredV).

Verloste oder gekündigte Schuldverschreibungen, die am Bilanzstichtag oder
am ersten Arbeitstag danach einlösbar sind, gelten als fällig; sie müssen damit
im Aktivposten „14. Sonstige Vermögensgegenstände" ausgewiesen werden
(§ 20 Satz 2 RechKredV).

Anteilige Zinsen

In diesem Posten sind nach § 11 RechKredV/§ 8 RechZahlV auch die **abgegrenzten (anteiligen) Zinsen** und **ähnliche das Geschäftsjahr betreffende
Beträge** auszuweisen, die erst nach dem Bilanzstichtag fällig werden, aber bereits am Bilanzstichtag bei Kreditinstituten den Charakter von bankgeschäftlichen und bei Finanzdienstleistungsinstituten den Charakter von für diese
Institute typische Forderungen haben (Einzelheiten vgl. Kapitel 3.8.).

Sog. negative Zinsen

Seit geraumer Zeit kann es dazu kommen, dass sich zB mit Tagesgeldern,
kurzfristigen Termineinlagen oder Bundesanleihen kein positiver Zinsertrag
erzielen lässt.[2465] Die (rechnerische[2466]) Effektivverzinsung (Rendite) kann bei
Null liegen oder sogar negativ ausfallen. Mittlerweile ist das Thema „negative
Zinsen" im Tagesgeschäft angekommen. Zur juristischen Behandlung negativer Zinsen vgl. Zerey (Hrsg.).[2467] Zu einer Gesamtdarstellung dieses Themas
vgl. Weigel/Sierleja.[2468]

[2464] Vgl. Krumnow ua., 2. Aufl., § 16 RechKredV Rn. 3.
[2465] Vgl. allgemein zu negativen (Basis-) Zinsen bei Coen, NJW 2012, 3329 ff.; Becker, WM 2013, 1736 ff.
[2466] Vgl. hierzu Coen, NJW 2012, 3330.
[2467] Vgl. Zerey (Hrsg.), § 6a, 157 ff.
[2468] Vgl. Weigel/Sierleja, in: BeckHdR, Kap. B 901 Rn. 82 ff.

Es wird befürwortet, die negative Effektivverzinsung im Zinsertrag zu erfassen.[2469] Vgl. hierzu die Ausführungen in Kapitel 6.2.1.2.2. (Negative Zinsen).

Vor Fälligkeit hereingenommene Zinsscheine

Vor Fälligkeit hereingenommene **Zinsscheine** sind ebenfalls im Aktivposten 5. auszuweisen (§ 16 Abs. 1 Satz 2 RechKredV). Fällige Zinsscheine sind hingegen dem Aktivposten „14. Sonstige Vermögensgegenstände" zuzuordnen (§ 20 Satz 2 RechKredV).

Beim Erwerb bezahlte Stückzinsen

Stückzinsen, die beim Erwerb von festverzinslichen Wertpapieren gesondert vergütet werden, sind nicht Bestandteil der Anschaffungskosten der Wertpapiere, da der Anspruch durch Einlösen der Zinsscheine getilgt wird.

Es handelt sich vielmehr um Anschaffungskosten einer Zinsforderung, dh. einen gesondert erworbenen Zinsanspruch. Diese Stückzinsen sind beim Erwerb der Wertpapiere ebenfalls im Aktivposten 5. zu erfassen (§ 11 RechKredV). Die Stückzinsen dürfen weder als Rechnungsabgrenzungsposten noch als sonstige Vermögensgegenstände ausgewiesen werden.[2470] Sie sind vielmehr zusammen mit dem jeweiligen Wertpapier dem hierfür vorgesehenen Unterposten zuzuordnen.

Soweit festverzinsliche Wertpapiere in Ausnahmefällen ohne Verrechnung von Stückzinsen „flat" gehandelt werden, kommt eine Stückzinsverrechnung nicht in Betracht; die Anschaffungskosten bemessen sich in diesen Fällen in Höhe des Kaufpreises, ggf. zuzüglich Nebenkosten.

Vergütungen (Zinsen) für Genussscheine

Der BFH hat mit Urteil vom 18.12.2002[2471] entschieden, dass ein abgelaufenes Jahr betreffende **Zinsansprüche aus Genussrechten** auch dann in der **(Steuer-) Bilanz** des Gläubigers zu aktivieren und damit als Ertrag zu vereinnahmen

---

[2469] Vgl. DRSC, Stellungnahme vom 23.11.2012, www.drsc.de; das DRSC spricht sich für einen Ausweis im Zinsertrag (Korrektur) aus und lehnt begründet den Ausweis als Zinsaufwand oder gar Provisionsaufwand ab. Auch nach dem FINMA-RS 15/1, Anhang 3, 84 gilt. „Negativzinsen aus Aktivgeschäften sind im Zinsertrag zu erfassen (Reduktion des Zinsertrags)".

[2470] Vgl. Krumnow ua., 2. Aufl., § 16 RechKredV Rn. 21.

[2471] Vgl. BFH-Urteil vom 18.12.2002, BB 2003, 841 ff.

sind, wenn nach den formalen Genussrechtsbedingungen der Schuldner die Ansprüche nicht bedienen muss, solange hierdurch bei ihm ein Bilanzverlust entstehen oder sich erhöhen würde.[2472] Eine solche Vereinbarung wirkt sich nach Ansicht des BFH nicht auf die Entstehung, sondern nur auf die Fälligkeit des Zinsanspruchs aus, sofern die Genussrechtsbedingungen vorsehen, dass die Bedienung der Genussrechte nachzuholen ist, sobald die wirtschaftliche Lage des Emittenten dies zulässt. Nach Weber-Grellet[2473] ist es hingegen fraglich, ob die Verlustklausel nur eine Fälligkeitsbestimmung ist, denn die Verlustklausel wirke sich nicht nur auf den Zeitpunkt der Leistung aus, sondern könne ganz zum Erlöschen des Anspruchs führen (zur handelsrechtlichen Behandlung vgl. nachfolgend).

Für die **handelsrechtliche Bilanzierung** ist diesbezüglich die Ergänzung der Stellungnahme IDW HFA 1/1994[2474] zu beachten. Danach gilt, dass der Zeitpunkt der Ertragsrealisation iSd. § 252 Abs. 1 Nr. 4 HGB davon abhängt, wann dem Genussrechtsinhaber nach den Genussrechtsbedingungen ein hinreichend sicherer Anspruch auf die Vergütung zusteht. Zunächst kommt eine **Vereinnahmung von Vergütungen aus Genussrechten** zum Abschlussstichtag des Genussrechtsinhabers nur dann in Betracht, wenn dieser die Genussrechte spätestens zu diesem Stichtag zu bilanzieren hat. Sehen die Genussrechtsbedingungen eine feste (Mindest-) Vergütung vor, ist diese beim Genussrechtsinhaber nach allgemeinen Grundsätzen pro rata temporis realisiert.

Hängt die Vergütung von dem **Entstehen von Jahresüberschüssen** (ggf. auch in bestimmter Höhe) oder vom **Ausweis eines Bilanzgewinns** beim Genussrechtsemittenten ab, ist eine Vereinnahmung der Vergütung in dem Geschäftsjahr des Genussrechtsinhabers vorzunehmen, für das der Genussrechtsemittent die Vergütung schuldet (phasengleiche Vergütungsvereinnahmung), wenn die folgenden Bedingungen kumulativ erfüllt sind (soweit eine der nachfolgenden Bedingungen nicht erfüllt ist, ist die phasengleiche Vereinnahmung nicht möglich):[2475]

- Das Geschäftsjahr des Genussrechtsemittenten endet nicht nach dem Geschäftsjahr des Genussrechtsinhabers.
- Bis zur Beendigung der Prüfung des Jahresabschlusses des Genussrechtsinhabers müssen das Entstehen des Vergütungsanspruchs und seine Höhe hinreichend gesichert sein. Dies ist jedenfalls dann erfüllt,

---

[2472] Vgl. auch Weber-Grellet, BB 2004, 36.

[2473] Vgl. Weber-Grellet, BB 2004, 36.

[2474] Vgl. IDW HFA 1/1994, WPg 1998, 891 und FN 1998, 523.

[2475] Vgl. IDW HFA 1/1994, WPg 1998, 891 und FN 1998, 523; BFH-Urteil vom 7.2.2007, DB 2007, 1788 ff.

wenn ein Beschluss über die Feststellung eines ordnungsgemäß aufgestellten Jahresabschlusses für den Genussrechtsemittenten vorliegt, der einen entsprechenden Jahresüberschuss ausweist. Eine Vereinnahmung vor der Feststellung des Jahresabschlusses des Genussrechtsemittenten ist nur zulässig, wenn im Einzelfall – bspw. durch Ankündigung im Rahmen einer Bilanzpressekonferenz – der Vergütungsanspruch und seine Höhe hinreichend gesichert sind.

Da die Vergütung im Regelfall allein in Abhängigkeit vom Entstehen entsprechender Jahresüberschüsse oder vom Ausweis eines Bilanzgewinns kraft Vereinbarung geschuldet wird, muss der Genussrechtsinhaber nicht in der Lage sein, eine bestimmte Ergebnisverwendung beim Genussrechtsemittenten durchzusetzen. Eine herrschende Stellung des Genussrechtsinhabers über den Genussrechtsemittenten sowie ein Vorschlag über die Gewinnverwendung beim Genussrechtsemittenten sind daher für eine phasengleiche Vereinnahmung derart jahresüberschussabhängiger oder bilanzgewinnabhängiger Vergütungen nicht erforderlich.

Hängt die Vergütung von der Höhe der beschlossenen Dividende ab, erscheint es sachgerecht, eine phasengleiche Vereinnahmung der Genussrechtsvergütung in Anlehnung an die von der höchstrichterlichen Rechtsprechung für die phasengleiche Vereinnahmung von Dividendenerträgen aufgestellten ergänzenden Anforderungen[2476] nur unter der weiteren Voraussetzung als zulässig anzusehen, dass der Genussrechtsinhaber am Abschlussstichtag in der Lage ist, eine entsprechende Ergebnisverwendung beim Genussrechtsemittenten durchzusetzen.

Ist dagegen in einer Verlustsituation des Emittenten die Entstehung des Anspruchs aufgeschoben oder sind Genussrechtsvergütungen nur dann zu leisten, wenn die wirtschaftliche Lage des Emittenten dies zulässt, handelt es sich nach der hier vertretenen Ansicht um **bedingte Ansprüche**, die vor Eintritt der Bedingung nicht aktiviert werden dürfen, weil es an der hinreichenden Sicherheit ihrer Entstehung mangelt.[2477]

Stufenzinsanleihen (Step-up- und Step-down-Anleihen)

Stufenzinsanleihen weisen eine im Zeitablauf steigende oder fallende **Nominalverzinsung** (ggf. auch mit Perioden ohne Verzinsung) auf. Diesbezüglich

---

[2476] Vgl. BFH-Urteil vom 7.2.2007, DB 2007, 1788 ff.

[2477] Vgl. IDW HFA 1/1994, Abschn. 3.2, dritter Spiegelstrich, zu den Aktivierungsvoraussetzungen.

wird auf die Ausführungen zu diesen Produkten zum Aktivposten 15. verwiesen; zu entsprechenden Verbindlichkeiten vgl. Passiva 7. und Kapitel 4.9.2.

Die **Zinsabgrenzung** (§ 11 RechKredV) ist grundsätzlich nach Maßgabe der vereinbarten (steigenden oder fallenden) Nominalzinsen vorzunehmen.

Contingent Convertible Bonds (CoCo-Bonds) und Write-down-Bonds

Bezüglich der bilanziellen Darstellung beim Emittenten wird auf die Ausführungen in Kapitel 5.3.10.2.2. verwiesen.[2478]

Da es sich bei diesen Finanzinstrumenten um **nachrangige** Vermögensgegenstände handelt, sind die Regeln von § 4 RechKredV zu beachten, dh. es ist entweder ein gesonderter Postenausweis bei jedem Posten bzw. Unterposten als „Darunter-Vermerk" erforderlich oder es sind im Anhang entsprechende Angaben in der Reihenfolge der betroffenen Posten zu machen.

AT1-Anleihen wie CoCo-Bonds und Write-down-Bonds, die unter die Muster-Anleihebedingungen des BdB fallen, sind als Schuldinstrumente (Verbindlichkeiten) zu qualifizieren.[2479] Die laufende Bedienung der Anleihen ist im Zinsertrag zu buchen.

Diese Finanzinstrumente können beim Investor grds. sowohl dem Umlaufvermögen (Liquiditätsreserve) als auch dem Anlagevermögen zugeordnet werden. Für die Zuordnung sind die allgemeinen Grundsätze für diese Bestandszuordnungen zu beachten.

Das Finanzinstrument ist mit den Anschaffungskosten anzusetzen. Ein Wandlungsrecht/-element bzw. Herabschreibungselement wird beim Investor ebenso beurteilt wie beim Emittenten (vgl. Kapitel 5.3.10.2.2.).

Kommt es zu einer **Herabschreibung des Rückzahlungsbetrags** und des Nominalwerts der Anleihe, handelt es sich um eine **Bestandsminderung** ohne Gegenleistung und nicht um eine Bewertung.[2480] Dies führt zu einem teilweisen Forderungsabgang.

[2478] Vgl. Flick/Mertes/Meyding-Metzger, WPg 2019, 726 ff.; Häuselmann, 339 ff.
[2479] Vgl. Flick/Mertes/Meyding-Metzger, WPg 2019, 727 f.; Häuselmann, 346 f.
[2480] Vgl. Häuselmann, 347.

Die Folgebewertung zu jedem Abschlussstichtag folgt den allgemeinen Regeln. Hinweise auf den möglichen künftigen Eintritt eines Auslöseereignisses oder einer Herabschreibung sind sachgerecht iRd. Bewertung zu berücksichtigen.[2481]

Bei dem **Anlagevermögen** zugeordneten Herabschreibungsanleihen muss eine Abschreibung auf den niedrigeren beizulegenden Wert bei einer voraussichtlich dauernden Wertminderung erfolgen. Die Dauerhaftigkeit der Wertminderung wird vor allem bei einer erwarteten Herabschreibung zu bejahen sein.[2482] Bei anderen Gründen für eine Wertminderung ist sachgerecht zu entscheiden. Sind die Anleihen dem **Umlaufvermögen** zugeordnet, ist aufgrund des strengen Niederstwertprinzips stets eine Abschreibung auf den beizulegenden Wert erforderlich.

Der Ausfall einzelner Zinszahlungen bzw. Ausschüttungen stellt für sich allein gesehen (noch) kein/e Auslöseereignis/Herabschreibung aus, kann jedoch ein Hinweis auf einen Wertverlust sein.[2483] Der GuV-Ausweis folgt den allgemeinen Regeln der RechKredV, dh. entscheidend ist, ob das Finanzinstrument dem Umlauf- oder dem Anlagevermögen zugeordnet ist.

Bei einer **Herabschreibung** ist das Finanzinstrument in entsprechender Höhe erfolgswirksam (soweit der Betrag nicht bereits als Abwertung erfasst wurde) auszubuchen (Abgang). Kommt es zu einem späteren Zeitpunkt beim Emittenten zum **Wiederaufleben der Schuld**, ist das neue bzw. wieder auflebende Finanzinstrument auch beim Investor erfolgswirksam neu zu erfassen. Für das Wiederaufleben des Instruments ist die Entscheidung des Emittenten relevant (Art. 21 Abs. 2 Buchstabe c DVO (EU) Nr. 241/2014). Es sind die Grundsätze für Besserungsvereinbarungen entsprechend anzuwenden.[2484] Der Einbuchungsbetrag ist als neue Anschaffungskosten zu verstehen.

Da bei Anleihen, die den Muster-Anleihebedingungen des BdB entsprechen, nach dem freien Ermessen des Emittenten die Zinszahlungen entfallen können, ist die **Aktivierung der abzugrenzenden Zinsen** nur dann zulässig, wenn anhand von objektiven Kriterien so gut wie sicher festgestellt werden kann, dass der Schuldner die Leistung erbringen wird.[2485] Nach Flick/Mertes/Meyding-Metzger[2486] ist ein Nachweis in der Weise zu fordern, dass sich der

---

[2481] Vgl. ebenso AFRAC-Stellungnahme 23, Rn. 34 ff.
[2482] Vgl. Flick/Mertes/Meyding-Metzger, WPg 2019, 730.
[2483] Vgl. ebenso AFRAC-Stellungnahme 23, Rn. 37.
[2484] Vgl. ebenso AFRAC-Stellungnahme 23, Rn. 39.
[2485] Vgl. Flick/Mertes/Meyding-Metzger, WPg 2019, 730 mwN.
[2486] Vgl. Flick/Mertes/Meyding-Metzger, WPg 2019, 730.

Emittent hinsichtlich seiner Zahlungsbereitschaft geäußert hat, bevor ein Zinsanspruch vom Investor angesetzt werden darf.

Bei einer **Wandlung** erfolgt nach Eintritt des Auslöseereignisses die Umwandlung des Finanzinstruments in Aktien bzw. in ein anderes Instrument des harten Kernkapitals des Emittenten. Hierbei sind die allgemeinen Tauschgrundsätze anzuwenden.[2487]

5.2.5.2.3. Unterposten

Unterscheidung nach öffentlichen Emittenten und nicht-öffentlichen Emittenten

Die Unterposten „a) Geldmarktpapiere" und „b) Anleihen und Schuldverschreibungen" sind ihrerseits jeweils wieder in die Unterposten „von öffentlichen Emittenten" und „von anderen Emittenten" aufzugliedern. Die Emissionen der öffentlichen Haushalte und deren Sondervermögen (§ 13 Abs. 1 Satz 3 RechKredV) sind im Unterposten „von öffentlichen Emittenten", die Emissionen von Kreditinstituten und anderen nicht-öffentlichen Emittenten gemeinsam im Unterposten „von anderen Emittenten" auszuweisen.

Es ist davon auszugehen, dass zwischen den Begriffen „öffentliche Stellen" (§ 13 Abs. 1 letzter Satz RechKredV) und „öffentliche Emittenten" kein sachlicher Unterschied besteht. Entsprechend ist der Begriff **„öffentliche Emittenten"** wie in § 13 Abs. 1 letzter Satz RechKredV als öffentliche Haushalte einschließlich ihrer Sondervermögen zu verstehen. Er umfasst damit den Bund und seine Sondervermögen, die Länder einschließlich der Stadtstaaten, die Gemeinden und Gemeindeverbände sowie kommunale Zweckverbände. Sparkassen und Landesbanken sowie andere eigenständige Rechtsträger fallen jedoch nicht hierunter. Entsprechendes gilt für internationale bzw. supranationale Organisationen wie die Weltbank, die Osteuropabank oder die BIZ. **Ausländische öffentliche Emittenten** sind ausländische Regierungen und sonstige ausländische Gebietskörperschaften.

Börsenfähige Schuldtitel öffentlicher Stellen (zB Schatzwechsel, unverzinsliche Schatzanweisungen), die nicht die in § 13 Abs. 1 Satz 1 RechKredV genannten Voraussetzungen (Hereinnahme unter Diskontabzug, Zentralnotenbankfähigkeit) erfüllen, sind in den Unterposten „Geldmarktpapiere von öffentlichen Emittenten" einzustellen (§ 13 Abs. 1 Satz 2 RechKredV).[2488] Sind

---

[2487] Vgl. ebenso AFRAC-Stellungnahme 23, Rn. 41 ff.
[2488] Vgl. Bieg, ZfbF 1988, 22; Schimann, DB 1987, 1499; Bauer, WM 1987, 866.

diese Wertpapiere nicht börsenfähig, müssen sie im Posten „4. Forderungen an Kunden" ausgewiesen werden (§ 13 Abs. 1 Satz 2 RechKredV).

Unterposten „a) Geldmarktpapiere"

Die Abgrenzung zwischen dem Ausweis im Unterposten a) oder b) ist nach der ursprünglich vereinbarten Laufzeit der Wertpapiere vorzunehmen. Als Geldmarktpapiere gelten – unabhängig von ihrer Bezeichnung – alle Schuldverschreibungen und andere festverzinsliche Wertpapiere, deren **ursprüngliche Laufzeit** ein Jahr nicht überschreitet (§ 16 Abs. 2a RechKredV, § 12 Abs. 1 Satz 2 RechZahlV).

Dabei kommt es nach dem eindeutigen Wortlaut der RechKredV/RechZahlV auf die Ursprungslaufzeit und nicht auf die Restlaufzeit an. Wesentliches Abgrenzungsmerkmal zu den als Forderungen auszuweisenden Ansprüchen ist die Börsenfähigkeit von Geldmarktpapieren, die als gegeben angesehen wird, wenn alle Stücke einer Emission hinsichtlich Verzinsung, Laufzeitbeginn und Fälligkeit einheitlich ausgestattet sind. Im Unterposten „a) Geldmarktpapiere" sind mithin auszuweisen:

- Schatzwechsel und Schatzanweisungen, soweit sie nicht unter dem Aktivposten 2.a) auszuweisen sind.
- Schuldverschreibungen der EZB.
- Gestrippte Schuldverschreibungen (Kapitalstrips und Zinsstrips), sofern die ursprüngliche Laufzeit der Anleihe ein Jahr nicht überschreitet.
- Andere Geldmarktpapiere wie zB Commercial Papers, Euro-Notes, Certificates of Deposit, Bons de Caisse.

Unterposten „b) Anleihen und Schuldverschreibungen"

In diesem Unterposten sind die Anleihen und Schuldverschreibungen auszuweisen, die eine ursprüngliche Laufzeit von einem Jahr oder länger haben und damit nicht als Geldmarktpapiere zu erfassen sind. Hierzu zählen insbesondere:

- festverzinsliche Inhaberschuldverschreibungen,
- Orderschuldverschreibungen, die Teile einer Gesamtemission sind,
- Kassenobligationen,
- Industrieobligationen,
- Schuldbuchforderungen sowie

- Anleihen und Schuldverschreibungen mit nicht terminierter Endfälligkeit (sog. ewige Renten).

- Null-Kupon-Anleihen, Anleihen und Schuldverschreibungen, die mit einem veränderlichen Zinssatz ausgestaltet sind, sofern dieser an eine bestimmte Größe, zB an einen Interbankenzinssatz oder einen Euro-Geldmarktsatz, gebunden ist.

Darüber hinaus sind hier auch vor Fälligkeit hereingenommene sowie getrennt handelbare Zinsscheine auszuweisen. Zunächst sind hier sämtliche festverzinslichen Inhaberschuldverschreibungen[2489] auszuweisen. Dies gilt unabhängig davon, wer die Wertpapiere emittiert hat und unter welcher Bezeichnung sie gehandelt werden. Für die Zuordnung zu den festverzinslichen Wertpapieren ist es auch nicht von Bedeutung, ob die Papiere im Inland oder Ausland bzw. von inländischen oder ausländischen Emittenten ausgegeben wurden oder ob es sich um auf Euro oder auf eine ausländische Währung lautende Anleihen oder um eine Doppelwährungsanleihe handelt.

Zu den festverzinslichen Schuldverschreibungen zählen auch die als Inhaberpapiere ausgestalteten **Options- und Wandelschuldverschreibungen**.[2490] Bezugsrechte aus Wandelschuldverschreibungen sind ebenso im Aktivposten 5. auszuweisen wie die gemeinsam mit Optionsanleihen gehandelten Optionsscheine. **Optionsscheine**, die hingegen von der Anleihe abgetrennt worden sind, sind im Aktivposten „6. Aktien und andere festverzinsliche Wertpapiere" zu erfassen.

Gewinnschuldverschreibungen zählen bei entsprechender Ausstattung zu den Inhaberpapieren. Es kann – in Abhängigkeit der Ausgestaltung der Gewinnabrede – auch ein Ausweis im Aktivposten „6. Aktien und andere nicht festverzinsliche Wertpapiere" infrage kommen.[2491] Die Abgrenzung bezüglich des Ausweises ist nach dokumentierten Kriterien vorzunehmen, wobei der Grundsatz der Stetigkeit zu beachten ist. Ausführliche Darstellung zu den möglichen Ausweisalternativen vgl. Bieg/Waschbusch[2492] und Gaber[2493]. Für einen Ausweis im Aktivposten 5. spricht vor allem, dass nach § 28 Satz 2 RechKredV Ausschüttungen auf Gewinnschuldverschreibungen im Zinsertrag zu zeigen sind. Der Ausweis im Aktivposten 6. als *„andere nicht festverzins-*

[2489] Zur rechtlichen Ausgestaltung vgl. Krumnow ua., 2. Aufl., § 16 RechKredV Rn. 4.
[2490] Zur Bilanzierung vgl. Wagner, StuB 2004, 1085 ff.; Egner/Heinz, StuB 2005, 748 ff.; OFD München/Nürnberg, Verfügung vom 22.8.2000, BB 2000, 2628 f.
[2491] Vgl. WPH Edition, Kreditinstitute, Kap. D. Rn. 629; Gaber, 2. Aufl., 465..
[2492] Vgl. Bieg/Waschbusch, 3. Aufl., 206 ff.
[2493] Vgl. Gaber, 2. Aufl., 465 f.

liche Wertpapiere" scheitert ggf. daran, wenn Gewinnschuldverschreibungen nicht börsennotiert sind.

Namensschuldverschreibungen sowie **Orderschuldverschreibungen**, die nicht Teil einer Gesamtemission sind, sind in Abhängigkeit vom Schuldner nicht im Aktivposten 5., sondern entweder als Forderungen an Kreditinstitute oder Forderungen an Kunden auszuweisen. Eine Ausnahme bilden **ausländische Namensgeldmarktpapiere**, die wie Inhaberpapiere gehandelt werden. Sie zählen zu den Wertpapieren (§ 7 Abs. 1 Satz 2 RechKredV) und sind deswegen im Aktivposten 5. auszuweisen.

Kassenobligationen sind idR mit einer festen Laufzeit und einem festen Zinssatz ausgestattet. Sie werden hauptsächlich von Spezialinstituten, wie bspw. KfW, Deutsche Ausgleichsbank oder Girozentralen, dem Bund und den Ländern, ausgegeben und sind vornehmlich für den Erwerb durch Banken und andere Großanleger bestimmt und daher groß gestückelt.

Schuldbuchforderungen sind Darlehensforderungen gegen den Staat, für die keine Schuldverschreibungen ausgestellt sind. Sie werden vielmehr nur durch Eintragung in das Staatsschuldbuch beurkundet und als Wertrechte gehandelt.

Schuldscheindarlehen sind Forderungen, für die Beweisurkunden (Schuldscheine) ausgestellt sind. Sie können durch Abtretung übertragen werden. Sie sind stets als Buchforderungen zu behandeln, was zu einem Ausweis im Aktivposten 3. oder 4. führt.

Sparbriefe sind nach ihrer rechtlichen Ausgestaltung zu unterscheiden. Im Regelfall handelt es sich um Namensschuldverschreibungen, die als Buchforderungen zu behandeln sind. Im Ausland werden Sparbriefe zT als Wertpapiere an der Börse gehandelt; diese sind nach § 7 Abs. 2 RechKredV Wertpapiere und damit im Aktivposten 5. auszuweisen.

Unterposten „c) eigene Schuldverschreibungen"

Eigene Schuldverschreibungen sind Schuldverschreibungen, die von dem bilanzierenden Institut selbst emittiert und wieder angekauft worden sind. Wegen der sachenrechtlichen Ausgestaltung der Schuldverschreibungen auf den Inhaber (§§ 793 ff. BGB) erlischt das in ihnen verbriefte Recht grundsätzlich nicht durch Vereinigung von Forderung und Schuld in einer Person.[2494]

[2494] Vgl. ausführlich BFH-Urteil vom 7.1.1976, BStBl. 1976 II, 358 f.

Solange die Absicht bzw. die Möglichkeit besteht, die erworbenen eigenen Schuldverschreibungen wieder in den Verkehr zu bringen, sind diese aktivisch im Unterposten „eigene Schuldverschreibungen" auszuweisen.[2495] Da sowohl die Schuld (verbriefte Verbindlichkeit) als auch die Forderung (eigene Schuldverschreibung) fortbestehen, werden auch die **Zinsen aus den eigenen Schuldverschreibungen** geschuldet, dies ua. auch weil die über die Zinsen ausgestellten Zinsscheine (§ 803 BGB) selbst Inhaberpapiere sind. Die Zinsen aus eigenen Schuldverschreibungen sind mithin sowohl als Aufwendungen als auch als Erträge in der GuV auszuweisen.[2496]

Die zurückgekauften **börsenfähigen** Schuldverschreibungen eigener Emissionen sind in den Unterposten „c) eigene Schuldverschreibungen" aufzunehmen (§ 16 Abs. 4 RechKredV), wobei der Nennbetrag gesondert zu vermerken ist. **Stückzinsen** auf eigene Schuldverschreibungen sind ebenfalls hier auszuweisen.

Zu einer ausführlichen Darstellung der Bilanzierung zurückgekaufter eigener Schuldverschreibungen wird auf Gaber verwiesen.[2497]

Noch nicht in den Verkehr gegebene, sondern am Schalter zum Verkauf bereit gehaltene eigene Papiere (sog. **Schalterstücke**), dürfen weder als Verbindlichkeit noch als Vermögenswert erfasst werden.

Vom Rückkauf eigener Schuldverschreibungen ist die endgültige **Tilgung** zu unterscheiden. Im Falle der Tilgung ist ein Wiederverkauf der Papiere nicht zulässig; die Stücke sind vielmehr zu entwerten bzw. zu vernichten oder es ist anderweitig sicherzustellen, dass die Wertpapiere nicht erneut in den Verkehr gelangen können. Solange nicht ausgeschlossen ist, dass die Wertpapiere wieder in den Verkehr gebracht werden können, sind die Wertpapiere weiterhin selbständig verkehrsfähig und mithin wie fremde Wertpapiere als Vermögensgegenstände zu aktivieren[2498] (bspw. auch dann, wenn die Wertpapiere als Sicherheit – ggf. auch bis zu ihrer Fälligkeit – zur Verfügung gestellt wurden).

Tilgungsstücke sind nicht aktivisch auszuweisen, sondern vom Passivposten „3.a) begebene Schuldverschreibungen" abzusetzen. Der Unterschiedsbetrag zwischen dem Rückkaufkurs und dem passivierten Erfüllungsbetrag bei Tilgungsstücken ist, da es sich um Erfolgsbeiträge handelt, die aus Verbindlich-

---

[2495] Vgl. BFH-Urteil vom 7.1.1976, BStBl. 1976 II, 358.
[2496] Vgl. BFH-Urteil vom 7.1.1976, BStBl. 1976 II, 358.
[2497] Vgl. Gaber, 2. Aufl., 163 ff., 468.
[2498] Vgl. Gaber, 2. Aufl., 165.

keiten resultieren, abweichend von der früher (6. Aufl.) noch vertretenen Ansicht im sonstigen betrieblichen Ergebnis zu erfassen.[2499]

Erwirbt ein Institut eigene Schuldverschreibungen, um sie **wieder zu verkaufen**, muss es willkürfrei nach internen Kriterien prüfen, ob diese Papiere dem Handelsbestand, der Liquiditätsreserve (zB Absicht der Wiederveräußerung bei unmittelbarem Liquiditätsbedarf) oder dem Anlagebestand zuzuordnen sind, und diese Entscheidung beim Erwerb dokumentieren.[2500]

Die bei der Emission gebildeten **Rechnungsabgrenzungsposten** bleiben von den An- und Verkaufstransaktionen eigener Schuldverschreibungen unberührt.[2501]

Der Bestand an **nicht börsenfähigen** eigenen Schuldverschreibungen ist ebenfalls vom Passivposten „3.a) begebene Schuldverschreibungen" abzusetzen.

Nachdem die zurückgekauften nicht börsenfähigen eigenen Schuldverschreibungen bilanziell in gleicher Weise wie die Tilgungsstücke zu behandeln sind, bleibt unberücksichtigt, dass diese Wertpapiere – anders als Tilgungsstücke – wieder veräußert werden können.[2502]

5.2.5.3. Bewertung

Die Wertpapiere des Aktivpostens 5. sind mit ihren **Anschaffungskosten** einzubuchen. Die Anschaffungskosten umfassen neben dem bezahlten Betrag (Kurs) grundsätzlich auch die Nebenkosten (zB Provision, Spesen). Unter Wesentlichkeitsgesichtspunkten können die Nebenkosten ggf. auch sofort als Aufwand erfasst werden. **Eigene Schuldverschreibungen** der Liquiditätsreserve sind nach den Vorschriften für das Umlaufvermögen zu bewerten.[2503]

Die Wertpapiere des Aktivpostens 5. sind in die **verlustfreie Bewertung des Bankbuchs** mit einzubeziehen. Dies gilt unabhängig davon, ob diese dem Anlagebestand oder der Liquiditätsreserve zugeordnet worden sind. Bezüglich

---

[2499] AA DGRV (Hrsg.), Jahresabschluss, B.II. Rn. 325., danach ist die Differenz zwischen dem Rückkaufkurs und dem passivierten Rückzahlungsbetrag in der Überkreuzkompensation nach § 340f Abs. 3 HGB (Wertpapierergebnis) zu verrechnen.

[2500] Vgl. Krumnow ua., 2. Aufl., § 16 RechKredV Rn. 25; Gaber , 2. Aufl., 164 f..

[2501] Vgl. Krumnow ua., 2. Aufl., § 16 RechKredV Rn. 25.

[2502] Vgl. Bieg/Waschbusch, 3. Aufl., 211 f.

[2503] Vgl. auch BFH-Urteil vom 23.7.1975, BStBl. 1976 II, 40 f.

der Niederstwertabschreibungen ist ggf. eine nachgewiesene Doppelerfassung zu vermeiden.

Für die (Folge-) **Bewertung** der Wertpapiere im Aktivposten 5. sind der **Anlagebestand** und die **Liquiditätsreserve** zu unterscheiden (vgl. Kapitel 3.6.6., 4.4.3. und 4.4.4.). Für die Abgrenzung dieser Bestände sind institutsinterne, plausible und nachprüfbare Regelungen zu treffen und schriftlich zu dokumentieren. Wertpapiere und andere Finanzinstrumente des Handelsbestands (vgl. Kapitel 4.4.2.) sind im Aktivposten „6a. Handelsbestand" auszuweisen und mit dem beizulegenden Zeitwert zu bewerten.

Der HFA gelangte zu der Auffassung, dass die Anwendung einer sog. **amortised-cost-Bewertung** nach Maßgabe der Effektivzinsmethode auch über Zerobonds hinaus auf andere zinstragende (verbriefte oder unverbriefte) Forderungen (auch Wertpapiere). Zur Möglichkeit der Bewertung auf Basis **fortgeführter Anschaffungskosten** vgl. Kapitel 4.2.4. und 4.4.3.2.[2504]

Werden **stille Vorsorgereserven** nach § 340f HGB auf den Aktivposten 5. gebildet, ist darauf zu achten, dass diese nur auf den Bestand der Wertpapiere der Liquiditätsreserve gebildet werden dürfen (vgl. Kapitel 4.6.).

Zur Frage der **Dauerhaftigkeit von Wertminderungen** vgl. Kapitel 4.2.2.7. Bei (fest-) verzinslichen Wertpapieren, die zu marktgerechten Konditionen erworben wurden und die bis zur Endfälligkeit gehalten werden sollen, ist eine dauerhafte Wertminderung idR nur dann anzunehmen, wenn sich die **Bonität** des Emittenten bei dem Anlagebestand zugeordneten Posten wesentlich verschlechtert hat (zB bei einer bedeutsamen Herabstufung des Ratings); dies zeigt sich bspw. auch in einer Ausweitung des Credit Spreads. Rein zinsinduzierte Wertschwankungen (aufgrund einer Veränderung der risikolosen Zinsen) stellen bei dem Anlagevermögen zugeordneten Wertpapieren grundsätzlich keine dauernden Wertminderungen dar, wenn die Rückzahlung zum Nennbetrag gesichert ist. Bezüglich einer voraussichtlich dauerhaften Wertminderung bei strukturierten Finanzinstrumenten wird auf Kapitel 4.4.9. verwiesen. Siehe hierzu auch BFH-Urteil vom 8.6.2011[2505] und BFH-Urteil vom 18.4.2018[2506] sowie das hierzu veröffentlichte Schrifttum.

[2504] Vgl. Gaber, 2. Aufl., 250.
[2505] Vgl. BFH-Urteil vom 8.6.2011, DStR 2011, 1556 ff., WPg 2012, 1110 f.; Schmid, BB 2011, 2475 ff.; Altvater, RdF 2011, 398 ff.; im BMF-Schr. vom 10.9.2012, DStR 2012, 1967 nimmt das BMF Stellung, inwieweit die Grundsätze des Urteils vom 8.6.2011 anzuwenden sind.
[2506] Vgl. BFH-Urteil vom 18.4.2018, I R 37/16, BStBl. 2019 II, 73 ff.

Von einer Verschlechterung der Bonität des Emittenten ist bspw. in folgenden Fällen auszugehen:

- erhebliche finanzielle Schwierigkeiten des Emittenten,
- ein Vertragsbruch des Emittenten, wie etwa Ausfall oder Verzögerung von Zins- und Tilgungszahlungen,
- Zugeständnisse des bilanzierenden Instituts an den Emittenten infolge wirtschaftlicher oder rechtlicher Gründe im Zusammenhang mit den finanziellen Schwierigkeiten des Emittenten, die das bilanzierende Institut ansonsten nicht machen würde,
- eine erhöhte Wahrscheinlichkeit, dass der Emittent in ein Insolvenz- oder sonstiges Sanierungsverfahren eintreten wird,
- das Verschwinden eines aktiven Markts für das Wertpapier infolge finanzieller Schwierigkeiten des Emittenten.

Eine **Herabstufung des Bonitätsratings** auf einen schlechteren Investment Grade ist für sich allein gesehen idR kein Indikator für eine voraussichtlich dauernde Wertminderung. Die Herabstufung des Bonitätsratings in den Non Investment Grade-Bereich ist nach Ansicht des AFRAC dagegen normalerweise ein Indikator für eine voraussichtlich dauernde Wertminderung.[2507]

Eine Wertaufholung nach § 253 Abs. 5 iVm. Abs. 3 Satz 3 und 4 HGB kann nur dann vorgenommen werden, wenn sich die Bonität des Emittenten nachweislich entsprechend verbessert hat.

Die Auffassung, dass keine dauerhafte Wertminderung vorliegt, ist seitens des Instituts zu begründen und zu dokumentieren. Neben einer Untersuchung der Ursachen einer Wertminderung ist hierzu eine Prognose der künftigen Wertentwicklung notwendig. Die Prognoserechnung zur **Widerlegung einer dauerhaften Wertminderung** soll sich im Wesentlichen auf die künftige Ertragslage des Emittenten beziehen und kann auf anerkannte Analyseverfahren gestützt werden. Erkenntnisse bis zum Zeitpunkt der Aufstellung des Jahresabschlusses sind zu berücksichtigen. Hat der beizulegende (Zeit-) Wert zu diesem Zeitpunkt den Buchwert vor Abwertung wieder erreicht oder überschritten, belegt dies idR den vorübergehenden Charakter der Wertminderung.

Bei auf Termin zu marktgerechten Konditionen angeschafften Wertpapieren, die im Erfüllungszeitpunkt dem Anlagevermögen zugeordnet werden, sind für am Bilanzstichtag zu erwartende Verluste nach Maßgabe der im Vergleich zum Terminkurs niedrigeren Börsenkurse keine Drohverlustrückstellungen zu bil-

---

den, da ein vorübergehend niedrigerer Tageswert bei der Bewertung von Wertpapieren des Anlagevermögens unbeachtlich ist.

Im Rahmen der Bewertung der Wertpapiere des Umlaufvermögens stellt sich gelegentlich die Frage, welcher **Börsenkurs** heranzuziehen ist. Dabei kommt es primär darauf an, an welcher Börse das betreffende Wertpapier gehandelt wird bzw. gehandelt werden soll. Es ist jedoch auch unbedenklich, den niedrigsten notierten Börsenkurs anzusetzen. Wertpapiere, die sowohl an einer deutschen als auch an einer ausländischen Börse gehandelt werden, sind grundsätzlich mit dem an der deutschen Börse festgestellten Kurs zu bewerten. Eine Abweichung vom Börsenkurs ist dann geboten, wenn außergewöhnliche Umstände den Börsenkurs zum Abschlussstichtag beeinflusst haben, sodass es sich beim Stichtagskurs nachgewiesen um einen Zufallskurs handelt.

Werden **Wertpapiere des Anlagebestands** bis zum Zeitpunkt der Aufstellung des Jahresabschlusses veräußert oder ist deren Verkauf beabsichtigt, ist die Anwendung des strengen Niederstwertprinzips geboten.[2508]

Bei **verlosten** und **gekündigten Wertpapieren** erfolgt die Bewertung grundsätzlich nicht mehr zum Tageskurs, sondern zum Rückzahlungskurs.[2509]

Bezüglich der Bewertung von **Wertpapieren mit Sonderausstattung**, von **Wertpapieren in sog. geschlossenen Reihen** sowie zur **Auflösung stiller Reserven von Wertpapieren in Sonderfällen** wird auf die Ausführungen in Kapitel 4.4.5. verwiesen.

Die Bilanzierung sog. **strukturierter Produkte** richtet sich nach den in Kapitel 4.4.9. dargestellten Regeln.

Zur Bilanzierung und Bewertung von sog. **Subprime-Wertpapieren** sowie in **außergewöhnlichen Marktsituationen** hat das IDW ausführlich Stellung genommen (vgl. Kapitel 4.4.5.4.).

Bei **Wertpapieren in Fremdwährung** ergibt sich ein evtl. Abwertungsbedarf, wenn der Wert aus dem in Währung notierten Preis der Wertpapiere und dem Devisenkurs zum Bilanzstichtag unter dem Buchwert liegt. Zu Einzelheiten vgl. Kapitel 4.8.

Die Bewertung von aus dem **Bondstripping** hervorgegangenen Kapital- und Zinsstrips erfolgt nach den Regeln der Bewertung von Null-Kupon-Anleihen.

[2508] Vgl. DGRV (Hrsg.), Jahresabschluss, B.II. Rn. 363.
[2509] Vgl. Krumnow ua., 2. Aufl., § 16 RechKredV Rn. 3.

Eine Aufteilung des Buchwerts der ursprünglichen Anleihe kann im Verhältnis der jeweiligen Marktwerte der Kapital- und Zinsstrips erfolgen. Erworbene Strips sind mit ihren Anschaffungskosten zu aktivieren. Für die Ermittlung der für die Aufzinsung maßgeblichen Rendite wird die interne Rendite zum Anschaffungszeitpunkt ermittelt (weitere Einzelheiten vgl. Kapitel 4.4.8.).

Die Einbuchung **zurückgekaufter eigener Schuldverschreibungen**, die am Markt aufgekauft wurden und zum Wiederverkauf bestimmt sind, erfolgt zu Anschaffungskosten. Die Bewertung erfolgt zu Anschaffungskosten bzw. zum niedrigeren Börsen- oder Marktpreis bzw. zum niedrigeren beizulegenden Wert.

5.2.5.4. Anhangangaben

Forderungen an **verbundene Unternehmen** bzw. Forderungen an **Unternehmen, mit denen ein Beteiligungsverhältnis** besteht sind als Unterposten in der Bilanz gesondert auszuweisen (§ 3 Satz 1 Nr. 1 und Nr. 2 RechKredV). Die Angaben können wahlweise auch im Anhang in der Reihenfolge der betroffenen Posten gemacht werden.

Bezüglich **nachrangiger Forderungen** (§ 4 RechKredV) wird auf Abschnitt 3.7. verwiesen.

Kreditinstitute in der Rechtsform der GmbH müssen **Forderungen gegenüber Gesellschaftern** gesondert ausweisen oder im Anhang angeben (§ 42 Abs. 3 GmbHG).

Gemäß § 285 Nr. 21 HGB sind zumindest die wesentlichen nicht zu marktüblichen Bedingungen zustande gekommenen Geschäfte mit nahestehenden Unternehmen und Personen anzugeben (Mindestangabe).

Wertpapiere, die dazu bestimmt sind, dauernd dem Geschäftsbetrieb zu dienen, sind dem **Anlagevermögen** zuzuordnen und nach den für das Anlagevermögen geltenden Vorschriften zu bewerten (§ 340e Abs. 1 HGB). Die in § 284 Abs. 3 HGB verlangten Angaben (Anlagenspiegel) sind für die in § 340e Abs. 1 HGB genannten Vermögensgegenstände – also auch für Wertpapiere des Anlagevermögens – im Anhang zu machen (§ 34 Abs. 3 RechKredV).

Die im Aktivposten „5. Schuldverschreibungen und andere festverzinsliche Wertpapiere" enthaltenen **börsenfähigen** Wertpapiere sind im Anhang nach börsennotierten und nicht börsennotierten Wertpapieren aufzugliedern (§ 35 Abs. 1 Nr. 1 RechKredV).

Im Anhang ist ferner der Betrag der **nicht mit dem Niederstwert bewerteten** börsenfähigen Wertpapiere anzugeben; es ist auch anzugeben, in welcher Weise die so bewerteten Wertpapiere von den mit dem Niederstwert bewerteten börsenfähigen Wertpapieren abgegrenzt worden sind (§ 35 Abs. 1 Nr. 2 RechKredV).

Nach § 9 Abs. 3 Nr. 2 RechKredV sind die im Aktivposten 5. enthaltenen **Beträge, die im Folgejahr nach dem Bilanzstichtag fällig** werden, anzugeben. Diesbezüglich ist für Zinsen und Schuldverschreibungen gesondert zu entscheiden.[2510]

Darüber hinaus kommen Angaben nach § 284 Abs. 2 Nr. 1 und 2 HGB zu den angewandten **Bilanzierungs- und Bewertungsmethoden** infrage. **Abweichungen** hiervon müssen ebenfalls angegeben und begründet werden; ihr Einfluss auf die Vermögens-, Finanz- und Ertragslage ist gesondert darzustellen.

Die **Fremdwährungsbeträge** sind in die Angabe des Gesamtbetrags der Vermögensgegenstände, die auf fremde Währung lauten, jeweils in Euro, einzubeziehen (§ 35 Abs. 1 Nr. 6 RechKredV).

Daneben sind die in § 285 Nr. 18 HGB verlangten Angaben für **über dem beizulegenden Zeitwert bewertete Wertpapiere** zu machen. Bezüglich dieser Anhangangabe ist auf die Mitteilung des VFA beim IDW *„Investitionen in Anleihen hochverschuldeter Staaten des Euroraums: Anhangangaben und Risikoberichterstattung"* [2511] hinzuweisen.

Angaben über die Bildung stiller **Vorsorgereserven** nach § 340f HGB sind nicht erforderlich (§ 340f Abs. 4 HGB).

Daneben ist noch auf die **Aufgliederung** des Gesamtbetrags verschiedener Posten der Gewinn- und Verlustrechnung **nach geografischen Märkten** nach § 34 Abs. 2 Nr. 1 RechKredV hinzuweisen, soweit sich diese Märkte vom Standpunkt der Organisation des Instituts wesentlich unterscheiden.

Soweit **Termingeschäfte** mit Wertpapieren getätigt werden, hat die Anhangangabe nach § 36 RechKredV Relevanz. Diesbezüglich haben die Bankenverbände Empfehlungen ausgesprochen, die ua. bei Scharpf/Luz[2512] umfassend dargestellt sind.

[2510] Vgl. Krumnow ua., 2. Aufl., § 16 RechKredV Rn. 27 iVm. § 7 RechKredV Rn. 16 f.
[2511] Vgl. FN 2011, 98 ff.
[2512] Vgl. Scharpf/Luz, 796 ff.

Soweit Wertpapiere im Rahmen von **echten Pensionsgeschäften** übertragen wurden, hat der Pensionsgeber den Buchwert der in Pension gegebenen Wertpapiere im Anhang anzugeben (§ 340b Abs. 4 HGB).

5.2.5.5. Prüfung des Postens

Es sind die für Wertpapiere allgemein üblichen Prüfungshandlungen durchzuführen. Es ist darauf zu achten, dass sämtliche in diesem Posten ausgewiesenen Beträge die Voraussetzungen des § 16 RechKredV erfüllen. Diesbezüglich wird auch auf die vorstehenden Ausführungen verwiesen, deren Beachtung stets zu prüfen ist.

Der **Nachweis** erfolgt durch Inventurprotokolle bzw. durch Depotauszüge der Verwahrstellen zum Bilanzstichtag. Dabei ist darauf zu achten, dass Tresorbestände vollständig aufgenommen werden. Ggf. muss sich der Prüfer, falls Anlass gegeben ist, vom Vorhandensein der Wertpapiere überzeugen. Die Bestandnachweise sind insbesondere auf Richtigkeit und Vollständigkeit zu prüfen.

Darüber hinaus ist zu prüfen, ob die einzelnen Wertpapiere zutreffend bewertet sind. Die **Bewertung** richtet sich nach den Wertpapierkategorien Anlagebestand und Liquiditätsreserve. Diesbezüglich wird auf die vorstehenden Ausführungen verwiesen. Soweit Wertpapiere wie Anlagevermögen bewertet wurden, ist zudem festzustellen, ob die Voraussetzungen hierfür erfüllt sind.

Das IDW hat Ende 2008 mit *„Besondere Prüfungsfragen im Kontext der aktuellen Wirtschafts- und Finanzmarktkrise"* auf besondere Prüfungsaspekte aufmerksam gemacht, die vor dem Hintergrund der **Wirtschafts- und Finanzmarktkrise** bei anstehenden Abschlussprüfungen von besonderer Relevanz sind.[2513] Soweit in den nachfolgenden Geschäftsjahren vergleichbare Situationen gegeben sind, sind die dort dargestellten Grundsätze ebenfalls für die Prüfung von Bedeutung.

Die **eigenen Schuldverschreibungen** sind daraufhin zu prüfen, ob die internen Bestimmungen hierfür eingehalten und der Bilanzausweis zutreffend ist. Soweit zurückgekaufte Stücke mit dem Passivposten verrechnet werden, ist festzustellen, ob diese Stücke vernichtet wurden. In Rechnungsabgrenzungsposten ausgewiesene Disagiorestposten für diese Stücke sind aufzulösen.

[2513] Vgl. IDW, WPg 2009, 77.

Bewertungseinheiten (einschließlich Portfolien) ist im Rahmen der Prüfung besondere Aufmerksamkeit zu schenken. Dabei ist zunächst festzustellen, ob die Voraussetzungen für die Bewertungseinheit gegeben sind, sodann ist die Bewertung zu prüfen.

Bezüglich der **Länderwertberichtigungen** ist zu prüfen, ob sie in ausreichender Höhe gebildet wurden.

Bezüglich **Wertpapierleihegeschäften** und **Wertpapierpensionsgeschäften** ist festzustellen, ob diese bilanziell zutreffend abgebildet werden.

Die **Zinsabgrenzung** sowie die Buchung der Erträge und Aufwendungen sind zu prüfen.

Hinsichtlich der **Darunter-Vermerke** ist darauf zu achten, dass die Voraussetzungen für die Refinanzierbarkeit erfüllt sind.

Von der **Internen Revision** angefertigte Revisionsberichte sollten eingesehen werden, insbesondere hinsichtlich der Ordnungsmäßigkeit der Bestandsführung, der Einhaltung der MaRisk-Bestimmungen sowie der Ordnungsmäßigkeit der Bewertung.

Wird das Institut von Maklern im Rahmen von **Aufgabegeschäften**[2514] in Anspruch genommen, ist die Buchung und Kontrolle auf rechtzeitige Schließung der Geschäfte durch den Makler von hoher Relevanz. Hierbei sollten auch die Bestimmungen zum rechtzeitigen Einwand gegen den Inhalt einer Schlussnote beachtet werden. Derartige Beanstandungen sind bis zum Beginn des nächsten Börsentags zu erheben. Den sog. Aufgabe-Maklern ist es erlaubt, zunächst Geschäfte im eigenen Namen abzuschließen, da in vielen Fällen eine sofortige Vermittlung nicht möglich ist. Die Kontrahenten können den Auftraggeber später benennen. Das Schließungsgeschäft unter Benennung des endgültigen Kontrahenten muss innerhalb bestimmter, von der Börsengeschäftsführung festgelegter Fristen erfolgt sein. Der Makler tritt in diesen Fällen nicht als Kontrahent (Lieferadresse), sondern als Garant für den Inhalt des Geschäfts (Stückzahl, Wertpapiergattung, Kurs) sowie für die Verpflichtung auf, iRd. vorgegebenen Fristen die Gegenseite endgültig zu benennen. Zivilrechtlich ist das Aufgabegeschäft ein zeitversetztes Vermittlungsgeschäft (§ 95 Abs. 1 HGB), bei wirtschaftlicher Betrachtung ein Eigengeschäft des Maklers.

[2514] Vgl. zu Aufgabegeschäften Ruland, 144 ff.

- An-Aufgabegeschäfte
Bei dieser Geschäftsart tritt der Makler zunächst als temporärer Käufer selbst auf und bestimmt nach seiner Wahl ein börsenteilnehmendes Institut, das mit dem Gegenwert belastet wird. Für diese Geschäfte müssen idR spätestens am zweiten Börsentag nach dem Abschlusstag vor Börsenschluss die endgültigen Käufer benannt werden. Der Abschlusstag wird dabei als Börsentag gezählt.

- Von-Aufgabegeschäfte
Bei der sog. „Von-Aufgabe"-Stellung eines Handelsabschlusses tritt der Makler als temporärer Verkäufer auf. Für Von-Aufgabegeschäfte muss der endgültige Verkäufer allerdings bis zum Schluss der nächsten Börsenversammlung benannt sein.

Der **Prüfungsbericht** muss die in der PrüfbV verlangten Angaben enthalten. Soweit Finanzinstrumente der Absicherung von Marktpreis- bzw. Kreditrisiken der Wertpapiere dienen, sollte hierauf hingewiesen werden.

5.2.6. Aktien und andere nicht festverzinsliche Wertpapiere (Aktiva 6.)

5.2.6.1. Postenbezeichnung

Die Postenbezeichnung lautet nach dem Formblatt 1 der RechKredV wie folgt:

> *6. Aktien und andere nicht festverzinsliche Wertpapiere*

Die Postenbezeichnung bei **Zahlungsinstituten** und **E-Geld-Instituten** lautet nach Formblatt 1 der RechZahlV wie folgt:

> *6. Aktien und andere nicht festverzinsliche Wertpapiere*
> *a) aus Zahlungsdiensten und aus der Ausgabe von E-Geld*
> *b) aus sonstigen Tätigkeiten*

5.2.6.2. Posteninhalt

5.2.6.2.1. Rechnungslegungsverordnung

Der Posteninhalt ist für **Kredit-, Finanzdienstleistungs- und Wertpapierinstitute** in § 17 RechKredV geregelt. Der Posteninhalt in § 13 RechZahlV bei

Zahlungsinstituten und **E-Geld-Instituten** entspricht inhaltlich § 17 Rech-KredV, ist demgegenüber aber übersichtlicher gestaltet worden.

5.2.6.2.2. Voraussetzung für den Postenausweis

Überblick

In diesem Posten sind die **Eigenbestände** an folgenden Wertpapieren (iSd. § 7 Abs. 1 RechKredV) auszuweisen (§ 17 RechKredV/§ 13 RechKredV):

- Aktien,
- Zwischenscheine,
- Anteile oder Aktien an Investmentvermögen,[2515]
- Optionsscheine,
- Gewinnanteilscheine,
- als Inhaber- oder Orderpapiere ausgestaltete börsenfähige Genuss-scheine,
- vor Fälligkeit hereingenommene Gewinnanteilscheine,
- andere nicht festverzinsliche Wertpapiere, soweit sie börsennotiert sind.

In diesem Posten sind **Aktien** zu erfassen, soweit sie nicht in den Aktivposten 7. oder 8. auszuweisen sind. Der subsidiäre Ausweis gilt nach dem Wortlaut von § 17 RechKredV bzw. § 13 RechKredV nur für Aktien. Alle übrigen in § 17 RechKredV bezeichneten Finanzinstrumente sind in Aktiva 6. zu erfassen.

Aktien der Liquiditätsreserve sind zusammen mit Aktien des Anlagevermögens in diesem Posten auszuweisen.

Aktien und andere nicht festverzinsliche Wertpapiere, die zu **Sicherungszwecken verpfändet** oder **sicherungsübereignet** wurden sind nicht aus der Bilanz des Instituts auszubuchen, sondern weiterhin in diesem Posten auszuweisen.

Bei **Bausparkassen** ist zu beachten, dass deren Geldanlagen den Beschränkungen des § 4 Abs. 3 BauSparkG unterliegen.

[2515] Mit dem AIFM-Umsetzungsgesetz vom 4.7.2013 wurde das KAGB (Kapitalanlagegesetzbuch) eingeführt, BGBl. I 2013, 1981. Vgl. hierzu Wollenhaupt/Beck, DB 2013, 1950 ff., die einen Überblick über die Neuregelung des deutschen Investmentrechts geben; Sprengnether/Wächter, WM 2014, 877 ff.; Gaber, WPg 2015, 122 ff. Die BaFin hat ein Auslegungsschreiben zum Anwendungsbereich des KAGB und zum Begriff des „Investmentvermögens" vom 14.6.2013 veröffentlicht (www.bafin.de).

Handelsbestand

Wertpapiere und andere Finanzinstrumente des **Handelsbestands** sind mit Inkrafttreten des BilMoG im Aktivposten „6a. Handelsbestand" auszuweisen und nach § 340e Abs. 3 HGB mit dem beizulegenden Zeitwert nach § 255 Abs. 4 HGB zu bewerten. Damit sind im Aktivposten 6. Aktien und andere nicht festverzinsliche Wertpapiere der Liquiditätsreserve und des Anlagebestands zu erfassen.

Mit dem BilMoG wurde durch den Gesetzgeber versäumt, die Vorrangigkeit eines Ausweises im Posten „6a. Handelsbestand" in § 17 RechKredV klarzustellen. Die Subsidiarität des Posten 6. im Vergleich zum Posten 6a. ergibt sich jedoch aus der vorgelagerten Widmungsentscheidung von Finanzinstrumenten zu Bewertungskategorien.[2516]

Formblatt 1 zur RechZahlV sieht für Zahlungsinstitute und E-Geld-Institute keinen gesonderten Postenausweis für einen Handelsbestand vor.

Ausweis zum Ende der Laufzeit eines Wertpapiers

Endet die Laufzeit eines (börsenfähigen) Wertpapiers vor bzw. am Bilanzstichtag und erfolgt die vertragliche Rückzahlung erst im folgenden Geschäftsjahr, ändern diese Wertpapiere (bspw. Genussrechte, Laufzeitfonds) mit Laufzeitende ihren bilanziellen Charakter.

Sie sind mithin zum Laufzeitende nicht mehr als Wertpapiere in Aktiva 6. auszuweisen, sondern als Rückzahlungsforderung (DGRV (Hrsg.) nennen Aktiva 3.) zu erfassen.[2517] Der Regelung in § 20 Satz 2 RechKredV für Schuldverschreibungen folgend wird hier auch ein Ausweis im Posten „Sonstige Vermögensgegenstände" für sachgerecht gehalten.

Es muss sich stets um Wertpapiere iSd. § 7 RechKredV handeln

Die im Aktivposten 6. auszuweisenden Anteilswerte müssen stets **Wertpapiere iSd. § 7 RechKredV** sein. Aktien, Zwischenscheine, Investmentanteile (Anteile oder Aktien an Investmentvermögen), Optionsscheine und Gewinnanteilscheine gelten stets als Wertpapiere, unabhängig davon, ob sie börsen-

---

[2516] Vgl. Gaber, 2. Aufl., 471.
[2517] Vgl. DGRV (Hrsg.), Jahresabschluss, B.II. Rn. 387a.

fähig oder börsennotiert sind.[2518] Bei den als Inhaber- oder Orderpapieren aus-gestalteten Genussscheinen kommt es dagegen auf die Börsenfähigkeit iSd. § 7 Abs. 2 RechKredV an.

Andere nicht festverzinsliche Wertpapiere sind unter diesem Posten nur auszuweisen, soweit sie börsennotiert sind. Hierzu gehören bspw. Bezugs-rechte auf Aktien, Partizipationsscheine oder Liquidationsanteilscheine. Als **börsennotiert** gelten nach § 7 Abs. 3 RechKredV Wertpapiere, die an einer deutschen Börse im regulierten Markt zugelassen sind, außerdem Wertpapiere, die an ausländischen Börsen zugelassen sind oder gehandelt werden (Einzel-heiten vgl. Kapitel 3.6.3.).

Aktien und Zwischenscheine

Aktien sind unter diesem Posten nur auszuweisen, soweit es sich nicht um Be-teiligungen (§ 271 Abs. 1 HGB) oder Anteile an verbundenen Unternehmen (§ 272 Abs. 2 HGB) handelt bzw. soweit es sich nicht um Aktien handelt, die mit Handelsabsicht erworben wurden. Insoweit geht der Ausweis in den Ak-tivposten 7. und 8. bzw. 6a. dem Ausweis im Aktivposten 6. vor (§ 17 Rech-KredV).

Aktien sind hier unabhängig davon auszuweisen, ob sie börsennotiert sind oder nicht. Aktien, deren Stimmrechte gebunden sind oder Dritten zustehen, sind im Aktivposten 6. auszuweisen, es sei denn es handelt sich aufgrund wei-terer Absprachen tatsächlich um Kredite.[2519] Für den Ausweis im Aktivposten 6. kommen alle Gattungen von Aktien in Betracht (Inhaber-, Vorzugs- oder Namensaktien).

Zwischenscheine sind auf den Namen lautende Aktienersatzpapiere, die bis zur drucktechnischen Fertigstellung der Aktien an die Zeichner ausgegeben wurden. Zwischenscheine sind Anteilscheine, die den Aktionären vor der Aus-gabe der Aktien erteilt werden (§ 8 Abs. 6 AktG). Sie müssen zwingend auf den Namen lauten (§ 10 Abs. 3 AktG), denn Zwischenscheine auf den Inhaber sind nichtig (§ 10 Abs. 4 AktG).

Aktien sind im Zugangszeitpunkt mit ihren **Anschaffungskosten** zzgl. An-schaffungsnebenkosten zu aktivieren. Sind Aktien aufgrund eines Options- oder Termingeschäfts erworben worden, stellen die tatsächlich aufgewendeten Ausgaben (Optionspreis bzw. Terminkurs) zzgl. des Buchwerts bzw. des nied-

---

[2518] Vgl. Gaber, 2. Aufl., 469 f. mwN.

[2519] Vgl. Krumnow ua., 2. Aufl., § 17 RechKredV Rn. 7.

5. Einzelheiten zu den Posten der Bilanz

rigeren beizulegenden Werts der Option die Anschaffungskosten dar. Variation Margin-Zahlungen von Futures sind als Anschaffungskosten zu berücksichtigen. Aktien, die durch den Umtausch von Wandelschuldverschreibungen erworben wurden, sind mit dem Buchwert der Wandelschuldverschreibung anzusetzen, evtl. Zuzahlungen sind als nachträgliche Anschaffungskosten zu erfassen.[2520] Zu Anschaffungskosten bei den verschiedenen Formen der **Kapitelerhöhung** sowie **Kapitalherabsetzung** vgl. Gaber.[2521]

Anteile und Aktien an Investmentvermögen (Investmentanteile)

Als Wertpapiere galten bereits nach § 7 RechKredV aF (vor Inkrafttreten des AIFM-UmsG) auch Investmentanteile. Durch Art. 27 Abs. 8 AIFM-UmsG wurde das Wort „Investmentanteile" durch die Worte „Anteile oder Aktien an Investmentvermögen" in § 7 RechKredV ersetzt.

Anteile an Sondervermögen oder an einzelnen Anteilsklassen eines Sondervermögens können vollständig oder teilweise auch als **Kryptofondsanteile** begeben werden (§ 1 KryptoFAV[2522]). Kryptofondsanteile sind elektronische Anteilsscheine, die in ein Kryptowertpapierregister eingetragen werden.[2523]

Ein **Investmentvermögen** iSd. § 1 Abs. 1 Satz 1 KAGB ist jeder Organismus für gemeinsame Anlagen, der von einer Anzahl von Anlegern Kapital einsammelt, um es gemäß einer festgelegten Anlagestrategie zum Nutzen dieser Anleger zu investieren und der kein operativ tätiges Unternehmen außerhalb des Finanzsektors ist. Um als Investmentvermögen qualifiziert zu werden, müssen alle Tatbestandsmerkmale kumulativ vorliegen. Zum Anwendungsbereich des KAGB und zum Begriff des Investmentvermögens hat die BaFin verschiedene Auslegungsschreiben veröffentlicht.

Vor dem Hintergrund des materiellen Fondsbegriffs in § 1 Abs. 1 KAGB sind nach Gaber[2524] vom Wertpapierbegriff der RechKredV nunmehr nicht nur Anteilsscheine an rechtlich unselbständigen Sondervermögen, sondern auch Anteile an (rechtlich selbständigen) Investmentvermögen in Satzungsform (zB Aktien an InvAG, SICAV SA oder auch Kommanditanteile von InvKG oder SICAV

[2520] Ebenso Gaber, 2. Aufl., 256.
[2521] Vgl. Gaber, 2. Aufl., 256 f.
[2522] Vgl. BGBL I 2022, 868 f.
[2523] Vgl. Majcen, WM 2022, 111 ff.; Kaulartz/Voigt/Winkler, RdF 2022, 24 ff.
[2524] Vgl. ausführlich Gaber, WPg 2015, 123.

SCA) erfasst.[2525] Zum Regelungsinhalt des KAGB wird auf das einschlägige Schrifttum verwiesen.[2526] Zum Ausweis fälliger Wertpapiere vgl. oben.

Kommanditanteile an einer InvKG gelten entgegen ihres zivilrechtlichen Charakters nunmehr auch als Wertpapiere iSd. RechKredV und sind damit in Aktiva 6. auszuweisen.[2527] Mangels Börsenfähigkeit sind diese Kommanditanteile idR jedoch nicht in die Aufgliederung von Bilanzposten nach § 35 Abs. 1 Nr. 1 RechKredV einzubeziehen.

Da nach dem Wortlaut des § 17 RechKredV nur für Aktien ein subsidiärer Ausweis in Aktiva 6. (nach Prüfung, ob nicht der Ausweis in Aktiva 7. 8. oder 6a. vorgeht) gilt, sind alle übrigen Finanzinstrumente – also auch Anteile oder Aktien an Investmentvermögen – im Aktivposten 6. auszuweisen. Mithin sind **Aktien an Investmentvermögen, Anteile an einer InvAG** oder **Anteile an einer SICAV SA** stets im Aktivposten 6. auszuweisen, unabhängig davon, ob diese die Voraussetzung des § 271 Abs. 1 Satz 1 HGB erfüllen oder nicht.[2528] Ergibt die Prüfung, dass es sich bei **Aktien** um Anteile an Investmentvermögen handelt, sind diese stets im Aktivposten 6. auszuweisen. Gleiches gilt für **Kommanditanteile** an einer InvKG oder SICAV SCA.[2529]

Nach DGRV (Hrsg.)[2530] können **Anteile an geschlossenen Immobilienfonds** je nach der rechtlichen Ausgestaltung auch weiterhin unter „Beteiligungen" oder „Sachanlagen" oder – bei Zuordnung zum Umlaufvermögen – als „Sonstige Vermögensgegenstände" ausgewiesen werden.

Die Änderung in § 17 RechKredV und damit der einheitliche Ausweis von Anteilen und Aktien an Investmentvermögen in einem Bilanzposten (Aktiva 6.) kann nach Gaber[2531] zu einem Auseinanderlaufen zwischen Bilanzpostenausweis und den Angaben zum Anteilsbesitz nach § 313 Abs. 2 HGB führen. Gaber[2532] kritisiert in diesem Kontext ferner die unzureichende Umsetzung der Erläuterungen im Anhang gemäß § 285 Nr. 26 HGB durch das AIFM-UmsG.

[2525] Vgl. auch BAFin-Schreiben vom 14.6.2013 (Auslegungsschreiben).
[2526] Vgl. insbesondere Moritz/Klebeck/Jesch, Band 1, Teilband 1, 4 f.; Weitnauer/Boxberger/Anders, KAGB, Kommentar zum Kapitalanlagegesetzbuch, 3 ff.; Burgard/Heimann, WM 2014, 821 ff.; van Kann/Redeker/Keiluweit, DStR 2013, 1483 ff.; Hartrott/Goller, BB 2013, 1603 ff.; Zetzsche/Preiner, WM 2013, 2101 ff.
[2527] Vgl. Gaber, WPg 2015, 123.
[2528] Vgl. Gaber, WPg 2015, 123.
[2529] Ausführlich vgl. Gaber, WPg 2015, 123.
[2530] Vgl. DGRV (Hrsg.), Jahresabschluss, B.II. Rn. 385.
[2531] Vgl. Gaber, WPg 2015, 124.
[2532] Vgl. Gaber, WPg 2015, 124.

Anteile und Aktien an Investmentvermögen gehören zum Anlagevermögen, wenn sie dem Betrieb dauerhaft zu dienen bestimmt sind. Ansonsten zählen sie zum Umlaufvermögen (Liquiditätsreserve) oder zum Handelsbestand. Bilanziell werden die Anteile oder Aktien an Investmentvermögen selbst und nicht die im Investmentvermögen gehaltenen Vermögensgegenstände erfasst.

Für den Erwerb gilt wie für alle anderen Vermögenswerte das sog. Anschaffungskostenprinzip. Die **Anschaffungskosten** entsprechen dem Ausgabe- bzw. Kaufpreis zuzüglich der Nebenkosten. Ein **Ausgabeaufschlag** ist rechtlich ein unselbstständiger Teil des Ausgabepreises und damit Bestandteil des Kaufpreises. Rabatte oder Bonifikationen sind wie Preisnachlässe zu behandeln.[2533] Zur Behandlung eines sog. **Ertragsausgleichs** als Bestandteil der Anschaffungskosten des Investmentanteils vgl. Gaber.[2534]

Erfolgt der Erwerb über die Börse, bestimmen sich Anschaffungskosten nach dem entrichteten Kaufpreis zzgl. Anschaffungsnebenkosten. Zu **Sacheinlagen** bzw. **Sachübernahmen** vgl. Gaber.[2535]

Zum Erwerb von Anteilscheinen im Tauschwege (zB Einbringung von Wertpapieren in ein Sondervermögen) vgl. Häuselmann,[2536] Wagner[2537] und Rockel/ Patzner[2538].

Für die Ermittlung des **beizulegenden Werts** kommen im Einzelfall sowohl der Verkaufspreis (Erwerbskurs) als auch der Rücknahmepreis in Betracht.[2539] Der **Rücknahmepreis** repräsentiert den anteiligen Tageswert des Investmentvermögens (ggf. gemindert um einen in den Anlagebedingungen geregelten Rücknahmeabschlag). Der **Verkaufspreis** erhöht sich um einen Aufschlag zur Deckung der anteiligen Ausgabekosten. Das Wahlrecht, welcher Preis für die Bewertung herangezogen wird, unterliegt dem Stetigkeitsgebot des § 252 Abs. 1 Nr. 6 HGB. Ein Wechsel des Bewertungsverfahrens von einer Bewertung mit dem Verkaufspreis zu einer Bewertung mit dem Rücknahmepreis und umgekehrt ist nach § 252 Abs. 2 HGB nur in begründeten Ausnahmefällen zulässig.[2540]

[2533] Vgl. Gaber, 2. Aufl., 262 f.

[2534] Vgl. Gaber, 2. Aufl., 264.

[2535] Vgl. Gaber, 2. Aufl., 263 f.

[2536] Vgl. Häuselmann, BB 1992, 317.

[2537] Vgl. Wagner, StuB 2007, 801 ff.

[2538] Vgl. Rockel/Patzner, DStR 2008, 2122 ff. mit Buchungsbeispielen.

[2539] Vgl. DGRV (Hrsg.), Jahresabschluss, B.II. Rn. 392 ff.

[2540] Vgl. DGRV (Hrsg.), Jahresabschluss, B.II. Rn. 392a.

Für den Ansatz des Rücknahmepreises spricht der Grundsatz der Vorsicht. Es wird in der Literatur auch für zulässig gehalten, die Anteile/Aktien an Investmentvermögen dann mit den Anschaffungskosten zu bewerten, wenn die Rücknahmepreis am Bilanzstichtag niedriger, aber der aktuelle Anschaffungskurs höher ist als die Anschaffungskosten.[2541] Der Bewertung von Aktien oder Anteilen an Investmentvermögen, die bis zum Zeitpunkt der Aufstellung des Jahresabschlusses veräußert werden oder deren Verkauf beabsichtigt ist, sind anstelle der Ausgabepreise die Rücknahmepreise abzüglich der Veräußerungskosten zugrunde zu legen.[2542]

Bei **geschlossenen Fonds**, die nach § 17 RechKredV im Aktivposten 6. ausgewiesen werden, kann bei der Folgebewertung der (niedrigere) Anteilswert (Nettoinventarwert pro Anteil) bei der Bestimmung des beizulegenden Werts herangezogen werden, nachdem die Aktivierung des Zugangs zu Anschaffungskosten erfolgt ist.[2543]

Eine vorübergehende Wertminderung des Investmentanteils kann grundsätzlich nur dann vorliegen, wenn die Wertminderung nicht auf Verlusten basiert, die im Fonds bereits durch Umsatzakte realisiert wurden.

Bei Anteilen oder Aktien an Investmentvermögen, die dem **Anlagevermögen** zugeordnet sind, ist eine Abschreibung bei **voraussichtlich dauernder Wertminderung** geboten, wobei der Wert der Fondsanteile durch den Wert der im Fonds gehaltenen Vermögensgegenstände determiniert wird. Die Werthaltigkeit des Fondsvermögens kann auch iRd. sog. „Durchschaumethode" mithilfe der entsprechenden Indizien zur Feststellung der Dauerhaftigkeit der Wertminderung überprüft werden.[2544]

Eine endgültige Aussetzung der Anteilsrücknahme ist kein hinreichender Grund für eine Umwidmung in den Anlagebestand. Voraussetzung für eine Umwidmung ist vielmehr die geänderte (subjektive) Zwecksetzung des Instituts.[2545] Ausschüttungen iRd. Abwicklung sind grundsätzlich als Kapitalrückführung und nicht als Ertrag zu behandeln.[2546]

[2541] Vgl. DGRV (Hrsg.), Jahresabschluss, B.II. Rn. 394.

[2542] Vgl. DGRV (Hrsg.), Jahresabschluss, B.II. Rn. 398.

[2543] Vgl. DGRV (Hrsg.), Jahresabschluss, B.II. Rn. 393a.

[2544] Vgl. Gaber, 2. Aufl, 286; DGRV (Hrsg.), Jahresabschluss, B.II. Rn. 395 ff. mit der Darstellung von relevanten Kriterien für den Fall, dass die Kapitalverwaltungsgesellschaft die Anteilsrücknahme endgültig ausgesetzt hat.

[2545] Vgl. DGRV (Hrsg.), Jahresabschluss, B.II. Rn. 395a.

[2546] Vgl. DGRV (Hrsg.), Jahresabschluss, B.II. Rn. 395a.

Zu weiteren Einzelheiten einschl. der Frage der Bewertung von Anteilen an offenen Immobilienfonds, deren Anteilsrücknahme durch die Kapitalverwaltungsgesellschaft endgültig ausgesetzt wurde, und zu Laufzeitenfonds vgl. DGRV.[2547] Zur handelsrechtlichen Behandlung einer sog. „Liquiditätsauszahlung" als Beteiligungsertrag bzw. Kapitalrückzahlung (Minderung des Buchwerts) vgl. Heinsen.[2548]

Zur **Vereinnahmung von Ausschüttungen** (einschl. Substanzausschüttungen) vgl. Gaber, der ua. darauf hinweis, dass eine phasengleiche Vereinnahmung nicht in Betracht kommt.[2549]

Zu den Unterschieden zwischen Handels- und Steuerbilanz bei der Buchung von Zugang, Vorabpauschale, Wertminderung und Abgang vgl. Happe.[2550]

Genussscheine

Als Inhaber- oder Orderpapiere ausgestaltete **börsenfähige** Genussscheine sind im Aktivposten 6. auszuweisen. Nicht als Wertpapiere verbriefte Genussrechte, die nicht rückzahlbar sind, sind im Aktivposten „14. Sonstige Vermögensgegenstände" zu erfassen (§ 20 Satz 4 RechKredV). Namensgenussscheine, nicht börsenfähige Inhaber- oder Ordergenussscheine sowie nicht in Wertpapieren verbriefte rückzahlbare Genussrechte sind je nach Emittent entweder im Aktivposten 3. oder 4. auszuweisen.

Optionsscheine

Als Wertpapiere verbriefte Optionsscheine sind im Aktivposten 6. auszuweisen. Dies gilt auch für Optionsscheine, die von Optionsanleihen getrennt worden sind. Nicht verbriefte Optionsrechte sind hingegen nach hM im Aktivposten „14. Sonstige Vermögensgegenstände" zu erfassen, es sei denn, sie sind dem Handelsbestand zuzuordnen.

[2547] Vgl. DGRV (Hrsg.), Jahresabschluss, B.II. Rn. 395a ff.
[2548] Vgl. Heinsen, WPg 2017, 511 ff.
[2549] Vgl. Gaber, 2. Aufl., 265 ff.
[2550] Vgl. Happe, BBK23/2021, 1109 ff.

Gewinnanteilscheine

Im Aktivposten 6. sind auch die vor Fälligkeit hereingenommenen Gewinnanteilscheine auszuweisen. Zum Bilanzstichtag bzw. zum ersten auf den Bilanzstichtag folgenden Geschäftstag einlösbare Gewinnanteilscheine sind hingegen im Aktivposten „14. Sonstige Vermögensgegenstände" zu erfassen (§ 20 Satz 2 RechKredV). Im Aktivposten 6. sind nicht nur die Gewinnanteilscheine aus eigenen Anteilsbeständen, sondern auch die Einreichern gutgeschriebenen Gewinnanteilscheine auszuweisen.

Rettungserwerbe von Aktien

Im Aktivposten 6. sind auch Bestände aus der vorübergehenden Übernahme von fremden Aktien und anderen nicht festverzinslichen Wertpapieren zur Rettung von Kreditforderungen auszuweisen.[2551]

Treuhandgeschäfte

Wertpapiere, die ein Institut als **Treuhänder** im eigenen Namen, aber für fremde Rechnung begeben hat, sind nicht im Aktivposten 6., sondern im Aktivposten „9. Treuhandvermögen" auszuweisen. Die Gesamtbeträge sind im Anhang nach den Aktivposten des Formblatts aufzugliedern (Einzelheiten vgl. Kapitel 3.3.).

Sachdividenden gemäß § 58 Abs. 5 AktG

Mit dem Transparenz- und Publizitätsgesetz vom 19.7.2002[2552] hat der Gesetzgeber für Aktiengesellschaften „Sachausschüttungen" ausdrücklich geregelt, indem er einen § 58 Abs. 5 AktG eingefügt hat: *„Sofern die Satzung dies vorsieht, kann die Hauptversammlung auch eine Sachausschüttung beschließen".* Ferner hat der Gesetzgeber gleichzeitig § 174 Abs. 2 Nr. 2 AktG dahingehend ergänzt, dass in dem Gewinnverwendungsbeschluss ua. der an die Aktionäre auszuschüttende Betrag *„oder Sachwert"* anzugeben ist. Neben dem jetzt gesetzlich verwendeten Begriff „Sachausschüttung" hat sich der Begriff „Sachdividende" eingebürgert, gelegentlich wird auch von „Naturaldividen-

---

[2551] Vgl. Birck/Meyer, V 86.
[2552] Vgl. Transparenz- und Publizitätsgesetz (TransPuG) vom 19.7.2002, BGBl. I 2005, 2681.

de" gesprochen.[2553] Sachausschüttungen können auch mit Barausschüttungen kombiniert werden.[2554] Das Schrifttum ist sich bezüglich der Frage, welche Gegenstände ausgeschüttet werden können, nicht einig.[2555]

Die Sachausschüttung führt beim Gesellschafter sowohl zu einem Beteiligungsertrag als auch zu einem Anschaffungsvorgang mit dem Gegenstand der Sachausschüttung. Der Beteiligungsertrag entspricht dabei der Forderung aufgrund des Gewinnverwendungsbeschlusses. Die Realisation des Beteiligungsertrags richtet sich nach den allgemeinen Grundsätzen für Dividenden (Gewinnverwendungsbeschluss bzw. phasengleiche Vereinnahmung[2556]). Der Gegenstand der Sachausschüttung ist im Zeitpunkt seines Zugangs als Vermögensgegenstand mit seinen Anschaffungskosten zu aktivieren. Anschaffungskosten sind die Aufwendungen des Gesellschafters aus dem Abgang der Forderung aus dem Gewinnverwendungsbeschluss.[2557]

Zertifikate, deren Marktwert den Rückzahlungsbetrag bestimmter Verbindlichkeiten bestimmt

Die Anwendung der allgemeinen Bewertungsvorschriften des HGB auf Verbindlichkeiten führt dann zu einem Problem, wenn der Rückzahlungsbetrag der Verbindlichkeiten nicht feststeht, sondern sich nach der Wertentwicklung eines Referenzaktivums bzw. mehrerer Referenzaktiva bemisst. Diese Referenzaktiva können bspw. Derivate, bestimmte Aktien bzw. Aktienportfolien aber auch Indizes oder Hedgefondsanteile sein.[2558]

Dies ist beispielsweise der Fall, wenn ein Unternehmen – sei es ein Kreditinstitut oder ein Nichtbankunternehmen – **Zertifikate** emittiert oder Verträge über stille Beteiligungen gemäß § 230 HGB abschließt und die erzielten Emissionserlöse vereinbarungsgemäß in bestimmten Referenzaktiva, wie bspw. Hedgefondsanteilen[2559], angelegt werden; die Höhe der Rückzahlungsverpflichtung hängt von der Performance eben dieser Hedgefondsanteile ab. Ein Wertzuwachs bei den Hedgefondsanteilen führt zu einem korrespondierenden Anstieg der (Rückzahlungs-) Verpflichtung et vice versa. Zur Bilanzierung und Bewertung wird diesbezüglich auf Kapitel 4.9.6. verwiesen.

[2553] Vgl. hierzu ausführlich Orth, WPg 2004, 777 ff. (Teil 1) und 841 ff. (Teil 2).

[2554] Vgl. Orth, WPg 2004, 779 ff.; Heine/Lechner, AG 2005, 269 ff.

[2555] Vgl. Orth, WPg 2004, 779 ff.; Heine/Lechner, AG 2005, 269 ff.

[2556] Vgl. BFH-Urteil vom 7.2.2007, DB 2007, 1788 ff. mwN; BFH-Urteil vom 7.3.2007, StuB 2007, 553.

[2557] Vgl. Orth, WPg 2004, 849 mwN.

[2558] Zum Zertifikatehandel in Deutschland vgl. Krimphove/Monnet, FB 2006, 255 ff.

[2559] Zu Hedgefonds-Strategien vgl. Eling, ÖBA 2006, 543 ff.

5.2.6.3. Bewertung

Zur Bestimmung der **Anschaffungskosten** vgl. die Ausführungen zum Aktivposten 5. Bezüglich der (Folge-) **Bewertung** von Wertpapieren sowie der Behandlung von Pensions- und Wertpapierleihegeschäften wird auf die Ausführungen zum Aktivposten 3. bzw. 5. verwiesen. Eine ausführliche Darstellung der Bewertung von Wertpapieren findet sich in Kapitel 4.4., Pensionsgeschäfte sind in Kapitel 3.2. und Wertpapierleihegeschäfte in Kapitel 4.10. beschrieben.

Zur Frage der **Dauerhaftigkeit von Wertminderungen** vgl. Aktivposten 5. sowie ausführlich Kapitel 4.2.2.7. Bei einer voraussichtlich dauernden Wertminderung sind Abschreibungen obligatorisch.

Anteile an einem **Investmentvermögen** sind selbstständige Vermögensgegenstände und als solche zu bilanzieren, nicht hingegen die durch die Anteilscheine repräsentierten Gegenstände des Sondervermögens.[2560] Anteilscheine sind als selbstständige Wirtschaftsgüter nach Maßgabe des § 253 HGB zu bewerten. Zum Erwerb von Anteilscheinen im Wege des Tausches bspw. bei der Einbringung von Wertpapieren in ein Sondervermögen vgl. Häuselmann.[2561]

Substanzverluste durch Ausschüttungen oder Umschichtungen bei **Investmentanteilen** (Anteile oder Aktien an Investmentvermögen) im Zuge eines Strategiewechsels sind grundsätzlich als dauernde Wertminderungen anzusehen, es sei denn das Institut legt zweifelsfrei das Gegenteil dar.[2562] Neben einer Untersuchung der Ursachen der Wertminderung der Investmentanteile ist hierzu eine Prognose der künftigen Wertentwicklung (Aktienfonds bzw. gemischter Fonds Prognosezeitraum von einem Jahr, Rentenfonds bei zinsinduzierten Wertminderungen Prognosezeitraum drei Jahre) erforderlich, an deren Nachprüfbarkeit hohe Anforderungen zu stellen sind.[2563] Dies gilt insbesondere für die Eintrittswahrscheinlichkeit der künftigen Wertentwicklung unter Berücksichtigung einer in der Zukunft evtl. geänderten Ausschüttungs- bzw. Fondspolitik (zB geänderte Anlageschwerpunkte). Soweit sich bei Vorliegen dieser Voraussetzungen mit hoher Sicherheit Ausgleichseffekte ergeben (insbesondere durch thesaurierte Gewinne), können diese bei der Bewertung berücksichtigt werden.

Anteile an Rentenfonds sind immer außerplanmäßig abzuwerten, wenn die Wertpapiere des Fonds durch **Bonitätsverschlechterungen** oder **Substanz-**

[2560] Vgl. Häuselmann, FB 2003, 178.

[2561] Vgl. Häuselmann, BB 1992, 317.

[2562] Vgl. DGRV (Hrsg.), Jahresabschluss, B.II. Rn. 396.

[2563] Vgl. DGRV (Hrsg.), Jahresabschluss, B.II. Rn. 396.

minderungen im Wert gemindert sind und Ausgleichseffekte nicht nachweisbar festgestellt werden können.[2564]

Investmentanteile (Anteile oder Aktien an Investmentvermögen), die bis zum Zeitpunkt der Aufstellung des Jahresabschlusses veräußert werden oder deren Veräußerung beabsichtigt ist, sind mit dem Rücknahmepreis abzüglich der Veräußerungskosten zu bewerten.[2565]

Bei Ausübung von **Bezugsrechten** im Rahmen von Kapitalerhöhungen sind die jungen Aktien mit dem Ausgabebetrag zuzüglich des von den alten Aktien abzusetzenden Bezugsrechts zu aktivieren (vgl. auch Kapitel 5.2.8.3.). Wegen der Ermittlung des Werts des Bezugsrechts wird auf die allgemeine Kommentarliteratur verwiesen. Wird das Bezugsrecht nicht ausgeübt, sondern verkauft, ist der Erlös nicht als Ertrag zu erfassen, sondern am Buchwert der Aktien zu kürzen.

Die Anschaffungskosten von **Gratisaktien** aus einer Kapitalerhöhung aus Gesellschaftsmitteln bestimmen sich nach § 220 AktG. Danach sind die Anschaffungskosten der vor der Erhöhung des Grundkapitals erworbenen Aktien im Verhältnis der Nennbeträge auf die alten und auf die Gratisaktien aufzuteilen. Dies führt im Ergebnis dazu, dass der Buchwert insgesamt gesehen nicht verändert wird. Die Gratisaktien sind nicht als Zugang auszuweisen. Eine Ausnahme kann dann gelten, wenn die Gratisaktien nur für einen bestimmten Kreis von Aktionären bestimmt sind (Treueaktien).[2566]

Genussrechte (Genussscheine) sind beim Inhaber im Zeitpunkt des Zugangs mit den Anschaffungskosten anzusetzen. Bei der Folgebewertung anhand der allgemeinen Bewertungsregeln sind auch künftige Verlustbeteiligungen und etwaige Nachrangabreden zu berücksichtigen.[2567]

Eine **Verlustbeteiligung** in der Form, dass sich der Rückzahlungsbetrag des Genussrechts vermindert, ist aufgrund des Vorsichtsprinzips schon zum Bilanzstichtag des Emittenten zu realisieren und nicht erst mit Feststellung der Bilanz des Emittenten, denn eine Verlustzuweisung macht im Gegensatz zu einer Gewinnbeteiligung keinen Gesellschafterbeschluss notwendig.[2568] Mithin kommt eine Berücksichtigung erst mit Bilanzfeststellung bzw. Gewinnverwendungsbeschluss des Genussrechtsemittenten nicht infrage. Zur Frage, ob

---

[2564] Ebenso DGRV (Hrsg.), Jahresabschluss, B.II. Rn. 397.

[2565] Vgl. DGRV (Hrsg.), Jahresabschluss, B.II. Rn. 398.

[2566] Vgl. DGRV (Hrsg.), Jahresabschluss, B.II. Rn. 405.

[2567] Vgl. IDW HFA 1/1994, WPg 1994, 422; Lühn, StuB 2006, 775.

[2568] Ebenso Lühn, StuB 2006, 775 mwN.

die Verlustbeteiligung (Verminderung des Rückzahlungsbetrags) als erfolgswirksamer Abgang (unverbrieftes Genussrecht) oder als Abwertung (verbrief-
tes Genussrecht) zu behandeln ist, vgl. Lühn.[2569]

Institute können für die im Aktivposten 6. ausgewiesenen Bestände, die der
Liquiditätsreserve zuzurechnen sind, **Vorsorgereserven** nach § 340f HGB bilden.

5.2.6.4. Anhangangaben

Im Anhang ist eine **Aufgliederung** der im Aktivposten „6. Aktien und andere
nicht festverzinsliche Wertpapiere" enthaltenen **börsenfähigen** Wertpapiere
nach börsennotierten und **nicht börsennotierten** Wertpapieren zu machen
(§ 35 Abs. 1 Nr. 1 RechKredV).

Kommanditanteile an einer InvKG gelten entgegen ihres zivilrechtlichen
Charakters nach Inkrafttreten des AIFM-UmsG und die darauf beruhende Änderung von § 7 RechKredV nun als Wertpapiere iSd. RechKredV und sind
damit in Aktiva 6. auszuweisen (vgl. unter Aktiva 6.).[2570] Mangels Börsenfähigkeit sind Kommanditanteile idR jedoch nicht in die Aufgliederung von Bilanzposten nach § 35 Abs. 1 Nr. 1 RechKredV einzubeziehen.

Ferner ist im Anhang der Betrag der **nicht mit dem Niederstwert bewerteten** börsenfähigen Wertpapiere anzugeben; es ist auch anzugeben, in welcher
Weise die so bewerteten Wertpapiere von den mit dem Niederstwert bewerteten börsenfähigen Wertpapieren abgegrenzt worden sind (§ 35 Abs. 1 Nr. 2
RechKredV).

Wertpapiere, die dazu bestimmt sind, dauernd dem Geschäftsbetrieb zu dienen, sind nach den für das **Anlagevermögen** geltenden Vorschriften zu bewerten (§ 340e Abs. 1 HGB). Die in § 284 Abs. 3 HGB verlangten Angaben sind
für die in § 340e Abs. 1 HGB genannten Vermögensgegenstände und damit
auch für die hier auszuweisenden Wertpapiere im Anhang zu machen (§ 34
Abs. 3 RechKredV).

Gemäß § 285 Nr. 21 HGB sind zumindest die wesentlichen **nicht zu marktüblichen Bedingungen** zustande gekommenen Geschäfte **mit nahestehenden Unternehmen** und Personen anzugeben (Mindestangabe).

[2569] Vgl. Lühn, StuB 2006, 775 f. mwN.
[2570] Vgl. Gaber, WPg 2015, 123.

Darüber hinaus sind die Angaben nach § 285 Nr. 18 HGB (über dem Buch- und Zeitwert ausgewiesene Finanzanlagen) und § 285 Nr. 26 HGB (Fonds) erforderlich.

Soweit Wertpapiere im Rahmen von **echten Pensionsgeschäften** übertragen wurden, hat der Pensionsgeber den Buchwert der in Pension gegebenen Wertpapiere im Anhang anzugeben (§ 340b Abs. 4 HGB).

Darüber hinaus sind Angaben nach § 284 Abs. 2 Nr. 1 und 2 HGB zu den angewandten **Bilanzierungs- und Bewertungsmethoden** erforderlich. **Abweichungen** hiervon müssen ebenfalls angegeben und begründet werden, ihr Einfluss auf die Vermögens-, Finanz- und Ertragslage ist gesondert darzustellen.

Die **Fremdwährungsbeträge** sind in die Angabe des Gesamtbetrags der Vermögensgegenstände, die auf fremde Währung lauten, jeweils in Euro, einzubeziehen (§ 35 Abs. 1 Nr. 6 RechKredV).

Nachrangige Vermögenswerte sind auf der Aktivseite bei den jeweiligen Posten gesondert auszuweisen; dies kann alternativ durch eine Anhangangabe in der Reihenfolge der betroffenen Posten erfolgen (§ 4 RechKredV).

Soweit Wertpapiere Gegenstand von **Termingeschäften** (einschließlich Optionsgeschäften) sind, sind Anhangangaben nach § 36 RechKredV erforderlich.

Daneben ist die **Aufgliederung des Gesamtbetrags** verschiedener Posten der Gewinn- und Verlustrechnung nach **geografischen Märkten** nach § 34 Abs. 2 Nr. 1 RechKredV vorzunehmen, soweit sich diese Märkte vom Standpunkt der Organisation des Instituts wesentlich unterscheiden.

5.2.6.5. Prüfung des Postens

Es sind die für Wertpapiere allgemein üblichen Prüfungshandlungen durchzuführen. Es ist darauf zu achten, dass sämtliche in diesem Posten ausgewiesenen Beträge die Voraussetzungen des § 17 RechKredV erfüllen. Diesbezüglich wird auch auf die vorstehenden Ausführungen verwiesen, deren Beachtung stets zu prüfen ist.

Der **Nachweis** erfolgt durch Inventurprotokolle bzw. durch Depotauszüge der Verwahrstellen zum Bilanzstichtag. Dabei ist darauf zu achten, dass Tresorbestände vollständig aufgenommen werden. Ggf. muss sich der Prüfer, falls

Anlass gegeben ist, vom Vorhandensein der Wertpapiere überzeugen. Es sind die Bestandnachweise auf Richtigkeit und Vollständigkeit zu prüfen.

Die ebenfalls zu prüfende **Bewertung** richtet sich nach den Wertpapierkategorien Anlagebestand und Liquiditätsreserve. Soweit Wertpapiere wie Anlagevermögen bewertet wurden, ist zudem festzustellen, ob die Voraussetzungen hierfür erfüllt sind.

Den **Bewertungseinheiten** ist im Rahmen der Prüfung besondere Aufmerksamkeit zu schenken. Dabei ist zunächst festzustellen, ob die Voraussetzungen für die Bewertungseinheit gegeben sind, sodann ist die Bewertung zu prüfen.

Bei in Fremdwährung ausgegebenen Titeln kann neben dem Währungsrisiko ein Länderrisiko bestehen. Bezüglich der Länderwertberichtigungen ist zu prüfen, ob sie in ausreichender Höhe gebildet wurden.

Bezüglich **Wertpapierleihegeschäften** und **Wertpapierpensionsgeschäften** ist festzustellen, ob diese bilanziell zutreffend abgebildet werden. In diesem Zusammenhang empfiehlt es sich, die Meldepflichten des WpHG zu prüfen.[2571]

Von der **Internen Revision** angefertigte Revisionsberichte sollten eingesehen werden, insbesondere hinsichtlich der Ordnungsmäßigkeit der Bestandsführung.

Der **Prüfungsbericht** muss die in der PrüfbV verlangten Angaben enthalten. Soweit Finanzderivate der Absicherung von Marktpreis- bzw. Kreditrisiken der Wertpapiere dienen, sollte hierauf hingewiesen werden.

5.2.7. Handelsbestand (Aktiva 6a.)

5.2.7.1. Postenbezeichnung

Die allgemeine Postenbezeichnung nach dem Formblatt 1 der RechKredV lautet:

6a. Handelsbestand

Der Aktivposten „6a. Handelsbestand" ist für alle Institute, die die RechKredV anwenden, einheitlich geregelt. Dieser Bilanzposten wurde mit dem BilMoG eingeführt.

[2571] Vgl. hierzu BaFin-Schreiben vom 22.1.2007, www.bafin.de; Widder/Kocher, AG 2007, 13; Schnabel/Korff, ZBB 2007, 179 ff.

Formblatt 1 der RechZahlV hat für **Zahlungsinstitute** und **E-Geld-Institute** keinen Posten „Handelsbestand".

5.2.7.2. Posteninhalt

5.2.7.2.1. Rechnungslegungsverordnung

Die RechKredV enthält keine Vorschriften zu den Vermögenswerten (Finanzinstrumenten), die im Aktivposten 6a. auszuweisen sind.

5.2.7.2.2. Voraussetzungen für den Postenausweis

Überblick

Durch das BilMoG wurde sowohl auf der Aktiv- als auch auf der Passivseite ein Posten „Handelsbestand" eingeführt. Dabei ist zwingend ein **Bruttoausweis** vorgeschrieben (§ 246 Abs. 2 Satz 1 HGB). Eine Saldierung ist grundsätzlich nicht erlaubt. Eine ausführliche Darstellung befindet sich in Kapitel 4.4.2.

Der Gesetzgeber hat ausdrücklich bestimmt, dass neben Finanzinstrumenten auch **Edelmetalle** (eigentlich sind dies Waren), die dem Handel zugerechnet werden, wie Finanzinstrumente des Handelsbestands zu bewerten und auszuweisen sind.

Welche Finanzinstrumente zum bilanziellen Handelsbestand gehören, definiert das HGB nicht. Die Abgrenzung zwischen Finanzinstrumenten bzw. Wertpapieren des Handelsbestands und den anderen Kategorien (Liquiditätsreserve und Anlagebestand) hängt in erster Linie von der Disposition des einzelnen Instituts ab, wobei institutsindividuelle Gegebenheiten zu berücksichtigen sind. Zu den Finanzinstrumenten des Handelsbestands können auch zB nicht börsenfähige Gesellschaftsanteile, GmbH-Anteile und Kommanditanteile gehören.[2572]

Vermögensgegenstände, die keine Finanzinstrumente und auch keine Edelmetalle sind (zB Immobilien, Treibhausgas-Emissionsrechte[2573]), sind nicht im Aktivposten 6a. auszuweisen, unabhängig davon, ob mit diesen Vermögensgegenständen eine kurzfristige Gewinnerzielungsabsicht verfolgt wird.

[2572] Vgl. Gaber, 2. Aufl., 473 f.

[2573] Zur Bilanzierung von Emissionsberechtigungen für Treibhausgase vgl. IDW RS HFA 15.

Die Definition der **Handelsabsicht** (kurzfristige Erzielung eines Handelserfolgs) findet sich in § 1a Abs. 1 KWG (2013). Für die **Zuordnung zum Handelsbestand** ist die (dokumentierte) **Zweckbestimmung** des Finanzinstruments im **Erwerbszeitpunkt** maßgeblich. Fehlt eine solche Zuordnung, kommt eine nachträgliche Einbeziehung (Umgliederung, Umwidmung) in den Handelsbestand nicht in Betracht (Verbot der Umwidmung nach § 340e Abs. 3 Satz 2 HGB).

Zum Handelsbestand zählen nach IDW RS BFA 3 n.F. Tz. 16 erster Punkt auch *„Zinsderivate, die in der Absicht abgeschlossen werden, bei Veränderung ihres Marktwerts im Zeitablauf durch close-out bzw. Glattstellung einen (Handels-) Gewinn zu erzielen"*. Damit werden insbesondere Zinsderivate aus sog. strategischen Beständen dem Handelsbestand zugewiesen. Eine Zuordnung dieser Bestände zum Bankbuch scheidet damit aus. Abgrenzungsprobleme zum Bankbuchbestand werden jedoch in der Praxis nach wie vor nicht zu vermeiden sein. Gleichwohl ist bezüglich der Zinsderivate auf eine saubere Bestandsabgrenzung zu achten. An dieser Stelle ist darauf hinzuweisen, dass zinsbezogene derivative Finanzinstrumente, *„... deren Zweckbestimmung zum Zeitpunkt des Geschäftsabschlusses nicht dokumentiert ist und/oder die nicht objektiv zur Steuerung des Zinsänderungsrisikos (Zinsspannenrisiko) geeignet sind, (...) einzeln zu bewerten (sind)"* (IDW RS BFA 3 n.F. Tz. 17). Dies gilt nicht nur für Derivate, deren Zweckbestimmung nicht dokumentiert ist, sondern auch für solche Derivate, bei denen die Dokumentation Zweifel an der gewollten Bestandszuordnung aufkommen lässt.

Ein Ermessensspielraum besteht im Wesentlichen darin, wie aktiv ein Institut sich im Eigenhandel betätigen will.[2574] Mit der Festlegung des Umfangs des Handelsbestands und des Anlagebestands ist faktisch auch der Umfang der Liquiditätsreserve als Restgröße bestimmt.

Die Grundsätze ordnungsmäßiger Bilanzierung fordern neben eindeutigen und dokumentierten **Kriterien für die Abgrenzung des Handelsbestands** von den anderen Beständen eine buchhalterische Trennung der Bestände. Dies ist ua. erforderlich, um eine eindeutige Identifizierung der Anschaffungskosten, der an den Bilanzstichtagen notwendigen Bewertungen, der Fortschreibung der Buchwerte und der maximal möglichen Reservenbildung gemäß § 340f Abs. 1 HGB (auf Wertpapiere der Liquiditätsreserve) für die verschiedenen Bestände an Finanzinstrumenten zu gewährleisten.

[2574] Vgl. Krumnow, ZfbF 1995, 894.

Zinsabgrenzung

Bestandteil des Handelsbestands sind auch die auf der Aktiv- und der Passivseite nach § 11 RechKredV **abzugrenzenden (anteiligen) Zinsen.**[2575] Nach dem eindeutigen Wortlaut des § 11 RechKredV ist die Zinsabgrenzung *"... demjenigen Posten der Aktiv- oder Passivseite der Bilanz zuzuordnen, dem sie zugehören ".*

Hier wird die Ansicht vertreten, dass für Zinsen und Dividenden nur der Ausweis im Handelsergebnis mit § 11 RechKredV und den Regelungen von IDW RS BFA 3 n.F. (verlustfreie Bewertung des Bankbuchs) vereinbar ist.[2576] Werden die Erträge (insbes. Zinsen und Dividenden) aus Handelsbeständen im Zins- bzw. Dividendenergebnis gezeigt, folgt hieraus, dass die Zinsinstrumente des Handelsbestands in die verlustfreie Bewertung des Bankbuchs (Zinsbuchs) einbezogen werden müssten, was nicht den GoB entsprechen würde.

Zurückerworbene eigene Emissionen

Zurückerworbene vom Institut emittierte Schuldverschreibungen, die auf der Passivseite im Posten „3a. Handelsbestand" ausgewiesen werden, sind – ob börsenfähig oder nicht – im Aktivposten „6a. Handelsbestand" zu erfassen. Dies gilt sowohl für strukturierte als auch für nicht strukturierte Schuldverschreibungen.

Der Ausweis zurückerworbener Schuldverschreibungen, die bei Emission im Passivposten „3. Verbriefte Verbindlichkeiten" ausgewiesen wurden, hat sich mit dem BilMoG nicht geändert. Börsenfähige Emissionen sind im Aktivposten 5. auszuweisen, nicht börsenfähige Schuldverschreibungen dagegen am Passivposten 3. zu kürzen (§ 16 Abs. 4 RechKredV).[2577] Nach Gaber ist es jedoch „... *sachgerecht, zurückerworbene eigene Schuldverschreibungen dem Handelsbestand zuzuordnen, wenn diese mit der Absicht der Kurspflege in der Verantwortung der Emissionsabteilung zurückerworben wurden. "* [2578]

Waren

Waren, die nach § 1a Abs. 1 Nr. 1 KWG (2013) zur Erzielung eines kurzfristigen Eigenhandelserfolgs dem bankaufsichtlichen Handelsbuch zugeordnet

---

[2575] Ebenso WPH Edition, Kreditinstitute, Kap. D. Rn. 650.
[2576] Ebenso WPH Edition, Kreditinstitute, Kap. D. Rn. 582.
[2577] Ebenso DGRV (Hrsg.), Jahresabschluss, B.II. Rn. 420.
[2578] Vgl. Gaber, 2. Aufl., 474.

wurden, kommen für eine Zuordnung zum bilanziellen Handelsbestand **nicht** in Betracht, da sie keine Finanzinstrumente iSd. § 340c und § 340e HGB sind.

Dokumentation der Handelsabsicht

Für die Zuordnung zum Handelsbestand ist – wie oben bereits erwähnt – die Zweckbestimmung im Erwerbszeitpunkt maßgeblich (§ 247 Abs. 2 HGB). Für die der Zeitwertbilanzierung unterliegenden Finanzinstrumente muss mithin bereits im **Zeitpunkt des Zugangs** eines Finanzinstruments die Handelsabsicht vorliegen. Dies ist bei Geschäftsabschluss zu dokumentieren. Fehlt es an der Handelsabsicht im Zugangszeitpunkt, kommt eine nachträgliche Einbeziehung in die Zeitwertbewertung wegen des Umwidmungsverbots nach § 340e Abs. 3 Satz 2 HGB nicht infrage.[2579]

Diese **Dokumentation** kann entweder durch eine entsprechende Kennzeichnung des Geschäfts auf dem Händlerticket oder durch eine eindeutige Zuordnung bspw. zu einem bestimmten Handelsportfolio erfolgen. Die Abgrenzung von Anlage- und Umlaufvermögen erfordert eine eindeutige buchhalterische Kennzeichnung der jeweils zugeordneten Finanzinstrumente (IDW RH HFA 1.014 nF Tz. 11).

Erworbene eigene Aktien des bilanzierenden Instituts

Erworbene eigene Aktien sind bilanziell nach § 272 Abs. 1a und Abs. 1b HGB abzubilden. Eine Aktivierung im Handelsbestand kommt auch dann nicht infrage, wenn dies im Einklang mit der internen Risikosteuerung ist. Die gesetzliche Vorschrift des § 272 HGB hat Vorrang. Zur ertragsteuerlichen Behandlung vgl. Johannemann/Herr[2580].

Handelsbestand an Aktien von Beteiligungsunternehmen

Aktien von Beteiligungsunternehmen und verbundenen Unternehmen, die zu Handelszwecken erworben worden sind, müssen im Aktivposten „6a. Handelsbestand" und nicht zusammen mit den als Beteiligung bzw. Anteile an verbundenen Unternehmen anzusehenden Aktien (§ 271 Abs. 1 HGB) im Aktivposten 7. bzw. 8. ausgewiesen werden. Maßgeblich ist, ob diese Aktien Handelszwecken dienen.

[2579] Vgl. BR-Drucks. 344/08, 114.
[2580] Vgl. Johannemann/Herr, BB 2015, 2158 ff.

Restrukturierung von Finanzinstrumenten

Die Zuordnung zum Handelsbestand ist von der Zweckbestimmung des Finanzinstruments im Erwerbszeitpunkt abhängig (IDW RS BFA 2 Tz. 12). Eine Änderung dieser Zuordnung kommt lediglich dann in Betracht, wenn durch eine Restrukturierung ein neues Finanzinstrument entsteht bzw. erworben wird (schuldrechtliche Novation) und dieses neue Finanzinstrument keinen Handelszweck hat. Zur Restrukturierung von Finanzinstrumenten vgl. Kapitel 4.3.6.

Financial Futures

Den Ausweisgrundsätzen der RechKredV folgend, sind gezahlte **Initial Margins** (Sicherheitsleistungen) nicht als „Handelsbestand", sondern als „Sonstige Vermögensgegenstände" auszuweisen. IDW RS BFA 5 begründet dies in Tz. 6 damit, dass Initial Margins *„mangels Absicht der kurzfristigen Erzielung eines Eigenhandelserfolgs keine Finanzinstrumente des Handelsbestands"* sind. Ist die Clearingstelle, an die die Initial Margin geleistet wurde, ein Kreditinstitut, erscheint auch ein Ausweis als Forderung an Kreditinstitute zulässig. Für die Bewertung gelten die Grundsätze des IDW RS BFA 5 Tz. 11.

Die Buchung von **Variation Margins** (tägliche Bewertung) bei Futures des Handelsbestands erfolgt auf dieselbe Art und Weise wie bei Futures des Nicht-Handelsbestands:

- Zunächst ist täglich die Forderung an bzw. Verbindlichkeit ggü. dem Kontrahenten (Clearing-Mitglied oder Börse) aus der täglichen Abrechnung zu erfassen und (da zumindest bei in Deutschland gehandelten Futures idR keine Realisation der Variation Margin möglich ist) im Abgrenzungskonto „Variation Margin-Konto (tägliche Abrechnung)" gegenzubuchen (**Buchung Nr. 1**; vgl. IDW RS BFA 5 Tz. 7 Satz 1, Tz. 12 Satz 1).[2581]
- Diese Forderung an bzw. diese Verbindlichkeit ggü. dem Kontrahenten (aus Buchung Nr. 1) ist zeitnah (täglich) durch (erfolgsneutral zu behandelnde) Zahlungen auszugleichen (**Buchung Nr. 2**; vgl. IDW RS BFA 5 Tz. 7 Satz 2, Tz. 12 Satz 2), sodass es nach diesem Zahlungsausgleich keine Forderung bzw. Verbindlichkeit mehr „aus dem Future" gibt. Die Begleichung dieser Forderung bzw. Verbindlichkeit ist durch den Zahlungsausgleich bereits erfolgt. Tatsächlich ist der Gewinn aus

---

[2581] Buchung Nr. 1 bei Gewinnsituation: *per Forderung Börse X Euro an Variation Margin-Konto (tgl. Abr.) X Euro.* Bei Verlustsituation entsprechend.

dem Futures-Kontrakt nach Zahlungsausgleich als Erhöhung und ein Verlust als Minderung der „Forderungen an Kreditinstitute" bzw. „Forderungen an Kunden" erfasst.[2582]

- Der auf dem Abgrenzungskonto „Variation Margin-Konto (tägliche Abrechnung)" verbleibende Saldo pro Kontrakt repräsentiert den „bilanzierten Future-Kontrakt".

  Dieser Betrag könnte – entgegen IDW RS BFA 5 Tz. 8 – zum einen weder mit einer „Forderung bzw. Verbindlichkeit aus dem Future" verrechnet werden, da hierfür weder § 246 Abs. 2 HGB noch § 10 Rech-KredV eine gesetzliche Grundlage bieten würde und Nettingvereinbarungen zudem idR nur für den Fall einer Insolvenz bilanziell relevant wären. Zum anderen gibt es an dieser Stelle keine solche Forderung bzw. Verbindlichkeit mehr (vgl. obige Buchung Nr. 2). Die Besonderheit bei dieser buchungstechnischen Abbildung ist, dass ein Kontrakt mit aufgelaufenem Gewinn mittels des „Variation Margin-Kontos (tägliche Abrechnung)" als „Sonstige Verbindlichkeit" erfasst, während ein aufgelaufener Verlust als „Sonstiger Vermögensgegenstand" gezeigt wird (vgl. IDW RS BFA 5 Tz. 15).

  Da es sich bei Variation Margins um nicht realisierte Verluste bzw. nichtrealisierte Gewinne handelt, ist ein anderer Ausweis nicht sachgerecht.

  Damit wird ein Future des Handels überhaupt nicht mehr im Posten „Handelsbestand" gezeigt.

- Zum jeweiligen Abschlussstichtag ist der Saldo des Abgrenzungskontos „Variation Margin-Konto (tägliche Abrechnung)" bei Instituten in den „Ertrag bzw. Aufwand des Handelsbestands" umzubuchen (**Buchung Nr. 3**), womit faktisch eine erfolgswirksame Bewertung des Futures zum beizulegenden Zeitwert (§ 340e Abs. 3 HGB) erfolgt ist (vgl. IDW RS BFA 5 Tz. 7).[2583]

  Insoweit kann in der Bilanz von Instituten – wie bereits erwähnt – kein Handelsbestand betreffend Futures ausgewiesen werden.

Die in IDW RS BFA 5 Tz. 8 Satz 1 dargestellte Aussage, wonach in der Bilanz *„die Forderung bzw. Verbindlichkeit aus dem Future und der gegenläufigen Forderung bzw. Verbindlichkeit aus der variation margin in gleicher Höhe sal-*

[2582] Buchung Nr. 2 bei Gewinnsituation: *per Geldkonto X Euro an Forderung Börse X Euro.* Nach dieser Buchung gibt es keine Forderung mehr „aus dem Future". Der auf dem Konto „Variation Margin-Konto (tgl. Abr.) stehende Betrag X Euro repräsentiert damit buchhalterisch den Future-Kontrakt.

[2583] Buchung Nr. 3 bei Gewinnsituation: *per Variation Margin-Konto (tgl. Abr.) X Euro an Ertrag des Handelsbestands".* Die Umbuchung des Variation Margin-Kontos (tgl. Abr.) in das Handelsergebnis ist das Ergebnis der Bewertung des Future-Kontrakts zum beizulegenden Zeitwert.

diert dargestellt" werden kann, erscheint vor dem Hintergrund der vorstehend dargestellten Buchungstechnik bzw. mangels gesetzlicher Grundlage obsolet zu sein bzw. ist nicht nachvollziehbar. Würde man den jeweiligen Bestand des Abgrenzungskontos „Variation Margin-Konto (tägliche Abrechnung)" mit dem Konto bzw. Bilanzposten verrechnen, in dem der Zahlungsausgleich gegengebucht worden ist (Forderung an Kreditinstitute bzw. Kunden), wäre dies ua. ein eindeutiger Verstoß gegen das Saldierungsverbot. Im Übrigen könnte dann, da es ja verrechnet wäre, das „Variation Margin-Konto (tägliche Abrechnung)" mangels Saldo nicht mehr in den „Ertrag bzw. Aufwand des Handelsbestands" umgebucht werden, was zur Folge hätte, dass der Future-Kontrakte faktisch nicht zum beizulegenden Zeitwert bewertet werden könnte. Insoweit sind die Ausführungen des BFA unklar.

Darüber hinaus ist auch IDW RS BFA 5 Tz. 8 Satz 2, wonach *„die entsprechende Forderung bzw. Verbindlichkeit für die Ermittlung des Risikoabschlags nach § 340e Abs. 3 Satz 1 unsaldiert (brutto) zu berücksichtigen"* ist, nicht verständlich bzw. scheint ebenfalls obsolet zu sein. Zum einen besteht – wie oben dargestellt – nach dem Zahlungsausgleich keine Forderung bzw. Verbindlichkeit *„aus dem Future"* mehr. Und zum anderen wird – wie oben ebenfalls dargestellt – in der Bilanz betreffend Futures **kein** Handelsbestand ausgewiesen, da das den Future repräsentierende „Variation Margin-Konto (tägliche Abrechnung)" zum Zweck der Bewertung zum beizulegenden Zeitwert in die GuV umgebucht wird.

Übergang von Kontrakten auf eine zentrale Gegenpartei (EMIR)

Etwaige Änderungen des beizulegenden Zeitwerts von OTC-Derivaten aufgrund des Wechsels eines Vertragspartners auf eine zentrale Gegenpartei (CCP) sind als Teil der gesamten Änderung des beizulegenden Zeitwerts nach den allgemeinen Regeln in der Bilanz und in der GuV zu erfassen.

Der BFA hat sich in seiner 247. Sitzung[2584] mit bilanziellen Zweifelsfragen im Zusammenhang mit der EMIR befasst. Fraglich sei, ob bzw. wie sich die Vereinbarung der täglichen Abrechnung und Zahlung einer Variation Margin in Form von **Barsicherheiten** auf die Bilanzierung von OTC-Derivaten auswirke. Bei einer vertraglichen Abrede (zB in Form von Clearingvereinbarungen), bei der täglich eine Variation Margin zu zahlen bzw. zu erhalten ist, die eine Absicherung des aktuellen Werts des OTC-Derivats darstellen soll, könnte es sachgerecht sein, bei Handelsbeständen die **Vermögenslage bilanziell auf Nettobasis aus OTC-Derivat(en) und Variation Margin** abzubilden.

[2584] Vgl. FN 2014, 102 f.

Bei wirtschaftlicher Betrachtung entspreche – so der BFA – die Variation Margin in Höhe der Nettoposition ggü. der zentralen Gegenpartei einer Abrechnung auf Tagesbasis. Eine Nettodarstellung erscheint nach Ansicht des BFA sachgerecht, da die tägliche Abrechnung bei wirtschaftlicher Betrachtung einer Erfüllung entspreche (sog. „Tagesscheibe"). Die Reichweite der Nettodarstellung hänge dabei von den tatsächlichen Abwicklungsmodalitäten ab.

Da die Bewertungsverfahren und -parameter des bilanzierenden Instituts zur Ermittlung des beizulegenden Zeitwerts von der Variation Margin-Ermittlung der zentralen Gegenpartei (CCP) abweichen können, wird es in der Praxis zu Verrechnungssalden kommen, die in der Bilanz verbleiben.[2585]

In die Berechnung des Risikoabschlags/-zuschlags nach § 340e Abs. 3 Satz 1 HGB geht der beizulegende Zeitwert der jeweiligen Derivate ein (dh. es ist eine Bruttobetrachtung anzustellen, vgl. IDW RS BFA 2 Tz. 48 ff.). Dies bedeutet, dass der Risikoabschlag/-zuschlag nach § 340e Abs. 3 Satz 1 HGB iRd. Bewertung weiterhin auf Basis der unsaldierten Buchwerte (brutto) zu berücksichtigen ist.[2586]

Die Erfassung der laufenden Aufwendungen und Erträge aus den Verträgen bleibt in der GuV von der bilanziellen Nettodarstellung unberührt; Erträge und Aufwendungen sind in der zutreffenden Position (ggf. brutto) darzustellen.

In der Praxis werden in der **Anhangangabe nach § 36 RechKredV** – obwohl dies § 36 RechKredV nicht ausdrücklich verlangt – die Nominalwerte der Derivate angegeben. Die Anhangangabe erfolgt brutto.[2587]

Vor dem Hintergrund, dass die Variation Margin faktisch eine Sicherheitsleistung für noch nicht realisierte Gewinne/Verluste darstellt, ist eine Verrechnung von Sicherheit und Bilanzbestand kritisch zu sehen. Zum Vergleich: Wenn der Kunde eines Instituts einen Kredit aufnimmt (Forderung) und diesen bar unterlegt (Verbindlichkeit), wird die Forderung auch nicht mit der Verbindlichkeit (Sicherheit) verrechnet. Auch nach Ansicht der AFRAC[2588] stellt eine Sicherheitsleistung (grundsätzlich) keine Erfüllungsleistung dar, sie ist vielmehr als Forderung oder Verbindlichkeit zu erfassen. Dies gilt nach Ansicht der AFRAC auch in den Fällen, in denen beim Vertragspartner angelegte flüssige Mittel für etwaige spätere Zahlungen für ein Derivat gewidmet („gesperrt") werden.

[2585] Vgl. Bär/Kalbow/Vesper, WPg 2014, 30.

[2586] Vgl. Bär/Kalbow/Vesper, WPg 2014, 30.

[2587] Vgl. Bär/Kalbow/Vesper, WPg 2014, 33.

[2588] Vgl. AFRAC-Stellungnahme 15, Rn. 15.

Eine andere Vorgehensweise gilt für OTC-Zinsswaps, für die die Eurex Clearing AG seit Ende 2017 das optionale sog. **Settled-to-Market** (STM) Vertragsmodell anbietet.[2589] Bei diesem Vertragsmodell werden die Variation Margin-Zahlungen aus rechtlicher Sicht als Settlement anstatt als Sicherheit behandelt. Dabei werden die ausstehenden Risikopositionen vollständig und final jeden Tag beglichen. Die Vertragsbedingungen werden sodann täglich zurückgesetzt, sodass der Marktwert dieser Verträge gleich Null ist.

Weitere Details zu mit zentralen Gegenparteien (CCP) zusammenhängenden Fragen vgl. Kapitel 4.12.1.

(Netto-)Darstellung bilateraler OTC-Derivateverträge im Handelsbestand

In der Berichterstattung über die 258. Sitzung[2590] hält der BFA auch bei bilateraler Vertragsabwicklung die in der Berichterstattung über die 247. Sitzung (vgl. oben, Abwicklung über eine CCP) entwickelten Grundsätze für anwendbar. Dies entspreche einer wirtschaftlichen Betrachtungsweise, wonach eine bestehende **Nettoposition** wirtschaftlich unter bestimmten Bedingungen durch die Sicherheitsleistung als *„fiktiv erfüllt angesehen werden kann"*,[2591] so dass es insgesamt zu einer Nettodarstellung der (bilateralen) OTC-Derivateverträge komme. Eine Nettodarstellung erfordere – so der BFA weiter – (kumulativ) die Einhaltung der folgenden Voraussetzungen:

- Vertragsabschluss mit dem gleichen Kontrahenten.
- Tägliche Ermittlung der Variation Margin.
- Variation Margin basiert auf den aktuellen Marktwerten des Derivateportfolios (die Variation Margin muss auf die Währung der durch sie besicherten Derivate lauten; im Falle unterschiedlicher Währungen sind die Derivate zur Ermittlung der zu leistenden Variation Margin mit dem aktuellen Devisenkassakurs in die jeweilige Vertragswährung umzurechnen).
- Variation Margin wird in Barmitteln geleistet.

[2589] Vgl. ua. Eurex Clearing Rundschreiben 102/17 vom 12.10.2017.

[2590] Vgl. FN 2015, 239 f.; hierzu Barz/Meyding-Metzger/Weigel, IRZ 2015, 285 ff.

[2591] Dies mag bei börsengehandelten Kontrakten möglich sein, da dort durch einseitige Erklärung (Glattstellungsvermerk) der Kontrakt geschlossen und damit realisiert werden kann. Bei außerbörslichen Kontrakten müssen für eine Vertragsbeendigung (Realisation) beide Kontraktpartner einer solchen zustimmen, so dass es schwer fällt, hier eine „fiktive" Erfüllung bzw. Realisation zu sehen. Wenn mit IDW RS BFA 5 Tz. 8 argumentiert wird, wäre zu beachten, dass diese Regelung eigentlich obsolet ist; vgl. hierzu die obigen Ausführungen im Kapitel *„Financial Futures"*.

Soweit die Sicherheitenleistung die vorgenannten Anforderungen erfüllt, sei das Kontrahentenausfallrisiko aus den betreffenden Derivaten insoweit neutralisiert. Die Bilanzierung einer Nettogröße, bestehend aus dem Saldo der positiven und negativen Marktwerte der Derivate und der geflossenen Barsicherheiten, erscheine – so der BFA – damit sachgerecht.

Vor dem Hintergrund, dass die Variation Margin eine Sicherheitsleistung darstellt, ist nach der hier vertretenen Ansicht eine Verrechnung von Sicherheit und Bilanzbestand – wie bereits an anderer Stelle ausgeführt – kritisch zu sehen. Nochmal: Wenn der Kunde eines Instituts einen Kredit aufnimmt (Forderung) und diesen bar unterlegt (Barleistung an das Institut und Ausweis einer Verbindlichkeit beim Institut), wird die Forderung auch nicht mit der Verbindlichkeit (Barsicherheit) verrechnet.

Die Behandlung von bilateralen OTC-Derivateverträgen – so der BFA weiter – ist iRd. Angaben zu den angewandten Bilanzierungs- und Bewertungsgrundsätzen nach § 284 Abs. 2 Nr. 1 HGB transparent darzustellen.

Eine andere Vorgehensweise gilt für OTC-Zinsswaps, für die die Eurex Clearing AG seit Ende 2017 das optionale sog. **Settled-to-Market** (STM) Vertragsmodell anbietet.[2592] Bei diesem Vertragsmodell werden die Variation Margin-Zahlungen aus rechtlicher Sicht als Settlement anstatt als Sicherheit behandelt. Dabei werden die ausstehenden Risikopositionen vollständig und final jeden Tag beglichen. Die Vertragsbedingungen werden sodann täglich zurückgesetzt, sodass der Marktwert dieser Verträge gleich Null ist.

Umwidmung aus dem und in den Handelsbestand

Eine Umwidmung (Umgliederung) vom Anlagebestand in den Handelsbestand ist ausgeschlossen (§ 340e Abs. 3 Satz 2 HGB). Eine Umwidmung vom Handelsbestand in den Anlagebestand kommt nur dann in Betracht, wenn außergewöhnliche Umstände, insbesondere schwerwiegende Beeinträchtigungen der Handelbarkeit der Finanzinstrumente zu einer Aufgabe der Handelsabsicht führen (§ 340e Abs. 3 Satz 3 HGB). Weitere Einzelheiten vgl. Kapitel 4.4.2.

Finanzinstrumente des Handelsbestands können nachträglich in eine Bewertungseinheit iSd. § 254 HGB einbezogen werden. Diese ursprünglich dem Handelsbestand zugeordneten und nachträglich in eine Bewertungseinheit

---

[2592] Vgl. ua. Eurex Clearing Rundschreiben 102/17 vom 12.10.2017 mit Hinweis auf die relevanten Eurex-Dokumente.

einbezogenen Finanzinstrumente sind bei Beendigung der Bewertungseinheit wieder in den Handelsbestand einzubeziehen (§ 340e Abs. 3 Satz 4 HGB).

Sonderposten gemäß § 340e Abs. 4 HGB

Neben dem Risikoabschlag bei der Bewertung zum beizulegenden Zeitwert nach § 340e Abs. 3 Satz 1 HGB verlangt das Gesetz in § 340e Abs. 4 HGB ein weiteres „Sicherheitspolster". Demzufolge ist *„in der Bilanz (...) dem Sonderposten ‚Fonds für allgemeine Bankrisiken' nach § 340g in jedem Geschäftsjahr ein Betrag, der mindestens zehn vom Hundert der Nettoerträge des Handelsbestands entspricht, zuzuführen und dort gesondert auszuweisen."* Die Zuführung zu dem Sonderposten ist der Höhe nach begrenzt. Sie hat so lange zu erfolgen, bis der Sonderposten eine Höhe von 50 % des Durchschnitts der letzten fünf vor dem Berechnungstag erzielten jährlichen Nettoerträge des Handelsbestands erreicht (§ 340e Abs. 4 Satz 2 Nr. 2 HGB).

Bei Instituten, die nicht den „Nettoertrag des Handelsbestands" in der Gewinn- und Verlustrechnung zeigen, ist der „Ertrag des Handelsbestands" mit dem „Aufwand des Handelsbestands" in einer Nebenrechnung zu saldieren und insoweit als sich ein „Nettoertrag" ergibt, die Zuführung hieraus zu ermitteln. Entsprechendes gilt für eine Auflösung bzw. Inanspruchnahme des Sonderpostens.

Der **gesonderte Ausweis** des Sonderpostens nach § 340e Abs. 4 HGB im „Fonds für allgemeine Bankrisiken" des § 340g HGB hat mittels des Davon-Vermerks „davon Zuführungen nach § 340e Abs. 4 HGB" zu erfolgen.[2593]

Ausweis der Erfolgsbestandteile in der Gewinn- und Verlustrechnung

§ 340c Abs. 1 Satz 1 HGB umschreibt den Inhalt des Handelsergebnisses bei **Kreditinstituten** wie folgt: *„Als Ertrag oder Aufwand des Handelsbestands ist der Unterschiedsbetrag aller Erträge und Aufwendungen aus Geschäften mit Finanzinstrumenten des Handelsbestands und dem Handel mit Edelmetallen sowie der zugehörigen Erträge aus Zuschreibungen und Aufwendungen aus Abschreibungen auszuweisen."* In der Gewinn- und Verlustrechnung in der Kontoform (Formblatt 2) wurde damit der frühere Posten „Nettoertrag aus Finanzgeschäften" in „**Nettoertrag des Handelsbestands**" und der frühere Posten „Nettoaufwand aus Finanzgeschäften" in „**Nettoaufwand des Handelsbestands**" umbenannt. Im Formblatt 3 (Staffelform) wurde der ehemalige

---

[2593] Vgl. BT-Drucks. 16/12407, 190.

Posten „Nettoertrag oder Nettoaufwand aus Finanzgeschäften" in „Nettoertrag oder Nettoaufwand des Handelsbestands" umbenannt. Insoweit handelt es sich um rein redaktionelle Änderungen ohne materielle Relevanz. Zum Inhalt dieses Postens wird auf Kapitel 4.4.2. verwiesen.

Finanzdienstleistungsinstitute und Wertpapierinstitute, sofern sie nicht Skontroführer iSd. § 27 Abs. 1 BörsG sind, haben nach Fußnote 7 der Formblätter 2 bzw. 3 anstatt eines Nettopostens die Posten „Ertrag des Handelsbestands" bzw. „Aufwand des Handelsbestands" in der Gewinn- und Verlustrechnung (Bruttoausweis) zu zeigen.

Institute, die **Skontroführer** iSd. § 27 Abs. 1 BörsG und nicht CRR-Kreditinstitute (vormals: Einlagenkreditinstitute) iSd. § 1 Abs. 3d Satz 1 KWG sind, haben anstatt eines Nettopostens die Posten „Ertrag des Handelsbestands" bzw. „Aufwand des Handelsbestands" in der Gewinn- und Verlustrechnung zu zeigen. Diese Institute müssen diese Posten zudem noch weiter untergliedern (Fußnote 7 in Formblatt 2 und 3).

5.2.7.3. Bewertung

Finanzinstrumente des Handelsbestands sind zum **beizulegenden Zeitwert** (§ 255 Abs. 4 HGB) abzüglich eines **Risikoabschlags** zu bewerten (§ 340e Abs. 3 Satz 1 HGB). Zur Ermittlung des beizulegenden Zeitwerts bzw. des Risikoabschlags wird auf Kapitel 4.4.2. verwiesen.

Der Risikoabschlag, der sich auf den Bestand bezieht, ist auch dann zu buchen, wenn bereits ohne diese Buchung ein Verlust aus dem Handelsbestand besteht. Es gibt keine Möglichkeit, den gesetzlich vorgeschriebenen Risikoabschlag in diesem Fall zu vermeiden. Auf dem Handelsbestand zugeordnete Kreditderivate ist ein dem VaR-Abschlag für das Marktpreisrisiko vergleichbarer Abschlag für das Kreditrisiko vorzunehmen.[2594]

Neben dem Risikoabschlag nach § 340e Abs. 3 Satz 1 HGB sind nach § 340e Abs. 4 HGB bestimmte Beträge des „Nettoertrags des Handelbestands" in einen Sonderposten einzustellen, der faktisch wie eine Ausschüttungssperre wirkt (Einzelheiten vgl. Kapitel 4.4.2.).

Devisen des Handelsbestands sind Finanzinstrumente und damit nach § 340e Abs. 3 HGB zu bewerten. Eine Bewertung nach § 340h iVm. § 256a HGB kommt für Devisen des Handelsbestands nicht in Betracht.

[2594] Vgl. DGRV (Hrsg.), Jahresabschluss, B.II. Rn. 422.

5.2.7.4. Anhangangaben

Im Anhang ist der Posten „Nettoertrag des Handelsbestands" nach **geografischen Märkten aufzugliedern**, soweit diese Märkte sich vom Standpunkt der Organisation des Instituts wesentlich voneinander unterscheiden (§ 34 Abs. 2 Nr. 1 Buchstabe d) RechKredV).

§ 35 Abs. 1 Nr. 1a RechKredV verpflichtet die Institute zur **Aufgliederung des Handelsbestands** (Aktivposten 6a.) in (1) derivative Finanzinstrumente, (2) Forderungen (Aktiva 3. und 4.), (3) Schuldverschreibungen und andere festverzinsliche Wertpapiere (Aktiva 5.), (4) Aktien und andere nicht festverzinsliche Wertpapiere (Aktiva 6.) sowie (5) sonstige Vermögensgegenstände (Aktiva 14.). Der Passivposten „3a. Handelsbestand" ist in entsprechender Weise in derivative Finanzinstrumente und Verbindlichkeiten aufzugliedern. Diese Aufgliederung richtet sich danach, welche Aktiva bzw. Passiva nach den Vorschriften der RechKredV in den jeweiligen Bilanzposten auszuweisen gewesen wären, wenn diese nicht dem Handelsbestand zuzurechnen gewesen wären.

Nach § 35 Abs. 1 Nr. 6a RechKredV ist bei Finanzinstrumenten des Handelsbestands die **Methode der Ermittlung des Risikoabschlags** nebst den wesentlichen Annahmen, insbesondere die Haltedauer, der Beobachtungszeitraum und das Konfidenzniveau sowie der absolute Betrag des Risikoabschlags anzugeben.

§ 35 Abs. 1 Nr. 6b RechKredV verlangt **Angaben im Falle einer Umwidmung** (Umgliederung). Diese sind: Gründe für die Umwidmung, Betrag der umgewidmeten Finanzinstrumente des Handelsbestands, Auswirkungen der Umwidmung auf den Jahresüberschuss/Jahresfehlbetrag und die außergewöhnlichen Umstände bei Aufgabe der Handelsabsicht.

§ 35 Abs. 1 Nr. 6c RechKredV schreibt vor, dass, wenn innerhalb des Geschäftsjahres die **institutsintern festgelegten Kriterien** für die Einbeziehung von Finanzinstrumenten in den Handelsbestand **geändert** worden sind, dieses anzugeben ist. Gleichzeitig ist anzugeben, welche Auswirkungen sich daraus auf den Jahresüberschuss/Jahresfehlbetrag ergeben haben.

Darüber hinaus sind die Anhangangaben des § 285 Nr. 20 a) HGB (beizulegender Zeitwert anhand von Bewertungsmethoden ermittelt) und § 285 Nr. 20 b) HGB (derivative Finanzinstrumente) relevant.

5.2.7.5. Prüfung des Postens

Die Prüfung richtet sich nach denselben Grundsätzen wie die Prüfung der Aktivposten 5. (vgl. Kapitel 5.2.5.5.) und 6. (vgl. Kapitel 5.2.6.5.).

Der **Prüfungsbericht** muss die erforderlichen Angaben enthalten.

5.2.8. Beteiligungen (Aktiva 7.)

5.2.8.1. Postenbezeichnung

Die allgemeine Postenbezeichnung nach dem Formblatt 1 der RechKredV lautet:

> 7. *Beteiligungen*
> *darunter:*
> *an Kreditinstituten ... Euro*
> *an Finanzdienstleistungsinstituten ... Euro*
> *an Wertpapierinstituten ... Euro*

Institute in genossenschaftlicher Rechtsform und **genossenschaftliche Zentralbanken** haben den Aktivposten „7. Beteiligungen" nach der Fußnote 4 zum Formblatt 1 zu untergliedern.

> 7. *Beteiligungen*
>   *a) Beteiligungen*
>   *darunter:*
>   *an Kreditinstituten ... Euro*
>   *an Finanzdienstleistungsinstituten ... Euro*
>   *an Wertpapierinstituten ... Euro*
>   *b) Geschäftsguthaben bei Genossenschaften*
>   *darunter:*
>   *bei Kreditgenossenschaften ... Euro*
>   *bei Finanzdienstleistungsinstituten ... Euro*
>   *bei Wertpapierinstituten ... Euro*

Mit der Zweiten Verordnung zur Änderung der RechKredV vom 11.12.1998 wurde zur allgemeinen Postenbezeichnung der Darunter-Vermerk: „an Finanzdienstleistungsinstituten" eingefügt. Gleiches gilt für den Bilanzvermerk bei Instituten in genossenschaftlicher Rechtsform sowie für genossenschaftliche Zentralbanken für beide Unterposten. Da nicht ausgeschlossen ist, dass auch Finanzdienstleistungsinstitute in Form einer eingetragenen Genossenschaft geführt werden, vollzieht diese Änderung die Einbeziehung der Finanzdienstleistungsinstitute in die Rechnungslegungsvorschriften der Kreditinstitute.

Mit Art. 7 Abs. 3 des „Gesetzes zur Umsetzung der Richtlinie (EU) 2019/2034 über die Beaufsichtigung von Wertpapierinstituten" vom 12.5.2021[2595] wurde die Postenbezeichnung ergänzt. Nach dem Wort „*Finanzdienstleistungsinstituten*" wurden die Wörter „*an Wertpapierinstituten … Euro*" eingefügt.

Bei **Zahlungsinstituten** und **E-Geld-Institute** ist der Postenausweis nach Formblatt 1 der RechZahlV wie folgt vorzunehmen:

> 7. *Beteiligungen*
>   *a) aus Zahlungsdiensten und aus der Ausgabe von E-Geld*
>   *darunter:*
>   *aa) an Kreditinstituten*
>   *bb) an Finanzdienstleistungsinstituten*
>   *cc) an Instituten im Sinne des § 1 Abs. 3 des Zahlungsdiensteaufsichtsgesetzes*
>   *b) aus sonstigen Tätigkeiten*
>   *darunter*
>   *aa) an Kreditinstituten*
>   *bb) an Finanzdienstleistungsinstituten*
>   *cc) an Zahlungsinstituten im Sinne des § 1 Abs. 3 des Zahlungsdiensteaufsichtsgesetzes*

5.2.8.2. Posteninhalt

5.2.8.2.1. Rechnungslegungsverordnung

Der Inhalt des Aktivpostens „7. Beteiligungen" enthält für **Kredit-, Finanzdienstleistungsinstitute** und **Wertpapierinstitute** in § 18 RechKredV lediglich bezüglich Instituten in der Rechtsform der eingetragenen Genossenschaft und genossenschaftlichen Zentralbanken eine Regelung. Danach haben diese Institute entgegen der allgemeinen Regelung in § 271 Abs. 1 Satz 5 HGB Geschäftsguthaben bei Genossenschaften als Beteiligungen auszuweisen (§ 18 Satz 1 RechKredV). In diesem Fall ist die Postenbezeichnung, wie in Fußnote 4 zu Formblatt 1 aufgeführt, anzupassen (§ 18 Satz 2 RechKredV).

[2595] Vgl. BGBl. I 2021, 990 ff., 1050.

Mit der Zweiten Verordnung zur Änderung der RechKredV vom 11.12.1998 wurde in § 18 RechKredV das Wort *„Kreditgenossenschaften"* durch *„Institute in der Rechtsform der eingetragenen Genossenschaft"* ersetzt.

Der Posteninhalt bei **Zahlungsinstituten** und **E-Geld-Instituten** nach § 14 RechZahlV deckt sich inhaltlich mit § 18 RechKredV, weshalb bezüglich weiterer Erläuterungen auf die Ausführungen für Kredit-, Finanzdienstleistungs- und Wertpapierinstitute verwiesen werden kann.

Mit der RechZahlÄndV vom 17.12.2018 wurde § 14 RechZahlV redaktionell an das geänderte ZAG angepasst.

5.2.8.2.2. Voraussetzungen für den Postenausweis

Begriff der Beteiligung

Der Begriff der Beteiligung ist in § 271 Abs. 1 HGB abschließend definiert: Beteiligungen sind **Anteile** an anderen **Unternehmen**, die bestimmt sind, dem **eigenen Geschäftsbetrieb** durch Herstellung einer dauernden Verbindung zu jenen Unternehmen **zu dienen**. Die Qualifizierung als Beteiligung ist für den Ausweis der laufenden Erträge sowie für den Ausweis der Zu- bzw. Abschreibungen in der **Gewinn- und Verlustrechnung** von Bedeutung.

Wegen der abweichenden bzw. ergänzenden Regelungen zum Postenausweis für den genossenschaftlichen Bereich in § 18 RechKredV vgl. Kapitel 5.2.8.2.1. Bezüglich der Begriffsabgrenzung „Beteiligung" gilt für diese Institute ebenfalls § 271 HGB.

Sämtliche Beteiligungen, die dem bilanzierenden Institut wirtschaftlich zuzurechnen sind, müssen bilanziert werden.[2596] Zum Zeitpunkt der Erlangung des wirtschaftlichen Eigentums beim Erwerb von GmbH-Anteilen vgl. Deubert/ Lewe.[2597] Der Zugangs- bzw. Abgangszeitpunkt ist der Zeitpunkt der Wertstellung bzw. Closing Date bei Anteilen, die nicht als Wertpapiere verbrieft sind.[2598]

Maßgebend ist, dass durch eine **dauernde Verbindung** zu einem anderen Unternehmen der eigene Geschäftsbetrieb gefördert wird. Dies heißt jedoch

---

[2596] Zu den einzelnen Zeitpunkten in Abhängigkeit von der Rechtsform und dem Anlass des Erwerbs vgl. Hachmeister/Glaser, in: HdJ, Abt. II/4 Rn. 51 ff.

[2597] Vgl. Deubert /Lewe, BB 2014, 1835 ff.

[2598] Vgl. Gaber, 2. Aufl., 476 auch zu Einzelheiten für einen Zugang zum Signing Date.

nicht, dass eine Beteiligung nur dann vorliegen kann, wenn beabsichtigt ist, auf die Geschäftsführung des anderen Unternehmens Einfluss zu nehmen; andererseits genügt es nicht, wenn nur eine angemessene Verzinsung der Einlage angestrebt wird. Bei der Beurteilung des Merkmals „Herstellung einer dauernden Verbindung" ist der Dauerhaftigkeit eine besondere Bedeutung beizumessen, die ihrerseits wesentlich von der subjektiven Zweckbestimmung des Anteilserwerbs abhängt. Diese darf aber nicht mit objektiven Anhaltspunkten in Widerspruch stehen.

Beteiligungsabsicht bedeutet, dass die Gesellschaft mit der Beteiligung mehr verfolgt, als die Absicht einer Kapitalanlage gegen angemessene Verzinsung, und dass diese Absicht auch tatsächlich realisiert wird. Für die Frage der Beurteilung der Beteiligungsabsicht wird auf die allgemeine Kommentarliteratur verwiesen.[2599]

Als Beteiligungen sind insbesondere Anteile an solchen Kapital- oder Personengesellschaften auszuweisen, die betriebliche Teilfunktionen wahrnehmen oder unterstützen (zB Gesellschaften, die einen Teil des betrieblich genutzten Grundvermögens besitzen, Vermittlungsgesellschaften in banknahen Geschäftsbereichen, IT-Gesellschaften usw.).

Es ist unerheblich, ob die Anteile in Wertpapieren verbrieft sind oder nicht (§ 271 Abs. 1 Satz 2 HGB). Bei den hier auszuweisenden Posten handelt es sich um **Mitgliedschaftsrechte**, die sowohl Vermögens- als auch Verwaltungsrechte umfassen. Unverbriefte Anteile (zB einer GmbH) können häufig als Indiz für eine Beteiligung angesehen werden, weil für sie wegen des fehlenden Markts eine kurzfristige Veräußerung kaum möglich und beabsichtigt sein kann.

Gläubigerrechte (schuldrechtliche Vereinbarungen), die betragsmäßig und üblicherweise auch terminlich festgelegte Zahlungsansprüche beinhalten, zählen nicht zu den Anteilen und somit auch nicht zu den Beteiligungen. Auch wenn bei Darlehensverhältnissen die Rückzahlungsverpflichtung – wie bspw. bei ewigen Renten – fehlt, handelt es sich nicht um Anteile iSd. § 271 Abs. 1 HGB.

Nach § 271 Abs. 1 Satz 3 HGB – sog. **Beteiligungsvermutung** – gilt: *„Eine Beteiligung wird vermutet, wenn die Anteile an einem Unternehmen insgesamt den fünften Teil des Nennkapitals dieses Unternehmens oder, falls ein Nennkapital nicht vorhanden ist, den fünften Teil der Summe aller Kapitalanteile an diesem Unternehmen überschreiten."* Mit dem BilRUG wurde diese

---

[2599] Vgl. Krumnow ua., 2. Aufl., § 340c HGB Rn. 173 ff.

20 %-Regel rechtsformunabhängig formuliert. Vor Inkrafttreten des BilRUG galt diese Regel nur für Beteiligungen an Kapitalgesellschaften. Die Änderung diente der Umsetzung von Art. 2 Nr. 2 der EU-Bilanzrichtlinie und der Übernahme der geänderten Definition einer Beteiligung. Mit der Änderung wird klargestellt, dass das Halten von mehr als 20 % der Anteile grundsätzlich eine widerlegbare Vermutung für das Vorliegen einer Beteiligung nach sich zieht; dabei sind die Zurechnungsbestimmungen des § 16 Abs. 2 und 4 AktG anzuwenden, dh. Anteile, die einem abhängigen Unternehmen gehören, sind dem herrschenden Unternehmen zuzurechnen (§ 271 Abs. 1 Satz 4 HGB).

Die **Beteiligungsvermutung** nach § 271 Abs. 1 Satz 3 HGB kann widerlegt werden, wenn trotz der Kapitalbeteiligung keine dauernde Verbindung der Unternehmen angestrebt wird. Einfache Erklärungen des Bilanzierenden sind hierfür nicht ausreichend, es bedarf vielmehr der Beibringung eindeutiger und objektiver Anhaltspunkte, die entweder an dem Fehlen des Merkmals der Daueranlage oder an der fehlenden besonderen Zweckbestimmung anknüpfen.[2600]

Es muss sich bei der Beteiligung ferner um **Anteile an einem anderen Unternehmen** handeln. Hierzu zählen auch Wirtschaftseinheiten, die iSd. funktionalen Unternehmungsbegriffs als selbstständige Träger unternehmerischer Planungs- und Entscheidungsgewalt anzusehen sind und in abgrenzbarer Weise eigenständige erwerbswirtschaftliche Ziele im Rahmen einer nach außen hin auftretenden Organisation verfolgen. Mithin gehören hierzu auch **Stiftungen, Körperschaften und Anstalten des öffentlichen Rechts** sowie **Gesellschaften des bürgerlichen Rechts**; sie dürfen allerdings nicht nur ideelle Ziele verfolgen.

Liegt eine Beteiligung vor, so ist stets zu prüfen, ob nicht auch der Tatbestand eines **verbundenen Unternehmens** iSd. § 271 Abs. 2 HGB gegeben ist. Ist dies der Fall, geht der Ausweis unter „8. Anteile an verbundenen Unternehmen" dem Ausweis im Posten Aktiva 7. vor. Die im Aktivposten „8. Anteile an verbundenen Unternehmen" ausgewiesenen Anteile stellen eine Teilmenge der gesamten Beteiligungen dar. Diese Teilmenge zeichnet sich gegenüber den übrigen Beteiligungen durch eine engere Definition aus.

Zum Ausweis des **Handelsbestands** an Aktien von Beteiligungsunternehmen wird auf die Darstellung zum Aktivposten „6a. Handelsbestand" verwiesen. Der Handelsbestand wird nicht im Aktivposten 7., sondern im Aktivposten „6a. Handelsbestand" ausgewiesen.

[2600] Vgl. Russ/Janßen/Götze (Hrsg.), Abschn. F Rn. 23.

Anteile, die kurzfristig veräußerbar sind, werden für Zwecke der Bewertung der **Liquiditätsreserve** zugeordnet, weil diese die Beteiligungsdefinition (Dauerhalteabsicht) nicht erfüllen.[2601]

Stille Beteiligungen

Die hM unterscheidet bei **stillen Gesellschaften** nach **typischer** und **atypischer** stiller Beteiligung. Typische stille Beteiligungen gehören danach nicht zu den Beteiligungen, weil die Einlage in das Eigentum des Kaufmanns übergeht, es sich also um ein Gläubigerrecht handelt. Ist dagegen bei einer atypischen stillen Beteiligung die Kapitaleinlage aufgrund der Gewährung von Kontroll- und Mitspracherechten einem Gesellschaftsrecht vergleichbar oder stark angenähert (steuerliche Mitunternehmerschaft), handelt es sich um einen Anteil.

Verträge über stille Beteiligungen an einer **Aktiengesellschaft** sind **Teilgewinnabführungsverträge** iSd. § 292 Abs. 1 Nr. 2 AktG[2602] Die Verträge über stille Einlagen sind damit im **Handelsregister** einzutragen. Zu den Besonderheiten betreffend die Eintragung eines Teilgewinnabführungsvertrags bei einer **GmbH** vgl. OLG München, Beschluss vom 17.3.2011.[2603] Zur Eintragungsfähigkeit von Teilgewinnabführungsverträgen bei einer **GmbH** ins Handelsregister vgl. den rechtskräftigen Beschluss des KG vom 29.10.2013.[2604] Zum Abschluss von Teilgewinnabführungsverträgen vgl. Priester.[2605]

Anteile an Personenhandelsgesellschaften

Bei deutschen und strukturell vergleichbaren ausländischen **Personenhandelsgesellschaften**, die dazu bestimmt sind, dauernd dem Geschäftsbetrieb zu dienen, liegt für die Gesellschafter stets eine Beteiligung an der Gesellschaft vor; auf die Höhe der Beteiligungsquote kommt es dabei nicht an.[2606]

Daran dürfte auch die Neufassung (mit dem BilRUG) von § 271 Abs. 1 Satz 3 HGB nichts ändern. Eine Ausnahme kann bspw. bei Kommanditanteilen an

---

[2601] GlA Krumnow ua., 2. Aufl., § 340c HGB Rn. 182.

[2602] Vgl. zB LG Darmstadt, Urteil vom 24.8.2004, AG 2005, 488 ff.; BGH-Urteil vom 8.5.2006, Der Konzern 2006, 625 f.; Hoffmann, FB 2005, 373 ff.; ADS 6. Aufl. § 277 HGB Rn. 58 mwN.

[2603] Vgl. Der Konzern 2011, 176 f.

[2604] Vgl. KG, Beschluss vom 29.10.2013 (rkr.), DStR 2014, 1183 ff.

[2605] Vgl. Priester, NZG 2020, 1 ff.

[2606] Vgl. WPH Edition, Kreditinstitute, Kap. D. Rn. 657; Dietel, DStR 2003, 2140 ff.

einer Publikums-KG[2607] bestehen (die an sich nicht als Beteiligung zu qualifizieren sind), für die die (widerlegbare) Beteiligungsvermutung Bedeutung erlangen kann, wenn das Institut mit mehr als 20 % an der Summe der Kapitalanteile der Gesellschaft beteiligt ist.[2608]

Handelsrechtlich stellt die Beteiligung an einer Personengesellschaft einen einheitlichen und selbstständigen Vermögensgegenstand dar. Sofern die Voraussetzungen des § 247 Abs. 2 HGB erfüllt sind, sind die Anteile an Personengesellschaften als Finanzanlagen entweder als Beteiligungen oder – bei Vorliegen der Voraussetzungen des § 271 Abs. 2 HGB – als Anteile an verbundenen Unternehmen auszuweisen.[2609]

Zur bilanziellen Behandlung des Erwerbs von Anteilen an Personengesellschaften, wenn der Kaufpreis den Buchwert des Kapitalkontos unterschreitet, vgl. Kraft/Hohage.[2610]

Verlustanteile aus der Beteiligung an der Personengesellschaft sind beim Gesellschafter grundsätzlich bilanziell nicht zu erfassen, es sei denn, dass durch die Verluste der beizulegende Wert der Beteiligung unter die Anschaffungskosten gefallen ist (außerplanmäßige Abschreibung).[2611] Einzelheiten zur Bilanzierung von Anteilen an Personenhandelsgesellschaften und zur Vereinnahmung von Beteiligungserträgen im handelsrechtlichen Jahresabschluss regelt IDW RS HFA 18 n.F.[2612]

Besonderheiten für Genossenschaftsanteile

Genossenschaftsanteile gelten außerhalb des genossenschaftlichen Sektors nicht als Beteiligung (§ 271 Abs. 1 Satz 5 HGB). Die Genossenschaftsanteile sind grundsätzlich im Aktivposten „14. Sonstige Vermögensgegenstände" auszuweisen.

Entgegen dieser Bestimmung sind bei Instituten in der Rechtsform der **Genossenschaft** und bei **genossenschaftlichen Zentralbanken** auch Geschäftsguthaben bei Genossenschaften in einem Unterposten zum Posten „7. Betei-

---

[2607] Zum Begriff „Publikumspersonenhandelsgesellschaft" vgl. Russ/Janßen/Götze (Hrsg.), Abschn. F Rn. 27 mwN.

[2608] Vgl. Russ/Janßen/Götze (Hrsg.), Abschn. F Rn. 27 mwN.

[2609] Vgl. Zimmermann/Dorn/Wrede, NWB 38/2021, 2817 ff.

[2610] Vgl. Kraft/Hohage, DB 2022, 1218 ff.

[2611] Ausführlich vgl. Dietel, DStR 2003, 2140.

[2612] Vgl. Zwirner/Künkele, StuB 2012, 691 ff.; zur Gewinnverteilung vgl. Eggert, BBK 4/2017, 172 ff.

ligungen" auszuweisen (§ 18 Satz 1 RechKredV). Die Postenuntergliederung ist dann entsprechend der Fußnote 4 zu Formblatt 1 anzupassen (vgl. Kapitel 5.2.8.1.).

Gesellschaften des bürgerlichen Rechts (GbR)

Eine GbR kann als Unternehmen eingestuft werden, sofern die GbR eine wirtschaftliche Zweckbestimmung besitzt und nicht lediglich ideelle Zwecke verfolgt. Als Objekt einer Beteiligung kommt eine GbR nur in Betracht, wenn ein Gesamthandvermögen besteht, da andernfalls eine kapitalmäßige Beteiligung nicht denkbar ist, und die GbR im wirtschaftlichen Verkehr in Erscheinung tritt.[2613]

Beteiligungen mit konsortialer Bindung (Gemeinschaftsgeschäfte)

Auf Beteiligungen mit konsortialer Bindung sind grundsätzlich die für **Gemeinschaftsgeschäfte** geltenden Grundsätze entsprechend anzuwenden (§ 5 Satz 4 RechKredV). Für den Bilanzausweis gemeinschaftlich erworbener Beteiligungen ergeben sich im Rahmen des § 5 RechKredV keine Besonderheiten.

§ 5 RechKredV schreibt vor, die gemeinschaftlich erworbene Beteiligung in dem Bilanzposten, der sich nach dem Gesetz ergibt, nur in Höhe des quotalen Anteils des einzelnen Instituts zu bilanzieren. Daher ist es nach Krumnow ua.[2614] faktisch unerheblich, ob konsortiale Bindungen bestehen.

Treuhänderisch gehaltene Beteiligungen

Die Motive für das treuhänderische Halten von Beteiligungen sind vielfältig. Sie reichen von Entlastungsinteressen über die Bündelung von Gesellschaftermacht und die Überwindung von Beteiligungshindernissen bis hin zur sachgerechten Gestaltung einer Gesellschafternachfolge oder zur Kreditsicherung.[2615]

[2613] Vgl. DGRV (Hrsg.), Jahresabschluss, B.II. Rn. 469a mwN.
[2614] Vgl. Krumnow ua., 2. Aufl., § 5 RechKredV Rn. 13.
[2615] Vgl. Armbrüster, GmbHR 2001, 942 ff.

Nach § 6 Abs. 1 RechKredV sind Vermögensgegenstände, also auch Beteiligungen, die ein Institut im eigenen Namen, aber für fremde Rechnung hält, in die Bilanz des Instituts aufzunehmen. Die Gesamtbeträge sind in der Bilanz im Posten „9. Treuhandvermögen" auszuweisen und im Anhang nach den Aktiv- und Passivposten des Formblatts aufzugliedern.

Verwaltet eine Gesellschaft treuhänderisch Gesellschaftsanteile, führt dies bilanzrechtlich **nicht** zu einer Beteiligung iSd. § 271 Abs. 1 HGB.[2616] Hier fehlt die Beteiligungsabsicht. Mithin sind treuhänderisch gehaltene Gesellschaftsanteile zwar im Aktivposten „9. Treuhandvermögen" auszuweisen, bei der Darstellung im Anhang jedoch nicht als „Beteiligung" zu zeigen.

Vermögensauskehrungen an den Gesellschafter einer GmbH[2617]

Vermögensauskehrungen an einen Gesellschafter, die durch Auflösung einer Kapitalrücklage der GmbH finanziert werden, sind beim empfangenden Gesellschafter grundsätzlich als Minderung der Anschaffungskosten seiner Beteiligung und nur ausnahmsweise als Beteiligungsertrag zu erfassen. Gleiches gilt für Vermögensauskehrungen an einen Gesellschafter, die aus von zum Erwerbszeitpunkt bei der GmbH bestehenden Kapital- (und Gewinn-) Rücklagen finanziert werden, soweit der Gesellschafter im Kaufpreis der Anteile die zum Erwerbszeitpunkt bestehenden Rücklagen abgegolten hat. Zu weiteren Fragen vgl. Oser.[2618]

Beteiligungserträge

Bezüglich des Ausweises der Erträge im GuV-Posten „3. Laufende Erträge" vgl. Kapitel 6.2.3.2.2. Entscheidend ist der Ausweis als „Aktien und andere nicht festverzinsliche Wertpapiere", „Beteiligung" bzw. „Anteil an verbundenen Unternehmen" in der Bilanz. Der Ausweis in den drei Unterposten des GuV-Postens 3. hängt damit vom Ausweis der entsprechenden Vermögensgegenstände in der Bilanz ab.

Soweit Anteile an anderen Unternehmen nicht in einem dieser drei Aktivposten erfasst wurden, scheidet ein Ausweis im GuV-Posten 3. aus.

[2616] Vgl. Roß, 187; zur treuhänderisch gehaltenen GmbH-Beteiligung vgl. Armbrüster, GmbHR 2001, 941 ff.

[2617] Ausführlich vgl. Oser, WPg 2014, 555 ff.

[2618] Vgl. Oser, WPg 2014, 555 ff.

Zur Vereinnahmung von Erträgen aus Beteiligungen an Personengesellschaften vgl. Zwirner/Künkele[2619], Pilhofer/Lessel[2620] und Eggert[2621]. Zu Erträgen aus Kapitalgesellschaften vgl. Eggert[2622]. Zur phasengleichen Vereinnahmung von Beteiligungserträgen auch beim Minderheitsgesellschafter vgl. Oser[2623] sowie Roß[2624]. Zur disquotalen (inkongruenten) Gewinnausschüttung vgl. Kamchen/Kling[2625].

5.2.8.2.3. Darunter-Vermerke

Zum Aktivposten 7. sind drei Darunter-Vermerke vorgesehen: „an Kreditinstituten", „an Finanzdienstleistungsinstituten" sowie „an Wertpapierinstituten". Institute in der Rechtsform der Genossenschaft sowie genossenschaftliche Zentralbanken müssen bei beiden Unterposten zum Aktivposten 7. diese Darunter-Vermerke anbringen.

Kreditinstitute sind Unternehmen, die Bankgeschäfte iSd. § 1 Abs. 1 KWG gewerbsmäßig oder in einem Umfang betreiben, der einen in kaufmännischer Weise eingerichteten Geschäftsbetrieb erfordert (§ 1 Abs. 1 Satz 1 KWG).

Finanzdienstleistungsinstitute sind Unternehmen, die Finanzdienstleistungen iSd. § 1 Abs. 1a KWG für andere gewerbsmäßig oder in einem Umfang erbringen, der einen in kaufmännischer Weise eingerichteten Geschäftsbetrieb erfordert, und die keine Kreditinstitute sind (§ 1 Abs. 1a Satz 1 KWG). Bestimmte **Leasing-** und **Factoringunternehmen** sind seit Inkrafttreten des Jahressteuergesetzes 2009 (Dezember 2008) ebenfalls Finanzdienstleistungsinstitute. Beteiligungsholdings fallen dagegen nicht unter diesen Darunter-Vermerk, da es sich bei diesen Unternehmen um Finanzunternehmen iSd. § 1 Abs. 3 KWG handelt.

Wertpapierinstitute sind Unternehmen, die Wertpapierdienstleistungen erbringen (§ 2 Abs. 1 WpIG). Die Wertpapierdienstleistungen sind in § 2 Abs. 2 WpIG, die Wertpapiernebendienstleistungen sind in § 2 Abs. 3 WpIG aufgezählt.

[2619] Vgl. Zwirner/Künkele, BC 2012, 418 ff.
[2620] Vgl. Pilhofer/Lessel, StuB 2013, 11 ff.
[2621] Vgl. Eggert, BBK 5/2022, 209 ff.
[2622] Vgl. Eggert, BBK 4/2022, 166 ff.
[2623] Vgl. Oser, StuB 2015, 754 f.
[2624] Vgl. Roß, WPg 2022, 23 ff.
[2625] Vgl. Kamchen/Kling, NWB 12/2015, 819 ff.

5.2.8.3. Bewertung

Beteiligungen sind nach den für das Anlagevermögen geltenden Vorschriften zu bewerten, es sei denn, dass sie nicht dazu bestimmt sind, dauernd dem Geschäftsbetrieb zu dienen (§ 340e Abs. 1 Satz 1 HGB).[2626]

Beteiligungen sind mit den **Anschaffungskosten** einschließlich Nebenkosten zu aktivieren.[2627] Einzelheiten zur Bestimmung der Anschaffungskosten bei verdeckter Einlage, Kaufpreisanpassungsklauseln, Tausch usw. vgl. Gaber.[2628] Einzelheiten zum Zu- bzw. Abgangszeitpunkt vgl. ebenfalls Gaber.[2629]

Werden mit einem Anteil weitere Einzahlungsverpflichtungen übernommen, weil der Anteil noch nicht voll einbezahlt ist, zählen die Einzahlungsverpflichtungen (IDW RS HFA 18 Tz. 8) zu den Anschaffungskosten.[2630] Zu den Anschaffungskosten zählen auch Beträge zur Abfindung eines Gesellschafters oder von Minderheitsaktionären (evtl. überhöhte Anschaffungskosten). Ein bei Erwerb gezahlter überhöhter Anschaffungspreis ist grds. für die Zugangsbewertung relevant; eine evtl. Abwertung erfolgt iRd. Folgebewertung zum nächsten Abschlussstichtag. Liegt der Grund für einen überhöhten Anschaffungspreis in besonderen Gründen (zB verdeckte Ausschüttung an Gesellschafter, Vermögensverlagerungen zwischen Konzernunternehmen), liegen insoweit keine Anschaffungskosten vor.[2631]

Zur Kaufpreisallokation beim Erwerb von Mitunternehmeranteilen unter Buchwert des Kapitalkontos vgl. Kraft/Hohage.[2632]

Zu den Anschaffungskosten bei Bargründung und Kapitalerhöhung vgl. Hachmeister/Glaser.[2633] Zur Problematik der nachträglichen Anschaffungskosten iSd. § 255 HGB bei eigenkapitalersetzenden Darlehen eines Aktionärs vgl. BFH-Urteil vom 6.12.2016.[2634]

Beim Erwerb von Anteilen per Termin entsprechen die Anschaffungskosten dem bei Abschluss des **Termingeschäfts** vereinbarten Terminkurs. Bei der Ausübung von Kaufoptionen zählt der Buchwert der **Option** zu den Anschaf-

---

[2626] Zu einem Überblick vgl. Buck, DB 2021, 1021 ff.

[2627] Vgl. auch Bünning/Lorberg, BB 2017, 2859 ff.

[2628] Vgl. Gaber, 2. Aufl., 289 ff.

[2629] Vgl. Gaber, 2. Aufl., 476.

[2630] Vgl. Hachmeister/Glaser, in: HdJ, Abt. II/4 Rn. 37 mwN und Rn. 107.

[2631] Vgl. Hachmeister/Glaser, in: HdJ, Abt. II/4 Rn. 37b.

[2632] Vgl. Kraft/Hohage, DB 2022, 1218 ff.

[2633] Vgl. Hachmeister/Glaser, in: HdJ, Abt. II/4 Rn. 94 ff. mwN.

[2634] Vgl. BFH-Urteil vom 6.12.2016, AG 2017, 320 ff.

fungskosten. Verfällt eine Kaufoption, weil diese aus dem Geld ist, und werden die Anteile ohne Ausübung der Option erworben, zählt der Buchwert der Option nicht zu den Anschaffungskosten; die Option wird ausgebucht. Handelt es sich bei der Option um ein Vorkaufsrecht, ist der Buchwert Bestandteil der Anschaffungskosten.

Werden zusätzlich zur Beteiligung weitere Anteile desselben Unternehmens in der Absicht erworben, sie nur vorübergehend zu halten, gehören diese zusätzlichen Anteile zum Umlaufvermögen (Liquiditätsreserve) bzw. zum Handelsbestand und sind demzufolge im Aktivposten 6. bzw. im Aktivposten 6a. ausgewiesen. Dieser Umstand sowie die Abgrenzung zu Beteiligungen ist zu dokumentieren.

Zur Abgrenzung von Betriebsausgaben und Anschaffungsnebenkosten bei Due Diligence-Kosten beim Beteiligungserwerb wird auf die einschlägige Literatur verwiesen.[2635] Zur Berücksichtigung von Anschaffungsnebenkosten beim Erwerb von Beteiligungen an Kapitalgesellschaften vgl. Kahle/Hiller[2636]. Zur handelsrechtlichen Bilanzierung von (Großmutter-) Zuschüssen beim Zuschussempfänger und Zuschussleistenden vgl. bei Roß/Zilch[2637].

Zur Berücksichtigung von **Länderrisiken** bei der Bewertung von Beteiligungen wird auf die aktuelle Literatur verwiesen[2638]. Zur Bilanzierung von sog. Earnout-Klauseln vgl. Feldgen[2639] und Theile[2640]. Zur Bilanzierung nachträglicher Änderungen von Gewinnen aus einem Unternehmensverkauf vgl. Abele.[2641]

Auslandsbeteiligungen (in Fremdwährung) sind ein zulässiges Grundgeschäft zwecks Absicherung des **Währungsrisikos** mittels einer Bewertungseinheit gemäß § 254 HGB.[2642] Eine Fristenkongruenz kann ggf. durch (revolvierende) Anschlusssicherungsgeschäfte (zB Verbindlichkeit oder Devisentermingeschäft) hergestellt werden. Zu weiteren Einzelheiten (mit Beispielen; Prolongation des Sicherungsinstruments, vorzeitige Beendigung der

---

[2635] Vgl. Peter/Graser, DStR 2009, 2032 ff.; Pilhofer/Lessel, StuB 2013, 11 ff.; Farwick, BC 2016, 165 ff.; Prinz/Ludwig, DB 2018, 213 ff.; Kraft/Hohage, Der Konzern 2018, 59 ff.
[2636] Vgl. umfassende Untersuchung Kahle/Hiller, ifst-Schrift Nr. 495 (2014), Kahle/Hiller, DB 2014, 500 ff.
[2637] Vgl. Roß/Zilch, BB 2014, 1579 ff.
[2638] Vgl. Zwirner/Kähler, DB 2014, 2721 ff.; Knoll, DB 2015, 937 ff. (Erwiderung zu Zwirner/Kähler); Zwirner/Kähler, DB 2015, 1674 ff.; Ihlau/Duscha/Köllen, BB 2015, 1323 ff.
[2639] Vgl. Feldgen, NWB 26/2015, 1922 ff.
[2640] Vgl. Theile, BBK 5/2017, 248 ff.
[2641] Vgl. Abele, BB 2019, 2859 ff.
[2642] Vgl. Hennrichs, WPg 2010, 1185; Meinhardt, DB 2004, 2649 ff.

Bewertungseinheit usw.) vgl. Hennrichs[2643], Kämpfer/Fey[2644] sowie die Ausführungen in Kapitel 4.12.5.5.2. Bei der Beurteilung der Wirksamkeit ist zwischen der währungsbedingten Änderung (abgesichertes Risiko) und evtl. weiteren (nicht gesicherten) Wertrisiken (zB Aktienkursrisiko der Beteiligung, Risiko der Ertragswertminderung) zu unterscheiden.

Aus einem Beteiligungserwerb resultierende **Verbindlichkeiten in Fremdwährung** sind nach § 256a HGB (vgl. Kapitel 4.8.), und, wenn eine Bewertungseinheit bspw. mit einer Forderung in Fremdwährung oder der Beteiligung hergestellt werden kann, nach § 254 HGB (vgl. Kapitel 4.11.) im Jahresabschluss abzubilden. Zur Bilanzierung von Fremdwährungsverbindlichkeiten und der Frage der Bildung von Bewertungseinheiten auf Basis von künftigen Ausschüttungen in Fremdwährung vgl. Zwirner/Busch[2645], die eine Bewertungseinheit mit noch nicht realisierten Forderungen aus (künftigen) Beteiligungserträgen mangels zivilrechtlichem Bestehen der entsprechenden Forderung ablehnen.

Eine **Überprüfung der Werthaltigkeit** ist dann geboten, wenn ein externer[2646] oder interner[2647] Anhaltspunkt für eine mögliche (dauerhafte) Wertminderung vorliegt. Zur Folgebewertung von Beteiligungen vgl. auch AFRAC-Stellungnahme 24.

Soweit der **beizulegende Wert** von Beteiligungen gesunken ist, ist zunächst festzustellen, ob es sich um eine voraussichtlich dauernde Wertminderung handelt oder nicht.[2648] Bei voraussichtlich dauernden Wertminderungen besteht eine Abschreibungspflicht, bei nur vorübergehender Wertminderung be-

---

[2643] Vgl. Hennrichs, WPg 2010, 1185.

[2644] Vgl. Kämpfer/Fey, in: Wagner/Schildbach/Schneider (Hrsg.), FS Streim, 187 ff.

[2645] Vgl. Zwirner/Busch, DB 2012, 2641 ff.

[2646] Externe Informationen sind zB ein während der Periode deutlich gesunkener Marktwert von Aktien desselben Emittenten, signifikante Veränderungen mit nachteiligen Folgen für das Beteiligungsunternehmen in seinem technischen, marktbezogenen, ökonomischen oder gesetzlichen Umfeld, Informationen über eine im Vergleich zu den Erwartungen verschlechterte Ertragskraft des Beteiligungsunternehmens, Informationen über Wertverluste von wesentlichen Vermögensgegenständen des Beteiligungsunternehmens, eine anteilige Marktkapitalisierung oder ein anteiliges, buchmäßiges Eigenkapital, die unterhalb des Beteiligungsbuchwerts liegen, geplante Restrukturierungen oder Berichte über einen Rekapitalisierungsbedarf.

[2647] Interne Informationen sind zB signifikante, nachteilige Veränderungen in Bezug auf die Nutzung der Beteiligung (zB Wegfall von Synergieeffekten, Ausscheiden aus gemeinsamen Syndikats- bzw. Kooperationsverträgen) oder geplante Änderungen in der Nutzung der Beteiligungen mit möglicherweise nachteiligen Folgen (zB eine geplante Veräußerung oder Stilllegung).

[2648] Vgl. auch Pilhofer/Lessel, StuB 2013, 11 ff.

steht ein Abschreibungswahlrecht (§ 253 Abs. 3 Satz 5 und 6 iVm. § 340e Abs. 1 Satz 3 HGB). Eine Abschreibung ist idR erforderlich, wenn Verluste des Beteiligungsunternehmens nicht durch dessen offene Reserven gedeckt sind und voraussichtlich auch nicht durch künftige Gewinne ausgeglichen werden können (sog. notleidende Beteiligung).[2649] Entsprechendes gilt im Falle von nachhaltigen Kurseinbußen bei Beteiligungswertpapieren.

Für die Frage der Ermittlung des beizulegenden Werts hält die Theorie der Unternehmensbewertung die am Zukunftserfolg des Bewertungsobjekts orientierten Verfahren bereit. Der einer Beteiligung am Abschlussstichtag beizulegende Wert ist idR aus dem Ertragswert unter Berücksichtigung von IDW S 1[2650] abzuleiten. Dies gilt dann nicht, wenn die Beteiligung unter **Veräußerungsgesichtspunkten** zu bewerten ist, weil eine Veräußerung beabsichtigt oder aus anderen Gründen anzunehmen ist. In diesem Fall ist der Beteiligung der (niedrigere) Wert beizulegen, den ein potenzieller Erwerber zu zahlen bereit wäre. Die Stellungnahme zur Rechnungslegung IDW RS HFA 10[2651] nimmt zu bestimmten Problemen der Beteiligungsbewertung Stellung, klammert jedoch auch einige aus. Ist ein nach anerkannten Grundsätzen der Unternehmensbewertung ermittelter **Ertragswert** einer Beteiligung niedriger als deren Buchwert, so ist die Beteiligung – da diese Wertminderung ex definitione dauerhaft ist – grundsätzlich auf den (niedrigeren) Ertragswert abzuschreiben.

Ist der Börsen- oder Marktpreis einer Beteiligung zwar niedriger als deren Buchwert, aber höher als der Ertragswert, so kann die Abschreibung der Beteiligung dann auf den Börsen- oder Marktpreis beschränkt werden, wenn das bilanzierende Unternehmen die im Ertragswert nicht berücksichtigten Vorteile/Chancen/Synergien plausibel darlegen und nachweisen kann. Dabei sind strenge Anforderungen an die Nachweise zu stellen.

Sofern für Unternehmensanteile Börsenkurse oder Marktpreise zur Verfügung stehen, sind diese bei **Veräußerungsabsicht** usw. nicht unmittelbar zur Bewertung heranzuziehen. Nur falls ein konkretes, verbindliches Angebot vorliegt, ist der angebotene Kaufpreis anstelle des objektivierten Unternehmenswerts der Bewertung zugrunde zu legen (IDW RS HFA 10 Tz. 13). Der Grund hierfür besteht darin, dass der Börsenkurs zwar für einen relativ geringfügigen Anteilsbesitz den erzielbaren Preis reflektiert, nicht jedoch für größere Unternehmensbeteiligungen. Vorliegende Börsenkurse sind jedoch bei der Bewer-

---

[2649] Vgl. DGRV (Hrsg.), Jahresabschluss, B.II. Rn. 475.

[2650] IDW, F & A zu IDW S 1 idF 2008, FN 2014, 293 ff.; vgl. Lorson/Pfirmann/Tesche, KoR 2014, 324 ff.; Hoffmann/Wenzel, BBK 2014, 371 ff.; König/Möller, BB 2014, 983 ff.

[2651] Vgl. auch Franken/Schulte, BB 2003, 2675 ff.; Esser/Hackenberger, StuB 2004, 627 ff.; Zwirner, DB 2013, 825 ff.

tung einer Beteiligung zur Plausibilitätsbeurteilung relevant. Sich auf die Börsenpreisbildung möglicherweise auswirkende Einflüsse sind zu analysieren.

Kapitalerhöhungen aus Gesellschaftsmitteln führen nicht zu einer Änderung des Wertansatzes in der Bilanz; in diesem Fall ändert sich nur der Nennbetrag der Beteiligung. Zu den bilanziellen Folgen bei Erwerb einer Beteiligung gegen Zuzahlung des Veräußerers wird auf das Schrifttum[2652] verwiesen.

Hat das Beteiligungsunternehmen **Bezugsrechte** ausgegeben, die vom bilanzierenden Institut verkauft werden, führt dies zu einer entsprechenden Minderung des Beteiligungsansatzes. Ähnlich wie Kapitalrückzahlungen ieS führen auch Erlöse aus dem **Verkauf** von Bezugsrechten bei Beteiligungen an Aktiengesellschaften zu einer Minderung des bisherigen Beteiligungsansatzes. Das Bezugsrecht auf junge Aktien ist nach hM nicht Ertrag der alten Aktien, sondern stellt einen Teil des in den alten Aktien verkörperten Stammrechts dar. Für die Berechnung der Wertminderung (Buchwert des Bezugsrechts) hat sich zwischenzeitlich die sog. **Gesamtwertmethode** als sachgerecht durchgesetzt. Anhand dieser Methode wird die Wertminderung der vorhandenen Aktien als Teil des Bezugsrechtserlöses nach dem Verhältnis des Buchwerts zum Kurswert der alten Aktien ermittelt:

$$\textit{Buchwert des Bezugsrechts (BR)} = \frac{\textit{Kurswert BR * Buchwert Altaktie}}{\textit{Kurswert Altaktie}}$$

Bei **Bezug junger Aktien** ist der Vorgang erfolgsneutral. Im Anlagegitter ist der Buchwert des Bezugsrechts weder Zugang noch Abgang. Die Übertragung des Buchwerts des Bezugsrechts wirkt sich nur auf die Wertansätze der einzelnen Anteile aus. Bei **Veräußerung des Bezugsrechts** ergibt sich ggf. ein Buchgewinn (Veräußerungserlös ./. Buchwert des BR).

Beteiligungen an **Personenhandelsgesellschaften** sind ebenfalls mit ihren Anschaffungskosten bzw. den geleisteten Einlagen (Einzahlungen) einschließlich Nebenkosten einzubuchen. Die Beteiligung ist mit dem geleisteten Betrag zuzüglich eingeforderter Beträge zu aktivieren. Eine Resteinzahlungsverpflichtung ist zu passivieren. Gewinnanteile sind bei Personenhandelsgesellschaften im Regelfall insoweit realisiert. Aufgrund von vertraglichen Vereinbarungen bzw. den jeweiligen gesetzlichen Bestimmungen kann der Gewinnanteil auch

---

[2652] Vgl. BFH-Urteil vom 26.4.2006, BB 2007, 87 f.; Ernsting, GmbHR 2007, 135 ff.; Roser/Haupt, GmbHR 2007, 78 ff.; Schiffers, WPg 2006, 1279 ff.; Schulze-Osterloh, BB 2006, 1955 ff.

unter den Beteiligungen zu erfassen sein. Vertraglich auszugleichende Verluste sind zu passivieren.

Fällige Einzahlungsverpflichtungen erhöhen den Beteiligungsansatz. Sie sind gleichzeitig als „Sonstige Verbindlichkeit" zu erfassen. Noch **nicht fällige Einzahlungsverpflichtungen** sowie die mit Beteiligungen zusammenhängenden Haftungs- und Nachschussverpflichtungen sind im Anhang anzugeben, sofern sie für die Beurteilung der Finanzlage von Bedeutung sind. Ist mit einer Inanspruchnahme aus einer Nachschussverpflichtung zu rechnen, ist eine Rückstellung zu buchen.

Geschäftsguthaben bei Genossenschaften sind mit den eingezahlten Beträgen sowie, solange die Anteile noch nicht voll einbezahlt sind, einschließlich der anzurechnenden Gutschriften (bspw. aus Dividenden, genossenschaftlichen Rückvergütungen) anzusetzen. Eine Abwertung kommt bei Geschäftsguthaben im Regelfall nicht in Betracht.

5.2.8.4. Anhangangaben

Für Beteiligungen sind die in § 284 Abs. 3 HGB verlangten Angaben im Anhang zu machen (§ 34 Abs. 3 RechKredV). Bezüglich weiterer Einzelheiten zum **Anlagenspiegel**, insbesondere zur Möglichkeit, die Zuschreibungen, Abschreibungen und Wertberichtigungen auf Beteiligungen, Anteile an verbundenen Unternehmen sowie auf andere Wertpapiere, die wie Anlagevermögen behandelt werden, mit denen anderer Posten zusammenzufassen, wird auf die Ausführungen zum Anhang verwiesen.

Die Anhangangabe des § 285 Nr. 11 HGB wurde mit dem BilRUG geändert. Anzugeben sind **Name und Sitz anderer Unternehmen**, die **Höhe des Anteils am Kapital**, das **Eigenkapital** und das **Ergebnis** des letzten Geschäftsjahrs dieser Unternehmen, für das ein Jahresabschluss vorliegt, soweit es sich um Beteiligungen im Sinne des § 271 Abs. 1 HGB handelt oder ein solcher Anteil von einer Person für Rechnung der Kapitalgesellschaft gehalten wird (§ 285 Nr. 11 HGB). Die Neufassung beruht auf Art. 17 Abs. 1 Buchstabe g) 1. Unterabsatz der EU-Bilanzrichtlinie. Die EU-Bilanzrichtlinie sieht vor, dass Name und Sitz aller Unternehmen anzugeben sind, an denen das berichtende Unternehmen eine Beteiligung hält, wobei die bisherige Begrenzung auf Beteiligungen ab einem vom Mitgliedstaat festzulegenden, maximal 20 % betragenden Prozentsatz weggefallen ist.

Aus Art. 2 Nr. 2 der EU-Bilanzrichtlinie ergibt sich nur noch eine Vermutung für die Annahme einer Beteiligung, wenn das berichtende Unternehmen mit einem Mindestprozentsatz beteiligt ist. Möglich ist aber auch, dass eine Beteiligung schon unterhalb dieser Schwelle anzunehmen ist, wenn weitere Umstände hinzutreten. Künftig sind daher auch solche Beteiligungsverhältnisse einschließlich der Angabe des Anteils am Kapital, zur Höhe des Eigenkapitals und des Ergebnisses des letzten Geschäftsjahrs des betreffenden Unternehmens anzugeben. Die Sonderregelung für börsennotierte Unternehmen wurde aus § 285 Nr. 11 HGB ausgegliedert und in eine neue § 285 Nr. 11b HGB verschoben.

Daneben ist nach § 285 Nr. 11a HGB der Name, Sitz und die Rechtsform der Unternehmen anzugeben, deren unbeschränkt haftender Gesellschafter das Institut ist.

Nach dem mit dem BilRUG eingefügten § 285 Nr. 11b HGB sind von börsennotierten Kapitalgesellschaften alle Beteiligungen an großen Kapitelgesellschaften anzugeben, die 5 % der Stimmrechte überschreiten. Diese Angabe für börsennotierte Kapitalgesellschaften tritt neben die für alle Institute geltende Vorgabe des § 285 Nr. 11 HGB. Bereits § 340a Abs. 4 Nr. 2 HGB verlangte vor Inkrafttreten des BilRUG eine solche Angabe, jedoch unabhängig davon, ob das Institut börsennotiert ist oder nicht.

Gemäß § 285 Nr. 21 HGB sind zumindest die wesentlichen nicht zu marktüblichen Bedingungen zustande gekommenen Geschäfte mit nahestehenden Unternehmen und Personen anzugeben (Mindestangabe).

§ 340a Abs. 4 HGB verlangt darüber hinaus folgende Anhangangaben:

- alle **Mandate in gesetzlich zu bildenden Aufsichtsgremien** von großen Kapitalgesellschaften (§ 267 Abs. 3 HGB), die von gesetzlichen Vertretern oder anderen Mitarbeitern wahrgenommen werden,
- alle **Beteiligungen an großen Kapitalgesellschaften**, die 5 % der Stimmrechte überschreiten.

Die im Posten „Beteiligungen" enthaltenen **börsenfähigen Wertpapiere** sind im Anhang nach börsennotierten und nicht börsennotierten Wertpapieren aufzugliedern (§ 35 Abs. 1 Nr. 1 RechKredV).

Der Gesamtbetrag der Vermögensgegenstände, die auf **Fremdwährung** lauten, ist im Anhang in Euro anzugeben (§ 35 Abs. 1 Nr. 6 RechKredV).

Darüber hinaus kommen Angaben nach § 284 Abs. 2 Nr. 1 und 2 HGB zu den angewandten **Bilanzierungs- und Bewertungsmethoden** infrage. **Abwei-**

911

chungen hiervon müssen ebenfalls angegeben und begründet werden; ihr Einfluss auf die Vermögens-, Finanz- und Ertragslage ist gesondert darzustellen.

Darüber hinaus können noch die Angaben nach § 285 Nr. 3a HGB und § 285 Nr. 18 HGB relevant sein.

5.2.8.5. Prüfung des Postens

Es sind die für Beteiligungen üblichen Prüfungshandlungen durchzuführen. Der **Nachweis** erfolgt durch vertragliche Unterlagen, Depotauszüge, Handelsregisterauszüge, Bestätigungen der Beteiligungsgesellschaften ua. Die Bestandsnachweise sind auf Vollständigkeit und Richtigkeit zu prüfen. Diese sind auch mit der der Vollständigkeitserklärung ggf. anzuhängenden Liste abzugleichen. Bei Durchsicht dieser Unterlagen ist darauf zu achten, ob Optionsgeschäfte oder sonstige Nebenabreden vereinbart sind.

Für die Prüfung des Nachweises (auch Zu- bzw. Abgangszeitpunkt) und der Bewertung müssen die Satzungen/ Gesellschaftsverträge sowie die Jahresabschlüsse und Lageberichte der Beteiligungsunternehmen eingesehen werden. Bei Beteiligungen von wesentlicher Bedeutung sollten darüber hinaus die Prüfungsberichte vorliegen, die kritisch durchzusehen sind. Es empfiehlt sich ferner, von den Beteiligungsunternehmen eine Bestätigung zum Abschlussstichtag über die Höhe der Beteiligung sowie über evtl. Einzahlungs-, Haftungs- und Nachschusspflichten einzuholen.

Im Zusammenhang mit den Bestandnachweisen ist auch darauf zu achten, ob noch **nicht voll eingezahlte Anteile** an Kapital- oder Personenhandelsgesellschaften bestehen.

Soweit **Unternehmensverträge** iSd. §§ 291 und 292 AktG (Beherrschungsverträge, Ergebnisabführungsverträge, Gewinngemeinschaften, Teilgewinnabführungsverträge, Betriebsverpachtungs- oder -überlassungsverträge) bestehen, ist festzustellen, ob diese wirksam abgeschlossen wurden.

Bei Unternehmen, die von dem geprüften Institut abhängig sind, ist Einsicht in den **Abhängigkeitsbericht** zu nehmen. Hierbei ist festzustellen, ob ggf. Rückstellungen wegen Nachteilsausgleich (§ 311 AktG) zu bilden sind.

Bezüglich der im Geschäftsjahr **neu erworbenen Anteile** ist festzustellen, ob diese aus der Umwandlung von (eingefrorenen) Krediten resultieren bzw. ob die Angemessenheit des Kaufpreises geprüft wurde.

Wenn **Bestimmungen des Gesellschaftsvertrags** bzw. der Satzung des bilanzierenden Instituts bei Erwerb oder Veräußerung von Beteiligungen zu beachten sind, ist die Einhaltung dieser Bestimmungen zu prüfen. Dies gilt auch für mittelbar erworbene Beteiligungen.

Bei wesentlichen Beteiligungen ist auch in die **Prüfungsberichte** Einsicht zu nehmen. Aufgrund dieser Unterlagen muss die Werthaltigkeit des Beteiligungsansatzes beurteilt werden. Hierbei kann ggf. auch auf Ergebnisse der Kreditprüfung zurückgegriffen werden. Die Buchung der **Beteiligungserträge** ist zu prüfen.

Bezüglich Beteiligungen in **Fremdwährung** ist besonders darauf zu achten, ob sich aufgrund von Wechselkursänderungen nachhaltige Wertminderungen ergeben haben.

Es ist darüber hinaus zu prüfen, ob das Institut die nach dem AktG, dem KWG und dem WpHG erforderlichen **Meldungen** ihrer Beteiligungen an andere Unternehmen über die Beteiligungshöhe (Erhöhung, Verminderung) gemacht hat.

Die **personellen Verflechtungen** zwischen dem geprüften Institut und den Beteiligungsunternehmen sind im Hinblick auf erforderliche Anzeigen zu prüfen. Von der **Internen Revision** angefertigte Revisionsberichte sollten eingesehen werden. Hieraus lassen sich ggf. Erkenntnisse für die Prüfung des Jahresabschlusses gewinnen.

Hinsichtlich der **Darunter-Vermerke** ist darauf zu achten, dass die Voraussetzungen erfüllt sind.

Der **Prüfungsbericht** muss die erforderlichen Angaben enthalten.

5.2.9. Anteile an verbundenen Unternehmen (Aktiva 8.)

5.2.9.1. Postenbezeichnung

Die Postenbezeichnung nach dem Formblatt 1 der RechKredV lautet:

> 8. *Anteile an verbundenen Unternehmen*
> *darunter*
> *an Kreditinstituten ... Euro*
> *an Finanzdienstleistungsinstituten ... Euro*
> *an Wertpapierinstituten ... Euro*

Mit der Zweiten Verordnung zur Änderung der RechKredV vom 11.12.1998 wurde die Postenbezeichnung um einen weiteren Darunter-Vermerk *„an Finanzdienstleistungsinstituten"* ergänzt.

Mit Art. 7 Abs. 3 des „Gesetzes zur Umsetzung der Richtlinie (EU) 2019/2034 über die Beaufsichtigung von Wertpapierinstituten" vom 12.5.2021[2653] wurde die Postenbezeichnung geändert. Nach dem Wort *„Finanzdienstleistungsinstituten"* wurden die Wörter *„an Wertpapierinstituten … Euro"* eingefügt.

Die Postenbezeichnung für **Zahlungsinstitute** und **E-Geld-Institute** lautet nach Formblatt 1 der RechZahlV wie folgt:

> 9. *Anteile an verbundenen Unternehmen*
> > a) *aus Zahlungsdiensten und aus der Ausgabe von E-Geld*
> > > *darunter:*
> > > aa) *an Kreditinstituten*
> > > bb) *an Finanzdienstleistungsinstituten*
> > > cc) *an Zahlungsinstituten im Sinne des § 1 Abs. 3 des Zahlungsdiensteaufsichtsgesetzes*
> > b) *aus sonstigen Tätigkeiten*
> > > *darunter:*
> > > aa) *an Kreditinstituten*
> > > bb) *an Finanzdienstleistungsinstituten*
> > > cc) *an Zahlungsinstituten im Sinne des § 1 Abs. 3 des Zahlungsdiensteaufsichtsgesetzes*

5.2.9.2. Posteninhalt

5.2.9.2.1. Rechnungslegungsverordnung

Die RechKredV enthält für den Posteninhalt des Aktivpostens 8. keine Regelungen. Mithin sind für den Postenausweis die allgemein geltenden Regelungen des HGB maßgeblich.

[2653] Vgl. BGBl. I 2021, 990 ff., 1050.

5.2.9.2.2. Voraussetzungen für den Postenausweis

Begriff der verbundenen Unternehmen

Verbundene Unternehmen sind solche Unternehmen, die als Mutter- oder Tochterunternehmen (§ 290 HGB) in den Konzernabschluss eines Mutterunternehmens nach den Vorschriften über die **Vollkonsolidierung** einzubeziehen sind, das als oberstes Mutterunternehmen den am weitesten gehenden Konzernabschluss aufzustellen hat, auch wenn die Aufstellung unterbleibt, oder das einen befreienden Konzernabschluss nach den §§ 291 oder 292 HGB aufstellt oder aufstellen könnte (§ 271 Abs. 2 HGB). Tochterunternehmen, die nach § 296 HGB nicht einbezogen werden, sind ebenfalls verbundene Unternehmen (§ 271 Abs. 2 HGB).

Die Anteile können, müssen aber nicht, in Wertpapieren verkörpert sein. Es kommen in Betracht: Aktien, GmbH-Anteile, Einlagen persönlich haftender Gesellschafter und Kommanditeinlagen, Beteiligungen als stiller Gesellschafter oder Genossenschaftsanteile.

Die von einem Kreditinstitut gehaltenen Anteile am eigenen Mutterunternehmen sind ebenfalls als Anteile an verbundenen Unternehmen auszuweisen.

Gemeinschaftsunternehmen (§ 310 HGB) und **assoziierte Unternehmen** (§ 311 HGB) gelten nicht als Tochterunternehmen und gehören daher nicht zu den verbundenen Unternehmen, weil sie nicht iSe. Vollkonsolidierung in den Konzernabschluss einbezogen werden.

Für die Feststellung des Tatbestandsmerkmals „verbundenes Unternehmen" ist entscheidend, dass zwischen Mutterunternehmen und Tochterunternehmen eine Beziehung besteht, die nach § 290 HGB grundsätzlich zur Vollkonsolidierung verpflichtet. Eine Konsolidierung muss aber nicht zwingend stattfinden.

Zweckgesellschaften als verbundene Unternehmen

Durch die Neufassung von § 290 HGB iRd. BilMoG wurde eine Konsolidierungspflicht für Zweckgesellschaften iSv. § 290 Abs. 2 Nr. 4 HGB eingeführt. Zweckgesellschaften können neben **Unternehmen** auch **sonstige juristische Personen des Privatrechts** oder **unselbstständige Sondervermögen des Privatrechts** sein, **ausgenommen** Spezial-Sondervermögen iSd. § 2 Abs. 3 InvG oder vergleichbare ausländische Investmentvermögen oder als Sondervermögen aufgelegte offene inländische Spezial-AIF mit festen Anlagebedingungen iSd. § 284 KAGB oder vergleichbare EU-Investmentvermögen oder ausländische Investmentvermögen, die den als Sondervermögen aufgelegten offenen inländischen Spezial-AIF mit festen Anlagebedingungen iSd. § 284 KAGB vergleichbar sind.[2654]

In seiner 222. Sitzung diskutierte der HFA,[2655] ob auch Zweckgesellschaften, die keine Unternehmen sind, unter die „verbundenen Unternehmen" nach § 271 Abs. 2 HGB fallen. Folgt man streng dem Wortlaut von § 271 Abs. 2 und § 290 Abs. 2 Nr. 4 Satz 2 HGB wäre ein gesonderter Ausweis von Posten, die verbundene Unternehmen betreffen, im Falle von Zweckgesellschaften nach § 290 Abs. 2 Nr. 4 Satz 2 HGB nicht erforderlich.

Nach Ansicht des HFA hat der Gesetzgeber indes erkennen lassen, dass er solche Wirtschaftseinheiten den Unternehmen gleichstellt. Vor diesem Hintergrund sowie nach Sinn und Zweck der Ausweisvorschriften fallen alle konsolidierungspflichtigen Einheiten (dh. auch Zweckgesellschaften, die keine Unternehmen sind) unter den Begriff „verbundene Unternehmen".[2656]

Bildung einer Rücklage nach § 272 Abs. 4 HGB

Nach § 272 Abs. 4 HGB ist für Anteile an einem herrschenden oder mit Mehrheit beteiligten Unternehmen eine Rücklage zu bilden. In die Rücklage ist ein Betrag einzustellen, der dem auf der Aktivseite der Bilanz für die Anteile an dem herrschenden oder mit Mehrheit beteiligten Unternehmen angesetzten Betrag entspricht.

Die Rücklage, die bereits bei der Aufstellung der Bilanz zu bilden ist, darf aus vorhandenen frei verfügbaren Rücklagen gebildet werden. Die Rücklage ist aufzulösen, soweit die Anteile an dem herrschenden oder mit Mehrheit beteiligten Unternehmen veräußert, ausgegeben oder eingezogen werden oder auf der Aktivseite ein niedrigerer Betrag angesetzt wird.

5.2.9.2.3. Darunter-Vermerke

Entsprechend dem Ausweis im Aktivposten „7. Beteiligungen" sind im Aktivposten „8. Anteile an verbundenen Unternehmen" ebenfalls drei Darunter-Vermerke vorgesehen. Wegen Einzelheiten vgl. Kapitel 5.2.8.2.3.

[2654] Mit dem AIFM-Umsetzungsgesetz vom 4.7.2013, BGBl. 2013, 1981 ff., hier: 2149, wurde § 290 Abs. 2 Nr. 4 Satz 2 HGB geändert,

[2655] Vgl. IDW HFA Berichterstattung über Sitzungen, 222. Sitzung des HFA, FN 2011, 122.

[2656] Vgl. IDW HFA Berichterstattung über Sitzungen, 222. Sitzung des HFA, FN 2011, 123.

5.2.9.3. Bewertung

Anteile an verbundenen Unternehmen sind mit den Anschaffungskosten zu bewerten, soweit nicht Abschreibungen nach § 253 Abs. 3 HGB in Betracht kommen. Wegen weiterer Einzelheiten wird auf die Ausführungen zu Beteiligungen in Kapitel 5.2.8.3. verwiesen.

Der **Zeitpunkt des Zu- bzw. Abgangs** ist wie bei Aktiva 7.

5.2.9.4. Anhangangaben

Im Anhang sind die gleichen Angaben zu machen wie zum Aktivposten „7. Beteiligungen" (Anlagenspiegel, Aufstellung des Anteilsbesitzes, Aufgliederung der börsenfähigen Wertpapiere usw.). Wegen Einzelheiten vgl. Kapitel 5.2.8.4.

Darüber hinaus kommen Angaben nach § 284 Abs. 2 Nr. 1 und 2 HGB zu den angewandten **Bilanzierungs- und Bewertungsmethoden** infrage. **Abweichungen** hiervon müssen ebenfalls angegeben und begründet werden; ihr Einfluss auf die Vermögens-, Finanz- und Ertragslage ist gesondert darzustellen.

Gemäß § 285 Nr. 21 HGB sind zumindest die wesentlichen nicht zu marktüblichen Bedingungen zustande gekommenen Geschäfte mit nahestehenden Unternehmen und Personen anzugeben (Mindestangabe).

5.2.9.5. Prüfung des Postens

Die Prüfung des Postens „8. Anteile an verbundenen Unternehmen" orientiert sich an der Prüfung des Postens „7. Beteiligungen" (vgl. Kapitel 5.2.8.5.).

Zusätzlich ist zu prüfen, ob für die von einem Institut gehaltenen Anteile eines herrschenden oder mit Mehrheit beteiligten Unternehmens die **Rücklage** nach § 272 Abs. 4 HGB gebildet worden ist.

Der **Prüfungsbericht** muss die erforderlichen Angaben enthalten.

5.2.10. Treuhandvermögen (Aktiva 9.)

5.2.10.1. Postenbezeichnung

Die Postenbezeichnung nach dem Formblatt 1 der RechKredV lautet:

> 9. *Treuhandvermögen*
> *darunter:*
> *Treuhandkredite ... Euro*

Das Formblatt 1 der RechZahlV für **Zahlungsinstitute** und **E-Geld-Institute** hat keinen solchen Posten. Zu Einzelheiten bezüglich bestimmter Forderungen an Kreditinstitute aus Zahlungsdiensten oder der Aufnahme von E-Geld auf Treuhandkonten vgl. WPH.[2657]

5.2.10.2. Posteninhalt

5.2.10.2.1. Rechnungslegungsverordnung

Der Posteninhalt ist in § 6 RechKredV geregelt. Mit der Zweiten Verordnung zur Änderung der RechKredV wurde in § 6 Abs. 1 Satz 1 und Abs. 3 jeweils das Wort *„Kreditinstitut"* durch das Wort *„Institut"* ersetzt. Diese Änderung berücksichtigte die Einbeziehung der Finanzdienstleistungsinstitute in die RechKredV.

5.2.10.2.2. Voraussetzungen für den Postenausweis

Der Gesamtbetrag der Vermögensgegenstände, die ein Institut im **eigenen Namen, aber für fremde Rechnung** als Treuhänder hält, ist in seine Bilanz aufzunehmen und unter dem Aktivposten „9. Treuhandvermögen" auszuweisen. Es handelt sich um Vermögensgegenstände, bei denen das Eigentum bei einem Dritten (Treugeber) liegt, das Institut aber im eigenen Namen handelt. Dabei beschränkt sich die **Haftung** auf das sog. Verwaltungsrisiko, dh. das Abweichen von Weisungen des Treugebers.

Der Darunter-Vermerk „Treuhandkredite" ist auch dann erforderlich, wenn der hier auszuweisende Betrag dem Gesamtbetrag des Aktivpostens 9. entspricht. Wegen weiterer Einzelheiten wird auf die Ausführungen in Kapitel 3.3. verwiesen.

[2657] Vgl. WPH Edition, Kreditinstitute, Kap. L Rn. 16.

Der Passivposten „4. Treuhandverbindlichkeiten" ist in derselben Höhe aus-zuweisen wie der Aktivposten „9. Treuhandvermögen". Dies ergibt sich aus dem Wesen der Treuhandverhältnisse. Entsprechendes gilt jeweils auch für die Darunter-Vermerke „Treuhandkredite".

Hierunter fallen in erster Linie treuhänderisch gehaltene Beteiligungen und Treuhandkredite (früher: durchlaufende Kredite, vgl. die nachfolgenden Aus-führungen); es sind aber auch treuhänderisch gehaltene Wertpapiere oder Grundstücke möglich.

Werden bspw. bei einem **Treuhand-Rahmenvertrag** sog. Treuhandgelder vor Erfüllung der Auflagen aus dem Treuhandvertrag (zB hinsichtlich der Besiche-rung) an den Endkreditnehmer ausgezahlt, stellen diese Kredite **Zwischenkre-dite** an den Kunden dar. Sie dürfen damit nicht im Aktivposten „9. Treuhand-vermögen" ausgewiesen werden; der Ausweis muss vielmehr im Aktivposten „4. Forderungen an Kunden" erfolgen. Dies ist damit zu begründen, dass das Kreditinstitut in einem derartigen Fall bis zur Erfüllung der Auflagen das wirt-schaftliche Risiko (Ausfallrisiko) trägt.

Sog. **Verwaltungskredite**, dh. Kredite, die in fremdem Namen und für fremde Rechnung gewährt werden, sind nicht zu bilanzieren. Nach § 6 Abs. 3 Rech-KredV dürfen Treuhandgeschäfte, im fremden Namen und für fremde Rech-nung nicht in die Bilanz aufgenommen werden (Vollmachtstreuhand). Bei Ver-waltungskrediten handelt es sich um eine solche Vollmachtstreuhand.

Verwaltet ein Institut treuhänderisch **Gesellschaftsanteile**, führt dies bilanz-rechtlich nicht zu einer Beteiligung oder zu einer Unternehmensverbindung gemäß § 271 Abs. 2 HGB (verbundene Unternehmen).[2658] Es fehlt an der Be-teiligungsabsicht.

5.2.10.2.3. Darunter-Vermerk „Treuhandkredite"

Treuhandkredite, dh. Kredite, die ein Kreditinstitut im eigenen Namen aber für fremde Rechnung gewährt hat, und bei denen die ausgeliehenen Mittel dem bilanzierenden Kreditinstitut vom Auftraggeber zur Verfügung gestellt wurden und sich die Haftung des bilanzierenden Kreditinstituts auf die ord-nungsgemäße Verwaltung der Ausleihungen und die Abführung der Zins- und Tilgungszahlungen beschränkt, sind in der Bilanz im Vermerk „darunter: Treu-handkredite" auszuweisen. Als **Schuldner** gilt bei Treuhandkrediten die Stel-le, an die das bilanzierende Kreditinstitut die Gelder unmittelbar ausreicht.

[2658] Vgl. Roß, 187.

Das Kreditinstitut gewährt den (Treuhand-) Kredit zwar in eigenem Namen und hat auch den Kreditvertrag mit dem Kreditnehmer selbst abzuschließen, handelt aber ansonsten nur für Rechnung des Treugebers, dh. die vom Treugeber erhaltenen Beträge werden an den Kreditnehmer weitergeleitet und für den Treugeber verwaltet. Das Kreditinstitut trägt mithin kein – auch nicht ein teilweises – Kreditrisiko aus dem Kreditverhältnis. Es haftet aber für die ordnungsgemäße, dem Treuhandvertrag entsprechende Kreditgewährung sowie für die ordnungsgemäße Verwaltung der Kredite durch die Überwachung der Sicherheiten und die termingerechte Einziehung und Abführung der Zins- und Tilgungsbeträge. Entscheidend ist, dass die Kredite nicht, auch nicht teilweise, unter Eigenrisiko ausgereicht werden, dh. das Kreditinstitut darf keinerlei Ausfallrisiko aus dem Kreditverhältnis mit dem Endkreditnehmer tragen. Trägt das Kreditinstitut hingegen ein (auch nur teilweises) Ausfallrisiko aus dem einzelnen Kreditverhältnis, wird man idR nicht mehr von einem Handeln „für fremde Rechnung" ausgehen können.[2659]

Trägt das Kreditinstitut über die ordnungsgemäße Verwaltung des Engagements hinaus ein Eigenrisiko oder werden die Mittel vom Auftraggeber nicht voll zur Verfügung gestellt, handelt es sich um originäre Forderungen des Kreditinstituts, die – entsprechend dem Schuldner – im Aktivposten 3. oder 4. auszuweisen sind.

Übernimmt das Kreditinstitut im Rahmen des Treuhandkreditgeschäfts beispielsweise eine **Bürgschaft** bzw. Garantie, ist unerheblich, ob es sich wirtschaftlich um einen **First Loss** handelt oder ob sich die Bürgschaft bzw. Garantie auf einen bestimmten Prozentsatz des Kredits beschränkt. Handelt es sich wirtschaftlich um einen First Loss, ist zweifelsfrei, dass es sich nicht um Treuhandkredite iSd. § 6 RechKredV handeln kann; das Kreditinstitut hat hier ein eigenes Kreditrisiko übernommen. Bezieht sich die Bürgschaft bzw. Garantie auf einen **bestimmten Prozentsatz** (zB 10 %) **eines jeden einzelnen** an den Endkreditnehmer weitergereichten **Kredits**, gilt vom Ergebnis her nach der hier vertretenen Ansicht ebenfalls nichts anderes. Treuhandkredite sind nämlich Geld- oder Sachdarlehen, die ein Institut aus Mitteln, die ihm ein Dritter zur Verfügung stellt, im eigenen Namen, aber für fremde Rechnung gewährt, unter der Voraussetzung, dass sich die Haftung des Treuhänders lediglich auf die ordnungsgemäße Verwaltung der Darlehen und die Abführung der Zins- und Tilgungsleistungen beschränkt. Bei einer weitergehenden Haftung des durchleitenden Instituts, die sich nicht auf die ordnungsgemäße Verwaltung der Ausleihungen und die Abführung der Zins- und Tilgungsleistungen an den Treugeber beschränkt, besteht ein Weiterleitungskredit; das weiterleitende Kreditinstitut hat hier mehr als nur die treuhänderische Haftung über-

---

[2659] Vgl. Krumnow ua., 2. Aufl., § 6 RechKredV, Rn. 24.

nommen. Entscheidend ist, dass das weiterleitende Kreditinstitut die Kredite unter Eigenrisiko ausgereicht hat. Es handelt sich mithin bei einer solchen Bürgschafts- bzw. Garantieübernahme nicht mehr um Treuhandkredite, sondern um Weiterleitungskredite, die in der Bilanz nicht als Treuhandkredite gezeigt werden können.

Die Darunter-Vermerke zum Aktivposten 9. und zum Passivposten 4. müssen ebenso wie die Bilanzposten gleich hoch sein. Soweit Mittel für die Gewährung von Treuhandkrediten am Bilanzstichtag zwar aufgenommen, aber noch nicht an den Endkreditnehmer weitergeleitet wurden, sind diese unter den Verbindlichkeiten zu zeigen; die aus der vorübergehenden Anlage stammenden Gelder, Wertpapiere usw. sind den entsprechenden Aktivposten zuzuordnen.

§ 6 Abs. 2 RechKredV sieht keine weitere Untergliederung der Treuhandkredite vor; da sie jedoch Teil des Gesamtbetrags des Treuhandvermögens und der Treuhandverbindlichkeiten sind, sind sie gemäß § 6 Abs. 1 RechKredV nach den Aktiv- und Passivposten des Bilanzformblatts aufzugliedern.

Für den Ausweis beim **Treugeber** trifft § 6 RechKredV keine besondere Regelung, so dass insoweit die allgemeinen Grundsätze zur Bilanzierung von Treuhandverhältnissen Anwendung finden.

5.2.10.3. Bewertung

Die Bewertung von Treuhandvermögen bzw. Treuhandverbindlichkeiten ist gesetzlich nicht geregelt. Einzelheiten vgl. Kapitel 3.3. Im Regelfall wird die Bewertung zu Anschaffungskosten bzw. zum Nennwert erfolgen. Soweit das Treuhandvermögen aus börsennotierten Wertpapieren besteht, ist die Angabe des Börsenkurses zum Bilanzstichtag sachgerecht.[2660]

Bei drohender Inanspruchnahme wegen nicht vertragsgemäßer Verwaltung des Treuhandvermögens ist ggf. eine Rückstellung zu bilden.

5.2.10.4. Anhangangaben

Der **Gesamtbetrag des Aktivpostens** „9. Treuhandvermögen" ist im Anhang nach den **betroffenen Aktivposten aufzugliedern** (§ 6 Abs. 1 Satz 2 RechKredV). Unterposten der Bilanz sind neben den sog. Hauptposten ebenfalls „Posten des Formblatts". Daher genügt nicht nur eine Aufgliederung nach den

---

[2660] Vgl. DGRV (Hrsg.), Jahresabschluss, B.II. Rn. 503.

Hauptposten des Formblatts; die Aufgliederung bezieht sich vielmehr auch auf die Unterposten der Bilanz. Die Aufgliederung nach den Darunter-Vermerken ist nicht erforderlich, allerdings auch nicht untersagt.

Obwohl nach § 6 Abs. 2 RechKredV keine weitere Untergliederung der Treuhandkredite vorgesehen ist, sind diese, da sie Teil des Gesamtbetrags des Treuhandvermögens und der Treuhandverbindlichkeiten sind, gemäß § 6 Abs. 1 RechKredV ebenfalls nach den Aktiv- und Passivposten des Bilanzformblatts aufzugliedern.

Anzugeben ist auch der Gesamtbetrag der Vermögensgegenstände und der Gesamtbetrag der Schulden, die auf **Fremdwährung** lauten (§ 35 Abs. 1 Nr. 6 RechKredV).

5.2.10.5. Prüfung des Postens

Es ist darauf zu achten, dass die ausgewiesenen Beträge die Anforderungen des § 6 RechKredV erfüllen. Der aktivisch ausgewiesene Betrag muss dem passivisch ausgewiesenen Betrag entsprechen. Der **Nachweis** von Treuhandkrediten ergibt sich aus den zu führenden Saldenlisten, die mit dem Treugeber abzustimmen sind. Anderes Treuhandvermögen, wie bspw. Beteiligungen, wird anhand vertraglicher Unterlagen belegt (vgl. Aktiva 7.).

Es ist ferner festzustellen, ob ggf. erforderliche **Formvorschriften** (zB notarielle Beurkundung) für die zivilrechtliche Wirksamkeit des Treuhandvertrags beachtet worden sind.[2661]

Die Prüfung der Unterscheidung, ob Kredite als **Treuhandkredite** oder als Forderungen an Kunden bzw. Kreditinstitute auszuweisen sind, erfolgt anhand der Kreditunterlagen. In diesem Zusammenhang ist auch festzustellen, ob die Treuhandkredite in zutreffender Weise im Rahmen des **Anzeige- und Meldewesens** behandelt werden.

Es ist insbesondere festzustellen, ob das Institut das Treuhandvermögen entsprechend den vertraglichen Vereinbarungen verwaltet hat. Bestehen Anzeichen, dass die Treugeber Ansprüche an das Institut wegen nicht ordnungsgemäßer Verwaltung des Treuhandvermögens stellen können, ist eine Rückstellung zu bilden.

Der **Prüfungsbericht** muss die erforderlichen Angaben enthalten.

[2661] Vgl. hierzu Greitemann, GmbHR 2005, 577 ff.

5.2.11. Ausgleichsforderungen gegen die öffentliche Hand einschließlich Schuldverschreibungen aus deren Umtausch (Aktiva 10.)

5.2.11.1. Postenbezeichnung

Die Postenbezeichnung nach dem Formblatt 1 der RechKredV lautet:

> 10. *Ausgleichsforderungen gegen die öffentliche Hand einschließlich Schuldverschreibungen aus deren Umtausch*

Das Formblatt 1 der RechZahlV enthält diesen Posten für **Zahlungs- und E-Geld-Institute** nicht.

5.2.11.2. Posteninhalt

5.2.11.2.1. Rechnungslegungsverordnung

Der Posteninhalt wird in § 19 RechKredV geregelt. Mit der Zweiten Verordnung zur Änderung der RechKredV vom 11.12.1998 wurde in § 19 RechKredV das Wort „berichtende" durch das Wort „bilanzierende" ersetzt. Es handelt sich hierbei um eine redaktionelle Klarstellung.

5.2.11.2.2. Voraussetzungen für den Postenausweis

Ausgleichsforderungen aus den Währungsumstellungen 1948 und 1990

Im Aktivposten 10. sind nach § 19 Satz 1 RechKredV die **Ausgleichsforderungen aus der Währungsumstellung von 1948**[2662] von Reichsmark in Deutsche Mark (20./21.6.1948) sowie **Ausgleichsforderungen gegenüber dem Ausgleichsfonds Währungsumstellung**[2663] aus der Währungsumstellung von Mark der DDR in Deutsche Mark (30.6./1.7.1990) auszuweisen. Die Forderungen werden sukzessive getilgt.

Die Forderungen resultieren aus der Tatsache, dass bei beiden Währungsumstellungen insbesondere Forderungen der Kreditinstitute mit einem höheren

---

[2662] Vgl. ausführlich Birck/Meyer, II 241.
[2663] Zu näheren Ausführungen zu den Ausgleichsforderungen vgl. Elkart/Pfitzer, 1 ff.

Prozentsatz abgewertet wurden als deren Verbindlichkeiten.[2664] Um den sich hieraus ergebenden Verlust an haftendem Eigenkapital zu verhindern, wurden den Kreditinstituten Ausgleichsforderungen gegen die öffentliche Hand eingeräumt.[2665]

Obwohl nach dem Wortlaut des § 19 Satz 2 RechKredV bei einem Dritterwerb lediglich Schuldverschreibungen in diesem Posten auszuweisen sind, sehen Krumnow ua.[2666] keinen Grund, nicht auch erworbene Ausgleichsforderungen hier auszuweisen, zumal dies nach altem Recht auch für die Ausgleichsforderungen aus der Währungsumstellung 1948 gegolten hat.

Die **Ausgleichsforderungen von 1948** waren im Regelfall mit 3 % verzinsliche Schuldbuchforderungen gegen die öffentliche Hand. Sie werden seit dem 1.1.1956 halbjährlich nachträglich zum 30.6. und 31.12. mit 0,5 % zuzüglich ersparter Zinsen getilgt. Die normale Laufzeit endete danach am **31.12.2002**.

Die **Ausgleichsforderungen von 1990** bestehen gegenüber dem Ausgleichsfonds Währungsumstellung. Der Ausgleichsfonds Währungsumstellung (Anstalt des öffentlichen Rechts) beruht auf dem DDR-Gesetz über die Errichtung des Ausgleichsfonds Währungsumstellung vom 13.9.1990[2667]. Bei den Ausgleichsforderungen gegenüber dem Ausgleichsfonds Währungsumstellung handelt es sich um die den Geldinstituten und Außenhandelsbetrieben der ehemaligen DDR aufgrund der Währungsumstellung zugeteilten Forderungen. Die Ausgleichsforderungen werden ab dem 1.7.1995 jährlich nachträglich mit 2,5 % des Nennwerts getilgt (§ 6 Abs. 2 BUZAV). Der Tilgungszeitraum beträgt damit 40 Jahre.

Rückständige Zinsen sind zusammen mit der Kapitalforderung auszuweisen. Ebenso die am Bilanzstichtag fälligen, aber erst im neuen Jahr erhaltenen **Tilgungsraten**.

In Schuldverschreibungen umgewandelte Ausgleichsforderungen

Hierzu zählen auch **Schuldverschreibungen des Ausgleichsfonds Währungsumstellung**, die aus der Umwandlung gegen ihn gerichteter Ausgleichsforderungen entstanden sind, unabhängig davon, ob das bilanzierende Institut

---

[2664] IRd. Einführung der Deutschen Mark und der Währungsumstellung in der ehemaligen DDR wurden Forderungen im Verhältnis zwei DDR-Mark zu einer Deutschen Mark und Verbindlichkeiten eine DDR-Mark zu einer Deutschen Mark umgerechnet.

[2665] Ausführlich vgl. Gaber, 2. Aufl., 485 f.

[2666] Vgl. Krumnow ua., 2. Aufl., § 19 RechKredV Rn. 2.

[2667] Vgl. GBl. I, 1487.

die Schuldverschreibungen aus dem Umtausch eigener Ausgleichsforderungen oder als Erwerber von einem anderen Institut oder einem Außenhandelsbetrieb erlangt hat (§ 19 Satz 2 RechKredV).

Im Zuge der Währungsunion von 1990 bestand für Kreditinstitute in den neuen Bundesländern als Inhaber solcher Ausgleichsforderungen die Möglichkeit, diese in handelbare Schuldverschreibungen des Ausgleichsfonds Währungsumstellung umzutauschen (§ 8 Abs. 2 BUZAV).

Die hier trotz ihres Wertpapiercharakters auszuweisenden Schuldverschreibungen des Ausgleichsfonds Währungsumstellung stammen aus der Umwandlung von Ausgleichsforderungen. Die Umwandlung ist auf Antrag der Gläubiger der Ausgleichsforderungen vorzunehmen. Die Schuldverschreibungen sind Wertpapiere iSd. § 7 Abs. 1 RechKredV. Der Ausweis im Aktivposten 10. geht dem Ausweis im Aktivposten 5. vor.

Verpfändung von Ausgleichsforderungen

Soweit Ausgleichsforderungen an ein anderes Institut mit der Maßgabe der unbeschränkten Weiterverpfändung (zB für die Kreditaufnahme seitens dieses anderen Instituts) verpfändet wurden, ist ein entsprechender Vermerk im Passivposten „1. Eventualverbindlichkeiten, c) Haftung aus der Bestellung von Sicherheiten für fremde Verbindlichkeiten" erforderlich.

Gekündigte Ausgleichsforderungen

Soweit in Schuldverschreibungen umgewandelte Ausgleichsforderungen gegenüber dem Ausgleichsfonds Währungsumstellung gekündigt werden, stellt sich die Frage, in welchem Aktivposten diese auszuweisen sind. Nach § 20 RechKredV sind fällige Schuldverschreibungen grundsätzlich im Aktivposten „14. Sonstige Vermögensgegenstände" auszuweisen. Unter „fällig" werden Schuldverschreibungen verstanden, wenn sie am auf den Bilanzstichtag folgenden Geschäftstag einlösbar sind.

Alternativ können die in Schuldverschreibungen umgewandelten Ausgleichsforderungen nach der hier vertretenen Ansicht zum Bilanzstichtag auch weiterhin im Aktivposten „10. Ausgleichsforderungen gegen die öffentliche Hand einschließlich Schuldverschreibungen aus deren Umtausch" ausgewiesen werden. Dies wird mit der in § 19 RechKredV festgelegten Sonderstellung der Ausgleichsforderungen begründet, denn auch in Schuldverschreibungen umgewandelte Ausgleichsforderungen werden nicht im Aktivposten „5. Schuldverschreibungen und andere festverzinsliche Wertpapiere", sondern weiterhin im Aktivposten 10. erfasst. Insoweit stellt § 19 RechKredV sowohl gegenüber § 16 RechKredV als auch gegenüber § 20 RechKredV **Lex specialis** dar. Nach dem Sinn und Zweck des § 19 RechKredV ist zu schließen, dass Ausgleichsforderungen grundsätzlich in einem eigenen Posten auszuweisen sind.

Erfolgt der Ausweis von gekündigten und fälligen Schuldverschreibungen aus Ausgleichsforderungen weiterhin im Aktivposten 10., ist eine **Anhangangabe** erforderlich, in der das Volumen und der Fälligkeitstermin der betroffenen Schuldverschreibungen darzustellen ist.

5.2.11.3. Bewertung

Nach Art. 8 § 4 Abs. 4 der Anlage 1 zu dem Vertrag über die Schaffung einer Währungs-, Wirtschafts- und Sozialunion vom 18.5.1990 sind die Forderungen gegen den Ausgleichsfonds (Ausgleichsforderungen) in den Bilanzen zum **Nennwert** anzusetzen. Eine Abwertung wegen Minderverzinslichkeit kommt somit nicht in Betracht.

Wurden die Ausgleichsforderungen in Inhaberschuldverschreibungen umgewandelt, gelten die Bewertungsnormen für Wertpapiere.

Eine bonitätsbedingte Abwertung dürfte idR nicht erforderlich sein.

Die derivativ erworbenen Ausgleichsforderungen und Schuldverschreibungen sind mit ihren Anschaffungskosten anzusetzen (§ 255 Abs. 1 HGB).

Die Schuldverschreibungen sind im Regelfall nicht dem Handelsbestand, sondern der Liquiditätsreserve zuzurechnen. Sollen sie bis zur Tilgung gehalten werden, kommt auch eine Zuordnung zu den Wertpapieren des Anlagevermögens in Betracht.

5.2.11.4. Anhangangaben

Wertpapiere, die dazu bestimmt sind, dauernd dem Geschäftsbetrieb zu dienen, sind dem **Anlagevermögen** zuzuordnen und nach den für das Anlagevermögen geltenden Vorschriften zu bewerten (§ 340e Abs. 1 HGB). Die in § 284 Abs. 3 HGB verlangten Angaben (Anlagenspiegel) sind für die in § 340e Abs. 1 HGB genannten Vermögensgegenstände – also auch für Wertpapiere des Anlagevermögens – im Anhang zu machen (§ 34 Abs. 3 RechKredV).

Darüber hinaus kommen Angaben nach § 284 Abs. 2 Nr. 1 und 2 HGB zu den angewandten **Bilanzierungs- und Bewertungsmethoden** infrage. **Abweichungen** hiervon müssen ebenfalls angegeben und begründet werden; ihr Einfluss auf die Vermögens-, Finanz- und Ertragslage ist gesondert darzustellen.

5.2.11.5. Prüfung des Postens

Es sind die für Forderungen und Wertpapiere üblichen Prüfungshandlungen durchzuführen. Es ist insbesondere darauf zu achten, dass die in diesem Posten ausgewiesenen Forderungen und Schuldverschreibungen § 19 RechKredV erfüllen.

Der **Nachweis** erfolgt bei im Schuldbuch eingetragenen Ausgleichsforderungen durch Bestätigungen über den Anfangsbestand. Tilgungen werden nicht im Schuldbuch eingetragen. Diese ergeben sich aus den Abrechnungen (Tilgung und Zinsen).

Der Ausweis ist mit den Schuldbuchauszügen, Tilgungsplänen bzw. den Abrechnungen abzustimmen. Es empfiehlt sich, anhand der Abrechnungen eine Bestandsfortschreibung vorzunehmen.

Die **Bewertung** der Ausgleichsforderungen und Schuldverschreibungen ist entsprechend der für Forderungen bzw. Wertpapiere maßgeblichen Regeln zu prüfen.

Die zu buchenden **Zinsen** sind zu ermitteln.

Der **Prüfungsbericht** muss die erforderlichen Angaben enthalten.

5.2.12. Immaterielle Anlagewerte (Aktiva 11.)

5.2.12.1. Postenbezeichnung

Die Postenbezeichnung lautet nach dem Formblatt 1 der RechKredV wie folgt:

> *11. Immaterielle Anlagewerte*
>> *a) Selbst geschaffene gewerbliche Schutzrechte und ähnliche Rechte und Werte*
>> *b) entgeltlich erworbene Konzessionen, gewerbliche Schutzrechte und ähnliche Rechte und Werte sowie Lizenzen an solchen Rechten und Werten*
>> *c) Geschäfts- oder Firmenwert*
>> *d) geleistete Anzahlungen*

Mit dem BilMoG wurde die Untergliederung des Aktivpostens 11. in die Unterposten a) bis d) eingeführt.

Die Postenbezeichnung für **Zahlungsinstitute** und **E-Geld-Institute** lautet nach Formblatt 1 der RechZahlV wie folgt:

> 9. *Immaterielle Anlagewerte*
>> a) *aus Zahlungsdiensten und aus der Ausgabe von E-Geld*
>>> aa) *selbst geschaffene gewerbliche Schutzrechte und ähnliche Rechte und Werte*
>>> bb) *entgeltlich erworbene Konzessionen, gewerbliche Schutzrechte und ähnliche Rechte und Werte sowie Lizenzen an solchen Rechten und Werten*
>>> cc) *Geschäfts- oder Firmenwert*
>>> dd) *geleistete Anzahlungen*
>> b) *aus sonstigen Tätigkeiten*
>>> aa) *selbst geschaffene gewerbliche Schutzrechte und ähnliche Rechte und Werte*
>>> bb) *entgeltlich erworbene Konzessionen, gewerbliche Schutzrechte und ähnliche Rechte und Werte sowie Lizenzen an solchen Rechten und Werten*
>>> cc) *Geschäfts- oder Firmenwert*
>>> dd) *geleistete Anzahlungen*

5.2.12.2. Posteninhalt

5.2.12.2.1. Rechnungslegungsverordnung

Die RechKredV und die RechZahlV enthalten keine Vorschriften zu den Vermögenswerten, die im Aktivposten 11. bzw. Aktivposten 9. auszuweisen sind.

Für den Bilanzausweis sind mithin die allgemeinen Vorschriften des HGB maßgeblich. Die Kommentierungen zu § 266 Abs. 2 HGB sowie die einschlägigen DRS konkretisieren die handelsrechtlichen Vorschriften.

5.2.12.2.2. Voraussetzung für den Postenausweis

Überblick

Nach dem Wortlaut des Bilanzpostens („**Anlagewerte**") sind im Aktivposten 11. bzw. Aktivposten 9. nur immaterielle Vermögensgegenstände auszuweisen, die dem **Anlagevermögen** zuzuordnen sind. Demzufolge sind immaterielle Vermögensgegenstände, die nicht dazu bestimmt sind, dauernd dem Geschäftsbetrieb zu dienen **(Umlaufvermögen)**, dem Aktivposten „14. Sonstige Vermögensgegenstände" zuzuordnen.[2668]

Für eine solche Zuordnung spricht, dass immaterielle Vermögensgegenstände des Umlaufvermögens trotz ihrer sachlichen Gleichstellung mit den immateriellen Vermögensgegenständen des Anlagevermögens **funktional** den sonstigen Vermögensgegenständen des Umlaufvermögens gleichgestellt sind. Es ist sachgerecht und aussagefähiger, erworbene oder selbst erstellte immaterielle Vermögensgegenstände des Umlaufvermögens unter den „Sonstigen Vermögensgegenständen" auszuweisen.

Die Untergliederung des Aktivpostens 11. bzw. Aktivposten 9. nach Formblatt 1 entspricht der Untergliederung des Postens „A. Anlagevermögen, I. Immaterielle Vermögenswerte" gemäß § 266 Abs. 2 HGB für Nichtbanken. Mit dem BilMoG wurde mithin die Untergliederung der immateriellen Anlagewerte bei Instituten der Untergliederung bei Nichtbanken angeglichen.

Veränderungen (Zu- und Abgänge, Zu- und Abschreibungen) bei den immateriellen Anlagewerten sind im **Anlagenspiegel** (Anhang) darzustellen.

Domain-Namen und Internetauftritt

Ein **Domain-Name** (= Internetadresse) ist ein ähnliches Recht, da er inhaltlich mit Konzessionen und gewerblichen Schutzrechten vergleichbar ist.[2669] Aufwendungen für die Anschaffung eines Domain-Namens sind keine Entschädigungszahlungen, sondern Anschaffungskosten für einen idR nicht abnutzbaren immateriellen Vermögenswert.

In der Literatur besteht weitgehend Konsens, dass ein **Internetauftritt** einen immateriellen Vermögensgegenstand darstellen kann.[2670] Vor dem Hintergrund, dass eine Internetpräsenz ggf. einen erheblichen wirtschaftlichen Wert verkörpert und typischerweise einen langfristigen Nutzen erbringt sowie darüber hinaus häufig nicht unwesentliche Kosten verursacht und zudem regelmäßig eine gesicherte Rechtsposition darstellt, deren Werthaltigkeit durch die Schutzfähig-

---

[2668] Zu den Ansatzvoraussetzungen vgl. WPH Edition, Wirtschaftsprüfung & Rechnungslegung, 17. Aufl. Kapitel F Tz. 51 ff. und 203 ff.
[2669] Vgl. BFH-Urteil vom 19.10.2006, BB 2007, 769 ff.
[2670] Vgl. Broemel/Endert, BBK 24/2013, 1173 ff. mwN; Köhler, StBp 2014, 285 ff.; Cremer, BBK 6/2019, 256 ff.

keit nach dem Urheberrechtsgesetz dokumentiert wird, kann die Einordnung einer Internetpräsenz als immaterieller Vermögensgegenstand gerechtfertigt sein. Gleichwohl bleibt die Entscheidung über die Aktivierungsfähigkeit einzelfallabhängig. Zu weiteren Einzelheiten, insbesondere zur konkreten Aktivierungsfähigkeit dem Grunde und der Höhe nach, wird auf die Ausführungen bei Broemel/Endert[2671] sowie Köhler[2672] und Cremer[2673] verwiesen.

EDV-Software

Die bilanzielle Behandlung von EDV-Software ist mit Verabschiedung der IDW-Stellungnahme zur Rechnungslegung *„Bilanzierung von entgeltlich erworbener Software beim Anwender"* (IDW RS HFA 11 n.F.)[2674] geklärt.

Zur (steuerlichen) **Sofortabschreibung** sog. digitaler Vermögensgegenstände in der Handelsbilanz hat sich der FAB geäußert.[2675]

Der bis zur Verabschiedung des IDW RS HFA 11 n.F. bei Instituten zT praktizierte Ausweis von Standardsoftware als materieller Vermögenswert im Posten „Sachanlagen" oder im Posten „Sonstige Vermögensgegenstände" ist nicht mehr zulässig.

ERP-Software ist ein Softwaresystem, das zur Optimierung von Geschäftsprozessen eingesetzt und aus verschiedenen Modulen (zB Fertigung, Finanzen, Logistik, Personal, Vertrieb) zusammengesetzt wird. Wesensmerkmal eines ERP-Systems ist die Funktion zur umfassenden Integration und Steuerung verschiedener Unternehmensaktivitäten. Für den betrieblichen Einsatz ist es erforderlich, die Programme an die unternehmensspezifischen Belange anzupassen.[2676]

Entgeltlich erworbene ERP-Software ist mit ihren Anschaffungskosten zu aktivieren; hierzu zählen neben den Aufwendungen für den Erwerb der Software, wie Lizenzkosten, auch die Aufwendungen, die erforderlich sind, um die Software in einen betriebsbereiten Zustand zu versetzen, sowie nachträgliche

[2671] Vgl. Broemel/Endert, BBK 24/2013, 1173 ff. mwN.
[2672] Vgl. Köhler, StBp 2014, 285 ff.
[2673] Vgl. Cremer, BBK 6/2019, 256 ff.
[2674] Vgl. Zwirner, DB 2018, 79; Mujkanovic, StuB 2018, 49 ff.; Beine/Roß, WPg 2018, 283 ff.; Hanke, BC 2018, 164 ff.; Roos, BBK 8/2018, 381 ff.
[2675] Vgl. IDW Life 07.2022, 595.
[2676] Vgl. zur bilanzsteuerrechtlichen Beurteilung von Aufwendungen zur Einführung von ERP-Software BMF-Schreiben vom 18.11.2005, WPg 2005, 1427 ff.; Groß/Georgius/Matheis, DStR 2006, 339 ff.

Anschaffungskosten. Zur Bilanzierung bei stufenweiser Einführung der Module vgl. IDW.[2677] Zur Versetzung in einen betriebsbereiten Zustand von sog. ERP-Software vgl. die Ausführungen bei Hoffmann[2678] sowie Scharfenberg/ Marquardt[2679].

Zur Anschaffung bzw. Herstellung, Erweiterung und Verbesserung von dauerhaft genutzter **Standard- und Individualsoftware** und deren Bilanzierung vgl. Mujkanovic[2680] Zur Bilanzierung von **Software-Updates** vgl. Endert.[2681]

Als „**Software as a Service**" (SaaS) wird eine Dienstleistung bezeichnet, bei der ein auslagerndes Unternehmen eine IT-Anwendung aus einer Cloud nutzt (zB Anlagebuchhaltung, Software zur Verwaltung von Kundendaten). Das auslagernde Unternehmen hat dabei idR keinen Einfluss auf die der genutzten IT-Anwendung zugrunde liegende IT-Infrastruktur, mit Ausnahme ggf. vorzunehmender anwenderspezifischer Parametereinstellungen in der IT-Anwendung. Zu Bilanzierungsfragen in diesem Zusammenhang vgl. Gerlach/ Oser[2682], Oser/Kliem[2683] und WPH[2684].

Selbst geschaffene immaterielle Anlagewerte

Mit dem BilMoG wurde § 248 Abs. 2 HGB aF, der vor BilMoG eine Aktivierung nur für entgeltlich erworbene immaterielle Vermögensgegenstände des Anlagevermögens vorsah, dahingehend geändert, dass nunmehr für selbst geschaffene immaterielle Vermögenswerte des Anlagevermögens ein **Aktivierungswahlrecht** besteht. Der Gesetzgeber sah es als ausreichend an, anstelle einer Aktivierungspflicht ein Aktivierungswahlrecht vorzusehen.[2685]

Der Grundsatz der **Ansatzstetigkeit** des § 246 Abs. 3 HGB ist zu beachten.[2686] Dies bedeutet, dass das Institut bei art- und funktionsgleichen selbst erstellten immateriellen Vermögensgegenständen an die Ausübung des Wahlrechts im vorhergehenden Jahresabschluss gebunden ist. Von diesem Grundsatz darf nur in begründeten Ausnahmefällen abgewichen werden (§ 246 Abs. 3 iVm.

[2677] Vgl. IDW, Die fachliche Frage, IDW Life 2020, 498 f.

[2678] Vgl. Hoffmann, StuB 2004, 145.

[2679] Vgl. Scharfenberg/Marquardt, DStR 2004, 195.

[2680] Vgl. Mujkanovic, PiR 2013, 331

[2681] Vgl. Endert, BBK 12/2022, 550 ff.

[2682] Vgl. Gerlach/Oser, DB 2019, 1969 ff.

[2683] Vgl. Oser/Kliem, WPg 2022, 505 ff.

[2684] Vgl. WPH Edition, Kreditinstitute, Kap. P Rn. 111 f.

[2685] Vgl. BT-Drucks. 16/12407, 166.

[2686] Vgl. Haaker/Freiberg, PiR 2013, 160 f.

§ 252 Abs. 2 HGB). Ein solcher **Ausnahmefall** ist ua. dann gegeben, wenn (1) sich die rechtlichen Gegebenheiten geändert haben, (2) unter Beachtung der Grundsätze ordnungsmäßiger Buchführung ein besser den tatsächlichen Verhältnissen entsprechendes Bild der Vermögens-, Finanz- und Ertragslage vermittelt werden soll oder (3) Anpassungen an konzerneinheitliche Bilanzierungsrichtlinien erfolgen.[2687]

Nicht in die Bilanz aufgenommen werden dürfen selbst geschaffene Marken, Drucktitel, Verlagsrechte, Kundenlisten oder vergleichbare immaterielle Vermögensgegenstände des Anlagevermögens (§ 248 Abs. 2 Satz 2 HGB).

Eine Aktivierung kommt nur dann in Betracht, wenn die Aufwendungen zu einem **Vermögensgegenstand** führen. Hierzu kommt es maßgeblich auf die **Einzelverwertbarkeit** des Vermögensgegenstands an, also seine Veräußerbarkeit oder anderweitige Nutzung durch Verbrauch, Verarbeitung oder Nutzungsüberlassung. Selbstständige Verwertbarkeit bedeutet, dass ein Gut zumindest dem Wesen nach außerhalb des Unternehmens in Geld transformiert werden kann. Die selbstständige Verwertbarkeit impliziert zudem, dass ein Gut einzeln bewertbar ist, weil das Gut für eine selbstständige Preisfindung infrage kommt. Es muss die **Abgrenzung zwischen Forschungs- und Entwicklungsphase** möglich sein (§ 252 Abs. 2a HGB).

Aufwendungen, die sich einem selbst geschaffenen immateriellen Vermögensgegenstand nicht zweifelsfrei unmittelbar zuweisen lassen, dürfen nicht aktiviert werden. Sie entfallen auf den selbst geschaffenen Geschäfts- oder Firmenwert und sind daher aufwandswirksam zu erfassen.[2688]

Die erstmalige Aktivierung (Einbuchung) selbst geschaffener immaterieller Vermögensgegenstände des Anlagevermögens wird mit § 255 Abs. 2a HGB geregelt. Nach § 255 Abs. 2a Satz 1 HGB sind **Herstellungskosten** eines selbst geschaffenen immateriellen Vermögensgegenstands des Anlagevermögens die bei dessen Entwicklung anfallenden Aufwendungen nach § 255 Abs. 2 HGB. Damit verweist § 255 Abs. 2a HGB bezüglich der Definition der Herstellungskosten auf die für alle Vermögensgegenstände geltende Vorschrift des § 255 Abs. 2 HGB.

Eine Aktivierung ist bereits mit **Beginn der Entwicklungsphase** und nicht erst bei endgültigem Vorliegen eines (fertigen) immateriellen Vermögensgegenstands zulässig. Im Zeitpunkt der Aktivierung muss mit hoher Wahrscheinlichkeit davon ausgegangen werden können, dass ein einzeln verwert-

---

[2687] Vgl. Bolin/Dreyer/Schäfer (Hrsg.), S. 156.
[2688] Vgl. BT-Drucks. 16/12407, 167.

barer immaterieller Vermögensgegenstand zur Entstehung gelangt. Kosten in der Forschungsphase (Forschungskosten) dürfen gemäß § 255 Abs. 2 HGB nicht in die Herstellungskosten einbezogen werden.[2689] Bezüglich Grundsatzfragen zur abstrakten Aktivierungsfähigkeit selbst geschaffener immaterieller Vermögensgegenstände des Anlagevermögens vgl. bei Schmidt.[2690]

Mit § 255 Abs. 2a Satz 2 HGB wird der Begriff „Entwicklung" in Abgrenzung zur „Forschung" definiert. Der hier verwendete Begriff „Gut" ist in diesem Zusammenhang in einem weiten Sinne zu verstehen.[2691] Darunter können Materialien, Produkte, geschützte Rechte oder auch ungeschütztes Know-how oder Dienstleistungen fallen. Unter den Begriff „Verfahren", der ebenfalls in einem weiten Sinn zu verstehen ist, können neben den typischen Produktions- und Herstellungsverfahren auch entwickelte Systeme fallen.

Da die Aktivierung von **Forschungskosten** nach § 255 Abs. 2 HGB verboten ist, ist der Zeitpunkt des Übergangs von der „Forschung" zur „Entwicklung" für die Aktivierung immaterieller Vermögensgegenstände von entscheidender Bedeutung. Sind die Forschungsphase und die Entwicklungsphase nicht verlässlich trennbar, sind alle angefallenen Aufwendungen aufwandswirksam zu erfassen (§ 255 Abs. 2a HGB) und nicht aktivierungsfähig.

Es ist – auch für Zwecke der Abschlussprüfung – eine hinreichende **Dokumentation** erforderlich, aus der sich entnehmen lässt, aus welchen Gründen von der künftigen Entstehung eines selbst geschaffenen immateriellen Vermögensgegenstands des Anlagevermögens auszugehen ist. Daher müssen insbesondere die Erfüllung der einzelnen Aktivierungsvoraussetzungen sowie die Abgrenzung zwischen Forschungs- und Entwicklungsphase schriftlich festgehalten werden.

Da die Aktivierung von selbst geschaffenen immateriellen Anlagewerten die Gewinn- und Verlustrechnung entlastet und das Jahresergebnis entsprechend verbessert, schreibt § 268 Abs. 8 HGB eine **Ausschüttungssperre** vor (siehe nachfolgend).

[2689] Vgl. zum Umfang der Herstellungskosten und zur Abgrenzung von Forschung und Entwicklung, Küting/Ellmann, DStR 2010, 1300 ff.

[2690] Vgl. Schmidt, DB 2014, 1273 ff.

[2691] Vgl. BR-Drucks. 344/08, 130.

Latente Steuern

In der Steuerbilanz sind (Forschungs- und) Entwicklungsaufwendungen unmittelbar als Betriebsausgabe iSd. § 4 Abs. 4 EStG zu erfassen (§ 5 Abs. 2
EStG). Für Differenzen im Bestand, die bei einer Aktivierung der Entwicklungsaufwendungen in der Handelsbilanz entstehen, sind ggf. passive latente
Steuern zu bilden.

Buchung von Eigenleistungen

Fremdleistungen von erheblichem Umfang können der Buchung von **anderen aktivierten Eigenleistungen** im Nichtbankenbereich folgend direkt auf
den Anlagekonten erfasst werden. Alternativ ist es bei Beträgen in erheblichem Umfang auch möglich, eine Korrektur des GuV-Postens vorzunehmen,
in dem die Beträge zuvor erfasst worden sind. Dies deshalb, um kein falsches
Bild von der Eigenleistung des Unternehmens zu vermitteln.[2692] Bei nicht wesentlichen Beträgen wird auch eine Bruttobuchung für möglich gehalten (siehe nachfolgend).

Interne Aufwendungen dagegen sind stets **brutto** zu buchen. Dies bedeutet,
dass bspw. Löhne usw. zunächst als solche erfasst werden. Da die Formblätter
2 und 3 für Institute keinen Posten „andere aktivierte Eigenleistungen" haben,
bleibt nur, den aktivierten Betrag als „Sonstige betriebliche Erträge" zu zeigen. Im Anhang ist dies darzustellen.

Ausschüttungssperre

§ 268 Abs. 8 HGB sieht eine Ausschüttungssperre für[2693]

- in der Bilanz ausgewiesene selbst geschaffene immaterielle Vermögensgegenstände des Anlagevermögens (Immaterielle Anlagewerte)
  abzüglich der hierfür gebildeten passiven latenten Steuern,
- den Betrag, um den die aktiven latenten Steuern die passiven latenten
  Steuern übersteigen (sog. Aktivüberhang), sowie

[2692] Vgl. KK-RLR, § 275 HGB Rn, 52 mwN.
[2693] Vgl. mit einem Berechnungsschema WPH Edition, Wirtschaftsprüfung & Rechnungslegung, 17. Aufl., Kapitel F Tz. 543 ff; Althoff, DStR 2012, 868 ff.; Frey/Möller, WP
Praxis 2014, 195 ff.

- die Differenz aus (höherem) Zeitwert und Anschaffungs- bzw. Herstellungskosten der zur Deckung der Altersversorgungsverpflichtungen nach § 246 Abs. 2 Satz 2 HGB vorhandenen Vermögensgegenstände abzüglich der hierfür gebildeten passiven latenten Steuern vor.

Mit der Ausschüttungssperre sorgt der Gesetzgeber dafür, dass das Prinzip des Gläubigerschutzes nicht an Effektivität einbüßt.[2694]

In engem Zusammenhang mit der Ausschüttungssperre steht die Anhangangabe nach § 285 Nr. 28 HGB. Nach dieser Vorschrift ist der Gesamtbetrag der ausschüttungsgesperrten Erträge iSd. § 268 Abs. 8 HGB im Anhang anzugeben. Dies erleichtert es den Abschlussadressaten nachzuvollziehen, ob die Ausschüttungssperre beachtet worden ist.[2695]

Die **Höhe** der Ausschüttungssperre auf selbst geschaffene immaterielle Anlagewerte gemäß § 268 Abs. 8 Satz 1 HGB bezieht sich nicht auf den vollen Betrag der aktivierten Vermögensgegenstände, sondern bestimmt sich aus der Differenz zwischen dem Bilanzwert selbst geschaffener immaterieller Anlagewerte und den darauf abgegrenzten passiven latenten Steuern.[2696] Zur Ermittlung des ausschüttungsgesperrten Betrags vgl. auch Gelhausen/Althoff.[2697]

Das **Ausschüttungspotenzial** umfasst die Gewinne, die unter Berücksichtigung der Ausschüttungssperre höchstens ausgeschüttet werden dürfen. Die **Ausschüttungsobergrenze einer Periode** bestimmt sich daher nach dem Überschuss der verbleibenden frei verfügbaren Rücklagen zuzüglich eines Gewinnvortrags und abzüglich eines Verlustvortrags über diejenigen angesetzten Beträge, für die eine Ausschüttungssperre verhängt wird, unter Berücksichtigung passiver latenter Steuern, die aufgrund der Aktivierung selbst geschaffener immaterieller Anlagewerte des Anlagevermögens bzw. der Neubewertung der Vermögensgegenstände eines Deckungsvermögens über ihre Anschaffungs- bzw. Herstellungskosten hinaus gebildet wurden.

Im Rahmen der **Fortführung** der Ausschüttungssperre **in Folgeperioden** ist aufgrund der bilanzorientierten Betrachtungsweise iRd. Ermittlung der Ausschüttungssperre zu jedem Abschlussstichtag auf den jeweiligen Bilanzwert der ausschüttungsgesperrten Bilanzposten bzw. Sachverhalte abzustellen.[2698]

[2694] Vgl. Laage, WM 2012, 1322 ff.

[2695] Vgl. BR-Drucks. 344/08, 139.

[2696] Vgl. Küting/Lorson/Eichenlaub/Toebe, GmbHR 2011, 3.

[2697] Vgl. Gelhausen/Althoff, WPg 2009, 584 ff. (Teil 1) und 629 ff. (Teil 2).

[2698] Einzelheiten einschließlich eines Fallbeispiels vgl. Petersen/Zwirner/Froschhammer, KoR 2011, 437 ff.

Ausschüttungsgesperrt sind nach § 268 Abs. 8 HGB nicht nur die im laufenden Geschäftsjahr aktivierten Beträge (gekürzt um ihre passiven latenten Steuern), sondern alle, die in der Bilanz (noch) aktiviert sind.[2699] In jedem Folgejahr ist eine **Bestandsfortschreibung** (zB planmäßige bzw. außerplanmäßige Abschreibungen oder Abgänge bzw. Zugänge bei den immateriellen Anlagewerten; Veräußerung oder Erwerb von Vermögenswerten eines Deckungsvermögens bzw. Veränderungen deren beizulegenden Zeitwerte) der ausschüttungsgesperrten Beträge des jeweiligen Vorjahrs in einer Nebenrechnung vorzunehmen.

Selbst wenn in Folgejahren Jahresfehlbeträge entstehen, hebt sich die überperiodische Wirkung der Ausschüttungssperre nicht auf. Vielmehr verhindert sie weiterhin die Auflösung und Ausschüttung ansonsten frei verfügbarer Rücklagen.[2700]

Besteht ein **Gewinnabführungsvertrag,** sieht § 301 Satz 1 AktG vor, dass der Höchstbetrag der Gewinnabführung auch um die nach § 268 Abs. 8 HGB ausschüttungsgesperrten Beträge zu mindern ist (sog. **Abführungssperre).**[2701]

5.2.12.2.3. Unterposten: Selbst geschaffene gewerbliche Schutzrechte und ähnliche Rechte und Werte (Aktiva 11.a))

In diesem Posten sind die selbst geschaffenen gewerblichen Schutzrechte und ähnliche Rechte und Werte auszuweisen. „**Gewerbliche Schutzrechte**" ist die zusammenfassende Bezeichnung für die Rechte des gewerblichen Rechtsschutzes, womit der rechtliche Schutz der technisch verwertbaren geistigen Arbeit umschrieben wird. Hierzu zählen grundsätzlich zB Patente, Gebrauchsmuster, Geschmacksmuster, Urheberrechte und Warenzeichen. Mit **ähnlichen Rechten und Werten** sind all jene Tatbestände gemeint, die nicht unter den Begriff „gewerbliche Schutzrechte" subsumiert werden können. Die Zuordnung zu „Rechten" und „Werten" ist nicht immer eindeutig möglich.

Ähnliche Rechte sind zB Zuteilungsquoten, Kontingente, Syndikatsrechte, Nutzungsrechte (Wohn- und Belegungsrechte uÄ), Durchleitungs- und Wegerechte, Nießbrauchsrechte, Wettbewerbsverbote, EDV-Software, Optionsrechte zum Beteiligungserwerb. **Ähnliche Werte** sind zB ungeschützte Erfindungen, Know-how, Film- und Tonaufzeichnungen, Archive.

[2699] Vgl. Laage, WM 2012, 1323.

[2700] Vgl. Laage, WM 2012, 1323.

[2701] Vgl. WPH Edition, Wirtschaftsprüfung & Rechnungslegung, 17. Aufl., Kapitel F Tz. 549 ff.

§ 248 Abs. 2 Satz 2 HGB verbietet den Ansatz folgender immaterieller Anlagewerte: *„selbst geschaffene Marken, Drucktitel, Verlagsrechte, Kundenlisten oder vergleichbare immaterielle Vermögensgegenstände des Anlagevermögens"*. Diese sind nur dann zu aktivieren, wenn sie entgeltlich erworben wurden. Der Grund für diese eingeschränkte Aufrechterhaltung des bis vor Inkrafttreten des BilMoG bestehenden Aktivierungsverbots besteht darin, dass den in § 248 Abs. 2 Satz 2 HGB genannten selbst geschaffenen immateriellen Vermögensgegenständen des Anlagevermögens Herstellungskosten teilweise nicht zweifelsfrei zugerechnet werden können.[2702]

Die Gesetzesbegründung nennt hier beispielhaft den Aufwand für Werbemaßnahmen. Dieser kann alternativ ebenso einer Marke wie dem selbst geschaffenen Geschäfts- oder Firmenwert zugerechnet werden. Um insoweit einer willkürlichen Praxis vorzubeugen, unterliegen Marken, Drucktitel, Verlagsrechte, Kundenlisten oder vergleichbare Vermögensgegenstände einem Aktivierungsverbot.[2703]

Zur Bilanzierung von **selbst erstellter Software** sowie zu den Anforderungen an die Abschlussprüfung vgl. Gersbacher-Volz/Koch.[2704]

5.2.12.2.4. Unterposten: entgeltlich erworbene Konzessionen, gewerbliche Schutzrechte und ähnliche Rechte und Werte sowie Lizenzen an solchen Rechten und Werten (Aktiva 11.b))

Bei **Konzessionen** handelt es sich um befristete behördliche Genehmigungen zur Ausübung eines bestimmten Gewerbes und/oder Handels. **Ähnliche Rechte** sind zB Zuteilungsquoten, Kontingente, Syndikatsrechte, Nutzungsrechte (Wohn- und Belegungsrechte uÄ), Durchleitungs- und Wegerechte, Nießbrauchsrechte, Wettbewerbsverbote, EDV-Software, Optionsrechte zum Beteiligungserwerb. **Ähnliche Werte** sind zB ungeschützte Erfindungen, Knowhow, Kundenkarteien, Film- und Tonaufzeichnungen, Archive.

Der Ansatz erfolgt zu Anschaffungskosten vermindert um planmäßige bzw. außerplanmäßige Abschreibungen.

[2702] Vgl. BR-Drucks. 344/08, 107 f.
[2703] Vgl. BR-Drucks. 344/08, 108.
[2704] Vgl. Gersbacher-Volz/Koch, BC 2/2017, 66 ff. (Teil 1), BC 3/2017, 128 ff. (Teil 2).

5.2.12.2.5. Unterposten: Geschäfts- oder Firmenwert (Aktiva 11.c))

Im **Einzelabschluss** führt ein sog. **Asset Deal**, bei dem nicht alle Anteile, sondern (alle) Vermögensgegenstände und Schulden des Unternehmens einzeln erworben werden, zum Ansatz eines Geschäfts- oder Firmenwerts, wenn der bezahlte Kaufpreis höher ist als der verkehrswertorientierte Saldo der erworbenen Vermögensgegenstände und Schulden.

Davon zu unterscheiden ist der **Anteilserwerb**, bei dem (alle) Aktien einer AG oder (alle) GmbH-Anteile erworben werden (sog. **Share Deal**); diese werden in Höhe ihrer Anschaffungskosten (die den Firmenwert beinhalten) im Posten „Anteile an verbundenen Unternehmen" gezeigt.[2705] Die gesetzliche Regelung des Geschäfts- oder Firmenwerts beim Share Deal im **Konzernabschluss** ist § 301 Abs. 3 iVm. 309 Abs. 1 HGB.

Der Geschäfts- oder Firmenwert stellt mangels selbständiger Verwertbarkeit keinen handelsrechtlichen Vermögensgegenstand dar. Die Behandlung als Vermögensgegenstand ergibt sich vielmehr mittels der **gesetzlichen Fiktion** in § 246 Abs. 1 Satz 4 HGB.[2706] Nach § 246 Abs. 1 Satz 4 HGB gilt *„der Unterschiedsbetrag, um den die für die Übernahme eines Unternehmens bewirkte Gegenleistung den Wert der einzelnen Vermögensgegenstände des Unternehmens abzüglich der Schulden im Zeitpunkt der Übernahme übersteigt (entgeltlich erworbener Geschäfts- oder Firmenwert)"*, als **zeitlich begrenzt abnutzbarer Vermögensgegenstand**.[2707]

Zur Ermittlung der **Anschaffungskosten** ist zunächst die aufgewendete Gegenleistung des Erwerbers zu ermitteln. Anschließend sind alle einzeln entgeltlich übergegangenen immateriellen und materiellen Vermögensgegenstände sowie die übernommenen Schulden zu identifizieren. Diese sind in einem weiteren Schritt zu bewerten, wobei der Geschäfts- oder Firmenwert zu separieren ist. Der Geschäfts- oder Firmenwert repräsentiert insofern ein Residuum.

Für den Geschäfts- oder Firmenwert besteht in voller Höhe eine **Aktivierungspflicht**. Eine teilweise Aktivierung ist nicht erlaubt. Er wird im Weg einer Fiktion zum zeitlich begrenzt nutzbaren Vermögensgegenstand erhoben, der den allgemeinen handelsrechtlichen Bewertungsvorschriften unterliegt.

[2705] Vgl. zusammenfassend zum Firmenwert Engel-Ciric, BRZ 2009, 445 ff.

[2706] Vgl. Haaker/Freiberg, PiR 2014, 380 f.

[2707] Zur Praxis der Firmenwertbilanzierung vgl. Centrum für Bilanzierung und Prüfung (CBP) an der Universität des Saarlandes, Saarbrücken, DB 2014, 1 ff.

Der Geschäfts- oder Firmenwert ist planmäßig, bzw. bei Vorliegen entsprechender Hinweise auch außerplanmäßig, **abzuschreiben**. Nach § 253 Abs. 5 HGB ist – sofern eine außerplanmäßige Abschreibung vorgenommen wurde – ein niedrigerer Wertansatz eines entgeltlich erworbenen Geschäfts- oder Firmenwerts beizubehalten, dh. eine **Wertaufholung** ist in diesem Fall **verboten** (§ 253 Abs. 5 Satz 2 HGB). Das Verbot der Wertaufholung basiert auf der Begründung, dass durch die Wertaufholung möglicherweise eine Aktivierung von originären Teilen des Geschäfts- oder Firmenwerts erfolgen könnte.

Der planmäßigen Abschreibung ist seine **individuelle Nutzungsdauer**, wie sie sich im Zeitpunkt der Aktivierung voraussehen lässt, zugrunde zu legen. Mit dem BilRUG wurde in § 253 Abs. 3 Satz 4 iVm. Satz 3 HGB bestimmt, dass für den Fall, dass in Ausnahmefällen die voraussichtliche Nutzungsdauer nicht verlässlich geschätzt werden kann, die planmäßigen Abschreibungen über einen Zeitraum von zehn Jahren vorzunehmen sind.[2708]

Anhaltspunkte für die **Schätzung der individuellen betrieblichen Nutzungsdauer** können bspw. sein:[2709]

- die Art und die voraussichtliche Bestandsdauer des erworbenen Unternehmens,
- die Stabilität und Bestandsdauer der Branche des erworbenen Unternehmens,
- der Lebenszyklus der Produkte des erworbenen Unternehmens,
- die Auswirkungen von Veränderungen der Absatz- und Beschaffungsmärkte sowie der wirtschaftlichen Rahmenbedingungen auf das erworbene Unternehmen,
- der Umfang der Erhaltungsaufwendungen, die erforderlich sind, um den erwarteten ökonomischen Nutzen des erworbenen Unternehmens zu realisieren,
- die Laufzeit wichtiger Absatz- und Beschaffungsverträge des erworbenen Unternehmens,
- die voraussichtliche Tätigkeit von wichtigen Mitarbeitern oder Mitarbeitergruppen für das erworbene Unternehmen,
- das erwartete Verhalten potenzieller Wettbewerber des erworbenen Unternehmens sowie
- die voraussichtliche Dauer der Beherrschung des erworbenen Unternehmens.

[2708] Nach Art. 75 Abs. 4 EGHGB ist die Neuregelung nur nach dem 31.12.2015 aktivierte erworbene Geschäfts- oder Firmenwerte anzuwenden.

[2709] Vgl. BR-Drucks. 344/08, 103; zur Begründung der Nutzungsdauer vgl. Moser/Hüttche, FB 2009, 394 ff.

Mit dem durch das BilRUG geänderten § 285 Nr. 13 HGB ist *„jeweils eine Erläuterung des Zeitraums, über den ein entgeltlich erworbener Geschäfts- oder
Firmenwert abgeschrieben wird"* im Anhang erforderlich. Damit wird künftig
in allen Fällen eine Angabe über den Abschreibungszeitraum entgeltlich erworbener Geschäfts- oder Firmenwerte verlangt.

Für steuerliche Zwecke ist ein entgeltlich erworbener Firmenwert bereits vor
Inkrafttreten des BilMoG als Wirtschaftsgut zu aktivieren gewesen. In der
Steuerbilanz ist ein entgeltlich erworbener Firmenwert über eine Nutzungsdauer von 15 Jahren abzuschreiben (§ 7 Abs. 1 Satz 3 EStG). Soweit der Firmenwert in der Handelsbilanz über eine kürzere Nutzungsdauer als in der
Steuerbilanz abgeschrieben wird, sind ggf. **aktive latente Steuern** zu bilden
und fortzuschreiben.

5.2.12.2.6. Unterposten: geleistete Anzahlungen (Aktiva 11.d))

Geleistete Anzahlungen sind ebenfalls in diesem Posten (gesondert) auszuweisen, wenn es sich um Anzahlungen auf immaterielle Anlagewerte handelt.[2710]

Eine Anzahlung ist gegeben bei einer **Vorauszahlung** auf den Kaufpreis (Vorleistung auf im Übrigen noch schwebende Geschäfte), dh. wenn vor der Verschaffung des (wirtschaftlichen) Eigentums am immateriellen Anlagewert bereits Zahlungen erfolgen.

Vorauszahlungen auf wiederkehrende Entgelte für die Nutzung eines am Vermögen eines Dritten verbleibenden Anlageguts (für Nutzungsüberlassung auf
Zeit) sind keine Anzahlungen, sondern ggf. als Rechnungsabgrenzungsposten
zu erfassen. Zur Bilanzierung und Bewertung von Anzahlungen einschl. von
damit zusammenhängenden Tauschgeschäften vgl. Ross.[2711]

Die Anzahlung ist grundsätzlich in Höhe des Anzahlungsbetrags anzusetzen.
Mit der Anzahlung **geleistete Umsatzsteuer** ist insoweit zu aktivieren, als
nicht eine Verrechnung als Vorsteuer erfolgt.

[2710] Vgl. Krumnow ua., 2. Aufl., Erläuterungen zu Aktivposten Nr. 11 „Immaterielle Anlagewerte", Rn. 6.
[2711] Vgl. Ross, DStR 2017, 1282 ff.

5.2.12.3. Bewertung

Für die Bewertung immaterieller Anlagewerte gelten die Grundsätze für die Bewertung des Anlagevermögens. Diesbezüglich ist auch **IDW S 5** zu beachten.[2712]

Die entgeltlich erworbenen immateriellen Anlagewerte sind mit ihren **Anschaffungskosten**, die selbst geschaffenen immateriellen Anlagewerte sind mit ihren **Herstellungskosten** anzusetzen. Soweit sie einer laufenden Wertminderung unterliegen, sind sie **planmäßig**[2713] über ihre individuelle Nutzungsdauer **abzuschreiben** (§ 253 Abs. 3 Satz 2 HGB). Maßgeblich für die Nutzungsdauer ist die betriebsindividuelle Verwendung. Unter Beachtung des Vorsichtsprinzips und des Gebots der Willkürfreiheit ist der Abschreibung die bestmögliche Nutzungsdauerschätzung zugrunde zu legen.

Die handelsrechtliche (planmäßige) Abschreibungsmethode ist nach § 253 Abs. 3 Satz 1 und 2 HGB unabhängig von steuerlichen Vorschriften (§ 7 Abs. 1 Satz 3 EStG) so zu bestimmen, dass der Entwertungsverlauf des Vermögensgegenstands sachgerecht abgebildet wird. Die Angemessenheit der handelsrechtlichen Abschreibungsmethode hängt im Einzelfall von Art und Nutzung des jeweiligen Vermögensgegenstands ab. In diesem Zusammenhang wird auch auf IDW RH HFA 1.016 verwiesen.

Außerplanmäßige Abschreibungen nach § 253 Abs. 3 Satz 5 HGB sind vorzunehmen, wenn eine voraussichtlich dauernde Wertminderung vorliegt. Eine Wertaufholung ist ggf. erforderlich. Zum Konzept der außerplanmäßigen Abschreibung eines Geschäfts- oder Firmenwerts nach DRS 23 vgl. Stibi/Kirsch/Engelke[2714]. Eine allgemein verschlechterte Ertragslage eines Instituts allein rechtfertigt keine außerplanmäßige Abschreibung.[2715]

Kann in Ausnahmefällen die **voraussichtliche Nutzungsdauer eines selbst geschaffenen immateriellen Vermögensgegenstands des Anlagevermögens nicht verlässlich geschätzt** werden, sind planmäßige Abschreibungen auf die Herstellungskosten über einen Zeitraum von zehn Jahren vorzunehmen (§ 253 Abs. 3 Satz 3 HGB). § 253 Abs. 3 Satz 3 HGB ist auf einen entgeltlich erworbenen **Geschäfts- oder Firmenwert** entsprechend anzuwenden (§ 253 Abs. 3

[2712] Vgl. Beyer/Mackenstedt, WPg 2008, 338 ff. Zur Bewertung von Marken vgl. Blum/Weber, WPg 2012, 442 ff.

[2713] Der Begriff „planmäßig" bedeutet, dass die Abschreibung bei der Vornahme der ersten Abschreibung für die gesamte Nutzungsdauer im Voraus festzulegen ist.

[2714] Vgl. Stibi/Kirsch/Engelke, WPg 2016, 603 ff.

[2715] Vgl. IDW, Fachlicher Hinweis (Teil 2), IDW Life 2020, 317.

Satz 4 HGB).[2716] Diese Regelung beruht auf Art. 12 Abs. 11 Unterabsatz 2 der EU-Bilanzrichtlinie.[2717] Bezüglich der erstmaligen Anwendung von § 253 Abs. 3 Satz 3 und Satz 4 HGB ist Art. 75 Abs. 4 EGHGB zu beachten.

Klarstellend sei festgestellt, dass die Regelung zur Vornahme außerplanmäßiger Abschreibungen bei voraussichtlich dauernder Wertminderung (§ 253 Abs. 3 Satz 5 HGB) und das Wertaufholungsgebot (§ 253 Abs. 5 Satz 1 HGB) unberührt bleiben.[2718] Festzuhalten ist, dass die Regelung in § 253 Abs. 3 Satz 3 HGB nicht auf erworbene immaterielle Anlagewerte anzuwenden ist, weil sich diese Vorschrift ausschließlich auf selbst geschaffene immaterielle Vermögenswerte bezieht.[2719]

Das bilanzierende Institut muss vor der Inanspruchnahme dieser Regelung zuerst prüfen, ob es die verbleibende Nutzungsdauer verlässlich schätzen kann. Ist dies möglich, ist diese Nutzungsdauer – diese kann im Einzelfall mehr oder weniger als zehn Jahre betragen – für die Abschreibung zu Grunde zu legen. Für den eher seltenen Ausnahmefall der zeitlich unbegrenzten Nutzbarkeit eines selbst geschaffenen immateriellen Anlagewerts ist § 253 Abs. 3 Satz 3 HGB nicht einschlägig (hier erfolgt eine planmäßige Abschreibung).[2720]

Der Richtliniengeber bzw. Gesetzgeber unterstellt eine nur **ausnahmsweise fehlende Schätzbarkeit** der Nutzungsdauer. Welche Anforderungen an eine „verlässliche Schätzung" zu stellen sind, wird in der Gesetzesbegründung nicht ausdrücklich angesprochen.[2721] Nutzungsdauern sind (einzel-) sachverhaltsbezogen zu schätzen, können sich mithin bei unterschiedlichen Geschäfts- oder Firmenwerten, aber auch bei den aktivierten selbst geschaffenen immateriellen Anlagewerten unterscheiden. Ein Anwendungsfall der Neuregelung liegt nicht schon dann vor, wenn die Nutzungsdauer nur in einer **Bandbreite** möglicher Werte ermittelt werden kann, da sich die Nutzungsdauer in vielen Fällen nicht exakt ermitteln lässt, sondern geschätzt werden muss und für eine solche Schätzung grundsätzlich ein Beurteilungsspielraum besteht, wenn Informationen über die Eintrittswahrscheinlichkeit der einzelnen Schätzwerte verfügbar sind.[2722] Eine Schätzung erscheint dann nicht bzw. nicht verlässlich möglich, wenn dafür gar keine oder keine zuverlässigen Informationen (einschließ-

---

[2716] Die von § 7 Abs. 1 EStG vorgegebene Nutzungsdauer bleibt unverändert.

[2717] Vgl. ausführlich Mujkanovic, StuB 2014, 751 ff.

[2718] Ebenso Behrendt-Geisler/Rimmelspacher, DB 2015, Beilage 05 zu Heft 36, 10.

[2719] Vgl. Russ/Janßen/Götze (Hrsg.), Abschn. C Rn. 2 ff.; insoweit liegt auch keine planwidrige Regelungslücke vor, die durch Analogie zu schließen wäre, vgl. Russ/Janßen/Götze (Hrsg.), Abschn. C Rn. 11.

[2720] Ebenso Russ/Janßen/Götze (Hrsg.), Abschn. C Rn. 10.

[2721] Vgl. Russ/Janßen/Götze (Hrsg.), Abschn. C Rn. 15.

[2722] Vgl. Behrendt-Geisler/Rimmelspacher, DB 2015, Beilage 05 zu Heft 36, 8 f.

lich eigener Erfahrungswerte aus der Vergangenheit und externer Experten-
meinungen) verfügbar sind, sodass der Schätzwert nicht nach objektiven, dh.
intersubjektiv nachprüfbaren Kriterien ermittelt, sondern lediglich willkürlich
bestimmt werden könnte.[2723]

Da die Schätzung der Nutzungsdauer in den vorliegenden Fällen im Einzelfall
faktisch Ermessensspielräumen unterliegen dürfte, wird die Begründung, eine
verlässliche Schätzung sei nicht möglich, in der Praxis häufig nur schwierig
zu widerlegen sein. Gleichwohl ist die Neuregelung nach dem Willen des Gesetzgebers restriktiv auszulegen, dh. der Bilanzierende ist verpflichtet, eine
realistische Nutzungsdauer zu ermitteln (ggf. in Form einer Bandbreite) und
zu dokumentieren. Zur Bestimmung der Nutzungsdauer vgl. Mujkanovic[2724]
und Behrendt-Geisler/Rimmelspacher[2725].

Die Beurteilung, ob die Nutzungsdauer verlässlich geschätzt werden kann, ist
an jedem Abschlussstichtag vorzunehmen.[2726] Wird eine im Zugangszeitpunkt
nicht verlässlich schätzbare Nutzungsdauer aufgrund besserer Erkenntnisse zu
einem späteren Zeitpunkt verlässlich schätzbar, ist der betreffende Vermögensgegenstand bzw. entgeltlich erworbene Geschäfts- oder Firmenwert über die
neu ermittelte Restnutzungsdauer abzuschreiben.[2727] Die Anpassung des Abschreibungsplans ist nach den allgemeinen Grundsätzen vorzunehmen. Fällt
ausnahmsweise die verlässliche Schätzbarkeit im Zeitablauf weg, erscheint es
nach Behrend-Geisler/Rimmelspacher[2728] in Anlehnung an die Bestimmung
der Nutzungsdauer gebraucht erworbener Vermögensgegenstände sachgerecht, die planmäßige Abschreibung nur noch über zehn Jahre, vermindert um
den bisherigen Abschreibungszeitraum, vorzunehmen. Grundsätzlich sind Anpassungen des Abschreibungsplans restriktiv zu handhaben.[2729]

Die Bewertung von **Anzahlungen** erfolgt wie die Bewertung von Forderungen. Dies gilt auch für die Einbeziehung des allgemeinen Ausfallrisikos in
die Pauschalwertberichtigung. Zu Anzahlungen durch Tauschgeschäfte vgl.
Ross.[2730]

[2723] Vgl. Behrendt-Geisler/Rimmelspacher, DB 2015, Beilage 05 zu Heft 36, 8 f.
[2724] Vgl. Mujkanovic, StuB 2014, 751 ff.
[2725] Vgl. Behrendt-Geisler/Rimmelspacher, DB 2015, Beilage 05 zu Heft 36, 8 f.
[2726] Vgl. Behrendt-Geisler/Rimmelspacher, DB 2015, Beilage 05 zu Heft 36, 10.
[2727] Vgl. Behrendt-Geisler/Rimmelspacher, DB 2015, Beilage 05 zu Heft 36, 10.
[2728] Vgl. Behrendt-Geisler/Rimmelspacher, DB 2015, Beilage 05 zu Heft 36, 10.
[2729] Vgl. Russ/Janßen/Götze (Hrsg.), Abschn. C Rn. 18 mwN.
[2730] Vgl. Ross, DStR 2017, 1282 ff.

5.2.12.4. Anhangangaben

Für immaterielle Anlagewerte sind die in § 284 Abs. 3 HGB (Anlagenspiegel) verlangten Angaben im Anhang zu machen (§ 34 Abs. 3 RechKredV). Wegen weiterer Einzelheiten zum **Anlagenspiegel** wird auf die Ausführungen zum Anhang verwiesen.

Im Zusammenhang mit selbst geschaffenen immateriellen Vermögensgegenständen des Anlagevermögens sind die Anhangangaben des § 285 Nr. 22 und Nr. 28 sowie Nr. 29 HGB zu beachten.

Darüber hinaus kommen Angaben nach § 284 Abs. 2 Nr. 1 und 2 HGB zu den angewandten **Bilanzierungs- und Bewertungsmethoden** infrage. **Abweichungen** hiervon müssen ebenfalls angegeben und begründet werden; ihr Einfluss auf die Vermögens-, Finanz- und Ertragslage ist gesondert darzustellen.

Mit dem BilRUG wurde § 285 Nr. 13 HGB neu gefasst. Im Anhang ist jeweils eine Erläuterung[2731] des Zeitraums, über den ein **entgeltlich erworbener Geschäfts oder Firmenwert** abgeschrieben wird, erforderlich. Damit wird künftig in allen Fällen eine Angabe über den Abschreibungszeitraum entgeltlich erworbener Geschäfts- oder Firmenwerte verlangt. Eine analoge Vorschrift für Immaterielle Anlagewerte besteht nicht. § 285 Nr. 13 HGB ist auch auf sog. Alt-Geschäfts- oder Firmenwerte anzuwenden.

Nach Behrendt-Geisler/Rimmelspacher[2732] ist es für den Fall einer nicht verlässlich bestimmbaren Nutzungsdauer nicht ausreichend, lediglich anzugeben, dass ein Geschäfts- oder Firmenwert nach § 253 Abs. 3 Satz 4 HGB über zehn Jahre abgeschrieben werde, da die geforderte Erläuterung über die Angabe der angewandten Bewertungsmethode hinausgehen müsse. Vielmehr sei zu erläutern, weshalb die voraussichtliche Nutzungsdauer im konkreten Fall nicht verlässlich schätzbar ist und deshalb eine Abschreibung über zehn Jahre vorgenommen werde.[2733] Dabei sei die Anhangangabe nicht nur einmalig im Jahr des Erwerbs, sondern jährlich zu machen.

Werden selbst geschaffene Immaterielle Anlagewerte aufgrund nicht verlässlich schätzbarer Nutzungsdauern über zehn Jahre abgeschrieben, gibt es keine eigenständige Angabepflicht. Da es sich bei der Einschätzung, ob die Nutzungsdauer verlässlich schätzbar ist oder nicht, um eine Ermessensent-

---

[2731] Unter Erläuterung ist die Erklärung, Kommentierung und Interpretation eines Sachverhalts zu verstehen, vgl. Russ/Janßen/Götze (Hrsg.), Abschn. C Rn. 19 mwN.

[2732] Vgl. Behrendt-Geisler/Rimmelspacher, DB 2015, Beilage 05 zu Heft 36, 11.

[2733] Vgl. auch Russ/Janßen/Götze (Hrsg.), Abschn. H Rn. 35 ff.

scheidung – und damit um ein unechtes Bewertungswahlrecht – handele, ist nach Behrendt-Geisler/Rimmelspacher[2734] über die Anwendung der Ausnahmeregelung iRd. Angaben der angewandten Bewertungsmethoden nach § 284 Abs. 2 Nr. 1 HGB zu berichten. Eine Begründung, warum die Nutzungsdauer nicht verlässlich schätzbar ist, erscheine dabei – anders als für den entgeltlich erworbenen Geschäfts- oder Firmenwert – nicht erforderlich.

5.2.12.5. Prüfung des Postens

Es sind die für immaterielle Anlagewerte allgemein üblichen Prüfungshandlungen durchzuführen. Es ist darauf zu achten, dass die in diesem Posten ausgewiesenen Beträge die Voraussetzungen erfüllen. Diesbezüglich wird auf die vorstehenden Ausführungen verwiesen, deren Beachtung stets zu prüfen ist.

Der **Nachweis** erfolgt anhand von Vertragsunterlagen, Rechnungen sowie aufgrund der Wertfortschreibungen in der Anlagenbuchhaltung. Die Bestandsnachweise sind auf Vollständigkeit hin zu prüfen.

Hinsichtlich der **Bewertung** sind die vorgenommenen planmäßigen und außerplanmäßigen Abschreibungen auf Richtigkeit und Angemessenheit zu prüfen.

Der **Prüfungsbericht** muss die erforderlichen Angaben enthalten.

5.2.13. Sachanlagen (Aktiva 12.)

5.2.13.1. Postenbezeichnung

Die Postenbezeichnung nach dem Formblatt 1 der RechKredV lautet wie folgt:

12. Sachanlagen

Es sind im Formblatt weder Untergliederungen – wie in § 266 Abs. 2 A.II. HGB – noch Darunter-Vermerke zum Aktivposten „12. Sachanlagen" vorgesehen.

[2734] Vgl. Behrendt-Geisler/Rimmelspacher, DB 2015, Beilage 05 zu Heft 36, 10.

Für **Zahlungsinstitute** und **E-Geld-Institute** lautet die Postenbezeichnung nach Formblatt 1 der RechZahlV wie folgt.

10. Sachanlagen
   a) aus Zahlungsdiensten und aus der Ausgabe von E-Geld
   b) aus sonstigen Tätigkeiten

5.2.13.2. Posteninhalt

5.2.13.2.1. Rechnungslegungsverordnung

Die RechKredV enthält, abgesehen von den Bestimmungen zum Ausweis von im Kreditgeschäft erworbenen Grundstücken und Gebäuden (§ 20 Satz 5 RechKredV), keine Bestimmungen für den Posteninhalt des Aktivpostens 12. Insoweit gelten die allgemeinen Vorschriften des HGB. Dies gilt auch für die Frage des Zeitpunkts von Zu- und Abgängen.

Mit der Zweiten Verordnung zur Änderung der RechKredV vom 11.12.1998 wurde in § 20 RechKredV ein Satz 5 eingefügt: *„Zur Verhütung von Verlusten im Kreditgeschäft erworbene Grundstücke und Gebäude dürfen, soweit sie nicht im Posten Nr. 12 „Sachanlagen" ausgewiesen sind, im Posten 14. „Sonstige Vermögensgegenstände" nur ausgewiesen werden, wenn sie sich nicht länger als fünf Jahre im Bestand des bilanzierenden Instituts befinden."*

Die RechZahlV enthält auch keine Bestimmungen zum Aktivposten 10. Insoweit gelten auch hier die allgemeinen Bestimmungen des HGB.

5.2.13.2.2. Voraussetzungen für den Postenausweis

Überblick

Der Posteninhalt deckt sich mit dem Bilanzposten „Sachanlagen" gemäß § 266 Abs. 2 A.II. HGB. Im Aktivposten 12. bzw. 10. sind mithin folgende Sachanlagen auszuweisen:[2735]

[2735] Vgl. auch Baetge/Kirsch/Thiele, Bilanzen, 239 ff.

- Grundstücke, grundstücksgleiche Rechte und Bauten einschließlich der Bauten auf fremden Grundstücken,[2736]
- technische Anlagen und Maschinen,
- andere Anlagen,
- Betriebs- und Geschäftsausstattung,
- geleistete Anzahlungen und Anlagen im Bau.

Der Posten umfasst praktisch das **Grundvermögen** des Instituts einschließlich der **Bauten**, soweit es dazu bestimmt ist, dauernd dem Geschäftsbetrieb zu dienen. Für Immobilien, die im Rahmen von Rettungserwerben erworben wurden, enthält § 20 Satz 5 RechKredV eine Zuordnungsfiktion.

Grundvermögen

Grundstücke sind alle bebauten und unbebauten Grundstücke des Instituts, die ihm gehören oder in seinem wirtschaftlichen Eigentum stehen. **Gebäude** sind zusammen mit den Grundstücken auszuweisen. Zu Letzteren rechnen auch Einrichtungen, die wirtschaftlich als Teil des Gebäudes anzusehen sind, weil sie seiner Nutzung dienen.

Gebäude sind wesentliche Bestandteile eines Grundstücks, da sie mit dem Grund und Boden fest verbunden sind. Ein bebautes Grundstück ist eine unbewegliche Sache und kann nur als Einheit übereignet oder mit einer Grundschuld bzw. Hypothek belastet werden. Ein bebautes Grundstück bildet idR zivilrechtlich eine Einheit (§ 94 BGB), während es wirtschaftlich in ein Grundstück und ein Gebäude aufgeteilt wird, denn nur das Gebäude unterliegt der Abschreibung.

Erbbaurechte sind ebenfalls hier auszuweisen. Bei diesen gilt das aufgrund dieses Rechts errichtete Bauwerk als wesentlicher Bestandteil des Erbbaurechts und ist Eigentum des Erbbauberechtigten. Eine Einmalzahlung des Erbbauberechtigten stellt Anschaffungskosten des Erbbaurechts dar und gehört mithin zum Aktivposten 12. Die Abschreibung richtet sich nach der Vertragsdauer. Die Verpflichtung aus einem laufend zu entrichtenden Erbbauzins wird nicht passiviert und als Erbbaurecht insoweit auch nicht aktiviert.

[2736] Zu den Voraussetzungen des erstmaligen Ansatzes von Grundstücken beim Erwerber vgl. WPH Edition, Wirtschaftsprüfung & Rechnungslegung, 17. Aufl., Kapitel F Tz. 46 und 325.

Zu den **Bauten** gehören zum einen die Bürogebäude des Instituts, aber auch Kanalbauten und Außenanlagen wie Parkplätze, Straßen usw. Als Bauten auf fremden Grundstücken sind Wohn- und Geschäftsbauten auszuweisen, die aufgrund eines obligatorischen Vertrags (zB Pacht) errichtet worden sind, ohne dass dem bilanzierenden Institut ein dingliches Recht am Grund und Boden zusteht; ob diese Bauten wesentlicher Bestandteil des Grundstücks werden oder nicht, ist hierbei unerheblich.

Auch **Anzahlungen** auf im Bau befindliche Gebäude sowie auf gekaufte Grundstücke und Gebäude sind hier zuzuordnen. Die Anzahlung ist grundsätzlich in Höhe des Anzahlungsbetrags anzusetzen. Mit der Anzahlung **geleistete Umsatzsteuer** ist insoweit zu aktivieren, als nicht eine Verrechnung als Vorsteuer erfolgt. Zu Anzahlungen durch Tauschgeschäfte vgl. Ross.[2737]

Aufgrund der Postenbezeichnung müssen die hier bilanzierten Grundstücke und Gebäude dem Anlagevermögen zuzurechnen sein. Damit sind in diesem Posten einerseits Grundstücke und Gebäude, die dem Geschäftsbetrieb bzw. der Kapitalanlage dienen, andererseits Grundstücke und Gebäude, die zur Vermeidung von Kreditverlusten erworben wurden und bei denen keine Absicht der Weiterveräußerung besteht, die also letztlich eine Kapitalanlage darstellen, auszuweisen.

Immobilien, die dem Umlaufvermögen zuzuordnen sind, sind dagegen im Aktivposten „14. Sonstige Vermögensgegenstände" auszuweisen.

Zeitpunkt des Zugangs bzw. Abgangs von Grundstücken und Gebäuden

Die Frage des Zu- bzw. Abgangs ist nicht primär nach rechtlichen, sondern nach wirtschaftlichen Gesichtspunkten zu bestimmen. Beim Erwerber ist ein Grundstück unter folgenden, kumulativ zu erfüllenden Voraussetzungen anzusetzen: Zum Abschlussstichtag muss ein formgültiger Vertrag abgeschlossen sein; bis zum Abschlussstichtag muss der Übergang von Besitz, Gefahr, Nutzen und Lasten erfolgt sein; erforderliche Genehmigungen müssen bis zur Bilanzaufstellung erteilt oder sicher zu erwarten sein; bei Bilanzaufstellung müssen die Bewilligung und der Antrag auf Eintragung ins Grundbuch vorliegen und die Eintragung sicher erscheinen (falls eine Auflassung gemäß §§ 873, 925 BGB noch nicht erklärt wurde, muss bei Bilanzaufstellung eine Auflassungsvormerkung gemäß § 883 BGB eingetragen sein).

[2737] Vgl. Ross, DStR 2017, 1282 ff.

Wird die Eintragung im Grundbuch vor dem Übergang von Nutzen und Lasten vollzogen, ist der Tag des Übergangs der Tag der Eintragung ins Grundbuch. Soweit erhebliche Nutzungen usw. zurückbehalten werden, ist IDW ERS HFA 13 zu beachten.

Der BFH hat mit Urteil vom 18.5.2006[2738] entschieden, dass beim Verkäufer ein Gewinn aus der Veräußerung eines Grundstücks mit dem Übergang des zivilrechtlichen Eigentums auf den Käufer (Eintragung im Grundbuch) auch dann realisiert ist, wenn Besitz, Nutzungen und Lasten sowie Gefahr vereinbarungsgemäß erst zu einem späteren Zeitpunkt übergehen. Inwieweit dies mit IDW ERS HFA 13 nF Tz. 55 und 56 kollidiert, ist im Einzelfall zu klären. Werden danach bspw. bedeutsame Risiken auf Dauer (dh. für die gesamte Restnutzungsdauer) oder zumindest langfristig zurückbehalten, sind sowohl der Abgang des Vermögensgegenstands als auch die Gewinnrealisierung zu verneinen.

Leasingvermögen

Soweit dem Kreditinstitut in nennenswertem Umfang Gegenstände im Rahmen von **Leasingverträgen** zuzurechnen sind, empfiehlt sich, diese beweglichen Vermögensgegenstände in einem gesonderten Aktivposten auszuweisen; bei nicht nennenswertem Umfang kommt ein Ausweis im Aktivposten 14. in Betracht.[2739] Verleaste Vermögensgegenstände dienen nicht dem eigenen Geschäftsbetrieb.

Durch die Einbeziehung von bestimmten **Finanzierungsleasingunternehmen** in den Kreis der Finanzdienstleistungsinstitute hat sich an den allgemeinen Grundsätzen für die Bilanzierung des Leasings nichts geändert. Diese Unternehmen haben die allgemeinen Grundsätze weiter zu beachten, gleichzeitig aber die für Institute geltenden Normen hinsichtlich der Bilanzgliederung, des Bilanzausweises und der Bewertung anzuwenden (§§ 340 ff. HGB, RechKredV einschließlich der Formblätter 1 bis 3).

Mit Art. 3 der vom BMJ am 9.6.2011 veröffentlichten *„Verordnung zur Änderung von Rechnungslegungsverordnungen"*[2740] wird für Leasinggegenstände bei **Leasingunternehmen** iSd. § 1 Abs. 1a Nr. 10 KWG vor dem Posten „11. Immaterielle Anlagewerte" ein Posten „10a. Leasingvermögen" eingefügt. Dieser Posten umfasst sowohl materielles als auch immaterielles Lea-

[2738] Vgl. BFH-Urteil vom 18.5.2006, DStR 2006, 1359 ff.
[2739] Vgl. Krumnow ua., 2. Aufl., Erläuterung zum Aktivposten Nr. 12 „Sachanlagen" Rn. 5.
[2740] Vgl. BGBl. I 2011, 1043.

singvermögen.[2741] Dieser Postenausweis gilt ausweislich der Fußnote 14 zu Formblatt 1 zwar nur für Finanzdienstleistungsinstitute iSd. § 1 Abs. 2a Nr. 10 KWG (Finanzierungsleasingunternehmen). Für den Fall, dass **Kreditinstitute** in nennenswertem Umfang Leasingvermögen haben, können diese auch diesen Ausweis wählen.

Restwertrisiken sind grundsätzlich über außerplanmäßige Abschreibungen zu berücksichtigen.[2742]

Darüber hinaus empfiehlt das IDW[2743] über den bisherigen Regelungsinhalt von § 34 Abs. 3 RechKredV hinaus, bei Leasingunternehmen das **Leasingvermögen** im Anhang gesondert in den **Anlagenspiegel** aufzunehmen. Hierbei wäre eine zusätzliche Aufteilung in immaterielle und materielle Leasinggüter sowie in bereits geleistete Anzahlungen auf Leasinggüter wünschenswert. Entsprechendes gilt für Kreditinstitute für den Fall, dass diese den für Leasingunternehmen vorgesehenen Ausweis wählen.

Betriebs- und Geschäftsausstattung

Als **Betriebs- und Geschäftsausstattung** sind neben den beweglichen Anlagegegenständen, wie zB Büroeinrichtung, Kraftfahrzeuge, Kantinen- und Kücheneinrichtungen, Büromaschinen einschließlich Personalcomputer und EDV-Anlagen, auch die sog. Betriebsvorrichtungen zu erfassen. Software ist idR unter den immateriellen Anlagewerten zu erfassen (vgl. Aktiva 11.). Unter den Sachanlagen auszuweisen ist die für das Netzwerk benötigte Hardware.

Zur Betriebs- und Geschäftsausstattung rechnen auch **bauliche Veränderungen an fremden Gebäuden** (Aus-, Ein- und Umbauten). Software ist im Posten Aktiva 11. zu zeigen.

Rettungserwerbe

Mit § 20 Satz 5 RechKredV wird der Ausweis der Rettungserwerbe von Immobilien explizit geregelt. Solche Grundstücke und Gebäude waren bislang

---

[2741] Vgl. BR-Drucks. 204/11, 12 f.
[2742] Vgl. Holzheimer, IDW-Sonderdruck, 37; IDW, 222. Sitzung des HFA, FN 2011, 121 f.; das OLG Düsseldorf verlangt in seinem Beschluss vom 19.5.2010, DStR 2010, 1454 f., dass die Restwertrisiken mittels einer Drohverlustrückstellung abzubilden seien; dem stimmt der HFA ausdrücklich nicht zu.
[2743] Vgl. Holzheimer, IDW-Sonderdruck, 36.

schon im Wesentlichen im Aktivposten „14. Sonstige Vermögensgegenstände"
ausgewiesen, doch stellt die Regelung des § 20 Satz 5 RechKredV einen einheitlichen Ausweis sicher. Der Ausweis im Aktivposten 14. wird damit, soweit
nicht ein Ausweis unter den Sachanlagen erfolgt, auf solche Immobilien beschränkt, die sich nicht länger als fünf Jahre im Bestand befinden. Spätestens
nach fünf Jahren ist grundsätzlich eine Umgliederung in die Sachanlagen vorzunehmen.

Ein Ausweis im Aktivposten 12. hat stets dann zu erfolgen, wenn diese Immobilien dazu bestimmt sind, dauernd dem Geschäftsbetrieb zu dienen. Dies wird
durch § 20 Satz 5 RechKredV für den Fall unterstellt, dass sich die Rettungserwerbe länger als fünf Jahre im Bestand befinden.[2744]

Bei einer längeren Verweildauer wird ein Ausweis im Sachanlagevermögen
erforderlich (Daueranlageabsicht). Allerdings haben die Institute jederzeit die
Möglichkeit, Grundstücke und Gebäude umzuwidmen, um so einen Ausweis
im Sachanlagevermögen zu verhindern. Dies sollte nach Ablauf von fünf Jahren aber nur dann geschehen, wenn die konkrete Absicht der Veräußerung besteht und diese auch mit hinreichender Verlässlichkeit in absehbarer Zeit erfolgen wird. Andernfalls wäre die Regelung in das Belieben des bilanzierenden
Instituts gestellt.

Die **Erfassung** (Einbuchung) des in der Zwangsversteigerung erworbenen Grundstücks erfolgt grundsätzlich nach Erteilung des Zuschlags in der
Zwangsversteigerung.[2745] Der Übergang des Eigentums am Grundstück erfolgt automatisch mit dem Wirksamwerden des Zuschlags. Der Zuschlag ist
ein rechtsbegründender staatlicher Hoheitsakt, über den das Vollstreckungs-
gericht durch Beschluss entscheidet. Für den Fall, dass gegen den Zuschlags-
beschluss von den an der Zwangsversteigerung Beteiligten Beschwerde eingelegt worden oder zu erwarten ist, ist es zweckmäßig, die Buchung zunächst
bis zur Erledigung der Beschwerde auszusetzen (Beschwerdefrist beträgt zwei
Wochen).[2746] Besteht am Bilanzstichtag begründete Aussicht oder steht bei der
Bilanzerstellung fest, dass einer bereits eingelegten Beschwerde stattgegeben
wird, ist statt des Grundstücks noch die Forderung in die Bilanz aufzunehmen.

[2744] Zu den Anschaffungskosten dieser Grundstücke vgl. Scharpf, DB 1987, 755; vgl. auch
DSGV (Hrsg.), Anlage 19; Kolbinger, BB 1993, 2119 ff.
[2745] Vgl. Scharpf, DB 1987, 755; Kolbinger, BB 1993, 2119.
[2746] GlA Kolbinger, BB 1993, 2119.

5.2.13.3. Bewertung

Die Zugangsbewertung erfolgt zu **Anschaffungskosten** einschließlich Nebenkosten (insbesondere Notariats- und Grundbuchkosten, Vermessungskosten, Grunderwerbsteuer, Maklerprovision, Restbuchwert und Abbruchkosten eines Gebäudes bei Erwerb mit Abbruchabsicht) bzw. bei selbst erstellten Gebäuden zu **Herstellungskosten** iSd. § 255 Abs. 2 HGB.[2747] Herstellungskosten fallen auch bei der **Erweiterung** oder einer **wesentlichen Verbesserung** eines Vermögensgegenstands an (siehe nachfolgend). Bezüglich der Ermittlung der Anschaffungs- und Herstellungskosten sowie der Vornahme von Abschreibungen gelten die allgemeinen handelsrechtlichen Bewertungsvorschriften. Insoweit ergeben sich für Institute keine Besonderheiten. Zur Folgebewertung von Immobilien des Anlagevermögens (Wertminderungstest) vgl. Franke/Wächtershäuser.[2748]

Die Anschaffungs- bzw. Herstellungskosten sind auf Grund und Boden und das Gebäude **aufzuteilen**. Nur die auf ein Gebäude entfallenden Beträge sind planmäßig abzuschreiben.

Die Übernahme von Verbindlichkeiten des Veräußerers anlässlich des Erwerbs eines Grundstücks führt grundsätzlich zu Anschaffungskosten, weil der Erwerber in diesem Fall die spätere Erfüllung der Verbindlichkeiten übernimmt, nicht hingegen die Übernahme von Verpflichtungen in Form von Duldungspflichten (dingliche Nutzungsrechte), wie bspw. beim Erwerb eines mit einem Erbbaurecht belasteten Grundstücks.[2749]

Zur Zugangs- und Folgebewertung von Immobilien des Anlagevermögens in der Handelsbilanz vgl. IDW RS IFA 2.[2750] Wird ein bebautes Grundstück erworben, ist der hierfür entrichtete Gesamtkaufpreis nach dem Grundsatz der Einzelbewertung auf den Grund und Boden und das/die aufstehende(n) Gebäude aufzuteilen. Sofern der Kaufvertrag eine Aufteilung des Kaufpreises auf die einzelnen Vermögensgegenstände enthält, ist dieser Aufteilung zu folgen, sofern sie nicht willkürlich erscheint. Enthält der Kaufvertrag keine solche Aufteilung, ist der Gesamtkaufpreis in einem angemessenen Verhältnis der Verkehrswerte (Verhältnis Sachwert des Gebäudes zum Verkehrswert des Grund und Bodens; Verhältnis der Ertragswerte) auf die einzelnen Vermögens-

---

[2747] Zu einem Schema für die Berechnung der Herstellungskosten vgl. WPH Edition, Wirtschaftsprüfung & Rechnungslegung, 17. Aufl., Kapitel F Tz. 125 ff.

[2748] Vgl. Franke/Wächtershäuser, BBK 20/2017, 952 ff.

[2749] Vgl. BFH-Urteil vom 17.11.2004, DB 2005, 422; BB 2005, 770.

[2750] Vgl. Esser/Nann, WPg 2015, 181 ff.; Esser, WPg 2015, 1077 ff.; Willeke, StuB 2015, 104 ff.; Wiechers, WP Praxis 2015, 112 ff.

gegenstände aufzuteilen. Die sog. Restwertmethode[2751] ist nur in den Fällen zulässig, in denen der Wert eines der beiden Vermögensgegenstände im Verhältnis zum Gesamtwert von untergeordneter Bedeutung ist.

Die für sog. **geringwertige Wirtschaftsgüter** (GWG) nach dem EStG geltenden Regelungen können nach hM auch für die handelsrechtliche Bilanzierung angewendet werden, sofern dies nicht zu einer wesentlichen Falschbewertung führt.[2752] Vor dem Hintergrund der Anhebung der Obergrenze für GWG auf 800 EUR diskutierte der HFA, wie sich dies auf die Behandlung entsprechender Vermögensgegenstände in handelsrechtlichen Abschlüssen auswirkt. Nach Auffassung des HFA ist es als zulässig anzusehen, Vermögensgegenstände, die steuerlich das Kriterium eines GWG iSd. § 6 Abs. 2 Satz 1 EStG erfüllen, in der handelsbilanziellen Rechnungslegung im Geschäftsjahr ihrer Anschaffung/Herstellung in Höhe der gesamten Anschaffungs-/Herstellungskosten abzuschreiben. Dies gilt – abweichend von der Berücksichtigung eines Sammelpostens im handelsrechtlichen Abschluss – unabhängig davon, ob die betreffenden Vermögensgegenstände einzeln oder in Summe für den Abschluss von untergeordneter Bedeutung sind.[2753]

Im Zusammenhang mit der steuerlich zulässigen Sofortabschreibung sog. **digitaler Vermögensgegenstände** hat sich der HFA in seiner außerordentlichen Sitzung am 16.3.2021 befasst.[2754] Der FAB kam am 18.5.2022 zum Ergebnis, dass sich die Nutzungsdauerschätzung an den betrieblichen Realitäten ausrichten muss und mithin die Zugrundelegung einer Nutzungsdauer von nur einem Jahr nicht ohne weiteres zulässig sei.[2755]

Die Frage des **Zeitpunkts des Zu-**[2756] bzw. **Abgangs** von Grundstücken und Gebäuden wird in erster Linie vom Übergang von Nutzen und Lasten bestimmt, sofern der grundbuchrechtlichen Eintragung nichts entgegensteht. Wird die Eintragung im Grundbuch und damit der Eigentumsübergang vor dem Übergang von Nutzen und Lasten vollzogen, kommt für die buch- und bilanzmäßige Erfassung der Tag der Eintragung in Betracht.[2757] Auf die Aus-

---

[2751] Bestimmung des Verkehrswerts von nur einem Vermögensgegenstand und damit Ableitung der Anschaffungskosten des anderen Vermögensgegenstands durch Subtraktion vom Gesamtkaufpreis.

[2752] Vgl. IDW HFA, Berichterstattung über Sitzungen, 208. Sitzung des HFA, FN 2007, 506.

[2753] Vgl. IDW Life 2017, 848.

[2754] Vgl. IDW Life 2021, 347; BMF-Schreiben vom 26.2.2021, BStBl. I 2021, 298 f.

[2755] Vgl. IDW Life 07.2022, 595.

[2756] Vgl. zu den Voraussetzungen der Einbuchung WPH Edition, Wirtschaftsprüfung & Rechnungslegung, 17. Aufl., Kapitel F Tz. 46 und 325.

[2757] Vgl. DGRV (Hrsg.), Jahresabschluss, B.II. Rn. 545.

führungen in Kapitel 5.2.13.2.2. (unter: „Zeitpunkt des Zugangs bzw. Abgangs von Grundstücken und Gebäuden") wird verwiesen.

Soweit die Sachanlagen selbst erstellt worden sind, sind die **Herstellungskosten** maßgeblich (§ 253 Abs. 1 Satz 1 HGB). Das Ende des Herstellungszeitraums ist erreicht, wenn der Vermögensgegenstand „betriebsbereit" ist. Betriebsbereit bedeutet, dass eine Verwendung entsprechend der Zweckbestimmung erfolgen kann. Eine tatsächliche betriebliche Nutzung ist nicht zwingende Voraussetzung.

Bei größeren **Reparaturen** oder **baulichen Maßnahmen** und damit zusammenhängenden Erweiterungen ist zwischen aktivierungsfähigem/-pflichtigem **Herstellungsaufwand**, der über die Nutzungsdauer zu verteilen ist, und **Erhaltungsaufwand**, der sofort abzugsfähig ist, zu unterscheiden. Bei der Abgrenzung von Erhaltungsaufwand und Herstellungskosten bei Gebäuden ist IDW RS IFA 1 zu beachten.[2758] IDW RS IFA 1 gilt für Wohn- und Gewerbeimmobilien. Es werden die Aktivierungsvoraussetzungen bei Herstellung[2759], Erweiterung (Anbau)[2760], wesentliche Verbesserung[2761] und bei zusammenhängenden Baumaßnahmen dargestellt. Darüber hinaus wird auf die Besonderheiten bei komponentenweiser planmäßiger Abschreibung und bei außerplanmäßigen Abschreibungen bei nicht rentierlichen Herstellungskosten eingegangen.

Abnutzbare Sachanlagen sind **planmäßig abzuschreiben** (Einzelheiten vgl. IDW RS IFA 2). Das HGB unterscheidet nicht zwischen beweglichen und unbeweglichen Vermögensgegenständen des Anlagevermögens. Die handelsrechtliche (planmäßige) **Abschreibungsmethode** ist nach § 253 Abs. 3 Satz 1 und 2 HGB unabhängig von steuerlichen Vorschriften so zu bestim-

---

[2758] Vgl. FN 2014, 246 ff.; vgl. hierzu auch Wollmert/Oser, Bilanz Check-up 2015, 17 ff.; Franke/Wächtershäuser, BBK 24/2016, 1186 ff. mit Beispielen; Schießl, StuB 2016, 719 ff.

[2759] Baumaßnahmen an einem bestehenden Gebäude führen ausnahmsweise dann zur Herstellung eines neuen Gebäudes, wenn wesentliche Teile des Gebäudes so sehr abgenutzt waren, dass das Gebäude gänzlich oder in seiner bisherigen Form unbrauchbar geworden ist (Vollverschleiß). Das Gebäude muss hierbei aufgrund der Baumaßnahmen als „bautechnischer Neubau" einzuordnen sein.

[2760] Eine Erweiterung liegt vor, wenn bauliche Maßnahmen dazu dienen, das Gebäude in seiner Substanz zu vermehren. Ein Anbau an ein Gebäude stellt grundsätzlich eine Erweiter iSd. § 255 Abs. 2 Satz 1 HGB dar. Durch einen mit dem Gebäude verschachtelten Anbau entsteht allerdings ein einheitliches neues Gebäude, wenn die Neubauteile dem Gesamtgebäude das Gepräge geben.

[2761] Eine wesentliche Verbesserung ist gegeben, wenn über eine zeitgemäße substanzerhaltende Erneuerung hinaus die Gebrauchsmöglichkeiten des Gebäudes (Nutzungspotenzial) im Ganzen deutlich erhöht wird.

men, dass der Entwertungsverlauf des Vermögensgegenstands (Wertverzehr) sachgerecht abgebildet wird. Die Angemessenheit der handelsrechtlichen Abschreibungsmethode hängt im Einzelfall von Art und Nutzung des jeweiligen Vermögensgegenstands ab. Die steuerlichen Abschreibungen dürfen nur dann in die Handelsbilanz übernommen werden, wenn sie (zumindest bei Anschaffungen nach dem 1.1.2010) dem tatsächlichen Wertverzehr entsprechen. Zu den Übergangsregeln – für steuerliche Altfälle – auf das BilMoG vgl. Art. 67 EGHGB.

Außerplanmäßige Abschreibungen müssen vorgenommen werden, wenn es sich um eine voraussichtlich dauernde Wertminderung handelt (§ 253 Abs. 3 HGB). Dies gilt sowohl für abnutzbare als auch für nicht abnutzbare Vermögensgegenstände des Anlagevermögens. IDW RS IFA 2 nimmt eine Kategorisierung (dauerhafte Nutzungsabsicht, nicht dauerhafte Nutzungsabsicht, zum Verkauf vorgesehene Immobilien, zum Abriss vorgesehene Immobilien) für Zwecke der Beurteilung von Wertminderungen und des Bedarfs an außerplanmäßigen Abschreibungen vor. Eine vorübergehende Wertminderung kann nach IDW RS IFA 2 Tz. 40 nur dann angenommen werden, soweit aufgrund nachweisbarer Umstände erwartet werden kann, dass zumindest mittelfristig, dh. innerhalb eines Zeitraums von idR drei bis fünf Jahren, die Gründe für eine außerplanmäßige Abschreibung nicht mehr bestehen werden.[2762]

Von einer voraussichtlich dauernden Wertminderung ist bei abnutzbaren Anlagegegenständen auszugehen, wenn der beizulegende Wert voraussichtlich während eines erheblichen Teils der Restnutzungsdauer unterhalb des planmäßigen Restbuchwerts liegt. Als zeitlicher Grenzwert für diesen „erheblichen Teil" kann handelsrechtlich die halbe Restnutzungsdauer zum Zeitpunkt der Wertminderung herangezogen werden, allerdings bilden auch bei langlebigen Vermögensgegenständen drei bis fünf Jahre die Obergrenze. Eine allgemein verschlechterte Ertragslage des Instituts allein rechtfertigt keine außerplanmäßige Abschreibung.[2763]

Bestehen die Gründe für eine außerplanmäßige Abschreibung nicht mehr, ist eine **Zuschreibung** nach § 253 Abs. 5 HGB vorzunehmen. Dabei gelten die ursprünglichen (fortgeführten) Anschaffungs-/Herstellungskosten stets als Wertobergrenze einer Wertaufholung.

[2762] Vgl. auch Esser/Gebhardt, WP Praxis 9/2016, 228 ff.
[2763] Vgl. IDW, Fachlicher Hinweis (Teil 2), IDW Life 2020, 317.

Zur handelsrechtlichen Zulässigkeit einer **komponentenweisen** planmäßigen **Abschreibung** von Sachanlagen vgl. IDW RH HFA 1.016.[2764]

Die **Anschaffungskosten** von im Weg der Zwangsversteigerung zur **Rettung von Forderungen erworbenen Immobilien** setzen sich wie folgt zusammen:[2765]

1. Kosten der Zwangsversteigerung (Gerichtskosten, Eintragungsgebühren usw.),
2. abgelöste und übernommene Vorlasten,
3. Grunderwerbsteuer[2766] sowie
4. die durch das Grundstück gesicherte eigene Forderung einschließlich der Zinsen bis zum Zuschlag und zwar unter Berücksichtigung der Anschaffungskosten 1. bis 3. bis zur Höhe des Verkehrswerts (vorsichtig geschätzter Tageswert).[2767] Dies gilt auch für bereits wertberichtigte Forderungen.

Die vom Zuschlag bis zum Verteilungstermin zu zahlenden Zinsen sind nicht zu aktivieren, sondern als laufender Grundstücksaufwand zu buchen, denn das Eigentum geht grundsätzlich mit dem Zuschlag auf den Ersteher über.

Die im Rahmen einer **Zwangsversteigerung** zur Rettung von Forderungen erworbenen Grundstücke sind ggf. mit ihrem niedrigeren beizulegenden Wert anzusetzen. Die Ermittlung des beizulegenden Werts hat zum Zwecke der verlustfreien Bewertung retrograd zu erfolgen. Ausgangspunkt ist der voraussichtliche Verkaufspreis; dieser ist um die Vermarktungs- und Vertriebskosten (Provisionen, Inserate usw.) sowie um zukünftige Kosten für die Behebung von Mängeln und Kosten der Fertigstellung sowie Zinsverluste zu vermindern.[2768] Der voraussichtliche Veräußerungserlös ist aus der Sicht der Verhältnisse des Bilanzstichtags für den Zeitpunkt der voraussichtlichen Veräußerung zu schätzen.[2769] Nicht berücksichtigungsfähig sind nach Ansicht des BFH[2770]

[2764] Vgl. hierzu Willeke, StuB 2009, 679 ff.; Herzig/Briesemeister/Joisten/Vossel, WPg 2010, 561 ff.

[2765] Vgl. Scharpf, DB 1987, 756; Kolbinger, BB 1993, 2119.

[2766] Gegenleistung ist das Meistgebot einschließlich der bestehen bleibenden Rechte (§ 9 Abs. 1 Nr. 4 GrEStG). Zum Erwerb durch dem Kreditinstitut gesellschaftsrechtlich verbundene Verwertungsgesellschaften vgl. BFH-Urteil vom 8.11.2000, DB 2001, 418 sowie FinMin Niedersachsen, Erlass vom 17.7.2001, DB 2001, 2227.

[2767] Der Verkehrswert nach § 74a ZVG stellt nicht ohne Weiteres den für Bilanzierungszwecke gesuchten Verkehrswert dar.

[2768] Zu Zinsverlusten vgl. DGRV (Hrsg.), Jahresabschluss, B.II. Rn. 653 f.

[2769] Vgl. BFH-Urteil vom 9.11.1994, BStBl. II 1995, 336 ff., 337.

[2770] Vgl. BFH-Urteil vom 9.11.1994, BStBl. II 1995, 336 ff., 337.

die Fixkosten des Instituts, die ohnehin anfallen würden. Schuldzinsen für die Finanzierung des Objekts können ebenfalls nicht berücksichtigt werden. Gleiches gilt für den Abzug eines Unternehmergewinns mit der Begründung, dass die Erzielung eines Gewinns beim An- und Verkauf von Grundstücken durch Institute zur Rettung notleidender Kredite nicht bezweckt ist.

5.2.13.4. Anhangangaben

Für die Sachanlagen sind die in § 284 Abs. 3 HGB (Anlagenspiegel) verlangten Angaben im Anhang zu machen (§ 34 Abs. 3 RechKredV). Wegen weiterer Einzelheiten zum **Anlagenspiegel** wird auf die Ausführungen zum Anhang verwiesen (Kapitel 7.3.4.).

Zum Aktivposten „12. Sachanlagen" sind nach § 35 Abs. 2 RechKredV im Anhang mit ihrem jeweiligen Gesamtbetrag anzugeben:

- die vom Kreditinstitut im Rahmen seiner eigenen Tätigkeit genutzten Grundstücke und Bauten,
- die Betriebs- und Geschäftsausstattung.

Darüber hinaus kommen grundsätzlich auch Angaben nach § 284 Abs. 2 Nr. 1 und 2 HGB zu den angewandten **Bilanzierungs- und Bewertungsmethoden** infrage. **Abweichungen** hiervon müssen ebenfalls angegeben und begründet werden; ihr Einfluss auf die Vermögens-, Finanz- und Ertragslage ist gesondert darzustellen.

Gemäß § 285 Nr. 21 HGB sind zumindest die wesentlichen nicht zu marktüblichen Bedingungen zustande gekommenen Geschäfte mit nahestehenden Unternehmen und Personen anzugeben (Mindestangabe).

Darüber hinaus können die Angaben des § 35 Abs. 1 Nr. 3 RechKredV (Leasinggeschäft), § 35 Abs. 1 Nr. 6 RechKredV (auf Fremdwährung lautende Sachanlagen) § 285 Nr. 29 HGB (Differenzen auf denen latente Steuern beruhen) relevant werden.

5.2.13.5. Prüfung des Postens

Es sind die für Sachanlagen allgemein üblichen Prüfungshandlungen durchzuführen. Insbesondere ist darauf zu achten, dass die in diesem Posten ausgewiesenen Beträge die Voraussetzungen erfüllen. Diesbezüglich wird auf die vorstehenden Ausführungen verwiesen, deren Beachtung stets zu prüfen ist.

Der **Nachweis** erfolgt mittels Vertragsunterlagen, Bauplänen, Grundbuchaus-zügen, Grundbuchbenachrichtigungen, Rechnungen sowie aufgrund der Wert-fortschreibungen in der Anlagenbuchhaltung. Die Bestandsnachweise sind auf Vollständigkeit hin zu prüfen.

Es empfiehlt sich, sich für die dem Institut gehörenden Grundstücke Grund-buchauszüge bzw. Grundbuchbenachrichtigungen vorlegen zu lassen. Anhand dieser Unterlagen kann festgestellt werden, ob das Institut Eigentümer ist. Ggf. muss sich der Prüfer von dem tatsächlichen Vorhandensein der Sachanla-gen durch Inaugenscheinnahme überzeugen.

Soweit **satzungsmäßige Bestimmungen** für den Erwerb, die Erweiterung und die Veräußerung zu beachten sind, ist deren Einhaltung zu prüfen.

Hinsichtlich der **Bewertung** ist festzustellen, ob die Anschaffungs- und Her-stellungskosten der während des Geschäftsjahres zugegangenen Sachanlagen zutreffend ermittelt worden sind. Daneben sind die plan- und außerplanmäßi-gen Abschreibungen auf Richtigkeit bzw. Angemessenheit zu prüfen. In die-sem Zusammenhang ist auch festzustellen, ob Zuschüsse zutreffend abgebil-det wurden.

Daneben sind die mit den Sachanlagen (Immobilien, Betriebs- und Geschäfts-ausstattung usw.) zusammenhängenden **Aufwendungen** bzw. **Erträge** (zB Mieten, Instandhaltungsaufwendungen usw.) zu prüfen.

Der **Prüfungsbericht** muss die erforderlichen Angaben enthalten.

5.2.14. Eingefordertes, noch nicht eingezahltes Kapital (Aktiva 13.)

5.2.14.1. Postenbezeichnung

Die Postenbezeichnung nach dem Formblatt 1 der RechKredV lautet wie folgt:

13. Eingefordertes, noch nicht eingezahltes Kapital

Mit Art. 3 der *„Verordnung zur Änderung von Rechnungslegungsverordnun-gen"* vom 9.6.2011[2771] wurde die Postenbezeichnung an das BilMoG ange-passt.

[2771] BGBl. 2011 Teil I, 1041 ff., hier 1043 f.

Die Postenbezeichnung für **Zahlungsinstitute** und **E-Geld-Institute** nach Formblatt 1 der RechZahlV stimmt mit der für Kredit-, Finanzdienstleistungs- und Wertpapierinstitute überein. Lediglich in der Nummerierung unterscheiden sie sich.

5.2.14.2. Posteninhalt

5.2.14.2.1. Rechnungslegungsverordnung

Die RechKredV und die RechZahlV enthalten keine Bestimmungen zum Inhalt dieses Aktivpostens. Für den Bilanzausweis gelten mithin die allgemeinen Vorschriften des § 272 Abs. 1 HGB.

5.2.14.2.2. Voraussetzungen für den Postenausweis

Das gezeichnete Kapital ist das Kapital, auf das die Haftung der Gesellschafter für die Verbindlichkeiten des Instituts gegenüber den Gläubigern beschränkt ist (§ 272 Abs. 1 Satz 1 HGB). Eingefordertes, noch nicht eingezahltes Kapital (eingeforderte ausstehende Einlagen) stellt rechtlich eine Forderung der Gesellschaft an ihre/n Gesellschafter dar.

Wirtschaftlich stellen die ausstehenden Einlagen vor ihrer Einforderung einen Korrekturposten zum Passivposten „Gezeichnetes Kapital" dar. Die **nicht eingeforderten** ausstehenden Einlagen auf das gezeichnete Kapital müssen seit Inkrafttreten des BilMoG offen von dem Posten „Gezeichnetes Kapital" abgesetzt werden (§ 272 Abs. 1 Satz 3 HGB); der verbleibende Betrag ist als Posten „Eingefordertes Kapital" in der Hauptspalte der Passivseite auszuweisen.

Als **eingefordertes, noch nicht eingezahltes Kapital** ist der Betrag der **eingeforderten**, aber **noch nicht eingezahlten** ausstehenden Einlagen auf das gezeichnete Kapital zu bilanzieren (Umkehrschluss § 272 Abs. 1 Satz 3 HGB).

Eingefordert ist das gezeichnete Kapital bei der Aktiengesellschaft dann, wenn der Vorstand zur Leistung aufgefordert hat und dies in den Gesellschaftsblättern bekannt gemacht worden ist (§ 63 Abs. 1 AktG). Die Satzung kann hiervon abweichende Regelungen enthalten. Keiner besonderen Aufforderung zur Einzahlung bedarf es, wenn die Satzung bzw. der Kapitalerhöhungsbeschluss feste Zahlungstermine vorsieht.

Sacheinlagen sind bei der AG nach § 36a Abs. 2 Satz 1 AktG bis zur Eintragung in das Handelsregister vollständig zu leisten, sodass diesbezüglich keine ausstehenden Einlagen auftreten können. Ausstehende Einlagen auf **Agio-Beträge** können bei der AG ebenfalls nicht entstehen, da § 36a AktG stets die Einzahlung des vollen Agios verlangt.

Bei der GmbH obliegt die Einforderung von Einzahlungen auf die Stammeinlage gemäß § 46 Nr. 2 GmbHG der Gesellschafterversammlung. Durch den Gesellschaftsvertrag können feste Zahlungstermine vorgesehen sein. Es ist auch möglich, dass im Gesellschaftsvertrag die Befugnis zur Einforderung auf die Geschäftsführer übertragen wird.

§ 272 Abs. 1 Satz 3 HGB verlangt, dass *„der eingeforderte, aber noch nicht einbezahlte Betrag (...) unter den Forderungen gesondert auszuweisen und entsprechend zu bezeichnen"* ist. Für **Nichtbanken** bedeutet dies, dass die eingeforderten ausstehenden Einlagen auf der Aktivseite unter den Forderungen gesondert auszuweisen und entsprechend zu bezeichnen sind. Nichtbanken können die eingeforderten ausstehenden Einlagen ggf. auch als Unterposten der Forderungen an verbundene Unternehmen bzw. Beteiligungsunternehmen oder gegen Gesellschafter ausweisen.

Für **Institute** kann die vorstehend dargestellte Vorgehensweise hingegen nicht in Anspruch genommen werden. Institute haben aufgrund der **Formblattstrenge** die eingeforderten ausstehenden Einlagen zwingend in dem hierfür im Formblatt vorgesehenen Posten zu zeigen.

5.2.14.3. Bewertung

Eingeforderte ausstehende Einlagen sind nach denselben Regeln wie alle anderen Forderungen zu bewerten. Die eingeforderten ausstehenden Einlagen sind entsprechend ihrem **wirklichen Wert**, also unter Berücksichtigung der Zahlungsfähigkeit der Gesellschafter bzw. der Ersatzverpflichteten (§ 65 AktG, §§ 22, 24 GmbHG) zu bewerten.[2772]

Dabei ist zu berücksichtigen, dass nach §§ 63 ff. AktG sowie §§ 22, 24 GmbHG auch die übrigen Gesellschafter bzw. „Vormänner" zur Einzahlung verpflichtet sind und die Anteile ggf. zum Börsen- oder Marktpreis verkauft werden dürfen. Für den Fall des § 65 Abs. 3 AktG bzw. § 23 GmbHG, dh. den Anteilsverkauf bei nicht zu erlangender Zahlung, kommt es für eine evtl. Wertberichtigung auf den Veräußerungswert der Anteile an.

[2772] Zur Bewertung noch nicht eingeforderter Einlagen vgl. KK-RLR, § 272 HGB Rn. 55 ff.

5.2.14.4. Anhangangaben

Bezüglich des Aktivpostens 13. sind von Instituten im Anhang keine besonderen Angaben gefordert. Falls eine Forderung unter dem Nennwert anzusetzen ist, dürfte es erforderlich sein, dies im Anhang darzustellen und ggf. zu begründen.

5.2.14.5. Prüfung des Postens

Die für eingeforderte ausstehende Einlagen allgemein üblichen Prüfungshandlungen sind durchzuführen. Es ist darauf zu achten, dass für die in diesem Posten ausgewiesenen Beträge die Voraussetzungen erfüllt sind. Diesbezüglich wird auf die vorstehenden Ausführungen verwiesen. Die **Bonität** säumiger Gesellschafter ist zu prüfen.

Bei der GmbH ist die Einhaltung der §§ 20 bis 25 GmbHG, bei der Aktiengesellschaft ist die Einhaltung der §§ 63 bis 66 AktG zu prüfen. Bei nicht rechtzeitiger Einzahlung haben die Aktionäre (§ 63 Abs. 2 AktG) bzw. Gesellschafter (§ 20 GmbHG) **Verzugszinsen** zu leisten.

Die Satzung bzw. der Gesellschaftsvertrag ist einzusehen, um festzustellen, ob bezüglich ausstehender Einlagen besondere Regelungen getroffen worden sind.

5.2.15. Sonstige Vermögensgegenstände (Aktiva 14.)

5.2.15.1. Postenbezeichnung

Die Postenbezeichnung lautet nach dem Formblatt 1 der RechKredV wie folgt:

14. Sonstige Vermögensgegenstände

Mit dem BilMoG wurde die Positionsnummer von 15. auf 14. geändert, da der frühere Aktivposten „14. Eigene Aktien oder Anteile" wegen der Änderung von § 272 Abs. 1 HGB weggefallen ist.

Die Postenbezeichnung bei **Zahlungsinstituten** und **E-Geld-Instituten** nach Formblatt 1 der RechZahlV lautet:

12. Sonstige Vermögensgegenstände
  a) aus Zahlungsdiensten und aus der Ausgabe von E-Geld
  b) aus sonstigen Tätigkeiten

5.2.15.2. Posteninhalt

5.2.15.2.1. Rechnungslegungsverordnung

Der Posteninhalt des Aktivpostens 14. ist für **Kredit-, Finanzdienstleistungs- und Wertpapierinstitute** in § 20 RechKredV näher umschrieben. Für **Zahlungsinstitute sowie E-Geld-Institute** regelt § 15 RechZahlV den Posteninhalt.

Mit der Zweiten Verordnung zur Änderung der RechKredV vom 11.12.1998 wurde ein Satz 5 in § 20 RechKredV angefügt. *„Zur Verhütung von Verlusten im Kreditgeschäft erworbene Grundstücke und Gebäude dürfen, soweit sie nicht im Posten Nr. 12. „Sachanlagen" ausgewiesen sind, im Posten Nr. 14 „Sonstige Vermögensgegenstände" nur ausgewiesen werden, wenn sie sich nicht länger als fünf Jahre im Bestand des bilanzierenden Instituts befinden."*

Nach § 15 RechZahlV sind bei **Zahlungsinstituten sowie E-Geld-Instituten** in diesem Posten Forderungen und sonstige Vermögensgegenstände auszuweisen, die einem anderen Posten nicht zugeordnet werden können. Dies gilt auch dann, wenn sie unter dem Vorbehalt des Eingangs gutgeschrieben worden sind. Hierzu zählen auch nicht in Wertpapieren verbriefte Genussrechte, die nicht rückzahlbar sind. Insoweit deckt sich der Posteninhalt mit § 20 Sätze 1, 3 und 4 RechKredV.

5.2.15.2.2. Voraussetzungen für den Postenausweis

Überblick

Dieser Aktivposten dient als Sammelposten, in dem nicht nur Forderungen und andere Vermögensgegenstände auszuweisen sind, die einem anderen Aktivposten nicht zugeordnet werden können, sondern auch solche, deren Ausweis in dieser Position in § 20 Satz 2 bis 4 RechKredV oder in anderen Vorschriften der RechKredV ausdrücklich gefordert wird. Dies bedeutet, dass der Ausweis unter den anderen Aktivposten dem Ausweis im Aktivposten 14. vorgeht. Mit Ausnahme der ausdrücklich in § 20 RechKredV ausdrücklich genannten Vermögensgegenstände sind insbesondere solche Forderungen auszuweisen, die keinen institutstypischen Bezug aufweisen.

Als hier auszuweisende Vermögensgegenstände sind beispielhaft zu nennen:

- **Forderungen an das Finanzamt** aus überzahlten Steuern einschließlich Zinsen auf Steuererstattungen, zur Bilanzierung bestrittener Steuererforderungen und -schulden nach HGB hat sich der HFA 2017 geäußert,[2773]
- **Schadenersatzansprüche**,
- **Ansprüche aus Rückdeckungsversicherungen** in Höhe des versicherungsmäßigen Deckungskapitals zuzüglich gutgeschriebener Gewinnguthaben (zur Bewertung sowie Saldierung mit entsprechenden Pensionsverpflichtungen bei einer Verpfändung an den Versorgungsberechtigten vgl. Thierer[2774]),[2775]
- Gründungsstockdarlehen,[2776]
- Ansprüche auf **Investitionszulagen**,
- **Lohn-, Gehalts- und Reisekostenvorschüsse**,
- **Silber-** und **Gedenkmünzen**, die zu einem höheren Betrag als dem Nennwert erworben wurden (§ 12 Abs. 1 Satz 2 RechKredV), auch wenn sie gesetzliches Zahlungsmittel sind,
- **Goldmünzen aller Art**, auch wenn es sich um gesetzliche Zahlungsmittel handelt (§ 12 Abs. 1 Satz 2 RechKredV),
- **Barrengold** (§ 12 Abs. 1 Satz 2 RechKredV),
- **Silber-** und **Gedenkmünzen**, die keine gesetzlichen Zahlungsmittel sind,
- **andere Edelmetallbestände** (zB Platin),
- **Leasinggegenstände**, sofern das Leasinggeschäft nur einen geringen Umfang hat,[2777]
- Forderungen aus **Vermietung und Verpachtung**,
- Einzahlungen auf Instandhaltungsrücklagen bei Sondereigentum gemäß Wohnungseigentumsgesetz[2778] (zB Eigentumswohnung, Garagen usw.),
- **Warenbestände** (außer den Handelswaren der Kreditgenossenschaften, die diese im Aktivposten „Warenbestand" auszuweisen haben),

---

[2773] Vgl. IDW HFA, IDW Life 2017, 528.
[2774] Vgl. Thierer, DB 2011, 189 ff.; FG München, Urteil vom 13.3.2017, NWB-Dok. AAA-AG-45541.
[2775] Zur Bewertung von Rückstellungen für Altersvorsorgeverpflichtungen aus rückgedeckten Direktzusagen vgl. IDW RH FAB 1.021, IDW Life 07.2021, 777 ff.; Endert, BBK 21/2021, 1003 ff.
[2776] Vgl. DGRV (Hrsg.), Jahresabschluss, B.II. Rn. 643a.
[2777] Zur Bilanzierung beim Leasinggeber vgl. IDW HFA 1/1989, WPg 1989, 625 sowie Grewe, WPg 1990, 161 ff.; HdR 5. Aufl., Kapitel 6 Rn. 101 ff.
[2778] Vgl. BFH, Beschluss vom 5.10.2011, BStBl. 2012 II, 244.

- zum eigenen Verbrauch bestimmte **Hilfs- und Betriebsstoffe** (zB Heizöl, Treibstoff usw.),
- erworbene **Optionen** (Call oder Put), soweit es sich nicht um börsenfähige Optionsscheine handelt, einschließlich der Prämienzahlungen für **Zinsbegrenzungsvereinbarungen** (Caps und Floors) (IDW RS BFA 6 Tz. 12); Details zur Bilanzierung von Derivaten vgl. Kapitel 4.12.,
- **Prämien** für eine Sicherungsnehmerposition in einem (erworbenen) **freistehenden CDS** (IDW RS BFA 1 Tz. 24), Einzelheiten vgl. Kapitel 4.12.6.5.2.,
- andere **immaterielle Vermögenswerte** des Umlaufvermögens, unabhängig davon, ob sie entgeltlich erworben wurden oder nicht (§ 248 Abs. 2 HGB),
- **Initial Margins** im Rahmen von Futuresgeschäften (IDW RS BFA 5 Tz. 9),
- **Variation Margin-Zahlungen** iRv. des Margin-Systems einer **zentralen Gegenpartei** (vgl. Kapitel 4.12.1.),
- **Variation Margins** im Rahmen von Futuresgeschäften (diese sind grundsätzlich aufwandswirksam abzuschreiben oder als Rückstellung zu erfassen) (IDW RS BFA 5 Tz. 13 ff.),
- antizipative Posten der Rechnungsabgrenzung, soweit es sich nicht um anteilige Zinsen handelt (§ 11 RechKredV); dies sind zB Miet- und Pachterträge des abgelaufenen Geschäftsjahres, die erst im kommenden Geschäftsjahr zu Einzahlungen führen,
- Vorauszahlungen, soweit sie nicht unter den Rechnungsabgrenzungsposten zu erfassen sind,
- verlorene Baukostenzuschüsse, Zuschüsse für den Straßenbau und sonstige Zuschüsse, die dem Institut kein Eigentum, sondern nur ein Nutzungsrecht verschaffen,
- **Immobilienzertifikate**, wenn nicht ein Ausweis unter den „Beteiligungen" oder „Sachanlagen" in Betracht kommt,
- Fehlzeiten aus gleitenden **Arbeitszeitregelungen** (Anspruch zum Ausgleich von Fehlzeiten durch Mehrarbeit im neuen Geschäftsjahr, Bewertung analog Überstunden),[2779]
- **nicht in Wertpapieren verbriefte Beteiligungen**, wenn sie nicht dazu bestimmt sind, dauernd dem Geschäftsbetrieb zu dienen,[2780]
- Forderung aus einem Ergebnisabführungsvertrag,
- Forderungen aus Vermittlungsleistungen (zB Provisionsansprüche),
- Genussrechte an Kreditinstituten, die nicht in Wertpapieren verbrieft und nicht rückzahlbar sind,[2781]

[2779] Vgl. IDW, 215. Sitzung des HFA, FN 2009, 322 f.
[2780] Vgl. Krumnow ua., 2. Aufl., § 20 RechKredV Rn. 13.
[2781] Vgl. DGRV (Hrsg.), Jahresabschluss, B.II. 628.

- Ausgleichsposten für positive Umrechnungsdifferenzen von besonders gedeckten Fremdwährungsgeschäften (IDW RS BFA 4 Tz. 17),[2782]
- zur Verhütung von Verlusten im Kreditgeschäft erworbene und nicht länger als fünf Jahre im Bestand befindliche Grundstücke und Gebäude,
- andere, dem Umlaufvermögen zuzurechnende Grundstücke und Gebäude,[2783]
- verlorene Baukostenzuschüsse,
- Kryptowährungen wie BTC usw. (vgl. Kapitel 4.13.).

Vermittlungsleistungen sind erfüllt, und die Erträge damit als **realisiert** anzusehen, sobald der vermittelte Vertrag zustande gekommen ist.[2784] Zu diesem Zeitpunkt ist der **Anspruch auf die Provision** zu aktivieren. Wird zwischen Unternehmer und Handelsvertreter dagegen vereinbart, dass der Provisionsanspruch bereits mit der Beendigung der Vermittlungsleistung oder dem Abschluss des Geschäfts rechtlich entstehen soll, ist dieser Zeitpunkt maßgebend für die Frage, in welcher Höhe am Abschlussstichtag Provisionsansprüche zu bilanzieren sind.

Schadensersatzansprüche

Forderungen, die in vollem Umfang bestritten werden, dürfen erst dann aktiviert werden, wenn und soweit sie entweder rechtskräftig festgestellt oder vom Schuldner anerkannt worden sind. Dabei können nach ständiger BFH-Rechtsprechung rechtskräftige Urteile, die dem Gläubiger eine bis dahin bestrittene Forderung zusprechen, auf deren Aktivierung nach den Grundsätzen des Vorsichtsprinzips nicht werterhellend, sondern nur wertbegründend einwirken.[2785]

Einzugspapiere (Einzugswerte)

Zu den Einzugswerten gehören alle Papiere, die in den üblichen Abrechnungsverkehr zwischen Kreditinstituten einbezogen werden.[2786] Im Aktivposten „14. Sonstige Vermögensgegenstände" sind auch die in § 20 Satz 2 RechKredV ausdrücklich genannten Einzugspapiere auszuweisen:

[2782] Vgl. Kapitel 4.8.
[2783] Vgl. DGRV (Hrsg.), Jahresabschluss, B.II. 628.
[2784] Vgl. BFH-Urteil vom 3.8.2005, BB 2005, 2682 f. mwN.
[2785] Vgl. hierzu BFH-Urteil vom 26.2.2014 I R 12/14, http://juris.bundesfinanzhof.de (abgerufen 25.10.2014), Rn. 20.
[2786] Vgl. DGRV (Hrsg.), Jahresabschluss, B.II. Rn. 631.

- **Schecks**[2787]

  Unter den zum Inkasso eingereichten Schecks dürfen nur **auf andere Institute gezogene Schecks** (auch Kauf- und Tankschecks) ausgewiesen werden, soweit sie dem Einreicher bis zum Bilanzstichtag (unter üblichem Vorbehalt) gutgeschrieben worden sind. Schecks, deren Gutschrift erst nach Eingang des Gegenwerts erfolgt, dürfen nicht bilanziert werden; diese sind auf Vormerkkonten zu erfassen.[2788]

  Vor dem Bilanzstichtag und am Bilanzstichtag an andere Banken weitergegebene Schecks, die von diesen nicht mehr in alter Rechnung gutgeschrieben worden sind, können entweder in alter Rechnung diesen Banken belastet oder ggf. als Überhangposten berücksichtigt oder noch als Scheckbestand bilanziert werden.

- **Fällige Schuldverschreibungen**

  Es sind Stücke aus Nostrobeständen des bilanzierenden Instituts auszuweisen, die zum Bilanzstichtag oder am ersten auf den Bilanzstichtag folgenden Geschäftstag einlösbar sind. Gleiches gilt für Papiere aus verwalteten Kundendepots und aus dem Inkassogeschäft, wenn dem Kunden bereits eine Gutschrift (unter Vorbehalt des Einzugs) erteilt worden ist.

- **Zins- und Gewinnanteilscheine**

  Zu Gewinnanteilscheinen (Nostrobestände und verwaltete Kundendepots, wenn sie dem Kunden gutgeschrieben wurden) zählen nicht nur Dividendenscheine, sondern auch die Ertragsscheine von Investmentvermögen.

- **Inkassowechsel**

  Als Inkassowechsel sind alle Wechsel anzusehen, bei denen die Bank lediglich den Einzug übernommen hat, ohne sich darüber hinaus wechselrechtlich zu verpflichten. Sie sind hier zu erfassen, wenn sie unter üblichem Vorbehalt dem Einreicher gutgeschrieben wurden. Inkassowechsel, für die eine Gutschrift erst nach Eingang des Gegenwerts erfolgt, erscheinen nicht in der Bilanz.

[2787] Siehe auch DGRV (Hrsg.), Jahresabschluss, B.II. Rn. 631 ff.; zum Scheckobligo vgl. WPH Edition, Wirtschaftsprüfung & Rechnungslegung, 17. Aufl., Kapitel F Tz. 75.

[2788] Die eingereichten und auf das bilanzierende Institut gezogenen Schecks werden, sofern sie dem Aussteller noch nicht belastet sind, nicht ausgewiesen. Schecks auf das eigene Institut, die mangels Deckung zurückgegeben werden (sog. Rückschecks), dürfen nicht als Scheckbestand ausgewiesen werden; sie sind dem Einreicher wieder zu belasten. Die auf das bilanzierende Institut gezogenen Schecks, sind, sofern sie dem Aussteller bereits belastet sind, als Verminderung der täglich fälligen Forderungen an Kunden oder Kreditinstitute bzw. als Erhöhung der täglich fälligen Verbindlichkeiten ggü. Kunden oder Kreditinstituten auszuweisen.

- **Sonstige Inkassopapiere**
  Zu den sonstigen Inkassopapieren zählen bspw. auch Lastschriften, Einzugsquittungen und Reiseschecks.
  Bei Reiseschecks kommt ein Ausweis im Aktivposten 14. in Betracht, wenn solche Papiere ggü. dem Vorleger eingelöst und mit dem ausgebenden Institut noch nicht abgerechnet wurden. Kommissionsbestände an Reiseschecks sind hingegen nicht zu bilanzieren.
  Lastschriften sind solche, bei denen sich der Zahlungsverpflichtete entweder ggü. dem Institut (Abbuchungsauftrag) oder ggü. dem Zahlungsempfänger (Einzugsermächtigung) bereit erklärt, den Betrag der Lastschrift von seinem Konto abbuchen zu lassen. Werden Lastschriften nicht eingelöst, sind sie wie Rückschecks zu behandeln.
  Bei Einzugsquittungen liegt eine entsprechende Vereinbarung vor. Sie sind häufig wechselähnlich ausgestaltet.

§ 20 Satz 2 RechKredV nennt zwei **Voraussetzungen** für den Ausweis der Einzugspapiere als sonstige Vermögensgegenstände: Diese müssen (1) innerhalb von **30 Tagen** ab Einreichung zur Vorlage bestimmt und (2) dem **Einreicher** bereits gutgeschrieben worden sein. Dies gilt auch dann, wenn sie unter dem Vorbehalt des Eingangs gutgeschrieben worden sind (§ 20 Satz 2 und 3 RechKredV).

Die Bedingung der **30-Tage-Frist** bezieht sich nach dem Wortlaut der Vorschrift auf **alle** Einzugspapiere. Mit der mittlerweile herrschenden Meinung[2789] wird hier die Ansicht vertreten, dass sich diese Voraussetzungen (30 Tage Laufzeit ab Einreichung, dem Einreicher bereits gutgeschrieben) nur auf Schecks, Inkassowechsel und sonstige Inkassopapiere beziehen. Im Bestand des Instituts befindliche und dem Einreicher gutgeschriebene Inkassopapiere, die nicht innerhalb von 30 Tagen zur Vorlage bestimmt sind, müssen in Abhängigkeit vom Schuldner entweder im Aktivposten 3. oder 4. ausgewiesen werden. Als Schuldner gilt grundsätzlich der Einreicher des Inkassopapiers, da nur er in einer Rechtsbeziehung zum bilanzierenden Institut steht (und nicht ggf. der Bezogene eines Inkassowechsels).[2790]

Fällige Schuldverschreibungen sowie Zins- und Gewinnanteilscheine sind nur dann im Aktivposten 14. auszuweisen, wenn sie von einer Zahlstelle bis zum Bilanzstichtag oder zum ersten auf den Bilanzstichtag folgenden Geschäftstag einlösbar wären. Ansonsten sind diese Einzugspapiere in dem Aktivposten auszuweisen, in dem die Wertpapiere erfasst sind. Dies ist entweder der Aktivposten 5. oder der Aktivposten 6. bzw. 6a.

[2789] Vgl. Krumnow ua., 2. Aufl., § 20 RechKredV Rn. 3 f.
[2790] Vgl. DGRV (Hrsg.), Jahresabschluss, B.II. Rn. 636.

Da die Einzugspapiere innerhalb von 30 Tagen ab ihrer Einreichung – also nicht gerechnet ab dem Bilanzstichtag – zur Vorlage bestimmt sein müssen, besitzen diese Papiere einen hohen Liquiditätsgrad, der jedoch in der Bilanz nicht zum Ausdruck kommt, da für den Aktivposten 14. keine Untergliederungen bzw. Darunter-Vermerke vorgesehen sind.

Weitere Voraussetzung für den Ausweis im Aktivposten 14. ist, dass die Einzugspapiere **ohne Diskontabzug** zum Einzug hereingenommen und dem Einreicher, wenn auch nur unter Vorbehalt des Eingangs (§ 20 Satz 3 RechKredV), bis zum Bilanzstichtag bereits **gutgeschrieben** worden sind. Dies bedeutet im Umkehrschluss, dass Einzugspapiere, die nur zur Gutschrift nach Eingang des Gegenwerts angenommen wurden, nicht in der Bilanz ausgewiesen werden dürfen; sie sind auf Vormerkkonten zu erfassen.

Defizite auf Arbeitszeitkonten

Hat ein Arbeitnehmer weniger Arbeitsstunden erbracht als vertraglich geschuldet, weist sein Arbeitszeitkonto ein Defizit auf. Diesbezüglich besteht aufgrund der bereits geleisteten Lohn- bzw. Gehaltszahlungen seitens des Arbeitgebers ein Erfüllungsüberhang. Soweit der Arbeitgeber einen Anspruch auf Ausgleich durch Erbringung zusätzlicher Arbeitsleistungen ohne weitere Lohn- bzw. Gehaltszahlungen hat bzw. beim Ausscheiden des Arbeitnehmers einen finanziellen Ausgleich verlangen kann, ist dieser Anspruch zu aktivieren. Wegen weiterer Details wird auf die Berichterstattung aus der 215. HFA-Sitzung verwiesen.[2791] Dort wird auch die einschlägige Rechtsprechung des Bundesarbeitsgerichts dargestellt.

Genussrechte

Im Aktivposten 14. sind nach der ausdrücklichen Vorschrift des § 20 Satz 4 RechKredV auch die **nicht in Wertpapieren verbrieften** Genussrechte auszuweisen, soweit diese **nicht rückzahlbar** sind. Da es sich hierbei um nicht rückzahlbare Genussrechte handeln muss, dürfte es sich bei den hier auszuweisenden Beträgen eher um Ausnahmefälle handeln. Zur Realisierung und zur Aktivierung von **Vergütungen für Genussrechte** vgl. Kapitel 5.2.5.2.2.

Namensgenussscheine, als Inhaber- oder Orderpapiere ausgestaltete, aber nicht börsenfähige Genussscheine sowie rückzahlbare, nicht in Wertpapieren verbriefte Genussscheine sind in Abhängigkeit des Schuldners als „Forderun-

---

[2791] Vgl. IDW HFA, 215. Sitzung des HFA, FN 2009, 322 f.

gen an Kunden" (§ 15 Abs. 1 Satz 4 RechKredV) bzw. „Forderungen an Kreditinstitute" (§ 14 Satz 3 RechKredV) auszuweisen.

Börsenfähige Genussscheine, die als Inhaber- oder Orderpapiere ausgestaltet sind, müssen wegen ihrer Eigenschaft als Wertpapiere (§ 7 Satz 1 RechKredV) im Aktivposten 6. ausgewiesen werden (§ 17 Satz 1 RechKredV).

Rettungserwerbe

Der Ausweis im Aktivposten 14. wird auf solche Immobilien beschränkt, die sich nicht länger als fünf Jahre im Bestand befinden. Bei einer längeren Verweildauer ist der Ausweis unter den Sachanlagen vorgeschrieben. Gleiches gilt für den Fall, dass bereits bei Erwerb eine Daueranlageabsicht bestand; dies ist zB dann anzunehmen, wenn die im Rahmen des Rettungserwerbs zugegangenen Immobilien nicht veräußert werden sollen, sondern beabsichtigt ist, diese bspw. durch Vermietung uam. zu nutzen. Zur Bewertung von im Wege der Zwangsversteigerung erworbenen Immobilien wird auf Scharpf[2792] verwiesen. Vgl. hierzu auch die Ausführungen zum Aktivposten „12. Sachanlagen".

Ungeachtet dessen ist es dem Institut jederzeit möglich, die im Aktivposten 14. ausgewiesenen Rettungserwerbe in das Sachanlagevermögen umzuwidmen. Dies ist bspw. dann erforderlich, wenn sich zu einem Bilanzstichtag herausstellt, dass die Grundstücke und Gebäude auf Dauer gehalten werden sollen.

Umgekehrt ist es auch möglich, Grundstücke und Gebäude von den Sachanlagen in die sonstigen Vermögensgegenstände umzuwidmen. Dies sollte nach Ablauf der fünf Jahre aber nur dann geschehen, wenn die konkrete Absicht der Veräußerung besteht und diese auch mit hinreichender Verlässlichkeit in absehbarer Zeit erfolgen wird. Insbesondere weil die planmäßige Abschreibung entfällt, ist dann dem beizulegenden Wert am Abschlussstichtag erhöhte Aufmerksamkeit zu schenken.

Genossenschaftsanteile sowie GmbH-Anteile

Genossenschaftsanteile sind hier auszuweisen, wenn es sich bei dem bilanzierenden Institut nicht um ein Institut in der Rechtsform der eingetragenen Genossenschaft oder um eine genossenschaftliche Zentralbank handelt (§ 18

[2792] Vgl. Scharpf, DB 1987, 755 ff.

RechKredV). Der Ausweis von **GmbH-Anteilen** kann nicht hier erfolgen. Sie sind ggf. im Aktivposten „7. Beteiligungen" auszuweisen.[2793]

5.2.15.3. Bewertung

Die Bewertung erfolgt grundsätzlich zu den Anschaffungskosten (Nennwert) unter Beachtung des strengen Niederstwertprinzips.

Für **Münzen** sind die Kurswerte zum Bilanzstichtag maßgeblich. **Forderungen** sind nach den hierfür geltenden Regeln zu bewerten (vgl. Kapitel 4.3.); bei diesen kommt es auf die Bonität des Schuldners an. Bei zweifelhafter Bonität des Schuldners sind Einzelwertberichtigungen zu bilden.

Für die Bewertung von **Optionen, Zinsbegrenzungsvereinbarungen** und **Futures** sind die hierfür entwickelten Grundsätze zu beachten (IDW RS BFA 5 und IDW RS BFA 6). Einzelheiten zur Bilanzierung von Derivaten vgl. Kapitel 4.12.

Schecks sind mit dem Nennwert anzusetzen. Eine niedrigere Bewertung kommt bspw. in Betracht, wenn ein in alter Rechnung angekaufter Scheck in neuer Rechnung mangels Deckung zurückgegeben wird und ein Rückgriff auf den Aussteller bzw. Einreicher nicht möglich ist.

Die Bewertung **fälliger Schuldverschreibungen**, **Zins- und Gewinnanteilscheine** ist mit dem Einlösungsbetrag (netto) vorzunehmen. Ein bisher niedrigerer Bilanzansatz kann beibehalten werden.

Zur Ermittlung der Anschaffungskosten und zur Bewertung von sog. **Rettungserwerben** wird ergänzend auf die Ausführungen zum Aktivposten „12. Sachanlagen" verwiesen. Die Rettungserwerbe sind **verlustfrei** zu bewerten. Dabei ist wie folgt zu verfahren: Ausgangspunkt ist der zum Bilanzstichtag voraussichtlich erzielbare Verkaufspreis, der um die nach dem Bilanzstichtag noch anfallenden Aufwendungen/Kosten (allgemeine Verwaltungskosten, zukünftige Herstellungskosten, einschließlich der Kosten für die Mängelbeseitigung, Zinsverluste, Vertriebskosten) zu vermindern ist. Von der handelsrechtlich gebotenen Abzinsung des Veräußerungserlöses kann nach dem Grundsatz der Wesentlichkeit dann abgesehen werden, wenn die Veräußerung des Objekts voraussichtlich nicht später als sechs Monate nach dem Abschlussstichtag erfolgt.[2794] Bezüglich der künftig noch anfallenden Fertigstellungskosten ist eine

---

[2793] Vgl. BAK-Schreiben vom 3.7.1975, Consbruch/Fischer P 41.4.

[2794] Vgl. DGRV (Hrsg.), Jahresabschluss, B.II. Rn. 655.

Schätzung anhand geeigneter Unterlagen erforderlich. Dabei muss eine turnusmäßige Überprüfung auf Baukostenüberschreitungen stattfinden, um den am Bilanzstichtag beizulegenden Wert mit ausreichender Sicherheit beurteilen zu können.[2795]

Handelt es sich bei dem Rettungserwerb um ein größeres, schwer veräußerbares Objekt mit mehreren Wohn- und/oder Geschäftseinheiten, kommt zur Ermittlung des beizulegenden Werts grundsätzlich nur das Ertragswertverfahren in Betracht.

Zur handelsrechtlichen Bewertung von Roh-, Hilfs- und Betriebsstoffen – also **Waren** – sowie darauf bezogenen schwebenden Geschäften vertritt der HFA folgende Ansicht:[2796] Diese sind nach § 253 Abs. 4 HGB auf den niedrigeren beizulegenden Wert abzuschreiben. Soweit es sich nicht um Überbestände handelt, war dieser Wert nach bislang herrschender Ansicht in aller Regel anhand der Preise auf dem Beschaffungsmarkt zu ermitteln. Dies führte zu einem Abwertungsbedarf, unabhängig davon, ob der betreffende Vermögensgegenstand mindestens kostendeckend veräußert werden konnte oder nicht. Eine solche beschaffungsmarktorientierte Bewertung ist nach der aktuellen Auffassung des HFA weiterhin grundsätzlich sachgerecht. Kann der Bilanzierende allerdings verlässlich nachweisen, dass der betreffende Vermögensgegenstand (nach einer Weiterverarbeitung) mindestens kostendeckend veräußert werden kann, dh., dass bei einer absatzmarktorientierten Bewertung kein Verlust droht (verlustfreie Bewertung), kann es nicht beanstandet werden, wenn trotz gesunkener Wiederbeschaffungspreise auf eine Abwertung bzw. eine Drohverlustrückstellung verzichtet wird. Entsprechendes gilt für schwebende Beschaffungsgeschäfte über solche Waren.

5.2.15.4. Anhangangaben

Bei einer GmbH sind **Forderungen an Gesellschafter**, die nicht gesondert ausgewiesen werden, zu vermerken oder im Anhang anzugeben (§ 42 Abs. 3 GmbHG). Bei einer KGaA sind unter § 89 AktG fallende **Forderungen gegen einen persönlich haftenden Gesellschafter** oder andere in § 286 Abs. 2 Satz 4 AktG bezeichnete Personen zu vermerken.

Werden unter den „Sonstigen Vermögensgegenständen" Beträge für Vermögensgegenstände ausgewiesen, die erst nach dem Abschlussstichtag rechtlich

---

[2795] Vgl. DGRV (Hrsg.), Jahresabschluss, B.II. Rn. 656.
[2796] Vgl. IDW HFA, 233. Sitzung des HFA: Ergänzung der Berichterstattung in FN S. 433, FN 2013, 500.

entstehen, so müssen Beträge, die einen größeren Umfang haben, im Anhang erläutert werden (§ 268 Abs. 4 Satz 2 HGB).

Gemäß § 285 Nr. 21 HGB sind zumindest die wesentlichen nicht zu markt-üblichen Bedingungen zustande gekommenen Geschäfte mit nahestehenden Unternehmen und Personen anzugeben (Mindestangabe).

Im Anhang sind auch die **wichtigsten Einzelbeträge** anzugeben, sofern sie für die Beurteilung des Jahresabschlusses nicht unwesentlich sind. Die Beträge und ihre Art sind zu erläutern (§ 35 Abs. 1 Nr. 4 RechKredV). Der ggf. auf das **Leasinggeschäft** entfallende Betrag ist anzugeben (§ 35 Abs. 1 Nr. 3 RechKredV).

Der Gesamtbetrag der Vermögensgegenstände, die auf **Fremdwährung** lauten, ist im Anhang anzugeben (§ 35 Abs. 1 Nr. 6 RechKredV). Bezüglich **nachrangiger Vermögensgegenstände** (§ 4 RechKredV) wird auf die Ausführungen in Abschnitt 3.7. verwiesen.

Sofern der Posten **nachrangige Vermögensgegenstände** enthält, sind diese nach § 4 Abs. 2 RechKredV als Unterposten gesondert auszuweisen oder separat im Anhang anzugeben.

Der **Pensionsgeber** hat bei echten Pensionsgeschäften den Buchwert der in Pension gegebenen Vermögensgegenstände im Anhang anzugeben (§ 340b Abs. 4 HGB).

Wie bei allen anderen Bilanzposten sind auch hier die Angaben nach § 284 Abs. 2 Nr. 1 und Nr. 2 HGB zu machen.

5.2.15.5. Prüfung des Postens

Die für sonstige Vermögensgegenstände allgemein üblichen Prüfungshandlungen sind durchzuführen. Insbesondere ist darauf zu achten, dass die in diesem Posten ausgewiesenen Beträge die Voraussetzungen erfüllen. Diesbezüglich wird auf die vorstehenden Ausführungen verwiesen. Die sonstigen Vermögensgegenstände sind in geeigneter Art und Weise nachzuweisen. Der **Nachweis** erfolgt üblicherweise durch Inventare, Vertragsunterlagen, Schriftwechsel, Bescheide, Aktenvermerke, Bestätigungen uam. Die weitergegebenen Einzugspapiere sind durch Einreichungsbelege und Gutschriften in neuer Rechnung zu belegen. Die Bestandsnachweise sind auf Vollständigkeit hin zu prüfen.

Die **Bewertung** ist unter Berücksichtigung der oben gemachten Ausführungen zu prüfen. Evtl. Einzelwertberichtigungen sind auf ihre Angemessenheit hin zu beurteilen. Der **Prüfungsbericht** muss die erforderlichen Angaben enthalten.

5.2.16. Rechnungsabgrenzungsposten (Aktiva 15.)

5.2.16.1. Postenbezeichnung

Die Postenbezeichnung lautet nach dem Formblatt 1 der RechKredV wie folgt:

15. Rechnungsabgrenzungsposten

Pfandbriefbanken haben diesen Posten gemäß der Fußnote 5 zum Formblatt 1 zu untergliedern:

15. Rechnungsabgrenzungsposten
  a) aus dem Emissions- und Darlehensgeschäft ... Euro
  b) andere ... Euro

Banken, die das **Pfandbriefgeschäft** betreiben, aber keine (reinen) Pfandbriefbanken sind (zB Universalbanken) müssen die Gliederung der Posten um die Angaben für Pfandbriefbanken in den Fußnoten des Formblatts 1 ergänzen (vgl. hierzu auch Kapitel 5.1.).

Mit dem BilMoG wurde die Postennummer von 16. auf 15. geändert. In der Fußnote wurde der Begriff „Realkreditinstitute" durch den Begriff „Pfandbriefbanken" ersetzt. Mit dem BilMoG wurde in § 250 Abs. 3 Satz 1 HGB ferner das Wort „Rückzahlungsbetrag" durch das Wort „Erfüllungsbetrag" geändert.

Ist bei der sog. Nominalwertbilanzierung von Forderungen nach § 340e Abs. 2 HGB der Nennbetrag niedriger als der Ausgabebetrag oder die Anschaffungskosten, so darf der Unterschiedsbetrag in den aktiven Rechnungsabgrenzungsposten eingestellt werden; er ist in seiner jeweiligen Höhe entweder in der Bilanz oder im Anhang anzugeben (§ 340e Abs. 2 Satz 3 HGB).

Gemäß § 268 Abs. 6 HGB sind die jeweiligen Unterschiedsbeträge (Disagio) in der Bilanz oder im Anhang anzugeben, die sich bei Verbindlichkeiten ergeben, deren Erfüllungsbetrag höher als der Ausgabebetrag ist.

Die Postenbezeichnung bei **Zahlungsinstituten** und **E-Geld-Instituten** lautet nach Formblatt 1 der RechZahlV wie folgt:

> 13. *Rechnungsabgrenzungsposten*
>   a) *aus Zahlungsdiensten und aus der Ausgabe von E-Geld*
>   b) *aus sonstigen Tätigkeiten*

5.2.16.2. Posteninhalt

5.2.16.2.1. Rechnungslegungsverordnung

Die RechKredV sowie die RechZahlV enthalten keine Bestimmungen über den Ausweis im Aktivposten „15. Aktive Rechnungsabgrenzung". Mithin sind hierfür die Vorschriften des HGB maßgeblich. Für den passiven Rechnungsabgrenzungsposten enthält § 23 RechKredV Bestimmungen.

5.2.16.2.2. Voraussetzungen für den Postenausweis

Allgemeine Regelung im HGB

Rechnungsabgrenzungsposten dienen der richtigen Periodenabgrenzung, dh. der zeitlich richtigen Gewinnermittlung. Dieser Grundsatz der Periodenabgrenzung zählt zu den Grundsätzen ordnungsmäßiger Buchführung und macht es erforderlich, dass Aufwendungen und Erträge den Wirtschaftsjahren zugeordnet werden, zu denen sie sachlich und wirtschaftlich gehören. Die Rechnungsabgrenzungsposten korrigieren zeitlich abgrenzbare Zahlungen, die noch nicht erfolgswirksam sind.[2797] Sie sind eine Art Erfolgsberichtigung. Rechnungsabgrenzungsposten sind handelsrechtlich weder Vermögensgegenstände noch Schulden, sie können demzufolge nicht bewertet werden. Aktive und passive Rechnungsabgrenzungsposten dürfen nicht verrechnet (saldiert) werden.

Zur Anwendung von § 250 Abs. 1 und Abs. 2 sowie Abs. 3 HGB vgl. auch die Ausführungen in Kapitel 4.9.1. Weitere Normen zur Bildung von Rechnungsabgrenzungsposten sind § 340b Abs. 4 und Abs. 5 HGB sowie § 340e Abs. 2 HGB.

[2797] Vgl. Ritzrow, StBp 1998, 12.

Die Rechnungsabgrenzung ist nach § 250 Abs. 1 und Abs. 2 HGB[2798]

a) auf solche **Ausgaben/Einnahmen vor dem Abschlussstichtag** beschränkt, die
b) **Aufwand/Ertrag** für eine **bestimmte Zeit nach dem Abschlussstichtag** darstellen.

Ob Ausgaben als Aufwand für das abgelaufene Geschäftsjahr oder für eine Zeit nach dem Abschlussstichtag zu werten sind, ist im Allgemeinen danach zu entscheiden, ob der „wirtschaftliche Grund" für die Ausgabe in der Vergangenheit oder in der Zukunft liegt.[2799] Insbesondere auch, ob und inwieweit diese Ausgaben durch bestimmte im abgelaufenen Wirtschaftsjahr empfangene Gegenleistungen oder erst durch künftig zu erwartende Gegenleistungen wirtschaftlich verursacht sind. Entsprechendes gilt auch für Erträge.

Die Aktivierung setzt grundsätzlich einen Zahlungsvorgang vor dem Abschlussstichtag voraus. Hierzu zählen bare und unbare Zahlungsvorgänge sowie die Hingabe von Schecks, Wechseln uam. Als Zahlungsvorgang gilt auch die Gegenbuchung als Verbindlichkeit.[2800]

Der BFH hat mit Beschluss vom 7.4.2010[2801] festgestellt, dass auch geldwerte Sachleistungen zum Ansatz eines aktiven Rechnungsabgrenzungspostens führen können.[2802] Die (Betriebs-) Vermögensminderung infolge einer verbilligten Abgabe von geldwerten Sachleistungen führt zu einer Ausgabe. Nach dem Zweck der gesetzlichen Vorschriften ist nach Ansicht des BFH die Bildung eines aktiven Rechnungsabgrenzungspostens nicht auf Geldvermögensminderungen beschränkt; der Begriff der Ausgaben umfasst vielmehr auch wirtschaftlich gleichwertige Vermögensminderungen durch geldwerte Sachleistungen. Dem stimmt Ritzrow[2803] zu.

Die Ausgabe muss Aufwand für eine bestimmte Zeit nach dem Abschlussstichtag darstellen.[2804] Das Gesetz erläutert den Begriff der „bestimmten Zeit" nicht näher. Nach dem Wortlaut ist zwar eine unbestimmte, dh. ungewisse Zeit ausgeschlossen. Tatsächlich ist der Begriff der „bestimmten Zeit" bei Rech-

---

[2798] Vgl. Ritzrow, StBp 1998, 10 ff. und 39 ff.; StBp 2012, 101 (Teil I) und 137 (Teil II); Weber-Grellet, RdF 2014, 56 ff.; mit einer Darstellung der allgemeinen Voraussetzungen Wüstemann/Wüstemann, 138 ff.; Moxter/Engel-Ciric, 67 ff.
[2799] Vgl. Ritzrow, StBp 2012, 102.
[2800] Vgl. BFH-Urteil vom 29.11.2006, BStBl. 2009 II, 956.
[2801] Vgl. BFH, Beschluss vom 7.4.2010, DStR 2010, 1015 ff.
[2802] Im Streitfall ging es um die Überlassung von verbilligten Mobiltelefonen.
[2803] Vgl. Ritzrow, StBp 2012, 102.
[2804] Vgl. zur „bestimmten Zeit" Marx/Löffler, DB 2015, 2765 ff.

nungsabgrenzungsposten aber einer imparitätischen Auslegung zugänglich.[2805] Der Vorleistung muss eine noch nicht erbrachte (rechnerische) zeitbezogene Gegenleistung des Vertragspartners gegenüberstehen.[2806] Das Merkmal des bestimmten Zeitraums muss sich unmittelbar aus dem Sachverhalt ergeben. Anfang und Ende des Zeitraums (zumindest als Mindestlaufzeit) müssen eindeutig festliegen, dh. kalendermäßig bestimmt oder aus anderen Größen eindeutig ablesbar sein. Es genügt nicht, wenn das Ende des Zeitraums durch ein künftiges, terminlich noch ungewisses Ereignis bestimmt wird.

Die Regelungen im Steuerrecht (§ 5 Abs. 5 Satz 1 Nr. 1 und 2 EStG) entsprechen den handelsrechtlichen Vorschriften des § 250 Abs. 1 und Abs. 2 HGB zu den aktiven und passiven transitorischen Rechnungsabgrenzungsposten.

Unzulässig ist der Ansatz von **antizipativen** Abgrenzungsposten als Rechnungsabgrenzungsposten, also die Aktivierung von Erträgen (oder Passivierung von Aufwendungen), die erst nach dem Bilanzstichtag zu Einnahmen (bzw. Ausgaben) führen. Solche Abgrenzungen sind aber nicht generell unzulässig; sie kommen vielmehr bspw. als Zinsabgrenzung vor, die jedoch nicht als Rechnungsabgrenzungsposten darzustellen ist.

Zu den **transitorischen** Abgrenzungsposten gehören zB Vorauszahlungen von Miete, Pacht, Versicherungsprämien, Kfz-Steuer, Beiträgen, Gebühren (zB Bürgschaft) uÄ. Insbesondere für Kreditinstitute spielt hier die Abgrenzung von Ausgabedisagien eine erhebliche Rolle. Diese Beträge sind zeitanteilig zulasten/zugunsten des Periodenerfolgs zu verteilen.[2807]

Niedrigerer Ausgabebetrag bei Verbindlichkeiten (§ 250 Abs. 3 HGB)

Ist der Erfüllungsbetrag (Nominalbetrag) einer Verbindlichkeit (Buchverbindlichkeit oder verbriefte Verbindlichkeit) höher als der Ausgabebetrag (Anschaffungskosten, Emissionserlös), so **darf** der Unterschiedsbetrag in den aktiven Rechnungsabgrenzungsposten aufgenommen werden (§ 250 Abs. 3 HGB). Zu Einzelheiten den Unterschiedsbetrag zwischen Ausgabebetrag und Erfüllungsbetrag betreffend vgl. auch Kapitel 4.9.1. Die Regelung des § 250 Abs. 3 HGB ist nach dem Wortlaut des Gesetzes nur auf Verbindlichkeiten und nicht auf Forderungen anzuwenden.

[2805] Vgl. FG Köln, Urteil vom 19.10.2011 (rkr.), DStRE 2012, 785 f.
[2806] Vgl. Ritzrow, StBp 2012, 102.
[2807] Beispiele vgl. Birck/Meyer, II 391 ff.; BFH-Urteil vom 29.11.2006, BStBl. 2009 II, 955.

Im Gegensatz zu § 250 Abs. 1 bzw. Abs. 2 HGB spricht § 250 Abs. 3 HGB nicht davon, dass dieser Unterschiedsbetrag Ertrag bzw. Aufwand *„für eine bestimmte Zeit"* nach dem Abschlussstichtag repräsentieren muss. Vielmehr wird lediglich verlangt, dass ein Unterschiedsbetrag zwischen dem höheren Erfüllungsbetrag (Rückzahlungsbetrag) und den Anschaffungskosten (Ausgabebetrag) der Verbindlichkeit besteht. Eine Zeitbezogenheit wie bspw. bei Zinsvorauszahlungen usw. wird vom Gesetz nicht verlangt. Wie dieser Unterschiedsbetrag zustande kommt, ist damit unerheblich. Dieser Unterschiedsbetrag kann damit bspw. auch aus Anschaffungsnebenkosten der Verbindlichkeit (Emissionskosten) bestehen (im Gegensatz zu Vermögenswerten mindern die Nebenkosten bei Verbindlichkeiten die Anschaffungskosten).[2808] Nach dem Wortlaut des Gesetzes handelt es sich handelsrechtlich um ein **Wahlrecht** (hierauf ist § 246 Abs. 3 HGB anzuwenden; siehe unten).

Das handelsrechtliche Aktivierungswahlrecht kann nur im Jahr der Ausgabe in Anspruch genommen werden, es sei denn, das Darlehen und das Emissions-Disagio werden jeweils in Teilbeträgen ausgegeben, die in verschiedene Geschäftsjahre fallen. Eine Nachholung der Abgrenzung ist nicht möglich.

Mit Inkrafttreten des BilMoG ergibt sich in diesem Kontext eine Neuerung: nach § 246 Abs. 3 HGB umfasst der Grundsatz der Stetigkeit künftig neben der Bewertungsstetigkeit (§ 252 Abs. 1 Nr. 6 HGB) auch die **Ansatzstetigkeit** (§ 246 Abs. 3 HGB). Damit sind auch die Ansatzmethoden stetig anzuwenden. Dies bedeutet, dass bezüglich § 250 Abs. 3 HGB das dort normierte Wahlrecht im Zeitablauf stetig anzuwenden ist. Das Wahlrecht ist also so auszuüben wie im Vorjahr.[2809]

Der Unterschiedsbetrag ist in der Folge durch **planmäßige jährliche Abschreibungen** zu tilgen (§ 250 Abs. 3 HGB) und in der Bilanz **gesondert auszuweisen** oder im **Anhang anzugeben** (§ 268 Abs. 6 HGB). Die Verbindlichkeit selbst ist mit dem Erfüllungsbetrag zu passivieren.

Nominalwertbilanzierung von Forderungen (§ 340e Abs. 2 HGB)

Abweichend von § 253 Abs. 1 HGB dürfen **Hypothekendarlehen** und **andere Forderungen** mit ihrem Nennbetrag angesetzt werden, soweit der Unterschiedsbetrag zwischen dem Nennbetrag und dem Auszahlungsbetrag oder den Anschaffungskosten Zinscharakter hat (§ 340e Abs. 2 Satz 1 HGB). Ist der **Nennbetrag** niedriger als der Auszahlungsbetrag oder die Anschaffungs-

---

[2808] Die Buchung lautet: *per Verbindlichkeit an Geldkonto.*
[2809] Vgl. Gelhausen/Fey/Kämpfer, Abschn. G Rn. 6 ff.

kosten, so **darf** der Unterschiedsbetrag in den Rechnungsabgrenzungsposten auf der Aktivseite aufgenommen werden; er ist planmäßig aufzulösen und in seiner jeweiligen Höhe in der Bilanz oder im **Anhang gesondert anzugeben** (§ 340e Abs. 2 Satz 3 HGB). Wegen Einzelheiten zur Nominalwertbilanzierung vgl. Kapitel 4.3.3.

Es ist die jeweilige **Summe** der aktivischen Unterschiedsbeträge iSd. § 340e Abs. 2 HGB auszuweisen. Da eine Verrechnung aktivischer und passivischer Unterschiedsbeträge iSd. § 340e Abs. 2 HGB weder im Gesetz noch in der RechKredV ausdrücklich vorgesehen ist, ist das Verrechnungsverbot des § 246 Abs. 2 HGB zu beachten.

Es ist nicht zulässig, die Unterschiedsbeträge nach § 340e Abs. 2 HGB mit denen nach § 268 Abs. 6 iVm. § 250 Abs. 3 HGB zusammenzufassen. Denn der Unterschiedsbetrag nach § 250 Abs. 3 HGB resultiert aus Verbindlichkeiten, während § 340e Abs. 2 HGB Hypothekendarlehen und andere Forderungen betrifft. Hätte der Gesetzgeber eine Zusammenfassung der gesondert auszuweisenden Unterschiedsbeträge für zulässig gehalten, wäre eine entsprechende Anweisung in § 340e Abs. 2 HGB erforderlich gewesen.

Verausgabte Bürgschaftsprovisionen

Gebührenausgaben eines Instituts für die Übernahme einer Bürgschaft oder Gewährleistung durch ein anderes Kreditinstitut sind, soweit sie die folgenden Geschäftsjahre betreffen, als aktive Rechnungsabgrenzungsposten abzugrenzen.[2810]

Emittierte Nullkuponanleihen

Nullkuponanleihen sind Anleihen, auf die keine periodischen Zinszahlungen geleistet werden, sondern deren Gegenleistung für die Kapitalüberlassung durch einen ggü. dem Ausgabebetrag erhöhten Rückzahlungsbetrag am Ende der Laufzeit beglichen wird.

Der Bilanzausweis von begebenen Nullkuponanleihen (Zerobonds) wird durch § 22 Abs. 2 Satz 3 RechKredV normiert. Danach sind derartige Papiere einschließlich der anteiligen Zinsen (§ 11 RechKredV) auszuweisen. Die Bildung eines Rechnungsabgrenzungspostens scheidet damit aus. Dies entspricht auch

---

[2810] Vgl. BFH-Urteil vom 19.1.1978, BStBl. 1978 II, 262.

der durch die Stellungnahme IDW HFA 1/1986 vorgesehenen Bilanzierung.[2811] Entsprechend ausgestaltete **Sparbriefe** und ähnliche Titel sind unabhängig davon, ob sie Inhaber- oder Namenspapiere darstellen, ebenso zu behandeln.

Bei der in § 22 Abs. 2 Satz 3 RechKredV vorgesehenen **Nettomethode** wird zunächst der Ausgabebetrag (Verfügungsbetrag) der Verbindlichkeit passiviert. Als Erfüllungsbetrag (§ 253 Abs. 1 Satz 2 HGB) ist der Ausgabebetrag zuzüglich der bis zum Bilanzstichtag aufgelaufenen Zinsen anzusehen. Zu den folgenden Bilanzstichtagen ist daher der Ausgabebetrag um die zeitanteiligen, aufwandswirksam zu verrechnenden Zinsen zu erhöhen. Ausgabebetrag und Zinsverpflichtung sind dabei als einheitliche Schuld anzusehen, da die zuzurechnende Zinsverpflichtung Bestandteil der Hauptschuld wird.

Abschlussgebühren bei von Instituten abgeschlossenen Bausparverträgen

Abschlussgebühren von Bausparkassen können Gegenleistungen darstellen, die dem jeweiligen Bausparvertrag als Entgelt für den eigentlichen Vertragsabschluss zuzuordnen sind. Als solches wirken sich die Gebühren unmittelbar mit ihrer Vereinnahmung erfolgswirksam aus und sind bilanziell nicht passiv abzugrenzen.[2812] Vgl. in diesem Zusammenhang auch die Ausführungen bei Herzig/Joisten[2813] zur aktuellen Rechtsprechung des BFH.

Pensionsgeschäfte

Aktive Rechnungsabgrenzungsposten ergeben sich bei echten Pensionsgeschäften beim Pensionsgeber, wenn bei der Rückübertragung ein höherer Betrag fällig wird. Einzelheiten vgl. Kapitel 3.2.3.1.1.

Upfront-Zahlungen bei Zinsswaps

Mit Upfront-Zahlungen werden üblicherweise marktabweichende Konditionen eines Swaps vergütet, dh. es wird der positive bzw. negative Marktwert vergütet, der sich aufgrund der Vereinbarung von marktabweichenden Konditionen bereits bei Vertragsabschluss ergibt. Die Einmalzahlung entspricht bei

---

[2811] Vgl. IDW HFA 1/1986, WPg 1986, 248.

[2812] Vgl. BFH-Urteil vom 11.2.1998, DB 1998, 1111.

[2813] Vgl. Herzig/Joisten, DB 2011, 1014 mwN, die die Frage der Bilanzierung von Abschlussgebühren vor dem Hintergrund der aktuellen Rechtsprechung des BFH, insbesondere BFH-Urteil vom 22.6.2011, BStBl. II 2011, 870, untersuchen.

einem Zinsswap im Regelfall wirtschaftlich einem **Disagio** bzw. **Agio**. Eine sofortige erfolgswirksame Buchung der Upfront-Zahlung kommt daher nicht in Betracht. Wegen Einzelheiten zur Bilanzierung von Zinsswaps vgl. Kapitel 4.12.

Einmalige Zahlungen bei Abschluss des Swapgeschäfts, die dazu dienen, den gewünschten Effektivzins darzustellen und zu einem marktkonformen Austausch mit dem Swappartner zu kommen, sind daher auf der Grundlage des vereinbarten Effektivzinses über die Laufzeit des Swaps aktivisch bzw. passivisch abzugrenzen. Bei Beträgen, die nicht umfangreich sind, kann aus Gründen der Wesentlichkeit auch eine lineare Verteilung sachgerecht sein.[2814] Diese Vorgehensweise gilt nur für Swaps, die nicht dem Handelsbestand zugeordnet werden.

Swaps, die dem Handelsbestand zuzurechnen sind, sind mit ihrem beizulegenden Zeitwert abzüglich eines Risikoabschlags zu bewerten (§ 340e Abs. 3 HGB). Der beizulegende Zeitwert von Swaps entspricht bei einem nicht zu marktgerechten Konditionen abgeschlossenen Swap im Zeitpunkt des Vertragsabschlusses der Upfront-Zahlung (Anschaffungskosten). Im Handelsbestand (Aktivum oder Passivum) ist ein derartiger Swap mit seinen Anschaffungskosten (Upfront-Zahlung) einzubuchen. Bei Swaps des Handelsbestands werden diese Beträge nicht als Rechnungsabgrenzungsposten, sondern im Posten „Handelsbestand" ausgewiesen und entsprechend bewertet (Einzelheiten vgl. Kapitel 4.12.).

Ein Ausweis als transitorischer Rechnungsabgrenzungsposten kommt nur für **vorschüssige** Zinszahlungen (Upfront-Zahlung) infrage. Schmidt/Usinger[2815] empfehlen, diese Einmalzahlungen als sonstige Vermögensgegenstände bzw. als sonstige Verbindlichkeiten auszuweisen und pro rata temporis als Zinsaufwand oder Zinsertrag (Zinskorrektur) aufzulösen. Da derartige Upfront-Zahlungen den Charakter eines Disagios bzw. Agios haben, sind diese Zahlungen über aktive bzw. passive Rechnungsabgrenzungsposten auf die Laufzeit des Swapgeschäfts zu verteilen. Die Auflösungsbeträge sind in denselben Posten der Gewinn- und Verlustrechnung zu buchen wie die Zinszahlungen aus dem Swapgeschäft.[2816]

Einmalzahlungen am Ende der Laufzeit des Swaps (Balloon Payments) werden während der Laufzeit des Swaps ratierlich zugunsten/zulasten des Zinsergebnisses aus dem zugrunde liegenden Geschäft (vergleichbar mit einer

---

[2814] Vgl. Scharpf/Luz, 487 f. mwN.

[2815] Vgl. Schmidt/Usinger, BeBiKo. 13. Aufl., § 254 HGB Rn. 113.

[2816] Vgl. Scharpf/Luz, 487 mwN.

Zinsabgrenzung) aufgebaut.[2817] Diese werden entweder im Posten „Sonstige Vermögensgegenstände" oder im Posten „Sonstige Verbindlichkeiten" ausgewiesen.

Upfront-Zahlungen bei Währungsswaps

Soweit es sich bei Upfront-Zahlungen bei Währungsswaps faktisch um ein (zinsbedingtes) Disagio bzw. Agio handelt, ist entsprechend der Vorgehensweise bei Zinsswaps zu verfahren. Dies ist dann der Fall, wenn die im Währungsswap vereinbarten Zinsen nicht marktgerecht sind.

Bisweilen kommt es jedoch vor, dass marktabweichende Konditionen dahingehend vereinbart werden, dass der für die Schlusstransaktion relevante Kurs vom Kassakurs bei Vertragsabschluss abweicht, insoweit also eine marktabweichende Kursvereinbarung besteht. Da diese marktabweichende Kondition nicht zinsbedingt ist, kann die hierfür zu leistende bzw. zu empfangende Upfront-Zahlung nicht als Rechnungsabgrenzungsposten erfasst werden. Der sich ergebende Unterschiedsbetrag ist auch nicht mit der Terminkomponente eines Termingeschäfts vergleichbar. Im Ergebnis handelt es sich vielmehr um Vorauszahlungen zum Ausgleich der künftig bei der Schlusstransaktion maßgeblichen Kursrelation. Diese können nicht als Rechnungsabgrenzungsposten auf die Laufzeit des Vertrags verteilt werden. Sie sind vielmehr als Anzahlung unter den „sonstigen Vermögensgegenständen" bzw. „sonstigen Verbindlichkeiten" auszuweisen.

Währungsswaps des Handelsbestands sind ebenso wie Zinsswaps des Handelsbestands mit dem beizulegenden Zeitwert abzüglich eines Risikoabschlags zu bewerten. Upfront-Zahlungen bei Währungsswaps des Handelsbestands sind wie bei Zinsswaps im Handelsbestand (Aktiva 6a. oder Passiva 3a.) auszuweisen und entsprechend zu bewerten.

Settlement-Zahlung bei Forward Rate Agreement

Der Ausweis der Settlement-Zahlung im aktiven Rechnungsabgrenzungsposten kommt in Betracht, wenn das Forward Rate Agreement als Sicherungsinstrument in einer Bewertungseinheit designiert wurde. Durch eine erfolgswirksame Auflösung wird die Erfolgswirkung den Perioden zugeordnet, in denen die Zinszahlungen des gesicherten Grundgeschäfts anfallen.[2818]

[2817] Vgl. BeBiKo. 13. Aufl., § 254 HGB Rn. 113.
[2818] Vgl. Scharpf/Luz, 536; ebenso Gaber, 2. Aufl., 515.

Close-out, Recouponing und Revalutierungsvereinbarungen bei Zinsderivaten und ähnliche Transaktionen

Vgl. hierzu die Ausführungen zum Passivposten „6. Rechnungsabgrenzungsposten".

Prämien für Zinsbegrenzungsvereinbarungen (Caps, Floors) in Bewertungseinheiten

Die für der **Absicherung von Zinsrisiken** dienenden Caps und Floors, bei denen es sich um eine Serie von europäischen Zinsoptionen mit zunehmend längerer Vorlaufzeit handelt, entrichteten Prämien können, soweit es sich um **Zinssicherungsgeschäfte** iRe. Bewertungseinheit (zur Bewertungseinheit vgl. Kapitel 4.11.) handelt, als Rechnungsabgrenzungsposten ausgewiesen und auf die Laufzeit der Zinsbegrenzungsvereinbarung verteilt werden.[2819] Zur Bilanzierung von Caps und Floors vgl. ausführlich Kapitel 4.12

Dem hat das FG München in seinem Urteil vom 25.3.2003[2820] nicht widersprochen. Das FG führt aus, dass ein als aktiver Rechnungsabgrenzungsposten zu behandelnder **laufzeitabhängiger Aufwand** dann vorliegt, wenn sich der wirtschaftliche Gehalt in der Abdeckung eines laufzeitbezogenen Risikos (also bspw. eines Zinsrisikos) erschöpft. Dies gilt nach Ansicht des FG namentlich dann, wenn – etwa bei einer zu sichernden Darlehensverpflichtung – die Begrenzung darin besteht, dass der Kreditnehmer von vornherein lediglich Zinsen bis zur Höhe des vereinbarten Höchstzinssatzes schuldet. In derartigen Fällen besteht eine funktionale Verknüpfung der Zinsbegrenzungsvereinbarung mit einer Darlehensverbindlichkeit, welche zulässt, dass der Aufwand für den Erwerb der Rechte aus der Zinsbegrenzungsvereinbarung das rechtliche Schicksal der Aufwendung für das verknüpfte Grundgeschäft teilt. Der BFH[2821] ordnet die Prämien für Zinsbegrenzungsvereinbarungen ebenso wie Disagien den laufzeitbezogenen Finanzierungsaufwendungen zu.

[2819] Vgl. ausführlich Scharpf/Luz, 567; Rau, DStR 2003, 1771 spricht sich für eine lineare Verteilung aus.

[2820] Vgl. FG München, Urteil vom 25.3.2003, EFG 2003, 1072 ff.; das Finanzamt hat die Revision zurückgenommen, vgl. DStR 2003, 1143; Anmerkungen von Räthke, StuB 2004, 34; Räthke hält beim Stillhalter den Ausweis als Rechnungsabgrenzungsposten für zulässig.

[2821] Vgl. BFH-Urteil vom 24.11.1999, DStR 2000, 244 f.

Das **Nutzungspotenzial** ist von der Anzahl der (verbleibenden) Zinsvergleichszeitpunkte abhängig.[2822] Eine Verteilung der Prämie kann im Grunde nur auf die Anzahl der noch verbleibenden Zinsvergleichszeitpunkte (Fixings) planmäßig erfolgen; sie wird aus Vereinfachungsgründen häufig linear vorgenommen. Dabei ist jedoch zu beachten, dass zwingend auf die Anzahl der tatsächlichen Fixingtage abzustellen ist. Die erste Ausbuchung ist am ersten Fixing vorzunehmen (Ausübung der ersten Teiloption).

Werden die Zinsbegrenzungsvereinbarungen zu Sicherungszwecken abgeschlossen, ist es sachgerecht, die Beträge aus der Verteilung der Prämien in der Gewinn- und Verlustrechnung in das Zinsergebnis zu buchen.[2823]

Ereignisabhängige Verzinsung – „Event-Versicherungen"

Die **Höhe der Verzinsung** bzw. des **Bonus** besteht bei verschiedenen Bankprodukten in Abhängigkeit von dem Ergebnis einer **sportlichen Veranstaltung** oder eines **anderen Ereignisses**. Dem Risiko einer zu leistenden Zins- bzw. Bonuszahlung ist durch die Bildung einer (Verbindlichkeits-) Rückstellung Rechnung zu tragen.

Hat das Institut zur Absicherung dieses Risikos eine sog. **Event-Versicherung** abgeschlossen, ist es sachgerecht, die Prämie als Rechnungsabgrenzungsposten zu erfassen und (linear) über die Gesamtlaufzeit zulasten des Zinsaufwands aufzulösen.[2824]

Zinsvereinnahmung bei sog. Step-down-Anleihen bzw. Darlehen

Step-down-Produkte weisen eine im Zeitablauf sinkende Verzinsung auf. Bei entsprechender Vertragsgestaltung erhält der Investor im ersten Laufzeitjahr einen bezogen auf die gesamte Laufzeit überdurchschnittlichen Zins und im/ in Folgejahr/en einen entsprechend unterdurchschnittlichen Zins. Die Gesamtrendite des Produkts ist bei Emission marktgerecht.

Ein solches Produkt kann sowohl als unverbrieftes Einlagenprodukt oder als Inhaberschuldverschreibung angeboten werden. Verfügungen während der Laufzeit der Zinsvereinbarung sind im Regelfall ausgeschlossen. Soweit der Investor bei Step-down-Produkten nicht vor dem Ende der Zinsvereinbarung

---

[2822] Vgl. Scharpf/Luz, 569 f.
[2823] Vgl. Scharpf/Luz, 571 f.
[2824] Vgl. DGRV (Hrsg.), Jahresabschluss, B.II. 673.

über seine Einlage verfügen kann, müssen die den Effektivzinssatz übersteigenden Zinszahlungen (sog. Überzins) in einen Rechnungsabgrenzungsposten eingestellt werden, da sie Aufwand für die Restlaufzeit der Einlage darstellen.

Soweit in den Folgejahren der vereinbarte (Nominal-) Zins den Effektivzins unterschreitet, wird der in den Vorjahren gebildete Rechnungsabgrenzungsposten wieder zulasten des Zinsaufwands aufgelöst.

Der BFH hat mit Urteil vom 27.7.2011[2825] zu Darlehen mit fallenden Zinsen wie folgt entschieden: *„Ob der Darlehensnehmer bei Vereinbarung jährlich fallender Zinssätze zu Beginn der Vertragslaufzeit einen aktiven Rechnungsabgrenzungsposten bilden muss, hängt grundsätzlich davon ab, ob der Darlehensnehmer im Falle einer vorzeitigen Vertragsbeendigung die anteilige Erstattung der bereits gezahlten Zinsen verlangen könnte."* Besteht ein solcher Erstattungsanspruch nicht, *„... ist gleichwohl ein Rechnungsabgrenzungsposten zu aktivieren, wenn das Darlehensverhältnis nur aus wichtigem Grund gekündigt werden kann und wenn konkrete Anhaltspunkte dafür fehlen, dass die Vertragsparteien der Möglichkeit einer vorzeitigen Beendigung des Vertragsverhältnisses durch eine solche Kündigung mehr als rein theoretische Bedeutung beigemessen haben."* Der BFH führt weiterhin aus, dass der Möglichkeit einer einvernehmlichen Vertragsaufhebung oder -änderung in diesem Zusammenhang keine Bedeutung zukommt.[2826]

Nach Ansicht des BFH sind die Zinsen, soweit sie den auf die gesamte Vertragslaufzeit entfallenden rechnerischen Durchschnittszinssatz übersteigen, *„... als Vorleistung für die Überlassung der Darlehensvaluta in der restlichen Darlehenslaufzeit anzusehen ..."*. Daher ist eine Aktivierung als Rechnungsabgrenzungsposten vorzunehmen.[2827]

5.2.16.3. Bewertung

Rechnungsabgrenzungsposten sind im Allgemeinen einer Bewertung nicht zugänglich. Bewertet werden Vermögensgegenstände und Schulden. Rechnungsabgrenzungsposten hingegen werden zu jedem Bilanzstichtag neu berechnet. Sie dienen lediglich der periodengerechten Erfolgsabgrenzung.

[2825] Vgl. BFH-Urteil vom 27.7.2011, Der Konzern 2011, 588 ff., HFR 2011, 1290 ff., BStBl. 2012 II, 284 ff.

[2826] Vgl. Lüdenbach, StuB Sonderausgabe 2/2012, 18, der die Voraussetzungen für einen Rechnungsabgrenzungsposten herausarbeitet.

[2827] Vgl. hierzu Dreixler/Ernst, StuB 2012, 220 ff.; Lüdenbach, StuB Sonderausgabe 2/2012, 18.

Hat bei einem Rechnungsabgrenzungsposten die künftige Gegenleistung, für den er gebildet wurde, keinen oder einen niedrigeren rechnerischen Wert, muss der Rechnungsabgrenzungsposten aufgelöst werden (zB vorausbezahlte Miete für Geschäftsräume, die später nicht mehr genutzt werden).[2828]

5.2.16.4. Anhangangaben

Nach § 340e Abs. 2 Satz 3 HGB sind die jeweiligen Unterschiedsbeträge aus der **Nominalwertbilanzierung** von Forderungen, wenn sie nicht in der Bilanz angegeben wurden, im Anhang anzugeben.

Gemäß § 268 Abs. 6 HGB sind die jeweiligen **Unterschiedsbeträge** in der Bilanz oder im Anhang anzugeben, die sich bei Verbindlichkeiten ergeben, deren Rückzahlungsbetrag höher als der Ausgabebetrag ist.

5.2.16.5. Prüfung des Postens

Es sind die für Rechnungsabgrenzungsposten allgemein üblichen Prüfungshandlungen durchzuführen. Es ist darauf zu achten, dass die in diesem Posten ausgewiesenen Beträge die og. Voraussetzungen erfüllen.

Der **Nachweis** erfolgt ua. durch Vertragsunterlagen, Schriftwechsel, Bestätigungen usw. Neben der Prüfung des sachgerechten Nachweises ist insbesondere die Richtigkeit der **Auflösung** der Einzelbeträge zu prüfen. Hierbei ist auch festzustellen, ob die Abgrenzungsposten des Vorjahres zulasten der richtigen Erfolgskonten aufgelöst wurden.

Der **Prüfungsbericht** muss die erforderlichen Angaben enthalten.

5.2.17. Aktive latente Steuern (Aktiva 16.)

5.2.17.1. Postenbezeichnung

Die Postenbezeichnung lautet nach dem Formblatt 1 der RechKredV wie folgt.

16. Aktive latente Steuern

[2828] Vgl. DGRV (Hrsg.), Jahresabschluss, B.II. Rn. 680.

Der Aktivposten 16. wurde mit dem BilMoG in das Formblatt 1 eingefügt. Da weder eine Klassifizierung des Postens als Vermögensgegenstand, Rechnungsabgrenzungsposten oder Bilanzierungshilfe infrage kommt, ist der Posten als Sonderposten eigener Art anzusehen.[2829]

Die Postenbezeichnung bei **Zahlungsinstituten** und **E-Geld-Instituten** ist mit Ausnahme der Postennummer (14.) nach Formblatt 1 der RechZahlV identisch.

5.2.17.2. Posteninhalt

5.2.17.2.1. Rechnungslegungsverordnung

Die RechKredV bzw. die RechZahlV enthalten keine Regelungen zur Ermittlung und zum Ausweis von latenten Steuern. Einzelheiten zur Ermittlung der latenten Steuern können auch DRS 18[2830] entnommen werden.

5.2.17.2.2. Voraussetzungen für den Postenausweis

Mit dem BilMoG wurde die konzeptionelle Basis (früher: Timing-Konzept) zugunsten des international gebräuchlichen bilanzorientierten Konzepts (Temporary-Konzept) aufgegeben. Die Abgrenzung latenter Steuern orientiert sich nunmehr an Differenzen, die aus unterschiedlichen Wertansätzen von Vermögensgegenständen, Schulden und Rechnungsabgrenzungsposten in der Handels- und der Steuerbilanz resultieren und sich künftig steuerbelastend und steuerentlastend umkehren.[2831] Dabei handelt es sich um eine sog. Gesamtdifferenzbetrachtung.

Gesamtdifferenzbetrachtung bedeutet, dass sämtliche temporären Differenzen, für die eine Steuerlatenz nach den Grundsätzen des § 274 HGB zu bilden ist, zusammengefasst werden und nur auf den verbleibenden Saldo eine Steuerlatenz gebildet wird, die dann entweder aktiv oder passiv ist.[2832] Dies bedeutet auch, dass sich das Aktivierungswahlrecht des § 274 Abs. 1 Satz 2

[2829] Vgl. BR-Drucks. 344/08, 146.

[2830] Vgl. Bonnecke, StuB 2021, 882 ff.; Kahle/Kopp, DB 2022, 341 ff.

[2831] Vgl. BR-Drucks. 344/08, 144 f.

[2832] Einzelheiten vgl. Melcher/Möller, KoR 2011, 548 ff.; Ritzrow, StBp 2012, 174 (Teil III); Waschbusch/Kakuk, BFuP 2018, 1 ff.

HGB nur auf den **Aktivüberhang**, nicht aber auf den Bruttobetrag der aktiven latenten Steuern beziehen kann.[2833]

Nach § 274 Abs. 1 HGB werden **alle** Bilanzierungs- und Bewertungsabweichungen bei Vermögensgegenständen, Schulden und Rechnungsabgrenzungsposten zwischen der Handels- und der Steuerbilanz erfasst.[2834]

Die **Ursachen** für das Entstehen **aktiver latenter Steuern** (Aktiva: Handelsbilanzwert < Steuerbilanzwert; Passiva: Handelsbilanzwert > Steuerbilanzwert) sind vielfältig. Zu einer steuerlichen Minderbelastung und damit zu aktiven latenten Steuern führen folgende Konstellationen (unter Beachtung der Gesamtdifferenzenbetrachtung):[2835]

- Schuldposten werden nur in der Handelsbilanz angesetzt, nicht jedoch in der Steuerbilanz.[2836]
- Schuldposten werden in der Handelsbilanz höher bewertet als in der Steuerbilanz.[2837]
- Vermögensgegenstände oder Rechnungsabgrenzungsposten werden nur in der Steuerbilanz angesetzt, nicht jedoch in der Handelsbilanz.
- Vermögensgegenstände[2838] oder Rechnungsabgrenzungsposten[2839] werden in der Steuerbilanz höher bewertet als in der Handelsbilanz.

[2833] Vgl. Ritzrow, StBp 2012, 174 (Teil III) mwN; Pöller, BC 2016, 104 ff.; Waschbusch/ Kakuk, BFuP 2018, 1 ff

[2834] Vgl. BR-Drucks. 344/08, 145.

[2835] Zu einer Gegenüberstellung wesentlicher Abweichungen zwischen Handels- und Steuerbilanz vgl. OFD Münster vom 14.9.2012, Kurzinfo ESt 17/2012, DB 2012, 2309 ff.

[2836] Beispiele: Rückstellungen, die zwar in der Handelsbilanz nicht aber in der Steuerbilanz angesetzt werden dürfen; zB Rückstellungen für drohende Verluste aus schwebenden Geschäften, ggf. auch Rückstellungen für Dienstjubiläen.

[2837] Beispiele: Unterschiedliche Bewertung von Pensionsrückstellungen, Urlaubsrückstellungen, Rückstellungen für Sachleistungsverpflichtungen usw. Berücksichtigung der künftigen Preis- und Kostenverhältnisse bei Ermittlung des Erfüllungsbetrags von Rückstellungen in der Handelsbilanz, während in der Steuerbilanz die Verhältnisse zum Bilanzstichtag maßgeblich sind.

[2838] Beispiele: Abschreibungen auf Finanzanlagen, die in der Handelsbilanz bei nicht dauernder Wertminderung vorgenommen werden (§ 253 Abs. 3 Satz 4 HGB), die in der Steuerbilanz nicht zulässig sind. Unterschiedliche Abschreibungsdauer und Abschreibungsmethode, die in der Steuerbilanz zu höheren Wertansätzen führen. Höhere Abzinsung von Forderungen in der Handelsbilanz. In der Handelsbilanz kürzere Abschreibungsdauer für den Firmenwert als in der Steuerbilanz.

[2839] Beispiele: Disagiobeträge bei Verbindlichkeiten, die gemäß § 250 Abs. 3 HGB handelsrechtlich sofort als Aufwand behandelt werden dürfen, steuerlich aber zu aktivieren und zu verteilen sind. Abschaffung der Möglichkeit, in der Handelsbilanz Zölle und Verbrauchsteuern sowie Umsatzsteuer als aktiven Rechnungsabgrenzungsposten anzusetzen.

Eine sich insgesamt ergebende Steuerentlastung (Aktivüberhang, Aktivsaldo) kann (Wahlrecht) als **aktive latente Steuer** in der Bilanz im Aktivposten 16. angesetzt werden (§ 274 Abs. 1 Satz 2 HGB). Dieses Ansatzwahlrecht ist stetig auszuüben und bezieht sich auf den gesamten Aktivüberhang.

An die Aktivierung latenter Steuern sind **strenge Anforderungen** zu stellen. In den Perioden, in denen sich die Differenzen voraussichtlich abbauen, muss ein steuerliches Einkommen vorhanden sein, mit dem die Differenzen verrechnet werden können.[2840] Soweit in künftigen Perioden keine Steuerentlastung realisiert werden kann, sind auf berücksichtigte aktive latente Steuern entsprechende Wertkorrekturen erforderlich.[2841] Die Prognose künftiger steuerlicher Einkommen ist aus einer Planungsrechnung des Instituts abzuleiten.

Insbesondere wenn das Institut in der Vergangenheit keine ausreichenden nachhaltig positiven zu versteuernden Einkünfte erzielt hat. Ein Anhalten der historischen Verlustsituation muss mit höchster Wahrscheinlichkeit (und dokumentiert) widerlegt werden. Allein eine positive Fortbestandprognose des Instituts ist nicht ausreichend. Selbst wenn die Verlustsituation konjunkturell bedingt zu erklären ist und mithin eine Erholung der Ertragslage im konjunkturellen Aufschwung zu erwarten ist, müssen eindeutige Anzeichen für eine Verbesserung vorliegen (und nicht nur erkennbar sein). Diesbezüglich wird auf die Verlautbarungen des IDW verwiesen. Soweit auf einen Ansatz verzichtet wird, müssen nur die zur Verrechnung mit der passiven Steuerlatenz herangezogenen Teilbeträge der aktiven latenten Steuern in Bezug auf ihre Realisierbarkeit beurteilt werden.

Wenn sich auf saldierter Grundlage ein **Passivsaldo** ergibt, ist dieser zwingend als passive latente Steuer anzusetzen (Passivposten 6a.). Die sich ergebenden Steuerbelastungen und Steuerentlastungen können auch unverrechnet (Bruttoausweis) angesetzt werden (§ 274 Abs. 2 Satz 3 HGB). Die Posten können also wahlweise auch **unsaldiert** ausgewiesen werden (§ 274 Abs. 1 Satz 3 HGB). Ein unsaldierter Ausweis eröffnet dem Bilanzleser einen besseren Einblick in die Vermögenslage der Gesellschaft als die Anwendung der Gesamtdifferenzbetrachtung, da es sich um die transparenteste und umfassendste Abbildung von Steuerlatenzen handelt.

Auch im Fall des unsaldierten Ausweises bezieht sich das Aktivierungswahlrecht des § 274 Abs. 1 Satz 2 HGB ausschließlich auf die die passiven latenten Steuern übersteigenden aktiven latenten Steuern, nicht auf den Gesamtbetrag

---

[2840] Vgl. IDW, Fachlicher Hinweis (Teil 2), IDW Life 2020, 318.
[2841] Vgl. IDW, Fachlicher Hinweis (Teil 2), IDW Life 2020, 318 mwN.

der aktiven latenten Steuern.[2842] Das Wahlrecht des unsaldierten Ausweises unterliegt der Ausweisstetigkeit.

Steuerliche Verlustvorträge sind bei der Berechnung aktiver latenter Steuern in Höhe der innerhalb der nächsten fünf Jahre zu erwartenden Verlustverrechnung zu berücksichtigen (§ 274 Abs. 1 Satz 4 HGB).[2843] Um die Aktivierung latenter Steuern auf Verlustvorträge nachprüfbar und praktikabel zu gestalten, dürfen diese bei der Ermittlung der aktiven latenten Steuern nur berücksichtigt werden, soweit zu erwarten ist, dass sie innerhalb der auf den Bilanzstichtag folgenden fünf Geschäftsjahre zur Verlustverrechnung herangezogen werden.

§ 268 Abs. 8 Satz 2 HGB sieht für den Überhang der aktiven latenten Steuern über die passiven latenten Steuern eine **Ausschüttungssperre** vor. Damit in engem Zusammenhang steht die Anhangangabe nach § 285 Nr. 28 HGB. Nach dieser Vorschrift ist der Gesamtbetrag der ausschüttungsgesperrten Erträge iSd. § 268 Abs. 8 HGB im Anhang anzugeben. Dies erleichtert es den Abschlussadressaten nachzuvollziehen, ob die Ausschüttungssperre beachtet worden ist.[2844]

Der Posten ist **aufzulösen**, sobald die Steuerbe- oder -entlastung eintritt oder mit ihr nicht mehr zu rechnen ist (§ 274 Abs. 2 Satz 2 HGB). Die Frage des wahrscheinlichen Ausgleichs ist anhand von Wahrscheinlichkeitsüberlegungen zu klären, bei denen das handelsrechtliche Vorsichtsprinzip zu beachten ist.[2845] An den Nachweis der Wahrscheinlichkeit sind insbesondere dann hohe Anforderungen zu stellen, wenn das Unternehmen, das latente Steuern auf Verlustvorträge aktivieren will, bereits in der Vergangenheit nicht über ausreichende nachhaltige Gewinne verfügte.[2846] Die Vorschrift des § 274 Abs. 2 Satz 2 HGB, wonach die ausgewiesenen Posten aufzulösen sind, sobald die Steuerbe- oder -entlastung eintritt oder mit ihr nicht mehr zu rechnen ist, erfasst auch die Fälle, in denen mit einer Steuerbe- oder -entlastung in einer anderen als der ursprünglichen Höhe zu rechnen ist.[2847]

Aufwendungen aus der Passivierung und Erträge aus der Aktivierung latenter Steuern sind in der **Gewinn- und Verlustrechnung** gesondert unter dem Posten „Steuern vom Einkommen und vom Ertrag" auszuweisen (§ 274 Abs. 2 Satz 3 HGB).

[2842] Vgl. Ritzrow, StBp 2012, 175 (Teil III) mwN.
[2843] Vgl. Endert/Sepetauz, PiR 2013, 1 ff.
[2844] Vgl. BR-Drucks. 344/08, 139.
[2845] Vgl. BR-Drucks. 344/08, 145.
[2846] Vgl. BR-Drucks. 344/08, 145.
[2847] Vgl. BR-Drucks. 344/08, 147.

Das bilanzorientierte Konzept des § 274 HGB erfasst jede Bilanzierungs- und Bewertungsabweichung bei Vermögensgegenständen, Schulden und Rechnungsabgrenzungsposten zwischen Handels- und Steuerbilanz also auch die Bildung und Auflösung von **Vorsorgereserven nach § 340f HGB** auf bestimmte Finanzinstrumente (einschließlich der Altreserven nach § 26a KWG aF). Denn diese Vorsorgereserven werden von den vorgesehenen Aktivposten abgesetzt und für einen Ansatz in der Steuerbilanz nicht anerkannt. Sie führen damit zu einem relevanten Unterschied zwischen Handels- und Steuerbilanz bei den betreffenden Vermögenswerten. Zu weiteren Einzelheiten vgl. Kapitel 4.6.10.

Anders als die Vorsorgereserven nach § 340f HGB wird der **„Fonds für allgemeine Bankrisiken"** nach § 340g HGB nicht bilanzpostenbezogen gebildet. Die Zuführungen zum Sonderposten oder die Erträge aus der Auflösung des Sonderpostens sind in der Gewinn- und Verlustrechnung gesondert auszuweisen (§ 340g Abs. 2 HGB). Der Fonds für allgemeine Bankrisiken hat Eigenkapitalcharakter und bleibt mangels Differenzen bei Vermögensgegenständen und Schulden zwischen Handels- und Steuerbilanzansatz bei der Ermittlung latenter Steuern nach dem Temporary-Konzept außen vor. Zu Einzelheiten vgl. Kapitel 4.7.

Zu Einzelfragen der Bilanzierung latenter Steuern im Rahmen von Verschmelzungen nach IDW RS HFA 42 vgl. bei Meyer.[2848]

5.2.17.3. Bewertung

Die Beträge der sich ergebenden künftigen Steuerbe- und -entlastungen sind mit den **unternehmensindividuellen Steuersätzen** im Zeitpunkt des Abbaus der Differenzen zu bewerten und nicht abzuzinsen (§ 274 Abs. 2 Satz 1 HGB).

Zur Berechnung latenter Steuern einschließlich einer elektronischen Arbeitshilfe zur Wertermittlung vgl. Happe.[2849]

Sind die individuellen Steuersätze im Zeitpunkt der Umkehrung nicht bekannt, sind die am Bilanzstichtag gültigen individuellen Steuersätze anzuwenden.[2850] Änderungen der individuellen Steuersätze sind zu berücksichtigen, wenn die maßgebende Körperschaft die Änderung vor oder am Bilanzstichtag verab-

---

[2848] Vgl. Meyer, BB 2013, 683 ff.
[2849] Vgl. Happe, BBK 21/2019, 1037 ff.
[2850] Vgl. BR-Drucks. 344/08, 147.

schiedet hat. In Deutschland bedeutet dies, dass der Bundesrat einem Steuergesetz vor dem oder am Bilanzstichtag zugestimmt haben muss.

Im Hinblick auf den Charakter der aktiven latenten Steuern als Sonderposten eigener Art kommt eine Abzinsung nicht in Betracht. Das Gleiche gilt für die passiven latenten Steuern, die in ihrer Gesamtheit ebenfalls als Sonderposten eigener Art zu klassifizieren sind.

Hinsichtlich des Ansatzes ist zu beachten, dass sich das Ansatzwahlrecht für aktive latente Steuern auf eine sich **insgesamt ergebende steuerliche Entlastung** bezieht.

Bei der Bewertung von latenten Steuern ist im Hinblick auf die erwartete künftige Steuerbe- bzw. -entlastung das **Vorsichtsprinzip** zu beachten, dh. es sind Wahrscheinlichkeitsüberlegungen erforderlich. Danach sind für den Ansatz eines Aktivüberhangs latenter Steuern Nachweise vorzulegen, die mit hinreichender Wahrscheinlichkeit die künftige Realisierung von Steuerentlastungen durch die Erzielung von positivem steuerpflichtigem Einkommen erwarten lassen. Sämtliche Annahmen, Schätzungen, Wahrscheinlichkeitsüberlegungen sind zu dokumentieren und zu jedem Bilanzstichtag erneut zu überprüfen und ggf. anzupassen.

5.2.17.4. Anhangangaben

Im Anhang ist nach § 285 Nr. 29 HGB anzugeben, *„auf welchen Differenzen oder steuerlichen Verlustvorträgen die latenten Steuern beruhen und mit welchen Steuersätzen die Bewertung erfolgt ist"*.

§ 285 Nr. 30 HGB verlangt die **Angabe der latenten Steuersalden am Ende des Geschäftsjahres** und die im Laufe des Geschäftsjahres erfolgen Änderungen dieser Salden, wenn latente Steuerschulden in der Bilanz angesetzt werden.

Dabei ist darauf einzugehen, inwieweit Verlustvorträge oder Steuergutschriften bei der Berechnung der abzugrenzenden Steuern berücksichtigt wurden.[2851] Ebenfalls ist anzugeben, ob Differenzen aus dem erstmaligen Ansatz von Vermögensgegenständen, Schulden oder Rechnungsabgrenzungsposten bestehen, die keine Auswirkungen auf die handelsrechtliche und steuerliche Gewinn-

---

[2851] Vgl. BR-Drucks. 344/08, 147.

ermittlung entfaltet haben und die daher nicht in die Berechnung latenter Steuern einbezogen worden sind.[2852]

Der HFA hält an seiner Auffassung, wonach über den Saldierungsbereich hinausgehende aktive latente Steuern, welche in Ausübung des Wahlrechts in § 274 Abs. 1 Satz 2 HGB **nicht in der Bilanz angesetzt** werden, nicht im Anhang erläutert zu werden brauchen, fest. Die Wirtschaftsprüferkammer hat sich dieser Auffassung angeschlossen.[2853]

Erläuterungen, die gegebenenfalls Rückschlüsse zulassen auf die Höhe der **Vorsorgereserven nach § 340f HGB**, die auf bestimmte Vermögensgegenstände zwar in der Handelsbilanz gebildet werden können, steuerlich aber unberücksichtigt bleiben, konterkarieren den Zweck der Bildung stiller Vorsorgereserven. Eine so verstandene Erläuterungspflicht stünde im Widerspruch zum Regelungsziel von § 340f Abs. 4 HGB, wonach Angaben über die Bildung und Auflösung von Vorsorgereserven im Jahresabschluss, Lagebericht, Konzernabschluss und Konzernlagebericht nicht gemacht werden brauchen. Dass der Gesetzgeber mit dem BilMoG am „Charakter" der Vorsorgereserven nach § 340f HGB etwas ändern wollte, ist nicht – auch nicht andeutungsweise – ersichtlich. Dies hätte er im Rahmen des BilMoG unmittelbar bewerkstelligen können.

Es ist darzustellen, auf welchen Differenzen oder steuerlichen Verlustvorträgen die latenten Steuern beruhen. Eine bloße verbale Erläuterung ist als Minimum zur Erfüllung der Angabepflichten regelmäßig ausreichend.

Nach § 285 Nr. 28 HGB haben Institute die **ausschüttungsgesperrten Beträge** iSd. § 268 Abs. 8 HBB aufzugliedern in Beträge aus der Aktivierung selbst geschaffener immaterieller Vermögenswerte des Anlagevermögens, **Beträge aus der Aktivierung latenter Steuern** und aus der Aktivierung von Vermögensgegenständen zum beizulegenden Zeitwert iSd. § 253 Abs. 1 Satz 4 HGB.

5.2.17.5. Prüfung des Postens

Sowohl das Mengengerüst als auch die Bewertung der latenten Steuern sind zu prüfen.

Der **Prüfungsbericht** muss die erforderlichen Angaben enthalten.

[2852] Vgl. BR-Drucks. 344/08, 147.
[2853] Vgl. IDW FN 2015, 172.

5.2.18. Aktiver Unterschiedsbetrag aus der Vermögensverrechnung (Aktiva 17.)

5.2.18.1. Postenbezeichnung

Die Postenbezeichnung lautet nach dem Formblatt 1 der RechKredV wie folgt.

17. Aktiver Unterschiedsbetrag aus der Vermögensverrechnung

Der Aktivposten 17. wurde mit dem BilMoG in das Formblatt 1 eingefügt.

Die Postenbezeichnung bei **Zahlungsinstituten** und **E-Geld-Instituten** ist mit Ausnahme der Postennummer (15.) nach Formblatt 1 der RechZahlV identisch.

5.2.18.2. Posteninhalt

5.2.18.2.1. Rechnungslegungsverordnung

Die RechKredV bzw. RechZahlV enthalten keine Regelungen zur Ermittlung und zum Ausweis eines aktiven Unterschiedsbetrags aus der Vermögensverrechnung.

5.2.18.2.2. Voraussetzungen für den Postenausweis

Als **aktiver Unterschiedsbetrag aus der Vermögensverrechnung** wird die positive Differenz zwischen einem zum beizulegenden Zeitwert bewerteten Zweckvermögen und dem Betrag der korrespondierenden Altersversorgungsverpflichtungen bezeichnet.[2854]

Eine pflichtweise Verrechnung von Vermögenswerten und Schulden sieht neben § 10 RechKredV mit Inkrafttreten des BilMoG auch § 246 Abs. 2 Satz 2 HGB vor, der nach § 340a Abs. 2 HGB uneingeschränkt auch auf Institute anzuwenden ist. Danach sind *„Vermögensgegenstände, die dem Zugriff aller übrigen Gläubiger entzogen sind und ausschließlich der Erfüllung von Schulden aus Altersversorgungsverpflichtungen oder vergleichbaren langfristig fälligen Verpflichtungen dienen, (…) mit diesen Schulden zu verrechnen; entsprechend ist mit den zugehörigen Aufwendungen und Erträgen aus der Abzinsung und aus dem zu verrechnenden Vermögen zu verfahren"* (§ 246 Abs. 2

[2854] Vgl. Bolin/Dreyer/Schäfer (Hrsg.), 235.

Satz 2 HGB). § 246 Abs. 2 Satz 2 HGB regelt damit die bilanzielle Abbildung von sog. **Contractual Trust Agreements** (CTA).[2855] Dies lässt sich auch als „virtuelle Auslagerung" der Pensionsverpflichtungen aus dem Jahresabschluss beschreiben. Durch diese Verfahrensweise können sich Bilanzkennzahlen verbessern.[2856]

Die Rechtsfolge dieser Norm ist, dass Vermögensgegenstände, die den Tatbestand des § 246 Abs. 2 Satz 2 HGB erfüllen, nicht auf der Aktivseite anzusetzen, sondern mit den Schulden zu verrechnen sind. Die Verrechnung ist bei Erfüllung der Voraussetzungen zwingend vorgesehen. Zu Einzelheiten der Bilanzierung von Altersversorgungsverpflichtungen vgl. auch IDW RS HFA 30 n.F..

Das Gesetz verlangt in § 246 Abs. 2 Satz 2, 2. Halbsatz explizit, dass „*entsprechend (...) mit den zugehörigen Aufwendungen und Erträgen aus der Abzinsung und aus dem zu verrechnenden Vermögen zu verfahren (ist)*". Damit sind die nach § 253 Abs. 2 HGB vorzunehmenden Auf- und Abzinsung der Schulden mit (sämtlichen) dazugehörenden Erträgen und Aufwendungen aus dem Deckungsvermögen zu verrechnen.[2857] Die einzelnen verrechneten Aufwendungen und Erträge sind im Anhang anzugeben (§ 285 Nr. 25 HGB). Bezüglich der Pensionsrückstellungen unterliegen nur die Aufzinsungs- und Abzinsungserfolge diesem Verrechnungsgebot. Andere Erträge bzw. Aufwendungen im Zusammenhang mit Pensionsrückstellungen (zB Erträge bzw. Aufwendungen aus der Auflösung von Pensionsrückstellungen usw.) sind unverändert brutto in den dafür vorgesehenen Posten der Gewinn- und Verlustrechnung zu erfassen. Bezüglich der einzubeziehenden Erträge und Aufwendung aus den Vermögensgegenständen vgl. Gelhausen/Fey/Kämpfer.[2858]

Da die Vermögenswerte „*dem Zugriff aller übrigen Gläubiger entzogen*" sein müssen, können nur unbelastete Vermögensgegenstände zur Verrechnung herangezogen werden. Diese Vermögensgegenstände müssen in einer Art und Weise isoliert werden, dass sie im Fall einer Insolvenz des Unternehmens dem Zugriff aller übrigen Unternehmensgläubiger (im Wege der Einzelvollstreckung oder Insolvenz[2859]), mit Ausnahme der Gläubiger der Altersvorsorgeverpflichtungen oder vergleichbaren langfristig fälligen Verpflichtungen, entzo-

---

[2855] Zu den bei der Einführung eines CTA bestehenden Risiken sowie der zu beachtenden Governance vgl. Misterek/Reichenbach, DB 2012, 641 ff.
[2856] Vgl. Pabels/Lüder, DB 2016, 901 ff.
[2857] Vgl. Gelhausen/Fey/Kämpfer, Abschnitt C Rn. 78 ff., 85.
[2858] Vgl. Gelhausen/Fey/Kämpfer, Abschnitt C Rn. 78 ff., insbesondere Rn. 85.
[2859] Vgl. BR-Drucks. 344/08, 104.

gen sind.[2860] Damit müssen die Vermögensgegenstände sowohl den Gläubigern des Unternehmens als auch solchen eines unabhängigen Rechtsträgers, auf den die Vermögensgegenstände wurden, in Einzel- und Gesamtvollstreckung entzogen sein.[2861] Von dieser Regelung sind alle Gläubiger außer den Arbeitnehmern erfasst.

Darüber hinaus müssen die Vermögensgegenstände ausschließlich zur *„Erfüllung von Schulden aus Altersvorsorgeverpflichtungen oder vergleichbaren langfristig fälligen Verpflichtungen dienen "*. Das ist nur dann der Fall, wenn die Vermögensgegenstände jederzeit zur Erfüllung der Schulden verwertet werden können.[2862] Dies kommt bspw. bei Vermögensgegenständen des Anlagevermögens, die zum Betrieb des Unternehmens notwendig sind, grundsätzlich nicht in Betracht. Derartige Vermögensgegenstände dienen nicht ausschließlich der Erfüllung der Altersvorsorgeverpflichtungen oder vergleichbaren langfristig fälligen Verpflichtungen, denn ihre jederzeite Verwertbarkeit zur Erfüllung dieser Verpflichtungen ist ausgeschlossen.

Unter Altersversorgungsverpflichtungen oder ähnlichen vergleichbaren Verpflichtungen subsumiert der Gesetzgeber Pensionsverpflichtungen, Altersteilzeitverpflichtungen, Verpflichtungen aus Lebensarbeitszeitmodellen sowie andere vergleichbare langfristig fällige Verpflichtungen.[2863] Weiterhin gilt aber das Verrechnungsverbot für ggü. Arbeitnehmern bestehende andere Verpflichtungen wie bspw. Urlaubsrückstellungen.

Die zur Verrechnung vorgesehenen Vermögenswerte sind mit dem **beizulegenden Zeitwert** anzusetzen (§ 253 Abs. 1 Satz 4 HGB). Durch die Bewertung mit dem beizulegenden Zeitwert kann es zur Aufdeckung (nicht realisierter) stiller Reserven kommen, weshalb bei Kapitalgesellschaften eine Ausschüttungssperre (§ 268 Abs. 8 HGB) vorgesehen ist.

§ 246 Abs. 2 Satz 3 HGB schreibt weiterhin vor: *„Übersteigt der beizulegende Zeitwert der Vermögensgegenstände den Betrag der Schulden, ist der übersteigende Betrag unter einem gesonderten Posten zu aktivieren. "* Dieser gesonderte Aktivposten ist Aktiva 17.

Mit dem Aktivposten 17. wird der Tatsache Rechnung getragen, dass der beizulegende Zeitwert des zur Verrechnung vorgesehenen Vermögens (§ 253 Abs. 1 Satz 4 HGB) den Wert der Schulden (Erfüllungsbetrag) übersteigen kann. Bei

---

[2860] Vgl. BR-Drucks. 16/12407, 166.

[2861] Vgl. KK-RLR, § 246 HGB Rn. 98.

[2862] Vgl. BT-Drucks. 16/12407, 166.

[2863] Vgl. KK-RLR, § 246 HGB Rn. 97.

diesem Aktivposten handelt es sich nicht um einen Vermögensgegenstand im handelsrechtlichen Sinne, sondern um einen **Verrechnungsposten**, der nach § 268 Abs. 8 HGB **ausschüttungsgesperrt** ist. Einzelheiten zum ausschüttungsgesperrten Betrag vgl. IDW RS HFA 30 n.F. Tz. 69.

Zur **Entwidmung** von bislang zum Deckungsvermögen gehörenden Vermögensgegenständen wird auf IDW RS HFA 30 n.F. Tz. 70 verwiesen.

5.2.18.3. Bewertung

Die nach § 246 Abs. 2 Satz 2 HGB zu verrechnenden Vermögensgegenstände sind ab dem Zeitpunkt der Erfüllung der Anforderungen an Deckungsvermögen erfolgswirksam mit ihrem beizulegenden Zeitwert iSd. § 255 Abs. 4 HGB zu bewerten. Wegen weiterer Einzelheiten wird auf die einschlägigen Kommentierungen sowie auf IDW RS HFA 30 n.F. Tz. 67 ff. verwiesen. Bei der Bestimmung des beizulegenden Zeitwerts ist die Bewertungshierarchie des § 255 Abs. 4 HGB zu beachten.

Kann auch mithilfe anerkannter Bewertungsmodelle ein beizulegender Zeitwert für Vermögensgegenstände des Deckungsvermögens mangels dem Bilanzierenden vorliegender Daten nicht oder nicht mehr verlässlich bestimmt werden, sind deren Anschaffungs- oder Herstellungskosten unter Beachtung des strengen Niederstwertprinzips gemäß § 253 Abs. 4 HGB fortzuführen (§ 255 Abs. 4 Satz 3; IDW RS HFA 30 n.F. Tz. 68).

5.2.18.4. Anhangangaben

Im Fall der Verrechnung von Vermögenswerten und Schulden nach § 246 Abs. 2 Satz 2 HGB sind die Anschaffungskosten und der beizulegende Zeitwert der verrechneten Vermögensgegenstände, der Erfüllungsbetrag der verrechneten Schulden sowie alle verrechneten Aufwendungen und Erträge im Anhang anzugeben (§ 285 Nr. 25 HGB).

§ 285 Nr. 20 a) HGB ist entsprechend anzuwenden, dh. es sind die grundlegenden Annahmen, die der Bestimmung des beizulegenden Zeitwerts zugrunde gelegt werden, ebenfalls anzugeben.

Besteht das Deckungsvermögen aus **Anteilen an Investmentvermögen**, sind die Angaben nach § 285 Nr. 26 HGB zu machen.

Nach § 285 Nr. 28 HGB haben Institute die **ausschüttungsgesperrten Beträge** iSd. § 268 Abs. 8 HBB aufzugliedern in Beträge aus der Aktivierung selbst geschaffener immaterieller Vermögenswerte des Anlagevermögens, Beträge aus der Aktivierung latenter Steuern und aus der **Aktivierung von Vermögensgegenständen zum beizulegenden Zeitwert** iSd. § 253 Abs. 1 Satz 4 HGB.

5.2.18.5. Prüfung des Postens

Es ist festzustellen, ob die Voraussetzung für eine Verrechnung nach § 246 Abs. 2 HGB vorliegen.

Die Bewertung der zur Verrechnung vorgesehenen Vermögenswerte zum beizulegenden Zeitwert ist zu prüfen.

Der **Prüfungsbericht** muss die erforderlichen Angaben enthalten.

5.2.19. Nicht durch Eigenkapital gedeckter Fehlbetrag (Aktiva 18.)

5.2.19.1. Postenbezeichnung

Die Postenbezeichnung lautet nach dem Formblatt 1 der RechKredV wie folgt:

18. Nicht durch Eigenkapital gedeckter Fehlbetrag

Mit dem BilMoG wurde die Postennummer geändert.

Für KGaAs gelten institutsunabhängig zusätzliche Vorschriften. Soweit der Verlust den Kapitalanteil übersteigt und keine Zahlungsverpflichtung der Gesellschafter besteht, haben KGaAs den Betrag als „Nicht durch Vermögenseinlagen gedeckter Verlustanteil persönlich haftender Gesellschafter" zu bezeichnen und gemäß § 268 Abs. 3 HGB auszuweisen (§ 286 Abs. 2 Satz 3 AktG). Für Personengesellschaften (OHG und KG) gilt gemäß § 264c Abs. 2 Satz 5 f. HGB dasselbe.

An dieser Stelle sei auf § 92 Abs. 1 AktG hingewiesen, nach dem der Vorstand eines Instituts in der Rechtsform der Aktiengesellschaft unverzüglich die Hauptversammlung einzuberufen hat, wenn bei der Aufstellung des Jahresabschlusses oder einer Zwischenbilanz oder bei pflichtgemäßem Ermessen anzunehmen ist, dass ein Verlust in Höhe der Hälfte des Grundkapitals besteht.[2864] Die Gesellschafterversammlung einer GmbH muss unverzüglich einberufen werden, wenn sich aus der Jahresbilanz oder aus einer im Laufe des Geschäftsjahres aufgestellten Bilanz ergibt, dass die Hälfte des Stammkapitals verloren ist (§ 49 Abs. 3 GmbHG).

Die Postenbezeichnung bei **Zahlungsinstituten** und **E-Geld-Instituten** ist mit Ausnahme der Postennummer (16.) nach Formblatt 1 der RechZahlV identisch.

5.2.19.2. Posteninhalt

5.2.19.2.1. Rechnungslegungsverordnung

Die RechKredV bzw. RechZahlV enthalten keine Regelungen zum Ausweis des nicht durch Eigenkapital gedeckten Fehlbetrags.

5.2.19.2.2. Voraussetzungen für den Postenausweis

Ist das (buchmäßige) Eigenkapital durch Verluste aufgebraucht, muss ein Überschuss der Passivposten über die Aktivposten nach § 268 Abs. 3 HGB am Schluss der Bilanz auf der Aktivseite gesondert ausgewiesen werden.[2865] Die Frage der Bewertung stellt sich bei diesem Posten nicht.

Soweit also das Eigenkapital durch Verluste (Jahresfehlbetrag, Verlustvortrag, Bilanzverlust) aufgebraucht ist, dh. die Summe der Unterposten a) bis d) des Passivpostens „12. Eigenkapital" negativ würde, ist der übersteigende Betrag am Schluss der Bilanz unter der Bezeichnung „18. Nicht durch Eigenkapital gedeckter Fehlbetrag" auszuweisen (§ 268 Abs. 3 HGB). Dieser Ausweis dürfte im Regelfall nur bei Instituten vorkommen, die sich in der Liquidation befinden.

Der aktivisch auszuweisende Fehlbetrag unterscheidet sich von den ausstehenden Einlagen dadurch, dass er keinen Doppelcharakter als Korrekturposten zum Eigenkapital und Vermögensgegenstand besitzt. Er ist vielmehr eine sich rein rechnerisch ergebende **Korrekturgröße zum Eigenkapital**, die weder als Vermögensgegenstand noch als Bilanzierungshilfe anzusehen ist und auch nicht mit dem Jahresfehlbetrag bzw. Bilanzverlust des Geschäftsjahres verwechselt werden darf.

[2864] Vgl. auch Göcke, AG 2014, 119 ff.

[2865] Zur bilanzrechtlichen und bilanzanalytischen Würdigung vgl. Küting/Grau, DB 2014, 729 ff.

Der Ausweis eines aktivischen Fehlbetrags berührt nicht die Pflicht zum gesonderten Ausweis aller übrigen Eigenkapitalposten (§ 266 Abs. 1 Satz 2 HGB).

5.2.19.3. Anhang

Das Gesetz sieht keine Erläuterungspflicht im Anhang für diesen Posten vor. Eine Erläuterung der bilanziellen Überschuldung wird jedoch nach allgemeinen Grundsätzen zweckmäßig oder sogar notwendig sein.

5.2.19.4. Prüfung des Postens

Bei Instituten in der Rechtsform der Aktiengesellschaft ist festzustellen, ob der Vorstand den Pflichten des § 92 AktG nachgekommen ist.

Es muss geprüft werden, ob (bei Verlust von der Hälfte des Stammkapitals) die Vorschrift des § 49 Abs. 3 GmbHG eingehalten wurde.

Darüber hinaus ist bei einer Verlustsituation stets zu untersuchen, ob eine Anzeige nach § 29 Abs. 3 KWG erforderlich ist.

Der IDW-Standard „Die Beurteilung der Fortführung der Unternehmenstätigkeit im Rahmen der Abschlussprüfung" IDW PS 270 n.F. ist zu beachten.

5.2.20. Nicht unmittelbar im Formblatt enthaltene Aktivposten

Warenbestand bei Kreditgenossenschaften (Aktiva 6aa.)

Kreditgenossenschaften, die neben dem Kreditgeschäft auch das Warengeschäft betreiben, haben nach dem Aktivposten „6. Aktien und andere nicht festverzinsliche Wertpapiere" den Posten „6aa. Warenbestand" einzufügen.[2866]

Hier sind die zum Verkauf bestimmten Handelswaren, bei eigener Herstellung auch die unfertigen und fertigen Erzeugnisse, auszuweisen. Nicht zum Verkauf bestimmte Vorräte an Hilfs- und Betriebsstoffen sind dagegen im Aktivposten „14. Sonstige Vermögensgegenstände" zu zeigen. Hinsichtlich der Zugangsbilanzierung gelten die für Vorräte allgemein geltenden Grundsätze. Im Übrigen wird auf die allgemeine Kommentarliteratur zur Bilanzierung von Vorräten verwiesen.

[2866] Vgl. Fußnote 3 zu Formblatt 1.

5.3.　　　Passivseite

5.3.1.　　Verbindlichkeiten gegenüber Kreditinstituten (Passiva 1.)

5.3.1.1.　Postenbezeichnung

Die Postenbezeichnung lautet nach dem Formblatt 1 der RechKredV wie folgt:

> *1. Verbindlichkeiten gegenüber Kreditinstituten*
> *a) täglich fällig*
> *b) mit vereinbarter Laufzeit oder Kündigungsfrist*

Pfandbriefbanken und Bausparkassen müssen als Spezialkreditinstitute den Passivposten 1. gemäß Fußnote 6 zu Formblatt 1 wie folgt untergliedern:

- **Pfandbriefbanken**

> *1. Verbindlichkeiten gegenüber Kreditinstituten*
> *a) begebene Hypotheken-Namenspfandbriefe*
> *b) begebene öffentliche Namenspfandbriefe*
> *c) andere Verbindlichkeiten*
> *darunter:*
> *täglich fällig ... Euro*
> *zur Sicherstellung aufgenommener Darlehen an*
> *den Darlehensgeber ausgehändigte Hypotheken-Namenspfand-*
> *briefe ... Euro*
> *und öffentliche Namenspfandbriefe ... Euro*

- **Bausparkassen**[2867]

> *1. Verbindlichkeiten gegenüber Kreditinstituten*
> *a) Bauspareinlagen*
> *darunter:*
> *auf gekündigte Verträge ... Euro*
> *auf zugeteilte Verträge ... Euro*
> *b) andere Verbindlichkeiten*
> *darunter:*
> *täglich fällig ... Euro*

[2867] Vgl. WPH Edition, Kreditinstitute, Kap. J Rn. 37 ff.

Institute, die das **Pfandbriefgeschäft** betreiben, aber keine (reinen) Pfand-briefbanken sind (zB Universalbanken) müssen die Gliederung des Postens um die Angaben in den Fußnoten für Pfandbriefbanken des Formblatts ergänzen (vgl. hierzu auch Kapitel 5.1.).

Mit der Ersten Verordnung zur Änderung der RechKredV vom 18.3.1993 wurden in dem die Pfandbriefbanken betreffenden Text der Fußnote 6 in Buchstabe a) das Wort „Namenspfandbriefe" durch das Wort „Hypotheken-Namenspfandbriefe" und in Buchstabe c) die Wörter „ausgehändigte Namens-pfandbriefe" durch die Wörter „ausgehändigte Hypotheken-Namenspfand-briefe" ersetzt. Mit dem BilMoG wurde in der Fußnote 6 zum Formblatt 1 der Begriff „Realkreditinstitute" durch den Begriff „Pfandbriefbanken" ersetzt.

Verbindlichkeiten gegenüber **verbundenen Unternehmen** bzw. **Unternehmen, mit denen ein Beteiligungsverhältnis besteht**, sind als Unterposten in der Bilanz jeweils gesondert auszuweisen (§ 3 Satz 1 Nr. 3 und 4 RechKredV). Die Angaben können wahlweise auch im Anhang in der Reihenfolge der betroffenen Posten gemacht werden.

Institute in der Rechtsform der GmbH müssen **Verbindlichkeiten gegenüber Gesellschaftern** gesondert ausweisen oder im Anhang angeben (§ 42 Abs. 3 GmbHG).

Die Postenbezeichnung bei **Zahlungsinstituten** und **E-Geld-Instituten** lautet nach dem Formblatt 1 der RechZahlV wie folgt:

1. Verbindlichkeiten gegenüber Kreditinstituten
    a) aus Zahlungsdiensten und aus der Ausgabe von E-Geld
        aa) täglich fällig
        bb) mit vereinbarter Laufzeit oder Kündigungsfrist
    b) aus sonstigen Tätigkeiten
        aa) täglich fällig
        bb) mit vereinbarter Laufzeit oder Kündigungsfrist

Diese Institute haben ferner den Passivposten 3. wie folgt auszuweisen:

3. Verbindlichkeiten gegenüber Instituten im Sinne des
    § 1 Absatz 3 des Zahlungsdiensteaufsichtsgesetzes
    a) aus Zahlungsdiensten und aus der Ausgabe von E-Geld
    b) aus sonstigen Tätigkeiten

Die verbrieften und unverbrieften Verbindlichkeiten gegenüber **verbundenen Unternehmen** (§ 3 Abs. 2 Satz 1 Nr. 3 RechZahlV) sowie gegenüber **Unternehmen, mit denen ein Beteiligungsverhältnis besteht** (§ 3 Abs. 2 Satz 1 Nr. 4 RechZahlV), sind von Zahlungs- und E-Geld-Instituten als Unterposten zu diesen Passivposten (Nr. 1 und Nr. 3) gesondert auszuweisen. Diese Angaben können wahlweise statt in der Bilanz im Anhang in der Reihenfolge der betroffenen Posten gemacht werden (§ 3 Abs. 2 Satz 2 RechZahlV).

5.3.1.2. Posteninhalt

5.3.1.2.1. Rechnungslegungsverordnung

Der Posteninhalt ist für **Kredit-, Finanzdienstleistungs- und Wertpapierinstitute** in § 21 RechKredV und für **Zahlungsinstitute und E-Geld-Institute** in § 16 RechZahlV geregelt.

Mit § 21 RechKredV wurde Art. 18 der EG-Bankbilanzrichtlinie in nationales Recht umgesetzt. § 21 RechKredV bestimmt in Abs. 1, welche Beträge als Verbindlichkeiten gegenüber Instituten im Passivposten 1. auszuweisen sind. In Abs. 2 wird normiert, welche Beträge als Verbindlichkeiten gegenüber Kunden im Passivposten 2. zu zeigen sind. Abs. 3 regelt den Ausweis von Treuhandzahlungen, während Abs. 4 den Begriff der „Spareinlagen" definiert.

Durch die Zweite Verordnung zur Änderung der RechKredV vom 11.12.1998 wurden in § 21 Abs. 1 Satz 1 RechKredV nach dem Wort „*Bankgeschäften*" folgende Wörter eingefügt: „*sowie alle Verbindlichkeiten von Finanzdienstleistungsinstituten*". In § 21 Abs. 3 Satz 1 RechKredV wurde das Wort „*Kreditinstitut*" durch das Wort „*Institut*" und in § 21 Abs. 3 Satz 2 RechKredV die Wörter „*empfangende Kreditinstitut*" durch die Wörter „*empfangende Institut*" ersetzt. § 21 Abs. 4 RechKredV, der den Begriff „Spareinlagen" definiert, wurde neu gefasst.

Mit Art. 7 Abs. 3 Ziff. 5 des „Gesetzes zur Umsetzung der Richtlinie (EU) 2019/2034 über die Beaufsichtigung von Wertpapierinstituten" vom 12.5.2021 wurde § 21 Abs. 1 Satz 1 RechKredV geändert. Nach dem Wort „*Finanzdienstleistungsinstituten*" wurden die Wörter „*oder Wertpapierinstituten*" eingefügt. In § 21 Abs. 4 Satz 1 Nr. 2 RechKredV wurde die Wörter „*oder § 14 Abs. 4 des Heimgesetzes*" gestrichen, da § 14 Abs. 4 HeimG weggefallen ist.

5.3.1.2.2. Voraussetzungen für den Postenausweis

Überblick

In diesem Posten sind bei **Kreditinstituten** alle Arten von Verbindlichkeiten aus Bankgeschäften sowie alle Verbindlichkeiten von **Finanzdienstleistungsinstituten und Wertpapierinstituten** gegenüber in- und ausländischen Kreditinstituten auszuweisen, sofern es sich nicht um verbriefte Verbindlichkeiten (Passivposten 3.) handelt (§ 21 Abs. 1 Satz 1 RechKredV). In diesem Passivposten sind mithin sämtliche **Buchkredite** zu erfassen.

Bei **Zahlungsinstituten** und **E-Geld-Instituten** sind nach § 16 RechZahlV in diesem Posten alle Arten von Verbindlichkeiten gegenüber in- und ausländischen Kreditinstituten auszuweisen.

Nach § 21 Abs. 1 Satz 1 RechKredV geht der Ausweis **verbriefter Verbindlichkeiten** im Passivposten „3. Verbriefte Verbindlichkeiten" dem Ausweis im Passivposten „1. Verbindlichkeiten gegenüber Kreditinstituten" vor. Insoweit entscheidet der den Umfang des Passivpostens 3. regelnde § 22 RechKredV auch über den Inhalt des Passivpostens 1.

Entsprechendes gilt für **nachrangige Verbindlichkeiten** gegenüber Kreditinstituten. Handelt es sich bei den Verbindlichkeiten gegenüber Kreditinstituten um nachrangige Verbindlichkeiten, sind diese im Passivposten „9. Nachrangige Verbindlichkeiten" auszuweisen.

Besonderheiten beim Ausweis in der Bilanz von Kreditinstituten

Im Passivposten „1. Verbindlichkeiten gegenüber Kreditinstituten" sind bei dem bilanzierenden Kreditinstitut grundsätzlich alle Arten von Verbindlichkeiten aus **Bankgeschäften** gegenüber in- und ausländischen Kreditinstituten ausgewiesen, ausgenommen verbriefte Verbindlichkeiten, die im Passivposten 3. auszuweisen sind. Dies entspricht der Bestimmung in § 14 RechKredV zum Ausweis der Forderungen an Kreditinstitute. Damit stellen sich für den Passivposten 1. dieselben Abgrenzungsprobleme wie für den Aktivposten 3.

Die ausdrückliche Einschränkung auf Verbindlichkeiten **„aus Bankgeschäften"** könnte zum Ausweis der aus **Nichtbankgeschäften** entstandenen Verbindlichkeiten gegenüber Kreditinstituten im Passivposten „2. Verbindlichkeiten gegenüber Kunden" führen. Da nach § 21 Abs. 2 Satz 1 RechKredV unter dem Begriff Kunden Nichtbanken zu verstehen sind, wird hier mit der hM die Ansicht vertreten, dass Verbindlichkeiten aus Geschäften, die keine Bankgeschäfte iSd. § 21 Abs. 1 Satz 1 RechKredV sind, als „Sonstige Verbindlichkeiten" auszuweisen sind.

Für den Ausweis im Passivposten 1. kommt es daher nicht auf die Art der Verbindlichkeiten an, entscheidend ist, dass sie aus den Bankgeschäften des Kreditinstituts resultieren. Es kann sich somit beispielsweise um Verbindlichkeiten aus dem Geldhandel, die nicht dem Passivposten 3a. zuzuordnen sind, oder um Verbindlichkeiten aus Kreditaufnahmen bei einem anderen Kreditinstitut handeln.

Der Ausweis von Verbindlichkeiten mit **Handelsabsicht** im Passivposten 3a. geht dem Ausweis im Passivposten 1. vor. Der Ausweis von Verbindlichkeiten im Zusammenhang mit Handelsgeschäften, für die keine Handelsabsicht festzustellen ist, folgt der Ausweiskonzeption der RechKredV.

Besonderheiten beim Ausweis in der Bilanz von Finanzdienstleistungs- und Wertpapierinstituten

Entgegen den Kreditinstituten, die hier alle Arten von Verbindlichkeiten aus Bankgeschäften gegenüber Kreditinstituten auszuweisen haben, müssen Finanzdienstleistungsinstitute und Wertpapierinstitute **alle Verbindlichkeiten** gegenüber in- und ausländischen Kreditinstituten im Passivposten 1. erfassen. Ausgenommen sind verbriefte Verbindlichkeiten, die im Passivposten 3. sowie nachrangige Verbindlichkeiten, die im Passivposten 9. auszuweisen sind. Für Verbindlichkeiten mit Handelsabsicht gilt das für Kreditinstitute Gesagte.

Bei einem Finanzdienstleistungsinstitut bzw. Wertpapierinstitut kann der Postenausweis bereits aufgrund der Tatsache, dass diese keine Bankgeschäfte betreiben dürfen, nicht auf Verbindlichkeiten aus Bankgeschäften beschränkt sein. Daher haben diese Institute grundsätzlich alle Verbindlichkeiten ggü. Kreditinstituten im Passivposten 1. auszuweisen, es sei denn, diese sind verbrieft oder nachrangig bzw. Handelsverbindlichkeiten.

Begriff des Kreditinstituts

Über den Posteninhalt der Verbindlichkeiten gegenüber Kreditinstituten entscheidet der Kreditinstitutsbegriff. Während die Art. 15 und 18 der EG-Bankbilanzrichtlinie, die den Ausweis der Forderungen an Kreditinstitute bzw. der Verbindlichkeiten gegenüber Kreditinstituten regeln, wortgleiche Definitionen des Kreditinstitutsbegriffs enthalten, findet sich in der RechKredV weder für den Aktivposten „3. Forderungen an Kreditinstitute" noch für den Passivposten „1. Verbindlichkeiten gegenüber Kreditinstituten" eine derartige Definition.

Kreditinstitute iSd. § 21 Satz 1 RechKredV bzw. § 16 RechZahlV sind alle Unternehmen, die Bankgeschäfte iSd. § 1 Abs. 1 Satz 2 KWG betreiben (§ 340 Abs. 1 HGB iVm. § 1 Abs. 1 KWG). Hierzu gehören auch die Deutsche Postbank AG und Bausparkassen, nicht jedoch Wohnungsunternehmen mit Spareinrichtung (§ 1 Satz 2 RechKredV).[2868]

Der Begriff „Kreditinstitut" ist für den Verbindlichkeitsposten (Passiva 1) gleich zu definieren wie für die Forderungen (Aktiva 3). Einzelheiten vgl. Kapitel 5.2.3.2.2.

Habensalden aus Effektengeschäften und Verrechnungskonten

Zu den Verbindlichkeiten gegenüber Kreditinstituten gehören auch **Habensalden** aus Effektengeschäften und aus Verrechnungskonten, die der Abwicklung von Zahlungsvorgängen dienen (§ 21 Abs. 1 Satz 2 RechKredV). Verrechnungskonten werden bspw. geführt, um der Abwicklung der laufenden Zahlungsvorgänge, dem Austausch von Schecks, Lastschriften, Überweisungen usw. zu dienen.

Anteilige Zinsen

Anteilige Zinsen für Verbindlichkeiten gegenüber Kreditinstituten sind zusammen mit den Kapitalbeträgen auszuweisen (§ 11 RechKredV). Dies gilt auch für ihre Zuordnung zu den Unterposten. Die anteiligen Zinsen brauchen nicht in die Restlaufzeitengliederung aufgenommen zu werden (§ 11 Satz 3 RechKredV). Einzelheiten vgl. Kapitel 3.1.3. und 3.8.

Nach § 268 Abs. 5 Satz 3 HGB sind die in den Verbindlichkeitsposten enthaltenen Beträge, die erst nach dem Abschlussstichtag rechtlich entstehen, im Anhang zu erläutern, soweit sie einen größeren Umfang haben. Hierbei handelt es sich um antizipative Posten, die keine anteiligen Zinsen darstellen.[2869]

[2868] Vgl. Krumnow ua., 2. Aufl., § 14 RechKredV, Rn. 6.
[2869] GlA Krumnow ua., 2. Aufl., § 21 RechKredV Rn. 28.

Wechsel

Als Verbindlichkeiten gegenüber Kreditinstituten sind ferner Verbindlichkeiten aus **verkauften Wechseln** einschließlich eigener Ziehungen auszuweisen, die den Kreditnehmern nicht abgerechnet worden sind (§ 21 Abs. 1 Satz 2 RechKredV).

Werden Wechselabschnitte, die den Kreditnehmern nicht abgerechnet worden sind, von dem bilanzierenden Kreditinstitut zum Zweck der Refinanzierung an ein anderes Institut weitergegeben (diskontiert), hat dies keine Verringerung des Wechselbestands zur Folge (ein solcher war nicht vorhanden). Dem Zuwachs an liquiden Mitteln ist vielmehr eine entsprechende Verbindlichkeit gegenüberzustellen.[2870]

In der Regel handelt es sich bei diesen Wechselabschnitten um eigene Ziehungen des Kreditinstituts. Es kommt aber auch vor, dass nicht abgerechnete Solawechsel der Kunden an die Order des Kreditinstituts oder sonstige Depotwechsel an ein anderes Kreditinstitut zum Diskont weitergegeben werden.

Namensschuldverschreibungen und ähnliche Verbindlichkeiten

Nach § 21 Abs. 1 Satz 1 RechKredV geht der Ausweis verbriefter Verbindlichkeiten im Passivposten 3. dem Ausweis im Passivposten 1. vor. Insoweit entscheidet der den Umfang des Passivposten 3. regelnde § 22 RechKredV auch über den Inhalt des Passivpostens 1. Obwohl bereits aus den Formulierungen des § 22 RechKredV zweifelsfrei erkennbar ist, dass als verbriefte Verbindlichkeiten nur diejenigen auszuweisen sind, für die nicht auf den Namen lautende übertragbare Urkunden ausgestellt sind, nennt § 21 Abs. 1 Satz 2 RechKredV ausdrücklich

- Namensschuldverschreibungen,
- Orderschuldverschreibungen, die nicht Teile einer Gesamtemission sind,
- Namensgeldmarktpapiere,

die bei Instituten im Passivposten 1. auszuweisen sind, soweit sie gegenüber Kreditinstituten bestehen.

[2870] Vgl. Birck/Meyer, II 294.

Treuhandzahlungen

Verbindlichkeiten aus sog. Treuhandzahlungen, die einem Institut dadurch entstehen, dass ihm von einem anderen Institut (zB einer Bausparkasse) Beträge zugunsten eines namentlich genannten Kunden mit der Maßgabe überwiesen werden, sie diesem erst auszuzahlen, nachdem er bestimmte Auflagen (zB Sicherstellung des Kredits durch Grundpfandrechte) erfüllt hat, sind grundsätzlich im Passivposten „2. Verbindlichkeiten gegenüber Kunden" auszuweisen, auch wenn die Verfügungsbeschränkung noch besteht (§ 21 Abs. 3 Satz 1 RechKredV).

Ist nach dem Vertrag mit dem die Treuhandzahlung überweisenden Kreditinstitut nicht der Kunde, sondern das bilanzierende Institut selbst der Schuldner, muss die Verbindlichkeit dagegen im Passivposten „1. Verbindlichkeiten gegenüber Kreditinstituten" erfasst werden (§ 21 Abs. 3 Satz 2 RechKredV).

Treuhandverbindlichkeiten

Treuhänderisch gehaltene Verbindlichkeiten sind im Passivposten „4. Treuhandverbindlichkeiten" auszuweisen und im Anhang dem zugehörigen Passivposten zuzuordnen (§ 6 RechKredV). Einzelheiten vgl. Kapitel 3.3. Ungeachtet dessen geht für die unter § 21 Abs. 3 RechKredV fallenden Verbindlichkeiten der Ausweis im Passivposten 1. bzw. 2. vor, denn § 21 Abs. 3 RechKredV ist Lex specialis zu § 6 RechKredV.

Bail-in-fähige Verbindlichkeiten

Vgl. die Ausführungen in Kapitel 3.7.4. sowie in Kapitel 5.3.10.2.2.

Wertpapierleihe und Pensionsgeschäfte

Verbindlichkeiten aus Wertpapierleihegeschäften sind im Passivposten 1. auszuweisen, wenn der Darlehensgeber ein Kreditinstitut ist. Für Pensionsgeschäfte gilt Entsprechendes. Einzelheiten vgl. Kapitel 3.2. und 4.10.

5. Einzelheiten zu den Posten der Bilanz

Weitere Verbindlichkeiten gegenüber Kreditinstituten

Neben den oben bereits genannten Verbindlichkeiten gegenüber Kreditinstituten sind folgende Verbindlichkeiten dem Passivposten 1. zuzuordnen:

- Verbindlichkeiten gegenüber der Deutschen Bundesbank aus Offenmarktkrediten, aus Übernachtkrediten im Rahmen der Spitzenrefinanzierungsfazilität sowie aus Devisenswapgeschäften.
- Von Banken hereingenommene zweckgebundene Mittel, soweit hiermit ein volles oder anteiliges Kreditobligo verbunden ist.
- Bei Banken aufgenommene Darlehen sowie unter Banken gehandelte Tages-, Ultimo- und sonstige Termingelder.
- Einlagen von Bausparkassen, auch sog. Interimsguthaben aus noch nicht abgeführten Geldeingängen für Bausparkassen.
- Zwischenkredite (von Bausparkassen) des Instituts als Kreditnehmer.
- Rückständige Nebenleistungen (Zinsen, Verzugszinsen usw.) und rückständige Tilgungen aus von Kreditinstituten aufgenommenen langfristigen Darlehen.
- Eingegangene Zins- und Tilgungsbeträge der Kreditnehmer von Treuhandkrediten, die am Bilanzstichtag noch nicht an den Treugeber abgeführt sind, wenn dieser ein Kreditinstitut ist.
- Auf Fremdwährung, Gold oder andere Edelmetalle gerichtete Verbindlichkeiten gegenüber Kreditinstituten.
- Zinsverpflichtungen aus Swapgeschäften mit anderen Kreditinstituten.
- GLRG-Geschäfte der EZB (zur Ausgestaltung von GLRG-III-Geschäften sowie deren Bilanzierung wird auf die Berichterstattung über die 315. Sitzung des BFA verwiesen).[2871]

Verbindlichkeiten gegenüber **Kapitalverwaltungsgesellschaften** selbst sind ebenso wie die Verbindlichkeiten gegenüber den einzelnen Investmentvermögen nicht als Verbindlichkeiten gegenüber Kreditinstituten, sondern als Verbindlichkeiten gegenüber Kunden auszuweisen, weil die Kapitalverwaltungsgesellschaften keine Kreditinstitute mehr sind.

[2871] Vgl. IDW BFA, Berichterstattung über die 315. Sitzung des BFA, IDW Life 2020, 1034 ff.; Endert, DStR 2020, 2160 ff.; Deutsche Bundesbank, Geldpolitik und Geldmarktentwicklung, Monatsbericht August 2020, 30 ff.

Kompensationen und Unterkonten

Unterhält ein Kredit- oder Finanzdienstleistungsinstitut mehrere Konten bei demselben Kreditinstitut, so sind diese zu **kompensieren**, soweit die Voraussetzungen des § 10 RechKredV gegeben sind (Einzelheiten vgl. Kapitel 3.4.2.).

Ein getrennter Ausweis kommt bei mehreren Kontokorrentkonten dann in Betracht, wenn aufgrund ausdrücklicher Vereinbarung kein einheitliches Kontokorrent vorliegt. Eine Kompensation zwischen Forderungen und Verbindlichkeiten verschiedener Währungen ist nicht zulässig.

Verrechnungskonten, die lediglich der besseren Übersicht dienen (zB Interimskonten für die Abrechnung von Lastschriften oder Sparbriefen), haben den Charakter von Unterkonten. Sie sind mit dem Saldo des Kontokorrentkontos zusammenzufassen.

Strukturierte Finanzinstrumente

Die Bilanzierung von strukturierten Finanzinstrumenten basiert auf der Kombination von zwei oder mehreren Geschäften (verzinsliches Wertpapier bzw. Forderung und einem oder mehreren Derivaten). Die Behandlung der/des emittierten Schuldverschreibung/Schuldscheindarlehens folgt den allgemeinen Bilanzierungsregeln für die Passivposten „Verbriefte Verbindlichkeiten" bzw. „Verbindlichkeiten gegenüber Kreditinstituten/Kunden", je nachdem, ob das strukturierte Finanzinstrument als Wertpapier oder als Forderung ausgestaltet ist.[2872] Weitere Einzelheiten vgl. auch Kapitel 4.4.9. Zur Bilanzierung von **ABS-Transaktionen** beim Emittenten vgl. Flick.[2873]

5.3.1.2.3. Unterposten a) und b)

Im **Unterposten a)** sind die täglich fälligen Verbindlichkeiten gegenüber Kreditinstituten auszuweisen. Als **täglich fällig** sind solche Verbindlichkeiten auszuweisen, über die jederzeit ohne vorherige Kündigung verfügt werden kann oder für die eine Laufzeit oder Kündigungsfrist von 24 Stunden oder von einem Geschäftstag vereinbart worden ist (§ 8 Abs. 3 RechKredV). Einzelheiten vgl. Kapitel 3.1.

[2872] Vgl. Schaber/Rehm/Märkl/Spies, 4 ff.
[2873] Vgl. Flick, Der Konzern 2009, 104 ff.

Im **Unterposten b)** sind Verbindlichkeiten gegenüber Kreditinstituten mit vereinbarter Laufzeit oder Kündigungsfrist anzugeben. Einzelheiten vgl. Kapitel 3.1.

5.3.1.2.4. Besonderheiten bei Pfandbriefbanken

Pfandbriefbanken weisen im Passivposten „1. Verbindlichkeiten gegenüber Kreditinstituten" die begebenen Hypotheken-Namenspfandbriefe[2874] im Unterposten a) und die begebenen öffentlichen Namenspfandbriefe im Unterposten b) aus. Die restlichen Verbindlichkeiten gegenüber Kreditinstituten werden als andere Verbindlichkeiten im Unterposten c) gezeigt.

Beim Unterposten „c) andere Verbindlichkeiten" sind bei Pfandbriefbanken die täglich fälligen Verbindlichkeiten auszugliedern. Ferner sind die zur Sicherstellung aufgenommener Darlehen an den Darlehensgeber ausgehändigten Hypotheken-Namenspfandbriefe und öffentlichen Namenspfandbriefe in einem Darunter-Vermerk beim Unterposten c) anzugeben.

Die Verbindlichkeiten mit vereinbarter Laufzeit oder Kündigungsfrist sind im Anhang nach Restlaufzeiten aufzugliedern (§ 9 Abs. 1 Satz 2 RechKredV).

5.3.1.2.5. Besonderheiten bei Bausparkassen

Bausparkassen zeigen im Passivposten „1. Verbindlichkeiten gegenüber Kreditinstituten" die Bauspareinlagen von Kreditinstituten (Unterposten a)) sowie die anderen Verbindlichkeiten (Unterposten b)).

Beim Unterposten „a) Bauspareinlagen" sind zwei Darunter-Vermerke zu machen: „auf gekündigte Verträge" sowie „auf zugeteilte Verträge". Der Unterposten „b) andere Verbindlichkeiten" ist mit dem Darunter-Vermerk „täglich fällig" zu versehen. Die Darunter-Vermerke weisen die Einlagen aus, die kurzfristig zurückzuzahlen sind. Selbst wenn bei den Darunter-Vermerken keine Beträge auszuweisen sind, können diese nicht entfallen. Sie weisen dann einen Betrag von Null aus.

Bausparkassen brauchen die Bauspareinlagen nicht nach Restlaufzeiten zu gliedern (§ 9 Abs. 1 Satz 2 RechKredV).[2875] Da der Zeitpunkt der Zuteilung von vornherein nicht exakt feststeht, die Bausparkassen vor der Zuteilung

---

[2874] Vgl. auch Grieger, Immobilien & Finanzierung 2003, 546 ff.
[2875] Ausführlich vgl. Scharpf, DStR 1995, 504 ff.

eines Bausparvertrags auch keine verbindlichen Zusagen über den Zeitpunkt der Zuteilung geben dürfen,[2876] wäre die Gliederung der Bauspareinlagen nach Restlaufzeiten ohnehin auch nur schwer möglich.

Eine vorsichtige Schätzung der Restlaufzeit könnte allenfalls dann vorgenommen werden, wenn der Bausparvertrag kurz vor der Zuteilung steht und die Bausparkasse die Zuteilung auf einen bestimmten Termin angekündigt hat. Eine derartige Angabe macht aber wenig Sinn.

5.3.1.3. Bewertung

Verbindlichkeiten sind nach § 253 Abs. 1 Satz 2 HGB mit ihrem Erfüllungsbetrag (Rückzahlungsbetrag) anzusetzen. Zur Frage der Bildung von Rechnungsabgrenzungsposten im Zusammenhang mit Verbindlichkeiten nach den Vorschriften des § 250 HGB vgl. Kapitel 4.9.1. Zur Bewertung von Verbindlichkeiten in Fremdwährung vgl. Kapitel 4.8. Zu Verbindlichkeiten aufgrund von Pensionsgeschäften vgl. Kapitel 3.2. Zur Bewertung auf Basis der fortgeführten Anschaffungskosten vgl. Kapitel 4.2.4.

Aus einem Beteiligungserwerb resultierende **Verbindlichkeiten in Fremdwährung** sind nach § 256a HGB (vgl. Kapitel 4.8.), und, wenn eine Bewertungseinheit bspw. mit einer Forderung in Fremdwährung hergestellt werden kann, nach § 254 HGB (vgl. Kapitel 4.11. und 4.12.5.5.2.) im Jahresabschluss abzubilden. Zur Bilanzierung von Fremdwährungsverbindlichkeiten und der Frage der Bildung von Bewertungseinheiten auf Basis von künftigen Ausschüttungen in Fremdwährung vgl. Zwirner/Busch[2877], die eine Bewertungseinheit mit noch nicht realisierten Forderungen aus (künftigen) Beteiligungserträgen mangels zivilrechtlichem Bestehen der entsprechenden Forderung ablehnen.

Waren Verbindlichkeiten bei Vertragsabschluss marktgerecht verzinst und ist das Zinsniveau zwischenzeitlich gesunken, sind also die ursprünglich marktgerecht verzinslichen Verbindlichkeiten zwischenzeitlich überverzinslich geworden, ist für die **Überverzinslichkeit** im Regelfall keine Drohverlustrückstellung zu bilden. Weitere Einzelheiten vgl. Kapitel 4.9. Zur Berücksichtigung iRd. verlustfreien Bewertung des Bankbuchs vgl. Kapitel 4.3.4.

Nullkuponanleihen (Zerobonds) sind nach hM nach der sog. Nettomethode auszuweisen, dh. der Ausgabebetrag ist aufzuzinsen. Dies sieht für den Aus-

---

[2876] Vgl. § 4 Abs. 5 BSG, sowie BAKred-Schreiben vom 5.10.1977, Consbruch/Fischer F 41.22.
[2877] Vgl. Zwirner/Busch, DB 2012, 2641 ff.

weis verbriefter Verbindlichkeiten § 22 Abs. 2 Satz 3 RechKredV für Nullkuponanleihen ausdrücklich vor. Dies gilt jedoch unabhängig vom jeweiligen Bilanzposten. Diese Nettomethode wird auch als Bewertung zu fortgeführten Anschaffungskosten bezeichnet (vgl. Kapitel 4.2.4.).

Bei **abgezinsten Sparbriefen** kann ebenso verfahren werden. Bei diesen ist es aber auch möglich, den bei Einlösung fälligen Nennbetrag zu passivieren und den Unterschiedsbetrag (Abzinsungsbetrag) als aktiven Rechnungsabgrenzungsposten auszuweisen und zeitanteilig aufzulösen.

Verbindlichkeiten, die mit an Sicherheit grenzender Wahrscheinlichkeit nicht erfüllt werden müssen, dürfen nicht mehr in der Bilanz passiviert werden (vgl. Kapitel 4.9.).

5.3.1.4. Anhangangaben

Verbindlichkeiten gegenüber **verbundenen Unternehmen** bzw. **Unternehmen, mit denen ein Beteiligungsverhältnis besteht**, sind als Unterposten in der Bilanz jeweils gesondert auszuweisen (§ 3 Satz 1 Nr. 3 und 4 RechKredV). Die Angaben können wahlweise auch im Anhang in der Reihenfolge der betroffenen Posten gemacht werden.

Kreditinstitute in der Rechtsform der GmbH müssen **Verbindlichkeiten gegenüber Gesellschaftern** gesondert ausweisen oder im Anhang angeben (§ 42 Abs. 3 GmbHG).

Bezüglich weiterer Anhangangaben für Bausparkassen, Genossenschaften, genossenschaftliche Zentralbanken und Sparkassen wird auf die Ausführungen zum Anhang verwiesen (Kapitel 7. und Anhang 1).

Die Beträge im Unterposten „b) mit vereinbarter Laufzeit oder Kündigungsfrist" sind im Anhang nach Restlaufzeiten zu gliedern (§ 9 Abs. 1 Satz 1 Nr. 3 RechKredV). Für Bausparkassen und Pfandbriefbanken gilt dies entsprechend. Bauspareinlagen brauchen dagegen nicht nach Restlaufzeiten aufgegliedert zu werden (§ 9 Abs. 1 Satz 2 RechKredV).

Im Anhang ist ferner der Gesamtbetrag der für diese Verbindlichkeiten als Sicherheit hinterlegten Vermögensgegenstände anzugeben (§ 35 Abs. 5 RechKredV).

Sind im Passivposten 1. Verbindlichkeiten ausgewiesen, die erst nach dem Bilanzstichtag rechtlich entstehen (sog. **antizipative Verbindlichkeiten**), müssen Beträge größeren Umfangs im Anhang erläutert werden (§ 268 Abs. 5 Satz 3 HGB). Diese Erläuterungspflicht bezieht sich nach hM nicht auf die anteiligen Zinsen, da diese nach § 11 RechKredV bei dem Bilanzposten auszuweisen sind, zu dem sie gehören.[2878]

Die **Fremdwährungsbeträge** sind in die Angabe des Gesamtbetrags der Schulden, die auf Fremdwährung lauten, jeweils in Euro, einzubeziehen (§ 35 Abs. 1 Nr. 6 RechKredV).

Die von § 284 Abs. 2 Nr. 1 und Nr. 2 HGB geforderten Angaben zu den Bilanzierungs- und Bewertungsmethoden sowie bei Abweichungen hiervon die Angabe der Gründe und Darstellung der Auswirkungen auf die Vermögens-, Finanz- und Ertragslage, sind zu machen.

Gemäß § 285 Nr. 21 HGB sind zumindest die wesentlichen nicht zu marktüblichen Bedingungen zustande gekommenen Geschäfte mit nahestehenden Unternehmen und Personen anzugeben (Mindestangabe).

5.3.1.5. Prüfung des Postens

Es sind die für Verbindlichkeiten gegenüber Kreditinstituten allgemein üblichen Prüfungshandlungen durchzuführen. Es ist insbesondere darauf zu achten, dass die Verbindlichkeiten vollständig erfasst sind und sämtliche in diesem Posten ausgewiesenen Beträge die Voraussetzungen des § 21 RechKredV erfüllen. Diesbezüglich wird auf die vorstehenden Ausführungen verwiesen.

Der **Nachweis** der Verbindlichkeiten gegenüber Kreditinstituten erfolgt durch **Saldenbestätigungen** bzw. Kontoauszüge. Überhängende Posten sind zu vermerken.[2879]

Der HFA[2880] hat sich in seiner 225. Sitzung mit der Einholung von Bankbestätigungen als verpflichtende Prüfungshandlung iRd. Jahresabschlussprüfung befasst. Grundsätzlich sieht der HFA die Einholung von Bankbestätigungen als notwendig an, um beurteilen zu können, ob Geschäftsbeziehungen zu an-

---

[2878] GlA Krumnow ua., 2. Aufl., § 21 RechKredV Rn. 28.
[2879] Zu den Anforderungen an Bestätigungen Dritter bei Kredit- und Finanzdienstleistungsinstituten vgl. IDW PH 9.302.1 n.F.
[2880] Vgl. HFA, FN 2011, 752 f.

deren Kreditinstituten vollständig in der Rechnungslegung erfasst wurden. Die einschlägigen Prüfungsstandards sind zu beachten.

Die Bestandsnachweise sind auf Richtigkeit und Vollständigkeit zu prüfen. **CpD-Konten** sind darüber hinaus insbesondere hinsichtlich ihres Inhalts (gelegentlich werden hier Beträge „geparkt") und ihrer Altersstruktur durchzusehen.

Bei der Prüfung des Postens ist darauf zu achten, dass **Zinsen, Provisionen** usw. für das abgelaufene Geschäftsjahr in alter Rechnung gebucht werden. Die **Zinsabgrenzung** ist zu prüfen.

Die **Bewertung** ist zu prüfen. Bei Beträgen, die auf **Fremdwährung** lauten, ist die Fremdwährungsumrechnung zu prüfen.

Die von der **Internen Revision** angefertigten Prüfungsberichte sollten eingesehen werden.

Der **Prüfungsbericht** muss die erforderlichen Angaben enthalten.

5.3.2. Verbindlichkeiten gegenüber Kunden (Passiva 2.)

5.3.2.1. Postenbezeichnung

Die Postenbezeichnung lautet nach dem Formblatt 1 der RechKredV wie folgt:

> 2. *Verbindlichkeiten gegenüber Kunden*
>   a) *Spareinlagen*
>   *aa) mit vereinbarter Kündigungsfrist von drei Monaten*
>   *ab) mit vereinbarter Kündigungsfrist von mehr als drei*
>   *Monaten*
>   b) *andere Verbindlichkeiten*
>   *ba) täglich fällig*
>   *bb) mit vereinbarter Laufzeit oder Kündigungsfrist*

Die Beträge in den Unterposten a) ab) sowie b) bb) sind im Anhang nach Restlaufzeiten zu gliedern (§ 9 Abs. 1 Nr. 4 und 5 RechKredV).

Mit der Ersten Verordnung zur Änderung der RechKredV vom 18.6.1993 wurde der Unterposten „a) Spareinlagen" neu gefasst. Gleichzeitig wurde die Definition der Spareinlagen in § 21 Abs. 4 RechKredV übernommen.

Pfandbriefbanken und **Bausparkassen** müssen als Spezialkreditinstitute den Passivposten 2. gemäß Fußnote 7 zu Formblatt 1 wie folgt untergliedern:

- **Pfandbriefbanken**

  2. *Verbindlichkeiten gegenüber Kunden*
     a) begebene Hypotheken-Namenspfandbriefe
     b) begebene öffentliche Namenspfandbriefe
     c) Spareinlagen
        ca) mit vereinbarter Kündigungsfrist von drei Monaten ... Euro
        cb) mit vereinbarter Kündigungsfrist von mehr als drei Monaten ... Euro
     d) andere Verbindlichkeiten
        darunter:
        täglich fällig ... Euro
        zur Sicherstellung aufgenommener Darlehen an den Darlehensgeber ausgehändigte Hypotheken-Namenspfandbriefe täglich fällig ... Euro
        und öffentliche Namenspfandbriefe ... Euro

- **Bausparkassen**[2881]

  2. *Verbindlichkeiten gegenüber Kunden*
     a) Einlagen aus dem Bauspargeschäft und Spareinlagen
        aa) Bauspareinlagen
           darunter:
           auf gekündigte Verträge ... Euro
           auf zugeteilte Verträge ... Euro
        ab) Abschlusseinlagen
        ac) Spareinlagen mit vereinbarter Kündigungsfrist von drei Monaten
        ad) Spareinlagen mit vereinbarter Kündigungsfrist von mehr als drei Monaten
     b) andere Verbindlichkeiten
        ba) täglich fällig
        bb) mit vereinbarter Laufzeit oder Kündigungsfrist

Banken, die das **Pfandbriefgeschäft** betreiben, aber keine (reinen) Pfandbriefbanken sind (zB Universalbanken) müssen die Gliederung des Postens

---

[2881] Vgl. WPH Edition, Kreditinstitute, Kap. J Rn. 41 ff.

um die Angaben in den Fußnoten für Pfandbriefbanken des Formblatts ergänzen (vgl. hierzu auch Kapitel 5.1.).

Bauspareinlagen gelten nicht als Spareinlagen iSd. § 21 Abs. 4 RechKredV (§ 21 Abs. 4 Satz 4 RechKredV).

Finanzdienstleistungsinstitute, Wertpapierinstitute[2882] sowie **Kreditinstitute**, sofern letztere **Skontroführer** iSd. § 27 Abs. 1 des Börsengesetzes und nicht CRR-Kreditinstitut (vormals: Einlagenkreditinstitut) iSd. § 1 Abs. 3d Satz 1 KWG sind, haben nach Fußnote 7 zu Formblatt 1 den Passivposten 2. wie folgt zu untergliedern:

> 2. *Verbindlichkeiten gegenüber Kunden*
> *darunter:*
> *gegenüber Finanzdienstleistungsinstituten ... Euro*
> *gegenüber Wertpapierinstituten ... Euro*

Mit der Ersten Verordnung zur Änderung der RechKredV wurde neben der Neufassung des Unterpostens „a) Spareinlagen" für Universalbanken auch die Fußnote 7 betreffend den Bilanzausweis von Spareinlagen bei Pfandbriefbanken und Bausparkassen geändert. Gleichzeitig wurden der Postenausweis bzw. die Darunter-Vermerke bei Pfandbriefbanken entsprechend der Änderung zum Passivposten 1. angepasst. Mit dem BilMoG wurde in der Fußnote 7 der Begriff „*Realkreditinstitute*" durch den Begriff „*Pfandbriefbanken*" ersetzt.

Im Rahmen der Zweiten Verordnung zur Änderung der RechKredV vom 11.12.1998 wurde die Fußnote 7 den Postenausweis bei Finanzdienstleistungsinstituten sowie Kreditinstituten betreffend, soweit letztere Skontroführer und nicht CRR-Kreditinstitut (vormals: Einlagenkreditinstitute) sind, bezüglich des Postenausweises bei diesen Instituten geändert. Der Passivposten 2. ist bei diesen Instituten nur durch einen Darunter-Vermerk „gegenüber Finanzdienstleistungsinstituten" zu untergliedern.

Mit Art. 7 Abs. 3 Ziff. 9 d) des Gesetzes zur Umsetzung der Richtlinie (EU) 2019/2034 über die Beaufsichtigung von Wertpapierinstituten vom 12.5.2021[2883] wurde in Fußnote 7 zu Formblatt 1 nach dem Wort „*Finanzdienstleistungsinstitute*" das Wort „*Wertpapierinstitute*" und am Ende der Fußnote 7 wurde die Worte „*gegenüber Wertpapierinstituten ... Euro*" eingefügt.

[2882] Geändert durch Art. 7 Abs. 3 des Gesetzes zur Umsetzung der Richtlinie (EU) 2019/2034 über die Beaufsichtigung von Wertpapierinstituten.
[2883] Vgl. BGBl. I 2021, 990 ff., 1050.

Verbindlichkeiten gegenüber **verbundenen Unternehmen** bzw. **Unternehmen, mit denen ein Beteiligungsverhältnis besteht**, sind als Unterposten in der Bilanz jeweils gesondert auszuweisen (§ 3 Satz 1 Nr. 3 und 4 RechKredV). Die Angaben können wahlweise auch im Anhang in der Reihenfolge der betroffenen Posten gemacht werden.

Institute in der Rechtsform der GmbH müssen **Verbindlichkeiten gegenüber Gesellschaftern** gesondert ausweisen oder im Anhang angeben (§ 42 Abs. 3 GmbHG).

Für **Zahlungsinstitute** und **E-Geld-Institute** lautet die Postenbezeichnung nach Formblatt 1 der RechZahlV wie folgt:

> 2. *Verbindlichkeiten gegenüber Kunden*
>   a) *aus Zahlungsdiensten und der Ausgabe von E-Geld*
>   *davon:*
>   *zur Ausführung von Zahlungsvorgängen*
>   *darunter:*
>   *auf Zahlungskonten ... Euro*
>   *davon:*
>   *aus der Ausgabe von E-Geld*
>   b) *aus sonstigen Tätigkeiten*

Zur Definition der **Zahlungsvorgänge** (§ 675f Abs. 4 BGB) bzw. **Zahlungskonten** (§ 1 Abs. 17 ZAG) wird auf die Ausführungen im WPH[2884] verwiesen.

Die verbrieften und unverbrieften Verbindlichkeiten gegenüber **verbundenen Unternehmen** (§ 3 Abs. 2 Satz 1 Nr. 3 RechZahlV) sowie gegenüber **Unternehmen, mit denen ein Beteiligungsverhältnis besteht** (§ 3 Abs. 2 Satz 1 Nr. 4 RechZahlV), sind als Unterposten zu diesem Passivposten gesondert auszuweisen. Diese Angaben können wahlweise statt in der Bilanz im Anhang in der Reihenfolge der betroffenen Posten gemacht werden (§ 3 Abs. 2 Satz 2 RechZahlV).

[2884] Vgl. WPH Edition, Kreditinstitute, Kap. L Rn. 19.

5.3.2.2. Posteninhalt

5.3.2.2.1. Rechnungslegungsverordnung

Der Posteninhalt ist für **Kredit-, Finanzdienstleistungs- und Wertpapier-institute** in § 21 RechKredV und für **Zahlungsinstitute und E-Geld-Institute** in § 17 RechZahlV geregelt.

§ 21 RechKredV bestimmt in Abs. 2, welche Beträge als Verbindlichkeiten gegenüber Kunden im Passivposten 2. auszuweisen sind. Abs. 3 regelt den Ausweis von Treuhandzahlungen, während Abs. 4 den Begriff der „Sparein-lagen" definiert.

Mit der Ersten Verordnung zur Änderung der RechKredV vom 18.6.1993 wurde § 21 Abs. 4 RechKredV neu gefasst; in diesem Zusammenhang ist § 39 Abs. 1 RechKredV als Übergangsregelung eingefügt worden. Mit dieser Änderung wurden in § 21 Abs. 4 RechKredV der Begriff „*Spareinlagen*" definiert und die Bestimmungen ersetzt, die früher in §§ 21 bis 22a KWG aF zu finden waren. Die Vorschriften des Kreditwesengesetzes über den Sparverkehr sind zeitgleich durch die 4. KWG-Novelle aufgehoben worden.

Durch die Zweite Verordnung zur Änderung der RechKredV vom 11.12.1998 wurde in § 21 Abs. 3 Satz 1 RechKredV das Wort „*Kreditinstitut*" durch das Wort „*Institut*" und in § 21 Abs. 3 Satz 2 RechKredV die Wörter „*empfangen-de Kreditinstitut*" durch die Wörter „*empfangende Institut*" ersetzt.

In § 21 Abs. 4 Satz 1 Nr. 3 RechKredV wurde durch Artikel 8 Abs. 4 des Miet-rechtsreformgesetzes vom 19.6.2001[2885] die Angabe „*§ 550b*" durch „*§ 551*" ersetzt.

Durch Artikel 7 des Euro-Bilanzgesetzes wurde in § 21 Abs. 4 Satz 2 RechKredV die Angabe „*3 000 Deutsche Mark*" durch die Angabe „*2 000 Euro*" ersetzt.

5.3.2.2.2. Voraussetzungen für den Postenausweis

Überblick

Als Verbindlichkeiten gegenüber Kunden sind bei **Kredit-, Finanzdienstleis-tungs- und Wertpapierinstituten** alle Arten von Verbindlichkeiten gegen-über in- und ausländischen Nichtbanken (Kunden) auszuweisen, sofern es sich

---

[2885] Vgl. BGBl. I, 1149 ff., 1174.

nicht um verbriefte Verbindlichkeiten (Passivposten 3.) handelt (§ 21 Abs. 2 Satz 1 RechKredV). Im Passivposten 2. sind mithin **Buchkredite** zu erfassen.

Zahlungsinstitute und **E-Geld-Institute** haben in diesem Posten nach § 17 Satz 1 RechZahlV alle Arten von Verbindlichkeiten gegenüber in- und ausländischen Nichtbanken (Kunden) auszuweisen. Die Einschränkung, sofern es sich nicht um verbriefte Verbindlichkeiten handelt, hat § 17 Satz 1 RechZahlV nicht. Verbindlichkeiten zur Ausführung von Zahlungsvorgängen sind gesondert auszuweisen, hierbei gesondert die Verbindlichkeiten auf Zahlungskonten (§ 17 Satz 2 RechZahlV).

Nach § 21 Abs. 2 Satz 1 RechKredV geht der Ausweis **verbriefter Verbindlichkeiten** im Passivposten „3. Verbriefte Verbindlichkeiten" dem Ausweis im Passivposten „2. Verbindlichkeiten gegenüber Kunden" vor. Insoweit entscheidet der den Umfang des Passivpostens 3. regelnde § 22 RechKredV auch über den Inhalt des Passivpostens 2. Dies entspricht der Regelung für den Ausweis im Passivposten „1. Verbindlichkeiten gegenüber Kreditinstituten".

Entsprechendes gilt, wie bei den Verbindlichkeiten gegenüber Kreditinstituten, auch für **nachrangige Verbindlichkeiten** gegenüber Kunden. Handelt es sich um nachrangige Verbindlichkeiten, sind diese im Passivposten „9. Nachrangige Verbindlichkeiten" auszuweisen.

Der Ausweis von Verbindlichkeiten mit **Handelsabsicht** im Passivposten 3a. geht dem Ausweis im Passivposten 2. ebenfalls vor. Der Ausweis von Verbindlichkeiten im Zusammenhang mit Handelsgeschäften, für die keine Handelsabsicht festzustellen ist (zB Gebühren usw.), folgt der Ausweiskonzeption der RechKredV.

Verbindlichkeiten gegenüber **Kapitalverwaltungsgesellschaften** selbst sind ebenso wie die Verbindlichkeiten gegenüber den einzelnen Sondervermögen stets als Verbindlichkeiten gegenüber Kunden auszuweisen, weil Kapitalverwaltungsgesellschaften keine Kreditinstitute sind.

Begriff des Kunden

Kunden iSd. § 21 Abs. 2 RechKredV/17 RechZahlV sind in- und ausländische Nichtbanken (§ 21 Abs. 2 Satz 1 RechKredV/§ 17 RechZahlV). Die Vorschrift enthält die Legaldefinition des Begriffs „Kunden". Sie entspricht der Regelung in § 15 Abs. 1 Satz 1 RechKredV/§ 11 RechZahlV.

Hier wird daher – entsprechend der für Forderungen an Kunden geltenden Bestimmung – die Ansicht vertreten, dass es sich bei den im Passivposten 2. auszuweisenden Verbindlichkeiten um solche aus der Geschäftsbeziehung mit dem Kunden handeln muss. Damit sind bspw. Steuerverbindlichkeiten ebenso unter den „Sonstigen Verbindlichkeiten" auszuweisen wie Schadenersatzverbindlichkeiten an einen Dritten, mit dem gleichzeitig auch eine Geschäftsbeziehung besteht. Dies dient dem besseren Einblick in die Vermögens-, Finanz- und Ertragslage.

Gleiches gilt für Verbindlichkeiten aus dem Kauf von Anlagegegenständen, Gehaltsverbindlichkeiten sowie Verbindlichkeiten aus Sozialversicherungsbeiträgen und abzuführender Lohn- bzw. Kirchensteuer usw. und andere Verpflichtungen, die nicht im Geschäftsverkehr mit den Kunden entstanden sind.

Verbindlichkeiten gegenüber **Nichtkunden** sind stets den „Sonstigen Verbindlichkeiten" zuzuordnen.

Besonderheit bei Schuldscheindarlehen

Schuldscheindarlehen sind Darlehen iSd. §§ 488 ff. BGB; sie können an weitere Gläubiger abgetreten werden. Der ursprüngliche Gläubiger stimmt dann ggf. nicht mehr mit dem Gläubiger am Abschlussstichtag überein.

Vor diesem Hintergrund besteht die Notwendigkeit, für den Ausweis von begebenen Schuldscheindarlehen die aktuellen Gläubigerinformationen am Abschlussstichtag zu berücksichtigen. Die Gläubigerinformationen sind mithin aktuell zu halten[2886]

Zinsen

Anteilige Zinsen für Verbindlichkeiten gegenüber Kunden sind zusammen mit den Kapitalbeträgen auszuweisen. Dies gilt auch für ihre Zuordnung zu den Unterposten. Im Übrigen wird auf Kapitel 3.8. verwiesen.

Werden Personenkonten auf einen vor dem Bilanzstichtag liegenden Tag zinsmäßig abgeschlossen, sind die unberücksichtigt gebliebenen Zinsen für die Zeit zwischen Zinsabrechnungs- und Bilanzstichtag anhand einer Fortschreibung zu ermitteln. Eine Saldierung ist nicht zulässig. Diese Beträge sind den

---

[2886] Vgl. Gaber, 2. Aufl., 529; WPH Edition, Kreditinstitute, Kap. D. Rn. 718-

entsprechenden Unterposten zuzuordnen. Ein Ausweis als Rechnungsabgrenzungsposten ist nicht möglich.

Nach § 268 Abs. 5 Satz 3 HGB sind die in den Verbindlichkeitsposten gegenüber Kunden enthaltenen Beträge, die erst nach dem Abschlussstichtag rechtlich entstehen, im Anhang zu erläutern, soweit sie einen größeren Umfang
haben. Dabei handelt es sich um antizipative Posten, die keine anteiligen Zinsen darstellen, weil Letztere nach § 11 RechKredV/§ 8 RechZahlV bei dem
Bilanzposten auszuweisen sind, zu dem sie gehören.[2887] Insoweit ist eine Erläuterung entbehrlich.

Bei Einlagen mit **steigenden** oder **fallenden Zinssätzen** ist der Zinsaufwand
der Periode zuzurechnen, in der er begründet wurde. Einzelheiten vgl. Kapitel 4.9.2.

Bei **Einlagen mit einem Zuschlag zum Zins** (Bonus) wird nach einer bestimmten Zeit ein prozentualer Zuschlag als Zusatzverzinsung gewährt. Für
diesen Zuschlag sind Rückstellungen zu erfassen.

Strukturierte Einlagenprodukte sind nach den Grundsätzen des IDW RS
HFA 22 zu bilanzieren (vgl. Kapitel 4.4.9.). Dabei ist nach einheitlich und getrennt zu bilanzierenden Einlagen zu unterscheiden.

Namensschuldverschreibungen und andere Verbindlichkeiten

Nach § 21 Abs. 2 Satz 1 RechKredV geht der Ausweis verbriefter Verbindlichkeiten im Passivposten 3. dem Ausweis im Passivposten 2. vor. Obwohl
bereits aus den Formulierungen des § 22 RechKredV klar erkennbar ist, dass
als verbriefte Verbindlichkeiten nur diejenigen auszuweisen sind, für die nicht
auf den Namen lautende übertragbare Urkunden ausgestellt sind, nennt § 21
Abs. 2 Satz 2 RechKredV ausdrücklich

- Namensschuldverschreibungen,
- Orderschuldverschreibungen, die nicht Teile einer Gesamtemission
  sind,
- Namensgeldmarktpapiere,
- Sperrguthaben und

[2887] GlA Krumnow ua., 2. Aufl., § 21 RechKredV Rn. 28.

- Abrechnungsguthaben der Anschlussfirmen im Teilzahlungsfinanzierungsgeschäft, soweit der Ausweis nicht unter dem Passivposten „1. Verbindlichkeiten gegenüber Kreditinstituten" vorzunehmen ist, sowie
- „Anweisungen im Umlauf"

die bei Instituten hier auszuweisen sind, soweit sie gegenüber Kunden bestehen.

Hierzu zählen auch vom bilanzierenden Kreditinstitut ausgegebene Sparbriefe, Wachstumszertifikate, befristete Einlagen (Kündigungs- und Festgelder), Tagesgelder sowie Einlagen in laufender Rechnung wie bspw. Kontokorrent-, Giro- und Gehaltskonten.

Wachstumszertifikate sind je nach ihrer rechtlichen Ausgestaltung entweder Spareinlagen mit vereinbarter Kündigungsfrist von drei Monaten oder aber Termineinlagen. Verbindlichkeiten aus ausgegebenen **Sparbriefen** sind im Unterposten „b) andere Verbindlichkeiten" auszuweisen.

Bail-in-fähige Verbindlichkeiten

Vgl. die Ausführungen in Kapitel 3.7.4. sowie Kapitel 5.3.10.2.2.

Treuhandzahlungen

Verbindlichkeiten, die einem Institut dadurch entstehen, dass ihm von einem anderen Institut (zB von einer Bausparkasse) Beträge zugunsten eines Kunden mit der Maßgabe überwiesen werden, sie diesem erst auszuzahlen, nachdem er bestimmte Auflagen erfüllt hat (sog. Treuhandzahlungen), sind im Passivposten „2. Verbindlichkeiten gegenüber Kunden" auszuweisen (§ 21 Abs. 3 Satz 1 RechKredV).

Das auftraggebende Kreditinstitut behält sich idR das Recht vor, den zu treuen Händen überwiesenen Betrag bei Nichterfüllung der Auflagen bis zu einem bestimmten Zeitpunkt zurückzufordern.

Damit gilt, dass Institute zu treuen Händen zugunsten eines Kunden überwiesene Beträge (sog. Treuhandzahlungen), die nur unter Erfüllung bestimmter Sicherungsauflagen (zB Eintragung von Grundpfandrechten als Sicherheiten, Einreichen von Beleihungsunterlagen) an den Kunden ausgezahlt werden dürfen, in der Regel aber bereits einem mit einem Sperrvermerk versehenen, auf den Namen des Kunden lautenden Konto gutgeschrieben wurden, auch dann im Passivposten 2. auszuweisen sind, wenn das überweisende Institut bei Nichterfüllung der Treuhandauflagen einen Rückerstattungsanspruch hat.

Eine Ausnahme besteht nur dann, wenn nach dem Vertrag mit dem die Treuhandzahlung überweisenden Kreditinstitut nicht der Kunde, sondern das empfangende Institut der Schuldner ist (§ 21 Abs. 3 Satz 2 RechKredV). In diesem Fall erfolgt der Ausweis im Passivposten „1. Verbindlichkeiten gegenüber Kreditinstituten".

Die Bestimmung des § 21 Abs. 3 RechKredV ist zu § 6 RechKredV Lex specialis, dh. der Ausweis im Passivposten 2. bzw. 1. hat Vorrang vor einem Ausweis im Passivposten „Treuhandverbindlichkeiten".[2888]

Wertpapierleihe und Pensionsgeschäfte

Verbindlichkeiten aus Wertpapierleihegeschäften sind im Passivposten 2. zu erfassen, wenn sie gegenüber Kunden bestehen. Für Pensionsgeschäfte gilt Entsprechendes. Einzelheiten vgl. Kapitel 3.2. und 4.10.

Spareinlagen

Als Spareinlagen sind nur **unbefristete Gelder** auszuweisen, die den Erfordernissen des § 21 Abs. 4 RechKredV entsprechen. **Sicht-** und **Termineinlagen** sind mithin dem Unterposten „andere Verbindlichkeiten" zuzuordnen. Spareinlagen haben keine gesetzliche Kündigungsfrist. Sie müssen jedoch eine **Mindestkündigungsfrist** von drei Monaten haben.

Spareinlagen müssen die **vier Voraussetzungen** des § 21 Abs. 4 Satz 1 Nr. 1 bis Nr. 4 RechKredV kumulativ erfüllen:[2889]

1. sie sind durch Ausfertigung einer Urkunde, insbesondere eines Sparbuchs, als Spareinlagen gekennzeichnet;
2. sie sind nicht für den Zahlungsverkehr bestimmt (eine Verfügung durch Überweisung, Lastschrift, Scheck oder Kreditkarte darf nicht gestattet sein);
3. sie werden nicht von Kapitalgesellschaften, Genossenschaften, wirtschaftlichen Vereinen, Personenhandelsgesellschaften oder von Unternehmen mit Sitz im Ausland mit vergleichbarer Rechtsform an-

---

[2888] Ebenso WPH Edition, Kreditinstitute, Kap. D. Rn. 720.
[2889] Vgl. auch Gaber, 2. Aufl., 532 ff. mwN.

genommen, es sei denn, diese Unternehmen dienen gemeinnützigen, mildtätigen oder kirchlichen Zwecken oder es handelt sich bei den von diesen Unternehmen angenommenen Geldern um Sicherheiten gemäß § 551 BGB (Mietkautionen). Spareinlagen dürfen damit nicht für die Verwendung in Geschäftsbetrieben bestimmt sein;

4. sie weisen eine Kündigungsfrist von mindestens drei Monaten auf (die Vereinbarung einer längeren Kündigungsfrist ist ebenso möglich wie die Vereinbarung einer Kündigungssperrfrist).

§ 21 Abs. 4 RechKredV fordert zwar die Ausfertigung einer Urkunde (Sparurkunde). Eine bestimmte Form der Urkunde ist jedoch nicht vorgesehen. Auch sog. Loseblatt-Systeme sind gebräuchlich. Das Sparbuch hat die Funktion einer **Beweisurkunde**.[2890] Der Zweck der Vorschrift ist mithin auch erfüllt, wenn sich der Kunde die Sparurkunde selbst ausdruckt. Auch aus dem Ausdruck sog. PDF-Dateien kann der Sparer dieselben Daten entnehmen wie bspw. aus Kontoauszügen über sein Sparkonto, die er sonst am Kontoauszugsdrucker des Instituts abholen müsste.

Spareinlagen, die dem Kunden das Recht einräumen, über seine Einlagen mit einer Kündigungsfrist von drei Monaten bis zu einem bestimmten Betrag, der jedoch **pro Sparkonto** und **Kalendermonat** EUR 2.000 nicht überschreiten darf, ohne Kündigung zu verfügen, schließen deren Einordnung als Spareinlagen iSd. Vorschrift nicht aus (§ 21 Abs. 4 Satz 2 RechKredV). Ohne vorherige Kündigung darf die Verfügung über höchstens EUR 2.000 pro Kalendermonat erfolgen. Dies ermöglicht auch eine Verfügung innerhalb kurzer Zeit (zB am 31. März und am 1. April jeweils über EUR 2.000).

Die Pflicht zur Berechnung von **Vorschusszinsen** ist in § 21 Abs. 4 RechKredV nicht explizit enthalten. Damit bleibt es dem einzelnen Kreditinstitut überlassen, in welcher Weise es im Einzelfall auf Verfügungen vor Fälligkeit reagieren will.[2891] Will das Kreditinstitut Vorschusszinsen berechnen, muss dies in den Allgemeinen Geschäftsbedingungen vorgesehen sein.

Da hier ein Maximalbetrag festgelegt wurde, können Kreditinstitute für Spareinlagen mit einer Kündigungsfrist von drei Monaten auch einen geringeren Betrag als EUR 2.000 vereinbaren, über den ohne Kündigung verfügt werden kann, ohne dass die Einlagen die Eigenschaft als Spareinlagen verlieren. Im Gegensatz hierzu kann für andere Spareinlagen, dh. für solche mit einer länge-

---

[2890] Zum Sparbuch als Beweisurkunde, insbesondere zu den im Sparbuch vorhandenen Unterschriften von zeichnungsberechtigten Mitarbeitern der Bank vgl. OLG Frankfurt/M, Urteil vom 6.2.2011 (rkr.), ZIP 2011, 1095 ff.

[2891] Zur Berechnung vgl. Rösler/Wimmer, BKR 2007, 8 ff.

ren Kündigungsfrist, keine derartige Verfügungsmöglichkeit ohne Kündigung vereinbart werden, ohne dass sie dadurch die Spareinlageneigenschaft verlieren würden.

Eine Einordnung als Spareinlage ist nach dem Wortlaut des § 21 Abs. 4 Satz 2 RechKredV nur dann zugelassen, wenn die Verfügungsmöglichkeit des Kunden auf EUR 2.000 je Kalendermonat begrenzt ist. Eine tatsächliche Verfügung über den Freibetrag hinaus, führt jedoch nicht dazu, dass die auf diesem Sparkonto verbleibende Einlage in der Bilanz nicht mehr als Spareinlage ausgewiesen werden darf.[2892] Entsprechendes gilt, wenn das Kreditinstitut im Einzelfall auf eine Vorschusszinsberechnung verzichtet.

Geldbeträge, die aufgrund von **Vermögensbildungsgesetzen** geleistet werden, gelten als Spareinlagen (§ 21 Abs. 4 Satz 3 RechKredV).

Bausparanlagen gelten nicht als Spareinlagen iSd. § 21 Abs. 4 RechKredV (§ 21 Abs. 4 Satz 4 RechKredV). Bausparanlagen weisen eine besondere Ausgestaltung auf, auf die die Sparverkehrsvorschriften nicht passen.

Vor dem 1.7.1993 begründete Spareinlagen nach KWG aF[2893] und dafür gutgeschriebene oder danach gutzuschreibende Zinsen gelten weiterhin als Spareinlagen, wenn für sie die Voraussetzungen des § 21 Abs. 4 Satz 1 Nr. 1 und Nr. 2, Satz 2 RechKredV zutreffen und sie die Vorschriften des § 22 Abs. 1 Satz 1 und Abs. 2 KWG aF erfüllt haben (§ 39 Abs. 1 RechKredV).

Damit muss für diese Spareinlagen eine Urkunde ausgefertigt und sie dürfen nicht für den Zahlungsverkehr bestimmt sein. Darüber hinaus muss die Voraussetzung zutreffen, dass die Möglichkeit der Verfügung über höchstens EUR 2.000 pro Sparkonto und pro Kalendermonat ohne Kündigung zutrifft. Die Übergangsregelung verlangt jedoch nicht, dass die Altspareinlagen die Voraussetzungen des § 21 Abs. 4 Satz 1 Nr. 3 und 4 RechKredV erfüllen müssen. Hierdurch ist ein zeitlich unbefristeter **Bestandsschutz** für die früher begründeten Spareinlagen geschaffen worden, die die nunmehr geltenden Voraussetzungen hinsichtlich des Verbots, Spareinlagen für den Geschäftsbetrieb zu verwenden bzw. hinsichtlich der Mindestkündigungsfrist von drei Monaten nicht erfüllen.

Zur **Ausbuchung** von über längere Zeit nicht bewegten Sparkonten vgl. Kapitel 4.9.

[2892] Vgl. Lange, BB 1993, 1680.
[2893] In der Fassung der Bekanntmachung vom 11.7.1985, BGBl. I, 1472.

Kompensationen und Unterkonten

Wegen Einzelheiten wird auf Kapitel 5.3.1.2.2. verwiesen.

Mietkautionen bei Immobilien des Instituts

Für Mietkautionen bei eigenen, vermieteten Immobilien ist § 551 Abs. 3 BGB relevant. Danach muss die Anlage der Kaution getrennt vom eigenen Vermögen des Vermieters erfolgen. Diese Anforderung ist erfüllt, wenn die Kaution auf einem Konto angelegt wird, das auf den Namen des Mieters lautet und zugunsten des Instituts verpfändet wird.[2894]

Strukturierte Finanzinstrumente

Die Bilanzierung von strukturierten Finanzinstrumenten basiert auf der Kombination von zwei oder mehreren Geschäften (verzinsliches Wertpapier bzw. Forderung und einem oder mehreren Derivaten). Die Behandlung der/des emittierten Schuldverschreibung/Schuldscheindarlehens folgt den allgemeinen Bilanzierungsregeln für die Passivposten „Verbriefte Verbindlichkeiten" bzw. „Verbindlichkeiten gegenüber Kreditinstituten/Kunden", je nachdem, ob das strukturierte Finanzinstrument als Wertpapier oder als Forderung ausgestaltet ist.[2895] Weitere Einzelheiten vgl. auch Kapitel 4.4.9. Zur Bilanzierung von ABS-Transaktionen beim Emittenten vgl. Flick.[2896]

5.3.2.2.3. Unterposten a) und b)

Im Passivposten „2. Verbindlichkeiten gegenüber Kunden" sind die Spareinlagen iSd. § 21 Abs. 4 RechKredV separat im Unterposten „a) Spareinlagen" auszuweisen, der seinerseits wiederum in Abhängigkeit von der vereinbarten Kündigungsfrist zu untergliedern ist.

Im Unterposten „b) andere Verbindlichkeiten" sind die Verbindlichkeiten gegenüber Kunden auszuweisen, die nicht die Voraussetzungen des § 21 Abs. 4 RechKredV für Spareinlagen erfüllen. Dieser Unterposten ist wiederum in die täglich fälligen Verbindlichkeiten und in die Verbindlichkeiten mit vereinbarter Laufzeit oder Kündigungsfrist zu untergliedern. Als täglich fällig sind

---

[2894] Vgl. DGRV (Hrsg.), Jahresabschluss, B.III. Rn. 749a.
[2895] Vgl. Schaber/Rehm/Märkl/Spies, 4 ff.
[2896] Vgl. Flick, Der Konzern 2009, 104 ff.

solche Verbindlichkeiten auszuweisen, über die jederzeit ohne vorherige Kündigung verfügt werden kann oder für die eine Laufzeit oder Kündigungsfrist von 24 Stunden oder von einem Geschäftstag vereinbart worden ist (§ 8 Abs. 3 RechKredV; Einzelheiten vgl. Kapitel 3.1.).

5.3.2.2.4. Besonderheiten bei Pfandbriefbanken

Pfandbriefbanken weisen im Passivposten „2. Verbindlichkeiten gegenüber Kunden" – entsprechend den Verbindlichkeiten gegenüber Kreditinstituten – im Unterposten a) die begebenen Hypotheken-Namenspfandbriefe und im Unterposten b) die begebenen öffentlichen Namenspfandbriefe aus.

Die Spareinlagen werden bei Pfandbriefbanken im Unterposten c) erfasst und entsprechend der Regelung für Universalbanken nach der vereinbarten Kündigungsfrist untergliedert.

Die restlichen Verbindlichkeiten gegenüber Kunden werden als andere Verbindlichkeiten im Unterposten d) gezeigt. Im Unterposten „d) andere Verbindlichkeiten" sind bei Pfandbriefbanken die täglich fälligen Verbindlichkeiten auszugliedern. Ferner sind die zur Sicherstellung aufgenommener Darlehen an den Darlehensgeber ausgehändigten Hypotheken-Namenspfandbriefe und öffentlichen Namenspfandbriefe in einem Darunter-Vermerk beim Unterposten d) anzugeben. Die Verbindlichkeiten mit vereinbarter Laufzeit oder Kündigungsfrist sind im Anhang nach Restlaufzeiten aufzugliedern (§ 9 Abs. 1 Satz 2 RechKredV).

5.3.2.2.5. Besonderheiten bei Bausparkassen

Bausparkassen zeigen im Passivposten „2. Verbindlichkeiten gegenüber Kunden" im Unterposten „a) Einlagen aus dem Bauspargeschäft und Spareinlagen" die Bauspareinlagen, einschließlich der Abschlusseinlagen und der Spareinlagen von Kunden sowie im Unterposten „b) andere Verbindlichkeiten" die übrigen Verbindlichkeiten gegenüber Kunden.

Entsprechend der Regelung zum Passivposten 1. sind zu den Bauspareinlagen zwei Darunter-Vermerke zu machen: zum einen „auf gekündigte Verträge" und zum anderen „auf zugeteilte Verträge". Diese Darunter-Vermerke zeigen auf, welche Bauspareinlagen von der Bausparkasse zeitnah zurückzuzahlen sind.

Entsprechend der Bestimmungen für Universalbanken sowie Pfandbriefbanken sind die Spareinlagen nach der vereinbarten Kündigungsfrist zu gliedern.

5.3.2.2.6. Besonderheiten bei Finanzdienstleistungs- und Wertpapierinstituten sowie skontroführenden Kreditinstituten

Finanzdienstleistungsinstitute, Wertpapierinstitute sowie Kreditinstitute, sofern letztere Skontroführer iSd. § 27 Abs. 1 BörsG und nicht CRR-Kreditinstitute (vormals: Einlagenkreditinstitute) iSd. § 1 Abs. 3d Satz 1 KWG sind, müssen keine Untergliederung des Passivpostens vornehmen. Diese Institute haben vielmehr die Verbindlichkeiten gegenüber Finanzdienstleistungsinstituten und gegenüber Wertpapierinstituten in jeweils einem Darunter-Vermerk zu zeigen.

5.3.2.3. Bewertung

Zur Bewertung der Verbindlichkeiten gegenüber Kunden wird auf die Ausführungen in Kapitel 5.3.1.3. sowie 4.9. verwiesen.

5.3.2.4. Anhangangaben

Verbindlichkeiten gegenüber **verbundenen Unternehmen** bzw. **Unternehmen, mit denen ein Beteiligungsverhältnis besteht**, sind als Unterposten in der Bilanz jeweils gesondert auszuweisen (§ 3 Satz 1 Nr. 3 und 4 RechKredV). Die Angaben können wahlweise auch im Anhang in der Reihenfolge der betroffenen Posten gemacht werden.

Kreditinstitute in der Rechtsform der GmbH müssen **Verbindlichkeiten gegenüber Gesellschaftern** gesondert ausweisen oder im Anhang angeben (§ 42 Abs. 3 GmbHG).

Zur **Fristengliederung** wird auf Kapitel 3.1. verwiesen.

Im Anhang ist ferner der Gesamtbetrag der für diese Verbindlichkeiten **als Sicherheit übertragenen Vermögensgegenstände** anzugeben (§ 35 Abs. 5 RechKredV).

Die **Fremdwährungsbeträge** sind in die Angabe des Gesamtbetrags der Schulden, die auf Fremdwährung lauten, jeweils in Euro, einzubeziehen (§ 35 Abs. 1 Nr. 6 RechKredV).

Sind im Passivposten 2. Verbindlichkeiten ausgewiesen, die erst nach dem Bilanzstichtag rechtlich entstehen (sog. **antizipative Verbindlichkeiten**), müssen Beträge größeren Umfangs im Anhang erläutert werden (§ 268 Abs. 5

Satz 3 HGB). Diese Erläuterungspflicht bezieht sich nach hM nicht auf die anteiligen Zinsen, da diese nach § 11 RechKredV bei dem Bilanzposten auszuweisen sind, zu dem sie gehören.

Die von § 284 Abs. 2 Nr. 1 und Nr. 2 HGB geforderten Angaben zu den Bilanzierungs- und Bewertungsmethoden sowie bei Abweichungen hiervon Angabe der Gründe und Darstellung der Auswirkungen auf die Vermögens-, Finanz- und Ertragslage sind ebenfalls zu machen.

Gemäß § 285 Nr. 21 HGB sind zumindest die wesentlichen nicht zu marktüblichen Bedingungen zustande gekommenen Geschäfte mit nahestehenden Unternehmen und Personen anzugeben (Mindestangabe).

5.3.2.5. Prüfung des Postens

Es sind die für Verbindlichkeiten gegenüber Kunden allgemein üblichen Prüfungshandlungen durchzuführen. Es ist insbesondere darauf zu achten, dass die Verbindlichkeiten vollständig erfasst sind und sämtliche in diesem Posten ausgewiesene Beträge die Voraussetzungen des § 21 Abs. 2 RechKredV erfüllen. Diesbezüglich wird auf die vorstehenden Ausführungen verwiesen. Es ist festzustellen, ob die als **Spareinlagen** ausgewiesenen Beträge die Voraussetzungen des § 21 Abs. 4 und des § 39 Abs. 1 RechKredV erfüllen.

Der **Nachweis** der Verbindlichkeiten gegenüber Kreditinstituten erfolgt durch Saldenbestätigungen bzw. Kontoauszüge. Überhängende Posten sind zu vermerken.

Die Bestandsnachweise sind auf Richtigkeit und Vollständigkeit zu prüfen. **CpD-Konten** sind darüber hinaus hinsichtlich ihres Inhalts sowie ihrer Altersstruktur durchzusehen. Ggf. ist der Versand der Kontoauszüge zu prüfen.

Bei der Prüfung des Postens ist darauf zu achten, dass **Zinsen, Provisionen** usw. für das abgelaufene Geschäftsjahr in alter Rechnung gebucht werden. Die **Zinsabgrenzung** ist zu prüfen.

Die **Bewertung** ist zu prüfen. Bei Beträgen, die auf **Fremdwährung** lauten, richtet sich die Bewertung nach den Vorschriften für die Währungsumrechnung (vgl. Kapitel 4.8.).

Die von der **Internen Revision** angefertigten Prüfungsberichte sollten eingesehen werden.

Der **Prüfungsbericht** muss die erforderlichen Angaben enthalten.

Es empfiehlt sich, die für den Anhang relevanten Angaben im Prüfungsbericht zu nennen.

5.3.3. Verbriefte Verbindlichkeiten (Passiva 3.)

5.3.3.1. Postenbezeichnung

Die Postenbezeichnung lautet nach dem Formblatt 1 wie folgt:

> 3. *Verbriefte Verbindlichkeiten*
> *a) begebene Schuldverschreibungen*
> *b) andere verbriefte Verbindlichkeiten*
> *darunter:*
> *Geldmarktpapiere ... Euro*
> *eigene Akzepte und Solawechsel im Umlauf ... Euro*

Pfandbriefbanken müssen den Passivposten 3. gemäß Fußnote 9 zu Formblatt 1 wie folgt untergliedern:

> 3. *Verbriefte Verbindlichkeiten*
> *a) begebene Schuldverschreibungen*
> *aa) Hypothekenpfandbriefe*
> *ab) öffentliche Pfandbriefe*
> *ac) sonstige Schuldverschreibungen*
> *b) andere verbriefte Verbindlichkeiten*
> *darunter:*
> *Geldmarktpapiere ... Euro*

Banken, die das **Pfandbriefgeschäft** betreiben, aber keine (reinen) Pfandbriefbanken sind (zB Universalbanken), müssen die Gliederung des Postens um die Angaben in den Fußnoten für Pfandbriefbanken des Formblatts ergänzen (vgl. hierzu auch Kapitel 5.1.).

Kreditgenossenschaften, die das Warengeschäft betreiben, haben gemäß Fußnote 9 zu Formblatt 1 zum Darunter-Posten 3. b) Eigene Akzepte und Solawechsel im Umlauf zusätzlich einen weiteren Drunter-Vermerk „aus dem Warengeschäft ... Euro" einzufügen.

3. *Verbriefte Verbindlichkeiten*
   a) *begebene Schuldverschreibungen*
   b) *andere verbriefte Verbindlichkeiten*
      darunter:
      Geldmarktpapiere ... Euro
      eigene Akzepte und Solawechsel im Umlauf ... Euro
      darunter: aus dem Warengeschäft ... Euro

Mit dem BilMoG wurde in Fußnote 9 der Begriff „*Realkreditinstitute*" durch den Begriff „*Pfandbriefbanken*" ersetzt.

Verbindlichkeiten gegenüber **verbundenen Unternehmen** bzw. **Unternehmen, mit denen ein Beteiligungsverhältnis besteht**, sind als Unterposten in der Bilanz jeweils gesondert auszuweisen (§ 3 Satz 1 Nr. 3 und 4 RechKredV). Die Angaben können wahlweise auch im Anhang in der Reihenfolge der betroffenen Posten gemacht werden.

Institute in der Rechtsform der GmbH müssen **Verbindlichkeiten gegenüber Gesellschaftern** gesondert ausweisen oder im Anhang angeben (§ 42 Abs. 3 GmbHG).

5.3.3.2. Posteninhalt

5.3.3.2.1. Rechnungslegungsverordnung

Der Posteninhalt ist in § 22 RechKredV geregelt. § 22 RechKredV wurde weder mit der Ersten noch mit der Zweiten Verordnung zur Änderung der RechKredV nennenswert geändert. Lediglich in Abs. 4 Satz 1 wurde das Wort „*Kreditinstitut*" durch das Wort „*Institut*" ersetzt.

5.3.3.2.2. Voraussetzungen für den Postenausweis

Überblick

Als verbriefte Verbindlichkeiten sind Schuldverschreibungen und diejenigen Verbindlichkeiten auszuweisen, für **die nicht auf den Namen lautende übertragbare Urkunden ausgestellt** sind (§ 22 Abs. 1 RechKredV). Dies sind diejenigen Schuldtitel, die

- in (Schuld-) Urkunden verbrieft sind,
- übertragbar sind und
- nicht auf den Namen des Gläubigers lauten.

Unter **übertragbaren Urkunden** werden in Urkunden gefasste Forderungen verstanden, bei denen die Durchsetzbarkeit der Forderung an den Bestand des Papiers geknüpft ist und die als Inhaber- oder Orderpapiere ausgestattet sind.[2897] Hierbei handelt es sich um Wertpapiere bzw. um Legitimationsurkunden, dh. Urkunden, bei deren Vorlage der Schuldner nicht zur Leistung verpflichtet ist, sich aber durch Leistung an den Inhaber befreien kann. Bei diesen übertragbaren Urkunden kann mit der Urkunde auch die Forderung übertragen werden. Aufgenommene Schuldscheindarlehen sind in Abhängigkeit des Gläubigers als Passiva 1. oder Passiva 2. auszuweisen.[2898]

Im Gegensatz zu den in den Passivposten 1. und 2. auszuweisenden Verbindlichkeiten, bei denen dem bilanzierenden Institut die Gläubiger bekannt sind, sind dem Institut bei den im Passivposten 3. auszuweisenden Verbindlichkeiten die Gläubiger idR unbekannt.

Die Schuldtitel müssen nicht die **Wertpapierdefinition** des § 7 RechKredV erfüllen, weil § 7 RechKredV nur für den Ausweis auf der Aktivseite relevant ist. Auf die Börsenfähigkeit kommt es damit für den Ausweis unter den verbrieften Verbindlichkeiten nicht an. Insoweit ist keine Parallelität zu den im Aktivposten 5. auszuweisenden Schuldverschreibungen und anderen festverzinslichen Wertpapiere gegeben.

Als verbriefte Verbindlichkeiten sind im Passivposten 3. nur Inhaberpapiere sowie durch Indossament übertragbare Orderpapiere auszuweisen, die Teile einer Gesamtemission sind. Die übrigen Orderschuldverschreibungen sind in Abhängigkeit vom Gläubiger entweder dem Passivposten 1. oder 2. zuzuordnen.

Die Passivierungspflicht entsteht, soweit Schuldverschreibungen usw. **in Umlauf gegeben** werden. Noch nicht in Umlauf gegebene Schuldverschreibungen (zB sog. Schalterstücke) dürfen nicht bilanziert werden. Das Gleiche gilt für **vorverkaufte** Schuldverschreibungen. Soweit sie bereits vor Laufzeitbeginn verkauft (als banküblich wird eine Vorverkaufsfrist von ca. vier bis sechs Wochen zugestanden) und vom Kunden bezahlt wurden, sind sie als Buchschulden unter dem Passivposten 1. oder 2. auszuweisen.[2899]

Für die handelsrechtliche Bilanzierung eines **Emissionsdisagios** bei einem emittierenden Institut ist die Regeln des § 250 HGB sowie auf die Ausführungen in Kapitel 4.2.4. verwiesen.

[2897] Vgl. Krumnow ua., 2. Aufl., § 22 RechKredV Rn. 5.
[2898] Vgl. auch Kohl/Meyer, Corporate Finance Biz 2013, 170 ff.
[2899] Ebenso DGRV (Hrsg.), Jahresabschluss, B.III. Rn. 797.

Zurückerworbene Eigenemissionen

Zurückerworbene Schuldverschreibungen, die auf der Passivseite im Posten „3a. Handelsbestand" ausgewiesen werden, sind – ob börsenfähig oder nicht – im Aktivposten „6a. Handelsbestand" zu erfassen. Dies gilt sowohl für strukturierte als auch für nicht strukturierte Schuldverschreibungen.

Der Ausweis zurückgekaufter eigener Emissionen kommt auch in Betracht, wenn die Schuldverschreibung nicht aus dem Handel heraus emittiert wurde, mit dem Rückkauf allerdings eine Handelsabsicht verfolgt wird.[2900]

Eine reine Markt- bzw. Kurspflege stellt für sich allein gesehen noch keinen Handel dar. Im Handelsbestand können vielmehr nur die Posten gezeigt werden, bei denen eine Handelsabsicht iSd. § 1a Abs. 1 Satz 1 Nr. 1 KWG besteht.

Zwecks **Markt-** bzw. **Kurspflege** zurückerworbene eigene Schuldverschreibungen, die bei Emission im Passivposten „3. Verbriefte Verbindlichkeiten" erfasst wurden, sind grundsätzlich nach § 16 Abs. 4 RechKredV abzubilden, dh. börsenfähige Schuldverschreibungen sind im Aktivposten 5.c) zu aktivieren, nicht börsenfähige Schuldverschreibungen sind vom Passivposten 3. abzusetzen. Diese Vorgehensweise gilt auch, wenn der Rückerwerb von einem (aufbauorganisatorisch) dem Handel zugeordneten Bereich durchgeführt wird, da § 16 Abs. 4 RechKredV diesbezüglich keine Ausnahme enthält.

Ein Unterschiedsbetrag zwischen dem Rückkaufkurs und dem passivierten Erfüllungsbetrag bei **Tilgungsstücken** ist, da es ich um Erfolgsbeiträge handelt, die aus Verbindlichkeiten resultieren, im **sonstigen betrieblichen Ergebnis** zu erfassen.

Nullkuponanleihen (Zerobonds)

Der Ausweis von Nullkuponanleihen wird durch § 22 Abs. 2 Satz 3 RechKredV explizit geregelt. Zerobonds sind einschließlich der anteiligen Zinsen auszuweisen (§ 22 Abs. 2 Satz 3 RechKredV). Zerobonds sind nach hM mit dem Betrag zu passivieren, der den Anleihegläubigern unabhängig von der Fälligkeit am Bilanzstichtag geschuldet wird (Nettomethode).

Dies ist idR der Ausgabebetrag zuzüglich der aufgrund einer kapitalabhängigen Effektivzinsberechnung ermittelten Zinsschuld zum Bilanzstichtag. Ausgabebetrag und Zinsverpflichtung sind dabei als einheitliche Schuld (Erfül-

---

[2900] Vgl. WPH Edition, Kreditinstitute, Kap. D. Rn. 261 mwN.

lungsbetrag iSd. § 253 Abs. 1 Satz 2 HGB) anzusehen, da die zuzurechnende Zinsverpflichtung Bestandteil der Hauptschuld wird. Dementsprechend ist die anteilige Zinsverpflichtung dem Ausgabebetrag jährlich zuzuschreiben.

Fällige und anteilige Zinsen

Fällige sowie anteilige Zinsen sind zusammen mit den verbrieften Verbindlichkeiten auszuweisen. Für anteilige Zinsen von Nullkuponanleihen wird dies in § 22 Abs. 2 Satz 3 RechKredV ausdrücklich klargestellt. Einzelheiten vgl. Kapitel 3.8.

Bei der Begebung von Schuldverschreibungen wird das Gesamtvolumen der Emission in der Regel nicht vollständig mit Beginn des Zinslaufs platziert, sondern sukzessive unter Verrechnung von Stückzinsen veräußert. Die beim Verkauf bzw. beim Rückkauf von eigenen Schuldverschreibungen vereinnahmten bzw. aufgewendeten Stückzinsen sind dem Zinsaufwand für begebene Schuldverschreibungen gutzuschreiben bzw. zu belasten. Insoweit handelt es sich nicht um eine unzulässige Saldierung, sondern um eine Korrektur des tatsächlichen Zinsaufwands.

Werden eigene begebene Schuldverschreibungen zurückgenommen (zB aus Gründen der Kurspflege), stellen die für den Zeitraum des Eigenbesitzes anfallenden Zinsen Zinserträge aus eigenen Schuldverschreibungen dar, die als solche auszuweisen sind (vgl. auch Kapitel 6.2.1.2.2.).[2901]

Namensschuldverschreibungen und andere hier nicht auszuweisende Verbindlichkeiten

Namensschuldverschreibungen und Namensgeldmarktpapiere sind in Abhängigkeit vom Gläubiger unter den Verbindlichkeiten gegenüber Kreditinstituten (Passivposten 1.) bzw. Kunden (Passivposten 2.) auszuweisen (§ 21 Abs. 1 und 2 RechKredV). Eine **Ausnahme** bilden ausländische Geldmarktpapiere, soweit sie zwar formalrechtlich Namenspapiere sind, aber wie Inhaberpapiere an Börsen gehandelt werden; sie können als verbriefte Verbindlichkeiten ausgewiesen werden.[2902]

Da Schuldscheine keine übertragbaren Urkunden, sondern beweiserleichternde Dokumente sind, die die ansonsten dem Gläubiger zufallende Beweislast

---

[2901] Ebenso DGRV (Hrsg.), Jahresabschluss, B.III. Rn. 801.
[2902] Vgl. Krumnow ua., 2. Aufl., § 22 RechKredV Rn. 4.

über die Kreditbeziehung auf den Schuldner verlagert, sind **Schuldscheindarlehen** ebenfalls nicht hier auszuweisen. Sie sind in Abhängigkeit vom Gläubiger entweder im Passivposten 1. oder 2. auszuweisen. Im Übrigen ist bei Schuldscheindarlehen der jeweilige Gläubiger bekannt.

Sparbriefe lauten in der Regel auf den Namen und sind nicht in übertragbaren Urkunden verbrieft. Da diese im Regelfall von Kunden erworben werden, sind Sparbriefe normalerweise im Passivposten 2. zu zeigen.

Der Ausweis von **Orderschuldverschreibungen**, die nicht Teile einer Gesamtemission sind, hat nach der ausdrücklichen Vorschrift des § 21 Abs. 1 Satz 2, Abs. 2 Satz 2 RechKredV je nach Gläubiger in den Passivposten 1. oder 2. zu erfolgen.

Bail-in-fähige Verbindlichkeiten

Vgl. die Ausführungen in Kapitel 3.7.4. sowie Kapitel 5.3.10.2.2.

Verbriefte nachrangige Verbindlichkeiten und Genussrechte

Nachrangige verbriefte Verbindlichkeiten (§ 4 Abs. 1 RechKredV) werden zusammen mit den anderen nachrangigen (unverbrieften) Verbindlichkeiten im Passivposten „9. Nachrangige Verbindlichkeiten" zusammengefasst.[2903] Dieser Posten enthält damit sowohl verbriefte als auch nicht verbriefte nachrangige Verbindlichkeiten. Der Charakter der Nachrangigkeit geht der Verbriefung vor.

Entsprechendes gilt für begebene verbriefte Genussrechte, die gemeinsam mit den begebenen unverbrieften Genussrechten im Passivposten „10. Genussrechtskapital" auszuweisen sind.

Vom Institut emittierte strukturierte Finanzinstrumente

Die Bilanzierung von strukturierten Finanzinstrumenten basiert auf der Kombination von zwei oder mehreren Geschäften (verzinsliches Wertpapier bzw. Forderung und einem oder mehreren Derivaten), deren Bilanzierung in IDW RS HFA 22 detailliert geregelt ist. Die Behandlung der/des emittierten Schuldverschreibung/Schuldscheindarlehens folgt den allgemeinen Bilanzierungsre-

---

[2903] Ebenso Böcking/Wolsiffer/Morawietz, in: MünchKomm. HGB, 4. Aufl., § 340a HGB Rn. 111.

geln für die Passivposten „Verbriefte Verbindlichkeiten" bzw. „Verbindlichkeiten gegenüber Kreditinstituten/Kunden", je nachdem, ob das strukturierte
Finanzinstrument als Wertpapier iSd. § 22 Abs. 1 RechKredV ausgestaltet ist
oder nicht.[2904] Weitere Einzelheiten vgl. auch Kapitel 4.4.9.

Zur Bilanzierung von ABS-Transaktionen beim Emittenten vgl. Flick.[2905] Zur
Bilanzierung von Credit Linked Notes vgl. Kapitel 4.12.6.5.5.1.

Vom Institut emittierte Wandelanleihen, Optionsanleihen, Pflichtwandelan-
leihen, Umtauschanleihen sowie Aktienanleihen

(a) Beschreibung dieser Anleiheformen

Klassische **Wandelanleihen** (Convertibles, Wandelschuldverschreibungen)[2906]
bieten für den Gläubiger ein Umtauschrecht in Aktien des Emittenten (§ 221
AktG), wobei die Emissionen mit marktüblichen Zinsen und einem offenen Aufgeld (Agio) oder alternativ minderverzinslich (verdecktes Agio) begeben werden können und bei Wandlung je nach Ausgestaltung der Anleihe keine, eine
feste oder eine variable Zuzahlung auf die Aktien erforderlich wird.[2907] Wandelanleihen iSd. § 221 AktG verbinden fremdkapital- und eigenkapitalähnliche
Merkmale. Mit der Ausübung des Wandlungs- bzw. Umtauschrechts in Aktien
erlischt der Anspruch auf Rückzahlung des Nominalbetrags der Anleihe.

Mit der Aktienrechtsnovelle 2016[2908] wurde ua. §§ 192, 194 und 221 AktG
dahingehend geändert, dass auch sog. **umgekehrte Wandelschuldverschrei-**
bungen möglich sind.[2909] Damit wurde ausdrücklich dem emittierenden Institut (Schuldner) ein Umtauschrecht eingeräumt. Diese Vorschriften sind auch

---

[2904] Vgl. Schaber/Rehm/Märkl/Spies, 4 ff.
[2905] Vgl. Flick, Der Konzern 2009, 104 ff.
[2906] Vgl. Häuselmann/Wagner, BB 2002, 2431 f.; Häuselmann, 398 ff.
[2907] Zu Rechtsfragen und Gestaltungsmöglichkeiten vgl. Schlitt/Seiler/Singhof, AG 2003,
254 ff.; zu den Kontraktstrukturen vgl. Schäfer, FB 2002, 514 ff.; Dürr, 59 ff.; Schulz,
ZfbF 2007, 333 ff.; Seibt, Corporate Finance Law, 2010, 165 ff.; Drinhausen/Keinath,
BB 2011, 1736 ff.; Schanz, BKR 2011, 410 ff.; Bader, AG 2014, 472 ff.; Häuselmann,
398 ff.
[2908] Zur Aktienrechtsreform: Söhner, ZIP 2016, 151 ff.; Sieja, NWB 15/2016, 1086 ff.
(NWB DokID NAAAF-70200); Harbarth/Plettenberg, AG 2016, 145 ff.; Stöber, DStR
2016, 611 ff.; Ihrig/Wandt, BB 2016, 6 ff.; Schmidt-Bendun, DB 2015, 419 ff.; Möhlen-
kamp/Harder, ZIP 2016, 1093 ff.; Haag/Peters, WM 2015, 2303; Wilsing/Johannsen-
Rotz, DB 2016, Beilage 06 zu Heft 50, 17 ff.
[2909] Vgl. Häuselmann, 449 ff.

bei Wandelanleihen anwendbar, bei denen eine Wandlung bei Eintritt eines bestimmten Ereignisses (also bedingt) erfolgt (sog. **Contingent Convertibles** – CoCo).[2910] Siehe zu CoCo-Bonds Kapitel 5.3.10.2.1.

Optionsanleihen sind Anleihen,[2911] denen – im Regelfall in Gestalt eines getrennt handelbaren Optionsscheins[2912] – zugunsten des Gläubigers ein Bezugsrecht auf Aktien des Emittenten beigegeben wird (§ 221 Abs. 1 AktG).[2913]

Pflichtwandelanleihen (Mandatory Convertibles) sind Anleihen, bei denen der Inhaber (Gläubiger) während der Laufzeit in der Regel berechtigt und am Ende des Wandlungszeitraums verpflichtet ist, die Schuldverschreibung in Aktien des Emittenten zu wandeln.[2914] Dh. die Rückzahlung erfolgt in Aktien des Emittenten. Ein Wahlrecht des Inhabers (Gläubigers) zwischen Wandlung und Rückzahlung wie bei der klassischen Wandelanleihe gibt es bei der Pflichtwandelanleihe nicht.[2915]

Daneben gibt es sog. **Exchangeables** (Umtauschanleihen),[2916] bei denen die Wandlung durch den Gläubiger in Aktien Dritter – also nicht solche des Emittenten der Anleihe – erfolgt bzw. erfolgen kann. Der Ausgleich für das Wahlrecht des Gläubigers wird vergleichbar wie bei Wandelanleihen abgegolten. Daher liegen die dem Gläubiger gezahlten Zinsen idR unter dem vergleichbaren Marktzinsniveau bei Emission, weil mit der Minderverzinslichkeit der ansonsten vom Gläubiger zu entrichtende Kaufpreis für die eingebettete Option ratierlich abgegolten wird.

Sog. **Aktienanleihen**[2917] oder Reverse Convertibles bieten nicht dem Gläubiger, sondern dem Emittenten das Recht, die Anleihe wahlweise in Aktien

---

[2910] Vgl. Haag/Peters, WM 2015, 2303 ff.; Oulds, Corporate Finance law 2013, 213 ff.; Nodoushani, WM 2016, 589 ff.; bank- und aktienrechtliche Gesamtdarstellung vgl. Florstedt, ZHR 180 (2016), 152 ff.; Häuselmann, 449 ff. mwN.

[2911] Vgl. Häuselmann/Wagner, BB 2002, 2431 f.; Bader, AG 2014, 476 ff.; Häuselmann, 403 f.

[2912] Am Markt hat es auch schon Optionsanleihen mit nicht getrennt handelbaren Optionsscheinen gegeben.

[2913] Vgl. Dürr, 51 ff.; Häuselmann/Wagner, BB 2002, 2431.; Wagner, StuB 2004, 1091.; Schanz, BKR 2011, 410 ff.; Bader, AG 2014, 476 f.

[2914] Vgl. Häuselmann/Wagner, BB 2002, 2432. Zu den Rechtsfragen vgl. Schlitt/Seiler/Singhof, AG 2003, 254 ff., Wagner, Der Konzern 2005, 504. Zu Pflichtwandelanleihen als sonstiges (hybrides) Kernkapital vgl. Apfelbacher/Kopp, Corporate Finance Law 2011, 21; Bader, AG 2014, 478 f.; Häuselmann, 399.

[2915] Vgl. ausführlich Bade, AG 2014, 478 f.

[2916] Vgl. Häuselmann/Wagner, BB 2002, 2433 f.; Häuselmann, 404 ff.

[2917] Zur steuerbilanziellen Behandlung von Aktienanleihen vgl. Rau, DStR 2006, 627 ff.; Häuselmann/Wagner, BB 202, 2431 ff.; Häuselmann, 406.

Dritter zu tilgen. Gleichzeitig erhält der Gläubiger eine entsprechend höhere Verzinsung seines eingesetzten Betrags, wodurch dieses Wandlungsrecht des Emittenten abgegolten wird.

(b) Standard-Wandelanleihen und Optionsanleihen

Standard-Wandelanleihen (Convertibles) und Optionsanleihen bieten für den Investor (Gläubiger) das Recht, anstatt der Rückzahlung des Nominalbetrags der Anleihe, wahlweise Aktien des Emittenten als Rückzahlung zu verlangen (§ 221 AktG).[2918] Es handelt sich bei diesem Wahlrecht aufseiten des Investors um eine Kaufoption (Long Call). Dementsprechend geht der Emittent die Position eines Short Calls ein. Nach allgemeiner Ansicht gelten für Wandel- und Optionsanleihen handelsrechtlich die gleichen Bilanzierungsgrundsätze.[2919]

Für das Wandlungsrecht ist der Investor (Gläubiger) bereit, ein Entgelt zu bezahlen. Dies kann bspw. darin zum Ausdruck kommen, dass er ein offenes Ausgabeaufgeld (Agio) entrichtet oder eine unterhalb des Marktzinsniveaus liegende Verzinsung (verdecktes Aufgeld) akzeptiert. Es ist auch eine Kombination aus offenem und verdecktem Aufgeld möglich. Eine weitere Variante dergestalt, dass die Wandelanleihe zum Nennwert ausgegeben und gleichzeitig marktüblich verzinst wird, dürfte es allenfalls bei Mitarbeiterbeteiligungsprogrammen geben.[2920]

Im Falle einer **Standard-Wandelanleihe** verspricht der Emittent die Rückzahlung eines Geldbetrags und nicht die Lieferung von Aktien. Nur im Falle der Ausübung des Wandlungsrechts durch den Anleihegläubiger wird die Bartilgungsverpflichtung des Emittenten durch die Verpflichtung zur Lieferung von Aktien ersetzt.

Standard-Wandelanleihen bzw. Optionsanleihen sind – soweit sie mit einem offenen Agio bzw. mit einer Verzinsung, die unter dem aktuellen Zinsniveau liegt ausgegeben werden – beim Emittenten gemäß § 272 Abs. 2 Nr. 2 HGB in

1. eine „normalverzinsliche" Verbindlichkeit (Emissionsbetrag) und
2. ein/mehrere Options- bzw. Wandlungsrecht/e

zu zerlegen.

[2918] Vgl. von Beauvais/Fischer/Traichel, 198 ff.

[2919] Vgl. Häuselmann/Wagner, BB 2002, 2432 mwN.; Häuselmann, 414 ff.

[2920] Zur Bilanzierung von Wandelanleihen bei Mitarbeiterprogrammen vgl. Roß/Pommerening, WPg 2001, 646.

Die („normalverzinsliche") **Verbindlichkeit** ist getrennt vom Wandlungs-
bzw. Optionsrecht in einem Verbindlichkeitsposten zu bilanzieren. Der Ausweis richtet sich nach den Ausweisregeln der RechKredV; es wird idR ein
Ausweis im Passivposten 3. bzw. Passivposten 9. infrage kommen. Ein Zusatz
wie gemäß § 266 Abs. 3 C.1. HGB „davon konvertibel" ist für Institute nach
der RechKredV nicht vorgesehen.

Die **Verbindlichkeit** aus der Anleihe ist mit dem **Erfüllungsbetrag** anzusetzen.

Die Behandlung der Differenz zwischen dem Erfüllungsbetrag und dem Emissionsbetrag richtet sich grundsätzlich nach § 250 HGB (vgl. Kapitel 4.9.1.
zu Rechnungsabgrenzungsposten); auf die nach Ansicht des HFA zulässige
amortised-cost-Bewertung nach Maßgabe der Effektivzinsmethode in Kapitel 4.2.4. wird hingewiesen.[2921]

Der bei der Ausgabe der Schuldverschreibung für das **Options- bzw. Wandlungsrecht** (Short Call) **erzielte Betrag** (offenes Agio, verdecktes Agio in
Form der Minderverzinslichkeit) ist nach § 272 Abs. 2 Nr. 2 HGB in die **Kapitalrücklage** einzustellen. Wegen der Begründung der Bilanzierung und Bewertung kann auf die allgemeine Kommentierung zu § 272 HGB verwiesen
werden. Handelt es sich hierbei um ein **Ausgabeagio**, ist dieses unmittelbar in
die Kapitalrücklage einzustellen. Wird hingegen eine marktabweichende **geringere Verzinsung** vereinbart, kann der Zeichnungsbetrag (Emissionsbetrag)
für die Wandelanleihe bzw. Optionsanleihe wie nachfolgend beschrieben aufgeteilt werden.

Diese **Aufteilung** kann bei endfälligen Wandelanleihen bspw. nach der **Restwertmethode** dergestalt vorgenommen werden, dass zunächst der Betrag
ermittelt wird, der – unter Berücksichtigung der aktuellen Marktkondition
(einschließlich Credit Spread des Emittenten) – für eine reine Anleihe (Verbindlichkeit) mit einem entsprechenden Nominalzins zu zahlen wäre (Emissionsbetrag). Das Entgelt für die Option (Wandlungsrecht) ergibt sich als
Differenz zwischen dem Preis für die Wandelanleihe (Zeichnungsbetrag) und
dem vorstehend genannten Betrag (Emissionsbetrag) für die reine Anleihe
(Verbindlichkeit). Die Aufteilung kann bei endfälligen Wandelanleihen aber
auch im Verhältnis der Marktwerte der normalverzinslichen Verbindlichkeit
und des Wandlungsrechts vorgenommen werden (**Marktwertmethode**). Die
Aufteilung führt nicht zu einer Erfolgsrealisierung.[2922]

[2921] Vgl. Wiese/Dammer, DStR 1999, 869 f.; Häuselmann/Wagner, 2002, 2431; Berichterstattung über die 237. Sitzung des HFA, vgl. FN 2014, 595.

[2922] Ebenso Gelhausen/Rimmelspacher, AG 2006, 732; Häger/Elkemann-Reusch, Tz. 1002;
Häuselmann, 417 f..

Anders könnte die Aufteilung bei solchen Wandelanleihen zu beurteilen sein, bei denen das Wandlungsrecht während eines **definierten Zeitraums** (ggf. auch bereits ab der Emission) jederzeit ausgeübt werden kann (sog. amerikanische Wandeloption). In die Kapitalrücklage darf nach § 272 Abs. 2 Nr. 2 HGB nur der Vorteil eingestellt werden, der in dem Zeitpunkt, auf den die Schätzung vorgenommen wird, vom Emittenten erzielt wird. Für die Gewährung des Wandlungsrechts erzielt der Emittent im Zeitpunkt der Begebung der Wandelanleihe den Vorteil aus der Unterverzinslichkeit der Anleihe. Dieser Vorteil hängt im Fall mehrerer Wandlungszeitpunkte oder eines Wandlungszeitraums grundsätzlich vom tatsächlichen Umtauschzeitpunkt ab.

Daher erscheint es zur Vermeidung einer Überdotierung der Kapitalrücklage sachgerecht, nur den Teil des Vorteils aus der Unterverzinslichkeit der Kapitalrücklage zuzuführen, der vom Emittenten tatsächlich und unentziehbar, dh. unabhängig von der künftigen Ausübung des Wandlungsrechts (oder ggf. anderer Optionen des Emittenten oder des Erwerbers) erzielt wird. Im Schrifttum wird hierzu ua. die Ansicht vertreten, dass bei Ermittlung des Werts des Wandlungsrechts nur die kürzestmögliche Laufzeit der Anleihe zugrunde zu legen ist. Dies mit der Folge, dass für den Fall des sofortigen Beginns des Wandlungszeitraums im Emissionszeitpunkt, dieses Wandlungsrecht keinen rechnerischen Wert aufweist und damit keine Dotierung der Kapitalrücklage erfolgen darf.[2923] Dies hätte ggf. zur Folge, dass der Option ein Wert von Null zugewiesen wird (Wandlung sofort einen Tag nach Emission). Der BFH hat sich mit Urteil vom 11.11.2014[2924] dieser Beurteilung ausdrücklich angeschlossen.

Für die Bilanzierung an nachfolgenden Abschlussstichtagen ist der Börsen- oder Marktpreis der Wandelanleihe nicht relevant.

Um die Inhaber von Wandelanleihen bei der Wandlung mit Aktien zu bedienen, wird idR **bedingtes Kapital** gemäß § 192 Abs. 2 Nr. 1 AktG[2925] geschaffen; zur Verwendung eigener Aktien aufgrund einer Ermächtigung der Hauptversammlung gemäß § 71 Abs. 1 Nr. 8 AktG vgl. Schlitt/Seiler/Singhof.[2926]

[2923] Vgl. ADS, 6. Aufl., § 272 HGB Rn. 123; Gelhausen/Rimmelspacher, AG 2006, 732.

[2924] Vgl. BFH-Urteil vom 11.11.2014, HFR 2015, 445 ff.; Der Konzern 2015, 174 ff.

[2925] Zur (Gesamt-) Nichtigkeit eines Beschlusses zur bedingten Kapitalerhöhung vgl. OLG München, Beschluss vom 14.9.2011, AG 2012, 44.

[2926] Ausführlich vgl. Schlitt/Seiler/Singhof, AG 2003, 256 ff.; Wiese/Dammer, DStR 1999, 867.

Falls das Wandlungs- bzw. Optionsrecht auf den Bezug von Aktien nicht ausgeübt wird, verbleibt der Betrag in der Kapitalrücklage. Eine Umbuchung in die GuV ist nach hM nicht möglich.

Zum **Zeitpunkt der Wandlung** ist der passivierte Anleihebetrag in das „gezeichnete Kapital" und ggf. in die „Kapitalrücklage" umzubuchen. Ein aktiviertes und noch nicht verteiltes Disagio ist aufwandswirksam auszubuchen.[2927] Da das gezeichnete Kapital zum Nennbetrag auszuweisen ist, ist der verbleibende Differenzbetrag zu der im Umwandlungszeitpunkt passivierten Anleiheverbindlichkeit in die Kapitalrücklage gemäß § 272 Abs. 2 Nr. 1 HGB einzustellen.[2928] Erfolgt die Wandlung mit Leistung einer (weiteren) Zuzahlung, ist dieses zusätzliche Aufgeld ebenfalls in die Kapitalrücklage einzustellen.

Der BFH hat in seiner nicht veröffentlichten Revisionsentscheidung vom 30.11.2005[2929] die Vorentscheidung des FG München[2930] aufgehoben. Er hat entschieden, dass ein bei der Ausgabe von Optionsanleihen erzieltes Aufgeld bei späterer Nichtausübung der Option in der Steuerbilanz seine Zugehörigkeit zur Kapitalrücklage nicht verliert.[2931] Es ist nach Ansicht des BFH allein auf den *„bei der Ausgabe erzielten"* Betrag abzustellen. Das erzielte Aufgeld stellt auch steuerlich eine Zuführung zum Eigenkapital und damit eine Einlage dar. Die Leistung des vom jeweiligen Erwerber einer Optionsanleihe zu erbringenden (sowohl offenen als auch verdeckten) Aufgelds findet ihre Ursache im Gesellschaftsverhältnis.

Die Rechtsposition der Inhaber von Optionsanleihen begründet ein Bezugsrecht für neue Anteile an der Gesellschaft, das grundsätzlich den Gesellschaftern zusteht. Mit dem Beschluss über die Einräumung von Bezugsrechten spalten die Gesellschafter daher eine Teilsubstanz ihrer eigenen Mitgliedschaftsrechte ab. Da das Aufgeld zum Erwerb einer Optionsanleihe bereits mit deren „Erzielung", nicht hingegen erst bei einer späteren positiven Ausübung der Option als Einlage zu qualifizieren ist, besteht in der Zwischenzeit kein Schwebezustand, der bis zur Verfügung über die Option erfolgsneutral zu „überbrücken" wäre, um im Falle der Nichtausübung zur Erfassung einer betrieblichen Einnahme zu führen. Eine entsprechende Verbindlichkeit kommt

---

[2927] Vgl. ADS 6. Aufl. § 250 HGB Rn. 98.
[2928] Vgl. Häuselmann, BB 2003, 1534.
[2929] Fundstelle http://rsw.beck.de; BFH vom 30.11.2005 I R 26/04 (NV); ausführlich hierzu Hahne, StuB 2006, 295 ff.; Wagner, Der Konzern 2006, 262 ff.
[2930] Vgl. FG München Urteil vom 4.2.2004, 7 K 4666/01, Rev. eingelegt, Az. BFH: I R 26/04, DStRE 2005, 953 ff.
[2931] Entsprechend auch BFH-Urteil vom 30.11.2005 I R 3/04, DB 2006, 130 ff.

nicht in Betracht. Sowohl handels- als auch steuerrechtlich ist das Entgelt für die Option nicht als Gewinn zu erfassen.

Bei **NEWS-Optionsanleihen** (**N**otes with **E**quity **W**arrant **S**ecurities) handelt es sich um Anleihen mit nicht getrennt handelbaren Optionsscheinen, bei denen die Ausübung des Bezugsrechts auf eigene Aktien nur durch die Übertragung der Anleihe auf den Emittenten der Optionsanleihe möglich ist. Da es sich hier ebenfalls um eine Kapitalmaßnahme handelt, ist § 272 Abs. 2 Nr. 2 HGB anwendbar.[2932]

(c) Pflichtwandelanleihen (Mandatory Convertibles)

Die **reine Pflichtwandelanleihe** unterscheidet sich von der Standard-Wandelanleihe dadurch, dass kein Wahlrecht für die Wandlung, sondern vielmehr eine **Wandlungspflicht zu einem fest vorbestimmten Tauschkurs** gesondert vereinbart wird. Diese Pflicht zur Wandlung kann ihrerseits verschieden ausgestaltet sein.

Daneben kann es auch **kombinierte Pflichtwandelanleihen** geben, die **sowohl eine Pflichtwandlung** (am Ende der Laufzeit) als auch ein **Wahlrecht zur Wandlung** (während der Laufzeit) vorsehen. In diesem Fall handelt es sich um eine **Kombination** aus einer Standardwandelanleihe und einer Pflichtwandelanleihe, dh. der Emittent hat eine Verbindlichkeit, kombiniert mit einem Terminverkauf und einer Option auf Aktien; in Abhängigkeit von der Position desjenigen, der neben der Pflichtwandlung (am Ende der Laufzeit) die Wandlung während der Laufzeit (ständig oder zu bestimmten Zeitpunkten) wahlweise verlangen kann, handelt es sich bei dem Wandlungswahlrecht aufseiten des Emittenten um einen Long Put (Wahlrecht des Emittenten) oder um einen Short Call (Wahlrecht des Investors) auf Aktien. Die Optionspositionen des Investors sind hierzu invers: Bei einem Wahlrecht zur Wandlung durch den Emittenten hat der Investor die Position eines Short Puts; hat er hingegen selbst das Wahlrecht zur Wandlung, liegt beim Investor ein Long Call auf Aktien vor.

Darüber hinaus gibt es auch **Pflichtwandelanleihevarianten**, die so ausgestaltet sind, dass es einen **unteren Kurs** (maximales Wandlungsverhältnis) sowie einen **oberen Kurs** (minimales Wandlungsverhältnis) gibt, zu denen getauscht wird. Befindet sich der aktuelle Kurs am Wandlungstermin zwischen diesen beiden Kursen, wird zum am Wandlungstag **aktuell festgestellten Kurs** getauscht (mittleres Wandlungsverhältnis). Diese Anleihe beinhaltet neben (1)

[2932] Vgl. Wagner, Der Konzern 2006, 266.

einer normalverzinslichen Verbindlichkeit, ferner (2) bezogen auf den unteren Wandlungskurs (maximales Wandlungsverhältnis) für den Emittenten einen Long Put und (3) für den oberen Wandlungskurs (minimales Wandlungsverhältnis) aus Sicht des Emittenten einen Short Call auf eigene Aktien.[2933] Die Optionspositionen des Investors sind hierzu wiederum invers (Short Put und Long Call). Beide Optionen haben jeweils die gleiche Laufzeit, aber unterschiedliche Ausübungspreise (Strikes). Diese Kombination von Optionen wird zT auch als Bandbreitenoption bezeichnet. Diese Variante einer Pflichtwandelanleihe unterscheidet sich aufseiten des Emittenten von der sog. reinen Pflichtwandelanleihe dadurch, dass sie keinen Terminverkauf zu einem fixierten Preis beinhaltet, sondern vielmehr eine Kombination aus Optionen. Der Tauschkurs (Wandlungsverhältnis) steht hier nicht von vornherein fest, sondern ist in einer bestimmten Bandbreite variabel.

Bilanziell stellen sich beim **Emittenten** folgende Fragen. Zu einem hinsichtlich des **Ausweises der erhaltenen Mittel** in der Bilanz als Verbindlichkeit oder als Eigenkapital und zum anderen, ob und ggf. wie eine **Aufteilung des Emissionsbetrags** auf den ggf. als (normalverzinsliche) Verbindlichkeit zu passivierenden Betrag und das/die Derivat/e bzw. wie die bilanzielle Abbildung der eingebetteten Derivate zu erfolgen hat.

Klarstellend ist festzuhalten, dass die Problematik der Einstellung von Beträgen in die Kapitalrücklage gemäß § 272 Abs. 2 Nr. 2 HGB nur dann entsteht, wenn der **Investor** (Gläubiger) für ihm zustehende Rechte oder Vergünstigungen (Wandlungsrecht des Investors, Vorteile hinsichtlich des Tauschkurses im Vergleich zum aktuellen Kurs bei Emission) einen bestimmten Betrag an den Emittenten (einmalig bzw. verteilt auf die Laufzeit bspw. in Form einer geringeren Verzinsung) bezahlen muss; entweder als direktes Agio oder als indirektes Agio über die Zinskonditionen.

Es ist – entgegen der Ansicht von Häuselmann[2934] – grundsätzlich nicht möglich, bei einer Pflichtwandelanleihe per se anzunehmen, dass ein Gläubigerumtauschrecht keinen eigenständigen Wert hat. Nur sofern bei einer reinen Pflichtwandelanleihe der Terminverkauf beim Emittenten zum Zeitpunkt der Emission einen (Markt-) Wert von Null hat, ist für eine Aufteilung des Emissionswerts der Anleihe selbstverständlich kein Raum. Bei der Vereinbarung marktgerechter Konditionen ist dies der (Regel-) Fall. Weicht der Wert des Terminverkaufs hingegen zugunsten des Emittenten von Null ab, dh. der Investor (Gläubiger) bezahlt für das Termingeschäft einen Betrag an den Emittenten (bspw. bei einem vom aktuellen Aktienkurs abweichenden Tauschkurs bzw.

[2933] Vgl. Dipplinger/Loistl/Neufeld, Die Bank 1998, 120 ff.

[2934] Verallgemeinernd Häuselmann, BB 2003, 1534.

einer entsprechenden Wandlungsrelation im Zeitpunkt der Emission), kann dieser Betrag (Marktwert) nicht von vornherein vernachlässigt werden. Dieser Betrag ist dann grundsätzlich wie bei einem Optionsrecht in die Kapitalrücklage einzustellen.

Gelhausen/Rimmelspacher[2935] sehen für Pflichtwandelanleihen keine Möglichkeit der Dotierung der Kapitalrücklage. Sie begründen dies damit, dass der Kapitalrücklage nur das zugeführt werden darf, was vom Emittenten endgültig „erzielt" worden ist. Letzteres verneinen Gelhausen/Rimmelspacher, da ein Vorteil nicht beim Emittenten verbliebe, sondern an den Inhaber, der sich zur Wandlung verpflichtet, zurückgezahlt werden müsse. Der Emittent erziele aus der Begebung der Pflichtwandelanleihe keinen Vorteil, sondern erleide vielmehr einen Nachteil aus deren Überverzinslichkeit. Hierzu sei angemerkt, dass für den Fall einer Überverzinslichkeit (Emittent bezahlt für das Termingeschäft einen bestimmten Betrag bzw. der Emittent bezahlt für seinen Long Put mehr als er für den Short Call des Investors erhält) nach den oben dargestellten Überlegungen der Rücklage nichts zuzuweisen ist. Im umgekehrten Fall, dh. falls das Termingeschäft auf Aktien (bzw. bei entsprechender Gestaltung der Prämien von Optionen) für den Emittenten bei Emission einen positiven Wert aufweist, er also vom Investor eine Vergütung für den Tausch der Anleihe in Aktien erhält, ist die Argumentation von Gelhausen/Rimmelspacher widerlegbar.

Nach Häuselmann[2936] ist es grundsätzlich gerechtfertigt, auf beide Ausgestaltungen von Wandelanleihen (Standard- und Pflichtwandelanleihen) die gleichen Bilanzierungsgrundsätze anzuwenden. Die Tatsache, dass es bei einem normalen Lauf der Dinge zur Ausgabe von Aktien und damit zur Nichtrückzahlung der erhaltenen Mittel kommt, führt nach Häuselmann nicht dazu, dass schon vor dem Zeitpunkt der Wandlung bzw. des Abschlusses des Zeichnungsvertrags auf Aktien ein Eigenkapitalinstrument vorliegt. Dementsprechend hat der Emittent vor der Wandlung wie bei Standard-Wandelanleihen eine **Geldverbindlichkeit** zu passivieren.[2937]

Der Ausweis der Pflichtwandelanleihe als Verbindlichkeit wird damit begründet, dass ein Anleihegläubiger bis zum Zeitpunkt der Wandlung keine Gesellschaftsrechte hat und wie jeder andere Fremdkapitalgeber behandelt wird. Ungeachtet dessen, dass ein Anleihegläubiger vor der Wandlung wirtschaftlich an der Wertentwicklung der zugrunde liegenden Aktien beteiligt ist, wird er

---

[2935] Vgl. Gelhausen/Rimmelspacher, AG 2006, 740 f.

[2936] Vgl. Häuselmann, BB 2003, 1532.

[2937] Vgl. Mihm, in: Habersack/Mülbert/Schlitt, § 15 Rn. 48 ff. Diese Ansicht wird von Bader, AG 2014, 479, nicht uneingeschränkt geteilt.

im Insolvenzfall des Emittenten wie jeder andere Gläubiger behandelt. Selbst wenn die Anleihebedingungen im Insolvenzfall eine automatische Pflicht-wandlung vorsehen, ändert dies nichts daran, sondern bestärkt vielmehr die These, dass bis zu diesem Bedingungseintritt ein Fremdkapitalverhältnis vor-liegt.[2938] Die Wandelanleihe enthält nur einen schuldrechtlichen Anspruch auf den Erwerb von Mitgliedschaftsrechten. Selbst die Ausübung des Wandlungs-rechts macht den Anleihegläubiger nicht zum Aktionär. Gesellschafter wird er erst mit der Ausgabe von Bezugsaktien (§ 200 AktG).

Obwohl man wegen der Pflichtwandlung am Laufzeitende der Anleihe wirt-schaftlich den Charakter eines vorbezahlten Terminverkaufs von Aktien zu-sprechen kann,[2939] können die zugeflossenen Geldmittel nach Häuselmann zu Recht schwerlich als Anzahlung oder Vorleistung auf Eigenkapital qualifiziert werden. Denn auch Voreinzahlungen auf Eigenkapital im Falle einer Kapi-talerhöhung sind handelsrechtlich bis zur effektiven Begründung der Gesell-schafterstellung als Fremdverbindlichkeit zu behandeln.

Es ist – so Häuselmann – auch nicht gerechtfertigt, aufgrund eines Vergleichs der Pflichtwandelanleihe mit einem sog. Bezugsrecht auf junge Aktien ohne Schuldverschreibung (sog. naked warrant) unter Heranziehung des § 272 Abs. 2 Nr. 2 HGB die gesamten erhaltenen Mittel der Kapitalrücklage zuzu-weisen.

Die **Aufteilung** einer reinen **Pflichtwandelanleihe in eine Verbindlichkeit und ein Termingeschäft** für bilanzielle Zwecke ist – wie oben bereits er-wähnt – dann faktisch nicht möglich und auch nicht notwendig, wenn das in der reinen Pflichtwandelanleihe eingebettete Termingeschäft (Terminverkauf von Aktien) – wie bei zu marktgerechten Konditionen abgeschlossenen Ter-mingeschäften üblich – bei Emission der Anleihe einen Marktwert von Null hat. Wird der in die Anleihe eingebettete Terminverkauf auf eigene Aktien hin-gegen zu Konditionen vereinbart, die bei Emission der Anleihe zu einem von Null abweichenden und für den Emittenten günstigen (Markt-) Wert führen (der Gläubiger der Anleihe für die Wandlung also etwas bezahlt),[2940] ist nach der hier vertretenen Ansicht entsprechend der Bilanzierung für Standard-Wan-delanleihen zu verfahren, dh. der vom Investor (Gläubiger) an den Emittenten zu vergütende (Markt-) Wert des Termingeschäfts stellt einen Vorteil dar, der

---

[2938] Vgl. Häuselmann, BB 2003, 1531 ff.

[2939] Vgl. auch Bader, AG 2014, 478 f.

[2940] Dies ist bspw. in solchen Fällen denkbar, in denen der Wandlungskurs vom aktuellen Kurs im Zeitpunkt der Emission zugunsten des Investors/Gläubigers abweicht, wofür der Investor dann – vereinfacht gesehen – diese Differenz an den Emittenten bezahlt wird.

bei Emission in die Kapitalrücklage gemäß § 272 Abs. 2 Nr. 2 HGB einzustellen ist. Dieser Vorteil kann als Einmalbetrag oder laufend in Form von niedrigeren Zinsen entrichtet werden. Diesbezüglich gelten die für Wandelanleihen allgemein entwickelten Grundsätze.

Analoges gilt für die Variante einer Pflichtwandelanleihe, bei der neben der **Wandlungspflicht zusätzlich ein Wandlungsrecht des Investors** (Emittent: Short Call) besteht, für das der Investor eine Optionsprämie zu entrichten hat (Agio oder geringere Verzinsung). Der Terminverkauf von Aktien sowie der Short Call können beim Emittenten für bilanzielle Zwecke wertmäßig zusammengefasst betrachtet werden.[2941] Eine getrennte Betrachtung macht wirtschaftlich keinen Sinn.

Ein Terminverkauf kann synthetisch in einen Long Put und einen Short Call zerlegt werden,[2942] was letztlich in Kombination mit dem zusätzlichen Short Call zu einem sog. Kombinationsgeschäft mit Optionen – also dem gleichzeitigen Kauf und Verkauf von mehreren Optionen – führt, bei dem nach hM die vom Unternehmen (Emittenten) beabsichtigte Strategie bezüglich der Glattstellung der einzelnen Optionen für die Bilanzierung maßgeblich ist.

Hier ist es ferner sachgerecht, dieselben Grundsätze anzuwenden wie bei sog. Collars.[2943] Bei einer solchen Kombination aus verschiedenen Optionen (Cap und Floor) handelt es sich im klassischen Sinne ebenfalls um ein einheitliches Geschäft, das nach außen als einheitliches Ganzes in Erscheinung tritt. Zudem sind die verschiedenen Optionen bei der Pflichtwandelanleihe in einem einzigen Vertrag zusammengefasst, was dafür spricht, dass die einzelnen Bestandteile der Optionskombination nicht getrennt glattgestellt werden sollen. Damit ist in diesen Fällen das Kombinationsgeschäft aus Optionen nicht in die einzelnen Bestandteile getrennt, sondern als Einheit zu bilanzieren. Es kommt allein auf die für die in der Kombination aufgehenden Optionen bzw. Termingeschäfte zu entrichtenden (Emittent bezahlt per Saldo für die Wandlungspflicht bzw. -möglichkeit) oder zu empfangenden (Emittent erhält entsprechend per Saldo einen Betrag) (Netto-) Prämien bzw. (Netto-) Marktwerte an, sodass es zu einer Rücklagendotierung nur dann kommt, wenn der Gläubiger (Investor) der Pflichtwandelanleihe für die Wandlung per Saldo einen Betrag zu entrich-

---

[2941] Der von Häuselmann, BB 2000, 145, vertretenen Ansicht, eine „Erfassung der Embedded Put Option gegen den Emittenten" würde Schwierigkeiten bereiten, kann nicht gefolgt werden. Auch hat eine Long-Position in einer Option nach allgemein hM entgegen Häuselmann (ebenda) Vermögensgegenstandseigenschaft.

[2942] Ausführlich vgl. Kapitel 4.12.4.3.

[2943] Vgl. Kapitel 4.12.4.5.2.

ten hat. Nur bei dieser Vorgehensweise wird dem wirtschaftlichen Sachverhalt sachgerecht Rechnung getragen.

Entsprechendes gilt für den Fall, dass die Pflichtwandelanleihe sowohl ein Optionsrecht des Investors als auch ein Optionsrecht des Emittenten beinhaltet. Der Rücklage darf in diesem Zusammenhang nur der Betrag zugewiesen werden, den der Investor (netto) bezahlt (dh. die Optionsprämien sind zu saldieren). Für den Fall, dass der Emittent diesen Nettobetrag bezahlt, handelt es sich dagegen um Aufwendungen für die Beschaffung von Eigenkapital iSd. § 248 Abs. 1 Nr. 2 HGB.

Zum **Zeitpunkt der Wandlung** ist der passivierte Anleihebetrag in das „gezeichnete Kapital" und die „Kapitalrücklage" umzubuchen. Da das gezeichnete Kapital zum Nennbetrag auszuweisen ist, ist der verbleibende Differenzbetrag zur im Umwandlungszeitpunkt passivierten Anleiheverbindlichkeit in die Kapitalrücklage gemäß § 272 Abs. 2 Nr. 1 HGB einzustellen.[2944]

(d) Umtauschanleihen (Exchangeables) und Aktienanleihen (Reverse Convertibles)

Sowohl Umtauschanleihen als auch Aktienanleihen sind sog. strukturierte Finanzinstrumente. Der Umtausch erfolgt ggf. in Aktien Dritter (eines anderen Unternehmens als das des Emittenten). Die Emission ist auf eine Fremdkapitalmaßnahme ausgerichtet. Aus diesem Grund ist § 272 Abs. 2 Nr. 2 HGB bei diesen Anleihen nicht anwendbar, denn ein Aufgeld (Optionsprämie) für das Bezugsrecht fremder Aktien kann kein handelsrechtliches Eigenkapital darstellen.

Die Bilanzierung richtet sich nach IDW RS HFA 22 (vgl. Kapitel 4.4.9.). Da es sich bei diesen Anleihen um eine Verbindung eines Kassainstruments (= Verbindlichkeit) mit einem oder mehreren derivativen Finanzinstrumenten (= Optionen) handelt, die einem über das Zinsrisiko hinausgehenden Marktpreisrisiko (= Aktienpreisrisiko) unterliegen, ist bei diesen Anleihen die Bilanzierung der Verbindlichkeit getrennt von der/den eingebetteten Option/en vorzunehmen. Dies gilt unabhängig davon, ob die Abwicklung durch physische Belieferung oder Cash-Settlement erfolgt. Die Vergütung für die Optionsvereinbarung erfolgt normalerweise über die Höhe der Zinsen.

Die Anschaffungskosten der strukturierten Anleihe sind im Verhältnis der beizulegenden Zeitwerte der Verbindlichkeitskomponente und der Optionskompo-

---

[2944] Vgl. Häuselmann, BB 2003, 1534.

nente zuzuordnen. Der Wert der Optionskomponente kann nach Tranacher[2945] vereinfachend auch dergestalt ermittelt werden, dass vom Emissionserlös der strukturierten Anleihe der Barwert der Zahlungen der Verbindlichkeitskomponente abgezogen und der Restbetrag der Optionskomponente zugeordnet wird. Die Option ist nach den Regeln von IDW RS BFA 6 zu bilanzieren.

Eine einheitliche Bilanzierung dieser strukturierten Anleihen beim Emittenten außerhalb des Handelsbestands kommt nicht in Betracht.[2946]

Da es sich bei den eingebetteten Derivaten um **Optionen** auf Aktien eines Dritten handelt, stellen die Gegenwerte der hierfür vereinnahmten Prämien ein Zinsregulativ zur laufenden Verzinsung der Verbindlichkeit dar; demzufolge können diese Optionsprämien als **Rechnungsabgrenzungsposten** erfasst werden. Dies bedeutet, dass einerseits die Optionsprämie wie üblich als **sonstige Verbindlichkeit** gebucht wird. Die Gegenbuchung wird, da es sich um ein Zinsregulativ handelt, im Rechnungsabgrenzungsposten vorgenommen.[2947] Der Rechnungsabgrenzungsposten ist zeitanteilig über die Laufzeit der Anleihe aufzulösen.

Für die Bilanzierung und Bewertung der **Verbindlichkeit** gelten die allgemeinen Grundsätze. **Gewinne** aus der Begleichung der Schuld durch die Belieferung von Aktien realisieren sich erst im Zeitpunkt der Fälligkeit der Aktienanleihe.[2948]

Die in die **Umtauschanleihe** eingebettete **Kaufoption** (Short Call) kann, soweit ein entsprechender Deckungsbestand an ggf. zu liefernden (Umtausch-) Aktien vorhanden ist und die restlichen Voraussetzungen erfüllt sind, nach den Regeln des sog. gedeckten Stillhaltergeschäfts (Covered Call) bilanziert werden. Der Bestand an (Umtausch-) Aktien ist danach bei gesunkenem Kurs am Bilanzstichtag mit seinen Anschaffungskosten bzw. mit dem niedrigeren Börsen- oder Marktpreis bzw. beizulegenden Wert anzusetzen. Ein Sinken des Marktpreises der (Umtausch-) Aktien bedeutet für die verkaufte Kaufoption, dass diese nicht ausgeübt wird. Die Stillhalterposition kann hier keine Sicherungswirkung in Bezug auf den Aktienbestand entfalten. Zu Einzelheiten der Bilanzierung von gedeckten Stillhaltergeschäften bei gestiegenem bzw. gefallenem Aktienkurs vgl. Kapitel 4.12.3.5.2. sowie das dort zitierte Schrifttum.

[2945] Vgl. Tranacher, DStR 2018, 2492 mwN.
[2946] Ebenso Tranacher, DStR 2018, 2492.
[2947] Vgl. Rau, DStR 2006, 629.
[2948] Vgl. Rau, DStR 2006, 629.

Hat das Institut für die Stillhalterposition (Short Call) keinen Deckungsbestand, ist die verkaufte Kaufoption einzeln zu bewerten. Ist der Kurs der (Umtausch-) Aktien bis zum Bilanzstichtag gestiegen, ist auch der beizulegende Wert der verkauften Kaufoption gestiegen. Für diese Werterhöhung ist nach IDW RS BFA 6 Tz. 18 außerhalb des Handelsbestands eine (Drohverlust-) Rückstellung zu bilden (vgl. Kapitel 4.12.3.5.1.).[2949]

Der BFH hat mit Urteil vom 27.3.2019[2950] für die **Steuerbilanz** entschieden, dass bei Ausübung der Umtauschanleihe die Anleiheverbindlichkeit gegen den Buchwert der abgegebenen Aktien auszubuchen ist. In der Steuerbilanz ist die Umtauschanleihe nach Ansicht des BFH einheitlich zu bilanzieren und nicht nach IDW RS HFA 22 in die Verbindlichkeit und Option aufzuteilen. Der BFH hat akzeptiert, dass in der Handelsbilanz zwischen dem Bestand der zu liefernden Aktien und der Option (in der Umtauschanleihe) eine Bewertungseinheit gebildet wurde.

Verbindlichkeiten, deren Erfüllungsbetrag von der Wertentwicklung bestimmter Referenzaktiva abhängt (Zertifikate)

Die Anwendung der allgemeinen Bewertungsvorschriften des HGB auf Verbindlichkeiten führt dann zu einem Problem, wenn der Erfüllungsbetrag der Verbindlichkeiten nicht feststeht, sondern sich nach der Wertentwicklung eines Referenzaktivums bzw. mehrerer Referenzaktiva bemisst, wie dies bspw. der Fall ist, wenn ein Unternehmen Zertifikate emittiert oder Verträge über stille Beteiligungen gemäß § 230 HGB abschließt und die erzielten Emissionserlöse vereinbarungsgemäß bspw. in bestimmten Hedgefondsanteilen (oder auch anderen Referenzaktiva) angelegt werden sollen; die Höhe der Rückzahlungsverpflichtung soll von der Performance eben dieser (ebenfalls im Bestand befindlichen) Referenzaktiva abhängen. Ein Wertzuwachs bei den Hedgefondsanteilen führt zu einem korrespondierenden Anstieg der (Rückzahlungs-) Verpflichtung et vice versa (vgl. auch Kapitel 4.9.).

Um eine sachgerechte Bilanzierung und Bewertung dieser Verbindlichkeiten zu gewährleisten ist anzunehmen, dass zwischen der Verbindlichkeit und

---

[2949] Vgl. auch Tranacher, DStR 2018, 2492 f. Das FG Köln, Urteil vom 18.1.2017 (Revision eingelegt, Az. des BFH I R 20/17), EFG 2017, 1012 ff. kommt laut der Rn. 71 ff. zu dem Ergebnis, dass für den Fall, dass der Kurs der Umtauschaktien gestiegen und damit eine Wertsteigerung der Umtauschanleihe eingetreten ist, diese Risikoerhöhung mittels einer Verbindlichkeitsrückstellung hätte erfasst werden können.

[2950] Vgl. BFH-Urteil vom 27.3.2019 – I R 20/17, DStR 2019, 1963 ff.; Haisch, BB 2019, 2481.

den Referenzaktiva quasi eine (natürliche) **Bewertungseinheit** (vgl. Kapitel 4.11.) besteht. Die analoge Anwendung der für Versicherungen geltenden Vorschriften in Bezug auf nicht realisierte Gewinne und Verluste aus den Kapitalanlagen fondsgebundener Lebensversicherungen vermeidet die dem wirtschaftlichen Gehalt der an sich risikolosen Gesamtposition des emittierenden Unternehmens nicht gerecht werdenden Konsequenzen der allgemeinen Bewertungsvorschriften. Lebensversicherungen haben nämlich die nicht realisierten Gewinne und Verluste aus den Kapitalanlagen für Rechnung und Risiko von Inhabern von Lebensversicherungspolicen im GuV-Posten „Nicht realisierte Gewinne aus Kapitalanlagen" oder im GuV-Posten „Nicht realisierte Verluste aus Kapitalanlagen" auszuweisen (§ 39 RechVersV). Entsprechend ist ein eigener Bilanzposten für Kapitalanlagen für Rechnung und Risiko von Inhabern von Lebensversicherungspolicen vorgesehen, in dem Kapitalanlagen, nach deren Wert sich der Wert oder die Überschüsse bei fondsgebundenen Verträgen bestimmen, und Kapitalanlagen zur Deckung von Verbindlichkeiten aus Verträgen, bei denen die Leistung indexgebunden ist, auszuweisen sind (§ 14 RechVersV).

Nicht-Versicherungsunternehmen hätten geeignete Postenbezeichnungen zu wählen und korrespondierend zu den Aktiva (Kapitalanlagen) die Verbindlichkeiten (Zertifikate) in gleicher Höhe auszuweisen sowie im Anhang die angewandten Bilanzierungs- und Bewertungsmethoden darzulegen (vgl. entsprechend § 14 Abs. 2 RechVersV).

Werden als Referenzaktiva Aktien und andere nicht festverzinsliche Wertpapiere gehalten, die im Aktivposten 6. ausgewiesen und mit einem Davon-Vermerk kenntlich gemacht werden, werden die Wertänderungen der Ausweiskonzeption der RechKredV folgend als Davon-Vermerk im GuV-Posten gemäß § 32 RechKredV gezeigt. Für die korrespondierenden Wertänderungen der emittierten Verbindlichkeiten (mit einem Davon-Vermerk etwa in den verbrieften Verbindlichkeiten – Passiva 3. – kenntlich gemacht) ist dann ein Davon-Vermerk zum Posten sonstige betriebliche Erträge bzw. Aufwendungen erforderlich.

Neben der Darstellung der Bilanzierungs- und Bewertungsmethoden wie bei den fondsgebundenen Lebensversicherungen sind bei Instituten im **Anhang** ergänzend die Angaben in § 285 Nr. 23 HGB, wie sie für Bewertungseinheiten gemacht werden müssen (faktisch folgt diese Bilanzierung der Durchbuchungsmethode), sachgerecht (ohne dort explizit auf § 254 HGB zu verweisen).

Hat das bilanzierende Unternehmen die entsprechende Referenzaktiva nicht gleichzeitig (1:1) im Bestand (sodass keine Bewertungseinheit zwischen der entsprechenden Aktiva und Passiva besteht), wird das Zertifikat im Regelfall nach IDW RS HFA 22 zu bilanzieren sein.

5.3.3.2.3. Unterposten „begebene Schuldverschreibungen"

Im Unterposten „a) begebene Schuldverschreibungen" sind

- auf den Inhaber lautende Schuldverschreibungen sowie
- Orderschuldverschreibungen, die Teile einer Gesamtemission sind,

auszuweisen. Unter **Inhaberschuldverschreibungen** werden Urkunden verstanden, in denen sich der Aussteller zu einer Leistung an den Inhaber verpflichtet. Das verbriefte Recht kann außerhalb der Urkunde nicht entstehen, dh. die Errichtung der Urkunde hat konstitutive Bedeutung. **Orderschuldverschreibungen** sind durch Indossament übertragbare Schuldverschreibungen.

Auf die **Börsenfähigkeit** kommt es nicht an (§ 22 Abs. 2 Satz 1 RechKredV). Auf die auf der Aktivseite nach dem Kriterium der Börsenfähigkeit vorgenommene Trennung der Gläubigertitel wird auf der Passivseite verzichtet. Die auf der Aktivseite maßgebliche Fungibilität der Titel hat für Verbindlichkeiten naturgemäß keine Bedeutung.

Unbeachtlich sind auch Art (zB Pfandbrief[2951], Kommunalschuldverschreibung), Bezeichnung, Währung und Laufzeit der Schuldverschreibungen. Sind die Voraussetzungen des § 22 Abs. 2 Satz 1 RechKredV erfüllt, so sind auch begebene Wandelschuldverschreibungen,[2952] Optionsschuldverschreibungen, Gewinnschuldverschreibungen, strukturierte Schuldverschreibungen (zB Aktienanleihen), Floating Rate Notes und Nullkuponanleihen hier auszuweisen; nicht jedoch Genussscheine.

Aufgrund der Unabhängigkeit von der Börsenfähigkeit können im Unterposten a) des Passivpostens 3. auch nicht börsenfähige Schuldverschreibungen enthalten sein. Dies kann auf Sparbriefe zutreffen, soweit diese als Inhaberpapiere ausgestaltet sind.

Geldmarktpapiere, deren Vertragsgestaltung der von Schuldverschreibungen iSd. § 793 BGB entspricht, sind ebenfalls dem Unterposten a) des Passiv-

---

[2951] Zum Flugzeugpfandbrief vgl. Fischer, Corporate Finance Law 2/2012, 57 ff.
[2952] Zu den Gestaltungsmöglichkeiten vgl. Schlitt/Seiler/Singhof, AG 2003, 254 ff.

postens 3. zuzuordnen. Demnach sind dem Unterposten „b) andere verbriefte Verbindlichkeiten" die Geldmarktpapiere zuzuordnen, die keine begebenen Schuldverschreibungen darstellen.[2953]

Auszuweisen sind nur begebene Schuldverschreibungen, die sich **im Verkehr** (Umlauf) befinden. Verbindlichkeiten aus dem Verkauf von Inhaberschuldverschreibungen, für die dem Erwerber **Interimsscheine** übergeben wurden, sind unter den verbrieften Verbindlichkeiten zu erfassen.

Zum Verkauf bereitgestellte **Schalterstücke** sind noch nicht an Dritte begeben worden und befinden sich somit noch nicht im Verkehr.[2954] Sie werden erst in dem Zeitpunkt als Verbindlichkeit ausgewiesen, zu dem sie in Verkehr gebracht werden.

Auch sog. **vorverkaufte Schuldverschreibungen**, dh. Schuldverschreibungen, die vom Käufer bereits bezahlt, aber mangels Ausfertigung der Stücke noch nicht übergeben werden können (Handel „per Erscheinen"), befinden sich nicht im Umlauf. Sie sind in Abhängigkeit des Gläubigers unter den Passivposten 1. bzw. 2. auszuweisen.

Bei Instituten, die einen unabhängigen **Treuhänder** haben, gehören Stücke, die vom Treuhänder ausgefertigt sind, auch dann zu den begebenen Schuldverschreibungen, wenn sie dem Erwerber noch nicht geliefert worden sind.

Verloste oder **gekündigte** Schuldverschreibungen sowie wegen Zeitablaufs **fällige**, aber noch nicht eingelöste Schuldverschreibungen sind bis zu ihrer Rückzahlung weiterhin als verbriefte Verbindlichkeiten auszuweisen. Sie sind mithin nicht gesondert zu zeigen. Dies gilt auch für Pfandbriefbanken.

Der Bestand an zurückgekauften, **nicht börsenfähigen** eigenen Schuldverschreibungen ist vom Passivposten „3. Verbriefte Verbindlichkeiten" abzusetzen (§ 22 Abs. 2 Satz 2 iVm. § 16 Abs. 4 RechKredV). Bei einem Wiederverkauf erfolgt erneut eine Passivierung.

Zurückgekaufte **börsenfähige** Schuldverschreibungen eigener Emissionen sind dagegen im Aktivposten „5.c) eigene Schuldverschreibungen" unter Angabe des Nennbetrags auszuweisen (§ 16 Abs. 4 RechKredV). Zurückgekaufte börsenfähige Stücke, deren Wiederverkauf jedoch ausgeschlossen ist, müssen auf der Passivseite gekürzt werden. Diese gelten als getilgt.

[2953] GlA Krumnow ua., 2. Aufl., § 22 RechKredV Rn. 13.
[2954] Vgl. Birck/Meyer, II 307.

Bei Instituten (zB Pfandbriefbanken), die einen unabhängigen Treuhänder haben, sind die **dem Treuhänder endgültig zurückgegebenen** Schuldverschreibungen vom passivierten Bestand der begebenen Schuldverschreibungen abzusetzen (§ 22 Abs. 5 RechKredV). Gewinne, die bei der Vernichtung der zumeist unter 100 % zu Buch stehenden zurückgekauften Stücke und ihrer Aufrechnung mit den passivierten Nominalbeträgen entstehen, gelten grundsätzlich als realisiert.[2955]

5.3.3.2.4. Unterposten „andere verbriefte Verbindlichkeiten"

Im Unterposten „b) andere verbriefte Verbindlichkeiten" sind alle **übrigen** verbrieften Verbindlichkeiten auszuweisen, für die nicht auf den Namen lautende übertragbare Urkunden ausgestellt und die nicht im Unterposten a) zu zeigen sind. Als Beispiele werden in Artikel 20 der EG-Bankbilanzrichtlinie „Certificates of Deposit" und „Bons de Caisse" genannt. Auch hier ist für die Zuordnung zum Passivposten 3. nicht relevant, ob die in Urkunden verbrieften Verbindlichkeiten börsenfähig sind. Sie müssen auch nicht die Kriterien für Wertpapiere iSd. § 7 RechKredV erfüllen, weil § 7 RechKredV nur für den Ausweis auf der Aktivseite relevant ist.

Die anderen verbrieften Verbindlichkeiten umfassen darüber hinaus **Geldmarktpapiere** sowie die **eigenen Akzepte** und **Solawechsel** im Umlauf. Als eigene Akzepte und Solawechsel im Umlauf sind sämtliche noch nicht eingelösten vom Institut selbst akzeptierten Wechsel und selbst ausgestellten Solawechsel auszuweisen (§ 22 Abs. 4 Satz 1 RechKredV), die also vom bilanzierenden Institut noch geschuldet werden. Soweit sie allerdings im eigenen Bestand sind bzw. verpfändet wurden, gelten sie nicht als im Umlauf befindlich (§ 22 Abs. 4 Satz 2 RechKredV).

5.3.3.2.5. Darunter-Vermerke

Darunter-Vermerk „Geldmarktpapiere"

Als Geldmarktpapiere sind nur Inhaberpapiere oder Orderpapiere, die Teile einer Gesamtemission sind, zu vermerken (§ 22 Abs. 3 RechKredV). Dies gilt unabhängig davon, ob sie börsenfähig sind oder nicht.

[2955] Vgl. IDW BFA 1/1971, WPg 1972, 19.

Geldmarktpapiere, deren Vertragsgestaltung der von Schuldverschreibungen iSd. § 793 BGB entspricht, sind dem Unterposten a) des Passivpostens 3. zuzuordnen. Demnach sind dem Unterposten „b) andere verbriefte Verbindlichkeiten" und damit auch im Darunter-Vermerk „Geldmarktpapiere" nur die Geldmarktpapiere zuzuordnen, die keine begebenen Schuldverschreibungen darstellen.[2956]

Im Gegensatz zu § 16 Abs. 2a RechKredV, der den Ausweis von **Geldmarktpapieren** im Aktivposten 5. regelt, enthält § 22 Abs. 3 RechKredV kein Laufzeitkriterium für die Abgrenzung der Geldmarktpapiere von den begebenen Schuldverschreibungen des Passivpostens 3.a). Es ist dennoch sachgerecht, als Geldmarktpapiere auch im Passivposten 3.b) nur diejenigen Wertpapiere auszuweisen, deren ursprüngliche Laufzeit ein Jahr nicht überschreitet.

Die in diesem Darunter-Vermerk zu erfassenden Geldmarktpapiere können auf in- und ausländische Währung lauten. Es muss sich jedoch zwingend um Inhaberpapiere oder um Orderpapiere, die Teile einer Gesamtemission sind, handeln (§ 22 Abs. 3 RechKredV).

Zurückgekaufte, nicht börsenfähige Geldmarktpapiere sind vom Passivposten 3.b) und damit auch vom Darunter-Vermerk abzusetzen.

Darunter-Vermerk „eigene Akzepte und Solawechsel im Umlauf"

Als **eigene Akzepte** sind im Darunter-Vermerk nur Akzepte zu vermerken, die vom Institut zu seiner **eigenen Refinanzierung ausgestellt** worden sind und bei denen es **erster Zahlungspflichtiger** („Bezogener") ist (§ 22 Abs. 4 Satz 1 RechKredV). Nicht hierunter fallen mithin die eigenen Akzepte, die das Kreditinstitut auf Aktivitäten des Kunden akzeptiert hat. Es besteht also keine Verbindung mit einem Kreditgeschäft (Geld- bzw. Kreditleihe).[2957]

Der eigene Bestand sowie verpfändete eigene Akzepte und eigene Solawechsel gelten nicht als im Umlauf befindlich (§ 22 Abs. 4 Satz 2 RechKredV). **Indossamentverbindlichkeiten** und andere wechselrechtliche Eventualverbindlichkeiten aus abgerechneten und weiterverkauften Wechseln sind unter dem Strich zu vermerken.

[2956] GlA Krumnow ua., 2. Aufl., § 22 RechKredV Rn. 13.
[2957] Vgl. Krumnow ua., 2. Aufl., § 22 RechKredV Rn. 32.

5.3.3.3. Bewertung

Die begebenen Schuldverschreibungen und die anderen verbrieften Verbindlichkeiten sind mit dem **Erfüllungsbetrag** anzusetzen (§ 253 Abs. 1 Satz 2 HGB).

Werden die Verbindlichkeiten unter pari begeben, richtet sich die Behandlung des Disagios grundsätzlich nach § 250 HGB (vgl. Kapitel 4.9.1. zu Rechnungsabgrenzungsposten). Bei einer Ausgabe über pari und einer Rückzahlung zum Nominalbetrag (Erfüllungsbetrag) wird das Agio grundsätzlich unter den passiven Rechnungsabgrenzungsposten erfasst. Auf die nach Ansicht des HFA zulässige **amortised-cost-Bewertung** nach Maßgabe der Effektivzinsmethode wird hingewiesen. Einzelheiten hierzu vgl. Kapitel 4.2.4.

Der **Erwerb** (Rückkauf) **eigener Schuldverschreibungen** ist in Abhängigkeit von deren Börsenfähigkeit bilanziell unterschiedlich abzubilden.

Die Einbuchung zurückgekaufter **börsenfähiger** eigener Schuldverschreibungen, die am Markt aufgekauft wurden und zum Wiederverkauf bestimmt und demzufolge im Aktivposten 5.c) auszuweisen sind, erfolgt zu Anschaffungskosten. Die Bewertung erfolgt zu Anschaffungskosten bzw. zum niedrigeren Börsen- oder Marktpreis bzw. zum niedrigeren beizulegenden Wert.

Soweit börsenfähige Stücke zum Zweck der Tilgung zurückerworben werden (mit Entwertung, körperlicher Vernichtung der Stücke) und ein Wiederinverkehrbringen ausgeschlossen ist, sind diese Stücke vom Passivposten abzusetzen. Dies geschieht dergestalt, dass vom Passivposten der Rückzahlungsbetrag (idR der Nennbetrag) der zur Tilgung erworbenen Stücke abgesetzt wird und eine evtl. Differenz zu den Anschaffungskosten erfolgswirksam im sonstigen betrieblichen Ergebnis zu buchen ist.

Der Bestand an zurückgekauften, **nicht börsenfähigen** eigenen Schuldverschreibungen ist dagegen nach den ausdrücklichen Bestimmungen der RechKredV vom Passivposten 3. abzusetzen (§ 22 Abs. 2 Satz 2 iVm. § 16 Abs. 4 RechKredV). Dies gilt unabhängig davon, ob sie als endgültig getilgt zu betrachten sind oder wieder in Verkehr gebracht werden sollen. Bei einem Wiederverkauf erfolgt erneut eine Passivierung. Die allgemeinen Bilanzierungsregeln verlangen bei einem Absetzen vom Passivposten, dass der Rückzahlungsbetrag (idR Nennbetrag) von der passivierten Schuld abgesetzt wird. Besteht eine Differenz zwischen den Anschaffungskosten und dem Rückzahlungsbetrag, wird diese erfolgswirksam. Erfolgt der Erwerb dieser Schuldverschreibungen zum Zweck der Tilgung, ist diese Bilanzierung sachgerecht.

Ist jedoch beabsichtigt, die nicht börsenfähigen Schuldverschreibungen wieder in den Verkehr zu bringen, was bspw. bei einem Erwerb zum Zweck der Marktpflege der Fall ist, erscheint der vorstehend erwähnte Erfolgsausweis nicht als sachgerecht. Hier würde bei nicht börsenfähigen Schuldverschreibungen – dh. Erfolgsrealisierung in Höhe der Differenz zwischen niedrigeren Anschaffungskosten und Rückzahlungsbetrag – anders verfahren als bei börsenfähigen Schuldverschreibungen, die mit ihren Anschaffungskosten zu aktivieren sind, wobei es bei Letzteren eben nicht zu diesem Erfolgsausweis kommt. Hier wäre dem Bilanzierenden bei Ankauf von nicht börsenfähigen Schuldverschreibungen unzulässigerweise ein Gestaltungsspielraum (Erfolgsmanipulation) gegeben.[2958]

Soweit die nicht börsenfähigen Schuldverschreibungen nicht endgültig aus dem Verkehr gezogen werden, sondern nur vorübergehend (zB Marktpflege) erworben werden, gelten die Gewinne aus der Aufrechnung der zurückgekauften nicht börsenfähigen Schuldverschreibungen entsprechend IDW BFA 1/1971[2959] als nicht realisiert. Die Aufrechnungsdifferenz ist entsprechend IDW BFA 1/1971 als gesonderter Posten oder im Posten „andere Rückstellungen" auszuweisen. Der BFA hat seine Ansicht im Rahmen der Berichterstattung zur 101. Sitzung[2960] nochmals ausdrücklich bekräftigt: „*Grundgedanke dieser Verlautbarung war, dass eine Aufrechnung zurückgekaufter, aber nicht zur Vernichtung bestimmter Schuldverschreibungen keine anderen ertragsmäßigen Auswirkungen haben soll, als ihre Aktivierung.*" Hinsichtlich der Bewertung dieser Schuldverschreibungen bei am Bilanzstichtag unter den Anschaffungskosten liegenden Kursen wird weiter ausgeführt: „*Die Kursverluste aus diesen Schuldverschreibungen sind analog zu behandeln, als wären die Wertpapiere noch im Umlauf; in ihrer Höhe ist eine Rückstellung nach Maßgabe der ansonsten auf der Aktivseite notwendig gewesenen Niederstwertabschreibung zu bilden.*"

Diese Ansicht wird durch die bei Nichtbanken vorzunehmende Bilanzierung unterstützt. Von einer Nichtbank zurückgekaufte oder anderweitig zurückerworbene Anleihestücke sind vom Anleihebetrag abzusetzen, wenn eine erneute Ausgabe, zB infolge Vernichtung oder Entwertung, endgültig ausgeschlossen ist. Noch nicht endgültig aus dem Verkehr gezogene Anleihestücke sind dagegen unter den Wertpapieren des Anlage- oder Umlaufvermögens auszuweisen. Damit wird der Ausweis eines nicht realisierten Erfolgs verhindert.

[2958] Bei einer erneuten Ausgabe der nicht börsenfähigen Schuldverschreibungen könnte nach den allgemeinen Bilanzierungsregeln ein Unterschied zwischen höherem Rückzahlungsbetrag und niedrigerem Ausgabebetrag (= Anschaffungskosten bei vorhergehendem Erwerb) als Rechnungsabgrenzungsposten erfasst und auf die (Rest-) Laufzeit verteilt werden.

[2959] Vgl. IDW BFA 1/1971, WPg 1972, 18.

[2960] Vgl. IDW BFA, Bericht über die 101. Sitzung, FN 1982, 125.

5.3.3.4. Anhangangaben

Verbindlichkeiten gegenüber **verbundenen Unternehmen** bzw. **Unternehmen, mit denen ein Beteiligungsverhältnis besteht**, sind als Unterposten in der Bilanz jeweils gesondert auszuweisen (§ 3 Satz 1 Nr. 3 und 4 RechKredV). Die Angaben können wahlweise auch im Anhang in der Reihenfolge der betroffenen Posten gemacht werden.

Kreditinstitute in der Rechtsform der GmbH müssen **Verbindlichkeiten gegenüber Gesellschaftern** gesondert ausweisen oder im Anhang angeben (§ 42 Abs. 3 GmbHG).

Fristengliederung: Zum Unterposten „a) begebene Schuldverschreibungen" sind nach § 9 Abs. 3 Nr. 2 RechKredV die Beträge anzugeben, die in dem auf den Bilanzstichtag folgenden Jahr fällig werden. Der Unterposten „b) andere verbriefte Verbindlichkeiten" ist nach § 9 Abs. 1 Nr. 6 iVm. Abs. 2 RechKredV in Laufzeitbänder aufzugliedern.

Im Anhang ist ferner der Gesamtbetrag der für diese Verbindlichkeiten als **Sicherheit** übertragenen Vermögensgegenstände anzugeben (§ 35 Abs. 5 RechKredV).

Sind im Passivposten 3. Verbindlichkeiten ausgewiesen, die erst nach dem Bilanzstichtag rechtlich entstehen (sog. **antizipative Verbindlichkeiten**), müssen Beträge größeren Umfangs im Anhang erläutert werden (§ 268 Abs. 5 Satz 3 HGB). Diese Erläuterungspflicht bezieht sich nach hM nicht auf die anteiligen Zinsen, da diese nach § 11 RechKredV bei dem Bilanzposten auszuweisen sind, zu dem sie gehören.

Die **Fremdwährungsbeträge** sind in die Angabe des Gesamtbetrags der Schulden, die auf Fremdwährung lauten, jeweils in Euro, einzubeziehen (§ 35 Abs. 1 Nr. 6 RechKredV).

Gemäß § 285 Nr. 15a HGB sind Angaben über das Bestehen von Wandelschuldverschreibungen usw. erforderlich.

Gemäß § 285 Nr. 21 HGB sind zumindest die wesentlichen nicht zu marktüblichen Bedingungen zustande gekommenen Geschäfte mit nahestehenden Unternehmen und Personen anzugeben (Mindestangabe).

5.3.3.5. Prüfung des Postens

Es sind die für verbriefte Verbindlichkeiten (Anleihen) allgemein üblichen Prüfungshandlungen durchzuführen. Es ist insbesondere darauf zu achten, dass die Verbindlichkeiten vollständig erfasst sind und sämtliche in diesem Posten auszuweisende Beträge die Voraussetzungen des § 22 RechKredV erfüllen. Diesbezüglich wird auf die vorstehenden Ausführungen verwiesen. Es ist insbesondere der Ausweis der Verbindlichkeiten aus dem Verkauf von Schuldverschreibungen zu prüfen, die noch nicht durch Stücke oder Interimsscheine belegt sind. Der **Nachweis** der verbrieften Verbindlichkeiten erfolgt durch geeignete Unterlagen.

Die Verkäufe, die Tilgungen, die Rücknahmen, der Umlauf, die Rücknahmeverpflichtungen sowie die Lieferverpflichtungen sind festzustellen. In diesem Zusammenhang ist auch festzustellen, in welcher Höhe im Berichtsjahr Schuldverschreibungen aus dem Verkehr gezogen wurden (Vernichtungsprotokolle). Es ist festzustellen, ob Schuldverschreibungen auf abgekürzte Zeit begeben worden sind.

Im Rahmen der Prüfung ist festzustellen, ob die **Zinsen** zutreffend abgegrenzt und in alter Rechnung gebucht wurden. Die ordnungsgemäße Erfassung des Zinsaufwands ist zu prüfen. Die abgegrenzten **Agien** und **Disagien** sind erfolgswirksam aufzulösen.

Die **Bewertung** ist zu prüfen. Bei Beträgen, die auf **Fremdwährung** lauten, richtet sich die Bewertung nach den Vorschriften für die Währungsumrechnung (vgl. Kapitel 4.8.).

Von der **Internen Revision** angefertigte Prüfungsberichte sollten eingesehen werden.

Der **Prüfungsbericht** muss die erforderlichen Angaben enthalten.

5.3.4. Handelsbestand (Passiva 3a.)

5.3.4.1. Postenbezeichnung

Die Postenbezeichnung lautet nach dem Formblatt 1 der RechKredV wie folgt:

> *3a. Handelsbestand*

Im Formblatt 1 der RechZahlV ist für Zahlungsinstitute und E-Geld-Institute kein solcher Passivposten vorgesehen.

5.3.4.2. Posteninhalt

5.3.4.2.1. Rechnungslegungsverordnung

Die RechKredV bzw. RechZahlV enthalten keine Vorschriften zu den Verbindlichkeiten (Finanzinstrumenten), die im Passivposten 3a. auszuweisen sind.

5.3.4.2.2. Voraussetzungen für den Postenausweis

Zu den Voraussetzungen für den Postenausweis wird auf Aktiva 6a. sowie die Ausführungen in Kapitel 4.4.2. verwiesen.

Bestandteil des Handelsbestands sind auch die auf der Aktiv- und der Passivseite nach § 11 RechKredV **abzugrenzenden (anteiligen) Zinsen**.

Bei **strukturierten Emissionen** (Zertifikate) kann beim Emittenten aufgrund des Geschäftszwecks (Erzielung einer Marge aus strukturierter Emission und strukturiertem/en Sicherungsderivaten) eine Zugehörigkeit zum Handelsbestand bestehen. Maßgeblich hierfür ist ua. die „aktive Bewirtschaftung" des Portfolios bzw. der Geschäfte und die Tatsache, dass die Emissionen durch einen (aufbauorganisatorisch) dem Handel zugeordneten Bereich emittiert werden.[2961]

Zurückerworbene Schuldverschreibungen, die auf der Passivseite im Posten „3a. Handelsbestand" ausgewiesen werden, sind – ob börsenfähig oder nicht – im Aktivposten „6a. Handelsbestand" zu erfassen. Dies gilt sowohl für strukturierte als auch für nicht strukturierte Schuldverschreibungen. Eine reine Markt- bzw. Kurspflege stellt für sich allein gesehen noch keinen Handel dar. Im Handelsbestand können vielmehr nur die Posten gezeigt werden, bei denen eine Handelsabsicht iSd. § 1a Abs. 1 Satz 1 Nr. 1 KWG aF (2013) besteht.

5.3.4.3. Bewertung

Finanzinstrumente des Handelsbestands sind nach § 340e Abs. 3 HGB mit dem beizulegenden Zeitwert abzüglich eines Risikoabschlags anzusetzen. Der

---

[2961] Vgl. Gelhausen/Fey/Kämpfer, Abschnitt V, Rn. 181.

Risikoabschlag iSd. § 340e Abs. 3 HGB ist bei Handelspassiva als **Risikozuschlag** zu interpretieren.

5.3.4.4. Anhangangaben

Bezüglich der Anhangangaben wird auf die Ausführungen zum Aktivposten 6a. verwiesen. Mit den Angaben zum Aktivposten 6a. dürften auch die für Handelspassiva erforderlichen Anhangangaben erfasst sein.

Darüber hinaus sind nach § 285 Nr. 15a HGB Angaben zum Bestehen von Optionsscheinen und Optionen erforderlich.

5.3.4.5. Prüfung des Postens

Bezüglich der Prüfung des Postens „3a. Handelsbestand" wird auf die Ausführungen zum Aktivposten 6a. verwiesen.

5.3.5. Treuhandverbindlichkeiten (Passiva 4.)

5.3.5.1. Postenbezeichnung

Die Postenbezeichnung lautet nach dem Formblatt 1 der RechKredV wie folgt:

> *4. Treuhandverbindlichkeiten*
> *darunter:*
> *Treuhandkredite ... Euro*

In Formblatt 1 der RechZahlV ist dieser Posten für Zahlungs- und E-Geld-Institute nicht vorgesehen.

5.3.5.2. Posteninhalt

5.3.5.2.1. Rechnungslegungsverordnung

Der Posteninhalt ist in § 6 RechKredV geregelt. Eine ausführliche Darstellung findet sich in Kapitel 3.3.

5.3.5.2.2. Voraussetzungen für den Postenausweis

Vermögensgegenstände und Schulden, die ein Institut im eigenen Namen, aber für fremde Rechnung hält, sind in seine Bilanz aufzunehmen. Die Gesamtbeträge sind in der Bilanz unter den Posten „Treuhandvermögen" und „Treuhandverbindlichkeiten" auszuweisen (§ 6 Abs. 1 RechKredV). Bei dem Passivposten „4. Treuhandverbindlichkeiten" handelt es sich um den Gegenposten zum Aktivposten „9. Treuhandvermögen". Wegen weiterer Einzelheiten wird auf die Ausführungen in Kapitel 3.3. verwiesen.

Im eigenen Namen und für fremde Rechnung eingegangene Schulden können ua. auch dadurch entstehen, dass der Treuhänder zur Finanzierung des Treuguts Kredite aufnimmt.

Eine Saldierung der treuhänderisch gehaltenen Vermögensgegenstände mit den entsprechenden Herausgabeverpflichtungen oder der treuhänderisch gehaltenen Schulden mit den entsprechenden Freistellungsansprüchen ist nicht zulässig. Dies würde dem Sinn und Zweck der Regelung zuwiderlaufen.

Wenn Mittel für Treuhandkredite am Bilanzstichtag vom Treugeber (Auftraggeber) bereits überwiesen, aber noch nicht an den namentlich genannten Kreditnehmer weitergeleitet worden sind, dürfen sie nicht den Treuhandkrediten zugeordnet werden. Sie sind vielmehr als Verbindlichkeiten gegenüber Kunden auszuweisen (§ 21 Abs. 3 RechKredV).

Die aus den treuhänderisch gehaltenen Schulden resultierenden **Aufwendungen** (zB Zinsen) sind in der Regel nicht als Treuhandverbindlichkeiten, sondern – in Abhängigkeit vom Gläubiger – unter den jeweiligen Bilanzposten auszuweisen.

Eingegangene Zins- und Tilgungsbeträge, die am Bilanzstichtag an den Berechtigten (Treugeber, Auftraggeber) noch nicht abgeführt worden sind, sind als täglich fällige Verbindlichkeiten gegenüber Kreditinstituten bzw. Kunden zu zeigen.[2962] Werden diese Beträge hingegen als Treuhandverbindlichkeiten ausgewiesen, stimmt der Bilanzausweis des Treuhandvermögens und der Treuhandverbindlichkeiten nicht überein; in diesem Fall empfiehlt sich eine entsprechende Angabe im Anhang.

Verbindlichkeiten aus sog. Treuhandzahlungen, die einem Kreditinstitut dadurch entstehen, dass ihm von einem anderen Kreditinstitut Beträge zugunsten eines namentlich genannten Kunden mit der Maßgabe überwiesen wer-

---

[2962] Vgl. Krumnow ua., 2. Aufl., § 6 RechKredV Rn. 25.

den, sie diesem erst auszuzahlen, nachdem er die geforderten Auflagen (zB Sicherstellung) erfüllt hat, sind nicht im Passivposten 4., sondern unter dem Passivposten „2. Verbindlichkeiten gegenüber Kunden" bzw., wenn Schuldner ein Kreditinstitut ist, im Passivposten „1. Verbindlichkeiten gegenüber Kreditinstituten" auszuweisen (§ 21 Abs. 3 RechKredV). § 21 Abs. 3 RechKredV ist Lex specialis zu § 6 RechKredV.

5.3.5.2.3. Darunter-Vermerk: Treuhandkredite

Treuhandkredite sind in der Bilanz im Vermerk „darunter: Treuhandkredite" auszuweisen. Als Gläubiger gilt bei hereingenommenen Treuhandgeldern die Stelle, der das bilanzierende Kreditinstitut die Gelder unmittelbar schuldet (§ 6 Abs. 1 Satz 3 RechKredV). Zum Begriff des Treuhandkredits vgl. Kapitel 5.2.10.2.3.

Bei dem Ausweis im Darunter-Vermerk zum Passivposten 4. handelt es sich um die von einem Dritten zur Verfügung gestellten Mittel, die der Gewährung von Treuhandkrediten dienen. Dabei müssen die Mittel vom Auftraggeber voll zur Verfügung gestellt werden; das bilanzierende Kreditinstitut darf bei der Kreditgewährung keinerlei Eigenrisiko aus dem Kreditverhältnis tragen müssen. Nur dann ist ein „Handeln in fremder Rechnung" gegeben.

Auch eine nur partielle Risikoübernahme durch das die Mittel weiterleitende Institut führt dazu, dass kein Treuhandkredit gegeben ist. In diesem Fall sind die Kredite in Abhängigkeit vom Gläubiger im Passivposten 1. oder 2. auszuweisen.

Die beiden Darunter-Vermerke zum Aktivposten 9. und zum Passivposten 4. müssen ebenso wie die Bilanzposten grundsätzlich gleich hoch sein. Soweit Mittel für die Gewährung von Treuhandkrediten am Bilanzstichtag zwar aufgenommen, aber noch nicht an den Endkreditnehmer weitergeleitet wurden, sind diese unter den entsprechenden Verbindlichkeiten zu zeigen; die aus der vorübergehenden Anlage stammenden Gelder, Wertpapiere usw. sind den entsprechenden Aktivposten zuzuordnen.

§ 6 Abs. 2 RechKredV selbst sieht für die **Anhangangabe** (Aufgliederung der Treuhandverbindlichkeiten nach den betreffenden Passivposten) keine weitere Untergliederung der Treuhandkredite vor; da sie jedoch Teil des Gesamtbetrags der Treuhandverbindlichkeiten sind, sind sie gemäß § 6 Abs. 1 RechKredV faktisch nach den Passivposten des Bilanzformblatts aufzugliedern. Dies gilt entsprechend auch für den Aktivposten „Treuhandvermögen".

5.3.5.3. Bewertung

Die Bewertung erfolgt zum Erfüllungsbetrag, der im Regelfall dem Nennwert entspricht. Wegen weiterer Einzelheiten vgl. Kapitel 3.3. und 5.2.10.3. Bei drohender Inanspruchnahme wegen nicht vertragsgemäßer Verwaltung des Treuhandvermögens ist ggf. eine Rückstellung zu bilden.

5.3.5.4. Anhangangaben

Der Gesamtbetrag des Passivpostens „Treuhandverbindlichkeiten" ist im Anhang nach den Passivposten des Formblatts aufzugliedern (§ 6 Abs. 1 Satz 2 RechKredV). Dies heißt, dass für jeden Posten des Formblatts die aufaddierten Buchwerte der treuhänderisch gehaltenen Verbindlichkeiten aufzuführen sind.

Bei hereingenommenen Treuhandgeldern gilt dabei die Stelle als **Gläubiger**, der das bilanzierende Institut die Gelder unmittelbar schuldet (§ 6 Abs. 1 Satz 3 RechKredV). Als **Schuldner** gilt bei Treuhandkrediten die Stelle, an die das bilanzierende Kreditinstitut die Gelder unmittelbar ausreicht (§ 6 Abs. 1 Satz 4 RechKredV). Es kommt mithin darauf an, wem das Institut die Gelder **unmittelbar schuldet**, bzw. an wen es die Gelder **unmittelbar ausgereicht** hat.

Unterposten der Bilanz sind neben den sog. Hauptposten ebenfalls „Posten des Formblatts". Daher genügt nicht nur eine Aufgliederung nach den Hauptposten des Formblatts, die Aufgliederung bezieht sich vielmehr auch auf die Unterposten der Bilanz.[2963] Die Aufgliederung nach den Darunter-Vermerken der anderen Passivposten ist dagegen nicht erforderlich, allerdings auch nicht untersagt.

Sofern der Posten Verbindlichkeiten enthält, die auf **fremde Währung** lauten, sind diese nach § 35 Abs. 1 Nr. 6 RechKredV in den Gesamtbetrag der auf fremde Währung lautenden Schulden einzubeziehen.

5.3.5.5. Prüfung des Postens

Es sind die für (Treuhand-) Verbindlichkeiten allgemein üblichen Prüfungshandlungen durchzuführen. Es ist insbesondere darauf zu achten, dass die Verbindlichkeiten vollständig erfasst sind und sämtliche in diesem Posten ausgewiesenen Beträge die Voraussetzungen des § 6 RechKredV erfüllen.

[2963] AA Krumnow ua., 2. Aufl., § 6 RechKredV Rn. 22.

Die Treuhandverbindlichkeiten werden durch Treuhandverträge, Saldenlisten bzw. andere **Nachweise** der Treugeber belegt. Die Bestandsnachweise sind auf Richtigkeit und Vollständigkeit zu prüfen.

Bei eingegangenen Zins- und Tilgungsbeträgen, die am Bilanzstichtag an den Berechtigten (Auftraggeber) noch nicht abgeführt worden sind, ist festzustellen, ob sie zutreffend ausgewiesen werden.

Die Prüfung erstreckt sich auch auf die Berechnung der **Zinsabgrenzung** sowie die Buchung der Zinsen bzw. abgegrenzten Beträge mit sonstigen Aufwendungen.

Die **Bewertung** ist zu prüfen. Bei Fremdwährungsposten sind die Bestimmungen für die Währungsumrechnung zu beachten.

Die von der **Internen Revision** angefertigten Prüfungsberichte sollten eingesehen werden.

Der **Prüfungsbericht** muss die erforderlichen Angaben enthalten.

5.3.6. Sonstige Verbindlichkeiten (Passiva 5.)

5.3.6.1. Postenbezeichnung

Die Postenbezeichnung lautet nach dem Formblatt 1 der RechKredV wie folgt:

> 5. *Sonstige Verbindlichkeiten*

Bei einer GmbH sind die **Verbindlichkeiten gegenüber Gesellschaftern**, die nicht gesondert ausgewiesen werden, zu vermerken oder im Anhang anzugeben (§ 42 Abs. 3 GmbHG).

Bei **Zahlungsinstituten** und **E-Geld-Instituten** lautet die Postenbezeichnung laut Formblatt 1 der RechZahlV wie folgt:

> 4. *Sonstige Verbindlichkeiten*
> *a) aus Zahlungsdiensten und aus der Ausgabe von E-Geld*
> *b) aus sonstigen Tätigkeiten*

5.3.6.2. Posteninhalt

5.3.6.2.1. Rechnungslegungsverordnung

Die RechKredV und RechZahlV enthalten keine Vorschrift, die bestimmt, was im Passivposten 5. auszuweisen ist.

5.3.6.2.2. Voraussetzungen für den Postenausweis

Überblick

In diesem Posten sind sämtliche Verbindlichkeiten auszuweisen, die einem anderen Posten nicht zugeordnet werden können. Es handelt sich damit um einen **Auffangposten**. In Betracht kommen insbesondere nicht aus dem Bank- bzw. Finanzdienstleistungsgeschäft resultierende Verbindlichkeiten.

Verbindlichkeiten aus Bank- und Finanzdienstleistungsgeschäften sowie Wertpapierdienstleistungen

Nachdem im Passivposten „2. Verbindlichkeiten gegenüber Kunden" nach § 21 Abs. 2 Satz 1 RechKredV grundsätzlich auch die Verbindlichkeiten auszuweisen sind, die zwar gegenüber Kunden bestehen, nicht aber aus Bankgeschäften usw. stammen müssen, verbleiben für den Ausweis im Passivposten „5. Sonstige Verbindlichkeiten" zunächst im Wesentlichen sämtliche Verbindlichkeiten gegenüber **Nichtkunden**.

Ebenso wie bei den sonstigen Vermögensgegenständen ist auch hier im Interesse der Darstellung eines den tatsächlichen Verhältnissen entsprechenden Bildes der Vermögens-, Finanz- und Ertragslage (§ 264 Abs. 2 HGB) der Ausweis der Verbindlichkeiten, die nicht aus dem Geschäft der Institute stammen, unter den „Sonstigen Verbindlichkeiten" vorzuziehen.

Ein Vermerk der Mitzugehörigkeit bzw. eine Anhangangabe nach § 265 Abs. 3 Satz 1 HGB ist nur erforderlich, wenn dies zur Aufstellung eines klaren und übersichtlichen Jahresabschlusses erforderlich ist.

Sonstige Verbindlichkeiten im Einzelnen

Hier sind grundsätzlich nur solche Verbindlichkeiten auszuweisen, die nicht aus dem institutstypischen Geschäft stammen.

Als sonstige Verbindlichkeiten kommen insbesondere in Betracht:

- Steuerschulden, die der Höhe nach feststehen (KSt, GewSt, Kfz-Steuer, Verbrauchssteuern, USt, GrSt, GrESt usw.),
- fällige, noch nicht ausbezahlte Gehälter, Löhne, Pensionen, Gratifikationen usw.,
- Erstattung von Auslagen (zB Reisekosten),
- noch nicht abgeführte Sozialversicherungsbeiträge sowie Lohn-/Kirchensteuern,
- Verbindlichkeiten aus Lieferungen und Leistungen (zB für Investitionen, Sachaufwand wie bspw. Postgebühren, Büromaterial, Strom, Wasser, Reparaturen, Miete, Pacht usw.),
- einbehaltene Mietzahlungen,
- noch nicht eingelöste Dividenden,
- Besserungsscheinverpflichtungen (soweit sie bei Eintritt des Besserungsfalls passivierungspflichtig geworden sind), vgl. Kapitel 4.9.7.,[2964]
- Zuschüsse auf im Bau befindlichen Anlagen, soweit nicht aktiv abgesetzt,
- Restkaufpreisschulden auf übernommene Grundstücke,
- Kautionen, soweit es sich nicht um Einlagen handelt,
- ungeklärte Kassenüberschüsse,
- Verbindlichkeiten gegenüber betrieblichen Unterstützungseinrichtungen,
- Verbindlichkeiten aus Ergebnisabführungsverträgen,
- Verbindlichkeiten aus der Ausschüttung auf stille Beteiligungen, soweit ein Festsatz vereinbart ist,
- Verbindlichkeiten aus Kaufpreisrenten, die der Höhe nach exakt bestimmt sind, soweit nicht ein Ausweis unter Passiva 2.a) infrage kommt,
- erhaltene Optionsprämien aus dem Verkauf von Optionen (Stillhalterprämien),
- Variation-Margin-Zahlungen iRv. des Margin-Systems einer zentralen Gegenpartei (vgl. Kapitel 4.12.1.) bzw. iRv. Futures usw.,
- Ausgleichsposten aus der Währungsumrechnung nach § 340h HGB,
- antizipative Abgrenzungen,
- rückständige Einzahlungsverpflichtungen auf Aktien, Beteiligungen und Geschäftsanteile bei Genossenschaften.

[2964] Zur Bilanzierung vgl. Kerssenbrock, Zeitschrift für Steuern & Recht 2006, 209 ff.; Gahlen, BB 2009, 2079 ff.; Schultze/Tögel, ZIP 2011, 1250 ff.

Soweit die hier beispielhaft aufgeführten Verpflichtungen bei Bilanzaufstellung noch nicht exakt quantifizierbar sind, ist eine entsprechende **Rückstellung** zu bilden.

Bei **Genossenschaften** sind hier auch Auseinandersetzungsguthaben ausgeschiedener Mitglieder, im Voraus bezahlte und überzahlte Geschäftsguthaben sowie zur Auszahlung fällige Geschäftsguthaben gemäß § 67b GenG auszuweisen. Gleiches gilt für genossenschaftliche Rückvergütungen, wenn eine genaue Berechnung vorliegt und wenn diese zur Bilanzaufstellung rechtsverbindlich beschlossen ist.

Antizipative Abgrenzungen, dh. Aufwendungen des abgelaufenen Geschäftsjahres, die erst später zu Ausgaben führen, sind, soweit sie den Charakter echter Verbindlichkeiten haben, die noch nicht fällig sind, nicht als passive Rechnungsabgrenzungsposten, sondern als sonstige Verbindlichkeiten zu bilanzieren.

5.3.6.3. Bewertung

Verbindlichkeiten sind nach § 253 Abs. 1 Satz 2 HGB mit ihrem Erfüllungsbetrag anzusetzen. Wegen weiterer Einzelheiten wird auf die Ausführungen in Kapitel 4.9. sowie auf die Ausführungen zu den anderen Passivposten verwiesen sowie auf Kapitel 4.2.4.

5.3.6.4. Anhangangaben

Bei einer GmbH sind die **Verbindlichkeiten gegenüber Gesellschaftern**, die nicht gesondert ausgewiesen werden, zu vermerken oder im Anhang anzugeben (§ 42 Abs. 3 GmbHG).

Werden unter den „Sonstigen Verbindlichkeiten" Beträge für Verbindlichkeiten ausgewiesen, die erst nach dem Abschlussstichtag rechtlich entstehen, so müssen Beträge, die einen größeren Umfang haben, im Anhang erläutert werden (§ 268 Abs. 5 Satz 3 HGB). Hierzu zählen jedoch nicht die anteiligen Zinsen gemäß § 11 RechKredV.

Im Anhang sind auch die **wichtigsten Einzelbeträge** anzugeben, sofern sie für die Beurteilung des Jahresabschlusses nicht unwesentlich sind. Die Beträge und ihre Art sind zu erläutern (§ 35 Abs. 1 Nr. 4 RechKredV).

Zu jedem Posten der in der Bilanz ausgewiesenen Verbindlichkeiten ist jeweils der Gesamtbetrag der als Sicherheit übertragenen Vermögensgegenstände auszuweisen (§ 35 Abs. 5 RechKredV).

Die **Fremdwährungsbeträge** sind in die Angabe des Gesamtbetrags der Schulden, die auf Fremdwährung lauten, jeweils in Euro, einzubeziehen (§ 35 Abs. 1 Nr. 6 RechKredV).

Gemäß § 285 Nr. 21 HGB sind zumindest die wesentlichen nicht zu marktüblichen Bedingungen zustande gekommenen Geschäfte mit nahestehenden Unternehmen und Personen anzugeben (Mindestangabe).

5.3.6.5. Prüfung des Postens

Es sind die für (sonstige) Verbindlichkeiten allgemein üblichen Prüfungshandlungen durchzuführen. Es ist insbesondere darauf zu achten, dass die Verbindlichkeiten vollständig erfasst sind und der Bilanzausweis zutreffend ist. Der **Nachweis** erfolgt in geeigneter Weise bspw. durch Vertragsunterlagen, Aktenvermerke, Bestätigungen sowie durch den einschlägigen Schriftwechsel. Die Nachweise sind auf Vollständigkeit und Richtigkeit zu prüfen.

Besserungsscheinverpflichtungen sind bei Eintritt der vereinbarten Bedingungen zu passivieren. Zu jedem Bilanzstichtag ist zu prüfen, ob die Verpflichtungen dem Grunde und der Höhe nach zu bilanzieren sind. Einzelheiten vgl. Kapitel 4.9.7.

Die von der **Internen Revision** angefertigten Prüfungsberichte sollten eingesehen werden.

Der **Prüfungsbericht** muss die erforderlichen Angaben enthalten.

5.3.7. Rechnungsabgrenzungsposten (Passiva 6.)

5.3.7.1. Postenbezeichnung

Die Postenbezeichnung lautet nach dem Formblatt 1 der RechKredV wie folgt:

6. Rechnungsabgrenzungsposten

§ 340e Abs. 2 HGB ermöglicht Instituten, bei Hypothekendarlehen und Forderungen, abweichend von § 253 Abs. 1 Satz 1 HGB, der den Ansatz zu Anschaffungskosten vorschreibt, den Ansatz zum Nennwert (Nominalwert), soweit der Unterschiedsbetrag zwischen dem Nennbetrag und dem Auszahlungsbetrag oder den Anschaffungskosten Zinscharakter hat. Liegt der Nennbetrag über dem Auszahlungsbetrag oder den Anschaffungskosten, muss der Differenzbetrag in den Passivposten 6. aufgenommen werden. Dieser Differenzbetrag ist in seiner jeweiligen Höhe in der Bilanz oder im Anhang gesondert anzugeben (§ 340e Abs. 2 Satz 2, 2. Halbsatz HGB). Dieser kann als **Darunter-Vermerk** „Unterschiedsbeträge gemäß § 340e Abs. 2 HGB" bezeichnet werden.

Pfandbriefbanken haben den Passivposten „6. Rechnungsabgrenzungsposten" gemäß Fußnote 10 zu Formblatt 1 wie folgt zu untergliedern:

> 6. *Rechnungsabgrenzungsposten*
>   *a) aus dem Emissions- und Darlehensgeschäft ... Euro*
>   *b) andere ... Euro*

Auch bei Pfandbriefbanken ist ein evtl. **Unterschiedsbetrag** nach § 340e Abs. 2 HGB gesondert in der Bilanz oder im Anhang anzugeben. Der Unterschiedsbetrag aus der Nominalwertbilanzierung ist zwar Bestandteil des Unterpostens „a) aus dem Emissions- und Darlehensgeschäft", weil er aus dem Darlehensgeschäft stammt. Ungeachtet dessen ist auch hier die Summe der Unterschiedsbeträge aus der Nominalwertbilanzierung gesondert anzugeben, denn der Unterposten a) enthält sowohl Unterschiedsbeträge aus dem Emissions- als auch aus dem Darlehensgeschäft. Bei Pfandbriefbanken bieten sich zur gesonderten Angabe in der Bilanz mehrere Möglichkeiten an. Zum einen ist es möglich, den Unterposten a) entsprechend nochmals zu untergliedern. Zum anderen kann beim Unterposten a) ein entsprechender Darunter-Vermerk angebracht werden.

Banken, die das **Pfandbriefgeschäft** betreiben, aber keine (reinen) Pfandbriefbanken sind (zB Universalbanken) müssen die Gliederung des Postens um die Angaben für Pfandbriefbanken gemäß den Fußnoten des Formblatts ergänzen (vgl. hierzu auch Kapitel 5.1.).

Mit dem BilMoG wurde in Fußnote 10 der Begriff „*Realkreditinstitute*" durch den Begriff „*Pfandbriefbanken*" ersetzt.

Bei **Zahlungsinstituten** und **E-Geld-Instituten** lautet die Postenbezeichnung nach Formblatt 1 der RechZahlV wie folgt:

> 5. *Rechnungsabgrenzungsposten*
>   *a) aus Zahlungsdiensten und aus der Ausgabe von E-Geld*
>   *b) aus sonstigen Tätigkeiten*

5.3.7.2. Posteninhalt

5.3.7.2.1. Rechnungslegungsverordnung

Institute haben ebenso wie alle anderen Bilanzierenden § 250 HGB anzuwenden. In § 23 RechKredV ist in Ergänzung zu § 250 Abs. 2 HGB der Ausweis der auf künftige Perioden entfallenden Anteile an den Gebühren aus Teilzahlungsfinanzierungsgeschäften geregelt.

5.3.7.2.2. Voraussetzungen für den Postenausweis

Überblick

Auf der Passivseite sind als Rechnungsabgrenzungsposten nur Einnahmen vor dem Abschlussstichtag auszuweisen, soweit sie Ertrag für eine bestimmte Zeit nach diesem Tag darstellen (§ 250 Abs. 2 HGB). Passive Rechnungsabgrenzungsposten sind **zwingend** anzusetzen und dienen dem periodengerechten Erfolgsausweis.[2965]

Zulässig ist nur der Ausweis **transitorischer** Posten im engeren Sinne. Anfang und Ende des Zeitraums müssen eindeutig festliegen, dh. kalendermäßig bestimmt oder aufgrund der Umstände berechenbar sein. Passive Rechnungsabgrenzungsposten können über mehrere Geschäftsjahre hinweg reichen. Zu weiteren Einzelheiten betreffend der Rechnungsabgrenzungsposten gemäß § 250 HGB vgl. 4.9.1. Siehe auch die Ausführungen zu Aktiva 15.

Zu einer Gesamtdarstellung der Bilanzierung in Fällen besonderer Verzinsungsbestimmungen unter Berücksichtigung der BFH-Rechtsprechung vgl. Bolik/Max.[2966] Zur passiven Abgrenzung der Einnahme für eine ewige Unterlassungslast vgl. Weber-Grellet.[2967]

Teilzahlungsfinanzierungsgeschäft

Bei Teilzahlungsfinanzierungsgeschäften beinhalten in der Regel die gegen den Kreditnehmer eingebuchten Forderungen sämtliche Zinsen und sonstigen Entgelte für die gesamte Laufzeit. Dem Kunden wird aber nur der reine Fi-

---

[2965] Ausführlich vgl. Priester, DB 2016, 1025 ff.
[2966] Vgl. Bolik/Max, StuB 2017, 299 ff.
[2967] Vgl. Weber-Grellet, NWB 39/2017, 2984 ff., BFH-Urteil vom 15.2.2017, BStBl. 2017 II, 884 ff.

nanzierungsbetrag ausbezahlt. Dem Kreditnehmer aus Teilzahlungsfinanzierungsgeschäften berechnete Zinsen, Provisionen und Gebühren, die **künftigen Rechnungsperioden** zuzurechnen sind, sind im passiven Rechnungsabgrenzungsposten auszuweisen, soweit sie nicht mit dem entsprechenden Aktivposten verrechnet werden (§ 23 Satz 1 RechKredV).

Diese in der abgelaufenen Periode berechneten und vereinnahmten Beträge sind künftigen Rechnungsperioden zuzurechnen, da sie – trotz der in der abgelaufenen Periode erfolgten Einzahlung – erst in späteren Perioden Erträge darstellen. Sie sind über den passiven Rechnungsabgrenzungsposten abzugrenzen, soweit sie nicht mit dem entsprechenden Aktivposten verrechnet werden. Eine Verrechnung mit dem betreffenden Aktivposten ist dann gegeben, wenn das bilanzierende Institut von der auch in § 340e Abs. 2 HGB vorgesehenen Möglichkeit Gebrauch macht, die Forderung (das Darlehen) nicht mit dem Nennbetrag, sondern mit dem Auszahlungsbetrag auszuweisen.

Bei der in § 23 Satz 1 RechKredV normierten Möglichkeit handelt es sich nicht um eine bankspezifische Regelung, sondern um eine klarstellende, die Anwendung des § 250 Abs. 2 HGB bestätigende Bestimmung. Aus diesem Grund ist sie grundsätzlich nicht auf das Teilzahlungsfinanzierungsgeschäft beschränkt. Sie ist vielmehr auf alle Darlehensgeschäfte anzuwenden, bei denen Zinsen, Provisionen und Gebühren dem Kapital zugeschlagen werden.

Wechselfinanzierungen

Bei Teilzahlungsfinanzierungsgeschäften ist hier auch die **Zinsmarge aus der Weitergabe von Wechselabschnitten**, soweit sie künftigen Rechnungsperioden zuzurechnen ist, auszuweisen; Letzteres gilt entsprechend auch für **andere** Wechselrefinanzierungen (§ 23 Satz 2 RechKredV).[2968] Diese Regelung gilt mithin für **alle** Wechselrefinanzierungen. Auch diese Regelung bestätigt lediglich die Anwendung des § 250 Abs. 2 HGB.

Voraussetzung dafür, dass die Marge Entgelt für künftige Rechnungsperioden darstellt, ist, dass es sich um die Einräumung eines Wechselkredits handelt, der zwar nicht mehr in der Bilanz gezeigt wird, aber im Wechselobligo unter dem Bilanzstrich enthalten ist.[2969] Die Rediskontierung ist in solchen Fällen als eine der möglichen Formen der Refinanzierung anzusehen und nicht als Ver-

---

[2968] Zu weiteren Einzelheiten vgl. Birck/Meyer, V 394 ff.
[2969] Vgl. Krumnow ua., 2. Aufl., § 23 RechKredV Rn. 5.

äußerung eines Vermögensgegenstands, was die sofortige Ertragsrealisierung zur Folge hätte.[2970]

Leasinggeschäft

Besondere Abgrenzungsfragen ergeben sich bei Leasingverträgen mit (wirtschaftlicher) Zurechnung des Leasinggegenstands zum Leasinggeber. Die Abgrenzungsfragen beziehen sich sowohl auf die einzelnen Periodenentgelte (Leasingraten) als auch auf deren Gestaltung über die Leasingdauer (degressiv, linear oder progressiv).[2971]

Darüber hinaus erfordert auch die **Forfaitierung**[2972] noch nicht fälliger Leasingraten als besondere Finanzierungsform des Leasinggebers Abgrenzungen gemäß § 250 Abs. 2 HGB.[2973] Einnahmen aus dem regresslosen Verkauf zukünftig fälliger Leasingraten an Dritte (Forfaitierung) sind insoweit passivisch abzugrenzen, als sie Erträge künftiger Perioden darstellen und ihnen Verpflichtungen zur Nutzungsüberlassung gegenüberstehen.[2974] Im Zeitpunkt des Forderungsverkaufs ist der Gesamterlös ohne Berührung der Gewinn- und Verlustrechnung in den passiven Rechnungsabgrenzungsposten einzustellen. Der Erlös aus der regresslosen Forfaitierung ist vergleichbar mit einer (Miet-) Vorauszahlung, weshalb in Höhe des Verkaufserlöses ein passiver Rechnungsabgrenzungsposten zu bilden ist, der ertragsmäßig der Grundmietzeit zuzuordnen und daher (linear) über die Grundmietzeit des Leasingverhältnisses aufzulösen ist.[2975]

Unterschiedsbeträge aus der Nominalwertbilanzierung (Disagio)

Abweichend von § 253 Abs. 1 Satz 1 HGB dürfen **Hypothekendarlehen** und **andere Forderungen** mit ihrem Nennbetrag angesetzt werden, soweit der Unterschiedsbetrag zwischen dem Nennbetrag und dem Auszahlungsbetrag oder den Anschaffungskosten Zinscharakter hat (§ 340e Abs. 2 Satz 1 HGB).

[2970] Vgl. Krumnow ua., 2. Aufl., § 23 RechKredV Rn. 5.

[2971] Vgl. IDW HFA 1/1989, WPg 1989, 625; Grewe, WPg 1990, 161 ff.

[2972] Vgl. Lißmann, DB 1991, 1479. Unter Forfaitierung versteht man den Ankauf von Forderungen unter Verzicht auf einen evtl. Rückgriff auf den Verkäufer bei Zahlungsausfall des Forderungsschuldners.

[2973] Vgl. IDW HFA 1/1989, WPg 1989, 625 ff.; Grewe, WPg 1990, 161 ff.

[2974] Vgl. Holzheimer, IDW-Sonderdruck, 36.

[2975] Vgl. Gaber, 2. Aufl., 84 mwN.

Ist der Nennbetrag höher als der Auszahlungsbetrag oder die Anschaffungskosten, muss der Unterschiedsbetrag in den passiven Rechnungsabgrenzungsposten aufgenommen werden; er ist planmäßig aufzulösen und in seiner jeweiligen Höhe in der **Bilanz** oder im **Anhang** gesondert anzugeben (§ 340e
Abs. 2 Satz 2 Halbsatz 2 HGB). Einzelheiten vgl. Kapitel 4.3.3. und 5.3.6.1.

Es ist die jeweilige **Summe** der passivischen Unterschiedsbeträge iSd. § 340e
Abs. 2 HGB auszuweisen. Eine Verrechnung aktivischer und passivischer Unterschiedsbeträge ist nicht zulässig (§ 246 Abs. 2 HGB).

***Close-out-, Recouponing- und Revalutierungs-Vereinbarungen bei Zinsde-
rivaten und ähnliche Transaktionen (Bankbuch)***

(a) Darstellung der Transaktionen

Bei sog. **Close-out-Transaktionen** handelt es sich um Aufhebungsverträge,
die die gegenseitigen Rechte und Pflichten der Kontraktpartner eines Zinsswaps erlöschen lassen (Vertragsauflösung). Die noch ausstehenden Leistungen der Kontraktpartner aus dem Zinsswap werden bewertet und durch eine
Ausgleichszahlung einer Partei ausgeglichen.

Beim sog. **Recouponing** – das ebenfalls vor allem bei Swapgeschäften vorkommt – handelt es sich um Transaktionen, bei denen der ursprüngliche Vertrag im Gegensatz zum Close-out nicht aufgelöst wird, sondern bestehen bleibt
und bspw. im Swap lediglich die Festsatzseite an die aktuellen Marktbedingungen angepasst wird.[2976] Für diese Anpassung werden Ausgleichszahlungen in
Höhe des zu diesem Zeitpunkt bestehenden (positiven oder negativen) Marktwerts des Swaps gezahlt. Ein Recouponing kann faktisch auch mittels Close-
out eines Swaps und zeitgleichem Neuabschluss eines neuen Zinsswaps zu
aktuellen bzw. anderen Marktbedingungen (Close-out mit Anschlussgeschäften) dargestellt werden (sog. wirtschaftliches Recouponing). Wird bei einer
festverzinslichen Verbindlichkeit der zu zahlende Zins nachträglich und vor
Fälligkeit der Verbindlichkeit einvernehmlich herabgesetzt bzw. heraufgesetzt,
muss der Barwert der Zinsdifferenz ausgeglichen werden. Dieses nachträglich
vereinbarte Disagio bzw. Agio ist wirtschaftlich dasselbe wie der Marktwert
des Swaps beim Recouponing.

[2976] Vergleichbar mit der Anpassung eines Nominalzinses bei einem Kredit, wobei der dadurch entstehende Vor-/Nachteil nachträglich vereinbarter Disagien bzw. Agien gegenseitig ausgeglichen wird.

Bei sog. **Revalutierungen** werden die Konditionen, idR der Laufzeitbeginn des zugrunde liegenden Forward Zinsswaps, zwischen den Vertragspartnern neu vereinbart, ohne dass der Vertrag aufgelöst wird; das Laufzeitende bleibt idR unverändert. Im Ergebnis wird ein bestehender Forward Swap – vergleichbar mit dem Recouponing – lediglich mit veränderten Konditionen (hier: Laufzeitbeginn) fortgesetzt. Die ausstehenden Leistungen werden bewertet und idR durch die Anpassung der Zinssätze, aber auch durch Ausgleichszahlungen ausgeglichen. Es handelt sich um einen mit dem Recouponing vergleichbaren Sachverhalt. Ziel einer Revalutierung kann auch sein, den Laufzeitbeginn des zugrunde liegenden Zinsswaps hinauszuschieben, um so ansonsten anfallende Nettozinszahlungen zunächst zu vermeiden.

Unter einer sog. **Margenvereinnahmung** werden hier Sachverhalte verstanden, bei denen bspw. dem Kunden ein variabel verzinslicher Kredit (zB 3-M-Euribor) gewährt und zeitgleich mit diesem Kunden ein Zinsswap vereinbart wird, der die variable Verzinsung des Kredits synthetisch zu einer Festsatzverzinsung (zB 5 %, einschließlich kundenspezifischer Marge) macht („Kundenswap"). Zeitgleich wird mit einem Kreditinstitut ein Gegenswap zu denselben Festsatzkonditionen wie im Zinsswap mit dem Kunden (also zB 5 %) vereinbart; die hier vereinbarte Kondition weicht (aufgrund der höheren Kundenmarge) von der ab, die ansonsten mit dem Kreditinstitut vereinbart worden wäre (zB 4,5 %). Die abweichenden Konditionen werden durch eine Upfront-Zahlung an das bilanzierende Kreditinstitut ausgeglichen. Das Kreditgeschäft mit dem Kunden bleibt weiterhin im Bestand, im Ergebnis jedoch mit einer reduzierten oder sogar ohne Marge. Die sofortige Vereinnahmung der Upfront-Zahlung wird von den Anwendern bspw. dahin gehend begründet, dass beide Zinsswaps dem Handelsbestand zugeordnet würden. Durch den Gegenswap werde sodann der „Kundenswap" geschlossen, was zu einer sofortigen Realisierung des positiven Marktwerts des Gegenswaps in Höhe der Upfront-Zahlung führe.

Beim **Verkauf von zukünftigen Zinsforderungen** werden die Zinsen späterer Perioden bspw. aus gewährten Krediten vorfristig verkauft. Hier kommen die vom BFA aufgestellten Regeln zum Bondstripping zur Anwendung (vgl. Kapitel 4.4.8.).

Bei zu marktgerechten Konditionen abgeschlossenen Swaps (anfänglicher Marktwert von Null) ergibt sich aufgrund des sich im Zeitablauf im Regelfall ändernden Marktzinsniveaus ein positiver oder negativer Marktwert. Die oben dargestellten Vereinbarungen ermöglichen es, diese positiven bzw. negativen Marktwerte mit dem Vertragspartner auszugleichen. Entsprechendes gilt für den Fall, dass von vornherein vom aktuellen Marktniveau abweichende Zinsen vereinbart und durch Upfront-Zahlungen ausgeglichen werden.

Der BFA[2977] weist ausdrücklich darauf hin, dass eine **Dokumentation** von Close-out-Transaktionen für erforderlich gehalten wird. Dies gilt nach der hier vertretenen Ansicht auch für die anderen genannten Transaktionen.[2978]

(b) Beurteilung der Geschäfte

Das Realisationsprinzip besagt, dass nur realisierte Gewinne ausgewiesen werden dürfen. Bei Dauerschuldverhältnissen wie bspw. bei der Kapitalüberlassung gegen Zahlung von Zinsen erfolgt die Realisation der Zinsen pro rata temporis.[2979] Im Voraus erhaltene oder bezahlte Zinsen, die nach den getroffenen Vereinbarungen einem späteren Zeitraum zuzurechnen sind, sind als Rechnungsabgrenzungsposten abzugrenzen und entsprechend den Vereinbarungen ratierlich erfolgswirksam zu erfassen.

Sofern ein Zinsswap weiterhin besteht und nur – wie bspw. beim Recouponing – die Konditionen geändert werden, kann eine Realisation der daraus zu leistenden Zahlungen nach den Grundsätzen ordnungsmäßiger Buchführung nicht erfolgen.[2980] Bei Einmalzahlungen aufgrund eines Recouponing handelt es sich faktisch um nachträglich vereinbarte Upfront Payments (vergleichbar mit einem nachträglich vereinbarten Disagio einer Verbindlichkeit), die Ertrag bzw. Aufwand einer späteren Periode und damit mittels eines Rechnungsabgrenzungspostens abzugrenzen sind. Entsprechendes gilt für sog. Revalutierungen, da es sich hierbei ebenfalls lediglich um eine Vertragsanpassung und nicht um eine Vertragsbeendigung handelt.[2981]

Es darf nicht übersehen werden, dass man im Ergebnis die Wirkung sowohl von Recouponing- als auch von Revalutierungsvereinbarungen auch dadurch erreichen kann, dass ein Zinsswap vorzeitig beendet und zeitgleich ein oder mehrere neue Zinsswapgeschäfte (mit demselben oder einem weiteren Vertragspartner) mit veränderten (aktuellen) Konditionen neu eingegangen werden. Eine Gleichbehandlung wie beim echten Recouponing bzw. der echten Revalutierung kommt hier im Einzelfall dann infrage, wenn diese Vorgehensweise als bilanzgestalterische Maßnahme qualifiziert werden muss.

[2977] Vgl. 189. Sitzung des IDW BFA, FN 2004, 698.

[2978] In Abhängigkeit von der Qualität dieser Dokumentation kann ggf. die Aufnahme der Frage nach derartigen gestalterischen Transaktionen in die Vollständigkeitserklärung erwogen werden.

[2979] Vgl. ADS 6. Aufl. § 252 HGB Rn. 82.

[2980] Ebenso WPH Edition, Kreditinstitute, Kap. D. Rn. 762.

[2981] Ebenso WPH Edition, Kreditinstitute, Kap. D. Rn. 762.

Die vom BFA publizierte Ansicht,[2982] dass die für Close-outs bei Zinsswaps (Beendigung des Dauerschuldverhältnisses mit Sofortrealisation der Ausgleichszahlung) geltenden Grundsätze auch für andere Transaktionen (namentlich Recouponing-Vereinbarungen, Revalutierungen, bei denen die ursprünglichen vertraglichen Konditionen nur geändert und barwertig ausgeglichen werden) gelten sollen, ist nicht nur missverständlich, sondern höchst bedenklich.[2983] Wie dargestellt, scheitert eine Sofortrealisation von Ausgleichszahlungen bei diesen Transaktionen an den einschlägigen Grundsätzen ordnungsmäßiger Bilanzierung.

Liegen die Gründe für diese Transaktionen nicht in einer Änderung der bislang verfolgten Strategie (Schließung einer strategischen/offenen Zinspositionierung) bzw. in einer begründeten vorzeitigen Auflösung einer Sicherungsbeziehung bspw. im Zusammenhang mit einem gekündigten Kundengeschäft, sondern sind diese Maßnahmen in **erster Linie bilanzpolitisch motiviert** (zB Ergebnisgestaltungen, dh. positive bzw. negative Ergebnisveränderung; sog. Earnings Management), ist in diesen Fällen zu prüfen, ob es sich um **sachverhaltsgestaltende Maßnahmen** handelt.[2984] Im Übrigen werden diese Transaktionen durch die **verlustfreie Bewertung des Bankbuchs** erfasst.

Bei der sog. **Margenvereinnahmung** muss kritisch geprüft werden, ob die Zuordnung des sog. Kunden- und des Gegenswaps zum Handelsbestand zulässig ist.

Wird durch derartige Transaktionen zum Beispiel ein positiver Marktwert realisiert, bedeutet dies die Vorwegnahme von künftigen Zinserträgen. Die im Rahmen einer Revalutierung vermiedenen (Netto-) Zinsaufwendungen/-erträge werden idR auf die Restlaufzeit des zugrunde liegenden Zinsswaps verteilt. Diese Maßnahmen führen zu einer Beeinflussung der Gewinn- und Verlustrechnung in den nachfolgenden Jahren. Ein Verstoß gegen den Grundsatz der Willkürfreiheit ist hier insbesondere dann anzunehmen, wenn alleiniger Zweck der Vereinbarungen die gezielte Beeinflussung der Ertragslage ist und ein wirtschaftlich vernünftiger Grund, wie bspw. die Änderung der bislang verfolgten Strategie bzw. die Auflösung eines zugehörigen Grundgeschäfts, nicht erkennbar ist.

[2982] Vgl. 189. Sitzung des IDW BFA, FN 2004, 698.

[2983] Die Ansicht des BFA (189. Sitzung) ebenfalls ablehnend vgl. WPH Edition, Kreditinstitute, Kap. D. Rn. 762.

[2984] Ebenso WPH Edition, Kreditinstitute, Kap. D. Rn. 762.

(c) Bilanzierung bei Close-out

Beim Close-out führt die vorzeitige Veräußerung derivativer Zinsgeschäfte zu Ausgleichszahlungen, die im Jahresabschluss erfolgswirksam berücksichtigt werden. Dies entspricht der Behandlung von Vorfälligkeitsentschädigungen im Jahresabschluss, die ebenfalls mit der Beendigung einer Vertragsbeziehung verbunden sind.

Close-out-Geschäfte können sachverhaltsgestaltende Maßnahmen iSd. § 321 Abs. 2 Satz 4 HGB darstellen, die dann entsprechend im Prüfungsbericht zu erläutern sind.

Für das Close-out mit unmittelbaren Anschlussgeschäften über vergleichbare Volumina (wirtschaftliches Recouponing) gelten nach der hier vertretenen Ansicht die Aussagen zum nachfolgend dargestellten Recouponing entsprechend, wenn nicht nachvollziehbar dargelegt werden kann, dass für das Close-out ausschließlich wirtschaftliche Zwecke entscheidend waren. Dies kann insbesondere dann relevant werden, wenn es sich um dieselben Vertragspartner wie bei den beendeten Swaps handelt.

Die Ausgleichzahlungen im Rahmen von Close-out-Vereinbarungen bei derivativen Zinsgeschäften sind grundsätzlich im Zinsergebnis zu erfassen. Zur Vorgehensweise bei gleichzeitiger Beendigung einer Bewertungseinheit vgl. Kapitel 4.11.5.

(d) Bilanzierung bei Recouponing

Der Kontrakt bleibt beim Recouponing mit veränderten Konditionen bestehen, sodass die aufgrund der Konditionenanpassung zu leistende Ausgleichszahlung keinen Umsatzvorgang am Markt begründet. Damit ist eine sofortige Realisierung der Ausgleichszahlung nach hM entgegen der vom BFA in seiner Berichterstattung über die 189. Sitzung[2985] dargestellten Ansicht nicht mit dem Realisationsprinzip zu vereinbaren.[2986] Es handelt sich um einen Vorgang, der mit einer Anpassung der Nominalverzinsung eines Darlehens vergleichbar ist, bei dem dadurch nachträglich ein Agio oder Disagio vereinbart ist. Auch dieses ist mittels eines Rechnungsabgrenzungspostens auf die Restlaufzeit zu verteilen.

[2985] Vgl. 189. Sitzung des IDW BFA, FN 2004, 698.
[2986] Ebenso WPH Edition, Kreditinstitute, Kap. D. Rn. 212.

Da eine sofortige Erfolgswirksamkeit nicht mit dem Realisationsprinzip vereinbar ist, ist eine Abgrenzung der Ausgleichszahlung durch die Bildung eines Rechnungsabgrenzungspostens und dessen Auflösung über die Restlaufzeit des derivativen Zinsgeschäfts geboten.[2987]

(e) Bilanzierung bei Revalutierung

Aus dem ursprünglichen Kontrakt bestehen weiterhin gegenseitige Bindungen zwischen den Vertragspartnern. Die aufgrund der Konditionsanpassung zu leistende Ausgleichszahlung begründet keinen Umsatzvorgang am Markt, mithin ist die geleistete Ausgleichszahlung nach hM nicht sofort realisiert.[2988]

Insoweit ist zu beachten, dass die Zinserträge bzw. -aufwendungen periodengerecht entsprechend dem ursprünglich abgeschlossenen Vertrag abzugrenzen sind. Bei ggf. auftretenden Ausgleichzahlungen ist daher durch die Bildung eines Rechnungsabgrenzungspostens eine Periodisierung entsprechend dem ursprünglich abgeschlossenen derivativen Zinsgeschäft vorzunehmen.[2989] Soweit im Zusammenhang mit der Revalutierung Recouponing-Gestaltungen auftreten, gelten die entsprechenden Ausführungen zum Recouponing.

(f) Bilanzierung bei der sog. Margenvereinnahmung

Eine sofortige Vereinnahmung der Upfront-Zahlung aus dem Gegenswap ist nach der hier vertretenen Ansicht nur insoweit zulässig, als es sich bei beiden Geschäften um solche des Handelsbestands handelt. Bei Geschäften des Handelsbestands ist eine ratierliche Vereinnahmung durch die Bildung eines Rechnungsabgrenzungspostens nicht erforderlich.

In allen anderen Fällen ist die Upfront-Zahlung mittels eines Rechnungsabgrenzungspostens auf die Laufzeit der Zinsswaps zu verteilen und ratierlich zu vereinnahmen. Soweit aus diesen (oder vergleichbaren) Sachverhalten eine negative Zinsmarge aus dem zinstragenden Geschäft des Kreditinstituts resultiert, ist ggf. eine entsprechende Rückstellung zu bilden.

[2987] Ebenso WPH Edition, Kreditinstitute, Kap. D. Rn. 762.
[2988] Ebenso WPH Edition, Kreditinstitute, Kap. D. Rn. 212.
[2989] Ebenso WPH Edition, Kreditinstitute, Kap. D. Rn. 762.

Vorfälligkeitsentschädigungen

Vorfälligkeitsentschädigungen,[2990] die Kunden bezahlen müssen, wenn sie einen festverzinslichen Kredit vor dessen Fälligkeit ganz oder teilweise zurückbezahlen, sind als **sofort realisiert** anzusehen. Zur Vorfälligkeitsentschädigung bei Immobiliardarlehensverträgen im Falle der bankseitigen Kündigung wegen Schuldnerverzugs vgl. Edelmann/Hölldampf.[2991]

Der Darlehensgeber soll – so der BGH – durch die Vorfälligkeitsentschädigung im wirtschaftlichen Ergebnis so gestellt werden, als wäre das Darlehen für den ursprünglich vereinbarten Festschreibungszeitraum fortgeführt und mit Zinsen bedient worden. Die vom Kreditnehmer in solchen Fällen angestrebte Änderung des Kreditvertrags erschöpft sich letztlich in der Beseitigung der vertraglichen Erfüllungssperre, dh. in einer Vorverlegung des Erfüllungszeitpunkts.[2992] Wird die Vorfälligkeitsentschädigung demnach für die (ganze oder teilweise) Beendigung des Kreditverhältnisses bezahlt, fehlt es an einer noch ausstehenden (zeitraumbezogenen) Gegenleistung des Darlehensgebers.[2993]

Wenngleich die sofortige vollständige Erfassung der Vorfälligkeitsentschädigungen in der Gewinn- und Verlustrechnung in bestimmten Fallkonstellationen nicht dem wirtschaftlichen Gehalt oder kostenrechnerischen Gesichtspunkten entsprechen kann, besteht nach den derzeitigen handelsrechtlichen Vorschriften für die Bildung eines passiven Rechnungsabgrenzungspostens und dessen ratierlicher Auflösung (formalrechtlich) kein Raum. Da zwischen dem die Vorfälligkeitsentschädigung in Rechnung stellenden Institut und dem früheren Schuldner insoweit keine Rechtsbeziehung mehr besteht, besteht insofern auch keine Gegenleistungsverpflichtung des Instituts mehr.[2994]

[2990] Vgl. Gottschalk, BankPraktiker 2/2006, 79 ff.; Lampe, Immobilien & Finanzierung, 2006, 576 f. mwN; BGH-Urteil vom 1.7.1997, DStR 1997, 1657 ff.; BGH-Urteil vom 1.7.1997, DStR 1997, 1654 ff.; BGH-Urteil vom 7.11.2000, WM 2001, 20 ff.; BGH-Urteil vom 30.11.2004, BB 2005, 570 ff.; LG Stuttgart, Beschluss vom 16.6.2006 (rkr.), BKR 2006, 495 f. Zur Zulässigkeit einer Vorfälligkeitsentschädigung, wenn ein Ersatzkreditnehmer mit gleich guter Bonität das Darlehen fortführt vgl. LG München I, Urteil vom 24.7.2008 (rkr.), ZIP 2008, 2114; Ritzrow, StBp 172 (Teil III); Edelmann/Hölldampf, BB 2014, 202; zur Vorfälligkeitsentschädigung im Steuerrecht Joachimsthaler, NWB 7/2018, 402 ff..

[2991] Vgl. Edelmann/Hölldampf, BB 2014, 202.

[2992] Vgl. BGH-Urteil vom 1.7.1997, BGHZ 136, 161.

[2993] Vgl. Wüllenkemper, EFG 2006, 638, in der Anmerkung zum Urteil des FG Baden-Württemberg vom 15.12.2005, Rev. eingelegt (Az. des BFH I R 18/06); BFH-Urteil vom 7.3.2007, DB 2007, 1839 ff.

[2994] Vgl. DGRV (Hrsg.), Jahresabschluss, B.III. Rn. 860.

Die Bildung eines Rechnungsabgrenzungspostens ist damit bei Beendigung des Vertragsverhältnisses nicht zulässig. Nach Ansicht des BFH im Urteil vom 7.3.2007[2995] auch dann nicht, wenn der Kredit mit neu vereinbarten Konditionen (Zinssatz, Laufzeit usw.) weiter gewährt und die Vorfälligkeitsentschädigung in das Kreditvolumen eingerechnet wird.[2996] Dem widerspricht zu Recht Weber-Grellet:[2997] Die Vorfälligkeitsentschädigung ist dann Schadenersatz, wenn das Darlehensverhältnis beendet wird. Insoweit unterscheidet sich die Vorfälligkeitsentschädigung von Geldbeschaffungskosten und Disagios. Diese haben konkreten Bezug zu dem weiter bestehenden Kreditverhältnis. Dementsprechend – so Weber-Grellet weiter – kann bei Zahlungen im Zusammenhang mit einer **Umschuldung** eine Rechnungsabgrenzung in Betracht kommen. Dies muss auch für den Kreditnehmer gelten; auch für den Fall, dass die Umschuldung nicht mit dem bisherigen Kreditgeber erfolgt.

Werden die Zinskonditionen lediglich so geändert, dass dadurch ein **nachträgliches Disagio** entsteht (ohne dass für die vorzeitige Vertragsanpassung eine Vorfälligkeitsentschädigung berechnet wird), ist dieser Betrag zeitanteilig abzugrenzen.

Ein solches (vereinnahmtes) Entgelt ist zum jeweiligen Bilanzstichtag nur insoweit abzugrenzen, als es Ertrag für eine bestimmte Zeit nach diesem Zeitpunkt darstellt. Mithin muss seitens des bilanzierenden Unternehmens eine Verpflichtung zu einer nach dem Abschlussstichtag (zumindest zeitanteilig) noch zu erbringenden Gegenleistung bestehen.

Im Hinblick auf eine bereits vollzogene Leistung kann dagegen keine Rechnungsabgrenzung gebildet werden.

Prämien für Forward-Darlehen

Eine für die Zusage des Forward-Darlehens erhaltene Prämie ist über die Dauer der Kreditzusage in Form eines passiven Rechnungsabgrenzungspostens zu bilanzieren.[2998]

[2995] Vgl. BFH-Urteil vom 7.3.2007, DB 2007, 1839 ff.; Ritzrow, StBp 172 (Teil III).
[2996] Vgl. BFH-Urteil vom 7.3.2007, DB 2007, 1839 ff. und BStBl. 2007 II, 697 ff.
[2997] Vgl. Weber-Grellet, RdF 2014, 59 f.
[2998] Ebenso DGRV (Hrsg.), Jahresabschluss, B.III. Rn. 872.

5.3.7.3. Bewertung

Rechnungsabgrenzungsposten sind im Allgemeinen einer direkten Bewertung nicht zugänglich. Bewertet werden Vermögensgegenstände und Schulden. Rechnungsabgrenzungsposten hingegen werden zu jedem Bilanzstichtag neu berechnet. Sie dienen lediglich der periodengerechten Erfolgsabgrenzung. Als Rechnungsabgrenzungsposten dürfen nur transitorische Posten ausgewiesen werden. Anfang und Ende des Zeitraums müssen eindeutig festliegen, dh. kalendermäßig bestimmt oder aufgrund der Umstände berechenbar sein.[2999] Erhaltene Einnahmen sind nur insoweit abgrenzbar, als die Erfüllung der eigenen (Gegen-) Leistung ganz oder teilweise noch nicht erbracht worden ist.

Eine **Kompensation** von aktiven und passiven Rechnungsabgrenzungsposten ist nicht zulässig.

5.3.7.4. Anhangangaben

Nach § 340e Abs. 2 Satz 3 HGB sind die jeweiligen Unterschiedsbeträge aus der **Nominalwertbilanzierung** von Forderungen, wenn sie nicht in der Bilanz angegeben wurden, im Anhang anzugeben.

Close-outs von Zinsswaps, **Recouponing-Vereinbarungen**, **Revalutierungen** und **Verkäufe von zukünftigen Zinsansprüchen**, die dazu dienen, Erträge zeitlich vorzuziehen, sind im Anhang anzugeben, soweit deren Auswirkungen auf die GuV wesentlich sind.[3000]

Die Qualifizierung der genannten Transaktionen als **sachverhaltsgestaltende Maßnahme** setzt ein gezieltes Handeln des bilanzierenden Instituts zur Erreichung eines gewünschten Gestaltungseffekts (zB das Vorziehen von Erträgen) voraus. Soweit bspw. ein Close-out eines Zinsswaps aus der Auflösung einer Bewertungseinheit aufgrund des Wegfalls des Grundgeschäfts resultiert, liegt idR keine sachverhaltsgestaltende Maßnahme vor.[3001]

[2999] Vgl. DGRV (Hrsg.), Jahresabschluss, B.III. Rn. 858.

[3000] Vgl. DGRV (Hrsg.), Jahresabschluss, D.II. Rn. 16.

[3001] Vgl. DGRV (Hrsg.), Jahresabschluss, D.II. Rn. 17.

5.3.7.5. Prüfung des Postens

Es sind die für Rechnungsabgrenzungsposten allgemein üblichen Prüfungshandlungen durchzuführen. Es ist darauf zu achten, dass die in diesem Posten ausgewiesenen Beträge die og. Voraussetzungen erfüllen.

Der **Nachweis** erfolgt ua. durch Vertragsunterlagen, Schriftwechsel, Bestätigungen usw. Neben der Prüfung des sachgerechten Nachweises ist insbesondere die Richtigkeit der **Auflösung** der Einzelbeträge zu prüfen. Hierbei ist auch festzustellen, ob die Abgrenzungsposten des Vorjahres zulasten der richtigen Erfolgskonten aufgelöst wurden.

Da Transaktionen wie **Recouponing, Revalutierung** usw. nicht unbedingt aus der Bilanz und der Gewinn- und Verlustrechnung ersichtlich sind, hat der Prüfer durch geeignete Maßnahmen sicherzustellen, dass solche Maßnahmen erkannt und hinsichtlich ihres Umfangs beurteilt werden. Dies kann dadurch vorgenommen werden, dass einschlägige Protokolle (Vorstandssitzungen, Ausschusssitzungen) sowie die Zinskonten durchgesehen werden. Empfehlenswert sind auch analytische Prüfungshandlungen im Rahmen der Prüfung des Zinsüberschusses. Als hilfreiches Instrument zur Analyse des Zinsergebnisses wird vom BFA bei Kreditinstituten die Barwertermittlung für das Bankbuch einschließlich aller zugeordneten Derivate und deren Vergleich mit den entsprechenden Vorjahreswerten angesehen.[3002] Die Barwertänderungen können Indiz für eine möglicherweise gestalterische Beeinflussung der zukünftigen Ertragslage sein.

Der Abschlussprüfer hat sich bei Kreditinstituten insbesondere ein Bild darüber zu verschaffen, ob für die nach derartigen Transaktionen verbleibenden Geschäfte eine negative Gesamtzinsspanne vorliegt und somit eine Rückstellung erforderlich wird. Auf die Ausführungen zur verlustfreien Bewertung des Bankbuchs wird verwiesen.

Anhaltspunkte für Willkür bei derartigen Transaktionen können bspw. folgende Umstände sein: Wesentliche Beeinflussung des Zins- und Bewertungsergebnisses ggü. dem Zustand ohne Vornahme derartiger Transaktionen; signifikante Verschlechterung der Zinsmarge aus dem verbleibenden Geschäft; verstärkte Durchführung solcher Geschäfte ggü. dem Vorjahr, Hinweise auf primär bilanzpolitischen Charakter solcher Transaktionen; Close-out-Geschäfte mit zeitnahen Anschlussgeschäften.

Der **Prüfungsbericht** muss die erforderlichen Angaben enthalten.

[3002] Vgl. 189. Sitzung des IDW BFA, FN 2004, 698.

Nach Ansicht des BFA[3003] können Close-out-Transaktionen „sachverhaltsgestaltende Maßnahmen" iSd. § 321 Abs. 2 Satz 4 HGB darstellen und demzufolge im Prüfungsbericht zu erläutern sein. Ab einer absolut und relativ zu bestimmenden Wesentlichkeitsgröße können die Auswirkungen von derartigen Transaktionen auf die Gewinn- und Verlustrechnung die Vermittlung eines den tatsächlichen Verhältnissen entsprechenden Bildes der Vermögens-, Finanz- und Ertragslage der Bank insoweit einschränken.

5.3.8.   Passive latente Steuern (Passiva 6a.)

5.3.8.1.   Postenbezeichnung

Die Postenbezeichnung lautet nach dem Formblatt 1 der RechKredV wie folgt:

> *6a. Passive latente Steuern*

Die Postenbezeichnung für **Zahlungsinstitute** und **E-Geld-Institute** nach Formblatt 1 der RechZahlV ist identisch, lediglich die Postennummer ist 7.

5.3.8.2.   Posteninhalt

5.3.8.2.1.   Rechnungslegungsverordnung

Die RechKredV enthält keine Regelungen zur Ermittlung und zum Ausweis von latenten Steuern.

5.3.8.2.2.   Voraussetzungen für den Postenausweis

Grundsätzliches

Mit dem BilMoG wurde die konzeptionelle Basis für die Bilanzierung latenter Steuern grundlegend geändert. Wegen weiterer Einzelheiten wird auf den Aktivposten 16. verwiesen (vgl. Kapitel 5.2.17.2.2).[3004]

Passive latente Steuern ergeben sich aus folgenden Konstellationen, die zu einer steuerlichen Mehrbelastung führen und durch den Ansatz einer passiven latenten Steuer (Aktiva: Handelsbilanzwert > Steuerbilanzwert; Passiva:

[3003] Vgl. 189. Sitzung des IDW BFA, FN 2004, 698.
[3004] Vgl. auch Ritzrow, StBp 2012, 174 ff. (Teil III).

Handelsbilanzwert < Steuerbilanzwert) unter Beachtung der Gesamtdifferenzbetrachtung bilanziell zu antizipieren sind:

- Schuldposten werden nur in der Steuerbilanz angesetzt, nicht jedoch in der Handelsbilanz.[3005]
- Schuldposten werden in der Steuerbilanz höher bewertet als in der Handelsbilanz.[3006]
- Vermögensgegenstände[3007] und Rechnungsabgrenzungsposten werden nur in der Handelsbilanz angesetzt, nicht jedoch in der Steuerbilanz.
- Vermögensgegenstände[3008] und Rechnungsabgrenzungsposten werden in der Handelsbilanz höher bewertet als in der Steuerbilanz.

Auflösung latenter Steuern

Passive latente Steuern nehmen eine künftige Steuerbelastung bilanziell zeitlich vorweg. Sofern ein Unternehmen künftig mit steuerlichen Verlusten rechnet, kann hierdurch auch die Belastungswirkung von bestehenden latenten Steuern infrage gestellt sein.[3009]

Meinungsstreit der Berufsstände

Die Bundessteuerberaterkammer hat am 12.10.2012[3010] eine Verlautbarung zum Ausweis passiver latenter Steuern als Rückstellung in der Handelsbilanz veröffentlicht. Darin vertritt sie hinsichtlich des Ansatzes und der Bewertung von Rückstellungen für latente Steuern nach § 249 Abs. 1 Satz 1 HGB eine Auffassung, die von IDW RS HFA 7 n.F. Tz. 26 bis Tz. 28 abweicht. Wegen

---

[3005] Beispiel: Durch die Bildung steuerlicher Rücklagen (zB § 6b EStG) kann die Versteuerung stiller Reserven aufgeschoben werden. In der Handelsbilanz dürfen solche Posten nicht neu gebildet werden (keine umgekehrte Maßgeblichkeit mehr).

[3006] Beispiel: Die Abzinsung von Rückstellungen in der Handelsbilanz wird mit einem anderen Zinssatz vorgenommen als in der Steuerbilanz (Steuerbilanz: 5,5 %). Ein niedrigerer Wertansatz in der Handelsbilanz entsteht dann, wenn der Zinssatz in der Handelsbilanz den in der Steuerbilanz übersteigt.

[3007] Beispiel: Selbst geschaffene immaterielle Anlagewerte dürfen in der Handelsbilanz aktiviert werden (§ 248 Abs. 2 HGB), in der Steuerbilanz jedoch nicht.

[3008] Beispiel: Die betriebsgewöhnliche Nutzungsdauer in der Steuerbilanz weicht von der Abschreibungsdauer in der Form ab, dass der handelsrechtliche Wertansatz höher ist als der in der Steuerbilanz. Entsprechendes gilt, wenn die Abschreibungsmethode in der Handelsbilanz von der in der Steuerbilanz abweicht.

[3009] Vgl. Meyer, BB 2011, 2539 ff.

[3010] Vgl. Bundessteuerberaterkammer, DStR 2012, 2296.

weiterer Einzelheiten wird auf das hierzu veröffentlichte Schrifttum verwiesen.[3011] Das IDW hat sich am 15.10.2012 zu der Verlautbarung der Bundessteuerberaterkammer geäußert und lehnt diese ab.

5.3.8.3. Bewertung

Die Bewertung passiver latenter Steuern richtet sich nach denselben Regeln wie die Bewertung aktiver latenter Steuern (vgl. Kapitel 5.2.17.3.). Eine Abzinsung erfolgt nicht (§ 274 Abs. 2 Satz 1 HGB).

5.3.8.4. Anhangangaben

Für passive latente Steuern sind dieselben Anhangangaben zu machen wie für aktive latente Steuern, insbesondere die Angaben nach § 285 Nr. 28 und Nr. 29 HGB (vgl. Kapitel 5.2.17.4.).

Mit § 285 Nr. 30 HGB wurde iRd. BilRUG folgende neue Anhangangabe eingeführt: *„wenn latente Steuerschulden in der Bilanz angesetzt werden, die latenten Steuersalden am Ende des Geschäftsjahres und die im Laufe des Geschäftsjahres erfolgten Änderungen dieser Salden".* Die Erweiterung der bereits nach § 285 Nr. 29 HGB geforderten Angaben zu latenten Steuern wurde aufgrund von Art. 17 Abs. 1 Buchstabe f der EU-Bilanzrichtlinie erforderlich.[3012] Damit sind künftig auch quantitative Angaben zu den latenten Steuersalden und ihren Bewegungen im Geschäftsjahr anzugeben. Das bedeutet, dass insbesondere anzugeben ist, wie sich die entsprechenden latenten Steuern im Geschäftsjahr abgebaut oder aufgebaut haben. Diese Vorgabe ist entsprechend der EU-Bilanzrichtlinie auf die angesetzten latenten Steuerschulden begrenzt.

5.3.8.5. Prüfung des Postens

Die Prüfung erfolgt zweckmäßigerweise im Zusammenhang mit der Prüfung aktiver latenter Steuern.

[3011] Vgl. Haaker, StuB 2013, 247 ff.; Haddad/Henrich/Wolz, StuB 2013, 679 ff.; Kirsch/Hoffmann/Siegel, DStR 2012, 1290 ff.; Karrenbrock, BB 2013, 235 ff.; Pollanz, DStR 2013, 58 ff.; Wollmert/Oser (2014), 27 f.; Gröne/Meyering, DB 2014, 669 ff.

[3012] Vgl. Pöller, BC 2016, 104 mit Formulierungsbeispielen.

5.3.9.   Rückstellungen (Passiva 7.)

5.3.9.1.   Postenbezeichnung

Die Postenbezeichnung lautet nach dem Formblatt 1 der RechKredV wie folgt:

> 7. *Rückstellungen*
>   *a) Rückstellungen für Pensionen und ähnliche Verpflichtungen*
>   *b) Steuerrückstellungen*
>   *c) andere Rückstellungen*

Für **Zahlungsinstitute** und **E-Geld-Institute** lautet die Postenbezeichnung nach Formblatt 1 der RechZahlV wie folgt:

> 6. *Rückstellungen*
>   *a) Rückstellungen für Pensionen und ähnliche Verpflichtungen*
>   *aa) aus Zahlungsdiensten und aus der Ausgabe von E-Geld*
>   *bb) aus sonstigen Tätigkeiten*
>   *b) Steuerrückstellungen und ähnliche Verpflichtungen*
>   *aa) aus Zahlungsdiensten und aus der Ausgabe von E-Geld*
>   *bb) aus sonstigen Tätigkeiten*
>   *c) andere Rückstellungen*
>   *aa) aus Zahlungsdiensten und aus der Ausgabe von E-Geld*
>   *bb) aus sonstigen Tätigkeiten*

5.3.9.2.   Posteninhalt

5.3.9.2.1.   Rechnungslegungsverordnung

Für **Kredit-, Finanzdienstleistungs- und Wertpapierinstitute** enthält § 24 RechKredV eine Regelung zu Rückstellungen. Inhaltsgleich ist für **Zahlungs-institute und E-Geld-Institute** die Norm des § 18 RechZahlV.

Die Regelung des § 24 RechKredV bzw. § 18 RechZahlV, wonach für den Fall, dass im Unterposten „c) andere Rückstellungen" eine Rückstellung für einen drohenden Verlust aus einer unter dem Strich vermerkten Eventual-verbindlichkeit oder einem Kreditrisiko gebildet wird, der Posten unter dem Strich in Höhe des zurückgestellten Betrags zu kürzen ist, dient lediglich der Klarstellung. Für die Bildung und für die Bewertung von Rückstellungen gibt es keine institutsspezifischen gesetzlichen Vorschriften oder Besonder-heiten. Eine institutsspezifische Vorgabe stellt IDW RS BFA 3 n.F. dar, der beschreibt, wie die **verlustfreie Bewertung** des Bankbuchs erfolgen muss (vgl. auch Kapitel 4.3.4.).

5.3.9.2.2. Voraussetzungen für den Postenausweis

Sachverhalte, für die Rückstellungen zu bilden sind

Die Rückstellungen sind in der gleichen Dreiteilung wie bei Nichtbanken auszuweisen. Damit sind auch von Instituten die Steuerrückstellungen[3013] gesondert in der Bilanz zu zeigen. Die unterschiedliche Bezeichnung des Unterpostens „c) andere Rückstellungen" bei Instituten gegenüber „sonstige Rückstellungen" bei Nichtbanken hat keine materiellen Ursachen.

Die gesetzliche Grundlage für die Bildung von Rückstellungen bei Instituten ist § 340a Abs. 1 iVm. § 249 Abs. 1 HGB; danach sind in der Handelsbilanz Rückstellungen zu bilden für:

* ungewisse Verbindlichkeiten,
* drohende Verluste aus schwebenden Geschäften,
* im Geschäftsjahr unterlassene Aufwendungen für Instandhaltung, die im folgenden Geschäftsjahr innerhalb von 3 Monaten nachgeholt werden,
* im Geschäftsjahr unterlassene Aufwendungen für Abraumbeseitigung, die im folgenden Geschäftsjahr nachgeholt werden,
* Gewährleistungen, die ohne rechtliche Verpflichtung erbracht werden.

Daneben sind (passive) latente Steuern zu passivieren (§ 274 Abs. 1 Satz 1 HGB). Diese sind im Passivposten 6a. auszuweisen (vgl. Kapitel 5.3.8.)

Für andere als in § 249 Abs. 1 HGB ausdrücklich bezeichneten Zwecke dürfen Rückstellungen nicht gebildet werden (§ 249 Abs. 2 Satz 1 HGB). Rückstellungen dürfen nur aufgelöst werden, soweit der Grund hierfür entfallen ist (§ 249 Abs. 2 Satz 2 HGB).

Für die Frage, ob eine Rückstellung auszuweisen ist, ist auf die Verhältnisse am Abschlussstichtag abzustellen. Dabei sind alle Umstände und Risiken zu berücksichtigen, die bis zum Abschlussstichtag entstanden sind. Wertaufhellende Tatsachen sind zu beachten.

[3013] Zu Steuerrückstellungen vgl. Herzig/Liekenbrock, DB 2013, 409; zu Nachforderungen aufgrund BP und Steuerfahndungsprüfung vgl. OFD Niedersachsen, Vfg. vom 22.8.2013, DB 2013, 2534 f. und BFH-Urteil vom 22.8.2012, BStBl. 2013 II, 76 ff.

Zweck der Passivierung von Rückstellungen ist es, Aufwendungen dem Wirtschaftsjahr zuzuordnen, in dem sie entstanden bzw. verursacht worden sind. Es handelt sich mithin um künftige Ausgaben, die das abgelaufene Wirtschaftsjahr betreffen und dem Grunde und/oder der Höhe nach am Abschlussstichtag noch ungewiss sind.

Rückstellungen dienen der Erfassung von dem Grunde und/oder der Höhe nach ungewissen Verbindlichkeiten (sog. Verbindlichkeitsrückstellungen) und von drohenden Verlusten aus schwebenden Geschäften (sog. Drohverlustrückstellungen) sowie von bestimmten Aufwendungen (sog. Aufwandsrückstellungen).

Rückstellungen dürfen grundsätzlich nicht deshalb unterbleiben, weil ausreichend stille Reserven zur Deckung des Rückstellungsbedarfs vorhanden sind oder weil ggf. gleichwertige Rückgriffsrechte bestehen. Hier greift das Saldierungsverbot.

Nach § 253 Abs. 1 HGB sind Rückstellungen in Höhe des nach **vernünftiger kaufmännischer Beurteilung** notwendigen **Erfüllungsbetrags** anzusetzen.[3014] § 253 Abs. 2 Satz 1 HGB bestimmt, dass Rückstellungen mit einer Restlaufzeit von mehr als einem Jahr mit dem ihrer Restlaufzeit entsprechenden durchschnittlichen Marktzinssatz, der sich im Fall von Rückstellungen für Altersversorgungsverpflichtungen aus den vergangenen zehn Geschäftsjahren und im Fall sonstiger Rückstellungen aus den vergangenen sieben Geschäftsjahre ergibt, abzuzinsen sind. Für Pensionsrückstellungen enthält § 253 Abs. 2 Satz 2 HGB ein Wahlrecht, diese abweichend von § 253 Abs. 2 Satz 1 HGB pauschal mit dem durchschnittlichen Marktzinssatz abzuzinsen, der sich bei einer angenommenen Restlaufzeit von 15 Jahren ergibt. Die Regierungsbegründung zum BilMoG empfiehlt, die Effekte aus der Ab- und Aufzinsung im **Rückstellungsspiegel** gesondert darzustellen.[3015]

Da für Institute dieselben Grundsätze für die Bildung von Rückstellungen zu beachten sind wie für Industrie-, Dienstleistungs- und Handelsunternehmen, kann auf die allgemeine Kommentarliteratur verwiesen werden.

[3014] Eine kaufmännisch vernünftige Beurteilung berücksichtigt ua. alle Fakten und Umstände, sowohl Chancen als auch Risiken, bedenkt den Grundsatz der Vorsicht und ist in sich schlüssig und willkürfrei – dh. sie ist aus den objektiven Gegebenheiten des Einzelfalls logisch ableitbar bzw. nachvollziehbar; vgl. auch ADS 6. Aufl., § 252 Rn. 74, § 253 HGB Rn. 188 ff.

[3015] Vgl. BR-Drucks. 344/08, 119; zum Rückstellungsspiegel vgl. Pollanz, DStR 2009, 1824 ff.

a) Rückstellungen für ungewisse Verbindlichkeiten

Voraussetzung für die Bildung einer Rückstellung für **ungewisse Verbindlichkeiten** ist,[3016]

a) die Wahrscheinlichkeit des künftigen rechtlichen Entstehens einer dem Grund und/oder der Höhe nach ungewissen Verbindlichkeit,
b) die wirtschaftliche Verursachung[3017] der Verbindlichkeit in der Zeit vor dem Bilanzstichtag und
c) der Schuldner muss ernsthaft mit einer Inanspruchnahme rechnen.

Gegenstand der Verbindlichkeit können nicht nur Geldschulden, sondern auch Sachleistungsverpflichtungen oder Werkleistungspflichten sein. Es muss sich bei diesen Verpflichtungen um eine betrieblich veranlasste Verpflichtung ggü. einem Dritten (**Außenverpflichtung**) oder eine öffentlich-rechtliche Verpflichtung handeln. Der Dritte muss vom bilanzierenden Institut ein bestimmtes Tun oder Unterlassen verlangen können.

Zu den Verbindlichkeitsrückstellungen gehören auch Rückstellungen für Pensionen und ähnliche Verpflichtungen und Steuern.

Die Verpflichtung kann sich ergeben aus einem abgeschlossenen Vertrag, einem Dauerschuldverhältnis, gesetzlichen Schuldverhältnissen (zB Schadenersatz), öffentlich-rechtlichen Bestimmungen[3018] oder behördlichen Auflagen. Nicht zwingend erforderlich ist, dass die dritte Person, ggü. der eine Verpflichtung besteht, dem Institut namentlich bekannt ist (zB bei Produkthaftung, wenn ein Produktfehler bekannt wird und mit einer überwiegenden Wahrscheinlichkeit bei den Benutzern Schäden entstehen werden). Es darf kein drohender Verlust aus einem schwebenden Geschäft sein.

[3016] Vgl. Heidel/Schall (Hrsg.), § 249 HGB Rn. 18 ff. mwN. WPH Edition, Wirtschaftsprüfung & Rechnungslegung, 17. Aufl., Kapitel F Tz. 566 ff.
[3017] Vgl. Brösel/Haaker, BFuP 2013, 227 ff.; Kolbe, StuB 2017, 375 ff.
[3018] Rückstellungen für öffentlich-rechtliche Verpflichtungen, vgl. Petersen, WPg 2019, 1079 ff.

Zur Rückstellungsbildung bei einer öffentlich-rechtlichen Verpflichtung[3019] muss entweder ein **Verwaltungsakt** (zB Bescheid) vorliegen, der das Institut zu einer bestimmten Handlung auffordert, oder ein **Gesetz** bestehen, das

a) in sachlicher Hinsicht ein inhaltlich genau bestimmtes Handeln verlangt,

b) in zeitlicher Hinsicht ein Handeln innerhalb eines bestimmten Zeitraums fordert, das in zeitlicher Nähe zum betreffenden Wirtschaftsjahr liegt und

c) die Verletzung bzw. Nichtbefolgung einer öffentlich-rechtlichen Verpflichtung mit einer Saktionsbewehrung verbindet.[3020]

Die wirtschaftliche Verursachung setzt voraus, dass der Tatbestand, an den das Gesetz oder der Vertrag die Verpflichtung knüpft, im Wesentlichen verwirklicht ist. Die Verpflichtung darf nicht nur an Vergangenes anknüpfen, sie muss auch Vergangenes abgelten.

Eine Rückstellungsbildung scheidet aus, wenn die Aufwendungen in künftigen Wirtschaftsjahren als Anschaffungs- oder Herstellungskosten eines Vermögensgegenstands zu aktivieren sind. Die Bilanzierung einer Rückstellung erfordert das Vorhandensein einer wirtschaftlichen Belastung. Dies ist bei aktivierungspflichtigen Aufwendungen grundsätzlich nicht gegeben, weil mit der Vermögensbelastung gleichzeitig ein Vermögenszugang verbunden ist. Die Aufwandswirksamkeit fällt erst später iRd. künftigen Nutzung über Abschreibungen an, wofür keine Rückstellungen gebildet werden dürfen.[3021]

Dem Grunde oder der Höhe nach ungewisse Verpflichtungen sind bei Vorliegen der Ansatzvoraussetzungen als Rückstellungen zu passivieren, grundsätzlich unabhängig von etwaigen Vereinbarungen mit Dritten hinsichtlich einer **wirtschaftlichen Entlastung.** Stellt ein Dritter das bilanzierende Institut von einer bestimmten Verpflichtung frei, für die eine Rückstellung zu bilden ist, ist dieser **Rückgriffsanspruch** aufgrund des Saldierungsverbots nach § 246 Abs. 2 Satz 1 HGB grundsätzlich gesondert zu aktivieren, soweit die Aktivierungsvoraussetzungen gegeben sind.[3022]

Ist die ungewisse Verbindlichkeit am Bilanzstichtag bereits rechtlich entstanden und der Höhe nach ungewiss, muss die Inanspruchnahme drohen. Zu Einzelheiten zur Bewertung von **Verbindlichkeitsrückstellungen** vgl. IDW RS HFA 34.

[3019] Vgl. Petersen, WPg 2019, 1079 ff.
[3020] Vgl. Heidel/Schall, § 249 HGB Rn. 26 mwN.
[3021] Vgl. Heidel/Schall, § 249 HGB Rn. 36 mwN.
[3022] Vgl. Heidel/Schall, § 249 HGB Rn. 38a mwN.

Mit Urteil vom 22.1.2020[3023] hat der BFH wie folgt entschieden: *„Ungeachtet einer bestehenden Außenverpflichtung ist ein Ansatz einer Verbindlichkeitsrückstellung (§ 249 Abs. 1 Satz 1 HGB) dann ausgeschlossen, wenn die Verpflichtung in ihrer wirtschaftlichen Belastungswirkung von einem **eigenbetrieblichen Interesse 'überlagert'** wird“.* Unter Beachtung des Verbots sog. Aufwandsrückstellungen (§ 249 Abs. 2 Satz 1 HGB) setze der Ansatz als Verbindlichkeitsrückstellung eine Verpflichtung voraus, die ggü. einer dritten Person besteht (sog. Außenverpflichtung) und als erzwingbarer Anspruch eine wirtschaftliche Belastung darstelle. Fälle, in denen eine bestehende Außenverpflichtung durch ein eigenbetriebliches Interesse bei wirtschaftlicher Betrachtung vollständig überlagert werde, liege der Sache nach eine Aufwandsrückstellung vor. Kolbe[3024] setzt sich kritisch mit dem Urteil auseinander und kommt zum Ergebnis, dass der BFH mit diesem Urteil dem Merkmal des eigenbetrieblichen Interesses eine eigenständige Bedeutung als Ausschlussmerkmal für die Bildung einer Rückstellung für ungewisse Verbindlichkeiten beigemessen habe. Er kommt zum Ergebnis, dass es fraglich erscheint, ob dieses Kriterium dogmatisch tragfähig ist, weil die Bildung einer Rückstellung immer betrieblich veranlasst sein muss und deshalb auch bei einer Außenverpflichtung immer auch ein eigenbetriebliches Interesse besteht. Ausführlich zu eigenbetrieblichen Interesse vgl. Hommel/Stein/Ummenhofer.[3025]

b) Rückstellungen für drohende Verluste aus schwebenden Geschäften

Gegenstand der Rückstellungen für drohende Verluste aus schwebenden Geschäften nach § 249 Abs. 1 Satz 1 HGB ist der **Aufwandsüberschuss** aus schwebenden Geschäften. Dieser Aufwandsüberschuss ist bilanziell aufgrund des Vorsichtsgrundsatzes (Imparitätsprinzip) gemäß § 252 Abs. 1 Nr. 4 HGB zu antizipieren.[3026]

Für den Ansatz einer **Drohverlustrückstellung** ist Voraussetzung, dass es sich

    a) um ein sog. schwebendes Geschäft handelt, aus dem
    b) ein Verlust droht.

Ein **schwebendes Geschäft** im bilanzrechtlichen Sinn ist ein Vertragsverhältnis, das auf gegenseitigen Leistungsaustausch gerichtet ist, wobei die Ver-

---

[3023] Vgl. BFH-Urteil vom 22.1.2020, XI R 2/149, NWB SAAAH-50690; DB 2020, 1317 ff.
[3024] Vgl. Kolbe, StuB 2020, 582 ff.
[3025] Vgl. Hommel/Stein/Ummenhofer, WPg 2021, 80 ff.
[3026] Vgl. Heidel/Schall, § 249 HGB Rn. 39; WPH Edition, Wirtschaftsprüfung & Rechnungslegung, 17. Aufl., Kapitel F Tz. 625 ff.

tragspartner ihre wesentlichen Vertragspflichten noch nicht (voll) erfüllt haben. Zum Begriff des schwebenden Geschäfts vgl. IDW RS HFA 4 Tz. 2 ff.

Schwebende Geschäfte können sich aus einmaligen Liefer- bzw. Leistungsverträgen oder aus Dauerschuldverhältnissen ergeben. Möglich ist auch, dass schwebende Geschäfte aus wiederkehrenden Einzellieferungen bzw. Sukzessivlieferungen oder -leistungen (mit festen Preisvereinbarungen und Absatzmengen) bestehen. Zu den schwebenden Geschäften zählen auch Forderungen und Verbindlichkeiten sowie Derivate.

Der **Schwebezustand** beginnt grundsätzlich mit dem rechtswirksamen Abschluss des Vertrags, es sei denn, eine aufschiebende Bedingung schließt die Rechtswirksamkeit aus (zB Gremienvorbehalt[3027]).[3028] Der Schwebezustand dauert an. solange die Sach-/Dienstleistung noch nicht erfüllt ist. Zu Beginn und Ende des Schwebezustands wird auf die einschlägigen Kommentierungen zu § 249 HGB verwiesen.

Für die Rückstellungsbildung genügt nicht die bloße Möglichkeit des Verlusteintritts. Ein **drohender Verlust** besteht, wenn der Wert der Leistungsverpflichtung den Wert des Gegenleistungsanspruchs übersteigt (sog. Verpflichtungsüberhang). Zu weiteren Einzelfragen vgl. IDW RS HFA 4 Tz. 15 f. Entscheidend sind die objektiven Wertverhältnisse am Bilanzstichtag. Eine Drohverlustrückstellung ist grundsätzlich auch dann zu bilden, wenn das verlustbringende Geschäft bewusst eingegangen wurde.

Der erstmalige Ansatz einer Drohverlustrückstellung hat in Höhe des Erfüllungsbetrags, dh. zum **Barwert**, zu erfolgen (Nettomethode). Im Falle **drohender Verluste aus Derivaten** (zB Devisentermingeschäfte, Forward Rate Agreements, Optionen, Swaps) entspricht der Erfüllungsbetrag, der nach vernünftiger kaufmännischer Beurteilung notwendig ist, um den aus dem schwebenden Geschäft drohenden Verlust zu antizipieren, dem **negativen beizulegenden Zeitwert** (negativer Marktwert) iSd. § 255 Abs. 4 Satz 1 oder Satz 2 HGB des betreffenden Derivats am Abschlussstichtag, ggf. abzüglich einer bereits passivierten Optionsprämie bzw. korrigiert um abzugrenzende Zinsen bei Zinsswaps.

Auch wenn das Derivat am Abschlussstichtag eine Restlaufzeit von mehr als einem Jahr hat, erübrigt sich eine Abzinsung der Drohverlustrückstellung nach

---

[3027] Besteht bei einem Gremienvorbehalt ein faktischer Zwang des Bilanzierenden zur Zustimmung, dominiert ein solcher Zustimmungszwang den Gremienvorbehalt, so dass in diesem Fall von einem schwebenden Geschäft auszugehen ist.
[3028] Vgl. Heidel/Schall, § 249 HGB Rn. 44 f. mwN.

§ 253 Abs. 2 Satz 1 HGB, da der Abzinsungseffekt bereits im negativen beizulegenden Zeitwert (negativen Marktwert) berücksichtigt ist (IDW RS HFA 4 Tz. 44).

Zur Bilanzierung von Derivaten vgl. Kapitel 4.12.; zur Bilanzierung von Bewertungseinheiten vgl. Kapitel 4.11. Zur Rückstellung aufgrund der verlustfreien Bewertung des Bankbuchs vgl. Kapitel 4.3.4.

c) Rückstellungen für unterlassene Instandhaltung (und Abraumbeseitigung)

Mit dem BilMoG wurden § 249 Abs. 1 Satz 3 und Abs. 2 HGB gestrichen. Damit wurde das Wahlrecht zur Bildung von Aufwandsrückstellungen aufgehoben. (Aufwands-) **Rückstellungen für unterlassene Instandhaltung**, die im folgenden Geschäftsjahr innerhalb von drei Monaten nachgeholt werden und die auch steuerlich gebildet werden dürfen (§ 249 Abs. 1 Satz 2 Nr. 1 HGB), sind dagegen unverändert zu passivieren.[3029]

Zurückzustellen ist nur der Instandhaltungsaufwand, der aus der Innenverpflichtung heraus entsteht. Vom Instandhaltungsaufwand abzugrenzen ist der Aufwand für regelmäßige Wartungs- und Erhaltungsarbeiten. Letztere dürfen nicht in die Rückstellung eingerechnet werden. Eine weitere Voraussetzung ist, dass die Instandhaltung im Geschäftsjahr notwendig geworden ist und auch dann hätte durchgeführt werden müssen. Für den Zeitraum zwischen dem Entstehen der Instandhaltungsnotwendigkeit und dem Geschäftsjahresende gibt es keine Vorschrift. Für die Nachholung im neuen Geschäftsjahr gilt die Frist von drei Monaten.

Hat das Institut hingegen ggü. Dritten die Verpflichtung, eine Instandhaltung vorzunehmen, wird diese als Rückstellung für ungewisse Verbindlichkeiten erfasst; in diesem Fall gilt die Bestimmung, dass die Instandhaltung in den ersten drei Monaten nachgeholt sein muss, naturgemäß nicht.

Da **Abraumbeseitigungen** für Institute idR nicht relevant sind, wird diesbezüglich auf die allgemeine Literatur und Kommentierung verwiesen

d) Rückstellungen für Gewährleistungen (ohne rechtliche Verpflichtung)

Gewährleistungen ohne rechtliche Verpflichtung sind sog. Kulanzleistungen. Rückstellungen hierfür dürfen nur gebildet werden, wenn sich das Institut den Gewährleistungen aus geschäftlichen Erwägungen nicht entziehen kann.

[3029] Vgl. Köhler, StBp 2017, 277 ff.; WPH Edition, Wirtschaftsprüfung & Rechnungslegung, 17. Aufl., Kapitel F Tz. 634 ff.

Brutto- versus Nettodarstellung der Rückstellungen

Nicht eindeutig gesetzlich geregelt ist die Frage, ob bei der erstmaligen Passivierung einer langfristigen Rückstellung in der Gewinn- und Verlustrechnung der gesamte Erfüllungsbetrag (brutto) der Verpflichtung als Aufwand und die Rückstellungsabzinsung als Ertrag zu zeigen ist (Bruttodarstellung) oder ob es auch allein als zulässig anzusehen ist, nur den Barwert der Verpflichtung und der jeweiligen Primäraufwendungen auszuweisen (Nettodarstellung).

Für Drohverlustrückstellung (IDW RS HFA 4 Tz. 43) sowie Pensionsrückstellungen (IDW RS HFA 30 n.F. Tz. 59) ist nur die Nettodarstellung zulässig.

Da bei der Nettodarstellung der Ausweis der Rückstellungszuführung in der Gewinn- und Verlustrechnung in Höhe der tatsächlichen finanziellen und wirtschaftlichen Belastung aus der Verpflichtung zum Ausdruck kommt, ist diese als bevorzugte Methode anzusehen. Ein Bruttoausweis kann jedoch nicht beanstandet werden. Die gewählte Methode ist stetig anzuwenden und im Anhang zu erläutern.

Wird der Nettoausweis gewählt, empfiehlt sich ein **Rückstellungsspiegel**, in dem die Auswirkungen aus der Ab- und Aufzinsung von Rückstellungen gesondert gezeigt werden. Dabei empfiehlt es sich, sowohl die Entwicklung der Erfüllungsbeträge der Rückstellungen als auch die der kumulierten Ab- bzw. Aufzinsungsbeträge in einem Geschäftsjahr gesondert zu zeigen.

Ausweis der Abzinsungs- und Aufzinsungsbeträge in der GuV bei Instituten

Hinsichtlich des Ausweises von Aufwendungen aus der Aufzinsung bzw. von Erträgen aus der Abzinsung ist bei Instituten zu unterscheiden, ob es sich um eine Rückstellung für das Bankgeschäft oder das Nichtbankgeschäft handelt.[3030] Dies ergibt sich aus § 340a Abs. 2 iVm. § 277 Abs. 5 Satz 1 HGB unter Beachtung von §§ 28, 29 RechKredV. Diese Unterscheidung ist bei einer teleologischen Auslegung der Norm sachgerecht. Somit erfolgt der Ausweis der Ab- bzw. Aufzinsungsbeträge wie folgt:

- Rückstellungen aus dem Kreditgeschäft:
  Ausweis im Zinsaufwand bzw. Zinsertrag.
- Rückstellungen aus dem Nichtbankgeschäft:
  Ausweis in den sonstigen betrieblichen Aufwendungen bzw. Erträgen.

[3030] Vgl. Goldschmidt/Meyding-Metzger/Weigel, IRZ 2010, 63 f.; aA Bleck, Betriebswirtschaftliche Blätter 2010, 533.

Da § 277 Abs. 5 Satz 1 HGB einen gesonderten Ausweis verlangt, ist der Auf- bzw. Abzinsungseffekt als Davon-Vermerk bei den vorstehend genannten Posten der Gewinn- und Verlustrechnung anzugeben.[3031]

Änderungen in der Höhe der **Rückstellungen für das Kreditgeschäft**, die sich aufgrund einer **Schätzungsänderung der Restlaufzeit** der Rückstellung ergeben, sind dagegen im Risikovorsorge-Ergebnis (Überkreuzkompensation) zu zeigen, da diese Effekte im Kern nicht auf Stundungseffekte, sondern auf bonitätsbedingte Änderungen zurückzuführen sind.[3032]

Änderungen in den Abzinsungszinssätzen bei Rückstellungen für das Kreditgeschäft sind nicht bonitätsbedingt, sondern primär zinsbedingt und eigentlich auch dementsprechend zu zeigen.[3033] Dieser Effekt ist mit dem Effekt aus einer reinen Barwertfortschreibung vergleichbar. Da diese Effekte ihre Ursache letztlich aber auch innerhalb der Risikovorsorge haben, wird es hier für zulässig erachtet, diese ebenso wie Schätzungsänderungen in der Restlaufzeit dem Risikovorsorgeergebnis zuzuordnen.[3034] Dies ist im Anhang anzugeben.

Übersicht über Rückstellungen im Einzelnen

Aus der institutsspezifischen Geschäftstätigkeit können sich vor allem die nachfolgend genannten Rückstellungserfordernisse ergeben. Diese Aufzählung ist nicht abschließend.[3035]

- Rückstellung für schwebende Geschäfte, insbesondere derivative Finanzgeschäfte wie bspw. Optionen, Termingeschäfte, Swaps, Caps, Floors usw. (zur Bilanzierung und Bewertung von ausgewählten Derivaten vgl. Kapitel 4.12.),
- Mitarbeiteroptionen[3036] und Aktienoptionspläne bzw. -programme[3037],

---

[3031] Ebenso Goldschmidt/Meyding-Metzger/Weigel, IRZ 2010, 63 f.

[3032] Ebenso Goldschmidt/Meyding-Metzger/Weigel, IRZ 2010, 63 f.

[3033] AA Goldschmidt/Meyding-Metzger/Weigel, IRZ 2010, 63 f., die diesbezüglich davon ausgehen, dass dieser Effekt bonitätsbedingt ist.

[3034] Im Ergebnis ebenso Goldschmidt/Meyding-Metzger/Weigel, IRZ 2010, 63 f.

[3035] Anwendungsfälle und ABC von Rückstellungen vgl. WPH Edition, Wirtschaftsprüfung & Rechnungslegung, 17. Aufl., Kapitel F Tz. 638 ff.; Bolin/Dreyer/Schäfer (Hrsg.), 299 ff.; DGRV (Hrsg.), Jahresabschluss, B. Rn. 968 ff.

[3036] Vgl. Kropp, DStR 2002, 1919 ff. mwN.

[3037] Vgl. Oser/Wirtz, StuB 2016, 3 ff.; BFH-Urteil vom 15.3.2017, BB 2017, 1904 ff., HFR 2017, 807 ff.; Oser/Wirtz, StuB 2018, 1 f.; Zwirner/Tippelhofer, Beilage zu StuB Heft 9/2017, 9; Prinz, WPg 2017, 1318 f.; Kolbe, StuB 2017, 729 ff.; HFA, IDW Life 2017, 1229; Fischer/Schmid, DStR 2018, 1629 ff.

- Steuernachzahlungen einschließlich Zinszahlungen aufgrund von Steuernachforderungen;[3038] zur Ansicht des HFA zur handelsrechtlichen Bilanzierung vgl. Oser[3039] und Eggert[3040],
- Verbindlichkeiten mit steigender bzw. fallender Verzinsung (Stufenzinsanleihen, Step-up- bzw. Step-down-Anleihen, Zuwachssparen, Wachstumssparen bzw. Wachstumszertifikate usw. vgl. auch Kapitel 4.9.2.),
- Ausschüttungen auf Genussrechtskapital und stille Einlagen,
- Lohnfortzahlung im Krankheitsfall,
- Kontoauszugsversand,[3041]
- Rückzahlung von Abschlussgebühren bei Darlehensverzicht[3042],
- Prämien und Boni aus Bonussparverträgen,
- verlustfreie Bewertung des Bankbuchs (vgl. auch Kapitel 4.3.4.),
- Beiträge für Einlagensicherung,[3043]
- Beiträge bzw. Sonderbeiträge für Entschädigungseinrichtungen,[3044]
- Haftungsrisiken aus der Übernahme von Bürgschaften und Gewährleistungen,[3045]
- Haftungsrisiken aus sog. harten Patronatserklärungen,[3046]

[3038] Vgl. Pflaum, StBp 2019, 176 ff.; Brauchle/Spingler/Tenzer, WPg 2019, 664 ff.; FG Münster, Urteil vom 20.8.2019 – 12 K 2903/15 F, F, rkr., DStRE 2019, 1502; FG Münster, Urteil vom 20.8.2019 – 12 K 2903/13 G, F, rkr. DStRK 2020, 16 ff..

[3039] Vgl. OFD Frankfurt/M, Vfg. vom 22.4.2013, DB 2013, 1084 f.; OFD Niedersachsen, Vfg. vom 22.8.2013, DStR 2014, 596; Oser, StuB 2014, 49 f.; Oser/Wirtz, StuB 2022, 1 ff.

[3040] Vgl. Eggert, BBK 1/2022, 16 ff.

[3041] Vgl. OFD Frankfurt, Vfg. vom 2.5.2002, DStR 2002, 1267 (DB 2002, 1133); OFD Koblenz, Kurzinformation vom 17.2.2004, DStZ 2004, 385.

[3042] Vgl. BFH-Urteil vom 12.12.0990 – IR 153/86, DB 1991, 786.

[3043] Vgl. BFH-Urteil vom 13.11.1991, BStBl. II, 1992, 177; Groh, StuW 1992, 178 ff., 184; Mathiak, DStR 1992, 449 ff.; 457, Kessler, DStR 1996, 1430 ff., 1436 ff.; BFH-Urteil vom 5.4.2017, DB 2017, 1422 ff. und BB 2017, 1712 ff.; Gaber, 2. Aufl., 553 ff.

[3044] Vgl. Bacher, BKR 4/2007, 140 ff.; Basak, BB 2007, 897 ff.; Bacher/Jautz, BKR 2011, 99 ff.; BFH-Urteil vom 5.4.2017, DB 2017, 1422 ff. und BB 2017, 1712 ff.; Oser/Wirtz, StuB 2018, 8; Farwick, StuB 2018, 811 ff.; OFD Münster, Kurzinfo ESt Nr. 004/2009 vom 9.2.2009, Stub 2009, 200 ff.; FG München, Urteil vom 29.1.2018 rkr., EFG 2018, 1437 ff. mit Erläuterungen von Oser/Wirtz, StuB 102.

[3045] Vgl. BFH-Urteil vom 24.7.1990, BFH/NV 1991, 588; OFD München/Nürnberg, Vfg. vom 12.4.2002, WPg 2002, 778 f.; Hahne, BB 2005, 819 ff.; FG München, Beschluss vom 21.1.2004 (rkr.), EFG 2004, 641; BFH-Urteil vom 12.6.2013, BFH/NV 2013, 1622 ff.; Prinz, WPg 2019, 978 ff. mit Erläuterung der BFH-Rechtsprechung; DGRV (Hrsg.), Jahresabschluss, B. Rn. 975.

[3046] Vgl. BFH-Urteil vom 25.10.2006, DB 2007, 492 ff.; vgl. Pagels/Lüder, WPg 2017, 230 ff.; zur Patronatserklärung in der Insolvenz vgl. BGH-Beschluss vom 12.1.2017, AG 2017, 315 f.

- mögliche Verluste aus einer Kreditausfallgarantie,[3047]
- Rücknahmepflichten aus Pensionsgeschäften,
- Prospekthaftung,[3048]
- Haftung aus Beratung (zB Anlageberatung, Kreditgeschäft),
- Rechtsstreitigkeiten, Prozesskosten,[3049]
- Vermittlungsprovisionen,
- Rückzahlung erhaltener Provisionen aus Vermittlungsgeschäften,
- Aufbewahrung von Geschäftsunterlagen,[3050]
- Disagioerstattung bei vorzeitiger Beendigung eines Darlehensvertrags,[3051]
- Provisionsfortzahlungen an einen Handelsvertreter,[3052]
- Verpflichtung zur Nachbetreuung,[3053]

[3047] Vgl. EuGH-Urteil vom 7.1.2003, BB 2003, 355 ff. und DStR 2003, 69; Breitweg, NWB Fach 17, 1747; BFH-Urteil vom 15.9.2004, BB 2005, 483 ff.

[3048] Vgl. Hessisches FG, Urteil vom 8.9.1992 (rkr.), BB 1993, 544; BGH, Beschluss vom 12.1.2006, WM 2006, 522, betreffend „Dreiländer Beteiligung".

[3049] Vgl. BFH-Urteil vom 11.11.2015, StuB 2016, 115; Oser/Wirtz, StuB 2017, 8 f.

[3050] Vgl. BFH-Urteil vom 19.8.2002, DB 2002, 2463 ff.; Maus, BBK Fach 12, 6771; OFD Münster, Kurzinformation ESt vom 21.1.2005 – Nr. 5/2005, BB 2005, 489; Marx, DB 2006, 169; OFD Magdeburg, Vfg. vom 21.9.2006, DB 2006, 2491; SenVerw. Berlin, Erlass vom 13.9.2006, DStR 2007, 156; IDW RH HFA 1.009; BFH-Urteil vom 18.1.2011, DB 2011, 794; Endert/Sepetauz, DStR 2011, 2060; BFH-Urteil vom 11.10.2012, BStBl. 2013 II, 676 ff., DStR 2013, 451 ff., DB 2013, 461 ff. WPg 2013 327 ff., hierzu vgl. Adrian, WPg 2013, 463 ff.; Weber-Grellet, BB 2014, 47; Oser, StuB 2014, 45 f.; Adrian, StuB 2014, 243 ff.; OFD Niedersachsen, Verf. vom 5.10.2015, DB 2015, 2726 f.

[3051] Vgl. BGH-Urteil vom 16.11.1993, DB 1994, 138; BGH-Urteil vom 19.10.1993, DB 1994, 138 f.; BGH-Urteil vom 12.10.1993, WM 1993, 2003 f.; OLG Hamm, Urteil vom 2.12.1992, WM 1993, 1842; LG Bielefeld, Urteil vom 17.5.1991, WM 1993, 457; LG Dortmund, Urteil vom 18.12.1991, WM 1993, 457; LG Siegen, Urteil vom 31.7.1991, WM 1993, 458.

[3052] Vgl. BFH-Urteil vom 24.1.2001, BStBl. 2005 II, 465; BdF-Schreiben vom 21.6.2005, BStBl. 2005 I, 802, DB 2005, 1418.

[3053] Vgl. BFH-Urteil vom 28.7.2004, HFR 2005, 218 f.; OFD Koblenz, Kurzinformation Nr. 126/05 vom 30.11.2005, BB 2006, 265; verschiedene Urteile des BFH vom 19.7.2011, zu finden bei http://www.bundesfinanzhof.de/entscheidungen/entscheidungen-online unter Nennung des Entscheidungsdatums sowie des Aktenzeichens X R 26/10, X R 8/10, X R 9/10 und X R 48/08; zu branchenspezifischen Rückstellungen von Anlageberatern und Versicherungsmaklern vgl. auch Endert, DB 2011, 2164 ff.; BMF-Schreiben vom 20.11.2012, BStBl. 2012 I, 1100; Happe, BBK 1/2012, 23 ff.; BFG, Urteil vom 12.12.2013, DStR 2014, 840 ff.; Schustek, DB 2015, 882 ff.; BFH-Urteil vom 13.7.2017, StuB 2017, 757; Grützner, StuB 2017, 918 ff.; Oser/Wirtz, StuB 2018, 9 f.

- Erfolgsprämien,[3054]
- Urlaubsansprüche/-rückstände,[3055]
- Aufwendungen aus Vermittlungsleistungen,
- Kreditzusagen bzw. Liquiditätszusagen,[3056]
- Rückstellungen bei strukturierten Finanzinstrumenten beim Schuldner,
- Bestandspflege und Vertragsstorno,[3057]
- Kosten künftiger Betriebsprüfungen (Außenprüfungen),[3058]
- bis zum Bilanzstichtag des Mutterunternehmens angefallener Verlust bei einem Tochterunternehmen (Verlustübernahme bei Beherrschungs- und Gewinnabführungsvertrag), wenn noch keine Verbindlichkeit gebucht werden kann,
- Aufsichtsratsvergütung für das abgelaufene Geschäftsjahr, sofern die Höhe noch nicht eindeutig feststeht,
- Bankenabgabe[3059],

[3054] Vgl. BFH-Urteil vom 2.12.1992, BStBl. II 1993, 109; BFH-Urteil vom 18.6.1980, BStBl. II 1980, 741.

[3055] Vgl. Eppinger/Daubner/Frik, WPg 2018, 91 ff.; DGRV (Hrsg.), Jahresabschluss, B. Rn. 971 mit einem Berechnungsschema; Happe, BBK 15/2021, 721 mit elektronischer Arbeitshilfe.

[3056] Vgl. Positionspapier des IDW zu Bilanzierungs- und Bewertungsfragen im Zusammenhang mit der Subprime-Krise, IDW FN 2008, 1 ff.

[3057] Vgl. Endert, DB 2011, 2164 ff.

[3058] Vgl. BFH-Urteil vom 6.6.2012, DB 2012, 2019 ff.; BB 2012, 2490 ff., BStBl. II 2013, 196 ff.; hierzu: Eckert, DB 2012, 2187 ff.; BMF-Schreiben vom 7.3.2013, BStBl. I 2013, 274, WPg 2013, 325; hierzu: Eckert, DB 2013, 901 f.; Oser, StuB 2014, 46 f.; Zwirner/Tippelhofer, Beilage zu StuB Heft 9/2017, 5.

[3059] Vgl. IDW, Berichterstattung über die 261 Sitzung, FN 2015, 448 ff.; und 263. Sitzung, IDW Life 1.2016, 57 f.; Hardtmann/Holzheimer, Die Bank 12.2015, 12 ff.; Henkel/Schneider/Tüns, WPg 2017, 22 ff.; Henkel/Schneider/Tüns, Anwendungsbeispiel, WPg 2017, 82 ff.; Löw/Borgmann, RdF 2017, 154 ff.; Hanten/Hanten, WM 2017, 649 ff.; Gaber, 2. Aufl., 552 f. mwN.; WPH Edition, Kreditinstitute, Kap. D. Rn. 685; Drüen, WM 2021, 1617 ff. (Teil 1), 1673 ff. (Teil 2); Gaber, 2. Aufl., 552 f..

- Rückstellung aufgrund der Unwirksamkeit von Vereinbarungen über Bearbeitungsgebühren[3060] bzw. Darlehensgebühren[3061] (BGH-Rechtsprechung),
- Umstrukturierungs- und Sozialplansrückstellungen,[3062]
- Buchführungsarbeiten für das abgelaufene Geschäftsjahr,[3063]
- Erstellung des Jahresabschlusses und dessen Offenlegung, Prüfungs- und Beratungskosten,[3064]
- Sicherungsgeberposition aus freistehenden Kreditderivaten (IDW RS BFA 1; vgl. Kapitel 4.12.6.),
- Schadenersatzleistungen wegen fehlerhaften Widerrufsbelehrungen iRv. (Verbraucher-) Darlehensverträgen,[3065]
- Haftungsrisiken aufgrund einer drohenden Inanspruchnahme aus Eventualverbindlichkeiten,

---

[3060] Vgl. IDW, Berichterstattung über die 256. Sitzung des BFA, FN 2015, 104 f.; Darstellung der Rechtsprechung des BGH vgl. Kropf, BKR 2015, 60 ff.; Bartlitz, BKR 2015, 1 ff.; zu gewerblichen Darlehen vgl. LG München, Urteil vom 22.8.2014 (rkr), ZIP 2015, 967 ff.; Lang/Schulz, WM 2015, 2173 ff.; Träber, AG 2015, R 94 f.; Bevern/Schmitt, BKR 2015, 323 ff.; Casper/Möllers, WM 2015, 1689 ff.; Hanke/Adler, WM 2015, 1313 f.; zu Förderdarlehen vgl. Feldhusen, WM 2015, 1397 ff.; zu öffentlich refinanzierten Darlehensverträgen vgl. Weber, WM 2016, 150 ff.; OLG Frankfurt, Urteil vom 13.4.2016, AG 2017, 37 ff.; OLG Frankfurt, Urteil vom 12.10.2016, AG 2017, 34 ff.; Etzbach/Janning, DB 2017, 2275 ff.; Analyse der bisherigen Rechtsprechung Piekenbrock, ZBB 2017, 325 ff.; BGH-Urteil vom 4.7.2017 (XI ZR 233/16), ZIP 2017, 1654, BB 2017, 2066; BGH-Urteil vom 4.7.2017 (XI ZR 562/15), ZIP 2017, 1610, BB 2017, 1601.; Welker, NWB 42/2017, 3219 ff.; Übersicht zu Verbraucher- und Unternehmensdarlehen Hofele, BBK 22/2017, 1066 ff.; BGH-Urteil vom 13.3.2018, (XI ZR 291/16), BB 2018, 1805 ff.; Schmid-Burgk, BB 2018, 1799 ff.; BGH-Urteil vom 17.4.2018 (XI ZR 238/16), EWiR 2018, 481 f. und BB 2018, 1802 ff.
[3061] Vgl. BGH-Urteil vom 8.11.2016, XI ZR 552/15; Welker, NWB 4/2017, 273 ff.; Piekenbrock, WEiR 3/2017, 65 f.
[3062] Vgl. Bolik/Schuhmann, StuB 2016, 679 ff.; FG Baden-Württemberg, Urteil vom 12.9.2017 (rkr.), EFG 2018, 1343 ff.; Hänsch, BBK 21/2018, S. 1014 ff.; DGRV (Hrsg.), Jahresabschluss, B. Rn. 988a,
[3063] Vgl. Zwirner/Tippelhofer, StuB Beilage zu Heft 9/2017, 3 mwN.
[3064] Externe und interne Aufwendungen für die Aufstellung des Jahresabschlusses und des Lageberichts, vgl. BFH-Urteil vom 20.3.1980, BStBl. 1980 II, 297 ff.; Aufwendung für die Prüfung und Veröffentlichung, vgl. BFH-Urteil vom 23.7.1980, BStBl. II 1981, 62 ff.; Aufwendungen für Buchführungsarbeiten nach dem Abschlussstichtag für Geschäftsvorfälle des abgelaufenen Geschäftsjahrs, vgl. BFH-Urteil vom 25.3.1992, BStBl. II 1992, 1010 ff.; Aufwendungen der Erstellung des Geschäftsberichts. Externe Aufwendungen für Honorare usw., interne Einzelkosten zzgl. angemessener Anteil der Gemeinkosten (Vollkosten); Zwirner/Tippelhofer, StuB Beilage zu Heft 9/2017, 3.
[3065] Vgl. IDW BFA, Berichterstattung über die 258. Sitzung, IDW FN 2015, 240 ff.; Wallner, BKR 2016, 177 ff. Zu den Leitlinien der Rechtsprechung des BGH zur Widerrufsbelehrung bei Verbraucherdarlehensverträgen vgl. Grüneberg, BKR 2019, 1 ff.

- Aufsichtsgebühren und Kostenumlagen von Aufsichtsbehörden,[3066]
- Jubiläumsaufwendungen, Treueprämien und Mitarbeiterbonus, Beihilfen,[3067]
- (Steuer-) Risiken aus Beteiligung an Cum/Cum-Transaktionen[3068] sowie Cum/Ex-Transaktionen,[3069]
- Rückstellung für ausstehende Rechnungen,
- (Verbraucherkredit-) Richtlinienwidrige Widerrufsbelehrung[3070],
- Altersfreizeit[3071],
- Unwirksamkeit von Klauseln bei Änderung der AGB[3072].

Termingeschäfte

Für alleinstehende **offene** Termingeschäfte, die weder dem Handelsbestand zuzurechnen noch Bestandteil einer Bewertungseinheit sind, sind Rückstellungen insoweit zu bilden, als mit Verlusten zu rechnen ist. Bei geschlossenen Positionen (Bewertungseinheit) kann ggf. auf eine Rückstellungsbildung verzichtet werden (kompensatorische Bewertung[3073]). Einzelheiten vgl. Kapitel 4.12.

Bei Termingeschäften zum Erwerb von **Aktien** und **anderen Wertpapieren** ist der **negative Marktwert** des Termingeschäfts für die Frage nach der Buchung einer Drohverlustrückstellung maßgeblich. Dies ist die nach den Grundsätzen ordnungsmäßiger Bilanzierung bei Derivaten übliche Methode zur Rückstellungsermittlung (fiktive Glattstellung des Termingeschäfts).

Für auf Termin gekaufte **Wertpapiere**, die für eine **langfristige Anlage** vorgesehen sind und nach der Lieferung als Anlagevermögen bilanziert werden, gilt Folgendes: Nur bei einem nachhaltigen Absinken des Kurses, ist eine

---

[3066] Vgl. Gaber, 2. Aufl., 555 ff. mwN.

[3067] Vgl. Endert, BBK 20/2016, 972 ff. mwN; Zwirner/Tippelhofer, Beilage zu StuB Heft 9/2017, 9 f.; Happe, BBK 22/2018, 1053 ff.; BMF-Schreiben vom 27.2.2020, IV C 6 – S 2137/19/10002:001, DB 2020, 471.

[3068] Vgl. IDW BFA, Berichterstattung über die 278. Sitzung, IDW Life 2017, 1100 f.; PwC (Hrsg.), Year-End-Letter 2017, 17, www.pwc.de.

[3069] Vgl. Florstedt, DStR 2019, Teil I, 655 ff. und Teil II, 695 ff.

[3070] Vgl. EuGH-Urteil vom 26.3.2020, Rs. C-66/19, ZIP 2020, 663; Herresthal, ZIP 2020, 745 ff.; Hölldampf, WM 2020, 907 ff.; Maier, BKR 2020, 225 ff.

[3071] Vgl. IDW, Die fachliche Frage, IDW Life 2021, 1122 f.

[3072] Vgl. BGH-Urteil vom 27.4.2021 – XI ZR 26/20, DB 2021, 1328 ff., BB 2021, 1488 ff., WM 2021, 1128 ff., hierzu vgl. Rodl, WM 2021, 1310 ff. (Teil 1), 1357 ff. (Teil 2); Dieckmann, BKR 2021, 657 ff..

[3073] Ausführlich mit zahlreichen Beispielen vgl. HdR 5. Aufl., § 254 HGB.

Rückstellung zwingend. Hier sind die Regeln für die voraussichtlich dauernde Wertminderung analog anzuwenden.

Diesbezüglich hat der BFA in einer Verlautbarung Näheres ausgeführt.[3074] Entscheidend kommt es danach darauf an, ob die Zuordnung zum Anlagevermögen angesichts der Gesamtsituation des Instituts vertretbar ist. Die Notwendigkeit für eine Verlustantizipation besteht in diesem Fall zum Bilanzstichtag nicht mehr, da ein vorübergehend niedrigerer Tageswert bei der Bewertung von Wertpapieren des Anlagevermögens unbeachtlich ist, wenn die Wertpapiere bis zur Einlösung im Bestand gehalten werden. Es ist in diesem Zusammenhang geboten, im Anhang Angaben entsprechend § 35 Abs. 1 Nr. 2 RechKredV (Angabe des Betrags der nicht mit dem Niederstwert bewerteten börsenfähigen Wertpapiere) zu machen. Der BFA hielt unter der Bilanz einen Vermerk *„ TEuro ... per Termin zu erwerbende Wertpapiere sollen wie Anlagevermögen bewertet werden"* für erforderlich.

Bar zu erfüllendes Aktienoptionsprogramm

Der BFH hat mit Urteil vom 15.3.2017[3075] entschieden, dass eine Aktiengesellschaft für Verpflichtungen aus einem Aktienoptionsprogramm zugunsten von leitenden Mitarbeitern keine Rückstellung bilden kann, wenn

1. die Optionen nur ausgeübt werden können, falls der Verkehrswert der Aktien zum Ausübungszeitpunkt einen bestimmten Betrag (hier: 10 % des Ausübungspreises) übersteigt (sog. „Erfolgsziel") und/oder
2. das Ausübungsrecht davon abhängt, dass es in der Zukunft zu einem Verkauf des Unternehmens oder einem Börsengang kommt (sog. „Exit-Ereignis").

Der Grad der Wahrscheinlichkeit des Eintritts eines dieser beiden Ereignisse sei insoweit ohne Belang.

Der BFH lehnte die Bildung einer Rückstellung ab, da die Verpflichtung (Pflicht zur Zahlung eines Barausgleichs, da das Unternehmen sein (Ersetzungs-) Recht, statt der Lieferung von Aktien einen Barausgleich zu leisten, ausgeübt hatte) an den Bilanzstichtagen weder rechtlich entstanden noch wirtschaftlich verursacht sei. Mangels eines Vergangenheitsbezugs der Pflicht zur

---

[3074] Vgl. IDW BFA, WPg 1983, 647.
[3075] Vgl. BFG-Urteil vom 15.3.2017, BB 2017, 1904 ff., BStBl. II 2017, 601 ff.; HFR 2017, 807 ff.

Zahlung eines Barausgleichs an die Begünstigten scheide ein von der Aktiengesellschaft reklamierter Erfüllungsrückstand aus den (schwebenden) Arbeitsverhältnissen aus.[3076]

Dies widerspricht der hM im Handelsrecht, nach der sich die aus dem Aktienoptionsprogramm Begünstigten durch ihre Arbeitsleistungen in der sog. Service Period den Anspruch auf Barausgleich ratierlich erdienen, der beim Arbeitgeber zu einem rückstellungspflichtigen Erfüllungsrückstand führt.[3077]

Der HFA hat sich zu den Voraussetzungen der Bilanzierung einer Rückstellung in solchen Fällen geäußert.[3078] Da der BFH im Anwendungsbereich des Maßgeblichkeitsgrundsatzes entschieden habe (§ 5 Abs. 1 Satz 1 EStG iVm. § 249 HGB) können nach Oser/Wirtz[3079] grundsätzlich keine Einwendungen erhoben werden, wenn das Urteil auch für die Bilanzierung in der Handelsbilanz zugrunde gelegt werde (IDW PS 201 Tz. 8); die ratierliche Aufwandserfassung über die Service Period sei in der Handelsbilanz aber zulässig.

Rücknahmeverpflichtung aus unechten Pensionsgeschäften

Der Vertrag über die Rückübertragung des Pensionsgegenstands stellt ein schwebendes Geschäft dar, das – so lange es von keiner Seite erfüllt ist – grundsätzlich nicht bilanziert wird. Bis zur Erfüllung des Rückerwerbsgeschäfts hat der Pensionsgeber zu jedem Abschlussstichtag zu prüfen, ob und inwieweit mit einem Verlust aus diesem Geschäft zu rechnen ist.

Ist der Börsen- oder Marktpreis bzw. der beizulegende Wert des Pensionsgegenstands am Abschlussstichtag unter den vereinbarten Rücknahmepreis gesunken, kann die Bildung einer Drohverlustrückstellung in Höhe des Unterschiedsbetrags erforderlich sein. Eine **Verlustwahrscheinlichkeit** und damit die Notwendigkeit der Bildung einer Drohverlustrückstellung sind dann als gegeben anzusehen, wenn bei angenommener sofortiger Erfüllung des schwebenden Geschäfts eine entsprechende Abschreibung zwingend auf den zurückerhaltenen Pensionsgegenstand vorzunehmen wäre. Dies ist der Fall, wenn es sich um einen Pensionsgegenstand des Umlaufvermögens handelt, der zwingend nach dem strengen Niederstwertprinzip zu bewerten wäre bzw. wenn es sich um einen Pensionsgegenständ handelt, der zwar dem Anlagevermögen

---

[3076] Vgl. Oser/Wirtz, StuB 2018, 2.
[3077] Vgl. Oser/Wirtz, StuB 2018, 2 mwN.
[3078] Vgl. HFA, IDW Life 2017, 1229 f.
[3079] Vgl. Oser/Wirtz, StuB 2018, 2 mwN.

zuzuordnen wäre, bei dem aber aus Sicht des Bilanzstichtags von einer voraussichtlich dauernden Wertminderung auszugehen ist.[3080]

Disagioerstattung

Ob ein Disagio bei vorzeitiger Rückzahlung von zinsverbilligten Krediten aus
öffentlichen Förderprogrammen als laufzeitabhängiger Ausgleich für einen
niedrigeren Nominalzins anzusehen oder den laufzeitunabhängigen Nebenkosten zuzuordnen ist, hängt von der Auslegung der jeweiligen vertraglichen
Vereinbarung ab.[3081]

**Verbindlichkeiten mit steigender Verzinsung (Stufenzinsanleihen, Step-up-
Produkte)**

Für Verbindlichkeiten mit **steigender** Verzinsung ist handelsrechtlich eine
Rückstellung für ungewisse Verbindlichkeiten in Höhe des Unterschiedsbetrags zwischen der Effektivverzinsung (durchschnittliche Verzinsung) und den
bis zum Bilanzstichtag gewährten Zinsen geboten.[3082] Einzelheiten vgl. auch
Kapitel 4.9.2.

Die Ermittlung des **Erfüllungsrückstands** ist ausgehend von der dem Vertrag als „Geschäftsgrundlage" zugrunde liegenden Durchschnittsverzinsung
vorzunehmen. Der BFH[3083] sieht bei der nach seiner Auffassung gebotenen
wirtschaftlichen Betrachtung die am Bilanzstichtag noch geschuldeten zukünftigen Zinszahlungen als Gegenleistung für die gesamte (mehrjährige) Kapitalüberlassung an und nimmt daher einen Erfüllungsrückstand an, soweit die
Zinszahlungspflichten zu einem Bilanzstichtag unter dem durchschnittlichen
Zinssatz liegen.

Der Ausweis der Zuführung zu dieser Rückstellung erfolgt im Zinsergebnis.
Entsprechendes gilt für den Effekt aus der Aufzinsung.

[3080] Vgl. DSGV, Deutscher Sparkassen- und Giroverband (Hrsg.), Anhang 11, 5 f.
[3081] Ausführlich BGH-Urteil vom 19.10.1993, BB 1994, 28 ff.
[3082] Vgl. Scheiterle, WPg 1983, 558; Kalveram, WPg 1990, 535; Lohmar, Bankinformation 11/1989, 51; Scholz, WPg 1973, 53; Birck/Meyer, V 356 ff.; Wagner/Wangler, DB
1992, 2405 ff.; BFH-Urteil vom 25.5.2016, DB 2016, 2388 ff.; Kolbe, StuB 2017, 12 ff.
[3083] Vgl. BFH-Urteil vom 25.5.2016, DB 2016, 2388 ff.

Ausschüttungen auf Genussrechtskapital und stille Einlagen

Die Ausschüttungen für Genussrechte können unterschiedlich ausgestaltet sein: Festzinsen, dividendenabhängige Vergütungen, Kombinationen aus diesen beiden oder Vergütungen, die von der Höhe des Jahresüberschusses abhängen (Einzelheiten vgl. Kapitel 5.3.11.2.2.).

Für Ausschüttungen auf Genussrechtskapital oder Einlagen stiller Gesellschafter sind dann Rückstellungen zu bilden, wenn diese **dividendenorientiert** sind. Bei Festzinsvereinbarungen erfolgt der Ausweis der Ausschüttung unter den sonstigen Verbindlichkeiten.

Kontoauszugsversand

Sofern sich aus den Geschäftsbedingungen oder sonstigen Vereinbarungen eines Instituts ergibt, dass dieses zum Versand von Kontoauszügen verpflichtet ist, ohne dass hierfür eine gesonderte Gebühr berechnet werden darf, muss das Institut hierfür eine Rückstellung bilden. Dies ist regelmäßig bei Bausparkassen der Fall.

Für die Verpflichtung, für alle Bausparer **Jahreskontoauszüge** über alle Kontobewegungen des abgelaufenen Geschäftsjahres zu erstellen, ist eine Rückstellung für ungewisse Verbindlichkeiten zu bilden, wenn die Verpflichtung nach dem Bilanzstichtag erfüllt wird und die Voraussetzungen erfüllt sind.[3084] Aus den Geschäftsbedingungen oder sonstigen Vereinbarungen muss sich eine nach der Bedeutung für das jeweilige Unternehmen „**wesentliche**" (eigenständige) Verpflichtung ergeben, Kontoauszüge an die Kunden zu versenden. Die „Wesentlichkeit" einer Verpflichtung ist nicht nach dem Aufwand für das einzelne Vertragsverhältnis, sondern nach der Bedeutung dieser Verpflichtung für das jeweilige Unternehmen zu beurteilen.[3085]

Da Rückstellungen mit ihrem Erfüllungsbetrag anzusetzen sind (§ 253 Abs. 1 HGB), ist die Wertermittlung auf **Vollkostenbasis** (Einzelkosten sowie fixe und variable Gemeinkosten) vorzunehmen. Preissteigerungen, die nach dem Bilanzstichtag in Kraft treten, sind bei der Schätzung des Erfüllungsbetrags zu berücksichtigen. Der Rückstellungsberechnung sind damit zB die Kosten der EDV, Papierkosten, Raumkosten, Löhne und Gehälter einschl. der Sozialaufwendun-

---

[3084] Vgl. OFD Frankfurt, Vfg. vom 2.5.2002, DStR 2002, 1267.
[3085] Vgl. BFH-Urteil vom 18.1.1995, BStBl. II 1995, 742, Abschn. II.5., DStR 1995, 1020; OFD Koblenz, Kurzinformation vom 17.2.2004, DStZ 2004, 385.

gen sowie Porto zugrunde zu legen. Da der Kontoauszugsversand üblicherweise unmittelbar nach dem Bilanzstichtag erfolgt, erübrigt sich eine Abzinsung.

Sonderbeiträge für Entschädigungseinrichtungen (bspw. EdW)

Entschädigungseinrichtungen sind idR öffentlich-rechtlich organisiert. Die einzelnen Institute sind nicht freiwillig Mitglied, sondern per Gesetz Pflichtmitglied.

Ausgehend von der Besprechung vergleichbarer Fallgruppen – insbesondere der Rückstellungen für öffentlich-rechtliche Verpflichtungen – kommen Bacher/Jautz[3086] zum Ergebnis, dass *„für künftige Beitragslasten – künftige Sonderbeiträge, höhere Jahresbeiträge – (...) keinerlei Rückstellungen gebildet werden"* dürfen, solange kein konkreter Beitragsbescheid vorliegt. Bacher/ Jautz verweisen ausdrücklich auf eine Entscheidung des BFH aus dem Jahr 1991, bei der es um die Frage nach einer Rückstellung für stark erhöhte (künftige) Beiträge der Sicherungseinrichtung des Bundesverbandes der Volksbanken Raiffeisenbanken (BVR) aufgrund eines großen Sanierungsfalls ging.

Bei einer öffentlich-rechtlichen Zwangsmitgliedschaft ist eine Rückstellung nur dann zu bilden, wenn sie **hinreichend konkret** ist. Hierzu hat der BFH gesonderte **Kriterien** entwickelt: (1) Es muss die Verfügung einer Behörde vorliegen und (2) das gesetzliche Handlungsgebot muss sanktionsbewehrt sowie (3) durchsetzbar sein.

Nach dem BFH-Urteil vom 5.4.2017[3087] und nach dem rechtskräftigen Urteil des FG München vom 29.1.2018[3088] muss eine öffentlich rechtliche Verpflichtung konkretisiert sein. Konkretisiert wird die öffentlich-rechtliche Pflicht regelmäßig durch einen gesetzeskonkretisierenden Rechtsakt (Verwaltungsakt, durch eine Verfügung oder verwaltungsrechtliche Vereinbarung) oder durch unmittelbare Erfüllung der Merkmale des gesetzlichen Tatbestands.

Im Ergebnis entsteht die Verpflichtung zur Zahlung von Sonderbeiträgen erst mit der schriftlichen Bekanntgabe der **Sonderbeitragsbescheide**.[3089] Der ge-

---

[3086] Vgl. Bacher/Jautz, BKR 2011, 99 ff. mwN.

[3087] Vgl. BFH-Urteil vom 5.4.2017, BStBl. 2017 II, 900 ff.

[3088] Vgl. FG München, Urteil vom 29.1.2018 (rkr), EFG 2018, 1437 ff.; Farwick, StuB 2018, 811 ff.; Oser/Wirtz, StuB 2018, 102.

[3089] Vgl. Bacher/Jautz, BKR 2011, 102; OFD Münster, Kurzinfo ESt Nr. 004/2009 vom 9.2.2009, StuB 2009, 200 f..

forderte Betrag ist, da dieser im Bescheid konkret und zahlenmäßig beziffert ist, dann als Verbindlichkeit auszuweisen.

Rückzahlung von Abschlussgebühren bei Darlehensverzicht

Muss eine Bausparkasse bei Darlehensverzicht die vereinnahmten Abschlussgebühren ganz oder teilweise zurückzahlen, ist eine Rückstellung zu bilden. Die Bewertung der Rückstellung richtet sich nach den tatsächlichen Rückzahlungen in der Vergangenheit.[3090] Da im Geschäftsjahr des Vertragsabschlusses noch nicht abzusehen ist, wie viele Fälle zu einer Rückzahlung der Abschlussgebühr führen werden, muss nach Ansicht des BFH die Wahrscheinlichkeit der Rückzahlung aufgrund der Verträge mit Darlehensverzicht aus vergangenen Jahren geschätzt werden.

Die Rückstellung ist in voller Höhe der Abschlussgebühr für die Fälle zu bilden, bei denen von einer Inanspruchnahme auszugehen ist. Diese Rückstellung ist abzuzinsen, soweit die Erfüllung nicht innerhalb der Jahresfrist des § 253 Abs. 2 HGB erfolgt.

Der BFH[3091] schlägt vor, als Maßstab das Verhältnis der Bausparsummen in Verträgen mit Darlehensverzicht zu den Bausparsummen in Darlehensverträgen zu verwenden. Es ist ferner zu berücksichtigen, wenn der Bausparer keinen Anspruch auf die Rückzahlung der Abschlussgebühr hat, was häufig bei der Kündigung des Vertrags vor Zuteilung vorkommt.

Da die individuelle Einzelbewertung faktisch unzumutbar bzw. unmöglich ist, sollte für die Sammelrückstellung eine Abzinsung auf Basis der durchschnittlichen Laufzeit von Vertragsabschluss bis zur Darlehensvergabe oder bis zum Darlehensverzicht bzw. vorzeitigen Kündigung vorgenommen werden.

Wird die Abschlussgebühr auf die bei der Darlehensinanspruchnahme fällige Darlehensgebühr angerechnet, muss die Bausparkasse hierfür ebenfalls eine Rückstellung für ungewisse Verbindlichkeiten bilden. Der Rückstellungsbetrag ist auf der Basis der in der Vergangenheit tatsächlich getätigten „Einlage"-Rückzahlungen zu schätzen.[3092]

[3090] Vgl. BFH-Urteil vom 12.12.1990, BStBl. 1991 II, 485; DB 1991, 786; Groh, StuW 1992, 178; ADS 6. Aufl. § 249 HGB Rn. 62 mwN.
[3091] Vgl. BFH-Urteil vom 12.12.1990, BStBl. 1991 II, 485 ff.
[3092] Vgl. BFH-Urteil vom 12.12.1990, BStBl. 1991 II, 479.

Prämien und Boni

Kreditinstitute nehmen Einlagen herein, für die neben einer regelmäßigen Verzinsung ein zusätzlicher Bonus (bezogen auf die Gesamtsparsumme) bezahlt wird. Die Prämie bzw. der Bonus ist idR Bestandteil der zugesagten Effektivverzinsung; die Prämie stellt wirtschaftlich eine Zusatzvergütung mit Zinscharakter dar.[3093] Wirtschaftlich verursacht ist der Prämienanspruch am Bilanzstichtag nur insoweit, als die künftige Prämienzahlung auf den am jeweiligen Bilanzstichtag abgelaufenen Teil der gesamten Festlegungsfrist entfällt; insoweit besteht ein Erfüllungsrückstand.

Mithin muss die Prämie bzw. der Bonus mit dem auf die Periode entfallenden Betrag als Aufwand verrechnet und passiviert werden.[3094] Die Verteilung des Prämienaufwands auf die einzelnen Geschäftsjahre sollte so erfolgen, dass sich eine konstante Effektivverzinsung ergibt.

Für die Verpflichtung, am Ende der Vertragslaufzeit eine Prämie bzw. einen Bonus zahlen zu müssen, sind zu jedem Bilanzstichtag nach Abschluss des Sparvertrags Rückstellungen für ungewisse Verbindlichkeiten infolge Erfüllungsrückstands zu bilden.[3095]

Die Verpflichtung ist über die Laufzeit unter Berücksichtigung eines Fluktuationsabschlags ratierlich (kapital- und zeitanteilig nach der Zinsstaffelmethode) anzusammeln. Die Höhe des Abschlags ist anhand der Erfahrungen des jeweiligen Instituts in der Vergangenheit zu ermitteln. Die ausgewiesene Verpflichtung ist abzuzinsen, da eine Geldleistungsverpflichtung vorliegt, die erst am Ende der Vertragslaufzeit fällig wird.[3096]

Bezüglich der „Erfahrungen aus der Vergangenheit" ist bspw. die durchschnittliche Bonusquote seit Bestehen des Vertragstyps heranzuziehen.

[3093] Vgl. Kolbe, StuB 2017, 14 mwN.
[3094] Vgl. ADS 6. Aufl. § 249 HGB Rn. 62 mwN; Birck/Meyer, V 359 ff.; Kolbe, StuB 2017, 12 ff.
[3095] Vgl. auch Birck/Meyer, V 359 ff.
[3096] Vgl. auch OFD Frankfurt/M, Verfügung vom 23.3.1995, BB 1995, 1346; BFH-Urteil vom 15.7.1998, DB 1998, 1942; Kessler, BBK Fach 13, 4065 (4072 f.) und 4081 f.

Nach der Kurzinformation des FinMin Schleswig-Holstein vom 21.4.2020[3097] bzw. Verf. der OFD Frankfurt a.M. vom 23.10.2020[3098] ist für die **Steuerbilanz** wie folgt zu unterscheiden:[3099]

- Ein Sparvertrag sieht neben einer Basisverzinsung am Ende der jeweiligen Gesamtlaufzeit eine auf den eingezahlten Sparbeiträgen basierende feste Prämienzahlung vor und ist unkündbar.
Die Bildung einer Rückstellung für ungewisse Verbindlichkeiten ist zulässig. Die Verpflichtung ist am Bilanzstichtag dem Grunde nach entstanden, da zumindest eine Prämierung der bisher eingezahlten Beträge zwingend vorzunehmen ist. Sie gilt auch Vergangenes ab; lediglich die Höhe ist noch ungewiss.
- Ein Sparvertrag sieht eine jährliche Prämie vor, die nur dann am Ende des jeweiligen Sparjahres gutgeschrieben wird, wenn der Vertrag nicht vorzeitig gekündigt wird und bis zum Gutschriftzeitpunkt alle vereinbarten Sparbeiträge des Jahres erbracht werden.
Eine Rückstellung für die anteilige Prämie des laufenden Sparjahres ist bei vom Wirtschaftsjahr des Instituts abweichenden Sparjahren in der Steuerbilanz nicht zulässig. In diesen Fällen ist die Zahlung aller Sparraten des jeweiligen Sparjahres ohne vorzeitige Kündigung des Sparvertrags zwingende Voraussetzung für das Entstehen der Jahresprämie. Die Verpflichtung, für das laufende Sparjahr eine Prämie gutzuschreiben, steht am Bilanzstichtag noch nicht fest, da sie noch ungewisse künftige Ereignisse voraussetzt und damit weder rechtlich entstanden noch wirtschaftlich verursacht ist.

Verlustfreie Bewertung des Bankbuchs

Zu Einzelfragen der verlustfreien Bewertung zinsbezogener Geschäfte des Bankbuchs nimmt IDW RS BFA 3 n.F. Stellung.[3100] Einzelheiten vgl. Kapitel 4.3.4. Zu steuerlichen Aspekten der verlustfreien Bewertung von zinsbezogenen Geschäften des Bankbuchs vgl. bei Altvater.[3101]

[3097] Vgl. FinMin Schleswig-Holstein vom 21.4.2020, Az. VI 304-S 2137-345, StuB 2020, 643.
[3098] Vgl. OFD Frankfurt a.M., RdVfg. vom 23.10.2020- S 2137 A – 74 – St 516, DStR 2021, 226.
[3099] Vgl. auch DGRV (Hrsg.), Jahresabschluss, B. Rn. 984.
[3100] Vgl. IDW Life 2018, 278 ff.; mit Erläuterungen von Vietze/Bär/Briesemeister/Löw/Schaber/Weigel/Wolfgarten, WPg 2018, 763 ff.; DGRV (Hrsg.), Praxishandbuch Derivate, Teil 1, D.II.5.2. und 5.3.
[3101] Vgl. Altvater, RdF 2013, 329 ff.

Das Bankbuch umfasst sämtliche zinsbezogenen bilanziellen und außerbilanziellen Finanzinstrumente, die nicht dem Handelsbestand zugeordnet sind (IDW RS BFA 3 n.F. Tz. 2).

Der prozessuale Aufwand ist für die **barwertige Methode** vergleichsweise geringer, da die zentral notwendigen Werte (insbesondere Barwert und Buchwert) bereits für andere Zwecke (bspw. Zinsschock, Bilanz) zu ermitteln sind. Die relevanten Risikokosten und die Verwaltungskosten lassen sich idR aus dem Controlling (Kalkulation) herleiten. Die Umsetzung der periodenerfolgsorientierten Methode ist dagegen aufwendiger.

Die **Höhe** der Drohverlustrückstellung aus der verlustfreien Bewertung des Bankbuchs ergibt sich aus dem Betrag der **Nettolasten**. Soweit es sich bei dieser Ermittlung um Nettoreserven handelt, scheidet eine Bilanzierung aus.

Bei der **barwertigen Methode** kann wie folgt vorgegangen werden:[3102]

	Barwert des Bankbuchs (ohne Derivate)
-	Buchwert des Bankbuchs (ohne Derivate)
=	**Bruttoreserven (+) /-lasten (-) des Bankbuchs**[3103]
+/-	stille Reserven/stille Lasten der Derivate, strukt. Produkte, Anteile an Investmentvermögen
+/-	Barwert der zurechenbaren (netto) Gebühren-/Provisionserträge
-	Barwert der Risikokosten[3104]
-	Barwert der Verwaltungskosten (Bestandspflege)
-	Barwert der (künftig) evtl. erhöhten Refinanzierungskosten
=	**Nettoreserven (+) /Nettolasten (-)**

[3102] In Anlehnung an DGRV (Hrsg.), Praxishandbuch Derivate, Teil 1, D.II.5.2.5.; ein Muster zur detaillierten Ermittlung vgl. DGRV (Hrsg.), Praxishandbuch Derivate, Anhang 3.

[3103] Dabei werden die Buch- bzw. Barwerte der Aktivseite mit positiven Werten angegeben, während die Buch- bzw. Barwerte der Passivseite mit negativen Werten angegeben werden. *Beispiel:* Aktiva: Buchwert +150, Barwert +190. Daraus folgt, dass stille Reserven in Höhe von +40 (+190 – (+150)) vorhanden sind. Passiva: Buchwert -100, Barwert -85, mithin betragen die stillen Reserven (-85 – (-100)) +15. Insgesamt handelt es sich damit um +55 stille Reserven. Mit diesem Wert ist der Marktwert der Zinsderivate (-20) vorzeichengerecht zu verrechnen, sodass es sich im Beispielsfall um stille Reserven von insgesamt +35 handelt. Dieser Betrag ist um den Verwaltungskosten- (-15) und den Risikokostenbarwert (-10) sowie die erhöhten Refinanzierungskosten wegen einer sich negativ veränderten Bonität des bilanzierenden Instituts (-15) zu kürzen. Ist der Betrag negativ (wie im Beispiel: -5), ist eine Drohverlustrückstellung zu bilden. Ist der verbleibende Betrag dagegen positiv, ist keine Rückstellung notwendig.

[3104] Vgl. IDW BFA, Berichterstattung über die 244. Sitzung des BFA, FN 2013, 501 f.

Die **zurechenbaren Gebühren- und Provisionserträge** umfassen im Wesentlichen Kontoführungsgebühren, Postenentgelte und Kartenentgelte, soweit die jeweilige Karte Bestandteil des Kontomodells ist und damit keine zusätzlichen Dienstleistungen (zB Auslandskrankenversicherung) abgegolten werden.

Mit diesen Provisionserträgen unmittelbar in Zusammenhang stehende **Provisionsaufwendungen** (zB in Kreditkartenentgelten enthaltene Versicherungsprämien) sind von den Erträgen abzuziehen. Ferner dürfen Gebühren und Provisionen nur insoweit einbezogen werden, als auch die damit in Verbindung stehenden **Verwaltungskosten** in den Rückstellungstest einbezogen werden.[3105] Für die Barwertermittlung sind die zukünftigen zurechenbaren Gebühren- und Provisionserträge zu schätzen und auf den Abschlussstichtag abzuzinsen.

Zu den Möglichkeiten und Vereinfachungen der Ermittlung des **Barwerts der Risikokosten bzw. Verwaltungskosten** vgl. DGRV (Hrsg.).[3106]

Da Rückstellungen nach § 253 Abs. 1 HGB *„in Höhe des nach vernünftiger kaufmännischer Beurteilung notwendigen Erfüllungsbetrags anzusetzen"* sind, erscheint ein **vereinfachter Rückstellungstest** (Quick Check) dann als zulässig, wenn für die Ermittlung eines evtl. Verpflichtungsüberhangs tendenziell eine „Überschätzung" der Verwaltungs- und Risikokosten erfolgt.[3107]

Die Risiko- und Verwaltungskosten können dabei auf der Grundlage pauschaler Annahmen (über bspw. die durchschnittliche Laufzeit, Bestandsgeschäft, Zuordnung von Kostenbestandteilen, durchschnittliche Ausfallraten, Anwendung Durationsmethode usw.) geschätzt werden. Je weniger detailliert die Berechnung erstellt wird, desto vorsichtiger sind die Prämissen bei der Pauschalierung zu wählen. Sobald die vereinfachte Ermittlung einen Verpflichtungsüberhang aufweist (Nettolasten), ist eine detaillierte Berechnung erforderlich.

Bei **Bausparkassen** ist für die Beurteilung von Verpflichtungsüberhängen aus zinsbezogenen (kollektiven wie außerkollektiven) Geschäften der zum Bewertungszeitpunkt bestehende Vertragsbestand relevant. Wegen weiterer Be-

---

[3105] Vgl. DGRV (Hrsg.), Praxishandbuch Derivate, Teil 1, D.II.5.2.5.
[3106] Vgl. DGRV (Hrsg.), Praxishandbuch Derivate, Teil 1, D.II.5.2.5.
[3107] Vgl. IDW BFA, Berichterstattung über die 237. Sitzung des BFA, FN 2013, 64 f.; Kreuder, RdF 2014, 331, formuliert dies wie folgt: *„Sollte die Bewertung der zinstragenden Posten ein Vielfaches der Verwaltungs- und Risikokosten des vergangenen Jahres betragen, kann von einer detaillierten Bewertung des Bankbuchs abgesehen werden."* Er sagt jedoch nicht, was er unter „ein Vielfaches" versteht.

sonderheiten wird auf die Berichterstattung des BFA über die 237. Sitzung verwiesen.[3108]

Der BFA hat in seiner Berichterstattung über die 258. Sitzung[3109] zur bilanziellen Behandlung von **fehlerhaften Widerrufsbelehrungen** iRv. (Verbraucher-) Darlehensverträgen Stellung genommen. Der BFA stellt fest: Ergibt sich der wirtschaftliche Schaden eines Instituts aus künftigen Zahlungsflüssen, die als mittelbare Folge der Rechtsprechung der Höhe nach geringer als ursprünglich erwartet ausfallen, sind diese Auswirkungen iRd. **verlustfreien Bewertung des Bankbuchs** (vgl. IDW RS BFA 3 n.F. Tz. 23) zu berücksichtigen.

In Höhe noch **erwarteter Konditionenanpassungen** oder **Darlehenskündigungen** usw. scheiden Cashflows künftig aus der Barwertberechnung nach IDW RS BFA 3 n.F. aus, soweit verzinsliche Aktiva infolge der Widerrufbarkeit von Darlehen wegfallen bzw. niedrigere Zinsvereinbarungen ohne eine Berechnung von Vorfälligkeitsentgelten abgeschlossen werden. Bislang im Refinanzierungsverbund vorhandene **stille Reserven**, die aus über dem aktuellen Marktzinsniveau liegenden Zinsvereinbarungen resultieren, entfallen. Mithin können der Bewertung des „Refinanzierungsverbunds" nicht mehr die vertraglich vereinbarten Zahlungsströme zugrunde gelegt werden, sondern es sind andere, geeignetere Annahmen hinsichtlich der zukünftigen Zahlungsströme zu treffen, die im Einklang mit dem internen (Zins-) Risikomanagement stehen. Bei der GuV-orientierten Ermittlung einer evtl. Rückstellung ist entsprechend zu verfahren.

Ausstehende Rechnungen

Zum Ende des Geschäftsjahres liegen dem Institut häufig noch nicht alle Rechnungen von Lieferanten, Handwerkern, Dienstleistern usw. für bereits erbrachte Lieferungen und Leistungen vor.

Im Einzelfall ist danach zu unterscheiden, ob hierfür eine Verbindlichkeit oder eine Rückstellung zu buchen ist. Soweit die Rechnung nach dem Bilanzstichtag aber vor der Aufstellung der Bilanz eingeht, wird in der Praxis hierfür häufig eine Verbindlichkeit erfasst, dh. eine Rückstellung dann gebildet, wenn die Rechnung bis zur Bilanzaufstellung nicht vorliegt.

Vertritt man die Sichtweise, dass bezüglich des Bilanzansatzes grundsätzlich die Verhältnisse am Bilanzstichtag maßgeblich sind (Rechnung liegt noch nicht

---

[3108] Vgl. IDW BFA, Berichterstattung über die 237. Sitzung des BFA, FN 2013, 64 f.
[3109] Vgl. FN 2015, 240 f.

vor) und § 252 Abs. 1 Nr. 4 HGB, wonach eine Berücksichtigung der zwischen dem Abschlussstichtag und dem Tag der Bilanzaufstellung erlangten (wertaufhellenden) Erkenntnisse gefordert wird, eine reine Bewertungsvorschrift ist, kommt man zum Ergebnis, dass für Rechnungen die vor dem Tag der Bilanzaufstellung eingehen, eine Verbindlichkeitsrückstellung zu bilden ist.

Führen die noch nicht berechneten Lieferungen bzw. Leistungen zu **Anschaffungs- oder Herstellungskosten**, scheidet eine aufwandswirksame Buchung einer Rückstellung für ungewisse Verbindlichkeiten aus.

Bürgschafts- bzw. Garantieverpflichtungen (Institut ist Bürge, Garant)

Die **Bürgschaft** selbst ist ein einseitig verpflichtender Vertrag, in dem sich der Bürge (das bilanzierende Kreditinstitut) gegenüber dem Gläubiger (zB Kreditinstitut) eines Dritten (Kunde) verpflichtet, für die Erfüllung der Verbindlichkeit des Dritten einzustehen (Bürgschaftsvertrag). Daneben existiert idR noch ein weiterer Vertrag zwischen dem Bürgen und dem Dritten (= Hauptschuldner), in dem der Bürge – im Regelfall gegen Entgelt – den Abschluss des Bürgschaftsvertrags zusagt (Geschäftsbesorgungsvertrag).

Mit Befriedigung des Gläubigers durch den Bürgen geht die Hauptforderung des Gläubigers kraft Gesetzes auf den Bürgen über (§ 774 BGB). Bei Bürgschaftsleistung entsteht (im Innenverhältnis) ein Aufwendungsersatzanspruch des Bürgen ggü. dem Hauptschuldner. Dieser Aufwendungsersatzanspruch tritt neben den gesetzlichen Forderungsübergang; der Bürge hat nach überwiegender Ansicht im Schrifttum die Wahl zwischen diesen beiden Ansprüchen.[3110]

Beim **Garantievertrag** übernimmt der Garant die Haftung für einen bestimmten Erfolg oder die Gefahr bzw. den Schaden, der aus dem Rechtsverhältnis mit einem Dritten entstehen kann (zB Kreditsicherungsgarantie). Häufig lässt sich der Garant (das bilanzierende Kreditinstitut) einen Anspruch auf Übertragung der Hauptforderung vertraglich einräumen.

Für eine Bürgschaftsverpflichtung ist eine Rückstellung zu bilanzieren, sobald eine **Inanspruchnahme** des Bürgen (Kreditinstitut) **droht**, und – so der BFH[3111] – ein künftig zu aktivierender Rückgriffsanspruch gegen den Hauptschuldner sogleich wegen einer Wertminderung abzuschreiben wäre. Nach der hier vertretenen Ansicht, ist eine Rückstellung stets dann zu passivieren,

---

[3110] Vgl. OFD München, Vfg. vom 12.4.2002, WPg 2002, 778 mwN.
[3111] Vgl. BFH-Urteil vom 12.6.2013, BFH/NV 2013, 1622 ff.

sobald eine Inanspruchnahme droht. Die Frage der Aktivierung und ggf. Wertberichtigung eines evtl. Rückgriffsanspruchs ist unabhängig von der Rückstellungsbildung zu sehen und zu beurteilen.[3112]

Die Frage, ob eine Inanspruchnahme droht, ist nicht danach zu entscheiden, ob der Gläubiger am Bilanzstichtag beabsichtigt, den Bürgen in Anspruch zu nehmen, sondern danach, ob der Gläubiger voraussichtlich vom Schuldner oder durch Verwertung anderer Sicherheiten befriedigt wird. Erforderlich ist grundsätzlich ein Bruttoausweis, also die Passivierung des vollen (ggf. abgezinsten) Betrags der voraussichtlichen Inanspruchnahme und Aktivierung des Rückgriffsanspruchs. Eine Saldierung ist nicht möglich.

Der **Rückgriffsanspruch** gegenüber dem Hauptschuldner ist zwar zu aktivieren, jedoch im Regelfall wegen Wertminderung sofort (voll) **abzuschreiben**.[3113] Ein Wert ist dieser Rückgriffsforderung insbesondere dann beizumessen, wenn dem Bürgen werthaltige Sicherheiten gestellt wurden oder eine Rückbürgschaft Dritter besteht.

Bürgschaftsverpflichtungen sind nach zutreffender Ansicht der OFD München[3114] nicht den drohenden Verlusten aus schwebenden Geschäften zuzuordnen, da diese einseitig verpflichtend seien und kein Leistungsaustausch stattfindet; es handelt sich vielmehr um **Rückstellungen für ungewisse Verbindlichkeiten**. Für Garantieverträge gilt dasselbe.

Haftungsrisiko aus sog. harten Patronatserklärungen

Mit Urteil vom 25.10.2006 hat der BFH[3115] entschieden, dass Verpflichtungen aus sog. harten Patronatserklärungen dann zu passivieren sind, wenn die Gefahr einer Inanspruchnahme ernsthaft droht. Mit der sog. harten Patronatserklärung verpflichtet sich der „Patron" (Mutterunternehmen), das Schuldnerunternehmen ausreichend mit Kapital auszustatten und/oder für Verbindlichkeiten des Schuldnerunternehmens rechtlich einzustehen. Die Patronatserklärung ist also ähnlich einer Bürgschaft; eine Rückstellung kann nur gebildet werden, wenn der „Patron" ernstlich mit seiner Inanspruchnahme rechnen muss. Eine Inan-

---

[3112] Ebenso Weber-Grellet, BB 2014, 45.
[3113] Vgl. OFD München, Vfg. vom 12.4.2002, WPg 2002, 778 mwN zur Rechtsprechung.
[3114] Vgl. OFD München, Vfg. vom 12.4.2002, WPg 2002, 778.
[3115] Vgl. BFH-Urteil vom 25.10.2006, DB 2007, 492 ff.; vgl. auch Dubs/Möhlmann-Mahlau, StuB 2013, 687.

spruchnahme „droht", wenn am Bilanzstichtag mehr Gründe für eine Geltend-machung des Anspruchs sprechen als dagegen.[3116]

Eine Inanspruchnahme aus einer **konzerninternen** Patronatserklärung der Muttergesellschaft für ein Tochterunternehmen droht nach Ansicht des BFH dann nicht, wenn das Schuldnerunternehmen zwar in der Krise ist, innerhalb des Konzerns ein Schwesterunternehmen aber die erforderliche Liquidität bereitstellt und aufgrund der gesellschaftsrechtlichen Verbundenheit nicht damit zu rechnen ist, dass dieses Schwesterunternehmen Ansprüche gegen die Muttergesellschaft geltend machen wird.

Die Rückstellung ist nach den allgemeinen Grundsätzen zu bewerten, also grundsätzlich mit dem **voraussichtlichen Erfüllungsbetrag**. Auszuweisen ist der voraussichtlich zu übernehmende Schuldbetrag, der ggf. abzuzinsen ist.

Bei einer sog. **weichen Patronatserklärung** scheidet mangels (ungewisser) Verpflichtung schon aus diesem Grund die Bildung einer Rückstellung aus.

Zu prüfungsrelevanten Fragen beim Vorliegen von (ausländischen) Patronats-erklärungen vgl. Pagels/Lüder.[3117] Zur Patronatserklärung in der Insolvenz vgl. BGH-Beschluss vom 12.1.2017.[3118]

Prozesskosten

Eine Rückstellung für Prozesskosten ist in der Handelsbilanz zu bilden, wenn der Prozess am Bilanzstichtag bereits anhängig ist. Der BFH hat mit Beschluss vom 11.11.2015[3119] die Grundsätze seiner früheren Rechtsprechung bestätigt. Danach kann eine Verbindlichkeitsrückstellung für zukünftigen Prozesskos-tenaufwand für einen am Bilanzstichtag noch nicht anhängigen Prozess grund-sätzlich nicht zurückgestellt werden. Im Hinblick auf etwaige Kosten eines noch nicht eingelegten Rechtsmittels gegen ein am Bilanzstichtag ergangenes vorinstanzliches Urteil vgl. Oser/Wirtz[3120].

[3116] Vgl. BFH-Urteil vom 19.10.2005, BStBl. II 2006, 371.

[3117] Vgl. Pagels/Lüder, WPg 2017, 230 ff.

[3118] Vgl. BGH-Beschluss vom 12.1.2017, AG 2017, 315 f.: Übernimmt eine Muttergesell-schaft ggü. einem Gläubiger ihrer Tochtergesellschaft eine harte Patronatserklärung, ist sie dem Gläubiger zur Schadensersatzleistung verpflichtet, wenn ihn die Tochtergesell-schaft befriedigt, er diese Zahlung jedoch im Wege der Insolvenzanfechtung erstatten muss. Vgl. Harnos, ZIP 2017, 1149 ff.

[3119] Vgl. BFH, Beschluss vom 11.11.2015, StuB 2016, 115; Oser/Wirtz, StuB 2017, 8.

[3120] Vgl. Oser/Wirtz, StuB 2017, 8.

Zu passivieren sind die Kosten bereits eingeleiteter Verfahren in der laufenden Instanz. In die Rückstellung sind sämtliche durch die Prozessvorbereitung und -führung entstehenden Aufwendungen (Gerichtskosten, Kosten für Anwalt, Gutachten, Zeugen, Fahrten, Personal und Beschaffung von Beweismaterial) einzubeziehen.

Rückzahlung/Stornierung erhaltener Provisionen aus Vermittlungsgeschäften

Provisionen aus Vermittlungstätigkeiten sind im Zeitpunkt der Erbringung der Vermittlungsleistung als Ertrag zu vereinnahmen. Dies setzt voraus, dass die Vermittlungsprovision der Höhe nach hinreichend sicher ermittelt werden kann. Für das Risiko der Stornierung von Vertragsabschlüssen muss eine Rückstellung gebildet werden.

Gewinne aus der Aufrechnung mit dem passivierten Betrag von dem Treuhänder vorübergehend zurückgegebenen Wertpapieren

Bei Instituten (zB Pfandbriefbanken), die einen unabhängigen Treuhänder haben, sind die **dem Treuhänder endgültig zurückgegebenen** Schuldverschreibungen vom passivierten Bestand der begebenen Schuldverschreibungen abzusetzen (§ 22 Abs. 5 Satz 2 RechKredV). **Gewinne**, die bei der Vernichtung der zumeist unter 100 % zu Buch stehenden zurückgekauften Stücke und ihrer Aufrechnung mit den passivierten Nominalbeträgen entstehen, gelten grundsätzlich als realisiert.[3121]

Für dem Treuhänder lediglich **vorübergehend zurückgegebene Stücke** besteht hingegen ein Wahlrecht; sie können entweder von den begebenen Schuldverschreibungen auf der Passivseite abgesetzt werden oder als Eigenbestand und als begebene Schuldverschreibungen gezeigt werden.[3122] Bei Stücken, die mit den auf der Passivseite bilanzierten Verbindlichkeiten aufgerechnet werden, gelten nach IDW BFA 1/1971[3123] Gewinne nicht als realisiert, wenn die Stücke dem Treuhänder nur zur Verwahrung übergeben worden sind und ihre Wiederveräußerung deshalb nicht ausgeschlossen ist.

Die Aufrechnungsdifferenz ist als **Rückstellung** auszuweisen. Diese Rückstellung ist bei fallenden Wertpapierkursen analog den Bewertungsvorschrif-

---

[3121] Vgl. IDW BFA 1/1971, WPg 1972, 19.

[3122] Vgl. IDW BFA 1/1969, A.3., WPg 1969, 206 ff.; IDW BFA 1/1971, WPg 1972, 18 f.

[3123] Vgl. IDW BFA 1/1971, WPg 1972, 19.

ten für Wertpapiere entsprechend zu erhöhen. Werden die vorübergehend vom Treuhänder verwahrten Stücke wieder in den Bestand des Instituts genommen, wird der passivierte Differenzbetrag zugunsten des dann zu aktivierenden Postens aufgelöst. Vernichtet das Institut die vorübergehend verwahrten Stücke, kann der Differenzposten gewinnerhöhend aufgelöst werden.

Aufbewahrung von Geschäftsunterlagen

Unternehmen sind gesetzlich (oder privatrechtlich) verpflichtet, Geschäftsunterlagen über einen bestimmten Zeitraum aufzubewahren. Diese Verpflichtung ist durch eine Verbindlichkeitsrückstellung bilanziell zu erfassen.[3124]

Anzusetzen sind sämtliche Aufwendungen, die durch die Erfüllung der Verpflichtung bedingt sind. Dazu gehören auch die voraussichtlich anfallenden internen Aufwendungen. Die nach vernünftiger kaufmännischer Beurteilung notwendigen internen Aufwendungen sind nicht auf die internen Einzelkosten oder durch den an Dritte für die gleiche Leistung zu bezahlenden Betrag begrenzt.

Der Wertansatz der Rückstellung für die Verpflichtung zur Aufbewahrung von Geschäftsunterlagen in der Handelsbilanz umfasst daher nicht nur den einmaligen Aufwand für die Archivierung der Unterlagen, sondern bspw. auch die auf die Archivierung entfallenden Raum- und Personalkosten sowie Abschreibungen auf die für die Archivierung genutzten Gegenstände des Anlagevermögens (IDW RH HFA 1.009 Tz. 8). Handelsrechtlich erfolgt die Bewertung zu **Vollkosten** unter Berücksichtigung von **künftigen Preissteigerungen** und **jährlich angepasster Werte und Parameter.** Es besteht eine **Abzinsungspflicht** für die Ausgaben, die nach Ablauf des dem Abschlussstichtag folgenden Geschäftsjahres anfallen (IDW RH HFA 1.009 Tz. 9). Der Abzinsungszeitraum bemisst sich nach der jeweiligen Aufbewahrungsfrist.

Kreditzusagen bzw. Liquiditätszusagen an Zweckgesellschaften[3125]

Für die Bilanzierung von (unwiderruflichen) Kreditzusagen gelten die allgemeinen Grundsätze. In den Rechnungslegungsvorschriften für Kreditinstitute ist geregelt, dass im Posten „Unwiderrufliche Kreditzusagen" (unter der

---

[3124] Vgl. Happe, BBK 16/2019, 776 ff. mit Arbeitshilfe; DGRV (Hrsg.), Jahresabschluss, B. Rn. 974.

[3125] Vgl. Positionspapier des IDW zu Bilanzierungs- und Bewertungsfragen im Zusammenhang mit der Subprime-Krise, IDW FN 2008, 1 ff.

Bilanz) alle unwiderruflichen Kreditzusagen zu erfassen sind, die Anlass zu einem Kreditrisiko geben können (§ 27 Abs. 2 RechKredV). Für **akute Kreditrisiken** sind Rückstellungen zu bilden. Dies ist stets dann der Fall, wenn für ein der Kreditzusage zugrunde liegendes Darlehen bzw. für zu übernehmende Wertpapiere eine Wertberichtigung zu bilden wäre.

Rückstellungen bei strukturierten Finanzinstrumenten beim Schuldner

Die Bilanzierung strukturierter Finanzinstrumente ist in IDW RS HFA 22 geregelt. Für einheitlich bilanzierte **überverzinsliche** strukturierte Finanzinstrumente (Verbindlichkeiten) sind Rückstellungen entsprechend den handelsrechtlichen Grundsätzen zu bilden (IDW RS HFA 22 Tz. 23): Hat sich seit dem Zugangszeitpunkt aufgrund des **eingebetteten Derivats die Rendite** des (nicht getrennt bilanzierten) strukturierten Finanzinstruments **erhöht**, ist dem durch eine entsprechende Rückstellungsbildung Rechnung zu tragen (Umkehrschluss zu IDW RS HFA 22 Tz. 12).

Soweit diese Verbindlichkeiten iRd. verlustfreien Bewertung des Bankbuchs nach IDW RS BFA 3 n.F. sachgerecht erfasst werden, erübrigt sich die separate Rückstellung.

Kosten künftiger Mitwirkungspflichten bei Betriebsprüfungen (Außenprüfungen)

Eine als Großbetrieb eingestufte Kapitalgesellschaft hat Rückstellungen für die Aufwendungen im Zusammenhang mit einer Außenprüfung zu bilden, soweit sie die am jeweiligen Bilanzstichtag abgelaufenen Wirtschaftsjahre (Prüfungsjahre) betreffen, auch wenn noch keine Prüfungsanordnung erlassen wurde.[3126]

Die bilanzielle Vorsorge umfasst sowohl die für den Prüfer anfallenden **Sachkosten** als auch **Personal- und Sachkosten** für die Ansprechpartner des Prüfers aufgrund der gesetzlichen Mitwirkungspflichten während der Prüfung.[3127]

Liegt eine Prüfungsanordnung bis zur Bilanzaufstellung bereits vor, ist bei allen Unternehmen eine Rückstellung für Kosten der Betriebsprüfung zu bilden. In diesem Fall liegt die hinreichende Konkretisierung durch einen Verwaltungsakt vor und die Inanspruchnahme des Steuerpflichtigen ist gegeben.

[3126] Vgl. BFH-Urteil vom 6.6.2012, DB 2012, 2019 ff.; WPg 2012, 1108 ff.
[3127] Zur Besprechung des Urteils vgl. Eckert, DB 2012, 2187 ff.

Bei den Mitwirkungspflichten iRe. zukünftigen Betriebsprüfung handelt es sich um ungewisse Verbindlichkeiten (öffentlich-rechtliche Verpflichtung), deren Entstehen sowohl dem Grunde nach als auch der Höhe nach ungewiss ist. Hierbei handelt es sich mangels Geldleistungsverpflichtungen um ungewisse Verbindlichkeiten in Gestalt von **Sachleistungsverpflichtungen**.[3128]

Nach den Vorschriften der Abgabenordnung hat der geprüfte Steuerpflichtige folgenden Mitwirkungspflichten nachzukommen:[3129]

- Mitwirkung bei der Feststellung von Sachverhalten, die für die Besteuerung relevant sein können,
- Auskunftserteilung,[3130]
- Vorlage von Aufzeichnungen, Büchern, Geschäftspapieren und anderen Urkunden zur Einsicht und Prüfung,
- die zum Verständnis der Aufzeichnungen erforderlichen Erläuterungen geben,[3131]
- unentgeltliche Zurverfügungstellung eines geeigneten Raums[3132] für die Durchführung der Prüfung sowie der erforderlichen Hilfsmittel[3133].

Der Umfang der Rückstellung richtet sich nach den am Abschlussstichtag bereits abgelaufenen – noch zu prüfenden – Wirtschaftsjahren.

Handelsrechtlich findet nach § 253 Abs. 1 Satz 2 HGB bei Sachleistungsverpflichtungen die Vollkostenmethode Anwendung, da Rückstellungen in Höhe des nach vernünftiger kaufmännischer Beurteilung notwendigen Erfüllungsbetrags anzusetzen sind.[3134] Da die kaufmännische Beurteilung eine objektive Nachprüfbarkeit bedingt, kann bzw. muss auf Erfahrungswerte vorangegangener Betriebsprüfungen zurückgegriffen werden. Gegenstand der Vollkosten sind sowohl die Einzelkosten (zB direkt zuordenbare Material- und Personalkosten) als auch die Gemeinkosten einschließlich der variablen und fixen Kosten unter Berücksichtigung von Preis- und Kostensteigerungen. Kalkulatorische Kosten bleiben außer Betracht. Außer Ansatz bleiben Beraterkosten als Folge einer abgeschlossenen Außenprüfung sowie außer- oder gerichtliche

---

[3128] Vgl. Eckert, DB 2013, 902.
[3129] Zu Beispielen für die anzusetzenden Kosten vgl. Eckert, DB 2013, 903.
[3130] Personalkosten wie Kosten für eine Betreuung und Begleitung der Prüfung durch Mitarbeiter (Bruttostundensätze einschl. Gemeinkosten wie Weihnachtsgeld oder Sonderleistungen).
[3131] Auch Kosten für externe Berater wie Steuerberater und Wirtschaftsprüfer.
[3132] Bspw. anteilige Raumkosten samt Abschreibungen.
[3133] Bspw. allgemeine anteilige Vorhaltekosten von IT-Anlagen pro Benutzerlizenz und Jahr sowie die Kosten der Einrichtung eines Benutzerzugangs für den Betriebsprüfer.
[3134] Vgl. Eckert, DB 2013, 902.

Rechtsbehelfe. Zu den Rückstellungen für Betriebsprüfungsrisiken nach Bil-MoG vgl. bei Lewe/Peun.[3135]

Bankenabgabe[3136]

Der BFA hat mit den Sitzungsberichterstattungen über die 261.[3137] und über die 263.[3138] Sitzung zur Bilanzierung Stellung genommen. Auf der Internetseite der FMSA[3139] sind weitere Informationen (ua. Leitfaden und Merkblätter, Meldeformulare) veröffentlicht.

Hinsichtlich der Abbildung im Jahresabschluss ist zwischen der sog. **Barzahlungsverpflichtung** (muss in bar erbracht werden) und der **unwiderruflichen Zahlungsverpflichtung** (Verpflichtung zur Verlustdeckung eines dem Abwicklungsfonds angehörenden Instituts) zu unterscheiden. Bis zur Bekanntgabe des Bescheids ist die Aufteilung in die Barzahlungsverpflichtung und die unwiderrufliche Zahlungsverpflichtung zu schätzen. Soweit für die Absicherung von Zahlungsansprüchen **Bar- oder Wertpapiersicherheiten** zu leisten sind, gelten die allgemeinen Regeln.[3140]

Bei **unterjährigen Abschlüssen** (Quartalsabschlüssen) oder bei **abweichendem Geschäftsjahr** ist die **Barzahlungsverpflichtung** zunächst als andere Rückstellung vollständig aufwandswirksam zu erfassen und zum Zugangszeitpunkt des Bescheids in den Posten „Sonstige Verbindlichkeiten" umzubuchen.[3141]

Für die **unwiderrufliche Zahlungsverpflichtung** ist ein Rückstellungsansatz nicht geboten, solange keine (hinreichende) Wahrscheinlichkeit für einen **Bedarfsfall** besteht (siehe nachfolgend zu Anhangangaben). Die unwiderrufliche

---

[3135] Vgl. Lewe/Peun, DStR 2014, 1186 ff.
[3136] Vgl. IDW, Berichterstattung über die 261 Sitzung, FN 2015, 448 ff.; und 263. Sitzung, IDW Life 1.2016, 57 f.; Hardtmann/Holzheimer, Die Bank 12.2015, 12 ff.; Henkel/Schneider/Tüns, WPg 2017, 22 ff.; Henkel/Schneider/Tüns, Anwendungsbeispiel, WPg 2017, 82 ff.; Löw/Borgmann, RdF 2017, 154 ff.; Hanten/Hanten, WM 2017, 649 ff.; Gaber, 2. Aufl., 552 ff.; WPH Edition, Kreditinstitute, Kap. D. Rn. 685. Zum Betriebsausgabenabzug vgl. Drüen, ZfgK, Beilage zu Heft 23/2021; Gaber, 2. Aufl., 552 f.
[3137] Vgl. FN 2015, 450 ff.
[3138] Vgl. IDW Life 1.2016, 57 ff.
[3139] Vgl. http://www.fmsa.de/de/kreditinstitute/.
[3140] Einzelheiten vgl. IDW Life 1.2016, 57 f.; WPH Edition, Kreditinstitute, Kap. D. Rn. 685.
[3141] Vgl. FN 2015, 451; Hardtmann/Holzheimer, Die Bank 12.2015, 13.

Zahlungsverpflichtung wird vielmehr außerbilanziell erfasst und als „sonstige finanzielle Verpflichtung" isd. § 285 Nr. 3a HGB im Anhang erläutert.[3142]

In der Gewinn- und Verlustrechnung wird der Aufwand im Posten „Andere Verwaltungsaufwendungen" ausgewiesen. Sofern es sich um einen wesentlichen Betrag handelt, kann ein Davon-Vermerk „Bankenabgaben" in Betracht kommen, der alle Bankenabgaben (EU und weitere vergleichbare Abgaben anderer Staaten) enthält.[3143]

Da hinsichtlich der Ermittlung des Rückstellungsbetrags regelmäßig erhebliche Schätzunsicherheiten bestehen, ist im **Anhang** hierauf qualitativ einzugehen (§ 340a iVm. § 284 Abs. 2 Nr. 1 HGB).[3144] Sofern der Beitragsbescheid eine Aufteilung des jährlichen Betrags in Barzahlungsverpflichtung und unwiderrufliche Zahlungsverpflichtung vorsieht, ist für die sonstige finanzielle Verpflichtung in Höhe der unwiderruflichen Zahlungsverpflichtung – bis zum weiteren Erlass eines weiteren Einforderungsbescheids – die Anhangangabe nach § 340a iVm. § 285 Nr. 3a HGB erforderlich.[3145] Hinsichtlich der gestellten Sicherheiten empfiehlt der BFA, deren Gesamtbetrag zusätzlich im Anhang analog § 35 Abs. 5 RechKredV aufzunehmen, auch wenn diese Sicherheiten weder für eine bereits bestehende – vielmehr für eine aufschiebend bedingte Verbindlichkeit – noch für eine Eventualverbindlichkeit gestellt wurden.[3146] Hinsichtlich der im Posten „Sonstige Vermögensgegenstände" (Sicherheitsleistungen in bar) bzw. „Sonstige Verbindlichkeiten" (noch nicht gezahlte Bankenabgabe) enthaltenen „wichtigsten Einzelbeträge" kann sich eine Angabepflicht nach § 35 Abs. 1 Nr. 4 RechKredV ergeben, sofern diese für die Beurteilung des Jahresabschlusses nicht unwesentlich sind.

Nach § 4 Abs. 5 Satz 1 Nr. 13 EStG sind die Jahresbeträge nach § 12 Abs. 2 Restrukturierungsfondsgesetz in der **Steuerbilanz** nicht als Betriebsausgaben abzugsfähig. Drüen[3147] kommt zum Ergebnis, dass dieses Abzugsverbot gegen Art. 3 Abs. 1 Grundgesetz verstößt. Es stelle eine Ungleichbehandlung ggü. anderen Betriebsausgaben unter Durchbrechung des objektiven Nettoprinzips als Kernbestand der einkommensteuerrechtlichen Grundstruktur dar. Das Ab-

---

[3142] Vgl. Gaber, 2. Aufl., 553 mwN.

[3143] Vgl. FN 2015, 451.

[3144] Vgl. FN 2015, 451.

[3145] Vgl. FN 2015, 452; ein Ausweis unter dem Strich nach §§ 26, 27 RechKredV sei nach Ansicht des BFA nicht sachgerecht.

[3146] Vgl. FN 2015, 451 f.

[3147] Vgl. Drüen, WM 2021, 1617 ff. (Teil 1), 1673 ff. (Teil 2); vgl. auch Drüen, ZfgK, Beilage zu Heft 23/2021.

zugsverbot stempele ferner gesetzesbestimmten betrieblichen Aufwand zur Einkommensverwendung und lege den Instituten dadurch eine Sonderlast auf.

Buchführungsarbeiten für das abgelaufene Geschäftsjahr

Soweit das Institut am Abschlussstichtag noch Buchführungsarbeiten für das abgelaufene Geschäftsjahr zu leisten hat, muss hierfür eine Rückstellung für ungewisse Verbindlichkeiten (öffentlich-rechtliche Verpflichtung) gebildet werden. Diese hierfür anfallenden Aufwendungen sind nicht als Bestandteil der Rückstellung für Jahresabschlusskosten zu passivieren.[3148]

Restrukturierungs- und Sozialplansrückstellungen

Bei geplanten Betriebsänderungen (zB Einschränkung oder Stilllegung des ganzen Betriebs oder von wesentlichen Betriebsteilen, Verlegung von Teilen des Betriebs, Zusammenlegung mit anderen Betrieben, Spaltung von Betrieben, grundlegende Änderungen der Betriebsorganisation), die wesentliche Nachteile für die Belegschaft oder erhebliche Teile der Belegschaft zur Folgen haben können, haben Arbeitgeber und Betriebsrat zum Zwecke des Ausgleichs oder der Milderung der wirtschaftlichen Nachteile, die den Arbeitnehmern infolge der geplanten Betriebsänderungen entstehen, grundsätzlich einen Sozialplan aufzustellen.[3149]

Ein **Sozialplan** hat die Wirkung einer Betriebsvereinbarung. Die im Sozialplan vorgesehenen Leistungen stellen kein Entgelt für die in der Vergangenheit erbrachten Dienste dar, sondern sollen die künftigen Nachteile ausgleichen. Hierfür sind Rückstellungen zu bilden.

In der Handelsbilanz ist die Rückstellung nach Hänsch[3150] ab dem **Zeitpunkt der Beschlussfassung** der Geschäftsleitung über die Betriebsänderung und Aufstellung des Sozialplans zu bilden.

Der **FAB** des IDW hat sich in seiner Sitzung am 21.3.2019 mit Ansatzkriterien für sog. Restrukturierungsrückstellungen, mit denen die aus künftig aufzustellenden Sozialplänen resultierenden Außenverpflichtungen – insbesondere von Leistung von Abfindungszahlungen – im handelsrechtlichen Jahresabschluss

---

[3148] Vgl. Zwirner/Tippelhofer, StuB Beilage zu Heft 9/2017, 3 mwN.
[3149] Vgl. Hänsch, BBK 21/2018, 1014 ff.; Bonnecke, StuB 2021, 185 ff.
[3150] Vgl. Hänsch, BBK 21/2018, 1015 mwN.

abzubilden sind, befasst.[3151] Die ungewisse Verbindlichkeit muss hinreichend konkretisiert sein. Zur Erfüllung dieser Voraussetzung bedarf es nach Ansicht des FAB zwar nicht der rechtsverbindlichen Aufstellung von Sozialplänen bis zum Abschlussstichtag, wohl aber grundsätzlich zumindest der Beschlussfassung der für die Genehmigung der Betriebsänderung zuständigen Unternehmensorgane. Zu Einzelheiten wird auf PwC (Hrsg.)[3152] sowie IDW/Warth & Klein Grant Thornton AG (Hrsg.)[3153] verwiesen.

Mit rechtskräftigem Urteil vom 12.9.2017[3154] hat das FG Baden-Württemberg die **Minderung der Rückstellungshöhe** aufgrund einer Reduzierung des künftigen Personalaufwands abgelehnt. Künftige Vorteile dürfen nur dann ausnahmsweise kompensatorisch bei der Rückstellungsbemessung berücksichtigt werden, wenn sie in verbindlicher Weise der Entstehung oder der Erfüllung der Verpflichtung (hier: Abfindungen) nachfolgen, dh. ein unmittelbarer sachlicher Zusammenhang zwischen den Sozialplanverpflichtungen (Abfindungszahlungen) und dem geringeren Personalaufwand besteht. Dies hat das FG Baden-Württemberg verneint.

Fehlerhafte Widerrufbelehrungen

Der BFA hat mit seiner Berichterstattung über die 258. Sitzung[3155] zu fehlerhaften Widerrufsbelehrungen ausführlich Stellung genommen. Vor dem Hintergrund der uneinheitlichen Rechtsprechung und der unterschiedlichen Vertragspraxis muss jedes Institut zunächst betroffene **Darlehensverträge identifizieren**. Ferner ist eine **Quantifizierung** bereits verursachter **Rückzahlungsansprüche** erforderlich. Zur Ermittlung einer Rückstellung ist eine **Prognose künftiger Darlehenskündigungen** oder Anpassungen von Zinskonditionen zu erstellen.

Ist auf Basis der Verhältnisse zum Bilanzstichtag von entsprechenden Zahlungen (Schadenersatzleistungen) auszugehen, die dem Grund nach bekannt, aber von der Höhe und/oder Inanspruchnahme nicht sicher sind, ist die Bildung einer Rückstellung für ungewisse Verbindlichkeiten nach § 249 Abs. 1 Satz 1 HGB erforderlich. Für die Bewertung ist neben der Höhe der Rückforderun-

---

[3151] Vgl. PwC (Hrsg.), Year-End-Letter-2019, November 2019, 13 f.
[3152] Vgl. PwC (Hrsg.), Year-End-Letter-2019, November 2019, 13 f.
[3153] Vgl. IDW/Warth & Klein Grant Thornton AG (Hrsg.), Neuerungen für die Abschlussprüfungssaison 2019/2020.
[3154] Vgl. FG Baden-Württemberg, Urteil vom 12.9.2017 (rkr.), EFG 2018, 1343 ff.; König, DStR 2020, 1292 ff.
[3155] Vgl. FN 2015, 240 ff.

gen auch zu schätzen, mit welcher tatsächlichen Inanspruchnahme ernsthaft zu rechnen ist. Der Aufwand ist im sonstigen betrieblichen Aufwand zu erfassen.

5.3.9.2.3. Unterposten

Im Unterposten **a) Rückstellungen für Pensionen und ähnliche Verpflichtungen** sind sämtliche Rückstellungen auszuweisen, die für laufende Pensionen und für Anwartschaften auf Pensionen oder für ähnliche Verpflichtungen zu bilden sind. Bezüglich dieses Unterpostens gelten dieselben Bestimmungen wie bei Nichtbanken.[3156]

Der Unterposten **b) Steuerrückstellungen** erfasst alle Rückstellungen für Steuerschulden der Gesellschaft, nicht nur die für Ertragsteuern, sondern auch für alle anderen Steuerarten, soweit sie nicht der Höhe und dem Grunde nach bereits feststehen und daher als Verbindlichkeiten auszuweisen sind. Ferner fallen auch Haftungsschulden aus dem Steuerrechtsverhältnis hierunter (zB ungewisse Lohnsteuerhaftungsansprüche).[3157] Ungewissheit besteht bis zur Festsetzung der Steuer (Steuerbescheid); danach ist die Verpflichtung in die sonstigen Verbindlichkeiten umzugliedern. Das Formblatt enthält für **passive latente Steuern** einen eigenen Posten.

Unter dem Unterposten **c) andere Rückstellungen** sind alle Rückstellungen zu erfassen, die nicht als Rückstellungen für Pensionen und ähnliche Verpflichtungen (Unterposten a)) oder als Steuerrückstellungen (Unterposten b)) gesondert auszuweisen sind. Hierzu gehören insbesondere Rückstellungen für ungewisse Verbindlichkeiten und für drohende Verluste aus schwebenden Geschäften, Rückstellungen für unterlassene Instandhaltung und Abraumbeseitigung, Rückstellungen für Gewährleistungen ohne rechtliche Verpflichtung.

5.3.9.3. Bewertung

Einzelheiten zum Ansatz und zur Bewertung von **Drohverlustrückstellungen** sind in IDW RS HFA 4 geregelt. Details zur Bilanzierung von **Altersversorgungsverpflichtungen** enthält IDW RS HFA 30 n.F.[3158] und IDW RH FAB

[3156] Zur Buchung vgl. Endert, BBK 14/2021, 666 ff.
[3157] Vgl. Herzig/Liekenbrock, DB 2013, 409 ff.
[3158] Vgl. Reitmeier/Peun/Schönberger, WPg 2017, 813 ff.; Thaut, WP Praxis 2017, 182 ff. (Teil 1) und 208 ff. (Teil 2); Bartsch/Pourgholam, BBK 19/2017, 915 ff.; Zwirner, BC 2017, 474 ff.

1.021.[3159] Einzelheiten der Bilanzierung und Bewertung von **Verbindlichkeitenrückstellungen** finden sich in IDW RS HFA 34. Die handelsrechtliche Bilanzierung von **Altersteilzeitverpflichtungen** ist in IDW RS HFA 3 näher geregelt.[3160] Einzelheiten zur Ermittlung der Rückstellung für **verlustfreie Bewertung des Bankbuchs** nach IDW RS BFA 3 n.F. vgl. Kapitel 4.3.4.

Erfüllungsbetrag

Rückstellungen sind in Höhe des nach **vernünftiger kaufmännischer Beurteilung** ermittelten Erfüllungsbetrags (Verbindlichkeitenrückstellungen) bzw. Verpflichtungsüberhangs (Drohverlustrückstellungen) anzusetzen (§ 253 Abs. 1 Satz 2 HGB). Dieser Grundsatz gilt sowohl für die Obergrenze als auch für die Untergrenze. Rückstellungen sind mithin in Höhe des Betrags zu bilden, mit dem die Gesellschaft voraussichtlich in Anspruch genommen werden wird oder den sie zur Deckung des Risikos benötigt. Die Rückstellungsbildung muss den **tatsächlichen wirtschaftlichen** Verhältnissen Rechnung tragen. Vgl. auch die Ausführungen in Kapitel 4.9.

Grundsätzlich ist jede Rückstellung für einen konkreten Sachverhalt gesondert nach ihren individuellen Merkmalen zu bewerten. Bei gleichartigen und annähernd gleichwertigen ungewissen Schulden kann eine Sammelrückstellung – basierend auf unternehmens- und branchenspezifischen Erfahrungswerten – gebildet werden (§ 240 Abs. 4 HGB). Bei der Bewertung muss auf die Verhältnisse am Bilanzstichtag abgestellt werden. Hierbei sind alle Umstände und Risiken zu berücksichtigen, die bis zum Bilanzstichtag entstanden sind. Dies gilt auch bei erst nach dem Bilanzstichtag bekannt gewordenen (wertaufhellenden) Sachverhalten.

Stellt ein Dritter den Bilanzierenden von einer Verpflichtung frei, für die eine Rückstellung zu bilden ist, ist der Freistellungsanspruch aufgrund des Saldierungsverbots grundsätzlich gesondert – im Regelfall in Höhe der passivierten Verpflichtung – zu aktivieren.[3161] Dem widerspricht Roß[3162] mit Bezug auf IDW RS HFA 34 Tz. 30.

[3159] Vgl. Höfer/Lange/Eisenach, DB 2022, 409 ff.; Thaut, DB 2022, 273 ff.; kritisch Hagemann, DB 2022, 953 ff.

[3160] Vgl. Ernst & Young (Hrsg.), Accounting Magazine 03.2013, 8. Im Zentrum von IDW RS HFA 3 steht die Qualifikation von Aufstockungsbeträgen nach ihrem wirtschaftlichen Charakter, vgl. Wollmert/Oser (2014), 60; Zeidler/Mißbach/Schmatz, BBK 2014, 516 ff.; Oser/Wirtz, StuB 2016, 4 f.; Hänsch, BBK 24/2018, 1156 ff.; Happe, BBK 13/2019, S. 646 ff.

[3161] Vgl. IDW Life 2018, 663 f. mwN und weiteren Einzelheiten

[3162] Vgl. Roß, BB 2020, 1067 ff.

Zur Bildung und Bewertung von **Ansammlungsrückstellungen** bzw. **Verteilungsrückstellungen** vgl. Kolbe[3163], Oser[3164], Weber-Grellet[3165], Oser/ Wirtz[3166] und Happe[3167]. Es handelt sich dabei um Rückstellungen für Verpflichtungen, die zivilrechtlich mit der Verwirklichung des die Verpflichtung auslösenden Ereignisses am Abschlussstichtag bereits (teilweise) entstanden sind (Rückstellungen für deren Entstehen im wirtschaftlichen Sinne der laufende Betrieb ursächlich ist). Wirtschaftlich erstreckt sich deren Verursachung jedoch über mehrere Geschäftsjahre, da die Aufwendungen zur Erfüllung der Verpflichtung die Erträge mehrerer Geschäftsjahre alimentieren.

Diese Aufwendungen sind ratierlich über den Zeitraum anzusammeln, über den sie Erträge alimentieren (zB Mieter-Abbruchverpflichtungen, Verpflichtung zum Rückbau bei Beendigung eines Mietvertrags, Abbruch von Gebäuden auf fremden Grund und Boden). Zur **Verlängerung des Verteilungszeitraums** und die hierzu ergangene Rechtsprechung[3168] vgl. Wollmert/Oser[3169]. IDW RS HFA 34, Tz. 20[3170] wurde dahingehend geändert, dass im Fall einer Verlängerung des Verteilungszeitraums nunmehr eine Pflicht zur (anteiligen) Auflösung der Rückstellung mit anschließender neuerlicher Ansammlung über den längeren Verteilungszeitraum besteht.

Bei **Geldleistungen** bestimmt sich der Erfüllungsbetrag nach dem Betrag, den der Schuldner zur Erfüllung der ungewissen Verbindlichkeit voraussichtlich aufbringen muss. Bei **Sachleistungen** bestimmt sich der Erfüllungsbetrag (1) entweder nach dem Geldbetrag, der zur Bewirkung der geschuldeten Sachleistung nötig ist oder (2) der Wert der Sachleistung wird durch die anfallenden Einzelkosten zuzüglich notwendiger Gemeinkosten ermittelt. Diese Beträge sind durch eine Schätzung zu ermitteln. Diese muss innerhalb einer Bandbreite liegen, die bezüglich der Inanspruchnahme weder zu optimistisch noch zu pessimistisch ist. Der Bilanzansatz ist so zu wählen, dass das bestehende Risiko in vollem Umfang abgedeckt ist.

Beruhen die Verpflichtungen, für die Rückstellungen zu bilden sind, auf **Fremdwährung**, müssen diese Rückstellungen mit dem am Bilanzstichtag gültigen Devisenkassakurs umgerechnet werden. Dementsprechend sind

---

[3163] Vgl. Kolbe, StuB 2011, 744 ff.
[3164] Vgl. Oser, StuB 2014, 52.
[3165] Vgl. Weber-Grellet, BB 2015, 46 f.
[3166] Vgl. Oser/Wirtz, StuB 2016, 5.
[3167] Vgl. Happe, BBK 5/2017, 244 ff. mit Beispielen.
[3168] Vgl. Weber-Grellet, BB 2015, 47.
[3169] Vgl. Wollmert/Oser, Bilanz Check-up 2015, 26 f.
[3170] Vgl. IDW RS HFA 34, IDW FN 2015, 380; vgl. Oser/Wirtz, StuB 2016, 5.

Wertänderungen, die sich allein aufgrund von Wechselkursänderungen ergeben, stets erfolgswirksam zu berücksichtigen, auch wenn dies bei einer entsprechenden Kursentwicklung zu einer Verringerung des Wertansatzes der
Rückstellung führt. Ob der Geld- oder Briefkurs zu Anwendung kommt, hängt
von der Art der Rückstellung ab. Es wird nicht zu beanstanden sein, wenn aus
Vereinfachungsgründen der Mittelkurs angesetzt wird.[3171]

IDW RS HFA 30 n.F. Tz. 51 ff. gibt für **Pensionsrückstellungen** für die Berücksichtigung künftiger Preis- und Kostensteigerungen einen abstrakten Be-
urteilungsrahmen vor, der auch für die Bewertung anderer Rückstellungen
anwendbar ist. Danach sind nur solche Preis- und Kosten**steigerungen** zu
erfassen, die auf *„begründeten Erwartungen und hinreichend objektivierten
Hinweisen beruhen"* (zB aufgrund von Erfahrungswerten aus der Vergangenheit). Dabei kann auch in begründeten Fällen auf Typisierungen zurückgegriffen werden.[3172] Ein undifferenzierter und abschließender Rückgriff auf
durchschnittliche Preis- und Kostensteigerungen, wie zB öffentlich verfügbare
Kostenindizes oder historische Gehaltssteigerungen, ist nicht zulässig. Preis-
und Kosten**ermäßigungen** gehen nur dann in die Rückstellungsbewertung
ein, wenn diese nachweislich so gut wie sicher eintreten werden. Nach dem
Vorsichtsprinzip dürfen Kostenermäßigungen nur dann berücksichtigt werden,
wenn mit einem nachhaltig niedrigeren Kostenniveau zu rechnen ist. Die in
diesem Zusammenhang getätigten Überlegungen und Festlegungen des Bilanzierenden sind zu dokumentieren.

Soweit sich die Höhe von Altersversorgungsverpflichtungen ausschließlich
nach dem beizulegenden Zeitwert von Wertpapieren im Sinn des § 266 Abs. 2
A.III.5 HGB bestimmt, sind Rückstellungen hierfür zum beizulegenden Zeitwert dieser Wertpapiere anzusetzen, soweit er einen garantierten Mindestbetrag übersteigt (§ 253 Abs. 1 Satz 3 HGB).

IDW RS HFA 30 n.F. regelt auch die Bilanzierung bei **Übertragungen von
Pensionsverpflichtungen** (Schuldübernahme bei Betriebsübergang, Schuldbeitritt mit Erfüllungsübernahme im Innenverhältnis, alleinige Erfüllungsübernahme im Innenverhältnis, Übernahme einer Verpflichtung gegen Entgelt).[3173]
Zur Berücksichtigung von **Langlebigkeitstrends** bei der Bewertung von Pensionsrückstellungen vgl. die Berichterstattung des FAB zur 266. Sitzung.[3174]

[3171] Vgl. BeBiKo. 13. Aufl., § 256a HGB Rn. 163 ff.
[3172] Vgl. Bleck, Betriebswirtschaftliche Blätter 2010, 532.
[3173] Vgl. Zwirner, BC 2017, 474 ff.; Bartsch/Pourgholam, BBK 19/2017, 915 ff.
[3174] Vgl. FAB 266. Sitzung, IDW Life 2021, 1435.

Im Jahr 2018 hat die Heubeck AG die neuen **Richttafeln RT 2018 G** veröffentlicht. Nachdem die Richttafeln allgemein anerkannt sind, sind diese nach IDW RS HFA 30 n.F. Tz. 62 für die Bewertung von Altersversorgungsverpflichtungen anzuwenden.[3175]

GuV-Ausweis

Rückstellungen sind zulasten derjenigen Aufwandsarten zu bilden, zu deren Deckung sie bestimmt sind.

Abzinsung

Mit dem BilMoG wurde eine gesetzliche Verpflichtung zur **Abzinsung** der Rückstellungen mit einer Restlaufzeit von mehr als einem Jahr (bis zur Inanspruchnahme) eingeführt.[3176]

Die **Restlaufzeit** ist der Zeitraum zwischen dem Abschlussstichtag und dem Zeitpunkt der voraussichtlichen Inanspruchnahme aus der Verpflichtung. Der Zinssatz wird über die Zinsstrukturkurve der Deutschen Bundesbank ermittelt, die monatlich veröffentlicht wird.

Die von der Deutschen Bundesbank veröffentlichten Zinssätze können für unterjährige Laufzeiten linear interpoliert werden. Eine Abweichung von den Bundesbankzinssätzen ist grundsätzlich nicht zulässig. **Ausnahmen** gelten nur für Verpflichtungen, die in fremder Währung zu erfüllen sind und bei denen die Anwendung des § 253 Abs. 2 HGB zu einer unzutreffenden Darstellung der Vermögens-, Finanz- und Ertragslage führt. Eine weitere Ausnahme wird hier für die Rückstellung aus der verlustfreien Bewertung des Bankbuchs (Zinsbuchs) gesehen.

Sonstige Rückstellungen mit einer (Rest-) Laufzeit von mehr als einem Jahr sind auf Basis des durchschnittlichen Marktzinssatz abzuzinsen, der sich aus den vergangenen sieben Geschäftsjahren ergibt (§ 253 Abs. 2 Satz 1 HGB). Die Bestimmung der (Rest-) Laufzeit ist am Bilanzstichtag der erstmaligen Erfassung und anschließend zu jedem folgenden Bilanzstichtag vorzuneh-

---

[3175] Vgl. Henckel, WP Praxis 2018, 376 ff.; Zwirner, BC 2018, 577 ff.
[3176] Zu Einzelfragen bzw. Problembereichen der Abzinsung von Rückstellungen vgl. Kropp/Wirtz, DB 2011, 541 ff.; Roß/Meyer/Hundgeburth, WPg 2019, 1041 ff. (Ewigkeitsrückstellungen).

men.[3177] Für die Abzinsung von Rückstellungen mit einer Restlaufzeit von bis zu einem Jahr besteht nach hM ein Wahlrecht.

Pensionsrückstellungen dürfen wahlweise pauschal bei einer angenommenen (Rest-) Laufzeit von 15 Jahren abgezinst werden; der dabei anzuwendende durchschnittliche Marktzinssatz ist aus den vergangenen zehn Geschäftsjahren zu ermitteln (§ 253 Abs. 2 Satz HGB). Rückstellungen mit einer Restlaufzeit von einem Jahr und weniger sind nicht abzuzinsen.[3178] Zur Neuregelung vgl. das hierzu erschienene Schrifttum.[3179]

Zur Behandlung der noch **nicht amortisierten BilMoG-Unterschiedsbeträge** (= stille Lasten; jährliche Zuführung 1/15), die zu einer Erhöhung der Pensionsrückstellung führen, wird auf die Ansicht des HFA verwiesen.[3180] Zur Bewertung von Pensionsrückstellungen unter Anwendung eines abweichend von § 253 Abs. 2 Satz 4 und 5 HGB iVm. der RückAbzinsV ermittelten Abzinsungszinssatzes vgl. IDW „Die fachliche Frage".[3181] Danach ist die Anwendung eines vom Gesetz iVm. der RückAbzinsV abweichenden Zinssatzes für die Bilanz nicht zulässig; ein ggf. abweichender Betrag kann im Anhang angegeben werden.

Mit *„Gesetz zur Umsetzung der Wohnimmobilienkreditrichtlinie und zur Änderung handelsrechtlicher Vorschriften"*[3182] vom 16.3.2016 wurde § 253 Abs. 2 Abs. 1 HGB angepasst und Abs. 6 neu eingefügt.[3183] Für Abschlussstichtage nach dem 31.12.2015 besteht die Pflicht zur Anwendung der Neuregelung. Mit § 253 Abs. 6 HGB wurde eine verpflichtende **Ausschüttungssperre** (siehe nachfolgend) eingeführt. Zur **Erstanwendung** vgl. Art. 75 Abs. 6, 7 EGHGB.[3184]

[3177] Ausführlich zur Abzinsung vgl. Haas/David/Skowronek, KoR 2011, 483 ff.

[3178] Vgl. BR-Drucks. 344/08, 116 f.

[3179] Vgl. Kompenhans/Devlin/Roß, DB 2013, 297 ff.; Rapp/Lembert/Lenhardt, PiR 2015, 301 ff.; Thurnes/Rasch/Geilenkothen, DB 2014, 2908 ff.; Thaut, DB 2016, 2185 ff.; Hageböke/Hennrichs, DB 2017, 18 ff.; Oser/Wirtz, StuB 2017, 3 f.; Zwirner, BC 2017, 474 ff.; Bartsch/Pourgholam, BBK 19/2017, 915 ff.; Hillebrandt/Schulenburg, WPg 2019, 502 ff.

[3180] Vgl. IDW Life 2016, 306; Oser/Wirtz, StuB 2017, 5; Zwirner, BC 2017, 474 ff.; Bartsch/Pourgholam, BBK 19/2017, 915 ff.

[3181] Vgl. IDW Life 2017, 822 f. mit Ausführungen zur Frage der Wesentlichkeit.

[3182] Vgl. BGBl. I 2016, 396 ff.; Erläuterungen hierzu Zwirner, StuB 2016, 207 ff.; Kuhn/Moser, WPg 2016, 581 ff.; Thaut, DB 2016, 2185 ff.

[3183] Mit Praxisbeispielen vgl. Zwirner, BC 2016, 198 ff.; Zwirner, BC 2017, 474 ff.; Bartsch/Pourgholam, BBK 19/2017, 915 ff.

[3184] Zur erstmaligen Anwendung vgl. HFA, IDW Life 2016, 304.

Ausschüttungssperre gemäß § 253 Abs. 6 HGB:[3185] Im Fall von Rückstellungen für Altersversorgungsverpflichtungen ist der **Unterschiedsbetrag** zwischen dem Ansatz der Rückstellungen nach Maßgabe des entsprechenden durchschnittlichen Marktzinssatzes aus den vergangenen zehn Geschäftsjahren und dem Ansatz nach Maßgabe des entsprechenden durchschnittlichen Marktzinssatzes aus den vergangenen sieben Geschäftsjahren jährlich zu ermitteln (§ 253 Abs. 6 Satz 1 HGB). Gewinne dürfen nur ausgeschüttet werden, wenn die nach der Ausschüttung verbleibenden frei verfügbaren Rücklagen zzgl. eines Gewinnvortrags/abzgl. eines Verlustvortrags mindestens dem vorstehenden Unterschiedsbetrag entsprechen (§ 253 Abs. 6 Satz 2 HGB).

Eine korrespondierende **Abführungssperre bei Gewinnabführungsverträgen** wurde nicht geregelt; § 301 AktG ist unverändert geblieben.[3186] Die nach § 14 Abs. 1 Satz 1 KStG iVm. § 301 AktG notwendige Abführung des gesamten Gewinns setzt daher voraus, dass auch Gewinne, die auf der Anwendung des § 253 HGB beruhen, vollständig an den Organträger abgeführt werden; zu weiteren Details vgl. BMF-Schreiben vom 23.12.2016.[3187]

Dieser Unterschiedsbetrag ist ferner in jedem Geschäftsjahr im **Anhang** oder unter der Bilanz „darzustellen" (§ 253 Abs. 6 Satz 3 HGB).[3188] Da für Institute stets ein Anhang zu erstellen ist, entfällt die Möglichkeit der Angabe unter der Bilanz. Die Angabepflicht besteht unabhängig davon, ob für das betreffende Institut auch die Regelung des § 253 Abs. 6 Satz 2 HGB zur Ausschüttungssperre anzuwenden ist.[3189]

§ 253 Abs. 2 Satz 1 HGB unterscheidet nicht zwischen Rückstellungen, die in Euro oder in **fremder Währung** zu erfüllen sind. Demgemäß sind auch Rückstellungen für Verpflichtungen, die in Fremdwährung zu erfüllen sind, grundsätzlich nach Maßgabe der durch die Deutsche Bundesbank ermittelten Abzinsungssätze **abzuzinsen**. Etwas anders gilt nur, wenn die Anwendung dieser Zinssätze nicht zu einer den tatsächlichen Verhältnissen entsprechenden

---

[3185] Vgl. HFA, IDW Life 2016, 304 f.; Kuhn/Moser, WPg 2016, 581 ff.; Hageböke/Hennrichs, DB 2017, 18 ff.; IDW RS HFA 30 n.F.; Oser/Wirtz, StuB 2017, 4; Pohl, NWB 30/2017, 2290 ff.; Zwirner, BC 2017, 474 ff.; Bartsch/Pourgholam, BBK 19/2017, 915 ff.; Kampe/Dettmann/Plumeyer, WPg 2018, 1074 ff.

[3186] Vgl. Pohl, NWB 30/2017, 2295 f.; Zwirner, BC 2017, 474 ff.; Bartsch/Pourgholam, BBK 19/2017, 915 ff.; WPH Edition, Wirtschaftsprüfung & Rechnungslegung, 17. Aufl. Kapitel F Tz. 560.

[3187] Vgl. BMF-Schreiben vom 23.12.2016, DB 2017, 35; Hageböke/Hennrichs, DB 2017, 18 ff.; Oser/Wirtz, StuB 2017, 4.

[3188] Vgl. Zwirner, StuB 2016, 211; Philipps, BBK 7/2016, 333 ff.; HFA, IDW Life 2016, 304.

[3189] Vgl. PwC (Hrsg.), HGB Direkt, Ausgabe 6 März 2016, www.pwc.de/hgb-direkt.

Darstellung der Vermögens-, Finanz- und Ertragslage führt. In diesem Fall ist der Abzinsungssatz nach den Vorgaben des § 253 Abs. 2 Satz 1 HGB selbst zu ermitteln oder von privaten Anbietern zu beziehen.[3190] Das individuelle Bonitätsrisiko eines Unternehmens wird bei der Abzinsung nicht berücksichtigt.

Auflösung

Rückstellungen sind in jedem Geschäftsjahr darauf zu untersuchen, ob und inwieweit sie für die im Gesetz genannten Zwecke noch zulässig sind. Eine **Auflösung** kommt nur insoweit in Betracht, als der Grund für die Rückstellung entfallen ist (§ 249 Abs. 2 Satz 2 HGB). Dies ist der Fall, wenn die Rückstellung nicht oder nicht in der bisherigen Höhe neu gebildet werden könnte; insoweit besteht eine Pflicht zur teilweisen bzw. ganzen Auflösung der Rückstellung.

Dies gilt auch dann, wenn nach dem Abschlussstichtag, aber vor der Bilanzerstellung (wertaufhellende) Umstände bekannt werden, aus denen sich ergibt, dass mit einer Inanspruchnahme nicht mehr zu rechnen ist.[3191]

5.3.9.4. Anhangangaben

Bei Anwendung des Artikel 28 Abs. 1 EGHGB müssen Institute die **in der Bilanz nicht ausgewiesenen Rückstellungen** für laufende Pensionen, Anwartschaften auf Pensionen und ähnliche Verpflichtungen jeweils im Anhang in einem Betrag angeben (Artikel 28 Abs. 2 EGHGB). Obwohl Artikel 28 Abs. 2 EGHGB diese Anhangangabe ausdrücklich nur für Kapitalgesellschaften verlangt, gilt diese Angabepflicht für alle Institute (§ 340a Abs. 1 HGB iVm. Artikel 28 Abs. 2 EGHGB).

Nach Art. 67 Abs. 1 EGHGB ist der Betrag der nach der BilMoG-Umstellung (noch) nicht vollständig bilanzierten Pensionsrückstellung anzugeben. Die Umstellung muss bis spätestens 31.12.2024 erfolgt sein.

Nach § 285 Nr. 24 HGB sind zu den Rückstellungen für Pensionen und ähnliche Verpflichtungen das angewandte versicherungsmathematische Berechnungsverfahren sowie die grundlegenden Annahmen der Berechnung, wie Zinssatz, erwartete Lohn- und Gehaltssteigerungen und zugrunde gelegte Sterbetafeln, anzugeben.

[3190] Vgl. BR-Drucks. 344/08, 117 f.
[3191] Vgl. BFH-Urteil vom 17.1.1973, BStBl. 1973 II, 320.

Der sich aus der unterschiedlichen Bewertung der Altersversorgungsverpflichtungen auf Basis eines Sieben-Jahres- bzw. Zehn-Jahres-Durchschnittszinssatzes ergebende Unterschiedsbetrag ist nach § 253 Abs. 6 HGB im Anhang oder unter der Bilanz darzustellen.[3192]

Darüber hinaus sind die Anhangangaben gemäß § 284 Abs. 2 Nr. 1 und Nr. 2, § 285 Nr. 9b, Nr. 12, Nr. 25 HGB zu beachten.

Zu den Anhangangaben im Zusammenhang mit der **Bankenabgabe** vgl. die Ausführungen oben.

5.3.9.5. Prüfung des Postens

Es sind die für Rückstellungen allgemein üblichen Prüfungshandlungen durchzuführen. Im Rahmen der Prüfung ist festzustellen, ob die gebildeten Rückstellungen vollständig und ausreichend bemessen sind. Zur Prüfung von Pensionsrückstellungen (Pensionsgutachten, Einzelfallprüfungshandlungen, analytische Prüfungshandlungen) vgl. bei Oldewurtel/Kümpel/Wolz.[3193]

Es ist zu prüfen, ob eine hinreichende Wahrscheinlichkeit für einen **Bedarfsfall (Bankenabgabe)** besteht. Wird in diesem Fall mit einer Inanspruchnahme bzw. einer wirtschaftlichen Belastung aus der unwiderruflichen Zahlungsverpflichtung gerechnet, ist eine Rückstellung in entsprechender Höhe zu bilden.[3194]

Die von der **Internen Revision** angefertigten Prüfungsberichte sollten eingesehen werden.

Der **Prüfungsbericht** muss die erforderlichen Angaben enthalten.

[3192] „Darstellen" bedeutet nach gängigen Interpretationen für handelsrechtliche Rechnungslegungszwecke, einen Sachverhalt anschaulich zu machen; es ist also eine Angabe, verbunden mit einer Aufgliederung oder Erläuterung bzw. der Angabe von Fakten oder Beschreibung von Sachverhalten. § 253 Abs. 6 Satz 3 HGB dürfte folgende Angaben umfassen: Angabe der Ursache und der Höhe des Unterschiedsbetrags, Hinweis auf die Ausschüttungssperre in gleicher Höhe, vgl. Philipp, BBK 7/2016, 335 f.
[3193] Vgl. Oldewurtel/Kümpel/Wolz, WP Praxis 2014, 43 ff.
[3194] Vgl. WPH Edition, Kreditinstitute, Kap. D. Rn. 685.

5.3.10. Nachrangige Verbindlichkeiten (Passiva 9.)

5.3.10.1. Postenbezeichnung

Die Postenbezeichnung lautet nach dem Formblatt 1 der RechKredV wie folgt:

9. Nachrangige Verbindlichkeiten

Verbindlichkeiten gegenüber **verbundenen Unternehmen** bzw. **Unternehmen, mit denen ein Beteiligungsverhältnis besteht**, sind als Unterposten in der Bilanz jeweils gesondert auszuweisen (§ 3 Satz 1 Nr. 3 und 4 RechKredV). Die Angaben können wahlweise auch im Anhang in der Reihenfolge der betroffenen Posten gemacht werden.

Für **Zahlungsinstitute** und **E-Geld-Institute** lautet die Postenbezeichnung nach Formblatt 1 der RechZahlV wie folgt:

8. Nachrangige Verbindlichkeiten
   a) aus Zahlungsdiensten
   b) aus sonstigen Tätigkeiten

Die verbrieften und unverbrieften Verbindlichkeiten gegenüber **verbundenen Unternehmen** (§ 3 Abs. 2 Satz 1 Nr. 3 RechZahlV) sowie gegenüber **Unternehmen, mit denen ein Beteiligungsverhältnis besteht** (§ 3 Abs. 2 Satz 1 Nr. 4 RechZahlV), sind als Unterposten zu diesem Passivposten gesondert auszuweisen. Diese Angaben können wahlweise statt in der Bilanz im Anhang in der Reihenfolge der betroffenen Posten gemacht werden (§ 3 Abs. 2 Satz 2 RechZahlV).

Institute in der Rechtsform der GmbH müssen **Verbindlichkeiten gegenüber Gesellschaftern** gesondert ausweisen oder im Anhang angeben (§ 42 Abs. 3 GmbHG).

5.3.10.2. Posteninhalt

5.3.10.2.1. Rechnungslegungsverordnung

Der Postenausweis wird in § 4 Abs. 1 RechKredV bzw. § 4 RechZahlV geregelt. Beide Normen sind inhaltsgleich. Einzelheiten ergeben sich aus Kapitel 3.7.3.

5.3.10.2.2. Voraussetzungen für den Postenausweis

Überblick

Konstitutives Merkmal für nachrangige Verbindlichkeiten (Darlehen) ist die sog. **Nachrangabrede**, dh. eine **vertragliche** Vereinbarung, dass die entsprechenden Verbindlichkeiten im Fall der Liquidation oder der Insolvenz erst nach den Forderungen anderer Gläubiger erfüllt werden dürfen (§ 4 Abs. 1 RechKredV, § 4 Abs. 1 RechZahlV).[3195]

Art. 21 der EG-Bankbilanzrichtlinie (86/635/EWG) verlangt für den Postenausweis, dass *„verbriefte oder unverbriefte Verbindlichkeiten **vertragsgemäß** im Falle der Liquidation oder des Konkurses erst nach den Forderungen anderer Gläubiger befriedigt werden"*. Mithin sind in diesem Posten keine gesetzlichen Nachrangverbindlichkeiten auszuweisen.[3196]

Im Gegensatz zu nachrangigen Vermögensgegenständen (Forderungen), die bei den jeweiligen Posten und Unterposten der Aktivseite gesondert auszuweisen oder in der Reihenfolge der betroffenen Posten im Anhang anzugeben sind (§ 4 Abs. 2 RechKredV, § 4 Abs. 2 RechZahlV), sind **sämtliche** nachrangigen Verbindlichkeiten zusammengefasst im Passivposten „Nachrangige Verbindlichkeiten" auszuweisen.[3197]

Der Ausweis erfolgt ferner unabhängig davon, ob die Voraussetzungen der **CRR** zur Anerkennung als Eigenmittel[3198] oder die Voraussetzungen der HFA-Stellungnahme 1/1994 (Zur Behandlung von Genussrechten im Jahresabschluss von Kapitalgesellschaften)[3199] erfüllt sind.

Nach Padberg[3200] sollte aus den Angaben im Anhang ersichtlich werden, ob und in welcher Höhe die nachrangigen Verbindlichkeiten die bankaufsichtlichen Eigenmittel stärken. Eine Rechtsgrundlage hierfür gibt es jedoch nicht.

In diesem Posten sind **sämtliche Verbindlichkeiten mit (vertraglicher) Nachrangabrede** zu erfassen, dh. die Fristigkeit spielt keine Rolle. Die Verbindlichkeiten können auch in **Wertpapieren** verbrieft sein. Der Ausweis

---

[3195] Eine allgemeine Darstellung der rechtlichen Fragen vgl. Poelzig, WM 2014, 917 ff.; Gaber, 2. Aufl., 562 ff.
[3196] Ebenso WPH Edition, Kreditinstitute, Kap. D. Rn. 792; Gaber, 2. Aufl., 563.
[3197] Vgl. Padberg, ZfgK 1999, 559.
[3198] Ebenso WPH Edition, Kreditinstitute, Kap. D. Rn. 792.
[3199] Vgl. HFA 1/1994, WPg 1994, 419 ff.
[3200] Vgl. Padberg, ZfgK 1999, 559.

nachrangiger verbriefter Verbindlichkeiten (Wertpapiere) im Passivposten 9. geht dem Ausweis im Passivposten 3. vor.[3201]

Vermögenseinlagen stiller Gesellschafter und **Genussrechte** sind nicht im Passivposten „Nachrangige Verbindlichkeiten" auszuweisen.[3202] Genussrechte sind – unabhängig von ihrer Nachrangigkeit und ihrer Qualifizierung als bankaufsichtliche Eigenmittel – als Passivposten „Genussrechtskapital" auszuweisen.[3203] Einlagen stiller Gesellschafter sind als Passivposten „Eigenkapital" auszuweisen (§ 25 Abs. 1 RechKredV, § 19 Satz 1 RechZahlV).[3204]

Hat das Institut eine strukturierte Verbindlichkeit begeben, die nach IDW RS HFA 22 trennungspflichtige eingebettete Derivate und ein **nachrangiges Basisschuldinstrument** enthält, ist das Basisschuldinstrument im Passivposten 9. auszuweisen.[3205]

Contingent Convertible Bonds (CoCo-Bonds) und Write-down-Bonds

Mit der Aktienrechtsnovelle 2016[3206] wurden ua. §§ 192, 194 und 221 AktG dahingehend geändert, dass auch sog. **umgekehrte Wandelschuldverschreibungen** möglich sind. Damit wurde der emittierenden Gesellschaft ein Umtauschrecht eingeräumt. Der Umtausch in Aktien gilt nach § 194 Abs. 1 Satz 2 AktG nicht als Sacheinlage.

Diese Vorschriften sind auch bei Wandelanleihen anwendbar, bei denen eine Wandlung bei Eintritt eines bestimmten Ereignisses (also bedingt) erfolgt (sog. Contingent Convertibles).[3207]

Zur aufsichtsrechtlichen Anerkennung als Eigenkapital (sog. AT 1) vgl. Hintze/Menk/Mies.[3208] Zur Konzeption, Regulierung sowie Nutzen vgl. Deutsche

---

[3201] GlA Gaber, 2. Aufl., 563; ebenso WPH Edition, Kreditinstitute, Kap. D. Rn. 793.
[3202] Ebenso WPH Edition, Kreditinstitute, Kap. D. Rn. 793.
[3203] Ebenso WPH Edition, Kreditinstitute, Kap. D. Rn. 793.
[3204] Ebenso WPH Edition, Kreditinstitute, Kap. D. Rn. 793.
[3205] GlA Gaber, 2. Aufl., 563 mwN.
[3206] Zur Aktienrechtsreform: Söhner, ZIP 2016, 151 ff.; Sieja, NWB 15/2016, 1086 ff. (NWB DokID NAAAF-70200); Harbarth/Plettenberg, AG 2016, 145 ff.; Stöber, DStR 2016, 611 ff.; Ihrig/Wandt, BB 2016, 6 ff.; Schmidt-Bendun, DB 2015, 419 ff.
[3207] Vgl. Haag/Peters, WM 2015, 2303 ff.; Nodoushani, WM 2016, 589 ff.; bank- und aktienrechtliche Gesamtdarstellung bei Florstedt, ZHR 180 (2016), 152 ff.; Nodoushani, ZBB 2011, 143 ff.; Hintze/Menk/Mies, ZBB 2017, 95 ff.; Häuselmann, 461 ff.
[3208] Vgl. Hintze/Menk/Mies, ZBB 2017, 102 ff. mwN.

Bundesbank.[3209] Zur Untersuchung, ob es sich bei diesen Anleihen um Eigen- oder Fremdkapital handelt vgl. Flick/Mertes/Meyding-Metzger.[3210] Zumindest bei Anleihen, die den Muster-Anleihebedingungen des BdB entsprechen, ist vom **Schuldcharakter** auszugehen, da es – anders als etwa typischerweise bei Genussrechten – an einer Verlustbeteiligung, die auf das handelsrechtliche Ergebnis Bezug nimmt, fehlt.[3211]

Contingent Convertible Bonds sind nachrangig und regelmäßig auf **Verlangen der Bankenaufsicht** oder bei **Eintritt eines Auslöseereignisses** in „hartes" Kernkapital wandelbar.[3212] Beim Eintritt festgelegter Auslöser wandelt der Contingent Convertible damit idR automatisch in Aktien (Kernkapital). Ein Wandlungsrecht für den Investor wie bei klassischen Wandelanleihen gibt es nicht.[3213] Das Wandlungsrecht bzw. -element (sog. Regulatory Trigger) besteht vielmehr auf Seiten des Emittenten. Vgl. hierzu Tophoven/Yoo/Becker.[3214] Zur Bilanzierung von Hybridanleihen in der Handelsbilanz und Steuerbilanz vgl. Bünning.[3215]

Contingent Convertible Bonds setzen sich technisch aus Sicht des Emittenten im Regelfall aus einer emittierten Nachranganleihe und einer Long-Position in einem Knock-in-Put (Regulatory Trigger) auf die eigenen Aktien bzw. Instrumente des harten Kernkapitals des Emittenten zusammen.[3216] Die Wandlungselement ist untrennbar mit der Anleihe verbunden.

Die Verzinsung dieser Anleihen ist entweder direkt oder indirekt höher als bei „normalen" nachrangigen Verbindlichkeiten. Der Emittent muss für das Wandlungselement eine Prämie bezahlen, die sich entweder in einem niedrigeren Ausgabebetrag (Disagio) oder in einem höheren Nominalzins niederschlägt. Da die Vergütung für das Wandlungselement nicht vom Investor bezahlt wird, sind die Normen für (klassische) Wandelanleihen auf diese Anleihen nicht anwendbar.

Nach Häuselmann[3217] gelten für die bilanzielle Erfassung beim Emittenten die Grundsätze für Pflichtwandelanleihen entsprechend.

[3209] Vgl. Deutsche Bundesbank, Monatsbericht März 2018, 53 ff.

[3210] Vgl. Flick/Mertes/Meyding-Metzger, WPg 2019, 727 f.

[3211] Vgl. Flick/Mertes/Meyding-Metzger, WPg 2019, 728.

[3212] Vgl. Böhringer/Mihm/Schaffelhuber/Seiler, RdF 1/2011, 48 ff.; Bader, AG 2014, 480 ff.; Flick/Mertes/Meyding-Metzger, WPg 2019, 726 ff.

[3213] Vgl. ausführlich Bader, AG 2014, 480 f.

[3214] Vgl. Tophoven/Yoo/Becker, BaFin Journal Oktober 2014, 9 ff.

[3215] Vgl. Bünning, BB 2014, 2667 ff.

[3216] Vgl. Hintze/Menk/Mies, ZBB 2017, 97 f.

[3217] Vgl. Häuselmann, 464 f.

Zunächst ist festzuhalten, dass die og. **„Prämie" für das Wandlungsrecht/ -element** von vorn herein (und nicht erst bei der späteren Wandlung in Eigenkapital) **Aufwendungen für die Beschaffung von Eigenkapital** darstellt. Die Begebung des CoCo-Bonds hat vom Zeitpunkt der Emission an den Zweck einer später notwendig werdenden Kapitalerhöhung zu dienen.

Die Bilanzierung richtet sich damit nach § 248 Abs. 1 Nr. 2 HGB. Es ist zu unterscheiden, ob der CoCo-Bond (1) mit einem niedrigeren Ausgabebetrag (Disagio) begeben oder (2) mit einem höheren Nominalzins versehen wird. Eine Aktivierung des Wandlungsrechts/-elements bspw. als sonstiger Vermögensgegenstand ist nach § 248 Abs. 1 Nr. 2 HGB ausgeschlossen; ebenso die Einstellung in einen Rechnungsabgrenzungsposten. Die Aufwendungen sind vielmehr in der Periode ihres Anfalls als Aufwand für die Beschaffung von Eigenkapital zu erfassen. Dies bedeutet, dass bei einer Begebung des CoCo-Bonds mit einem Disagio (Alternative 1) dieses im Emissionszeitpunkt als Aufwand zu erfassen ist. Bei einer höheren Nominalverzinsung (Alternative 2) erfolgt die Aufwandsbuchung bei der Zinszahlung bzw. im Rahmen der Zinsabgrenzung zum Abschlussstichtag.

In der **AFRAC-Stellungnahme 23**[3218] wird für die Bilanzierung Folgendes festgelegt:

- Im Unterschied zu klassischen Wandelanleihen haben weder der Emittent noch der Zeichner ein Recht, die Wandlung selbst auszulösen. Ferner ist die Wandlung zu keinem fixen Zeitpunkt vorgesehen, sondern die verpflichtend vorzunehmende Wandlung wird durch den **Eintritt des Auslöseereignis** (Absinken der Kernkapitalquote, Regulatory Trigger) bewirkt.
- Die **Wandlung** kann grds. zum beizulegenden Zeitwert (Fair Value) erfolgen und die Schuldverschreibung in eine dem Nominalwert entsprechende Menge an Instrumenten des harten Kernkapitals getauscht werden. Art. 54 Abs. 1 Buchst. c CRR fordert jedoch eine mengen- oder wertmäßige Beschränkung in Form eines Floor und allenfalls eines Cap.
- Bei den CoCo-Bonds sind die **individuellen Umtauschbedingungen** für die Bilanzierung ausschlaggebend.
- Erfolgt mithin die **Wandlung** nach dem Eintritt des Auslöseereignisses zum **beizulegenden Zeitwert** (Fair Value) des Eigenkapitalinstruments und wird die Schuldverschreibung somit werterhaltend vollständig oder teilweise gegen Stammaktien bzw. andere Instrumente des harten Kernkapitals getauscht, ist der CoCo-Bond im Zeitpunkt der Begebung als

---

[3218] Vgl. AFRAC-Stellungnahme 23, Rn. 18 ff.

Verbindlichkeit mit dem Erfüllungsbetrag (Rückzahlungsbetrag) zu bilanzieren.

Aufgrund der Wandlung zum beizulegenden Zeitwert (Fair Value) hat die **Eigenkapitalkomponente** (Wandlungselement) keinen eigenständigen Wert und ist mithin nicht gesondert zu bilanzieren.

Erfolgt die **Wandlung** gemäß den Bedingungen für das Vorliegen von zusätzlichem Kernkapital unter Berücksichtigung einer **betraglich bzw. mengenmäßigen Beschränkung** in Form eines Floor und allenfalls eines Cap, hat das Wandlungselement einen eigenständigen Wert.

Im Gegensatz zur klassischen Wandelanleihe zahlt jedoch der Emittent an den Investor den Wert des Wandlungselements, idR in Form einer höheren Verzinsung. Das **Wandlungselement** stellt jedoch gemäß der in der AFRAC-Stellungnahme 15 **kein Derivat** dar. Diese Kriterien für ein Derivat iSd. der AFRAC sind inhaltsgleich mit den Kriterien, die der deutsche Gesetzgeber iRd. BilMoG für Zwecke des Handelsrechts (vgl. Kapitel 4.12.1. mwN) für Derivate festgelegt hat (angelehnt an die Definition in IAS/IFRS).

Das Wandlungsrecht ist zwar unterschiedlich sensitiv ggü. Wertänderungen der zugrunde liegenden Aktien bzw. Instrumente des harten Kernkapitals, gleichwohl ist die Wertentwicklung des Wandlungselements aber nicht an die Aktienkursentwicklung gekoppelt.

Die Wertentwicklung wird vielmehr erheblich von der Solvenz des Emittenten beeinflusst. Diese die Wahrscheinlichkeit und den Wert der Wandlung beeinflussende nicht finanzielle Variable ist spezifisch für den Emittenten, weshalb das Wandlungselement kein Derivat ist. Mithin ist eine gesonderte Bilanzierung des Wandlungselements beim Emittenten nicht zulässig.

Der CoCo-Bond ist beim Emittenten in Abhängigkeit seiner Merkmale als Fremdkapital oder als Eigenkapital zu passivieren.

Da es sich bei diesen Anleihen zumindest formal nicht um Genussrechte oder stille Einlagen handelt, kommt für den Ausweis bis zu einer späteren Wandlung grundsätzlich nur der Passivposten 9. in Betracht.[3219]

Anstatt einer Wandlung in hartes Kernkapital werden **Write-down Bonds**[3220] (Herabschreibungsanleihen) ggf. „herabgeschrieben".[3221] Diese Herabschreibung dient der Verlusttragung. Nach ihrer Eigenart schaffen Write-down-

---

[3219] Vgl. Böhringer/Mihm/Schaffelhuber/Seiler, RdF 1/2011, 52. Nach DRGV (Hrsg.), B. III. Rn. 794a kann auch ein Ausweis im Passivposten 10. in Frage kommen.

[3220] Vgl. Bader, AG 2014, 480 f.

[3221] Vgl. Bader, AG 2014, 480 (siehe Fußnote 44), geht davon aus, dass es sich um Genussscheine iSd. § 221 AktG handelt; vgl. auch Hintze/Menk/Mies, ZBB 2017, 100 ff.

Bonds kein neues Eigenkapital, stattdessen verbucht der Emittent die Wertminderung der Anleihe als einen (außerordentlichen) Ertrag.[3222]

Der **BFA** bei IDW hat sich zur Frage der Bilanzierung von **Write-down Bonds** in seiner Berichterstattung zur 256. Sitzung geäußert.[3223] Grundlage der Betrachtung waren die vom Bundesverband deutscher Banken (BdB) veröffentlichten Muster-Anleihebedingungen für Kapitalinstrumente Typ A (Write-down Bonds). Anhand der konkreten Anleihebedingungen ist zu prüfen, ob die Merkmale der Anleihe überwiegend denen einer nachrangigen Verbindlichkeit oder denen eines Genussrechts entsprechen.

Je nachdem, welche Merkmale im Gesamtbild überwiegen, kann ein Ausweis unter dem Posten „Nachrangigen Verbindlichkeiten" (Passiva 9.) oder unter dem Posten „Genussrechtskapital" (Passiva 10.) erfolgen.[3224] Überwiegen weder die Merkmale eines Genussrechts noch die einer nachrangigen Verbindlichkeit empfiehlt der BFA den Ausweis in einem zwischen den Passivposten 10. und 11. neu hinzuzufügenden Posten **„Instrumente des zusätzlichen aufsichtsrechtlichen Kernkapitals"** (vgl. § 340a Abs. 2 iVm. § 265 Abs. 5 Satz 2 HGB).

Das die **Herabschreibung auslösende Ereignis** ist in der Unternehmenssphäre des Emittenten (Schuldners) begründet. Damit ist es nicht von unternehmensexternen Faktoren abhängig, sondern bezieht sich ausschließlich auf die Gegebenheiten beim Emittenten und damit auf schuldnerspezifische Kennzahlen. In diesem Fall liegt kein Anwendungsfall von IDW RS HFA 22 vor, der eine Abhängigkeit von unternehmensexternen Variablen fordert.[3225]

Da die Rückzahlung der Anleihe bei der Kündigung durch den Emittenten zum Nominalbetrag erfolgt, handelt es sich beim **Kündigungsrecht des Emittenten** nicht um ein trennungspflichtiges Derivat (vgl. IDW RS HFA 22 Tz. 16 Buchst. g)).[3226] Soweit ein **Wechsel von fixer auf variable Verzinsung** vereinbart wird, ist eine Trennung in Derivat und Anleihe erforderlich, wenn damit die anfängliche Rendite der Anleihe mindestens verdoppelt und zu einer Rendite führen würde, die doppelt so hoch ist wie die Marktrendite vergleichbarer Anleihen (vgl. IDW RS HFA 22 Tz. 16 Buchst. d)).[3227]

[3222] Vgl. Hintze/Menk/Mies, ZBB 2017, 101; Flick/Mertes/Meyding-Metzger, WPg 2019, 727 f..
[3223] Vgl. FN 2015, 101 ff.
[3224] Ebenso WPH Edition, Kreditinstitute, Kap. D. Rn. 796 (Beispiel 17).
[3225] Vgl. Flick/Mertes/Meyding-Metzger, WPg 2019, 729; Häuselmann, 347 f. mwN; WPH Edition, Kreditinstitute, Kap. D. Rn. 796 (Beispiel 17).
[3226] Ebenso Flick/Mertes/Meyding-Metzger, WPg 2019, 728.
[3227] Ebenso WPH Edition, Kreditinstitute, Kap. D. Rn. 796 (Beispiel 17).

Die laufende Bedienung der Herabschreibungsanleihe ist infolge des Fremd-kapitalcharakters unter den Zinsaufwendungen auszuweisen;[3228] eine Erfül-lung der faktischen Verpflichtung zur Zinszahlung kann jeweils zum Zeitpunkt der Bilanzaufstellung bspw. durch einen Vorstandsbeschluss nachgewiesen werden.

Eine Erfolgswirkung bei Eintritt bzw. Wegfall eines Herabschreibungsereig-nisses ist in der Gewinn- und Verlustrechnung in Abhängigkeit des jeweiligen Bilanzpostens auszuweisen. Im Falle eines neu hinzuzufügenden Postens „Ins-trumente des zusätzlichen aufsichtsrechtlichen Kernkapitals" ist nach Ansicht des BFA gemäß § 340a Abs. 2 iVm. § 265 Abs. 5 Satz 2 HGB entsprechend ein Posten „Erträge aus Herabschreibungen auf Instrumente des zusätzlichen auf-sichtsrechtlichen Kernkapitals" bzw. „Aufwendungen aus Hochschreibungen auf Instrumente des zusätzlichen aufsichtsrechtlichen Kernkapitals" hinzuzu-fügen. Diesbezüglich wird hier empfohlen, diese Posten entsprechend der das Genussrechtskapital betreffenden Posten nach dem Jahresüberschuss auszu-weisen.

Eine Wiederzuschreibung/Hochschreibung kann nach den og. **Musterbedin-gungen** unter Verwendung des festgestellten bzw. festzustellenden Jahresüber-schusses vorgenommen werden.

Die **Wiederzuschreibung** muss nach Art. 21 Abs. 2 Buchst. b **DVO (EU) Nr. 241/2014** auf Gewinnen basieren, die nach dem förmlichen Beschluss des Instituts zur Feststellung des Jahresabschlusses erzielt wurden. Die Wie-derzuschreibung des Instruments bzw. eine Ausschüttung auf den reduzier-ten Kapitalbetrag liegt im alleinigen Ermessen des Instituts (Art. 21 Abs. 2 Buchst. b DVO (EU) Nr. 241/2014). Die bloße Möglichkeit des Wiederaufle-bens bzw. die tatsächliche Besserung der wirtschaftlichen Situation, insbeson-dere ein Ansteigen der harten Kernkapitalquote, begründet keine (faktische) Außenverpflichtung und damit auch keine Rückstellungspflicht.[3229]

Soweit in den Vertragsbedingungen eine Anknüpfung an den festgestellten Jahresüberschuss vorgesehen ist, ist gleichwohl eine Erfassung der beschlos-senen Hochschreibungsbeträge bereits im Jahresabschluss des Geschäftsjah-res sachgerecht, in dem der Jahresüberschuss erzielt wird. Die Aufwendungen aus der Hochschreibung reduzieren das für Ausschüttungen zur Verfügung stehende Volumen.

[3228] Ebenso WPH Edition, Kreditinstitute, Kap. D. Rn. 796 (Beispiel 17).
[3229] Vgl. AFRAC-Stellungnahme 23, Rn. 17.

Beim **Ausweis als nachrangige Verbindlichkeiten** erfolgt die Erfassung der Aufwendungen bzw. Erträge nach den Regeln der RechKredV/RechZahlV regelmäßig im **sonstigen betrieblichen Ergebnis**. Nach Ansicht von AFRAC in der Stellungnahme 23 erfolgt der Ausweis bei Kreditinstituten im außerordentlichen Ergebnis.[3230]

Aufgrund der besonderen Ausstattung der Herabschreibungsanleihe sind im Anhang bzw. Lagebericht erläuternde Angaben (zB Bilanzierungs- und Bewertungsmethoden) zu machen (§ 284 Abs. 2 Nr. 1, § 289 HGB). ESMA erwartet bspw. eine Angabe der Gründe, die zu Klassifizierung als Eigenkapital oder Fremdkapital geführt haben; dies betrifft auch die Klassifizierung der Zins- und Dividendenzahlungen (Presseerklärung der ESMA vom 28.10.2014).

Bail-in-fähige Verbindlichkeiten

Bail-in-fähige Verbindlichkeiten iSd. § 46f Abs. 6 Satz 1 KWG sind nicht als (vertraglich) nachrangige Verbindlichkeiten, sondern abhängig von ihrer Ausgestaltung (Inhaber-, Order- oder Namensschuldverschreibung) bzw. abhängig vom Gläubiger unter Passiva 1. bis 3. auszuweisen.[3231] Einzelheiten vgl. Kapitel 3.7.4.

Die Sonderrangstellung stellt kein eingebettetes Derivat iSv. IDW RS HFA 22 dar.[3232] Mithin werden diese Verbindlichkeiten einheitlich bilanziert.

Ggf. kann der Betrag der Bail-in-Verbindlichkeiten als **Davon-Vermerk** (§ 340a Abs. 1 iVm. § 265 Abs. 5 Satz 1 HGB) oder durch Hinzufügung eines neuen Postens nach § 340a Abs. 1 iVm. § 265 Abs. 5 Satz 2 HGB besonders kenntlich gemacht werden, wenn nur auf diese Weise ein ausreichender Einblick in die Vermögens-, Finanz- und Ertragslage gegeben werden kann.[3233]

Darüber hinaus kann sich aus § 340a Abs. 1 iVm. § 264 Abs. 2 Satz 2 HGB eine Pflicht zur Angabe der bail-in-fähigen Schuldtitel im **Anhang** ergeben.[3234]

[3230] Vgl. AFRAC-Stellungnahme 23, Rn. 15 f.

[3231] Vgl. DGRV (Hrsg.), Jahresabschluss, B.III. Rn. 1033; WPH Edition, Kreditinstitute, Kap. D. Rn. 704 und Rn. 740, Rn. 795.

[3232] Vgl. DGRV (Hrsg.), Jahresabschluss, B.III. Rn. 1033; WPH Edition, Kreditinstitute, Kap. D. Rn. 729..

[3233] Vgl. DGRV (Hrsg.), Jahresabschluss, B.III. Rn. 1033a; WPH Edition, Kreditinstitute, Kap. D. Rn. 740.

[3234] Vgl. DGRV (Hrsg.), Jahresabschluss, B.III. Rn. 1033a; Böcking/Wolsiffer/Morawietz, in: MünchKomm. HGB, 4. Aufl., § 340a HGB Rn. 20; WPH Edition, Kreditinstitute, Kap. D. Rn. 729.

Zinsen

Zinsen auf nachrangige Darlehen sind in der Gewinn- und Verlustrechnung im Posten „Zinsaufwendungen" auszuweisen ohne Rücksicht darauf, in welcher Form sie berechnet werden (§ 29 RechKredV).

Die **anteiligen Zinsen** auf nachrangige Verbindlichkeiten, die erst nach dem Bilanzstichtag fällig werden, sind zum Bilanzstichtag grundsätzlich ebenfalls hier auszuweisen (§ 11 RechKredV). Gleiches gilt für bereits fällige Zinsen. Es ist aber auch zulässig, diese Zinsen im Passivposten „Sonstige Verbindlichkeiten" zu zeigen, sofern die Zinsen zum Abschlussstichtag nicht als nachrangig anzusehen sind.[3235]

5.3.10.3. Bewertung

Verbindlichkeiten sind nach § 253 Abs. 1 Satz 2 HGB mit ihrem Erfüllungsbetrag anzusetzen. Ist der Erfüllungsbetrag höher als der Ausgabebetrag, so darf der Unterschiedsbetrag in einen aktiven Rechnungsabgrenzungsposten eingestellt werden, der durch planmäßige Auflösung auf die Laufzeit der Verbindlichkeit zu verteilen ist (§ 250 Abs. 3 HGB). Einzelheiten vgl. Kapitel 4.9.1. sowie 5.2.15.2.2.

Ist der **Erfüllungsbetrag** hingegen niedriger als der Verfügungsbetrag, so ist der Unterschiedsbetrag auf die Laufzeit der Verbindlichkeit durch Bildung eines passiven Rechnungsabgrenzungspostens zu verteilen. Wegen weiterer Einzelheiten vgl. Kapitel 4.9. sowie die Ausführungen zu den Passivposten 1. bis 3. Zur **amortised-cost-Bewertung** nach HFA vgl. Kapitel 4.2.4.

5.3.10.4. Anhangangaben

Verbindlichkeiten gegenüber **verbundenen Unternehmen** bzw. **Unternehmen, mit denen ein Beteiligungsverhältnis besteht**, sind als Unterposten in der Bilanz jeweils gesondert auszuweisen (§ 3 Satz 1 Nr. 3 und 4 RechKredV). Die Angaben können wahlweise auch im Anhang in der Reihenfolge der betroffenen Posten gemacht werden.

Kreditinstitute in der Rechtsform der GmbH müssen **Verbindlichkeiten gegenüber Gesellschaftern** gesondert ausweisen oder im Anhang angeben (§ 42 Abs. 3 GmbHG).

[3235] GlA Gaber, 2. Aufl., 563.

Zu den nachrangigen Verbindlichkeiten sind die in § 35 Abs. 3 RechKredV genannten Angaben im Anhang zu machen. Es handelt sich hierbei um folgende
Angaben:

- der Betrag der für nachrangige Verbindlichkeiten angefallenen Aufwendungen,
- zu jeder 10 % des Gesamtbetrags der nachrangigen Verbindlichkeiten
  übersteigenden Mittelaufnahme
  - Betrag, Währung, Zinssatz, Fälligkeit, evtl. Rückzahlungsverpflich-
    tung,
  - Bedingungen der Nachrangigkeit,
- zu anderen nachrangigen Verbindlichkeiten die wesentlichen Bedingungen.

Die **Fremdwährungsbeträge** sind in die Angabe des Gesamtbetrags der
Schulden, die auf Fremdwährung lauten, jeweils in Euro, einzubeziehen (§ 35
Abs. 1 Nr. 6 RechKredV).

Der Gesamtbetrag der **für eigene Verbindlichkeiten hinterlegten Sicherheiten** ist anzugeben (§ 35 Abs. 5 RechKredV).

Sind im Passivposten 9. Verbindlichkeiten ausgewiesen, die erst nach dem Bilanzstichtag rechtlich entstehen (sog. **antizipative Verbindlichkeiten**), müssen Beträge größeren Umfangs im Anhang erläutert werden (§ 268 Abs. 5
Satz 3 HGB). Diese Erläuterungspflicht bezieht sich nach hM nicht auf die
anteiligen Zinsen, da diese nach § 11 RechKredV bei dem Bilanzposten auszuweisen sind, zu dem sie gehören.

Gemäß § 285 Nr. 21 HGB sind zumindest die wesentlichen nicht zu marktüblichen Bedingungen zustande gekommenen Geschäfte mit nahestehenden
Unternehmen und Personen anzugeben (Mindestangabe).

5.3.10.5. Prüfung des Postens

Es sind die für Verbindlichkeiten allgemein üblichen Prüfungshandlungen
durchzuführen. Es ist insbesondere darauf zu achten, dass sämtliche in diesem
Posten ausgewiesenen Beträge die Voraussetzungen des § 4 Abs. 1 RechKredV
erfüllen. Diesbezüglich wird auf die vorstehenden Ausführungen verwiesen.

Die **Bestandsnachweise** sind auf Richtigkeit und Vollständigkeit zu prüfen.

Bei der Prüfung des Postens ist darauf zu achten, dass **Zinsen** sowie die übrigen Aufwendungen für das abgelaufene Geschäftsjahr in alter Rechnung gebucht werden. Die **Zinsabgrenzung** ist zu prüfen.

Die **Bewertung** ist zu prüfen. Bei Beträgen, die auf **Fremdwährung** lauten, richtet sich die Bewertung nach den Grundsätzen für die Währungsumrechnung.

Daneben ist festzustellen, ob die **Vorschriften der Satzung** beachtet wurden und ob die erforderlichen **Beschlüsse der Organe** vorliegen.

Die von der **Internen Revision** angefertigten Prüfungsberichte sollten eingesehen werden. Zur Prüfung durch die Interne Revision (mit Checklisten) vgl. IIR Arbeitskreis „Revision des Kreditgeschäfts".[3236]

Der **Prüfungsbericht** muss die erforderlichen Angaben enthalten.

5.3.11. Genussrechtskapital (Passiva 10.)

5.3.11.1. Postenbezeichnung

Die Postenbezeichnung lautet nach dem Formblatt 1 der RechKredV wie folgt:

> *10. Genussrechtskapital*
> *darunter:*
> *vor Ablauf von zwei Jahren fällig ... Euro*

Die Postenbezeichnung bei **Zahlungsinstituten** und **E-Geld-Instituten** ist nach Formblatt 1 der RechZahlV – mit Ausnahme der Postennummer (9.) – identisch mit der Postenbezeichnung in Formblatt 1 zur RechKredV.

5.3.11.2. Posteninhalt

5.3.11.2.1. Rechnungslegungsverordnung

In Gegensatz zu den nachrangigen Verbindlichkeiten enthält die RechKredV bzw. die RechZahlV zum Genussrechtskapital keine Bestimmungen.

[3236] Vgl. IIR Arbeitskreis „Revision des Kreditgeschäfts", ZIR (Interne Revision) 2007, 125 ff.

5.3.11.2.2. Voraussetzungen für den Postenausweis

Begriff der Genussrechte

Es gibt keine Legaldefinition für das Genussrecht, obwohl Genussrechte in mehreren Gesetzen wie bspw. in § 221 Abs. 3 AktG erwähnt sind.[3237] Sie können verbrieft oder nicht verbrieft sein. Sind Genussrechte in Wertpapieren verbrieft, handelt es sich um Genussscheine.[3238] Diese können als Inhaber- und Order- oder Namenspapiere ausgestattet sein. Letztlich können Genussrechte bezüglich Inhalt und Ausgestaltung vielfältig gestaltet sein.[3239]

Beim Genussrechtskapital handelt es sich um Geldmittel, die einem Institut gegen Gewährung von Genussrechten überlassen worden sind. Unter dem Begriff „Genussrecht" wird eine Vielzahl von Gestaltungen erfasst, durch die eine Gesellschaft dritten Personen (oder auch ihren Gesellschaftern) besondere Rechte, häufig als Gegenleistung für eine Kapitalzuführung oder eine sonstige Leistung, einräumt.[3240]

Es handelt sich der Rechtsqualität nach regelmäßig um Gläubigerrechte schuldrechtlicher Art, nicht um mitgliedschaftliche Rechte, wie sie nach Gesetz oder Gesellschaftsvertrag Gesellschaftern zukommen, sodass dem Genussrechtsinhaber im Regelfall insbesondere kein Stimmrecht und kein Recht auf Teilnahme an der Gesellschafter- bzw. Hauptversammlung zusteht.[3241] Durch die vertragliche Gestaltung kann jedoch eine Rechtsposition eingeräumt werden, wie sie sich typischerweise nur bei Gesellschaftern findet, dh. wenn es auch nur ein aktionärstypisches Vermögensrecht beinhaltet (zB Beteiligung am Gewinn und/oder Liquidationserlös).[3242] Daneben können bestimmte Vermögensrechte, wie bspw. Optionsrechte, bestehen.[3243]

Grundsätzlich denkbar ist die Ausgabe von Genussrechten auch ohne hiermit verknüpftem Mittelzufluss, etwa zur endgültigen Ablösung von Vorrechten

---

[3237] Zu den rechtlichen Rahmenbedingungen vgl. Sethe, AG 1993, 293 ff. und 351 ff.; Lühn, StuB 2006, 773 ff.

[3238] Zur Zulässigkeit des Erwerbs von eigenen Genussrechten vgl. Aha, AG 1992, 225 ff.; Häuselmann, 100 f.

[3239] Beispiele für die Ausgestaltung vgl. Rüth, WiSt 1992, 255 ff.; Zwirner/Heyd/Zieglmaier, Beilage zu Heft 7 StuB 2018, 21 ff.; Häuselmann, 97 ff.

[3240] Vgl. ADS 6. Aufl. § 246 Rn. 87.

[3241] Weitere Einzelheiten vgl. Gerdes, ZfgK 1991, 840 ff.; Frankenberger, Bankinformation 11/1990, 52 ff.; Rüth, WiSt 1992, 255.

[3242] Vgl. Gaber, 2. Aufl., 566 mwN.

[3243] Vgl. zur Ausgestaltung auch Häger/Elkemann-Reusch, 212 f.; Häuselmann, 103 ff.

oder Schulden; derartige Vorgänge führen jedoch idR nicht zum Ausweis von Genussrechtskapital.[3244]

Genussrechtskapital in der Bilanz von Instituten

Genussrechtskapital ist unabhängig von der Nachrangigkeit und seiner Qualifikation als Eigenmittel nach der CRR sowie unabhängig von seiner Qualifizierung nach der HFA-Stellungnahme 1/1994 (Zur Behandlung von Genussrechten im Jahresabschluss von Kapitalgesellschaften)[3245] bei Instituten stets im Passivposten „10. Genussrechtskapital" und damit als Verbindlichkeit auszuweisen.[3246] Es gibt keine Bestimmung, nach der in diesem Bilanzposten nur Genussrechtskapital ausgewiesen werden darf, das die Voraussetzungen für die Anerkennung als bankaufsichtliche Eigenmittel erfüllt.[3247]

Die für Nichtbanken häufig schwierig zu beantwortende Frage, ob der Ausweis der gegen Genussrechte zugeflossenen Mittel als Eigen- oder als Fremdkapital zu erfolgen hat oder nicht,[3248] stellt sich für Institute per se nicht.

Die **Vergütung** für Genussrechte kann auf verschiedene Art ausgestaltet sein.[3249] Es kann geregelt sein, dass die Vergütung aus dem Gewinn entnommen wird, also Gewinnverwendung darstellt. IdR wird die Ausschüttung auf das Genussrechtskapital aber so gestaltet, dass der Gewinn oder die Dividende lediglich eine Orientierungsgröße bilden, so dass die Ausschüttung keine Gewinnverwendung ist, sondern Zinsaufwand darstellt. Auch die Vereinbarung eines Festzinssatzes ist möglich.

Genussrechte sind häufig so ausgestaltet, dass die jährlichen Zinszahlungen nur erfolgen, wenn die Zahlung aus einem „Bilanzgewinn" der Emittentin geleistet werden kann.

[3244] Vgl. ADS 6. Aufl. § 266 HGB Rn. 190; Lutter, DB 1993, 2443.

[3245] Vgl. HFA 1/1994, WPg 1994, 419 ff.; vgl. hierzu auch Kusch, NWB 26/2016, 1952 ff.

[3246] GlA Krumnow ua., 2. Aufl., Erläuterung zum Passivposten Nr. 10, Rn. 1.

[3247] AA Gaber, 2. Aufl., 566.

[3248] Vgl. zur Bilanzierung: IDW-Stellungnahme HFA 1/1994, WPg 1994, 419; hierzu: Emmerich/Naumann, WPg 1994, 677 ff.; ADS 6. Aufl. § 266 HGB Rn. 193 ff. mwN; Wollmert, BB 1992, 2106 ff.; Lutter, DB 1993, 2441; Schweitzer/Volpert, BB 1994, 821 ff.; Küting/Kessler, BB 1994, 2103 ff.; Groh, BB 1995, 559 ff.; Müller/Reinke, WPg 1995, 569 ff.; Küting/Kessler/Harth, BB 1996, Beilage 4 zu Heft 8; Wengel, DStR 2000, 395 ff.; Padberg, DB 2000, 990 ff.

[3249] Vgl. DGRV (Hrsg.), Jahresabschluss, B.III. Rn. 1048; Häuselmann, 135 f.

Wird ein „**Bilanzverlust**" ausgewiesen ist idR vereinbart, dass sich der Rückzahlungsanspruch jedes Genussscheininhabers vermindert. Bei einem **Bilanzverlust** vermindert sich der Rückzahlungsanspruch idR in demselben Verhältnis, in dem das in der Bilanz ausgewiesene Eigenkapital durch Tilgung des Bilanzverlusts gemindert wird. Nach einer Teilnahme der Genussscheine am Bilanzverlust ist in den Folgejahren im Fall des Ausweises eines Gewinns idR eine Wiederauffüllung des Genussrechtskapitals vorgesehen.

Zur Auslegung der Begriffe „Bilanzverlust" und „Eigenkapital", soweit in den Genussscheinbedingungen eine Verlustteilnahme vereinbart ist, sowie zur Beteiligung von Genussrechtskapital an **Verlustvorträgen aus Vorjahren** wird auf die einschlägige Rechtsprechung und Literatur verwiesen.[3250]

Zur „übermäßigen" Dotierung des Fonds für allgemeine Bankrisiken (§ 340g HGB) vgl. Schmidberger[3251] sowie die Ausführungen in Kapitel 4.7.

Weist der/die Emittent/in in ihrem Jahresabschluss ein ausgeglichenes Ergebnis oder einen Bilanzverlust aus und zahlt deshalb keine Zinsen, möchten die Genussrechtsinhaber häufig genau wissen, aus welchen Gründen bestimmte bilanzpolitische Entscheidungen getroffen wurden, die das bilanzielle Ergebnis verringert haben.[3252] Für die Genussrechtsinhaber besteht das Risiko, dass der/die Emittent/in das bilanzielle Ergebnis durch Ausnutzung von Gestaltungsspielräumen und die Bildung von Rückstellungen klein hält. Zum Anspruch des Genussscheininhabers auf **Rechenschaftslegung** vgl. BGH-Urteil vom 14.6.2016.[3253] Danach haben die Genussrechtsinhaber nur in Ausnahmefällen einen Anspruch auf detaillierte Informationen.

Der HFA befasste sich in seiner 232. Sitzung[3254] mit der handelsrechtlichen Bilanzierung von Genussscheinen bei Vorliegen korrespondierender Rückdeckungsversicherungsansprüchen und Einschaltung eines externen Versorgungsträgers.

[3250] Vgl. Kinzl/Schmidberger, BKR 2018, 366 ff.; OLG München vom 12.1.2012, rkr., WM 2012, 603 ff.; OLG München vom 21.11.2013, WM 2014, 1131 ff.; BGH vom 29.4.2017, NZG 2014, 661 ff.; OLG München vom 11.6.2015, WM 2015, 2192 ff.; Becker, NZG 2016, 1021 ff.; Habersack, AG 2009, 801 ff.; Casper, ZIP 2015, 201 ff.; LG Berlin, Schlussurteil vom 30.6.2020 – 11 O 66/16 (Berufung eingelegt: KG Berlin 26 U 1063/20), BB 2021, 1458.

[3251] Vgl. Schmidberger, BKR 2017, 309 ff.

[3252] Vgl. Pöschke, DB 2016, 2219 ff.

[3253] Vgl. BGH-Urteil vom 14.6.2016, ZIP 2016, 1529 ff., insbesondere in den Fällen, wenn der Genussscheininhaber Anspruch auf eine feste Zinsleistung hat, die entfällt, soweit dadurch ein Bilanzverlust entstehen würde. Vgl. hierzu Scharf, StuB 2016, 786 ff.

[3254] Vgl. IDW HFA, Berichterstattung über die 232. Sitzung des HFA, FN 2013, 257 f.

Über- und Unterpari-Emissionen

Bei **Überpari**-Emissionen, die zum Nennwert zurückzuzahlen sind, ist ein Agio mit Zinscharakter als Zinskorrektur zu betrachten und folglich als passiver Rechnungsabgrenzungsposten einzustellen und über die Laufzeit zu verteilen.[3255] Dieser Ansicht folgen auch ADS[3256] für den Fall, dass das Genussrechtskapital **zurückzuzahlen** ist und damit Fremdkapitalcharakter hat. Zur Bewertung auf Basis der **fortgeführten Anschaffungskosten** vgl. Kapitel 4.2.4.

Die für Überpari-Emissionen aufgezeigten Überlegungen gelten grundsätzlich auch für **Unterpari**-Emissionen, sofern es solche überhaupt geben darf.[3257]

Für Genussrechtskapital, das mit einem **Wandlungs-** oder **Optionsrecht** zum Erwerb von eigenen Anteilen ausgestattet ist, ist der Agiobetrag nach § 272 Abs. 2 Nr. 2 HGB in die Kapitalrücklage einzustellen. Der Gesamtausgabebetrag ist in den Ausgabebetrag für die Genussrechte und für die Wandlungs- und Optionsrechte aufzuspalten.

Entnahmen und Wiederauffüllung des Genussrechtskapitals

In dem GuV-Posten „Entnahmen aus Genussrechtskapital" sind Verlustzuweisungen zu erfassen, die den Rückzahlungsanspruch des Genussrechtsinhabers vermindern.[3258] Entsprechend sind im GuV-Posten „Wiederauffüllung des Genussrechtskapitals" solche Beträge auszuweisen, die in späteren Jahren zu einer Wiederauffüllung des ausgewiesenen Genussrechtskapitals verwendet werden.[3259]

Zur Minderung des Rückzahlungsanspruchs eines Genussscheininhabers durch einen Bilanzverlust vgl. BGH-Urteil vom 29.4.2014.[3260]

[3255] Vgl. HFA 1/1994, WPg 1994, 421; Kommission für Bilanzierungsfragen des Bundesverbands Deutscher Banken, Die Bank 1986, 253 ff.

[3256] Vgl. ADS 6. Aufl. § 266 HGB Rn. 199.

[3257] Vgl. Scharpf (1993), 139.

[3258] Vgl. Kommission für Bilanzierungsfragen des Bundesverbands Deutscher Banken, Die Bank 1986, 256.

[3259] Ausführlich vgl. Kommission für Bilanzierungsfragen des Bundesverbands deutscher Banken, Die Bank 1986, 254 ff.

[3260] Vgl. BGH-Urteil vom 29.4.2014, DB 2014, 1307 ff., WM 2014, 1076 ff.. AG 2014, 705 ff.

Das OLG München hat mit Urteil vom 11.6.2015 (nrkr., Fall der HRE)[3261] entschieden, dass eine zwingende gesetzliche Regelung, nach der der Ausgleich von Verlustvorträgen der Wiederauffüllung des Genussrechtskapitals in jedem Fall vorrangig wäre, nicht bestehe (und wenn die gesetzliche Rücklage nach § 150 Abs. 2 AktG vollständig dotiert ist).[3262]

Gekündigtes Genussrechtskapital

Das gekündigte Genussrechtskapital ist bis zum Fälligkeitszeitpunkt unter dem Posten „Genussrechtskapital" auszuweisen. Allein durch die Kündigung selbst ändert sich nichts am Charakter des Genussrechtskapitals und damit auch nichts an dessen Bilanzausweis.

Erst wenn das Genussrechtskapital fällig ist, verliert es den Charakter als Genussrecht. Vom Zeitpunkt der Fälligkeit an bis zur Auszahlung erfolgt der Ausweis unter den „Sonstigen Verbindlichkeiten".

Erworbene Genussrechte eigener Emissionen

Für den Ausweis erworbener Genussrechte eigener Emissionen enthält die RechKredV keine besonderen Bestimmungen. Entsprechend dem Ausweis der erworbenen verbrieften Verbindlichkeiten wird bezüglich der Genussrechte folgender Ausweis vorgeschlagen: Soweit es sich um zurückgekaufte börsenfähige Genussscheine handelt, erfolgt der Ausweis im Aktivposten „6. Aktien und andere nicht festverzinsliche Wertpapiere"; handelt es sich hingegen um nicht börsenfähige Genussscheine sind diese entsprechend § 22 Abs. 2 RechKredV vom Passivposten abzusetzen, soweit ein Wiederinverkehrbringen ausgeschlossen ist.

Nicht börsenfähige Genussscheine, die im Rahmen der Marktpflege erworben werden und damit wieder in Verkehr gebracht werden sollen, sollten ebenfalls im Aktivposten 6. ausgewiesen werden. Dies dient vor allem dem Zweck, einen nicht realisierten Gewinn, der beim Absetzen vom Passivposten 10. ggf. entsteht, zu vermeiden. Zulässig erscheint auch, diese Genussscheine passivisch abzusetzen und den nicht realisierten Gewinn durch die Bildung einer Rückstellung zu neutralisieren (vgl. die Ausführungen in Kapitel 5.3.3.3. zu verbrieften Verbindlichkeiten).

[3261] Vgl. OLG München, Urteil vom 11.6.2015, 23 U 3466/14 (nrkr.) – Fall der HRE –, AG 2015, 576 ff. Nach den Angaben der Redaktion der Zeitschrift AG wird das Rechtsmittel beim BGH unter dem Az. II ZR 164/15 geführt.

[3262] Vgl. hierzu auch Casper, ZIP 2015, 201 ff.

Anteilige Zinsen und Ausschüttungen auf Genussrechte

Im Allgemeinen werden Genussrechte mit einer Vergütung verbunden, die vom Jahresüberschuss bzw. vom Bilanzgewinn abhängt. Es kann aber auch eine feste Verzinsung vorgesehen werden (vgl. oben).[3263] Die aus dem Jahresüberschuss oder dem Bilanzgewinn zu deckenden Verpflichtungen aus Genussrechten gehören als Aufwendungen in den Bereich der **Ergebnisentstehung** und nicht zur Ergebnisverwendung.[3264]

Die **Ausschüttungsverpflichtung** auf das Genussrechtskapital für das Geschäftsjahr ist, soweit sie am Ende des Geschäftsjahres entstanden ist, zu passivieren. Ist in den Genussrechtskapitalbedingungen vorgesehen, dass das Institut berechtigt ist, im Falle eines Verlusts Zinszahlungen aufzuschieben und muss es diese Zinsen erst in den folgenden Geschäftsjahren nachzahlen, ist die Zinszahlungsverpflichtung im Verlustjahr noch nicht entstanden und demzufolge auch nicht zu passivieren. Es handelt sich hierbei um eine aufschiebende Bedingung, die erst dann eingetreten ist, wenn die Voraussetzungen für eine Zinszahlung bzw. Ausschüttung in einem der folgenden Geschäftsjahre vorliegen, dh. wenn und soweit das Institut einen entsprechenden Gewinn aufweist. Vgl. hierzu auch Ergänzung zur Stellungnahme IDW HFA 1/1994[3265].

Nach § 11 RechKredV sind **anteiligen Zinsen** und ähnliche das Geschäftsjahr betreffende Beträge, die erst nach dem Bilanzstichtag fällig werden, den ihnen zugehörigen Posten der Aktiv- oder Passivseite der Bilanz zuzuordnen. Danach sind die auf das Genussrechtskapital entfallenden anteiligen Zinsen grundsätzlich im Passivposten 10. zu erfassen. Abweichend hiervon lässt es sich auch rechtfertigen, wenn die Zinsen des laufenden Geschäftsjahres nicht zusammen mit dem Genussrechtskapital bilanziert, sondern im Posten „Sonstige Verbindlichkeit" passiviert werden.[3266] Der Ausweis der dividendenabhängigen Ausschüttungen erfolgt unter den „Anderen Rückstellungen". Bei einem Aufschub der Zinszahlungen im Fall eines Verlusts scheidet eine Passivierung aus, da insoweit keine Verbindlichkeit entsteht.[3267]

Die Ausschüttungen auf Genussrechte sind unabhängig von ihrer Ausgestaltung in der **Gewinn- und Verlustrechnung** stets unter den „Zinsaufwendungen" zu erfassen (§ 29 RechKredV). Die auf Genussrechtskapital entfallenden

---

[3263] Vgl. ADS 6. Aufl. § 246 HGB Rn. 87.
[3264] Vgl. ADS 6. Aufl. § 268 HGB Rn. 16.
[3265] Vgl. IDW FN 1998, 523.
[3266] Vgl. Krumnow ua., 2. Aufl., Erläuterung zu Passivposten Nr. 10, Rn. 9; DGRV (Hrsg.), Jahresabschluss, B.III. Rn. 1056.
[3267] Vgl. Scharpf (1993), 139.

Gewinnanteile stellen damit keine Gewinnverwendung dar, sondern einen den Jahresüberschuss verringernden Aufwand der Gesellschaft.

Zu den Auswirkungen staatlicher Rettungsmaßnahmen zugunsten von Kreditinstituten auf die Verlustteilnahme von Genussrechtsinhabern vgl. bei Arnold/Gärtner.[3268]

Der BGH hat mit Urteil vom 28.5.2013[3269] entschieden, dass Genussscheinbedingungen, die keine Regelung für den Fall des Abschlusses eines Beherrschungs- und Gewinnabführungsvertrags durch den Emittenten als beherrschtes Unternehmen enthalten, bei Abschluss eines solchen entsprechend anzupassen sind. Den Genussscheininhabern stehe ein Ausgleichsanspruch analog § 304 Abs. 2 Satz 1 AktG gegen die Emittentin zu. Da Genussrechte jedoch keine mitgliedschaftliche Beteiligung am Emittenten, sondern schuldrechtlicher Natur sind, wählt der BGH rechtstechnisch den Weg nach den Regeln des Fortfalls der Geschäftsgrundlage (vgl. § 313 BGB). Demzufolge sind Genussrechte auch nach Abschluss eines Beherrschungs- und Gewinnabführungsvertrags unabhängig von einem fiktiven Gewinn zu bedienen. Durch die Anpassung der Genussscheinbedingungen über § 313 BGB bleibt die abhängige Gesellschaft Schuldner, und die Genussrechte wandeln sich für sie im Falle der Konzernierung in festverzinsliche Anleihen um,[3270] die aufgrund ihrer Nachrangigkeit dann im Passivposten 9. auszuweisen sind.

5.3.11.3. Bewertung

Verbindlichkeiten sind nach § 253 Abs. 1 Satz 2 HGB zu ihrem Erfüllungsbetrag anzusetzen. Einzelheiten vgl. Kapitel 4.9.

Zur Bewertung von Verbindlichkeiten auf Basis **fortgeführter Anschaffungskosten** vgl. Kapitel 4.2.4.

5.3.11.4. Anhangangaben

Institute müssen im Anhang Genussrechte, Rechte aus Besserungsscheinen (vgl. Kapitel 4.9.7.) und ähnliche Rechte unter Angabe der Art und Zahl der

---

[3268] Vgl. Arnold/Gärtner, AG 2013, 414 ff.
[3269] Vgl. BGH-Urteil vom 28.5.2013, DB 2013, 1837 ff., DM 2013, 1550 ff., ZIP 2013, 1570 ff., Der Konzern 2013, 492 ff.; hierzu: Ehmann, AG 2013, 751 ff., Maerker/Wagner, DB 2013, 2549 ff.; Elicker, RdF 2014, 75.
[3270] Vgl. Elicker, RdF 2014, 75.

jeweiligen Rechte sowie der im Geschäftsjahr neu entstandenen Rechte angeben (§ 285 Nr. 15a HGB).

Anzugeben sind die wesentlichen Inhalte der Rechte, getrennt nach der Art der jeweiligen Verpflichtungen. Das bedeutet, dass Erläuterungen zur Entstehung, dem Zweck, den Bedingungen und der Laufzeit der Rechte zu machen sind. Dabei kommt es nicht darauf an, ob die Rechte verbrieft sind. Wegen der verschiedenartigen Rechte müssen für die unterschiedlichen Arten der Rechte bzw. Verpflichtungen getrennte Erläuterungen gemacht werden.

Anzugeben ist ferner die Zahl und der Nennbetrag der am Abschlussstichtag bestehenden Genussrechte. Sind Genussrechte im Geschäftsjahr neu entstanden, ist dazu eine gesonderte Angabe zu machen. Sie hat inhaltlich den og. Angaben zu entsprechen. Als neu entstanden sind Rechte auch dann anzusehen, wenn die Bedingungen früher entstandener Rechte geändert wurden.

Die **Fremdwährungsbeträge** sind in die Angabe des Gesamtbetrags der Schulden, die auf Fremdwährung lauten, jeweils in Euro, einzubeziehen (§ 35 Abs. 1 Nr. 6 RechKredV).

Darüber hinaus sind die Angabepflichten des § 42 Abs. 3 GmbHG, 35 Abs. 5 RechKredV sowie § 268 Abs. 5 Satz 3 HGB iVm. § 11 Satz 2 RechKredV zu beachten.

Gemäß § 285 Nr. 21 HGB sind zumindest die wesentlichen nicht zu marktüblichen Bedingungen zustande gekommenen Geschäfte mit nahestehenden Unternehmen und Personen anzugeben (Mindestangabe).

5.3.11.5. Prüfung des Postens

Es sind die für Genussrechte bzw. Verbindlichkeiten allgemein üblichen Prüfungshandlungen durchzuführen. Es ist insbesondere darauf zu achten, dass sämtliche in diesem Posten ausgewiesenen Beträge die Voraussetzungen für Genussrechte erfüllen. Diesbezüglich wird auf die vorstehenden Ausführungen verwiesen. Die **Bestandsnachweise** sind auf Richtigkeit und Vollständigkeit zu prüfen.

Bei der Prüfung des Postens ist darauf zu achten, dass **Zinsen** sowie die übrigen Ausschüttungen bzw. Aufwendungen für das abgelaufene Geschäftsjahr in alter Rechnung gebucht werden. Die **Zinsabgrenzung** ist zu prüfen.

Die **Bewertung** ist zu prüfen. Bei Beträgen, die auf **Fremdwährung** lauten, richtet sich die Bewertung nach den für die Währungsumrechnung geltenden Regeln.

Daneben ist festzustellen, ob die **Vorschriften der Satzung** beachtet wurden und ob die erforderlichen **Beschlüsse der Organe** vorliegen.

Die von der **Internen Revision** angefertigten Prüfungsberichte sollten eingesehen werden. Zur Prüfung durch die Interne Revision (mit Checklisten) vgl. IIR Arbeitskreis „Revision des Kreditgeschäfts".[3271]

Der **Prüfungsbericht** muss die erforderlichen Angaben enthalten.

5.3.12. Fonds für allgemeine Bankrisiken (Passiva 11.)

5.3.12.1. Postenbezeichnung

Die Postenbezeichnung nach dem Formblatt 1 der RechKredV lautet wie folgt:

11. Fonds für allgemeine Bankrisiken

Mit dem BilMoG wurde der Sonderposten nach § 340e Abs. 4 HGB im Zusammenhang mit der Bewertung von Handelsbeständen eingeführt, der im „Fonds für allgemeine Bankrisiken" gesondert auszuweisen ist. Aufgrund dieses gesonderten Ausweises sind die nach § 340g HGB und die nach § 340e Abs. 4 HGB gebildeten Beträge buchhalterisch voneinander zu trennen.

Abgesehen von der Postennummer (10.) ist die Postenbezeichnung für **Zahlungsinstitute** und **E-Geld-Institute** nach Formblatt 1 der RechZahlV identisch mit der Postenbezeichnung bei Kredit-, Finanzdienstleistungs- und Wertpapierinstituten.[3272]

[3271] Vgl. IIR Arbeitskreis „Revision des Kreditgeschäfts", ZIR (Interne Revision) 2007, 125 ff.

[3272] Vgl. WPH Edition, Kreditinstitute, Kap. L Rn. 20.

5.3.12.2. Posteninhalt

5.3.12.2.1. Rechnungslegungsverordnung

Der Posteninhalt ist nicht in der RechKredV bzw. RechZahlV, sondern in § 340g HGB geregelt (vgl. Kapitel 4.7.). Das Wahlrecht zur Bildung des „Fonds für allgemeine Bankrisiken" stellt die Umsetzung von Art. 38 der EG-Bankbilanzrichtlinie dar.

Daneben enthält § 340e Abs. 4 HGB (vgl. Kapitel 4.4.2.5.3.) Bestimmungen zur Dotierung bzw. Auflösung eines **Sonderpostens** im Zusammenhang mit dem Nettoertrag des Handelsbestands, der ebenfalls im „Fonds für allgemeine Bankrisiken" gesondert auszuweisen ist.

5.3.12.2.2. Voraussetzungen für den Postenausweis

Fonds für allgemeine Bankrisiken gemäß § 340g HGB

In diesem Posten dürfen (Wahlrecht) nach § 340g Abs. 1 HGB Beträge eingestellt werden, soweit dies nach vernünftiger kaufmännischer Beurteilung wegen der besonderen Risiken des Geschäftszweigs der Institute notwendig ist (Einzelheiten vgl. Kapitel 4.7.).

Die Einstellung von Beträgen in diesen Posten ist neben der Bildung von Einzel- und Pauschalwertberichtigungen und der (stillen) Vorsorgereserven gemäß § 340f HGB möglich. Es findet keine Anrechnung auf den Höchstbetrag der Vorsorgereserven nach § 340f Abs. 1 Satz 2 HGB statt.

Die Bildung des „Fonds für allgemeine Bankrisiken" kann zum einen durch Umwidmung vorhandener versteuerter Vorsorgereserven nach § 340f HGB bzw. § 26a KWG aF oder durch Zuweisungen zulasten des Jahresergebnisses erfolgen. In beiden Fällen handelt es sich um Fragen, über die der Vorstand im Rahmen der Bilanzaufstellung entscheidet, und nicht um eine Ergebnisverwendung. Der „Fonds für allgemeine Bankrisiken" hat Eigenkapitalcharakter (zweckgebundene Rücklage). Zuführungen sind auch möglich, wenn dadurch ein Jahresfehlbetrag entsteht; es ist auch zulässig, durch Entnahmen aus dem Fonds einen Jahresfehlbetrag auszugleichen bzw. dadurch einen Jahresüberschuss darzustellen. Diesbezügliche Beschränkungen enthält das HGB oder die RechKredV/RechZahlV nicht.

Die Zuführungen zum Sonderposten oder die Erträge aus der Auflösung des Sonderpostens müssen immer in der Gewinn- und Verlustrechnung gesondert ausgewiesen werden (§ 340g Abs. 2 HGB).[3273] Dabei ist lediglich der Saldo der Zuweisungen und Entnahmen gesondert zu zeigen.[3274] Die Zuführungen zum Sonderposten und die Erträge aus dessen Auflösung stellen keine Ergebnisverwendung dar.[3275] Damit sind sie in der Gewinn- und Verlustrechnung vor dem Jahresüberschuss bzw. Jahresfehlbetrag auszuweisen.

In den Formblättern zur Gewinn- und Verlustrechnung ist hierfür kein eigener Posten vorgesehen. Weder im HGB noch in der RechKredV/RechZahlV ist geregelt, ob der Ausweis in einem eigenen Posten mit arabischer Nummer zu erfolgen hat oder, ob der Ausweis in einem Unterposten zu einem vorhandenen Posten vorgenommen werden kann (Einzelheiten vgl. Kapitel 4.7.).

Werden vorhandene versteuerte Vorsorgereserven iSd. § 340f HGB umgewidmet, kann deren Auflösung im Rahmen der sog. Überkreuzkompensation in stiller Form durch Saldierung in den entsprechenden Posten der Gewinn- und Verlustrechnung vorgenommen werden, wohingegen die Zuweisung des entsprechenden Betrags zum „Fonds für allgemeine Bankrisiken" offen in der Gewinn- und Verlustrechnung gezeigt werden muss.

Sonderposten gemäß § 340e Abs. 4 HGB

Neben dem Risikoabschlag bei der Bewertung von Handelsbeständen zum beizulegenden Zeitwert verlangt das Gesetz in § 340e Abs. 4 HGB ein weiteres Sicherheitspolster. Demzufolge ist *„in der Bilanz (...) dem Sonderposten ‚Fonds für allgemeine Bankrisiken' nach § 340g in jedem Geschäftsjahr ein Betrag, der mindestens zehn vom Hundert der Nettoerträge des Handelsbestands entspricht, zuzuführen und dort gesondert auszuweisen."* Die Zuführung zu dem Sonderposten ist der Höhe nach begrenzt. Sie hat so lange zu erfolgen, bis der Sonderposten eine Höhe von 50 % des Durchschnitts der letzten fünf vor dem Berechnungstag erzielten jährlichen Nettoerträge des Handelsbestands erreicht (§ 340e Abs. 4 Satz 2 Nr. 4 HGB).

Der Sonderposten darf nach § 340e Abs. 4 HGB nur aufgelöst werden:

1. zum Ausgleich von Nettoaufwendungen des Handelsbestands, sowie
2. zum Ausgleich eines Jahresfehlbetrags, soweit er nicht durch einen Gewinnvortrag aus dem Vorjahr gedeckt ist,

---

[3273] Also auch dann, wenn versteuerte Reserven gemäß § 340f HGB, § 26a KWG aF „umgewidmet" wurden.

[3274] Ebenso Bergmann, Bankinformation 3/1987, 56; Prahl, WPg 1991, 439.

[3275] Vgl. BR-Drucks. 616/89, 23.

3. zum Ausgleich eines Verlustvortrags aus dem Vorjahr, soweit er nicht durch einen Jahresüberschuss gedeckt ist oder

4. soweit er 50 vom Hundert des Durchschnitts der letzten fünf jährlichen Nettoerträge des Handelsbestands übersteigt.

Sämtliche Auflösungen nach § 340e Abs. 4 Satz 2 Nr. 1 bis Nr. 4 HGB sind nach § 340e Abs. 4 Satz 3 HGB im **Anhang** anzugeben und zu erläutern.

Die Möglichkeiten zur Auflösung des Sonderpostens iSd. § 340e Abs. 4 Satz 1 iVm. § 340g HGB wurden mit § 340e Abs. 4 Satz 2 Nr. 3 und Nr. 4 HGB durch Artikel 13 des „*Gesetzes zur Anpassung von Gesetzen auf dem Gebiet des Finanzmarktes*" vom 15.7.2014[3276] erweitert. Diese Erweiterung erfolgte im Zuge der Neuordnung der Eigenmittelvorschriften für Institute iRd. Umsetzung des CDR IV-Pakets in deutsches Recht. Mit diesem Gesetz wurde auch die Angabe bzw. Erläuterung dieser Auflösungen im Anhang gesetzlich geregelt.

Für die **Auflösung** sieht das Gesetz ein Wahlrecht („darf") vor.

Der gesonderte Ausweis des Sonderpostens nach § 340e Abs. 4 HGB im „Fonds für allgemeine Bankrisiken" des § 340g HGB hat mittels des **Davon-Vermerks** „davon Zuführungen nach § 340e Abs. 4 HGB" zu erfolgen.[3277] Wegen weiterer Einzelheiten wird auf Kapitel 4.4.2. verwiesen.

Latente Steuern

Anders als die Vorsorgereserven nach § 340f HGB wird der Fonds für allgemeine Bankrisiken nach § 340g HGB nicht bilanzpostenbezogen gebildet. Der Fonds für allgemeine Bankrisiken hat **Eigenkapitalcharakter** und bleibt mangels Differenzen bei Vermögensgegenständen und Schulden zwischen Handels- und Steuerbilanzansatz bei der Ermittlung latenter Steuern nach dem Temporary-Konzept außen vor. Wegen weiterer Einzelheiten vgl. Kapitel 4.6.10.

5.3.12.3. Bewertung

Der „Fonds für allgemeine Bankrisiken" unterliegt keiner Bewertung. Die Bildung des „Fonds für allgemeine Bankrisiken" unterliegt im Gegensatz zur

---

[3276] Vgl. BGBl. I 2014, 934, hier 950.
[3277] Vgl. BT-Drucks. 16/12407, 190.

Bildung der Vorsorgereserven gemäß § 340f HGB keinen betragsmäßigen Beschränkungen (Einzelheiten vgl. Kapitel 4.7.3.).

5.3.12.4. Anhangangaben

Zum „Fonds für allgemeine Bankrisiken" iSd. § 340g HGB sind weder nach dem HGB noch nach der RechKredV Anhangangaben gefordert.

Sämtliche **Auflösungen des Sonderpostens** iSd. § 340e Abs. 4 Satz 1 HGB, die nach § 340e Abs. 4 Satz 2 Nr. 1 bis Nr. 4 HGB erfolgt sind, sind gemäß § 340e Abs. 4 Satz 3 HGB im Anhang anzugeben und zu erläutern.

5.3.12.5. Prüfung des Postens

Die Prüfung des Sonderpostens erstreckt sich darauf, ob die Voraussetzungen des § 340g HGB eingehalten wurden, insbesondere ob die **Zuführungen** und **Auflösungen** zutreffend in der Gewinn- und Verlustrechnung ausgewiesen sind.

Der **Prüfungsbericht** muss die erforderlichen Angaben enthalten.

5.3.13. Eigenkapital (Passiva 12.)

5.3.13.1. Postenbezeichnung

Die Postenbezeichnung nach dem Formblatt 1 der RechKredV lautet wie folgt:

> *12. Eigenkapital*
> *a) Eingefordertes Kapital*
> *gezeichnetes Kapital*
> *abzüglich nicht eingeforderter ausstehender Einlagen*
> *b) Kapitalrücklage*
> *c) Gewinnrücklagen*
> *ca) gesetzliche Rücklage*
> *cb) Rücklage für Anteile an einem*
> *herrschenden oder mehrheitlich*
> *beteiligten Unternehmen*
> *cc) satzungsmäßige Rücklagen*
> *cd) andere Gewinnrücklagen*
> *d) Bilanzgewinn/Bilanzverlust*

Mit Art. 3 der „*Verordnung zur Änderung von Rechnungslegungsverordnungen*" vom 9.6.2011[3278] wurde die Bezeichnung des Unterpostens „a) Eingefordertes Kapital" geändert. Diese Änderung trägt § 272 Abs. 1 HGB Rechnung, indem aus ihm sowohl das eingeforderte als auch das gezeichnete Kapital und, hiervor offen abgesetzt, die nicht eingeforderten ausstehenden Einlagen ersichtlich sind. Die im Bilanzformblatt vorgesehenen Fußnoten wurden beibehalten. Auf die korrespondierende Anpassung der Postenbezeichnung des Aktivposten 13. wird verwiesen.

§ 152 Abs. 1 AktG enthält rechtsformspezifische Vorschriften bezüglich des Ausweises des Grundkapitals in der Bilanz von AG und KGaA:

• Das Grundkapital ist in der Bilanz als gezeichnetes Kapital auszuweisen (§ 152 Abs. 1 Satz 1 AktG).
• Dabei ist der auf jede Aktiengattung entfallende Betrag des Grundkapitals gesondert anzugeben (§ 152 Abs. 1 Satz 2 AktG).
• Bedingtes Kapital ist mit dem Nennbetrag zu vermerken (§ 152 Abs. 1 Satz 3 AktG).
• Bestehen Mehrstimmrechtsaktien, sind beim gezeichneten Kapital die Gesamtstimmzahl der Mehrstimmrechtsaktien und die der übrigen Aktien zu vermerken (§ 152 Abs. 1 Satz 4 AktG).

Genossenschaften haben nach der Fußnote 12 zum Formblatt 1 in der Bilanz beim Unterposten „a) gezeichnetes Kapital" weiterhin sowohl die Geschäftsguthaben der Genossen als auch die Einlagen stiller Gesellschafter auszuweisen. Darüber hinaus haben Genossenschaften nach der Fußnote 13 zum Formblatt 1 in der Bilanz anstelle der Gewinnrücklagen die **Ergebnisrücklagen** auszuweisen und wie nachfolgend dargestellt aufzugliedern.[3279] Zu Einzelheiten bezüglich der Bilanz wird auf § 337 HGB verwiesen.

> *12. Eigenkapital*
>   *a) Gezeichnetes Kapital*
>   *b) Kapitalrücklage*
>   *c) Ergebnisrücklagen*
>   *ca) gesetzliche Rücklage*
>   *cb) andere Ergebnisrücklagen*
>   *d) Bilanzgewinn/Bilanzverlust*

Mit der Ersten Verordnung zur Änderung der RechKredV vom 18.6.1993 wurden im Formblatt 1 in der Fußnote 12 die Wörter „*an Stelle des gezeichneten*

[3278] Vgl. BGBl. 2011 I, 1041 ff., hier 1043 f.
[3279] Ausführlich vgl. DGRV (Hrsg.), Jahresabschluss, B.III. Rn. 1083 ff.

Kapitals den Betrag der Geschäftsguthaben der Genossen" durch die Wörter *„beim Unterposten a) gezeichnetes Kapital sowohl die Geschäftsguthaben der Genossen als auch die Einlagen stiller Gesellschafter"* ersetzt. Es handelt sich hierbei bezüglich der Einlagen stiller Gesellschafter um eine Klarstellung zu § 25 Abs. 1 RechKredV.

Die Postennummer für **Zahlungsinstitute** und **E-Geld-Institute** ist 11 (andere Nummerierung mit doppelten Kleinbuchstaben).

5.3.13.2. Posteninhalt

5.3.13.2.1. Rechnungslegungsverordnung

Der Posteninhalt ist in § 25 RechKredV geregelt. Abs. 1 bestimmt, welche Beträge im Unterposten „a) gezeichnetes Kapital" auszuweisen sind; Abs. 2 enthält für den Unterposten „c) Gewinnrücklagen" Besonderheiten zum Ausweis bei Sparkassen und Kreditgenossenschaften. Darüber hinaus gelten die handelsrechtlichen Vorschriften über den Ausweis des Eigenkapitals (§ 272 HGB).

Mit dem BilMoG wurde im Passivposten 12.c) der weitere Unterposten cb) neu gefasst: „Rücklage für Anteile an einem herrschenden oder mehrheitlich beteiligten Unternehmen".

Der Posteninhalt von **Zahlungsinstituten** und **E-Geld-Instituten** ist in § 19 RechZahlV geregelt. Die Bestimmung entspricht weitestgehend § 25 Abs. 1 RechKredV. Hiernach sind beim gezeichneten Kapital alle Beträge zu zeigen, die entsprechend der Rechtsform des Zahlungsinstituts bzw. E-Geld-Instituts als von den Gesellschaftern oder anderen Eigentümern gezeichnete Eigenkapitalbeträge gelten.

5.3.13.2.2. Voraussetzungen für den Postenausweis

Überblick

Nach dem Gliederungsschema des Formblatts 1 wird die Bilanz unter teilweiser oder vollständiger Berücksichtigung der Ergebnisverwendung,[3280] dh. nach Dotierung von Gewinnrücklagen bzw. nach Entnahmen aus Gewinn- und

---

[3280] Vgl. zur Aufstellung der Bilanz unter Berücksichtigung der Ergebnisverwendung, Moser/Siegel, WPg 2017, 503 ff.

Kapitalrücklagen, aufgestellt. Mithin wird in der Bilanz der Posten Bilanzgewinn/-verlust als Unterposten des Eigenkapitals ausgewiesen.

Mit dem BilMoG wurde § 272 HGB umfassend geändert. In Abs. 1 wurde insbesondere die Bilanzierung ausstehender Einlagen, mit Abs. 1a die Bilanzierung eigener Anteile, mit Abs. 1b die Veräußerung eigener Anteile und mit Abs. 4 die Rücklage für Anteile an einem herrschenden oder mit Mehrheit beteiligten Unternehmen geregelt. Durch Art. 3 der Aktienrechtsnovelle 2016 vom 22.12.2015[3281] wurde § 272 Abs. 1 Satz 1 HGB wie folgt gefasst: *„Gezeichnetes Kapital ist mit dem Nennbetrag anzusetzen"*.

Die nicht eingeforderten ausstehenden Einlagen auf das gezeichnete Kapital sind vom Posten „Gezeichnetes Kapital" offen abzusetzen; der verbleibende Betrag ist als Posten „Eingefordertes Kapital" in der Hauptspalte der Passivseite auszuweisen (§ 272 Abs. 1 HGB). Der eingeforderte, aber noch nicht eingezahlte Betrag ist auf der Aktivseite im Posten Aktiva 13. zu zeigen.

Rücklage für unrealisierte Beteiligungserträge

Mit dem BilRUG wurde ein neuer § 272 Abs. 5 HGB eingefügt, um Art. 9 Abs. 7 Buchstabe c der EU-Bilanzrichtlinie umzusetzen: *„Übersteigt der auf eine Beteiligung entfallende Teil des Jahresüberschusses in der Gewinn- und Verlustrechnung die Beträge, die als Dividende oder Gewinnanteil eingegangen sind oder auf deren Zahlung die Kapitalgesellschaft einen Anspruch hat, ist der Unterschiedsbetrag in eine Rücklage einzustellen, die nicht ausgeschüttet werden darf. Die Rücklage ist aufzulösen, soweit die Kapitalgesellschaft die Beträge vereinnahmt oder einen Anspruch auf ihre Zahlung erwirbt."*

Die **praktische Anwendbarkeit** des § 272 Abs. 5 HGB war im Schrifttum umstritten.[3282]

Ein phasengleich aktivierter und ertragswirksam vereinnahmter Gewinnanspruch muss nicht wieder durch Bildung einer entsprechenden gesetzlichen Gewinnrücklage „neutralisiert" werden, wenn die von der Rechtsprechung verlangten Kriterien vorliegen.[3283]

[3281] Vgl. BGBl. 2015 I, 2565 ff. (2567).
[3282] Vgl. Russ/Janßen/Götze (Hrsg.), Abschn. F Rn. 35 ff.; Oser/Orth/Wirtz, DB 2015, 1734; Haaker, DB 2015, 510 ff. und 879 ff.; Arbeitskreis Bilanzrecht Hochschullehrer Rechtswissenschaft (AKBR), BB 2015, 876; Reitmeier/Rimmelspacher, DB 2015, Beilage 05 zu Heft 36, 2 f.; Hermesmeier/Heinz, DB 2015, Beilage 05 zu Heft 36, 20 ff.
[3283] Vgl. HFA, IDW Life 2015, 616.

Gezeichnetes Kapital (Eingefordertes Kapital)

(a) Vorbemerkung

Im Unterposten „Gezeichnetes Kapital" sind, ungeachtet ihrer genauen Bezeichnung im Einzelfall, alle Beträge auszuweisen, die entsprechend der Rechtsform des Kreditinstituts als von den Gesellschaftern oder anderen Eigentümern gezeichnete Eigenkapitalbeträge gelten (§ 25 Abs. 1 RechKredV/§ 19 RechZahlV).

Der handelsbilanzielle Eigenkapitalausweis knüpft an die gesellschaftsrechtlichen Rechtsverhältnisse an und enthält daher nur Bestandteile, die von den Gesellschaftern eingezahlt wurden bzw. auf die diese bei Liquidation des Unternehmens einen Anspruch haben. Die genaue Bezeichnung des Unterpostens im Einzelfall kann zusätzlich zu der Postenbezeichnung „Gezeichnetes Kapital" in das Bilanzformblatt eingetragen werden.

(b) Kapitalgesellschaften

Gezeichnetes Kapital ist mit dem Nennbetrag anzusetzen (§ 272 Abs. 1 Satz 1 HGB). Der Anteil am Grundkapital/Stammkapital determiniert den Anspruch auf Stimmrechte, Dividende, Bezugsrechte und den Liquidationserlös.

Bei **Aktiengesellschaften** und **Kommanditaktiengesellschaften** (KGaA) ist hierin das Grundkapital, bei **Gesellschaften mit beschränkter Haftung** deren Stammkapital auszuweisen. Für Institute in der Rechtsform der **KGaA** sind die Kapitalanteile der persönlich haftenden Gesellschafter institutsunabhängig nach dem Posten „Gezeichnetes Kapital" gesondert auszuweisen (§ 286 Abs. 2 Satz 1 AktG). Auf den Kapitalanteil eines persönlich haftenden Gesellschafters einer KGaA entfallende Verluste sind von seinem Kapitalanteil abzuschreiben (§ 286 Abs. 2 Satz 2 AktG). Zur Bilanzierung **ausstehender Einlagen** vgl. unten.

Eine **Kapitalerhöhung gegen Einlagen** wird erst mit der Eintragung in das Handelsregister wirksam (§ 189 AktG, § 54 GmbHG).[3284] Die bilanzielle Abbildung ist abhängig von der Wirksamkeit der Kapitalerhöhung. Erst mit der Eintragung im Handelsregister können Grund- bzw. Stammkapital dotiert werden. Diejenigen Zeichner, die bereits Einlagen (sog. Voreinzahlung)[3285] geleistet haben, haben grundsätzlich die Stellung eines Fremdkapitalgebers. Nach

---

[3284] Zum Ablauf einer Kapitalerhöhung vgl. Wicke, DStR 2016, 1115.
[3285] Mit einer Darstellung der aktuellen Rechtsprechung vgl. Wicke, DStR 2016, 1115 ff.

Beschlussfassung über die Kapitalerhöhung, aber vor Eintragung geleistete Einlagen sind – da noch kein haftendes Kapital vorliegt – in einem **Sonderposten** *„zur Durchführung der beschlossenen Kapitalerhöhung geleistete Einlagen"* vor dem Eigenkapital auszuweisen; dies gilt auch für die Kapitalrücklage.[3286] Nach hM scheidet auch ein sonstiger Ausweis im Eigenkapital aus. Selbst dann, wenn die Eintragung noch im Aufstellungszeitraum der Bilanz erfolgt. Zur Begründung wird auf die konstitutive Wirkung der Handelsregistereintragung verwiesen.[3287] Nach ADS[3288] kommt bei einer **Eintragung** der Kapitalerhöhung **in der Aufhellungsphase** ein Ausweis des Sonderpostens im Anschluss an den Posten „Gezeichnetes Kapital" mit Vermerk des Datums der Eintragung in Betracht. Zur Frage, wann die **Einlageschuld** hinsichtlich der noch nicht geleisteten Einlagen entsteht vgl. Wolf.[3289]

Zur **Einlagefähigkeit von Bitcoins** und anderen Kryptowährungen nach dem deutschen GmbH- und Aktienrecht vgl. Güldü.[3290] Zu ausgewählten Fragestellungen zur Bilanzierung von Einlagen im handelsrechtlichen Jahresabschluss bei Kapitalgesellschaften vgl. Seidler.[3291]

(c) Genossenschaften

Genossenschaften haben beim Unterposten „Gezeichnetes Kapital" sowohl den Betrag der Geschäftsguthaben der Mitglieder als auch die Einlagen stiller Gesellschafter auszuweisen (Fußnote 12 zu Formblatt 1 der RechKredV). **Geschäftsguthaben** sind die von den Mitgliedern auf die Geschäftsanteile eingezahlten Beträge. Hierzu gehören auch Gutschriften aus Dividenden, genossenschaftlichen Rückvergütungen und aus der Übertragung von Geschäftsguthaben. Dies gilt sowohl für Kreditinstitute als auch für Finanzdienstleistungsinstitute in der Rechtsform der Genossenschaft.

Die Geschäftsguthaben der Mitglieder stellen einen variablen Bestandteil des Eigenkapitals der Genossenschaft dar. Der Bestand erfährt Veränderungen durch Zu- bzw. Abgänge von Mitgliedern, Zeichnung weiterer Geschäftsanteile sowie durch die Kündigung einzelner Geschäftsanteile.

[3286] Vgl. Wolf, StuB 2003, 1053 ff.; IDW Life 2019, 534 f.
[3287] Vgl. Lüdenbach, StuB 2008, 153 f. mwN.
[3288] Vgl. ADS 6. Aufl. § 272 HGB Rn. 19.
[3289] Vgl. Wolf, StuB 2003, 1055.
[3290] Vgl. Güldü, GmbHR 2019, 565 ff.
[3291] Vgl. Seidler, BB 2021, 2795 ff.

(d) Einzelunternehmen und Personenhandelsgesellschaften

Bei Instituten, die in anderen Rechtsformen betrieben werden (zB als Einzelunternehmen oder Personenhandelsgesellschaft), gibt es formal betrachtet kein gezeichnetes Kapital. Bei ihnen sind hierunter alle Beträge zu verstehen, „... *die entsprechend der Rechtsform des Instituts als von den Gesellschaftern oder anderen Eigentümern gezeichnete Eigenkapitalbeträge gelten*" (§ 25 Abs. 1 Satz 1 RechKredV). Bei Personenhandelsgesellschaften sind mithin die **Einlagen** der unbeschränkt und beschränkt haftenden Gesellschafter im Posten „Gezeichnetes Kapital" zu zeigen.

Zur Verdeutlichung kann in diesen Fällen die genaue Bezeichnung zusätzlich zur Postenbezeichnung „Gezeichnetes Kapital" in das Bilanzformblatt eingetragen werden (§ 25 Abs. 1 Satz 2 RechKredV).

(e) Dotationskapital von Zweigstellen

Im Unterposten „Gezeichnetes Kapital" ist ferner das sog. Dotationskapital inländischer Betriebsstätten international tätiger Kreditinstitute auszuweisen (§ 25 Abs. 1 RechKredV). Als Dotationskapital werden die Beträge bezeichnet, die der Zweigstelle eines ausländischen Instituts von dem Unternehmen als Betriebskapital für die steuerliche Gewinnermittlung zur Verfügung gestellt wurden.[3292]

Inländische Betriebsstätten ausländischer Kreditinstitute müssen zum Zweck der Gewinnermittlung über ein angemessenes steuerliches Dotationskapital verfügen, das der Funktion und den Risiken ihrer Geschäfte entspricht.[3293]

In diesem Zusammenhang wird auf die **Betriebsstättengewinnaufteilungsverordnung** (BsGaV) vom 13.10.2014[3294] hingewiesen. Am 22.12.2016 hat das BMF die Verwaltungsgrundsätze zur Betriebsstättengewinnaufteilung (VWG BsGa)[3295] veröffentlicht. Roglmaier würdigt die Grundlagen des Rückgriffs der BsGaV auf das Bankaufsichtsrecht und untersucht mögliche Problemfelder, die durch die Anwendung des Bankaufsichtsrechts entstehen können.[3296]

[3292] Vgl. Häuselmann, 78 ff. mwN.

[3293] Vgl. ausführlich Heuer/Jung, IWB 2020, 159 ff.

[3294] Vgl. BGBl. I 2014, 1603 ff.; Busch, DB 2014, 2490 ff.; Busch, DB 2016, 910 ff.; Köhler/Scholz, RdF 2016, 228 ff.; Sennewald/Geberth, DB 2017, 31 ff.

[3295] Vgl. Heinsen, DB 2017, 85 ff.; Engelen/Tcherveniachki, IWB 3/2018, 89 ff. (Teil I), 129 ff. (Teil II).

[3296] Vgl. Roglmeier, DStR 2019, 399 ff.

(f) Einlagen stiller Gesellschafter

Im Unterposten „Gezeichnetes Kapital" sind ferner die Einlagen stiller Gesellschafter (§§ 230 ff. HGB) auszuweisen. § 25 Abs. 1 RechKredV/§ 19 RechZahlV macht keine Einschränkung dahingehend, dass hier nur die Einlagen stiller Beteiligter auszuweisen sind, die die Voraussetzungen für die Anerkennung als bankaufsichtliche Eigenmittel erfüllen. Dies entspricht der Vorgehensweise bei nachrangigen Verbindlichkeiten und Genussrechtskapital. Mithin sind in diesem Unterposten **sämtliche** stillen Einlagen unabhängig von deren Anerkennung als haftendes Eigenkapital zu zeigen.[3297]

Die stillen Einlagen sind auch für den Fall in diesem Posten auszuweisen, dass die Einlagen **kurz nach dem Bilanzstichtag zurückzuzahlen** sind; allerdings ist für diesen Fall eine entsprechende Angabe im Anhang erforderlich (§ 264 Abs. 2 HGB).

Die Forderung im Unterposten „Gezeichnetes Kapital" nur solche stille Einlagen auszuweisen, die den Anforderungen CRR für bankaufsichtliche Eigenmittel genügen, hätte zwar den Vorteil, dass der Bilanzausweis die bankaufsichtliche Bedeutung der stillen Einlagen widerspiegelt, ist jedoch von § 25 Abs. 1 RechKredV nicht gedeckt. Die Vermengung von Bilanzausweisfragen und bankaufsichtlichen Bestimmungen ist hier ebenso abzulehnen wie beim Genussrechtskapital.

Weder das HGB noch die RechKredV/RechZahlV verbieten es, den Unterposten „Gezeichnetes Kapital" weiter zu untergliedern bzw. mit einem Davon-Vermerk betreffend der Einlagen stiller Beteiligter zu versehen, um die Zusammensetzung des Unterpostens transparenter zu gestalten.

Der Ausweis der **Ausschüttungen** auf stille Beteiligungen für das abgelaufene Geschäftsjahr ist von der Berechnungsgrundlage abhängig. Wurde ein Festzinssatz vereinbart, sind die Ausschüttungen als sonstige Verbindlichkeiten zu erfassen. Dividendenorientierte Ausschüttungen sind hingegen als Rückstellungen zu zeigen, da in diesen Fällen erst die Gesellschafter-, Haupt- oder Generalversammlung über die Höhe der Dividende und damit letztlich über die Höhe der Ausschüttung beschließt. Eine Passivierung des Gewinnanteils ist jedoch insoweit zu unterlassen, als eine Auszahlung des Gewinnanteils an § 232 Abs. 2 HGB wegen der erforderlichen Wiederauffüllung der durch Verluste aufgezehrten Einlage scheitert. Der Gewinnanteil wird insoweit als Einlageguthaben behandelt.

[3297] AA Krumnow ua., 2. Aufl., § 25 RechKredV Rn. 6.

Die Verträge über stille Einlagen sind bei **AG** und **KGaA** als **Teilgewinnab-führungsverträge**[3298] nach § 292 Abs. 1 Nr. 2 AktG[3299] im **Handelsregister** einzutragen. Zur Eintragungsfähigkeit eines Teilgewinnabführungsvertrags bei einer GmbH vgl. OLG München, Beschluss vom 17.3.2011 (rkr.)[3300], KG Berlin, Beschluss vom 24.3.2014.[3301] Danach kann bei einer GmbH ein Teilge-winnabführungsvertrag nicht ins Handelsregister eingetragen werden.[3302] Der Ausweis der Ergebnisanteile still Beteiligter erfolgt entsprechend § 277 Abs. 3 Satz 2 HGB. Zum Abschluss von Teilgewinnabführungsverträgen im GmbH-Recht vgl. Priester.[3303]

(g) Ausstehende Einlagen

Die **nicht eingeforderten** ausstehenden Einlagen auf das gezeichnete Kapital sind nach § 272 Abs. 1 Satz 2 HGB vom Posten „Gezeichnetes Kapital" offen abzusetzen (Nettoausweis); der verbleibende Betrag ist als Posten „Eingefor-dertes Kapital" in der Hauptspalte der Passivseite auszuweisen (§ 272 Abs. 1 Satz 3 HGB).

Der **eingeforderte**, aber noch nicht eingezahlte Betrag ist bei Instituten unter Aktivposten 13. auszuweisen. Im Posten „Eingefordertes Kapital" sind die be-reits eingezahlten und die zwar eingeforderten, aber noch nicht geleisteten Einlagen gemeinsam zu zeigen.

Kapitalrücklagen

Die Untergliederungsposten „b) Kapitalrücklage" und „c) Gewinnrücklagen" unterscheiden sich nicht von der allgemeinen handelsrechtlichen Behandlung. Insoweit kann auf die Kommentierung zu den einschlägigen Vorschriften des HGB verwiesen werden.

Die Kapitalrücklage ergibt sich aus **Zuzahlungen** bzw. **Agien**, die vor allem bei der Ausgabe von Aktien und anderen Gesellschaftsanteilen sowie bei der Emission von Optionsrechten, Wandel- und Optionsschuldverschreibungen

---

[3298] Vgl. WPH Edition, Wirtschaftsprüfung & Rechnungslegung, 17. Aufl., Kapitel C Tz. 213 f.

[3299] Vgl. zB LG Darmstadt, Urteil vom 24.8.2004, AG 2005, 488 ff.; Hoffmann, FB 2005, 373 ff.; ADS 6. Aufl. § 277 HGB Rn. 58 mwN.

[3300] Vgl. OLG München, Beschluss vom 17.3.2011 (rkr.), GmbHR 2011, 487, ZIP 2011, 811.

[3301] Vgl. KG Berlin, Beschluss vom 24.3.2014, Der Konzern 2014, 282 ff.

[3302] Vgl. hierzu Münchner Kommentar, Handelsgesetzbuch, §§ 161 – 237, Konzernrecht der Personengesellschaften, 3. Aufl. (2012), § 230 HGB, Rn. 114 ff.

[3303] Vgl. Priester, NZG 2020, 1 ff.

vereinbart wurden (§ 272 Abs. 2 HGB). Wegen weiterer Einzelheiten wird auf die einschlägigen Kommentierungen zu § 272 HGB verwiesen.

Zur Bilanzierung von Entnahmen aus der Kapitalrücklage (einer GmbH) vgl. Philippsen/Sultana[3304]; die Autoren untersuchen die Frage, ob bei einer GmbH neben einer Auflösung der Rücklage zugunsten des Bilanzgewinns auch sog. Direktentnahmen, also Vermögensübertragungen, die unmittelbar zulasten der Kapitalrücklage gebucht werden, möglich sind.

Gewinnrücklagen

Gewinnrücklagen sind im Geschäftsjahr oder in früheren Geschäftsjahren **aus dem Ergebnis gebildet** worden. Nach § 25 Abs. 1 RechKredV ist unter den Gewinnrücklagen auch die **Sicherheitsrücklage** der Sparkassen auszuweisen. Hierbei handelt es sich um eine Rücklage, deren Dotierung den Sparkassen regelmäßig in Gesetzen oder in ihrer Satzung vorgeschrieben ist.

Die genaue Bezeichnung im Einzelfall kann zusätzlich zu der Postenbezeichnung „Gewinnrücklagen" in das Bilanzformblatt eingetragen werden.

Eine **Rücklage für Anteile an einem herrschenden oder mehrheitlich beteiligten Unternehmen** ist als Unterposten cb) zu bilden. In die Rücklage ist ein Betrag einzustellen, der dem auf der Aktivseite der Bilanz für die Anteile an dem herrschenden oder mit Mehrheit beteiligten Unternehmen anzusetzenden Betrag entspricht (§ 272 Abs. 4 HGB). Die Rücklage, die bereits bei der Aufstellung der Bilanz zu bilden ist, darf aus vorhandenen frei verfügbaren Rücklagen gebildet werden (§ 272 Abs. 4 Satz 3 HGB). Die Rücklage ist aufzulösen, soweit die Anteile an dem herrschenden oder mit Mehrheit beteiligten Unternehmen veräußert, ausgegeben oder eingezogen werden oder auf der Aktivseite ein niedrigerer Betrag angesetzt wird (§ 272 Abs. 4 Satz 4 HGB).

Satzungsmäßige Rücklagen ergeben sich, wenn in der Satzung oder einem Gesellschaftsvertrag die Bildung einer solchen Rücklage ausdrücklich vorgeschrieben ist. **Andere Gewinnrücklagen** entstehen im Regelfall durch Ergebnisverwendung aus dem Jahresüberschuss.

Zur Sonderrücklage gemäß § 58 Abs. 2a AktG (Eigenkapitalanteil einer Wertaufholung) vgl. Dittmar[3305] und Riepolt[3306].

[3304] Vgl. Philippsen/Sultana, DB 2019, 1689 ff.
[3305] Vgl. Dittmar, WPg 2018, 1224 ff.
[3306] Vgl. Riepolt, BBK 23/2019, 1112 ff.

Eigene Anteile

Der Erwerb bzw. das Halten von eigenen Anteilen an **Personengesellschaften** ist nicht möglich. Dem steht das Anwachsungsprinzip des § 738 BGB entgegen.[3307] Zu eigenen Anteilen bei Personengesellschaften vgl. Priester,[3308] der entgegen der bisher allgemein vertretenen Ansicht, eigene Anteile seien bei Personengesellschaften nicht zulässig, eine gegenteilige Sichtweise vertritt.

Institute müssen ua. die Vorschrift des § 71 Abs. 1 Nr. 7 AktG (Handel) beachten. Nach IDW RS BFA 2 Tz. 4 sind der Rückerwerb eigener Anteile aufgrund des § 340a Abs. 1 HGB auch für Institute nach den Normen in § 272 Abs. 1a und Abs. 1b HGB und nicht als Handelsbestand zu bilanzieren.[3309]

Für **Aktiengesellschaften** gilt gemäß § 57 iVm. § 71 bis § 71e AktG, dass es sich um einen zulässigen Erwerb und damit um eine der in § 71 AktG aufgezählten Maßnahmen handeln muss. Zum **Erwerb** bzw. zur **Einziehung** eigener Aktien vgl. Seidler/Thiere.[3310]

Bei der **GmbH** muss gemäß § 33 GmbHG das Verbot des Erwerbs von Anteilen, auf die die Einlage noch nicht vollständig geleistet ist, sichergestellt sein. Voraussetzung darüber hinaus ist, dass ausreichend bilanzielle Gewinnrücklagen vorhanden sind, um den Kaufpreis hiermit „abzudecken". Der Erwerb eigener Anteile bei der GmbH ist mithin im Allgemeinen zulässig, sofern die Grundsätze der Kapitalaufbringung und -erhaltung nach § 33 GmbH gewährleistet und der Erwerb nicht auf Dauer ausgerichtet ist.[3311] Zu Einzelheiten vgl. auch Oser/Kropp.[3312]

Der (entgeltliche oder unentgeltliche) **Erwerb eigener Anteile** ist unabhängig davon, zu welchem Zweck der Erwerb erfolgt, und unabhängig von der Rechtsform der Kapitalgesellschaft, wie folgt zu bilanzieren: Der **Nennbetrag** oder, falls ein solcher nicht vorhanden ist, der **rechnerische Wert** von **erworbenen eigenen Anteilen** ist in der Vorspalte offen vom Posten „Gezeichnetes Kapital" abzusetzen (§ 272 Abs. 1a Satz 1 HGB). Der Unterschiedsbetrag zwischen dem Nennbetrag oder dem rechnerischen Wert und den Anschaf-

---

[3307] Vgl. Endert/Sepetauz, BBK 10/2012, 446 mwN.

[3308] Vgl. Priester, ZIP 2014, 245 ff.

[3309] Nach Gaber, 2. Aufl., 590, ist es dagegen sachgerecht, die nach § 272 Abs. 1a und Abs. 1b HGB notwendigen Buchungen lediglich auf den am Ende einer Handelsperiode verbleibenden Bestand an eigenen Aktien zu beziehen.

[3310] Vgl. Seidler/Thiere, BB 2019, 2058 ff. (aktienrechtliche Einordnung); dieselben, BB 2019, 2091 ff. (bilanzrechtliche Abbildung).

[3311] Vgl. Endert/Sepetauz, BBK 10/2012, 446 mwN.

[3312] Vgl. Oser/Kropp, Der Konzern 2012, 185 ff.

fungskosten der eigenen Anteile ist mit den frei verfügbaren Rücklagen zu verrechnen (§ 272 Abs. 1a Satz 2 HGB). **Aufwendungen**, die Anschaffungsnebenkosten sind, sind Aufwand des Geschäftsjahres (§ 272 Abs. 1a Satz 3 HGB). Eine Aktivierung der eigenen Anteile, bei gleichzeitiger Bildung einer entsprechenden Rücklage kommt aufgrund der Ausweisvorschriften des § 272 Abs. 1a und Abs. 1b HGB nicht mehr in Betracht.[3313]

Mit dem BilMoG wurde § 272 Abs. 1a HGB eingefügt. Damit wird die Koppelung des Ausweises eigener Aktien (Anteile) an die verschiedenen Erwerbstatbestände des § 71 AktG aufgegeben, dh. für alle Erwerbstatbestände vereinheitlicht. Zudem ist die Neuregelung rechtsformunabhängig ausgestaltet, da die bisherige Differenzierung zwischen eigenen Aktien und eigenen Anteilen entfällt. Alle Erwerbe von eigenen Anteilen werden wie eine **Kapitalherabsetzung** auf der Passivseite der Bilanz abgebildet. Damit entfällt die Aktivierung eigener Anteile.

Die Verwendung des Begriffs „frei verfügbare Rücklagen" anstelle des vor Inkrafttreten des BilMoG verwendeten Begriffs der „anderen Gewinnrücklagen" trägt der praktischen Handhabung Rechnung. Danach dürfen hier auch bspw. frei verfügbare Kapitalrücklagen (§ 272 Abs. 2 Nr. 4 HGB) Verwendung finden.[3314] Folglich sind unter „frei verfügbaren Rücklagen" alle Beträge von Kapital- und Gewinnrücklagen zu verstehen, die nicht nach gesetzlichen oder satzungsmäßigen Vorschriften (zweck-) gebunden bzw. entsprechend für eine Ausschüttung gesperrt sind.[3315]

Nach der **Veräußerung** der **eigenen Anteile** entfällt der Ausweis nach § 272 Abs. 1a Satz 1 HGB (§ 272 Abs. 1b HGB). Der Vorspaltenausweis ist rückgängig zu machen. Ein den Nennbetrag oder den rechnerischen Wert übersteigender **Differenzbetrag** aus dem Veräußerungserlös ist bis zur Höhe des mit den frei verfügbaren Rücklagen verrechneten Betrags in die jeweiligen Rücklagen einzustellen (§ 272 Abs. 1b Satz 2 HGB). Ein darüber hinausgehender Differenzbetrag ist in die Kapitelrücklage nach § 272 Abs. 2 Nr. 1 HGB einzustellen (§ 272 Abs. 1b Satz 3 HGB). Die **Nebenkosten** der Veräußerung sind Aufwand des Geschäftsjahres (§ 272 Abs. 1b Satz 4 HGB).

Die Wiederveräußerung ist erfolgsneutral. Beim gezeichneten Kapital ist bei Veräußerung der Vorspaltenausweis in Höhe des Nennbetrags rückgängig zu machen. Der Unterschiedsbetrag zwischen Nennbetrag und den ursprüngli-

---

[3313] Ebenso Briese, GmbHR 2016, 49 ff.
[3314] Vgl. BR-Drucks. 344/08, 143.
[3315] Vgl. Küting/Reuter, StuB 2008, 495 ff.

chen Anschaffungskosten der eigenen Anteile ist (wieder) mit den frei verfügbaren Rücklagen zu verrechnen.

Lüdenbach[3316] untersucht die Frage, wie gezahlte **Optionsprämien, die zum Erwerb eigener Aktien (Anteile)** berechtigen, zu bilanzieren sind. Trotz möglicher Vermögensgegenstandseigenschaft der Option ist diese nach Ansicht von Lüdenbach „.... *in Würdigung des Regelungszwecks von § 272 Abs. 1a und 1b HGB sowie in Analogie zu § 272 Abs. 2 Nr. 2 HGB nicht zu aktivieren, sondern gegen das Eigenkapital zu verrechnen*".

Bilanzgewinn bzw. Bilanzverlust – Sachdividende (Sachausschüttung)

Der Bilanzgewinn bzw. Bilanzverlust ergibt sich aus der „Fortschreibung" des Jahresüberschusses bzw. Jahresfehlbetrags um einen Gewinnvortrag/Verlustvortrag, Entnahmen aus bzw. Einstellungen in die Kapital- bzw. Gewinnrücklagen sowie Entnahmen bzw. Zuweisungen zum Genussrechtskapital.

Zur sog **inkongruenten** bzw. **disquotalen Gewinnausschüttung** – dh. solcher Gewinnausschüttungen, die von den tatsächlichen Beteiligungsverhältnissen abweichen – vgl. Lauer/Weustenfeld.[3317]

In § 58 Abs. 4 AktG wurde mit Wirkung zum 1.1.2017 um eine Regelung zur **Fälligkeit des Bilanzgewinns** bzw. **Fälligkeit des Anspruchs auf Auszahlung der Dividende** ergänzt (Art. 10 iVm. Art. 1 Nr. 5 Aktienrechtsnovelle 2016).[3318]

§ 58 Abs. 5 AktG ermöglicht es der Hauptversammlung, soweit es die Satzung vorsieht, **Sachdividenden** zu beschließen. Diese Vorschrift ist auf Empfehlung der Corporate Governance Kommission 2002 in das Aktiengesetz aufgenommen worden. Zuvor bedurften Sachdividenden nach hM der Zustimmung sämtlicher Aktionäre. Die gesetzliche Regelung schafft einen praktikableren Gestaltungsrahmen.[3319]

Voraussetzung für die Zulässigkeit einer Sachausschüttung ist eine entsprechende Satzungsbestimmung; diese kann entweder in der Ursprungssatzung enthalten sein oder nachträglich durch satzungsändernden Beschluss eingeführt werden. Die Hauptversammlung beschließt über die Ausschüttung einer

---

[3316] Vgl. Lüdenbach, StuB 2015, 795.
[3317] Vgl. Lauer/Weustenfeld, DB 2022, 985 ff.
[3318] Vgl. BGBl. 2016 I, 2565 ff.; Kahl, AG 2022, 481 ff.
[3319] Vgl. Bös, 102 ff.

Sachdividende mit einfacher Stimmenmehrheit (§ 133 Abs. 1 AktG). Inhaltlich muss der Beschluss Art und Höhe der Sachausschüttung festlegen. Hierzu hat die Verwaltung Vorschläge zu unterbreiten (§ 124 Abs. 3 AktG), die die Hauptversammlung allerdings nicht binden.

Bei den „auszuschüttenden" Sachwerten kann es sich zum einen um Werte, wie bspw. Aktien der Gesellschaft selbst oder ihrer Töchter, handeln. Zum anderen ist aber nicht ausgeschlossen, selbst hergestellte Erzeugnisse oder andere Gebrauchsgegenstände auszuschütten. Zur Abgrenzung zwischen Sachdividende und sog. Aktiendividende vgl. Schlitt/Kreymborg.[3320]

Der Gesetzgeber hat die **Bewertung** der ausgekehrten Gegenstände (Buch- oder Marktwert) offen gelassen.[3321] Mit der hM wird hier die Ansicht vertreten, dass die Bewertung zu Marktwerten (beizulegender Zeitwert) zu erfolgen hat.[3322] Bei der Sachausschüttung handelt es sich um einen umsatzähnlichen Vorgang, der zum **beizulegenden Zeitwert** zu bewerten ist (Realisation der stillen Reserven).[3323] Zum Zeitpunkt der Bestimmung des Verkehrswerts vgl. WPH.[3324] Zur Bewertung nach den steuerrechtlichen Vorschriften vgl. BFH-Urteil vom 11.4.2018.[3325]

Teilweise wird im Schrifttum aber auch die Ansicht vertreten, dass die Bewertung der abzugebenden Sachwerte zum **Buchwert** zu erfolgen hat.[3326]

Der **Zeitpunkt der Gewinnrealisation** ist nach wie vor umstritten. Mehrheitlich wird die Ansicht vertreten, dass die Gewinnrealisierung aus der Sachausschüttung handelsrechtlich in dem Geschäftsjahr erfolgt, in dem die Sachausschüttung beschlossen und durchgeführt wird (**phasenverschoben**).[3327] Hierfür spricht, dass die rechtlichen Voraussetzungen für den umsatzähnlichen Vorgang erst im Folgejahr geschaffen werden. Eine Gewinnrealisierung erst

---

[3320] Vgl. Schlitt/Kreymborg, AG 2018, 685 ff.
[3321] Vgl. Siegel, WPg 2008, 55 ff. mwN; Endert, BBK 1/2017, 15 ff. auch zur steuerlichen Behandlung.
[3322] Vgl. Heidel (Hrsg.), § 58 AktG Rn. 57 f.; Hölters (Hrsg.), § 58 AktG Rn. 38 ff.; Hüffer, § 58 AktG Rn. 33: Spindler/Stilz, § 58 AktG Rn. 109 f.; WPH Edition, Wirtschaftsprüfung & Rechnungslegung, 17. Aufl., Kapitel F Tz. 529.
[3323] Zur Darstellung der unterschiedlichen Bewertungen vgl. WPH Edition Wirtschaftsprüfung & Rechnungslegung, 17. Aufl., Kapitel F Tz. 529 f.
[3324] Vgl. WPH Edition, Wirtschaftsprüfung & Rechnungslegung, 17. Aufl., Kapitel F Tz. 534.
[3325] Vgl. BFH-Urteil vom 11.4.2018, DB 2019, 161 ff.; Pohl, NWG 5/2019, 244 ff.
[3326] Vgl. WPH Edition Wirtschaftsprüfung & Rechnungslegung, 17. Aufl., Kapitel F Tz. 528 f.
[3327] Vgl. Hölters (Hrsg.), § 58 AktG Rn. 42.

im Jahr des Ausschüttungsbeschlusses führt dazu, dass das Jahresergebnis (ggf. Bilanzgewinn) durch die Aufdeckung stiller Reserven in dem Ausschüttungsgegenstand noch nicht erhöht worden ist.[3328]

Zum anderen wird auch eine **phasengleiche** Gewinnrealisierung als zulässig angesehen, wonach die Gewinnrealisierung bereits in dem Geschäftsjahr erfolgt, für das die (Sach-) Ausschüttung vorgenommen wird.[3329] Letztere Ansicht wird gestützt auf eine analoge Anwendung von § 278 Abs. 1 HGB. Danach sind die Steuern vom Einkommen und Ertrag auf der Grundlage des Gewinnverwendungsvorschlags zu berechnen (für den Jahresabschluss des Geschäftsjahres, für das die Ausschüttung beschlossen wird). Diese Regelung zielt darauf ab, die Ertragsauswirkungen der vorgesehenen Gewinnverwendung bereits in dem Abschluss zu berücksichtigen, aus dem sich der zu verwendende Gewinn ergibt.

Ausschüttungs-/Abführungssperre gemäß § 268 Abs. 8 HGB

§ 268 Abs. 8 HGB regelt für Institute, dass bei einer Aktivierung bestimmter Beträge (selbst geschaffene immaterielle Anlagewerte, die Anschaffungskosten übersteigenden beizulegenden Zeitwerte beim sog. Deckungsvermögen, aktive latente Steuern) Gewinne nur ausgeschüttet werden dürfen, wenn das nach der Ausschüttung verbleibende frei verfügbare Eigenkapital mindestens den insgesamt angesetzten Beträgen entspricht. Diese Ausschüttungssperre dient primär dem Gläubigerschutz. In diesem Zusammenhang ist die Anhangangabe nach § 285 Nr. 28 HGB relevant. Zu Einzelheiten einschl. Berechnungsschema vgl. WPH.[3330]

Durch § 301 Abs. 1 AktG wird der nach § 268 Abs. 8 HGB ausschüttungsgesperrte Betrag ausdrücklich vom Höchstbetrag der Gewinnabführung ausgenommen. Zu Einzelheiten vgl. WPH.[3331]

[3328] Wegen weiterer Details, die dabei zu beachten sind vgl. WPH Edition Wirtschaftsprüfung & Rechnungslegung, 17. Aufl., Kapitel F Tz. 532 f..

[3329] Vgl. WPH Edition, Wirtschaftsprüfung & Rechnungslegung, 16. Aufl., Kapitel J Tz. 531 mwN.

[3330] Vgl. WPH Edition, Wirtschaftsprüfung & Rechnungslegung, 17. Aufl., Kapitel F Tz. 540 ff.

[3331] Vgl. WPH Edition, Wirtschaftsprüfung & Rechnungslegung, 17. Aufl., Kapitel F Tz. 549 ff.

*Ausschüttungssperre gemäß § 253 Abs. 6 Satz 2 HGB (Altersversorgungs-
rückstellungen)*

Nach § 253 Abs. 6 Satz 2 HGB unterliegt der Unterschiedsbetrag zwischen
dem Ansatz der Rückstellungen für Altersversorgungsverpflichtungen bei Anwendung des sieben- und des zehnjährigen Durchschnittszinssatzes einer Ausschüttungssperre, sofern der nicht durch die nach Ausschüttung verbleibenden
frei verfügbaren Rücklagen zzgl. eines Gewinnvortrags und abzgl. eines Verlustvortrags gedeckt werden kann. Zu Einzelheiten vgl. WPH.[3332]

5.3.13.3. Bewertung

Das Eigenkapital unterliegt keiner Bewertung, es stellt vielmehr in seiner
Summe den Saldo aus der bewerteten Aktiva und der bewerteten Passiva dar.
Zur Bewertung einer Sachdividende vgl. die vorstehenden Ausführungen.

5.3.13.4. Anhangangaben

Im Anhang ist anzugeben der Vorschlag für die **Verwendung des Ergebnisses**
oder der Beschluss über seine Verwendung (§ 285 Nr. 34 HGB). Die Informationen bzgl. der Ergebnisverwendung müssten mithin bereits im Zeitpunkt der
Aufstellung[3333] des Jahresabschlusses bekannt sein. Es ist daher dazustellen,
wie das gesamte Ergebnis verwendet werden soll (Vorschlag für die Verwendung des Ergebnisses). Sofern eine Gewinnausschüttung vorgeschlagen wird,
dürfte die Angabe genügen, welcher Teil des Gewinn ausgeschüttet werden
soll. Ein später gefasster Beschluss über die Ergebnisverwendung ist nachträglich nach § 325 Abs. 1b HGB offenzulegen.

Liegt ausnahmsweise bereits der Ergebnisverwendungsbeschluss vor, muss nur
noch dieser angegeben werden.[3334] Angaben zu den Bezugsberechtigten dürfen
auch im Hinblick auf Belange des Datenschutzes unterbleiben.[3335] § 285 Nr. 34
HGB selbst begründet keine Rechtspflicht, dass ein Ergebnisverwendungs-
vorschlag unterbreitet und/oder ein Ergebnisverwendungsbeschluss gefasst
werden muss. Nur soweit ein Rechtsgrund bspw. aus gesellschaftsrechtlichen

---

[3332] Vgl. WPH Edition, Wirtschaftsprüfung & Rechnungslegung, 17. Aufl., Kapitel F
Tz. 556 ff.
[3333] Zur Aufstellung der Bilanz unter Berücksichtigung der Ergebnisverwendung vgl. Mo-
ser/Siegel, WPg 2017, 503 ff.
[3334] Vgl. Russ/Janßen/Götze (Hrsg.), Abschn. H Rn. 75.
[3335] Vgl. Russ/Janßen/Götze (Hrsg.), Abschn. H Rn. 75.

gesetzlichen Vorschriften heraus gegeben ist, muss der zu unterbreitende Vorschlag oder der zu fassende Beschluss im Anhang angegeben werden.[3336]

In Zusammenhang mit der Ausschüttungssperre nach § 268 Abs. 8 HGB ist die Anhangangabe nach § 285 Nr. 28 HGB relevant. Zu Einzelheiten einschl. Berechnungsschema vgl. WPH.[3337]

Für Kreditinstitute in der Rechtsform der **AG** oder **KGaA** sind ua. die folgenden Anhangangaben von Bedeutung:

- Einstellung des Eigenkapitalanteils von Wertaufholungen in andere Gewinnrücklagen (§ 58 Abs. 2a Satz 2 AktG, § 29 Abs. 4 GmbHG),
- Für jede Aktiengattung ist der jeweilige auf das Grundkapital entfallende Betrag gesondert anzugeben. Bedingtes Kapital ist mit dem Nennbetrag zu vermerken. Bei Vorliegen von Mehrstimmrechtsaktien sind die Gesamtstimmenzahl der Mehrstimmrechtsaktien und der übrigen Aktien beim gezeichneten Kapital zu vermerken (§ 152 Abs. 1 AktG).
- Veränderung der Kapitalrücklage (§ 152 Abs. 2 AktG),
- Veränderung der Gewinnrücklage (§ 152 Abs. 3 AktG),
- Überleitung zum Bilanzergebnis (§ 158 Abs. 1 AktG)[3338],
- Angaben bei Kapitalherabsetzung (§ 240 Satz 3 AktG),
- Vorratsaktien (§ 160 Abs. 1 Nr. 1 AktG),
- Aktiengattungen (§ 160 Abs. 1 Nr. 3 AktG),
- Genehmigtes Kapital (§ 160 Abs. 1 Nr. 4 AktG),
- Zahl der Bezugsrechte (§ 160 Abs. 1 Nr. 5 AktG).

Kreditinstitute in der Rechtsform der **GmbH** müssen ebenfalls Angaben zur Einstellung des Eigenkapitalanteils von Wertaufholungen in die anderen Gewinnrücklagen machen (§ 29 Abs. 4 Satz 2 GmbHG).

Bei Instituten in der Rechtsform der **eingetragenen Genossenschaft** sind die Angaben zu Geschäftsguthaben nach § 34 Abs. 2 Nr. 3 RechKredV zu beachten.

Alle CRR-Institute haben ihre **Kapitalrendite**, berechnet als Quotient aus Nettogewinn und Bilanzsumme, offenzulegen (§ 26a Abs. 1 Satz 4 KWG).

[3336] Vgl. Russ/Janßen/Götze (Hrsg.), Abschn. H Rn. 77 f.
[3337] Vgl. WPH Edition, Wirtschaftsprüfung & Rechnungslegung, 17. Aufl., Kapitel F Tz. 540 ff.
[3338] Ist in Formblatt 2 und 3 bereits vorgesehen.

5.3.13.5. Prüfung des Postens

Es sind die für das Eigenkapital allgemein üblichen Prüfungshandlungen durchzuführen. Es ist insbesondere darauf zu achten, dass sämtliche in diesem Posten ausgewiesenen Beträge die Voraussetzungen des § 25 RechKredV erfüllen. Diesbezüglich wird auf die vorstehenden Ausführungen verwiesen. Der **Nachweis** erfolgt durch Handelsregisterauszüge, Gesellschaftsverträge, Satzung sowie durch sonstige Unterlagen.

Bei **Kapitalveränderungen** ist festzustellen, ob die erforderlichen Beschlüsse der zuständigen Organe vorliegen. Dabei ist zu prüfen, ob die Durchführung einer Kapitalerhöhung in das Handelsregister eingetragen wurde.

Dem Nachweis des freien Vermögens ist zum Jahresabschluss auch eine **Ergänzung zur Vollständigkeitserklärung** beizufügen, die der betreffende Einzelbankier oder persönlich haftende Gesellschafter gegenüber dem Abschlussprüfer abgibt.[3339] Diese Ergänzung zur Vollständigkeitserklärung gibt dem Abschlussprüfer Aufschluss, ob private Schulden, die in der Bilanz des Instituts nicht enthalten sind, bestehen und in welchem Umfang sie das freie Vermögen übersteigen (Schuldenüberhang).

Ergibt die Bewertung des anerkannten freien Vermögens einen geringeren Betrag als den ursprünglich beantragten, so ist der geringere Betrag nunmehr für die Bemessung des anerkannten freien Vermögens maßgebend, ohne dass es eines neuen Antrags bedarf. Für die Anerkennung eines höheren Betrags als des ursprünglich beantragten ist in jedem Fall ein neuer Antrag erforderlich. Weitere Einzelheiten, insbesondere zu den anerkennungsfähigen Vermögenswerten und zu unterjährigen Bestands- und Wertminderungen, wurden vom BAKred (jetzt BaFin) im Schreiben vom 29.6.1963[3340] geregelt.

[3339] Vgl. BAKred-Schreiben (heute BaFin) vom 20.12.1968, Consbruch/Fischer P 45.1.
[3340] Abgedruckt bei Consbruch/Fischer B 54.1.

5.3.14. Eventualverbindlichkeiten (Passiva 1. unter dem Strich)

5.3.14.1. Postenbezeichnung

Die Postenbezeichnung lautet nach dem Formblatt 1 der RechKredV wie folgt:

> 1. *Eventualverbindlichkeiten*
>   a) *Eventualverbindlichkeiten aus weitergegebenen abgerechneten Wechseln*
>   b) *Verbindlichkeiten aus Bürgschaften und Gewährleistungsverträgen*
>   c) *Haftung aus der Bestellung von Sicherheiten für fremde Verbindlichkeiten*

Die Postenbezeichnung bei **Zahlungsinstituten** und **E-Geld-Instituten** lautet nach Formblatt 1 der RechZahlV wie folgt:

> 2. *Eventualverbindlichkeiten*
>   a) *aus Zahlungsdiensten und aus der Ausgabe von E-Geld*
>   b) *aus sonstigen Tätigkeiten*

5.3.14.2. Posteninhalt

5.3.14.2.1. Rechnungslegungsverordnung

Der Posteninhalt ist in § 26 RechKredV geregelt. Materiell entspricht diese Vorschrift der Regelung des § 251 HGB, dessen Anwendung gemäß § 340a Abs. 2 HGB durch die entsprechende Vorschrift der RechKredV ersetzt wird. Da nach § 340a Abs. 2 Satz 2 HGB anstelle des § 268 Abs. 7 HGB die Vorschriften des Formblatts und der RechKredV anzuwenden sind, besteht für Institute kein Wahlrecht, die Haftungsverhältnisse wahlweise im Anhang anzugeben.

Mit der Zweiten Verordnung zur Änderung der RechKredV vom 11.12.1998 wurden in § 26 Abs. 1 Satz 2 RechKredV die Wörter *„und aus lombardierten, in Pension gegebenen oder im Offenmarktgeschäft mit Rücknahmeverpflichtung an die Deutsche Bundesbank verkauften"* durch die Wörter *„oder an die Deutsche Bundesbank verpfändeten"* ersetzt. Dadurch erfolgt eine Anpassung an das ESZB sowie damit einhergehende Rechtsänderungen. Zur Refinanzierung im Rahmen des ESZB vgl. Kapitel 5.2.2.3. Mit dem BilMoG wurden die

Wörter *„ oder an die Deutsche Bundesbank verpfändeten Wechsel"* gestrichen, weil eine Verpfändung seit Anfang 2007 nicht mehr möglich ist.[3341]

Die RechZahlV enthält für den Posten „Eventualverbindlichkeiten" keine Regelung. Mithin gelten für Zahlungs- und E-Geld-Institute die Vorschriften des § 251 HGB bzw. die der RechKredV entsprechend.

5.3.14.2.2. Voraussetzungen für den Postenausweis

Überblick

Eine unter der Bilanz auszuweisende Eventualverbindlichkeit oder eine andere Verpflichtung beinhaltet eine vertraglich eingegangene, aber in der Realisierung nicht wahrscheinliche Haftung bzw. ein Kreditrisiko. Es ist ausreichend, dass eine Inanspruchnahme denkbar erscheint, ohne dass sie bereits ernstlich für möglich gehalten werden muss.

Bei den Eventualverbindlichkeiten handelt es sich um einen bilanzrechtlichen Begriff, der im Privatrecht keine Verwendung findet. Eventualverbindlichkeiten lassen sich als aufschiebend bedingte Verbindlichkeiten bezeichnen.[3342] Die Sicherheiten für fremde Verbindlichkeiten, die ebenfalls unter dem Bilanzstrich zu vermerken sind, stellen zwar nur eine Sachhaftung dar, bei der der Bilanzierende rechtlich noch nicht verpflichtet ist, aber aus Sicht der Bilanzaufstellung unterscheidet sich eine solche Sachhaftung in ihrer Wirkung kaum von einer aufschiebend bedingten Verbindlichkeit.[3343]

Der Unterschied zwischen Eventualverbindlichkeiten und den in der Bilanz ausgewiesenen Verbindlichkeiten kann darin gesehen werden, dass den Eventualverbindlichkeiten häufig in gleicher Höhe Rückgriffsforderungen gegenüberstehen. Ist wegen drohender Inanspruchnahme eine Passivierung in Form einer Rückstellung erforderlich, ergibt sich gleichzeitig das Erfordernis, die evtl. vorhandene Rückgriffsforderung zu aktivieren.

Soweit für dieselbe Verbindlichkeit zwei Haftungsverhältnisse bestehen, kommt der Ausweis nur an einer Stelle in Betracht; ggf. ist die Mitzugehörigkeit zum anderen Unterposten zu vermerken. Die Haftungsverhältnisse sind auch dann an-

---

[3341] Vgl. BT-Drucks. 16/12407, 209.
[3342] Vgl. Kosfeld, WPg 1988, 614.
[3343] Vgl. Kosfeld, WPg 1988, 614.

zugeben, wenn ihnen Rückgriffsforderungen gegenüberstehen; die Rückgriffsforderungen selbst brauchen auf der Aktivseite nicht vermerkt zu werden.[3344]

Sofern sich Anhaltspunkte für eine drohende Inanspruchnahme ergeben, ist die Bildung einer **Rückstellung** erforderlich. Wird eine Rückstellung aus einer unter dem Strich vermerkten Eventualverbindlichkeit oder einem Kreditrisiko gebildet, ist der Posten unter dem Strich in Höhe des zurückgestellten Betrags zu kürzen (§ 24 RechKredV). Ein Vermerk unter den Eventualverbindlichkeiten erfolgt somit nur, soweit die Eventualverbindlichkeit nicht bereits in der Bilanz passiviert ist.

Aufwendungen aus Zuführungen zu Rückstellungen für Eventualverbindlichkeiten und für Kreditrisiken sowie die Erträge aus deren Auflösung dürfen in die **Überkreuzkompensation** nach § 340f Abs. 3 HGB einbezogen werden. § 32 RechKredV schreibt jedoch vor, dass eine teilweise Saldierung der in § 340f Abs. 3 HGB genannten Aufwendungen und Erträge nicht möglich ist.

Soweit ein Ausweis als Verbindlichkeit erfolgt, muss die Einstellung in die Eventualverbindlichkeiten unterbleiben.[3345] Das gilt nicht, wenn die übernommene Haftung den Betrag der ausgewiesenen Verbindlichkeit übersteigt, wie dies zB bei **Gemeinschaftsgeschäften** der Fall sein kann.

Die von der Vermerkpflicht umfassten Haftungsverhältnisse beruhen auf Verträgen, die von dem bilanzierenden Institut geschlossen werden. Dies kann schriftlich oder mündlich geschehen. Soweit sich die Haftungsverhältnisse nicht aus der Geschäftskorrespondenz ergeben, sind durch das Institut entsprechende sonstige Aufzeichnungen zu machen.

Eventualverbindlichkeiten aus weitergegebenen abgerechneten Wechseln (Unterposten a))

(a) Im Bilanzvermerk auszuweisende Sachverhalte

In diesem Unterposten sind nur **Indossamentverbindlichkeiten** und andere wechselrechtliche Eventualverbindlichkeiten aus **abgerechneten und weiterverkauften Wechseln** einschließlich **eigenen Ziehungen** bis zu ihrem Verfalltag zu vermerken (§ 26 Abs. 1 Satz 1 RechKredV). Darauf, wem gegenüber die Indossamentverbindlichkeiten bestehen, kommt es nicht an. Eigene Zie-

---

[3344] Vgl. ADS 6. Aufl. § 251 HGB Rn. 34.
[3345] Vgl. ADS 6. Aufl. § 251 HGB Rn. 5.

hungen (Debitorenziehungen) sind Wechsel, bei denen das Institut Aussteller und ein Kunde Bezogener (Akzeptant) ist.

Es kommt auch nicht auf die **Bonität des Akzeptanten** oder eines sonstigen vorrangig Verpflichteten an.[3346] Sie würde nur bei der evtl. Bildung einer Rückstellung eine Rolle spielen. Nicht anzugeben sind hingegen Verpflichtungen aus Wechseln, für die bereits eigene Verbindlichkeiten passiviert sind. Bei Letzteren ist das Obligo bilanziell schon erfasst.

Die Einbeziehung der eigenen Ziehungen hat zur Folge, dass hier nicht nur die Haftung bei Indossierung eines Wechsels, sondern auch die Haftung als Wechselaussteller berücksichtigt wird. Dabei müssen sich die Wechsel – auch die eigenen Ziehungen – **im Umlauf** befinden, also abgerechnet und weiterverkauft worden sein.[3347]

Den Kreditnehmern **nicht abgerechnete eigene Ziehungen** sind dagegen im Passivposten „1. Verbindlichkeiten gegenüber Kreditinstituten" auszuweisen (§ 21 Abs. 1 Satz 2 RechKredV). Vor dem Verfall zum Einzug versandte Handelswechsel, die am Bilanzstichtag noch nicht eingelöst sind, gehören nicht zu den Indossamentverbindlichkeiten. Sie werden als Aktiva ausgewiesen.

Eventualverbindlichkeiten aus **Wechselbürgschaften** sind nicht hier, sondern im Unterposten b) auszuweisen. Der Ausweis von Wechselbürgschaften orientiert sich an der zivilrechtlichen Grundlage der Haftung, dh. am Kriterium der Bürgschaft bzw. Garantie. Entsprechendes gilt für Scheckbürgschaften.

Verbindlichkeiten aus umlaufenden eigenen Akzepten oder Eventualverbindlichkeiten aus Schatzwechseln sind **nicht** einzubeziehen (§ 26 Abs. 1 Satz 2 RechKredV). Gleichfalls nicht hier zu erfassen sind Indossamentverbindlichkeiten aus Schecks oder Namensaktien.

(b) Ausbuchung des Obligos

Als Zeitpunkt, von dem an Indossamentverbindlichkeiten aus weitergegebenen Wechseln nicht mehr auszuweisen sind, gilt grundsätzlich der Verfalltag bzw. der diesem folgende Geschäftstag.

Das wechselmäßige Obligo erlischt faktisch jedoch erst, wenn der Wechsel von dem Bezogenen, dem Aussteller oder einem sonstigen Vormann eingelöst wird.

[3346] Vgl. ADS 6. Aufl. § 251 HGB Rn. 37.
[3347] Vgl. Krumnow ua., 2. Aufl., § 26 RechKredV Rn. 4.

Der Einlösetag ist nicht zwingend der Verfalltag; er kann auch nach dem Verfalltag liegen. Da der Einlösetag dem Institut nicht unbedingt bekannt ist, geht man in der Praxis vereinfachend davon aus, dass das Obligo innerhalb von fünf Tagen nach dem Verfalltag erloschen ist (mitunter werden auch zehn Tage angenommen). Diese Vereinfachung ist unbedenklich, weil zwischen dem Bilanzstichtag und der Bilanzaufstellung „kranke" Wechsel über den Regressweg bekannt werden und für die Inanspruchnahme Rückstellungen gebildet werden müssen. Insoweit als eine Rückstellung gebildet ist, ist das Obligo zu kürzen.

(c) Bewertung des Wechselobligos

Die Bewertung des Obligos erfolgt mit dem Betrag, mit dem das Institut aus dem Wechsel selbst verpflichtet ist. Dies ist in der Regel der **Nennbetrag**. Die Haftung erstreckt sich im Fall der Nichteinlösung des Wechsels jedoch neben der Wechselsumme auch auf Zinsen, Kosten des Protests und andere Auslagen sowie eine bestimmte Vergütung nach Art. 48, 49 Wechselgesetz. Nach hM[3348] wird es für vertretbar gehalten, diese Nebenkosten nicht in den Vermerk unter dem Bilanzstrich einzubeziehen. Sofern jedoch eine konkrete Inanspruchnahme aus dem Wechselobligo droht, hat die dann zu bildende Rückstellung auch die voraussichtlichen Nebenkosten zu berücksichtigen.

Ist mit einer Inanspruchnahme aus der wechselrechtlichen Haftung zu rechnen, muss eine Rückstellung gebildet und die Indossamentverbindlichkeit entsprechend gekürzt werden. Eine gebildete Pauschalwertberichtigung bzw. eine pauschal gebildete Rückstellung für die mögliche Inanspruchnahme aus dem Obligo ist ebenfalls vom Betrag des Unterpostens a) abzuziehen.

Verbindlichkeiten aus Bürgschaften und Gewährleistungsverträgen (Unterposten b))

In diesem Posten unter der Bilanz sind Bürgschaften und Gewährleistungsverträge zu erfassen. Hier sind ferner folgende Eventualverpflichtungen auszuweisen (§ 26 Abs. 2 Satz 1 RechKredV):

*   Ausbietungsgarantien und andere Garantieverpflichtungen,
*   verpflichtende Patronatserklärungen,[3349]

[3348] Vgl. stellvertretend ADS 6. Aufl. § 251 HGB Rn. 41 mwN.
[3349] Vgl. Räthke, StuB 2007, 308 ff.; Dubs/Möhlmann-Mahlau, StuB 2013, 685 ff.

* unwiderrufliche Kreditbriefe einschließlich der dazugehörigen Nebenkosten,
* Akkreditiveröffnungen und -bestätigungen.

Hier sind Gewährleistungen auszuweisen, die **zugunsten eines Dritten** abgegeben wurden. Es sind grundsätzlich auch Gewährleistungen für **eigene Leistungen** zu erfassen. Da jedoch Gewährleistungen für eigene Leistungen allgemein nur dann anzugeben sind, wenn sie über den geschäfts- und branchenüblichen Rahmen hinausgehen, kommt eine Angabepflicht für Gewährleistungen für eigene Leistungen nur in Ausnahmefällen zum Tragen.

Bedingte Rückzahlungsverpflichtungen aufgrund von **Besserungsscheinen** (vgl. Kapitel 4.9.7.) gehören nicht zu den als Eventualverbindlichkeiten zu vermerkenden Bürgschaften. Gleiches gilt für Bürgschaften, die ein Dritter zugunsten des bilanzierenden Instituts übernommen hat.

(a) Bürgschaften[3350]

Eine Bürgschaft ist die vertragliche Verpflichtung des Bürgen gegenüber dem Gläubiger eines Dritten, für die Erfüllung der Verbindlichkeit des Dritten einzustehen (§ 765 Abs. 1 BGB). Von der Vermerkpflicht werden **Bürgschaften aller Art** (zB Rückbürgschaften, Höchstbetragsbürgschaften, Ausfallbürgschaften) einschließlich **Wechsel- und Scheckbürgschaften** und **Kreditaufträge** (§ 778 BGB) erfasst.[3351] Es ist der Betrag der daraus möglicherweise erwachsenden Forderung gegen das Institut als Eventualverbindlichkeit zu zeigen.

Ist die Bürgschaft für eine **aufschiebend bedingte Hauptschuld** übernommen worden, deren Bedingung noch nicht eingetreten ist, besteht ungeachtet des Akzessoritätsgrundsatzes bereits eine Vermerkpflicht, wenn mit dem Eintritt der Bedingung gerechnet werden muss.[3352]

Der Bürge hat eine **Rückstellung** zu bilden, sofern mit dem Eintritt der Bedingung zu rechnen und für diesen Fall eine Erfüllung der Leistung durch den Hauptschuldner nicht zu erwarten ist.[3353]

[3350] Zu den Sonderformen der Bürgschaft vgl. auch Schröder, ForderungsPraktiker 01/2012, 10 ff.
[3351] Zu den verschiedenen Arten der Bürgschaften vgl. Birck/Meyer, II 388 ff.; ADS 6. Aufl. § 251 HGB Rn. 49 ff.
[3352] Vgl. ADS 6. Aufl. § 251 HGB Rn. 54.
[3353] Vgl. ADS 6. Aufl. § 251 HGB Rn. 54.

Ein bürgschaftsähnlicher Vorgang liegt auch bei der Hingabe sog. **Gefälligkeitsindossamente** vor, bei denen die Abschnitte weder hereingenommen noch weitergegeben werden. Solche Indossamente mit Bürgschaftscharakter sind ebenfalls hier auszuweisen.

(b) Gewährleistungsverträge

Gewährleistungsverträge sind alle nicht als Bürgschaft zu qualifizierenden vertraglichen Verpflichtungen, die das Einstehen für einen bestimmten Erfolg oder eine Leistung oder für den Nichteintritt eines bestimmten Nachteils oder Schadens zum Gegenstand haben.[3354]

Der Begriff umfasst alle nicht als Bürgschaft zu qualifizierenden vertraglichen Verpflichtungen und alle bürgschaftsähnlichen Haftungsverhältnisse. Entscheidend ist, dass die Haftung **vertraglich** übernommen wurde. Gesetzliche Gewährleistungen und Gewährleistungen für Verbindlichkeiten Dritter aufgrund gesetzlicher Bestimmungen werden hier nicht ausgewiesen.

Bei den zu erfassenden Gewährleistungsverträgen kann es sich um die Übernahme von Gewährleistungen für **fremde** und **eigene** Leistungen handeln.

Der deutsche Gesetzgeber hat die in Artikel 24 EG-Bankbilanzrichtlinie enthaltene Einschränkung, dass nur *„für Dritte eingegangene Garantieverpflichtungen"* unter den Eventualverbindlichkeiten auszuweisen sind, nicht in § 26 Abs. 2 RechKredV übernommen. Gewährleistungen für eigene Leistungen sind daher grundsätzlich aufzunehmen; nach hM erfordern sie jedoch nur dann einen Vermerk, wenn sie über den geschäfts- und branchenüblichen Rahmen hinausgehen.[3355]

Als selbstständige Garantie im Zusammenhang mit einer **eigenen** Leistungserbringung des Kreditinstituts wird eine Zusage angesehen, dass das verkaufte Objekt in der Zukunft einen bestimmten wirtschaftlichen Erfolg erbringen wird.[3356] Als Beispiele werden genannt:[3357] Kursgarantien für verkaufte Wertpapiere und ausdrücklich übernommene Gewährleistungen für Prospektangaben oder mit selbstständigen Platzierungsgarantien. Zur Abgrenzung der Garantien im Bankgeschäft von Derivaten vgl. Sopp.[3358]

[3354] Vgl. ADS 6. Aufl. § 251 HGB Rn. 59; Beispiele vgl. Birck/Meyer, II 394 ff.
[3355] Vgl. Birck/Meyer, II 396; ADS 6. Aufl. § 251 HGB Rn. 62.
[3356] Vgl. ADS 6. Aufl. § 251 HGB Rn. 63.
[3357] Vgl. ADS 6. Aufl. § 251 HGB Rn. 63.
[3358] Vgl. Sopp, RdF 2012, 111 ff.

Bei den hier auszuweisenden Garantien steht das Institut gegenüber einem **Dritten** (Gläubiger) dafür ein, dass der Hauptschuldner seine Leistung aus einem (Dienstleistungs-) Vertrag vereinbarungsgemäß erbringt. Das gewährleistende Institut steht typischerweise für einen Erfolg oder eine Leistung oder für den Nichteintritt eines bestimmten Nachteils oder Schadens ein. Hierzu rechnen ua.:

- Bietungsgarantien,
- Erfüllungsgarantien,
- Zoll- und Steuerstundungsbürgschaften,
- Anzahlungsgarantien,
- Fertigstellungsgarantien,
- Ausbietungsgarantien (siehe unten),
- Prozessbürgschaften,
- zugunsten eines Dritten ausgestellte Stand-by Letter of Credit,
- Nachbürgschaften,
- Rücknahmeverpflichtungen für Kommanditanteile von aufgelegten Immobilienfonds,
- Gewährleistungen für Termingeschäfte und erworbene Optionsrechte,
- Gewährleistungen für Reiseveranstalter iSd. § 651k BGB.[3359]

Verbindlichkeiten aus der Übernahme einer Garantie für die **Platzierung** oder die Übernahme von Finanzinstrumenten, die während eines vereinbarten Zeitraums revolvierend am Geldmarkt begeben werden, sind als Unterposten zum Passivposten „2. Andere Verpflichtungen" unter dem Strich auszuweisen.

(c) Verfügungen über Treuhandzahlungen vor Erfüllung der Auflagen

Werden Verfügungen über Treuhandzahlungen (zB aufgrund eines Rahmentreuhandvertrags mit einer Bausparkasse bzw. Pfandbriefbank) zugelassen, bevor der Kunde die Auflagen erfüllt hat, und hat der Treugeber der vorzeitigen Weitergabe der Treugelder unter der Voraussetzung zugestimmt, dass der Treuhänder die Gewährleistung für die Erfüllung aller Auszahlungsvoraussetzungen übernimmt, wird ein Ausweis der Verpflichtung aus der vorzeitigen Freigabe als Eventualverbindlichkeit für zulässig erachtet.

[3359] Vgl. BaFin, Rundschreiben 1/2005, www.bafin.de.

(d) Ablöseverpflichtungen der Bausparkassen

Die unbedingten Verpflichtungen der Bausparkassen zur **Ablösung fremder Vorfinanzierungs- und Zwischenkredite** nach Zuteilung an Bausparer sind im Unterposten b) zu erfassen.[3360] Das Risiko für eine Bausparkasse aus unbedingten Ablösezusagen für die von anderen Kreditinstituten gewährten Vorfinanzierungs- und Zwischenkredite besteht darin, dass diese Ablösungsverpflichtungen unabhängig von der Zahlungsfähigkeit und Zahlungsbereitschaft des jeweiligen Bausparers zu erfüllen sind.

Die Eventualverbindlichkeit ist in Höhe des Vorfinanzierungs- bzw. Zwischenkredits – abzüglich der hierfür der Bausparkasse verpfändeten Bausparguthaben sowie evtl. gebildeter Rückstellungen – unter der Bilanz anzusetzen.

(e) Ausbietungsgarantien und andere Erfüllungsgarantien

Im Rahmen einer Ausbietungsgarantie garantiert ein Institut dem Grundpfandgläubiger, aus einer Zwangsversteigerung des belasteten Grundstücks ohne Verlust hervorzugehen.[3361] Die Höhe der auszuweisenden Ausbietungsgarantien bemisst sich nach dem Betrag des auszubietenden Grundpfandrechts, ggf. zuzüglich etwaiger vorrangiger Grundpfandrechte, da im Fall der Zwangsversteigerung des belasteten Grundstücks der Garant auch ein vorhergehendes Recht mit auszubieten hat.

(f) Verpflichtende (harte) Patronatserklärungen

Bei Patronatserklärungen, die ein Institut gegenüber einem Gläubiger einer seiner Tochtergesellschaften abgibt, ist zwischen sog. **harten** und sog. **weichen** Patronatserklärungen zu unterscheiden. Zum Wesen und zur rechtlichen Einordnung von Patronatserklärungen, zu Grundformen der Patronatserklärungen sowie zur Behandlung dieser Grundformen bei der Rechnungslegung vgl. IDW RH HFA 1.013.[3362] Zu prüfungsrelevanten Fragen beim Vorliegen von (ausländischen) Patronatserklärungen vgl. Pagels/Lüder.[3363]

Im Rahmen der Bilanzierung muss eine Auslegung und Interpretation des tatsächlich Gewollten der Beteiligten vorgenommen werden. Für den Bilan-

---

[3360] Vgl. Scharpf (1993), 63.
[3361] Vgl. Birck/Meyer, II 396.
[3362] Vgl. Scherff/Willeke, StuB 2008, 740 ff.; Dubs/Möhlmann-Mahlau, StuB 2013, 685 ff.
[3363] Vgl. Pagels/Lüder, WPg 2017, 230 ff.

zierenden stellt sich die Frage nach der rechtlichen Würdigung und der bilanziellen Abbildung von Patronatserklärungen. Die Behandlung in der Handelsbilanz hängt auch von der Wahrscheinlichkeit einer Inanspruchnahme ab.

Neben der Unterscheidung zwischen harten[3364] und weichen[3365] Patronatserklärungen ist in Konzernkonstellationen – in denen typischerweise die Muttergesellschaft eine Patronatserklärung zugunsten ihrer Tochtergesellschaft abgibt – auch die Unterscheidung zwischen sog. (harten) **konzerninternen** und **konzernexternen** Patronatserklärungen von Bedeutung. Bei der konzern**internen** Patronatserklärung handelt es sich dem Wesen nach um eine Verlustdeckungszusage. Die konzern**externe** Patronatserklärung adressiert die Muttergesellschaft demgegenüber direkt an einen oder mehrere Gläubiger der Tochtergesellschaft. Der maßgebende Unterschied liegt in der Frage, wer aus einer solchen Erklärung jeweils **Ansprüche** geltend machen kann. In der Insolvenz der Tochtergesellschaft hat diese im Falle der konzern**internen** Patronatserklärung einen direkten Ausstattungsanspruch gegen die Muttergesellschaft, den der Insolvenzverwalter geltend macht. Der BGH hat mit Urteil vom 19.5.2011[3366] bestätigt, dass dies im Fall der konzern**externen** Patronatserklärung nicht gilt. Diese wird für die Patronin in der Insolvenz der Tochtergesellschaft zu einer Direktzahlungspflicht ggü. den jeweiligen adressierten Gläubigern. Die Tochtergesellschaft kann daraus keine Zahlungsansprüche ableiten. Der BGH kommt in seinem Urteil zur Schlussfolgerung, dass nur mithilfe einer konzerninternen Patronatserklärung die Zahlungsunfähigkeit der Tochtergesellschaft vermieden werden kann, sofern sich die Muttergesellschaft ggü. der Tochtergesellschaft dazu verpflichtet, dieser zur Erfüllung ihrer jeweils fälligen Forderungen benötigten Mittel zur Verfügung zu stellen.

Die **weiche** Patronatserklärung[3367] ist rechtlich unverbindlich und hat lediglich den Charakter einer Absichtserklärung bzw. bringt eine moralische Verantwortung des Patrons zum Ausdruck. Für weiche Patronatserklärungen entfällt idR ein Vermerk unter dem Bilanzstrich.

Nur die **harten** Patronatserklärungen[3368] ziehen rechtliche Konsequenzen nach sich. Dabei verpflichtet sich ein Institut als Konzernmutterunternehmen („Patron"), für die Erfüllung der Verbindlichkeiten seiner Tochtergesellschaft („Protegé") – entsprechend seiner Anteilsquote und häufig beschränkt auf den

---

[3364] Vgl. Dubs/Möhlmann-Mahlau, StuB 2013, 686.

[3365] Vgl. Dubs/Möhlmann-Mahlau, StuB 2013, 686.

[3366] Vgl. BGH, Urteil vom 19.5.2011, Der Konzern 2011, 287 ff., DB 2011, 1326 ff.

[3367] Vgl. Saenger/Merkelbach, WM 2007, 2309 ff.

[3368] Vgl. Limmer, DStR 1993, 1750; Räthke, StuB 2007, 308 ff.; Dubs/Möhlmann-Mahlau, StuB 2013, 687.

Institutsbereich bzw. die branchennahen Geschäfte – einzustehen. Mit einer harten Patronatserklärung entsteht ein direkter Anspruch des Gläubigers gegen das Mutterunternehmen (IDW RH HFA 1.013). Bei einer Patronatserklärung ist eine Begrenzung der Höhe nach oder Befristung möglich.[3369] Die Erklärung kann entweder ggü. einem Gläubiger oder mehreren Gläubigern des Schuldners abgegeben werden (konzernextern[3370]) oder ggü. dem Schuldner (Tochtergesellschaft) selbst (konzernintern[3371]).

Harte Patronatserklärungen, bei denen eine **Inanspruchnahme unwahrscheinlich** ist, lösen nach hM eine Vermerkpflicht nach § 26 Abs. 2 RechKredV aus, wenn sie einen Gewährleistungsvertrag begründen.[3372] Der Zweck der Vermerkpflicht besteht darin, den Bilanzleser auf evtl. Risiken aufmerksam zu machen. Dabei ist es nicht relevant, ob es sich um eine interne oder externe Patronatserklärung handelt. Entscheidend ist vielmehr der Verpflichtungsgehalt. Eine Saldierung mit gegenüberstehenden Rückgriffsforderungen ist nach § 26 Abs. 2 Satz 2 RechKredV unzulässig, es sei denn, es werden zweckgebundene Deckungsguthaben unter dem Passivposten 1. oder dem Passivposten 2. ausgewiesen. Eine Alternativangabe im Anhang sieht die RechKredV nicht vor.

Bei einer **drohenden bzw. wahrscheinlichen Inanspruchnahme** ist eine Rückstellung für ungewisse Verbindlichkeiten iSd. § 249 Abs. 1 Satz 1, 1. Alternative HGB auszuweisen.[3373] Eine Inanspruchnahme droht, wenn am Abschlussstichtag mehr Gründe für eine Geltendmachung des Anspruchs sprechen als dagegen. Sind die Ansprüche am Abschlussstichtag bereits fällig, ist eine Verbindlichkeit zu passivieren. In diesen Fällen ist die Eventualverbindlichkeit um die passivierte Rückstellung bzw. Verbindlichkeit zu kürzen.

Der „Patron" ist in seiner Entscheidung frei, wie er seine Zusage erfüllt.[3374] Vorstellbar sind zB die Gewährung von Darlehen, ein Forderungsverzicht oder Bürgschaftserklärungen. Bei der Kapitalausstattungszusage können dem Schuldner (Tochtergesellschaft „Protegé") auch nichtliquide Mittel wie Grundvermögen zur Verfügung gestellt werden. Darüber hinaus kann der „Patron" auch ein anderes verbundenes Unternehmen (zB eine weitere Tochter-

---

[3369] Vgl. OLG München, Urteil vom 24.1.2006, DB 2003, 711.

[3370] Der Gläubiger hat nur einen Anspruch auf Zahlung des Patrons an den Schuldner (Tochtergesellschaft), nicht aber einen Anspruch auf Zahlung an sich (den Gläubiger) selbst.

[3371] Bei einer konzerninternen Patronatserklärung hat allein der Schuldner (Tochtergesellschaft) einen unmittelbaren Anspruch gegen den Patron, sobald er (der Schuldner) seine Verpflichtungen ggü. den Gläubigern nicht mehr erfüllen kann.

[3372] Vgl. Dubs/Möhlmann-Mahlau, StuB 2013, 687 mwN.

[3373] Vgl. Dubs/Möhlmann-Mahlau, StuB 2013, 687.

[3374] Vgl. BFH-Urteil vom 25.10.2006, DB 2007, 492 ff., unter II. 2. Buchst. b, aa.

gesellschaft) anweisen, für die nötige Liquidität bzw. Kapitalausstattung beim Schuldner zu sorgen.

Soweit die Höhe der Verpflichtung aus der Patronatserklärung nicht beziffert werden kann, besteht nur die Verpflichtung zu einem verbalen Hinweis bei dem betreffenden Posten unter dem Bilanzstrich.[3375] Dieser verbale Hinweis kann auch darin bestehen, dass auf die entsprechende Stelle des Anhangs verwiesen wird, an der die Patronatserklärung wiedergegeben ist.

(g) Unwiderrufliche Kreditbriefe (Commercial Letter of Credit)

Bei einem Kreditbrief (Commercial Letter of Credit) stellt das Kreditinstitut auf Antrag eines Kunden eine Urkunde aus, in der es ein anderes oder mehrere andere Kreditinstitut(e) darum bittet bzw. bei einem **unwiderruflichen Kreditbrief** dazu verpflichtet, an den in der Urkunde genannten Begünstigten, Zahlungen bis zu einem bestimmten Höchstbetrag zu leisten.

Das (die) in einem **Spezialkreditbrief** genannte(n) Kreditinstitut(e) muss (müssen), sofern es (sie) durch das ausstellende Kreditinstitut **avisiert** wurde(n), eine Eventualverbindlichkeit ausweisen, da die Möglichkeit der Inanspruchnahme des jeweiligen Kreditinstituts ähnlich wie bei einem Barakkreditiv besteht.

Dagegen wird einem sogenannten **Zirkularkreditbrief** eine Korrespondenzliste beigefügt, die der Begünstigte erhält. In dieser Liste werden zahlreiche Kreditinstitute genannt, die als Auszahlungsstelle in Betracht kommen. Da diese Kreditinstitute aufgrund ihrer großen Anzahl von dem ausstellenden Kreditinstitut nicht avisiert werden, können diese keine Eventualverbindlichkeit ausweisen.

(h) Akkreditiveröffnungen und -bestätigungen

Das Wesen eines Akkreditivs im weitesten Sinne umfasst jede vertragliche Verpflichtung einer Bank, für Rechnung ihres Auftraggebers innerhalb eines festgelegten Zeitraums an einen Dritten unter bestimmten Voraussetzungen Zahlung in der vorgeschriebenen Währung zu leisten.

Das Akkreditiv ist ein selbstständiges Schuldversprechen iSv. § 780 BGB, das eine Bank dem Verkäufer auf Anweisung des Käufers erteilt. Es dient vor

---

[3375] Vgl. Krumnow ua., 2. Aufl., § 26 RechKredV Rn. 11.

allem der Zahlungssicherung im Außenhandel, daneben aber auch sonst der Sicherung und ggf. der Kreditgewährung.[3376] Für Dokumenten-Akkreditive (einschließlich Stand by Letter of Credit) gelten die *„Einheitlichen Richtlinien und Gebräuche für Dokumenten-Akkreditive, Revision 2007"*, ICC-Publikation Nr. 600 (ERA 600), wenn der Wortlaut des Akkreditivs ausdrücklich besagt, dass es diesen Regeln unterliegt.

Soll der Begünstigte die Zahlung aufgrund seiner bloßen Legitimation ohne Gegenleistung erhalten, so handelt es sich um die heute kaum noch gebräuchliche Form des **Barakkreditivs** (einfaches oder glattes Akkreditiv). Ist die Zahlung dagegen von der Einreichung bestimmter Dokumente abhängig, so liegt ein **Dokumentenakkreditiv** vor.[3377] Akkreditive können widerruflich oder unwiderruflich sein.

Der **Ablauf eines Dokumentenakkreditivs**[3378] gestaltet sich beispielhaft wie folgt:

- Grundlage ist zunächst der Abschluss eines Kaufvertrags mit der Zahlungsbedingung Dokumentenakkreditiv.
- Der Importeur einer Ware (Akkreditivsteller) beauftragt seine (Haus-) Bank damit, unter seiner Rückhaftung ein Akkreditiv zugunsten des Exporteurs (Begünstigter) zu eröffnen. Dies setzt voraus, dass der Importeur bei der (Haus-) Bank über eine entsprechende Kreditlinie verfügt.
- Die (Haus-) Bank des Importeurs (= eröffnende Bank) eröffnet das Akkreditiv zugunsten des Exporteurs. Hierbei bedient sie sich zur Abwicklung einer Bank im Land des Exporteurs (= avisierende Bank), die ihr entweder vom Importeur vorgegeben wurde oder ihre Korrespondenzbank ist. Im Akkreditiv wird die Ware hinsichtlich Art, Menge und Verpackung beschrieben und es werden Fristen für den Versand der Ware vom Verladeort bis zum Abladeort sowie zur Vorlage der Dokumente genannt. Die Dokumente, die die Bezahlung des Akkreditivs auslösen, werden spezifiziert.

[3376] Vgl. Obst/Hintner, 637 ff.

[3377] Vgl. zur Struktur und Bilanzierung beim Exporteur, Importeur und Kreditinstitut Baumeister/Knobloch, WPg 2016, 836 ff.

[3378] Dokumente können bspw. sein: Handelsrechnung (ggf. in konsularisch beglaubigter Form, commercial invoice), Frachtrechnung (freight invoice), Packliste (packing list), Ursprungszeugnis (meist beglaubigt durch die Handelskammer im Herkunftsland, certificate of origin), Ladepapiere oder Transportdokumente (Konnossement, Frachtbrief, Abladebestätigung, Übernahmebestätigung), Versicherungszertifikate oder -policen für Transportrisiken, Wechsel für die Refinanzierung bei Nachsichtakkreditiven, Qualitätszeugnisse, Zertifikate von Reedereien oder Warenprüfgesellschaften.

- Die Bank des Exporteurs avisiert dem Exporteur die Eröffnung des Akkreditivs, nachdem sie geprüft hat, ob das Akkreditiv rechtlich und formal einwandfrei ist. Außerdem bietet sie sich an, die dokumentäre Abwicklung für den Exporteur zu übernehmen.
- Der Exporteur prüft nach erfolgter Avisierung, ob das Akkreditiv mit dem Kaufvertrag übereinstimmt. Daraufhin verlädt er die Ware am Versandort (Hafen, Flughafen, Bahn, LKW usw.) und erhält die entsprechenden Dokumente, die er anschließend, neben den anderen im Akkreditiv geforderten Dokumenten, bei seiner Bank einreicht.
- Nach Prüfung der Dokumente (und der Feststellung, dass diese akkreditivkonform sind) erfolgt entweder die Zahlung an den Exporteur (wenn bei der Akkreditiveröffnung die avisierende Bank die Zahlstellenfunktion übertragen bekommen hat) oder die Weiterleitung an die eröffnende Bank. Diese nimmt dann, nach Feststellung der Ordnungsmäßigkeit der Dokumente, die Zahlung vor und händigt die Dokumente dem Importeur aus.
- Mit den Transportdokumenten kann der Importeur dann den Besitz an der Ware erlangen, wenn das Recht an der Ware durch die begleitenden Dokumente verbrieft ist. Dies ist zB bei Konnossementen (Bills of Lading, Seefrachtbriefe) der Fall. Der Importeur kann auch bereits im Besitz der Ware sein, wenn diese zB per Luftfracht verladen oder per LKW oder Bahnfracht angeliefert wurde. In diesen Fällen hat das Akkreditiv nur die Bezahlung der Ware für den Exporteur sicherzustellen.

Eröffnet ein (bilanzierendes) inländisches Kreditinstitut (Akkreditivbank, Akkreditivstelle) auf Verlangen seines (inländischen) Kunden (idR Importeur) ein Akkreditiv (Import-Akkreditiv), so übernimmt es gegenüber dem Akkreditivbegünstigten (idR ausländischer Exporteur) die Verpflichtung zur Zahlung des im Akkreditiv genannten Betrags; beim Dokumentenakkreditiv unter der Voraussetzung, dass die vorgeschriebenen Dokumente vorgelegt werden und die übrigen Akkreditivbedingungen erfüllt sind.

Die ein Akkreditiv eröffnende ausländische Bank bedient sich bei der Weiterleitung des Akkreditivs idR der Vermittlung einer Korrespondenzbank im Inland. Die (bilanzierende) inländische Korrespondenzbank (avisierende Bank, Zahlstelle) avisiert dem Begünstigten (idR Exporteur) das Akkreditiv (Export-Akkreditiv) entweder unverbindlich oder durch Hinzufügung ihrer **Bestätigung**. Die bestätigende Bank tritt damit als unmittelbar verpflichtete Bank neben die eröffnende Akkreditivbank.

Akkreditiveröffnungen und -bestätigungen sind nach § 26 Abs. 2 Satz 1 RechKredV im Unterposten „b) Verbindlichkeiten aus Bürgschaften und Ge-

währleistungsverträgen" auszuweisen, soweit deren Gültigkeit am Bilanzstichtag noch nicht (ohne Inanspruchnahme) ausgelaufen ist.

Sowohl Barakkreditive als auch Dokumentenakkreditive sind unabhängig davon auszuweisen, ob sie unwiderruflich oder widerruflich eröffnet oder bestätigt sind. **Unbestätigte Akkreditive**, also Exportakkreditive, die das bilanzierende inländische Kreditinstitut ihrem Exporteur-Kunden lediglich avisiert
hat, ohne damit eine eigene Verbindlichkeit zu übernehmen, sind dagegen
nicht auszuweisen.

Die Verbindlichkeiten aus Akkreditiven sind in **voller Höhe** zu vermerken,
soweit für sie keine zweckgebundenen Deckungsguthaben unter dem Posten „Verbindlichkeiten gegenüber Kreditinstituten" oder dem Posten „andere
Verbindlichkeiten gegenüber Kunden" ausgewiesen sind (§ 26 Abs. 2 Satz 2
RechKredV).

Andere Sicherheiten als die in den in § 26 Abs. 2 Satz 2 RechKredV genannten
Bilanzposten bilanzierten Deckungsguthaben dürfen beim Ausweis der Eventualverbindlichkeit nicht gekürzt werden, auch wenn sie wirtschaftlich gesehen das Risiko aus der Inanspruchnahme mindern oder völlig ausschließen.[3379]
Entgegen des eindeutigen Wortlauts von § 26 Abs. 2 Satz 2 RechKredV vertritt
Gaber[3380] die Ansicht, dass auch andere Formen von Sicherheiten (zB Grundpfandrechte, Wertpapiersicherheiten usw.) in Betracht kämen, sofern angemessene Sicherheitsabschläge berücksichtigt würden.

Akkreditive sind mit dem Betrag der zum Bilanzstichtag oder später möglichen Höchstinanspruchnahme auszuweisen. Ein wöchentlich revolvierendes
Akkreditiv, das bis zum Ende der auf den Eingang der Kündigung folgenden
Kalenderwoche gültig ist, ist in Höhe des doppelten (wöchentlichen) Akkredi-
tivbetrags als Eventualverbindlichkeit zu erfassen.

Ein Ausweis der Akkreditive unter der Bilanz erfolgt jedoch nur insoweit, als
für sie nicht ein **zweckgebundenes Deckungsguthaben** vorhanden ist (§ 26
Abs. 2 Satz 2 RechKredV). Ein Deckungsguthaben ist auch dann als vorhanden anzusehen, wenn lediglich das laufende Guthaben in Höhe des Akkreditivs gesperrt wurde, ohne den Betrag auf ein besonderes Deckungskonto
zu übertragen.[3381] Ein Deckungsguthaben kann auch dann anerkannt werden,
wenn der Kunde gleichzeitig Kredit bei der Bank in Anspruch genommen hat.
Bei der Stellung von anderen Sicherheiten als der Bardeckung (zB Grund-

---

[3379] Vgl. Krumnow ua., 2. Aufl., § 26 RechKredV Rn. 12.
[3380] Vgl. Gaber, 2. Aufl., 609.
[3381] Vgl. Birck/Meyer, II 410.

pfandrechte, Bürgschaften, Forderungsabtretungen) darf nach dem Wortlaut des § 26 Abs. 2 Satz 2 RechKredV keine Kürzung der Eventualverbindlichkeit erfolgen.

Als **Deferred-Payment-Akkreditive** (Nachsichtzahlungs-Akkreditive) werden solche Dokumentenakkreditive bezeichnet, bei denen das Fälligkeitsdatum der Zahlung entsprechend dem zwischen dem Exporteur einerseits und dem Importeur andererseits vereinbarten Zahlungsziel hinausgeschoben ist. Die Fälligkeit muss im Akkreditiv eindeutig festgelegt werden.

Für die Beurteilung des Bilanzausweises von Deferred-Payment-Akkreditiven (Nachsichtzahlungs-Akkreditive) bei der Zahlstelle vom Zeitpunkt der Dokumentenaushändigung an bis zur Bezahlung des Gegenwerts können zwei divergierende Betrachtungsweisen vertreten werden:

1. **Alternative**
   Nach streng juristischer Betrachtungsweise sind solche Akkreditive als eine entsprechend befristete Verbindlichkeit gegenüber dem Verkäufer (Exporteur) auszuweisen. Damit entfällt die bis dahin unter der Bilanz zu vermerkende Eventualverbindlichkeit. Gleichzeitig ist eine Forderung (Rückgriffsforderung) gegenüber der Akkreditivstelle zu aktivieren, obwohl – das Kreditinstitut ist ja noch nicht zur Zahlung an den Begünstigten verpflichtet – noch kein Buchkredit gegenüber dem Akkreditivauftraggeber entstanden ist. Die Aktivierung der Forderung ist nur erforderlich, um eine nicht zu rechtfertigende Erfolgswirksamkeit aus der Passivierung der Verbindlichkeit zu vermeiden.

Für einen Bilanzausweis nach der 1. Alternative spricht, dass eine Eventualverbindlichkeit nur insoweit auszuweisen ist, als eine Verpflichtung nicht bereits als Rückstellung oder Verbindlichkeit zu passivieren ist. Als Rückstellung oder Verbindlichkeit muss ein Betrag dann ausgewiesen werden, wenn die Inanspruchnahme aus der Gewährleistung feststeht (Verbindlichkeit) oder wenn damit nach den für die Rückstellungsbildung geltenden Grundsätzen zu rechnen ist.

Da die Inanspruchnahme hinsichtlich Höhe und Fälligkeit feststeht, wäre die Verpflichtung im vorliegenden Fall als Verbindlichkeit zu erfassen. Verbindlichkeiten sind stets demjenigen zuzuordnen, in dessen Namen sie begründet worden sind. Denn dieser ist dem Gläubiger gegenüber auch dann zur Zahlung verpflichtet, wenn die Verbindlichkeit für fremde Rechnung eingegangen worden ist. Die Verbindlichkeit darf in einem solchen Fall nicht etwa mit dem hier bestehenden (und grundsätzlich zu aktivierenden) Ausgleichsanspruch gegenüber demjenigen, für dessen Rechnung die Verbindlichkeit begründet worden ist, „wegsaldiert" werden. Eine Verrechnung von Forderung und Verbindlichkeit scheidet aus, weil Gläubiger und Schuldner verschiedene Personen sind.

Vom Zeitpunkt der Einreichung der Dokumente an hat das bilanzierende Kreditinstitut mit einer Inanspruchnahme zu rechnen, was die Passivierung einer entsprechend befristeten Verbindlichkeit zur Folge hat. Denn die Passivierungspflicht einer Verbindlichkeit knüpft grundsätzlich an die Entstehung und nicht an die Fälligkeit einer Verbindlichkeit an.

2. **Alternative**
Wirtschaftlich betrachtet, ist weder die Verbindlichkeit noch die Rückgriffsforderung vor dem Fristablauf entstanden. Erst im Augenblick der Zahlung aus dem Akkreditiv erwirbt das Kreditinstitut eine Forderung an den Importeur. Nach dieser Betrachtungsweise behält das Deferred-Payment-Akkreditiv seinen Charakter als Gewährleistung (Sicherheit). Die Folge daraus ist, dass es weiterhin als Eventualverbindlichkeit unter der Bilanz auszuweisen ist.

Für einen Bilanzausweis nach der 2. Alternative spricht, dass die erfolgsneutrale Buchungsweise der 1. Alternative nur durch den Ausweis einer noch fiktiven Forderung erreicht werden kann, denn erst im Augenblick der Zahlung an den aus dem Akkreditiv Begünstigten (Exporteur) erwirbt die Bank eine Forderung an ihren Kunden (Importeur) und nicht bereits bei Vorlage der Dokumente.

Die Annahme einer schon ab dem Zeitpunkt der Dokumentenvorlage bestehenden Kreditforderung entspricht nicht den wirtschaftlichen Tatsachen, weil nach den Bedingungen, die zwischen Exporteur und Importeur ausgehandelt wurden, in der Zeit zwischen Dokumentenvorlage und Zahlung durch die Bank ein Kreditbedarf des Importeurs nicht besteht. In diesem Zusammenhang hat der BGH entschieden: Kommt die als Zahlstelle der Akkreditivbank tätige Korrespondenzbank, der ein Akkreditiv mit hinausgeschobener Zahlung (deferred payment) eingereicht wird, von sich aus mit dem Einreicher überein, ihm einen Vorschuss auf das noch nicht fällige Akkreditiv zur Verfügung zu stellen, so gewährt sie ihm idR einen Zwischenkredit, der bis zum Eintritt der Fälligkeit im Verhältnis zu der eröffnenden Bank nicht als Bezahlung des Akkreditivs angesehen werden kann.[3382] Bei dieser vorzeitigen Zahlung handelt es sich um ein Eigengeschäft der Bank außerhalb des Akkreditivs.

[3382] Vgl. BGH-Urteil vom 16.3.1987, BGHZ 101, 84.

Die Forderung besteht also gegen den Akkreditivbegünstigten (Exporteur) und nicht gegen den Schuldner aus dem Akkreditiv (Importeur). Folglich kann für den Fall, dass vor der Fälligkeit des Akkreditivs keine Zahlungen geleistet werden, auch keine Forderung gegen den Akkreditivschuldner (Importeur) entstanden sein und mithin aktiviert werden. Der Importeur hat folglich in seiner Bilanz weiterhin Warenschulden und keine Bankverbindlichkeiten auszuweisen. Die Verfasser sprechen sich für die Bilanzierung nach dieser Alternative aus.

(i) Anzusetzender Betrag bei Bürgschaften und Gewährleistungen

Die Eventualverbindlichkeiten sind in **voller Höhe** zu vermerken. Dies bedeutet, dass der nominelle Bürgschafts- bzw. Gewährleistungsbetrag vor allem dann in Betracht kommt, wenn eine **Rahmenzusage** gegeben ist oder **Höchstbeträge** genannt sind. Die Angabe nur in Höhe des zufällig am Bilanzstichtag in Anspruch genommenen Kreditbetrags würde das von dem Bürgen übernommene Risiko in diesen Fällen nicht zutreffend abbilden. Denn in diesen Fällen liegt es allein beim Hauptschuldner, in welcher Höhe und wann er den Höchstbetrag in Anspruch nimmt.[3383]

Bei Bürgschaften über regelmäßig zu tilgende Darlehensverbindlichkeiten, deren valutierender Betrag bekannt ist, kann der tatsächliche Schuldbetrag angesetzt werden. Erstreckt sich eine Zins- und Tilgungsgarantie nur auf den die Beleihungsgrenze einer Bausparkasse übersteigenden Teilbetrag des Darlehens, ist nur dieser Teilbetrag abzüglich geleisteter Tilgungen und zuzüglich aufgelaufener Zinsen vermerkpflichtig.

Bei Verpflichtungen in unbeschränkter Höhe gilt zur Bestimmung der Risikohöhe hilfsweise der Betrag des Abschlussstichtags. Bei gesamtschuldnerischer Haftung (zB Aval-Gemeinschaftskredit) ist der volle Betrag anzusetzen. Besteht die Unterbeteiligung an einem Gemeinschaftskredit lediglich in einer teilweisen Haftung für den evtl. Ausfall der Forderung, hat das kreditgebende Kreditinstitut (Konsortialführer) den vollen Kreditbetrag zu vermerken. Die Unterbeteiligten haben ihren Anteil hier anzusetzen (Einzelheiten vgl. Kapitel 3.5.).

Eventualverbindlichkeiten sind unter dem Bilanzstrich jedoch insoweit nicht zu vermerken, als das bilanzierende Institut über **zweckgebundene Guthaben** (sog. Bardeckung) verfügt, die unter den Passivposten 1. oder 2.b) ausgewiesen sind (§ 26 Abs. 2 Satz 2 RechKredV). Der Abzug der Bardeckung erfolgt unabhängig davon, ob der beauftragende Kunde oder ein anderer Dritter das

---

[3383] Vgl. ADS 6. Aufl. § 251 HGB Rn. 56.

Guthaben gestellt hat. Diese Regelung verfolgt dieselbe Absicht wie die in § 24 RechKredV vorgeschriebene Kürzung der Eventualverbindlichkeiten um bereits gebildete Rückstellungen. **Andere Sicherheiten** als die bilanzierten Deckungsguthaben dürfen beim Ausweis der Eventualverbindlichkeit nicht gekürzt werden, auch wenn sie wirtschaftlich gesehen das Risiko aus der Inanspruchnahme mindern oder völlig ausschließen.[3384]

Die Eventualverbindlichkeiten sind grundsätzlich auch dann in voller Höhe anzusetzen, wenn die Inanspruchnahme des Kreditinstituts ungewiss oder sogar unwahrscheinlich ist.

Die Einbeziehung von **Nebenkosten** (§ 26 Abs. 2 Satz 1 RechKredV) ist nur zulässig, soweit es sich um der Höhe nach feststehende Beträge handelt, die zusammen mit der Hauptschuld verbürgt sind. So erhöhen bei einer Bürgschaft die Zinsen aus einer verzinslichen Schuld erst dann automatisch die Hauptschuld, wenn sie rückständig sind. Dies ergibt sich aus der Akzessorietät der Bürgschaft; sie ist also abhängig vom Entstehen, Bestehen und Umfang der Hauptverbindlichkeit (§ 767 Abs. 1 BGB).

Droht eine Inanspruchnahme aus der Bürgschaft, ist eine entsprechende Rückstellung zu bilden. Sobald die Inanspruchnahme endgültig feststeht, ist die Bürgschaftsschuld als echte Verbindlichkeit auszuweisen.[3385] Wird eine Verbindlichkeit oder Rückstellung passiviert, muss gleichzeitig die **Rückgriffsforderung** des Bürgen gegen den Hauptschuldner aktiviert und nach den für Forderungen geltenden Bilanzierungsgrundsätzen bewertet und ggf. wertberichtigt werden.

Der **Nachbürge** braucht einen Passivposten wegen einer drohenden Inanspruchnahme aus der Bürgschaft nicht bereits dann zu bilden, wenn die Hauptschuld nicht erfüllt worden ist, sondern erst dann, wenn damit gerechnet werden muss, dass der Vorbürge seiner Bürgschaftsverpflichtung gegenüber dem Gläubiger nicht nachkommen kann.[3386] Der Nachbürge haftet nur für die Schuld des Vorbürgen.

(j) Sicherungsgeberpositionen aus freistehenden Kreditderivaten

Sicherungsgeberpositionen aus freistehenden (zB auch getrennt bilanzierte Credit Default Swaps aus erworbenen Credit Linked Notes) Kreditderivaten sind gemäß IDW RS BFA 1 dann mit einem Bürgschaftsgeschäft vergleichbar,

---

[3384] GlA Krumnow ua., 2. Aufl., § 26 RechKredV Rn. 12.
[3385] Vgl. auch ADS 6. Aufl. § 251 HGB Rn. 53.
[3386] Vgl. ADS 6. Aufl. § 251 HGB Rn. 53.

wenn das Kreditderivat den Sicherungsgeber verpflichtet, ausschließlich für das in IDW RS BFA 1 definierte Ausfallrisiko eine Ausgleichsleistung zu erbringen, und der Sicherungsgeber beabsichtigt, das Kreditderivat bis zur Fälligkeit bzw. bis zum Eintritt des Kreditereignisses zu halten. Einzelheiten vgl. Kapitel 4.12.6.5.3.

In diesen Fällen sind die Verpflichtungen des Sicherungsgebers aus (getrennt bilanzierten) Kreditderivaten unter dem Bilanzstrich unter Posten 1. b) zu zeigen.[3387]

Haftung aus der Bestellung von Sicherheiten für fremde Verbindlichkeiten (Unterposten c))

(a) Vermerk der Sicherheiten

In der Bilanz des Instituts dürfen nur eigene und keine fremden Verbindlichkeiten ausgewiesen werden. Soweit jedoch eigene Vermögensgegenstände der Besicherung für **fremde** Verbindlichkeiten dienen, muss diese Bestellung von Sicherheiten vermerkt werden.[3388] Die Angabe betrifft damit die Haftung eigener Vermögensgegenstände des bilanzierenden Instituts für Verbindlichkeiten Dritter. Die für **eigene** Verbindlichkeiten gestellten Sicherheiten sind gemäß § 35 Abs. 5 RechKredV im Anhang zu vermerken.

Es handelt sich hierbei um den Fall, dass ein Institut ein Aktivum abgetreten oder verpfändet hat, ohne dass dies Auswirkungen auf die Summe seiner Aktiva bzw. Passiva hat. Eine solche Sicherheitenbestellung kommt insbesondere innerhalb eines Konzerns vor, wenn etwa eine Muttergesellschaft ihrer Tochtergesellschaft einen (günstigen) Kredit verschaffen will. Wirtschaftlich ist die Bestellung von Sicherheiten für fremde Verbindlichkeiten der Bürgschaft bzw. Garantie ähnlich.

Durch den Ausweis dieser Eventualverbindlichkeiten unter der Bilanz soll ersichtlich werden, in welchem Umfang eigene Vermögensgegenstände des Kreditinstituts für Verbindlichkeiten Fremder haften, die in der eigenen Bilanz nicht enthalten sein können. Die Risikolage des die Sicherheiten gewährenden Instituts entspricht den Risiken aus Bürgschaften und Garantien für Bilanzaktiva.

Zu den zu vermerkenden Sicherheiten zählen Grundpfandrechte, Verpfändungen beweglicher Sachen und Rechte, Sicherungsübereignungen und Siche-

---

[3387] Vgl. DGRV (Hrsg.), Jahresabschluss, B.IV. Rn. 1194.
[3388] Vgl. ADS 6. Aufl. § 251 HGB Rn. 94 ff.

rungsabtretungen sowie Kautionen für fremde Verbindlichkeiten (§ 26 Abs. 3 Satz 2 RechKredV). Die Angabepflicht besteht auch dann, wenn das Institut sich lediglich verpflichtet, auf Verlangen des Gläubigers die Sicherheit zu bestellen.

Anzugeben sind ferner Sicherheiten, die aufgrund einer Konzernklausel für Verbindlichkeiten verbundener Unternehmen haften.[3389] In diesem Posten sind grundsätzlich auch die im Zusammenhang mit der Forfaitierung von Leasingraten sicherungsübereigneten Leasinggegenstände auszuweisen; solange in diesen Fällen jedoch entsprechende Beträge als Verbindlichkeiten oder Rechnungsabgrenzungsposten passiviert sind, erscheint eine zusätzliche Angabe überflüssig.[3390]

Besteht neben der Bestellung von Sicherheiten für fremde Verbindlichkeiten noch eine Verbindlichkeit aus einer **Bürgschaft** oder aus einem Gewährleistungsvertrag, so ist diese nur einmal zu vermerken. Dabei geht der Vermerk im Unterposten „b) Verbindlichkeiten aus Bürgschaften und Gewährleistungsverträgen" vor (§ 26 Abs. 3 Satz 3 RechKredV). Dies ist insofern konsequent, als das Institut trotz der Doppelbesicherung nur einmal in Anspruch genommen werden kann. Dabei wird die Inanspruchnahme wohl eher aus der Bürgschaft oder der Garantie erfolgen als aus der Verwertung des Sicherungsguts.

Nicht in den Bilanzvermerk aufzunehmen ist die Weitergabe von Sicherheiten Dritter, zB durch Abtretung von Grundpfandrechten von Kreditnehmern des Kreditinstituts.

(b) Ansatz der für fremde Verbindlichkeiten bestellten Sicherheiten

§ 26 Abs. 3 Satz 1 RechKredV bestimmt, dass die Beträge mit dem **Buchwert der bestellten Sicherheiten** zu vermerken sind. Bei Wertpapieren gehören hierzu auch die aktivierten (anteiligen) Zinsen. Bestellte Grundpfandrechte sind mit ihrem Nominalwert in den Vermerkposten einzubeziehen. Als Obergrenze gilt in jedem Fall der Betrag der besicherten Fremdverbindlichkeit.[3391]

Ist jedoch der Buchwert der bestellten Sicherheit höher als der Betrag der besicherten Fremdverbindlichkeit am Bilanzstichtag, so bildet Letzterer die Obergrenze des Ausweises, da am Bilanzstichtag die Eventualverbindlichkeit nur in Höhe der besicherten Verbindlichkeit besteht.[3392]

[3389] Vgl. ADS 6. Aufl. § 251 HGB Rn. 94.
[3390] Vgl. zu weiteren Einzelheiten ADS 6. Aufl. § 251 HGB Rn. 98.
[3391] Vgl. Birck/Meyer, II 415.
[3392] Vgl. Birck/Meyer, II 415.

5.3.14.3. Bewertung

Die Bewertung des **Wechselobligos** erfolgt mit dem Betrag, mit dem das Institut aus dem Wechsel selbst verpflichtet ist. Dies ist in der Regel der Nennbetrag.

Verbindlichkeiten aus **Bürgschaften** und **Gewährleistungen** sind in **voller Höhe** zu vermerken, soweit für sie keine **zweckgebundenen Deckungsguthaben** passiviert sind (§ 26 Abs. 2 Satz 2 RechKredV). Andere Sicherheiten als die bilanzierten Deckungsguthaben dürfen nach dem Wortlaut von § 26 Abs. 2 Satz 2 RechKredV und nach hM beim Ausweis der Eventualverbindlichkeit nicht gekürzt werden, auch wenn sie wirtschaftlich gesehen das Risiko aus den Inanspruchnahme decken.[3393]

Der Abzug von zweckgebundenen Deckungsguthaben folgt aus dem allgemeinen Grundsatz, dass eine bereits (über dem Strich) passivierte Verpflichtung nicht zusätzlich als Eventualverbindlichkeit (unter dem Strich) vermerkt werden darf.

Die Voraussetzungen zu einem Abzug als zweckgebundenes Deckungsguthaben sind als erfüllt anzusehen, wenn ein Sperrkonto oder die Nichtverfügbarkeit und Zweckgebundenheit eines Teilbetrags des betreffenden Guthabens mit jeweils enger Zweckerklärung vorliegt.[3394] Für den Abzug ist es unerheblich, ob der beauftragende Kunde oder ein Dritter das Deckungsguthaben gestellt hat.[3395] Dies gilt auch dann, wenn eine Inanspruchnahme ungewiss oder unwahrscheinlich ist oder dem Institut ein Rückgriffsrecht zusteht.

Bei Bürgschaften für **regelmäßig zu tilgende Darlehensverbindlichkeiten**, deren valutierender Betrag bekannt ist, kann der tatsächliche Schuldbetrag angesetzt werden.[3396]

Die für die Haftung für fremde Verbindlichkeiten bestellten Sicherheiten sind mit dem Buchwert der bestellten Sicherheit, höchstens mit dem Betrag der besicherten Fremdverbindlichkeit, anzusetzen.

Wegen weiterer Einzelheiten wird auf die Ausführungen zu den einzelnen als Eventualverbindlichkeit zu vermerkenden Posten verwiesen.

[3393] Vgl. DGRV (Hrsg.), Jahresabschluss, B.IV. Rn. 1193.
[3394] Vgl. DGRV (Hrsg.), Jahresabschluss, B.IV. Rn. 1193.
[3395] Der Wortlaut der Norm gibt keinen Hinweis für eine andere Sichtweise.
[3396] Vgl. DGRV (Hrsg.), Jahresabschluss, B.IV. Rn. 1193.

Wird für Eventualverbindlichkeiten eine Rückstellung gebildet, ist der Posten unter dem Bilanzstrich in Höhe des zurückgestellten Betrags zu kürzen.

Folgende allgemeine Bewertungsgrundsätze sind zu beachten:

- Maßgebend sind die Verhältnisse am Bilanzstichtag; wertaufhellende Umstände sind bei der Bewertung zu berücksichtigen.
- Eine Saldierung mit bestehenden Rückgriffsforderungen ist nicht möglich.
- Wurde in dem dem Haftungsverhältnis zugrunde liegenden Sachverhalt gesamtschuldnerische Haftung vereinbart, so ist, unabhängig von Vereinbarungen im Innenverhältnis, der volle Betrag anzugeben.

Soweit im Einzelfall ein Haftungsverhältnis nicht wertmäßig exakt feststellbar ist, muss eine Schätzung nach vernünftiger kaufmännischer Beurteilung vorgenommen werden.

5.3.14.4. Anhangangaben

Zu dem Posten „Eventualverbindlichkeiten" sind im Anhang **Art** und **Betrag jeder Eventualverbindlichkeit** anzugeben, die in Bezug auf die Gesamttätigkeit des Kreditinstituts von **wesentlicher** Bedeutung sind (§ 35 Abs. 4 RechKredV). Diese Angabe bezieht sich nach dem Wortlaut der RechKredV („jeder") auf die einzelne Eventualverbindlichkeit und nicht auf den jeweiligen Unterposten.

Die **Wesentlichkeitsvoraussetzung** muss also für jedes einzelne Geschäft erfüllt sein und nicht für alle in einem Unterposten zusammengefassten Eventualverbindlichkeiten der gleichen Art.[3397] Die Frage, wann eine Eventualverbindlichkeit in Bezug auf die Gesamttätigkeit des Instituts „wesentlich" ist, ist nach den allgemeinen Grundsätzen für die Beurteilung der Wesentlichkeit zu beantworten. Dabei ist jedoch zu berücksichtigen, dass die einzelne Eventualverbindlichkeit *„in Bezug auf die Gesamttätigkeit"* des Instituts von wesent-

---

[3397] Ebenso Krumnow ua., 2. Aufl., § 26 RechKredV Rn. 17. Vgl. auch die modifizierte Ansicht bei DGRV (Hrsg.), Jahresabschluss, B.IV. Rn. 1210 und D.V. Rn. 143 wonach für die Beurteilung der Wesentlichkeit grundsätzlich auf das einzelne Geschäft abzustellen ist, aber auch die kumulierte Gesamtwirkung der Einzelgeschäfte zu beachten sei. Anzugeben seien danach Art und Betrag jeder einzelnen Eventualverbindlichkeit. Alternativ könne es auch sachgerecht sein, die jeweilige Anzahl der einzelnen Eventualverbindlichkeiten und die Bandbreite, innerhalb derer die Einzelbeträge liegen, anzugeben.

licher Bedeutung sein muss. Es bietet sich daher an, die Wesentlichkeit am Bilanzvolumen, Geschäftsvolumen oder Kreditvolumen zu messen.

Für die **Angabe der Art** der Eventualverbindlichkeit ist zunächst nach den im Bilanzformblatt ausgewiesenen Unterposten zu unterscheiden. Eine weitere Untergliederung ist zulässig. Für den Unterposten b) bietet sich eine weitere Untergliederung nach Kreditbürgschaften, sonstigen Bürgschaften, Akkreditiven und sonstigen Gewährleistungen an.[3398]

Darüber hinaus ist zu **jedem Posten** der in der Bilanz unter dem Strich vermerkten Eventualverbindlichkeiten im Anhang jeweils der Gesamtbetrag der als Sicherheit übertragenen Vermögensgegenstände anzugeben (§ 35 Abs. 5 RechKredV). Im Gegensatz zu § 35 Abs. 4 RechKredV bezieht sich die Angabe der als Sicherheit übertragenen Vermögensgegenstände auf den **einzelnen Unterposten**.

Mit dem BilMoG wurde die Anhangangabe nach § 34 Abs. 2 Nr. 4 RechKredV neu aufgenommen. Danach sind Angaben über die Gründe der Einschätzung des Risikos der Inanspruchnahme für gemäß § 26 und § 27 RechKredV unter der Bilanz ausgewiesene Eventualverbindlichkeiten und andere Verpflichtungen im Anhang zu machen.

5.3.14.5. Prüfung des Postens

Es sind die für Eventualverbindlichkeiten allgemein üblichen Prüfungshandlungen durchzuführen. Es ist insbesondere darauf zu achten, dass die hier ausgewiesenen Beträge die og. Voraussetzungen erfüllen.

Die Indossamentverbindlichkeiten werden anhand der Wechselobligokonten, des Wechselkopierbuchs, der Wechselabrechnungen bzw. anhand von Saldenbestätigungen nachgewiesen. Bürgschaften und Gewährleistungen sowie die für Verbindlichkeiten Dritter gestellten Sicherheiten werden anhand geeigneter Unterlagen belegt. Die **Bestandsnachweise** sind auf Richtigkeit und Vollständigkeit zu prüfen.

Die **Bewertung** der Eventualverbindlichkeiten ist zu prüfen. Dabei ist insbesondere festzustellen, ob Rückstellungen erforderlich sind und ob die Pauschalwertberichtigungen (unter Berücksichtigung von Deckungsguthaben) zutreffend ermittelt sind.

[3398] So Krumnow ua., 2. Aufl., § 26 RechKredV Rn. 18.

Bei **Patronatserklärungen** ist festzustellen, ob die Vermerkpflicht zutreffend ist.

Hinsichtlich der **Erträge** aus Bürgschaften und Gewährleistungen ist zu prüfen, ob diese zutreffend gebucht und abgegrenzt wurden.

Der **Prüfungsbericht** muss die erforderlichen Angaben enthalten.

5.3.15. Andere Verpflichtungen (Passiva 2. unter dem Strich)

5.3.15.1. Postenbezeichnung

Die Postenbezeichnung lautet nach dem Formblatt 1 der RechKredV wie folgt:

> *2. Andere Verpflichtungen*
> *a) Rücknahmeverpflichtungen aus unechten Pensions-*
> *geschäften*
> *b) Platzierungs- und Übernahmeverpflichtungen*
> *c) Unwiderrufliche Kreditzusagen*

Für **Zahlungsinstitute** und **E-Geld-Institute** gibt es für unwiderrufliche Kreditzusagen einen eigenen Posten unter dem Bilanzstrich. Nach Formblatt 1 der RechZahlV lautet dieser:

> *1. Unwiderrufliche Kreditzusagen*
> *a) aus Zahlungsdiensten und aus der Ausgabe von E-Geld*
> *b) aus sonstigen Tätigkeiten*

Die Posten unter dem Bilanzstrich nach Formblatt 1 der RechZahlV sind im Vergleich zu denjenigen nach Formblatt 1 der RechKredV vertauscht.

5.3.15.2. Posteninhalt

5.3.15.2.1. Rechnungslegungsverordnung

Der Posteninhalt ist in § 27 RechKredV bestimmt. Abs. 1 regelt den Inhalt des Unterpostens b) während Abs. 2 näher bestimmt, was im Unterposten c) zu vermerken ist. Letzterer nimmt vor allem bestimmte aus dem Kreditgeschäft resultierende Verpflichtungen auf, die noch nicht zu passivieren sind.

Der Posteninhalt in § 20 RechZahlV für Zahlungsinstitute und E-Geld-Institute entspricht § 27 Abs. 2 RechKredV. Insoweit kann auf die Ausführungen zu § 27 Abs. 2 RechKredV verwiesen werden.

5.3.15.2.2. Voraussetzungen für den Postenausweis

Überblick

Bei den „anderen Verpflichtungen" handelt es sich um Verpflichtungen aus Geschäften, bei denen das Institut eine (unwiderrufliche) Vereinbarung getroffen hat und damit künftig einem Kreditrisiko ausgesetzt ist. Die hier zu erfassenden Risiken haben auch den Charakter von Liquiditätsrisiken.[3399]

Rücknahmeverpflichtungen aus unechten Pensionsgeschäften (Unterposten a))

Im Fall von unechten Pensionsgeschäften sind die in Pension gegebenen Vermögensgegenstände grundsätzlich nicht in der Bilanz des Pensionsgebers, sondern in der Bilanz des Pensionsnehmers auszuweisen (Einzelheiten vgl. Kapitel 3.2.). Der **Pensionsgeber** hat unter der Bilanz den für den Fall der Rückübertragung vereinbarten Betrag zu vermerken (§ 340b Abs. 5 HGB). Sind für verschiedene Rücknahmetermine unterschiedliche Rücknahmebeträge vereinbart, sollte der höchstmögliche Betrag angesetzt werden.

Soweit Rückstellungen für drohende Verluste bei der Rücknahme der Vermögensgegenstände gebildet werden (zB Rücknahmebetrag liegt über dem Marktpreis des Pensionsgegenstands), dürfen diese vom vereinbarten Betrag nicht abgesetzt werden, weil der Bilanzvermerk die künftige Liquiditätsbelastung zum Ausdruck bringen soll.

Platzierungs- und Übernahmeverpflichtungen (Fazilitäten) (Unterposten b))

(a) Begriff

Hier sind nach § 27 Abs. 1 Satz 1 RechKredV Verbindlichkeiten aus der Übernahme einer Garantie für die Platzierung oder Übernahme von Finanzinstrumenten gegenüber Emittenten, die während eines vereinbarten Zeitraums

---

[3399] Vgl. auch die Ausführungen von Schwartze, 189 f.

Finanzinstrumente revolvierend am Geldmarkt begeben (vgl. zum Geldmarkt nachfolgend), zu vermerken. Finanzinstrumente sind bspw. **Commercial Paper** oder andere Finanzinstrumente des Geldmarkts. Keine Finanzinstrumente in diesem Sinne sind ua. Aktien.

Diese Verpflichtungen entstehen im Regelfall aus sog. **Fazilitäten**. Am gebräuchlichsten sind sog. Euronote-Facilities (Rahmenvereinbarungen) in Form der RUFs (Revolving Underwriting Facilities) und NIFs (Note Issuance Facilities). Hierbei handelt es sich um auf dem Euromarkt ausgegebene kurzfristige Schuldtitel (Euronotes), mit denen sich Nichtbanken erster Bonität bis zu einem festgelegten Höchstbetrag am Geldmarkt revolvierend finanzieren. Für den Emittenten besteht der Vorteil darin, in der jeweils benötigten Höhe Fremdkapital zu geldmarktnahen Konditionen aufnehmen zu können, gleichzeitig aber für die Gesamtlaufzeit der revolvierenden Emission eine Finanzierungszusage zu haben. Hierfür hat er dem Kreditinstitut eine Provision zu bezahlen.

Diese Finanzierungsformen sind vielfach an die Stelle des herkömmlichen Kreditgeschäfts getreten. Dabei handelt es sich um Arrangements, bei denen sich ein Schuldner bis zu einer Höchstgrenze revolvierend durch die Begebung kurzfristiger Schuldtitel (sog. Euronotes oder Einlagenzertifikate) finanzieren darf und dafür durch eine von Kreditinstituten bereitgestellte mittel- bis langfristige Stand-by- oder Back-up-Linie gegen das Platzierungsrisiko abgesichert ist. Durch ihr Underwriting gehen die Kreditinstitute die Verpflichtung ein, die bei Anlegern nicht abzusetzenden Notes zu einem vorher festgelegten, in der Regel auf einen variablen Referenzzins (zB Euribor) bezogenen Preis, auf eigene Rechnung zu übernehmen oder stattdessen dem Emittenten in gleicher Höhe einen Kredit zu vereinbarten Konditionen zu gewähren. Häufig wird im Rahmen von Euronotes-Fazilitäten dem Schuldner auch von vornherein ein Wahlrecht eingeräumt, entweder seinen Mittelbedarf im Wege der Emission oder durch Rückgriff auf eine im Rahmen der Fazilität alternativ verfügbare kurzfristige Kreditform abzudecken.

Daneben gibt es Fazilitäten, die keine Übernahmeverpflichtung des Kreditinstituts beinhalten, sondern lediglich eine Hilfestellung bei der Platzierung der Wertpapiere darstellen. Diese Art von Fazilitäten begründen keine weiteren Verpflichtungen des Kreditinstituts. Sie sind mithin nicht unter der Bilanz zu vermerken.

(b) Ansatz der Fazilitäten

Die bilanzielle Behandlung der Fazilitäten ist danach zu entscheiden, ob sie wirtschaftlich als Kreditzusage oder als Gewährleistung zu beurteilen sind.[3400] Eine Gewährleistung liegt vor, wenn im Einzelfall auch Dritte Ansprüche aus der Fazilität gegen das Kreditinstitut geltend machen können.

Es muss sich bei den hier zu vermerkenden Eventualverbindlichkeiten um am **Geldmarkt** unterzubringende Finanzinstrumente handeln. Eine Abgrenzung zwischen Geld- und Kapitalmarkt kann anhand der Laufzeit der bei der revolvierenden Emission begebenen Instrumente vorgenommen werden. Hierfür bietet § 16 Abs. 2a RechKredV einen Anhaltspunkt. Als Geldmarktpapiere gelten Wertpapiere, deren ursprüngliche Laufzeit ein Jahr nicht übersteigt. Auf die Gesamtlaufzeit der Fazilität kommt es hingegen nicht an. Platzierungs- und Übernahmegarantien für Kapitalmarktpapiere (zB Aktien) fallen nach dem Wortlaut der RechKredV nicht unter die Vermerkpflicht. Die Verbindlichkeiten sind gekürzt um die in Anspruch genommenen Beträge zu vermerken (§ 27 Abs. 1 Satz 3 RechKredV).

Werden im Rahmen der Fazilität sog. Escape-Klauseln vereinbart, bei denen das Kreditinstitut von der für den Emittenten entscheidenden Liquiditätsgarantie gerade in der Ausnahmesituation einer verschlechterten Bonität freikommt, entfällt ein Vermerk unter dem Bilanzstrich. Grundsätzlich sind im Unterposten b) die **gesamten** durch Platzierungs- und Übernahmegarantien zugesagten Beträge auszuweisen.

Wird eine Garantie im oben genannten Sinne von mehreren Kreditinstituten gemeinschaftlich gewährt, so hat nach § 27 Abs. 1 Satz 5 RechKredV jedes beteiligte Kreditinstitut nur seinen eigenen Anteil an dem Kredit zu vermerken. In § 5 RechKredV, der die Bilanzierung von **Gemeinschaftsgeschäften** regelt, sind Platzierungs- und Übernahmeverpflichtungen nicht genannt. § 27 Abs. 1 Satz 5 RechKredV stellt eine Präzisierung zu § 5 RechKredV dar.[3401] Damit ist § 5 RechKredV nicht auf die hier auszuweisenden (gemeinschaftlich gewährten) Garantien anwendbar.

Erfolgte bereits eine Inanspruchnahme aufgrund der Garantieerklärung, so erfolgt der Ausweis der hieraus resultierenden Forderungen auf der Aktivseite der Bilanz. Ein Adressenausfallrisiko besteht darüber hinaus nur, wenn der Betrag der Inanspruchnahme unter dem garantierten Betrag liegt. Somit ist

---

[3400] Vgl. IDW BFA 1/1987, WPg 1987, 301 ff. (aufgehoben (2000), aber inhaltlich weiterhin zutreffend).

[3401] Vgl. Krumnow ua., 2. Aufl., § 27 RechKredV Rn. 13.

nur noch der Unterschiedsbetrag zwischen den beiden Beträgen unter dem Bilanzstrich zu vermerken (§ 27 Abs. 1 Satz 3 RechKredV). Der Bilanzvermerk ist um den in Anspruch genommenen Betrag und nicht um den Buchwert der Forderung zu kürzen.

Falls eine Inanspruchnahme aus der Fazilität droht und dabei keine vollwertigen Vermögenswerte erworben werden bzw. aus dem zu gewährenden Kredit (voraussichtlich) Verluste entstehen, sind **Rückstellungen** für drohende Verluste aus schwebenden Geschäften zu bilden. Dabei ist zu bedenken, dass nach dem Gehalt der Geschäfte die Inanspruchnahme in der Regel gerade dann eintritt, wenn der Markt nicht bereit ist, dem Begünstigten die gewünschten Mittel zu den vorgesehenen Konditionen zur Verfügung zu stellen. Ergibt die Prüfung, dass Bonitäts- oder Länderrisiken gegeben sind, ist ein etwaiger Rückstellungsbedarf nach den allgemeinen Maßstäben der Kreditprüfung zu ermitteln. Der Bilanzvermerk ist um den Rückstellungsbetrag zu kürzen, weil es sonst zu einem Doppelausweis kommt. Tatsächlich **übernommene Wertpapiere** bzw. **Schuldscheine** oder **gewährte Kredite** sind nach den allgemeinen Grundsätzen zu bewerten.

Durch Änderungen des Zinsniveaus oder eine allgemeine Marktenge können außerdem Zinsrisiken entstehen, wenn die Bedingungen der Fazilität nicht voll flexibel an Referenzzinssätze (zB Euribor) gebunden sind, sondern zB Höchstzinssätze vereinbart wurden. Aus diesen kann erheblicher Refinanzierungsbedarf zu ungünstigen Konditionen entstehen.

Fazilitäten sind den bankinternen **Grundsätzen für eine ordnungsgemäße Kreditgewährung und -überwachung** zu unterwerfen.[3402] Soweit die Gewährung eines entsprechenden Kredits zugesagt wurde, handelt es sich im Grunde um eine Kreditzusage, für deren Ausweis grundsätzlich der Unterposten c) zur Verfügung steht. Aufgrund der Formulierung des § 27 Abs. 1 Satz 2 RechKredV hat der Ausweis derartiger Kreditzusagen im Unterposten b) Vorrang.

Unwiderrufliche Kreditzusagen (Unterposten c))

(a) Begriff

Im Unterposten „c) unwiderrufliche Kreditzusagen" sind alle unwiderruflichen Verpflichtungen, die Anlass zu einem Kreditrisiko geben können, zu vermerken. Es kommt dabei nicht darauf an, welche **Ursprungslaufzeit** die Kreditzusage hat. Als Vermerkposten ist nur die Kreditzusage anzugeben, die

---

[3402] Vgl. IDW BFA 1/1987, WPg 1987, 301 ff. (aufgehoben (2000), aber inhaltlich weiterhin zutreffend).

noch nicht durch Kreditausreichungen ausgenutzt ist.[3403] Hierzu zählen bspw. auch **Liquiditätszusagen**[3404] (Kreditzusagen) an Special Purpose Entities (SPE) im Rahmen von ABS-Transaktionen sowie ggf. auch die Vereinbarung von **Forward Darlehen** (vgl. unten).

Mit dem Vermerk der unwiderruflichen Kreditzusagen unter dem Bilanzstrich soll auf die aus diesen Zusagen resultierenden potenziellen Adressenausfallrisiken, aber auch auf die hieraus entstehenden Liquiditätsabflüsse hingewiesen werden. Unwiderrufliche Kreditzusagen sind auch iRd. SolvV zu erfassen. Da das Bilanzrecht und die Bankenaufsicht diesbezüglich die gleichen Zielsetzungen verfolgen, kann bei der bilanzrechtlichen Beurteilung auf die aufsichtsrechtlichen Bestimmungen zurückgegriffen werden.

(b) Einzubeziehende Geschäfte

Es muss sich um Kreditzusagen (Verpflichtungen, Darlehen zu gewähren, Wertpapiere zu kaufen und Garantien und Akzepte bereitzustellen) handeln, die gegenüber Kunden (förmlich) abgegeben wurden. Intern festgelegte Kredit- und Überziehungslinien sind nicht in den Ausweis einzubeziehen, da sich aus ihnen kein unmittelbares Kreditrisiko ergeben kann.

Kreditrahmenzusagen, die die Grundlage für Einzelkreditzusagen bilden, sind grundsätzlich nicht zu erfassen. Dagegen sind Kreditrahmenzusagen an einen **Konzern**, die wahlweise von den verschiedenen Konzernunternehmen gezogen werden können, in den Vermerk einzubeziehen.

Die Vermerkpflicht entsteht bereits dann, wenn die Bank die Kreditzusage nach außen verbindlich abgegeben hat. Die Annahme des Angebots durch den Kunden ist nicht erforderlich, da nach Abgabe des Angebots die Bank keinen Einfluss mehr darauf hat, ob ein Kreditrisiko entsteht oder nicht.

Kreditzusagen, bei denen der Kreditnehmer noch bestimmte Voraussetzungen erfüllen muss, sind dann in den Vermerk einzubeziehen, wenn die Erfüllung dieser Bedingungen ausschließlich in der Einflusssphäre des Kunden liegt, wie dies zB bei der Bestellung von Sicherheiten der Fall ist.

Externe Zusagen von **Wechseldiskontkrediten** sind dann nicht zu erfassen, wenn sich das Kreditinstitut die Entscheidung über den Ankauf des vorgeleg-

---

[3403] Vgl. auch Portmann, Der Schweizer Treuhänder 1992, 711 ff.
[3404] Vgl. IDW-Positionspapier des IDW zu Bilanzierungs- und Bewertungsfragen im Zusammenhang mit der Subprime-Krise, IDW FN 2008, 1 ff.

ten Wechselmaterials vorbehält. Die Zusage einer **Gesamtlinie**, die wahlweise als Bar-, Diskont- oder Avalkredit beansprucht werden kann, ist in voller Höhe einzubeziehen. Bis auf weiteres gegebene Kreditzusagen (baw-Kredite) sind zu erfassen, wenn sich die **baw-Klausel** nicht auf die Zusage selbst, sondern nur auf die Festlegung der Konditionen bezieht. In § 36 Satz 2 Nr. 2 Rech-KredV ist ausdrücklich bestimmt, dass **Lieferverpflichtungen aus Forward Forward Deposits** als Kreditzusagen zu vermerken sind.

Der **Abschluss eines Bausparvertrags** selbst gilt noch nicht als unwiderrufliche Kreditzusage (§ 27 Abs. 2 Satz 2 RechKredV). Ein Ausfallrisiko entsteht frühestens bei Zustellung der Zuteilungsabsicht an den Bausparer.[3405] Bei der Zuteilungsnachricht handelt es sich nach Ansicht der BaFin im Sinne der früheren SolvV bereits um ein konkretes Versprechen der Bausparkasse, dem Bausparer das Bauspardarlehen auszuzahlen. Hiergegen lässt sich einwenden, dass der Bausparer vor der eigentlichen Kreditgewährung einen Antrag auf Auszahlung des Baudarlehens stellen und die Bausparkasse das Baudarlehen nach der Kreditwürdigkeitsprüfung zusagen muss. Auch muss der Bausparer die Zuteilung nicht annehmen.

Erst mit der Darlehenszusage liegt nach der hier vertretenen Ansicht eine vermerkpflichtige Kreditzusage vor; mit der Zusage stellt die Bausparkasse das Baudarlehen bereit.[3406] Bei Bausparkassen sind daher die noch **nicht ausgezahlten bereitgestellten Baudarlehen** als Kreditzusage anzusehen. Die nach § 35 Abs. 1 Nr. 8 Buchstabe a) RechKredV vorgeschriebene Angabe im Anhang stellt hierzu eine weitere Untergliederung dar.

Einzubeziehen sind auch befristete **Kreditzusagen nach Baufortschritt** sowie vergleichbare Projektfinanzierungen, bei denen die Inanspruchnahme noch nicht oder erst mit Teilbeträgen erfolgt ist.

Beim **Terminkauf** von Wertpapieren oder Schuldscheindarlehen ergibt sich in Bezug auf § 36 bzw. § 27 RechKredV ein Zuordnungsproblem. Beim Ersterwerb dieser Gläubigertitel auf Termin soll die Zuordnung nach dem mit dem Kauf verfolgten Zweck vorgenommen werden.[3407] Wird mit Wertpapieren bzw. Schuldscheindarlehen der Aufbau einer Kreditbeziehung beabsichtigt, ist die Verpflichtung zum Terminkauf nach § 27 RechKredV unter der Bilanz zu vermerken. Wird aber beabsichtigt, aus dem Terminkauf einen Eigenhandelserfolg zu erzielen oder soll eine gegenläufige Zinsrisikoposition ganz oder teil-

---

[3405] Vgl. BAKred-Schreiben (heute BaFin) vom 27.5.1997, Consbruch/Fischer B 57.23.

[3406] Dieser Ansicht hat sich das Bundesaufsichtsamt mit Schreiben vom 15.1.1998, Consbruch/Fischer B 57.25 mittlerweile angeschlossen.

[3407] Vgl. Ausschuss für Bilanzierung des BdB, 67.

weise geschlossen werden, steht also der Gesichtspunkt des Markt- und nicht des Kreditrisikos im Vordergrund, ist die Verpflichtung nach § 36 RechKredV im Anhang anzugeben. Die Verpflichtungen aus dem Zweiterwerb auf Termin sind stets ein Termingeschäft iSd. § 36 RechKredV.

Teileingezahlte Aktien und sonstige Wertpapiere mit im Voraus festgelegten Einzahlungsraten oder dem Recht des Emittenten, nach Belieben weitere Beträge abrufen zu können, sind nicht als Kreditzusagen zu qualifizieren.[3408] Hier ist kein Kreditrisiko, sondern ein Beteiligungsrisiko gegeben.

Forward-Darlehen sind in Abhängigkeit davon, ob es sich um eine Anschlussfinanzierung handelt oder nicht, wie folgt zu berücksichtigen:

- Forward-Darlehen ist **keine Anschlussfinanzierung für bestehende Kreditzusage**:
  Die Zusage des Forward-Darlehens hat per se keine Auswirkungen innerhalb der Bilanz und führt bei Unwiderruflichkeit der Zusage zum Ausweis einer „Unwiderruflichen Kreditzusage", weil Anlass zu einem Kreditrisiko gegeben ist.[3409]
- Forward-Darlehen ist **eine Anschlussfinanzierung** für einen bestehenden Festkredit und **unterscheidet sich davon dem Betrag nach nicht**:
  Eine unter dem Bilanzstrich zu vermerkende „Unwiderrufliche Kreditzusage" ist nicht zu erfassen, da im Zeitpunkt der Kreditzusage das Kreditrisiko aus dem Forward-Darlehen betraglich bereits in Form der bestehenden Forderung bilanziell erfasst ist.[3410]
- Forward-Darlehen ist **eine Anschlussfinanzierung** für einen bestehenden Festkredit und **unterscheidet sich davon dem Betrag nach** (zB bestehender Kredit Euro 100.000, Forward-Zusage Euro 150.000):
  Eine unter dem Bilanzstrich zu vermerkende „unwiderrufliche Kreditzusage" ist nur in Höhe des Mehrbetrags erforderlich, dh. in Höhe des Betrags des Forward-Darlehens, der nicht bereits in Form der bestehenden Forderung ggü. dem Kunden bilanziell erfasst ist (hier: Euro 50.000).[3411]

[3408] Vgl. Treuarbeit (Hrsg.), 104.

[3409] Eine evtl. erhaltene Prämie für die Zusage des Forward-Darlehens ist über die Dauer der Kreditzusage in Form eines passiven Rechnungsabgrenzungspostens zu bilanzieren; vgl. die Ausführungen zu Passiva 6.

[3410] Eine evtl. erhaltene Prämie für die Zusage des Forward-Darlehens ist über die Dauer der Kreditzusage in Form eines passiven Rechnungsabgrenzungspostens zu bilanzieren; vgl. die Ausführungen zu Passiva 6.

[3411] Eine evtl. erhaltene Prämie für die Zusage des Forward-Darlehens ist über die Dauer der Kreditzusage in Form eines passiven Rechnungsabgrenzungspostens zu bilanzieren; vgl. die Ausführungen zu Passiva 6.

Forward-Darlehen gehen nicht in die Restlaufzeitengliederung des § 9 Rech-KredV ein, da es sich hierbei am Bilanzstichtag nicht um eine Verbindlichkeit handelt, die in der Bilanz als Passiva iSv. § 9 Abs. 1 RechKredV auszuweisen ist.

Zu den (unwiderruflichen) Kreditzusagen zählen Verpflichtungen eines Kreditgebers, zu einem späteren Zeitpunkt einen Kredit zu gewähren oder bestimmte Wertpapiere eines Emittenten anzukaufen. Hierzu können auch entsprechend ausgestattete **Liquiditätszusagen an Special Purpose Entities** (SPE) im Rahmen von ABS-Transaktionen und der sich daraus ergebenden Emission von ABS-Wertpapieren ergeben.

Bei **Fonds mit Kapitalabrufvereinbarung** ist unabhängig davon, ob der Fonds direkt im Depot A oder indirekt über einen Spezialfonds gehalten wird, eine unwiderrufliche Kreditzusage unter dem Bilanzstrich zu vermerken.[3412]

Für **akute Kreditrisiken** sind Rückstellungen zu bilden. Dies ist stets dann der Fall, wenn für ein der Kreditzusage zugrunde liegendes Darlehen bzw. für zu übernehmende Wertpapiere eine Wertberichtigung zu bilden wäre.

(c) Unwiderruflichkeit

Die Kreditzusagen müssen unwiderruflich sein. Was unter dem Begriff „unwiderruflich" zu verstehen ist, wird in der RechKredV nicht geregelt. Ob hier einfach von den extern erteilten und auch angenommenen Kreditzusagen ausgegangen werden kann, erscheint zweifelhaft, zumal die Zusagen häufig an Termine, Konditionen und an das Wohlverhalten des Kreditnehmers (Mindestrelationen in Ertrags-, Finanz- und Vermögensverhältnissen) gebunden sind, bei deren Nichteinhaltung die Verpflichtung des Kreditinstituts (zB aufgrund deren AGB) entfällt.[3413] Es sind nur solche unwiderrufliche Kreditzusagen auszuweisen, die Anlass zu einem **Kreditrisiko** geben können.

Hat das Kreditinstitut auf das Widerrufsrecht nach § 610 BGB aF bzw. § 490 BGB nF[3414] **ausdrücklich** verzichtet, wird man stets eine Unwiderruflichkeit iSd. § 27 Abs. 2 RechKredV annehmen können. In diesem Fall kann sich das Kreditinstitut einer Auszahlung des Kredits nur noch in sehr eingeschränktem Maße entziehen, sodass diese Verpflichtung Anlass zu einem Kreditrisiko

---

[3412] Weitere Einzelheiten vgl. DGRV (Hrsg.), Jahresabschluss, B.IV. Rn. 1243.
[3413] Vgl. Nolte, WPg 1987, 564.
[3414] Vgl. zu § 490 BGB: Freitag, WM 2001, 2370 ff.; Wittig/Wittig, WM 2002, 145 ff.; Grundmann, BKR 2001, 66 ff.

geben kann. Kreditzusagen, die jedoch lediglich dem **allgemeinen** Bonitätsvorbehalt (§ 610 BGB aF, § 490 BGB nF und AGB) unterliegen, sollten als unwiderruflich beurteilt und entsprechend vermerkt werden.[3415]

Nach Ansicht der BaFin sind Kreditzusagen dann nicht als unwiderruflich anzusehen, wenn sie vorbehaltlos und fristlos gekündigt werden können.[3416] Bei sog. **baw-Zusagen** wird allgemein (auch von der BaFin) davon ausgegangen, dass eine vorbehaltlose und fristlose Kündigungsmöglichkeit gegeben ist. Die Einschränkung, dass nach der Rechtsprechung eine Kündigung nicht zur Unzeit ausgesprochen werden darf, hat darauf keinen Einfluss. Bei baw-Zusagen muss jedoch nach Ansicht der BaFin die Bonität des Kunden mindestens einmal jährlich überprüft werden. Das Erfordernis der jährlichen Bonitätsprüfung ergibt sich daraus, dass nur unter dieser Voraussetzung das mit der Zusage verbundene Kreditrisiko als unerheblich einzustufen ist. Nur dann sind die Voraussetzungen für eine jederzeitige vorbehaltlose Kündbarkeit gegeben.

Davon ausgenommen sind allerdings unbefristete Kreditzusagen nach **Baufortschritt** sowie vergleichbare **Projektfinanzierungen**, bei denen die Zusage bereits mit einem Teilbetrag in Anspruch genommen worden ist. Hier schließen die von der Rechtsprechung zu § 242 BGB entwickelten Grundsätze von Treu und Glauben im Zweifel eine frist- bzw. vorbehaltlose Kündigung des noch nicht in Anspruch genommenen Zusageteils aus.[3417]

Ein vorbehaltloses und fristloses Kündigungsrecht liegt nach Ansicht der BaFin dann nicht vor, wenn Einschränkungen des Kündigungsrechts nach dem Verbraucherkreditgesetz für zugesagte Teilzahlungskredite greifen.[3418] Dabei steht der Anwendung des Verbraucherkreditgesetzes insbesondere nicht entgegen, dass die Inanspruchnahme des Kredits noch aussteht.

Die BaFin[3419] vertritt die Auffassung, dass sich die Kreditzusage nicht auf eine **Mindestlaufzeit** (von zB einem Jahr) erstrecken muss. In der Bilanz sind mithin auch solche vorbehaltlos abgegebenen Kreditzusagen zu vermerken, deren Laufzeit nicht mehr als ein Jahr beträgt.

[3415] Vgl. auch Krumnow ua., 2. Aufl., § 27 RechKredV Rn. 25; zum Kündigungsrecht vgl. Freitag, WM 2001, 2370 ff.; Wittig/Wittig, WM 2002, 145 ff.; Grundmann, BKR 2001, 66 ff.

[3416] Vgl. BAKred-Schreiben (heute BaFin) vom 20.10.1995, Consbruch/Fischer B 57.15; BAKred-Schreiben (heute BaFin) vom 30.6.1997, BdB-Info 1997 Nr. 10.

[3417] Vgl. BAKred-Schreiben (heute BaFin) vom 20.10.1995, Consbruch/Fischer B 57.15.

[3418] Vgl. BAKred-Schreiben (heute BaFin) vom 20.10.1995, Consbruch/Fischer B 57.15.

[3419] Vgl. BAKred-Schreiben (heute BaFin) vom 20.10.1995, Consbruch/Fischer B 57.15; BAKred-Schreiben (heute BaFin) vom 30.6.1997, BdB-Info 1997 Nr. 10.

Die og. Ausführungen gelten nur, soweit die zugesagten Kredite noch nicht ausgenutzt worden sind und daher jederzeit und ohne Einflussmöglichkeit des bilanzierenden Kreditinstituts ähnliche Risiken entstehen können, wie bei bereits ausgereichten Krediten.[3420] Soweit die Kredite bereits als Forderung bilanziert sind, kommt ein Ausweis unter den „unwiderruflichen Kreditzusagen" nicht (mehr) in Betracht.

5.3.15.3. Bewertung

Die Verpflichtungen aus Platzierungs- und Übernahmeverpflichtungen sind in Höhe des zugesagten Betrags zu vermerken. Der Ausweis von Platzierungs- und Übernahmegarantien erfolgt nach Abzug der in Anspruch genommenen Beträge. Bei gemeinschaftlicher Gewährung der Garantie hat jedes beteiligte Institut nur seinen eigenen Anteil an dem Kredit zu vermerken.

Die Verpflichtungen aufgrund unwiderruflicher Kreditzusagen sind um die **in Anspruch genommenen Kredite** zu kürzen. Wegen weiterer Einzelheiten wird auf die obigen Ausführungen verwiesen.

Bei einer (unwiderruflichen) Kreditzusage ist eine Rückstellung dann zu bilden, wenn sich das Institut aus seiner Verpflichtung zur Kreditgewährung nicht mehr befreien kann, dh. bereits abzusehen ist, dass der Schuldner den zugesagten Betrag ganz oder teilweise nicht zurückzahlen können wird.[3421] Zur Beurteilung des Zeitraums für eine evtl. bestehende Abzinsungspflicht ist die Länge des Zeitraums zu betrachten, der zwischen der Ausfallerwartung, die der Bilanzierende zum Bilanzstichtag trifft, und dem Zeitpunkt der erwarteten Inanspruchnahme, die längstens der Laufzeit der Zusage entspricht, liegt.

5.3.15.4. Anhang

Im Anhang ist über die **Inanspruchnahme** der vom Kreditinstitut gegenüber Emittenten übernommenen Garantien für die Platzierung oder Übernahme von Finanzinstrumenten zu berichten (§ 27 Abs. 1 Satz 4 RechKredV).

Nach § 34 Abs. 2 Nr. 4 RechKredV sind im Anhang die Gründe der Einschätzung des Risikos der Inanspruchnahme für gemäß § 26 und § 27 RechKredV unter der Bilanz ausgewiesene Eventualverbindlichkeiten und andere Verpflichtungen anzugeben.

[3420] Vgl. Schwartze, 192.
[3421] Vgl. Goldschmidt/Meyding-Metzger/Weigel, IRZ 2010, 63.

Im Anhang sind ferner **Art** und **Höhe** jeder der in den Unterposten a) bis c) bezeichneten Verbindlichkeiten anzugeben, die in Bezug auf die Gesamttätigkeit des Kreditinstituts von wesentlicher Bedeutung sind (§ 35 Abs. 6 RechKredV).

Die Anhangangabepflicht bei den anderen Verpflichtungen bezieht sich nicht auf die einzelnen Unterposten oder weitere Untergliederungen, sondern auf jedes einzelne Geschäft, das zu den anderen Verpflichtungen zählt.

5.3.15.5. Prüfung des Postens

Es sind die für Eventualverbindlichkeiten allgemein üblichen Prüfungshandlungen durchzuführen. Es ist insbesondere darauf zu achten, dass die hier ausgewiesenen Beträge die og. Voraussetzungen erfüllen. Die Vermerkposten sind durch geeignete Unterlagen nachzuweisen. Die **Nachweise** sind auf Richtigkeit und Vollständigkeit hin zu prüfen. Die **Abgrenzung** sowie die Buchung von Aufwendungen und Erträgen sind zu prüfen.

Der **Prüfungsbericht** muss die erforderlichen Angaben enthalten.

5.3.16. Nicht unmittelbar im Formblatt enthaltene Passivposten

5.3.16.1. Verpflichtungen aus Warengeschäften und aufgenommenen Warenkrediten

Dieser Posten ist nur für Kreditgenossenschaften, die neben dem Bankgeschäft noch das Warengeschäft betreiben, vorgesehen. Als Verpflichtungen aus Warengeschäften sind nur solche Verbindlichkeiten auszuweisen, die **ausschließlich dem Warengeschäft** und/oder vorhandenen **Nebenbetrieben** dienen. Maßgebend ist weder der Kreditgeber noch die Art oder Absicherung des Kredits. Entscheidend ist lediglich der Verwendungszweck. Eine Ausnahme bilden verbriefte Verbindlichkeiten; diese sind dem Passivposten 3. zuzuordnen. **Aufgelaufene Zinsen** sind ebenfalls diesem Posten zuzurechnen.

In diesem Posten sind insbesondere folgende Verbindlichkeiten auszuweisen:

- Verbindlichkeiten gegenüber Warenlieferanten sowie Anzahlungen für Warenlieferungen und -leistungen.
- Verbindlichkeiten aus der Erfassung von landwirtschaftlichen Erzeugnissen.

- Zweckbestimmte Warenkredite, wie zB Saisonkredite, Erntekredite.
- Baukredite zur Finanzierung ausschließlich dem Warengeschäft bzw. den Nebenbetrieben dienender Gebäude usw.

5.3.16.2. Fonds zur bauspartechnischen Absicherung (Passiva 7a.)

Gemäß Fußnote 11 zu Formblatt 1 haben Bausparkassen nach den Rückstellungen in der Bilanz den Posten

7a. Fonds zur bauspartechnischen Absicherung

einzufügen.[3422]

Der Fonds wird gebildet aus Mehrerträgen, die der Bausparkasse aus der verzinslichen Anlage vorübergehend nicht zuteilbarer Liquiditätsüberschüsse zufließen. Er dient dem Zweck, Wartezeitverlängerungen in Phasen rückläufiger Geldeingänge entgegenzuwirken und so zu einer langfristigen Verstetigung der Wartezeiten beizutragen. Der Fonds hat den Charakter einer zweckgebundenen Rücklage für besondere geschäftszweigbezogene Risiken. Es handelt sich um die Passivierung von Erträgen als Vorsorge für künftige ungewisse Aufwendungen zur Wahrung der Interessen der Bausparer. Zu Einzelheiten vgl. IDW BFA 1/1995.

Dem Charakter des Postens entsprechend stellen die Gestaltungsmöglichkeiten bei der Bildung und Auflösung des Fonds keine Bewertungsvorschriften iSd. HGB dar. Das Stetigkeitsgebot des § 252 Abs. 1 Nr. 6 HGB ist mithin bei den im Bausparkassengesetz und in der Bausparkassenverordnung enthaltenen Wahlrechten (§§ 6 Abs. 1 Satz 3, 19 Abs. 4 BSpKG, §§ 8 Abs. 9, 9 Abs. 2 und 3 BSpKVO) nicht anzuwenden.[3423] Mithin kann ua. über die Inanspruchnahme der in den Überleitungsbestimmungen enthaltenen Dotierungswahlrechte von Jahr zu Jahr neu entschieden werden.

In den Formblättern für die **Gewinn- und Verlustrechnung** sind für die Zuführungen bzw. Entnahmen zum bzw. aus dem Fonds keine besonderen Posten vorgesehen. In Betracht kommt nach IDW BFA 1/1995[3424] ein Ausweis der Zu-

---

[3422] Vgl. IDW BFA 1/1995, WPg 1995, 374 ff.; Laux, Der Langfristige Kredit 1993, 251 ff.; Koch, Versicherungswirtschaft 1991, 1146 ff.; Laux, Der Langfristige Kredit 1991, 232; Gaber, 2. Aufl., 666 ff. mwN.; Vgl. WPH Edition, Kreditinstitute, Kap. J Rn. 51 ff.; Gaber, 2. Aufl., 666 ff.

[3423] Vgl. IDW BFA 1/1995, WPg 1995, 375.

[3424] Vgl. IDW BFA 1/1995, WPg 1995, 375.

führungen als „sonstige betriebliche Aufwendungen" und der Entnahmen als „sonstige betriebliche Erträge". Dabei ist es sachgerecht, die mit den Zuführungen bzw. Entnahmen zum bzw. aus dem Fonds zusammenhängenden Aufwendungen bzw. Erträge in Form eines Ausgliederungsvermerks gesondert zu zeigen. Die Angabe kann wahlweise im Anhang erfolgen. Zulässig ist auch, die Aufwendungen bzw. Erträge in einem gesonderten Posten auszuweisen. Ein Ausweis der Fondszuführungen und -entnahmen in kompensationsfähigen Posten der Gewinn- und Verlustrechnung ist jedoch nicht möglich.

Im **Anhang** sind bei Dotierungen bzw. Auflösungen **keine** Angaben gemäß § 284 Abs. 2 Nr. 1 und Nr. 2 HGB erforderlich, da es sich hierbei nicht um Bewertungsmethoden iSd. HGB handelt.

5.3.16.3. Für Anteilsinhaber verwaltete Investmentvermögen

Nach dem iRd. Umsetzung des AIFM-UmsG geänderten § 6 Abs. 4 RechKredV müssen Kapitalverwaltungsgesellschaften die **Summe der Inventarwerte** und die **Zahl der verwalteten Investmentvermögen** in der Bilanz auf der Passivseite **unter dem Strich** in einem Posten mit der Bezeichnung „Für Anteilinhaber verwaltete Investmentvermögen" ausweisen.

Obwohl dieser Vermerkposten im Formblatt nicht ausdrücklich vorgesehen ist, kann dieser als Vermerkposten mit der Nummer 3. ausgewiesen werden.[3425] Die Ausweispflicht betrifft Institute im Anwendungsbereich der §§ 340 ff. HGB, die als Kapitalverwaltungsgesellschaft die Verwaltung von Investmentvermögen betreiben.[3426]

Die Inventarwerte stellen die Kurswerte bzw. Zeitwerte des verwalteten Investmentvermögens dar.[3427] Für den Fall der Verwaltung von sog. Umbrella-Fonds sollte nach Gaber[3428] auf die vermögens- und haftungsrechtlich getrennten Teil-Sondervermögen (§ 96 Abs. 3 KAGB) bzw. Teilgesellschaftsvermögen (§ 117 KAGB abgestellt werden.

Zur Kritik und zu den Unstimmigkeiten im Zusammenhang mit dem durch das AIFM-UmsG geänderten § 6 Abs. 4 RechKredV wird auf Gaber verwiesen.[3429]

[3425] Vgl. Gaber, WPg 2015, 124 f.
[3426] Vgl. ausführlich Gaber, WPg 2015, 124 f. mwN.
[3427] Vgl. ausführlich Gaber, WPg 2015, 124 f. Die Berechnung des Nettoinventarwerts richtet sich nach den Vorschriften des KAGB.
[3428] Vgl. Gaber, WPg 2015, 124 f.
[3429] Vgl. Gaber, WPg 2015, 125 f.

6. Einzelheiten zu den Posten der Gewinn- und Verlustrechnung

6.1. Überblick

Anwendung der RechKredV

Kredit-, Finanzdienstleistungs- und Wertpapierinstitute haben die Gewinn- und Verlustrechnung nach den der RechKredV beigefügten Formblättern 2 oder 3 zu gliedern. Die Gewinn- und Verlustrechnung kann danach wahlweise in Kontoform (Formblatt 2) oder in Staffelform (Formblatt 3) aufgestellt werden (§ 2 Abs. 1 Satz 1 RechKredV). Kreditinstitute mit Bausparabteilung haben die für Bausparkassen vorgesehenen besonderen Posten in ihre Gewinn- und Verlustrechnung zu übernehmen (§ 2 Abs. 1 Satz 2 RechKredV).

Die **mit kleinen Buchstaben versehenen Posten** können zusammengefasst ausgewiesen werden, wenn sie einen Betrag enthalten, der für die Vermittlung eines den tatsächlichen Verhältnissen entsprechenden Bildes iSd. § 264 Abs. 2 HGB nicht erheblich ist (§ 2 Abs. 2 Satz 1 Nr. 1 RechKredV), oder dadurch die Klarheit der Darstellung vergrößert wird (§ 2 Abs. 2 Satz 1 Nr. 2 RechKredV). Im letztgenannten Fall müssen die zusammengefassten Posten einschließlich der Vorjahreszahlen im Anhang gesondert ausgewiesen werden.

Die Zusammenfassung von mit kleinen Buchstaben versehenen Posten nach § 2 Abs. 2 Satz 1 Nr. 2 RechKredV führt zu einer Verlagerung von grundsätzlich in der Gewinn- und Verlustrechnung zu machenden Angaben in den Anhang. Für die in den Anhang verlagerten Einzelposten der Gewinn- und Verlustrechnung sind ebenfalls die Vorjahreszahlen anzugeben.

Eine **weitere Untergliederung** der Posten der Gewinn- und Verlustrechnung, die die Klarheit und Übersichtlichkeit des Jahresabschlusses verbessert, ist zulässig; dabei ist jedoch die vorgeschriebene Gliederung zu beachten (§ 340a Abs. 2 iVm. § 265 Abs. 5 HGB). Eine **Ergänzung** um neue Posten ist nur erlaubt, *„ (...) wenn ihr Inhalt nicht von einem vorgeschriebenen Posten gedeckt wird"* (§ 340a Abs. 2 iVm. § 265 Abs. 5 HGB).

Die Streichung des Aufwandspostens 10. (Einstellungen in Sonderposten mit Rücklageanteil) und des Ertragspostens 9. (Erträge aus der Auflösung von Sonderposten mit Rücklageanteil) durch das BilMoG war eine Folgeänderung zur Aufhebung des § 247 Abs. 3 HGB aF (in der Staffelform: Ertragsposten 9. und Aufwandsposten 18.).

6. Einzelheiten zu den Posten der Gewinn- und Verlustrechnung

Mit der „*Verordnung zur Änderung von Rechnungslegungsverordnungen*" vom 9.6.2011[3430] wurde die RechKredV nochmals an das BilMoG angepasst. Dabei wurden auch die Formblätter 1 (Bilanz), 2 und 3 (GuV) geändert. Im Formblatt 1 wurde die Postenbezeichnung des Aktivpostens 13. sowie des Passivpostens 12. geändert. Darüber hinaus wurde mit Fußnote 14 im Formblatt 1 festgelegt, dass bei Finanzdienstleistungsinstituten iSd. § 1 Abs. 1a Nr. 10 KWG ein Aktivposten „10a. Leasingvermögen" auszuweisen ist. Dementsprechend wurden in den Formblättern 2 und 3 die Fußnoten 8 und 9 eingefügt, die den Ausweis von Aufwendungen und Erträgen bei diesen Instituten regeln.

Mit Art. 7 Abs. 3 des *Gesetzes zur Umsetzung der Richtlinie (EU) 2019/2034 über die Beaufsichtigung von Wertpapierinstituten* vom 12.5.2021[3431] wurde die Anwendung des HGB und der RechKredV auf Wertpapierinstitute iSd. § 2 Abs. 1 WpIG erweitert. Die Vorschriften der RechKredV, die zuvor schon auf Kredit- und Finanzdienstleistungsinstitute (sowie bestimmte Zweigstellen) anwendbar waren, sollten künftig auch für **Wertpapierinstitute** und deren Zweigniederlassungen gelten.[3432] Bei den Änderungen der RechKredV handelt es sich überwiegend um Folgeänderungen zur Einführung des Wertpapierinstituts.

Anwendung der RechZahlV

Die Postenbezeichnungen sowie der Posteninhalt in der Gewinn- und Verlustrechnung von **Zahlungsinstituten** und **E-Geld-Instituten** werden mit der RechZahlV näher bestimmt. Einzelheiten vgl. WPH.[3433]

In Formblatt 2 sind sämtliche Posten der Gewinn- und Verlustrechnung nach „a) aus Zahlungsdiensten und aus der Ausgabe von E-Geld" und „b) aus sonstigen Tätigkeiten" untergliedert.

Die RechZahlÄndV vom 17.12.2018 hat bezüglich des GuV-Ausweises zu keinen Änderungen der RechZahlV geführt.

Einzelheiten zur getrennten Rechnungslegung und zu Unterposten sind in § 3 RechZahlV geregelt. Die Unterschiede bezüglich der einzelnen GuV-Posten sind unten dargestellt.

[3430] Vgl. BGBl. 2011 I, 1041 ff.
[3431] Vgl. BGBl. I 2021, 990 ff., 1050.
[3432] Vgl. BT-Drucks. 19/26929, 167.
[3433] Vgl. WPH Edition, Kreditinstitute, Kap. L Rn. 22 ff.

Die von Kredit-, Finanzdienstleistungs- und Wertpapierinstituten zu beachtenden Normen des HGB sind auch für Zahlungs- und E-Geld-Institute relevant, da dies in § 340 Abs. 5 HGB vorgesehen ist.

Formblattstrenge

Nach § 340a Abs. 2 iVm. § 265 Abs. 8 HGB braucht ein **Leerposten**, dh. ein Posten der Gewinn- und Verlustrechnung, der keinen Betrag ausweist, nicht aufgeführt zu werden, es sei denn, dass im vorhergehenden Geschäftsjahr unter diesem Posten ein Betrag ausgewiesen wurde.

Nachdem die Vorschriften des § 265 Abs. 6 und 7 HGB nach § 340a Abs. 2 Satz 1 HGB nicht anzuwenden sind, darf sowohl der

- Grundsatz der Anpassung der Gliederung und der Postenbezeichnung, als auch der
- Grundsatz der Postenzusammenfassung

von Instituten nicht beachtet werden. Bezüglich der Postenzusammenfassung eröffnet faktisch § 2 Abs. 2 RechKredV dieselbe Möglichkeit. Die Voraussetzungen entsprechen den in § 265 Abs. 7 HGB genannten Voraussetzungen. Da § 265 Abs. 6 HGB aufgrund von § 340a Abs. 2 Satz 1 HGB nicht anzuwenden ist, dürfen die Bezeichnungen der Posten, die in der RechKredV festgelegten Inhalte sowie die Reihenfolge der Posten grundsätzlich nicht verändert werden (sog. **Formblattstrenge**).

Vorjahreszahlen

In der Gewinn- und Verlustrechnung ist zu jedem Posten der entsprechende **Betrag des Vorjahres** (Vorjahreszahlen) anzugeben (§ 340a Abs. 2 iVm. § 265 Abs. 2 HGB). Die Pflicht zur Angabe von Vorjahreszahlen gilt auch für Untergliederungen von Posten, auch in Form von Darunter-Vermerken, die im Gliederungsschema selbst vorgeschrieben sind. Da diese Bestimmung den Zweck hat, eine Analyse des Jahresabschlusses zu erleichtern, dürfte es ausreichend sein, die Vorjahresbeträge auf- bzw. abgerundet anzugeben. Bei gegenüber dem Vorjahr abweichender Gliederung, durch die Beträge nicht mehr vergleichbar sind, kann der Vorjahresbetrag entweder beibehalten oder, was stets vorzuziehen ist, angepasst werden. In beiden Fällen sind entsprechende Angaben und Erläuterungen im Anhang vorgeschrieben (§ 340a Abs. 2 iVm. § 265 Abs. 2 Satz 2 und 3 HGB).

Außerordentliche bzw. periodenfremde Aufwendungen/Erträge

Institute müssen unter den Posten **„Außerordentliche Erträge"** und **„Außerordentliche Aufwendungen"** Erträge und Aufwendungen ausweisen, die außerhalb der normalen Geschäftstätigkeit anfallen (§ 340a Abs. 2 Satz 4 HGB). Diese Posten sind hinsichtlich ihres Betrags und ihrer Art im Anhang zu erläutern, soweit die ausgewiesenen Beträge für die Beurteilung der Ertragslage nicht von untergeordneter Bedeutung sind (§ 340a Abs. 2 Satz 5 HGB). Mit der Streichung von Abs. 4 des § 277 HGB wurde die Definition der außerordentlichen Aufwendungen und Erträge sowie deren Erläuterungspflicht im Anhang iRd. BilRUG nach § 340a Abs. 2 HGB übernommen.

Periodenfremde Aufwendungen und Erträge sind unter den Posten auszuweisen, unter die sie auch fallen würden, wenn sie nicht periodenfremd wären. Periodenfremd sind bspw. (Steuer-) Nachzahlungen und (Steuer-) Erstattungen für Vorjahre.[3434]

Mit dem BilRUG wurde auch Satz 3 des § 277 Abs. 4 HGB aF gestrichen und inhaltsgleich nach § 285 Nr. 32 HGB übernommen: *„eine Erläuterung der einzelnen Erträge und Aufwendungen hinsichtlich ihres Betrags und ihrer Art, die einem anderen Geschäftsjahr zuzurechnen sind, soweit die Beträge nicht von untergeordneter Bedeutung sind"*. Die Erläuterung periodenfremder Aufwendungen und Erträge ist wichtig, um ein zutreffendes Bild von der Vermögens-, Finanz- und Ertragslage in einem bestimmten Geschäftsjahr zu erhalten. Die Erläuterung hilft bei der Beantwortung der bei einem Vergleich der Jahresabschlüsse aufeinanderfolgender Geschäftsjahre auftretender Fragen, wenn Erträge und Aufwendungen stark schwanken.

Darstellungsstetigkeit und Verrechnung

Die **Darstellungsstetigkeit** nach § 340a Abs. 2 iVm. § 265 Abs. 1 HGB sieht die Beibehaltung der Form der Darstellung, insbesondere der Gliederung der Gewinn- und Verlustrechnungen aufeinander folgender Geschäftsjahre vor, um die Vergleichbarkeit zu gewährleisten. Abweichungen sind in Ausnahmefällen zulässig; sie sind jedoch im Anhang anzugeben und zu begründen.

[3434] Vgl. ADS 6. Aufl. § 277 Rn. 87.

Die Aufwendungen und Erträge sind nach dem Bruttoprinzip grundsätzlich unsaldiert auszuweisen, soweit nicht das HGB, die GoB oder die RechKredV die **Verrechnung** von Aufwendungen und Erträgen (Kompensation) ausdrücklich vorschreiben oder zulassen.

Durchlaufende Posten

Durchlaufende Posten liegen dann vor, wenn das Institut Beträge

- in fremdem Namen **und**
- für fremde Rechnung

vereinnahmt bzw. verauslagt. Das Institut fungiert ausschließlich als Mittelsperson. Es hat weder einen Rechtsanspruch auf die vereinnahmten Beträge noch eine grundsätzliche Zahlungspflicht. Da es sich für das Institut um fremdes Geld handelt, ist es zwingend erforderlich, dass diese Gelder abgegrenzt von den sonstigen Vermögensposten bzw. Schulden des Instituts erfasst und verwahrt werden, dh. sie sind auf getrennten Verrechnungskonten zu erfassen. Eine **Erfolgswirkung** dürfen diese Beträge nicht entfalten. Werden allerdings bestimmte eigene Aufwendungen (zB Teile von Telefon- oder Materialkosten) ggü. einem Kunden belastet, liegen für das Institut Aufwendungen bzw. Erträge vor.

Eine **Verrechnung** von Ausgaben/Aufwendungen mit Einnahmen/Erträgen, die als sog. durchlaufende Posten (dies sind bspw. Provisionen, die im Namen und für Rechnung eines anderen verausgabt oder vereinnahmt werden)[3435] zu betrachten sind, ist nach hM geboten.[3436] Einzelheiten zu Provisionen vgl. Kapitel 6.2.5.2.2.

6.2.   Aufwendungen und Erträge

Die Erläuterung der Posten der Gewinn- und Verlustrechnung erfolgt nach der Systematik des **Formblatts 3** der RechKredV; im Formblatt 3 werden die sachlich zusammengehörenden Posten in Staffelform unmittelbar nacheinander aufgeführt.

[3435] Vgl. auch Oser/Orth/Wirtz, DB 2015, 1731 f.; Roos, BBK 22/2017, 1049 ff.
[3436] Vgl. Krumnow ua., 2. Aufl., § 30 RechKredV Rn. 32.

6.2.1.   Zinserträge

6.2.1.1.   Postenbezeichnung

Die Postenbezeichnung nach dem Formblatt 3 der RechKredV lautet wie folgt:

> *1. Zinserträge aus*
> *   a) Kredit – und Geldmarktgeschäften*
> *   b) festverzinslichen Wertpapieren und Schuldbuchforderungen*

Bausparkassen haben den Unterposten a) Zinserträge aus Kredit- und Geld-marktgeschäften nach der Fußnote 1 zum Formblatt 3 (Fußnote 2 zum Form-blatt 2) zu untergliedern:[3437]

> *1. Zinserträge aus*
> *   a) Kredit- und Geldmarktgeschäften*
> *   aa) Bauspardarlehen*
> *   ab) Vor- und Zwischenfinanzierungskrediten*
> *   ac) sonstigen Baudarlehen*
> *   ad) sonstigen Kredit- und Geldmarktgeschäften*
> *   b) festverzinslichen Wertpapieren und Schuldbuchforderungen*

Für **Zahlungsinstitute** und **E-Geld-Institute** lautet die Postenbezeichnung nach Formblatt 2 der RechZahlV wie folgt:

> *1. Zinserträge*
> *   a) aus Zahlungsdiensten und aus der Ausgabe von E-Geld*
> *   aa) Kredit- und Geldmarktgeschäften*
> *   bb) festverzinslichen Wertpapieren und*
> *   Schuldbuchforderungen*
> *   b) aus sonstigen Tätigkeiten*
> *   aa) Kredit- und Geldmarktgeschäften*
> *   bb) festverzinslichen Wertpapieren und*
> *   Schuldbuchforderungen*

[3437] Vgl. WPH Edition, Kreditinstitute, Kap. J Rn. 63 ff.

6.2.1.2. Posteninhalt

6.2.1.2.1. Rechnungslegungsverordnung

Der Posteninhalt für **Kredit-, Finanzdienstleistungs- und Wertpapierinstitute** ist in § 28 RechKredV näher umschrieben.

Mit der Zweiten Verordnung zur Änderung der RechKredV wurden in § 28 Satz 1 RechKredV nach dem Wort *„Factoring-Geschäfts"* folgende Wörter eingefügt: *„sowie alle Zinserträge und ähnliche Erträge der Finanzdienstleistungsinstitute".* Es handelt sich hierbei um eine Folgeänderung zu den Änderungen des § 14 RechKredV. Zinserträge und ähnliche Erträge sind, ungeachtet der Beschränkung *„aus dem Bankgeschäft"* wie bei Kreditinstituten, von Finanzdienstleistungsinstituten unter „Zinserträge" auszuweisen, soweit sie nicht unter anderen Posten einzuordnen sind. Diese Änderung entspricht der Änderung des § 29 RechKredV.

Mit Art. 7 Abs. 3 Ziff. 6 des Gesetzes zur Umsetzung der Richtlinie (EU) 2019/2034 über die Beaufsichtigung von Wertpapierinstituten vom 12.5.2021[3438] wurde § 28 Satz 1 RechKredV geändert. Nach dem Wort *„Finanzdienstleistungsinstituten"* wurden die Wörter *„oder Wertpapierinstituten"* eingefügt.

Für **Zahlungsinstitute und E-Geld-Institute** befindet sich die Regelung in § 21 RechZahlV, der den Regeln für Finanzdienstleistungs- und Wertpapierinstitute des § 28 RechKredV entspricht. Dies gilt insbesondere für die Zinserträge und ähnlichen Erträge bzw. alle Erträge aus in § 21 RechZahlV aufgezählten Bilanzposten bzw. Geschäften. Auf die Ausführungen zu § 28 RechKredV wird verwiesen.

6.2.1.2.2. Voraussetzungen für den Postenausweis

Überblick

Kreditinstitute haben im Posten „Zinserträge" die Zinserträge und ähnlichen Erträge *„aus dem Bankgeschäft"* auszuweisen, während **Finanzdienstleistungsinstitute** und **Wertpapierinstitute** in diesem Posten *„alle Zinserträge und ähnlichen Erträge"* zu zeigen haben. Zinserträge aus nichtbankgeschäftlichen Forderungen können bei Kreditinstituten im Gegensatz zu Finanzdienstleistungsinstituten nicht dem Posten „Zinsertrag" zugeordnet werden. Für die

---

[3438] Vgl. BGBl. I 2021, 990 ff., 1050.

Zinsaufwendungen gilt Entsprechendes. Infrage kommt hier ein Ausweis in den sonstigen betrieblichen Erträgen bzw. Aufwendungen.

Bausparkassen weisen im Zinsertrag auch sog. **Kündigungsdiskonte** (Gebühr für eine vorzeitige unter Verzicht auf die Kündigungsfrist vorgenommene Verfügung über die Bausparguthaben) aus, die als Vorschusszins zu sehen sind.[3439]

Entsprechend dem Ausweis der Forderungen an bzw. Verbindlichkeiten gegenüber Kreditinstituten ist für Finanzdienstleistungsinstitute und Wertpapierinstitute vorgesehen, dass alle Zinserträge bzw. Zinsaufwendungen, ungeachtet der für Kreditinstitute geltenden Beschränkung auf Bankgeschäfte, jeweils unter den Posten „Zinserträge" bzw. „Zinsaufwendungen" auszuweisen sind. Finanzdienstleistungsinstitute dürfen keine Bankgeschäfte betreiben, was einen Ausweis von bankgeschäftlichen Zinserträgen bzw. Zinsaufwendungen ansonsten unmöglich machen würde. Maßgeblich ist grundsätzlich der **Zinscharakter** der Erträge bzw. Aufwendungen. Entscheidend ist dabei, dass die Erträge bzw. Aufwendungen nicht allein eine Dienstleistung abgelten.[3440]

In diesem Posten sind auch Zinsen und (zins-) ähnliche Erträge aus dem **Factoringgeschäft** auszuweisen (§ 28 Abs. 1 Satz 1 RechKredV). Die Abgrenzung der Begriffe „Zinsen" bzw. „ähnliche Erträge" ist in derselben Weise vorzunehmen wie bei solchen aus dem Bankgeschäft.

Bei **Mietkaufverträgen** werden die zu bilanzierenden Forderungen in Höhe des Barwerts der Mietkaufverträge angesetzt. Die sich aus der Bilanzierung nach der Barwertmethode jährlich ergebenden Ertragsanteile dieser Forderungen haben Zinscharakter.

Als **Zins** wird im Allgemeinen das Entgelt bzw. der Preis für die Überlassung von Kapital auf Zeit bezeichnet. Im Gegensatz hierzu versteht man unter **Provisionen** das Entgelt bzw. den Preis für die Erbringung von Dienstleistungen. Ungeachtet dessen ergeben sich in der Praxis häufig Abgrenzungsprobleme zwischen Zinsen und Provisionen. Dies gilt insbesondere dann, wenn das Entgelt für bestimmte Dienstleistungen über den Zins mit abgegolten wird, eine Aufteilung auf die Zins- und Provisionsposten aber nicht möglich ist, oder wenn zinsähnliche Erträge eine andere Bezeichnung haben. Für die Zuordnung ist letztlich entscheidend, ob der Ertrag (oder Aufwand) primär auf der Überlassung von Kapital auf Zeit beruht oder aufgrund einer Dienstleistung

---

[3439] Vgl. WPH Edition, Kreditinstitute, Kap. J Rn. 64.
[3440] Vgl. Böcking/Wolsiffer/Morawietz, in: MünchKomm. HGB, 4. Aufl., § 340a HGB Rn. 152.

entstanden ist. Dies geht auch aus der Formulierung in § 28 Satz 2 RechKredV hervor, wonach hier auch *„Gebühren und Provisionen mit Zinscharakter, die nach dem Zeitablauf oder nach der Höhe der Forderung berechnet werden"* auszuweisen sind. Entscheidend ist dabei, dass die Gebühren und Provisionen zunächst *„Zinscharakter"* haben und zusätzlich, dass diese *„nach dem Zeitablauf oder nach der Höhe der Forderung berechnet werden"*. Eine Berechnung allein nach dem Zeitablauf oder nach der Höhe der Forderung reicht nicht aus. Diese Gebühren und Provisionen werden idR über Rechnungsabgrenzungsposten abgegrenzt.[3441]

Bei **strukturierten Produkten** sind die in IDW RS HFA 22 dargestellten Grundsätze zur Ertragsrealisierung zu beachten, die in Kapitel 4.4.9. dargestellt sind.

Für die Bilanzierung von **Credit Linked Notes** und den GuV-Ausweis wird auf die Ausführungen in Kapitel 4.12.6. verwiesen. Auf Credit Linked Notes sind die Regeln von IDW RS BFA 1 anzuwenden.

Bei **Total Return Swaps** des Nichthandelsbestands, bei denen neben dem Ausfallrisiko auch das Marktpreisrisiko des dem Vertrag zugrunde liegenden Referenzaktivums transferiert wird, sind nach den in IDW RS BFA 1 dargestellten Regeln zu behandeln. Vgl. die Ausführungen in Kapitel 4.12.6.

Eine **Saldierung** von Zinserträgen mit Zinsaufwendungen ist grundsätzlich nicht zulässig. Bei Konten eines Kunden, die in der Zins- und Provisionsabrechnung als ein Konto behandelt werden, sind die Zinsen dieser Konten jedoch zu verrechnen.

Werden zinstragende Positionen gegen Zinsänderungsrisiken abgesichert und bilanziell **Bewertungseinheiten** iSd. § 254 HGB (vgl. Kapitel 4.11.) gebildet, werden nach hM sämtliche Zinsen aus dieser Bewertungseinheit (Grund- und Sicherungsgeschäft) einheitlich dort erfasst, wo die Zinsen aus dem Grundgeschäft gebucht werden. Einzelheiten vgl. Kapitel 4.12.

Erträge aus der Veräußerung oder sonstigem **Abgang von Schuldscheindarlehen** sind je nach Zugehörigkeit grundsätzlich im GuV-Posten 7. (bei Schuldscheindarlehen des Handelsbestands) bzw. GuV-Posten 14. (bei Schuldscheindarlehen der Liquiditätsreserve)[3442] auszuweisen. Soweit es sich um die

---

[3441] Als Beispiele für Gebühren bzw. Provisionen mit Zinscharakter werden Bereitstellungsprovisionen (bei denen die Dienstleistung mit Ablauf der Bereitstellungszeit beendet und der Ertrag damit realisiert ist) sowie Überziehungsprovisionen genannt.

[3442] Vgl. Böcking/Wolsiffer/Bär, in: MünchKomm. HGB, 4. Aufl., § 340c HGB Rn. 27.

vorzeitige Auflösung eines im Zusammenhang mit der Nominalwertbilanzierung gebildeten Rechnungsabgrenzungspostens handelt, wird auch der Ausweis als Zinsertrag für zulässig erachtet.

Erstattungen aus zu viel berechneten Zinsen und zinsähnlichen Erträgen (zB Disagio) sind, auch soweit sie Vorjahre betreffen, von den entsprechenden Erträgen zu kürzen.

Zum Ausweis von Erträgen aus der **Aufzinsung wertberichtigter Forderungen** vgl. Kapitel 4.3.5.4.

Erträge aus bestimmten Bilanzposten

Nach § 28 Satz 1 RechKredV sind im Posten „Zinserträge" neben den Erträgen aus dem Factoring-Geschäft, bei dem Forderungen vor Fälligkeit zu einem abgezinsten Betrag erworben werden, um zum Fälligkeitstermin in voller Höhe beim Schuldner eingefordert zu werden, insbesondere *„alle Erträge"* aus den in den in § 28 Satz 1 RechKredV näher bezeichneten Bilanzposten

- Barreserve (Aktiva 1.),[3443]
- Schuldtitel öffentlicher Stellen und Wechsel, die zur Refinanzierung bei Zentralnotenbanken zugelassen sind (Aktiva 2.),[3444]
- Forderungen an Kreditinstitute (Aktiva 3.),[3445]
- Forderungen an Kunden (Aktiva 4.),[3446]
- Schuldverschreibungen und andere festverzinsliche Wertpapiere (Aktiva 5.)[3447]

[3443] Hier fallen in der Regel nur Zinserträge aus der Mindestreservehaltung an. Überschüsse aus dem Sortengeschäft sind im Provisionsergebnis auszuweisen.

[3444] Diskonterträge aus dem Ankauf von Wechseln sowie aus Schatzwechseln, unverzinslichen Schatzanweisungen und sonstigen diskontierten Geldmarktpapieren, die zur Refinanzierung bei Zentralnotenbanken zugelassen sind.

[3445] Zinserträge aus Kontokorrentguthaben, Tages- und Termingeldern sowie aus dem Geldhandel; Erträge aus gedeckten Devisentermingeschäften.

[3446] Zinserträge aus Kontokorrentforderungen (einschließlich Überziehungsprovisionen), Warenforderungen, Ratenkrediten (TZ-Kredite, Kleinkredite, Anschaffungsdarlehen), Sonder- und Weiterleitungskrediten, Darlehen; Disagioerträge, Bearbeitungsgebühren, Bereitstellungsprovisionen, Kreditprovisionen, Vorfälligkeitsentschädigungen, Diskonterträge aus Wechseln, Erträge aus Aufzinsungen und Factoring-Gebühren.

[3447] Diskonterträge aus Schatzwechseln und unverzinslichen Schatzanweisungen, die nicht zur Refinanzierung bei Zentralnotenbanken zugelassen sind. Zinserträge aus börsenfähigen Anleihen, Schuldverschreibungen, Pfandbriefen und Obligationen. Erträge aus der nach der kapitalabhängigen Effektivverzinsung ermittelten Zuschreibung bei Null-Kupon-Anleihen. Zinserträge aus verbrieften und unverbrieften Ausgleichsforderungen.

bilanzierten Vermögensgegenständen, ohne Rücksicht darauf, in welcher Form sie berechnet werden, auszuweisen (§ 28 Satz 1 RechKredV). Es handelt sich hierbei nicht um eine abschließende Aufzählung. Erträge aus dem Aktivposten „10. Ausgleichsforderungen gegen die öffentliche Hand einschließlich Schuldverschreibungen aus deren Umtausch" sind, obwohl dieser Posten in § 28 Satz 1 RechKredV nicht ausdrücklich erwähnt ist, ebenfalls als Zinserträge auszuweisen.

§ 28 Satz 1 RechKredV sieht *„alle Erträge"* der dort aufgeführten Bilanzposten als Zinserträge an. Damit sind diese Erträge stets als Zinserträge auszuweisen, unabhängig davon, in welcher Form sie berechnet werden. Nicht hierzu gehören allerdings Erträge aus zinsbedingten Zuschreibungen zu zinstragenden Wertpapieren oder Einlösegewinne bei solchen Wertpapieren, wenn der Erwerb zinsbedingt zu einem unter dem Nominalwert liegenden Kurs erfolgte.

Nach § 21 Nr. 1 RechZahlV sind alle Erträge aus den Aktivposten 1. bis 5. nach dem Formblatt 1 der RechZahlV ohne Rücksicht darauf, in welcher Form sie berechnet werden, als Zinserträge auszuweisen. Aktivposten 2. nach dem Formblatt 1 der RechKredV kennt das Formblatt 1 der RechZahlV nicht. Stattdessen ist der Aktivposten „4. Forderungen an Institute im Sinne des § 1 Abs. 3 RechZahlV" nach dem Formblatt 1 der RechZahlV in der Aufzählung des § 21 Nr. 1 RechZahlV enthalten.

Vorschusszinsen für Spareinlagen sind mit dem Zinsaufwand für Spareinlagen zu verrechnen.[3448] Zu den Erträgen aus **Zinsen auf Steuerguthaben** vgl. Kapitel 6.2.2.2.2.

Negative Zinsen

Negative Zinsen (auch Zinsanomalie[3449] genannt) sind im **Zinsergebnis** zu erfassen.[3450] Ausführlich mit der Entstehungsgeschichte, den verschiedenen

---

[3448] Zur Berechnung vgl. Rösler/Wimmer, BKR 2007, 8 ff.

[3449] Vgl. Weigel/Sierleja, BeckHdR B 901, Rn. 82 ff.; dieselben, BeckHdR B 902, 33 ff.

[3450] Vgl. ebenso die Eidgenössische Finanzmarktaufsicht, FINMA, Bern, FINMA-RS 15/1 Rechnungslegung Banken, 84; ebenso Weigel/Meyding-Metzger, IRZ 2015, 185 ff.; Löw, WPg 2015, 67 f.; Weigel/Sierleja, in: Everling/Goedeckemeyer (Hrsg.), 238; IDW BFA, Sitzungsberichterstattung über die 261. Sitzung, FN 2015, 448 ff.; Weigel/Sierleja, Der Konzern 2016, 26; Weigel/Sierleja, BeckHdR B 901, Rn. 82 ff.; Bär/Blaschke/Geisel/Vietze/Weigel/Weißenberger, WPg 2017, 1132 ff.; Böcking/Wolsiffer/Morawietz, in: MünchKomm. HGB, 4. Aufl., § 340a HGB Rn. 203.

Möglichkeiten des Ausweises sowie einer Auswertung von Jahresabschlüssen vgl. Weigel/Sierleja.[3451]

Es handelt sich nach Ansicht des BFA nicht um eine Verrechnung iSd. § 246 Abs. 2 Satz 1 HGB, soweit die Darstellung durch **offene Absetzung** in einer zusätzlichen Vorspalte erfolgt. Darüber hinaus kann – so der BFA – hinter dem bisherigen GuV-Posten Nr. 1 („Zinserträge aus …") ein neuer GuV-Posten Nr. 2 („Negative Zinsen aus …") und hinter dem bisherigen GuV-Posten Nr. 2-Alt („Zinsaufwendungen") ein neuer GuV-Posten Nr. 4 („Positive Zinsen auf …") eingefügt werden. Alternativ besteht die Möglichkeit, die sich aus den negativen Zinsen ergebenden Ergebnisbestandteile in einem neuen GuV-Posten Nr. 3 mit entsprechenden Unterposten zur Darstellung des Einklangs in den GuV-Posten Nr. 1 und Nr. 2 gesondert auszuweisen.[3452]

Im Schrifttum[3453] wird darüber hinaus auch ein Darunter-Ausweis (darunter: „abgesetzte negative Zinsen" bzw. „abgesetzte positive Zinsen") als sachgerecht angesehen.

Der Bezug zwischen GuV und den entsprechenden Bilanzposten (Forderungen bzw. Verbindlichkeiten) ist vor dem Hintergrund, dass das Kredit- und Refinanzierungsgeschäft zu den Haupttätigkeiten der Kreditinstitute zu zählen sind, von besonderer Bedeutung für den Adressaten des Jahresabschlusses.[3454] Eine bloße Nennung der negativen/positiven Zinserträge/Zinsaufwendungen im Anhang ist nicht ausreichend.

Eine Erfassung im Provisionsergebnis kommt insbesondere deshalb nicht in Betracht, weil die negativen Zinsen zum einen nicht iRe. Dienstleistungsgeschäfts angefallen sind und zum anderen nach Kapitalbetrag und Dauer der Überlassung berechnet werden (§§ 28, 29 RechKredV).[3455]

Da es sich bei den negativen Zinsen aus finanziellen Vermögenswerten um Ergebnisse aus dem Bankgeschäft handelt, scheidet ein Ausweis im „sonstigen betrieblichen Ergebnis" aus.[3456] Entsprechendes gilt für einen Ausweis im Bewertungsergebnis gemäß § 32 RechKredV.

[3451] Vgl. Weigel/Sierleja, BeckHdR B 901, Rn. 82 ff.
[3452] Vgl. IDW BFA, Sitzungsberichterstattung über die 261. Sitzung, FN 2015, 449.
[3453] Vgl. Bär/Blaschke/Geisel/Vietze/Weigel/Weißenberger, WPg 2017, 1134.
[3454] Vgl. Kögler, DB 2018, 1289 ff.
[3455] Ebenso IDW BFA, Sitzungsberichterstattung über die 261. Sitzung, FN 2015, 449.
[3456] Vgl. IDW BFA, Sitzungsberichterstattung über die 261. Sitzung, FN 2015, 449.

Die Behandlung von negativen Zinsen ist im **Anhang** zu erläutern (§ 340a HGB iVm. § 284 Abs. 2 Nr. 1 HGB). Im **Lagebericht** ist ua. im Prognose- und Risikobericht auf wesentliche Auswirkungen negativer Zinsen auf die Vermögens-, Finanz- und Ertragslage des Instituts einzugehen.[3457] Zur **ertragsteuerlichen Behandlung** negativer Zinsen im Betriebsvermögen vgl. Kröger/Reislhuber. [3458]

Zum Ausweis **antizipativer Zinsabgrenzungen** bei negativen Zinsen (anteiliger Zinsen, § 11 RechKredV) in der Bilanz hat sich der BFA noch nicht geäußert. Es stellt sich in diesem Zusammenhang die Frage, ob sich der Ausweis streng nach § 11 RechKredV richtet, oder ob stattdessen ein Ausweis negativer Zinserträge auf Forderungen (Geldanlagen) unter den Verbindlichkeiten und ein positiver Zinsaufwand auf Verbindlichkeiten unter den Forderungen zutreffend ist. Für den Bruttoausweis von Kapital und (negativen) Zinsen sprechen sich Kögler[3459] sowie Weigel/Sierleja[3460] und Böcking/Wolsiffer/Morawietz[3461] aus (Beachtung des Verrechnungsverbots).

Nach der hier vertretenen Ansicht ist ein (gesetzeskonformer) Ausweis, der sich nach § 11 RechKredV richtet, nicht von vornherein abzulehnen. Ein solcher Ausweis zeigt zutreffend die (um die negativen Zinsen korrigierten) Forderungen bzw. Verbindlichkeiten; letztendlich ist die Forderung bzw. die Verbindlichkeit um diese Zinsen korrigiert. Weigel/Sierleja[3462] lassen einen saldierten Ausweis zu, sofern sich ggü. demselben Vertragspartner Forderungen und Verpflichtungen mit demselben Fälligkeitszeitpunkt oder ein vertraglich vereinbarter abgekürzter Zahlungsweg ergeben.

Zu einer Gesamtdarstellung dieses Themas vgl. Weigel/Sierleja[3463] und Bär/Blaschke/Geisel/Vietze/Weigel/Weißenberger[3464] mit den empfohlenen Darstellungen in der Gewinn- und Verlustrechnung.

Zur Zulässigkeit der Erhebung eines Entgelts bei Sichteinlagen als Gegenleistung für die Kapitalverwahrung vgl. Kropf.[3465] Zur juristischen Analyse von

---

[3457] Vgl. IDW BFA, Sitzungsberichterstattung über die 261. Sitzung, FN 2015, 450.
[3458] Vgl. Kröger/Reislhuber, RdF 2015, 311 ff.
[3459] Für die letztere Ausweisalternative spricht sich Kögler, DB 2018, 1291 aus.
[3460] Vgl. Weigel/Sierleja, BeckHdR B 901, Rn. 93.
[3461] Vgl. Böcking/Wolsiffer/Morawietz, in: MünchKomm. HGB, 4. Aufl., § 340a HGB Rn. 37.
[3462] Vgl. Weigel/Sierleja, BeckHdR B 901, Rn. 93.
[3463] Vgl. Weigel/Sierleja, in: BeckHdR, Kap. B 901 Rn. 82 ff.
[3464] Vgl. Bär/Blaschke/Geisel/Vietze/Weigel/Weißenberger, WPg 2017, 1132 ff.
[3465] Vgl. Kropf, WM 2017, 1185 ff.

negativen Zinsen im Einlagengeschäft iRd. Rechtsprechung vgl. Freitag[3466] sowie Altrock/Hakenberg;[3467] zur steuerlichen Behandlung vgl. Delp.[3468]

Zinsen und ähnliche Erträge

Als **Zinsertrag** (Zinsaufwand) ist jedes auf das abgelaufene Geschäftsjahr entfallende Entgelt für die Hingabe von Kapital zu verstehen. Der Zins kann ganz oder zum Teil im Voraus (Diskont, Disagio) oder im Nachhinein (Agio) zu entrichten sein. Darüber hinaus kann er als einmalige Zahlung für den gesamten Zeitraum der Zurverfügungstellung des Kapitals oder jeweils für eine oder mehrere Teilperioden fällig sein.

Zinsähnliche Erträge (Aufwendungen) sind im Allgemeinen die Erlöse (Aufwendungen), die zwar nicht als Zins, Diskont usw. bezeichnet werden, die aber überwiegend Entgelt für eine Kapitalnutzung darstellen, das idR als solches zinsmäßig oder zinsähnlich (nach dem Zeitablauf oder nach der Höhe der Forderung) berechnet wird.[3469] Es handelt sich um Erträge, die wirtschaftlich – ohne Zinsertrag zu sein – mit dem Kredit oder der Kreditgewährung anfallen. Hierzu zählen auch alle Gebühren und Provisionen mit Zinscharakter, die nach dem Zeitablauf oder nach der Höhe der Forderung berechnet werden. Damit sind hier auch **Bereitstellungs-**, **Kredit-** und **Überziehungsprovisionen** auszuweisen (siehe nachfolgend zu Gebühren und Provisionen). Gleiches gilt für **Zessionsgebühren**, soweit sie nicht eindeutig ein Entgelt für eine besondere Dienstleistung darstellen.[3470]

Für die Zuordnung zu den Zinserträgen (Zinsaufwendungen) ist entscheidend, ob damit hauptsächlich eine Kapitalnutzung oder aber reine Dienstleistungen des Instituts bzw. Dritter abgegolten werden. Für **zinsähnliche** Provisionen wird in § 28 RechKredV klargestellt, dass sie nur dann als Zinsertrag bzw. Zinsaufwand auszuweisen sind, wenn sie nach dem Zeitablauf oder nach der Höhe der Forderung berechnet (und ggf. als Rechnungsabgrenzungsposten abgegrenzt) werden. Die in unmittelbarem Zusammenhang mit dem Kreditgeschäft anfallenden Provisionen sind daher den Zinspositionen zuzuordnen, auch wenn mit ihnen teilweise Dienstleistungen der Bank abgegolten werden. Provisionen aus der **Vermittlung** von Kreditverträgen sind hingegen in den Provisionsposten auszuweisen (§ 30 RechKredV).

[3466] Vgl. Freitag, ZBB 2018, 269 ff.
[3467] Vgl. Altrock/Hakenberg, RdF 2018, 296 ff.
[3468] Vgl. Delp, DB 2020, 362 ff.
[3469] Vgl. Birck/Meyer, IV 77; Schwartze, 77.
[3470] Vgl. Treuarbeit (Hrsg.), 117; zu Bereitstellungsprovisionen vgl. auch IDW RS BFA 3 Tz. 10).

Zu den Zinserträgen gehören nach § 28 Satz 2 RechKredV bzw. § 21 Nr. 2 bis Nr. 5 RechZahlV auch:

- Diskontabzüge,
- Ausschüttungen auf Genussrechte und Gewinnschuldverschreibungen im Bestand,
- Erträge mit Zinscharakter, die im Zusammenhang mit der zeitlichen Verteilung des Unterschiedsbetrags bei unter dem Rückzahlungsbetrag erworbenen Vermögensgegenständen entstehen (Disagioabgrenzung),
- Zuschreibungen aufgelaufener Zinsen zu Null-Kupon-Anleihen im Bestand,
- die sich aus gedeckten Termingeschäften ergebenden, auf die tatsächliche Laufzeit des jeweiligen Geschäfts verteilten Erträge mit Zinscharakter,
- Gebühren und Provisionen mit Zinscharakter, die nach dem Zeitablauf oder nach der Höhe der Forderung berechnet werden (Näheres sie oben).

(a) Diskontabzüge

Diskontabzüge stammen aus der Hereinnahme von Wechseln, Schatzwechseln, unverzinslichen Schatzanweisungen und anderen unter Diskontabzug hereingenommenen Geldmarktpapieren. Nach Krumnow ua.[3471] können die Diskonterträge, obwohl dies in den §§ 28, 29 RechKredV nicht erwähnt ist, mit den dazugehörigen Diskontaufwendungen verrechnet werden. Nachdem das Bruttoprinzip des § 246 Abs. 2 HGB nach § 340a Abs. 2 Satz 3 HGB nicht anzuwenden ist, *„soweit abweichende Vorschriften bestehen"*, ist jedoch zweifelhaft, ob der Ansicht von Krumnow ua. gefolgt werden kann, da eine solche vom Bruttoprinzip abweichende Vorschrift weder in § 28 RechKredV noch in § 29 RechKredV besteht.

(b) Ausschüttungen auf Genussrechte und Gewinnschuldverschreibungen

Ausschüttungen auf Genussrechte und Gewinnschuldverschreibungen im Bestand sind grundsätzlich ebenfalls als Zinsertrag zu zeigen. Dies macht deutlich, dass bei diesen Papieren **stets** ein Ausweis als Zinserträge und nicht als laufende Erträge aus Aktien und anderen nicht festverzinslichen Wertpapieren zu erfolgen hat, unabhängig von der individuellen Ausgestaltung der Genuss-

---

[3471] Vgl. Krumnow ua., 2. Aufl., § 28 RechKredV Rn. 9.

rechte und Gewinnschuldverschreibungen. Damit ist der Ausweis dieser Erträge völlig unabhängig von der Vertragsgestaltung oder dem Bilanzausweis.[3472] Dies ist insofern nicht konsequent, als gemäß § 17 RechKredV börsenfähige Genussrechte unter dem Aktivposten 6. ausgewiesen werden müssen, so dass im Grunde ein entsprechender Ausweis bei den laufenden Erträgen aus Aktien und anderen nicht festverzinslichen Wertpapieren nahe gelegen hätte.[3473]

Eine eindeutige Zuordnung zu einem der beiden Unterposten ist nicht möglich. Da die Genussrechte und Gewinnschuldverschreibungen den festverzinslichen Wertpapieren ähnlicher sind als den Kredit- und Geldmarktgeschäften, wird man wohl einen Ausweis im Unterposten b) der „Zinserträge" wählen.[3474]

Der Zeitpunkt der **Ertragsrealisierung** nach § 252 Abs. 1 Nr. 4 HGB hängt davon ab, wann dem Institut ein hinreichend sicherer Anspruch auf die Vergütung zusteht.[3475] Zinsansprüche aus Genussrechten für ein abgelaufenes Geschäftsjahr sind phasengleich und nicht erst bei Fälligkeit im folgenden Geschäftsjahr zu vereinnahmen.[3476] Der BFH hat mit Urteil vom 18.12.2002[3477] entschieden, dass ein abgelaufenes Jahr betreffende Zinsansprüche aus Genussrechten auch dann in der Steuerbilanz des Gläubigers zu aktivieren und damit als Ertrag zu vereinnahmen sind, wenn nach den Genussrechtsbedingungen der Schuldner die Ansprüche nicht bedienen muss, solange hierdurch bei ihm ein Bilanzverlust entstehen oder sich erhöhen würde (wegen Einzelheiten vgl. Kapitel 5.2.5.2.2.). Zur Frage der Entstehung der **Verpflichtung zur Zinszahlung** in solchen Fällen vgl. Kapitel 5.3.11.2.2.

(c) Disagioabgrenzung

Als Zinserträge sind nach § 28 Satz 2 RechKredV auch Erträge mit Zinscharakter auszuweisen, die im Zusammenhang mit der zeitlichen Verteilung des Unterschiedsbetrags bei unter dem Rückzahlungsbetrag erworbenen Vermögensgegenständen (Disagio) entstehen. Diese Bestimmung korrespondiert mit der Regelung des § 340e Abs. 2 HGB (Nominalwertbilanzierung); sie erfasst die Fälle des passivierten Disagios, das nach § 340e Abs. 2 HGB als Rechnungsabgrenzungsposten auszuweisen und planmäßig als Zinsertrag aufzulösen ist.

[3472] Vgl. Krumnow ua., 2. Aufl., § 28 RechKredV Rn. 7; DGRV (Hrsg.), Jahresabschluss, C.II. Rn. 56 und Rn. 85.
[3473] Vgl. Krumnow ua., 2. Aufl., § 28 RechKredV Rn. 7.
[3474] Vgl. Krumnow ua., 2. Aufl., § 28 RechKredV Rn. 8.
[3475] Vgl. DGRV (Hrsg.), Jahresabschluss, C.II. Rn. 56.
[3476] Vgl. DGRV (Hrsg.), Jahresabschluss, C.II. Rn. 56.
[3477] Vgl. BFH-Urteil vom 18.12.2002, BB 2003, 841 ff.

Auch wenn § 28 RechKredV nur die erworbenen Vermögensgegenstände erwähnt, die originär ausgereichten Forderungen aber nicht nennt, ist bei diesen dennoch die Auflösung des passiven Rechnungsabgrenzungspostens als Zinsertrag zu erfassen.[3478]

Obwohl die Fälle des Agios, bei denen Forderungen über pari erworben oder begeben werden und das entsprechende Agio aufwandswirksam sofort oder laufzeitanteilig zu erfassen ist, weder in § 28 RechKredV noch in § 29 RechKredV genannt werden, werden diese „Aufwendungen" nach hM aufgrund ihres wirtschaftlichen Gehalts nicht als Zinsaufwand, sondern als Minderung des Zinsertrags erfasst.[3479]

Bezüglich der vom HFA als zulässig angesehenen **amortised-cost-Bewertung** von verbrieften bzw. unverbrieften Forderungen und Verbindlichkeiten wird auf Kapitel 4.2.4. verwiesen.

(d) Zuschreibung aufgelaufener Zinsen bei Null-Kupon-Anleihen

§ 28 Satz 2 RechKredV regelt ausdrücklich, dass die Zuschreibung aufgelaufener Zinsen bei Null-Kupon-Anleihen im Bestand als Zinsertrag zu erfassen ist. Obwohl § 28 Satz 2 RechKredV ausdrücklich nur die Null-Kupon-Anleihen nennt, ist davon auszugehen, dass bei allen anderen Anleihen, bei denen eine laufende Zinszahlung erfolgt, eine solche ertragswirksame Zuschreibung bzw. Herabschreibung iRd. sog. **amortised-cost-Bewertung** ebenfalls hier ausgewiesen wird (vgl. Kapitel 4.2.4.).

(e) Termingeschäfte

Devisentermingeschäfte (schwebende Geschäfte) sind grundsätzlich zum Marktwert (bei Einzelbewertung) bzw. beizulegenden Zeitwert (zB Handelsbestand) zu bewerten, wobei idR Marktwert und beizulegender Zeitwert identisch sind. Eine Bewertung zum Terminkurs ist nicht mehr zulässig. Einzelheiten vgl. Kapitel 4.8.2.4.2. sowie Kapitel 4.12.

Der Terminkurs muss bei **Devisentermingeschäften**, die der **Absicherung zinstragender Geschäfte** (Bewertungseinheit) dienen, für Zwecke der Bewertung in seine Bestandteile Kassakurs und Swapsatz aufgespalten werden. In diesem Fall ist der Swapsatz (Zinskomponente des Terminkurses) über die Restlaufzeit abzu-

---

[3478] GlA Krumnow ua., 2. Aufl., § 28 RechKredV Rn. 10.
[3479] Vgl. Krumnow ua., 2. Aufl., § 28 RechKredV Rn. 10; Ausschuss für Bilanzierung des Bundesverbandes deutscher Banken (1993), 38.

grenzen. Da dieser die Zinsdifferenz zwischen den beiden beteiligten Währungen darstellt, ist es sachgerecht, die Auflösungsbeträge aus dieser Abgrenzung als Zinsertrag (bzw. Zinsaufwand) zu erfassen. Dies führt zu einer entsprechenden Korrektur des aus dem gesicherten Geschäft resultierenden, im Vergleich zur inländischen Währung höheren bzw. niedrigeren Zinsertrags bzw. Zinsaufwands.

(f) Gebühren und Provisionen mit Zinscharakter

Zu den Zinserträgen gehören – wie oben bereits erwähnt – nach § 28 Satz 2 RechKredV auch Gebühren und Provisionen (1) mit **Zinscharakter**, (2) die nach dem **Zeitablauf** oder nach der **Höhe der Forderung** berechnet werden. Beide Merkmale müssen gemeinsam vorliegen. Diese Beträge sind idR als Rechnungsabgrenzungsposten zu erfassen.

Diese Regelung soll die Abgrenzung zwischen den sofort als Provisionsertrag zu vereinnahmenden Entgeltbestandteilen (für Dienstleistungen) insbesondere im Kreditgeschäft von den über die Laufzeit zu verteilenden und als Zins anzusehenden Entgeltbestandteilen erleichtern.[3480]

Bei **komplexen Kreditverhältnissen** werden vom Kreditnehmer gelegentlich neben einem Zins noch **weitere Entgelte** mit unterschiedlichsten Bezeichnungen entrichtet. Für den Fall, dass solche Entgelte als Surrogat oder Ergänzung zum vereinbarten Nominalzins zu sehen sind, kann diesen Entgelten ggf. ein Zinscharakter zugeschrieben werden, wenn der Dienstleistungscharakter nicht überwiegt.[3481] Ist die Gebühr nicht unabhängig von der Kreditgewährung, ist dies ein Indiz für das Vorliegen eines Zinscharakters; dieser besteht idR dann, wenn bei vorzeitiger Beendigung des Kreditverhältnisses eine anteilige Rückerstattung der Gebühr zu leisten ist.[3482] Eine Dienstleistung liegt im Kreditgeschäft bspw. vor, wenn es um Gebühren für Beratung, Strukturierung oder Arrangieren geht.[3483] Dienstleistungscharakter haben auch solche Gebühren, die bei Vertragsabschluss vollständig erhoben und gezahlt werden und eine Kompensation von künftig anfallenden Kosten (wie zB Bestandsverwaltung, Nachbetreuung usw.) darstellen.[3484] Diese Gebühren sind ertragswirksam zu vereinnahmen, während gleichzeitig aufwandswirksam eine Rückstellung für die noch anfallenden Kosten (Erfüllungsrückstand) zu buchen ist.[3485]

[3480] Vgl. Krumnow ua., 2. Aufl., § 28 RechKredV Rn. 14.
[3481] Vgl. Gaber, 2. Aufl., 623 und 757 ff.
[3482] Vgl. Gaber, 2. Aufl. 757.
[3483] Vgl. hierzu die Beispiele bei Gaber, 2. Aufl., 757.
[3484] Vgl. Gaber, 2. Aufl., 757.
[3485] Vgl. Gaber, 2. Aufl., 757.

In diesem Kontext ist auch die BFH-Rechtsprechung zu (aktiven und passiven) Rechnungsabgrenzungsposten relevant.[3486] Es wird insbesondere auf das BFH-Urteil vom 22.6.2011[3487] zur Rechnungsabgrenzung von „Bearbeitungsentgelten" verwiesen.[3488] Eine vereinnahmte Pauschalgebühr kann nur dann im Jahr der Vereinnahmung als realisiert angesehen werden, wenn auch die Leistungen, zu denen der Bilanzierende aufgrund der Vergütung verpflichtet ist, in dieses Jahr fallen.[3489]

Ungeachtet dessen gehören **Kreditvermittlungsprovisionen**, selbst wenn diese nach der Höhe der Forderung bzw. nach dem Zeitablauf bemessen werden, grundsätzlich **nicht** zu den Zinserträgen. Sie haben keinen Zinscharakter. Daher stellen sie Provisionsertrag dar.[3490] Sie sind mit Erbringung der Leistung realisiert.

Als Beispiele für Gebühren bzw. Provisionen mit **Zinscharakter** werden **Bereitstellungsprovisionen bzw. Bereitstellungszinsen**[3491] (diese Dienstleistung ist mit Ablauf der Bereitstellungszeit beendet und damit realisiert) sowie **Überziehungsprovisionen** genannt.

Die Unterschiedsbeträge zwischen dem Hingabe- und Rücknahmepreis im Rahmen **echter Pensionsgeschäfte** stellen ebenfalls Zinsertrag (Zinsaufwand) dar.

Inwieweit **Bearbeitungsgebühren** usw. Zinscharakter haben, muss im Einzelfall entschieden werden. Entscheidend ist dabei, ob die (Dienst-) Leistung des Instituts mit der Erbringung der (Dienst-) Leistung voll erbracht und damit realisiert ist oder nicht. Nur dann, wenn die Leistung noch nicht voll erbracht und Entgelt für die Hingabe von Kapital ist, erscheint eine Abgrenzung über die Laufzeit als sachgerecht. Die **Zuführung zur Rückstellung** für die Erstattung von Bearbeitungsgebühren kann auch in den sonstigen betrieblichen Aufwendungen gezeigt werden.

Bürgschaftsprovisionen werden ausdrücklich in § 30 RechKredV, der den Ausweis der Posten „Provisionserträge" und „Provisionsaufwendungen" re-

---

[3486] Vgl. hierzu auch Herzig/Joisten, DB 2011, 1014 ff.; zu einer Gesamtdarstellung vgl. Bolik/Max, StuB 2017, 299 ff.

[3487] Vgl. BFH-Urteil vom 22.6.2011, BStBl. 2011 II, 870 ff.

[3488] Zur AGB-rechtlichen Zulässigkeit eines Bearbeitungsentgelts bei Darlehensverträgen vgl. Billing, WM 2013, 1777 ff. (Teil I) und 1829 ff. (Teil II).

[3489] Vgl. Herzig/Joisten, DB 2011, 1016.

[3490] Vgl. Lüdenbach, StuB 2009, 69.

[3491] Vgl. Kropf, BKR 2020, 455 ff.; BGH, Beschluss vom 24.3.2020 – XI ZR 516/18, WM 2020, 1204 ff.

gelt, aufgeführt. Für Bürgschaftsprovisionen stellt sich damit nicht die Frage, ob sie richtigerweise als Zinsen oder als Provisionen ausgewiesen werden. Artikel 31 EG-Bankbilanzrichtlinie sah vor, dass der Ausweis von Provisionen unter den Zinserträgen bzw. Zinsaufwendungen nach Artikel 29 EG-Bankbilanzrichtlinie Vorrang vor dem Ausweis als Provisionserträge bzw. Provisionsaufwendungen hat.[3492] Dieser Hinweis auf den Vorrang des Ausweises unter den Zinserträgen bzw. Zinsaufwendungen kann nur so verstanden werden, dass nach der EG-Bankbilanzrichtlinie auch Bürgschaftsprovisionen dann als zinsähnlicher Ertrag bzw. Aufwand anzusehen sind, wenn sie nach dem Zeitablauf oder nach der Höhe der Forderung berechnet werden. § 30 RechKredV enthält dagegen im Gegensatz zu Artikel 31 EG-Bankbilanzrichtlinie keinen Hinweis auf einen vorrangigen Ausweis in den Zinspositionen nach § 28 RechKredV.

Daraus könnte geschlossen werden, dass kein vorrangiger Ausweis in den Zinsposten gewollt ist. Da nach § 28 Satz 2 bzw. § 29 Satz 2 RechKredV *„Gebühren und Provisionen mit Zinscharakter, die nach dem Zeitablauf oder nach der Höhe der Forderung berechnet werden"* im Posten „Zinserträge" bzw. „Zinsaufwendungen" auszuweisen sind, könnte man daher zum Ergebnis kommen, dass in dem Posten „Provisionserträge" bzw. „Provisionsaufwendungen" nur **Einmalprovisionen** für Bürgschaften auszuweisen wären, sofern sie nicht nach dem Zeitablauf oder nach dem zugrunde liegenden Kapitalbetrag berechnet werden. Die übrigen Bürgschaftsprovisionen wären dann unter den Zinserträgen bzw. Zinsaufwendungen zu erfassen. Folgt man dieser Ansicht, so müsste eine klare Trennung zwischen Bürgschaftsprovisionen mit Zinscharakter und den als Provisionsertrag bzw. Provisionsaufwand zu erfassenden Bürgschaftsprovisionen gefunden werden.[3493]

Gegen einen solchen differenzierten Ausweis der Bürgschaftsprovisionen wird im Schrifttum eingewendet, dass es sich beim Avalgeschäft nicht um eine Kreditvergabe, die auch in den entsprechenden Bilanzposten ihren Niederschlag finden müsste, sondern um eine Verstärkung der Kreditwürdigkeit des Kunden durch eine Bürgschaft oder Garantie handelt, die als Eventualverbindlichkeit nur unter dem Bilanzstrich der bürgenden Bank aufzuführen ist.[3494] Die Bürgschaft ist damit bestandsneutral und aus diesem Grund zu den Dienstleistungsgeschäften zu rechnen, die gerade durch ihre fehlende Auswirkung

---

[3492] In Artikel 31 EG-Bankbilanzrichtlinie heißt es *„unbeschadet des Artikels 29"*.
[3493] Zur Problematik aufgrund der Artikel 29 und 31 EG-Bankbilanzrichtlinie vgl. Nolte, WPg 1987, 565.
[3494] Vgl. Schwartze, 203

auf die Bilanzposten gekennzeichnet sind.[3495] Gegen einen Ausweis der Bürgschaftsprovisionen in den Zinspositionen spricht ferner, dass sie explizit in § 30 Abs. 1 Satz 2 RechKredV genannt werden, was darauf schließen lässt, dass die Bürgschaftsprovisionen nach dem Willen des Gesetzgebers stets im Provisionsergebnis auszuweisen sind.

(g) Zinsen für eigene Schuldverschreibungen

Wegen der sachenrechtlichen Ausgestaltung der Schuldverschreibungen auf den Inhaber (§§ 793 ff. BGB) erlischt das in ihnen verbriefte Recht grundsätzlich nicht durch Vereinigung von Forderung und Schuld in einer Person.[3496] Solange die Absicht besteht, die erworbenen eigenen Schuldverschreibungen wieder in den Verkehr zu bringen, sind diese aktivisch im Unterposten „eigene Schuldverschreibungen" auszuweisen.[3497]

Da sowohl die Schuld (verbriefte Verbindlichkeit) als auch die Forderung (eigene Schuldverschreibung) fortbestehen, werden auch die Zinsen aus den eigenen Schuldverschreibungen geschuldet. Ferner sind die über die Zinsen ausgestellten Zinsscheine (§ 803 BGB) selbst Inhaberpapiere. Die Zinsen aus eigenen Schuldverschreibungen sind mithin ausweislich der BFH-Rechtsprechung[3498] sowohl als Aufwendungen als auch als Erträge in der GuV auszuweisen.

Erträge aus Treuhandgeschäften

Erträge (Aufwendungen) aus der Durchleitung und Verwaltung von Treuhand- und Verwaltungskrediten sind nicht hier auszuweisen, da es sich um ein reines Dienstleistungsgeschäft handelt (§ 30 Abs. 1 RechKredV). Dies gilt insbesondere für die Fälle, in denen das Institut kein eigenes Kreditrisiko übernommen hat.

Zins bei der Bewertung von Rückstellungen

Zum Ausweis der Ab- und Aufzinsungsbeträge vgl. Kapitel 5.3.9.2.2.

[3495] Vgl. Schwartze, 203 mit Hinweis auf die Erläuterungen zu Artikel 33 des Entwurfs der EG-Bankbilanzrichtlinie, BR-Drucks. 139/81, 19; zustimmend Krumnow, DBW 1987, 566.

[3496] Vgl. ausführlich BFH-Urteil vom 7.1.1976, BStBl. II 1976, 358 f.

[3497] Vgl. BFH-Urteil vom 7.1.1976, BStBl. II 1976, 358.

[3498] Vgl. BFH-Urteil vom 7.1.1976, BStBl. II 1976, 358.

Zinsen aus Handelsbeständen

Hier wird die Ansicht vertreten, dass nur der Ausweis im Handelsergebnis mit den Regelungen von IDW RS BFA 3 n.F. (verlustfreie Bewertung des Bankbuchs) vereinbar ist. Werden die Erträge (insbes. Zinsen und Dividenden) aus Handelsbeständen im Zins- bzw. Dividendenergebnis gezeigt, folgt hieraus, dass die Zinsinstrumente des Handelsbestands in die verlustfreie Bewertung des Bankbuchs (Zinsbuchs) einbezogen werden müssten, was nicht den GoB entsprechen würde.

6.2.1.2.3. Unterposten

Der Ausweis der Zinserträge im Unterposten a) bzw. im Unterposten b) ist davon abhängig, ob es sich um Erträge aus festverzinslichen Wertpapieren und Schuldbuchforderungen handelt oder nicht.

Die Zinserträge aus den Aktivposten 1. bis 4. und die Zinserträge aus den im Aktivposten 5.a) erfassten Geldmarktpapieren werden im **Unterposten a)** gezeigt. Werden Zinsen vereinnahmt, die aus Wertpapieren stammen, die den **Geldmarktgeschäften** zuzurechnen sind (Aktivposten 5.a)), ist der Ausweis bei den Zinserträgen aus Kredit- und Geldmarktgeschäften (Unterposten a)) und nicht bei den Zinserträgen aus festverzinslichen Wertpapieren und Schuldbuchforderungen vorzunehmen, weil das Kriterium „Geldmarkt" gegenüber dem Kriterium „Wertpapier" überwiegt.[3499]

Die **laufenden Zinserträge aus festverzinslichen Wertpapieren und Schuldbuchforderungen** sind im Posten „Zinserträge" als **Unterposten b)** auszuweisen. Erträge aus dem Aktivposten „10. Ausgleichsforderungen gegen die öffentliche Hand einschließlich Schuldverschreibungen aus deren Umtausch" sind, obwohl dieser Posten in § 28 Satz 1 RechKredV nicht erwähnt ist, im Unterposten b) auszuweisen.

6.2.1.3. Anhangangaben

Der Gesamtbetrag der Zinserträge ist nach geografischen Märkten aufzugliedern, soweit diese Märkte sich vom Standpunkt der Organisation des Kreditinstituts wesentlich voneinander unterscheiden (§ 34 Abs. 2 Satz 1 Nr. 1 RechKredV).

[3499] Vgl. Krumnow ua., 2. Aufl., § 28 RechKredV Rn. 4 mwN.

6.2.1.4. Prüfung des Postens

Es sind die allgemein für Zinserträge üblichen Prüfungshandlungen durchzuführen. Dabei ist darauf zu achten, dass sämtliche Zinserträge **vollständig** und **periodengerecht** erfasst und zutreffend im Posten „Zinsertrag" ausgewiesen werden. Zinserträge sind hierzu ggf. zeitlich abzugrenzen. **Bewertungsfragen** werden idR bereits im Rahmen der Prüfung der einzelnen zinstragenden Bilanzposten geklärt. Es empfiehlt sich, den GuV-Posten zusammen mit den entsprechenden Bilanzposten zu prüfen.

Zinsswap- und **ähnliche Zinsgeschäfte** sind daraufhin zu prüfen, ob **Close-out-, Recouponing-** sowie **Revalutierungs-Vereinbarungen** bzw. ähnliche Transaktionen zutreffend bilanziell abgebildet worden sind. Anhaltspunkte für Willkür (und damit verbunden idR **keine sofortige Ertragsrealisierung** bei der Vereinnahmung von bspw. positiven Marktwerten) bei derartigen Transaktionen könnten insbesondere sein:

- Wesentliche Beeinflussung des Zins- bzw. Bewertungsergebnisses gegenüber dem Zustand ohne Vornahme derartiger Transaktionen.
- Signifikante Verschlechterung der Zinsmarge aus den verbliebenen Geschäften.
- Verstärkte Durchführung solcher Geschäfte gegenüber früheren Jahren.
- Hinweise darauf, dass die Transaktionen im Wesentlichen bilanzpolitischen Charakter haben. Ein Indiz hierfür könnte zum Beispiel sein, wenn die Risikolage des zinstragenden Geschäfts der Bank insgesamt bzw. der betreffenden Portfolios im Zusammenwirken mit Neugeschäften (weitgehend) unverändert geblieben ist.
- Close-out-Geschäfte mit zeitnahen Anschlussgeschäften.

Es ist zu prüfen, inwieweit sich derartige Transaktionen auf die Ermittlung einer Drohverlustrückstellung aufgrund der verlustfreien Bewertung des Bankbuchs ausgewirkt haben.

Der **Prüfungsbericht** muss die erforderlichen Angaben enthalten.

6.2.2. Zinsaufwendungen

6.2.2.1. Postenbezeichnung

Die Postenbezeichnung nach dem Formblatt 3 der RechKredV lautet wie folgt:

2. Zinsaufwendungen

Bausparkassen haben den Posten „2. Zinsaufwendungen" nach der Fußnote 2 zum Formblatt 3 (Fußnote 1 zum Formblatt 2) zu untergliedern:[3500]

> *2. Zinsaufwendungen*
>   *a) für Bauspareinlagen*
>   *b) andere Zinsaufwendungen*

Die Postenbezeichnung für **Zahlungsinstitute** und **E-Geld-Institute** lautet nach Formblatt 2 der RechZahlV wie folgt:

> *2. Zinsaufwendungen*
>   *a) aus Zahlungsdiensten und aus der Ausgabe von E-Geld*
>   *b) aus sonstigen Tätigkeiten*

6.2.2.2. Posteninhalt

6.2.2.2.1. Rechnungslegungsverordnung

Der Posteninhalt für **Kredit-, Finanzdienstleistungs- und Wertpapierinstitute** ist in § 29 RechKredV geregelt.

Mit der Zweiten Verordnung zur Änderung der RechKredV wurden in § 29 Satz 1 RechKredV nach dem Wort *„Factoring-Geschäfts"* folgende Wörter eingefügt: *„sowie alle Zinsaufwendungen und ähnliche Aufwendungen der Finanzdienstleistungsinstitute".*

Mit dem BilMoG wurde in § 29 RechKredV das Wort *„Rückzahlungsbetrag"* durch das Wort *„Erfüllungsbetrag"* ersetzt.

Mit Art. 7 Abs. 3 Ziff. 6 des Gesetzes zur Umsetzung der Richtlinie (EU) 2019/2034 über die Beaufsichtigung von Wertpapierinstituten vom 12.5.2021[3501] wurde § 29 Satz 1 RechKredV geändert. Nach dem Wort *„Finanzdienstleistungsinstituten"* wurden die Wörter *„oder Wertpapierinstituten"* eingefügt.

Für **Zahlungsinstitute bzw. E-Geld-Institute** ist der Posteninhalt in § 22 RechZahlV normiert. Diese Bestimmung entspricht den Regeln in § 29 RechKredV für Finanzdienstleistungs- und Wertpapierinstitute, weshalb auf die Ausführungen hierzu verwiesen werden kann.

[3500] Vgl. WPH Edition, Kreditinstitute, Kap. J Rn. 67 ff.
[3501] Vgl. BGBl. I 2021, 990 ff., 1050.

6.2.2.2.2. Voraussetzungen für den Postenausweis

Überblick

Kreditinstitute haben im Posten „Zinsaufwendungen" die Zinsaufwendungen und ähnliche Aufwendungen *„aus dem Bankgeschäft"* auszuweisen, während **Finanzdienstleistungsinstitute** und **Wertpapierinstitute** in diesem Posten *„alle Zinsaufwendungen und ähnliche Aufwendungen"* zu zeigen haben.

Zinsaufwendungen aus **nichtbankgeschäftlichen Verbindlichkeiten** können bei Kreditinstituten im Gegensatz zu Finanzdienstleistungsinstituten und Wertpapierinstituten nicht dem Posten „Zinsaufwendungen" zugeordnet werden. Hier kommt entsprechend der Erträge für diese Aufwendungen ein Ausweis in den sonstigen betrieblichen Aufwendungen in Betracht. Bezüglich des Ausweises von Zinsaufwendungen im Nettoertrag des Handelsbestands vgl. Kapitel 6.2.7.2.2.

Aufwendungen aus bestimmten Bilanzposten

§ 29 Satz 1 RechKredV nennt insbesondere die aus verschiedenen Passivposten des Formblatts 1 resultierenden Aufwendungen, die zwingend im Posten „Zinsaufwendungen" auszuweisen sind. Dies sind:

- Verbindlichkeiten gegenüber Kreditinstituten (Passiva 1.),[3502]
- Verbindlichkeiten gegenüber Kunden (Passiva 2.),[3503]
- Verbriefte Verbindlichkeiten (Passiva 3.)[3504] und
- Nachrangige Verbindlichkeiten (Passiva 9.)[3505]

[3502] Zinsen für laufende Rechnung (einschließlich Überziehungsprovisionen), Tagesgeldaufnahmen, Refinanzierungen (Weiterleitungskredite, Globalfinanzierungen), aufgenommene Darlehen; Abschreibungen auf Disagio sowie Bereitstellungsprovisionen.

[3503] Zinsen für Spareinlagen; Aufwendungen aus der Bonifizierung von Spareinlagen einschließlich der Zuführung zu den entsprechenden Rückstellungen für Boni und Prämien; Zinsen für Kontokorrenteinlagen; Zinsen für befristete Verbindlichkeiten (Kündigungs-, Festgelder, Sparbriefe); Zinsen für Wachstumszertifikate; Zuführungen zu Rückstellungen für Verbindlichkeiten mit steigender Verzinsung sowie für Verbindlichkeiten aus Sparen mit Zuschlag; Abschreibungen auf Disagio bei unter dem Rückzahlungswert hereingenommenen Einlagen (zB Sparbriefe).

[3504] Zinsen für begebene Schuldverschreibungen; Abschreibungen auf Disagio bei unter dem Nennwert ausgegebenen Schuldverschreibungen; Diskontaufwendungen aus der Rediskontierung eigener Akzepte und Solawechsel im Umlauf.

[3505] Zinsen für nachrangige Darlehen, Schuldverschreibungen oder andere nachrangige Verbindlichkeiten; Abschreibungen auf Disagien.

Dies gilt ohne Rücksicht darauf, in welcher Form die Aufwendungen berechnet werden (§ 29 Satz 1 RechKredV). Für den Ausweis im Posten „Zinsaufwendungen" kommt es auch nicht auf die Bezeichnung der Aufwendungen als Zinsaufwendungen an. Soweit es sich bei Aufwendungen um Zinsen oder ähnliche Aufwendungen handelt, sind diese unabhängig vom Bilanzausweis der zugrunde liegenden Verbindlichkeit im Posten „Zinsaufwendungen" auszuweisen. Die Aufzählung der Bilanzposten in § 29 Satz 1 RechKredV ist nicht abschließend.

§ 22 Nr. 1 RechZahlV nennt alle Aufwendungen für die im Formblatt 1 der RechZahlV in den Passivposten 1 bis 3 bilanzierten Verbindlichkeiten ohne Rücksicht darauf, in welcher Form sie berechnet werden. Dies sind:

- Verbindlichkeiten gegenüber Kreditinstituten (Passiva 1.),
- Verbindlichkeiten gegenüber Kunden (Passiva 2.),
- Verbindlichkeiten gegenüber Instituten iSd. § 1 Abs. 3 ZAG (Passiva 3.).

Negative Zinsen (sog. Positivzinsen) aus Passivgeschäften sind entsprechend der negativen Zinsen für Aktivgeschäfte zu erfassen.[3506] Vgl. hierzu die Ausführungen zum GuV-Posten „Zinserträge".

Als Zinsaufwand sind ferner auszuweisen: Sonderzinsen für die Unterschreitung der Mindestreserve, Diskontaufwendungen für die Rediskontierung von Wechseln sowie Zinsen für Warenverbindlichkeiten.

Zinsen und ähnliche Aufwendungen

Zinsaufwendungen entstehen insbesondere durch die Hereinnahme von Kundeneinlagen und Einlagen von anderen Instituten sowie durch die Aufnahme von Geldern einschließlich der Begebung von Schuldverschreibungen. Zinsähnliche Aufwendungen sind zB Kreditprovisionen, Bonifikationen und sonstige Kapitalbeschaffungskosten im Zusammenhang mit der Hereinnahme oder Aufnahme von Geldern. Als zinsähnliche Aufwendungen kommen nur zeitraumbezogene Aufwendungen in Betracht, und zwar ohne Rücksicht darauf, ob sie periodisch für bestimmte Zeiträume oder einmal, bezogen auf einen Zeitraum, berechnet werden.

[3506] Vgl. ebenso FINMA-RS 15/1 Rechnungslegung Banken, 84; ebenso Weigel/Meyding-Metzger, IRZ 2015, 185 ff.; Weigel/Sierleja, in: Everling/Goedeckemeyer (Hrsg.), 238.

Zu den Zinsaufwendungen gehören nach § 29 Satz 2 RechKredV bzw. § 22 Nr. 2 bis Nr. 6 RechZahlV auch:

- Diskontabzüge,
- Ausschüttungen auf begebene Genussrechte und Gewinnschuldverschreibungen,
- Aufwendungen mit Zinscharakter, die im Zusammenhang mit der zeitlichen Verteilung des Unterschiedsbetrags bei unter dem Rückzahlungsbetrag eingegangenen Verbindlichkeiten entstehen,
- Zuschreibungen aufgelaufener Zinsen zu begebenen Null-Kupon-Anleihen bzw. iRd. sog amortised-cost-Bewertung,
- die sich aus gedeckten Termingeschäften ergebenden, auf die tatsächliche Laufzeit des jeweiligen Geschäfts verteilten Aufwendungen mit Zinscharakter sowie
- Gebühren und Provisionen mit Zinscharakter, die nach dem Zeitablauf oder nach der Höhe der Verbindlichkeiten berechnet werden.

Diese Aufzählung ist nicht abschließend. Ein Unterschied ggü. den in § 28 RechKredV genannten Beträgen besteht nicht. Die Geschäfte werden hier aus der Sicht des kreditnehmenden Vertragspartners gesehen. Aus diesem Grund kann zu weiteren Einzelheiten auf die Ausführungen zu den Zinserträgen in Kapitel 6.2.1.2.2. verwiesen werden.

Vorschusszinsen für Spareinlagen und Erträge aus **Vorfälligkeitsentschädigungen** sind mit den entsprechenden Zinsaufwendungen zu verrechnen.[3507] Vorfälligkeitsentschädigungen, die Kunden bezahlen müssen, wenn sie einen festverzinslichen Kredit vor dessen Fälligkeit zurückbezahlen bzw. die Zins-

---

[3507] Zur Vorfälligkeitsentschädigung: Birck/Meyer, IV 53; Maul, BB 2000, 2477 ff.; Wimmer, Kreditpraxis 2/2001, 26 ff.; Wenzel, Die Bank 2001, 192 ff.; Wehrt, WM 2004, 401 ff.; Gottschalk, BankPraktiker 02/2006, 79 ff.; BGH-Urteil vom 30.11.2004, BB 2005, 570 ff.; LG Stuttgart, Beschluss vom 16.6.2006 (rkr.), BKR 2006, 495 f.; OLG Frankfurt a.M., Urteil vom 23.11.2011, WM 2012, 2280 ff.; LG Osnabrück, Urteil vom 13.3.2012, BKR 2012, 419 f.; LG Hannover, Urteil vom 19.12.2012 (rkr.), BKR 2013, 419; Freckmann/Rösler/Wimmer, BankPraktiker 2013, 308 ff.; OLG Oldenburg, Urteil vom 4.7.2014 (nrkr.), ZIP 2014, 2383 ff.; Krepold/Kropf, WM 2015, 1 ff.; OLG Nürnberg, Hinweis vom 21.10.2014, WM 2015, 374 ff.; BGH v. 19.1.2016, ZIP 2016, 515 ff.; Helios, DB 2012, 2894 ff.; Welker, NWB 24/2016, 1818 ff.; zur Vorfälligkeitsentschädigung bei vorzeitiger Kündigung infolge Zahlungsverzugs (§ 497 Abs. 1 BGB) BGH-Urteil vom 19.1.2016, EWiR 2016, 391 f., DB 2016, 1066 f.; zur außerordentlichen Kündigung durch den Darlehensgeber vgl. Ganter, WM 2016, 1813 ff. sowie Wimmer/Rösler, WM 2016, 1821 f., dieselben zur Ermittlung des Bruttoschadens und Erstattung von Risikokosten, WM 2016, 1822 ff.; Kaserer, WM 2017, 213 ff.; Huber, WM 2017, 605 ff.; zur Vorfälligkeitsentschädigung im Steuerrecht, Joachimsthaler, NWB 7/2018, 402 ff.

bindung vorzeitig ändern wollen, sind als sofort realisiert anzusehen. Dies gilt nach Ansicht des BFH[3508] auch für den Fall, dass Vorfälligkeitsentschädigungen bei einem festverzinslichen Kredit berechnet werden, bei dem vor Ablauf der ursprünglichen Laufzeit die Konditionen (Zinssatz, Laufzeit usw.) neu vereinbart werden, der Kredit also nicht getilgt, sondern geändert wird. Entsprechendes gilt für sog. **Nichtabnahmeentschädigungen**, die mit Vorfälligkeitsentschädigungen vergleichbar sind.[3509]

Kreditvermittlungsprovisionen sind nicht als Zinsaufwendungen auszuweisen. Gleiches gilt für **Bürgschaftsprovisionen**. Beide sind grundsätzlich im Posten „Provisionsaufwendungen" zu erfassen.

Ebenfalls nicht als Zinsaufwand auszuweisen sind Aufwendungen aus **Abschreibungen** bei zinstragenden Wertpapieren, die wegen eines aus einer Marktzinssteigerung resultierenden Kursrückgangs vorzunehmen sind. Gleiches gilt für **Veräußerungsverluste** aus solchen Wertpapieren. Diese Aufwendungen sind vielmehr in Abhängigkeit von der Zuordnung zu den verschiedenen Wertpapierkategorien entweder im Nettoerfolg des Handelsbestands (§ 340c Abs. 1 HGB), im Finanzanlagensaldo (§ 340c Abs. 2 HGB iVm. § 33 RechKredV) oder im Risikovorsorgesaldo (§ 340f Abs. 3 HGB iVm. § 32 RechKredV) auszuweisen.

Aufwendungen aus Bewertung von Forderungen

Da es sich bei den Aufwendungen, die sich aus einer Abzinsung (dh. Bewertung) unverzinslicher oder minderverzinslicher Forderungen ergeben, nicht um eine Vergütung für überlassenes Kapital, sondern um **Abschreibungen** auf Forderungen handelt, scheidet ein Ausweis unter den Zinsaufwendungen aus. Diese Aufwendungen sind im Posten „Abschreibungen und Wertberichtigungen auf Forderungen und bestimmte Wertpapiere sowie Zuführungen zu Rückstellungen im Kreditgeschäft" auszuweisen (§ 32 RechKredV iVm. § 340f Abs. 3 HGB). Dementsprechend ist eine Zuschreibung in Folgeperioden kein Zinsertrag.

Zins bei der Bewertung von Rückstellungen

Rückstellungen mit einer Laufzeit von mehr als einem Jahr sind nach § 253 Abs. 2 HGB mit dem ihrer Restlaufzeit entsprechenden durchschnittlichen

---

[3508] Vgl. BFH-Urteil vom 7.3.2007, DB 2007, 1839; hierzu Helios, DB 2012, 2894 ff.
[3509] Zur Berechnung vgl. LG Heilbronn, Urteil vom 24.3.2006 (rkr.), BKR 2006, 254 f.

Marktzins der vergangenen sieben Geschäftsjahre abzuzinsen. Für Pensionsrückstellungen gibt es in § 253 Abs. 2 Satz 2 HGB und für Rentenverpflichtungen in § 253 Abs. 2 Satz 3 HGB Sonderregelungen. Zum Ausweis der Ab- und Aufzinsungsbeträge im Rahmen der Bewertung von **Rückstellungen** vgl. Kapitel 5.3.9.2.2.

Ausschüttungen auf Einlagen stiller Gesellschafter

Diese könnten nur ausnahmsweise dann als Zinsaufwand ausgewiesen werden, wenn es sich um eine stille Einlage handelt, bei der lediglich das eingesetzte Kapital verzinst wird, und ohne dass bspw. eine Teilnahme am Verlust vereinbart ist. Da aber auch in diesen Fällen die stille Einlage im Regelfall als **Teilgewinnabführungsvertrag** anzusehen ist, ist es bei einem Ausweis als Zinsaufwand erforderlich, einen entsprechenden Davon-Vermerk oder eine entsprechende Anhangangabe zu machen (siehe unten).[3510]

Verfügt der stille Gesellschafter, wie bspw. im Fall der **atypischen stillen Gesellschaft**, über eine gesellschaftsrechtlich starke Stellung, sind die Ausschüttungen stets als „Aufgrund eines Teilgewinnabführungsvertrags abgeführte Gewinne" darzustellen.[3511] Nach den einschlägigen Kommentierungen ist es ausreichend, dass ein Teil des Gewinns abgeführt wird.[3512]

Über eine entsprechend gesellschaftsrechtlich starke Stellung verfügt auch ein still Beteiligter, wenn die stille Einlage die Anforderungen zur **Anerkennung als bankaufsichtliche Eigenmittel** erfüllt. Mithin sind die Vergütungen, die diesen stillen Einlagen zuzurechnen sind, ebenfalls als Teilgewinnabführungen auszuweisen. Hierfür spricht bei Instituten auch der Ausweis der stillen Einlagen im Posten „Eigenkapital" nach § 25 Abs. 1 RechKredV. Mithin sind die Ausschüttungen auf stille Einlagen bei Instituten stets als „Aufgrund eines Teilgewinnabführungsvertrags abgeführte Gewinne" zu zeigen.

Teilergebnisabführungsverträge schließen üblicherweise Verlustübernahmepflichten mit ein. Mithin sind **Verlustzuweisungen** an stille Gesellschafter – zumindest insoweit als die stillen Einlagen eine entsprechende Gesellschafterstellung beinhalten (wie bspw. im Falle der Anerkennung als haftendes Eigenkapital) – und damit Verminderungen der Einlagen stiller Gesellschafter, konsequenterweise als „Erträge aus Teilgewinnabführungsverträgen" zu zei-

---

[3510] Zur Vereinbarkeit einer gewinnunabhängigen Festvergütung zugunsten eines stillen Gesellschafters mit § 301 AktG vgl. Rust, AG 2006, 563.

[3511] Vgl. Krumnow ua., 2. Aufl., § 29 RechKredV Rn. 3.

[3512] Vgl. ADS 6. Aufl. § 277 HGB Rn. 58.

gen. Für stille Gesellschaften an einer **GmbH** gelten dieselben Grundsätze wie die oben für die AG aufgezeigten Regeln.[3513]

Prämien für Kreditversicherungen

Prämien für Kreditversicherungen sind nicht hier, sondern im Posten „Abschreibungen und Wertberichtigungen auf Forderungen und bestimmte Wertpapiere sowie Zuführungen zu Rückstellungen im Kreditgeschäft" zu erfassen (§ 31 Abs. 2 RechKredV).

Zinsen für Steuernachforderungen

Zinsen auf Steuernachforderungen sind außerhalb des Bankbereichs nach hM als Zinsaufwand auszuweisen. Diese Auffassung wird auch für Institute vertreten.[3514]

Folgt man allerdings dem Wortlaut von § 29 Satz 1 RechKredV, sind bei Instituten im Zinsaufwand alle *„Zinsaufwendungen und ähnliche Aufwendungen aus dem Bankgeschäft einschließlich des Factoring-Geschäfts sowie alle Zinsaufwendungen und ähnliche Aufwendungen der Finanzdienstleistungsinstitute auszuweisen..."*, insbesondere alle Aufwendungen für die **namentlich genannten Passivposten** 1., 2., 3., 9. Dies bedeutet, dass bei Instituten ein Ausweis von Zinsen auf Steuernachforderungen in **sonstigen betrieblichen Ergebnis** zutreffender wäre.

Nach ADS[3515] sind Steuerstrafen und Säumniszuschläge keine Steuern vom Einkommen und Ertrag. **Säumniszuschläge** können gemeinsam mit den Zinsen auf Steuernachforderungen ausgewiesen werden, während **Steuerstrafen** stets zu den sonstigen betrieblichen Aufwendungen gehören. **Verspätungszuschläge** können als den Zinsen ähnliche Aufwendungen behandelt werden.

6.2.2.3. Anhangangaben

Die für **nachrangige Verbindlichkeiten** angefallenen Aufwendungen, zu denen insbesondere die Zinsaufwendungen rechnen, sind im Anhang anzugeben (§ 35 Abs. 3 Nr. 1 RechKredV).

[3513] Vgl. LG Darmstadt, Urteil vom 24.8.2004, AG 2005, 488 ff.
[3514] Vgl. Krumnow ua., 2. Aufl., Erläuterung zum GuV-Posten Nr. 12 Rn. 2.
[3515] Vgl. ADS 6. Aufl. § 275 HGB Rn. 186 und 200.

Der Gesamtbetrag der Zinsaufwendungen ist **nicht** wie die Zinserträge nach geografischen Märkten aufzugliedern (§ 34 Abs. 2 Satz 1 Nr. 1 RechKredV).

6.2.2.4. Prüfung des Postens

Diesbezüglich kann auf die entsprechenden Ausführungen zum Posten „Zinserträge" verwiesen werden. Es empfiehlt sich, den GuV-Posten zusammen mit den entsprechenden Bilanzposten zu prüfen.

6.2.3. Laufende Erträge aus Aktien, nicht festverzinslichen Wertpapieren, Beteiligungen und Anteilen an verbundenen Unternehmen

6.2.3.1. Postenbezeichnung

Die Postenbezeichnung nach dem Formblatt 3 der RechKredV lautet wie folgt:

> *3. Laufende Erträge aus*
> *a) Aktien und anderen nicht festverzinslichen Wertpapieren*
> *b) Beteiligungen*
> *c) Anteilen an verbundenen Unternehmen*

Institute in **genossenschaftlicher Rechtsform** und **genossenschaftliche Zentralbanken** haben den Unterposten b) Laufende Erträge aus Beteiligungen nach der Fußnote 3 zum Formblatt 3 (Fußnote 3 zum Formblatt 2) um die Worte *„und aus Geschäftsguthaben bei Genossenschaften"* zu ergänzen. Die Postenbezeichnung lautet demzufolge wie folgt:

> *3. Laufende Erträge aus*
> *a) Aktien und anderen nicht festverzinslichen Wertpapieren*
> *b) Beteiligungen und aus Geschäftsguthaben bei Genossenschaften*
> *c) Anteilen an verbundenen Unternehmen*

Mit der Zweiten Verordnung zur Änderung der RechKredV wurde in der Fußnote 3 des Formblatts 3 das Wort *„Kreditgenossenschaften"* durch folgende Wörter ersetzt: *„Institute in genossenschaftlicher Rechtsform"*. Da nicht auszuschließen ist, dass auch Finanzdienstleistungsinstitute als eingetragene Genossenschaft verfasst sind, wird der Ausweis im Unterposten b) einheitlich für alle Institute in genossenschaftlicher Rechtsform vorgeschrieben.

Für **Zahlungsinstitute** und **E-Geld-Institute** lautet die Postenbezeichnung nach Formblatt 2 der RechZahlV wie folgt:

3. Laufende Erträge
  a) aus Zahlungsdiensten und aus der Ausgabe von E-Geld
      aa) Aktien und anderen nicht festverzinslichen Wertpapieren
      bb) Beteiligungen
      cc) Anteilen an verbundenen Unternehmen
  b) aus sonstigen Tätigkeiten
      aa) Aktien und anderen nicht festverzinslichen Wertpapieren
      bb) Beteiligungen
      cc) Anteilen an verbundenen Unternehmen

6.2.3.2. Posteninhalt

6.2.3.2.1. Rechnungslegungsverordnung

Die RechKredV enthält für **Kredit-, Finanzdienstleistungs- und Wertpapierinstitute** keine Vorschriften zur Regelung des Posteninhalts. In diesem Ertragsposten werden die laufenden Erträge der in den Aktivposten 6., 7. und 8. (nicht 6a.) enthaltenen Vermögensgegenstände ausgewiesen. In Anlehnung an die Gliederung im Bilanzformblatt ist der Ertragsposten in die Unterposten a) bis c) untergliedert.

Entsprechendes gilt für **Zahlungsinstitute und E-Geld-Institute**.

6.2.3.2.2. Voraussetzungen für den Postenausweis

Überblick

Die laufenden Erträge des GuV-Postens „3. Laufende Erträge" sind, unterteilt nach ihrem Ursprung, in den einzelnen Unterposten auszuweisen. Der Wortlaut der Unterposten a) bis c) entspricht dem der einzelnen Posten der Bilanz für die entsprechenden Vermögensgegenstände, dh. der Ausweis in den drei Unterposten dieses GuV-Postens ist grundsätzlich vom Ausweis der einzelnen Vermögensgegenstände in der Bilanz abhängig (Junktim).[3516]

[3516] Gleicher Ansicht Schwartze, 202 und Bieg, ZfbF 1988, 156.

Dividenden aus Aktien und Anteilen des **Handelsbestands** (Aktiva 6a.) sind im Handelsergebnis (GuV-Posten 7.) auszuweisen.[3517]

In dem Ertragsposten sind als laufende Erträge vor allem Dividenden und andere Gewinnausschüttungen auszuweisen. Hierzu zählen **nicht Gewinne aus dem Abgang** von Wertpapieren, Beteiligungen und Anteilen an verbundenen Unternehmen oder Erlöse aus dem Verkauf von Bezugsrechten sowie Erträge aus Zuschreibungen auf Vermögensgegenstände der Aktivposten 6., 7. und 8. Bei diesen handelt es sich nicht um laufende Erträge.[3518]

Als laufende Erträge sind nur solche Ausschüttungen ertragswirksam zu vereinnahmen, die keine Substanzausschüttungen und mithin keine Minderung von Anschaffungskosten darstellen.

Laufende Erträge aus Aktien und anderen nicht festverzinslichen Wertpapieren (Unterposten a))

Im Unterposten a) sind die laufenden Erträge aus dem Aktivposten „6. Aktien und andere nicht festverzinsliche Wertpapiere" auszuweisen (Dividenden, andere Gewinnausschüttungen), zu denen auch Erträge aus Investmentvermögen gehören.

Zusammen mit den Erträgen aus Aktien werden auch die Erträge aus anderen nicht festverzinslichen Wertpapieren hier erfasst. Laufende Erträge aus im Aktivposten 6. ausgewiesenen **Genussrechten** sind jedoch nicht hier, sondern aufgrund der ausdrücklichen Regelung in § 28 Satz 2 RechKredV im Posten „Zinserträge" zu erfassen.

Bei Erträgen aus **Immobilienzertifikaten** richtet sich der Ertragsausweis nach der Bilanzierung des entsprechenden Aktivums (zB Wertpapier, Beteiligung, Anteile an verbundenen Unternehmen, sonstige Vermögensgegenstände).[3519]

Laufende Erträge aus Beteiligungen und Anteilen an verbundenen Unternehmen (Unterposten b) und c))

Der Ausweis der Erträge im Unterposten b) bzw. c) ist davon abhängig, ob es sich um eine **Beteiligung** iSd. § 271 Abs. 1 HGB oder um **Anteile an verbun-**

[3517] Ebenso WPH Edition, Kreditinstitute, Kap. D. Rn. 866.
[3518] Ebenso WPH Edition, Kreditinstitute, Kap. D. Rn. 867.
[3519] Vgl. Treuarbeit (Hrsg.), 118.

denen Unternehmen iSd. § 271 Abs. 2 HGB handelt. Institute in genossenschaftlicher Rechtsform und genossenschaftliche Zentralbanken müssen im Unterposten b) auch die Erträge aus Geschäftsanteilen bei Genossenschaften ausweisen. Für die Frage, wann die Gewinnansprüche aus Beteiligungen realisiert sind, gelten die allgemeinen Regeln.

Grundsätzlich entsteht der Anspruch eines Gesellschafters einer **AktG** bzw. **GmbH** mit dem Gewinnverwendungsbeschluss bei dem Beteiligungsunternehmen (§ 174 AktG, § 29 GmbHG). Für die sog. **phasengleiche Vereinnahmung**[3520] von Dividenden gelten die allgemeinen Grundsätze.[3521]

Der Gewinnanteil aus der Beteiligung an einer **Personengesellschaft** gilt handelsrechtlich bereits als realisiert, wenn dem Gesellschafter hierauf ein Anspruch zusteht, über den er individuell und losgelöst von seinem Geschäftsanteil verfügen kann.[3522] Vorausgesetzt wird nicht, dass der Rechtsanspruch auf den Gewinnanteil bereits entstanden ist, sondern es genügt, dass das künftige Entstehen gesichert ist.[3523] Dies ist nach §§ 120 bis 122, § 161 Abs. 2, §§ 167 bis 169 HGB idR bereits am Abschlussstichtag der Personengesellschaft der Fall, sodass regelmäßig zu diesem Zeitpunkt die entsprechende Forderung ertragswirksam einzubuchen ist. Voraussetzung für die damit grundsätzlich bedingte phasengleiche Gewinnvereinnahmung ist lediglich, dass der Anspruch durch eine aufgestellte Bilanz hinreichend konkretisiert ist. Etwas anderes kann sich dann ergeben, wenn die Befugnis des Gesellschafters zur Gewinnverfügung von einem entsprechenden Gesellschafterbeschluss abhängt.[3524]

In den Fällen, in denen mit Tochtergesellschaften **Gewinnabführungs-** oder **Teilgewinnabführungsverträge** bestehen, sind die Erträge nicht hier, sondern im GuV-Posten 4. auszuweisen.

6.2.3.3. Anhangangaben

Der Gesamtbetrag der laufenden Erträge aus Aktien und anderen nicht festverzinslichen Wertpapieren, Beteiligungen und Anteilen an verbundenen Unternehmen ist im Anhang nach geografischen Märkten aufzugliedern, so-

---

[3520] Zur phasengleichen Berücksichtigung der Verluste aus stillen Beteiligungen vgl. BFH-Urteil vom 27.3.2012, BB 2012, 1466; BFH-Urteil vom 7.2.2007, StuB 2007, 553; BStBl. II 2008, 340 ff.
[3521] Vgl. auch Oser, StuB 2015, 754 f.
[3522] Vgl. ausführlich Gaber, 2. Aufl., 299 ff.
[3523] Vgl. Dietel, DStR 2003, 2140 f. mwN.
[3524] Vgl. Dietel, DStR 2003, 2140 f. mwN.

weit diese Märkte sich vom Standpunkt der Organisation des Kreditinstituts wesentlich voneinander unterscheiden (§ 34 Abs. 2 Satz 1 Nr. 1 RechKredV).

6.2.3.4. Prüfung des Postens

Es sind die für Wertpapier- und Beteiligungserträge allgemein üblichen Prüfungshandlungen durchzuführen. Die hier ausgewiesenen Erträge sind mit den Angaben bei den jeweiligen Bilanzposten abzustimmen. Dabei ist darauf zu achten, dass sämtliche Erträge **vollständig** und **periodengerecht** erfasst und zutreffend ausgewiesen werden. Es empfiehlt sich, den GuV-Posten zusammen mit den entsprechenden Bilanzposten zu prüfen.

Der **Prüfungsbericht** muss die erforderlichen Angaben enthalten.

6.2.4. Erträge aus Gewinngemeinschaften, Gewinnabführungs- oder Teilgewinnabführungsverträgen

6.2.4.1. Postenbezeichnung

Die Postenbezeichnung nach dem Formblatt 3 der RechKredV lautet wie folgt:

> *4. Erträge aus Gewinngemeinschaften, Gewinnabführungs- oder Teilgewinnabführungsverträgen*

Die Postenbezeichnung für **Zahlungsinstitute** und **E-Geld-Institute** nach Formblatt 2 der RechZahlV lautet wie folgt:

> *4. Erträge aus Gewinngemeinschaften, Gewinnabführungs- oder Teilgewinnabführungsverträgen*
> *a) aus Zahlungsdiensten und aus der Ausgabe von E-Geld*
> *b) aus sonstigen Tätigkeiten*

6.2.4.2. Posteninhalt

6.2.4.2.1. Rechnungslegungsverordnung

Die RechKredV sowie die RechZahlV enthalten keine Vorschriften zur Regelung des Posteninhalts. Der Ausweis richtet sich daher nach § 277 Abs. 3 HGB.

6.2.4.2.2. Voraussetzungen für den Postenausweis

Der gesonderte Ausweis der Erträge aus Gewinngemeinschaften, Gewinnabführungs- und Teilgewinnabführungsverträgen ist in § 340a iVm. § 277 Abs. 3 Satz 2 HGB vorgeschrieben. Im Einzelnen handelt es sich um Erträge aus folgenden Vertragsverhältnissen:

- Gewinnabführungsverträge einschließlich solcher Verträge, nach denen die Gesellschaft ihr Unternehmen für Rechnung eines anderen Unternehmens zu führen hat (§ 291 Abs. 1 AktG),
- Gewinngemeinschaften (§ 292 Abs. 1 Nr. 1 AktG) und
- Teilgewinnabführungsverträge (§ 292 Abs. 1 Nr. 2 AktG).

Im Hinblick auf den Sinn dieser Ausweisvorschrift ist es ohne Bedeutung, ob die jeweiligen Verträge den genannten Vorschriften des AktG unterliegen oder ihnen nur sinngemäß entsprechen.[3525] Für den gesonderten Ausweis kommt es insofern nicht auf die Rechtsform der an einem derartigen Vertrag beteiligten Institute an. Für den gesonderten Ausweis der Erträge ist die Dauer, für die die Verträge geschlossen sind, ohne Bedeutung.[3526]

Für Institute gelten hinsichtlich der hier auszuweisenden Beträge dieselben Grundsätze wie für Nichtbanken. Wegen weiterer Einzelheiten kann daher auf die Kommentierungen zu § 277 Abs. 3 Satz 2 HGB verwiesen werden.[3527]

Verträge über **stille Beteiligungen** an einer AG oder KGaA sind Teilgewinnabführungsverträge iSd. § 292 Abs. 1 Nr. 2 AktG,[3528] insbesondere auch dann, wenn sie die Voraussetzungen für die Anerkennung als haftendes Eigenkapital erfüllen. Die Verträge über stille Einlagen sind damit bei AG und KGaA im Handelsregister einzutragen. Weitere Einzelheiten vgl. Kapitel 5.2.8.2.2.

Der Ausweis der Ergebnisanteile still Beteiligter erfolgt daher (auch bei einer GmbH) entsprechend § 277 Abs. 3 Satz 2 HGB. Vgl. hierzu auch die Ausführungen zum Posten Zinsaufwendungen.

[3525] Vgl. ADS 6. Aufl. § 277 HGB Rn. 69.
[3526] Vgl. ADS 6. Aufl. § 277 HGB Rn. 59.
[3527] Vgl. ADS 6. Aufl. § 277 HGB Rn. 50 ff.
[3528] Vgl. zB LG Darmstadt, Urteil vom 24.8.2004, AG 2005, 488 ff.; Hoffmann, FB 2005, 373 ff.; ADS 6. Aufl. § 277 HGB Rn. 58 mwN; WPH Edition, Kreditinstitute, Kap. D. Rn. 872.

6.2.4.3. Anhangangaben

Weder das HGB noch die RechKredV sehen besondere Anhangangaben vor.

6.2.4.4. Prüfung des Postens

Die hier ausgewiesenen Beträge sind mit den ermittelten Ergebnissen der betreffenden Unternehmen abzustimmen. Dabei ist auf die Einhaltung der gesetzlichen Bestimmungen zu achten.

Der Prüfungsbericht muss die erforderlichen Angaben enthalten.

6.2.5. Provisionserträge

6.2.5.1. Postenbezeichnung

Die Postenbezeichnung nach dem Formblatt 3 der RechKredV lautet wie folgt:

> *5. Provisionserträge*

Bausparkassen haben den Posten „5. Provisionserträge" nach der Fußnote 4 zum Formblatt 3 (Fußnote 5 zum Formblatt 2) zu untergliedern:[3529]

> *5. Provisionserträge*
> *a) aus Vertragsabschluss und -vermittlung*
> *b) aus der Darlehensregelung nach der Zuteilung*
> *c) aus Bereitstellung und Bearbeitung von Vor- und Zwischenfinanzierungskrediten*
> *d) andere Provisionserträge*

Institute, die **Skontroführer** iSd. § 27 Abs. 1 BörsG und nicht CRR-Kreditinstitute (vormals: Einlagenkreditinstitute) iSd. § 1 Abs. 3d Satz 1 KWG sind, haben die Provisionserträge nach der Fußnote 4 zum Formblatt 3 wie folgt zu untergliedern:

> *5. Provisionserträge*
> *davon:*
> *a) Courtageerträge*
> *b) Courtage aus Poolausgleich*

[3529] Vgl. WPH Edition, Kreditinstitute, Kap. J Rn. 71 ff.

Diese Aufgliederung ist nur für Institute vorzunehmen, die als Skontroführer (darunter auch Kursmakler) tätig sind. Der Postenausweis der Skontroführer wurde mit der Zweiten Verordnung zur Änderung der RechKredV eingeführt.

Die zwei Davon-Vermerke umfassen die Gebühren, die von Skontroführern iSd. § 27 Abs. 1 BörsG für ihre Tätigkeit an der Börse erzielt (aufgewendet) werden. Die Unterscheidung zwischen persönlich erwirtschafteter oder aufgewandter Courtage und Courtage aus Poolausgleich ist notwendig, um ein unverzerrtes Bild der Erträge (und Aufwendungen) in der Gewinn- und Verlustrechnung von den Skontroführern zu erhalten. Die Verzerrung rührt daher, dass die an der Börse gehandelten Papiere unterschiedliche Umsatzstärken aufweisen. Dies führt dazu, dass die für das jeweilige Papier zuständigen Kursmakler oder Skontroführer unterschiedliche Erträge aus der umsatzabhängigen Courtage erwirtschaften, die durch einen sog. „Pool" ausgeglichen werden.

Für **Zahlungsinstitute** und **E-Geld-Institute** lautet die Postenbezeichnung nach Formblatt 2 der RechZahlV wie folgt:

> *5. Provisionserträge*
> *a) aus Zahlungsdiensten und aus der Ausgabe von E-Geld*
> *b) aus sonstigen Tätigkeiten*

6.2.5.2. Posteninhalt

6.2.5.2.1. Rechnungslegungsverordnung

Der Posteninhalt ist in § 30 Abs. 1 RechKredV näher bestimmt. § 30 Abs. 1 RechKredV nennt beispielhaft eine Reihe von Dienstleistungsgeschäften, deren Erträge als Provisionsertrag in der Gewinn- und Verlustrechnung zu zeigen sind. Der Posteninhalt der Provisionsaufwendungen ist in § 30 Abs. 2 RechKredV dahingehend geregelt, dass es sich um die in Abs. 1 bezeichneten **Dienstleistungsgeschäfte** handeln muss, dh. es sind die den Provisionserträgen entsprechenden Aufwendungen als Provisionsaufwendungen auszuweisen.

Mit der Zweiten Verordnung zur Änderung der RechKredV wurden in § 30 Abs. 1 Satz 1 RechKredV nach den Wörtern *„Provisionen im Zusammenhang mit"* die Wörter *„Finanzdienstleistungen und"* eingefügt. Damit wurde im Zusammenhang mit der Einbeziehung der Finanzdienstleistungsinstitute in die Rechnungslegungsvorschriften für Kreditinstitute der Katalog der Provisionserträge (und Provisionsaufwendungen) um die Geschäfte der Finanzdienstleistungsinstitute erweitert.

Mit Art. 7 Abs. 3 Ziff. 7 des Gesetzes zur Umsetzung der Richtlinie (EU) 2019/2034 über die Beaufsichtigung von Wertpapierinstituten vom 12.5.2021[3530] wurde § 30 Abs. 1 Satz 1 RechKredV geändert. Nach dem Wort *„Finanzdienstleistungen"* wurden die Wörter *„oder Wertpapierdienstleistungen"* eingefügt.

Bei **Zahlungsinstituten** bzw. **E-Geld-Instituten** ist der Posteninhalt in § 23 RechZahlV geregelt. Danach sind als Provisionserträge Provisionen und ähnliche Erträge aus Dienstleistungsgeschäften auszuweisen. Zu den Erträgen gehören auch Kontoführungsgebühren. § 23 RechZahlV entspricht – verschlankt für Zwecke der Zahlungsinstitute bzw. E-Geld-Institute – § 30 RechKredV. Einzelheiten vgl. WPH.[3531]

Abgrenzungsprobleme ergeben sich zu den „sonstigen betrieblichen Erträgen", wenn nicht eindeutig ist, ob Erträge aus institutstypischen Dienstleistungen vorliegen. Dabei ist der Begriff der „institutstypischen Dienstleistungen" mit Blick auf die Entwicklung zu Allfinanzkonzepten allerdings weit gefasst.[3532]

6.2.5.2.2. Voraussetzungen für den Postenausweis

Überblick

In diesem Posten sind die **Erträge aus Dienstleistungsgeschäften** wie zB solche aus

- dem Zahlungsverkehr,
- dem Außenhandelsgeschäft,
- dem Wertpapierkommissionsgeschäft und dem
- Depotgeschäft

auszuweisen (§ 30 Abs. 1 Satz 1 RechKredV). Darüber hinaus sind hier nach § 30 Abs. 1 Satz 1 RechKredV auch auszuweisen:

- Erträge für Treuhand- und Verwaltungskredite,
- Provisionen im Zusammenhang mit Finanzdienstleistungen,

[3530] Vgl. BGBl. I 2021, 990 ff., 1050.
[3531] Vgl. WPH Edition, Kreditinstitute, Kap. L Rn. 23.
[3532] Ebenso WPH Edition, Kreditinstitute, Kap. D. Rn. 875 mwN.

6. Einzelheiten zu den Posten der Gewinn- und Verlustrechnung

- Provisionen im Zusammenhang mit der Veräußerung von Devisen, Sorten und Edelmetallen sowie
- Provisionen aus der Vermittlungstätigkeit bei Kredit-, Spar-, Bauspar-, Versicherungsverträgen und Anteilen und Aktien an Investmentvermögen.[3533]

Nach hM sind im Provisionsergebnis nur Erträge und Aufwendungen auszuweisen, die aus **bankgeschäftlichen Dienstleistungen** im weiteren Sinne bzw. aus **Finanzdienstleistungsgeschäften** oder **Wertpapierdienstleistungen** resultieren.[3534]

Die Erträge aus **nicht bankgeschäftlichen Dienstleistungen** bzw. aus solchen, die keine **Finanzdienstleistungen** bzw. keine **Wertpapierdienstleistungen** sind, sind im GuV-Posten „Sonstige betriebliche Erträge" zu erfassen. Es ist jedoch zu beachten, dass der Begriff der institutstypischen Dienstleistungen nach hM nicht an den Geschäften des § 1 KWG bzw. § 2 WpIG auszurichten ist, sondern weit zu fassen ist.[3535]

Nachbelastungen von Provisionen der Kunden, die frühere Jahre betreffen, sind als Provisionsertrag und nicht als sonstiger betrieblicher Ertrag zu erfassen.[3536]

Die **Erträge aus Vermittlungsleistungen** sind im Regelfall erfüllt und damit als **realisiert** anzusehen, sobald der vermittelte Vertrag zustande gekommen ist. Zu diesem Zeitpunkt ist der Anspruch auf die Provision zu aktivieren. Wird zwischen Unternehmer und Handelsvertreter dagegen vereinbart, dass der Provisionsanspruch bereits mit der Beendigung der Vermittlungsleistung oder dem Abschluss des Geschäfts rechtlich entstehen soll, ist dieser Zeitpunkt maßgebend für die Frage, in welcher Höhe am Abschlussstichtag Provisionsansprüche zu bilanzieren sind. Entsprechendes gilt auch für **Aufwendungen aus Vermittlungsleistungen**.

Ist vereinbart, dass der Provisionsanspruch erst mit der Bezahlung durch den Kunden rechtlich entstehen soll, hat der Handelsvertreter mit der Ausführung des Geschäfts durch den Unternehmer zunächst nur einen Anspruch auf einen angemessenen Vorschuss (§ 87a Abs. 3 HGB). Die rechtliche Entstehung des

[3533] Zu Kick-back-Zahlungen vgl. BFH-Urteil vom 19.12.2006, ZBB 2007, 193 ff.; BFH-Beschluss vom 20.1.2009, BB 2009, 459 ff.
[3534] Vgl. Treuarbeit (Hrsg.), 119; Krumnow ua., 2. Aufl., § 30 RechKredV Rn. 12; WPH Edition, Kreditinstitute, Kap. D. Rn. 875.
[3535] Vgl. Treuarbeit (Hrsg.), 119.
[3536] Vgl. Krumnow ua., 2. Aufl., § 30 RechKredV Rn. 26.

vollen Provisionsanspruchs hängt in diesem Fall noch vom Eintritt der aufschiebenden Bedingung der Bezahlung durch den Kunden ab. Der Unternehmer ist aber spätestens im Realisationszeitpunkt mit der Provisionsverpflichtung wirtschaftlich belastet, sodass hier schon vor der rechtlichen Entstehung des Provisionsanspruchs (spätestens im Zeitpunkt der Ausführung des Geschäfts) ein Rückstellungserfordernis besteht.

Mit Urteil vom 26.4.2018 hat der BFH[3537] entschieden, dass solange der Provisionsanspruch noch unter der aufschiebenden Bedingung der Ausführung des Geschäfts steht, dieser nicht zu aktivieren ist. Provisionsvorschüsse – so der BFH weiter – sind beim Empfänger als erhaltene Anzahlungen zu passivieren.[3538]

Der Gewinn aus einer **Inkassotätigkeit** ist nach dem BFH-Urteil vom 29.11.2007[3539] realisiert, wenn und soweit dem Unternehmer für eine selbstständig abrechenbare und vergütungsfähige (Teil-) Leistung gegenüber seinem Auftraggeber ein prinzipiell unentziehbarer Provisionsanspruch zusteht. Dies gilt auch dann, wenn ein solcher Provisionsanspruch nur für Teilzahlungen des Schuldners besteht.

Begriff der Dienstleistungen im weitesten Sinne

Die Formulierung in § 30 Abs. 1 RechKredV bzw. § 23 RechZahlV lässt erkennen, dass es sich bei den Provisionen um das Entgelt bzw. den Preis für die Erbringung von Dienstleistungen handeln muss. Zur **Abgrenzung** von Gebühren und Provisionen, die in unmittelbarem Zusammenhang mit dem Kreditgeschäft anfallen, und zur Problematik des Ausweises von Bürgschaftsprovisionen wird auf die Ausführungen in Kapitel 6.2.1.2.2. verwiesen.

Über die Zuordnung entscheidet letztlich, ob der Ertrag (Aufwand) primär auf der Überlassung von Kapital auf Zeit beruht (= Ausweis im Zinsergebnis) oder aufgrund einer Dienstleistung entstanden ist (= Ausweis im Provisionsergebnis).

§ 30 RechKredV bzw. § 23 RechZahlV definiert nicht, was unter dem Begriff „Dienstleistungsgeschäfte" zu verstehen ist; § 30 RechZahlV nennt lediglich Beispiele. Die Aufzählung der Dienstleistungsgeschäfte in § 30 Abs. 1 RechKredV ist nicht abschließend. Zu den Dienstleistungsgeschäften zählen – auch

---

[3537] Vgl. BFH-Urteil vom 26.4.2018 III R 5/16, BStBl. 2018 II, 536 ff.
[3538] Vgl. Kolbe, StuB 2018, 689 ff.
[3539] Vgl. BFH-Urteil vom 29.11.2007, BB 2008, 630; DStR 2008, 606 ff.

wenn sie nicht in § 30 Abs. 1 RechKredV genannt sind – die Vermögensberatung und das Einzugsgeschäft. Aufgrund der Allfinanzkonzeptionen dehnen sich die bankgeschäftlichen Dienstleistungen in Bereiche hin aus, die früher noch als bankfremde Dienstleistungen bezeichnet wurden. Hierzu rechnen bspw.

- das Versicherungsgeschäft,
- die finanzielle Beratung bis hin zur Unternehmensberatung,
- die Vermittlung von Immobilien,
- die Vermittlung von Beteiligungen,
- die Durchführung des Cash Managements sowie Treasury Managements und Risikomanagements,
- das Vermögens- und Finanzmanagement.

Zu den Provisionserträgen gehören auch **Bonifikationen aus der Platzierung von Wertpapieren, Bürgschaftsprovisionen**[3540] und **Kontoführungsgebühren** (§ 30 Abs. 1 Satz 2 RechKredV).

Provisionen aus Finanzdienstleistungen bzw. Wertpapierdienstleistungen

Finanzdienstleistungsinstitute haben die Provisionserträge bzw. -aufwendungen im Zusammenhang mit **Finanzdienstleistungen** ebenfalls im Provisionsergebnis auszuweisen. Es handelt sich hierbei insbesondere um:

- die Anlagevermittlung,
- die Abschlussvermittlung,
- die Finanzportfolioverwaltung,
- den Eigenhandel für andere,
- die Drittstaateneinlagenvermittlung,
- das Finanztransfergeschäft,
- das Sortengeschäft,
- Anlageberatung,
- den Betrieb eines multilateralen Handelssystems,
- das Platzierungsgeschäft,
- das Factoring,
- das Finanzierungsleasing sowie
- das Kreditkartengeschäft.

[3540] Vgl. Hahne, BB 2005, 819 f., der steuerlich motiviert eine zeitanteilige Vereinnahmung von Bürgschaftsprovisionen ablehnt.

Entsprechendes gilt für **Wertpapierinstitute** iSd. § 2 Abs. 1 WpIG, das Wertpapierdienstleistungen erbringt. Die **Wertpapierdienstleistungen** sind in § 2 Abs. 2 WpIG, die Wertpapiernebendienstleistungen sind in § 2 Abs. 3 WpIG beschrieben.

Dies gilt entsprechend für **Kreditinstitute**, die die in § 1 Abs. 1a KWG genannten Finanzdienstleistungen oder Wertpapierdienstleistungen iSd. § 2 Abs. 2 und Abs. 3 WpIG erbringen. Denn § 30 Abs. 1 RechKredV macht keinen Unterschied, ob die Finanzdienstleistungen bzw. Wertpapierdienstleistungen von einem Finanzdienstleistungsinstitut, einem Wertpapierinstitut oder einem Kreditinstitut erbracht werden.

Bruttoausweis und notwendige Saldierungen/durchlaufende Posten

Die Provisionsaufwendungen und Provisionserträge sind grundsätzlich brutto, dh. unsaldiert, auszuweisen.

Eine Verrechnung von Provisionsaufwendungen mit Provisionserträgen, die als sog. **durchlaufende Posten** (dies sind Provisionen, die im Namen und für Rechnung eines anderen verausgabt oder vereinnahmt werden)[3541] zu betrachten sind, ist nach hM geboten.[3542] Damit wird eine unrichtige – weil zu hohe – Darstellung der Erträge bzw. Aufwendungen verhindert. Zu den durchlaufenden Posten zählen ua.

* die Weiterleitung von Provisionen;
* die Weitergabe von in Rechnung gestellten Provisionen, die in voller Höhe bzw. mit einem Zuschlag an die Kundschaft weiterberechnet werden;
* Makler-Gebühren für die Abwicklung von Devisen- oder Wertpapiergeschäften, die dem Auftraggeber in Rechnung gestellt werden;
* fremde Gebühren (einschließlich Protestkosten), die den Kunden oder Inkassostellen in voller Höhe bzw. mit einem Zuschlag versehen berechnet werden.

Die Möglichkeit der Verrechnung von Erträgen und Aufwendungen aus der Durchleitung und Verwaltung von **Treuhand- und Verwaltungskrediten** ist weder in der EG-Bankbilanzrichtlinie noch in § 30 RechKredV ausdrücklich vorgesehen. Damit entfällt nach Ansicht von Schwartze[3543] die Verrechnungs-

---

[3541] Vgl. auch Oser/Orth/Wirtz, DB 2015, 1731 f.; Roos, BBK 22/2017, 1049 ff.
[3542] Vgl. Krumnow ua., 2. Aufl., § 30 RechKredV Rn. 32.
[3543] Vgl. Schwartze, 204.

möglichkeit zwischen Aufwendungen und Erträgen aus diesen Geschäften. Die herrschende Meinung folgt dem jedoch nicht, denn bei sachgerechter Betrachtung kommt als Ertrag aus Treuhand- und Verwaltungskrediten lediglich die Marge in Betracht.[3544] Insoweit ist eine Saldierung zumindest sachgerecht; es liegt kein Verstoß gegen das Bruttoprinzip vor.

Maklergebühren für die Abwicklung von Wertpapiergeschäften werden üblicherweise von den An- und Verkaufsprovisionen gekürzt, da sie den Kunden innerhalb der Effektenabrechnung bereits belastet wurden.[3545]

An die Kundschaft oder an andere Institute **weitergegebene Bonifikationen** werden in der Praxis als Minderung der Bonifikationseinnahmen behandelt, dh. als Erlösschmälerungen mit den entsprechenden Erträgen verrechnet.[3546] An Konsortialbanken **weitergegebene Konsortial- oder Börseneinführungsprovisionen** werden idR ebenfalls nicht als Aufwand ausgewiesen, sondern von den Erträgen gekürzt.[3547]

Soweit bspw. bei der **Vermittlung von Anteilen und Aktien an Investmentvermögen** das von den Kunden zu zahlende Agio dem Drittvermittler zufließt, kann es zur Darstellung der Ertragslage sachgerecht sein, die an die Drittvermittler weitergeleiteten Agien oder Agioteile mit den von den Kunden bezahlten Agiobeträgen zu verrechnen. Wesentlich ist, dass die Agien für den Vertrieb erhoben werden und dieser eben nicht durch das Institut, sondern durch die Drittvermittler erfolgt und das Institut selbst keine eigenen Vertriebsleistungen erbringt.

Übersicht über Provisionserträge im Einzelnen

In Abb. 6.1. werden beispielhaft die Provisionserträge nach den einzelnen Dienstleistungen aufgeführt.[3548]

Xetra-Gebühren[3549] setzen sich aus zwei Komponenten zusammen, nämlich einem **Anbindungsentgelt** und einem **Transaktionsentgelt**. Das Bereitstel-

---

[3544] Vgl. Bundesverband deutscher Banken, 41; Treuarbeit (Hrsg.), 119; Krumnow ua., 2. Aufl., § 30 RechKredV Rn. 19.

[3545] Vgl. Krumnow ua., 2. Aufl., § 30 RechKredV Rn. 18.

[3546] Vgl. Krumnow ua., 2. Aufl., § 30 RechKredV Rn. 18; vgl. auch IDW BFA, IDW FN 2000, 480.

[3547] Vgl. Krumnow ua., 2. Aufl., § 30 RechKredV Rn. 18.

[3548] Vgl. Krumnow ua., 2. Aufl., § 30 RechKredV Rn. 14 ff. mit weiteren Erläuterungen.

[3549] Vgl. Preisverzeichnis für die Nutzung der Handels-EDV der Frankfurter Wertpapierbörse; www.xetra.com/xetra-de/handel/entgelte-und-gebuehren.

lungsentgelt ist jährlich für die Bereitstellung des Systemzugangs, die Software, die Anbindung und den Beratungsservice zu entrichten, während Transaktionsentgelte für den Abschluss der einzelnen Geschäfte fällig werden. Bei der Zuordnung zu den Posten der Gewinn- und Verlustrechnung müssen beide Entgeltformen unterschieden werden. Nach einem unveröffentlichten Schreiben des Bundesaufsichtsamts vom 20.4.2000 ist die Einordnung der Transaktionsentgelte als Provisionsaufwand dann sachgerecht, wenn sie durch den Auftragshandel mit Wertpapieren ausgelöst sind. Das Bereitstellungsentgelt ist dagegen als „andere Verwaltungsaufwendungen" zu erfassen.

Kursgewinne aus dem **Auftragshandel mit Devisen, Sorten sowie Edelmetallen** sind nur dann als Provisionen zu erfassen, wenn es sich zumindest überwiegend um Dienstleistungs- und nicht um Eigenhandelsgeschäfte handelt. Aus der Verwertung von Währungskupons und gelosten bzw. gekündigten Währungseffekten (ohne eigene Wertpapiere) erzielte Kursgewinne werden ebenfalls als Provisionserträge ausgewiesen.[3550] **Bestandsdifferenzen** sind Kassendifferenzen und damit als sonstige betriebliche Aufwendungen bzw. Erträge zu erfassen. Verluste aus **fehlerhafter Ausführung von Kundenaufträgen** bzw. aus Umrechnungsdifferenzen sind als sonstige betriebliche Aufwendungen auszuweisen.

Provisionserträge aus	Hierzu zählen
Zahlungsverkehr	– Umsatzprovisionen und Kontoführungsprovisionen – Scheck- und Wechseleinzugsprovisionen – Rückscheck- und Rückwechselprovisionen – Domizilprovisionen – Scheckheft- und Scheckkartengebühren – Gebühren für Nachttresoreinzahlungen, Geldtransporte – Gebühren für Ein- und Auszahlungen – Gebühren im Spargeschäft – Provisionen aus dem Kreditkartengeschäft – sonstige Provisionen des Zahlungsverkehrs

---

[3550] Vgl. Krumnow ua., 2. Aufl., § 30 RechKredV Rn. 20.

Provisionserträge aus	Hierzu zählen
Außenhandelsgeschäft	– Gebühren für Import- und Export-Akkreditive – Gebühren bei Import- und Exportinkassi – Provisionen für Zahlungen aus dem bzw. in das Ausland – Devisenankaufs- und -verkaufsprovisionen – Forfaitierungserträge – Gebühren für Clearingzahlungen und Remboursleistungen
Reisezahlungs- mittelgeschäft	– Sortenankaufs- und Sortenverkaufsprovisionen – Provisionen für die Ausgabe bzw. den Ankauf von Reiseschecks – Kursgewinne, soweit es sich um Dienstleistungsgeschäfte handelt
Wertpapier- und Depotgeschäft	– Provisionen des Wertpapierkommissionsgeschäfts, hierzu zählen insbesondere: An- und Verkaufsprovisionen, Provisionen aus der Abrechnung von Bezugsrechten, Bezugsstellenprovisionen, Provisionen für den Bezug von Aktien, Wandel- oder Optionsanleihen und den Bezug von Optionsscheinen, Vergütungen für den Verkauf von Bundesschatzbriefen, Devisenkursgewinne aus Abrechnungen von Wertpapieren in Fremdwährung – Provisionen aus der Abwicklung von Kundenaufträgen aus Eigenhandelsbeständen[3551] – Bonifikationen, hierzu zählen Platzierungsvergütungen in Form eines Kursabschlags – Provisionen des Emissionsgeschäfts, hierzu rechnen Konsortialprovisionen, Börseneinführungsprovisionen – Depotgebühren einschließlich der Gebühren als Depotkreditinstitut – Sonstige Gebühren und Provisionen des Wertpapiergeschäfts, insbesondere Ein- und Auszahlungsprovisionen, Depotgebühren, Schließfachmieten usw.

[3551] Kursgewinne aus dem Handel in Wertpapieren sind hier nur dann zu erfassen, wenn es sich zumindest überwiegend um Dienstleistungs- und nicht um Eigenhandelsgeschäfte handelt; vgl. Krumnow ua., 2. Aufl., § 30 RechKredV Rn. 18 mwN.

Provisionserträge aus	Hierzu zählen
Kreditbearbeitung und Avalgeschäft	– Bürgschaftsprovisionen[3552] und CDS-Prämien bei Kreditersatzgeschäft (vgl. Kapitel 4.12.6.) – Avalprovisionen für Rückbürgschaften – Provisionen für die Hereinnahme und Verwaltung von Kreditsicherheiten – Provisionen für Zessionsprüfungen und Bankauskünfte – Provisionen für die Kreditbearbeitung
Nebenleistungen[3553]	– Gebühren für die Ausarbeitung des Kreditvertrags – Bonitätsprüfung des Schuldners Bewertung der Sicherheiten Gebühren für Beratung – Strukturierung oder Arrangieren und Ähnliches

Abb. 6.1: Provisionserträge

Zu den Provisionserträgen gehören auch Provisionen aus der Vermittlung von sonstigen Geschäften, wie zB Grundstücks- und Geschäftsveräußerungen, von Miet- und Leasingobjekten, Lebensversicherungen usw.

Hat das Institut als **Sicherungsgeber** einen **Credit Default Swap** mit der Absicht, eine Sicherheit für ein Ausfallrisiko zu stellen (zu den Voraussetzungen vgl. Kapitel 4.12.6.), abgeschlossen, wird die Prämie bei vorschüssiger Zahlung (wie Bürgschaftsprovisionen) in einen passiven Rechnungsabgrenzungsposten eingestellt und über die Laufzeit des Credit Default Swaps oder die jeweilige Abrechnungsperiode zugunsten des Provisionsertrags verteilt. Für nachgelagerte Prämienzahlungen werden in Abhängigkeit vom Kontrahenten entweder Forderungen an Kunden oder Forderungen an Kreditinstitute ausgewiesen (IDW RS BFA 1).

6.2.5.3. Anhangangaben

Der Gesamtbetrag des Postens „Provisionserträge" ist im Anhang nach geografischen Märkten aufzugliedern, soweit diese Märkte sich vom Standpunkt

---

[3552] Vgl. Hahne, BB 2005, 819 f., der eine zeitanteilige Vereinnahmung von Bürgschaftsprovisionen ablehnt.
[3553] Vgl. DGRV (Hrsg.), Jahresabschluss, C.II. Rn. 132.

der Organisation des Kreditinstituts wesentlich voneinander unterscheiden (§ 34 Abs. 2 Satz 1 Nr. 1 RechKredV).

Im Anhang sind ferner die Dritten erbrachten Dienstleistungen für Verwaltung und Vermittlung anzugeben, sofern ihr Umfang in Bezug auf die Gesamttätigkeit des Kreditinstituts von wesentlicher Bedeutung ist (§ 35 Abs. 1 Nr. 5 RechKredV).

6.2.5.4. Prüfung des Postens

Es sind die allgemein für Provisionserträge üblichen Prüfungshandlungen durchzuführen. Dabei ist darauf zu achten, dass sämtliche Provisionserträge **vollständig** und **periodengerecht** erfasst und zutreffend im Posten „Provisionserträge" ausgewiesen werden.

Es empfiehlt sich, den GuV-Posten zusammen mit den Provisionsaufwendungen zu prüfen. Es empfiehlt sich ferner, ausgewählte Provisionsertragskonten unter stichprobenweiser Heranziehung der Ursprungsbelege zu prüfen. Es ist ferner zweckdienlich, den Provisionsertrag – soweit möglich – anhand der provisionspflichtigen Geschäfte zu verproben bzw. anhand einer DV-Systemprüfung zu verifizieren. Dabei sollte darauf geachtet werden, ob die Provisionen richtig berechnet werden.

Der **Prüfungsbericht** muss die erforderlichen Angaben enthalten.

6.2.6.   Provisionsaufwendungen

6.2.6.1.   Postenbezeichnung

Die Postenbezeichnung nach dem Formblatt 3 der RechKredV lautet wie folgt:

6. Provisionsaufwendungen

Bausparkassen haben den Posten „6. Provisionsaufwendungen" nach der Fußnote 5 zum Formblatt 3 (Fußnote 4 zum Formblatt 2) zu untergliedern.

6. Provisionsaufwendungen
   a) Provisionen für Vertragsabschluss und -vermittlung
   b) andere Provisionsaufwendungen

Institute, die **Skontroführer** iSd. § 27 Abs. 1 BörsG und nicht CRR-Kreditinstitute (vormals: Einlagenkreditinstitute) iSd. § 1 Abs. 3d Satz 1 KWG sind, haben die Provisionsaufwendungen nach der Fußnote 5 zum Formblatt 3 wie folgt zu untergliedern:

6. Provisionsaufwendungen
davon:
a) Courtageaufwendungen
b) Courtage für Poolausgleich

Der Postenausweis betreffend die Skontroführer wurde mit der Zweiten Verordnung zur Änderung der RechKredV eingeführt. Diese Aufgliederung ist nur von Instituten vorzunehmen, die als Skontroführer (darunter auch Kursmakler) tätig sind. Wegen weiterer Einzelheiten vgl. die Ausführungen zum Posten „Provisionserträge" in Kapitel 6.2.5.1.

Für **Zahlungsinstitute** und **E-Geld-Institute** lautet die Postenbezeichnung nach Formblatt 2 der RechZahlV wie folgt:

6. Provisionsaufwendungen
a) aus Zahlungsdiensten und aus der Ausgabe von E-Geld
b) aus sonstigen Tätigkeiten

6.2.6.2. Posteninhalt

6.2.6.2.1. Rechnungslegungsverordnung

Der Postenausweis ist in § 30 Abs. 2 RechKredV näher bestimmt. Dieser bezieht sich auf die Ausführungen in § 30 Abs. 1 RechKredV, der seinerseits den Ausweis der Provisionserträge regelt.

Während in § 30 Abs. 1 RechKredV die Provisionserträge beispielhaft erläutert werden, enthält § 30 Abs. 2 RechKredV keine beispielhafte Aufzählung einzelner Provisionsaufwendungen; er verweist lediglich auf die in § 30 Abs. 1 RechKredV genannten Dienstleistungsgeschäfte bzw. Finanzdienstleistungen und Wertpapierdienstleistungen. Insoweit kann auf die Ausführungen zum Posten „Provisionserträge" verwiesen werden.

Für **Zahlungsinstitute** und **E-Geld-Institute** ist der Posteninhalt in § 24 RechZahlV festgelegt. Als Provisionsaufwendungen sind danach Provisionen und ähnliche Aufwendungen aus Dienstleistungsgeschäften auszuweisen.

Diese Bestimmung entspricht – verschlankt für Zwecke der Zahlungsinstitute bzw. E-Geld-Institute – inhaltlich § 30 RechKredV.

6.2.6.2.2. Voraussetzungen für den Postenausweis

Soweit ein Institut die Dienstleistungen nicht selbst erbringt und daraus Provisionserträge erzielt, sondern diese Dienstleistungen einschließlich der Finanz- bzw. Wertpapierdienstleistungen in Anspruch nimmt, fallen bei dem Institut Provisionsaufwendungen an. Im Posten „Provisionsaufwendungen" sind Provisionen und ähnliche Aufwendungen aus Dienstleistungsgeschäften bzw. aus Finanzdienstleistungen auszuweisen (§ 30 Abs. 2 RechKredV), die den Provisionserträgen entsprechen. Wegen weiterer Einzelheiten sei auf die Ausführungen zum Posten „Provisionserträge" verwiesen.

Provisionsnachzahlungen bzw. -belastungen an andere Institute **für Vorjahre** sind entsprechend der Vorgehensweise bei den Provisionserträgen nicht als sonstiger betrieblicher Aufwand, sondern als Provisionsaufwand zu erfassen.[3554]

Aufwendungen aus nichtbankgeschäftlichen Dienstleistungen bzw. aus Dienstleistungen, die keine Finanzdienstleistungen bzw. Wertpapierdienstleistungen sind, sind in Abhängigkeit von der Art der Aufwendungen entweder als „sonstige betriebliche Aufwendungen" zu erfassen oder im Posten „andere Verwaltungsaufwendungen" zu zeigen.[3555] So sind bspw. Aufwendungen für Beratungs- und Prüfungsdienstleistungen und für Gutachten nicht als Provisionsaufwand, sondern als Verwaltungsaufwand (Sachaufwand) auszuweisen.

Die Aufwendungen für **durchlaufende Kredite** (Treuhandkredite) sowie für **Verwaltungskredite** sind mit den entsprechenden Erträgen zu verrechnen; in der Gewinn- und Verlustrechnung ist lediglich die Marge auszuweisen (vgl. Kapitel 6.2.5.).

Schließt das Institut einen **Credit Default Swap zur Absicherung** eines Ausfallrisikos (vgl. ausführlich Kapitel 4.12.6.) im Nicht-Handelsbestand ab, ist die **vorschüssige** Prämienzahlung bei Abschluss des Geschäfts beim Sicherungsnehmer (Institut) als Rechnungsabgrenzungsposten zu erfassen und zeitanteilig als Provisionsaufwand zu buchen. Bei **nachgelagerter** Zahlung ist in Abhängigkeit vom Kontrahenten eine Verbindlichkeit ggü. Kreditinstituten oder eine Verbindlichkeit ggü. Kunden auszuweisen (IDW RS BFA 1).

[3554] Vgl. Krumnow ua., 2. Aufl., § 30 RechKredV Rn. 26.
[3555] Vgl. Krumnow ua., 2. Aufl., § 30 RechKredV Rn. 12; Treuarbeit (Hrsg.), 107.

6.2.6.3. Anhangangaben

Im Gegensatz zu den Provisionserträgen sind die Provisionsaufwendungen nicht nach geografischen Märkten aufzugliedern.

6.2.6.4. Prüfung des Postens

Es ist darauf zu achten, dass sämtliche Provisionsaufwendungen **vollständig** und **periodengerecht** erfasst und zutreffend im Posten „Provisionsaufwendungen" ausgewiesen werden. Es empfiehlt sich, den GuV-Posten zusammen mit den Provisionserträgen zu prüfen. Es empfiehlt sich ferner, ausgewählte Provisionsaufwandskonten unter stichprobenweiser Heranziehung der Ursprungsbelege zu prüfen. Es ist ferner zweckdienlich, den Provisionsaufwand – soweit möglich – anhand der provisionspflichtigen Geschäfte zu verproben bzw. anhand einer DV-Systemprüfung zu verifizieren. Dabei sollte darauf geachtet werden, ob die Provisionen richtig berechnet werden.

Der Prüfungsbericht muss die notwendigen Angaben enthalten.

6.2.7. Nettoertrag oder Nettoaufwand des Handelsbestands

6.2.7.1. Postenbezeichnung

Die Postenbezeichnung nach dem Formblatt 3 lautet wie folgt:

> 7. *Nettoertrag des Handelsbestands*
> *oder*
> 7. *Nettoaufwand des Handelsbestands*

Entsprechend der Postenbezeichnung im Formblatt 2 (Kontoform) ist auch die Bezeichnung des Postens im Formblatt 3 (Staffelform) an den tatsächlichen Posteninhalt anzupassen. Dies verlangt der Grundsatz der Klarheit (§ 243 Abs. 2 HGB).[3556]

Nach § 340 Abs. 4 Satz 2 HGB und § 340 Abs. 4a Satz 2 HGB ist § 340c Abs. 1 HGB, wonach als Ertrag oder Aufwand des Handelsbestands der Unterschiedsbetrag aller Erträge und Aufwendungen aus Geschäften mit Finanzinstrumenten des Handelsbestands und dem Handel mit Edelmetallen sowie der Erträge aus Zuschreibungen und der Aufwendungen aus Abschreibungen

---

[3556] Das gilt, obwohl § 265 Abs. 6 HGB für Kreditinstitute nicht anzuwenden ist.

bei diesen Vermögensgegenständen saldiert auszuweisen ist, auf Finanzdienstleistungsinstitute, Wertpapierinstitute bzw. skontroführende Institute nicht anzuwenden.

Finanzdienstleistungsinstitute und **Wertpapierinstitute**[3557], sofern sie **nicht
Skontroführer** iSd. § 27 Abs. 1 BörsG sind, haben daher nach der Fußnote 7
zum Formblatt 3 anstatt des Aufwands- oder Ertragspostens „7. Nettoertrag oder
Nettoaufwand des Handelsbestands" folgende Posten unsaldiert aufzuführen:

> *7a. Ertrag des Handelsbestands*
> *7b. Aufwand des Handelsbestands*

Die **Fußnote 7** zum Formblatt 3 wurde mit der Zweiten Verordnung zur Änderung der RechKredV eingefügt. Mit dem BilMoG wurden der GuV-Posten
und die Fußnote 7 zu Formblatt 2 und 3 geändert und an die Postenbezeichnung in der Bilanz angepasst. Fußnote 7 des Formblatts 3 wurde durch Art. 7
Abs. 3 Ziff. 11 des Gesetzes zur Umsetzung der Richtlinie (EU) 2019/2034
über die Beaufsichtigung von Wertpapierinstituten[3558] geändert und um „*und
Wertpapierinstitute*" ergänzt.

Aufgrund des im Vergleich zu den Kreditinstituten anderen Geschäftsschwerpunkts, der im Wesentlichen bei solchen Handelsgeschäften liegt, die auch von
der Vorschrift des § 340c Abs. 1 HGB erfasst werden, würde der Nettoausweis von Erträgen und Aufwendungen des Handelsbestands bedeuten, dass der
größte Teil des Geschäfts der Finanzdienstleistungsinstitute bzw. Wertpapierinstitute nur in Form eines Saldos dazustellen ist. Eine solche Wiedergabe des
Geschäfts entspricht zum einen nicht der bisherigen Bilanzierungspraxis der
Finanzdienstleistungs- bzw. Wertpapierinstitute und würde zum anderen den
Jahresabschluss als Informationsbasis für die Bankenaufsicht erheblich beein-
trächtigten. Daher ist es notwendig, dass der Posten „Nettoertrag oder Nettoaufwand des Handelsbestands" durch den Bruttoausweis ersetzt wurde. Die
Bruttoposten umfassen jeweils getrennt die im § 340c Abs. 1 HGB aufgeführ-
ten Ertrags- bzw. Aufwandskomponenten. Die Bezeichnung der Ertrags- bzw.
Aufwandsposten lehnt sich eng an die des Nettopostens an.

Institute, die **Skontroführer** iSd. § 27 Abs. 1 BörsG und nicht CRR-Kreditinstitut (vormals: Einlagenkreditinstitut) iSd. § 1 Abs. 3d Satz 1 KWG sind,
haben nach Fußnote 7 anstatt des Aufwands- oder Ertragspostens „7. Nettoertrag oder Nettoaufwand des Handelsbestands" folgende Posten aufzuführen:

[3557] Geändert durch Art. 7 Abs. 3 des Gesetzes zur Umsetzung der Richtlinie (EU)
2019/2034 über die Beaufsichtigung von Wertpapierinstituten.
[3558] Vgl. BGBl. I 2021, 990 ff., 1050.

7a. Ertrag des Handelsbestands
davon:
aa) Wertpapiere
ab) Futures
ac) Optionen
ad) Kursdifferenzen aus Aufgabegeschäften
7b. Aufwand des Handelsbestands
davon:
ba) Wertpapiere
bb) Futures
bc) Optionen
bd) Kursdifferenzen aus Aufgabegeschäften

Skontroführer (darunter auch Kursmakler) haben über den Bruttoausweis der Erträge und Aufwendungen des Handelsbestands hinaus weitere Informationen auszuweisen. Zur Vereinheitlichung der Formblätter für den Jahresabschluss werden Darunter-Vermerke, die im Wesentlichen den Handelsbestand betreffen, in die Gewinn- und Verlustrechnung für diese Institute eingeführt.

Im Formblatt 1 der RechZahlV ist kein „Handelsbestand" vorgesehen. Entsprechendes gilt für Formblatt 2 für das Handelsergebnis.

6.2.7.2. Posteninhalt

6.2.7.2.1. Rechnungslegungsverordnung

Der Posteninhalt ist in der RechKredV nicht geregelt. § 340c Abs. 1 HGB bestimmt, welche Beträge im Eigenhandelsergebnis zu buchen sind. Ein wesentlicher Aspekt des Ausweises des Eigenhandelsergebnisses in der Gewinn- und Verlustrechnung ist, dass es sich grundsätzlich um einen Nettoausweis handelt.

6.2.7.2.2. Voraussetzungen für den Postenausweis

Überblick

Das Eigenhandelsgeschäft stellt für Institute neben dem Kredit- und Einlagengeschäft und dem Provisionsgeschäft einen wesentlichen Bestandteil des Geschäfts dar. Im Unterschied zu den anderen Geschäften, bei denen die Aufwendungen und Erträge jeweils unsaldiert (brutto) auszuweisen sind, müssen die Aufwendungen und Erträge aus dem Eigenhandelsgeschäft bei Kreditinstituten zwingend saldiert werden. Weitere Einzelheiten vgl. Kapitel 4.4.2.

Der im Posten „Nettoertrag oder Nettoaufwand des Handelsbestands" ausgewiesene Betrag ist bei Kreditinstituten grundsätzlich eine Saldogröße; dh. in diesem Posten ist der Unterschiedsbetrag **aller** Erträge und Aufwendungen aus Geschäften mit Finanzinstrumenten des Handelsbestands und dem Handel mit Edelmetallen sowie der zugehörigen Erträge aus Zuschreibungen und der Aufwendungen aus Abschreibungen bei diesen Vermögensgegenständen auszuweisen (§ 340c Abs. 1 Satz 1 HGB).

Die hier zu erfassenden Aufwendungen und Erträge resultieren zum einen aus Umsatzakten (Kursgewinne bzw. -verluste aus An- und Verkäufen) und zum anderen aus Bewertungsmaßnahmen. Die Erfolge aus Umsatzakten ergeben sich aus Unterschieden zwischen den Anschaffungskosten bzw. dem Buchwert und dem Veräußerungserlös bzw. dem Nennwert oder Rücknahmepreis. In die Verrechnung sind außerdem die Bewertungsergebnisse wie die Aufwendungen für die Bildung von Rückstellungen für drohende Verluste aus den zuvor bezeichneten Geschäften und die Erträge aus der Auflösung dieser Rückstellungen einzubeziehen (§ 340c Abs. 1 Satz 2 HGB). Hierzu können auch Ausbuchungen von Fehlbeständen gehören. Zu den laufenden Erträgen bzw. Aufwendungen vgl. nachfolgend.

Die **Verrechnung** dieser Aufwendungen und Erträge ist bei Kreditinstituten **zwingend** vorgeschrieben. Eine teilweise Verrechnung ist ausgeschlossen. Es handelt sich um eine gesetzlich geregelte Ausnahme vom Verrechnungsverbot.

Im Falle eines positiven Unterschiedsbetrags zwischen den in § 340c Abs. 1 HGB genannten Erträgen und Aufwendungen ist der Posten als „Nettoertrag des Handelsbestands" zu bezeichnen; handelt es sich hingegen um einen negativen Unterschiedsbetrag, lautet die Postenbezeichnung „Nettoaufwand des Handelsbestands".

Die derivativen Bestandteile von **strukturierten Finanzinstrumenten** können für den Fall, dass das strukturierte Finanzinstrument getrennt zu bilanzieren ist, direkt dem Handelsbestand zugeordnet werden, wenn bspw. die Risiken aus den eingebetteten Derivaten im Rahmen der Risikosteuerung im Handel gesteuert werden.

Im Rahmen der Eigenhandelsgeschäfte anfallende **Anschaffungsnebenkosten** sind als unmittelbar im Zusammenhang mit dem Erwerb stehende Aufwendungen gemäß § 255 HGB grundsätzlich zu aktivieren. Von diesem Grundsatz kann abgewichen werden, soweit die Nebenkosten in Relation zum Kaufpreis unwesentlich sind oder ihre Ermittlung unverhältnismäßig hohe Kosten verursacht. In diesem Fall sind die Anschaffungsnebenkosten aus

Eigenhandelsgeschäften Aufwendungen iSv. § 340c Abs. 1 Satz 1 HGB. Da die Anschaffungsnebenkosten im Rahmen der Folgebewertung des Handelsbestands zum beizulegenden Zeitwert (abzüglich eines Risikoabschlags) ohnehin erfolgswirksam werden, können diese bei Anschaffung auch sofort als Aufwand erfasst werden.

Nicht zum Eigenhandelserfolg gehören Personalaufwendungen, Sachaufwendungen, Depotgebühren uÄ.

Risikoabschlag gemäß § 340e Abs. 3 HGB

Der Risikoabschlag für Handelsaktiva nach § 340e Abs. 3 HGB ist als Aufwand im Handelsergebnis nach § 340c Abs. 1 HGB zu erfassen. Für Handelspassiva ist der Risikoabschlag als Zuschlag zu verstehen und ebenfalls als Aufwand im Handelsergebnis zu zeigen.[3559]

Für den Fall, dass ein Value-at-Risk-Abschlag für sämtliche Bestände des Handels – also Aktiva und Passiva – ermittelt wird, ist es im Regelfall nicht möglich, diesen Betrag sachgerecht auf die aktiven bzw. passiven Handelsbestände aufzuteilen. In solchen Fällen wird es hier für sachgerecht angesehen, dass dieser Value-at-Risk-Abschlag insgesamt beim größeren der jeweiligen Bestände (dies ist im Regelfall der Handelsbestand der Aktivseite) berücksichtigt wird. Hierüber ist im Anhang zu berichten.

Sonderposten gemäß § 340e Abs. 4 HGB

In der Bilanz ist dem „Fonds für allgemeine Bankrisiken" nach § 340g HGB gemäß § 340e Abs. 4 HGB in jedem Geschäftsjahr ein Betrag, der mindestens 10 % der „Nettoerträge des Handelsbestands" betrifft, zuzuführen und dort gesondert auszuweisen. Dieser Posten darf ua. zum Ausgleich von Nettoaufwendungen des Handelsbestands (§ 340e Abs. 4 Satz 2 Nr. 1 HGB), zum Ausgleich eines Jahresfehlbetrags (§ 340e Abs. 4 Satz 2 Nr. 2 HGB), Verlustvortrags aus dem Vorjahr (§ 340e Abs. 4 Satz 2 Nr. 3 HGB) oder soweit er 50 % des Durchschnitts der letzten fünf jährlichen Nettoerträge des Handelsbestands überschreitet (§ 340e Abs. 4 Satz 2 Nr. 4 HGB) aufgelöst werden. Zu weiteren Einzelheiten vgl. Kapitel 4.4.2.5.3.

[3559] Vgl. Löw/Scharpf/Weigel, WPg 2008, 1012.

Die Auflösung dieses Sonderpostens zum Ausgleich von Nettoaufwendungen des Handelsbestands kann nur dergestalt vorgenommen werden, dass der Auflösungsbetrag (der die Nettoaufwendungen ausgleicht) in dem Posten „Nettoaufwand des Handelsbestands" ertragswirksam gegengebucht wird. Wird die Gegenbuchung in einem anderen GuV-Posten vorgenommen, kommt es nicht zum gesetzlich vorgeschriebenen *„Ausgleich von Nettoaufwendungen des Handelsbestands"*; eine Auflösung wäre also insoweit unzulässig.

Für die Zuweisung zum Sonderposten gemäß § 340e Abs. 4 HGB enthalten weder die RechKredV noch das HGB Hinweise, in welchem Posten die aufwandswirksame Buchung zu erfolgen hat. Nach der hier vertretenen Ansicht ist eine Zuführung zu diesem Sonderposten zulasten des „Nettoertrags des Handelsbestands" zu bevorzugen.

Abgrenzung von Eigenhandels- und Kundengeschäften mit Finanzinstrumenten

Dem Eigenhandel sind die Geschäfte zuzuordnen, die ein Institut aus eigener Initiative und auf eigene Rechnung betreibt, um (künftige) Kursentwicklungen an den entsprechenden Märkten zu eigenen Gunsten auszunutzen.[3560] Beim Eigenhandel handelt es sich um Geschäfte in eigenem Namen und auf eigene Rechnung bei denen durch kurzfristige Ausnutzung von Preis- und Wertdifferenzen Gewinne erzielt werden sollen. Solche Preis- und Wertdifferenzen sind bspw. Kursunterschiede (zB bei Wertpapieren), Differenzen der Barwerte von Ein- und Auszahlungsströmen (zB bei Zinsswaps) oder Zinsdifferenzen (zB Swaparbitragegeschäfte des Devisenhandels, Termingeldaufnahmen bzw. -anlagen im Geldhandel).[3561]

Eigenhandelsgeschäfte mit Finanzinstrumenten werden mit dem Ziel der (kurzfristigen) Gewinnerzielung durch Ausnutzung von aktuellen oder zu erwartenden Preis- und Wertdifferenzen abgeschlossen. Die kurzfristige Realisierbarkeit bildet für das Eigenhandelsgeschäft zwar keine notwendige Voraussetzung, sie ist aber dennoch typisch für diese Art von Geschäften. Zu den Eigenhandelsgeschäften zählen der **klassische Eigenhandel**, die Ausübung der **Market-Maker-Funktion** und der **Kommissionshandel mit Selbsteintritt**.[3562] Der Kommissionshandel mit Selbsteintritt ist dem Eigenhandel zuzurechnen, da die Abwicklung über den Eigenbestand erfolgt.

[3560] Vgl. Homölle/Pfingsten/Speth, WPg 1997, 621.
[3561] Vgl. Flesch/Bellavite-Hövermann, Die Bank 1998, 744.
[3562] Vgl. Böcking/Wolsiffer/Bär, in: MünchKomm. HGB, 4. Aufl., § 340c HGB Rn. 10.

Von den Eigenhandelsgeschäften sind die **Kundengeschäfte** (Dienstleistungsgeschäft: Auftragshandel, Emissionsgeschäft) abzugrenzen; die Aufwendungen und Erträge sind grundsätzlich im Provisionsergebnis zu zeigen. Die Übernahme und Platzierung von Wertpapieren (einschließlich Schuldscheindarlehen) im Rahmen einer **Emission** gehören ebenfalls zu den Dienstleistungsgeschäften. Die Erfolgsbeiträge hieraus sind mithin im Provisionsergebnis zu zeigen. Auch bei fest übernommenen Emissionen steht das Emissionsgeschäft im Vordergrund, sodass es letztlich im freien Ermessen des Instituts steht, ob und wann diese Bestände den drei Wertpapierkategorien zugeordnet werden.[3563] Kursgewinne aus fest übernommenen Emissionen innerhalb der Emissionsphase sind Bestandteil des Provisionsergebnisses; Kursverluste können ggf. an den Provisionserträgen gekürzt werden.[3564] Restbestände von fest übernommenen Wertpapieren einer Emission können sowohl dem Handelsbestand als auch der Liquiditätsreserve zugeordnet werden.

Die Abgrenzung zwischen Eigenhandels- und Kundengeschäften ist nicht immer unproblematisch. Die Abgrenzung der auf Kundenaufträgen beruhenden Geschäfte von denen, die im eigenen Interesse des Instituts abgeschlossen werden, hat im Zweifelsfall zu berücksichtigen, ob der Dienstleistungscharakter oder das Eigeninteresse überwiegt.

Wenn bspw. Finanzinstrumente aus dem Handelsbestand an Kunden verkauft werden, dürfte im Regelfall ein Eigenhandelsgeschäft gegeben sein, selbst wenn vom Kunden die Initiative für das Geschäft ausgegangen ist. Aus diesem Grund kann nicht einfach gesagt werden, dass Handelsaktivitäten, die auf Kundenaufträgen beruhen, nicht dem Eigenhandel zuzurechnen sind.

Die in fremdem Namen durchgeführten Geschäfte sind im Regelfall ebenso als Kundengeschäfte zu qualifizieren wie die Kommissionsgeschäfte, die zwar in eigenem Namen aber für fremde Rechnung des Kunden abgeschlossen werden.

Neben dem An- und Verkauf von Finanzinstrumenten gehören regelmäßig auch Arbitragegeschäfte sowie Wertpapierpensions- und -leihegeschäfte zu den typischen Geschäften des § 340c Abs. 1 HGB. Gleiches gilt für den Handel mit eigenen Wertpapieren sowie für Erlöse aus der Veräußerung von Bezugsrechten und erfolgswirksame Beiträge aus der Währungsumrechnung.

[3563] Vgl. Krumnow ua., 2. Aufl., § 340c HGB Rn. 64.
[3564] Vgl. Krumnow ua., 2. Aufl., § 340c HGB Rn. 64.

Laufende Erträge aus Handelsbeständen

Die RechKredV enthält keine explizite Vorschrift dazu, wo die mit den Handelsbeständen korrespondierenden laufenden Erträge bzw. Aufwendungen (Zinsen, Dividenden) in der Gewinn- und Verlustrechnung auszuweisen sind. Allerdings regeln die §§ 28 und 29 RechKredV den Ausweis von Zinserträgen und Zinsaufwendungen, indem sie eine bilanzpostenbezogene Zuordnung vornehmen. Diese Vorgehensweise kann – übertragen auf die durch das BilMoG eingeführten Aktiv- bzw. Passivposten „Handelsbestand" – nur bedeuten, dass die mit dem Handelsbestand korrespondierenden laufenden Erträge bzw. Aufwendungen (Zinsen und Dividenden) zum Nettoertrag oder Nettoaufwand des Handelsbestands gehören (**Alternative 1**). Insofern wurde einem Wunsch der Praxis entsprochen.[3565] Wegen weiterer Einzelheiten vgl. Kapitel 4.4.2. und 6.2.3.

§ 340c Abs. 1 HGB definiert das Handelsergebnis als den „*Unterschiedsbetrag aller Erträge und Aufwendungen aus Geschäften mit Finanzinstrumenten des Handelsbestands und dem Handel mit Edelmetallen sowie der zugehörigen Erträge aus Zuschreibungen und Aufwendungen aus Abschreibungen*". Bei wortgetreuer Auslegung können Geschäfte als Synonym für Transaktionen aufgefasst werden. Wird dieser engen Abgrenzung gefolgt (**Alternative 2**), sind bezüglich laufend entstehender Erträge und Aufwendungen nur Provisionen, die im Zusammenhang mit dem Erwerb oder der Veräußerung von Finanzinstrumenten und Edelmetallen des Handelsbestands anfallen, zwingend im Handelsergebnis auszuweisen. In diesem Sinne wird es als zulässig erachtet, die laufenden Zinserträge und Zinsaufwendungen, alternativ zu einem Ausweis im Nettoergebnis des Handelsbestands, auch im Zinsergebnis auszuweisen, wenn dies mit der internen Steuerung übereinstimmt (IDW RS BFA 2 Tz. 75). Darüber wäre im Anhang zu berichten.

Eine Zuordnung ausschließlich der Zinserträge zum Zinsergebnis ist nicht zulässig (IDW RS BFA 2 Tz. 75).[3566] Werden Dividenden entgegen der Zuordnung nach Alternative 1 nicht im Handelsergebnis gezeigt, können diese – folgt man Alternative 2 – nur im Posten „Laufende Erträge aus a) Aktien und anderen festverzinslichen Wertpapieren" erfasst werden.[3567] Keinesfalls können Dividenden im Zinsergebnis ausgewiesen werden.[3568] Dies auch dann nicht, wenn dies mit der internen Steuerung im Einklang stehen sollte, da dieser Ausweis ein eindeutiger Verstoß gegen § 28 RechKredV wäre. Entscheidet

---

[3565] Vgl. Löw/Scharpf/Weigel, WPg 2008, 1015; KK-RLR, § 340c HGB Rn. 39.

[3566] Ebenso WPH Edition, Kreditinstitute, Kap. D. Rn. 886.

[3567] Ebenso DGRV (Hrsg.), Jahresabschluss, C.II. Rn. 151.

[3568] Insoweit handelt es sich bei Scharpf/Schaber/Löw/Treitz/Weigel/Goldschmidt, WPg 2010, 502 rechts oben um einen offenkundigen Fehler.

sich ein Institut bezüglich der Dividenden für den Ausweis nach Alternative 2 ist auch dies im Anhang zu berichten.

Der jeweilige Ausweis und die Zuordnung der laufenden Erträge und Aufwendungen dürfen nicht willkürlich sein.[3569] Bezüglich der Anwendung von Alternative 1 oder 2 ist der Grundsatz der Stetigkeit zu beachten, dh. ein Institut folgt konsequent der Alternative 1 und ordnet alle Erträge und Aufwendungen aus Geschäften mit Finanzinstrumenten des Handelsbestands dem Handelsergebnis zu oder es folgt der Alternative 2 und ordnet nur die Erträge und Aufwendungen dem Handelsergebnis zu, die im Zusammenhang mit dem Erwerb oder der Veräußerung von Handelsbeständen stehen. Selbstverständlich werden Bewertungsergebnisse auch bei Anwendung von Alternative 2 dem Handelserfolg zugeordnet. Änderungen sind im Anhang anzugeben.[3570]

In diesem Kontext muss aber beachtet werden, dass es neben IDW RS BFA 2 auch IDW RS BFA 3 n.F. gibt, der die sog. verlustfreie Bewertung des Bankbuchs regelt. Hierbei ist der Fokus auf das Zinsergebnis gerichtet. Dieses Zinsergebnis darf dabei nicht durch die Zinsen aus Handelsbeständen „verfälscht" werden.

Hier wird daher die Ansicht vertreten, dass nur der Ausweis im Handelsergebnis mit den Regelungen von IDW RS BFA 3 n.F. (verlustfreie Bewertung des Bankbuchs) vereinbar ist. Werden die Erträge (insbes. Zinsen und Dividenden) aus Handelsbeständen im Zins- bzw. Dividendenergebnis gezeigt, folgt hieraus, dass die Zinsinstrumente des Handelsbestands in die verlustfreie Bewertung des Bankbuchs (Zinsbuchs) einbezogen werden müssten, was nicht den GoB entsprechen würde. Aus diesem Grund sollte IDW RS BFA 2 entsprechend geändert bzw. angepasst werden.

Besonderheiten bei Finanzdienstleistungs- und Wertpapierinstituten, Kursmaklern und Skontroführern

(a) Bruttoausweis

Finanzdienstleistungsinstitute und Wertpapierinstitute sind vom Saldierungsgebot für die Aufwendungen und Erträge aus dem Eigenhandel ausgenommen. Sie sind verpflichtet, das Ergebnis ihrer Eigenhandelsaktivitäten brutto auszuweisen (§ 340 Abs. 4 Satz 2, Abs. 4a Satz 2 HGB).[3571] Dies wird damit

---

[3569] Vgl. KK-RLR, § 340c HGB Rn. 41.
[3570] Vgl. KK-RLR, § 340c HGB Rn. 41.
[3571] Vgl. auch Hanenberg, WPg 1999, 93.

begründet, dass aufgrund des im Vergleich zu den Kreditinstituten anderen Geschäftsschwerpunkts der Finanzdienstleistungs- bzw. Wertpapierinstitute, der im Wesentlichen in von § 340c Abs. 1 HGB erfassten Handelsgeschäften liegt, die Anwendung des Saldierungsgebots des § 340c Abs. 1 HGB bedeuten würde, dass der größte Teil des Geschäfts nur in Form eines Saldos darzustellen wäre.

Vom Saldierungsgebot ausgenommen sind auch Kreditinstitute, die Kursmakler oder Skontroführer und nicht CRR-Kreditinstitut (vormals: Einlagenkreditinstitut) sind. Dies wird damit begründet, dass der Bruttoausweis von der Börsenaufsicht der Länder aufgrund einer Anordnung gefordert und für die BaFin unabdingbar ist. Ansonsten würde der größte Teil des Geschäfts dieser Kreditinstitute lediglich in einem Saldo ausgewiesen.

Das HGB sowie die RechKredV regeln den Bruttoausweis der Aufwendungen und Erträge des Handelsbestands, ohne weitere Vorgaben zu machen, sodass deren Ermittlung in Übereinstimmung mit den Grundsätzen ordnungsmäßiger Bilanzierung zu erfolgen hat.[3572]

(b) Ausweis von Umsätzen und unerlaubte Saldierung

Der Bruttoausweis setzt nach Ansicht des BFA[3573] voraus, dass die jeweils erzielten Erträge und Aufwendungen gesondert erfasst werden. Die Ermittlung kann sowohl auf Basis einer Verknüpfung konkreter An- und Verkaufskurse als auch einer unterstellten Verbrauchsfolge der auf die jeweilige Gattung bezogenen durchschnittlichen Anschaffungskosten erfolgen.

Die Berechnung der Bruttoerträge erfolgt in der Praxis gelegentlich durch Saldierung der aufaddierten positiven und negativen Kursdifferenzen. Diese Darstellung ist mit dem Bruttoprinzip nicht vereinbar. Eine zutreffendere Buchung der Kursdifferenzen ist vielmehr anhand des Maklertagebuchs möglich, da dort auf Gattungsebene alle positiven und negativen Kursdifferenzen eines Tages dokumentiert sind.[3574]

[3572] Vgl. Hanenberg, WPg 1999, 94.
[3573] Vgl. IDW BFA, IDW FN 2000, 481.
[3574] Vgl. IDW BFA, IDW FN 2000, 481.

(c) Absicherungsgeschäfte

Der strenge Bruttoausweis berücksichtigt nicht den Zusammenhang von Grundgeschäften und Sicherungsinstrumenten im Rahmen von Absicherungsgeschäften (Bewertungseinheiten), was nach hM nicht sachgerecht ist. Hedgegeschäfte führen auch hier zu einer kompensatorischen Bewertung, wenn die einschlägigen Voraussetzungen für die Bildung von Bewertungseinheiten erfüllt sind.

(d) Buchhaltungssysteme

Aufgrund des Bruttoausweises der Aufwendungen und Erträge des Handelsbestands ist die Buchung aller hierzu gehörenden Transaktionen auf separaten Aufwands- und Ertragskonten erforderlich. Eine saldierende Buchung von Aufwendungen und Erträgen auf nur einem einzigen Konto ist damit nicht sachgerecht. Zudem sind bei verschiedenen Instituten weitergehende Untergliederungen notwendig (Wertpapiere, Futures, Optionen, Kursdifferenzen aus Aufgabegeschäften). Dabei ist es grundsätzlich notwendig, die Gewinne und Verluste je Wertpapier bzw. je Geschäft zu erfassen. Es empfiehlt sich daher, dass die erzielten Erträge und Aufwendungen ggf. in einer Nebenbuchhaltung erfasst werden.

Nach Ansicht des BFA[3575] soll, wenn die an sich erforderliche Buchung auf Einzelgeschäftsebene mit bestimmten Systemen nicht oder nur unter erheblichem Zeitaufwand möglich ist, die Buchung zumindest auf **Gattungsebene** durchgeführt werden. Im Falle der Erfolgsermittlung je Wertpapier ist es bei einem Handel mit verschiedenen Wertpapieren möglich, nicht für jedes Geschäft, wohl aber für jedes Wertpapier entweder einen Aufwand oder einen Ertrag zu ermitteln und jeweils getrennt zu addieren und brutto in die Erfolgsrechnung aufzunehmen.[3576]

Kreditderivate des Handelsbestands

Hinsichtlich der Bilanzierung und Bewertung von Kreditderivaten ist wie bei allen Finanzinstrumenten der Verwendungszweck von entscheidender Bedeutung. Eine Zuordnung zum **Handelsbestand** erfolgt, wenn das Kreditderivat in der Absicht abgeschlossen wird, bei Veränderung eines Marktpreises im Zeitablauf durch Terminierung des abgeschlossenen Geschäfts (Close-out)

[3575] Vgl. IDW BFA, IDW FN 2000, 481.
[3576] Vgl. auch Hanenberg, WPg 1999, 94.

oder durch Abschluss eines Gegengeschäfts einen Handelsgewinn zu erzielen. Ebenfalls als Handelsbestand angesehen wird das aktive Führen eines Buchs mit Kreditderivaten ohne Bezug zu bestehenden oder geplanten Grundgeschäften iSd. des Durchhandelns.

Diese Zuordnung zum Handelsbestand muss vom Bilanzierenden stetig und willkürfrei erfolgen sowie für fachkundige Dritte nachvollziehbar sein. Der Verwendungszweck muss sich auch in den innerbetrieblichen Strukturen und Abläufen, der Risikosteuerung und Überwachung niederschlagen.

Sind Kreditderivate dem **Handelsbestand** zugeordnet, ist abweichend von IDW RS BFA 1 der die Bilanzierung von Handelsbeständen interpretierende IDW RS BFA 2 relevant. Zur Bilanzierung und Bewertung von Kreditderivaten im Handelsbestand wird auf Kapitel 4.12.6.5.6. verwiesen. Der Abschluss eines Kreditderivats zur **Absicherung von im Handelsbestand** gehaltenen Kreditrisiken ist grundsätzlich ebenfalls als Handel zu qualifizieren.

6.2.7.3. Anhangangaben

Der „Nettoertrag des Handelsbestands" ist im Anhang nach geografischen Märkten aufzugliedern, soweit diese Märkte sich vom Standpunkt der Organisation des Kreditinstituts wesentlich voneinander unterscheiden (§ 34 Abs. 2 Satz 1 Nr. 1 RechKredV). Soweit ein Nettoaufwand des Handelsbestands entsteht, ist dieser nicht im Anhang aufzugliedern.

Im Anhang ist ferner eine Aufstellung über die Arten von am Bilanzstichtag noch nicht abgewickelten fremdwährungs-, zinsabhängigen und sonstigen Termingeschäften aufzunehmen, die lediglich ein Erfüllungsrisiko sowie Währungs-, Zins- und/oder sonstige Marktpreisänderungsrisiken aus offenen und im Falle eines Adressenausfalls auch aus geschlossenen Positionen beinhalten (§ 36 RechKredV).

6.2.7.4. Prüfung des Postens

Es sind die allgemein für die Ertrags- bzw. Aufwandsposten üblichen Prüfungshandlungen durchzuführen. Dabei ist darauf zu achten, dass sämtliche Eigenhandelserfolge **vollständig** und **periodengerecht** erfasst und zutreffend ausgewiesen werden. **Bewertungsfragen** werden idR bereits im Rahmen der Prüfung der einzelnen Bilanzposten geklärt. Es empfiehlt sich, ausgewählte Ertragskonten bzw. Aufwandskonten unter stichprobenartiger Heranziehung der Ursprungsbelege zu prüfen.

Es ist ferner zweckdienlich, den Eigenhandelserfolg – soweit möglich – anhand der Bestände zu verproben bzw. anhand einer DV-Systemprüfung zu verifizieren. Dabei sollte darauf geachtet werden, ob die Aufwendungen und Erträge richtig berechnet werden.

Der **Prüfungsbericht** muss die erforderlichen Angaben enthalten.

6.2.8. Sonstige betriebliche Erträge

6.2.8.1. Postenbezeichnung

Die Postenbezeichnung nach dem Formblatt 3 der RechKredV lautet wie folgt:

8. Sonstige betriebliche Erträge

Für **Zahlungsinstitute** und **E-Geld-Institute** lautet die Postenbezeichnung nach Formblatt 2 der RechZahlV wie folgt:

7. Sonstige betriebliche Erträge
a) aus Zahlungsdiensten und aus der Ausgabe von E-Geld
b) aus sonstigen Tätigkeiten

6.2.8.2. Posteninhalt

6.2.8.2.1. Rechnungslegungsverordnung

Die RechKredV bzw. RechZahlV enthalten keine Bestimmungen für den Posteninhalt des GuV-Postens „8. Sonstige betriebliche Erträge".

6.2.8.2.2. Voraussetzungen für den Postenausweis

Der Posten „Sonstige betriebliche Erträge" ist ein Sammelposten für alle nicht unter anderen Ertragsposten auszuweisenden Erträge. Der Posten nimmt daher alle die Erträge auf, die im Rahmen der gewöhnlichen Geschäftstätigkeit entstehen und einem anderen Ertragsposten nicht zugeordnet werden können.

Dies bedeutet auch, dass Bewertungs- und Abgangserfolge die Verbindlichkeitsposten betreffend der Ausweiskonzeption der RechKredV folgend grundsätzlich im sonstigen betrieblichen Ergebnis auszuweisen sind. Entspre-

chendes gilt für diese Erfolgskomponenten bei in den sonstigen Vermögensgegenständen erfassten Vermögensgegenständen.

Hier sind beispielsweise folgende Erträge auszuweisen:

- Erträge aus nicht-institutstypischen Dienstleistungen (zB Fremdmie-
  ten, Pachten, Erbbauzinsen),
- Erträge aus Anlagenverkäufen (zB Grundstücke und Bauten, Betriebs-
  und Geschäftsausstattung),
- Erträge aus der Auflösung von Rückstellungen (vgl. Kapitel 5.3.9.2.2.
  und 5.3.9.3.),
- sonstige Erlöse, wie zB Fernsprechgebühren, Porto, Personalbereit-
  stellung, Beratungs- und Verwaltungsgebühren, soweit es sich nicht
  um Dienstleistungserträge handelt, die als Provisionserträge zu buchen
  sind,
- Vergütungen aus Geschäftsbesorgungs- und Geschäftsführungsverträ-
  gen,
- Erstattungsbeträge aus dem Lohnfortzahlungsgesetz, Altersteilzeitver-
  einbarungen usw.,
- Zuschüsse (steuerpflichtig) und Zulagen (steuerfrei) ua. für Investitionen, soweit sie nicht als Anschaffungskostenminderung behandelt werden,
- Erträge aus Schadenersatzansprüchen und Versicherungsentschädigun-
  gen,
- Zinsen aus Steuererstattungsansprüchen, Prozesszinsen auf Erstattungsbeträge,
- Kassenbestandsüberschüsse,
- Erträge aus der Auflösung der Drohverlustrückstellung wegen verlustfreier Bewertung des Bankbuchs (IDW RS BFA 3 n.F. Tz. 40),
- Erträge aus ausgebuchten Verbindlichkeiten und andere Erfolgsbeiträge
  aus Verbindlichkeiten,
- Erträge aus Leasinggeschäften, soweit der Ausweis nicht nach Fußnote 9 zum Formblatt 1 der RechKredV erfolgt.

Soweit die Erträge außerhalb der gewöhnlichen Geschäftstätigkeit anfallen,
sind sie unter dem Posten „Außerordentliche Erträge" auszuweisen (§ 340a
Abs. 2 Satz 4 HGB).

Der Unterschiedsbetrag zwischen dem Rückkaufkurs und dem passivierten
Erfüllungsbetrag ist bei zurück erworbenen **eigenen Emissionen (sog. Til-**

gungsstücke) im sonstigen betrieblichen Ergebnis zu erfassen, da es sich um Erfolgsbeiträge handelt, die aus Verbindlichkeiten resultieren.[3577]

Erträge und Aufwendungen aus Leasinggeschäften

Bei Leasingunternehmen haben Leasingerträge (Leasingaufwendungen) idR eine andere Bedeutung als bei Kreditinstituten, die ua. auch das Leasinggeschäft betreiben können.

Mit der am 9.6.2011[3578] veröffentlichten *„ Verordnung zur Änderung von Rechnungslegungsverordnungen"* wird für Finanzdienstleistungsinstitute iSv. § 1 Abs. 1a Nr. 10 KWG (**Finanzierungsleasingunternehmen**) vor dem Posten „11. Immaterielle Anlagewerte" ein Posten „10a. Leasingvermögen" eingefügt. Gemäß Fußnote 9 zu Formblatt 3 müssen Finanzierungsleasingunternehmen vor dem Ertragsposten „1. Zinserträge" den Posten „01. Leasingerträge" und den Posten „02. Leasingaufwendungen" ausweisen.

Die **Leasingerträge** umfassen insbesondere folgende Sachverhalte:

* Erlöse aus nicht forfaitierten Leasingraten,
* Erlöse aus leasingtypischen Serviceleistungen,
* Erträge aus der Auflösung des passiven Rechnungsabgrenzungspostens im Falle der Forfaitierung der Leasingraten bzw. der Auflösung des passiven Rechnungsabgrenzungspostens im Zusammenhang mit Mietsonderzahlungen der Leasingnehmer,
* Verwertungserlöse,
* Mietkauferlöse bei Vertragsabschluss (Barwert der Mietkaufforderungen).

Korrespondierend zum Posten „Leasingerträge" sollte der Posten **Leasingaufwendungen** folgende Sachverhalte enthalten:

* Aufwendungen aus dem Abgang der Restbuchwerte für verkaufte Leasingobjekte,
* Aufwendungen im Zusammenhang mit dem Erwerb von Mietkaufobjekten sowie
* Aufwendungen für bezogene Leistungen (Serviceleistungen).

[3577] AA DGRV (Hrsg.), Jahresabschluss, B.II. Rn. 327., danach ist die Differenz zwischen dem Rückkaufkurs und dem passivierten Rückzahlungsbetrag in der Überkreuzkompensation nach § 340f Abs. 3 HGB (Wertpapierergebnis) zu verrechnen.
[3578] Vgl. BGBl. I 2011, 1043.

6.2.8.3. Anhangangaben

Der Gesamtbetrag der sonstigen betrieblichen Erträge ist im Anhang nach geografischen Märkten aufzugliedern, soweit diese Märkte sich vom Standpunkt der Organisation des Kreditinstituts wesentlich voneinander unterscheiden (§ 34 Abs. 2 Satz 1 Nr. 1 RechKredV).

Im Anhang sind ferner folgende Angaben zu machen:

- Die **wichtigsten Einzelbeträge** dieses Postens sind anzugeben, sofern sie für die Beurteilung des Jahresabschlusses nicht unwesentlich sind. Die Beträge und ihre Art sind zu erläutern (§ 35 Abs. 1 Nr. 4 RechKredV).
- Die in diesem Posten enthaltenen **Erträge aus Leasinggeschäften** sind anzugeben (§ 35 Abs. 1 Nr. 3 RechKredV).

6.2.8.4. Prüfung des Postens

Es sind die allgemein für sonstige betriebliche Erträge üblichen Prüfungshandlungen durchzuführen. Dabei ist darauf zu achten, dass Erträge **vollständig** und **periodengerecht** erfasst und zutreffend ausgewiesen werden. Es empfiehlt sich, ausgewählte Ertragskonten unter stichprobenweiser Heranziehung der Ursprungsbelege zu prüfen.

Der **Prüfungsbericht** muss die erforderlichen Angaben enthalten.

6.2.9. Allgemeine Verwaltungsaufwendungen

6.2.9.1. Postenbezeichnung

Die Postenbezeichnung nach dem Formblatt 3 der RechKredV lautet wie folgt:

10. Allgemeine Verwaltungsaufwendungen
a) Personalaufwand
aa) Löhne und Gehälter
ab) Soziale Abgaben und Aufwendungen für Altersversorgung und für Unterstützung
darunter:
für Altersversorgung ... Euro
b) andere Verwaltungsaufwendungen

Für **Zahlungsinstitute** und **E-Geld-Institute** lautet die Postenbezeichnung nach Formblatt 2 der RechZahlV wie folgt:

> 8. *Allgemeine Verwaltungsaufwendungen*
> > *a) aus Zahlungsdiensten und aus der Ausgabe von E-Geld*
> > > *aa) Personalaufwand*
> > > > *aaa) Löhne und Gehälter*
> > > > *bbb) Soziale Abgaben und Aufwendungen für Altersversorgung und Unterstützung*
> > > > *darunter:*
> > > > *für Altersversorgung ... Euro*
> > > *bb) andere Verwaltungsaufwendungen*
> > *b) aus sonstigen Tätigkeiten*
> > > *aa) Personalaufwand*
> > > > *aaa) Löhne und Gehälter*
> > > > *bbb) Soziale Abgaben und Aufwendungen für Altersversorgung und Unterstützung*
> > > > *darunter:*
> > > > *für Altersversorgung ... Euro*
> > > *bb) andere Verwaltungsaufwendungen*

6.2.9.2. Posteninhalt

6.2.9.2.1. Rechnungslegungsverordnung

Der Posteninhalt für **Institute** ist in § 31 RechKredV beschrieben. Abs. 1 dieser Vorschrift bestimmt, welche Beträge im Unterposten a) ab) auszuweisen sind, während Abs. 2 den Inhalt des Unterpostens b) regelt.

Mit der Zweiten Verordnung zur Änderung der RechKredV wurde in § 31 Abs. 1 Satz 1 RechKredV das Wort *„Kreditinstitut"* durch das Wort *„Institut"* ersetzt.

Der Posteninhalt für **Zahlungsinstitute** und **E-Geld-Institute** ist in § 25 RechZahlV festgelegt. Die Vorschrift entspricht inhaltlich weitestgehend § 31 RechKredV, ist jedoch übersichtlicher gegliedert. § 25 Abs. 2 Nr. 11 und 12 RechZahlV verlangen ergänzend zu § 31 RechKredV, dass Kosten des Geldverkehrs und Kosten für Geldtransporte und dergleichen als „andere Verwaltungskosten" erfasst werden.

6. Einzelheiten zu den Posten der Gewinn- und Verlustrechnung

6.2.9.2.2. Voraussetzungen für den Postenausweis

Unterposten: a) Personalaufwand

Die Postenbezeichnung und Untergliederung des Unterpostens „a) Personalaufwand" entspricht § 275 Abs. 2 Nr. 6 HGB. Daher sind die für Nichtbanken geltenden Grundsätze auch von Instituten anzuwenden, soweit § 31 Abs. 1 RechKredV keine hiervon abweichenden Regelungen enthält. Als Personalaufwand sind alle Geld- und Sachleistungen für Angestellte, gewerbliche Mitarbeiter und Mitglieder der Geschäftsleitung anzusehen. Darüber hinaus gehören hierzu die sozialen Abgaben und die Aufwendungen für Altersversorgung und für Unterstützung.

Unterposten: aa) Löhne und Gehälter

Unter den Unterposten „aa) Löhne und Gehälter" fallen sämtliche Löhne und Gehälter für Mitarbeiter und Mitglieder des Vorstands/der Geschäftsführung,[3579] ganz gleich für welche Arbeit, in welcher Form und unter welcher Bezeichnung sie geleistet wurden.[3580] Hierzu gehören auch **Nachzahlungen** für Vorjahre, soweit hierfür keine Rückstellungen bestehen. Auch **Nebenbezüge** gehören zu den Vergütungen. Grundsätzlich liegt Personalaufwand dann vor, wenn die Vergütungen der Lohnsteuer unterliegen.

Auszuweisen ist der **Bruttobetrag** der Löhne und Gehälter, dh. vom Mitarbeiter zu tragende Steuern und Sozialabgaben dürfen nicht abgezogen werden. Die Arbeitgeberanteile zur Sozialversicherung sind im Unterposten ab) auszuweisen.

Es sind die im Geschäftsjahr angefallenen Löhne und Gehälter anzugeben, ohne Rücksicht darauf, wann die Auszahlung erfolgt. Darüber hinaus sind hier zu erfassen:[3581]

- Gratifikationen und Tantiemen,
- Erfindervergütungen an Mitarbeiter; Vergütungen für Verbesserungsvorschläge,

---

[3579] Zu den Vorstandsbezügen bzw. Bezügen der Geschäftsleiter vgl. auch ADS 6. Aufl. § 275 HGB Rn. 103.
[3580] Einzelheiten vgl. ADS 6. Aufl. § 275 HGB Rn. 100 ff.
[3581] Vgl. ADS 6. Aufl. § 275 HGB Rn. 104 ff.

1280

- Abfindungen und Ausgleichszahlungen an ausscheidende Mitarbeiter, wenn diese als Gehalts- oder Lohnfortzahlungen für geleistete Dienste anzusehen sind oder aufgrund einer vom Arbeitgeber veranlassten oder gerichtlich ausgesprochenen Auflösung des Dienstverhältnisses zu zahlen sind (vgl. unten),
- Abschlussvergütungen; Provisionen an Arbeitnehmer (nicht jedoch an selbstständige Vermittler usw.),
- Pauschalierte Aufwandsentschädigungen,
- Aufwendungen aufgrund von Vorruhestandszahlungen, soweit der Abfindungscharakter überwiegt (ansonsten erfolgt der Ausweis im Unterposten ab)),
- Ausbildungsbeihilfen,
- Erstattung von Fahrtkosten für Fahrten zur Arbeitsstelle und Berufsschule, soweit sie vom Arbeitnehmer zu tragen wären,
- Essenszuschüsse für Mitarbeiter,
- Geldwerte Vorteile aus Sachbezügen[3582] zB bei Dienstwohnungen, privater Nutzung von Dienstwagen, Fernsprecheinrichtungen usw.; Wohnungsentschädigungen,
- Jubiläumsgelder,
- Leistungen nach dem Vermögensbildungsgesetz,
- Lohn- und Gehaltsfortzahlungen im Krankheitsfall,
- Mankogelder,
- Prämien für freiwillige Unfallversicherungen zugunsten von Arbeitnehmern,
- Trennungs- und Aufwandsentschädigungen,
- Übernommene Arbeitnehmeranteile zur Sozialversicherung bzw. Arbeitnehmeranteile zur befreienden Lebensversicherung; übernommene Lohn- und Kirchensteuer (einschl. Pauschalversteuerungen),
- Urlaubsgeld und Urlaubsabgeltung sowie Zuführung zur Rückstellung für Urlaubsrückstände,
- Vergütungen für Vermittlungsentgelte; Werbeprämien,
- Zuschuss zum Krankengeld.

Die zum Bilanzstichtag noch nicht ausbezahlten, das abgelaufene Geschäftsjahr betreffenden Löhne und Gehälter werden als sonstige Verbindlichkeiten oder Rückstellungen passiviert.

[3582] Vgl. Roß, BB 2016, 495 f.

Die **Institutsvergütungsverordnung** (InstitutsVergV) vom 16.12.2013[3583] ist am 1.1.2014 in Kraft getreten[3584] und zuletzt am 20.9.2021[3585] geändert worden.[3586] Die BaFin hat zur InstitutsVergV eine Auslegungshilfe veröffentlicht.[3587] Zu Abfindungszahlungen vgl. Freihube/Christoffer.[3588] Zu nicht-finanziellen Zielen als Element nachhaltiger Vorstandsvergütung vgl. Faber/Werder,[3589] zu den Vorgaben des KWG vgl. Lackholf/Kulenkamp,[3590] zu den EBA-Guidelines vgl. Löw/Glück[3591]. Zu Umgehungstatbeständen und den Folgen aus der Umgehung der InstitutsVergV vgl. Brcic.[3592]

Aufwendungen (Löhne und Gehälter) für **Arbeitskräfte fremder Firmen** (Personalleasing) sind idR als „andere Verwaltungsaufwendungen" auszuweisen. Ein Ausweis als „Sonstige betriebliche Aufwendungen" kommt dann in Betracht, wenn es sich nicht um bankgeschäftliche Aufwendungen sachlicher Art handelt.[3593]

Die **Gesamtbezüge der Mitglieder des Geschäftsführungsorgans**[3594] sind im Unterposten aa) auszuweisen. Feste Vergütungen und in der Satzung geregelte gewinnabhängige Tätigkeitsvergütungen, die ein **persönlich haftender Gesellschafter einer KGaA** für seine Tätigkeit erhält, sind ebenfalls im Unterposten aa) zu erfassen, obwohl zwischen der Gesellschaft und dem persönlich haftenden Gesellschafter kein Dienstverhältnis besteht und die Vergütung für gesellschaftliche Tätigkeit geleistet wird.[3595] Für Tätigkeitsvergütungen kommt auch eine Einbeziehung in den Posten „Sonstige betriebliche Aufwendungen" in Betracht, insbesondere wenn sie nicht in der Satzung festgelegt sind.[3596]

[3583] Vgl. BGBl. I 2013, 4270 ff.; geändert durch Verordnung zur Änderung der Institutsvergütungsverordnung vom 25.7.2017, BGBl. I 2017, 3042 ff.; Zweite Verordnung zur Änderung der Institutsvergütungsverordnung vom 15.4.2019, BGBl. I 2019, 486.

[3584] Vgl. Kuhn/Mädler, BankPraktiker 2014, 62 ff.; Insam/Hinrichs/Hörtz, WM 2014, 1415 ff.; Zürn/Böhm, BB 2014, 1269 ff.; Merkelbach, WM 2014, 1990 ff.; Jensen, BB 2014, 2869 ff.; Löw/Glück, BKR 2015, 186 ff.

[3585] Vgl. BGBl. 2021 I, 4308 ff.

[3586] Vgl. Deutsche Bundesbank, Monatsbericht Oktober 2021, 87 ff.; Waschbusch/Schuster, ZGG 2021, 259 ff.

[3587] Vgl. BaFin, Auslegungshilfe zur Institutsvergütungsverordnung, www.bafin.de.

[3588] Vgl. Freihube/Christoffer, DB 2018, 827 ff.

[3589] Vgl. Faber/Werder, AG 2014, 608 ff.

[3590] Vgl. Lackholf/Kulenkamp, AG 2014, 770 ff.

[3591] Vgl. Löw/Glück, BKR 2016, 265 ff.

[3592] Vgl. Brcic, BP 04/2019, 87 ff.

[3593] Bankgeschäftliche Aufwendungen sachlicher Art sind nach § 31 Abs. 2 RechKredV im Unterposten „b) andere Verwaltungsaufwendungen" auszuweisen.

[3594] Vgl. auch ADS 6. Aufl. § 275 HGB Rn. 103.

[3595] Vgl. ADS 6. Aufl. § 275 HGB Rn. 103.

[3596] Vgl. ADS 6. Aufl. § 275 HGB Rn. 103.

Vorschüsse auf Löhne und Gehälter sind keine Aufwendungen des Geschäftsjahres, sondern, soweit am Bilanzstichtag noch nicht verrechnet, als Forderungen unter den sonstigen Vermögensgegenständen zu erfassen.

Bei **Abfindungen** vorzeitig ausscheidender Mitarbeiter bzw. Geschäftsleiter wird im Regelfall eine Nachzahlung von Lohn bzw. Gehalt für bereits geleistete Dienste vorliegen. Außerdem liegt der Grund für Abfindungszahlungen letztlich im Dienstverhältnis.

Als Personalaufwand sind nur Zahlungen mit Vergütungscharakter (dh. Vergütungen für Arbeitsleistungen) auszuweisen (IDW RS HFA 3 n.F.).[3597] Zahlungen mit Abfindungscharakter sind vom Ausweis als Personalaufwand ausgeschlossen; sie sind als außerordentlicher Aufwand zu zeigen.[3598] Wesentliche periodenfremde Beträge sind ggf. im Anhang zu erläutern (§ 285 Nr. 32 HGB).

Erstattete **Barauslagen und Spesen** (Reisespesen, Verpflegung, Übernachtung, Fahrtkosten, Telefon usw.) sind nicht unter den Löhnen und Gehältern, sondern idR unter dem Posten „andere Verwaltungsaufwendungen" auszuweisen.

Aufsichtsratsbezüge sind ebenfalls keine Personalaufwendungen, denn ein Aufsichtsrat steht nicht in einem Dienst- oder Angestelltenverhältnis zum Institut. Aufsichtsratsvergütungen sind nach § 31 Abs. 2 RechKredV vielmehr Aufwendungen sachlicher Art und daher im Unterposten „b) andere Verwaltungsaufwendungen" auszuweisen.

Unterposten: ab) Soziale Abgaben und Aufwendungen für Altersversorgung und für Unterstützung

Im Unterposten ab) sind gesetzliche Pflichtabgaben, Beihilfen und Unterstützungen, die das Institut zu erbringen hat, sowie Aufwendungen für die Altersversorgung (einschließlich den Zuführungen zu den Pensionsrückstellungen) auszuweisen (§ 31 Abs. 1 Satz 1 RechKredV). Bezüglich Einzelheiten zu den im Unterposten ab) auszuweisenden Aufwendungen kann auf die Kommentierungen zu § 275 HGB verwiesen werden.[3599]

Die im Unterposten ab) enthaltenen Aufwendungen für Altersversorgung sind durch einen Darunter-Vermerk innerhalb des Unterpostens ab) nachrichtlich anzu-

---

[3597] Vgl. Kolb/Roß, WPg 2015, 874; auch zu Abfindungszahlungen bei Restrukturierungen.
[3598] Vgl. Kolb/Roß, WPg 2015, 874.
[3599] Vgl. die einschlägigen Kommentierungen zu § 275 HGB.

geben. Die Gliederungsschemata der Formblätter 2 und 3 sehen dies ausdrücklich vor. Nachdem § 265 Abs. 5 HGB, wonach unter bestimmten Voraussetzungen eine weitere Untergliederung der Posten zulässig ist, auch von Instituten anzuwenden ist, ist es auch zulässig, den Unterposten ab) wie folgt zu gliedern:

- Soziale Abgaben und Aufwendungen für Unterstützung,
- Aufwendungen für Altersversorgung.

Die laufenden **Beiträge zur Insolvenzsicherung** von betrieblichen Versorgungszusagen an den Pensions-Sicherungs-Verein aG sind ebenfalls den Aufwendungen für Altersversorgung zuzurechnen. Sie sind in den Darunter-Vermerk einzubeziehen.

Unter die **sozialen Abgaben** fallen die **gesetzlichen Pflichtabgaben**, soweit sie vom Arbeitgeber zu tragen sind:[3600]

- Arbeitgeberanteile für die Angestellten-, Arbeiterrenten-, Kranken-, Pflege- und Arbeitslosenversicherung (einschließlich Arbeitgeberzuschuss zur freiwilligen Krankenversicherung),
- Beiträge zur befreienden Lebensversicherung,
- Beiträge zur Berufsgenossenschaft (gesetzliche Unfallversicherung),
- Umlagebeträge nach dem Lohnfortzahlungsgesetz,
- Schwerbehindertenausgleichsabgabe.

Freiwillige soziale Leistungen gehören nicht zu den sozialen Abgaben, sie sind je nach ihrer Art als Bestandteil der Löhne und Gehälter oder Aufwendungen für Altersversorgung und Unterstützung zu buchen.

Die Aufwendungen für **Altersversorgung** sind in den Darunter-Vermerk aufzunehmen. Zu den Aufwendungen für Altersversorgung gehören bspw.:[3601]

- Zahlungen für laufende Pensionen, soweit diese nicht durch Rückstellungen gedeckt sind,
- Zuführungen zu Pensionsrückstellungen,
- Zuweisungen bzw. Zahlungen an Umlagekassen, Unterstützungskassen und Pensionskassen,
- Beiträge zum Pensionssicherungsverein,
- Übernommene Beiträge für Lebensversicherungen der Mitarbeiter und für Pensionsvereine,
- Überbrückungsgelder.

[3600] Vgl. auch ADS 6. Aufl. § 275 HGB Rn. 115 ff.
[3601] Vgl. auch ADS 6. Aufl. § 275 HGB Rn. 119 ff.

Prämien für **Rückdeckungsversicherungen** sind als „andere Verwaltungsaufwendungen" zu buchen, soweit sie nicht aktiviert werden.

Zu den Aufwendungen für **Unterstützung** rechnen zB:[3602]

- Beihilfen für Mitarbeiter ohne besonderen Anlass (zB Hochzeit, Geburten) sowie einmalige Beihilfen aufgrund wirtschaftlicher Notlage,
- Krankheitsunterstützungen (Arzt-, Kurkosten usw.),
- Unfallunterstützungen,
- Aufwendungen für Kantinenzuschüsse,
- Aufwendungen zur Pflege der Betriebsgemeinschaft wie zB Betriebssport, Gemeinschaftsabende, Betriebsbibliothek usw.

Der **sonstige Personalaufwand** (zB freiwillige soziale Leistungen) ist dem Unterposten des Personalaufwands zuzurechnen, zu dem er seiner Art nach gehört (§ 31 Abs. 1 Satz 2 RechKredV).

Unterposten: b) Andere Verwaltungsaufwendungen

Im Unterposten „b) andere Verwaltungsaufwendungen" sind die gesamten **Aufwendungen sachlicher Art** auszuweisen (§ 31 Abs. 2 Satz 1 RechKredV). Es kann sich insbesondere um folgende in § 31 Abs. 2 Satz 1 RechKredV genannte Aufwandsarten handeln:[3603]

- Bankenabgabe,[3604]
- Raumkosten, wie
  Miete, Strom, Wasser, Heizung, Instandhaltung, Reparaturen, Versicherungen, Bewachung, Reinigung usw.
- Bürobetriebskosten, wie
  Büromaterial, Formulare, Druckkosten, Instandhaltungs- und Reparaturkosten für Betriebsvorrichtungen und -einrichtungen, Miete für Büromaschinen und DV-Anlagen, Versicherungsprämien, Zeitschriften usw.
- Kraftfahrzeugbetriebskosten, wie
  Betriebsstoffe, Reparaturen, Versicherungen usw.; Mieten und Leasinggebühren für Kraftfahrzeuge.

[3602] Vgl. auch ADS 6. Aufl. § 275 HGB Rn. 122 ff.
[3603] Vgl. auch Krumnow ua., 2. Aufl., § 31 RechKredV Rn. 28 ff.
[3604] Sofern es sich um einen wesentlichen Betrag handelt, kann ein Davon-Vermerk „Bankenabgaben" in Betracht kommen, der alle Bankenabgaben (EU und weitere vergleichbare Abgaben anderer Staaten) enthält.

- Postkosten, insbesondere
  Porto und Fernsprechgebühren, einschließlich Aufwendungen für die Installation, Miete und Unterhaltung von Fernsprechanlagen.
- Verbandsbeiträge, einschließlich Umlagen laufender und einmaliger Art, Umlage der BaFin, Vergütung an Treuhänder für Anleiheumlauf, freiwillige Vereins-, Mitglieds- und Förderbeiträge.
- Beiträge zur Sicherungseinrichtung eines Verbandes.
- Werbung
  einschließlich der Aufwendungen für Geschenke, Spenden usw.
- Repräsentation
  einschließlich Sitzungs-, Bewirtungs- und Versammlungsaufwendungen.
- Aufsichtsratsvergütungen, Beiratsvergütungen.
- Versicherungsprämien
  einschließlich der Prämien für Rückdeckungsversicherungen.
- Rechts-, Prüfungs- und Beratungskosten, insbesondere
  Gerichts- und Notarkosten, Aufwendungen für die Aufstellung, Prüfung und Offenlegung des Jahresabschlusses, Depotprüfung, WpHG-Prüfung usw.
- Sonstiges:
  Aufwand für Personaleinstellungen, Ausbildungs- und Schulungsaufwand, Aufwand für die Aufbewahrung von Geschäftsunterlagen.

Zu den Aufwendungen sachlicher Art gehören ferner:

- Aufwendungen für die Datenverarbeitung,
- Aufwendungen für Personalsuche, -einstellung, Schulung,
- Aufwendungen für Akquisition,
- Aufwendungen für Fachliteratur usw.,
- SWIFT-Gebühren; Telefonbankinggebühren,
- nicht abziehbare Vorsteuern.

Prämien für **Kreditversicherungen** sind wegen ihrer Verursachung im Kreditgeschäft nicht hier, sondern im Posten „Abschreibungen und Wertberichtigungen auf Forderungen und bestimmte Wertpapiere sowie Zuführungen zu Rückstellungen im Kreditgeschäft" zu erfassen (§ 31 Abs. 2 Satz 2 RechKredV, § 25 Abs. 3 RechZahlV).

Nach Ansicht im Schrifttum[3605] können Erstattungen von Kunden (zB für Porto, Telefon, Notarkosten) mit betragsgleichen Aufwendungen verrechnet werden. Gleiches gilt auch für Erstattungen (Umlagen) der Strom- und Wasser-

---

[3605] Vgl. Krumnow ua., 2. Aufl., § 31 RechKredV Rn. 38.

gelder, Heizungskosten, Müllabfuhrkosten und dergleichen von Mietern des Instituts. Hierbei handelt es sich quasi um durchlaufende Posten beim Institut. Diese Vorgehensweise verhindert eine unrichtige (zu hohe) Darstellung der anderen Verwaltungsaufwendungen und verbessert damit den Aussagegehalt der Gewinn- und Verlustrechnung.

6.2.9.3. Anhangangaben

Wesentliche periodenfremde Posten sind hinsichtlich ihrer Art und ihres Betrags im Anhang zu erläutern (§ 285 Nr. 32 HGB). Hierzu gehören auch zB Lohn- und Gehaltszahlungen für Vorjahre, Abfindungen usw.

Nach § 285 Nr. 9 HGB sind Gesamtbezüge bzw. Vorschüsse und Kredite der Geschäftsleitungsorgane bzw. der Aufsichtsorgane anzugeben. Gleiches gilt für die früheren Mitglieder der bezeichneten Organe. Zu den Mustertabellen zur Offenlegung der Vorstandsvergütung nach dem DCGK vgl. Wandt.[3606]

Das vom Abschlussprüfer für das Geschäftsjahr berechnete Gesamthonorar ist nach § 285 Nr. 17 HGB aufzuschlüsseln in die Abschlussprüferleistungen, andere Bestätigungsleistungen, Steuerberatungsleistungen und sonstige Leistungen, soweit die Angaben nicht in einem das Unternehmen einbeziehenden Konzernabschluss enthalten sind (IDW RS HFA 36 n.F.).

6.2.9.4. Prüfung des Postens

Es sind die allgemein für die Personal- und Sachaufwendungen üblichen Prüfungshandlungen durchzuführen. Dabei ist darauf zu achten, dass sämtliche Aufwendungen **vollständig** und **periodengerecht** erfasst und zutreffend ausgewiesen werden.

Es empfiehlt sich ferner, ausgewählte Aufwandskonten unter stichprobenweiser Heranziehung der Ursprungsbelege zu prüfen. Es ist ferner zweckdienlich, den Personalaufwand bzw. Sachaufwand – soweit möglich – zu verproben bzw. anhand einer DV-Systemprüfung zu verifizieren. Dabei sollte darauf geachtet werden, ob die Aufwendungen richtig berechnet werden.

Der Prüfungsbericht muss die erforderlichen Angaben enthalten.

[3606] Vgl. Wandt, AG 2015, 303 ff.

6.2.10. Abschreibungen und Wertberichtigungen auf immaterielle Anlagewerte und Sachanlagen

6.2.10.1. Postenbezeichnung

Die Postenbezeichnung nach dem Formblatt 3 der RechKredV lautet wie folgt:

> *11. Abschreibungen und Wertberichtigungen auf immaterielle Anlagewerte und Sachanlagen*

Mit der *„Verordnung zur Änderung von Rechnungslegungsverordnungen"* vom 9.6.2011 wurde das Formblatt 3 der RechKredV für Finanzdienstleistungsinstitute iSd. § 1 Abs. 1a Nr. 10 KWG (**Finanzierungsleasingunternehmen**) um eine Fußnote 8 ergänzt, die folgende Postenbezeichnung festlegt:

> *11. Abschreibungen und Wertberichtigungen*
> *a) auf Leasingvermögen*
> *b) auf immaterielle Anlagewerte und Sachanlagen*

Für **Zahlungsinstitute** und **E-Geld-Institute** ist nach Formblatt 2 der RechZahlV folgende Postenbezeichnung anzuwenden:

> *9. Abschreibungen und Wertberichtigungen auf immaterielle Anlagewerte und Sachanlagen*
> *a) aus Zahlungsdiensten und aus der Ausgabe von E-Geld*
> *b) aus sonstigen Tätigkeiten*

6.2.10.2. Posteninhalt

6.2.10.2.1. Rechnungslegungsverordnung

Die RechKredV und RechZahlV haben keine Bestimmungen, die den Posteninhalt näher regeln.

6.2.10.2.2. Voraussetzungen für den Postenausweis

Unter diesem Posten sind grundsätzlich alle für das laufende Geschäftsjahr **vorgenommenen Abschreibungen** auf die Bilanzposten

> 11. Immaterielle Anlagewerte und
> 12. Sachanlagen

auszuweisen, unabhängig davon, aus welchem Grund sie vorgenommen wurden.

Der ausgewiesene Betrag muss mit den im **Anlagenspiegel** vermerkten Abschreibungen des Geschäftsjahres übereinstimmen.

Auch die Abschreibungen auf das **Leasingvermögen** beim Leasinggeber gehören in diesen Posten, soweit diese als Sachanlagen ausgewiesen sind.

Restwertrisiken aus dem Leasingvermögen sind grundsätzlich über außerplanmäßige Abschreibungen zu berücksichtigen.[3607]

Auszuweisen sind hier auch die Abschreibungen auf einen **Verschmelzungsmehrwert**.

Soweit die zur **Rettung von Forderungen erworbenen Immobilien** im Aktivposten „14. Sonstige Vermögensgegenstände" ausgewiesen werden, sind die Abschreibungen auf diese Immobilien nicht hier, sondern unter den sonstigen betrieblichen Aufwendungen zu zeigen. Die Ausweiskonzeption der RechKredV gibt vor, dass Erfolgskomponenten aus sonstigen Vermögensgegenständen im sonstigen betrieblichen Ergebnis zu zeigen sind.

Nach § 34 Abs. 3 RechKredV können die Zuschreibungen, Abschreibungen und Wertberichtigungen auf Beteiligungen, Anteile an verbundenen Unternehmen sowie auf andere Wertpapiere, die wie Anlagevermögen behandelt werden, bei den im Anhang nach § 284 Abs. 3 iVm. § 340e Abs. 1 HGB zu machenden Angaben mit anderen Posten (Sachanlagen, immaterielle Anlagewerte) zusammengefasst werden. Eine darüber hinausgehende Verrechnung der Abschreibungen und Zuschreibungen aus Finanzanlagen mit denen aus Sachanlagen und immateriellen Anlagewerten in der Gewinn- und Verlustrechnung ist weder im HGB noch in der RechKredV vorgesehen.

Buchverluste aus dem Abgang von Gegenständen der Sachanlagen oder immateriellen Anlagewerten sind nicht hier („Abschreibungen"), sondern entweder unter dem Posten „Sonstige betriebliche Aufwendungen", oder, falls die Voraussetzungen in Ausnahmefällen dafür vorliegen, als „Außerordentliche Aufwendungen" auszuweisen. Diese Aufwendungen stellen keine Abschreibungen dar.[3608]

[3607] Vgl. Holzheimer, IDW-Sonderdruck, 37.
[3608] Vgl. DGRV (Hrsg.), Jahresabschluss, C.II. Rn. 232.

Außerplanmäßige Abschreibungen nach § 253 Abs. 3 Satz 5 und 6 HGB sind weder als Untergliederung oder als Darunter-Vermerk zu diesem GuV-Posten gesondert auszuweisen noch im Anhang anzugeben, denn § 277 Abs. 3 Satz 1 HGB ist von Kreditinstituten nicht anzuwenden (§ 340a Abs. 2 Satz 1 HGB).

6.2.10.3. Anhangangaben

Im Anhang sind die in diesem Posten enthaltenen Abschreibungen und Wertberichtigungen auf Leasinggegenstände anzugeben (§ 35 Abs. 1 Nr. 3 RechKredV).

Außerplanmäßige Abschreibungen nach § 253 Abs. 3 Satz 5 und 6 HGB iVm. § 277 Abs. 3 Satz 1 HGB sind von Instituten nicht im Anhang anzugeben (§ 340a Abs. 2 Satz 1 HGB).

Im Anhang sind im Rahmen der Darstellung des Anlagenspiegels gemäß § 34 Abs. 3 RechKredV auch die Abschreibungen zu nennen.

6.2.10.4. Prüfung des Postens

Der Postenausweis ist mit der Entwicklung der Bilanzposten und dem **Anlagenspiegel** abzustimmen.

Der **Prüfungsbericht** muss die erforderlichen Angaben enthalten.

6.2.11. Sonstige betriebliche Aufwendungen

6.2.11.1. Postenbezeichnung

Die Postenbezeichnung nach dem Formblatt 3 der RechKredV lautet wie folgt:

12. Sonstige betriebliche Aufwendungen

Die Postenbezeichnung für **Zahlungsinstitute** und **E-Geld-Institute** lautet nach Formblatt 2 der RechZahlV wie folgt:

10. Sonstige betriebliche Aufwendungen
  a) aus Zahlungsdiensten und aus der Ausgabe von E-Geld
  b) aus sonstigen Tätigkeiten

6.2.11.2. Posteninhalt

6.2.11.2.1. Rechnungslegungsverordnung

Die RechKredV und die RechZahlV haben keine Bestimmungen, die den Posteninhalt näher regeln. In diesem Posten werden die Aufwendungen ausgewiesen, die im Rahmen der gewöhnlichen Geschäftstätigkeit des Instituts entstehen, die jedoch einem anderen Aufwandsposten nicht zugeordnet werden können.

6.2.11.2.2. Voraussetzungen für den Postenausweis

Der Posten „Sonstige betriebliche Aufwendungen" ist ein Sammelposten für alle nicht unter anderen Aufwandsposten auszuweisenden bzw. mit Erträgen zu verrechnenden Aufwendungen der normalen (gewöhnlichen) Geschäftstätigkeit.

Die aus der normalen Geschäftstätigkeit resultierenden sonstigen betrieblichen Aufwendungen müssen gegenüber den außerordentlichen Aufwendungen abgegrenzt werden. Soweit die Aufwendungen außerhalb der gewöhnlichen Geschäftstätigkeit angefallen sind, sind sie als „Außerordentliche Aufwendungen" auszuweisen (§ 340a Abs. 2 Satz 4 HGB).

Als „Sonstige betriebliche Aufwendungen" sind bspw. folgende Aufwendungen zu buchen:

- Buchverluste aus Anlagenverkäufen,
- Abschreibungen auf zur Rettung von Forderungen erworbene Grundstücke, soweit diese in den sonstigen Vermögensgegenständen ausgewiesen werden,
- Abschreibungen auf die übrigen sonstigen Vermögensgegenstände,
- Aufwendungen für nicht bankgeschäftlich genutzte Grundstücke,
- Aufwendungen für Ehrungen, Jubiläen usw., die nicht lohnsteuerpflichtig sind,
- Zinsen auf nachzuzahlende Steuern sowie steuerliche Nebenleistungen (Säumnis-, Verspätungszuschlag, Zwangsgeld, Kosten),
- Aufwendungen für Prozesse,
- sachliche Aufwendungen für die Unterhaltung einer Kantine,
- Aufwendungen im Zusammenhang mit sonstigen sozialen Leistungen (zB Zuschuss zu Betriebsfesten), Betriebsausflug, Betriebsversammlung,
- Sachaufwand für das bankfremde Geschäft,

- satzungsmäßige Aufwendungen,
- Zuweisungen zu Rückstellungen, soweit sie nicht zum Kredit- bzw. Wertpapiergeschäft oder Sachaufwand gehören,
- Kassenfehlbeträge,
- Ausgleichsabgabe für Schwerbehinderte,
- Ordnungsstrafen und Bußgelder,
- Zuführung zur Rückstellung für Prozessrisiken für Schadenersatzansprüche,
- betriebsfremde Aufwendungen, soweit diese nicht außerordentlich sind,
- Zuführungen zur Drohverlustrückstellung wegen verlustfreier Bewertung des Bankbuchs (IDW RS BFA 3 n.F. Tz. 40),
- ausgebuchte Prämien iRv. freistehenden CDS (vgl. Kapitel 4.12.6.5.2.),
- Aufwendungen aufgrund von Fehlbeständen im Wertpapierverkehr.

Der Unterschiedsbetrag zwischen dem Rückkaufkurs und dem passivierten Erfüllungsbetrag ist bei zurück erworbenen **eigenen Emissionen (sog. Tilgungsstücke)**, da es ich um Erfolgsbeiträge handelt, die aus Verbindlichkeiten resultieren, im sonstigen betrieblichen Ergebnis zu erfassen.[3609]

Zinsen auf Steuernachforderungen sind außerhalb des Bankbereichs nach hM als Zinsaufwand auszuweisen.[3610] Diese Auffassung wird auch für Institute vertreten.[3611]

Folgt man allerdings dem Wortlaut von § 29 Satz 1 RechKredV, sind bei Instituten im Zinsaufwand alle *„Zinsaufwendungen und ähnliche Aufwendungen aus dem Bankgeschäft einschließlich des Factoring-Geschäfts sowie alle Zinsaufwendungen und ähnliche Aufwendungen der Finanzdienstleistungsinstitute auszuweisen…"*, insbesondere alle Aufwendungen für die **namentlich genannten Passivposten** 1., 2., 3., 9. Dies bedeutet, dass bei Instituten ein Ausweis von Zinsen auf Steuernachforderungen in **sonstigen betrieblichen Ergebnis** zutreffender wäre.

Nach ADS[3612] sind Steuerstrafen und Säumniszuschläge keine Steuern vom Einkommen und Ertrag. **Säumniszuschläge** können gemeinsam mit den Zinsen auf Steuernachforderungen ausgewiesen werden, während **Steuerstrafen**

[3609] AA DGRV (Hrsg.), Jahresabschluss, B.II. Rn. 327., danach ist die Differenz zwischen dem Rückkaufkurs und dem passivierten Rückzahlungsbetrag in der Überkreuzkompensation nach § 340f Abs. 3 HGB (Wertpapierergebnis) zu verrechnen.
[3610] Vgl. WPH Edition Wirtschaftsprüfung & Rechnungslegung, 17. Aufl., Kapitel F Rn. 860 (Beispiel 21: Buchst. j).
[3611] Vgl. Krumnow ua., 2. Aufl., Erläuterung zum GuV-Posten Nr. 12 Rn. 2.
[3612] Vgl. ADS 6. Aufl. § 275 HGB Rn. 186 und 200.

stets zu den sonstigen betrieblichen Aufwendungen gehören. **Verspätungs-zuschläge** können als den Zinsen ähnliche Aufwendungen behandelt werden.

6.2.11.3. Anhang

Im Anhang sind die wichtigsten Einzelbeträge dieses Postens anzugeben, sofern sie für die Beurteilung des Jahresabschlusses nicht unwesentlich sind. Die Beträge und ihre Art sind zu erläutern (§ 35 Abs. 1 Nr. 4 RechKredV).

6.2.11.4. Prüfung des Postens

Es sind die allgemein für die sonstigen Aufwendungen üblichen Prüfungshandlungen durchzuführen. Dabei ist darauf zu achten, dass sämtliche Aufwendungen **vollständig** und **periodengerecht** erfasst und zutreffend ausgewiesen werden.

Es empfiehlt sich, ausgewählte Aufwandskonten unter stichprobenweiser Heranziehung der Ursprungsbelege zu prüfen.

Der **Prüfungsbericht** muss die erforderlichen Angaben enthalten.

6.2.12. Abschreibungen und Wertberichtigungen auf Forderungen und bestimmte Wertpapiere sowie Zuführungen zu Rückstellungen im Kreditgeschäft

6.2.12.1. Postenbezeichnung

Die Postenbezeichnung nach dem Formblatt 3 der RechKredV lautet wie folgt:

> *13. Abschreibungen und Wertberichtigungen auf Forderungen und bestimmte Wertpapiere sowie Zuführungen zu Rückstellungen im Kreditgeschäft*

Die Postenbezeichnung für **Zahlungsinstitute** und **E-Geld-Institute** lautet nach Formblatt 2 der RechZahlV wie folgt:

> *11. Abschreibungen und Wertberichtigungen auf Forderungen und bestimmte Wertpapiere sowie Zuführungen zu Rückstellungen im Kreditgeschäft*
> *a) aus Zahlungsdiensten und aus der Ausgabe von E-Geld*
> *b) aus sonstigen Tätigkeiten*

6.2.12.2. Posteninhalt

6.2.12.2.1. Rechnungslegungsverordnung

Der Posteninhalt wird für **Kredit-, Finanzdienstleistungs- und Wertpapier-institute** mit § 32 RechKredV dahingehend bestimmt, dass in diesem Posten die in § 340f Abs. 3 HGB bezeichneten Aufwendungen aufzunehmen sind.[3613] Es ist auch eine Saldierung mit den dort bezeichneten Erträgen möglich.

Der Posteninhalt ist für **Zahlungsinstitute und E-Geld-Institute** in § 26 RechZahlV geregelt. Diese Bestimmung entspricht dem § 32 RechKredV.

6.2.12.2.2. Voraussetzungen für den Postenausweis

Bruttoausweis

In diesen Posten sind die in § 340f Abs. 3 HGB bezeichneten Aufwendungen aus dem Kredit- und Wertpapiergeschäft aufzunehmen (§ 32 Satz 1 Rech-KredV), wenn auf eine **Verrechnung** nach § 340f Abs. 3 iVm. § 32 Rech-KredV wahlweise **verzichtet** wird.

Für diese Aufwendungen ist grundsätzlich ein Bruttoausweis vorgesehen.[3614] Neben der nachfolgend dargestellten Überkreuzkompensation ist es damit auch möglich, in der Gewinn- und Verlustrechnung anstelle des Nettoauswei-ses die Erträge bzw. Aufwendungen jeweils in einem eigenen Posten zu zeigen:

- „Abschreibungen und Wertberichtigungen auf Forderungen und be-stimmte Wertpapiere sowie Zuführungen zu Rückstellungen im Kredit-geschäft" oder als
- „Erträge aus Zuschreibungen zu Forderungen und bestimmten Wert-papieren sowie aus der Auflösung von Rückstellungen im Kreditge-schäft".

Der in § 340f Abs. 1 Satz 1 HGB umschriebene Risikovorsorgebereich um-fasst mit dem Kreditbereich und großen Teilen des Wertpapierbereichs die zentralen Geschäftsfelder der Kreditinstitute. Bei Finanzdienstleistungs- und Wertpapierinstituten gehört im Wesentlichen der Wertpapierbereich (Liquidi-tätsreserve) zum Risikovorsorgebereich.

[3613] Vgl. auch Hossfeld, WPg 1993, 337.
[3614] Vgl. Bieg, ZfbF 1988, 156.

Überkreuzkompensation

Die Aufwendungen und Erträge aus der Anwendung des § 340f Abs. 1 HGB (Bildung und Auflösung von Vorsorgereserven), aus Geschäften mit Wertpapieren der Liquiditätsreserve, Aufwendungen aus Abschreibungen sowie Erträge aus Zuschreibungen zu diesen Wertpapieren dürfen nach § 340f Abs. 3 HGB mit den Aufwendungen aus Abschreibungen und Wertberichtigungen auf Forderungen, Zuführungen zu Rückstellungen für Eventualverbindlichkeiten und für Kreditrisiken sowie mit den Erträgen aus Zuschreibungen zu Forderungen oder aus deren Eingang nach teilweiser oder vollständiger Abschreibung und aus Auflösungen von Rückstellungen für Eventualverbindlichkeiten und für Kreditrisiken verrechnet werden und in der Gewinn- und Verlustrechnung – je nachdem, ob ein Aufwands- bzw. Ertragssaldo verbleibt – als

- „Abschreibungen und Wertberichtigungen auf Forderungen und bestimmte Wertpapiere sowie Zuführungen zu Rückstellungen im Kreditgeschäft" oder als
- „Erträge aus Zuschreibungen zu Forderungen und bestimmten Wertpapieren sowie aus der Auflösung von Rückstellungen im Kreditgeschäft"

saldiert ausgewiesen werden. § 32 Satz 3 RechKredV schließt eine teilweise Verrechnung ausdrücklich aus.

Nach § 340f Abs. 3 HGB dürfen die nachfolgend aufgeführten Aufwendungen und Erträge in die Verrechnung einbezogen werden (vgl. auch Kapitel 4.6.). Diese werden nachfolgend systematisiert:

Aufwandskomponenten
- Zuführung zur Vorsorge für allgemeine Bankrisiken nach § 340f Abs. 1 HGB,
- Kursverluste bzw. Geschäftsergebnis bei Wertpapieren der Liquiditätsreserve,[3615]
- Abschreibungen auf Wertpapiere der Liquiditätsreserve,
- Abzinsung unverzinslicher oder minderverzinslicher Forderungen,
- Abschreibungen auf Forderungen,
- Aufwendungen aus dem Abgang von Forderungen (auch Kreditportfolien),
- Einzel-, Pauschal-, Länderwertberichtigungen auf Forderungen,
- Zuführungen zu Rückstellungen für Eventualverbindlichkeiten und Kreditrisiken,

---

[3615] Nach § 340f Abs. 3 HGB können Aufwendungen und Erträge aus Geschäften mit diesen Wertpapieren in die Saldierung einbezogen werden.

- Zuführungen zur Drohverlustrückstellung wegen verlustfreier Bewertung des Bankbuchs (IDW RS BFA 3 n.F. Tz. 40),
- Prämien für Kreditversicherungen.

Ertragskomponenten
- Erträge aus der Auflösung der Vorsorge für allgemeine Bankrisiken nach § 340f Abs. 1 HGB,
- Kursgewinne bzw. Geschäftsergebnis aus Wertpapieren der Liquiditätsreserve,[3616]
- Zuschreibungen zu Wertpapieren der Liquiditätsreserve,
- Aufzinsung unverzinslicher bzw. minderverzinslicher Forderungen, sofern der Abzinsungssatz geändert oder angepasst wird; Erträge aus der Aufzinsung formell unverzinslicher Forderungen gehören zu den Zinserträgen,
- Zuschreibungen zu Forderungen (Auflösung von Wertberichtigungen),
- Erträge aus dem Eingang ganz/teilweise abgeschriebener Forderungen,
- Erträge aus dem Abgang von Forderungen (auch Kreditportfolien),
- Erträge aus der Auflösung der Drohverlustrückstellung wegen verlustfreier Bewertung des Bankbuchs (IDW RS BFA 3 n.F. Tz. 40),
- Erträge aus der Auflösung von Rückstellungen für Eventualverbindlichkeiten und Kreditrisiken.

In die Überkreuzkompensation gehen nur die in § 340f Abs. 3 HGB genannten Aufwands- und Ertragskomponenten ein, nicht jedoch die **laufenden Erträge** aus dem Kreditgeschäft und den Wertpapieren der Liquiditätsreserve.

Der jeweilige Erfolgsbeitrag aus dem einzelnen Verkaufsvorgang von **Wertpapieren der Liquiditätsreserve** ergibt sich als Differenz zwischen den Anschaffungskosten bzw. dem aufgrund früherer Abschreibungen darunter liegenden Buchwert und dem Veräußerungserlös bzw. dem Nennwert oder Rücknahmepreis. Zum **Geschäftsergebnis** der Wertpapiere der Liquiditätsreserve gehören aber auch:

- die aus Vereinfachungsgründen nicht aktivierten Anschaffungsnebenkosten,
- Erlöse aus der Veräußerung von Bezugsrechten,
- Ausbuchung von Fehlbeträgen,
- bei Zerobonds (Null-Kupon-Anleihen) die Differenz zwischen dem tatsächlich gezahlten Rücknahme- oder Veräußerungsbetrag und dem Buchwert,

---

[3616] Nach § 340f Abs. 3 HGB können Aufwendungen und Erträge aus Geschäften mit diesen Wertpapieren in die Saldierung einbezogen werden.

- vereinnahmte Leih- und Reservierungsgebühren bei Wertpapieren der Liquiditätsreserve,
- Gewinne und Verluste aus der Währungsumrechnung dieser Wertpapiere.

Die Zuführungen zum Passivposten „**11. Fonds für allgemeine Bankrisiken**" oder die Erträge aus der Auflösung dieses Passivpostens sind nach § 340g Abs. 2 HGB in der Gewinn- und Verlustrechnung gesondert auszuweisen. Dabei ist lediglich der Saldo der Zuweisungen und Entnahmen gesondert zu zeigen.[3617] Wegen weiterer Einzelheiten wird auf die Ausführungen in Kapitel 4.7. verwiesen.

Zuschüsse, die bspw. von Gesellschaftern geleistet werden, und nicht ausdrücklich in die Kapitalrücklagen einzustellen sind, werden nach HFA 2/1996[3618] (mit entsprechender Erläuterung im Anhang) im außerordentlichen Ertrag ausgewiesen (vgl. auch Kapitel 6.2.18.). In die Überkreuzkompensation können diese Beträge nicht einbezogen werden.

Kreditderivate

Werden Kreditderivate bspw. in Form von Credit Default Swaps nachweislich zur Sicherung eines bestehenden Kreditrisikos eingesetzt und ist das eingesetzte Instrument hierzu objektiv geeignet, braucht der Sicherungsnehmer grundsätzlich keine Bewertung zum aktuellen Marktpreis durchzuführen.

Auf eine aus Bonitätsgründen ggf. erforderliche Wertberichtigung des abgesicherten Geschäfts kann verzichtet werden, wenn die Werthaltigkeit des Kreditderivats unstrittig ist und sich die Wertänderungen von Grundgeschäft und Sicherungsinstrument kompensieren. Zu Einzelheiten vgl. Kapitel 4.12.6.

6.2.12.3. Anhangangaben

Angaben über die Bildung und Auflösung von Vorsorgereserven nach § 340f Abs. 1 HGB sowie über vorgenommene Verrechnungen nach § 340f Abs. 3 HGB brauchen im Anhang nicht gemacht zu werden (§ 340f Abs. 4 HGB). Wegen weiterer Einzelheiten wird auf Kapitel 4.6. verwiesen.

[3617] Vgl. Prahl, WPg 1991, 439; Bergmann, Bankinformation 3/1987, 56.
[3618] Vgl. IDW HFA 2/1996, Rn. 22, WPg 1996, 709.

6.2.12.4. Prüfung des Postens

Es sind die allgemein für die Aufwendungen üblichen Prüfungshandlungen durchzuführen. Dabei ist darauf zu achten, dass sämtliche Aufwendungen **vollständig** und **periodengerecht** erfasst und zutreffend ausgewiesen werden. Die gebildeten bzw. aufgelösten Vorsorgereserven, Einzel-, Pauschal- und Länderwertberichtigungen sind mit den entsprechenden Bilanzposten abzustimmen. Die Bewertungsergebnisse der Wertpapiere der Liquiditätsreserve sind ebenfalls mit den Bilanzposten abzugleichen.

Soweit eine Saldierung nach § 32 RechKredV vorgenommen wird, ist festzustellen, ob in diese sämtliche Aufwendungen und Erträge eingegangen sind.

Es empfiehlt sich, ausgewählte Aufwandskonten (zB Abgangsgewinne bzw. -verluste) unter stichprobenweiser Heranziehung der Ursprungsbelege zu prüfen.

Der **Prüfungsbericht** muss die erforderlichen Angaben enthalten.

6.2.13. Erträge aus Zuschreibungen zu Forderungen und bestimmten Wertpapieren sowie aus der Auflösung von Rückstellungen im Kreditgeschäft

6.2.13.1. Postenbezeichnung

Die Postenbezeichnung nach dem Formblatt 3 der RechKredV lautet wie folgt:

> *14. Erträge aus Zuschreibungen zu Forderungen und bestimmten Wertpapieren sowie aus der Auflösung von Rückstellungen im Kreditgeschäft*

Die Postenbezeichnung bei **Zahlungsinstituten** und **E-Geld-Instituten** lautet nach Formblatt 2 der RechZahlV wie folgt:

> *12. Erträge aus Zuschreibungen zu Forderungen und bestimmten Wertpapieren sowie aus der Auflösung von Rückstellungen im Kreditgeschäft*
> *a) aus Zahlungsdiensten und aus der Ausgabe von E-Geld*
> *b) aus sonstigen Tätigkeiten*

6.2.13.2. Posteninhalt

6.2.13.2.1. Rechnungslegungsverordnung

Der Posteninhalt wird mit § 32 RechKredV dahingehend bestimmt, dass in diesen Posten die in § 340f Abs. 3 HGB bezeichneten Erträge aufzunehmen sind, soweit auf eine Überkreuzkompensation verzichtet wird.[3619] Es ist aber auch eine Saldierung mit den dort bezeichneten Aufwendungen möglich. Eine teilweise Saldierung ist nicht zulässig. § 32 RechKredV wurde weder mit der Ersten noch mit der Zweiten Verordnung zur Änderung der RechKredV geändert.

Der Posteninhalt bestimmt sich bei **Zahlungsinstituten** und **E-Geld-Instituten** nach § 26 RechZahlV. Die Bestimmung des § 26 RechZahlV entspricht § 32 RechKredV. Sie schreibt vor, in welchen Posten der Gewinn- und Verlustrechnung die in § 340f Abs. 3 HGB bezeichneten Aufwendungen und Erträge auszuweisen sind. Wegen weiterer Einzelheiten kann auf die Ausführungen zu Kreditinstituten verwiesen werden.

6.2.13.2.2. Voraussetzungen für den Postenausweis

Dieser Posten ist der korrespondierende Ertragsposten zum Posten „Abschreibungen und Wertberichtigungen auf Forderungen und bestimmte Wertpapiere sowie Zuführungen zu Rückstellungen im Kreditgeschäft".

In diesem Ertragsposten sind die in § 340f Abs. 3 HGB genannten **Ertragskomponenten** (vgl. Kapitel 6.2.12.2.2.) auszuweisen, wenn auf eine Verrechnung nach § 340f Abs. 3 HGB iVm. § 32 RechKredV wahlweise verzichtet wird.

Wird von der Möglichkeit der Überkreuzkompensation Gebrauch gemacht, so ist in diesem Ertragsposten ein sich ggf. ergebender **Ertragssaldo** aus der Aufwands- und Ertragsverrechnung auszuweisen. Wegen weiterer Einzelheiten wird auf Kapitel 6.2.12. verwiesen.

6.2.13.3. Anhangangaben

Angaben über die Bildung und Auflösung von Vorsorgereserven nach § 340f Abs. 1 HGB sowie über vorgenommene Verrechnungen nach § 340f Abs. 3 HGB brauchen im Anhang nicht gemacht zu werden (§ 340f Abs. 4 HGB). Wegen weiterer Einzelheiten wird auf Kapitel 4.6. verwiesen.

[3619] Vgl. auch Hossfeld, WPg 1993, 337.

6.2.13.4. Prüfung des Postens

Wegen Einzelheiten wird auf die Ausführungen in Kapitel 6.2.12.4. verwiesen.

6.2.14. Abschreibungen und Wertberichtigungen auf Beteiligungen, Anteile an verbundenen Unternehmen und wie Anlagevermögen behandelte Wertpapiere

6.2.14.1. Postenbezeichnung

Die Postenbezeichnung nach dem Formblatt 3 der RechKredV lautet wie folgt:

> *15. Abschreibungen und Wertberichtigungen auf Beteiligungen, Anteile an verbundenen Unternehmen und wie Anlagevermögen behandelte Wertpapiere*

Für **Zahlungsinstitute** und **E-Geld-Institute** lautet die Postenbezeichnung nach Formblatt 2 der RechZahlV wie folgt:

> *13. Abschreibungen und Wertberichtigungen auf Beteiligungen, Anteile an verbundenen Unternehmen und wie Anlagevermögen behandelte Wertpapiere*
> *a) aus Zahlungsdiensten und aus der Ausgabe von E-Geld*
> *b) aus sonstigen Tätigkeiten*

6.2.14.2. Posteninhalt

6.2.14.2.1. Rechnungslegungsverordnung

Der Posteninhalt ist in § 33 RechKredV näher beschrieben. In diesem Posten sind die in § 340c Abs. 2 HGB bezeichneten Aufwendungen aufzunehmen, die wahlweise auch saldiert mit den entsprechenden Erträgen ausgewiesen werden dürfen; eine teilweise Verrechnung ist jedoch nicht möglich.[3620]

Der Posteninhalt für **Zahlungsinstitute** und **E-Geld-Institute** ist in § 27 RechZahlV geregelt. Diese Bestimmung stimmt mit § 33 RechKredV überein. Deshalb kann wegen weiterer Einzelheiten auf die Erläuterungen zu § 33 RechKredV verwiesen werden.

[3620] Vgl. Hossfeld, WPg 1993, 340 ff.

6.2.14.2.2. Voraussetzungen für den Postenausweis

Bruttoausweis

In diesen Posten sind die in § 340c Abs. 2 HGB bezeichneten Aufwendungen aus **Finanzanlagen** (Beteiligungen, Anteile an verbundenen Unternehmen und wie Anlagevermögen behandelte Finanzinstrumente) aufzunehmen (§ 33 RechKredV), wenn auf eine Verrechnung nach § 340c Abs. 2 HGB iVm. § 33 RechKredV verzichtet wird. Für diese Aufwendungen ist grundsätzlich ein Bruttoausweis vorgesehen.[3621] Hierbei handelt es sich um Abschreibungen auf Beteiligungen, Anteile an verbundenen Unternehmen und Wertpapiere des Anlagevermögens s.

Saldierter Ausweis nach Verrechnung mit den entsprechenden Erträgen

Nach § 340c Abs. 2 **Satz 1** HGB dürfen die

- **Abschreibungen** auf Beteiligungen, Anteile an verbundenen Unternehmen und Wertpapiere des Anlagevermögens mit den
- **Erträgen aus Zuschreibungen** auf Beteiligungen, Anteilen an verbundenen Unternehmen und Wertpapieren des Anlagevermögens

verrechnet und in einem Aufwands- oder Ertragsposten ausgewiesen werden. Hierbei handelt es sich um bewertungsbedingte Aufwendungen und Erträge.

In diese **Verrechnung dürfen** nach § 340c Abs. 2 **Satz 2** HGB darüber hinaus die realisierten

- Aufwendungen aus Geschäften mit solchen Vermögensgegenständen und
- Erträge aus Geschäften mit solchen Vermögensgegenständen

einbezogen werden (sog. Geschäftsergebnis).

Da ein Institut einen Handel mit diesen Finanzanlagen, also einen zum Zweck der Gewinnerzielung schnellen Umschlag, definitionsgemäß nicht beabsichtigen kann, sollten die realisierten Ergebnisse nicht als Handelsergebnis, sondern als **Geschäftsergebnis** aus Finanzanlagen bezeichnet werden.

[3621] Vgl. Bieg, ZfbF 1988, 156.

Nach Böcking/Wolsiffer/Bär[3622] sind die in § 340c Abs. 2 **Satz 2** HGB genannten (Veräußerungs-) Gewinne und Verluste aus Finanzanlagen für den Fall, dass diese nicht in die Verrechnung einbezogen werden, grundsätzlich in den GuV-Posten „Sonstige betriebliche Erträge" bzw. „Sonstige betriebliche Aufwendungen" jeweils brutto zu erfassen. Dies folgt aus dem Wortlaut von § 340c Abs. 2 Satz 2 HGB (*„In die Verrechnung ... dürfen auch ... eingezogen werden"*).

Böcking/Wolsiffer/Bär[3623] betonen aber ausdrücklich: *„Um eine Transparenz der Ergebnisdarstellung des Finanzanlagevermögens zu gewährleisten, ist eine Einbeziehung der Veräußerungsgewinne und –verluste aus Finanzanlagen in die Verrechnung gem. Abs. 2 S. 1 unumgänglich."* Nach Krumnow ua.[3624] erscheint auch bei Nichtkompensation ein Ausweis unter dem jeweiligen Finanzanlage-Aufwandsposten bzw. Finanzanlage-Ertragsposten zulässig.

§ 33 Satz 3 RechKredV schreibt ausdrücklich vor, dass eine teilweise Verrechnung nicht zulässig ist. Im Fall einer wahlweisen Kompensation des Geschäftsergebnisses ist die Vorschrift des § 33 Satz 3 RechKredV dahingehend anzuwenden, dass dieses nur vollständig einbezogen werden kann.

Zum **Geschäftsergebnis aus Geschäften mit Finanzanlagen** zählen neben den Buchgewinnen bzw. -verlusten auch folgende Erfolgskomponenten:[3625]

- Abschreibungen und Zuführungen zu Wertberichtigungen auf Beteiligungen und Anteile an verbundenen Unternehmen,
- Abschreibungen auf Wertpapiere des Anlagevermögens, einschließlich Kursverluste beim Abgang der Wertpapiere; Entsprechendes gilt für **Schuldscheindarlehen**, die ausnahmsweise dem Anlagevermögen zugeordnet wurden,
- Aufwendungen für die Bildung von Rückstellungen für drohende Verluste aus schwebenden Geschäften mit Finanzanlagen bzw. Erträge aus deren Auflösung,
- erfolgswirksame Beträge aus der Währungsumrechnung von Finanzanlagen,
- vereinnahmte Leih- und Reservierungsgebühren bei Wertpapierleihgeschäften mit Wertpapieren des Anlagevermögens,
- aus Vereinfachungsgründen nicht aktivierte Anschaffungsnebenkosten,
- Erlöse aus der Veräußerung von Bezugsrechten,

[3622] Vgl. Böcking/Wolsiffer/Bär, in: MünchKomm. HGB, 4. Aufl., § 340c HGB Rn. 35.
[3623] Vgl. Böcking/Wolsiffer/Bär, in: MünchKomm. HGB, 4. Aufl., § 340c HGB Rn. 37.
[3624] Vgl. Krumnow ua., 2. Aufl., § 340c HGB Rn. 213.
[3625] Vgl. Böcking/Wolsiffer/Bär, in: MünchKomm. HGB, 4. Aufl., § 340c HGB Rn. 43.

- Angleichung der Buchbestände an den durch Inventur ermittelten Ist-Bestand,
- bei Zerobonds (Null-Kupon-Anleihen) die Differenz zwischen dem tatsächlich gezahlten Rücknahme- oder Veräußerungsbetrag und dem Buchwert; demgegenüber sind aufgelaufene Zinsen als Zinserträge zu erfassen (so ausdrücklich § 28 RechKredV),
- Zuweisung zur Drohverlustrückstellung wegen Unwirksamkeiten bei Bewertungseinheiten mit Beteiligungen und Wertpapieren des Anlagevermögens, einschließlich der Verluste bei einer Auflösung von Bewertungseinheiten,
- erfolgswirksame Beträge aus der Währungsumrechnung von Finanzanlagen.

Für die Abgrenzung eines Wertpapiers von einer (Buch-) Forderung ist § 7 RechKredV maßgeblich. **Schuldscheindarlehen des Anlagevermögens** erfüllen die Kriterien des § 7 RechKredV nicht, sodass deren Veräußerungsgewinne bzw. -verluste oder Aufwendungen für Abschreibungen nach Ansicht von Böcking/Wolsiffer/Bär[3626] – entgegen der oben dargestellten Vorgehensweise – **nicht** in das Finanzanlageergebnis iSd. § 340c Abs. 2 HGB einbezogen werden dürfen.

Laufende Erträge wie Zinsen, Dividenden, Gewinnanteile usw. dürfen ebenfalls nicht in das Finanzanlageergebnis einbezogen werden.[3627] Gleiches gilt für Aufwendungen und Erträge, die aus Verlustübernahmen, Gewinngemeinschaften und (Teil-) Gewinnabführungsverträgen resultieren.

Werden Wertpapiere des Anlagevermögens mittels **Kreditderivaten** wirksam gegen Kreditrisiken gesichert, erfolgt der Ausweis von erhaltenen Ausgleichszahlungen ebenfalls in diesem Posten. Einzelheiten vgl. auch Kapitel 6.2.13.2.2. und 4.12.6.

Der Ansicht, dass bei der Verrechnung von Aufwendungen und Erträgen die buchmäßigen sowie die realisierten Erfolge (Geschäftsergebnis) getrennt zu betrachten sind, ist die hM nicht gefolgt. Nach dem Sinn und Zweck des § 33 RechKredV ist diese unterschiedliche Betrachtungsweise nicht zulässig, dh. in die Saldierung ist das sog. Geschäftsergebnis zwingend mit einzubeziehen.

In die Kompensation nach § 340c Abs. 2 HGB gehen nur die in § 340c Abs. 2 HGB genannten Aufwands- und Ertragskomponenten ein, nicht jedoch die

---

[3626] Vgl. Böcking/Wolsiffer/Bär, in: MünchKomm. HGB, 4. Aufl., § 340c HGB Rn. 27.
[3627] Ebenso Böcking/Wolsiffer/Bär, in: MünchKomm. HGB, 4. Aufl., § 340c HGB Rn. 44.

laufenden Erträge aus Beteiligungen, Anteilen an verbundenen Unternehmen und Wertpapieren des Anlagevermögens.

Personalaufwendungen sowie **Sachaufwendungen** gehören dagegen nicht zum Geschäftsergebnis. Diese sind vielmehr in dem entsprechenden Posten zu zeigen. Gleiches gilt für die laufenden Erträge aus Aktien und anderen nicht festverzinslichen Wertpapieren sowie aus Beteiligungen und Anteilen an verbundenen Unternehmen. Ebenso sind Zinsen und zinsähnliche Erträge zu zeigen.

6.2.14.3. Anhangangaben

Weder die RechKredV noch das Bankbilanzrichtliniegesetz sehen besondere Anhangangaben für diesen GuV-Posten vor.

6.2.14.4. Prüfung des Postens

Es sind die allgemein für Aufwendungen aus Abwertungen bzw. aus Geschäften mit Finanzanlagen üblichen Prüfungshandlungen durchzuführen. Dabei ist darauf zu achten, dass sämtliche Aufwendungen (und bei Saldierung auch sämtliche Erträge) **vollständig** und **periodengerecht** erfasst und zutreffend ausgewiesen werden. **Bewertungsfragen** werden idR bereits im Rahmen der Prüfung der einzelnen Bilanzposten geklärt. Es empfiehlt sich, den GuV-Posten zusammen mit den entsprechenden Bilanzposten zu prüfen.

Soweit eine Saldierung nach § 33 RechKredV vorgenommen wird, ist festzustellen, ob in diese sämtliche Aufwendungen und Erträge eingegangen sind.

Es empfiehlt sich, ausgewählte Aufwandskonten das Geschäftsergebnis betreffend unter stichprobenweiser Heranziehung der Ursprungsbelege zu prüfen.

Der Prüfungsbericht muss die erforderlichen Angaben enthalten.

6.2.15. Erträge aus Zuschreibungen zu Beteiligungen, Anteilen an verbundenen Unternehmen und wie Anlagevermögen behandelten Wertpapieren

6.2.15.1. Postenbezeichnung

Die Postenbezeichnung nach dem Formblatt 3 der RechKredV lautet wie folgt:

> *16. Erträge aus Zuschreibungen zu Beteiligungen, Anteilen an verbundenen Unternehmen und wie Anlagevermögen behandelten Wertpapieren*

Bei **Zahlungsinstituten** und **E-Geld-Instituten** lautet die Postenbezeichnung nach Formblatt 2 der RechZahlV wie folgt:

> *14. Erträge aus Zuschreibungen zu Beteiligungen, Anteilen an verbundenen Unternehmen und wie Anlagevermögen behandelten Wertpapieren*
> *a) aus Zahlungsdiensten und aus der Ausgabe von E-Geld*
> *b) aus sonstigen Tätigkeiten*

6.2.15.2. Posteninhalt

6.2.15.2.1. Rechnungslegungsverordnung

Der Posteninhalt ist in § 33 RechKredV näher beschrieben. In diesem Posten sind die in § 340c Abs. 2 HGB bezeichneten Erträge aufzunehmen, die wahlweise auch saldiert mit den entsprechenden Aufwendungen ausgewiesen werden dürfen; eine teilweise Verrechnung ist jedoch nicht möglich.

Der Posteninhalt für **Zahlungsinstitute** und **E-Geld-Institute** ist in § 27 RechZahlV geregelt. Diese Bestimmung stimmt mit § 33 RechKredV überein. Deshalb kann wegen weiterer Einzelheiten auf die Erläuterungen zu § 33 RechKredV verwiesen werden.

6.2.15.2.2. Voraussetzungen für den Postenausweis

Dieser Posten ist der korrespondierende Ertragsposten zum Posten „Abschreibungen und Wertberichtigungen auf Beteiligungen, Anteile an verbundenen Unternehmen und wie Anlagevermögen behandelte Wertpapiere".

In diesem Ertragsposten sind die in § 340c Abs. 2 HGB bezeichneten Erträge auszuweisen, wenn auf die nach § 340c Abs. 2 HGB iVm. § 33 RechKredV fakultativ mögliche Verrechnung verzichtet wird.

Nimmt ein Kreditinstitut das Verrechnungswahlrecht in Anspruch, so ist in diesem Ertragsposten ein sich aus der Aufwands- und Ertragsverrechnung ergebender **Ertragssaldo** auszuweisen.

6.2.15.3. Anhangangaben

Weder die RechKredV noch das HGB sehen besondere Anhangangaben für diesen GuV-Posten vor.

6.2.15.4. Prüfung des Postens

Bezüglich der Prüfung wird auf die Ausführungen in Kapitel 6.2.15.4. verwiesen.

6.2.16.   Aufwendungen aus Verlustübernahme

6.2.16.1. Postenbezeichnung

Die Postenbezeichnung nach dem Formblatt 3 der RechKredV lautet wie folgt:

17. Aufwendungen aus Verlustübernahme

Die Postenbezeichnung für **Zahlungsinstitute** und **E-Geld-Institute** lautet nach Formblatt 2 der RechZahlV wie folgt:

15. Aufwendungen aus Verlustübernahme
a) aus Zahlungsdiensten und aus der Ausgabe von E-Geld
b) aus sonstigen Tätigkeiten

6.2.16.2. Posteninhalt

6.2.16.2.1. Rechnungslegungsverordnung

Die RechKredV und die RechZahlV enthalten zum Inhalt dieses Postens keine Bestimmungen. Den Inhalt dieses Postens bestimmt daher der § 277 Abs. 3 Satz 2 HGB.

6.2.16.2.2. Voraussetzungen für den Postenausweis

In diesem Posten sind insbesondere die nach § 302 AktG von dem Institut zu übernehmenden Verluste eines **Beherrschungs- oder Gewinnabführungsvertrags** (§ 302 AktG) auszuweisen. Unter diesen Posten fallen auch Verluste, die das Institut aufgrund **entsprechender Verträge** mit Unternehmen anderer Rechtsformen oder **freiwillig** übernommen hat.[3628] Mit dem Bestehen von Gewinnabführungs- bzw. Beherrschungsverträgen ist grundsätzlich eine Verpflichtung zur Verlustübernahme verbunden.

Von dem Ertrag aus einem Gewinnabführungs- oder Teilgewinnabführungsvertrag ist ein vertraglich zu leistender Ausgleich für **außenstehende Aktionäre** abzusetzen. Übersteigen die aufgrund der Dividendengarantie zu zahlenden Beträge die vereinnahmten Erträge, so ist der übersteigende Betrag unter den Aufwendungen aus Verlustübernahme auszuweisen (§ 158 Abs. 2 AktG).

Im Posten „Aufwendungen aus Verlustübernahme" sind nur die tatsächlich getragenen Verluste auszuweisen.[3629] Soweit wegen **drohender Verlustübernahmen** (zB wenn das Wirtschaftsjahr der Obergesellschaft vor dem der Tochtergesellschaft endet und sich entsprechende Verluste der Tochtergesellschaft abzeichnen) **Rückstellungen** zu bilden sind, ist nach Ansicht von Adler/Düring/Schmaltz (ADS)[3630] ein Ausweis des hierfür erforderlichen Aufwands unter den „Sonstigen betrieblichen Aufwendungen" vorzuziehen.[3631] Steht der Verlust später endgültig fest und war die Rückstellung tatsächlich erforderlich, so ist der volle Verlust als Aufwand aus Verlustübernahme auszuweisen und ein der Inanspruchnahme der Rückstellung entsprechender Betrag als Ausgleichsposten in die „Sonstigen betrieblichen Erträge" einzustellen.[3632] Es ist jedoch auch vertretbar, sicher zu erwartende Verluste bereits als „Aufwand aus Verlustübernahme" zu zeigen und nur den bei vorsichtiger Schätzung zu erwartenden Mehrbetrag wie vorstehend beschrieben zu behandeln.[3633]

Zur Nichtigkeit von Jahresabschluss und Gewinnverwendungsbeschluss einer Aktiengesellschaft wegen Überbewertung von Bilanzposten, wenn im Jahresabschluss eine aus einem Beherrschungs- und Gewinnabführungsvertrag mit

---

[3628] Vgl. ADS 6. Aufl. § 277 HGB Rn. 60 ff.

[3629] Vgl. ADS 6. Aufl. § 277 HGB Rn. 72.

[3630] Vgl. ADS 6. Aufl. § 277 HGB Rn. 72 mwN.

[3631] Vgl. Böcking/Wolsiffer/Morawietz, in: MünchKomm. HGB, 4. Aufl., § 340a HGB Rn. 187 mwN.

[3632] Vgl. ADS 6. Aufl. § 277 HGB Rn. 72 mwN.

[3633] So jedenfalls ADS 6. Aufl. § 277 HGB Rn. 72; für einen Ausweis in diesem Posten spricht sich offensichtlich der DGRV (Hrsg.), Jahresabschluss, C.II. Rn. 288 aus.

einer Tochtergesellschaft resultierende Verlustausgleichsverpflichtung nur in Höhe des im Jahresabschluss der Tochtergesellschaft festgestellten Jahresfehlbetrags passiviert worden ist, obwohl der Jahresfehlbetrag wegen einer Aktivierung von nicht existierenden Forderungen aus fingierten Rechnungen objektiv zu niedrig ausgewiesen ist, vgl. den Beschluss des OLG Dresden vom 16.2.2006.[3634]

6.2.16.3. Anhangangaben

Weder das HGB noch die RechKredV sehen für diesen Posten besondere Anhangangaben vor.

6.2.16.4. Prüfung des Postens

Die hier ausgewiesenen Beträge sind mit den ermittelten Ergebnissen der betreffenden Unternehmen abzustimmen. Dabei ist auf die Einhaltung der gesetzlichen Bestimmungen zu achten.

Der **Prüfungsbericht** muss die erforderlichen Angaben enthalten.

6.2.17. Ergebnis der normalen Geschäftstätigkeit

6.2.17.1. Postenbezeichnung

Die Postenbezeichnung nach dem Formblatt 3 der RechKredV lautet wie folgt:

19. Ergebnis der normalen Geschäftstätigkeit

Die Postenbezeichnung lautet bei **Zahlungsinstituten** und **E-Geld-Instituten** nach Formblatt 2 der RechZahlV wie folgt:

16. Ergebnis der normalen Geschäftstätigkeit
a) aus Zahlungsdiensten und aus der Ausgabe von E-Geld
b) aus sonstigen Tätigkeiten

[3634] Vgl. Beschluss des OLG Dresden vom 16.2.2006, WM 2006, 2177 ff.

6.2.17.2. Posteninhalt

Dieser Posten ist nur im Formblatt 3 (Staffelform) vorgesehen; er entspricht dem Posten „Ergebnis der gewöhnlichen Geschäftstätigkeit" nach § 275 Abs. 2 Nr. 14 HGB im Gliederungsschema der Gewinn- und Verlustrechnung für Nichtbanken.

Der Posten stellt eine **Zwischensumme** aus allen vorhergehenden Ertrags- und Aufwandsposten dar. Er grenzt zugleich den Bereich der normalen (gewöhnlichen) Geschäftstätigkeit gegenüber dem außerordentlichen Bereich sowie dem Steueraufwand ab.

Die **Bezeichnung des Postens** lässt offen, ob es sich um einen Ertrags- oder einen Aufwandsüberhang handelt. Nach dem Grundsatz der Klarheit (§ 243 Abs. 2 HGB) ist zumindest durch ein Vorzeichen zum Ausdruck zu bringen, ob es sich um einen Gewinn oder einen Verlust handelt.[3635] Besser ist jedoch eine alternative Bezeichnung, wie zB „Überschuss aus der normalen Geschäftstätigkeit" oder „Fehlbetrag aus der normalen Geschäftstätigkeit".[3636] Gleichen sich die Aufwendungen und Erträge zu einem Betrag von Null aus, kann es bei der im Formblatt vorgesehenen Bezeichnung bleiben.

6.2.18. Außerordentliche Erträge

6.2.18.1. Postenbezeichnung

Die Postenbezeichnung nach dem Formblatt 3 der RechKredV lautet wie folgt:

20. Außerordentliche Erträge

Für **Zahlungsinstitute** und **E-Geld-Institute** lautet die Postenbezeichnung nach Formblatt 2 der RechZahlV wie folgt:

17. Außerordentliche Erträge
a) aus Zahlungsdiensten und aus der Ausgabe von E-Geld
b) aus sonstigen Tätigkeiten

[3635] Vgl. ADS 6. Aufl. § 275 HGB Rn. 177.
[3636] Vgl. ADS 6. Aufl. § 275 HGB Rn. 177 mwN.

6.2.18.2. Posteninhalt

6.2.18.2.1. Rechnungslegungsverordnung

Die RechKredV und die RechZahlV enthalten keine Bestimmungen für den Posteninhalt dieses GuV-Postens.

Mit dem BilRUG wurde § 277 Abs. 4 HGB aF gestrichen und inhaltsgleich in § 340a Abs. 2 Satz 4 und 5 HGB übernommen. Die für § 277 Abs. 4 HGB aF entwickelten Grundsätze sind weiterhin anzuwenden.

6.2.18.2.2. Voraussetzungen für den Postenausweis

Der Gesetzgeber hat mit dem BilRUG den Postenausweis von außerordentlichen Erträgen und Aufwendungen für Nichtbanken gestrichen. Institute müssen ungeachtet der Änderung der Gewinn- und Verlustrechnung für Nichtbanken weiterhin diese Posten zeigen. Insoweit haben sich die europarechtlichen Vorgaben für Institute mit dem BilRUG nicht geändert. An der Definition des Begriffs „außerordentlich" hat sich ebenfalls nichts geändert (vgl. Kapitel 6.1.).

Als **außerordentliche** Erträge (Aufwendungen) sind Erträge (Aufwendungen) auszuweisen, die außerhalb der normalen (gewöhnlichen)[3637] Geschäftstätigkeit des Kredit- bzw. Finanzdienstleistungsinstituts anfallen (§ 340a Abs. 2 Satz 4 HGB). Unter den außerordentlichen Posten werden unternehmensfremde Erträge (Aufwendungen) ausgewiesen, die in Abgrenzung zu den sonstigen betrieblichen Erträgen (Aufwendungen) nur selten oder höchstens unregelmäßig anfallen und einen unüblichen Charakter haben.[3638]

Alle **periodenfremden** Erträge (Aufwendungen), die nicht zugleich außerhalb der normalen Geschäftstätigkeit angefallen sind, sind stets unter den Posten auszuweisen, unter die sie auch fallen würden, wenn sie nicht periodenfremd wären.

Nach ADS[3639] führen nur außergewöhnliche Ereignisse, die den normalen Ablauf des Geschäftsjahres unterbrechen, zu außerordentlichen Posten in der Gewinn- und Verlustrechnung, namentlich solche, die

---

[3637] Die Ausdrücke „normale" und „gewöhnliche" Geschäftstätigkeit können als synonym angesehen werden; vgl. ADS 6. Aufl. § 277 HGB Rn. 78.
[3638] Vgl. Kolb/Roß, WPg 2015, 873 f.
[3639] Vgl. ADS 6. Aufl. § 277 HGB Rn. 79.

- **ungewöhnlich** in der Art,
- **selten** im Vorkommen und
- von einiger **materieller** Bedeutung

sind. Die Kriterien können sich dabei teilweise überschneiden.

Hinsichtlich der Beurteilung ist auf die Geschäftsvorgänge des konkreten Unternehmens abzustellen und der Begriff „außerordentlich" wortgenau auszulegen. Allein die **Höhe eines Ertrags** (Aufwands), mag sie noch so ungewöhnlich und selten sein, ist dabei nach Ansicht des BGH unerheblich.[3640]

Es kommt auch nicht darauf an, dass der Ertrag **aperiodisch** ist. Periodenfremde Erträge sind idR unter dem Posten zu zeigen, dem sie sachlich zugehören.

Eine **Ausgleichszahlung**, die an die Stelle des **entgangenen Gewinns** aus einem Vorgang der gewöhnlichen Geschäftstätigkeit tritt, ist nach Ansicht des BGH[3641] grundsätzlich kein „außerordentlicher" Ertrag iSd. § 277 Abs. 4 HGB aF. Ist ein Geschäft der gewöhnlichen Geschäftstätigkeit zuzurechnen, so ist – im Falle der Nichtdurchführung des Geschäfts – eine vereinbarte Schadloshaltung für den entgangenen Gewinn (der den ursprünglichen Erfüllungsanspruch wirtschaftlich ersetzt) kein außerordentlicher Ertrag. Dies gilt ua. für die Zahlung von Vertragsstrafen, Verzugszinsen und für andere Schadensersatzpositionen, die an die Stelle der Erfüllung des ursprünglichen Vertrags treten.

Für **außerordentliche Erträge** werden im Schrifttum folgende Beispiele genannt:[3642]

- Gewinne aus der Veräußerung ganzer Betriebe oder wesentlicher Betriebsteile, bedeutende Grundstücke oder wesentliche Beteiligungen,
- Erträge im Zusammenhang mit der Aufnahme/Stilllegung bedeutender Geschäftsbereiche,
- Erträge aufgrund des Ausgangs eines für das Unternehmen existenziellen Prozesses,
- Sanierungsgewinne,
- Erträge aus einem Forderungsverzicht der Gläubiger,
- Erträge im Zusammenhang mit dem Wegfall der Going-Concern-Prämisse,
- Erträge aus außergewöhnlichen Schadensfällen (Katastrophen),

---

[3640] Vgl. BGH-Urteil vom 21.1.2004, DB 2004, 475 ff.
[3641] Vgl. BGH-Urteil vom 21.1.2004, DB 2004, 475 ff.
[3642] Vgl. ua. ADS 6. Aufl. § 277 HGB Rn. 80; Kolb/Roß, WPg 2015, 873 f.

- Erträge aus der erfolgswirksamen Vereinnahmung von Genussrechtskapital usw.,
- einmalige Zuschüsse der öffentlichen Hand zur Umstrukturierung von Branchen,
- Erträge aus Gesellschafterzuschüssen,
- Erträge aus der Veräußerung von Anlagevermögen, soweit dieses Anlagevermögen die wesentlichen Betriebsgrundlagen umfasst, zB „Sale-and-lease-back" der bankbetrieblich genutzten Grundstücke oder Veräußerung im Rahmen einer Betriebsaufspaltung,
- Umwandlungs- und Verschmelzungsgewinne.

Bei der Beurteilung der Frage, ob Erträge (Aufwendungen) dem außerordentlichen Bereich zuzurechnen sind, ist stets auf die Eigenart des jeweiligen Instituts abzustellen.[3643]

Zu den außerordentlichen Erträgen gehören nach der IDW HFA-Stellungnahme 2/1996[3644] auch private **Zuschüsse** (bspw. eines Gesellschafters), die nicht ausdrücklich in die Kapitalrücklage nach § 272 Abs. 2 Nr. 4 HGB eingestellt werden. Es muss darüber hinaus eine Erläuterung im Anhang erfolgen (§ 340a Abs. 2 Satz 5 HGB). Die Außerordentlichkeit dieses Ertrags ist darin zu sehen, dass er nicht aus der gewöhnlichen Geschäftstätigkeit resultiert. Dient der Zuschuss dem Ausgleich von Verlusten aus dem Kreditgeschäft, darf dieser nicht in die Überkreuzkompensation einbezogen werden.

Buchgewinne aus normalen Anlageabgängen, Zuschreibungsbeträge, Erträge aus der Auflösung von nicht benötigten Rückstellungen und Einzelwertberichtigungen, Kursgewinne aus Wertpapierverkäufen, Steuererstattungen usw. gehören – auch wenn sie einen wesentlichen Betrag ausmachen – nicht zu den außerordentlichen Erträgen.

6.2.18.3. Anhangangaben

Im Anhang sind die wichtigsten Einzelbeträge dieses Postens anzugeben, sofern die Einzelbeträge für die Beurteilung der Vermögens-, Finanz- und Ertragslage des Kreditinstituts nicht unwesentlich sind. Die Beträge und ihre Art sind zu erläutern (§ 35 Abs. 1 Nr. 4 RechKredV).

Nach § 340a Abs. 2 Satz 5 HGB ist im Anhang der Posten hinsichtlich seines Betrags und seiner Art zu erläutern, soweit die ausgewiesenen Beträge für die

---

[3643] Vgl. ADS 6. Aufl. § 277 HGB Rn. 81.
[3644] Vgl. IDW HFA 2/1996, Rn. 22, WPg 1996, 709.

Beurteilung der Ertragslage nicht von untergeordneter Bedeutung sind. Diese Anhangangabe wurde unverändert aus dem mit dem BilRUG gestrichenen § 277 Abs. 4 HGB aF übernommen.

6.2.18.4. Prüfung des Postens

Es sind die allgemein für außerordentliche Erträge üblichen Prüfungshandlungen durchzuführen. Dabei ist darauf zu achten, dass Erträge **vollständig** und **periodengerecht** erfasst und zutreffend ausgewiesen werden.

Es empfiehlt sich, ausgewählte Ertragskonten unter stichprobenartiger Heranziehung der Ursprungsbelege zu prüfen.

Der **Prüfungsbericht** muss die erforderlichen Angaben enthalten.

6.2.19. Außerordentliche Aufwendungen

6.2.19.1. Postenbezeichnung

Die Postenbezeichnung nach dem Formblatt 3 der RechKredV lautet wie folgt:

21. Außerordentliche Aufwendungen

Die Postenbezeichnung bei **Zahlungsinstituten** und **E-Geld-Instituten** lautet nach Formblatt 2 der RechZahlV wie folgt:

18. Außerordentliche Aufwendungen
   a) aus Zahlungsdiensten und aus der Ausgabe von E-Geld
   b) aus sonstigen Tätigkeiten

6.2.19.2. Posteninhalt

6.2.19.2.1. Rechnungslegungsverordnung

Der Gesetzgeber hat mit dem BilRUG den Postenausweis von außerordentlichen Erträgen und Aufwendungen für Nichtbanken gestrichen. Institute müssen ungeachtet der Änderung der Gewinn- und Verlustrechnung für Nichtbanken weiterhin diese Posten zeigen. Insoweit haben sich die europarechtlichen Vorgaben für Institute nicht geändert. An der Definition des Begriffs „außerordentlich" hat sich nichts geändert (vgl. Kapitel 6.1.).

Unter dem Posten sind Aufwendungen auszuweisen, die außerhalb der gewöhnlichen Geschäftstätigkeit anfallen (§ 340a Abs. 2 Satz 4 HGB). Es sind die für den mit dem BilRUG gestrichenen § 277 Abs. 4 HGB aF entwickelten Grundsätze anzuwenden.

6.2.19.2.2. Voraussetzungen für den Postenausweis

Es handelt sich bei diesem Posten um den korrespondierenden Aufwandsposten zum Posten „außerordentliche Erträge". Zum Begriff „außerordentliche Aufwendungen" vgl. auch Kapitel 6.2.18.2.2.

Die periodenfremden Aufwendungen, die nicht zugleich außerhalb der normalen Geschäftstätigkeit angefallen sind, sind unter den Posten auszuweisen, unter die sie fallen würden, wenn sie nicht periodenfremd wären.

Für **außerordentliche Aufwendungen** werden im Schrifttum folgende Beispiele genannt:[3645]

- Verluste aus der Veräußerung ganzer Betriebe oder wesentlicher Betriebsteile, bedeutender Grundstücke oder wesentlicher Beteiligungen,
- außerplanmäßige Abschreibungen aus Anlass eines außergewöhnlichen Ereignisses (zB Stilllegung von Betrieben, Enteignung, Zerstörung von Betrieben durch Katastrophen),
- außergewöhnliche Schadensfälle aufgrund betrügerischer Machenschaften, Unterschlagungen usw.,
- Aufwendungen aufgrund des Ausgangs eines für das Unternehmen existenziellen Prozesses,
- Entlassungsentschädigungen bei Massenentlassungen oder ähnlichen Aktionen (Sozialpläne),
- Restrukturierungsaufwendungen (Sozialpläne),[3646]
- Verluste aufgrund von Standortverlagerungen,
- Extremverluste wegen betrügerischer Machenschaften,
- Bußgelder wegen Verstoßes gegen das Kartellgesetz,
- Bußgelder wegen Verstößen gegen das Kartellgesetz,
- Umwandlungs- und Verschmelzungsverluste,
- Einmalige Umstellungseffekte aus Gesetzesänderungen.

[3645] Vgl. ADS 6. Aufl. § 277 HGB Rn. 80; Zwirner/Boecker, BC 2016, 159 ff.; Böcking/Wolsiffer/Morawietz, in: MünchKomm. HGB, 4. Aufl., § 340a HGB Rn. 189.
[3646] Vgl. Kolb/Roß, WPg 2015, 874; auch zu Abfindungszahlungen bei Restrukturierungen.

Noch nicht verrechnete Unterschiedsbeträge aus dem Übergang auf das Bil-MoG, insbesondere für die zeitliche **Verteilung der Zuführung zu Pensionsrückstellungen** (sog. 1/15-Regelung, Art. 67 Abs. 1 und Abs. 2 EGHGB), müssen nach Art. 67 Abs. 7 EGHGB aF als außerordentliche Aufwendungen ausgewiesen werden.

Da mit dem BilRUG für Nichtbanken die Posten „außerordentliche Erträge" und „außerordentliche Aufwendungen" (§ 277 Abs. 4 HGB aF) gestrichen wurden, sieht Art. 75 Abs. 5 EGHGB für Nichtbanken vor, dass diese Aufwendungen als „Aufwendungen nach Art. 67 Abs. 1 und 2 EGHGB" innerhalb der sonstigen betrieblichen Aufwendungen gesondert angegeben werden müssen. In der Begründung zu Art. 75 Abs. 5 EGHGB wird ausgeführt, dass es sich um eine Folgeänderung zur Änderung von § 275 und § 277 HGB über außerordentliche Posten handelt.[3647]

Mithin hat sich für Institute bezüglich des Ausweises nichts geändert. Es gibt insbesondere kein Wahlrecht bezüglich der Anwendung von Art. 67 Abs. 7 aF – auch wenn dieser mit dem BilRUG gestrichen wurde – oder Art. 75 Abs. 5 EGHGB, dh. es bleibt bei einem Ausweis im Posten „außerordentliche Aufwendungen" gemäß Art. 67 Abs. 7 EGHGB aF.

Ob die Aufwendungen als außerordentlich anzusehen sind, hängt immer von den Umständen des Einzelfalls ab. Buchverluste aus normalen Anlageabgängen, außerplanmäßige Abschreibungen, Einzelwertberichtigungen, Steuernachzahlungen sind – auch wenn sie einen nicht unwesentlichen Betrag ausmachen – nicht als außerordentliche Aufwendungen auszuweisen.

Es kommt – wie bei den außerordentlichen Erträgen – nicht darauf an, dass die Aufwendungen **aperiodisch** oder **periodenfremd** sind.

Eine **Verrechnung** von außerordentlichen Aufwendungen mit Erstattungen Dritter, zB für Schadensfälle, ist nicht zulässig. Die Erstattungsbeträge sind vielmehr unter den außerordentlichen Erträgen zu zeigen.

6.2.19.3. Anhangangaben

Im Anhang sind die wichtigsten Einzelbeträge dieses Postens anzugeben, sofern die Einzelbeträge für die Beurteilung des Jahresabschlusses nicht unwesentlich sind. Die Beträge und ihre Art sind zu erläutern (§ 35 Abs. 1 Nr. 4 RechKredV, § 340a Abs. 2 Satz 5 HGB).

[3647] Vgl. BT-Drucks. 18/4050, 89.

Im Zusammenhang mit der Anwendung der Übergangsregelung nach Art. 67 Abs. 1 EGHGB für Pensionsrückstellungen ist die Anhangangabe nach Art. 67 Abs. 2 EGHGB zu beachten.

6.2.19.4. Prüfung des Postens

Es sind die allgemein für außerordentliche Aufwendungen üblichen Prüfungshandlungen durchzuführen. Dabei ist darauf zu achten, dass die Aufwendungen **vollständig** und **periodengerecht** erfasst und zutreffend ausgewiesen werden. Es empfiehlt sich, ausgewählte Aufwandskonten unter stichprobenartiger Heranziehung der Ursprungsbelege zu prüfen.

Der Prüfungsbericht muss die erforderlichen Angaben enthalten.

6.2.20. Außerordentliches Ergebnis

6.2.20.1. Postenbezeichnung

Die Postenbezeichnung nach dem Formblatt 3 der RechKredV lautet wie folgt:

22. Außerordentliches Ergebnis

Die Postenbezeichnung bei **Zahlungsinstituten** und **E-Geld-Instituten** lautet nach Formblatt 2 der RechZahlV wie folgt:

19. Außerordentliches Ergebnis
a) aus Zahlungsdiensten und aus der Ausgabe von E-Geld
b) aus sonstigen Tätigkeiten

6.2.20.2. Posteninhalt

Dieser Posten ist nur im Formblatt 3 (Staffelform) vorgesehen; er entspricht dem Posten im Gliederungsschema der Gewinn- und Verlustrechnung für Nichtbanken (§ 275 Abs. 2 Nr. 17 HGB).

Der Posten ist ein positiver oder negativer **Saldoposten** aus den Posten „Außerordentliche Erträge" und „Außerordentliche Aufwendungen". Wie beim Posten „Ergebnis der normalen Geschäftstätigkeit" (vgl. Kapitel 6.2.19.), muss auch hier deutlich gemacht werden, ob ein Ertrags- oder ein Aufwands-überhang vorliegt, zB durch ein entsprechendes **Vorzeichen** oder eine **Änderung der Postenbezeichnung**.

6.2.20.3. Anhangangaben

Im Anhang ist anzugeben, in welchem Umfang die Steuern vom Einkommen und vom Ertrag das Ergebnis der normalen Geschäftstätigkeit und das außerordentliche Ergebnis belasten (§ 285 Nr. 6 HGB).

6.2.21. Steuern vom Einkommen und vom Ertrag

6.2.21.1. Postenbezeichnung

Die Postenbezeichnung nach dem Formblatt 3 der RechKredV lautet wie folgt:

23. Steuern vom Einkommen und vom Ertrag

Bei **Zahlungsinstituten** und **E-Geld-Instituten** lautet die Postenbezeichnung nach Formblatt 2 der RechZahlV wie folgt:

20. Steuern vom Einkommen und vom Ertrag
  a) aus Zahlungsdiensten und aus der Ausgabe von E-Geld
  b) aus sonstigen Tätigkeiten

6.2.21.2. Posteninhalt

6.2.21.2.1. Rechnungslegungsverordnung

Die RechKredV und die RechZahlV enthalten keine Bestimmungen für den Posteninhalt dieses GuV-Postens. Der Posteninhalt entspricht dem des § 275 Abs. 2 Nr. 18 HGB. Mithin kann auf die Kommentierungen zu diesem Posten zurückgegriffen werden.

6.2.21.2.2. Voraussetzungen für den Postenausweis

In diesem Posten sind folgende Steuern auszuweisen, soweit das **Institut Steuerschuldner** ist:[3648]

- Steuern vom Einkommen: Körperschaftsteuer (einschließlich aller Ergänzungsabgaben), ggf. vor Berücksichtigung etwaiger Anrechnungsbeträge,
- Steuern vom Ertrag: Gewerbeertragsteuer,
- ausländische Steuern, die materiell-inhaltlich Steuern vom Einkommen und vom Ertrag darstellen.

Grundsätzlich hat der Steuerschuldner die geschuldeten Beträge als Steuern auszuweisen, auch wenn ein Dritter die Steuer entrichtet; dabei kommt es auf die „wirtschaftliche" und nicht auf die rechtliche Steuerschuldnerschaft an.

Der Posten umfasst sämtliche das Einkommen und den Ertrag betreffende **Steueraufwendungen und -erträge** der og. Steuerarten.[3649] Die hier auszuweisenden Aufwendungen und Erträge umfassen demnach

- laufende Zahlungen,
- Zuführungen zu bzw. Auflösungen von Rückstellungen,
- Aufwendungen für zurückliegende Geschäftsjahre, für die keine ausreichenden Rückstellungen gebildet wurden und
- Steuererstattungen für Vorjahre.

Nach hM handelt es sich hierbei nicht um eine unzulässige Saldierung nach § 246 Abs. 2 HGB.[3650] Ergibt sich ausnahmsweise ein **Ertragssaldo**, ist dies nach dem Grundsatz der Klarheit (§ 243 Abs. 2 HGB) kenntlich zu machen.

Nennenswerte **aperiodische** Nachzahlungen für Vorjahre sowie auch Erstattungen und Auflösungen von Rückstellungen sind nach § 285 Nr. 32 HGB im Anhang hinsichtlich ihres Betrags und ihrer Art zu erläutern. Der mit dem BilRUG aufgehobene § 277 Abs. 4 HGB aF wurde bezüglich der Angabe von aperiodischen Aufwendungen und Erträge in die Nr. 32 des § 285 HGB verschoben und inhaltlich nicht geändert.

Zum Ausweis von **Zinsen auf Steuernachforderungen** wird auf die Ausführungen in Kapitel 6.2.2.2.2. verwiesen.

[3648] Vgl. ADS 6. Aufl. § 275 HGB Rn. 185.
[3649] Vgl. ADS 6. Aufl. § 275 HGB Rn. 188.
[3650] Vgl. ADS 6. Aufl. § 275 HGB Rn. 188 f.

Hier werden nicht die **Einkommensteuern der Gesellschafter** von Personenhandelsgesellschaften ausgewiesen. Nach § 264c Abs. 3 Satz 2 HGB darf jedoch bei Personenhandelsgesellschaften iSd. § 264a HGB nach dem Posten
„Jahresüberschuss/Jahresfehlbetrag" ein dem Steuersatz der Komplementär-
gesellschaft entsprechender Steueraufwand der Gesellschafter offen abgesetzt
oder hinzugerechnet werden.[3651]

Aufwendungen aus der Passivierung und Erträge aus der Aktivierung **latenter
Steuern** sind in der Gewinn- und Verlustrechnung gesondert unter dem Posten
„Steuern vom Einkommen und vom Ertrag" auszuweisen (§ 274 Abs. 2 Satz 3
HGB).

6.2.21.3. Anhangangaben

Im Anhang ist anzugeben, in welchem Umfang die Steuern vom Einkommen
und vom Ertrag das Ergebnis der normalen Geschäftstätigkeit oder das außerordentliche Ergebnis betreffen (§ 285 Nr. 6 HGB). Eine Angabe ist nur dann
erforderlich, wenn in der Gewinn- und Verlustrechnung ein außerordentliches
Ergebnis ausgewiesen wird. Wird hingegen ein negatives außerordentliches
Ergebnis durch ein positives gewöhnliches Ergebnis ausgeglichen, so ist der
Steueraufwand allein dem positiven Bereich zuzuordnen und umgekehrt.

Steueraufwendungen und -erträge von nicht untergeordneter Bedeutung, die
einem anderen Geschäftsjahr zuzurechnen sind, sind hinsichtlich ihres Betrags
und ihrer Art im Anhang zu erläutern (§ 285 Nr. 32 HGB).

Die latenten Steuern sind im Anhang zu erläutern (§ 285 Nr. 29 HGB).

6.2.21.4. Prüfung des Postens

Es sind die für den Steueraufwand bzw. -ertrag üblichen Prüfungshandlungen
durchzuführen. In diesem Zusammenhang sind insbesondere die Zuführungen zu, der Verbrauch und die Auflösung von Steuerrückstellungen mit den
ausgewiesenen Beträgen abzustimmen. Dabei ist festzustellen, ob nur Steuern
ausgewiesen werden, für die das Institut Steuerschuldner ist.

[3651] Diese Rechtsform kommt nach den vorliegenden Erkenntnissen bei Instituten, wenn
überhaupt, dann äußerst selten vor.

Es empfiehlt sich, ausgewählte Aufwands- und Ertragskonten unter stichprobenweiser Heranziehung der Ursprungsbelege zu prüfen.

Der **Prüfungsbericht** muss die erforderlichen Angaben enthalten.

6.2.22. Sonstige Steuern

6.2.22.1. Postenbezeichnung

Die Postenbezeichnung nach dem Formblatt 3 der RechKredV lautet wie folgt:

> *24. Sonstige Steuern, soweit nicht unter Posten 12 ausgewiesen*

Die Postenbezeichnung bei **Zahlungsinstituten** und **E-Geld-Instituten** lautet nach Formblatt 2 der RechZahlV wie folgt:

> *21. Sonstige Steuern, soweit nicht unter Posten 10 ausgewiesen*
> *a) aus Zahlungsdiensten und aus der Ausgabe von E-Geld*
> *b) aus sonstigen Tätigkeiten*

6.2.22.2. Posteninhalt

6.2.22.2.1. Rechnungslegungsverordnung

Die RechKredV und die RechZahlV enthalten keine Bestimmungen für den Posteninhalt dieses GuV-Postens. Der Posteninhalt entspricht dem des § 275 Abs. 2 Nr. 19 HGB. Mithin kann auf die Kommentierungen zu diesem Posten zurückgegriffen werden.

6.2.22.2.2. Voraussetzungen für den Postenausweis

Unter diesen Posten fallen alle nicht unter dem Posten „Steuern vom Einkommen und vom Ertrag" auszuweisenden Steuern, die von der Gesellschaft als solche getragen worden sind, soweit es sich nicht um zu aktivierende Anschaffungskosten (zB Grunderwerbsteuer) handelt oder der Ausweis der sonstigen Steuern im Posten „Sonstige betriebliche Aufwendungen" erfolgt.[3652] Auch entsprechende Mehrsteuern aufgrund einer steuerlichen Außenprüfung sind

---

[3652] Zur Aufzählung der infrage kommenden Steuern vgl. ADS 6. Aufl. § 275 HGB Rn. 197.

hier auszuweisen. Steuererstattungen sind auch dann zu saldieren, wenn sich hierdurch per Saldo ein Ertrag ergibt.

Als sonstige Steuern kommen bei Instituten insbesondere in Betracht:

- Kraftfahrzeugsteuer,
- Grundsteuer.

Soweit Steuern als Zuschläge zu bestimmten Aufwandsarten erhoben werden und es sich im Verhältnis zum Hauptbetrag sowie absolut gesehen um Bagatellbeträge handelt (zB Versicherungsteuer), bestehen keine Bedenken, von einer Aufspaltung abzusehen; die Bagatellbeträge können zusammen mit dem Grundbetrag unter der entsprechenden Aufwandsart ausgewiesen werden.[3653]

Soweit die **Vorsteuer** nicht abzugsfähig ist und nicht Anschaffungskosten für aktivierte Vermögensgegenstände darstellt, ist sie entsprechend der Verursachung in den jeweiligen Aufwandsposten auszuweisen.

6.2.22.3. Anhangangaben

Weder das HGB noch die RechKredV sehen besondere Anhangangaben für die sonstigen Steuern vor.

6.2.22.4. Prüfung des Postens

Es sind die für den sonstigen Steueraufwand bzw. -ertrag üblichen Prüfungshandlungen durchzuführen. In diesem Zusammenhang sind auch evtl. Zuführungen zu, der Verbrauch und die Auflösung von Steuerrückstellungen mit den ausgewiesenen Beträgen abzustimmen.

Es empfiehlt sich, ausgewählte Aufwands- und Ertragskonten unter stichprobenweiser Heranziehung der Ursprungsbelege zu prüfen.

Der **Prüfungsbericht** muss die erforderlichen Angaben enthalten.

[3653] Vgl. ADS 6. Aufl. § 275 HGB Rn. 201.

6.2.23. Erträge aus Verlustübernahme

6.2.23.1. Postenbezeichnung

Die Postenbezeichnung nach dem Formblatt 3 der RechKredV lautet wie folgt:

> 25. *Erträge aus Verlustübernahme*

Bei **Zahlungsinstituten** und **E-Geld-Instituten** lautet die Postenbezeichnung nach Formblatt 2 der RechZahlV wie folgt:

> 22. *Erträge aus Verlustübernahme*
>   *a) aus Zahlungsdiensten und aus der Ausgabe von E-Geld*
>   *b) aus sonstigen Tätigkeiten*

6.2.23.2. Posteninhalt

6.2.23.2.1. Rechnungslegungsverordnung

Die RechKredV und die RechZahlV enthalten keine Bestimmungen für den Posteninhalt dieses GuV-Postens. Den Inhalt dieses Postens bestimmt daher § 277 Abs. 3 Satz 2 HGB.

6.2.23.2.2. Voraussetzungen für den Postenausweis

In diesem Posten sind die aufgrund eines Beherrschungs- und Gewinnabführungsvertrags auszugleichenden Jahresfehlbeträge der bilanzierenden Gesellschaft auszuweisen. Gleiches gilt bei Betriebspacht- und Betriebsüberlassungsverträgen zwischen einem herrschenden Unternehmen und einer abhängigen Gesellschaft insoweit, als die vereinbarte Gegenleistung das angemessene Entgelt nicht erreicht und daraus ein Jahresfehlbetrag resultiert (§ 302 Abs. 2 AktG).

In diesem Posten sind ferner **freiwillige** oder auf **anderen Verträgen** als nach § 302 AktG beruhende Verlustübernahmen auszuweisen. Ertragszuschüsse, die unabhängig von einem Verlust gewährt werden, sind im Posten „Sonstige betriebliche Erträge" auszuweisen.

6.2.24.   Aufgrund einer Gewinngemeinschaft, eines Gewinnabführungs- oder eines Teilgewinnabführungsvertrags abgeführte Gewinne

6.2.24.1. Postenbezeichnung

Die Postenbezeichnung nach dem Formblatt 3 der RechKredV lautet wie folgt:

> 26. *Aufgrund einer Gewinngemeinschaft, eines Gewinnabführungs-
> oder eines Teilgewinnabführungsvertrags abgeführte Gewinne*

Bei **Zahlungsinstituten** und **E-Geld-Instituten** lautet die Postenbezeichnung nach Formblatt 2 der RechZahlV wie folgt:

> 23. *Aufgrund einer Gewinngemeinschaft, eines Gewinnabführungs-
> oder eines Teilgewinnabführungsvertrags abgeführte Gewinne*
> *a) aus Zahlungsdiensten und aus der Ausgabe von E-Geld*
> *b) aus sonstigen Tätigkeiten*

6.2.24.2. Posteninhalt

6.2.24.2.1. Rechnungslegungsverordnung

Die RechKredV und die RechZahlV enthalten keine Vorschriften zur Regelung des Posteninhalts. Hinsichtlich der hier auszuweisenden Beträge gelten für Institute dieselben Grundsätze wie für Nicht-Banken. Wegen weiterer Einzelheiten kann daher auf die Kommentierungen zu § 277 Abs. 3 Satz 2 HGB verwiesen werden.

6.2.24.2.2. Voraussetzungen für den Postenausweis

In diesem Posten sind die an Dritte abgeführten Gewinne aus den in § 277 Abs. 3 Satz 2 HGB genannten Vertragsverhältnissen auszuweisen. Es handelt sich dabei um folgende Vertragsverhältnisse:

* Gewinnabführungsvertrag (§ 291 Abs. 1 AktG),
* Gewinngemeinschaften (§ 292 Abs. 1 Nr. 1 AktG),
* Teilgewinnabführungsvertrag (§ 292 Abs. 1 Nr. 2 AktG).

Bezüglich des abzuführenden Betrags ist zunächst der **fiktive** Jahresüberschuss zu ermitteln, der ohne die Gewinnabführung entstünde.

Zu kürzen ist der fiktive Jahresüberschuss um Verlustvorträge, in die gesetzliche Rücklage einzustellende (§ 300 Nr. 1 AktG) und nach § 268 Abs. 8 HGB ausschüttungsgesperrte Beträge. Werden während der Vertragsdauer gebildete Gewinnrücklagen aufgelöst, erhöht sich der fiktive Jahresüberschuss. Der sich ergebende Betrag ist der abzuführende Gewinn (§ 301 AktG).[3654]

Im Hinblick auf den Sinn dieser Vorschrift ist es ohne Bedeutung, ob die jeweiligen Verträge den genannten Vorschriften des AktG unterliegen oder ihnen nur sinngemäß entsprechen.[3655] Für den gesonderten Ausweis kommt es daher insoweit nicht auf die Rechtsform des an einem derartigen Vertrag beteiligten Instituts an.

Verträge über **stille Beteiligungen** an einer Kapitalgesellschaft sind **Teilgewinnabführungsverträge** (bei AG, KGaA § 292 Abs. 1 Nr. 2 AktG),[3656] insbesondere auch dann, wenn sie die Voraussetzungen für die Anerkennung als haftende Eigenmittel erfüllen. Der Ausweis der Ergebnisanteile still Beteiligter erfolgt entsprechend § 277 Abs. 3 Satz 2 HGB in diesem Posten. Zur Eintragung im Handelsregister vgl. Kapitel 5.3.13.2.2.

6.2.25. Jahresüberschuss/Jahresfehlbetrag

6.2.25.1. Postenbezeichnung

Die Postenbezeichnung nach dem Formblatt 3 der RechKredV lautet wie folgt:

27. Jahresüberschuss/Jahresfehlbetrag

Die Postenbezeichnung bei **Zahlungsinstituten** und **E-Geld-Instituten** lautet nach Formblatt 2 der RechZahlV wie folgt:

24. Jahresüberschuss/Jahresfehlbetrag
  a) aus Zahlungsdiensten und aus der Ausgabe von E-Geld
  b) aus sonstigen Tätigkeiten

[3654] Vgl. Gärtner, AG 2014, 793 ff.
[3655] Vgl. ADS 6. Aufl. § 277 HGB Rn. 53.
[3656] Vgl. zB LG Darmstadt, Urteil vom 24.8.2004, AG 2005, 488 ff.; Hoffmann, FB 2005, 373 ff.; ADS 6. Aufl. § 277 HGB Rn. 58 mwN.

6.2.25.2. Posteninhalt

Dieser Posten weist den im Geschäftsjahr erzielten Gewinn oder eingetretenen Verlust vor

- den Veränderungen der Kapital- und Gewinnrücklagen,
- den Entnahmen und der Wiederauffüllung des Genussrechtskapitals und
- dem Gewinnvortrag/Verlustvortrag aus dem Vorjahr

aus. Der auszuweisende Betrag ergibt sich als Saldo aus sämtlichen Aufwands- und Ertragsposten.

6.2.26. Weitere in den Formblättern 2 und 3 vorgesehene Posten

6.2.26.1. Gewinnvortrag/Verlustvortrag und Rücklagenbewegungen

Die Posten 28. bis 30. sowie 32. und 34. des Formblatts 3 der RechKredV bzw. die entsprechenden Posten des Formblatts 2 der RechKredV entsprechen den in § 158 Abs. 1 AktG geregelten Posten. Wegen weiterer Einzelheiten wird auf die Kommentierung zu § 158 AktG verwiesen. Aktiengesellschaften haben nach § 158 Abs. 1 AktG die Ergebnisverwendung in der Gewinn- und Verlust-rechnung oder im Anhang aufzuzeigen.[3657] Dieses Wahlrecht kann jedoch nur einheitlich für alle Posten ausgeübt werden. Eine entsprechende Vorgehens-weise dürfte auch für die GmbH zulässig sein.

Mit der „Verordnung zur Änderung der Versicherungsunternehmens-Rech-nungslegungsverordnung sowie zur Änderung weiterer Rechnungslegungsver-ordnungen" vom 18.12.2009 wurden im Formblatt 3 bei Posten Nummer 30. Buchstabe b) und Posten Nummer 32 Buchstabe b) jeweils die Wörter *„eigene Anteile"* durch die Wörter *„Anteile an einem herrschenden oder mehrheitlich beteiligten Unternehmen"* ersetzt.

Bei **Zahlungsinstituten und E-Geld-Instituten** ist der Posten „25. Gewinn-vortrag/Verlustvortrag aus dem Vorjahr" nach „a) aus Zahlungsdiensten und aus der Ausgabe von E-Geld" und „b) aus sonstigen Tätigkeiten" aufzuglie-dern.

[3657] Vgl. ADS 6. Aufl. § 158 AktG Rn. 28 ff.

6.2.26.2. Entnahmen aus dem/Wiederauffüllung des Genuss-rechtskapital/s

Die „Entnahmen aus Genussrechtskapital" und „Wiederauffüllung des Genussrechtskapitals" sind im Gegensatz zu der allgemeinen Gliederung des § 275 HGB als separate Posten zu zeigen. Der Posteninhalt ist weder in der RechKredV noch im HGB geregelt.

Im Posten „Entnahmen aus Genussrechtskapital" sind insbesondere Verlustzuweisungen zu erfassen, die den Rückzahlungsanspruch des Genussrechtsinhabers vermindern. Entsprechend sind im Posten „Wiederauffüllung des Genussrechtskapitals" solche Beträge auszuweisen, die in späteren Jahren zu einer Wiederauffüllung des ausgewiesenen Genussrechtskapitals verwendet werden.

6.2.26.3. Rohergebnis aus Warenverkehr und Nebenbetrieben

Nach der Fußnote 6 zum Formblatt 3 (Fußnote 6 zum Formblatt 2) müssen Kreditgenossenschaften, die das Warengeschäft betreiben, nach dem Posten „Nettoertrag des Handelsbestands" bzw. „Nettoaufwand des Handelsbestands" den Posten „Rohergebnis aus Warenverkehr und Nebenbetrieben" aufführen.

Hier zu erfassen sind die Rohergebnisse aus dem Warenverkehr (Bezugs- und Absatzgeschäft) aus Neben- und Hilfsbetrieben sowie aus der gemeinschaftlichen Maschinenbenutzung. Das Rohergebnis ist in analoger Anwendung des § 275 Abs. 2 Nr. 1 bis Nr. 5 HGB zu ermitteln. Zu den hier auszuweisenden sonstigen betrieblichen Erträgen gehören auch Buchgewinne aus der Veräußerung von Grundstücken, Betriebs- und Geschäftsausstattung, die ausschließlich dem Warengeschäft dienen, erhaltene genossenschaftliche Rückvergütungen für frühere Geschäftsjahre sowie evtl. Erträge aus Schadensersatzleistungen im Zusammenhang mit Schäden im Warengeschäft.

7. Ausgewählte Anhangangaben für Institute

7.1. Überblick über anzuwendende Vorschriften

Institute müssen den Jahresabschluss unabhängig von ihrer Rechtsform nach den für große Kapitalgesellschaften geltenden Rechnungslegungsvorschriften erstellen (§ 340a Abs. 1 HGB). Demgemäß ist ihr Jahresabschluss um einen Anhang zu erweitern, der mit der Bilanz und der Gewinn- und Verlustrechnung eine Einheit bildet (§ 264 Abs. 1 Satz 1 HGB). Prinzipiell gelten damit die Vorschriften der §§ 284 bis 288 HGB (§ 340a Abs. 1 HGB iVm. § 34 Abs. 1 RechKredV). **Größenabhängige Erleichterungen** wie für kleine und mittelgroße Kapitalgesellschaften sind von der Anwendung auf Institute ausgeschlossen (§ 340a Abs. 2 Satz 1 HGB). Insoweit gelten keine geschäftszweigspezifischen Besonderheiten, sodass auf die Kommentarliteratur zu den für alle Kapitalgesellschaften geltenden Rechnungslegungsvorschriften verwiesen werden kann.

In § 264 HGB wurde mit dem BilRUG ein neuer Abs. 1a eingefügt, der der Umsetzung von Art. 5 der EU-Bilanzrichtlinie dient. Mit § 264 Abs. 1a HGB wird vorgeschrieben, dass im Jahresabschluss **Angaben zur Identifikation des Instituts** anzugeben sind, insbesondere

- die Firma und der Sitz (nach Maßgabe des Gesellschaftsvertrags oder der Satzung),
- das Registergericht und die Nummer, unter der die Gesellschaft in das Handelsregister eingetragen ist.
- Befindet sich die Gesellschaft in Liquidation oder Abwicklung, ist auch diese Tatsache anzugeben.[3658]

Die Angaben sind an herausgehobener Stelle im Jahresabschluss zu machen. Es wird empfohlen, diese Angaben in den Anhang aufzunehmen.[3659] Aus Gründen der Klarheit empfiehlt es sich, in den Fällen, in denen zwischen dem Abschlussstichtag und dem Zeitpunkt der Beendigung der Aufstellung des Abschlusses Veränderungen eingetreten sind, neben den Angaben per Abschlussstichtag auch die Angaben für den Zeitpunkt der Aufstellung des Abschlusses anzugeben.[3660]

Mit dem BilRUG wurde § 284 Abs. 1 HGB, der Art. 15 der EU-Bilanzrichtlinie umsetzt, neu gefasst:

[3658] Vgl. Russ/Janßen/Götze (Hrsg.), Abschn. D Rn. 1 ff.
[3659] Vgl. Oser/Orth/Wirtz, DB 2015, 1734.
[3660] Vgl. Russ/Janßen/Götze (Hrsg.), Abschn. D Rn. 4.

- In den Anhang sind diejenigen Angaben aufzunehmen, die zu den einzelnen Posten der Bilanz oder der Gewinn- und Verlustrechnung vorgeschrieben sind; sie sind zwingend in der **Reihenfolge der einzelnen Posten** der Bilanz und der Gewinn- und Verlustrechnung darzustellen (§ 284 Abs. 1 Satz 1 HGB).

- Im Anhang sind auch die Angaben zu machen, die in Ausübung eines Wahlrechts nicht in die Bilanz oder in die Gewinn- und Verlustrechnung aufgenommen werden (§ 284 Abs. 1 Satz 2 HGB).

Eine Vorgabe, wie mit den Angaben zu den auf die Posten der Bilanz und der GuV angewandten **Bilanzierungs- und Bewertungsmethoden** gemäß § 284 Abs. 2 Nr. 1 HGB zu verfahren ist, enthält das Gesetz nicht. Sofern man diese Angaben als globale Angabepflicht ohne Bezug zu bestimmten Posten auffasst, erscheint es auch vertretbar, sie in einem geschlossenen Abschnitt und unter Beachtung der Reihenfolge der Bilanz- und GuV-Posten zu machen.[3661]

Mit Inkrafttreten des BilRUG sind keine gesonderten Angaben mehr zu den **Grundlagen der Währungsumrechnung** – früher geregelt in § 284 Abs. 2 Nr. 2 HGB aF – zu machen. Angaben zur Währungsumrechnung sind nun ggf. Bestandteil der Angaben zu den Bewertungsmethoden.

Wegen der Branchenspezifika sind die folgenden für Kapitalgesellschaften geltenden Bestimmungen zum Anhang nicht auf Institute anzuwenden (§ 340a Abs. 2 Satz 1 HGB): § 277 Abs. 3 Satz 1, § 284 Abs. 2 Nr. 3, § 285 Nr. 8 und Nr. 12 HGB.

Ebenfalls wegen der Besonderheiten des Geschäftszweigs werden die folgenden, allgemein für Kapitalgesellschaften geltenden Bestimmungen zum Anhang durch Normen der RechKredV ersetzt (§ 340a Abs. 2 Satz 2 HGB):

§§ HGB	
247 Abs. 1 und 266	Inhalt und Gliederung der Bilanz
275	Gliederung der Gewinn- und Verlustrechnung
251 und 268 Abs. 7	Angabe von Haftungsverhältnissen
285 Nr. 1 und 2	Angaben betreffend die Verbindlichkeiten
285 Nr. 4	Aufgliederung der Umsatzerlöse

[3661] Vgl. Russ/Janßen/Götze (Hrsg.), Abschn. H Rn. 6 mwN; DGRV (Hrsg.), Jahresabschluss, D.I. Rn. 3 f.; Gaber, 2. Aufl., 721 ff.

§§ HGB	
285 Nr. 9c	Angaben betreffend der gewährten Vorschüsse und Kredite bzw. bestimmte Haftungsverhältnisse
285 Nr. 27 HGB	Haftungsverhältnisse
284 Abs. 3 HGB	Aufgliederung des Anlagevermögens

Abb. 7.1: Durch die RechKredV ersetzte Anhangangaben

Zusätzliche Erläuterungen und Angaben sind in den §§ 34 bis 36 RechKredV vorgeschrieben. Obendrein sind noch rechtsformspezifische Bestimmungen zu beachten. Schließlich besteht das generelle Erfordernis zusätzlicher Anhangangaben für den Fall, dass besondere Umstände den Jahresabschluss ein den tatsächlichen Verhältnissen entsprechendes Bild der Vermögens-, Finanz- und Ertragslage nicht vermitteln lassen (§ 264 Abs. 2 Satz 2 HGB).

In diesem Kapitel sollen im Wesentlichen nur die Anhangangaben dargestellt werden, die institutsspezifisch sind. Allgemein zu machende Anhangangaben werden nur dann dargestellt, wenn diese für Institute eine hervorgehobene Bedeutung haben.

Die Anhangangaben nach den §§ 28, 29 und 30 RechZahlV bei **Zahlungs-instituten** bzw. **E-Geld-Instituten** entsprechen – ggf. verschlankt für Zwecke der Zahlungsinstitute/E-Geld-Institute – den Vorschriften der §§ 34, 35 und 36 RechKredV. Insoweit kann auf die zu diesen Vorschriften dargestellten Details verwiesen werden.

7.2. Angaben zu den angewandten Bilanzierungs- und Bewertungsmethoden

Nach § 284 Abs. 2 Nr. 1 HGB sind die auf die Posten der Bilanz und der Gewinn- und Verlustrechnung angewandten Bilanzierungs- und Bewertungs-methoden im Anhang anzugeben. Der Angabepflicht unterliegen diejenigen Ansatz- und Bewertungsmethoden, für die Wahlrechte bestehen. Es ist über die Ausübung der bestehenden Wahlrechte zu berichten. Ein Verweis auf Angaben im Vorjahresabschluss genügt hierbei nicht.[3662]

[3662] Vgl. DGRV (Hrsg.), Jahresabschluss, D.III. Rn. 26.

7. Ausgewählte Anhangangaben für Institute

Nach § 284 Abs. 1 Satz 1 HGB sind die Anhangangaben in der Reihenfolge der einzelnen Bilanz- und GuV-Posten zu machen. Eine Vorgabe bzgl. der Angaben zu den **Bilanzierungs- und Bewertungsmethoden** gemäß § 284 Abs. 2 Nr. 1 HGB enthält das Gesetz nicht. Sofern man diese Angaben als globale Angabepflicht ohne Bezug zu bestimmten Posten auffasst, erscheint es auch vertretbar, sie in einem geschlossenen Abschnitt und in der Reihenfolge der Bilanz- und GuV-Posten zu machen.[3663]

Im Hinblick auf die Klarheit der Darstellung sind die Angaben grundsätzlich auf das Wesentliche zu beschränken und Zusammenfassungen dort vorzunehmen, wo gleiche Sachverhalte vorliegen. Entsprechend ist eine geschlossene Darstellung von sachlich zusammengehörigen Aussagen sinnvoll, uU sogar geboten. Es ist darauf einzugehen, von welchen Ansatzwahlrechten Gebrauch gemacht und nach welchen Verfahren die Vermögensgegenstände und Schulden bewertet worden sind.

Unter **Bilanzierungsmethoden** sind diejenigen Entscheidungen zu verstehen, die sich auf den Bilanzansatz (Bilanzierung dem Grunde nach) beziehen. Die Angabepflicht im Anhang erfordert Informationen sowohl über die Ausübung der Bilanzansatzwahlrechte als auch in bestimmten Fällen über den Zeitpunkt der Bilanzierung. Aus den Angaben soll ferner erkennbar werden, aus welchen Gründen von den Wahlrechten Gebrauch bzw. nicht Gebrauch gemacht wurde. Die **Ansatzstetigkeit** gemäß § 246 Abs. 3 HGB ist zu beachten. In Fällen, in denen es sich um unwesentliche Beträge handelt, kann entsprechend dem Grundsatz der **Wesentlichkeit** auf Angaben verzichtet werden.

Die Angabepflichten nach § 284 Abs. 2 Nr. 1 HGB gelten nur insoweit, wie deren Anwendung nicht ausdrücklich ausgeschlossen wird. Dabei sind neben den Ansatzwahlrechten des allgemeinen Rechnungslegungsrechts auch die folgenden branchenspezifischen Vorschriften für Institute zu berücksichtigen:

- Ansatz eines Unterschiedsbetrags aus der Bewertung von Hypothekendarlehen und anderen Forderungen zum Nennwert unter den Rechnungsabgrenzungsposten auf der Aktivseite (§ 340e Abs. 2 Satz 3 HGB),
- Ansatz eines Sonderpostens für allgemeine Bankrisiken (§ 340g HGB).

Ob zu den Bilanzierungsmethoden iSv. § 284 Abs. 2 Nr. 1 HGB auch die Verrechnungsmöglichkeit des § 340c Abs. 2 HGB (Finanzanlagenergebnis) gehört, ist zweifelhaft. Bei diesem Wahlrecht handelt es sich nicht um ein Ansatzwahlrecht im zuvor beschriebenen Sinne, sondern um eine Verrechnungs-

---

[3663] Vgl. Russ/Janßen/Götze (Hrsg.), Abschn. H Rn. 6 mwN.

möglichkeit von bereits erfassten Vorgängen. Außerdem kann der Adressat des Jahresabschlusses bereits aus der Darstellung in der Gewinn- und Verlustrechnung - nämlich aus dem Fehlen eines Postens – erkennen, dass eine Verrechnung stattgefunden haben muss.

Eine grundsätzliche Angabepflicht hinsichtlich der nach § 34 Abs. 3 RechKredV (Anlagenspiegel) bestehenden Möglichkeit der Zusammenfassung von Abschreibungen und Zuschreibungen der Finanzanlagen mit anderen Posten besteht ebenfalls nicht. Wenn und soweit eine Zusammenfassung stattgefunden hat, ergibt sich dies bereits aus dem Anlagenspiegel selbst. Zu den Anhangangaben bei einer teilweisen Zusammenfassung wird auf die Ausführungen zum Anlagenspiegel verwiesen.

Angaben zur **Überkreuzkompensation** – dh. der saldierte Ausweis von bestimmten Aufwendungen und Erträgen – nach § 340f Abs. 3 HGB brauchen gemäß § 340f Abs. 4 HGB nicht gemacht zu werden.

Im Juni 2014 hat der EZB-Rat beschlossen, dass Banken, die ihre überschüssige Liquidität kurzfristig bei der EZB deponieren, einen sog. **negative Zinsen** („Strafzins") bezahlen müssen. Dies ist bei den Bilanzierungs- und Bewertungsmethoden darzustellen (vgl. Kapitel 6.2.1.2.2.), weil der Ausweis Bestandteil der Bilanzierungs- und Bewertungsmethoden ist.[3664]

Gegenüber den Bilanzierungsmethoden, die sich auf die Bilanzierung dem Grunde nach beziehen, bezeichnen **Bewertungsmethoden** sämtliche (planmäßige) Verfahren zur Ermittlung von Wertansätzen (Bilanzierung der Höhe nach).

Unter dem Begriff der „Bewertungsmethode" iSd. § 252 Abs. 1 Nr. 6 HGB sind bestimmte, in ihrem Ablauf definierte Verfahren zur Wertfindung zu verstehen, durch die ein Wert nachvollziehbar aus den die Bewertung bestimmenden Faktoren abgeleitet wird. Diese Faktoren können ihrerseits jeweils aus Daten unmittelbar ermittelt, subjektiv geschätzt oder durch Rechtsnormen vorgegeben sein (IDW RS HFA 38 Tz. 8 ff.).

Beim **gemilderten Niederstwertprinzip** handelt es sich nicht um eine Bewertungsmethode (keine Methode zur Wertfindung).

Die Angaben zu den Bewertungsmethoden dienen dazu, ein den tatsächlichen Verhältnissen entsprechendes Bild der Vermögens-, Finanz- und Ertragslage des Instituts zu vermitteln. Aus den Ausführungen muss hervorgehen, welche

---

[3664] Vgl. Bär/Blaschke/Geisel/Vietze/Weigel/Weißenberger, WPg 2017, 1137.

nach dem Gesetz zulässigen Methoden angewendet werden; allgemein gehaltene Bemerkungen reichen nicht aus. Im Einzelnen ist auf die Ausübung der Wertansatzwahlrechte und die Methodenwahlrechte einzugehen.

Angaben über die **Bildung und Auflösung von Vorsorgereserven** nach § 340f Abs. 1 HGB brauchen nach § 340f Abs. 4 HGB nicht gemacht zu werden. Der Betrag der Vorsorgereserven und deren Berechnung können von Jahr zu Jahr gewechselt werden, ohne dass hierüber zu berichten ist.

Vor dem Hintergrund, dass bezüglich der Frage des Übergangs des wirtschaftlichen Eigentums bei **Wertpapierleihegeschäften** weiterhin keine einheitliche Ansicht vertreten wird, ist es erforderlich, dass im Anhang dargestellt wird, wie Wertpapierleihegeschäfte bilanziell abgebildet werden (vgl. Kapitel 4.10.3.1.).

Neben der **Bewertungsstetigkeit** (§ 252 Abs. 1 Nr. 6 HGB) ist mit Inkrafttreten des BilMoG auch die **Ansatzstetigkeit** in § 246 Abs. 3 HGB gesetzlich normiert. Abweichungen von den Bilanzierungs- und Bewertungsmethoden müssen angegeben und begründet werden (§ 284 Abs. 2 Nr. 2 HGB). Einzelheiten regelt IDW RS HFA 38.

Angaben zu den Bilanzierungs- und Bewertungsmethoden sind bei Instituten insbesondere zu folgenden Sachverhalten erforderlich:

- Vermögensgegenstände des Umlaufvermögens:
  - Forderungsbewertung und Risikovorsorge (ohne § 340f HGB),
  - Bewertung der Wertpapiere der Liquiditätsreserve,
  - Bewertung des Handelsbestands,
  - Behandlung strukturierter Finanzinstrumente (IDW RS HFA 22).
- Vermögensgegenstände des Anlagevermögens:
  - Bewertung des Finanzanlagevermögens,
  - Abschreibungsmethoden des Sachanlagevermögens,
  - Behandlung der GWG.
- Verbindlichkeiten.
- Verlustfreie Bewertung des Bankbuchs (IDW RS BFA 3 n.F. Tz. 41; vgl. unten).
- Rückstellungen, insbesondere:
  - Drohverlustrückstellung wegen verlustfreier Bewertung,
  - Rückstellung für Bankenabgaben,[3665]
  - Grundlagen der Bewertung von Pensionsrückstellungen.
- Währungsumrechnung.

[3665] Vgl. FN 2015, 451.

- Behandlung von Sicherungsgeschäften sowie die Bildung von Bewertungseinheiten.
- Behandlung von Kreditderivaten.
- Wertpapierleihe (wirtschaftliches Eigentum).

Angaben zur **Währungsumrechnung** können sich bspw. auf Abweichungen von der Norm und auf ausgeübte Wahlrechte bei der Zugangsbewertung (Stichtagskurs, Mittelkurs, Durchschnittskurs, Sicherungskurs) beziehen.[3666] Im Zusammenhang mit der **Währungsumrechnung** sind weiterhin (nach BilRUG) vor allem folgende Angaben erforderlich (IDW RS BFA 4 Tz. 23):

- Beschreibung der Kriterien für die Abgrenzung der besonderen Deckung,
- Angabe des bzw. der Posten, in dem/denen das Umrechnungsergebnis ausgewiesen wird,
- Hinweis auf die Spaltung des Terminkurses bei der Absicherung von zinstragenden Forderungen bzw. Verbindlichkeiten und die Abgrenzung der sog. Swapstellen.

Es ist das **Verfahren zur verlustfreien Bewertung** des Bankbuchs als Bewertungsmethode im Anhang anzugeben und zu erläutern (IDW RS BFA 3 n.F. Tz. 41). Einzelheiten vgl. Kapitel 4.3.4. sowie die Ausführungen zu Passivposten 7.

Dabei muss neben dem Verfahren insbesondere auch dargestellt werden, wie mit der nach wie vor strittigen Frage der Berücksichtigung von Eigenkapital als Refinanzierungsmittel (IDW RS BFA 3 n.F. Tz. 26) verfahren wurde. Als Bestandteil der Bewertungsmethode ist im Anhang darüber zu berichten, ob und wie die beabsichtigte, zeitnahe Veräußerung hoch liquider Wertpapiere behandelt wurde (IDW RS BFA 3 Tz. 28). Darüber hinaus sind Angaben zur Berücksichtigung der Risiko-, Verwaltungs- und erhöhter Refinanzierungskosten zu machen.

7.3. Erläuterungen zur Bilanz

Eine Zusammenstellung der relevanten Angaben zu verschiedenen Bilanzposten ist bei DGRV (Hrsg.)[3667] zu finden.

[3666] Vgl. DGRV (Hrsg.), Jahresabschluss, D.III. Rn. 27a.
[3667] Vgl. DGRV (Hrsg.), Jahresabschluss, D.V. Rn. 67 ff.

7.3.1. Aufgliederung börsenfähiger Wertpapiere

Der Wertpapierbegriff für die Rechnungslegung auf der Aktivseite der Institute wird in § 7 RechKredV inhaltlich umschrieben. § 35 Abs. 1 Nr. 1 RechKredV verlangt im Anhang eine **Aufgliederung** der in den Aktivposten

- 5. Schuldverschreibungen und andere festverzinsliche Wertpapiere,
- 6. Aktien und andere nicht festverzinsliche Wertpapiere,
- 7. Beteiligungen und
- 8. Anteile an verbundenen Unternehmen

enthaltenen **börsenfähigen** Wertpapiere nach

- börsennotierten und
- nicht börsennotierten

Wertpapieren. Dieser Angabepflicht unterliegend nur Wertpapiere, die gemäß § 7 Abs. 2 RechKredV die Voraussetzungen der Börsenfähigkeit erfüllen.

Die **Börsenfähigkeit** wird nach § 7 Abs. 2 RechKredV dann als gegeben angesehen, wenn die Voraussetzungen einer Börsenzulassung erfüllt sind; bei Schuldverschreibungen genügt es, dass alle Stücke einer Emission hinsichtlich Verzinsung, Laufzeit und Fälligkeit einheitlich ausgestattet sind.

Als **börsennotiert** galten bis vor dem 1. November 2007 nach § 7 Abs. 3 RechKredV solche Wertpapiere, die an einer deutschen Börse zum amtlichen Handel oder zum geregelten Markt zugelassen waren, sowie Wertpapiere, die an ausländischen Börsen zugelassen waren oder gehandelt wurden (vgl. Abschnitt 3.6.3.). Seit dem 1. November 2007 sind die beiden Marktsegmente geregelter und amtlicher Markt zum **regulierten Markt** zusammengefasst (§ 32 BörsG).

Aufzugliedern ist der Buchwert; bei festverzinslichen Wertpapieren einschließlich der abgegrenzten Zinsen.

7.3.2. Wie Anlagevermögen bewertete Wertpapiere

Institute müssen die Wertpapiere sowohl für die Bewertung als auch für den Ausweis von Aufwendungen und Erträgen aus Wertpapieren in drei Kategorien einteilen:

- Wertpapiere (Finanzinstrumente) des Handelsbestands,
- Wertpapiere des Anlagevermögens und
- Wertpapiere der Liquiditätsreserve.

Obwohl (mit Ausnahme der Wertpapiere des Handelsbestands) Wertpapiere grundsätzlich nach den für das Umlaufvermögen geltenden Vorschriften zu bewerten sind, ist es auch möglich, dass Institute nicht nur Beteiligungen, sondern auch Wertpapiere als längerfristige Vermögensanlage betrachten und diese, insbesondere für Zwecke der Bewertung, wie Anlagevermögen behandeln. Die gesetzliche Grundlage bietet § 340e Abs. 1 Satz 2 HGB, wonach andere Vermögensgegenstände dann wie Anlagevermögen zu bewerten sind, wenn sie dazu bestimmt werden, dauernd dem Geschäftsbetrieb zu dienen.

Die Zweckbestimmung von Wertpapierbeständen, dauernd dem Geschäftsbetrieb zu dienen, setzt eine aktenkundig zu machende Entscheidung der „zuständigen Organe" voraus.

Der **Betrag der nicht mit dem Niederstwert bewerteten börsenfähigen Wertpapiere** ist nach § 35 Abs. 1 Nr. 2 RechKredV für die folgenden Aktivposten der Bilanz im Anhang anzugeben:

- 5. Schuldverschreibungen und andere festverzinsliche Wertpapiere und
- 6. Aktien und andere nicht festverzinsliche Wertpapiere.

Auch hier wird nur auf **börsenfähige** Wertpapiere abgestellt. Als börsenfähig gelten nach § 7 Abs. 2 RechKredV Wertpapiere, die die Voraussetzungen einer Börsenzulassung erfüllen. Bei Schuldverschreibungen genügt es, dass alle Stücke einer Emission hinsichtlich Verzinsung, Laufzeitbeginn und Fälligkeit einheitlich ausgestattet sind.

§ 35 Abs. 1 Nr. 2 RechKredV stellt auf die **nicht mit dem Niederstwert bewerteten** börsenfähigen Wertpapiere ab. Dies bedeutet, dass Wertpapiere, die aufgrund ihrer Zweckbestimmung zwar den Finanzanlagen zuzuordnen sind, die aber zulässigerweise aufgrund des gemilderten Niederstwertprinzips nach § 253 Abs. 3 HGB mit dem niedrigeren beizulegenden Wert (zB Börsenkurs) bewertet wurden, **nicht** in die Angabepflicht des § 35 Abs. 1 Nr. 2 RechKredV einzubeziehen sind. Aufgrund des eindeutigen Wortlauts der RechKredV ist ausschließlich maßgebend, ob die Wertpapiere mit dem Niederstwert bewertet wurden oder nicht.

Es muss nicht der Betrag der unterlassenen Abwertung angegeben werden, sondern nur der **Buchwert der Wertpapiere des Anlagevermögens**, bei denen die Abwertungen auf den niedrigeren beizulegenden Wert zulässigerweise unterlassen wurden (siehe aber § 285 Nr. 18 HGB).

Die Angabe der nicht mit dem Niederstwert bewerteten Wertpapiere hat nicht in der Bilanz, sondern im Anhang zu erfolgen. In diesem Zusammenhang ist auch anzugeben, in welcher Weise die so bewerteten Wertpapiere von den mit dem Niederstwert bewerteten börsenfähigen Wertpapieren **abgegrenzt** worden sind.

7.3.3. Treuhandvermögen und Treuhandverbindlichkeiten

Vermögensgegenstände und Schulden, die ein Institut **in eigenem Namen, aber für fremde Rechnung** hält, sind in die Bilanz aufzunehmen und in einem Gesamtbetrag unter

- dem Aktivposten „9. Treuhandvermögen" und
- dem Passivposten „4. Treuhandverbindlichkeiten"

auszuweisen sowie im **Anhang** nach den einzelnen Aktiv- und Passivposten des Formblatts aufzugliedern. Neben der Aufgliederung, dh. der zahlenmäßigen Segmentierung der jeweiligen Gesamtbeträge, verlangt § 6 Abs. 1 Rech-KredV keine weiteren Angaben.

Es erscheint gerechtfertigt, die Vorschrift des § 6 Abs. 1 RechKredV hinsichtlich der Aufgliederung dahingehend auszulegen, dass eine Aufgliederung nach den Hauptposten und den einzelnen Unterposten der Bilanz, nicht jedoch nach den Darunter-Angaben zu erfolgen hat. Die Unterposten sind dementsprechend in Bezug auf die Anhangangabe wie Hauptposten zu behandeln.[3668]

7.3.4. Anlagenspiegel

§ 34 Abs. 3 RechKredV regelt unter Bezugnahme auf § 284 Abs. 3 HGB, für welche Posten des Anlagevermögens (vgl. unten) die Angaben in Form eines Brutto-Anlagenspiegels zu machen sind und welche Wahlrechte bezüglich der Zusammenfassung bestimmter Beträge bestehen.[3669] Zu aufzugliedernden Posten vgl. unten.

[3668] Vgl. Krumnow ua., 2. Aufl., § 6 RechKredV Rn. 22 mwN.
[3669] Ausführlich WPH Edition, Kreditinstitute, Kap. D Rn. 971 ff.; Gaber, 2. Aufl., 723 ff.

Für jeden **einzelnen Posten** sind nach § 284 Abs. 3 HGB aufzuführen:

- die gesamten Anschaffungs- und Herstellungskosten der am Beginn des Geschäftsjahres vorhandenen Vermögensgegenstände,
- die Zugänge des Geschäftsjahres,
- die Abgänge des Geschäftsjahres,
- die Umbuchungen während des Geschäftsjahres,
- die Zuschreibungen des Geschäftsjahres und
- die (kumulierten)[3670] Abschreibungen am Ende des Geschäftsjahres
- der Restbuchwert.

Zu den **Abschreibungen** sind nach § 34 Abs. 3 RechKredV iVm. § 284 Abs. 3 Satz 3 HGB **gesondert folgende Angaben zu machen** (Abschreibungsspiegel):[3671]

1. die (kumulierten) Abschreibungen in ihrer gesamten Höhe zu Beginn und Ende des Geschäftsjahrs,
2. die im Laufe des Geschäftsjahrs vorgenommenen Abschreibungen und
3. Änderungen in den Abschreibungen in ihrer gesamten Höhe im Zusammenhang mit Zu-[3672] und Abgängen sowie mit Umbuchungen im Laufe des Geschäftsjahrs.[3673]

§ 34 Abs. 3 RechKredV iVm. § 284 Abs. 3 Satz 4 HGB schreibt vor, dass wenn in die Herstellungskosten **Zinsen für Fremdkapital** einbezogen worden sind, für jeden Posten des Anlagevermögens anzugeben ist, welcher **Betrag an Zinsen im Geschäftsjahr aktiviert** worden ist. Hierzu ist (entgegen der Angabepflicht nach § 284 Abs. 2 Nr. 4 HGB) zum einen eine Betragsangabe vorgeschrieben und zum anderen ist die Angabe für jeden Posten des Anlagevermögens separat zu machen. Eine Einbeziehung in den Anlagenspiegel ist

---

[3670] Vgl. Russ/Janßen/Götze (Hrsg.), Abschn. H Rn. 10.

[3671] Vgl. Gaber, 2. Aufl., 724 ff.

[3672] Unter die Änderungen der Abschreibungen in ihrer gesamten Höhe in Zusammenhang mit Zugängen des Geschäftsjahrs dürften insbes. Zugänge der kumulierten Abschreibungen aus der Übernahme von Sachgesamtheiten iRv. Umwandlungsvorgängen oder aus der Übernahme von (Rein-) Vermögen iRv. Transaktionen fallen, die eine (partielle) Gesamtrechtsnachfolge des Unternehmens zur Folge haben; vgl. Russ/Janßen/Götze (Hrsg.), Abschn. H Rn. 14 mwN. Vgl. auch Zwirner, WPg 2017, 562 mwN.

[3673] Die Angabe muss für Zugänge, Abgänge und Umbuchungen jeweils separat erfolgen, vgl. Rimmelspacher/Meyer, DB 2015, Beilage 05 zu Heft 36, 24. Nach Zwirner, WPg 2017, 562, ist es nicht mehr möglich, vorgenommene Zuschreibungen erst im Folgejahr mit den kumulierten Abschreibungen zu verrechnen, denn § 284 Abs. 3 Satz 2 HGB sieht eindeutig eine Überleitung der kumulierten Abschreibungen zu Beginn und zum Ende des Geschäftsjahres vor.

nicht zwingend erforderlich (möglich ist auch eine ergänzende Erläuterung iSe. „Davon-Vermerks").[3674] Nach dem Wortlaut des Gesetzes sind in dem betreffenden Jahr allein die in dem jeweiligen Geschäftsjahr neu, dh. erstmals aktivierte Fremdkapitalzinsen anzugeben und nicht etwa zusätzlich auch in früheren Jahren aktivierte Fremdkapitalzinsen.

Zu **Beispielen** für einen erweiterten Bruttoanlagenspiegel nach § 34 Abs. 3 RechKredV iVm. § 284 Abs. 3 HGB idF des BilRUG vgl. DGRV (Hrsg.)[3675], Russ/Janßen/Götze (Hrsg.)[3676], Fink/Theile[3677], Kirsch[3678] und Theile/Grzechnik[3679]. Klarstellend sei darauf hingewiesen, dass § 265 Abs. 2 Satz 1 HGB nach wie vor nur Vorjahreszahlen zu den Posten der Bilanz und der Gewinn- und Verlustrechnung verlangt, nicht jedoch für den Anhang.

Je nach bilanzieller Behandlung werden **Zuschüsse** für Investitionen des betreffenden Geschäftsjahres in der Zugangsspalte gekürzt (Nettomethode) oder in der Abgangsspalte gesondert als „Zuschüsse" ausgewiesen (Bruttomethode).

Nach § 34 Abs. 3 RechKredV sind die in § 284 Abs. 3 HGB verlangten Angaben für die **Vermögensgegenstände iSd. § 340e Abs. 1 HGB**, präziser: für Vermögensgegenstände iSd. § 340e Abs. 1 Satz 1 HGB, die **nach den für das Anlagevermögen geltenden Vorschriften zu bewerten** sind, zu machen. Es handelt sich dabei im Einzelnen um:

- Beteiligungen,
- Anteile an verbundenen Unternehmen,
- Konzessionen,
- gewerbliche Schutzrechte und ähnliche Rechte und Werte,
- Lizenzen an solchen Rechten und Werten,
- Grundstücke,
- grundstücksgleiche Rechte,
- Bauten einschließlich der Bauten auf fremden Grundstücken,
- technische Anlagen und Maschinen,
- andere Anlagen,
- Betriebs- und Geschäftsausstattung,

[3674] Vgl. Russ/Janßen/Götze (Hrsg.), Abschn. H Rn. 17 mwN; Zwirner, WPg 2017, 563.
[3675] Vgl. DGRV (Hrsg.), Jahresabschluss, D.IV. Rn. 43.
[3676] Vgl. Russ/Janßen/Götze (Hrsg.), Abschn. H Rn. 12 ff. mwN.
[3677] Vgl. Fink/Theile, DB 2015, 757.
[3678] Vgl. Kirsch, BBK 7/2015, 324 f.
[3679] Vgl. Theile/Grzechnik, DB 2015, 2835 f. mwN.

- Anlagen im Bau,
- Leasingvermögen[3680],
- alle anderen wie Anlagevermögen bewerteten Vermögensgegenstände (zB Wertpapiere und sonstige Vermögensgegenstände).

Mit dem BilMoG wurde im Aktivposten „11. Immaterielle Anlagewerte" eine Untergliederung a) bis d) eingeführt. Es ist sachgerecht, wenn der Anlagenspiegel – entgegen der vorstehenden Darstellung – bezüglich der immateriellen Anlagewerte entsprechend dieser Untergliederung aufgegliedert wird.

Obwohl der Posten **Leasingvermögen** in § 340e Abs. 1 HGB nicht explizit aufgeführt ist, ist er mit Sachanlagen vergleichbar, die unter die Angabepflicht fallen. Eine Aufnahme des Leasingvermögens in den Anlagespiegel ist daher sachgerecht.

Nach dem Wortlaut des § 34 Abs. 3 RechKredV brauchen die in § 284 Abs. 3 HGB verlangten Angaben nur *„für Vermögensgegenstände im Sinne des § 340e Abs. 1 HGB"* gemacht zu werden. Da der **„Geschäfts- oder Firmenwert"** zwar als ein Vermögensgegenstand gilt, aber in § 340e Abs. 1 HGB nicht explizit genannt ist, müsste dieser Posten nach dem Wortlaut des § 34 Abs. 3 RechKredV nicht in den Anlagenspiegel aufgenommen werden. Nach der hier vertretenen Ansicht ist der Unterposten „Geschäfts- oder Firmenwert" des Aktivpostens 11. in den Anlagenspiegel mit aufzunehmen.[3681] Es handelt sich insoweit lediglich um ein redaktionelles Versehen des Gesetzgebers.

Deckungsvermögen (§ 246 Abs. 2 Satz 2 HGB) ist nicht in den Anlagenspiegel aufzunehmen.

In diesem Zusammenhang ist darauf hinzuweisen, dass bei Instituten die in den Aktivposten 5. und 6. enthaltenen wie Anlagevermögen bewerteten Wertpapiere und die dazugehörigen Buchwerte nicht unmittelbar der Bilanz entnommen werden können. Auch der Aktivposten **„14. Sonstige Vermögensgegenstände"** kann Vermögensgegenstände beinhalten, die wie Anlagevermögen bewertet werden.

Für den Anlagenspiegel der Institute besteht nach § 34 Abs. 3 Satz 2 RechKredV weiterhin die Besonderheit, dass die Zuschreibungen, Abschreibungen und Wertberichtigungen auf Beteiligungen, Anteile an verbundenen Unterneh-

---

[3680] Vgl. Gaber, 2. Aufl., 724.
[3681] Vgl. DGRV (Hrsg.), Jahresabschluss, D.IV. Rn. 45.

men sowie auf andere Wertpapiere, die wie Anlagevermögen behandelt werden (Finanzanlagen), mit anderen Posten **zusammengefasst** werden können.[3682]

Diese „Finanzanlagen" können insbesondere in den Bilanzposten

- Schuldverschreibungen und andere festverzinsliche Wertpapiere (Aktiva 5.),
- Aktien und andere nicht festverzinsliche Wertpapiere (Aktiva 6.),
- Beteiligungen (Aktiva 7.),
- Anteile an verbundenen Unternehmen (Aktiva 8.)

ausgewiesen sein. Damit ist der volle **Bruttoanlagenspiegel** insbesondere für das Sachanlagevermögen und die immateriellen Anlagewerte erforderlich.

Da der Hintergrund dieses Zusammenfassungswahlrechts in der Kompensationsregelung des § 340c Abs. 2 HGB, nach der Aufwendungen aus Abschreibungen und Erträge aus Zuschreibungen auf „Finanzanlagen" miteinander verrechnet werden dürfen, zu sehen ist, können die „anderen Posten" iSd. § 34 Abs. 3 Satz 2 RechKredV, die in die Zusammenfassung einbezogen werden dürfen, ebenfalls nur „Finanzanlagen" sein.[3683]

7.3.5. Unterschiedsbetrag nach § 340e Abs. 2 HGB

Hypothekendarlehen sowie andere Forderungen werden häufig mit einem Agio oder Disagio begeben bzw. von einem Dritten erworben. Sie dürfen nach § 340e Abs. 2 Satz 1 HGB abweichend von § 253 Abs. 1 Satz 1 HGB mit ihrem Nennbetrag angesetzt werden, soweit der Unterschiedsbetrag zwischen dem Nennbetrag und dem Auszahlungsbetrag oder den Anschaffungskosten Zinscharakter hat. Zur Möglichkeit der Bewertung auf Basis der fortgeführten Anschaffungskosten vgl. Kapitel 4.2.4.

Das Wahlrecht nach § 340e Abs. 2 Satz 1 HGB ist nicht nur auf die vom Institut selbst begründeten Forderungen, sondern auch auf erworbene Forderungen anzuwenden, es sei denn, es handelt sich bei den **erworbenen Forderungen** um solche, die nicht auf Dauer für den eigenen Bestand, sondern für den Handel erworben werden. Während Institute bei der Begründung oder dem Erwerb von Forderungen auf Dauer für den eigenen Bestand an der zeitanteiligen Vereinnahmung der Zinsen interessiert sind, kommt es ihnen beim Handel mit

---

[3682] Vgl. hierzu die Abbildung bei Gaber, 2. Aufl., 725.
[3683] Vgl. Krumnow ua., 2. Aufl., § 34 RechKredV Rn. 50.

solchen Forderungen auf die Kursdifferenz an, die im letztgenannten Fall dann auch nicht teilweisen Zinscharakter hat.

Ist der Nennbetrag höher als der Auszahlungsbetrag oder die Anschaffungskosten, so ist der **Unterschiedsbetrag** zwingend als passiver Rechnungsabgrenzungsposten auszuweisen. Ist dagegen der Nennbetrag niedriger als der Auszahlungsbetrag oder die Anschaffungskosten, so darf der Unterschiedsbetrag als aktiver Rechnungsabgrenzungsposten ausgewiesen werden.

In beiden Fällen ist der Unterschiedsbetrag nach § 340e Abs. 2 Sätze 2 und 3 HGB planmäßig aufzulösen und in seiner **jeweiligen Höhe** wahlweise in der Bilanz oder im **Anhang** gesondert anzugeben. Darüber hinaus verlangt § 340e Abs. 2 HGB keine weitere Erläuterung. Auf die Methode der planmäßigen Auflösung ist iRd. Angaben zu den angewandten Bewertungsmethoden nach § 284 Abs. 2 Nr. 1 HGB einzugehen.

Klarstellend sei erwähnt, dass es sich jeweils um die **Summe** der aktivischen bzw. passivischen Unterschiedsbeträge handelt. Da eine Verrechnung dieser aktivischen und passivischen Unterschiedsbeträge weder im Gesetz noch in der RechKredV ausdrücklich vorgesehen ist, ist hier das Verrechnungsverbot des § 246 Abs. 2 Satz 1 HGB zu beachten.

Es ist nicht zulässig, die Unterschiedsbeträge nach § 340e Abs. 2 HGB mit denen nach § 268 Abs. 6 iVm. § 250 Abs. 3 HGB zusammenzufassen. Bei dem Unterschiedsbetrag nach § 250 Abs. 3 HGB handelt es sich um einen solchen zwischen dem Erfüllungsbetrag und dem Ausgabebetrag bei Verbindlichkeiten, während § 340e Abs. 2 HGB Hypothekendarlehen und andere Forderungen betrifft. Hätte der Gesetzgeber eine Zusammenfassung der gesondert auszuweisenden Unterschiedsbeträge für zulässig angesehen, wäre eine entsprechende Anweisung in § 340e Abs. 2 HGB erforderlich gewesen.

7.3.6. Nachrangige Vermögensgegenstände und Verbindlichkeiten

Als nachrangig sind gemäß § 4 Abs. 1 RechKredV Vermögensgegenstände und Schulden anzusehen, wenn sie als Forderungen oder Verbindlichkeiten im Fall der Liquidation oder der Insolvenz erst nach den Forderungen der anderen Gläubiger erfüllt werden dürfen.

Der Ausweis der nachrangigen Forderungen ist anders geregelt als der der nachrangigen Verbindlichkeiten. Während auf der **Aktivseite** gesondert bei jedem Posten bzw. Unterposten „Darunter-Vermerke" bzw. alternativ im Anhang entsprechende Angaben in der Reihenfolge der betroffenen Posten gemacht werden müssen, erfolgt auf der **Passivseite** ein zusammengefasster Ausweis in einem Posten. Für die in den Aktivposten 3. bis 5. enthaltenen Forderungen an **verbundene Unternehmen** und an Unternehmen, mit denen ein **Beteiligungsverhältnis** besteht, muss die Nachrangigkeit dieser Forderungen in einem Unterposten zum Unterposten nach § 3 RechKredV kenntlich bzw. entsprechende Anhangangaben gemacht werden. § 4 RechKredV sieht außer der (wahlweisen) Angabe der nachrangigen Forderungen in der Reihenfolge der betroffenen Bilanzposten im Anhang keine weiteren Erläuterungen vor.

Für den Passivposten „9. Nachrangige Verbindlichkeiten" sind demgegenüber folgende Angaben im Anhang zu machen:

- der Betrag der für die nachrangigen Verbindlichkeiten angefallenen Aufwendungen (§ 35 Abs. 3 Nr. 1 RechKredV);
- zu jeder 10 % des Gesamtbetrags der nachrangigen Verbindlichkeiten übersteigenden Mittelaufnahme
  - der Betrag,
  - die Währung,
  - der Zinssatz,
  - die Fälligkeit, ferner
  - ob eine vorzeitige Rückzahlungsverpflichtung entstehen kann,
  - die Bedingungen ihrer Nachrangigkeit und
  - die Bedingungen ihrer etwaigen Umwandlung in Kapital oder in eine andere Schuldform (§ 35 Abs. 3 Nr. 2 RechKredV);
- zu anderen Mittelaufnahmen die wesentlichen Bedingungen (§ 35 Abs. 3 Nr. 3 RechKredV).

Die Angabe der wesentlichen Bedingungen zu **anderen Mittelaufnahmen** nach § 35 Abs. 3 Nr. 3 RechKredV ist nur für die Mittelaufnahmen relevant, die nicht 10 % des Gesamtbetrags der nachrangigen Verbindlichkeiten übersteigen.

In der RechKredV wird nicht bestimmt, was unter dem Begriff **„wesentliche Bedingungen"** zu verstehen ist. Eine generelle Beantwortung dieser Frage ist nicht möglich. Es kommt vielmehr auf den Einzelfall an. In Anlehnung an Artikel 4 der Eigenmittelrichtlinie wird man zunächst Angaben zur **Fälligkeit** verlangen müssen. Von wesentlicher Bedeutung sind ferner Angaben zur **Nachrangigkeit**. Da der **Zinssatz** bei Verbindlichkeiten üblicherweise ein wesentliches Element ist, ferner bei nachrangigen Verbindlichkeiten einen Vergleich mit der Eigenkapitalverzinsung erlaubt, wird man auch die Angabe des Zinssatzes verlangen müssen. Darüber hinaus dürften je nach Ausgestaltung der vertraglichen Vereinbarungen weitere Angaben angebracht sein.

In den Betrag der für nachrangige Verbindlichkeiten angefallenen Aufwendungen sind **sämtliche** Aufwendungen einzurechnen, die für nachrangige Verbindlichkeiten insgesamt entstanden sind. Eine getrennte Angabe der Aufwendungen für nachrangige Verbindlichkeiten in Höhe von mehr als 10 % des Gesamtbetrags der nachrangigen Verbindlichkeiten und solche mit geringerem Anteil wird nicht verlangt.

7.3.7. Fremdwährungsaktiva und -passiva

§ 35 Abs. 1 Nr. 6 RechKredV verlangt, dass im Anhang der

- Gesamtbetrag der Vermögensgegenstände und der
- Gesamtbetrag der Schulden,

die auf Fremdwährung lauten, jeweils **in Euro** angegeben wird.

Handelt es sich bei den Vermögensgegenständen um **Investmentfondsanlagen** (Anteile und Aktien an Investmentvermögen) mit Fremdwährungsanteilen und ist der Fonds in Fremdwährung notiert, hat eine Angabe zu erfolgen. Beinhaltet der Fonds zwar Anlagen in Fremdwährung, wird der Fonds aber als solcher in nationaler Währung (Euro) notiert, ist keine Anhangangabe erforderlich.

Zu den Schulden zählen auch **Eventualverbindlichkeiten** und **andere Verpflichtungen** unter dem Bilanzstrich, die auf Fremdwährung lauten.

Die Angabe erfolgt getrennt nach Vermögensgegenständen und Schulden. Zu berücksichtigen sind dabei auch auf fremde Währung lautende Treuhandvermögen bzw. Treuhandverbindlichkeiten.

Im Zusammenhang mit auf fremde Währung lautenden Vermögensgegenständen und Schulden sind weiterhin folgende Anhangangaben von Bedeutung:

- Aufstellung über die Arten von am Bilanzstichtag noch nicht abgewickelten Fremdwährungs-, zinsabhängigen und sonstigen Termingeschäften (§ 36 RechKredV). Dabei ist für die Termingeschäfte in fremder Währung anzugeben, ob ein wesentlicher Teil davon Deckungsgeschäfte sind und ob ein wesentlicher Teil davon auf Handelsgeschäfte entfällt.

- Angabe der Währung zu jeder 10 % des Gesamtbetrags der nachrangigen Verbindlichkeiten übersteigenden Mittelaufnahme (§ 35 Abs. 3 Nr. 2 RechKredV).
- Aufgliederung verschiedener Posten der Gewinn- und Verlustrechnung nach geografischen Märkten (§ 34 Abs. 2 Nr. 1 RechKredV).

7.3.8. Fristengliederung

Von der Verpflichtung zur Fristengliederung nach Restlaufzeiten sind nur die in § 9 RechKredV explizit genannten Forderungen und Verbindlichkeiten betroffen. Anteilige Zinsen und ähnliche das Geschäftsjahr betreffende Beträge, die erst nach dem Bilanzstichtag fällig werden, aber bereits am Bilanzstichtag den Charakter von bankgeschäftlichen und bei Finanzdienstleistungsinstituten den Charakter von für diese Institute typische Forderungen und Verbindlichkeiten haben, brauchen nach § 11 Satz 3 RechKredV nicht nach Restlaufzeiten aufgegliedert zu werden.

Wie bei Kündigungsgeldern, Geldern mit regelmäßiger Tilgung, täglich fälligen Forderungen und Verbindlichkeiten, beim Zweiterwerb von Forderungen sowie bei Bausparkassen und Pfandbriefbanken im Einzelnen vorzugehen ist, wird in Abschnitt 3.1.10. beschrieben. Eine Fristengliederung nach § 9 RechKredV könnte wie folgt aussehen (Abb. 7.2):

Bilanzposten	Restlaufzeit					
	bis 3 Monate EUR	3 Monate bis 1 Jahr EUR	im Folgejahr fällig EUR	1 Jahr bis 5 Jahre EUR	mehr als 5 Jahre EUR	unbe- stimmte Laufzeit EUR
Aktiva						
3. Forderungen an Kredit-						
institute	X	X		X	X	
b) andere Forderungen *)	X	X		X	X	X
4. Forderungen an Kunden						
5. Schuldverschreibungen						
und andere festverzins-						
liche Wertpapiere			X			

Bilanzposten	Restlaufzeit					
	bis 3 Monate EUR	3 Monate bis 1 Jahr EUR	im Folgejahr fällig EUR	1 Jahr bis 5 Jahre EUR	mehr als 5 Jahre EUR	unbestimmte Laufzeit EUR
Passiva						
1. Verbindlichkeiten gegenüber Kreditinstituten						
b) mit vereinbarter						
Laufzeit oder						
Kündigungsfrist	X	X		X	X	
2. Verbindlichkeiten gegenüber Kunden						
a) Spareinlagen						
ab) mit vereinbarter						
Kündigungsfrist	X	X		X	X	
b) andere Verbindlichkeiten						
bb) mit vereinbarter	X	X		X	X	
Laufzeit oder						
Kündigungsfrist			X			
3. Verbriefte Verbindlichkeiten						
a) begebene Schuldverschreibungen	X	X		X	X	
b) andere verbriefte Verbindlichkeiten						

Abb. 7.2: Fristengliederung   *) ohne die darin enthaltenen Bausparguthaben

7.3.9. Art und Zweck/Risiken und Vorteile von nicht in der Bilanz enthaltenen Geschäften

Nach § 340a iVm. § 285 Nr. 3 HGB sind im Anhang a) Art und Zweck sowie b) Risiken und Vorteile und c) die finanzielle Auswirkungen von **nicht in der Bilanz enthaltenen Geschäften**, soweit die Risiken und Vorteile wesentlich sind und die Offenlegung für die Beurteilung der Finanzlage des Unternehmens erforderlich ist, anzugeben. Mit dem BilRUG wurde diese Angabepflicht ausgeweitet. Die Neufassung beruht auf Art. 17 Abs. 1 Buchstabe p) der EU-Bilanzrichtlinie. Zusätzlich sind nunmehr auch die „finanziellen Auswirkungen" darzustellen, dh. es sind auch quantitative Angaben erforderlich. Diese Angabepflicht gilt ausnahmslos für alle Institute. Details sind in IDW RS HFA 32 geregelt.

Diese Vorschrift schreibt vor, dass Angaben über Art und Zweck der Geschäfte, die nicht in der Bilanz enthalten sind, und ihre finanziellen Auswirkungen auf die Gesellschaft im Anhang zu machen sind, vorausgesetzt, dass die Risiken und Vorteile, die aus solchen Geschäften entstehen, für die Gesellschaft wesentlich sind und die Offenlegung der Risiken und Vorteile für die Beurteilung ihrer Finanzlage erforderlich ist.[3684]

Damit werden die Institute verpflichtet, nicht in der Bilanz (und GuV) enthaltene Geschäfte (sog. außerbilanzielle Geschäfte) im Anhang anzugeben.[3685] **Nicht in der Bilanz enthaltene Geschäfte** sind alle Transaktionen rechtlicher und wirtschaftlicher Art, die sich auf die Finanzlage eines Unternehmens auswirken können und noch keinen Niederschlag in der Bilanz gefunden haben (IDW RS BFA 38 Tz. 41). die Angabepflicht zielt insbesondere auf die Transaktionen, die von vornherein dauerhaft keinen Eingang in die Handelsbilanz finden oder einen dauerhaften Abgang von Vermögensgegenständen oder Schulden aus der Handelsbilanz nach sich ziehen. Dabei werden schwebende Beschaffungs- oder Lieferverträge des Tagesgeschäfts von § 285 Nr. 3 HGB nicht erfasst.

Die Geschäfte können mit der Errichtung oder Nutzung von **Zweckgesellschaften**, mit **Offshore-Geschäften** oder sonstigen Geschäften verbunden sein, mit denen gleichzeitig auch andere wirtschaftliche, rechtliche, steuerliche oder bilanzielle Zwecke verfolgt werden. Nicht in der Bilanz enthaltene Geschäfte können, müssen aber keine schwebenden Rechtsgeschäfte im handelsbilanziellen Sinne sein. Keinesfalls ist mit der Vorschrift beabsichtigt, dass alle am Bilanzstichtag kurzfristig in der Schwebe befindlichen Lieferungen und Leistungen des gewöhnlichen Geschäftsbetriebs angegeben werden.[3686]

Der Begriff „Geschäft" ist in einem weiten, funktionalen Sinn zu verstehen. Gleichwohl ist davon auszugehen, dass nicht in der Bilanz enthaltene Geschäfte regelmäßig rechtsgeschäftliche Vereinbarungen oder andere getroffene Maßnahmen sind. Diese betreffen üblicherweise eine entgeltliche oder unentgeltliche Übertragung oder Nutzung von Vermögensgegenständen, die Einräumung von Krediten oder die Erbringung von Dienstleistungen (IDW RS HFA 32 Tz. 4). Es handelt sich mithin um alle Transaktionen rechtlicher und wirtschaftlicher Art, die sich auf die gegenwärtige und künftige Finanzlage

---

[3684] Vgl. Russ/Janßen/Götze (Hrsg.), Abschn. H Rn. 19 ff.
[3685] Vgl. BR-Drucks. 344/08, 149.
[3686] Vgl. BR-Drucks. 344/08, 149.

eines Unternehmens auswirken können (IDW RS HFA 32 Tz. 4). Allgemeine geschäftspolitische Entscheidungen, die noch nicht zu einer Übertragung von Risiken oder Vorteilen geführt haben, fallen nicht unter den Begriff der Maßnahmen.

Zu den relevanten Geschäften gehören zB:

* das Factoring,
* ABS-Transaktionen,
* unechte Pensionsgeschäfte,
* Konsignationslagervereinbarungen,
* Verträge mit unbedingter Zahlungsverpflichtung (take or pay-Verträge),
* Forderungsverbriefungen über gesonderte Gesellschaften oder nicht rechtsfähige Einrichtungen,
* Verpfändung von Aktiva,
* Operating-Leasingverträge,
* Sale-and-lease-back-Geschäfte bei Vorliegen von Operating-Leasing,
* verdeckte Leasinggeschäfte,
* Auslagerung von betrieblichen Funktionen und Tätigkeiten und
* Ähnliches.

Ist ein Institut Mitglied in einem **Einlagensicherungssystem**, muss dieses ggf. dann Nachschüsse leisten, wenn die Mittel des Sicherungsfonds nicht ausreichen und für evtl. Nachschüsse keine Verbindlichkeit oder Rückstellung ausgewiesen wird. Diesbezüglich ist nach § 285 Nr. 3 HGB eine Angabe im Anhang zu machen.

Unterlassene Geschäfte und Maßnahmen fallen nach dem Wortlaut des § 285 Nr. 3 HGB nicht unter die Angabepflicht. Für die Angabepflicht ist es unerheblich, ob ein Geschäft/eine Maßnahme vorteilhaft oder nachteilig ist.[3687]

Die Angabe ist vorzunehmen, wenn die mit diesen Geschäften verbundenen **Risiken und Vorteile wesentlich** sind und die Offenlegung der Angaben zu den außerbilanziellen Geschäften für die **Beurteilung der Finanzlage des Unternehmens erforderlich** ist.

Die **Risiken und Vorteile** von Geschäften erfüllen das Kriterium der **Wesentlichkeit**, wenn sie im Falle ihres Eintritts voraussichtlich eine Größenordnung erreichen, deren Kenntnis für eine sachgerechte Beurteilung der Finanzlage durch die Adressaten des Jahresabschlusses nicht außer Betracht bleiben kann, so dass eine Falschdarstellung oder ein Weglassen der Informationen hierüber

---

[3687] Vgl. Gelhausen/Fey/Kämpfer, Abschnitt O Rn. 17.

geeignet wäre, die Adressaten zu Fehleinschätzungen der Lagedarstellung im Jahresabschluss zu veranlassen.

Im Verhältnis zu § 285 Nr. 3a HGB – dort wird der Begriff „von Bedeutung" verwendet – ist der Begriff „erforderlich" enger zu interpretieren. Ob die Angabe für die Beurteilung der Finanzlage erforderlich ist, ist in jedem Einzelfall gesondert zu beurteilen und vorrangig von den finanziellen Auswirkungen des jeweiligen nicht in der Bilanz enthaltenen Geschäfts abhängig.[3688] Für die Beurteilung erforderlich können vor allem Angaben zu Geschäften sein, aus denen in erheblicher Höhe Verbesserungen oder Verschlechterungen der Finanzsituation zu erwarten sind, oder die im Hinblick auf ihren Zeitpunkt bzw. Zeitraum oder den Geschäftspartner als ungewöhnlich anzusehen sind (IDW RS HFA 32 Tz. 10). Die Notwendigkeit der Angabe zur Beurteilung der Finanzlage impliziert damit gleichzeitig auch die Wesentlichkeit der Risiken und Vorteile des Geschäfts.

Die **Finanzlage** eines Unternehmens beschreibt seine Liquidität und Fähigkeit, vorhandenen Verpflichtungen in überschaubarem Zeitraum nachkommen zu können.[3689]

Über **Risiken** ist nur soweit zu berichten, als diese nicht bereits bilanziell – bspw. durch Abschreibungen, Wertberichtigungen oder Rückstellungen – abgebildet oder auf Dritte übertragen worden sind. Referenzzeitpunkt ist der Bilanzstichtag.[3690] Die **Vorteile** und **Risiken** stehen gleichwertig nebeneinander. Es ist getrennt darüber zu berichten. Eine kompensatorische Betrachtung ist nicht zulässig.

Ist eine Berichterstattung über die nicht in der Bilanz enthaltenen Geschäfte aufgrund ihrer Bedeutung für die Beurteilung der Finanzlage erforderlich, sind neben den Risiken und Vorteilen auch **Art und Zweck** des Geschäfts anzugeben. Mit der Angabe der **Art** eines Geschäfts ist dessen Klassifizierung verbunden. Denkbar ist bspw., die Geschäfte von der Art ihres Gegenstands her zu klassifizieren (zB Forderungsverbriefungen, Leasinggeschäfte, Pensionsgeschäfte). Dies erleichtert gleichzeitig auch die zulässige Portfolio- oder Gruppenbildung. Mit dem **Zweck** sind die Gründe für die Eingehung des nicht in der Bilanz erscheinenden Geschäfts darzulegen. Bei einem Leasinggeschäft könnte zB die Beschaffung liquider Mittel zur Durchführung von weitergehenden Investitionen bezweckt sein.[3691]

[3688] Vgl. BR-Drucks. 344/08, 150.
[3689] Vgl. BR-Drucks. 344/08, 150.
[3690] Vgl. BR-Drucks. 344/08, 149.
[3691] Vgl. BR-Drucks. 344/08, 150.

Soweit es sich bei dem nicht in der Bilanz enthaltenen Geschäft um ein Dauer-schuldverhältnis oder eine vergleichbare wie auch immer geartete Beziehung wirtschaftlicher Art handelt, ist die Angabe – soweit sie für die Beurteilung der Finanzlage notwendig ist – zu jedem Bilanzstichtag bis zur vollständigen Abwicklung oder Beendigung des nicht in der Bilanz enthaltenen Geschäfts vorzunehmen.[3692]

Neben Art und Zweck verlangt die Berichterstattung über Risiken und Vorteile auch die Berichterstattung über **finanzielle Auswirkungen** dieser Geschäfte. Damit sind für ein außerbilanzielles Geschäft die damit verbundenen positiven und/oder negativen Auswirkungen auf die Finanzlage berichtspflichtig.

Die Erforderlichkeit der Anhangangabe für die Beurteilung der Finanzlage ist stets nach den konkreten Verhältnissen des Bilanzierenden zu prüfen (IDW RS HFA 32 Tz. 11). Ein außerbilanzielles Geschäft kann je nach Anspannung der Finanzlage angabepflichtig sein oder nicht. Dabei sind nach dem Abschluss-stichtag eintretende bessere Erkenntnisse über die am Abschlussstichtag vor-liegenden Umstände zu berücksichtigen.

Zum **Inhalt der Angabepflicht** enthält IDW RS HFA 32 Tz. 13 ff. nähere Details.

Zum **Verhältnis zu anderen Angabepflichten** (§ 285 Nr. 3a, 19, 21 HGB) enthält IDW RS HFA 32 Tz. 24 weitere Einzelheiten.

7.3.10. Sonstige finanzielle Verpflichtungen

Nach § 340a iVm. § 285 Nr. 3a HGB ist im Anhang der Gesamtbetrag der sonstigen finanziellen Verpflichtungen anzugeben, die nicht in der Bilanz ent-halten sind und nicht nach § 268 Abs. 7 HGB oder § 285 Nr. 3 HGB anzu-geben sind, sofern diese Angabe für die Beurteilung der Finanzlage von Be-deutung ist; davon sind Verpflichtungen betreffend die **Altersversorgung** und **Verpflichtungen gegenüber verbundenen oder assoziierten Unternehmen** gesondert anzugeben. Die gesonderten Angaben sind als „Davon-Angaben" zu den gesamten sonstigen Verpflichtungen zu verstehen.

Mit dem BilRUG wurde § 285 Nr. 3a HGB erweitert: Es werden **gesonderte Angaben** zu Verpflichtungen betreffend die Altersversorgung und Angaben zu Verpflichtungen gegenüber assoziierten Unternehmen für die nicht schon anderweitig erfassten Fälle gefordert. Vor Inkrafttreten galt die gesonderte

---

[3692] Vgl. BR-Drucks. 344/08, 151.

Angabepflicht nur für sonstige finanzielle Verpflichtungen ggü. verbundenen Unternehmen. Zur Überschneidung mit den Anhangangaben gemäß Art. 28 Abs. 2 EGHGB zu nicht passivierten Verpflichtungen aus mittelbaren Pensionszusagen (Art. 28 Abs. 1 Satz 2 EGHGB) sowie sog. Altzusagen (Art. 28 Abs. 1 Satz 1 EGHGB) vgl. Russ/Janßen/Götze (Hrsg.)[3693].

Nicht eindeutig ist, ob künftig zwei oder drei gesonderte Angaben gefordert werden. Die Verbindung durch die Konjunktion „oder" in § 285 Nr. 3a Halbsatz 2 HGB legt jedoch nahe, dass die Beträge der sonstigen Verpflichtungen ggü. verbundenen Unternehmen sowie ggü. assoziierten Unternehmen zu **einer** Angabe zusammengefasst werden dürfen.[3694] Daneben tritt die zweite gesonderte Angabe der sonstigen finanziellen Verpflichtungen betreffend die Altersversorgung. Zum sachlichen Anwendungsbereich bezüglich der Altersversorgungsverpflichtungen vgl. Russ/Janßen/Götze (Hrsg.).[3695]

Um eine Angabepflicht auszulösen, muss die Angabe für die Beurteilung der Finanzlage „von Bedeutung" sein. Wann dies der Fall ist, hängt von den jeweiligen Umständen des Einzelfalls ab. Die Angabepflicht besteht im Normalfall nur für finanzielle Verpflichtungen außerhalb des jährlich wiederkehrenden geschäftlichen Rahmens und aus Geschäften, deren Art und Volumen nicht ohne weiteres erwartet werden kann. Weitere Voraussetzung für die Angabepflicht ist ferner, dass der **Gesamtbetrag** der sonstigen finanziellen Verpflichtungen von Bedeutung sein muss, dh. für die Einbeziehung in die Gesamtanhangsangabe ist nicht entscheidend, ob bereits jede einzelne einzubeziehende finanzielle Verpflichtung für sich allein von Bedeutung ist. Nicht einzubeziehen sind alle bereits passivierten Beträge.

Sonstige finanzielle Verpflichtungen sind Verpflichtungen aus schwebenden Rechtsgeschäften oder gesellschaftsrechtliche Verpflichtungen, die zu einer wesentlichen Belastung der Finanzlage eines Unternehmens führen können. Darüber hinaus sind Verpflichtungen aus öffentlich-rechtlichen Rechtsverhältnissen zu berücksichtigen, die sich noch nicht in einer Weise verdichtet haben, die einen Bilanzausweis rechtfertigt.[3696] Weiterhin sind Haftungsverhältnisse anzugeben, die nicht bereits unter § 268 Abs. 7 iVm. § 251 HGB fallen oder nach der RechKredV an dessen Stelle treten. Zu denken ist aber auch an zwangsläufige Folgeinvestitionen bereits begonnener Investitionsvorhaben oder künftige für das Unternehmen unabwendbare Großreparaturen, bei denen

---

[3693] Vgl. Russ/Janßen/Götze (Hrsg.), Abschn. H Rn. 22.

[3694] Vgl. Russ/Janßen/Götze (Hrsg.), Abschn. H Rn. 23.

[3695] Vgl. Russ/Janßen/Götze (Hrsg.), Abschn. H Rn. 24.

[3696] Vgl. BR-Drucks. 344/08, 151.

noch keine vertraglichen Vereinbarungen vorliegen, mithin alle Lasten, denen sich das Unternehmen nicht einseitig entziehen kann.

Anstelle des § 268 Abs. 7 iVm. § 251 HGB, der für Industrie- und Handelsunternehmen die Angabe der Haftungsverhältnisse regelt, sind ausweislich des § 340a Abs. 2 Satz 2 HGB die durch Rechtsverordnung erlassenen Formblätter und anderen Vorschriften anzuwenden. Das bedeutet, dass an die Stelle des § 268 Abs. 7 iVm. § 251 HGB die §§ 5, 24, 26, 27, 34 Abs. 2 Nr. 4, 35 Abs. 4 bis 6 RechKredV sowie § 340b Abs. 5 HGB treten. Daher ist im Anhang der Gesamtbetrag der sonstigen finanziellen Verpflichtungen anzugeben, die nicht in der Bilanz erscheinen und auch nicht nach den §§ 5, 24, 26, 27, 34 Abs. 2 Nr. 4, 35 Abs. 4 bis 6 RechKredV oder § 340b Abs. 5 HGB anzugeben sind.

Sofern der Beitragsbescheid betreffend die **Bankenabgabe** eine Aufteilung des jährlichen Betrags in Barzahlungsverpflichtung und unwiderrufliche Zahlungsverpflichtung vorsieht, ist für die sonstige finanzielle Verpflichtung in Höhe der unwiderruflichen Zahlungsverpflichtung – bis zum weiteren Erlass eines weiteren Einforderungsbescheids – die Anhangangabe nach § 340a iVm. § 285 Nr. 3a HGB erforderlich.[3697] Hinsichtlich der gestellten Sicherheiten empfiehlt der BFA, deren Gesamtbetrag zusätzlich im Anhang analog § 35 Abs. 5 RechKredV aufzunehmen, auch wenn diese Sicherheiten weder für eine bereits bestehende – vielmehr für eine aufschiebend bedingte Verbindlichkeit – noch für eine Eventualverbindlichkeit gestellt wurden.[3698]

Nach § 34 Abs. 2 Nr. 4 RechKredV sind die Gründe der Einschätzung des Risikos der Inanspruchnahme für gemäß § 26 und § 27 RechKredV unter der Bilanz ausgewiesene Eventualverbindlichkeiten und andere Verpflichtungen im Anhang anzugeben.

Damit sind im Anhang die Erwägungen darzustellen, die der Einschätzung des Risikos der Inanspruchnahme aus den für die Vermögens-, Finanz- und Ertragslage bedeutsamen (wesentlichen) Eventualverbindlichkeiten und anderen Verpflichtungen zugrunde liegen. Anzugeben ist, aus welchen Gründen – unter Würdigung der bekannten Risiken – Eventualverbindlichkeiten als solche unter der Bilanz nicht auf der Passivseite der Bilanz ausgewiesen werden.[3699]

Nach § 34 Abs. 1 Satz 2 RechKredV braucht § 285 Nr. 3a HGB nicht angewendet zu werden, soweit diese Angaben in der Bilanz unter dem Strich gemacht

---

[3697] Vgl. FN 2015, 452; ein Ausweis unter dem Strich nach §§ 26, 27 RechKredV sei nach Ansicht des BFA nicht sachgerecht.
[3698] Vgl. FN 2015, 451 f.
[3699] Vgl. BT-Drucks. 16/10067, 113.

werden. Bezüglich der für die Angabe gemäß § 285 Nr. 3a HGB in Betracht kommenden Sachverhalte wird auf die einschlägige Literatur verwiesen.

7.3.11. Handelsbestand an Finanzinstrumenten

Vorweg ist darauf hinzuweisen, dass sowohl § 285 HGB als auch § 35 Rech-KredV umfangreiche Anhangangaben zu den zum beizulegenden Zeitwert bewerteten Finanzinstrumenten des Handelsbestands bei Instituten verlangen. Zur Prüfung der Zeitwerte vgl. IDW PS 314 nF.

Angaben nach § 35 RechKredV

§ 35 Abs. 1 Nr. 1a RechKredV schreibt eine **Aufgliederung** des Bilanzpostens „Handelsbestand" (**Aktivposten Nr. 6a.**) in

- derivative Finanzinstrumente,
- Forderungen,
- Schuldverschreibungen und andere festverzinsliche Wertpapiere,
- Aktien und andere nicht festverzinsliche Wertpapiere sowie
- sonstige Vermögensgegenstände

und eine Aufgliederung des Bilanzpostens „Handelsbestand" (**Passivposten Nr. 3a.**) in

- derivative Finanzinstrumente und
- Verbindlichkeiten

vor.

Mit Nr. 1a in § 35 Abs. 1 RechKredV wird die Verpflichtung der Institute vorgesehen, im Anhang eine Aufgliederung der Bestände des Bilanzpostens „Handelsbestand" vorzunehmen. Diese Aufgliederung orientiert sich an den Posten der Bilanz, in der die handelbaren Finanzinstrumente auszuweisen wären, wenn sie nicht dem Handelsbestand zugeordnet sind. Nachdem *„Forderungen"* in verschiedenen Aktivposten auszuweisen sind, stellt sich hier die Frage, ob sie gemäß § 35 Abs. 1 Nr. 1a RechKredV ergänzend nach den einzelnen Aktivposten 3. und 4. aufgegliedert werden müssen. Eine solche weitere Aufgliederung wird gesetzlich zwar nicht explizit verlangt, ist jedoch zu empfehlen (IDW RS BFA 2 Tz. 84).

Die neu in den § 35 Abs. 1 RechKredV eingefügten Nr. 6a, 6b und 6c dienen dazu, die Bewertung des Handelsbestands zum beizulegenden Zeitwert transparenter zu gestalten.

§ 35 Abs. 1 **Nr. 6a** RechKredV verlangt bei Finanzinstrumenten des Handelsbestands die Angabe

- der Methode der Ermittlung des Risikoabschlags nebst
- den wesentlichen Annahmen, insbesondere die Haltedauer, der Beobachtungszeitraum und das Konfidenzniveau, sowie
- den absoluten Betrag des Risikoabschlags.

Die Nr. 6a verpflichtet zur Angabe der wesentlichen Parameter zur Berechnung des Risikoabschlags und des absoluten Betrags des Risikoabschlags.[3700] Bei den **Handelspassiva** tritt an die Stelle des Risikoabschlags ein **Risikozuschlag**.

§ 35 Abs. 1 **Nr. 6b** RechKredV verlangt in den Fällen der Umgliederung (Umwidmung) von Finanzinstrumenten des Handelsbestands jeweils bezogen auf das Berichtsjahr

- die Gründe für die Umwidmung,
- den Betrag der umgegliederten Finanzinstrumente des Handelsbestands und
- die Auswirkungen der Umgliederung auf den Jahresüberschuss/Jahresfehlbetrag sowie,
- für den Fall der Umgliederung wegen Aufgabe der Handelsabsicht, die außergewöhnlichen Umstände, die dies rechtfertigen.

Die Nr. 6b dient der Erläuterung von während des Geschäftsjahres vorgenommenen Umgliederungen (Umwidmungen).[3701]

Nach § 35 Abs. 1 **Nr. 6c** RechKredV ist anzugeben, ob innerhalb des Geschäftsjahres die institutsintern festgelegten Kriterien für die Einbeziehung von Finanzinstrumenten in den Handelsbestand geändert worden sind und welche Auswirkungen sich daraus auf den Jahresüberschuss/Jahresfehlbetrag ergeben. Nach Ansicht des Gesetzgebers[3702] erzeugt diese Angabe eine hinreichende Transparenz bezüglich des Handelsbestands selbst. § 1a Abs. 4 KWG ermöglicht den Instituten, die institutsintern festgelegten nachprüfbaren Krite-

---

[3700] Vgl. BT-Drucks. 16/12407, 210.
[3701] Vgl. BT-Drucks. 16/12407, 210.
[3702] Vgl. BT-Drucks. 16/12407, 210.

rien für die Einbeziehung von Finanzinstrumenten in das Handelsbuch zu ändern.[3703] Soweit der Handelsbestand von diesen Änderungen betroffen ist, ist dies nebst den daraus resultierenden Auswirkungen auf den Jahresüberschuss/Jahresfehlbetrag im Anhang anzugeben.

Angaben nach § 285 Nr. 20 HGB

Zu den Angaben nach § 285 Nr. 20 HGB für mit dem beizulegenden Zeitwert bewerteten Finanzinstrumenten vgl. IDW RH 1.005 sowie Kapitel 7.3.18.

7.3.12. Nicht zu marktüblichen Bedingungen zustande gekommene Geschäfte

Nach § 285 Nr. 21 HGB müssen im Anhang Angaben zu den *„zumindest (...) nicht zu marktüblichen Bedingungen zustande gekommenen Geschäfte, soweit sie wesentlich sind, mit nahe stehenden Unternehmen und Personen, einschließlich Angaben zur Art der Beziehung, zum Wert der Geschäfte sowie weiterer Angaben, die für die Beurteilung der Finanzlage notwendig sind"* gemacht werden. Einzelheiten sind in IDW RS HFA 33 dargestellt.

Ausgenommen hiervon sind nach § 285 Nr. 21 HGB *„Geschäfte mit und zwischen mittel- oder unmittelbar in hundertprozentigem Anteilsbesitz stehenden in einem Konzernabschluss einbezogenen Unternehmen"*.

Die Angaben über Geschäfte können nach Geschäftsarten zusammengefasst werden, sofern die getrennte Angabe für die Beurteilung der Auswirkungen auf die Finanzlage nicht notwendig ist.

Mit dieser Vorschrift wird es den Instituten ermöglich, entweder nur die wesentlichen marktunüblichen Geschäfte anzugeben oder aber über alle Geschäfte mit nahestehenden Unternehmen und Personen zu berichten.[3704]

Der Begriff **„Geschäft"** ist im weitesten funktionalen Sinn zu verstehen. Gemeint sind nicht allein Rechtsgeschäfte, sondern auch andere Maßnahmen, die eine unentgeltliche oder entgeltliche Übertragung oder Nutzung von Vermögensgegenständen oder Schulden zum Gegenstand haben, mithin alle Transak-

---

[3703] Vgl. BT-Drucks. 16/12407, 210.
[3704] Vgl. BR-Drucks. 344/08, 156.

tionen rechtlicher oder wirtschaftlicher Art, die sich auf die Finanzlage eines Instituts auswirken können.[3705] Dies können bspw. sein:[3706]

- Käufe oder Verkäufe von Vermögensgegenständen,
- Bezug oder die Erbringung von Dienstleistungen,
- Nutzung oder Nutzungsüberlassung von Vermögensgegenständen,
- Finanzierungen (einschließlich Cash-Pooling),
- Gewährung von Bürgschaften oder anderen Sicherheiten,
- Produktionsverlagerungen auf nahestehende Unternehmen, Produktionsänderungen,
- Investitionen,
- Stilllegungen von Betriebsteilen,
- Abreden im Ein- und Verkauf und
- Übernahme der Erfüllung von Verbindlichkeiten (befreiende Schuldübernahme iSv. §§ 414, 415 BGB oder auch Schuldmitübernahme.

Die Verwendung des Begriffs „zustande gekommene(n) Geschäfte" hat zur Folge, dass unterlassene Maßnahmen oder Rechtsgeschäfte nicht angabepflichtig sind. Auch insofern unterscheidet sich § 285 Nr. 21 HGB von der Berichtspflicht nach § 312 AktG.

Es sind nur die Geschäfte anzugeben, die für die Beurteilung der Finanzlage wesentlich sind. Der Begriff „Finanzlage" umfasst sowohl stichtagsbezogen die vorhandene Liquidität der Gesellschaft als auch die erwarteten künftigen Finanzmittelzuflüsse und -abflüsse (IDW RS HFA 33 Tz. 7).

Geschäfte können einzeln oder zusammen mit anderen gleichartigen oder wirtschaftlich zusammengehörenden Geschäften „wesentlich" sein (IDW RS HFA 33 Tz. 7). In jedem Fall ist die Wesentlichkeit unter Berücksichtigung der Verhältnisse des Einzelfalls zu beurteilen. Eine kompensatorische Betrachtung der Auswirkungen gegenläufiger Geschäfte zur Beurteilung ihrer Wesentlichkeit ist nicht zulässig (IDW RS HFA 33 Tz. 7).

Hierzu zählen bei Instituten auch sämtliche geschäftsüblichen Transaktionen wie Hereinnahme von Einlagen, Emission von Wertpapieren, Kauf und Verkauf von Wertpapieren usw. einschließlich des Abschlusses von derivativen Finanzgeschäften.

Ob ein Geschäft nicht zu **marktüblichen Bedingungen** zustande gekommen ist, ist im Wege eines Drittvergleichs festzustellen. Danach sind marktunüb-

---

[3705] Vgl. BR-Drucks. 344/08, 156.
[3706] Vgl. BR-Drucks. 344/08, 156.

liche Bedingungen anzunehmen, wenn die dem Geschäft zugrunde liegenden Konditionen mit einem unabhängigen fremden Dritten – im positiven wie im negativen Sinne – nicht zu erreichen gewesen wären.[3707] Werden alle Geschäfte mit nahestehenden Unternehmen und Personen angegeben, ist eine Untergliederung in (1) zu marktüblichen und (2) zu marktunüblichen Bedingungen zustande gekommene Geschäfte nicht erforderlich.[3708]

Ist vom Vorliegen wesentlicher zu marktunüblichen Bedingungen abgeschlossener Geschäfte mit nahestehenden Unternehmen oder Personen auszugehen, muss im Anhang über die **nahestehenden Unternehmen oder Personen** und die **Art ihrer Beziehung** zu dem berichtenden Institut sowie über den **Wertumfang** des Geschäfts berichtet werden.

Die Angaben über diese Geschäfte können nach Geschäftsarten zusammengefasst werden, soweit die getrennte Angabe für die Beurteilung der Finanzlage nicht notwendig ist. Die Möglichkeit der **Bündelung** findet ihre Grenze dort, wo die zur Verfügung gestellten Informationen dem Abschlussadressaten eine Beurteilung der Finanzlage noch nicht oder – wegen der Verwässerung – nicht mehr erlaubt. Die Informationen müssen den Abschlussadressaten in die Lage versetzen, die Finanzlage des Instituts selbstständig zu beurteilen.

Die Angabepflicht ist für solche Geschäfte ausgeschlossen, die zwischen mittel- oder unmittelbar in 100%igem Anteilsbesitz des berichtspflichtigen Instituts stehenden in einen Konzernabschluss einbezogenen Unternehmen oder auch mit dem berichtspflichtigen Institut eingegangen werden. Die Freistellung wird auf in einen Konzernabschluss einbezogene Unternehmen beschränkt.[3709]

7.3.13. Bildung von Bewertungseinheiten

Im Zusammenhang mit der Bilanzierung von Bewertungseinheiten sind die Anhangangaben nach § 285 Nr. 23 HGB relevant. Für die Berichterstattung im Lagebericht bei kapitalmarktorientierten Kapitalgesellschaften iSv. § 264d HGB ist die Vorschrift des § 289 Abs. 4 HGB von Bedeutung. Darüber hinaus steht § 289 Abs. 2 Nr. 1 HGB bzw. § 315 Abs. 2 Nr. 1 HGB im Zusammenhang mit Bewertungseinheiten. Zu Einzelheiten wird auf die einschlägigen Kommentierungen verwiesen.

[3707] Vgl. BR-Drucks. 344/08, 156.
[3708] Vgl. BR-Drucks. 344/08, 157.
[3709] Vgl. BR-Drucks. 344/08, 157.

7.3.14. Angaben zu Investmentvermögen

Nach § 285 Nr. 26 HGB sind Angaben zu Anteilen an Sondervermögen iSd. § 1 Abs. 10 KAGB oder Anlageaktien an Investmentaktiengesellschaften mit veränderlichem Kapital iSd. §§ 108 bis 123 KAGB oder vergleichbaren EU-Investmentvermögen oder vergleichbaren ausländischen Investmentvermögen von mehr als dem zehnten Teil zu machen.[3710]

Hierzu zählen

*   die Anlageziele[3711],
*   der Wert iSd. §§ 168 und 278 KAGB oder des § 36 InvG (in der bis zum 21.7.2013 geltenden Fassung) oder vergleichbare Vorschriften über die Ermittlung des Marktwerts,
*   die Differenz zum Buchwert,
*   die erfolgte Ausschüttung für das Geschäftsjahr sowie
*   Beschränkungen hinsichtlich der Möglichkeit der täglichen Rückgabe.[3712]

Außerdem sind die **Gründe für das Unterlassen einer Abschreibung** nach § 253 Abs. 3 Satz 6 HGB unter Angabe konkreter Anhaltspunkte, weshalb nicht von einer dauernden Wertminderung auszugehen ist, anzugeben.

Den Angabepflichten nach § 285 Nr. 26 HGB ist im Anhang weiterhin auch dann nachzukommen, wenn die Anteile an Publikums- und Spezialsondervermögen oder Anlageaktien von Investmentaktiengesellschaften gemäß § 290 HGB im Konzernabschluss konsolidiert werden.

Diese Anhangangabe wurde mit dem BilMoG eingeführt. Das KAGB vom 4.7.2013, das das Investmentgesetz ersetzte, und das BilRUG haben inhaltlich keine Auswirkungen auf die Angabepflicht nach § 285 Nr. 26 HGB.

[3710] § 285 Nr. 26 HGB wurde durch Art. 2 des AIFM-UmsG (KAGB) geändert.

[3711] Einteilung bspw. in die Kategorien Aktienfonds, Rentenfonds, Immobilienfonds, Mischfond, Hedgefonds oder sonstigen Spezialsondervermögen.

[3712] Beschränkungen können sich aus rechtlichen oder wirtschaftlichen Umständen ergeben.

7.3.15. Ausschüttungsgesperrter Betrag nach § 268 Abs. 8 HGB

Gemäß § 285 Nr. 28 HGB ist im Anhang des Jahresabschlusses der Gesamtbetrag der nach § 268 Abs. 8 HGB ausschüttungsgesperrten Beträge anzugeben. Ferner ist der Gesamtbetrag nach seinen Ursachen aufzugliedern.

Nach § 34 Abs. 1 Satz 1 RechKredV werden die Anhangangabepflichten aufgezählt, die von Instituten im Jahresabschluss zu beachten sind. § 285 Nr. 28 HGB ist von dieser Aufzählung seit Inkrafttreten explizit mit erfasst.

Der **Gesamtbetrag** der nach § 268 Abs. 8 HGB ausschüttungsgesperrten Beträge ist aufzugliedern in

- Beträge aus der Aktivierung selbst geschaffener immaterieller Vermögensgegenstände des Anlagevermögens,
- Beträge aus der Aktivierung latenter Steuern und
- Beträge aus der Bewertung von Vermögensgegenständen zum beizulegenden Zeitwert gemäß § 246 Abs. 2 HGB (Deckungsvermögen).

Bei den vorstehend genannten Ausschüttungssperren ist die mit dem jeweiligen Posten korrespondierende passive latente Steuer abzuziehen, um den jeweiligen ausschüttungsgesperrten Betrag zu ermitteln. Als Betrag aus der Aktivierung latenter Steuern ist nur der Aktivsaldo latenter Steuern (dh. der Saldo aus aktiven und passiven latenten Steuern) anzugeben, da nur dieser ausschüttungs- oder abführungsgesperrt ist. Eine separate Angabe der dem Saldo zugrunde liegenden aktiven und passiven latenten Steuern ist nicht erforderlich.

7.3.16. Risikoeinschätzung bei Eventualverbindlichkeiten

Mit dem durch das BilMoG eingefügten § 34 Abs. 2 Nr. 4 RechKredV wurde eine dem § 285 Nr. 27 HGB entsprechende Vorschrift in der RechKredV verankert. Danach müssen Institute für gemäß § 26 RechKredV unter dem Bilanzstrich angegebene Eventualverbindlichkeiten und für gemäß § 27 RechKredV unter dem Strich angegebene andere Verpflichtungen eine begründete Einschätzung des Risikos der Inanspruchnahme im Anhang angeben.

Die Vorschrift trägt der Tatsache Rechnung, dass Eventualverbindlichkeiten und andere Verpflichtungen regelmäßig in einer Gesamtsumme unter der Bilanz ausgewiesen werden, ohne dass für den Abschlussadressaten erkennbar wäre, wie sich die zugrunde liegenden Verpflichtungen und Haftungsverhältnisse im Einzelnen aufschlüsseln und welche Risiken ihnen immanent sind.[3713]

Im Anhang sind die Erwägungen darzustellen, die der Einschätzung des Risikos der Inanspruchnahme aus den für die Vermögens-, Finanz- und Ertragslage bedeutsamen (wesentlichen) Eventualverbindlichkeiten und anderen Verpflichtungen zugrunde liegen. Anzugeben ist somit, aus welchen Gründen – unter Würdigung der bekannten Risiken – Eventualverbindlichkeiten als solche unter der Bilanz und nicht auf der Passivseite der Bilanz ausgewiesen werden.

7.3.17. Abschlussprüferhonorare

Nach § 285 Nr. 17 HGB sind Institute dazu verpflichtet, im Anhang das von dem Abschlussprüfer für das Geschäftsjahr berechnete Gesamthonorar anzugeben, aufgeschlüsselt nach den Vorgaben des § 285 Nr. 17 HGB. Diesbezüglich ist IDW RS HFA 36 n.F.[3714] bzw. IDW RH HFA 1.017 zu beachten.

Eine Befreiung von der Angabepflicht im Anhang zum Jahresabschluss erfolgt nach § 285 Nr. 17 HGB, wenn im Konzernanhang eine zusammenfassende Angabe aller Honorare der in den Konzernabschluss einbezogenen Unternehmen – aufgeschlüsselt nach den in § 285 Nr. 17 HGB genannten vier Kategorien – erfolgt (sog. Konzernklausel).

Nach Tz. 10 des IDW RS HFA 36 ist geregelt, dass in das Gesamthonorar *„nicht jedoch die Umsatzsteuer"* einzubeziehen ist. Dies bedeutet, dass die Umsatzsteuer auch dann nicht in das Gesamthonorar einzubeziehen ist, wenn diese – wie bspw. bei Instituten der Fall – nicht als Vorsteuer abzugsfähig ist. Damit wird die Vergleichbarkeit der Anhangangaben erreicht. Dies wird mit Tz. 15 in IDW RH HFA 1.017 noch einmal ausdrücklich klargestellt.

7.3.18. Angaben zu bestimmten Finanzinstrumenten

§ 285 Nr. 18 HGB

Nach § 285 Nr. 18 HGB sind für **zu den Finanzanlagen gehörende Finanzinstrumente**, die **über ihrem beizulegenden Zeitwert** ausgewiesen werden,

---

[3713] Vgl. BR-Drucks. 344/08, 162.
[3714] Zur Anwendung vgl. IDW Visuell, WPg 2016, 1282 f.; Simon-Heckroth/Lüdders, WPg 2017, 248 ff.; Zwirner/Boecker, IRZ 2017, 8 ff.; Zwirner/Boecker, DB 2017, 1223; Zwirner/Boecker, BC 2017, 268 ff.; Quick, BB 2018, 2411 ff.

da eine außerplanmäßige Abschreibung nach § 253 Abs. 3 Satz 6 HGB unterblieben ist, die in § 285 Nr. 18 Buchstabe a) und b) HGB genannten Angaben zu machen (Buchwert und beizulegender Zeitwert, Gründe für das Unterlassen der Angaben usw.). Einzelheiten zu diesen Angaben vgl. IDW RH HFA 1.005 Tz. 12 ff. Bezüglich dieser Anhangangabe ist auf die Mitteilung des VFA „*Investitionen in Anleihen hochverschuldeter Staaten des Euroraums: Anhangangaben und Risikoberichterstattung*" hinzuweisen.[3715]

Die Angabepflichten nach § 285 Nr. 18 HGB gehen über die Angaben nach § 35 Abs. 1 Nr. 2 RechKredV hinaus. Dies gilt sowohl hinsichtlich der betroffenen Vermögensgegenstände als auch in Bezug auf den Umfang der erforderlichen Angaben.

Die Angabe von Buchwert und beizulegendem Zeitwert muss nicht für die einzelnen Vermögensgegenstände gemacht werden, sondern kann in einer **angemessenen Gruppierung** erfolgen, die danach auszurichten ist, dass jeweils vergleichbare Gründe für die Nichtvornahme der Abschreibung vorgelegen haben (IDW RH HFA 1.005 Tz. 16). Hierbei bietet sich im konkreten Fall von Anleihen hochverschuldeter Staaten des Euroraums der Hinweis auf den europäischen Rettungsschirm als Gruppierungsmerkmal und Begründung an. Die in den Marktpreisen ausgedrückte Bewertung der Bonitätsrisiken verlangt nach Auffassung des VFA beim IDW auch eine adäquate Berücksichtigung iRd. Risikoberichterstattung gemäß § 289 Abs. 1 Satz 4 HGB.[3716]

Eine Anhangangabe ist nicht erforderlich, wenn das Finanzinstrument Bestandteil einer Bewertungseinheit ist und den (unrealisierten) Bewertungsverlusten entsprechende (unrealisierte) Bewertungsgewinne beim Sicherungsinstrument gegenüberstehen.[3717]

§ 285 Nr. 19 HGB

§ 285 Nr. 19 HGB sieht für **derivative Finanzinstrumente** eine Reihe von Angaben vor. Einzelheiten zu diesen Angaben vgl. IDW RH HFA 1.005 Tz. 22 ff.[3718] Die Angabepflicht beschränkt sich auf derivative Finanzinstrumente, die **nicht zum beizulegenden Zeitwert** im Jahresabschluss bewertet werden.

[3715] Vgl. FN 2011, 98 ff.
[3716] Vgl. auch Bischof/Hettich, WPg 2012, 689 ff.
[3717] Vgl. Vgl. DGRV (Hrsg.), Praxishandbuch Derivate, Teil 1, D.IV.5.
[3718] Vgl. auch Bischof/Hettich, WPg 2012, 689 ff.

Der Begriff „**Finanzinstrumente**" vgl. IDW RH HFA 1.005 Tz. 3. Der Begriff „**derivative Finanzinstrumente**" wird von IDW RH HFA 1.005 Tz. 4 ff. definiert. Der Begriff „**beizulegender Zeitwert**" wird in IDW RH HFA 1.005 Tz. 7 ff. näher umschrieben.

Eine Bewertung zum beizulegenden Zeitwert gemäß § 255 Abs. 4 Satz 1 oder 2 HGB iSd. gesetzlichen Vorschrift liegt nach IDW RH HFA 1.005 Tz. 24 nicht vor, wenn der im Abschluss für das derivative Finanzinstrument angesetzte, nach einer anderen handelsrechtlichen Vorschrift maßgebliche Wert zugleich dem beizulegenden Zeitwert entspricht.

Auch derivative Finanzinstrumente mit einem am Abschlussstichtag negativen Marktwert, für die in Höhe dieses negativen Marktwerts eine Rückstellung für drohende Verluste aus schwebenden Geschäften nach § 249 Abs. 1 Satz 1 iVm. § 253 Abs. 1 Satz 2 HGB gebildet wurde, sind nicht zum beizulegenden Zeitwert bilanzierte Finanzinstrumente iSd. Norm (IDW RH HFA 1.005 Tz. 24).

Für Derivate, die als Grundgeschäft oder Sicherungsinstrument Gegenstand einer Bewertungseinheit sind, entfällt eine Angabepflicht nach § 285 Nr. 19 HGB. Bei diesen Finanzinstrumenten sind die speziellen Angabepflichten nach § 285 Nr. 23 HGB zu beachten. Zu Einzelheiten sowie zu einem **Mustertableau** für diese Angaben vgl. bei DGRV (Hrsg.).[3719]

Für jede **Kategorie** (zinsbezogene Geschäfte, währungsbezogene Geschäfte, aktien-/indexbezogene Geschäfte, Kreditderivate und sonstige Geschäfte) derivativer Finanzinstrumente ist der **beizulegende Zeitwert** – soweit sich dieser nach § 255 Abs. 4 HGB verlässlich ermitteln lässt – unter Angabe der angewandten Bewertungsmethode anzugeben. Ist die verlässliche Feststellung eines beizulegenden Zeitwerts weder durch einen Marktwert noch durch anerkannte Bewertungsmodelle und -methoden möglich, entfällt die Angabe für den beizulegenden Zeitwert; in diesem Fall sind die Gründe dafür im Anhang anzugeben (§ 285 Nr. 19 Buchstabe b) HGB). Der beizulegende Zeitwert bei **Zinsswaps** ist der sog. Dirty Price (einschließlich anteiliger Zinsen). Mangels einer diesbezüglichen Definition kann auch der sog. Clean Price verwendet werden. Das Institut muss aber einheitlich vorgehen und das gewählte Vorgehen im Anhang darstellen.

Aus § 285 Nr. 19 HGB ist nicht ersichtlich, ob derivative Finanzinstrumente einer Kategorie mit positivem beizulegendem Zeitwert getrennt von solchen mit negativem beizulegenden Zeitwert darzustellen sind. Das tatsächliche Vorgehen ist im Anhang darzustellen.

[3719] Vgl. DGRV (Hrsg.), Praxishandbuch Derivate, Teil 1, D.IV.2.1.

Eine Angabe des **Buchwerts** und des **Bilanzpostens** ist bspw. in folgenden Fällen notwendig:

- Erworbene Optionsrechte einschließlich CDS, die als Derivate nach den Regeln des IDW RS BFA 6 zu bilanzieren sind: „sonstige Vermögensgegenstände".
- Stillhalterverpflichtungen aus verkauften Optionen einschließlich CDS, die als Option abzubilden sind: „sonstige Verbindlichkeiten".
- Drohverlustrückstellungen für Verpflichtungsüberhänge aus Derivaten.[3720]
- Gezahlte und erhaltene Variation Margins für Futures; „sonstige Vermögensgegenstände/Verbindlichkeiten".
- Rechnungsabgrenzungsposten für Einmalzahlungen (bspw. Upfront Payments).

Antizipative Zinsabgrenzungen, die als Forderungen und Verbindlichkeiten ggü. den jeweiligen Kontrahenten bilanziert werden, stellen keinen Buchwert iSd. § 285 Nr. 19 HGB dar. Sie sind mithin nicht angabepflichtig.

Unter die Angabepflichten nach § 285 Nr. 19 HGB fallen auch **verbriefte Optionsrechte** (Optionsscheine im Eigenbestand). In **strukturierte Produkte** eingebettete Derivate sind bei einheitlicher Bilanzierung nach IDW RS HFA 22 iRd. Anhangangabe nach § 285 Nr. 19 HGB nicht zu berücksichtigen. Erläuterungen zu eingebetteten Derivaten, die in Übereinstimmung mit IDW RS HFA 22 einheitlich (gemeinsam mit dem Basiswert) bilanziert werden, sind auch iRd. Angaben nach § 36 RechKredV nicht erforderlich, da aus diesen eingebetteten Derivaten keine wesentlich erhöhten oder zusätzlichen (andersartigen) Risiken oder Chancen resultieren.

In strukturierte Finanzinstrumente eingebettete Derivate sind dementsprechend nur dann in die Angaben nach § 285 Nr. 19 HGB und § 36 RechKredV einzubeziehen, wenn sie nach IDW RS HFA 22 getrennt bilanziert werden.

[3720] Nachdem Derivate, die Gegenstand einer Bewertungseinheit sind, nicht in die Angabe nach § 285 Nr. 19 HGB einzubeziehen sind, dürfte die Angabe einer Rückstellung für Unwirksamkeiten ebenfalls nicht in diese Angabe einzubeziehen sein; aA DGRV (Hrsg.), Praxishandbuch Derivate, Teil 1, D.IV.2.1.5.

§ 285 Nr. 20 HGB

Zu mit dem **beizulegenden Zeitwert bewerteten Finanzinstrumenten** verlangt § 285 Nr. 20 HGB folgende Anhangangaben:

    a) Die grundlegenden Annahmen, die der Bestimmung des beizulegenden Zeitwerts mithilfe allgemein anerkannter Bewertungsmethoden zugrunde gelegt wurden, sowie

    b) Umfang und Art jeder Kategorie derivativer Finanzinstrumente einschließlich der wesentlichen Bedingungen, welche die Höhe, den Zeitpunkt und die Sicherheit künftiger Zahlungsströme beeinflussen können.

In den **sachlichen Anwendungsbereich** der Vorschrift fallen solche Finanzinstrumente, für die sich der Bewertungsmaßstab „beizulegender Zeitwert" iSv. § 255 Abs. 4 Satz 1 HGB oder § 255 Abs. 4 Satz 2 HGB ausdrücklich aus der einschlägigen Bewertungsvorschrift ergibt.

Nicht in den sachlichen Anwendungsbereich der Vorschrift fallen solche Finanzinstrumente, die zwar mit einem Wert in der Bilanz angesetzt werden, der der Höhe nach ihrem beizulegenden Zeitwert entspricht, aber deren Bewertungsmaßstab eben nicht der beizulegende Zeitwert (sondern zB der beizulegende Wert) ist.

Mit dem CSR-Richtlinie-Umsetzungsgesetz wurde der Zusatz „… *gemäß § 340e Abs. 3 Satz 1 …*" gestrichen.[3721] Mithin ist die Angabe nach § 285 Nr. 20 HGB für alle mit dem beizulegenden Zeitwert angesetzten Finanzinstrumente relevant, also neben dem **Handelsbestand** auch für **Vermögensgegenstände des Deckungsvermögens** (§ 253 Abs. 1 Satz 4 HGB) sowie Rückstellungen für **wertpapiergebundene Versorgungszusagen** (§ 253 Abs. 1 Satz 3 HGB). Sofern sich für Vermögensgegenstände des Deckungsvermögens die nach § 285 Nr. 20 HGB geforderten Angaben bereits aus der Erfüllung der Anhangabepflicht nach § 285 Nr. 25 HGB ergeben, bedarf es keiner zusätzlichen Anhangangaben nach § 285 Nr. 20 HGB (IDW RH HFA 1.005 Tz. 36d).

Nicht unter die Vorschrift des § 285 Nr. 20 HGB fallen Finanzinstrumente, die als Grundgeschäft oder Sicherungsinstrument Gegenstand einer **Bewertungseinheit** iSd. § 254 HGB sind; dies gilt auch dann, wenn der wirksame Teil der Bewertungseinheit bei Anwendung der sog. Durchbuchungsmethode

---

[3721] Einzelheiten vgl. HFA, IDW Life 2018, 312 f.

abgebildet wird.[3722] Bei diesen Finanzinstrumenten sind die besonderen Angabepflichten nach § 285 Nr. 23 HGB relevant.

Ausführliche Angaben nach § 285 Nr. 20 Buchstabe a) HGB sind nach dem Gesetzgeber[3723] nur dann erforderlich, wenn der beizulegende Zeitwert der Finanzinstrumente nicht unmittelbar auf einem eigenen Marktwert basiert, sondern auf der Anwendung von allgemein anerkannten **Bewertungsmethoden** beruht (IDW RH HFA 1.005 Tz. 36e). In diesem Fall sind die angewandte Methode selbst sowie die grundlegenden Annahmen – die wesentlichen objektiv nachvollziehbaren Parameter – anzugeben, die im Rahmen der Anwendung der Bewertungsmethode Berücksichtigung gefunden haben. Die Angaben zu den grundlegenden Annahmen der angewendeten Bewertungsmodelle und -methoden sind für alle **originären** und **derivativen Finanzinstrumente** erforderlich.

Die Angabe des beizulegenden Werts selbst ist nicht erforderlich (IDW RH HFA 1.005 Tz. 36e).

Nach § 285 Nr. 20 Buchstabe b) HGB sind Angaben zu **Art** und **Umfang jeder Kategorie** der **derivativen Finanzinstrumente** einschließlich der wesentlichen Bedingungen, welche die Höhe, den Zeitpunkt und die Sicherheit künftiger Zahlungsströme beeinflussen können, zu machen.

Die **Kategorisierung** der derivativen Finanzinstrumente hat sich an den dem jeweiligen derivativen Finanzinstrument zugrunde liegenden Basiswerten bzw. dem abgesicherten Risiko zu orientieren. Die Kategorisierung ist wie für § 285 Nr. 19 HGB vorzunehmen (IDW RH HFA 1.005 Tz. 30f): zinsbezogene Geschäfte, währungsbezogene Geschäfte, aktien-/indexbezogene Geschäfte, Kreditderivate und sonstige Geschäfte.

Die Angabe des **Umfangs** erfordert eine Information über den Nominalwert.[3724] Zudem sind für jede Kategorie derivativer Finanzinstrumente in diesem Zusammenhang die **wesentlichen Bedingungen** anzugeben, welche die Höhe, den Zeitpunkt und die Sicherheit **künftiger Zahlungsströme** beeinflussen können. Mithin ist also eine Auskunft darüber zu geben, welche Chancen und Risiken mit der jeweiligen Kategorie der derivativen Finanzinstrumente verbunden sind.[3725] Weitere Informationen zur Auslegung des Tatbestandsbegriffs „wesentliche Bedingungen" geben die Gesetzesmaterialien nicht.

[3722] Vgl. DGRV (Hrsg.), Jahresabschluss, D.V. Rn. 123c.
[3723] Vgl. BR-Drucks. 344/08, 155.
[3724] Vgl. BR-Drucks. 344/08, 155.
[3725] Vgl. BR-Drucks. 344/08, 155.

Zu den Zahlungsströmen gehören alle Zu- und Abflüsse von Zahlungsmitteln oder Zahlungsmitteläquivalenten (IDW RH HFA 1.005 Tz. 36g). Dabei ist auf die möglichen Ursachen von Zahlungsstromschwankungen (zB Marktpreis-, Wechselkurs- und Zinsrisiken) einzugehen, damit erkennbar ist, welchen Risiken die jeweilige Kategorie der derivativen Finanzinstrumente ausgesetzt ist.

Kreditderivate

Neben dem Ausweis als Eventualverpflichtung sind bei **Kreditderivaten**, sofern es sich um sog. gestellte Sicherheiten handelt, nach IDW RS BFA 1 die Angabepflichten nach § 285 Nr. 27 HGB bzw. § 34 Abs. 2 Nr. 4 RechKredV (Gründe der Einschätzung des Risikos der Inanspruchnahme) zu erfüllen (IDW RS BFA 1 Tz. 39).

Kreditderivate, die als schwebende Geschäfte (Finanzderivate) und nicht als gestellte Kreditsicherheit bilanziell abzubilden sind, sind in die Anhangangaben gemäß § 285 Nr. 19 HGB bzw. § 36 RechKredV einzubeziehen (IDW RS BFA 1 Tz. 40).

Die Anhangangaben nach § 340a Abs. 2 iVm. § 284 Abs. 2 Nr. 1 und Nr. 3 HGB über Bilanzierungs- und Bewertungsmethoden umfassen auch die auf Kreditderivate angewandten Grundsätze (IDW RS BFA 1 Tz. 41):

- Der **Sicherungsnehmer** eines als erhaltene Kreditsicherheit bilanzierten Kreditderivats hat insbesondere über die Grundsätze zu berichten, nach denen die Sicherungswirkung bilanziell abgebildet wird.
- Der **Sicherungsgeber** hat insbesondere darzustellen, inwieweit Kreditderivate nach den Regeln für schwebende Geschäfte bzw. als gestellte Kreditsicherheit behandelt wurden. In die Erläuterungen sind auch die Grundsätze für die Bildung entsprechender Rückstellungen einzubeziehen.

7.3.19. Angaben zu latenten Steuerschulden

Der bereits vor Inkrafttreten des BilRUG geltende § 285 Nr. 29 HGB, nach dem anzugeben ist, *„auf welchen Differenzen oder steuerlichen Verlustvorträgen die latenten Steuern beruhen und mit welchen Steuersätzen die Bewertung erfolgt ist"*, wurde durch das BilRUG um die Nr. 30 des § 285 HGB erweitert.

§ 285 Nr. 30 HGB, der Art. 17 Abs. 1 Buchstabe f) der EU-Bilanzrichtlinie umsetzt, schreibt vor, dass *„wenn latente Steuerschulden in der Bilanz an-*

gesetzt werden, die latenten Steuersalden am Ende des Geschäftsjahres und die im Laufe des Geschäftsjahres erfolgten Änderungen dieser Salden" im Anhang anzugeben sind. Damit sind **quantitative Angaben** zu den latenten Steuersalden und ihren Bewegungen im Geschäftsjahr anzugeben. Das bedeutet, dass insbesondere anzugeben ist, wie sich die entsprechenden latenten Steuern im Geschäftsjahr aufgebaut oder abgebaut haben.[3726]

In § 285 Nr. 30 HGB wird explizit verlangt, dass die Berichtspflicht an den Ansatz **latenter Steuerschulden** knüpft. Der HFA vertritt folgende Ansicht:[3727] Danach sind die latenten Steuersalden am Ende des Geschäftsjahres und die im Laufe des Geschäftsjahres erfolgten Änderungen dieser Salden anzugeben. Im Falle einer **Verrechnung**, bei der sich insgesamt ein Aktivüberhang ergibt, besteht demnach keine Angabepflicht. Bei Ausweis einer latenten Steuerschuld im Falle eines **Passivüberhangs** oder **Inanspruchnahme des Wahlrechts** hinsichtlich eines unverrechneten Ausweises nach § 274 Abs. 1 Satz 3 HGB sind sowohl die aktiven als auch die passiven latenten Steuersalden am Ende des Geschäftsjahres sowie deren Veränderungen im Laufe des Geschäftsjahres anzugeben.

7.4. Erläuterungen zur Gewinn- und Verlustrechnung

Für den Gesamtbetrag der nachfolgenden Ertragsposten der Gewinn- und Verlustrechnung (nach dem Formblatt 2 nummeriert) hat gemäß § 34 Abs. 2 Nr. 1 Satz 1 RechKredV im Anhang eine **Aufgliederung nach geografischen Märkten** zu erfolgen, soweit diese sich vom Standpunkt der Organisation des Instituts wesentlich voneinander unterscheiden:

1. Zinserträge,
2. laufende Erträge aus
   a) Aktien und anderen nicht festverzinslichen Wertpapieren,
   b) Beteiligungen,
   c) Anteilen an verbundenen Unternehmen,
4. Provisionserträge,
5. Nettoertrag des Handelsbestands,
8. sonstige betriebliche Erträge.

Die Aufgliederung kann nach § 34 Abs. 2 Nr. 1 Satz 2 RechKredV unterbleiben, soweit sie nach vernünftiger kaufmännischer Beurteilung geeignet ist,

---

[3726] Vgl. Rimmelspacher/Meyer, DB 2015, Beilage 05 zu Heft 36, 27.
[3727] Vgl. HFA, IDW Life 2016, 54.

dem Institut oder einem Unternehmen, von dem das Institut mindestens den fünften Teil der Anteile besitzt, einen erheblichen Nachteil zuzufügen.

Ebenso wie bei der Aufgliederung der Umsatzerlöse nach § 285 Nr. 4 HGB im Anhang von Industrie- und Handelsunternehmen ist auch bei der Aufgliederung der in § 34 Abs. 2 Nr. 1 RechKredV genannten Ertragsposten der **Stetigkeitsgrundsatz** zu beachten. Das bedingt, dass die nach sachgerechten Kriterien erfolgte Aufgliederung in den Folgeperioden nicht ohne vernünftigen Grund geändert werden darf.

Im Gegensatz zu § 285 Nr. 4 HGB wird in § 34 Abs. 2 Nr. 1 RechKredV nicht verlangt, die Ertragsposten nach „Tätigkeitsbereichen" aufzugliedern. Die Aufgliederung nach „Tätigkeitsbereichen" ergibt sich bei Instituten praktisch bereits aus den in § 34 Abs. 2 Nr. 1 RechKredV genannten Ertragsposten.

Der Grundgedanke für die Angabepflicht nach § 34 Abs. 2 Nr. 1 RechKredV ist, dass im Jahresabschluss erkennbar werden soll, in welchem Umfang das Institut von den Risiken, insbesondere vom Währungsrisiko und vom Länderrisiko, verschiedener Märkte betroffen ist.

Obwohl § 285 Nr. 4 HGB eine Aufgliederung von „geografisch bestimmten Märkten" fordert und § 34 Abs. 2 Nr. 1 RechKredV nur eine Aufgliederung von „geografischen Märkten", soll die Aufgliederung gemäß beider Vorschriften nach Ländern oder Ländergruppen erfolgen. Gebiete mit einer Risikostruktur und mit Bedingungen, die sich nicht wesentlich voneinander unterscheiden, können dabei als ein Markt (Region) betrachtet werden. Maßgebend ist das Gebiet, in dem der Empfänger der Leistung seinen Sitz oder gewöhnlichen Aufenthalt hat.

Unerheblich ist, wo die Leistung des Instituts durch den Kunden genutzt wird, falls dies überhaupt festgestellt werden kann. Hat das Institut in verschiedenen Ländern Filialen, die für bestimmte (geografische) Märkte zuständig sind, kann darüber hinaus eine entsprechende Aufgliederung nach Filialen infrage kommen.

Die Märkte müssen sich „vom Standpunkt der Organisation des Instituts **wesentlich voneinander unterscheiden**". Die Aufgliederung wird demnach so zu wählen sein, dass die für das Institut jeweils relevanten Märkte sichtbar werden, soweit auf ihnen unterschiedliche Bedingungen und Risiken bestehen. Nimmt innerhalb einer Region ein Land eine Sonderstellung ein, so kann darauf beispielsweise durch einen Darunter-Vermerk hingewiesen werden.

Im Posten „**Nettoertrag des Handelsbestands**" bzw. „**Nettoaufwand des Handelsbestands**" ist der Unterschiedsbetrag der Erträge und Aufwendungen aus Geschäften mit Wertpapieren des Handelsbestands, Finanzinstrumenten, Devisen und Edelmetallen sowie der Erträge aus Zuschreibungen und der Aufwendungen aus Abschreibungen bei diesen Vermögensgegenständen auszuweisen (§ 340c Abs. 1 HGB). Die Aufgliederung dieses aus verrechneten Aufwendungen und Erträgen bestehenden Postens nach geografischen Märkten (§ 34 Abs. 2 Satz 1 Nr. 1 RechKredV) kann nur erfolgen, soweit sich die verschiedenen Märkte auch in der Organisation der Handelsaktivitäten niederschlagen, zB wenn von organisatorisch getrennten, regional zuständigen Auslandsfilialen selbstständig auf den jeweiligen regionalen Märkten gehandelt wird. Bei einem zentralen Handel, der nicht nach Regionen, sondern nach Produkten unterscheidet, entfällt dagegen die Aufgliederung (IDW RS BFA 2 Tz. 88).

Die **Darstellung** der Aufgliederung der in § 34 Abs. 2 Nr. 1 RechKredV genannten Ertragsposten steht im Ermessen des Instituts. Die Aufgliederung kann sowohl durch absolute Zahlen als auch durch Verhältniszahlen oder in grafischer Form dargestellt werden. Eine verbale Beschreibung reicht nicht aus.

7.5.   Sonstige Angaben

7.5.1.   Aufstellung über noch nicht abgewickelte Termingeschäfte

Gemäß § 36 Satz 1 RechKredV ist in den Anhang eine **Aufstellung** über die **Arten** von am **Bilanzstichtag noch nicht abgewickelten** Fremdwährungs-, zinsabhängigen und sonstigen **Termingeschäften**, die lediglich ein Erfüllungsrisiko sowie Währungs-, Zins- und/oder sonstige Marktpreisrisiken aus offenen und im Falle eines Adressenausfalls auch aus geschlossenen Positionen beinhalten, aufzunehmen. **Warentermingeschäfte** sind – analog zu § 285 Nr. 19 HGB – nur dann in die Angaben nach § 36 RechKredV einzubeziehen, wenn sie als derivative Finanzinstrumente zu qualifizieren sind. Außerbörsliche Warentermingeschäfte mit physischer Lieferung, die kommerziellen (dh. nicht spekulativen) Zwecken dienen, gelten danach nicht als derivative Finanzinstrumente.

Die Angabepflicht des § 36 RechKredV beschränkt sich nicht nur auf Geschäfte, die als offene Position einem Marktpreisrisiko unterliegen, sondern auch auf die Geschäfte in geschlossenen Positionen, bei denen das Marktpreis-

risiko erst bei Ausfall eines Kontrahenten schlagend wird.[3728] § 36 RechKredV
ist auch auf die derivativen Finanzinstrumente anzuwenden, die als Grundgeschäft oder Sicherungsinstrument Bestandteil einer Bewertungseinheit (§ 254
HGB) sind.

Betragsmäßige Angaben sind nach dem Wortlaut des § 36 RechKredV nicht
erforderlich. In die Aufstellung sind lediglich die **Art** der Fremdwährungs-,
zinsabhängigen und sonstigen Termingeschäfte aufzunehmen, und zwar nur
für die **am Bilanzstichtag noch nicht abgewickelten Geschäfte**. Ohne Be-
tragsangaben macht diese Anhangangabe aber keinen Sinn. Daher hat sich
allgemein durchgesetzt, dass die Nominalbeträge und die (saldierten) beizulegenden Zeitwerte je Kategorie (§ 285 Nr. 19 HGB) der Geschäfte angegeben
werden.

Die Nominalbeträge dienen grundsätzlich nur als Referenzgröße für die Ermittlung der gegenseitig vereinbarten Zahlungen (zB Zinsansprüche bzw.
-verpflichtungen bei Zinsswaps) und repräsentieren damit keine bilanziellen
Forderungen bzw. Verbindlichkeiten. Bei Optionen bestimmt sich der Nominalbetrag bspw. als Produkt aus kontrahiertem Basispreis und der Anzahl der
Basiswerte (zB Aktien).

In § 36 Satz 2 Nr. 1 bis 3 RechKredV sind Termingeschäfte aufgezählt, die in
die Aufstellung im Anhang einzubeziehen sind. Es handelt sich um:

- Termingeschäfte in fremden Währungen, insbesondere Devisentermingeschäfte, Devisenterminkontrakte, Währungsswaps, Zins-/Währungs-
  swaps, Stillhalterverpflichtungen aus Devisenoptionsgeschäften, Devi-
  senoptionsrechte, Termingeschäfte in Gold und anderen Edelmetallen,
  Edelmetallterminkontrakte, Stillhalterverpflichtungen aus Goldoptio-
  nen, Goldoptionsrechte,
- verzinsliche Wertpapiere, Zinsterminkontrakte, Forward Rate Agreements, Stillhalterverpflichtungen aus Zinsoptionen, Zinsoptionsrechte,
  Zinsswaps, Abnahmeverpflichtungen aus Forward Forward Deposits;
  Lieferverpflichtungen aus solchen Geschäften sind in dem Unterposten
  der Bilanz „Unwiderrufliche Kreditzusagen" (Passivposten Nr. 2 unter
  dem Strich Buchstabe c) zu vermerken,
- Termingeschäfte mit sonstigen Preisrisiken, insbesondere aktienkurs-
  bezogene Termingeschäfte, Stillhalterverpflichtungen aus Aktienoptionen, Aktienoptionsrechte, Indexterminkontrakte, Stillhalterverpflichtungen aus Indexoptionen, Indexoptionsrechte.

[3728] Ebenso DGRV (Hrsg.), Praxishandbuch Derivate, Teil 1, D.IV.2.3.

Für jeden der drei Posten ist anzugeben (§ 36 Satz 3 RechKredV), ob

- ein wesentlicher Teil davon zur Deckung von Zins-, Wechselkurs- oder Marktpreisschwankungen abgeschlossen wurde, und ob
- ein wesentlicher Teil davon auf Handelsgeschäfte entfällt.

Unter dem Begriff „wesentlicher Teil" wird in der Literatur die Auffassung vertreten, dass die Wesentlichkeitsgrenzen generell höher anzusetzen sind als sonst üblich.[3729] Letztlich ist auf die Relation der zu Handelszwecken abgeschlossenen Geschäfte zu den Sicherungsgeschäften abzustellen. Sofern nicht ausschließlich Sicherungsgeschäfte abgeschlossen worden sind, kann die Quantifizierung verbal (zB mehr als die Hälfte) erfolgen.[3730]

Erläuterungen zu in **strukturierte Produkte** eingebetteten Derivaten, die in Übereinstimmung mit IDW RS HFA 22 **einheitlich bilanziert** werden, sind iRd. Angaben nach § 36 RechKredV nicht erforderlich, da aus diesen eingebetteten Derivaten keine wesentlich erhöhten oder zusätzlichen (andersartigen) Risiken oder Chancen resultieren. In strukturierte Finanzinstrumente eingebettete Derivate sind dementsprechend nur dann in die Angaben § 36 RechKredV einzubeziehen, wenn sie nach IDW ES HFA 22 getrennt bilanziert werden.

7.5.2. Nachtragsberichterstattung

Der mit dem BilRUG eingeführte § 285 Nr. 33 HGB verlangt eine Angabe der *„Vorgänge von besonderer Bedeutung, die nach dem Schluss des Geschäftsjahrs eingetreten und weder in der Gewinn- und Verlustrechnung noch in der Bilanz berücksichtigt sind, unter Angabe ihrer Art und ihrer finanziellen Auswirkungen".* Diese Angabe basiert auf Art. 17 Abs. 1 Buchstabe q) der EU-Bilanzrichtlinie.

Vorgänge von besonderer Bedeutung sind bedeutsame Entwicklungen sowie Tendenzen, die zwischen dem Beginn des Geschäftsjahres und der Aufstellung des Jahresabschlusses eingetreten sind und das durch den Abschluss vermittelte Bild der Vermögens-, Finanz- und Ertragslage des Instituts wesentlich beeinflussen sowie die Einschätzung des Abschlussadressaten ändern würden. Hierzu können hinsichtlich ihrer Art gehören:

[3729] Vgl. DGRV (Hrsg.), Praxishandbuch Derivate, Teil 1, D.IV.2.3.
[3730] Vgl. DGRV (Hrsg.), Praxishandbuch Derivate, Teil 1, D.IV.2.3.

- Umwandlungen (zB Verschmelzung, Spaltung, Formwechsel),
- Umfängliche Käufe und Verkäufe von Grundstücken und Beteiligungen,
- Bekanntgabe eines Plans zur Aufgabe eines Unternehmensbereichs,
- Ankündigung umfangreicher Restrukturierungsmaßnahmen,
- Maßnahmen zur Änderung des Kapitals (zB Kapitalerhöhung oder Kapitalherabsetzung),
- Änderungen in der Gesellschafterstruktur (zB Integration in einem Konzernverbund),
- Abschluss wesentlicher Verträge (zB Beherrschungs- und Gewinnabführungsverträge, Eingehen wesentlicher Verpflichtungen),
- Änderungen in der Gesetzgebung,
- wesentliche Änderungen relevanter Marktverhältnisse (zB starker Anstieg von Preisen und Währungen, Preisverfall usw.),
- Eröffnung neuer Rechtsstreitigkeiten,
- Streiks der Belegschaft,
- Maßnahmen in Bezug auf den Fortbestand des Instituts (zB Sanierungsmaßnahmen, Forderungsverzichte von Gesellschaftern),
- Besondere Ereignisse wie bspw. die Coronavirus-Pandemie.[3731]

Der Berichterstattungsumfang wird klarstellend auf Vorgänge, die weder in der Gewinn- und Verlustrechnung noch in der Bilanz berücksichtigt sind, eingeschränkt. Berichterstattungspflichtig sind damit nur die sog. **wertbegründenden** Ereignisse.

Generell ist ein Vorgang von besonderer Bedeutung, wenn seine Auswirkungen geeignet sind, das Bild, das der Abschluss zum Abschlussstichtag vermittelt, zu beeinflussen und ohne die Nachtragsberichterstattung die Entwicklung nach dem Abschlussstichtag von den Abschlussadressaten wesentlich anders beurteilt werden würde.[3732]

Die Auswirkungen sind auch dahingehend zu beurteilen, ob bei Aufrechterhaltung der Going-Concern-Annahme dennoch eine wesentliche Unsicherheit im Zusammenhang mit Ereignissen oder Gegebenheiten besteht, die bedeutende Zweifel an der Fähigkeit es Unternehmens zur Fortführung der Unternehmenstätigkeit aufwerfen können („bestandsgefährdende Risiken"). In diesem Fall ist unter Angabe der wichtigsten Ereignisse oder Gegebenheiten im Abschluss darüber zu berichten; es bietet sich an, diese Berichterstattung im Nachtragsbericht vorzunehmen.[3733]

[3731] Vgl. Rinker, StuB 2020, 377 ff. mit Beispielen und mwN.
[3732] Vgl. IDW, Fachlicher Hinweis (Teil 1), IDW Life 2020, 311 f.
[3733] Vgl. IDW, Fachlicher Hinweis (Teil 1), IDW Life 2020, 312.

Anhang 1: Gesamtübersicht der Anhangangaben

Nachfolgend werden die Angaben aufgeführt, die **Kredit-, Finanzdienstleistungs- und Wertpapierinstitute** im Anhang nach HGB und RechKredV zu machen haben.[3734]

Zahlungs- und E-Geld-Institute müssen für die Rechnungslegung gemäß § 340 Abs. 5 Satz 1 HGB die für Kreditinstitute geltenden §§ 340 ff. HGB sowie die RechZahlV beachten. Bezüglich des Anhangs müssen diese Institute neben den Vorschriften des HGB (ggf. modifiziert aufgrund der RechZahlV) zusätzlich die §§ 28 bis 30 RechZahlV beachten.

Ein Institut, das eine Erlaubnis nach § 32 KWG hat, das gleichzeitig Zahlungsinstitut oder E-Geld-Institut ist, muss sowohl die RechKredV als auch die RechZahlV anwenden. Angaben nach dem KWG usw. werden hier nicht aufgeführt.

Bei der jeweiligen Vorschrift ist in Klammern gesetzt, wo die Angabe zu machen ist. Die Auflistung im Zusammenhang mit den Erläuterungen zur Bilanz (B.) und zur Gewinn- und Verlustrechnung (C.) folgt weitgehend der Postenabfolge der Formblätter.

Mit dem BilRUG wurde § 284 Abs. 1 HGB, der Art. 15 der EU-Bilanzrichtlinie umsetzt, neu gefasst:

- In den Anhang sind diejenigen Angaben aufzunehmen, die zu den einzelnen Posten der Bilanz oder der Gewinn- und Verlustrechnung vorgeschrieben sind; sie sind in der **Reihenfolge der einzelnen Posten der Bilanz und der Gewinn- und Verlustrechnung darzustellen** (§ 284 Abs. 1 Satz 1 HGB).[3735]
- Im Anhang sind auch die Angaben zu machen, die in Ausübung eines Wahlrechts nicht in die Bilanz oder in die Gewinn- und Verlustrechnung aufgenommen werden (§ 284 Abs. 1 Satz 2 HGB).

Die speziellen Angaben nach Art. 24 Abs. 3 Satz 3 und Art. 48 Abs. 5 Satz 3 EGHGB, Art. 31 Abs. 3 Satz 3 EGHGB, Art. 44 Abs. 1 Satz 4 EGHGB sowie § 340l Ab Satz 4 Nr. 2 HGB werden nachfolgend nicht dargestellt.

[3734] Vgl. auch WPH Edition, Kreditinstitute, Kap. D. Rn. 993 ff.
[3735] Vgl. Rimmelspacher/Meyer, DB 2015, Beilage 05 zu Heft 36, 30 f.

A. Allgemeine Angaben zur Gliederung des Jahresabschlusses sowie zu den Bilanzierungs- und Bewertungsmethoden

§ 264 Abs. 1a HGB – Angaben zur Identifikation des Instituts
Anzugeben sind
1. die Firma und der Sitz (nach Maßgabe des Gesellschaftsvertrags oder der Satzung),
2. das Registergericht und die Nummer, unter der die Gesellschaft in das Handelsregister eingetragen ist.
3. Befindet sich die Gesellschaft in Liquidation oder Abwicklung, ist auch diese Tatsache anzugeben.
   Diese Angaben sind an herausgehobener Stelle im Jahresabschluss, bspw. in der Überschrift des Jahresabschlusses, auf einem gesonderten Deckblatt oder an anderer herausgehobener Stelle zu machen.
   Es wird empfohlen, diese Angaben in den Anhang aufzunehmen.[3736]

§ 264 Abs. 2 Satz 2 HGB – Generalnorm (Anhang)
Führen besondere Umstände dazu, dass der Jahresabschluss ein den tatsächlichen Verhältnissen entsprechendes Bild der Vermögens-, Finanz- und Ertragslage iSd. § 264 Abs. 2 Satz 1 HGB nicht vermittelt, so sind im Anhang zusätzliche Angaben zu machen.

§ 265 Abs. 1 Satz 2 HGB – Darstellungsstetigkeit (Anhang)
Die Form der Darstellung, insbesondere die Gliederung der aufeinander folgenden Bilanzen und Gewinn- und Verlustrechnungen, ist beizubehalten, soweit nicht in Ausnahmefällen wegen besonderer Umstände Abweichungen erforderlich sind. Die Abweichungen sind im Anhang anzugeben und zu begründen.
(Beachte Artikel 67 Abs. 8 EGHGB).

§ 265 Abs. 2 Satz 1 und 2 HGB – Vergleichbarkeit mit Vorjahr (Anhang)
In der Bilanz sowie in der Gewinn- und Verlustrechnung ist zu jedem Posten der entsprechende Betrag des vorhergehenden Geschäftsjahres anzugeben. Sind die Beträge nicht vergleichbar, so ist dies im Anhang anzugeben und zu erläutern.

§ 265 Abs. 2 Satz 3 HGB – Anpassung der Vorjahreszahlen (Anhang)
Wird der Vorjahresbetrag angepasst, so ist auch dies im Anhang anzugeben und zu erläutern.
(Beachte Artikel 67 Abs. 8 EGHGB).

[3736] Vgl. Oser/Orth/Wirtz, DB 2015, 1734.

§ 285 Nr. 33 HGB – Vorgänge von besonderer Bedeutung nach Geschäftsjahresschluss (Anhang)

Mit dem BilRUG ist folgende Anhangangabe eingeführt worden: Vorgänge von besonderer Bedeutung, die nach dem Schluss des Geschäftsjahres eingetreten sind und weder in der Gewinn- und Verlustrechnung noch in der Bilanz berücksichtigt sind, sind unter Angabe ihrer Art und ihrer finanziellen Auswirkungen im Anhang anzugeben.

§ 265 Abs. 4 HGB – Mehrere Geschäftszweige (Anhang)

Sind mehrere Geschäftszweige vorhanden und bedingt dies die Gliederung des Jahresabschlusses nach verschiedenen Gliederungsvorschriften, so ist der Jahresabschluss nach der für einen Geschäftszweig vorgeschriebenen Gliederung aufzustellen und nach der für die anderen Geschäftszweige vorgeschriebenen Gliederung zu ergänzen. Die Ergänzung ist im Anhang anzugeben und zu begründen.

§ 284 Abs. 2 Nr. 1 HGB – Bilanzierungs- und Bewertungsmethoden (Anhang)

Im Anhang müssen die auf die Posten der Bilanz und der Gewinn- und Verlustrechnung angewandten Bilanzierungs- und Bewertungsmethoden angegeben werden.

Es sind auch Angaben zur **Wertpapierleihe**, insbesondere bezüglich der Frage des Übergangs bzw. Nichtübergangs des wirtschaftlichen Eigentums zu machen (vgl. Kapitel 4.10.).

Im Anhang ist bezüglich der **verlustfreien Bewertung des Bankbuchs** das Verfahren (Bewertungsmethode) anzugeben und zu erläutern (IDW RS BFA 3 n.F. Tz. 42; vgl. Kapitel 4.3.4.).

Angabe der **Grundlagen für die Fremdwährungsumrechnung** (Abgrenzungskriterien bei besonderer Deckung; Angabe von Posten, in denen das Umrechnungsergebnis ausgewiesen wird; Hinweis auf die Spaltung des Terminkurses und die Abgrenzung von Swapstellen).[3737]

Die Angaben umfassen auch die auf Geschäfte mit **Futures/FRA** (IDW RS BFA 5 Tz. 17) und **Optionen** (IDW RS BFA 6 Tz. 20) angewandten Grundsätze.

Bezüglich der **wesentlichen Rückstellungen**, für die Angaben zu machen sind, wird auf IDW RS HFA 34 Tz. 51 verwiesen.

[3737] Mit dem BilRUG ist die explizite Vorgabe in § 284 Abs. 2 HGB aF zur Darstellung der Grundlagen der Währungsumrechnung entfallen. Nach den Gesetzesmaterialien folgt diese Angabepflicht bereits aus § 284 Abs. 2 Nr. 1 HGB.

§ 284 Abs. 2 Nr. 2 HGB – Abweichungen von Bilanzierungs- und Bewertungsmethoden (Anhang)

Im Anhang müssen Abweichungen von Bilanzierungs- und Bewertungsmethoden angegeben und begründet werden; deren Einfluss auf die Vermögens-, Finanz- und Ertragslage ist gesondert darzustellen.
(Beachte Artikel 67 Abs. 8 EGHGB sowie IDW RS HFA 38).

B. Erläuterungen zur Bilanz

§ 265 Abs. 3 HGB – Mitzugehörigkeit zu mehreren Bilanzposten (Bilanz/Anhang)

Fällt ein Vermögensgegenstand oder eine Schuld unter mehrere Posten der Bilanz, so ist die Mitzugehörigkeit zu anderen Posten bei dem Posten, unter dem der Ausweis erfolgt ist, zu vermerken oder im Anhang anzugeben, wenn dies zur Aufstellung eines klaren und übersichtlichen Jahresabschlusses erforderlich ist.

§ 2 Abs. 2 RechKredV – Aufgliederung zusammengefasster Bilanzposten (Anhang)

Die mit kleinen Buchstaben versehenen Posten der Bilanz können zusammengefasst ausgewiesen werden, wenn

1. sie einen Betrag enthalten, der für die Vermittlung eines den tatsächlichen Verhältnissen entsprechenden Bildes iSd. § 264 Abs. 2 HGB nicht erheblich ist oder
2. dadurch die Klarheit der Darstellung vergrößert wird; in diesem Fall müssen die zusammengefassten Posten jedoch im Anhang gesondert ausgewiesen werden.

(Dies gilt nicht für die der Deutschen Bundesbank und der BaFin einzureichenden Bilanzen (§ 2 Abs. 2 Satz 2 RechKredV)).

§ 35 Abs. 1 Nr. 3 RechKredV – Leasinggeschäft (Anhang)

Zu jedem davon betroffenen Posten der Bilanz ist der auf das Leasinggeschäft entfallende Betrag im Anhang anzugeben.
Ferner sind die im Posten „Abschreibungen und Wertberichtigungen auf immaterielle Anlagewerte und Sachanlagen" entfallenden Aufwendungen und Wertberichtigungen auf Leasinggegenstände sowie die im Posten „Sonstige betriebliche Erträge" enthaltenen Erträge aus Leasinggeschäften anzugeben.

§ 340d HGB iVm. § 9 RechKredV – Fristengliederung (Anhang)

Im Anhang sind gesondert die Beträge von verschiedenen Posten und Unterposten des Formblatts 1 nach Restlaufzeiten aufzugliedern. Es handelt

sich dabei um die Aktivposten 3. b) und 4. und die Passivposten 1. b), 2. a) ab), 2. b) bb) und 3. b). Dabei sind folgende Restlaufzeiten maßgebend: Bis 3 Monate, mehr als 3 Monate bis 1 Jahr, mehr als 1 Jahr bis 5 Jahre, mehr als 5 Jahre.
Darüber hinaus sind im Anhang anzugeben: Die im Aktivposten 4. enthaltenen Forderungen mit unbestimmter Laufzeit; die im Aktivposten 5. und Passivposten 3. a) enthaltenen Beträge, die in dem Jahr, das auf den Bilanzstichtag folgt, fällig werden.

§ 340d HGB iVm. § 7 RechZahlV – Fristengliederung (Anhang)
Im Anhang sind die Beträge des Aktivpostens „3. Forderungen an Kunden" und des Passivpostens „2. Verbindlichkeiten gegenüber Kunden" gesondert nach folgenden Restlaufzeiten aufzugliedern:
1. bis drei Monate,
2. mehr als drei Monate bis sechs Monate,
3. mehr als sechs Monate bis zwölf Monate,
4. mehr als zwölf Monate.

§ 3 Satz 1 Nr. 1 RechKredV bzw. § 3 Abs. 2 Satz 1 Nr. 1 RechZahlV – Forderungen an verbundene Unternehmen (Bilanz/Anhang)
Institut:
Die verbrieften und unverbrieften Forderungen an verbundene Unternehmen zu den Posten
3. Forderungen an Kreditinstitute,
4. Forderungen an Kunden und
5. Schuldverschreibungen und andere festverzinsliche Wertpapiere
sind jeweils als Unterposten gesondert auszuweisen oder im Anhang in der Reihenfolge der betroffenen Posten anzugeben.
Zahlungsinstitut/E-Geld-Institut:
Die verbrieften und unverbrieften Forderungen an verbundene Unternehmen zu den Posten
2. Forderungen an Kreditinstitute,
3. Forderungen an Kunden,
4. Forderungen an Institute im Sinne des § 1 Abs. 3 des Zahlungsdiensteaufsichtsgesetzes,
5. Schuldverschreibungen und andere festverzinsliche Wertpapiere
sind jeweils als Unterposten gesondert auszuweisen oder im Anhang in der Reihenfolge der betroffenen Posten anzugeben.

§ 3 Satz 1 Nr. 2 RechKredV bzw. § 3 Abs. 2 Satz 1 Nr. 2 RechZahlV – Forderungen an Beteiligungsunternehmen

(Bilanz/Anhang)

Institut:

Die verbrieften und unverbrieften Forderungen an Unternehmen, mit denen ein Beteiligungsverhältnis besteht, zu den Posten

3. Forderungen an Kreditinstitute,
4. Forderungen an Kunden und
5. Schuldverschreibungen und andere festverzinsliche Wertpapiere

sind jeweils als Unterposten gesondert auszuweisen oder im Anhang in der Reihenfolge der betroffenen Posten anzugeben.

Zahlungsinstitut/E-Geld-Institut:

Die verbrieften und unverbrieften Forderungen an Unternehmen, mit denen ein Beteiligungsverhältnis besteht, zu den Posten

2. Forderungen an Kreditinstitute,
3. Forderungen an Kunden,
4. Forderungen an Institute im Sinne des § 1 Abs. 3 des Zahlungsdiensteaufsichtsgesetzes,
5. Schuldverschreibungen und andere festverzinsliche Wertpapiere

sind jeweils als Unterposten gesondert auszuweisen oder im Anhang in der Reihenfolge der betroffenen Posten anzugeben.

§ 42 Abs. 3 GmbHG, § 264c Abs. 1 HGB – Ausleihungen und Forderungen an Gesellschafter (Bilanz/Anhang)

Ausleihungen und Forderungen gegenüber Gesellschaftern sind als solche jeweils gesondert auszuweisen oder im Anhang anzugeben; werden sie unter anderen Posten ausgewiesen, muss diese Eigenschaft vermerkt werden.

(Nur bei GmbH und bestimmte OHG und KG).

§ 285 Nr. 18 HGB – Finanzinstrumente, die über ihrem beizulegenden Zeitwert ausgewiesen werden (Anhang)

Für zu den Finanzanlagen (§ 266 Abs. 2 A.III. HGB) gehörende Finanzinstrumente, die über ihrem beizulegenden Zeitwert ausgewiesen werden, da eine außerplanmäßige Abschreibung gemäß § 253 Abs. 3 Satz 6 HGB unterblieben ist, sind anzugeben:

a) der Buchwert und der beizulegende Zeitwert der einzelnen Vermögensgegenstände oder angemessener Gruppierungen sowie
b) die Gründe für das Unterlassen einer Abschreibung einschließlich der Anhaltspunkte, die darauf hindeuten, dass die Wertminderung voraussichtlich nicht von Dauer ist.

**§ 35 Abs. 1 Nr. 1 RechKredV bzw. § 29 Abs. 1 Nr. 1 RechZahlV –
Aufgliederung börsenfähiger Wertpapiere** (Anhang)
Die in den Posten
5. Schuldverschreibungen und andere festverzinsliche Wertpapiere,
6. Aktien und andere nicht festverzinsliche Wertpapiere,
7. Beteiligungen und
8. Anteile an verbundenen Unternehmen
enthaltene börsenfähige Wertpapiere sind im Anhang nach börsennotierten und nicht börsennotierten Wertpapieren aufzugliedern.

§ 285 Nr. 26 HGB – In- und ausländisches Investmentvermögen
(Anhang)
Angaben zu Anteilen an Sondervermögen iSd. § 1 Abs. 10 KAGB oder Anlageaktien an Investmentaktiengesellschaften mit veränderlichem Kapital iSd. §§ 108 bis 123 KAGB oder vergleichbaren EU-Investmentvermögen oder vergleichbaren ausländischen Investmentvermögen von mehr als dem zehnten Teil, aufgegliedert nach Anlagezielen, deren Wert iSd. § 168, 278 KAGB oder des § 36 InvG in der bis zum 21.7.2013 geltenden Fassung[3738] oder vergleichbarer ausländischer Vorschriften über die Ermittlung des Marktwerts, die Differenz zum Buchwert und die für das Geschäftsjahr erfolgte Ausschüttung sowie Beschränkungen in der Möglichkeit der täglichen Rückgabe; darüber hinaus die Gründe dafür, dass eine Abschreibung gemäß § 253 Abs. 3 Satz 6 HGB unterblieben ist, einschließlich der Anhaltspunkte, die darauf hindeuten, dass die Wertminderung voraussichtlich nicht von Dauer ist; § 285 Nr. 18 HGB ist insoweit nicht anzuwenden.

§ 35 Abs. 1 Nr. 2 RechKredV bzw. § 29 Abs. 1 Nr. 2 RechZahlV – Wie Anlagevermögen bewertete Wertpapiere (Anhang)
Im Anhang ist der Betrag der nicht mit dem Niederstwert bewerteten börsenfähigen Wertpapiere jeweils zu folgenden Posten anzugeben:
5. Schuldverschreibungen und andere festverzinsliche Wertpapiere;
6. Aktien und andere nicht festverzinsliche Wertpapiere;
es ist anzugeben, in welcher Weise die so bewerteten Wertpapiere von den mit dem Niederstwert bewerteten börsenfähigen Wertpapieren abgegrenzt worden sind.

[3738] Geändert mit Art. 2 des AIFM-UmsG vom 4.7.2013.

§ 285 Nr. 19 HGB – Nicht zum beizulegenden Zeitwert bewertete derivative Finanzinstrumente (Anhang)

Im Anhang anzugeben sind für jede Kategorie nicht zum beizulegenden Zeitwert bilanzierter derivativer Finanzinstrumente

a) deren Art und Umfang,

b) deren beizulegender Zeitwert, soweit er sich nach § 255 Abs. 4 HGB verlässlich ermitteln lässt, unter Angabe der angewandten Bewertungsmethode

c) deren Buchwert und der Bilanzposten, in welchem der Buchwert, soweit vorhanden, erfasst ist sowie

d) die Gründe dafür, warum der beizulegende Zeitwert nicht bestimmt werden kann.

(Beachte IDW RH HFA 1.005).

(Diese Angabepflicht erstreckt sich nicht auf Grundgeschäfte und Sicherungsinstrumente iRe. Bewertungseinheit gemäß § 254 HGB iVm. IDW RS HFA 35, vgl. hierzu die Angaben nach § 285 Nr. 23 HGB).

§ 285 Nr. 20 HGB – Mit dem beizulegenden Zeitwert bewertete Finanzinstrumente (Anhang)[3739]

Für sämtliche mit dem beizulegenden Zeitwert bewertete Finanzinstrumente sind folgende Angaben zu machen:

a) die grundlegenden Annahmen, die der Bestimmung des beizulegenden Zeitwerts mithilfe allgemein anerkannter Bewertungsmethoden zugrunde gelegt wurden, sowie

b) Umfang und Art jeder Kategorie derivativer Finanzinstrumente einschließlich der wesentlichen Bedingungen, welche die Höhe, den Zeitpunkt und die Sicherheit künftiger Zahlungsströme beeinflussen können.

§ 35 Abs. 1 Nr. 1a RechKredV – Aufgliederung des Bilanzpostens „Handelsbestand" (Anhang)

Eine Aufgliederung des Bilanzpostens „Handelsbestand" (Aktivposten Nr. 6a.) in derivative Finanzinstrumente, Forderungen, Schuldverschreibungen und andere festverzinsliche Wertpapiere, Aktien und andere nicht festverzinsliche Wertpapiere sowie sonstige Vermögensgegenstände und eine Aufgliederung des Bilanzpostens „Handelsbestand" (Passivposten Nr. 3a.) in derivative Finanzinstrumente und Verbindlichkeiten ist im Anhang vorzunehmen.

[3739] Vgl. HFA, IDW Life 2018, 312 ff.

§ 35 Abs. 1 Nr. 6a RechKredV – Finanzinstrumente des Handelsbestands
(Anhang)
Bei Finanzinstrumenten des Handelsbestands sind die Methode der Ermittlung des Risikoabschlags nebst den wesentlichen Annahmen, insbesondere die Haltedauer, der Beobachtungszeitraum und das Konfidenzniveau sowie der absolute Betrag des Risikoabschlags im Anhang anzugeben.
(Beachte IDW RS BFA 2 Tz. 58).

§ 35 Abs. 1 Nr. 6b RechKredV – Umgegliederte Finanzinstrumente des Handelsbestands (Anhang)
In den Fällen der Umgliederung (Umwidmung) sind deren Gründe, der Betrag der umgegliederten Finanzinstrumente des Handelsbestands und die Auswirkungen der Umgliederung auf den Jahresüberschuss/Jahresfehlbetrag sowie für den Fall der Umgliederung wegen Aufgabe der Handelsabsicht die außergewöhnlichen Umstände, die dies rechtfertigen, im Anhang anzugeben.
(Beachte IDW RS BFA 2 Tz. 29, IDW RH HFA 1.014 nF).

§ 35 Abs. 1 Nr. 6c RechKredV – Institutsintern festgelegte Kriterien
(Anhang)
Im Anhang ist anzugeben ob innerhalb des Geschäftsjahres die institutsinternen festgelegten Kriterien für die Einbeziehung von Finanzinstrumenten in den Handelsbestand geändert worden sind und welche Auswirkungen sich daraus auf den Jahresüberschuss/Jahresfehlbetrag ergeben.

§ 285 Nr. 23 HGB – Bildung von Bewertungseinheiten
(Anhang/Lagebericht)
Soweit Bewertungseinheiten nach § 254 HGB gebildet werden sind im Anhang, sofern die Angaben nicht im Lagebericht gemacht werden, anzugeben:
a) mit welchem Betrag jeweils Vermögensgegenstände, Schulden, schwebende Geschäfte und mit hoher Wahrscheinlichkeit vorgesehene Transaktionen zur Absicherung welcher Risiken in welche Arten von Bewertungseinheiten einbezogen sind sowie die Höhe der mit Bewertungseinheiten abgesicherten Risiken,
b) für die jeweils abgesicherten Risiken, warum, in welchem Umfang und für welchen Zeitraum sich die gegenläufigen Wertänderungen oder Zahlungsströme künftig voraussichtlich ausgleichen einschließlich der Methode der Ermittlung,
c) eine Erläuterung der mit hoher Wahrscheinlichkeit erwarteten Transaktionen, die in Bewertungseinheiten einbezogen wurden.
(Beachte IDW RS HFA 35 Tz. 93 bis Tz. 103).

§ 6 Abs. 1 RechKredV – Treuhandvermögen (Anhang)
Vermögensgegenstände, die ein Institut im eigenen Namen, aber für fremde Rechnung hält, sind in seine Bilanz aufzunehmen. Die Gesamtbeträge sind in der Bilanz unter dem Posten „9. Treuhandvermögen" auszuweisen und im Anhang nach den Aktivposten des Formblatts aufzugliedern.

§ 285 Nr. 22 HGB – Forschungs- und Entwicklungskosten (Anhang)
Im Anhang sind anzugeben: Im Fall der Aktivierung nach § 248 Abs. 2 HGB der Gesamtbetrag der Forschungs- und Entwicklungskosten des Geschäftsjahres sowie der davon auf selbst geschaffene immaterielle Vermögensgegenstände des Anlagevermögens entfallende Betrag.

§ 34 Abs. 3 RechKredV bzw. § 28 Abs. 3 RechZahlV jeweils iVm. § 284 Abs. 3 HGB – Anlagenspiegel und Abschreibungenspiegel (Anhang)
Im Anhang ist die Entwicklung der einzelnen Posten des Anlagevermögens in einer gesonderten Aufgliederung darzustellen. Dabei sind, ausgehend von den gesamten Anschaffungs- und Herstellungskosten, die Zugänge, Abgänge, Umbuchungen und Zuschreibungen des Geschäftsjahres sowie die Abschreibungen gesondert aufzuführen.
Zu den Abschreibungen sind gesondert folgende Angaben zu machen:[3740]
1. die Abschreibungen in ihrer gesamten Höhe zu Beginn und Ende des Geschäftsjahrs,
2. die im Laufe des Geschäftsjahrs vorgenommenen Abschreibungen und
3. Änderungen in den Abschreibungen in ihrer gesamten Höhe im Zusammenhang mit Zu- und Abgängen sowie Umbuchungen im Laufe des Geschäftsjahrs.

Sind in die Herstellungskosten Zinsen für Fremdkapital einbezogen worden, ist für jeden Posten des Anlagevermögens anzugeben, welcher Betrag an Zinsen im Geschäftsjahr aktiviert worden ist (§ 34 Abs. 3 Satz 1 RechKredV iVm. § 284 Abs. 3 HGB).
Die in § 284 Abs. 3 HGB verlangten Angaben sind für Vermögensgegenstände iSd. § 340e Abs. 1 HGB zu machen (§ 34 Abs. 3 Satz 1 RechKredV).
Die Zuschreibungen, Abschreibungen und Wertberichtigungen auf Beteiligungen, Anteile an verbundenen Unternehmen sowie auf andere Wertpapiere, die wie Anlagevermögen behandelt werden, können mit anderen Posten zusammengefasst werden (§ 34 Abs. 3 Satz 2 RechKredV).
Zu den Änderungen aufgrund des BilRUG (§ 284 Abs. 3 HGB) vgl. Kapitel 7.3.4.

[3740] Vgl. Rimmelspacher/Meyer, DB 2015, Beilage 05 zu Heft 36, S. 23 f.

§ 285 Nr. 13 HGB – Planmäßige Abschreibung des Geschäfts- oder Firmenwerts (Anhang)

Im Anhang sind nach einer Änderung aufgrund des BilRUG anzugeben: eine Erläuterung des Zeitraums, über den ein entgeltlich erworbener Geschäfts oder Firmenwert abgeschrieben wird.[3741]

§ 35 Abs. 2 RechKredV bzw. 29 Abs. 2 RechZahlV – Sachanlagen (Anhang)

Zu den Posten „12. Sachanlagen" (RechKredV) bzw. „10. Sachanlagen" (RechZahlV) sind im Anhang mit ihrem Gesamtbetrag anzugeben:
1. die vom Institut bzw. Zahlungsinstitut/E-Geld-Institut im Rahmen seiner eigenen Tätigkeit genutzten Grundstücke und Bauten,
2. die Betriebs- und Geschäftsausstattung.

§ 268 Abs. 4 Satz 2 HGB – Aktive antizipative Abgrenzungsposten (Anhang)

Werden unter dem Posten „Sonstige Vermögensgegenstände" Beträge für Vermögensgegenstände ausgewiesen, die erst nach dem Abschlussstichtag rechtlich entstehen, so müssen Beträge, die einen größeren Umfang haben, im Anhang erläutert werden.
(Beachte § 11 RechKredV bzw. § 8 RechZahlV).

§ 35 Abs. 1 Nr. 4 RechKredV bzw. § 29 Abs. 1 Nr. 3a RechZahlV – Sonstige Vermögensgegenstände (Anhang)

Im Anhang sind die wichtigsten Einzelbeträge anzugeben, sofern sie für die Beurteilung des Jahresabschlusses nicht unwesentlich sind. Die Beträge und ihre Art sind zu erläutern.

§ 268 Abs. 6 HGB – Aktive Rechnungsabgrenzung (Bilanz/Anhang)

Ein nach § 250 Abs. 3 HGB in den Rechnungsabgrenzungsposten auf der Aktivseite aufgenommener Unterschiedsbetrag ist in der Bilanz gesondert auszuweisen oder im Anhang anzugeben.
(Hinweis auf Kapitel. 4.9.1.)

[3741] Die Nr. 13 von § 285 HGB wurde mit dem BilRUG geändert. Dies dient der Umsetzung von Art. 12 Abs. 11 Unterabsatz 2 Satz 3 EU-Bilanzrichtlinie. Damit wird künftig in allen Fällen eine Angabe über den Abschreibungszeitraum entgeltlich erworbener Geschäfts- oder Firmenwerte verlangt, dh. die Angabe ist unabhängig von der Nutzungsdauer erforderlich, mithin auch bei einer Nutzungsdauer von weniger als fünf Jahren. Die Erläuterungspflicht gilt auch für Alt-Geschäfts-/Firmenwerte. Vgl. Rimmelspacher/Meyer, DB 2015, Beilage 05 zu Heft 36, 31.

§ 340e Abs. 2 Satz 3 HGB – Aktiver Unterschiedsbetrag bei Nominal-wertbilanzierung (Bilanz/Anhang)
Ein nach § 340e Abs. 2 HGB in den Rechnungsabgrenzungsposten auf der Aktivseite (wahlweise) aufgenommener Unterschiedsbetrag ist plan-mäßig aufzulösen und in seiner jeweiligen Höhe in der Bilanz oder im Anhang gesondert anzugeben.

§ 340b Abs. 4 Satz 4 HGB – Echte Pensionsgeschäfte (Anhang)
Der Pensionsgeber hat den Buchwert der in Pension gegebenen Vermö-gensgegenstände im Anhang anzugeben.

§ 4 Abs. 2 RechKredV bzw. § 4 Abs. 2 RechZahlV – Nachrangige Vermögensgegenstände (Bilanz/Anhang)
Nachrangige Vermögensgegenstände sind auf der Aktivseite bei dem je-weiligen Posten oder Unterposten gesondert auszuweisen. Die Angaben können statt in der Bilanz im Anhang in der Reihenfolge der betroffenen Posten gemacht werden.

§ 35 Abs. 1 Nr. 6 RechKredV bzw. § 29 Abs. 1 Nr. 5 RechZahlV – Fremdwährungsaktiva (Anhang)
Im Anhang ist der Gesamtbetrag der Vermögensgegenstände, die auf Fremdwährung lauten, in Euro anzugeben.

§ 285 Nr. 29 HGB – Aktive latente Steuern (Anhang)
Im Anhang ist anzugeben, auf welchen Differenzen oder steuerlichen Ver-lustvorträgen die latenten Steuern beruhen und mit welchen Steuersätzen die Bewertung erfolgt ist.

§ 284 Abs. 2 Nr. 4 HGB – Fremdkapitalzinsen in Herstellungskosten (An-hang)
Im Anhang sind Angaben über die Einbeziehung von Zinsen für Fremd-kapital in die Herstellungskosten zu machen.

§ 285 Nr. 25 HGB – Verrechnung von Vermögensgegenständen und Schulden (Anhang)
Im Fall der Verrechnung von Vermögensgegenständen und Schulden nach § 246 Abs. 2 Satz 2 HGB sind im Anhang anzugeben die Anschaffungs-kosten und der beizulegenden Zeitwert der verrechneten Vermögens-gegenstände, der Erfüllungsbetrag der verrechneten Schulden sowie die verrechneten Aufwendungen und Erträge; § 285 Nr. 20 Buchstabe a) HGB ist entsprechend anzuwenden.

§ 285 Nr. 15a HGB – Emittierte Genussscheine, Wandelschuld-verschreibungen, Optionsscheine, Optionen usw. (Anhang)

Mit dem BilRUG wurde folgende Anhangangabe eingeführt: Im Anhang sind das Bestehen von Genussscheinen, Genussrechten, Wandelschuld-verschreibungen, Optionsscheinen, Optionen, Besserungsscheinen oder vergleichbaren Wertpapieren oder Rechten, unter Angabe der Anzahl und der Rechte, die sie verbriefen, anzugeben.[3742]

(Beachte: Die Angabe ist rechtsformunabhängig zu machen. Eine inhalt-liche Änderung ggü. § 160 Abs. 1 Nr. 5 und 6 AktG aF war vom Gesetzge-ber nicht beabsichtigt. Mithin ist nur über solche Wertpapiere oder Rechte zu berichten, die das bilanzierende Institut ausgegeben oder gewährt hat und die auf Eigenkapitalinstrumente des Instituts oder auf Zahlungen aus dem Gewinn oder dem Liquidationserlös des bilanzierenden Instituts ge-richtet sind.)[3743]

§ 3 Satz 1 Nr. 3 RechKredV bzw. § 3 Abs. 2 Satz 1 Nr. 3 RechZahlV – Verbindlichkeiten gegenüber verbundenen Unternehmen (Bilanz/Anhang)

Institut:

Die verbrieften und unverbrieften Verbindlichkeiten gegenüber verbunde-nen Unternehmen zu den Posten

1. Verbindlichkeiten gegenüber Kreditinstituten,
2. Verbindlichkeiten gegenüber Kunden,
3. Verbriefte Verbindlichkeiten und
9. Nachrangige Verbindlichkeiten

sind jeweils als Unterposten gesondert auszuweisen oder im Anhang in der Reihenfolge der betroffenen Posten anzugeben.

Zahlungsinstitut/E-Geld-Institut:

Die verbrieften und unverbrieften Verbindlichkeiten gegenüber verbunde-nen Unternehmen zu den Posten

1. Verbindlichkeiten gegenüber Kreditinstituten,
2. Verbindlichkeiten gegenüber Kunden,
3. Verbindlichkeiten gegenüber Instituten im Sinne des § 1 Abs. 3 des Zahlungsdiensteaufsichtsgesetzes und
8. Nachrangige Verbindlichkeiten

[3742] Die neu eingefügte Nr. 15a des § 285 HGB geht auf Art. 17 Abs. 1 Buchstaben i) und j) EU-Bilanzrichtlinie zurück. AG und KGaA hatten vor Inkrafttreten des BilRUG nach § 160 AktG ähnliche Angaben zu machen. Auf GmbH und Personenhandelsgesellschaf-ten war § 160 AktG nicht anwendbar.

[3743] Vgl. Begründung zum RegE des BilRUG, BR-Drucks. 23/15, 80; ebenso Rimmels-pacher/Meyer, DB 2015, Beilage 05 zu Heft 36, 26.; vgl. Russ/Janßen/Götze (Hrsg.), Abschn. H Rn. 43.

sind jeweils als Unterposten gesondert auszuweisen oder im Anhang in der Reihenfolge der betroffenen Posten anzugeben.

§ 3 Satz 1 Nr. 4 RechKredV bzw. § 3 Abs. 2 Satz 1 Nr. 4 RechZahlV – Verbindlichkeiten gegenüber Beteiligungsunternehmen (Bilanz/ Anhang)
Institut:
Die verbrieften und unverbrieften Verbindlichkeiten gegenüber Unternehmen, mit denen ein Beteiligungsverhältnis besteht, zu den Posten
1. Verbindlichkeiten gegenüber Kreditinstituten,
2. Verbindlichkeiten gegenüber Kunden,
3. Verbriefte Verbindlichkeiten und
9. Nachrangige Verbindlichkeiten
sind jeweils als Unterposten gesondert auszuweisen oder im Anhang in der Reihenfolge der betroffenen Posten anzugeben.
Zahlungsinstitut/E-Geld-Institut:
Die verbrieften und unverbrieften Verbindlichkeiten gegenüber Unternehmen, mit denen ein Beteiligungsverhältnis besteht zu den Posten
1. Verbindlichkeiten gegenüber Kreditinstituten,
2. Verbindlichkeiten gegenüber Kunden,
3. Verbindlichkeiten gegenüber Instituten im Sinne des § 1 Abs. 3 des Zahlungsdiensteaufsichtsgesetzes und
8. Nachrangige Verbindlichkeiten
sind jeweils als Unterposten gesondert auszuweisen oder im Anhang in der Reihenfolge der betroffenen Posten anzugeben.

§ 268 Abs. 5 Satz 3 HGB – Passive antizipative Abgrenzungsposten (Anhang)
Sind unter „Verbindlichkeiten" Beträge für Verbindlichkeiten ausgewiesen, die erst nach dem Abschlussstichtag rechtlich entstehen, so müssen Beträge, die einen größeren Umfang haben, im Anhang erläutert werden. *(Beachte § 11 RechKredV).*

§ 35 Abs. 5 RechKredV – Übertragene Sicherheiten (Anhang)
Zu jedem Posten der in der Bilanz ausgewiesenen Verbindlichkeiten und der unter dem Strich vermerkten Eventualverbindlichkeiten ist im Anhang jeweils der Gesamtbetrag der als Sicherheit übertragenen Vermögensgegenstände anzugeben.

§ 42 Abs. 3 GmbHG, § 264c Abs. 1 HGB – Verbindlichkeiten gegenüber Gesellschaftern (Bilanz/Anhang)
Verbindlichkeiten gegenüber Gesellschaftern sind in der Regel als solche jeweils gesondert auszuweisen oder im Anhang anzugeben; werden sie

unter anderen Posten ausgewiesen, so muss diese Eigenschaft vermerkt werden.
(Nur bei GmbH und bestimmte OHG und KG).

§ 6 Abs. 1 RechKredV – Treuhandverbindlichkeiten (Anhang)

Schulden, die ein Institut im eigenen Namen, aber für fremde Rechnung hält, sind in seine Bilanz aufzunehmen und unter dem Posten „4. Treuhandverbindlichkeiten" auszuweisen und im Anhang nach den Passivposten des Formblatts aufzugliedern.

§ 35 Abs. 1 Nr. 4 RechKredV bzw. § 29 Abs. 1 Nr. 3b RechZahlV – Sonstige Verbindlichkeiten (Anhang)

Im Anhang sind anzugeben: Die wichtigsten Einzelbeträge, sofern sie für die Beurteilung des Jahresabschlusses nicht unwesentlich sind. Die Beträge und ihre Art sind zu erläutern.

§ 340e Abs. 2 Satz 2 HGB – Passiver Unterschiedsbetrag (Bilanz/Anhang)

Ein nach § 340e Abs. 2 HGB in den Rechnungsabgrenzungsposten auf der Passivseite aufgenommener Unterschiedsbetrag ist in der Bilanz oder im Anhang gesondert anzugeben.

§ 285 Nr. 29 HGB – Passive latente Steuern (Anhang)

Im Anhang ist anzugeben, auf welchen Differenzen oder steuerlichen Verlustvorträgen die latenten Steuern beruhen und mit welchen Steuersätzen die Bewertung erfolgt ist.[3744]

§ 285 Nr. 30 HGB Passive latente Steuersalden und deren Änderungen (Anhang)

Mit dem BilRUG ist folgende Angaben eingeführt worden: wenn latente Steuerschulden in der Bilanz angesetzt werden, die latenten Steuersalden am Ende des Geschäftsjahres und die im Laufe des Geschäftsjahres erfolgten Änderungen dieser Salden.[3745]
(Die Angabe ist auf passivierte latente Steuerschulden begrenzt).

[3744] Wegen der Angaben die Vorsorgereserven nach § 340f und den Sonderposten nach § 340g HGB betreffend vgl. Kapitel 4.6.10.

[3745] Die Erweiterung von § 285 Nr. 29 HGB durch eine Nr. 30 zu latenten Steuern wurde aufgrund von Art. 17 Abs. 1 Buchstabe f) EU-Bilanzrichtlinie erforderlich. Damit sind quantitative Angaben zu den passivierten latenten Steuersalden und ihren Bewegungen im Geschäftsjahr anzugeben. Für aktive latente Steuern sind diese Erläuterungen mithin nicht erforderlich. Vgl. Rimmelspacher/Meyer, DB 2015, Beilage 05 zu Heft 36, 27.

§ 285 Nr. 24 HGB – Rückstellungen für Pensionen (Anhang)
Im Anhang sind anzugeben: Zu den Rückstellungen für Pensionen und ähnliche Verpflichtungen das angewandte versicherungsmathematische Berechnungsverfahren sowie die grundlegenden Annahmen der Berechnung, wie Zinssatz, erwartete Lohn- und Gehaltssteigerungen und die zugrunde gelegten Sterbetafeln.
(Beachte Artikel 67 Abs. 1 Satz 2, 4 EGHGB und IDW RS HFA 30 n.F.).

§ 253 Abs. 6 Satz 3 HGB – Ausschüttungsgesperrter Unterschiedsbetrag bei Pensionsrückstellungen (Anhang oder unter der Bilanz)
Der sich aus der unterschiedlichen Bewertung der Altersversorgungsverpflichtungen auf Basis eines Sieben-Jahres- bzw. Zehn-Jahres-Durchschnittszinssatzes ergebende Unterschiedsbetrag ist im Anhang oder unter der Bilanz darzustellen.

Artikel 67 Abs. 2 EGHGB – Rückstellungen für laufende Pensionen, Anwartschaften auf Pensionen und ähnliche Verpflichtungen (Anhang)
Bei Anwendung des Artikels 67 Abs. 1 EGHGB müssen Kreditinstitute und Finanzdienstleistungsinstitute im Sinn des § 340 HGB die in der Bilanz nicht ausgewiesenen Rückstellungen für laufende Pensionen, Anwartschaften auf Pensionen und ähnliche Verpflichtungen jeweils im Anhang angeben.

Artikel 28 Abs. 2 EGHGB – Pensionsrückstellungen (Anhang)
Bei Anwendung des Artikels 28 Abs. 1 EGHGB müssen Institute die in der Bilanz nicht ausgewiesenen Rückstellungen für laufende Pensionen, Anwartschaften auf Pensionen und ähnliche Verpflichtungen jeweils im Anhang und im Konzernanhang in einem Betrag angeben.
(Gilt für alle Institute gem. § 340a Abs. 1 HGB iVm. Artikel 28 Abs. 2 EGHGB).

§ 35 Abs. 3 RechKredV bzw. § 29 Abs. 3 RechZahlV – Nachrangige Verbindlichkeiten (Anhang)
Zu den nachrangigen Verbindlichkeiten sind im Anhang anzugeben:
1. der Betrag der für nachrangige Verbindlichkeiten angefallenen Aufwendungen,
2. zu jeder 10 % des Gesamtbetrags der nachrangigen Verbindlichkeiten übersteigenden Mittelaufnahme:
   a) der Betrag, die Währung, auf die sie lautet, ihr Zinssatz und ihre Fälligkeit sowie, ob eine vorzeitige Rückzahlungsverpflichtung entstehen kann,
   b) die Bedingungen ihrer Nachrangigkeit und ihrer etwaigen Umwandlung in Kapital oder in eine andere Schuldform,
3. zu anderen Mittelaufnahmen die wesentlichen Bedingungen.

§ 340e Abs. 4 Satz 3 HGB – Fonds für allgemeine Bankrisiken (Anhang)
Die Buchung der Auflösungsbeträge zum Ausgleich von Nettoaufwendungen des Handelsbestands kann nur im Handelsergebnis erfolgen, wobei dieser Betrag im Anhang gesondert anzugeben ist.
Sämtliche **Auflösungen** des Sonderpostens iSd. § 340e Abs. 4 Satz 1 HGB, die nach § 340e Abs. 4 Satz 2 Nr. 1 bis Nr. 4 HGB erfolgt sind, sind gemäß § 340e Abs. 4 Satz 3 HGB im Anhang anzugeben und zu erläutern.[3746]
(Beachte IDW RS BFA 2 Tz. 64 sowie Kapitel 4.4.2.5.3.).

§ 152 Abs. 2 AktG – Kapitalrücklage (Bilanz/Anhang)
Zu dem Posten Kapitalrücklage sind in der Bilanz oder im Anhang gesondert anzugeben:
1. der Betrag, der während des Geschäftsjahres eingestellt wurde;
2. der Betrag, der für das Geschäftsjahr entnommen wird.
(Nur bei AG, KGaA; aber Empfehlung auch für GmbH).

§ 152 Abs. 3 AktG – Gewinnrücklage (Bilanz/Anhang)
Zu den einzelnen Posten der Gewinnrücklagen sind in der Bilanz oder im Anhang jeweils gesondert anzugeben:
1. die Beträge, die die Hauptversammlung aus dem Bilanzgewinn des Vorjahres eingestellt hat;
2. die Beträge, die aus dem Jahresüberschuss des Geschäftsjahres eingestellt werden;
3. die Beträge, die für das Geschäftsjahr entnommen werden.
(Nur bei AG, KGaA; aber Empfehlung auch für GmbH).

§ 58 Abs. 2a AktG, § 29 Abs. 4 GmbHG – Eigenkapitalanteil von Wertaufholungen (Bilanz/Anhang)
Vorstand und Aufsichtsrat (bei AG, KGaA) bzw. Geschäftsführer mit Zustimmung des Aufsichtsrats oder der Gesellschafter (bei GmbH) können den Eigenkapitalanteil von Wertaufholungen bei Vermögensgegenständen des Anlage- und Umlaufvermögens in andere Gewinnrücklagen ein-

---

[3746] Vgl. Artikel 13 des *„Gesetzes zur Anpassung von Gesetzen auf dem Gebiet des Finanzmarktes"* vom 15.7.2014, BGBl. I 2014, 934 ff., hier 950. Mit dem Finanzmarktanpassungsgesetz, das am 19. 7. 2014 in Kraft trat, wurde § 340e Abs. 4 Satz 2 HGB geändert. Die darin bislang normierte Nutzungsmöglichkeit (Auflösung) für den Ausgleich von Nettoaufwendungen des Handelsbestands wurde erweitert, so dass auch dieser Teil des Sonderpostens nach § 340g HGB zur Deckung jeder Art von Verlusten und Risiken verwendet werden darf und somit als regulatorisches hartes Kernkapital anerkannt werden kann. Auflösungen nach § 340e Abs. 4 Satz 2 HGB sind im Anhang anzugeben und zu erläutern.

stellen. Der Betrag dieser Rücklagen ist in der Bilanz gesondert auszuweisen; er kann auch im Anhang angegeben werden.[3747]
(Nur bei AG, KGaA, GmbH).

§ 268 Abs. 1 Satz 2 HGB – Angabe Gewinn- und Verlustvortrag
(Bilanz/Anhang)

Wird die Bilanz unter Berücksichtigung der teilweisen Verwendung des Jahresergebnisses aufgestellt, so tritt an die Stelle der Posten „Jahresüberschuss/Jahresfehlbetrag" und „Gewinnvortrag/Verlustvortrag" der Posten „Bilanzgewinn/Bilanzverlust"; ein vorhandener Gewinn- oder Verlustvortrag ist in den Posten „Bilanzgewinn/Bilanzverlust" einzubeziehen und **in der Bilanz gesondert** anzugeben (§ 268 Abs. 1 Satz 2 HGB). Die Angabe kann auch im Anhang gemacht werden (§ 268 Abs. 1 Satz 3 HGB.[3748]

§ 35 Abs. 1 Nr. 6 RechKredV bzw. § 29 Abs. 1 Nr. 5 RechZahlV – Fremdwährungsschulden (Anhang)

Im Anhang ist der Gesamtbetrag der Schulden, die auf Fremdwährung lauten, in Euro anzugeben.

§ 285 Nr. 3 HGB – Nicht in der Bilanz enthaltene Geschäfte (Anhang)

Im Anhang sind anzugeben die Art und der Zweck sowie die Risiken und Vorteile und finanzielle Auswirkungen von nicht in der Bilanz enthaltenen Geschäften, soweit die Risiken und Vorteile wesentlich sind und die Offenlegung für die Beurteilung der Finanzlage des Unternehmens erforderlich ist.[3749]
(Beachte IDW RS HFA 32).

§ 285 Nr. 3a HGB – Sonstige finanzielle Verpflichtungen (Anhang)

Im Anhang sind nach einer Änderung durch das BilRUG anzugeben der Gesamtbetrag der sonstigen finanziellen Verpflichtungen, die nicht in der Bilanz enthalten sind und die nicht nach § 268 Abs. 7 HGB oder § 285 Nr. 3 HGB anzugeben sind, sofern diese Angabe für die Beurteilung der Finanzlage von Bedeutung ist;

[3747] Die mit dem BilRUG geänderte Formulierung sieht im Regelfall eine Pflicht zum Ausweis in der Bilanz vor. Institute haben aber weiterhin ein Wahlrecht, die Angaben stattdessen im Anhang zu machen.

[3748] Die mit dem BilRUG geänderte Formulierung sieht im Regelfall eine Pflicht zum Ausweis in der Bilanz vor. Institute haben aber weiterhin ein Wahlrecht, die Angaben stattdessen im Anhang zu machen.

[3749] Die Neufassung beruht auf Art. 17 Abs. 1 Buchstabe p) EU-Bilanzrichtlinie. Vgl. Rimmelspacher/Meyer, DB 2015, Beilage 05 zu Heft 36, S. 25.

davon sind Verpflichtungen betreffend die Altersversorgung und Verpflichtungen gegenüber verbundenen oder assoziierten Unternehmen gesondert anzugeben.[3750]
(§ 285 Nr. 3a HGB braucht nicht angewendet zu werden, soweit diese Angaben in der Bilanz unter dem Strich gemacht werden (vgl. § 34 Abs. 1 Satz 2 RechKredV)).

§ 34 Abs. 2 Nr. 4 RechKredV – Eventualverbindlichkeiten und andere Verpflichtungen (Anhang)

Im Anhang sind anzugeben: Die Gründe der Einschätzung des Risikos der Inanspruchnahme für gemäß § 26 und § 27 RechKredV unter der Bilanz ausgewiesene Eventualverbindlichkeiten und andere Verpflichtungen.

§ 35 Abs. 4 RechKredV – Eventualverbindlichkeiten (Anhang)

Zu dem Posten „1. Eventualverbindlichkeiten" (Passivposten unter dem Strich) sind im Anhang Art und Betrag jeder Eventualverbindlichkeit anzugeben, die in Bezug auf die Gesamttätigkeit des Instituts von wesentlicher Bedeutung ist.

§ 35 Abs. 6 RechKredV – Andere Verpflichtungen (Anhang)

Zu dem Posten der Bilanz „2. Andere Verpflichtungen" (Passivposten unter dem Strich) sind im Anhang Art und Höhe jeder der in den Unterposten Buchstabe a bis c bezeichneten Verbindlichkeiten anzugeben, die in Bezug auf die Gesamttätigkeit des Instituts von wesentlicher Bedeutung sind.

§ 27 Abs. 1 Satz 4 RechKredV – Platzierungs- und Übernahmeverpflichtungen (Anhang)

Im Anhang ist über die Inanspruchnahme zu berichten.

§ 264c Abs. 2 Satz 9 HGB – Nicht geleistete eingetragene Einlagen (Anhang)

Im Anhang ist der Betrag der im Handelsregister gemäß § 172 Abs. 1 HGB eingetragenen Einlagen anzugeben, soweit diese nicht geleistet sind.
(Nur OHG und KG iSd. § 264a HGB).

[3750] Die Neufassung ist eine Folgeänderung zu § 268 Abs. 7 HGB. Zugleich wurden die in Art. 16 Abs. 1 Buchstabe d) EU-Bilanzrichtlinie geforderten neuen zusätzlichen Angaben zu Verpflichtungen betreffend die Altersversorgung und Angaben zu Verpflichtungen ggü. assoziierten Unternehmen für die nicht schon von § 268 Abs. 7 HGB erfassten Fälle in § 285 Nr. 3a HGB ergänzt. Vgl. Rimmelspacher/Meyer, DB 2015, Beilage 05 zu Heft 36, 25.

**§ 285 Nr. 21 HGB – Geschäfte mit nahestehenden Personen/
Unternehmen** (Anhang)

Im Anhang sind anzugeben: Zumindest die nicht zu marktüblichen Bedingungen zustande gekommenen Geschäfte, soweit sie wesentlich sind, mit nahe stehenden Unternehmen und Personen, einschließlich Angaben zur Art der Beziehung, zum Wert der Geschäfte sowie weiterer Angaben, die für die Beurteilung der Finanzlage notwendig sind; ausgenommen sind Geschäfte mit und zwischen mittel- oder unmittelbar in hundertprozentigem Anteilsbesitz stehenden in einen Konzernabschluss einbezogenen Unternehmen; Angaben über Geschäfte können nach Geschäftsarten zusammengefasst werden, sofern die getrennte Angabe für die Beurteilung der Auswirkungen auf die Finanzlage nicht notwendig ist.
(Beachte IDW RS HFA 33).

C. Erläuterungen zur Gewinn- und Verlustrechnung[3751]

§ 2 Abs. 2 RechKredV – Aufgliederung zusammengefasster Posten
(Anhang)

Die mit kleinen Buchstaben versehenen Posten der Gewinn- und Verlustrechnung können zusammengefasst werden, wenn

1. sie einen Betrag enthalten, der für die Vermittlung eines den tatsächlichen Verhältnissen entsprechenden Bildes iSd. § 264 Abs. 2 HGB nicht erheblich ist, oder
2. dadurch die Klarheit der Darstellung vergrößert wird; in diesem Falle müssen die zusammengefassten Posten im Anhang gesondert ausgewiesen werden.

(Dies gilt nicht für die der Deutschen Bundesbank und der BaFin einzureichenden Gewinn- und Verlustrechnungen (§ 2 Abs. 2 Satz 2 RechKredV)).

§ 34 Abs. 2 Nr. 1 RechKredV bzw. § 28 Abs. 2 Nr. 1 RechZahlV – Aufgliederung bestimmter Posten nach geografischen Märkten (Anhang)

Der Gesamtbetrag der folgenden Posten der Gewinn- und Verlustrechnung ist nach geografischen Märkten aufzugliedern, soweit diese Märkte sich vom Standpunkt der Organisation des Instituts bzw. Zahlungsinstituts/E-Geld-Instituts wesentlich unterscheiden:

[3751] Wenn nichts anderes vermerkt ist, bezieht sich die Angabe der Posten-Nr. auf das Formblatt 2 (Kontoform).

Institute (RechKredV):
1. Zinserträge;
2. Laufende Erträge aus
   a) Aktien und anderen nicht festverzinslichen Wertpapieren,
   b) Beteiligungen,
   c) Anteilen an verbundenen Unternehmen;
4. Provisionserträge;
5. Nettoertrag des Handelsbestands;
8. Sonstige betriebliche Erträge.

Zahlungsinstitut und E-Geld-Institut (RechZahlV):
1. Zinserträge;
3. Laufende Erträge aus
   aa) Aktien und anderen nicht festverzinslichen Wertpapieren,
   bb) Beteiligungen,
   cc) Anteilen an verbundenen Unternehmen;
5. Provisionserträge;
7. Sonstige betriebliche Erträge.

(Die Aufgliederung kann unter bestimmten Voraussetzungen unterbleiben (§ 34 Abs. 2 Nr. 1 Satz 2 RechKredV bzw. § 28 Abs. 2 Satz 3 RechZahlV); zur Aufgliederung des Handelsergebnisses vgl. IDW RS BFA 2 Tz. 88).

§ 340c Abs. 1 HGB – Ausweis der Zinsen aus Handelsbeständen (Anhang)

Nach IDW RS BFA 2 Tz. 75 dürfen Zinserträge und Zinsaufwendungen aus Handelsbeständen auch im Zinsergebnis ausgewiesen werden. Hierüber ist im Anhang zu berichten.

Soweit Zinsaufwendungen mittels nachvollziehbarer Schlüsselung als Refinanzierungsaufwendungen der Handelsabteilung lediglich betriebswirtschaftlich aus Gründen der internen Steuerung zugewiesen werden, kann dies für den Ausweis in der GuV beibehalten werden (vgl. IDW RS BFA 2 Tz. 74); dies ist im Anhang anzugeben.

§ 285 Nr. 28 HGB – Aufgliederung der Beträge iSd. § 268 Abs. 8 HGB (Anhang)

Im Anhang sind anzugeben: Der Gesamtbetrag der Beträge im Sinne des § 268 Abs. 8 HGB, aufgegliedert in Beträge aus der Aktivierung selbst geschaffener immaterieller Vermögensgegenstände des Anlagevermögens, Beträge aus der Aktivierung latenter Steuern und aus der Aktivierung von Vermögensgegenständen zum beizulegenden Zeitwert.

§ 35 Abs. 1 Nr. 4 RechKredV bzw. § 29 Abs. 1 Nr. 3 RechZahlV- Angabe der wichtigsten Einzelbeträge (Anhang)

Im Anhang sind die wichtigsten Einzelbeträge der nachfolgenden Posten anzugeben, sofern sie für die Beurteilung des Jahresabschlusses nicht unwesentlich sind:

Institut:

Aufwandsposten

6. Sonstige betriebliche Aufwendungen,
11. Außerordentliche Aufwendungen;

Ertragsposten

8. Sonstige betriebliche Erträge,
10. Außerordentliche Erträge.

Die Beträge und ihre Art sind zu erläutern.

Zahlungsinstitut und E-Geld-Institut:

Aufwandsposten

10. Sonstige betriebliche Aufwendungen,
18. Außerordentliche Aufwendungen;

Ertragsposten

7. Sonstige betriebliche Erträge,
17. Außerordentliche Erträge.

Die Beträge und ihre Art sind zu erläutern.

§ 35 Abs. 1 Nr. 3 RechKredV – Leasinggeschäft (Anhang)

Im Anhang sind die im Posten „Abschreibungen und Wertberichtigungen auf immaterielle Anlagewerte und Sachanlagen" enthaltenen Abschreibungen und Wertberichtigungen auf Leasinggegenstände sowie die im Posten „Sonstige betriebliche Erträge" enthaltenen Erträge aus Leasinggeschäften anzugeben.

§ 340a Abs. 2 Sätze 5 und 6 HGB – Außerordentliche Aufwendungen/ Erträge (Anhang)

Unter den Posten „Außerordentliche Aufwendungen" und „Außerordentliche Erträge" sind Aufwendungen und Erträge auszuweisen, die außerhalb der gewöhnlichen Geschäftstätigkeit des Instituts anfielen. Die Posten sind hinsichtlich ihres Betrags und ihrer Art im Anhang zu erläutern, soweit die ausgewiesenen Beträge für die Beurteilung der Ertragslage nicht von untergeordneter Bedeutung sind.[3752]

[3752] Mit dem BilRUG wurde § 277 Abs. 4 HGB aufgehoben. Inhaltlich wurde die Norm in § 340a Abs. 2 Sätze 4 und 5 HGB übernommen. § 285 Nr. 31 HGB ist von Instituten nicht anzuwenden.

§ 285 Nr. 32 HGB – Periodenfremde Aufwendungen/Erträge
(Anhang)

Erläuterung der einzelnen Aufwands- und Ertragsposten hinsichtlich ihres Betrags und ihrer Art, die einem anderen Geschäftsjahr zuzurechnen sind, soweit die Beträge nicht von untergeordneter Bedeutung sind.[3753]

§ 240 Satz 3 AktG – Kapitalherabsetzung (Anhang)

Im Anhang ist zu erläutern, ob und in welcher Höhe die aus der Kapitalherabsetzung und aus der Auflösung von Gewinnrücklagen gewonnenen Beträge

1. zum Ausgleich von Wertminderungen,
2. zur Deckung von sonstigen Verlusten oder
3. zur Einstellung in die Kapitalrücklage

verwandt werden.

(Nur bei AG und KGaA).

§ 158 Abs. 1 AktG – Überleitung zum Bilanzergebnis (GuV/Anhang)

Die Gewinn- und Verlustrechnung ist nach dem Jahresüberschuss/Jahresfehlbetrag um den Gewinn- bzw. Verlustvortrag und die Entnahmen aus und Einstellungen in Rücklagen sowie den Bilanzgewinn/Bilanzverlust zu ergänzen.

(Ist in den Formblättern 2 und 3 bereits vorgesehen).

§ 285 Nr. 34 HGB – Vorschlag bzw. Beschluss über die Ergebnisverwendung (Anhang)

Mit dem BilRUG wurde folgende Anhangangabe eingeführt: der Vorschlag für die Verwendung des Ergebnisses oder der Beschluss über seine Verwendung ist im Anhang anzugeben.[3754]

[3753] § 277 Abs. 4 Satz 3 HGB wurde mit dem BilRUG gestrichen und inhaltsgleich in die Nr. 32 des § 285 HGB verschoben.

[3754] Die neu aufgenommene Nr. 34 setzt Art. 17 Abs. 1 Buchstabe o) der EU-Bilanzrichtlinie um. Vor Inkrafttreten des BilRUG waren der Vorschlag für die Ergebnisverwendung oder der entsprechende Beschluss nicht Bestandteil des Jahresabschlusses. Sie waren aber nach § 325 Abs. 1 HGB offenzulegen. Die Vorgabe des § 285 Nr. 34 HGB beschränkt sich inhaltlich auf die Ergebnisverwendung. Darzustellen ist, wie das gesamte Ergebnis verwendet werden soll (Vorschlag für die Verwendung des Ergebnisses). Wenn eine Gewinnausschüttung vorgeschlagen wird, genügt die Angabe, welcher Teil des Gewinns ausgeschüttet werden soll. Angaben zu den Bezugsberechtigten können unterbleiben. Zu weiteren Einzelheiten vgl. Rimmelspacher/Meyer, DB 2015, Beilage 05 zu Heft 36, 29 f.; Russ/Janßen/Götze (Hrsg.), Abschn. H Rn. 74 ff. Ein später gefasster Beschluss über die Ergebnisverwendung ist nach § 325 Abs. 1b HGB offenzulegen.

§ 292 Abs. 2 Satz 1 iVm. § 291 Abs. 2 Satz 1 Nr. 4 HGB – Angaben zum befreienden Konzernabschluss (Anhang)
Die befreiende Wirkung tritt nur ein, wenn im Anhang des Jahresabschlusses des zu befreienden Unternehmens die in § 291 Abs. 2 Satz 1 Nr. 4 HGB genannten Angaben gemacht werden und zusätzlich angegeben wird, nach welchen der in § 292 Abs. 1 Nr. 1 HGB genannten Vorgaben sowie ggf. nach dem Recht welchen Staates der befreiende Konzernabschluss und der befreiende Konzernlagebericht aufgestellt worden sind.

D. Sonstige Angaben (rechtsform- und institutsunabhängig; vgl. E.)

§ 285 Nr. 11 und § 340a Abs. 4 Nr. 2 HGB – Anteilsbesitz (Anhang)
Im Anhang sind anzugeben: Name und Sitz anderer Unternehmen, die Höhe des Anteils am Kapital, das Eigenkapital und das Ergebnis des letzten Geschäftsjahrs dieser Unternehmen, für das ein Jahresabschluss vorliegt, soweit es sich um Beteiligungen im Sinne des § 271 Abs. 1 HGB handelt oder ein solcher Anteil von einer Person für Rechnung der Kapitalgesellschaft gehalten wird (§ 285 Nr. 11 HGB);[3755]
ferner sind von Instituten zusätzlich alle Beteiligungen an großen Kapitalgesellschaften anzugeben, die fünf vom Hundert der Stimmrechte überschreiten (§ 340a Abs. 4 Nr. 2 HGB).
(Angaben nach § 285 Nr. 11 HGB können gem. § 286 Abs. 3 HGB unterlassen werden).

§ 285 Nr. 11b und § 340a Abs. 4 Nr. 2 HGB – Beteiligungen an großen Kapitalgesellschaften (Anhang)
Von börsennotierten Kapitalgesellschaften sind im Anhang alle Beteiligungen an großen Kapitalgesellschaften, die fünf Prozent der Stimmrechte überschreiten, anzugeben.[3756]

[3755] Die Neufassung von § 285 Nr. 11 HGB beruht auf Art. 17 Abs. 1 Buchstabe g) erster Unterabsatz der EU-Bilanzrichtlinie. Die EU-Bilanzrichtlinie sieht vor, dass Name und Sitz aller Unternehmen anzugeben sind, an denen das berichtende Unternehmen eine Beteiligung hält, wobei die bisherige Begrenzung auf Beteiligungen ab einem vom Mitgliedstaat festzulegenden, maximal 20 % betragenden Prozentsatz weggefallen ist. Aus Art. 2 Nr. 2 der EU-Bilanzrichtlinie ergibt sich nur noch eine Vermutung für die Annahme einer Beteiligung, wenn das berichtende Unternehmen mit einem Mindestprozentsatz beteiligt ist. Möglich ist aber auch, dass eine Beteiligung schon unterhalb dieser Schwelle anzunehmen ist, wenn weitere Umstände hinzutreten. Vgl. Rimmelspacher/Meyer, DB 2015, Beilage 05 zu Heft 36, 25 f.; Russ/Janßen/Götze (Hrsg.), Abschn. H Rn. 31.
[3756] Um die Lesbarkeit des § 285 Nr. 11 HGB zu verbessern ist mit dem BilRUG die frühere Angabepflicht börsennotierter Kapitalgesellschaften aus der Nr. 11 ausgegliedert und in eine neue Nr. 11b überführt. Vgl. Russ/Janßen/Götze (Hrsg.), Abschn. H Rn. 31.

(Ausweislich des Wortlauts von § 340a Abs. 4 Nr. 2 HGB betrifft diese Angabepflicht alle Institute und nicht nur börsennotierte Kapitalgesellschaften.)
(Angaben nach § 285 Nr. 11b HGB können gem. § 286 Abs. 3 HGB unterlassen werden).

§ 340a Abs. 4 Nr. 1 HGB – Mandate in Aufsichtsgremien (Anhang)

Institute haben im Anhang zum Jahresabschluss anzugeben: alle Mandate in gesetzlich zu bildenden Aufsichtsgremien von großen Kapitalgesellschaften (§ 267 Abs. 3 HGB), die von gesetzlichen Vertretern oder anderen Mitarbeitern wahrgenommen werden;

§ 285 Nr. 11a HGB – Unbeschränkt haftender Gesellschafter (Anhang)

Im Anhang sind anzugeben: Name, Sitz und Rechtsform der Unternehmen, deren unbeschränkt haftender Gesellschafter die Kapitalgesellschaft ist.
*(Angaben können **nicht** gem. § 286 Abs. 3 HGB unterlassen werden).*

§ 291 Abs. 2 Nr. 4 HGB – Befreiender Konzernabschluss und Konzernlagebericht (Anhang)

Im Anhang des Jahresabschlusses des zu befreienden Unternehmens sind anzugeben:

a) Name und Sitz des Mutterunternehmens, das den befreienden Konzernabschluss und Konzernlagebericht aufstellt,

b) ein Hinweis auf die Befreiung von der Verpflichtung, einen Konzernabschluss und einen Konzernlagebericht aufzustellen, und

c) eine Erläuterung der im befreienden Konzernabschluss vom deutschen Recht abweichend angewandten Bilanzierungs-, Bewertungs- und Konsolidierungsmethoden.

§ 285 Nr. 17 HGB – Honorar für Abschlussprüfer (Anhang)

Im Anhang anzugeben sind: Das von dem Abschlussprüfer für das Geschäftsjahr berechnete Gesamthonorar, aufgeschlüsselt in das Honorar für

a) die Abschlussprüfungsleistungen,

b) andere Bestätigungsleistungen,

c) Steuerberatungsleistungen,

d) sonstige Leistungen,

soweit die Angaben nicht in einem das Unternehmen einbeziehenden Konzernabschluss enthalten sind.
(Beachte IDW RS HFA 36 n.F.).

§ 36 RechKredV bzw. § 30 RechZahlV – Termingeschäfte (Anhang)

In den Anhang ist eine Aufstellung über die Arten von am Bilanzstichtag noch nicht abgewickelten fremdwährungs-, zinsabhängigen und sonstigen Termingeschäften, die lediglich ein Erfüllungsrisiko sowie Währungs-, Zins- und/oder sonstige Marktpreisänderungsrisiken aus offenen und im Falle eines Adressenausfalls auch aus geschlossenen Positionen beinhalten, aufzunehmen.

Hierzu gehören Termingeschäfte in fremden Währungen, zinsbezogene Termingeschäfte sowie Termingeschäfte mit sonstigen Preisrisiken. Für jeden der drei Gliederungsposten der Termingeschäfte ist anzugeben, ob ein wesentlicher Teil davon zur Deckung von Zins-, Wechselkurs- oder Marktpreisschwankungen abgeschlossen wurde und ob ein wesentlicher Teil davon auf Handelsgeschäfte entfällt.[3757]

(Beachte die von den IDW RS BFA 1, 5 und 6 zu verschiedenen Derivaten geforderten Angaben).

§ 35 Abs. 1 Nr. 5 RechKredV bzw. § 29 Abs. 1 Nr. 4 RechZahlV – Dritten erbrachte Dienstleistungen (Anhang)

Im Anhang sind anzugeben: Die Dritten erbrachten Dienstleistungen für Verwaltung und Vermittlung, sofern ihr Umfang in Bezug auf die Gesamttätigkeit des Instituts bzw. Zahlungsinstituts/E-Geld-Instituts von wesentlicher Bedeutung ist.

§ 285 Nr. 10 HGB – Namen und ausgeübter Beruf der Geschäftsführer und Aufsichtsratsmitglieder (Anhang)

Im Anhang sind anzugeben: Alle Mitglieder des Geschäftsführungsorgans und eines Aufsichtsrats, auch wenn sie im Geschäftsjahr oder später ausgeschieden sind, mit dem Familiennamen und mindestens einem ausgeschriebenen Vornamen, einschließlich des ausgeübten Berufs und bei börsennotierten Gesellschaften auch der Mitgliedschaft in Aufsichtsräten und anderen Kontrollgremien iSd. § 125 Abs. 1 Satz 5 AktG.

Der Vorsitzende eines Aufsichtsrats, seine Stellvertreter und ein etwaiger Vorsitzender des Geschäftsführungsorgans sind als solche zu bezeichnen.

§ 285 Nr. 9 a) HGB – Bezüge aktiver Organmitglieder (Anhang)

Im Anhang sind anzugeben: für die Mitglieder des Geschäftsführungsorgans, eines Aufsichtsrats, eines Beirats oder einer ähnlichen Einrichtung jeweils für jede Personengruppe:

[3757] In der Praxis werden in der Anhangangabe nach § 36 RechKredV – obwohl dies § 36 RechKredV nicht ausdrücklich verlangt – die Nominalwerte der Derivate angegeben. Die Anhangangabe erfolgt brutto; vgl. Bär/Kalbow/Vesper, WPg 2014, 33.

Die für die Tätigkeit im Geschäftsjahr gewährten Gesamtbezüge (Gehälter, Gewinnbeteiligungen, Bezugsrechte und sonstige aktienbasierte Vergütungen, Aufwandsentschädigungen, Versicherungsentgelte, Provisionen und Nebenleistungen jeder Art).

In die Gesamtbezüge sind auch Bezüge einzurechnen, die nicht ausgezahlt, sondern in Ansprüche anderer Art umgewandelt oder zur Erhöhung anderer Ansprüche verwendet werden. Außer den Bezügen für das Geschäftsjahr sind die weiteren Bezüge anzugeben, die im Geschäftsjahr gewährt, bisher aber in keinem Jahresabschluss angegeben worden sind. Bezugsrechte und sonstige aktienbasierte Vergütungen sind mit ihrer Anzahl und dem beizulegenden Zeitwert zum Zeitpunkt ihrer Gewährung anzugeben; spätere Wertveränderungen, die auf einer Änderung der Ausübungsbedingungen beruhen, sind zu berücksichtigen.
(Beachte §§ 286 Abs. 4 HGB sowie § 162 AktG).

§ 285 Nr. 9 b) Satz 1 und 2 HGB – Bezüge früherer Organmitglieder (Anhang)

Im Anhang sind anzugeben: Für die früheren Mitglieder des Geschäftsführungsorgans, eines Aufsichtsrats, eines Beirats oder einer ähnlichen Einrichtung jeweils für jede Personengruppe:

Die Gesamtbezüge (Abfindungen, Ruhegehälter, Hinterbliebenenbezüge und Leistungen verwandter Art) der früheren Mitglieder der bezeichneten Organe und ihrer Hinterbliebenen. § 285 Nr. 9 a) Satz 2 und 3 HGB ist entsprechend anzuwenden.
(Beachte § 286 Abs. 4 HGB).

§ 285 Nr. 9 b) Satz 3 HGB – Pensionsrückstellungen bzw. Fehlbetrag für frühere Organmitglieder (Anhang)

Ferner ist der Betrag der für diese Personengruppe gebildeten Rückstellungen für laufende Pensionen und Anwartschaften auf Pensionen und der Betrag der für diese Verpflichtungen nicht gebildeten Rückstellungen anzugeben.
(Beachte § 286 Abs. 4 HGB und IDW RS HFA 30 n.F.).

§ 34 Abs. 2 Nr. 2 RechKredV bzw. § 28 Abs. 2 Nr. 2 RechZahlV – Vorschüsse und Kredite an Organmitglieder (Anhang)

Der Gesamtbetrag der den Mitgliedern des Geschäftsführungsorgans, eines Aufsichtsrats, eines Beirats oder einer ähnlichen Einrichtung gewährten Vorschüsse und Kredite sowie der zugunsten dieser Personen eingegangenen Haftungsverhältnisse ist jeweils für jede Personengruppe anzugeben.

(Die Angaben sind für jede Personengruppe gesondert zu machen; Gesamtbetrag = Nominalbetrag; eine Aufteilung bspw. nach Vorschüssen, Krediten usw. ist nicht notwendig).[3758]

§ 285 Nr. 7 HGB – Anzahl der Mitarbeiter (Anhang)

Im Anhang ist die durchschnittliche Zahl der während des Geschäftsjahrs beschäftigten Arbeitnehmer getrennt nach Gruppen anzugeben.[3759]

§ 285 Nr. 14 HGB – Mutterunternehmen bei Konzernzugehörigkeit (größter Konsolidierungskreis) (Anhang)

Im Anhang sind anzugeben der Name und der Sitz des Mutterunternehmens der Kapitalgesellschaft, das den Konzernabschluss für den größten Kreis von Unternehmen aufstellt, sowie der Ort, wo der von diesem Mutterunternehmen aufgestellte Konzernabschluss erhältlich ist.

§ 285 Nr. 14a HGB – Mutterunternehmen bei Konzernzugehörigkeit (kleinster Konsolidierungskreis) (Anhang)

Im Anhang sind anzugeben der Name und der Sitz des Mutterunternehmens der Kapitalgesellschaft, das den Konzernabschluss für den kleinsten Kreis von Unternehmen aufstellt, sowie den Ort, wo der von diesem Mutterunternehmen aufgestellt Konzernabschluss erhältlich ist.[3760]

§ 286 Abs. 3 Satz 4 HGB – Unterlassen von Angaben (Anhang)

Die Anwendung der Ausnahmeregelung nach § 286 Abs. 3 Satz 1 Nr. 2 HGB ist im Anhang anzugeben.

§ 324 Abs. 1 Satz 2 Nr. 1 HGB – Unterlassen der Einrichtung eines Prüfungsausschusses (Anhang)

Kapitalgesellschaften iSd. § 264d HGB, die keinen Aufsichts- oder Verwaltungsrat haben, müssen einen Prüfungsausschuss einrichten, der sich mit den in § 107 Abs. 3 Satz 2 AktG genannten Aufgaben befasst. Dies gilt nicht wenn nur Wertpapiere iSd. § 2 Abs. 1 WpHG ausgegeben werden, die durch Vermögensgegenstände besichert sind; im Anhang ist darzulegen, weshalb ein Prüfungsausschuss nicht eingerichtet wird.

[3758] Vgl. Gaber, 2. Aufl., 722; danach besteht die Angabepflicht nur für die Personen als Gruppe zu machen, wenn die Zugehörigkeit am Abschlussstichtag bestand.

[3759] Zur Berechnung vgl. Zilch/Hüsemann, WP Praxis 2/2018, 44 ff.

[3760] Die Aufspaltung und Ergänzung von § 285 Nr. 14 HGB aF um eine Nr. 14a mit dem BilRUG beruht auf der Ausübung des Mitgliedstaatenwahlrechts in Art. 16 Abs. 2 iVm. Art. 17 Abs. 1 Buchstabe m) EU-Bilanzrichtlinie.

Abweichung von DRS bei Aufstellung von Kapitalflussrechnung/
Eigenkapitalspiegel (Anhang)
Weicht ein Unternehmen, das gemäß § 264 Abs. 1 Satz 2 HGB eine Ka-
pitalflussrechnung bzw. einen Eigenkapitalspiegel zu erstellen hat, GoB-
konform von DRS 21 bzw. DRS 7/DRS 22 ab, so sind im Anhang die
angewandten Rechnungslegungsgrundsätze zu erläutern.

E. Übergangsvorschriften zu durch BilMoG aufgehobenen Positionen

§ 269 HGB aF – Ingangsetzung und Geschäftserweiterung (Anhang)
Die Aufwendungen für die Ingangsetzung des Geschäftsbetriebs und des-
sen Erweiterung dürfen, soweit sie nicht bilanzierungsfähig sind, als Bi-
lanzierungshilfe aktiviert werden; der Posten ist in der Bilanz unter der
Bezeichnung „Aufwendungen für die Ingangsetzung und Erweiterung
des Geschäftsbetriebs" vor dem Anlagevermögen auszuweisen und im
Anhang zu erläutern.
(Die Angabe im Anhang ist zu machen, wenn von dem Wahlrecht nach
Artikel 67 Abs. 5 Satz 1 EGHGB Gebrauch gemacht wird).

§ 273 HGB aF – Sonderposten mit Rücklageanteil (Bilanz/Anhang)
Der Sonderposten mit Rücklageanteil (§ 247 Abs. 3 HGB aF) darf nur
insoweit gebildet werden, als das Steuerrecht die Anerkennung des Wertansatzes bei der steuerrechtlichen Gewinnermittlung davon abhängig
macht, dass der Sonderposten in der Bilanz gebildet wird. Er ist auf der
Passivseite vor den Rückstellungen auszuweisen; die Vorschriften, nach
denen er gebildet worden ist, sind in der Bilanz oder im Anhang anzugeben.
(Die Angabe im Anhang ist zu machen, wenn von dem Wahlrecht nach
Artikel 67 Abs. 3 Satz 1 EGHGB Gebrauch gemacht wird).

§ 281 Abs. 2 Satz 2 HGB aF iVm. Art. 67 Abs. 3 EGHGB – Auflösung
Sonderposten mit Rücklageanteil (GuV/Anhang)
Erträge aus der Auflösung des Sonderpostens mit Rücklageanteil sind in
dem Posten „sonstige betriebliche Erträge" der Gewinn- und Verlustrech-
nung gesondert auszuweisen oder im Anhang anzugeben.
(Die Angabe im Anhang ist zu machen, wenn von dem Wahlrecht nach
Artikel 67 Abs. 3 Satz 1 EGHGB Gebrauch gemacht wird).

§ 281 Abs. 1 HGB aF – Indirekte Abschreibungen (Bilanz/Anhang)
Die nach § 254 HGB aF zulässigen Abschreibungen dürfen auch in der
Weise vorgenommen werden, dass der Unterschiedsbetrag zwischen der
nach § 253 HGB aF in Verbindung mit § 279 HGB aF und der nach § 254

HGB aF zulässigen Bewertung in den Sonderposten mit Rücklageteil eingestellt wird. In der Bilanz oder im Anhang sind die Vorschriften anzugeben, nach denen die Wertberichtigung gebildet worden ist. *(Die Angabe im Anhang ist zu machen, wenn von dem Wahlrecht nach Art. 67 Abs. 4 Satz 1 EGHGB Gebrauch gemacht wird).*

§ 281 Abs. 2 Satz 1 HGB aF – Aus steuerlichen Gründen vorgenommene Abschreibungen auf das Anlage-/Umlaufvermögen (Anhang)

Im Anhang ist der Betrag der im Geschäftsjahr allein nach steuerrechtlichen Vorschriften vorgenommenen Abschreibungen, getrennt nach Anlage- und Umlaufvermögen, anzugeben, soweit er sich nicht aus der Bilanz oder der Gewinn- und Verlustrechnung ergibt, und hinreichend zu begründen. *(Die Angabe im Anhang ist zu machen, wenn von dem Wahlrecht nach Artikel 67 Abs. 4 Satz 1 EGHGB Gebrauch gemacht wird).*

§ 285 Satz 1 Nr. 5 HGB aF – Ergebniseinfluss steuerlicher Wertansätze (Anhang)

Im Anhang sind anzugeben: Das Ausmaß, in dem das Jahresergebnis dadurch beeinflusst wurde, dass bei Vermögensgegenständen im Geschäftsjahr oder in früheren Geschäftsjahren Abschreibungen nach §§ 254 aF und 280 Abs. 2 HGB aF aufgrund steuerrechtlicher Vorschriften vorgenommen oder beibehalten wurden oder ein Sonderposten nach § 273 HGB aF gebildet wurde; ferner das Ausmaß erheblicher künftiger Belastungen, die sich aus einer solchen Bewertung ergeben. *(Die Angabe im Anhang ist zu machen, wenn von dem Wahlrecht nach Artikel 67 Abs. 3 Satz 1 bzw. Abs. 4 Satz 1 EGHGB Gebrauch gemacht wird).*

F.   Weitere Angaben bei verschiedenen Rechtsformen und Arten von Instituten

a) Aktiengesellschaft

Wegen Einzelheiten zu diesen Angaben wird auf die einschlägige Literatur verwiesen.[3761]

§ 289a Satz 1 Nr. 1 bis Nr. 9 HGB – Emittierte stimmberechtigte Aktien (Lagebericht/Anhang)

Aktiengesellschaften (AG) und Kommanditgesellschaften auf Aktien (KGaA), die einen organisierten Markt im Sinne des § 2 Abs. 7 des Wert-

---

[3761] Vgl. WPH Edition Wirtschaftsprüfung & Rechnungslegung, 17. Aufl., Kapitel F Tz. 1265 ff. mwN.

papiererwerbs- und Übernahmegesetzes durch von ihnen ausgegebene stimmberechtigte Aktien in Anspruch nehmen, haben im Lagebericht zahlreiche Angaben zu machen. *(Sind Angaben im Anhang gemacht, ist im Lagebericht darauf zu verweisen).*

§ 160 Abs. 1 Nr. 1 AktG – Vorratsaktien (Anhang)

In jedem Anhang sind auch Angaben zu machen über den Bestand und den Zugang an Aktien, die ein Aktionär für Rechnung der Gesellschaft oder eines abhängigen oder eines im Mehrheitsbesitz der Gesellschaft stehenden Unternehmens oder ein abhängiges oder im Mehrheitsbesitz der Gesellschaft stehendes Unternehmen als Gründer oder Zeichner oder in Ausübung eines bei einer bedingten Kapitalerhöhung eingeräumten Umtausch- oder Bezugsrechts übernommen hat; sind solche Aktien im Geschäftsjahr verwertet worden, ist auch über die Verwertung unter Angabe des Erlöses und die Verwendung des Erlöses zu berichten.

§ 160 Abs. 1 Nr. 2 AktG – Eigene Aktien (Anhang)

In jedem Anhang sind auch Angaben zu machen über den Bestand an eigenen Aktien der Gesellschaft, die sie, ein abhängiges oder im Mehrheitsbesitz der Gesellschaft stehendes Unternehmen oder ein anderer für Rechnung der Gesellschaft oder eines abhängigen oder eines im Mehrheitsbesitz der Gesellschaft stehenden Unternehmens erworben oder als Pfand genommen hat; dabei sind die Zahl dieser Aktien und der auf sie entfallende Betrag des Grundkapitals sowie deren Anteil am Grundkapital, für erworbene Aktien ferner der Zeitpunkt des Erwerbs und die Gründe für den Erwerb anzugeben. Sind solche Aktien im Geschäftsjahr erworben oder veräußert worden, so ist auch über den Erwerb oder die Veräußerung unter Angabe der Zahl dieser Aktien, des auf sie entfallenden Betrags des Grundkapitals, des Anteils am Grundkapital und des Erwerbs- oder Veräußerungspreises, sowie über die Verwendung des Erlöses zu berichten.

§ 160 Abs. 1 Nr. 3 AktG – Aktien je Gattung (Bilanz/Anhang)

Anzugeben sind die Zahl der Aktien jeder Gattung, wobei zu Nennbetragsaktien der Nennbetrag und zu Stückaktien der rechnerische Wert für jede von ihnen anzugeben ist, sofern sich diese Angaben nicht aus der Bilanz ergeben; davon sind Aktien, die bei einer bedingten Kapitalerhöhung oder einem genehmigten Kapital im Geschäftsjahr gezeichnet wurden, jeweils gesondert anzugeben.[3762]

[3762] Mit Art. 4 Nr. 6. Buchstabe a) aa) des BilRUG ist § 160 Abs. 1 Nr. 3 AktG geändert worden.

§ 160 Abs. 1 Nr. 4 AktG – Genehmigtes Kapital (Anhang)
In jedem Anhang sind auch Angaben über das genehmigte Kapital zu machen.

§ 160 Abs. 1 Nr. 5 AktG – Bezugsrechte (Anhang)
In jedem Anhang sind Angaben zu machen über die Zahl der Bezugsrechte gem. § 192 Abs. 2 Nr. 3 AktG.
(Angaben zu Wandelschuldverschreibungen sind nach § 285 Nr. 15a HGB zu machen).

§ 160 Abs. 1 Nr. 7 AktG – Wechselseitige Beteiligung (Anhang)
In jedem Anhang sind auch Angaben zu machen über das Bestehen einer wechselseitigen Beteiligung unter Angabe des Unternehmens.

§ 160 Abs. 1 Nr. 8 AktG – Mitteilungspflichtige Beteiligung (Anhang)
In jedem Anhang sind auch Angaben zu machen über das Bestehen einer Beteiligung, die nach § 20 Abs. 1 oder Abs. 4 AktG oder nach § 33 Abs. 1 oder Abs. 2 WpHG mitgeteilt worden ist; dabei ist der nach § 20 Abs. 6 AktG oder der nach § 40 Abs. 1 WpHG veröffentlichte Inhalt der Mitteilung anzugeben.

§ 240 S. 3 AktG – Verwendung der aus einer Kapitalherabsetzung gewonnenen Beträge – Anhang
Im Anhang ist zu erläutern, ob und in welcher Höhe die aus der Kapitalherabsetzung und aus der Auflösung von Gewinnrücklagen gewonnenen Beträge (1) zum Ausgleich von Wertminderungen, (2) zur Deckung von sonstigen Verlusten oder (3) zur Einstellung in die Kapitalrücklage verwandt wurden.

§ 261 Abs. 1 Satz 3 und 4 AktG – Sonderprüfung wegen unzulässiger Unterbewertung (Anhang)
Die weitere Behandlung der durch Sonderprüfer festgestellten unzulässigen Unterbewertungen ist im Anhang darzustellen.

§ 285 Nr. 16 HGB – Erklärung zum Corporate Governance Kodex (Anhang)
Im Anhang ist anzugeben, dass die nach § 161 AktG vorgeschriebene Erklärung abgegeben und wo sie öffentlich zugänglich gemacht worden ist.
(Beachte: IDW PS 345).

b) Bausparkassen

§ 35 Abs. 1 Nr. 8 a) RechKredV – Rückständige Zins- und Tilgungsbeträge (Anhang)
Zu den Posten
3. Forderungen an Kreditinstitute und
4. Forderungen an Kunden
sind die rückständigen Zins- und Tilgungsbeträge für Baudarlehen in einem Betrag anzugeben.

§ 35 Abs. 1 Nr. 8 a) RechKredV – Bereitgestellte Baudarlehen (Anhang)
Zu den Posten
3. Forderungen an Kreditinstitute und
4. Forderungen an Kunden
  sind noch nicht ausgezahlte bereitgestellte Baudarlehen
  — aus Zuteilung,
  — zur Vor- und Zwischenfinanzierung und
  — sonstige
im Anhang anzugeben.

§ 35 Abs. 1 Nr. 8 b) RechKredV – Bestandsbewegung
(Lagebericht/Anhang)
Zu den Posten
1. Verbindlichkeiten gegenüber Kreditinstituten und
2. Verbindlichkeiten gegenüber Kunden
ist im Anhang die Bewegung des Bestands an nicht zugeteilten und zugeteilten Bausparverträgen und vertraglichen Bausparsummen anzugeben.
(Die Angaben können auch in einen statistischen Anhang zum Lagebericht aufgenommen werden, sofern der Lagebericht und der statistische Anhang im Geschäftsbericht der einzelnen Bausparkasse abgedruckt werden (vgl. § 35 Abs. 1 Nr. 8 Satz 2 RechKredV)).

§ 35 Abs. 1 Nr. 8 c) RechKredV – Aufgenommene Fremdgelder
(Anhang)
Zu den Posten
1. Verbindlichkeiten gegenüber Kreditinstituten,
2. Verbindlichkeiten gegenüber Kunden und
3. Verbriefte Verbindlichkeiten
sind im Anhang die aufgenommenen Fremdgelder nach § 4 Abs. 1 Nr. 5 BSpKG und deren Verwendung anzugeben.

§ 35 Abs. 1 Nr. 8 d) RechKredV – Bewegung der Zuteilungsmasse
(Lagebericht/Anhang)
Zu den Posten
Aktivseite
3. Forderungen an Kreditinstitute,
4. Forderungen an Kunden,
Passivseite
1. Verbindlichkeiten gegenüber Kreditinstituten,
2. Verbindlichkeiten gegenüber Kunden
ist im Anhang die Bewegung der Zuteilungsmasse anzugeben.
(Die Angaben können auch in einen statistischen Anhang zum Lagebericht aufgenommen werden, sofern der Lagebericht und der statistische Anhang im Geschäftsbericht der einzelnen Bausparkasse abgedruckt werden (vgl. § 35 Abs. 1 Nr. 8 Satz 2 RechKredV)).

c) Genossenschaften

§ 337 Abs. 3 HGB – Ergebnisrücklage (Bilanz/Anhang)
Bei den Ergebnisrücklagen sind in der Bilanz oder im Anhang gesondert aufzuführen:
Die Beträge, welche die Generalversammlung aus dem Bilanzgewinn des Vorjahrs eingestellt hat;
die Beträge, die aus dem Jahresüberschuss des Geschäftsjahr eingestellt werden;
die Beträge, die für das Geschäftsjahr entnommen werden.

§ 35 Abs. 1 Nr. 11 RechKredV – Forderungen an/Verbindlichkeiten gegenüber genossenschaftliche/r Zentralbank (Anhang)
Zu den Posten
3. Forderungen an Kreditinstitute und
1. Verbindlichkeiten gegenüber Kreditinstituten
sind die im Gesamtbetrag enthaltenen Forderungen an/ Verbindlichkeiten gegenüber die/der zuständige/n genossenschaftliche/n Zentralbank im Anhang anzugeben.
(Nur Kreditgenossenschaften).

§ 35 Abs. 1 Nr. 12 RechKredV – Forderungen/Verbindlichkeiten der genossenschaftlichen Zentralbanken (Anhang)
Zu den Posten
3. Forderungen an Kreditinstitute und
1. Verbindlichkeiten gegenüber Kreditinstituten
sind die jeweils im Gesamtbetrag enthaltenen Forderungen an die Deutsche Genossenschaftsbank/angeschlossenen Kreditgenossenschaften so-

wie Verbindlichkeiten gegenüber der Deutschen Genossenschaftsbank/ den angeschlossenen Kreditgenossenschaften im Anhang anzugeben. *(Nur genossenschaftliche Zentralbanken).*

§ 35 Abs. 1 Nr. 13 RechKredV – Forderungen/Verbindlichkeiten der Deutschen Genossenschaftsbank (Anhang)
Zu den Posten
3. Forderungen an Kreditinstitute und
1. Verbindlichkeiten gegenüber Kreditinstituten
sind die jeweils im Gesamtbetrag enthaltenen Forderungen an/Verbindlichkeiten gegenüber angeschlossene/n Kreditinstitute/n sowie die darin enthaltenen Forderungen an/Verbindlichkeiten gegenüber regionale/n genossenschaftliche/n Zentralbank/en im Anhang anzugeben. *(Nur Deutsche Genossenschaftsbank (jetzt DZ-Bank)).*

§ 338 Abs. 1 HGB – Bestand und Bewegung der Genossen (Anhang)
Im Anhang sind auch Angaben zu machen über die Zahl der im Laufe des Geschäftsjahres eingetretenen oder ausgeschiedenen sowie die Zahl der am Schluss des Geschäftsjahres der Genossenschaft angehörenden Mitglieder. Ferner sind der Gesamtbetrag, um welchen in diesem Jahr die Geschäftsguthaben sowie die Haftsummen der Mitglieder sich vermehrt oder vermindert haben, und der Betrag der Haftsummen anzugeben, für welche am Jahresschluss alle Genossen zusammen aufzukommen haben.

§ 34 Abs. 2 Nr. 3 RechKredV – Aufgliederung der Geschäftsguthaben (Anhang)
Kreditinstitute in der Rechtsform der eingetragenen Genossenschaft haben die im Passivposten Nr. 12 Unterposten Buchstabe a) ausgewiesenen Geschäftsguthaben wie folgt aufzugliedern:
a) Geschäftsguthaben der verbleibenden Mitglieder,
b) Geschäftsguthaben der ausscheidenden Mitglieder,
c) Geschäftsguthaben aus gekündigten Geschäftsanteilen.

§ 338 Abs. 2 HGB – Prüfungsverband, Vorstands- und Aufsichtsratsmitglieder (Anhang)
Im Anhang sind ferner anzugeben:
1. Name und Anschrift des zuständigen Prüfungsverbands, dem die Genossenschaft angehört;
2. alle Mitglieder des Vorstands und des Aufsichtsrats, auch wenn sie im Geschäftsjahr oder später ausgeschieden sind, mit dem Familiennamen und mindestens einem ausgeschriebenen Vornamen; ein etwaiger Vorsitzender des Aufsichtsrats ist als solcher zu bezeichnen.

§ 338 Abs. 3 HGB – Organbezüge (Anhang)
Anstelle der in § 285 Nr. 9 HGB vorgeschriebenen Angaben über die an Mitglieder von Organen geleisteten Bezüge, Vorschüsse und Kredite sind lediglich die Forderungen anzugeben, die der Genossenschaft gegen Mitglieder des Vorstands oder Aufsichtsrats zustehen. Die Beträge dieser Forderungen können für jedes Organ in einer Summe zusammengefasst werden.

d) Pfandbriefbanken

§ 28 PfandBG – Angaben bei Pfandbriefbanken (Anhang)
Im Anhang sind zahlreiche Angaben zu machen, die das Geschäft der Pfandbriefbanken betreffen.[3763]

§ 35 Abs. 1 Nr. 7 RechKredV – Deckungsrechnung (Anhang)
Im Anhang ist anzugeben: Von Pfandbriefbanken eine Deckungsrechnung getrennt nach Hypotheken-, Schiffshypotheken und Kommunalkreditgeschäft nach Maßgabe des § 28 des Pfandbriefgesetzes, ferner zu den Posten der Aktivseite der Bilanz die zur Deckung begebener Schuldverschreibungen bestimmten Aktiva.

e) Sparkassen

§ 35 Abs. 1 Nr. 9 RechKredV – Forderungen/Verbindlichkeiten von Sparkassen (Anhang)
Zu den Posten
3. Forderungen an Kreditinstitute und
1. Verbindlichkeiten gegenüber Kreditinstituten
die im Gesamtbetrag enthaltenen Forderungen an/Verbindlichkeiten gegenüber die/der eigene/n Girozentrale.
(Nur Sparkassen).

§ 35 Abs. 1 Nr. 10 RechKredV – Forderungen/Verbindlichkeiten von Girozentralen (Anhang)
Zu den Posten
3. Forderungen an Kreditinstitute und
1. Verbindlichkeiten gegenüber Kreditinstituten
die im Gesamtbetrag enthaltenen Forderungen an/Verbindlichkeiten gegenüber angeschlossene/n Sparkassen.
(Nur Girozentralen).

[3763] Einzelheiten vgl. WPH Edition, Kreditinstitute, Kap. D. Rn. 1003.

f) Personenhandelsgesellschaften im Sinne des § 264a Abs. 1 HGB

§ 285 Nr. 15 HGB – Persönlich haftende Gesellschafter (Anhang)
Name und Sitz der Gesellschaften, die persönlich haftende Gesellschafter sind, sowie deren gezeichnetes Kapital sind anzugeben.

§ 264c Abs. 1 HGB – Ausleihungen, Forderungen und Verbindlichkeiten gegenüber Gesellschaftern (Bilanz/Anhang)
Ausleihungen, Forderungen und Verbindlichkeiten gegenüber Gesellschaftern sind in der Regel als solche jeweils gesondert auszuweisen oder im Anhang anzugeben. Werden sie unter anderen Posten ausgewiesen, so muss diese Eigenschaft vermerkt werden.

g) Zusätzliche Angaben für Zahlungsinstitute/E-Geld-Institute im Sinne des Zahlungsdiensteaufsichtsgesetzes

§ 29 Abs. 4 RechZahlV – Zahlungsvorgänge (Anhang)
Im Anhang ist zusätzlich die Anzahl der ausgeführten Zahlungsvorgänge (Stückzahl) als auch das Zahlungsvolumen (Betrag in Euro) anzugeben.

Anhang 2: Formblätter 1 und 3

Formblatt 1

Jahresbilanz zum ....
der ....

Aktivseite					Passivseite		

Aktivseite   Euro   Euro   Euro   Euro   Euro   Euro   Passivseite

Aktivseite

1. Barreserve
   a) Kassenbestand
   b) Guthaben bei Zentral-
      notenbanken
      darunter:
      bei der Deutschen Bun-
      desbank .... Euro
   c) Guthaben bei Post-
      giroämtern ....

2. Schuldtitel öffentlicher Stellen und Wechsel, die zur Refinanzierung bei Zentralnotenbanken zugelassen sind
   a) Schatzwechsel und unver-
      zinsliche Schatzanwei-
      sungen sowie ähnliche
      Schuldtitel öffentlicher
      Stellen ......
      darunter:
      bei der Deutschen Bun-
      desbank refinanzierbar
      .... Euro
   b) Wechsel ....

3. Forderungen an Kredit-
   institute[1]
   a) täglich fällig ......
   b) andere Forderungen ....

4. Forderungen an Kunden[2]
   darunter:
   durch Grundpfandrechte
   gesichert .... Euro
   Kommunalkredite .... Euro

5. Schuldverschreibungen und
   andere festverzinsliche
   Wertpapiere
   a) Geldmarktpapiere
      aa) von öffentlichen
          Emittenten ......
          darunter:
          beleihbar bei der
          Deutschen Bundes-
          bank .... Euro
      ab) von anderen
          Emittenten ....
          darunter:
          beleihbar bei der
          Deutschen Bundes-
          bank .... Euro
   b) Anleihen und Schuld-
      verschreibungen
      ba) von öffentlichen
          Emittenten ......
          darunter:
          beleihbar bei der
          Deutschen Bundes-
          bank .... Euro
      bb) von anderen
          Emittenten ....
          darunter:
          beleihbar bei der
          Deutschen Bundes-
          bank .... Euro
   c) eigene Schuldverschreibungen
      Nennbetrag .... Euro ....

Passivseite

1. Verbindlichkeiten gegenüber
   Kreditinstituten[6]
   a) täglich fällig ......
   b) mit vereinbarter Laufzeit
      oder Kündigungsfrist ....

2. Verbindlichkeiten gegenüber
   Kunden[7]
   a) Spareinlagen
      aa) mit vereinbarter Kün-
          digungsfrist von drei
          Monaten ......
      ab) mit vereinbarter Kün-
          digungsfrist von mehr
          als drei Monaten ....
   b) andere Verbindlichkeiten
      ba) täglich fällig ......
      bb) mit vereinbarter
          Laufzeit oder Kün-
          digungsfrist[8] ....

3. Verbriefte Verbindlichkeiten[9]
   a) begebene Schuldver-
      schreibungen ......
   b) andere verbriefte Ver-
      bindlichkeiten ....
      darunter:
      Geldmarktpapiere
      .... Euro
      eigene Akzepte und Sola-
      wechsel im Umlauf
      .... Euro

3a. Handelsbestand ......

4. Treuhandverbindlichkeiten ......
   darunter:
   Treuhandkredite .... Euro

5. Sonstige Verbindlichkeiten ......

6. Rechnungsabgrenzungs-
   posten[10] ......

6a. Passive latente Steuern

7. Rückstellungen
   a) Rückstellungen für Pen-
      sionen und ähnliche
      Verpflichtungen ......
   b) Steuerrückstellungen ......
   c) andere Rückstellungen[11] ....

8. [gestrichen]

9. Nachrangige Verbindlichkeiten ......

10. Genußrechtskapital
    darunter:
    vor Ablauf von zwei Jahren
    fällig .... Euro

11. Fonds für allgemeine
    Bankrisiken ......

| noch Aktivseite | | | noch Passivseite | | |

noch Aktivseite

Euro Euro Euro

6. Aktien und andere nicht
   festverzinsliche Wertpapiere[3] ......
6a Handelsbestand ......
7. Beteiligungen[4] ......
   darunter:
   an Kreditinstituten .... Euro
   darunter:
   an Finanzdienstleistungsinstituten .... Euro
8. Anteile an verbundenen
   Unternehmen ......
   darunter:
   an Kreditinstituten .... Euro
   darunter:
   an Finanzdienstleistungsinstituten .... Euro
9. Treuhandvermögen ......
   darunter:
   Treuhandkredite .... Euro
10. Ausgleichsforderungen gegen
    die öffentliche Hand einschließlich
    Schuldverschreibungen
    aus deren Umtausch[14] ......
11. Immaterielle Anlagewerte:
    a) Selbst geschaffene gewerbliche
       Schutzrechte und
       ähnliche Rechte und Werte ......
    b) entgeltlich erworbene Kon-
       zessionen, gewerbliche
       Schutzrechte und ähnliche Rechte
       und Werte sowie Lizenzen an
       solchen Rechten und Werten ......
    c) Geschäfts- oder Firmenwert ......
    d) geleistete Anzahlungen ......
12. Sachanlagen ......
13. Eingefordertes, noch nicht
    eingezahltes Kapital ......
14. Sonstige Vermögensgegenstände ......
15. Rechnungsabgrenzungsposten[5] ......
16. Aktive latente Steuern ......
17. Aktiver Unterschiedsbetrag aus
    der Vermögensverrechnung .....
18. Nicht durch Eigenkapital
    gedeckter Fehlbetrag ......

Summe der Aktiva ......

noch Passivseite

Euro Euro Euro

12. Eigenkapital
    a) Eingefordertes Kapital
       Gezeichnetes Kapital[12] ......
       abzüglich nicht eingeforderter
       ausstehender Einlagen ....
    b) Kapitalrücklage ......
    c) Gewinnrücklagen[13]
       ca) gesetzliche Rücklage ......
       cb) Rücklage für Anteile an
           einem herrschenden oder
           mehrheitlich beteiligten
           Unternehmen ......
       cc) satzungsmäßige
           Rücklagen ......
       cd) andere Gewinnrücklagen ....
    d) Bilanzgewinn/Bilanzverlust ....

Summe der Passiva ......

1. Eventualverbindlichkeiten
   a) Eventualverbindlichkeiten aus
      weitergegebenen abgerechneten Wechseln
   b) Verbindlichkeiten aus Bürgschaften
      und Gewährleistungsverträgen
   c) Haftung aus der Bestellung von
      Sicherheiten für fremde Verbindlichkeiten
2. Andere Verpflichtungen
   a) Rücknahmeverpflichtungen aus
      unechten Pensionsgeschäften
   b) Plazierungs- und Übernahmeverpflichtungen
   c) Unwiderrufliche Kreditzusagen

1) Folgende Arten von Instituten haben den Posten 3 Forderungen an Kreditinstitute in der Bilanz wie folgt zu untergliedern:

Pfandbriefbanken: „a) Hypothekendarlehen ...... Euro
b) Kommunalkredite ...... Euro
c) andere Forderungen ...... Euro ...... Euro
darunter:
täglich fällig .... Euro
gegen Beleihung von Wertpapieren
.... Euro",

Bausparkassen: „a) Bauspardarlehen ...... Euro
b) Vor- und Zwischenfinanzierungskredite ...... Euro
c) sonstige Baudarlehen ...... Euro
d) andere Forderungen ...... Euro ...... Euro
darunter:
täglich fällig .... Euro".

2) Folgende Arten von Instituten haben den Posten 4 Forderungen an Kunden in der Bilanz wie folgt zu untergliedern:

Pfandbriefbanken: „a) Hypothekendarlehen ...... Euro
b) Kommunalkredite ...... Euro
c) andere Forderungen ...... Euro ...... Euro
darunter:
gegen Beleihung von Wertpapieren
.... Euro",

Bausparkassen: „a) Baudarlehen
aa) aus Zuteilungen (Bauspardarlehen) ...... Euro
ab) zur Vor- und Zwischenfinanzierung ...... Euro
ac) sonstige ...... Euro ...... Euro
darunter:
durch Grundpfandrechte
gesichert .... Euro
b) andere Forderungen". ...... Euro ...... Euro"

Kreditgenossenschaften, die das Warengeschäft betreiben, haben in den Posten 4 Forderungen an Kunden in der Bilanz zusätzlich folgenden Darunterposten einzufügen:

„Warenforderungen .... Euro".

Finanzdienstleistungsinstitute sowie Kreditinstitute, sofern letztere Skontroführer im Sinne des § 27 Abs. 1 des Börsengesetzes und nicht Einlagenkreditinstitute im Sinne des § 1 Abs. 3d Satz 1 des Gesetzes über das Kreditwesen sind, haben den Posten 4 Forderungen an Kunden in der Bilanz wie folgt zu untergliedern:

„darunter:
gegenüber Finanzdienstleistungsinstituten ...... Euro".

3) Kreditgenossenschaften, die das Warengeschäft betreiben, haben nach dem Posten 6 Aktien und andere nicht festverzinsliche Wertpapiere in der Bilanz folgenden Posten einzufügen:

„6aa. Warenbestand ...... Euro".

4) Institute in genossenschaftlicher Rechtsform und genossenschaftliche Zentralbanken haben den Posten 7 Beteiligungen in der Bilanz wie folgt zu untergliedern:

„a) Beteiligungen ...... Euro
darunter:
an Kreditinstituten .... Euro
an Finanzdienstleistungs-
instituten .... Euro.
b) Geschäftsguthaben bei Genossenschaften ...... Euro ...... Euro
darunter:
bei Kreditgenossenschaften
.... Euro
bei Finanzdienstleistungsinstituten .... Euro".

5) Pfandbriefbanken haben den Posten 15 Rechnungsabgrenzungsposten in der Bilanz wie folgt zu untergliedern:

„a) aus dem Emissions- und Darlehensgeschäft ...... Euro
b) andere ...... Euro ...... Euro".

6) Folgende Arten von Instituten haben den Posten 1 Verbindlichkeiten gegenüber Kreditinstituten in der Bilanz wie folgt zu untergliedern:

Pfandbriefbanken: „a) begebene Hypotheken-Namenspfandbriefe ...... Euro".

1412

b) begebene öffentliche Namenspfandbriefe ......Euro
c) andere Verbindlichkeiten ......Euro ......Euro
darunter:
täglich fällig .... Euro
zur Sicherstellung aufgenommener
Darlehen an den Darlehensgeber
ausgehändigte Hypotheken-Namenspfandbriefe .... Euro
und öffentlicheNamenspfandbriefe
.... Euro,

Bausparkassen: „a) Bauspareinlagen ......Euro
darunter:
auf gekündigte Verträge .... Euro
auf zugeteilte Verträge .... Euro
b) andere Verbindlichkeiten ......Euro ......Euro
darunter:
täglich fällig .... Euro".

⁷⁾ Pfandbriefbanken haben den Posten 2 Verbindlichkeiten gegenüber Kunden in der Bilanz wie folgt zu untergliedern:

„a) begebene Hypotheken-Namenspfandbriefe ......Euro
b) begebene öffentliche Namenspfandbriefe ......Euro
c) Spareinlagen
ca) mit vereinbarter Kündigungsfrist
von drei Monaten ......Euro
cb) mit vereinbarter Kündigungsfrist
von mehr als drei Monaten ......Euro ......Euro
d) andere Verbindlichkeiten ......Euro ......Euro
darunter
täglich fällig .... Euro
zur Sicherstellung aufgenommener
Darlehen an den Darlehensgeber
ausgehändigte Hypotheken-Namenspfandbriefe täglich fällig .... Euro
und öffentliche Namenspfandbriefe .... Euro".

Bausparkassen haben statt des Unterpostens a Spareinlagen in der Bilanz folgenden Unterposten auszuweisen:

„a) Einlagen aus dem Bauspargeschäft
und Spareinlagen
aa) Bauspareinlagen ......Euro
darunter:
auf gekündigte Verträge .... Euro
auf zugeteilte Verträge .... Euro
ab) Abschlußeinlagen ......Euro
ac) Spareinlagen mit vereinbarter
Kündigungsfrist von drei
Monaten ......Euro
ad) Spareinlagen mit vereinbarter
Kündigungsfrist von mehr als
drei Monaten ......Euro ......Euro".

Finanzdienstleistungsinstitute sowie Kreditinstitute, sofern letztere Skontroführer im Sinne des § 27 Abs. 1 des Börsen-gesetzes und nicht Einlagenkreditinstitute im Sinne des § 1 Abs. 3d Satz 1 des Gesetzes über das Kreditwesen sind, haben den Posten 2 Verbindlichkeiten gegenüber Kunden in der Bilanz wie folgt zu untergliedern:

„darunter:
gegenüber Finanzdienstleistungsinstituten ......Euro".

⁸⁾ Kreditgenossenschaften, die das Warengeschäft betreiben, haben nach dem Posten 2 Verbindlichkeiten gegenüber Kunden in der Bilanz folgenden Posten einzufügen:

„2a. Verpflichtungen aus Warengeschäften
und aufgenommenen
Warenkrediten .....Euro".

⁹⁾ Pfandbriefbanken haben den Posten 3 Verbriefte Verbindlichkeiten in der Bilanz wie folgt zu untergliedern:
„a) begebene Schuldverschreibungen
aa) Hypothekenpfandbriefe
ab) öffentliche Pfandbriefe
ac) sonstige Schuldverschreibungen

b) andere verbriefte Verbindlichkeiten ...... Euro ...... Euro
   darunter:
   Geldmarktpapiere .... Euro

Kreditgenossenschaften, die das Warengeschäft betreiben, haben im Posten 3 Verbriefte Verbindlichkeiten zu dem Darunterposten 3b. Eigene Akzepte und Solawechsel im Umlauf folgenden zusätzlichen Darunterposten einzufügen:

„aus dem Warengeschäft .... Euro".

[10] Pfandbriefbanken haben den Posten 6 Rechnungsabgrenzungsposten in der Bilanz wie folgt zu untergliedern:

„a) aus dem Emissions- und Darlehens-
    geschäft ...... Euro
 b) andere ...... Euro ...... Euro".

[11] Bausparkassen haben nach dem Posten 7 Rückstellungen in der Bilanz folgenden Posten einzufügen:

„7a. Fonds zur bauspartechnischen
     Absicherung ...... Euro".

[12] Genossenschaften haben in der Bilanz beim Unterposten a gezeichnetes Kapital sowohl die Geschäftsguthaben der Genossen als auch die Einlagen stiller Gesellschafter auszuweisen.

[13] Genossenschaften haben in der Bilanz an Stelle der Gewinnrücklagen die Ergebnisrücklagen auszuweisen und wie folgt aufzugliedern:

„ca) gesetzliche Rücklage ...... Euro
 cb) andere Ergebnisrücklagen ...... Euro ...... Euro".

Die Ergebnisrücklage nach § 73 Abs. 3 des Gesetzes betreffend die Erwerbs- und Wirtschaftsgenossenschaften und die Beträge, die aus dieser Ergebnisrücklage an ausgeschiedene Genossen auszuzahlen sind, müssen vermerkt werden.

[14] Finanzdienstleistungsinstitute im Sinn des § 1 Absatz 1a Nummer 10 des Kreditwesengesetzes haben Gegenstände, die seitens des Instituts verleast werden und die dem Leasinggeber zuzurechnen sind, in dem gesonderten Aktivposten „10a. Leasingvermögen" vor dem Posten „11. Immaterielle Anlagewerte" auszuweisen."

Formblatt 3 (Staffelform)
Gewinn- und Verlustrechnung
der . . . .

für die Zeit vom . . . . bis . . . .

	Euro	Euro	Euro
1. Zinserträge aus[1,9]			
a) Kredit- und Geldmarktgeschäften	. . . .		
b) festverzinslichen Wertpapieren und Schuldbuchforderungen	. . . .	. . . .	
2. Zinsaufwendungen[2,9]		. . . .	. . . .
3. Laufende Erträge aus			
a) Aktien und anderen nicht festverzinslichen Wertpapieren		. . . .	
b) Beteiligungen[3]		. . . .	
c) Anteilen an verbundenen Unternehmen		. . . .	. . . .
4. Erträge aus Gewinngemeinschaften, Gewinnabführungs- oder Teilgewinnabführungsverträgen			. . . .
5. Provisionserträge[4]		. . . .	
6. Provisionsaufwendungen[5]		. . . .	
7. Nettoertrag oder Nettoaufwand des Handelsbestands[6,7]			. . . .
8. Sonstige betriebliche Erträge			. . . .
9. [gestrichen]			. . . .
10. Allgemeine Verwaltungsaufwendungen			
a) Personalaufwand			
aa) Löhne und Gehälter	. . . .		
ab) Soziale Abgaben und Aufwendungen für Altersversorgung und für Unterstützung	. . . .	. . . .	
darunter:			
für Altersversorgung . . . . Euro			
b) andere Verwaltungsaufwendungen		. . . .	. . . .
11. Abschreibungen und Wertberichtigungen auf immaterielle Anlagewerte und Sachanlagen[8]			. . . .
12. Sonstige betriebliche Aufwendungen			. . . .
13. Abschreibungen und Wertberichtigungen auf Forderungen und bestimmte Wertpapiere sowie Zuführungen zu Rückstellungen im Kreditgeschäft		. . . .	
14. Erträge aus Zuschreibungen zu Forderungen und bestimmten Wertpapieren sowie aus der Auflösung von Rückstellungen im Kreditgeschäft		. . . .	. . . .
15. Abschreibungen und Wertberichtigungen auf Beteiligungen, Anteile an verbundenen Unternehmen und wie Anlagevermögen behandelte Wertpapiere		. . . .	
16. Erträge aus Zuschreibungen zu Beteiligungen, Anteilen an verbundenen Unternehmen und wie Anlagevermögen behandelten Wertpapieren		. . . .	. . . .
17. Aufwendungen aus Verlustübernahme			. . . .
18. [gestrichen]			
19. Ergebnis der normalen Geschäftstätigkeit			. . . .
20. Außerordentliche Erträge		. . . .	
21. Außerordentliche Aufwendungen		. . . .	
22. Außerordentliches Ergebnis			. . . .
23. Steuern vom Einkommen und vom Ertrag		. . . .	
24. Sonstige Steuern, soweit nicht unter Posten 12 ausgewiesen		. . . .	
25. Erträge aus Verlustübernahme			. . . .
26. Auf Grund einer Gewinngemeinschaft, eines Gewinnabführungs- oder eines Teilgewinnabführungsvertrags abgeführte Gewinne			. . . .
27. Jahresüberschuß/Jahresfehlbetrag			. . . .

noch Gewinn- und Verlustrechnung (Staffelform)

	Euro	Euro	Euro
28. Gewinnvortrag/Verlustvortrag aus dem Vorjahr			....
			....
29. Entnahmen aus der Kapitalrücklage			....
			....

30. Entnahmen aus Gewinnrücklagen
   a) aus der gesetzlichen Rücklage ....
   b) aus der Rücklage für Anteile an einem
      herrschenden oder mehrheitlichen
      beteiligten Unternehmen ....
   c) aus satzungsmäßigen Rücklagen ....
   d) aus anderen Gewinnrücklagen ....

31. Entnahmen aus Genußrechtskapital ....

32. Einstellungen in Gewinnrücklagen
   a) in die gesetzliche Rücklage ....
   b) in die Rücklage für Anteile an einem
      herrschenden oder mehrheitlichen
      beteiligten Unternehmen ....
   c) in satzungsmäßige Rücklagen ....
   d) in andere Gewinnrücklagen ....

33. Wiederauffüllung des Genußrechtskapitals ....

34. Bilanzgewinn/Bilanzverlust ....

[1] Bausparkassen haben im Ertragsposten 1 den Unterposten a Zinserträge aus Kredit- und Geldmarktgeschäften in der Gewinn- und Verlustrechnung wie folgt zu untergliedern:

„aa) Bauspardarlehen ...... Euro
ab) Vor- und Zwischenfinanzierungskrediten ...... Euro
ac) sonstigen Baudarlehen ...... Euro
ad) sonstigen Kredit- und Geldmarktgeschäften ...... Euro ...... Euro".

[2] Bausparkassen haben den Posten 2 Zinsaufwendungen in der Gewinn- und Verlustrechnung wie folgt zu untergliedern:

„a) für Bauspareinlagen ...... Euro
b) andere Zinsaufwendungen ...... Euro ...... Euro".

[3] Institute in genossenschaftlicher Rechtsform und genossenschaftliche Zentralbanken haben im Ertragsposten 3 den Unterposten b Laufende Erträge aus Beteiligungen in der Gewinn- und Verlustrechnung um die Worte „und aus Geschäftsguthaben bei Genossenschaften" zu ergänzen.

[4] Bausparkassen haben den Posten 5 Provisionserträge in der Gewinn- und Verlustrechnung wie folgt zu untergliedern:

„a) aus Vertragsabschluß und -vermittlung ...... Euro
b) aus der Darlehensregelung nach der Zuteilung ...... Euro
c) aus Bereitstellung und Bearbeitung von Vor- und
   Zwischenfinanzierungskrediten ...... Euro
d) andere Provisionserträge ...... Euro ...... Euro".

Institute, die Skontroführer im Sinne des § 27 Abs. 1 des Börsengesetzes und nicht Einlagenkreditinstitute im Sinne des § 1 Abs. 3d Satz 1 des Gesetzes über das Kreditwesen sind, haben den Ertragsposten 5 Provisionserträge wie folgt zu untergliedern:

„davon:
a) Courtageerträge ...... Euro
b) Courtage aus Poolausgleich ...... Euro".

[5] Bausparkassen haben den Posten 6 Provisionsaufwendungen in der Gewinn- und Verlustrechnung wie folgt zu untergliedern:

„a) Provisionen für Vertragsabschluß und -vermittlung ...... Euro
b) andere Provisionsaufwendungen ...... Euro ...... Euro".

Institute, die Skontroführer im Sinne des § 27 Abs. 1 des Börsengesetzes und nicht Einlagenkreditinstitute im Sinne des § 1 Abs. 3d Satz 1 des Gesetzes über das Kreditwesen sind, haben den Aufwandposten 6 Provisionsaufwendungen wie folgt zu untergliedern:

„davon:
a) Courtageaufwendungen ...... Euro
b) Courtage aus Poolausgleich ...... Euro".

[6] Kreditgenossenschaften, die das Warengeschäft betreiben, haben nach dem Aufwand- oder Ertragsposten 7 Nettoertrag oder Nettoaufwand des Handelsbestands in der Gewinn- und Verlustrechnung folgenden Posten einzufügen:

> „7a. Rohergebnis aus Warenverkehr und Nebenbetrieben ...... Euro".

[7] Finanzdienstleistungsinstitute, sofern sie nicht Skontroführer im Sinne des § 27 Abs. 1 des Börsengesetzes sind, haben anstatt des Aufwand- oder Ertragspostens 7 Nettoertrag oder Nettoaufwand des Handelsbestands in der Gewinn- und Verlustrechnung folgenden Posten aufzuführen:

> „7a. Ertrag des Handelsbestands ...... Euro
> 7b. Aufwand des Handelsbestands ...... Euro".

Institute, die Skontroführer im Sinne des § 27 Abs. 1 des Börsengesetzes und nicht Einlagenkreditinstitute im Sinne des § 1 Abs. 3d Satz 1 des Gesetzes über das Kreditwesen sind, haben anstatt des Aufwand- oder Ertragspostens 7 Nettoertrag oder Nettoaufwand des Handelsbestands in der Gewinn- und Verlustrechnung folgende Posten aufzuführen:

> „7a. Ertrag des Handelsbestands ...... Euro
> davon:
> aa) Wertpapiere ...... Euro
> ab) Futures ...... Euro
> ac) Optionen ...... Euro
> ad) Kursdifferenzen aus Aufgabegeschäften ...... Euro
>
> 7b. Aufwand des Handelsbestands ...... Euro
> davon:
> ba) Wertpapiere ...... Euro
> bb) Futures ...... Euro
> bc) Optionen ...... Euro
> bd) Kursdifferenzen aus Aufgabeschäften ...... Euro".

[8] Finanzdienstleistungsinstitute im Sinn des § 1 Absatz 1a Nummer 10 des Kreditwesengesetzes haben den Aufwandsposten Nummer 11 wie folgt zu untergliedern:

> „11. Abschreibungen und Wertberichtigungen
> a) auf Leasingvermögen ...... Euro
> b) auf immaterielle Anlagewerte und Sachanlagen ...... Euro ...... Euro".

[9] Finanzdienstleistungsinstitute im Sinn des § 1 Absatz 1a Nummer 10 des Kreditwesengesetzes haben vor dem Ertragsposten „1. Zinserträge" den Posten „01. Leasingerträge" und „02. Leasingaufwendungen" auszuweisen."

Literaturverzeichnis

Achleitner, Ann-Kristin/Volk, Sarah, Anleihen und Schuldscheindarlehen als Finanzierungsinstrumente, Corporate Finance biz 2013, 157

Adler/Düring/Schmaltz (1965), Rechnungslegung und Prüfung der Aktiengesellschaft, Stuttgart 1968

Adrian, Gerrit, Maßgeblichkeitsprinzip bei Rückstellungen für Aufbewahrungspflichten – Zugleich Anmerkungen zum BFH-Urteil vom 11.10.2012 – I R 66/11, WPg 2013, 463

Adrian, Gerrit, Rückstellung für die Nachbetreuungsverpflichtung von Versicherungsverträgen, Anmerkungen zum BFH-Urteil vom 12.12.2013 – X R 25/11, StuB 2014, 483

AFRAC & FMA (Hrsg.), Gemeinsames Positionspapier des AFRAC und der FMA: Fragen der Folgebewertung bei Kreditinstituten (September 2017)

AFRAC-Stellungnahme 14, Bilanzierung von nicht-derivativen Finanzinstrumenten (UGB), Fragen der unternehmensrechtlichen Bilanzierung von nicht-derivativen Finanzinstrumenten (Stand Juni 2021), www.afrac.at (abgerufen 1.8.2021)

AFRAC-Stellungnahme 15, Derivate und Sicherungsinstrumente (UGB), Die unternehmensrechtliche Bilanzierung von Derivaten und Sicherungsinstrumenten, (Stand Dezember 2020), www.afrac.at (abgerufen 30.5.2021)

AFRAC-Stellungnahme 23, Instrumente des zusätzlichen Kernkapitals (UGB), Sonderfragen der unternehmensrechtlichen Bilanzierung von Instrumenten des zusätzlichen Kernkapitals und vergleichbarer Finanzinstrumente, (Stand März 2017), www.afrac.at (abgerufen 1.9.2017)

AFRAC-Stellungnahme 24, Beteiligungsbewertung (UGB), Die Folgebewertung von Beteiligungen im Jahresabschluss nach dem UGB (Stand März 2018), www.afrac.at (abgerufen 5.6.2018)

Albrecht, Julian/Sahrmann, Philipp, Blockchain und Steuern, Neue Technik, alte Probleme, IWB 2018, 587

Albrecht, Matthias, Die Bankenabgabe im Licht von IFRIC 21, Betrachtung der Auswirkungen auf die Bilanzierung, PiR 2013, 338

Althoff, Frank, Ausschüttungssperre für Steuerlatenzen auch ohne Aktivierung latenter Steuern?, DStR 2012, 868

Althoff, Frank, Rückstellungen für freiwillige Jahresabschlussprüfung jedenfalls für Kapitalgesellschaften zulässig, DB 2016, 1893

Altrichter-Herzberg, Torsten, Die Höhe der steuerlichen Einlage beim Rangrücktritt – Anmerkung zum Urteil des BFH vom 10.8.2016 – I R 25/15 –, GmbHR 2017, 185

Altrock, Frank/Mitropoulos, Atanasios, Ableitung von Standardrisikokosten aus Loss-Given-Default-Schätzungen, ZfgK 2005, 924

Altvater, Christian, Steuerbilanzwert von festverzinslichen Wertpapieren – eine Standortbestimmung nach dem BFH-Urteil vom 8.6.2011, RdF 2011, 398

Altvater, Christian, Steuerrechtliche Aspekte der verlustfreien Bewertung von zinsbezogenen Geschäften des Bankbuchs, RdF 2013, 329

Altvater, Christian, Zur Abbildung von internen Geschäften in der Steuerbilanz, DB 2012, 939

Altvater, Christian/Gehrer, Judith, Handels- und steuerbilanzielle Fragen bei der Portierung von Zinsderivate-Portfolien zwischen zentralen Kontrahenten, RdF 2019, 65

Altvater, Christian/Hübner, Sandra, Bilanzsteuerliche Abgrenzung von Eigen- und Fremdkapital – das Maßgeblichkeitsprinzip bei Genussrechten und stillen Beteiligungen, RdF 1.2017, 65

Amann, Dorothee/Schaber, Mathias/Wulff, Amelie, Bewertung von Zinstiteln zu fortgeführten Anschaffungskosten, Einsatz der Effektivzinsmethode in der Handelsbilanz, WPg 2021, 1326

Andres, Joerg/Stoffels Joshua, Besteuerung von Veräußerungsgewinnen bei sog. Krypto-Assets zulässig? – Eine kritische Analyse des FG-Beschlusses Berlin-Brandenburg v. 20.6.2019 – 13 V 13100/19, NWB 7/2020, 489

Apfelbacher, Gabriele/Kopp, Thomas, Pflichtwandelanleihen als sonstiges hybrides Kernkapital, Corporate Finance Law 2011, 21

Arbeitskreis „Integrated Reporting" (AKIR) der Schmalbachgesellschaft für Betriebswirtschaft e.V., Köln, Erstanwendung des CSR-Richtlinie-Umsetzungsgesetzes, DB 2018, 2253

Arbeitskreis Bilanzrecht Hochschullehrer Rechtswissenschaft (AKBR), Ausschüttungssperre bei phasengleicher Dividendenaktivierung nach BilRUG-RegE, BB 2015, 876

Armbrüster, Christian, Treuhänderische GmbH-Beteiligungen, GmbHR 2001, 941 (I) und 1021 (II)

Arnold, Michael/Gärtner, Matthias, Auswirkungen staatlicher Rettungsmaßnahmen zugunsten von Kreditinstituten auf die Verlustteilnahme von Genussrechtsinhabern, AG 2013, 414

Au, Corinna von, Bankspezifische Grundsätze ordnungsmäßiger Buchführung, Eine ökonomische Analyse des Bankbilanzrechts, Wiesbaden 2000

Auerbach, Dirk/Klotzbach, Daniela, Die Berücksichtigung von Zweckgesellschaften als nachgeordnete Unternehmen im regulatorischen Konsolidierungskreis nach § 10a KWG – Eine faktische Unmöglichkeit?, KoR 2009, 452

Auerbach, Dirk/Klotzbach, Daniela, V.3 Bilanzierung von Kreditderivaten nach HGB, in: Burghof/Rudolf/Schäfer/Schönbucher/Sommer (Hrsg.), Kreditderivate, Handbuch für die Bank- und Anlagepraxis, 3., überarbeitete Auflage, Stuttgart 2015

Ausschuss für Bilanzierung des Bundesverbandes deutscher Banken (BdB), Bilanzielle Erfassung und Offenlegung von Kreditderivaten – Anmerkungen, Wertungen und Empfehlungen des Ausschusses für Bilanzierung des Bundesverbandes deutscher Banken, WPg 2000, 677

Bachem, Rolf Georg, Bewertung von überverzinslichen Geldleistungsverbindlichkeiten, DStR 1999, 773

Bacher, Urban, Sonderbeiträge von Finanzdienstleistern zur EdW, deren Rückstellungspflicht und Aufwandsverrechnung – Konsequenzen aus der Phönix-Pleite, BKR 2007, 140

Bachmann, Carmen/Heckner, Andreas, Ansatzverbot für eigene Anteile nach BilMoG auch in der Steuerbilanz?, WPg 2016, 832

Bader, Hermann Georg, Contingent Convertible, Wandelanleihe und Pflichtwandelanleihe im Aktienrecht, AG 2014, 472

Baechler-Troche, Sandra, § 18: Berechnung der Offenlegungsgrenze, Kredit & Rating Praxis 3/2003, 19

Baetge, Jörg, Verwendung von DCF-Kalkülen bei der Bilanzierung nach IFRS, WPg 2009, 13

Baetge, Jörg/Brembt, Tobias/Brüggemann, Peter, Die Mark-to-Model-Bewertung des IAS 39 in der Subprime-Krise, WPg 2008, 1001

Baetge, Jörg/Kirsch, Hans-Jürgen/Thiele, Stefan, Bilanzen, 14. überarbeitete Aufl., Düsseldorf 2017

Baetge, Jörg/Kirsch, Hans-Jürgen/Thiele, Stefan, Bilanzrecht, Handelsrecht mit Steuerrecht und den Regelungen des IASB, Kommentar, 2016

Baetge, Jörg/Kirsch, Hans-Jürgen/Thiele, Stefan, Übungsbuch Bilanzen, 5. überarbeitete Aufl., Düsseldorf 2017

BaFin Artikel vom 20.2.2018, Initial Coin Offerings: Hinweisschreiben zur Einordnung als Finanzinstrumente (Geschäftszeichen WA 11-Qb 4100-2017/0010

BaFin, Auslegungshilfe zur Institutsvergütungsverordnung, www.bafin.de

BaFin, Fachartikel vom 15.11.2017, Initial Coin Offerings: Hohe Risiken für Verbraucher

BaFin, Fachartikel vom 19.12.2013, Bitcoins: Aufsichtliche Bewertung und Risiken für Nutzer

BaFin, Hinweise zum Erlaubnisantrag für das Kryptoverwahrgeschäft vom 1.4.2020

BaFin, Hinweise zur Auslegung des § 64y KWG vom 17.1.2020

BaFin, Merkblatt zur insolvenzrechtlichen Behandlung bestimmter Verbindlichkeiten von CRR-Instituten vom 2.5.2019

BaFin, Merkblatt: Hinweise zum Tatbestand des Kryptoverwahrgeschäfts vom 2.3.2020, www.bafin.de

BaFin, Rundschreiben 1/2005 vom 19.1.2005, Bürgschaftserklärungen für Reiseveranstalter gemäß § 651k BGB, www.bafin.de

BaFin, Rundschreiben 13/2011 (BA) vom 30.11.2011, Bewertung von Positionen des Handelsbuchs, www.bafin.de

BaFin, Rundschreiben 15/2009 (BA) vom 14.8.2009, Mindestanforderungen an das Risikomanagement – MaRisk, www.bafin.de

BaFin, Schreiben vom 14.6.2013, Auslegungsschreiben zum Anwendungsbereich des KAGB und zum Begriff des „Investmentvermögens", www.bafin.de (abgerufen 7.8.2017)

BaFin, Schreiben vom 14.7.2004, Anzeigepflichten der Prüfer gemäß § 29 Abs. 3 Satz 1 KWG, www.bafin.de

BaFin, Schreiben vom 22.1.2007, Hinweise zu den Mitteilungs- und Veröffentlichungspflichten gemäß § 21 ff. WpHG, www.bafin.de

Ballwieser, Wolfgang, Kommentierung des § 254 HGB, in: Schmidt, K/Ebke, Werner F. (Hrsg.), Münchner Kommentar zum Handelsgesetzbuch, Band 4, 4. Aufl., München 2020

Bantleon, Ulrich/Siebert, Jens, Zweiterwerb von Inhaberschuldverschreibungen über pari durch Kreditinstitute, Nominalwertbilanzierung im Anlagevermögen?, DB 2017, 2365

Bär, Michael/Blaschke, Silke/Geisel, Adrian/Vietze, Michael/Weigel, Wolfgang/Weißenberger, Werner, Negative Zinsen bei Kreditinstituten: Wie ist zu bilanzieren?, WPg 2017, 1132

Bär, Michael/Disser, Inna, Handelsrechtliche Abbildung von Vertragsanpassungen bei Schuldinstrumenten, WPg 2017, 996

Bär, Michael/Flintrop, Bernhard/Majfarth, Michael/Vietze, Michael/Weigel, Wolfgang, Handelsrechtliche Bilanzierung von Kreditderivaten im Nichthandelsbestand, Fachliches Grundkonzept nach IDW RS BFA 1, WPg 2015, 1301

Bär, Michael/Flintrop, Bernhard/Majfarth, Michael/Vietze, Michael/Weigel, Wolfgang, Handelsrechtliche Bilanzierung von Kreditderivaten im Nichthandelsbestand, Praktische Anwendungsfälle zu IDW RS BFA 1, WPg 2016, 31

Bär, Michael/Granzow, Eric, Bilanzielle Abbildung trennungspflichtiger, eingebetteter Derivate nach HGB beim Emittenten, WPg 2021, 86

Bär, Michael/Kalbow, Susanne/Vesper, Alexander, Anwendungsfragen zur bilanziellen Saldierung von Finanzinstrumenten nach IFRS und HGB, WPg 2014, 22

Bär, Michael/Wiechens, Gero, Handelsrechtliche Kreditrisikovorsorge im Wandel der Zeit vor dem Hintergrund von IFRS 9, KoR 2016, 455

Barta, Sebastian/Braune, Ulrike, Schadensersatz als Rechtsfolge der unzureichenden Prüfung der Kreditwürdigkeit des Verbrauchers – Konsequenzen aus der Entscheidung des EuGH in Sachen Le Crédit Lyonnais SA/Fesih Kalhan für das Verständnis des deutschen Rechts, BKR 2014, 324

Bartlitz, David, Die Rückforderung unzulässiger Bearbeitungsentgelte im Spannungsfeld von Rechtsfrieden und Verbraucherschutz, Konsequenzen aus den Entscheidungen des BGH v. 28.1.2014 – XI ZR 348/13 sowie XI ZR 17/14, BKR 2015, 1

Bartlitz, David, Die Sanktionierung von Verstößen gegen die Erläuterungs- und Bonitätsprüfungspflicht im Verbraucherkredit, WM 2016, 344

Bartsch, Hendrik/Pourgholam, Maryam, Handelsrechtliche Bilanzierung von Altersversorgungsverpflichtungen, Neufassung der IDW RS HFA 30, BBK 19/2017, 915

Barz, Katja/Meyding-Metzger, Angelika/Weigel, Wolfgang, Bilanzielle Saldierung von derivativen Finanzinstrumenten (insbes. Zinsswaps) des Handelsbestands nach HGB und IFRS bei Kreditinstituten, IRZ 2015, 285

Basak, Denis, Phoenix Kapitaldienst GmbH: Die Folgen des Strafurteils für die zivilrechtlichen Haftungsklagen der geprellten Anleger, BB 2007, 897

Bäthe-Guski, Martina/Debus, Christian/Eberhardt, Kerstin/Kuhn, Steffen, Besonderheiten bei der Fair-Value-Ermittlung von Derivaten nach IFRS 13 – unter besonderer Berücksichtigung von IDW ERS HFA 47, WPg 2013, 741

Baumeister, Alexander/Knobloch, Alois Paul, Warengeschäfte mit Dokumentenakkreditiv, WPg 2016, 836

Bäuml, Swen, Neues zur Teilwertabschreibung – Das BMF-Schreiben vom 2.9.2016 und die aktuelle Rechtsprechung, StuB 2016, 763

Bayrisches Landesamt für Steuern, Verf. vom 20.7.2010, Ertragsteuerliche Fragen bei Wertpapierdarlehensgeschäften (sog. Wertpapierleihe), DB 2010, 1672

Beauvais, Ernst-Albrecht von/Fischer, Elke/Traichel, Christian, Wandelschuldverschreibungen, in: Bösl, Konrad/Sommer, Michael (Hrsg.), Mezzanine Finanzierung, München 2006, 198

Beck, Andreas/Jacob, Peter, Pricing der Ausfallrisikoprämien auf der Basis von Credit Spreads, Die Bank 2000, 428

Beck'scher Online-Kommentar HGB (BeckOK), herausgegeben von Häublein/Hoffmann-Theinert, 35 Ed., München 2022

Becker, Johannes, „Negativzinsen" als Folge von Zinsgleitklauseln bei Inhaberschuldverschreibungen? – zugleich Anmerkung zur Festsetzung des Basiszinssatzes durch die Bundesbank auf -0,38 %, WM 2013, 1736

Becker, Udo, Keine Berücksichtigung von Verlustvorträgen bei der Verlusttragung von Genussrechtskapital, NZG 2016, 1021

Bedau, Janos/Khakzad, Farhad/Krakuhn, Joachim, Anwendungsbereich und Grenzen der Critical Terms Match-Methode, IRZ 2010, 491

Beer, Artur/Goj, Wolfram, Zinsrisikomanagement mit Ablaufbilanz und Barwertmethode, Stuttgart 2002

Behnes, Stephan Georg/Kühnel, Dieter, Wirtschaftliches Eigentum vs. Gestaltungsmissbrauch: Neue Rechtsprechung des BFH zur Wertpapierleihe und ihre möglichen Auswirkungen bei Banken, RdF 2016, 141

Behnes, Stephan/Böhringer, Martin/Helios, Marcus, Aufsichts-, bilanz- und steuerrechtliche Aspekte des Rückkaufs stiller Beteiligungen bei Kreditinstituten, RdF 2013, 295

Behrends, Tino/Pieper, Konstantin/Schlösser, Tanja/Zillmann, Kilian, WpIG: regulatorisches Neuland für kleine und mittelgroße Wertpapierinstitute, WPg 2022, 579

Behrendt-Geisler, Anneke/Rimmelspacher, Dirk, Änderungen bei Vermögensgegenständen mit nicht verlässlich schätzbarer Nutzungsdauer durch das BilRUG, DB 2015, Beilage 05 zu Heft 36, 8

Behrens, Alexander/Schadtle, Kai, Erlaubnispflichten für Bank- und Finanzdienstleistungen im Zusammenhang mit Kryptowerten nach Umsetzung der Fünften EU-Geldwäscherichtlinie, WM 2019, 2099

Beine, Frank/Roß, Norbert, Bilanzierung von Software – Zur Anpassung von IDW RS HFA 11 und IDW RS HFA31 an DRS 24, WPg 2018, 283

Beißer, Jochen/Read, Oliver, Reformierter Euribor und €STR-basierte Term Rates als Euribor-Fallbacks, ZfgK 2021, 464

Benzler, Marc/Brunner-Reumann, Ute, V.2 Vertragsdokumentation und Standardisierung, in: Burghof/Rudolf/Schäfer/Schönbucher/Sommer (Hrsg.), Kreditderivate, Handbuch für die Bank- und Anlagepraxis, 3., überarbeitete Auflage, Stuttgart 2015

Berberich, Michael/Lenz, Thomas, Der Umtausch griechischer Staatsanleihen und die Folgen für die Steuerbilanz, DStR 2012, 2501

Berger, Jens/Fischer, Felix, Abbildung von Kryptowährungen in den IFRS, BB 2018, 1195

Bernardi, Frank J./Hiller, Michael, Anforderungen an die Einholung von Bankbestätigungen, WP Praxis 2014, 137

Bernstein, Rainer A., Forfaitierungsverträge zwischen Leasinggesellschaften und Banken, DB 1989, 567

Bertram, Klaus/Kessler, Harald/Müller, Stefan, Haufe HGB Bilanz Kommentar, 12. Aufl., Freiburg 2021

Bette-Mehring, Dirk/Engelshove, Ralf, Berücksichtigung von Agio und Disagio bei Namensschuldverschreibungen in den Bilanzen von Versicherungsunternehmen nach der Novellierung von § 341c HGB, WPg 2012, 817

Bevern, Marcus van/Schmitt, Ramona, Bearbeitungsentgelte bei gewerblichen Darlehensverträgen – ist die BGH-Rechtsprechung zu Verbraucherdarlehen übertragbar?, BKR 2015, 323

Beyer, Bettina/Fechner, Michael, Die Konsolidierung von Spezial-Sondervermögen nach IFRS, IRZ 2012, 119

Beyer, Sven/Mackenstedt, Andreas, Grundsätze zur Bewertung immaterieller Vermögenswerte (IDW S 5), WPg 2008, 338

Bieg, Hartmut, Die externe Rechnungslegung der Kreditinstitute und Finanzdienstleistungsinstitute, München 1998, (Bieg (1998))

Bieg, Hartmut/Waschbusch, Gerd, Bankbilanzierung nach HGB und IFRS, 3. vollständig überarbeitete und erweiterte Auflage, München 2017

Bieg, Hartmut/Waschbusch, Gerd, Bilanzierung der Kreditinstitute und Finanzdienstleistungsinstitute, in: BeckHdR B 900, April 2018

Bieg, Hartmut/Waschbusch, Gerd, Bildung und Nutzung des Fonds für allgemeine Bankrisiken gemäß § 340g HGB, Baden-Baden 2022

Bieg, Hartmut/Waschbusch, Gerd/Hossfeld, Christopher, Stille und offene Vorsorgereserven gemäß den §§ 340f und 340g HGB – Bestandteile der Risikovorsorge eines Kreditinstituts?, ZfgK 2005, 145

Bieg, Hartmut/Waschbusch, Gerd/Käufer, Anke, Die Bilanzierung von Pensionsgeschäften im Jahresabschluss der Kreditinstitute nach HGB und IFRS, ZBB 2008, 61

Bielenberg, Oliver/Schmuhl, Wolf, Implikationen des KAGB auf die Rechnungslegung geschlossener Fonds, DB 2014, 1089

Bierwirth, Frank, Verbot ungedeckter Credit Default Swaps, RdF 2013, 104

Billing, Tom, Zur AGB-rechtlichen Zulässigkeit eines Bearbeitungsentgelts bei Darlehensverträgen, WM 2013, 1777 ff. (Teil I) und 1829 ff. (Teil II)

Billion, Falk, Schwieriges Terrain – Bewertung von Golfplätzen, Die Bank 9.2013, 36

Binder, Jens-Hinrich, Kreditwürdigkeitsprüfung bei Verbraucherkrediten, Bestandsaufnahme und aktuelle Entwicklungen, ZIP 2018, 1201

Birck, Heinrich/Meyer, Heinrich, Die Bankbilanz, 1. bis 5. Teillieferung, Wiesbaden 1976 bis 1986

Bischof, Jannis, Makrohedges in Bankbilanzen nach GoB und IFRS, Düsseldorf 2006

Bischof, Stefan/Hettich, Natalie, Anhangangaben zu Finanzinstrumenten (§ 285 Nr. 18 und Nr. 19 HGB bzw. § 314 Abs. 1 Nr. 10 und Nr. 11 i.d.F. des BilMoG), WPg 2012, 689

Blassl, Johannes, Das neue Aufsichtregime für Wertpapierinstitute, WM 2021, 2413

Blassl, Johannes/Sandner, Philipp, Kryptoverwahrgeschäft – Einsatz der Blickchain im Finanzbereich wird regulierte Finanzdienstleistung, WM 2020, 1188

Blauhut, Eckhard/Lenhart, Martin, NPL-Portfolio-Bewertung: Statistik statt Ortstermin, Die Bank 2.2014, 41

Blecher, Christian/Horx, Janina, Zur Bilanzierung von Kryptowährungen nach GoB und IFRS, WPg 2020, 267

Blecher, Christian/Hummel, Fiona M., Die Klassifizierung von Utility-Token und ihre Bilanzierung im deutschen Handelsrecht, WPg 2022, 339

Bleck, Jürgen, Bilanzierung mit neuen Regeln, Betriebswirtschaftliche Blätter 2010, 528 (Teil 1), 566 (Teil 2)

Blöink, Thomas/Halbleib, Anja, Umsetzung der sog. CSR-Richtlinie 2014/95 EU: Aktueller Überblick über die verabschiedeten Regelungen des CSR-Richtlinie-Umsetzungsgesetzes, Der Konzern 2017, 182

Blum, Andreas/Weber, Sabrina, Bewertung von Marken – Ein Vergleich zwischen IDW S 5 und ISO 10668, WPg 2012, 442

BMF-Schreiben vom 10.1.1994, Pauschalwertberichtigungen bei Kreditinstituten, BStBl. I 1994, 98

BMF-Schreiben vom 10.4.2014, Steuerliche Behandlung von Instrumenten des zusätzlichen Kernkapitals nach Art. 51 ff. CRR, IV C 2 – S 2742/12/10003 :002, www. bankenverband.de/service

BMF-Schreiben vom 11.11.2016, Wirtschaftliche Zurechnung bei Wertpapiergeschäften; Anwendung der Grundsätze des BFH-Urteils v. 18.8.2016 – I R 88/13, DStR 2016, 2709

BMF-Schreiben vom 12.1.2004, Steuerbilanzielle Behandlung von Optionsprämien beim Stillhalter – BFH-Urteil vom 18.12.2002 I R 17/02, DB 2004, 159

BMF-Schreiben vom 16.7.2014, Teilwertabschreibung gem. § 6 Abs. 1 Nr. 1 und 2 EStG, DB 2014, 1710

BMF-Schreiben vom 18.11.1991, Rückstellungen für Prämien- bzw. Bonusverbindlichkeiten im Sparverkehr, DB 1992, 67

BMF-Schreiben vom 18.11.2005, Bilanzsteuerrechtliche Beurteilung von Aufwendungen zur Einführung eines betriebswirtschaftlichen Softwaresystems (ERP-Software), WPg 2005, 1427

BMF-Schreiben vom 2.9.2016, Teilwertabschreibungen gem. § 6 Abs. 1 Nr. 1 und 2 EStG, DB 2016, 2143

BMF-Schreiben vom 21.6.2005, Rückstellungen für ungewisse Verbindlichkeiten; Provisionsfortzahlungen an einen Handelsvertreter, BStBl. 2005 I, 802, DB 2005, 1418

BMF-Schreiben vom 21.6.2005, Rückstellungen für ungewisse Verbindlichkeiten – Provisionsfortzahlungen an einen Handelsvertreter, BFH-Urteil vom 24.2.2001, Der Betrieb

BMF-Schreiben vom 23.12.2016, Änderung des § 253 HGB durch das Gesetz zur Umsetzung der Wohnimmobilienkreditrichtlinie und zur Änderung handelsrechtlicher Vorschriften, DB 2017, 35

BMF-Schreiben vom 23.7.1985, Rechnungsabgrenzung – Disagio auf Vor- und Zwischenfinanzierungen von Bausparsummen, DB 1985, 1717

BMF-Schreiben vom 25.8.2010, Gewinnermittlung bei der Bildung von Bewertungseinheiten, StuB 2010,715

BMF-Schreiben vom 26.3.2009, Teilwertabschreibung gemäß § 6 Abs. 1 Nr. 2 Satz 2 EStG i.d.F. des StEntlG 1999/2000/2002; voraussichtlich dauernde Wertminderung bei börsennotierten Aktien, die als Finanzanlage gehalten werden, DStR 2009, 693

BMF-Schreiben vom 29.9.2004, Grundsätze der Verwaltung zur Bestimmung des Dotationskapitals bei Betriebsstätten international tätiger Kreditinstitute, DB 2004, 2340

BMF-Schreiben vom 9.5.1995, Forderungsausfälle bei Kreditinstituten, BB 1995, 1475

BMJ-Schreiben vom 29.4.2010, Zuordnung von Waren und Rohstoffen zum Handelsbestand, ohne Fundstelle

Böckem, Hanne/Geuer, Caroline, Teil 4 Bilanzrecht, Kapitel 10 HGB, in: Omlor/Link (Hrsg.), Kryptowährungen und Token, Frankfurt 2021

Böckenhoff, Johannes/Ross, Malcolm I., American Depositary Receipts (ADR) – Strukturen und rechtliche Aspekte, WM 1993, 1781 (I) und 1825 (II)

Böcking, Hans-Joachim ua, Kommentierung der §§ 340 – 340l HGB, in: Schmidt, K/Ebke, Werner F. (Hrsg.), Münchner Kommentar zum Handelsgesetzbuch, Band 4, 4. Aufl. 2020

Böcking, Hans-Joachim, Der Grundsatz der Nettobilanzierung von Zero-Bonds, ZfbF 1986, 930

Böcking, Hans-Joachim/Bundle, Laura, Die Umsetzung der zweiten Aktionärsrechterichtlinie (ARUG II), Der Konzern 2020, 15

Böcking, Hans-Joachim/Korn, Christian, B 164 Beizulegender (Zeit-) Wert, in: BeckHdR, Dezember 2014

Böhringer, Martin/Mihm, Asmus/Schaffelhuber, Kai A./Seiler, Oliver, Contingent Convertible Bonds als regulatorisches Kernkapital, RdF 1/2011, 48

Bolik, Andreas S./Max, Marcel, Bilanzierung in Fällen besonderer Verzinsungsbestimmungen, Zinsverläufe im Lichte aktueller BFH-Rechtsprechung, StuB 2017, 299

Bolik, Andreas S./Schuhmann, Sophia, Ansatz und Bewertung von Umstrukturierungs- und Sozialplanrückstellungen, Praxishinweise zur Dokumentation der rückstellungsrelevanten Verhältnisse, StuB 2016, 679

Bonnecke, Tim, Latente Steuern in der handelsrechtlichen Bilanzierungspraxis, Ansatz Bewertung, Ausweis und Erläuterungen von Steuerlatenzen nach DRS 18 (2021), StuB 2021, 882

Bonnecke, Tim, Rückstellungen für Restrukturierungsmaßnehmen, StuB 2021, 185

Bös, Sylvia, Handelsbilanzielle und steuerliche Behandlung von Sachdividenden, Berlin 2009

Brabek, Michael, Buchführungspraxis – aktuell, Die Bilanzierung von Erträgen aus Beteiligungen (mit Berücksichtigung der geplanten BilRUG-Änderungen), BC 3/2015, 120

Brambring, Maximilian, Zentrales Clearing von OTC-Derivaten unter EMIR, Tübingen 2017

Brauchle, Christoph/Spingler, Matthias/Tenzer, Ralf, Bilanzierung bestrittener Steuerforderungen und -schulden im Handelsrecht, WPg 2019, 664

Brcic, Davor, Folgen aus der Umgehung der Institutsvergütungsverordnung, BP 04/2019, 87

Breitweg, Jan, Rückstellung für mögliche Verluste aus einer Kreditausfallgarantie, EuGH-Urteil vom 7.1.2003 – Rs. C-306/99, BIAO, NWB Fach 17, 1747

Breker, Norbert, Optionsrechte und Stillhalterverpflichtungen im handelsrechtlichen Jahresabschluss, Düsseldorf 1993

Briese, André, Eigene Anteile in der Steuerbilanz: eine Aufgabe für den Gesetzgeber, GmbHR 2016, 49

Briese, André, Forderungsverzicht gegen Besserungsschein sowie qualifizierter Rangrücktritt in Handels- und Steuerbilanz, DStR 2017, 799

Brinkmann, Marco/Meseck, Marius, Besteuerung von Kryptowährungen im Privatvermögen in Deutschland, RdF 2018, 231

Brockmann, Thomas, EWB: Abzinsung von Darlehensforderungen, ForderungsPraktiker 01/2012, 22

Brockmann, Thomas, EWB-Fälle: Automatisierte Überprüfung – Überprüfung sämtlicher EWB-Fälle mit Hilfe des elektronischen Datenzugriffs der Finanzverwaltung, BP 2016, 268

Broemel, Karl/Endert, Volker, Aktivierung von Internetauftritten in Handels- und Steuerbilanz, BBK 24/2013, 1173

Broemel, Karl/Endert, Volker, Folgen eines Rangrücktritts in der Handels- und Steuerbilanz, BBK 8/2015, 357

Brösel, Gerrit/Haaker, Andreas, Zur wirtschaftlichen Verursachung von Verbindlichkeitsrückstellungen, BFuP 2013, 227

Brüggentisch, Christoph/Hellmich, Martin/Gilgenberg, Bernhard, Freie Fahrt für Asset-Backed-Securities und Credit Linked Notes, VW 2005, 1296

Buchmüller, Patrik, Länderrisiko: Wege zur besseren Krisenbewältigung, Lehren aus der Finanzkrise im Euro-Raum, BankPraktiker 02/2012, 28

Buck, Heiko, Bilanzierung von Beteiligungen im handelsrechtlichen Jahresabschluss unter Berücksichtigung der Coronavirus-Pandemie, DB 2021, 1021

Buck-Heeb, Petra, Aufklärungs- und Beratungspflichten bei Kreditverträgen – Verschärfungen durch die EuGH-Rechtsprechung und Wohnimmobilienkredit-Richtlinie, BKR 2015, 177

Buck-Heeb, Petra, Aufsichtsrechtliches Produktverbot und zivilrechtliche Rechtsfolgen – Der Anleger zwischen Mündigkeit und Schutzbedürftigkeit, BKR 2017, 89

Buck-Heeb, Petra, Kreditvergabe nach dem Finanzaufsichtsrechtergänzungsgesetz, WM 2017, 1329

Buck-Heeb, Petra/Lang, Volker, Kreditwürdigkeitsprüfung, Exploration und Beratung bei Immobiliar-Verbraucherdarlehen nach der Umsetzung der Wohnimmobilienkreditrichtlinie, ZBB/JBB 2016, 320

Buck-Heeb, Petra/Siedler, Rainer, Kreditwürdigkeitsprüfung nach der Immobiliar-Kreditwürdigkeitsprüfungsleitlinien-Verordnung (ImmoKWPLV), BKR 2018, 269

Bünning, Martin, Passivierungsaufschub bei sog. Hybridanleihen und -darlehen, BB 2014, 2667

Bünning, Martin/Lorberg, Philipp, Aktivierung in der Handels- und Steuerbilanz bei internationalen M&A-Transaktionen, BB 2017, 2859

Bünning, Martin/Park, Carina, Steuerbilanzielle Behandlung von Kryptowährungen, BB 2018, 1835

Burchert, Jan Ole/Böser, Fabian, Bitcoin & Co: Ertragsteuern und Kryptowährung, DB 2018, 857

Burgard, Ulrich/Heimann, Carsten, Das neue Kapitalanlagegesetzbuch, WM 2014, 821

Burghof/Rudolf/Schäfer/Schönbucher/Sommer (Hrsg.), Kreditderivate, 3. Aufl., Stuttgart 2015

Busch, Oliver, Der Entwurf der Verwaltungsgrundsätze Betriebsstättengewinnaufteilung, DB 2016, 910

Busch, Oliver, Die finale Fassung der Betriebsstättengewinnaufteilungsverordnung, DB 2014, 2490

Bußian, Aykut/Kille, Katharina, Rechnungslegung und Prüfung geschlossener alternativer Investmentfonds nach KAGB, WPg 2014, 837

Casper, Matthias, Wiederauffüllung von Genussrechtskapital auch bei Verlustvortrag!, ZIP 2015, 201

Casper, Matthias/Möllers, Caroline, Zulässigkeit von Bearbeitungsentgelten bei gewerblichen Darlehensverträgen, WM 2015, 1689

Casper, Matthias/Richter, Ludwig, Die elektronische Schuldverschreibung – eine Sache?, ZBB 2022, 65

Clausen, Peter, Diskussionspunkte bei der Umsetzung der Offenlegungsanforderungen nach § 18 KWG aus Praxissicht, BankPraktiker 02/2006, 92

Clausen, Peter, Offenlegung der wirtschaftlichen Verhältnisse gegenüber Banken bei Kreditaufnahme – Aktuelle Entwicklungen, DB 2005, 1534

Coen, Christoph, Der negative Basiszinssatz nach § 247 BGB, NJW 2012, 3329

Cranshaw, Friedrich L., Schuldscheindarlehen, Erscheinungsformen eines Kapitalmarktprodukts, BankPraktiker 03/2013, 84

Cremer, Udo, Aufwendungen für Erwerb oder Erstellung von Domain und Homepage, BBK 6/2019, 256

d'Aoine, Marc/Hamacher, Phil, Kryptowährungen im Insolvenzverfahren, ZIP 2021, 6

Danwerth, Christopher/ Hildner, Alicia, Nach dem Pyrrhussieg vor dem KG Berlin – Neue Lösungsansätze zur Regulierung von Bitcoins – zugleich eine Besprechung des Urteils des KG Berlin v. 25.9.2018 – (4) 161 Ss 28/18 (35/18), BKR 2018, 473, BKR 2019, 57

Dauer, Wolfgang/Klein/Alexander/Lorenz, Andreas, Treasury-orientierte Umsetzung des portfolio fair value Hedge accounting von Zinsänderungsrisiken bei multikurvenkonformer Bewertung, KoR 2017, 14

Degkwitz, Jochen, Kreditwürdigkeitsprüfung – Mehr Selbstverantwortung der Banken, Die Bank 2006, 52

Dehio, Andreas/Schmidt, Lukas, Der neue Aufsichtsrahmen für Wertpapierinstitute – Das Wertpapierinstitutsgesetz, DB 2021, 1654

Deloitte (Hrsg.), White Paper No. 45 (Stand: 11.8.2011), Bewertungseinheiten nach BilMoG – Sonderfragen im Rahmen der Umsetzung der gesetzlichen Regelungen, www.deloitte.de

Delp, Udo A., Steuerliche Behandlung von Negativzinsen im Privat- und Betriebsvermögen, DB 2020, 362

Deubert, Michael/Lewe, Stefan, Zeitpunkt der Erlangung des wirtschaftlichen Eigentums beim Erwerb von GmbH-Anteilen, BB 2014, 1835

Deubert, Michael/Meyer, Dieter/Müller, Nils, DRS 25 „Währungsumrechnung im Konzernabschluss" – Ein Überblick, Der Konzern 2018, 96

Deutsche Bundesbank, Bestimmungsfaktoren des Zinsergebnisses deutscher Universalbanken, Monatsbericht September 2014, 60

Deutsche Bundesbank, Bilanzierung von Sicherungsbeziehungen, Monatsbericht September 2010, 58

Deutsche Bundesbank, Contingent Convertible Bonds: Konzeption, Regulierung, Nutzen, Monatsbericht März 2018, 53

Deutsche Bundesbank, Die Regulierung der Vergütung von Kreditinstituten, Monatsbericht Oktober 2021, 87

Deutsche Bundesbank, Ein neuer europäischer Aufsichtsrahmen für Wertpapierfirmen, Monatsbericht März 2021, 45

Deutsche Bundesbank, Finanzsystem im Wandel: neue Bedeutung der Repomärkte, Monatsbericht Dezember 2013, 59

Deutsche Bundesbank, Geldpolitik und Geldmarktentwicklung, Monatsbericht August 2020, 30

Deutsche Bundesbank, Krypto-Token im Zahlungsverkehr und in der Wertpapierabwicklung, Monatsbericht Juli 2019

Deutsche Bundesbank, Krypto-Token im Zahlungsverkehr und in der Wertpapierabwicklung, Monatsbericht Juli 2019, 99

DGRV (Hrsg.), Jahresabschluss der Kreditgenossenschaft, Wiesbaden (Loseblatt, Stand 10. EL 2020), zitiert: DGRV (Hrsg.), Jahresabschluss

DGRV (Hrsg.), Praxishandbuch Derivate und strukturierte Produkte, Berlin (Loseblatt, Stand 10. EL 2020), zitiert: DGRV (Hrsg.), Praxishandbuch Derivate

Dieckmann, Andreas, Die AGB der Banken und Sparkassen nach Ende der Zustimmungsfiktion – Möglichkeiten der Vertragsgestaltung, BKR 2021, 657

Dierlamm, Alfred/Weissinger, Thomas, Das Transparenzregister – eine Zwischenbilanz, WPg 2019, 43

Dietel, Marco, Bilanzierung von Anteilen an Personengesellschaften in Handels- und Steuerbilanz, DStR 2003, 2140

Dittmar, Peter, Bildung einer Sonderrücklage gemäß § 58 Abs. 2a AktG, WPg 2018, 1224

Ditz, Xaver/Tcherveniachki, Vassil, Zurechnung des wirtschaftlichen Eigentums im Rahmen einer Wertpapierleihe – Kritische Würdigung des BFH-Urteils vom 18.08.2015 – I R 88/13, DB 2016, S. 82, DB 2016, 615

Ditz, Xaver/Tcherveniachki, Vassil, Zurechnung des wirtschaftlichen Eigentums im Rahmen einer Wertpapierleihe – Anmerkung zum BMF-Schreiben vom 11.11.2016, DB 2016, 2694, DB 2016, 2995

Dörfler, Harald, Schulden aus Erfüllungsrückstand, Auswirkungen der BFH-Rechtsprechung zu Erfüllungsrückständen bei Dauerschuldverhältnissen – zugleich Besprechung des BFH-Urteils vom 25.05.2016 – I R 17/15, WPg 2017, 595

Downar, Benedikt/Keiling, Mario/Schramm, Florian, Die Einlösung von Token im Jahresabschluss nach HGB – eine Szenario-Analyse, DB 2019, 1913

Dreixler, Tobias/Ernst, Carsten, Aktive Rechnungsabgrenzungsposten bei Step-Down-Geldern, Anmerkungen zum BFH-Urteil vom 27.7.2011 – I R 77/10, StuB 2012, 220

Drewes, Michael, Offene Fragen zur Bildung handelsrechtlicher Bewertungseinheiten im Konzern, DB 2012, 241

Dreyer, Gerhard/Schmid, Hubert/Kronat, Oliver, Bilanzbefreiende Wirkung von Asset-Backed-Securities-Transaktionen, Kritische Anmerkungen zur IDW-Stellungnahme IDW RS HFA 8, BB 2003, 91

Drinhausen, Florian/Keinath, Astrid, Nutzung eines bedingten Kapitals bei Ausgabe von Wandelschuldverschreibungen gegen Sachleistung, BB 2011, 1736

Droscha, Anatol/Reimer, Ekkehart, Verlagerung der Buchführung in andere EG-Mitgliedstaaten?, DB 2003, 1689

DRSC, Stellungnahme vom 21.1.2008, Referentenentwurf eines Gesetzes zur Modernisierung des Bilanzrechts (Bilanzrechtsmodernisierungsgesetz – BilMoG, vom 8.11.2007, www.drsc.de – Stand 30.6.2008

Drüen, Klaus-Dieter, Das Betriebsausgabenabzugsverbot für die Bankenabgabe auf dem verfassungsrechtlichen Prüfungsstand, ZfgK, Beilage zu Heft 23/2021

DSGV, Deutscher Sparkassen- und Giroverband e.V. (Hrsg.), Handbuch Kontenrahmen und Jahresabschluss der Sparkassen, Loseblattsammlung (Stand 30. Lfg. 01/2022), Stuttgart

Düpmann, Michael, Zinsinduzierte Wertänderungen und Zinsrisiken im Jahresabschluss der Kreditinstitute, Bilanzielle Abbildung nach HGB und IFRS, Düsseldorf 2007

Düpmann, Michael/Schorr, Gerhard, Verlustfreie Bewertung des Zinsbuchs, in: Kirmße, Stefan/Schüller, Stephan (Hrsg.), FS zum 60. Geburtstag von Bernd Rolfes, Aktuelle Entwicklungslinien in der Finanzwirtschaft – Teil 1, 289 (FS Rolfes)

Dürr, Ulrike L., Mezzanine-Kapital in der HGB- und IFRS-Rechnungslegung, Ausprägungsformen, Bilanzierung, Rating, Berlin 2007

DW BFA, Berichterstattung über die 323. Sitzung des BFA, IDW Life 2021, 947

Ebenroth, Carsten/Boujong, Karlheinz/Joost, Detlef/Strohn, Lutz, Handelsgesetzbuch: HGB Band 1, 4. Aufl. 2020

Eckert, Kim-Patrick, Eigene Anteile als Vermögensgegenstand in der IFRS-, Handels- und Steuerbilanz nach BilMoG?, KoR 2014, 148

Eckert, Kim-Patrick, Rückstellungen für Aufwendungen zukünftiger Außenprüfungen – Zugleich Anm. zum BFH-Urteil vom 6.6.2012 – I R 99/10, DB 2012 S. 2019, DB 2012, 2187

Edelmann, Erwin/Eller, Roland, Wertpapierdarlehen und Wertpapierpensionsgeschäfte, Bonn 1996

Edelmann, Hervé/Hölldampf, Tilmann, Vorfälligkeitsentschädigung bei Immobiliardarlehensverträgen im Falle der bankseitigen Kündigung wegen Schuldnerverzugs, BB 2014, 202

Eden, Siegfried, Rechnungslegung der Treuhand an Unternehmensbeteiligungen im handels- und steuerrechtlichen Jahres- sowie im Konzernabschluss, Der Konzern 2018, 425 ff. (Teil 1), 475 ff. (Teil 2)

Eden, Siegfried, Rechnungslegung der Treuhand an Unternehmensbeteiligungen im handels- und steuerrechtlichen Jahres- sowie Konzernabschluss, Der Konzern 2018, 425 (Teil 1), 475 (Teil 2)

Eggert, Wolfgang, Beurteilung der Going Concern-Annahme in der Corona-Krise, Auswirkungen auf den aktuellen Jahresabschluss, BBK 10/2020, 467

Eggert, Wolfgang, Bilanzierung von Gewinnansprüchen aus Kapitalgesellschaften und ihre steuerliche Behandlung, BBK 4/2022, 166

Eggert, Wolfgang, Bilanzierung von Gewinnansprüchen aus Personengesellschaften und ihre steuerliche Behandlung, BBK 5/2022, 209

Eggert, Wolfgang, Gewinnverteilung bei Personengesellschaften, BBK 4/2017, 172

Eggert, Wolfgang, Zeitpunkt der Rückstellungsbildung für Steuernachforderungen, BBK 1/2022, 16

Egner, Thomas/Heinz, Carsten, Bilanzielle und steuerliche Behandlung von Wandel-, Options-, Aktien- und Umtauschanleihen im tabellarischen Vergleich, StuB 2005, 748

Ehmann, Erik, Wegfall der Geschäftsgrundlage von Genussrechten bei Konzernierung der Emittentin, Kommentar zu BGH vom 28.5.2013 – II ZR 67/12, AG 2013, 680, AG 2013, 751

Eisele, Wolfgang/Knobloch, Alois Paul, Technik des betrieblichen Rechnungswesens, 9. Aufl., München 2019

Elicker, Michael, BGH: Anpassung von Genussscheinbedingungen nach Abschluss eines Beherrschungs- und Gewinnabführungsvertrags, RdF 2014, 75

Elkart, Wolfgang/Schaber, Mathias, Hedge-Accounting und interne Geschäfte im Spannungsfeld tradierter Rechnungslegungsgrundsätze und modernem Finanzmanagement, in: Neue Finanzprodukte. Anwendung, Bewertung, Bilanzierung, Festschrift zum 65. Geburtstag von Wolfgang Eisele, hrsg. von Alois Paul Knobloch und Norbert Kratz, München 2003, 401

Eller, Roland/Heinrich, Markus/Perrot, René/Reif, Markus (Hrsg), Handbuch Derivativer Instrumente, Produkte, Strategien, Risikomanagement, 3., überarbeitete Aufl., Stuttgart 2005

Endert, Volker, Bilanzielle Besonderheiten bei Sachausschüttungen, BBK 1/2017, 15

Endert, Volker, Bilanzierung rückgedeckter Pensionsverpflichtungen, BBK 21/2021, 1003

Endert, Volker, Bilanzierung von GLRG-III-Geschäften, DStR 2020, 2560

Endert, Volker, Bilanzierung von Software-Updates, BBK 12/2022, 550

Endert, Volker, Branchenspezifische Rückstellungen von Anlageberatern und Versicherungsmaklern, DB 2011, 2164

Endert, Volker, Buchungen bei Zuführungen zu Pensionsrückstellungen, BBK 14/2021, 666

Endert, Volker, Jubiläumsrückstellungen in Handels- und Steuerbilanz, BBK 20/2016, 972

Endert, Volker/Sepetauz, Karsten, Latente Steuern auf Verlust- und Zinsvorträge, Aspekte der Bilanzierung und Prüfung, PiR 2013, 1

Endert, Volker/Sepetauz, Karsten, Zweifelsfragen bei der Bilanzierung von Rückstellungen für die Aufbewahrung von Geschäftsunterlagen, DStR 2011, 2060

Engel-Ciric, Dejan, Bilanzierung des Geschäfts- oder Firmenwerts nach BilMoG, BRZ 2009, 445

Engelen, Christian/Tcherveniachki, Vassil, Die Besteuerung von Bankbetriebsstätten nach den VWG BsGa, IWB 3/2018, 89 (Teil I), 129 (Teil II)

Eppinger, Christoph/Daubner, Steffen/Frik, Roman, Rückstellungen für Urlaubsansprüche – ein Spiegelbild arbeitsrechtlicher Rechtsprechnung, WPg 2018, 91

Ernsting, Ingo, Bilanzierung eines negativen Kaufpreises im Rahmen eines Unternehmenserwerbs, GmbHR 2007, 135

Esser, Ingeborg, Wie sind Immobilien des Anlagevermögens zu bewerten?, WPg 2015, 1077

Esser, Ingeborg/Gebhardt, Christian, Die Bewertung von Immobilien des Anlagevermögens in der Handelsbilanz, WP Praxis 2016, 228

Esser, Ingeborg/Nann, Werner, Bewertung von Immobilien des Anlagevermögens in der Handelsbilanz – Eine Einführung in IDW ERS IFA 2, WPg 2015, 181

Esser, Maik/Hackenberger, Jens, Beteiligungsbewertung im handelsrechtlichen Jahresabschluss – Willkürfreie Wertansätze gemäß IDW RS HFA 10, StuB 2004, 627

Etzbach, Peter/Janning, Johannes, Darlehensverträge mit Unternehmern: Unwirksame Bearbeitungsentgelte in AGB – Zugleich Besprechung der BGH-Urteile vom 04.07.2017 – XI ZR 562/15, DB 2017 S. 2016 und XI ZR 233/16, RS1247602, DB 2017, 2275

Everling, Oliver/Goedeckemeyer, Karl-Heinz, Hrsg. Bankenrating, Normative Bankenordnung in der Finanzmarktkrise, 2. Aufl., Wiesbaden 2015

EXPERTsuisse, Ausgewählte Fragen und Antworten zum neuen Rechnungslegungsrecht, Stand 7.12.2017

FAB/BFA: Auswirkungen der bevorstehenden Ablösung bestimmter Referenzzinssätze auf Abschlüsse nach HGB und IFRS zum 31.12.2018, IDW Life 2019, 134

FAB/BFA: Bilanzielle Behandlung von einmaligen Ausgleichszahlungen für in Euro besicherte Derivate aufgrund der Umstellung der Verzinsung von Barsicherheiten von EONIA auf €STR im Kontext der „IBOR-Reform", IDW Life 2020, 647

Faber, Joachim/Werder, Axel von, Nicht-finanzielle Ziele als Element nachhaltiger Vorstandsvergütung, AG 2014, 608

Farwick, Lars-Oliver, Kosten einer Due Diligence beim Erwerb einer Kapitalgesellschaft – Anschaffungsnebenkosten oder betrieblicher Aufwand?, BC 2016, 165

Farwick, Lars-Oliver, Rückstellung für ungewisse Verbindlichkeiten gegenüber Entschädigungseinrichtungen, Anmerkungen zum Urteil des FG München vom 29.1.2018 – 7 K 1176/16, StuB 2018, 811

Feldgen, René, Anschaffungskosten von Beteiligungen im handelsrechtlichen Jahresabschluss, Steuer- und handelsrechtliche Bilanzierung von Earn-out-Klauseln, NWB 26/2015, 1922

Feldgen, René, Übertragung von Beteiligungen mit gegenläufiger Put- und Call-Option, StuB 2016, 819

Feldhusen, Claire, „Erhebliche Zweifel" bei der Kreditwürdigkeitsprüfung, BKR 2016, 441

Feldhusen, Claire, Bearbeitungsgebühren bei Förderkrediten, WM 2015, 1397

Feldhusen, Claire, Kreditwürdigkeitsprüfung: Wieviel Würdigung erlaubt die Prüfung nach Erlass der Immobiliar-Kreditwürdigkeitsprüfungsleitlinien-Verordnung?, WM 2019, 97

Fest, Timo, Die Auslegung bilanzspezifischer Rechtsbegriffe in Genussrechtsbedingungen unter besonderer Berücksichtigung des Fonds für allgemeine Bankrisiken und die Bindung der Gläubiger an den Jahresüberschuss, zugleich Besprechung des Urteils LG Düsseldorf WM 2019, 498, WM 2019, 1093

Fest, Timo, Katastrophenanleihen, ZBB 2016, 301

Fey, Gerd/Mujkanovic, Robin, Außerplanmäßige Abschreibungen auf das Finanzanlagevermögen, WPg 2003, 212

Fichtner, Andreas/Hartlieb, Jan, Unterschiede zwischen Swaps und Zertifikaten, DB 2013, 2519

Findeisen, Maximilian/Tönningsen, Gerrit, Das Verbot ungedeckter Leerverkäufe – Regelungsinhalt und Reichweite des § 340h WpHG, WM 2011, 1405

Fink, Christian/Theile, Carsten, Anhang und Lagebericht nach dem RegE zum Bilanzrichtlinie-Umsetzungsgesetz, DB 2015, 753

FINMA, Verordnung der Eidgenössischen Finanzmarktaufsicht über die Rechnungslegung (RelV-FINMA, vom 31.10.2019)

FINMA-RS 15/01 Rechnungslegung Banken, Rechnungslegungsvorschriften für Banken, Effektenhäuser, Finanzgruppen und -konglomerate (RVB), Bern 2014, www.finma.ch (abgerufen: 3.9.2014)

FinMin Schleswig-Holstein vom 21.4.2020, Az. VI 304-S2137-345, Bildung von Rückstellungen für Prämienzinsen bei Prämiensparverträgen, StuB 16/2020, 643

FinMin. NRW, Erlass vom 18.7.2018, Steuerbilanzieller Ausweis von Genussrechtskapital, DB 2018, 1762

Fischer, Julian, Flugzeugpfandbriefe – ein bislang noch unerprobtes Refinanzierungsinstrument, Corporate Finance Law 2/2012, 57

Fischer, Marcus/Schmid, Marc, Sind steuerliche Rückstellungen für Stock Appreciation Rights während der Wartezeit noch zulässig?, DStR 2018, 1629

Fischer, Markus, Aufsichtsrechtliche Produktintervention und Tokenplatzierungen, WM 2019, 2004

Fischer, Petra/Flick, Peter/Krakuhn, Joachim, Möglichkeiten und Grenzen zur Übernahme der nach IFRS 9 berechneten Risikovorsorge in die handelsrechtliche Rechnungslegung, IRZ 2014, 435

Fischer, Petra/Flick, Peter/Krakuhn, Joachim, Möglichkeiten und Grenzen zur Übernahme der nach IFRS 9 berechneten Risikovorsorge in die handelsrechtliche Rechnungslegung, KoR 2016, 435 5

Flasshoff, Christian/Mertens, Michael/Sandner, Philipp/Stommel, Sebastian, Distributed-Ledger-Technologie: Die Blockchain als Basis für IT-Sicherheit, BaFin Perspektiven, Ausgabe 1/2018 Digitalisierung

Fleischmann, Michael, Bilanzrechtliche und ertragsteuerliche Behandlung von Investmentfonds, StuB 2002, 216

Flick, Caroline, Bilanzierung von ABS-Transaktionen bei Special Purpose Entities, Der Konzern 2009, 104

Flick, Caroline, Pauschalwertberichtigungen im Kreditgeschäft, ZfgK 2020, 413

Flick, Caroline/Flick, Peter, Bilanzierung von ABS-Transaktionen ohne Abgang der verbrieften Forderungen – Auswirkungen der Finanzmarktkrise auf die Ausgestaltung von ABS-Transaktionen, WPg 2009, 828

Flick, Peter/Mertes, Christian/Meyding-Metzger, Angelika, Bilanzierung einer Herabschreibungsanleihe (AT1-Instrument Typ A) bei Emittent und Investor, WPg 2019, 726

Florstedt, Tim, Die umgekehrte Wandelschuldverschreibung. Eine Kapitalklasse im Spannungsfeld zwischen europäischem Bankrecht und deutschem Aktienrecht, Zeitschrift für das gesamte Handelsrecht und Wirtschaftsrecht, 180. Band (2016), 152

Florstedt, Tim, Zur Haftungsrechtlichen Aufarbeitung von außerbörslichen Cum/ex-Geschäften – Teil I: Die steuerrechtliche Außenhaftung, DStR 2019, 655; Teil II: Der zivilrechtliche Regress als Gesamtschuldnerausgleich, DStR 2019, 695

FMA-Rundschreiben zu Rechnungslegungsfragen bei Zinssteuerungsderivaten und zu Bewertungsanpassungen bei Derivaten gemäß § 57 BWG, Stand: Dezember 2012, *www.fma.gv.at/de/rechtliche-grundlagen/rundschreiben/banken.html*, Abruf am 10.1.2014

Fölsing, Philipp, Aktuelles zur Jahresabschlussprüfung, Bucerius Law Journal 2011, 68

Förster, Guido, Das BMF-Schreiben vom 16.7.2014 zur Teilwertabschreibung, Der Konzern 2014, 256

Förster, Guido, Das neue BMF-Schreiben vom 02.09.2016 zu Teilwertabschreibungen und Wertaufholungen, DB 2016, 2257

Förster, Hartmut/Naumann, Manfred, Erlass zur Dotation von Bankbetriebsstätten – Regulatorischer Hochseilakt im steuerlichen Randgebiet oder Auftakt zu weit reichenden Änderungen der allgemeinen Betriebsstättenbesteuerung in Deutschland – Anmerkungen zu dem BMF-Schreiben vom 29.9.2004, DB 2004, 2337

Forster, Karl-Heinz (Hrsg.), Bankaufsicht, Bankbilanz und Bankprüfung, FS Scholz, Düsseldorf 1985

Franke, Bastian/Wächtershäuser, David, Abgrenzung von Herstellungskosten und Erhaltungsaufwand bei Gebäude in Handels- und Steuerbilanz, BBK 24/2016, 1186

Franke, Bastian/Wächtershäuser, David, Folgebewertung von Immobilien im Anlagevermögen, Berücksichtigung unvorhergesehener Wertminderungen in Handels- und Steuerbilanz, BBK 20/2017, 952

Franken, Lars/Schulte, Jörn, Auswirkungen des IDW RS HFA 10 auf andere Bewertungsanlässe, BB 2003, 2675

Franzen, Dietmar/Schäfer, Klaus, II.1 Grundstrukturen bei Kreditderivaten, in: Burghof/Rudolf/Schäfer/Schönbucher/Sommer (Hrsg.), Kreditderivate, Handbuch für die Bank- und Anlagepraxis, 3., überarbeitete Auflage, Stuttgart 2015

Freckmann, Peter/Rösler, Patrick/Wimmer, Konrad, Schuldverzug und Vorfälligkeitsentschädigung, BankPraktiker 2013, 308

Freiberg, Jens, Berücksichtigung des Kreditrisikos für unbedingte Termingeschäfte, PiR 2014, 255 ff.

Freiberg, Jens, EURIBOR, gleiches Etikett aber anderer Inhalt, PiR 2020, 28

Freigang, Philipp/Schorsch, Sebastian/Huthmann, Andreas, Nutzung des Cost-of-Hedging-Ansatzes nach IFRS 9 für Fremdwährungsbasisspreads, KoR 2018, 207

Freihube, Dirk/Christoffer, Thorsten, Die neue Institutsvergütungsverordnung – Veränderte Spielregeln für Abfindungszahlungen in der Finanzbranche, DB 2018, 827

Freitag, Robert, Die Beendigung des Darlehensvertrages nach dem Schuldrechtsmodernisierungsgesetz, WM 2001, 2370

Freitag, Robert, Negativzinsen im Einlagengeschäft, ZBB 2018, 269

Frey, Lisa/Möller, Manuela, Die handelsrechtliche Ausschüttungssperre gem. § 268 Abs. 8 HGB, Eine Korrekturgröße zum Schutz der Gläubiger, WP Praxis 2014, 195

Friel, Arne, Wandelanleihen mit Pflichtwandlung, Frankfurt 2000

Früh, Andreas, Die Regelungen des § 18 KWG, WM 2002, 1813

Frystatzki, Christian, Die steuerbilanzielle Behandlung von Rangrücktrittsvereinbarungen nach BGHZ 204, 231, DStR 2016, 2479

Fuchs, Markus/Alymov, Andriy, Referenzzinssätze: Phase II des IASB-Projekts zur IBOR-Reform, WPg 2020, 552

Fuchs, Markus/Hargarten, Sebastian/Weinmann, Michael, Put-Optionen über Minderheitsanteile als Stillhalter in Jahres- und HGB-Konzernabschluss, BB 2018, 2475

Fußwinkel, Oliver/Kreiterling, Christoph, Blockchain-Technologie – Gedanken zur Regulierung, BaFin Perspektiven, Ausgabe 1/2018 Digitalisierung

Gaber, Christian, Aktuelle Entwicklungen im handelsrechtlichen Jahresabschluss der Kredit- und Finanzdienstleistungsinstitute, WPg 2015, 121

Gaber, Christian, Ausbuchung von Finanzinstrumenten nach handelsrechtlichen Grundsätzen; Was gilt bei Vertragsanpassungen und Novationen?, WPg 2018, 629

Gaber, Christian, Bankbilanz nach HGB, Praxisorientierte Darstellung der Bilanzierung von Bankgeschäften, 2. Aufl., Stuttgart 2018

Gaber, Christian, Bilanz- und gesellschaftsrechtliche Voraussetzungen einer rechtsfehlerfreien Bildung von Vorsorgereserven nach § 340f, g HGB, WM 2018, 105 (Teil I), 153 (Teil II)

Gaber, Christian, Das (neue) Bilanzrecht der Wertpapierinstitute, ZBB 2021, 412

Gaber, Christian, IDW ERS BFA 3: Verlustfreie Bewertung von zinsbezogenen Geschäften des Bankbuchs, KoR 2012, 196

Gaber, Christian, IDW ERS BFA 7: Bilanzierung von Pauschalwertberichtigungen im handelsrechtlichen Jahres- und Konzernabschluss der Kreditinstitute, DB 2019, 1457

Gaber, Christian, Methoden(-freiheit) zur Bemessung handelsrechtlicher Pauschalwertberichtigungen nach IDW RS BFA 7, WPg 2022, 32

Gaber, Christian/Gorny, Joachim, Bilanzierung strukturierter Zinsprodukte mit multiplen eingebetteten Derivaten nach IAS 39, KoR 2007, 323

Gahlen, Dieter, Bilanzierung von Forderungsverzichten gegen Besserungsschein und von Verlustbeteiligungen aus Mezzanine-Kapital nach HGB und nach IFRS, BB 2009, 2079

Ganter, Gerhard, Die Vorfälligkeitsentschädigung – ein zivilrechtliches Chamäleon?, WM 2016, 1813

Gärtner, Matthias, Rückabwicklung überhöhter Gewinnabführung, AG 2014, 793

Gebhardt, Günther/Strampelli, Stefano, Bilanzierung von Kreditrisiken, BFuP 2005, 513

Gehrer, Judith/Koch, Stefanie/Krakuhn, Joachim, Die neuen Regelungen des IDW ERS BFA 7 zur Ermittlung von Pauschalwertberichtigungen im HGB-Abschluss: Anrechnungsmodell oder IFRS-Methodik, IRZ 2019, 75

Gehrer, Judith/Krakuhn, Joachim/Guderjan, Verena, Pauschalwertberichtigung für latente Adressenausfallrisiken im handelsrechtlichen Jahresabschluss von Kreditinstituten – Die neuen Regelungen des IDW RS BFA 7, IRZ 2020, 123

Gehrs, Anna Margareta/Wörmann, Meike, Bitcoins und Online-Bezahldienste, Bilanzierungsfragen bei Nutzung neuer Zahlungssysteme und digitaler Währungen, WP Praxis 2018, 39

Geier, Bernd M./Mirtschink, Daniel J., OTC-Derivate-Regulierung aus Sicht der Buy- und Sell-Side (EMIR und MiFID II/MiFIR), Corporate Finance Biz 2013, 102

Geisel, Adrian, Hedge Accounting in Zeiten des Negativzinses, WPg 2016, 893

Gelhausen, Hans Friedrich/Althoff, Frank, Die Bilanzierung ausschüttungs- und abführungsgesperrter Beträge im handelsrechtlichen Jahresabschluss nach dem BilMoG, WPg 2009, 584 (Teil 1) und 629 (Teil 2)

Gelhausen, Hans Friedrich/Deubert, Michael/Klöcker, André, Zweckgesellschaften nach BilMoG: Mehrheit der Risiken und Chancen als Zurechnungskriterium, DB 2010, 2005

Gelhausen, Hans Friedrich/Fey, Gerd/Kämpfer, Georg (Hrsg.), Rechnungslegung und Prüfung nach dem Bilanzrechtsmodernisierungsgesetz, Düsseldorf 2009

Gelhausen, Hans Friedrich/Rimmelspacher, Dirk, Wandel- und Optionsanleihen in den handelsrechtlichen Jahresabschlüssen des Emittenten und des Inhabers, AG 2006, 729

Gemeinhardt, Jürgen/Bode, Marcel, Änderungen bei der Bewertung von zu Handelszwecken erworbenen Finanzinstrumenten nach dem BilMoG-Entwurf, StuB 2008, 170

Gerlach, Ingo/Oser, Peter, Ausgewählte Aspekte zur handelsrechtlichen Bilanzierung von Kryptowährungen, DB 2018, 1541

Gerlach, Ingo/Oser, Peter, Handelsrechtliche Behandlung von Implementierungskosten bei SaaS-Verträgen im Rahmen von Cloud Computing, DB 2019, 1969

Gerlach, Thomas, Versteckte Risiken bewerten – Richtig steuern mit dem „Expected Loss" für PWB, BP 6/2022, 218

Gersbacher-Volz, Anna, Bilanzierung von selbst erstellter Software: Praktische und prüfungsrechtliche Herausforderungen, BC 2/2017, 66 (Teil 1), BC 3/2017, 128 (Teil 2)

Geurts, Matthias, Werden Finanzinstrumente mit Wandlungselementen steuerlich gleich behandelt?, RdF 2019, 148

Gill, Juliette/Helios, Marcus, Wirtschaftliches Eigentum bei Wertpapierdarlehen: Muss das BMF jetzt die Schreiben vom 09.07.2021 zur steuerlichen Zurechnung von Aktien revidieren? – Anm. zum BFH vom 29.09.2021 – IR 40/17, DB 2022, S. 641, DB 2022, 1280

Glander, Sven/Blecher, Christian, Die adäquate Abbildung von Zweckgesellschaften im Konzernabschluss, KoR 2011, 467

Glaser, Andreas, Bilanzierung ökonomischer Sicherungsbeziehungen nach deutschem Handelsrecht bei Industrie- und Handelsunternehmen, Dissertation, Hamburg 2015

Glaser, Andreas, Kommentierung von § 254 HGB, in: Hachmeister, D./Kahle, H./Mock, S./Schüppen, M., Bilanzrecht Kommentar, 3. Aufl. 2022

Glaser, Andreas/Hachmeister, Dirk, B 737 Bilanzierung von Sicherungsbeziehungen nach HGB und IFRS, in: BeckHdR, Dezember 2014

Glaser, Andreas/Hachmeister, Dirk, Pflicht oder Wahlrecht zur Bildung bilanzieller Bewertungseinheiten nach dem BilMoG, BB 2011, 555

Glischke, Thomas/Mach, Peter/Stemmer, Dirk, Credit Valuation Adjustments (CVA) – Berücksichtigung von Kontrahentenausfallrisiken bei der Bewertung von Derivaten, Finanz Betrieb 2009, 553

Göbel, Henning/Henkel, Knut/Lantzius-Beninga, Berthold, Berechnung der Bankenabgabe, WPg 2012, 27

Göcke, Torsten, Die Absage einer zur Anzeige eines Verlustes der Hälfte des Grundkapitals einberufenen Hauptversammlung, AG 2014, 119

Goldschmidt, Peter/Meyding-Metzger, Angelika/Weigel, Wolfgang, Änderungen in der Rechnungslegung von Kreditinstituten nach dem Bilanzrechtsmodernisierungsgesetz, Teil 1 und Teil 2, IRZ 2010, 21 (Teil 1), 63 (Teil 2)

Goldschmidt, Peter/Weigel, Wolfgang, Die Bewertung von Finanzinstrumenten bei Kreditinstituten in illiquiden Märkten nach IAS 39 und HGB, WPg 2009, 192

Gomez, Isabel/Neubacher, Bernd, Wenn der Vorstand das Ergebnis massiert. Im Zinstief häufen sich die Manöver von Banken zur Glättung der Gewinn- und Verlustrechnung – Institute ziehen Belastungen vor, Börsenzeitung vom 6.9.2016, 2.

Goslar, Sebastian, Organvergütung nach ARUG II und dem neuen DCGK, DB 2020, 937

Göttgens, Michael, Bilanzielle Behandlung des Bondstripping, WPg 1998, 567

Göttgens, Michael, Einzelfragen der verlustfreien Bewertung von zinsbezogenen Geschäften des Bankbuchs (Zinsbuchs) – Zur Anwendung von IDW RS BFA 3, WPg 2013, 20

Gottschalk, Arno, Anhaltender Streit um die Vorfälligkeitsentschädigung, BankPraktiker 02/2006, 79

Greggers, Timo/Nippel, Peter, Verwässerungsschutz bei Finanzierungsinstrumenten mit Optionselementen am Beispiel von Wandelanleihen, ZfbF 2012, 494

Greitemann, Georg, Die Formbedürftigkeit der Erwerbstreuhand an GmbH-Anteilen, GmbHR 2005, 577

Grieger, Jürgen, Covered Bonds – es ist nicht immer drin, was drauf steht, Immobilien & Finanzierung 2003, 546

Grieser, Utho/Faller, Patrick, Dauerhafte Wertminderung und Teilwertabschreibung auf Aktien und Aktienfonds, DStR 2012, 727

Grigg, Ronny, Die „Betriebswirtschaftliche Auswertung" (BWA) als „weitere Unterlage" zur Erfüllung von § 18 KWG, ZfgK 2000, 1198

Gröne, Matthias/Meyering, Stephan, Passive latente Steuern als Verbindlichkeitsrückstellungen – kein Eckpfeiler des Handelsrechts, DB 2014, 669

Groß, Stefan/Georgius, Alexander/Matheis, Philipp, Aktuelles zur bilanziellen Behandlung von ERP-Systemen, Die Gretchenfrage nach Anschaffung oder Herstellung, DStR 2006, 339

Großfeld, Bernhard, Der Fall Lehman Brothers und das Bilanzrecht, RIW 2010, 504

Grünberger, David, Das credit value adjustment von Derivaten nach IFRS 13, KoR 2011, 410

Grundmann, Stefan, Darlehens- und Kreditrecht nach dem Schuldrechtsmodernisierungsgesetz, BKR 2001, 66

Grüneberg, Christian, Aktuelle Rechtsprechung des XI. Zivilsenats des Bundesgerichtshofs, WM 2017, 1 (Teil I), 61 (Teil II)

Grüneberg, Christian, Leitlinien der Rechtsprechnung des BGH zur Widerrufsbelehrung bei Verbraucherdarlehensverträgen, BKR 2019, 1

Grützner, Dieter, Bildung einer Rückstellung für die Verpflichtung zur Nachbetreuung von Versicherungsverträgen, Anmerkungen zum BFH-Urteil vom 13.7.2017 – IV R 34/14, StuB 2017, 918 ff.

Gstädtner, Thomas, Regulierung der Märkte für OTC-Derivate – ein Überblick über die Regulierung in MiFID II, EMIR und CRD IV, RdF 3.2012, 145

Güldü, Edgar, Die Einlagefähigkeit von Bitcoins und anderen Kryptowährungen nach dem deutschen GmbH- und Aktienrecht, GmbHR 2019, 565

Gutjahr, Petra/Christ, Tassilo/Topper, Jürgen, Bonitätsinduzierte Fair-Value-Änderungen vor dem Hintergrund von financial reporting, common reporting und IFRS, KoR 2014, 249

Haag, Hendrik/Peters, Jan, Aktienrechtsnovelle 2011-2015 – Ermöglichen die Neuregelungen zur „umgekehrten Wandelanleihe" auch die Ausgabe von Pflichtwandelanleihen des bankaufsichtsrechtlichen zusätzlichen Kernkapitals? –, WM 2015, 2303

Haaker, Andreas, Ausschüttungssperre ohne Geltungsbereich, DB 2015, 879

Haaker, Andreas, Bitcoin: „substanzloses" Gold jenseits des IAS 38?, DB Heft 22/2018, M4

Haaker, Andreas, die Grundregeln von Herbert Hax zur Performance-Messung und die Bilanzierung von Kreditrisiken, ZfbF 2012, 71

Haaker, Andreas, Effektivzinsmethode nach IAS 39 im HGB-Abschluss?, PiR 2010, 138

Haaker, Andreas, Rückstellungen für passive latente Steuern, oder: wie eine Jungfrau durch Küssen zum Kinde kommen soll, Replik zu Karrenbrock, StuB 2013, 917, StuB 2013, 920

Haaker, Andreas, Warum die Ausschüttungssperre nach § 272 Abs. 5 HGB-E bei phasengleicher Dividendenrealisation ins Leere läuft, DB 2015, 510

Haaker, Andreas, Zum Schildbürgerstreich einer Rückstellung für latente Steuern, StuB 2013, 247

Haaker, Andreas, Zur Nichtkonsolidierung von zu Handelszwecken gehaltenen Anteilen an Tochterunternehmen, ZfgK 2015, 489 ff.

Haaker, Andreas, Zur verlustfreien Bewertung des Bankbuchs im handels-rechtlichen Jahresabschluss von Kreditinstituten, in: Seicht (Hrsg.), Jahr-buch für Controlling und Rechnungswesen 2012

Haaker, Andreas/Freiberg, Jens, Ausschüttungssperre statt V@R- und Sonder-posten-Eiertanz bei der fair value-Bewertung von Banken?, PiR 2014, 149

Haaker, Andreas/Freiberg, Jens, Dotierung und Auflösung des 340g-Sonder-postens nach § 340e Abs. 4 HGB im Handelsergebnis?, PiR 2014, 53

Haaker, Andreas/Freiberg, Jens, Stetige Ausübung des Abschreibungswahl-rechts nach § 253 Abs. 3 Satz 4 HGB, PiR 2012, 189

Haaker, Andreas/Freiberg, Jens, Stetige Ausübung des Aktivierungswahlrechts für selbst erstellte immaterielle Vermögensgegenstände des Anlagevermö-gens nach § 248 Abs. 2 HGB?, PiR 2013, 160

Haaker, Andreas/Freiberg, Jens, Unbestimmte Rechtsbegriffe wie „besondere Deckung" als Geheimwissenschaft?, PiR 2014, 250

Haaker, Andreas/Freiberg, Jens, Unmöglichkeit der Schätzung der Nutzungs-dauer eines entgeltlich erworbenen goodwill?, PiR 2014, 380

Haaker, Andreas/Velte, Patrick, Zur Geschichte der Zeitwertbilanzierung in Deutschland, Zeitschrift für Unternehmensgeschichte Nr. 1 2013, 73

Haarmann, Wilhelm, Die Relevanz der Rückgewährverpflichtung eines Wert-papierdarlehens für den Übergang des wirtschaftlichen Eigentums – zu-gleich ein Beitrag zur Zweckrichtung des § 39 AO, BB 2018, 1623

Haas, Stefan/David, Katrin/Skowronek, Thomas, Aktuelle Anwendungsfragen bei der Abzinsung von sonstigen Rückstellungen nach BilMoG, KoR 2011, 483

Habel, Falk-Michael, Bank-Checklisten für Sanierungsgutachten, BankPrak-tiker 2006, 112

Habersack, Mathias, „Klöckner" und das KWG, AG 2009, 801

Habersack, Mathias/Mülbert, Peter O./Schlitt, Michael, Unternehmensfinan-zierung am Kapitalmarkt, 3. Aufl. Köln 2013

Hachmeister, Dirk/Glaser, Andreas, Finanzanlagevermögen nach HGB und EStG, Handbuch des Jahresabschlusses in Einzeldarstellungen (HdJ), Abt. II/4 (November 2015)

Hachmeister, Dirk/Kahle, Holger/Mock, Sebastian/Schüppen, Matthias, Bi-lanzrecht Kommentar, 3. Aufl. 2022

Haddad, Narbeh/Henrich, Tilmann/Wolz, Matthias, Passive latente Steuern als Verbindlichkeitsrückstellungen im Spiegel widerstreitender Perspektiven, Eine Rückbesinnung auf die Eckpfeiler des Handelsrechts, StuB 2013, 679

Hageböke, Jens/Hennrichs, Joachim, Organschaft: Der Gesetzeszweck der Ausschüttungssperre in § 253 Abs. 6 Satz 2 HGB n.F. als Thesaurierungs-grund i.S.v. § 14 Abs. 1 Satz 1 Nr. 4 KStG, DB 2017, 18

Hagemann, Thomas, Die neue Bewertung rückgedeckter Pensionszusagen nach IDW RH FAB 1.021 – der Wunsch als Vater des Gedankens, DB 2022, 953

Häger, Michael/Elkemann-Reusch, Manfred, Mezzanine Finanzierungsinstrumente – Stille Gesellschaft – Nachrangdarlehen – Genussrechte – Wandelanleihen, München 2007

Hahne, Klaus D., Auswirkungen der BIAO-Entscheidung des BFH auf die Anwendung pauschalierter Bewertungsverfahren, BB 2006, 91

Hahne, Klaus D., Auswirkungen der Options-Entscheidung des BFH auf die Bilanzierung von Bürgschaften und Kreditgarantien, BB 2005, 819

Hahne, Klaus D., Behandlung des Emissionsdisagios in der Handels- und Steuerbilanz, DB 2003, 1397

Hahne, Klaus D., Das Emissionsdisagio in der Steuerbilanz – zunehmende Rechtsunsicherheit, Die Bank 2003, 598

Hahne, Klaus D., Steuerbilanzielle Behandlung der Ausgabe von Options- und Wandelanleihen beim Emittenten – Unter Berücksichtigung der BFH-Urteile I R 3/04 und I R 26/04 vom 30.11.2005, StuB 2006, 295

Hahne, Klaus D./Liepolt, Petra, Steuerbilanzielle Bewertung von Stillhalterverpflichtungen aus Optionsgeschäften, DB 2006, 1329

Haisch, Martin L./Bindl, Elmar, Stripbare Anleihen: Produkt und Besteuerung, Corporate Finance Law 2010, 319

Haisch, Martin, BFH: Gezahlte Optionsprämie als Teil der Anschaffungskosten der nach Optionsausübung zum Basispreis erworbenen Aktien, RdF 2019, 343

Haisch, Martin, BFH: Keine Teilwertabschreibung auf Verpflichtung aus Umtauschanleihe bei Deckungsbestand, BB 2019, 2481

Haisch, Martin, Handels- und steuerbilanzielle Behandlung von echten strukturierten Finanzinstrumenten, RdF 2.2018, 159

Haisch, Martin, Jüngste Entwicklungen bei der Besteuerung von Wertpapierdarlehensgeschäften, Der Konzern 2016, 278

Haisch, Martin/Helios, Marcus, Aktuelle Praxisfragen der steuerlichen Zeitwertbilanzierung von Finanzinstrumenten nach BilMoG, RdF 2011, 272

Hamacher, Rolfjosef, Geschäfte an der DTB steuerlich (III): Die Wertpapierleihe, Die Bank 1990, 34

Hamberger, Karl/Diehm, Andreas, Veräußerung von Non-Performing Loans: Motive, Auswirkungen, Lösungsansätze, Die Bank 2004, 182

Hamminger, Alexander, Rangrücktritt – aktuelle Bestandsaufnahme gelöster und offener Fragen, Rechtssichere Gestaltung weiter fraglich, NWB 31/2016, 2359

Hanenberg, Ludger, Die neuen Vorschriften zur Rechnungslegung der Finanzdienstleistungsinstitute, WPg 1999, 85

Hanke, Christian, Änderung bei der Bilanzierung von Software beim Anwender, Neufassung der IDW RS HFA 11 n.F., BC 2018, 164

Hanke, Stefan/Adler, Angela, Keine Gleichbehandlung von Unternehmen und Verbrauchern bei der Rückforderung von Bearbeitungsentgelten, WM 2015, 1313

Hannen, Ina, Financial Covenant Management, Controlling und Compliance, DB 2012, 2233

Hänsch, Falco, Rückstellungen für Verpflichtungen aus Altersteilzeitverträgen, BMF schließt sich der aktuellen BFH-Rechtsprechung zum Nachteilsausgleich an, BBK 24/2018, 1156

Hanten, Marion/Hanten, Mathias, Die neue Bankenabgabe, WM 2017, 649

Hanten, Mathias, Der europäische Pass für Zweigniederlassungen von Kredit- und Finanzdienstleistungsinstituten aus deutscher Sicht, ZBB 2000, 245

Hanten, Mathias/Sacarcelik, Osman, Zivilrechtliche Einordnung von Kryptowährungen und ICO-Token und ihre Folgen, RdF 2019, 124

Hanten, Mathias/Stump, Philipp, Finanzinstrumentsdefinition als Gateway in die Beaufsichtigung am Beispiel von Kryptowährungen, Initial Coin Offerings und Kundenbindungsprogrammen, RdF 2018, 189

Happe, Rüdiger, Ausweis und Buchungen bei Investmentfonds im Betriebsvermögen, BBK 23/2021, 1109

Happe, Rüdiger, Berechnung latenter Steuern, Elektronische Arbeitshilfe zur Wertermittlung, BBK 21/2019, 1037

Happe, Rüdiger, Bilanzierung und Besteuerung von Investmentfonds im Betriebsvermögen, Ausweis bilanzieller Sonderposten in der Steuerbilanz, BBK 22/2019, 1069

Happe, Rüdiger, Rückstellungen für ausstehenden Urlaub, Elektronische Arbeitshilfe zur Wertermittlung nach Handels- und Steuerrecht, BBK 15/2021, 721

Happe, Rüdiger, Rückstellungen für die Nachbetreuung von Versicherungsverträgen, BBK 1/2012, 23 ff.

Happe, Rüdiger, Stichtagsbezogene Anpassung einer Ansammlungsrückstellung, BBK 5/2017, 244

Happe, Rüdiger, Wertansätze der Rückstellungen für Jubiläumszusagen, BBK 22/2018, 1053

Harbarth, Stephan/Plettenberg, Hanno Freiherr von, Aktienrechtsnovelle 2016: Punktuelle Fortentwicklung des Aktienrechts, AG 2016, 145

Hardtmann, Guido/Holzheimer, Dirk, Neue Bankenabgabe, Bilanzierung und Unternehmensbewertung, Die Bank 12.2015, 12

Harenberg, Friedrich E., Die neuen Stripped Bonds des Bundes und ihre Besteuerung, NWB Fach 3, 10145

Harnos, Rafael, Harte externe Patronatserklärung in der Insolvenz, ZIP 2017, 1149

Hartmann-Wendels, Thomas/Pfingsten, Andreas/Weber, Martin, Bankbetriebslehre, 6. Aufl., Berlin Heidelberg 2015

Hartrott, Sebastian/Goller, Sascha, Immobilienfonds nach dem Kapitalanlagegesetzbuch, BB 2013, 1603

Hashagen, Jörg/Auerbach, Dirk, Bilanzierung und Bewertung von Kreditderivaten, Die Bank 1998, 625

Häuselmann, Holger, Bilanzsteuerliche Erfassung börsengehandelter Aktienindex-Fonds (Exchange Traded Funds – ETF), FB 2003, 177

Häuselmann, Holger, Das Ende des „Steuerschlupfloches" Wertpapierleihe – Die Erfassung von Aktienleihgeschäften nach § 8b Abs. 10 KStG in der Fassung des Unternehmenssteuerreformgesetzes 2008, DStR 2007, 1379

Häuselmann, Holger, Die steuerliche Erfassung von Pflichtwandelanleihen, BB 2003, 1531

Häuselmann, Holger, Hybride Finanzinstrumente, München 2019

Häuselmann, Holger, Rangrücktritt versus Forderungsverzicht mit Besserungsabrede, BB 1993, 1552

Häuselmann, Holger, Repo-Geschäfte in der Steuerbilanz, BB 2000, 1287

Häuselmann, Holger, Restrukturierung von Finanzverbindlichkeiten und ihre Abbildung in der Bilanz, BB 2010, 944

Häuselmann, Holger, Wandelanleihen in der Handels- und Steuerbilanz des Emittenten, BB 2000, 139

Häuselmann, Holger, Zur Bilanzierung von Investmentanteilen, insbesondere von Anteilen an Spezialfonds, BB 1992, 312

Häuselmann, Holger/Wiesenbart, Thomas, Die Bilanzierung und Besteuerung von Wertpapier-Leihegeschäften, DB 1990, 2129

Hauser, Markus/Stoffers, Dieter, IT-fachliche Prozessunterstützung zur Bildung pauschalierter Einzelwertberichtigungen, ForderungsPraktiker 1/2009, 36

Hecker, Andreas/Bröcker, Norbert, Die CSR-Berichtspflicht in der Hauptversammlungssaison 2018, AG 2017

Hecker, Renate/Klein-Wiele, Christian, Echte und vermeintliche Wirkungen der Nacht- und Nebel-Aktion des IASB – Eine empirische Bestandsaufnahme bei deutschen Banken, WPg 2011, 151

Heibel, Christoph Johannes, Kreditwürdigkeitsprüfung: Immobiliar-Verbrau- cherdarlehen, BP 2016, 330

Heidel, Thomas (Hrsg.), Aktienrecht und Kapitalmarktrecht, 3. Aufl.

Heidel, Thomas/Schall Alexander, Kommentar Bilanzierungsvorschriften, Spezialkommentar zu den §§ 238 – 342e HGB, Düsseldorf 2019

Heidner, Hans-Hermann, Die rechtsgeschäftliche Treuhand in Zivil- und Insolvenzrecht, DStR 1989, 276

Heine, Joachim/Lechner, Florian, Die unentgeltliche Auskehrung von Sachwerten bei börsennotierten Aktiengesellschaften, AG 2005, 269

Heinek, Dirk/von Behr, Georg, Änderung der IDW-Verlautbarung zur Einholung von Bestätigungen Dritter, Darstellung der wesentlichen Neuerungen des IDW EPS 302 n.F., WP Praxis 2014, 257

Heinsen, Martina, „Liquiditätsauszahlung" einer Fondsgesellschaft als handelsrechtlicher Beteiligungsertrag?, WPg 2017, 511

Heinsen, Oliver, Die neuen Verwaltungsgrundsätze zur Betriebsstättengewinnaufteilung (VWG BsGa) – Zehn wichtige Neuerungen, DB 2017, 85

Heise, Frederik/Koelen, Peter/Dörschell, Andreas, Bilanzielle Abbildung von Sicherungsbeziehungen nach IFRS bei Vorliegen einer Late Designation, WPg 2013, 310

Helios, Marcus, BFH: Teilwertabschreibung auf Anteile an offenen Immobilienfonds, deren Ausgabe und Rücknahme endgültig eingestellt ist, RdF 2019, 264

Helios, Marcus, Steuerbilanzielle Behandlung von Close-Out-Zahlungen bei vorzeitiger Auflösung von Zinsswaps – Wann und wie endet eine Bewertungseinheit?, DB 2012, 2890

Helios, Marcus/Kröger, Tobias, Aktuelle steuerliche Rechtsfragen von Rangrücktrittsvereinbarungen, Zugleich Anmerkung zum BFH-Urteil v. 15.4.2015 – I R 44/14, DStR 2015, 1551, DStR 2015, 2478

Helios, Marcus/Kröger, Tobias, Erwerb, Weiterveräußerung und Einziehung eigener Anteile – steuerliche Behandlung nach dem BMF-Schreiben vom 27.11.2013, RdF 2014, 156

Helios, Marcus/Schlotter, Carsten, Teilwertabschreibungen in der Steuerbilanz nach dem BMF-Schreiben vom 16.7.2014, RdF 2015, 52

Helke, Iris/Bär, Michael, Umtauschprogramm für Griechenlandanleihen: wesentliche Auswirkungen unter IFRS und HGB, RdF 2012, 336

Henckel, Niels, Zugangsklassifizierung und Umwidmung von Wertpapieren in handelsrechtlichen Abschlüsse, IDW RH HFA 1.014 neu gefasst, StuB 2022, 505

Henckel, Niels-Frithjof, Neue Heubeck-Richttafeln RT 2018 G zur Bewertung von Altersversorgungsverpflichtungen, WP Praxis 2018, 376

Hennecke, Richard, „Darf ich in Bitcoin bezahlen?" – Geldwäscherisiken für Industrie- und Handels-Unternehmen bei Bitcoin-Transaktionen, CCZ 2018, 120

Hennrichs, Joachim, Zur handelsrechtlichen Beurteilung von Bewertungseinheiten bei Auslandsbeteiligungen, WPg 2010, 1185

Herfs, Achim/Leyendecker, Benjamin, Sacheinlageprüfung und Differenzhaftung beim Debt-to-Convertible Swap, AG 2018, 213

Hermesmeier, Timo/Heinz, Stephan, Die neue Gewinnausschüttungssperre nach § 272 Abs. 5 HGB i.d.F. BilRUG, DB 2015, Beilage 05 zu Heft 36, 20

Hermesmeier, Timo/Heinz, Stephan, Die neue Gewinnausschüttungssperre nach § 272 Abs. 5 HGB i.d.F. BilRUG, DB 2015, Beilage 05 zu Heft 36, 20

Herresthal, Carsten, Die Rechtsfolgen einer Richtlinienwidrigkeit der Musterwiderrufsbelehrung bei Verbraucherdarlehen, Zugleich Besprechung EuGH v. 26.3.2020 – Rs. C-66/19, ZIP 2020, 663 – Kreissparkasse Saarlouis, ZIP 2020, 745

Herzig, Norbert/Briesemeister, Simone/Joisten, Christian/Vossel, Stephan, Component approach im Handels- und Steuerbilanzrecht – Anmerkungen zu IDW RH HFA 1.016, WPg 2010, 561

Herzig, Norbert/Joisten, Christian, Bilanzierung von Abschlussgebühren für Darlehensverträge als Rechnungsabgrenzungsposten, DB 2011, 1014

Herzig, Norbert/Liekenbrock, Bernhard, Bilanzierung von Steuerrückstellungen nach BilMoG und IDW RS BFA 34, DB 2013, 409

Heuer, Marco/Jung, Jean Peter, Dotationskapital bei inländischen Bankbetriebsstätten nach der BsGaV, IWB 2020, 159

Heuter, Henning, Zinsänderungsrisiko im Bankbuch und Liquiditätsrisiko, in: Cramme/Gendrisch/Gruber/Hahn, Handbuch Solvabilitätsverordnung, Stuttgart 2007

Hildner, Alicia/Danzmann, Max, Blockchain-Anwendungen für die Unternehmensfinanzierung, Corporate Finance 2017, 385

Hillebrandt, Marc-André/Schulenburg, Simon, Bewertung von Pensionsrückstellungen im Niedrigzinsumfeld, WPg 2019, 202

Hillen, Karl-Heinz, Verlustfreie Bewertung im Bankbuch nach IDW ERS BFA 3, WPg 2012, 596

Hingst, Kai-Michael/Neumann, Karl-Alexander, Bitcoin-Handel als Anwendungsfall der Regulierung „virtueller Währungen", Zugleich eine Besprechung von KG Berlin, 25.9.2018 – (4) 161 Ss 28/18 (35/18), Compliance-Berater 2019, 254

Hingst, Karl-Michael/Neumann, Karl-Alexander, Bitcoin-Handel als Anwendungsfall der Regulierung „virtueller Währungen", Zugleich eine Besprechung von KG Berlin, 25.9.2018 – (4) 161 Ss 28/18 (35/18), Compliance-Berater 2019, 254

Hinrichs, Lars/Kock, André/Langhans, Dorothea, Vergütung nach der Institutsvergütungsverordnung 3.0, DB 2018, 1921

Hinze, Anne-Kathrin/Menk, Michael Torben/Mies, Michael, Kriseninstrument Contingent Convertible Bond: Struktur und aktuelle Entwicklungen der Bilanzierung, ZBB 2017, 95

Hippeli, Michael, Wertpapierdarlehen bei öffentlichen Übernahmen, AG 2017, 771

Hoene, Philipp/Eickmann, Marco, Zur Formbedürftigkeit von Wandeldarlehen, GmbHR 2017, 854

Hofele, Johannes, Laufzeitunabhängige Bearbeitungsentgelte für Darlehen in Banken-AGB unzulässig, BBK 22/2017, 1066

Höfer, Reinhold/Lange, Stephan/Eisenach, Manfred, Zur handelsbilanziellen Bewertung unmittelbarer Versorgungszusagen mit Rückdeckungsversicherungen, DB 2022, 409

Hoffmann, Andreas/Wenzel, Klaus, Überprüfung der Werthaltigkeit von Beteiligungen, Durchführung des Wertminderungstests im Rahmen der Jahresabschlusserstellung, BBK 2014, 371

Hoffmann, Jürgen, Einige Zweifelsfragen zur Konsolidierungspflicht von Zweckgesellschaften nach § 290 Abs. 2 Nr. 4 HGB, DB 2011, 1401

Hoffmann, Ralf, Sind stille Beteiligungen zwingend Teilgewinnabführungsverträge?, FB 2005, 373

Hoffmann, Sebastian/Lahmann, Alexander, Negative Zinsen in der Fair-Value-Bewertung derivativer Finanzinstrumente, WPg 2016, 1274

Hoffmann, Volker H./Knierim, Thomas C., Falsche Berichterstattung des Abschlussprüfers, BB 2002, 2275

Hoffmann, Wolf-Dieter, Abzinsung von Verbindlichkeiten und Rückstellungen im Konzernverbund – Anmerkungen zu dem BMF-Schr. v. 25.5.2005 – IV B 2 – S 2175 – 7/05, GmbHR 2005, 972

Hoffmann, Wolf-Dieter, Ausbuchung ohne Realisation, StuB 2015, 81

Hoffmann, Wolf-Dieter, Bilanzierung des qualifizierten Rangrücktritts, StuB 2016, 285

Hoffmann, Wolf-Dieter, Die Versetzung in einen betriebsbereiten Zustand als Bilanzierungstatbestand – insbesondere bei der ERP-Software, StuB 2004, 145

Hoffmann, Wolf-Dieter, Lehren aus der bayrischen Großbanken-Fusion für die Bilanzierungs- und Prüfungspraxis in Deutschland, DB 2000, 485

Hoffmann, Wolf-Dieter, Nachbetreuungskosten als Bewertungsobjekt, StuB 2014, 509

Hoffmann, Wolf-Dieter, Passivierung von Optionsprämien beim Stillhalter als Verbindlichkeit – Anmerkungen zum BFH-Urteil vom 18.12.2002 – I R 17/02, StuB 2003, 543

Hoffmann, Wolf-Dieter, Voraussichtlich dauernde Wertminderung bei börsennotierten Aktien – Anm. zum BFH-Urteil vom 26.9.2007 – I R 58/06 (DB 2008, S. 214), DB 2008, 260

Hoffmann, Wolf-Dieter/Lüdenbach, Norbert, Neues zur voraussichtlich dauernden Wertminderung des abnutzbaren Anlagevermögens, DB 2009, 577

Hoffmann, Wolf-Dieter/Lüdenbach, Norbert, NWB-Kommentar Bilanzierung, 13. Aufl., Herne 2022

Hofmann, Christian, Die Pflicht zur Bewertung der Kreditwürdigkeit, NJW 2010, 1782

Hofmann, Günter, Systemprüfung des Kreditgenehmigungsprozesses auf Basis der MaK, ZIR 2003, 19

Hoheisel, Michael, Wirtschaftliches Eigentum bei Mitunternehmeranteilen, Anmerkung zum BFH-Urteil vom 1.3.2018 – IV R 15/15, StuB 2018, 660

Höhlein, Thomas/Weiß, Hagen, Krypto-Assets, ICO und Blockchain: prospektrechtliche Perspektive und aufsichtsrechtliche Praxis, RdF 2018, 116

Hohmann, Ralf, Wertpapierleihe und Repos – Kosten und Risiken, Die Bank 4.2014, 41

Hölldampf, Tilman, Zur zutreffenden Einordnung der „Kaskadenverweis"-Entscheidung des EuGH v. 26.3.2020 = WM 2020, 688, WM 2020, 907

Hölscher, Reinhold/Helms, Nils/Schneider, Jochen, Verlustfreie Bewertung des Zinsbuchs gemäß IDW RS BFA 3, WPg 2017, 1076

Hölters, Wolfgang (Hrsg.), Aktiengesetz, 2. Aufl., München 2014

Holzheimer, Dirk, Änderungen im Jahresabschluss und Lagebericht von Factoring- und Finanzierungsleasinggesellschaften durch Berücksichtigung der §§ 340 ff. HGB und der Verordnung über die Rechnungslegung der Kreditinstitute und Finanzdienstleistungsinstitute (RechKredV), in: IDW Sonderdruck, Düsseldorf 2010, 31

Hommel, Michael/Laas, Stefan, Währungsumrechnung im Einzelabschluss – die Vorschläge des BilMoG-RegE, BB 2008, 1666

Hommel, Michael/Stein, Noellè-Alicia/Ummenhofer, Theresa, Neue Rückstellungskriterien des BFH, WPg 2021, 80

Hossfeld, Christopher, Der Ausweis von Optionen im Jahresabschluss von Kreditinstituten, DB 1997, 1241

Hötzel, David/Krüger, Fabian/Niermann, Marcus/Scherer, Lukas/Lehmann, Daniel U., Unternehmensfinanzierung durch Ausgabe von Kryptotoken – Besteuerung in Deutschland und in der Schweiz, ifst-Schrift 533, Berlin 2020

Huber, Matthias, Die aktuellen Entscheidungen des Bundesgerichtshofs zur Vorfälligkeitsentschädigung – Eine kritische Stellungnahme, WM 2017, 665

Hüttermann, Kai/Lleshaj, Denisa, Entwicklung des Marktes für Credit Default Swaps, Corporate Finance 2018, 28

IDW (Hrsg.), Bilanzierung von „grünen" Finanzierungen, Stand 19.7.2021, www.idw.de (abgerufen am 7.9.2021)

IDW BFA, Ausweis von Provisionserträgen und Erträgen aus Finanzgeschäften in den Jahresabschlüssen von Finanzdienstleistungsinstituten, FN 2000, 480

IDW BFA, BaFin, Inhalte der Jahresabschlussprüfung 2013, FN 2013, 519

IDW BFA, Berichterstattung über die 101. Sitzung, FN 1982, 125

IDW BFA, Berichterstattung über die 103. Sitzung, FN 1983, 4 und 39

IDW BFA, Berichterstattung über die 111. bis 118. Sitzung des BFA, FN 1986, 447

IDW BFA, Berichterstattung über die 189. Sitzung, FN 2004, 697

IDW BFA, Berichterstattung über die 209. Sitzung, FN 2010, 31

IDW BFA, Berichterstattung über die 214. Sitzung des BFA, FN 2010, 578

IDW BFA, Berichterstattung über die 237. Sitzung des BFA, FN 2013, 64

IDW BFA, Berichterstattung über die 244. Sitzung des BFA, FN 2013, 501

IDW BFA, Berichterstattung über die 247. Sitzung des BFA, FN 2014, 102

IDW BFA, Berichterstattung über die 256. Sitzung des BFA, FN 2015, 101

IDW BFA, Berichterstattung über die 258. Sitzung des BFA, FN 2015, 239

IDW BFA, Berichterstattung über die 261. Sitzung des BFA, FN 2015, 448

IDW BFA, Berichterstattung über die 263. Sitzung des BFA, IDW Life 2016, 57

IDW BFA, Berichterstattung über die 268. Sitzung des BFA, IDW Life 2016, 732

IDW BFA, Berichterstattung über die 278. Sitzung des BFA, IDW Life 2017, 1100

IDW BFA, Berichterstattung über die 315. Sitzung des BFA, IDW Life 2020, 1034

IDW BFA, Berichterstattung über die 333. Sitzung, Verbot der Kompensation zwischen verschiedenen Teilportfolien, IDW Life 2022, 595 f.

IDW BFA, Stellungnahme 1/1969, Fragen zu den Bilanzierungsrichtlinien und den Richtlinien für den Inhalt der Prüfungsberichte zu den Jahresabschlüssen der Kreditinstitute, WPg 1969, 206

IDW BFA, Stellungnahme 1/1971, Bilanzmäßige Behandlung der Differenz aus der Aufrechnung zurückgekaufter und dem Treuhänder zur Verwahrung übergebener eigener Schuldverschreibungen, WPg 1972, 18

IDW BFA, Stellungnahme 1/1987, Zur Prüfung von Fazilitäten, WPg 1987, 301

IDW BFA, Stellungnahme 1/1990, Zur Bildung von Pauschalwertberichtigungen für das latente Kreditrisiko im Jahresabschluss von Kreditinstituten, WPg 1990, 321

IDW BFA, Stellungnahme 1/1995, Bilanzierung des Fonds zur bauspartechnischen Absicherung, WPg 1995, 374

IDW BFA, Stellungnahme 2/1971, Bewertung von Wertpapieren bei Kreditinstituten in Sonderfällen, WPg 1972, 46

IDW BFA, Stellungnahme 2/1982, Auflösung stiller Reserven durch Veräußerungsgeschäfte, WPg 1982, 548

IDW BFA, Verlautbarung des Bankenfachausschusses zur Anwendung des gemilderten Niederstwertprinzips bei per Termin angeschafften Wertpapieren, WPg 1983, 647

IDW BFA/FAB: Folgen des Wechsels der zentralen Gegenpartei nach HGB, IDW Life 08.2022, 644

IDW ERS HFA 13, Entwurf einer Neufassung der IDW-Stellungnahme zur Rechnungslegung: Einzelfragen zum Übergang von wirtschaftlichem Eigentum und zur Gewinnrealisierung nach HGB (IDW ERS HFA 13 nF), FN 2007, 83, WPg Supplement 1/2007, 69

IDW FAB, Berichterstattung über die 268. Sitzung: Sofortabschreibung sog. digitaler Vermögensgegenstände in der Handelsbilanz, IDW Life 2022, 595

IDW HFA 1/1986, Zur Bilanzierung von Zero-Bonds, WPg 1986, 248

IDW HFA 1/1989, Zur Bilanzierung beim Leasinggeber, WPg 1989, 625

IDW HFA 1/1989, Zur Bilanzierung beim Leasinggeber, WPg 1989, 625

IDW HFA 1/1994, Zur Behandlung von Genussrechten im Jahresabschluss von Kapitalgesellschaften, WPg 1994, 419 und WPg 1998, 891 (Ergänzung) und FN 1998, 523

IDW HFA 2/1996, Zur Bilanzierung von Zuschüssen, WPg 1996, 709

IDW HFA, Anwendungsfragen zum HGB i.d.F. des Bilanzrichtlinie-Umsetzungsgesetzes, IDW Life 2016, 51

IDW HFA, Ausschüttungsgesperrte Rücklage nach § 272 Abs. 5 HGB, IDW Life 2015, 616

IDW HFA, Berichterstattung über die 201. Sitzung des HFA, FN 2006, 367

IDW HFA, Berichterstattung über die 204. Sitzung des HFA, FN 2006

IDW HFA, Berichterstattung über die 205. Sitzung des HFA, FN 2007, 107

IDW HFA, Berichterstattung über die 208. Sitzung des HFA, FN 2007, 506

IDW HFA, Berichterstattung über die 215. Sitzung des HFA, FN 2009, 322

IDW HFA, Berichterstattung über die 222. Sitzung des HFA, FN 2011

IDW HFA, Berichterstattung über die 227. Sitzung des HFA, FN 2012, 321 f.

IDW HFA, Berichterstattung über die 232. Sitzung des HFA, FN 2013, 256

IDW HFA, Berichterstattung über die 233. Sitzung des HFA: Ergänzung der Berichterstattung zu FN S. 433, FN 2013, 500

IDW HFA, Berichterstattung über die 237. Sitzung des HFA, FN 2014, 595

IDW HFA, BGH-Urteil zu Rangrücktritt mit Entpassivierung im Überschuldungsstatus, IDW-Life 2016, 1000

IDW HFA, Bilanzierung bestrittener Steuerforderungen und -schulden nach HGB, IDW Life 2017, 528

IDW HFA, Einholung von Bankbestätigungen im Rahmen der Abschlussprüfung, FN 2011, 752

IDW HFA, Ergänzende Prüfung des nichtfinanziellen Berichts gemäß § 317 Abs. 2 Satz 5 Halbsatz 2 HGB, IDW Life 2018, 635

IDW HFA, Geänderter Entwurf einer Verlautbarung zur Währungsumrechnung im Jahres- und Konzernabschluss, WPg 1986, 664

IDW HFA, Rückstellung für ungewisse Verbindlichkeiten für ein in bar zu erfüllendes Aktienoptionsprogramm, IDW Life 2017, 1229

IDW HFA: (Konzern-)Anhangangaben zu mit dem beizulegenden Zeitwert bewerteten Finanzinstrumenten (§§ 285 Nr. 20, 314 Abs. 1 Nr. 12 HGB i.d.F. des CSR-Richtlinie-Umsetzungsgesetz), IDW Life 2018, 312

IDW HFA: Anwendungsfragen im Zusammenhang mit den Neuregelungen des § 253 HGB zur Bewertung von Altersversorgungsverpflichtungen, IDW Life 2016, 304 ff.

IDW HFA: BGH-Urteil zu Rangrücktritt mit Entpassivierung im Überschuldungsstatus, IDW Life 2016, 1000

IDW Kompakt, Bewertung von Schuldtiteln des Kapitalanlagebestands von Versicherungsunternehmen bei Rating-Herabstufungen, WPg 2009, 1207

IDW ÖFA, Berichterstattung über die 113. Sitzung des ÖFA, FN 2014, 677

IDW Positionspapier, Zukunft der Berichterstattung, Nachhaltigkeit (Stand 14.6.2017), www.idw.de

IDW RS BFA 1 (zitiert: IDW RS BFA 1 aF), IDW Stellungnahme zur Rechnungslegung: Bilanzierung von Kreditderivaten (Stand: 4.12.2001, FN 2002, 61

IDW SABI 2/1987, Zum Grundsatz der Bewertungsstetigkeit (§ 252 Abs. 1 Nr. 6 HGB) und zu den Angaben bei Abweichungen von Bilanzierungs- und Bewertungsmethoden (§ 284 Abs. 2 Nr. 3 HGB), WPg 1988, 48

IDW VFA, Berichterstattung über die 159. Sitzung des VFA, FN 2006, 96

IDW VFA, Einzelfragen zur Bilanzierung von Versicherungsunternehmen vor dem Hintergrund der Finanzmarktkrise, FN 2009, 63

IDW VFA, Investitionen in Anleihen hochverschuldeter Staaten des Euroraums: Anlageangaben und Risikoberichterstattung, FN 2011

IDW VFA, Zur Bewertung von Kapitalanlagen bei Versicherungsunternehmen, FN 2002, 647

IDW VFA/BaFin, Prüfungsbericht von Versicherungsunternehmen, FN 2010

IDW Visuell, IDW RS HFA 36 n.F., WPg 2016, 1282

IDW vom 19.12.2008, Besondere Prüfungsfragen im Kontext der aktuellen Wirtschafts- und Finanzmarktkrise, WPg 2009, 77 und www.idw.de

IDW WFA 1/1984, Zur Bilanzierung von Gebühren bei Modellen zur Kapitalanlage in Immobilien, WPg 1985, 59 (2016 aufgehoben, IDW Life 2016, 206

IDW WFA, Verlautbarung: BFH-Urteil zur bilanziellen Behandlung von Ausbietungsgarantien, FN 1995, 465

IDW, „Die fachliche Frage", IDW Life 2017, 822

IDW, „Die fachliche Frage", IDW Life 2020, 498

IDW, „Die fachliche Frage", IDW Life 2021, 1122

IDW, „Die fachliche Frage", IDW Life 2021, 374

IDW, Bericht des Abschlussprüfers über die Durchführung vereinbarter Untersuchungshandlungen (Bankenabgabe), FN 2014, 391

IDW, Berichterstattung über die 211. Sitzung des HFA, FN 2008, 195; WPg 2008, 526

IDW, Bewertung von Kapitalanlagen von Versicherungsunternehmen nach den für Anlagevermögen geltende Vorschriften nach § 341b Abs. 2 Satz 1 HGB, FN 2009, 64

IDW, Die fachliche Frage, Lässt es sich mit dem Vorsichtsprinzip rechtfertigen, die Aktien in der Handelsbilanz per 31.12.2019 mit einem Buchwert von 15 EUR/Aktie anzusetzen, IDW Life 2020, 624

IDW, Die fachliche Frage: Inwieweit dürfen Ersatz- oder Rückgriffsansprüche bei der Bewertung von Rückstellungen im handelsrechtlichen Abschluss berücksichtigt werden, IDW Life 2018, 663

IDW, Die fachliche Frage: Angabe zu Restlaufzeiten für Kontokorrentverbindlichkeiten, IDW Life 2016, 334

IDW, Die fachliche Frage: Bilanzielle Behandlung einer noch nicht in das Handelsregister eingetragenen Erhöhung des Stammkapitals, IDW Life 2019, 534

IDW, F & A zu IDW S 1 i.d.F. 2008, Fragen und Antworten: Zur praktischen Anwendung der Grundsätze zur Durchführung von Unternehmensbewertungen nach IDW S 1 i.d.F. 2008, FN 2014, 293 ff.

IDW, FAB und BFA: Bilanzielle Abbildung der Umstellung des Referenzzinssatzes von Derivaten (insb. Zinsswaps) infolge der IBOR-Reform nach HGB und IFRS, IDW Life 2021, 1436

IDW, Fachlicher Hinweis (Teil 1), Auswirkungen der Ausbreitung des Coronavirus auf die Rechnungslegung zum Stichtag 31.12.2019 und deren Prüfung (Teil 1), IDW Life 2020, 311

IDW, Fachlicher Hinweis (Teil 2), Auswirkungen der Ausbreitung des Coronavirus auf die Rechnungslegung und deren Prüfung (Teil 2), IDW Life 2020, 313

IDW, Fachlicher Hinweis (Teil 3 – Ergänzung), Auswirkungen der Corona-Pandemie auf Rechnungslegung und Prüfung (Teil 3) – Ergänzung, IDW Life 2020, 694

IDW, Fachlicher Hinweis (Teil 3), Zweifelsfragen zu den Auswirkungen der Ausbreitung des Coronavirus auf die Rechnungslegung und deren Prüfung (Teil 3), IDW Life 2020, 441

IDW, HFA: Behandlung geringwertiger Wirtschaftsgüter in der Handelsbilanz nach dem Gesetz gegen schädliche Steuerpraktiken, IDW Life 2017, 848

IDW, Positionspapier des IDW zu Bilanzierungs- und Bewertungsfragen im Zusammenhang mit der Subprime-Krise, FN 2008, 1

IDW, Vom Sonderfonds Finanzmarktstabilisierung gesicherte Schuldverschreibungen – Ausgewählte Bilanzierungsfragen beim Emittenten nach IFRS und HGB, FN 2009, 229

IDW, Vorschlag des IDW zur sachgerechten Anwendung von IAS 39 vor dem Hintergrund der aktuellen Finanzmarktkrise, FN 2008, 471

IDW/Warth & Klein Grant Thornton AG (Hrsg.), Neuerungen für die Abschlussprüfungssaison 2019/2020

IDW-Positionspapier, Zukunft der nichtfinanziellen Berichterstattung und deren Prüfung, Stand 16.10.2020

Ihlau, Susann/Duscha, Hendrik/Köllen, René, Länderrisiken in der Planungsrechnung und ihre Auswirkungen auf die Unternehmensbewertung, BB 2015, 1323

Ihrig, Hans-Christoph/Wandt, André P.H., Die Aktienrechtsnovelle 2016, BB 2016, 6

IIR-Arbeitskreis „Revision des Kreditgeschäfts", Die Prüfung von Mezzanine-Finanzierungen durch die Kreditrevision, ZIR 2007, 124

Insam, Alexander/Hinrichs, Lars/Hörtz, Martin, InstitutsVergV 2014: Alte und neue Fallstricke in der Ausgestaltung der Vergütung von Kredit- und Finanzdienstleistungsunternehmen, WM 2014, 1415

Jaeger, Matthias, Wesentliche Änderungen der Institutsvergütungsverordnung, WPg 2018, 891

Janko, Michael, Die Funktion des Eigenkapitals bei der handelsrechtlichen Bewertung offener Festzinspositionen im Bankbuch, Düsseldorf 2016

Jensen, Jens, Jahresverlust und variable Vergütung – Banken im Spannungsfeld zwischen Institutsvergütungsverordnung und Arbeitsrecht, BB 2014, 2869

Jessen, Ulf/Haaker, Andreas, Prudential Filters für unrealisierte Fair-Value-Gewinne? – Erwiderung zum Beitrag von Elke König, erschienen in BFuP 2013, 65, BFuP 2013, 681

Jessen, Ulf/Haaker, Andreas/Briesemeister, Henry, Der handelsrechtliche Rückstellungstest für das allgemeine Zinsänderungsrisiko im Rahmen der verlustfreien Bewertung des Bankbuches, KoR 2011, 313 ff. und 359 ff. – Bilanztheoretische Begründung und praktische Umsetzung, DGRV Working Paper 1/2011, Berlin

Joachimsthaler, Markus, Die Vorfälligkeitsentschädigung im Steuerrecht, Fallstricke der Vorfälligkeitsentschädigung unter Berücksichtigung der Rechtsprechung des BFH, NWB 7/2018, 402

Johannemann, Ulf/Herr, Stefan, Rückkauf eigener Aktien beim Eigenhandel von Kreditinstituten, BB 2015, 2158

Justenhoben, Petra/Reitmeier, Barbara/Rimmelspacher, Dirk, HGB-Reform durch das BilRUG, DB 2015, Beilage 05 zu Heft 36

Kahl, Leon Marcel, Fälligkeit des Anspruchs auf Auszahlung der Dividende gem. § 58 Abs. 4 Satz 2 AktG, AG 2022, 481 ff.

Kahle, Holger/Hiller, Matthias, Anschaffungsnebenkosten beim Erwerb von Beteiligungen an Kapitalgesellschaften, ifst-Schrift Nr. 495 (2014)

Kahle, Holger/Hiller, Matthias, Anschaffungsnebenkosten beim Erwerb von Beteiligungen an Kapitalgesellschaften, DB 2014, 500

Kahle, Holger/Kopp, Nicolas, Bilanzierung latenter Steuern im handelsrechtlichen Einzelabschluss, Grundlagen und aktuelle Entwicklungen, DB 2022, 341

Kahlert, Günter, Bilanzierung des qualifizierten Rangrücktritts – Erwiderung zu W. Müller, BB 2016, 491, BB 2016, 878

Kahlert, Günter, Rangrücktritt nach dem IX. Zivilsenat des BGH, WPg 2017, 602

Kahlert, Günter, Steuerbilanzielle Behandlung des Rangrücktritts nach dem Konzept des IX. Senats des BGH, DStR 2015, 734

Kajüter, Peter, Nichtfinanzielle Berichterstattung nach dem CDR-Richtlinie-Umsetzungsgesetz, DB 2017, 617

Kajüter, Peter/Wirth, Maximilian, Praxis der nichtfinanziellen Berichterstattung nach dem CSR-RUG – Empirische Befunde für die DAX-Unternehmen, DB 2018, 1605

Kaltenhauser, Helmut/Begon, Cornelia, Interne Geschäfte, ZfgK 1998, 1191

Kalveram, Thomas, Die Behandlung steigender Zinsverpflichtungen in Handels- und Steuerbilanz, WPg 1990, 535

Kamberger, Thomas/Nguyen, Tristan, Einsatzmöglichkeiten und Emissionswege von Cat Bonds, VW 2006, 446

Kamchen, Sven/Kling, Jan-Christopher, Disquotale Gewinnausschüttungen, Zivil- und steuerrechtliche Fragestellungen und Problemfelder, NWB 12/2015, 819

Kampe, Tim/Dettmann, Mario/Plumeyer, Malte, Handhabung der Ausschüttungssperre (§ 253 Abs. 6 HGB) bei Kommanditgesellschaften, WPg 2018, 1074

Kämpfer, Georg/Fey, Gerd, Die Sicherung von Auslandsbeteiligungen gegen Währungsverluste im handelsrechtlichen Jahresabschluss, in: Wagner, Franz W./Schildbach, Thomas/Schneider, Dieter, Private und öffentliche Rechnungslegung, Festschrift für Prof. Dr. Hannes Streim zum 65. Geburtstag, Wiesbaden 2008

Karrenbrock, Holger, Passive latente Steuern als Verbindlichkeitsrückstellungen – Diskussion der BStBK-Verlautbarung zum Ausweis passiver latenter Steuern in der Handelsbilanz, BB 2013, 235

Karrenbrock, Holger, Zur wundersamen Eigenkapitalvermehrung durch Aktivierung latenter Steuern auf bankenspezifische Vorsorgereserven, BFuP 2013, 193

Kaserer, Christoph, Das BGH-Urteil vom 7. November 2000 und die Verwendung einer geeigneten Zinsstrukturkurve bei der Berechnung der Vorfälligkeitsentschädigung, WM 2017, 213

Kasiske, Peter, Marktmissbräuchliche Strategien im Hochfrequenzhandel, WM 2014, 1933

Kaulartz, Markus/Voigt, Daniel/Winkler, Constanze, Fondsanteil der Zukunft? Kryptofondsanteile nach dem Entwurf der KryptoFAV, RdF 1.2022, 24

Keiling, Mario/Romeike, Stephan, Die Bilanzierung von Kryptowährungen – Wie Coins und Tokens im IFRS-Abschluss zu erfassen sind, KoR 2018, 268

Keller, Erich, Die Offenlegung der wirtschaftlichen Verhältnisse nach § 18 KWG, Köln 2000

Kellmann, Dennis/Schulz, Fabian, Debt Mezzanine Swap – bilanzsteuerlich präferierte Lösung zur Vermeidung der bilanziellen Überschuldung für Unternehmen in der Krise?, BB 2021, 1392

Kerssenbrock, Otto-Ferdinand Graf, Forderungsverzicht mit Besserungsschein in Handels-, Insolvenz- und Steuerrecht, Zeitschrift für Steuern & Recht 2006, 209

Kinzl, Ulrich-Peter/Schmidberger, Aljoscha, Keine Beteiligung von Genussrechtskapital an den Verlustvorträgen aus den Vorjahren, BKR 2018, 366

Kirsch, Hanno, Ergebnisanteile von Beteiligungen im Jahresabschluss: Bilanzielle Darstellung beim Übersteigen der Dividenden (BilRUG), BC 3/2015, 126

Kirsch, Hanno, Erweiterte Anhangangaben durch den BilRUG-RegE, BBK 7/2015, 321

Kirsch, Hans-Jürgen/Hoffmann, Tim/Siegel, Daniel, Diskussion der Bilanzierung latenter Steuern nach § 249 Abs. 1 Satz 1 HGB, DStR 2012, 1290

Kirsch, Hans-Jürgen/von Wieding, Fabian, Bestandsbilanzierung von Bitcoin im IFRS-Kontext, IRZ 2018, 115

Kirsch, Hans-Jürgen/von Wieding, Fabian, Bilanzierung von Bitcoin nach HGB, BB 2017, 2731

Klein, Hartmut, Die vertane Chance im sog. „Cum/Ex-Verfahren" Nachschau des Hessischen FG-Urteils vom 12.2.2016 – 4 K 1684/14, BB 2016, 2006 (Teil 1), BB 2016, 2200 (Teil 2)

Kleinmanns, Florian, Genussrechte in Handelsbilanz und Steuerbilanz: Zinsen nicht mehr steuerlich abzugsfähig?, BB 2016, 2543

Kleinschmidt, Bernd/Moritz, Thomas/Weber, Jana-Denise, Bildung eines Sonderpostens nach § 340g HGB im Rahmen einer ertragsteuerlichen Organschaft, Der Konzern 2013, 452

Kliem, Bernd/Beubert, Michael, DRS 25 „Währungsumrechnung im Konzernabschluss", WPg 2018, 1418

Klinzing, Jens, IDW PS 302: Bestätigungen Dritter, Revisions Praktiker 10-11/2015, 198

Klöhn, Lars/Parhofer, Nicolas, Bitcoins sind keine Rechnungseinheit – ein Paukenschlag und seine Folgen, ZIP 2018, 2093

Klube, Jan/Schröter, Andreas/Weber, Christoph, Risikovorsorge nach IFRS 9 im HGB-Abschluss von Banken, WPg 2019, 213

Klube, Jan/Schröter, Andreas/Weber, Christoph, Übernahme des Expected-Loss-Ansatzes nach IFRS 9 in den HGB-Abschluss von Banken?, WPg 2019, 148

Knaier, Ralf/Wolff, Lothar, Die Blockchain-Technologie als Entwicklungsoption für das Handelsregister?, BB 2018, 2253

Knaub, Kristina/Kunz, Hendrik, Katastrophenanleihen als Risikotransfer-Instrument für Industrieunternehmen, ZVersWiss 2018, 163

Knobloch, Alois Paul/Baumeister, Alexander, Aspekte der handelsrechtlichen Bilanzierung schwebender Warenbeschaffungsgeschäfte, DB 2015, 2769

Knobloch, Alois Paul/Bock, Frank/Thiel, Thomas, Risikokosten im Kreditgeschäft, FB 1999, 423

Knobloch, Alois Paul/Osinski, Sarah, Anschaffungskosten bei Erwerben über unbedingte Termingeschäfte, BFuP 2016, 516

Knobloch, Alois Paul/Rümmele, Peter, Zur systemgerechten Besteuerung von Anleihen mit Sonderzinsgestaltungen im Privatvermögen sowie ihrer steuer- und handelsbilanziellen Behandlung, ZfB 2005, 681

Knobloch, Alois/Osinski, Sarah, Anschaffungskosten bei Erwerben über Kauf-optionen, BFuP 2017, Heft 1, 105

Knobloch, Alois/Osinski, Sarah, Anschaffungskosten bei Erwerben über un-bedingte Termingeschäfte, BFuP 2016, 516

Knobloch; Alois Paul/Arend, Florentine, Anschaffungskosten im Kontext des § 8b KStG – das BFH-Urteil vom 22.05.2019 – XI R 44/17 zum Aktien-erwerb über Kaufoptionen, DB 2021, 405 (Teil 1), 461 (Teil 2):

Knoll, Leonhard, Länderrisiken: Vom unvermeidbaren Regen in die unver-meidbare Traufe – Zugleich Anmerkungen zum Beitrag von Zwirner/Käh-ler, Berücksichtigung von Länderrisiken in der Unternehmensbewertung, DB 2015, 2721, DB 2015, 937

Knoll, Leonhard/Steeg, Caterina, Die steuerbilanzielle Behandlung von Still-halterverpflichtungen, Drei Meinungen, zwei Urteile und ein übersehener Zusammenhang, StuB 2002, 989

Koch, Günter, Der Fonds zur bauspartechnischen Absicherung, Neuerungen in Bausparkassen-Gesetz und -Verordnung, VW 1991, 1146

Kögler, Klaus, Der Ausweis negativer Zinsen bei Industrie- und Handelsunter-nehmen nach HGB, DB 2018, 1289

Kohl, Thorsten/Meyer, Marco, Die Bilanzierung von Anleihen und Schuld-scheindarlehen, Corporate Finance Biz 2013, 170

Köhler, Birgit, Bilanzierung und Bewertung von Investmentanteilen, DStR 2020, 1697

Köhler, Hanjo/Scholz, Christian M., Finanzierung von Betriebsstätten und der BsGaV, RdF 2016, 228

Köhler, Roland, Bilanzielle Behandlung von Internet-Auftritten in der Han-dels- und Steuerbilanz, StBp 2014, 285

Köhler, Roland, Geringwertige Wirtschaftsgüter in der Steuerbilanz, StBp 2014, 40

Köhling, Lambert, Die Clearing-Rahmenvereinbarung – deutsche Vertragsdo-kumentation für das Kundenclearing, BKR 2013, 491

Köhling, Lambert/Adler, Dominik, Der neue europäische Regulierungsrah-men für OTC-Derivate – Verordnung über OTC-Derivate, zentrale Gegen-parteien und Transaktionsregister, WM 2012, 2125 (Teil I), 2173 (Teil II)

Kolb, Susanne/Niechcial, Michaela, Verwirrende Vielfalt der neuen CSR-Be-richterstattung – Zu viele Freiheiten für Aufstellung und Prüfung?, StuB 2017, 697

Kolb, Susanne/Roß, Norbert, Änderungen der Gewinn- und Verlustrechnung durch das BilRUG – Neudefinition der Umsatzerlöse und Eliminierung außerordentlicher Posten, WPg 2015, 869

Kolbe, Stefan, Ausweis einer Rückstellung bei einem Aktienoptionsplan, An-merkung zum BFH-Urteil vom 15.3.2017 – I R 11/15, StuB 2017, 729

Kolbe, Stefan, Bildung einer Rückstellung für ungewisse Verbindlichkeiten bei einem eigenbetrieblichen Interesse. Zugleich Anmerkung zum BFH-Urteil vom 22.1.2020 – XI R 2/19, StuB 2020, 582

Kolbe, Stefan, Der Ausweis von Verbindlichkeiten oder Rückstellungen aus einem schwebenden Geschäft, Anmerkungen zum BFH-Urteil vom 25.5.2016 – I R 17/15, StuB 2017, 12

Kolbe, Stefan, Die Bildung und Bewertung von Ansammlungsrückstellungen, StuB 2011, 744

Kolbe, Stefan, Die wirtschaftliche Verursachung einer ungewissen Verbindlichkeit in der Vergangenheit, Anmerkung zum BFH-Urteil vom 9.11.2016 – I R 43/15, StuB 2017, 375

Kolbe, Stefan, Periodengerechte Abgrenzung von laufenden Aufwendungen bei noch nicht realisierten Provisionserträgen, Anmerkung zum BFH-Urteil vom 26.4.2018 – III R 5/16, StuB 2018, 689

Kolbe, Stefan, Rückstellung für ungewisse Verbindlichkeiten bei nur rechtlicher Verursachung einer Anpassungsverpflichtung vor dem Bilanzstichtag? Zugleich Anmerkung zum BFH-Urteil vom 6.2.2013 – I R 8/12, StuB 2013, 535

Kolbe, Stefan, Steuerliche Teilwertabschreibung auf Anteile an einem offenen Investmentvermögen. Zugleich Anmerkungen zum BFH-Urteil vom 13.2.2019 – XI R 41/17, StuB 2019, 569

Kolbinger, Walter, Bilanzsteuerrechtliche Fragen bei Ersteigerung von Grundstücken durch Grundpfandgläubiger, BB 1993, 2119

Köller, Karsten von, Bewertung von SPL/NPL aus Sicht des Distressed Debt Investors, ZfgK 2007, 679

Köllhofer, Dietrich, Stille Reserven nach § 26a KWG in Bankbilanzen: Fragen und Versuch einer Beantwortung, Die Bank 1986, 552

Kommission für Bilanzierungsfragen des BdB, Behandlung von DTB-Aktienoptionen im Jahresabschluss von Banken, Die Bank 1990, 211

Kommission für Bilanzierungsfragen des Bundesverbandes deutscher Banken, Zur Behandlung von Genussrechten im Jahresabschluss der Kreditinstitute, Die Bank 1986, 252

Kompenhans, Heiner/Devlin, Peter/Roß, Norbert, Erhöhung der Pensionsrückstellungen durch die Zinsschmelze – Die Notwendigkeit einer frühzeitigen Vorbereitung auf künftige Ergebnisbelastungen, DB 2013, 297

König, Christian, Gegenrechnung von Vorteilen bei Restrukturierungsrückstellungen – Wie geht es nach dem Urteil des FG Baden-Württemberg nun weiter?, DStR 2020, 1292

König, Christian, Neue Anforderungen an die zivilrechtlichen Kreditwürdigkeitsprüfungspflichten, WM 2017, 269

König, Jan/Möller, Jörn, Steuerliche Bewertung von KMU und der neue Praxishinweis des IDW, BB 2014, 983

Köpf, Georg, Bond-Stripping: ein alter Hut?, ZfgK 1997, 1108

Kopp, Thomas/Metzner, Manuel, Rechtliche Aspekte der Finanzierung des Rückkaufs von Wandelschuldverschreibungen durch vorherige Kapitalerhöhung oder Emission neuer Wandelschuldverschreibungen, AG 2012, 856

Korn, Klaus, Wirtschaftliches Eigentum, Bilanzierung und Teilwertabschreibung bei Wertpapierdarlehen, NWB 13/2022, 901

Kort, Michael, Das rechtliche und wirtschaftliche Eigentum beim Wertpapierdarlehen, WM 2006, 2149

Kotas, Carsten, Kryptowährungen als Digital Assets – eine Zwischenbilanz, ZfgK 2018, 78

Kotthoff, Jost/Pauly, Daniela A., Software als Kreditsicherheit, WM 2007, 2085

Kotzur, Anna-Lena, Die verlustfreie Bewertung des Bankbuchs, Eine theoretische und umsetzungsorientierte Analyse der aktuellen Regelung, Köln 2017

KPMG (Hrsg.), Corporate Treasury News, Ausgabe 84, September 2018

Kraatz, Erik/Klevenhagen, Oliver, Die Umsetzung der Wohnimmobilienkreditrichtlinie – ein Überblick, BKR 2017, 45

Kraft, Cornelia/Hohage, Uwe, Behandlung der Due-Diligence-Kosten als Anschaffungsnebenkosten in Abhängigkeit vom Verfahren des Unternehmenskaufs, Der Konzern 2018, 59

Kraft, Cornelia/Hohage, Uwe, Kaufpreisallokation beim Erwerb von Mitunternehmeranteilen unter Buchwert, DB 2022, 1218

Krag, Joachim, Die Bewertungsprivilegien der Kreditinstitute, ZfgK 1988, 374

Krämer, Dirk, Algorithmushandel, BaFin-Rundschreiben stellt hohe Anforderungen an System und Kontrollen in Instituten, BaFin Journal April 2014, 12

Krauß, Wilfried W./Blöchle, Daniel, Einkommensteuerliche Behandlung von direkten und indirekten Investments in Kryptowährung, DStR 2018, 1210

Krepold, Hans-Michael/Kropf, Christian, Vorfälligkeitsentschädigung als Grundlage des deutschen Pfandbriefsystems, WM 2015, 1

Kreuder, Tilman, Verlustfreie Bewertung von zinsbezogenen Geschäften des Bankbuchs im Rahmen der Gesamtbanksteuerung, RdF 2014, 331

Krimphove, Dieter/Monnet, Jean, Zertifikatehandel in Deutschland – Rechtslage mit Wettbewerbsverzerrung, FB 2006, 255

Kröger, Tobias, Anmerkungen zu BFH: Bilanzierung mittels Credit Linked Notes (CLN) gesicherter Darlehensforderungen, BB 2016, 1519

Kröger, Tobias/Reislhuber, Andre, Ertragsteuerliche Behandlung negativer Zinsen im Betriebsvermögen, RdF 2015, 311

Kropf, Christian, Bereitstellungszinsen in Kreditverträgen – wirtschaftliche Zusammenhänge, Anwendungsbereich und rechtliche Zulässigkeit, BKR 2020, 455

Kropf, Christian, Die neue Welt der Referenzzinsen im Kreditgeschäft – Hybrider EURIBOR, Risk Free Rates und Compound Rates, BKR 2022, 14

Kropf, Christian, Sichteinlagen auf Girokonten: Vom (zinslosen) Darlehen zur entgeltpflichtigen Kapitalverwahrung, WM 2017, 1185

Kropff, Bruno, Aktiengesetz, Testausgabe des Aktiengesetzes vom 6.9.1965, Düsseldorf 1965

Kropp, Manfred, Aktienoptionen statt finanzielle Gewinnbeteiligung: Wann und in welcher Höhe werden sie aufwandswirksam?, DStR 2002, 1919

Kropp, Manfred/Wirtz, Holger, Problembereiche bei der Abzinsung von Rückstellungen, DB 2011, 541

Krumnow, Jürgen ua., Rechnungslegung der Kreditinstitute, Kommentar zum Bankbilanzrichtlinie-Gesetz und zur RechKredV, 2. Auflage, Stuttgart 2004

Krumnow, Jürgen, Bildung und Auflösung stiller Reserven nach der EG-Bankbilanzrichtlinie, Die Bank 1988, 302

Krumnow, Jürgen, Die Analyse von Bankbilanzen mit Blick auf die EG-Bankbilanzrichtlinie, DBW 1987, 554

Krumnow, Jürgen, Europäische Bankenrechnungslegung in Deutschland, ZfgK 1993, 506

Krumnow, Jürgen, Nuancen der Bankenpublizität in der EU-Bankbilanzrichtlinie und nationalen Umsetzung, ZfbF 1995, 891

Krumnow, Jürgen, Pauschalwertberichtigungen der Kreditinstitute, WM 1994, 1709

Kubik, Nikolaj/Münch, Christian, Ausgewählte Sanierungsmaßnahmen zur Bilanzverbesserung für betroffene Unternehmen der COVID-19-Pandemie anhand von Beispielsfällen, BB 2021, 1387

Kubik, Nikolaj/Münch, Christian, Bilanzielle Auswirkungen eines Forderungsverzichts auf Gesellschafterdarlehen bei Personengesellschaften nach Handels- und Steuerrecht, DB 2022, 555

Kuhn, Philipp M., Die neue Institutsvergütungsverordnung – im Widerstreit mit dem Arbeitsrecht, CCZ 2017, 171

Kuhn, Philipp M./Mädler, Andrea C., Institutsvergütungsverordnung 2014, BankPraktiker 2014, 62

Kuhn, Sandra/Moser, Torsten, Änderung der Vorschriften zur Abzinsung von Pensionsrückstellungen, WPg 2016, 381

Kuhn, Steffen/Hachmeister, Dirk, Rechnungslegung und Prüfung von Finanzinstrumenten, Handbuch nach IFRS, HGB und EMIR, Stuttgart 2015

Kuhn, Steffen/Scharpf, Paul, Rechnungslegung von Financial Instruments nach IFRS – IAS 32, IAS 39 und IFRS 7, 3. Aufl., Stuttgart 2006

Kuhn, Steffen/Skirk, Ulrich, Die Prüfung von Finanzinstrumenten und Derivaten – Unter Beachtung der International Auditing Practice Note (IAPN) 1000 „Special Considerations in Auditing Financial Instruments", WPg 2012, 1299

Kuhner, Christoph, Erfolgsperiodisierung bei Fremdwährungsgeschäften mit „besonderer Deckung" nach § 340h HGB, DB 1992, 1435

Kühnle, Manfred, Die Bilanzierung von Kreditderivaten – Erläuterungen zur Stellungnahme IDW RS BFA 1, WPg 2002, 288

Kümpel, Thomas/Pollmann, René, Verpflichtungsgrad und Rechtsfolgen handelsrechtlicher Bewertungseinheiten nach BilMoG, DStR 2011, 1580

Kuntz, Thilo, Kommunikation mit Aktionären nach ARUG II, AG 2020, 18

Kusch, Karsten, Die steuerliche Behandlung von Genussrechten, Finanzverwaltung äußert sich zu steuerlichen Fragen beim Genussrechtsemittenten, NWB 26/2016, 1952

Kusserow, Berthold, Zur Frage der Anwendbarkeit des SchVG auf Namensschuldverschreibungen, RdF 1/2012, 4

Kusserow, Berthold/Scholl, Patrick, Kreditderivate im Kraftfeld der BRRD – Die neuen Musterbedingungen für Kreditderivate, WM 2015, 360 (Teil I), 413 (Teil II)

Küting, Karlheinz, Die Abgrenzung von vorübergehenden und dauernden Wertminderungen im nicht-abnutzbaren Anlagevermögen (§ 253 Abs. 2 Satz 3 HGB) – Dargestellt anhand der Abschreibung auf Beteiligungen, DB 2005, 1121

Küting, Karlheinz/Ellmann, David, Die Herstellungskosten von selbst geschaffenen immateriellen Vermögensgegenständen des Anlagevermögens, DStR 2010, 1300

Küting, Karlheinz/Kessler, Harald/Harth, Hans-Jörg, Genussrechtskapital in der Bilanzierungspraxis, Eine empirische Untersuchung zur Resonanz der HFA-Stellungnahme 1/1994 unter Berücksichtigung bilanzpolitischer Gesichtspunkte, BB 1996, Beilage 4 zu Heft 8

Küting, Karlheinz/Lorson, Peter/Eichenlaub, Raphael/Toebe, Marc, Die Ausschüttungssperre im neuen Bilanzrecht nach § 268 Abs. 8 HGB, GmbHR 2011, 1

Küting, Karlheinz/Mojadadr, Mana, Währungsumrechnung im Einzel- und Konzernabschluss nach dem RegE zum BilMoG, DB 2008, 1869

Küting, Karlheinz/Pfitzer, Norbert/Weber, Claus-Peter, Das neue deutsche Bilanzrecht, Handbuch zur Anwendung des Bilanzrechtsmodernisierungsgesetzes (BilMoG), 2., aktualisierte Auflage, Stuttgart 2009

Küting, Karlheinz/Reuter, Michael, Bilanzierung eigener Anteile nach dem BilMoG-RegE, StuB 2008, 495

Küting, Peter/Grau, Philipp, Nicht durch Eigenkapital gedeckter Fehlbetrag – Bilanzrechtliche und bilanzanalytische Würdigung eines handelsrechtlichen Korrekturpostens, DB 2014, 729

Laage, Gudrun von der, Die Ausschüttungssperre des § 268 Abs. 8 HGB nach dem Bilanzrechtsmodernisierungsgesetz – Systematik der Sperre, ihre Anwendung auf Personenhandelsgesellschaften i.S.d. § 264a HGB sowie Rechtsfolgen eines Verstoßes, WM 2012, 1322

Lackholf, Klaus/Kulenkamp, Sabrina, Neue Vorgaben des KWG für das Verhältnis von variabler und fixer Vergütung bei Kreditinstituten (§ 25a Abs. 5 KWG), AG 2014, 770

Lampe, Günter, Risikomanagement bei vorzeitig gekündigten Festzinskrediten, Immobilien & Finanzierung 2006, 576

Lanfermann, Georg, CSR-Berichterstattung: EU-Leitlinien für Unternehmen, WPg 2017, 1250

Lanfermann, Georg, Prüfung der CSR-Berichterstattung durch den Aufsichtsrat, BB 2017, 747

Lang, Volker/Schulz, Stephan, Bearbeitungsentgelt bei gewerblichen Darlehen – ein Fall des § 307 BGB?, WM 2015, 2173

Langenbucher, Katja/Hau, Daniel/Wentz, Jasper, „Aktivistische Leerverkäufer" – eine Überlegung zur Markteffizienz und deren Grenzen im Kapitalmarktrecht, ZBB/JBB 2019, 307

Lauer, Philipp/Weustenfeld, Florian, Inkongruente Gewinnausschüttungen oder „Gesellschaftsrecht vs. Finanzverwaltung"? – Zugleich Anmerkung zum Urteil des FG München vom 6.5.2020 – 9 K 3359/18 E AO, DB 2022, 985

Laux, Hans, Was die Bausparkassen mit den Mitteln des Fonds zur bauspartechnischen Absicherung bewirken können, Der langfristige Kredit 1993, 251

Lederer, Franz-Josef, Rückzahlung von Negativzinsen aus Swapgeschäften, AG 3/2019, R24

Lehmann, Matthias/Flöther, Lucas/Gurlit, Elke, Die Wirksamkeit von Close-out-netting-Klauseln in Finanzderivaten nach § 104 InsO n.F., WM 2017, 597

Lehrbass, Frank/Weißer, Michael, Determinanten der Wertentwicklung von Bitcoins, Corporate Finance 2018, 270

Leidig, Guido, Risiko Kreditwürdigkeitsprüfung meistern – Ablauf und benötigte Unterlagen, ZRFG 2008, 129 ff.

Lendner, Holger, American Depositary Receipt – eine Zugangsmöglichkeit deutscher Unternehmen zum US-amerikanischen Eigenkapitalmarkt, WPg 1997, 596

Lenz, Hansrudi, Anforderungen an Bestätigungen Dritter bei Treuhandverhältnissen im Rahmen der Konzernabschlussprüfung der Wirecard AG, DB 2021, 2165

Lenz, Hansrudi, Die Prüfung von Treuhandkonten – das Fallbeispiel Wirecard AG – Erwiderung auf Marten, DB 2020, S. 1465 – 1469, DB 2020, 2085

Lenz, Susanne/Joachimthaler, Markus, Das Gesetz über elektronische Wertpapiere – Beginnt jetzt die Zukunft?, DB 2021, 1384

Leopold, Tobias/Volkmann, Franziska/Bannert, Thomas, Auswirkung der multikurvenkonformen Bewertung von Derivaten auf das fair value hedge accounting von Zinsänderungsrisiken, KoR 2013, 525 (Teil 1), 581 (Teil 2)

Leuken, Heinz, Zwangsumtausch der Griechenland-Anleihen auch steuerlich ein Ärgernis, DB 2013, 2289

Lewe, Stefan/Peun, Michael, Rückstellungen für Betriebsprüfungsrisiken nach BilMoG, DStR 2014, 1186

Lieder, Jan/Wernert, Lukas, Grundsatz- und Anwendungsfragen zu Related Party Transactions nach neuem Aktienrecht, DB 2020, 882

Liegmann, Bastian, Umsatzsteuerliche Behandlung virtueller Währungen, BB 2018, 1175

Limmer, Peter, „Harte" und „weiche" Patronatserklärungen in der Konzernpraxis, DStR 1993, 1750

Link, Gerhard, Bilanzierung und Ertragsvereinnahmung bei der Forfaitierung von Leasingforderungen, DB 1988, 616

Link, Mathias/Kubicki, Jan Christoph, Finanzinstrumente im Fokus der Finanzbehörden, RdF 2018, 304

Lißmann, Uwe, Passive Rechnungsabgrenzung durch Leasinggesellschaften, DB 1991, 1479

Litten, Rüdiger/Schwenk, Alexander, EMIR – Auswirkungen der OTC-Derivateregulierung auf Unternehmen der Realwirtschaft, DB 2013, 857 (Teil 1), 918 (Teil 2)

Löffler, Jens/Müller, Inge H., Vorjahreszahlen im handelsrechtlichen Jahres- und Konzernabschluss – Ein Überblick zu IDW RS HFA 39 und IDW RS HFA 44, WPg 2013, 291

Lohmar, Gerd, Ausgewählte Rückstellungsprobleme, Bankinformation 11/1989, 51

Loitz, Rüdiger/Sekniczka, Christian, Anteile an Spezialfonds: Bilanzierung, Besteuerung, latente Steuern nach IAS 12, WPg 2006, 355

Lorenz, Karsten/Wiechens, Gero, Die Bilanzierung strukturierter Finanzinstrumente nach HGB und IFRS im Vergleich, IRZ 2008, 505

Lorson, Peter/Pfirmann, Armin/Tesche, Thomas, Niederstwerttest für Beteiligungen im Jahresabschluss nach HGB, KoR 2014, 324

Lösken, Holger, Rechnungslegung von Factoring- und Finanzierungsleasingunternehmen: Neue Bewertungsmöglichkeiten gem. §§ 340f, 340g HGB, in: IDW-Sonderdruck, Düsseldorf 2010, 55

Löw, Edgar, Ausweis negativer Zinsen im Abschluss einer Bank, WPg 2015, 66

Löw, Edgar, Geplante Veränderungen bei der Bilanzierung von Finanzinstrumenten, Accounting 2008, 12

Löw, Edgar, Handelsrechtliche Aspekte der verlustfreien Bewertung von zinsbezogenen Geschäften des Bankbuchs, RdF 2013, 320

Löw, Edgar, Neufassung der IDW-Stellungnahme zur Kreditderivatebilanzierung nach HGB – kein „alter Wein in neuen Schläuchen", RdF 2015, 59

Löw, Edgar, Verlustfreie Bewertung antizipativer Sicherungsgeschäfte nach HGB – Anlehnung an internationale Rechnungslegungsvorschriften, WPg 2004, 1120

Löw, Edgar/Borgmann, Christian, Darstellung und bilanzielle Auswirkungen der Neuerungen der Bankenabgabe nach EU-Recht im Vergleich zur Bankenabgabe nach deutschem Recht, RdF 2017, 154

Löw, Edgar/Künzel, Rolf/Brixner, Joachim, Bilanzierung der Bankenabgabe, WPg 2012, 40

Löw, Edgar/Lorenz, Karsten, Bilanzielle Behandlung von Fremdwährungsgeschäften nach deutschem Recht und nach den Vorschriften des IASB, KoR 2002, 234

Löw, Edgar/Scharpf, Paul/Weigel, Wolfgang, Auswirkungen des Regierungsentwurfs zur Modernisierung des Bilanzrechts auf die Bilanzierung von Finanzinstrumenten, WPg 2008, 1011

Löw, Edgar/Vogt, Kevin, Bilanzielle Behandlung nach HGB von Kryptowerten und Finanzprodukten im Zusammenhang mit Kryptowerten, RdF 2021, 298

Löw, Hans-Peter/Glück, Anja, Anforderungen an die variable Vergütung nach der Institutsvergütungsverordnung, BKR 2015, 186

Löw, Hans-Peter/Glück, Anja, Sound Remuneration Policies – Die neuen EBA-Guidelines und ihre Konsequenzen für die Vergütungssysteme bei Banken, BKR 2016, 265

Lück, Wolfgang, Materiality in der internationalen Rechnungslegung, Wiesbaden 1975

Lücke, Wolfgang, Investitionsrechnung auf der Grundlage von Ausgaben oder Kosten?, Zeitschrift für handelswissenschaftliche Forschung 1955, 310

Lüdenbach, Norbert, Außerplanmäßige Abschreibungen auf Anteile an einem Spezialfonds, StuB 2016, 592

Lüdenbach, Norbert, Avalzinsen in der GuV – Zinsaufwand oder sonstiger betrieblicher Aufwand?, StuB 2009, 69

Lüdenbach, Norbert, Bilanzierung einer Wandelanleihe beim Zeichner, StuB 2013, 584

Lüdenbach, Norbert, Darlehen mit fallenden Zinssätzen bei ordentlichem Kündigungsrecht des Darlehensnehmers, StuB Sonderausgabe 2/2012, 18

Lüdenbach, Norbert, Drohende Verluste aus Rohstoffbeschaffungsgeschäften, StuB 2011, 383

Lüdenbach, Norbert, Geleistete, im Handelsregister noch nicht als Kapitalerhöhung eingetragene Einlage, StuB 2008, 153

Lüdenbach, Norbert, Option auf Erwerb eigener Aktien, StuB 2015, 795

Lüdenbach, Norbert, Umrechnung und Sicherung von Fremdwährungsrückstellungen, StuB 2021, 545

Lüdenbach, Norbert, Vergütungsbericht und sonstige abschlussnahe Regelungen des ARUG II, StuB 2020, 1

Lüdenbach, Norbert/Freiberg, Jens, Bilanzierungsprobleme beim Tausch und Tausch mit Baraufgabe, DB 2012, 2701

Lüdenbach, Norbert/Hoffmann, Wolf-Dieter, Finanzmarktkrise und HGB-Abschluss 2008, StuB 2009, 3

Lüdenbach, Norbert/Hoffmann, Wolf-Dieter, Gemildertes Fair-Value-Prinzip bei der Bilanzierung von Wertpapiervermögen, DB 2004, 85

Ludewig, Verena/Geilfus, Christine, EU-Leerverkaufsregulierung: ESMA-Guidelines bestimmen neuen Rahmen der Ausnahmeregelungen für Market-Maker und Primärhändler, WM 2013, 1533

Lühn, Michael, Handels- und steuerrechtliche Behandlung von Verlusten des Genussrechtsemittenten beim Genussrechtsinhaber, StuB 2006, 773

Lührmann, Volker, Umrechnung geschlossener Fremdwährungspositionen bei Banken und Nicht-Banken, DStR 1998, 387

Lutter, Marcus, Zur Bilanzierung von Genussrechten, DB 1993, 2441

Lutzenberger, Helena, Die Besteuerung von Bitcoin und sonstigen Blockchain-Währungen, GmbHR 2018, 794

Luz, Günther u.a. (Hrsg.), KWG und CRR. Kommentar zu KWG, CRR, FKAG, SolvV, WuSolvV, GroMiKV, LiqV und weiteren aufsichtsrechtlichen Vorschriften, 3. Aufl.

Maerker, Sebastian/Wagner, Martin, Die Behandlung von Genussscheinen bei Abschluss eines Beherrschungs- und Gewinnabführungsvertrags durch die Emittentin – Zugleich Besprechung des BGH-Urteils vom 28.5.2013 – II ZR 67/12, DB 2013, 1837

Maier, Arne, Kaskadenverweisung in der Widerrufsinformation zu einem Verbraucherdarlehensvertrag, zugleich Besprechung von EuGH, Urt. v. 26.3.2020 – Rs. C-66/19 (Kreissparkasse Saarlouis), BKR 2020, 248, BKR 2020, 225

Maier, Peter/Dörschmidt, Beate, Besteuerung von Investmentfonds-Anlagen, Die steuerliche Behandlung von inländischen Investmentfonds im Privatvermögen und Betriebsvermögen, BankPraktiker 2006, 317

Majcen, Rolf, Kryptofonds: Die Problematik der Verwahrung von Kryptowerten, WM 2022, 111

Marten, Kai-Uwe, Die Prüfung von Treuhandkonten im Rahmen des Abschlussprüfung, DB 2020, 1465

Marten, Kai-Uwe/Weigt, Serafin G. K., Die Prüfung nichtfinanzieller Informationen – Herausforderungen für den Abschlussprüfer vor dem Hintergrund der Stärkung nichtfinanzieller Berichtspflichten, KoR 2018, 454

Marx, Franz Jürgen, Kritische Analyse des BMF-Schreibens vom 16.7.2014 zur Teilwertabschreibung, StuB 2014, 591

Marx, Franz Jürgen, Rückstellungen für Dokumentationspflichten nach HGB, IFRS und EStG, DB 2006, 169

Marx, Franz Jürgen/Dallmann, Holger, Bilanzierung und Bewertung virtueller Währungen nach HGB und Steuerrecht, StuB 2019, 217

Marx, Franz Jürgen/Löffler, Christoph, Die „bestimmte Zeit" als Voraussetzung für handels- und steuerrechtliche Rechnungsabgrenzungen, DB 2015, 2765

Marx, Franz Jürgen/Recktenwald, Roland, Periodengerechtes Bilanzieren von unterverzinslichen Ausleihungen, Ein Beitrag zur Abbildung von Dauersachverhalten in Handels- und Steuerbilanz, BB 1992, 1526

Marxfeld, Jan/Schäfer, Michael/Schaber, Mathias, Die marktnahe Bewertung (modifizierte Marktwertbilanzierung) von Handelsbeständen der Kreditinstitute und deutsche Rechnungslegungsgrundsätze, FB 2005, 728

Mathews, Kurt, Die Behandlung von Treuhandverhältnissen im Bilanzrichtlinien-Gesetz und in der Bankbilanzrichtlinie, BB 1987, 642

Mauch, Peter, Besonderheiten bei der Bilanzierung bei Kreditinstituten: Überkreuzkompensation nach § 340f Abs. 3 HGB, FB 2000, 476

Maul, Karl-Heinz, Berechnung der Vorfälligkeitsentschädigung bei vorzeitiger Ablösung von Festzinsdarlehen, BB 2000, 2477

Maulshagen, Almut/Maulshagen, Olaf, Rechtliche und bilanzielle Behandlung von Swapverträgen, BB 2000, 243

Mayer, Stefan/Wagner, Johann, BMF-Schreiben zu eigenen Anteilen – Absage an (vermeintliches) Korrespondenzprinzip, DStR 2014, 571

Mehring, Siegfried/Hartke, Volker/Pieper, Konstantin, CSR-Berichterstattung regional tätiger Banken, WPg 2018, 494

Mehring, Siegfried/Pieper, Konstantin, IDW ERS BFA 7 – wesentliche Auswirkungen auf HGB-Institute, ZfgK 2019, 388

Mehring; Siegfried/Pieper, Konstantin, IDW ERS BFA 7 – wesentliche Auswirkungen auf HGB-Institute, ZfgK 2019, 388

Meinert, Carsten, Aktuelle Anwendungsfragen zur Bildung objektübergreifender Bewertungseinheiten, DStR 2017, 1401 (Teil I), 1447 (Teil II)

Meinert, Carsten/Helios, Marcus, Kompensatorische Bewertung und Bewertungseinheiten beim Einsatz von Credit Linked Notes – Zugleich Anmerkung zum FG Niedersachsen, Urteil vom 24.10.2013 – 6 K 128/11, DB0633196 –, DB 2014, 1697

Meinert, Carsten/Helios, Marcus, Kompensatorische Bewertung und Bewertungseinheiten beim Einsatz von Credit Linkes Notes – Zugleich Anmerkungen zum FG Niedersachsen, Urteil vom 24.10.2013 – 6 K 128/11, DB0633196 –, DB 2014, 1697

Meinhardt, Klaus, Auslandstöchter, Devisentermingeschäfte und Bewertungseinheit?, DB 2004, 2649

Meißner, Jan Enrico, Kreditnehmer im Fokus – Offenlegung der wirtschaftlichen Verhältnisse nach § 18 KWG, Kredit & Rating Praxis 5/2001, 22

Melcher, Winfried/Möller, Florian, Ebenen der Gesamtdifferenzbetrachtung im Rahmen der Bilanzierung latenter Steuern, KoR 2011, 548

Merkelbach, Matthias, Neue Vergütungsregeln für Banken – Institutsvergütungsverordnung 2.0, WM 2014, 1990

Merkt, Hanno, Der Sonderfonds für allgemeine Bankrisiken nach § 340g HGB und seine bilanzielle Einordnung, BKR 2019, 261

Meuthen, Henry/Eickmann, Simon, Der Debt-Equity-Swap als sanierungsbegünstigendes Rechtsinstitut?, WPg 2018, 453

Meyding-Metzger, Angelika/Weigel, Wolfgang, Neuregelungen für Institute und Versicherungen durch das BilRUG, DB 2015, Beilage 05 zu Heft 36, 61

Meyer im Hagen, Jan Hendrik, Bildung pauschalierter EWB unter Einsatz von Risikoklassifizierungsverfahren, BankPraktiker 2009, 274

Meyer im Hagen, Jan, Prüfung pauschalierter Einzelwertberichtigungen, RevisionsPraktiker 2013, 212

Meyer, Dieter/Nagel-Jungo, Gabriela, Die neuen Rechnungslegungsvorschriften für Banken – eine kritische Würdigung, Rundschreiben 15/1 Rechnungslegung Banken, Der Schweizer Treuhänder 2014, 604

Meyer, Heinrich, Bankbilanzierung unter der Generalklausel des § 264 Abs. 2 HGB, ZfgK 1987, 438

Meyer, Heinrich, Zinsen und Bankbilanzierung, Gedanken zum Einfluss der Verzinslichkeit auf die Bewertung von Aktiva und Passiva in der Bankbilanz, in: Forster, Karl-Heinz (Hrsg.), Bankaufsicht, Bankbilanz und Bankprüfung, FS Scholz, Düsseldorf 1985, 139

Meyer, Marco, Einzelfragen zur Bilanzierung latenter Steuern im Rahmen von Verschmelzungen nach IDW RS HFA 42, BB 2013, 683

Meyer, Marco, Sanierungsbedingte Umstrukturierungen: ein Anwendungsfall für die Ausbuchung passiver latenter Steuern aufgrund künftiger Verluste?, BB 2011, 2539

Meyering, Stephan/Brodersen, Jan/Gröne, Matthias, Außerplanmäßige Abschreibung im Steuerrecht: Alter Wein in neuen Schläuchen, Darstellung und Analyse des BMF-Schreibens v. 2.9.2016, DStR 2017, 1175

Meyering, Stephan/Gröne, Matthias, Der Erfüllungsbetrag bei der Bewertung von Rückstellungen in Handels- und Steuerrecht – Berücksichtigung künftig erwarteter Preis- und Kostensenkungen?, BFuP 2014, 459

Meyering, Stephan/Gröne, Matthias, Die Neuregelung zu den Bestandteilen der steuerlichen Herstellungskosten – Wünschenswerte Reaktivierung der (umgekehrten) Maßgeblichkeit?, DStR 2016, 1696

Mihm, Asmus, Steuerliche Aspekte des Emittentenwechsels bei Schuldverschreibungen, RdF 2019, 156

Misterek, Rolf/Reichenbach, Rita, CTA-Governance: Risiken erkennen und vermeiden, DB 2012, 641

Mock, Sebastian, Die Leitlinien der Europäischen Kommission zur CSR-Berichterstattung, DB 2017, 2144

Möhlenkamp, Andreas/Harder, Phillip-Boie, Die umgekehrte Wandelschuldverschreibung (CoCo-Bonds) – ein neues Sanierungsinstrument?, ZIP 2016, 1093

Möller, Jörn, Immobilienbewertung nach IDW S 10 – Neue Grundsätze für die Wirtschaftsprüfer, BB 2013, 3051

Moritz, Joachim/Klebeck, Ulf/Jesch, Thomas A., Frankfurter Kommentar zum Kapitalanlagerecht, Band 1: Kommentar zum Kapitalanlagegesetzbuch (KAGB) (Teilband 1)

Moser, Thorsten/Siegel, Daniel P., Praxisfragen zur Aufstellung der Bilanz einer GmbH unter Berücksichtigung der Ergebnisverwendung, WPg 2017, 503

Moser, Ulrich/Hüttche, Tobias, Begründung der Nutzungsdauer des Goodwill – Überlegungen vor dem Hintergrund des BilMoG, FB 2009, 394

Moxter, Adolf, Fremdkapitalbewertung nach neuem Bilanzrecht, WPg 1984, 397

Moxter, Adolf, Zum Wechseldiskonturteil des Bundesfinanzhofes, BB 1995, 1997

Moxter, Adolf/Engel-Ciric, Dejan, Grundsätze ordnungsmäßiger Bilanzierung, §§ 246-246a HGB, Düsseldorf 2019

Mujkanovic, Robin, Anschaffungsgeschäft unter Einsatz einer Kaufoption im Jahresabschluss – Zugleich Anmerkungen zum BFH-Urteil vom 22.5.2019 – XI R 44/17, StuB 2020, 181

Mujkanovic, Robin, Bilanzierung von Software nach IDW RS HFA 11 n.F. und 31 n.F., StuB 2018, 49

Mujkanovic, Robin, BilRUG: Folgebewertung des selbsterstellten immateriellen Anlagevermögens und des Geschäfts- oder Firmenwerts, StuB 2014, 751

Mujkanovic, Robin, Softwarebilanzierung nach HGB und IFRS, Anschaffung dauerhaft genutzter Software beim Anwender, PiR 2013, 301

Mujkanovic, Robin, Softwarebilanzierung nach HGB und IFRS, Selbsterstellung, Erweiterung und Verbesserung von dauerhaft genutzter Software beim Anwender, PiR 2013, 331

Mülbert, Peter O./Sajnovits, Alexander, Das künftige Regime für Leerverkäufe und bestimmte Aspekte von Credit Default Swaps nach der Verordnung (EU) Nr. 236/2012, ZBB 2012, 266

Mülbert, Peter O./Sajnovits, Alexander, Die Dotierung des Sonderpostens „Fonds für allgemeine Bankrisiken" nach § 340g HGB mit Blick auf die Zahlungsansprüche von KWG/CRR-Genussscheininhabern, WM 2017, 1725

Mülbert, Peter O./Sajnovits, Alexander, Neue Referenzzinssätze, Zinssatzformeln und das Zinseszinsverbot – Karsten Schmidt zum 80. Geburtstag, WM 2019, 1813

Müller, Andreas, Rating und § 18 KWG – Teil A: Grundlagen, StuB 2002, 1

Müller, Hans-Friedrich, Related Party Transactions nach dem ARUG II, ZIP 2019, 2429

Müller, Marion A. R., Die neue Wohnimmobilienkreditrichtlinie, Verschärfungen zum Schutze der Verbraucher?, NWB 37/2016, 2799

Müller, Stefan/Ergün, Ismail, Bewertungseinheiten nach HGB – Kritische Würdigung der Offenlegungsanforderungen vor dem Hintergrund aktueller empirischer Erkenntnisse, DStR 2012, 1401

Müller, Stefan/Mühlbauer, Martina, Ausschüttungssperre für phasengleiche Gewinnvereinnahmung nach dem BilRUG, Rücklagenbildung nach § 272 Abs. 5 HGB, StuB 2015, 691

Müller, Thomas, Risikovorsorge im Jahresabschluss von Banken, Düsseldorf 2000

Müller, Welf, Bilanzierung des qualifizierten Rangrücktritts, BB 2016, 491

Müller, Welf, Nochmals: Zur Auflösung von Verbindlichkeiten bei Überschuldung, DStR 2018, 486

Müller, Welf, Replik zu Kahlert, BB 2016, 878 (vorstehend), BB 2016, 880

Münzer, Jens, Bitcoins, Aufsichtliche Bewertung und Risiken für Nutzer, BaFin Journal 1/2014, 26

Nadvornik, Wolfgang/Fritz-Schmied, Gudrun, Die Behandlung des Erlasses von Verbindlichkeiten in der Rechnungslegung einschließlich möglicher Einflüsse auf die Unternehmensbewertung, BFuP 2018, 271

Nathmann, Token in der Unternehmensfinanzierung – Rechtliche Einordnung von Initial Coin Offerings (ICO), BKR 2019, 540

Naumann, Thomas K., Bewertungseinheiten im Gewinnermittlungsrecht der Banken, Düsseldorf 1995

Naumann, Thomas K., Fremdwährungsumrechnung in Bankbilanzen nach neuem Recht, Düsseldorf 1992

Nemet, Marijan/Hülsen, Angelika, Substanzwertrechnung im Rahmen der verlustfreien Bewertung, FLF 2011, 5

Nemet, Mrijan/Zilch, Christopher, Die neue PrüfBV – Herausforderung für Prüfer und Institute, FLF 2015, 245

Neubacher, Bernd, Banken gehen auf Prüferinstitut los. Deutsche Kreditwirtschaft attackiert IDW – Streit um neue Vorgaben zur Bildung von Risikovorsorge, in: Börsen-Zeitung v. 12.6.2019

Neubacher, Bernd, Die Belastungen werden steigen. Das Institut der Wirtschaftsprüfer ändert seine Vorgaben zur Kalkulation von Pauschalwertberichtigungen, in: Börsen-Zeitung v. 19.10.2018

Neufang, Bernd, Anschaffungs- und Herstellungskosten von Gebäuden – Ein Vergleich der Rechtsprechung des BFH und der Verwaltungsauffassung, BB 2004, 78

Neuhaus, Markus P., Bilanzielle und aufsichtsrechtliche Aspekte beim Verkauf von Non Performing Loans, RdF 2013, 160

Neumann, Karl-Alexander/Schmidt, Arndt Alexander, Corporate Governance von Wertpapierinstituten, BKR 2021, 535

Neus, Werner/Schaber, Mathias, Nuancen oder grundsätzliche Erwägungen zu bankspezifischen Bewertungswahlrechten?, ZfbF 1996, 389

Niedling, Dirk/Merkel, Florian, Initial Coin Offerings (ICO) – Steuerliche Rahmenbedingungen einer neuen Finanzierungsform, RdF 2018, 141

Nippel, Peter, Kreditvergabeentscheidung und Risikovorsorge für erwartete Verluste, BFuP 2017, 173

Nodoushani, Manuel, CoCo-Bonds in Deutschland – Die neue Wandelschuldverschreibung, ZBB 2011, 143

Nodoushani, Manuel, Contingent Convertible Bonds – Eine Bestandsaufnahme, WM 2016, 589 ff.

Obst, Georg/Hintner, Otto, Geld-, Bank- und Börsenwesen, 40. Aufl., Stuttgart 2000

Oestreicher, Andreas, Die Berücksichtigung von Marktzinsänderungen bei Finanzierungsverträgen in der Handels- und Steuerbilanz, BB 1993, Beilage 12 zu Heft 18

OFD Chemnitz, Verfügung vom 28.7.2005, Beurteilung von Aufwendungen zur Einführung eines neuen Softwaresystems, DB 2005, 1822

OFD Frankfurt a.M., Vfg. vom 1.4.2021, S 2133 A – 036 – St 516, Wechsel der zentralen Gegenpartei bei außerbörslichen Zinsderivaten im Zuge des Brexit, RdF 2022, 78

OFD Frankfurt a.M., Wechsel der zentralen Gegenpartei bei außerbörslichen Zinsderivaten im Zuge des Brexit, RdVfg. v. 1.4.2021 – S 2133 A – 036 – St 516, DStR 2021, 1481

OFD Frankfurt/M, Verf. vom 19.11.2013, Ertragsteuerliche Fragen bei Wertpapierdarlehensgeschäften (sog. Wertpapierleihe), DB 2014, 454

OFD Frankfurt/M, Verf. vom 5.2.2019, Ertragsteuerliche Behandlung von Aufgeldern beim Erwerb festverzinslicher Kapitalanlagen, DB 2019, 702

OFD Frankfurt/Main, Verfügung vom 2.5.2002, Rückstellungen für Versand von Kontoauszügen, DStR 2002, 1267

OFD Frankfurt/Main, Verfügung vom 23.3.1995, Rückstellung für Prämien- und Bonusverbindlichkeiten, BB 1995, 1346

OFD Koblenz, Kurzinformation ESt vom 30.11.2005, Rückstellung wegen Erfüllungsrückstand für die Betreuung bereits abgeschlossener Lebensversicherungen, BB 2006, 265

OFD Koblenz, Kurzinformation vom 17.2.2004, Rückstellungen der Bausparkassen und Banken für Versandkosten von Kontoauszügen, DStZ 2004, 385

OFD Magdeburg, Verfügung vom 21.9.2006, Rückstellungen für die Aufbewahrung von Geschäftsunterlagen, DB 2006

OFD München, Verfügung vom 5.5.1997, Kreditinstitut in den neuen Bundesländern: Pauschalwertberichtigung, BB 1997, 1253

OFD München/Nürnberg, Verfügung vom 12.4.2002, Rückstellungen für Bürgschaftsverpflichtungen und ähnliche vertragliche Garantien, WPg 2002, 778

OFD München/Nürnberg, Verfügung vom 22.8.2000, Einkommensteuerliche Behandlung von Optionsanleihen im Betriebsvermögen, BB 2000, 2628

OFD Münster, Kurzinfo ESt 17/2012, Auswirkung des BilMoG auf die Steuerbilanz, Gegenüberstellung der wesentlichen Abweichungen zwischen Handelsbilanz und Steuerbilanz unter Geltung des BilMoG, DB 2012, 2309

OFD Münster, Kurzinfo ESt Nr. 004/2009 vom 9.2.2009, Rückstellungen für Sonderbeiträge an die Entschädigungseinrichtung der Wertpapierhandelsunternehmen (EdW), StuB 2009, 200

OFD Münster, Kurzinformation ESt vom 17.7.2012, Bilanzsteuerliche Behandlung von griechischen Staatsanleihen – Auswirkung des Euro-Gipfels vom 26.10.2011, BB 2012, 2366

OFD Münster, Kurzinformation ESt vom 21.1.2005 – Nr. 5/2005, BB 2005, 489

OFD Niedersachsen, Verfügung vom 5.10.2015, Rückstellung für die Aufbewahrung von Geschäftsunterlagen in Papier- oder digitaler Form, DB 2015, 2726

OFD Niedersachsen, Vfg. vom 22.8.2013, Zeitpunkt der Bildung von Rückstellungen für künftige Steuernachforderungen, DB 2013, 2534

OFD NRW, Kurzinfo vom 22.1.2015, Teilwertabschreibung gem. § 6 Abs. 1 Nr. 1 und 2 EStG, DB 2015, 217

Oho, Wolfgang/Hülst, Rüdiger von, Steuerrechtliche Aspekte der Wertpapierleihe und des Repo-Geschäfts, DB 1992, 2582

Oldewurtel, Christoph/Kümpel, Katharina/Wolz, Matthias, Prüfung von Pensionsrückstellungen im handelsrechtlichen und internationalen Jahresabschluss, Prüfungshandlungen für ein hinreichend sicheres Urteil, WP Praxis 2014, 43

Omlor, Sebastian/Link, Mathias, (Hrsg.), Kryptowährungen und Token, Frankfurt 2021

Orth, Christian/Oser, Peter/Philippsen, Katharina/Sultana, Ahmad, ARUG II: Zum neuen aktienrechtlichen Vergütungsbericht und sonstigen Änderungen im HGB, DB 2019, 2814

Orth, Manfred, Sachdividenden – Zur Kodifizierung und den offen gebliebenen aktienrechtlichen, bilanzrechtlichen und steuerrechtlichen Folgen, WPg 2004, 777 (Teil 1) und 841 (Teil 2)

Oser, Peter, Änderung der Befreiungsvoraussetzungen für Tochter-Kapitalgesellschaften durch das BilRUG, WPg 2017, 691

Oser, Peter, Auflösung von Verbindlichkeiten mit Rangrücktritt in Handels- und Steuerbilanz – Zugleich Anmerkungen zum BGH-Urteil v. 5.3.2015 – IX ZR 133/14, DStR 2017, 1889

Oser, Peter, Pflicht zur Auflösung von Verbindlichkeiten mit Rangrücktritt (Duplik auf Briese DStR 2017, 2832), DStR 2017, 2835

Oser, Peter, Rangrücktritt im Insolvenz-, Bilanz- und Steuerrecht, BC 2017, 123

Oser, Peter, Rückstellungsreport, Darstellung ausgewählter Rückstellungssachverhalte, StuB 2014, 43

Oser, Peter/Kliem, Bernd, Handelsrechtliche Bilanzierung von Implementierungskosten bei Cloud Computing beim Anwender, WPg 2022, 505

Oser, Peter/Kropp, Manfred, Eigene Anteile in Gesellschafts-, Bilanz- und Steuerrecht, Der Konzern 2012, 185

Oser, Peter/Ollinger, Carina, Zweifelsfragen der Anwendung handelsrechtlicher Befreiungsvorschriften von Rechnungslegungspflichten, DB 2017, 2045

Oser, Peter/Orth, Christian/Wirtz, Holger, Das Bilanzrichtlinie-Umsetzungsgesetz (BilRUG) – Wesentliche Änderungen und Hinweise zur praktischen Umsetzung, DB 2015, 1729

Oser, Peter/Wirtz, Holger, Rückstellungsreport 2015, StuB 2016, 3

Oser, Peter/Wirtz, Holger, Rückstellungsreport 2016, Darstellung ausgewählter Rückstellungssachverhalte, StuB 2017, 3

Oser, Peter/Wirtz, Holger, Rückstellungsreport 2017, StuB 2018, 1

Oser, Peter/Wirtz, Holger, Rückstellungsreport 2018, StuB 2019, 97

Oser, Peter/Wirtz, Holger, Rückstellungsreport 2021 – Darstellung ausgewählter Rückstellungssachverhalte, StuB 2022, 1

Ott, Hans, Steuerrechtliche Behandlung des Erwerbs eigener Anteile, Anmerkungen zum BMF-Schreiben vom 27.11.2013, StuB 2014, 163

Oulds, Mark K., Neues zur Emission von Wandelschuldverschreibungen im Lichte des geplanten VorstKoG und der Delegierten Verordnung (EU) 759/2013, Corporate Finance law 2013, 213

oV, § 341b HGB wirft weiter viele Fragen auf, VW 2002, 1431

Padberg, Thomas, Bankbilanzanalyse nachrangiger Verbindlichkeiten, ZfgK 1999, 559

Padberg, Thomas, Bedeutung von Genussrechtskapital und nachrangigen Verbindlichkeiten für Genossenschaften und Sparkassen, DB 2000, 990

Pagels, Karsten/Lüder, Robert, Die Saldierung mit Planvermögen nach § 246 Abs. 2 Satz 2 HGB – Ein beliebtes Instrument in Zeiten bilanzieller Belastungen durch steigende Altersversorgungsverpflichtungen?, DB 2016, 901

Pagels, Karsten/Lüder, Robert, Prüfungsrelevante Fragen beim Vorliegen von (ausländischen) Patronatserklärungen, WPg 2017, 230

Pankoke, Stefan L./Wallus, Thamar M. V., Europäische Derivateregulierung und M&A, WM 2014, 4

Patek, Guido, Abbildung von Bewertungseinheiten mit antizipierten Grundgeschäften – Kritische Analyse des § 254 HGB und der IDW-Stellungnahme RS HFA 35, RdF 2012, 343

Patek, Guido, Bewertungseinheiten nach dem Referentenentwurf des Bilanzrechtsmodernisierungsgesetzes – Darstellung und kritische Analyse der geplanten handelsrechtlichen Normierung, KoR 2008, 364

Patek, Guido, Verlustfreie Bewertung von Vermögensgegenständen des Vorratsvermögens und schwebende Geschäftspositionen in Handels- und Steuerbilanz, BFuP 2011, 282

Patz, Anika, Überblick über die Regulierung von Kryptowerten und Kryptowertdienstleistern, BKR 2021, 725

Pauls, Gunter, Pauschalrückstellungen in der Steuerbilanz, NWB 39/2011, 3281

Pellens, Bernhard/Lleyhaj, Denisa/Stappert, Christina, Umsetzung der CSR-Richtlinie bei den HDAX-Unternehmen, BB 2018, 2283

Peppmeier, Arno, Bilanzierung und Bewertung von negativen Basispaketen im Jahresabschluss von Kreditinstituten nach handelsrechtlichen Vorschriften, Corporate Finance biz 4/2010, 257

Peter, Markus/Graser, Gerald, Zu kurz gegriffen: Due Diligence-Kosten als Anschaffungsnebenkosten beim Beteiligungserwerb, DStR 2009, 2032

Petersen, Kurt/Zwirner, Christian (Hrsg.), BilMoG, Gesetze, Materialien, Erläuterungen, München 2009

Petersen, Sven A., Steuerbilanzielle Erfassung der Erträge aus Investmentfonds, DStR 2006, 1674

Peun, Michael/Rimmelspacher, Dirk, Änderungen in der handelsrechtlichen GuV durch das BilRUG, DB 2015, Beilage 05 zu Heft 36, 12

Pfitzer, Norbert/Scharpf, Paul/Schaber, Mathias, Voraussetzungen für die Bildung von Bewertungseinheiten und Plädoyer für die Anerkennung antizipativer Hedges (Teil 1) WPg 2007, 675 und (Teil 2) WPg 2007, 721

Pflaum, Ulrich, Wann sind Rückstellungen für Steuernachzahlungen zu bilden?, StBp 2019, 176

Philipp, Holger, Erweiterte Anhangangaben zu Pensionsrückstellungen, Gesamtübersicht und Musterformulierungen zur geänderten Berechnung der Abzinsungssätze, BBK 7/2016, 333

Philipps, Holger, Erweiterte Anhangangaben zu Pensionsrückstellungen, BBK 7/2016, 333

Philipps, Holger, Prüfung der Going Concern-Annahme im Rahmen der Abschlussprüfung, WP Praxis 2021, 107

Philipps, Holger/Wilting, Armin, Neue Grundsätze für die Verwertung der Arbeiten von Sachverständigen, Überblick über die Änderungen aus IDW PS 322 n.F., WP Praxis 2014, 85

Philippsen, Katharina/Sultana, Ahmed, Bilanzierung von Entnahmen aus der Kapitalrücklage einer GmbH, DB 2019, 1689

Piekenbrock, Andreas, Die Kontrolle von Entgeltklauseln in Darlehensverträgen – eine Fortsetzungsgeschichte, ZBB 2017, 325

Piekenbrock, Andreas, Unwirksamkeit von Darlehensgebühr in Bausparkassen-AGB, EWiR 3/2017, 65

Pilhofer, Jochen/Lessel, Matthias, Bilanzierung von Beteiligungen im Jahresabschluss im Lichte jüngster Rechtsprechung, Erfassung von Beteiligungserträgen, Kosten einer Due Diligence, außerplanmäßige Abschreibungen, StuB 2013, 11

Pitschas, Rainer, Grenzen der Bindungswirkung von Verlautbarungen des Bundesaufsichtsamts für das Kreditwesen – Zur Auslegung des § 18 KWG, WM 2000, 1121

Plank, Manfred, Gegenpartei-Kreditrisiken aus OTC-Derivativgeschäften, Messung und Management, Schweizer Treuhänder 2011, 945

Plattner, Maximilian, Von Bilateral zu Triparty: Repo, Transaktionen wirtschaftlich und rechtlich gesehen, ÖBA Heft 9/2007, 679

Plewka, Harald/Krumbholz, Marcus, Das Wechseldiskonturteil des BFH als neuer Maßstab für die Realisierung von Diskonterträgen bei Schuldverschreibungen, DB 1996, 342

Poelzig, Dörte, Nachrangdarlehen als Kapitalanlage – Im „Bermuda-Dreieck" von Bankaufsichtsrecht, Kapitalmarktrecht und AGB-Recht – WM 2014, 917

Pohl, Carsten, Ausschüttungssperre im Kontext der Abzinsung von Pensionsrückstellungen, Ausgewählte gesellschafts-, bilanz- und steuerrechtliche Problemfelder, NWB 30/2017, 2290

Pohl, Carsten, Steuerliche Behandlung von Sachausschüttungen, BFH klärt mehrere Grundsatzfragen, NWB 5/2019, 244

Pollanz, Manfred, Eine Rückstellung (für passive latente Steuern) hing am Glockenseil oder: zwei Berufsstände – drei Meinungen!, DStR 2013, 58

Pollanz, Manfred, Praxisempfehlungen zur Ausgestaltung eines Rückstellungsspiegels nach dem BilMoG, DStR 2009, 1824

Pöller, Ralf, Latente Steuern: Ausweis und Angaben im Anhang nach BilRUG, BC 2016, 104 ff.

Ponzer, Lothar/Stümpfle, Christina, Prüfung des Jahresabschlusses nach § 38 Abs. 3 KAGB, WPg 2017, 450

Portisch, Wolfgang/Winkler, Andreas, IDW ERS BFA 7 Paradigmenwechsel bei Pauschalwertberichtigungen. Stellungnahmen zum Standardentwurf und Handlungsbedarf, BP 12-01/2020, 388

Portisch, Wolfgang/Winkler, Andreas, IDW RS BFA 7 Pauschalwertberichtigungen – Paradigmenwechsel vollzogen, BP 2020, 145

Pöschke, Moritz, Auskunftsanspruch des Inhabers eines gewinnabhängig verzinsten Genussrechts – Zugleich Anmerkung zu BGH vom 14.6.2016 – II R 121/15, DB 2016 S. 1865, DB 2016, 2219

Prahl Reinhard, Meinungen zum Thema: Finanzinnovationen im Jahresabschluss, BFuP 1995, 238

Prahl, Reinhard, Die neuen Vorschriften des Handelsgesetzbuches für Kreditinstitute, WPg 1991, 401 (I) und 438 (II)

Prahl, Reinhard/Naumann, Thomas K., Überlegungen für eine sachgerechte Bilanzierung der Wertpapierleihe, WM 1992, 1173

Prahl, Reinhard/Naumann, Thomas K., Zur Bilanzierung von portfolio-orientierten Handelsaktivitäten der Kreditinstitute, WPg 1991, 729

Preuße, Thomas/Wöckener, Karsten/Gillenkirch, Daniel, Das Gesetz zur Einführung elektronischer Wertpapiere – Eine erste Bewertung aus Sicht der Praxis, DStR 2021, 460

Priester, Hans-Joachim, Der Abschluss von Teilgewinnabführungsverträgen im GmbH-Recht, NZG 2020, 1

Priester, Hans-Joachim, Eigene Anteile bei Personengesellschaften, ZIP 2014, 245

Priester, Hans-Joachim, Passive Rechnungsabgrenzung – Kriterien der Ansatzpflicht, DB 2016, 1025

Prinz, Ulrich, BMF-Schreiben vom 16.07.2014 zur Teilwertabschreibung wegen voraussichtlich dauernder Wertminderung, DB 2014, 1825

Prinz, Ulrich, Europäischer Grundsatz der Bilanzwahrheit – Gedanken zu EuGH vom 23.4.2020 in der Rechtssache Wagram Invest SA, DB 2020, 1424

Prinz, Ulrich, Fremdwährungsdarlehen und steuerbilanzielle Teilwertzuschreibung: Aktuelle BFH-Rechtsprechung, DB 2022, 687

Prinz, Ulrich, Neu gefasster Teilwerterlass vom 02.09.2016, DB 2016, 2142

Prinz, Ulrich, Rückstellungen aktuelles Praxis-Knowhow, WPg 2019, 978

Prinz, Ulrich, Rückstellungen: aktuelles Praxis-Knowhow, WPg 2017, 1316

Prinz, Ulrich, Steuerbilanzierung eines negativen Kaufpreises beim Unternehmenserwerb. DB 2020, 2145

Prinz, Ulrich/Ludwig, Fabian, Due Dilligence-Aufwand bei geplanten Akquisitionsmaßnahmen – Zweifelhafte Aktivierungspflicht, DB 2018, 213

Prystawik, Oliver/Sandritter, Sebastian, Steuerliche Bewertung von Kreditforderungen – Auswirkungen durch das Wertminderungsmodell des IFRS 9?, DB 2017, 197

PwC (Hrsg.), Accounting Aktuell Blog: Pauschalwertberichtigungen bei Kreditinstituten, www.

PwC (Hrsg.), HGB direkt, Ausgabe 12 Dezember 2018

PwC (Hrsg.), HGB direkt, Ausgabe 13, Dezember 2018.

PwC (Hrsg.), HGB direkt, Ausgabe 2, März 2017, www.pwc.de

PwC (Hrsg.), IFRS für Banken Teil 1 und Teil 2, 6. Aufl., Köln 2017

PwC (Hrsg.), IFRS für Banken, 6. Aufl., Köln 2017

PWC (Hrsg.), International Accounting News, Ausgabe 3.3.2018, www.pwc.com

PwC (Hrsg.), Year-End-Letter 2013, www.pwc.de

PwC (Hrsg.), Year-End-Letter 2017, www.pwc.de

PwC (Hrsg.), Year-End-Letter-2019, www.pwc.de

Quick, Reiner, Abschlussprüferhonorare in den Anhangangaben der DAX30-Unternehmen im Lichte der neuen EU-Verordnung, BB 2018, 2411

Quick, Reiner/Umlauf, Steffen, Besonderheiten der Prüfung von Kreditinstituten, Die Bank 4/2012, 51

Rapp, Matthias J./Lembert, Stefan/Lenhardt, Heike, Beurteilung des Rechnungszinssatzes für die Bewertung von Pensionsverpflichtungen im Zuge der Euro-Krise, PiR 2015, 301

Rätke, Bernd, Bewertung der Rechte aus einem Zinsbegrenzungsvertrag (sog. „Cap") mit dem niedrigeren Teilwert, StuB 2004, 34

Rätke, Bernd, Bilanzielle Gestaltungsspielräume für den Jahresabschluss 2014, BBK 24/2014, 1147

Rätke, Bernd, Darlehensverbindlichkeit mit steigendem Zinssatz, BBK 1/2018, 12

Rätke, Bernd, Keine phasengleiche Aktivierung von Dividendenansprüchen, Anmerkungen zum BFH-Urteil vom 7.2.2007 – I R 15/16, StuB 2007, 775

Rätke, Bernd, Neues zu Teilwertabschreibung, voraussichtlich dauernder Wertminderung und Wertaufholungsgebot – Eine praxisnahe Kommentierung des BMF-Schreibens vom 2.9.2016, BBK 20/2016, 987

Rätke, Bernd, Neues zu Teilwertabschreibung, voraussichtlich dauernder Wertminderung und Wertaufholungsgebot – Eine praxisnahe Kommentierung des BMF-Schreibens vom 2.9.2016, BBK 20/2016, 987

Rätke, Bernd, Passivierung einer Rangrücktrittsverbindlichkeit bei voraussichtlicher Nichterfüllung der Verbindlichkeit, Anmerkungen zum BFH-Urteil vom 19.8.2020 – XI R 32/18, StuB 2021, 95

Rätke, Bernd, Teilwertabschreibung auf Aktien im Anlagevermögen – Zugleich Folgerungen aus dem Urteil des FG Köln vom 21.6.2006 – 13 K 4033/05, StuB 2007, 131

Rätke, Bernd, Teilwertabschreibung, voraussichtlich dauernde Wertminderung und Wertaufholungsgebot – Eine praxisnahe Kommentierung des BMF-Schreibens vom 16.7.2014, BBK 18/2014, 849

Rau, Stephan, Kompensatorische Bewertung von Finanzinstrumenten (Bewertungseinheiten) in der Steuerbilanz, DStR 2017, 737

Rau, Stephan, Wirtschaftliches Eigentum und Gewinnrealisierung bei echten Pensions- bzw. Repogeschäften, BB 2000, 2338

Rau, Stephan, Zum Verhältnis von Wertpapierdarlehensgeschäften mit girosammelverwahrten Aktien zur Steuerbefreiungsvorschrift des § 8b KStG, DStR 2009, 21

Rau, Stephan, Zur steuerbilanziellen Behandlung von Aktienanleihen, DStR 2006, 627

Rau, Stephan, Zur steuerlichen Behandlung von Zinsbegrenzungen und Optionen nach dem BFH-Urteil zur bilanziellen Behandlung erhaltener Stillhalterprämien, DStR 2003, 1769

Read, Oliver/Beißer, Jochen, Erste €STR-Produkte und €STR-basierte Term Rates, ZfgK 2021, 138

Rebmann, Dorotea/Weigel, Wolfgang, Verlustfreie Bewertung von zinsbezogenen Geschäften des Bankbuchs bei Kreditinstituten nach dem deutschen HGB und dem österreichischen UGB, KoR 2014, 211

Rechnungslegungsverordnung-FINMA vom 31.10.2019

Recker, Simon/Galeski, Olena, CSR-Berichtspflicht – Die erste CSR-Berichterstattung durch die öffentlichen Banken Deutschlands, BP 2018, 304

Reischauer, Friedrich/Kleinhans, Joachim (Begr.), Kreditwesengesetz (KWG), Loseblattkommentar für die Praxis nebst sonstigen bank- und sparkassenrechtlichen Aufsichtsgesetzen sowie ergänzenden Vorschriften, Loseblattsammlung, Berlin

Reiswich, Patrick, Verwässerungsschutz von Wandelschuldverschreibungen bei nominellen Kapitalerhöhungen, RdF 2017, 219

Reitmeier, Barbara/Peun, Michael/Schönberger, Martin W., Anwendungsfragen zur handelsrechtlichen Bilanzierung von Altersversorgungsverpflichtungen, WPg 2017, 813

Reitmeier, Barbara/Rimmelspacher, Dirk, Das Bilanzrichtlinie-Umsetzungsgesetz: Überblick über die wesentlichen Änderungen, DB 2015, Beilage 05 zu Heft 36, 1

Rennig, Christopher, KWG goes Krypto, Die Aufnahme von Kryptowerten und des Kryptoverwahrgeschäfts in das KWG, BKR 2020, 23

Resas, Daniel/Ulrich, Niklas/Geest, André, Kryptowährung nach dem KWG: Der Versuch einer Konturierung des neuen Erlaubnistatbestands, ZBB 2020, 22

Reuleaux, Matthias, Der zukünftige Luftfahrzeugpfandbrief: Ein „Internationales Sicherungsrecht" gemäß der Kapstadt-Konvention als vergleichbare Sicherheit i.S.d. § 22 Abs. 5 PfandBG?, ZBB 2006, 463

Richter, Nicole/Johne, Annette/König, Christoph, Umsetzung der CSR-Richtlinie in nationales Recht, WPg 2017, 566

Rieder, Daniela, EU-Leerverkaufsverordnung, Neue Regelungen für Leerverkäufe und Credit Default Swaps, BankPraktiker 2012, 309

Riederer, Martin/Weick-Ludewig, Verena, Grenzen des Leerverkaufsbegriffs, Rechtssicherheit durch funktionale Auslegung der EU-Leerverkaufsverordnung, RdF 2017, 284

Riedl, Philipp/von Livonius, Holger, Die neue europaweite Regulierung von Leerverkäufen, RdF 3/2012, 164

Riepolt, Johannes, Handelsrechtliche Kapitalerhaltung bei Wertaufholungen durch Kapitalgesellschaften, BBK 23/2019, 1112

Rimmelspacher, Dirk/Fey, Gerd, Beendigung von Bewertungseinheiten im handelsrechtlichen Jahresabschluss, WPg 2013, 994

Rimmelspacher, Dirk/Hoffmann, Tim/Hesse, Timo, Factoring- und ABS-Transaktionen im handelsrechtlichen Jahresabschluss des Verkäufers – Einzelfragen zum Übergang des wirtschaftlichen Eigentums an Forderungen, WPg 2014, 999

Rimmelspacher, Dirk/Meyer, Henning D./Girlich, Michael, Einzelfragen zur handelsrechtlichen Abbildung von Factoring-Vereinbarungen beim Veräußerer, WPg 2019, 1147

Rimmelspacher, Dirk/Meyer, Henning D./Müller, Nils, Abbildung von Factoring-Vereinbarungen im handelsrechtlichen Jahresabschluss des Forderungsverkäufers, WPg 2021, 1283

Rimmelspacher, Dirk/Meyer, Henning Dieter, Änderungen im (Konzern-) Anhang durch das BilRUG, DB 2015, Beilage 05 zu Heft 36, 23

Rimmelspacher, Dirk/Roland, Sandra, Der Vergütungsbericht nach ARUG II, WPg 2020, 201

Rimmelspacher, Dirk/Roland, Sandra, Der Vergütungsbericht nach ARUG II, WPg 2020, 201

Rimmelspacher, Dirk/Schäfer, Nina/Schönberger, Martin W., Das CSR-Richtlinie-Umsetzungsgesetz: Neue Anforderungen an die nichtfinanzielle Berichterstattung und darüber hinaus, KoR 2017, 225

Rinker, Carola, Auswirkungen durch die Corona-Pandemie auf den Nachtragsbericht, Darstellung anhand von Praxisbeispielen, StuB 2020, 377

Rinker, Carola, Mögliche Auswirkungen der IBOR-Reform auf den HGB-Jahresabschluss, StuB 2020, 4

Rinker, Carola/Farwick, Lars-Oliver, Neue Risiken für Unternehmen durch Hackerangriffe, WP Praxis 10/2017, 236

Rist, Petra, Bilanzierung von Forderungsverkäufen bei wirtschaftlicher Betrachtungsweise – Zugleich Anmerkungen zur IDW-Stellungnahme RS HFA 8, StuB 2003, 385

Ritzrow, Manfred, Rechnungsabgrenzungsposten, (Teil I) StBp 1998, 10, (Teil II) StBp 1998, 39

Ritzrow, Manfred, Rechnungsabgrenzungsposten, StBp 2012, 101 (Teil I), 137 (Teil II) und 171 (Teil III)

Rixen, Hans-Hermann, EG-Bankbilanzrichtlinie transformiert, Die Bank 1990, 638

Rockel, Stefan/Patzner, Andreas, Behandlung von Erträgen aus Investmentfonds in der Steuerbilanz betrieblicher Anleger am Beispiel des investmentsteuerlichen Werbungskostenabzugsverbots, DStR 2007, 1546

Rockel, Stefan/Patzner, Andreas, Handels- und steuerbilanzielle Behandlung von Investmentfondsanteilen im Vergleich zu den Neuregelungen des UntStRefG 2008 für die private Kapitalanlage, DStR 2008, 2122

Rodl, Daniel, Zur Unwirksamkeit formularmäßiger Zustimmungsfiktionen im Bankrecht, WM 2021, 1310 (Teil 1), 1357 (Teil 2)

Rolker, Andreas/Strauß, Marcus, Bitcoin & Co. – eine angemessene Regulierung auf dem Weg?, WM 2019, 489

Roller, Reinhold/Elster, Thomas/Knappe, Jan Christoph, Spread-abhängige Constant Maturity (CMS) Swaps – Funktionsweise, Risikostruktur und rechtliche Bewertung, ZBB 2007, 345

Romba, Eric/Patz, Anika, Zweites Hinweisschreiben zu Prospekt- und Erlaubnispflichten im Zusammenhang mit der Ausgabe von Krypto-Token, RdF 2019, 298

Roos, Benjamin, Bilanzierung entgeltlich erworbener Software beim Anwender, Neufassung und Anpassung des IDW RS HFA 11 an DRS 24, BBK 8/2018, 381

Roos, Benjamin, Durchlaufende Posten im handelsrechtlichen Jahresabschluss, Vereinnahmung von Fremdgeldern im Lichte des Saldierungsverbots, BBK 22/2017, 1049

Roser, Frank, Verbindlichkeitsrückstellungen dem Grunde und der Höhe nach – Auswirkungen der aktuellen Rechtsprechung?, WPg 2015, 693

Roser, Frank/Haupt, Heiko, Negative Kaufpreise – der BFH lässt viele Fragen offen, GmbHR 2007, 78

Rösler, Patrick/von Heymann, Ekkehardt, Zinsänderungsklauseln und Rating im Firmenkundengeschäft, BP 2020, 255

Rösler, Patrick/Wimmer, Konrad, Angemessenheit der Höhe der Vorschusszinsen – Eine kombiniert rechtlich-finanzmathematische Analyse als Diskussionsbeitrag zu Servatius, BKR 2005, 295, BKR 2007, 8

Rösler, Patrick/Wimmer, Konrad, Ratings im Firmenkundengeschäft der Banken zwischen Betriebswirtschaft, Aufsichtsrecht und Zivilrecht, BKR 2020, 236

Ross, Benjamin, Bilanzierung von geleisteten Anzahlungen nach IFRS und HGB: Erfolgswirkungen aus nicht zahlungswirksamen Leistungen bei erstmaliger Erfassung, DStR 2017, 1282

Roß, Norbert, Ausweis unentgeltlicher Sachleistungen an Arbeitnehmer in der GuV im Lichte des Bilanzrichtlinie-Umsetzungsgesetzes, BB 2016, 495

Roß, Norbert, Nettobilanzierung bei Rückgriffsansprüchen: Wortlautgetreue Anwendung des IDW RS HFA 34 ausreichend, BB 2020, 1067

Roß, Norbert, Phasengleiche Gewinnvereinnahmung bei Minderheitsgesellschaftern?, WPg 2022, 23

Roß, Norbert, Rechtsgeschäftliche Treuhandverhältnisse im Jahres- und Konzernabschluss, Düsseldorf 1994

Roß, Norbert/Meyer, Christian H./Hundgeburth, Frank, Zur handelsrechtlichen Abzinsung bei Ewigkeitsrückstellungen, WPg 2019, 1041

Roß, Norbert/Pommerening, Sylke, Bilanzierung von Mitarbeiterbeteiligungsprogrammen auf Basis von Wandelanleihen, WPg 2001, 644

Roß, Norbert/Zilch, Christoph, Handelsrechtliche Bilanzierung von Großmutterzuschüssen, BB 2014, 1579

Roth, Michael, Prüfung von Wertpapierpensionsgeschäften und Wertpapierdarlehen, ZIR 2003, 26

Rübel, Markus, Devisen- und Zinstermingeschäfte in der Bankbilanz, Berlin 1990

Rudolph, Bernd (Hrsg.), Derivative Finanzinstrumente, Stuttgart 1995

Rüffer, Natalie/Send, Frank/Siwik, Thomas, Bilanzierung strukturierter Zinsprodukte: Anwendung des Double-Double-Tests unter den IFRS, KoR 2008, 448

Ruland, Hans-Wilhelm, Effekten, Geschäft und Technik, 2. Auflage, Stuttgart 2004

Russ, Wolfgang/Janßen, Christian/Götze, Thomas (Hrsg.), BilRUG – Auswirkungen auf das deutsche Bilanzrecht, Kommentar zum Bilanzrichtlinie-Umsetzungsgesetz, Düsseldorf 2015

Rust, Walter L., Die Vereinbarung einer gewinnunabhängigen Festvergütung zugunsten eines stillen Gesellschafters mit § 301 AktG, AG 2006, 563

Saenger, Ingo/Merkelbach, Matthias, Rechtswirkungen weicher Patronatserklärungen, WM 2007, 2309

Sajnovits, Alexander/Weick-Ludewig, Verena, Europäische Leerverkaufsregulierung in der praktischen Anwendung: Anforderungen an die Deckung von Leerverkäufen von Aktien nach Artikel 12 und 13 der Verordnung (EU) Nr. 236/2012 (EU-LVVO), WM 2015, 2226 ff.

Sandkühler, Torsten/Eich, Hans, Steuerliches Dotationskapital für Betriebsstätten ausländischer Banken – Probleme bei der Umsetzung der „Verwaltungsgrundsätze – Dotationskapital", DB 2007, Beilage Status Recht 12/2007, 385

Sandleben, Hans-Martin/Wittmann, Markus, Bilanzierung unechter Pensionsgeschäfte nach HGB und IFRS, IRZ 2015, 139

Sanning, Dajo, Bilanz und Blockchain: Bilanzierung und Besteuerung von Krypto Token Pre-Sale Agreements, StuB 2022, 337

Sanning, Gajo, Blockchain im Betrieb – BMF veröffentlicht Schreiben zur Ertragsbesteuerung von virtuellen Währungen und Krypto-Token, DB 2022, 1409

Schaber, Mathias, C 810 Konzernrechnungslegung der Kredit- und Finanzdienstleistungsinstitute, in: BeckHdR C 810, 1

Schaber, Mathias, Vorsorgereserven nach § 340f HGB im Rahmen eines Gewinnabführungsvertrags und deren Angemessenheit, Der Konzern 2006, 55

Schaber, Mathias/Amann, Dorothee, Der Erfüllungsbetrag und der Unterschiedsbetrag zwischen Ausgabebetrag und Erfüllungsbetrag bei Verbindlichkeiten im HGB, WPg 2014, 938

Schaber, Mathias/Rehm, Kati/Märkl, Helmut/Spies, Kordelia, Handbuch strukturierte Finanzinstrumente – HGB – IFRS, 2. Aufl., Düsseldorf 2010

Schäfer, Henry, Renaissance der Wandelanleihen – Neuere Kontraktstrukturen und deren Kapitalmarktrelevanz, FB 2002, 514

Schafft, Thomas, Internet-Domains als Kreditsicherheit, BB 2006, 1013

Schalast, Christoph/Walter, Andreas, Verkauf von Forderungen aus notleidenden Schiffsfinanzierungsdarlehen, BB 2012, 1301

Schampera, Martin, Überprüfung von Einzelwertberichtigungen auf der Grundlage von Datenbankanalysen – Fluch oder Segen für Betriebsprüfungen und Banken?, NWB 51/2017, 3939

Schanz, Kay-Michael, Wandel- und Optionsanleihen – Flexible Finanzierungsinstrumente im Lichte gestiegenen Interesses, BKR 2011, 410

Schanz, Kay-Michael, Wandelanleihen in der Insolvenz des Schuldners, Corporate Finance Law 1/2012, 26

Scharf, Sarah, Zum Anspruch des Genussscheininhabers auf Rechenschaftslegung, Anmerkung zum BGH-Urteil vom 14.6.2016 – II ZR 121/15, StuB 2016, 786

Scharfenberg, Jens/Marquardt, Timo, Die Bilanzierung des Customizing von ERP-Software, DStR 2004, 195

Scharpf, Paul, Bewertungseinheiten mit Optionen nach HGB, RdF 2014, 62

Scharpf, Paul, Bilanzierung von Bewertungseinheiten in der Fünften Jahreszeit, DB 2012, 357

Scharpf, Paul, Bilanzierung von Financial Instruments nach IAS 39, FB 2000, 125 (I), 208 (II), 284 (III) und 372 (IV)

Scharpf, Paul, Bilanzierung von im Wege der Zwangsversteigerung erworbenen Immobilien durch Kreditinstitute, DB 1987, 755

Scharpf, Paul, Der neue Solvabilitätskoeffizient der Kreditinstitute, Die Umsetzung der EG-Eigenmittel- und EG-Solvabilitätsrichtlinie, Düsseldorf 1993

Scharpf, Paul, Fristengliederung im Jahresabschluss von Bausparkassen, DStR 1995, 504

Scharpf, Paul, Hedge Accounting nach IAS 39: Ermittlung und bilanzielle Behandlung der Hedge (In-) Effektivität, KoR 2004, Beilage 1 zu Heft 11

Scharpf, Paul, Pauschalwertberichtigungen bei Instituten nach IDW RS BFA 7 – Mit besonderem Blick auf die Bewertungsvereinfachung, Der Konzern 2021, 211

Scharpf, Paul, Überlegungen zur Bilanzierung strukturierter Produkte (Compound Instruments), FB 1999, 21

Scharpf, Paul/Luz, Günther, Risikomanagement, Bilanzierung und Aufsicht von Finanzderivaten, 2. Auflage, Stuttgart 2000

Scharpf, Paul/Schaber, Mathias, Bilanzierung von Bewertungseinheiten nach § 254 HGB-E (BilMoG), KoR 2008, 532

Scharpf, Paul/Schaber, Mathias, Handelsbestände an Finanzinstrumenten bei Banken und bei Nicht-Banken nach dem BilMoG, DB 2008, 2552

Scharpf, Paul/Schaber, Mathias, Verlustfreie Bewertung des Bankbuchs bei Kreditinstituten – Einige ausgewählte Aspekte, DB 2011, 2045

Scharpf, Paul/Schaber, Mathias/Löw, Edgar/Treitz, Christina/Weigel, Wolfgang/Goldschmidt, Peter, Bilanzierung von Finanzinstrumenten des Handelsbestands bei Kreditinstituten – Erläuterung von IDW RS BFA 2 (Teil 1 und Teil 2), WPg 2010, 439 (Teil 1), 501 (Teil 2)

Scharpf, Thomas, Klarheit zur steuerrechtlichen Behandlung des Erwerbs eigener Anteile durch neues BMF-Schreiben, AG 2014, 197

Scheffler, Eberhard, Rückstellungen, in: BeckHdR B 233, August 2019

Scheifele, Matthias/Nees, Claudia, Der Rangrücktritt aus steuerrechtlicher Sicht, Der Konzern 2015, 417

Scheiterle, Walter, Die Bilanzierung von Verbindlichkeiten mit steigender Verzinsung, WPg 1983, 558

Schelske, Uwe, Leitlinien zu Kriterien und Methoden der Kreditwürdigkeitsprüfung, ImmoKWPLV gibt Hilfestellung bei der Vereinbarung von Immobiliarverbraucherdarlehen, NWB 24/2018, 1770

Schelske, Uwe, Verbraucher oder nicht, das ist für die Kreditwürdigkeitsprüfung die Frage, Normierte Prüfung durch Kreditgeber vor Darlehensvergabe in der Vermögensverwaltung, NWB 7/2018, 413

Scherff, Susanne/Willeke, Clemens, Einzelfragen zum Übergang von wirtschaftlichem Eigentum und zur Gewinnrealisation nach HGB – der IDW ERS HFA 13 nF, StuB 2007, 465

Scherff, Susanne/Willeke, Clemens, Zur Abbildung von Patronatserklärungen im handelsrechtlichen Jahresabschluss – der IDW RH HFA 1.013, StuB 2008, 740

Scheuerle, Florian, „Stripped Bonds" – getrennte Kapital- und Zinsansprüche aus Anleihen, DB 1997, 1839

Schierenbeck, Henner, Ertragsorientiertes Bankmanagement, Band 1, 7. Aufl., Wiesbaden 2001

Schierenbeck, Henner/Wielens, Hans (Hrsg.), Bilanzstrukturmanagement in Kreditinstituten, Frankfurt 1984

Schießl, Harald, Neues zu den anschaffungsnahen Herstellungskosten i.S. des § 6 Abs. 1 Nr. 1a EStG, Sonderregelung gegenüber § 255 HGB, Schönheitsreparaturen, Herstellung der Betriebsbereitschaft, StuB 2016, 719

Schiestl, Stefan, Nullkuponanleihen in Österreich, ÖBA 1991, 114

Schiffel, K. Jan, Auch im Bankenbereich gilt: Überzogene Managervergütungen sind keine Betriebsausgabe, BP 2017, 406

Schiffers, Joachim, Bilanzielle Folgen bei Erwerb einer Beteiligung gegen Zuzahlung des Veräußerers, WPg 2006, 1279

Schiffers, Joachim, Steuerrechtliche Behandlung des Erwerbs eigener Anteile – Anmerkungen zum BMF-Schreiben vom 27.11.2013, GmbHR 2014, 79

Schiller, Bettina/Marek, Michael, Mengennotierung bedingt Neuerungen beim Devisenhandel, FR 2001, 197

Schiller, Bettina/Tytko, Dagmar, Risikomanagement im Kreditgeschäft, Grundlagen, neuere Entwicklungen und Anwendungsbeispiele, Stuttgart 2001

Schlitt, Michael/Kreymborg, Dorothea, Aktiendividende – ausgewählte gesellschafts- und kapitalmarktrechtliche Aspekte, AG 2018, 685

Schlitt, Michael/Seiler, Oliver/Singhof, Bernd, Aktuelle Rechtsfragen und Gestaltungsmöglichkeiten im Zusammenhang mit Wandelschuldverschreibungen, AG 2003, 254

Schlögl, Lutz, VI.1 Bewertungsmodelle für Ausfallrisiken: eine Literaturübersicht, in: Burghof/Rudolf/Schäfer/Schönbucher/Sommer (Hrsg.), Kreditderivate, Handbuch für die Bank- und Anlagepraxis, 3., überarbeitete Auflage, Stuttgart 2015

Schlösser, Julia, Drohverlustrückstellungen für Länderrisiken aus Haftungsverhältnissen? – Anmerkungen zum Vorlagebeschluss des FG Hamburg vom 22.4.1999 (EFG 1999, 1026), StuB 2000, 143

Schlotter, Carsten, Voraussichtlich dauernde Wertminderung nach dem Urteil des BFH zur Teilwertabschreibung auf Aktien vom 26.9.2007, BB 2008, 546

Schmekel, Helmut, Meinungen zum Thema: Finanzinnovationen im Jahresabschluss, BFuP 1995, 239

Schmich, Rolf/Schnabelrauch, Marcus, Die steuerliche Behandlung der „strukturierten" Wertpapierleihe – Zugleich Anmerkungen zum Urteil des FG Nürnberg vom 7.6.2016 – 1 K 904/14, GmbHR 2017, 224

Schmid, Andreas, Voraussichtlich dauernde Wertminderung von börsennotierten Wertpapieren: neue Entwicklungen im Handels- und im Steuerbilanzrecht, BB 2011, 2475

Schmid, Hubert, Ist die Optionsprämie Teil der Anschaffungskosten?, Anmerkungen zu BFH v. 22.5.2019 – XI R 44/17, DStR 2019, 1905, DStR 2019, 26

Schmid, Hubert/Mühlhäuser, Felix, Wirtschaftliches Eigentum und Gewinn-realisierung bei der Wertpapierleihe, BB 2001, 2609

Schmidbauer, Aljoscha, Schutz von (Hybrid-) Kapitalgebern vor der „über-mäßigen" Dotierung des Fonds für allgemeine Bankrisiken (§ 340g HGB), BKR 2017, 309

Schmid-Burgk, Klaus, Das Bearbeitungsentgelt in Darlehensverträgen im Lichte der Rechtsprechung zum AGB-Recht, Zugleich eine Besprechung des Urteils des BGH vom 13.3.2018 – XI ZR 291/16, BB 2018, 1805, BB 2018, 1799

Schmidt, Arne, Aktuelles zum Rangrücktritt – Nähert sich der BFH dem BGH an? – Zugleich Anm. zu BFH vom 10.8.2016 – I R 25/15 (RS1225529) und vom 28.9.2016 – II R 64/14 (RS1223527) –, Der Konzern 2017, 86

Schmidt, Arne, Passivierung bei Rangrücktritt und Vermögenslosigkeit, DB 2021, 146

Schmidt, Christoph, Grundsatzfragen zur abstrakten Aktivierungsfähigkeit selbst geschaffener immaterieller Vermögensgegenstände des Anlagever-mögens, DB 2014, 1273

Schmidt, Karsten, Rangrücktritt insolvenzrechtlich/Rangrücktritt steuerrecht-lich – Aktueller Hinweis auf eine „Bringschuld" von Gesetzgebung und Rechtsprechung, DB 2015, 600

Schmidt, Martin (Schmidt 2014), Derivative Finanzinstrumente – Eine anwen-dungsorientierte Einführung, 4., überarbeitete Auflage, Stuttgart 2014

Schmidt-Bendun, Rüdiger, Aktienrechtsnovelle 2014 – Überblick über die Re-form des Aktienrechts, DB 2015, 419

Schmotz, Thomas/Schmidt, Rüdiger, Nichtfinanzielle Berichtspflichten in der Finanzberichterstattung – Konkretisierung des CRS-RUG durch DRS 20 und Ausblick –, DB 2017, 2877

Schmudlach, Claudia, Rückstellung wegen Nachbetreuung von Versicherungs-verträgen, Überblick über die Finanzrechtsprechung und Verwaltungsauf-fassung, BBK 24/2015, 1 (NWB DokID KAAAF-18011)

Schnabel, Kerstin/Korff, Matthias, Mitteilungs- und Veröffentlichungspflich-ten gemäß §§ 21 ff. WpHG und ihre Änderungen durch das Transparenz-richtlinie-Umsetzungsgesetz – Ausgewählte Praxisfragen, ZBB 2007, 179

Schneider, Jürgen, Fair value-Berechnung bei Währungsgeschäften, PiR 2008, 194

Schneider, Wilhelm, Ansatz unverbriefter festverzinslicher Kredite in der Bankbilanz mit einem niedrigeren beizulegenden Wert, BB 1995, 2155

Scholz, Walter, Die Bilanzierung von Verbindlichkeiten mit steigender Ver-zinsung und der Begriff des „Rückzahlungsbetrags" im Sinne des § 156 Abs. 2 und 3 AktG, WPg 1973, 53

Scholz, Walter, Die Steuerung von Zinsänderungsrisiken und ihre Berücksich-tigung im Jahresabschluss der Kreditinstitute, in: Schierenbeck, Henner/

Wielens, Hans (Hrsg.), Bilanzstrukturmanagement in Kreditinstituten, Frankfurt 1984, 119

Scholz, Walter, Zinsänderungsrisiken im Jahresabschluss der Kreditinstitute, Kredit und Kapital 1979, 517

Schön, Wolfgang, Cum-/Ex-Geschäfte – materiell-rechtliche und verfahrensrechtliche Fragen, RdF 2015, 115

Schönbucher, Philipp J., VI.3 Kreditrisikomodelle zur Bewertung von Kreditderivaten, in: Burghof/Rudolf/Schäfer/Schönbucher/Sommer (Hrsg.), Kreditderivate, Handbuch für die Bank- und Anlagepraxis, 3., überarbeitete Auflage, Stuttgart 2015

Schoor, Walter, Teilwertabschreibung und Wertaufholung in der Steuerbilanz, StBp 2015, 67

Schorr, Gerhard/Fritz, Michael, Behandlung von Überpari-Beträgen bei festverzinslichen Wertpapieren in der Handelsbilanz vor dem Hintergrund des Niedrigzinsumfeldes, DStR 2017, 1223

Schröder, Carsten, Sonderformen der Bürgschaft, ForderungsPraktiker 01/2012, 40

Schroen, Oliver Christian, Sind „Bitcoin & Co." Wirtschaftsgüter gemäß der gefestigten BFH-Rechtsprechung?, DStR 2019, 1369

Schruff, Wienand, Die Behandlung von Zweckgesellschaften nach dem Bilanzrechtsmodernisierungsgesetz, Der Konzern 2009, 511

Schubert, Dirk, Gestaltung eines CDS-Vertrags als Finanzgarantie – Anforderungen der IDS und des IASB, WPg 2011, 219

Schuh, Dirk Wilhelm/Kebbel, Gerhard, Bewertungsansätze für Asset Backed Securities (ABS) bei illiquiden Märkten, BankPraktiker 2009, 56

Schuhmacher, Michael, Die Hinterlegung von Quellcodes bei der Kreditbesicherung – Beachtenswertes aus Unternehmenssicht, WM 2016, 1013

Schüler, Andreas/Dirschedl, Debt Equity Swap: konzeptionelle Grundlagen und Anknüpfungspunkte für die Praxis, BewertungsPraktiker Nr. 4/2016, 114

Schultze, Thilo/Tögel, Stephan, Der Verzicht mit Besserungsabrede in Insolvenz und Plan, ZIP 2011, 1250

Schulz, Marion, Wandelanleihen als Leistungsanreizmechanismus, ZfbF 2007, 333

Schulze-Osterloh, Joachim, BB-Kommentar zum BFH-Urteil vom 18.12.2002 betreffend bilanzsteuerliche Behandlung vereinnahmter Optionsprämien, BB 2003, 1009

Schulze-Osterloh, Joachim, Passiver Ausgleichsposten beim Erwerb von Anteilen an einer Kapitalgesellschaft gegen Zuzahlung des Verkäufers, Zugleich Besprechung des BFH-Urteils vom 26.4.2006, I R 49, 50/04, BB 2006, 1957, BB 2006, 1955

Schulze-Osterloh, Joachim, Rangrücktritt in der Handelsbilanz zwischen BGH und BFH, BB 2017, 427

Schustek, Heribert, Rückstellung für Nachbetreuungsleistungen bei Versicherungsvertretern/-maklern, DB 2015, 882

Schüttler, Mark, Prüfung von Treuhandkonten auf Vorhandensein, DB 2020, 1862

Schwabauer, Viktor/Mujkanovic, Robin, Die Beendigung von Bewertungseinheiten in der handelsrechtlichen Bilanzierung, StuB 2015, 163

Schwartze, Andreas, Deutsche Bankenrechnungslegung nach europäischem Recht, Baden-Baden 1991

Schweitzer, Roger/Volpert, Verena, Behandlung von Genussrechten im Jahresabschluss von Industrieemittenten, BB 1994, 821

Seibt, Christoph H., Wandelschuldverschreibungen: Marktbericht, Dokumentationen und Refinanzierungsoptionen, Corporate Finance Law 2010, 165

Seidler, Holger, Ausgewählte Fragestellungen zur Bilanzierung von Einlagen im handelsrechtlichen Jahresabschluss von Kapitalgesellschaften, BB 2021, 2795

Seidler, Holger/Thiere, Mathias, Einziehung eigener Aktien nach Erwerb – aktienrechtliche Einordnung, BB 2019, 2058

Seidler, Holger/Thiere, Mathias, Erwerb und Einziehung eigener Aktien – bilanzielle Abbildung nach HGB und IFRS, BB 2019, 2091

Sell, Michael, Bewertung von Finanzinstrumenten im Rahmen von IAS 39 unter Anwendung von Cash-Flow-basierten Verfahren – ein Diskussionsbeitrag, WPg 2008, Heft 23, I

Sellhorn, Thomas/Hahn, Stefan/Müller, Maximilian, Der Fall Lehman Bros. – Bilanzkosmetik mit Repo 105/108-Transaktionen, DB 2010, 2117

SenFin. Berlin, Erlass vom 29.5.2018, Bilanzsteuerliche Behandlung von Optionsanleihen im Betriebsvermögen, DB 2018, 1634

Sennewald, Daniel/Geberth, Georg, BMF veröffentlicht Verwaltungsgrundsätze zur Betriebsstättengewinnaufteilung, DB 2017, 31

Siegel, Theodor, Zur Berücksichtigung von Sachdividenden im Jahresabschluss, WPg 2008, 55

Sieja, Marius, Aktienrechtsnovelle 2016, Der Gesetzgeber hat punktuelle Änderungen des Aktienrechts vorgenommen, NWB 15/2016, 1086 (NWB DokID NAAAF-70200)

Simon-Heckroth, Ellen/Lüdders, Marc, Anhangangaben über das Abschlussprüferhonorar, WPg 2017, 248

Sinning, Karin/Walter, Karl-Friedrich/Wärke, Jens-Peter, Neuerungen bei der Prüfung des Wertpapierdienstleistungsgeschäfts nach § 36 Abs. 1 WpHG – unter besonderer Berücksichtigung der Neufassung der WpDPV sowie des IDW EPS 521 nF, WPg 2008, 600

Sittmann-Haury, Caroline, Forderungsbilanzierung von Kreditinstituten, Kritische Analyse von HGB-, US GAAP-, IAS-Vorschriften und fair value model, Wiesbaden 2003

Sixt, Michael, Die bilanzielle und ertragsteuerliche Behandlung von Token beim Investor, DStR 2019, 1766 ff.

Sixt, Michael, Die handelsbilanzielle und ertragsteuerliche Behandlung von Token beim Emittenten, DStR 2020, 1871

Skauradszun, Dominik, Handels- und steuerrechtliche Bilanzierung von Kryptowerten und Kryptowertpapieren isv § 1 Abs. 11 S. 4 KWG, § 4 Abs. 3 eWPg-E, DStR 2021, 2063

Skauradszun, Dominik, Kryptowerte im Insolvenzverfahren des Anleger oder Emittenten, ZIP 2021, 2610

Skuratovski, Alexander, BFH: Übergang des wirtschaftlichen Eigentums bei Asset-Backed-Securities-Transaktionen, RdF 2011, 210

Söhner, Matthias, Die Aktienrechtsnovelle 2016, ZIP 2016, 151

Sopp, Guido, Garantien im Bankgeschäft: Handelsrechtliche Begriffsabgrenzung und Bilanzierungsfragen, RdF 2012, 111

Sopp, Guido/Grünberger, David, Bilanzierung von virtuellen Währungen nach IFRS und aufsichtsrechtliche Behandlung bei Banken, IRZ 2018, 219

Sopp, Guido/Grünberger, David, Die Bilanzierung von Derivaten zur Steuerung der Zinsrisiken im Bankbuch, KoR 2014, 39

Spatschek, Rainer/Spilker, Bettina, Cum-/Ex-Transaktionen im Fokus der Steuerfahndung, DB 2016, 2920

Spieth, Eberhard, Erfordert die Vertrauensempfindlichkeit des Kreditgewerbes bankspezifische Bilanzierungsvorschriften, Anmerkungen zum Aufsatz von Bieg, WPg 1986, 528

Spindler, Gerald, Die Neuregelung der Vorstands- und Aufsichtsratsvergütung im ARUG II, AG 2020, 61

Spindler, Gerald/Stilz, Eberhardt, Aktiengesetz, 2. Aufl.

Sprengnether, Mirko/Wächter, Hans Peter, Risikomanagement nach dem Kapitalanlagegesetzbuch (KAGB), WM 2014, 877

Stawinoga, Martin/Scheid, Oliver, Prüfung der nichtfinanziellen (Konzern-) Erklärung durch den Aufsichtsrat, DB Heft 37/2018, M4

Steiner, Manfred/Bruns, Christoph/Stöckl, Stefan, Wertpapiermanagement, Professionelle Wertpapieranalyse und Portfoliostrukturierung, 11, überarbeitete Aufl., Stuttgart 2017

Stibi, Bernd/Kirsch, Hans-Jürgen/Engelke, Frederik, Das Konzept der außerplanmäßigen Abschreibung eines Geschäfts- oder Firmenwerts nach DRS 23, WPg 2016, 603

Stöber, Michael, Neuerungen im Aktienrecht durch das ARUG II, DStR 2020, 391

Stöffler, Michael, Ermittlung dauernder Wertminderungen nach dem Durchschnittsverfahren, VW 2004, 467

Stolberg, Klaus, Bericht über die Fachtagung des Instituts der Wirtschaftsprüfer 1971 in Düsseldorf, WPg 1971, 385

Stoltenberg, Ulrich, Rechtliche Grundlagen des Münzwesen, WM 2015, 858

Struffert, Ralf, Bilanzierung verschiedener Formen zur Reduzierung des Kreditrisikos nach IFRS und HGB/IDW-Verlautbarungen, KoR 2007, 477

Struffert, Ralf/Berger, Jens, Novation von Derivaten und Fortführung von Sicherungsbeziehungen – Vorschläge des IASB gemäß ED/2013/2, WPg 2013, 468

Struwe, Hans (Hrsg.), Risikoorientierte § 18 KWG-Prozesse, Die neuen Freiheiten und Pflichten im Fokus von Bankenaufsicht, Interner Revision und Staatsanwaltschaft, Heidelberg 2006

Struwe, Hans, Prüfungserfordernisse bzgl. der Offenlegung der wirtschaftlichen Verhältnisse nach § 18 KWG, in: Becker, Axel/Kastner, Arno (Hrsg.), Aufsichtsrecht für Prüfungen im Kreditgeschäft, Frankfurt 2007

Struwe, Hans/Koch, Clemens, § 18 KWG – gibt es Handlungsbedarf?, Bank-Praktiker 2/2005, 84

Süßmann, Rainer, Die Behandlung von Options- und Wandelrechten in den einzelnen Squeeze-out-Verfahren, AG 2013, 158

Teuber, Hanno/Schöpp, Oliver, Derivate-Regulierung EMIR: Auswirkungen auf Unternehmen in Deutschland, RdF 3.2013, 209

Thaut, Michael, Die Neufassung des IDW RS HFA 30 zur handelsrechtlichen Bilanzierung von Altersversorgungsverpflichtungen, WP Praxis 2017, 182 (Teil 1) und 208 (Teil 2)

Thaut, Michael, Neuer IDW-Rechnungslegungsstandard zur Bilanzierung rückgedeckter Direktzusagen und anderer Altersversorgungszusagen, DB 2022, 273

Thaut, Michael, Offene Fragen zur Anwendung des HGB-Abzinsungssatzes auf Pensionsrückstellungen und dessen Auswirkungen auf Unternehmensgewinne und -ausschüttungen, DB 2016, 2185

Theile, Carsten, Bilanzierung aufschiebend bedingter Kaufpreise (earn-out) nach DRS 23, BBK 5/2017, 248

Theile, Carsten, Der Jahres- und Konzernabschluss der GmbH und GmbH & Co. nach dem Regierungsentwurf eines Bilanzrichtlinie-Umsetzungsgesetzes (BilRUG), GmbHR 2015, 281

Theile, Carsten/Grzechnik, Agnes, Anlagespiegel nach BilRUG, DB 2015, 2835

Theleis, Ulrich, Die Offenlegungspflichten nach § 18 KWG im Wandel, Eine Betrachtung der Entwicklung der Offenlegungspflichten, FLF 2006, 107

Thelen-Pischke, Hiltrud, Die aufsichtsrechtliche Konsolidierung von Zweckgesellschaften unter Berücksichtigung der Auswirkungen des BilMoG, IRZ 2010, 187

Thelen-Pischke, Hiltrud, Neue Prüfungsberichtsverordnung für Kredit- und Finanzdienstleistungsinstitute, WPg 2015, 1176

Thierer, Andreas, Handelsrechtliche Bilanzierung von Rückdeckungsversicherungen beim Arbeitgeber, DB 2011, 189

Thonfeld, Henning, Netting-Klauseln, Rechtsicherheit für Rahmenverträge über Finanztermingeschäfte, BaFin Journal Januar 2017, 17

Thurnes, Georg/Rasch, Christian/Geilenkothen, André, Betriebliche Altersversorgung im Jahresabschluss nach nationalen und internationalen Bilanzierungsgrundsätzen, DB 2014, 2905

Thurow, Christian, Berücksichtigung von Länderrisiken bei Wertberichtigung auf Forderungen, BC 2012, 190

Tiedchen, Susanne, Posten der aktiven Rechnungsabgrenzung, Handbuch des Jahresabschlusses in Einzeldarstellungen (HdJ), Abt.II/9 (September 2018)

Tophoven, Acel/Yoo, Chan-Jae/Becker, Thorsten, CoCo-Bonds – Risiken für Privatanleger, BaFin Journal Oktober 2014, 9

Träber, Marlen, Erstattung von Bearbeitungsgebühren bei gewerblichen Darlehensverträgen, AG 2015, R 94

Tranacher, Philipp, Handelsrechtliche Bilanzierung und Ertragsbesteuerung von Umtauschanleihen beim Emittenten, Zugleich Besprechung des Urteils des FG Köln v. 18.1.2017 – 10 K 3615/14, DStR 2018, 2491

Trautmann, Kilian/Kissler, Michael, Hinweise zu Krypotwerten und Kryptoverwahrung im Rahmen der jüngsten KWG-Novelle, Coporate Finance 2020, 200

Trepte, Folker/Debus, Christian, IDW EPS 920: Prüfung des EMIR-Systems, WPg 2016, 771

Treptow, Thomas M., Optionspreistheoretische Kalkulation von Ausfallprämien – Die Beurteilung des Ansatzes nach Black&Scholes, ÖBA 1999, 547

Treuarbeit (Hrsg.), Bankbilanzierung ab 1993, Kommentierung der neuen Vorschriften für die Rechnungslegung der Kreditinstitute, Frankfurt 1992

Treuberg, Hubert von/Scharpf, Paul, Pensionsgeschäfte und deren Behandlung im Jahresabschluss von Kapitalgesellschaften nach § 340b HGB, DB 1991, 1233

Treuberg, Hubert, Graf von/Scharpf, Paul, DTB-Aktienoptionen und deren Abbildung im Jahresabschluss von Industrieunternehmen, DB 1991, 661

Tusch, Sebastian/Schuster, Doris-Maria/Herzberg, Julia, Die Institutsvergütungsverordnung 3.0, WM 2017, 2289

Ulrich, Niklas, Institutsvergütungsverordnung 2017 und gruppenangehörige Verwaltungsgesellschaften: Betragsmäßige Deckelung der variablen Vergütung durch die Hintertür?, ZBB/JBB 2017, 335

Ummenhofer, Theresa/Zeitler, Nicholas, Die bilanzielle Behandlung von Kryptowährungen nach HGB, Der Konzern 2018, 442

Uphaus, Andreas, Chancen und Risiken des Hochfrequenzhandels – Eine Analyse am Beispiel des deutschen Aktienmarkts, BFuP 2015, 530

Usczapowski, Igor, Optionen und Futures verstehen, Grundlagen und neue Entwicklungen, München 1999 van de Loo, Petra, Abzinsung von Verbindlichkeiten in der Steuerbilanz und Folgen für die Handelsbilanz, DStR 2000, 508

Veil, Rüdiger/Lerch, Marcus P., Auf dem Weg zu einem Europäischen Finanzmarktrecht: die Vorschläge der Kommission zur Neuregelung der Märkte für Finanzinstrumente, WM 2012, 1557 (Teil I), 1605 (Teil II)

Velte, Patrick, Zukunft der nichtfinanziellen Berichterstattung – Das CSR-Richtlinie-Umsetzungsgesetz als Zwischenlösung!?, DB 2017, 2813

Velte, Patrick/Haaker, Andreas, Entwicklung der Zeitwertbilanzierung im Handels- und Steuerrecht, StuW 2012, 56

Villiez, Christian von, Ausfallrisiko-Kosten in der Bankkalkulation, ZfgK 1990, 225

Vogt, Jörg, Gestaltungsvarianten des Kupon-Stripping, Die Bank 1998, 424

Volhard, Patricia/Wilkens, Sarah, Änderungen im Investmentrecht, DB 2008, 1195

Völker-Lehmkuhl, Katharina, Neue Tätigkeitsbereiche für Wirtschaftsprüfer aus dem Gebiet der Nachhaltigkeit, Teil 1: Herausforderungen für den Wirtschaftsprüfer aus der inhaltlichen Prüfung nichtfinanzieller Erklärungen, WP-Praxis 11/2019, 305

Wacker, Roland, Zu den steuerbilanziellen Folgen eines Rangrücktritts nach der jüngeren Rechtsprechung des I. BFH-Senats, DB 2017, 26

Wagner, Franz W./Wangler, Clemens, Kombizins-Anleihen – Eine Finanzinnovation als Steuersparmodell?, DB 1992, 2405

Wagner, Siegfried, Bilanzierung und steuerliche Behandlung ausgewählter Derivate der jüngeren Generation, StuB 2004, 1085

Wagner, Siegfried, Bilanzierung, Bewertung und Besteuerung von Investmentanteilen – Konsequenzen der neuen Abgeltungssteuer, StuB 2007, 801

Wagner, Siegfried, Bilanzierungsfragen und steuerliche Aspekte bei „hybriden" Finanzierungen, Der Konzern 2005, 499

Wagner, Siegfried, Die steuerbilanzielle Behandlung des Ausgabeaufgeldes einer Optionsanleihe beim Emittenten – Rechtsprechung des BFH in den Urteilen vom 30.11.2005, Der Konzern 2006, 262

Wagner, Siegfried, Übergang des wirtschaftlichen Eigentums im Fall der Einräumung von Ankaufs- und Andienungsrechten (Call- und Put-Optionen), Der Konzern 2007, 199

Wallner, Franz X., Der Widerruf von Verbraucherkrediten – Eine kritische Würdigung der aktuellen Rechtsprechung, BKR 2016, 177

Walter, Karl-Friedrich, Aktuelle Entwicklungen zur Offenlegung der wirtschaftlichen Verhältnisse bei Kreditgewährung, DStR 2005, 2139

Walter, Karl-Friedrich, Verlustfreie Bewertung des Zinsbuchs nach IDW BFA 3, ZfgK (Kreditwesen) 2015, 1068

Walter, Karl-Friedrich, Zinsbuch: Verlustfreie Bewertung, BankPraktiker 2010, 233

Wandt, Andre P.H., Die Mustertabellen zur Offenlegung der Vorstandsvergütung nach dem DCGK in der Praxis, AG 2015, 303

Wanner, Eckhardt, Die Herstatt-Pleite, Die Bank 2014, 42

Wardemann, Carsten/Pott, Daniel, Rückstellung für die Nachbetreuung vermittelter Versicherungsverträge, Besonderheiten bei der Anwendung der BFH-Rechtsprechung auf Versicherungsmakler, DStR 2013, 1874

Waschbusch, Gerd, Das bankspezifische Bewertungsprivileg des § 340f HGB, ZfbF 1994, 1046

Waschbusch, Gerd, Die bankspezifische offene Risikovorsorge des § 340g HGB, Die Bank 1994, 166

Waschbusch, Gerd, Die Rechnungslegung der Kreditinstitute bei Pensionsgeschäften, Zur Rechtslage nach § 340b HGB, BB 1993, 172

Waschbusch, Gerd/Berg, Susan Claire/Lang, Florian, Stille Vorsorgereserven nach § 340f HGB – doch nicht mehr so still?, WPg 2019, 35

Waschbusch, Gerd/Blaß, Robin/Berg, Susen Claire, Zur Aufsichtsrechtlichen Anerkennungsfähigkeit der stillen Vorsorgereserven nach § 340f HGB und deren künftiger Relevanz, BKR 2018, 450

Waschbusch, Gerd/Blaß, Robin/Kakuk, Christian/Gadzimski, David, Risikoprämie und Eigenkapital – Zwecksetzung zur Abfederung erwarteter und unerwarteter Verluste aus dem Kreditgeschäft der Banken, WM 2018, 1961 (Teil I) und 2013 (teil II)

Waschbusch, Gerd/Kakuk, Christian, Latente Steuern und bankspezifische Vorsorgereserven – Ansatzwahlrecht oder -verbot?, BFuP 2018, 1

Waschbusch, Gerd/Schuster, Hannes, Bankenwirtschaft: Die Institutsvergütungsverordnung im Wandel, ZGG 2021, 259 ff.

Weber, Christoph/Böttcher, Bert/Griesemann, Georg, Spezialfonds und ihre Behandlung nach deutscher und internationaler Rechnungslegung, WPg 2002, 905

Weber, Sebastian, Nochmals: Bearbeitungsentgelte in öffentlich refinanzierten Darlehensverträgen, WM 2016, 150

Weber-Grellet, Heinrich, BB-Rechtsprechungsreport zu 2013 veröffentlichten bilanzsteuerrechtlichen BFH-Urteilen, BB 2014, 42

Weber-Grellet, Heinrich, BB-Rechtsprechungsreport zu 2014 veröffentlichten bilanzsteuerrechtlichen BFH-Urteilen, BB 2015, 43

Weber-Grellet, Heinrich, Rangrücktritt im Bilanzsteuerrecht, BB 2015, 2667

Weber-Grellet, Heinrich, RdF-Rechtsprechungsreport zu Rechnungsabgrenzungsposten insbes. im Zusammenhang mit Finanzierungsaufwendungen, RdF 2014, 56

Weber-Grellet, Heinrich, Rechnungsabgrenzungsposten als Anwendungsfall des Realisationsprinzips, BFH-Urteil vom 15.2.2017 – VI R 96/13, NWB 39/2017, 2984

Weber-Grellet, Heinrich, Rechtsprechung des BFH zum Bilanzsteuerrecht im Jahr 2003, BB 2004, 35

Wegner, Carsten, Sanktionsrisiken für den Abschlussprüfer bei verspäteter Einreichung eines Prüfungsberichts. WPg 2021, 50

Wehning, Thomas, Der Rangrücktritt – ein geeignetes Sanierungsmittel?, DStR 2017, 615

Wehrheim, Michael/Krause, Heiko, Steuerbilanzielle Erfassung erhaltener Optionsprämien vor und nach dem BFH-Urteil vom 18.12.2002, BB 2003, 1552

Wehrt, Klaus, Zweifelsfragen der Vorfälligkeitsentschädigungsberechnung, WM 2004, 401

Weidemann, Jürgen, Cum-Ex-Dividende-Geschäfte (steuer)strafrechtlich betrachtet: Die strafrechtliche Garantiefunktion des Steuertatbestands, BB 2014, 2135

Weigel, Wolfgang/Bär, Michael/Vietze, Michael, Handelsrechtliche Behandlung von Kreditderivaten im Nichthandelsbestand – Erläuterungen zum Entwurf der Neufassung von IDW ERS BFA 1 n.F., WPg 2015, 57

Weigel, Wolfgang/Kopatschek, Martin/Löw, Edgar/Scharpf, Paul/Vietze, Michael, Ausweis und Angabepflichten sowie Bewertungsfragen für Zinsswaps in IFRS-Konzernabschlüssen von Kreditinstituten, WPg 2007, 1049

Weigel, Wolfgang/Löw, Edgar/Flintrop, Bernhard/Helke, Iris/Jessen, Ulf/Kopatschek, Martin/Vietze, Michael, Handelsrechtliche Bilanzierung von Bewertungseinheiten bei Kreditinstituten, WPg 2012, 71 (Teil 1), 123 (Teil 2)

Weigel, Wolfgang/Meyding-Metzger, Angelika, Der Ausweis eines „Phänomens": Negative (Nominal-)Zinsen im Abschluss von Kreditinstituten, IRZ 2015, 185

Weigel, Wolfgang/Sierleja, Lukas, Aufbau und Analyse von Bankabschlüssen, ForderungsPraktiker 2013, 222

Weigel, Wolfgang/Sierleja, Lukas, Ausgewählte Aspekte bei der Bankbilanzanalyse und der Analyse von Kennzahlen Der Konzern 2015, 496 (Teil 1), Der Konzern 2016, 19 (Teil 2)

Weigel, Wolfgang/Sierleja, Lukas, Ausgewählte Aspekte bei der Bankbilanz- und Kennzahlenanalyse im Dreijahresvergleich, Der Konzern 2017, 33

Weigel, Wolfgang/Sierleja, Lukas, Ausgewählte Aspekte bei der Bankbilanz- und Kennzahlenanalyse im Mehrjahresvergleich (2014-2016), Der Konzern 2017, 481

Weigel, Wolfgang/Sierleja, Lukas, B 901 Grundlagen der Bankbilanzanalyse, in: BeckHdR, Mai 2021

Weigel, Wolfgang/Sierleja, Lukas, B 902 Kennzahlenanalyse bei Bankabschlüssen, in: BeckHdR, Mai 2021

Weigel, Wolfgang/Sierleja, Lukas, Besonderheiten bei der Rechnungslegung von Kreditinstituten und deren Auswirkung auf die Bilanzanalyse und die Analyse von Kennzahlen, in: Everling/Goedeckemeyer (Hrsg.), Bankenrating, Normative Bankenordnung in der Finanzmarktkrise, 2. Aufl., Wiesbaden 2015, 205

Weigel, Wolfgang/Sierleja, Lukas, Besonders wichtige Prüfungssachverhalte bei Kreditinstituten in Deutschland, Österreich und der Schweiz, Der Konzern 2019, 70

Weigel, Wolfgang/Sierleja, Lukas, Besonders wichtige Prüfungssachverhalte bei Kreditinstituten in den deutschsprachigen Staaten in den Abschlüssen zum 31.12.2017 und 31.12.2018, Der Konzern 2019, 494

Weigel, Wolfgang/Wolsiffer, Andreas, Teilunwirksamkeit des Rahmenvertrags für Finanztermingeschäfte, WPg 2016, 1287

Weis, Ditmar, Neuorganisation der Problemkreditbearbeitung aus Sicht von Kreditinstituten vor dem Hintergrund der MaK, BKR 2003, 183

Weiss, Thomas, Bondstripping – Novität am deutschen Rentenmarkt, Die Bank 1997, 338

Weitnauer, Wolfgang, Initial Coin Offerings (ICO): Rechtliche Rahmenbedingungen und regulatorische Grenzen, BKR 2018, 231

Weitnauer, Wolfgang/Boxberger, Lutz/Anders, Dietmar, KAGB, Kommentar zum Kapitalanlagegesetzbuch und zur Verordnung über Europäische Risikokapitalfonds mit Bezügen zum AIFM-StAnpG, München 2014

Welker, Daniel, BGH kippt „Darlehensgebühr" der Bausparkassen, Unwirksame Formularklauseln in Bausparverträgen, NWG 4/2017, 273

Welker, Daniel, Formularmäßige Bearbeitungsentgelte in Unternehmensdarlehensverträgen, NWB 42/2017, 3219

Wendlandt, Klaus/Knorr, Liesel, Das Bilanzrechtsreformgesetz, Zeitliche Anwendung der wesentlichen bilanzrechtlichen Änderungen des HGB und Folgen für die IFRS-Anwendung in Deutschland, KoR 2005, 53

Wengel, Torsten, Die handelsrechtliche Eigen- und Fremdkapitalqualität von Genussrechtskapital, DStR 2001, 1316

Wengel, Torsten, Die Insolvenztatbestände Überschuldung, Zahlungsunfähigkeit und drohende Zahlungsunfähigkeit, DStR 2001, 1769

Wengel, Torsten, Genussrechte im Rahmen der Bilanzanalyse, DStR 2000, 395

Wenger, Ekkehard/Kaserer, Christoph/Bayer, Ralf, Die erfolgskonforme Abbildung von Zins- und Währungsswaps in der Handels- und Steuerbilanz, DStR 1995, 948

Wenzel, Frank, Neues Grundsatzurteil zum Vorfälligkeitsausgleich, Die Bank 2001, 192

Werner, Rüdiger, Treuhandverhältnisse an GmbH-Anteilen, GmbHR 2006, 1248

Westpfahl, Lars/Kresser, Matthias, Rangrücktrittsvereinbarungen in der Beratungspraxis – Zugleich eine Besprechung von BGH, Urteil vom 05.03.2015 – IX ZR 133/14, DB 2015 S. 732 –, DB 2016, 33

Wicke, Hartmut, Eilige Kapitalerhöhungen, DStR 2016, 1115

Widder, Stefan/Kocher, Dirk, Die Behandlung eigener Aktien im Rahmen der Mitteilungspflichten nach §§ 21 ff. WpHG, AG 2007, 13

Wieben, Hans-Jürgen/Schneider, Frank, Risikomanagement mit Credit Ratings, Corporate Finance 2018, 230

Wiechens, Gero, Zum Referentenentwurf des Bilanzrechtsmodernisierungsgesetzes (BilMoG). Bilanzielle Abbildung von Bewertungseinheiten, in: Schruff, Wienand/Melcher, Winfried, Modernisierung der HGB-Bilanzierung, Einführung. Überblick und ausgewählte kritische Diskussionsbeiträge zum Referentenentwurf eines Bilanzrechtsmodernisierungsgesetzes (BilMoG), DB 2008, Beilage Nr. 1, 26

Wiechens, Gero/Lorenz, Karsten/Morawietz, Anja, Bilanzierung von derivativen Finanzinstrumenten und Sicherungsbeziehungen nach HGB, Handbuch des Jahresabschlusses in Einzeldarstellungen (HdJ), Abt.I/11 (März 2021)

Wiechens, Gero/Varain, Thomas, Bilanzierung strukturierter Finanzinstrumente nach IDW RS HFA 22, BB 2008, 2338

Wiechers, Klaus, Bilanzierung und Bewertung von Immobilien des Anlagevermögens in der Handelsbilanz, Wesentliche Inhalte des IDW ERS IFA 2 und IDW RS IFA 1, WP Praxis 2015, 112

Wiedemann, Arnd, Financial Engineering – Bewertung von Finanzinstrumenten, 6., überarbeitete und erweiterte Aufl., Frankfurt/M 2013

Wiedmann, Harald/Böcking, Hans-Joachim/Gros, Marius, Bilanzrecht, §§ 238 – 342e HGB, §§ 135-138, 158-161 KAGB, 4. Aufl. München 2019

Wieland, Andreas/Weiß, Simon, EMIR – Die Regulierung des europäischen OTC-Derivatemarkts, Corporate Finance Law 2013, 73

Wieneke, Laurenz, Rückerwerb und Wiederveräußerung von Wandelschuldverschreibungen durch die emittierende Gesellschaft, WM 2013, 1540

Wiese, Götz Tobias/Dammer, Thomas, Zusammengesetzte Finanzinstrumente der AG – Hybride Kapitalmaßnahmen, strukturierte Anleihen und Kreditderivate im Bilanz-, Ertragsteuer- und Aktienrecht – Ein Überblick, DStR 1999, 867

Wiese, Götz Tobias/Lukas, Philipp, Steuerliche Behandlung des Erwerbs eigener Anteile nach dem BMF-Schreiben vom 27.11.2013, GmbHR 2014, 238

Wilken, Oliver/Bertus, Jana, Professionelle Leerverkaufsattacken – rechtliche Grundlagen und Grenzen, BB 2019, 2754

Willeke, Clemens, Bewertung von Immobilien des Anlagevermögens in der Handelsbilanz, Neue IDW Stellungnahme ERS IFA 2, StuB 2015, 104

Willeke, Clemens, Komponentenweise planmäßige Abschreibungen von Sachanlagen in der Handelsbilanz, StuB 2009, 679

Wilsing, Hans-Ulrich/Johannsen-Rotz, Tim, Rechtsentwicklungen im Aktienrecht 2016, DB 2016, Beilage 06 zu Heft 50, 17

Wimmer, Konrad, MaK und die Konsequenzen, BKR 2002, 1079

Wimmer, Konrad, Vorzeitige Kündigung – Entschädigung nach neuem BGH-Urteil, Kreditpraxis 2/2001, 26

Wimmer, Konrad/Kusterer, Stefan, Kreditrisiko: Bilanzielle Abbildung und Vergleich mit der ökonomischen Messung, DStR 2006, 2046

Wimmer, Konrad/Rösler, Patrick, Vorfälligkeitsentschädigung: Kehraus?, WM 2016, 1821

Windmöller, Rolf, Fragen zur Berücksichtigung der Zinsen in der Bankbilanzierung, in: Ballwieser, Wolfgang ua. (Hrsg.), Bilanzrecht und Kapitalmarkt, FS Moxter, Düsseldorf 1994, 885

Windmöller, Rolf, Meinungen zum Thema: Finanzinnovationen im Jahresabschluss, BFuP 1995, 236, 240, 244, 248

Windmöller, Rolf, Nominalwert und Buchwert – Überlegungen zur bilanziellen Behandlung des Disagios, in: Moxter, Adolf ua. (Hrsg.), Rechnungslegung, Entwicklungen bei der Bilanzierung und Prüfung von Kapitalgesellschaften, FS Forster, Düsseldorf 1992, 690

Windmöller, Rolf, Risikovorsorge von Banken: Welche Auswirkungen haben die Einführung des steuerlichen Wertaufholungsgebots und die Einschränkung der Teilwertabschreibungen?, ZfgK 2000, 24

Windmöller, Rolf/Breker, Norbert, Bilanzierung von Optionsgeschäften, WPg 1995, 389 ff.

Wittenbrink, Carsten/Göbel, Gerhard, Interne Geschäfte – ein trojanisches Pferd vor den Toren des Bilanzrechts?, Die Bank 1997, 270

Wittig, Judith/Wittig, Arne, Das neue Darlehensrecht im Überblick, WM 2002, 145

Woesch, Philippe/Dietrich, Kevin, Mustervertrag für Schuldscheindarlehen nach LMA-Standard, BKR 2019, 399

Wohlgemuth, Michael, Abgrenzung von Anlage- und Umlaufvermögen in Handels- und Steuerbilanz – Missachtung des Maßgeblichkeitsprinzips durch das FG Düsseldorf und den BFH bei Immobiliengesellschaften?, WPg 2008, 1168

Wohlmannstetter, Gottfried/Eckert, Susanne/Maifarth, Michael/Wolfgarten, Wilhelm, Rechnungslegung für Kreditrisiken, WPg 2009, 531

Wolf, Thomas C., Nichtigkeit von Jahresabschlüssen bei Fehlern der Rechnungslegung, OLG München erweitert den Anwendungsbereich von § 256 AktG, BBK 14/2019, 698

Wolf, Thomas, Die handelsrechtliche Bilanzierung von Rangrücktrittserklärungen, Folgerungen aus dem BGH-Urteil vom 5.3.2015 – IX ZR 133/14, StuB 2017, 333

Wolf, Thomas, Rechts- und Bilanzierungsfragen zur Kapitalerhöhung, StuB 2003, 1053

Wolfersdorff, Janine v., Steuerbilanzieller Ausweis von Genussrechtskapital: Neues zur Maßgeblichkeit, StuB 2018, 801

Wolfgarten, Wilhelm/Bär, Michael/Blaschke, Silke/Flick, Peter/Gahlen, Dieter/Schaber, Mathias/Vietze, Michael, Pauschalwertberichtigungen im Kreditgeschäft von Kreditinstituten nach IDW RS BFA 7, WPg 2021, 645

Wolfgarten, Wilhelm/Bär, Michael/Blaschke, Silke/Flick, Peter/Gahlen, Dieter/Schaber, Mathias/Vietze, Michael, Einzelfragen zur Ermittlung der Pauschalwertberichtigung nach IDW RS BFA 7, Anrechnungsverfahren, Bewertungsvereinfachungen, IFRS 9 und ergänzende Berichterstattungen nach IDW RS BFA 7, WPg 2021, 774

Wollenhaupt, Markus/Beck, Rocco, Das neue Kapitalanlagegesetzbuch (KAGB) – Überblick über die Neuregelung des deutschen Investmentrechts nach der Umsetzung der AIFM-RL, DB 2013, 1950

Wollmert, Peter/Oser, Peter (Wollmert/Oser (2014)), Bilanz-Check-up 2014, 3 Aufl., Freiburg 2014

Wollmert, Peter/Oser, Peter, Bilanz Check-up 2015, Neuerungen in der Bilanzierung nach HGB, EStG und IFRS, Freiburg – München 2014

WPH Edition, Kreditinstitute, 1. Aufl., Düsseldorf 2020, IDW (Hrsg.)

WPH Edition, Versicherungsunternehmen, Düsseldorf 2018, IDW (Hrsg.)

WPH Edition, Wirtschaftsprüfung & Rechnungslegung, 17. Aufl., Düsseldorf 2021, IDW (Hrsg.)

Wüllenkemper, Dirk, Anmerkungen zum Urteil des FG Baden-Württemberg vom 15.12.2005, EFG 2006, 638

Wüstemann, Jens/Iselborn, Michael, Wie beeinflusst die Marktliquidität die Bewertung von Finanzinstrumenten nach IFRS?, WPg 2016, 507

Wüstemann, Jens/Wüstemann, Sonja, Bilanzierung case by case, Lösungen nach HGB und IFRS, 10. Aufl., Frankfurt 2018

Zahn, Andreas/Lemke, Rudolf, Die Credit Linked Note – Anleihe mit integriertem Kreditderivat, WM 2002, 1536

Zeidler, Frank/Mißbach, Sonja/Schmatz, Wolfgang, Rückstellungen für Altersteilzeit in Handels- und Steuerbilanz, BBK 2014, 516

Zeranski, Stefan, Auswirkungen der Subprime Krise auf die Bilanzierung und Prüfung von Finanzaktiva, BankPraktiker 2008, 460

Zerey, Jean-Claude, Finanzderivate – Rechtshandbuch, 4. Aufl., Baden-Baden 2016

Zetzsche, Dirk, Aktionsidentifikation, Aktionärslegitimation und das Hauptversammlungsverfahren nach ARUG II, AG 2020, 1

Zetzsche, Dirk/Preiner, Christina, Was ist ein AIF?, WM 2013, 2101

Zickgraf, Peter, Initial Coin Offerings – Ein Fall für das Kapitalmarktrecht?, AG 2018, 293

Zilch, Christopher/Hüsemann, Ralph, Rundung bei der Berechnung der Mitarbeiterzahl, WP Praxis 2/2018, 44

Zimmermann, Ruth-Caroline/Dorn, Katrin/Wrede, Alexander, Beteiligungen an Personengesellschaften in der Handels- und Steuerbilanz, NWB 38/2021, 2817

Zimmermann, Steffen, Quo vadis § 18 KWG: Wie entwickelt sich ein neuer Standard?, BKR 2006, 10

Zipperle, Madeleine/Lingen, Gero, Das Gesetz zur Umsetzung der zweiten Aktionärsrechterichtlinie im Überblick, BB 2020, 131

Zürn, Andreas/Böhm, Wolf-Tassilo, Neue Regeln für die Vergütung in Banken – Arbeitsrechtliche Umsetzung der Änderungen der Instituts-Vergütungsverordnung, BB 2014, 1269

Zwirner, Christian, Beteiligungsbewertung zum 31.12.2012 – Aktuelles zum Kapitalisierungszinssatz und Handlungsmöglichkeiten für den Bilanzierenden, DB 2013, 825

Zwirner, Christian, Bilanzierung von Altersversorgungsverpflichtungen: Neuregelungen durch IDW RS HFA 30 n.F., BC 2017, 474

Zwirner, Christian, BilRUG: Wesentliche Änderungen für Einzel- und Konzernabschluss, Beilage Nr. 6 zu Heft 48, DB 2015

Zwirner, Christian, Brennpunkt Pensionsrückstellungen: Neubewertung nach HGB – Überblick, Praxisbeispiele und Empfehlungen, BC 2016, 198

Zwirner, Christian, Neufassung der IDW Stellungnahme zur Rechnungslegung: Bilanzierung erworbener Software beim Anwender – IDW RS HFA 11 n.F., DB 2018, 79

Zwirner, Christian, Neuregelung zur handelsrechtlichen Bewertung von Pensionsrückstellungen, Offene Fragen zur Änderung des § 253 HGB und Handlungsempfehlungen, StuB 2016, 207

Zwirner, Christian, Pensionsrückstellungen: Erstmalige Anwendung der und Übergang auf die neuen Heubeck-Richttafeln, BC 2018, 577

Zwirner, Christian, Reformierung des HGB: Änderungen durch das BilRUG auf Basis des Regierungsentwurfs, StuB 2015, 123

Zwirner, Christian/Boecker, Corinna, Abschlussprüfung: Aktuelles zur Berichtspflicht über die Honorare und zur Marktkonzentration, IRZ 2017, 8

Zwirner, Christian/Boecker, Corinna, Anhangangaben zum Abschlussprüferhonorar, Konkretisierung der Berichtspflichten durch IDW RS HFA 36 n.F., BC 2017, 268

Zwirner, Christian/Boecker, Corinna, Forderungsverzichte durch Gesellschafter, Varianten der Bilanzierung nach HGB und IFRS, IRZ 2018, 417

Zwirner, Christian/Boecker, Corinna, Praktische Fragen der Wertpapierbilanzierung nach IDW RH HFA 1.014, BB 2022, 1643

Zwirner, Christian/Boecker, Corinna, Überarbeitete IDW Stellungnahme zu den Anhangangaben über das Abschlussprüferhonorar (§§ 285 Nr. 17, 314 Abs. 1 Nr. 9 HGB) – IDW RS HFA 36 n.F., DB 2017, 1223

Zwirner, Christian/Busch, Julia, Bilanzierung von Fremdwährungsverbindlichkeiten im Konzern – Bewertungseinheiten auf Basis von Ausschüttungen in Fremdwährung?, DB 2012, 2641

Zwirner, Christian/Busch, Julia/Boecker, Corinna, Bilanzielle Abbildung von Sachleistungsverpflichtungen nach HGB und IFRS, KoR 2010, 664

Zwirner, Christian/Heyd, Steffen/Zieglmaier, Hannes, Sonderfragen zum Eigenkapital in der Handels- und Steuerbilanz, Stille Beteiligung, steuerliches Einlagenkonto, Genussrechtskapital und Rangrücktritt, Beilage zu Heft 7 StuB 2018

Zwirner, Christian/Heyd, Steffen/Ziegmaier, Hannes, Sonderfragen zum Eigenkapital in der Handels- und Steuerbilanz – Stille Beteiligung, steuerliches Einlagenkonto, Genussrechtskapital und Rangrücktritt, StuB 2018, Beilage zu Heft 7, 1

Zwirner, Christian/Kähler, Malte, Berücksichtigung von Länderrisiken bei der Unternehmensbewertung – Anmerkungen zu einer notwendigen Erfassung und einer pragmatischen Ermittlung, DB 2014, 2721

Zwirner, Christian/Kähler, Malte, Länderrisiken im Rahmen von Unternehmensbewertungen – Anmerkungen zum Beitrag von Knoll, Länderrisiken: Vom unvermeidbaren Regen in die unvermeidbare Traufe, DB 2015, S. 937 ff., DB 2015, 1674

Zwirner, Christian/Künkele, Kai Peter, Gewinnvereinnahmung bei Anteilen an Personengesellschaften, BC 2012, 418

Zwirner, Christian/Petersen, Karl, Die Kurserhöhung des Schweizer Frankens und die sich hieraus ergebenden Implikationen für den (Jahres-)Abschluss 2014, DB 2015, 631

Zwirner, Christian/Tippelhofer, Michael, Rückstellungen für Compliance und Personal, StuB Beilage zu Heft 9/2017

Auszug aus den IDW Rechnungslegungsstandards (IDW RS) und IDW Rechnungslegungshinweisen (IDW RH) - HFA und BFA

IDW RS HFA

Aufstellung des Lageberichts
(IDW RS HFA 1; Stand: 04.12.2001)
(aufgehoben)
WPg 1998, S. 653
WPg 2002, S. 146

Einzelfragen zur Anwendung von IFRS
(IDW RS HFA 2; Stand: 29.06.2018)
IDW Life 2018, S. 809

Handelsrechtliche Bilanzierung von Verpflichtungen aus Altersteilzeitregelungen
(IDW RS HFA 3; Stand: 19.06.2013)
WPG 2013 Supplement 3

Zweifelsfragen zum Ansatz und zur Bewertung von Drohverlustrückstellungen
(IDW RS HFA 4; Stand: 29.11.2012)
WPg 2010, Supplement 3
WPg 2013, Supplement 1

Rechnungslegung von Stiftungen
(IDW RS HFA 5; Stand: 06.12.2013)
WPg 2014; Supplement 1

Änderung von Jahres- und Konzernabschlüssen
(IDW RS HFA 6; Stand: 12.04.2007)
WPg 2007, Supplement 2

Handelsrechtliche Rechnungslegung bei Personenhandelsgesellschaften
(IDW RS HFA 7; Stand: 06.02.2012)
WPg 2012, Supplement 1

Handelsrechtliche Rechnungslegung bei Personenhandelsgesellschaften
(IDW RS HFA 7 n.F.; Stand: 30.11.2017)
IDW Life 2018, S. 258

Zweifelsfragen der Bilanzierung von asset backed securities-Gestaltungen
und ähnlichen Transaktionen
(IDW RS HFA 8; Stand: 09.12.2003)
WPg 2002, S. 1151
WPg 2004, S. 138

Einzelfragen zur Bilanzierung von Finanzinstrumenten nach IFRS
(IDW RS HFA 9; Stand: 13.05.2016)
WPg 2007, Supplement 2
WPg 2011, Supplement 2

Anwendung der Grundsätze des IDW S 1 bei der Bewertung von Beteiligun-
gen und sonstigen Unternehmensanteilen für die Zwecke eines handelsrecht-
lichen Jahresabschlusses
(IDW RS HFA 10; Stand: 29.11.2012)
WPg 2003, S. 1257
WPg 2004, S. 434
WPg 2005, S. 1322
WPg 2012, Supplement 1
WPg 2013, Supplement 1

Bilanzierung entgeltlich erworbener Software beim Anwender
(IDW RS HFA 11 n.F.; Stand: 18.12.2017)
IDW Life 2018, S. 268

Rechnungslegung von politischen Parteien
(IDW RS HFA 12; Stand: 24.11.2016)
IDW Life 2017, S. 252

Einzelfragen zum Übergang von wirtschaftlichem Eigentum und zur Gewinnrealisierung
nach HGB
(IDW ERS HFA 13 n.F.; Stand: 29.11.2006)
WPg 2007, Supplement 1

Rechnungslegung von Vereinen
(IDW RS HFA 14; Stand: 06.12.2013)
WPg 2014, Supplement 1

Bilanzierung von Schadstoffemissionsrechten nach HGB
(IDW RS HFA 15; Stand: 01.03.2006)
WPg 2006, S. 574

Bewertungen bei der Abbildung von Unternehmenserwerben und bei Werthaltigkeitsprüfungen nach IFRS
(IDW RS HFA 16; Stand: 18.10.2005)
(Ersetzt durch IDW RS HFA 40)
WPg 2005, S. 1415

Auswirkungen einer Abkehr von der Going-Concern-Prämisse auf den handelsrechtlichen Jahresabschluss
(IDW RS HFA 17; Stand: 11.07.2018)
IDW Life 2016, S. 1035
IDW Life 2018, S. 777

Bilanzierung von Anteilen an Personenhandelsgesellschaften
(IDW RS HFA 18; Stand: 04.06.2014)
WPg 2012, Supplement 1
WPg 2014, Supplement 3

Einzelfragen zur erstmaligen Anwendung der International Financial Reporting Standards nach IFRS 1
(IDW RS HFA 19; Stand: 06.09.2006)
(aufgehoben)
WPg 2006, S. 1376

Berichterstattung nach § 285 Satz 1 Nr. 9a HGB bzw. § 314 Abs. 1 Nr. 6a HGB über die Vergütung der Organmitglieder
(IDW ERS HFA 20; Stand: 29.11.2006)
(aufgehoben)
WPg 2007, Supplement 1

Besonderheiten der Rechnungslegung Spenden sammelnder Organisationen
(IDW RS HFA 21; Stand: 11.03.2010)
WPg 2010, Supplement 2

Zur einheitlichen oder getrennten handelsrechtlichen Bilanzierung strukturierter Finanzinstrumente
(IDW RS HFA 22; Stand: 11.9.2015)
WPg 2008, Supplement 4
WPg 2015, Supplement 4

Bilanzierung und Bewertung von Pensionsverpflichtungen gegenüber Beamten und deren Hinterbliebenen
(IDW RS HFA 23; Stand: 03.03.2017)
IDW Life 2017, S. 525

Einzelfragen zu den Angabepflichten des IFRS 7 zu Finanzinstrumenten
(IDW RS HFA 24; Stand: 10.07.2017)
WPg 2010, Supplement 1

Einzelfragen zur Bilanzierung von Verträgen über den Kauf oder Verkauf von
nicht-finanziellen Posten nach IAS 39
(IDW RS HFA 25; Stand: 06.03.2009)
WPg 2009, Supplement 2

Einzelfragen zur Umkategorisierung finanzieller Vermögenswerte gemäß den
Änderungen von IAS 39 und IFRS 7 – Amendments
von Oktober/November 2008 –
(IDW RS HFA 26; Stand: 09.09.2009)
WPg 2009, Supplement 4

Einzelfragen zur Bilanzierung latenter Steuern nach den Vorschriften des HGB
in der Fassung des Bilanzrechtsmodernisierungsgesetzes
(IDW ERS HFA 27; Stand: 29.05.2009)
(aufgehoben)
WPg 2009, Supplement 3

Übergangsregelungen des Bilanzrechtsmodernisierungsgesetzes
(IDW RS HFA 28; Stand: 09.09.2010)
WPg 2010, Supplement 1, Supplement 4

Handelsrechtliche Bilanzierung von Altersversorgungsverpflichtungen
(IDW RS HFA 30 n.F; Stand: 16.12.2016)
IDW Life 2017, S. 102

Aktivierung von Herstellungskosten
(IDW RS HFA 31; Stand: 18.12.2017)
IDW Life 2018, S. 273

Anhangangaben nach §§ 285 Nr. 3, 314 Abs. 1 Nr. 2 HGB zu nicht in der
Bilanz enthaltenen Geschäften
(IDW RS HFA 32; Stand: 09.09.2010)
WPg 2010, Supplement 4

Anhangangaben nach §§ 285 Nr. 21, 314 Abs. 1 Nr. 13 HGB zu Geschäften
mit nahestehenden Unternehmen und Personen
(IDW RS HFA 33; Stand: 09.09.2010)
WPg 2010, Supplement 4

Einzelfragen zur handelsrechtlichen Bilanzierung von Verbindlichkeitsrückstellungen
(IDW RS HFA 34; Stand: 03.06.2015)
WPg 2013, Supplement 1
WPg 2015, Supplement 2

Handelsrechtliche Bilanzierung von Bewertungseinheiten
(IDW RS HFA 35; Stand: 10.06.2011)
WPg 2011, Supplement 3

Anhangangaben nach § 285 Nr. 17 HGB, § 314 Abs. 1 Nr. 9 HGB über das Abschlussprüferhonorar
(IDW RS HFA 36; Stand: 11.03.2010)
Gültig für Berichtszeiträume vor dem 31.12.2016
WPg 2010, Supplement 2

Anhangangaben nach § 285 Nr. 17 HGB, § 314 Abs. 1 Nr. 9 HGB über das Abschlussprüferhonorar
(IDW RS HFA 36 n.F.; Stand: 08.09.2016)
Gültig für Berichtszeiträume ab dem 31.12.2016
IDW Life 2016, S. 996

Einzelfragen zur Bilanzierung von Fremdkapitalkosten nach IAS 23
(IDW RS HFA 37; Stand: 15.12.2016)
WPg 2010, Supplement 4

Ansatz- und Bewertungsstetigkeit im handelsrechtlichen Jahresabschluss
(IDW RS HFA 38; Stand: 10.06.2011)
WPg 2011, Supplement 3

Vorjahreszahlen im handelsrechtlichen Jahresabschluss
(IDW RS HFA 39; Stand: 25.11.2011)
WPg 2012, Supplement 1

Einzelfragen zu Wertminderungen von Vermögenswerten nach IAS 36
(IDW RS HFA 40; Stand: 14.06.2016)
WPg 2015, Supplement 2

Auswirkungen eines Formwechsels auf den handelsrechtlichen Jahresabschluss
(IDW RS HFA 41; Stand: 06.09.2012)
WPg 2012, Supplement 4

Auswirkungen einer Verschmelzung auf den handelsrechtlichen Jahresabschluss
(IDW RS HFA 42; Stand: 29.10.2012)
WPg 2012, Supplement 4

Auswirkungen einer Spaltung auf den handelsrechtlichen Jahresabschluss
(IDW RS HFA 43; Stand: 06.09.2012)
WPG 2012, Supplement 4

Vorjahreszahlen im handelsrechtlichen Konzernabschluss und Konzernrech-
nungslegung bei Änderungen des Konsolidierungskreises
(IDW RS HFA 44; Stand: 30.11.2017)
WPg 2012, Supplement 1
IDW Life 2018, S. 276

Einzelfragen zur Darstellung von Finanzinstrumenten
(IDW RS HFA 45; Stand: 21.11.2018)
IDW Life 2019, S. 60

Einzelfragen zur Ermittlung des Fair Value nach IFRS 13
(IDW RS HFA 47; Stand: 06.12.2013)
WPg 2014, Supplement 1

Einzelfragen der Bilanzierung von Finanzinstrumenten nach IFRS 9
(IDW RS HFA 48; Stand: 11.09.2018)
IDW Life 2017, S. 646
IDW Life 2018, S. 962
IDW Life 2021, S. 1263

IFRS-Modulverlautbarung
(IDW RS HFA 50)
— Modul IFRS 1 –M1– (Stand: 20.03.2020)
  IDW Life 2020, S. 373
— Modul IFRS 3 –M1– (Stand: 08.08.2018)
  IDW Life 2018, S. 890
— Modul IFRS 3 –M2– (Stand: 08.08.2018)
  IDW Life 2018, S. 892
— Modul IFRS 9 –M1– (Stand: 12.06.2018)
  IDW Life 2018, S. 695
— Modul IFRS 9 –M2– (Stand: 12.05.2020)
  IDW Life 2020, S. 579
— Modul IFRS 9 –M3– (Stand: 12.05.2020)
  IDW Life 2020, S. 579

- Modul IFRS 16 –M1– (Stand: 12.05.2020)
  IDW Life 2020, S. 579
- Modul IFRS 16 –M2– (Stand: 12.05.2020)
  IDW Life 2020, S. 579
- Modul IFRS 16 –M3– (Stand: 12.05.2020)
  IDW Life 2020, S. 579
- Modul IAS 1 –M1– (Stand 26.10.2021)
  IDW Life 2021, S. 1430
- Modul IAS 19 –M1– (Stand: 01.03.2017)
  IDW Life 2017, S. 526
- Modul IAS 19 –M2– (Stand: 07.11.2017)
  IDW Life 2017, S. 1346

IDW RS BFA

Handelsrechtliche Behandlung von Kreditderivaten im Nichthandelsbestand
(IDW RS BFA 1; Stand: 18.02.2015)
WPg 2015, Supplement 2

Bilanzierung von Finanzinstrumenten des Handelsbestands bei Kreditinstituten
(IDW RS BFA 2; Stand: 03.03.2010)
WPg 2010, Supplement 2

Einzelfragen der verlustfreien Bewertung von zinsbezogenen Geschäften des
Bankbuchs (Zinsbuchs)
(IDW RS BFA 3; Stand: 30.08.2012)
WPg 2012, Supplement 4

Einzelfragen der verlustfreien Bewertung von zinsbezogenen Geschäften des
Bankbuchs (Zinsbuchs)
(IDW RS BFA 3 n.F.; Stand: 16.10.2017)
IDW Life 2018, S. 278

Besonderheiten der handelsrechtlichen Fremdwährungsumrechnung
(IDW RS BFA 4; Stand: 18.08.2011)
WPG 2011, Supplement 4

Handelsrechtliche Bilanzierung von Financial Futures und Forward Rate
Agreements bei Instituten
(IDW RS BFA 5; Stand: 18.08.2011)
WPg 2011, Supplement 4

Handelsrechtliche Bilanzierung von Optionsgeschäften bei Instituten
(IDW RS BFA 6; Stand: 18.08.2011)
WPg 2011, Supplement 4

Risikovorsorge für vorhersehbare, noch nicht individuell konkretisierte Adressenausfallrisiken im Kreditgeschäft von Kreditinstituten („Pauschalwertberichtigungen")
(IDW RS BFA 7; Stand: 13.12.2019)
IDW Life 2020, S. 107

IDW RS VFA

Bewertung und Ausweis von Wertpapieren und Namensschuldverschreibungen im Jahresabschluss der Versicherungsunternehmen
(IDW RS VFA 1; Stand: 17.12.1999)
(aufgehoben)
WPg 2000, S. 380

Auslegung des § 341b HGB (neu)
(IDW RS VFA 2; Stand: 08.04.2002)
WPg 2002, S. 475

Die Bewertung der Schadenrückstellung von Schaden-/Unfallversicherungsunternehmen
(IDW RS VFA 3; Stand: 01.03.2010)
WPg 2010, Supplement 3

IDW RH HFA

Ende des Wertaufhellungszeitraums bei der Aufstellung und Prüfung eines erstmaligen IAS-Abschlusses
(IDW RH HFA 1.001; Stand: 25.02.2000)
(aufgehoben)

Auswirkungen des gespaltenen Körperschaftsteuersatzes auf die Bilanzierung latenter Steuern nach IAS 12
(IDW RH HFA 1.002; Stand: 01.09.2000)
(aufgehoben)
WPg 2000, S. 937

Erstmalige IAS-Anwendung im Quartalsabschluss
(IDW RH HFA 1.003; Stand: 18.01.2002)
(aufgehoben)
WPg 2002, S. 198

Erstellung von Pro-Forma-Finanzinformationen
(IDW RH HFA 1.004; Stand: 12.07.2017)
IDW Life 2017, S. 1088

Anhangangaben nach § 285 Nr. 18 und 19 HGB zu bestimmten Finanzinstrumenten
(IDW RH HFA 1.005; Stand: 08.06.2018)
IDW life 2018, S. 696

Anhangangaben nach § 285 Satz 1 Nr. 17 HGB bzw. § 314 Abs. 1 Nr. 9 HGB
über das Abschlussprüferhonorar
(IDW RH HFA 1.006; Stand: 18.10.2005)
(ersetzt durch IDW RS HFA 36)
WPg 2005, S. 1232

Lageberichterstattung nach § 289 Abs. 1 und 3 HGB bzw. § 315 Abs. 1 HGB
in der Fassung des Bilanzrechtsreformgesetzes
(IDW RH HFA 1.007; Stand: 18.10.2005)
(aufgehoben)
WPg 2005, S. 1234

Berichterstattung nach § 289 Abs. 4 HGB bzw. § 315 Abs. 4 HGB i.d.F. des
Übernahmerichtlinie-Umsetzungsgesetzes
(IDW RH HFA 1.008; Stand: 29.11.2006)
(aufgehoben)
WPg 2007, Supplement 1

Rückstellungen für die Aufbewahrung von Geschäftsunterlagen sowie für die
Aufstellung, Prüfung und Veröffentlichung von Abschlüssen und Lageberich-
ten nach § 249 Abs. 1 HGB
(IDW RH HFA 1.009; Stand: 23.06.2010)
WPg 2010, Supplement 3

Bestandsaufnahme in Insolvenzverfahren
(IDW RH HFA 1.010; Stand: 13.06.2008)
WPg 2008, Supplement 3

Insolvenzspezifische Rechnungslegung im Insolvenzverfahren
(IDW RH HFA 1.011; Stand: 13.06.2008)
WPg 2008, Supplement 3

Externe (handelsrechtliche) Rechnungslegung im Insolvenzverfahren
(IDW RH HFA 1.012; Stand: 06.12.2018)
IDW Life 2019, S. 74

Handelsrechtliche Vermerk- und Berichterstattungspflichten bei Patronatserklärungen
(IDW RH HFA 1.013; Stand: 22.02.2008)
WPg 2008, Supplement 1

Zugangsklassifizierung und Umwidmung vonWertpapieren nach HGB
(IDW RH HFA 1.014; Stand: 26.10.2021)
IDW Life 2022, S. 105

Zulässigkeit degressiver Abschreibungen in der Handelsbilanz vor dem Hintergrund der jüngsten Rechtsänderungen
(IDW RH HFA 1.015; Stand: 27.11.2009)
WPg 2010, Supplement 1

Handelsrechtliche Zulässigkeit einer komponentenweisen planmäßigen Abschreibung von Sachanlagen
(IDW RH HFA 1.016; Stand: 29.05.2009)
WPg 2009, Supplement 3

Einzelfragen zur Behandlung der Umsatzsteuer im handelsrechtlichen Jahresabschluss
(IDW RH HFA 1.017; Stand: 10.06.2011)
WPg 2011, Supplement 3

Einheitliche Bilanzierung und Bewertung im handelsrechtlichen Konzernabschluss
(IDW RH HFA 1.018; Stand: 13.03.2013)
WPg 2013, Supplement 2

Handelsrechtliche Konzernrechnungslegung bei unterschiedlichen Abschlussstichtagen
(IDW RH HFA 1.019, Stand: 13.03.2013)
WPg 2013, Supplement 2

Ausweis- und Angabepflichten für Zinsswaps in IFRS-Abschlüssen
(IDW RH HFA 2.001; Stand: 19.09.2007)
WPg 2007, Supplement 4

Einzelfragen bei der Erstellung von Finanzinformationen nach der Prospekt-
verordnung
(IDW RH HFA 2.002; Stand: 21.04.2008)
WPg 2008, Supplement 3

Erstellung von Gewinnprognosen und -schätzungen nach den besonderen An-
forderungen der Prospektverordnung
(IDW RH HFA 2.003, Stand: 02.12.2019)
IDW Life 2020, S. 147

IDW RH BFA

Handelsrechtliche Bilanzierung des Bondstripping
(IDW RH BFA 1.001; Stand: 08.11.2011)
WPg 2012, Supplement 1

Zur Bilanzierung strukturierter Produkte
(IDW RH BFA 1.003; Stand: 02.07.2001)
(ersetzt durch: IDW RS HFA 22)
WPg 2001, S. 916

IDW RH VFA

Angabe von Zeitwerten gemäß §§ 54 ff. RechVersV bei so genannten „Zero-
Schuldscheindarlehen" oder „Zero-Namensschuldverschreibungen"
(IDW RH VFA 1.001; Stand: 24.03.2000)
WPg 2000, S. 440

Stichwortverzeichnis